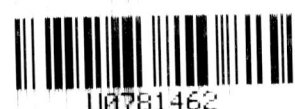

中華古籍保護計劃

ZHONG HUA GU JI BAO HU JI HUA CHENG GUO

·成果·

重慶圖書館古籍普查登記目録

（上）

全國古籍普查登記目録

國家圖書館出版社
National Library of China Publishing House

圖書在版編目(CIP)數據

重慶圖書館古籍普查登記目録:全三冊/《重慶圖書館古籍普查登記目録》編委會編. --北京:國家圖書館出版社,2017.4
(全國古籍普查登記目録)
ISBN 978-7-5013-6061-1

Ⅰ.①重… Ⅱ.①重… Ⅲ.①公共圖書館—古籍—圖書館目録—重慶 Ⅳ.①Z838

中國版本圖書館 CIP 數據核字(2017)第 047085 號

書　　名 重慶圖書館古籍普查登記目録(全三冊)
著　　者 《重慶圖書館古籍普查登記目録》編委會　編
責任編輯 趙　嫄

出　　版 國家圖書館出版社(100034　北京市西城區文津街 7 號)
(原書目文獻出版社　北京圖書館出版社)
發　　行 010-66114536　66126153　66151313　66175620
66121706(傳真)　66126156(門市部)
E-mail nlcpress@nlc.cn(郵購)
Website www.nlcpress.com→投稿中心
經　　銷 新華書店
印　　裝 河北三河弘翰印務有限公司
版　　次 2017 年 4 月第 1 版　2017 年 4 月第 1 次印刷

開　　本 787×1092(毫米)　1/16
印　　張 98.5
字　　數 1900 千字

書　　號 ISBN 978-7-5013-6061-1
定　　價 880.00 圓

《全國古籍普查登記目録》

工作委員會

主　任：周和平

副主任：張永新　詹福瑞　劉小琴　李致忠　張志清

委　員（按姓氏筆畫排序）：

于立仁　王水喬　王　沛　王紅蕾　王筱雯

方自今　尹壽松　包菊香　任　競　全　勤

李西寧　李　彤　李忠昊　李春來　李　培

李曉秋　吳建中　宋志英　努　木　林世田

易向軍　周建文　洪　琰　倪曉建　徐欣禄

徐　蜀　高文華　郭向東　陳荔京　陳紅彦

張　勇　湯旭巖　楊　揚　賈貴榮　趙　嫄

鄭智明　劉洪輝　歷　力　鮑盛華　韓　彬

魏存慶　鍾海珍　謝冬榮　謝　林　應長興

《全國古籍普查登記目録》

序　言

全國古籍普查登記工作是“中華古籍保護計劃”的首要任務，是全面開展古籍搶救、保護和利用工作的基礎，也是有史以來第一次由政府組織、參加收藏單位最多的全國性古籍普查登記工作。

2007 年國務院辦公廳發佈《關於進一步加强古籍保護工作的意見》（國辦發[2007]6 號），明確了古籍保護工作的首要任務是對全國公共圖書館、博物館和教育、宗教、民族、文物等系統的古籍收藏和保護狀況進行全面普查，建立中華古籍聯合目録和古籍數字資源庫。2011 年 12 月，文化部下發《文化部辦公廳關於加快推進全國古籍普查登記工作的通知》（文辦發[2011]518 號），進一步落實了全國古籍普查登記工作。根據文化部 2011 年 518 號文件精神，國家古籍保護中心擬訂了《全國古籍普查登記工作方案》，進一步規範了古籍普查登記工作的範圍、内容、原則、步驟、辦法、成果和經費。目前進行的全國古籍普查登記工作的中心任務是通過每部古籍的身份證——“古籍普查登記編號”和相關信息，建立古籍總臺賬，全面瞭解全國古籍存藏情況，開展全國古籍保護的基礎性工作，加强各級政府對古籍的管理、保護和利用。

《全國古籍普查登記工作方案》規定了全國古籍普查登記工作的三個主要步驟：一、開展古籍普查登記工作；二、在古籍普查登記基礎上，編纂出版館藏古籍普查登記目録，形成《全國古籍普查登記目録》；三、在古籍普查登記工作基本完成的前提下，由省級古籍保護中心負責編纂出版本省古籍分類聯合目録《中華古籍總目》分省卷，由國家古籍保護中心負責編纂出版《中華古籍總目》統編卷。

在黨和政府領導下，在各地區、各有關部門和全社會共同努力下，古籍普查登記工作得以扎實推進。古籍普查已在除臺、港、澳之外的全國各省級行政區域開展，普查内容除漢文古籍外，還包括各少數民族文字古籍，特别是於 2010 年分别啓動了新疆古籍保護和西藏古籍保護專項，因地制宜，開展古籍普查登記工作；國家古籍保護中心研製的“全國古籍普查登記平臺”已覆蓋到全國各省級古籍保護中心，並進一步研發了“中華古籍索引庫”，爲及時展現古籍普查成果提供有力支持；截至目前，已有 11375 部古籍進入《國家珍貴古籍名録》，浙江、江蘇、山東、河北等省公佈了省級《珍貴古籍名録》，古籍分級保護機制初步形成。

《全國古籍普查登記目録》是古籍普查工作的階段性成果，旨在摸清家底，揭示館藏，反映古籍的基本信息。原則上每申報單位獨立成册，館藏量少不能獨立成册者，則在本省範圍内幾個館目合併成册。無論獨立成册還是合併成册，均編製獨立的書名筆畫索引附於書後。著録的必填基本項目有：古籍普查登記編號、索書號、題名卷數、著者（含著作方式）、版本、册數及存缺卷數。其他擴展項目有：分類、批校題跋、版式、裝幀形式、叢書子目、書影、破損狀況等。有條件的收藏單位多著録的一些擴展項目，也反映在《全國古籍普查登記目録》上。目録編排按古籍普查登記編號排序，内在順序給予各古籍收藏單位較大自由度，可按分類排列古籍普查登記編號，也可按排架號、按同書名等排列古籍普查登記編號，以反映各館特色。

此次全國古籍普查登記工作，克服了古籍數量多、普查人員少、普查難度大等各種困難，也得到了全國古籍保護工作者的極大支持。在古籍普查登記過程中，國家古籍保護中心、各省古籍保護中心爲此舉辦了多期古籍普查、古籍鑒定、古籍普查目録審校等培訓班，全國共1600餘家單位參加了培訓，爲古籍普查登記工作培養了大量人才。同時在古籍普查登記工作中，也鍛煉了普查員的實踐能力，爲將來古籍保護事業發展奠定了良好的基礎。

《全國古籍普查登記目録》的出版，將摸清我國古籍家底，爲古籍保護和利用工作提供依據，也將是古籍保護長期工作的一個里程碑。

國家古籍保護中心
2013年10月

《全國古籍普查登記目録》

編纂凡例

一、收録範圍爲我國境内各收藏機構或個人所藏，産生於 1912 年以前，具有文物價值、學術價值和藝術價值的文獻典籍，包括漢文古籍和少數民族文字古籍以及甲骨、簡帛、敦煌遺書、碑帖拓本、古地圖等文獻。其中，部分文獻的收録年限適當延伸。

二、以各收藏機構爲分冊依據，篇幅較小者，適當合併出版。

三、一部古籍一條款目，複本亦單獨著録。

四、著録基本要求爲客觀登記、規範描述。

五、著録款目包括古籍普查登記編號、索書號、題名卷數、著者、版本、冊數、存缺卷等。古籍普查登記編號的組成方式是：省級行政區劃代碼—單位代碼—古籍普查登記順序號。

六、以古籍普查登記編號順序排序。

七、編製各館藏目録書名筆畫索引附於書後，以便檢索。

《重慶圖書館古籍普查登記目録》

編委會

《重慶圖書館古籍普查登記目録》

前　言

中華古籍文獻是人類文明的瑰寶,是中華民族數千年歷史發展長河中創造的重要文明成果。黨的十八大以來,習近平總書記對繼承發揚中華優秀傳統文化發表了一系列重要講話,總書記在講話中指出,培育和弘揚社會主義核心價值觀必須立足於中華傳統文化,博大精深的中華優秀傳統文化是我們在世界文化激蕩中站穩脚跟的根基;要系統梳理傳統文化資源,讓收藏在禁宫裏的文物、陳列在廣闊大地上的遺産、書寫在古籍裏的文字都活起來。總書記的這些講話,不僅反映了黨中央對文化建設的高度重視,也彰顯了黨中央以文化助推民族復興的堅定决心。從我們基層古籍工作者的角度來看,習總書記的系列講話,是對我們的激勵與鞭策,弘揚我中華優秀傳統文化,讓束之高閣的古籍能爲今用,是我們古籍工作者不可推卸的責任。

自 2007 年"中華古籍保護計劃"啓動以來,根據國務院辦公廳《關於進一步加强古籍保護工作的意見》(國辦發[2007]6 號)的要求,國家古籍保護中心在全國範圍内組織開展古籍普查登記工作,以瞭解我國現存古籍保護的狀況,從而加强對古籍的保護和利用。這是新中國成立以來在全國範圍内第一次全面深入的古籍普查,其意義深遠。

全國古籍普查登記工作是全面瞭解國内古籍存藏情況、建立古籍總臺賬、開展全國古籍保護的基礎性工作。按照《全國古籍普查登記手册》的要求,需登記每部古籍的基本信息,其中必填項目有:索書號、題名卷數、著者(含著作方式)、版本、册數、存缺卷。《重慶圖書館古籍普查登記目録》嚴格按照此標準進行編纂,僅有極少部分保留本館原有著録内容。

重慶圖書館,其前身爲"國立羅斯福圖書館",是爲紀念美國前總統羅斯福對世界反法西斯戰争及促進世界和平所作出的卓越貢獻而設立。於 1947 年 5 月 1 日正式開館,是新中国成立前我國僅有的五個國立圖書館之一。新中国成立後,更名爲西南人民圖書館、西南圖書館,1987 年定名爲重慶圖書館至今。經過 70 年的建設發展,本館現有員工 230 餘人,館藏文獻 460 多萬册(件),並已形成在國内外都具有影響力的民國時期出版物、綫裝古籍、聯合國資料三大特色館藏。

重慶圖書館作爲重慶市的文獻資源保障中心,其古籍收藏量位居全市之首。

2007 年 12 月，在重慶市委的重視下，“重慶市古籍保護中心”在重慶圖書館正式挂牌，標志着重慶市古籍普查工作全面正式啓動。

自 2007 年以來，重慶圖書館肩負兩方面的古籍普查工作重任：首先是全力推進全市的古籍普查工作，同時兼顧本館古籍的普查任務。計劃從 2008 年至 2016 年，首先完成各區縣圖書館、高校圖書館、博物館等單位的古籍普查登記目録的編輯出版工作，最後再完成本館的古籍普查登記目録的編輯出版工作。經過八年多的努力與堅持，我們先後完成出版了《重慶市三十三家收藏單位古籍普查登記目録》（全二册）、《重慶市北碚圖書館等八家收藏單位古籍普查登記目録》與《西南大學圖書館古籍普查登記目録》。與此同時，重慶圖書館按計劃對本館的古籍進行了細緻的著録編輯工作。此次《重慶圖書館古籍普查登記目録》的出版，爲重慶市已知古籍收藏單位古籍登記目録的出版工作畫上了圓滿的句號。

《重慶圖書館古籍普查登記目録》涵蓋了重慶圖書館藏 1912 年前的所有古籍文獻 2.3 萬餘種，30 萬餘册，其中善本古籍 3600 餘種，4 萬餘册，普通綫裝古籍 2 萬餘種，25 萬餘册。内容包涵經、史、子、集、叢；版本時間唐、宋、元、明、清皆有，抄、寫、刻、印等形式多樣；裝幀形式以綫裝爲主，也有蝴蝶裝、包背裝、經折裝、毛裝等等。

該目録展現了重慶圖書館館藏古籍的全貌，其中有 217 種成功入選《國家珍貴古籍名録》。這些珍貴古籍，自唐至清，珍貴稀有，保存良好。其中有：《唐人寫經一卷》，初唐寫本，原藏敦煌石室，後經多位名家收藏，上有張海若、徐鴻寶、嚴天駿、李權四人題識及鈐印，爲國内收藏珍品；《名公增修標註隋書詳節二十卷》，宋刻本，唐魏徵撰，此書由重慶已故著名藏書家李文衡先生捐贈給重慶圖書館；《毛詩注疏二十卷》，明初刻本，漢毛萇、毛亨傳，漢鄭玄箋，唐孔穎達疏，經考證，此本流傳稀少，極爲珍貴；《琴苑心傳全編二十卷》，清康熙九年（1670）刻本，清孔興誘編，該書成書時間較之其他善本晚，但彙編了清代以前古琴研究成果，書中對歷代古琴的形制、彈奏指法、技巧等進行了圖文並茂的描繪。這是一部研究古琴的重要著作，經考證爲海内孤本，價值彌足珍貴。

在此次普查過程中，我們還從普通綫裝古籍中發現了一些善本古籍，其中既有明刻本，也有康乾盛世精刻精印本。如：明萬曆三十年至三十六年（1602—1608）刻《六科證治準繩六種四十四卷》、清康熙十七年（1678）傳萬堂刻《繡虎軒尺牘初集八卷二集八卷三集八卷》、清乾隆九年（1744）三吳書院刻《古文眉詮七十九卷》。同時，還發現了一些巴渝地方文獻、戲曲唱本及鄉賢著述等。如：清咸豐五年（1855）修光緒十六年（1890）續刻《［重慶萬縣］萬邑牟氏族譜六卷首一卷》、清光緒十八年（1892）刻《醉花樓二折》、清光緒三十四年（1908）重慶起鳳堂刻《刁南樓二折》。在鄉賢著述中，最具有時代意義的是《琉球國志略十六卷首一卷》，清周煌撰，清乾隆二十四年(1759)刻本。周煌，字景桓，號海山，清康熙五十三年(1714)生於重慶涪州(今重慶市涪陵區)。清乾隆二年(1737)進士，歷任翰林院編修、《四庫全書》總閱、工部尚書等職。清乾隆二十一年(1756)，奉詔以副使身份出使琉球(今沖繩地區)，册封中山王，歸國之後，編寫成《琉球國志略》進呈乾隆御覽。該書明確記載了琉球國的地理位置和風俗民情，證實琉球國在清朝中葉是中國的藩屬國。

《重慶圖書館古籍普查登記目録》的出版，是實踐習總書記"系統梳理傳統文化資源，讓收藏在禁宫裹的文物、陳列在廣闊大地上的遺産、書寫在古籍裏的文字都活起來"指示的具體行動；是重慶圖書館弘揚優秀傳統文化的見證，同時也是重慶圖書館古籍工作者十年來辛勤工作成果的體現。該目録的出版，厘清了重慶圖書館館藏古籍的家底，揭示了館藏古籍的基本情況，反映了館藏古籍的基本信息，爲下一步《中華古籍聯合目録・重慶卷》的編纂打下了堅實的基礎，同時也爲專家、學者及廣大古籍愛好者架起了一座學海津梁。由於時間緊、人力少，在編目過程中難免出現疏漏，敬請各位專家同仁指正。

《重慶圖書館古籍普查登記目録》是重慶圖書館建館以來，對館藏古籍收録最爲全面、登記最爲規範的古籍目録，它爲重慶圖書館古籍文獻的保護、開發與利用提供了可靠的依據。在此目録出版之際，喜逢重慶圖書館建館 70 周年，借此成果作爲獻禮，以期重慶圖書館事業與古籍保護事業蒸蒸日上，繁榮昌盛。

重慶圖書館

2017 年 1 月

目　　録

上冊

《重慶圖書館古籍普查登記目録》編委會 …………………………………………… 1
《重慶圖書館古籍普查登記目録》前言 ……………………………………………… 1
500000-8701-0000001 至 0012176（古籍普查登記編號）………………………… 1

中冊

500000-8701-0012177 至 0023325（古籍普查登記編號）………………………… 1

下冊

500000－8701－0000001　B02/1:1/0001
通鑑紀事本末四十二卷　(宋)袁樞撰　宋寶祐五年(1257)趙與𥲅刻元明遞修本　四十二冊

500000－8701－0000002　B02/1:3/0002
北史一百卷　(唐)李延壽撰　元大德刻明嘉靖十年至十二年(1531－1533)補刻本(有抄補)　二十二冊　存九十六卷(本紀十二卷,列傳一至十、十五至八十八)

500000－8701－0000003　B02/1:3/0003
集千家註分類杜工部詩二十五卷文集二卷　(唐)杜甫撰　(宋)徐居仁編　(宋)黄鶴補注　**年譜一卷**　(宋)黄鶴撰　元廣勤堂刻本　二十六冊

500000－8701－0000004　B02/1:4/0004
集千家註分類杜工部詩二十五卷　(唐)杜甫撰　(宋)徐居仁編　(宋)黄鶴補注　元廣勤堂刻本　二十四冊

500000－8701－0000005　B02/1:4/0005
韻府群玉二十卷　(元)陰時夫撰　(元)陰中夫編注　元元統二年(1334)梅溪書院刻本　二十冊

500000－8701－0000006　B02/1:4/0006
六書統溯原十三卷　(元)楊桓撰　元至大元年(1308)行省儒學刻本　十二冊

500000－8701－0000007　B02/1:5/0007
毛詩注疏二十卷　(漢)毛萇傳　(漢)鄭玄箋　(唐)孔穎達疏　明永樂刻本　四十冊

500000－8701－0000008　B02/1:5/0008
三國志六十五卷　(晉)陳壽撰　(南朝宋)裴松之注　元大德池州路刻本　二十二冊　存四十七卷(魏志一至十一、十七至二十五、二十七至二十八,蜀志一至五,吳志一至二十)

500000－8701－0000009　B02/1:6/0009
五代史記七十四卷　(宋)歐陽修撰　(宋)徐無黨注　元宗文書院刻本　十冊

500000－8701－0000010　B02/1:6/0010
五代史記七十四卷　(宋)歐陽修撰　(宋)徐無黨注　元宗文書院刻本　二十冊

500000－8701－0000011　B02/1:7/0011
文獻通考三百四十八卷　(元)馬端臨撰　元泰定元年(1324)西湖書院刻本　一冊　存七卷(二百十一至二百十七)

500000－8701－0000012　B02/1:7/0012
節孝先生文集三十卷　(宋)徐積撰　元刻本　十二冊

500000－8701－0000013　B02/1:7/0013
春秋經左氏傳句解七十卷　(宋)林堯叟注　宋刻本　十四冊

500000－8701－0000014　B02/1:7/0014
六書統二十卷　(元)楊桓撰　元至大元年(1308)行省儒學刻本　二十四冊

500000－8701－0000015　B02/2:1/0015
監本附音春秋公羊註疏二十八卷　(漢)何休注　(唐)陸德明音義　元刻本　十四冊

500000－8701－0000016　B02/2:1/0016
朱文公校昌黎先生文集四十卷外集十卷遺文一卷　(唐)韓愈撰　(宋)王伯大音釋　明洪武十五年(1382)勤有堂刻本　十二冊　存四十一卷(文集四十卷、遺文一卷)

500000－8701－0000017　B02/2:1/0017
資治通鑑二百九十四卷　(宋)司馬光撰　(元)胡三省音注　元至元興文署刻本　一冊　存一卷(二百九)

500000－8701－0000018　B02/2:1/0018
資治通鑑二百九十四卷　(宋)司馬光撰　(元)胡三省音注　元刻明遞修本　十冊　存三十四卷(一百八十六至二百十九)

500000－8701－0000019　B02/2:2/0019
附音傍訓句解論語二卷　(元)李公凱撰　元刻本　二冊

500000－8701－0000020　B02/2:2/0020
增廣註釋音辯唐柳先生文集四十三卷別集二卷外集二卷附錄一卷　(唐)柳宗元撰　(宋)

潘緯音義　元刻本　一冊　存二卷(別集二卷)

500000－8701－0000021　B02/2:2/0021
呂氏春秋二十六卷　(漢)高誘注　元至正路儒學刻本　十冊

500000－8701－0000022　B02/2:2/0022
國朝文類七十卷目錄三卷　(元)蘇天爵編　元至正翠巖精舍刻本(序、目錄有抄配)　二十四冊

500000－8701－0000023　B02/2:2/0023
唐書二百二十五卷　(宋)歐陽修　(宋)宋祁等撰　元大德刻本(卷一百七十九至一百八十五係抄配)　五十冊　存一百五十二卷(七十四下至二百二十五)

500000－8701－0000024　B02/2:3/0024
鞞婆沙論十四卷　(晉)釋伽跋澄譯　元至元刻普寧藏本　一冊　存一卷(十二)

500000－8701－0000025　B02/2:3/0025
纂圖互註老子道德經二卷　題(漢)河上公注釋　明初刻本　一冊

500000－8701－0000026　B02/2:3/0026
纂圖互註荀子二十卷　(戰國)荀況撰　(唐)楊倞注　元刻本　二冊

500000－8701－0000027　B02/2:3/0027
中說十卷　(隋)王通撰　(宋)阮逸注　明初刻本　四冊

500000－8701－0000028　B02/2:4/0028
纂圖互註揚子法言十卷　(漢)揚雄撰　(晉)李軌等注　明初刻本　二冊

500000－8701－0000029　B02/2:4/0029
纂圖互註老子道德經二卷　題(漢)河上公注釋　明初刻本　一冊

500000－8701－0000030　B02/2:4/0030
纂圖互註南華真經十卷　(晉)郭象注　(唐)陸德明音義　明初刻本　五冊

500000－8701－0000031　B02/2:4/0031
沖虛至德真經八卷　(戰國)列禦寇撰　(晉)張湛注　(唐)殷敬順釋文　明初刻本　二冊

500000－8701－0000032　B02/2:4/0032
纂圖互註荀子二十卷　(戰國)荀況撰　(唐)楊倞注　元刻本　四冊

500000－8701－0000033　B02/2:4/0033
中說十卷　(隋)王通撰　(宋)阮逸注　明刻本　二冊

500000－8701－0000034　B02/2:4/0034
隋書八十五卷　(唐)魏徵等撰　元大德路儒學刻本　四十冊

500000－8701－0000035　B02/2:5/0035
大德重校聖濟總錄二百卷目錄一卷　(宋)徽宗趙佶撰　元大德三年至四年(1299－1300)中書省刻本　二冊　存一卷(二十四)

500000－8701－0000036　B02/2:5/0036
史記一百三十卷　(漢)司馬遷撰　(唐)司馬貞索隱　元元統二年(1334)段子成刻本　二十二冊

500000－8701－0000037　B02/2:5/0037
樂書二百卷目錄二十卷　(宋)陳暘撰　元至正七年(1347)福州路儒學刻明修本　二十四冊

500000－8701－0000038　B02/2:6/0038
樂府詩集一百卷目錄二卷　(宋)郭茂倩編　元至正元年(1341)集慶路儒學刻明修本　四十冊

500000－8701－0000039　B02/2:7/0039
新編古今事文類聚前集六十卷後集五十卷續集二十八卷別集三十二卷新集三十六卷外集十五卷　(宋)祝穆編　(元)富大用輯　元泰定三年(1326)武溪書院刻本　四十四冊　存六十卷(前集六十卷)

500000－8701－0000040　B02/2:7/0040
遼史一百十六卷　(元)脫脫等撰　明初刻本　二十四冊

500000－8701－0000041　B02/3:1/0041
玉海二百卷辭學指南四卷附刻十四種六十二

卷　(宋)王應麟撰　明刻本　一百冊

500000－8701－0000042　B02/3:3/0042

玉海二百四卷附刻十三種　(宋)王應麟撰　明刻明清修補本　一百冊

500000－8701－0000043　B02/3:5/0043

玉海二百卷辭學指南四卷　(宋)王應麟撰　明正德刻嘉靖至萬曆遞修補本　九十四冊　存一百八十九卷(一至十六、二十六至二十七、三十至二百)

500000－8701－0000044　B02/3:6/0044

玉海二百四卷附刻十一種　(宋)王應麟撰　明刻明清修補本　七十五冊　存一百九十六卷(一至一百七、一百十二至二百)

500000－8701－0000045　B02/4:1/0045

清江貝先生文集三十卷詩集十卷詩餘一卷　(明)貝瓊撰　明洪武刻本　十冊

500000－8701－0000046　B02/4:1/0046

古今列女傳三卷　(明)解縉等撰　明永樂元年(1403)内府刻本　三冊

500000－8701－0000047　B02/4:1/0047

聖學心法四卷　(明)成祖朱棣撰　明永樂七年(1409)内府刻本　四冊

500000－8701－0000048　B02/4:1/0048

詩集傳十卷詩序辨説一卷詩傳綱領一卷詩圖一卷　(宋)朱熹撰　(元)許謙音釋　明洪武蜀府黎讓刻本　十二冊

500000－8701－0000049　B02/4:1/0049

大明仁孝皇后勸善書二十卷　(明)仁孝皇后徐氏撰　明永樂五年(1407)内府刻本　十二冊　存十二卷(一至十二)

500000－8701－0000050　B02/4:2/0050

孝肅奏議十卷　(宋)包拯撰　(宋)張田編　明嘉靖三十四年(1555)雷達刻本　八冊

500000－8701－0000051　B02/4:2/0051

諸佛世尊如來菩薩尊者神僧名經不分卷　(明)成祖朱棣撰　明永樂十五年(1417)内府刻本　八冊

500000－8701－0000052　B02/4:2/0052

參寥子詩集十二卷　(宋)釋道潛撰　明正統刻本　四冊　存八卷(一至八)

500000－8701－0000053　B02/4:2/0053

事物紀原二十卷　(宋)高承撰　明正統九年(1444)陳華刻本　八冊

500000－8701－0000054　B02/4:2/0054

周易十卷易圖一卷上下篇義一卷易五贊一卷筮儀一卷易説綱領一卷　(宋)程頤傳　(宋)朱熹本義　明正統十二年(1447)司禮監刻本　六冊

500000－8701－0000055　B02/4:2/0055

歷代名臣奏議三百五十卷　(明)張溥刪正　明永樂十四年(1416)内府刻本　一百四十冊　存三百二十七卷(一至三百二十七)

500000－8701－0000056　B02/4:7/0056

新刊京本袖珍方大全四卷　(明)李恒撰　明刻本　八冊

500000－8701－0000057　B02/4:7/0057

王忠文公文集二十四卷　(明)王禕撰　(明)劉傑編　明正統七年(1442)劉傑刻本　八冊

500000－8701－0000058　B02/4:7/0058

藍山先生詩集六卷　(明)藍仁撰　明嘉靖五年(1526)藍鉏刻本　六冊

500000－8701－0000059　B02/4:7/0059

讀杜詩愚得十八卷　(明)單復撰　明天順元年(1457)朱熊梅月軒刻本　八冊

500000－8701－0000060　B02/5:1/0060

衛生易簡方十二卷附錄一卷　(明)胡濙撰　明宣德二年(1427)刻本　十二冊

500000－8701－0000061　B02/5:1/0061

梅溪先生廷試策一卷奏議四卷詩文前集二十卷後集二十九卷　(宋)王十朋撰　明正統五年(1440)刻天順六年(1462)劉謙、何瀇刻本　十六冊

500000－8701－0000062　B02/5:1/0062

歷世真仙體道通鑑五十三卷續編五卷後集六

卷　(元)趙道一編修　明正統刻本　六十冊　存五十四卷(二、五至五十三,續編一至三、五)

500000－8701－0000063　B02/5:2/0063
分類補註李太白詩二十五卷　(唐)李白撰　(元)蕭士贇補注　明正統刻本　八冊

500000－8701－0000064　B02/5:2/0064
春秋胡傳三十卷諸國興廢說一卷　(宋)胡安國撰　明正統內府刻本　八冊　存二十四卷(一至二十三、諸國興廢說一卷)

500000－8701－0000065　B02/5:3/0065
增廣註釋音辯唐柳先生集四十三卷別集二卷外集二卷　(唐)柳宗元撰　(宋)潘緯音義　明正統十三年(1448)善敬堂刻本　二十八冊

500000－8701－0000066　B02/5:3/0066
詩集傳二十卷　(宋)朱熹撰　(元)許謙音釋　明刻本　十冊

500000－8701－0000067　B02/5:3/0067
詩集傳二十卷　(宋)朱熹撰　(元)許謙音釋　明刻本　十冊

500000－8701－0000068　B02/5:3/0068
詩集傳二十卷詩傳綱領一卷詩圖一卷詩序一卷　(宋)朱熹撰　(元)許謙音釋　明正統十二年(1447)司禮監刻本　二十四冊

500000－8701－0000069　B02/5:4/0069
歐陽文忠公全集一百五十三卷附錄五卷　(宋)歐陽修撰　明天順六年(1462)刻本　六十冊

500000－8701－0000070　B02/5:5/0070
潛溪先生集十八卷　(明)宋濂撰　(明)黃溥編　明天順元年(1457)黃溥、嚴塤刻本　十六冊

500000－8701－0000071　B02/5:5/0071
五倫書六十二卷　(明)朱瞻基撰　明景泰五年(1454)劉氏翠巖精舍刻本　二十四冊

500000－8701－0000072　B02/5:5/0072
梅溪先生廷試策一卷奏議四卷詩文前集二十卷後集二十九卷附錄一卷　(宋)王十朋撰　明刻本　二十冊

500000－8701－0000073　B02/5:6/0073
韻府群玉二十卷　(元)陰時夫撰　(元)陰中夫編注　明天順六年(1462)葉氏南山堂繙元刻本　二十冊

500000－8701－0000074　B02/5:6/0074
書學會編四卷　(明)黃瑜輯　明刻本　四冊

500000－8701－0000075　B02/5:6/0075
文山先生文集十七卷別集六卷附錄三卷　(宋)文天祥撰　明景泰六年(1455)陳價刻本　四冊　存八卷(文集一至二、別集六卷)

500000－8701－0000076　B02/5:6/0076
梅溪先生廷試策一卷奏議四卷詩文前集二十卷後集二十九卷　(宋)王十朋撰　明正統五年(1440)刻天順六年(1462)劉謙、何瀾刻本　二冊　存五卷(廷試策一卷、奏議四卷)

500000－8701－0000077　B02/5:6/0077
新編婦人良方補遺大全二十四卷首一卷　(宋)陳自明編集　(明)熊宗立補遺　明天順八年(1464)鼇峯熊氏種德堂刻本(有抄補)　八冊

500000－8701－0000078　B02/5:6/0078
東坡集十六卷後集二十卷奏議十五卷內制集十卷樂語一卷外制集三卷應詔集十卷續集十二卷　(宋)蘇軾撰　**年譜一卷**　(宋)王宗稷撰　明成化四年(1468)程宗刻本(內制集卷八至十一、樂語一卷係抄配)　八十冊

500000－8701－0000079　B02/6:1/0079
高明大字春秋胡傳三十卷首一卷　(宋)胡安國撰　(宋)林堯叟音注　明刻本　五冊

500000－8701－0000080　B02/6:1/0080
春秋胡傳三十卷綱領一卷提要一卷諸國興廢說一卷春秋列國東坡圖說一卷正經音訓一卷　(宋)胡安國撰　(宋)林堯叟音注　明成化十五年(1479)退思堂刻本　九冊　存二十六卷(胡傳一至二十一、綱領一卷、提要一卷、諸國興廢說一卷、春秋列國東坡圖說一卷、正經

音訓一卷）

500000－8701－0000081　B02/6：1/0081
劉文靖公文集二十七卷考異一卷　（元）劉因撰　明成化十五年（1479）蜀府刻本　八冊

500000－8701－0000082　B02/6：1/0082
萬善同歸集三卷　（宋）釋延壽撰　明成化十四年（1478）嘉禾真如講寺釋如巹刻本　一冊

500000－8701－0000083　B02/6：1/0083
臨川吴文正公集四十九卷道學基統一卷外集三卷　（元）吴澄撰　明成化二十年（1484）陳輝刻本　十冊

500000－8701－0000084　B02/6：1/0084
紺珠集十三卷　（宋）□□撰　明天順七年（1463）刻本　五冊

500000－8701－0000085　B02/6：1/0085
桯史十五卷附錄一卷　（宋）岳珂撰　明刻本　六冊

500000－8701－0000086　B02/6：1/0086
事物紀原集類十卷　（宋）高承撰　明成化八年（1472）李果刻本　十冊

500000－8701－0000087　B02/6：2/0087
新雕宋朝文鑑一百五十卷目錄三卷　（宋）呂祖謙輯　明天順八年（1464）嚴州府刻本　四十冊

500000－8701－0000088　B02/6：2/0088
續資治通鑑綱目二十七卷　（明）商輅等撰　明成化十二年（1476）內府刻本　十二冊

500000－8701－0000089　B02/6：2/0089
唐詩品彙九十卷拾遺十卷　（明）高棅編　明刻本　二十冊

500000－8701－0000090　B02/6：3/0090
武經直解二十五卷附兵法一卷　（明）劉寅撰　明成化二十二年（1486）趙英刻本　十冊

500000－8701－0000091　B02/6：3/0091
唐詩品彙九十卷拾遺十卷　（明）高棅編　明刻本　九冊

500000－8701－0000092　B02/6：3/0092
南村輟耕錄三十卷　（明）陶宗儀撰　明成化十年（1474）戴珊刻本　十冊

500000－8701－0000093　B02/6：4/0093
貞觀政要十卷　（唐）吳兢撰　明內府刻本　四冊

500000－8701－0000094　B02/6：4/0094
貞觀政要十卷　（唐）吳兢撰　明成化元年（1465）內府刻本　六冊

500000－8701－0000095　B02/6：4/0095
成化丁亥重刊改併五音類聚四聲篇十五卷　（金）韓道昭撰　明成化七年（1471）大隆福寺刻本　十冊

500000－8701－0000096　B02/6：4/0096
文選六十卷　（南朝梁）蕭統選　（唐）李善注　明成化二十三年（1487）唐藩翻元刻本　四十冊

500000－8701－0000097　B02/6：4/0098
資治通鑑綱目集覽五十九卷　（元）王幼學撰　明永樂二十年（1422）內府刻本　六冊

500000－8701－0000098　B02/6：5/0097
宋史四百九十六卷目錄三卷　（元）脫脫等撰　明成化七年至十六年（1471－1480）朱英刻本（序、目錄係抄配）　二百冊

500000－8701－0000099　B03/1：4/0099
資治通鑑綱目發明五十九卷　（宋）尹起莘纂　明成化內府刻本　四冊

500000－8701－0000100　B03/1：4/0100
資治通鑑綱目發明五十九卷　（宋）尹起莘纂　明成化內府刻本　六冊

500000－8701－0000101　B03/1：5/0101
大事記續編七十七卷　（明）王禕撰　明成化二十年（1484）陸淵之刻本　五十六冊

500000－8701－0000102　B03/1：6/0102
大明成化庚寅重刊改併五音集韻十五卷　（金）韓道昭撰　明成化六年至七年（1470－1471）刻本　十二冊

500000－8701－0000103　B03/1:7/0103
資治通鑑綱目五十九卷　(宋)朱熹撰　明成化九年(1473)内府刻本　三十册

500000－8701－0000104　B03/2:2/0104
雲樵草書集法二卷附聖賢道釋四贊一卷　(明)胡廷玉書纂　明弘治四年(1491)清江書堂刻本　一册

500000－8701－0000105　B03/2:2/0105
涉史隨筆一卷　(宋)葛洪撰　明弘治王朝言刻本　一册

500000－8701－0000106　B03/2:2/0106
群書集事淵海四十七卷　(明)□□輯　明弘治賈性刻本　八十册

500000－8701－0000107　B03/2:3/0107
呂氏春秋二十六卷　(秦)呂不韋撰　(漢)高誘注　明弘治十一年(1498)李瀚刻本　八册

500000－8701－0000108　B03/2:3/0108
二程全書六十五卷　(宋)程顥　(宋)程頤撰　(明)康紹宗重編　明弘治十一年(1498)陳宣刻本　二十四册

500000－8701－0000109　B03/2:4/0109
唐宋名賢歷代確論一百卷　(明)錢福編　明弘治錢孟濬刻本　二十册

500000－8701－0000110　B03/2:4/0110
新安文獻志一百卷目録二卷　(明)程敏政編　(明)王宗植續輯　明弘治十年(1497)刻本　三十二册

500000－8701－0000111　B03/2:5/0111
東萊先生音注唐鑑二十四卷　(宋)范祖禹撰　(宋)呂祖謙注　明刻本　四册

500000－8701－0000112　B03/2:5/0112
遺山先生詩集二十卷　(金)元好問撰　明弘治十一年(1498)李瀚刻本　四册

500000－8701－0000113　B03/2:5/0113
靜修先生丁亥集六卷遺文六卷遺詩六卷拾遺七卷續集三卷　(元)劉因撰　明永樂至弘治刻本　九册

500000－8701－0000114　B03/2:6/0114
資治通鑑綱目五十九卷首一卷　(宋)朱熹撰　(宋)尹起莘發明　(宋)劉友益書法　(元)汪克寬考異　(元)王幼學集覽　(元)徐昭文考證　(元)陳濟正誤　(元)馮智舒質實　明正德十六年(1521)劉洪刻本　六十册

500000－8701－0000115　B03/3:1/0115
靜修先生丁亥集六卷遺文六卷遺詩六卷拾遺七卷續集三卷　(元)劉因撰　**附録二卷**　(元)賈彝編　明弘治崔暠刻本　二册　存十二卷(拾遺七卷、續集三卷、附録二卷)

500000－8701－0000116　B03/3:1/0116
靜修先生丁亥集六卷遺文六卷遺詩六卷拾遺七卷續集三卷　(元)劉因撰　**附録二卷**　(元)賈彝編　明弘治崔暠刻本(目録有抄補)　十二册

500000－8701－0000117　B03/3:2/0117
百川學海十集一百三種一百七十九卷　(宋)左圭輯　明弘治十四年(1501)華氏刻明補刻本(有抄補)　二十册

500000－8701－0000118　B03/3:3/0118
陶學士先生文集二十卷事跡一卷　(明)陶安撰　(明)張祐校編　明弘治十三年(1500)刻本　十一册

500000－8701－0000119　B03/3:3/0119
新刊丹溪先生心法五卷　(元)朱震亨撰　(明)楊珣類集　(明)程充重訂　**附録一卷**　(明)宋濂撰　明弘治六年(1493)朱克紹刻本　十册

500000－8701－0000120　B03/3:3/0120
康齋先生文集十三卷附録一卷　(明)吳與弼撰　明弘治七年(1494)吳泰撫州刻本　十四册

500000－8701－0000121　B03/3:3/0121
陶學士先生文集二十卷事跡一卷　(明)陶安撰　(明)張祐校編　明弘治十三年(1500)刻本　五册

500000－8701－0000122　B03/3:4/0122
古文苑二十一卷　(宋)章樵注　明刻本　四册

500000－8701－0000123　B03/3:4/0123
古文苑二十一卷　(宋)章樵注　明刻本　四册

500000－8701－0000124　B03/3:4/0124
增修附註資治通鑑節要續編大全三十卷　(明)劉用章輯　(明)劉弘毅釋義　明弘治十五年(1502)江氏宗德書堂刻本　十册

500000－8701－0000125　B03/3:4/0125
康齋先生文集十三卷附錄一卷　(明)吳與弼撰　明弘治七年(1494)吳泰撫州刻本　十二册

500000－8701－0000126　B03/3:5/0126
古文苑二十一卷　(宋)章樵注　明弘治十二年(1499)刻本　六册

500000－8701－0000127　B03/3:5/0127
新刊袖珍方四卷　(明)李恒撰　明弘治五年(1492)刻本　六册　存二卷(三至四)

500000－8701－0000128　B03/3:5/0128
韋蘇州集十卷拾遺一卷　(唐)韋應物撰　明弘治九年(1496)沁水李翰、劉玘刻本　四册

500000－8701－0000129　B03/3:5/0129
道一編六卷　(明)程敏政輯　明弘治三年(1490)李汎刻本　四册

500000－8701－0000130　B03/3:5/0130
百川學海十集九十二種一百五十一卷　(宋)左圭輯　明弘治十四年(1501)華氏刻本　四十八册　存八十七種一百四十五卷(甲集:聖門事業圖一卷、漁樵對問一卷、學齋佔畢四卷、獨斷二卷、李涪刊誤二卷、九經補韻一卷、中華古今注三卷、釋常談三卷,乙集:隋遺録二卷、翰林志一卷、宋朝燕翼詒謀録五卷、春明退朝録三卷、淳熙玉堂雜紀三卷、揮塵録二卷、丁晉公談録一卷、王文正公筆録一卷、開天傳信記一卷,丙集:厚德録四卷、韓忠獻公遺事一卷、文正王公遺事一卷、濟南先生師友談記一卷、可談一卷、河東先生龍城録二卷、前定録一卷續一卷、國老談苑二卷、晁氏客語一卷、道山清話一卷,丁集:晝簾緒論一卷、官箴一卷、祛疑說一卷、因論一卷、宋景文公筆記三卷、鼠璞一卷、善誘文一卷,戊集:東坡先生志林集一卷、螢雪叢說二卷、蘇黄門龍川畧志十卷、西疇老人常言一卷、欒城先生遺言一卷、東谷所見一卷、雞肋一卷、孫公談圃三卷,己集:王公四六話二卷、四六談麈一卷、文房四友除授集一卷、擬彈駮四友除授集一卷、耕禄藁一卷、子略四卷目一卷、騷略三卷、獻醜集一卷,庚集:石林詩話三卷、東萊吕紫微詩話一卷、珊瑚鈎詩話三卷、後山居士詩話一卷、許彥周詩話一卷、竹坡老人詩話三卷,辛集:端溪硯譜一卷、硯譜一卷、歙州硯譜一卷、歙硯說一卷、辨歙石說一卷、硯史一卷、古今刀劍録一卷、香譜二卷,壬集:茶經三卷、煎茶水記一卷、茶録一卷、東溪試茶録一卷、酒譜一卷、本心齋蔬食譜一卷、筍譜一卷、菌譜一卷、蟹譜二卷,癸集:荔枝譜一卷、橘録三卷、南方草木狀三卷、竹譜一卷、劉蒙菊譜一卷、石湖菊譜一卷、史老圃菊譜一卷、梅譜一卷、洛陽牡丹記一卷、牡丹榮辱志一卷、揚州芍藥譜一卷、海棠譜三卷、師曠禽經一卷、名山洞天福地記一卷)

500000－8701－0000131　B03/3:6/0131
草木子四卷　(明)葉子奇撰　明正德十一年(1516)刻本(前序及部分正文係抄配)　三册

500000－8701－0000132　B03/3:6/0132
楊文敏公集二十五卷附錄一卷　(明)楊榮撰　明正德十年(1515)刻本　十二册

500000－8701－0000133　B03/3:7/0133
大學衍義補一百六十卷　(宋)真德秀撰　(明)邱濬補　明弘治刻本(卷三至四、十二至十四、十八至二十一係補配)　二十一册　存一百五十五卷(三至十四、十八至一百六十)

500000－8701－0000134　B03/3:7/0134
大學衍義補一百六十卷　(宋)真德秀撰　(明)邱濬補　明弘治元年(1488)建寧府書坊刻本　二十册

500000－8701－0000135　B03/3:7/0135
大學衍義補一百六十卷　（宋）真德秀撰（明）邱濬補　明弘治元年（1488）建寧府書坊刻本　二十冊

500000－8701－0000136　B03/4:1/0136
大學衍義補一百六十卷　（宋）真德秀撰（明）邱濬補　明弘治刻本　二十一冊　存九十一卷（七至十一、三十四至四十九、五十四至五十八、六十三至七十九、一百一至一百二十四、一百三十三至一百五十六）

500000－8701－0000137　B03/4:1/0137
匏翁家藏集七十七卷補遺一卷　（明）吳寬撰　明正德四年（1509）吳奭刻本　二十四冊

500000－8701－0000138　B03/4:2/0138
續資治通鑑綱目廣義十七卷　（明）張時泰著　明弘治三年（1490）刻本　六冊

500000－8701－0000139　B03/4:2/0139
精選古今名賢叢話詩林廣記十卷　（宋）蔡正孫編　明弘治十年（1497）刻本　二冊　存五卷（一至五）

500000－8701－0000140　B03/4:2/0140
杜少陵集十卷　（唐）杜甫撰　（明）宋灝校訂　明正德七年（1512）刻本　八冊

500000－8701－0000141　B03/4:2/0141
匏翁家藏集七十七卷補遺一卷　（明）吳寬撰　明正德四年（1509）吳奭刻本　二十四冊

500000－8701－0000142　B03/4:3/0142
圖繪寶鑑六卷　（元）夏文彥纂　（明）韓昂續纂　明正德刻本　四冊

500000－8701－0000143　B03/4:3/0143
齊東埜語二十卷　（宋）周密撰　明正德十年（1515）刻本　十冊

500000－8701－0000144　B03/4:3/0144
類證註釋錢氏小兒方訣十卷　（宋）閻孝忠集（明）熊宗立注　明正德三年（1508）存德書堂刻本　二冊

500000－8701－0000145　B03/4:4/0145
韻語陽秋二十卷　（宋）葛立方撰　明正德二年（1507）葛湛刻本　四冊

500000－8701－0000146　B03/4:4/0146
晉二俊文集二十卷　（晉）陸士衡　（晉）陸士龍撰　（宋）徐民瞻輯　明正德十四年（1519）陸元大刻本（陸士龍文集卷一至五係抄補）八冊

500000－8701－0000147　B03/4:4/0147
楚辭集注八卷後語六卷辯證二卷　（宋）朱熹集注　明正德十四年（1519）沈圻休寧刻本　八冊

500000－8701－0000148　B03/4:4/0148
楚辭章句十七卷　（漢）王逸撰　明正德十三年（1518）黄省曾、高第刻本　八冊

500000－8701－0000149　B03/4:4/0149
歷代通鑑纂要九十二卷　（明）李東陽等編纂　明正德二年（1507）内府刻本　三十冊

500000－8701－0000150　B03/4:6/0150
全唐詩話三卷　（宋）尤袤撰　明正德二年（1507）刻本　三冊

500000－8701－0000151　B03/4:6/0151
易學本原啓蒙意見四卷　（明）韓邦奇撰　明正德九年（1514）李滄刻本　八冊

500000－8701－0000152　B03/4:6/0152
篁墩程先生文粹二十五卷　（明）程敏政撰（明）程曾輯　明正德元年（1506）徽州張天衢刻本（卷二至四係抄補）　十冊

500000－8701－0000153　B03/4:6/0153
篁墩程先生文粹二十五卷　（明）程敏政撰（明）程曾輯　明正德元年（1506）徽州張天衢刻本　十二冊

500000－8701－0000154　B03/4:6/0154
石林燕語十卷　（宋）葉夢得撰　明正德元年（1506）刻本　五冊

500000－8701－0000155　B03/4:7/0155
爾雅翼三十二卷　（宋）羅願撰　明正德十四年（1519）羅文殊刻本　十二冊

500000－8701－0000156　B03/4：7/0156
孔子家語八卷　(三國魏)王肅注　(明)何孟春補注　明正德十六年(1521)永明書院遞修本　四册

500000－8701－0000157　B03/4：7/0157
韻語陽秋二十卷　(宋)葛立方撰　明刻本　二册

500000－8701－0000158　B03/4：7/0158
篁墩程先生文集九十三卷拾遺一卷　(明)程敏政撰　明正德二年(1507)何歆刻本　四十册

500000－8701－0000159　B03/4：7/0159
唐五十家集五十卷　(明)袁翼輯　明正德十四年(1519)覆宋刻本　二十四册

500000－8701－0000160　B03/5：1/0160
虚齋蔡先生文集五卷　(明)蔡清撰　明正德刻本　五册

500000－8701－0000161　B03/5：2/0161
止齋先生文集五十二卷附錄一卷　(宋)陳傅良撰　明正德元年(1506)林長繁刻本　六册

500000－8701－0000162　B03/5：2/0162
安陽集五十卷家傳十卷別錄三卷　(宋)韓琦撰　**遺事一卷**　(宋)強至編　明正德九年(1514)張士隆刻本　二十四册

500000－8701－0000163　B03/5：3/0163
豫章羅先生文集十七卷　(宋)羅從彦撰　**年譜一卷**　(元)曹道振編　明正德十二年(1517)姜文魁福建刻本　六册

500000－8701－0000164　B03/5：3/0164
儀禮十七卷　(漢)鄭玄注　明正德十六年(1521)陳鳳梧刻本　八册

500000－8701－0000165　B03/5：3/0165
漢魏詩集十四卷　(明)劉成德輯　明正德十二年(1517)刻本　六册

500000－8701－0000166　B03/5：3/0166
宋學士文集七十五卷　(明)宋濂撰　明正德九年(1514)張縉刻本(鑾坡集卷五係抄配)二十四册

500000－8701－0000167　B03/5：4/0167
宋學士文集七十五卷　(明)宋濂撰　明正德九年(1514)張縉刻本(鑾坡集卷五係抄配)十二册

500000－8701－0000168　B03/5：5/0168
南溪筆錄群賢詩話三卷　(明)□□輯　明正德五年(1510)程啟充刻本　三册

500000－8701－0000169　B03/5：5/0169
南溪筆錄群賢詩話三卷　(明)□□輯　明正德五年(1510)程啟充刻本　四册　存二卷(前集一卷、後集一卷)

500000－8701－0000170　B03/5：5/0170
道鄉先生鄒忠公文集四十卷續集一卷　(宋)鄒浩撰　明正德七年(1512)鄒翎刻本　十二册

500000－8701－0000171　B03/5：5/0171
增刊校正王狀元集註分類東坡先生詩二十五卷　(宋)蘇軾撰　(宋)王十朋集注　(宋)劉辰翁批點　明初刻本　二十四册

500000－8701－0000172　B03/5：6/0172
渭南文集五十二卷　(宋)陸游撰　明正德八年(1513)梁喬刻本　二十册

500000－8701－0000173　B03/5：6/0173
杜律虞註二卷　(唐)杜甫撰　(元)虞集註　明東泉張氏刻本　二册

500000－8701－0000174　B03/5：6/0174
增廣註釋音辯唐柳先生集二十卷別集一卷外集一卷　(唐)柳宗元撰　**附錄一卷**　(宋)宋祁撰　明初刻本　六册

500000－8701－0000175　B03/5：7/0175
增廣註釋音辯唐柳先生集二十卷別集一卷外集一卷　(唐)柳宗元撰　**附錄一卷**　(宋)宋祁撰　明初刻本　十二册

500000－8701－0000176　B03/5：7/0176
鶴林玉露十六卷　(宋)羅大經撰　明初覆宋刻本　四册

500000－8701－0000177　B03/5：7/0177
朱文公校昌黎先生文集四十卷外集十卷遺文一卷　（唐）韓愈撰　（宋）朱熹考異　（宋）王伯大音釋　**集傳一卷**　（宋）宋祁撰　明初刻本　十二冊

500000－8701－0000178　B03/6：1/0178
爾雅三卷　（晉）郭璞注　明初刻岱雲樓補刻本　一冊

500000－8701－0000179　B03/6：1/0179
屏山集二十卷　（宋）劉子翬著　明弘治十七年（1504）刻本　十冊

500000－8701－0000180　B03/6：1/0180
埤雅二十卷　（宋）陸佃撰　明成化十五年（1479）劉廷吉刻嘉靖二年（1523）王倖補修本　十冊

500000－8701－0000181　B03/6：1/0181
大事記十二卷通釋三卷解題十二卷　（宋）呂祖謙撰　明初刻本　二十四冊

500000－8701－0000182　B03/6：2/0182
大事記十二卷通釋三卷解題十二卷　（宋）呂祖謙撰　明初刻本　二十冊

500000－8701－0000183　B03/6：3/0183
韻補五卷　（宋）吳棫撰　明刻本　五冊

500000－8701－0000184　B03/6：3/0184
洪武正韻十六卷　（明）樂韶鳳等撰　明初刻本　五冊

500000－8701－0000185　B03/6：3/0185
禮經會元四卷　（宋）葉時著　元至正二十六年（1366）刻本　四冊

500000－8701－0000186　B03/6：3/0186
藝贊三卷　（明）鄺灝編　明嘉靖刻本　十冊

500000－8701－0000187　B03/6：3/0187
南軒先生文集四十四卷　（宋）張栻撰　明刻本　五冊

500000－8701－0000188　B03/6：3/0188
杜氏通典二百卷　（唐）杜佑纂　明嘉靖十八年（1539）方獻夫刻本　四十冊

500000－8701－0000189　B03/6：5/0189
鶴林玉露十六卷　（宋）羅大經撰　明嘉靖刻本　八冊

500000－8701－0000190　B03/6：5/0190
莊渠先生遺書十六卷　（明）魏校撰　（明）歸有光編　明嘉靖四十年（1561）王道行刻本（卷三係抄配）　十冊

500000－8701－0000191　B03/6：6/0191
橫渠張子釋六卷　（明）呂柟抄釋　明嘉靖五年（1526）刻本　四冊

500000－8701－0000192　B03/6：6/0192
莊子鬳齋口義十卷釋音一卷　（宋）林希逸撰　明嘉靖四年（1525）張士鎬刻本　十冊

500000－8701－0000193　B03/6：6/0193
元史節要十四卷　（明）張九韶編　明嘉靖張克文刻本　六冊

500000－8701－0000194　B03/6：6/0194
莊子鬳齋口義十卷釋音一卷　（宋）林希逸撰　明嘉靖四年（1525）張士鎬刻本　十冊

500000－8701－0000195　B03/6：7/0195
屠漸山蘭暉堂集十二卷　（明）屠應埈撰　明嘉靖三十一年（1552）屠中律刻本　八冊

500000－8701－0000196　B03/6：7/0196
勸忍百箴考註五卷附錄一卷　（元）許名奎撰　（明）釋覺澂考注　明嘉靖二十七年（1548）張謙刻本　八冊

500000－8701－0000197　B03/6：7/0197
莊子通義十卷　（明）朱得之傍注並通義　明嘉靖三十九年（1560）雲谷王潼錄刻本　十二冊

500000－8701－0000198　B03/7：1/0198
楮記室十五卷　（明）潘塤纂集　明嘉靖三十九年（1560）潘蔓刻本　五冊

500000－8701－0000199　B03/7：1/0199
韓柳文一百卷　（唐）韓愈　（唐）柳宗元撰　明嘉靖十六年（1537）游居敬刻本　十二冊

500000－8701－0000200　B03/7：2/0200

芝園定集五十一卷　(明)張時徹撰　明嘉靖刻本　二十六册

500000－8701－0000201　B03/7:3/0201
蘇文忠公全集一百十一卷　(宋)蘇軾撰　**年譜一卷**　(宋)王宗稷撰　明嘉靖十三年(1534)江西布政司刻本　二十二册　存一百五卷(東坡集四十卷、後集二十卷、奏議一至九、内制集十卷、樂語一卷、外制集三卷、應詔集十卷、續集十二卷)

500000－8701－0000202　B03/7:4/0202
萬首唐人絕句一百一卷　(宋)洪邁輯　明嘉靖十九年(1540)陳敬學刻本　五十册

500000－8701－0000203　B03/7:5/0203
世說新語三卷　(南朝宋)劉義慶撰　(南朝梁)劉孝標注　明嘉靖十四年(1535)吳郡袁氏嘉趣堂刻本　六册

500000－8701－0000204　B03/7:5/0204
薛考功集十卷　(明)薛蕙著　**附集一卷**　(明)□□撰　明嘉靖刻本　八册

500000－8701－0000205　B03/7:5/0205
事物考八卷　(明)王三聘輯　明嘉靖四十二年(1563)刻本　四册

500000－8701－0000206　B03/7:5/0206
事類賦三十卷　(宋)吳淑撰註　明嘉靖十一年(1532)無錫崇正書院刻本　十二册

500000－8701－0000207　B03/7:5/0207
世說新語三卷　(南朝宋)劉義慶撰　(南朝梁)劉孝標注　明嘉靖十四年(1535)吳郡袁氏嘉趣堂刻本　六册

500000－8701－0000208　B03/7:6/0208
藝文類聚一百卷　(唐)歐陽詢撰　明嘉靖六年至七年(1527－1528)胡纘宗、陸采刻本　十六册

500000－8701－0000209　B03/7:6/0209
重廣補註黃帝内經素問二十四卷　(唐)王冰注　(宋)林億校正　(宋)孫兆改誤　明嘉靖覆宋刻本　十六册

500000－8701－0000210　B03/7:7/0210
重廣補註黃帝内經素問二十四卷　(唐)王冰注　(宋)林億校正　(宋)孫兆改誤　明嘉靖覆宋刻本　五册

500000－8701－0000211　B03/7:7/0211
重廣補註黃帝内經素問二十四卷　(唐)王冰注　(宋)林億校正　(宋)孫兆改誤　明嘉靖覆宋刻本　十五册　存二十二卷(一至十四、十七至二十四)

500000－8701－0000212　B03/7:7/0212
楚辭集註八卷辯證二卷後語六卷　(宋)朱熹撰　**反離騷一卷**　(漢)揚雄撰　明嘉靖十四年(1535)袁褧刻本　十册

500000－8701－0000213　B03/7:7/0213
重廣補註黃帝内經素問二十四卷　(唐)王冰註　(宋)林億等校正　(宋)孫兆改誤　明嘉靖二十九年(1550)顧從德刻本　十册

500000－8701－0000214　B03/7:7/0214
補註釋文黃帝内經素問十二卷遺篇一卷靈樞十二卷　(唐)王冰註　(宋)林億等校正　(宋)孫兆改誤　明嘉靖趙府居敬堂刻本　二十四册

500000－8701－0000215　B04/1:2/0215
柳文四十三卷外集二卷別集二卷附錄一卷　(唐)柳宗元撰　(唐)劉禹錫編　明嘉靖遊居敬刻本　十四册

500000－8701－0000216　B04/1:2/0216
柳文四十三卷別集二卷外集二卷附錄一卷　(唐)柳宗元撰　(唐)劉禹錫編　明嘉靖莫如士刻本　八册

500000－8701－0000217　B04/1:2/0217
韓柳文一百卷　(唐)韓愈　(唐)柳宗元撰　(明)游居敬編　明嘉靖十六年(1537)游居敬刻本　十二册

500000－8701－0000218　B04/1:2/0218
蔡端明別紀十二卷　(明)徐𤊹編　明萬曆刻本　一册

500000－8701－0000219　B04/1:3/0219
重刊黄文獻公文集十卷　(元)黄溍撰　(明)宋濂輯　(明)張儉編　明嘉靖十年(1531)虞守愚刻本　十六册

500000－8701－0000220　B04/1:3/0220
有宋福建莆陽黄國簿四如先生文稿四卷末一卷　(宋)黄仲元撰　明嘉靖二十五年(1546)刻本　二册

500000－8701－0000221　B04/1:3/0221
補註釋文黄帝内經素問十二卷遺篇一卷　(唐)王冰注　(宋)孫兆改誤　明嘉靖趙府居敬堂刻本　十二册

500000－8701－0000222　B04/1:4/0222
妙絕古今不分卷　(宋)湯漢編　明嘉靖三十四年(1555)蕭蘭氏刻本　六册

500000－8701－0000223　B04/1:4/0223
書敘指南十二卷　(宋)任廣編　(明)柴紥增定　明嘉靖三十七年(1558)白石書屋刻本　四册

500000－8701－0000224　B04/1:4/0224
鶡冠子三卷　(宋)陸佃解　明刻本　三册

500000－8701－0000225　B04/1:4/0225
趙清獻公文集十卷附錄一卷　(宋)趙抃撰　明嘉靖四十一年(1562)衢州西安邑庠汪旦刻本　八册

500000－8701－0000226　B04/1:5/0226
史記一百三十卷　(漢)司馬遷撰　(南朝宋)裴駰集解　(唐)司馬貞索隱　(唐)張守節正義　明嘉靖震澤王氏翻宋刻本　四十册

500000－8701－0000227　B04/1:6/0227
[安徽休寧]回嶺汪氏宗譜□□卷　(元)汪德麟撰　明嘉靖刻本　一册　存六卷(四至九)

500000－8701－0000228　B04/1:6/0228
國語二十一卷　(三國吳)韋昭注　明嘉靖七年(1528)金李澤遠堂覆宋刻本　四册

500000－8701－0000229　B04/1:7/0229
椒丘文集三十四卷外集一卷　(明)何喬新撰　明嘉靖元年(1522)余罃刻本　二十册

500000－8701－0000230　B04/1:7/0230
史記題評一百三十卷　(漢)司馬遷撰　(明)李元陽輯訂　**補史記一卷**　(唐)司馬貞撰　明嘉靖十六年(1537)福州胡有恒、胡瑞敦刻本　六十四册

500000－8701－0000231　B04/2:2/0231
青陽先生文集六卷附錄二卷　(元)余闕撰　明嘉靖十七年(1538)鄭錫麟刻本　四册

500000－8701－0000232　B04/2:2/0232
青陽先生文集六卷附錄二卷　(元)余闕撰　明正德刻本　四册

500000－8701－0000233　B04/2:2/0233
青陽先生文集六卷　(元)余闕撰　明嘉靖十七年(1538)鄭錫麟刻本　四册

500000－8701－0000234　B04/2:3/0234
秦漢文四卷　(明)胡纘宗編　明嘉靖三年(1524)刻本　四册

500000－8701－0000235　B04/2:3/0235
春秋四傳三十八卷綱領一卷提要一卷圖說一卷諸國興廢說一卷二十國年表一卷　(宋)胡安國傳　明嘉靖十一年(1532)建寧府刻本　二十四册

500000－8701－0000236　B04/2:4/0236
呂氏家塾讀詩記三十二卷　(宋)呂祖謙撰　明嘉靖十年(1531)傅應臺覆宋刻本(卷二十八至三十二係抄配)　十六册

500000－8701－0000237　B04/2:4/0237
雅宜山人集十卷　(明)王寵撰　明嘉靖十六年(1537)董宜陽、朱浚明刻本　十册

500000－8701－0000238　B04/2:4/0238
史通二十卷　(唐)劉知幾撰　明嘉靖陸儼山刻本　八册

500000－8701－0000239　B04/2:4/0239
曹子建集十卷　(三國魏)曹植撰　明嘉靖二十一年(1542)郭雲鵬刻本　四册

500000－8701－0000240　B04/2:5/0240

陳學士吟窓雜録五十卷　(宋)陳應行編　明嘉靖二十七年(1548)崇文書堂刻本　二十冊

500000－8701－0000241　B04/2:5/0241
桂洲奏議二十卷外集二卷桂洲集四卷　(明)夏言撰　明刻本　十六冊

500000－8701－0000242　B04/2:6/0242
朱文公校昌黎先生文集四十卷外集十卷遺文一卷　(唐)韓愈撰　(唐)李漢編　(宋)朱熹考異　(宋)王伯大音釋　**集傳一卷**　(宋)宋祁撰　明刻本　十六冊

500000－8701－0000243　B04/2:6/0243
東江家藏集四十二卷附録一卷　(明)顧清撰　明嘉靖顧應陽刻本　十八冊　存四十二卷(二至四十二、附録一卷)

500000－8701－0000244　B04/2:7/0244
歷代史纂左編一百四十二卷　(明)唐順之編　明嘉靖四十年(1561)胡宗憲刻本(卷七十七至八十、八十二、八十四至八十五配清抄本)　一百二十冊

500000－8701－0000245　B04/3:2/0245
春秋左傳註疏六十卷　(晉)杜預注　(唐)孔穎達疏　(唐)陸德明釋文　明嘉靖李元陽刻本　六十冊

500000－8701－0000246　B04/3:4/0246
劉向說苑二十卷新序十卷　(漢)劉向撰　明嘉靖二十六年(1547)東海何良俊刻本　八冊

500000－8701－0000247　B04/3:4/0247
唐劉賓客詩集六卷　(唐)劉禹錫撰　明嘉靖二十九年(1550)毘陵蔣孝刻廣十二家唐詩本　四冊

500000－8701－0000248　B04/3:4/0248
鼇峰類稿二十六卷　(明)毛紀撰　明嘉靖二十一年(1542)刻本　八冊

500000－8701－0000249　B04/3:4/0249
風雅廣逸十卷附録一卷　(明)馮惟訥編　明嘉靖三十年(1551)刻本　四冊

500000－8701－0000250　B04/3:5/0250
修辭指南二十卷　(明)浦南金編　明嘉靖三十六年(1557)浦氏五樂堂刻本　二十冊

500000－8701－0000251　B04/3:5/0251
陽明先生文録五卷外集九卷別録十卷　(明)王守仁撰　明嘉靖十五年(1536)聞人詮刻本　二十冊

500000－8701－0000252　B04/3:6/0252
劉向新序十卷　(漢)劉向撰　明嘉靖二十六年(1547)何良俊刻本　四冊

500000－8701－0000253　B04/3:6/0253
陸子餘集八卷附録一卷　(明)陸粲撰　明嘉靖四十三年(1564)吳郡陸延枝刻本　八冊

500000－8701－0000254　B04/3:7/0254
周易集解十七卷　(唐)李鼎祚輯　**周易集解略例一卷**　(三國魏)王弼撰　明嘉靖三十六年(1557)聚樂堂刻本　八冊

500000－8701－0000255　B04/3:7/0255
周易傳義十六卷附上下篇義一卷周易朱子圖說一卷易五贊一卷筮儀一卷　(宋)程頤傳　(宋)朱熹本義　明嘉靖遂昌應檟刻本　八冊

500000－8701－0000256　B04/4:1/0256
周禮註疏四十二卷　(漢)鄭玄注　(唐)賈公彥疏　(唐)陸德明音義　明嘉靖應檟刻本　二十冊

500000－8701－0000257　B04/4:1/0257
丹鉛總録二十七卷　(明)楊慎撰　明嘉靖三十三年(1554)梁佐刻本　十冊

500000－8701－0000258　B04/4:1/0258
丹鉛總録二十七卷　(明)楊慎撰　明嘉靖三十三年(1554)梁佐刻本　十六冊

500000－8701－0000259　B04/4:2/0259
陶靖節集十卷　(晉)陶潛撰　明嘉靖二十七年(1548)九江郡齋刻本　四冊

500000－8701－0000260　B04/4:2/0260
醫學統旨六卷　(明)葉文齡撰　明嘉靖十四年(1535)胡體乾刻本(序、卷六係抄配)　十二冊

500000－8701－0000261　B04/4:2/0261
矯亭存稿十八卷　(明)方鵬撰　明嘉靖十四年(1535)刻本　七冊　存十六卷(一至十六)

500000－8701－0000262　B04/4:2/0262
丹溪心法附餘二十四卷首一卷　(明)方廣類集　明嘉靖十五年(1536)刻本　六冊　存十二卷(一至二、十一至十五、二十一至二十四,首一卷)

500000－8701－0000263　B04/4:3/0263
臨川先生文集一百卷目錄二卷　(宋)王安石撰　明刻本　三十冊

500000－8701－0000264　B04/4:4/0264
臨川先生文集一百卷目錄二卷　(宋)王安石撰　明嘉靖三十九年(1560)江西巡撫何遷刻本　三十二冊

500000－8701－0000265　B04/4:5/0265
金石古文十四卷　(明)楊慎輯　明嘉靖三十四年(1555)陝西李懿刻本　四冊

500000－8701－0000266　B04/4:5/0266
金石古文十四卷　(明)楊慎輯　明嘉靖三十四年(1555)陝西李懿刻本　四冊

500000－8701－0000267　B04/4:5/0267
鹽鐵論十二卷　(漢)桓寬撰　(明)張之象注　明嘉靖三十三年(1554)張氏猗蘭堂刻本　十二冊

500000－8701－0000268　B04/4:5/0268
翁東涯集十七卷　(明)翁萬達撰　明嘉靖三十五年(1556)汴藩鄒氏刻本　二十冊

500000－8701－0000269　B04/4:6/0269
念菴羅先生集十三卷　(明)羅洪先撰　明嘉靖四十三年(1564)甄津刻本　八冊

500000－8701－0000270　B04/4:6/0270
歐陽文集五十卷　(宋)歐陽修撰　**廬陵歐陽文忠公年譜一卷**　(宋)胡柯撰　明嘉靖二十二年(1543)李冕刻本　十冊

500000－8701－0000271　B04/4:6/0271
前漢書一百卷　(漢)班固撰　(唐)顏師古注　明嘉靖二十八年(1549)崇陽汪文盛校福州刻本　二十冊

500000－8701－0000272　B04/4:7/0272
鄭文十五卷鄭詩十三卷附錄二卷　(明)鄭善夫撰　明嘉靖三年(1524)汪文盛刻本　四冊

500000－8701－0000273　B04/4:7/0273
錦繡萬花谷前集四十卷後集四十卷續集四十卷　(宋)□□輯　明嘉靖十四年(1535)徽藩崇古書院刻本　四十四冊

500000－8701－0000274　B04/5:2/0274
詩緝三十六卷　(宋)嚴粲述　明嘉靖趙府味經堂刻本　二十四冊

500000－8701－0000275　B04/5:3/0275
詩緝三十六卷　(宋)嚴粲述　明嘉靖趙府味經堂刻本　十二冊

500000－8701－0000276　B04/5:3/0276
錦繡萬花谷前集四十卷後集四十卷續集四十卷別集三十卷　(宋)□□輯　明嘉靖十五年(1536)秦汴繡石書堂刻本　四十八冊

500000－8701－0000277　B04/5:5/0277
念菴羅先生集十三卷　(明)羅洪先撰　明嘉靖四十二年(1563)劉玠刻本　十六冊

500000－8701－0000278　B04/5:5/0278
錦繡萬花谷前集四十卷後集四十卷續集四十卷　(宋)□□輯　明嘉靖十五年(1536)秦汴繡石書堂刻本　三十二冊

500000－8701－0000279　B04/5:6/0279
詩人玉屑二十卷　(宋)魏慶之輯　明嘉靖六年(1527)洪都玉峰潛仙刻本　十二冊

500000－8701－0000280　B04/5:6/0280
詩外傳十卷　(漢)韓嬰撰　明嘉靖通津草堂刻本　四冊

500000－8701－0000281　B04/5:7/0281
錦繡萬花谷前集四十卷後集四十卷續集四十卷　(宋)□□輯　明嘉靖十五年(1536)秦汴繡石書堂刻本　四十冊

500000－8701－0000282　B04/6:1/0282

少湖先生文集七卷　(明)徐階撰　明嘉靖三十六年(1557)宿應麟刻本　一册　存二卷(六至七)

500000-8701-0000283　B04/6:1/0283
節孝先生文集三十卷附録一卷　(宋)徐積撰　明嘉靖劉祐翻宋刻本　六册

500000-8701-0000284　B04/6:1/0284
韻補五卷　(宋)吴棫撰　明嘉靖許宗魯刻本　五册

500000-8701-0000285　B04/6:1/0285
少湖先生文集七卷　(明)徐階撰　明嘉靖三十六年(1557)宿應麟刻本　六册

500000-8701-0000286　B04/6:2/0286
類博稿十卷　(明)岳正撰　明嘉靖十八年(1539)新淦吴逵刻本　八册

500000-8701-0000287　B04/6:2/0287
讀書録二十四卷　(明)薛瑄撰　明嘉靖二年(1523)蕭鳴鳳刻本　十册

500000-8701-0000288　B04/6:2/0288
醫學綱目四十卷　(明)樓英撰　**運氣占候補遺一卷**　(明)邵弁輯　明嘉靖四十四年(1565)刻本　二册　存二卷(四十、運氣占候補遺一卷)

500000-8701-0000289　B04/6:2/0289
灼艾别集二卷　(明)萬表輯　明嘉靖二十二年(1543)刻本　二册

500000-8701-0000290　B04/6:2/0290
餘冬序録二卷　(明)何孟春撰　明嘉靖三十年(1551)刻本　四册

500000-8701-0000291　B04/6:3/0291
誠齋先生易傳二十卷　(宋)楊萬里撰　明嘉靖二十一年(1542)尹耕療鶴亭刻本　八册

500000-8701-0000292　B04/6:3/0292
小四書五卷　(明)朱升編　明嘉靖元年(1522)于氏家塾刻本　五册

500000-8701-0000293　B04/6:3/0293
韻補五卷　(宋)吴棫撰　明嘉靖許宗魯刻本　五册

500000-8701-0000294　B04/6:3/0294
讀書劄記八卷　(明)徐問撰　明嘉靖十四年(1535)刻本　四册

500000-8701-0000295　B04/6:3/0295
唐人選唐詩六種十二卷　(明)□□輯　明嘉靖刻本　四册　存三種五卷(篋中集一卷、搜玉小集一卷、國秀集三卷)

500000-8701-0000296　B04/6:4/0296
詩紀前集十卷正集一百三十卷外集四卷别集十二卷　(明)馮惟訥編　明嘉靖三十九年(1560)刻本　八十册

500000-8701-0000297　B04/6:6/0297
讀易餘言五卷　(明)崔銑撰　明嘉靖崔氏家塾刻本　四册

500000-8701-0000298　B04/6:6/0298
常評事集四卷寫情集二卷　(明)常倫撰　(明)韓范編　明刻本　一册　存四卷(常評事集四卷)

500000-8701-0000299　B04/6:6/0299
許氏説文解字五音韻譜十二卷　(宋)李燾撰　明嘉靖十一年(1532)犍爲孫甫刻本　十六册

500000-8701-0000300　B04/6:6/0300
論衡三十卷　(漢)王充撰　明嘉靖十四年(1535)吴郡蘇獻可刻本　二十册

500000-8701-0000301　B04/6:7/0301
論衡三十卷　(漢)王充撰　明嘉靖十四年(1535)吴郡蘇獻可刻本　六册

500000-8701-0000302　B04/6:7/0302
廬山紀事十二卷　(明)桑喬撰　明嘉靖四十年(1561)孫氏刻本(卷十至十二係抄配)　十二册

500000-8701-0000303　B04/6:7/0303
玉巖先生文集九卷附録一卷　(明)周廣撰　明嘉靖三十七年(1558)杏華書屋刻清乾隆九年(1744)周挺重修本(卷九末篇爲清抄配)

八册

500000－8701－0000304　B04/6:7/0304
范文正公忠宣公全集五十九卷　(宋)范仲淹　(宋)范純仁撰　明嘉靖至萬曆范惟元刻本　十二册

500000－8701－0000305　B04/7:1/0305
一峰先生文集十四卷　(明)羅倫撰　明嘉靖二十八年(1549)張言刻本　四册

500000－8701－0000306　B04/7:1/0306
人物志三卷　(三國魏)劉卲撰　(北魏)劉昞注　明嘉靖刻本　一册

500000－8701－0000307　B04/7:1/0307
王忠文公文集二十四卷　(明)王禕撰　(明)劉傑編　明嘉靖張齊刻本　二十四册

500000－8701－0000308　B04/7:2/0308
類箋唐王右丞詩集十卷文集四卷年譜一卷外編一卷附錄三卷　(唐)王維撰　(宋)劉辰翁評　(明)顧起經注　明嘉靖三十五年(1556)錫山顧氏奇字齋刻本　十二册

500000－8701－0000309　B04/7:2/0309
唐王右丞詩集六卷　(唐)王維撰　(明)顧可久注說　明嘉靖三十八年(1559)洞易書院刻本　二册

500000－8701－0000310　B04/7:2/0310
類箋唐王右丞詩集十卷文集四卷年譜一卷外編一卷附錄三卷　(唐)王維撰　(宋)劉辰翁評　明嘉靖三十五年(1556)錫山顧氏奇字齋刻本　二十册

500000－8701－0000311　B04/7:3/0311
五雅七十三卷　(明)畢效欽編　明嘉靖畢氏刻本　十二册　存三十八卷(廣雅十卷、重刊埤雅二十卷、釋名八卷)

500000－8701－0000312　B04/7:3/0312
王忠文公文集二十四卷　(明)王禕撰　(明)劉傑編　明嘉靖張齊刻本　八册

500000－8701－0000313　B04/7:4/0313
五嶽山人集三十八卷　(明)黄省曾著　明嘉靖刻本　十四册

500000－8701－0000314　B04/7:4/0314
元文類七十卷目錄三卷　(元)蘇天爵輯　明嘉靖十六年(1537)晉藩虛益堂刻本　二十册

500000－8701－0000315　B04/7:5/0315
五雅七十三卷　(明)畢效欽編　明嘉靖畢氏刻本　二册　存十卷(廣雅十卷)

500000－8701－0000316　B04/7:5/0316
至遊子二卷　(□)□□撰　明嘉靖四十五年(1566)姚汝循刻本　四册

500000－8701－0000317　B04/7:5/0317
王遵巖家居集七卷　(明)王慎中撰　(明)洪朝選編　明嘉靖三十一年(1552)句吳書院刻本　四册

500000－8701－0000318　B04/7:5/0318
元文類七十卷目錄三卷　(元)蘇天爵輯　明嘉靖十六年(1537)晉藩虛益堂刻本　二十册

500000－8701－0000319　B04/7:6/0319
金瓶梅一百回　題(明)蘭陵笑笑生撰　(清)張竹坡評　清刻本　二十四册

500000－8701－0000320　B04/7:7/0320
皋鶴堂批評第一奇書金瓶梅一百回　(清)李漁著　清康熙三十四年(1695)刻本　二十册

500000－8701－0000321　B04/7:7/0321
□像金瓶梅一百回　題(明)蘭陵笑笑生撰　清刻本　二十四册

500000－8701－0000322　B04/7:7/0322
金瓶梅一百回　題(明)蘭陵笑笑生撰　(清)張竹坡評　清崇經堂刻本　二十册

500000－8701－0000323　B04/7:7/0323
金瓶梅一百回　題(明)蘭陵笑笑生撰　清刻本　十册

500000－8701－0000324　B05/1:1/0324
[佛學經典音義]□□卷　(□)□□撰　北宋刻本　一册　存二十三卷(二十、二十七、三十四、四十二至四十四、五十、五十二至五十三、五十五至五十六、六十一至六十二、六十

四、六十七、七十六、七十九、八十三至八十八,所有存卷均爲殘葉)

500000－8701－0000325　B05/1:1/0325
大般若波羅密多經□□卷　(唐)釋玄奘譯　唐寫本　一幅　存一卷(三十)

500000－8701－0000326　B05/1:1/0326
唐代西藏文無量壽經一卷　(□)□□撰　唐寫本　一幅

500000－8701－0000327　B05/1:1/0327
唐人寫經一卷　(□)□□撰　唐初寫本　一幅

500000－8701－0000328　B05/1:1/0328
十二緣生祥瑞經二卷　(宋)釋施護譯　宋寫本　一册　存一卷(一)

500000－8701－0000329　B05/1:1/0329
琴苑心傳全編二十卷　(清)孔興誘輯　清康熙九年(1670)刻本(序、目次、卷一係抄配)　八册

500000－8701－0000330　B05/1:1/0330
名公增修標註隋書詳節二十卷　(唐)魏徵撰　宋刻本　十四册

500000－8701－0000331　B05/1:1/0331
雜阿含經五十卷　(南朝宋)釋求那跋陀羅譯　元普寧寺刻本　一册　存一卷(二十二)

500000－8701－0000332　B05/1:1/0332
大寶積經論四卷　(唐)釋菩提流志譯　元至元普寧寺刻本　一册　存一卷(四)

500000－8701－0000333　B05/1:1/0333
大寶積經一百二十卷　(唐)釋玄奘譯　元至元普寧寺刻本　一册　存一卷(四十一)

500000－8701－0000334　B05/1:3/0334
宋書一百卷　(南朝梁)沈約撰　宋蜀刻元明遞修本　二十三册　存八十四卷(五至十、二十三至一百)

500000－8701－0000335　B05/1:4/0335
欽定四庫全書簡明目錄□□卷　(清)紀昀撰　清寫本　二册　存一卷(十五)

500000－8701－0000336　B05/1:4/0336
南齊書五十九卷　(南朝梁)蕭子顯輯　宋蜀刻宋元明三朝遞修本　二十四册

500000－8701－0000337　B05/1:5/0337
通鑑紀事本末四十二卷　(宋)袁樞撰　宋寶祐五年(1257)趙與篙刻元明遞修本　二册　存二卷(七、十三)

500000－8701－0000338　B05/1:5/0338
漢書一百二十卷　(漢)班固撰　(唐)顔師古注　宋刻元修本　十六册　存三十卷(本紀十二卷、年表八卷、志十卷)

500000－8701－0000339　B05/1:6/0339
說苑二十卷　(漢)劉向撰　明成化仿宋刻本　十一册　存十八卷(一至四、七至二十)

500000－8701－0000340　B05/1:6/0340
論語註疏解經二十卷　(三國魏)何晏集解　(宋)邢昺疏　宋刻元明遞修本　二册　存十卷(十一至二十)

500000－8701－0000341　B05/1:6/0341
北堂書鈔一百六十卷　(唐)虞世南撰　明臥雲山房抄本　十六册

500000－8701－0000342　B05/1:7/0342
康齋先生文集十二卷附錄一卷　(明)吳與弼撰　明嘉靖五年(1526)刻本　十二册　存十二卷(文集十二卷)

500000－8701－0000343　B05/2:1/0343
康齋先生文集十二卷附錄一卷　(明)吳與弼撰　明嘉靖五年(1526)林維德刻本　八册

500000－8701－0000344　B05/2:1/0344
批點唐詩始音十五卷　(元)楊士弘編　(明)顧璘批點　明嘉靖二十年(1541)刻四十四年(1565)補刻本　五册

500000－8701－0000345　B05/2:1/0345
重選唐音大成十五卷　(明)邵天和編　明嘉靖六年(1527)刻本　八册

500000－8701－0000346　B05/2:2/0346
雍熙樂府二十卷　(明)郭勛輯　明嘉靖四十

五年(1566)蕭春山刻本　三十冊

500000－8701－0000347　B05/2:3/0347
重校正唐文粹一百卷　(宋)姚鉉纂　明嘉靖三年(1524)徐焴刻本　二十四冊

500000－8701－0000348　B05/2:4/0348
唐文萃一百卷　(宋)姚鉉纂　明嘉靖五年(1526)晉藩朱知烊養德書院刻本　二十冊

500000－8701－0000349　B05/2:4/0349
唐文粹一百卷　(宋)姚鉉纂　明嘉靖七年(1528)晉藩朱知烊養德書院刻本　二十冊

500000－8701－0000350　B05/2:5/0350
唐詩紀事八十一卷　(宋)計有功撰　明嘉靖錢塘洪楩刻本　十六冊

500000－8701－0000351　B05/2:6/0351
唐詩紀事八十一卷　(宋)計有功撰　明嘉靖錢塘洪楩刻本　十冊

500000－8701－0000352　B05/2:6/0352
重刊校正唐荊川先生文集十二卷　(明)唐順之撰　明嘉靖三十三年(1554)浙江葉寶山堂刻本　十二冊

500000－8701－0000353　B05/2:6/0353
唐翰林李白詩類編十二卷　(唐)李白撰　明嘉靖元年(1522)虚白刻本　六冊

500000－8701－0000354　B05/2:7/0354
唐詩紀事八十一卷　(宋)計有功撰　明嘉靖二十四年(1545)張子立刻本　三十六冊

500000－8701－0000355　B05/3:1/0355
唐盧戶部詩集十卷　(唐)盧綸撰　明嘉靖二十九年(1550)毘陵蔣氏刻廣十二家唐詩本　四冊

500000－8701－0000356　B05/3:1/0356
唐賈浪仙長江集十卷　(唐)賈島撰　明嘉靖二十九年(1550)毘陵蔣氏刻廣十二家唐詩本　四冊

500000－8701－0000357　B05/3:1/0357
唐書二百卷　(五代)劉昫等撰　明嘉靖十八年(1539)蘇州府儒學訓導沈桐刻本　二十冊

500000－8701－0000358　B05/3:1/0358
重刊校正唐荊川先生文集十二卷　(明)唐順之撰　明嘉靖三十二年(1553)浙江葉寶山堂刻本　六冊

500000－8701－0000359　B05/3:2/0359
唐書二百卷　(五代)劉昫等撰　明嘉靖十八年(1539)聞人詮刻本　四十冊

500000－8701－0000360　B05/3:3/0360
文編六十四卷　(明)唐順之選批　明嘉靖胡帛刻本　三十二冊

500000－8701－0000361　B05/3:4/0361
文襄公奏議八卷　(明)桂萼撰　明嘉靖二十三年(1544)刻本　八冊

500000－8701－0000362　B05/3:4/0362
何氏語林三十卷　(明)何良俊撰並注　明嘉靖二十九年(1550)何氏清森閣刻本　十冊

500000－8701－0000363　B05/3:5/0363
集錄真西山文章正宗三十卷　(宋)真德秀輯　明嘉靖二十三年(1544)孔天胤刻本　十六冊

500000－8701－0000364　B05/3:5/0364
列仙傳二卷　(漢)劉向撰　明嘉靖刻本　二冊

500000－8701－0000365　B05/3:5/0365
自知堂集二十四卷　(明)蔡汝楠撰　明嘉靖刻本　八冊

500000－8701－0000366　B05/3:6/0366
何翰林集二十八卷　(明)何良俊撰　明嘉靖四十四年(1565)何氏香嚴精舍刻本　十二冊

500000－8701－0000367　B05/3:6/0367
豫章羅先生文集十七卷　(宋)羅從彥　(元)曹道振撰　**年譜一卷**　(元)曹道振編　明嘉靖三十三年(1554)謝鸞刻本　四冊

500000－8701－0000368　B05/3:6/0368
何氏語林三十卷　(明)何良俊撰並注　明嘉靖二十九年(1550)何氏清森閣刻本　十冊

500000－8701－0000369　B05/3:6/0369

何氏語林三十卷　(明)何良俊撰並注　明刻本　八冊

500000－8701－0000370　B05/3:7/0370
山海經釋義十八卷　(晉)郭璞傳　(明)王崇慶釋義　明嘉靖刻本　六冊

500000－8701－0000371　B05/3:7/0371
新安名族志二卷　(元)陳定宇撰　(明)程尚寬續補　明嘉靖三十年(1551)刻本　一冊　存一卷(一)

500000－8701－0000372　B05/3:7/0372
孟東野詩集八卷　(唐)孟郊撰　明嘉靖六年(1527)楊謙刻本　二冊

500000－8701－0000373　B05/3:7/0373
紫陽文公先生[朱熹]年譜五卷　(明)李默撰　明嘉靖三十一年(1552)朱凌刻本　二冊

500000－8701－0000374　B05/3:7/0374
孫子集註十三卷　(春秋)孫武撰　(三國魏)武帝曹操集注　(宋)歐陽修輯　明嘉靖三十四年(1555)談愷刻本　五冊

500000－8701－0000375　B05/3:7/0375
註陸宣公奏議十五卷附制誥十卷　(唐)陸贄撰　(宋)郎曄注　明嘉靖三十四年(1555)汪氏刻本　六冊

500000－8701－0000376　B05/3:7/0376
岑嘉州集二卷　(唐)岑參撰　明嘉靖江都黃埻東壁圖書府刻本　四冊

500000－8701－0000377　B05/3:7/0377
岑嘉州集八卷　(唐)岑參撰　明嘉靖刻本　四冊

500000－8701－0000378　B05/3:7/0378
顏魯公文集十五卷補遺一卷　(唐)顏真卿撰　**年譜一卷**　(宋)留元剛編　**附錄不分卷**　(唐)令狐峘撰　明嘉靖二年(1523)錫山安國刻本　八冊

500000－8701－0000379　B05/4:1/0379
新刊迂齋先生標註崇古文訣三十五卷　(宋)樓昉編　明嘉靖松陵吳氏刻本　八冊

500000－8701－0000380　B05/4:1/0380
文選類林十八卷　(宋)劉攽編　明嘉靖三十七年(1558)新安吳思賢刻本　十二冊

500000－8701－0000381　B05/4:1/0381
熊士選集一卷　(明)熊卓撰　**附錄一卷**　(明)楊廉等撰　明嘉靖二十二年(1543)刻本　一冊

500000－8701－0000382　B05/4:1/0382
熊士選集一卷　(明)熊卓撰　**附錄一卷**　(明)楊廉等撰　明嘉靖二十二年(1543)刻本　一冊

500000－8701－0000383　B05/4:1/0383
和靖尹先生文集十卷附錄一卷　(宋)尹焞撰　明嘉靖九年(1530)刻本　四冊

500000－8701－0000384　B05/4:1/0384
張文定公文選三十九卷　(明)張邦奇撰　明嘉靖二十九年(1550)刻本　五冊　存二十卷(一至二十)

500000－8701－0000385　B05/4:1/0385
文選類林十八卷　(宋)劉攽編　明嘉靖三十七年(1558)新安吳思賢刻本　六冊

500000－8701－0000386　B05/4:2/0386
瑞泉南伯子集二十二卷　(明)南大吉撰　**後紀一卷**　(明)南逢吉撰　**附錄一卷**　(□)□□撰　明嘉靖四十四年(1565)南軒刻本　五冊　存九卷(十六至二十二、後紀一卷、附錄一卷)

500000－8701－0000387　B05/4:2/0387
震澤先生集三十六卷　(明)王鏊撰　明嘉靖王永熙等刻本　十六冊

500000－8701－0000388　B05/4:2/0388
宋邵康節先生伊川擊壤集十卷　(宋)邵雍撰　(明)吳瀚摘注　(明)吳泰增注　明萬曆三十三年(1605)吳元維刻本　四冊

500000－8701－0000389　B05/4:2/0389
何大復先生集三十八卷　(明)何景明撰　**附錄一卷**　(□)□□撰　明萬曆五年(1577)陳

堂胡秉性刻本　十二冊

500000－8701－0000390　B05/4:3/0390
晉溪本兵敷奏十四卷　(明)王瓊撰　明嘉靖二十三年(1544)刻本　十四冊

500000－8701－0000391　B05/4:3/0391
潘笠江先生集十二卷　(明)潘恩撰　明嘉靖至萬曆遞刻本　十冊

500000－8701－0000392　B05/4:3/0392
笠江近稿不分卷　(明)潘恩撰　明嘉靖刻本　三冊

500000－8701－0000393　B05/4:4/0393
迂齋先生標註崇古文訣三十五卷　(宋)樓昉編　明嘉靖十二年(1533)王鴻漸刻本　四冊

500000－8701－0000394　B05/4:4/0394
侯鯖錄八卷　(宋)趙令畤撰　明嘉靖二十三年(1544)芸窓書院刻本　四冊

500000－8701－0000395　B05/4:4/0395
皇明徽詩彙編四十二卷附錄一卷　(明)李敏選訂　明嘉靖四十年(1561)刻本　六冊

500000－8701－0000396　B05/4:4/0396
後漢書九十卷　(南朝宋)范曄撰　(唐)李賢注　明嘉靖二十八年(1549)廖言刻本　二十冊

500000－8701－0000397　B05/4:5/0397
集千家註杜工部詩集二十卷文集二卷　(唐)杜甫撰　**詩集附錄一卷**　(唐)元稹　(宋)宋祁撰　明嘉靖十五年(1536)明易山人刻本　十二冊

500000－8701－0000398　B05/4:5/0398
集千家註杜工部詩集二十卷　(唐)杜甫撰　明嘉靖十五年(1536)明易山人刻本　十一冊

500000－8701－0000399　B05/4:6/0399
集千家註杜工部詩集二十卷文集二卷　(唐)杜甫撰　明嘉靖十五年(1536)明易山人刻本　二十二冊　存二十卷(詩集一至六、八、十至二十,文集二卷)

500000－8701－0000400　B05/4:7/0400
列仙傳二卷　(漢)劉向撰　明嘉靖三十二年(1553)黃省曾刻漢唐三傳本　一冊

500000－8701－0000401　B05/4:7/0401
漢唐三傳四種十三卷　(明)黃省曾輯　明嘉靖三十二年(1553)黃省曾刻本　二冊

500000－8701－0000402　B05/4:7/0402
列仙傳二卷　(漢)劉向撰　**續仙傳一卷**　(唐)沈汾撰　明嘉靖三十二年(1553)黃省曾刻漢唐三傳本　一冊

500000－8701－0000403　B05/4:7/0403
高士傳三卷　(晉)皇甫謐撰　(明)黃省曾頌　明嘉靖刻本　一冊

500000－8701－0000404　B05/4:7/0404
[嘉靖]山東通志四十卷　(明)陸釴纂修　明嘉靖十一年(1532)刻本(卷十八、三十七至三十八係抄配)　十八冊

500000－8701－0000405　B05/5:1/0405
豫章黃先生文集三十卷外集十四卷別集二十卷山谷詞一卷簡尺二卷　(宋)黃庭堅撰　**青社黃先生伐檀集二卷**　(宋)黃庶撰　**山谷黃先生年譜三十卷**　(宋)黃㽦編　**山谷黃先生別傳一卷**　(明)周季鳳撰　明嘉靖六年(1527)喬遷、余載仕刻隆慶二年(1568)修補本　三十六冊

500000－8701－0000406　B05/5:2/0406
豫章黃先生文集三十卷外集十四卷別集二十卷山谷詞一卷簡尺二卷　(宋)黃庭堅撰　**青社黃先生伐檀集二卷**　(宋)黃庶撰　**山谷黃先生年譜三十卷**　(宋)黃㽦編　**山谷黃先生別傳一卷**　(明)周季鳳撰　明嘉靖六年(1527)喬遷、余載仕刻本　二十四冊

500000－8701－0000407　B05/5:2/0407
自警編九卷　(宋)趙善璙輯　明嘉靖十九年(1540)刻本　三冊　存七卷(一至七)

500000－8701－0000408　B05/5:2/0408
潛虬山人詩集十卷　(明)佘育撰　明嘉靖十二年(1533)刻本　四冊

500000 - 8701 - 0000409　B05/5:2/0409
真文忠公續文章正宗二十卷　(宋)真德秀編　明嘉靖胡松刻本　八册

500000 - 8701 - 0000410　B05/5:3/0410
續編資治宋元綱目大全二十七卷首一卷　(明)商輅等撰　明嘉靖十年(1531)建邑書林楊氏清江書堂刻本　二十六册

500000 - 8701 - 0000411　B05/5:3/0411
白沙子八卷　(明)陳獻章撰　明嘉靖十二年(1533)刻本　十六册

500000 - 8701 - 0000412　B05/5:4/0412
新刊紫陽朱子綱目大全五十九卷　(宋)朱熹撰　明嘉靖十年(1531)建邑書林楊氏清江書堂刻本　六十册

500000 - 8701 - 0000413　B05/5:5/0413
汪文定公集十三卷　(宋)汪應辰撰　**附録一卷**　(宋)樓鑰等撰　明嘉靖二十五年(1546)夏浚刻本　六册

500000 - 8701 - 0000414　B05/5:5/0414
皇明文選二十卷　(明)汪宗元編　明嘉靖三十三年(1554)汪氏刻本　十二册

500000 - 8701 - 0000415　B05/5:5/0415
皇明文衡一百卷目録二卷　(明)程敏政選編　明嘉靖六年(1527)范震、李文會刻本　二十四册

500000 - 8701 - 0000416　B05/5:6/0416
鮑氏國策十卷　(宋)鮑彪校注　明嘉靖三十一年(1552)吴郡杜詩刻本(有抄補)　八册

500000 - 8701 - 0000417　B05/5:6/0417
皇明文衡一百卷目録二卷　(明)程敏政選編　明嘉靖六年(1527)范震、李文會刻本　十六册

500000 - 8701 - 0000418　B05/5:7/0418
白氏文集七十一卷　(唐)白居易撰　明嘉靖十七年(1538)伍忠光龍池草堂錢應龍刻本　三十册

500000 - 8701 - 0000419　B05/6:1/0419
白氏文集七十一卷　(唐)白居易撰　明嘉靖十七年(1538)伍忠光龍池草堂錢應龍刻本　三十六册

500000 - 8701 - 0000420　B05/6:2/0420
解學士文集十卷　(明)解縉撰　明嘉靖四十一年(1562)刻本　十册

500000 - 8701 - 0000421　B05/6:3/0421
解學士文集十卷　(明)解縉撰　明嘉靖四十一年(1562)刻本　十册

500000 - 8701 - 0000422　B05/6:3/0422
儼山文集一百卷目録二卷外集四十卷續集十卷　(明)陸深撰　明嘉靖二十四年至三十年(1545 - 1551)雲間陸氏刻本　四十册

500000 - 8701 - 0000423　B05/6:4/0423
儼山文集一百卷目録二卷外集四十卷續集十卷　(明)陸深撰　明嘉靖二十五年(1546)刻本(文集五十二至五十三,外集十一至十七係抄配)　三十二册　存六十五卷(文集一至五十三、目録二卷、續集十卷)

500000 - 8701 - 0000424　B05/6:5/0424
周易經傳二十四卷　(宋)程頤傳　(宋)朱熹本義　明嘉靖十一年(1532)建寧府書坊刻本　十册

500000 - 8701 - 0000425　B05/6:6/0425
唐宋白孔六帖一百卷目録二卷　(唐)白居易　(宋)孔傳撰　明嘉靖刻本　五十册

500000 - 8701 - 0000426　B05/6:7/0426
唐宋白孔六帖一百卷目録二卷　(唐)白居易　(宋)孔傳撰　明嘉靖刻本　五十二册

500000 - 8701 - 0000427　B05/7:2/0427
唐宋白孔六帖一百卷目録二卷　(唐)白居易　(宋)孔傳撰　明嘉靖刻本　一百册

500000 - 8701 - 0000428　B05/7:5/0428
唐宋白孔六帖一百卷目録二卷　(唐)白居易　(宋)孔傳撰　明嘉靖刻本　四十八册

500000 - 8701 - 0000429　B05/7:6/0429
唐宋白孔六帖一百卷目録二卷　(唐)白居易

（宋）孔傳撰　明嘉靖刻本　四十八册

500000－8701－0000430　B06/1∶1/0430
大復集三十七卷附録一卷　（明）何景明撰　明嘉靖三十四年（1555）袁璨刻本　四册

500000－8701－0000431　B06/1∶1/0431
誠意伯劉先生文集二十卷　（明）劉基撰　（明）林富重編　明正德十四年（1519）林富刻嘉靖七年（1528）增修本　二十四册

500000－8701－0000432　B06/1∶1/0432
宗子相集八卷　（明）宗臣撰　明嘉靖三十九年（1560）林朝聘等刻本　六册　存六卷（一至六）

500000－8701－0000433　B06/1∶2/0433
太保費文憲公摘稿二十卷　（明）費宏撰　明嘉靖三十五年（1556）刻本　十六册

500000－8701－0000434　B06/1∶2/0434
象山先生全集三十六卷　（宋）陸九淵撰　**附録少湖徐先生學則辨一卷**　（明）徐階撰　明嘉靖四十年（1561）何遷江西刻本　二十册

500000－8701－0000435　B06/1∶3/0435
象山先生全集三十六卷　（宋）陸九淵撰　明嘉靖十四年（1535）戚賢荊門刻三十一年（1552）魏希相補刻四十一年（1562）羅諒再補刻本　三十二册

500000－8701－0000436　B06/1∶4/0436
大唐六典三十卷　（唐）玄宗李隆基撰　（唐）李林甫等注　明嘉靖二十三年（1544）刻本　十二册

500000－8701－0000437　B06/1∶4/0437
淮海集四十卷後集六卷長短句三卷　（宋）秦觀撰　明嘉靖二十四年（1545）刻本　十册

500000－8701－0000438　B06/1∶4/0438
魯齋遺書十卷　（元）許衡撰　（明）應良重編　明嘉靖四年（1525）蕭鳴鳳刻本　十册

500000－8701－0000439　B06/1∶5/0439
淮南子二十八卷　（漢）劉安撰　明嘉靖九年（1530）閩中王鎣刻本　十二册

500000－8701－0000440　B06/1∶5/0440
宗子相集八卷　（明）宗臣撰　明嘉靖三十九年（1560）林朝聘等刻本　八册

500000－8701－0000441　B06/1∶6/0441
河東先生集四十五卷附録二卷集傳一卷外集二卷龍城録二卷　（唐）柳宗元撰　（唐）劉禹錫編　明嘉靖刻本（卷十五至十七、三十一至三十五係抄配）　三十二册

500000－8701－0000442　B06/1∶7/0442
六子全書六十二卷　（明）許宗魯編　明嘉靖六年（1527）芸窓書院刻本　十二册

500000－8701－0000443　B06/1∶7/0443
六子全書六十二卷　（明）許宗魯編　明嘉靖六年（1527）芸窓書院刻本　二十四册

500000－8701－0000444　B06/2∶1/0444
涇野先生文集三十六卷　（明）呂柟撰　（明）徐紳等編　明嘉靖三十四年（1555）真定于德昌刻本　十六册

500000－8701－0000445　B06/2∶1/0445
汲冢周書十卷　（晉）孔晁注　明嘉靖二十二年（1543）四明章檗刻本　四册

500000－8701－0000446　B06/2∶1/0446
六子全書六十卷　（明）顧春編　明嘉靖十二年（1533）世德堂刻本　十册

500000－8701－0000447　B06/2∶2/0447
重刊宋濂學士先生文集二十八卷　（明）宋濂撰　明嘉靖三年（1524）安正堂刻本　二十册

500000－8701－0000448　B06/2∶3/0448
漁石集四卷　（明）唐龍撰　明嘉靖十一年（1532）福建余子茂刻本　六册

500000－8701－0000449　B06/2∶3/0449
南村輟耕録三十卷　（明）陶宗儀撰　明嘉靖玉蘭草堂刻本　十六册

500000－8701－0000450　B06/2∶3/0450
洹詞十二卷　（明）崔銑撰　明趙府味經堂刻本　十二册

500000－8701－0000451　B06/2∶3/0451

崔氏洹詞十七卷附錄四卷　(明)崔銑撰　明嘉靖三十三年(1554)周鎬刻本　十冊

500000－8701－0000452　B06/2:4/0452
太上感應靈篇不分卷　(□)□□撰　明嘉靖三十二年(1553)孫濤刻本　一冊

500000－8701－0000453　B06/2:4/0453
濟美錄四卷　(元)鄭玉撰　明嘉靖十四年(1535)鄭氏家塾刻清修補本　二冊

500000－8701－0000454　B06/2:4/0454
師山先生文集八卷遺文五卷附錄一卷濟美錄四卷　(元)鄭玉撰　明嘉靖十四年(1535)鄭氏家塾刻清修補本　八冊

500000－8701－0000455　B06/2:4/0455
淵潁吳先生集十二卷附錄一卷　(元)吳萊撰　(明)宋濂編　明嘉靖元年(1522)刻本　十冊

500000－8701－0000456　B06/2:4/0456
分類補註李太白詩二十五卷分類編次李太白文五卷　(唐)李白撰　(宋)楊齊賢集注　(元)蕭士贇補注　(明)郭雲鵬編　明嘉靖二十二年(1543)吳會郭雲鵬寶善堂刻本　十六冊

500000－8701－0000457　B06/2:5/0457
宋文鑑一百五十卷目錄三卷　(宋)呂祖謙編　明嘉靖五年(1526)晉藩朱知烊養德書院刻本　六十冊

500000－8701－0000458　B06/2:6/0458
大方廣佛華嚴經八十卷　(唐)釋實叉難陀譯　明嘉靖刻本［卷四十九補配明萬曆五年(1577)刻本］　二十冊　存二十卷(十至十一、十七、二十五至二十七、三十、三十四至三十五、三十九、四十二至四十三、四十九、五十五、五十九、六十三、六十六、七十一、七十七、七十九)

500000－8701－0000459　B06/2:7/0459
宋文鑑一百五十卷目錄三卷　(宋)呂祖謙編　明嘉靖五年(1526)晉藩朱知烊養德書院刻本　二十冊

500000－8701－0000460　B06/3:1/0460
子華子二卷　(戰國)程本著　明刻本(卷二係抄配)　二冊

500000－8701－0000461　B06/3:1/0461
息園存藁四十一卷　(明)顧璘撰　明嘉靖吳郡沈氏繁露堂刻本　十二冊

500000－8701－0000462　B06/3:1/0462
李長吉集四卷　(唐)李賀撰　明嘉靖十九年(1540)刻朱警輯唐百家詩本　一冊

500000－8701－0000463　B06/3:1/0463
韋刺史詩集十卷附錄一卷　(唐)韋應物撰　明嘉靖二十七年(1548)太華書院刻本　二冊

500000－8701－0000464　B06/3:1/0464
新刊宋學士全集三十三卷　(明)宋濂撰　(明)張元中編　明嘉靖三十年(1551)韓叔陽刻本(目錄有抄寫補配)　十六冊

500000－8701－0000465　B06/3:2/0465
資治通鑑二百九十四卷　(宋)司馬光撰　明嘉靖二十三年至二十四年(1544－1545)孔天胤刻萬曆十四年(1586)蘇濬補修本　八十冊

500000－8701－0000466　B06/3:4/0466
徽郡詩八卷　(明)李敏選輯　(明)陳有守批評　明嘉靖三十八年(1559)刻本　八冊

500000－8701－0000467　B06/3:4/0467
唐荊川先生編左氏始末十二卷　(明)唐順之編　明嘉靖四十一年(1562)唐正之刻本　十二冊

500000－8701－0000468　B06/3:4/0468
兩漢書抄十六卷　(明)王廷節抄　明嘉靖四十四年(1565)錢之選維揚刻本　四冊

500000－8701－0000469　B06/3:5/0469
空同集六十三卷　(明)李夢陽撰　明嘉靖十一年(1532)曹嘉刻三十一年(1552)朱睦㮮增修本　三十二冊

500000－8701－0000470　B06/3:6/0470
太玄經十卷　(漢)揚雄撰　(晉)范望解贊　**述玄一卷**　(三國吳)陸績撰　**說玄五篇一卷**

（唐）王涯纂　**釋文一卷**　（宋）林瑀撰　明嘉靖三年（1524）郝梁刻本　二冊

500000－8701－0000471　B06/3∶6/0471
太平經國之書十一卷　（宋）鄭伯謙撰　明嘉靖十五年（1536）山西布政司刻本　四冊

500000－8701－0000472　B06/3∶6/0472
兩漢書抄十六卷　（明）王廷節抄　明嘉靖四十四年（1565）錢之選維揚刻本　八冊

500000－8701－0000473　B06/3∶6/0473
秋崖先生小藁文集四十五卷詩集三十八卷　（宋）方岳撰　明嘉靖五年（1526）祁門方氏刻本（卷十六、二十、四十一至四十五係抄配）　十四冊

500000－8701－0000474　B06/3∶7/0474
太平廣記五百卷目錄十卷　（宋）李昉等編　明嘉靖四十五年（1566）談愷刻本　一百冊

500000－8701－0000475　B06/4∶2/0475
太平廣記五百卷目錄十卷　（宋）李昉等編　明嘉靖四十五年（1566）談愷刻本　一百冊

500000－8701－0000476　B06/4∶5/0476
兩漢紀六十卷　（漢）荀悅　（晉）袁宏撰　（宋）王銍輯　明嘉靖二十七年（1548）吳郡黃姬水刻本　八冊

500000－8701－0000477　B06/4∶6/0477
考古彙編二十四卷　（明）傅鉞輯　明嘉靖三十一年（1552）杭郡曉溪翁氏刻本　二冊

500000－8701－0000478　B06/4∶6/0478
李杜詩選十二卷　（唐）李白　（唐）杜甫撰　（明）顧明精選　明嘉靖三十七年（1558）金瀾刻本　四冊

500000－8701－0000479　B06/4∶6/0479
太白山人詩五卷　（明）孫一元撰　明嘉靖刻本　四冊

500000－8701－0000480　B06/4∶6/0480
鬻子一卷　（戰國）鬻熊撰　（唐）逢行珪注　**關尹子一卷**　（戰國）尹喜撰　明嘉靖刻本　一冊

500000－8701－0000481　B06/4∶6/0481
孟有涯集十七卷　（明）孟洋撰　明嘉靖十七年（1538）徐九皋刻本　六冊

500000－8701－0000482　B06/4∶6/0482
分類經進近思錄集解十四卷　（宋）朱熹撰　（宋）葉采解　明嘉靖十七年（1538）劉仕賢刻本　六冊

500000－8701－0000483　B06/4∶7/0483
兩漢紀六十卷　（漢）荀悅　（晉）袁宏撰　（宋）王銍輯　明嘉靖二十七年（1548）吳郡黃姬水刻本　三十二冊

500000－8701－0000484　B06/4∶7/0484
夢澤集十七卷　（明）王廷陳撰　明嘉靖四十四年（1565）王同道刻本　二冊

500000－8701－0000485　B06/5∶1/0485
荆溪外紀二十五卷　（明）沈敕編　明嘉靖二十四年（1545）宇郵書屋刻本　十冊

500000－8701－0000486　B06/5∶1/0486
古文選要五卷　（明）張舜臣輯　明嘉靖三十三年（1554）刻本　六冊

500000－8701－0000487　B06/5∶1/0487
孟有涯集十七卷　（明）孟洋撰　明嘉靖十七年（1538）徐九皋刻本　十冊

500000－8701－0000488　B06/5∶2/0488
孟有涯集十七卷　（明）孟洋撰　明嘉靖十七年（1538）徐九皋刻本　十冊

500000－8701－0000489　B06/5∶2/0489
宋史新編二百卷　（明）柯維騏撰　明嘉靖三十六年（1557）刻本（有補版和抄配）　三十二冊

500000－8701－0000490　B06/5∶3/0490
古今韻會舉要三十卷　（元）熊忠撰　明嘉靖十四年（1535）李舜臣刻十七年（1538）劉儲秀補刻本　十二冊　存十一卷（一至二、八至十三、二十五至二十七）

500000－8701－0000491　B06/5∶3/0491
文選六十卷　（南朝梁）蕭統輯　明嘉靖四年

(1525)晉府養德書院重刻元本　十二册　存二十卷(二十一至三十、四十一至五十)

500000 – 8701 – 0000492　B06/5:4/0492
巖居稿八卷　(明)華察撰　明嘉靖王懋明刻本　一册

500000 – 8701 – 0000493　B06/5:4/0493
古樂府十卷　(元)左克明編　明嘉靖二十三年(1544)蕭一中刻本　八册

500000 – 8701 – 0000494　B06/5:4/0494
古樂府十卷　(元)左克明編　明嘉靖二十六年(1547)新安汪氏刻本　六册

500000 – 8701 – 0000495　B06/5:4/0495
宋史新編二百卷　(明)柯維騏撰　明嘉靖刻本　六十册

500000 – 8701 – 0000496　B06/5:6/0496
通占大象歷星經二卷　(漢)甘公　(漢)石申著　明嘉靖元年至四十五年(1522 – 1566)祇洹館刻本　二册

500000 – 8701 – 0000497　B06/5:6/0497
李翰林詩范德機批選四卷　(元)范德機批選　(明)鄭鄤編　明嘉靖鄭鄤刻本　二册

500000 – 8701 – 0000498　B06/5:6/0498
古今合璧事類備要前集六十九卷後集八十一卷續集五十六卷　(宋)謝維新編　**別集九十四卷外集六十六卷**　(宋)虞載編　明嘉靖三十一年至三十五年(1552 – 1556)三衢夏相刻本　八十册

500000 – 8701 – 0000499　B06/6:2/0499
水東日記一卷　(明)葉盛撰　明嘉靖嘉趣堂刻本　二册

500000 – 8701 – 0000500　B06/6:2/0500
古今合璧事類備要前集六十九卷後集八十一卷續集五十六卷　(宋)謝維新編　**別集九十四卷外集六十六卷**　(宋)虞載編　明嘉靖三十一年至三十五年(1552 – 1556)三衢夏相刻本　一百册

500000 – 8701 – 0000501　B06/6:5/0501
古今合璧事類備要前集六十九卷後集八十一卷續集五十六卷　(宋)謝維新編　**別集九十四卷外集六十六卷**　(宋)虞載編　明嘉靖三十一年至三十五年(1552 – 1556)三衢夏相刻本　五十册

500000 – 8701 – 0000502　B06/6:7/0502
對山集十九卷　(明)康海撰　明嘉靖二十四年(1545)吳孟祺刻本　十六册

500000 – 8701 – 0000503　B06/7:1/0503
渼陂集十六卷　(明)王九思撰　明嘉靖十二年(1533)山西王獻刻本　十册

500000 – 8701 – 0000504　B06/7:1/0504
渼陂續集三卷　(明)王九思撰　明嘉靖二十五年(1546)翁萬達刻本　六册

500000 – 8701 – 0000505　B06/7:1/0505
古今合璧事類備要前集六十九卷後集八十一卷續集五十六卷　(宋)謝維新編　**別集九十四卷外集六十六卷**　(宋)虞載編　明嘉靖三十一年至三十五年(1552 – 1556)三衢夏相刻本　六十四册

500000 – 8701 – 0000506　B06/7:3/0506
增修詩話總龜四十八卷後集五十卷　(宋)阮閱輯　明嘉靖二十四年(1545)宗室月窗道人刻本　二十册

500000 – 8701 – 0000507　B06/7:3/0507
增修詩話總龜四十八卷後集五十卷　(宋)阮閱輯　明嘉靖二十四年(1545)宗室月窗道人刻本　二十册

500000 – 8701 – 0000508　B06/7:4/0508
廣文選六十卷　(明)劉節編　明嘉靖十六年(1537)陳蕙刻本　三十二册

500000 – 8701 – 0000509　B06/7:5/0509
廣文選六十卷　(明)劉節編　明嘉靖十六年(1537)陳蕙刻本　二十四册

500000 – 8701 – 0000510　B06/7:6/0510
初學記三十卷　(唐)徐堅等撰　明嘉靖十年(1531)錫山安國桂坡館刻本　二十八册

500000－8701－0000511　B06/7:7/0511
初學記三十卷　(唐)徐堅等撰　明嘉靖十三年(1534)晉藩刻本　十二冊

500000－8701－0000512　B06/7:7/0512
范忠宣公奏議三卷　(宋)范純仁撰　明嘉靖四十年(1561)韓叔陽刻本　二冊

500000－8701－0000513　B06/7:7/0513
范文正公政府奏議二卷書牘一卷　(宋)范仲淹撰　明嘉靖四十年(1561)韓叔陽刻本　四冊

500000－8701－0000514　B06/7:7/0514
禮記二十卷　(漢)鄭玄注　明嘉靖徐氏翻刻宋三禮本　十四冊

500000－8701－0000515　B07/1:1/0515
初學記三十卷　(唐)徐堅等撰　明嘉靖十年(1531)錫山安國桂坡館刻本　十二冊

500000－8701－0000516　B07/1:1/0516
重刊經史證類大全本草三十一卷　(宋)唐慎微撰　明萬曆二十八年(1600)籍山書院刻三十八年(1610)修補本(序跋爲補配)　二十冊　存二十九卷(三至三十一)

500000－8701－0000517　B07/1:2/0517
重修政和經史證類備用本草三十卷　(宋)唐慎微撰　明嘉靖二年(1523)陳鳳梧刻本　二十冊

500000－8701－0000518　B07/1:3/0518
重修政和經史證類備用本草三十卷　(宋)唐慎微撰　明嘉靖二年(1523)陳鳳梧刻本　二十四冊

500000－8701－0000519　B07/1:4/0519
七修類藁五十一卷　(明)郎瑛撰　明刻本　二十四冊

500000－8701－0000520　B07/1:5/0520
選詩補注八卷續編四卷補遺二卷　(元)劉履輯　明嘉靖三十一年(1552)顧存仁養吾堂刻本　十冊

500000－8701－0000521　B07/1:5/0521
南豐先生元豐類藁五十一卷　(宋)曾鞏撰　明嘉靖四十一年(1562)黄希憲刻本　十六冊

500000－8701－0000522　B07/1:6/0522
邊華泉集八卷　(明)邊貢撰　(明)劉天民編　明嘉靖十七年(1538)劉天民刻本　四冊

500000－8701－0000523　B07/1:6/0523
南豐先生元豐類藁五十一卷　(宋)曾鞏撰　明嘉靖四十一年(1562)黄希憲刻本　八冊

500000－8701－0000524　B07/1:6/0524
南豐先生元豐類藁五十一卷　(宋)曾鞏撰　明嘉靖四十一年(1562)黄希憲刻本　二十冊

500000－8701－0000525　B07/1:7/0525
文獻通考三百四十八卷　(元)馬端臨撰　明嘉靖三年(1524)内府刻本(卷二十二至二十四、三十四至三十六、五十五至五十七、三百五至三百九、三百四十至三百四十一係抄配)　九十九冊　存三百三十六卷(五至三十一、三十四至二百五十、二百五十四至三百九、三百十三至三百四十八)

500000－8701－0000526　B07/2:7/0526
十三經註疏三百三十五卷　(清)阮元校勘　明嘉靖李元陽刻本　二百九十七冊

500000－8701－0000527　B07/3:6/0527
六家文選六十卷　(南朝梁)蕭統撰　(唐)李善等注　明嘉靖二十八年(1549)吳郡袁氏嘉趣堂翻宋刻本　六十冊

500000－8701－0000528　B07/4:1/0528
六家文選六十卷　(南朝梁)蕭統撰　(唐)李善等注　明嘉靖二十八年(1549)吳郡袁氏嘉趣堂翻宋刻本　六十一冊

500000－8701－0000529　B07/4:2/0529
通典二百卷　(唐)杜佑撰　明嘉靖刻本　四十冊

500000－8701－0000530　B07/4:4/0530
通典二百卷　(唐)杜佑撰　明嘉靖刻本(卷八、十九至二十一抄配)　三十八冊　存一百九十三卷(三至四十九、五十五至二百)

500000－8701－0000531　B07/4∶5/0531
東里文集二十五卷詩集三卷續集六十二卷別集四卷附録四卷　（明）楊文貞著　明嘉靖刻本　四十八册　存九十二卷（文集二十五卷、詩集三卷、續集六十二卷、別集一至二）

500000－8701－0000532　B07/4∶7/0532
白虎通德論二卷　（漢）班固纂修　明嘉靖傅氏刻本　四册

500000－8701－0000533　B07/4∶7/0533
詩外傳十卷　（漢）韓嬰撰　明嘉靖吳郡沈氏野竹齋刻本　四册　存六卷（一至六）

500000－8701－0000534　B07/4∶7/0534
詩外傳十卷　（漢）韓嬰撰　明嘉靖吳郡沈氏野竹齋刻本　六册

500000－8701－0000535　B07/5∶1/0535
兩漢博聞十二卷　（宋）楊侃輯　明嘉靖三十七年（1558）黄氏刻本　十二册

500000－8701－0000536　B07/5∶1/0536
藝文類聚一百卷　（唐）歐陽詢撰　明嘉靖二十八年（1549）黄洪毗山西平陽府刻本　十六册

500000－8701－0000537　B07/5∶2/0537
類箋唐王右丞詩集十卷　（唐）王維撰　（宋）劉辰翁評　（明）顧起經注　**文集四卷集外編一卷**　（唐）王維撰　（明）顧起經輯　**年譜一卷**　（明）顧起經撰　**唐諸家同詠集一卷贈題集一卷歷朝諸家評王右丞詩畫鈔一卷**　（明）顧起經輯　明嘉靖三十五年（1556）錫山顧氏奇字齋刻本　四册　缺四卷（文集四卷）

500000－8701－0000538　B07/5∶2/0538
古今韻會舉要三十卷　（元）黄公紹撰　（元）熊忠舉要　元至順三年（1332）刻明嘉靖修補本　十册

500000－8701－0000539　B07/5∶2/0539
廣文選六十卷　（明）劉節編　明嘉靖十六年（1537）刻本　十八册

500000－8701－0000540　B07/5∶3/0540
春秋經傳集解三十卷　（晉）杜預　（唐）陸德明注　明嘉靖刻本　三十册

500000－8701－0000541　B07/5∶4/0541
鈐山堂集四十卷　（明）嚴嵩撰　**鈐山堂附録一卷**　（明）湛若水等撰　明嘉靖刻本　二十册

500000－8701－0000542　B07/5∶4/0542
鈐山堂集四十卷　（明）嚴嵩撰　**鈐山堂附録一卷**　（明）湛若水等撰　明嘉靖刻本（卷四至八、三十七至四十、十八之七至八葉、三十三之十一至十二葉、三十二目録係抄配）　十六册

500000－8701－0000543　B07/5∶5/0543
濂溪集六卷　（宋）周敦頤撰　明嘉靖十四年（1535）黄敏才刻本（有補板）　二册

500000－8701－0000544　B07/5∶5/0544
陽明先生文録五卷外集九卷別録十二卷　（明）王守仁撰　明嘉靖二十九年（1550）閭東刻本　二十四册

500000－8701－0000545　B07/5∶6/0545
道園學古録五十卷　（元）虞集撰　明嘉靖刻本　二十四册

500000－8701－0000546　B07/5∶6/0546
新刊京本分類標題大字詩學全補三十卷　（元）林楨編　明嘉靖十三年（1534）劉氏刻本　八册

500000－8701－0000547　B07/5∶7/0547
兩漢博聞十二卷　（宋）楊侃輯　明嘉靖三十七年（1558）黄氏刻本　十二册

500000－8701－0000548　B07/5∶7/0548
文選六十卷　（南朝梁）蕭統撰　（明）何孟倫輯注　明嘉靖刻本　二十四册

500000－8701－0000549　B07/6∶1/0549
史記一百三十卷　（漢）司馬遷撰　（南朝宋）裴駰集解　（唐）司馬貞索隱　（唐）張守節正義　明嘉靖汪亮刻本配補王延喆刻本（卷一至十六、十八、二十七、八十一至八十五、八十

七至八十九、九十至九十二、一百十至一百十一係汪本，十七、十九至八十、八十六、九十三至一百四、一百六至一百三十係王本，卷二十三至二十四係抄配，卷一百五係日本嘉永丹波元堅影刻宋黄善夫刻本） 四十八冊

500000－8701－0000550 B07/6：3/0550
藝文類聚一百卷 （唐）歐陽詢撰 明嘉靖六年（1527）刻本（卷一百有抄配） 四十冊

500000－8701－0000551 B07/6：4/0551
元史二百十卷 （明）宋濂等撰 明洪武三年（1370）内府刻嘉靖九年至十年（1530－1531）南京國子監補修本（進元史表係抄配） 八十冊

500000－8701－0000552 B07/6：7/0552
歷代史纂左編一百四十二卷 （明）唐順之編 明嘉靖四十年（1561）胡宗憲刻本（卷八十四至八十五、一百十五至一百三十八係抄配） 六十四冊 存一百十四卷（一至二十九、三十一至三十七、三十九至五十二、七十一至七十五、七十八至九十、九十三至一百三十八）

500000－8701－0000553 B07/7：2/0553
兩漢紀六十卷 （漢）荀悦 （晉）袁宏撰 （宋）王銍輯 明嘉靖二十七年（1548）吳郡黄姬水刻本 二十四冊

500000－8701－0000554 B07/7：3/0554
宋丞相李忠定公奏議六十九卷 （宋）李綱撰 （明）朱欽彙校 明正德十一年（1516）邵武縣刻天啓中修補本 十二冊

500000－8701－0000555 B07/7：3/0555
東萊呂氏西漢精華十四卷東漢精華十四卷 （宋）呂祖謙撰 明正德元年（1506）張氏刻本 六冊

500000－8701－0000556 B07/7：3/0556
尺牘清裁六十卷補遺一卷 （明）王世貞編 明隆慶五年（1571）王氏刻本 六冊 存三十卷（一至三十）

500000－8701－0000557 B07/7：3/0557
秦漢書疏十八卷 （明）徐紳輯 明隆慶六年（1572）山西藩署刻本 十六冊

500000－8701－0000558 B07/7：4/0558
滄溟先生集三十卷附録一卷 （明）李攀龍撰 明隆慶六年（1572）王世貞刻本（目録有抄配） 三十二冊

500000－8701－0000559 B07/7：4/0559
南豐先生元豐類藁五十卷附録一卷 （宋）曾鞏撰 明隆慶五年（1571）邵廉刻本 二十冊

500000－8701－0000560 B07/7：5/0560
南豐先生元豐類藁五十卷附録一卷 （宋）曾鞏撰 明隆慶五年（1571）邵廉刻本 十四冊

500000－8701－0000561 B07/7：5/0561
文選六十卷 （南朝梁）蕭統撰 明隆慶六年（1572）楚少鶴山房刻本 二十冊

500000－8701－0000562 B07/7：6/0562
尺牘清裁六十卷補遺一卷 （明）王世貞編 明隆慶五年（1571）王氏刻本 十二冊

500000－8701－0000563 B07/7：6/0563
商文毅公集十一卷 （明）商輅撰 （明）鄭應齡輯 明隆慶六年（1572）鄭應齡刻本 八冊

500000－8701－0000564 B07/7：6/0564
滄溟先生集三十卷附録一卷 （明）李攀龍撰 明隆慶五年（1571）邵廉刻本 十五冊

500000－8701－0000565 B07/7：6/0565
滄溟先生集三十卷附録一卷 （明）李攀龍撰 明隆慶六年（1572）王世貞刻本 十六冊

500000－8701－0000566 B07/7：7/0566
山居存稿十一卷 （明）鄧遷著 明嘉靖刻隆慶印本 十冊

500000－8701－0000567 B07/7：7/0567
孔子家語十卷 （三國魏）王肅注 明隆慶六年（1572）陸治刻本 六冊

500000－8701－0000568 B07/7：7/0568
孔子家語十卷 （三國魏）王肅注 明隆慶六年（1572）徐祚錫刻本 十冊

500000－8701－0000569 B07/7：7/0569

楚辭十七卷 （戰國）屈原撰 （漢）劉向編集 （漢）王逸章句 明隆慶五年（1571）豫章夫容館重刻宋本 八册

500000－8701－0000570 B08/1：1/0570
伊川擊壤集八卷 （宋）邵雍撰 明隆慶元年（1567）江陰黃吉甫刻本 四册

500000－8701－0000571 B08/1：1/0571
重修政和經史證類備用本草三十卷 （宋）唐慎微續 明嘉靖三十一年（1552）刻本 四册 存九卷（八至十三、二十三至二十五）

500000－8701－0000572 B08/1：1/0572
洪武正韻十六卷 （明）樂韶鳳等撰 明隆慶元年（1567）衡府刻本 五册

500000－8701－0000573 B08/1：1/0573
重修政和經史證類備用本草三十卷 （宋）唐慎微撰 明隆慶六年（1572）刻本 十八册 存二十卷（一至二十）

500000－8701－0000574 B08/1：2/0574
重修政和經史證類備用本草三十卷 （宋）唐慎微撰 明隆慶六年（1572）刻本 四册 存十二卷（三至七、十至十一、十四至十八）

500000－8701－0000575 B08/1：2/0575
重修政和經史證類備用本草三十卷 （宋）唐慎微撰 明隆慶六年（1572）刻本 四册 存十二卷（一至五、十二至十八）

500000－8701－0000576 B08/1：3/0576
文苑英華一千卷 （宋）李昉等編 明隆慶元年（1567）福州刻本 一百二十册

500000－8701－0000577 B08/1：7/0577
文苑英華一千卷 （宋）李昉等編 明隆慶元年（1567）福州刻萬曆補刻本 一百册

500000－8701－0000578 B08/2：2/0578
文苑英華一千卷 （宋）李昉等編 明萬曆六年（1578）刻本 一册 存十卷（四百八十一至四百九十）

500000－8701－0000579 B08/2：2/0579
文苑英華一千卷 （宋）李昉等編 明隆慶元年（1567）福州刻萬曆補刻本 一百册

500000－8701－0000580 B08/2：5/0580
吾學編六十九卷 （明）鄭曉撰 明隆慶元年（1567）鄭履淳刻本 三十六册

500000－8701－0000581 B08/2：6/0581
藝文類聚一百卷 （唐）歐陽詢撰 明嘉靖六年至七年（1527－1528）胡纘宗、陸采刻本 二十册

500000－8701－0000582 B08/2：7/0582
續資治通鑑六十四卷 （明）王宗沐編 明隆慶刻本 二十册

500000－8701－0000583 B08/3：1/0583
見一詩藁不分卷 （明）王崇義著 明刻本 一册

500000－8701－0000584 B08/3：1/0584
孫月峰先生批評禮記六卷 （明）孫鑛撰 明末馮元仲刻本 四册

500000－8701－0000585 B08/3：1/0585
資治通鑑考異三十卷 （宋）司馬光編集 明嘉靖二十三年至二十四年（1544－1545）孔天胤刻本 八册

500000－8701－0000586 B08/3：1/0586
初學記三十卷 （唐）徐堅等撰 明萬曆二十五年至二十六年（1597－1598）陳大科刻本 十二册

500000－8701－0000587 B08/3：1/0587
初學記三十卷 （唐）徐堅等撰 明萬曆二十五年至二十六年（1597－1598）陳大科刻清岱雲樓補刻本 八册

500000－8701－0000588 B08/3：1/0588
初學記三十卷 （唐）徐堅等撰 明萬曆二十五年至二十六年（1597－1598）陳大科刻清岱雲樓補刻本 十六册

500000－8701－0000589 B08/3：2/0589
新刊補遺秘傳痘疹全嬰金鏡錄三卷補遺三卷 （明）翁仲仁輯著 （明）陸道元補遺 明萬曆六年（1578）壽春堂刻本 二册 存三卷

（新刊補遺秘傳痘疹全嬰金鏡錄三卷，卷一缺前二十葉）

500000－8701－0000590　B08/3：2/0590
梓溪文鈔内集八卷外集十卷　（明）舒芬撰　明萬曆四十八年（1620）舒瑔鄭州刻本　十一冊

500000－8701－0000591　B08/3：2/0591
梓溪文鈔内集八卷外集十卷　（明）舒芬撰　明萬曆四十八年（1620）舒瑔刻本　八冊　存八卷（外集一至八）

500000－8701－0000592　B08/3：2/0592
梓溪文鈔内集八卷外集十卷　（明）舒芬撰　明萬曆四十八年（1620）舒瑔鄭州刻本　十二冊

500000－8701－0000593　B08/3：3/0593
石墨鐫華六卷附錄二卷　（明）趙崡撰　明萬曆四十六年（1618）趙氏刻本　八冊

500000－8701－0000594　B08/3：3/0594
新增格古要論十三卷　（明）曹昭著　（明）舒敏編校　（明）王佐校增　（明）黃正位重校　明萬曆刻本　十冊

500000－8701－0000595　B08/3：3/0595
釣臺集二卷　（明）楊束編　明萬曆十四年（1586）刻二十六年（1598）續刻天啓中再續刻本　八冊

500000－8701－0000596　B08/3：3/0596
伊川擊壤集二十卷　（宋）邵雍撰　明萬曆二十九年（1601）刻本　四冊

500000－8701－0000597　B08/3：3/0597
石墨鐫華六卷附錄二卷　（明）趙崡撰　明萬曆四十六年（1618）趙氏刻本　四冊

500000－8701－0000598　B08/3：3/0598
新增格古要論十三卷　（明）曹昭著　（明）舒敏編校　（明）王佐校增　（明）黃正位重校　明萬曆刻本　六冊

500000－8701－0000599　B08/3：4/0599
李杜全集四十八卷　（唐）李白　（唐）杜甫撰　（明）許自昌校輯　明萬曆三十年（1602）許自昌刻本　十四冊

500000－8701－0000600　B08/3：4/0600
李杜全集四十八卷　（唐）李白　（唐）杜甫撰　（明）許自昌校輯　（宋）楊齊賢集注　（元）蕭士贇補注　（元）高楚芳編　明萬曆三十年（1602）許自昌刻本　二十四冊

500000－8701－0000601　B08/3：5/0601
新刊正文對音捷要琴譜真傳六卷　（明）楊表正撰　明萬曆刻本　五冊　存五卷（二至六）

500000－8701－0000602　B08/3：5/0602
新刊正文對音捷要琴譜真傳六卷　（明）楊表正撰　明萬曆元年（1573）刻本　四冊

500000－8701－0000603　B08/3：5/0603
李杜全集四十八卷　（唐）李白　（唐）杜甫撰　（明）許自昌校輯　明萬曆三十年（1602）許自昌刻本　十二冊　存二十二卷（分類補注李太白詩一至十四、十八至二十五）

500000－8701－0000604　B08/3：5/0604
何文簡公文集十八卷　（明）何孟春撰　明萬曆十五年（1587）郭崇嗣永州邵城補刻本　八冊

500000－8701－0000605　B08/3：6/0605
李詩鈔述註十六卷　（唐）李白撰　（明）林兆珂述　明萬曆二十七年（1599）吳夢生刻本　十六冊

500000－8701－0000606　B08/3：6/0606
重刊經史證類大全本草三十一卷　（宋）唐慎微撰　明萬曆二十八年（1600）籍山書院刻三十八年（1610）修補本　二十二冊

500000－8701－0000607　B08/3：7/0607
理學平譚二卷　（明）李天麟輯　明萬曆三十六年（1608）刻本　二冊

500000－8701－0000608　B08/3：7/0608
擬古樂府二卷　（明）李東陽著　（明）何孟春解　（明）謝鐸　（明）潘辰注　明萬曆吉藩魏椿刻本　二冊

500000－8701－0000609　B08/3:7/0609
重刊經史證類大全本草三十一卷　(宋)唐慎微撰　(宋)寇宗奭衍義　明萬曆三十八年(1610)刻清順治十四年(1657)修補本　十册

500000－8701－0000610　B08/3:7/0610
棋經十三篇一卷　(宋)張擬撰　明刻本　二册

500000－8701－0000611　B08/3:7/0611
道德寶章一卷　(戰國)李耳撰　(宋)葛長庚注　明萬曆十一年(1583)天德閣刻本　一册

500000－8701－0000612　B08/3:7/0612
新刻北戶錄二卷　(唐)段公路撰　(明)胡文煥校　明萬曆刻本　一册

500000－8701－0000613　B08/3:7/0613
新刻北戶錄二卷　(唐)段公路著　(明)胡文煥校　明萬曆刻本　一册

500000－8701－0000614　B08/3:7/0614
浣水續談一卷　(明)朱孟震著　明萬曆十二年(1584)刻本　二册

500000－8701－0000615　B08/3:7/0615
修養正傳丹經類粹三卷　(明)方鶴年集　明萬曆刻本　二册

500000－8701－0000616　B08/3:7/0616
顔魯公文集十五卷補遺一卷附錄一卷　(唐)顔真卿撰　明萬曆劉思誠刻本　十册

500000－8701－0000617　B08/4:1/0617
程氏墨苑二十四卷　(明)程大約撰　明萬曆三十一年(1603)滋蘭堂刻本　二十四册

500000－8701－0000618　B08/4:2/0618
孫宗伯集十卷　(明)孫繼臯著　明萬曆陳一教等刻本　二十四册

500000－8701－0000619　B08/4:2/0619
賜閒堂集四十卷　(明)申時行撰　明萬曆刻本(卷八係抄配)　三十六册

500000－8701－0000620　B08/4:3/0620
北堂書鈔一百六十卷　(唐)虞世南輯　(明)陳禹謨校並補注　明萬曆二十八年(1600)陳禹謨刻本　十二册

500000－8701－0000621　B08/4:3/0621
青蘿館詩六卷　(明)徐中行撰　明隆慶五年(1571)汪時元刻本　四册

500000－8701－0000622　B08/4:3/0622
青蘿館詩前集四卷續集二卷　(明)徐中行撰　明萬曆刻本　四册

500000－8701－0000623　B08/4:3/0623
范氏後漢書批評一百卷　(南朝宋)范曄撰　(明)顧起元閱　明萬曆四十七年(1619)刻本　二十册

500000－8701－0000624　B08/4:4/0624
選詩三卷　(南朝梁)蕭統選　明萬曆二十八年(1600)顧徹倏刻本　三册

500000－8701－0000625　B08/4:4/0625
范氏後漢書批評一百卷　(南朝宋)范曄撰　(明)顧起元閱　明萬曆四十七年(1619)刻本　十六册

500000－8701－0000626　B08/4:4/0626
蓮峯先生集七卷附錄一卷　(明)葉份撰　明萬曆四十五年(1617)李履順、詹君衡刻本　六册

500000－8701－0000627　B08/4:4/0627
讀史漫錄十四卷　(明)于慎行著　明萬曆四十一年(1613)東阿于緯刻本　十六册

500000－8701－0000628　B08/4:5/0628
唐荊川先生編諸儒語要十卷　(明)唐順之輯　明萬曆三十年(1602)吳達可刻本　六册

500000－8701－0000629　B08/4:5/0629
武經直解二十五卷附錄一卷　(明)劉寅撰　明萬曆九年(1581)山東賈仁元莫興齋刻本(吳子直解有抄配)　十册

500000－8701－0000630　B08/4:5/0630
北堂書鈔一百六十卷　(唐)虞世南輯　(明)陳禹謨校並補注　明萬曆二十八年(1600)陳禹謨刻本　十二册

500000－8701－0000631　B08/4:5/0631

選詩七卷　(南朝梁)蕭統選　明萬曆新安吳勉學刻本　四冊

500000－8701－0000632　B08/4:6/0632
月令廣義二十四卷首一卷　(明)馮應京撰　(明)戴任增釋　明萬曆三十年(1602)刻本　十四冊

500000－8701－0000633　B08/4:6/0633
月令廣義二十四卷首一卷　(明)馮應京撰　(明)戴任增釋　明萬曆三十年(1602)刻本　八冊

500000－8701－0000634　B08/4:6/0634
月令廣義二十四卷首一卷附錄一卷　(明)馮應京撰　(明)戴任增釋　明萬曆三十年(1602)刻本　十冊

500000－8701－0000635　B08/4:7/0635
西臺疏稿二卷　(明)周孔教撰　明萬曆三十八年(1610)刻本　一冊

500000－8701－0000636　B08/4:7/0636
王氏書苑十卷王氏畫苑十卷　書苑補益十二卷畫苑補益四卷　(明)王世貞編　(明)詹景鳳編　明萬曆十八年至十九年(1590－1591)王氏淮南書院刻本　二十二冊

500000－8701－0000637　B08/4:7/0637
太函集一百二十卷目錄六卷　(明)汪道昆撰　明萬曆刻本　二十冊

500000－8701－0000638　B08/5:1/0638
太函集一百二十卷目錄六卷　(明)汪道昆撰　明萬曆刻本　六十四冊

500000－8701－0000639　B08/5:3/0639
月令廣義二十四卷首一卷附錄一卷　(明)馮應京撰　(明)戴任增釋　明萬曆三十年(1602)刻本　八冊

500000－8701－0000640　B08/5:3/0640
逸民史二十二卷　(明)陳繼儒輯　明萬曆刻本　六冊

500000－8701－0000641　B08/5:3/0641
天中記六十卷　(明)陳耀文纂　明萬曆十七年(1589)陳龍光刻本　六十冊

500000－8701－0000642　B08/5:6/0642
史異編十七卷　(明)余文龍編　明萬曆四十七年(1619)金陵余氏刻本　三冊　存十二卷(一至十二)

500000－8701－0000643　B08/5:6/0643
古文苑二十一卷　(唐)□□撰　(宋)韓元吉編　(宋)章樵注　明萬曆二十一年(1593)張象賢刻本　四冊

500000－8701－0000644　B08/5:6/0644
楚騷五卷附錄一卷　(戰國)屈原撰　明萬曆二十九年(1601)朱燮元、朱一龍刻篆字本　二冊

500000－8701－0000645　B08/5:6/0645
弇山堂別集一百卷　(明)王世貞撰　明萬曆十八年(1590)金陵刻本　三十冊

500000－8701－0000646　B08/5:7/0646
楚騷五卷附錄一卷　(戰國)屈原撰　明萬曆二十九年(1601)朱燮元、朱一龍刻本　四冊

500000－8701－0000647　B08/5:7/0647
新刻呂新吾先生文集十卷　(明)呂坤著　(明)呂知畏編　明萬曆四十五年(1617)金陵王鳳翔刻本　十二冊

500000－8701－0000648　B08/5:7/0648
尚書日記十六卷　(明)王樵著　明萬曆二十五年(1597)蔡立身刻本　二十冊

500000－8701－0000649　B08/6:1/0649
尚書日記十六卷　(明)王樵著　明萬曆十年(1582)于明照刻本　六冊

500000－8701－0000650　B08/6:1/0650
考古圖十卷　(宋)呂大臨撰　(元)羅更翁考訂　明萬曆刻本　四冊　存八卷(一至八)

500000－8701－0000651　B08/6:1/0651
楚辭二卷　(戰國)屈原撰　(明)茹天成考錄　明萬曆七年(1579)茹天成刻本　一冊

500000－8701－0000652　B08/6:1/0652
初潭集三十卷　(明)李贄撰　明萬曆刻本

六册

500000－8701－0000653　B08/6:1/0653
車書樓彙輯各名公四六爭奇八卷　(明)許以忠選　明萬曆四十八年(1620)刻本　八册

500000－8701－0000654　B08/6:2/0654
新刻蒐集群書紀載大千生鑑六卷　(明)劉維詔輯　明萬曆三十年(1602)王世茂車書樓刻本　十二册

500000－8701－0000655　B08/6:2/0655
二十子全書一百六十九卷　(明)吳勉學輯　明萬曆吳氏刻本　十册

500000－8701－0000656　B08/6:3/0656
法苑珠林一百二十卷　(唐)釋道世撰　明萬曆十九年(1591)清涼山妙德禪院刻本　二十三册　存一百十五卷(一至一百十、一百十六至一百二十)

500000－8701－0000657　B08/6:3/0657
陶靖節集八卷附錄一卷　(晉)陶潛撰　明萬曆四十七年(1619)楊時偉刻本　六册

500000－8701－0000658　B08/6:4/0658
群書考索古今事文玉屑二十四卷　(明)楊淙編　明萬曆二十五年(1597)南閩葉貴刻本　二十四册

500000－8701－0000659　B08/6:4/0659
省括編二十三卷　(明)姚文蔚編　明萬曆三十四年(1606)仁和楊廷筠刻本　四册　存十五卷(一至十五)

500000－8701－0000660　B08/6:4/0660
群書考索古今事文玉屑二十四卷　(明)楊淙編　明萬曆二十五年(1597)南閩葉貴刻本　十二册

500000－8701－0000661　B08/6:5/0661
廣弘明集三十卷　(唐)釋道宣撰　明萬曆十四年(1586)汪道昆刻本　十七册

500000－8701－0000662　B08/6:5/0662
金罍子四十四卷　(明)陳絳著　明萬曆三十四年(1606)陳昱刻本　十册

500000－8701－0000663　B08/6:5/0663
金罍子四十四卷　(明)陳絳著　明萬曆三十四年(1606)陳昱刻本　八册

500000－8701－0000664　B08/6:6/0664
翼學編十三卷　(明)朱應奎編　明萬曆刻本　四册

500000－8701－0000665　B08/6:6/0665
沈休文集四卷　(南朝梁)沈約著　明萬曆十三年(1585)刻本　四册

500000－8701－0000666　B08/6:6/0666
陶靖節集十卷總論一卷　(晉)陶潛撰　(宋)湯漢等箋注　明萬曆四年(1576)周敬松刻本　六册

500000－8701－0000667　B08/6:6/0667
弘明集十四卷　(南朝梁)釋僧祐撰　明萬曆十四年(1586)汪道昆刻本　七册

500000－8701－0000668　B08/6:6/0668
劉氏鴻書一百八卷　(明)劉仲達輯　明萬曆三十九年(1611)陳長卿刻本　二十四册

500000－8701－0000669　B08/6:7/0669
劉氏鴻書一百八卷　(明)劉仲達輯　明萬曆三十九年(1611)陳長卿刻本　三十二册

500000－8701－0000670　B08/7:1/0670
劉氏鴻書一百八卷　(明)劉仲達輯　明萬曆三十九年(1611)陳長卿刻本　二十册　存一百四卷(一至一百四)

500000－8701－0000671　B08/7:1/0671
楚辭二卷　(戰國)屈原撰　明萬曆十三年(1585)新都汪道昆刻本　二册

500000－8701－0000672　B08/7:1/0672
說類六十二卷　(明)葉向高編　明萬曆刻本　十册

500000－8701－0000673　B08/7:2/0673
古今韻會舉要三十卷　(元)黄公紹編　(元)熊忠舉要　明嘉靖刻萬曆二十八年(1600)許國誠修補本　十册

500000－8701－0000674　B08/7:2/0674

南華真經旁注五卷　(戰國)莊周撰　(明)方虚名輯注　(明)孫平仲音校　明萬曆二十二年(1594)刻本　五册

500000－8701－0000675　B08/7:4/0675
經濟類編一百卷　(明)馮琦纂　明萬曆三十二年(1604)刻本　五十册

500000－8701－0000676　B08/7:4/0676
經濟類編一百卷　(明)馮琦纂　明萬曆三十二年(1604)刻本　一百册

500000－8701－0000677　B08/7:4/0677
經濟類編一百卷　(明)馮琦纂　明萬曆三十二年(1604)刻本　四十册

500000－8701－0000678　B09/1:1/0678
唐甫里先生集二十卷　(唐)陸龜蒙撰　明萬曆三十一年(1603)松江許自昌刻本　八册

500000－8701－0000679　B09/1:1/0679
老子道德經二卷　(戰國)李耳撰　明萬曆三十二年(1604)周府菴刻本　一册

500000－8701－0000680　B09/1:1/0680
硯譜一卷　(□)□□撰　明萬曆八年(1580)歸安茅康伯刻欣賞全編本　一册

500000－8701－0000681　B09/1:1/0681
詩藪内編六卷外編六卷雜編六卷續編二卷　(明)胡應麟著　明刻本　十册

500000－8701－0000682　B09/1:1/0682
横浦先生文集二十卷心傳三卷日新一卷孟子發題一卷家傳一卷　(宋)張九成撰　(宋)于恕編　明萬曆四十二年(1614)新安吳惟明刻本　八册

500000－8701－0000683　B09/1:1/0683
稗乘四十二種四十七卷　(明)陳玄胤校　明萬曆四十六年(1618)刻本　四册　存四類四十種四十五卷(史略:晉文春秋一卷、漢武事畧一卷、明皇十七事一卷、一統肇基錄一卷、聖君初政記一卷、在田錄一卷、椒宫舊事一卷、東朝記一卷、明良錄畧一卷、逐鹿記一卷、造邦賢勲錄畧一卷、趙氏二美遺蹤一卷、元氏掖庭侈政一卷,訓詁:樂善錄畧一卷、積善錄一卷續錄一卷、兩鈔摘腴一卷、希通錄一卷、訓子言一卷,說家:因話錄三卷、松窻錄畧一卷、家世舊聞一卷、隨隱漫錄一卷、攬轡錄一卷、驂鸞錄一卷、吳船錄一卷、解酲語一卷、萬松閣記客言一卷、鳳凰臺記事一卷、巳瘧編一卷、殉身錄一卷、雲蕉館紀談一卷、墮起襍事一卷、熙朝樂事一卷、適園語錄一卷、螘談二卷,二氏:禪玄顯教編一卷、心經釋一卷、三十國記二卷、宗禪辯一卷、廣成子一卷)

500000－8701－0000684　B09/1:2/0684
真誥二十卷　(南朝梁)陶弘景撰　明萬曆俞安期刻本　十二册

500000－8701－0000685　B09/1:2/0685
世説新語三卷　(南朝宋)劉義慶撰　(南朝梁)劉孝標注　(明)王世懋批點　明萬曆九年(1581)喬懋敬刻本　六册

500000－8701－0000686　B09/1:2/0686
元白長慶集一百三十九卷　(明)馬元調輯　明萬曆松江馬氏刻本　四十册

500000－8701－0000687　B09/1:3/0687
元白長慶集一百三十九卷　(明)馬元調輯　明萬曆松江馬氏刻本　四十册

500000－8701－0000688　B09/1:4/0688
白氏長慶集七十一卷附錄一卷　(唐)白居易撰　明萬曆三十六年(1608)刻本　八册　存五十五卷(一至二十三、三十二至五十七、六十六至七十一)

500000－8701－0000689　B09/1:4/0689
説莊三卷　(明)李騰芳著　明萬曆四十二年(1614)開萬閣刻本　三册

500000－8701－0000690　B09/1:5/0690
謚法通考十八卷　(明)王圻編　明萬曆二十四年(1596)刻本　十六册

500000－8701－0000691　B09/1:5/0691
説略三十卷　(明)顧起元輯　明萬曆四十年(1612)新安吳德聚刻本　八册

500000－8701－0000692　B09/1：6/0692

尚白齋鐫陳眉公寶顔堂秘笈十五種四十七卷　（明）陳繼儒撰　明萬曆三十四年（1606）沈氏尚白齋刻本　十四册

500000－8701－0000693　B09/1：6/0693

石田先生集不分卷　（明）沈周著　明萬曆四十三年（1615）刻本　四册

500000－8701－0000694　B09/1：6/0694

駢志二十卷　（明）陳禹謨輯　明萬曆三十四年（1606）刻本　十六册

500000－8701－0000695　B09/1：7/0695

管子二十四卷　（春秋）管仲撰　（唐）房玄齡注　明萬曆十年（1582）常熟趙氏刻本　十二册

500000－8701－0000696　B09/1：7/0696

韓非子二十卷　（戰國）韓非撰　明萬曆十年（1582）常熟趙氏刻本　八册

500000－8701－0000697　B09/1：7/0697

白虎通德論二卷　（漢）班固纂　明萬曆吳琯刻古今逸史本　二册

500000－8701－0000698　B09/1：7/0698

六書賦音義二十卷附六書賦一卷　（明）張士佩撰　明萬曆三十三年（1605）刻本　八册

500000－8701－0000699　B09/1：7/0699

袁中郎十集十六卷　（明）袁宏道撰　明萬曆刻本　四册

500000－8701－0000700　B09/1：7/0700

鍥音註藝林唐故事白眉十二卷　（明）鄧志謨輯　明萬曆三十五年（1607）書林萃慶堂余彰德刻本　四册　存四卷（一至四）

500000－8701－0000701　B09/1：7/0701

劉氏類山十卷　（明）劉胤昌輯　明萬曆三十三年（1605）刻本　八册

500000－8701－0000702　B09/1：7/0702

屈陶合刻不分卷　（戰國）屈原　（晉）陶潛撰　明萬曆四十六年（1618）毛氏綠君亭刻本　八册　缺一種（屈子漁父）

500000－8701－0000703　B09/2：1/0703

王文恪公集三十六卷　（明）王鏊著　**名公筆記一卷**　（明）吳廷舉撰　**鶡音一卷白社詩草一卷**　（明）王禹聲著　明萬曆王氏三槐堂刻本　六册

500000－8701－0000704　B09/2：1/0704

指月錄三十二卷　（明）瞿汝稷撰　明萬曆三十年（1602）釋通一刻本　十二册

500000－8701－0000705　B09/2：1/0705

南北史續世説十卷　（唐）李垕撰　明萬曆三十七年（1609）俞安期翏翏閣刻本　五册

500000－8701－0000706　B09/2：1/0706

白虎通德論二卷　（漢）班固纂　明萬曆吳琯刻古今逸史本　二册

500000－8701－0000707　B09/2：1/0707

鼎鐫施會元評註選輯唐駱賓王狐白三卷　（唐）駱賓王撰　（明）施鳳來釋　明萬曆元年（1573）余文傑自新齋刻本　二册

500000－8701－0000708　B09/2：1/0708

鍥音註藝林唐故事白眉十二卷　（明）鄧志謨輯　明萬曆三十七年（1609）書林萃慶堂余彰德刻本　十二册

500000－8701－0000709　B09/2：2/0709

徐侍郎集二卷附錄一卷　（唐）徐安貞著　明萬曆二年（1574）刻本　一册

500000－8701－0000710　B09/2：2/0710

批點考工記二卷　（漢）鄭玄訓注　（元）吳澄考注　（明）周夢陽批評　明萬曆十五年（1587）刻本　二册

500000－8701－0000711　B09/2：2/0711

盛明百家詩選三十四卷首一卷　（明）朱之蕃選　明萬曆周時泰刻本　十二册　存二十四卷（一至二十四）

500000－8701－0000712　B09/2：2/0712

朱楓林集十卷　（明）朱升著　（明）范淶校　明萬曆四十四年（1616）刻本　六册

500000－8701－0000713　B09/2：2/0713

王文恪公集三十六卷 （明）王鏊著 **名公筆記一卷** （明）吳廷舉撰 **鵾音一卷白社詩草一卷** （明）王禹聲著 明萬曆王氏三槐堂刻本 十六册

500000－8701－0000714 B09/2:2/0714
蔡中郎文集十卷外傳一卷 （漢）蔡邕撰 明萬曆二年(1574)徐子器刻本 四册

500000－8701－0000715 B09/2:3/0715
唐段少卿酉陽雜俎前集二十卷續集十卷 （唐）段成式撰 明萬曆三十六年(1608)刻本 六册

500000－8701－0000716 B09/2:3/0716
新刻徐陳二先生評選三蘇文則八卷 （宋）蘇洵等撰 （明）徐肅賡選定 （明）陳繼儒評校 明萬曆四十八年(1620)陳孫賢刻本 八册

500000－8701－0000717 B09/2:3/0717
大佛頂如來密因修證了義諸菩薩萬行首楞嚴經十卷 （唐）釋般剌密帝譯 （唐）釋彌伽釋迦譯語 （唐）房融筆受 明萬曆刻本 五册

500000－8701－0000718 B09/2:3/0718
太史升庵文集八十一卷目錄四卷 （明）楊慎著 （明）楊有仁編 明刻本 二十四册

500000－8701－0000719 B09/2:4/0719
炳燭編不分卷 （明）王之垣輯 明萬曆三十年(1602)王象晉、王與籽刻本 一册

500000－8701－0000720 B09/2:4/0720
唐十二家詩不分卷 （明）楊一統輯 明萬曆十二年(1584)刻本 十四册

500000－8701－0000721 B09/2:4/0721
龍谿王先生全集二十二卷 （明）王畿撰 （明）丁賓編 明萬曆四十三年(1615)張汝霖刻本 十二册

500000－8701－0000722 B09/2:5/0722
龍谿王先生全集二十二卷 （明）王畿撰 （明）丁賓編 明萬曆四十三年(1615)張汝霖刻本 二十册

500000－8701－0000723 B09/2:5/0723
宋林和靖先生詩集四卷省心錄一卷附錄一卷 （宋）林逋撰 （明）何養純等輯 明萬曆四十一年(1613)何養純等刻本 四册

500000－8701－0000724 B09/2:5/0724
唐段少卿酉陽雜俎前集二十卷續集十卷 （唐）段成式撰 明萬曆三十六年(1608)刻本 八册

500000－8701－0000725 B09/2:5/0725
期齋呂先生集十四卷 （明）呂本撰 明萬曆三年(1575)鄭雲鎣刻本 八册

500000－8701－0000726 B09/2:6/0726
孟浩然詩集三卷補遺一卷 （唐）孟浩然撰 （宋）劉辰翁評點 **襄陽外編一卷** （五代）劉昫等撰 （明）顧道洪輯 **襄陽外編拾遺一卷** （唐）皮日休撰 明萬曆四年(1576)顧道洪刻本 四册

500000－8701－0000727 B09/2:6/0727
新刊增補古今名家詩學大成二十四卷 （明）李攀龍編 明萬曆六年(1578)建業劉氏孝友堂刻本 五册 存二十二卷(一至二十二)

500000－8701－0000728 B09/2:6/0728
徐文長文集三十卷附四聲猿一卷 （明）徐渭撰 （明）袁宏道評點 明萬曆四十二年(1614)鍾人傑刻本 八册

500000－8701－0000729 B09/2:6/0729
徐文長文集三十卷四聲猿一卷 （明）徐渭撰 （明）袁宏道評點 明萬曆四十二年(1614)鍾人傑刻本 七册 存三十卷(文集三十卷)

500000－8701－0000730 B09/2:6/0730
精選詩林廣記四卷 （宋）蔡正孫編 明萬曆十七年(1589)黃治徽刻本 八册

500000－8701－0000731 B09/2:6/0731
類次書肆說鈴二卷 （明）葉秉敬著 明萬曆刻本 二册

500000－8701－0000732 B09/2:6/0732
玄覽八卷 （明）朱謀㙔著 明萬曆二十二年(1594)刻本 一册

500000－8701－0000733　B09/2:7/0733
大明會典二百二十八卷　（明）申時行等重修　明萬曆十五年(1587)内府刻本(卷一百五十八至一百六十、一百七十三至一百七十五、二百二十三至二百二十六係抄配)　一百二十冊

500000－8701－0000734　B09/3:5/0734
今獻備遺四十二卷　（明）項篤壽撰　明萬曆十一年(1583)秀水項氏萬卷堂刻本　十二冊

500000－8701－0000735　B09/3:5/0735
何文簡公疏議十卷　（明）何孟春撰　明萬曆二年(1574)衡州刻本　八冊　存八卷(一至八)

500000－8701－0000736　B09/3:5/0736
何文定公文集十一卷　（明）何瑭撰　明萬曆四年(1576)賈待問等刻本　十二冊

500000－8701－0000737　B09/3:5/0737
何文定公文集十一卷　（明）何瑭撰　明萬曆四年(1576)賈待問等刻本　六冊

500000－8701－0000738　B09/3:6/0738
出巡條規不分卷　(□)□□撰　明萬曆四十五年(1617)刻藍印本　一冊

500000－8701－0000739　B09/3:6/0739
精選詩林廣記四卷　（宋）蔡正孫編　明萬曆十七年(1589)黄治徵刻本　二冊

500000－8701－0000740　B09/3:6/0740
西京雜記六卷　（晉）葛洪集　明萬曆三十年(1602)陝西布政司刻本　一冊

500000－8701－0000741　B09/3:6/0741
古樂苑五十二卷前卷一卷衍錄四卷目錄二卷　（明）梅鼎祚輯　明萬曆呂胤昌刻本　十冊

500000－8701－0000742　B09/3:6/0742
古樂苑五十二卷前卷一卷衍錄四卷目錄二卷　（明）梅鼎祚輯　明萬曆呂胤昌刻本　三冊　存十五卷(六至十一、三十至三十八)

500000－8701－0000743　B09/3:6/0743
古樂苑五十二卷前卷一卷衍錄四卷目錄二卷　（明）梅鼎祚輯　明萬曆呂胤昌刻本　三十二冊

500000－8701－0000744　B09/3:7/0744
自愉堂集詩四卷文六卷　（明）來儼然撰　明萬曆四十七年(1619)刻本　十冊

500000－8701－0000745　B09/3:7/0745
直講李先生文集三十七卷外集三卷年譜一卷　（宋）李覯撰　（明）左贊編　明正德十三年(1518)孫甫刻萬曆十七年(1589)建昌府孟紹慶補刻本　十二冊

500000－8701－0000746　B09/4:1/0746
弇州山人藝苑巵言十二卷　（明）王世貞撰　明萬曆十九年(1591)鄒道元累仁堂刻本　六冊

500000－8701－0000747　B09/4:1/0747
甑甀洞藁五十四卷目錄二卷　（明）吴國倫著　明萬曆刻本　三十冊

500000－8701－0000748　B09/4:2/0748
空華集二卷飲河集二卷止啼齋集一卷石頭菴集五卷　（明）釋如愚撰　明萬曆刻本　八冊

500000－8701－0000749　B09/4:2/0749
醫方考八卷　（明）吴崐著　明刻本　十二冊

500000－8701－0000750　B09/4:2/0750
鐔津文集十九卷鐔津明教大師行業記一卷　（宋）釋契嵩撰　明萬曆三十四年至三十五年(1606－1607)徑山寺刻本　八冊

500000－8701－0000751　B09/4:3/0751
斛山楊先生遺稿四卷　（明）楊爵撰　明萬曆八年(1580)刻本　四冊

500000－8701－0000752　B09/4:3/0752
吴興掌故集十七卷　（明）徐獻忠輯　明萬曆四十三年(1615)茅獻徵刻本　十冊

500000－8701－0000753　B09/4:3/0753
文字會寶不分卷　（明）朱文治輯　明萬曆三十六年(1608)刻本　十冊

500000－8701－0000754　B09/4:3/0754
寄閒堂稿四卷　（明）楊宗氣撰　明萬曆二十

五年(1597)刻本　四冊

500000－8701－0000755　B09/4:3/0755
沈忠敏公龜谿集十二卷　(宋)沈與求撰　明萬曆二十八年(1600)沈子木刻本　八冊

500000－8701－0000756　B09/4:4/0756
唐荊川先生批點史漢選十八卷　(明)唐順之輯　明萬曆刻本　十二冊

500000－8701－0000757　B09/4:4/0757
新刻前唐十二家詩二十四卷　(明)許自昌校　明萬曆三十一年(1603)刻本　十四冊

500000－8701－0000758　B09/4:4/0758
名物類考四卷　(明)耿隨朝著　明萬曆三十九年(1611)刻本　八冊

500000－8701－0000759　B09/4:4/0759
六科證治準繩六種四十四卷　(明)王肯堂輯　明萬曆三十年至三十六年(1602－1608)刻本　七十一冊

500000－8701－0000760　B09/4:6/0760
六科證治準繩六種四十四卷　(明)王肯堂輯　明萬曆三十年至三十六年(1602－1608)刻本　六十四冊

500000－8701－0000761　B09/5:1/0761
楊文懿公文集三十六卷　(明)楊守陳撰　明萬曆十六年(1588)楊德政刻二十八年(1600)建陽增修本　十四冊

500000－8701－0000762　B09/5:1/0762
王百穀集二十一種四十二卷　(明)王穉登撰　明萬曆刻本　五冊　存十種十八卷(國朝吳郡丹青志一卷、虎苑二卷、法因集四卷殘、荊溪疏二卷、吳社編一卷、延令纂二卷、采真編二卷、越吟二卷、廣長菴主生壙志一卷、苦言一卷)

500000－8701－0000763　B09/5:1/0763
車書樓彙輯旁註當代名公四六瑤函六卷首一卷　(明)朱錦精選　明萬曆四十七年(1619)金陵張少吾刻本　六冊

500000－8701－0000764　B09/5:1/0764
新刻宜齋野乘一卷　(宋)吳枋著　明萬曆三十一年(1603)刻本　一冊

500000－8701－0000765　B09/5:1/0765
茶譜一卷十友圖贊一卷　(明)顧元慶撰　明萬曆三十一年(1603)刻本　一冊

500000－8701－0000766　B09/5:2/0766
少室山房筆叢正集三十二卷續集十六卷甲乙剩言一卷　(明)胡應麟撰　(明)江湛然輯　明萬曆三十四年(1606)刻本　二十冊

500000－8701－0000767　B09/5:2/0767
煮字齋增讀回文詩不分卷　(晉)蘇蕙撰　(明)釋子起宗道人分讀　(明)康萬民增讀　(明)何鳴高校閱　明萬曆刻本　二冊

500000－8701－0000768　B09/5:2/0768
續刻溫陵四太史評選古今名文珠璣八卷　(明)黃鳳翔等選　明萬曆刻本　十六冊

500000－8701－0000769　B09/5:3/0769
宋洪魏公進萬首唐人絕句四十卷目錄四卷　(宋)洪邁輯　(明)黃習遠補　明萬曆三十五年(1607)吳郡趙宧光刻本(有抄配)　二十八冊

500000－8701－0000770　B09/5:4/0770
蜀中名勝記二十二卷　(明)曹學佺撰　明萬曆四十六年(1618)林茂之刻本　十冊

500000－8701－0000771　B09/5:4/0771
宋洪魏公進萬首唐人絕句四十卷目錄四卷　(宋)洪邁輯　(明)黃習遠補　明萬曆三十五年(1607)吳郡刻本　四十二冊

500000－8701－0000772　B09/5:6/0772
宋洪魏公進萬首唐人絕句四十卷目錄四卷　(宋)洪邁輯　(明)黃習遠補　明萬曆三十五年(1607)刻本　十二冊

500000－8701－0000773　B09/5:6/0773
范太僕集十四卷　(明)范惟一撰　明萬曆十三年(1585)范允豫刻本　十四冊

500000－8701－0000774　B09/5:7/0774
通鑑總類二十卷　(宋)沈樞撰　明萬曆二十

二年(1594)司禮監刻本　二十册

500000－8701－0000775　B09/6:1/0775
劉槎翁先生詩選十二卷　(明)劉崧撰　清乾隆二十七年(1762)刻本　八册

500000－8701－0000776　B09/6:1/0776
全唐詩話六卷　(宋)尤袤撰　明萬曆十七年(1589)張自憲刻本　六册

500000－8701－0000777　B09/6:1/0777
華陽館詩集十四卷附録一卷文集十二卷　(明)宋儀望撰　明萬曆三年(1575)魏學禮刻本　十六册

500000－8701－0000778　B09/6:2/0778
梅花草堂集十四卷　(清)張大復著　明崇禎刻清順治十二年(1655)張安淳修補本　書末散叟光緒丙申(1896)墨筆箋　十四册

500000－8701－0000779　B09/6:2/0779
滑耀編不分卷　(明)賈三近輯　明萬曆刻本　八册

500000－8701－0000780　B09/6:2/0780
石堂先生遺集二十二卷　(宋)陳普撰　明萬曆三年(1575)薛孔洵刻本　十六册

500000－8701－0000781　B09/6:3/0781
鼎刻臺閣攷正遵古韻律海篇大成二十卷　(明)曾六德輯攷　明萬曆三十二年(1604)書林喬山堂劉龍田刻本　六册

500000－8701－0000782　B09/6:3/0782
新刻文選粹語二卷　(明)胡文煥選　(明)張綸校　明萬曆二十五年(1597)刻本　四册

500000－8701－0000783　B09/6:3/0783
甔甀洞續稿詩集十二卷文集十五卷目錄二卷　(明)吳國倫著　明萬曆三十一年(1603)刻本　十二册

500000－8701－0000784　B09/6:3/0784
快雪堂集六十四卷　(明)馮夢禎著　明萬曆四十四年(1616)刻本　二十四册

500000－8701－0000785　B09/6:4/0785
釣臺集二卷圖一卷　(明)楊束編　(明)孫梗續　明萬曆十四年(1586)楊束刻二十六年(1598)孫梗續刻本　八册

500000－8701－0000786　B09/6:4/0786
堯山堂外紀一百卷　(明)蔣一葵編　明萬曆刻本　十二册

500000－8701－0000787　B09/6:5/0787
易筌六卷附論一卷　(明)焦竑撰　明萬曆四十年(1612)刻本　六册

500000－8701－0000788　B09/6:5/0788
劉子威集三十二卷　(明)劉鳳撰　明萬曆刻本　二十四册

500000－8701－0000789　B09/6:5/0789
武夷志畧四卷　(明)徐表然輯　明萬曆四十七年(1619)崇安孫世昌刻本　四册

500000－8701－0000790　B09/6:5/0790
覆瓿集七卷附錄一卷　(明)朱同著　(明)朱時新等閱輯　明萬曆四十四年(1616)刻本　四册　存七卷(覆瓿集七卷)

500000－8701－0000791　B09/6:6/0791
皇明泳化類編一百三十六卷　(明)鄧球編　明萬曆刻本　四十册

500000－8701－0000792　B09/6:7/0792
史漢異同補評三十二卷　(明)淩稚隆補　(明)閔元衢校　明萬曆十七年(1589)烏程淩氏刻本　十册

500000－8701－0000793　B09/6:7/0793
龍經三卷　(唐)楊筠松正經　(宋)吳景鸞圖解　(明)吳嵩注　明萬曆四十一年(1613)吳位中刻本　六册

500000－8701－0000794　B09/6:7/0794
白榆集二十卷　(明)屠隆撰　明萬曆二十二年(1594)刻本　七册

500000－8701－0000795　B09/6:7/0795
新鐫陶節庵家藏傷寒六書六卷　(明)陶華撰　明萬曆四十年(1612)何景道刻本　四册

500000－8701－0000796　B09/6:7/0796
沈氏學弢十六卷　(明)沈堯中編　明萬曆二

十九年(1601)刻本　十六册

500000－8701－0000797　B09/7:1/0797
蒼霞草二十卷　(明)葉向高著　明萬曆刻本　二十八册

500000－8701－0000798　B09/7:2/0798
清適編五卷　(明)戴宗璠輯　明萬曆四十五年(1617)刻本　二册

500000－8701－0000799　B09/7:2/0799
皇明鴻猷錄十六卷　(明)高岱編　明萬曆八年(1580)林應訓刻本　十六册

500000－8701－0000800　B09/7:2/0800
鍾伯敬批點世説新語補二十卷　(南朝宋)劉義慶撰　(南朝梁)劉孝標注　(宋)劉辰翁批　(明)何良俊增　(明)王世貞刪定　(明)王世懋批釋　(明)鍾惺批點　(明)張文柱校注　明萬曆十三年(1585)刻本　四册

500000－8701－0000801　B09/7:2/0801
楊鐵崖文集五卷史義拾遺二卷西湖竹枝詞集一卷香奩集一卷　(明)楊維楨撰　明萬曆諸暨陳于京刻本　六册

500000－8701－0000802　B09/7:2/0802
淨土資糧全集六卷前集一卷後集一卷　(明)莊廣還輯　明萬曆刻本　五册

500000－8701－0000803　B09/7:3/0803
詞致録十六卷　(明)李天麟彙輯　明萬曆十五年(1587)刻本　八册

500000－8701－0000804　B09/7:3/0804
靳兩城先生集二十卷　(明)靳學顔著　明萬曆十七年(1589)靳雷刻本　八册

500000－8701－0000805　B09/7:3/0805
象山先生全集六卷　(宋)陸九淵撰　(宋)傅子雲編　明萬曆四十三年(1615)金陵周希旦刻本　六册

500000－8701－0000806　B09/7:3/0806
靳兩城先生集二十卷　(明)靳學顔著　明萬曆十七年(1589)靳雷刻本　八册

500000－8701－0000807　B09/7:4/0807
宗伯集八十一卷　(明)馮琦著　明萬曆三十五年(1607)刻本　二十八册

500000－8701－0000808　B09/7:5/0808
刻李衷一先生清源洞文集六卷　(明)李光縉著　明萬曆四十二年(1614)張瑞圖刻本　二册

500000－8701－0000809　B09/7:5/0809
詞致録十六卷　(明)李天麟彙輯　明萬曆十五年(1587)刻本　八册

500000－8701－0000810　B09/7:5/0810
靳兩城先生集二十卷　(明)靳學顔著　明萬曆十七年(1589)靳雷刻本　十二册

500000－8701－0000811　B09/7:5/0811
南華真經副墨八卷讀南華真經雜説一卷　(明)陸西星撰　明萬曆十三年(1585)孫大綬刻本　二十六册

500000－8701－0000812　B09/7:5/0812
琴譜合璧二種二卷　(明)楊掄輯　明萬曆三十七年(1609)刻本　七册

500000－8701－0000813　B09/7:6/0813
增定國朝館課經世宏辭十五卷　(明)王錫爵增定　(明)沈一貫參訂　明萬曆十八年(1590)金陵周氏萬卷樓刻本　二十四册

500000－8701－0000814　B09/7:7/0814
筆山崔先生文集十卷　(明)崔涯撰　明萬曆三十六年(1608)崔廷健刻本　八册

500000－8701－0000815　B09/7:7/0815
宛陵先生集六十卷拾遺一卷　(宋)梅堯臣撰　**附錄三卷**　(宋)歐陽修等撰　明萬曆四年(1576)姜奇方刻本　二十四册

500000－8701－0000816　B10/1:1/0816
頌帚二集二卷　(明)劉錫玄著　明萬曆刻本　二册

500000－8701－0000817　B10/1:1/0817
[萬曆]南屏淨慈寺志十卷　(明)釋大壑撰　明萬曆四十四年(1616)刻本　四册　存四卷(一至二、七至八)

500000－8701－0000818　B10/1:1/0818
鍥熙朝名公書啓連腴八卷　(明)顧起元彙選　明萬曆二十九年(1601)萃慶堂刻本　二册

500000－8701－0000819　B10/1:1/0819
新鍥百大家評注歷子品粹十八卷　(明)湯賓尹輯　明萬曆二十四年(1596)刻本　十四册

500000－8701－0000820　B10/1:1/0820
儒函數類六十二卷目録四卷　(明)汪宗姬著　明萬曆四十年(1612)江季玄刻本　十二册

500000－8701－0000821　B10/1:1/0821
王槐野先生存笥稿二十卷續集九卷　(明)王維楨著　明萬曆七年(1579)尹應元、徐學禮刻本　十二册

500000－8701－0000822　B10/1:2/0822
憲章録四十六卷　(明)薛應旂編　明萬曆二年(1574)陸光宅刻本　二十册

500000－8701－0000823　B10/1:2/0823
大唐西域記十二卷　(唐)釋玄奘譯　(唐)釋辯機撰　明萬曆吳氏西爽堂刻本　六册

500000－8701－0000824　B10/1:2/0824
淮海集四十卷後集六卷長短句三卷　(宋)秦觀撰　明萬曆四十六年(1618)仁和李之藻刻本　十册

500000－8701－0000825　B10/1:2/0825
吳文肅公文集二十卷棣華雜著一卷　(宋)吳儆著　**附録二卷**　(宋)葛邲等撰　明萬曆刻本　六册

500000－8701－0000826　B10/1:3/0826
春秋左傳註評測義七十卷世系譜一卷名號異稱便覽一卷地名配古籍一卷列國東坡圖説一卷總評一卷　(明)淩稚隆輯著　明萬曆十六年(1588)淩稚隆刻本　三十册

500000－8701－0000827　B10/1:4/0827
箋釋梅亭先生四六標準四十卷　(宋)李劉著　(明)孫雲翼箋　明萬曆四十四年(1616)金陵唐鯉飛刻本　二十册

500000－8701－0000828　B10/1:4/0828
右編補十卷　(明)姚文蔚編　明萬曆三十九年(1611)劉伸等刻本　十六册

500000－8701－0000829　B10/1:5/0829
三禮編繹二十六卷　(明)鄧元錫著　明萬曆三十三年(1605)史繼辰等刻本　十二册

500000－8701－0000830　B10/1:5/0830
河上楮談二卷　(明)朱孟震撰　明萬曆刻朱秉器全集本　四册

500000－8701－0000831　B10/1:5/0831
宋名臣言行略十二卷　(明)劉廷元訂　明萬曆刻本　十二册

500000－8701－0000832　B10/1:5/0832
梁江文通集彙註十卷附録一卷　(明)胡之驥彙注　明萬曆二十六年(1598)刻本　六册

500000－8701－0000833　B10/1:6/0833
新刻何氏類鎔三十五卷　(明)何三畏著　明萬曆刻本　二十四册

500000－8701－0000834　B10/1:7/0834
周易本義四卷　(宋)朱熹撰　明萬曆新安吳勉學刻本　六册

500000－8701－0000835　B10/1:7/0835
千百年眼十二卷　(明)張燧纂　明萬曆刻本　四册

500000－8701－0000836　B10/1:7/0836
藍侍御集十卷　(明)藍田撰　(明)黃嘉善(明)張獻翼校選　明萬曆十五年(1587)姑蘇藍思紹刻本　五册

500000－8701－0000837　B10/1:7/0837
酒譜一卷　(明)徐炬編　明萬曆汪士賢刻山居雜志本　一册

500000－8701－0000838　B10/1:7/0838
駢語雕龍四卷　(明)游日章撰　(明)林世勤注　明刻本　八册

500000－8701－0000839　B10/1:7/0839
太史華句八卷　(明)淩迪知輯　明萬曆五年(1577)吳興淩氏刻本　六册

500000－8701－0000840　B10/2：1/0840
百家類纂四十卷　（明）沈津輯　明萬曆七年（1579）刻本　二十册

500000－8701－0000841　B10/2：1/0841
焦氏筆乘六卷續集八卷　（明）焦竑輯　明萬曆三十四年（1606）刻本　四册　存六卷（焦氏筆乘六卷）

500000－8701－0000842　B10/2：1/0842
潛學編十二卷　（明）鄧元錫著　（明）左宗郢編　明萬曆三十五年（1607）刻本　十二册

500000－8701－0000843　B10/2：1/0843
潛學編十二卷　（明）鄧元錫著　（明）左宗郢編　明萬曆三十五年（1607）刻本　六册

500000－8701－0000844　B10/2：2/0844
赤水玄珠三十卷　（明）孫一奎著輯　明萬曆孫泰來刻本　二十三册　存二十八卷（一、三至十五、十七至三十）

500000－8701－0000845　B10/2：2/0845
重刊荊川先生文集十八卷外集三卷　（明）唐順之撰　明萬曆元年（1573）純白齋刻本　二十册

500000－8701－0000846　B10/2：3/0846
新鍥簪纓必用增補秘笈新書十三卷别集三卷　（元）謝枋得編　（明）李九我增補　明萬曆三十六年（1608）刻本　十四册

500000－8701－0000847　B10/2：3/0847
新鍥七政玉衡命理天機利集三卷　（□）□□撰　明萬曆潭城書林清白堂楊日新刻本　二册　存二卷（二至三）

500000－8701－0000848　B10/2：3/0848
詞林海錯十六卷　（明）夏樹芳輯　明萬曆四十六年（1618）刻本　十六册

500000－8701－0000849　B10/2：3/0849
四子全書九卷　（明）董逢元輯　明萬曆二十三年（1595）毘陵董氏秋聲閣刻本　八册

500000－8701－0000850　B10/2：4/0850
大明萬曆二年歲次甲戌大統曆不分卷　（□）□□撰　明萬曆二年（1574）欽天監刻本　一册

500000－8701－0000851　B10/2：4/0851
文山先生全集二十卷　（宋）文天祥撰　明萬曆三年（1575）胡氏刻本　二十册

500000－8701－0000852　B10/2：4/0852
新編古今事文類聚前集六十卷後集五十卷别集三十二卷續集二十八卷　（宋）祝穆編　**新集三十六卷外集十五卷**　（元）富大用編　明刻本　五十册

500000－8701－0000853　B10/2：6/0853
離騷草木疏補四卷　（宋）吴仁傑疏　（明）屠本畯補　明萬曆二十一年（1593）刻本　一册

500000－8701－0000854　B10/2：6/0854
卓吾先生批評龍谿王先生語録鈔八卷　（明）王畿撰　（明）李贄批評　明萬曆二十六年（1598）刻本　八册

500000－8701－0000855　B10/2：6/0855
馮少墟集二十二卷　（明）馮從吾著　明萬曆四十五年（1617）刻本　十四册

500000－8701－0000856　B10/2：7/0856
廣輿記二十四卷　（明）陸應陽輯　明萬曆二十八年（1600）刻本　六册

500000－8701－0000857　B10/2：7/0857
建文朝野彙編二十卷　（明）屠叔方撰　明萬曆二十五年（1597）刻本　十六册

500000－8701－0000858　B10/2：7/0858
岱史十八卷　（明）查志隆撰　明萬曆十五年（1587）戴相堯刻本　十六册

500000－8701－0000859　B10/3：1/0859
不多集二十二卷　（明）吴士奇輯　明萬曆平陽府臨汾刻本　二十二册

500000－8701－0000860　B10/3：1/0860
漢書評林一百卷　（明）淩稚隆輯校　明萬曆九年（1581）刻本　十二册

500000－8701－0000861　B10/3：2/0861
史記鈔九十一卷首一卷　（明）茅坤輯　明萬

曆三年(1575)刻本(目錄係抄配)　十二冊

500000－8701－0000862　B10/3:2/0862
漢書評林一百卷　(明)淩稚隆輯校　明萬曆九年(1581)刻本　五十冊

500000－8701－0000863　B10/3:3/0863
增釋春秋列傳五卷　(明)劉節輯　明萬曆三十六年(1608)潘榛刻本　四冊

500000－8701－0000864　B10/3:4/0864
漢書評林一百卷　(明)淩稚隆輯校　明萬曆九年(1581)刻後印本　二十三冊　存九十四卷(一、八至一百)

500000－8701－0000865　B10/3:4/0865
攝生眾妙方十一卷　(明)張時徹集　(清)崔蓮生輯　明萬曆三十八年(1610)張一棟刻清康熙三十一年(1692)崔華補刻本　八冊

500000－8701－0000866　B10/3:4/0866
重鍥文公先生奏議十五卷　(明)朱吾弼編　明萬曆三十二年(1604)朱崇沐刻本　十二冊

500000－8701－0000867　B10/3:5/0867
太史升菴文集八十一卷目錄四卷　(明)楊慎著　(明)楊有仁編　明萬曆十年(1582)刻本(卷十八至二十二、六十八至七十係明趙開美刻本補配)　四十冊

500000－8701－0000868　B10/3:6/0868
兩京遺編十二種七十三卷　(明)胡維新輯　明萬曆刻本　七冊　存二種二十卷(賈子十卷、鹽鐵論十卷)

500000－8701－0000869　B10/3:6/0869
重訂併音連聲韻學集成十三卷　(明)章黼集　(明)吳道長重訂　明萬曆三十四年(1606)練川明德書院刻本　二十四冊

500000－8701－0000870　B10/3:7/0870
鐫書言群玉要刪上十卷下十卷　(明)屠隆編　明萬曆二十四年(1596)鄭世豪刻本　四冊

500000－8701－0000871　B10/3:7/0871
重訂併音連聲韻學集成十二卷　(明)章黼撰　明萬曆刻本　十二冊

500000－8701－0000872　B10/3:7/0872
兩京遺編十二種七十三卷　(明)胡維新輯　明萬曆刻本　十九冊

500000－8701－0000873　B10/4:1/0873
太史升菴文集八十一卷目錄四卷　(明)楊慎撰　(明)楊有仁編　明刻本　三十二冊

500000－8701－0000874　B10/4:2/0874
太史升菴遺集二十六卷　(明)楊慎著　(明)楊金吾等輯　明萬曆三十年(1602)湯日昭刻本　四冊

500000－8701－0000875　B10/4:2/0875
商文毅公集十卷　(明)商輅撰　(明)劉體元編　明萬曆三十一年(1603)劉體元刻本　十冊

500000－8701－0000876　B10/4:2/0876
唐丞相曲江張先生文集十二卷附錄一卷　(唐)張九齡撰　明萬曆十二年(1584)曲江縣刻本　六冊

500000－8701－0000877　B10/4:2/0877
李氏藏書六十八卷　(明)李贄撰　明萬曆二十七年(1599)刻本　三十七冊

500000－8701－0000878　B10/4:3/0878
一峯羅先生集五卷　(明)羅倫撰　明弘治二年(1489)刻本　二冊

500000－8701－0000879　B10/4:3/0879
靈棋經一卷　(晉)顏幼明　(南朝宋)何承天注　(元)陳師凱　(明)劉基解　明萬曆三年(1575)朱正民翻刻榮府本　一冊

500000－8701－0000880　B10/4:3/0880
兩晉南北史合纂四十卷　(明)錢岱纂　明萬曆四十一年(1613)刻本　二十冊

500000－8701－0000881　B10/4:4/0881
李氏藏書六十八卷　(明)李贄撰　明萬曆二十七年(1599)焦竑刻本　四十冊

500000－8701－0000882　B10/4:5/0882
重校正唐文粹一百卷　(宋)姚鉉纂　明嘉靖三年(1524)徐焴刻萬曆二十六年(1598)金應

祥重校修補本　二十四册

500000－8701－0000883　B10/4:5/0883
高皇帝御製文集二十卷　(明)朱元璋撰　明萬曆十年(1582)姚士觀刻本　十六册

500000－8701－0000884　B10/4:6/0884
太平廣記五百卷目錄十卷　(宋)李昉等編　明萬曆許自昌刻本　四十册

500000－8701－0000885　B10/4:7/0885
史通二十卷　(唐)劉知幾撰　明萬曆五年(1577)張之象刻本　六册

500000－8701－0000886　B10/4:7/0886
史通二十卷　(唐)劉知幾撰　明萬曆五年(1577)張之象刻本　八册

500000－8701－0000887　B10/5:1/0887
大慈恩寺三藏法師傳十卷　(唐)釋慧立撰　(唐)釋彦悰箋　明萬曆刻本　五册

500000－8701－0000888　B10/5:1/0888
唐詩解五十卷　(清)唐汝詢編　(清)唐汝諤注釋　明萬曆四十三年(1615)葉氏大業堂刻本　十册

500000－8701－0000889　B10/5:1/0889
唐伯虎先生全集二十二卷　(明)唐寅撰　(明)何大成輯　明萬曆何大成、曹元亮刻本　六册

500000－8701－0000890　B10/5:1/0890
穀山筆麈十八卷　(明)于慎行撰　(明)郭應寵編　明萬曆四十一年(1613)于緯刻清康熙十六年(1677)宋文英補修本　八册

500000－8701－0000891　B10/5:1/0891
齊民要術十卷　(北魏)賈思勰撰　明萬曆三十一年(1603)胡震亨刻本　八册

500000－8701－0000892　B10/5:1/0892
大儒學粹九卷　(明)魏時亮編讀　明萬曆十六年(1588)刻本　六册

500000－8701－0000893　B10/5:2/0893
唐詩類苑二百卷　(明)張之象輯　明萬曆二十九年(1601)曹仁孫刻本　六十册

500000－8701－0000894　B10/5:4/0894
月旦堂仙佛奇踪合刻八卷　(明)洪應明撰　明萬曆刻本　李承詳題記　四册

500000－8701－0000895　B10/5:4/0895
僊佛奇踪八卷　(明)洪應明撰　明萬曆三十年(1602)太和館刻本　八册

500000－8701－0000896　B10/5:4/0896
唐駱先生文集六卷附錄一卷　(唐)駱賓王撰　明萬曆十九年(1591)金氏刻本　八册

500000－8701－0000897　B10/5:4/0897
新刊駱子集註四卷　(唐)駱賓王撰　(明)陳魁士注釋　明萬曆八年(1580)刻本　八册

500000－8701－0000898　B10/5:5/0898
昌黎先生集四十卷外集十卷遺文一卷　(唐)韓愈撰　(唐)李漢編　**集傳一卷**　(宋)朱熹編　明萬曆東吳徐氏東雅堂刻本　十六册

500000－8701－0000899　B10/5:5/0899
昌黎先生集四十卷外集十卷遺文一卷　(唐)韓愈撰　(唐)李漢編　**集傳一卷**　(宋)朱熹編　明萬曆東吳徐氏東雅堂刻本　十五册

500000－8701－0000900　B10/5:5/0900
福壽全書六卷　(明)陳繼儒輯　明萬曆金閶張叔籟刻本　八册

500000－8701－0000901　B10/5:6/0901
昌黎先生集四十卷外集十卷遺文一卷　(唐)韓愈撰　(唐)李漢編　**集傳一卷**　(宋)朱熹編　明萬曆東吳徐氏東雅堂刻本　十六册

500000－8701－0000902　B10/5:6/0902
國語二十一卷　(三國吳)韋昭解　(宋)宋庠補音　明萬曆十三年(1585)吳汝紀刻本　六册

500000－8701－0000903　B10/5:6/0903
玉堂叢語八卷　(明)焦竑輯　明萬曆四十六年(1618)曼山館刻本　四册

500000－8701－0000904　B10/5:6/0904
玉堂叢語八卷　(明)焦竑輯　明萬曆四十六年(1618)曼山館刻本　八册

500000－8701－0000905　B10/5：7/0905
古雋考略四卷　（明）顧允　（明）李承勛輯　明萬曆十四年（1586）李大生刻本　八册

500000－8701－0000906　B10/5：7/0906
楊忠愍公集三卷　（明）楊繼盛著　**楊忠愍公行狀一卷**　（明）王世貞撰　**墓誌銘一卷**　（明）徐階撰　明萬曆蔣如苹刻本　四册

500000－8701－0000907　B10/5：7/0907
國語二十一卷　（三國吳）韋昭解　（宋）宋庠補音　（明）穆文熙編　明萬曆沈權刻本　六册

500000－8701－0000908　B10/5：7/0908
道書全集十四種九十五卷　（明）閻鶴洲輯　明萬曆十九年（1591）金陵閻氏刻本（群仙珠玉卷三之三十五至七十一葉係抄配）　四十八册

500000－8701－0000909　B10/6：1/0909
重編東坡先生外集八十六卷年譜一卷　（宋）蘇軾撰　明萬曆三十六年（1608）康丕揚刻本　三十六册

500000－8701－0000910　B10/6：2/0910
東觀餘論四卷　（宋）黄伯思撰　明萬曆李春熙刻本　四册

500000－8701－0000911　B10/6：2/0911
中立四子集四種六十四卷　（明）朱東光輯　（明）張登雲參補　明萬曆七年（1579）朱東光刻本　三十六册

500000－8701－0000912　B10/6：3/0912
琅琊代醉編四十卷　（明）張鼎思輯　明萬曆二十五年（1597）陳性學刻本　二十册

500000－8701－0000913　B10/6：4/0913
杜工部全集六十六卷目録六卷　（唐）杜甫撰　（明）劉世教輯　明萬曆四十年（1612）合刻分體李杜全集本　十二册

500000－8701－0000914　B10/6：4/0914
敬軒薛先生文集二十四卷年譜一卷　（明）薛瑄撰　（明）張鼎編　明萬曆張銓刻本　十册

500000－8701－0000915　B10/6：4/0915
新鐫古今大雅北宫詞記六卷　（明）陳所聞輯　明萬曆三十二年（1604）陳氏繼志齋刻本　八册

500000－8701－0000916　B10/6：5/0916
新鐫古今大雅南宫詞記六卷北宫詞記六卷　（明）陳所聞輯　明萬曆三十二年（1604）陳氏繼志齋刻本　十六册

500000－8701－0000917　B10/6：5/0917
新鐫古今大雅南宫詞記六卷北宫詞記六卷　（明）陳所聞輯　明萬曆三十二年（1604）陳氏繼志齋刻本　十二册

500000－8701－0000918　B10/6：5/0918
子彙二十四種三十四卷　（明）周子義輯　明萬曆四年至五年（1576－1577）南京國子監刻本　十二册

500000－8701－0000919　B10/6：6/0919
五雜組十六卷　（明）謝肇淛著　明萬曆吳航寶樹堂刻本　十六册

500000－8701－0000920　B10/6：6/0920
類雋三十卷　（明）鄭若庸輯　明萬曆六年（1578）汪珙刻本　三十册

500000－8701－0000921　B10/6：7/0921
蠛蠓集五卷　（明）盧柟著　明萬曆三年（1575）竇寶泉刻本　五册

500000－8701－0000922　B10/6：7/0922
文苑英華摘粹十卷　（明）張獻翼纂　明萬曆十七年（1589）賀逢舜刻本　六册

500000－8701－0000923　B10/7：1/0923
重修正文對音捷要真傳琴譜大全十卷　（明）楊表正撰　明萬曆十三年（1585）富春堂刻本　十册

500000－8701－0000924　B10/7：1/0924
宋藝圃集二十二卷　（明）李蓘編選　明萬曆五年（1577）鮑孟奇刻本　十六册

500000－8701－0000925　B10/7：2/0925
李文定公貽安堂集十卷　（明）李春芳撰　明

萬曆十七年(1589)李戴刻本　十冊

500000－8701－0000926　B10/7:2/0926
弗告堂集二十六卷　(明)于若瀛撰　明萬曆刻本　八冊

500000－8701－0000927　B10/7:2/0927
左粹類纂十二卷音釋一卷　(明)施仁輯　明萬曆十一年(1583)任養心刻本　八冊

500000－8701－0000928　B10/7:3/0928
自警編九卷　(宋)趙善璙輯　明萬曆四年(1576)刻本　十二冊

500000－8701－0000929　B10/7:3/0929
孫子取衷十三卷　(明)趙庭編　明萬曆三十七年(1609)刻本　二冊

500000－8701－0000930　B10/7:3/0930
左粹類纂十二卷音釋一卷　(明)施仁輯　明萬曆十一年(1583)任養心刻本　八冊

500000－8701－0000931　B10/7:3/0931
天目先生集二十一卷　(明)徐中行著　明萬曆十二年(1584)張佳胤刻本　十冊

500000－8701－0000932　B10/7:4/0932
穆天子傳六卷　(晉)郭璞注　(明)范欽訂　明萬曆二十二年(1594)河東趙氏刻本　一冊

500000－8701－0000933　B10/7:4/0933
姚伯子論不分卷　(明)姚應仁著　明萬曆四十七年(1619)刻本　二冊

500000－8701－0000934　B10/7:4/0934
顔氏家訓二卷　(北齊)顔之推撰　明萬曆三年(1575)程伯祥、羅春刻本　二冊

500000－8701－0000935　B10/7:4/0935
代警編二卷　(明)雒于仁著　明萬曆二十六年(1598)雒于仁刻本　二冊

500000－8701－0000936　B10/7:4/0936
瀟碧堂集二十卷　(明)袁宏道撰　明萬曆三十六年(1608)勾吴袁氏書種堂刻本　十冊

500000－8701－0000937　B10/7:4/0937
弗告堂集二十六卷　(明)于若瀛撰　明萬曆刻本　六冊

500000－8701－0000938　B10/7:4/0938
新鍥葛稚川外篇四卷　(晉)葛洪撰　明萬曆十二年(1584)慎懋官刻本　四冊

500000－8701－0000939　B10/7:4/0939
校注橘山四六二十卷　(宋)李廷忠著　(明)孫雲翼注　明萬曆三十五年(1607)刻本　八冊

500000－8701－0000940　B10/7:5/0940
文林綺繡五種五十九卷　(明)淩迪知輯　明萬曆四年至五年(1576－1577)淩氏桂芝館刻本　五十二冊

500000－8701－0000941　B10/7:6/0941
呻吟語六卷　(明)吕坤著　明萬曆二十一年(1593)刻本　一冊　存一卷(一)

500000－8701－0000942　B10/7:6/0942
呻吟語六卷　(明)吕坤著　明萬曆二十一年(1593)刻本　六冊

500000－8701－0000943　B10/7:6/0943
潘象安詩集四卷　(明)潘緯撰　明萬曆九年(1581)刻本　四冊

500000－8701－0000944　B10/7:6/0944
景渠李先生文集不分卷　(明)李得陽著　明萬曆十七年(1589)劉自淮、李汝昌刻本　四冊

500000－8701－0000945　B10/7:7/0945
文選錦字錄二十一卷　(明)淩迪知輯　明萬曆刻本(卷十五係抄配)　十冊　存二十卷(一至四、六至二十一)

500000－8701－0000946　B10/7:7/0946
文選錦字錄二十一卷　(明)淩迪知輯　明萬曆四年至五年(1576－1577)吴興淩氏桂枝館刻本　六冊

500000－8701－0000947　B10/7:7/0947
文林綺繡五種五十九卷　(明)淩迪知輯　明萬曆四年至五年(1576－1577)淩氏桂芝館刻本　二十三冊　存四種五十一卷(左國腴詞

八卷、楚騷綺語六卷、兩漢雋言前集十卷後集六卷、文選錦字録二十一卷）

500000－8701－0000948　B11/1:1/0948
文林綺繡五種五十九卷　（明）淩迪知輯　明萬曆四年至五年（1576－1577）淩氏桂芝館刻本　三十二册

500000－8701－0000949　B11/1:2/0949
紹聞編八卷　（明）王樵著　明萬曆二十四年（1596）楊時喬刻本　八册

500000－8701－0000950　B11/1:2/0950
續玉臺新詠五卷　（明）鄭玄撫選　明萬曆七年（1579）茅元禎刻本　二册

500000－8701－0000951　B11/1:2/0951
風俗通義十卷　（漢）應劭撰　明萬曆程榮刻漢魏叢書本　四册

500000－8701－0000952　B11/1:2/0952
陳情歸本一卷　（明）王遠宜撰　明末刻本　一册

500000－8701－0000953　B11/1:2/0953
三輔黄圖六卷　（□）□□撰　明萬曆十三年（1585）郭子章刻秦漢圖記本　二册

500000－8701－0000954　B11/1:2/0954
古今印則不分卷　（明）程遠摹選　明萬曆項氏宛委堂鈐印本　四册

500000－8701－0000955　B11/1:2/0955
夷門廣牘一百七種　（明）周履靖輯　明萬曆荆山書林刻本　十册　存八種十三卷（水品全秩二卷、獸經一卷、五柳賡歌一、尋芳詠二卷、香奩詩草二卷、青蓮觴詠二卷、狂夫酒語二卷、宋明名公和陶詩一卷）

500000－8701－0000956　B11/1:3/0956
本草綱目五十二卷附圖二卷　（明）李時珍編　明萬曆三十一年（1603）張鼎思刻本　四十册

500000－8701－0000957　B11/1:4/0957
楚紀六十卷　（明）廖道南撰　明萬曆二十四年（1596）武昌孫承榮刻本　四十八册

500000－8701－0000958　B11/1:5/0958
史記評林一百三十卷　（漢）司馬遷撰　（明）淩稚隆輯評　（明）李光縉增補　明萬曆四年（1576）刻本　十六册

500000－8701－0000959　B11/1:6/0959
宛陵先生集六十卷拾遺一卷附録一卷　（宋）梅堯臣撰　明萬曆四年（1576）姜奇方刻本　二十八册

500000－8701－0000960　B11/1:7/0960
史記評林一百三十卷　（漢）司馬遷撰　（明）淩稚隆輯評　（明）李光縉增補　明萬曆四年（1576）刻本　四十册

500000－8701－0000961　B11/2:1/0961
史記評林一百三十卷　（漢）司馬遷撰　（明）淩稚隆輯評　（明）李光縉增補　明萬曆四年（1576）刻本　六十册

500000－8701－0000962　B11/2:2/0962
［萬曆］揚州府志二十七卷首一卷　（明）楊洵修　（清）陸君弼等輯　明萬曆二十九年（1601）修三十三年（1605）刻本　二十四册

500000－8701－0000963　B11/2:3/0963
御龍子集七十七卷目録四卷　（明）范守己著　明萬曆十八年（1590）侯廷珮、李時芳刻本　二十七册

500000－8701－0000964　B11/2:4/0964
史記正義一百三十卷　（漢）司馬遷撰　（南朝宋）裴駰集解　（唐）司馬貞索隱　（唐）張守節正義　明萬曆二年至三年（1574－1575）余有丁刻本　二十四册

500000－8701－0000965　B11/2:5/0965
通鑑紀事本末四十二卷　（宋）袁樞撰　明萬曆二年（1574）李栻刻本　四十二册

500000－8701－0000966　B11/2:7/0966
針灸大成十卷　（明）楊濟時撰　明萬曆二十九年（1601）趙文炳刻本　十五册

500000－8701－0000967　B11/2:7/0967
古今律歷考七十二卷　（明）邢雲路編　（明）

孫瑋訂閱　明萬曆三十六年(1608)張崇禮刻本　三十二册

500000－8701－0000968　B11/3:1/0968
新刻金陵原板易經開心正解六卷　(□)□□撰　明萬曆元年(1573)熊沖宇刻本　一册

500000－8701－0000969　B11/3:1/0969
佛祖統紀五十四卷　(宋)釋志磐撰　明萬曆四十二年(1614)刻本(卷四十三至四十八係抄配)　十册

500000－8701－0000970　B11/3:2/0970
喻林一百二十卷　(明)徐元太編　明萬曆四十三年(1615)刻本　二十七册

500000－8701－0000971　B11/3:3/0971
喻林一百二十卷　(明)徐元太編　明萬曆四十三年(1615)刻本(序,目錄,卷一至二、一百七係抄配)　三十一册　存七十五卷(一至十三、十七至二十一、二十八至三十、四十二至五十四、五十五至八十二、八十六至九十四、九十七至九十八、一百七至一百八)

500000－8701－0000972　B11/3:3/0972
喻林八十卷　(明)徐太元輯　明萬曆十七年(1589)刻本(卷二部分、卷三至六係抄配)　二十四册

500000－8701－0000973　B11/3:4/0973
緝玉錄五卷　(明)傅振商輯　明萬曆四十七年(1619)刻本　十册

500000－8701－0000974　B11/3:4/0974
鴻苞集四十八卷　(明)屠隆撰　(明)茅元儀選訂　明萬曆三十八年(1610)茅元儀刻本　二十四册

500000－8701－0000975　B11/3:5/0975
石門文字禪三十卷　(宋)釋德洪著　(宋)釋覺慈編　明萬曆二十五年(1597)刻徑山藏本　二十四册

500000－8701－0000976　B11/3:6/0976
山居雜志二十三種四十一卷　(明)汪士賢輯　明萬曆新安汪氏刻本　一册　存四種八卷(茶經三卷附茶具圖贊一卷、水辨一卷、茶經外集一卷、茶譜一卷外集一卷)

500000－8701－0000977　B11/3:6/0977
茶經三卷　(唐)陸羽撰　**茶具圖贊一卷**　題(宋)審安老人撰　**茶經水辨一卷**　(唐)張又新等撰　明萬曆十六年(1588)孫氏秋水齋刻本　二册

500000－8701－0000978　B11/3:6/0978
南華真經十卷　(戰國)莊周著　明萬曆五年(1577)廣東施堯臣刻本　八册

500000－8701－0000979　B11/3:6/0979
石門文字禪三十卷　(宋)釋德洪著　(宋)釋覺慈編　明萬曆二十五年(1597)刻徑山藏本　六册

500000－8701－0000980　B11/3:6/0980
皇明文範六十八卷目錄二卷　(明)張時澈輯　明萬曆三年(1575)刻本　八十册

500000－8701－0000981　B11/4:1/0981
皇明文範六十八卷目錄二卷　(明)張時澈輯　明萬曆三年(1575)刻本　四十册

500000－8701－0000982　B11/4:2/0982
說文解字十二卷　(漢)許慎撰　明萬曆二十六年(1598)陳大科刻本　十三册

500000－8701－0000983　B11/4:2/0983
說文解字十二卷　(漢)許慎撰　明萬曆二十六年(1598)陳大科刻本　六册

500000－8701－0000984　B11/4:3/0984
說文解字十二卷　(漢)許慎撰　明萬曆二十六年(1598)陳大科刻本　十二册

500000－8701－0000985　B11/4:3/0985
古今游名山記十七卷總錄一卷　(明)何鏜輯　明萬曆刻本　十六册

500000－8701－0000986　B11/4:4/0986
鶴林玉露十六卷補遺一卷　(宋)羅大經撰　明萬曆三十六年(1608)刻本　八册

500000－8701－0000987　B11/4:4/0987
鶴林玉露十六卷補遺一卷　(宋)羅大經撰

明刻萬曆七年(1579)林大黼重修三十六年(1608)孫鑛遞修本　八冊

500000－8701－0000988　B11/4:4/0988
茅鹿門先生文集三十六卷　(明)茅坤著　明萬曆刻本　十二冊

500000－8701－0000989　B11/4:4/0989
鼒九我李先生編輯梁昭明太子統文選品彙十八卷　(明)李廷機編　明萬曆三十二年(1604)刻本　八冊

500000－8701－0000990　B11/4:5/0990
歐陽文忠公五代史抄二十卷　(明)茅坤批評　明萬曆七年(1579)茅一桂刻本　六冊

500000－8701－0000991　B11/4:5/0991
日涉編十二卷　(明)陳堦編　(清)白輝補　明萬曆徐養量刻清修補本　十二冊

500000－8701－0000992　B11/4:5/0992
詩雋類函一百五十卷　(明)俞安期彙纂　(明)梅鼎祚增訂　明萬曆三十七年(1609)刻本　八十冊

500000－8701－0000993　B11/4:7/0993
詩雋類函一百五十卷　(明)俞安期彙纂　(明)梅鼎祚增訂　明萬曆三十七年(1609)刻本　三十冊

500000－8701－0000994　B11/5:1/0994
古今萬姓統譜一百四十卷歷代帝王姓系統譜六卷氏族博攷十四卷　(明)淩迪知編　明萬曆七年(1579)刻本(歷代帝王姓系統譜六卷、氏族博攷卷五至十四係補配)　四十三冊　缺四卷(氏族博攷一至四)

500000－8701－0000995　B11/5:2/0995
新選古今類腴十八卷　(明)陳世寶編　明萬曆九年(1581)刻楷字本　二十四冊

500000－8701－0000996　B11/5:3/0996
六家詩名物疏五十五卷提要三卷　(明)馮復京輯　明萬曆三十三年(1605)刻本　三十冊

500000－8701－0000997　B11/5:3/0997
國朝名世類苑四十六卷　(明)淩迪知輯　明萬曆三年(1575)刻本　二十四冊

500000－8701－0000998　B11/5:4/0998
新選古今類腴十八卷　(明)陳世寶編　明萬曆九年(1581)刻楷字本　十五冊　存十七卷(一、三至十八)

500000－8701－0000999　B11/5:5/0999
國朝名世類苑四十六卷　(明)淩迪知輯　明萬曆三年(1575)刻本　三十二冊

500000－8701－0001000　B11/5:6/1000
重編東坡先生外集八十六卷年譜一卷　(宋)蘇軾撰　明萬曆三十六年(1608)康丕揚刻本　二十四冊

500000－8701－0001001　B11/5:7/1001
唐類函二百卷目錄二卷　(明)俞安期纂　明萬曆三十一年(1603)刻本　四十冊

500000－8701－0001002　B11/6:1/1002
唐類函二百卷目錄二卷　(明)俞安期纂　明萬曆三十一年(1603)刻本　四十冊

500000－8701－0001003　B11/6:3/1003
唐類函二百卷目錄二卷　(明)俞安期纂　明萬曆三十一年(1603)刻本　五十冊

500000－8701－0001004　B11/6:5/1004
唐類函二百卷目錄二卷　(明)俞安期纂　明刻本　四十冊

500000－8701－0001005　B11/6:6/1005
續文選三十二卷　(明)湯紹祖撰　明萬曆三十年(1602)希貴堂刻本　二十冊

500000－8701－0001006　B11/6:7/1006
重校拜月亭記二卷　(元)施惠撰　(明)羅懋登注釋　明德壽堂刻本　二冊

500000－8701－0001007　B11/6:7/1007
新鍥重訂出像附釋標註驚鴻記題評二卷　(明)吳世美撰　明唐氏世德堂刻本　二冊

500000－8701－0001008　B11/6:7/1008
續文選三十二卷　(明)湯紹祖撰　明萬曆希貴堂刻本　六冊

500000－8701－0001009　B11/7:1/1009
遜志齋集二十四卷　(明)方孝孺撰　(明)范惟一編　(明)唐堯臣校訂　**附錄一卷**　(明)范惟一編　(明)唐堯臣校訂　明嘉靖四十年(1561)王可大刻萬曆四年(1576)印本　三十二冊

500000－8701－0001010　B11/7:2/1010
遜志齋集二十四卷　(明)方孝孺撰　(明)范惟一編　(明)唐堯臣校訂　**附錄一卷**　(明)范惟一編　(明)唐堯臣校訂　明嘉靖四十年(1561)王可大刻萬曆四年(1576)印本　二十四冊

500000－8701－0001011　B11/7:3/1011
文選章句二十八卷　(南朝梁)蕭統撰　(唐)李善注　(明)陳與郊編　明萬曆二十五年(1597)刻本　二十冊

500000－8701－0001012　B11/7:3/1012
集千家註杜工部詩集二十卷文集二卷　(唐)杜甫撰　**附錄一卷**　(唐)元稹等撰　**年譜一卷**　(□)□□撰　明萬曆黄陞刻本　十二冊

500000－8701－0001013　B11/7:4/1013
牡丹亭還魂記二卷　(明)湯顯祖編　明萬曆刻本(卷二第四十五齣至四十六齣有抄配)　四冊

500000－8701－0001014　B11/7:4/1014
文選十二卷　(南朝梁)蕭統輯　明萬曆吳勉學刻本　六冊

500000－8701－0001015　B11/7:4/1015
劉向古列女傳七卷續列女傳一卷　(漢)劉向撰　明萬曆三十四年(1606)唐錦池文林閣刻本　八冊

500000－8701－0001016　B11/7:4/1016
[萬曆]湯陰精忠廟志十卷附續刻詩文　(明)張應登編　(清)楊世達續纂　清雍正刻本　六冊

500000－8701－0001017　B11/7:4/1017
李卓吾先生讀升菴集二十卷　(明)楊慎撰　(明)李贄輯評　明萬曆刻本　六冊

500000－8701－0001018　B11/7:4/1018
李卓吾先生讀升菴集二十卷　(明)楊慎撰　(明)李贄輯評　明萬曆刻本　四冊

500000－8701－0001019　B11/7:4/1019
劉向古列女傳七卷續列女傳一卷　(漢)劉向撰　明萬曆三十四年(1606)唐錦池文林閣刻本　四冊

500000－8701－0001020　B11/7:5/1020
李卓吾先生讀升菴集二十卷　(明)楊慎撰　(明)李贄輯評　明末刻本　四冊　存十五卷(一至十五)

500000－8701－0001021　B11/7:5/1021
魯公文集十五卷　(唐)顏真卿撰　明萬曆二十四年(1596)顏胤刻本　六冊

500000－8701－0001022　B11/7:5/1022
升菴外集一百卷　(明)楊慎著　(明)焦竑編　明萬曆四十五年(1617)刻本　十二冊　存五十三卷(一至五十三)

500000－8701－0001023　B11/7:5/1023
蔡中郎集十二卷附錄一卷　(漢)蔡邕著　(明)張燮纂　明萬曆刻本　四冊

500000－8701－0001024　B11/7:5/1024
古今考三十八卷　(宋)魏了翁撰　(元)方回續　明上海王圻刻本　十六冊

500000－8701－0001025　B11/7:6/1025
世說新語八卷　(南朝宋)劉義慶撰　(南朝梁)劉孝標注　(明)王世懋批點　明萬曆淩瀛初刻本　四冊

500000－8701－0001026　B11/7:6/1026
吳歈萃雅四卷　(明)梯月主人(周之標)輯　明萬曆刻本　四冊

500000－8701－0001027　B11/7:6/1027
古今考三十八卷　(宋)魏了翁撰　(元)方回續　明上海王圻刻本(卷一至二據謝賓三本抄配)　十冊

500000－8701－0001028　B11/7:6/1028
二十家子書二十九卷　(明)謝汝韶輯　明萬

曆六年(1578)吉藩崇德書院刻本　十六册

500000－8701－0001029　B11/7:7/1029
弇州史料前集三十卷後集七十卷　(明)王世貞纂　(明)董復表彙次　明萬曆四十二年(1614)華亭縣官刻本　四十册

500000－8701－0001030　B12/1:1/1030
宋文正范先生文集十卷　(宋)范仲淹撰　明萬曆三十六年(1608)康丕揚刻本　二十册

500000－8701－0001031　B12/1:1/1031
宋文正范先生文集十卷　(宋)范仲淹撰　明萬曆三十六年(1608)康丕揚刻本　十册

500000－8701－0001032　B12/1:2/1032
緱山先生集二十七卷　(明)王衡撰　明萬曆四十五年(1617)刻本　二十四册

500000－8701－0001033　B12/1:2/1033
燕泉何先生餘冬序錄六十五卷　(明)何孟春撰　明萬曆十二年(1584)黄齊賢等刻本　二十册

500000－8701－0001034　B12/1:3/1034
緱山先生集二十七卷　(明)王衡撰　明萬曆四十五年(1617)刻本　二十四册

500000－8701－0001035　B12/1:4/1035
燕泉何先生餘冬序錄六十五卷　(明)何孟春撰　明萬曆十二年(1584)黄齊賢等刻本　十二册　存六十卷(一至六十)

500000－8701－0001036　B12/1:4/1036
歇菴集二十卷附錄三卷　(明)陶望齡著　明萬曆喬時敏刻本　十六册

500000－8701－0001037　B12/1:5/1037
合刻山海經水經五十八卷　(明)吳琯編　明萬曆十三年(1585)吳琯刻本　十八册

500000－8701－0001038　B12/1:5/1038
歇菴集十六卷　(明)陶望齡撰　明萬曆三十九年(1611)王應遴刻本　十六册

500000－8701－0001039　B12/1:6/1039
新刻陶顧二會元類編蘇長公全集四集四十卷　(明)陶望齡類編　(明)顧起元補訂　明末刻本　十六册

500000－8701－0001040　B12/1:6/1040
文選十二卷　(南朝梁)蕭統輯　(明)張鳳翼纂注　明萬曆刻本　二十四册

500000－8701－0001041　B12/1:7/1041
楚辭八卷後語六卷辯證二卷　(戰國)屈原撰　(宋)朱熹集注　明萬曆二十五年(1597)吉府魏椿刻本　六册

500000－8701－0001042　B12/1:7/1042
淮南鴻烈解二十一卷　(漢)劉安著　(漢)高誘注　(明)張象賢　(明)汪一鸞訂　明萬曆十九年(1591)汪一鸞刻本　六册

500000－8701－0001043　B12/1:7/1043
兩漢文選不分卷　(明)衛勳選　明萬曆三十七年(1609)衛拱宸刻本　八册

500000－8701－0001044　B12/1:7/1044
千金翼方三十卷　(宋)林億校　(明)王肯堂　(明)王廷鑑重校　明萬曆王肯堂刻本　二册　存五卷(八至十、二十六至二十七)

500000－8701－0001045　B12/1:7/1045
千金翼方三十卷　(宋)林億校　(明)王肯堂　(明)王廷鑑重校　明萬曆王肯堂刻本　四册　存十卷(四至七、二十至二十五)

500000－8701－0001046　B12/1:7/1046
千金翼方三十卷　(宋)林億校　(明)王肯堂　(明)王廷鑑重校　明萬曆王肯堂刻本　十册

500000－8701－0001047　B12/1:7/1047
新刻廣雅十卷　(三國魏)張揖著　(隋)曹憲音解　明萬曆二十年(1592)胡文焕刻本　四册

500000－8701－0001048　B12/1:7/1048
陳眉公重訂野客叢書十二卷附錄一卷　(宋)王楙輯　明萬曆刻本　四册

500000－8701－0001049　B12/2:1/1049
陳眉公重訂野客叢書十二卷附錄一卷　(宋)王楙輯　明萬曆刻本　四册

500000－8701－0001050　B12/2:1/1050
文選十二卷　(南朝梁)蕭統輯　(明)張鳳翼纂注　明萬曆刻本　十二冊

500000－8701－0001051　B12/2:1/1051
空同子集六十六卷目錄三卷　(明)李夢陽撰　**附錄二卷**　(明)潘之恒輯　明萬曆三十年(1602)刻本　三十二冊

500000－8701－0001052　B12/2:2/1052
空同子集六十六卷目錄三卷　(明)李夢陽撰　**附錄二卷**　(明)潘之恒輯　明萬曆三十年(1602)鄧雲霄刻本　十二冊

500000－8701－0001053　B12/2:2/1053
西塘先生文集十卷　(宋)鄭俠撰　明萬曆三十七年(1609)葉向高刻本　六冊

500000－8701－0001054　B12/2:2/1054
西塘先生文集十卷　(宋)鄭俠撰　**刻宋鄭一拂先生附錄一卷**　(明)葉向高編正　(明)焦竑彙輯　明萬曆三十七年(1609)葉向高刻本　四冊

500000－8701－0001055　B12/2:2/1055
集千家註杜工部詩集二十卷文集二卷　(唐)杜甫撰　明萬曆許自昌刻本　十六冊

500000－8701－0001056　B12/2:3/1056
世說新語三卷　(南朝宋)劉義慶撰　(南朝梁)劉孝標注　(明)王世懋批點　明萬曆九年(1581)喬懋敬刻本(卷二係補配)　三冊

500000－8701－0001057　B12/2:3/1057
陶靖節集十卷總論一卷　(晉)陶潛撰　(宋)湯漢箋注　明萬曆十五年(1587)休陽程氏刻本　三冊　存八卷(三至十)

500000－8701－0001058　B12/2:3/1058
陶靖節集十卷總論一卷　(晉)陶潛撰　(宋)湯漢箋注　明萬曆十五年(1587)休陽程氏刻本　四冊

500000－8701－0001059　B12/2:3/1059
焦氏類林八卷　(明)焦竑輯　明萬曆十五年(1587)金陵王元貞刻本　八冊

500000－8701－0001060　B12/2:3/1060
陸文定公集二十六卷　(明)陸樹聲撰　明萬曆四十四年(1616)陸彥章家刻本(卷十五至二十六係補配)　十六冊

500000－8701－0001061　B12/2:3/1061
宋大家王文公文抄十六卷　(宋)王安石撰　(明)茅坤批評　明刻本　四冊

500000－8701－0001062　B12/2:3/1062
焦氏類林八卷　(明)焦竑輯　明萬曆十五年(1587)金陵王元貞刻本　八冊

500000－8701－0001063　B12/2:4/1063
管子二十四卷　(春秋)管仲撰　(唐)房玄齡注　明萬曆十年(1582)常熟趙氏刻本　五冊

500000－8701－0001064　B12/2:4/1064
韓非子二十卷　(戰國)韓非撰　明萬曆十年(1582)常熟趙氏刻本　八冊

500000－8701－0001065　B12/2:4/1065
管子二十四卷　(春秋)管仲撰　(唐)房玄齡注　明萬曆十年(1582)常熟趙氏刻本　六冊

500000－8701－0001066　B12/2:4/1066
韓非子二十卷　(戰國)韓非撰　明萬曆十年(1582)常熟趙氏刻本　十冊

500000－8701－0001067　B12/2:5/1067
江湖長翁文集四十卷　(宋)陳造撰　明萬曆四十六年(1618)李之藻刻本　二十冊

500000－8701－0001068　B12/2:5/1068
江湖長翁文集四十卷　(宋)陳造撰　明萬曆四十六年(1618)李之藻刻本　二十冊

500000－8701－0001069　B12/2:6/1069
江湖長翁文集四十卷　(宋)陳造撰　明萬曆四十六年(1618)李之藻刻本　二十冊

500000－8701－0001070　B12/2:6/1070
朱文公校昌黎先生文集四十卷外集十卷遺文一卷　(唐)韓愈撰　(唐)李漢輯　(宋)朱熹校　(宋)王伯大音釋　明萬曆三十三年(1605)朱崇沐刻本　十冊

500000－8701－0001071　B12/2:6/1071

江湖長翁文集四十卷　(宋)陳造撰　明萬曆四十六年(1618)李之藻刻本　十二册

500000－8701－0001072　B12/2:7/1072
朱文公校昌黎先生文集四十卷外集十卷遺文一卷　(唐)韓愈撰　(唐)李漢輯　(宋)朱熹校　(宋)王伯大音釋　明萬曆三十三年(1605)朱崇沐刻本　二十册

500000－8701－0001073　B12/2:7/1073
周易會通十二卷　(明)汪邦柱　(明)江柟輯校　明萬曆四十五年(1617)休寧梅田江氏生生館刻本　五册　存十一卷(一至九、十一至十二)

500000－8701－0001074　B12/2:7/1074
朱文公校昌黎先生文集四十卷外集十卷遺文一卷　(唐)韓愈撰　(唐)李漢輯　(宋)朱熹校　(宋)王伯大音釋　明萬曆三十三年(1605)朱崇沐刻本　十六册

500000－8701－0001075　B12/3:1/1075
史記評林一百三十卷　(漢)司馬遷撰　(明)淩稚隆輯評　(明)李光縉增補　明萬曆刻本　十四册

500000－8701－0001076　B12/3:1/1076
朱文公校昌黎先生文集四十卷外集十卷遺文一卷　(唐)韓愈撰　(唐)李漢輯　(宋)朱熹校　(宋)王伯大音釋　明萬曆三十三年(1605)朱崇沐刻本　十六册

500000－8701－0001077　B12/3:2/1077
錢臨江先生集十四卷　(明)錢琦著　**附錄一卷**　(明)楊必泰撰　明萬曆三十二年(1604)錢蕎刻本　二册

500000－8701－0001078　B12/3:2/1078
朱文公校昌黎先生文集四十卷外集十卷遺文一卷　(唐)韓愈撰　(唐)李漢輯　(宋)朱熹校　(宋)王伯大音釋　明萬曆三十三年(1605)朱崇沐刻本　十册

500000－8701－0001079　B12/3:2/1079
丹鉛總錄二十七卷　(明)楊慎著　明刻本　六册

500000－8701－0001080　B12/3:2/1080
丹鉛總錄二十七卷　(明)楊慎著　明刻本　十册

500000－8701－0001081　B12/3:3/1081
滙古菁華二十四卷　(明)張國璽　(明)劉一相輯　明萬曆二十四年(1596)褚鈇刻本　二十四册

500000－8701－0001082　B12/3:3/1082
詩紀一百五十六卷目錄三十六卷　(明)馮惟訥編　明萬曆吳琯刻本　六十四册　缺三卷(目錄三十四至三十六)

500000－8701－0001083　B12/3:5/1083
新刻古今玄屑八卷　(明)王家佐選評　明萬曆二十三年(1595)金陵書坊嘉賓堂周氏刻本　十二册

500000－8701－0001084　B12/3:5/1084
滙古菁華二十四卷　(明)張國璽　(明)劉一相輯　明萬曆二十四年(1596)刻本　二十册

500000－8701－0001085　B12/3:5/1085
搜神記二十卷　(晉)干寶撰　明萬曆刻本　四册

500000－8701－0001086　B12/3:5/1086
世說新語六卷　(南朝宋)劉義慶撰　(南朝梁)劉孝標注　明吳勉學刻本　二册

500000－8701－0001087　B12/3:6/1087
文章正論二十卷　(明)劉祜選　明萬曆十九年(1591)徐圖刻本　十册

500000－8701－0001088　B12/3:6/1088
天中記六十卷　(明)陳耀文纂　明萬曆二十三年(1595)刻本　三十册

500000－8701－0001089　B12/3:7/1089
天中記六十卷　(明)陳耀文纂　明萬曆二十三年(1595)刻本　五十册

500000－8701－0001090　B12/4:1/1090
埤雅廣要四十二卷　(宋)陸佃撰　(明)牛衷增修　明萬曆三十八年(1610)孫弘範刻本　八册

500000－8701－0001091　B12/4:1/1091
新刻國朝名公尺牘類選十二卷　(明)吳之美編　(明)吳之鵬訂　明萬曆刻本　六册

500000－8701－0001092　B12/4:1/1092
正續名世文宗十六卷　(明)王世貞編選　(明)陳繼儒校註　(明)錢允治續選　(明)陳仁錫校訂　明萬曆四十五年(1617)金陵唐玉予刻本　八册

500000－8701－0001093　B12/4:1/1093
正續名世文宗十六卷　(明)王世貞編選　(明)陳繼儒校註　(明)錢允治續選　(明)陳仁錫校訂　明萬曆四十五年(1617)金陵唐玉予刻本　八册

500000－8701－0001094　B12/4:2/1094
天中記六十卷　(明)陳耀文纂　明萬曆二十三年(1595)刻本　五十四册　存五十四卷(一至五十四)

500000－8701－0001095　B12/4:3/1095
龜山先生集四十二卷　(宋)楊時撰　明萬曆十九年(1591)林熙春刻本　六册

500000－8701－0001096　B12/4:3/1096
漢魏諸名家集二十種一百二十三卷　(明)汪士賢編　明萬曆至天啓新安汪士賢刻本　四十七册　存十八種一百二卷(董仲舒集一卷、司馬長卿集一卷、東方先生集一卷、揚子雲集三卷、蔡中郎集八卷、嵇中散記十卷、阮嗣宗集二卷、陸士衡集十卷、陸士龍集十卷、潘黃門集六卷、謝康樂集四卷、顔延之集一卷、鮑明遠集十卷、謝宣城集五卷、任彦升集六卷、江文通集十卷、陶貞白集二卷、庾開府集十二卷)

500000－8701－0001097　B12/4:4/1097
漢魏諸名家集二十種一百二十三卷　(明)汪士賢編　明萬曆至天啓新安汪士賢刻本　二十四册　存十一種五十九卷(董仲舒集一卷、司馬長卿集一卷、東方先生集一卷、蔡中郎集八卷、嵇中散集十卷、陸士衡集十卷、陸士龍集十卷、潘黃門集六卷、顔延之集一卷、謝宣城集五卷、任彦升集六卷)

500000－8701－0001098　B12/4:4/1098
重刻高太史大全集十八卷附扣舷集一卷　(明)高啟著　明萬曆刻本　十册

500000－8701－0001099　B12/4:4/1099
練公文集二卷首一卷　(明)練子寧撰　明萬曆三十九年(1611)刻本　十四册

500000－8701－0001100　B12/4:5/1100
漢魏諸名家集二十種一百二十三卷　(明)汪士賢編　明萬曆至天啓新安汪士賢刻本　四册　存三種十五卷(董仲舒集一卷、蔡中郎集八卷、任彦升集六卷)

500000－8701－0001101　B12/4:5/1101
二十一史論贊輯要三十六卷　(明)彭以明輯　明萬曆三十七年(1609)彭惟成刻本　九册

500000－8701－0001102　B12/4:5/1102
沈氏弋説六卷　(明)沈長卿著　(明)黃可師等評　明萬曆刻本　六册

500000－8701－0001103　B12/4:5/1103
諸史採奇四卷　(明)蔣以化纂修　明萬曆刻本　二册

500000－8701－0001104　B12/4:5/1104
憲章録四十七卷　(明)薛應旂編　明萬曆二年(1574)陸光宅刻本　二十册

500000－8701－0001105　B12/4:6/1105
唐李長吉詩集四卷外詩集一卷　(唐)李賀撰　(明)徐渭　(明)董懋策批注　明刻本　四册

500000－8701－0001106　B12/4:6/1106
空同子集六十六卷　(明)李夢陽撰　明刻本　十四册　存六十四卷(一至六十四)

500000－8701－0001107　B12/4:6/1107
唐詩紀一百七十卷目録三十四卷　(明)黃德水　(明)吳琯編　明萬曆十三年(1585)吳琯刻本　四十八册

500000－8701－0001108　B12/5:1/1108
新刻古今原始十五卷　(明)趙釴著　明萬曆三十一年(1603)刻本　四册

500000－8701－0001109　B12/5:1/1109
玉府鉤玄六卷　(明)沈堯中集　明萬曆刻本　六冊

500000－8701－0001110　B12/5:1/1110
世說新語八卷　(南朝宋)劉義慶撰　(明)王世懋批點　明萬曆刻本　四冊

500000－8701－0001111　B12/5:1/1111
唐詩紀一百七十卷目錄三十四卷　(明)黃德水　(明)吳琯編　明萬曆十三年(1585)吳琯刻本　三十冊

500000－8701－0001112　B12/5:2/1112
秘傳天祿閣寓言外史八卷　(漢)黃憲撰　明萬曆三十二年(1604)王汝夔刻本　一冊　存二卷(一至二)

500000－8701－0001113　B12/5:2/1113
藏書六十八卷　(明)李贄撰　明萬曆刻本　十六冊

500000－8701－0001114　B12/5:2/1114
秘傳天祿閣寓言外史八卷　(漢)黃憲撰　明萬曆四十八年(1620)尹應祥刻本　四冊

500000－8701－0001115　B12/5:2/1115
唐陸宣公翰苑集二十四卷　(唐)陸贄撰　明萬曆三十五年(1607)陸基忠刻本　十二冊

500000－8701－0001116　B12/5:3/1116
續文獻通考二百五十四卷　(明)王圻輯　明萬曆三十一年(1603)刻本　一百二十八冊

500000－8701－0001117　B12/5:7/1117
董學士泌園集三十七卷　(明)董份著　明萬曆刻本　十六冊

500000－8701－0001118　B12/5:7/1118
新刊唐荊川先生稗編一百二十卷目錄三卷　(明)唐順之撰　明萬曆九年(1581)茅一相文霞閣刻本　六十冊

500000－8701－0001119　B12/6:2/1119
鐫玉堂釐正龍頭字林備攷韻海全書十六卷首一卷　(明)李廷機修輯　明萬曆二十六年(1598)周曰校刻本　六冊

500000－8701－0001120　B12/6:2/1120
新刻古器具名二卷　(明)胡文煥選輯　明萬曆二十一年(1593)胡文煥刻本　二冊　存一卷(一)

500000－8701－0001121　B12/6:2/1121
新刻山房十友圖贊一卷　(明)顧元慶著　**新刻茶具圖贊一卷**　(明)茅一相撰　明萬曆三十一年(1603)胡文煥刻本　一冊

500000－8701－0001122　B12/6:2/1122
新刻文房圖贊一卷　(宋)林洪著　**新刻續文房圖贊一卷**　(宋)羅先登著　明萬曆三十一年(1603)胡文煥刻本　一冊

500000－8701－0001123　B12/6:2/1123
新刊唐荊川先生稗編一百二十卷目錄三卷　(明)唐順之撰　明萬曆九年(1581)茅一相文霞閣刻本　三十六冊

500000－8701－0001124　B12/6:4/1124
新刊唐荊川先生稗編一百二十卷目錄三卷　(明)唐順之撰　明萬曆九年(1581)茅一相文霞閣刻本　一冊　存五卷(六十八至七十二)

500000－8701－0001125　B12/6:4/1125
莊子翼八卷　(明)焦竑編訂　明萬曆王元貞刻本　六冊　存六卷(三至八)

500000－8701－0001126　B12/6:4/1126
記纂淵海一百卷　(宋)潘自牧輯　(明)王嘉賓補遺　明萬曆七年(1579)刻本　四十八冊

500000－8701－0001127　B12/6:6/1127
記纂淵海一百卷　(宋)潘自牧輯　(明)王嘉賓補遺　明萬曆七年(1579)刻本　四十冊

500000－8701－0001128　B12/6:7/1128
新鐫古今名公尺牘彙編選註四卷　(明)王穉登彙選　(明)俞肇光注　明黃起元刻本　八冊

500000－8701－0001129　B12/6:7/1129
字彙十二卷首一卷末一卷附韻法直圖一卷韻法橫圖一卷　(明)梅膺祚音釋　明萬曆四十三年(1615)青畏堂刻本　十四冊

500000－8701－0001130　B12/7:1/1130
竹書紀年二卷　(南朝梁)沈約注　明萬曆二十二年(1594)河東趙氏刻本　一册

500000－8701－0001131　B12/7:1/1131
新刻山海經十八卷　(晉)郭璞注　明萬曆三十一年(1603)胡文煥刻本　二册

500000－8701－0001132　B12/7:1/1132
新刻山海經十八卷　(晉)郭璞注　明萬曆三十一年(1603)胡文煥刻本　一册

500000－8701－0001133　B12/7:1/1133
字彙十二卷首一卷末一卷附韻法直圖一卷韻法横圖一卷　(明)梅膺祚音釋　明萬曆四十三年(1615)古吳三樂齋刻本　十四册

500000－8701－0001134　B12/7:1/1134
重修宣和博古圖録三十卷　(宋)王黼撰　明萬曆二十八年(1600)饒二溟刻本　三十册

500000－8701－0001135　B12/7:2/1135
新刻九我李太史編纂古本歷史大方綱鑑三十九卷首一卷　(明)李廷機編　明萬曆二十八年(1600)閩建邑書林余象斗刻本　二十册

500000－8701－0001136　B12/7:3/1136
方氏墨譜六卷　(明)方于魯撰　明萬曆方氏美蔭堂刻本　八册

500000－8701－0001137　B12/7:3/1137
方氏墨譜六卷　(明)方于魯撰　明萬曆方氏美蔭堂刻本　八册

500000－8701－0001138　B12/7:3/1138
新刻京本性理大全書七十卷　(明)胡廣等撰　明萬曆吳勉學刻本　三十二册

500000－8701－0001139　B12/7:4/1139
文選章句二十八卷　(南朝梁)蕭統撰　(唐)李善注　(明)陳與郊編　明萬曆二十五年(1597)賜緋堂刻本　十二册

500000－8701－0001140　B12/7:4/1140
戰國策選八卷附録一卷　(明)衛勳選　(明)衛拱宸增選　明萬曆刻本　八册

500000－8701－0001141　B12/7:4/1141
文府滑稽十二卷　(明)鄒迪光編　(明)鄒德基　(明)鄒振甫輯　明萬曆三十七年(1609)鄒同光刻本　十册

500000－8701－0001142　B12/7:4/1142
文府滑稽十二卷　(明)鄒迪光編　(明)鄒德基　(明)鄒振甫輯　明萬曆三十七年(1609)刻本　十二册

500000－8701－0001143　B12/7:4/1143
新刻歲時廣記四卷圖說一卷　(明)胡文煥輯　明萬曆胡文煥刻本　一册

500000－8701－0001144　B12/7:4/1144
新刻事物異名二卷　(明)余庭璧撰　明萬曆胡文煥刻本　一册

500000－8701－0001145　B12/7:4/1145
新刻戴氏鼠璞二卷　(宋)戴埴撰　明萬曆刻本　一册

500000－8701－0001146　B12/7:4/1146
新刻格古論要五卷　(明)曹昭撰　明萬曆刻本　二册

500000－8701－0001147　B12/7:5/1147
文選十二卷　(南朝梁)蕭統輯　(明)張鳳翼纂注　明金閶葉敬溪刻本　二十四册

500000－8701－0001148　B12/7:5/1148
文選十二卷　(南朝梁)蕭統輯　(明)張鳳翼纂注　明金閶葉敬溪刻本　十二册

500000－8701－0001149　B12/7:5/1149
續文選十四卷　(明)胡震亨輯　明萬曆二十六年(1598)刻本　三册　存八卷(一、四至六、十一至十四)

500000－8701－0001150　B12/7:6/1150
泊如齋重修宣和博古圖錄三十卷　(宋)王黼撰　明萬曆十六年(1588)泊如齋刻本　十六册

500000－8701－0001151　B12/7:6/1151
泊如齋重修宣和博古圖錄三十卷　(宋)王黼撰　明萬曆十六年(1588)泊如齋刻本　三十册

500000－8701－0001152　B12/7∶7/1152
泊如齋重修宣和博古圖録三十卷　（宋）王黼撰　明萬曆十六年（1588）泊如齋刻本　十册　存十五卷（十六至三十）

500000－8701－0001153　B12/7∶7/1153
泊如齋重修宣和博古圖録三十卷　（宋）王黼撰　明萬曆十六年（1588）泊如齋刻本　二十二册　存二十八卷（三至三十）

500000－8701－0001154　B13/1∶1/1154
滄溟先生集三十一卷附録一卷附録補遺一卷　（明）李攀龍撰　明萬曆二十六年（1598）刻本　八册

500000－8701－0001155　B13/1∶1/1155
新增説文韻府羣玉二十卷　（元）陰時夫輯　（元）陰中夫註　明萬曆十八年（1590）王元貞刻本　二十册

500000－8701－0001156　B13/1∶1/1156
唐詩所四十七卷　（明）臧懋循編　明萬曆四十三年（1615）刻本　四十册

500000－8701－0001157　B13/1∶2/1157
新增説文韻府羣玉二十卷　（元）陰時夫輯　（元）陰中夫註　明萬曆十八年（1590）王元貞刻本　二十册

500000－8701－0001158　B13/1∶3/1158
資治通鑑綱目全書一百十三卷　（明）朱燮元輯　明萬曆二十八年（1600）朱燮元刻本　一百册

500000－8701－0001159　B13/1∶5/1159
海録碎事二十二卷　（宋）葉廷珪輯　明萬曆二十七年（1599）刻本（卷三上係抄配）　十册

500000－8701－0001160　B13/1∶5/1160
升菴先生文集八十一卷目録四卷　（明）楊慎著　（明）楊有仁編　明萬曆二十九年（1601）王藩臣、蕭如松刻本　十六册

500000－8701－0001161　B13/1∶6/1161
海録碎事二十二卷　（宋）葉廷珪集著　明萬曆二十七年（1599）劉鳳刻本（卷三上係抄配）　三十二册

500000－8701－0001162　B13/1∶6/1162
升菴先生文集八十一卷目録四卷　（明）楊慎著　（明）楊有仁編　明萬曆二十九年（1601）王藩臣、蕭如松刻本　三十册

500000－8701－0001163　B13/1∶7/1163
新編古今事文類聚前集六十卷後集五十卷續集二十八卷別集三十二卷　（宋）祝穆編　**新集三十六卷外集十五卷**　（元）富大用編　**遺集十五卷**　（元）祝淵編　明萬曆三十二年（1604）德壽堂唐富春刻本　一百四十册

500000－8701－0001164　B13/2∶4/1164
新編古今事文類聚前集六十卷後集五十卷續集二十八卷別集三十二卷　（宋）祝穆編　**新集三十六卷外集十五卷**　（元）富大用編　**遺集十五卷**　（元）祝淵編　明萬曆三十二年（1604）德壽堂唐富春刻清乾隆二十八年（1763）補刻印本　六十册

500000－8701－0001165　B13/2∶5/1165
新編古今事文類聚前集六十卷後集五十卷續集二十八卷別集三十二卷　（宋）祝穆編　**新集三十六卷外集十五卷**　（元）富大用編　**遺集十五卷**　（元）祝淵編　明萬曆三十二年（1604）德壽堂唐富春刻清補刻印本　八十册

500000－8701－0001166　B13/2∶6/1166
藝文類聚一百卷　（唐）歐陽詢撰　明萬曆十五年（1587）王元貞刻本　二十册

500000－8701－0001167　B13/2∶7/1167
漢魏叢書三十八種二百五十一卷　（明）程榮輯　明萬曆新安程氏刻本　六十册

500000－8701－0001168　B13/3∶1/1168
彙苑詳註三十六卷　（明）王世貞撰　（明）鄒善長重訂　明萬曆二十三年（1595）刻本　十八册

500000－8701－0001169　B13/3∶2/1169
孫真人備急千金要方九十三卷目録二卷　（唐）孫思邈撰　明萬曆十六年（1588）刻本　三十二册

500000－8701－0001170　B13/3:3/1170
李卓吾批點世說新語補二十卷　(南朝宋)劉義慶撰　(南朝梁)劉孝標注　(明)李贄批點　明萬曆十四年(1586)陳文燭刻本　六冊

500000－8701－0001171　B13/3:3/1171
李卓吾批點世說新語補二十卷　(南朝宋)劉義慶撰　(南朝梁)劉孝標注　(明)李贄批點　明萬曆十四年(1586)陳文燭刻本　四冊　存十四卷(一至十四)

500000－8701－0001172　B13/3:3/1172
新編古今事文類聚前集六十卷後集五十卷續集二十八卷別集三十二卷　(宋)祝穆編　**新集三十六卷外集十五卷**　(元)富大用編　**遺集十五卷**　(元)祝淵編　明萬曆三十二年(1604)德壽堂唐富春刻清補刻印本　五十冊　存一百五十三卷(前集六十卷、後集五十卷、續集二十八卷、遺集十五卷)

500000－8701－0001173　B13/3:4/1173
彙苑詳註三十六卷　(明)王世貞撰　(明)鄒善長重訂　明萬曆二十三年(1595)刻本　五冊　存六卷(九至十二、二十九、三十一)

500000－8701－0001174　B13/3:4/1174
元曲選一百種一百卷　(明)臧懋循編　**論曲一卷**　(明)陶宗儀等撰　明萬曆刻博古堂印本(序論、目錄及陳州糶米係抄配)　四十冊

500000－8701－0001175　B13/3:5/1175
王元美先生文選二十六卷　(明)王世貞撰　(明)喬時敏輯　明萬曆四十三年(1615)刻本　二十冊

500000－8701－0001176　B13/3:6/1176
季漢書六十卷正論一卷答問一卷　(明)謝陛撰　明萬曆刻本　十二冊

500000－8701－0001177　B13/3:6/1177
宋元詩六十一種二百七十三卷　(明)潘是仁輯　明萬曆四十三年(1615)刻本　十六冊　存二十八種一百十七卷(元遺山詩集十卷、劉靜修詩集三卷、陳笏齋詩集六卷、貫酸齋詩集二卷、困學齋詩集二卷、松雪齋詩集七卷、吳草廬詩集六卷、盧含雪詩集三卷、馬西如詩集三卷、范錦江詩集五卷、楊浦城詩集四卷、虞邵菴詩集七卷、揭秋宜詩集五卷、王陌菴詩集二卷、薛象峯詩集二卷、薩天錫詩集八卷、句曲張外史詩集六卷、陳荔溪詩集三卷、貢南湖詩集七卷、傅玉樓詩集四卷、柳初陽詩集三卷、張蛻菴詩集四卷、泰顧北詩集一卷、李五峯詩集二卷、余竹窓詩集二卷、貢玩齋詩集三卷、成柳莊詩集四卷、楊鐵厓古樂府三卷)

500000－8701－0001178　B13/3:6/1178
六臣註文選六十卷　(南朝梁)蕭統撰　明萬曆六年(1578)徐成位刻本　三十二冊

500000－8701－0001179　B13/3:7/1179
詩所五十六卷附詩所歷代名氏爵里一卷　(明)臧懋循編　明萬曆三十一年(1603)刻本　二十八冊

500000－8701－0001180　B13/4:1/1180
元曲選一百種一百卷　(明)臧懋循編　明萬曆刻博古堂印本　九冊　存十二種十二卷(馬丹陽度脫劉行首一卷、明月和尚度柳翠一卷、包待制智賺灰闌記一卷、小尉遲將關將認父歸朝一卷、陶學士醉寫風光好一卷、包待制陳州糶米一卷、唐明皇秋夜梧桐雨一卷、裴少俊墻頭馬上一卷、感天動地竇娥冤一卷、張孔目智勘魔合羅一卷、梁山泊李逵負荆一卷、蕭淑蘭情寄菩薩蠻一卷)

500000－8701－0001181　B13/4:1/1181
新刻張太岳先生詩文集四十七卷　(明)張居正撰　明萬曆四十年(1612)繡谷唐氏廣慶堂刻本　六冊

500000－8701－0001182　B13/4:2/1182
詩紀一百五十六卷目錄三十六卷　(明)馮惟訥編　明萬曆吳琯刻本　四十冊

500000－8701－0001183　B13/4:3/1183
詩紀一百五十六卷目錄三十六卷　(明)馮惟訥編　明萬曆刻本　二十九冊　存一百四十九卷(詩紀一至三十、七十四至一百五十六，目錄三十六卷)

500000－8701－0001184　B13/4:3/1184
陳伯玉文集十卷附錄一卷　(唐)陳子昂撰　(明)楊春編　明隆慶五年(1571)邵廉刻萬曆二年(1574)南充楊沂增刻本　八冊

500000－8701－0001185　B13/4:3/1185
陳伯玉文集十卷附錄一卷　(唐)陳子昂撰　(明)楊春編　明萬曆三十七年(1609)刻本　四冊

500000－8701－0001186　B13/4:4/1186
詩紀一百五十六卷目錄三十六卷　(明)馮惟訥編　明萬曆吳琯刻本　九冊　存五十八卷(十一至三十、一百八至一百三十四、一百四十五至一百五十五)

500000－8701－0001187　B13/4:4/1187
晉書一百三十卷　(唐)房玄齡撰　(唐)何超音義　明萬曆六年(1578)周若年、丁孟嘉刻本　三十二冊

500000－8701－0001188　B13/4:5/1188
合刻范文正公忠宣公全集二十九卷　(明)毛一鷺編　明萬曆三十六年(1608)毛一鷺刻本　十八冊

500000－8701－0001189　B13/4:6/1189
鼎鍥葉太史彙纂玉堂鑑綱七十二卷總論一卷　(宋)劉恕外紀　(元)金履祥前編　(明)葉向高彙纂　明萬曆熊成冶刻本　二十三冊　存七十一卷(一至五十九、六十一至七十二)

500000－8701－0001190　B13/4:6/1190
由拳集二十三卷　(明)屠隆著　明萬曆八年(1580)刻本　十二冊

500000－8701－0001191　B13/4:6/1191
重刊併音連聲韻學集成十三卷題韻直音篇七卷　(明)章黼集　明萬曆六年(1578)維揚資政左室刻本　十三冊　存十四卷(韻學集成一至三、六、八至十二,直音篇三至七)

500000－8701－0001192　B13/4:7/1192
由拳集二十三卷　(明)屠隆著　明萬曆八年(1580)刻本　四冊

500000－8701－0001193　B13/4:7/1193
月令通攷十六卷　(明)盧翰纂　明萬曆刻本　十三冊　存十五卷(二至十六)

500000－8701－0001194　B13/4:7/1194
新刻臨川王介甫先生詩文集一百卷目錄二卷　(宋)王安石著　明萬曆四十年(1612)王鳳翔光啓堂刻本　十六冊

500000－8701－0001195　B13/5:1/1195
詩歸二種五十一卷　(明)鍾惺　(明)譚元春選定　明萬曆四十五年(1617)刻本　二十冊

500000－8701－0001196　B13/5:1/1196
嚴文靖公集十二卷附詩一卷　(明)嚴訥撰　明萬曆十五年(1587)嚴治刻本　八冊

500000－8701－0001197　B13/5:1/1197
東漢史刪三十三卷　(南朝宋)范曄撰　(明)茅國縉刪　明萬曆三十一年(1603)刻本　十六冊

500000－8701－0001198　B13/5:2/1198
新刊名世文宗三十一卷　(明)胡時化選輯　明唐廷仁刻本　十四冊

500000－8701－0001199　B13/5:2/1199
古史談菀三十六卷　(明)錢世揚纂　明萬曆四十三年(1615)刻本　十冊

500000－8701－0001200　B13/5:2/1200
由拳集二十三卷　(明)屠隆著　明萬曆十九年(1591)克勤齋余碧泉刻本　六冊

500000－8701－0001201　B13/5:3/1201
史漢方駕三十五卷　(明)許相卿撰輯　明萬曆十五年(1587)徐禾刻本　十二冊

500000－8701－0001202　B13/5:3/1202
性理大全書七十卷　(明)胡廣等撰　明萬曆二十五年(1597)新安吳勉學師古齋刻本　二十四冊

500000－8701－0001203　B13/5:4/1203
史記評林一百三十卷　(漢)司馬遷撰　(明)淩稚隆輯評　(明)李光縉增補　明萬曆刻本　三十冊

500000－8701－0001204　B13/5:4/1204
稗海大觀四十種二百四十卷　(明)鈕緯　(明)陶望齡總校　明萬曆會稽商氏半埜堂刻本　四十一册

500000－8701－0001205　B13/5:5/1205
諸子品節五十卷　(明)陳深輯　明萬曆刻本　十册

500000－8701－0001206　B13/5:6/1206
稗海六套四十六種二百八十七卷　(明)商濬輯　明萬曆會稽商氏刻本　三十六册

500000－8701－0001207　B13/5:7/1207
春秋左傳注疏六十卷　(晉)杜預注　(唐)孔穎達疏　明萬曆十九年至二十年(1591－1592)國子監刻本　三十九册

500000－8701－0001208　B13/5:7/1208
坡仙集十六卷　(宋)蘇軾撰　(明)李贄評輯　明萬曆刻本　八册

500000－8701－0001209　B13/5:7/1209
新纂六臣註漢文選二十四卷　(南朝梁)蕭統選　(明)張鳳翼纂注　明萬曆刻本　八册

500000－8701－0001210　B13/6:1/1210
啓雋類函一百二卷職官攷五卷目錄九卷　(明)俞安期彙編　明萬曆四十六年(1618)刻本　五十六册

500000－8701－0001211　B13/6:2/1211
啓雋類函一百二卷職官攷五卷目錄九卷　(明)俞安期彙編　(明)李國祥輯撰　(明)曹學佺訂定　明萬曆刻本　三十二册

500000－8701－0001212　B13/6:3/1212
大學衍義補一百六十卷　(明)丘濬撰　明刻本　三十五册　存一百十八卷(三十三至九十八、一百九至一百六十)

500000－8701－0001213　B13/6:4/1213
千金翼方三十卷　(唐)孫思邈撰　明于舜玉刻本　九册　存二十七卷(一至十五、十九至三十)

500000－8701－0001214　B13/6:4/1214
東坡集十六卷　(宋)蘇軾撰　(明)李贄評輯　明萬曆刻本　八册

500000－8701－0001215　B13/6:5/1215
新刻爾雅翼三十二卷　(宋)羅願著　明萬曆胡文煥刻格致叢書本　五册

500000－8701－0001216　B13/6:5/1216
林子全集□□卷　(明)林兆恩撰　明萬曆刻本　六册　存三十六卷(六至十八、二十五至四十七)

500000－8701－0001217　B13/6:5/1217
趙文肅公文集二十三卷　(明)趙貞吉撰　明萬曆十三年(1585)刻本　十册

500000－8701－0001218　B13/6:5/1218
廣博物志五十卷　(明)董斯張纂　明萬曆刻本　三十九册　存四十九卷(一至三、五至五十)

500000－8701－0001219　B13/6:6/1219
重刊經史證類大全本草三十一卷　(宋)唐慎微撰　明萬曆五年(1577)王秋尚義堂重刻元大德本(各卷目錄係抄配)　十册

500000－8701－0001220　B13/6:6/1220
廣博物志五十卷　(明)董斯張纂　明萬曆高暉堂刻本　三十一册　存四十九卷(一至二十七、二十九至五十)

500000－8701－0001221　B13/6:7/1221
廣博物志五十卷　(明)董斯張纂　明萬曆高暉堂刻本　二十册

500000－8701－0001222　B13/7:1/1222
山堂肆考二百四十卷　(明)彭大翼編　明萬曆刻本　八十册

500000－8701－0001223　B13/7:2/1223
針方六集六卷　(明)吳崐撰　明萬曆四十六年(1618)程標刻本　一册　存一卷(一)

500000－8701－0001224　B13/7:3/1224
山堂肆考二百四十卷　(明)彭大翼編著　明萬曆二十五年(1597)刻本　四十册

500000－8701－0001225　B13/7:4/1225

山堂肆考二百四十卷　(明)彭大翼纂著　(明)張幼學編輯　明萬曆二十三年(1595)刻四十七年(1619)補修本　四十册

500000－8701－0001226　B13/7∶6/1226
山堂肆考二百四十卷　(明)彭大翼纂著　(明)張幼學編輯　明萬曆二十三年(1595)刻四十七年(1619)補修本　六十册

500000－8701－0001227　B13/7∶7/1227
山堂肆考二百四十卷　(明)彭大翼纂著　(明)張幼學編輯　明萬曆二十三年(1595)刻四十七年(1619)補修本　六十册

500000－8701－0001228　B14/1∶2/1228
新編評注通玄先生張果星宗大全十卷　(明)陸位輯　明萬曆二十二年(1594)刻本　六册

500000－8701－0001229　B14/1∶2/1229
鍥兩狀元編次皇明要考六卷　(明)焦竑編　**附一二考一卷**　(明)張復撰　明萬曆二十三年(1595)閩建書林葉貴刻本　六册

500000－8701－0001230　B14/1∶2/1230
許伯清詩稿一卷　(明)許學夷撰　明萬曆四十一年(1613)刻本　一册

500000－8701－0001231　B14/1∶2/1231
眉公書畫史一卷安得長者言一卷　(明)陳繼儒著　明萬曆沈氏尚白齋刻本　一册

500000－8701－0001232　B14/1∶2/1232
望江吴先生造福秘訣三卷　(明)吴天洪撰　明萬曆刻本　三册

500000－8701－0001233　B14/1∶2/1233
新刻絶代語釋别國方言十三卷　(漢)揚雄撰　(晉)郭璞解　明萬曆三十一年(1603)胡文焕刻格致叢書本　一册

500000－8701－0001234　B14/1∶2/1234
新刻釋名八卷　(漢)劉熙撰　明萬曆三十一年(1603)胡文焕刻格致叢書本　一册

500000－8701－0001235　B14/1∶2/1235
春秋詞命三卷　(明)王鏊撰　(明)王徹注　明正德刻本　一册

500000－8701－0001236　B14/1∶2/1236
王氏書畫苑七十三卷　(明)王世貞輯補益　(明)詹景鳳輯　明刻本　十一册

500000－8701－0001237　B14/1∶2/1237
新刻通鑑集要二十八卷　(明)吴守謨輯　明萬曆三十五年(1607)刻本　十七册

500000－8701－0001238　B14/1∶3/1238
新鍥書經定衡講意六卷　(明)雷夢麟訓解　(明)林鴻儒定旨　明萬曆二十四年(1596)熊心禹刻本　四册

500000－8701－0001239　B14/1∶3/1239
大方廣圓覺修多羅了義經二卷　(唐)釋佛陀多羅譯　明萬曆二十六年(1598)刻本　一册

500000－8701－0001240　B14/1∶3/1240
四不如類鈔十二卷首一卷　(明)吴亮輯　明萬曆四十一年(1613)刻本　二册　存二卷(不如異類鈔二、不如婦寺鈔二)

500000－8701－0001241　B14/1∶3/1241
四不如類鈔十二卷首一卷　(明)吴亮輯　明萬曆四十一年(1613)刻本　十二册

500000－8701－0001242　B14/1∶3/1242
勸善録一卷　(宋)秦觀編　明萬曆六年(1578)恒陽書院刻本　一册

500000－8701－0001243　B14/1∶3/1243
史記鈎玄四卷　(明)錢普編　明萬曆六年(1578)刻本　四册

500000－8701－0001244　B14/1∶3/1244
春秋經傳集解三十卷　(晉)杜預注　(明)穆文熙編　**春秋名號歸一圖二卷**　(五代)馮繼先撰　明萬曆十五年(1587)劉懷恕刻春秋戰國評苑本　十五册

500000－8701－0001245　B14/1∶4/1245
皇明百方家問答十五卷　(明)郭偉纂　明萬曆四十五年(1617)金陵李潮刻本　十六册

500000－8701－0001246　B14/1∶4/1246
新編金匱要略方論三卷附遺一卷　(漢)張仲景撰　(晉)王叔和集　(宋)林億詮次　明萬

曆二十九年(1601)刻本　二冊

500000－8701－0001247　B14/1:4/1247
泉志十五卷　(宋)洪遵撰　(明)徐象梅校並圖像　明萬曆三十一年(1603)胡震亨刻秘冊彙函本　四冊

500000－8701－0001248　B14/1:4/1248
春秋經傳集解三十卷　(晉)杜預注　(明)穆文熙編　**春秋名號歸一圖二卷**　(五代)馮繼先撰　明萬曆十五年(1587)劉懷恕刻春秋戰國評苑本　四冊　存十六卷(三至十、十九至二十二、二十七至三十)

500000－8701－0001249　B14/1:5/1249
周易大全纂十二卷附圖說一卷　(明)倪晉卿纂　明萬曆二十年(1592)刻本　六冊　存七卷(一至六、圖說一卷)

500000－8701－0001250　B14/1:5/1250
古周禮釋評六卷　(明)孫攀輯著　明萬曆三十一年(1603)刻本　六冊

500000－8701－0001251　B14/1:5/1251
彙鍥註釋三蘇文苑八卷　(明)李叔元評選　明萬曆三十二年(1604)萃慶堂余泗泉刻本　四冊

500000－8701－0001252　B14/1:5/1252
春秋左傳屬事二十卷古字奇字音釋一卷春秋左傳注解辨誤二卷辨誤補遺一卷古器圖一卷　(明)傅遜纂　明萬曆十三年(1585)日殖齋刻本　六冊　存十二卷(一至十二)

500000－8701－0001253　B14/1:5/1253
晉書鈎玄二卷　(明)錢普輯　明萬曆六年(1578)刻本　二冊

500000－8701－0001254　B14/1:5/1254
檀弓二卷　(□)□□撰　明萬曆刻本　一冊

500000－8701－0001255　B14/1:5/1255
增定國朝館課經世宏辭十五卷　(明)王錫爵增定　(明)沈一貫參訂　明萬曆十八年(1590)金陵周氏萬卷樓刻本　十六冊

500000－8701－0001256　B14/1:6/1256
轂城山館詩集二十卷　(明)于慎行著　明萬曆三十二年(1604)刻本　十二冊

500000－8701－0001257　B14/1:6/1257
校正重刊官板宋朝文鑑一百五十卷　(宋)呂祖謙輯　明刻本　六十四冊

500000－8701－0001258　B14/2:1/1258
校正重刊官板宋朝文鑑一百五十卷目錄三卷　(宋)呂祖謙輯　明刻本　六十四冊

500000－8701－0001259　B14/2:2/1259
性理大全書七十卷　(明)胡廣等撰　明萬曆二十五年(1597)吳勉學師古齋刻本　四冊　存十三卷(四十五至五十、五十八至六十四)

500000－8701－0001260　B14/2:2/1260
性理全書七十卷　(明)胡廣等撰　明刻本　三冊　存十一卷(三至五、四十四至四十七、五十九至六十二)

500000－8701－0001261　B14/2:2/1261
性理大全書七十卷　(明)胡廣等撰　明萬曆二十五年(1597)吳勉學師古齋刻本　十二冊　存三十五卷(一至六、十四至二十八、三十四至四十二、五十七至五十八、六十三至六十五)

500000－8701－0001262　B14/2:2/1262
性理大全書七十卷　(明)胡廣等撰　明吳勉學刻本　一冊　存三卷(三十四至三十六)

500000－8701－0001263　B14/2:3/1263
類經三十二卷圖翼十一卷附翼四卷　(明)張介賓著　明刻本　二冊　存五卷(圖翼五至六、九至十一)

500000－8701－0001264　B14/2:3/1264
說文解字十二卷　(漢)許慎撰　明萬曆二十六年(1598)陳大科刻本　八冊

500000－8701－0001265　B14/2:3/1265
說文解字十二卷　(漢)許慎撰　明刻本　一冊　存二卷(十一至十二)

500000－8701－0001266　B14/2:3/1266
五車韻瑞一百六十卷　(明)淩稚隆編　明萬

曆吳興淩氏刻本　二十一冊

500000－8701－0001267　B14/2:4/1267
五車韻瑞一百六十卷　(明)淩稚隆編　明萬曆吳興淩氏刻本　三十二冊

500000－8701－0001268　B14/2:4/1268
五車韻瑞一百六十卷　(明)淩稚隆編　明萬曆吳興淩氏刻本　三十冊

500000－8701－0001269　B14/2:5/1269
五車韻瑞一百六十卷　(明)淩稚隆編　明萬曆吳興淩氏刻本　十八冊　存一百五十二卷(一至一百五十二)

500000－8701－0001270　B14/2:5/1270
五車韻瑞一百六十卷　(明)淩稚隆編　明萬曆吳興淩氏刻本　十五冊　存八十五卷(一至十六、二十二至二十六、三十四至三十八、九十三至九十八、一百八至一百六十)

500000－8701－0001271　B14/2:6/1271
華陽國志十二卷　(晉)常璩著　明萬曆吳琯刻本　四冊

500000－8701－0001272　B14/2:6/1272
春秋左氏經傳集解三十卷春秋提要一卷諸侯興廢一卷春秋列國東坡圖說一卷　(晉)杜預釋注　(唐)陸德明音義　**春秋名號歸一圖二卷**　(五代)馮繼先撰　明萬曆八年(1580)金陵親仁堂刻本　九冊　存三十一卷(一至二十二、二十七至三十,春秋提要一卷,諸侯興廢一卷,春秋列國東坡圖說一卷,春秋名號歸一圖二卷)

500000－8701－0001273　B14/2:6/1273
資治通鑑綱目五十九卷　(宋)朱熹撰　明内府刻本　二冊　存四卷(三十六至三十九)

500000－8701－0001274　B14/2:6/1274
資治通鑑綱目集覽五十九卷　(元)王幼學撰　明成化九年(1473)内府刻本　七冊　存五十六卷(四至五十九)

500000－8701－0001275　B14/2:6/1275
資治通鑑綱目五十九卷　(宋)朱熹撰　明成化九年(1473)内府刻本　三冊　存六卷(二至三、六至七、十二至十三)

500000－8701－0001276　B14/2:6/1276
續資治通鑑綱目二十七卷　(明)商輅等撰　明成化十二年(1476)内府刻本　一冊　存二卷(十五至十六)

500000－8701－0001277　B14/2:7/1277
資治通鑑綱目五十九卷　(宋)朱熹撰　明成化九年(1473)内府刻本　二十八冊　存五十五卷(一至九、十四至五十九)

500000－8701－0001278　B14/3:1/1278
大學衍義補一百六十卷　(明)邱濬撰　(明)陳仁錫評閱　明崇禎刻本　二冊　存十卷(一至四、十四至十九)

500000－8701－0001279　B14/3:1/1279
文選十二卷　(南朝梁)蕭統輯　(明)張鳳翼纂注　明萬曆八年(1580)刻本　十二冊

500000－8701－0001280　B14/3:2/1280
大學衍義補一百六十卷首一卷　(明)丘濬撰　(明)陳仁錫評閱　明崇禎刻本　三十八冊

500000－8701－0001281　B14/3:3/1281
昌黎先生集四十卷外集十卷遺文一卷　(唐)韓愈撰　(唐)李漢編　**集傳一卷**　(宋)朱熹編　明東吳徐氏東雅堂刻清乾隆十一年(1746)修補本　十二冊

500000－8701－0001282　B14/3:3/1282
尚書注疏二十卷　(漢)孔安國傳　(唐)孔穎達疏　明刻本　三十二冊

500000－8701－0001283　B14/3:4/1283
春秋公羊注疏二十八卷　(漢)何休學　明嘉靖李元陽刻本　十冊

500000－8701－0001284　B14/3:4/1284
大學衍義補一百六十卷　(宋)真德秀撰　(明)丘濬補　明刻本　二冊　存六卷(一百一至一百三、一百十五至一百十七)

500000－8701－0001285　B14/3:4/1285
尚書注疏二十卷　(漢)孔安國序　(唐)孔穎

達疏　明嘉靖李元陽刻十三經注疏本　二十册

500000－8701－0001286　B14/3:5/1286
麟經指月十二卷　(清)馮夢龍著　明泰昌元年(1620)開美堂刻本　十二册

500000－8701－0001287　B14/3:5/1287
劍南詩稾八十五卷　(宋)陸游撰　明末汲古閣刻本　四十四册

500000－8701－0001288　B14/3:6/1288
史記一百三十卷　(漢)司馬遷撰　(明)鍾惺批評　明天啓五年(1625)大來堂刻本　十二册　存一百二十九卷(一至十一、十三至一百三十)

500000－8701－0001289　B14/3:6/1289
楚辭集註八卷辯證二卷後語八卷　(宋)朱熹集註　(清)蔣之翹補輯並評校　**附覽二卷總評一卷**　(清)蔣之翹輯　明天啓六年(1626)蔣之翹刻本　六册

500000－8701－0001290　B14/3:7/1290
松鄉先生文集十卷　(元)任士林撰　明泰昌元年(1620)刻本　六册

500000－8701－0001291　B14/3:7/1291
蒼雪軒全集二十卷附館閣草一卷　(明)趙用光撰　明崇禎刻本　八册

500000－8701－0001292　B14/3:7/1292
荀子二十卷　(戰國)荀況撰　(唐)楊倞注　(明)孫鑛評　明天啓刻本　三册　存十五卷(一至十五)

500000－8701－0001293　B14/3:7/1293
大佛頂如來密因修證了義諸菩薩萬行首楞嚴經合轍十卷　(明)釋通潤述　明天啓元年(1621)刻本　十册

500000－8701－0001294　B14/3:7/1294
陳眉公訂正震澤長語二卷　(明)王鏊撰　明刻本　二册

500000－8701－0001295　B14/3:7/1295
史記一百三十卷　(漢)司馬遷撰　(明)鍾惺批評　明天啓五年(1625)大來堂刻本　六册　存三十二卷(一至七、四十二至五十六、六十九至七十八)

500000－8701－0001296　B14/3:7/1296
陳眉公珍珠船四卷　(明)陳繼儒纂　明萬曆沈氏尚白齋刻本　一册

500000－8701－0001297　B14/4:1/1297
荀子二十卷　(戰國)荀況撰　(唐)楊倞注　(明)孫鑛評　明天啓刻本　四册

500000－8701－0001298　B14/4:1/1298
岳石帆先生鑒定四六宙函三十卷　(明)李自榮輯　(明)王世茂釋　明天啓六年(1626)蔣時機刻文德堂印本　六册　存十卷(一至十)

500000－8701－0001299　B14/4:1/1299
新鐫批評出相韓湘子三十回　(明)雉衡山人編　(明)泰和仙客評閲　明天啓三年(1623)刻本　十二册

500000－8701－0001300　B14/4:1/1300
管子二十四卷　(春秋)管仲撰　(唐)房玄齡注　(唐)劉績增注　明天啓五年(1625)朱養純花齋刻本　六册

500000－8701－0001301　B14/4:1/1301
春秋衡庫三十卷附録三卷備録一卷　(清)馮夢龍輯　明天啓五年(1625)刻本　八册

500000－8701－0001302　B14/4:1/1302
劉須溪先生記鈔八卷　(宋)劉辰翁著　明天啓三年(1623)楊讖西刻本　四册

500000－8701－0001303　B14/4:1/1303
新鐫時用通式翰墨全書十二卷　(明)王宇輯　(明)陳瑞錫釋註　明天啓六年(1626)刻本　八册

500000－8701－0001304　B14/4:2/1304
國語二十一卷　(三國吳)韋昭注　明天啓六年(1626)鍾人傑刻本　四册

500000－8701－0001305　B14/4:2/1305
新鐫時用通式翰墨全書十二卷　(明)王宇輯　(明)陳瑞錫釋註　明天啓六年(1626)刻本

八册

500000－8701－0001306　B14/4:2/1306
戰國策十卷　(宋)鮑彪校注　明天啓元年(1621)武林鍾人傑刻本　六册

500000－8701－0001307　B14/4:2/1307
羅鄂州小集五卷　(宋)羅願著　**羅郢州遺文一卷**　(宋)羅頌撰　明天啓六年(1626)新安羅朗刻本　四册

500000－8701－0001308　B14/4:2/1308
圖書編一百二十七卷　(明)章潢撰　明天啓三年(1623)刻本　二十四册　存四十卷(一至四十)

500000－8701－0001309　B14/4:3/1309
詩經秘旨八卷　(明)陳遂卿輯　明天啓六年(1626)書林鄭大經刻朱墨套印本　四册

500000－8701－0001310　B14/4:3/1310
籌海圖編十三卷　(明)胡宗憲輯　明天啓胡維極刻本　八册

500000－8701－0001311　B14/4:3/1311
春秋繁露十七卷附録一卷　(漢)董仲舒著　(明)孫鑛評　明天啓五年(1625)沈鼎新花齋刻本　四册

500000－8701－0001312　B14/4:3/1312
董子春秋繁露十七卷附録一卷　(漢)董仲舒撰　(明)王道焜閲　明天啓五年(1625)王道焜刻本　二册

500000－8701－0001313　B14/4:3/1313
陶隱居集四卷　(南朝梁)陶弘景著　(明)張燮纂　**附録一卷**　(南朝梁)沈約等撰　明張燮刻本　二册

500000－8701－0001314　B14/4:3/1314
隱秀軒集三十三卷　(明)鍾惺著　明天啓二年(1622)沈春澤刻本　十六册　存三十一卷(天至調)

500000－8701－0001315　B14/4:3/1315
梅花百咏詩不分卷　(明)敖毓元著　明天啓三年(1623)刻本　一册

500000－8701－0001316　B14/4:4/1316
新鐫諸子拔萃八卷　(明)李雲翔評選　明天啓余大茂餘慶堂刻朱墨套印本　八册

500000－8701－0001317　B14/4:4/1317
四六法海十二卷　(明)王志堅論次　明天啓七年(1627)刻本　十四册

500000－8701－0001318　B14/4:4/1318
尚友録二十二卷　(明)廖用賢編　明天啓元年(1621)刻本　六册

500000－8701－0001319　B14/4:4/1319
快書五十種五十卷　(明)閔景賢纂　(明)何偉然訂　明天啓六年(1626)刻本　十二册

500000－8701－0001320　B14/4:5/1320
諸葛丞相集二卷　(三國蜀)諸葛亮著　(明)張燮纂　**附録一卷**　(晉)陳壽等撰　明刻本　二册

500000－8701－0001321　B14/4:5/1321
新鐫諸子拔萃八卷　(明)李雲翔評選　明天啓余大茂餘慶堂刻朱墨套印本　八册

500000－8701－0001322　B14/4:5/1322
列子八卷　(明)孫鑛評　明天啓五年(1625)會稽錢氏刻本　二册

500000－8701－0001323　B14/4:5/1323
玉臺新詠十卷　(南朝陳)徐陵編　**續玉臺新詠四卷**　(明)鄭玄撫續選　明天啓二年(1622)沈氏泰和堂刻本　四册

500000－8701－0001324　B14/4:5/1324
隱秀軒集三十三卷　(明)鍾惺著　明天啓二年(1622)沈春澤刻本　四册　存十卷(藏至雲)

500000－8701－0001325　B14/4:5/1325
詩逆不分卷詩考一卷　(明)淩濛初輯著　明天啓二年(1622)刻本　二册

500000－8701－0001326　B14/4:5/1326
玉茗堂全集四十六卷　(明)湯顯祖著　明天啓刻本　八册

500000－8701－0001327　B14/4:6/1327

一化元宗十二卷　（明）高時明訂正　明天啓四年（1624）刻本　二十二册

500000－8701－0001328　B14/4∶6/1328
三國志六十五卷　（晉）陳壽撰　（南朝宋）裴松之注　（明）陳仁錫評閲　明雲林積秀堂刻本　三十六册

500000－8701－0001329　B14/4∶7/1329
論衡三十卷　（漢）王充撰　（明）劉光斗評　明天啓六年（1626）刻本　六册

500000－8701－0001330　B14/4∶7/1330
諸子彙函九十三種二十六卷　（明）歸有光編　明天啓五年（1625）刻本　二十六册

500000－8701－0001331　B14/4∶7/1331
諏擇秘典二卷諏擇曆眼十二卷　（明）黄汝和撰　明天啓三年（1623）刻本　八册

500000－8701－0001332　B14/4∶7/1332
詒美堂集二十四卷　（明）祝以豳著　明天啓刻本　十四册

500000－8701－0001333　B14/4∶7/1333
司馬文園集二卷附録一卷　（漢）司馬相如著　（明）張燮纂　明天啓張燮刻本　三册

500000－8701－0001334　B14/5∶1/1334
文通三十卷閏一卷　（明）朱荃宰著　明天啓六年（1626）刻本　十六册

500000－8701－0001335　B14/5∶1/1335
文奇豹斑十二卷　（明）陳繼儒輯著　明天啓五年（1625）書林劉懷川氏申申閣刻本　六册

500000－8701－0001336　B14/5∶1/1336
六書賦音義二十卷附六書賦一卷　（明）張士佩撰　明天啓三年（1623）馮嘉會刻本　八册

500000－8701－0001337　B14/5∶2/1337
兩浙名賢録五十四卷外録八卷　（清）徐象梅撰　明天啓四年（1624）刻本　四十册

500000－8701－0001338　B14/5∶3/1338
後漢書一百二十卷　（南朝宋）范曄撰　（南朝梁）劉昭　（唐）李賢注　（明）陳仁錫評　明天啓七年（1627）錢汝追刻本　二十四册

500000－8701－0001339　B14/5∶4/1339
于忠肅公集十二卷附録四卷　（明）于謙撰　明天啓元年（1621）孫昌裔刻本　十二册

500000－8701－0001340　B14/5∶4/1340
徐文長逸稿二十四卷附徐文長自著畸譜一卷　（明）徐渭撰　（明）張汝霖　（明）王思任評選　（明）張維城較輯　明天啓三年（1623）張維城刻本（卷九至十係抄配）　四册

500000－8701－0001341　B14/5∶4/1341
元包經傳五卷　（北周）衛元嵩撰　（唐）蘇源明傳　（唐）李江注　**元包數總義二卷**　（宋）張行成撰　明天啓六年（1626）吕茂良刻本　二册

500000－8701－0001342　B14/5∶4/1342
于忠肅公集十二卷附録四卷　（明）于謙撰　明天啓元年（1621）孫昌裔刻本　二十册

500000－8701－0001343　B14/5∶5/1343
皇明經濟文輯二十三卷　（明）陳其愫輯　明天啓七年（1627）刻本　八册

500000－8701－0001344　B14/5∶5/1344
白虎通德論四卷　（漢）班固纂集　（明）郎璧金定訂　明天啓六年（1626）刻本　二册

500000－8701－0001345　B14/5∶5/1345
子史類語二十四卷　（明）胡尚洪輯　明天啓刻本　十二册

500000－8701－0001346　B14/5∶5/1346
唐王燾先生外臺秘要方四十卷　（唐）王燾撰　明經餘居刻本　二十二册

500000－8701－0001347　B14/5∶5/1347
章子留書六卷　（明）章世純著　（明）劉斯陛訂　明天啓七年（1627）刻本　二册

500000－8701－0001348　B14/5∶6/1348
大學衍義補一百六十卷　（明）丘濬撰　（明）陳仁錫評閲　明萬曆三十三年（1605）刻本　四十册

500000－8701－0001349　B14/5∶6/1349
湘煙録十六卷　（明）凌義渠　（明）閔元京輯

明天啓刻本　四冊

500000－8701－0001350　B14/5:6/1350
大佛頂如來密因修證了義諸菩薩萬行首楞嚴經講錄十卷　(唐)釋般刺密帝譯　(唐)釋彌伽釋迦譯語　(唐)房融筆受　(明)釋乘時講錄　明天啓二年(1622)新安汪益源刻本　六冊

500000－8701－0001351　B14/5:7/1351
大學衍義補一百六十卷　(明)丘濬撰　(明)陳仁錫評閱　明萬曆三十三年(1605)刻本　二十四冊

500000－8701－0001352　B14/5:7/1352
藏書六十八卷　(明)李贄撰　(明)陳仁錫評正　明天啓元年(1621)刻本　二十六冊　存六十二卷(一至四、七至八、十一至三十一、三十四至六十八)

500000－8701－0001353　B14/6:1/1353
宋元通鑑一百五十七卷　(明)薛應旂編集　(明)陳仁錫評閱　明天啓刻本　二十四冊

500000－8701－0001354　B14/6:1/1354
宋元通鑑一百五十七卷　(明)薛應旂編集　(明)陳仁錫評閱　明天啓刻本　三十冊

500000－8701－0001355　B14/6:2/1355
神農本草經疏三十卷　(明)繆希雍撰　明天啓五年(1625)緑君亭刻本　二十四冊

500000－8701－0001356　B14/6:2/1356
傅中丞集四卷附錄一卷　(晉)傅咸撰　(明)張燮纂　明刻本　一冊

500000－8701－0001357　B14/6:2/1357
宋濂溪周元公先生集十卷　(宋)周敦頤撰　明天啓三年(1623)黄克儉刻本　六冊

500000－8701－0001358　B14/6:3/1358
文苑英華一千卷　(宋)李昉等輯　明抄本　一冊　存四卷(二百七十二至二百七十五)

500000－8701－0001359　B14/6:3/1359
奇姓通十四卷　(明)夏樹芳輯　明天啓四年(1624)刻本　十六冊

500000－8701－0001360　B14/6:3/1360
程正通傳授秘方不分卷　(明)□□輯　明天啓元年(1621)抄本　一冊

500000－8701－0001361　B14/6:3/1361
唐詩選七卷　(明)李攀龍編選　(明)蔣一葵箋釋　明刻本　六冊

500000－8701－0001362　B14/6:3/1362
古今翰苑瓊琚十二卷　(明)楊慎選　(明)孫鑛評　明天啓刻本　十二冊

500000－8701－0001363　B14/6:4/1363
湧幢小品三十二卷　(明)朱國禎輯　明天啓二年(1622)刻本　三十二冊

500000－8701－0001364　B14/6:4/1364
李文饒文集二十卷别集十卷外集四卷　(唐)李德裕撰　(明)韓敬評點　(明)茅兆河詮定　明天啓四年(1624)刻本　八冊

500000－8701－0001365　B14/6:5/1365
李文饒文集二十卷别集十卷外集四卷　(唐)李德裕撰　(明)韓敬評點　(明)茅兆河詮定　明天啓四年(1624)刻本　四冊

500000－8701－0001366　B14/6:5/1366
陸放翁全集一百五十七卷　(宋)陸游撰　明海虞毛氏汲古閣毛扆刻本　四十冊

500000－8701－0001367　B14/6:6/1367
新刊鳳洲先生簽題性理精纂約義八卷首一卷　(明)王世貞輯　明萬曆三十四年(1606)潭邑詹霖宇刻本　二冊

500000－8701－0001368　B14/6:6/1368
刪補古今文致十卷　(明)劉士鏻選　(明)王宇增刪　明天啓三年(1623)刻本　十冊

500000－8701－0001369　B14/6:6/1369
莆陽知稼翁集二卷　(宋)黄公度著　(宋)黄沃編　明天啓刻本　四冊

500000－8701－0001370　B14/6:6/1370
審音鑑古錄不分卷　(□)□□輯　清道光十四年(1834)東鄉王繼善刻本　十六冊

500000－8701－0001371　B14/6:7/1371

容齋隨筆十六卷續筆十六卷三筆十六卷四筆十六卷五筆十卷　(宋)洪邁撰　明崇禎三年(1630)馬元調刻清康熙三十九年(1700)洪璟補刻本　三十六册

500000－8701－0001372　B14/7:1/1372
箋注陶淵明集六卷附錄一卷　(晉)陶潛撰　(明)張自烈評閲　明崇禎六年(1633)刻本　二册

500000－8701－0001373　B14/7:1/1373
筠溪牧潛集七卷　(元)釋圓至撰　明末常熟毛氏汲古閣刻本　一册

500000－8701－0001374　B14/7:1/1374
讀書知不分卷　(明)施達撰　明崇禎元年(1628)刻本　二册

500000－8701－0001375　B14/7:1/1375
鍾伯敬先生批評漢書一百卷　(漢)班固撰　(明)鍾惺批評　明崇禎刻本　三十二册

500000－8701－0001376　B14/7:1/1376
册府元龜獨制三十卷　(明)曹胤昌評選　明末刻本　十册　存二十六卷(一至二十六)

500000－8701－0001377　B14/7:2/1377
頌天臚筆二十四卷　(明)金日升撰輯　明刻本　六册　存二十二卷(三至二十四)

500000－8701－0001378　B14/7:2/1378
春秋四傳三十八卷　(明)鍾惺評　(明)鍾天墀輯注　明崇禎刻本　十五册

500000－8701－0001379　B14/7:2/1379
周禮注疏刪翼三十卷　(明)葉培恕定　(明)王志長輯　明崇禎十二年(1639)刻本　十二册

500000－8701－0001380　B14/7:2/1380
周易傳義二十四卷　(宋)程頤傳　(宋)朱熹本義　(明)汪應魁句讀　**上下篇義一卷**　(宋)程頤撰　**圖説一卷五贊一卷筮儀一卷**　(宋)朱熹撰　明崇禎四年(1631)汪應魁刻本　十二册

500000－8701－0001381　B14/7:3/1381
三國志六十五卷　(晉)陳壽撰　(南朝宋)裴松之注　(明)陳仁錫評閲　明雲林積秀堂刻本　二十四册

500000－8701－0001382　B14/7:3/1382
王季重先生文集十三卷附十三種　(明)王思任著　明天啓刻本　十六册　存七卷附五種五卷(一至六、十三,附:遊喚一卷、遊廬山紀一卷、廬遊雜詠一卷、律陶一卷、弈律一卷)

500000－8701－0001383　B14/7:3/1383
金華文徵二十卷　(明)阮元聲　(明)高倬選評　(明)楊德周輯訂　(明)戴應鰲編　明崇禎五年(1632)刻本　十册

500000－8701－0001384　B14/7:4/1384
詳校醫宗必讀十卷　(清)李中梓著　明崇禎十年(1637)刻本　六册

500000－8701－0001385　B14/7:4/1385
眉公詩鈔八卷　(明)陳繼儒撰　明崇禎九年(1636)刻本　二册

500000－8701－0001386　B14/7:4/1386
金荃集七卷别集一卷　(唐)溫庭筠撰　明末毛氏汲古閣刻五唐人詩集本　二册

500000－8701－0001387　B14/7:4/1387
筠溪牧潛集七卷　(元)釋圓至撰　明末常熟毛氏汲古閣刻本　四册

500000－8701－0001388　B14/7:4/1388
小柴桑喃喃錄二卷　(明)陶奭齡著　明崇禎八年(1635)李爲芝今是堂刻本　四册

500000－8701－0001389　B14/7:4/1389
翰海十二卷　(明)沈佳胤輯　(明)陳繼儒鑒定　明崇禎三年(1630)刻本　十册

500000－8701－0001390　B14/7:4/1390
尚書日記十六卷　(明)王樵著　(明)王肯堂編　明萬曆刻明王錫琛補刻本　十册

500000－8701－0001391　B14/7:5/1391
靈護集一卷靈護坿集一卷　(明)葉世傛著　明崇禎刻本　二册

500000－8701－0001392　B14/7:5/1392

性理標題彙要二十二卷　(明)詹淮撰　(明)陳仁錫訂正　明崇禎五年(1632)製錦堂刻本　十五册

500000－8701－0001393　B14/7:5/1393
王文成公文選八卷　(明)王守仁撰　(明)王畿選定　(明)鍾惺評點　明崇禎六年(1633)黄巖陶珽穉刻本　四册

500000－8701－0001394　B14/7:5/1394
林登州遺集二十三卷附錄一卷　(明)林唐臣撰　(明)張紹科纂　清康熙四十五年(1706)林興刻本　十二册

500000－8701－0001395　B14/7:5/1395
薛文清公行實錄五卷　(明)王鴻撰　**薛文清公手稿一卷**　(明)薛瑄撰　明崇禎十六年(1643)薛昌胤、薛繼巖刻本　四册

500000－8701－0001396　B14/7:5/1396
五經評略不分卷　(明)王國臣輯　明崇禎刻本　四册

500000－8701－0001397　B14/7:6/1397
詩餘圖譜三卷　(明)張綖輯　明崇禎毛氏汲古閣刻本　一册

500000－8701－0001398　B14/7:6/1398
玉臺新詠十卷　(南朝陳)徐陵輯　明崇禎六年(1633)趙均刻本　二册

500000－8701－0001399　B14/7:6/1399
林居集十二卷　(明)惲紹芳著　(明)惲厥初輯　明崇禎二年(1629)惲氏家刻本　六册

500000－8701－0001400　B14/7:6/1400
史記一百三十卷首一卷　(漢)司馬遷撰　(明)徐孚遠　(明)陳子龍測議　明崇禎刻本　二十六册　存一百十八卷(十四至一百三十、首一卷)

500000－8701－0001401　B14/7:7/1401
史記一百三十卷首一卷　(漢)司馬遷撰　(明)徐孚遠　(明)陳子龍測議　明崇禎十三年(1640)書業堂刻本　三十二册

500000－8701－0001402　B14/7:7/1402
增訂二三場群書備考四卷　(明)袁黄著　(明)袁儼注　(明)沈昌世增　明末大觀堂增刻本　四册

500000－8701－0001403　B14/7:7/1403
增訂二三場群書備考四卷　(明)袁黄著　(明)袁儼注　(明)沈昌世增　明崇禎五年(1632)澹思堂刻本　六册

500000－8701－0001404　B14/7:7/1404
增訂二三場群書備考四卷　(明)袁黄著　(明)袁儼注　(明)沈昌世增　明末大觀堂增刻本　四册

500000－8701－0001405　B14/7:7/1405
增訂二三場群書備考四卷　(明)袁黄著　(明)袁儼注　(明)沈昌世增　明末刻本　四册

500000－8701－0001406　B14/7:7/1406
王文成公文選八卷　(明)王守仁撰　(明)王畿選定　(明)鍾惺評點　明崇禎六年(1633)黄巖陶珽穉刻本　八册

500000－8701－0001407　B15/1:1/1407
增訂二三場群書備考四卷　(明)袁黄著　(明)袁儼注　(明)沈昌世增　明末大觀堂增刻本　八册

500000－8701－0001408　B15/1:1/1408
四六類編十六卷　(明)李日華輯著　(明)魯重民補訂　明崇禎十三年(1640)刻本　五册

500000－8701－0001409　B15/1:1/1409
姓氏譜纂七卷　(明)李日華輯著　(明)魯重民補訂　明崇禎刻本　四册

500000－8701－0001410　B15/1:1/1410
重訂王鳳洲先生綱鑑會纂四十六卷續宋元紀二十三卷　(明)王世貞撰　(明)陳仁錫訂　明崇禎刻本　十二册　存四十六卷(重訂王鳳洲先生綱鑑會纂四十六卷)

500000－8701－0001411　B15/1:2/1411
度曲須知二卷　(明)沈寵綏著　明崇禎十二年(1639)刻本　二册

500000－8701－0001412　B15/1∶2/1412
史觽十七卷　（明）謝肇淛著　明崇禎三年（1630）建安黃氏景晉齋刻本　八冊

500000－8701－0001413　B15/1∶2/1413
明尺牘谷音七卷　（明）汪之琦輯　明崇禎七年（1634）刻本　四冊

500000－8701－0001414　B15/1∶2/1414
睡庵稿十六卷　（明）湯賓尹撰　明萬曆刻崇禎十五年（1642）印本　六冊

500000－8701－0001415　B15/1∶2/1415
元人十種詩六十一卷　（清）毛晉輯　明崇禎十一年（1638）汲古閣刻本　二十冊

500000－8701－0001416　B15/1∶3/1416
元人十種詩六十一卷　（清）毛晉輯　明崇禎十一年（1638）汲古閣刻本　二十七冊　存十種五十卷（遺山先生詩集二十卷、薩天錫詩集三卷集外詩一卷、金臺集二卷、翠寒集一卷、啽囈集一卷、倪雲林先生詩集六卷、玉山草堂集二卷、句曲外史集三卷補遺三卷、張伯雨集外詩一卷附一卷、霞外詩集五至十）

500000－8701－0001417　B15/1∶4/1417
元人十種詩六十一卷　（清）毛晉輯　明崇禎十一年（1638）汲古閣刻本　四十八冊

500000－8701－0001418　B15/1∶5/1418
史記一百三十卷　（漢）司馬遷撰　（南朝宋）裴駰集解　（唐）司馬貞索隱　（唐）張守節正義　（明）陳仁錫評　明崇禎程正揆刻本　三十二冊

500000－8701－0001419　B15/1∶6/1419
四六採朠二十卷　（明）陳鍾盛纂　明崇禎三年（1630）刻本　八冊

500000－8701－0001420　B15/1∶6/1420
史記一百三十卷　（漢）司馬遷撰　（南朝宋）裴駰集解　（唐）司馬貞索隱　（唐）張守節正義　（明）陳仁錫評　明崇禎程正揆刻本　三十二冊

500000－8701－0001421　B15/1∶7/1421
歷代名臣奏議三百五十卷　（明）張溥刪正　明崇禎八年（1635）東觀閣刻本　六十四冊

500000－8701－0001422　B15/2∶1/1422
唐黃御史集八卷附錄一卷　（唐）黃滔撰　明崇禎十一年（1638）黃鳴喬等刻本　二冊

500000－8701－0001423　B15/2∶1/1423
陋巷誌六卷　（明）陳鎬彙編　明崇禎刻本　四冊

500000－8701－0001424　B15/2∶1/1424
明詩平論二集二十卷　（明）朱隗著　明崇禎刻本　八冊

500000－8701－0001425　B15/2∶2/1425
李卓吾先生批點西厢記真本二卷　（元）王實甫撰　（明）李贄評點　**會真記一卷**　（唐）元稹撰　**園林午夢一卷錢塘夢一卷西厢摘句骰譜一卷**　（明）湯顯祖輯　**圍棋闖局一卷**　（元）王生撰　明崇禎十三年（1640）刻本　一冊　存五卷（會真記一卷、園林午夢一卷、錢塘夢一卷、西厢摘句骰譜一卷、圍棋闖局一卷）

500000－8701－0001426　B15/2∶2/1426
四六霞肆十六卷　（明）何偉然彙纂　明崇禎胡正言十竹齋刻本　十六冊

500000－8701－0001427　B15/2∶2/1427
兩漢文選四十卷　（明）張采輯　（明）周鍾　（明）張溥鑒定　明崇禎刻本　二十冊

500000－8701－0001428　B15/2∶3/1428
兩漢文選四十卷　（明）張采輯　（明）周鍾　（明）張溥鑒定　明崇禎刻本　十四冊

500000－8701－0001429　B15/2∶3/1429
文遠集二十八卷補遺一卷　（明）姚希孟著　明崇禎刻本　二十冊

500000－8701－0001430　B15/2∶4/1430
追昔遊集三卷　（唐）李紳撰　（清）毛晉輯　明崇禎中海虞毛氏汲古閣刻本　一冊

500000－8701－0001431　B15/2∶4/1431
韋蘇州集十卷拾遺一卷　（唐）韋應物撰　明

崇禎中海虞毛氏汲古閣刻本　二冊

500000－8701－0001432　B15/2:4/1432
四六鴛鴦譜十二卷啓集十二卷　（明）陰太乙（明）蘇紫蓋輯　明崇禎七年（1634）刻本　十二冊

500000－8701－0001433　B15/2:4/1433
康濟譜二十三卷　（明）潘游龍編　（明）郭紹儀裁定　明崇禎九年（1636）刻本　十冊

500000－8701－0001434　B15/2:4/1434
高子遺書十二卷　（明）高攀龍撰　（明）陳龍正訂次　**附錄一卷**　（明）陳龍正審定　明崇禎五年（1632）錢士升、陳龍正刻本　八冊

500000－8701－0001435　B15/2:4/1435
唐柳河東集四十五卷外集五卷遺文一卷附錄一卷　（唐）柳宗元撰　（清）蔣之翹輯注　明崇禎六年（1633）安國謨刻本　十二冊

500000－8701－0001436　B15/2:5/1436
郄菴訂定譚子詩歸十卷自題一卷　（明）譚元春著　明崇禎嶽歸堂刻本　二冊

500000－8701－0001437　B15/2:5/1437
庶物異名疏三十卷　（明）陳懋仁著　明崇禎十年（1637）刻本　十四冊

500000－8701－0001438　B15/2:5/1438
高子遺書十二卷　（明）高攀龍撰　（明）陳龍正訂次　**附錄一卷**　（明）陳龍正審定　明崇禎五年（1632）錢士升、陳龍正刻本　六冊

500000－8701－0001439　B15/2:5/1439
碧山樂府四卷　（明）王九思撰　（明）王𤩽彙輯　明崇禎十三年（1640）張宗孟刻本　四冊

500000－8701－0001440　B15/2:6/1440
四書考二十八卷考異一卷　（明）陳仁錫編　明崇禎七年（1634）陳氏刻本　十六冊

500000－8701－0001441　B15/2:6/1441
宋鄭所南先生心史七卷　（宋）鄭思肖撰　明崇禎十三年（1640）新安汪駿聲刻本　二冊

500000－8701－0001442　B15/2:6/1442
四書考二十八卷考異一卷　（明）陳仁錫編　明崇禎七年（1634）陳氏刻本　十六冊

500000－8701－0001443　B15/2:7/1443
新刻古今類腴十八卷　（明）王世懋編　明崇禎刻本　二十冊

500000－8701－0001444　B15/2:7/1444
孫月峯先生評文選三十卷　（南朝梁）蕭統輯（明）閔齊華注　明崇禎七年（1634）刻本　三十冊

500000－8701－0001445　B15/3:1/1445
孫月峯先生評文選三十卷　（南朝梁）蕭統輯（明）閔齊華注　明崇禎七年（1634）刻本　八冊

500000－8701－0001446　B15/3:2/1446
左傳分國紀事本末十八卷　（明）孫范輯　明崇禎十一年（1638）刻本　六冊

500000－8701－0001447　B15/3:2/1447
孫月峯先生評文選三十卷　（南朝梁）蕭統輯（明）閔齊華注　明崇禎七年（1634）刻本　十六冊

500000－8701－0001448　B15/3:2/1448
牌統孚玉四卷　題（明）鍾離棲筠子著　明崇禎十三年（1640）胡氏十竹齋刻本　二冊

500000－8701－0001449　B15/3:2/1449
九經五十一卷附四卷　（清）秦鏷訂正　明崇禎十三年（1640）錫山秦氏求古齋刻本　十六冊

500000－8701－0001450　B15/3:3/1450
古今考三十八卷　（宋）魏了翁撰　（元）方回續　明崇禎九年（1636）謝三賓刻本　十六冊

500000－8701－0001451　B15/3:3/1451
大學衍義補一百六十卷首一卷　（明）丘濬撰（明）陳仁錫評閱　明崇禎刻本　三十二冊

500000－8701－0001452　B15/3:4/1452
石田先生詩鈔八卷文鈔一卷　（明）沈周撰　**事略一卷**　（清）錢謙益輯　明崇禎十七年（1644）刻本　六冊

500000－8701－0001453　B15/3:4/1453

農圃六書六卷　(清)周之璵撰　清順治十一年(1654)刻本　二册

500000－8701－0001454　B15/3:4/1454
古今類書纂要增刪十二卷　(明)沈際飛鑒定　(明)璩昆玉集纂　明崇禎七年(1634)刻本　十六册

500000－8701－0001455　B15/3:5/1455
潛確居類書一百二十卷　(明)陳仁錫纂輯　明崇禎三年(1630)吳門承治堂刻本　六十七册

500000－8701－0001456　B15/3:6/1456
卓珂月先生全集十六卷　(明)卓人月著　明崇禎十年(1637)傳經堂刻本　四册　存四卷(蕊淵集一至四)

500000－8701－0001457　B15/3:6/1457
濟北晁先生雞肋集七十卷　(宋)晁補之撰　明崇禎八年(1635)顧氏詩瘦閣翻宋刻本　二十四册

500000－8701－0001458　B15/3:7/1458
潛確居類書一百二十卷　(明)陳仁錫纂輯　明崇禎三年(1630)吳門承治堂刻本　四十八册

500000－8701－0001459　B15/4:1/1459
皇明詩選十三卷　(明)陳子龍　(明)李雯　(明)宋徵輿撰　明崇禎十六年(1643)刻本　八册

500000－8701－0001460　B15/4:2/1460
新鐫批評出像通俗演義禪真後史十集六十回　(明)方汝浩編　題(明)沖和居士評校　明崇禎二年(1629)錢塘金衙刻本　十六册

500000－8701－0001461　B15/4:2/1461
名世文宗三十卷談藪一卷　(明)胡時化選輯　(明)陳仁錫訂正　明崇禎元年(1628)刻本　十六册

500000－8701－0001462　B15/4:3/1462
名世文宗三十卷談藪一卷　(明)胡時化選輯　(明)陳仁錫訂正　明崇禎元年(1628)刻本　三十二册

500000－8701－0001463　B15/4:4/1463
皇明十六家小品三十二卷　(明)陸雲龍編　明崇禎六年(1633)刻本　十四册　缺四卷(徐文長先生小品二卷、陳眉公先生小品二卷)

500000－8701－0001464　B15/4:4/1464
帝京景物畧八卷　(明)劉侗　(明)于奕正修　(明)方逢年定　明崇禎八年(1635)刻本　十六册

500000－8701－0001465　B15/4:4/1465
帝京景物畧八卷　(明)劉侗　(明)于奕正修　(明)方逢年定　明崇禎八年(1635)刻本　八册

500000－8701－0001466　B15/4:4/1466
白雪齋選訂樂府吳騷合編四卷　(明)張楚叔選輯　(明)張旭初删訂　明崇禎十年(1637)張師齡刻本　八册

500000－8701－0001467　B15/4:5/1467
先秦鴻文五卷兩漢鴻文二十卷　(明)顧錫疇輯　明崇禎六年(1633)刻本　二十四册

500000－8701－0001468　B15/4:5/1468
謝耳伯先生初集十六卷全集八卷　(明)謝兆申著　明崇禎十三年(1640)刻本　十二册

500000－8701－0001469　B15/4:5/1469
香乘二十八卷　(清)周嘉胄輯　明崇禎十四年(1641)刻十六年(1643)補刻清康熙元年(1662)周亮節印本　八册

500000－8701－0001470　B15/4:6/1470
津逮秘書一百四十一種七百五十五卷　(清)毛晉輯　明崇禎中虞山毛氏汲古閣刻本(蘇氏易傳卷九係抄補)　二百三十二册

500000－8701－0001471　B15/5:6/1471
津逮秘書一百四十一種七百五十五卷　(清)毛晉輯　明崇禎中虞山毛氏汲古閣刻本　一百四十四册　缺二卷(老學菴筆記九至十)

500000－8701－0001472　B15/6:2/1472

津逮秘書一百四十一種七百五十五卷　（清）毛晉輯　明崇禎中虞山毛氏汲古閣刻本　一百六十册　存一百二十四種六百三十卷（詩序辨說一卷，詩傳孔氏傳一卷，詩說一卷，詩外傳十卷，毛詩草木鳥獸蟲魚疏廣要四卷，詩考一卷，詩地理攷六卷，京氏易傳三卷，關氏易傳一卷，蘇氏易傳九卷，焦氏易林四卷，周易集解十七卷，經典釋文一卷，周易集解略例一卷，元包經傳五卷，元包數總義二卷，周易舉正三卷，麻衣道者正易心法一卷，通鑑地理通釋十四卷，通鑑問疑一卷，小學紺珠十卷，齊民要術十卷，急就篇四卷，漢制攷四卷，佛說四十二章經一卷，道德指歸論六卷，青烏先生葬經一卷，古木葬經内篇一卷、附葬經翼一卷、難解二十四篇一卷、圖一卷，古文参同契集解三卷、箋注集解三卷、三相類集解二卷，周髀算經二卷、附音義一卷，數術記遺一卷，黄帝授三子玄女經一卷，胎息經一卷，風后握奇經一卷附握奇經續圖一卷八陣總述一卷，耒耜經一卷，五木經一卷，女孝經一卷，丸經二卷，通占大象曆星經二卷，忠經一卷，黄帝宅經二卷，墨經一卷，全唐詩話六卷，六一詩話一卷，滄浪詩話一卷，後山詩話一卷，彦周詩話一卷，二老堂詩話一卷，紫薇詩話一卷，石林詩話一卷，中山詩話一卷，竹坡詩話一卷，續詩話一卷，法書要錄十卷，東觀餘論二卷、附錄一卷，廣川書跋十卷，宣和書譜二十卷，圖書見聞志六卷，歷代名畫記十卷，古畫品錄一卷，宣和畫譜二十卷，圖繪寶鑑六卷、補遺一卷，畫繼十卷，詩品三卷，詩品二十四則一卷，風騷旨格一卷，芥隱筆記一卷，冷齋夜話十卷，西溪叢語二卷，益部方物略記一卷，捫虱新話十五卷，歲華紀麗四卷，玉蕊辨證一卷，桯史十五卷、附錄一卷，酉陽雜俎二十卷、續集十卷，誠齋雜記二卷，甘澤謠一卷、附錄一卷，卻掃編三卷，劇談錄二卷，琅環記三卷，輟畊錄三十卷，洛陽伽藍記五卷，洛陽名園記一卷，靈寶真靈位業圖一卷，東京夢華錄十卷，佛國記一卷，老學庵筆記六至十，漢雜事秘辛一卷，淳熙玉堂雜記三卷，焚椒錄一卷，唐國史補三卷，搜神記十七至二十，搜神後記十卷，東坡題跋二至六，山谷題跋九卷，無咎題跋一卷，宛丘題跋一卷，淮海題跋一卷，鶴山題跋七卷，放翁題跋六卷，姑溪題跋二卷，石門題跋二卷，西山題跋三卷，六一題跋十一卷，元豐題跋一卷，水心題跋一卷，益公題跋四至十二，後邨題跋四卷，止齋題跋二卷，魏公題跋一卷，晦菴題跋三卷，容齋題跋二卷，海嶽題跋一卷，樂府古題要解二卷，癸辛雜識前集一卷、後集一卷、續集二卷、別集二卷，紹興内府古器評二卷，揮麈前錄四卷、後錄一至二、三錄三卷、餘話一卷，夢溪筆談二十六卷，湘山野錄三卷、續錄一卷，春渚紀聞十卷，齊東野語一至四，河南邵氏聞見前錄二十卷，河南邵氏聞見後錄三十卷，避暑錄話二卷，貴耳集三卷）

500000－8701－0001473　B15/6:6/1473
詩詞雜俎十一種二十四卷　（清）毛晉輯　明天啓、崇禎毛氏汲古閣刻本　八册

500000－8701－0001474　B15/6:6/1474
李太白詩集二十二卷　（唐）李白撰　（宋）嚴羽評點　明崇禎二年（1629）閵啟祥刻本　四册

500000－8701－0001475　B15/6:6/1475
仙機武庫八集　（明）陸玄宇輯　明崇禎二年（1629）張懷三刻本　八册

500000－8701－0001476　B15/6:7/1476
山海經十八卷　（晉）郭璞傳　明崇禎晉陵李文孝刻本　四册

500000－8701－0001477　B15/6:7/1477
容臺文集九卷別集四卷　（明）董其昌著　（明）董庭輯　明崇禎三年（1630）董庭刻本　八册

500000－8701－0001478　B15/6:7/1478
後樂園集八卷　（明）郭朝賓著　明崇禎十六年（1643）刻本　六册

500000－8701－0001479　B15/6:7/1479
經史典奥六十七卷　（三國魏）王弼註　（唐）孔穎達疏　（明）來斯行輯　明崇禎五年

(1632)來斯行刻本　三十二冊

500000－8701－0001480　B15/7:1/1480
通鑑箋註七十二卷　(明)王世貞纂　(明)汪明際評　(明)鍾人傑箋注　明崇禎二年(1629)刻本　二十四冊

500000－8701－0001481　B15/7:2/1481
通鑑箋註七十二卷　(明)王世貞纂　(明)汪明際評　(明)鍾人傑箋注　明崇禎二年(1629)刻本　二十四冊

500000－8701－0001482　B15/7:3/1482
通鑑箋註七十二卷　(明)王世貞纂　(明)汪明際評　(明)鍾人傑箋注　明崇禎二年(1629)刻本　三十一冊　存七十一卷(二至七十二)

500000－8701－0001483　B15/7:4/1483
大學衍義四十三卷　(宋)真德秀輯　(明)陳仁錫評閱　明崇禎五年(1632)梅墅石渠閣刻本　六冊

500000－8701－0001484　B15/7:4/1484
大學衍義四十三卷　(宋)真德秀輯　(明)陳仁錫評閱　明崇禎五年(1632)梅墅石渠閣刻本　十冊

500000－8701－0001485　B15/7:4/1485
成唯識論直指一卷　(明)釋普真貴述　明崇禎二年(1629)釋如玭刻本　四冊

500000－8701－0001486　B15/7:5/1486
十三經輯訓不分卷　(明)鄭圭輯　(明)鄭壽昌訓　(明)張暘光訂　明崇禎十二年(1639)錢塘鄭氏刻本　八冊

500000－8701－0001487　B15/7:5/1487
大學衍義四十三卷　(宋)真德秀輯　(明)陳仁錫評閱　明崇禎刻本　十冊

500000－8701－0001488　B15/7:5/1488
考槃集四卷　(明)惲紹芳著　(明)惲厥初輯　明崇禎五年(1632)武進惲氏刻本　四冊

500000－8701－0001489　B15/7:5/1489
石倉十二代詩選五百六卷　(明)曹學佺輯　明崇禎四年(1631)刻本　八十冊　存二百五十卷(唐詩選一百十卷、明詩次集選一百四十卷)

500000－8701－0001490　B15/7:7/1490
張異度先生自廣齋集十六卷　(明)張世偉撰　明崇禎十一年(1638)刻本　十六冊

500000－8701－0001491　B16/1:1/1491
宋名家詞六集九十一卷　(清)毛晉輯　明海虞毛氏汲古閣刻本　二十四冊　存六集七十二卷(一集:珠玉詞一卷、六一詞一卷、樂章集一卷、東坡詞一卷、山谷詞一卷、淮海詞一卷、小山詞一卷、東堂詞一卷、放翁詞一卷、稼軒詞四卷,二集:片玉詞二卷補遺一卷、石林詞一卷、酒邊詞二卷、溪堂詞一卷、樵隱詞一卷、竹山詞一卷,三集:惜香樂府一至七、夢窗甲藁一卷乙藁一卷丙稿一卷丁稿一卷絕筆一卷補遺一卷,四集:蘆川詞一卷、于湖詞三卷、洺水詞一卷、歸愚詞一卷、龍洲詞一卷、初寮詞一卷、龍川詞一卷補一卷、姑溪詞一卷、友古詞一卷、石屏詞一卷,五集:海野詞一卷、逃禪詞一卷、丹陽詞一卷、嬾窟詞一卷、克齋詞一卷、芸窗詞一卷,六集:竹坡詞三卷、聖求詞一卷、壽域詞一卷、審齋詞一卷、東浦詞一卷、知稼翁詞一卷、無住詞一卷、後山詞一卷、蒲江詞一卷、琴趣外篇六卷、烘堂詞一卷)

500000－8701－0001492　B16/1:2/1492
牧齋初學集一百十卷　(清)錢謙益撰　明崇禎十六年(1643)瞿式耜刻本(卷一至二十係抄配)　二十冊

500000－8701－0001493　B16/1:2/1493
戰國策十二卷　(明)陳仁錫　(明)鍾惺評　明崇禎刻本　四冊

500000－8701－0001494　B16/1:3/1494
程洺水先生集三十卷附錄一卷　(宋)程珌著　明崇禎二年(1629)程至遠刻本　十二冊

500000－8701－0001495　B16/1:3/1495
程洺水先生集三十卷附錄一卷　(宋)程珌著　明崇禎二年(1629)程至遠刻本　十四冊　存三十卷(程洺水先生集三十卷)

500000－8701－0001496　B16/1:3/1496
博物典彙二十卷　(明)黄道周纂　明崇禎八年(1635)刻本　八册

500000－8701－0001497　B16/1:3/1497
通鑑直解二十五卷　(明)張居正著　明崇禎四年(1631)高兆麟刻本　十册

500000－8701－0001498　B16/1:4/1498
唐人八家詩八種四十二卷　(清)毛晉輯　明崇禎十二年(1639)海虞毛氏汲古閣刻本　三册

500000－8701－0001499　B16/1:4/1499
陸宣公全集二十四卷　(唐)陸贄著　(明)湯賓尹評　(明)馬元訂　明崇禎元年(1628)披珍館刻本　八册

500000－8701－0001500　B16/1:4/1500
博物典彙二十卷　(明)黄道周纂　明崇禎八年(1635)刻本　六册

500000－8701－0001501　B16/1:4/1501
尅擇璇璣經集註一卷　(晉)趙載著　(明)吳公遂輯　明崇禎五年(1632)尚白齋刻本　一册

500000－8701－0001502　B16/1:4/1502
千松筆記不分卷　(明)釋大韶撰　(明)釋智録輯　明崇禎刻本　一册

500000－8701－0001503　B16/1:4/1503
博物典彙二十卷　(明)黄道周纂　明崇禎八年(1635)刻本　十二册

500000－8701－0001504　B16/1:4/1504
陸宣公全集二十四卷　(唐)陸贄著　(明)湯賓尹評　(明)馬元訂　明崇禎元年(1628)披珍館刻本　四册

500000－8701－0001505　B16/1:5/1505
宋劉後村先生集十二卷　(宋)劉克莊撰　(明)張肯堂編定　明崇禎十一年(1638)建州錢震龍刻本　十二册

500000－8701－0001506　B16/1:5/1506
唐人選唐詩八種二十三卷　(清)毛晉輯　明崇禎海虞毛氏汲古閣刻本　六册　存七種十三卷(國秀集三卷、河嶽英靈集三卷、極玄集二卷、篋中集一卷、搜玉小集一卷、御覽詩一卷、中興閒氣集二卷)

500000－8701－0001507　B16/1:5/1507
唐人選唐詩八種二十三卷　(清)毛晉輯　明崇禎海虞毛氏汲古閣刻本　十册

500000－8701－0001508　B16/1:5/1508
唐人選唐詩八種二十三卷　(清)毛晉輯　明崇禎海虞毛氏汲古閣刻本　八册

500000－8701－0001509　B16/1:6/1509
才調集十卷　(五代)韋縠集　明崇禎元年(1628)汲古閣刻本　二册

500000－8701－0001510　B16/1:6/1510
才調集十卷　(五代)韋縠集　明崇禎元年(1628)汲古閣刻本　四册

500000－8701－0001511　B16/1:6/1511
才調集十卷　(五代)韋縠集　明崇禎元年(1628)汲古閣刻本　六册

500000－8701－0001512　B16/1:6/1512
爾雅翼三十二卷　(宋)羅願著　明崇禎六年(1633)刻本　六册

500000－8701－0001513　B16/1:6/1513
爾雅翼三十二卷　(宋)羅願著　明崇禎六年(1633)刻本　六册

500000－8701－0001514　B16/1:7/1514
新鐫繡像旁批詳註總斷廣百將傳二十卷　(明)陳元素原本　(明)黄道周注斷　(明)周亮輔增補　明崇禎十六年(1643)刻本　十二册

500000－8701－0001515　B16/1:7/1515
唐人選唐詩八種二十三卷　(清)毛晉輯　明崇禎海虞毛氏汲古閣刻本　一册　存一種一卷(御覽詩一卷)

500000－8701－0001516　B16/1:7/1516
閲史約書五卷　(明)王光魯編　明崇禎七年(1634)刻本　二册　存二卷(一至二)

500000－8701－0001517　B16/1:7/1517

閒中八種　(明)張如蘭輯　明崇禎三年至四年(1630－1631)張如蘭刻本　十冊

500000－8701－0001518　B16/1:7/1518

唐人八家詩八種四十二卷　(清)毛晉輯　明崇禎十二年(1639)海虞毛氏汲古閣刻本(李文山詩集、臺閣集、碧雲集爲補配)　十二冊　存六種二十八卷(甲乙集十卷、丁卯集二卷、長江集十卷、李文山詩集一至二、臺閣集一卷、碧雲集三卷)

500000－8701－0001519　B16/1:7/1519

唐人六集四十三卷　(清)毛晉輯　明崇禎毛氏汲古閣刻本　六冊

500000－8701－0001520　B16/1:7/1520

唐人六集四十三卷　(清)毛晉輯　明崇禎毛氏汲古閣刻本　四冊

500000－8701－0001521　B16/2:1/1521

潛確居類書一百二十卷　(明)陳仁錫纂輯　明刻本　六十四冊

500000－8701－0001522　B16/2:1/1522

名物攷二十卷　(明)陳禹謨輯　明刻本　六冊

500000－8701－0001523　B16/2:2/1523

唐人選唐詩八種二十三卷　(清)毛晉輯　明崇禎海虞毛氏汲古閣刻本　二十四冊

500000－8701－0001524　B16/2:3/1524

大學衍義補一百六十卷首一卷　(明)丘濬撰　(明)陳仁錫評閱　明崇禎刻本　三十二冊　存一百二十一卷(一至一百二十、首一卷)

500000－8701－0001525　B16/2:3/1525

李杜全集四十七卷　(唐)李白　(唐)杜甫撰　(明)許自昌校輯　明萬曆三十年(1602)許自昌刻本　二十四冊

500000－8701－0001526　B16/2:4/1526

李杜全集四十七卷　(唐)李白　(唐)杜甫撰　(明)許自昌校輯　明萬曆三十年(1602)許自昌刻本　十六冊　存二十五卷(分類補注李太白詩二十五卷)

500000－8701－0001527　B16/2:4/1527

津逮秘書一百四十一種七百五十五卷　(清)毛晉輯　明崇禎中虞山毛氏汲古閣刻本　八十七冊　存七十二種三百十四卷(詩傳孔氏傳一卷,詩說一卷,詩外傳十卷,詩考一卷,詩地理攷六卷,爾雅三卷,京氏易傳三卷,關氏易傳一卷,蘇氏易傳一至二、七至九,焦氏易林二至四,周易集解十七卷,易釋文一卷,周易集解略例一卷,周易舉正三卷,麻衣道者正易心法一卷,通鑑地理通釋十四卷,通鑑問疑一卷,小學紺珠一至三、四至十,急就篇四卷,道德指歸論六卷,古文參同契集解三卷、箋註集解三卷、三相類集解二卷,周髀算經二卷、音義一卷,數術記遺一卷,全唐詩話一至二、五至六,六一詩話一卷,滄浪詩話一卷,後山詩話一卷,彥周詩話一卷,二老堂詩話一卷,紫薇詩話一卷,石林詩話一卷,中山詩話一卷,竹坡詩話一卷,續詩話一卷,東觀餘論二卷、附錄一卷,廣川書跋十卷,宣和書譜序一卷,圖畫見聞誌六卷,歷代名畫記十卷,古畫品錄一卷,畫繼十卷,畫史一卷,詩品三卷,風騷旨格一卷,芥隱筆記一卷,歲華紀麗四卷,桯史十五卷、附錄一卷,泉志二卷,誠齋襍記二卷,劇談錄二卷,輟耕錄三十卷,洛陽名園記一卷,靈寶真靈位業圖一卷,淳熙玉堂雜記三卷,焚椒錄一卷,無咎題跋一卷,宛丘題跋一卷,姑溪題跋二卷,六一題跋十一卷,元豐題跋一卷,水心題跋一卷,後邨題跋四卷,止齋題跋二卷,魏公題跋一卷,晦菴題跋三卷,容齋題跋二卷,海嶽題跋一卷,樂府古題要解二卷,癸辛雜識前集一卷、後集一卷、續集二卷、別集二卷,揮麈前錄四卷、後錄十一卷、三錄二卷、餘話二卷,夢溪筆談二十六卷,聿耳集三卷)

500000－8701－0001528　B16/2:6/1528

津逮秘書一百四十一種七百五十五卷　(清)毛晉輯　明崇禎毛氏汲古閣刻本　八冊　存十八種四十四卷(易釋文一卷,京氏易傳三卷,關氏易傳一卷,周易集解略例一卷,元包數總義二卷,元包經傳五卷,急就篇四卷,漢制攷四卷,古文參同契集解三卷,箋註集解三卷,三相類集解二卷,胎息經一卷,墨經一卷,耒耜經一卷,五木經一卷,丸經二卷,東觀餘論二卷、附錄一卷,圖畫見聞誌六卷)

500000－8701－0001529　B16/2:6/1529
宋元資治通鑑六十四卷　(明)王宗沐編　明萬曆吳勉學刻本　十六冊

500000－8701－0001530　B16/2:7/1530
橡繭圖説二卷　(清)劉祖憲輯　清道光七年(1827)刻本　一冊

500000－8701－0001531　B16/2:7/1531
大學衍義補一百六十卷首一卷　(明)丘濬撰　(明)陳仁錫評閲　明崇禎刻本　十一冊　存一百六卷(四十六至一百十二、一百二十二至一百六十)

500000－8701－0001532　B16/2:7/1532
采芳隨筆二十四卷　(清)查彬輯　清嘉慶十九年(1814)刻本　十六冊

500000－8701－0001533　B16/3:1/1533
陸放翁全集六種一百五十七卷　(宋)陸游撰　明毛氏汲古閣刻本　四十冊　存四種一百三十八卷(渭南文集五十卷、放翁逸稿二卷、劍南詩稿八十五卷、家世舊聞一卷)

500000－8701－0001534　B16/3:1/1534
蘇老譚史米老譚史二卷　(明)郭化輯　明梅五有刻本　一冊

500000－8701－0001535　B16/3:2/1535
松陵集十卷　(唐)皮日休　(唐)陸龜蒙撰　明末毛氏汲古閣刻本　四冊

500000－8701－0001536　B16/3:2/1536
忠義集七卷　(元)趙景良輯　明崇禎毛氏汲古閣刻本　四冊

500000－8701－0001537　B16/3:2/1537
鐵崖先生古樂府十卷古樂府補六卷復古詩集六卷麗則遺音四卷附錄一卷　(明)楊維楨撰　(明)吳復編　明末毛氏汲古閣刻本　八冊　存二十二卷(古樂府十卷、樂府補六卷、復古詩集六卷)

500000－8701－0001538　B16/3:2/1538
清江碧嶂集一卷　(元)杜本撰　明末常熟毛晉汲古閣刻本　一冊

500000－8701－0001539　B16/3:2/1539
松陵集十卷　(唐)皮日休　(唐)陸龜蒙撰　明末毛氏汲古閣刻本　四冊

500000－8701－0001540　B16/3:2/1540
鐵崖先生古樂府十卷古樂府補六卷復古詩集六卷麗則遺音四卷附錄一卷　(明)楊維楨撰　(明)吳復編　明末毛氏汲古閣刻本　二冊　存十卷(古樂府十卷)

500000－8701－0001541　B16/3:2/1541
唐四名家集四種十二卷　(清)毛晉輯　明海虞毛氏汲古閣刻本　一冊　存二種六卷(唐風集三卷、唐英歌詩三卷)

500000－8701－0001542　B16/3:2/1542
史記索隱三十卷　(唐)司馬貞撰　明末汲古閣刻本　二冊

500000－8701－0001543　B16/3:2/1543
五代史補五卷五代史闕文一卷　(宋)陶岳撰　明末毛氏汲古閣刻本　一冊

500000－8701－0001544　B16/3:2/1544
繡刻演劇六十種曲一百二十卷　(清)毛晉編　明末毛氏汲古閣刻本　一百二十冊

500000－8701－0001545　B16/3:4/1545
秋水菴花影集五卷　(明)施紹莘著　明刻本　四冊

500000－8701－0001546　B16/3:4/1546
諸子文歸二十二卷　(明)鍾惺選評　明末刻本　十四冊

500000－8701－0001547　B16/3:5/1547
中州集十卷首一卷樂府一卷　(金)元好問輯　明末毛氏汲古閣刻本　十二冊

500000－8701－0001548　B16/3:5/1548
茶董二卷　(明)夏樹芳輯　**補二卷**　(明)陳繼儒輯　明萬曆刻本　二冊

500000－8701－0001549　B16/3:5/1549
古今濡削選章四十卷　(明)李國祥選　明刻本　二十三冊　存三十八卷(一至十、十三至四十)

500000－8701－0001550　B16/3:6/1550
中州集十卷首一卷樂府一卷　(金)元好問輯　明末毛氏汲古閣刻本　十二冊

500000－8701－0001551　B16/3:6/1551
怡雲閣浣紗記二卷　(明)梁辰魚撰　明末讀書坊刻本　二冊

500000－8701－0001552　B16/3:6/1552
漢隸字源五卷碑目一卷附字一卷　(宋)婁機撰　明汲古閣重刻宋本　六冊

500000－8701－0001553　B16/3:6/1553
中州集十卷首一卷樂府一卷　(金)元好問輯　明末毛氏汲古閣刻本　十冊　存十一卷(中州集十卷、首一卷)

500000－8701－0001554　B16/3:6/1554
中州集十卷首一卷樂府一卷　(金)元好問輯　明末毛氏汲古閣刻本　十冊　存十一卷(中州集十卷、首一卷)

500000－8701－0001555　B16/3:7/1555
本草綱目五十二卷　(明)李時珍編　(明)吳毓昌校訂　清初刻本　三十二冊

500000－8701－0001556　B16/3:7/1556
新鐫通俗雲箋二卷　(明)徐渭輯　(明)張嘉和參訂　明末刻本　二冊

500000－8701－0001557　B16/3:7/1557
東坡先生全集七十五卷　(宋)蘇軾撰　明刻本　二十七冊

500000－8701－0001558　B16/4:1/1558
史記評林一百三十卷　(漢)司馬遷撰　(明)淩稚隆輯　明末刻本　二十四冊

500000－8701－0001559　B16/4:2/1559
古文奇賞二十二卷續奇賞三十四卷奇賞齋廣文苑英華二十六卷四續古文奇賞五十三卷　(明)陳仁錫選評　明萬曆四十六年(1618)至天啓刻本　三十二冊　存五十六卷(古文奇賞二十二卷、續奇賞三十四卷)

500000－8701－0001560　B16/4:3/1560
古文奇賞二十二卷續奇賞三十四卷奇賞齋廣文苑英華二十六卷四續古文奇賞五十三卷　(明)陳仁錫選評　明萬曆四十六年(1618)至天啓刻本　十二冊　存十六卷(古文奇賞一至四、九至十、十二至十三、十五至二十二)

500000－8701－0001561　B16/4:3/1561
性理標題綜要二十二卷首一卷　(明)詹淮輯　(明)陳仁錫訂正　明末刻本　二十四冊

500000－8701－0001562　B16/4:3/1562
詩歸二種五十一卷　(明)鍾惺　(明)譚元春選定　明末刻本　十冊

500000－8701－0001563　B16/4:4/1563
性理標題綜要二十二卷首一卷　(明)詹淮輯　(明)陳仁錫訂正　明末刻本　十六冊

500000－8701－0001564　B16/4:4/1564
昌谷集四卷　(唐)李賀著　(明)曾益釋　明末刻本　二冊

500000－8701－0001565　B16/4:4/1565
明文奇賞四十卷　(明)陳仁錫輯　明天啓三年(1623)蘇州酉酉堂刻本　十二冊

500000－8701－0001566　B16/4:5/1566
明文奇賞四十卷　(明)陳仁錫輯　明天啓三年(1623)蘇州酉酉堂刻本　二十冊

500000－8701－0001567　B16/4:5/1567
世經堂集二十六卷　(明)徐階撰　明刻本　二十四冊

500000－8701－0001568　B16/4:6/1568
初潭集十二卷　(明)李贄纂輯　明末刻本　十二冊

500000－8701－0001569　B16/4:6/1569
新鐫選註名公四六雲濤十卷　(明)鍾惺輯注　(明)陸雲龍增定　明末刻本　十冊

500000－8701－0001570　B16/4:6/1570
初潭集十二卷　(明)李贄纂輯　明末刻本

四冊

500000－8701－0001571　B16/4:7/1571
梨雲館類定袁中郎全集二十四卷　(明)袁宏道撰　明末南雍周文煒刻本　十冊

500000－8701－0001572　B16/4:7/1572
本朝聖政捷錄六卷　(明)鄭以偉輯　(明)秦繼宗訂　明崇禎刻本　二冊

500000－8701－0001573　B16/4:7/1573
薛文清公全集四十卷　(明)薛瑄著　**附錄一卷**　(明)李文達等撰　明萬曆四十三年(1615)刻本　十二冊

500000－8701－0001574　B16/4:7/1574
駢枝別集二十卷　(明)黃道周著　明末大來堂刻本　一冊

500000－8701－0001575　B16/4:7/1575
世說新語三卷　(南朝宋)劉義慶撰　(南朝梁)劉孝標注　(宋)劉辰翁評　明刻本　六冊

500000－8701－0001576　B16/4:7/1576
甲子會紀五卷　(明)薛應旂編集　(明)陳仁錫評閱　明末刻本　四冊

500000－8701－0001577　B16/4:7/1577
四大家文選八卷　(明)孫鑛評選　明末刻本　四冊

500000－8701－0001578　B16/4:7/1578
新鐫增補評林音註國朝捷錄四卷　(明)鄭以偉注評　明末刻本　一冊

500000－8701－0001579　B16/4:7/1579
詩經考十八卷　(明)黃文煥輯　明末刻本　六冊

500000－8701－0001580　B16/5:1/1580
江東白苧二卷續二卷　(明)梁辰魚撰　明刻本　四冊

500000－8701－0001581　B16/5:1/1581
江東白苧二卷續二卷　(明)梁辰魚撰　明刻本　四冊

500000－8701－0001582　B16/5:1/1582
駢枝別集二十卷　(明)黃道周著　明末大來堂刻本　二冊

500000－8701－0001583　B16/5:1/1583
妙法蓮華經四卷　(晉)釋鳩摩羅什譯　明末刻本　四冊

500000－8701－0001584　B16/5:1/1584
白毫菴内篇四卷外篇一卷襍篇二卷　(明)張瑞圖著　明崇禎刻本　四冊

500000－8701－0001585　B16/5:1/1585
昌谷集四卷　(唐)李賀著　(明)曾益釋　明末刻本　四冊

500000－8701－0001586　B16/5:1/1586
程氏演繁露十六卷續集六卷　(宋)程大昌著　明末刻本　六冊

500000－8701－0001587　B16/5:1/1587
賦苑八卷　(明)李鴻輯　明末刻本　八冊

500000－8701－0001588　B16/5:2/1588
八函二十二卷　(明)陳仁錫輯　明末刻本　二十冊

500000－8701－0001589　B16/5:2/1589
梨雲館類定袁中郎全集二十四卷　(明)袁宏道撰　明末南雍周文煒刻本　十二冊

500000－8701－0001590　B16/5:2/1590
皇明三元考十四卷　(明)張弘道　(明)張凝道輯　明萬曆聚奎樓刻本　八冊

500000－8701－0001591　B16/5:3/1591
新刻全補標題音註元朝捷錄四卷　(明)湯賓尹編　(明)黃俊民參訂　明末刻本　一冊

500000－8701－0001592　B16/5:3/1592
羅經秘竅十卷　(明)甘霖著　**新鐫唐氏壽域一卷**　(明)王福賢著　明末刻本　五冊

500000－8701－0001593　B16/5:3/1593
南華真經旁注五卷　(戰國)莊周著　(晉)向秀注　明末刻本　八冊

500000－8701－0001594　B16/5:3/1594

蘇東坡詩集二十五卷　(宋)蘇軾撰　(宋)劉辰翁批點　明天啓刻本　八册

500000－8701－0001595　B16/5:3/1595
新鐫歷朝捷錄增定全編原本四卷　(明)顧充撰　(明)鍾惺編　明末刻本　八册

500000－8701－0001596　B16/5:3/1596
坡仙集十六卷　(宋)蘇軾撰　(明)李贄評輯　明末刻本　八册

500000－8701－0001597　B16/5:3/1597
蟲天志十卷　(明)沈弘正撰　明末暢閣刻本　四册

500000－8701－0001598　B16/5:4/1598
呂氏春秋二十六卷　(秦)呂不韋撰　(漢)高誘注　明末朱夢龍刻本　四册

500000－8701－0001599　B16/5:4/1599
韓子二十卷　(戰國)韓非撰　明末刻本　十册

500000－8701－0001600　B16/5:4/1600
歐陽文忠公五代史抄二十卷新唐書抄二卷　(宋)歐陽修撰　(明)茅坤批評　明末刻本　五册

500000－8701－0001601　B16/5:4/1601
刻徐文長先生秘集十二卷　(明)徐渭編　明末刻本　四册　存五卷(二至三、八至十)

500000－8701－0001602　B16/5:4/1602
韓詩外傳十卷　(漢)韓嬰著　(明)鍾惺評　明末薛汝修刻本　三册

500000－8701－0001603　B16/5:4/1603
陸宣公集二十四卷　(唐)陸贄撰　(明)陳仁錫評閱　明末陳仁錫刻本　八册

500000－8701－0001604　B16/5:4/1604
濟世内科經驗全方三卷首一卷　(明)劉倫撰　明末刻本　四册　存三卷(一至二、首一卷)

500000－8701－0001605　B16/5:4/1605
唐樂府十八卷　(明)吳勉學編　明刻本　八册

500000－8701－0001606　B16/5:5/1606
草堂詩餘正集六卷　(明)顧從敬類選　(明)天羽居士評正　**續集二卷**　(明)長湖外史類選　(明)天羽居士評正　**别集四卷**　(明)沈際飛選評　(明)秦士奇訂定　**國朝詩餘新集五卷**　(明)錢允治編　(明)沈際飛評選　明末刻本(續集二卷係補配)　七册

500000－8701－0001607　B16/5:5/1607
東坡詩選十二卷　(宋)蘇軾撰　(明)袁宏道閱　(明)譚元春選　**東坡先生年譜一卷**　(宋)王宗稷編　明天啓文盛堂刻本　五册

500000－8701－0001608　B16/5:5/1608
東坡詩選十二卷　(宋)蘇軾撰　(明)袁宏道閱　(明)譚元春選　**東坡先生年譜一卷**　(宋)王宗稷編　明天啓刻本　六册

500000－8701－0001609　B16/5:5/1609
文獻通考三百四十八卷　(元)馬端臨撰　明末梅墅石渠閣刻本　一百五十册

500000－8701－0001610　B16/6:1/1610
駁林居漫錄評正不分卷　(明)伍袁萃撰　明末刻本　四册

500000－8701－0001611　B16/6:1/1611
刻徐文長先生秘集十二卷　(明)徐渭編　明末刻本　八册

500000－8701－0001612　B16/6:1/1612
楚辭十卷　(戰國)屈原撰　(漢)王逸章句　(宋)朱熹注　(明)張鳳翼合纂　明末刻本　四册

500000－8701－0001613　B16/6:1/1613
杜子美詩集二十卷　(唐)杜甫撰　(宋)劉辰翁評點　明末刻本　六册

500000－8701－0001614　B16/6:1/1614
新鍥全補日記故事旁訓便講八卷　(□)□□撰　明末刻本　一册

500000－8701－0001615　B16/6:1/1615
白虎通德論四卷　(漢)班固纂　(明)王道焜閱　明天啓至崇禎刻本　四册

500000－8701－0001616　B16/6:1/1616
杜子美詩集二十卷　（唐）杜甫撰　（宋）劉辰翁評點　明末刻本　一册　存二卷（一至二）

500000－8701－0001617　B16/6:1/1617
見聞雜紀九卷續二卷　（明）李樂著　明末刻本　八册

500000－8701－0001618　B16/6:1/1618
蜀藻幽勝錄四卷　（明）傅振商輯　（明）錢龍錫刪訂　明末刻本　四册

500000－8701－0001619　B16/6:2/1619
徐文長文集三十卷　（明）徐渭撰　（明）袁宏道評點　明末刻本　十册

500000－8701－0001620　B16/6:2/1620
唐宋十二大家文歸十四卷　國朝大家文歸二卷　（明）鍾惺輯　（明）鄭元勳輯　明末刻本　十册　存十五卷（唐宋十二大家文歸二至十四、國朝大家文歸二卷）

500000－8701－0001621　B16/6:2/1621
古香岑草堂詩餘正集六卷新集五卷別集四卷續集二卷　（明）顧從敬評選　明末刻本　三册　存四卷（正集一至四）

500000－8701－0001622　B16/6:2/1622
唐荊川先生批點精選史記六卷漢書三卷　（明）唐順之評選　明末刻本　九册

500000－8701－0001623　B16/6:2/1623
五代史七十四卷　（宋）歐陽修撰　（宋）徐無黨注　（明）楊慎評　（明）鍾名臣訂　明末刻本　八册

500000－8701－0001624　B16/6:2/1624
破愁一夕話三種三卷　題（明）浮白齋主人編　明末刻本　二册

500000－8701－0001625　B16/6:3/1625
訂正通鑑綱目前編二十五卷　（明）南軒撰　明萬曆二十三年（1595）刻本　十册

500000－8701－0001626　B16/6:3/1626
六科證治準繩六種四十六卷　（明）王肯堂輯　明萬曆三十年至三十六年（1602－1608）刻本　三十七册　存六種三十八卷（證治準繩八卷；雜病證治類方二至六、八；傷寒證治準繩八卷；瘍醫準繩一至二、六，目錄一至二殘；幼科證治準繩三至九；女科證治準繩一至二、四至五）

500000－8701－0001627　B16/6:4/1627
焦氏易林四卷　（漢）焦贛著　（明）鍾惺評　明末刻本　二册

500000－8701－0001628　B16/6:4/1628
白虎通德論四卷　（漢）班固纂　（明）鍾惺評　明末刻本　二册

500000－8701－0001629　B16/6:4/1629
六科證治準繩六種　（明）王肯堂輯　明萬曆刻本　十一册　存五種十六卷（證治準繩二至四、五殘、六至八，雜病證治類方八，傷寒證治準繩一至四、七至八，瘍醫準繩一，幼科證治準繩九）

500000－8701－0001630　B16/6:5/1630
名媛詩歸三十卷　（明）鍾惺點次　明末刻本　十二册

500000－8701－0001631　B16/6:5/1631
家語十卷　（三國魏）王肅注　（明）何棠　（明）鍾惺評　明末刻本　五册

500000－8701－0001632　B16/6:5/1632
歷朝捷錄四卷　（明）顧充編著　（明）顧錫疇鑑閱　明末刻本　一册

500000－8701－0001633　B16/6:5/1633
小窗四紀四種　（明）吳從先輯　明刻本　十七册　存三種（小窗別紀一、三至四，小窗清紀不分卷，小窗艷紀不分卷）

500000－8701－0001634　B16/6:6/1634
三經評注五卷　（明）閔齊伋輯　明萬曆吳興閔齊伋刻三色套印本　六册

500000－8701－0001635　B16/6:6/1635
三經評注五卷　（明）閔齊伋輯　明萬曆吳興閔齊伋刻三色套印本　七册

500000－8701－0001636　B16/6:6/1636

檀弓一卷　（明）楊慎注　明萬曆吳興閔齊伋刻朱墨套印三經評注本　一冊

500000－8701－0001637　B16/6:6/1637
檀弓一卷　（明）楊慎注　明萬曆吳興閔齊伋刻朱墨套印三經評注本　一冊

500000－8701－0001638　B16/6:6/1638
三經評注五卷　（明）閔齊伋輯　明萬曆吳興閔齊伋刻三色套印本　二冊　存三卷（檀弓一卷、攷工記二卷）

500000－8701－0001639　B16/6:6/1639
兩漢雋言十六卷　（宋）林鉞輯　明萬曆四年（1576）吳興淩氏刻本　八冊

500000－8701－0001640　B16/6:6/1640
春秋左傳十五卷　（明）孫鑛批點　明萬曆四十四年（1616）吳興閔氏刻朱墨套印本　十二冊

500000－8701－0001641　B16/6:6/1641
春秋左傳十五卷　（明）孫鑛批點　明萬曆四十四年（1616）吳興閔氏刻朱墨套印本　十二冊

500000－8701－0001642　B16/6:7/1642
春秋左傳十五卷　（明）孫鑛批點　明萬曆四十四年（1616）吳興閔氏刻朱墨套印本　二十冊

500000－8701－0001643　B16/6:7/1643
重修政和經史證類備用本草三十卷　（宋）唐慎微續　明嘉靖刻本　四冊　存八卷（十九至二十六）

500000－8701－0001644　B16/7:1/1644
南華真經十卷　（晉）郭象注　（唐）陸德明音義　明嘉靖刻本　六冊

500000－8701－0001645　B16/7:1/1645
春秋左傳十五卷　（明）孫鑛批點　明萬曆四十四年（1616）吳興閔氏刻朱墨套印本　十二冊

500000－8701－0001646　B16/7:1/1646
通志略五十二卷　（宋）鄭樵著　明嘉靖二十九年（1550）陳宗夔等刻本　二十四冊

500000－8701－0001647　B16/7:2/1647
六臣註文選六十卷　（南朝梁）蕭統撰　（唐）李善注　明萬曆仿宋刻本　十二冊　存二十七卷（二至六、十一至十二、十六至二十四、二十八至三十四、四十九至五十、五十六至五十七）

500000－8701－0001648　B16/7:2/1648
世說新語補二十卷附釋名一卷　（南朝宋）劉義慶撰　（南朝梁）劉孝標注　（宋）劉辰翁批　（明）何良俊增補　（明）王世貞刪定　（明）王世懋批釋　（明）張文柱校注　明萬曆十三年（1585）張文柱刻本　四冊

500000－8701－0001649　B16/7:2/1649
古詩歸十五卷　（明）鍾惺　（明）譚元春輯　明閔振業、閔振聲刻三色套印本　十冊

500000－8701－0001650　B16/7:2/1650
蘇長公小品四卷　（宋）蘇軾撰　（明）王聖俞評選　明吳興淩啓康刻朱墨套印本　四冊

500000－8701－0001651　B16/7:2/1651
蘇長公密語十六卷首一卷　（宋）蘇軾撰　（明）李一公選　明天啓元年（1621）李一公刻朱墨套印本　八冊

500000－8701－0001652　B16/7:2/1652
韓子迂評二十卷　題（明）門無子撰　明刻朱墨套印本　十冊

500000－8701－0001653　B16/7:3/1653
世說新語八卷　（南朝宋）劉義慶撰　明萬曆淩瀛初刻四色套印本　八冊

500000－8701－0001654　B16/7:3/1654
史記鈔九十一卷　（明）茅坤輯　明泰昌吳興閔振業刻朱墨套印本　十六冊

500000－8701－0001655　B16/7:3/1655
唐詩豔逸品四種　（明）楊肇祉輯　明天啓元年（1621）閔一栻刻朱墨套印本　二冊　存二種二卷（唐詩名媛集一卷、唐詩香奩集一卷）

500000－8701－0001656　B16/7:3/1656

東坡文選二十卷 (宋)蘇軾撰 (明)鍾惺評選 明萬曆四十八年(1620)閔氏刻朱墨套印本 八册

500000－8701－0001657 B16/7:3/1657
韓文公文抄十六卷 (唐)韓愈撰 (明)茅坤評 明刻朱墨套印本 四册

500000－8701－0001658 B16/7:3/1658
蘇老泉文集十三卷 (宋)蘇洵撰 (明)茅坤 (明)焦竑評 明淩濛初刻朱墨套印本 七册

500000－8701－0001659 B16/7:4/1659
杜子美七言律不分卷 (唐)杜甫撰 (明)郭正域批點 明閔齊伋刻三色套印本 二册

500000－8701－0001660 B16/7:4/1660
空同詩選一卷 (明)李夢陽撰 (明)楊慎評 明末閔齊伋刻朱墨套印本 一册

500000－8701－0001661 B16/7:4/1661
蘇文六卷 (宋)蘇軾撰 (明)茅坤等評 明閔爾容刻三色套印本 十二册

500000－8701－0001662 B16/7:4/1662
蘇文六卷 (宋)蘇軾撰 (明)茅坤等評 明閔爾容刻三色套印本 六册

500000－8701－0001663 B16/7:4/1663
楚辭十七卷附錄一卷 (戰國)屈原撰 (漢)王逸敘次 (明)陳深批點 明萬曆二十八年(1600)吳興淩毓枬刻朱墨套印本 六册

500000－8701－0001664 B16/7:4/1664
蘇文忠公策論選十二卷 (宋)蘇軾撰 (明)茅坤 (明)鍾惺批評 明天啓元年(1621)閔氏刻三色套印本 八册

500000－8701－0001665 B16/7:4/1665
楚辭十七卷附錄一卷 (戰國)屈原撰 (漢)王逸敘次 (明)陳深批點 明萬曆二十八年(1600)吳興淩毓枬刻朱墨套印本 四册

500000－8701－0001666 B16/7:4/1666
東坡文選二十卷 (宋)蘇軾撰 (明)鍾惺評選 明萬曆四十八年(1620)閔氏刻朱墨套印本 四册

500000－8701－0001667 B16/7:4/1667
大方廣圓覺修多羅了義經二卷 (唐)釋佛陀多羅譯 明刻朱墨套印本 二册

500000－8701－0001668 B16/7:5/1668
花間集四卷 (五代)趙崇祚集 (明)湯顯祖評 明刻朱墨套印本 四册

500000－8701－0001669 B16/7:5/1669
呂氏春秋二十六卷 (秦)呂不韋撰 (宋)陸遊評 (明)淩稚隆批 明萬曆十七年(1589)淩稚隆刻朱墨套印本 十册

500000－8701－0001670 B16/7:5/1670
楚辭二卷 (戰國)屈原撰 明萬曆刻三色套印本 四册

500000－8701－0001671 B16/7:5/1671
周易八卷 (宋)蘇軾傳 **附王輔嗣論易一卷** (三國魏)王弼撰 明閔齊伋刻朱墨套印本 八册

500000－8701－0001672 B16/7:5/1672
韓文公文抄十六卷 (唐)韓愈撰 (明)茅坤評 明刻朱墨套印本 八册

500000－8701－0001673 B16/7:5/1673
韓文公文抄十六卷 (唐)韓愈撰 (明)茅坤評 明刻朱墨套印本 八册

500000－8701－0001674 B16/7:5/1674
柳文七卷 (唐)柳宗元撰 (明)茅坤評 明刻朱墨套印本 七册

500000－8701－0001675 B16/7:6/1675
莊子南華真經四卷音義四卷 (戰國)莊周撰 (唐)陸德明音義 明閔氏刻三子合刊朱墨套印本 一册 存二卷(一、音義一)

500000－8701－0001676 B16/7:6/1676
三子合刊十三卷 (明)閔齊伋輯 明閔氏刻朱墨套印本 七册

500000－8701－0001677 B16/7:6/1677
三子合刊十三卷 (明)閔齊伋輯 明閔氏刻朱墨套印本 十册

500000－8701－0001678　B16/7:6/1678
東坡先生志林五卷　(宋)蘇軾著　(明)焦竑評　明末淩氏刻朱墨套印本　五冊

500000－8701－0001679　B16/7:6/1679
南華經十六卷　(戰國)莊周撰　(晉)郭象注　(宋)林希逸口義　(明)王世貞評點　(明)陳仁錫批注　明萬曆閔齊伋刻四色套印本　六冊

500000－8701－0001680　B16/7:6/1680
兵垣四編四卷附編四卷　(明)閔聲　(明)閔暎張輯　明天啓元年(1621)閔氏刻朱墨套印本　五冊

500000－8701－0001681　B16/7:7/1681
孟東野詩集十卷　(唐)孟郊撰　(宋)國材(宋)劉辰翁評　明萬曆至天啓吳興淩濛初刻朱墨套印本　四冊

500000－8701－0001682　B16/7:7/1682
春秋公羊傳十二卷　(明)閔齊伋裁注　**春秋公羊傳攷一卷**　(明)閔齊伋撰　明天啓元年(1621)閔氏刻三色套印本　七冊

500000－8701－0001683　B16/7:7/1683
春秋穀梁傳十二卷　(明)閔齊伋裁注　**春秋公羊傳攷一卷**　(明)閔齊伋撰　明天啓元年(1621)閔氏刻三色套印本　七冊

500000－8701－0001684　B16/7:7/1684
蘇長公合作八卷補二卷　(宋)蘇軾撰　(明)高啟等批點　明萬曆四十八年(1620)淩啓康刻三色套印本　五冊　存四卷(一至三、五)

500000－8701－0001685　B16/7:7/1685
蘇長公合作八卷補二卷　(宋)蘇軾撰　(明)高啟等批點　明萬曆四十八年(1620)淩啓康刻三色套印本　八冊

500000－8701－0001686　B16/7:7/1686
戰國策十二卷　(明)閔齊伋校注　明萬曆四十八年(1620)閔齊伋刻三色套印本　八冊

500000－8701－0001687　B17/1:1/1687
杜子美七言律不分卷　(唐)杜甫撰　(明)郭正域批點　明閔齊伋刻三色套印本　一冊

500000－8701－0001688　B17/1:1/1688
周禮十八卷　(明)陳深評點　明吳興淩杜若刻朱墨套印本　四冊

500000－8701－0001689　B17/1:1/1689
選詩七卷詩人爵里一卷目錄一卷　(南朝梁)蕭統選　(明)郭正域批點　(明)淩濛初輯評　明萬曆至天啓淩濛初刻朱墨套印本　八冊

500000－8701－0001690　B17/1:1/1690
孟東野詩集十卷　(唐)孟郊撰　(宋)國材(宋)劉辰翁評　明萬曆至天啓吳興淩濛初刻朱墨套印本　四冊

500000－8701－0001691　B17/1:1/1691
秦漢文鈔六卷　(明)馮有翼編　明萬曆四十八年(1620)閔氏刻朱墨套印本　十二冊

500000－8701－0001692　B17/1:1/1692
秦漢文鈔六卷　(明)馮有翼編　明萬曆四十八年(1620)閔氏刻朱墨套印本　六冊

500000－8701－0001693　B17/1:1/1693
草堂詩餘五卷　(明)楊慎批點　明烏程閔氏刻朱墨套印本　二冊

500000－8701－0001694　B17/1:2/1694
歷代史略十段錦詞話旁註二卷附歷代帝王紀一卷　(明)楊慎纂修　(明)程仲秩注　明末刻朱墨套印本　三冊　存二卷(歷代史略十段錦詞話旁註二卷)

500000－8701－0001695　B17/1:2/1695
孟東野詩集十卷　(唐)孟郊撰　(宋)國材(宋)劉辰翁評　明萬曆至天啓吳興淩濛初刻朱墨套印本　四冊

500000－8701－0001696　B17/1:2/1696
草堂詩餘五卷　(明)楊慎批點　明烏程閔氏刻朱墨套印本　五冊

500000－8701－0001697　B17/1:2/1697
韓文杜律二卷　(明)郭正域編　明萬曆四十五年(1617)閔齊伋刻三色套印本　二冊

500000－8701－0001698　B17/1:2/1698

修辭指南二十卷　(明)浦南金撰　明嘉靖三十六年(1557)五樂堂刻本　十二册

500000－8701－0001699　B17/1:2/1699
篇海類編二十卷　(明)宋濂詮次　(明)屠隆訂正　**附錄一卷**　(明)張嘉和輯　明翁少麓刻本　二十册

500000－8701－0001700　B17/1:3/1700
米襄陽外紀十二卷　(明)范明泰編　(明)陳之伸參補　明刻本　四册

500000－8701－0001701　B17/1:3/1701
智囊二十八卷　(清)馮夢龍述　明刻本　六册

500000－8701－0001702　B17/1:3/1702
象山先生文集二十八卷外集五卷　(宋)陸九淵撰　明正德十六年(1521)安正書堂刻本(卷十五至十九係抄補)　十册

500000－8701－0001703　B17/1:3/1703
周禮註疏四十二卷　(漢)鄭玄注　(唐)賈公彥疏　(唐)陸德明釋文　明嘉靖李元陽福建刻十三經註疏本　十六册

500000－8701－0001704　B17/1:3/1704
履齋示兒編二十三卷　(宋)孫奕撰　明滎陽潘膺祉刻本　四册

500000－8701－0001705　B17/1:4/1705
缶鳴集十二卷　(明)高啓撰　(明)周立校正重編　明刻本　四册

500000－8701－0001706　B17/1:4/1706
舉業式程程論一卷　(明)趙繼本選輯　明嘉靖丁以忠刻本　一册

500000－8701－0001707　B17/1:4/1707
丹鉛總錄二十七卷　(明)楊慎著集　明隆慶淩雲翼、黄思近刻本　十册

500000－8701－0001708　B17/1:4/1708
劉隨州詩集十卷補遺一卷　(唐)劉長卿著　(明)李之楨輯　明刻本　四册

500000－8701－0001709　B17/1:4/1709
缶鳴集十二卷　(明)高啓撰　(明)周立校正重編　明刻本　六册

500000－8701－0001710　B17/1:4/1710
朱文公校昌黎先生文集四十卷外集十卷遺文一卷　(唐)韓愈撰　(宋)朱熹考異　(宋)王伯大音釋　**集傳一卷**　(宋)宋祁等撰　明刻本　十六册

500000－8701－0001711　B17/1:5/1711
朱文公校昌黎先生文集二十卷外集一卷遺文一卷　(唐)韓愈撰　(宋)朱熹考異　(宋)王伯大音釋　**集傳一卷**　(宋)宋祁等撰　明弘治十五年(1502)刻本　二十册

500000－8701－0001712　B17/1:5/1712
劉向説苑二十卷　(漢)劉向撰　明刻本　十册

500000－8701－0001713　B17/1:5/1713
劉向説苑二十卷　(漢)劉向撰　明刻本　八册

500000－8701－0001714　B17/1:5/1714
俞石澗易外别傳不分卷　(元)俞琰書　元末明初刻本　一册

500000－8701－0001715　B17/1:5/1715
陶淵明全集四卷　(晉)陶潛撰　明刻本　二册

500000－8701－0001716　B17/1:6/1716
第一奇書一百回　題(明)蘭陵笑笑生撰　明刻本　二十四册

500000－8701－0001717　B17/1:6/1717
新編古今事文類聚前集六十卷後集五十卷續集二十八卷别集三十二卷　(宋)祝穆編　**新集三十六卷外集十五卷**　(元)富大用編　明内府刻本　一百三十册

500000－8701－0001718　B17/2:2/1718
新編事文類聚翰墨大全甲集十二卷乙集十八卷丙集十四卷丁集十一卷戊集十三卷己集十二卷庚集十五卷辛集十六卷壬集十七卷癸集十七卷後甲集十五卷後乙集十三卷後丙集十二卷後丁集十四卷後戊集九卷　(元)劉應李

編　明初刻本　八十册

500000－8701－0001719　B17/2:4/1719
脈語二卷　（明）吳崐撰　明刻本　一册

500000－8701－0001720　B17/2:4/1720
新鐫名公釋義全備墨莊白眉故事六卷　題（□）呰窳子輯　明萬君甫刻本　六册

500000－8701－0001721　B17/2:4/1721
異苑十卷　（南朝宋）劉敬叔撰　明末鮑山刻本　二册

500000－8701－0001722　B17/2:4/1722
陳眉公先生訂正書譜四卷　（明）孫丕顯輯　明王基刻本　一册

500000－8701－0001723　B17/2:4/1723
東廓鄒先生遺稿十一卷　（明）鄒守益撰　（明）鄒善輯　明刻本　八册

500000－8701－0001724　B17/2:4/1724
呂氏春秋二十六卷　（秦）呂不韋撰　（漢）高誘注　明宋邦乂等刻本　八册

500000－8701－0001725　B17/2:5/1725
風俗通義十卷　（漢）應劭撰　明刻本（序至卷二爲抄配）　四册

500000－8701－0001726　B17/2:5/1726
圖書府六卷　（明）釋自彦集　明釋自彦仿古鈐印本　六册

500000－8701－0001727　B17/2:5/1727
史懷十七卷　（明）鍾惺述　（明）蔣勵志（明）蔣勵修輯　明刻本　十册

500000－8701－0001728　B17/2:5/1728
四書集注大全三十六卷附讀大學法一卷大學或問一卷讀中庸法一卷中庸或問一卷讀論語孟子法一卷　（明）胡廣等纂修　明内府刻本　二十册

500000－8701－0001729　B17/2:6/1729
春秋集傳大全三十七卷序論一卷春秋二十國年表一卷諸國興廢説一卷　（明）胡廣等纂修　明嘉靖九年（1530）安正堂刻本　二十册

500000－8701－0001730　B17/2:6/1730
楞伽阿跋多羅寶經四卷　（南朝宋）釋求那跋陀羅譯　明萬曆十九年（1591）鄭昭服刻本　四册

500000－8701－0001731　B17/2:6/1731
書集傳六卷　（宋）蔡沈撰　（元）鄒季友音釋　明刻本　八册

500000－8701－0001732　B17/2:6/1732
蒲水齋食治廣要八卷　（明）應廖輯　明天啓刻本　二册

500000－8701－0001733　B17/2:7/1733
黄太史精華錄八卷　（宋）黄庭堅撰　（宋）任淵選　明弘治十六年（1503）朱承爵刻本　四册

500000－8701－0001734　B17/2:7/1734
樊川文集二十卷别集一卷外集一卷　（唐）杜牧撰　明仿宋刻本　十二册

500000－8701－0001735　B17/2:7/1735
桂洲先生奏議二十卷外集一卷　（明）夏言撰（明）左鎰編　明忠禮書院刻本　二十四册

500000－8701－0001736　B17/2:7/1736
草木子四卷　（明）葉子奇著　明刻本　四册

500000－8701－0001737　B17/3:1/1737
藝林粹言四十一卷　（明）陳繼儒纂　明刻本　二十册

500000－8701－0001738　B17/3:1/1738
杜工部詩二十卷文集二卷　（唐）杜甫撰（宋）黄鶴補注　**附錄一卷**　（唐）元稹（宋）宋祁撰　明刻本　十六册

500000－8701－0001739　B17/3:2/1739
春秋經傳集解三十卷　（晉）杜預注　（唐）陸德明釋文　明刻本　十六册

500000－8701－0001740　B17/3:2/1740
楚辭集註八卷後語六卷辯證二卷　（宋）朱熹集注　明刻本　四册

500000－8701－0001741　B17/3:2/1741
翰林羅圭峰先生文集十八卷　（明）羅玘撰

(明)鍾文俊編　明刻本　八冊

500000－8701－0001742　B17/3:2/1742
鶴林玉露十六卷　(宋)羅大經撰　明刻本　八冊

500000－8701－0001743　B17/3:3/1743
埤雅二十卷　(宋)陸佃撰　明嘉靖元年(1522)贛州府清獻堂刻本　八冊

500000－8701－0001744　B17/3:3/1744
蔡中郎文集十卷外傳一卷　(漢)蔡邕撰　明刻本　四冊

500000－8701－0001745　B17/3:3/1745
黄帝内經素問十二卷黄帝素問靈樞經十二卷　(唐)王冰注　(宋)孫兆改誤　明嘉靖刻本　五冊

500000－8701－0001746　B17/3:3/1746
古名儒毛詩解十五種附刻一種　(明)鍾惺輯　明擁萬堂刻本　十二冊　存十種十五卷(新刻詩譜一卷、新刻讀詩一得一卷、新刻印古詩語一卷、新刻玉海紀詩一卷、新刻困學紀詩一卷、新刻詩考一卷、新刻詩地理考一至四、新刻胡氏詩識三卷、新刻讀詩録一卷、附新刻逸詩一卷)

500000－8701－0001747　B17/3:3/1747
古文苑二十一卷　(宋)章樵注　明刻本　十冊

500000－8701－0001748　B17/3:4/1748
新箋决科古今源流至論前集十卷後集十卷續集十卷　(宋)林駉編　**至論别集十卷**　(宋)黄履翁編　明刻本　二十四冊

500000－8701－0001749　B17/3:4/1749
荀子二十卷　(戰國)荀況撰　(唐)楊倞注　明刻本　六冊

500000－8701－0001750　B17/3:4/1750
太玄經十卷　(漢)揚雄撰　(晉)范望解贊　**說玄一卷**　(宋)司馬光撰　**釋文一卷**　(宋)林瑀撰　明玉鏡堂刻本　四冊

500000－8701－0001751　B17/3:4/1751
分類編次李太白文五卷　(唐)李白著　明霏玉齋刻本　一冊

500000－8701－0001752　B17/3:4/1752
范忠宣公文集二十卷　(宋)范純仁撰　明范惟元刻本　五冊

500000－8701－0001753　B17/3:5/1753
南齋先生魏文靖公摘稿十卷附録一卷　(明)魏驥撰　(明)魏完編　(明)洪鍾校摘　明刻清補修本　四冊

500000－8701－0001754　B17/3:5/1754
三刻太醫院補註婦人良方大全二十四卷首一卷　(宋)陳自明編　(明)薛己補注　明書林余氏書瑞堂刻本　四冊

500000－8701－0001755　B17/3:5/1755
東漢文鑑二十卷　(宋)陳鑑編　明刻本　十冊

500000－8701－0001756　B17/3:5/1756
韓魏公集三十八卷　(宋)韓琦著　(明)康丕揚校　**本傳一卷**　(明)毛九苞校增　**忠獻韓魏王别録一卷**　(宋)王巖叟撰　**遺事一卷**　(□)□□撰　明萬曆三十七年(1609)刻本　八冊

500000－8701－0001757　B17/3:5/1757
黄庭堅簡尺二卷　(宋)黄庭堅撰　明刻本　二冊

500000－8701－0001758　B17/3:5/1758
范文正公集二十四卷　(宋)范仲淹著　**年譜一卷**　(宋)樓鑰撰　**年譜補遺一卷附録一卷**　(明)毛一鷺編　明萬曆三十六年(1608)康丕揚刻三十七年(1609)重修本　十六冊

500000－8701－0001759　B17/3:6/1759
堯山堂偶雋七卷　(明)蔣一葵編著　明刻本　六冊

500000－8701－0001760　B17/3:6/1760
洪武正韻彙編四卷　(明)周家棟輯　明萬曆三十年(1602)刻本　四冊

500000－8701－0001761　B17/3:6/1761

太玄經十卷 （漢）揚雄撰 （晉）范望解贊 **説玄五篇一卷** （唐）王涯纂 **釋文一卷** （宋）林瑀撰 明嘉靖孫沐萬玉堂刻本 六冊

500000－8701－0001762 B17/3:6/1762
古樂府十卷 （元）左克明編 明刻本 六冊

500000－8701－0001763 B17/3:7/1763
大學衍義四十三卷 （宋）真德秀彙輯 （明）陳仁錫評閱 明崇禎五年(1632)梅墅石渠閣刻本 二十冊

500000－8701－0001764 B17/3:7/1764
新編事文類聚翰墨全書甲集十二卷乙集九卷丙集五卷丁集五卷戊集十三卷己集十二卷庚集二十四卷辛集十卷壬集十二卷癸集十一卷後甲集十五卷後乙集三卷後丙集六卷後丁集八卷後戊集九卷 （元）劉應李編 元刻本(甲集卷四、十一至十二,戊集卷一至三,己集卷一至二,後甲集卷四,配明初刻翰墨大全本) 六十八冊

500000－8701－0001765 B17/4:2/1765
弦雪居重訂遵生八牋十九卷目錄一卷 （明）高濂撰 （明）鍾惺較閲 明課花書屋刻本 十冊

500000－8701－0001766 B17/4:2/1766
山中讀書印三卷補一卷 （明）張鼒著 明萬曆四十五年(1617)俞廷諤刻本 一冊

500000－8701－0001767 B17/4:2/1767
大方廣佛華嚴經疏演義鈔九卷 （唐）釋澄觀撰 明嘉靖刻本 四冊

500000－8701－0001768 B17/4:2/1768
皇明理學名臣言行錄二卷 （明）楊廉輯 明萬曆十八年(1590)崔士棨刻本 二冊

500000－8701－0001769 B17/4:2/1769
皇明寶訓四十卷 （明）呂本等輯 明刻本(序、目錄、卷一之一至八葉係抄配) 四十冊

500000－8701－0001770 B17/4:3/1770
真西山讀書記乙集上大學衍義四十三卷 （宋）真德秀撰 明刻本 二十四冊

500000－8701－0001771 B17/4:4/1771
大方廣圓覺修多羅了義經畧疏註二卷附圭峯定慧禪師遙稟清涼國師書一卷 （唐）釋宗密撰 宋紹興十四年(1144)刻本 四冊

500000－8701－0001772 B17/4:4/1772
淮海集四十卷後集六卷 （宋）秦觀撰 明華州公署刻嘉靖四十四年(1565)張光孝補刻本 十二冊

500000－8701－0001773 B17/4:5/1773
淮海集四十卷後集六卷 （宋）秦觀撰 明華州公署刻嘉靖四十四年(1565)張光孝補刻本 十二冊

500000－8701－0001774 B17/4:5/1774
對類二十卷 （□）□□撰 明新安朱烮刻本 十二冊

500000－8701－0001775 B17/4:6/1775
何氏集二十六卷 （明）何景明撰 明嘉靖沈氏野竹齋刻本 十六冊

500000－8701－0001776 B17/4:6/1776
虞德園先生集二十五卷 （明）虞淳熙撰 明天啓三年(1623)壥務山館刻本 五冊 存十卷(三至十二)

500000－8701－0001777 B17/4:6/1777
梁昭明文選十二卷 （南朝梁）蕭統輯 （明）張鳳翼纂注 明吳芝刻本 二十四冊

500000－8701－0001778 B17/4:7/1778
白蘇齋類集二十二卷 （明）袁宏道著 明刻本 六冊

500000－8701－0001779 B17/4:7/1779
崆峒集六十六卷目錄三卷 （明）李夢陽撰 明吳郡曹大章刻本(序、目錄卷上、卷二十四至二十八係抄補) 二十四冊

500000－8701－0001780 B17/4:7/1780
貞觀小斷不分卷 （明）張吉撰 明刻本 一冊

500000－8701－0001781 B17/4:7/1781
虎鈐經二十卷 （宋）許洞撰 明嘉靖刻本

四冊

500000－8701－0001782　B17/5:1/1782
孫月峯先生批評書經六卷　(明)孫鑛撰　(明)馮元仲參定　明崇禎天益山刻本　二冊

500000－8701－0001783　B17/5:1/1783
自警編九卷　(宋)趙善璙輯　(明)戴洵批注　明刻本　十冊　存八卷(一至八)

500000－8701－0001784　B17/5:1/1784
淮南子二十八卷　(漢)劉安撰　明吳仲刻本　八冊

500000－8701－0001785　B17/5:1/1785
容齋一筆十六卷二筆十六卷三筆十六卷四筆十六卷五筆十卷　(宋)洪邁撰　明刻本　十八冊

500000－8701－0001786　B17/5:2/1786
雲笈七籤一百二十二卷　(宋)張君房輯　明刻本(卷一百十五至一百十六係抄配)　二十四冊

500000－8701－0001787　B17/5:2/1787
西湖遊覽志二十四卷志餘二十六卷　(明)田汝成撰　明刻本　二十四冊

500000－8701－0001788　B17/5:3/1788
孔子家語八卷　(明)孔胤植編　(三國魏)王肅　(明)何孟春補注　(明)孔尚達參訂　明永明書院刻本　六冊

500000－8701－0001789　B17/5:3/1789
司馬温公稽古錄二十卷　(宋)司馬光撰　明刻本　八冊

500000－8701－0001790　B17/5:3/1790
司馬温公稽古錄二十卷　(宋)司馬光撰　明刻本　六冊

500000－8701－0001791　B17/5:3/1791
聖門傳詩嫡冢十六卷　(明)淩濛初輯　**申公詩說一卷**　(漢)申培著　明刻本　五冊

500000－8701－0001792　B17/5:3/1792
有象列仙全傳九卷　(明)王世貞輯　明汪雲鵬刻本　八冊

500000－8701－0001793　B17/5:4/1793
雲笈七籤一百二十二卷　(宋)張君房輯　明張萱清真館本　三十二冊

500000－8701－0001794　B17/5:4/1794
有象列仙全傳九卷　(明)王世貞輯　明汪雲鵬刻本　六冊

500000－8701－0001795　B17/5:4/1795
集千家註杜工部詩集二十卷文集二卷　(唐)杜甫撰　**附錄一卷**　(唐)元稹等撰　明刻本　二十四冊

500000－8701－0001796　B17/5:5/1796
新刊君子亭群書摘草五卷　(明)王國賓纂　明萬曆刻本　五冊

500000－8701－0001797　B17/5:5/1797
孔子家語十卷　(三國魏)王肅注　明刻本　六冊

500000－8701－0001798　B17/5:5/1798
水心文集二十九卷　(宋)葉適撰　明末武林王氏柳西堂刻本　十冊

500000－8701－0001799　B17/5:5/1799
珂雪齋近草十卷　(明)袁中道著　明刻本　十冊

500000－8701－0001800　B17/5:6/1800
韻叶考五卷　(明)余信撰　明潘侃刻本　二冊

500000－8701－0001801　B17/5:6/1801
唐元次山文集十二卷　(唐)元結著　明刻本　六冊

500000－8701－0001802　B17/5:6/1802
爾雅註八卷　(晉)郭璞注　明陳與郊刻本　二冊

500000－8701－0001803　B17/5:6/1803
增廣註釋音辯唐柳先生集四十三卷別集二卷外集二卷　(唐)柳宗元撰　(宋)童宗說注釋　(宋)張敦頤音辯　(宋)潘緯音義　**附錄一卷**　(唐)劉禹錫等撰　明刻本　十二冊

500000－8701－0001804　B17/5:6/1804

玉臺新詠十卷 (南朝陳)徐陵選定 (明)陳垣芳訂正 明刻本 四冊

500000－8701－0001805 B17/5:6/1805
京本校正音釋唐柳先生集四十三卷別集一卷外集二卷 (唐)柳宗元撰 **附録一卷** (唐)劉禹錫等撰 明刻本 十六冊

500000－8701－0001806 B17/5:6/1806
元城先生語録三卷 (宋)馬永卿編 明刻本 一冊

500000－8701－0001807 B17/5:7/1807
詞評一卷 (明)王世貞撰 明刻本 一冊

500000－8701－0001808 B17/5:7/1808
文選補遺四十卷 (宋)陳仁子輯 (元)譚紹烈纂類 明刻本 二十冊

500000－8701－0001809 B17/5:7/1809
唐李白詩十二卷 (唐)李白撰 明嘉靖刻本 八冊

500000－8701－0001810 B17/5:7/1810
文清公薛先生文集二十四卷 (明)薛瑄撰 (明)張鼎編 明萬曆四十二年(1614)薛士弘刻本 十二冊

500000－8701－0001811 B17/6:1/1811
唐詩品彙九十卷拾遺十卷 (明)高棅編 明嘉靖十八年(1539)山陽牛斗刻本 四十八冊

500000－8701－0001812 B17/6:2/1812
重刊許氏說文解字五音韻譜十二卷 (宋)李燾撰 明刻本 二十五冊

500000－8701－0001813 B17/6:2/1813
王季重九種集 (明)王思任撰 明清暉閣刻本 四冊 存三種三卷(游喚一卷、游廬山記一卷、時文敘一卷)

500000－8701－0001814 B17/6:2/1814
新增直音說文韻府群玉二十卷 (元)陰時夫編 (元)陰中夫編注 明刻本 二十冊

500000－8701－0001815 B17/6:3/1815
孫尚書内簡尺牘編註十卷 (宋)孫覿撰 (宋)李祖堯注 明嘉靖三十六年(1557)雲間顧名儒刻本 十冊

500000－8701－0001816 B17/6:3/1816
文選刪註十二卷 (明)王象乾刪訂 明刻本 十二冊

500000－8701－0001817 B17/6:3/1817
淮南鴻烈解二十八卷 (漢)劉安撰 (漢)高誘注 (明)劉績補注 明弘治王溥刻本 八冊 存二十一卷(八至二十八)

500000－8701－0001818 B17/6:3/1818
淮南鴻烈解二十八卷 (漢)劉安撰 (漢)高誘注 (明)劉績補注 明弘治王溥刻本 十二冊

500000－8701－0001819 B17/6:4/1819
唐朝名畫録一卷 (唐)朱景玄撰 **五代名畫補遺一卷** (宋)劉道醇撰 明刻本 二冊

500000－8701－0001820 B17/6:4/1820
聖朝名畫評三卷 (宋)劉道醇撰 明刻本 二冊

500000－8701－0001821 B17/6:4/1821
五代史記七十四卷 (宋)歐陽修撰 (宋)徐無黨注 明嘉靖汪文盛等刻本(序、目録一至二葉、卷四十至四十二係抄配) 十六冊

500000－8701－0001822 B17/6:4/1822
金丹正理大全金碧古文龍虎上經三卷 (宋)王道注疏 (宋)周真一印證 明刻本 二冊

500000－8701－0001823 B17/6:4/1823
新刊舉業利用六子拔奇六卷 (明)郭子章輯 明萬曆十四年(1586)金陵書林周曰校刻本 八冊

500000－8701－0001824 B17/6:4/1824
唐陸宣公集二十四卷 (唐)陸贄撰 明嘉靖二十七年(1548)沈伯咸西清書舍刻本 六冊

500000－8701－0001825 B17/6:5/1825
龍川先生文集三十卷 (宋)陳亮撰 **附録一卷** (清)應寶時補編 明龍川書院朱彥霖等刻本 四冊

500000－8701－0001826 B17/6:5/1826

唐詩拾遺十卷 (明)高棅編　明刻本　六冊

500000－8701－0001827　B17/6:5/1827
唐劉隨州詩集十一卷外集一卷 (唐)劉長卿撰　明刻本　四冊

500000－8701－0001828　B17/6:5/1828
六書正譌五卷 (元)周伯琦編注　明嘉靖元年(1522)于鏊刻本　五冊

500000－8701－0001829　B17/6:5/1829
新刻九我李太史校正大方性理全書七十卷 (明)胡廣等撰　明楊宜刻本　二十四冊

500000－8701－0001830　B17/6:6/1830
慎修堂集四十五卷 (明)劉日昇著　(明)鄒元標選　明刻本　三十七冊　存三十九卷(六至十、十二至四十五)

500000－8701－0001831　B17/6:6/1831
文敏馮先生奏疏四卷 (明)馮琦著　明曹珍刻本　四冊

500000－8701－0001832　B17/6:6/1832
呂氏春秋二十六卷 (秦)呂不韋撰　明黄之寀刻本　四冊

500000－8701－0001833　B17/6:6/1833
歐陽文忠公毛詩本義十六卷 (宋)歐陽修撰　明刻本　四冊

500000－8701－0001834　B17/6:6/1834
詩法源流三卷 (明)王用章輯　明刻本　一冊　存一卷(一)

500000－8701－0001835　B17/6:6/1835
新官軌範不分卷居官格言二卷 (□)□□撰　明刻本　二冊

500000－8701－0001836　B17/6:6/1836
嘯堂集古錄二卷 (宋)王俅撰　明刻本　二冊

500000－8701－0001837　B17/6:7/1837
文獻通考三百四十八卷首一卷 (元)馬端臨著　明嘉靖馮天馭刻本　八十冊

500000－8701－0001838　B17/7:2/1838
中說十卷 (隋)王通撰　(宋)阮逸注　明桐陰書屋刻本　四冊

500000－8701－0001839　B17/7:2/1839
句注山房集稿詩集十卷文集二十卷 (明)張鳳翼著　明孫傳庭刻本　十二冊　存二十七卷(詩集十卷,文集一至七、十一至二十)

500000－8701－0001840　B17/7:2/1840
續藏書二十七卷 (明)李贄輯著　(明)柴應槐　(明)錢萬國重訂　明萬曆金陵王維儼刻本　八冊

500000－8701－0001841　B17/7:2/1841
文獻通考三百四十八卷首一卷 (元)馬端臨著　明嘉靖馮天馭刻本　一百冊

500000－8701－0001842　B17/7:5/1842
東坡全集一百十五卷目錄七卷 (宋)蘇軾撰　**附錄一卷** (□)□□撰　明刻本　三十冊

500000－8701－0001843　B17/7:5/1843
浙江杭州新刊重校補訂四書集說二十卷 (明)周華編集　明杭州高儒刻本　十二冊

500000－8701－0001844　B17/7:5/1844
國語二十一卷 (三國吴)韋昭解　(宋)宋庠補音　明新建李克家刻本　七冊　存十六卷(一至三、九至二十一)

500000－8701－0001845　B17/7:6/1845
文獻通考三百四十八卷首一卷 (元)馬端臨著　明嘉靖馮天馭刻本　八十冊

500000－8701－0001846　B18/1:2/1846
古逸書三十卷 (明)潘基慶輯　(明)鍾惺選注　明刻本　三十冊

500000－8701－0001847　B18/1:2/1847
國史經籍志六卷 (明)焦竑輯　明徐象橒曼山館刻本　五冊

500000－8701－0001848　B18/1:2/1848
類經三十二卷圖翼十一卷附翼四卷 (明)張介賓撰　明刻本　六冊　存十一卷(圖翼二至十一、附翼一)

500000－8701－0001849　B18/1:2/1849

類經三十二卷圖翼十一卷附翼四卷　(明)張介賓撰　明刻本　十七册　存三十卷(類經三至四、八至十、十三至十六、十九至二十、二十三至三十,圖翼十一卷)

500000－8701－0001850　B18/1:3/1850
新鐫易經家訓六卷　(明)王納諫纂　明孫承義刻本　二册

500000－8701－0001851　B18/1:3/1851
歷代帝王法帖釋文考異十卷　(明)顧從義編　明刻本　四册

500000－8701－0001852　B18/1:3/1852
文獻通考三百四十八卷首一卷　(元)馬端臨著　明嘉靖馮天馭刻本　九十七册　存三百三十七卷(一至二百十四、二百二十至二百七十九、二百八十三至三百十四、三百十八至三百四十八)

500000－8701－0001853　B18/1:5/1853
春秋傳三十卷綱領一卷諸國興廢說一卷提要一卷　(宋)胡安國撰　明刻本　五册

500000－8701－0001854　B18/1:6/1854
文獻通考三百四十八卷首一卷　(元)馬端臨著　明嘉靖馮天馭刻本　五十册

500000－8701－0001855　B18/1:7/1855
韓子二十卷附錄一卷　(戰國)韓非撰　(明)趙如源　(明)王道焜校　明天啓五年(1625)趙如源刻本　四册

500000－8701－0001856　B18/1:7/1856
木石居精校八朝偶雋七卷　(明)蔣一葵纂　(明)茅元銘重訂　明木石居刻本　二册

500000－8701－0001857　B18/1:7/1857
青藤山人路史二卷　(明)徐渭撰　明刻本　二册

500000－8701－0001858　B18/1:7/1858
柳文二十二卷　(唐)柳宗元撰　明萬曆二十年(1592)葉萬景永州刻本　十册

500000－8701－0001859　B18/2:1/1859
中說十卷　(隋)王通撰　(宋)阮逸注　明敬忍居刻本　二册

500000－8701－0001860　B18/2:1/1860
中說十卷　(隋)王通撰　(宋)阮逸注　明敬忍居刻本　六册

500000－8701－0001861　B18/2:1/1861
文選類林十八卷　(宋)劉攽編　明隆慶六年(1572)傅嘉祥、高尚鈺刻本　六册

500000－8701－0001862　B18/2:1/1862
蘇東坡詩集二十五卷　(宋)蘇軾撰　(宋)劉辰翁批點　明天啓刻本　五册

500000－8701－0001863　B18/2:1/1863
白虎通德論二卷　(漢)班固纂　明俞元符刻本　二册

500000－8701－0001864　B18/2:1/1864
白虎通德論二卷　(漢)班固纂　明俞元符刻本　四册

500000－8701－0001865　B18/2:1/1865
韋蘇州集十卷拾遺一卷　(唐)韋應物撰　明刻本　六册

500000－8701－0001866　B18/2:1/1866
韋蘇州集十卷拾遺一卷　(唐)韋應物撰　**附錄一卷**　(宋)沈明遠等撰　明萬曆何湛之刻陶韋合刻本　四册

500000－8701－0001867　B18/2:1/1867
韋蘇州集十卷拾遺一卷　(唐)韋應物撰　明刻本　六册

500000－8701－0001868　B18/2:2/1868
史記一百三十卷　(漢)司馬遷著　(南朝宋)裴駰集解　明刻本(卷一、四至十一、十四至二十六、二十八至四十七、七十至七十九、八十四至九十六、一百五至一百十六係汪本補配,卷二至三、十二至十三、八十至八十三係王本補配)　四十四册　存八十五卷(一至二十六、二十八至四十七、七十至九十六、一百五至一百十六)

500000－8701－0001869　B18/2:3/1869
初潭集三十卷　(明)李贄撰　明萬曆刻本

四冊　存二十卷(一至二十)

500000－8701－0001870　B18/2:3/1870
韋蘇州集十卷拾遺一卷　(唐)韋應物撰　明刻本　五冊

500000－8701－0001871　B18/2:4/1871
聯新事備詩學大成三十卷　(元)毛直方撰　(元)林楨編　明内府刻本　二十冊　存二十四卷(一至二十四)

500000－8701－0001872　B18/2:4/1872
全像演義明皇英烈誌傳四卷　(□)□□撰　明刻本　一冊

500000－8701－0001873　B18/2:4/1873
論衡三十卷　(漢)王充撰　明刻本　八冊

500000－8701－0001874　B18/2:4/1874
冲虚至德真經八卷　(戰國)列禦寇撰　(晉)張湛注　明刻本　六冊

500000－8701－0001875　B18/2:4/1875
揚侍郎集五卷　(漢)揚雄著　(明)張燮纂　**附錄一卷**　(漢)班固等撰　明張燮刻本　一冊

500000－8701－0001876　B18/2:4/1876
吴越春秋十卷　(漢)趙曄撰　(元)徐天祜音註　明覆元大德刻本　二冊

500000－8701－0001877　B18/2:4/1877
道德真經二卷　(戰國)老子著　明刻本　二冊

500000－8701－0001878　B18/2:5/1878
對類二十卷　(□)□□撰　明内府刻本　十二冊

500000－8701－0001879　B18/2:5/1879
西山先生真文忠公文章正宗二十四卷續二十卷　(宋)真德秀輯　明刻本　二十四冊

500000－8701－0001880　B18/2:6/1880
後漢書一百二十卷　(南朝宋)范曄撰　(唐)李賢注　明刻本(卷六十五至七十六係補配)　四十冊

500000－8701－0001881　B18/2:6/1881
治法彙八卷　(明)張三錫撰　明崇禎十七年(1644)聚錦堂刻本　九冊　存七卷(二至八)

500000－8701－0001882　B18/2:7/1882
冲虚至德真經八卷　(戰國)列禦寇撰　(晉)張湛注　明刻本　四冊

500000－8701－0001883　B18/2:7/1883
後漢書一百二十卷　(南朝宋)范曄撰　明吳勉學刻本　二十冊

500000－8701－0001884　B18/2:7/1884
論衡三十卷　(漢)王充撰　明刻本　六冊

500000－8701－0001885　B18/2:7/1885
新刊增補古今名家韻學淵海大成十二卷　(明)李攀龍輯　明刻本　六冊

500000－8701－0001886　B18/2:7/1886
李卓吾評選方正學文集十一卷首一卷　(明)俞允諧編　明武林俞氏求古堂刻本　八冊

500000－8701－0001887　B18/3:1/1887
新鍥徽郡原板夢學全書三卷首一卷　(□)□□撰　明書林熊建山刻本　三冊　存三卷(一至二、首一卷)

500000－8701－0001888　B18/3:1/1888
新刻御頒新例三臺明律招判正宗十二卷　(□)□□撰　明刻本　一冊　存二卷(九至十)

500000－8701－0001889　B18/3:1/1889
山海經釋義十八卷　(晉)郭璞傳　(明)王崇慶釋義　明大業堂刻本　六冊

500000－8701－0001890　B18/3:1/1890
世說新語補四卷　(南朝宋)劉義慶撰　(明)何良俊補　(明)王世貞刪定　(明)張懋辰攷訂　明刻本　二冊

500000－8701－0001891　B18/3:1/1891
管子纂二卷　(明)張榜輯　明吳賁刻管韓合纂本　一冊

500000－8701－0001892　B18/3:1/1892
管韓合纂四卷　(明)張榜纂　明末刻本

六册

500000－8701－0001893　B18/3:1/1893
續資治通鑑綱目二十七卷　(明)商輅等撰　明刻本　二十九册

500000－8701－0001894　B18/3:2/1894
續資治通鑑綱目二十七卷　(明)商輅等撰　明刻本　二十四册

500000－8701－0001895　B18/3:2/1895
潄石閒談二卷　(明)王兆雲輯　明徐應瑞刻本　一册　存一卷(二)

500000－8701－0001896　B18/3:2/1896
四書若解編六卷　(明)王應乾編　明刻本　二册

500000－8701－0001897　B18/3:2/1897
二十一史論贊輯要三十六卷　(明)彭以明輯　明萬曆歐陽照刻本　十六册

500000－8701－0001898　B18/3:3/1898
鐫李及泉參于鱗箋釋唐詩選七卷　(明)李攀龍編釋　(明)李頤參閲　明刻本　七册

500000－8701－0001899　B18/3:3/1899
班馬異同三十五卷　(宋)倪思編　(宋)劉辰翁評　明刻本　十册

500000－8701－0001900　B18/3:3/1900
慈溪黄氏日抄分類九十七卷　(宋)黄震撰　明刻本(卷一至八係抄配)　六十四册

500000－8701－0001901　B18/3:5/1901
五雜組十六卷　(明)謝肇淛著　明萬曆四十四年(1616)潘膺祉如韋館刻本　十册

500000－8701－0001902　B18/3:5/1902
江樓襍咏集唐句不分卷　題(□)峨眉洞天主人撰　明刻本　二册

500000－8701－0001903　B18/3:5/1903
評釋諸子摘要四卷　(明)宋光廷評訂　明刻本　四册

500000－8701－0001904　B18/3:5/1904
弇州山人讀書後八卷　(明)王世貞撰　明許仲謙刻本　八册

500000－8701－0001905　B18/3:5/1905
弇州山人讀書後八卷　(明)王世貞撰　明許仲謙刻本　二册

500000－8701－0001906　B18/3:5/1906
藏書六十八卷　(明)李贄撰　明刻本　五册　存二十二卷(二十八至三十五、四十至四十四、五十五至五十八、六十四至六十八)

500000－8701－0001907　B18/3:6/1907
新校經史海篇直音五卷　(□)□□撰　明刻藍印本　十册

500000－8701－0001908　B18/3:6/1908
藏書六十八卷　(明)李贄撰　明刻本　三十八册

500000－8701－0001909　B18/3:7/1909
藏書六十八卷續藏書二十七卷　(明)李贄撰　明萬曆刻本　五册　存十卷(藏書一至六、續藏書十五至十八)

500000－8701－0001910　B18/3:7/1910
新刊監本册府元龜一千卷目錄十卷　(宋)王欽若等輯　明抄本　二百二册

500000－8701－0001911　B18/4:5/1911
元詩體要十四卷　(明)宋緒編選　明抄本　八册

500000－8701－0001912　B18/4:5/1912
神仙感遇傳五卷　(五代)杜光庭纂　明抄本　二册

500000－8701－0001913　B18/4:6/1913
道書八種　(□)□□撰　明抄本　二册

500000－8701－0001914　B18/4:6/1914
記纂淵海一百九十五卷　(宋)潘自牧輯　明抄本　五册　存十九卷(三十九至五十七)

500000－8701－0001915　B18/4:6/1915
萬曆清丈休寧縣叁拾叁都捌圖歸戶締不分卷　(□)□□撰　明抄本　二册

500000－8701－0001916　B18/4:6/1916

角力記一卷 題(宋)調露子撰 明姚氏茶夢齋抄本 一册

500000－8701－0001917 B18/4:6/1917
天運紹統不分卷 (明)朱權編 明朱欄抄本 六册

500000－8701－0001918 B18/4:6/1918
天下金石志不分卷 (明)于奕正編 明抄本 二册

500000－8701－0001919 B18/4:6/1919
子勺不分卷 (明)郁起麟輯 明刻本 一册

500000－8701－0001920 B18/4:6/1920
嘉樂齋三蘇文範十八卷 (宋)蘇洵等撰 (明)楊慎選 (明)袁宏道參閲 明刻本 十二册

500000－8701－0001921 B18/4:6/1921
岳陽風土記不分卷 (宋)范致明撰 明抄本 一册

500000－8701－0001922 B18/4:6/1922
四六珠璣四卷 (□)□□撰 明抄本 四册

500000－8701－0001923 B18/4:7/1923
嘉樂齋三蘇文範十八卷 (宋)蘇洵等撰 (明)楊慎選 (明)袁宏道參閲 明刻本 三册 存八卷(一至五、十六至十八)

500000－8701－0001924 B18/4:7/1924
嘉樂齋三蘇文範十八卷 (宋)蘇洵等撰 (明)楊慎選 (明)袁宏道參閲 明刻本 七册 存十五卷(一至十五)

500000－8701－0001925 B18/4:7/1925
曹子建集十卷 (三國魏)曹植撰 明活字印本 二册

500000－8701－0001926 B18/4:7/1926
陽宅大全十一卷 題(明)一壑居士集 明萬曆文英堂刻本 八册

500000－8701－0001927 B18/4:7/1927
今古寓言不分卷 (□)□□輯 明抄本 三册

500000－8701－0001928 B18/4:7/1928
春秋經世不分卷 (明)魏校撰 明抄本 五册

500000－8701－0001929 B18/5:1/1929
文選六十卷 (南朝梁)蕭統選 (唐)李善注 明毛氏汲古閣刻本 二十册

500000－8701－0001930 B18/5:1/1930
文選六十卷 (南朝梁)蕭統選 (唐)李善注 明毛氏汲古閣刻本 十二册

500000－8701－0001931 B18/5:1/1931
文選六十卷 (南朝梁)蕭統選 (唐)李善注 明毛氏汲古閣刻本 八册

500000－8701－0001932 B18/5:2/1932
文選六十卷 (南朝梁)蕭統選 (唐)李善注 清康熙二十五年(1686)錢士謐重校本 十六册

500000－8701－0001933 B18/5:2/1933
通志二百卷 (宋)鄭樵撰 元至治二年(1322)三山郡庠刻明弘治公文紙印本 一百二十册

500000－8701－0001934 B18/5:7/1934
通志二百卷 (宋)鄭樵撰 元至治二年(1322)三山郡庠刻明萬曆遞修本 一百十八册 存一百九十六卷(一至一百十七、一百二十二至二百)

500000－8701－0001935 B18/6:5/1935
劍南詩藁八十五卷 (宋)陸游撰 明末汲古閣刻本 一册 存三卷(八十三至八十五)

500000－8701－0001936 B18/6:5/1936
詩紀一百五十六卷目録三十六卷 (明)馮惟訥編 明萬曆吴琯刻本 三十二册 存一百八十八卷(詩紀一至一百五十二、目録三十六卷)

500000－8701－0001937 B18/6:6/1937
詩紀一百五十六卷目録三十六卷 (明)馮惟訥編 明萬曆吴琯刻本 二册 存八卷(八十八至九十一、一百十四至一百十七)

500000－8701－0001938　B18/6:6/1938
詩紀一百五十六卷目録三十六卷　（明）馮惟訥編　明萬曆吳琯刻本　五册　存十二卷（别集十二卷）

500000－8701－0001939　B18/6:6/1939
唐詩紀一百七十卷目録三十四卷　（明）方一元編　明刻本　二册　存七卷（初唐五十一至五十四、盛唐六至八）

500000－8701－0001940　B18/6:6/1940
唐詩紀一百七十卷目録三十四卷　（明）黄德水（明）吳琯編　明萬曆十三年（1585）吳琯刻本　二十五册　缺三十八卷（初唐十至十五、三十七，盛唐二十五至三十、四十三至四十八、一百三至一百十，目録十三至二十三）

500000－8701－0001941　B18/6:7/1941
廣韻五卷　（宋）陳彭年撰　元刻本　五册

500000－8701－0001942　B18/6:7/1942
大廣益會玉篇三十卷玉篇廣韻指南一卷（南朝梁）顧野王撰　（唐）孫强增字　明刻本　六册

500000－8701－0001943　B18/6:7/1943
唐詩紀一百七十卷目録三十四卷　（明）黄德水（明）吳琯編　明萬曆十三年（1585）吳琯刻本　三十五册　存一百五十一卷（初唐一至四十五、盛唐一至七十八、目録一至二十八）

500000－8701－0001944　B18/7:1/1944
劍南詩稾八十五卷放翁遺稾二卷　（宋）陸游撰　明末汲古閣刻本　二十四册

500000－8701－0001945　B18/7:2/1945
蘭泉居士日記不分卷（清同治十年至十三年）（清）沈翼撰　清同治十年至十三年（1871－1874）寫本　七册

500000－8701－0001946　B18/7:2/1946
資治通鑑綱目五十九卷首二卷　（宋）朱熹撰　**訂正通鑑綱目前編二十五卷**　（明）南軒撰　**續資治通鑑綱目二十七卷**　（明）商輅等撰　**資治通鑑綱目續編末一卷**　（元）陳桱拾遺　明崇禎三年（1630）陳仁錫刻本（序、首卷上一至四葉、首卷下係補配）　一百十册　缺二卷（續資治通鑑綱目十六至十七）

500000－8701－0001947　B18/7:5/1947
資治通鑑綱目全書一百十三卷　（明）朱燮元輯　明萬曆二十八年（1600）朱燮元等刻本　八十册　存六十卷（資治通鑑綱目五十九卷、末一卷）

500000－8701－0001948　B18/7:6/1948
袁中郎敝篋集二卷　（明）袁宏道撰　明刻本　一册

500000－8701－0001949　B18/7:6/1949
資治通鑑綱目全書一百十三卷　（明）朱燮元輯　明萬曆二十八年（1600）朱燮元等刻本　十七册　存十卷（資治通鑑綱目一至十）

500000－8701－0001950　B18/7:7/1950
漢制攷四卷　（宋）王應麟撰　元刻明正德、嘉靖、萬曆補刻本　四册

500000－8701－0001951　B18/7:7/1951
無垢先生横浦心傳録三卷　（宋）張九成撰（宋）于恕編　明萬曆刻本　一册

500000－8701－0001952　B18/7:7/1952
慈湖先生遺書抄六卷　（宋）楊簡著　（明）楊世思抄　明萬曆潘汝禎刻本　二册

500000－8701－0001953　B18/7:7/1953
國史儒林傳二卷國史文苑傳二卷國史循吏傳一卷賢良祠王大臣小傳二卷　（清）阮元撰　清同治刻本　三册　缺二卷（國史儒林傳二卷）

500000－8701－0001954　B18/7:7/1954
通紀直解十六卷　（明）張嘉和撰　明崇禎刻清初增刻本　六册

500000－8701－0001955　B18/7:7/1955
昌黎先生集四十卷外集十卷遺文一卷　（唐）韓愈撰　（唐）李漢編　**集傳一卷**　（宋）朱熹編　明萬曆東吳徐氏東雅堂刻本　十二册

500000－8701－0001956　B19/1:1/1956

廣博物志五十卷　(明)董斯張纂　明萬曆高暉堂刻本　三十二册

500000－8701－0001957　B19/1:1/1957
通鑑紀事本末四十二卷　(宋)袁樞撰　明萬曆二年(1574)李栻刻本　十八册　存十八卷(一至八、三十三至四十二)

500000－8701－0001958　B19/1:2/1958
昌黎先生集四十卷外集十卷遺文一卷　(唐)韓愈撰　(唐)李漢編　**集傳一卷**　(宋)朱熹編　明徐氏東雅堂刻本　外集末有乙巳鴻軒識　八册

500000－8701－0001959　B19/1:2/1959
文獻通考三百四十八卷首一卷　(元)馬端臨著　明馮天馭刻本　一册　存四卷(一至四)

500000－8701－0001960　B19/1:2/1960
文獻通考三百四十八卷首一卷　(元)馬端臨著　明嘉靖馮天馭刻本　六册　存二十八卷(三十四至三十七、一百八十二至一百八十七、二百八至二百十二、二百二十七至二百三十一、二百五十三至二百五十六、三百三十至三百三十三)

500000－8701－0001961　B19/1:2/1961
荀子二十卷　(戰國)荀況撰　(唐)楊倞注　明刻本　十五册　存十九卷(二至二十)

500000－8701－0001962　B19/1:2/1962
唐陸宣公翰苑集二十四卷　(唐)陸贄撰　明萬曆三十五年(1607)陸基忠刻本　六册

500000－8701－0001963　B19/1:3/1963
繡刻演劇六十種曲一百二十卷　(清)毛晉輯　明末毛氏汲古閣刻本　一百二十册

500000－8701－0001964　B19/1:5/1964
重修政和經史證類備用本草三十卷　(宋)唐慎微撰　明隆慶三年(1569)浙江刻本　二十二册

500000－8701－0001965　B19/1:5/1965
新鍥書經講義會編十二卷　(明)申時行撰　明萬曆二十六年(1598)徐銓刻本　九册　存九卷(一至七、十一至十二)

500000－8701－0001966　B19/1:5/1966
大學章句一卷論語集注十卷孟子集注七卷中庸章句一卷　(宋)朱熹撰　明內府仿宋淳祐刻本　一册　存一卷(論語集注七)

500000－8701－0001967　B19/1:5/1967
書集傳六卷　(宋)蔡沈撰　(元)鄒季友音釋　明正統內府刻初印本　一册　存一卷(一)

500000－8701－0001968　B19/1:5/1968
大明會典一百八十卷　(明)徐溥等撰　明司禮監刻本　一册　存一卷(四十一)

500000－8701－0001969　B19/1:6/1969
六十種曲一百二十卷　(清)毛晉輯　清道光二十五年(1845)刻本　一百二十册

500000－8701－0001970　B19/2:1/1970
六十種曲一百二十卷　(清)毛晉輯　明末清初刻本(有抄配)　四十册　存二十四種四十八卷(金雀記二卷、焚香記二卷、精忠記二卷、西廂記二卷、幽閨記二卷、明珠記二卷、玉簪記二卷、紅拂記二卷、玉鏡臺記二卷、懷香記二卷、運甓記二卷、鸞鎞記二卷、玉合記二卷、金蓮記二卷、四喜記二卷、青衫記二卷、灌園記二卷、種玉記二卷、雙烈記二卷、千金記二卷、玉環記二卷、曇花記二卷、白兔記二卷、香囊記二卷)

500000－8701－0001971　B19/2:2/1971
六十種曲一百二十卷　(清)毛晉輯　明末清初刻本　十五册　存八種十五卷(幽閨記二卷、明珠記二卷、玉簪記二卷、運甓記二卷、鸞鎞記上、玉合記二卷、金蓮記二卷、四喜記二卷)

500000－8701－0001972　B19/2:2/1972
升菴外集一百卷　(明)楊慎著　(明)焦竑編　清道光二十四年(1844)成都文昌宮刻本　二十八册　存七十九卷(一至五十一、五十四至五十九、七十九至一百)

500000－8701－0001973　B19/2:3/1973
二十一史二千五百六十七卷　(漢)司馬遷等

撰　明國子監刻清初遞修本　五百五十一册　缺一種三卷(晉書音義三卷)

500000－8701－0001974　B19/4:5/1974
二十一史二千五百六十七卷　(漢)司馬遷等撰　明國子監刻清初遞修本　四百三十二册　存二十一種二千一百六十七卷(史記六至一百三十,前漢書一百卷,後漢書九十卷、志三十卷,三國志六十五卷,晉書一百三十卷,宋書一百卷,南齊書五十九卷,梁書五十六卷,陳書三十六卷,魏書一百十四卷,北齊書五十卷,周書五十卷,隋書八十五卷,唐書二百二十五卷、釋音二十五卷,南史八十卷,北史一百卷,五代史記七十四卷,宋史七至十一、二十六、三十、四十至四十四、五十至五十二、六十、六十五至六十九、七十三、七十七、八十至八十三、一百、一百四、一百十五、一百二十二至一百二十六、一百三十二至一百三十四、一百四十至一百五十五、一百七十八、一百八十、一百九十、一百九十三、二百十五、二百二十五至二百二十七、二百三十、二百三十二至二百三十四、二百四十三至二百四十七、二百九十七至三百二、三百二十二至三百二十三、三百五十三至三百五十四、四百七至四百二十四、四百四十一至四百四十八、四百七十,遼史一百十六卷,金史一百三十五卷、目錄二卷,元史二百十卷、目錄二卷)

500000－8701－0001975　B19/6:1/1975
二十一史二千五百六十七卷　(漢)司馬遷等撰　明國子監刻清初遞修本　二百七十册　存十二種一千一百九十一卷(後漢書九十卷、志三十卷,三國志六十五卷,晉書一百三十卷、附音義三卷,宋書一百卷,南齊書五十九卷,陳書三十六卷,魏書一百十四卷,周書五十卷,隋書八十五卷,南史八十卷,金史一百三十五卷、目錄二卷,元史二百十卷、目錄二卷)

500000－8701－0001976　B19/7:2/1976
二十一史二千五百六十七卷　(漢)司馬遷等撰　明國子監刻清初遞修本　六十二册　存四種二百七十卷(三國志六十五卷,宋書一百卷,陳書三十六卷,隋書一至五、十一至三十五、四十二至六十五、七十一至八十五)

500000－8701－0001977　B19/7:4/1977
二十一史二千五百六十七卷　(漢)司馬遷等撰　明國子監刻清初遞修本　一百二十七册　存七種七百九十卷(晉書一百三十卷、附音義三卷,南齊書五十九卷,魏書一百十四卷,北齊書一至四十四,唐書二百二十五卷、釋音二十五卷,五代史記七十四卷,遼史一百十六卷)

500000－8701－0001978　B20/1:1/1978
二十一史二千五百六十七卷　(漢)司馬遷等撰　明國子監刻清初遞修本　五百五册　存十九種二千三百七十三卷(前漢書一百卷,後漢書九十卷、志三十卷,三國志六十五卷,晉書一百三十卷、附音義三卷,宋書一百卷,南齊書五十九卷,梁書五十六卷,魏書一百十四卷,北齊書五十卷,周書二十四至三十二、三十七至五十,南史八十卷,北史一百卷,隋書八十五卷,唐書二百二十五卷、釋音二十五卷,五代史記七十四卷,宋史四百九十六卷、目錄三卷,遼史一百十六卷,金史一百三十五卷、目錄二卷,元史二百十卷、目錄二卷)

500000－8701－0001979　B20/3:1/1979
遼史一百十六卷　(元)脱脱等撰　明萬曆三十四年(1606)刻本　十二册

500000－8701－0001980　B20/3:1/1980
十三經註疏三百三十三卷　(清)阮元校勘　明崇禎十二年(1639)古虞毛氏汲古閣刻本　一百二十六册

500000－8701－0001981　B20/3:4/1981
十三經註疏三百三十三卷　(清)阮元校勘　明崇禎十二年(1639)古虞毛氏汲古閣刻清乾隆補刻本　一百二十册

500000－8701－0001982　B20/3:7/1982
十三經註疏三百三十三卷　(清)阮元校勘　明崇禎毛氏汲古閣刻清乾隆四十年(1775)席世宣補刻本　九十一册　存十種二百十四卷(周易兼義九卷、尚書註疏二十卷、毛詩註疏二十卷、禮記註疏六十三卷、春秋公羊註疏二十八卷、春秋穀梁註疏二十卷、論語註疏解經二十卷、孝經註疏九卷、爾雅註疏十一卷、孟子註疏解經十四卷）

500000－8701－0001983　B20/4:3/1983
十三經註疏三百三十三卷　（清）阮元校勘　明崇禎元年至十二年（1628－1639）毛氏汲古閣刻本　六十五册　存八種一百七十一卷（周易兼義九卷、毛詩註疏二十卷、春秋左傳註疏六十卷、春秋公羊註疏二十八卷、春秋穀梁註疏二十卷、孝經註疏九卷、爾雅註疏十一卷、孟子註疏解經十四卷）

500000－8701－0001984　B20/4:4/1984
春秋公羊傳註疏二十八卷　（漢）何休註　（唐）徐彦疏　（唐）陸德明音義　明刻本　八册

500000－8701－0001985　B20/4:4/1985
十三經註疏三百三十三卷　（清）阮元校勘　明崇禎元年至十二年（1628－1639）毛氏汲古閣刻本　五十七册　存六種一百五十五卷（毛詩註疏一至八、十五至十六，禮記註疏十二至三十八，周禮註疏一至三、十至十一、二十至二十一、三十四至三十六，春秋左傳註疏六十卷，春秋公羊註疏二十八卷，春秋穀梁註疏二十卷）

500000－8701－0001986　B20/4:6/1986
史記一百三十卷　（漢）司馬遷撰　（南朝宋）裴駰集解　（唐）司馬貞索隱　（唐）張守節正義　明萬曆二十四年（1596）南京國子監刻本　四十八册

500000－8701－0001987　B20/4:7/1987
十七史一千五百七十四卷　（清）毛晉輯　明崇禎至清順治琴川毛氏汲古閣刻本　二百三十一册　存八種七百六十卷（史記一百三十卷，漢書一百卷，後漢書九十卷、志三十卷，三國志六十五卷，晉書一百三十卷，宋書一百卷，南齊書五十九卷，梁書五十六卷）

500000－8701－0001988　B20/5:6/1988
十七史一千五百七十四卷　（清）毛晉輯　明崇禎至清順治琴川毛氏汲古閣刻本　三百二十册

500000－8701－0001989　B20/6:5/1989
十七史一千五百七十四卷　（清）毛晉輯　明崇禎至清順治琴川毛氏汲古閣刻本　二百四十五册

500000－8701－0001990　B20/7:5/1990
十七史一千五百七十四卷　（清）毛晉輯　明崇禎至清順治琴川毛氏汲古閣刻本　二百五十八册

500000－8701－0001991　B21/1:5/1991
周禮註疏刪翼三十卷　（明）葉培恕定　（明）王志長輯　明崇禎十二年（1639）刻本　十五册　存十九卷（三、五至八、十二至十四、十九至二十、二十二至三十）

500000－8701－0001992　B21/1:5/1992
十七史一千五百七十四卷　（清）毛晉輯　明崇禎至清順治琴川毛氏汲古閣刻本　二百七十八册

500000－8701－0001993　B21/2:5/1993
十七史一千五百七十四卷　（清）毛晉輯　明崇禎至清順治琴川毛氏汲古閣刻本　二百二十七册

500000－8701－0001994　B21/3:3/1994
十七史一千五百七十四卷　（清）毛晉輯　明崇禎至清順治琴川毛氏汲古閣刻本　一百二册

500000－8701－0001995　B21/3:5/1995
四書朱子異同條辨四十卷　（清）李沛霖　（清）李禎撰　清康熙四十四年（1705）藜光樓刻本　十一册　存十一卷（大學一卷，論語八至十二、十五，孟子十一至十四）

500000－8701－0001996　B21/3:6/1996
後漢書九十卷　（南朝宋）范曄撰　（唐）李賢注　**志三十卷**　（晉）司馬彪撰　（南朝梁）劉昭注　明崇禎十六年（1643）毛氏汲古閣刻本　二十六册

500000－8701－0001997　B21/3∶6/1997
後漢書九十卷　(南朝宋)范曄撰　(唐)李賢注　**志三十卷**　(晉)司馬彪撰　(南朝梁)劉昭注　明崇禎十六年(1643)毛氏汲古閣刻本　二十冊

500000－8701－0001998　B21/3∶7/1998
御製耕織圖四十六幅　(清)聖祖玄燁編　清康熙三十五年(1696)內府刻本　一冊

500000－8701－0001999　B21/3∶7/1999
樂律全書十五種四十八卷　(明)朱載堉撰　明萬曆二十四年(1596)鄭藩刻本　十九冊

500000－8701－0002000　B21/4∶1/2000
左傳折諸二十八卷首二卷公羊折諸六卷首一卷穀梁折諸六卷首一卷　(清)張尚瑗撰　清雍正元年(1723)刻本　十四冊

500000－8701－0002001　B21/4∶1/2001
欽定春秋傳說彙纂三十八卷首二卷　(清)王掞等纂輯　清康熙六十年(1721)內府刻本　二十四冊

500000－8701－0002002　B21/4∶2/2002
篆文六經四書六十一卷　(清)張照篆　清康熙內府刻本　四十八冊

500000－8701－0002003　B21/4∶3/2003
春秋地名攷畧十四卷　(清)高士奇撰　清康熙高氏清吟堂刻本　六冊

500000－8701－0002004　B21/4∶3/2004
律呂原音四卷　(清)永恩撰　清乾隆三十八年(1773)刻本　四冊

500000－8701－0002005　B21/4∶3/2005
諧聲補逸十四卷　(清)宋保撰　清嘉慶志學堂刻本　二冊

500000－8701－0002006　B21/4∶3/2006
爾雅正義三卷　(唐)陸德明撰　清乾隆五十三年(1788)邵氏面水層軒刻本　六冊

500000－8701－0002007　B21/4∶3/2007
春秋地名攷畧十四卷　(清)高士奇撰　清康熙高氏清吟堂刻本　六冊

500000－8701－0002008　B21/4∶3/2008
定齋易箋八卷首一卷　(清)陳法撰　清乾隆三十年(1765)敬和堂刻本　五冊　存五卷(一至四、首一卷)

500000－8701－0002009　B21/4∶3/2009
儀禮節畧二十卷　(清)朱軾撰　清康熙五十八年(1719)朱氏刻本　十四冊

500000－8701－0002010　B21/4∶4/2010
孫文定公全集十二卷　(清)孫廷銓撰　清康熙十七年(1678)師儉堂刻本　八冊

500000－8701－0002011　B21/4∶4/2011
尚書今注音疏十二卷末一卷外編一卷　(清)江聲撰　清乾隆五十八年(1793)江氏近市居刻本　八冊

500000－8701－0002012　B21/4∶4/2012
受經堂彙稿十四卷　(清)楊紹文編　清道光刻本　四冊

500000－8701－0002013　B21/4∶4/2013
四書人物考訂補四十卷　(明)薛應旂輯　(明)許胥臣訂補　明天啓七年(1627)嚴少萱刻本　六冊

500000－8701－0002014　B21/4∶4/2014
春秋經傳類求十二卷　(清)孫從添　(清)過臨汾纂　清乾隆二十四年(1759)舊名堂刻本　十二冊

500000－8701－0002015　B21/4∶5/2015
周禮會通六卷　(漢)鄭玄注　(清)胡翹元輯　清乾隆五十二年(1787)刻本　五冊　存五卷(一、三至六)

500000－8701－0002016　B21/4∶5/2016
樂律表微八卷　(清)胡彥昇撰　清乾隆二十八年(1763)刻本　四冊

500000－8701－0002017　B21/4∶5/2017
禹貢會箋十二卷首一卷　(清)徐文靖箋　清乾隆十八年(1753)志寧堂刻本　三冊

500000－8701－0002018　B21/4∶5/2018
春秋指掌三十卷前二卷附錄二卷　(清)儲欣

（清）蔣景祁撰　清康熙二十七年（1688）天藜閣刻本　八冊

500000－8701－0002019　B21/4:5/2019
詩識名解十五卷　（清）姚炳撰　清康熙四十七年（1708）聽秋樓刻本　八冊

500000－8701－0002020　B21/4:5/2020
四書朱子大全精言四十一卷　（清）周大璋編　清康熙四十七年（1708）寶旭齋刻本　三十八冊

500000－8701－0002021　B21/4:6/2021
于湖詞一卷　（宋）程珌撰　明崇禎汲古閣刻本　一冊

500000－8701－0002022　B21/4:6/2022
崔東洲集二十卷續集十一卷　（明）崔桐撰　明嘉靖二十九年至三十四年（1550－1555）刻本　八冊

500000－8701－0002023　B21/4:6/2061
古樂經傳五卷　（清）李光地註　清雍正五年（1727）刻本　四冊

500000－8701－0002024　B21/4:6/2062
周禮節釋十二卷　（清）鮑梁輯　清乾隆四十一年（1776）刻本　四冊

500000－8701－0002025　B21/4:6/2063
詩經通論十八卷首一卷　（清）姚際恆著　清道光十七年（1837）鐵琴山館刻本　八冊

500000－8701－0002026　B21/4:6/2064
朱子禮纂五卷　（清）李光地輯　清雍正十一年（1733）教忠堂刻本　三冊

500000－8701－0002027　B21/4:6/2065
周禮經注節鈔七卷　（清）許珩輯　清嘉慶刻本　三冊

500000－8701－0002028　B21/4:6/2066
禮記二十卷　（漢）鄭玄注　**撫本禮記鄭注考異二卷**　（清）張敦仁撰　**釋文四卷**　（唐）陸德明撰　清嘉慶十年至十一年（1805－1806）陽城張氏影宋刻本　四冊

500000－8701－0002029　B21/4:6/2067
禮記二十卷　（漢）鄭玄注　**撫本禮記鄭注考異二卷**　（清）張敦仁撰　**釋文四卷**　（唐）陸德明撰　清嘉慶十年至十一年（1805－1806）陽城張氏影宋刻二十五年（1820）印本　莫棠題記及題簽　四冊

500000－8701－0002030　B21/4:7/2068
十三經古注二百九十一卷總目附攷一卷　（明）金蟠　（明）葛鼒編　明崇禎十二年（1639）永懷堂刻本　四十二冊

500000－8701－0002031　B21/5:1/2069
禹貢錐指二十卷圖一卷　（清）胡渭撰　清康熙漱六軒刻本　八冊

500000－8701－0002032　B21/5:1/2070
鐘鼎字源五卷附錄一卷　（清）汪立名編　清康熙五十五年（1716）汪氏一隅草堂刻本　四冊

500000－8701－0002033　B21/5:1/2071
尚書釋天六卷　（清）盛百二撰　清乾隆十八年（1753）李氏刻本　二冊

500000－8701－0002034　B21/5:1/2072
周易旁註六卷前圖二卷　（明）朱升旁註　明刻本　四冊

500000－8701－0002035　B21/5:1/2073
張翰林校正禮記大全三十卷　（明）胡廣等纂修　（明）張瑞圖　（明）沈正宗校　明刻本　八冊　存十六卷（一至三、七至十二、二十一至二十五、二十九至三十）

500000－8701－0002036　B21/5:1/2074
雍州金石記十卷餘記一卷　（清）朱楓撰　清乾隆刻本　四冊

500000－8701－0002037　B21/5:2/2075
讀書敏求記四卷　（清）錢曾撰　清雍正四年（1726）趙孟升松雪齋刻本　四冊

500000－8701－0002038　B21/5:2/2076
方貞觀詩集六卷　（清）方貞觀撰　清乾隆三年（1738）汪廷璋刻本　四冊

500000－8701－0002039　B21/5:2/2077

一瓢齋詩存六卷 （清）薛雪撰 清乾隆埽葉村莊刻本 一册

500000－8701－0002040 B21/5∶2/2078
一瓢齋詩話不分卷 （清）薛雪撰 清乾隆埽葉村莊刻本 一册

500000－8701－0002041 B21/5∶2/2079
詞綜三十卷 （清）朱彝尊編 （清）汪森增定 清康熙十七年（1678）汪氏裘杼樓刻本 六册

500000－8701－0002042 B21/5∶2/2080
元史紀事本末二十七卷 （明）陳邦瞻撰 （明）張溥論正 明末張溥刻本 二册

500000－8701－0002043 B21/5∶2/2081
群經音辨七卷 （宋）賈昌朝撰 清康熙五十三年（1714）張仕俊刻本 一册

500000－8701－0002044 B21/5∶2/2082
新世鴻勳四卷二十二回 題（清）蓬蒿子編 清初載道堂刻本 四册

500000－8701－0002045 B21/5∶2/2083
亭林遺書十種 （清）顧炎武撰 清雍正刻本 八册

500000－8701－0002046 B21/5∶2/2084
詠花軒詩集六卷 （清）張廷璐撰 清乾隆元年（1736）刻本 六册

500000－8701－0002047 B21/5∶2/2085
新刻全像三寶太監西洋記通俗演義二十卷一百回 （明）羅懋登撰 明三山道人刻本 二十册

500000－8701－0002048 B21/5∶3/2086
張龍湖先生文集十五卷 （明）張治撰 清雍正四年（1726）彭思眷刻本 六册

500000－8701－0002049 B21/5∶3/2087
水東日記一卷 （明）葉盛撰 明刻本 四册

500000－8701－0002050 B21/5∶3/2088
水東日記一卷 （明）葉盛撰 明刻清康熙二十年（1681）補刻本 十二册

500000－8701－0002051 B21/5∶4/2089
平閩紀十三卷 （清）楊捷撰 清康熙二十二年（1683）刻本 十六册

500000－8701－0002052 B21/5∶4/2090
康熙字典十二集三十六卷總目一卷檢字一卷辨似一卷等韻一卷補遺一卷備攷一卷 （清）張玉書等纂修 清康熙五十五年（1716）内府刻本 四十册

500000－8701－0002053 B21/5∶6/2091
王文靖公集二十四卷年譜一卷 （清）王熙撰 清康熙四十六年（1707）王克昌刻本 八册

500000－8701－0002054 B21/5∶6/2092
程巽隱先生全集四卷 （明）程本立撰 （清）金檀輯 清康熙五十八年（1719）金檀燕翼堂刻本 四册

500000－8701－0002055 B21/5∶6/2093
北新關志十六卷船圖一卷 （清）許夢閎輯 清雍正九年（1731）刻本 八册

500000－8701－0002056 B21/5∶6/2094
皇輿表十六卷 （清）喇沙里等纂修 （清）揆敘等增修 清康熙内府刻本 二十四册

500000－8701－0002057 B21/5∶7/2095
焠掌錄二卷 （清）汪啓淑撰 清嘉慶汪氏開萬樓刻本 二册

500000－8701－0002058 B21/5∶7/2096
烏衣香牒四卷 （清）陳邦彥撰 清乾隆陳氏刻本 四册

500000－8701－0002059 B21/5∶7/2097
憺園文集三十六卷 （清）徐乾學撰 清康熙三十六年（1697）徐氏冠山堂刻本 十册

500000－8701－0002060 B21/5∶7/2098
秋燈叢話十八卷 （清）王椷撰 清乾隆積翠山房刻本 五册 存十五卷（一至十五）

500000－8701－0002061 B21/5∶7/2099
倪雲林先生詩集六卷附錄一卷 （元）倪瓚撰 （清）倪大培增訂 清乾隆六年（1741）廣春樓刻本 四册

500000－8701－0002062　B21/5:7/2100
懷清堂集二十卷　(清)湯右曾撰　清乾隆七年(1742)黄鍾春華閣刻本　八册

500000－8701－0002063　B21/6:1/2101
鬲津草堂詩不分卷　(清)田霡撰　清雍正五年(1727)刻本　四册

500000－8701－0002064　B21/6:1/2102
佩觽三卷　(宋)郭忠恕撰　清康熙四十九年(1710)張氏刻本　一册

500000－8701－0002065　B21/6:1/2103
徽言秘旨不分卷　(清)尹曄撰　清順治九年(1652)聽月樓刻本　十二册

500000－8701－0002066　B21/6:1/2104
小琉球漫誌十卷　(清)朱仕玠撰　清乾隆三十一年(1766)徐家泰刻本　二册

500000－8701－0002067　B21/6:1/2105
盤山志十卷首一卷補遺四卷　(清)釋智樸輯　(清)王士禛　(清)朱彝尊較訂　清康熙三十五年(1696)刻本　四册

500000－8701－0002068　B21/6:1/2106
經典釋文三十卷　(唐)陸德明撰　清康熙納蘭成德刻本　三册　存九卷(三至七、二十五至二十八)

500000－8701－0002069　B21/6:1/2107
石園全集三十卷　(清)李元鼎撰　清康熙四十三年(1704)李振祺、李振裕香雪堂刻本　六册

500000－8701－0002070　B21/6:2/2108
情史類畧二十四卷　(清)馮夢龍輯　清初芥子園刻本　十六册

500000－8701－0002071　B21/6:2/2109
倚雉堂集十二卷　(清)竇遴奇撰　清康熙十一年(1672)竇氏刻本　八册

500000－8701－0002072　B21/6:2/2110
石園全集三十卷　(清)李元鼎撰　清康熙四十三年(1704)李振祺、李振裕香雪堂刻本　六册

500000－8701－0002073　B21/6:3/2111
御選明詩一百二十卷姓名爵里八卷　(清)聖祖玄燁輯　清康熙四十八年(1709)内府刻本　六十四册

500000－8701－0002074　B21/6:4/2112
西湖志四十八卷　(清)李衛總裁　(清)傅王露等修　清雍正十三年(1735)兩浙鹽驛道刻本　二十册

500000－8701－0002075　B21/6:5/2113
宋重修廣韻五卷　(宋)陳彭年等撰　清康熙四十五年(1706)曹寅刻本　十册

500000－8701－0002076　B21/6:5/2114
勅修兩浙鹽法志十六卷首一卷　(清)李衛撰　清雍正刻本　十二册

500000－8701－0002077　B21/6:6/2115
師經堂集十八卷　(清)徐文駒著　清康熙五十一年(1712)學古樓刻本　十二册　存十三卷(文集一至十三)

500000－8701－0002078　B21/6:6/2116
鈍吟全集二十三卷　(清)馮班撰　清康熙陸貽典刻本　六册

500000－8701－0002079　B21/6:6/2117
長洲二陳先生詩集十四卷　(清)陳檀輯　清乾隆十三年(1748)陳氏刻本　六册

500000－8701－0002080　B21/6:6/2118
仁山金先生文集四卷　(元)金履祥撰　(清)金弘勳校輯　清雍正二年(1724)金弘勳春暉堂刻本　四册

500000－8701－0002081　B21/6:6/2119
片刻餘閑集二卷　(清)劉埥撰　清乾隆十九年(1754)刻本(邊序及卷二係抄配)　二册

500000－8701－0002082　B21/6:6/2120
貞一齋集十卷詩説一卷　(清)李重華撰　清乾隆刻本　四册

500000－8701－0002083　B21/6:7/2121
佩文齋詠物詩選四百八十六卷　(清)張玉書等輯　清康熙四十六年(1707)内府刻本　六

十四册

500000－8701－0002084　B21/7:1/2122
青邱高季迪先生鳧藻集五卷　（明）高啟撰　（清）金檀輯注　清雍正六年（1728）金氏文瑞樓刻本　四册

500000－8701－0002085　B21/7:1/2123
千文六書統要二卷　（清）胡正言輯　清康熙二年（1663）胡氏十竹齋刻本　四册

500000－8701－0002086　B21/7:1/2124
秀水盛氏所刊書五種　（清）盛百二編　清乾隆三十四年（1769）盛氏刻本　四册

500000－8701－0002087　B21/7:1/2125
行有恒堂初集二卷　（清）載銓撰　清道光二十八年（1848）刻本　二册

500000－8701－0002088　B21/7:2/2126
雙忠廟傳奇二卷　（清）周稚廉撰　清康熙書帶草堂刻本　二册

500000－8701－0002089　B21/7:2/2127
初白菴詩評三卷　（清）查慎行撰　（清）張載華輯　**詞綜偶評一卷**　（清）許昂霄閱　（清）張載華輯　清乾隆四十二年（1777）張氏涉園觀樂堂刻本　丁毓礽題記及批校　六册

500000－8701－0002090　B21/7:2/2128
清江貝先生文集三十卷詩集十卷詩餘一卷　（明）貝瓊撰　清康熙五十八年（1719）金檀燕翼堂刻文瑞樓叢刊本　十六册

500000－8701－0002091　B21/7:2/2129
集韻十卷　（宋）丁度等撰　清康熙四十五年（1706）曹寅刻本　二十册

500000－8701－0002092　B21/7:3/2130
御選元詩八十卷首一卷姓名爵里二卷　（清）聖祖玄燁輯　清康熙刻本　六十册

500000－8701－0002093　B21/7:4/2131
通志堂集二十卷　（清）納蘭性德撰　清康熙三十年（1691）徐乾學刻本　六册

500000－8701－0002094　B21/7:5/2132
通志堂集二十卷　（清）納蘭性德撰　清康熙三十年（1691）徐乾學刻本　十册

500000－8701－0002095　B21/7:5/2133
道古堂外集二十六卷　（清）杭世駿撰　清乾隆五十三年（1788）補史亭刻本　十二册

500000－8701－0002096　B21/7:5/2134
横雲山人集二十七卷颺言集五卷　（清）王鴻緒撰　清康熙刻本　十六册

500000－8701－0002097　B21/7:5/2135
字鑑五卷　（元）李文仲撰　清康熙張士俊刻本　一册

500000－8701－0002098　B21/7:5/2136
述學内篇三卷外篇一卷補遺一卷别録一卷　（清）汪中撰　清道光汪喜孫刻本　二册

500000－8701－0002099　B21/7:5/2137
沽上題襟集八卷　（清）查爲仁　（清）查學禮輯　清乾隆六年（1741）刻本　四册

500000－8701－0002100　B21/7:6/2138
御定全唐詩録一百卷附御定全唐詩人年表一卷　（清）徐倬編　清康熙四十五年（1706）内府刻本　四十册

500000－8701－0002101　B21/7:7/2139
戴東原集十二卷　（清）戴震著　清乾隆五十七年（1792）段氏經韻樓刻本　十二册

500000－8701－0002102　B21/7:7/2140
樸村文集二十四卷詩集十三卷　（清）張雲章撰　清康熙五十三年（1714）刻本　十册

500000－8701－0002103　C02/1:1/2141
御製文集一集四卷二集五十卷三集五十卷四集三十六卷　（清）聖祖玄燁撰　（清）張玉書等編　清康熙五十一年至五十三年（1712－1714）内府刻本　一百册

500000－8701－0002104　C02/1:3/2142
博物志十卷　（晉）張華撰　（宋）周日用等注　清嘉慶九年（1804）吴縣黄氏刻士禮居叢書本　一册

500000－8701－0002105　C02/1:3/2143
杜詩詳註二十五卷首一卷附編二卷　（唐）杜

甫撰　(清)仇兆鰲輯注　清康熙刻本　十五冊

500000－8701－0002106　C02/1:4/2144
楞伽阿跋多羅寶經四卷　(南朝宋)釋求那跋陀羅譯　清雍正十三年(1735)内府刻本　四冊

500000－8701－0002107　C02/1:4/2145
杜詩詳註二十五卷首一卷附編二卷　(唐)杜甫撰　(清)仇兆鰲輯注　清康熙刻本　十四冊　存二十五卷(杜詩詳註二十五卷)

500000－8701－0002108　C02/1:4/2146
范忠貞公文集五卷首一卷　(清)范承謨撰　清康熙四十七年(1708)刻本　八冊

500000－8701－0002109　C02/1:4/2147
杜工部詩集二十卷集外詩一卷文集二卷　(唐)杜甫撰　(清)朱鶴齡輯注　清康熙葉永茹萬卷樓刻本　十冊

500000－8701－0002110　C02/1:5/2148
楝亭詩鈔詩八卷別集四卷　(清)曹寅撰　清康熙刻本　八冊

500000－8701－0002111　C02/1:5/2149
讀書堂杜工部詩集注解二十卷文集注解二卷　(唐)杜甫撰　(清)張溍注　清康熙三十七年(1698)張氏讀書堂刻本　十四冊

500000－8701－0002112　C02/1:5/2150
茶經三卷附錄一卷　(清)陸廷燦輯　清雍正十三年(1735)陸氏壽椿堂刻本　八冊

500000－8701－0002113　C02/1:5/2151
杜工部集二十卷　(唐)杜甫撰　(清)錢謙益箋注　清康熙六年(1667)季氏靜思堂刻本　六冊

500000－8701－0002114　C02/1:6/2152
藝文類聚一百卷　(唐)歐陽詢撰　(明)王元貞校　清光緒宏達堂刻本　四十冊

500000－8701－0002115　C02/1:7/2153
板橋集六卷　(清)鄭燮著　清刻本　四冊

500000－8701－0002116　C02/1:7/2154
板橋集六編　(清)鄭燮著　清乾隆四十八年(1783)清暉書屋刻本　四冊

500000－8701－0002117　C02/1:7/2155
大廣益會玉篇三十卷　(南朝梁)顧野王撰　(唐)孫強增字　(宋)陳彭年重修　清康熙四十三年(1704)張士俊刻本　六冊

500000－8701－0002118　C02/1:7/2156
大廣益會玉篇三十卷　(南朝梁)顧野王撰　(唐)孫強增字　(宋)陳彭年重修　清康熙四十三年(1704)張士俊刻本　五冊

500000－8701－0002119　C02/2:1/2157
華及堂視昔編六卷　(清)汪森輯　清康熙四十六年(1707)刻本　六冊

500000－8701－0002120　C02/2:1/2158
大廣益會玉篇三十卷　(南朝梁)顧野王撰　(唐)孫強增字　(宋)陳彭年重修　清康熙四十三年(1704)張士俊刻本　三冊

500000－8701－0002121　C02/2:1/2159
大廣益會玉篇三十卷　(南朝梁)顧野王撰　(唐)孫強增字　(宋)陳彭年重修　清康熙四十三年(1704)張士俊刻本　六冊

500000－8701－0002122　C02/2:1/2160
大廣益會玉篇三十卷　(南朝梁)顧野王撰　(唐)孫強增字　(宋)陳彭年重修　清康熙四十三年(1704)張士俊刻本　七冊

500000－8701－0002123　C02/2:1/2161
蔗塘未定稿七種九卷外集五種六卷　(清)查爲仁撰　清乾隆刻本(水栞山畫堂圍爐集係補配)　九冊

500000－8701－0002124　C02/2:1/2162
蔗塘未定稿七種九卷外集五種八卷　(清)查爲仁撰　清乾隆刻本　八冊

500000－8701－0002125　C02/2:1/2163
抱犢山房集六卷　(清)嵇永仁撰　清雍正刻本　四冊

500000－8701－0002126　C02/2:2/2164
重訂李義山詩集箋註三卷集外詩箋註一卷

(唐)李商隱著　(清)朱鶴齡注　(清)程夢星補注　**重訂李義山年譜一卷詩話一卷**　(清)程夢星編輯　清乾隆十一年(1746)江都汪氏東柯草堂刻本　四冊

500000－8701－0002127　C02/2:2/2165
[道光]蓬州志略十卷　(清)洪運開修　(清)王璣纂　清道光十年(1830)刻本　四冊

500000－8701－0002128　C02/2:2/2166
蓉槎蠡說十二卷　(清)程哲撰　清康熙五十年(1711)程氏七略書堂刻本　三冊　存九卷(一至三、七至十二)

500000－8701－0002129　C02/2:2/2167
李杜詩通六十一卷　(明)胡震亨撰　清順治七年(1650)朱茂時刻本　六冊

500000－8701－0002130　C02/2:2/2168
查浦詩鈔十二卷　(清)查嗣瑮撰　清康熙六十一年(1722)查慎行刻本　六冊

500000－8701－0002131　C02/2:2/2169
古雪堂詩集十六卷　(清)金露撰　清康熙四十三年(1704)沈日暎刻本　四冊

500000－8701－0002132　C02/2:2/2170
查浦輯聞二卷　(清)查嗣瑮輯　清刻本　四冊

500000－8701－0002133　C02/2:2/2171
中山傳信錄六卷　(清)徐葆光撰　清康熙六十年(1721)二友齋刻本　二冊

500000－8701－0002134　C02/2:2/2172
墟中十八咏一卷圖一卷　(清)章大來撰　清康熙四十一年(1702)刻本　二冊

500000－8701－0002135　C02/2:3/2173
中吴紀聞六卷　(宋)龔明之撰　清初毛氏汲古閣刻本　六冊

500000－8701－0002136　C02/2:3/2174
本草類方十卷　(清)年希堯撰　清雍正十三年(1735)刻本　十冊

500000－8701－0002137　C02/2:3/2175
許鍾斗文集五卷　(明)許獬撰　明萬曆四十年(1612)洪夢錫等刻本　六冊

500000－8701－0002138　C02/2:3/2176
有懷堂文藁二十二卷詩藁六卷　(清)韓菼撰　清康熙四十二年(1703)刻本　六冊

500000－8701－0002139　C02/2:3/2177
感舊集十六卷　(清)王士禛輯　(清)盧見曾補傳　清乾隆十七年(1752)盧見曾刻本　八冊

500000－8701－0002140　C02/2:4/2178
明史三百三十二卷目錄四卷　(清)張廷玉等撰　清乾隆武英殿刻本　一百冊

500000－8701－0002141　C02/2:6/2179
圍棋近譜三集　(清)徐星友等撰　(清)金楙志輯　清康熙五十五年(1716)刻本　二冊

500000－8701－0002142　C02/2:6/2180
士禮居黃氏叢書十八種　(清)黃丕烈輯　清嘉慶至道光刻本　三十二冊

500000－8701－0002143　C02/2:7/2181
[康熙]貴州通志三十六卷　(清)衛既齊修　(清)陸祚蕃等纂　清康熙三十一年(1692)刻本　二十四冊

500000－8701－0002144　C02/3:1/2182
金蘭集一卷　(明)徐達左撰　清乾隆二十四年至二十五年(1759－1760)徐堅澣溪草堂刻本　四冊

500000－8701－0002145　C02/3:1/2183
異方便淨土傳燈歸元鏡三祖實錄二卷　(明)釋智達撰　清乾隆四十九年(1784)刻本　一冊

500000－8701－0002146　C02/3:1/2184
同書四卷　(清)周亮工輯　清順治六年(1649)周氏樓林刻本　四冊

500000－8701－0002147　C02/3:1/2185
匠門書屋文集三十卷　(清)張大受撰　清雍正七年(1729)顧詒祿刻本　十二冊

500000－8701－0002148　C02/3:2/2186

絣笙館修簫譜四卷　(清)舒位撰　清道光十三年(1833)汪氏振綺堂刻本　二册

500000－8701－0002149　C02/3:2/2187
吟風閣四卷譜二卷　(清)楊潮觀撰　清乾隆二十九年(1764)楊氏恰好處刻本　八册

500000－8701－0002150　C02/3:2/2188
御製曆象考成上編十六卷下編十卷　(清)允祿　(清)允祉纂修　清雍正二年(1724)刻本　十二册

500000－8701－0002151　C02/3:2/2189
竹齋先生詩集四卷　(宋)裘萬頃撰　清康熙四十八年(1709)裘奏刻本　二册

500000－8701－0002152　C02/3:2/2190
思適齋集十八卷　(清)顧廣圻撰　清道光二十九年(1849)上海徐氏刻本　四册

500000－8701－0002153　C02/3:2/2191
新修長蘆鹽法志十六卷　(清)莽鵠立編　清雍正三年(1725)刻本　十六册

500000－8701－0002154　C02/3:3/2192
東村集十卷　(清)李呈祥撰　清康熙李氏儀一堂刻本　六册

500000－8701－0002155　C02/3:3/2193
鳳池園文集八卷詩集八卷　(清)顧汧撰　清康熙五十一年(1712)刻本　八册

500000－8701－0002156　C02/3:3/2194
日講書經解義十三卷　(清)庫勒納　(清)葉方藹撰　清康熙十九年(1680)内府刻本　十二册

500000－8701－0002157　C02/3:4/2195
御訂全金詩增補中州集七十二卷首二卷　(金)元好問輯　(清)郭元釪補輯　清康熙五十年(1711)内府刻本　十六册

500000－8701－0002158　C02/3:4/2196
[康熙]四川總志三十六卷首一卷　(清)蔡毓榮等修　(清)錢受祺等纂　清康熙十二年(1673)刻本　六十册

500000－8701－0002159　C02/3:6/2197
飲水詩集二卷飲水詞集二卷　(清)納蘭性德撰　清康熙三十年(1691)張純修刻本　四册

500000－8701－0002160　C02/3:6/2198
金正希先生文集輯略九卷　(明)金聲撰　清乾隆刻本　四册

500000－8701－0002161　C02/3:6/2199
無聲詩史七卷　(清)姜紹書撰　清康熙五十九年(1720)李光暎觀妙齋刻本　六册

500000－8701－0002162　C02/3:7/2200
[康熙]四川總志三十六卷首一卷　(清)蔡毓榮等修　(清)錢受祺等纂　清康熙十二年(1673)刻本　二十八册

500000－8701－0002163　C02/4:1/2201
御定歷代題畫詩類一百二十卷　(清)陳邦彦編修　清康熙四十六年(1707)内府刻本　三十册

500000－8701－0002164　C02/4:2/2202
御定歷代題畫詩類一百二十卷　(清)陳邦彦編修　清康熙四十六年(1707)内府刻本　四十八册

500000－8701－0002165　C02/4:3/2203
姜西溟先生文鈔四卷　(清)姜宸英撰　清乾隆四年(1739)趙氏匪懈堂刻本　四册

500000－8701－0002166　C02/4:3/2204
覽湖聯吟集七卷　(清)李光國輯　清乾隆刻本　六册

500000－8701－0002167　C02/4:3/2205
御定歷代題畫詩類一百二十卷　(清)陳邦彦編修　清康熙四十六年(1707)内府刻本　四十册

500000－8701－0002168　C02/4:4/2206
義門先生集十二卷附錄一卷　(清)吳雲等輯　清道光三十年(1850)刻本　四册

500000－8701－0002169　C02/4:4/2207
更癸軒彙輯間居筆記六卷　題(□)赤心子輯　明末陳長卿刻本　六册

500000－8701－0002170　C02/4:4/2208

柯庭餘習十二卷 (清)汪文柏撰 清康熙四十四年(1705)汪氏古香樓刻本 十册

500000－8701－0002171 C02/4:5/2209
嘉定四先生集九十二卷 (明)謝三賓輯 明崇禎刻本 四十八册

500000－8701－0002172 C02/4:6/2210
康對山先生集三十卷首一卷 (明)康海撰 清康熙五十一年(1712)馬逸姿刻本 十二册

500000－8701－0002173 C02/4:6/2211
琴譜析微六卷指法二卷 (清)魯鼎撰 清康熙三十一年(1692)魯氏自適軒刻本 六册

500000－8701－0002174 C02/4:7/2212
晁記四卷 (明)錢一本撰 明萬曆四十一年(1613)日啓新齋刻本 六册

500000－8701－0002175 C02/4:7/2213
盤山志十六卷首五卷 (清)蔣溥等纂修 清乾隆二十年(1755)内府刻本 八册

500000－8701－0002176 C02/4:7/2214
詞綜三十六卷 (清)朱彝尊撰 (清)汪森增定 清康熙十七年(1678)汪氏裘杼樓刻清補刻本 五册 存三十卷(七至三十六)

500000－8701－0002177 C02/4:7/2215
格致鏡原一百卷 (清)陳元龍撰 清康熙五十六年(1717)刻本 三十二册

500000－8701－0002178 C02/5:1/2216
士禮居黃氏叢書二十種 (清)黃丕烈輯 清嘉慶至道光刻本 三十二册

500000－8701－0002179 C02/5:2/2217
四部日抄不分卷 (清)蔣如馨輯 清紅藍墨三色稿本 二十册

500000－8701－0002180 C02/5:2/2218
隋書地理志考證九卷 楊守敬撰 清同治至民初稿本 六册

500000－8701－0002181 C02/5:2/2219
四部日抄不分卷 (清)周延齡輯 清十經書屋抄本 二十册

500000－8701－0002182 C02/5:3/2220
胥山詩錄一卷 (清)柴世堂撰 清稿本 二册

500000－8701－0002183 C02/5:3/2221
困學紀聞補注二十卷 楊守敬輯 清稿本 一册

500000－8701－0002184 C02/5:3/2222
水經注戴趙合校勘本不分卷 楊守敬撰 清同治至民國四年(1915)楊守敬紅格稿本 一册

500000－8701－0002185 C02/5:3/2223
漢志水經注水道疏證及汭水考不分卷(清同治至民國四年) 楊守敬 熊會貞撰 清末民初稿本 二册

500000－8701－0002186 C02/5:3/2224
四書識小錄一卷 楊守敬撰 清稿本 一册

500000－8701－0002187 C02/5:3/2225
湖北江漢水利議一卷 楊守敬撰 清稿本 一册

500000－8701－0002188 C02/5:3/2226
匏隱齋詩草不分卷 (清)徐人俊撰 清稿本 三册

500000－8701－0002189 C02/5:3/2227
飛鴻堂印餘十二卷 (清)汪啓淑輯 清鈐印本 二册

500000－8701－0002190 C02/5:3/2228
丁文誠公致先太守手劄不分卷 (清)丁寶楨撰 清光緒初稿本 一册

500000－8701－0002191 C02/5:4/2229
閩中書畫錄不分卷 (清)丁晞輯 清稿本 六册

500000－8701－0002192 C02/5:4/2230
[水經注要刪引用書目]不分卷 楊守敬 熊會貞輯 清紅格稿本 三册

500000－8701－0002193 C02/5:4/2231
水經注疏□□卷 楊守敬纂疏 熊會貞纂參 清同治至民國四年(1915)稿本 四册 存

三卷(三十一至三十三)

500000－8701－0002194　C02/5:4/2232
後漢書各縣故城所在不分卷　(□)□□撰　清稿本　一册

500000－8701－0002195　C02/5:4/2233
日本訪書志十六卷　楊守敬撰　清同治至民國初稿本　四册　存四卷(訪書志稿本一、訪書志十二、訪書志緣起一、訪書志謄正本一)

500000－8701－0002196　C02/5:4/2234
續補寰宇訪碑録不分卷　楊守敬輯　清同治至民國四年(1915)飛青閣楊守敬藍格稿本　二册

500000－8701－0002197　C02/5:4/2235
天放樓金石跋尾一卷　(清)趙烈文撰　清稿本　一册

500000－8701－0002198　C02/5:4/2236
訒葊集古印存三十二卷　(清)汪啓淑輯　清稿本　十六册

500000－8701－0002199　C02/5:5/2237
大清宣宗成皇帝實録不分卷　(清)文慶等修　(清)中常等纂　清道光四年至二十六年(1824－1846)稿本　二十二册　存五年(道光四年一月至三月、十二年一月至三月、十九年一月至三月、二十五年十一月至十二月、二十六年一月至三月)

500000－8701－0002200　C02/5:5/2238
采真別墨不分卷　鄭文焯纂　清手稿本　一册

500000－8701－0002201　C02/5:5/2239
愛吾廬公餘偶筆不分卷　(清)楊浩撰　清稿本　一册

500000－8701－0002202　C02/5:5/2240
昇甫詞三卷　(清)張曜孫撰　清稿本　一册

500000－8701－0002203　C02/5:5/2241
論語訓二卷　王闓運撰　清末稿本　二册

500000－8701－0002204　C02/5:6/2242
聖廟祀典輯聞不分卷　(清)黃位清輯　(清)謝有仁編　清稿本　八册

500000－8701－0002205　C02/5:6/2243
攀古樓藏器目一卷　(清)潘祖蔭藏　(清)吳大澂輯　清末稿本　一册

500000－8701－0002206　C02/5:6/2244
漢碑文考釋不分卷　(清)龔橙撰　清手稿本　二册

500000－8701－0002207　C02/5:6/2245
六書原始十五卷　(清)賀崧齡撰　清稿本　六册

500000－8701－0002208　C02/5:6/2246
三吳水利不分卷　(清)朱雲撰　清稿本　二册

500000－8701－0002209　C02/5:6/2247
有餘閑館奏稿類編四十四卷續編四十七卷　(清)何桂清撰　清咸豐四年至十年(1854－1860)稿本　四十八册　存四十七卷(類編二、十、十二、十九、二十一、二十三、二十六、二十九、三十二,續編二、四至十一、十三至十七、二十至二十三、二十五、二十七至三十二、三十四至四十五、四十七)

500000－8701－0002210　C02/5:7/2248
春草軒尺牘一卷附雜録一卷　(清)江聲輯　清稿本　一册

500000－8701－0002211　C02/5:7/2249
清咸豐己未庚申川東軍務公牘十卷　(清)程祖潤編　清咸豐九年(1859)稿本　十册

500000－8701－0002212　C02/5:7/2250
王靜學先生文集七卷附録一卷　(明)王元彩撰　明抄本　四册

500000－8701－0002213　C02/5:7/2251
周會魁校正四書大全十八卷　(明)周士顯校正　明刻本　十七册

500000－8701－0002214　C03/1:1/2252
五經四書讀本七十七卷　(清)國子監編　清雍正國子監刻本　三十册

500000－8701－0002215　C03/1:1/2253
山帶閣註楚辭六卷首一卷餘論二卷説韻一卷　(清)蔣驥撰　清雍正五年(1727)蔣氏山帶閣刻本　八册

500000－8701－0002216　C03/1:1/2254
山帶閣註楚辭六卷首一卷餘論二卷説韻一卷　(清)蔣驥撰　清雍正五年(1727)蔣氏山帶閣刻本　八册

500000－8701－0002217　C03/1:2/2255
山谷老人刀筆二十卷　(宋)黄庭堅撰　清曹硯史抄本　十册

500000－8701－0002218　C03/1:2/2256
傳是樓書目不分卷　(清)徐乾學藏　清雲懷書屋抄本　四册

500000－8701－0002219　C03/1:2/2257
樂圃餘稿十卷附錄一卷　(宋)朱長文撰　清江標抄本　四册

500000－8701－0002220　C03/1:2/2258
大鶴山人詩稿不分卷　鄭文焯撰　清稿本　七册

500000－8701－0002221　C03/1:2/2259
絳雲樓書目二卷　(清)錢謙益撰　清抄本　二册

500000－8701－0002222　C03/1:2/2260
伯牙琴一卷　(元)鄧牧撰　清乾隆鮑氏知不足齋抄本　一册

500000－8701－0002223　C03/1:2/2261
江南野史十卷　(宋)龍衮撰　清乾隆五十一年(1786)黄氏醉經樓抄本　二册

500000－8701－0002224　C03/1:2/2262
清閟齋詩存三卷　(清)周鼎樞撰　清姚覲元咫進齋抄本　二册

500000－8701－0002225　C03/1:3/2263
萬曆野獲編三十卷　(明)沈德符撰　清抄本　十二册

500000－8701－0002226　C03/1:3/2264
萬曆野獲編三十卷　(明)沈德符撰　清抄本　四册

500000－8701－0002227　C03/1:3/2265
[安徽歙縣]蟾溪程氏家譜□□卷　(清)程永芳修　清抄本　一册　存一卷(一)

500000－8701－0002228　C03/1:3/2266
倚松老人詩集二卷　(宋)饒節撰　清初抄本　二册

500000－8701－0002229　C03/1:3/2267
仙傳外科集驗秘方十一卷　(明)趙宜真撰　清袁氏貞節堂抄本　五册

500000－8701－0002230　C03/1:3/2268
近事會元五卷　(宋)李上交撰　清注韓居抄本　二册

500000－8701－0002231　C03/1:3/2269
寶應名勝紀畧二卷　(清)劉中柱著　清抄本　二册

500000－8701－0002232　C03/1:3/2270
白雲許先生文集四卷　(元)許謙撰　清抄本　一册

500000－8701－0002233　C03/1:3/2271
伊犁總統事畧四卷　(□)□□纂修　清抄本　四册

500000－8701－0002234　C03/1:4/2272
秋聲集八卷　(元)黄鎮成撰　清抄本　三册

500000－8701－0002235　C03/1:4/2273
傷寒微旨二卷　(宋)韓祗和撰　清袁氏貞節堂抄本　一册

500000－8701－0002236　C03/1:4/2274
匏翁家藏外集不分卷　(明)馬宏道輯　明天啟六年(1626)馬宏道抄本　三册

500000－8701－0002237　C03/1:4/2275
萬曆野獲編三十卷　(明)沈德符撰　(清)沈振增輯　清抄本　十二册

500000－8701－0002238　C03/1:4/2276
均藻四卷　(明)楊慎撰　清鄭氏注韓居抄本

四冊

500000－8701－0002239　C03/1:4/2277
爾雅古義二卷　(清)錢坫撰　清鄭氏注韓居抄本　一冊

500000－8701－0002240　C03/1:4/2278
寶刻叢編二十卷　(宋)陳思撰　清初抄本　八冊

500000－8701－0002241　C03/1:5/2279
滿漢名臣傳一百二十卷列臣傳二十四卷　(清)國史館撰　清抄本　一百十二冊　存一百十二卷(名臣傳一至五十六、八十九至一百二十,列臣傳二十四卷)

500000－8701－0002242　C03/1:7/2280
通鑑續編一百二十七卷考辯一卷　(清)韋人鳳撰　清初抄本　八十冊

500000－8701－0002243　C03/2:2/2281
兩宋名賢小集三百六十六卷　(宋)陳思編　(元)陳世隆補　清抄本　一百二十一冊

500000－8701－0002244　C03/2:5/2282
津夫詩鈔二卷　(清)汪鋻撰　清抄本　一冊

500000－8701－0002245　C03/2:5/2283
宋徽宗聖濟經十卷　(宋)吳禔註　清抄本　五冊

500000－8701－0002246　C03/2:5/2284
徐霞客遊記十集附錄一集　(明)徐宏祖撰　清抄本　十冊

500000－8701－0002247　C03/2:5/2285
濟生方八卷　(宋)嚴用和撰　清袁氏貞節堂抄本　三冊

500000－8701－0002248　C03/2:6/2286
濟北晁先生雞肋集七十卷　(宋)晁補之撰　清初抄本　二十四冊

500000－8701－0002249　C03/2:6/2287
龜巢藁二十卷　(元)謝應芳撰　清抄本　二十冊

500000－8701－0002250　C03/2:7/2288
宣靖備史四卷　(明)陳霆撰　清抄本　四冊

500000－8701－0002251　C03/2:7/2289
欽定天祿琳琅書目十卷　(清)于敏中等編　清抄本　八冊

500000－8701－0002252　C03/2:7/2290
天傭子集不分卷　(明)艾南英撰　清抄本　五冊

500000－8701－0002253　C03/2:7/2291
花間集四卷　(五代)趙崇祚輯　(明)湯顯祖評　清初抄本　二冊

500000－8701－0002254　C03/2:7/2292
瑞竹堂經驗方五卷　(元)沙圖穆蘇撰　清袁氏貞節堂抄本　二冊

500000－8701－0002255　C03/2:7/2293
石湖居士文集三十四卷　(宋)范成大撰　清初抄本　十二冊

500000－8701－0002256　C03/3:1/2294
古今藝苑談槩上集十二卷下集十二卷　(宋)俞文豹撰　清初抄本　二十三冊　存二十三卷(上集一至十、十二,下集十二卷)

500000－8701－0002257　C03/3:1/2295
欽定石峯堡紀畧二十卷首一卷　(清)高宗弘曆撰　清抄本　十六冊

500000－8701－0002258　C03/3:2/2296
清容居士集五十卷目錄二卷　(元)袁桷撰　清抄本　三十二冊

500000－8701－0002259　C03/3:3/2297
司空表聖文集十卷　(唐)司空圖撰　清初抄本　二冊

500000－8701－0002260　C03/3:3/2298
碧溪詩話十卷　(宋)黃徹撰　清抄本　二冊

500000－8701－0002261　C03/3:3/2299
聖謨全書二十四卷　(清)張鵬翮撰　清抄本　二十五冊

500000－8701－0002262　C03/3:3/2300

醯雞甕集十二卷　(明)李泰撰　清抄本　十二册

500000－8701－0002263　C03/3:4/2301
張右史文集六十卷　(宋)張耒撰　清抄本　二十四册

500000－8701－0002264　C03/3:4/2302
建炎以來朝野雜記甲集二十卷乙集二十卷　(宋)李心傳撰　清錢氏萃古齋抄本　二十四册

500000－8701－0002265　C03/3:5/2303
天下郡國利病書一百二十卷　(清)顧炎武撰　清抄本　一百四十册

500000－8701－0002266　C03/3:7/2304
西吴里語四卷　(明)宋雷撰　清初抄本　八册

500000－8701－0002267　C03/3:7/2305
東觀集七卷　(宋)魏野撰　清抄本　一册

500000－8701－0002268　C03/3:7/2306
竹齋詩集不分卷　(明)王冕撰　清抄本　一册

500000－8701－0002269　C03/3:7/2307
忠愍公詩三卷　(宋)寇準撰　清抄本　一册

500000－8701－0002270　C03/3:7/2308
白石山房逸藁二卷　(明)張孟兼撰　清抄本　一册

500000－8701－0002271　C03/3:7/2309
方泉先生詩集三卷　(宋)周文璞撰　清抄本　一册

500000－8701－0002272　C03/4:1/2310
休寧縣四處界至不分卷　(□)□□編　清乾隆抄本　一册

500000－8701－0002273　C03/4:1/2311
曲洧舊聞十卷　(宋)朱弁撰　清抄本　四册

500000－8701－0002274　C03/4:1/2312
貞隱先生治安策三十三卷　(清)蔣王馨撰　(清)沈廷彦注　清乾隆抄本　六册

500000－8701－0002275　C03/4:1/2313
熊勿軒先生文集八卷　(宋)熊鉌撰　清抄本　四册

500000－8701－0002276　C03/4:1/2314
邵蟻術詩集八卷　(元)邵亨貞撰　清抄本　四册

500000－8701－0002277　C03/4:1/2315
吾汶藁十卷　(宋)王炎午撰　清初抄本　傅增湘校跋　四册

500000－8701－0002278　C03/4:1/2316
傅與礪文集十一卷附錄一卷　(元)傅若金撰　清初抄本　四册

500000－8701－0002279　C03/4:1/2317
紅豆莊雜錄不分卷　(清)錢謙益撰　清初桃花潭汪氏綠欄格抄本　四册

500000－8701－0002280　C03/4:1/2318
咸平集三十卷　(宋)田錫撰　清初抄本　六册

500000－8701－0002281　C03/4:2/2319
新刊朝溪先生捫虱新話四卷　(宋)陳善撰　清抄本　四册

500000－8701－0002282　C03/4:2/2320
建炎以來繫年要錄二百卷　(宋)李心傳撰　清抄本　四十册

500000－8701－0002283　C03/4:3/2321
黄帝素問靈樞集註二十三卷遺篇五卷　(□)□□撰　清袁氏貞節堂抄本　七册

500000－8701－0002284　C03/4:3/2322
圭塘欸乃集一卷　(元)許有壬等撰　清初檇李曹氏倦圃抄本　四册

500000－8701－0002285　C03/4:3/2323
存悔齋詩不分卷　(元)龔璛撰　清初抄本　一册

500000－8701－0002286　C03/4:3/2324
李元賓文集五卷　(唐)李觀撰　清初抄本

三册

500000－8701－0002287　C03/4∶3/2325
增訂李衛公兵法望江南四卷　題(唐)李靖撰　清綠欄格抄本　四册

500000－8701－0002288　C03/4∶3/2326
聲調譜一卷續譜一卷　(清)趙執信撰　清王植抄本　二册

500000－8701－0002289　C03/4∶3/2327
丁鶴年集三卷續集一卷　(明)丁鶴年撰　(元)戴習編　清抄本　二册

500000－8701－0002290　C03/4∶3/2328
韋庵集二卷　(明)皇甫信撰　清抄本　二册

500000－8701－0002291　C03/4∶4/2329
太平寰宇記二百卷　(宋)樂史撰　清抄本　三十八册　存一百九十三卷(一至六、十四至二百)

500000－8701－0002292　C03/4∶5/2330
左傳不分卷　(春秋)左丘明撰　清抄本　十册

500000－8701－0002293　C03/4∶6/2331
說文段注訂補不分卷　(清)王紹蘭撰　清王氏知足知不足館抄本　二册

500000－8701－0002294　C03/4∶6/2332
史記法語八卷　(宋)洪邁撰　清萃古齋抄本　四册

500000－8701－0002295　C03/4∶6/2333
本草摘義三卷續義一卷　(□)□□撰　清抄本　四册

500000－8701－0002296　C03/4∶6/2334
古今歲時雜詠四十六卷　(宋)蒲積中編　清抄本　二十册

500000－8701－0002297　C03/4∶7/2335
丁卯集不分卷　(唐)許渾撰　清抄本　二册

500000－8701－0002298　C03/4∶7/2336
文房四譜五卷　(宋)蘇易簡輯　清乾隆中柱脊書屋抄本　二册

500000－8701－0002299　C03/4∶7/2337
楚國文憲公雪樓程先生文集三十卷　(元)程鉅夫撰　(元)程大本輯錄　清藕香簃抄本　十册

500000－8701－0002300　C03/4∶7/2338
方壺先生集四卷　(宋)汪莘撰　清抄本　二册

500000－8701－0002301　C03/4∶7/2339
完菴劉先生詩集二卷　(明)劉珏撰　清抄本　二册

500000－8701－0002302　C03/4∶7/2340
老學菴載筆不分卷　題(明)惠康野叟輯　清抄本　十册

500000－8701－0002303　C03/4∶7/2341
晴雪齋漫錄前集七卷後集七卷　題(清)笨老人輯　清抄本　六册

500000－8701－0002304　C03/5∶1/2342
陸講山口譜五集十卷　(清)陸圻撰　清抄本　十册

500000－8701－0002305　C03/5∶1/2343
履齋四明吟稿二卷　(宋)吴潛撰　清乾隆鮑氏知不足齋抄本　據宋元本朱筆點校　一册

500000－8701－0002306　C03/5∶1/2344
履齋詩餘二卷　(宋)吴潛撰　清乾隆鮑氏知不足齋抄本　據宋元本朱筆點校　一册

500000－8701－0002307　C03/5∶1/2345
陶邕州小集一卷　(宋)陶弼撰　清乾隆鮑氏知不足齋抄本　一册

500000－8701－0002308　C03/5∶1/2346
陵陽先生詩四卷　(宋)韓駒撰　清初抄本　二册

500000－8701－0002309　C03/5∶1/2347
昭德新編三卷　(宋)晁迥撰　清乾隆鮑氏知不足齋抄本　二册

500000－8701－0002310　C03/5∶1/2348
六帖補二十卷　(宋)楊伯嵒輯　清抄本　十二册

500000－8701－0002311　C03/5:2/2349
兩廣鹽法志三十五卷　(清)阮元修　(清)伍長華纂　清抄本　三十四册　存三十四卷(一至二、四至三十五)

500000－8701－0002312　C03/5:3/2350
物意管窺略記不分卷　(□)□□著　清光緒二十五年(1899)遊春道人抄本　一册

500000－8701－0002313　C03/5:3/2351
讀紅樓夢隨筆十六卷　(清)洪錫綬撰　清抄本　十六册

500000－8701－0002314　C03/5:3/2352
三間草堂集錄二十一種一百三十二卷　(宋)米芾等撰　清陸香圃三間草堂抄本　六十册

500000－8701－0002315　C03/5:5/2353
脚氣治法總要二卷　(宋)董汲撰　清袁氏貞節堂抄本　一册

500000－8701－0002316　C03/5:5/2354
比竹餘音四卷　鄭文焯撰　清末民初稿本　一册　存三卷(一至二、四)

500000－8701－0002317　C03/5:5/2355
蘆浦筆記十卷　(宋)劉昌詩撰　清抄本　二册

500000－8701－0002318　C03/5:5/2356
東堂集十卷　(宋)毛滂撰　清乾隆鮑氏知不足齋抄本　六册

500000－8701－0002319　C03/5:5/2357
刪續昭明文選六十四卷　(元)沙天錫撰　清初抄本　三十册

500000－8701－0002320　C03/5:6/2358
授經圖二十卷　(明)朱睦㮮輯　清抄本　八册

500000－8701－0002321　C03/5:6/2359
竹溪鬳齋十一稿續集三十卷　(宋)林希逸撰　清陸氏三間草堂抄本　十二册

500000－8701－0002322　C03/5:6/2360
博濟方五卷　(宋)王衮撰　清袁氏貞節堂抄本　五册

500000－8701－0002323　C03/5:7/2361
東華錄十六卷　(清)蔣良騏撰　清抄本　十六册

500000－8701－0002324　C03/5:7/2362
四書攷略二卷　(清)鄭兆元撰　清鄭氏書帶草堂抄本　二册

500000－8701－0002325　C03/5:7/2363
易學别編不分卷　(□)□□撰　清侯官鄭氏注韓居抄本　一册

500000－8701－0002326　C03/5:7/2364
野谷詩藁六卷　(宋)趙汝鐩撰　清初抄本　二册

500000－8701－0002327　C03/5:7/2365
金川玉屑集六卷附錄一卷　(明)練子寧撰　(明)王佐輯　清抄本　四册

500000－8701－0002328　C03/5:7/2366
金聲玉振不分卷　(□)□□撰　清抄本　二册

500000－8701－0002329　C03/5:7/2367
東維子集三十一卷　(明)楊維楨撰　清抄本　十二册

500000－8701－0002330　C04/1:1/2368
歷代建元考不分卷外編不分卷　(清)鍾淵暎撰　清抄本　六册

500000－8701－0002331　C04/1:1/2369
錢塘遺事十卷　(元)劉一清撰　清抄本　四册

500000－8701－0002332　C04/1:1/2370
金銀珠寶譜不分卷　(清)汪東源纂　清乾隆二十八年(1763)抄本　二册

500000－8701－0002333　C04/1:1/2371
百衲居士鐵圍山叢談六卷　(宋)蔡絛撰　清抄本　二册

500000－8701－0002334　C04/1:1/2372
慈湖春秋傳十二卷　(宋)楊簡撰　清注韓居

抄本　八冊

500000－8701－0002335　C04/1:1/2373
明季郡國利病書一百二十卷　(清)顧炎武撰　清顧菼等抄本　五十二冊　存一百二卷(一至十三、二十至三十八、四十七至八十四、八十九至一百二十)

500000－8701－0002336　C04/1:3/2374
秇林伐山二卷　(明)楊慎撰　清嘉慶五年(1800)徐松抄本　四冊

500000－8701－0002337　C04/1:3/2375
欽定選擇曆書十卷　(清)安泰等纂修　清康熙內府刻本　十冊

500000－8701－0002338　C04/1:3/2376
御選唐詩三十二卷目錄三卷　(清)陳廷敬等輯　清康熙五十二年(1713)內府刻本　三十二冊

500000－8701－0002339　C04/1:4/2377
詞譜四十卷　(清)王奕清等撰　清康熙五十四年(1715)內府刻本　四十冊

500000－8701－0002340　C04/1:5/2378
石室仙機五卷諸家集說一卷　(明)許穀輯　清世德堂刻本　六冊

500000－8701－0002341　C04/1:5/2379
御製避暑山莊詩二卷　(清)聖祖玄燁撰　(清)揆敘等注　清康熙五十一年(1712)內府刻本　四冊

500000－8701－0002342　C04/1:6/2380
古文淵鑒六十四卷　(清)徐乾學等輯注　清康熙二十四年(1685)內府刻本　二十四冊

500000－8701－0002343　C04/1:7/2381
曲譜十二卷首一卷末一卷　(清)王奕清等撰　清康熙內府刻本　十二冊

500000－8701－0002344　C04/1:7/2382
勸善金科十本二十卷首一卷　(清)張照等撰　清乾隆內府刻本　二十冊

500000－8701－0002345　C04/2:1/2383
新定九宮大成南北宮詞譜八十一卷閏一卷總目三卷　(清)周祥鈺等輯　清乾隆十一年(1746)允祿刻本　二十八冊

500000－8701－0002346　C04/2:2/2384
四書直解二十六卷　(明)張居正撰　明集古堂刻本　十二冊

500000－8701－0002347　C04/2:2/2385
格致鏡原一百卷　(清)陳元龍撰　清康熙五十六年(1717)刻雍正十三年(1735)印本　三十二冊

500000－8701－0002348　C04/2:3/2386
欽定古今圖書集成一萬卷目錄四十卷　(清)陳夢雷　(清)蔣廷錫等輯　清雍正四年至六年(1726－1728)武英殿銅活字印本　三十七冊　存四十七卷(三十五至三十六、七十五至七十六、七十九至八十、九十三至九十四、一百五至一百六、一百十三至一百十四、一百六十一至一百六十二、一百七十三至一百七十四、一百八十七至一百八十九、一百九十四至一百九十八、二百至二百八、二百二十五至二百二十六、四百九十七至四百九十八、五百七至五百八、五百五十一至五百五十二、六百十七至六百十八、六百二十一至六百二十四)

500000－8701－0002349　C04/2:4/2387
唐眉山詩集十卷文集十四卷　(宋)唐庚著　清雍正三年(1725)汪亮采南陔草堂活字印本　六冊

500000－8701－0002350　C04/2:4/2388
兩當軒集二十卷　(清)黄景仁著　清同治十二年(1873)集珍齋木活字印本　六冊

500000－8701－0002351　C04/2:4/2389
增補春秋左傳杜林合註二十卷總評一卷圖說一卷世系譜一卷地名配古籍一卷名號便覽一卷　(晉)杜預　(宋)林堯叟註釋　明刻本　十一冊　存十八卷(一至十三、十六至二十)

500000－8701－0002352　C04/2:4/2390
文苑英華律賦選四卷　(清)錢陸燦選　清康熙二十五年(1686)吹藜閣銅活字印本　二冊

500000－8701－0002353　C04/2:4/2391

梁山來知德先生易經集註十六卷易注雜說圖一卷上下經篇義一卷易學六十四卦啓蒙一卷 （明）來知德撰　清康熙二十七年（1688）崔華刻本　十冊

500000－8701－0002354　C04/2：4/2392
音學五書三十八卷　（清）顧炎武撰　清康熙六年（1667）張弨符山堂刻本　十二冊

500000－8701－0002355　C04/2：5/2393
山堂肆考二百四十卷　（明）彭大翼纂　明萬曆二十五年（1597）刻本　三十九冊　存二百三十六卷（五至二百四十）

500000－8701－0002356　C04/2：6/2394
山堂肆考二百四十卷　（明）彭大翼纂　明萬曆四十七年（1619）張幼學刻本　七十六冊　缺十二卷（宫集一、角集三十四至三十七、徵集四十二至四十四、羽集十四至十七）

500000－8701－0002357　C04/3：1/2395
管子二十四卷　（春秋）管仲撰　（明）張榜等評　明天啓五年（1625）朱養純花齋刻本　二冊　存七卷（一至七）

500000－8701－0002358　C04/3：1/2396
梁昭明文選十二卷　（南朝梁）蕭統輯　（明）張鳳翼纂注　明刻本　八冊　存五卷（二、四、六、九至十）

500000－8701－0002359　C04/3：1/2397
新刊正文對音捷要琴譜真傳六卷　（明）楊表正撰　明萬曆元年（1573）唐富春刻本　一冊　存三卷（四至六）

500000－8701－0002360　C04/3：1/2398
淮南子二十一卷　（漢）劉安撰　明萬曆吳氏刻本　二冊

500000－8701－0002361　C04/3：1/2399
莊子南華真經十卷　（戰國）莊周撰　（唐）陸德明音義　明萬曆七年（1579）朱東光刻本　二冊　存七卷（一至三、六至八、十）

500000－8701－0002362　C04/3：1/2400
孔叢子三卷　（漢）孔鮒撰　明萬曆刻本（卷二至三係抄配）　二冊

500000－8701－0002363　C04/3：1/2401
墨子一卷　（戰國）墨翟撰　明萬曆五年（1577）刻本　二冊

500000－8701－0002364　C04/3：1/2402
性理標題綜要二十二卷　（明）詹淮輯　（明）陳仁錫訂正　明崇禎西室翁少麓刻本　六冊　存七卷（一、三至六、十至十一）

500000－8701－0002365　C04/3：1/2403
遺山先生詩集二十卷　（金）元好問撰　明崇禎毛氏汲古閣刻本　四冊

500000－8701－0002366　C04/3：1/2404
遺山先生詩集二十卷　（金）元好問撰　明崇禎十一年（1638）毛氏汲古閣刻元人集十種本　清蔡汝龍過錄清錢謙益　清何焯評點　三冊　存十四卷（一至二、九至二十）

500000－8701－0002367　C04/3：2/2405
遺山先生詩集二十卷　（金）元好問撰　明崇禎毛氏汲古閣刻本　十冊

500000－8701－0002368　C04/3：2/2406
遺山先生詩集二十卷　（金）元好問撰　明天啟刻本　十二冊

500000－8701－0002369　C04/3：2/2407
遺山先生詩集二十卷　（金）元好問撰　明天啟刻本　六冊

500000－8701－0002370　C04/3：2/2408
薩天錫詩集三卷集外詩一卷　（元）薩都剌撰　明崇禎毛氏汲古閣刻元人集十種本　三冊

500000－8701－0002371　C04/3：2/2409
李文山詩集三卷　（唐）李群玉撰　明崇禎汲古閣刻本　一冊

500000－8701－0002372　C04/3：2/2410
丁卯集二卷　（唐）許渾撰　明崇禎汲古閣刻本　一冊

500000－8701－0002373　C04/3：2/2411
甲乙集三卷　（唐）李群玉撰　明崇禎汲古閣刻本　一冊

500000－8701－0002374　C04/3:2/2412
說文解字十二卷　(漢)許慎撰　明萬曆二十六年(1598)陳大科刻本　十二册

500000－8701－0002375　C04/3:2/2413
唐詩類苑二百卷　(明)張之象輯　明萬曆二十九年(1601)曹仁孫刻本　四册

500000－8701－0002376　C04/3:3/2414
通鑑地理通釋十四卷　(宋)王應麟著　明崇禎毛氏汲古閣刻本　十二册

500000－8701－0002377　C04/3:3/2415
桯史十五卷附錄一卷　(宋)岳珂撰　明崇禎毛氏汲古閣刻津逮秘書本　八册

500000－8701－0002378　C04/3:3/2416
史記評林一百三十卷　(漢)司馬遷撰　(明)淩稚隆輯評　(明)李光縉增補　明萬曆熊體忠、劉朝箴刻本　一册　存八卷(六十一至六十八)

500000－8701－0002379　C04/3:3/2417
雙峰先生文集九卷　(宋)舒邦佐撰　清初抄本　四册

500000－8701－0002380　C04/3:3/2418
戰國策選八卷附錄一卷　(明)衛勳編　(明)衛拱宸增補　明萬曆三十五年(1607)刻本　二册　存四卷(五至八)

500000－8701－0002381　C04/3:3/2419
湘山野錄三卷續錄一卷　(宋)釋文瑩撰　**春渚紀聞十卷**　(宋)何薳撰　明崇禎毛氏汲古閣刻津逮秘書本(湘山野錄卷下係抄配)　一册　存六卷(湘山野錄三卷、春渚紀聞一至三)

500000－8701－0002382　C04/3:3/2420
小學紺珠十卷　(宋)王應麟輯　明崇禎汲古閣刻本　五册

500000－8701－0002383　C04/3:3/2421
急就篇四卷　(漢)史游撰　(唐)顔師古注　(宋)王應麟音釋　明崇禎汲古閣刻本　四册

500000－8701－0002384　C04/3:3/2422
蘇氏易傳九卷　(宋)蘇軾撰　明崇禎汲古閣刻本　二册

500000－8701－0002385　C04/3:4/2423
圖畫見聞誌六卷　(宋)郭若虛撰　明崇禎汲古閣刻本　六册

500000－8701－0002386　C04/3:4/2424
通鑑地理通釋十四卷　(宋)王應麟著　明崇禎毛氏汲古閣刻本　四册　存九卷(六至十四)

500000－8701－0002387　C04/3:4/2425
桯史十五卷附錄一卷　(宋)岳珂撰　明崇禎毛氏汲古閣刻津逮秘書本　一册　存九卷(一至九)

500000－8701－0002388　C04/3:4/2426
泉志十五卷　(宋)洪遵撰　明崇禎汲古閣刻本　二册

500000－8701－0002389　C04/3:4/2427
佛國記一卷　(晉)釋法顯撰　(明)胡震亨　(清)毛晉訂　明汲古閣刻本　一册

500000－8701－0002390　C04/3:4/2428
輟耕錄三十卷　(明)陶宗儀撰　明崇禎汲古閣刻本　四册

500000－8701－0002391　C04/3:4/2429
歷代名畫記十卷　(唐)張彥遠撰　明崇禎汲古閣刻本　一册　存四卷(一至四)

500000－8701－0002392　C04/3:4/2430
徐幹中論二卷　(漢)徐幹撰　明萬曆刻本　二册

500000－8701－0002393　C04/3:4/2431
風俗通義十卷　(漢)應劭撰　明萬曆刻本　二册

500000－8701－0002394　C04/3:4/2432
續藏書二十七卷　(明)李贄輯著　(明)柴應槐　(明)錢萬國重訂　明萬曆刻本　五册　存十二卷(一至十二)

500000－8701－0002395　C04/3:4/2433

三國志六十五卷 （晉）陳壽撰 （南朝宋）裴松之注 明崇禎十七年（1644）毛氏汲古閣刻本 八册

500000－8701－0002396 C04/3:4/2434
新刻金陵原板易經開心正解下經六卷 （□）□□撰 明萬曆熊冲宇刻本 一册 存四卷（三至六）

500000－8701－0002397 C04/3:4/2435
分類補註李太白詩二十五卷 （唐）李白撰 （明）許自昌校 明刻本 六册 存七卷（十九至二十五）

500000－8701－0002398 C04/3:4/2436
明珠記二卷 （明）陸采撰 明汲古閣刻繡刻演劇六十種曲本 一册 存一卷（一）

500000－8701－0002399 C04/3:4/2437
香囊記二卷 （明）邵璨撰 明汲古閣刻繡刻演劇六十種曲本 二册

500000－8701－0002400 C04/3:5/2438
金正希先生文集輯略九卷 （明）金聲撰 清初刻本 四册

500000－8701－0002401 C04/3:5/2439
春秋左氏經傳集解三十卷春秋提要一卷諸侯興廢一卷春秋列國東坡圖說一卷 （晉）杜預釋注 （唐）陸德明音義 **春秋名號歸一圖二卷** （五代）馮繼先撰 明萬曆八年（1580）金陵親仁堂刻本 二册 存二卷（春秋名號歸一圖二卷）

500000－8701－0002402 C04/3:5/2440
經濟類編一百卷 （明）馮琦纂 明萬曆三十二年（1604）周家楝等刻本 二册 存二卷（九十三至九十四）

500000－8701－0002403 C04/3:5/2441
徐文長文集三十卷 （明）徐渭撰 （明）袁宏道評點 明末刻本 三册 存十六卷（八至二十三）

500000－8701－0002404 C04/3:5/2442
眉公筆記二卷 （明）陳繼儒撰 明萬曆三十四年（1606）沈氏尚白齋刻本 一册

500000－8701－0002405 C04/3:5/2443
曲洧舊聞四卷 （宋）朱弁撰 明萬曆刻本 三册 存三卷（二至四）

500000－8701－0002406 C04/3:5/2444
北溪先生大全文集五十卷 （宋）陳淳撰 **外集一卷** （宋）陳榘方輯 明抄本 二十册

500000－8701－0002407 C04/3:6/2445
字彙十二卷首一卷末一卷附韻法直圖一卷韻法橫圖一卷 （明）梅膺祚撰 明萬曆四十三年（1615）金陵槐蔭堂刻本 十一册 存十一卷（一至五、七至九、十一至十二，首一卷）

500000－8701－0002408 C04/3:6/2446
字彙十二卷首一卷末一卷附韻法直圖一卷韻法橫圖一卷 （明）梅膺祚撰 明萬曆四十三年（1615）刻本 五册 存五卷（一至二、七、十一，首一卷）

500000－8701－0002409 C04/3:6/2447
字彙十二卷首一卷末一卷附韻法直圖一卷韻法橫圖一卷 （明）梅膺祚撰 明萬曆四十三年（1615）刻本 二册 存二卷（二、首一卷）

500000－8701－0002410 C04/3:6/2448
博物典彙二十卷 （明）黄道周輯 明崇禎八年（1635）刻本 五册 存八卷（一、四至六、九至十二）

500000－8701－0002411 C04/3:6/2449
天中記六十卷 （明）陳耀文纂 明萬曆刻本 二册 存二卷（□□、四十一）

500000－8701－0002412 C04/3:6/2450
國朝名世類苑四十六卷 （明）淩迪知輯 明萬曆刻本 三册 存五卷（十五、十七至十八、三十九至四十）

500000－8701－0002413 C04/3:6/2451
論衡三十卷 （漢）王充撰 明萬曆程氏刻本 六册

500000－8701－0002414 C04/3:6/2452
大戴禮記十三卷 （漢）戴德撰 明萬曆程氏

刻本　二冊　存十二卷(一至六、八至十三)

500000－8701－0002415　C04/3:6/2453
孔叢子三卷　(漢)孔鮒撰　明萬曆新安程氏刻本　一冊

500000－8701－0002416　C04/3:6/2454
新刻爾雅翼三十二卷　(宋)羅願撰　明萬曆胡文焕刻本　二冊　存九卷(二十四至三十二)

500000－8701－0002417　C04/3:6/2455
廣輿記二十四卷　(明)陸應陽輯　明萬曆刻本　五冊

500000－8701－0002418　C04/3:7/2456
新增說文韻府群玉二十卷　(元)陰時夫輯　(元)陰中夫註　明萬曆十八年(1590)王元貞刻本　八冊　存十六卷(一至十、十五至二十)

500000－8701－0002419　C04/3:7/2457
金湯借箸十二籌十二卷　(清)李盤撰　清抄本　十七冊

500000－8701－0002420　C04/3:7/2458
周禮註疏四十二卷　(漢)鄭玄注　(唐)賈公彥疏　明崇禎元年(1628)毛氏汲古閣刻本　十六冊　存二十九卷(一至四、七至二十八、四十至四十二)

500000－8701－0002421　C04/3:7/2459
儀禮註疏十七卷　(漢)鄭玄註　(唐)賈公彥疏　明汲古閣刻本　八冊　存十一卷(一至十一)

500000－8701－0002422　C04/4:1/2460
尚書註疏二十卷　(漢)孔安國傳　(唐)孔穎達疏　明汲古閣刻本　五冊　存十三卷(一至三、七至十四、十七至十八)

500000－8701－0002423　C04/4:1/2461
嘉靖以來内閣首輔傳八卷　(明)王世貞著　明刻本　二冊

500000－8701－0002424　C04/4:1/2462
禮記註疏六十三卷　(漢)鄭玄註　(唐)孔穎達疏　明毛氏汲古閣刻本　七冊　存二十一卷(七至二十七)

500000－8701－0002425　C04/4:1/2463
周易兼義九卷　(三國魏)王弼　(晉)韓康伯註　(唐)孔穎達正義　**周易略例一卷**　(三國魏)王弼著　(唐)邢璹注　(唐)陸德明音義　明崇禎四年(1631)毛氏汲古閣刻本　叔辰朱筆點校　五冊

500000－8701－0002426　C04/4:1/2464
爾雅註疏十一卷　(晉)郭璞註　(宋)邢昺疏　明毛氏汲古閣刻本　四冊　存五卷(六至十)

500000－8701－0002427　C04/4:1/2465
毛詩註疏二十卷　(漢)鄭玄箋　(唐)孔穎達疏　明毛氏汲古閣刻本　十五冊

500000－8701－0002428　C04/4:1/2466
重刻楊盂載眉菴集十二卷補遺一卷　(明)楊基著　明萬曆汪汝淳刻本　二冊

500000－8701－0002429　C04/4:2/2467
禮記註疏六十三卷　(漢)鄭玄註　(唐)孔穎達疏　明崇禎十二年(1639)毛氏汲古閣刻本　三冊　存八卷(十四至十六、十九至二十、四十至四十二)

500000－8701－0002430　C04/4:2/2468
春秋穀梁註疏二十卷　(晉)范甯集解　(唐)楊士勳疏　明毛氏汲古閣刻本　四冊　存十四卷(一至三、十至二十)

500000－8701－0002431　C04/4:2/2469
如面譚二集十八卷　(明)鍾惺纂輯　明刻本　八冊

500000－8701－0002432　C04/4:2/2470
周禮註疏四十二卷　(漢)鄭玄註　(唐)賈公彥疏　明毛氏汲古閣刻本　十一冊　存二十九卷(一至二十六、三十四至三十六)

500000－8701－0002433　C04/4:2/2471
春秋左傳註疏六十卷　(晉)杜預註　(唐)孔穎達疏　明崇禎十一年(1638)毛氏汲古閣刻

本　十六册　存四十二卷(十九至六十)

500000－8701－0002434　C04/4:2/2472
周禮註疏四十二卷　(漢)鄭玄註　(唐)賈公彦疏　明毛氏汲古閣刻本　五册　存十六卷(一至十六)

500000－8701－0002435　C04/4:3/2473
春秋左傳註疏六十卷　(晉)杜預註　(唐)孔穎達疏　明毛氏汲古閣刻本　佚名朱筆點校　三册　存八卷(十五至十九、三十至三十二)

500000－8701－0002436　C04/4:3/2474
春秋公羊註疏二十卷　(漢)何休學　明毛氏汲古閣刻本　佚名朱筆點校　六册　存十七卷(五至十三、十七至二十、二十五至二十八)

500000－8701－0002437　C04/4:3/2475
春秋公羊註疏二十卷　(漢)何休學　明毛氏汲古閣刻本　四册　存十四卷(七至十六、二十一至二十四)

500000－8701－0002438　C04/4:3/2476
重刻張閣老經筵四書直解二十七卷　(明)張居正撰　**四書鄒魯指南不分卷**　(明)楊文奎撰　明書林何敬塘刻本　佚名點校　七册　存十九卷(大學一,中庸二至三,論語一至五,孟子一至六、十至十四)

500000－8701－0002439　C04/4:3/2477
明水陳先生[九川]年譜二卷　(明)江治等編　明抄本　六册

500000－8701－0002440　C04/4:3/2478
西漢文二十卷目録二十卷東漢文二十卷目録二十卷　(明)張采輯　明崇禎六年(1633)金閶委宛齋刻本　十八册　存七十六卷(西漢文二十卷,目録二十卷;東漢文一至八、十三至二十,目録二十卷)

500000－8701－0002441　C04/4:4/2479
春秋朔閏異同考二卷附考略　(清)羅士琳撰　清抄本　二册

500000－8701－0002442　C04/4:4/2480
鼎鍥葉太史彙纂玉堂鑑綱七十二卷總論一卷　(宋)劉恕外紀　(元)金履祥前編　(明)葉向高彙纂　明萬曆熊成冶刻本　十四册　存四十卷(一至十八、二十二至二十四、二十九至三十、四十九至五十六、六十一至六十六、七十至七十二)

500000－8701－0002443　C04/4:4/2481
五經註選五卷　(明)俞指南輯　明萬曆元年(1573)新安俞氏刻本　一册　存三卷(一至三)

500000－8701－0002444　C04/4:4/2482
禮記纂注三十卷　(明)湯道衡撰　明末刻本　二册　存十六卷(十五至三十)

500000－8701－0002445　C04/4:4/2483
汲古閣說文訂一卷　(清)段玉裁撰　清嘉慶二年(1797)袁氏五硯樓刻本　二册

500000－8701－0002446　C04/4:4/2484
三國志六十五卷　(晉)陳壽撰　(南朝宋)裴松之注　(明)陳仁錫評　清順治雲林積秀堂刻本　四册　存二十六卷(蜀書六至十一、吳書二十卷)

500000－8701－0002447　C04/4:4/2485
錦繡萬花谷前集四十卷後集四十卷續集四十卷　(宋)□□輯　明嘉靖刻本　二册　存十四卷(續集二十一至三十四)

500000－8701－0002448　C04/4:4/2486
四六霞肆十六卷　(明)何偉然彙纂　明崇禎胡正言十竹齋刻本　六册　存七卷(二至七、十六)

500000－8701－0002449　C04/4:4/2487
忠義水滸傳一百回　(明)施耐菴撰　明末刻本　十六册　存八十一回(五至十、二十二至四十、四十五至一百)

500000－8701－0002450　C04/4:5/2488
諸子品節五十卷　(明)陳深輯　明萬曆十八年(1590)刻本　一册　存二卷(二十六至二十七)

500000－8701－0002451　C04/4：5/2489
春秋左傳節文十五卷附音義　（明）汪道昆撰　明萬曆十五年(1587)刻本　一册　存四卷(十二至十五)

500000－8701－0002452　C04/4：5/2490
筠清館金石文字五卷　（清）吴榮光撰　清道光二十二年(1842)吴氏筠清館刻本　五册

500000－8701－0002453　C04/4：5/2491
沖虚至德真經八卷　（晉）張湛注　（唐）殷敬順釋文　明嘉靖十二年(1533)顧春世德堂刻本　一册　存三卷(六至八)

500000－8701－0002454　C04/4：5/2492
月令廣義二十四卷首一卷　（明）馮應京輯　（明）戴任增釋　明萬曆陳邦泰刻本　六册　存二十卷(二至三、七至二十四)

500000－8701－0002455　C04/4：5/2493
月令廣義二十四卷首一卷附錄一卷　（明）馮應京輯　（明）戴任增釋　明萬曆陳邦泰刻本　二册　存七卷(七至九、十四至十七)

500000－8701－0002456　C04/4：5/2494
新刻標題古今三十三朝史綱紀要七十二卷首一卷外紀七卷　（明）許國撰　（明）黄洪憲補　明萬曆書林詹氏刻本　三十二册　存六十二卷(一至二十五、四十三至七十二，外紀七卷)

500000－8701－0002457　C04/4：6/2495
太函集一百二十卷目錄六卷　（明）汪道昆撰　明萬曆刻本　二十册

500000－8701－0002458　C04/4：7/2496
太函集一百二十卷目錄六卷　（明）汪道昆撰　明萬曆刻本　七册　存三十一卷(六十一至六十六、六十九至八十三、八十五至八十六、一百七至一百十一，目錄四至六)

500000－8701－0002459　C04/4：7/2497
太函集一百二十卷目錄六卷　（明）汪道昆撰　明萬曆刻本　二册　存九卷(七十三至八十一)

500000－8701－0002460　C04/4：7/2498
唐類函二百卷目錄二卷　（明）俞安期纂　明刻本　三册　存十五卷(五十一至五十五、七十六至八十五)

500000－8701－0002461　C04/4：7/2499
唐類函二百卷目錄二卷　（明）俞安期纂　明萬曆三十一年(1603)刻本　二十四册　存一百十九卷(一至十、三十一至六十、六十六至一百、一百十六至一百十八、一百二十六至一百六十四，目錄二卷)

500000－8701－0002462　C04/5：1/2500
史記評林一百三十卷　（漢）司馬遷撰　（明）淩稚隆輯評　（明）李光縉增補　明萬曆二年至四年(1574－1576)淩稚隆刻本　二十三册　存一百二十三卷(一至一百十九、一百二十七至一百三十)

500000－8701－0002463　C04/5：2/2501
史記評林一百三十卷　（漢）司馬遷撰　（明）淩稚隆輯評　（明）李光縉增補　明萬曆二年至四年(1574－1576)淩稚隆刻本　三册　存二十三卷(六至十、七十九至九十六)

500000－8701－0002464　C04/5：2/2502
論語集註大全二十卷序説一卷　（明）胡廣等輯　明初内府刻四書集註大全本　一册　存二卷(十五至十六)

500000－8701－0002465　C04/5：2/2503
春秋公羊穀梁合纂二卷　（明）張榜輯並評　明刻本　二册

500000－8701－0002466　C04/5：2/2504
禮記要義三十三卷　（宋）魏了翁撰　清拜五經齋主人錫壽影宋抄本　内封有戊辰(1928)文素松題識　十册

500000－8701－0002467　C04/5：2/2505
五經文字三卷　（唐）張參撰　清康熙五十四年(1715)項絪刻本　三册

500000－8701－0002468　C04/5：2/2506
韓文一卷　（唐）韓愈撰　明萬曆四十五年(1617)閔齊伋刻本　一册

500000－8701－0002469　C04/5：2/2507
古今翰苑瓊琚十二卷　（明）楊慎選　（明）孫鑛評　明天啓刻本　三册　存六卷（五至十）

500000－8701－0002470　C04/5：3/2508
説文解字十五卷　（漢）許慎撰　清初毛氏汲古閣刻本　八册

500000－8701－0002471　C04/5：3/2509
重刻内府原板張閣老經筵四書直解指南二十七卷　（明）張居正撰　（明）焦竑增補　明萬曆易齋詹諒刻本　十一册

500000－8701－0002472　C04/5：3/2510
六書分類十二卷首一卷　（清）傅世垚輯　清乾隆五十四年（1789）傅氏聽松閣刻本　十三册

500000－8701－0002473　C04/5：4/2511
六書通十卷　（明）閔齊伋撰　（清）畢弘述篆訂　清康熙五十九年（1720）刻本　六册

500000－8701－0002474　C04/5：4/2512
説文解字斠詮十四卷　（清）錢坫撰　清嘉慶十二年（1807）錢氏吉金樂石齋刻本　七册

500000－8701－0002475　C04/5：4/2513
史記一百三十卷　（漢）司馬遷撰　（唐）張守節正義　明萬曆南國子監刻本　十七册

500000－8701－0002476　C04/5：5/2514
前漢書一百卷　（漢）班固撰　（唐）顔師古注　宋刻元明清遞修本　二十二册

500000－8701－0002477　C04/5：5/2515
新唐書二百二十五卷　（宋）歐陽修　（宋）宋祁等撰　明南國子監刻萬曆修補本　十五册

500000－8701－0002478　C04/5：6/2516
宋史四百九十六卷目録三卷　（元）脱脱等撰　明南國子監補刻本　五册

500000－8701－0002479　C04/5：6/2517
遼史一百十六卷　（元）脱脱等撰　明嘉靖南國子監刻本　一册

500000－8701－0002480　C04/5：6/2518
梁書五十六卷　（唐）姚思廉撰　明萬曆南國子監刻本　七册

500000－8701－0002481　C04/5：6/2519
北史一百卷　（唐）李延壽撰　明萬曆南國子監刻本　五册

500000－8701－0002482　C04/5：6/2520
史記一百三十卷　（漢）司馬遷撰　（唐）張守節正義　明萬曆南國子監刻本　五册

500000－8701－0002483　C04/5：7/2521
漢書一百卷　（漢）班固撰　（唐）顔師古注　明嘉靖南國子監刻萬曆修補本　六册

500000－8701－0002484　C04/5：7/2522
後漢書一百二十卷　（南朝宋）范曄撰　（唐）李賢注　**志三十卷**　（晉）司馬彪撰　（南朝梁）劉昭注　明嘉靖南國子監刻本　二册

500000－8701－0002485　C04/5：7/2523
周書五十卷　（唐）令狐德棻等撰　明萬曆南國子監刻本　一册

500000－8701－0002486　C04/5：7/2524
南史八十卷　（唐）李延壽撰　明萬曆南國子監刻本　五册

500000－8701－0002487　C04/5：7/2525
晉書一百三十卷　（唐）房玄齡等撰　明萬曆南國子監刻本　十四册

500000－8701－0002488　C04/5：7/2526
梁書五十六卷　（唐）姚思廉撰　明萬曆三年（1575）國子監刻本　三册　存十一卷（一至六、八至九、四十八至五十）

500000－8701－0002489　C05/1：1/2527
魏書一百十四卷　（北齊）魏收撰　明萬曆南國子監刻清補修本　二十二册

500000－8701－0002490　C05/1：2/2528
北齊書五十卷　（唐）李百藥撰　明萬曆南國子監刻本　一册

500000－8701－0002491　C05/1：2/2529
元史二百十卷　（明）宋濂等撰　明嘉靖南國子監刻本　六册

500000－8701－0002492　C05/1:2/2530
金史一百三十五卷附欽定金國語解一卷　(元)脱脱等修　明嘉靖南國子監刻本　六册

500000－8701－0002493　C05/1:2/2531
魏書一百十四卷　(北齊)魏收撰　明萬曆二十四年(1596)國子監刻本　六册　存三十四卷(七、十一、十二至二十一、三十七、五十至五十一、七十九至八十六、九十七至一百七)

500000－8701－0002494　C05/1:2/2532
史記一百三十卷　(漢)司馬遷撰　(唐)張守節正義　明萬曆二十四年(1596)國子監刻本　三册　存二十三卷(三十七至四十、七十一至八十九)

500000－8701－0002495　C05/1:2/2533
三國志六十五卷　(晉)陳壽撰　(南朝宋)裴松之注　明萬曆國子監刻本　七册

500000－8701－0002496　C05/1:3/2534
宋書一百卷　(南朝梁)沈約撰　明萬曆國子監刻本　二十册

500000－8701－0002497　C05/1:3/2535
隋書八十五卷　(唐)魏徵等撰　明萬曆國子監刻本　四册

500000－8701－0002498　C05/1:3/2536
陳書三十六卷　(唐)姚思廉撰　明萬曆十六年(1588)刻本　四册

500000－8701－0002499　C05/1:4/2537
宋書一百卷　(南朝梁)沈約撰　明萬曆二十二年(1594)國子監刻本　七册　存三十卷(二至六、十三至十七、三十七至四十五、六十七至七十一、九十至九十五)

500000－8701－0002500　C05/1:4/2538
袁中郎十集十六卷　(明)袁宏道撰　明萬曆刻本　二册

500000－8701－0002501　C05/1:4/2539
錦帆集四卷去吴尺牘一卷　(明)袁宏道撰　明萬曆三十七年(1609)勾吴袁氏書種堂刻本　一册

500000－8701－0002502　C05/1:4/2540
瀟碧堂集二十卷　(明)袁宏道撰　明萬曆三十六年(1608)袁氏書種堂刻本　三册

500000－8701－0002503　C05/1:4/2541
解脱集四卷　(明)袁宏道撰　明萬曆三十八年(1610)勾吴袁氏書種堂刻本　一册

500000－8701－0002504　C05/1:4/2542
瓶花齋集十卷　(明)袁宏道撰　明萬曆三十六年(1608)勾吴袁氏書種堂刻本　二册

500000－8701－0002505　C05/1:4/2543
史記一百三十卷　(漢)司馬遷撰　(唐)張守節正義　明崇禎毛氏汲古閣刻本　十二册

500000－8701－0002506　C05/1:4/2544
周書五十卷　(唐)令狐德棻等撰　明崇禎毛氏汲古閣刻本　一册

500000－8701－0002507　C05/1:4/2545
隋書八十五卷　(唐)魏徵等撰　明崇禎毛氏汲古閣刻本　一册

500000－8701－0002508　C05/1:4/2546
南齊書五十九卷　(南朝梁)蕭子顯撰　明崇禎毛氏汲古閣刻本　六册

500000－8701－0002509　C05/1:4/2547
梁書五十六卷　(唐)姚思廉撰　明崇禎毛氏汲古閣刻本　五册

500000－8701－0002510　C05/1:4/2548
説郛續四十六号　(明)陶珽輯　清刻本　一册　存五種五卷(皇明盛事一卷、菽園雜記一卷、客座新聞一卷、枝山前聞一卷、甲乙剩言一卷)

500000－8701－0002511　C05/1:5/2549
新唐書二百二十五卷　(宋)歐陽修等撰　明崇禎毛氏汲古閣刻本　三十二册

500000－8701－0002512　C05/1:6/2550
晉書一百三十卷　(唐)房玄齡等撰　明崇禎毛氏汲古閣刻本　十一册

500000－8701－0002513　C05/1:6/2551
宋書一百卷　(南朝梁)沈約撰　明崇禎毛氏

汲古閣刻本　二冊

500000－8701－0002514　C05/1：6/2552
南齊書五十九卷　(南朝梁)蕭子顯撰　明崇禎十年(1637)汲古閣刻本　五冊　存三十二卷(二十八至五十九)

500000－8701－0002515　C05/1：6/2553
梁書五十六卷　(唐)姚思廉撰　明崇禎六年(1633)汲古閣刻本　二冊　存十四卷(二至五、四十至四十九)

500000－8701－0002516　C05/1：6/2554
北齊書五十卷　(唐)李百藥撰　明崇禎毛氏汲古閣刻本　三冊

500000－8701－0002517　C05/1：6/2555
唐書二百二十五卷　(宋)歐陽修　(宋)宋祁等撰　明崇禎二年(1629)汲古閣刻本　三冊　存十六卷(五十四至六十、七十六至八十一、九十七至九十九)

500000－8701－0002518　C05/1：6/2556
新五代史七十四卷　(宋)歐陽修撰　(宋)徐無黨注　明崇禎毛氏汲古閣刻本　五冊

500000－8701－0002519　C05/1：6/2557
晉書一百三十卷　(唐)房玄齡等撰　明崇禎元年(1628)毛氏汲古閣刻本　一冊　存三卷(十八至二十)

500000－8701－0002520　C05/1：6/2558
三國志六十五卷　(晉)陳壽撰　(南朝宋)裴松之注　明崇禎毛氏汲古閣刻本　二冊

500000－8701－0002521　C05/1：7/2559
前漢書一百卷　(漢)班固撰　(唐)顏師古注　明崇禎毛氏汲古閣刻本　十五冊

500000－8701－0002522　C05/1：7/2560
後漢書九十卷　(南朝宋)范曄撰　(唐)李賢注　**志三十卷**　(晉)司馬彪撰　(南朝梁)劉昭注　明崇禎十六年(1643)汲古閣毛氏刻本　一冊　存七卷(十六至二十二)

500000－8701－0002523　C05/1：7/2561
後漢書九十卷　(南朝宋)范曄撰　(唐)李賢注　**志三十卷**　(晉)司馬彪撰　(南朝梁)劉昭注　明崇禎十六年(1643)汲古閣毛氏刻本　十四冊　存七十五卷(一至五十七、志十三至三十)

500000－8701－0002524　C05/2：1/2562
後漢書九十卷　(南朝宋)范曄撰　(唐)李賢注　**志三十卷**　(晉)司馬彪撰　(南朝梁)劉昭注　明崇禎毛氏汲古閣刻本　二十一冊

500000－8701－0002525　C05/2：1/2563
申文定公書經講義會編十二卷　(明)申時行撰　明刻本　四冊　存六卷(一至六)

500000－8701－0002526　C05/2：1/2564
字鑑五卷　(元)李文仲撰　清道光五年(1825)許槤琴經書塾刻本　二冊

500000－8701－0002527　C05/2：1/2565
書集傳六卷書圖一卷朱子說書綱領一卷書序一卷　(宋)蔡沈集傳　明正統十二年(1447)內府刻本　三冊　存六卷(一至三、書圖一卷、朱子說書綱領一卷、書序一卷)

500000－8701－0002528　C05/2：1/2566
易經直解二十卷　(明)伊在庭等輯　明萬曆七年(1579)詹氏易齋刻本　三冊　存十三卷(一至七、十五至二十)

500000－8701－0002529　C05/2：1/2567
春秋公羊傳十二卷　(明)閔齊伋撰　明天啟刻本　二冊

500000－8701－0002530　C05/2：1/2568
春秋穀梁傳十二卷攷一卷　(明)閔齊伋裁注　明天啓文林閣唐錦池刻本　二冊

500000－8701－0002531　C05/2：2/2569
周官精義十二卷　(清)連斗山編　清乾隆四十一年(1776)提督學院刻本　三冊

500000－8701－0002532　C05/2：2/2570
春秋經傳集解三十卷異名考一卷　(晉)杜預注　明天放庵刻本　六冊　存十八卷(一至十五、二十二至二十四)

500000－8701－0002533　C05/2：2/2571

紅樓夢一百二十回 （清）曹霑撰 （清）王希廉 繆荃孫評 清道光十二年(1832)刻本 二十四冊

500000－8701－0002534 C05/2:3/2572
雅雨堂叢書十三種一百三十五卷 （清）盧見曾輯 清乾隆二十一年至二十五年(1756－1760)盧氏雅雨堂刻本 二十四冊

500000－8701－0002535 C05/2:3/2573
洛陽伽藍記五卷 （北魏）楊衒之撰 清嘉慶十年(1805)張海鵬照曠閣刻本 三冊

500000－8701－0002536 C05/2:3/2574
二十一史三千二百五十卷 （明）國子監輯 明國子監刻本 八百三十四冊

500000－8701－0002537 C05/5:3/2575
詩經叶音辨譌八卷首一卷 （清）劉維謙撰 清乾隆三年(1738)壽峰書屋刻本 六冊

500000－8701－0002538 C05/5:3/2576
新鍥會元玉蟠袁先生真傳書經翼衷演義□□卷 （明）袁宗道著 （明）申時行校正 （明）袁黃參訂 明萬曆十六年(1588)詹沖刻本 三冊 存八卷(一至六、九至十)

500000－8701－0002539 C05/5:3/2577
古今韻略五卷 （清）邵長蘅撰 清康熙三十五年(1696)宋犖刻本 二冊

500000－8701－0002540 C05/5:3/2578
詩經集傳八卷 （宋）朱熹撰 清康熙十一年(1672)朱氏刻本 四冊

500000－8701－0002541 C05/5:3/2579
新鐫十名家批評易傳闡庸一百卷易傳闡庸要略二卷 （明）姜震陽撰 明崇禎刻本 二冊 存二卷(易傳闡庸要略二卷)

500000－8701－0002542 C05/5:3/2580
經傳釋詞十卷 （清）王引之撰 清嘉慶二十四年(1819)刻本 四冊

500000－8701－0002543 C05/5:4/2581
五車韻府十卷 （明）陳藎謨訂 （明）胡邵瑛纂 清乾隆二十六年(1761)慎思堂刻本 十冊

500000－8701－0002544 C05/5:4/2582
春秋大成三十一卷 （清）馮雲驤撰 清順治十一年(1654)刻本 十六冊

500000－8701－0002545 C05/5:4/2583
琴學心聲諧譜二卷 （清）莊臻鳳撰 清康熙五年(1666)刻本 四冊

500000－8701－0002546 C05/5:4/2584
鐵網珊瑚書品十卷畫品六卷 （明）朱存理輯 清雍正七年(1729)楊元萃抄本 二十冊

500000－8701－0002547 C05/5:5/2585
西清古鑑四十卷錢錄十六卷 （清）梁詩正等纂修 清乾隆十六年(1751)武英殿銅版印本 一冊 存二卷(西清古鑑三至四)

500000－8701－0002548 C05/5:5/2586
西清古鑑四十卷錢錄十六卷 （清）梁詩正等纂修 清乾隆十六年(1751)武英殿銅版印本 二十四冊

500000－8701－0002549 C05/5:6/2587
秦漢十印齋藏書目四卷 （清）蔣鳳藻藏並撰 清抄本 二冊

500000－8701－0002550 C05/5:6/2588
金石史二卷 （明）郭宗昌撰 清康熙三年(1664)刻本 二冊

500000－8701－0002551 C05/5:6/2589
金石存十五卷 （清）吳玉搢撰 清嘉慶二十四年(1819)聞妙香室刻本 五冊

500000－8701－0002552 C05/5:6/2590
寶閑堂集四卷 （清）張四科撰 清乾隆二十四年(1759)刻本 四冊

500000－8701－0002553 C05/5:6/2591
青邱高季迪先生詩集十八卷遺詩一卷鳧藻集五卷扣舷集一卷 （明）高啟撰 （清）金檀輯注 清雍正六年(1728)金氏文瑞樓刻本 十冊

500000－8701－0002554 C05/5:6/2592
青邱高季迪先生詩集十八卷遺詩一卷鳧藻集

五卷扣舷集一卷　（明）高啟撰　（清）金檀輯注　清雍正六年（1728）金氏文瑞樓刻本　十冊

500000－8701－0002555　C05/5：7/2593
青邱高季迪先生詩集十八卷遺詩一卷鳧藻集五卷扣舷集一卷　（明）高啟撰　（清）金檀輯注　清雍正六年（1728）金氏文瑞樓刻本　十六冊

500000－8701－0002556　C05/5：7/2594
說郛一百二十弓　（明）陶宗儀輯　清順治四年（1647）刻本　一百二十一冊　缺一百三十五種一百三十五卷（翼莊一卷、春秋潛潭巴一卷、禮含文嘉一卷、孝經内事一卷、演繁露一卷、墨娥漫錄一卷、三水小牘一卷、西林日記一卷、癸辛雜識一卷、澄懷錄一卷、因論一卷、晉問一卷、桃源手聽一卷、西齋話記一卷、宣室志一卷、傳載一卷、傳載略一卷、瀟湘錄一卷、視聽抄一卷、卻掃編一卷、開顏集一卷、洽聞記一卷、閒談錄一卷、解酲語一卷、延漏錄一卷、避戎嘉話一卷、避亂錄一卷、清溪寇軌一卷、十友瑣說一卷、唐年補錄一卷、洛陽搢紳舊聞記一卷、北夢瑣言一卷、戎幕閒談一卷、文昌雜錄一卷、默記一卷、大唐奇事一卷、朝野遺記一卷、朝野僉言一卷、蜀道徵討比事一卷、大事記一卷、三朝野史一卷、燕山雜記一卷、梁雜儀注一卷、婚雜儀注一卷、稽古定制一卷、晉史乘一卷、楚史檮杌一卷、金志一卷、遼志一卷、松漠記聞一卷、虜廷事實一卷、夷俗考一卷、北風揚沙錄一卷、蒙韃備錄一卷、北邊備錄一卷、燕北錄一卷、陷虜記一卷、英雄記鈔一卷、高士傳一卷、汝南先賢傳一卷、零陵先賢傳一卷、神仙傳一卷、吳錄一卷、西徵記一卷、宜都記一卷、武陵記一卷、漢南記一卷、南越志一卷、遼東志略一卷、乾道庚寅奏事錄一卷、豫章古今記一卷、南海古跡記一卷、汴故宮記一卷、廬山草堂記一卷、草堂三謠一卷、平泉山居雜記一卷、乾淳歲時記一卷、影燈記一卷、女誡一卷、呂氏鄉約一卷、鄭氏家範一卷、東穀所見一卷、洛中耆英會一卷、洛中九老會一卷、雜纂續一卷、妝臺記一卷、靚妝錄一卷、髻鬟品一卷、織錦璿璣圖一卷、林下詩談一卷、書法一卷、法書苑一卷、書譜一卷、續畫品錄一卷、名畫記一卷、名畫獵精一卷、采畫錄一卷、廣畫錄一卷、貞觀公私畫史一卷、紀藝一卷、墨竹譜一卷、續北山酒經一卷、熙寧酒課一卷、新豐酒法一卷、酒爾雅一卷、漁陽石譜一卷、泉志一卷、衛公故物記一卷、打馬圖一卷、蹴踘圖譜一卷、棋手勢一卷、羯鼓錄一卷、續竹譜一卷、野菜譜一卷、相馬書一卷、握奇經續圖一卷、八陣總述一卷、脈經一卷、漢雜事秘辛一卷、飛燕遺事一卷、梁清傳一卷、杜蘭香傳一卷、白猿傳一卷、靈鬼志一卷、才鬼記一卷、保和殿曲宴記一卷、東陽夜怪錄一卷、夢遊錄一卷、諾皋記一卷、集異志一卷、括異志一卷、窮怪錄一卷、宣驗記一卷、睽車志一卷、物異考一卷）

500000－8701－0002557　C06/1：3/2595
說郛一百二十弓　（明）陶宗儀輯　清順治四年（1647）刻本　一百三冊　缺三百二種三百二十二卷（大學石經一卷、大學古本一卷、中庸古本一卷、詩小序一卷、詩傳一卷、詩說一卷、翼莊一卷、春秋潛潭巴一卷、禮含文嘉一卷、演繁露一卷、楮記室一卷、墨娥漫錄一卷、西林日記一卷、癸辛雜識一卷、後山談叢一卷、林下偶譚一卷、緗素雜記一卷、捫虱新話一卷、研北雜誌一卷、清波雜誌一卷、壺中贅錄一卷、物類相感志一卷、澄懷錄一卷、緯略一卷、鉤玄一卷、因論一卷、晉問一卷、桃源手聽一卷、步里客談一卷、西齋話記一卷、宣室志一卷、傳載一卷、視聽抄一卷、卻掃編一卷、開顏集一卷、閒談錄一卷、解酲語一卷、延漏錄一卷、醉翁寱語一卷、清尊錄一卷、昨夢錄一卷、就日錄一卷、漫笑錄一卷、軒渠錄一卷、拊掌錄一卷、諧噱錄一卷、咸定錄一卷、天定錄一卷、調謔編一卷、謔名錄一卷、艾子雜說一卷、避戎嘉話一卷、避亂錄一卷、十友瑣說一卷、唐年補錄一卷、玉堂逢辰錄一卷、宜春傳信錄一卷、洛陽搢紳舊聞記一卷、小說舊聞記一卷、廣陵妖亂志一卷、北夢瑣言一卷、戎幕閒談一卷、文昌雜錄一卷、大唐奇事一卷、皮子世錄一卷、朝野遺記一卷、朝野僉言一卷、蜀道徵討比事一卷、燕山雜記一卷、山居新語一卷、梁雜儀注一卷、婚雜儀注一卷、稽古定制一卷、新城錄一卷、晉史乘一卷、楚史檮杌一卷、金志一卷、遼志一卷、松漠記聞一卷、虜廷事實一卷、夷俗考一卷、北風揚沙錄一卷、蒙韃備錄一卷、北邊備對一卷、燕北錄一卷、陷虜記一卷、英雄記鈔一卷、高士傳一卷、汝南先賢傳一卷、神仙傳一卷、靈憲注一卷、玉曆通政經一卷、徐整長曆一卷、孫氏瑞應圖一卷、玉符瑞圖一卷、地鏡圖一卷、五行記一卷、玄中記一卷、發蒙記一卷、決疑要注一卷、在窮記一卷、河東記一卷、雞林志一卷、湘山錄一卷、九國志一卷、九域志一卷、十道志一卷、三十州記一卷、寰宇記一卷、風土記一卷、神境記一卷、西徵記一卷、三輔黄圖一卷、三輔舊事一卷、西都雜記一卷、太康地記一卷、燉煌新錄一卷、扶南土俗一卷、南宋市肆紀一卷、三秦記一卷、長安志一卷、宜都記一卷、漢南記一卷、遼東志略一卷、入越記一卷、吳郡諸山錄一卷、廬山錄一卷後錄一卷、九華山錄一卷、金華遊錄一卷、大嶽志一卷、佛國記一卷、神異經一卷、拾遺名山記一卷、海内十洲記一卷、洞天福地記一卷、别國洞冥記一卷、西京雜記一卷、南部煙花記一卷、豫章古今記一卷、錢塘瑣記一卷、汴故宫記一卷、草堂三謠一卷、乾淳歲時記一卷、輦下歲時記一卷、玉燭寶典一卷、歲時雜記一卷、影燈記一卷、女誡一卷、訓學齋規一卷、吕氏鄉約一卷、鄭氏家範一卷、東穀所見一卷、妝樓記一卷、妝台記一卷、靚妝錄一卷、髻鬟品一卷、風騷旨格一卷、韻語陽秋一卷、藝苑雌黄一卷、譚苑醍醐一卷、竹林詩評一卷、謝氏詩源一卷、潛溪詩眼一卷、本事詩一卷、續本事詩一卷、五十六種書法一卷、法書苑一卷、古畫品錄一卷、後畫品錄一卷、續畫品錄一卷、益州名畫錄三卷、名畫記一卷、名畫獵精一卷、采畫錄一卷、廣畫錄一卷、貞觀公私畫史一卷、林泉高致一卷、畫論一卷、紀藝一卷、畫梅譜一卷、畫竹譜一卷、墨竹譜一卷、畫學秘訣一卷、畫史一卷、畫品一卷、畫鑒一卷、畫論一卷、茶錄一卷、硯史一卷、漁陽石譜一卷、三代鼎器錄一卷、泉志一卷、衛公故物記一卷、古玉圖考一卷、文房圖贊一卷、文房圖贊續一卷、燕几圖一卷、打馬圖一卷、蹴踘圖譜一卷、南方草木狀三卷、續竹譜一卷、野菜譜一卷、禽經一卷、肉攫部一卷、麟書一卷、蠶書一卷、養魚經一卷、漁具詠一卷、相鶴經一卷、相牛經一卷、相馬書一卷、蟹譜一卷、蟫史一卷、禽獸決錄一卷、解鳥語經一卷、風后握奇經一卷、握奇經續圖一卷、八陣總述一卷、算經一卷、望氣經一卷、星經二卷、相雨書一卷、水衡記一卷、峽船志一卷、水經二卷、太乙經一卷、起世經一卷、宅經一卷、木經一卷、耒耜經一卷、褚氏遺書一卷、脈經一卷、子午經一卷、玄女房中經一卷、相地骨經一卷、相兒經一卷、龜經一卷、蔔記一卷、筫龜淪一卷、百怪斷經一卷、土牛經一卷、漏刻經一卷、感應經一卷、感應類從志一卷、夢書一卷、數術記遺一卷、漢雜事秘辛一卷、大業雜記一卷、大業拾遺記一卷、元氏掖庭記一卷、焚椒錄一卷、開河記一卷、迷樓記一卷、海山記一卷、飛燕遺事一卷、穆天子傳一卷、鄴侯外傳一卷、同昌公主傳一卷、梁四公記一卷、林靈素傳一卷、希夷先生傳一卷、梁清傳一卷、西王母傳一卷、魏夫人傳一卷、杜蘭香傳一卷、麻姑傳一卷、白猿傳一卷、柳毅傳一卷、李林甫外傳一卷、汧國夫人傳一卷、東陽夜怪錄一卷、記錦裾一卷、夢遊錄一卷、諸皋記一卷、集異志一卷、括異志一卷、異苑一卷、吉兇影響錄一卷、聞奇錄一卷、錄異記一卷、纂異記一卷、采異記一卷、乘異記一卷、廣異記一卷、獨異志一卷、甄異記一卷、徂異記一卷、祥異記一卷、近異錄一卷、旌異記一卷、冥祥記一卷、集靈記一卷、太清記一卷、妖化錄一卷、宣驗記一卷、睽車志一卷、睽車志一卷、鬼國記一卷續一卷、壟上記一卷、物異考一卷、雲仙雜記十卷、清異錄四卷)

500000－8701－0002558　C06/1:6/2596

皇明今獻纂言二十四卷　(□)□□輯　明刻本　内封有己丑李承祥　李文衡朱墨題識　六十册

500000－8701－0002559　C06/1:7/2597

說郛續四十六弓　(明)陶珽輯　清順治四年

(1647)刻本　四十一册

500000－8701－0002560　C06/2:1/2598
八千卷樓書目不分卷　(清)丁丙藏　(清)丁和甫編　清抄本　二十册

500000－8701－0002561　C06/2:2/2599
佩文韻府一百六卷　(清)蔡升元等纂　清康熙五十一年至五十二年(1712－1713)内府刻本　九十五册

500000－8701－0002562　C06/2:5/2600
佩文韻府一百六卷　(清)蔡升元等纂　清康熙五十一年至五十二年(1712－1713)内府刻本　九十五册

500000－8701－0002563　C06/3:1/2601
漢魏叢書三十八種　(明)程榮輯　明萬曆刻本　五十册

500000－8701－0002564　C06/3:2/2602
快閣藏書十種五十八卷　(明)唐琳編　明天啓唐氏快閣刻本　八册

500000－8701－0002565　C06/3:2/2603
廣百川學海十集　(明)馮可賓輯　明刻本　十六册

500000－8701－0002566　C06/3:3/2604
佩文齋廣群芳譜一百卷目錄二卷　(清)汪灝等纂　清康熙四十七年(1708)内府刻本　二十四册

500000－8701－0002567　C06/3:4/2605
漢魏六朝一百三家集一百十八卷　(明)張溥編　明婁東張氏刻本　一百十册

500000－8701－0002568　C06/3:7/2606
唐開元占經一百二十卷　(唐)釋瞿曇悉達撰　清初抄本　二十册

500000－8701－0002569　C06/3:7/2607
閒情小品二十七種二十八卷附錄一卷　(明)華淑輯　明萬曆四十五年(1617)刻本　一册　存十一種十二卷(文章九命一卷、千古一朋一卷、揚州夢一卷補一卷、樂府餘編一卷、酒考一卷、品茶八要一卷、香韻一卷、頌酒雜約一卷、貯書小譜一卷、書齋清事一卷、療言一卷)

500000－8701－0002570　C06/3:7/2608
二申野錄八卷　(清)孫之騄輯　清刻本　四册

500000－8701－0002571　C06/3:7/2609
重修政和經史證類備用本草三十卷　(宋)唐慎微撰　(宋)寇宗奭衍義　明成化刻本　六册　存十二卷(六至七、十至十一、十九至二十二、二十七至三十)

500000－8701－0002572　C06/4:1/0001
劉河間醫學六書六種　(金)劉完素撰　明萬曆二十九年(1601)吳勉學刻本　十册

500000－8701－0002573　C06/4:1/0002
新編事文類聚翰墨大全甲集十二卷乙集十八卷丙集十四卷丁集十一卷戊集十三卷己集十二卷庚集十五卷辛集十六卷壬集十七卷癸集十七卷後甲集十五卷後乙集十三卷後丙集十二卷後丁集十四卷後戊集九卷　(元)劉應李編　明刻本　一册　存七卷(甲集六至十二)

500000－8701－0002574　C06/4:1/0003
新編事文類聚翰墨大全甲集十二卷乙集十八卷丙集十四卷丁集十一卷戊集十三卷己集十二卷庚集十五卷辛集十六卷壬集十七卷癸集十七咸定甲集十五咸定乙集十三咸定丙集十二咸定丁集十四咸定戊集九卷　(元)劉應李編　明刻本　二册　存七卷(甲集六至十二)

500000－8701－0002575　C06/4:1/0004
世說新語六卷　(南朝宋)劉義慶撰　(南朝梁)劉孝標注　清康熙刻本　六册

500000－8701－0002576　C06/4:2/0005
趙浚谷文集十七卷　(明)趙時春撰　明刻本　八册

500000－8701－0002577　C06/4:2/0006
甲子會紀五卷　(明)薛應旂撰　明嘉靖刻本　四册

500000－8701－0002578　C06/4:2/0007

筠溪文集二十四卷　(明)鍾芳撰　明鍾筠溪刻本　二册　存四卷(二十一至二十四)

500000-8701-0002579　C06/4:2/0008
二如亭群芳譜三十卷首一卷　(明)王象晉輯　明崇禎刻本　二十八册

500000-8701-0002580　C06/4:3/0009
陸放翁全集一百五十七卷　(宋)陸游撰　明毛氏汲古閣刻清補修本　四十册

500000-8701-0002581　C06/4:4/0010
群書備考六卷續二三場群書備考三卷　(明)袁黄撰　(明)袁儼注釋　明刻本　二册　存四卷(三至六)

500000-8701-0002582　C06/4:4/0011
大佛頂如來密因修證了義諸菩薩萬行首楞嚴經折衷疏十卷　(唐)釋般剌密諦譯　(明)釋幻西述　明崇禎十五年(1642)徐開裕刻本　二册　存二卷(一至二)

500000-8701-0002583　C06/4:4/0012
唐荆川先生文集十二卷目録一卷　(明)唐順之撰　明唐國達刻本　一册　存三卷(一至二、目録一卷)

500000-8701-0002584　C06/4:4/0013
吴越春秋六卷　(漢)趙曄撰　(元)徐天祜音註　明萬曆二十年(1592)刻本　二册

500000-8701-0002585　C06/4:4/0014
新箋决科古今源流至論十卷　(宋)黄履翁撰　明刻本　三册

500000-8701-0002586　C06/4:4/0015
至大重修宣和博古圖録三十卷　(宋)王黼等撰　明嘉靖七年(1528)蔣暘刻本　五册　存五卷(一至五)

500000-8701-0002587　C06/4:4/0016
陸放翁全集一百五十八卷　(宋)陸游撰　明末毛氏汲古閣刻本　四十一册

500000-8701-0002588　C06/4:5/0017
陸放翁全集一百五十八卷　(宋)陸游撰　明末毛氏汲古閣刻本　四十八册

500000-8701-0002589　C06/4:7/0018
陸放翁全集一百五十八卷　(宋)陸游撰　明末毛氏汲古閣刻本　四十四册

500000-8701-0002590　C06/5:1/0019
由拳集二十三卷　(明)屠隆著　明萬曆八年(1580)馮夢禎刻本　六册　存十六卷(一至十六)

500000-8701-0002591　C06/5:1/0020
重修政和經史證類備用本草三十卷　(宋)唐慎微撰　明楊先春刻本　一册　存一卷(三十)

500000-8701-0002592　C06/5:1/0021
重脩政和經史證類備用大觀本草三十卷　(宋)唐慎微撰　明刻本　一册　存一卷(十三)

500000-8701-0002593　C06/5:1/0022
重刊經史證類大全本草三十一卷　(宋)唐慎微撰　(宋)寇宗奭衍義　明刻本　二册　存五卷(十三、二十三至二十六)

500000-8701-0002594　C06/5:1/0023
地圖綜要内篇一卷外篇一卷　(明)朱國達等輯　明崇禎十六年(1643)刻本　二册　存一卷(外篇一卷)

500000-8701-0002595　C06/5:1/0024
東萊先生音注唐鑑二十四卷　(宋)范祖禹撰　(宋)吕祖謙注　明刻本　三册

500000-8701-0002596　C06/5:2/0025
文儷十四卷　(明)陳翼飛輯　明萬曆三十八年(1610)刻本　八册　存八卷(一至八)

500000-8701-0002597　C06/5:2/0026
渭南文集五十卷　(宋)陸游撰　明崇禎毛氏汲古閣刻本　十四册

500000-8701-0002598　C06/5:2/0027
渭南文集五十卷　(宋)陸游撰　明崇禎毛氏汲古閣刻本　十册

500000-8701-0002599　C06/5:2/0028
渭南文集五十卷　(宋)陸游撰　明崇禎毛氏

汲古閣刻本　十二册

500000－8701－0002600　C06/5:3/0029
渭南文集五十卷　(宋)陸游撰　明崇禎毛氏汲古閣刻本　十册

500000－8701－0002601　C06/5:3/0030
車書樓彙輯各名公四六爭奇八卷　(明)許以忠選　明萬曆四十八年(1620)刻本　六册　存六卷(三至八)

500000－8701－0002602　C06/5:3/0031
雅尚齋遵生八牋十九卷總目一卷　(明)高濂撰　明刻本　二册　存二卷(一、總目一卷)

500000－8701－0002603　C06/5:3/0032
六十種曲一百二十卷　(清)毛晉輯　明末毛氏汲古閣刻本　四十四册　存二十五種四十七卷(荊釵記二卷、霞箋記二卷、精忠記下、浣紗記二卷、琵琶記二卷、還魂記二卷、紫釵記二卷、西廂記二卷、春蕪記二卷、琴心記二卷、玉鏡臺記二卷、懷香記二卷、綵毫記二卷、八義記二卷、西樓記二卷、繡襦記二卷、青衫記二卷、水滸記下、灌園記二卷、種玉記二卷、雙烈記二卷、獅吼記二卷、義俠記二卷、千金記上、金蓮記二卷)

500000－8701－0002604　C06/5:4/0033
二如亭群芳譜三十卷首一卷　(明)王象晉輯　明崇禎毛氏汲古閣刻本　二十八册

500000－8701－0002605　C06/5:5/0034
二如亭群芳譜三十卷首一卷　(明)王象晉輯　明崇禎毛氏汲古閣刻本　二十四册

500000－8701－0002606　C06/5:5/0035
二如亭群芳譜三十卷首一卷　(明)王象晉輯　明崇禎毛氏汲古閣刻本　十六册

500000－8701－0002607　C06/5:5/0036
晏子春秋六卷　題(戰國)晏嬰撰　明淩澄初刻本　三册　存五卷(一至五)

500000－8701－0002608　C06/5:6/0037
文苑彙雋二十四卷　(明)孫丕顯纂　明萬曆三十六年(1608)刻本　八册

500000－8701－0002609　C06/5:6/0038
懲忿窒慾編二卷　(□)□□撰　明刻本　一册

500000－8701－0002610　C06/5:6/0039
史記先秦文七卷　(明)歸有光輯　(明)錢普批點　明刻本　二册

500000－8701－0002611　C06/5:6/0040
老子道德經二卷　(戰國)李耳撰　明刻本　一册

500000－8701－0002612　C06/5:6/0041
文苑彙雋二十四卷　(明)孫丕顯纂　明萬曆三十六年(1608)刻本　六册

500000－8701－0002613　C06/5:6/0042
選詩約註十二卷姓氏爵里考一卷　(明)林兆珂編　明天啓刻本　六册　存十卷(一至八、十至十一)

500000－8701－0002614　C06/5:6/0043
晏子春秋六卷　題(戰國)晏嬰撰　明淩澄初刻本　六册

500000－8701－0002615　C06/5:7/0044
彙書詳註三十六卷　(明)王世貞撰　明萬曆二十三年(1595)刻本　二十四册

500000－8701－0002616　C07/1:1/0045
彙書詳註三十六卷　(明)王世貞撰　明萬曆二十三年(1595)刻本　二十四册

500000－8701－0002617　C07/1:1/0046
松門集不分卷　(清)徐尉編　清抄本　四册

500000－8701－0002618　C07/1:1/0047
五代會要三十卷　(宋)王溥撰　清抄本　十册

500000－8701－0002619　C07/1:2/0048
吳吟小稿三十卷　(清)顧志沖編　清抄本　三十册

500000－8701－0002620　C07/1:3/0049
唐詞紀十六卷　(明)董逢元輯　清抄本　八册

500000－8701－0002621　C07/1:3/0050
錢塘韋先生文集十六卷　(宋)韋驤撰　清初抄本　十二冊

500000－8701－0002622　C07/1:3/0051
皇明文則二十二卷　(明)慎蒙編　清抄本　二十四冊

500000－8701－0002623　C07/1:4/0052
寓菴集七卷　(元)李庭撰　清抄本　八冊

500000－8701－0002624　C07/1:4/0053
安南志略二十卷　(越南)黎崱撰　清抄本　八冊

500000－8701－0002625　C07/1:4/0054
雲莊劉文簡公文集二十卷　(宋)劉爚撰　清抄本　八冊

500000－8701－0002626　C07/1:4/0055
王雁汀先生奏議六卷　(清)王慶雲撰　清抄本　五冊　存五卷(一至二、四至六)

500000－8701－0002627　C07/1:4/0056
菽園雜記十五卷　(明)陸容撰　清抄本　四冊

500000－8701－0002628　C07/1:4/0057
墨池編六卷　(宋)朱長文撰　清抄本　六冊

500000－8701－0002629　C07/1:4/0058
風俗通義十卷　(漢)應劭撰　清乾隆抄本　三冊

500000－8701－0002630　C07/1:5/0059
觀象玩占五十卷首一卷　(唐)李淳風撰　清抄本　十四冊

500000－8701－0002631　C07/1:5/0060
僭國年表不分卷附僭國續譜一卷　(清)郭容光輯　清光緒七年(1881)稿本　三冊

500000－8701－0002632　C07/1:5/0061
四溟山人集不分卷　(明)謝榛撰　清初抄本　六冊

500000－8701－0002633　C07/1:6/0062
誠齋集一百三十三卷　(宋)楊萬里撰　清抄本　文素松校勘　三十二冊

500000－8701－0002634　C07/1:7/0063
徐公文集三十卷　(宋)徐鉉撰　清抄本　十六冊

500000－8701－0002635　C07/1:7/0064
遂昌山人雜錄不分卷　(元)鄭元祐撰　清抄本　一冊

500000－8701－0002636　C07/1:7/0065
春鳧小稿不分卷　(清)符曾撰　清嘉慶抄本　三冊

500000－8701－0002637　C07/1:7/0066
蒙隱集二卷　(宋)陳棣撰　清抄本　二冊

500000－8701－0002638　C07/1:7/0067
水曹清暇錄十六卷　(清)汪啓淑撰　清抄本　四冊

500000－8701－0002639　C07/1:7/0068
前漢紀三十卷　(漢)荀悅撰　清抄本　十冊

500000－8701－0002640　C07/2:1/0069
江蘇採輯遺書目錄不分卷　(清)彭啓豐等編　清抄本　四冊

500000－8701－0002641　C07/2:1/0070
契丹國志二十七卷　(宋)葉隆禮撰　清抄本　八冊

500000－8701－0002642　C07/2:1/0071
大金國志四十卷　(宋)宇文懋昭撰　清抄本　十冊

500000－8701－0002643　C07/2:1/0072
志喜堂汪朗山琴譜不分卷　(清)呂會昌抄錄　清抄本　二冊

500000－8701－0002644　C07/2:1/0073
耕餘樓書目四集　(清)辨齋氏輯　清稿本　四冊　存三集(經、子、集)

500000－8701－0002645　C07/2:1/0074
景行錄六卷　(清)張鳴珂撰　清宣統二年(1910)吳受福抄本　二冊

500000－8701－0002646　C07/2∶1/0075
武溪集二十一卷　（宋）余靖撰　清抄本　十冊

500000－8701－0002647　C07/2∶1/0076
南華經十六卷　（戰國）莊周撰　清同治三年(1864)夏蘭屏抄本　四冊

500000－8701－0002648　C07/2∶2/0077
明末五小史八卷　（清）三餘氏撰　清抄本　四冊

500000－8701－0002649　C07/2∶2/0078
畫石軒臥遊隨錄四卷　（清）朱逢泰撰　清抄本　二冊

500000－8701－0002650　C07/2∶2/0079
長短經九卷　（唐）趙蕤撰　清抄本　九冊

500000－8701－0002651　C07/2∶2/0080
觀象玩占五十卷附拾遺一卷　（唐）李淳風撰　清抄本　八冊

500000－8701－0002652　C07/2∶2/0081
任子遺書不分卷　（戰國）任不齊撰　（清）孔昭集　清抄本　一冊

500000－8701－0002653　C07/2∶2/0082
聖門四考六卷　（清）楊希閔撰　清光緒四年(1878)寫樣待刻本　五冊

500000－8701－0002654　C07/2∶2/0083
濤生詩草三卷　（清）朱澧撰　清稿本　二冊

500000－8701－0002655　C07/2∶3/0084
觀象玩占十卷　（唐）李淳風撰　明成化十七年(1481)李書通抄本　四冊

500000－8701－0002656　C07/2∶3/0085
昭德先生郡齋讀書志五卷後志二卷　（宋）晁公武撰　清抄本　十二冊

500000－8701－0002657　C07/2∶3/0086
全浙詩話五十四卷目錄一卷引用書目一卷　（清）陶元藻輯　清抄本　四十冊

500000－8701－0002658　C07/2∶4/0087
浙江全省輿圖不分卷附說表一卷　（□）□□著　清稿本　十二冊

500000－8701－0002659　C07/2∶5/0088
讀史偶錄不分卷　（□）□□輯　清抄本　三冊

500000－8701－0002660　C07/2∶5/0089
墨史二卷　（元）陸友撰　清道光十六年(1836)丁壽昌抄本　二冊

500000－8701－0002661　C07/2∶5/0090
藥地炮莊九卷　題（□）天界覺杖人評　題（□）三一齋老人正　（清）極丸孝人弘智（方以智）集　**總論三卷**　題（□）墨歷山樵集　（□）蕭伯升較　清康熙此藏軒刻本　四冊

500000－8701－0002662　C07/2∶5/0091
地名考不分卷　楊守敬撰　清末民初稿本　一冊

500000－8701－0002663　C07/2∶5/0092
書史會要補遺一卷　（明）陶宗儀撰　（清）張孝思補遺　清抄本　六冊

500000－8701－0002664　C07/2∶5/0093
樂府妙聲五卷　（□）□□編　清抄本　五冊

500000－8701－0002665　C07/2∶5/0094
國史經籍志六卷　（明）焦竑撰　清抄本　十四冊

500000－8701－0002666　C07/2∶6/0095
潛翁類鈔不分卷　題（清）潛翁手錄　清抄本　四冊

500000－8701－0002667　C07/2∶6/0096
鮚埼亭外集五十卷附錄不分卷　（清）全祖望撰　清抄本　十冊

500000－8701－0002668　C07/2∶6/0097
續資治通鑑長編一百八卷　（宋）李燾撰　清初抄本　四十九冊　存一百六卷（一至四十五、四十八至一百八）

500000－8701－0002669　C07/3∶1/0098
文學山房明刻集錦一百六十種　江靜瀾編　明刻本　四冊

500000－8701－0002670　C07/3：1/0099
碧陽課藝不分卷　(□)汪元秉等撰　清抄本　十册

500000－8701－0002671　C07/3：1/0100
雨巖詩文集不分卷　(清)岑伯鑾撰　清光緒抄本　五册

500000－8701－0002672　C07/3：1/0101
易筋經内府秘書不分卷　題(北魏)釋達摩傳　清抄本　一册

500000－8701－0002673　C07/3：1/0102
靖康傳信錄三卷　(宋)李綱撰　(□)□□評　清抄本　一册

500000－8701－0002674　C07/3：1/0103
唐寫本切韻五卷　(隋)陸法言撰　清末民初王國維寫樣待刻本　一册　存三卷(一至三)

500000－8701－0002675　C07/3：1/0104
説文解字(第一篇)不分卷　(漢)許慎撰　清抄本　二册

500000－8701－0002676　C07/3：1/0105
説郛一百二十弓　(明)陶宗儀輯　清初抄本　一册　存六種七卷(春明退朝錄一卷、澠水燕談錄一卷、幙府燕閑錄一卷、老學菴筆記一卷續一卷、蓼花洲閑錄一卷、秀水閒居錄一卷)

500000－8701－0002677　C07/3：1/0106
竹嬾畫媵二卷　(明)李日華撰　明刻本(卷二係抄配)　一册

500000－8701－0002678　C07/3：1/0107
徐孝穆全集六卷　(南朝陳)徐陵撰　(清)吳兆宜箋注　清刻本　六册

500000－8701－0002679　C07/3：1/0108
古今注三卷　(晉)崔豹撰　清蒙氏滄颾閣抄本　一册

500000－8701－0002680　C07/3：1/0109
博物誌十卷　(晉)張華撰　(宋)周日用等注　清蒙氏滄颾閣抄本　一册

500000－8701－0002681　C07/3：1/0110
詩攷不分卷　(宋)王應麟撰　明初抄本　一册

500000－8701－0002682　C07/3：2/0111
奕樂園圍棋譜不分卷　(清)鮑鼎輯　清抄本　八册

500000－8701－0002683　C07/3：2/0112
奕樂園圍棋譜不分卷　(清)鮑鼎輯　清抄本　六册

500000－8701－0002684　C07/3：2/0113
資治通鑑二百九十四卷　(宋)司馬光編　(元)胡三省音註　(明)陳仁錫評　明天啟刻本　一百册

500000－8701－0002685　C07/3：5/0114
册府元龜一千卷目錄十卷　(宋)王欽若等編　(明)黄國琦校釋　明崇禎十五年(1642)刻本　二百四十册

500000－8701－0002686　C07/4：4/0115
正字通十二集　(清)廖文英輯　**字彙舊本首卷一卷**　(明)梅膺祚音釋　清康熙刻本　四十三册

500000－8701－0002687　C07/4：5/0116
期齋集十四卷首一卷　(明)吕本撰　明萬曆刻本　一册　存一卷(首一卷)

500000－8701－0002688　C07/4：5/0117
草堂詩餘四卷　(宋)武陵逸史輯　明毛氏汲古閣刻本　五册

500000－8701－0002689　C07/4：5/0118
花間集十卷　(五代)趙崇祚輯　明毛氏汲古閣刻本　二册

500000－8701－0002690　C07/4：5/0119
尊前集二卷　(明)顧梧芳輯　明崇禎毛氏汲古閣刻本　二册

500000－8701－0002691　C07/4：5/0120
古今類書纂要增删十二卷　(明)沈際飛鑒定　(明)璩昆玉集纂　明崇禎七年(1634)刻本　四册

500000－8701－0002692　C07/4：6/0121

登壇必究四十卷 (明)王鳴鶴編 明萬曆二十七年(1599)刻本 三十二册

500000－8701－0002693 C07/4:6/0122
登壇必究四十卷 (明)王鳴鶴編 明末清初刻本 四十八册

500000－8701－0002694 C07/4:7/0123
歷朝通鑑紀事本末四種六十八卷 (宋)袁樞等撰 明刻本 七十二册

500000－8701－0002695 C07/5:2/0124
宋史紀事本末十卷 (明)馮琦原編 (明)陳邦瞻纂輯 明崇禎刻本 十三册

500000－8701－0002696 C07/5:2/0125
通鑑紀事本末前編十二卷 (明)沈朝陽編 明崇禎刻本 八册

500000－8701－0002697 C07/5:2/0126
元史紀事本末四卷 (明)陳邦瞻編 (明)臧懋循補 明崇禎刻本 三册

500000－8701－0002698 C07/5:3/0127
宋名家詞八十九卷 (清)毛晉編 明崇禎汲古閣刻本 二十二册

500000－8701－0002699 C07/5:4/0128
張子全書十四卷附錄一卷 (宋)張載撰 (宋)朱熹注 明萬曆鳳翔府刻清順治至康熙修補本 六册

500000－8701－0002700 C07/5:4/0129
新吾呂先生實政錄七卷 (明)呂坤撰 明萬曆刻本 六册 存四卷(一至四)

500000－8701－0002701 C07/5:4/0130
槐野先生存笥稿三十八卷 (明)王維楨撰 (明)南師仲編 明萬曆三十四年(1606)王九敘刻本 八册 存二十一卷(一至五、十三至二十八)

500000－8701－0002702 C07/5:4/0131
樂府詩集一百卷目錄二卷 (宋)郭茂倩輯 明崇禎毛氏汲古閣刻本 十六册

500000－8701－0002703 C07/5:5/0132
樂府詩集一百卷目錄二卷 (宋)郭茂倩輯 明崇禎毛氏汲古閣刻本 十二册

500000－8701－0002704 C07/5:5/0133
樂府詩集一百卷目錄二卷 (宋)郭茂倩輯 明崇禎毛氏汲古閣刻本 十六册

500000－8701－0002705 C07/5:6/0134
天下一統志九十卷 (明)萬安等纂修 明萬壽堂刻本 十五册 存三十七卷(二十三至三十、三十五至三十六、六十至七十九、八十二至八十八)

500000－8701－0002706 C07/5:6/0135
天下一統志九十卷 (明)萬安等纂修 明萬壽堂刻清印本(卷二係抄配) 四十册

500000－8701－0002707 C07/5:7/0136
佛說大佛名經□□卷 (唐)釋菩提流志譯釋 明金粉寫本 一册 存一卷(十四)

500000－8701－0002708 C07/5:7/0137
金剛般若波羅密經一卷 (晉)釋鳩摩羅什譯 明萬曆六年(1578)寫本 一册

500000－8701－0002709 C07/5:7/0138
楚辭十七卷 (漢)王逸章句 (宋)洪興祖補注 清初毛氏汲古閣刻本 八册

500000－8701－0002710 C08/1:2/0139
文獻通考三百四十八卷 (元)馬端臨撰 明末映旭齋刻本 一百二十册

500000－8701－0002711 C08/1:5/0140
文獻通考三百四十八卷 (元)馬端臨撰 明末映旭齋刻本 一百二十册

500000－8701－0002712 C08/2:1/0141
册府元龜一千卷目錄十卷 (宋)王欽若等編 (明)黃國琦校釋 明崇禎十五年(1642)刻本 十八册 存八十六卷(一至七、十四至十八、一百十二至一百十五、四百八十四至四百九十四、五百九十八至六百、六百二十至六百三十、七百二十六至七百三十六、八百六十七至九百)

500000－8701－0002713 C08/2:1/0142
册府元龜一千卷目錄十卷 (宋)王欽若等編

（明）黄國琦校釋　明崇禎十五年（1642）黄國琦刻清康熙十一年（1672）黄九錫補刻乾隆十九年（1754）丁序賢補修本　三百三十九册

500000－8701－0002714　C08/2:6/0143
吴越春秋六卷　（漢）趙曄撰　（元）徐天祜音註　明萬曆二十年（1592）刻廣漢魏叢書本　二册

500000－8701－0002715　C08/2:6/0144
新編併音連聲韻學集成十三卷直音篇七卷　（明）章黼撰　明成化刻本　二册　存二卷（新編併音連聲韻學集成二、七）

500000－8701－0002716　C08/2:6/0145
龍舒增廣淨土文十二卷　（宋）王日休編　明刻本　二册　存六卷（一至六）

500000－8701－0002717　C08/2:7/0146
性理會通七十卷續編四十二卷　（明）鍾人傑輯　明崇禎刻本　十五册　存五十九卷（一至三十六、四十二至四十六、五十三至七十）

500000－8701－0002718　C08/2:7/0147
重刊許氏説文解字五音韻譜十二卷　（宋）李燾撰　明天啓七年（1627）世裕堂刻本　十册

500000－8701－0002719　C08/2:7/0148
籌海圖編十三卷　（明）胡宗憲輯　明天啓胡維極刻本　五册　存八卷（一、六至十二）

500000－8701－0002720　C08/3:1/0149
十六國春秋一百卷　（北魏）崔鴻撰　明萬曆三十七年（1609）屠氏蘭暉堂刻本　五册　存二十卷（二十三至四十二）

500000－8701－0002721　C08/3:1/0150
資治通鑑目録三十卷　（宋）司馬光撰　明崇禎二年（1629）陳仁錫刻本　八册　存十五卷（一至十五）

500000－8701－0002722　C08/3:1/0151
全補翰墨評林前集四卷後集四卷續集四卷　（明）王世懋選輯　（明）孔四可再補　明刻本　三册　存八卷（前集四、後集四卷、續集一至三）

500000－8701－0002723　C08/3:1/0152
丁海暘遺稿十七卷　（明）丁旦著　（明）丁紹軾編　**傳一卷**　（明）焦竑撰　**表一卷**　（明）章祝世撰　**墓誌銘一卷**　（明）李濤撰　**行狀一卷**　（明）佘翹撰　**舉祀鄉賢文移一卷**　（明）□□撰　明萬曆刻本　一册　存九卷（十四至十七、傳一卷、表一卷、墓誌銘一卷、行狀一卷、舉祀鄉賢文移一卷）

500000－8701－0002724　C08/3:1/0153
新鐫張侗初太史永思齋評選古文正宗八卷　（明）張鼎輯並評　明末刻本　二册　存四卷（一至二、七至八）

500000－8701－0002725　C08/3:1/0154
唐詩品彙九十卷拾遺十卷　（明）高棅編　明刻本　八册　存十三卷（二十五至三十七）

500000－8701－0002726　C08/3:2/0155
新刻性理大全書七十卷　（明）胡廣等撰　明刻本　三十二册

500000－8701－0002727　C08/3:3/0156
新刻性理大全書七十卷　（明）胡廣等撰　明刻本　十八册　存六十四卷（二至三十七、四十三至七十）

500000－8701－0002728　C08/3:3/0157
黄帝内經素問註證發微九卷附補遺一卷　（明）馬蒔撰　明萬曆十四年（1586）王元敬刻本　一册　存一卷（一）

500000－8701－0002729　C08/3:3/0158
脈訣刊誤集解二卷　（元）戴起宗撰　（明）汪機補訂　**附録一卷**　（明）汪機輯　明嘉靖元年（1522）吴體刻本　一册　存二卷（二、附録一卷）

500000－8701－0002730　C08/3:3/0159
薛氏醫按二十四種　（明）吴琯編　明萬曆刻本　四册　存三種七卷（内科摘要二、明醫雜著四至六、婦人良方十一至十三）

500000－8701－0002731　C08/3:3/0160
新刻註釋故事白眉十卷　（明）許以忠輯　明末嘉瑞堂刻本　四册

500000－8701－0002732　C08/3∶3/0161
刻註釋藝林聚錦故事白眉十卷　(明)許以忠輯　明萬曆二十七年(1599)余彰德刻本　二冊

500000－8701－0002733　C08/3∶3/0162
新刻註釋故事白眉十卷　(明)許以忠輯　明嘉瑞堂刻本　三冊

500000－8701－0002734　C08/3∶4/0163
新刻古今醫鑑八卷　(明)龔信編　(明)龔廷賢續編　明萬曆金陵書坊對峰周曰刻本　一冊　存一卷(六)

500000－8701－0002735　C08/3∶4/0164
新刊簡明醫彀八卷要言一卷　(明)孫志宏撰　明崇禎刻本　四冊　存四卷(一、三至五)

500000－8701－0002736　C08/3∶4/0165
文獻通考三百四十八卷　(元)馬端臨撰　明正德十四年(1519)劉洪慎獨齋刻本　一冊　存三卷(九十三至九十五)

500000－8701－0002737　C08/3∶4/0166
草堂詩餘五卷　(明)楊慎評點　(明)鍾人傑箋校　明刻本　二冊　存二卷(一至二)

500000－8701－0002738　C08/3∶4/0167
古今醫統大全一百卷　(明)徐春甫輯　明刻本　一冊　存六卷(六十五至七十)

500000－8701－0002739　C08/3∶4/0168
攝生衆妙方十一卷　(明)張時徹集　明萬曆三十八年(1610)張一棟刻本　一冊　存四卷(三至六)

500000－8701－0002740　C08/3∶4/0169
黄帝内經素問節文註釋十卷　(明)黄俅撰　明萬曆四十七年(1619)瓊芝室刻本　三冊　存六卷(一、六至十)

500000－8701－0002741　C08/3∶4/0170
詩藪内篇六卷外篇四卷續編二卷　(明)胡應麟撰　明刻本　八冊

500000－8701－0002742　C08/3∶4/0171
劍南詩稿八十五卷　(宋)陸游撰　明末毛氏汲古閣刻本　三十二冊

500000－8701－0002743　C08/3∶5/0172
南唐書十八卷　(宋)陸游撰　**音釋一卷**　(元)戚光撰　明崇禎毛氏汲古閣刻本　八冊

500000－8701－0002744　C08/3∶5/0173
續藏書二十七卷　(明)李贄輯著　明萬曆二十九年(1601)汪修能刻本　四冊　存二十一卷(一至二十一)

500000－8701－0002745　C08/3∶6/0174
宋大家歐陽文忠公文抄三十二卷　(宋)歐陽修撰　(明)茅坤批評　明刻本　八冊

500000－8701－0002746　C08/3∶6/0175
唐大家柳柳州文抄十二卷　(唐)柳宗元撰　(明)茅坤批評　明崇禎茅闇刻本　二冊　存八卷(一至八)

500000－8701－0002747　C08/3∶6/0176
唐大家韓文公文抄十六卷　(唐)韓愈撰　(明)茅坤批評　明崇禎四年(1631)茅闇刻八大家本　五冊　存十三卷(一至十、十四至十六)

500000－8701－0002748　C08/3∶6/0177
宋大家王文公文抄十六卷　(宋)王安石撰　(明)茅坤批評　明崇禎茅闇刻本　五冊　存十三卷(一至八、十二至十六)

500000－8701－0002749　C08/3∶6/0178
宋大家歐陽文忠公文抄三十二卷　(宋)歐陽修撰　(明)茅坤批評　明刻本　七冊　存三十卷(一至三十)

500000－8701－0002750　C08/3∶6/0179
五倫書六十二卷　(明)朱瞻基撰　明正統十二年(1447)内府刻本　一冊　存一卷(三十二)

500000－8701－0002751　C08/3∶6/0180
八代文鈔一百六卷　(明)李賓編　明末刻本　四十八冊

500000－8701－0002752　C08/4∶1/0181
新編曆法大旨陰陽理氣大成通書□□卷

(明)張逢隆編　明萬曆二十九年(1601)余彰德刻本　一冊　存三卷(一至三)

500000－8701－0002753　C08/4:1/0182
標題評釋武經七書十卷　(明)陳元素評注　明趙六雪刻本　一冊　存四卷(一至四)

500000－8701－0002754　C08/4:1/0183
鍾伯敬先生五經纂註五卷　(明)鍾惺纂註　(明)韓敬參定　(明)舒文鼎較訂　明泰昌元年(1620)認舒瀛溪刻本　佚名朱墨批點　一冊　存一卷(易經一卷)

500000－8701－0002755　C08/4:1/0184
京本音釋註解書言故事大全十二卷　(宋)胡繼宗輯　(明)陳玩直解　明萬曆十九年(1591)書林鄭氏雲竹刻本　一冊　存四卷(九至十二)

500000－8701－0002756　C08/4:1/0185
新鐫武經標題正義七卷附武經節要一卷陣法馬步射法棍法一卷　(明)趙光裕注釋　明萬曆十六年(1588)刻本　一冊　存五卷(正義一至五)

500000－8701－0002757　C08/4:1/0186
北齊書文鈔四卷　(唐)李百藥撰　明崇禎刻二十一史文鈔本　一冊

500000－8701－0002758　C08/4:1/0187
魏書文鈔十八卷　(北齊)魏收撰　明崇禎刻二十一史文鈔本　四冊

500000－8701－0002759　C08/4:1/0188
丹溪手鏡三卷　(元)朱震亨撰　明刻本　一冊　存二卷(一至二)

500000－8701－0002760　C08/4:1/0189
丹溪先生心法五卷附錄一卷　(元)朱震亨撰　明萬曆二十九年(1601)吳勉學刻本　二冊　存四卷(一至二、五,附錄一卷)

500000－8701－0002761　C08/4:1/0190
春秋四傳序　(晉)范甯等撰　明湖廣刻本　一冊

500000－8701－0002762　C08/4:1/0191
明倫大典二十四卷　(明)楊一清　(明)熊浹等纂修　明嘉靖七年(1528)內府刻本　一冊　存二卷(五至六)

500000－8701－0002763　C08/4:1/0192
選詩補註八卷續編五卷補遺二卷　(元)劉履輯　明嘉靖刻本　三冊　存三卷(三至五)

500000－8701－0002764　C08/4:2/0193
重刻增補燕居筆記十卷　(明)何大掄輯　明崇禎六年(1633)李澄松刻本　四冊

500000－8701－0002765　C08/4:2/0194
閨範四卷　(明)呂坤輯　明佘永寧等刻本　一冊　存一卷(一)

500000－8701－0002766　C08/4:2/0195
南柯二卷　(明)湯顯祖撰　(明)□□批釋　明刻本　一冊　存一卷(一)

500000－8701－0002767　C08/4:2/0196
書言故事大全十二卷　(宋)胡繼宗輯　(明)陳玩直解　明刻本　五冊　存十卷(一至六、九至十二)

500000－8701－0002768　C08/4:2/0197
古文瀾編二十卷　(明)王志堅輯　明崇禎五年(1632)刻本　二冊　存四卷(十五至十八)

500000－8701－0002769　C08/4:2/0198
增刪陶朱公奇書類纂六卷　(明)陳繼儒輯　(明)浦巘訂　明崇禎九年(1636)刻本　一冊　存二卷(一至二)

500000－8701－0002770　C08/4:2/0199
說理會編十五卷　(明)季本撰　(明)袁洪愈訂正　明嘉靖馮繼科刻本　一冊　存四卷(五至八)

500000－8701－0002771　C08/4:2/0200
小學史斷二卷　(宋)南宮靖一撰　**續集一卷**　(明)賈彥文續　**資治通鑑總要通論一卷**　(元)潘榮撰　明嘉靖二十六年(1547)趙瀛刻本　一冊　存二卷(小學史斷一、資治通鑑總要通論一卷)

500000－8701－0002772　C08/4:2/0201

句曲外史集三卷　（元）張雨撰　明崇禎汲古閣刻本　一冊

500000－8701－0002773　C08/4:2/0202
竹書紀年二卷　（南朝梁）沈約注　清初汪士漢刻本　一冊

500000－8701－0002774　C08/4:2/0203
竹書紀年二卷　（南朝梁）沈約註　（明）范欽訂　明萬曆二十二年（1594）趙標刻三代遺書本　一冊

500000－8701－0002775　C08/4:2/0204
東坡先生詩集註三十二卷　（宋）蘇軾撰（宋）王十朋纂集　明萬曆茅維刻本　一冊　存三卷（一至三）

500000－8701－0002776　C08/4:2/0205
史記一百三十卷　（漢）司馬遷撰　（明）陳仁錫評　明崇禎元年（1628）刻本　十九冊　存一百十八卷（一至四十八、六十一至一百三十）

500000－8701－0002777　C08/4:3/0206
史記一百三十卷　（漢）司馬遷撰　（南朝宋）裴駰集解　（唐）司馬貞索隱　（唐）張守節正義　明刻本　二十一冊

500000－8701－0002778　C08/4:3/0207
史記一百三十卷　（漢）司馬遷撰　（南朝宋）裴駰集解　（唐）司馬貞索隱　（唐）張守節正義　明刻本　十二冊

500000－8701－0002779　C08/4:4/0208
李卓吾評于節闇集奏疏四卷文集一卷詩集三卷附一卷補遺一卷　（明）于謙撰　（明）李贄輯評　明末刻本　一冊　存三卷（奏疏一至三）

500000－8701－0002780　C08/4:4/0209
盛明百家詩三百二十四卷　（明）俞憲輯　明嘉靖至隆慶刻本　二冊　存六卷（王僉憲集一卷、李學憲集一卷、王副使集一卷、李尚寶集一卷、徐龍灣集一卷、吳川樓集一卷）

500000－8701－0002781　C08/4:4/0210
盛明百家詩三百二十四卷　（明）俞憲輯　明嘉靖至隆慶刻本　一冊　存三卷（王副使集一卷、李尚寶集一卷、李學憲集一卷）

500000－8701－0002782　C08/4:4/0211
史記一百三十卷　（漢）司馬遷撰　（南朝宋）裴駰集解　（唐）司馬貞索隱　（唐）張守節正義　明刻本　六冊

500000－8701－0002783　C08/4:4/0212
宋四六叢珠彙選十卷　（明）王明嶅　（明）黃金璽輯　明萬曆陳璧刻本　一冊　存二卷（一至二）

500000－8701－0002784　C08/4:4/0213
全史論贊八十一卷　（明）項篤壽輯　明嘉靖四十五年（1566）項氏萬卷堂刻本　四冊　存十四卷（前漢書論贊三、晉書論贊三至四、陳書論贊一至三、魏書論贊一至三、唐書論贊一至五）

500000－8701－0002785　C08/4:4/0214
繹史一百六十卷附世系圖一卷年表一卷（清）馬驌撰　清康熙九年（1670）刻本　四十二冊

500000－8701－0002786　C08/4:5/0215
如面談十六卷　（明）鍾惺纂輯　（清）馮夢龍訂釋　明崇禎刻本　三冊　存十卷（一至三、五至七、十三至十六）

500000－8701－0002787　C08/4:5/0216
宋朱晦庵先生名臣言行錄前集十卷後集十四卷續集八卷別集十三卷外集十七卷　（宋）朱熹撰　（明）張采評　明崇禎十一年（1638）張采、宋學顯等刻本　五冊　存二十九卷（前集十卷、續集八卷、外集一至十一）

500000－8701－0002788　C08/4:5/0217
大泌山房集一百三十四卷目錄一卷　（明）李維楨撰　明萬曆刻本　一冊　存四卷（二十七至三十）

500000－8701－0002789　C08/4:5/0218
媚幽閣文娛不分卷　（明）鄭元勳輯　明崇禎三年（1630）鄭元化刻本　一冊

500000－8701－0002790　C08/4:5/0219
陽山顧氏文房小説四十種五十八卷　(明)顧元慶編　明正德、嘉靖顧氏夷白齋刻本　一冊　存六種八卷(明道雜志一卷、宜齋野乘一卷、松窗雜錄一卷、次柳氏舊聞一卷、葆光錄三卷、洛陽名園記一卷)

500000－8701－0002791　C08/4:5/0220
愛日齋彙選當代名公繡句短札雲翰飄香□□卷　(明)許以忠彙選　(明)王世茂參訂　明崇禎李文徵刻本　一冊　存二卷(一至二)

500000－8701－0002792　C08/4:5/0221
選賦六卷　(南朝梁)蕭統選　(明)郭正域評點　明淩氏鳳笙閣刻朱墨套印本　一冊　存一卷(四)

500000－8701－0002793　C08/4:5/0222
小窗艷紀十二部□□卷　(明)吳從先批選　(明)孫起都參定　(明)王道新　(明)何偉然校閱　明刻本　三冊　存二部三卷(賦部一至二、文序部五)

500000－8701－0002794　C08/4:5/0223
山海經十八卷　(晉)郭璞傳　(明)吳中珩校　明刻本　一冊

500000－8701－0002795　C08/4:5/0224
山海經十八卷　(晉)郭璞傳　(明)吳中珩校　明刻本　一冊　存四卷(一至四)

500000－8701－0002796　C08/4:5/0225
歷代君鑒五十卷　(明)代宗朱祁鈺輯　明景泰四年(1453)內府刻本　二冊　存十一卷(六至十、三十至三十五)

500000－8701－0002797　C08/4:5/0226
山海經十八卷　(晉)郭璞傳　(明)吳中珩校　明刻本　一冊

500000－8701－0002798　C08/4:6/0227
新刻胡氏詩識三卷　(明)胡文煥編　明天啓胡氏刻本　一冊

500000－8701－0002799　C08/4:6/0228
王門宗旨十四卷　(明)周汝登輯　明萬曆三十八年(1610)余懋孳刻本　二冊　存二卷(一至二)

500000－8701－0002800　C08/4:6/0229
綱鑑正史約三十六卷附紀一卷總紀一卷　(明)顧錫疇編　明崇禎三年(1630)刻本　四冊　存九卷(一至二、五至六、八至九、十八至二十)

500000－8701－0002801　C08/4:6/0230
古今人物論三十四卷　(明)鄭賢輯　明刻本　八冊　存二十五卷(六至八、十二至十五、十九至三十六)

500000－8701－0002802　C08/4:6/0231
陽明先生別錄十卷　(明)王守仁撰　明刻本　一冊　存三卷(四至六)

500000－8701－0002803　C08/4:6/0232
全像列國評林□□卷　(□)□□撰　明刻本(有抄配)　一冊　存一卷(三)

500000－8701－0002804　C08/4:6/0233
續二三場群書備考三卷　(明)袁儼撰　明刻本　一冊

500000－8701－0002805　C08/4:6/0234
千古斯文二十八卷　(明)徐奮鵬選　明萬曆四十五年(1617)余應虬刻本　一冊　存一卷(一)

500000－8701－0002806　C08/4:6/0235
欒城集五十卷後集二十四卷三集十卷應詔集十二卷　(宋)蘇轍撰　(明)张養正校正　(明)聶紹昌編　明聶紹昌刻本　六冊　存十五卷(一至三、三十三、三十六,後集一至十)

500000－8701－0002807　C08/4:6/0236
翠娱閣評選行笈必携詩最二卷　(明)陸雲龍等評註　明崇禎四年(1631)崢霄館刻本　一冊

500000－8701－0002808　C08/4:6/0237
元經十卷　(晉)郭璞撰　(晉)趙載注　明崇禎五年(1632)尚白齋刻本　一冊

500000－8701－0002809　C08/4:6/0238

諸儒文要八卷 (明)□□輯 明刻本 一册 存二卷(五至六)

500000－8701－0002810 C08/4:6/0239
東坡集選五十卷 (宋)蘇軾撰 (明)陳夢槐輯 明刻本 二册 存十八卷(十一至十九、三十一至三十九)

500000－8701－0002811 C08/4:6/0240
書傳會選六卷 (明)劉三吾等撰 明嘉靖趙府味經堂刻本 二册 存二卷(二至三)

500000－8701－0002812 C08/4:6/0241
橘中秘四卷 (明)朱晉禎輯 明崇禎五年(1632)刻本 一册 存一卷(一)

500000－8701－0002813 C08/4:7/0242
新刊翰林攷正綱目通鑑玉臺青史二十八卷 (明)劉基纂集 明萬曆瀛洲館刻本 八册 存二十一卷(一至八、十二至十七、二十二至二十八)

500000－8701－0002814 C08/4:7/0243
增定南九宫曲譜二十一卷附錄一卷 (明)沈璟輯 明末刻本 一册 存四卷(一至四)

500000－8701－0002815 C08/4:7/0244
昨非菴日纂二十卷 (明)鄭瑄輯 明刻本 一册 存四卷(十至十三)

500000－8701－0002816 C08/4:7/0245
陳太史無夢園初集三十四卷 (明)陳仁錫撰 明崇禎六年(1633)張一鳴刻本 一册 存二卷(三至四)

500000－8701－0002817 C08/4:7/0246
弇州山人四部稿一百七十四卷續稿二百七卷目錄十二卷 (明)王世貞撰 明萬曆五年(1577)王氏世經堂刻本 一册 存六卷(弇州山人四部稿一百二十一至一百二十六)

500000－8701－0002818 C08/4:7/0247
張陸二先生批評戰國策抄四卷 (明)張居正 (明)陸深評 明萬曆五年(1577)王篆刻本 二册 存二卷(一至二)

500000－8701－0002819 C08/4:7/0248
張陸二先生批評戰國策抄四卷 (明)張居正 (明)陸深評 明刻本 一册

500000－8701－0002820 C08/4:7/0249
謝宣城集五卷 (南朝齊)謝朓撰 明萬曆至天啓汪氏刻本 一册 存四卷(二至五)

500000－8701－0002821 C08/4:7/0250
文苑英華鈔十卷 (明)周詩雅輯 明崇禎二年(1629)刻本 一册 存一卷(九)

500000－8701－0002822 C08/4:7/0251
關尹子二卷 (宋)陳顯微注 (明)楊慎等批點 明天啓刻本 一册 存一卷(二)

500000－8701－0002823 C08/4:7/0252
續藏書二十七卷 (明)李贄輯著 (明)陳仁錫評 明天啓刻本 八册

500000－8701－0002824 C08/4:7/0253
孟子十四卷 (宋)朱熹注 明成化十六年(1480)吉府刻本 三册 存十卷(一至六、十一至十四)

500000－8701－0002825 C08/5:1/0254
六臣註文選六十卷 (南朝梁)蕭統輯 (唐)李善等注 明刻本 十册 存二十九卷(七至十、十三至十五、二十五至二十七、三十五至四十八、五十四至五十五、五十八至六十)

500000－8701－0002826 C08/5:1/0255
東坡全集一百十五卷目錄七卷 (宋)蘇軾撰 **年譜一卷** (宋)王宗稷撰 明天啓刻本 一册 存一卷(年譜一卷)

500000－8701－0002827 C08/5:1/0256
四書備考二十八卷攷異一卷 (明)陳仁錫撰 明末刻本 一册 存三卷(十六至十八)

500000－8701－0002828 C08/5:1/0257
名世文宗二十卷外集四卷 (明)胡時化輯 明萬曆五年(1577)馮叔吉顧聞堂刻本 二册 存四卷(十一至十二、外集一至二)

500000－8701－0002829 C08/5:1/0258
新刊名世文宗三十卷 (明)胡時化輯 明宗文書堂刻本 一册 存六卷(十五至二十)

500000－8701－0002830　C08/5:1/0259
新鍥翰林評選註釋午未程墨表□□卷　（明）李廷機評選　（明）葉向高注　明末余彰德刻本　一冊　存二卷（一至二）

500000－8701－0002831　C08/5:1/0260
秦漢文鈔十二卷　（明）馮有翼輯　（明）汪德元訂　明萬曆刻本　一冊　存二卷（一至二）

500000－8701－0002832　C08/5:1/0261
妙法蓮華經珠髻合頌補註七卷　（晉）釋鳩摩羅什譯　（明）釋海光註　**法華歌註一卷**　（唐）釋悠雅歌　（明）釋海光畧註　**無量義經一卷**　（南朝齊）釋曇摩伽陀耶舍譯　（明）釋海光註　明崇禎十二年（1639）刻本　一冊　存三卷（妙法蓮華經珠髻合頌補註七、法華歌註一卷、無量義經一卷）

500000－8701－0002833　C08/5:1/0262
晉書一百三十卷　（唐）房玄齡等撰　（明）鍾人傑輯評　明鍾人傑刻本　五冊　存二十三卷（帝紀一至四，志四至七，列傳六至十五、五十六至六十）

500000－8701－0002834　C08/5:1/0263
晉文歸八卷　（明）鍾惺輯　明崇禎刻本　四冊

500000－8701－0002835　C08/5:2/0264
綱鑑標題四卷性理標題一卷　（明）湯賓尹輯　（明）汪應魁增訂　明末廣及堂刻本　一冊　存二卷（綱鑑標題一至二）

500000－8701－0002836　C08/5:2/0265
新鐫沈學士評選曆世諸大家名文品節□□卷　（明）沈一貫輯　明萃慶堂刻本　一冊　存二卷（十三至十四）

500000－8701－0002837　C08/5:2/0266
漢書一百卷　（漢）班固撰　（明）陳仁錫評　明崇禎五年（1632）陳仁錫刻本　一冊　存四卷（帝紀一至四）

500000－8701－0002838　C08/5:2/0267
新刊三翰林精選百大家四書墨卷評林□□卷　（明）李廷機選　（明）劉應秋評　明泗泉余彰德刻本　一冊　存二卷（五至六）

500000－8701－0002839　C08/5:2/0268
陽明先生集要經濟編七卷　（明）王守仁撰　（明）施邦曜評輯　明刻本　五冊

500000－8701－0002840　C08/5:2/0269
莊子翼八卷　（明）焦竑編訂　明萬曆刻本　一冊　存二卷（七至八）

500000－8701－0002841　C08/5:2/0270
文昌化書四卷　（明）潘高梅輯　明萬曆二十九年（1601）刻本　一冊　存一卷（四）

500000－8701－0002842　C08/5:2/0271
鐫眉公陳先生評選莊子南華經雋四卷　（明）陳繼儒輯　明書林蕭世熙師儉堂刻本　一冊　存二卷（三至四）

500000－8701－0002843　C08/5:2/0272
鍥旁註事類捷錄十五卷　（明）鄧志謨輯　明萬曆刻本　一冊　存八卷（八至十五）

500000－8701－0002844　C08/5:2/0273
鐫王鳳洲先生會纂綱鑑歷朝正史全編二十三卷首一卷　（明）王世貞纂　明萬曆十八年（1590）萃慶堂余彰德刻本　四冊　存十九卷（一至十、十五至二十三）

500000－8701－0002845　C08/5:2/0274
六家文選六十卷　（南朝梁）蕭統撰　（唐）李善等注　明嘉靖二十八年（1549）吳郡袁氏嘉趣堂翻宋刻本　一冊　存一卷（四十二）

500000－8701－0002846　C08/5:2/0275
書經古今講義合刪四卷　（明）張雲鸞著　明崇禎三年（1630）刻本　一冊

500000－8701－0002847　C08/5:2/0276
梁昭明文選□□卷　（南朝梁）蕭統輯　明刻本　三冊　存三卷（二、四、十一）

500000－8701－0002848　C08/5:2/0277
三才圖會一百六卷　（明）王圻撰　（明）王思義續集　明刻本　四冊　存五卷（身體二至六）

500000－8701－0002849　C08/5:3/0278

東坡先生全集七十五卷　(宋)蘇軾撰　明崇禎刻本　二十七冊　存五十五卷(八至二十一、二十四至三十九、四十一至四十四、四十八至五十、五十五至五十六、五十九至六十六、六十八至七十五)

500000－8701－0002850　C08/5:3/0279
戰國策纂四卷　(明)張榜輯　明刻本　二冊

500000－8701－0002851　C08/5:3/0280
上乘藏經節要宗鏡錄百卷　(宋)釋延壽撰　明萬固寺刻本　一冊　存三卷(六十六至六十八)

500000－8701－0002852　C08/5:3/0281
真文忠公續文章正宗二十卷　(宋)真德秀輯　明嘉靖二十一年(1542)晉藩刻本　一冊　存一卷(五)

500000－8701－0002853　C08/5:3/0282
羣書考索前集六十六卷後集六十五卷續集五十六卷別集二十五卷　(宋)章如愚輯　明正德三年至十三年(1508－1518)劉洪慎獨齋刻本　一冊　存三卷(別集十一至十三)

500000－8701－0002854　C08/5:3/0283
寶顔堂訂正羅湖野錄四卷　(宋)釋曉瑩撰　明萬曆沈氏刻本　一冊

500000－8701－0002855　C08/5:3/0284
楚辭十七卷　(宋)洪興祖　(明)劉鳳注　(明)陳深批點　明淩毓枬刻本　二冊　存十三卷(二至十四)

500000－8701－0002856　C08/5:3/0285
重刻内府原板張閣老經筵四書直解指南二十七卷　(明)張居正撰　(明)焦竑增補　明萬曆易齋詹諒刻本　一冊　存三卷(論語一至三)

500000－8701－0002857　C08/5:3/0286
四書直解二十七卷　(明)張居正撰　(明)顧宗孟重訂　**四書講義合參二十七卷**　(明)顧宗孟參補　明崇禎九年(1636)刻本　一冊　存六卷(直解一至三、合參一至三)

500000－8701－0002858　C08/5:3/0287
四書說叢十七卷　(明)沈守正撰　明萬曆十三年(1585)刻本　一冊　存四卷(一至四)

500000－8701－0002859　C08/5:3/0288
四書直解二十七卷　(明)張居正撰　(明)顧宗孟重訂　**四書講義合參二十七卷**　(明)顧宗孟參補　明崇禎九年(1636)刻本　一冊　存二卷(直解一、合參一)

500000－8701－0002860　C08/5:4/0289
世說新語補二十卷　(南朝宋)劉義慶撰　(明)何良俊增　明刻本　一冊　存二卷(十九至二十)

500000－8701－0002861　C08/5:4/0290
新刊簪纓必用翰苑新書□□卷　(宋)□□撰　明刻本　六冊　存五卷(前集二、六、八、十,後集七)

500000－8701－0002862　C08/5:4/0291
史記題評一百三十卷　(明)李元陽輯　明高士魁刻本　二冊　存七卷(七十一至七十二、九十五至九十九)

500000－8701－0002863　C08/5:4/0292
大佛頂如來密因修證了義諸菩薩萬行首楞嚴經十卷　(唐)釋般剌密帝譯　(唐)釋彌伽釋迦譯語　(唐)房融筆受　(明)俞王言校閲　明萬曆刻本　二冊

500000－8701－0002864　C08/5:4/0293
新刻四民便用明鏡通書四卷　(□)□□撰　明刻本　一冊

500000－8701－0002865　C08/5:4/0294
東坡先生全集七十五卷　(宋)蘇軾撰　明崇禎刻本　七冊　存十九卷(十四至二十、三十三、四十三至四十七、六十一、六十九至七十一、七十四至七十五)

500000－8701－0002866　C08/5:4/0295
分類字錦六十四卷　(清)何焯等纂　清康熙内府刻本　四十冊

500000－8701－0002867　C08/5:6/0296

分類字錦六十四卷　(清)何焯等纂　清康熙内府刻本　四十册

500000－8701－0002868　C09/1:1/0297
王荊文公詩五十卷　(宋)王安石撰　(宋)李壁箋注　清乾隆五年至六年(1740－1741)張宗松清綺齋刻本　八册

500000－8701－0002869　C09/1:1/0298
王荊文公詩五十卷　(宋)王安石撰　(宋)李壁箋注　清乾隆五年至六年(1740－1741)張宗松清綺齋刻本　十二册

500000－8701－0002870　C09/1:1/0299
王荊文公詩五十卷　(宋)王安石撰　(宋)李壁箋注　清乾隆五年至六年(1740－1741)張宗松清綺齋刻本　八册

500000－8701－0002871　C09/1:1/0300
王荊文公詩五十卷　(宋)王安石撰　(宋)李壁箋注　清乾隆五年至六年(1740－1741)張宗松清綺齋刻本　八册

500000－8701－0002872　C09/1:2/0301
六朝文絜四卷　(清)許槤評選　清光緒三年(1877)刻本　四册

500000－8701－0002873　C09/1:2/0302
明詩綜一百卷　(清)朱彝尊錄　清康熙白蓮涇刻本　二十四册

500000－8701－0002874　C09/1:3/0303
明詩綜一百卷　(清)朱彝尊錄　清康熙白蓮涇刻本　三十册

500000－8701－0002875　C09/1:3/0304
明詩綜一百卷　(清)朱彝尊錄　清康熙白蓮涇刻本　二十六册

500000－8701－0002876　C09/1:4/0305
十七史商榷一百卷　(清)王鳴盛撰　清乾隆五十二年(1787)洞涇草堂刻本　十六册

500000－8701－0002877　C09/1:4/0306
明詩綜一百卷　(清)朱彝尊錄　清康熙刻本　一册　存三卷(九十一至九十三)

500000－8701－0002878　C09/1:5/0307
國朝詩別裁集三十六卷　(清)沈德潛纂評　清乾隆二十四年(1759)刻本　二十册

500000－8701－0002879　C09/1:6/0308
國朝詩別裁集三十六卷　(清)沈德潛纂評　清乾隆二十五年(1760)刻本　十六册

500000－8701－0002880　C09/1:6/0309
西漢文二十卷東漢文二十卷　(明)張采輯　清初寶翰樓刻本　十二册　存二十卷(西漢文二十卷)

500000－8701－0002881　C09/1:6/0310
詩人玉屑二十卷　(宋)魏慶之輯　清謹厚堂刻本　十二册

500000－8701－0002882　C09/1:7/0311
漁隱叢話前集六十卷後集四十卷　(宋)胡仔輯　清乾隆五年至六年(1740－1741)楊佑啓耘經樓刻本　二十四册

500000－8701－0002883　C09/1:7/0312
四友遺詩八種十六卷　(清)黎庶昌輯　清光緒二十年(1894)黎氏川東道署刻本　五册

500000－8701－0002884　C09/1:7/0313
竹書紀年校補二卷原委一卷　(清)趙紹祖校補　清道光趙氏古墨齋刻本　一册

500000－8701－0002885　C09/1:7/0314
讀史識存十卷　(清)王潯撰　清道光十五年(1835)刻本　四册

500000－8701－0002886　C09/1:7/0315
四友遺詩八種十六卷　(清)黎庶昌輯　清光緒二十年(1894)黎氏川東道署刻本　五册

500000－8701－0002887　C09/2:1/0316
荆駝逸史五十三種　(清)陳湖逸士編　清古槐山房木活字印本　二十四册

500000－8701－0002888　C09/2:2/0317
白石道人詩集二卷集外詩一卷詩説一卷歌曲四卷別集一卷　(宋)姜夔撰　清乾隆八年(1743)陸鍾輝水雲漁屋刻本　二册

500000－8701－0002889　C09/2:2/0318
桃花泉奕譜二卷　(清)范西屏撰　清乾隆三

十七年(1772)進道堂刻本　二册

500000－8701－0002890　C09/2:2/0319
儀禮釋官九卷首一卷　(清)胡匡衷撰　清嘉慶二十一年(1816)研六閣刻本　三册

500000－8701－0002891　C09/2:2/0320
文獻通考紀要二卷　(□)□□撰　清刻本　二册

500000－8701－0002892　C09/2:2/0321
湯子遺書十卷附錄一卷　(清)湯斌撰　清康熙四十二年(1703)愛日堂刻本　六册

500000－8701－0002893　C09/2:2/0322
經典釋文三十卷　(唐)陸德明撰　清康熙刻本　二十四册

500000－8701－0002894　C09/2:3/0323
湯子遺書十卷附錄一卷　(清)湯斌撰　清康熙四十二年(1703)愛日堂刻本　十册

500000－8701－0002895　C09/2:3/0324
湯子遺書十卷附錄一卷　(清)湯斌撰　清康熙四十二年(1703)愛日堂刻本　八册

500000－8701－0002896　C09/2:3/0325
隱居通議三十一卷　(元)劉壎著　清嘉慶六年(1801)刻本　八册

500000－8701－0002897　C09/2:4/0326
呂氏春秋二十六卷附攷一卷　(漢)高誘注　(清)畢沅輯校　清乾隆五十四年(1789)畢氏靈巖山館刻本　六册

500000－8701－0002898　C09/2:4/0327
呂氏春秋二十六卷附攷一卷　(漢)高誘注　(清)畢沅輯校　清乾隆五十四年(1789)畢氏靈巖山館刻本　四册

500000－8701－0002899　C09/2:4/0328
戰國策三十三卷　(漢)高誘注　清乾隆二十一年(1756)盧見曾刻本　八册

500000－8701－0002900　C09/2:4/0329
李義山文集六卷　(唐)李商隱撰　清嘉慶二十三年(1818)柳衣園刻本　六册

500000－8701－0002901　C09/2:5/0330
通志堂經解一百四十種　(清)納蘭成德輯　清康熙十九年(1680)通志堂刻本　三百十六册　存一百二十二種一千四百七十六卷(易數鉤隱圖三卷遺論九事一卷,横渠先生易説三卷,易學一卷,紫巖居士易傳十卷,漢上易傳十一卷周易卦圖三卷周易叢説一卷,易璇璣三卷,周易義海撮要十二卷,易小傳六卷,復齋易説六卷,古周易一卷,童溪王先生易傳三十卷,易裨傳一卷外篇一卷,易圖説三卷,易學啟蒙通釋二卷圖一卷,周易玩辭十六卷,東谷鄭先生易翼傳二卷,三易備遺一至七,丙子學易編一卷,易學啟蒙小傳一卷古經傳一卷,水村易鏡一卷,晦庵先生朱文公易説二十三卷,大易緝説十卷,周易輯聞六卷易雅一卷筮宗一卷,周易傳義附錄一至十、首一卷,學易記一至三、首一卷,周易發明啟蒙翼傳三卷外篇一卷,周易本義通釋十二卷輯錄雲峰文集易義一卷,易纂言十二卷首一卷,周易本義集成十二卷首一卷,周易經傳集程朱解附錄纂注十四卷首一卷附一卷,易圖通變五卷,易象圖説内篇三卷外篇三卷,大易象數鉤深圖三卷,周易參義十二卷,合訂刪補大易集義粹言八十卷,程尚書禹貢論二卷後論一卷山川地理圖一,尚書説七卷,增修東萊書説一至三十五,書疑九卷,書集傳或問二卷,杏溪傅氏禹貢集解二卷,尚書詳解十三卷,尚書表注二卷,尚書纂傳四十六卷,書蔡氏傳輯錄纂注六卷,書纂言一至三,書蔡氏傳旁通一,李迂仲黄實夫毛詩集解四十二卷,毛詩名物解二十卷,逸齋詩補傳四至十一、十八至三十,詩集傳名物鈔八卷,詩經疑問七卷附編一卷,詩解頤四卷,春秋尊王發微十二卷附錄一卷,春秋皇綱論五卷,春秋劉氏傳十五卷,春秋權衡十七卷,劉氏春秋意林二卷,春秋年表一卷,春秋名號歸一圖二卷,春秋臣傳三十卷,西疇居士春秋本例二十卷,木訥先生春秋經筌十六卷,石林先生春秋傳二十卷,止齋先生春秋後傳十二卷,春秋集解三十卷,左氏傳説二十卷,春秋左氏傳事類始末五卷附錄一卷,春秋提綱十卷,春秋王霸列國世紀編三卷,春秋通說十三卷,春秋集注十一卷綱領一卷,春秋或問二十卷,春秋五論一卷,則堂先生春秋集傳詳說三十卷綱領一卷,春秋類對賦一卷,春秋諸國統紀六卷,春秋本義三十卷首一卷,春秋或問十卷,春秋集傳十五卷,春秋屬辭十五卷,春秋師說三卷附錄二卷,春秋左氏傳補注十卷,春秋諸傳會通二十四卷首一卷,春秋集傳釋義大成十二卷首一卷,清全齋讀春秋編十二卷,春秋春王正月考一卷辨疑一卷,新定三禮圖二十卷,東岩周禮訂義八十卷首一卷,虡齋考工記解二卷,儀禮圖十七卷旁通圖一卷儀禮十七卷,禮經會元四卷,太平經國之書十一卷首一卷,夏小正戴氏傳四卷,儀禮集說十七卷,儀禮逸經傳一卷,經禮補逸九卷附錄一卷,禮記陳氏集說補正三十八卷,孝經注解一卷,孝經大義一卷,孝經一卷,晦庵先生所定古文孝經句解一卷,南軒先生論語解十卷,論語集說十卷,南軒先生孟子說一至三、六至七,孟子集疏十四卷,孟子音義二卷,大學纂疏一卷中庸纂疏一卷論語纂疏一至六,大學集編一卷中庸集編一卷論語集編十卷孟子集編十四卷,大學通一卷中庸通一卷論語通十卷孟子通十四卷,大學章句或問通證一卷中庸章句或問通證一卷論語集注通證二卷孟子集注通證二卷,大學章句纂箋一卷大學或問纂箋一卷中庸章句纂箋一卷中庸或問纂箋一卷論語集注纂箋十卷孟子集注纂箋十四卷,四書通旨六卷,四書辨疑十五卷,大學集說啟蒙一卷中庸集說啟蒙一卷,經典釋文三十卷,公是先生七經小傳三卷,六經奧論六卷首一卷,六經正誤六卷,熊先生經說七卷,十一經問對五卷,五經蠡測六卷)

500000－8701－0002902　C09/4:2/0331
初唐四傑集三十七卷　(清)項家達編　清乾隆四十六年(1781)項氏刻本　八冊

500000－8701－0002903　C09/4:2/0332
新定三禮圖二十卷　(宋)聶崇義集注　清康熙十九年(1680)刻本　一冊

500000－8701－0002904　C09/4:2/0333
東都事略一百三十卷　(宋)王稱撰　清影宋刻本　三十二冊

500000－8701－0002905　C09/4:3/0334
困學紀聞二十卷　(宋)王應麟撰　清汪垕桐華書塾刻本　十二冊

500000－8701－0002906　C09/4:3/0335
宋王復齋鐘鼎欵識一卷　(宋)王厚之輯釋　清嘉慶七年(1802)阮氏積古齋刻本　一冊

500000－8701－0002907　C09/4:3/0336
五代史記七十四卷　(宋)歐陽修撰　(清)彭元瑞注　清道光八年(1828)彭氏刻本　三十二冊

500000－8701－0002908　C09/4:4/0337
讀書脞錄七卷續編四卷　(清)孫志祖撰　清嘉慶七年(1802)刻本　六冊

500000－8701－0002909　C09/4:4/0338
吳詩集覽二十卷補註二十卷　(清)吳偉業撰　(清)靳榮藩輯注　清乾隆四十年(1775)凌雲亭刻本　十四冊

500000－8701－0002910　C09/4:5/0339
白石詩集一卷詞集一卷　(宋)姜夔撰　清雍正洪氏陔華堂刻本　一冊

500000－8701－0002911　C09/4:5/0340
說文解字注三十卷說文部目分韻一卷附六書音均表五卷　(清)段玉裁撰　清乾隆至嘉慶段氏經韻樓刻本　十六冊

500000－8701－0002912　C09/4:6/0341
忠雅堂文集三十卷　(清)蔣士銓撰　清刻本　六冊

500000－8701－0002913　C09/4:6/0342
松陽講義十二卷　(清)陸隴其著　(清)席永恂等編　清光緒十三年(1887)固始張氏刻朱印本　四冊

500000－8701－0002914　C09/4:6/0343
篆學瑣著三十種四十卷　(清)顧湘編　清道光二十五年(1845)顧氏刻本　十二冊

500000－8701－0002915　C09/4:6/0344
忠雅堂詩集二十七卷補遺二卷銅絃詞二卷文

集十二卷　(清)蔣士銓撰　清乾隆刻本　三十册

500000－8701－0002916　C09/4:7/0345
明詩別裁集十二卷　(清)沈德潛　(清)周準輯　清乾隆四年(1739)刻本　六册

500000－8701－0002917　C09/4:7/0346
斜川集六卷　(宋)蘇過撰　清乾隆五十三年(1788)趙懷玉亦有生齋刻本　四册

500000－8701－0002918　C09/4:7/0347
斜川集六卷　(宋)蘇過撰　清乾隆五十三年(1788)趙懷玉亦有生齋刻本　四册

500000－8701－0002919　C09/4:7/0348
後邨居士詩二十卷　(宋)劉克莊撰　清康熙五十九年(1720)姚廷謙遂安堂刻本　十册

500000－8701－0002920　C09/4:7/0349
文選六十卷　(南朝梁)蕭統輯　(唐)李善注　清乾隆三十七年(1772)長洲葉氏海錄軒刻朱墨套印本　十二册

500000－8701－0002921　C09/5:1/0350
文選六十卷考異十卷　(南朝梁)蕭統撰　(唐)李善註　(清)胡克家考異　清嘉慶十四年(1809)鄱陽胡氏刻本　二十八册

500000－8701－0002922　C09/5:1/0351
溫飛卿詩集七卷別集一卷集外詩一卷　(唐)溫庭筠撰　(清)顧予咸補注　清康熙三十六年(1697)顧氏秀野草堂刻本　二册

500000－8701－0002923　C09/5:1/0352
杜詩偶評四卷　(清)沈德潛撰　清乾隆十三年(1748)潘永松賦閒草堂刻本　四册

500000－8701－0002924　C09/5:2/0353
文選六十卷　(南朝梁)蕭統輯　(唐)李善注　清乾隆三十七年(1772)葉氏海錄軒刻本　十二册

500000－8701－0002925　C09/5:2/0354
杜詩偶評四卷　(清)沈德潛撰　清乾隆十三年(1748)潘永松賦閒草堂刻本　四册

500000－8701－0002926　C09/5:2/0355
溫飛卿詩集七卷別集一卷集外詩一卷　(唐)溫庭筠撰　(清)顧予咸補注　清康熙三十六年(1697)顧氏秀野草堂刻本　二册

500000－8701－0002927　C09/5:2/0356
戰國策三十三卷　(漢)高誘注　清嘉慶八年(1803)讀未見書齋刻本　八册

500000－8701－0002928　C09/5:2/0357
戰國策三十三卷　(漢)高誘注　清嘉慶八年(1803)讀未見書齋刻本　六册

500000－8701－0002929　C09/5:3/0358
河東先生集十五卷　(宋)張景撰　清乾隆六十年(1795)文印堂刻本　四册

500000－8701－0002930　C09/5:3/0359
韋蘇州詩集二卷　(唐)韋應物撰　清康熙三十四年(1695)汪立名刻本　四册

500000－8701－0002931　C09/5:3/0360
漁洋山人精華錄十卷　(清)王士禛撰　(清)林佶編　清康熙三十九年(1700)林佶刻本(總目係抄配)　六册

500000－8701－0002932　C09/5:3/0361
漁洋山人精華錄十卷　(清)王士禛撰　(清)林佶編　清康熙三十九年(1700)林佶刻本　十册

500000－8701－0002933　C09/5:4/0362
中州名賢文表三十卷　(明)劉昌輯　清康熙四十五年(1706)汪立名刻本　六册

500000－8701－0002934　C09/5:4/0363
江左十五子詩選十五卷　(清)宋犖輯　清康熙四十二年(1703)宋氏宛委堂刻本　八册

500000－8701－0002935　C09/5:4/0364
雜毒海八卷　(明)龍山仲猷禪師編　(清)釋性音重編　清康熙刻本　二册

500000－8701－0002936　C09/5:4/0365
禹貢指南四卷　(宋)毛晃撰　清乾隆武英殿活字印本　一册

500000－8701－0002937　C09/5:4/0366
白虎通四卷　(漢)班固撰　義攷一卷　(清)

莊述祖撰　**闕文一卷**　(清)莊述祖輯　(清)盧文弨訂　**校勘補遺一卷**　(清)盧文弨撰　清乾隆四十九年(1784)抱經堂刻本　二冊

500000－8701－0002938　C09/5:4/0367
[雍正]慈谿縣志十六卷　(清)楊正筍修　(清)馮鴻模等纂　清雍正八年(1730)刻乾隆三年(1738)許炳增刻本　十二冊

500000－8701－0002939　C09/5:5/0368
文心雕龍十卷　(南朝梁)劉勰撰　(清)黃叔琳輯注　清刻本　八冊

500000－8701－0002940　C09/5:5/0369
蓮洋詩鈔十卷附錄一卷　(清)吳雯撰　(清)孫謂編　清乾隆二十九年(1764)望雲樓刻本　四冊

500000－8701－0002941　C09/5:5/0370
江左十五子詩選十五卷　(清)宋犖輯　清康熙四十二年(1703)宋氏宛委堂刻本　十冊

500000－8701－0002942　C09/5:5/0371
唐會要一百卷　(宋)王溥撰　清乾隆武英殿活字印本　三十二冊

500000－8701－0002943　C09/5:6/0372
淵雅堂編年詩稿二十卷惕甫未定稿二十六卷文外集四卷　(清)王芑孫撰　**寫韻軒小稿二卷**　(清)曹貞秀撰　**波餘遺稿一卷首一卷附錄二卷**　(清)王翼孫著　清嘉慶八年至九年(1803－1804)刻本　十六冊

500000－8701－0002944　C09/5:6/0373
繹史一百六十卷附世系圖一卷年表一卷　(清)馬驌撰　清康熙九年(1670)刻本　二十四冊

500000－8701－0002945　C09/5:7/0374
淵雅堂編年詩稿十八卷惕甫未定稿十六卷文外集四卷　(清)王芑孫撰　**寫韻軒小稿二卷**　(清)曹貞秀撰　**波餘遺稿一卷首一卷附錄二卷**　(清)王翼孫著　清嘉慶十三年(1808)刻本　十六冊

500000－8701－0002946　C10/1:1/0375
宋詩紀事一百卷　(清)厲鶚　(清)馬曰琯輯　清乾隆十一年(1746)樊榭山房刻本　二十冊

500000－8701－0002947　C10/1:1/0376
宋詩紀事一百卷　(清)厲鶚　(清)馬曰琯輯　清乾隆十一年(1746)樊榭山房刻本　二十四冊

500000－8701－0002948　C10/1:2/0377
白香山詩長慶集二十卷後集十七卷別集一卷補遺二卷　(唐)白居易撰　(清)汪立名編　清康熙四十一年至四十二年(1702－1703)汪立名一隅草堂刻本　十冊

500000－8701－0002949　C10/1:2/0378
白香山詩長慶集二十卷後集十七卷別集一卷補遺二卷　(唐)白居易撰　(清)汪立名編　清康熙四十一年至四十二年(1702－1703)汪立名一隅草堂刻本　十冊

500000－8701－0002950　C10/1:3/0379
白香山詩長慶集二十卷後集十七卷別集一卷補遺二卷　(唐)白居易撰　(清)汪立名編　清康熙四十一年至四十二年(1702－1703)汪立名一隅草堂刻本　六冊

500000－8701－0002951　C10/1:3/0380
水經注不分卷　(北魏)酈道元注　(清)戴震改定　清乾隆三十七年(1772)刻本　二十四冊

500000－8701－0002952　C10/1:3/0381
陳檢討集十二卷詩鈔十卷詞鈔十二卷　(清)陳維崧撰　清康熙二十二年(1683)天藜閣刻本(末葉係抄配)　八冊

500000－8701－0002953　C10/1:4/0382
東嵒艸堂評訂唐詩鼓吹十卷　(金)元好問輯　(清)朱三錫評　清康熙自怡居刻本　六冊

500000－8701－0002954　C10/1:4/0383
唐詩解五十卷　(清)唐汝詢選釋　清順治十六年(1659)萬笈堂刻本　十七冊

500000－8701－0002955　C10/1:4/0384

蘇東坡詩集注三十二卷年譜一卷　(宋)王宗稷撰　(宋)王十朋纂集　清康熙三十七年(1698)朱從延文蔚堂刻本　十六册　存二十七卷(一至二十一、二十七至三十二)

500000－8701－0002956　C10/1:5/0385
蘇東坡詩集注三十二卷年譜一卷　(宋)王宗稷撰　(宋)王十朋纂集　清康熙三十七年(1698)朱從延文蔚堂刻本　十二册

500000－8701－0002957　C10/1:5/0386
之溪老生集八卷附勸影堂詞三卷　(清)先著撰　清康熙玉淵堂刻本　六册

500000－8701－0002958　C10/1:5/0387
秦漢瓦圖記四卷補遺一卷　(清)朱楓編　清乾隆刻本　一册

500000－8701－0002959　C10/1:5/0388
水經注不分卷　(北魏)酈道元注　(清)戴震改定　清乾隆三十七年(1772)刻本　十四册

500000－8701－0002960　C10/1:6/0389
高季迪先生大全集十八卷　(明)高啓撰　清竹素園刻本　十册

500000－8701－0002961　C10/1:6/0390
宋詩鈔初集八十四種　(清)呂留良等選　清康熙十年(1671)吳氏鑑古堂刻本　二十四册

500000－8701－0002962　C10/1:7/0391
朱字綠先生古文鈔三卷　(清)朱書撰　清嘉慶章煒刻本　三册

500000－8701－0002963　C10/1:7/0392
中晚唐詩叩彈集十二卷續集三卷　(清)杜詔　(清)杜庭珠集　清康熙四十三年(1704)采山亭刻本　五册

500000－8701－0002964　C10/1:7/0393
元史類編四十二卷　(清)邵遠平撰　清乾隆六十年(1795)南沙席氏掃葉山房刻本　二十四册

500000－8701－0002965　C10/2:1/0394
黄山志定本七卷首一卷　(清)閔麟嗣纂　清康熙十八年(1679)刻本　十六册

500000－8701－0002966　C10/2:2/0395
載雲舫集十卷　(清)閔奕仕撰　清康熙二十三年(1684)程牧刻本　六册

500000－8701－0002967　C10/2:2/0396
徐霞客遊記不分卷附遊記補編一卷　(明)徐宏祖撰　(清)葉廷甲輯補　清嘉慶十三年(1808)葉氏水心齋刻本　十册

500000－8701－0002968　C10/2:2/0397
萬言肄雅一卷　(清)屈曾發撰　清乾隆三十七年(1772)豫簪堂刻本　一册

500000－8701－0002969　C10/2:2/0398
安定先生周易口義十卷雜卦一卷　(宋)胡瑗撰　清康熙二十六年(1687)李振裕刻本　六册

500000－8701－0002970　C10/2:2/0399
賦鈔箋畧十五卷　(清)雷琳　(清)張杏濱撰　清乾隆三十一年(1766)刻本　五册

500000－8701－0002971　C10/2:3/0400
艸堂詩集八卷　(清)曹星谷撰　清乾隆五十年(1785)刻本　四册

500000－8701－0002972　C10/2:3/0401
食旨齋鳴秋草四卷　(清)江作揖撰　清乾隆七年(1742)刻本　二册

500000－8701－0002973　C10/2:3/0402
適齋居士集四卷　(清)覺羅舒敏撰　清道光二十二年(1842)刻本　三册

500000－8701－0002974　C10/2:3/0403
匠門書屋文集三十卷　(清)張大受撰　清雍正七年(1729)顧詒祿刻本　四册

500000－8701－0002975　C10/2:3/0404
鶡冠子三卷　(戰國)鶡冠子撰　(宋)陸佃解　清乾隆武英殿刻本　二册

500000－8701－0002976　C10/2:3/0405
雪鴻堂詩蒐逸三卷附錄一卷　(明)謝三秀撰　清咸豐元年(1851)王佃峰寫樣待刻本　一册

500000－8701－0002977　C10/2:3/0406

龍虎山志十六卷　(清)婁近垣纂　清乾隆五年(1740)刻本　三冊

500000－8701－0002978　C10/2:3/0407
晉記六十八卷首一卷　(清)郭倫撰　清乾隆五十一年(1786)有斐堂刻本　三十二冊

500000－8701－0002979　C10/2:4/0408
舊雨齋詩集八卷　(清)施安撰　清乾隆十八年(1753)刻本　四冊

500000－8701－0002980　C10/2:4/0409
切韻攷四卷　(清)李鄴撰　清雍正刻本　一冊

500000－8701－0002981　C10/2:4/0410
畫禪室隨筆四卷　(明)董其昌撰　清乾隆三十三年(1768)刻本　三冊

500000－8701－0002982　C10/2:4/0411
湘管聯吟一卷續集三卷附錄一卷附稿一卷　(清)陳焯撰　清乾隆四十三年(1778)刻本　六冊

500000－8701－0002983　C10/2:4/0412
埽垢山房詩鈔十二卷　(清)黄文暘撰　清嘉慶七年(1802)孔憲增刻本　二冊　存六卷(一至六)

500000－8701－0002984　C10/2:4/0413
歸潛志十四卷　(元)劉祁撰　清乾隆武英殿刻本　二冊

500000－8701－0002985　C10/2:4/0414
雪川詩稿十卷　(清)陳萇撰　清康熙刻本　四冊

500000－8701－0002986　C10/2:5/0415
古今萬姓統譜一百四十卷歷代帝王姓系統譜六卷氏族博考十四卷　(明)淩迪知撰　明萬曆七年(1579)刻本　三十五冊　缺四卷(古今萬姓統譜二至五)

500000－8701－0002987　C10/2:5/0416
讀書敏求記四卷　(清)錢曾撰　清乾隆六十年(1795)刻本　四冊

500000－8701－0002988　C10/2:5/0417
七子詩選十四卷　(清)沈德潛編　清乾隆十八年(1753)松筠堂刻本　六冊

500000－8701－0002989　C10/2:6/0418
改亭詩集六卷　(清)計東撰　清乾隆刻本　四冊

500000－8701－0002990　C10/2:6/0419
明太保費文憲公文集選要六卷　(明)費宷撰　(明)徐階　(明)劉同升選　明刻本　四冊

500000－8701－0002991　C10/2:6/0420
大愚藁二集十卷　(清)褚鳳翔撰　清乾隆刻本　四冊

500000－8701－0002992　C10/2:6/0421
綿津山人詩集二十四卷楓香詞一卷　(清)宋犖撰　清康熙刻本　三冊

500000－8701－0002993　C10/2:6/0422
銅鼓書堂遺稾三十二卷　(清)查禮撰　清乾隆五十七年(1792)刻本　十冊

500000－8701－0002994　C10/2:6/0423
鐵橋漫稿十三卷　(清)嚴可均撰　清道光十八年(1838)四錄堂刻本　六冊

500000－8701－0002995　C10/2:7/0424
宋元通鑑一百五十七卷　(明)薛應旂編集　明嘉靖四十五年(1566)刻本　三冊　存十一卷(四至十四)

500000－8701－0002996　C10/2:7/0425
資治通鑑綱目五十九卷前編二十五卷　(明)南軒撰　(明)陳仁錫評閱　清康熙四十年(1701)王公行刻本　七十七冊

500000－8701－0002997　C10/3:2/0426
資治通鑑綱目前編二十五卷　(明)南軒撰　(明)陳仁錫評　明刻本　五冊

500000－8701－0002998　C10/3:2/0427
新刻性理大全書七十卷　(明)胡廣等撰　明刻本　十八冊　存六十四卷(二至三十七、四十三至七十)

500000－8701－0002999　C10/3:3/0428

補瓢存稿六卷　(清)韓騏撰　清乾隆二十三年(1758)南蔭書屋刻本　六冊

500000－8701－0003000　C10/3:3/0429
東坡先生編年詩五十卷　(宋)蘇軾撰　(清)查慎行補注　清乾隆二十六年(1761)香雨齋刻本　十三冊　存四十卷(一至十三、十六至三十二、三十六至四十二、四十八至五十)

500000－8701－0003001　C10/3:4/0430
南華真經評注五卷　題(晉)郭象評　題(晉)向秀注　清刻本　八冊

500000－8701－0003002　C10/3:4/0431
澄懷園載賡集六卷　(清)張廷玉撰　清乾隆十四年(1749)張氏刻本　二冊

500000－8701－0003003　C10/3:4/0432
落花倡和詩集不分卷　(明)沈周等撰　(清)顧嘉譽　(清)金成棟輯　清康熙四十一年(1702)宜堂刻本　四冊

500000－8701－0003004　C10/3:4/0433
絳跗閣詩稿十一卷　(清)諸錦撰　清乾隆二十七年(1762)刻本　四冊

500000－8701－0003005　C10/3:4/0434
東坡先生編年詩五十卷　(宋)蘇軾撰　(清)查慎行補注　清乾隆二十六年(1761)查開香雨齋刻本　十六冊

500000－8701－0003006　C10/3:5/0435
鮚埼亭集外編五十卷　(清)全祖望撰　清嘉慶十六年(1811)刻本　十冊

500000－8701－0003007　C10/3:5/0436
文章辨體五十卷外集五卷總論一卷　(明)吳訥輯　(明)鍾起鳳增訂　明刻本　十四冊　存三十一卷(六至三十五、外集一)

500000－8701－0003008　C10/3:6/0437
二十四史三千二百五十卷　(漢)司馬遷等撰　清武英殿刻本　七百冊

500000－8701－0003009　C11/2:3/0438
藝文類聚一百卷　(唐)歐陽詢撰　(明)王元貞校　明末刻本　二十冊

500000－8701－0003010　C11/2:3/0439
二十四史三千二百五十卷　(漢)司馬遷等撰　清武英殿刻本　三百十七冊　存九種一千二百三十七卷(史記一百三十卷,前漢書一百卷,後漢書一百二十卷,三國志六十五卷,宋書一百卷,周書五十卷,金史一至九十四、一百至一百三十五,元史二百十卷,明史三百三十二卷)

500000－8701－0003011　C11/3:6/0440
二十四史三千二百五十卷　(漢)司馬遷等撰　清武英殿刻本　六百三十四冊　缺四種一百三十九卷(宋書一至四十、陳書三十六卷、舊唐書一百四十一至一百七十五、唐書五十一至七十八)

500000－8701－0003012　C12/1:7/0441
通典二百卷　(唐)杜佑纂　清乾隆十二年(1747)武英殿刻本　三十六冊

500000－8701－0003013　C12/2:1/0442
通典二百卷　(唐)杜佑纂　清乾隆十二年(1747)武英殿刻本　三十六冊

500000－8701－0003014　C12/2:3/0443
通志二百卷　(宋)鄭樵撰　清乾隆十二年(1747)武英殿刻本　一百十八冊

500000－8701－0003015　C12/3:1/0444
文獻通考三百四十八卷　(元)馬端臨撰　清乾隆十二年(1747)武英殿刻本　八十八冊

500000－8701－0003016　C12/3:5/0445
文獻通考三百四十八卷　(元)馬端臨撰　清乾隆十二年(1747)武英殿刻本　八十八冊

500000－8701－0003017　C12/4:1/0446
通志略五十二卷　(宋)鄭樵著　清乾隆十四年(1749)汪啓淑刻本　二十冊

500000－8701－0003018　C12/4:1/0447
詩歸二種五十一卷　(明)鍾惺　(明)譚元春選定　明末刻本　十六冊

500000－8701－0003019　C12/4:2/0448
說文長箋一百卷首二卷解題一卷凡例一卷六

書長箋七卷　(明)趙宧光撰　明萬曆刻本　十册　存五十六卷(説文長箋一至四十五、首二卷、解題一卷、凡例一卷、六書長箋七卷)

500000－8701－0003020　C12/4:2/0449
蜀遊詩續鈔六卷　(清)陸炳輯　清乾隆三十九年(1774)且樸堂刻本　八册

500000－8701－0003021　C12/4:3/0450
繆篆分韻五卷　(清)桂馥編　清抄本　四册

500000－8701－0003022　C12/4:3/0451
静觀堂集十四卷　(明)顧潛撰　清雍正十年(1732)顧氏桂雲堂刻本　十二册

500000－8701－0003023　C12/4:3/0452
靳史三十卷　(明)查應光輯　清康熙四十七年(1708)查廷璋刻本　十册

500000－8701－0003024　C12/4:3/0453
蜀宕渠五李詩鈔五種　(□)□□撰　清抄本　一册

500000－8701－0003025　C12/4:3/0454
瞑琴緑陰閣詞存一卷　(清)奚疑撰　清抄本　二册

500000－8701－0003026　C12/4:3/0455
唐賢小三昧集三卷　(清)史承豫編　清抄本　一册

500000－8701－0003027　C12/4:4/0456
松桂堂全集三十七卷　(清)彭孫遹撰　清乾隆八年(1743)彭景曾刻本　十二册

500000－8701－0003028　C12/4:4/0457
彙輯輿圖備攷全書十八卷　(明)潘光祖輯　(明)李雲翔訂　清順治七年(1650)刻本　二十册

500000－8701－0003029　C12/4:5/0458
託素齋文集二卷詩集四卷　(清)黎士弘撰　清康熙刻本　十册

500000－8701－0003030　C12/4:5/0459
稗海七十四種　(明)商濬編　清乾隆中據振鷺堂版修補本　八十册

500000－8701－0003031　C12/4:7/0460
稗海七十四種　(明)商濬編　清刻本　八十册

500000－8701－0003032　C12/5:2/0461
稗海七十四種　(明)商濬編　明刻清補修本　八十册

500000－8701－0003033　C12/5:4/0462
稗海七十種四百四十九卷　(明)商濬編　清刻本　一百六十三册　缺三種五卷(學齋佔畢纂一卷、祛疑説纂一卷、清波雜志三卷)

500000－8701－0003034　C13/1:2/0463
稗海七十種四百四十九卷　(明)商濬編　清刻本　五十六册

500000－8701－0003035　C13/1:4/0464
齊東野語二十卷　(宋)周密撰　明刻稗海本　一册　存七卷(十四至二十)

500000－8701－0003036　C13/1:4/0465
稗海七十四種　(明)商濬編　清刻本　二十二册　存二種二十卷(儒林公議二卷,齊東野語一至四、七至二十)

500000－8701－0003037　C13/1:4/0465－1
侯鯖録八卷　(宋)趙令畤撰　明刻稗海本　一册

500000－8701－0003038　C13/1:4/0465－2
睽車志六卷　(宋)郭彖撰　明刻稗海本　一册

500000－8701－0003039　C13/1:4/0465－3
江隣幾雜志一卷　(宋)江休復撰　明刻稗海本　一册

500000－8701－0003040　C13/1:5/0466
御製全史詩六十四卷首二卷　(清)仁宗顒琰撰　(清)張師誠註　清嘉慶十七年(1812)刻本　三十二册

500000－8701－0003041　C13/1:6/0467
分甘餘話四卷　(清)王士禛撰　清康熙七略書堂刻本　四册

500000－8701－0003042　C13/1:6/0468

意林五卷　(唐)馬總輯　清乾隆武英殿刻本　四冊

500000－8701－0003043　C13/1:6/0469
古今類傳四卷　(清)董穀士　(清)董炳文輯　清康熙三十一年(1692)刻本　四冊

500000－8701－0003044　C13/1:6/0470
詩辯坻四卷　(清)毛先舒著　清康熙刻本　二冊

500000－8701－0003045　C13/1:6/0471
淳化秘閣法帖考正十卷附二卷　(清)王澍撰　清秋水藕花居刻本　八冊

500000－8701－0003046　C13/1:6/0472
蘀石齋詩集四十九卷　(清)錢載撰　清乾隆刻本　十六冊

500000－8701－0003047　C13/1:7/0473
漢魏六朝百三家集一百十八卷　(明)張溥輯　明崇禎刻本　六十二冊

500000－8701－0003048　C13/2:2/0474
漢魏六朝一百三家集一百十八卷　(明)張溥編　明崇禎張溥刻本　十冊　存九種十一卷(夏侯常侍集一卷、潘黃門集一卷、陸清河集二卷、晉王右軍集二卷、溫侍讀集一卷、邢特進集一卷、魏特進集一卷、盧武陽集一卷、李懷州集一卷)

500000－8701－0003049　C13/2:2/0475
漢魏六朝一百三家集一百十八卷　(明)張溥編　明崇禎張溥刻本　三十五冊　存五十六種六十四卷(董膠西集一卷、東方大中集一卷、漢褚先生集一卷、王諫議集一卷、漢劉中壘集一卷、馮曲陽集一卷、班蘭臺集一卷、東漢崔亭伯集一卷、張河間集二卷、漢蘭臺令李伯仁集一卷、東漢馬季長集一卷、東漢荀侍中集一卷、晉杜征南集一卷、魏荀公曾集一卷、傅鶉觚集一卷、晉張司空集一卷、晉束廣微集一卷、夏侯常侍集一卷、潘黃門集一卷、傅中丞集一卷、潘太常集一卷、陸清河集二卷、晉成公子安集一卷、晉張孟陽集一卷、晉張景陽集一卷、晉劉越石集一卷、郭弘農集二卷、晉王右軍集二卷、南齊竟陵王集二卷、王文憲集一卷、王寧朔集一卷、謝宣城集一卷、齊張長史集一卷、南齊孔詹事集一卷、梁武帝御製集一卷、梁簡文帝御製集二卷、梁元帝集一卷、江醴陵集二卷、沈隱侯集二卷、陶隱居集一卷、任中丞集一卷、王左丞集一卷、陸太常集一卷、劉戶曹集一卷、王詹事集一卷、劉秘書集一卷、劉豫章集一卷、劉庶子集一卷、庾度支集一卷、邢特進集一卷、魏特進集一卷、王司空集一卷、隋煬帝集一卷、李懷州集一卷、牛奇章集一卷、薛司隸集一卷)

500000－8701－0003050　C13/2:4/0476
東皐詩餘四卷　(清)汪之珩編　清乾隆三十一年(1766)文園刻本　二十冊

500000－8701－0003051　C13/2:4/0477
栖雲閣詩十六卷　(清)高珩撰　清乾隆三年(1738)刻本　六冊

500000－8701－0003052　C13/2:4/0478
香草齋詩集六卷　(清)黃任撰　清乾隆二十三年(1758)桑調元刻本　二冊

500000－8701－0003053　C13/2:4/0479
石湖居士詩集三十四卷　(宋)范成大撰　清康熙二十七年(1688)顧氏依園刻本　八冊

500000－8701－0003054　C13/2:5/0480
江文通集四卷　(南朝梁)江淹撰　(清)梁賓輯　清乾隆二十四年(1759)安愚堂刻本　四冊

500000－8701－0003055　C13/2:5/0481
觀妙齋藏金石文攷略十六卷　(清)李光暎纂　清雍正七年(1729)刻本　十六冊

500000－8701－0003056　C13/2:5/0482
葉忠節公遺稿十二卷　(清)葉映榴撰　清乾隆十年(1745)刻本　六冊

500000－8701－0003057　C13/2:5/0483
湛園札記四卷　(清)姜宸英撰　清嘉慶鶴麓山房刻本　四冊

500000－8701－0003058　C13/2:5/0484

槐廳載筆二十卷　(清)法式善撰　清嘉慶四年(1799)刻本　十册

500000－8701－0003059　C13/2:6/0485
金石錄三十卷　(宋)趙明誠撰　清乾隆二十七年(1762)盧氏雅雨堂刻本　六册

500000－8701－0003060　C13/2:6/0486
本事詩十二卷　(清)徐釚輯　清乾隆二十二年(1757)汪氏半松書屋刻本　四册

500000－8701－0003061　C13/2:6/0487
乙未亭詩集六卷畏壘山人詩集四卷　(清)徐昂發撰　清康熙桂森堂刻本　四册

500000－8701－0003062　C13/2:6/0488
頻羅庵遺集十六卷　(清)梁同書撰　清嘉慶二十二年(1817)仁和陸貞一刻本　六册

500000－8701－0003063　C13/2:6/0489
排山小集八卷續集十二卷　(清)朱楓著　**附遺詩鈔一卷**　(清)趙以文撰　**青岑遺稿一卷**　(清)朱棆撰　清乾隆刻本　六册

500000－8701－0003064　C13/2:6/0490
唐堂集五十卷冬錄一卷　(清)黄之雋撰　清乾隆刻本　十二册

500000－8701－0003065　C13/2:7/0491
國朝律介一卷　(清)鐵保編　清乾隆六十年(1795)刻本　一册

500000－8701－0003066　C13/2:7/0492
雙溪集十二卷　(宋)王炎撰　清康熙五十七年(1718)王德淇等刻本　十二册

500000－8701－0003067　C13/2:7/0493
國朝山左詩鈔六十卷　(清)盧見曾輯　清乾隆二十七年(1762)雅雨堂刻本　十四册

500000－8701－0003068　C13/3:1/0494
湖海樓全集五十一卷　(清)陳維崧撰　清乾隆六十年(1795)浩然堂刻本　十六册

500000－8701－0003069　C13/3:2/0495
泰山道里記一卷　(清)聶鈫撰　清乾隆三十八年(1773)聶氏杏雨山堂刻本　一册

500000－8701－0003070　C13/3:2/0496
今有堂詩集四卷後集六卷　(清)程夢星撰　清乾隆十二年(1747)刻本　十册

500000－8701－0003071　C13/3:2/0497
天一閣書目十卷附碑目一卷　(清)范懋柱編　清嘉慶十三年(1808)阮元文選樓刻本　十册

500000－8701－0003072　C13/3:2/0498
水道提綱二十八卷　(清)齊召南編錄　清乾隆四十一年(1776)刻本　八册

500000－8701－0003073　C13/3:2/0499
有懷堂詩文集二十八卷　(清)韓菼撰　清康熙四十二年(1703)刻本　十册

500000－8701－0003074　C13/3:3/0500
是程堂集十四卷二集四卷耶溪漁隱詞二卷　(清)屠倬撰　清嘉慶十九年至二十五年(1814－1820)刻本　十四册　存十六卷(是程堂集十四卷、耶溪漁隱詞二卷)

500000－8701－0003075　C13/3:3/0501
湖山遺稿三卷　(清)饒安緒撰　清乾隆二十二年(1757)刻本　一册

500000－8701－0003076　C13/3:3/0502
吴江沈氏詩集十二卷　(清)沈祖禹輯　清乾隆五年(1740)刻本　四册

500000－8701－0003077　C13/3:3/0503
國朝名家詩餘□□種　(清)孫默編　清康熙孫氏留松閣刻本　十册　存十種二十三卷(棠村詞三卷、蓉渡詞三卷、含影詞二卷、麗農詞二卷、炊聞詞二卷、玉鳧詞二卷、延露詞三卷、二郎亭詞二卷、衍波詞二卷、香嚴詞二卷)

500000－8701－0003078　C13/3:3/0504
曹氏墨林二卷　(清)曹素功編　清康熙刻本　四册

500000－8701－0003079　C13/3:4/0505
名醫類案十二卷　(明)江瓘輯　清乾隆三十五年(1770)知不足齋刻本　十二册

500000－8701－0003080　C13/3:4/0506

陶雲詩鈔十五卷　(清)張大緒撰　清康熙五十五年(1716)刻本　八册

500000－8701－0003081　C13/3:4/0507
全謝山先生經史問答十卷　(清)全祖望著　清乾隆三十年(1765)董秉純刻本　二册

500000－8701－0003082　C13/3:4/0508
萬充宗先生經學五書十九卷　(清)萬斯大撰　清乾隆二十六年(1761)辨志堂刻本　六册

500000－8701－0003083　C13/3:4/0509
是程堂集十四卷　(清)屠倬撰　清嘉慶十九年(1814)真州官舍刻本　二册　存六卷(一至六)

500000－8701－0003084　C13/3:5/0510
宋司馬溫國文正公家範十卷　(宋)司馬光撰　清乾隆二十四年(1759)黄氏亦政堂刻本　四册

500000－8701－0003085　C13/3:5/0511
郊居遺稿十卷　(明)沈懋學撰　清乾隆十九年(1754)刻本　八册

500000－8701－0003086　C13/3:5/0512
御刻三希堂石渠寶笈法帖釋文十六卷　(清)梁詩正等編　清乾隆十五年(1750)刻本　四册

500000－8701－0003087　C13/3:5/0513
求是齋印譜初集六卷附二卷　(清)沈淮　(清)沈溶藏並輯　清鈐印本　八册

500000－8701－0003088　C13/3:5/0514
新安二江先生集八卷　(清)江振鴻輯　清嘉慶九年(1804)康山草堂刻本　十册

500000－8701－0003089　C13/3:6/0515
國朝六家詩鈔八卷　(清)劉執玉輯　清乾隆三十二年(1767)詒燕樓刻本　八册

500000－8701－0003090　C13/3:6/0516
國朝六家詩鈔八卷　(清)劉執玉輯　清乾隆三十二年(1767)詒燕樓刻本　八册

500000－8701－0003091　C13/3:6/0517
尋壑外言五卷　(清)李繩遠撰　清乾隆刻本　四册

500000－8701－0003092　C13/3:6/0518
杜詩會粹二十四卷　(唐)杜甫撰　(清)張遠箋　清康熙二十七年(1688)刻本(書末王瓚緒抄補)　佚名朱墨筆批點　十二册

500000－8701－0003093　C13/3:7/0519
詩庸六卷　(清)謝芳連撰　(清)王貽上等評點　清康熙至乾隆刻本　二册

500000－8701－0003094　C13/3:7/0520
易箋八卷圖說一卷首一卷　(清)陳法著　清乾隆二十七年(1762)刻本　三册

500000－8701－0003095　C13/3:7/0521
采風類記十卷　(清)張大純編　清康熙五十年(1711)刻乾隆二十年(1755)印本　十二册

500000－8701－0003096　C13/3:7/0522
[康熙]陝西通志三十二卷圖一卷　(清)賈漢復修　(清)李楷等纂　清康熙六年(1667)刻本　六十册

500000－8701－0003097　C13/4:3/0523
[康熙江西]西江志二百六卷圖一卷　(清)白潢修　(清)查慎行等纂　清康熙五十九年(1720)刻本　八十册

500000－8701－0003098　C13/4:6/0524
[雍正]廣東通志六十四卷　(清)郝玉麟修　(清)魯曾煜等纂　清雍正九年(1731)刻本　一百册

500000－8701－0003099　C13/5:1/0525
來禽館集二十九卷　(明)邢侗撰　明萬曆四十六年(1618)刻本　十二册

500000－8701－0003100　C13/5:2/0526
古愚心言八卷　(清)彭鵬撰　清康熙愚齋刻本　八册

500000－8701－0003101　C13/5:2/0527
洗冤錄詳義四卷首一卷　(清)許槤編　清咸豐六年(1856)許氏古均閣刻本　四册

500000－8701－0003102　C13/5:2/0528
羅鄂州小集六卷　(宋)羅願撰　清康熙五十二年(1713)程哲七略書堂刻本　四册

500000－8701－0003103　C13/5:2/0529
醴陵集十卷　(南朝梁)江淹撰　清乾隆二十年(1755)江昉群雅堂刻本　四册

500000－8701－0003104　C13/5:2/0530
董氏詩萃二十卷　(清)董熜編　清乾隆十四年(1749)董氏刻本　十册

500000－8701－0003105　C13/5:3/0531
闕里志二十四卷　(明)陳鎬撰　(明)孔胤植續補　清雍正刻本　十册

500000－8701－0003106　C13/5:3/0532
闕里志二十四卷　(明)陳鎬撰　(明)孔胤植續補　明崇禎刻清雍正續刻本　十册

500000－8701－0003107　C13/5:4/0533
御製文二集四十四卷目錄二卷　(清)高宗弘曆撰　清乾隆五十一年(1786)内府刻本　十二册

500000－8701－0003108　C13/5:4/0534
樊榭山房集十卷續集十卷　(清)厲鶚撰　清乾隆繡墨齋刻本　十册

500000－8701－0003109　C13/5:4/0535
樊榭山房集十卷續集十卷　(清)厲鶚撰　清乾隆繡墨齋刻本　四册

500000－8701－0003110　C13/5:4/0536
敦拙堂詩集十三卷　(清)陳奉茲撰　清乾隆六十年(1795)刻本　六册

500000－8701－0003111　C13/5:5/0537
幸魯盛典四十卷　(清)金居敬　(清)俞兆曾等纂修　清康熙二十八年(1689)刻本　三十册

500000－8701－0003112　C13/5:6/0538
容齋隨筆十六卷續筆十六卷三筆十六卷四筆十六卷五筆十卷　(宋)洪邁撰　明崇禎三年(1630)馬元調刻清康熙三十九年(1700)洪璟補刻本　二十册

500000－8701－0003113　C13/5:7/0539
水經注釋四十卷首一卷附錄二卷水經注箋刊誤十二卷　(清)趙一清錄　清乾隆五十一年(1786)趙氏小山堂刻本　二十册

500000－8701－0003114　C14/1:1/0540
[雍正]四川通志四十七卷首一卷　(清)黄廷桂等修　(清)張晉生等纂　清雍正十三年至乾隆三年(1735－1738)刻本　九十六册

500000－8701－0003115　C14/1:4/0541
粵東金石略附二卷　(清)翁方綱纂　清乾隆三十六年(1771)石州草堂刻本　四册

500000－8701－0003116　C14/1:4/0542
履齋示兒編二十三卷　(宋)孫奕撰　清抄本　八册

500000－8701－0003117　C14/1:4/0543
嚴太僕先生集十二卷　(清)嚴虞惇撰　清乾隆元年(1736)嚴氏繩武堂刻本　六册

500000－8701－0003118　C14/1:4/0544
說鈴前集三十三種後集十九種　(清)吳震方輯　清康熙四十一年(1702)刻本　二十四册

500000－8701－0003119　C14/1:5/0545
晚聞居士遺集九卷首一卷　(清)王宗炎撰　清道光十年(1830)刻本　十册

500000－8701－0003120　C14/1:6/0546
獨學廬初稿詩八卷文三卷讀左卮言一卷漢書刊誤一卷　(清)石韞玉撰　清乾隆六十年(1795)官舍刻本　八册

500000－8701－0003121　C14/1:6/0547
蔣氏游藝秘錄二卷　(清)蔣衡等撰　清乾隆五十九年(1794)刻本　四册

500000－8701－0003122　C14/1:6/0548
史記志疑三十六卷　(清)梁玉繩撰　清乾隆刻本　十册

500000－8701－0003123　C14/1:7/0549
續行水金鑑一百五十六卷圖一卷　(清)黎世序等修　(清)俞正燮等纂　清道光十二年(1832)河庫道署刻本　六十四册

500000－8701－0003124　C14/2:1/0550
闕里文獻考一百卷首一卷末一卷　(清)孔繼汾撰　清乾隆二十七年(1762)刻本　二十四

册

500000－8701－0003125　C14/2:2/0551
行水金鑑一百七十五卷首一卷　(清)傅澤洪撰　清雍正三年(1725)官舍刻本　三十六册

500000－8701－0003126　C14/2:3/0552
汪本隸釋刊誤二十七卷　(清)黄丕烈撰　清嘉慶二十一年(1816)刻本　二册

500000－8701－0003127　C14/2:3/0553
太平寰宇記二百卷目錄二卷　(宋)樂史撰　清乾隆五十八年(1793)萬氏刻本　三十册

500000－8701－0003128　C14/2:4/0554
尚書後案三十卷後辨附一卷　(清)王鳴盛撰　清乾隆四十五年(1780)刻本　八册

500000－8701－0003129　C14/2:4/0555
玉溪生詩詳註三卷首一卷　(唐)李商隱撰　(清)馮浩注　清乾隆四十五年(1780)聚德堂刻本　四册

500000－8701－0003130　C14/2:4/0556
尚書後案三十卷後辨附一卷　(清)王鳴盛撰　清乾隆四十五年(1780)刻本　十六册

500000－8701－0003131　C14/2:5/0557
綿津山人詩集三十一卷楓香詞一卷漫堂說詩一卷滄浪小志二卷　(清)宋犖撰　清康熙刻本　十册

500000－8701－0003132　C14/2:5/0558
九靈山房集三十二卷　(元)戴良撰　清乾隆三十六年(1771)戴氏傳經書屋刻本　十二册

500000－8701－0003133　C14/2:5/0559
存素堂文集四卷　(清)法式善撰　清嘉慶十二年(1807)程邦瑞刻本　四册

500000－8701－0003134　C14/2:6/0560
莆陽知稼翁集二卷　(宋)黄公度著　(宋)黄沃編　明天啟五年(1625)刻清道光九年(1829)補刻本　二册

500000－8701－0003135　C14/2:6/0561
說文解字十四卷　(漢)許慎記　(宋)徐鉉等校　明毛氏汲古閣刻本　八册

500000－8701－0003136　C14/2:6/0562
毘陵集二十卷補遺一卷附錄一卷　(唐)獨孤及撰　清乾隆五十六年(1791)趙懷玉亦有生齋刻本　八册

500000－8701－0003137　C14/2:6/0563
固哉草亭詩一卷　(清)高斌撰　清乾隆五年(1740)高氏刻本　三册

500000－8701－0003138　C14/2:6/0564
國朝三家文鈔三十二卷　(清)宋犖　(清)許汝霖選　清康熙三十三年(1694)刻本　十册

500000－8701－0003139　C14/2:6/0565
鬼谷子三卷　(南朝梁)陶宏景注　清嘉慶十年(1805)秦氏石研齋刻本　二册

500000－8701－0003140　C14/2:7/0566
近光集二十八卷　(清)汪士鋐編　清康熙五十八年(1719)刻本　十六册

500000－8701－0003141　C14/2:7/0567
後漢書九十卷　(南朝宋)范曄撰　(唐)李賢注　**志三十卷**　(晉)司馬彪撰　(南朝梁)劉昭注　清同治八年(1869)金陵書局刻本　十六册

500000－8701－0003142　C14/3:1/0568
隸法彙纂十卷　(清)項懷述編　清乾隆五十一年(1786)刻本　五册

500000－8701－0003143　C14/3:1/0569
鐵厓樂府註十卷逸編註八卷詠史註八卷　(明)楊維楨撰　(清)樓卜瀍註　清乾隆三十九年(1774)楊維信聯桂堂刻本　十册

500000－8701－0003144　C14/3:1/0570
牧牛村舍外集四卷學古集四卷詩論一卷　(清)宋大樽撰　清嘉慶十年(1805)刻本　二册

500000－8701－0003145　C14/3:1/0571
十國春秋一百十四卷　(清)吳任臣撰　清康熙十六年(1677)彙賢齋刻本　十六册

500000－8701－0003146　C14/3:2/0572

午亭文編五十卷 (清)陳廷敬撰 清康熙四十七年(1708)林佶刻本 二十四册

500000－8701－0003147 C14/3:2/0573
春及堂詩集四十三卷 (清)倪國璉撰 清乾隆三十七年(1772)刻本 八册

500000－8701－0003148 C14/3:3/0574
十國春秋一百十四卷 (清)吳任臣撰 清康熙十六年(1677)彙賢齋刻本 十四册

500000－8701－0003149 C14/3:3/0575
[乾隆]勅修浙江通志二百八十卷首三卷 (清)李衛等修 (清)沈翼機等纂 清乾隆元年(1736)刻本 一百册

500000－8701－0003150 C14/3:6/0576
書目答問不分卷 (清)張之洞撰 清光緒刻本 一册

500000－8701－0003151 C14/3:6/0577
南巡盛典一百二十卷 (清)高晉等纂輯 清乾隆三十六年(1771)武英殿刻本 四十八册

500000－8701－0003152 C14/3:7/0578
南巡盛典一百二十卷 (清)高晉等纂輯 清乾隆三十六年(1771)武英殿刻本 四十八册

500000－8701－0003153 C14/4:1/0579
宛雅初編八卷二編八卷三編二十四卷聯句一卷詩話三卷首一卷 (明)梅鼎祚輯 (清)施念曾 (清)張汝霖補輯 清乾隆十四年(1749)西阪草堂刻本 二十册

500000－8701－0003154 C14/4:2/0580
御批資治通鑑綱目全書一百九卷 (清)聖祖玄燁批 (清)宋犖編 清康熙刻本 五十册

500000－8701－0003155 C14/4:4/0581
夢月巖詩集二十卷詩餘一卷 (清)呂履恒撰 清雍正三年(1725)呂宣曾刻本 八册

500000－8701－0003156 C14/4:4/0582
切問齋集十四卷 (清)陸燿撰 清乾隆刻本 六册

500000－8701－0003157 C14/4:4/0583
聖諭像解二十卷 (清)梁延年編輯 清康熙二十年(1681)梁氏承宣堂刻本 六册

500000－8701－0003158 C14/4:4/0584
謝宣城集六卷 (南朝齊)謝朓撰 清康熙四十六年(1707)郭威釗刻本 四册

500000－8701－0003159 C14/4:4/0585
東坡文選六卷 (宋)蘇軾撰 (明)鍾惺選評 明刻本 五册 存五卷(一至五)

500000－8701－0003160 C14/4:4/0586
養一齋集八種五十二卷 (清)潘德輿撰 清道光至咸豐刻本 八册

500000－8701－0003161 C14/4:5/0587
疑獄集前集一卷後集一卷續二卷 (明)張景輯 **附錄一卷** (清)遲鳳翔輯 明嘉靖四十三年(1564)刻本 三册 存三卷(續二卷、附錄一卷)

500000－8701－0003162 C14/4:5/0588
王右丞集二十八卷首一卷末一卷 (唐)王維撰 (清)趙殿成箋注 清乾隆元年(1736)趙氏仁和目耕堂刻本 十四册

500000－8701－0003163 C14/4:5/0589
金石三例三種十五卷 (清)盧見曾輯 清乾隆二十年(1755)盧氏雅雨堂刻本 六册

500000－8701－0003164 C14/4:5/0590
李太白文集三十六卷 (唐)李白撰 (清)王琦輯注 清乾隆寶笏樓刻本 十二册

500000－8701－0003165 C14/4:6/0591
儀禮疏五十卷 (唐)賈公彥撰 清嘉慶十一年(1806)張敦仁刻本 十二册

500000－8701－0003166 C14/4:6/0592
陶淵明文集十卷 (晉)陶潛撰 清嘉慶十二年(1807)丹徒魯銓刻本 四册

500000－8701－0003167 C14/4:6/0593
[雍正]揚州府志四十卷 (清)尹會一修 (清)程夢星等纂 清雍正十一年(1733)刻本 十二册

500000－8701－0003168 C14/4:7/0594

金詩選四卷名字爵里錄一卷元詩選六卷補遺一卷名氏爵里攷一卷　(清)顧奎光輯　清乾隆十六年(1751)顧氏刻本　四冊

500000－8701－0003169　C14/4:7/0595
詩毛氏傳疏三十卷　(清)陳奐撰　清道光二十七年至咸豐九年(1847－1859)刻本　十四冊

500000－8701－0003170　C14/4:7/0596
西湖志纂十五卷首一卷後一卷　(清)梁詩正　(清)沈德潛等輯　清乾隆十六年(1751)刻二十七年(1762)增刻本　五冊

500000－8701－0003171　C14/4:7/0597
[嘉慶]長安縣志三十六卷　(清)張聰賢修　(清)董曾臣纂　清嘉慶二十年(1815)刻本　八冊

500000－8701－0003172　C14/5:1/0598
樂府雅詞三卷拾遺二卷　(宋)曾慥編　清光緒六年(1880)刻本　六冊

500000－8701－0003173　C14/5:1/0599
[乾隆]廣平府志二十四卷　(清)吳穀纂修　清乾隆十年(1745)刻本　十冊

500000－8701－0003174　C14/5:1/0600
[乾隆]解州全志本州十八卷首一卷安邑縣十六卷首一卷安邑縣運城十六卷首一卷芮城縣十六卷首一卷夏縣十六卷首一卷平陸縣十六卷首一卷　(清)和其衷等修　(清)言如泗等纂　清乾隆二十九年(1764)刻本　二十四冊

500000－8701－0003175　C14/5:2/0601
[乾隆]博野縣志八卷首一卷末一卷　(清)吳鏊修　(清)尹啟銓　(清)鍾淑纂　清乾隆三十一年(1766)刻本　六冊

500000－8701－0003176　C14/5:2/0602
陽明先生文集十六卷　(明)王守仁撰　(清)王貽樂輯　清康熙刻本　二十四冊

500000－8701－0003177　C14/5:3/0603
[乾隆]鳳翔縣志八卷首一卷　(清)羅鰲修　(清)周方炯　(清)劉震纂　清乾隆三十二年(1767)刻本　十冊

500000－8701－0003178　C14/5:3/0604
具區志十六卷　(清)翁澍撰　清康熙二十八年(1689)受采堂刻本　八冊

500000－8701－0003179　C14/5:3/0605
國朝漢學師承記八卷宋學淵源記二卷經師經義目錄一卷附記一卷　(清)江藩撰　清光緒二十二年(1896)成都志古堂刻本　吳虞評並過錄陳左海評語　四冊

500000－8701－0003180　C14/5:4/0606
六書故三十三卷通釋一卷　(元)戴侗撰　清乾隆四十九年(1784)綿州李鼎元刻本　十六冊

500000－8701－0003181　C14/5:4/0607
重刻恭簡公志樂二十卷　(明)韓邦奇撰　(清)上官有儀補注　清乾隆十一年(1746)朝邑薛宗泗刻本　十二冊

500000－8701－0003182　C14/5:5/0608
讀杜心解六卷首二卷　(清)浦起龍撰　清雍正二年至三年(1724－1725)浦氏寧我齋刻本　八冊

500000－8701－0003183　C14/5:5/0609
蘇老泉先生全集二十卷附錄二卷　(宋)蘇洵著　清康熙三十七年(1698)邵仁泓安樂居刻本　八冊

500000－8701－0003184　C14/5:5/0610
[乾隆]景州志六卷首一卷　(清)屈成霖纂修　清乾隆十年(1745)刻本　十冊

500000－8701－0003185　C14/5:5/0611
吳淵穎先生集十二卷　(元)吳萊撰　(清)王邦采　(清)王繩曾箋　清康熙六十年(1721)刻本　十冊

500000－8701－0003186　C14/5:6/0612
平山堂圖志十卷首一卷　(清)趙之壁纂　清乾隆刻本　八冊

500000－8701－0003187　C14/5:6/0613

詞律二十卷首一卷 (清)萬樹撰 清康熙二十六年(1687)萬氏堆絮園刻本 十冊

500000－8701－0003188 C14/5:6/0614
施愚山先生全集七種九十六卷 (清)施閏章撰 (清)施彥淳 (清)施彥恪錄輯 清康熙四十七年(1708)曹氏楝亭刻乾隆施念曾等續刻本 十八冊

500000－8701－0003189 C14/5:7/0615
融堂書解二十卷 (宋)錢時撰 清乾隆刻本 六冊

500000－8701－0003190 C14/5:7/0616
望溪集不分卷 (清)方苞撰 (清)王兆符 (清)程崟輯 清乾隆十一年(1746)程崟刻本 六冊

500000－8701－0003191 C14/5:7/0617
施愚山先生全集七種九十六卷 (清)施閏章撰 (清)施彥淳 (清)施彥恪錄輯 清康熙四十七年(1708)曹氏楝亭刻乾隆施念曾等續刻本 十八冊

500000－8701－0003192 C15/1:1/0618
望溪集不分卷 (清)方苞撰 (清)王兆符 (清)程崟輯 清乾隆十一年(1746)程崟刻本 二十冊

500000－8701－0003193 C15/1:1/0619
蘇齋叢書二十四種 (清)翁方綱撰 清乾隆至嘉慶刻本 五十一冊

500000－8701－0003194 C15/1:3/0620
蘇齋叢書二十四種 (清)翁方綱撰 清乾隆至嘉慶刻本 二十冊

500000－8701－0003195 C15/1:4/0621
宗鏡錄一百卷 (宋)釋延壽集 清雍正十二年(1734)內府刻本 二十冊

500000－8701－0003196 C15/1:5/0622
蓮洋集二十卷附錄一卷 (清)吳雯撰 清乾隆三十九年(1774)劉氏荊圃草堂刻本 八冊

500000－8701－0003197 C15/1:5/0623
綱鑑會編九十八卷歷代統系表略三卷 (清)葉澐輯 清康熙三十八年(1699)劉德芳刻本 三十二冊

500000－8701－0003198 C15/1:6/0624
御選歷代詩餘一百二十卷 (清)沈辰垣等纂 清康熙四十六年(1707)內府刻本 四十冊

500000－8701－0003199 C15/1:7/0625
御選歷代詩餘一百二十卷 (清)沈辰垣等纂 清康熙四十六年(1707)內府刻本 四十冊

500000－8701－0003200 C15/2:1/0626
御錄宗鏡大綱二十卷 (宋)釋延壽撰 (清)世宗胤禛輯 清雍正十二年(1734)內府刻本 四冊

500000－8701－0003201 C15/2:1/0627
辟疆園杜詩註解七言律五卷 (唐)杜甫撰 (清)顧宸注 清康熙二年(1663)顧氏辟疆園刻本 十六冊

500000－8701－0003202 C15/2:2/0628
唐黃御史集八卷附錄一卷 (唐)黃滔著 (宋)黃公度編輯 清嘉慶十五年(1810)王氏麟後山房刻本 八冊

500000－8701－0003203 C15/2:2/0629
嶠雅二卷 (明)鄺露撰 清海雪堂刻本 三冊

500000－8701－0003204 C15/2:2/0630
稽古日鈔八卷 (清)張方湛等輯 清乾隆二十九年(1764)秋曉山房刻本 二冊

500000－8701－0003205 C15/2:2/0631
幼學堂詩稿文稿四卷 (清)沈欽韓撰 清嘉慶十八年(1813)刻本 十冊

500000－8701－0003206 C15/2:3/0632
古品節錄六卷 (清)松筠輯 清嘉慶四年(1799)刻本 四冊

500000－8701－0003207 C15/2:3/0633
意林五卷 (唐)馬總輯 清乾隆武英殿刻本 四冊

500000－8701－0003208 C15/2:3/0634
王摩詰集六卷 (唐)王維撰 清康熙項氏玉

淵堂刻本　四冊

500000－8701－0003209　C15/2:3/0635
韋蘇州集十卷　(唐)韋應物撰　清康熙項氏玉淵堂刻本　四冊

500000－8701－0003210　C15/2:4/0636
青門賸稿八卷　(清)邵長蘅撰　清抄本　八冊

500000－8701－0003211　C15/2:5/0637
漢書地理志校本二卷　(清)汪遠孫撰　清道光二十八年(1848)汪氏振綺堂刻本　一冊

500000－8701－0003212　C15/2:5/0638
元次山集十二卷　(唐)元結撰　清乾隆黃氏槐蔭堂刻本　四冊

500000－8701－0003213　C15/2:5/0639
隨園詩草八卷　(清)邊連寶撰　清乾隆四十年(1775)刻本　八冊

500000－8701－0003214　C15/2:5/0640
御選金詩二十四卷首一卷姓名爵里一卷　(清)聖祖玄燁輯　清康熙四十八年(1709)内府刻本　二十四冊

500000－8701－0003215　C15/2:6/0641
讀畫齋題畫詩十九卷　(清)顧修輯　清嘉慶六年(1801)顧氏讀畫齋刻本　八冊

500000－8701－0003216　C15/2:6/0642
王文靖公集二十四卷年譜一卷附錄一卷　(清)王熙撰　清康熙四十六年(1707)王克昌刻本　二十冊

500000－8701－0003217　C15/2:7/0643
淵鑑類函四百五十卷目錄四卷　(清)張英等纂　清康熙四十九年(1710)内府刻本　一百四十冊

500000－8701－0003218　C15/3:4/0644
淵鑑類函四百五十卷目錄四卷　(清)張英等纂　清康熙四十九年(1710)内府刻本　一百六十冊

500000－8701－0003219　C15/4:2/0645
御選唐宋詩醇四十七卷目錄二卷　(清)高宗弘曆選　清乾隆五年(1740)内府刻本　三十二冊

500000－8701－0003220　C15/4:3/0646
汪氏傳家集三種　(清)汪棟輯　清康熙刻本　三十六冊

500000－8701－0003221　C15/4:4/0647
樓山堂遺書五種　(明)吳應箕撰　清同治夏燮刻本　十二冊　存五種十二卷(熹朝忠節死臣列傳一卷、兩朝剝復錄六卷、東林本末三卷、忠節吳次尾先生年譜一卷、樓山遺事一卷)

500000－8701－0003222　C15/4:5/0648
楚寶四十卷外篇五卷　(明)周聖楷輯纂　(清)鄧顯鶴增輯　清道光九年(1829)新化鄧氏刻本　二十六冊

500000－8701－0003223　C15/4:6/0649
賞雨茅屋詩集十六卷外集一卷　(清)曾燠撰　清嘉慶至道光刻本　十冊

500000－8701－0003224　C15/4:6/0650
四六叢話三十三卷　(清)孫梅輯　清嘉慶二年(1797)孫氏刻本　十二冊

500000－8701－0003225　C15/4:7/0651
蓮洋集十二卷補遺一卷附錄一卷　(清)吳雯撰　清乾隆十五年(1750)劉組曾刻十六年(1751)宋弼增修本　十二冊

500000－8701－0003226　C15/4:7/0652
一統志案說十六卷　(清)顧炎武撰　清道光七年(1827)張青選清芬閣刻本　十冊

500000－8701－0003227　C15/5:1/0653
白石山房集二十六卷　(清)李振裕撰　清康熙香雪堂刻本　十二冊

500000－8701－0003228　C15/5:1/0654
蘭藻堂集八卷　(清)舒瞻撰　清乾隆刻本　四冊

500000－8701－0003229　C15/5:1/0655
亦政堂詩集十二卷　(清)劉珊撰　清嘉慶二十三年(1818)刻本　四冊

500000－8701－0003230　C15/5:1/0656
梁園風雅二十七卷　(明)趙彦復編　清康熙四十三年(1704)陸廷燦刻本　八册

500000－8701－0003231　C15/5:1/0657
東望望閣詩鈔十四集　(清)查奕照撰　清乾隆三十年(1765)葆初堂刻本　八册

500000－8701－0003232　C15/5:2/0658
明朝紀事本末八十卷　(清)谷應泰撰　清順治十五年(1658)刻本　二十四册

500000－8701－0003233　C15/5:2/0659
卷勺園集三卷續編一卷　(清)劉茂榕輯　清道光九年(1829)刻本　五册

500000－8701－0003234　C15/5:2/0660
鯤溟先生詩集四卷奏疏一卷　(明)郭諫臣撰　清康熙五十二年(1713)郭鸞刻本　四册

500000－8701－0003235　C15/5:2/0661
北夢瑣言二十卷　(宋)孫光憲撰　清乾隆二十一年(1756)盧氏刻本　四册

500000－8701－0003236　C15/5:2/0662
西魏書二十四卷敘錄一卷　(清)謝啓昆撰　清乾隆六十年(1795)樹經堂刻本　四册

500000－8701－0003237　C15/5:3/0663
編珠四卷　(隋)杜公瞻撰　(清)高士奇校　**續二卷**　(清)高士奇編　清康熙三十七年(1698)刻本　四册

500000－8701－0003238　C15/5:3/0664
在園雜志四卷　(清)劉廷璣撰　清康熙五十四年(1715)刻本　四册

500000－8701－0003239　C15/5:3/0665
復亭詩刪四卷　(清)吳翹撰　清乾隆吳氏刻本　一册

500000－8701－0003240　C15/5:3/0666
小學衍義六卷　(清)葉鈖撰　清康熙嘉善葉氏刻本　二册

500000－8701－0003241　C15/5:3/0667
聽鴻樓詩稿三卷二分明月閣詞一卷　(清)吳巽撰　**悼亡詩一卷**　(清)鄭聯撰　清乾隆元年(1736)刻本　二册

500000－8701－0003242　C15/5:3/0668
隸續二十一卷　(宋)洪适撰　清乾隆四十三年(1778)汪氏樓松書屋刻本　四册

500000－8701－0003243　C15/5:3/0669
忠武誌八卷　(清)張鵬翮輯　(清)劉廷璣(清)方允猷校　清康熙四十五年(1706)刻本　五册

500000－8701－0003244　C15/5:3/0670
張龍湖先生文集十五卷　(明)張治撰　清雍正四年(1726)彭思眷刻本　四册

500000－8701－0003245　C15/5:4/0671
韓昌黎詩集編年箋注十二卷本傳一卷　(清)方世舉撰　清乾隆二十三年(1758)盧見曾雅雨堂刻本　四册

500000－8701－0003246　C15/5:4/0672
楚辭燈四卷楚懷襄二王在位事蹟考一卷(清)林雲銘撰　**屈原列傳一卷**　(漢)司馬遷撰　清康熙三十六年(1697)挹奎樓刻本　二册

500000－8701－0003247　C15/5:4/0673
新刻古今女史姓氏字里詳節不分卷　(□)□□輯　明末刻本　二册

500000－8701－0003248　C15/5:4/0674
篋中集一卷　(唐)元結輯　**國秀集三卷**(唐)黄挺章輯　清康熙三十二年(1693)南海黄虞學稼草堂刻唐人選唐詩八種本　一册

500000－8701－0003249　C15/5:4/0675
古今詞統十六卷雜説一卷　(明)卓人月選(明)徐士俊評　明崇禎刻本　一册　存二卷(十五至十六)

500000－8701－0003250　C15/5:4/0676
卧龍崗志二卷　(清)羅景輯　清康熙五十一年(1712)刻本　一册

500000－8701－0003251　C15/5:4/0677
[康熙]滋陽縣志四卷　(清)李濙修　(清)仲弘道等纂　清康熙十一年(1672)刻本

八冊

500000－8701－0003252　C15/5:4/0678
詩學指南八卷　（清）顧龍振撰　清敦本堂刻本　四冊

500000－8701－0003253　C15/5:4/0679
半舫齋編年詩二十卷　（清）夏之蓉撰　（清）侯學詩評點　清乾隆三十六年（1771）刻本　四冊

500000－8701－0003254　C15/5:5/0680
亭林遺書十種　（清）顧炎武撰　清康熙潘氏遂初堂刻本（詩集五卷係配補雍正刻本）　七冊

500000－8701－0003255　C15/5:5/0681
亭林文集六卷　（清）顧炎武撰　清雍正刻本　二冊

500000－8701－0003256　C15/5:5/0682
道鄉先生文集四十卷補遺一卷年譜一卷　（宋）鄒浩撰　清道光十一年（1831）刻本　八冊

500000－8701－0003257　C15/5:5/0683
小萬卷齋詩稿三十二卷經進稿四卷續稿四卷　（清）朱琦撰　清道光九年（1829）刻本　二十冊

500000－8701－0003258　C15/5:6/0684
日知薈說四卷　（清）高宗弘曆撰　清乾隆元年（1736）内府刻本　四冊

500000－8701－0003259　C15/5:6/0685
大乘瑜伽金剛性海曼殊室利千臂千鉢大教王經十卷　（唐）釋大廣智不空譯　清雍正十三年（1735）内府刻本　四冊

500000－8701－0003260　C15/5:6/0686
春秋左傳杜注三十卷首一卷　（晉）杜預注　（清）姚培謙學　清道光五年（1825）刻朱墨套印本　朱墨批校　六冊

500000－8701－0003261　C15/5:7/0687
本草滙十八卷補遺一卷　（清）郭佩蘭輯　清康熙五年（1666）郭氏梅花嶼刻本　二十冊

500000－8701－0003262　C15/5:7/0688
整菴先生存稿二十卷續稿十三卷　（明）羅欽順撰　清乾隆二十一年（1756）羅氏刻本　十六冊

500000－8701－0003263　C16/1:1/0689
西堂全集二十一卷　（清）尤侗撰　清抄本　二十一冊

500000－8701－0003264　C16/1:2/0690
于清端公政書八卷　（清）于成龍撰　（清）蔡方炳　（清）諸匡鼎編　清康熙四十六年（1707）于準刻本　六冊

500000－8701－0003265　C16/1:2/0691
北山小集四十卷　（宋）程俱撰　清抄本　八冊

500000－8701－0003266　C16/1:2/0692
金史一百三十五卷附欽定金國語解一卷　（元）脱脱等修　清乾隆四年（1739）武英殿刻本　二十四冊

500000－8701－0003267　C16/1:3/0693
四明談助四十六卷首一卷　（清）徐兆昺輯　清道光八年（1828）活字印本　二十冊

500000－8701－0003268　C16/1:4/0694
佩文齋詠物詩選四百八十六卷　（清）張玉書等輯　清康熙四十六年（1707）内府刻本　二冊　存十八卷（楊柳類一卷、樫類一卷、烏柏類一卷、冬青類一卷、銀杏類一卷、木瓜類一卷、木槿花類一卷、琴類一卷、琴石類一卷、瑟類一卷、箏類一卷、琵琶類一卷、箜篌類一卷、笳類一卷、角類一卷、觱篥類一卷、方響類一卷、雜樂器類一卷）

500000－8701－0003269　C16/1:4/0695
佩文齋詠物詩選四百八十六卷　（清）張玉書等輯　清康熙四十六年（1707）内府刻本　六十四冊

500000－8701－0003270　C16/1:6/0696
御纂周易折中二十二卷首一卷　（清）李光地等撰　清康熙五十四年（1715）内府刻本　二十四冊

500000－8701－0003271　C16/1:7/0697
東萊先生詩律武庫後集十五卷　題(宋)吕祖謙輯　清康熙五十四年(1715)鄭氏刻本　八册

500000－8701－0003272　C16/1:7/0698
御纂周易折中二十二卷首一卷　(清)李光地等撰　清康熙五十四年(1715)内府刻本　十册

500000－8701－0003273　C16/2:1/0699
國朝三家文鈔三十二卷　(清)宋犖　(清)許汝霖選　清康熙三十三年(1694)刻本　十册

500000－8701－0003274　C16/2:1/0700
御纂周易折中二十二卷首一卷　(清)李光地等撰　清刻本　十二册

500000－8701－0003275　C16/2:2/0701
漢文歸二十卷　(明)鍾惺選評　清初古香齋刻本　五册　存十四卷(七至二十)

500000－8701－0003276　C16/2:2/0702
御纂周易折中二十二卷首一卷　(清)李光地等撰　清康熙五十四年(1715)内府刻本　六册

500000－8701－0003277　C16/2:3/0703
如蘭集二十卷　(清)董柴輯　清乾隆二十五年(1760)半壁山房刻本　十册

500000－8701－0003278　C16/2:3/0704
困學紀聞二十卷　(宋)王應麟撰　清乾隆三年(1738)馬氏叢書樓刻本　十二册

500000－8701－0003279　C16/2:3/0705
困學紀聞二十卷　(宋)王應麟撰　清乾隆刻本　十六册

500000－8701－0003280　C16/2:4/0706
受祺堂詩三十五卷　(清)李因篤著　清康熙三十八年(1699)田少華刻本　十二册

500000－8701－0003281　C16/2:4/0707
埤雅二十卷　(宋)陸佃撰　清康熙三十九年(1700)常熟顧氏如月樓刻本　二册

500000－8701－0003282　C16/2:4/0708
何大復先生集三十八卷　(明)何景明撰　清乾隆何輝少等刻本　八册

500000－8701－0003283　C16/2:5/0709
才調集十卷　(五代)韋縠輯　清康熙四十三年(1704)汪氏垂雲堂刻本　四册

500000－8701－0003284　C16/2:5/0710
樗莊文稿六卷　(清)沈維材撰　清乾隆十四年(1749)刻本　四册

500000－8701－0003285　C16/2:5/0711
江邨銷夏錄三卷　(清)高士奇輯　清康熙三十二年(1693)刻本　三册

500000－8701－0003286　C16/2:5/0712
唐陸宣公集二十二卷　(唐)陸贄撰　清雍正元年(1723)年羹堯刻本　十二册

500000－8701－0003287　C16/2:6/0713
歷朝名媛詩詞十二卷　(清)陸昶評選　清乾隆三十八年(1773)紅樹樓刻本　六册

500000－8701－0003288　C16/2:6/0714
荀子集解二十卷首一卷　(唐)楊倞注　王先謙集解　清光緒十七年(1891)刻本　六册

500000－8701－0003289　C16/2:6/0715
埤雅二十卷　(宋)陸佃撰　清康熙三十九年(1700)常熟顧氏如月樓刻本　十册

500000－8701－0003290　C16/2:6/0716
唐陸宣公集二十二卷　(唐)陸贄撰　清雍正元年(1723)年羹堯刻本　六册

500000－8701－0003291　C16/2:6/0717
剪桐載筆不分卷　(明)王象晉撰　明末毛晉刻本　一册

500000－8701－0003292　C16/2:6/0718
歲寒堂詩話二卷　(宋)張戒撰　清乾隆武英殿聚珍版叢書本　一册

500000－8701－0003293　C16/2:6/0719
浩然齋雅談三卷　(宋)周密撰　清乾隆武英殿聚珍版叢書本　二册

500000－8701－0003294　C16/2:6/0720

說文解字韻譜十卷　(宋)徐鉉撰　清同治三年(1864)吳縣馮桂芬刻本　二冊

500000－8701－0003295　C16/2:6/0721
唐陸宣公集二十二卷　(唐)陸贄撰　清雍正元年(1723)年羹堯刻本　六冊

500000－8701－0003296　C16/2:6/0722
江邨銷夏錄三卷　(清)高士奇輯　清康熙三十二年(1693)刻本　六冊

500000－8701－0003297　C16/2:7/0723
五禮通考二百六十二卷目録二卷首四卷　(清)秦蕙田撰　清乾隆二十八年(1763)秦氏味經窩刻本　九十六冊

500000－8701－0003298　C16/3:3/0724
五禮通考二百六十二卷目録二卷首四卷　(清)秦蕙田撰　清乾隆二十八年(1763)秦氏味經窩刻本　九十六冊

500000－8701－0003299　C16/3:5/0725
歐陽文忠公全集一百五十三卷附録五卷　(宋)歐陽修撰　清乾隆十一年(1746)孝思堂刻本　四十八冊

500000－8701－0003300　C16/3:7/0726
元詩選初集九卷首一卷　(清)顧嗣立輯　清康熙三十三年(1694)長洲顧氏秀野草堂刻本　三十二冊

500000－8701－0003301　C16/4:1/0727
白沙子全集十卷首一卷末一卷古詩教解二卷　(明)陳獻章撰　清乾隆三十六年(1771)刻本　十冊

500000－8701－0003302　C16/4:2/0728
白沙子全集十卷首一卷末一卷古詩教解二卷　(明)陳獻章撰　清乾隆三十六年(1771)刻本　十二冊

500000－8701－0003303　C16/4:2/0729
白沙子全集十卷首一卷末一卷古詩教解二卷　(明)陳獻章撰　清乾隆三十六年(1771)刻本　八冊

500000－8701－0003304　C16/4:2/0730
史通通釋二十卷　(清)浦起龍釋　清乾隆十七年(1752)浦氏求放心齋刻本　八冊

500000－8701－0003305　C16/4:3/0731
史通通釋二十卷　(清)浦起龍釋　清乾隆十七年(1752)浦氏求放心齋刻本　十二冊

500000－8701－0003306　C16/4:3/0732
史通通釋二十卷　(清)浦起龍釋　清乾隆十七年(1752)浦氏求放心齋刻本　六冊

500000－8701－0003307　C16/4:3/0733
金石粹編一百六十卷　(清)王昶撰　清嘉慶十年(1805)王昶刻本　六十四冊

500000－8701－0003308　C16/4:5/0734
寶綸堂文鈔八卷　(清)齊召南撰　清嘉慶二年(1797)刻本　四冊

500000－8701－0003309　C16/4:5/0735
諸史提要十五卷　(宋)錢瑞禮撰　(清)張英補　清康熙五十二年(1713)內府刻本　五冊

500000－8701－0003310　C16/4:6/0736
寓意草不分卷　(清)喻昌撰　清初葵錦堂刻本　四冊

500000－8701－0003311　C16/4:6/0737
尚論篇四卷首一卷　(清)喻昌著　清初葵錦堂刻本　六冊

500000－8701－0003312　C16/4:6/0738
蘇學士集十六卷　(宋)蘇舜欽撰　清康熙三十七年(1698)徐惇孝白華書屋刻本　六冊

500000－8701－0003313　C16/4:6/0739
崔東壁遺書前編八種五十四卷附一種一卷後編九種十七卷　(清)崔述撰　清道光四年(1824)陳履和東陽刻本　五十四冊

500000－8701－0003314　C16/5:1/0740
水經注四十卷　(北魏)酈道元撰　清乾隆十八年(1753)黃晟槐蔭草堂刻本　五冊

500000－8701－0003315　C16/5:1/0741
水經注四十卷　(北魏)酈道元撰　清乾隆十八年(1753)黃晟槐蔭草堂刻本　十一冊　存三十七卷(一至二、六至四十)

500000－8701－0003316　C16/5:1/0742
水經注四十卷　(北魏)酈道元撰　清乾隆十八年(1753)黄晟槐蔭草堂刻本　十八册

500000－8701－0003317　C16/5:2/0743
水經注四十卷　(北魏)酈道元撰　清康熙五十四年(1715)項絪群玉堂刻本　十册

500000－8701－0003318　C16/5:2/0744
水經注四十卷　(北魏)酈道元撰　清康熙五十四年(1715)項絪群玉堂刻本　十册

500000－8701－0003319　C16/5:3/0745
諸氏家集十卷　(清)諸撝堂撰　清嘉慶諸氏刻本　四册

500000－8701－0003320　C16/5:3/0746
列女傳八卷　(漢)劉向撰　清道光汪氏振綺堂刻本　四册

500000－8701－0003321　C16/5:3/0747
月令粹編二十四卷圖説一卷　(清)秦嘉謨編　清嘉慶十七年(1812)江都秦氏琳琅仙館刻本　八册

500000－8701－0003322　C16/5:3/0748
毛詩稽古編三十卷附攷一卷　(清)陳啓源撰　(清)費雲倬輯　清嘉慶十八年(1813)刻二十年(1815)補刻本　八册

500000－8701－0003323　C16/5:3/0749
毛詩稽古編三十卷　(清)陳啓源撰　清嘉慶十八年(1813)龐氏刻本　六册

500000－8701－0003324　C16/5:4/0750
毛詩稽古編三十卷附攷一卷　(清)陳啓源撰　(清)費雲倬輯　清嘉慶十八年(1813)刻二十年(1815)補刻本　八册

500000－8701－0003325　C16/5:4/0751
鴻雪因緣圖記三集　(清)麟慶撰　清道光二十七年(1847)刻本　六册

500000－8701－0003326　C16/5:4/0752
王陽明先生全集二十二卷首一卷　(明)王守仁撰　(清)俞嶙輯　清康熙十二年(1673)刻本(卷二十一至二十二爲補刻)　二十四册

500000－8701－0003327　C16/5:5/0753
王陽明先生全集二十二卷首一卷　(明)王守仁撰　(清)俞嶙輯　清康熙十二年(1673)俞嶙刻本　十二册

500000－8701－0003328　C16/5:5/0754
三才彙編六卷　(清)龔在升輯　(清)顧珵美增補　清康熙六年(1667)毛氏汲古閣刻本　六册

500000－8701－0003329　C16/5:5/0755
清遵集十六卷　(清)汪遠孫輯　清道光十九年(1839)振綺堂刻本　四册

500000－8701－0003330　C16/5:5/0756
韓非子二十卷　(戰國)韓非撰　**識誤三卷**　(清)顧廣圻撰　清嘉慶二十三年(1818)全椒吴氏刻本　六册

500000－8701－0003331　C16/5:5/0757
周易虞氏義九卷　(清)張惠言撰　清嘉慶八年(1803)揚州阮氏琅嬛仙館刻本　佚名朱墨批校圈點　三册

500000－8701－0003332　C16/5:6/0758
十六國春秋一百卷　(北魏)崔鴻撰　清乾隆四十二年(1777)欣託山房刻本　二十八册　存八十八卷(一至三十八、五十一至一百)

500000－8701－0003333　C16/5:7/0759
聲調譜前譜一卷後譜一卷續譜一卷　(清)趙執信撰　清乾隆趙氏因園刻飴山别集本　一册

500000－8701－0003334　C16/5:7/0760
西崑酬唱集二卷　(宋)楊億編　清康熙四十七年(1708)朱俊升刻本　四册

500000－8701－0003335　C16/5:7/0761
韓非子二十卷　(戰國)韓非撰　**識誤三卷**　(清)顧廣圻撰　清嘉慶二十三年(1818)全椒吴氏刻本　四册

500000－8701－0003336　C16/5:7/0762
前漢紀三十卷　(漢)荀悦撰　**後漢紀三十卷**　(晉)袁宏撰　**兩漢紀字句異同考一卷**

(清)蔣國祚撰　清康熙三十五年(1696)蔣氏刻本　十册

500000－8701－0003337　C16/5:7/0763
十三經註疏三百四十七卷附攷證　(清)阮元校勘　清乾隆四年(1739)武英殿刻本　七十二册　存九種二百二十三卷(周易注疏十三卷附攷證,禮記注疏一至二十八、三十二至六十三附攷證,周禮注疏四十二卷附攷證,春秋公羊注疏二十八卷附攷證,春秋穀梁注疏二十卷附攷證,儀禮注疏十七卷附攷證,孝經注疏九卷附攷證,爾雅注疏十一卷附攷證,孟子注疏十四卷附攷證)

500000－8701－0003338　C17/1:3/0764
王艮齋詩集十卷文集四卷　(清)王峻撰　清乾隆十八年(1753)蔣棨刻本　六册

500000－8701－0003339　C17/1:4/0765
古文淵鑒六十四卷　(清)徐乾學等輯注　清康熙二十四年(1685)内府刻本　三十二册

500000－8701－0003340　C17/1:5/0766
長安獲古編二卷續一卷　(清)劉喜海撰　清刻光緒三十一年(1905)銅梁王孝禹補刻本　二册

500000－8701－0003341　C17/1:5/0767
經史雜記八卷　(清)王玉樹撰　清道光十年(1830)芳梫堂刻本　四册

500000－8701－0003342　C17/1:6/0768
欽定熙朝雅頌集一百六卷首集二十六卷餘集二卷　(清)鐵保等編　清嘉慶九年(1804)刻本　三十二册

500000－8701－0003343　C17/1:7/0769
歲寒堂讀杜二十卷　(唐)杜甫撰　(清)范輦雲輯　清道光二十四年(1844)范氏刻本　八册

500000－8701－0003344　C17/1:7/0770
樂易堂詩集十二卷　(清)顧國泰撰　清乾隆刻本　四册

500000－8701－0003345　C17/1:7/0771
詞科掌錄十七卷餘話七卷　(清)杭世駿編輯　清乾隆杭氏道古堂刻本　八册

500000－8701－0003346　C17/1:7/0772
江左三大家詩鈔九卷　(清)顧有孝　(清)趙澐輯　清刻本　六册

500000－8701－0003347　C17/1:7/0773
重訂教乘法數三十卷　(明)釋圓瀞編　(清)釋超海等重訂　清雍正内府刻本　六册　存十二卷(一至十二)

500000－8701－0003348　C17/2:1/0774
附釋音禮記註疏六十三卷　(漢)鄭玄註　(唐)孔頴達疏　(唐)陸德明釋　清乾隆六十年(1795)刻本　二十四册

500000－8701－0003349　C17/2:2/0775
御選明詩一百二十卷姓名爵里八卷　(清)聖祖玄燁選　清康熙四十八年(1709)刻御製四朝詩本　二十册　存六十卷(一至六十)

500000－8701－0003350　C17/2:2/0776
司馬氏書儀十卷　(宋)司馬光撰　清雍正元年(1723)汪亮采刻本　二册

500000－8701－0003351　C17/2:3/0777
中晚唐詩紀六十二卷　(清)龔賢編　清康熙龔氏半畝園刻本　十六册

500000－8701－0003352　C17/2:3/0779
御選唐宋文醇五十八卷　(清)高宗弘曆選　清乾隆三年(1738)内府刻本　二十四册　存四十四卷(一至二十、二十三至二十八、三十至三十五、三十八至四十三、五十一、五十三、五十五至五十八)

500000－8701－0003353　C17/2:4/0780
碎金詞譜十四卷續譜六卷詞韻四卷養默山房詩餘三卷　(清)謝元淮撰　清道光二十八年(1848)刻朱墨套印本　三十二册

500000－8701－0003354　C17/2:5/0781
東海半人詩鈔二十四卷　(清)鍾大源撰　清嘉慶二十四年(1819)刻本　六册

500000－8701－0003355　C17/2:5/0782

詩毛氏傳疏三十卷　(清)陳奐撰　清道光二十七年(1847)吳門陳氏掃葉山莊刻本　十冊

500000－8701－0003356　C17/2:6/0783
周禮漢讀考六卷　(清)段玉裁撰　清嘉慶經韻樓刻本　二冊

500000－8701－0003357　C17/2:6/0784
札樸十卷　(清)桂馥撰　清嘉慶十八年(1813)山陰小李山房刻本　八冊

500000－8701－0003358　C17/2:6/0785
郘亭遺詩八卷遺文八卷附墓誌銘一卷　(清)莫友芝撰　清光緒元年(1875)莫氏刻本　二冊

500000－8701－0003359　C17/2:6/0786
郘亭詩鈔六卷　(清)莫友芝撰　清咸豐二年(1852)湘川講舍刻本　一冊

500000－8701－0003360　C17/2:6/0787
揚子法言十三卷音義一卷　(漢)揚雄撰　(晉)李軌注　清嘉慶二十四年(1819)江都秦氏石研齋刻本　一冊

500000－8701－0003361　C17/2:6/0788
八代詩揆五卷　(清)陸奎勳輯　清康熙刻本　二冊

500000－8701－0003362　C17/2:6/0789
名句文身表異錄二十卷　(明)王志堅輯　清康熙陳世修漱六閣刻本　一冊

500000－8701－0003363　C17/2:6/0790
清異錄二卷　(宋)陶穀撰　清陳氏漱六閣刻本　一冊

500000－8701－0003364　C17/2:6/0791
貨布文字考四卷首一卷　(清)馬昂撰　清道光二十二年(1842)錢氏蘭隱園刻本　四冊

500000－8701－0003365　C17/2:6/0792
侯鯖集十卷　(清)李友棠編　清乾隆靜香閣刻本　六冊

500000－8701－0003366　C17/2:7/0793
帝鑑圖說不分卷　(明)張居正撰　清鄧氏刻本　四冊

500000－8701－0003367　C17/2:7/0794
香祖筆記十二卷　(清)王士禛撰　清康熙刻本　六冊

500000－8701－0003368　C17/2:7/0795
香祖筆記十二卷　(清)王士禛撰　清康熙刻本　四冊

500000－8701－0003369　C17/2:7/0796
天瘦閣詩卷不分卷　(清)李士棻撰　清光緒十年(1884)刻本　一冊

500000－8701－0003370　C17/2:7/0797
天補樓行記一卷　(清)李士棻撰　清光緒十一年(1885)活字印本　一冊

500000－8701－0003371　C17/2:7/0798
芸香館遺詩二卷　(清)那遜蘭保撰　清同治十三年(1874)盛昱刻本　一冊

500000－8701－0003372　C17/2:7/0799
智囊補二十八卷　(清)馮夢龍重輯　清刻本　二十三冊　存二十六卷(一至二十六)

500000－8701－0003373　C17/3:1/0800
玉玲瓏閣叢刻三種二十三卷　(唐)陸淳撰　(清)龔翔麟輯　清康熙龔氏刻本　十冊

500000－8701－0003374　C17/3:1/0801
納書楹玉茗堂四夢全譜八卷　(清)葉堂輯　清乾隆五十七年至六十年(1792－1795)葉氏納書楹刻本　二十冊

500000－8701－0003375　C17/3:2/0802
納書楹曲譜正集四卷續集四卷外集二卷補遺四卷納書楹玉茗堂四夢全譜八卷　(清)葉堂訂譜　(清)王文治參訂　清乾隆五十七年至六十年(1792－1795)葉氏納書楹刻本　二十冊

500000－8701－0003376　C17/3:2/0803
靖逆記六卷　題(清)蘭簃外史撰　清嘉慶二十五年(1820)文盛堂刻本　二冊

500000－8701－0003377　C17/3:2/0804
修潔堂集略十六卷　(清)甯楷撰　清嘉慶刻

本　四册

500000－8701－0003378　C17/3:2/0805
類症普濟本事方十卷　(宋)許叔微撰　清乾隆四十二年(1777)王陳梁刻本　八册

500000－8701－0003379　C17/3:2/0806
綏寇紀略十二卷補遺三卷　(清)吳偉業撰　清嘉慶十四年(1809)張氏照曠閣刻本　六册

500000－8701－0003380　C17/3:3/0807
漁洋詩話三卷　(清)王士禛撰　清康熙刻本　三册

500000－8701－0003381　C17/3:3/0808
漁洋山人精華録箋注十二卷補一卷　(清)王士禛撰　(清)金榮箋注　(清)徐淮纂輯　**年譜一卷**　(清)惠棟撰　清金氏鳳翽堂刻本　六册

500000－8701－0003382　C17/3:3/0809
漁洋山人精華録箋注十二卷補一卷　(清)王士禛撰　(清)金榮箋注　(清)徐淮纂輯　**年譜一卷**　(清)惠棟撰　清金氏鳳翽堂刻本　六册

500000－8701－0003383　C17/3:3/0810
顧亭林先生[炎武]年譜一卷　(清)張穆編　清道光二十四年(1844)刻本　一册

500000－8701－0003384　C17/3:3/0811
佩觿三卷　(宋)郭忠恕撰　清康熙四十九年(1710)張氏刻本　一册

500000－8701－0003385　C17/3:3/0812
咸淳臨安志一百卷　(元)潛說友撰　**校刊咸淳臨安志札記三卷**　(清)汪遠孫撰　清道光十年(1830)錢塘振綺堂汪氏仿宋刻本　二十四册

500000－8701－0003386　C17/3:4/0813
丹鉛總録二十七卷　(明)楊慎撰　清乾隆三十年(1765)楊昶刻本　十册

500000－8701－0003387　C17/3:4/0814
汗簡七卷目録敘略一卷　(宋)郭忠恕撰　清康熙二十八年(1689)汪立名一隅草堂刻本　二册

500000－8701－0003388　C17/3:4/0815
山海經十八卷　(晉)郭璞傳　清康熙五十三年(1714)項氏群玉書堂刻本　三册

500000－8701－0003389　C17/3:4/0816
山海經廣注十八卷讀山海經語一卷山海經雜述一卷圖五卷　(清)吳任臣撰　清乾隆五十一年(1786)金閶書業堂刻本　四册

500000－8701－0003390　C17/3:5/0817
史記一百三十卷　(漢)司馬遷撰　(唐)張守節正義　清光緒武昌書局刻本　十二册

500000－8701－0003391　C17/3:6/0818
欽定日下舊聞考一百六十卷　(清)于敏中　(清)竇光鼐撰　清乾隆內府刻本　四十八册

500000－8701－0003392　C17/3:7/0819
御定駢字類編二百四十卷　(清)沈宗敬等纂修　清雍正四年(1726)內府刻本　一百三十册

500000－8701－0003393　C17/4:3/0820
東都事略一百三十卷　(宋)王偁撰　清嘉慶三年(1798)掃葉山房刻本　十二册

500000－8701－0003394　C17/4:4/0821
莊子獨見不分卷　(清)胡文英評釋　清乾隆十七年(1752)刻本　四册

500000－8701－0003395　C17/4:4/0822
南華經四卷　(戰國)莊周撰　(清)徐廷槐鈔閱　清乾隆六年(1741)刻本　封面有許甄翁識 書內過録清程瑤田批校　四册

500000－8701－0003396　C17/4:4/0823
昌黎先生詩集注十一卷　(唐)韓愈撰　(清)顧嗣立刪補　清康熙三十八年(1699)顧氏秀野草堂刻本　六册

500000－8701－0003397　C17/4:4/0824
玉臺新詠考異十卷　(清)朱存孝輯　清光緒五年(1879)王氏謙德堂刻本　二册

500000－8701－0003398　C17/4:4/0825

閻潛丘先生[若璩]年譜一卷　(清)張穆編　清道光二十七年(1847)祁氏䜣飢亭刻本　一冊

500000－8701－0003399　C17/4:4/0826
通鑑本末紀要八十一卷首三卷　(清)蔡毓榮編　(清)林子卿注　清康熙二十四年(1685)刻本　六十四冊

500000－8701－0003400　C17/4:6/0827
草窗詞二卷補二卷　(宋)周密撰　清光緒二十六年(1900)朱氏无著盦刻本　一冊

500000－8701－0003401　C17/4:6/0828
淳化秘閣法帖考正十卷附二卷　(清)王澍撰　(清)汪玉球參訂　清雍正詩鼎齋刻本　四冊

500000－8701－0003402　C17/4:6/0829
新刊權載之文集五十卷　(唐)權德輿撰　清嘉慶十一年(1806)朱珪刻本　八冊

500000－8701－0003403　C17/4:6/0830
篋衍集十二卷　(清)陳維崧編　清乾隆二十六年(1761)華天和刻本　六冊

500000－8701－0003404　C17/4:6/0831
夢窗詞四卷補遺一卷　(宋)吳文英撰　清光緒三十四年(1908)朱氏刻本　一冊

500000－8701－0003405　C17/4:6/0832
國語補音三卷　(宋)宋庠撰　清乾隆曲阜孔氏刻微波榭叢書本　二冊

500000－8701－0003406　C17/4:7/0833
聊齋志異十六卷　(清)蒲松齡撰　清刻本　十六冊

500000－8701－0003407　C17/4:7/0834
廣韻五卷　(宋)陳彭年等撰　清康熙四十三年(1704)仿宋刻本　書内朱綠藍三色批校　三冊

500000－8701－0003408　C17/4:7/0835
重修南海普陀山志二十卷首一卷　(清)許琰纂　清乾隆刻本　四冊

500000－8701－0003409　C17/4:7/0836
松雪齋集十卷外集一卷　(元)趙孟頫撰　清清德堂刻本　八冊

500000－8701－0003410　C17/5:1/0837
新刻京臺公餘勝覽國色天香十卷　(明)吳敬所輯　清初大業堂刻本(卷六、十有抄補)　十冊

500000－8701－0003411　C17/5:1/0838
三古圖四十二卷　(清)黃晟輯　清乾隆十七年(1752)黃氏亦政堂刻本　二十四冊

500000－8701－0003412　C17/5:2/0839
成裕堂繪像第七才子書六卷　(元)高明撰　清雍正十三年(1735)成裕堂刻本　六冊

500000－8701－0003413　C17/5:2/0840
成裕堂繪像第六才子書八卷　(元)王實甫撰　清雍正十一年(1733)成裕堂刻本　六冊

500000－8701－0003414　C17/5:2/0841
雅雨堂叢書十三種一百三十五卷　(清)盧見曾輯　清乾隆二十一年至二十五年(1756－1760)盧氏雅雨堂刻本　二十冊

500000－8701－0003415　C17/5:3/0842
笛漁小稾十卷　(清)朱昆田撰　清康熙五十三年(1714)朱氏刻本　一冊

500000－8701－0003416　C17/5:3/0843
廣韻五卷　(宋)陳彭年等撰　清康熙四十三年(1704)張氏仿宋刻本　九冊

500000－8701－0003417　C17/5:3/0844
雅雨堂叢書十三種一百三十五卷　(清)盧見曾輯　清乾隆二十一年(1756)盧氏雅雨堂刻本　四冊

500000－8701－0003418　C17/5:4/0845
對山印稿八卷　(清)楊夔篆刻　(清)楊令旭　(清)楊令暐注釋　清道光九年(1829)鈐印本　八冊

500000－8701－0003419　C17/5:4/0846
九僧詩一卷　(唐)釋希晝等撰　清道光十五年(1835)刻本　一冊

500000－8701－0003420　C17/5:4/0847

呂東萊先生左氏博議六卷　(宋)呂祖謙撰　(明)陶珽輯　明崇禎刻本　四冊

500000－8701－0003421　C17/5:4/0848
聲調三譜五種十一卷　(清)王祖源編　清光緒八年(1882)王氏刻本　四冊

500000－8701－0003422　C17/5:4/0849
說文古籀十四卷補遺一卷補附錄一卷　(清)吳大澂撰　清光緒七年(1881)刻本　二冊

500000－8701－0003423　C17/5:4/0850
悅心集五卷　(清)世宗胤禛輯　清雍正四年(1726)内府刻本　二冊　存四卷(一至四)

500000－8701－0003424　C17/5:4/0851
御製繙譯四書四卷　(清)高宗弘曆編　清乾隆寶名堂刻本　六冊

500000－8701－0003425　C17/5:5/0852
水雲集一卷湖山類稿五卷　(元)汪元量撰　**附錄三卷亡宋舊宮人詩一卷補遺一卷**　(□)□□撰　清乾隆三十年(1765)鮑氏知不足齋刻本(補遺係抄配)　三冊

500000－8701－0003426　C17/5:5/0853
魏鄭公諫錄五卷　(清)王方慶撰　清康熙秀野草堂刻本　二冊

500000－8701－0003427　C17/5:5/0854
道古堂詩集二十六卷　(清)杭世駿撰　清乾隆四十三年(1778)刻本　十四冊

500000－8701－0003428　C17/5:5/0855
思益梵天所問經四卷　(晉)釋鳩摩羅什譯　清雍正十三年(1735)内府刻本　二冊

500000－8701－0003429　C17/5:5/0856
解深密經五卷　(唐)釋玄奘譯　清雍正十三年(1735)内府刻本　二冊

500000－8701－0003430　C17/5:5/0857
佛說如來不思議秘密金剛手經二十卷　(宋)釋法護等譯　清雍正十三年(1735)内府刻本　四冊

500000－8701－0003431　C17/5:6/0858
榕村語錄三十卷　(清)李光地撰　清乾隆刻本　七冊

500000－8701－0003432　C17/5:6/0859
續夷堅志前集一卷後集一卷　題(金)元好問撰　清康熙抄本　二冊

500000－8701－0003433　C17/5:6/0860
資治通鑑刊本識誤三卷　(清)張敦仁撰　清道光七年(1827)陳氏獨抱廬刻本　六冊

500000－8701－0003434　C17/5:6/0861
嚴永思先生通鑑補正略三卷　(明)嚴衍撰　清道光八年(1828)陳氏獨抱廬刻本　六冊

500000－8701－0003435　C17/5:6/0862
研六室文鈔十卷附補遺一卷　(清)胡培翬撰　清道光十七年(1837)胡先翰刻本(補遺一卷係清光緒刻本)　五冊

500000－8701－0003436　C17/5:7/0863
東籬中正不分卷　(清)許兆熊等撰　清嘉慶二十三年(1818)池上艸堂刻本　一冊

500000－8701－0003437　C17/5:7/0864
駱賓王文集十卷　(唐)駱賓王撰　清嘉慶二十一年(1816)秦氏石研齋刻本　二冊

500000－8701－0003438　C17/5:7/0865
爾雅郭注義疏十九卷　(清)郝懿行撰　清道光三十年(1850)木犀香館刻本　八冊

500000－8701－0003439　C17/5:7/0866
詞苑叢談十二卷　(清)徐釚撰　清康熙二十七年(1688)丁煒蛾術齋刻本　六冊

500000－8701－0003440　C17/5:7/0867
居易錄三十四卷　(清)王士禛撰　清刻本　十冊

500000－8701－0003441　C17/5:7/0868
金正希先生文集輯略九卷　(明)金聲撰　清初刻本　十冊

500000－8701－0003442　C17/5:7/0869
莊子注三卷　王闓運撰　清同治刻本　二冊

500000－8701－0003443　C18/1:1/0870
儀禮經傳通解二十九卷　(宋)黃榦　(宋)楊

復撰　清初呂氏寶誥堂刻本　二十四冊

500000－8701－0003444　C18/1:1/0871
紅樓夢傳奇八卷　(清)陳鍾麟撰　清道光十九年(1839)刻本　十六冊

500000－8701－0003445　C18/1:1/0872
杜工部集二十卷首一卷　(唐)杜甫撰　(明)王世貞等評　清道光十四年(1834)芸葉盦刻六色套印本　八冊

500000－8701－0003446　C18/1:2/0873
杜工部集二十卷首一卷　(唐)杜甫撰　(明)王世貞等評　清刻六色套印本　二十冊

500000－8701－0003447　C18/1:2/0874
杜工部集二十卷首一卷　(唐)杜甫撰　(明)王世貞等評　清刻六色套印本　八冊　存六卷(四、九至十二,首一卷)

500000－8701－0003448　C18/1:3/0875
竹嘯軒詩鈔十八卷　(清)沈德潛撰　清乾隆刻本　四冊

500000－8701－0003449　C18/1:3/0876
潛研堂詩集十卷續集十卷　(清)錢大昕撰　清嘉慶十一年(1806)刻潛研堂叢書本　四冊

500000－8701－0003450　C18/1:3/0877
心嚮往齋用陶韻詩二卷　(清)孔繼鑅撰　清道光二十九年(1849)刻本　一冊

500000－8701－0003451　C18/1:3/0878
竹嘯軒詩鈔十八卷　(清)沈德潛撰　清乾隆刻本　二冊

500000－8701－0003452　C18/1:3/0879
焦氏易林十六卷　(漢)焦贛撰　清嘉慶十三年(1808)黃氏士禮居刻本　三冊

500000－8701－0003453　C18/1:3/0880
說文校議十五卷　(清)姚文田　(清)嚴可均撰　清嘉慶二十三年(1818)冶城山館刻本　四冊

500000－8701－0003454　C18/1:3/0881
說文解字繫傳四十卷附校勘記三卷　(宋)徐鍇撰　清道光十九年(1839)祁寯藻刻本　八冊

500000－8701－0003455　C18/1:4/0882
續資治通鑑長編五百二十卷　(宋)李燾撰　清嘉慶二十四年(1819)張氏愛日精廬木活字印本　一百二十八冊

500000－8701－0003456　C18/1:7/0883
續資治通鑑綱目二十七卷　(明)商輅等撰　(明)陳仁錫評定　清康熙四十年(1701)王公行刻本　二十七冊

500000－8701－0003457　C18/2:1/0884
明朝紀事本末八十卷　(清)谷應泰撰　清順治十五年(1658)刻本　二十冊

500000－8701－0003458　C18/2:1/0885
忠義水滸全書一百二十回首一卷　(明)施耐菴撰　(明)李贄評　明末郁郁堂刻本　三十二冊

500000－8701－0003459　C18/2:3/0886
榕村全集四十卷　(清)李光地撰　清乾隆刻本　二十冊

500000－8701－0003460　C18/2:4/0887
讀禮通考一百二十卷　(清)徐乾學撰　清康熙三十五年(1696)冠山堂刻本　二十四冊

500000－8701－0003461　C18/2:5/0888
讀禮通考一百二十卷　(清)徐乾學撰　清康熙三十五年(1696)冠山堂刻本　十六冊

500000－8701－0003462　C18/2:6/0889
太白兵備統宗寶鑑一百八十四卷　(清)福康安輯　清抄本　三十七冊　存一百五十四卷(一至四十二、四十九至五十四、六十八至八十四、八十六至一百七十四)

500000－8701－0003463　C18/2:7/0890
玉茗堂還魂記二卷　(明)湯顯祖撰　清乾隆五十年(1785)冰絲館刻本　四冊

500000－8701－0003464　C18/2:7/0891
韋齋集十二卷　(宋)朱槔撰　清康熙四十七年(1708)程壋刻本　六冊

500000－8701－0003465　C18/2:7/0892

河南先生文集二十七卷　(宋)尹洙撰　清江鄉歸氏抄本　八册

500000－8701－0003466　C18/2:7/0893
人葠譜四卷　(清)陸烜撰　清乾隆刻本　二册

500000－8701－0003467　C18/2:7/0894
趙文肅公文集二十三卷　(明)趙貞吉撰　清乾隆活字印本　十册

500000－8701－0003468　C18/2:7/0895
玉茗堂還魂記二卷　(明)湯顯祖撰　清乾隆五十年(1785)冰絲館刻本　八册

500000－8701－0003469　C18/3:1/0896
秋水集十卷　(清)嚴繩孫撰　清康熙雨青草堂刻本　四册

500000－8701－0003470　C18/3:1/0897
離騷節解不分卷附正音一卷本韻一卷節指一卷　(清)張德純節解　清康熙五十三年(1714)刻本　二册

500000－8701－0003471　C18/3:1/0898
唐陸宣公集二十二卷　(唐)陸贄撰　清刻本　十二册

500000－8701－0003472　C18/3:1/0899
桂林集八卷　(清)顧嗣立撰　清康熙五十六年(1717)刻本　二册

500000－8701－0003473　C18/3:1/0900
權文公詩集十卷　(唐)權德輿撰　清康熙席氏琴川書屋刻本　六册

500000－8701－0003474　C18/3:1/0901
慶芝堂詩集十八卷　(清)戴亨撰　**耕煙草堂詩鈔四卷**　(清)戴梓撰　清道光二十一年至二十四年(1841－1844)刻本　六册

500000－8701－0003475　C18/3:1/0902
孟子趙注十四卷附音義二卷　(漢)趙岐注　(宋)孫奭音義　清乾隆孔氏刻本　八册

500000－8701－0003476　C18/3:2/0903
梨花樓詩二卷　(清)汪喬年撰　清乾隆刻本　四册

500000－8701－0003477　C18/3:2/0904
廬山紀事十二卷　(明)桑喬撰　清康熙五十九年(1720)蔣國祥刻本　二册

500000－8701－0003478　C18/3:2/0905
洪範正論五卷　(清)胡渭撰　清乾隆四年(1739)胡紹芬刻本　二册

500000－8701－0003479　C18/3:2/0906
文心雕龍輯註十卷　(南朝梁)劉勰撰　(清)黄叔琳輯注　清乾隆六年(1741)黄氏養素堂刻本　二册

500000－8701－0003480　C18/3:2/0907
綿津山人詩十八卷楓香詞一卷　(清)宋犖撰　**緯蕭草堂詩一卷**　(清)宋至撰　清康熙刻本　三册

500000－8701－0003481　C18/3:2/0908
隸辨八卷　(清)顧藹吉撰集　清康熙五十七年(1718)項氏玉淵堂刻本　十六册

500000－8701－0003482　C18/3:3/0909
列女傳十六卷　(漢)劉向撰　(明)仇英繪圖　明萬曆刻本　十六册

500000－8701－0003483　C18/3:3/0910
陳定宇先生文集十六卷别集一卷　(元)陳櫟撰　清康熙陳嘉基刻本　六册

500000－8701－0003484　C18/3:3/0911
隸辨八卷　(清)顧藹吉撰集　清康熙五十七年(1718)項氏玉淵堂刻本　八册

500000－8701－0003485　C18/3:4/0912
說文字原集注十六卷表一卷表說一卷　(清)蔣和撰　清乾隆五十三年(1788)刻本　六册

500000－8701－0003486　C18/3:4/0913
綿津山人詩集三十一卷楓香詞一卷漫堂說詩一卷緯蕭草堂詩三卷筠廊偶筆二卷怪石贊一卷　(清)宋犖撰　**雪堂墨品一卷**　(清)張仁熙撰　清康熙刻本　八册

500000－8701－0003487　C18/3:4/0914
說文字原集注十六卷表一卷表說一卷　(清)蔣和撰　清乾隆五十三年(1788)刻本　八册

500000－8701－0003488　C18/3:5/0915
弱水集二十二卷　(清)屈復撰　清乾隆二十九年(1764)刻本　八册

500000－8701－0003489　C18/3:5/0916
竹素園詩鈔八卷　(清)許廷鑅撰　清乾隆二十四年(1759)刻本　四册

500000－8701－0003490　C18/3:5/0917
蘭雪堂集八卷　(明)王心一撰　清乾隆十三年(1748)刻本　四册

500000－8701－0003491　C18/3:6/0918
西湖志纂十五卷首一卷　(清)梁詩正　(清)沈德潛等輯　清乾隆二十年(1755)刻二十七年(1762)增刻本　十册

500000－8701－0003492　C18/3:6/0919
雪莊西湖漁唱七卷　(清)許承祖撰　清乾隆刻本　四册

500000－8701－0003493　C18/3:6/0920
丘文莊公集十卷　(明)丘濬撰　清康熙四十七年(1708)焦氏刻本　十四册

500000－8701－0003494　C18/3:7/0921
習學記言序目五十卷　(宋)葉適撰　清抄本　二十册

500000－8701－0003495　C18/3:7/0922
關中勝蹟圖志三十卷圖一卷　(清)畢沅撰　清乾隆畢氏經訓堂刻本　二十册

500000－8701－0003496　C18/4:1/0923
觀樹堂詩集十四卷　(清)朱樟撰　清康熙刻本　十册　存八卷(古廳集四卷、叱馭集一卷、冬秀亭集二卷、問絹集一卷)

500000－8701－0003497　C18/4:1/0924
賓退錄十卷　(宋)趙與旹撰　清乾隆十七年(1752)存恕堂刻本　五册

500000－8701－0003498　C18/4:1/0925
賓退錄十卷　(宋)趙與旹撰　清乾隆十七年(1752)存恕堂刻本　五册

500000－8701－0003499　C18/4:1/0926
楝亭藏書十二種　(清)曹寅輯　清康熙四十五年(1706)揚州詩局刻本　十册

500000－8701－0003500　C18/4:2/0927
榕檀問業十八卷　(明)黄道周撰　清乾隆十五年(1750)郭文餤刻本　六册

500000－8701－0003501　C18/4:2/0928
新編錄鬼簿二卷　(元)鍾嗣成撰　清康熙四十五年(1706)揚州詩局刻楝亭藏書十二種本　二册

500000－8701－0003502　C18/4:2/0929
王荊文公詩箋註五十卷　(宋)王安石撰　(宋)李壁箋注　清乾隆五年至六年(1740－1741)張氏清綺齋刻本　八册

500000－8701－0003503　C18/4:3/0930
唐詩鼓吹十卷　(金)元好問輯　(明)廖文炳解　清順治十六年(1659)陸貽典、錢朝鼎刻本　十册

500000－8701－0003504　C18/4:3/0931
節孝先生文集三十卷　(宋)徐積撰　清康熙六十年(1721)錫山王氏刻本　十册

500000－8701－0003505　C18/4:3/0932
尚書證義二十八卷　(清)周用錫撰　清嘉慶友伏齋刻本　三册

500000－8701－0003506　C18/4:3/0933
通藝錄二十一種　(清)程瑤田撰　清嘉慶八年(1803)刻本　十册

500000－8701－0003507　C18/4:4/0934
丹崖四種筆記四卷　(清)趙鳳翔撰　清康熙二十六年(1687)刻本　四册

500000－8701－0003508　C18/4:4/0935
毛詩稽古編三十卷　(清)陳啓源撰　清嘉慶十八年(1813)龎氏刻本　十二册

500000－8701－0003509　C18/4:5/0936
北江全集十種一百四十一卷　(清)洪亮吉撰　清乾隆至嘉慶刻本　三十六册

500000－8701－0003510　C18/4:6/0937
玉臺新詠十卷　(清)朱存孝輯　清康熙五十六年(1717)刻本　二册

500000－8701－0003511　C18/4:6/0938
梅村詩集箋注十八卷　(清)吳偉業著　(清)吳翌鳳箋注　清嘉慶十九年(1814)滄浪吟榭刻本　十册

500000－8701－0003512　C18/4:6/0939
日下舊聞四十二卷補遺四十二卷　(清)朱彝尊撰　(清)朱昆田補遺　清康熙六峰閣刻本　十六册

500000－8701－0003513　C18/4:7/0940
第一才子書六十卷一百二十回首一卷　(清)毛宗崗評　清抄本　二十册

500000－8701－0003514　C18/5:1/0941
説文聲系十四卷　(清)姚文田撰　清嘉慶九年(1804)使署刻本　二册

500000－8701－0003515　C18/5:1/0942
李義山文集十卷　(唐)李商隱撰　(清)徐炯注　清康熙四十七年(1708)徐氏花溪草堂刻本　六册

500000－8701－0003516　C18/5:1/0943
松雪齋集十卷外集一卷　(元)趙孟頫撰　清康熙清德堂刻本　八册

500000－8701－0003517　C18/5:1/0944
指月錄三十二卷　(明)瞿汝稷集　清康熙三十二年(1693)瑪瑙寺刻本　十册

500000－8701－0003518　C18/5:2/0945
醒世姻緣傳一百回　題(清)西周生輯著　清乾隆刻本　二十册

500000－8701－0003519　C18/5:2/0946
絕妙好詞七卷　(宋)周密輯　清雍正三年(1725)項絪群玉書堂刻本　二册

500000－8701－0003520　C18/5:2/0947
玉臺新詠十卷　(南朝陳)徐陵輯　清抄本　四册

500000－8701－0003521　C18/5:2/0948
元詩選六卷補遺一卷　(清)顧奎光選輯　(清)陶瀚　(清)陶玉禾參評　清乾隆十六年(1751)刻本　四册

500000－8701－0003522　C18/5:2/0949
春秋公羊經傳解詁十二卷　(戰國)公羊高撰　(漢)何休注　清嘉慶汪氏問禮堂刻本　六册

500000－8701－0003523　C18/5:3/0950
李太白文集三十卷　(唐)李白撰　清康熙五十六年(1717)刻本　六册

500000－8701－0003524　C18/5:3/0951
玉臺新詠十卷　(南朝陳)徐陵輯　清康熙五十三年(1714)馮鰲硯豐齋刻本　六册

500000－8701－0003525　C18/5:3/0952
重刊校正笠澤藂書四卷補遺詩一卷續補遺一卷　(唐)陸龜蒙撰　清雍正九年(1731)陸氏刻本　一册

500000－8701－0003526　C18/5:3/0953
重刊校正笠澤藂書四卷補遺詩一卷續補遺一卷　(唐)陸龜蒙撰　清大疊山房刻本　二册

500000－8701－0003527　C18/5:3/0954
重刊校正笠澤藂書四卷補遺詩一卷續補遺一卷　(唐)陸龜蒙撰　清顧氏碧筠草堂刻本　四册

500000－8701－0003528　C18/5:3/0955
李太白文集三十卷　(唐)李白撰　清康熙刻本　十册

500000－8701－0003529　C18/5:4/0956
歷代詩話二十七種　(清)何文煥編　**考索一卷**　(清)何文煥編　清乾隆三十五年(1770)刻本　二十册

500000－8701－0003530　C18/5:4/0957
李長吉歌詩四卷首一卷外集一卷　(唐)李賀撰　(清)王琦彙解　清乾隆二十五年(1760)王氏寶笏樓刻本　六册

500000－8701－0003531　C18/5:4/0958
蘇東坡詩集注三十二卷年譜一卷　(宋)王宗稷撰　(宋)王十朋纂集　清康熙三十七年(1698)朱從延文蔚堂刻本　十册

500000－8701－0003532　C18/5:5/0959

司馬文正公集八十二卷首一卷目錄一卷 (宋)司馬光撰　清乾隆十年(1745)劉組曾刻本　二十册

500000－8701－0003533　C18/5:5/0960
通典二百卷　(唐)杜佑纂　清乾隆十二年(1747)武英殿刻本　三十六册

500000－8701－0003534　C18/5:7/0961
五知齋琴譜八卷　(清)周魯封撰　清乾隆二年(1737)刻本　四册

500000－8701－0003535　C18/5:7/0962
庚子銷夏記八卷　(清)孫承澤撰　清乾隆二十五年至二十六年(1760－1761)鮑廷博、鄭竺刻本　四册

500000－8701－0003536　C18/5:7/0963
庚子銷夏記八卷　(清)孫承澤撰　清乾隆二十五年至二十六年(1760－1761)鮑廷博、鄭竺刻本　四册

500000－8701－0003537　C18/5:7/0964
庚子銷夏記八卷　(清)孫承澤撰　清乾隆二十五年至二十六年(1760－1761)鮑廷博、鄭竺刻本　四册

500000－8701－0003538　C18/5:7/0965
清綺軒詞選十三卷　(清)夏秉衡選　清乾隆十六年(1751)刻本　十六册

500000－8701－0003539　C19/1:1/0966
[康熙]盛京通志三十二卷　(清)董秉忠等修　(清)孫成等纂　清康熙二十三年(1684)刻本　十二册

500000－8701－0003540　C19/1:1/0967
李衛公文集二十卷別集十卷外集四卷補遺一卷　(唐)李德裕撰　清光緒十六年(1890)常慊慊齋刻本　十二册

500000－8701－0003541　C19/1:1/0968
方舟集二十四卷　(宋)李石撰　清抄本　四册

500000－8701－0003542　C19/1:1/0969
託素齋文集二卷　(清)黎士弘撰　清刻本　二册

500000－8701－0003543　C19/1:1/0970
曹州牡丹譜二卷　(清)趙學敏撰　清抄本　四册

500000－8701－0003544　C19/1:2/0971
治平勝算全書十四卷　(清)年羹堯撰　清抄本　十六册

500000－8701－0003545　C19/1:2/0972
御定全唐詩錄一百卷附御定全唐詩人年表一卷　(清)徐倬編　清康熙四十五年(1706)内府刻本　三十二册

500000－8701－0003546　C19/1:3/0973
漢書一百卷　(漢)班固撰　(唐)顔師古注　清同治八年(1869)金陵書局刻本　二十四册

500000－8701－0003547　C19/1:4/0974
後漢書九十卷　(南朝宋)范曄撰　(唐)李賢注　**志三十卷**　(晉)司馬彪撰　(南朝梁)劉昭注　清同治八年(1869)金陵書局刻本　二十册

500000－8701－0003548　C19/1:5/0975
三國志六十五卷　(晉)陳壽撰　(南朝宋)裴松之注　清同治九年(1870)金陵書局刻本　楊滄白點校　八册

500000－8701－0003549　C19/1:5/0976
説文古本攷十四卷　(清)沈濤撰　清稿本　十四册

500000－8701－0003550　C19/1:5/0977
御定全唐詩錄一百卷　(清)徐倬編　清康熙四十五年(1706)内府刻本　二十四册

500000－8701－0003551　C19/1:6/0978
南史八十卷　(唐)李延壽撰　清同治十一年(1872)金陵書局刻本　十二册

500000－8701－0003552　C19/1:6/0979
東觀餘論二卷　(宋)黄伯思撰　清抄本　六册

500000－8701－0003553　C19/1:6/0980
大六壬大全十三卷　(清)郭載騋編　清刻本

五冊

500000－8701－0003554　C19/1:6/0981
胡君實印雋不分卷　(明)胡文淳篆　明崇禎鈐印本　一冊

500000－8701－0003555　C19/1:6/0982
印苑□□卷　(明)徐而化輯　明藍黃朱三色鈐印本　二冊　存二卷(三至四)

500000－8701－0003556　C19/1:6/0983
刪定荀子管子二卷　(清)方苞刪定　清乾隆刻本　四冊

500000－8701－0003557　C19/1:7/0984
大鶴山人雜稿不分卷　鄭文焯撰　清稿本　二冊

500000－8701－0003558　C19/1:7/0985
靈棋經不分卷　(晉)顏幼明等注解　清抄本　四冊

500000－8701－0003559　C19/1:7/0986
國語校注本三種二十九卷　(清)汪遠孫輯　清道光二十六年(1846)汪氏振綺堂刻本　五冊

500000－8701－0003560　C19/1:7/0987
論語集解義疏十卷　(三國魏)何晏集解　(南朝梁)皇侃義疏　清乾隆五十二年(1787)武英殿刻本　十冊

500000－8701－0003561　C19/1:7/0988
國語校注本三種二十九卷　(清)汪遠孫輯　清道光二十六年(1846)汪氏振綺堂刻本　五冊

500000－8701－0003562　C19/1:7/0989
杜工部集二十卷首一卷　(唐)杜甫撰　(宋)王洙編　清乾隆五十年(1785)鄭澐玉勾草堂刻本　二十冊

500000－8701－0003563　C19/2:1/0990
玉壺清話十卷　(宋)釋文瑩撰　清抄本　五冊

500000－8701－0003564　C19/2:1/0991
施註蘇詩四十二卷總目二卷　(宋)蘇軾撰　(清)邵長蘅等刪補　清康熙三十八年(1699)宋犖刻本　二十冊

500000－8701－0003565　C19/2:1/0992
施註蘇詩四十二卷總目二卷　(宋)蘇軾撰　(清)邵長蘅等刪補　清康熙三十八年(1699)宋犖刻本　十冊

500000－8701－0003566　C19/2:1/0993
施註蘇詩四十二卷總目二卷　(宋)蘇軾撰　(清)邵長蘅等刪補　清康熙三十八年(1699)宋犖刻本　十冊

500000－8701－0003567　C19/2:2/0994
施註蘇詩四十二卷總目二卷　(宋)蘇軾撰　(清)邵長蘅等刪補　清康熙三十八年(1699)宋犖刻本　八冊

500000－8701－0003568　C19/2:2/0995
施註蘇詩四十二卷總目二卷　(宋)蘇軾撰　(清)邵長蘅等刪補　清康熙三十八年(1699)宋犖刻本　十冊

500000－8701－0003569　C19/2:2/0996
陶靖節先生詩四卷　(晉)陶潛撰　清乾隆五十年(1785)吳氏拜經樓刻本　二冊

500000－8701－0003570　C19/2:2/0997
考正古微書三十六卷　(明)孫瑴輯　清嘉慶十五年(1810)章氏勸業堂刻本　六冊

500000－8701－0003571　C19/2:2/0998
博雅備考二十七卷　(清)張彥琦撰　清雍正四年(1726)刻本　十二冊

500000－8701－0003572　C19/2:3/0999
癸巳類稿十五卷　(清)俞正燮撰　清道光十六年(1836)求日益齋刻本　八冊

500000－8701－0003573　C19/2:3/1000
說文解字斠詮十四卷　(清)錢坫撰　清嘉慶十二年(1807)刻本　十四冊

500000－8701－0003574　C19/2:3/1001
國朝駢體正宗十二卷　(清)曾燠編　清嘉慶十一年(1806)賞雨茆屋刻本　四冊

500000－8701－0003575　C19/2:3/1002

法苑珠林一百卷　(唐)釋道世撰　清道光七年(1827)燕園蔣氏刻本　四十八册

500000－8701－0003576　C19/2:4/1003
史通訓故補二十卷　(清)黄叔琳撰　清乾隆十二年(1747)黄氏養素堂刻本　四册

500000－8701－0003577　C19/2:4/1004
吴會英才集二十四卷　(清)畢沅編　清乾隆至嘉慶刻本　十册

500000－8701－0003578　C19/2:4/1005
北齊書五十卷　(唐)李百藥撰　明萬曆刻本　八册

500000－8701－0003579　C19/2:4/1006
御選唐詩三十二卷目録三卷　(清)聖祖玄燁編　(清)陳廷敬等注　清康熙五十二年(1713)武英殿刻本　三十二册

500000－8701－0003580　C19/2:5/1007
山海經十八卷圖贊一卷　(晉)郭璞注　(清)郝懿行箋疏　**訂譌一卷**　(清)郝懿行撰　清嘉慶阮氏琅嬛僊館刻本　四册

500000－8701－0003581　C19/2:5/1008
山海經十八卷圖讚一卷　(晉)郭璞傳　(清)郝懿行箋疏　**訂譌一卷**　(清)郝懿行撰　清嘉慶十四年(1809)刻本　李承祥　李文衡朱墨批校　四册

500000－8701－0003582　C19/2:5/1009
傷寒論翼二卷　(清)柯琴撰　清康熙十六年(1677)羅美刻本　二册

500000－8701－0003583　C19/2:5/1010
後漢書補注二十四卷　(清)惠棟撰　清嘉慶九年(1804)德裕堂刻本　六册

500000－8701－0003584　C19/2:5/1011
後漢書補注二十四卷　(清)惠棟撰　清嘉慶九年(1804)德裕堂刻本　四册

500000－8701－0003585　C19/2:5/1012
感舊集十六卷　(清)王士禛輯　(清)盧見曾補傳　清乾隆十七年(1752)盧見曾刻本　八册

500000－8701－0003586　C19/2:5/1013
御選唐詩三十二卷目録三卷　(清)聖祖玄燁編　(清)陳廷敬等注　清康熙五十二年(1713)武英殿刻本　二十四册

500000－8701－0003587　C19/2:6/1014
逸周書十卷附録一卷校正補遺一卷　(晉)孔晁注　清乾隆抱經堂刻本　四册

500000－8701－0003588　C19/2:6/1015
逸周書十卷附録一卷校正補遺一卷　(晉)孔晁注　清乾隆抱經堂刻本　四册

500000－8701－0003589　C19/2:6/1016
本草述三十二卷首一卷　(清)劉若金撰　清嘉慶十五年(1810)武進薛氏還讀山房刻本　十六册

500000－8701－0003590　C19/2:7/1017
御纂朱子全書六十六卷　(清)李光地等編修　清康熙五十三年(1714)内府刻本　二十四册

500000－8701－0003591　C19/2:7/1018
御纂朱子全書六十六卷　(清)李光地等編修　清康熙五十三年(1714)内府刻本　二十五册

500000－8701－0003592　C19/3:1/1019
司馬文正公傳家集八十卷目録二卷　(宋)司馬光撰　清乾隆六年(1741)陳氏培遠堂刻本　三十册

500000－8701－0003593　C19/3:2/1020
司馬溫公文集十四卷　(宋)司馬光撰　明崇禎吴時亮刻清康熙四十七年(1708)蔣起龍修補本　三十四册

500000－8701－0003594　C19/3:2/1021
司馬溫公文集十四卷　(宋)司馬光撰　(清)張伯行重訂　清康熙四十八年(1709)正誼堂刻本　六册

500000－8701－0003595　C19/3:2/1022
湖海詩傳四十六卷　(清)王昶輯　清嘉慶八年(1803)三泖漁莊刻本　八册

500000－8701－0003596　C19/3:3/1023
元和郡縣圖志四十卷闕卷逸文一卷補志九卷　(唐)李吉甫纂修　(清)嚴觀補輯　清嘉慶二年(1797)孫氏刻岱南閣叢書本　八冊

500000－8701－0003597　C19/3:3/1024
十三經類語十四卷　(明)羅萬藻輯　(明)魯重民纂注　清刻本　八冊

500000－8701－0003598　C19/3:3/1025
宋史紀事本末一百九卷　(明)馮琦原編　(明)陳邦瞻纂輯　清初張聞昇刻本　二十二冊

500000－8701－0003599　C19/3:3/1026
藝文通覽一百二十卷　(清)沙木撰　清嘉慶十一年(1806)刻本　三十八冊

500000－8701－0003600　C19/3:4/1027
袁文箋正十六卷　(清)袁枚著　(清)石韞玉箋　清嘉慶十七年(1812)鶴壽山堂刻本　六冊

500000－8701－0003601　C19/3:4/1028
袁文箋正十六卷補注一卷　(清)袁枚著　(清)石韞玉箋　清嘉慶十七年(1812)鶴壽山堂刻本　八冊

500000－8701－0003602　C19/3:4/1029
聊齋志異合評十二卷　(清)蒲松齡撰　(清)王士禛等評　清光緒十七年(1891)喻氏刻本　十二冊

500000－8701－0003603　C19/3:5/1030
毛西河先生仲氏易三十卷　(清)毛奇齡撰　清雍正四年(1726)張文炳刻本　六冊

500000－8701－0003604　C19/3:5/1031
春秋繁露十七卷　(漢)董仲舒撰　(清)淩曙注　清嘉慶二十年(1815)江都淩氏刻古經解彙函本　四冊

500000－8701－0003605　C19/3:5/1032
袁文箋正十六卷補注一卷　(清)袁枚著　(清)石韞玉箋　清嘉慶十七年(1812)鶴壽山堂刻本　八冊

500000－8701－0003606　C19/3:5/1033
揅經室詩錄五卷　(清)阮元撰　清同治九年(1870)刻本　二冊

500000－8701－0003607　C19/3:5/1034
揅經室詩錄五卷　(清)阮元撰　清道光十三年(1833)文選樓刻本　二冊

500000－8701－0003608　C19/3:5/1035
中州金石攷八卷　(清)黃叔璥輯　清乾隆六年(1741)刻本　四冊

500000－8701－0003609　C19/3:5/1036
上清靈寶濟度大成金書四十卷　(宋)林靈真撰　(明)周思德重修　明宣德七年(1432)刻本　五冊　存三卷(乙集前、後,丙集下)

500000－8701－0003610　C19/3:5/1037
華鎣山樵詩原稿□□卷　(清)禹湛撰　清稿本　五冊　存四卷(一至二、五、七)

500000－8701－0003611　C19/3:5/1038
天文氣候星像形圖不分卷　(清)余仁繪　清光緒十一年(1885)繪抄本　二冊

500000－8701－0003612　C19/3:6/1039
多聞闕疑不分卷　(清)陳堪卿輯　清抄本　二冊

500000－8701－0003613　C19/3:6/1040
東甌詞不分卷　(清)周星譽撰　清稿本　一冊

500000－8701－0003614　C19/3:6/1041
文瑞樓藏書目十二卷　(清)金檀藏並撰　清抄本　二冊

500000－8701－0003615　C19/3:6/1042
無聲詩史七卷　(清)姜紹書輯　清抄本　四冊

500000－8701－0003616　C19/3:6/1043
王評文選詩不分卷　(南朝梁)蕭統輯　清黃楚枬抄本　二冊

500000－8701－0003617　C19/3:6/1044
西青散記四卷　(清)史震林撰　清抄本　二冊

500000－8701－0003618　C19/3:6/1045
重訂西青散記八卷　(清)史震林撰　清同治十二年(1873)抄本　四册

500000－8701－0003619　C19/3:6/1046
閉門草三種　(清)沈慶頤撰　清末稿本　四册

500000－8701－0003620　C19/3:6/1047
兵錄十四卷　(明)何汝賓撰　清抄本　八册　存七卷(五至八、十二至十四)

500000－8701－0003621　C19/3:6/1048
華嚴經如來出現品三十七之二節選　(□)□□撰　明金粉寫本　一册

500000－8701－0003622　C19/3:6/1049
大戴禮記補注十三卷敘錄一卷　(清)孔廣森撰　清乾隆五十九年(1794)孔廣廉刻本　四册

500000－8701－0003623　C19/3:6/1050
九域志十卷　(宋)王存等撰　清乾隆四十九年(1784)馮集梧刻本　十册

500000－8701－0003624　C19/3:7/1051
欽定天禄琳琅書目十卷　(清)于敏中等編　清抄本　十册

500000－8701－0003625　C19/3:7/1052
步天歌一卷　(隋)丹元子撰　(唐)王希明注　清張景純抄本　二册

500000－8701－0003626　C19/3:7/1053
炙硯瑣談三卷　(清)湯大奎撰　清抄本　一册

500000－8701－0003627　C19/3:7/1054
論書法不分卷　(□)□□撰　清抄本　一册

500000－8701－0003628　C19/3:7/1055
閑閑老人滏水文集二十卷　(金)趙秉文撰　清抄本　十册

500000－8701－0003629　C19/3:7/1056
抱桐軒文集三卷　(清)顧陳垿撰　清抄本　六册

500000－8701－0003630　C19/3:7/1057
八段錦圖不分卷　(□)□□撰　清抄本　一册

500000－8701－0003631　C19/3:7/1058
滿漢翻譯忠武侯諸葛孔明心書不分卷　題(三國蜀)諸葛亮撰　(清)保平譯　清抄本　一册

500000－8701－0003632　C19/3:7/1059
杜茶村詩鈔八卷　(清)杜濬撰　(清)彭湘懷　(清)陳師晉輯　清乾隆八年(1743)刻本　四册

500000－8701－0003633　C19/3:7/1060
張樵嵐先生詩二卷　(清)張肇昌撰　清康熙二十四年(1685)刻本　二册

500000－8701－0003634　C19/3:7/1061
綿津山人詩集二十三卷　(清)宋犖撰　清康熙刻本　六册

500000－8701－0003635　C19/4:1/1062
筆花醫鏡四卷　(清)江涵暾撰　清抄本　一册

500000－8701－0003636　C19/4:1/1063
松絃館琴譜二卷　(明)嚴澂撰　清抄本　四册

500000－8701－0003637　C19/4:1/1064
飲綠山堂詩集二十卷　(清)張鉉撰　清嘉慶十九年(1814)刻本　四册

500000－8701－0003638　C19/4:1/1065
南畇詩稿十卷詩續稿十七卷文稿十二卷　(清)彭定求撰　清康熙四十八年至雍正四年(1709－1726)刻本　十册　存二十二卷(詩稿十卷、文稿十二卷)

500000－8701－0003639　C19/4:1/1066
詞錄徵存不分卷　鄭文焯輯　清末民初稿本　一册

500000－8701－0003640　C19/4:1/1067
燕粵吏務奏牘三卷　(清)琦善撰　清香雪海抄本　三册

500000－8701－0003641　C19/4:1/1068
［光緒］湖鄉分志十二卷首一卷末一卷　（清）常春錦輯　清光緒三年（1877）湖鄉草堂溪花館稿本　四册

500000－8701－0003642　C19/4:1/1069
抱桐軒文集三卷　（清）顧陳垿撰　清乾隆刻本　三册

500000－8701－0003643　C19/4:1/1070
遯言十卷　（明）孫宜撰　清抄本　一册

500000－8701－0003644　C19/4:1/1071
［嘉慶］馬邊廳志畧六卷　（清）周斯才纂修　清抄本　四册

500000－8701－0003645　C19/4:1/1072
芑野詩鈔四卷　（清）唐惲宸撰　清康熙五十六年（1717）刻本　四册

500000－8701－0003646　C19/4:1/1073
韓集點勘四卷　（清）陳景雲撰　清雍正五年（1727）刻本　一册

500000－8701－0003647　C19/4:1/1074
蜀輶日記四卷（嘉慶十五年五月十五日至十一月二十二日）　（清）陶澍撰　清道光七年（1827）刻本　一册

500000－8701－0003648　C19/4:1/1075
弢甫五嶽集二十卷　（清）桑調元撰　清乾隆修汲堂刻本　十册

500000－8701－0003649　C19/4:1/1076
績學堂詩鈔四卷首一卷　（清）梅文鼎撰　清乾隆十七年（1752）梅瑴成刻本　二册

500000－8701－0003650　C19/4:1/1077
書目答問不分卷　（清）張之洞撰　清光緒元年（1875）刻本　一册

500000－8701－0003651　C19/4:2/1078
桐竹水莊詩四卷　（清）潘朝棟撰　清乾隆二十五年（1760）刻本　二册　存一卷（雙江集一卷）

500000－8701－0003652　C19/4:2/1079
小南邨二集八卷　（清）張雲章輯　清康熙芳潤堂刻本　四册

500000－8701－0003653　C19/4:2/1080
湛園未定稿六卷　（清）姜宸英撰　清刻本　四册

500000－8701－0003654　C19/4:2/1081
廣事類賦四十卷　（清）華希閔撰　清漱潤堂抄本　四册　存三十三卷（一至六、十四至四十）

500000－8701－0003655　C19/4:2/1083
千字文釋義不分卷　（清）汪嘯尹輯　（清）孫謙益注　清葉敬義抄本　一册

500000－8701－0003656　C19/4:2/1084
農學會日記一卷（光緒二十九年三月十六日至四月十七日）蠶學會日記一卷（光緒二十九年五月十七日至二十四日）農學會譯稿一卷　（清）許沐鑅撰　清抄本　一册

500000－8701－0003657　C19/4:2/1085
夾漈遺稿三卷　（宋）鄭樵撰　清抄本　一册

500000－8701－0003658　C19/4:2/1086
國史經籍志六卷　（明）焦竑撰　清抄本　六册

500000－8701－0003659　C19/4:2/1087
事類賦三十卷　（宋）吴淑撰註　（清）周煌删定　清漱潤堂抄本　二册　存二十卷（十一至三十）

500000－8701－0003660　C19/4:2/1088
蘇魏公文集七十二卷　（宋）蘇頌撰　清抄本　二十册

500000－8701－0003661　C19/4:3/1089
溉堂詩選不分卷　（清）孫枝蔚撰　（清）扈森輯　清抄本　二册

500000－8701－0003662　C19/4:3/1090
宋林和靖先生詩集四卷省心錄一卷　（宋）林逋撰　清抄本　二册

500000－8701－0003663　C19/4:3/1091
魏志三十卷　（晉）陳壽撰　明萬曆國子監抄

本　一册　存四卷(一至四)

500000－8701－0003664　C19/4:3/1092
南華經三卷　(清)郎懋學注　清抄本　六册

500000－8701－0003665　C19/4:3/1093
紫陽方先生瀛奎律髓四十九卷　(元)方回撰　(清)陳士泰校　清康熙四十九年(1710)陳士泰刻本　十二册

500000－8701－0003666　C19/4:3/1094
李杜詩鈔不分卷　(清)王廷和輯　清抄本　五册

500000－8701－0003667　C19/4:4/1095
樂全先生文集四十卷　(宋)張方平撰　清陶氏抄本　二十四册

500000－8701－0003668　C19/4:4/1096
識餘不分卷　(明)惠康野叟撰　清抄本　十四册

500000－8701－0003669　C19/4:4/1097
三魚堂文集十二卷外集六卷　(清)陸隴其(清)柯崇樸撰　清抄本　八册

500000－8701－0003670　C19/4:4/1098
春秋左傳五十卷提要一卷　(晉)杜預著　清朱墨抄本　八册

500000－8701－0003671　C19/4:5/1099
客座贅語十卷　(明)顧起元撰　明萬曆四十六年(1618)顧氏刻本　二册　存四卷(一至四)

500000－8701－0003672　C19/4:5/1100
元詩選二集不分卷　(清)顧嗣立輯　清康熙秀野草堂刻本　二册　存五十五種(素履齋稾、房山集、清河集、養蒙先生集、秋岡先生集、彦威集、鳩巢漫稾、子方集、快雪齋集、子構集、松鄉集、紫巖集、旴里子集卷,得之集、清江集、至治集、燕石集、江亭集、正卿集、溉之集、梅花菴稾、大癡道人集、樵水集、五雲漫稾、宗海集、雲嶠稾、梅花字字香、子中集、滋溪集、葯房樵唱、新山稾、林外野言、野航亭稾、滄江散人集、九靈山房集、貞素齋集、東山存稾、環谷集、雲松巢集、主一集、山窗餘稾、聞過齋集、佩玉齋類稾、清輝樓稾、水雲集、長春子稾、看雲集、上清集、松瀑稾、學詩初稾、中峰廣錄、中峰梅花百詠、寒拾里人稾、古鼎外集、夢觀集、聯芳集)

500000－8701－0003673　C19/4:5/1101
荀子二十卷附校勘補遺一卷　(戰國)荀況撰　(唐)楊倞注　(清)謝墉輯補　清乾隆五十一年(1786)謝墉刻本　四册

500000－8701－0003674　C19/4:5/1102
荀子二十卷附校勘補遺一卷　(戰國)荀況撰　(唐)楊倞注　(清)謝墉輯補　清乾隆五十一年(1786)謝墉刻本　四册

500000－8701－0003675　C19/4:5/1103
禮記注疏六十三卷攷證六十三卷　(漢)鄭玄注　(唐)孔穎達疏　清乾隆四年(1739)武英殿刻本　九册　存六十四卷(注疏三十二至六十三、攷證三十二至六十三)

500000－8701－0003676　C19/4:5/1104
春秋穀梁注疏二十卷攷證二十卷　(晉)范甯集解　(唐)陸德明音義　(唐)楊士勳疏　清乾隆四年(1739)刻本　六册

500000－8701－0003677　C19/4:5/1105
孟子注疏十四卷考證十四卷　(漢)趙岐注　(宋)孫奭音義並疏　清乾隆四年(1739)刻本　六册

500000－8701－0003678　C19/4:5/1106
[汪薇]崇祀錄不分卷　(清)林起渭等輯　清刻本　一册

500000－8701－0003679　D02/1:1/00001
碧漪集四卷　譚新嘉撰　清宣統三年(1911)刻朱印本　二册

500000－8701－0003680　D02/1:1/00002
明詞綜十二卷　(清)王昶纂　清嘉慶刻本　一册

500000－8701－0003681　D02/1:1/00003

詞綜三十八卷 (清)朱彝尊編 (清)汪森增定 (清)王昶纂 清刻本 四册

500000－8701－0003682 D02/1:1/00004
惜褱先生尺牘八卷 (清)姚鼐撰 清宣統元年(1909)小萬柳堂刻本 四册

500000－8701－0003683 D02/1:1/00005
國朝詞綜四十六卷二集八卷 (清)王昶輯 清嘉慶青浦王氏刻本 五册

500000－8701－0003684 D02/1:1/00006
稱謂錄三十二卷 (清)梁章鉅撰 清光緒十年(1884)刻本 八册

500000－8701－0003685 D02/1:2/00007
百美新詠一卷題詞一卷圖傳一卷 (清)顏希源輯 **集詠一卷** (清)袁枚撰 清嘉慶十年(1805)刻本 四册

500000－8701－0003686 D02/1:2/00008
中說十卷 (隋)王通撰 (宋)阮逸注 清光緒十六年(1890)貴陽陳炬仿宋刻本 一册

500000－8701－0003687 D02/1:2/00009
大鶴山房全書十種附一種 鄭文焯撰 清光緒至民國刻本 七册

500000－8701－0003688 D02/1:2/00010
大鶴山房全書十種附一種 鄭文焯撰 清光緒至民國刻本 九册

500000－8701－0003689 D02/1:2/00011
翰林學士集一卷 (□)□□撰 清光緒十九年(1893)貴陽陳田影唐卷子刻本 一册

500000－8701－0003690 D02/1:2/00012
鍼灸擇日編集一卷 (宋)張公渙著 (明)金義孫等編 清光緒十六年(1890)上杭羅氏刻本 一册

500000－8701－0003691 D02/1:2/00013
鬱華閣遺集詩四卷 (清)盛昱撰 清光緒二十八年(1902)刻朱印本 一册

500000－8701－0003692 D02/1:2/00014
歷代鐘鼎彝器款識法帖二十卷 (宋)薛尚功撰 清嘉慶二年(1797)岳邑博文齋刻本 四册

500000－8701－0003693 D02/1:2/00015
大學衍義補輯要十二卷首一卷 (明)邱濬撰 (清)陳宏謀輯 清道光二十二年(1842)寶恕堂刻本 十二册

500000－8701－0003694 D02/1:2/00016
大學衍義輯要六卷 (宋)真德秀撰 (清)陳宏謀輯 清道光二十二年(1842)寶恕堂刻本 四册

500000－8701－0003695 D02/1:3/00017
增訂本草附方二卷 (□)□□撰 清刻本 八册

500000－8701－0003696 D02/1:3/00018
江氏韻書三種 (清)江永撰 清咸豐元年(1851)木犀香館刻本 八册

500000－8701－0003697 D02/1:3/00019
本草從新十八卷 (清)吳儀洛撰 清道光二十六年(1846)瓶花書屋刻本 三册

500000－8701－0003698 D02/1:3/00020
曝書亭集八十卷附葉兒樂府一卷 (清)朱彝尊撰 **笛漁小槀十卷** (清)朱昆田撰 清光緒十五年(1889)會稽陶閶刻本 二十四册

500000－8701－0003699 D02/1:4/00021
遣愁集十卷 (清)張貴勝纂輯 清康熙二十七年(1688)刻本 四册

500000－8701－0003700 D02/1:4/00022
曝書亭集詞註七卷 (清)李富孫纂 清嘉慶十九年(1814)刻本 三册

500000－8701－0003701 D02/1:4/00023
曝書亭集八十卷附葉兒樂府一卷 (清)朱彝尊撰 **笛漁小槀十卷** (清)朱昆田撰 清刻本 十三册

500000－8701－0003702 D02/1:4/00024
林蕙堂文集十二卷 (清)吳綺撰 清刻本 六册

500000－8701－0003703 D02/1:4/00025
山海經廣注十八卷圖五卷 (清)吳任臣撰

清刻本　三册　存二十卷(四至十八、圖五卷)

500000－8701－0003704　D02/1:4/00026
快園詩話十六卷　(清)淩霄撰　清刻本　二册

500000－8701－0003705　D02/1:4/00027
養一齋集二十五卷首一卷　(清)潘德輿撰　清道光二十九年(1849)刻本　四册

500000－8701－0003706　D02/1:5/00028
曝書亭集八十卷附録一卷　(清)朱彝尊撰　清刻本　十一册

500000－8701－0003707　D02/1:5/00029
莊子集釋十卷　(清)郭慶藩輯　清光緒思賢講舍刻本　十册

500000－8701－0003708　D02/1:6/00030
粵閩巡視紀略三卷　(清)杜臻撰　清康熙刻本　二册　存二卷(一至二)

500000－8701－0003709　D02/1:6/00031
靜廉齋詩集二十四卷　(清)金甡撰　清嘉慶二十五年(1820)刻本　六册

500000－8701－0003710　D02/1:6/00032
史略六卷　(宋)高似孫撰　清光緒九年(1883)虞山鮑氏刻本　二册

500000－8701－0003711　D02/1:6/00033
干禄字書一卷　(唐)顔元孫撰　清初刻本　二册

500000－8701－0003712　D02/1:6/00034
默庵遺集八卷　(清)馮舒撰　清光緒二十六年(1900)常熟翁子廉刻朱印本　二册

500000－8701－0003713　D02/1:6/00035
補晉書經籍志四卷　吴士鑑撰　清光緒二十一年(1895)刻朱印本　一册

500000－8701－0003714　D02/1:6/00036
結一廬遺文二卷　(清)朱學勤撰　清光緒三十四年(1908)刻本　一册

500000－8701－0003715　D02/1:6/00037
汗簡箋正七卷目録一卷　(宋)郭忠恕撰　(清)鄭珍箋正　清光緒十五年(1889)廣雅書局刻朱印本　四册

500000－8701－0003716　D02/1:6/00038
六朝事迹編類十四卷　(宋)張敦頤撰　清光緒十三年(1887)刻本　四册

500000－8701－0003717　D02/1:7/00039
異説征西演義全傳六卷四十回　題(清)恂莊主人編　清道光十年(1830)文秀堂刻本　四册

500000－8701－0003718　D02/1:7/00040
沈四山人詩録六卷附録一卷　(清)沈謹學撰　清道光三十年(1850)刻本　二册

500000－8701－0003719　D02/1:7/00041
端溪硯史三卷　(清)吴蘭修撰　清道光二十八年(1848)懷米山房刻本　一册

500000－8701－0003720　D02/1:7/00042
唐人三家集二十六卷　(清)秦恩復輯　清道光十年(1830)江都石研齋影宋刻本　四册

500000－8701－0003721　D02/1:7/00043
洛陽伽藍記五卷集證一卷　(北魏)楊衒之撰　清光緒二十九年(1903)説劍齋刻朱印本　一册

500000－8701－0003722　D02/1:7/00044
説文引經考二卷　(清)吴玉搢撰　清刻本　二册

500000－8701－0003723　D02/1:7/00045
清娱閣吟稾六卷　(清)鮑之蕙撰　清嘉慶十六年(1811)刻本　二册

500000－8701－0003724　D02/1:7/00046
輶軒使者絶代語釋别國方言十三卷附宋本方言校勘記一卷　(漢)揚雄撰　清影宋刻本　一册

500000－8701－0003725　D02/1:7/00047
牧民忠告二卷　(元)張養浩撰　清道光十三年(1833)芸葉軒刻本　一册

500000－8701－0003726　D02/1:7/00048

漢員各官雙單月選表不分卷　(□)□□撰　清光緒刻朱墨套印本(有抄補)　十一册

500000－8701－0003727　D02/2:1/00049
吴梅村詞一卷　(清)吴偉業撰　清光緒十六年(1890)湖北官書處刻本　一册

500000－8701－0003728　D02/2:1/00050
廬陵宋丞相信國公文忠烈先生全集十六卷　(宋)文天祥著　(清)文有焕等編輯　清乾隆二年(1737)文氏刻本　八册

500000－8701－0003729　D02/2:1/00051
讀史論略詳註不分卷　(清)杜詔撰　(清)唐桂註　清乾隆四年(1739)玉振堂刻本　一册

500000－8701－0003730　D02/2:1/00052
適情雅趣十卷　(清)徐芝輯　(清)陳學禮校正　清刻本　五册　存五卷(三至五、七、九)

500000－8701－0003731　D02/2:1/00053
墨林今話十八卷　(清)蔣寶齡撰　**續編一卷**　(清)蔣茝生撰　清咸豐二年(1852)刻本　六册

500000－8701－0003732　D02/2:2/00054
楚辭章句十七卷　(漢)王逸撰　清光緒九年(1883)長沙書堂山館刻本　四册

500000－8701－0003733　D02/2:2/00055
楹書隅錄五卷續編四卷　(清)楊紹和輯　清同治十二年(1873)聊城楊氏海源閣刻宣統三年(1911)海王邨譚宅補刻本　八册

500000－8701－0003734　D02/2:2/00056
半塘丙稿味梨集一卷丁稿鶩翁集一卷戊稿蜩知集一卷　(清)王鵬運撰　清光緒二十一年(1895)刻本　二册

500000－8701－0003735　D02/2:2/00057
類林新詠三十六卷　(清)姚之駰輯　清康熙四十六年(1707)刻本　八册

500000－8701－0003736　D02/2:3/00058
南華真經解内篇一卷外篇一卷雜篇一卷　(清)宣穎撰　清康熙六十年(1721)積秀堂刻本　六册

500000－8701－0003737　D02/2:3/00059
七十家賦鈔六卷　(清)張惠言纂輯　清道光元年(1821)合河康氏刻本　六册

500000－8701－0003738　D02/2:3/00060
爾雅三卷　(晉)郭璞注　清武進臧氏刻本　二册

500000－8701－0003739　D02/2:3/00062
東林同難列傳一卷附錄一卷　(清)繆敬持輯　清道光五年(1825)江陰耕學草堂刻本　三册

500000－8701－0003740　D02/2:3/00063
四書釋地一卷續一卷又續一卷三續一卷附孟子生卒年月考　(清)閻若璩撰　清刻本　二册

500000－8701－0003741　D02/2:4/00061
唐皮日休文藪十卷　(唐)皮日休撰　清光緒二十一年(1895)合肥李氏蘭雪堂影宋刻本　四册

500000－8701－0003742　D02/2:4/00064
史記志疑三十六卷補遺一卷　(清)梁玉繩撰　清刻本　十二册

500000－8701－0003743　D02/2:4/00065
昭德先生郡齋讀書志二十卷　(宋)姚應績編　清嘉慶二十四年(1819)刻本　六册

500000－8701－0003744　D02/2:4/00066
三松堂集詩集二十卷詩續集六卷文集四卷　(清)潘奕雋撰　清同治十一年(1872)刻本　八册

500000－8701－0003745　D02/2:5/00067
蘇文忠公詩編註集成一百三卷　(清)王文誥輯　清嘉慶二十四年至道光三年(1819－1823)刻本　二十册

500000－8701－0003746　D02/2:6/00068
新增説文韻府群玉二十卷　(元)陰時夫輯　(元)陰中夫註　清聚錦堂刻本　二十册

500000－8701－0003747　D02/2:6/00069
新鐫海烈婦百煉真傳十二卷十二回　題(清)

三吳墨浪仙主人编輯　清刻本　一册

500000－8701－0003748　D02/2:6/00070
增訂漢魏叢書八十六種　(清)王謨輯　清乾隆五十七年(1792)金谿王氏刻本　二十九册
存二十八種一百三十七卷(焦氏易林四卷、易傳三卷、關氏易傳一卷、周易略例一卷、古三墳一卷、汲塚周書十卷、詩傳孔氏傳一卷、詩説一卷、韓詩外傳十卷、毛詩草木鳥獸蟲魚疏二卷、大戴禮記十三卷、春秋繁露十七卷、白虎通德論四卷、獨斷一卷、忠經一卷、孝傳一卷、小爾雅一卷、方言十三卷、博雅十卷、釋名四卷、竹書紀年二卷、穆天子傳六卷、越絕書十五卷、吳越春秋六卷、西京雜記六卷、漢武帝內傳一卷、飛燕外傳一卷、雜事秘辛一卷)

500000－8701－0003749　D02/2:7/00071
唐詩快十六卷　(明)黄周星選評　清刻本　四册　存五卷(一至五)

500000－8701－0003750　D02/2:7/00072
墨池殘瀋四卷　(清)王甗撰　清道光二十九年(1849)忘適齋刻本　二册

500000－8701－0003751　D02/2:7/00073
[正德]朝邑縣志二卷　(明)韓邦靖原本　明正德修清番禺陳鳴瑞刻本　一册

500000－8701－0003752　D02/2:7/00074
五經圖十二卷　(明)盧謙訂正　(清)盧雲英編　清雍正二年(1724)金陵刻本　六册

500000－8701－0003753　D02/2:7/00075
周易四卷　(宋)朱熹本義　清道光六年(1826)朱氏立本齋刻本　二册

500000－8701－0003754　D02/2:7/00076
禹貢註節讀不分卷　(清)馬俊良著　清乾隆五十四年(1789)端溪書院刻本　二册

500000－8701－0003755　D02/2:7/00077
毛詩傳箋三十卷　(漢)毛亨傳　(漢)鄭玄箋　清道光七年(1827)立本齋刻本　四册

500000－8701－0003756　D02/2:7/00078
詩經小學三十卷　(清)段玉裁撰　清道光五年(1825)抱經堂刻本　二册

500000－8701－0003757　D02/2:7/00079
閒情小録初集八種　(清)葛元熙輯　清光緒三年(1877)刻本　八册

500000－8701－0003758　D02/2:7/00080
雲中雁三鬧太平莊全集五十四回　(清)□□撰　清同治三年(1864)刻本　十册

500000－8701－0003759　D02/3:1/00081
十三經注疏十三種　(清)阮元校勘　清嘉慶金閶書業堂刻本　一百六十册

500000－8701－0003760　D02/3:4/00082
繡像六美圖三十回雙帥印十四回鬧蘆莊十六回九龍陣十六回　(清)朱鏡江　(清)章惟善撰　清同治九年(1870)刻本　十六册

500000－8701－0003761　D02/3:4/00083
東周列國全志一百八回　(清)蔡昇評點　清咸豐九年(1859)刻本　十二册

500000－8701－0003762　D02/3:5/00084
舊唐書二百卷　(五代)劉昫等撰　清鉛印本　五十册　存一百七十一卷(一至十七、三十七至九十八、一百九至二百)

500000－8701－0003763　D02/3:6/00085
初學記三十卷附校勘記　(唐)徐堅等撰　清光緒十四年(1888)四川成都黄氏蘊石齋刻本　十六册

500000－8701－0003764　D02/3:6/00086
詩經八卷　(宋)朱熹集傳　清同治五年(1866)金陵書局刻本　六册

500000－8701－0003765　D02/3:6/00088
御製欽若曆書十六卷　清刻本　十二册

500000－8701－0003766　D02/3:7/00087
載詠樓重鐫硃批孟子二卷　(宋)蘇洵批評　清嘉慶八年(1803)慎詒堂刻本　二册

500000－8701－0003767　D02/3:7/00089
尚史七十卷　(清)李鍇纂　清乾隆三十八年(1773)悦道樓刻本　三十二册

500000－8701－0003768　D02/3:7/00090
山谷詩集註内集二十卷外集十七卷別集二卷　(宋)黄庭堅撰　(宋)任淵註　清宣統二年(1910)傅春官影宋刻本　二十册

500000－8701－0003769　D02/4:1/00091
山谷詩集註内集二十卷外集十七卷別集二卷　(宋)黄庭堅撰　(宋)任淵註　清光緒二十一年至二十五年(1895－1899)刻本　二十册

500000－8701－0003770　D02/4:1/00092
山谷詩集註内集二十卷外集十七卷別集二卷　(宋)黄庭堅撰　(宋)任淵註　清光緒二十一年至二十五年(1895－1899)刻本　二十册

500000－8701－0003771　D02/4:2/00093
山谷詩集註内集二十卷外集十七卷別集二卷　(宋)黄庭堅撰　(宋)任淵註　清光緒二十一年至二十五年(1895－1899)刻本　二十册

500000－8701－0003772　D02/4:2/00094
南宋書六十八卷　(明)錢士升撰　清嘉慶二年(1797)常熟席氏掃葉山房刻本　十三册

500000－8701－0003773　D02/4:3/00095
大戴禮記十三卷　(漢)戴德撰　清宣統三年(1911)貴池劉氏玉海堂刻本　四册

500000－8701－0003774　D02/4:3/00096
鐵華館叢書六種　(清)蔣鳳藻輯　清光緒十五年(1889)長洲蔣氏刻本　六册

500000－8701－0003775　D02/4:3/00097
廣雅疏證十卷附博雅音十卷　(清)王念孫疏證　清嘉慶元年(1796)刻本　八册

500000－8701－0003776　D02/4:4/00098
史記一百三十卷　(漢)司馬遷撰　(南朝宋)裴駰集解　(唐)司馬貞索隱　(唐)張守節正義　清同治十一年(1872)成都書局刻本　二十六册

500000－8701－0003777　D02/4:5/00099
前漢書一百卷　(漢)班固撰　(唐)顔師古注　清同治十年(1871)成都書局刻本　三十二册

500000－8701－0003778　D02/4:6/00100
後漢書一百二十卷　(南朝宋)范曄撰　(唐)李賢注　清同治十年(1871)成都書局刻本　二十八册

500000－8701－0003779　D02/4:7/00101
三國志六十五卷附考證　(晉)陳壽撰　(南朝宋)裴松之注　清同治十年(1871)成都書局刻本　十四册

500000－8701－0003780　D02/5:1/00102
史記一百三十卷　(漢)司馬遷撰　(南朝宋)裴駰集解　(唐)司馬貞索隱　(唐)張守節正義　清同治十一年(1872)成都書局刻本　二十六册

500000－8701－0003781　D02/5:2/00103
前漢書一百卷　(漢)班固撰　(唐)顔師古注　清同治十年(1871)成都書局刻本　三十二册

500000－8701－0003782　D02/5:4/00104
後漢書一百二十卷　(南朝宋)范曄撰　(唐)李賢注　清同治十年(1871)成都書局刻本　二十八册

500000－8701－0003783　D02/5:5/00105
前漢書一百卷　(漢)班固撰　(唐)顔師古注　清同治十年(1871)成都書局刻本　三十二册

500000－8701－0003784　D02/5:7/00106
陶淵明集十卷　(晉)陶潛撰　清刻本　六册

500000－8701－0003785　D02/5:7/00107
西湖七種曲十卷　(清)許善長撰　清光緒三年至十一年(1877－1885)碧聲吟館刻本　九册

500000－8701－0003786　D02/5:7/00108
梓溪文鈔内集八卷外集十卷　(明)舒芬撰　明萬曆刻本　八册　存八卷(内集八卷)

500000－8701－0003787　D03/1:1/00109
西河合集五十四卷　(清)毛奇齡撰　清刻本　七册

500000－8701－0003788　D03/1:1/00110

傳忠堂學古文一卷 （清）周星譼撰 **鷗堂賸稿一卷東鷗草堂詞二卷** （清）周星譽撰 清光緒十二年（1886）刻本 一冊

500000－8701－0003789 D03/1：1/00111
樂府新編陽春白雪前集五卷後集五卷 （元）楊朝英選集 清光緒三十一年（1905）南陵徐氏影元刻本 一冊

500000－8701－0003790 D03/1：1/00112
唐中興間氣集二卷 （唐）高仲武輯 清武進費氏刻本 二冊

500000－8701－0003791 D03/1：1/00113
賽金丹二卷 （□）□□撰 清刻本 一冊

500000－8701－0003792 D03/1：1/00114
春秋三十卷 （宋）胡安國傳 清刻本 四冊

500000－8701－0003793 D03/1：1/00115
六祖大師法寶壇經一卷祇園禪師語錄一卷 （唐）釋慧能說 （唐）釋法海編集 明萬曆刻本 一冊

500000－8701－0003794 D03/1：1/00116
人天眼目四卷宋門雜錄二卷 （宋）釋智昭撰 清維揚天寧沙門濟恒刻本 一冊

500000－8701－0003795 D03/1：1/00117
禪宗永嘉集註解二卷 （明）釋鎮澄註 明刻本 一冊

500000－8701－0003796 D03/1：1/00118
廬山小志二十四卷首一卷 （清）蔡瀛纂 清光緒四年（1878）刻本 二冊 存四卷（一至三、首一卷）

500000－8701－0003797 D03/1：1/00119
新雕校證大字白氏諷諫一卷 （唐）白居易撰 清光緒十九年（1893）影宋刻本 一冊

500000－8701－0003798 D03/1：2/00120
越中金石記十卷目錄二卷 （清）杜春生編錄 清道光十九年（1839）詹波館刻本 二十冊

500000－8701－0003799 D03/1：2/00121
鶡冠子三卷 （戰國）鶡冠子撰 （宋）陸佃解 （明）王宇評 清嘉慶九年（1804）蘇州刻本 二冊

500000－8701－0003800 D03/1：2/00122
金陵瑣事四卷續金陵瑣事二卷二續金陵瑣事二卷 （明）周暉撰 清江甯傅春官刻本 四冊

500000－8701－0003801 D03/1：3/00123
史記一百三十卷 （漢）司馬遷撰 （明）歸有光評點 **方望溪評點史記四卷** （清）方苞評點 清光緒二年（1876）武昌張氏刻本 二十冊

500000－8701－0003802 D03/1：4/00124
史記一百三十卷 （漢）司馬遷撰 （明）歸有光評點 **方望溪評點史記四卷** （清）方苞評點 清光緒二年（1876）武昌張氏刻本 十七冊 存一百十一卷（一至九十五、一百八至一百二十三）

500000－8701－0003803 D03/1：4/00125
類篇四十五卷 （宋）司馬光等纂 清康熙四十五年（1706）揚州詩局刻本 二十三冊

500000－8701－0003804 D03/1：5/00126
昌黎詩集注十一卷 （唐）韓昌黎撰 （清）顧嗣立補注 **年譜一卷舊唐書本傳一卷** 清道光十六年（1836）膺德堂刻朱墨套印本 六冊

500000－8701－0003805 D03/1：5/00127
汗簡三卷目錄敘略一卷 （宋）郭忠恕撰 清光緒五年（1879）點石齋石印本 四冊

500000－8701－0003806 D03/1：5/00128
釋名疏證八卷補遺一卷續釋名一卷 （清）畢沅撰 清乾隆五十五年（1790）刻本 二冊

500000－8701－0003807 D03/1：6/00129
詩說十二卷 （宋）劉克學著 清道光八年（1828）刻本 八冊

500000－8701－0003808 D03/1：6/00130
晏子春秋八卷 （戰國）晏嬰撰 清嘉慶二十一年（1816）全椒吳氏刻本 二冊

500000－8701－0003809 D03/1：6/00131
晏子春秋八卷 （戰國）晏嬰撰 清嘉慶二十

一年(1816)全椒吳氏刻本　二冊

500000－8701－0003810　D03/1:6/00132
陶淵明文集十卷　(晉)陶潛撰　清光緒刻本　四冊

500000－8701－0003811　D03/1:6/00133
陶淵明集十卷　(晉)陶潛撰　清光緒五年(1879)湘潭胡桐生刻本　三冊

500000－8701－0003812　D03/1:7/00134
古香齋鑒賞袖珍初學記三十卷　(唐)徐堅等撰　清刻本　二十六冊

500000－8701－0003813　D03/1:7/00135
昌黎先生詩集註十一卷本傳一卷年譜一卷　(唐)韓愈撰　(清)顧嗣立刪補　(清)朱彝尊　(清)何焯評　清道光十六年(1836)膺德堂刻朱墨套印本　六冊

500000－8701－0003814　D03/1:7/00136
昌黎先生詩集註十一卷本傳一卷年譜一卷　(唐)韓愈撰　(清)顧嗣立刪補　(清)朱彝尊　(清)何焯評　清光緒九年(1883)廣州翰墨園刻三色套印本　四冊

500000－8701－0003815　D03/1:7/00137
昌黎先生詩集註十一卷本傳一卷年譜一卷　(唐)韓愈撰　(清)顧嗣立刪補　(清)朱彝尊　(清)何焯評　清光緒九年(1883)廣州翰墨園刻三色套印本　四冊

500000－8701－0003816　D03/2:1/00138
程侍郎遺集初編十卷　(清)程恩澤著　清道光二十六年(1846)趯喜齋刻本　二冊

500000－8701－0003817　D03/2:1/00139
楚辭集註八卷　(宋)朱熹集注　清聽雨齋刻朱墨套印本　六冊

500000－8701－0003818　D03/2:1/00140
樊川文集二十卷外集一卷別集一卷　(唐)杜牧撰　清光緒二十二年(1896)刻本　四冊

500000－8701－0003819　D03/2:1/00141
西漢紀年三十卷　(宋)王益之撰　清嘉慶四年(1799)掃葉山房刻本　十六冊

500000－8701－0003820　D03/2:2/00142
沖虛至德真經八卷　(戰國)列禦寇撰　(晉)張湛註　清嘉慶九年(1804)刻本　三冊

500000－8701－0003821　D03/2:2/00143
國語三君注輯存四卷國語發正二十一卷國語考異四卷　(清)汪遠孫撰　清道光二十六年(1846)振綺堂刻本　五冊

500000－8701－0003822　D03/2:2/00144
篆書易經□□卷　(□)□□撰　清刻本　一冊　存一卷(一)

500000－8701－0003823　D03/2:2/00145
爾雅古義二卷　(清)胡承珙撰　清道光十七年(1837)刻本　一冊

500000－8701－0003824　D03/2:2/00146
爾雅古義二卷　(清)胡承珙撰　清道光十七年(1837)刻本　一冊

500000－8701－0003825　D03/2:2/00147
儀禮十七卷　(漢)鄭玄注　清道光十四年(1834)刻本　四冊

500000－8701－0003826　D03/2:2/00148
儀禮十七卷　(漢)鄭玄注　清道光十四年(1834)刻本　四冊

500000－8701－0003827　D03/2:3/00149
文學舍詩不分卷　(□)□□撰　清石印本　一冊

500000－8701－0003828　D03/2:3/00150
詩品三卷　(南朝梁)鍾嶸撰　(清)毛晉訂　清光緒四年(1878)宏達堂刻本　一冊

500000－8701－0003829　D03/2:3/00151
淮南子二十一卷　(漢)高誘注　清光緒二年(1876)浙江書局刻本　六冊

500000－8701－0003830　D03/2:3/00152
群經義證八卷　(清)武億撰　(清)武穆淳編　清嘉慶二年(1797)刻本　二冊

500000－8701－0003831　D03/2:3/00153
儀禮易讀十七卷　(清)馬駉輯　清嘉慶二年(1797)刻本　二冊

500000－8701－0003832　D03/2:3/00154
弁服釋例八卷　(清)任大椿著　清刻本　四冊

500000－8701－0003833　D03/2:3/00155
文心雕龍十卷　(南朝梁)劉勰撰　(清)黄叔琳注　(清)紀昀評　清道光十三年(1833)兩廣節署刻朱墨套印本　四冊

500000－8701－0003834　D03/2:3/00156
史記菁華錄六卷　(清)姚祖恩編　清光緒九年(1883)廣州翰墨園刻朱墨套印本　六冊

500000－8701－0003835　D03/2:4/00157
史記菁華錄六卷　(清)姚祖恩編　清光緒九年(1883)廣州翰墨園刻朱墨套印本　六冊

500000－8701－0003836　D03/2:4/00158
史記菁華錄六卷　(清)姚祖恩編　清光緒九年(1883)廣州翰墨園刻朱墨套印本　六冊

500000－8701－0003837　D03/2:4/00159
史記菁華錄六卷　(清)姚祖恩編　清光緒九年(1883)廣州翰墨園刻朱墨套印本　六冊

500000－8701－0003838　D03/2:4/00160
新纂門目五臣音註揚子法言十卷　(晉)李軌　(唐)柳宗元　(宋)司馬光等註　清嘉慶九年(1804)刻本　三冊

500000－8701－0003839　D03/2:4/00161
中說十卷　(隋)王通撰　(宋)阮逸註　清嘉慶九年(1804)刻本　二冊

500000－8701－0003840　D03/2:4/00162
道德經評註二卷　題(漢)河上公章句　(明)歸有光批閱　清嘉慶九年(1804)刻本　一冊

500000－8701－0003841　D03/2:4/00163
廣陵通典十卷　(清)汪中撰　清同治八年(1869)揚州書局刻本　二冊

500000－8701－0003842　D03/2:5/00164
東坡集四十卷後集二十卷奏議十五卷外制集三卷内制集十卷樂語一卷應詔集十卷續集十二卷附校記二卷東坡先生年譜一卷　(宋)蘇軾撰　清光緒三十四年至宣統元年(1908－1909)刻本　四十八冊

500000－8701－0003843　D03/2:7/00165
五經異義疏證三卷　(漢)許慎撰　(清)陳壽祺疏證　清嘉慶十八年(1813)刻本　三冊

500000－8701－0003844　D03/2:7/00166
當湖外志八卷　(清)馬承昭輯　清光緒元年(1875)刻本　二冊

500000－8701－0003845　D03/2:7/00167
五知齋琴譜八卷　(清)周魯封輯　清雍正二年(1724)刻本　二冊　存一卷(一)

500000－8701－0003846　D03/2:7/00168
詞選二卷茗柯詞二卷立山詞一卷續詞選二卷附錄一卷　(清)張惠言録　清道光十年(1830)刻本　二冊

500000－8701－0003847　D03/2:7/00169
楚漢諸侯疆域志三卷　(清)劉文淇著　清光緒二年(1876)刻本　一冊

500000－8701－0003848　D03/2:7/00170
爾雅蒙求二卷　(清)李拔式著　清嘉慶三年(1798)刻本　二冊

500000－8701－0003849　D03/2:7/00171
周易本義四卷　(宋)朱熹撰　清刻本　三冊

500000－8701－0003850　D03/2:7/00172
問心堂溫病條辨六卷首一卷　(清)吳瑭著　清嘉慶十七年(1812)刻本　八冊

500000－8701－0003851　D03/2:7/00173
尚書六卷　(漢)孔安國傳　清稽古樓刻本　五冊

500000－8701－0003852　D03/3:1/00174
詩序廣義二十四卷　(清)姜炳璋輯　清嘉慶二十年(1815)刻本　十二冊

500000－8701－0003853　D03/3:1/00175
毛詩補禮六卷　(清)朱濂撰　清道光十九年(1839)刻本　二冊

500000－8701－0003854　D03/3:1/00176
集古録跋尾十卷　(宋)歐陽修著　清道光二

十四年(1844)刻本　六冊

500000－8701－0003855　D03/3:2/00177
經義考二百九十八卷　(清)朱彝尊編　清刻本　四十八冊

500000－8701－0003856　D03/3:3/00178
欽定天禄琳琅書目十卷續編二十卷　(清)于敏中等編校　清光緒十年(1884)長沙王氏刻本　十冊

500000－8701－0003857　D03/3:3/00179
楚辭十七卷　(漢)王逸章句　清吳郡寶翰樓刻本　四冊

500000－8701－0003858　D03/3:3/00180
毛詩纂歌附説二卷　(清)王禮賓撰　清道光二十四年(1844)刻本　二冊

500000－8701－0003859　D03/3:3/00181
蘇文忠公詩集五十卷目録二卷　(宋)蘇軾撰　清道光十四年(1834)刻朱墨套印本　十一冊　存四十七卷(六至五十、目録二卷)

500000－8701－0003860　D03/3:4/00182
資治通鑑補二百九十四卷首一卷刊誤二卷　(宋)司馬光輯　(元)胡三省音注　(明)嚴衍補　清咸豐元年(1851)童氏瓶花書屋聚珍版刻本　八十冊

500000－8701－0003861　D03/4:1/00183
采菽堂古詩選三十八卷補遺四卷　(清)陳祚明評選　清刻本　十四冊　存四十卷(三至三十八、補遺四卷)

500000－8701－0003862　D03/4:1/00184
南唐書八卷　(宋)馬令編　(明)陳繼儒訂　清刻本　二冊

500000－8701－0003863　D03/4:1/00185
桐城吳先生尺牘五卷補遺一卷諭兒書一卷　(清)吳汝綸撰　清光緒二十九年(1903)刻本　三冊

500000－8701－0003864　D03/4:1/00186
伏敔堂詩録十五卷續録四卷首一卷附録一卷　(清)江湜輯　清同治元年(1862)刻本　四冊

500000－8701－0003865　D03/4:1/00187
曝書亭集詩註二十四卷朱竹垞先生年譜一卷　(清)朱彝尊撰　(清)楊謙纂　清刻本　八冊

500000－8701－0003866　D03/4:2/00188
唐駢體文鈔十七卷　(清)陳均輯　清同治十二年(1873)刻本　四冊

500000－8701－0003867　D03/4:2/00189
隸辨八卷　(清)顧藹吉撰集　清刻本　八冊

500000－8701－0003868　D03/4:2/00190
郁崑殿試冊不分卷　(清)郁崑撰　清刻本　一冊

500000－8701－0003869　D03/4:2/00191
周易本義□□卷　(宋)朱熹撰　清刻本　一冊　存三卷(二至四)

500000－8701－0003870　D03/4:2/00192
元遺山先生集四十卷附録一卷　(元)張德輝類次　清道光二十七年(1847)刻本　十六冊

500000－8701－0003871　D03/4:3/00193
詠物詩選八卷　(清)俞琰輯　清雍正二年(1724)裕文堂刻本　四冊

500000－8701－0003872　D03/4:3/00194
春秋提綱十卷　(宋)陳則通撰　清通志堂刻本　二冊

500000－8701－0003873　D03/4:3/00195
繪風亭評第七才子書琵琶記六卷　(元)高明撰　清康熙五年(1666)毛氏刻本　一冊

500000－8701－0003874　D03/4:3/00196
南唐書三十卷附考異一卷　(宋)馬令編　清嘯園沈氏刻本　二冊

500000－8701－0003875　D03/4:3/00197
玉燕堂四種曲八卷　(清)張堅填詞　清刻本　三冊　存二種三卷(懷沙記二、玉獅墜二卷)

500000－8701－0003876　D03/4:3/00198

吳吳山三婦合評牡丹亭還魂記二卷 （明）湯顯祖撰 （清）陳同等評 清刻本 一冊

500000－8701－0003877 D03/4:3/00199
益智圖四卷首一卷 （清）童葉庚撰 清光緒三十三年(1907)刻本 四冊

500000－8701－0003878 D03/4:3/00200
毛詩傳箋三十卷鄭氏詩譜一卷 （漢）毛亨傳 （漢）鄭玄箋 清道光七年(1827)刻本 四冊

500000－8701－0003879 D03/4:3/00201
毛詩傳箋三十卷鄭氏詩譜一卷 （漢）毛亨傳 （漢）鄭玄箋 清道光七年(1827)刻本 四冊

500000－8701－0003880 D03/4:3/00202
史記一百三十卷 （漢）司馬遷撰 （明）歸有光評點 **方望溪評點史記四卷** （清）方苞評點 清光緒二年(1876)武昌張氏刻本 二十冊

500000－8701－0003881 D03/4:4/00203
禮記十卷 （元）陳澔集說 清金陵鄭元美刻本 十冊

500000－8701－0003882 D03/4:4/00204
新刊古列女傳七卷續列女傳一卷 （漢）劉向撰 （晉）顧愷之圖畫 清道光五年(1825)刻本 二冊

500000－8701－0003883 D03/4:4/00205
廣博物志五十卷 （明）董斯張纂 明萬曆四十三年(1615)高暉堂刻本 十六冊

500000－8701－0003884 D03/4:4/00206
古夫于亭雜錄六卷 （清）王士禛撰 清刻本 一冊

500000－8701－0003885 D03/4:4/00207
清素堂集十卷 （清）吳鈞撰 清乾隆六十年(1795)白雪齋刻本 四冊

500000－8701－0003886 D03/4:4/00208
欽定明鑑二十四卷首一卷 （清）托津等纂 清同治九年(1870)湖北崇文書局刻本 十冊

500000－8701－0003887 D03/4:5/00209
古今說海一百二十卷 （明）陸楫編 清道光元年(1821)酉山堂刻本 十冊

500000－8701－0003888 D03/4:5/00210
華陽國志十二卷附錄一卷 （晉）常璩撰 清嘉慶十九年(1814)鄰水廖寅題襟館刻本 二冊

500000－8701－0003889 D03/4:5/00211
練川名人畫像四卷續編三卷附錄二卷 （清）程稺蘅 （清）程祖慶撰 清道光三十年(1850)程氏刻本 六冊

500000－8701－0003890 D03/4:5/00212
靈芬館詞四種七卷 （清）郭麐著 清光緒五年(1879)仁和許氏娛園刻本 四冊

500000－8701－0003891 D03/4:5/00213
詞選二卷附錄一卷 （清）張惠言錄 清嘉慶五年(1800)刻本 一冊

500000－8701－0003892 D03/4:5/00214
山海經十八卷 （晉）郭璞傳 清乾隆十八年(1753)天都黃氏刻本 二冊

500000－8701－0003893 D03/4:5/00215
徐孝穆全集六卷 （南朝陳）徐陵著 （清）吳兆宜箋注 清刻本 六冊

500000－8701－0003894 D03/4:6/00216
華陽國志十二卷附錄一卷 （晉）常璩撰 清嘉慶十九年(1814)鄰水廖寅題襟館刻本 六冊

500000－8701－0003895 D03/4:6/00217
晏子春秋八卷 （戰國）晏嬰撰 清嘉慶二十一年(1816)全椒吳氏刻本 六冊

500000－8701－0003896 D03/4:6/00218
陶淵明詩不分卷 （晉）陶潛撰 清光緒元年(1875)影宋刻本 一冊

500000－8701－0003897 D03/4:6/00219
備急灸法一卷 （宋）孫炬卿輯 清光緒十六年(1890)十瓣同心蘭氏刻本 一冊

500000－8701－0003898 D03/4:6/00220

尚書考異六卷　(明)梅鷟撰　清道光五年(1825)立本齋刻本　二册

500000－8701－0003899　D03/4:6/00221
六朝四家全集十六卷　(清)胡鳳丹輯　清同治九年(1870)退補齋刻本　六册

500000－8701－0003900　D03/4:6/00222
周易集解十七卷　(唐)李鼎祚集解　清嘉慶二十三年(1818)木瀆周氏刻本　四册

500000－8701－0003901　D03/4:6/00223
重刻張太岳先生文集四十八卷附浩氣吟一卷　(明)張居正撰　清道光八年(1828)刻本　十六册

500000－8701－0003902　D03/4:7/00224
人壽金鑑二十二卷　(清)程得齡輯　清嘉慶二十五年(1820)金陵柏華昇刻本　八册

500000－8701－0003903　D03/4:7/00225
呂衡州集十卷　(唐)呂溫撰　清道光七年(1827)石研齋秦氏刻本　四册

500000－8701－0003904　D03/4:7/00226
劍俠傳四卷　(清)王齡校　清咸豐七年(1857)刻本　一册

500000－8701－0003905　D03/4:7/00227
六藝綱目二卷　(元)舒天民述　清道光二十八年(1848)劉氏刻本　二册

500000－8701－0003906　D03/4:7/00228
箋注陶淵明集十卷　(晉)陶潛著　(宋)李公焕箋注　清宣統三年(1911)貴池劉氏玉海堂影宋刻本　四册

500000－8701－0003907　D03/5:1/00229
孔氏家語十卷劄記一卷　(三國魏)王肅註　清光緒二十四年(1898)貴池劉世珩影宋刻本　四册

500000－8701－0003908　D03/5:1/00230
孔氏家語十卷劄記一卷　(三國魏)王肅註　清刻本　六册

500000－8701－0003909　D03/5:1/00231
本草萬方鍼線八卷本草綱目圖三卷　(明)李時珍撰　(清)蔡烈先輯　清順治十四年(1657)刻本　六册

500000－8701－0003910　D03/5:1/00232
遺山先生詩集二十卷　(金)元好問撰　清宣統二年(1910)山陰周肇祥刻本　六册

500000－8701－0003911　D03/5:1/00233
陶齋吉金續錄二卷　(清)端方輯　清宣統元年(1909)刻本　二册

500000－8701－0003912　D03/5:2/00234
西河合集四百九十三卷　(清)毛奇齡撰　清嘉慶元年(1796)刻本　五十册

500000－8701－0003913　D03/5:4/00235
晉書一百三十卷附音義三卷　(唐)房玄齡等撰　清同治十年(1871)金陵書局刻本　二十四册

500000－8701－0003914　D03/5:5/00236
林和靖詩集四卷拾遺一卷　(宋)林逋撰　清刻本　四册

500000－8701－0003915　D03/5:5/00237
杭諺詩一卷　(清)邵蕙西撰　清光緒三十四年(1908)刻本　一册

500000－8701－0003916　D03/5:5/00238
林和靖先生詩集四卷省心錄一卷　(宋)林逋著　清光緒二十一年(1895)婺源俞氏清蔭堂刻本　四册

500000－8701－0003917　D03/5:5/00239
輿地廣記三十八卷劄記二卷　(宋)歐陽忞撰　清嘉慶十七年(1812)黄氏士禮居刻本　四册

500000－8701－0003918　D03/5:5/00240
資治通鑑二百九十四卷附釋文辯誤十二卷　(宋)司馬光撰　清鄱陽胡克家刻本　十册　存二十六卷(一至二十六)

500000－8701－0003919　D03/5:6/00241
離騷一卷　(宋)錢杲之集傳　清光緒三十年(1904)南陵徐昌刻朱印本　一册

500000－8701－0003920　D03/5:6/00242

脈經十卷 (晉)王叔和撰 清光緒十九年(1893)蘇園刻本 二册

500000－8701－0003921 D03/5:6/00243
紅樓夢圖詠不分卷 (清)改琦繪 清光緒五年(1879)刻本 四册

500000－8701－0003922 D03/5:6/00244
廣雅堂詩集四卷 (清)張之洞撰 清順德龍氏刻本 二册

500000－8701－0003923 D03/5:6/00245
詩毛氏傳疏三十卷毛詩説一卷釋毛詩音四卷 (清)陳奐撰 清道光二十七年(1847)刻本 十一册

500000－8701－0003924 D03/5:7/00246
咸淳臨安志九十七卷 (元)潛説友撰 **劄記三卷** (清)黄士珣劄記 清道光十年(1830)杭州愛日軒陸貞一刻本 二十四册

500000－8701－0003925 D04/1:1/00247
御製詩四集一百卷目録十二卷 (清)高宗弘曆撰 清乾隆内府刻本 四十七册

500000－8701－0003926 D04/1:2/00248
説鈴前集三十三種後集十九種 (清)吴震方輯 清康熙刻本 二十册

500000－8701－0003927 D04/1:3/00249
江氏音學十書附等韻叢説一卷 (清)江有誥撰 清嘉慶至道光刻本 十六册

500000－8701－0003928 D04/1:3/00250
亦政堂重修考古圖十卷 (宋)吕大臨撰 清乾隆十七年(1752)亦政堂刻本 四册 存七卷(一至七)

500000－8701－0003929 D04/1:3/00251
古梅閣仿完白山人印賸正續編不分卷 (清)王爾度篆刻 清鈐印本 三册

500000－8701－0003930 D04/1:4/00252
宣和博古圖三十卷 (宋)王黼撰 清乾隆十七年(1752)刻本 二十六册 存二十八卷(一至二十八)

500000－8701－0003931 D04/1:5/00253
定山堂詩集四十三卷詩餘四卷 (清)龔鼎孳著 清光緒九年(1883)刻本 十六册

500000－8701－0003932 D04/1:5/00254
傷寒論十卷 (漢)張仲景撰 (晉)王叔和編 (宋)成無已註 (宋)張卿子參訂 清刻本 三册 存七卷(一至七)

500000－8701－0003933 D04/1:5/00255
直省釋奠禮樂記六卷首一卷末一卷 (清)應寶時等纂 清同治十二年(1873)刻本 四册

500000－8701－0003934 D04/1:6/00256
前漢書一百卷 (漢)班固撰 **後漢書一百卷** (南朝宋)范曄撰 **續漢書三十卷** (晉)司馬彪撰 清同治八年(1869)金陵書局刻本 三十二册

500000－8701－0003935 D04/2:1/00257
通志堂經解一百四十種 (清)納蘭成德輯 清康熙通志堂刻本(有補配) 四百四十八册 缺二十一種四百二十六卷(易學啟蒙通釋二、圖一卷,周易輯聞六卷易雅一卷筮宗一卷,周易本義通釋十二卷輯録雲峰文集易義一卷,易纂言十二卷首一卷,三山拙齋林先生尚書全解四十卷,程尚書禹貢論二卷後論一卷山川地理圖二卷,毛詩名物解二十卷,春秋權衡十七卷,春秋年表一卷,龍學孫公春秋經解十五卷,止齋先生春秋後傳十一至十二,春秋五論一卷,春秋諸傳會通二十四卷首一卷,新定三禮圖二十卷,鬳齋考工記解二卷,儀禮本經十七卷,禮記集説一百六十卷,大學通一卷中庸通一卷論語通十卷孟子通十四卷,大學集説啟蒙一卷中庸集説啟蒙一卷,經典釋文三十卷,六經奥論六卷首一卷)

500000－8701－0003936 D04/4:5/00258
歸愚文鈔十二卷 (清)沈德潛撰 清刻本 一册 存四卷(一至四)

500000－8701－0003937 D04/4:5/00259
歸愚詩鈔十四卷 (清)沈德潛撰 清刻本 三册

500000－8701－0003938 D04/4:5/00260

隸辨八卷　（清）顧藹吉撰集　清乾隆八年（1743）項氏玉淵堂刻本　八冊

500000－8701－0003939　D04/4:5/00261
歸愚詩鈔二十卷　（清）沈德潛撰　清刻本　十冊

500000－8701－0003940　D04/4:6/00262
歸愚詩鈔二十卷　（清）沈德潛撰　清乾隆二十四年（1759）刻本　二十冊

500000－8701－0003941　D04/4:6/00263
蔡中郎集十卷外紀一卷外集四卷列傳一卷年表一卷　（漢）蔡邕撰　清光緒十六年（1890）番禺陶氏刻本　五冊

500000－8701－0003942　D04/4:6/00264
寫定尚書二十八卷　（清）吳汝綸寫定　清光緒十八年（1892）桐城吳氏家塾刻本　一冊

500000－8701－0003943　D04/4:6/00265
國語二十一卷　（三國吳）韋昭注　**校刊明道本韋氏解國語劄記一卷**　（清）黄丕烈撰　清嘉慶五年（1800）黄氏讀未見書齋刻本　四冊

500000－8701－0003944　D04/4:6/00266
唐陸宣公集二十二卷　（唐）陸贄撰　清光緒十二年（1886）刻本　四冊

500000－8701－0003945　D04/4:7/00267
史記一百三十卷　（漢）司馬遷撰　（南朝宋）裴駰集解　（唐）司馬貞索隱　（唐）張守節正義　清同治九年（1870）金陵書局刻本　二十冊

500000－8701－0003946　D04/5:1/00268
古文淵鑒六十四卷　（清）徐乾學等編注　清康熙刻五色套印本　三十六冊

500000－8701－0003947　D04/5:2/00269
古文淵鑒六十四卷　（清）徐乾學等編注　清康熙刻五色套印本　二十八冊

500000－8701－0003948　D04/5:3/00270
昌黎先生集四十卷　（唐）韓愈撰　清同治八年（1869）江蘇書局刻本　一冊　存五卷（十七至二十一）

500000－8701－0003949　D04/5:3/00271
丹魁堂詩集五卷　（清）季芝昌撰　**茗韻軒遺詩一卷**　（清）王塄植撰　清咸豐六年（1856）刻本　五冊　存五卷（二至五、遺詩一卷）

500000－8701－0003950　D04/5:3/00272
說文蠡箋十四篇　（清）潘奕雋撰　清同治十三年（1874）刻本　二冊

500000－8701－0003951　D04/5:3/00273
飛燕外傳一卷漢雜事秘辛一卷　（漢）伶玄等撰　清刻本　一冊

500000－8701－0003952　D04/5:3/00274
唐寫本說文解字木部箋異一卷附仿唐寫本說文解字木部一卷　（清）莫友芝撰　清同治二年（1863）刻本　一冊

500000－8701－0003953　D04/5:3/00275
亦政堂重修考古圖十卷　（宋）吕大臨撰　清乾隆十八年（1753）刻本　六冊

500000－8701－0003954　D04/5:3/00276
聖宋文選全集三十二卷　（宋）□□撰　清光緒八年（1882）郯城于氏影宋刻本　六冊

500000－8701－0003955　D04/5:3/00277
新安志十卷　（宋）羅願撰　清光緒十四年（1888）古黟李氏刻本　四冊

500000－8701－0003956　D04/5:3/00278
顏魯公文集十五卷補遺一卷附年譜一卷行狀一卷碑銘一卷舊本傳一卷新本傳一卷　（唐）顏真卿著　清嘉慶七年（1802）顏崇槼刻本　六冊

500000－8701－0003957　D04/5:3/00279
寄園寄所寄十二卷　（清）趙吉士輯　清刻本　十冊

500000－8701－0003958　D04/5:4/00280
莆田集三十六卷　（明）文徵明撰　清刻本　六冊

500000－8701－0003959　D04/5:4/00281
廿二史纂略六卷　（清）郭衷恒輯　清乾隆十四年（1749）源汾堂刻本　二冊

500000－8701－0003960　D04/5∶4/00282
文心雕龍十卷　（南朝梁）劉勰撰　清乾隆六年（1741）華亭姚培謙刻本　一冊

500000－8701－0003961　D04/5∶4/00283
重訂路史全本四十七卷　（宋）羅泌輯　（宋）羅苹註　清刻本　二十冊

500000－8701－0003962　D04/5∶4/00284
直齋書錄解題二十二卷　（宋）陳振孫撰　清乾隆三十九年（1774）武英殿木活字印本　十二冊

500000－8701－0003963　D04/5∶5/00285
四川鹽法志四十卷首一卷　（清）丁寶楨纂　（清）羅文彬編輯　清光緒八年（1882）刻本　十六冊

500000－8701－0003964　D04/5∶5/00286
定山堂詩集四十三卷詩餘四卷　（清）龔鼎孳著　清光緒九年（1883）刻本　十六冊

500000－8701－0003965　D04/5∶6/00287
明史三百三十二卷目錄四卷　（清）張廷玉等撰　清刻本　一百六冊　存三百卷（一至一百五十四、一百八十一至三百二十二，目錄四卷）

500000－8701－0003966　D05/1∶1/00288
經史證類大觀本草三十一卷　（宋）唐慎微撰　清光緒三十年（1904）武昌柯氏刻本　二十冊

500000－8701－0003967　D05/1∶2/00289
梅村家藏稿五十八卷補遺一卷樂府三種四卷　（清）吳偉業撰　**年譜四卷**　（清）顧師軾編　清宣統三年（1911）武進董氏誦芬室刻本　八冊

500000－8701－0003968　D05/1∶2/00290
鴻慶居士文集四十二卷　（宋）孫覿撰　清刻朱印本　七冊　存三十九卷（四至四十二）

500000－8701－0003969　D05/1∶2/00291
詩錄前編四卷正編十卷　（清）蜀西樵也編　清光緒十六年（1890）韓城刻本　四冊

500000－8701－0003970　D05/1∶3/00292
弘簡錄二百五十四卷　（明）邵經邦撰　清康熙二十七年（1688）刻本　六冊　存二十六卷（一至二十六）

500000－8701－0003971　D05/1∶3/00293
大清一統志三百五十六卷附科爾沁諸部一卷　（清）蔣廷錫等修　清內府刻本　十冊　存十卷（一百十四、一百二十九、一百六十八、二百二十、二百六十一、二百六十七、二百七十三、三百十四、三百二十，科爾沁諸部一卷）

500000－8701－0003972　D05/1∶3/00294
五色線二卷　（清）汪觀重訂　清康熙五十五年（1716）汪氏刻本　二冊

500000－8701－0003973　D05/1∶3/00295
重校古周禮六卷　（明）陳仁錫註釋　明末刻本　三冊　存三卷（四至六）

500000－8701－0003974　D05/1∶3/00296
資治通鑑二百九十四卷　（宋）司馬光編集　（元）胡三省音注　明刻本　四冊　存十二卷（十三至十五、二十八至三十、二百至二百五）

500000－8701－0003975　D05/1∶4/00297
新刻張太岳先生詩文集四十七卷　（明）張居正撰　清刻本　十六冊

500000－8701－0003976　D05/1∶4/00298
新刻張太岳先生詩文集四十七卷　（明）張居正撰　清刻本　十六冊

500000－8701－0003977　D05/1∶5/00299
通鑑紀事本末二百三十九卷　（宋）袁樞撰　（清）張永錫重修　清康熙四十八年（1709）張氏正雅堂刻本　七十四冊

500000－8701－0003978　D05/2∶1/00300
欽定全唐文一千卷目錄三卷　（清）杜堮等纂　（清）彭邦疇等纂修　清嘉慶十九年（1814）內府刻本　九百二十四冊　缺八十卷（三百七十一至三百八十、五百八十一至六百四十、七百二十一至七百三十）

500000－8701－0003979　D05/5∶3/00301

欽定全唐文一千卷目錄三卷　(清)杜堮等纂　(清)彭邦疇等纂修　清嘉慶十九年(1814)内府刻本　二百三十册　缺三十五卷(一至三十二、目錄三卷)

500000－8701－0003980　D06/2:1/00302
欽定全唐文一千卷目錄三卷　(清)杜堮等纂　(清)彭邦疇等纂修　清嘉慶十九年(1814)内府刻本　五百二十册　缺三卷(四百五至四百六、五百三十二)

500000－8701－0003981　D06/4:5/00303
欽定全唐文一千卷目錄三卷　(清)杜堮等纂　(清)彭邦疇等纂修　清嘉慶十九年(1814)内府刻本　三百二十册

500000－8701－0003982　D07/2:1/00304
正蒙二卷　(宋)張載撰　(清)李光地注解　清刻本　二册

500000－8701－0003983　D07/2:1/00305
顔氏家訓七卷考證一卷　(北齊)顔之推撰　清乾隆鮑氏刻本　二册

500000－8701－0003984　D07/2:1/00306
楊升庵先生批點文心雕龍十卷　(南朝梁)劉勰著　(明)梅慶生音註　(明)楊慎批點　明天啟二年(1622)金陵聚錦堂刻本　四册

500000－8701－0003985　D07/2:1/00307
釋名八卷　(漢)劉熙撰　清道光刻本　四册

500000－8701－0003986　D07/2:1/00308
小爾雅義證十三卷補遺一卷　(清)胡承珙撰　清道光七年(1827)刻本　四册

500000－8701－0003987　D07/2:1/00309
春秋夏正二卷　(清)胡天游撰　清道光十年(1830)石笥山房刻本　一册

500000－8701－0003988　D07/2:1/00310
五經異義疏證三卷　(漢)許慎撰　清嘉慶十八年(1813)王捷南刻本　三册

500000－8701－0003989　D07/2:1/00311
四書章句集注二十六卷家塾讀本句讀一卷定本辨一卷附考四卷　(宋)朱熹集註　**四書章句集註定本辨一卷四書家塾讀本句讀一卷**　(清)吳英撰　**四書章句附考四卷**　(清)吳志忠輯　清嘉慶十六年(1811)璜川吳氏真意堂刻本　八册

500000－8701－0003990　D07/2:2/00312
廣雅疏證十卷　(清)王念孫撰　**博雅十卷**　(清)王念孫校　清嘉慶元年(1796)刻本　十二册

500000－8701－0003991　D07/2:2/00313
御纂性理精義十二卷　(清)李光地等修　清康熙五十六年(1717)内府刻本　五册

500000－8701－0003992　D07/2:3/00314
佩文齋廣群芳譜一百卷目錄二卷　(清)汪灝等纂　清康熙四十七年(1708)内府刻本　二十九册　缺十一卷(四十四至四十七、五十三至五十九)

500000－8701－0003993　D07/2:4/00315
御定歷代賦彙一百四十卷外集二十卷逸句二卷補遺二十二卷目錄二卷　(清)陳元龍編輯　清康熙四十五年(1706)内府刻本　八十册

500000－8701－0003994　D07/2:5/00316
楊升庵先生批點文心雕龍十卷　(南朝梁)劉勰著　(明)梅慶生音註　(明)楊慎批點　明天啟二年(1622)梅子庾刻本　二册

500000－8701－0003995　D07/2:5/00317
溫庭筠詩集七卷集外詩一卷　(唐)溫庭筠撰　清刻本　一册

500000－8701－0003996　D07/2:5/00318
唐李推官披沙集六卷　(唐)李咸用撰　清刻本　一册

500000－8701－0003997　D07/2:5/00319
芝龕記六卷　(清)董榕撰　清光緒十五年(1889)資中刻本　六册

500000－8701－0003998　D07/2:5/00320
魏鶴先生渠陽詩一卷　(宋)魏了翁撰　清光緒二十八年(1902)影宋刻本　一册

500000－8701－0003999　D07/2:5/00321

後漢書一百二十卷 （唐）李賢注 清刻本 十二册 存六十三卷（志三十卷、列傳四十八至八十）

500000－8701－0004000 D07/2:5/00322
池北偶談二十六卷 （清）王士禛著 清刻本 四册 存十五卷（一至十五）

500000－8701－0004001 D07/2:5/00323
楊龜山文集不分卷 （宋）楊時撰 清刻本 一册

500000－8701－0004002 D07/2:5/00324
文字蘗一卷 （明）葉秉敬撰 **韋弦佩一卷** （明）屠本畯撰 清刻本 一册

500000－8701－0004003 D07/2:6/00325
後漢書九十卷 （南朝宋）范曄撰 （唐）李賢注 **續後漢書志三十卷** （晉）司馬彪撰 （南朝梁）劉昭注補 清光緒十三年（1887）金陵書局刻本 十二册 存五十三卷（一至二、七至十、十六至二十六、二十七至三十、三十七至四十、五十八至六十一、六十七至七十五、八十四至九十，續後漢書志一至八）

500000－8701－0004004 D07/2:6/00326
貫華堂選批唐才子詩甲集七言律八卷 （清）金人瑞選批 （清）金雍注 清刻本 六册

500000－8701－0004005 D07/2:7/00327
資治通鑑綱目前編二十五卷正編五十九卷續編二十七卷 （明）陳仁錫評閱 清康熙四十年（1701）刻本 九十一册 存一百二卷（前編二十五卷，正編五十九卷，續編一至九、十九至二十七）

500000－8701－0004006 D07/3:2/00328
夏小正戴氏傳四卷附考異一卷別録一卷 （漢）戴德撰 （宋）傅崧卿注 清同治八年（1869）傅氏長恩閣刻本 一册

500000－8701－0004007 D07/3:2/00329
江行日記一卷金石例補二卷國志蒙拾二卷 （清）郭麐撰 清嘉慶二十年（1815）刻本 一册

500000－8701－0004008 D07/3:2/00330
篋中集一卷附劄記一卷 （唐）元結輯 **樂府新編陽春白雪前集五卷後集五卷** （元）楊朝英選集 清光緒三十一年（1905）南陵徐氏刻本 一册

500000－8701－0004009 D07/3:2/00331
中朝故事一卷 （五代）尉遲偓撰 **雲仙散録一卷** （唐）馮贄輯 清光緒三十二年（1906）南陵徐氏刻本 一册

500000－8701－0004010 D07/3:2/00332
註釋拜月亭記二卷四十齣 （元）施惠撰 （明）羅懋登註釋 清宣統元年（1909）暖紅室刻本 四册

500000－8701－0004011 D07/3:2/00333
李義山詩集三卷附録諸家詩評一卷詩譜一卷 （唐）李商隱撰 （清）朱鶴齡箋註 （清）沈厚塽輯評 清同治九年（1870）廣州萃文堂刻三色套印本 四册

500000－8701－0004012 D07/3:2/00334
絃索調時劇新譜一卷太古傳宗琵琶調宮詞曲譜一卷 （清）徐興華 （清）朱廷鏐訂 清乾隆十四年（1749）刻本 二册

500000－8701－0004013 D07/3:2/00336
按封大元九宮詞譜格正全本還魂記詞調二卷 （明）湯顯祖撰 清宣統元年（1909）暖紅室刻本 二册

500000－8701－0004014 D07/3:2/00337
註釋拜月亭記二卷四十齣 （元）施惠撰 （明）羅懋登註釋 清宣統元年（1909）暖紅室刻本 二册

500000－8701－0004015 D07/3:2/00338
三經音義四卷 （唐）陸德明撰 清嘉慶十八年（1813）黄氏士禮居刻本 一册

500000－8701－0004016 D07/3:2/00339
韓文類譜七卷柳先生［宗元］年譜一卷 （宋）呂大防 （宋）洪興祖編 清光緒元年（1875）刻本 一册

500000－8701－0004017　D07/3∶3/00340
古愚老人消夏錄十七種　(清)汪汲撰　清嘉慶古愚山房刻本　二十四册

500000－8701－0004018　D07/3∶3/00341
孫子十家註十三卷附遺說一卷敘錄一卷　(春秋)孫武撰　(清)孫星衍輯　清光緒三年(1877)浙江書局刻本　四册　存十一卷(一至九、遺說一卷、敘錄一卷)

500000－8701－0004019　D07/3∶3/00342
益智堂增補註典釋義第六才子西廂十卷　(元)王實甫撰　(清)薛蔚箋　清益智堂刻本　六册

500000－8701－0004020　D07/3∶3/00343
復古編附錄一卷曾樂軒稿一卷安陸集一卷　(清)葛鳴陽輯　清刻本　一册

500000－8701－0004021　D07/3∶3/00344
績學堂文鈔六卷首一卷　(清)梅文鼎撰　清乾隆梅穀成刻本　二册

500000－8701－0004022　D07/3∶3/00345
河幹詩鈔四卷　(清)馬慧裕撰　清嘉慶九年(1804)刻本　二册

500000－8701－0004023　D07/3∶3/00346
[雍正]陝西通志一百卷首一卷　(清)劉於義修　(清)沈青崖纂　清雍正十三年(1735)刻本　一册　存一卷(七十二)

500000－8701－0004024　D07/3∶3/00347
求古精舍金石圖初集四卷　(清)陳經輯　清嘉慶二十三年(1818)說劍樓刻本　三册

500000－8701－0004025　D07/3∶3/00348
唐詩諧律二卷　(清)沈寶青撰　清光緒十六年(1890)溧陽沈氏刻本　二册

500000－8701－0004026　D07/3∶4/00349
國語二十一卷　(三國吳)韋昭解　**札記一卷**　(清)黄丕烈撰　清嘉慶五年(1800)黄氏讀未見書齋刻本　四册

500000－8701－0004027　D07/3∶4/00350
秋浦雙忠錄五種四十卷　劉世珩編　清光緒二十六年至二十八年(1900－1902)貴池劉氏唐石簃刻本　八册

500000－8701－0004028　D07/3∶4/00351
傷寒纘論二卷緒論二卷　(清)張璐撰　清刻本　二册　存二卷(纘論二、緒論一)

500000－8701－0004029　D07/3∶4/00352
戰國策十卷　(宋)鮑彪校注　(元)吴師道重校　清光緒文盛堂刻本　三册

500000－8701－0004030　D07/3∶4/00353
楞嚴經指掌疏十卷　(清)釋通理述　清刻本　十册

500000－8701－0004031　D07/3∶5/00354
爾雅三卷　(晉)郭璞註　清嘉慶六年(1801)刻本　三册

500000－8701－0004032　D07/3∶5/00355
爾雅三卷　(晉)郭璞註　清嘉慶六年(1801)刻本　三册

500000－8701－0004033　D07/3∶5/00356
爾雅三卷　(晉)郭璞註　清嘉慶六年(1801)刻本　三册

500000－8701－0004034　D07/3∶5/00357
六藝論一卷三禮目錄一卷　(漢)鄭玄撰　清嘉慶六年(1801)拜經堂刻本　一册

500000－8701－0004035　D07/3∶5/00358
六書通十卷　(明)閔齊伋撰　(清)畢弘述篆訂　清刻本　八册

500000－8701－0004036　D07/3∶6/00359
敬業堂詩集五十卷　(清)查慎行撰　清刻本　十二册

500000－8701－0004037　D07/3∶6/00360
潛研堂詩集十卷續集十卷文集五十卷　(清)錢大昕撰　清嘉慶十一年(1806)刻本　七册

500000－8701－0004038　D07/3∶6/00361
漢官儀三卷　(宋)劉攽撰　清道光四年(1824)刻本　二册

500000－8701－0004039　D07/3∶6/00362

漢官儀三卷 (宋)劉攽撰 清道光四年(1824)刻本 二册

500000－8701－0004040 D07/3:6/00363
會語一卷 (□)周彥文 (□)祝可久輯 清刻本 一册

500000－8701－0004041 D07/3:7/00364
欽定古今圖書集成一萬卷 (清)陳夢雷 (清)蔣廷錫等編 清影印本 二十册 存四十卷(二百二十一至二百四十、四百八十一至五百)

500000－8701－0004042 D07/4:1/00365
東萊先生古文關鍵二卷 (宋)呂祖謙評 (宋)蔡文子註 清同治九年(1870)刻本 二册

500000－8701－0004043 D07/4:1/00366
蕉聲館文集八卷詩集二十卷詩補遺四卷續補遺一卷首一卷 (清)朱爲弼撰 清咸豐九年(1859)刻本 十册

500000－8701－0004044 D07/4:1/00367
鬱華閣遺集四卷 (清)盛昱撰 清光緒二十八年(1902)石印本 一册

500000－8701－0004045 D07/4:1/00368
八代詩選二十卷 王闓運撰 清光緒十六年(1890)江蘇書局刻本 八册

500000－8701－0004046 D07/4:2/00369
片玉山房花箋録二十卷 (清)孫兆溎輯 清咸豐二年(1852)刻本 十六册

500000－8701－0004047 D07/4:2/00370
小爾雅義證十三卷補遺一卷 (清)胡承珙撰 清道光七年(1827)刻本 二册

500000－8701－0004048 D07/4:2/00371
小爾雅義證十三卷補遺一卷 (清)胡承珙撰 清道光七年(1827)刻本 二册

500000－8701－0004049 D07/4:2/00372
白虎通四卷 (漢)班固撰 **義攷一卷** (清)莊述祖撰 **闕文一卷** (清)莊述祖輯 (清)盧文弨訂 **校勘補遺一卷** (清)盧文弨撰 清乾隆四十九年(1784)刻本 二册

500000－8701－0004050 D07/4:2/00373
榕村講授三卷 (清)李光地輯 清刻本 十二册

500000－8701－0004051 D07/4:2/00374
靈棋經二卷 (漢)東方朔撰 清刻本 二册

500000－8701－0004052 D07/4:2/00375
清容外集九種 (清)蔣士銓填詞 清乾隆紅雪樓刻本 十册 存六種九卷(空谷香傳奇二卷、香祖樓二卷、冬青樹一卷、桂林霜二卷、雪中人一卷、四弦秋一卷)

500000－8701－0004053 D07/4:2/00376
續幽怪録四卷 (唐)李復言撰 **附札記一卷逸文一卷** 徐乃昌撰 清徐乃昌影宋刻本 一册

500000－8701－0004054 D07/4:2/00377
貞定先生遺集四卷附録一卷 (清)莫與儔撰 清光緒刻本 一册

500000－8701－0004055 D07/4:3/00378
納書楹曲譜正集四卷續集四卷外集二卷補遺四卷納書楹玉茗堂四夢全譜八卷 (清)葉堂訂譜 (清)王文治參訂 清道光二十八年(1848)刻本 二十册

500000－8701－0004056 D07/4:3/00379
晏子春秋八卷 (戰國)晏嬰撰 清嘉慶二十一年(1816)全椒吳氏刻本 四册

500000－8701－0004057 D07/4:3/00380
鍾山札記四卷 (清)盧文弨撰 清乾隆五十五年(1790)抱經堂刻本 四册

500000－8701－0004058 D07/4:3/00381
龍城劄記三卷 (清)盧文弨撰 清嘉慶元年(1796)刻本 一册

500000－8701－0004059 D07/4:3/00382
漢關侯事蹟彙編八卷附録四卷 (清)萬之蘅等輯 清刻本 四册

500000－8701－0004060 D07/4:3/00383
新刻天花藏批評玉嬌梨二十回新刻天花藏批

評平山冷燕二十回 題（清）荑秋散人編 清康熙二十五年（1686）刻本 一册 存九回（玉嬌梨一至四、平山冷燕一至五）

500000－8701－0004061 D07/4:3/00384
意中緣傳奇二卷 （清）李漁撰 清刻本 一册 存一卷（一）

500000－8701－0004062 D07/4:3/00385
翠娱閣評選行笈必携詞菁二卷 （明）陸雲龍評選 明刻本 一册

500000－8701－0004063 D07/4:3/00386
新鐫性理奧十卷首一卷 （明）丁進纂 清康熙刻本 三册

500000－8701－0004064 D07/4:3/00387
後山詩十二卷 （宋）陳師道撰 （宋）任淵注 清刻本 三册

500000－8701－0004065 D07/4:3/00388
芥子園畫傳五卷 （清）李漁論定 （清）王概摹古 清康熙十八年（1679）刻本 一册 存一卷（一）

500000－8701－0004066 D07/4:4/00389
黄帝内經素問二十四卷遺篇一卷黄帝内經靈樞十二卷 （唐）王冰註 （宋）孫兆改誤 （宋）林億等校正 清刻本 十册

500000－8701－0004067 D07/4:4/00390
桃花泉奕譜二卷 （清）范西屏撰 清嘉慶二十一年（1816）刻本 四册

500000－8701－0004068 D07/4:4/00391
漁洋詩話三卷 （清）王士禛撰 清雍正三年（1725）刻本 二册

500000－8701－0004069 D07/4:4/00392
浣紗記一齣水滸記一齣躍鯉記一齣雙珠記一齣金鎖記一齣 （明）梁辰魚等撰 清刻本 一册

500000－8701－0004070 D07/4:4/00393
安雅堂文集二卷 （清）宋琬著 清康熙刻本 二册

500000－8701－0004071 D07/4:4/00394
安雅堂文集二卷書啟一卷 （清）宋琬撰 清康熙三十八年（1699）刻本 二册

500000－8701－0004072 D07/4:4/00395
自遠堂琴譜十二卷 （清）吴灴彙輯 清刻本 一册 存一卷（十二）

500000－8701－0004073 D07/4:4/00396
毛詩二十卷 （漢）毛亨傳 （漢）鄭玄箋 清刻本（有補配） 六册

500000－8701－0004074 D07/4:4/00397
寸耕鈔畧一卷 （□）□□撰 清刻本 一册

500000－8701－0004075 D07/4:4/00398
六經奧論六卷首一卷 （宋）鄭樵撰 清康熙十九年（1680）通志堂刻本 三册

500000－8701－0004076 D07/4:4/00399
左氏傳説二十卷 （宋）吕祖謙撰 清刻本 六册

500000－8701－0004077 D07/4:5/00400
陶齋吉金錄八卷 （清）端方輯 清光緒三十四年（1908）石印本 八册

500000－8701－0004078 D07/4:5/00401
城北集八卷 （清）高士奇撰 清康熙十二年（1673）刻本 一册

500000－8701－0004079 D07/4:5/00402
義貞記二卷 （清）吴恒宣撰 清乾隆五十八年（1793）刻本 二册

500000－8701－0004080 D07/4:5/00403
古金待問錄五卷補遺一卷 （清）朱楓撰 清乾隆刻本 一册

500000－8701－0004081 D07/4:5/00404
新編翰林珠玉六卷 （元）虞集撰 清刻本 一册

500000－8701－0004082 D07/4:5/00405
新書十卷 （漢）賈誼撰 清乾隆刻本 四册

500000－8701－0004083 D07/4:6/00406
王昌齡集三卷首一卷 （唐）王昌齡撰 清刻本 一册

500000－8701－0004084　D07/4∶6/00407
荒政瑣言不分卷　(清)萬維翰編　清乾隆二十八年(1763)刻本　一冊

500000－8701－0004085　D07/4∶6/00408
天祿識餘十卷　(清)高士奇輯　清康熙刻本　四冊

500000－8701－0004086　D07/4∶6/00409
東周列國全志二十三卷　(清)蔡界評　清書成山房刻朱墨套印本　十四冊　存十四卷(二至十五)

500000－8701－0004087　D07/4∶6/00410
春秋左傳杜注三十卷首一卷　(晉)杜預注　(清)姚培謙學　清乾隆十一年(1746)陸氏小鬱林刻本　十冊　存十五卷(一至十四、首一卷)

500000－8701－0004088　D07/4∶6/00411
新鐫方孟旋先生義經代言十二卷　(明)方應祥纂　明末刻本　四冊

500000－8701－0004089　D07/4∶6/00412
二如亭群芳譜三十卷　(明)王象晉輯　清刻本　四冊　存十卷(歲譜四卷首一卷、蔬譜二卷首一卷、藥譜二至三)

500000－8701－0004090　D07/4∶7/00413
學統五十三卷　(清)熊賜履編　清康熙二十五年(1686)刻本　二十一冊　存四十六卷(一至三十二、四十下至五十三)

500000－8701－0004091　D07/4∶7/00414
懷沙記二卷　(清)張漱石填詞　清玉燕堂刻本　一冊　存一卷(一)

500000－8701－0004092　D07/4∶7/00415
孝經集傳四卷　(明)黃道周撰　清康熙三十二年(1693)刻本　二冊　存三卷(一至三)

500000－8701－0004093　D07/4∶7/00416
新刻楊家府世代忠勇通俗演義八卷　(□)□□撰　清刻本　二冊　存一卷(七)

500000－8701－0004094　D07/4∶7/00417
吴吴山三婦合評牡丹亭還魂記二卷附錄一卷或問一卷　(明)湯顯祖撰　(清)陳同等評　清刻本　二冊

500000－8701－0004095　D07/4∶7/00418
中華古今注三卷　(五代)馬縞集　清刻本　二冊

500000－8701－0004096　D07/4∶7/00419
說文釋例二十卷　(清)王筠撰　清道光十七年(1837)刻本　十二冊

500000－8701－0004097　D07/5∶1/00420
尚友錄二十二卷　(明)廖用賢撰　清雍正四年(1726)三瑞堂刻本　十八冊　存十七卷(一至十一、十七至二十二)

500000－8701－0004098　D07/5∶1/00421
帝京景物略八卷　(明)劉侗　(明)于奕正修　清乾隆三十一年(1766)刻本　四冊

500000－8701－0004099　D07/5∶1/00422
重訂宣和譜牙牌彙集二卷　(清)金杏園輯　清光緒十四年(1888)刻本　二冊

500000－8701－0004100　D07/5∶1/00423
新刊古列女傳七卷續列女傳一卷　(漢)劉向撰　(晉)顧愷之圖畫　清道光五年(1825)揚州阮氏刻本　四冊

500000－8701－0004101　D07/5∶1/00424
廣韻五卷　(宋)陳彭年等修　清康熙澤存堂刻本　五冊

500000－8701－0004102　D07/5∶2/00425
杜工部集二十卷首一卷　(唐)杜甫撰　清道光十四年(1834)刻五色套印本　十冊

500000－8701－0004103　D07/5∶2/00426
商子五卷　(清)孫星衍　(清)孫馮翼校　清嘉慶八年(1803)刻本　二冊

500000－8701－0004104　D07/5∶2/00427
四書集註大全四種　(明)陳仁錫訂　清刻本　十冊　存二種二十卷(論語一至四、七至二十,中庸二卷)

500000－8701－0004105　D07/5∶2/00428
李義山詩集三卷附錄諸家詩評一卷詩譜一卷

（唐）李商隱撰　（清）朱鶴齡箋註　（清）沈厚塽輯評　清刻本　二册

500000－8701－0004106　D07/5:2/00429
輶軒使者絕代語釋别國方言十三卷附校正補遺一卷　（漢）揚雄撰　（晉）郭璞注　清乾隆抱經堂刻本　二册

500000－8701－0004107　D07/5:2/00430
周會魁校正易經大全二十卷首一卷　（明）胡廣纂　清刻本　三册　存六卷（八至十一、十六至十七）

500000－8701－0004108　D07/5:2/00431
群經宫室圖二卷　（清）焦循撰　清嘉慶五年（1800）半九書塾刻本　二册

500000－8701－0004109　D07/5:3/00432
錢塘遺事十卷　（元）劉一清撰　清掃葉山房刻本　二册

500000－8701－0004110　D07/5:3/00433
周會魁校正四書大全十八卷　（明）周士顯校正　明刻本　一册　存一卷（大學一卷）

500000－8701－0004111　D07/5:3/00434
李義山詩集三卷　（唐）李商隱撰　（清）李鶴齡箋註　（清）沈厚塽輯評　清同治九年（1870）廣州刻三色套印本　四册

500000－8701－0004112　D07/5:3/00435
雁門集十四卷附卷一卷倡和錄一卷　（元）薩都剌撰　（清）薩龍光編注　清光緒三年（1877）薩承鈺刻本　八册

500000－8701－0004113　D07/5:3/00436
禮記十卷　（元）陳澔集說　清道光十六年（1836）刻本　十册

500000－8701－0004114　D07/5:4/00437
春秋經傳集解三十卷年表一卷名號歸一圖二卷　（晉）杜預注　清道光十六年（1836）刻本　十二册

500000－8701－0004115　D07/5:5/00438
尚書六卷　（漢）孔安國傳　清稽古樓刻本　六册

500000－8701－0004116　D07/5:5/00439
爾雅十一卷首一卷　（晉）郭璞註　清稽古樓刻本　五册

500000－8701－0004117　D07/5:5/00440
新刻張太岳先生詩文集四十七卷　（明）張居正著　清刻本（有抄補）　十六册

500000－8701－0004118　D07/5:6/00441
新刻張太岳先生詩文集四十七卷　（明）張居正著　清刻本　十六册

500000－8701－0004119　D07/5:6/00442
新刻張太岳先生詩文集四十七卷　（明）張居正著　清刻本　十六册

500000－8701－0004120　D07/5:7/00443
新刻張太岳先生詩文集四十七卷　（明）張居正著　清刻本　十六册

500000－8701－0004121　D07/5:7/00444
秘書二十一種　（清）汪士漢輯　清康熙七年（1668）新安汪氏刻本　十六册

500000－8701－0004122　D08/1:1/00445
二如亭群芳譜三十卷　（明）王象晉輯　明崇禎二年（1629）刻本　二十四册

500000－8701－0004123　D08/1:1/00446
秘傳花鏡六卷圖一卷　（清）陳淏子輯　清刻本　二册

500000－8701－0004124　D08/1:1/00447
凰求鳳傳奇二卷　（清）李漁撰　清刻本　二册

500000－8701－0004125　D08/1:1/00448
新編元寶媒傳奇二卷　（清）周穉廉填詞　清刻本　一册

500000－8701－0004126　D08/1:1/00449
牧雲和尚嬾齋别集十四卷　（清）毛晉編　清刻本　四册　存九卷（一、四至十一）

500000－8701－0004127　D08/1:1/00450
牧雲和尚七會餘錄六卷　（清）釋行瑋編　清刻本　一册

500000－8701－0004128　D08/1:2/00451
說詩晬語二卷　(清)沈德潛撰　清刻本　二冊

500000－8701－0004129　D08/1:2/00452
浙江通省志圖說一卷　(清)沈德潛撰　清刻本　一冊

500000－8701－0004130　D08/1:2/00453
選集漢印分韻二卷　(清)袁日省原本　(清)謝雲生摹錄　清嘉慶二年(1797)溆藝堂刻本　二冊

500000－8701－0004131　D08/1:2/00454
八朝宋名臣言行錄前集十卷後集十四卷別集二十六卷續集八卷外集十八卷外集附一卷　(宋)朱熹纂集　清刻本　七冊　存三十二卷(前集十卷,別集上五至十三、下一至五,續集八卷)

500000－8701－0004132　D08/1:2/00455
舊五代史一百五十卷附考證目錄二卷　(宋)薛居正等撰　清武英殿木活字印本　十六冊

500000－8701－0004133　D08/1:3/00456
潛確居類書一百二十卷　(明)陳仁錫纂輯　明刻本　二十六冊　存八十四卷(一至十、二十三至三十四、三十八至四十、四十四至五十、五十五至六十、六十五至九十八、一百一至一百八、一百十五至一百十八)

500000－8701－0004134　D08/1:4/00457
春秋公羊傳注疏二十八卷　(漢)何休學　(唐)陸德明音義　清同治十年(1871)刻本　十三冊

500000－8701－0004135　D08/1:4/00458
石笥山房文集六卷補遺一卷詩集十一卷詩餘一卷補遺二卷續補遺二卷　(清)胡天游著　清咸豐二年(1852)刻本　十冊

500000－8701－0004136　D08/1:4/00459
船山詩草二十卷補遺六卷　(清)張問陶撰　清道光五年(1825)刻本　四冊　存十二卷(十二至二十、補遺一至三)

500000－8701－0004137　D08/1:4/00460
爾雅注疏十一卷　(晉)郭璞注　(宋)邢昺疏　**爾雅音義二卷**　(唐)陸德明撰　清光緒二十一年(1895)渝城善成堂刻本　六冊

500000－8701－0004138　D08/1:4/00461
汲古閣說文訂一卷　(清)段玉裁撰　清同治十一年(1872)湖北崇文書局刻本　一冊

500000－8701－0004139　D08/1:5/00462
南史八十卷　(唐)李延壽撰　清同治十一年(1872)金陵書局刻本　十二冊

500000－8701－0004140　D08/1:5/00463
詩經精華十卷首一卷　(清)薛嘉穎撰　(清)魏朝俊增輯　清古香閣刻本　四冊

500000－8701－0004141　D08/1:5/00464
四川省城尊經書院記一卷　(清)張之洞撰　清光緒刻本　二冊

500000－8701－0004142　D08/1:5/00465
弈潛齋集譜不分卷　(清)鄧元鏸輯　清光緒弈潛齋刻本　五冊

500000－8701－0004143　D08/1:6/00466
文選六十卷考異十卷　(南朝梁)蕭統撰　(唐)李善注　(清)胡克家考異　清同治八年(1869)湖北崇文書局刻本　二十四冊

500000－8701－0004144　D08/1:7/00467
續資治通鑑二百二十卷　(清)畢沅編　清同治五年至八年(1866－1869)江蘇書局刻本　二十七冊　存七十一卷(一至五十、六十六至八十六)

500000－8701－0004145　D08/2:1/00468
四書經注集證十九卷　(宋)朱熹集註　(清)吳昌宗輯　清刻本　四冊　存五卷(論語四至五、八至十)

500000－8701－0004146　D08/2:1/00469
夏小正一卷　(漢)戴德撰　(清)王氏注　清光緒十年(1884)成都尊經書局刻本　一冊

500000－8701－0004147　D08/2:1/00470
韓詩外傳十卷　(漢)韓嬰著　清光緒三年

(1877)湖北崇文書局刻本　二册

500000－8701－0004148　D08/2:1/00471
說文解字三十二卷　(清)段玉裁注　清同治十一年(1872)湖北崇文書局刻本　十五册　存三十卷(一至三十)

500000－8701－0004149　D08/2:2/00472
南史八十卷　(唐)李延壽撰　清光緒二十年(1894)上海同文書局影印本　二十册

500000－8701－0004150　D08/2:2/00473
南史八十卷　(唐)李延壽撰　清光緒六年(1880)四川尊經書局刻本　十六册

500000－8701－0004151　D08/2:3/00474
三國志六十五卷　(晉)陳壽撰　(南朝宋)裴松之注　清同治六年(1867)金陵書局刻本　二十册

500000－8701－0004152　D08/2:4/00475
古文辭類纂七十四卷　(清)姚鼐纂　清光緒二十八年(1902)蜀東善成堂刻本　六册

500000－8701－0004153　D08/2:4/00476
古文辭類纂七十四卷　(清)姚鼐纂　清光緒二十八年(1902)蜀東善成堂刻本　六册

500000－8701－0004154　D08/2:4/00477
古文辭類纂七十四卷　(清)姚鼐纂　清光緒二十八年(1902)蜀東善成堂刻本　十六册

500000－8701－0004155　D08/2:4/00478
續古文辭類纂三十四卷　王先謙纂集　清光緒二十八年(1902)蜀東善成堂刻本　八册

500000－8701－0004156　D08/2:4/00479
唐詩金粉十卷　(清)沈炳震纂輯　清雍正二年(1724)刻本　六册

500000－8701－0004157　D08/2:5/00480
十駕齋養新録二十卷餘録三卷　(清)錢大昕撰　清光緒二年(1876)浙江書局刻本　八册

500000－8701－0004158　D08/2:5/00481
大學一卷中庸一卷　(□)□□撰　清刻本　一册

500000－8701－0004159　D08/2:5/00482
傅子一卷　(晉)傅玄撰　**續孟子二卷**　(唐)林慎思撰　清光緒元年(1875)湖北崇文書局刻本　一册

500000－8701－0004160　D08/2:5/00483
隨軒金石文字不分卷　(清)徐渭仁撰　清道光十七年(1837)刻本　三册　缺二種

500000－8701－0004161　D08/2:5/00484
别雅五卷　(清)吳玉搢輯　清道光二十九年(1849)小蓬萊山館刻本　五册

500000－8701－0004162　D08/2:5/00485
楚辭十七卷　(漢)王逸注　清汲古閣刻本　六册

500000－8701－0004163　D08/2:5/00486
渠丘耳夢録四卷　(清)張貞撰　清康熙四十八年(1709)刻本　一册　存二卷(一至二)

500000－8701－0004164　D08/2:5/00487
晞髪遺集二卷補一卷天地間集一卷　(宋)謝翱撰　明刻本　一册

500000－8701－0004165　D08/2:5/00488
西臺慟哭記註一卷冬青樹引重註一卷　(宋)謝翱撰　(元)張丁注　明刻本　一册

500000－8701－0004166　D08/2:5/00489
梅苑十卷　(宋)黄大輿輯　清刻本　二册

500000－8701－0004167　D08/2:5/00490
公羊傳一卷穀梁傳一卷　(清)王源評訂　清刻本　二册

500000－8701－0004168　D08/2:5/00491
念八翻傳奇二卷二十八齣　(清)萬樹撰　(清)呂洪烈題評　清康熙二十五年(1686)粲花别墅刻本　一册

500000－8701－0004169　D08/2:5/00492
屈賦微二卷　馬其昶撰　清光緒三十二年(1906)集虚草堂刻本　一册

500000－8701－0004170　D08/2:6/00493
韓非子二十卷識誤三卷　(戰國)韓非撰　清嘉慶二十三年(1818)刻本　四册

500000－8701－0004171　D08/2:6/00494

小石帆亭著錄六卷　(清)翁方綱撰　清乾隆五十七年(1792)刻本　四册

500000－8701－0004172　D08/2:6/00495

古今僞書考一卷　(清)姚際恒撰　清蘇州文學山房木活字印本　一册

500000－8701－0004173　D08/2:6/00496

歷朝印識二卷補遺一卷近編一卷　(清)馮承輝撰　清末蘇州文學山房木活字印本　二册

500000－8701－0004174　D08/2:6/00497

新刊補注銅人腧穴針灸圖經五卷　(宋)王惟一編修　清宣統元年(1909)陶子麟刻本　二册

500000－8701－0004175　D08/2:6/00498

對雨樓叢書五種三十五卷　繆荃孫輯　清光緒黄岡陶子麟刻本　四册　存四種二十五卷(南朝史精語十卷劄記一卷、荀子攷異一卷、詩品三卷、茅亭客話十卷)

500000－8701－0004176　D08/2:7/00499

微波榭叢書十六種　(清)孔繼涵輯　清乾隆孔氏微波榭刻本　三十册　缺六種二十四卷(水經釋地八卷、雜體文七卷、同度記一卷、長行經一卷、紅櫚書屋詩集四卷、斲冰詞三卷)

500000－8701－0004177　D08/3:1/00500

五朝小説□□種　(明)□□輯　清刻本　三十册　存二百九十四種二百九十四卷(松窻雜記一卷、金鑾密記一卷、龍城録一卷、小説舊聞記一卷、摭異記一卷、朝野僉載一卷、中朝故事一卷、南楚新聞一卷、金華子雜編一卷、商芸小説一卷、幽閑鼓吹一卷、樹萱録一卷、葆化録一卷、桂苑叢談一卷、周秦行紀一卷、三夢記一卷、廣陵妖亂志一卷、常侍言旨一卷、紅線傳一卷、迷樓記一卷、博異志一卷、海山記一卷、幽怪録一卷、續幽怪録一卷、耳目記一卷、瀟湘録一卷、長恨歌傳一卷、梅妃傳一卷、李林甫外傳一卷、東城老父傳一卷、開元天寶遺事一卷、明皇十七事一卷、楊太真外傳二卷、高力士傳一卷、鄴侯外傳一卷、開河記一卷、南部烟花記一卷、粧樓記一卷、北里志一卷、終南十志一卷、洞天福地記一卷、比紅兒詩一卷、虬髯客傳一卷、嘯旨一卷、劍俠傳一卷、洛中九老會一卷、黑心符一卷、大藏治病藥一卷、平泉山居草木記一卷、嶺表録異記一卷、來南録一卷、北户録一卷、金剛經鳩異一卷、會真記一卷、記事珠一卷、志怪録一卷、聞奇録一卷、靈應録一卷、妙女傳一卷、稽神録一卷、揚州夢記一卷、杜秋傳一卷、龍女傳一卷、霍小玉傳一卷、蔣子文傳一卷、杜子春傳一卷、奇男子傳一卷、墨崑崙傳一卷、牛應貞傳一卷、十六湯品一卷、醉鄉日月一卷、食譜一卷、花九錫一卷、書法一卷、畫學秘訣一卷、劉無雙傳一卷、申宗傳一卷、金縷裙記一卷、耒耜經一卷、五木經一卷、摭言一卷、衛公故物記一卷、藥譜一卷、諧噱録一卷、肉攫部一卷、家王故事一卷、家世舊聞一卷、玉堂逢辰録一卷、澠水燕談録一卷、大中遺事一卷、紹熙行禮記一卷、禦寨行程一卷、茅亭客話一卷、幙府燕閒録一卷、洛中紀異録一卷、熙豐日曆一卷、上壽拜舞記一卷、太清樓侍宴記一卷、高宗幸張府節次畧一卷、從駕記一卷、東巡記一卷、涑水記聞一卷、異聞記一卷、白獺髓一卷、清夜録一卷、梁溪漫志一卷、暘谷漫録一卷、春渚紀聞一卷、曲洧舊聞一卷、摭青雜説一卷、玉壺清話一卷、儒林公議一卷、友會談叢一卷、閒燕常談一卷、桯史一卷、默記一卷、談藪一卷、江南野録一卷、談淵一卷、話腴一卷、聞見雜録一卷、東軒筆録一卷、陶朱新録一卷、倦游雜録一卷、東皐雜録一卷、行都紀事一卷、彭蠡小龍記一卷、虚谷閒抄一卷、蓼花洲閒録一卷、傳載略一卷、該聞録一卷、洞微志一卷、芝田録一卷、吹劍録一卷、碧雲騢一卷、投轄録一卷、忘懷録一卷、對雨編一卷、艾子雜説一卷、仇池筆記一卷、睽車志一卷、玉澗襍書一卷、石林燕語一卷、巖下放言一卷、避暑録話一卷、避暑漫抄一卷、席上腐談一卷、游宦紀聞一卷、悦生隨抄一卷、嬾真子録一卷、豹隱紀談一卷、東谷所見一卷、讀書隅見一卷、齊東埜語一卷、野人閒話一卷、西溪藂語一卷、植杖閒談一卷、道山清話一卷、深雪偶談一卷、船窻夜話一卷、葦航紀談一卷、雲谷雜記一卷、東齋記事一卷、澹山雜識一卷、楊文公談苑一卷、老學庵筆記一卷、三柳軒雜識一卷、鷄肋篇一卷、泊宅編一卷、暇日記一卷、隱窟雜志一卷、韋居聽輿一卷、雞林類事一卷、坦齋通編一卷、臆乘一卷、鷄肋一卷、鑑戒錄一卷、事原一卷、續釋常談一卷、乾道庚寅奏事錄一卷、艮嶽記一卷、登西臺慟哭記一卷、于役志一卷、六朝事迹一卷、錢塘瑣記一卷、古杭夢遊錄一卷、汴都平康記一卷、侍兒小名錄一卷、侍兒小名錄一卷、侍兒小名錄一卷、侍兒小名錄一卷、思陵書畫記一卷、琴曲譜錄一卷、本朝茶法一卷、皇朝盛事一卷、菽園雜記一卷、客座新聞一卷、枝山前聞一卷、莘野纂聞一卷、駒陰冗記一卷、中洲野錄一卷、長安客話一卷、古穰雜錄一卷、後渠漫記一卷、懸笥瑣探一卷、南翁夢錄一卷、碧里雜存一卷、田居乙記一卷、西樵野記一卷、二酉委譚一卷、三餘贅筆一卷、聽雨紀談一卷、劉氏雜誌一卷、推蓬寤語一卷、寒檠膚見一卷、書肆說鈴一卷、語窺今古一卷、新知錄一卷、雜纂三續一卷、庚巳編一卷、續巳編一卷、涉異志一卷、蘇談一卷、意見一卷、遇恩錄一卷、天順日錄一卷、今言一卷、彭公筆記一卷、琅琊漫抄一卷、震澤紀聞一卷、震澤長語一卷、病逸漫記一卷、高坡異纂一卷、豫章漫抄一卷、篷軒別記一卷、蓬窓續錄一卷、青巖叢錄一卷、東谷贅言一卷、閒中今古錄一卷、春風堂隨筆一卷、簷曝偶談一卷、雨航雜錄一卷、農田餘話一卷、水南翰記一卷、黽采清課一卷、吳風錄一卷、篷櫳夜話一卷、賓櫝記一卷、脚氣集一卷、逐鹿記一卷、寓圃雜記一卷、清溪暇筆一卷、近峰聞略一卷、近峰記略一卷、翦勝野聞一卷、遜國記一卷、谿山餘話一卷、吳中故語一卷、清暑筆談一卷、甲乙剩言一卷、百可漫志一卷、見聞紀訓一卷、先進遺風一卷、擁絮迂談一卷、遼邸記聞一卷、雲林遺事一卷、國寶新編一卷、仰山脞錄一卷、新倩籍一卷、異林一卷、綠雪亭雜言一卷、雲夢藥溪談一卷、蒹葭堂雜抄一卷、快雪堂漫錄一卷、天爵堂筆餘一卷、適徇編一卷、雪濤談叢一卷、委巷叢談一卷、前定錄補一卷、譚輅一卷、戲瑕一卷、語怪一卷、海味索隱一卷、西州合譜一卷、女俠傳一卷、秘錄一卷、笑禪錄一卷、醫閭漫記一卷、義虎傳一卷、琉球使略一卷、雲中事記一卷、南巡日錄一卷、洞簫記一卷、平定交南錄一卷)

500000－8701－0004178　D08/3:2/00501
秘書二十一種　(清)汪士漢輯　清新安汪氏刻本　七册　存十五種五十九卷(白虎通德論下、山海經十八卷、博物志十卷、桂海虞衡志一卷、續博物志十卷、楚史檮杌一卷、晉史乘一卷、竹書紀年二卷、中華古今注三卷、古今注三卷、三墳一卷、風俗通義四卷、列仙傳二卷、集異記一卷、續齊諧記一卷)

500000－8701－0004179　D08/3:2/00502
秘書二十一種　(清)汪士漢輯　清新安汪氏刻本　七册　存十種四十六卷(拾遺記十卷、白虎通德論二卷、博物志十卷、續博物志十卷、中華古今注三卷、古今注三卷、風俗通義四卷、列仙傳二卷、集異記一卷、續齊諧記一卷)

500000－8701－0004180　D08/3:2/00503
秘書二十一種　(清)汪士漢輯　清新安汪氏刻本　三册　存三種二十二卷[白虎通德論二卷、博物志十卷、續博物志十卷(卷十殘)]

500000－8701－0004181　D08/3:3/00504
武功縣志三卷首一卷　(明)康海纂　(清)孫景烈評註　清乾隆二十六年(1761)刻本　二册

500000－8701－0004182　D08/3:3/00505
新鐫時用通式翰墨全書十二卷　(明)王宇輯　(明)陳瑞錫釋註　明刻本　二册　存八卷(一至八)

500000－8701－0004183　D08/3:3/00506
武功縣志三卷首一卷　(明)康海纂　(清)孫景烈評註　清乾隆二十六年(1761)瑪星阿刻本　一册

500000－8701－0004184　D08/3:3/00507
資治通鑑綱目正編五十九卷續編二十七卷前

編二十五卷末一卷 (宋)朱熹撰 明刻本 十二冊 存二十卷(正編三十至三十一、三十四、三十六,續編十七至十八、末一卷,前編三至五、十二至十九、二十四至二十五)

500000-8701-0004185 D08/3:4/00508
舊唐書二百卷 (五代)劉昫等撰 清光緒十年(1884)上海同文書局影印本 四十三冊 存一百七十二卷(一至一百三十一、一百三十六至一百五十、一百七十五至二百)

500000-8701-0004186 D08/3:5/00509
六書音均表五卷 (清)段玉裁撰 清同治十一年(1872)湖北崇文書局刻本 二冊

500000-8701-0004187 D08/3:5/00510
世說新語六卷 (南朝宋)劉義慶撰 (南朝梁)劉孝標注 清光緒三年(1877)湖北崇文書局刻本 四冊

500000-8701-0004188 D08/3:5/00511
孫真人備急千金要方九十三卷目錄二卷 (唐)孫思邈撰 (宋)林億等校 清刻本 一冊 存四卷(六十至六十三)

500000-8701-0004189 D08/3:5/00512
事類賦三十卷 (宋)吳淑撰註 (明)華麟祥校 明無錫華麟祥刻本 一冊 存四卷(一至四)

500000-8701-0004190 D08/3:5/00513
增定紀効新書十八卷首一卷 (明)戚繼光著 (明)王佐評 明崇禎九年(1636)刻本 三冊 存七卷(一至七)

500000-8701-0004191 D08/3:5/00514
禮記集說十六卷 (元)陳澔撰 清刻本 二十冊 存十四卷(一至十一、十四至十六)

500000-8701-0004192 D08/3:6/00515
大佛頂如來密因修證了義諸菩薩萬行首楞嚴經十卷 (唐)釋般剌密諦譯 (清)吳芝瑛書 清宣統元年(1909)石印本 一冊 存五卷(六至十)

500000-8701-0004193 D08/3:6/00516
蘇文忠公外紀二卷 (明)王世貞編 清刻本 一冊

500000-8701-0004194 D08/3:6/00517
輶軒使者絕代語釋別國方言十三卷 (漢)揚雄撰 (清)戴震疏證 清乾隆微波榭刻本 二冊

500000-8701-0004195 D08/3:6/00518
古逸三十卷 (明)潘基慶選註 清刻本 二冊 存六卷(十七至十九、二十六至二十八)

500000-8701-0004196 D08/3:6/00519
宋史紀事本末一百九卷 (明)馮琦原編 (明)陳邦瞻纂輯 清刻本 一冊 存八卷(一至八)

500000-8701-0004197 D08/3:6/00520
醒世恒言四十卷 (清)馮夢龍撰 清刻本 一冊 存四卷(三十七至四十)

500000-8701-0004198 D08/3:6/00521
地球新義不分卷 (清)任嶧等著 清光緒二十四年(1898)鉛印本 一冊

500000-8701-0004199 D08/3:6/00522
地球新義不分卷 (清)任嶧等著 清光緒二十四年(1898)鉛印本 一冊

500000-8701-0004200 D08/3:6/00523
春秋非左二卷 (明)郝敬撰 **春秋楚地答問一卷** (清)易本烺撰 清光緒十七年(1891)刻本 一冊

500000-8701-0004201 D08/3:6/00524
事類賦三十卷 (宋)吳淑撰註 (明)華麟祥校 明無錫華麟祥刻本 四冊

500000-8701-0004202 D08/3:7/00525
硃批諭旨十八函 (清)世宗胤禛批 (清)允祿 (清)鄂爾泰等編 清雍正十年至乾隆三年(1732-1738)武英殿刻朱墨套印本 一百十二冊

500000-8701-0004203 D08/4:5/00526
穀梁春秋經傳古義疏十一卷 廖平撰 清光緒二十六年(1900)日新書局刻本 八冊

500000－8701－0004204　D08/4:5/00527
重訂穀梁春秋經傳古義疏十一卷經學外篇敘目一卷釋範一卷起起穀梁癈疾一卷　廖平撰　廖宗澤補疏　清宣統三年(1911)渭南嚴氏刻本　六冊

500000－8701－0004205　D08/4:6/00528
詩八卷　(宋)朱熹集傳　清刻本　二冊

500000－8701－0004206　D08/4:6/00529
詩經八卷　(宋)朱熹集傳　清刻本　二冊

500000－8701－0004207　D08/4:6/00530
詩經旁訓四卷　(□)□□輯　清刻本　一冊

500000－8701－0004208　D08/4:6/00531
六書舊義一卷　廖平撰　清光緒十三年(1887)刻本　一冊

500000－8701－0004209　D08/4:6/00532
周易本義四卷　(宋)朱熹撰　清刻本　一冊　存三卷(二至四)

500000－8701－0004210　D08/4:6/00533
四書彙考□□卷　(□)□□輯　清刻本　一冊　存二卷(孟子二十七至二十八)

500000－8701－0004211　D08/4:6/00534
旗亭記二卷　(□)□□撰　清刻本　一冊　存一卷(二)

500000－8701－0004212　D08/4:6/00535
陽和語錄六卷　題(明)鏡源子著　(明)凃文舉輯　明刻本　一冊　存三卷(四至六)

500000－8701－0004213　D08/4:6/00536
孟子集註大全□□卷　(明)胡廣纂　明刻本　一冊　存五卷(一至五)

500000－8701－0004214　D08/4:6/00537
新鐫海内奇觀十卷　(明)楊爾曾輯　明夷白堂刻本　三冊

500000－8701－0004215　D08/4:7/00538
今古學攷二卷　廖平撰　清光緒十二年(1886)鉛印本　一冊

500000－8701－0004216　D08/4:7/00539
何氏公羊春秋十論一卷續論一卷再續論一卷　廖平輯　清光緒十二年(1886)刻本　一冊

500000－8701－0004217　D08/4:7/00540
增訂金壺字攷一卷附古體假借字一卷　(清)郝在田增輯　清光緒元年(1875)刻本　一冊

500000－8701－0004218　D08/4:7/00541
摘錄書法通文便解一卷　(清)許鳳翥著　清同治四年(1865)刻本　一冊

500000－8701－0004219　D08/4:7/00542
字學舉隅續編不分卷　(清)龍啓瑞撰輯　清光緒二年(1876)刻本　一冊

500000－8701－0004220　D08/4:7/00543
字學舉隅不分卷　(清)龍啓瑞輯　清道光二十年(1840)刻本　一冊

500000－8701－0004221　D08/4:7/00544
字學三種　(清)傅雲龍輯　清同治十三年(1874)傅氏味腴山館刻本　一冊

500000－8701－0004222　D08/4:7/00545
增補字學舉隅一卷　(清)龍啓瑞輯　清光緒二年(1876)刻本　一冊

500000－8701－0004223　D08/4:7/00546
何氏公羊解詁一卷　廖平撰　清宣統三年(1911)上海國學扶輪社鉛印本　一冊

500000－8701－0004224　D08/4:7/00547
知聖篇二卷　廖平撰　清宣統三年(1911)上海國學扶輪社鉛印本　一冊

500000－8701－0004225　D08/4:7/00548
樊山續集三十二卷　樊增祥撰　清光緒三十四年(1908)刻朱墨套印本　一冊　存一卷(三十二)

500000－8701－0004226　D08/4:7/00549
古學攷不分卷　廖平撰　清光緒二十三年(1897)尊經書局刻本　一冊

500000－8701－0004227　D08/4:7/00550
鍥音註藉林唐故事白眉十二卷　(明)鄧志謨輯　明刻本　一冊　存二卷(五至六)

500000－8701－0004228　D08/4:7/00551
搜神記八卷　(晉)干寶撰　明刻本　一冊

500000－8701－0004229　D08/4:7/00552
述異記二卷　(南朝梁)任昉著　**續齊諧一卷**　(南朝梁)吳均著　明刻本　一冊

500000－8701－0004230　D08/4:7/00553
格致餘論一卷　(元)朱震亨撰　明新安吳中珩刻本　一冊

500000－8701－0004231　D08/4:7/00554
廣漢魏叢書□□種　(明)何允中輯　清嘉慶刻本　二冊　存五種六卷(參同契一卷、陰符經一卷、黃石公素書一卷、心書一卷、孫子二卷)

500000－8701－0004232　D08/4:7/00555
南方草木狀三卷　(晉)嵇含著　明刻本　一冊

500000－8701－0004233　D08/4:7/00556
拾遺記十卷　(晉)王嘉撰　(南朝梁)蕭綺錄　明刻本　一冊

500000－8701－0004234　D08/4:7/00557
紅樓夢一百二十回首一卷　(清)曹雪芹撰　(清)王希廉　(清)姚燮評　清鉛印本　三十二冊

500000－8701－0004235　D08/5:1/00558
紅樓夢一百二十卷　(清)曹雪芹撰　(清)王希廉評　清道光十二年(1832)刻本　二十四冊

500000－8701－0004236　D08/5:1/00559
紅樓夢一百二十卷　(清)曹雪芹撰　(清)王希廉評　清道光十二年(1832)刻本　二十四冊

500000－8701－0004237　D08/5:2/00560
紅樓夢一百二十卷　(清)曹雪芹撰　(清)王希廉評　清道光十二年(1832)刻本　二十四冊

500000－8701－0004238　D08/5:2/00561
紅樓夢一百二十卷　(清)曹雪芹撰　(清)王希廉評　清光緒三年(1877)刻本　二十三冊

500000－8701－0004239　D08/5:3/00562
紅樓夢一百二十卷　(清)曹雪芹撰　(清)王希廉評　清光緒三年(1877)刻本　二十四冊

500000－8701－0004240　D08/5:3/00563
繡像批點紅樓夢一百二十回　(清)曹雪芹撰　清刻本　二十一冊　存一百二回(一至三、十八至一百十六)

500000－8701－0004241　D08/5:3/00564
增評補圖石頭記一百二十卷首一卷　(清)曹霑撰　(清)王希廉　(清)姚燮評　清光緒二十六年(1900)石印本　十六冊

500000－8701－0004242　D08/5:4/00565
品花寶鑑六十回　(清)陳森撰　清宣統元年(1909)刻本　十六冊

500000－8701－0004243　D08/5:4/00566
品花寶鑑六十回　(清)陳森撰　清刻本　二十四冊

500000－8701－0004244　D08/5:4/00567
鏡花緣二十卷一百回　(清)李汝珍撰　清刻本　十冊　存十卷(一至十)

500000－8701－0004245　D08/5:4/00568
增評補像全圖金玉緣一百二十回首一卷　(清)曹雪芹撰　清光緒三十四年(1908)求不負齋石印本　十六冊

500000－8701－0004246　D08/5:4/00569
第五才子書十二卷　(明)施耐庵撰　清刻本　六冊

500000－8701－0004247　D08/5:4/00570
增評加批金玉緣圖說十六卷首一卷　(清)曹雪芹撰　清光緒三十四年(1908)上海求志齋石印本　十六冊

500000－8701－0004248　D08/5:5/00571
繡像義妖傳前集六卷後集二卷　(清)陳遇乾撰　清石印本　八冊

500000－8701－0004249　D08/5:5/00572
鴛鴦影四卷十八回　題(清)樵雲山人撰　清

道光二年(1822)刻本　三册　存三卷十二回(卷一至三:一至十二回)

500000－8701－0004250　D08/5:5/00573
繪圖鏡花緣一百回　(清)李汝珍撰　清光緒十四年(1888)上海點石齋石印本　六册

500000－8701－0004251　D08/5:5/00574
帝女花二卷　(清)黄燮清填詞　(清)查仲誥正譜　(清)孫福海重校　清同治四年(1865)刻本　二册

500000－8701－0004252　D08/5:5/00575
第六才子書西廂記八卷附才子西廂醉心篇一卷　(元)王實甫撰　(清)金聖歎評　清咸豐三年(1853)刻本　八册

500000－8701－0004253　D08/5:5/00576
雲林别墅繪像妥註第六才子書六卷首一卷　(元)王實甫撰　(清)鄒聖脈註評　清刻本　五册

500000－8701－0004254　D08/5:5/00577
爾雅三卷　(晋)郭璞注　清光緒九年(1883)遵義黎氏影宋刻本　一册

500000－8701－0004255　D08/5:5/00578
爾雅三卷　(晋)郭璞注　清光緒九年(1883)遵義黎氏影宋刻本　一册

500000－8701－0004256　D08/5:5/00579
玉篇三十卷　(南朝梁)顧野王撰　清光緒十年(1884)遵義黎氏刻本　二册　存四卷(九、十八至十九、二十七)

500000－8701－0004257　D08/5:5/00580
楚辭八卷後語六卷辯證二卷　(戰國)屈原撰　(宋)朱熹集注　清光緒二十九年(1903)遵義黎氏影元刻本　六册

500000－8701－0004258　D08/5:5/00581
晦庵先生校正周易繫辭精義二卷　(宋)吕祖謙編　清光緒九年(1883)遵義黎氏刻本　一册

500000－8701－0004259　D08/5:6/00582
廣韻五卷　(宋)陳彭年等重修　清光緒遵義黎氏影元刻本　二册

500000－8701－0004260　D08/5:6/00583
古逸叢書二十六種　(清)黎庶昌輯　清光緒遵義黎氏刻本　九册　存六種三十一卷(老子道德經二卷、荀子二十卷、韻鏡一卷、史略六卷、漢書食貨志一卷、急就篇一卷)

500000－8701－0004261　D08/5:6/00584
古逸叢書二十六種　(清)黎庶昌輯　清光緒遵義黎氏刻本　二十册　存十五種五十五卷(周易六卷、附晦庵先生校正周易繫辭精義二卷,老子道德經二卷,楚辭集注八卷辯證二卷後語六卷,尚書釋音二卷,玉篇九、十八至十九、二十七,琱玉集十二、十四,姓解三卷,韻鏡一卷,日本國見在書目録一卷,史略六卷,漢書食貨志一卷,急就篇一卷,碣石調幽蘭一卷,天台山記一卷,太平寰宇記一百十三至一百十八)

500000－8701－0004262　D08/5:7/00585
周易六卷　(宋)程頤傳　清光緒遵義黎氏影元刻本　二册

500000－8701－0004263　D08/5:7/00586
楚辭集注八卷辯證二卷後語六卷　(宋)朱熹集注　清光緒遵義黎氏影元刻本　三册

500000－8701－0004264　D08/5:7/00587
古逸叢書二十六種　(清)黎庶昌輯　清光緒遵義黎氏刻本　八册　存五種二十八卷(爾雅三卷、論語十卷、孝經一卷、尚書釋音二卷、玉燭寶典十二卷)

500000－8701－0004265　D08/5:7/00588
批點分類誠齋先生文膾前集十二卷　(宋)楊萬里撰　清刻本　一册

500000－8701－0004266　D08/5:7/00589
世說新語三卷　(南朝宋)劉義慶撰　(南朝梁)劉孝標注　清光緒十七年(1891)思賢講舍刻本　四册

500000－8701－0004267　D08/5:7/00590
新民叢報彙編不分卷(乙巳年)　(清)新民叢報社編　清光緒三十二年(1906)文會書局石

印本　七册

500000－8701－0004268　D09/1:1/00601
朱文端公藏書十種　(清)朱軾輯　清康熙至乾隆高安朱氏刻本　三十册

500000－8701－0004269　D09/1:2/00602
御纂朱子全書六十六卷　(清)李光地等纂　清康熙五十二年(1713)武英殿刻本　三十二册

500000－8701－0004270　D09/1:3/00603
謝華啟秀八卷　(明)楊慎編　清康熙三十年(1691)刻本　一册

500000－8701－0004271　D09/1:3/00604
朱子家禮八卷首一卷　(宋)朱熹撰　(明)丘濬輯　(明)楊廷筠補　清康熙四十年(1701)商邱宋氏刻本　七册

500000－8701－0004272　D09/1:3/00605
載詠樓重鐫硃批孟子二卷　(宋)蘇洵批點　清康熙三十三年(1694)西湖沈氏刻朱墨套印本　二册

500000－8701－0004273　D09/1:3/00606
黄湄詩選十卷　(清)王又旦著　(清)王士禎選　清康熙二十年(1681)刻本　二册

500000－8701－0004274　D09/1:3/00607
楚辭燈四卷楚懷襄二王在位事蹟考一卷　(清)林雲銘撰　**屈原列傳一卷**　(漢)司馬遷撰　清康熙三十六年(1697)刻本　二册

500000－8701－0004275　D09/1:3/00608
緯略十二卷　(宋)高似孫集　清白鹿山房鉛印本　六册

500000－8701－0004276　D09/1:3/00609
石湖居士詩集三十四卷　(宋)范成大撰　清康熙二十七年(1688)顧氏依園刻本　四册

500000－8701－0004277　D09/1:3/00610
蘇老泉先生全集二十卷附錄二卷　(宋)蘇洵著　清康熙三十七年(1698)吴郡邵仁泓刻本　四册

500000－8701－0004278　D09/1:3/00611
廣事類賦四十卷　(清)華希閔編　清康熙三十八年(1699)刻本　六册

500000－8701－0004279　D09/1:4/00612
全唐詩九百卷目錄十二卷　(清)曹寅等編　清康熙四十四年(1705)揚州詩局刻本　一百二十册

500000－8701－0004280　D09/1:5/00613
晦庵先生朱文公文集一百卷附續集五卷別集七卷目錄二卷　(宋)朱熹撰　清康熙二十七年(1688)江蘇蔡方炳刻本　四十八册

500000－8701－0004281　D09/1:6/00614
明詩綜一百卷　(清)朱彝尊錄　清康熙四十四年(1705)長蘆朱氏刻本　二十四册

500000－8701－0004282　D09/2:1/00615
帶經堂集七編九十二卷　(清)王士禎著　(清)程哲校編　清乾隆十二年(1747)歙縣程氏七略書堂刻本　三十二册

500000－8701－0004283　D09/2:1/00616
陸放翁劍南詩選六卷　(宋)陸遊撰　(清)朱陖選　清康熙二十五年(1686)刻本　四册

500000－8701－0004284　D09/2:1/00617
綿津山人詩集三十一卷附楓香詞一卷漫堂說詩一卷　(清)宋犖撰　清康熙刻本　四册

500000－8701－0004285　D09/2:2/00618
杜律通解四卷　(唐)杜甫撰　(清)李文煒箋釋　清康熙六十年(1721)慈水李氏刻本　四册

500000－8701－0004286　D09/2:2/00619
詩經八卷　(宋)朱熹集傳　清康熙十一年(1672)朱錫旂刻本　四册

500000－8701－0004287　D09/2:2/00620
類書纂要三十三卷　(清)周魯輯　清康熙無錫天和堂刻本　十六册

500000－8701－0004288　D09/2:3/00621
文選瀹註三十卷　(明)閔赤如瀹註　清康熙刻本　二十册

500000－8701－0004289　D09/2:3/00622

而菴説唐詩二十二卷首一卷　（清）徐增述　清康熙九誥堂刻本　六册

500000－8701－0004290　D09/2:3/00623
陳檢討集二十卷　（清）陳維崧撰　（清）程師恭注　清康熙寶翰樓刻本　四册

500000－8701－0004291　D09/2:3/00624
歷朝賦楷八卷首一卷　（清）王修玉選輯　（清）顧豹文鑒定　清康熙二十五年（1686）刻本　五册

500000－8701－0004292　D09/2:3/00625
桐石草堂集九卷　（清）汪仲鈖著　清乾隆二十年（1755）刻本　二册

500000－8701－0004293　D09/2:3/00626
禹貢錐指二十卷　（清）胡渭撰　清康熙四十四年（1705）漱六軒刻本　八册

500000－8701－0004294　D09/2:4/00627
禹貢錐指二十卷　（清）胡渭撰　清康熙四十四年（1705）漱六軒刻本　十册

500000－8701－0004295　D09/2:4/00628
禹貢錐指二十卷　（清）胡渭撰　清康熙四十四年（1705）漱六軒刻本　十六册

500000－8701－0004296　D09/2:4/00629
通雅五十二卷首三卷　（清）方以智輯著　（清）姚文燮校訂　清康熙五年（1666）龍眠姚氏浮山此藏軒刻本　十六册

500000－8701－0004297　D09/2:5/00630
唐詩百名家全集三百二十六卷　（清）席啟寓編輯　清康熙四十一年（1702）吳郡席氏琴川書屋刻本　六十四册

500000－8701－0004298　D09/2:6/00631
東坡先生編年詩五十卷年表一卷　（宋）蘇軾著　（清）查慎行補注　清乾隆二十六年（1761）海寧查氏香雨齋刻本　十六册

500000－8701－0004299　D09/2:6/00632
［乾隆江西］興國縣志二十六卷首一卷　（清）孔興淅修　（清）孔衍倬纂　清乾隆十五年（1750）刻本　五册　存十一卷（十六至二十六）

500000－8701－0004300　D09/2:6/00633
世説新語補二十卷　（南朝宋）劉義慶撰　（南朝梁）劉孝標注　（明）何良俊增　（明）張文柱注　清乾隆二十七年（1762）江夏黃汝琳刻本　六册

500000－8701－0004301　D09/2:6/00634
蓮洋集二十卷年譜一卷附錄一卷　（清）吳雯撰　清乾隆三十九年（1774）荊圃草堂刻本　八册

500000－8701－0004302　D09/2:6/00635
潁陽琴譜四卷　（清）李郊撰　清乾隆十八年（1753）述德堂刻本　四册

500000－8701－0004303　D09/2:7/00636
采真彙藁四卷　（清）檀萃著　（清）曾力行註　清乾隆四十一年（1776）固始曾氏刻本　四册

500000－8701－0004304　D09/2:7/00637
焦山志十六卷首一卷　（清）劉名芳修纂　清刻本　六册

500000－8701－0004305　D09/2:7/00638
朱飲山千金譜二十九卷三韻易知十卷　（清）朱燮撰　（清）楊廷茲編輯　清乾隆五十五年（1790）刻本　十六册

500000－8701－0004306　D09/2:7/00639
蘇文忠公詩合註五十卷首一卷　（宋）蘇軾著　（清）馮應榴輯訂　清乾隆五十八年（1793）刻本　二十四册

500000－8701－0004307　D09/3:1/00640
香草詞一卷　（清）吳雯炯著　清穀飲刻本　一册

500000－8701－0004308　D09/3:1/00641
春早堂詩集十二卷　（清）俞灝著　清刻本　四册

500000－8701－0004309　D09/3:1/00642
漁洋山人詩集二十二卷詩集續集十六卷　（清）王士禛撰　清康熙八年（1669）吳郡沂詠

堂刻本　十一册

500000－8701－0004310　D09/3:1/00643
獨學廬初稿詩八卷文三卷附刊二卷二稿詩三卷詞二卷文四卷三稿詩六卷文五卷四稿詩四卷外集二卷補遺一卷　（清）石韞玉著　清乾隆六十年（1795）至嘉慶長沙官舍、重慶官舍刻本　十五册

500000－8701－0004311　D09/3:2/00644
堪輿經二卷　（清）蕭克著　清雍正七年（1729）會稽鍾氏刻本　二册

500000－8701－0004312　D09/3:2/00645
玉華集不分卷　（清）趙弘恩撰　清雍正十二年（1734）刻本　四册

500000－8701－0004313　D09/3:2/00646
詩林韶濩選評二十卷補編一卷　（清）顧嗣立輯　（清）周煌重輯　（清）金甡評　清乾隆三十一年（1766）刻本　十四册　存十九卷（一至十八、補編一卷）

500000－8701－0004314　D09/3:2/00647
急救危症簡便驗方二卷續集二卷　（清）胡其重集　（清）汪炳增編　清雍正七年（1729）新安胡氏刻本　八册

500000－8701－0004315　D09/3:3/00648
虛白齋存稿十卷　（清）吳壽昌著　清乾隆五十五年（1790）山陰吳泰交刻本　六册

500000－8701－0004316　D09/3:3/00649
周易四卷圖一卷筮儀一卷　（宋）朱熹本義　清乾隆三十七年（1772）刻本　二册

500000－8701－0004317　D09/3:3/00650
新喻三劉文集六卷首一卷　（宋）劉敞等撰　清乾隆十五年（1750）水西劉氏刻本　五册　存五卷（一至二、四至六）

500000－8701－0004318　D09/3:3/00651
淮南子二十一卷　（漢）高誘注　清乾隆五十三年（1788）武進莊氏咸寧官署刻本　六册

500000－8701－0004319　D09/3:3/00652
宋金元詩選六卷　（清）吳翌鳳輯　清乾隆五十八年（1793）吳氏古歡堂刻本　三册

500000－8701－0004320　D09/3:3/00653
黃梨洲先生南雷文約四卷　（清）黃宗羲著　清乾隆鄭性刻本　六册

500000－8701－0004321　D09/3:3/00654
重訂李義山詩集箋註三卷集外詩箋註一卷　（唐）李商隱著　（清）朱鶴齡註　（清）程夢星補註　**重訂李義山年譜一卷詩話一卷**　（清）程夢星編輯　清乾隆十一年（1746）江都汪氏東柯草堂刻本　四册

500000－8701－0004322　D09/3:4/00655
省軒考古類編十二卷　（清）柴紹炳纂　清雍正四年（1726）鐵嶺高氏刻本　六册

500000－8701－0004323　D09/3:4/00656
省軒考古類編十二卷　（清）柴紹炳纂　清雍正四年（1726）鐵嶺高氏刻本　六册

500000－8701－0004324　D09/3:4/00657
歲華紀麗四卷　（唐）韓鄂著　清康熙三十年（1691）錢塘高士奇刻本　一册

500000－8701－0004325　D09/3:4/00658
顏山雜記四卷　（清）孫廷銓纂　清康熙刻本　四册

500000－8701－0004326　D09/3:4/00659
倘湖樵書二編十二卷　（清）來集之纂輯　清乾隆五十三年（1788）刻本　十二册

500000－8701－0004327　D09/3:4/00660
國朝謚法考一卷　（清）王士禎編輯　清刻本　一册

500000－8701－0004328　D09/3:5/00661
柳亭詩話三十卷　（清）宋長白纂　清天茁園刻本　八册

500000－8701－0004329　D09/3:5/00662
已畦詩集十卷殘餘一卷　（清）葉燮撰　清康熙刻乾隆吳江葉氏二棄草堂補刻本　四册

500000－8701－0004330　D09/3:5/00663
布澤編詩文彙集二卷　題（□）浙江士民輯　清康熙刻本　二册

500000－8701－0004331　D09/3:5/00664
布澤編八卷　題(□)浙江士民輯　清康熙刻本　四册

500000－8701－0004332　D09/3:5/00665
律例圖說辨譌十卷荒政瑣言一卷　(清)萬維翰纂　清乾隆二十八年(1763)刻本　八册

500000－8701－0004333　D09/3:5/00666
讀律佩觿八卷讀律八法一卷　(明)王明德輯　清康熙刻本　十册

500000－8701－0004334　D09/3:5/00667
周易本義四卷圖說一卷卦歌一卷筮儀一卷　(宋)朱熹本義　清康熙三十年(1691)西泠關全美弘毅堂刻本　一册

500000－8701－0004335　D09/3:6/00668
梁昭明文選十二卷　(明)張鳳翼纂註　清康熙十一年(1672)吳郡張氏刻本　十二册

500000－8701－0004336　D09/3:6/00669
二曲集二十六卷　(清)李顒著　清康熙鄭重、高爾公刻本　八册

500000－8701－0004337　D09/3:7/00670
賴古堂集二十四卷附錄一卷　(清)周亮工著　清康熙十四年(1675)祥符周在浚刻本　六册　存二十三卷(一至二十三)

500000－8701－0004338　D09/3:7/00671
昌黎先生詩集注十一卷年譜一卷　(唐)韓愈著　(清)顧嗣立刪補　清康熙三十八年(1699)長洲顧氏秀野草堂刻本　六册

500000－8701－0004339　D09/3:7/00672
家寶新集八種　(清)石天基撰　清刻本　八册

500000－8701－0004340　D09/3:7/00673
增補陶朱公致富奇書八卷　(明)陳繼儒輯　清刻本　五册

500000－8701－0004341　D09/3:7/00674
詞律二十卷　(清)萬樹編　清康熙二十六年(1687)萬氏堆絮園刻本　十一册

500000－8701－0004342　D09/4:1/00675
紫陽方先生瀛奎律髓四十九卷　(元)方回撰　(清)陳士泰校　清康熙十九年(1680)長洲陳氏刻本　十册

500000－8701－0004343　D09/4:1/00676
六書分類十二卷首一卷　(清)傅世垚輯　清康熙四十四年(1705)汝南周氏聽松閣刻本　十四册

500000－8701－0004344　D09/4:1/00677
宋丞相文山先生全集二十卷　(宋)文天祥著　清康熙十二年(1673)吉水曾弘焉文堂刻本　十册

500000－8701－0004345　D09/4:2/00678
笠翁十種曲二十卷　(清)李漁著　清康熙刻本　十册

500000－8701－0004346　D09/4:2/00679
詩林韶濩二十卷　(清)顧嗣立類選　清康熙四十四年(1705)秀野草堂刻本　二十册

500000－8701－0004347　D09/4:2/00680
昭德先生郡齋讀書志五卷後志二卷　(宋)晁公武撰　清康熙六十一年(1722)海寧陳氏刻本　六册

500000－8701－0004348　D09/4:2/00681
石室秘籙六卷　(清)陳士鐸撰　清康熙二十八年(1689)本澄堂刻本　六册

500000－8701－0004349　D09/4:3/00682
御定歷代賦彙一百四十卷外集二十卷逸句二卷補遺二十二卷目錄二卷　(清)陳元龍編輯　清康熙四十五年(1706)內府刻本　二十五册　存七十二卷(一至三十、三十七至六十七、七十二至八十,目錄二卷)

500000－8701－0004350　D09/4:4/00683
西陂類稿五十卷　(清)宋犖著　清康熙毛扆、宋懷金等刻本　三十二册

500000－8701－0004351　D09/4:4/00684
宋詩鈔選初集十七種二集二十三種三集二十四種四集二十九種　(清)呂留良等選　清康熙十年(1671)朔洲吳之振鑑古堂刻本　三十

六冊

500000－8701－0004352　D09/4:5/00685
望溪先生文偶抄不分卷　（清）方苞撰　（清）王兆符　（清）程崟輯　清乾隆十一年（1746）歙縣程氏刻本　六冊

500000－8701－0004353　D09/4:5/00686
傷寒大成二種四卷附三種三卷　（清）張璐等撰　清乾隆至嘉慶金閶書業堂刻本　十冊

500000－8701－0004354　D09/4:5/00687
潛庵先生遺稿五卷　（清）湯斌著　（清）閻興邦評　清康熙二十九年（1690）刻本　十冊

500000－8701－0004355　D09/4:6/00688
春秋大事表五十卷綱領一卷偶筆一卷輿圖一卷附錄一卷　（清）顧棟高輯　清乾隆十三年至十四年（1748－1749）萬卷樓刻本　二十冊

500000－8701－0004356　D09/4:7/00689
鐵網珊瑚二十卷　（明）都穆編　清乾隆二十三年（1758）吳郡都肇斌刻本　四冊

500000－8701－0004357　D09/4:7/00690
鐵網珊瑚書品十卷畫品六卷　（明）朱存理集錄　清雍正六年（1728）刻本　十冊

500000－8701－0004358　D09/4:7/00691
玉茗堂還魂記二卷三十一齣　（明）湯顯祖撰　清快雨堂冰絲館刻本　四冊

500000－8701－0004359　D09/4:7/00692
玉茗堂還魂記二卷三十一齣　（明）湯顯祖撰　清快雨堂冰絲館刻本　四冊

500000－8701－0004360　D09/5:1/00693
洞霄圖志六卷首一卷　（元）鄧牧編　（元）孟宗寶集　清乾隆四十九年（1784）洞霄宮主持陳仁恩、張禮恭刻本　三冊

500000－8701－0004361　D09/5:1/00694
畫禪室隨筆四卷　（明）董其昌撰　清乾隆三十三年（1768）刻本　四冊

500000－8701－0004362　D09/5:1/00695
元詩選六卷補遺一卷　（清）顧奎光選輯　（清）陶瀚　（清）陶玉禾參評　清乾隆十六年（1751）錫山顧氏刻本　八冊

500000－8701－0004363　D09/5:1/00696
闕里文獻考一百卷首一卷末一卷　（清）孔繼汾撰　清乾隆二十七年（1762）刻本　八冊

500000－8701－0004364　D09/5:1/00697
國朝詩別裁集三十六卷　（清）沈德潛纂評　（清）翁照等輯　清乾隆二十三年（1758）吳縣蔣子宣刻本　十冊

500000－8701－0004365　D09/5:2/00698
芝龕記六卷　（清）董榕撰　清乾隆十六年（1751）刻本　四冊

500000－8701－0004366　D09/5:2/00699
文房肆攷圖說八卷　（清）唐秉鈞著　清乾隆嘉定唐氏竹映山莊刻本　四冊

500000－8701－0004367　D09/5:2/00700
康對山先生文集十卷附錄一卷　（明）康海著　（清）孫景烈編　清乾隆二十六年（1761）刻本　六冊

500000－8701－0004368　D09/5:2/00701
康對山先生文集十卷附錄一卷　（明）康海著　（清）孫景烈編　清乾隆二十六年（1761）刻本　六冊

500000－8701－0004369　D09/5:3/00702
西堂全集文集二十四卷詩集三十卷樂府六卷餘集六十七卷附湘中草六卷　（清）尤侗著　清乾隆刻本　四十冊

500000－8701－0004370　D09/5:4/00703
明詩別裁集十二卷　（清）沈德潛　（清）周準輯　清乾隆四年（1739）刻本　四冊

500000－8701－0004371　D09/5:4/00704
郭氏傳家易說十一卷總論一卷　（宋）郭雍著　清刻本　四冊

500000－8701－0004372　D09/5:4/00705
白茅堂集四十六卷　（清）顧景星著　清康熙刻本　十四冊　存四十二卷（一至四十二）

500000－8701－0004373　D09/5:5/00706
白茅堂集四十六卷　（清）顧景星著　清乾隆

三十年(1765)胡齊崙刻本　二十冊

500000－8701－0004374　D09/5:5/00707
陳司業集四種十一卷　(清)陳祖范著　清乾隆二十九年(1764)刻本　八冊

500000－8701－0004375　D09/5:6/00708
四書古人典林十二卷　(清)江永編　清乾隆三十九年(1774)刻本　五冊

500000－8701－0004376　D09/5:6/00709
訂譌雜錄十卷　(清)胡鳴玉撰　清乾隆二十三年(1758)刻本　二冊

500000－8701－0004377　D09/5:6/00710
板橋集六卷　(清)鄭燮著　清刻本　四冊

500000－8701－0004378　D09/5:6/00711
雪山集十六卷　(宋)王質撰　清乾隆武英殿聚珍版本　二冊

500000－8701－0004379　D09/5:6/00712
讀史管見三卷　(清)李晚芳著　清乾隆五十二年(1787)菉猗園刻本　三冊

500000－8701－0004380　D09/5:6/00713
楚辭評註十卷　(清)王萌評註　(清)王遠考音　清乾隆刻本　三冊

500000－8701－0004381　D09/5:6/00714
楚辭評註十卷　(清)王萌評註　(清)王遠考音　清乾隆刻本　一冊

500000－8701－0004382　D09/5:6/00715
杜律啓蒙十二卷　(唐)杜甫著　(清)邊連寶集注　清刻本　四冊

500000－8701－0004383　D09/5:7/00716
納書楹曲譜正集四卷續集四卷外集二卷補遺四卷　(清)葉堂訂譜　(清)王文治參訂　清乾隆五十七年至五十九年(1792－1794)刻本　十四冊

500000－8701－0004384　D09/5:7/00717
帶經堂全集七編九十二卷　(清)王士禎著　(清)程哲編校　清乾隆十二年(1747)七略書堂刻本　二十四冊

500000－8701－0004385　D10/1:1/00718
國朝翰詹源流編年二卷　(清)吳鼎雯撰　清乾隆五十八年(1793)固陵吳氏刻本　二冊

500000－8701－0004386　D10/1:1/00719
後山詩十二卷　(宋)陳師道撰　(宋)任淵注　清乾隆武英殿聚珍版本　六冊

500000－8701－0004387　D10/1:1/00720
弢甫五嶽集二十卷　(清)桑調元撰　清乾隆修汲堂刻本　六冊

500000－8701－0004388　D10/1:1/00721
松園印譜一卷　(清)賈永輯　清乾隆四十八年(1783)福壽堂鈐印本　二冊

500000－8701－0004389　D10/1:1/00722
吳詩集覽二十卷談藪二卷　(清)吳偉業撰　(清)靳榮藩輯　清乾隆刻本　十二冊

500000－8701－0004390　D10/1:2/00723
宋詩紀事一百卷　(清)厲鶚　(清)馬曰琯輯　清乾隆十一年(1746)刻本　二十四冊

500000－8701－0004391　D10/1:3/00724
十六國春秋一百卷　(北魏)崔鴻撰　清乾隆四十六年(1781)仁和汪氏欣託山房刻本　二十冊

500000－8701－0004392　D10/1:3/00725
曝書亭集詩註二十四卷朱竹垞先生年譜一卷　(清)朱彝尊撰　(清)楊謙纂　清乾隆楊氏木山閣刻本　十二冊

500000－8701－0004393　D10/1:4/00726
榕村語錄三十卷　(清)李光地撰　清刻本　十四冊

500000－8701－0004394　D10/1:4/00727
隨園詩話十六卷　(清)袁枚著　清乾隆五十五年(1790)刻本　四冊

500000－8701－0004395　D10/1:4/00728
榕村全集四十卷　(清)李光地撰　清乾隆元年(1736)刻本　十六冊

500000－8701－0004396　D10/1:4/00729
國朝詩別裁集三十六卷　(清)沈德潛纂評

清乾隆二十四年(1759)長洲沈氏刻本　十八册

500000－8701－0004397　D10/1:5/00730
湘管齋寓賞編六卷　(清)陳焯輯　清乾隆四十七年(1782)刻本　六册

500000－8701－0004398　D10/1:5/00731
湘管齋寓賞續編六卷　(清)陳焯輯　清嘉慶六年(1801)刻本　六册

500000－8701－0004399　D10/1:5/00732
賦鈔箋畧十五卷　(清)雷琳　(清)張杏濱箋　清乾隆三十一年(1766)刻本　四册

500000－8701－0004400　D10/1:5/00733
閒居偶錄十二卷　(清)徐時作著　清乾隆四十年(1775)刻本　四册

500000－8701－0004401　D10/1:5/00734
恩餘堂經進初稿十二卷續稿二十二卷三稿十一卷　(清)彭元瑞撰　清刻本　十六册

500000－8701－0004402　D10/1:6/00735
國朝五言長律賡颺集十六卷　(清)張日珣　(清)邱先德編輯　清乾隆刻本　十册

500000－8701－0004403　D10/1:6/00736
隨園詩話十六卷補遺十卷　(清)袁枚著　清乾隆五十七年(1792)刻本　十二册

500000－8701－0004404　D10/1:6/00737
擷芳集八十卷　(清)汪啟淑選　清乾隆五十年(1785)古歙汪氏飛鴻堂刻本　十八册　存六十四卷(一至二十、三十七至八十)

500000－8701－0004405　D10/1:7/00738
四書朱子語類三十八卷　(清)張履祥摘抄　清康熙四十年(1701)南陽講習堂刻本　七册　存三十四卷(五至三十八)

500000－8701－0004406　D10/1:7/00739
銅鼓書堂遺稾三十二卷　(清)查禮撰　清乾隆五十七年(1792)刻本　四册

500000－8701－0004407　D10/1:7/00740
在陸草堂文集六卷　(清)儲欣著　(清)吴之彦編次　清雍正元年(1723)淑慎堂刻本　三册

500000－8701－0004408　D10/1:7/00741
墨池編二十卷　(宋)朱長文纂　**印典八卷**　(清)朱象賢編　清雍正十一年(1733)就閒堂刻本　八册

500000－8701－0004409　D10/2:1/00742
誠一堂琴譜六卷琴談二卷　(清)程允基選訂　清康熙四十四年(1705)刻本　六册

500000－8701－0004410　D10/2:1/00743
周易洗心十卷　(清)任啟運傳　清雍正八年(1730)刻本　六册

500000－8701－0004411　D10/2:1/00744
巽香集二卷　(清)王巖纂　(清)陸廷掄選　清康熙二十二年(1683)刻本　二册

500000－8701－0004412　D10/2:1/00745
近光集二十八卷　(清)汪士鋐編纂　(清)徐修仁注　清康熙五十八年(1719)長洲汪氏刻本　十册

500000－8701－0004413　D10/2:1/00746
思綺堂文集十卷　(清)章藻功撰注　清康熙六十一年(1722)錢塘章氏刻本　十册

500000－8701－0004414　D10/2:2/00747
憺園文集三十六卷　(清)徐乾學著　清康熙三十六年(1697)崑山徐氏冠山堂刻本　六册

500000－8701－0004415　D10/2:2/00748
羅圭峰先生文集三十卷首一卷　(明)羅玘著　清康熙二十九年(1690)刻本　十册

500000－8701－0004416　D10/2:2/00749
蘭雪堂古事苑定本十二卷　(明)鄧志謨編輯　清康熙二十五年(1686)蘭雪堂刻本　四册

500000－8701－0004417　D10/2:2/00750
南州草堂集三十卷楓江漁父圖題詞一卷青門集一卷　(清)徐釚著　清康熙三十四年(1695)菊莊刻本　四册

500000－8701－0004418　D10/2:3/00751
史記論文一百三十卷　(清)吳見思評點　清康熙二十六年(1687)山陰吳氏刻本　三十

二冊

500000－8701－0004419　D10/2:4/00752
日知錄三十二卷　（清）顧炎武著　清康熙三十四年（1695）吳江潘氏遂初堂刻本　十冊

500000－8701－0004420　D10/2:4/00753
受祺堂詩三十五卷　（清）李因篤著　清康熙三十八年（1699）刻本　十二冊

500000－8701－0004421　D10/2:4/00754
杜詩詳註三十一卷首一卷　（唐）杜甫撰　（清）仇兆鰲輯註　清康熙三十二年（1693）刻本　二十六冊

500000－8701－0004422　D10/2:5/00755
杜詩詳註二十五卷首一卷附編二卷　（唐）杜甫撰　（清）仇兆鰲輯註　清康熙三十二年（1693）刻本　十四冊

500000－8701－0004423　D10/2:5/00756
廣理學備考八十種八十卷　（清）范鄗鼎彙編　清康熙五經堂刻本　四十八冊

500000－8701－0004424　D10/2:7/00757
日下舊聞四十二卷補遺四十二卷　（清）朱彝尊纂　（清）朱昆田補遺　清康熙二十七年（1688）刻本　二十四冊

500000－8701－0004425　D10/2:7/00758
日下舊聞四十二卷補遺四十二卷　（清）朱彝尊纂　（清）朱昆田補遺　清康熙二十七年（1688）刻本　十二冊

500000－8701－0004426　D10/3:1/00759
施愚山先生全集七種九十六卷　（清）施閏章撰　（清）施彥淳　（清）施彥恪錄輯　清康熙四十七年（1708）曹氏楝亭刻乾隆施念曾等續刻本　十二冊　存六種九十三卷（施愚山先生學餘文集二十八卷、施愚山先生學餘詩集五十卷、施愚山先生別集一至三、施愚山先生年譜四卷、施氏家風述略一卷續編一卷、隨村先生遺集六卷）

500000－8701－0004427　D10/3:1/00760
施愚山先生全集七種九十六卷　（清）施閏章撰　（清）施彥淳　（清）施彥恪錄輯　清康熙四十七年（1708）曹氏楝亭刻乾隆施念曾等續刻本　二十冊

500000－8701－0004428　D10/3:2/00761
午亭文編五十卷　（清）陳廷敬編　（清）林佶輯錄　清乾隆四十三年（1778）林佶刻本　十六冊

500000－8701－0004429　D10/3:2/00762
午亭文編五十卷　（清）陳廷敬編　（清）林佶輯錄　清乾隆四十三年（1778）林佶刻本　十六冊

500000－8701－0004430　D10/3:2/00763
午亭文編五十卷　（清）林佶輯錄　清乾隆四十三年（1778）林佶刻本　十六冊

500000－8701－0004431　D10/3:3/00764
王荊公唐百家詩選二十卷　（宋）王安石輯　清康熙四十三年（1704）宋犖、丘迥刻本　十冊

500000－8701－0004432　D10/3:3/00765
史外三十二卷　（清）汪有典纂　清刻本　十二冊

500000－8701－0004433　D10/3:4/00766
格致鏡原一百卷　（清）陳元龍編　清康熙五十六年（1717）刻雍正十三年（1735）印本　二十四冊

500000－8701－0004434　D10/3:4/00767
鈍翁前後類稿六十二卷續稿五十六卷汪伯子箯菴遺稾一卷姑蘇楊柳枝詞一卷　（清）汪琬著　**寸碧堂詩集二卷外集一卷**　（明）汪膺撰　清康熙二十二年至二十四年（1683－1685）刻本　二十冊

500000－8701－0004435　D10/3:5/00768
鈍翁前後類稿六十二卷續稿五十六卷汪伯子箯菴遺稾一卷姑蘇楊柳枝詞一卷　（清）汪琬著　**寸碧堂詩集二卷外集一卷**　（明）汪膺撰　清康熙二十二年至二十四年（1683－1685）刻本　十八冊　存九十四卷（前後類稿六十二卷，續稿一至三十、五十五至五十六）

500000－8701－0004436　D10/3:5/00769
古香齋鑒賞袖珍春明夢餘錄七十卷　(清)孫承澤著　清刻本　二十四册

500000－8701－0004437　D10/3:5/00770
東谷集七種五十一卷　(清)白胤謙著　清順治十八年至康熙二十三年(1661－1684)東麓李氏刻本　二十册

500000－8701－0004438　D10/3:6/00771
攻媿集一百十二卷　(宋)樓鑰撰　清刻本　五十册

500000－8701－0004439　D10/4:1/00772
飴山詩集二十卷　(清)趙執信著　清乾隆十七年(1752)刻本　四册

500000－8701－0004440　D10/4:1/00773
困學紀聞二十卷　(宋)王應麟著　清乾隆三年(1738)馬氏叢書樓刻本　八册

500000－8701－0004441　D10/4:1/00774
忠武誌八卷　(清)張鵬翮輯　(清)劉廷璣　(清)方允猷校　清康熙四十四年(1705)遂寧張氏刻本　八册

500000－8701－0004442　D10/4:1/00775
鄢署雜鈔十二卷首一卷末一卷　(清)汪為熹輯　清康熙五十二年(1713)汪氏綸嘏堂刻本　六册

500000－8701－0004443　D10/4:1/00776
敬業堂詩續集六卷　(清)查慎行著　清查學開刻本　一册

500000－8701－0004444　D10/4:1/00777
陶山集十六卷　(宋)陸佃撰　清乾隆武英殿木活字印本　四册

500000－8701－0004445　D10/4:1/00778
兼山堂弈譜一卷　(清)徐星友撰　清康熙五十八年(1719)刻本　二册

500000－8701－0004446　D10/4:2/00779
有懷堂詩藁六卷　(清)韓菼著　清康熙四十二年(1703)刻本　二册

500000－8701－0004447　D10/4:2/00780
有懷堂文藁二十二卷　(清)韓菼著　清康熙四十二年(1703)刻本　六册

500000－8701－0004448　D10/4:2/00781
陳迦陵文集六卷　(清)陳維崧撰　(清)陸元輔等選　清康熙二十六年(1687)陳宗石患立堂刻本　六册

500000－8701－0004449　D10/4:2/00782
八劉唐人詩不分卷　(清)劉雲份編　清刻本　二册

500000－8701－0004450　D10/4:2/00783
敬業堂詩續集六卷　(清)查慎行著　清查學開刻本　二册

500000－8701－0004451　D10/4:2/00784
敬業堂詩續集六卷　(清)查慎行著　清查學開刻本　二册

500000－8701－0004452　D10/4:2/00785
敬業堂詩集四十八卷　(清)查慎行著　清康熙五十八年(1719)刻本　十二册

500000－8701－0004453　D10/4:3/00786
漁洋山人精華錄十卷　(清)王士禛撰　(清)林佶編　清康熙三十九年(1700)林佶刻本　五册

500000－8701－0004454　D10/4:3/00787
漁洋山人精華錄十卷　(清)王士禛撰　(清)林佶編　清康熙三十九年(1700)林佶刻本　十册

500000－8701－0004455　D10/4:3/00788
周濂溪先生全集十三卷　(宋)周敦頤著　(清)張伯行編輯　清康熙四十七年(1708)正誼堂刻本　四册

500000－8701－0004456　D10/4:3/00789
大廣益會玉篇三十卷　(南朝梁)顧野王撰　(唐)孫強增字　(宋)陳彭年重修　清康熙四十三年(1704)張士俊刻本　六册

500000－8701－0004457　D10/4:4/00790
大學大全章句一卷中庸大全章句二卷論語集註大全二十卷孟子集註大全十四卷　(清)陸

隴其輯　清康熙刻本　十八册

500000－8701－0004458　D10/4:5/00791
遂初堂集詩十六卷文二十卷别集四卷　(清)潘耒著　清康熙吴江潘氏刻本　十二册

500000－8701－0004459　D10/4:5/00792
隆平集二十卷　(宋)曾鞏編撰　清康熙四十九年(1710)彭氏七業堂刻本　六册

500000－8701－0004460　D10/4:5/00793
國朝三家文鈔三十二卷　(清)宋犖　(清)許汝霖選　清康熙三十三年(1694)刻本　八册

500000－8701－0004461　D10/4:6/00794
靜惕堂詩集四十四卷　(清)曹溶著　清雍正三年(1725)李維鈞刻本　五册

500000－8701－0004462　D10/4:6/00795
桃花扇傳奇二卷　(清)孔尚任編　清刻本　八册

500000－8701－0004463　D10/4:6/00796
桃花扇傳奇二卷　(清)孔尚任編　清刻本　十二册

500000－8701－0004464　D10/4:6/00797
檀几叢書初集五帙五十卷五十種二集五帙五十卷五十種　(清)王晫　(清)張潮輯　清康熙三十四年(1695)新安張氏霞舉堂刻本　十二册

500000－8701－0004465　D10/4:7/00798
重訂香屑集箋註十八卷首一卷末一卷　(清)黄之雋著　清雍正十二年(1734)海寧陳氏刻本　六册

500000－8701－0004466　D10/4:7/00799
初月樓聞見錄十卷　(清)吴德旋著　清道光二年(1822)刻本　三册

500000－8701－0004467　D10/4:7/00800
景德鎮陶錄十卷　(清)藍浦著　(清)鄭廷桂補輯　清嘉慶二十年(1815)翼經堂刻本　四册

500000－8701－0004468　D10/4:7/00801
靳文襄公奏疏八卷　(清)靳輔著　(清)靳治豫編次　清雍正刻本　六册　存六卷(三至八)

500000－8701－0004469　D10/4:7/00802
芝菴雜記四卷　(清)陸雲錦著　清嘉慶八年(1803)婁東陸氏刻本　一册

500000－8701－0004470　D10/4:7/00803
蔡中郎集十卷外紀一卷外集四卷列傳一卷年表一卷　(漢)蔡邕撰　清咸豐三年(1853)聊城楊氏海源閣刻本　四册

500000－8701－0004471　D10/4:7/00804
國朝未栞遺書志略一卷　(清)朱記榮輯錄　清光緒十八年(1892)徐氏觀自得齋刻本　一册

500000－8701－0004472　D10/4:7/00805
儀禮十七卷附校錄一卷續校一卷　(漢)鄭玄注　清嘉慶二十年(1815)吴縣黄氏讀未見書齋刻本　四册

500000－8701－0004473　D10/5:1/00806
靳文襄公奏疏八卷　(清)靳輔著　清雍正靳治豫刻本　八册

500000－8701－0004474　D10/5:1/00807
國朝六家詩鈔八卷　(清)劉執玉選　清乾隆三十二年(1767)刻本　四册

500000－8701－0004475　D10/5:1/00808
宋孫仲益内簡尺牘十卷　(宋)孫覿著　(宋)李祖堯編注　(清)蔡焯增訂　清乾隆十二年(1747)刻本　四册

500000－8701－0004476　D10/5:1/00809
定山堂詩集三十七卷　(清)龔鼎孳著　清康熙十二年(1673)刻本　四册

500000－8701－0004477　D10/5:1/00810
淳熙稿二十卷　(宋)趙蕃撰　清刻本　十二册

500000－8701－0004478　D10/5:2/00811
渠亭山人半部稿一卷　(清)張貞撰　清康熙安丘張氏刻本　二册

500000－8701－0004479　D10/5:2/00812

元詩選初集九卷首一卷 （清）顧嗣立輯 清康熙三十三年(1694)長洲顧氏秀野草堂刻本 十一册 存八卷(二至九)

500000－8701－0004480 D10/5∶2/00813
西湖志四十八卷 （清）李衛 （清）程元章總裁 （清）傅王露修 清雍正十三年(1735)刻本 二十册

500000－8701－0004481 D10/5∶3/00814
西湖志四十八卷 （清）李衛 （清）程元章總裁 （清）傅王露修 清雍正九年(1731)刻本(卷四十七至四十八爲補配本) 十九册 存四十五卷(一至二十六、三十至四十八)

500000－8701－0004482 D10/5∶4/00815
元詩選初集九卷首一卷 （清）顧嗣立輯 清康熙三十三年(1694)長洲顧氏秀野草堂刻本 十四册

500000－8701－0004483 D10/5∶5/00816
澄鑒堂琴譜不分卷指法二卷 （清）徐常遇集 清康熙二十五年(1686)澄鑒堂刻本 八册

500000－8701－0004484 D10/5∶5/00817
元詩選三集一百三卷 （清）顧嗣立輯 清康熙三十三年至五十九年(1694－1720)長洲顧氏秀野草堂刻本 六册

500000－8701－0004485 D10/5∶5/00818
元詩選二集不分卷 （清）顧嗣立輯 清康熙四十一年(1702)長洲顧氏秀野草堂刻本 十二册

500000－8701－0004486 D10/5∶6/00819
元詩選癸集十卷 （清）顧嗣立輯 （清）席世臣補 清嘉慶常熟席氏刻本(卷九至十係補配) 十五册 缺一卷(十下)

500000－8701－0004487 D10/5∶6/00820
王陽明先生全集二十二卷首一卷 （明）王守仁撰 （清）俞嶙輯 清康熙餘姚俞嶙刻本 二十册

500000－8701－0004488 D10/5∶7/00821
[康熙]資縣總志八卷 （清）樸懷德修 （清）周壯雷纂 清康熙二十五年(1686)刻本 一册

500000－8701－0004489 D10/5∶7/00822
[乾隆]蒲臺縣志四卷首一卷 （清）嚴文典修 （清）任相纂 清乾隆二十八年(1763)刻本 四册

500000－8701－0004490 D10/5∶7/00823
[乾隆]白水縣志四卷首一卷 （清）梁善長輯修 清乾隆十九年(1754)刻本 四册

500000－8701－0004491 D10/5∶7/00824
[康熙]高要縣志二十九卷 （清）譚桓修 （清）梁登胤纂 清康熙十二年(1673)刻本 十四册

500000－8701－0004492 D10/5∶7/00825
[乾隆山西]鳳臺縣志二十卷首一卷 （清）林荔修 （清）姚學甲纂 清乾隆四十九年(1784)刻本 十册

500000－8701－0004493 D11/1∶1/00826
[乾隆]直隸綿州志十九卷 （清）屠用謙修 （清）何雄齊等編輯 清乾隆元年(1736)刻本 十二册

500000－8701－0004494 D11/1∶1/00827
[乾隆]普寧縣志十卷首一卷 （清）蕭麟趾修 （清）梅奕紹等纂 清乾隆十年(1745)刻本 八册

500000－8701－0004495 D11/1∶1/00828
[乾隆]餘姚志四十卷 （清）唐若瀛修 （清）邵晉涵纂 清乾隆四十三年(1778)修四十六年(1781)刻本 十册

500000－8701－0004496 D11/1∶1/00829
[乾隆]天津縣志二十四卷 （清）朱奎揚 （清）張志奇修 （清）吳廷華等纂 清乾隆四年(1739)刻本 八册

500000－8701－0004497 D11/1∶2/00831
[乾隆]直隸秦州新志十二卷首一卷末一卷 （清）費廷珍修 （清）胡釴編次 清乾隆二十九年(1764)刻本 三十二册

500000－8701－0004498　D11/1:3/00832
[乾隆]武鄉縣志六卷首一卷　(清)白鶴修　(清)史傳遠纂輯　清乾隆五十五年(1790)刻本　六冊

500000－8701－0004499　D11/1:3/00833
[康熙]武鄉縣志六卷　(清)高鉷修　(清)宋蒼霖等纂　清康熙三十一年(1692)刻本　六冊

500000－8701－0004500　D11/1:3/00834
[康熙]臨海縣志十五卷首一卷　(清)洪若皋編輯　清康熙十二年(1673)修二十二年(1683)刻本　八冊

500000－8701－0004501　D11/1:3/00835
武功縣志三卷首一卷　(明)康海纂　(清)孫景烈評註　清乾隆二十六年(1761)瑪星阿刻本　二冊

500000－8701－0004502　D11/1:3/00836
[乾隆]解州安邑縣運城志十六卷首一卷　(清)言如泗修　(清)呂瀶等纂　清乾隆二十九年(1764)刻解州全志本　四冊

500000－8701－0004503　D11/1:4/00837
[乾隆]趙城縣志二十四卷首一卷末一卷　(清)李升階纂輯　清乾隆二十五年(1760)刻本　八冊

500000－8701－0004504　D11/1:4/00838
[乾隆]灌縣志十二卷首一卷末一卷　(清)孫天寧纂修　清乾隆五十一年(1786)刻本　八冊

500000－8701－0004505　D11/1:4/00840
[乾隆]解州安邑縣運城志十六卷首一卷　(清)言如泗修　(清)呂瀶等纂　清乾隆二十九年(1764)刻解州全志本　四冊

500000－8701－0004506　D11/1:4/00841
[乾隆]曲阜縣志一百卷　(清)潘相修　(清)潘承熾編　清乾隆三十九年(1774)刻本　十二冊

500000－8701－0004507　D11/1:5/00842
[乾隆]曲阜縣志一百卷　(清)潘相修　(清)潘承熾編　清乾隆三十九年(1774)刻本　十二冊

500000－8701－0004508　D11/1:5/00843
[康熙]內鄉縣志十二卷　(清)竇鼎望修　(清)高佑釲編次　清康熙三十二年(1693)刻本　四冊

500000－8701－0004509　D11/1:5/00844
[雍正]猗氏縣志八卷　(清)潘鉞纂輯　(清)吳啓元　(清)高紹烈原編　(清)宋之樹重輯　(清)何世勳等編次　清康熙五十六年(1717)修雍正七年(1729)續修刻本　四冊

500000－8701－0004510　D11/1:5/00845
[乾隆]汾陽縣志十四卷首一卷　(清)李文起修　(清)戴震纂　清乾隆三十七年(1772)刻本　六冊

500000－8701－0004511　D11/1:5/00846
[乾隆]絳縣志十四卷　(清)拉昌阿修　(清)王本智纂　清乾隆三十年(1765)刻本　四冊

500000－8701－0004512　D11/1:6/00847
[乾隆]臨榆縣志十四卷首一卷　(清)鍾和梅纂修　清乾隆二十一年(1756)刻本　十冊

500000－8701－0004513　D11/1:6/00848
[康熙]河內縣志五卷　(清)李橒修　(清)蕭家蕙　(清)史璉纂　清康熙三十二年(1693)刻本　五冊

500000－8701－0004514　D11/1:6/00849
[乾隆]郿縣志十八卷首一卷　(清)李帶雙修　(清)張若纂　清乾隆四十三年(1778)刻本　四冊

500000－8701－0004515　D11/1:6/00850
[雍正]萬載縣志十六卷首一卷　(清)張金城纂修　(清)楊浣雨等編輯　清雍正十一年(1733)刻本　十冊

500000－8701－0004516　D11/1:7/00851
[乾隆]寧夏府志二十二卷首一卷　(清)丁廷

榩等修　(清)趙吉士等纂　清乾隆四十五年(1780)刻本　十五冊

500000－8701－0004517　D11/2:1/00852
[康熙]徽州府志十八卷圖一卷　(清)丁廷榩等修　(清)趙吉士等纂　清康熙三十八年(1699)刻本　十七冊

500000－8701－0004518　D11/2:1/00853
[康熙]徽州府志十八卷圖一卷　(清)丁廷榩等修　(清)趙吉士等纂　清康熙三十八年(1699)刻本　十冊

500000－8701－0004519　D11/2:1/00854
[乾隆]淳化縣志三十卷　(清)萬廷樹修　(清)洪亮吉纂　清乾隆四十九年(1784)刻本　八冊

500000－8701－0004520　D11/2:1/00855
[康熙]鼎修霍州志十卷　(清)黄復生修　(清)黄翊聖纂　清康熙十二年(1673)刻本　四冊

500000－8701－0004521　D11/2:2/00856
[乾隆]郃陽縣全志四卷　(清)孫景烈撰次　(清)陳宏謀評點　清乾隆三十四年(1769)刻本　五冊

500000－8701－0004522　D11/2:2/00857
[乾隆]震澤縣志三十八卷首一卷　(清)陳和志修　(清)倪師孟　(清)沈彤纂輯　清乾隆十一年(1746)刻本　八冊

500000－8701－0004523　D11/2:2/00858
黄山志定本七卷首一卷　(清)閔麟嗣等纂次　清康熙二十五年(1686)刻本　七冊

500000－8701－0004524　D11/2:2/00859
臥龍崗志二卷　(清)羅景輯　(清)羅鈵校　清康熙五十一年(1712)刻清補刻本　二冊

500000－8701－0004525　D11/2:2/00860
黄山志十卷　(清)釋弘眉等編輯　清康熙八年(1669)刻本　十冊

500000－8701－0004526　D11/2:3/00861
黄山志定本七卷首一卷　(清)閔麟嗣等纂次　清康熙二十五年(1686)刻乾隆三十二年(1767)閔道隆補刻本　七冊

500000－8701－0004527　D11/2:3/00862
[康熙]蒙化府志六卷首一卷　(清)蔣旭修　(清)陳金珏纂　清康熙三十七年(1698)刻本　六冊

500000－8701－0004528　D11/2:3/00863
寶華山志十五首一卷　(清)釋定菴基祖輯　(清)劉名芳纂修　清刻本　四冊

500000－8701－0004529　D11/2:4/00864
[乾隆]蒲州府志二十四卷圖一卷　(清)周景柱等纂修　清乾隆十九年(1754)刻本　十冊

500000－8701－0004530　D11/2:4/00865
[乾隆]平江縣志二十五卷首一卷末一卷　(清)謝仲坃纂修　(清)石文成增修　清乾隆八年(1743)修二十年(1755)增修刻本　十冊

500000－8701－0004531　D11/2:5/00866
[康熙]順義縣志五卷　(清)黄成章修纂　(清)張大酉較訂　清康熙五十九年(1720)刻本　四冊　存四卷(一至二、四至五)

500000－8701－0004532　D11/2:5/00867
智囊補二十八卷　(清)馮夢龍重輯　清刻本　十冊

500000－8701－0004533　D11/2:5/00868
庾子山集十六卷　(北周)庾信著　(清)倪璠註釋　**年譜一卷總釋一卷**　(清)倪璠編　清康熙二十六年(1687)崇岫堂刻本　十二冊

500000－8701－0004534　D11/2:5/00869
青邱高季迪先生詩集十八卷遺詩一卷扣舷集一卷附錄一卷鳧藻集五卷首一卷　(明)高啟撰　(清)金檀輯注　清刻本　十二冊

500000－8701－0004535　D11/2:6/00870
白香山詩長慶集二十卷後集十七卷別集一卷補遺二卷　(唐)白居易撰　(清)汪立名編　清康熙四十一年至四十二年(1702－1703)汪立名一隅草堂刻本　十二冊

500000－8701－0004536　D11/2:6/00871

駢體文鈔三十一卷　(清)李兆洛編　清光緒八年(1882)刻本　八冊

500000-8701-0004537　D11/2:6/00872
澄懷園語四卷　(清)張廷玉撰　清同治十一年(1872)張保齡刻本　一冊

500000-8701-0004538　D11/2:6/00873
文選六十卷　(南朝梁)蕭統撰　(唐)李善注　清同治八年(1869)金陵書局刻本　十冊

500000-8701-0004539　D11/2:7/00874
曝書亭集八十卷附錄一卷　(清)朱彝尊撰
笛漁小稿十卷　(清)朱昆田撰　(清)楊謙註　清康熙五十三年(1714)曹荔軒刻本　十二冊

500000-8701-0004540　D11/2:7/00875
理學宗傳二十六卷　(清)孫奇逢輯　(清)魏一鰲　(清)孫立雅編　清康熙五年(1666)著臺張氏刻本　十二冊

500000-8701-0004541　D11/2:7/00876
施註蘇詩四十二卷目錄二卷東坡年譜一卷王注正譌一卷蘇詩續補遺二卷　(宋)蘇軾撰　(宋)施元之註　(清)邵長蘅等刪補　清康熙三十八年(1699)宋犖刻本　十二冊

500000-8701-0004542　D11/3:1/00877
七十家賦鈔六卷　(清)張惠言纂輯　清道光元年(1821)合河康氏刻本　二冊

500000-8701-0004543　D11/3:1/00878
詞源斠律二卷　鄭文焯撰　清光緒書帶草堂刻本　一冊

500000-8701-0004544　D11/3:1/00879
曝書亭集八十卷　(清)朱彝尊撰　清刻本　七冊　存二十三卷(六至十二、六十五至八十)

500000-8701-0004545　D11/3:1/00880
楳花庵印存不分卷　(□)□□撰　清鈐印本　二冊

500000-8701-0004546　D11/3:1/00881
唐詩選十三卷　王闓運撰　清宣統三年(1911)東洲刻本　十冊

500000-8701-0004547　D11/3:2/00882
唐詩解五十卷　(清)唐汝詢選釋　清順治十六年(1659)萬笈堂刻本　十冊

500000-8701-0004548　D11/3:2/00883
杜詩鏡銓二十卷附錄一卷年譜一卷　(唐)杜甫撰　(清)楊倫編輯　清乾隆九柏山房刻本　十二冊

500000-8701-0004549　D11/3:2/00884
爾雅漢注三卷　(清)臧鏞堂撰　(清)孫馮翼校　清嘉慶七年(1802)刻本　三冊

500000-8701-0004550　D11/3:2/00885
古文彙鈔十卷　(清)蔣銘輯　清康熙蔣氏刻本　七冊　存七卷(一至七)

500000-8701-0004551　D11/3:2/00886
杜詩鏡銓二十卷附錄一卷年譜一卷　(唐)杜甫撰　(清)楊倫編輯　清乾隆九柏山房刻本　八冊

500000-8701-0004552　D11/3:2/00887
牡丹亭還魂記二卷　(明)湯顯祖著　清刻本　一冊

500000-8701-0004553　D11/3:3/00888
彙刻書目二十卷　(清)顧修編　清光緒十五年(1889)上海福瀛書局刻本　十冊

500000-8701-0004554　D11/3:3/00889
類林新詠三十六卷　(清)姚之駰撰　清康熙刻本　十冊

500000-8701-0004555　D11/3:3/00890
坤皋鐵筆二卷自序一卷　(清)鞠履厚篆　清乾隆二十年(1755)鈐印本　一冊

500000-8701-0004556　D11/3:3/00891
杜工部集二十卷諸家詩話一卷唱酬題詠附錄一卷附錄一卷　(唐)杜甫撰　(清)錢謙益箋註　清康熙六年(1667)刻本　八冊

500000-8701-0004557　D11/3:3/00892
全唐詩話八卷　(宋)尤袤輯　(清)孫濤訂　清乾隆三十九年(1774)浙江石門孫氏刻本

四冊

500000－8701－0004558　D11/3:3/00893
韓文起十二卷　(唐)韓昌黎撰　(清)林雲銘評註　清康熙三十二年(1693)刻本　四冊

500000－8701－0004559　D11/3:3/00894
坤皋鐵筆二卷自序一卷　(清)鞠履厚篆　清乾隆二十年(1755)鈐印本　二冊

500000－8701－0004560　D11/3:4/00895
新鍥詳明醒世筭法五卷　(清)吳道行編輯　清雍正七年(1729)刻本　一冊

500000－8701－0004561　D11/3:4/00896
好學爲福齋文鈔二卷　(清)俞樾著　清咸豐元年(1851)刻本　二冊

500000－8701－0004562　D11/3:4/00897
彙選攜笈通書二卷　(明)王繼廉撰　清經畬堂刻本　二冊

500000－8701－0004563　D11/3:4/00898
輶軒語三卷　(清)張之洞著　趙熙評點　清光緒二年(1876)成都刻本　一冊

500000－8701－0004564　D11/3:4/00899
玉津樂府第五一卷　胡薇元撰　清末刻本　一冊

500000－8701－0004565　D11/3:4/00900
湘綺樓八代詩選二十卷　王闓運輯　清光緒七年(1881)四川尊經書局刻本　六冊

500000－8701－0004566　D11/3:4/00901
西河合集經集五十一種二百三十六卷文集六十六種二百五十七卷　(清)毛奇齡撰　清刻本　一百冊

500000－8701－0004567　D11/3:5/00902
宋百家詩存二十卷　(清)曹庭棟選　清乾隆六年(1741)嘉善曹氏二六書堂刻本　四十冊

500000－8701－0004568　D11/3:7/00903
清獻堂集八種五十七卷　(清)趙佑著　清乾隆仁和趙氏刻本　三十冊

500000－8701－0004569　D11/4:1/00904
存研樓文集十六卷二集二十五卷　(清)儲大文著　清乾隆九年至十九年(1744－1754)存研樓刻本　二十冊

500000－8701－0004570　D11/4:1/00905
眉公詩鈔八卷　(明)陳繼儒撰　明崇禎刻本　三冊

500000－8701－0004571　D11/4:1/00906
宋邵康節先生伊川擊壤集九卷集外詩一卷附洛陽邵氏三世名賢行實圖像錄　(宋)邵雍撰　(明)吳瀚摘註　(明)吳泰增注　清刻本　六冊

500000－8701－0004572　D11/4:2/00907
水經注釋四十卷首一卷附錄二卷水經注箋刊誤十二卷　(清)趙一清錄　清乾隆五十九年(1794)小山堂刻本　十六冊

500000－8701－0004573　D11/4:2/00908
寶繪錄二十卷　(明)張泰階纂　清知不足齋刻本　八冊

500000－8701－0004574　D11/4:3/00909
柯山集五十卷　(宋)張耒撰　清刻本　十二冊

500000－8701－0004575　D11/4:3/00910
景文集六十二卷　(宋)宋祁撰　清刻本　十冊

500000－8701－0004576　D11/4:4/00911
史通通釋二十卷附錄一卷　(清)浦起龍釋　清乾隆十七年(1752)浦氏求放心齋刻本　十冊

500000－8701－0004577　D11/4:4/00912
夢樓詩集二十四卷　(清)王文治著　清乾隆六十年(1795)刻本　六冊

500000－8701－0004578　D11/4:4/00913
李義山詩文集詳註二種十三卷　(唐)李商隱著　(清)馮浩編訂　清乾隆四十五年(1780)桐城馮氏德聚堂刻本　八冊

500000－8701－0004579　D11/4:4/00914
本朝館閣詩二十卷附錄一卷續附錄一卷

(清)阮學浩　(清)阮學濬編次　清乾隆二十三年(1758)困學書屋刻本　十二册

500000－8701－0004580　D11/4:5/00915
宋朝事實二十卷　(宋)李攸著　清乾隆四十一年(1776)武英殿木活字印本　十六册

500000－8701－0004581　D11/4:5/00916
經韻樓叢書七種　(清)段玉裁著　清嘉慶至道光元年(1821)金壇段氏刻本　三十二册

500000－8701－0004582　D11/4:6/00917
船山詩草二十卷　(清)張問陶撰　清嘉慶二十年(1815)石韞玉刻本　六册

500000－8701－0004583　D11/4:6/00918
有竹居集十六卷　(清)任兆麟著　(清)任以治編　清嘉慶二十四年(1819)兩廣節署刻本　八册

500000－8701－0004584　D11/4:6/00919
詩傳大全二十卷綱領一卷諸國世次圖一卷詩序一卷　(明)胡廣等輯　明崇禎吴郡顧凝遠詩瘦閣刻本　十四册

500000－8701－0004585　D11/4:6/00920
漢制考四卷　(宋)王應麟著　明崇禎海虞毛氏汲古閣刻本　四册

500000－8701－0004586　D11/4:6/00921
袁文箋正十六卷補注一卷　(清)袁枚著　(清)石韞玉箋　清嘉慶十七年(1812)吴縣石氏刻本　六册

500000－8701－0004587　D11/4:7/00922
琴心記二卷　(明)孫柚著　明崇禎常熟毛氏汲古閣刻本　二册

500000－8701－0004588　D11/4:7/00923
飛丸記二卷　(明)□□著　明崇禎常熟毛氏汲古閣刻本　二册

500000－8701－0004589　D11/4:7/00924
荆釵記二卷　(明)朱權著　明崇禎常熟毛氏汲古閣刻本　二册

500000－8701－0004590　D11/4:7/00925
東郭記二卷四十四齣　(明)孫仁孺著　明崇禎常熟毛氏汲古閣刻本　四册

500000－8701－0004591　D11/4:7/00926
迪吉録八卷首一卷　(明)顔茂猷著　明樂善堂刻本　七册　存七卷(一、三至八)

500000－8701－0004592　D11/4:7/00927
醫無閭子醫貫六卷　(明)趙獻可撰　清刻本　一册　存三卷(一至三)

500000－8701－0004593　D11/4:7/00928
五代史補五卷　(宋)陶岳撰　**闕文一卷**　(宋)王禹偁撰　明末琴川毛氏汲古閣刻本　二册

500000－8701－0004594　D11/4:7/00929
四書典林三十卷　(清)江永編　清雍正十三年(1735)刻本　十二册

500000－8701－0004595　D11/5:1/00930
帶經堂詩話三十卷首一卷　(清)王士禎著　清刻本　八册

500000－8701－0004596　D11/5:1/00931
子史精華一百六十卷　(清)吴襄等纂修　清雍正五年(1727)武英殿刻本　二十册

500000－8701－0004597　D11/5:2/00932
貫華堂選批唐才子詩甲集七言律八卷　(清)金人瑞選批　(清)金雍注　清刻本　四册　存四卷(四至七)

500000－8701－0004598　D11/5:2/00933
帶經堂詩話三十卷首一卷　(清)王士禎著　清同治十二年(1873)廣州藏脩堂刻本　十册

500000－8701－0004599　D11/5:3/00934
清吟堂全集十五種七十七卷　(清)高士奇撰　清康熙十七年至三十九年(1678－1700)刻本　十册　存十一種六十卷(清吟堂集九卷,神功聖德詩一卷,皇帝親平漠北頌一卷,扈從東巡日録二卷附録一卷,扈從西巡日録一卷,苑西集十二卷,歸田集十四卷,隨輦集十卷、續集一卷,經進文稿六卷,竹窗詞一卷,蔬香詞一卷)

500000－8701－0004600　D11/5:3/00935

漁洋山人精華録箋注十二卷補一卷　（清）王士禛撰　（清）金榮箋注　（清）徐淮纂輯　**年譜一卷**　（清）惠棟撰　清鳳翽堂刻本　六冊

500000－8701－0004601　D11/5：4/00936
全唐詩九百卷目錄十二卷　（清）曹寅等編　清康熙四十四年（1705）刻本　一百二十冊

500000－8701－0004602　D11/5：5/00937
全唐詩九百卷目錄十二卷　（清）曹寅等編　清康熙四十四年（1705）刻本　九十九冊　缺一百三十九卷（第六函第四冊：張弘靖韓察崔恭陸灃胡證張賈張文規一卷、張仲素一卷、庾承宣鄭澣張彙陳通方李應陳師穆李季何李程高弁席夔李行敏陳諷崔護一卷、李翱皇甫湜樊宗師盧儲皇甫松馬異一卷、呂溫二卷；第十函第一冊：張賁崔璐李縠崔璞魏朴羊昭業顧萱鄭璧一卷、司空圖三卷、周繇一卷、聶夷中一卷、顧雲一卷、張喬二卷，第二冊：曹唐二卷、來鵠一卷、李山甫一卷、李咸用三卷、胡曾一卷，第三冊：方干六卷、羅鄴一卷，第四冊、羅隱十一卷，第五冊：羅虬一卷、鄭損張禕盧攜李廷璧許三畏盧嗣業牛嶠鄭合李搏李克恭程賀盧尚卿顧在鎔翁洮李嶼鄭啟韓儀溫憲姚巖傑一卷、高蟾一卷、章碣一卷、秦韜玉一卷、唐彥謙二卷、周朴一卷，第六冊：鄭谷四卷、許彬一卷、崔塗一卷，第七冊：韓偓四卷、吳融四卷，第八冊：孫偓盧扆薛昭緯盧翺狄歸昌裴廷裕李洸裴贄盧汝弼一卷、陸希聲李昭象一卷、王駕王渙戴司顏吳仁璧汪極張曙林嵩一卷、杜荀鶴三卷、張道古唐廩王轂孫郃褚載鄭準陳乘一卷，第九冊：韋莊六卷、王貞白一卷，第十冊：張蠙一卷、翁承贊一卷、黃滔二卷；第十二函第一冊：寒山一卷、拾得豐干一卷、慧宣法宣惠偘慧淨海順道恭辨才僧鳳利涉道會中寤義淨寶月景雲理瑩金地藏懷素一卷、靈一一卷、靈澈大易法照釋泚麗蘊一卷、護國法振一卷、清江一卷、無可二卷，第二冊：皎然七卷、廣宣一卷、含曦善生韜光知玄元孚栖白應物智亮良乂常達僧鸞神穎澹交文秀懷楚貺章一卷、子蘭一卷、可止雲表歸仁卿雲隱巒冷然大愚懷濬恒超淨顯修雅元寂若虛文益無則謙光一卷，第三冊：貫休十二卷，第四冊：齊已一至七，第五冊：齊已八至十、尚顏虛中栖蟾一卷、可朋曇域栖一處默修睦無作清尚乾康一卷、曇翼隱求智達無悶尚志玄寶懷浦亞栖惟審慕幽釋彪法輪尚能常雅滄浩若水文鑑一卷、慈恩寺沙門水心寺僧無名釋南唐僧吳越僧唐末僧神迥可隆爾鳥元礎悟清契盈澹然庭實知業雲容元幽志定靈準荊州僧一卷，第六冊：司馬承禎張氲司馬退之裴翛然軒轅彌明陳寡言李昇范堯佐徐靈府吳子來一卷、吳筠一卷、杜光庭一卷、鄭遨虞有賢程紫霄舒道紀彭曉魚又玄一卷、呂巖四卷，第七冊：孫思邈葉法善張果許宣平成真人朱子真申歡李遐周趙惠宗欒清韓湘侯道華裴航鍾離權一卷、馬湘張辭陸禹臣李真殷七七張令問吳涵虛李夢符沈廷瑞譚峭伊用昌許堅許碏張白段穀趙自然李浩藍采和一卷、清遠道士春臺仙酒肆布衣嵩嶽諸仙芙蓉古丈夫毛女希道隱者廣陵道士黃冠野夫蜀中酒閣道人章江書生蔦嶺書生成都醉道士樵夫李公佐僕木客許大許學士紫微孫處士青城丈人太乙真君方壺居士太白山玄士鄰道塲人無名氏無名氏劉道昌李太玄曲龍山仙陳復休鄭冠卿陳蓬伊夢昌一卷、張雲容崔少玄戚逍遙卓英英眉娘一卷）

500000－8701－0004603　D11/5：7/00938
四書大全□□卷　（清）汪份輯　清康熙長洲汪氏遄喜齋刻本　十九冊　存三十五卷（大學一至四，中庸章句一、或問一，論語三至二十，孟子一至八、十一至十三）

500000－8701－0004604　D12/1：1/00939
四書大全四十二卷　（清）汪份輯　清康熙四十一年（1702）長洲汪氏遄喜齋刻本　二十四冊

500000－8701－0004605　D12/1：2/00940
松厓文稿一卷松厓文稿次編一卷蘭山詩草一卷松花菴詩草一卷松花菴遊草一卷松花菴逸草一卷松花菴詩餘一卷松花菴律古一卷律古續稿一卷松花菴集唐一卷韻史一卷　（清）吳鎮著　（清）楊芳燦選　清乾隆五十五年（1790）蘭山書院刻本　十冊

500000－8701－0004606　D12/1：2/00941

飴山詩集二十卷文集十二卷附錄一卷　(清)趙執信著　清乾隆十七年至三十九年(1752－1774)趙氏因園刻本　八册

500000－8701－0004607　D12/1:2/00942
叢碧山房文集八卷　(清)龐塏著　清康熙刻本　二册

500000－8701－0004608　D12/1:2/00943
杭大宗七種叢書十八卷　(清)杭世駿撰　清乾隆仁和杭賓仁刻本　六册

500000－8701－0004609　D12/1:2/00944
蘇文忠公海外集二十二卷年譜一卷首一卷　(宋)蘇軾撰　(清)樊庶編註　清康熙四十五年(1706)江都樊氏得樹軒刻本　七册　存十六卷(經傳一卷、詩五言一卷、詩七言一卷、五言律一卷、七言律一卷、五言絕一卷、七言絕一卷、贊一卷、頌一卷、傳一卷、碑記一卷、說一卷、尺牘一卷、啟一卷,年譜一卷,首一卷)

500000－8701－0004610　D12/1:3/00945
御選歷代詩餘一百二十卷　(清)沈辰垣等纂　清康熙四十六年(1707)內府刻本　三十二册

500000－8701－0004611　D12/1:4/00946
徑山藏□□種　(□)□□撰　明末清初嘉興府刻本　二十册　存二十六種一百一卷(根本說一切有部目得迦六至十,彌沙塞部五分律十一至二十,曇無德部四分律刪補隨機羯磨一至四,解脫戒本經一卷,優波離問經一卷,根本說一切有部戒經一卷,佛說迦葉禁戒經一卷,佛說犯戒罪輕重經一卷,佛說戒消災經一卷,佛說優婆塞五戒相經一卷,根本說一切有部毗奈耶一至五,十誦律四十一至四十五,增壹阿含經六至十、三十六至五十,大哀經一至五,大薩遮尼乾子受經經一至五,大乘大悲分陀得經六至八,善思童子經二卷,郁迦羅越問菩薩經一卷,幻士仁賢經一卷,佛說決定毗尼經一卷,發覺浄心經二卷,大方等大集經一至五,大乘大集地藏十輪經六至十,大方等大集月藏經一至五,大方廣佛華嚴經五十一至五十五,大方等大集經二十六至三十)

500000－8701－0004612　D12/1:5/00947
北史一百卷　(唐)李延壽撰　清光緒二十年(1894)上海同文書局影印本　二十四册

500000－8701－0004613　D12/1:6/00948
小倉山房全集□□卷　(清)袁枚著　清刻本　十四册　存四十七卷(小倉山房詩集一至四、三十二至三十四,補遺二卷;文集一至三十二;外集一至六)

500000－8701－0004614　D12/1:6/00949
湯子遺書十卷年譜一卷附錄一卷　(清)湯斌撰　清刻本　十二册

500000－8701－0004615　D12/1:7/00950
孝經註疏九卷正義一卷　(宋)邢昺校　明崇禎二年(1629)毛氏汲古閣刻本　一册

500000－8701－0004616　D12/1:7/00951
因樹屋書影十卷　(清)周亮工撰　清雍正三年(1725)祥符周氏懷德堂刻本　六册

500000－8701－0004617　D12/1:7/00952
阮亭選志壑堂詩十五卷　(清)唐夢賚撰　(清)王士禛選　清刻本　二册

500000－8701－0004618　D12/1:7/00953
古文約編十卷附錄一卷　(清)倪承茂訂　清雍正十年(1732)天都潘大炳懷古堂刻本　五册

500000－8701－0004619　D12/2:1/00954
前漢紀三十卷　(漢)荀悅撰　**兩漢紀字句異同考一卷**　(清)蔣國祚撰　清康熙三十五年(1696)襄平蔣國祥、蔣國祚刻本　八册

500000－8701－0004620　D12/2:1/00955
納書楹曲譜全集二十二卷　(清)葉堂訂譜　(清)王文治參訂　清乾隆五十七年(1792)刻本　八册　存四種八卷(納書楹牡丹亭全譜二卷、納書楹南柯記全譜二卷、納書楹紫釵記全譜二卷、納書楹邯鄲記全譜二卷)

500000－8701－0004621　D12/2:1/00956
慎鸞交傳奇二卷三十齣　(清)李漁編次　清刻本　二册

500000－8701－0004622　D12/2:1/00957
鐘鼎字源五卷　(清)汪立名編　清康熙五十五年(1716)錢塘汪氏一隅草堂刻本　四冊

500000－8701－0004623　D12/2:1/00958
欽定滿洲源流考二十卷　(清)阿桂等編　(清)平恕等纂修　清刻本　八冊

500000－8701－0004624　D12/2:2/00959
尚史七十卷　(清)李鍇纂　清乾隆三十八年(1773)刻本　二十四冊

500000－8701－0004625　D12/2:2/00960
邵子湘全集青門簏稾十六卷旅稾六卷賸稾八卷附邵氏家錄二卷　(清)邵長蘅纂　清康熙青門草堂刻本　十六冊

500000－8701－0004626　D12/2:3/00961
邵子湘全集青門簏稾十六卷旅稾六卷賸稾八卷附邵氏家錄二卷　(清)邵長蘅纂　(清)邵璿　(清)邵衷赤編　清康熙三十二年至三十八年(1693－1699)刻本　十六冊

500000－8701－0004627　D12/2:3/00962
邵子湘全集青門簏稾十六卷旅稾六卷賸稾八卷附邵氏家錄二卷　(清)邵長蘅纂　(清)邵璿　(清)邵衷赤編　清康熙三十二年至三十八年(1693－1699)刻本　八冊　存十九卷(青門簏稾一至五、九至十一、十五至十六,旅稾一至四,賸稾四至八)

500000－8701－0004628　D12/2:3/00963
徐位山先生六種　(清)徐文靖撰　清雍正元年至乾隆二十年(1723－1755)志寧堂刻本　十六冊

500000－8701－0004629　D12/2:4/00964
宋詩紀事一百卷　(清)厲鶚　(清)馬曰琯輯　清乾隆十一年(1746)樊榭山房刻本　二十四冊

500000－8701－0004630　D12/2:5/00965
茅鹿門集八卷　(明)茅坤著　(清)張汝瑚選　清康熙二十一年(1682)刻本　四冊

500000－8701－0004631　D12/2:5/00966
元豐類稿五十卷　(宋)曾鞏著　清康熙四十九年(1710)刻本　十冊

500000－8701－0004632　D12/2:5/00967
集古聯句一卷　(清)鍾德祥輯　清光緒三年(1877)仁和葛氏嘯園刻本　一冊

500000－8701－0004633　D12/2:5/00968
竹葉亭雜記八卷　(清)姚元之著　清光緒十九年(1893)陽湖汪洵署檢刻本　二冊

500000－8701－0004634　D12/2:5/00969
大雲山房文稿初集四卷　(清)惲敬著　清嘉慶二十年(1815)武寧盧旬宣刻本　四冊

500000－8701－0004635　D12/2:5/00970
大雲山房文稿二集四卷　(清)惲敬著　清嘉慶二十一年(1816)長洲宋揚光刻本　四冊

500000－8701－0004636　D12/2:6/00971
御定駢字類編二百四十卷　(清)沈宗敬等纂修　清雍正四年(1726)北京內府刻本　一百九冊　存二百三卷(五至十七、二十二至三十七、三十九至一百六、一百九至一百十六、一百十九、一百二十二至一百四十五、一百五十六至一百八十一、一百八十八至二百二十二、二百二十五至二百二十六、二百二十九至二百三十六、二百三十九至二百四十)

500000－8701－0004637　D12/3:1/00972
繻襦記二卷四十一齣　(明)徐霖著　明末虞山毛氏汲古閣刻本　二冊

500000－8701－0004638　D12/3:1/00973
芝庭先生集十八卷附錄一卷　(清)彭啟豐著　清乾隆六十年(1795)長洲彭紹升刻本　六冊

500000－8701－0004639　D12/3:1/00974
積古齋鐘鼎彝器款識十卷　(清)阮元編　清嘉慶九年(1804)揚州阮氏刻本　四冊

500000－8701－0004640　D12/3:1/00975
梅村詩鈔三卷　(清)吳偉業撰　清刻本　一冊

500000－8701－0004641　D12/3∶1/00976
賢首五教儀註懸談二卷　(隋)釋灌頂集並注　(清)釋心蓮較編　清刻本　一冊

500000－8701－0004642　D12/3∶1/00977
老子章義二卷　(清)姚鼐撰　清同治九年(1870)桐城吳氏刻本　一冊

500000－8701－0004643　D12/3∶2/00978
諸子奇賞前集五十一卷　(明)陳仁錫評選　明天啟六年(1626)刻本　十六冊

500000－8701－0004644　D12/3∶2/00979
諸子奇賞後集六十卷　(明)陳仁錫評選　明天啟六年(1626)刻本　十六冊

500000－8701－0004645　D12/3∶3/00980
八編類纂二百八十五卷附六經圖六卷　(明)陳仁錫纂評　明天啟六年(1626)刻本　四十冊

500000－8701－0004646　D12/3∶5/00981
檀几叢書初集五帙五十卷五十種二集五帙五十卷五十種餘集二卷四十七種附政一卷十種　(清)王晫　(清)張潮輯　清康熙三十四年(1695)新安張氏霞舉堂刻本　二十冊　存九十一卷一百三十四種(初集第一帙:三百篇鳥獸草木記一卷、月令演一卷、歷代甲子考一卷、二十一史徵一卷、黜朱梁紀年論一卷、韻史一卷、釋奠考一卷、臚傳紀事一卷,第二帙:喪禮雜說常禮雜說一卷、喪禮或問一卷、錦帶連珠一卷、操觚十六觀一卷、十七帖述一卷、龜臺琬琰一卷、稚黃子一卷、東江子一卷,第三帙:猶見篇一卷、七勸口號一卷、元寶公案一卷、聯莊一卷聯騷一卷、琴聲十六法一卷,第四帙:鶴齡錄一卷、新婦譜一卷、新婦譜補一卷、新婦譜補一卷、美人譜一卷、婦人鞋襪考一卷、七療一卷、郁單越頌一卷、地理驪珠一卷、雁山雜記一卷、越問一卷,第五帙:真率會約一卷、酒律一卷、酒箴一卷、觴政五十則一卷、廣抑戒錄一卷、農具記一卷、怪石贊一卷、惕庵石譜一卷、端溪硯石考一卷、羽族通譜一卷、獸經一卷、江南魚鮮品一卷、虎丘茶經注補一卷、荔枝話一卷,二集第一帙:逸亭易論一卷、孟子考一卷、人譜補圖一卷、教孝編一卷、仕的一卷、古觀人法一卷、古人居家居鄉法一卷,第二帙:幼訓一卷、少學一卷、俗砭一卷、燕翼篇一卷、艾言一卷、訓蒙條例一卷、拙翁庸語一卷、醉筆堂三十六善一卷、七怪一卷,第三帙:華山經一卷、三江考一卷、黔中雜記一卷、苗俗紀聞一卷、念佛三昧一卷、佛解一卷,第四帙:漁洋詩話一卷、文房約一卷、蕈溪自課一卷、讀書燈一卷、學畫淺說一卷、廣惜字說一卷、古歡社約一卷、彷園清語一卷、鴛鴦牒一卷、祓庵黛史一卷、小星志一卷、豔體聯珠一卷,第五帙:觀石錄一卷、紅術軒紫泥法定本一卷、陽羨茗壺系一卷、洞山岕茶系一卷、桐階副墨一卷、南村觴政一卷、鴿經一卷,餘集二卷:山林經濟策、讀書法、根心堂學規、家塾座右銘、洗塵法、香雪齋樂事、客齋使令反、一歲芳華、芸窗雅事、菊社約、豆腐戒、清戒、友約、灌園十二師、約言、詩本事、劍氣、石交、燈謎、宦海慈航、病約三章、即堂十戒、婦德四箴、半庵笑政、書齋快事、負卦、古今外國名考、廣東月令、黔西古跡考、明制女官考、五嶽約、攬勝圖、南極諸星考、引勝小約、酒警、酒政六則、酒約、彷園酒評、簋貳約、小半斤謠、四十張紙牌說、選石記、美人揉碎梅花回文圖、西湖六橋桃評、竹連珠、征南射法、黃熟香考)

500000－8701－0004647　D12/3∶6/00982
禮記省度四卷　(清)彭頤纂　清乾隆四十五年(1780)金閶書業堂刻朱墨套印本　四冊

500000－8701－0004648　D12/3∶6/00983
六書正譌五卷　(元)周伯琦編注　(明)胡正言訂　明崇禎胡氏十竹齋刻本　二冊

500000－8701－0004649　D12/3∶6/00984
金雀記二卷三十齣　(明)□□著　明末虞山毛氏汲古閣刻本　二冊

500000－8701－0004650　D12/3∶6/00985
金蓮記二卷三十六齣　(明)陳汝元著　明末虞山毛氏汲古閣刻本　四冊

500000－8701－0004651　D12/3∶6/00986

韓非子二十卷　(戰國)韓非撰　(明)孫鑛批點　(明)鍾之衣訂正　明末刻本　二冊

500000－8701－0004652　D12/3:6/00987
宸垣識畧十六卷　(清)吳長元輯　清乾隆五十三年(1788)池北草堂刻本　八冊

500000－8701－0004653　D12/3:7/00988
樂府詩集一百卷　(宋)郭茂倩編　明末毛氏汲古閣刻本　二十冊

500000－8701－0004654　D12/4:1/00989
舊唐書二百卷　(五代)劉昫等纂修　明嘉靖十八年(1539)聞人詮刻本　七十八冊

500000－8701－0004655　D12/4:5/00990
新編古今事文類聚前集六十卷後集五十卷續集二十八卷別集三十二卷　(宋)祝穆輯　**新集三十六卷外集十五卷**　(元)富大用輯　**遺集十五卷**　(元)祝淵輯　明萬曆唐富春德壽堂刻本　七十冊　缺一卷(續集一)

500000－8701－0004656　F105757－58
琴譜新聲六卷　(清)曹尚絅等訂　清同治五年(1866)刻本　二冊

500000－8701－0004657　F105759－60
山門新語二卷　(清)周贇著　清光緒十九年(1893)刻本　二冊

500000－8701－0004658　F105765－66
琴瑟合譜二卷　(清)慶瑞撰　清同治九年(1870)刻本　二冊

500000－8701－0004659　F105770－75
五知齋琴譜八卷　(清)周魯封彙纂　清栖心琴社刻本　六冊

500000－8701－0004660　F105776－81
五知齋琴譜八卷　(清)周魯封彙纂　清刻本　六冊

500000－8701－0004661　F105782－87
五知齋琴譜八卷　(清)周魯封彙纂　清刻本　六冊

500000－8701－0004662　F105788－93
五知齋琴譜八卷　(清)周魯封彙纂　清刻本　六冊

500000－8701－0004663　F105794－97
與古齋琴譜四卷　(清)祝鳳喈撰　清咸豐五年(1855)浦城祝氏刻本　四冊

500000－8701－0004664　F105802
琴學入門二卷　(清)張鶴輯　清同治六年(1867)刻本　一冊

500000－8701－0004665　F105803－04
琴學入門二卷　(清)張鶴輯　清同治六年(1867)刻本　二冊

500000－8701－0004666　F105805－06
琴學入門二卷　(清)張鶴輯　清同治六年(1867)刻本　二冊

500000－8701－0004667　F105807－09
琴學入門二卷　(清)張鶴輯　清同治六年(1867)刻本　三冊

500000－8701－0004668　F105810－13
蓼懷堂琴譜不分卷　(清)雲志高撰　清刻本　四冊

500000－8701－0004669　F105814－17
蓼懷堂琴譜不分卷　(清)雲志高撰　清刻本　四冊

500000－8701－0004670　F105818－49
天聞閣琴譜十六卷外一卷首一卷　(清)唐彝銘纂集　清光緒二年(1876)刻本　三十二冊

500000－8701－0004671　F105850－73
天聞閣琴譜十六卷外一卷首一卷　(清)唐彝銘纂集　清光緒二年(1876)刻本　二十四冊

500000－8701－0004672　F105913－20
自遠堂琴譜十二卷　(清)吳灴彙輯　清嘉慶七年(1802)刻本　八冊

500000－8701－0004673　F105921－28
自遠堂琴譜十二卷　(清)吳灴彙輯　清嘉慶六年(1801)刻本　八冊

500000－8701－0004674　F105934
樂府新編陽春白雪前集五卷後集五卷　(元)

楊朝英選集　清光緒三十一年(1905)南陵徐氏影元刻本　一册

500000－8701－0004675　F105935
琴操二卷　(漢)蔡邕撰　清嘉慶十一年(1806)刻本　一册

500000－8701－0004676　F105937－38
聲律通考十卷　(清)陳澧撰　清咸豐十年(1860)番禺陳氏刻本　一册

500000－8701－0004677　F105939－40
蕉庵琴譜四卷　(清)秦維瀚撰　清光緒三年(1877)刻本　二册

500000－8701－0004678　F105941－46
蕉庵琴譜四卷　(清)秦維瀚撰　清光緒三年(1877)刻本　六册

500000－8701－0004679　F105948－53
德音堂琴譜十卷　(清)汪簡心輯　清康熙六十年(1721)刻本　六册

500000－8701－0004680　F105954－59
琴譜諧聲六卷　(清)周顯著　清刻本　六册

500000－8701－0004681　F105960－62
松風閣琴譜不分卷　(清)程雄選訂　清刻本　三册

500000－8701－0004682　F105963－64
松風閣琴譜二卷　(清)程雄選定　**松風閣指法二卷**　(清)莊臻鳳原譜　(清)程雄訂正　清刻本　二册

500000－8701－0004683　F105965－66
抒懷操一卷　(清)程雄輯　清刻本　二册

500000－8701－0004684　F105975－78
琴學入門四卷　(清)張鶴輯　清宣統元年(1909)刻本　四册

500000－8701－0004685　F105979－82
琴學入門四卷　(清)張鶴輯　清宣統元年(1909)刻本　四册

500000－8701－0004686　F105983－88
大還閣琴譜六卷谿山琴況不分卷萬峯閣指法閟箋不分卷　(清)徐谼撰　**學琴説一卷**　(清)徐愈撰　清康熙十二年(1673)三韓蔡毓榮刻本　六册

500000－8701－0004687　F105989－94
大還閣琴譜六卷谿山琴況不分卷萬峯閣指法閟箋不分卷　(清)徐谼撰　**學琴説一卷**　(清)徐愈撰　清康熙十二年(1673)三韓蔡毓榮刻本　六册

500000－8701－0004688　F105995－96
孟廬札記八卷　(清)沈銘彝輯　清道光八年(1828)刻本　二册

500000－8701－0004689　F105999－6006
大樂原音七卷　(清)潘士權著　清乾隆十年(1745)刻本　八册

500000－8701－0004690　F106007－10
枯木禪琴譜八卷　(清)釋空塵雲閒著　(清)朱敏文選　清光緒十九年(1893)刻本　四册

500000－8701－0004691　F106011－14
枯木禪琴譜八卷　(清)釋空塵雲閒著　(清)朱敏文選　清光緒十九年(1893)刻本　四册

500000－8701－0004692　F106015－20
治心齋琴學練要五卷　(清)王善編輯　清乾隆刻本　六册

500000－8701－0004693　F106027
樂律攷二卷　(清)徐灝撰　清光緒十三年(1887)刻本　一册

500000－8701－0004694　F106028－31
研露樓琴譜四卷首一卷　(清)崔應階撰　清同治三年(1864)刻本　四册

500000－8701－0004695　F106032－35
琴學正聲六卷　(清)沈琯輯　清刻本　四册

500000－8701－0004696　F106036－41
誠一堂琴譜六卷　(清)程允基選訂　清刻本　六册

500000－8701－0004697　F106042－47
誠一堂琴譜六卷　(清)程允基選訂　清刻本　六册

500000－8701－0004698　F106052－57
御製律呂正義二編四卷　清刻本　六冊

500000－8701－0004699　F106072－77
歷朝史印十卷　(清)董學圯纂　(清)吳叔元釋　清道光九年(1829)楚橋書局刻鈐印本　六冊

500000－8701－0004700　F106161－62
桃花泉奕譜二卷　(清)范西屏撰　清乾隆刻本　二冊

500000－8701－0004701　F106163－66
桃花泉奕譜二卷　(清)范西屏撰　清乾隆刻本　四冊

500000－8701－0004702　F106171－78
揚州畫舫錄十八卷　(清)李斗著　清刻本　八冊

500000－8701－0004703　F106179
玉臺畫史二卷　(清)湯漱玉輯　清道光十一年(1831)刻本　一冊

500000－8701－0004704　F106180
玉臺畫史五卷　(清)湯漱玉輯　清同治至光緒劉氏刻述古叢鈔本　一冊

500000－8701－0004705　F106193－96
桐陰論畫二卷首一卷續桐陰論畫一卷桐陰畫訣一卷　(清)秦祖永著　清同治三年(1864)刻朱墨套印本　四冊

500000－8701－0004706　F106197－200
桐陰論畫二卷首一卷續桐陰論畫一卷桐陰畫訣一卷桐陰論畫二編二卷桐陰論畫三編二卷　(清)秦祖永著　清光緒八年(1882)刻朱墨套印本　四冊

500000－8701－0004707　F106242－73
歷代畫史彙傳七十二卷首一卷目錄三卷附錄二卷　(清)彭蘊璨編　清道光五年(1825)刻本　三十二冊

500000－8701－0004708　F106299－314
虛齋名畫錄十六卷　龐元濟撰　清宣統元年(1909)刻本　十六冊

500000－8701－0004709　F106319
天全石錄不分卷　陳矩著　清光緒二十九年(1903)刻本　一冊

500000－8701－0004710　F106325
玉雨堂書畫記四卷　(清)韓泰華撰　清刻本　一冊

500000－8701－0004711　F106342－53
清河書畫舫十二卷附補遺　(明)張丑撰　清刻本　十二冊

500000－8701－0004712　F106354－65
清河書畫舫十二卷附補遺　(明)張丑撰　清刻本　十二冊

500000－8701－0004713　F106370
樗繭譜一卷　(清)鄭珍纂　(清)莫友芝註　清宣統元年(1909)貴州遵義府官書局鉛印本　一冊

500000－8701－0004714　F106371
樗繭譜一卷　(清)鄭珍纂　(清)莫友芝註　清宣統元年(1909)貴州遵義府官書局鉛印本　一冊

500000－8701－0004715　F106372－73
立雪齋琴譜二卷首一卷　(清)汪紱著　清光緒二十三年(1897)刻本　二冊

500000－8701－0004716　F106374－75
立雪齋琴譜二卷首一卷　(清)汪紱著　清光緒二十二年(1896)刻本　二冊

500000－8701－0004717　F106389
琴操二卷　(漢)蔡邕撰　清光緒六年(1880)刻本　一冊

500000－8701－0004718　F106390－93
海天琴思錄八卷　(清)林昌彝輯　清刻本　四冊

500000－8701－0004719　F106394
琴苑二卷　(明)夏樹芳編　明刻本　一冊

500000－8701－0004720　F106395－98
梅華菴二香琴譜十卷　(清)蔣文勳撰　清道光十三年(1833)刻本　四冊

500000－8701－0004721　F106399－402
臥雲樓琴譜八卷指法二卷　（清）馬兆辰訂正　清康熙刻本　四册

500000－8701－0004722　F106403－08
琴譜諧聲六卷　（清）周顯著　清嘉慶二十五年（1820）刻本　六册

500000－8701－0004723　F106409－14
琴譜諧聲六卷　（清）周顯著　清嘉慶二十五年（1820）刻本　六册

500000－8701－0004724　F106427－30
庚子銷夏記八卷　（清）孫承澤撰　清宣統三年（1911）掃葉山房石印本　四册

500000－8701－0004725　F106463－68
墨林今話十八卷　（清）蔣寶齡撰　**續編一卷**　（清）蔣茝生撰　清咸豐二年（1852）刻本　六册

500000－8701－0004726　F106491－506
歷代畫史彙傳七十二卷首一卷目錄三卷附錄二卷　（清）彭蘊璨編　清道光五年（1825）刻本　十六册

500000－8701－0004727　F106575－81
國朝書人輯略十一卷首一卷　震鈞輯　清光緒三十四年（1908）刻本　八册

500000－8701－0004728　F106582－83
國朝畫徵錄三卷明人附錄一卷續錄二卷　（清）張庚著　清乾隆刻本　二册

500000－8701－0004729　F106585－600
穰梨館過眼錄四十卷續錄十六卷　（清）陸心源編　清光緒十七年（1891）吳興陸氏家塾刻本　十六册

500000－8701－0004730　F106601－24
古香齋鑒賞袖珍春明夢餘錄七十卷　（清）孫承澤著　清光緒九年（1883）刻本　二十四册

500000－8701－0004731　F106625－28
習苦齋畫絮十卷　（清）戴熙撰　（清）惠年編輯　清光緒十九年（1893）刻本　四册

500000－8701－0004732　F106629－30
選集漢印分韻二卷　（清）袁日省原本　（清）謝雲生摹錄　清嘉慶刻本　二册

500000－8701－0004733　F106632－39
畫學心印八卷　（清）秦祖永輯　清光緒四年（1878）刻朱墨套印本　八册

500000－8701－0004734　F106640－41
甌鉢羅室書畫過目攷四卷首一卷附一卷　（清）李玉棻編輯　清刻本　二册

500000－8701－0004735　F106642－45
無聲詩史七卷　（清）姜紹書輯　清康熙五十九年（1720）刻本　四册

500000－8701－0004736　F106657－68
嘯亭雜録八卷續録二卷　（清）昭槤撰　清刻本　十二册

500000－8701－0004737　F106670－71
閱微草堂筆記擇要二卷　（清）紀昀撰　題（清）籜園居士選訂　清光緒十五年（1889）泉唐沈氏刻本　二册

500000－8701－0004738　F106672－81
閱微草堂筆記二十四卷　（清）紀昀撰　清刻本　十册

500000－8701－0004739　F106682－91
閱微草堂筆記二十四卷　（清）紀昀撰　清刻本　十册

500000－8701－0004740　F106692－95
郎潛紀聞十四卷　（清）陳康祺著　清光緒六年（1880）刻本　四册

500000－8701－0004741　F106696－701
郎潛紀聞十四卷　（清）陳康祺著　清光緒六年（1880）刻本　六册

500000－8701－0004742　F106712－15
皇華紀聞四卷　（清）王士禎撰　清康熙二十九年（1690）刻本　四册

500000－8701－0004743　F106716－23
孫文恭公遺書七種　（明）孫應鰲撰　清光緒鉛印本　八册

500000－8701－0004744　F106724－35
管城碩記三十卷　(清)徐文靖著　清刻本　十二冊

500000－8701－0004745　F106737－59
東周列國全志二十三卷一百八回　(清)蔡奡評點　清光緒刻本　二十三冊

500000－8701－0004746　F106761－64
定香亭筆談四卷　(清)吳文溥錄　清光緒二十五年(1899)刻本　四冊

500000－8701－0004747　F106765－66
竹葉亭雜記八卷　(清)姚元之著　清光緒十九年(1893)刻本　二冊

500000－8701－0004748　F106779－96
湖南苗防屯政考十五卷首一卷補編一卷　(清)但湘良纂　清光緒刻本　十八冊

500000－8701－0004749　F106797－800
唐語林八卷附校勘記一卷　(宋)王讜撰　清光緒十九年(1893)湖北官書處刻本　四冊

500000－8701－0004750　F106801－06
茶香室叢鈔二十三卷目錄一卷　(清)俞樾著　清光緒九年(1883)刻本　六冊

500000－8701－0004751　F106807－14
茶香室續鈔二十五卷目錄一卷　(清)俞樾著　清光緒九年(1883)刻本　八冊

500000－8701－0004752　F106815－24
秘書二十一種　(清)汪士漢輯　清刻本　十冊

500000－8701－0004753　F106825－34
陔餘叢考四十三卷　(清)趙翼著　清乾隆五十六年(1791)刻本　十冊

500000－8701－0004754　F106835－50
容齋隨筆十六卷續筆十六卷三筆十六卷四筆十六卷五筆十卷　(宋)洪邁撰　清光緒二十年(1894)衣江官廨刻本　十六冊

500000－8701－0004755　F106861
庚癸原音六種附一種　(清)繆闐撰　清同治五年(1866)蕪湖繆氏刻本　一冊　存五種五卷(律呂通今圖說一卷、律易一卷、原音瑣辨一卷、律呂名義算數辨一卷、附同治甲子未上書一卷)

500000－8701－0004756　F106862
絃徽宣祕不分卷音調定程不分卷　(清)繆闐手訂　清同治五年(1866)蕪湖繆氏刻本　一冊

500000－8701－0004757　F106884－91
茶香室三鈔二十九卷目錄一卷　(清)俞樾撰　清刻本　八冊

500000－8701－0004758　F106892
漢印偶存不分卷　(清)姚覲元藏　清刻咫進齋叢書本　一冊

500000－8701－0004759　F106894
墨石齋印稿不分卷　(清)俞琦篆　清光緒七年(1881)鈐印本　一冊

500000－8701－0004760　F106905－12
瞻麓齋古印徵不分卷　龔心釗輯　清光緒十九年(1893)瞻麓齋鈐印本　八冊

500000－8701－0004761　F106913－22
吳讓之印存不分卷　(清)西泠印社輯　清同治二年(1863)拓印本　十冊

500000－8701－0004762　F106967－68
里木山房印存不分卷　(清)柯有榛輯　清咸豐至同治鈐印本　二冊

500000－8701－0004763　F106970－79
雲峰書屋集印譜不分卷　(清)趙錫綬篆　清鈐印本　十冊

500000－8701－0004764　F107021
紅蕉吟館印記不分卷　(清)陳嘉澍篆　清光緒五年(1879)鈐印本　一冊

500000－8701－0004765　F107022
余和梅印譜一卷　(□)□□集　清末民初鈐印本　一冊

500000－8701－0004766　F107023－24
歷朝印識不分卷補遺不分卷國朝印識二卷近編一卷　(清)馮承輝撰　清文學山房活字印

本　二册

500000－8701－0004767　F107058
陰騭文印譜不分卷　(□)□□輯　清乾隆鈐印本　一册

500000－8701－0004768　F107071－74
醉經書館印譜四卷　(清)吳祺鐫　(清)周炳釋　清刻本暨鈐印本　四册

500000－8701－0004769　F107079－80
雲留小住印譜不分卷　(清)徐學幹篆　清末民初鈐印本　二册

500000－8701－0004770　F107087
姚氏印存一卷　(清)姚覲元輯　清光緒刻本　一册

500000－8701－0004771　F107088－89
蔣山堂印譜不分卷　(清)蔣仁撰　清末民初鈐印本　二册

500000－8701－0004772　F107107－10
弈學會海不分卷　(清)吕戈鑒定　(清)董耀編輯　清京都文錦堂刻本　四册

500000－8701－0004773　F107113
周懶予先生圍碁譜不分卷　(清)周嘉錫撰　清同治十二年(1873)刻本　一册

500000－8701－0004774　F107114
奕程不分卷　(清)張雅博選　清嘉慶四年(1799)退一步山房刻本　一册

500000－8701－0004775　F107115
奕程不分卷　(清)張雅博選　清刻本　一册

500000－8701－0004776　F107116－17
餐菊齋棋評不分卷　(□)□□撰　清同治十一年(1872)刻本　二册

500000－8701－0004777　F107118
潘景齋奕譜約選一卷　(清)楚桐隱評　清末刻本　一册

500000－8701－0004778　F107119
潘景齋奕譜約選一卷　(清)楚桐隱評　清末刻本　一册

500000－8701－0004779　F107120－27
寄青霞館弈選八卷　(清)王存善編　清光緒二十一年(1895)刻本　八册

500000－8701－0004780　F107128－35
寄青霞館弈選續編八卷　(清)王存善編　清光緒二十三年(1897)刻本　八册

500000－8701－0004781　F107136－42
弈潛齋集譜初編十四種十四卷　(清)鄧元鏸輯　清光緒十年(1884)弈潛齋刻本　七册

500000－8701－0004782　F107143－49
弈潛齋集譜二編四種七卷　(清)鄧元鏸輯　清光緒十年(1884)弈潛齋刻本　七册

500000－8701－0004783　F107150－52
弈潛齋集譜二編四種七卷　(清)鄧元鏸輯　清光緒十年(1884)弈潛齋刻本　三册　存一種三卷(弈理指歸圖三卷)

500000－8701－0004784　F107153－54
弈潛齋集譜初編十四種十四卷　(清)鄧元鏸輯　清光緒十年(1884)弈潛齋刻本　二册　存一種一卷(范施梁程四先生授子譜一卷)

500000－8701－0004785　F107155－56
弈潛齋集譜初編十四種十四卷　(清)鄧元鏸輯　清光緒十年(1884)弈潛齋刻本　二册　存一種一卷(范施梁程四先生授子譜一卷)

500000－8701－0004786　F107169－80
芥子園畫傳初集六卷二集九卷三集六卷　(清)王槩摹輯　清光緒十三年至十四年(1887－1888)石印本　十二册

500000－8701－0004787　F107236－40
宋人小說類編四卷補鈔一卷　(清)余叟輯　清同治十年(1871)刻本　五册

500000－8701－0004788　F107242－45
訂譌雜錄十卷　(清)胡鳴玉述　清乾隆二十三年(1758)刻本　四册

500000－8701－0004789　F107246－49
景德鎮陶錄十卷　(清)藍浦著　(清)鄭廷桂補輯　清光緒十七年(1891)刻本　四册

500000－8701－0004790　F107262－89
格致彙編二十八卷　(英國)傅蘭雅輯　清光緒二年至十八年(1876－1892)石印本　二十八册

500000－8701－0004791　F107290－95
物理小識十二卷總論一卷　(清)方以智集　清光緒十年(1884)刻本　六册

500000－8701－0004792　F107296－303
子史精華一百六十卷　(清)吳襄等纂修　清光緒十二年(1886)同文書局石印本　八册

500000－8701－0004793　F107304－28
吳友如畫寶十二集　(清)吳嘉猷撰　清刻本　二十五册

500000－8701－0004794　F107349－52
紅樓夢圖詠不分卷　(清)改琦繪　清光緒五年(1879)刻本　四册

500000－8701－0004795　F107357－58
畫禪室隨筆四卷　(明)董其昌撰　清康熙五十九年(1720)刻本　二册

500000－8701－0004796　F107359－60
六如居士畫譜三卷　(明)唐寅輯　清刻本　二册

500000－8701－0004797　F107369－70
國朝畫徵錄三卷明人附錄一卷續錄二卷　(清)張庚著　清乾隆四年(1739)刻本　二册

500000－8701－0004798　F107423－24
國朝畫徵錄三卷明人附錄一卷續錄二卷　(清)張庚著　清光緒十九年(1893)石印本　二册

500000－8701－0004799　F107425－26
國朝畫徵錄三卷明人附錄一卷續錄二卷　(清)張庚著　清光緒十九年(1893)石印本　二册

500000－8701－0004800　F107431
小山畫譜二卷　(清)鄒一桂撰　清光緒元年(1875)粵雅堂刻本　一册

500000－8701－0004801　F107432－33
國朝畫徵錄三卷續錄二卷明人附錄一卷　(清)張庚著　清乾隆四年(1739)刻本　二册

500000－8701－0004802　F107434
畫舫餘譚一卷　(□)□□撰　清道光六年(1826)捧花樓刻本　一册

500000－8701－0004803　F107437－41
國朝畫徵錄三卷首一卷續錄二卷　(清)張庚著　清乾隆二十年(1755)刻本　五册

500000－8701－0004804　F107442
鞠部羣英不分卷　題(清)小游仙客撰　清同治十二年(1873)刻本　一册

500000－8701－0004805　F107443－45
畫禪室隨筆四卷　(明)董其昌撰　清宣統三年(1911)掃葉山房石印本　二册

500000－8701－0004806　F107465－68
芥子園畫傳六卷　(清)王宓草等纂　清光緒十四年(1888)石印本　四册

500000－8701－0004807　F107469－72
芥子園畫傳二集九卷　(清)王宓草等纂　清宣統元年(1909)章福記書局石印本　四册

500000－8701－0004808　F107473－76
芥子園畫傳二集九卷　(清)王宓草等纂　清光緒十四年(1888)石印本　四册

500000－8701－0004809　F107477－80
芥子園畫傳二集九卷　(清)王宓草等纂　清光緒十四年(1888)鴻文書局石印本　四册

500000－8701－0004810　F107481－83
紉齋畫賸不分卷　(清)陳允升繪　清光緒二年(1876)陳氏得古歡室刻本　三册

500000－8701－0004811　F107484－95
鐵琴銅劍樓藏書目錄二十四卷　(清)瞿鏞編　清光緒二十四年(1898)刻本　十二册

500000－8701－0004812　F107496－507
鐵琴銅劍樓藏書目錄二十四卷　(清)瞿鏞編　清光緒二十四年(1898)刻本　十二册

500000－8701－0004813　F107508－12

碧血錄五卷 （清）莊仲方著 清光緒八年（1882）上海同文書局石印本 五册

500000－8701－0004814 F107513－16
廣陽雜記五卷 （清）劉獻廷撰 清光緒五年（1879）刻民國二年（1913）匯印本 四册

500000－8701－0004815 F107517
西齋偶得三卷 （清）博明撰 清光緒二十六年（1900）刻本 一册

500000－8701－0004816 F107518－19
丹泉海島錄四卷 （清）徐景福撰 清光緒四年（1878）遂昌徐氏家塾刻本 二册

500000－8701－0004817 F107520－25
麗濵薈錄十二卷 （清）蔣超伯著 清刻本 六册

500000－8701－0004818 F107532－35
兩晉清談十二卷 （清）沈孝廉輯 清嘉慶十四年（1809）刻本 四册

500000－8701－0004819 F107536－53
通藝錄二十一種 （清）程瑤田撰 清嘉慶八年（1803）刻本 十八册

500000－8701－0004820 F107554－72
西遊原旨二十四卷一百回首一卷 （清）劉一明解 清光緒二十四年（1898）刻本 十九册

500000－8701－0004821 F107573－82
西遊真詮一百回 （清）陳士斌詮解 清刻本 十册

500000－8701－0004822 F107583－606
西遊原旨二十四卷一百回首一卷 （清）劉一明解 清光緒二十四年（1898）刻本 二十四册

500000－8701－0004823 F107615－22
繪圖評點女僊外史八卷一百回 （清）呂熊撰 清宣統元年（1909）石印本 八册

500000－8701－0004824 F107631－46
增評補像全圖金玉緣一百二十回首一卷 （清）曹雪芹撰 清光緒十五年（1889）石印本 十六册

500000－8701－0004825 F107727－36
水滸後傳十卷首一卷 （清）陳忱撰 （清）蔡奡評定 清刻本 十册

500000－8701－0004826 F107757－64
詳注聊齋志異圖詠十六卷 （清）蒲松齡著 清光緒三十三年（1907）上海章福記書局石印本 八册

500000－8701－0004827 F107765－72
詳注聊齋志異圖詠十六卷 （清）蒲松齡著 清光緒十四年（1888）知不足齋石印本 八册

500000－8701－0004828 F107773－80
詳注聊齋志異圖詠十六卷 （清）蒲松齡著 清光緒十四年（1888）知不足齋石印本 八册

500000－8701－0004829 F107781－86
繪圖走馬春秋全傳六卷五十四回 （□）□□撰 清宣統元年（1909）石印本 六册

500000－8701－0004830 F107788－93
如是我聞六卷 （清）紀昀撰 清刻本 六册

500000－8701－0004831 F107794－805
夜譚隨錄十二卷 （清）霽園主人閑齋氏著 清乾隆刻本 十二册

500000－8701－0004832 F107848－67
四大奇書第一種十九卷首一卷 （清）金聖嘆外書 （清）毛宗崗評 清刻本 二十册

500000－8701－0004833 F107868－87
四大奇書第一種十九卷首一卷 （清）金聖嘆外書 （清）毛宗崗評 清乾隆三十八年（1773）刻本 二十册

500000－8701－0004834 F107888－99
東周列國全志二十三卷一百八回 （清）蔡奡評點 清乾隆刻朱墨套印本 十二册

500000－8701－0004835 F107900－23
東周列國全志二十三卷一百八回 （清）蔡奡評點 清乾隆刻朱墨套印本 二十四册

500000－8701－0004836 F107924－43
東周列國全志二十三卷一百八回 （清）蔡奡評點 清刻本 二十册

500000－8701－0004837　F107968－71
石點頭六卷十四回　(明)天然癡叟著　(清)墨憨主人評　清道光四年(1824)刻本　四册

500000－8701－0004838　F107972－73
五色線集二卷　(清)汪觀訂　清康熙五十五年(1716)刻本　二册

500000－8701－0004839　F107974－85
綠野仙蹤八十四回　(清)李百川撰　清光緒二十一年(1895)刻本　十二册

500000－8701－0004840　F107986－8017
藝文類聚一百卷　(唐)歐陽詢撰　清光緒五年(1879)華陽宏達堂刻本　三十二册

500000－8701－0004841　F108044－59
聊齋志異新評十六卷　(清)蒲松齡撰　清道光二十二年(1842)刻朱墨套印本　十六册

500000－8701－0004842　F108060－75
聊齋志異新評十六卷　(清)蒲松齡著　清乾隆三十年(1765)刻朱墨套印本　十六册

500000－8701－0004843　F108119－22
閱微草堂筆記二十四卷　(清)紀昀撰　清光緒十七年(1891)上海廣百宋齋石印本　四册

500000－8701－0004844　F108123－34
閱微草堂筆記二十四卷　(清)紀昀撰　清刻本　十二册

500000－8701－0004845　F108135－46
閱微草堂筆記二十四卷　(清)紀昀撰　清嘉慶五年(1800)刻本　十二册

500000－8701－0004846　F108147－62
閱微草堂筆記五種二十四卷首一卷　(清)紀昀撰　清道光二十七年(1847)刻本　十六册

500000－8701－0004847　F108165－74
閱微草堂筆記二十四卷　(清)紀昀撰　清嘉慶二十一年(1816)北平盛氏刻本　十册

500000－8701－0004848　F108175－84
秘書二十一種　(清)汪士漢輯　清嘉慶六年(1801)懷德堂刻本　十册

500000－8701－0004849　F108185－200
秘書二十一種　(清)汪士漢輯　清刻本　十六册

500000－8701－0004850　F108231－34
池北偶談二十六卷　(清)王士禎著　清康熙四十年(1701)刻本　四册

500000－8701－0004851　F108249－54
池北偶談二十六卷　(清)王士禎著　清光緒二十二年(1896)上海慎記書莊石印本　六册

500000－8701－0004852　F108255－62
池北偶談二十六卷　(清)王士禎著　清康熙四十年(1701)刻本　十三册

500000－8701－0004853　F108263－70
池北偶談二十六卷　(清)王士禎著　清康熙四十年(1701)刻本　八册

500000－8701－0004854　F108271－78
虞初新志二十卷　(清)張潮輯　清咸豐元年(1851)刻本　八册

500000－8701－0004855　F108279－82
虞初續志十二卷　(清)鄭澍若編　清嘉慶七年(1802)刻本　四册

500000－8701－0004856　F108292－301
虞初新志二十卷　(清)張潮輯　清康熙二十二年(1683)刻本　十册

500000－8701－0004857　F108306－09、18－21
建炎以來朝野雜記甲集二十卷乙集二十卷　(宋)李心傳撰　清光緒十九年(1893)井研蕭氏刻本　八册

500000－8701－0004858　F108310－17
建炎以來朝野雜記甲集二十卷乙集二十卷　(宋)李心傳撰　清光緒十九年(1893)井研蕭氏刻本　八册

500000－8701－0004859　F108322－25
剪燈叢話三種七卷　(明)瞿佑等著　清同治十年(1871)刻本　四册

500000－8701－0004860　F108327－28
治平通議八卷　(清)陳虬撰　清光緒十九年

(1893)刻本　二冊

500000－8701－0004861　F108332－34
郎潛紀聞初筆七卷　(清)陳康祺撰　清宣統二年(1910)掃葉山房石印本　三冊

500000－8701－0004862　F108335－38
郎潛紀聞二筆八卷　(清)陳康祺撰　清宣統二年(1910)掃葉山房石印本　四冊

500000－8701－0004863　F108339－41
郎潛紀聞三筆六卷　(清)陳康祺撰　清宣統二年(1910)掃葉山房石印本　三冊

500000－8701－0004864　F108342－45
郎潛紀聞十四卷　(清)陳康祺撰　清光緒十年(1884)刻本　四冊

500000－8701－0004865　F108346－49
燕下鄉脞錄十六卷　(清)陳康祺著　清光緒十一年(1885)刻本　四冊

500000－8701－0004866　F108350－51
壬癸藏札記十二卷　(清)陳康祺著　清光緒刻本　二冊

500000－8701－0004867　F108352
西齋偶得三卷　(清)博明撰　清嘉慶刻本　一冊

500000－8701－0004868　F108353
西齋詩輯遺三卷　(清)博明撰　清嘉慶刻本　一冊

500000－8701－0004869　F108354
鳳城瑣錄一卷　(清)博明著　清嘉慶刻本　一冊

500000－8701－0004870　F108355－58
燕下鄉脞錄十六卷　(清)陳康祺著　清光緒十一年(1885)刻本　四冊

500000－8701－0004871　F108360－63
匋雅二卷　(清)寂園叟初稿　清宣統三年(1911)上海朝記書莊石印本　四冊

500000－8701－0004872　F108375－80
夢筆生花初編八卷二編八卷三編八卷四編八卷　(清)繆艮選　清光緒二十年(1894)上海文新書局石印本　六冊

500000－8701－0004873　F108394－96
夢溪筆談二十六卷　(宋)沈括撰　清光緒十一年(1885)刻本　三冊

500000－8701－0004874　F108397－400
夢溪筆談二十六卷補筆談三卷續筆談一卷　(宋)沈括撰　清光緒十一年(1885)詅癡簃刻本　四冊

500000－8701－0004875　F108407
補筆談三卷　(宋)沈括撰　清刻本　一冊

500000－8701－0004876　F108412－19
餘墨偶談八卷續集八卷　(清)孫檦編　清光緒七年(1881)石印本　八冊

500000－8701－0004877　F108420－23
嶽雪樓書畫錄五卷　(清)孔廣陶編　清光緒十五年(1889)刻本　四冊　存四卷(一至四)

500000－8701－0004878　F108424－25
詩中畫二卷　(清)馬濤編繪　清光緒十一年(1885)石印本　二冊

500000－8701－0004879　F108430－35
奕理指歸圖三卷　(清)施定庵著　清乾隆四十年(1775)刻本　六冊

500000－8701－0004880　F108436－45
夷堅志十集二十卷　(宋)洪邁撰　清乾隆四十三年(1778)刻本　十冊

500000－8701－0004881　F108446
續夷堅志四卷　(金)元好問纂　清嘉慶十三年(1808)刻本　一冊

500000－8701－0004882　F108447－58
夷堅志八十卷　(宋)洪邁撰　清光緒五年(1879)刻本　十二冊

500000－8701－0004883　F108524
官場現形記五編六十卷　(清)李伯元撰　清光緒三十年(1904)上海世界繁華報館鉛印本　一冊　存三卷(五十八至六十)

500000－8701－0004884　F108545－52
兩般秋雨盦隨筆八卷　(清)梁紹壬纂　清道光刻本　八冊

500000－8701－0004885　F108553－56
兩般秋雨盦隨筆八卷　(清)梁紹壬纂　清宣統元年(1909)掃葉山房石印本　四冊

500000－8701－0004886　F108573－80
兩般秋雨盦隨筆八卷　(清)梁紹壬纂　清光緒十年(1884)刻朱墨套印本　八冊

500000－8701－0004887　F108581－88
兩般秋雨盦隨筆八卷　(清)梁紹壬纂　清光緒十年(1884)刻本　八冊

500000－8701－0004888　F108589－92
兩般秋雨盦隨筆八卷　(清)梁紹壬纂　清宣統二年(1910)上海掃葉山房石印本　四冊

500000－8701－0004889　F108593－96
兩般秋雨盦隨筆八卷　(清)梁紹壬纂　清宣統二年(1910)上海掃葉山房石印本　四冊

500000－8701－0004890　F108681－92
退菴隨筆二十二卷　(清)梁章鉅編　清道光刻本　十二冊

500000－8701－0004891　F108709－12
繪圖上海雜記十卷　(清)藜牀卧輯　清光緒石印本　四冊

500000－8701－0004892　F108713－14
妙香室叢話六卷　(清)張培仁編輯　清光緒十年(1884)鉛印本　二冊

500000－8701－0004893　F108715－16
鋤經書舍零墨四卷　(清)黃協塤撰　清光緒四年(1878)鉛印本　二冊

500000－8701－0004894　F108717－20
閩雜記十二卷　(清)施鴻保輯　清光緒四年(1878)鉛印本　四冊

500000－8701－0004895　F108737－39
病榻夢痕錄二卷餘錄一卷　(清)汪輝祖撰　清同治十一年(1872)刻本　三冊

500000－8701－0004896　F108742－43
讀書雜釋十四卷　(清)徐鼒撰　清咸豐十一年(1861)刻本　二冊

500000－8701－0004897　F108744－45
易堂問目四卷　(清)吳鼎輯　清乾隆三十七年(1772)刻本　二冊

500000－8701－0004898　F108748－50
讀書脞錄七卷　(清)孫志祖撰　清嘉慶四年(1799)刻本　三冊

500000－8701－0004899　F108757
菰中隨筆不分卷　(清)顧炎武著　清道光十二年(1832)刻本　一冊

500000－8701－0004900　F108758－59
鹿洲公案二卷　(清)藍鼎元著　清光緒七年(1881)刻本　二冊

500000－8701－0004901　F108771－72
幼幼集四卷　(清)胡文炳撰　清光緒十三年(1887)鉛印本　二冊

500000－8701－0004902　F108775
前塵夢影錄二卷　(清)徐康撰　清光緒刻本　一冊

500000－8701－0004903　F108776
吳門銷夏記三卷　(清)江瀚撰　清光緒二十一年(1895)刻本　一冊

500000－8701－0004904　F108777
幽夢影二卷　(清)張潮著　清末鉛印本　一冊

500000－8701－0004905　F108778－79
藤陰雜記十二卷　(清)戴璐撰　清光緒刻本　二冊

500000－8701－0004906　F108780－81
野記四卷　(明)祝允明纂　清同治十三年(1874)刻本　二冊

500000－8701－0004907　F108805－06
燕山外史注釋八卷　(清)陳球著　(清)傅聲谷輯注　清光緒上海錦章書局石印本　二冊

500000－8701－0004908　F108807
燕山外史二卷　（清）陳球著　清末刻本　一册

500000－8701－0004909　F108808
庚子國變演義三卷　（□）退廬居士演　清末刻本　一册

500000－8701－0004910　F108823－25
蝶仙小史彙編六卷首一卷　（清）延清輯　清光緒二十五年（1899）刻本　三册

500000－8701－0004911　F108831
篋外録一卷　（清）謝綸撰　清咸豐刻本　一册

500000－8701－0004912　F108836
井蛙雜記八卷　（清）李調元纂　清乾隆刻本　一册

500000－8701－0004913　F108841－44
北夢瑣言二十卷　（宋）孫光憲撰　清光緒五年（1879）刻本　四册

500000－8701－0004914　F108856－57
吹劍録不分卷　（清）顧修輯　清嘉慶四年（1799）桐川顔氏刻讀畫齋叢書咸豐印本　二册

500000－8701－0004915　F108962－64
竹窓隨筆竹窓二筆竹窓三筆　（明）釋袾宏著　明崇禎十一年（1638）刻本　三册

500000－8701－0004916　F108965－68
庸閒齋筆記九卷　（清）陳其元著　清宣統三年（1911）石印本　四册

500000－8701－0004917　F108969－72
射書四卷首一卷　（明）顧煜集　清光緒十四年（1888）貽經書屋刻本　四册

500000－8701－0004918　F108973
陰騭文圖證不分卷　（清）張廷濟録　（清）許光清輯證　清同治九年（1870）待鶴齋刻本　一册

500000－8701－0004919　F108981
晴川後蟹録四卷　（清）孫之騄輯　清康熙刻本　一册

500000－8701－0004920　F108986－87
簷曝雜記六卷　（清）趙翼撰　清嘉慶刻本　四册

500000－8701－0004921　F108990
輶軒語不分卷　（清）張之洞撰　清光緒五年（1879）貴陽刻本　一册

500000－8701－0004922　F108997－9002
紅杏山房聞見隨筆二十八卷　（清）盧秉鈞纂述　清光緒十八年（1892）刻本　六册

500000－8701－0004923　F109003－10
内則衍義十六卷　（清）世祖福臨撰　清刻本　八册

500000－8701－0004924　F109017－24
宋稗類鈔八卷　（清）潘永因編輯　（清）潘永圜訂定　清康熙刻本　八册

500000－8701－0004925　F109025－28
淞隱漫録十二卷　（清）王韜撰　清光緒十三年（1887）上海點石齋石印本　四册

500000－8701－0004926　F109047－50
小知録十二卷　（清）陸鳳藻輯　清同治十二年（1873）淮南書局刻本　四册

500000－8701－0004927　F109054－57
香祖筆記十二卷　（清）王士禛撰　清宣統三年（1911）掃葉山房石印本　四册

500000－8701－0004928　F109072－135
太平廣記五百卷　（宋）李昉等編　清嘉慶十一年（1806）刻本　六十四册

500000－8701－0004929　F109136－67
野獲編三十卷　（明）沈德符著　（清）錢枋輯　清道光七年（1827）扶荔山房刻本　三十二册

500000－8701－0004930　F109170－71
表異録二十卷　（明）王志堅輯　清光緒二年（1876）刻本　二册

500000－8701－0004931　F109172－73

表異録二十卷　(明)王志堅輯　清光緒十四年(1888)刻惜陰軒叢書本　二冊

500000－8701－0004932　F109174－76
鷗陂漁話六卷　(清)葉廷琯撰　清同治八年(1869)刻本　三冊

500000－8701－0004933　F109177－79
鷗陂漁話六卷　(清)葉廷琯撰　清同治八年(1869)刻本　三冊

500000－8701－0004934　F109180－82
吹網録六卷　(清)葉廷琯撰　清同治八年(1869)刻本　三冊

500000－8701－0004935　F109183－85
吹網録六卷　(清)葉廷琯撰　清同治八年(1869)刻本　三冊

500000－8701－0004936　F109186－89
續同書八卷　(清)福申輯　清道光刻本　四冊

500000－8701－0004937　F109200－07
硯桂緒録十六卷　(清)林昌彝撰　清同治五年(1866)廣州省城刻本　八冊

500000－8701－0004938　F109208
封氏聞見記十卷　(唐)封演撰　清乾隆二十一年(1756)刻本　一冊

500000－8701－0004939　F109209－11
摭言十五卷　(五代)王定保撰　清乾隆二十一年(1756)刻本　七冊

500000－8701－0004940　F109212－14
北夢瑣言二十卷　(宋)孫光憲撰　清乾隆二十一年(1756)盧氏刻本　三冊

500000－8701－0004941　F109251－54
浪跡叢談十一卷續談八卷　(清)梁章鉅撰　清道光二十七年至二十八年(1847－1848)刻本　四冊

500000－8701－0004942　F109255－60
浪跡叢談十一卷續談八卷　(清)梁章鉅撰　清道光二十七年至二十八年(1847－1848)刻本　六冊

500000－8701－0004943　F109305－12
讀書雜志十種八十二卷餘編二卷　(清)王念孫撰　清光緒二十一年(1895)上海鴻文書局石印本　八冊

500000－8701－0004944　F109313－28
日知録集釋三十二卷附刊誤二卷續刊誤二卷　(清)顧炎武著　(清)黄汝成集釋　清同治十一年(1872)湖北崇文書局刻本　十六冊

500000－8701－0004945　F109362－67
右台仙館筆記十二卷　(清)俞樾撰　清刻本　六冊

500000－8701－0004946　F109368－73
閒情偶寄十六卷　(清)李漁著　清康熙刻本　六冊

500000－8701－0004947　F109375－86
歸田瑣記八卷　(清)梁章鉅撰　清道光二十五年(1845)刻本　十二冊

500000－8701－0004948　F109387－94
秦西事物叢考八卷　(清)上海徐匯報館教士譯　清光緒二十九年(1903)鴻寶齋石印本　八冊

500000－8701－0004949　F109395－411
讀書雜志十種八十二卷餘編二卷　(清)王念孫著　清同治九年(1870)金陵書局刻本　十七冊　缺二種二十四卷(淮南子内篇雜志二十二卷補遺一卷、漢隸拾遺一卷)

500000－8701－0004950　F109412－19
新鐫古本批點繡像三世報隔簾花影四十八回　題(清)四橋居士撰　清刻本　八冊

500000－8701－0004951　F109436－38
陰晉異函三卷　(清)李汝榛編輯　清刻本　三冊

500000－8701－0004952　F109449－54
見聞隨筆二十六卷　(清)齊學裘輯　清同治十年(1871)刻本　六冊

500000－8701－0004953　F109455－58
見聞續筆二十四卷　(清)齊學裘撰　清光緒

二年(1876)刻本　四冊

500000－8701－0004954　F109465－69
宋豔十二卷　(清)徐士鑾輯　清光緒十七年(1891)刻本　五冊　存十卷(一至八、十一至十二)

500000－8701－0004955　F109470－77
敏求軒述記十六卷　(清)陳世箴輯　清道光二十八年(1848)丹徒陳氏刻本　八冊

500000－8701－0004956　F109478－85
翼駉稗編八卷　(清)湯用中著　清道光二十九年(1849)刻本　八冊

500000－8701－0004957　F109486－89
曬書堂筆錄六卷　(清)郝懿行輯　清刻本　四冊

500000－8701－0004958　F109490－91
曬書堂詩鈔二卷　(清)郝懿行輯　清刻本　二冊

500000－8701－0004959　F109498－503
歸田瑣記八卷　(清)梁章鉅撰　清道光二十五年(1845)刻本　六冊

500000－8701－0004960　F109508－11
燕山外史注釋八卷　(清)陳球著　(清)傅聲谷輯注　清光緒五年(1879)刻本　四冊

500000－8701－0004961　F109512－14
松筠閣鈔異三卷　(清)高承勳輯　清道光八年(1828)刻本　三冊

500000－8701－0004962　F109606
乾嘉詩壇點將錄一卷　(清)舒位撰　葉德輝輯　清光緒三十三年(1907)刻本　一冊

500000－8701－0004963　F109626－31
金石識别十二卷　(美國)代那著　(美國)瑪高溫口譯　(清)華蘅芳筆述　清同治十一年(1872)江南製造局刻本　六冊

500000－8701－0004964　F109632－39
京師大學堂講義初編五章　京師大學堂編　清光緒鉛印本　八冊

500000－8701－0004965　F109640－47
盛世危言五卷　鄭觀應輯　清光緒二十一年(1895)石印本　八冊

500000－8701－0004966　F109648
吳門銷夏記三卷　(清)江瀚撰　清光緒二十一年(1895)刻本　一冊

500000－8701－0004967　F109649
吳門銷夏記三卷　(清)江瀚撰　清光緒二十一年(1895)刻本　一冊

500000－8701－0004968　F109650－51
小滄浪筆談四卷　(清)阮元著　清嘉慶七年(1802)浙江茚院刻本　二冊

500000－8701－0004969　F109652－53
九九銷夏錄十四卷　(清)俞樾撰　清末刻本　二冊

500000－8701－0004970　F109654－59
關帝事蹟徵信編三十卷首一卷末一卷　(清)周廣業　(清)崔應榴纂輯　清道光四年(1824)刻本　六冊

500000－8701－0004971　F109670－71
景行錄不分卷　(清)任邱邊撰　清道光二十四年(1844)信陽郭氏刻本　二冊

500000－8701－0004972　F109672－79
茶香室叢鈔二十三卷　(清)俞樾撰　清光緒九年(1883)刻本　八冊

500000－8701－0004973　F109680－83
茶香室續鈔二十五卷　(清)俞樾撰　清光緒十一年(1885)刻本　四冊

500000－8701－0004974　F109684－87
大清律例總類不分卷　(清)□□編　清光緒十五年(1889)江蘇書局刻本　四冊

500000－8701－0004975　F109688
消暑錄一卷　(清)趙紹祖著　清光緒十三年(1887)刻本　一冊

500000－8701－0004976　F109689
庸盦筆記二卷　(清)薛福成撰　清光緒二十七年(1901)掃葉山房石印本　一冊

500000－8701－0004977　F109690－94
隸韻十卷碑目一卷　(宋)劉球纂　**攷證二卷**　(清)翁方綱撰　清嘉慶十五年(1810)長白厚卷刻本　五冊

500000－8701－0004978　F109695－98
簷廊璅記九卷　(清)王濟宏撰　清咸豐四年(1854)刻本　四冊

500000－8701－0004979　F109699－701
漢口叢談六卷　(清)范鍇撰　清道光二年(1822)刻本　三冊

500000－8701－0004980　F109702
西京雜記二卷　(漢)劉歆著　清光緒八年(1882)華陽傅氏卷施簃刻本　一冊

500000－8701－0004981　F109703－14
蕉軒隨錄十二卷　(清)方濬撰　清同治刻本　十二冊

500000－8701－0004982　F109721－36
日知錄三十二卷　(清)顧炎武著　清康熙三十四年(1695)刻本　十六冊

500000－8701－0004983　F109737
兩山墨談十八卷　(明)陳霆著　清道光刻惜陰軒叢書本　一冊　存五卷(一至五)

500000－8701－0004984　F109743
卉菴摭言二卷　(清)涂鍵敢著　清刻本　一冊　存一卷(二)

500000－8701－0004985　F109752
湛園札記四卷　(清)姜宸英撰　清刻本　一冊

500000－8701－0004986　F109754
有恒心齋集六種　(清)程鴻詔撰　清同治刻本　一冊　存三種五卷(雞澤脞錄一卷、迎靄筆記二卷、有恒心齋外集二卷)

500000－8701－0004987　F109756－71
日知錄集釋三十二卷附刊誤二卷續刊誤二卷　(清)顧炎武著　(清)黃汝成集釋　清同治十一年(1872)湖北崇文書局刻本　十六冊

500000－8701－0004988　F109772－79
一斑錄雜述八卷附編一卷　題(清)青玉山房居士撰　清道光刻本　八冊

500000－8701－0004989　F109781－82
觚賸續編四卷　(清)鈕琇輯　清宣統上海國學扶輪社石印本　二冊

500000－8701－0004990　F109786－93
顧氏四十家小說四十四卷　(明)顧元慶輯　清宣統三年(1911)國學扶輪社鉛印本　八冊

500000－8701－0004991　F109800－81
柳崖外編十卷首一卷　(清)徐昆撰　清乾隆五十七年(1792)刻本　二冊

500000－8701－0004992　F109806、08－09、12、18－19
說鈴前集三十三種後集十九種　(清)吳震方輯　清康熙四十一年(1702)刻本　六冊　存十七種二十六卷(前集:扈從西巡日錄一卷、塞北小鈔一卷、松亭行紀二卷、封長白山記一卷、使琉球紀一卷、閩小紀二卷、滇行紀程一卷續抄一卷、東還紀程一卷續抄一卷、粵述一卷、粵西偶記一卷、滇黔紀遊二卷,後集:讀史吟評一卷、揚州鼓吹詞序一卷、言鯖二卷、述異記三卷、觚賸一卷、嶺南雜記二卷)

500000－8701－0004993　F109945、47、49－68
讀書雜志十種八十二卷餘編二卷　(清)王念孫著　清同治九年(1870)金陵書局刻本　二十一冊　缺九卷(戰國策雜志三卷、史記雜志四至六、漢書雜志五至七)

500000－8701－0004994　F109969－80
困學紀聞二十卷首一卷　(宋)王應麟撰　清道光十二年(1832)刻本　十二冊

500000－8701－0004995　F109981－92
困學紀聞二十卷首一卷　(宋)王應麟著　清道光十二年(1832)刻本　十二冊

500000－8701－0004996　F109993－110000
困學紀聞二十卷　(宋)王應麟撰　(宋)何焯等箋釋　清咸豐二年(1852)小西山房刻本　八冊

500000－8701－0004997　F150914－71

大方廣佛華嚴經疏鈔會本二百二十卷 (唐)釋澄觀著 清刻本 六十册

500000－8701－0004998 F151297－312
[光緒]新修潼川府志三十卷 (清)阿麟修 (清)王龍勳等纂 清光緒二十三年(1897)刻本 十六册

500000－8701－0004999 F151315
西招圖畧一卷附錄一卷 (清)松筠撰 清道光二十七年(1847)王氏刻本 一册

500000－8701－0005000 F151316－19
[光緒]蓬溪縣續志十四卷首一卷 (清)周學銘修 (清)熊祥謙等編輯 清光緒二十五年(1899)刻本 四册

500000－8701－0005001 F151326－33
[光緒]榮昌縣志二十二卷 (清)文康原本 (清)施學煌續修 (清)敖册賢續纂 清同治四年(1865)修光緒十年(1884)增刻二十年(1894)再增刻本 八册

500000－8701－0005002 F151334－45
[同治]合江縣志五十四卷首一卷 (清)秦湘修 (清)楊致道 (清)鄭國楹纂 (清)瞿樹蔭等增修 (清)羅增垣等增纂 清同治十年(1871)增刻本 十二册

500000－8701－0005003 F151366－81
[嘉慶]漢州志四十卷首一卷末一卷 (清)劉長庚修 (清)侯肇元 (清)張懷泗纂 清嘉慶十七年至二十二年(1812－1817)刻本 十六册

500000－8701－0005004 F151391－92
括地志八卷 (清)孫星衍輯 清光緒十二年(1886)吳縣朱氏刻本 二册

500000－8701－0005005 F151393－402
全滇紀要不分卷 (清)雲南課史館編 清光緒三十一年(1905)雲南課史館鉛印本 十册

500000－8701－0005006 F151403－10
艮齋先生薛常州浪語集三十五卷 (宋)薛季宣撰 清同治十一年(1872)詒善祠塾刻本 八册

500000－8701－0005007 F151411
楊忠愍公遺書不分卷 (明)楊繼盛撰 清道光二十五年(1845)刻本 一册

500000－8701－0005008 F151415－22
錦里新編十六卷首一卷 (清)張邦伸輯 清嘉慶五年(1800)成都存古書局刻本 八册

500000－8701－0005009 F151423－30
錦里新編十六卷首一卷 (清)張邦伸輯 清嘉慶五年(1800)敦彝堂刻本 八册

500000－8701－0005010 F151431－36
錦里新編十六卷首一卷 (清)張邦伸輯 清嘉慶五年(1800)敦彝堂刻本 六册

500000－8701－0005011 F151437－50
御批資治通鑑綱目前編十八卷正編四十三卷 (宋)朱熹撰 清光緒十三年(1887)上海同文書局石印本 十四册

500000－8701－0005012 F151451－58
宸垣識略十六卷 (清)吳長元輯 清光緒二年(1876)刻本 八册

500000－8701－0005013 F151459－66
宸垣識略十六卷 (清)吳長元輯 清光緒二年(1876)刻本 八册

500000－8701－0005014 F151467－74
讀史方輿紀要一百三十卷輿圖要覽四卷 (清)顧祖禹輯著 清光緒刻本 八册 存四卷(輿圖要覽四卷)

500000－8701－0005015 F151480－91
皇朝瑣屑錄四十四卷 (清)鍾琦撰 清光緒二十三年(1897)嘉州鍾氏刻本 十二册

500000－8701－0005016 F151492－94
紀元編四卷 (清)齊召南撰 (清)阮福續 清咸豐五年(1855)南海伍氏粵雅堂刻本 三册

500000－8701－0005017 F151495－97
歷代帝王年表三卷 (清)齊召南編 清光緒二十九年(1903)方亭知不足齋刻粵雅堂叢書

本　三冊

500000－8701－0005018　F151498－501
九通序不分卷　(清)楊國楨輯　清道光十年(1830)刻本　四冊

500000－8701－0005019　F151502－03
三通序三卷　(唐)杜佑等撰　清光緒二十八年(1902)經元書局刻本　二冊

500000－8701－0005020　F151508－12
讀史方輿紀要四卷　(清)顧祖禹輯著　清光緒二十五年(1899)慎記書莊石印本　五冊

500000－8701－0005021　F151513－16
錢錄十六卷　(清)梁詩正等纂　清光緒二十年(1894)上海積山書局石印本　四冊

500000－8701－0005022　F151529－32
南唐書十八卷　(宋)陸游撰　**音釋一卷**　(元)戚光撰　清光緒九年(1883)郯郡于氏仿汲古閣刻本　四冊

500000－8701－0005023　F151533－40
南唐書三十卷　(宋)馬令編　清末刻本　八冊

500000－8701－0005024　F151543－48
前後漢書精華錄六卷　(清)高嵣輯　清光緒二十五年(1899)江左書林石印本　六冊

500000－8701－0005025　F151549－58
聖武記十四卷　(清)魏源撰　清道光二十四年(1844)古微堂刻本　十冊

500000－8701－0005026　F151567－76
考信錄三十六卷　(清)崔述著　清道光二年(1822)遺經樓刻崔東壁遺書本　十冊

500000－8701－0005027　F151577－78
史鑑節要便讀六卷　(清)鮑東里編輯　清同治元年(1862)樵經館刻本　二冊

500000－8701－0005028　F151579
殉節錄不分卷　(清)祝沾恩編錄　清光緒三十一年(1905)木活字印本　一冊

500000－8701－0005029　F151582
讀史論略二卷　(清)杜詔編　清光緒二十三年(1897)文益堂刻本　一冊

500000－8701－0005030　F151584－85
兩漢蒙拾前漢三卷後漢二卷　(清)杭世駿輯　清末刻本　二冊

500000－8701－0005031　F151588
進修堂奏稿二卷　(清)白恩佑輯　清光緒二十三年(1897)刻本　一冊

500000－8701－0005032　F151589
金山衛廟學紀略一卷　(清)任煥奎撰　清光緒九年(1883)刻本　一冊

500000－8701－0005033　F151590－95
千百年眼十二卷　(明)張燧纂　清光緒二十九年(1903)成都三鶴山房刻本　六冊

500000－8701－0005034　F151596－600
史學提要箋釋五卷　(宋)黃繼善撰　(清)楊錫祐釋　清游氏刻本　五冊

500000－8701－0005035　F151601－24
詳訂世史類編四十五卷首一卷　(明)王守仁等輯　清毓秀齋刻本　二十四冊

500000－8701－0005036　F151627－41
欽定續文獻通考輯要二十六卷　湯壽潛輯　清光緒石印本　十五冊

500000－8701－0005037　F151642－51
文獻通考輯要二十四卷　湯壽潛輯　清光緒石印本　十冊

500000－8701－0005038　F151685－89
重定金石契不分卷首一卷石鼓文存一卷補注一卷　(清)張燕昌過眼　清光緒二十二年(1896)聚學軒劉氏刻本　五冊

500000－8701－0005039　F151690－91
後漢書鈔二卷　(清)高梅亭集評　清乾隆五十三年(1788)刻本　二冊

500000－8701－0005040　F151692－95
前漢書鈔四卷　(清)高嵣集評　清乾隆五十三年(1788)刻本　四冊

500000－8701－0005041　F151700－05
唐丞相曲江張文獻公集十二卷首一卷　(唐)張九齡著　清光緒十八年(1892)刻本　六册

500000－8701－0005042　F151706－29
金石索十二卷首一卷　(清)馮雲鵬　(清)馮雲鵷輯　清光緒十九年(1893)上海積山書局石印本　二十四册

500000－8701－0005043　F151738－61
金石索十二卷首一卷　(清)馮雲鵬　(清)馮雲鵷輯　清光緒三十二年(1906)上海文新局石印本　二十四册

500000－8701－0005044　F151766－69
集古録跋尾十卷　(宋)歐陽修撰　清刻本　四册

500000－8701－0005045　F151770
蜀水攷四卷　(清)陳登龍著　(清)朱錫穀補注　(清)陳一津分疏　清光緒五年(1879)綿竹楊氏清泉精舍刻本　一册

500000－8701－0005046　F151771－72
蜀水攷四卷　(清)陳登龍著　(清)朱錫穀補注　(清)陳一津分疏　清光緒二十二年(1896)成都書局刻本　二册

500000－8701－0005047　F151773－74
蜀水攷四卷　(清)陳登龍著　(清)朱錫穀補注　(清)陳一津分疏　清光緒十六年(1890)成都葉氏刻本　二册

500000－8701－0005048　F151777－84
蜀秀集九卷　(清)譚宗浚輯　清光緒五年(1879)成都試院刻本　八册

500000－8701－0005049　F151785－820
太平寰宇記二百卷目録二卷　(宋)樂史著　清光緒八年(1882)金陵書局刻本　三十六册

500000－8701－0005050　F151877
歷代州域韻語一卷　(清)熊亨銘輯　清光緒二十八年(1902)刻本　一册

500000－8701－0005051　F151878－79
漢制攷四卷　(宋)王應麟撰　清光緒十年(1884)成都志古堂刻本　二册

500000－8701－0005052　F151880－81
蜀鑑十卷　(宋)郭允蹈輯　清光緒五年(1879)吴氏貽穀堂刻本　二册

500000－8701－0005053　F151882
杜主開明前志五卷後志八卷　(清)孫澍纂輯　清道光十四年(1834)古堂書屋刻本　一册

500000－8701－0005054　F151883
古泉叢話三卷　(清)戴熙撰　清末民初影印本　一册

500000－8701－0005055　F151884
歷代帝王法帖釋文十卷　(清)徐朝弼集釋　清嘉慶十七年(1812)刻本　一册

500000－8701－0005056　F151885－96
十六國春秋一百卷　(北魏)崔鴻撰　清光緒十二年(1886)湖北官書處刻本　十二册

500000－8701－0005057　F151933
百將圖傳二卷　(清)丁日昌輯　清同治八年(1869)江蘇書局刻本　一册

500000－8701－0005058　F151950－57
南巡盛典一百二十卷　(清)高晉等纂輯　清光緒八年(1882)上海點石齋石印本　八册

500000－8701－0005059　F151961
春秋世族譜二卷　(清)陳厚耀撰　清光緒二十五年(1899)兩湖書院正學堂刻本　一册

500000－8701－0005060　F151964－71
廣雁蕩山志二十八卷首一卷末一卷　(清)曾唯編　清乾隆五十五年(1790)刻本　八册

500000－8701－0005061　F151983－86
[光緒]續增樂至縣志四卷首一卷　(清)胡書雲修　(清)李星根等纂　清光緒九年(1883)刻本　四册

500000－8701－0005062　F151987－88
遼史拾遺補五卷　(清)楊復吉輯　清光緒三年(1877)江蘇書局刻本　二册

500000－8701－0005063　F151989－96

遼史拾遺二十四卷　(清)厲鶚撰　清光緒元年(1875)江蘇書局刻本　八冊

500000－8701－0005064　F151997－99
列國陸軍制不分卷　(美國)歐潑登著　(美國)林樂知　(清)瞿昂來譯　清末江南製造總局刻本　三冊

500000－8701－0005065　F152000
荒書一卷　(清)費密編　清光緒三十四年(1908)怡蘭堂刻本　一冊

500000－8701－0005066　F152002－11
中興將帥別傳三十卷　朱孔彰撰　清光緒二十三年(1897)刻本　十冊

500000－8701－0005067　F152012
歷代都江堰功小傳二卷　(清)錢茂編纂　清宣統三年(1911)太和王氏四川官署刻本　一冊

500000－8701－0005068　F152017－18
峨山圖說二卷　(清)黄綬芙修　清光緒十七年(1891)刻本　二冊

500000－8701－0005069　F152021－40
全蜀秇文志六十四卷首一卷　(明)楊慎輯　清嘉慶二十二年(1817)樂山張汝傑讀月草堂刻本　二十冊

500000－8701－0005070　F152066－77
出使美日秘崔日記十六卷(光緒十五年九月一日至十九年七月二十四日)　(清)崔國因撰　清光緒二十年(1894)鉛印本　十二冊

500000－8701－0005071　F152078－81
歷代鐘鼎彝器款識法帖二十卷　(宋)薛尚功撰　清嘉慶二年(1797)儀徵阮氏刻本　四冊

500000－8701－0005072　F152082
行船免撞章程不分卷　(英國)傅蘭雅　(清)鍾天緯譯　清光緒二十年(1894)鉛印本　一冊

500000－8701－0005073　F152096
蜀事答問八章　(□)天眉撰　清末刻本　一冊

500000－8701－0005074　F152097－98
漢書引經異文錄證六卷　(清)繆祐孫撰　清光緒十一年(1885)刻本　二冊

500000－8701－0005075　F152099
漢官儀三卷　(宋)劉攽撰　清道光四年(1824)刻本　一冊

500000－8701－0005076　F152100－01
晦明軒稿二卷附己庚金石跋一卷壬癸金石跋一卷丁戊金石跋一卷　楊守敬著　清光緒三十三年(1907)宜都楊氏刻本　二冊

500000－8701－0005077　F152102－03
帝王世紀十卷　(晉)皇甫謐撰　(清)宋翔鳳集校　清光緒貴築楊氏刻本　二冊

500000－8701－0005078　F152105
鄭志三卷　(三國魏)鄭小同編　清光緒十年(1884)鮑氏後知不足齋刻本　一冊

500000－8701－0005079　F152106
鄭志三卷　(三國魏)鄭小同編　清光緒十年(1884)鮑氏後知不足齋刻本　一冊

500000－8701－0005080　F152125－28
在陸草堂史記選八卷　(清)儲欣評輯　(清)李敬躋增訂　清刻本　四冊

500000－8701－0005081　F152129－30
逆臣傳四卷　(清)國史館編　清善成堂刻本　二冊

500000－8701－0005082　F152131－36
貳臣傳十二卷　(清)國史館編　清成都善成堂刻本　六冊

500000－8701－0005083　F152137－38
校刊史記集解索隱正義札記五卷　(清)張文虎編　清同治十一年(1872)金陵書局刻本　二冊

500000－8701－0005084　F152139－42
十六國疆域志十六卷　(清)洪亮吉撰　清光緒十七年(1891)廣雅書局刻本　四冊

500000－8701－0005085　F152149－51
東方兵事紀略六卷　姚錫光撰　清光緒二十

三年(1897)武昌刻本(卷六原缺)　三册

500000－8701－0005086　F152152－67
後漢書疏證三十卷　(清)沈欽韓著　清光緒二十六年(1900)浙江官書局刻本　十六册

500000－8701－0005087　F152168－71
歸方評點史記合筆六卷　(清)王拯纂　清光緒元年(1875)成都望三益齋刻本　四册

500000－8701－0005088　F152211－42
漢書補注一百卷首一卷　(漢)班固撰　(唐)顔師古注　王先謙補注　清光緒二十六年(1900)虛受堂刻本　三十二册

500000－8701－0005089　F152243－58
後漢書一百卷續漢書志三十卷　(南朝宋)范曄撰　(南朝梁)劉昭補志　(唐)李賢注　清光緒十三年(1887)金陵書局刻本　十六册

500000－8701－0005090　F152259－62
三史拾遺五卷諸史拾遺五卷　(清)錢大昕著　清嘉慶十二年(1807)嘉定李氏刻本　四册

500000－8701－0005091　F152263－80
金華徵獻略二十卷　(清)王崇炳撰　清雍正十年(1732)刻本　十八册

500000－8701－0005092　F152311－16
水道提綱二十八卷　(清)齊召南編錄　清光緒五年(1879)宏達堂刻本　六册

500000－8701－0005093　F152317－32
八史經籍志十種三十卷　(日本)□□輯　清光緒八年(1882)張壽榮刻本　十六册

500000－8701－0005094　F152333－52
光緒財政通纂五十四卷　(清)杜翰藩編　清光緒三十一年(1905)成都文倫書局鉛印本　二十册

500000－8701－0005095　F152361
普通歷代史一卷　遁天編　清光緒二十八年(1902)世界公學石印本　一册

500000－8701－0005096　F152362
韻史二卷　(清)高陽氏著　清光緒十四年(1888)上海同文書局石印本　一册

500000－8701－0005097　F152363
韻史二卷　(清)高陽氏著　清咸豐十一年(1861)刻本　一册

500000－8701－0005098　F152364
韻史二卷　(清)高陽氏著　清同治五年(1866)皖城藩署刻本　一册

500000－8701－0005099　F152365－68
支那史要六卷　(日本)市村瓚次郎著　陳毅譯　清光緒二十九年(1903)重慶廣益書局鉛印本　四册

500000－8701－0005100　F152372－73
綱鑑總論二卷　(明)顧充等撰　清光緒二十七年(1901)新化三味書局刻本　二册

500000－8701－0005101　F152376－81
七家後漢書二十一卷　(清)汪文臺輯　清光緒刻本　六册

500000－8701－0005102　F152392－97
史記菁華錄六卷　(清)姚祖恩編　清光緒十二年(1886)上海裴蘕館石印本　六册

500000－8701－0005103　F152404－07
史記菁華錄六卷　(清)姚祖恩編　清道光二十三年(1843)錢塘吴氏刻本　四册

500000－8701－0005104　F152435－36
漢書蒙拾三卷後漢書蒙拾二卷　(清)杭世駿輯　清光緒十年(1884)上海同文書局石印本　二册

500000－8701－0005105　F152437－44
蜀中名勝記三十卷　(明)曹學佺著　清四川官印局刻本　八册

500000－8701－0005106　F152445－52
蜀中名勝記三十卷　(明)曹學佺著　清四川官印局刻本　八册

500000－8701－0005107　F152455
宦遊紀略二卷　(清)高廷瑶撰　清光緒九年(1883)資州官舍刻本　一册

500000－8701－0005108　F152460－75
廿一史四譜五十四卷　(清)沈炳震鈔　清刻

本　十六冊

500000－8701－0005109　F152476－91
大清一統輿圖三十一卷首一卷　(清)嚴樹森等撰　清刻本　十六冊

500000－8701－0005110　F152491－510
十國春秋一百十六卷　(清)吳任臣撰　清乾隆五十三年(1788)昭文周氏刻本　二十冊

500000－8701－0005111　F152511－30
三通考詳節三種七十六卷　(清)嚴虞惇錄　清光緒二十七年(1901)鴻寶齋書局石印本　二十冊

500000－8701－0005112　F152531－42
文獻徵存錄十卷　(清)錢林輯　(清)王藻編　清咸豐八年(1858)有嘉樹軒刻本　十二冊

500000－8701－0005113　F152543
三通序三卷　蔣德鈞輯　清光緒十四年(1888)湘鄉蔣氏求實齋刻本　一冊

500000－8701－0005114　F152545－60
讀史兵略四十六卷　(清)胡林翼纂　清咸豐十一年(1861)益陽胡氏刻本　十六冊

500000－8701－0005115　F152561－76
讀史兵略四十六卷　(清)胡林翼纂　清咸豐十一年(1861)益陽胡氏刻本　十六冊

500000－8701－0005116　F152577－92
讀史兵略四十六卷　(清)胡林翼纂　清咸豐十一年(1861)益陽胡氏刻本　十六冊

500000－8701－0005117　F152593－616
讀史兵略四十六卷　(清)胡林翼纂　清光緒二十一年(1895)儷峯書屋刻本　二十四冊

500000－8701－0005118　F152617－724
欽定四庫全書總目二百卷首一卷　(清)紀昀等纂　清同治七年(1868)廣東書局刻本　一百八冊

500000－8701－0005119　F152725－32
子史精華一百六十卷　(清)吳襄等纂修　清光緒十年(1884)上海同文書局石印本　八冊

500000－8701－0005120　F152741－42
子史精華三十卷　(清)吳襄等纂修　清光緒九年(1883)上海點石齋石印本　二冊

500000－8701－0005121　F152743－90
子史精華一百六十卷　(清)吳襄等纂修　清刻本　四十八冊

500000－8701－0005122　F152791－98
子史精華一百六十卷　(清)吳襄等纂修　清光緒二十三年(1897)上海順成書局石印本　八冊

500000－8701－0005123　F152799－806
子史精華一百六十卷　(清)吳襄等纂修　清光緒二十三年(1897)上海順成書局石印本　八冊

500000－8701－0005124　F152807－46
子史精華一百六十卷　(清)吳襄等纂修　清刻本　四十冊

500000－8701－0005125　F152847－54
李氏五種合刊二十八卷　(清)李兆洛著　清光緒二十四年(1898)常熟席氏掃葉山房石印本　八冊

500000－8701－0005126　F152855－58
新纂氏族箋釋八卷　(清)熊峻運著　清同文堂刻本　四冊

500000－8701－0005127　F152859－67
隨軒金石文字不分卷　(清)徐渭仁雙鈎　清同治七年(1868)刻本　九冊

500000－8701－0005128　F152868－71
國朝漢學師承記八卷經師經義目錄一卷宋學淵源記二卷附記一卷　(清)江藩纂輯　清嘉慶二十三年(1818)廣州節院刻粵雅堂叢書本　四冊

500000－8701－0005129　F152872－75
國朝漢學師承記八卷經師經義目錄一卷宋學淵源記二卷附記一卷　(清)江藩著　清光緒六年(1880)廣州節院刻粵雅堂叢書本　四冊

500000－8701－0005130　F152876－79

國朝漢學師承記八卷經師經義目錄一卷宋學淵源記二卷附記一卷 （清）江藩著　清光緒六年(1880)廣州節院刻粵雅堂叢書本　四冊

500000－8701－0005131　F152881
古今史學粹珍三種不分卷 （清）黄本騏編　清刻本　一冊

500000－8701－0005132　F152886
二十二史感應錄二卷 （清）彭希涑輯　清咸豐九年(1859)上海蕭氏刻本　一冊

500000－8701－0005133　F152889
讀史及幼編不分卷 （清）鄭德暉著　清同治十三年(1874)刻本　一冊

500000－8701－0005134　F152890－91
春秋氏族圖不分卷 （清）張道緒輯　清嘉慶十八年(1813)刻本　二冊

500000－8701－0005135　F152892－95
國語二十一卷 （三國吳）韋昭解　**札記一卷**（清）黄丕烈撰　清光緒二十一年(1895)刻本　四冊

500000－8701－0005136　F152896－903
李氏五種合刊二十八卷 （清）李兆洛輯　清光緒十八年(1892)長沙竹素書局刻本　八冊　存二種二十二卷(歷代地理韻編今釋二十卷、皇朝輿地韻編二卷)

500000－8701－0005137　F152904－05
兩漢刊誤補遺十卷 （宋）吳仁傑撰　清同治七年(1868)金陵書局刻本　二冊

500000－8701－0005138　F152906
英法政概六卷 （清）劉啟彤譯編　清光緒二十二年(1896)成都志古堂刻本　一冊

500000－8701－0005139　F152907
英法政概六卷 （清）劉啟彤譯編　清光緒二十二年(1896)成都志古堂刻本　一冊

500000－8701－0005140　F152908
英藩政概四卷 （清）劉啟彤譯編　清光緒刻本　一冊

500000－8701－0005141　F152909
英藩政概四卷 （清）劉啟彤譯編　清光緒刻本　一冊

500000－8701－0005142　F152910－11
中興名臣事略四卷 朱孔彰撰　清光緒二十五年(1899)上海圖書集成印書局石印本　二冊

500000－8701－0005143　F152912－15
中興名臣事略八卷 朱孔彰撰　清光緒二十八年(1902)重慶精宏書局鉛印本　四冊

500000－8701－0005144　F152916－19
瀛環志略十卷 （清）徐繼畬撰　清光緒二十八年(1902)上海日新書莊石印本　四冊

500000－8701－0005145　F152941－42
文光堂增定課兒鑑略妥註善本五卷 （明）李廷機著　清嘉慶二十年(1815)敦化堂刻本　二冊

500000－8701－0005146　F152943－48
人壽金鑑二十二卷 （清）程得齡輯　清光緒元年(1875)湖北崇文書局刻本　六冊

500000－8701－0005147　F152959－64
新纂氏族箋釋八卷 （清）熊峻運著　清文善堂刻本　六冊

500000－8701－0005148　F152965
兩湖書院課程不分卷 （清）□□編　清光緒刻本　一冊

500000－8701－0005149　F152966－71
兩湖書院輿地課程六卷 （清）兩湖書院編　清光緒十年(1884)成都文倫書局鉛印本　六冊

500000－8701－0005150　F152972－77
兩湖書院輿地課程六卷 （清）兩湖書院編　清光緒十年(1884)成都文倫書局鉛印本　六冊

500000－8701－0005151　F152980－3459
通志堂經解一千七百九十二卷 （清）納蘭成德輯　清同治十二年(1873)粵東書局刻本　四百八十冊

500000－8701－0005152　F153460－939
通志堂經解一千七百九十二卷　(清)納蘭成德輯　清同治十二年(1873)粵東書局刻本　四百八十册

500000－8701－0005153　F153940－4540
通志堂經解一千八百四十五卷　(清)納蘭成德輯　清康熙十二年(1673)刻本　六百一册

500000－8701－0005154　F154541－940
二十四史二十四種　(漢)司馬遷等撰　清光緒三十四年(1908)上海集成圖書公司鉛印本　四百册

500000－8701－0005155　F154941－72
皇朝五經彙解二百七十卷　題(清)抉經心室主人纂輯　清光緒十九年(1893)上海積山局石印本　三十二册

500000－8701－0005156　F154973－88
四經精華四種三十四卷　(清)□□輯　清光緒十八年(1892)巴蜀善成堂刻本　十六册

500000－8701－0005157　F154989－5021
皇朝五經彙解二百七十卷　題(清)抉經心室主人纂輯　清光緒十九年(1893)同文書局石印本　三十三册

500000－8701－0005158　F155022－53
皇朝五經彙解二百七十卷　題(清)抉經心室主人纂輯　清光緒十六年(1890)鴻文書局石印本　三十二册

500000－8701－0005159　F155054－85
皇朝五經彙解二百七十卷　題(清)抉經心室主人纂輯　清光緒十六年(1890)鴻文書局石印本　三十二册

500000－8701－0005160　F155086－97
四書正本十九卷　(宋)朱熹集註　清同治四年(1865)忠恕堂童氏刻本　十二册

500000－8701－0005161　F155098－109
四書正本十九卷　(宋)朱熹集註　清同治四年(1865)忠恕堂童氏刻本　十二册

500000－8701－0005162　F155110－19
四書正本十九卷　(宋)朱熹集註　清光緒十六年(1890)公益會刻本　十册

500000－8701－0005163　F155120－29
四經精華四種三十五卷　(清)□□輯　清光緒十四年(1888)新都墨耕堂刻本　二十册

500000－8701－0005164　F155154－66
四書典林三十卷　(清)江永編　清刻本(卷十四至十六、二十五至二十七係補配)　十三册

500000－8701－0005165　F155167－82
四書典林三十卷　(清)江永編　清乾隆五十四年(1789)述聖堂刻本　十六册

500000－8701－0005166　F155183－94
四書典林三十卷　(清)江永編　清乾隆刻本　十二册

500000－8701－0005167　F155195－204
四書考異總考三十六卷條考三十六卷　(清)翟灝撰　清乾隆三十四年(1769)無不宜齋刻本　十册

500000－8701－0005168　F155205－18
四書考異總考三十六卷條考三十六卷　(清)翟灝撰　清乾隆三十四年(1769)無不宜齋刻本　十四册

500000－8701－0005169　F155219－21
四書考異總考三十六卷　(清)翟灝撰　清乾隆三十四年(1769)無不宜齋刻本　三册

500000－8701－0005170　F155222－27
四書考異總考三十六卷　(清)翟灝撰　清乾隆三十四年(1769)無不宜齋刻本　六册

500000－8701－0005171　F155277－96
四書字詁七十八卷　(清)段諤廷原稿　(清)黄本驥編訂　清咸豐元年(1851)刻本　二十册

500000－8701－0005172　F155297－302
新訂四書補註備旨十卷　(清)鄧林著　(清)鄧煜編　清光緒二十三年(1897)點石□記影印本　六册

500000－8701－0005173　F155367－74
新訂四書補註備旨十卷　（清）鄧林著　（清）鄧煜編　清咸豐十年（1860）刻本　八册

500000－8701－0005174　F155375－80
新訂四書補註備旨十卷　（清）鄧林著　（清）鄧煜編　清光緒七年（1881）刻本　六册

500000－8701－0005175　F155381－88
新訂四書補註備旨十卷　（清）鄧林著　（清）鄧煜編　清道光十四年（1834）刻本　八册

500000－8701－0005176　F155389－400
四書補注備旨十二卷　（清）鄧林著　清光緒十二年（1886）刻本　十二册

500000－8701－0005177　F155401－12
四書補注備旨十二卷　（清）鄧林著　清光緒二十一年（1895）刻本　十二册

500000－8701－0005178　F155413－24
四書補注備旨十二卷　（清）鄧林著　清光緒二十一年（1895）刻本　十二册

500000－8701－0005179　F155437－44
集虚齋四書口義十卷　（清）方婺如著　（清）于光華編次　清乾隆五十三年（1788）刻本　八册

500000－8701－0005180　F155445－52
集虚齋四書口義十卷　（清）方婺如著　（清）于光華編次　清乾隆五十八年（1793）刻本　八册

500000－8701－0005181　F155453－62
集虚齋四書口義十卷　（清）方婺如著　（清）于光華編次　清乾隆五十八年（1793）刻本　十册

500000－8701－0005182　F155477－82
四書集注十九卷　（宋）朱熹章句　清光緒十三年（1887）刻本　六册

500000－8701－0005183　F155483－93
四書集注十九卷　（宋）朱熹章句　清同治五年（1866）金陵書局刻本　十一册

500000－8701－0005184　F155494－99
四書集注十九卷　（宋）朱熹章句　清同治五年（1866）金陵書局刻本　六册

500000－8701－0005185　F155500－05
四書集注十九卷　（宋）朱熹章句　清同治五年（1866）金陵書局刻本　六册

500000－8701－0005186　F155506－07
四書反身錄七卷續錄一卷　（清）李顒口授　（清）王心敬錄　清光緒十一年（1885）四川鹽務官舍刻本　二册

500000－8701－0005187　F155508－09
四書反身錄七卷續錄一卷　（清）李顒口授　（清）王心敬錄　清光緒十一年（1885）四川鹽務官舍刻本　二册

500000－8701－0005188　F155510－13
四書反身錄八卷　（清）李顒撰　清道光十一年（1831）浙江書局刻本　四册

500000－8701－0005189　F155514－15
四書反身錄大學中庸二卷論語十卷孟子二卷　（清）李顒撰　清嘉慶二十三年（1818）刻本　二册

500000－8701－0005190　F155516－19
四書反身錄八卷　（清）李顒撰　清道光十一年（1831）浙江書局刻本　四册

500000－8701－0005191　F155520－43
四書大全三十六卷　（宋）朱熹章句　（清）陸隴其輯　清康熙四十一年（1702）刻本　二十四册

500000－8701－0005192　F155550－55
文光堂四書體注合講十九卷　（宋）朱熹章句　（清）翁復編次　清刻本　六册

500000－8701－0005193　F155556－61
務本堂四書體註合講十九卷　（宋）朱熹章句　（清）翁復編次　清務本堂刻本　六册

500000－8701－0005194　F155562－67
務本堂四書體註合講十九卷　（宋）朱熹章句　（清）翁復編次　清務本堂刻本　六册

500000－8701－0005195　F155568－73

東壁山房四書體註合講十九卷　(□)□□撰　清光緒東壁山房影印本　六册

500000－8701－0005196　F155574－83
欽定篆文六經四書不分卷　(清)李光地等輯　清光緒九年(1883)上海同文書局石印本　十册

500000－8701－0005197　F155584－93
欽定篆文六經四書不分卷　(清)李光地等輯　清光緒九年(1883)上海同文書局石印本　十册

500000－8701－0005198　F155604－07
四書反身録五卷　(清)李顒口授　(清)王心敬録　清宣統二年(1910)成都國學研究會刻本　四册

500000－8701－0005199　F155608－13
四書典制類聯音註三十三卷　(清)閻其淵編輯　清嘉慶元年(1796)亦西齋刻本　六册

500000－8701－0005200　F155614－23
四書圖考十三卷　(清)杜炳雲輯　清道光七年(1827)刻本　十册

500000－8701－0005201　F155624－27
四書典故辨正二十卷附録一卷　(清)周柄中撰　清敬義堂刻本　四册

500000－8701－0005202　F155628－35
四書人物類典串珠四十卷　(清)臧志仁編輯　清嘉慶六年(1801)刻本　八册

500000－8701－0005203　F155636－47
增補四書人物聚考十二卷　(明)鍾惺增定　清刻本　十二册

500000－8701－0005204　F155648－53
四書摭餘説七卷　(清)曹之升輯　清刻本　六册

500000－8701－0005205　F155654－69
四書隨見録四十卷首二卷　(清)鄒鳳池集　(清)陳作梅輯　清道光二十七年(1847)紅杏山房刻本　十六册

500000－8701－0005206　F155670－73
四書指韻不分卷　(□)□□撰　清光緒十三年(1887)迂拙齋刻本　四册

500000－8701－0005207　F155674－79
四書味根録三十九卷　(清)金澂撰　清光緒二十年(1894)上海文盛書局影印本　六册

500000－8701－0005208　F155680－85
四書味根録三十九卷　(清)金澂撰　清光緒二十年(1894)上海文盛書局影印本　六册

500000－8701－0005209　F155686－700
蔡虚齋先生四書蒙引十五卷　(明)蔡清著　清光緒十八年(1892)蔡群英刻本　十五册

500000－8701－0005210　F155701－06
崇道堂四書蒙求十九卷　(宋)朱熹章句集註　清道光九年(1829)德令堂刻朱墨套印本　六册

500000－8701－0005211　F155701－12
四書遵註合講十九卷圖考一卷　(宋)朱熹章句　(清)翁復編　清嘉慶四年(1799)刻本　六册

500000－8701－0005212　F155713－18
掃葉山房四書體註合講十九卷圖考一卷　(宋)朱熹章句　(清)翁復編次　清光緒五年(1879)刻本　六册

500000－8701－0005213　F155719－32
四書課録二十九卷　(清)任時懋纂　清乾隆四年(1739)刻本　十四册

500000－8701－0005214　F155733－52
四書益智録二十卷　(清)桂含章輯　清光緒八年(1882)金陵刻本　二十册

500000－8701－0005215　F155759－74
四書味根録三十九卷　(清)金澂撰　清道光二十六年(1846)粲花吟館刻本　十六册

500000－8701－0005216　F155775－814
相臺五經九十六卷附考證　(宋)岳珂輯　清光緒撫黔使者賀長齡刻本　四十册

500000－8701－0005217　F155815－54
岳氏相臺五經九十五卷附考證　(宋)岳珂輯

清光緒八年(1882)長沙龍氏家塾刻本　四十册

500000－8701－0005218　F155855－72
仿宋相臺五經九十五卷附考證　(宋)岳珂輯　清光緒二年(1876)江南書局刻本　三十二册

500000－8701－0005219　F155887－918
仿宋相臺五經九十五卷附考證　(宋)岳珂輯　清光緒二年(1876)江南書局刻本　三十二册

500000－8701－0005220　F155919－50
相臺五經九十六卷附考證　(宋)岳珂輯　清光緒二十九年(1903)尊經書院刻民國二年(1913)存古書局印本　三十二册

500000－8701－0005221　F155951－82
相臺五經九十六卷附考證　(宋)岳珂輯　清光緒二十九年(1903)尊經書院刻民國二年(1913)存古書局印本　三十二册

500000－8701－0005222　F155983－6013
相臺五經九十六卷附考證　(宋)岳珂輯　清光緒二十九年(1903)尊經書院刻民國二年(1913)存古書局印本　三十一册　缺五卷(毛詩十一至十五)

500000－8701－0005223　F156014－43
相臺五經九十六卷附考證　(宋)岳珂輯　清光緒二十九年(1903)尊經書院刻民國二年(1913)存古書局印本　三十册

500000－8701－0005224　F156044－75
相臺五經九十六卷附考證　(宋)岳珂輯　清光緒刻本　三十二册

500000－8701－0005225　F156076－107
相臺五經九十六卷附考證　(宋)岳珂輯　清光緒刻本　三十二册

500000－8701－0005226　F156108－47
相臺五經九十六卷附考證　(宋)岳珂輯　清光緒撫黔使者賀長齡刻本　四十册

500000－8701－0005227　F156148－86
相臺五經九十六卷附考證　(宋)岳珂輯　清光緒撫黔使者賀長齡刻本　三十九册　缺三卷(毛詩八至十)

500000－8701－0005228　F156231－40
石經彙函十種四十五卷　王秉恩輯　清光緒十六年(1890)刻本　十册

500000－8701－0005229　F156241－46
石經彙函十種四十五卷　王秉恩輯　清光緒十六年(1890)四川尊經書局刻本　六册

500000－8701－0005230　F156247－58
增補五經備旨五種　(清)鄒聖脈纂輯　(清)鄒廷猷編次　清光緒十五年(1889)蜚英館石印本　十二册

500000－8701－0005231　F156259－70
石經彙函十種四十五卷　王秉恩輯　清光緒十六年(1890)四川尊經書局刻本　十二册

500000－8701－0005232　F156271－76
十一經初學讀本十一種不分卷　(清)萬廷蘭校　清光緒二年(1876)四川學院衙門刻本　五册　存四種(易經、書經、詩經、周禮)

500000－8701－0005233　F156291－94
四書古人典林十二卷　(清)江永編　清乾隆十四年(1749)刻本　四册

500000－8701－0005234　F156300－05
四書讀本辨義十九卷　(清)劉爾介纂輯　清清藜閣刻本　六册

500000－8701－0005235　F156306－11
四書讀本辨義十九卷　(清)劉爾介纂輯　清清藜閣刻本　六册

500000－8701－0005236　F156312
四書集字一卷　(清)吳兆松集字　清乾隆二十五年(1760)刻本　一册

500000－8701－0005237　F156314－17
四書經史摘證七卷　(清)宋繼穜輯著　清光緒刻本　四册

500000－8701－0005238　F156318－20
四書辨疑十五卷　(元)陳天祥撰　清刻本

三冊

500000－8701－0005239　F156321－26
四書便蒙添註十九卷　(宋)朱熹章句　(清)王珠樵注　清光緒十三年(1887)會稽王氏刻本　六冊

500000－8701－0005240　F156327－30
四書近指十七卷　(清)孫奇逢批定　清同治刻本　四冊

500000－8701－0005241　F156331－35
朱子四書或問二十九卷中庸輯畧二卷　(宋)朱熹著　(宋)石𡼖輯　清刻本　五冊

500000－8701－0005242　F156336－42
四書旁訓不分卷　(□)□□輯　清光緒十三年(1887)考儁堂刻本　七冊

500000－8701－0005243　F156343－52
朱子四書或問小注三十六卷　(清)陳元爕輯　(清)徐方廣增注　清康熙四十一年(1702)刻本　十冊

500000－8701－0005244　F156353－72
四書疏註撮言大全三十七卷　(清)紀昀鑒定　(清)胡蓉芝輯　清乾隆二十八年(1763)刻本　二十冊

500000－8701－0005245　F156373－78
心圜大學知新十二卷　(清)郭兆奎著　清乾隆十八年(1753)刻本　六冊

500000－8701－0005246　F156379－84
四書章句集註十九卷　(宋)朱熹集註　清光緒十二年(1886)刻本　六冊

500000－8701－0005247　F156385－88
四書講義十二卷　(清)陸隴其著　清光緒二十七年(1901)上海圖書集成印書局石印本　四冊

500000－8701－0005248　F156389－402
四書講義困勉錄三十七卷　(清)陸隴其纂輯　(清)陸公鏐編次　清乾隆四年(1739)嘉會堂刻本　十四冊

500000－8701－0005249　F156403－14
皇朝四書彙解七十五卷　(清)□□撰　清光緒二十九年(1903)上海鴻文書局石印本　十二冊

500000－8701－0005250　F156415－20
四書釋地補一卷續補一卷又續補二卷三續補二卷　(清)閻若璩撰　(清)樊廷枚校補　清嘉慶二十一年(1816)海涵堂刻本　六冊

500000－8701－0005251　F156421－24
四書釋地一卷續一卷又續一卷三續一卷　(清)閻若璩撰　清刻本　四冊

500000－8701－0005252　F156425－27
四書釋地一卷續一卷又續一卷三續一卷　(清)閻若璩撰　清刻本　三冊

500000－8701－0005253　F156428－33
增廣四書五經典林十二卷　(清)洪葆榮撰　清光緒十五年(1889)積山書局石印本　六冊

500000－8701－0005254　F156452－55
增補四書義經義式不分卷　(清)□□輯　清光緒二十七年(1901)還讀書屋刻本　四冊

500000－8701－0005255　F156456－57
四書通證六卷　(清)張存中編　清刻通志堂經解本　二冊

500000－8701－0005256　F156458－60
四書通旨六卷　(清)朱公遷撰　清刻通志堂經解本　三冊

500000－8701－0005257　F156461－66
四書體注十九卷　(清)范翔注　清康熙三十一年(1692)刻本　六冊

500000－8701－0005258　F156467－80
四書經注集證十九卷　(宋)朱熹集註　(清)吴昌宗輯　清咸豐三年(1853)刻本　十四冊

500000－8701－0005259　F156481－92
四書題鏡不分卷　(清)汪鯉翔輯　清乾隆五十八年(1793)文苑堂刻本　十二冊

500000－8701－0005260　F156483－98
四書題鏡不分卷　(清)汪鯉翔輯　清乾隆九年(1744)汪氏靜觀書屋刻本　六冊

500000－8701－0005261　F156499－510
四書集註正本十二卷　(宋)朱熹注　(清)童棫輯　清光緒十七年(1891)魏氏古香閣刻本　十二册

500000－8701－0005262　F156511－24
新刻批點四書讀本十九卷　(宋)朱熹注　清道光七年(1827)愷元堂刻朱墨套印本　十四册

500000－8701－0005263　F156525－28
四書説約三十三卷　(明)鹿善繼著　清道光二十八年(1848)范陽鹿氏刻本　四册

500000－8701－0005264　F15652932
四書説約三十三卷　(明)鹿善繼著　(清)劉永幹校　清道光二十四年(1844)吳興劉氏留餘草堂刻留餘草堂叢書本　四册

500000－8701－0005265　F156533
鄉黨便蒙二卷　(清)劉傳一撰　清道光五年(1825)刻本　一册

500000－8701－0005266　F156534－37
宋元四書五經義四卷　題(清)博古齋主人輯　清光緒二十七年(1901)木活字印本　四册

500000－8701－0005267　F156538
四書集字一卷五經集字一卷　(清)吳兆松集字　清嘉慶十五年(1810)刻本(五經集字爲朱墨套印)　一册

500000－8701－0005268　F156539
四書小參一卷附四書問答一卷　(明)朱斯行著　清光緒三年(1877)姑蘇刻經處刻本　一册

500000－8701－0005269　F156540－49
四書貫珠講義十九卷　(清)林盧亭輯　清同治十一年(1872)巴陵鍾氏刻本　十册

500000－8701－0005270　F156550－55
合璧美善四書十九卷　(宋)朱熹註　清道光四年(1824)刻本　六册

500000－8701－0005271　F156562－67
監本四書十九卷附四書圖一卷字辨一卷句辨一卷　(宋)朱熹章句　清道光十三年(1833)一經堂刻本　六册

500000－8701－0005272　F156568－70
四書不分卷　(宋)朱熹註　清末刻本　三册

500000－8701－0005273　F156571－78
御製滿漢四書六卷　(宋)朱熹章句　清光緒四年(1878)成都會元堂刻本　八册

500000－8701－0005274　F156579－90
便蒙大版四書十九卷　(宋)朱熹章句　清咸豐二年(1852)竹橋齋刻本　十二册

500000－8701－0005275　F156605－12
松陽講義十二卷　(清)陸隴其著　清刻本　八册

500000－8701－0005276　F156613－16
松陽講義十二卷　(清)陸隴其著　清刻本　四册

500000－8701－0005277　F156617－20
松陽講義十二卷　(清)陸隴其著　清同治十年(1871)公善堂刻本　四册

500000－8701－0005278　F156621－40
四書恆解六卷　(清)劉沅輯註　清同治十三年(1874)樂善堂刻本　二十册

500000－8701－0005279　F156641－50
四書恆解十四卷　(清)劉沅輯註　清光緒豫誠堂刻本　十册

500000－8701－0005280　F156651－60
四書恆解十四卷　(清)劉沅輯註　清光緒豫誠堂刻本　十册

500000－8701－0005281　F156661－70
四書恆解十四卷　(清)劉沅輯註　清光緒豫誠堂刻本　十册

500000－8701－0005282　F156671－86
四書古註九種九十四卷附群義彙解四卷　(清)□□輯　清光緒十九年(1893)上海同文書局石印本　十六册

500000－8701－0005283　F156687－702

四書古註九種九十四卷附群義彙解四卷 (清)□□輯 清末石印本 十六册

500000－8701－0005284 F156703－18
周易詳説十五卷首一卷 (清)鄧尚譓著 清道光二年(1822)刻本 十六册

500000－8701－0005285 F156719－23
經笥質疑易義原則六卷首一卷附篇四卷首一卷 (清)張瓚昭撰 清道光七年(1827)平江張氏蘭昭堂刻本 五册

500000－8701－0005286 F156724－29
增删易經真解六卷 (清)李保乾著 清刻本 六册

500000－8701－0005287 F156730－34
易經彙解四十卷 題(清)抉經心室主人輯 清光緒十四年(1888)上海鴻文書局石印皇朝五經彙解本 五册

500000－8701－0005288 F156735－39
易經彙解四十卷 題(清)抉經心室主人輯 清光緒十九年(1893)上海同文書局石印皇朝五經彙解本 五册

500000－8701－0005289 F156741－46
周易索詁十二卷首一卷 (清)倪象占著 清嘉慶六年(1801)順受堂刻本 六册

500000－8701－0005290 F156747－48
周易本義補四卷 (清)蘇文韓著 清英德堂刻本 二册

500000－8701－0005291 F156765－67
易經旁訓三卷 (宋)程頤傳 清光緒十三年(1887)考雋堂刻本 三册

500000－8701－0005292 F156768－69
易經增訂旁訓三卷 (清)徐立綱撰 清刻本 二册

500000－8701－0005293 F156770
古易音訓二卷 (清)宋咸熙輯 清嘉慶七年(1802)刻本 一册

500000－8701－0005294 F156771－74
易經精華六卷末一卷 (清)薛嘉穎輯 清同治十三年(1874)大文堂刻本 四册

500000－8701－0005295 F156775－77
易經精華六卷首一卷末一卷 (清)薛嘉穎輯 清道光元年(1821)魏氏古香閣刻本 三册

500000－8701－0005296 F156778－80
易經體註四卷 (清)李兆賢輯 清光緒學原堂刻本 三册

500000－8701－0005297 F156781
易緯乾鑿度二卷 (漢)鄭玄注 清刻本 一册

500000－8701－0005298 F156782－86
易象集解十卷 (清)黄守平輯 清同治十三年(1874)潄芳園刻本 五册

500000－8701－0005299 F156789－92
易藝舉隅六卷 (清)陳本淦纂 清道光十九年(1839)天香閣刻本 四册

500000－8701－0005300 F156793－95
周易象義集成三卷 (清)陳洪冠輯 清咸豐六年(1856)刻本 三册

500000－8701－0005301 F156796－97
易漢學八卷 (清)惠棟撰 清刻本 二册

500000－8701－0005302 F156798－801
周易通論四卷 (清)李光地撰 清刻本 四册

500000－8701－0005303 F156804－06
周易解九卷 (清)牛運震著 清空山堂刻本 三册

500000－8701－0005304 F156810－19
易纂一説曉九卷序一卷末一卷 (清)劉中理纂註 清咸豐三年(1853)廻岸竹橋齋刻本 十册

500000－8701－0005305 F156820－25
周易傳義合訂圖義十二卷 (清)朱軾課 清乾隆二年(1737)楚北劉氏刻本 六册

500000－8701－0005306 F156826－27
象數論六卷 (清)黄宗羲撰 清廣雅書局刻

本　二册

500000－8701－0005307　F156842－47
易經全解六卷首一卷　（清）藍煦解　清同治十三年（1874）忠恕堂刻本　六册

500000－8701－0005308　F156848
周易圖説四卷　（清）李森著　清光緒十七年（1891）永新李氏刻本　一册

500000－8701－0005309　F156849－52
周易易簡十二卷　（清）李森著　清光緒十七年（1891）永新李氏刻本　四册

500000－8701－0005310　F156858－60
易説醒四卷　（明）洪守美撰　清同治十一年（1872）新豐洪氏刻本　三册

500000－8701－0005311　F156861－70
易鑑三十八卷附鄉賢錄一卷　（清）歐陽厚均著　清刻本　十册

500000－8701－0005312　F156871－76
周易姚氏學十六卷首一卷　（清）姚配中撰　清光緒三年（1877）湖北崇文書局刻本　六册

500000－8701－0005313　F156877－82
周易姚氏學十六卷首一卷　（清）姚配中撰　清光緒三年（1877）湖北崇文書局刻本　六册

500000－8701－0005314　F156883－86
周易姚氏學十六卷首一卷　（清）姚配中撰　清光緒元年（1875）湖北崇文書局刻本　四册

500000－8701－0005315　F156887－90
周易姚氏學十六卷首一卷　（清）姚配中撰　清光緒元年（1875）湖北崇文書局刻本　四册

500000－8701－0005316　F156891－95
讀易傳心十二卷附圖説三卷　（清）韓怡撰　清劉文奎等刻本　十册

500000－8701－0005317　F156896－99
自得齋易學四種十卷　（清）丁澤安著　清光緒十六年（1890）刻本　四册

500000－8701－0005318　F156900－07
晦庵先生朱文公易説二十三卷　（宋）朱熹撰　清巴陵鍾氏刻通志堂經解本　八册

500000－8701－0005319　F156908－15
誠齋易傳二十卷　（宋）楊萬里撰　清光緒二十一年（1895）湖北官書處刻本　八册

500000－8701－0005320　F156916－21
譯古含奇三卷　（清）楊翼亮著　清光緒十三年（1887）陽羨楊氏刻本　六册

500000－8701－0005321　F156926－30
大成易旨四卷　（明）崔師訓著　清光緒十六年（1890）刻本　五册

500000－8701－0005322　F156931－32
周易四卷　（宋）朱熹本義　清乾隆四十四年（1779）金閶書業堂刻本　二册

500000－8701－0005323　F156934
學易門徑一卷　（□）□□撰　清同治九年（1870）養原堂刻本　一册

500000－8701－0005324　F156935－36
經言拾遺十四卷　（清）徐文靖撰　清乾隆二十一年（1756）當塗徐氏志寧堂刻本　二册

500000－8701－0005325　F156937－42
童溪王先生易傳三十卷　（宋）王宗傳撰　清巴陵鍾氏刻通志堂經解本　六册

500000－8701－0005326　F156943－44
易經程傳四卷　（宋）程頤撰　清明善社刻本　二册

500000－8701－0005327　F156945－46
易經十二卷首一卷末一卷　（宋）朱熹本義　清同治四年（1865）金陵書局刻本　二册

500000－8701－0005328　F156947－48
易經十二卷首一卷末一卷　（宋）朱熹本義　清同治四年（1865）金陵書局刻本　二册

500000－8701－0005329　F156949－50
易經八卷　（宋）程頤傳　清同治五年（1866）金陵書局刻本　二册

500000－8701－0005330　F156951－52
易經八卷　（宋）程頤傳　清同治五年（1866）

金陵書局刻本　二冊

500000－8701－0005331　F156953－54
易經三卷　(宋)程頤著　清江南李光明家刻本　二冊

500000－8701－0005332　F156955－57
易經八卷　(宋)程頤傳　清光緒九年(1883)江南書局刻本　三冊

500000－8701－0005333　F156958－60
易經八卷　(宋)程頤傳　清光緒九年(1883)江南書局刻本　三冊

500000－8701－0005334　F156961－63
周易四卷　(宋)朱熹本義　清道光十六年(1836)刻本　三冊

500000－8701－0005335　F156964－69
易經八卷　(宋)程頤傳　清刻本　六冊

500000－8701－0005336　F156970－75
易經十二卷　(宋)朱熹本義　清刻本　六冊

500000－8701－0005337　F156976－81
周易會歸四卷　(清)鄧霽彙纂　清刻本　六冊

500000－8701－0005338　F156982－87
御纂周易述義十卷　(清)吳鼎等纂　清道光十八年(1838)刻本　六冊

500000－8701－0005339　F156988－89
周易四卷　(宋)朱熹本義　清光緒十二年(1886)湖北官書處刻本　二冊

500000－8701－0005340　F156990－91
周易四卷　(宋)朱熹本義　清光緒十二年(1886)湖北官書處刻本　二冊

500000－8701－0005341　F156992－93
周易四卷　(宋)朱熹本義　清道光三十年(1850)英秀堂刻本　二冊

500000－8701－0005342　F156994－95
周易四卷　(宋)朱熹本義　清末商務鉛印本　二冊

500000－8701－0005343　F156996－97
周易四卷　(宋)朱熹本義　清宣統二年(1910)上海廣益書局石印本　二冊

500000－8701－0005344　F156998－99
周易不分卷附禮記一卷穀梁傳一卷　(清)吳汝綸點勘　清末蓮池書社鉛印本　二冊

500000－8701－0005345　F157000－01
周易不分卷附禮記一卷穀梁傳一卷　(清)吳汝綸點勘　清末蓮池書社鉛印本　二冊

500000－8701－0005346　F157002－03
周易四卷　(宋)朱熹本義　清江南李光明家刻本　二冊

500000－8701－0005347　F157004－05
周易四卷　(宋)朱熹本義　清同治十三年(1874)湖南書局刻本　二冊

500000－8701－0005348　F157006－11
周易十一卷　(唐)李鼎祚集解　清光緒三十二年(1906)東洲刻本　六冊

500000－8701－0005349　F157012－15
周易十一卷　(唐)李鼎祚集解　清光緒三十二年(1906)東洲刻本　四冊

500000－8701－0005350　F157016
周易十卷　(□)□□輯　清刻本　一冊

500000－8701－0005351　F157017－28
御纂周易折中二十二卷首一卷　(清)李光地等撰　清刻本　十二冊

500000－8701－0005352　F157035－46
御纂周易折中二十二卷首一卷　(清)李光地等撰　清刻本　十二冊

500000－8701－0005353　F157047－58
御纂周易折中二十二卷首一卷　(清)李光地等撰　清刻本　十二冊

500000－8701－0005354　F157059－70
御纂周易折中二十二卷　(清)李光地等撰　清光緒十九年(1893)湖南長沙漱芳閣刻本　十二冊

500000－8701－0005355　F157071－80

御纂周易折中二十二卷首一卷　(清)李光地等撰　清同治六年(1867)馬新貽刻本　十冊

500000－8701－0005356　F157081－90
御纂周易折中二十二卷首一卷　(清)李光地等撰　清同治六年(1867)馬新貽刻本　十冊

500000－8701－0005357　F157091－100
御纂周易折中二十二卷首一卷　(清)李光地等撰　清同治六年(1867)馬新貽刻本　十冊

500000－8701－0005358　F157101－04
周易兼義九卷經典釋文一卷附校勘記　(唐)孔穎達正義　(唐)陸德明音義　清嘉慶二十年(1815)江西南昌府學刻本　四冊

500000－8701－0005359　F157105－10
周易兼義九卷音義一卷附勘記　(三國魏)王弼注　(唐)孔穎達正義　(唐)陸德明音義　清同治十三年(1874)湖南書局刻十三經注疏本　六冊

500000－8701－0005360　F157111－14
周易兼義九卷音義一卷附勘記　(三國魏)王弼注　(唐)孔穎達正義　(唐)陸德明音義　清光緒十八年(1892)湖南寶慶務本書局刻本　四冊

500000－8701－0005361　F157115－20
周易兼義九卷音義一卷附勘記　(三國魏)王弼注　(唐)孔穎達正義　(唐)陸德明音義　清光緒十八年(1892)湖南寶慶務本書局刻本　六冊

500000－8701－0005362　F157121－25
周易注疏十三卷略例一卷附考證　(三國魏)王弼注　(唐)陸德明音義　(唐)孔穎達疏　清同治十年(1871)廣東書局刻本　五冊

500000－8701－0005363　F157126－32
周易注疏十三卷略例一卷附考證　(三國魏)王弼注　(唐)陸德明音義　(唐)孔穎達疏　清同治十年(1871)廣東書局刻本　七冊

500000－8701－0005364　F157133－40
新刻來瞿唐先生易註十五卷首一卷末一卷　(明)來知德註　(清)淩夫惇圈點　清末上海江東茂記書局石印本　八冊

500000－8701－0005365　F157141－52
來瞿唐先生易註十五卷首一卷末一卷圖像一卷　(明)來知德註　清寧遠堂、世興堂刻本　十二冊

500000－8701－0005366　F157153－60
新刻來瞿唐先生易註十五卷首一卷末一卷　(明)來知德註　清寧遠堂、世興堂刻本　八冊

500000－8701－0005367　F157161－70
來瞿唐先生易註十五卷首一卷末一卷　(明)來知德註　清嘉慶十四年(1809)寧遠堂刻本　十冊

500000－8701－0005368　F157171－91
來瞿唐先生易註十五卷首一卷末一卷　(明)來知德註　清刻本　二十一冊

500000－8701－0005369　F157192－210
來瞿唐先生易註十五卷首一卷末一卷　(明)來知德註　清刻本　十九冊　缺一卷(一)

500000－8701－0005370　F157211－14
寄傲山房塾課纂輯御案易經備旨七卷　(清)鄒聖脈著　清寄傲山房刻本　四冊

500000－8701－0005371　F157215－18
寄傲山房塾課纂輯御案易經備旨七卷　(清)鄒聖脈纂輯　清光緒三十年(1904)上海文盛書局石印本　四冊

500000－8701－0005372　F157223－26
伊川易傳四卷　(宋)程頤撰　清刻本　四冊

500000－8701－0005373　F157227－30
伊川易傳四卷　(宋)程頤撰　清刻本　四冊

500000－8701－0005374　F157231－36
周易變通解六卷首一卷末一卷　(清)萬裕澐注　清光緒三年(1877)集錦堂刻本　六冊

500000－8701－0005375　F157237－42
周易變通解六卷首一卷末一卷　(清)萬裕澐注　清光緒三年(1877)集錦堂刻本　六冊

500000－8701－0005376　F157251－62
周易實事十五卷首一卷　(清)文嗣著　清明通堂刻本　十二冊

500000－8701－0005377　F157271－74
周易輯聞六卷　(宋)趙汝楳撰　清巴陵鍾氏刻通志堂本　四冊

500000－8701－0005378　F157275－77
周易集解八卷補遺一卷　(元)龍仁夫撰　清光緒十七年(1891)永懷堂刻本　三冊

500000－8701－0005379　F157278－81
周易要義十卷首一卷　(宋)魏了翁著　清光緒十二年(1886)江蘇書局刻本　四冊

500000－8701－0005380　F157282－87
易觸七卷　(清)賀子翼著　清咸豐二年(1852)刻本　六冊

500000－8701－0005381　F157288
周易精義四卷首一卷　(清)黃淦輯　清嘉慶八年(1803)令德堂刻本　一冊

500000－8701－0005382　F157289－92
周易集解十七卷　(唐)李鼎祚集解　清同治十二年(1873)敦怡堂刻本　四冊

500000－8701－0005383　F157293－94
子夏易傳十一卷　(春秋)卜商撰　清巴陵鍾謙鈞刻通志堂本　二冊

500000－8701－0005384　F157305－08
書經旁訓四卷　(宋)蔡沈著　清光緒十一年(1885)新都古香閣魏氏刻本　四冊

500000－8701－0005385　F157309－12
書經旁訓四卷　(宋)蔡沈著　清光緒十三年(1887)攷雋堂刻本　四冊

500000－8701－0005386　F157313－24
欽定書經傳說彙纂二十一卷首二卷　(清)王頊齡等撰　清同治七年(1868)閩浙馬新貽、李瀚章刻本　十二冊

500000－8701－0005387　F157325－40
欽定書經圖說五十卷　(清)孫家鼐等纂　清光緒三十一年(1905)石印本　十六冊

500000－8701－0005388　F157341－56
欽定書經圖說五十卷　(清)孫家鼐等纂　清光緒三十一年(1905)石印本　十六冊

500000－8701－0005389　F157357－60
書經體註約解合叅四卷　(清)洪佐聖等著　(清)洪正治等校編　(清)范翔重訂　清雍正五年(1727)刻本　四冊

500000－8701－0005390　F157361－64
書經體註大全合叅六卷　(宋)蔡沈集註　(清)錢希祥纂輯　清光緒十年(1884)重慶善成堂刻本　四冊

500000－8701－0005391　F157365－68
書經體註大全合叅六卷　(宋)蔡沈集傳　(清)錢希祥纂輯　清致和堂刻本　四冊

500000－8701－0005392　F157369－73
書經體註大全合叅六卷　(宋)蔡沈集傳　(清)錢希祥纂輯　清芸生堂刻本　五冊

500000－8701－0005393　F157374－77
書經體註大全合叅六卷　(宋)蔡沈集傳　(清)錢希祥纂輯　清刻本　四冊

500000－8701－0005394　F157378－90
書經詮義十二卷首二卷　(清)汪烜集　清光緒七年(1881)婺邑遊冠英刻本　十三冊

500000－8701－0005395　F157391－403
書經詮義十二卷首二卷　(清)汪烜集　清光緒七年(1881)婺邑遊冠英刻本　十三冊

500000－8701－0005396　F157404－07
書經集註六卷首一卷末一卷　(宋)蔡沈集註　清江南李光明莊刻本　四冊

500000－8701－0005397　F157408－11
書經集註六卷首一卷末一卷　(宋)蔡沈集註　清江南李光明莊刻本　四冊

500000－8701－0005398　F157412－15
書經六卷　(宋)蔡沈集傳　清同治十年(1871)刻本　四冊

500000－8701－0005399　F157416－19
書經六卷　(宋)蔡沈集傳　清同治十年

(1871)刻本　四冊

500000－8701－0005400　F157420－23
書經六卷　(宋)蔡沈集傳　清寶文堂刻本　四冊

500000－8701－0005401　F157424－27
書經六卷　(宋)蔡沈集傳　清道光三十年(1850)英秀堂刻本　四冊

500000－8701－0005402　F157428－31
書經六卷　(宋)蔡沈集傳　清慎德堂刻本　四冊

500000－8701－0005403　F157432－35
書經六卷　(宋)蔡沈集傳　清光緒十二年(1886)湖北官書處刻本　四冊

500000－8701－0005404　F157440－43
書經六卷　(宋)蔡沈集傳　清光緒十年(1884)掃葉山房刻本　四冊

500000－8701－0005405　F157444－47
書經六卷　(宋)蔡沈集傳　清掃葉山房刻本　四冊

500000－8701－0005406　F157448－51
書經六卷　(宋)蔡沈集傳　清潯陽萬氏蓮峯書屋朱墨套印本　四冊

500000－8701－0005407　F157452－55
書經六卷　(宋)蔡沈集傳　清道光十六年(1836)揚郡二郎廟惜字局刻本　四冊

500000－8701－0005408　F157456－59
書經六卷　(宋)蔡沈集傳　清道光十六年(1836)揚郡二郎廟惜字局刻本　四冊

500000－8701－0005409　F157460－63
書經六卷　(宋)蔡沈集傳　清光緒七年(1881)金陵書局刻本　四冊

500000－8701－0005410　F157464－69
書經集註六卷　(宋)蔡沈集註　清光緒十八年(1892)寶善堂刻本　六冊

500000－8701－0005411　F157470－75
書經六卷首一卷末一卷　(宋)蔡沈集傳　清同治五年(1866)金陵書局刻本　六冊

500000－8701－0005412　F157476－79
書經六卷首一卷末一卷　(宋)蔡沈集傳　清同治五年(1866)金陵書局刻本　四冊

500000－8701－0005413　F157480－83
書經六卷首一卷末一卷　(宋)蔡沈集傳　清同治五年(1866)金陵書局刻本　四冊

500000－8701－0005414　F157484－87
書經六卷　(宋)蔡沈集傳　清刻本　四冊

500000－8701－0005415　F157488－91
書經六卷　(宋)蔡沈集傳　清末上海商務印書館鉛印本　四冊

500000－8701－0005416　F157492－95
書經六卷　(宋)蔡沈集傳　清刻本　四冊

500000－8701－0005417　F157496
書經六卷　(宋)蔡沈集傳　清金陵文盛堂刻本　一冊

500000－8701－0005418　F157501－04
書經六卷　(宋)蔡沈集傳　清道光八年(1828)立本齋刻本　四冊

500000－8701－0005419　F157505－08
書經六卷　(宋)蔡沈集傳　清道光八年(1828)立本齋刻本　四冊

500000－8701－0005420　F157509－12
書經六卷　(宋)蔡沈集傳　清務本堂刻本　四冊

500000－8701－0005421　F157513－22
欽定書經傳説彙纂二十一卷首二卷　(清)王頊齡等撰　清道光十八年(1838)刻本　十冊

500000－8701－0005422　F157523－37
欽定書經傳説彙纂二十一卷首二卷　(清)王頊齡等撰　清道光十八年(1838)刻本　十五冊

500000－8701－0005423　F157538－49
欽定書經傳説彙纂二十一卷首二卷　(清)王頊齡等撰　清雍正八年(1730)刻本　十二冊

500000－8701－0005424　F157550－63
欽定書經傳説彙纂二十一卷首二卷　(清)王頊齡等撰　清雍正八年(1730)刻本　十四册

500000－8701－0005425　F157564－79
欽定書經傳説彙纂二十一卷首二卷　(清)王頊齡等撰　清雍正八年(1730)刻本　十六册

500000－8701－0005426　F157580－603
欽定書經傳説彙纂二十一卷首二卷　(清)王頊齡等撰　清雍正八年(1730)刻本　二十四册

500000－8701－0005427　F157604－05
書經旁訓辨體合訂四卷　(清)徐立綱輯　清刻本　二册

500000－8701－0005428　F157606－07
書經集註六卷　(宋)蔡沈集註　(清)徐作秩輯撰　清順治十二年(1655)刻本　二册

500000－8701－0005429　F157612－15
書經近指六卷　(清)孫鍾元纂　清康熙趙纘刻本　四册

500000－8701－0005430　F157616－18
寄傲山房塾課纂輯書經備旨蔡註捷錄七卷　(清)鄒聖脈纂輯　清刻本　三册

500000－8701－0005431　F157619－22
寄傲山房塾課纂輯書經備旨蔡註捷錄七卷　(清)鄒聖脈纂輯　清雍正八年(1730)刻本　四册

500000－8701－0005432　F157629
書經精義四卷首一卷末一卷　(清)黄淦纂　清嘉慶九年(1804)令德堂刻本　一册

500000－8701－0005433　F157630－35
書經精華十卷首一卷　(宋)蔡沈集傳　(清)王巨源編　清魏氏古香閣刻本　六册

500000－8701－0005434　F157636－39
書經精華六卷　(宋)蔡沈集傳　(清)薛嘉穎輯　清同治十三年(1874)三山薛氏光韙堂刻本　四册

500000－8701－0005435　F157640－43
尚書六卷　(宋)蔡沈集傳　清莆陽鄭氏刻本　四册

500000－8701－0005436　F157646－48
尚書十三卷　(漢)孔安國傳　清刻本　三册

500000－8701－0005437　F157649－52
尚書離句六卷　(清)錢在培輯解　清嘉慶八年(1803)寶翰堂刻本　四册

500000－8701－0005438　F157653－54
尚書離句六卷　(清)錢在培輯解　清嘉慶十年(1805)敦復堂刻本　二册

500000－8701－0005439　F157655－58
尚書考異六卷　(明)梅鷟撰　清光緒十八年(1892)浙江書局刻本　四册

500000－8701－0005440　F157659－62
尚書考異六卷　(明)梅鷟撰　清光緒十八年(1892)浙江書局刻本　四册

500000－8701－0005441　F157665－66
今文尚書三十卷　(清)孫星衍撰注　清官報書局刻本　二册

500000－8701－0005442　F157667－68
今文尚書三十卷　(清)孫星衍撰注　清刻本　二册

500000－8701－0005443　F157669－70
今文尚書三十卷　(清)孫星衍撰注　清官報書局刻本　二册

500000－8701－0005444　F157671－76
今文尚書攷證三十卷　(清)皮錫瑞撰　清光緒二十三年(1897)師伏堂刻本　六册

500000－8701－0005445　F157677－80
今文尚書攷證三十卷　(清)皮錫瑞撰　清光緒二十三年(1897)師伏堂刻本　四册

500000－8701－0005446　F157681－98
古文尚書正辭三十三卷　(清)吴光耀譔　清光緒十九年(1893)刻本　十八册

500000－8701－0005447　F157702－09
尚書注疏二十卷　(漢)孔安國傳　(唐)孔穎

達疏　清同治十三年(1874)湖南書局刻本　八册

500000－8701－0005448　F157710－18
尚書注疏十九卷附考證　(漢)孔安國傳　(唐)陸德明音義　(唐)孔穎達疏　清同治十年(1871)鍾謙鈞刻本　九册

500000－8701－0005449　F157719－26
附釋音尚書注疏二十卷附校勘記　(唐)陸德明音義　(唐)孔穎達疏　清光緒十八年(1892)湖南寶慶務本書局刻本　八册

500000－8701－0005450　F157727－32
附釋音尚書注疏二十卷附校勘記　(唐)陸德明音義　(唐)孔穎達疏　清光緒十八年(1892)湖南寶慶務本書局刻本　六册

500000－8701－0005451　F157733
尚書中候疏證不分卷　(清)皮錫瑞撰　清光緒二十五年(1899)刻本　一册

500000－8701－0005452　F157734－37
尚書後案三十卷後辨附一卷　(清)王鳴盛撰　清刻本　四册

500000－8701－0005453　F157738－45
尚書後案三十卷後辨附一卷　(清)王鳴盛撰　清刻本　八册

500000－8701－0005454　F157746－51
尚書三十卷　王闓運集注並箋　清光緒二十九年(1903)刻本　六册

500000－8701－0005455　F157752－53
古文尚書十卷尚書逸文二卷　(漢)馬融　(漢)鄭玄注　(宋)王應麟撰集　(清)孫星衍補集　清光緒六年(1880)綿竹墨池書舍刻本　二册

500000－8701－0005456　F157754－59
尚書要義二十卷　(宋)魏了翁著　清光緒十年(1884)江蘇書局刻本　六册

500000－8701－0005457　F157768－77
尚書後案三十卷後辨附一卷　(清)王鳴盛撰　清乾隆四十五年(1780)刻本　十册

500000－8701－0005458　F157778－85
尚書後案三十卷後辨附一卷　(清)王鳴盛撰　清乾隆四十五年(1780)刻本　八册

500000－8701－0005459　F157788
尚書大傳補注七卷　(漢)鄭玄注　王闓運補注　清光緒十二年(1886)成都尊經書院刻本　一册

500000－8701－0005460　F157789－90
尚書大傳四卷補遺一卷續補遺一卷考異一卷　(漢)伏勝撰　(漢)鄭玄注　清刻本　二册

500000－8701－0005461　F157791
尚書大傳四卷考異一卷補遺一卷續補遺一卷　(漢)伏勝撰　(漢)鄭玄注　清光緒三年(1877)湖北崇文書局刻本　一册

500000－8701－0005462　F157792
尚書大傳四卷考異一卷補遺一卷續補遺一卷　(漢)伏勝撰　(漢)鄭玄注　清光緒三年(1877)湖北崇文書局刻本　一册

500000－8701－0005463　F157793
尚書大傳四卷考異一卷補遺一卷續補遺一卷　(漢)伏勝撰　(漢)鄭玄注　清光緒三年(1877)湖北崇文書局刻本　一册

500000－8701－0005464　F157794－95
尚書大傳三卷　(漢)伏勝撰　(漢)鄭玄注　(清)陳壽祺輯校　**辨譌一卷**　(清)陳壽祺撰　清刻古經解彙函本　二册

500000－8701－0005465　F157810－11
尚書二卷　(元)金履祥表注　清同治八年(1869)退補齋刻本　二册

500000－8701－0005466　F157812－13
尚書因文六卷首一卷　(清)武士選輯　清光緒十七年(1891)桂垣書局刻本　二册

500000－8701－0005467　F157818－23
尚書孔傳參證三十六卷　(漢)孔安國傳　王先謙參正　清光緒三十年(1904)虛受堂刻本　六册

500000－8701－0005468　F157824－29

尚書孔傳參證三十六卷 (漢)孔安國傳 王先謙參正 清光緒三十年(1904)虚受堂刻本 六册

500000－8701－0005469 F157834－41
尚書古文疏證八卷附朱子古文書疑一卷 (清)閻若璩撰 清同治六年(1867)錢塘汪氏振綺堂刻本 八册

500000－8701－0005470 F157842－49
尚書古文疏證八卷附朱子古文書疑一卷 (清)閻若璩撰 清嘉慶元年(1796)天津吳人驥刻本 八册

500000－8701－0005471 F157852－57
書傳音釋六卷書圖一卷朱子說書綱領一卷 (宋)蔡沈集傳 (元)鄒季友音釋 清咸豐五年(1855)浦城祝鳳喈氏刻本 六册

500000－8701－0005472 F157858－63
周禮六卷 (漢)鄭玄注 (唐)陸德明音義 清光緒二十九年(1903)新化三味堂刻本 六册

500000－8701－0005473 F157864－69
周禮六卷 (漢)鄭玄注 (唐)陸德明音義 清光緒二十九年(1903)新化三味堂刻本 六册

500000－8701－0005474 F157870－75
周禮十二卷 (漢)鄭玄注 (唐)陸德明音義 清同治七年(1868)湖北崇文書局刻本 六册

500000－8701－0005475 F157876－81
周禮十二卷 (漢)鄭玄注 (唐)陸德明音義 清光緒十二年(1886)湖北官書處刻本 六册

500000－8701－0005476 F157882－87
周禮十二卷 (漢)鄭玄注 (唐)陸德明音義 清同治七年(1868)湖北崇文書局刻本 六册

500000－8701－0005477 F157888－93
周禮十二卷 (漢)鄭玄注 (唐)陸德明音義 清光緒十二年(1886)湖北官書處刻本 六册

500000－8701－0005478 F157894－99
周禮六卷 (漢)鄭玄注 (唐)陸德明音義 清光緒八年(1882)錦江書局刻本 六册

500000－8701－0005479 F157900－05
周禮六卷 (漢)鄭玄注 (唐)陸德明音義 清光緒八年(1882)錦江書局刻本 六册

500000－8701－0005480 F157906－11
周禮六卷 (漢)鄭玄注 (唐)陸德明音義 清光緒六年(1880)山西濬文書局刻本 六册

500000－8701－0005481 F157912－17
周禮十二卷 (漢)鄭玄注 (唐)陸德明音義 清光緒三年(1877)永康退補齋胡氏刻本 六册

500000－8701－0005482 F157918－23
周禮六卷 (漢)鄭玄注 (唐)陸德明音義 清光緒二十年(1894)金陵書局刻本 六册

500000－8701－0005483 F157924－33
周禮六卷 (漢)鄭玄注 (唐)陸德明音義 清清芬閣刻本 十册

500000－8701－0005484 F157934－39
周禮六卷 (漢)鄭玄注 (唐)陸德明音義 清清芬閣刻本 六册

500000－8701－0005485 F157940－45
周禮六卷 (漢)鄭玄注 (唐)陸德明音義 清清芬閣刻本 六册

500000－8701－0005486 F157946－47
周禮節訓六卷 (清)黄叔琳撰 清道光二十二年(1842)刻本 二册

500000－8701－0005487 F157948－49
周禮節訓增句六卷 (清)黄叔琳撰 李盛卿增句 清光緒十五年(1889)四川漱芳山館刻本 二册

500000－8701－0005488 F157950－51
周禮節訓六卷 (清)黄叔琳撰 清乾隆三十二年(1767)刻本 二册

500000－8701－0005489　F157952－55
周禮節釋十二卷　(清)鮑梁纂輯　清兩儀堂刻本　四冊

500000－8701－0005490　F157960－65
周禮精華六卷　(清)陳龍標輯　清咸豐十年(1860)漁古山房刻本　六冊

500000－8701－0005491　F157966－69
周禮精華六卷　(清)陳龍標輯　清同治八年(1869)京都善成堂刻本　四冊

500000－8701－0005492　F157970－73
周禮精華六卷　(清)陳龍標輯　清刻本　四冊

500000－8701－0005493　F157974－75
周禮政要二卷　(清)孫詒讓撰　清光緒二十八年(1902)刻本　二冊

500000－8701－0005494　F157976－77
周禮政要二卷　(清)孫詒讓撰　清末鉛印本　二冊

500000－8701－0005495　F157978－79
周禮政要二卷　(清)孫詒讓撰　清末鉛印本　二冊

500000－8701－0005496　F157981－8000
周官析疑三十六卷考工記析疑四卷周官集注十二卷周官辨一卷　(清)方苞著　清雍正十年(1732)刻本　二十冊

500000－8701－0005497　F158001－06
周官精義十二卷　(清)連斗山編　清乾隆四十一年(1776)刻本　六冊

500000－8701－0005498　F158007－12
周官精義十二卷　(清)連斗山編　清乾隆四十一年(1776)刻本　六冊

500000－8701－0005499　F158013－18
周官精義十二卷　(清)連斗山編　清乾隆五十九年(1794)崇義書院刻本　六冊

500000－8701－0005500　F158019－24
周官精義十二卷　(清)連斗山編　清大文堂刻本　六冊

500000－8701－0005501　F158025－30
周官精義十二卷　(清)連斗山編　清刻本　六冊

500000－8701－0005502　F158037－42
周官恆解六卷　(清)劉沅輯　清道光元年(1821)豫誠堂刻本　六冊

500000－8701－0005503　F158043－46
欽定周官義疏四十八卷首一卷　(清)鄂爾泰等纂　清光緒十四年(1888)上海鴻文書局石印本　四冊

500000－8701－0005504　F158047－74
欽定周官義疏四十八卷首一卷　(清)鄂爾泰等纂　清道光十八年(1838)刻本　二十八冊

500000－8701－0005505　F158075－94
欽定周官義疏四十八卷首一卷　(清)鄂爾泰等纂　清道光十八年(1838)刻本　二十冊

500000－8701－0005506　F158095－118
欽定周官義疏四十八卷首一卷　(清)鄂爾泰等纂　清同治七年(1868)安徽合肥李氏刻本　二十四冊

500000－8701－0005507　F158119－20
周禮注疏獻疑七卷　(清)許珩撰　清嘉慶十六年(1811)刻本　二冊

500000－8701－0005508　F158121－24
周禮註釋十二卷　(清)鮑梁纂輯　清嘉慶元年(1796)宏道堂刻本　四冊

500000－8701－0005509　F158125－30
周禮註釋十二卷　(清)鮑梁纂輯　清善成堂刻本　六冊

500000－8701－0005510　F158131－32
宋黃獻公周禮說五卷首一卷末一卷　(宋)黃度撰　(清)陳金鑑輯　清道光十年(1830)陳氏五馬山樓刻本　二冊

500000－8701－0005511　F158133
周禮故書疏證六卷　(清)宋世犖撰　清刻確山所著書本　一冊

500000－8701－0005512　F158134

周禮故書疏證六卷　(清)宋世犖撰　清刻確山所著書本　一冊

500000－8701－0005513　F158135－36
周禮古學考十一卷　(清)李滋然撰　清宣統元年(1909)鉛印本　二冊

500000－8701－0005514　F158137－38
周禮旁訓六卷　(□)□□撰　清嘉慶五年(1800)掃葉山房刻本　二冊

500000－8701－0005515　F158139－55
周禮注疏四十二卷附校勘記　(漢)鄭玄注(唐)賈公彥疏　清光緒十八年(1892)湖南寶慶務本書局刻本　十七冊

500000－8701－0005516　F158156－75
周禮注疏四十二卷附校勘記　(漢)鄭玄注(唐)賈公彥疏　清同治十三年(1874)湖南書局刻本　二十冊

500000－8701－0005517　F158176－89
周禮注疏四十二卷附校勘記　(漢)鄭玄注(唐)陸德明音義　(唐)賈公彥疏　清同治十年(1871)刻本　十四冊

500000－8701－0005518　F158190－205
周禮注疏四十二卷附校勘記　(漢)鄭玄注(唐)陸德明音義　(唐)賈公彥疏　清嘉慶二十年(1815)江西南昌府學刻十三經注疏本　十六冊

500000－8701－0005519　F158206－19
周禮注疏四十二卷附校勘記　(漢)鄭玄注(唐)陸德明音義　(唐)賈公彥疏　清嘉慶二十年(1815)江西南昌府學刻十三經注疏本　十四冊

500000－8701－0005520　F158364
毛鄭詩斠議一卷　羅振玉著　清光緒十六年(1890)鉛印本　一冊

500000－8701－0005521　F158365－68
毛詩古音攷四卷附讀詩拙言一卷　(明)陳第編輯　清光緒六年(1880)武昌張氏刻本　四冊

500000－8701－0005522　F158369－72
毛詩古音攷四卷附讀詩拙言一卷　(明)陳第編輯　清光緒六年(1880)武昌張氏刻本　四冊

500000－8701－0005523　F158373－82
詩經原始十八卷首二卷　(清)方玉潤著　清同治十年(1871)寶寧方氏刻鴻濛室叢書本　十冊

500000－8701－0005524　F158390
毛詩草木鳥獸蟲魚疏二卷　(三國吳)陸機撰　清光緒十二年(1886)上海聚珍仿宋印書局活字印本　一冊

500000－8701－0005525　F158391－94
毛詩證讀五卷讀詩或問一卷　(清)戚學標撰　清嘉慶十年(1805)精專閣刻本　四冊

500000－8701－0005526　F158395－98
毛詩證讀五卷讀詩或問一卷　(清)戚學標撰　清嘉慶十年(1805)精專閣刻本　四冊

500000－8701－0005527　F158399－404
詩經恆解六卷　(清)劉沅輯注　清光緒三十一年(1905)劉氏刻本　六冊

500000－8701－0005528　F158405
毛詩譜不分卷　(漢)鄭玄撰　清末石印本　一冊

500000－8701－0005529　F158407－10
御案詩經備旨八卷　(清)鄒聖脈纂輯　清末上海文匯書局石印本　四冊

500000－8701－0005530　F158411－14
毛詩音義三卷　(唐)陸德明音義　清刻本　四冊

500000－8701－0005531　F158415－22
毛詩名物畧四卷　(清)朱桓編纂　清嘉慶七年(1802)蔚齋刻本　八冊

500000－8701－0005532　F158426－37
詩毛氏傳疏三十卷釋毛詩音四卷毛詩說一卷毛詩傳義類一卷鄭氏箋攷徵一卷　(清)陳奐撰　清道光二十七年(1847)長洲陳氏刻本

十二册

500000－8701－0005533　F158438－48
詩毛氏傳疏三十卷釋毛詩音四卷毛詩說一卷毛詩傳義類一卷鄭氏箋攷徵一卷　（清）陳奐撰　清光緒九年（1883）徐子靜刻本　十一册　存三十五卷（詩毛氏傳疏三十卷、釋毛詩音四卷、毛詩說一卷）

500000－8701－0005534　F158449－60
詩毛氏傳疏三十卷釋毛詩音四卷毛詩說一卷毛詩傳義類一卷鄭氏箋攷徵一卷　（清）陳奐撰　清上海文瑞樓石印本　十二册

500000－8701－0005535　F158461－72
詩毛氏傳疏三十卷釋毛詩音四卷毛詩說一卷毛詩傳義類一卷鄭氏箋攷徵一卷　（清）陳奐撰　清上海鴻章書局石印本　十二册

500000－8701－0005536　F158472－83
毛詩傳箋通釋三十二卷　（清）馬瑞辰撰　清道光十五年（1835）桐城馬氏刻本　十二册

500000－8701－0005537　F158484－93
詩經補箋二十卷　（漢）鄭玄箋　王闓運補箋　清光緒十九年（1893）常寧張氏刻本　十册

500000－8701－0005538　F158494－501
詩經補箋二十卷　（漢）鄭玄箋　王闓運補箋　清光緒三十二年（1906）桂陽陳氏刻本　八册

500000－8701－0005539　F158502－25
毛詩後箋三十卷　（清）胡承珙撰　清道光十七年（1837）刻本　二十四册

500000－8701－0005540　F158526－41
毛詩後箋三十卷　（清）胡承珙撰　清光緒十六年（1890）廣雅書局刻本　十六册

500000－8701－0005541　F158542－45
毛詩訂詁八卷附錄二卷　（清）顧棟高著　清光緒二十二年（1896）江蘇書局刻本　四册

500000－8701－0005542　F158547－58
毛詩要義二十卷　（宋）魏了翁撰　清光緒十二年（1886）江蘇書局刻本　十二册

500000－8701－0005543　F158559－72
毛詩注疏三十卷附毛詩譜一卷　（漢）鄭玄注　（唐）孔潁達疏　（唐）陸德明音義　清同治十年（1871）刻本　十四册

500000－8701－0005544　F158573－91
毛詩注疏三十卷附毛詩譜一卷　（漢）鄭玄注　（唐）孔潁達疏　（唐）陸德明音義　清同治十年（1871）刻本　十九册

500000－8701－0005545　F158592－99
附釋音毛詩注疏二十卷附校勘記　（漢）鄭玄注　（唐）孔潁達疏　清同治十二年（1873）江蘇書局刻本　八册

500000－8701－0005546　F158600－623
附釋音毛詩注疏二十卷附校勘記　（漢）鄭玄注　（唐）孔潁達疏　清同治十二年（1873）江蘇書局刻本　二十四册

500000－8701－0005547　F158628－39
毛詩詁訓傳三十卷附毛詩譜一卷　（漢）鄭玄注　（唐）孔潁達疏　（唐）陸德明音義　清光緒四年（1878）淮南書局刻本　十二册

500000－8701－0005548　F158640－43
詩經八卷　（宋）朱熹集傳　清光緒十二年（1886）湖北官書處刻本　四册

500000－8701－0005549　F158644－49
詩經八卷　（宋）朱熹集傳　清光緒十二年（1886）湖北官書處刻本　六册

500000－8701－0005550　F158650－54
詩經八卷　（宋）朱熹集傳　清同治五年（1866）金陵書局刻本　五册

500000－8701－0005551　F158655－58
詩經八卷　（宋）朱熹集傳　清同治五年（1866）金陵書局刻本　四册

500000－8701－0005552　F158659－62
詩經八卷　（宋）朱熹集傳　清同治十三年（1874）江蘇書局刻本　四册

500000－8701－0005553　F158667－70
詩經八卷　（宋）朱熹集傳　清蘇州掃葉山房

延古樓刻本　四册

500000－8701－0005554　F158671－76
詩經八卷　（宋）朱熹集傳　清光緒十八年(1892)寶善堂刻本　六册

500000－8701－0005555　F158677－80
詩經八卷　（宋）朱熹集傳　清道光十年(1830)刻本　四册

500000－8701－0005556　F158681－84
詩經八卷　（宋）朱熹集傳　清刻本　四册

500000－8701－0005557　F158685－88
詩經八卷　（宋）朱熹集傳　清光緒十二年(1886)江左書林刻本　四册

500000－8701－0005558　F158689－92
詩經八卷　（宋）朱熹集傳　清道光十六年(1836)揚郡二郎廟惜字局刻本　四册

500000－8701－0005559　F158693－96
詩經八卷　（宋）朱熹集傳　清道光十六年(1836)刻本　四册

500000－8701－0005560　F158697－98
詩經不分卷　（□）□□輯　清末都門印書局鉛印本　二册

500000－8701－0005561　F158699－706
詩經八卷　（宋）朱熹集傳　清刻本　八册

500000－8701－0005562　F158707－16
毛詩讀三十卷　（清）王劼撰　清末刻本　十册

500000－8701－0005563　F158717－26
毛詩讀三十卷　（清）王劼撰　清咸豐五年(1855)重慶王氏成都刻本　十册

500000－8701－0005564　F158727－41
毛詩讀三十卷　（清）王劼撰　清咸豐五年(1855)重慶王氏成都刻本　十五册

500000－8701－0005565　F158752－61
毛詩讀三十卷　（清）王劼撰　清咸豐五年(1855)重慶王氏成都刻本　十册

500000－8701－0005566　F158762－73
毛詩讀三十卷　（清）王劼撰　清咸豐五年(1855)重慶王氏成都刻九年(1859)印本　十二册

500000－8701－0005567　F158782－83
枕葄齋詩經問答十四卷　胡嗣運撰　清光緒三十四年(1908)鵬南書屋木活字印本　二册

500000－8701－0005568　F158784－85
枕葄齋詩經問答十四卷　胡嗣運撰　清光緒三十四年(1908)鵬南書屋木活字印本　二册

500000－8701－0005569　F158786－89
毛詩三十卷　（漢）毛亨傳　（漢）鄭玄箋　清道光七年(1827)刻本　四册

500000－8701－0005570　F158790－93
毛詩二十卷　（漢）鄭玄箋　清同治十一年(1872)江南書局刻本　四册

500000－8701－0005571　F158794－97
毛詩二十卷　（漢）鄭玄箋　清同治十一年(1872)江南書局刻本　四册

500000－8701－0005572　F158799－804
詩經通論十八卷首一卷　（清）姚際恆著　清道光十七年(1837)韓城王寶珊四川學署刻本　六册

500000－8701－0005573　F158815－17
監本詩經刪補四卷　（明）徐奮鵬著　清同治五年(1866)英德堂銅活字印本　三册

500000－8701－0005574　F158818－21
詩經精華十卷首一卷　（清）薛嘉穎撰　（清）魏朝俊增輯　清古香閣魏氏刻本　四册

500000－8701－0005575　F158822－35
毛詩李黄集解四十二卷　（宋）李樗　（宋）黄櫄講義　（宋）呂祖謙釋音　清巴陵鍾氏刻通志堂經解本　十四册

500000－8701－0005576　F158836－39
詩經精華十卷　（清）薛嘉穎輯　清同治十三年(1874)大文堂刻本　四册

500000－8701－0005577　F158840－51
毛詩補正二十五卷　（清）龍起濤撰　清光緒

二十五年(1899)永新龍氏刻本　十二册

500000－8701－0005578　F158852－54
韓詩外傳十卷　(漢)韓嬰著　清薛氏刻本　三册

500000－8701－0005579　F158855－56
詩外傳十卷　(漢)韓嬰著　清乾隆十七年(1752)刻本　二册

500000－8701－0005580　F158861－64
韓詩外傳十卷　(漢)韓嬰著　**附校註拾遺一卷補逸一卷**　(清)周廷寀校註　清光緒元年(1875)盱眙吳氏望三益齋刻本　四册

500000－8701－0005581　F158865－68
韓詩外傳十卷　(漢)韓嬰著　**附校註拾遺一卷補逸一卷**　(清)周廷寀校註　清光緒元年(1875)盱眙吳氏望三益齋刻本　四册

500000－8701－0005582　F158869－84
詩輯三十六卷　(宋)嚴粲輯　清味經堂刻本　十六册

500000－8701－0005583　F158885－96
詩輯三十六卷　(宋)嚴粲輯　清光緒十六年(1890)睢園刻本　十二册

500000－8701－0005584　F158902－07
詩經觸義六卷　(清)賀子翼著　清咸豐二年(1852)刻本　六册

500000－8701－0005585　F158908－09
詩經初學讀本不分卷　(□)□□纂　清刻本　二册

500000－8701－0005586　F158910
詩經疑問七卷附編一卷　(元)朱倬編　清康熙十五年(1676)巴陵鍾氏刻本　一册

500000－8701－0005587　F158915－18
詩經旁訓五卷　(□)□□輯　清光緒十三年(1887)考雋堂刻本　四册

500000－8701－0005588　F158919－22
詩經旁訓四卷　(□)□□輯　清光緒九年(1883)新都墨耕堂刻本　四册

500000－8701－0005589　F158923－38
詩經傳說彙纂二十一卷首二卷詩序二卷　(清)王鴻緒等纂　清道光十八年(1838)刻本　十六册

500000－8701－0005590　F158939－54
詩經傳說彙纂二十一卷首二卷詩序二卷　(清)王鴻緒等纂　清同治七年(1868)閩浙總督衙門摹刻本　十六册

500000－8701－0005591　F158955－66
詩古微上編三卷中編十卷下編二卷首一卷　(清)魏源撰　清光緒十三年(1887)掃葉山房席氏補刻本　十二册

500000－8701－0005592　F158967－78
詩古微上編三卷中編十卷下編二卷首一卷　(清)魏源撰　清光緒十三年(1887)掃葉山房席氏補刻本　十二册

500000－8701－0005593　F158979－93
三家詩遺說攷三種十五卷　(清)陳壽祺　(清)陳喬樅撰　清咸豐元年(1851)小嫏嬛山館刻本　十五册

500000－8701－0005594　F158994－95
詩說附詩疑二卷詩傳遺說六卷　(宋)張耒等著　清巴陵鍾氏刻通志堂經解本　二册

500000－8701－0005595　F158998－9002
詩集傳名物鈔八卷　(元)許謙著　清通志堂刻本　五册

500000－8701－0005596　F159011
絜齋毛詩經筵講義四卷　(宋)袁燮撰　清乾隆四十年(1775)刻本　一册

500000－8701－0005597　F159013－20
詩序廣義二十四卷　(清)姜炳璋輯　清嘉慶二十年(1815)象山姜氏刻本　八册

500000－8701－0005598　F159021－22
詩解頤四卷　(明)朱善撰　清巴陵鍾氏刻通志堂經解本　二册

500000－8701－0005599　F159023－26
詩經體註大全合參八卷　(清)高朝瓔定

(清)沈世楷輯　(清)沈存仁參　清康熙五十年(1711)致盛堂刻本　四册

500000－8701－0005600　F159029－31
詩韻析七卷　(清)汪烜著　清刻本　三册

500000－8701－0005601　F159032－35
詩所八卷　(清)李光地註　清雍正六年(1728)刻本　四册

500000－8701－0005602　F159042－49
御纂詩義折中二十卷　(清)傅恒等撰　清文光堂刻本　八册

500000－8701－0005603　F159050－57
御纂詩義折中二十卷　(清)傅恒等撰　清道光十八年(1838)刻本　八册

500000－8701－0005604　F159058－67
御纂詩義折中二十卷　(清)傅恒等撰　清乾隆二十年(1755)刻本　十册

500000－8701－0005605　F159068－77
御纂詩義折中二十卷　(清)傅恒等撰　清乾隆二十年(1755)刻本　十册

500000－8701－0005606　F159078－83
詩經説鈴十二卷　(清)潘克溥撰　清同治元年(1862)書業德記刻本　六册

500000－8701－0005607　F159084－87
欽定音義詩經正文四卷　清文成堂刻本　四册

500000－8701－0005608　F159088－92
詩經四家異文攷五卷　(清)陳喬樅著　清道光二十三年(1843)刻本　五册

500000－8701－0005609　F159093－104
御纂詩義折中二十卷　(清)傅恒等撰　清經綸堂刻本　十二册

500000－8701－0005610　F159105
毛詩鄭箋改字説四卷　(清)陳喬樅著　清道光十年(1830)小琅嬛山館刻本　一册

500000－8701－0005611　F159106
齊詩翼氏學疏證二卷　(清)陳喬樅著　清道光二十四年(1844)刻本　一册

500000－8701－0005612　F159107－08
詩緯集證四卷　(清)陳喬樅著　清道光二十六年(1846)小琅嬛山館刻本　二册

500000－8701－0005613　F159117－20
詩集傳音釋二十卷附詩圖一卷詩傳綱領一卷詩序辨説一卷校刻詩集傳音釋札記一卷　(宋)朱熹集傳　(元)許謙音釋　(元)羅復纂輯　清咸豐七年(1857)海昌蔣氏刻本　四册

500000－8701－0005614　F159121－26
詩集傳音釋二十卷附詩圖一卷詩傳綱領一卷詩序辨説一卷校刻詩集傳音釋札記一卷　(宋)朱熹集傳　(元)許謙音釋　(元)羅復纂輯　清咸豐七年(1857)海昌蔣氏刻本　六册

500000－8701－0005615　F159127－30
欽定音義詩經正文四卷　清廣漢鍾氏樂道齋刻本　四册

500000－8701－0005616　F159131－32
詩説二卷　(清)陳廣専著　清光緒十年(1884)邛州伍氏刻本　二册

500000－8701－0005617　F159133－40
詩補傳三十卷　(宋)范處義撰　清巴陵鍾氏刻通志堂經解本　八册

500000－8701－0005618　F159171－74
[光緒]贛榆縣志十八卷　(清)王豫熙修　張謇纂　清光緒十四年(1888)刻本　四册

500000－8701－0005619　F159189－92
[光緒]三原縣新志八卷　(清)焦震龍修　(清)賀瑞麟纂　清光緒六年(1880)刻本　四册

500000－8701－0005620　F159193－97
[光緒]重修甯羌州志五卷　(清)馬毓華修　(清)鄭書香等纂　清光緒十四年(1888)刻本　五册

500000－8701－0005621　F159198－203

［乾隆］濰縣志六卷首一卷末一卷　（清）張耀璧修　（清）王誦芬編纂　清乾隆二十五年（1760）刻本　六冊

500000－8701－0005622　F159204－07
［咸豐］邳州志二十卷首一卷　（清）董用威　（清）馬軼羣修　（清）魯一同纂　清咸豐元年（1851）刻本　四冊

500000－8701－0005623　F159208－11
甘棠小志四卷首一卷末一卷　（清）董醇纂　清咸豐五年（1855）獲芬書屋刻本　四冊

500000－8701－0005624　F159231－42
［光緒］鹽城縣志十七卷首一卷　（清）劉崇照修　（清）龍繼棟等纂　清光緒二十一年（1895）刻本　十二冊

500000－8701－0005625　F159243－62
［光緒］蔚州志二十卷首一卷　（清）慶之金　（清）楊篤纂輯　清光緒三年（1877）刻本　二十冊

500000－8701－0005626　F159263－72
監本禮記十卷　（元）陳澔注　清務本堂刻本　十冊

500000－8701－0005627　F159273－82
禮記十卷　（元）陳澔集說　清刻本　十冊

500000－8701－0005628　F159283－92
禮記十卷　（元）陳澔集說　清刻本　十冊

500000－8701－0005629　F159293－302
禮記十卷　（元）陳澔集說　清刻本　十冊

500000－8701－0005630　F159303－17
禮記十卷　（元）陳澔集說　清刻本　十五冊

500000－8701－0005631　F159318－27
禮記十卷　（元）陳澔集說　清刻本　十冊

500000－8701－0005632　F159328－37
禮記十卷　（元）陳澔集說　清刻本　十冊

500000－8701－0005633　F159338－45
禮記二十卷　（漢）鄭玄注　清乾隆刻本　八冊

500000－8701－0005634　F159346－53
禮記二十卷　（漢）鄭玄注　清乾隆刻民國八年至九年（1919－1920）印本　八冊

500000－8701－0005635　F159354－63
禮記十卷　（元）陳澔集說　清咸豐元年（1851）刻本　十冊

500000－8701－0005636　F159364－73
禮記十卷　（元）陳澔集說　清嘉慶十年（1805）刻本　十冊

500000－8701－0005637　F159374－83
禮記十卷　（元）陳澔集說　清同治五年（1866）金陵書局刻本　十冊

500000－8701－0005638　F159384－91
禮記二十卷　（漢）鄭玄注　清同治九年（1870）楚北崇文書局刻本　八冊

500000－8701－0005639　F159392－401
禮記十卷　（元）陳澔集說　清同治十三年（1874）江西書局刻本　十冊

500000－8701－0005640　F159402－11
禮記十卷　（元）陳澔集說　清同治十三年（1874）江西書局刻本　十冊

500000－8701－0005641　F159412－21
禮記十卷　（元）陳澔集說　清同治十年（1871）刻本　十冊

500000－8701－0005642　F159422－31
禮記十卷　（元）陳澔集說　清同治十年（1871）刻本　十冊

500000－8701－0005643　F159442－51
禮記十卷　（元）陳澔集說　清光緒十二年（1886）湖北官書處刻本　十冊

500000－8701－0005644　F159452－56
禮記十卷　（元）陳澔集說　清同治七年（1868）湖北崇文書局刻本　五冊

500000－8701－0005645　F159457－66
禮記十卷　（元）陳澔集說　清光緒三年（1877）永康胡氏退補齋刻本　十冊

500000－8701－0005646　F159475－84
禮記十卷　(元)陳澔集說　清光緒十八年(1892)寶善堂刻本　十冊

500000－8701－0005647　F159485－94
禮記十卷　(元)陳澔集說　清江南城李光明莊刻本　十冊

500000－8701－0005648　F159495－504
禮記十卷　(元)陳澔集說　清江南城李光明莊刻本　十冊

500000－8701－0005649　F159529－38
禮記十卷　(元)陳澔集說　清同治十三年(1874)湖南書局刻本　十冊

500000－8701－0005650　F159539－48
禮記十卷　(元)陳澔集說　清刻本　十冊

500000－8701－0005651　F159549－54
禮記增訂旁訓六卷　(元)陳澔集說　清宏文堂刻本　六冊

500000－8701－0005652　F159559－61
禮記撮要三卷　(清)李芝著　清道光三年(1823)珠江雷氏刻本　三冊

500000－8701－0005653　F159562－64
禮記精義旁訓六卷　(元)陳澔注　清刻本　三冊

500000－8701－0005654　F159565－70
禮記精義旁訓六卷　(元)陳澔注　清光緒十年(1884)古香閣魏氏刻本　六冊

500000－8701－0005655　F159571－76
禮記精義旁訓六卷　(元)陳澔注　清光緒十三年(1887)考雋堂刻本　六冊

500000－8701－0005656　F159587－96
禮記恆解四十九卷　(清)劉沅輯注　清道光八年(1828)刻本　十冊

500000－8701－0005657　F159601－04
禮記精華十卷　(清)薛悟邨輯　清光緒十九年(1893)善成堂刻本　四冊

500000－8701－0005658　F159607－16
禮記章句或問十卷　(清)汪烜章句　清同治十三年(1874)曲水書局刻本　十冊

500000－8701－0005659　F159617－21
禮記箋三十六卷　(漢)鄭玄注　王闓運箋　清光緒十一年(1885)成都尊經書局刻本　六冊

500000－8701－0005660　F159622－27
禮記箋三十六卷　(漢)鄭玄注　王闓運箋　清光緒十一年(1885)成都尊經書局刻本　六冊

500000－8701－0005661　F159628－31
司馬氏書儀十卷　(宋)司馬光撰　清同治七年(1868)江蘇書局刻本　四冊

500000－8701－0005662　F159632－33
經禮補逸九卷　(明)汪克寬撰　清通志堂刻本　二冊

500000－8701－0005663　F159634－35
大戴禮記十三卷　(漢)戴德撰　清康熙五十七年(1718)自修齋刻本　二冊

500000－8701－0005664　F159636－37
大戴禮記十三卷　(漢)戴德撰　(北周)盧辯注　清乾隆二十五年(1760)刻本　二冊

500000－8701－0005665　F159638－39
大戴禮記十三卷　(漢)戴德撰　(北周)盧辯注　清乾隆二十五年(1760)刻本　二冊

500000－8701－0005666　F159640－41
大戴禮記補注十三卷　王樹枏補注　清光緒九年(1883)謙德堂刻本　二冊

500000－8701－0005667　F159642－43
大戴禮記補注十三卷　(北周)盧辯注　(清)孔廣森補注　清光緒十三年(1887)刻本　二冊

500000－8701－0005668　F159644－47
大戴禮記補注十三卷　(北周)盧辯注　(清)孔廣森補注　清同治十三年(1874)淮南書局刻本　四冊

500000－8701－0005669　F159648－51

禮經箋十七卷 (漢)鄭玄注 王闓運箋 清光緒十一年(1885)成都尊經書局刻本 四冊

500000－8701－0005670 F159652－75
禮記集解六十一卷 (清)孫希旦集解 **尚書顧命解一卷** (清)孫希旦撰 **敬軒先生[薛瑄]行狀一卷** (清)孫衣言撰 清咸豐十年(1860)刻同治三年(1864)瑞安孫氏盤谷草堂印本 二十四冊

500000－8701－0005671 F159677
四禮翼八篇 (明)呂坤著 清光緒九年(1883)山東省垣湖廣會館刻本 一冊

500000－8701－0005672 F159679
四禮初稿四卷附四禮約言四卷 (明)宋纁輯 清刻本 一冊

500000－8701－0005673 F159680－81
新定三禮圖二十卷 (宋)聶崇義集註 清末上海同文書局石印本 二冊

500000－8701－0005674 F159682－83
新定三禮圖二十卷 (宋)聶崇義集註 清康熙十五年(1676)通志堂刻本 二冊

500000－8701－0005675 F159689－90
韓氏三禮圖說二卷 (元)韓信同著 清嘉慶十八年(1813)福鼎王氏麟後山房刻本 二冊

500000－8701－0005676 F159691－96
三禮約編十九卷 (清)汪基撰 清乾隆六年(1741)古吳三多齋刻本 六冊

500000－8701－0005677 F159697－701
朱子家禮八卷首一卷 (宋)朱熹撰 (明)丘濬輯 (明)楊廷筠補 清康熙四十年(1701)刻本 五冊

500000－8701－0005678 F159702－06
鄉黨圖考十卷 (清)江永編 清乾隆三十八年(1773)潛德堂刻本 五冊

500000－8701－0005679 F159707－11
鄉黨圖考十卷 (清)江永編 清乾隆五十二年(1787)潛德堂刻本 五冊

500000－8701－0005680 F159712－15
鄉黨圖考十卷 (清)江永編 清道光五年(1825)刻本 四冊

500000－8701－0005681 F159716－18
鄉黨圖考十卷 (清)江永編 清刻皇清經解本 三冊

500000－8701－0005682 F159719－24
鄉黨圖考十卷 (清)江永編 清乾隆二十一年(1756)刻本 六冊

500000－8701－0005683 F159725－26
鄉黨便蒙二卷 (清)劉傳一著 清道光五年(1825)錫類堂刻本 二冊

500000－8701－0005684 F159730－42
禮記纂言三十六卷 (元)吳澄著 清雍正五年(1727)刻本 十三冊

500000－8701－0005685 F159743
夏小正星候攷一卷 (清)余煌著 清道光十一年(1831)古歙汪氏刻本 一冊

500000－8701－0005686 F159744－45
夏小正集說四卷附雞澤脞錄一卷迎靄筆記二卷 (清)程鴻詔著 清刻本 二冊

500000－8701－0005687 F159747－68
禮書一百五十卷 (宋)陳祥道撰 清光緒二年(1876)定遠方氏刻本 二十二冊

500000－8701－0005688 F159769－72
禮說十四卷 (清)惠士奇撰 清咸豐十年(1860)學海堂刻皇清經解本 四冊

500000－8701－0005689 F159773－77
禮經釋例十四卷 (清)淩廷堪著 清嘉慶四年(1799)學海堂刻皇清經解本 五冊

500000－8701－0005690 F159778
禮經大義不分卷 曹叔彥講授 侯堮等述 清末鉛印本 一冊

500000－8701－0005691 F159779－82
宋葉文康公禮經會元節本四卷 (清)許元淮輯 清嘉慶五年(1800)瘦竹山房刻本 四冊

500000－8701－0005692 F159783－84

宋葉文康公禮經會元節本四卷　(清)許元淮輯　清乾隆五十二年(1787)桐柏山房刻本　二冊

500000－8701－0005693　F159785－90
禮經箋十七卷　(漢)鄭玄注　王闓運箋　清刻本　六冊

500000－8701－0005694　F159791－96
節本禮記十卷　(清)江永　(清)汪基編　清宣統二年(1910)上海章福記石印本　六冊

500000－8701－0005695　F159797－802
禮記約編十卷　(清)江永　(清)汪基訂　清光緒十九年(1893)梓衡堂刻本　六冊

500000－8701－0005696　F159803－04
禮記精義六卷首一卷　(清)黄淦纂　清嘉慶八年(1803)刻本　二冊

500000－8701－0005697　F159805－08
潄芳軒合纂禮記體註四卷　(清)范翔參訂　清潄芳軒刻本　四冊

500000－8701－0005698　F159809－10
潄芳軒合纂禮記體註四卷　(清)范翔參訂　清潄芳軒刻本　二冊

500000－8701－0005699　F159811－20
全本禮記體註大全合參十卷　(元)陳澔集說　(清)范翔原訂　(清)徐旦參訂　(清)徐瑄補輯　清乾隆三十一年(1766)學源堂刻本　十冊

500000－8701－0005700　F159821－28
禮記校勘記六十七卷　(清)阮元著　清咸豐十年(1860)學海堂刻皇清經解本　八冊

500000－8701－0005701　F159829－32
禮記揭要四卷　(清)周蕙田輯　清乾隆八年(1743)自怡軒刻本　四冊

500000－8701－0005702　F159833－40
全文禮記匯參二十四卷　(清)彭頤纂　清彭氏刻朱墨套印本　八冊

500000－8701－0005703　F159841－45
禮記或問五卷　(清)汪烜著　清曲水書局刻本　五冊

500000－8701－0005704　F159847－48
禮記節本二卷　(清)□□撰　清光緒三十一年(1905)重慶正蒙公社刻本　二冊

500000－8701－0005705　F159853－56
禮記省度四卷　(清)彭頤纂　清乾隆四十五年(1780)金閶書業堂刻朱墨套印本　四冊

500000－8701－0005706　F159857－64
禮記要義三十三卷　(宋)魏了翁著　清光緒十二年(1886)江蘇書局刻本　八冊

500000－8701－0005707　F159879－80
大清通禮品官士庶人喪禮傳二卷　(清)□□編　清刻本　二冊

500000－8701－0005708　F159881－86
昏禮通考二十四卷首一卷　(清)曹庭棟輯　清乾隆十九年(1754)刻本　六冊

500000－8701－0005709　F159887－948
欽定禮記義疏八十二卷首一卷　(清)允祿等纂　清刻本　六十二冊

500000－8701－0005710　F159949－84
欽定禮記義疏八十二卷首一卷　(清)允祿等纂　清光緒十九年(1893)湖南寶慶潄芳閣刻本　三十六冊

500000－8701－0005711　F159985－160064
欽定禮記義疏八十二卷首一卷　(清)允祿等纂　清道光十八年(1838)刻本　八十冊

500000－8701－0005712　F160065－94
附釋音禮記注疏六十三卷附校勘記　(漢)鄭玄注　(唐)孔穎達疏　(唐)陸德明釋　清光緒十八年(1892)湖南寶慶務本書局刻本　三十冊

500000－8701－0005713　F160095－114
附釋音禮記注疏六十三卷附校勘記　(漢)鄭玄注　(唐)孔穎達疏　(唐)陸德明釋文　清光緒十八年(1892)湖南寶慶務本書局刻本　二十冊

500000－8701－0005714　F160115－34

附釋音禮記注疏六十三卷附校勘記 (漢)鄭玄注 (唐)孔穎達疏 (唐)陸德明音義 清同治十年(1871)刻本 二十册

500000－8701－0005715 F160135－70
禮記注疏六十三卷附校勘記 (漢)鄭玄注 (唐)孔穎達疏 (唐)陸德明音義 清同治十三年(1874)湖南書局刻本 三十六册

500000－8701－0005716 F160171－88
附釋音禮記注疏六十三卷附校勘記 (漢)鄭玄注 (唐)孔穎達疏 (唐)陸德明釋 清同治十二年(1873)江西書局刻本 十八册

500000－8701－0005717 F160189－208
禮記注疏六十三卷 (漢)鄭玄注 (唐)孔穎達疏 清汲古閣刻本 二十册

500000－8701－0005718 F160209－32
禮記注疏六十三卷 (漢)鄭玄注 (唐)孔穎達疏 清四友堂刻本 二十四册

500000－8701－0005719 F160233－36
春秋穀梁傳十二卷校刊記一卷 (晉)范甯集解 (唐)陸德明音義 清光緒八年(1882)成都錦江書局刻本 四册

500000－8701－0005720 F160237－40
春秋穀梁傳十二卷校刊記一卷 (晉)范甯集解 (唐)陸德明音義 清山東書局刻本 四册

500000－8701－0005721 F160241－44
春秋穀梁傳十二卷校刊記一卷 (晉)范甯集解 (唐)陸德明音義 清山東書局刻本 四册

500000－8701－0005722 F160245－48
春秋穀梁傳十二卷 (晉)范甯集解 (唐)陸德明音義 清光緒十二年(1886)湖北官書處刻本 四册

500000－8701－0005723 F160249－52
春秋穀梁傳十二卷 (晉)范甯集解 (唐)陸德明音義 清光緒十二年(1886)湖北官書處刻本 四册

500000－8701－0005724 F160253
春秋穀梁傳十二卷 (晉)范甯集解 (唐)陸德明音義 清光緒二十二年(1896)新化三味堂刻本 一册

500000－8701－0005725 F160254－55
春秋穀梁傳十二卷 (晉)范甯集解 清同治七年(1868)金陵書局刻本 二册

500000－8701－0005726 F160256－57
春秋穀梁傳十二卷 (晉)范甯集解 清光緒二十一年(1895)金陵刻經處刻本 二册

500000－8701－0005727 F160258－59
春秋穀梁傳十二卷 (晉)范甯集解 清光緒遵義黎氏刻古逸叢書本 二册

500000－8701－0005728 F160260－63
春秋穀梁傳十二卷 (晉)范甯集解 清刻本 四册

500000－8701－0005729 F160266－69
春秋穀梁傳十二卷 (晉)范甯集解 (唐)陸德明音義 清同治七年(1868)湖北崇文書局刻本 四册

500000－8701－0005730 F160270－73
春秋穀梁傳十二卷 (晉)范甯集解 (唐)陸德明音義 清同治七年(1868)湖北崇文書局刻本 四册

500000－8701－0005731 F160274－81
春秋穀梁經傳補注二十四卷首一卷末一卷 (清)鍾文烝撰 清光緒二年(1876)刻本 八册

500000－8701－0005732 F160282－89
穀梁春秋經傳古義疏十一卷 廖平注 清光緒二十六年(1900)日新書局刻本 八册

500000－8701－0005733 F160302－09
春秋穀梁注疏二十卷附考證 (晉)范甯撰 (唐)楊士勳疏 (唐)陸德明音義 清同治十年(1871)巴陵鍾氏刻本 八册

500000－8701－0005734 F160310－15
春秋穀梁注疏二十卷附考證 (晉)范甯撰

(唐)楊士勳疏　(唐)陸德明音義　清同治十年(1871)巴陵鍾氏刻本　六册

500000－8701－0005735　F160316－21
春秋穀梁注疏二十卷　(晉)范甯集解　(唐)楊士勳疏　清刻本　六册

500000－8701－0005736　F160322－25
監本釋音春秋穀梁傳注疏二十卷　(晉)范寧集解　(唐)楊士勳疏　清光緒十八年(1892)湖南寶慶務本書局刻本　四册

500000－8701－0005737　F160326－31
監本釋音春秋穀梁傳注疏二十卷　(晉)范寧集解　(唐)楊士勳疏　清光緒十八年(1892)湖南寶慶務本書局刻本　六册

500000－8701－0005738　F160332－34
監本釋音春秋穀梁傳注疏二十卷附校勘記　(晉)范寧集解　(唐)楊士勳疏　清嘉慶二十年(1815)江西南昌府學刻本　三册

500000－8701－0005739　F160335
公羊傳初學讀本不分卷　(戰國)公羊高原著　清刻本　一册

500000－8701－0005740　F160337
春秋公羊傳十一卷　(漢)何休學　(唐)陸德明音義　清光緒二十二年(1896)新化三味堂刻本　一册

500000－8701－0005741　F160338－41
春秋公羊經何氏釋例十卷附公羊春秋何氏解詁箋一卷發墨守評一卷左氏春秋考證二卷　(清)劉逢祿著　清光緒二十三年(1897)廣州太清樓刻本　四册

500000－8701－0005742　F160342－43
春秋穀梁傳讀本四卷　(清)周樽輯　清咸豐三年(1853)竹橋齋刻本　二册

500000－8701－0005743　F160344－49
春秋穀梁注疏二十卷附音義及校勘記　(晉)范甯集解　(唐)楊士勳疏　清同治十三年(1874)湖南書局刻本　六册

500000－8701－0005744　F160350－51
春秋穀梁傳不分卷　(晉)范甯集解　清刻本　二册

500000－8701－0005745　F160352－58
監本春秋公羊注疏二十八卷附校勘記　(漢)何休注　(唐)徐彦疏　(唐)陸德明音義　清嘉慶二十年(1815)江南蘓松督糧道方體刻本　七册

500000－8701－0005746　F160359－70
春秋公羊傳注疏二十八卷附校勘記　(漢)何休注　(唐)徐彦疏　(唐)陸德明音義　清同治十三年(1874)湖南書局刻本　十二册

500000－8701－0005747　F160371－78
監本附音春秋公羊注疏二十八卷附校勘記　(漢)何休注　清光緒十八年(1892)湖南寶慶務本書局刻本　八册

500000－8701－0005748　F160379－85
監本附音春秋公羊注疏二十八卷附校勘記　(漢)何休注　清光緒十八年(1892)湖南寶慶務本書局刻本　七册

500000－8701－0005749　F160386－97
春秋公羊傳注疏二十八卷附考證　(漢)何休學　(唐)陸德明音義　清同治十年(1871)巴陵鍾氏刻本　十二册

500000－8701－0005750　F160398－405
春秋公羊傳注疏二十八卷附考證　(漢)何休注　(唐)陸德明音義　清同治十年(1871)巴陵鍾氏刻本　八册

500000－8701－0005751　F160406－11
公羊春秋經傳驗推補證十一卷附大統春秋條例圖表一卷　廖平撰　清光緒三十二年(1906)則柯軒刻本　六册

500000－8701－0005752　F160412－17
公羊春秋經傳驗推補證十一卷附大統春秋條例圖表一卷　廖平撰　清光緒三十二年(1906)則柯軒刻本　六册

500000－8701－0005753　F160418－25
公羊春秋經傳驗推補證十一卷　廖平撰　清

光緒二十九年(1903)井研廖氏刻本　八冊

500000－8701－0005754　F160426－27
春秋公羊經傳解詁十二卷附校記一卷　(漢)何休學　清同治二年(1863)揚州汪氏問禮堂刻本　二冊

500000－8701－0005755　F160428－29
春秋公羊經傳解詁十二卷附校記一卷　(漢)何休學　清同治二年(1863)揚州汪氏問禮堂刻本　二冊

500000－8701－0005756　F160430－35
春秋公羊經傳解詁十二卷附校記一卷　(漢)何休學　清同治二年(1863)揚州汪氏問禮堂刻本　六冊

500000－8701－0005757　F160436－39
春秋公羊傳十一卷校刊記一卷　(漢)何休學　(唐)陸德明音義　清光緒八年(1882)成都錦江書局刻本　四冊

500000－8701－0005758　F160440－43
春秋公羊傳十一卷　(漢)何休學　(唐)陸德明音義　清同治七年(1868)湖北崇文書局刻本　四冊

500000－8701－0005759　F160444－47
春秋公羊傳十一卷　(漢)何休學　(唐)陸德明音義　清同治七年(1868)湖北崇文書局刻本　四冊

500000－8701－0005760　F160448－51
春秋公羊傳十一卷　(漢)何休學　(唐)陸德明音義　清同治七年(1868)湖北崇文書局刻本　四冊

500000－8701－0005761　F160452－57
春秋公羊傳十一卷　(漢)何休學　(唐)陸德明音義　清光緒十二年(1886)湖北官書處刻本　六冊

500000－8701－0005762　F160458－59
春秋公羊經傳解詁十二卷附校記一卷　(漢)何休學　清光緒二十一年(1895)金陵刻經處刻本　二冊

500000－8701－0005763　F160460－61
春秋公羊傳十二卷　(漢)何休解詁　清刻本　二冊

500000－8701－0005764　F160462
春秋公羊傳讀本四卷　(清)周樽輯　清咸豐三年(1853)竹橋齋刻本　一冊

500000－8701－0005765　F160463－64
春秋公穀傳彙義十二卷　(清)姜兆錫纂　清乾隆五年(1740)刻本　二冊

500000－8701－0005766　F160465
何氏公羊春秋十論一卷續十論一卷再續十論一卷附庸尊卑表一卷　廖平撰　清宣統二年(1910)上海國學扶輪社鉛印本　一冊

500000－8701－0005767　F160466－71
公羊箋十一卷　王闓運箋　清光緒十一年(1885)成都尊經書局刻本　六冊

500000－8701－0005768　F160472－75
公羊箋十一卷　王闓運箋　清光緒十一年(1885)成都尊經書局刻本　四冊

500000－8701－0005769　F160476－77
儀禮十七卷　(漢)鄭玄注　清同治十一年(1872)山東書局刻本　二冊

500000－8701－0005770　F160478－79
儀禮十七卷　(漢)鄭玄注　清同治九年(1870)楚北崇文書局刻本　二冊

500000－8701－0005771　F160480－81
儀禮十七卷　(漢)鄭玄注　清同治九年(1870)楚北崇文書局刻本　二冊

500000－8701－0005772　F160482－83
儀禮十七卷　(漢)鄭玄注　清同治九年(1870)楚北崇文書局刻本　二冊

500000－8701－0005773　F160484－87
儀禮十七卷　(漢)鄭玄注　(唐)陸德明音義　清同治七年(1868)湖北崇文書局刻本　四冊

500000－8701－0005774　F160488－91
儀禮十七卷　(漢)鄭玄注　(唐)陸德明音義

清同治七年(1868)湖北崇文書局刻本　四册

500000－8701－0005775　F160492－97
儀禮十七卷　(漢)鄭玄注　(清)張爾岐句讀　清刻本　六册

500000－8701－0005776　F160498－501
儀禮十七卷　(漢)鄭玄注　(唐)陸德明音義　清光緒十二年(1886)湖北官書處刻本　四册

500000－8701－0005777　F160502－05
儀禮十七卷　(漢)鄭玄注　(唐)陸德明音義　清光緒十二年(1886)湖北官書處刻本　四册

500000－8701－0005778　F160506－13
儀禮十七卷　(漢)鄭玄注　(清)張爾岐句讀　清刻本　八册

500000－8701－0005779　F160514－17
儀禮十七卷附録一卷　(漢)鄭玄注　(清)張爾岐句讀　清同治七年(1868)金陵書局刻本　四册

500000－8701－0005780　F160518－21
儀禮十七卷附録一卷　(漢)鄭玄注　(清)張爾岐句讀　清同治七年(1868)金陵書局刻本　四册

500000－8701－0005781　F160522－27
儀禮十七卷　(漢)鄭玄注　(清)張爾岐句讀　清刻本　六册

500000－8701－0005782　F160528－33
儀禮十七卷　(漢)鄭玄注　(清)張爾岐句讀　清光緒二十六年(1900)新化三味堂刻本　六册

500000－8701－0005783　F160534－39
儀禮十七卷　(漢)鄭玄注　(清)張爾岐句讀　清光緒八年(1882)錦江書局刻本　六册

500000－8701－0005784　F160540－45
儀禮十七卷　(漢)鄭玄注　(清)張爾岐句讀　清光緒八年(1882)錦江書局刻本　六册

500000－8701－0005785　F160546
儀禮古今文疏證二卷　(清)宋世犖輯　清光緒六年(1880)津門徐氏刻本　一册

500000－8701－0005786　F160547
儀禮古今文疏證二卷　(清)宋世犖輯　清光緒六年(1880)津門徐氏刻本　一册

500000－8701－0005787　F160548
儀禮識誤三卷　(宋)張淳撰　清光緒十九年(1893)刻本　一册

500000－8701－0005788　F160549－51
儀禮古今文疏義十七卷　(清)胡承珙撰　清道光五年(1825)求是堂刻本　三册

500000－8701－0005789　F160552－54
儀禮古今文疏義十七卷　(清)胡承珙撰　清道光五年(1825)求是堂刻本　三册

500000－8701－0005790　F160555－56
儀禮古今文疏義十七卷　(清)胡承珙撰　清光緒三年(1877)湖北崇文書局刻本　二册

500000－8701－0005791　F160557－58
儀禮圖六卷　(清)張惠言述　清同治九年(1870)湖北崇文書局刻本　二册

500000－8701－0005792　F160559－61
儀禮圖六卷　(清)張惠言述　清同治九年(1870)湖北崇文書局刻本　三册

500000－8701－0005793　F160562－64
儀禮圖六卷　(清)張惠言述　清同治九年(1870)湖北崇文書局刻本　三册

500000－8701－0005794　F160565－66
儀禮易讀十七卷　(清)馬駉輯　清乾隆三十八年(1773)山陰縣學刻本　二册

500000－8701－0005795　F160567－68
儀禮易讀十七卷　(清)馬駉輯　清乾隆二十年(1755)山陰縣學刻本　二册

500000－8701－0005796　F160569－72
儀禮易讀十七卷　(清)馬駉輯　清嘉慶十七年(1812)潯溪大西堂刻本　四册

500000－8701－0005797　F160579－84
儀禮恒解十六卷　(清)劉沅輯註　清道光二十二年(1842)豫誠堂刻本　六冊

500000－8701－0005798　F160615－28
儀禮節畧二十卷　(清)朱軾撰　清刻本　十四冊

500000－8701－0005799　F160629－38
儀禮注疏十七卷附考證　(漢)鄭玄注　(唐)陸德明音義　(唐)賈公彦疏　清同治十年(1871)刻本　十冊

500000－8701－0005800　F160639－51
儀禮注疏十七卷附考證　(漢)鄭玄注　(唐)陸德明音義　(唐)賈公彦疏　清同治十年(1871)刻本　十三冊

500000－8701－0005801　F160652－67
儀禮注疏十七卷附校勘記　(漢)鄭玄注　(唐)賈公彦疏　清同治十三年(1874)湖南書局刻本　十六冊

500000－8701－0005802　F160668－79
儀禮注疏十七卷　(漢)鄭玄注　(唐)賈公彦疏　清汲古閣刻本　十二冊

500000－8701－0005803　F160680－97
儀禮疏五十卷附校勘記　(唐)賈公彦等撰　清光緒十八年(1892)湖南寶慶務本書局刻本　十八冊

500000－8701－0005804　F160698－710
儀禮疏五十卷附校勘記　(唐)賈公彦等撰　清光緒十八年(1892)湖南寶慶務本書局刻本　十三冊

500000－8701－0005805　F160711－42
欽定儀禮義疏四十八卷首二卷　(清)允祿等撰　清紫陽書院刻本　三十二冊

500000－8701－0005806　F160743－47
欽定儀禮義疏四十八卷首二卷　(清)允祿等撰　清光緒十四年(1888)上海鴻文書局石印本　五冊

500000－8701－0005807　F160748－79
欽定儀禮義疏四十八卷首二卷　(清)允祿等撰　清道光十八年(1838)刻本　三十二冊

500000－8701－0005808　F160780－91
儀禮要義五十卷　(宋)魏了翁著　清光緒十年(1884)江蘇書局刻本　十二冊

500000－8701－0005809　F160792
儀禮精義不分卷補編一卷　(清)黄淦輯　清令德堂刻本　一冊

500000－8701－0005810　F160793
儀禮精義不分卷補編一卷　(清)黄淦輯　清令德堂刻本　一冊

500000－8701－0005811　F160794－95
儀禮精義不分卷補編一卷　(清)黄淦輯　清嘉慶十二年(1807)刻本　二冊

500000－8701－0005812　F160796－99
儀禮章句十七卷　(清)吴廷華章句　清乾隆二十二年(1757)刻本　四冊

500000－8701－0005813　F160800－02
儀禮私箋八卷　(清)鄭珍撰　清同治五年(1866)成山唐氏刻本　三冊

500000－8701－0005814　F160803－04
儀禮韻言二卷　(清)檀萃纂　清光緒八年(1882)掃葉山房刻本　二冊

500000－8701－0005815　F160805－24
儀禮正義四十卷　(漢)鄭玄注　(清)胡培翬學　清咸豐二年(1852)刻本　二十冊

500000－8701－0005816　F160825－44
儀禮經傳通解二十三卷儀禮集傳集注十四卷儀禮經傳通解續二十九卷　(宋)朱熹撰　清刻本　二十冊

500000－8701－0005817　F160845－52
選批左傳十六卷　(春秋)左丘明撰　清光緒十四年(1888)古香閣魏氏刻本　八冊

500000－8701－0005818　F160853－58
左傳句解六卷　(清)韓菼重訂　清江南李氏刻本　六冊

500000－8701－0005819　F160884－87
左傳紀事本末五十三卷　（清）高士奇編輯　清光緒二十九年（1903）文林書局石印本　四冊

500000－8701－0005820　F160888－90
左傳評十卷　（清）王源評　（清）周宏蔭鈔　清宣統二年（1910）啓渝公司刻本　三冊

500000－8701－0005821　F160895－902
左傳舊疏考正八卷　（清）劉文淇著　清光緒三年（1877）湖北崇文書局刻本　八冊

500000－8701－0005822　F160909－14
左傳咀華二十二卷　（清）唐符會　（清）朱允謙評點　清康熙四十七年（1708）北山書屋刻本　六冊

500000－8701－0005823　F160923
左傳杜解補正三卷　（晉）杜預注　（清）朱記榮輯　清光緒十四年（1888）朱氏校經山房刻本　一冊

500000－8701－0005824　F160924－35
左傳快讀十八卷首一卷　（清）李駿嶤輯　清同治七年（1868）緯文堂刻本　十二冊

500000－8701－0005825　F160936－51
左傳快讀十八卷首一卷　（清）李駿嶤輯　清光緒二十八年（1902）巴蜀善成堂刻本　十六冊

500000－8701－0005826　F160952－61
左傳事緯十二卷字釋一卷　（清）馬驌編論　清光緒四年（1878）吳縣潘氏敏德堂刻本　十冊

500000－8701－0005827　F160962－71
春秋左傳杜注三十卷　（晉）杜預注　（清）姚培謙學　清同治五年（1866）金陵書局刻本　十冊

500000－8701－0005828　F160972－81
春秋左傳杜注三十卷　（晉）杜預注　（清）姚培謙學　清同治五年（1866）金陵書局刻本　十冊

500000－8701－0005829　F160982－91
春秋左傳杜注三十卷　（晉）杜預注　（清）姚培謙學　清同治五年（1866）金陵書局刻本　十冊

500000－8701－0005830　F160992－1003
春秋左傳杜注三十卷首一卷　（晉）杜預注　（清）姚培謙學　清道光七年（1827）刻朱墨套印本　十二冊

500000－8701－0005831　F161004－13
春秋左傳杜注三十卷首一卷　（晉）杜預注　（清）姚培謙學　清道光七年（1827）刻朱墨套印本　十冊

500000－8701－0005832　F161014－23
春秋左傳杜注三十卷　（晉）杜預注　（清）姚培謙學　清光緒十六年（1890）務本書局刻本　十冊

500000－8701－0005833　F161024－35
春秋左傳杜注三十卷　（晉）杜預注　（清）姚培謙學　清光緒十六年（1890）務本書局刻本　十二冊

500000－8701－0005834　F161036－45
春秋左傳杜注三十卷　（晉）杜預注　（清）姚培謙學　清光緒九年（1883）江南書局刻本　十冊

500000－8701－0005835　F161046－61
春秋左傳杜注三十卷　（晉）杜預注　（清）姚培謙學　清刻本　十六冊

500000－8701－0005836　F161062－65
春秋左傳五十卷　（晉）杜預注　（宋）林堯叟附注　（唐）陸德明音義　清道光二十年（1840）刻本　四冊

500000－8701－0005837　F161066－77
春秋左傳五十卷　（晉）杜預注　（宋）林堯叟附注　（唐）陸德明音義　清光緒二十一年（1895）湖南書局刻本　十二冊

500000－8701－0005838　F161086－95
木訥先生春秋經筌十六卷附左氏傳說二十卷

（宋）趙鵬飛撰　清通志堂刻本　十冊

500000－8701－0005839　F161096－102
木訥先生春秋經筌十六卷　（宋）趙鵬飛撰　清刻通志堂經解本　七冊

500000－8701－0005840　F161109
春秋左傳杜注校勘記一卷　（清）黎庶昌録　清光緒二十年（1894）貴陽陳氏刻靈峰草堂叢書本　一冊

500000－8701－0005841　F161110
春秋左傳杜注校勘記一卷　（清）黎庶昌録　**孟子外書補正四卷**　（宋）劉攽撰　**孟子弟子考補正一卷**　（清）朱彝尊撰　陳矩補注　清光緒二十年（1894）貴陽陳氏刻靈峰草堂叢書本　一冊

500000－8701－0005842　F161111－16
春秋說十六卷首一卷　（清）許揚祖撰　清光緒十六年（1890）刻本　六冊

500000－8701－0005843　F161117－22
春秋說十六卷首一卷　（清）許揚祖撰　清光緒十六年（1890）刻本　六冊

500000－8701－0005844　F161123
春秋圖表二卷　廖平撰　清光緒二十七年（1901）刻本　一冊

500000－8701－0005845　F161124－25
春秋圖表二卷　廖平撰　清光緒二十七年（1901）刻本　二冊

500000－8701－0005846　F161126－27
春秋繁露十七卷　（漢）董仲舒撰　（清）淩曙注　清嘉慶二十年（1815）江都淩氏刻古經解彙函本　二冊

500000－8701－0005847　F161128－30
春秋繁露十七卷　（漢）董仲舒撰　（清）淩曙注　清嘉慶二十年（1815）江都淩氏刻古經解彙函本　三冊

500000－8701－0005848　F161131－32
春秋繁露十七卷　（漢）董仲舒撰　清光緒二年（1876）浙江書局刻本　二冊

500000－8701－0005849　F161133－34
春秋繁露十七卷　（漢）董仲舒撰　清光緒二年（1876）浙江書局刻本　二冊

500000－8701－0005850　F161135－38
春秋繁露義證十七卷首一卷攷證一卷　（漢）董仲舒撰　（清）蘇輿學　清宣統二年（1910）平江蘇氏刻本　四冊

500000－8701－0005851　F161139－52
春秋經傳集解三十卷　（晉）杜預集解　（宋）林堯叟注　（唐）陸德明音義　（清）馮李驊　（清）陸浩輯評　清康熙五十九年（1720）大文堂刻本　十四冊

500000－8701－0005852　F161153－64
春秋經傳集解三十卷　（晉）杜預集解　（宋）林堯叟注　（唐）陸德明音義　（清）馮李驊　（清）陸浩輯評　清康熙五十九年（1720）大文堂刻本　十二冊

500000－8701－0005853　F161165－80
春秋經傳集解三十卷　（晉）杜預集解　（宋）林堯叟注　（唐）陸德明音義　（清）馮李驊　（清）陸浩輯評　清康熙五十九年（1720）文淵堂刻本　十六冊

500000－8701－0005854　F161181－96
春秋經傳集解三十卷　（晉）杜預集解　（宋）林堯叟注　（唐）陸德明音義　（清）馮李驊　（清）陸浩輯評　清康熙五十七年（1718）刻本　十六冊

500000－8701－0005855　F161197－204
春秋經傳集解三十卷　（晉）杜預集解　（宋）林堯叟注　（唐）陸德明音義　（清）馮李驊　（清）陸浩輯評　清康熙五十九年（1720）華川書屋刻本　八冊

500000－8701－0005856　F161205－16
春秋經傳集解三十卷　（晉）杜預集解　（宋）林堯叟注　（唐）陸德明音義　（清）馮李驊增訂　清上海廣益書局石印本　十二冊

500000－8701－0005857　F161217－32
春秋經傳集解三十卷　（晉）杜預集解　（宋）

林堯叟注　(唐)陸德明音義　(清)馮李驊增訂　清光緒十六年(1890)華川書屋刻本　十六冊

500000－8701－0005858　F161233－40
春秋釋例十五卷　(晉)杜預撰　清光緒二十五年(1899)傅氏集文堂刻本　八冊

500000－8701－0005859　F161241－48
春秋釋例十五卷　(晉)杜預撰　清光緒二十五年(1899)傅氏集文堂刻本　八冊

500000－8701－0005860　F161249－64
春秋經傳集解三十卷　(晉)杜預注　(唐)陸德明音義　**春秋名號歸一圖二卷**　(五代)馮繼先撰　**附年表一卷**　清同治十三年(1874)江西書局刻本　十六冊

500000－8701－0005861　F161265－80
春秋經傳集解三十卷　(晉)杜預注　(唐)陸德明音義　**春秋名號歸一圖二卷**　(五代)馮繼先撰　**附年表一卷**　清同治十三年(1874)江西書局刻本　十六冊

500000－8701－0005862　F161281－96
春秋經傳集解三十卷　(晉)杜預注　(唐)陸德明音義　**春秋名號歸一圖二卷**　(五代)馮繼先撰　**附年表一卷**　清同治十三年(1874)江西書局刻本　十六冊

500000－8701－0005863　F161297－312
春秋經傳集解三十卷　(晉)杜預注　(唐)陸德明音義　**春秋名號歸一圖二卷**　(五代)馮繼先撰　**附年表一卷**　清同治十三年(1874)江西書局刻本　十六冊

500000－8701－0005864　F161313－24
春秋左傳三十卷首一卷　(晉)杜預注　(唐)陸德明釋　(宋)林堯叟附註　(清)馮李驊集解　清光緒十二年(1886)湖北官書處刻本　十二冊

500000－8701－0005865　F161325－36
春秋左傳三十卷首一卷　(晉)杜預注　(唐)陸德明釋　(宋)林堯叟註　(清)馮李驊集解　清光緒十二年(1886)湖北官書處刻本　十二冊

500000－8701－0005866　F161337－48
春秋左傳三十卷首一卷　(晉)杜預注　(唐)陸德明釋　(宋)林堯叟註　(清)馮李驊集解　清光緒十二年(1886)湖北官書處刻本　十二冊

500000－8701－0005867　F161349－56
春秋三十卷圖說一卷興廢一卷提要一卷　(宋)胡安國傳　清金陵味經堂刻本　八冊

500000－8701－0005868　F161357－72
春秋經傳集解三十卷年表一卷名號歸一圖二卷　(晉)杜預注　(宋)岳珂輯　清光緒十年(1884)柚香閣刻本　十六冊

500000－8701－0005869　F161379－82
春秋體註四卷　(宋)胡安國傳　(清)范翔參訂　清學源堂刻本　四冊

500000－8701－0005870　F161383－411
春秋左傳注疏六十卷　(晉)杜預注　(唐)陸德明音義　(唐)孔穎達疏　清同治十年(1871)刻本　二十九冊

500000－8701－0005871　F161412－41
附釋音春秋左傳注疏六十卷附校勘記　(唐)孔穎達等撰　(唐)陸德明釋文　清光緒十八年(1892)湖南寶慶務本書局刻本　三十冊

500000－8701－0005872　F161442－73
春秋左傳註疏六十卷附音義　(晉)杜預注　(唐)孔穎達疏　(唐)陸德明音義　清同治十三年(1874)湖南書局刻本　三十二冊

500000－8701－0005873　F161474－97
春秋左傳註疏六十卷　(晉)杜預注　(唐)孔穎達疏　清汲古閣刻本　二十四冊

500000－8701－0005874　F161498－525
欽定春秋傳說彙纂三十八卷首二卷　(清)王掞等纂輯　清刻本　二十八冊

500000－8701－0005875　F161526－45
欽定春秋傳說彙纂三十八卷首二卷　(清)王掞等纂輯　清同治九年(1870)浙江巡撫楊昌

濬摹刻本　二十册

500000－8701－0005876　F161546－65
欽定春秋傳說彙纂三十八卷首二卷　（清）王掞等纂輯　清同治九年（1870）浙江巡撫楊昌濬摹刻本　二十册

500000－8701－0005877　F161566－85
欽定春秋傳說彙纂三十八卷首二卷　（清）王掞等纂輯　清道光十八年（1838）署理四川總督蘇廷玉刻本　二十册

500000－8701－0005878　F161586－601
欽定春秋傳說彙纂三十八卷首二卷　（清）王掞等纂輯　清道光十八年（1838）署理四川總督蘇廷玉刻本　十六册

500000－8701－0005879　F161602－17
欽定春秋傳說彙纂三十八卷首二卷　（清）王掞等纂輯　清光緒十九年（1893）湖南寶慶漱芳閣刻本　十六册

500000－8701－0005880　F161618－41
欽定春秋傳說彙纂三十八卷首二卷　（清）王掞等纂輯　清刻本　二十四册

500000－8701－0005881　F161642－62
欽定春秋傳說彙纂三十八卷首二卷　（清）王掞等纂輯　清刻本　二十一册

500000－8701－0005882　F161663－86
欽定春秋傳說彙纂三十八卷首二卷　（清）王掞等纂輯　清刻本　二十四册

500000－8701－0005883　F161729－40
春秋左傳五十卷　（晉）杜預注　（宋）林堯叟附注　（唐）陸德明音義　清末上海掃葉山房石印本（第一册爲商務印書館石印本）　十二册

500000－8701－0005884　F161765－68
爾雅注疏十一卷　（晉）郭璞注　（宋）邢昺疏　清經國堂刻本　四册

500000－8701－0005885　F161769－74
爾雅注疏十一卷　（晉）郭璞注　（宋）邢昺疏　清乾隆十年（1745）三樂齋刻本　六册

500000－8701－0005886　F161775－80
爾雅注疏十一卷　（晉）郭璞注　（宋）邢昺疏　清刻本　六册

500000－8701－0005887　F161781－84
爾雅注疏十一卷　（晉）郭璞注　（宋）邢昺疏　清咸豐十一年（1861）刻本　四册

500000－8701－0005888　F161785－88
爾雅注疏十一卷　（晉）郭璞注　（宋）邢昺疏　清嘉慶七年（1802）刻本　四册

500000－8701－0005889　F161789－94
爾雅疏十卷附校勘記　（宋）邢昺疏　清刻本　六册

500000－8701－0005890　F161795－98
爾雅疏十卷附校勘記　（宋）邢昺疏　清光緒十八年（1892）湖南寶慶務本書局刻本　四册

500000－8701－0005891　F161799－803
爾雅疏十卷附校勘記　（宋）邢昺疏　清光緒十八年（1892）湖南寶慶務本書局刻本　五册

500000－8701－0005892　F161804－06
爾雅疏十卷附校勘記　（宋）邢昺疏　清刻本　三册

500000－8701－0005893　F161807－13
爾雅疏十卷附校勘記　（晉）郭璞注　（宋）邢昺疏　清同治十三年（1874）湖南書局刻本　七册

500000－8701－0005894　F161814－18
爾雅注疏十一卷　（晉）郭璞注　（唐）陸德明音義　（宋）邢昺疏　清同治十年（1871）巴陵鍾氏刻本　五册

500000－8701－0005895　F161819－22
爾雅注疏十一卷　（晉）郭璞注　（唐）陸德明音義　（宋）邢昺疏　清同治十年（1871）巴陵鍾氏刻本　四册

500000－8701－0005896　F161823－27
爾雅疏十卷附校勘記　（宋）邢昺疏　清刻本　五册

500000－8701－0005897　F161828－33

爾雅疏十卷附校勘記　(宋)邢昺疏　清同治十二年(1873)江西書局刻本　六冊

500000－8701－0005898　F161834－37
爾雅疏十卷　(宋)邢昺疏　清光緒十三年(1887)江西南昌府學刻本　四冊

500000－8701－0005899　F161838
爾雅注疏本正誤五卷　(清)張宗泰撰　清光緒南陵徐氏刻積學齋叢書本　一冊

500000－8701－0005900　F161839－42
爾雅四卷　(晉)郭璞注　(唐)陸德明音義　清同治十三年(1874)湖南書局刻本　四冊

500000－8701－0005901　F161843－45
爾雅三卷　(晉)郭璞注　(唐)陸德明音義　清同治十三年(1874)湖南書局刻本　三冊

500000－8701－0005902　F161846－48
爾雅三卷　(晉)郭璞注　(唐)陸德明音義　清同治十三年(1874)湖南書局刻本　三冊

500000－8701－0005903　F161849－51
爾雅三卷　(晉)郭璞注　(唐)陸德明音義　清嘉慶二十二年(1817)順德張氏刻本　三冊

500000－8701－0005904　F161852－54
爾雅三卷　(晉)郭璞注　(唐)陸德明音義　清嘉慶二十二年(1817)順德張氏刻本　三冊

500000－8701－0005905　F161856－58
爾雅三卷　(晉)郭璞注　(唐)陸德明音釋　清光緒十二年(1886)湖北官書處刻本　三冊

500000－8701－0005906　F161859－61
爾雅三卷　(晉)郭璞注　(唐)陸德明音釋　清光緒十二年(1886)湖北官書處刻本　三冊

500000－8701－0005907　F161862－64
爾雅三卷　(晉)郭璞注　(唐)陸德明音釋　清光緒十二年(1886)湖北官書處刻本　三冊

500000－8701－0005908　F161865－67
爾雅三卷　(晉)郭璞注　(唐)陸德明音釋　清刻本　三冊

500000－8701－0005909　F161868－70
爾雅三卷　(晉)郭璞注　(唐)陸德明音釋　清同治七年(1868)湖北崇文書局刻本　三冊

500000－8701－0005910　F161871－73
爾雅三卷　(晉)郭璞注　(唐)陸德明音釋　清同治七年(1868)湖北崇文書局刻本　三冊

500000－8701－0005911　F161874－76
爾雅三卷　(晉)郭璞注　(唐)陸德明音釋　清同治七年(1868)湖北崇文書局刻本　三冊

500000－8701－0005912　F161877－79
爾雅三卷　(晉)郭璞注　(唐)陸德明音義　清光緒二十一年(1895)金陵刻經處刻本　三冊

500000－8701－0005913　F161880－82
爾雅三卷附校勘記　(晉)郭璞注　(唐)陸德明音釋　清光緒八年(1882)錦江書局刻本　三冊

500000－8701－0005914　F161883－84
爾雅三卷附校勘記　(晉)郭璞注　(唐)陸德明音釋　清光緒八年(1882)錦江書局刻本　二冊

500000－8701－0005915　F161885－87
爾雅三卷附校勘記　(晉)郭璞注　(唐)陸德明音釋　清光緒八年(1882)錦江書局刻本　三冊

500000－8701－0005916　F161890
爾雅讀本四卷　(晉)郭璞注　清刻本　一冊

500000－8701－0005917　F161891
爾雅初學讀本一卷孝經初學讀本一卷　(□)□□編　清劍州衛閑道刻本　一冊

500000－8701－0005918　F161892－93
爾雅直音二卷附考一卷　(清)王祖源釋音　清光緒九年(1883)成都膺詁經塾刻本　二冊

500000－8701－0005919　F161894－95
爾雅二卷　(清)張孝楷　(清)袁登縠校定　清光緒二十五年(1899)重慶中西書屋刻本　二冊

500000－8701－0005920　F161896－97

爾雅二卷　（清）張孝楷　（清）袁登穀校定　清光緒二十五年（1899）重慶中西書屋刻本　二冊

500000－8701－0005921　F161898
爾雅正郭三卷　（清）潘衍桐著　清光緒十七年（1891）南海潘氏刻本　一冊

500000－8701－0005922　F161899
爾雅直音二卷　（清）孫偘輯　清嘉慶二十年（1815）高郵孫氏體元堂刻本　一冊

500000－8701－0005923　F161900
爾雅直音二卷　（清）孫偘輯　清嘉慶二十年（1815）高郵孫氏體元堂刻本　一冊

500000－8701－0005924　F161901－08
爾雅正義二十卷附釋文三卷　（清）邵晉涵撰集　清乾隆五十三年（1788）餘姚邵氏刻本　八冊

500000－8701－0005925　F161915－16
爾雅三卷　（晉）郭璞註　清光緒十年（1884）上海同文書局石印本　二冊

500000－8701－0005926　F161917－18
爾雅三卷　（晉）郭璞註　清光緒十年（1884）上海同文書局石印本　二冊

500000－8701－0005927　F161924－26
春秋權衡十七卷　（宋）劉仲撰　清巴陵鍾氏刻通志堂經解本　三冊

500000－8701－0005928　F161927－28
西疇居士春秋本例二十卷　（宋）崔彥直撰　清巴陵鍾氏刻通志堂經解本　二冊

500000－8701－0005929　F161929－30
春秋尊王發微十二卷　（宋）孫復撰　清巴陵鍾氏刻通志堂經解本　二冊

500000－8701－0005930　F161931
春秋筆削發微圖不分卷　（清）王皜校錄　清刻本　一冊

500000－8701－0005931　F161936－43
春秋恒解八卷　（清）劉沅輯註　清咸豐二年（1852）雙流劉氏刻本　八冊

500000－8701－0005932　F161944－45
止齋先生春秋後傳十二卷　（宋）陳傅良撰　清巴陵鍾氏刻通志堂經解本　二冊

500000－8701－0005933　F161946－47
春秋左氏古經十二篇　（清）段玉裁註　清光緒九年（1883）後知不足齋刻本　二冊

500000－8701－0005934　F161948－50
爾雅三卷　（晉）郭璞註　清光緒三年（1877）刻本　三冊

500000－8701－0005935　F161951－53
爾雅三卷　（晉）郭璞註　清道光二十九年（1849）刻本　三冊

500000－8701－0005936　F161972
春秋左氏傳補注十卷　（明）趙汸撰　清巴陵鍾氏刻通志堂經解本　一冊

500000－8701－0005937　F161973－80
春秋左傳音訓不分卷　（清）□□撰　**輯說一卷集解序一卷列國圖說一卷興廢說一卷提要一卷**　清刻本　八冊

500000－8701－0005938　F161981－84
埤雅二十卷　（宋）陸佃撰　清刻本　四冊

500000－8701－0005939　F161985－86
小爾雅疏八卷　（清）王煦輯　清光緒十一年（1885）邵武徐氏刻本　二冊

500000－8701－0005940　F161987
小爾雅訓纂六卷　（清）宋翔鳳撰　清光緒十六年（1890）廣雅書局刻本　一冊

500000－8701－0005941　F161988－89
比雅十卷　（清）洪亮吉著　清光緒五年（1879）授經堂刻本　二冊

500000－8701－0005942　F161990－2021
春秋五傳十七卷首一卷　（清）張璞輯　清乾隆六年（1741）桂華樓刻本　三十二冊

500000－8701－0005943　F162028－41
春秋紀傳五十一卷世系圖一卷　（清）李鳳雛纂輯　清康熙四十三年（1704）刻本　十四冊

500000－8701－0005944　F162042－45
春秋左氏古經説三卷疏證三卷義疏六卷附左氏撥正録一卷　廖平撰　清光緒三十四年至民國八年(1908－1919)成都中學堂刻本　四册

500000－8701－0005945　F162046－49
春秋左氏古經説三卷疏證三卷義疏六卷　廖平撰　清光緒三十四年至民國八年(1908－1919)成都中學堂刻本　四册

500000－8701－0005946　F162058－60
春秋或問十卷　(元)程端學撰　清巴陵鍾氏刻通志堂經解本　三册

500000－8701－0005947　F162061－70
文章練要十卷　(清)王源評訂　清刻本　十册

500000－8701－0005948　F162071－76
文章練要十卷　(清)王源評訂　清乾隆九年(1744)居業堂刻本　六册

500000－8701－0005949　F162077－92
左翼三十八卷　(清)周大璋輯評　清乾隆五年(1740)寶瀚樓刻本　十六册

500000－8701－0005950　F162093
春秋家説三卷　(清)王夫之撰　清簡青齋書局石印本　一册

500000－8701－0005951　F162094
春秋比二卷　(清)郝懿行輯　清光緒八年(1882)崇寧譚明經刻郝氏遺書本　一册

500000－8701－0005952　F162095
春秋比二卷　(清)郝懿行輯　清光緒八年(1882)刻本　一册

500000－8701－0005953　F162096
春秋名號歸一圖二卷　(五代)馮繼先撰　清巴陵鍾氏刻通志堂經解本　一册

500000－8701－0005954　F162097
春秋師説三卷附録二卷　(明)趙汸編　清巴陵鍾氏刻通志堂經解本　一册

500000－8701－0005955　F162098
春秋皇綱論五卷　(宋)王晳撰　清巴陵鍾氏刻通志堂經解本　一册

500000－8701－0005956　F162100－09
春秋集解三十卷　(宋)吕祖謙撰　清巴陵鍾氏刻通志堂經解本　十册

500000－8701－0005957　F162110－17
春秋毛氏傳三十六卷　(清)毛奇齡撰　清刻本　八册

500000－8701－0005958　F162118－21
石林先生春秋傳二十卷　(宋)葉夢得撰　清巴陵鍾氏刻通志堂經解本　四册

500000－8701－0005959　F162122－24
春秋臣傳三十卷　(宋)王當撰　清巴陵鍾氏刻通志堂經解本　三册

500000－8701－0005960　F162125－26
春秋劉氏傳十五卷　(宋)劉仲撰　清巴陵鍾氏刻通志堂經解本　二册

500000－8701－0005961　F162127－30
春秋集傳十五卷　(明)趙汸輯　清巴陵鍾氏刻通志堂經解本　四册

500000－8701－0005962　F162137－56
欽定春秋左傳讀本三十卷　(春秋)左丘明傳　(清)程恩澤等編　(清)賀長齡評　清道光二十五年(1845)黔省大盛堂刻本　十六册

500000－8701－0005963　F162157－76
春秋大事表五十卷綱領一卷偶筆一卷輿圖一卷附録一卷　(清)顧棟高輯　清乾隆十三年至十四年(1748－1749)萬卷樓刻本　二十册

500000－8701－0005964　F162177－98
春秋大事表五十卷綱領一卷偶筆一卷輿圖一卷附録一卷　(清)顧棟高輯　清乾隆十三年至十四年(1748－1749)萬卷樓刻本　二十二册

500000－8701－0005965　F162199－214
春秋十六卷首一卷　(□)□□撰　清西昌鴻文齋刻本　十六册

500000－8701－0005966　F162215－30

春秋左氏傳旁訓三十卷公羊傳旁訓四卷穀梁傳旁訓四卷 (清)席世安輯訓 清嘉慶三年(1798)掃葉山房刻本 十六册

500000－8701－0005967 F162232
學春秋隨筆十卷 (清)萬斯大著 清乾隆二年(1737)刻本 一册

500000－8701－0005968 F162234
春秋精義四卷首一卷 (清)黄淦纂 清令德堂刻本 一册

500000－8701－0005969 F162235－46
春秋左傳精義旁訓十八卷 (清)□□撰 清光緒十年(1884)古香閣魏氏刻本 十二册

500000－8701－0005970 F162247－54
春秋左傳精義旁訓十八卷 (清)□□撰 清光緒十年(1884)古香閣魏氏刻本 八册

500000－8701－0005971 F162255－66
春秋大事表五十卷綱領一卷偶筆一卷輿圖一卷附錄一卷 (清)顧棟高輯 清光緒十四年(1888)陝西求友齋刻本 十二册

500000－8701－0005972 F162267－86
春秋大事表五十卷綱領一卷偶筆一卷輿圖一卷附錄一卷 (清)顧棟高纂輯 清同治十二年(1873)平遠丁穉璜刻本 二十册

500000－8701－0005973 F162287－310
春秋大事表五十卷綱領一卷偶筆一卷輿圖一卷附錄一卷 (清)顧棟高纂輯 清同治十二年(1873)平遠丁穉璜刻本 二十四册

500000－8701－0005974 F162311－16
春秋左氏傳賈服註輯述二十卷 (清)李貽德撰 清光緒八年(1882)江蘇書局刻本 六册

500000－8701－0005975 F162317－22
春秋左氏傳賈服註輯述二十卷 (清)李貽德撰 清光緒八年(1882)江蘇書局刻本 六册

500000－8701－0005976 F162323
春秋揭要二卷 (清)周蕙田輯 清乾隆五十七年(1792)刻本 一册

500000－8701－0005977 F162324－25
春秋揭要二卷 (清)周蕙田輯 清雲間許氏刻本 二册

500000－8701－0005978 F162334－65
春秋屬辭辨例編六十卷首二卷 (清)張應昌撰 清刻本 三十二册

500000－8701－0005979 F162366－67
春秋例表二十八卷 (□)□□撰 清光緒七年(1881)四川尊經書院刻本 二册

500000－8701－0005980 F162368－75
御纂春秋直解十二卷 (清)梁錫璵等纂 清乾隆二十三年(1758)刻本 八册

500000－8701－0005981 F162404－19
說文解字句讀三十卷附補正三十卷 (漢)許慎著 (清)王筠集 清同治四年(1865)安邱王氏家刻本 十六册

500000－8701－0005982 F162420－35
說文解字句讀三十卷附補正三十卷 (漢)許慎著 (清)王筠集 清同治四年(1865)安邱王氏家刻本 十六册

500000－8701－0005983 F162451－64
說文解字句讀三十卷附補正三十卷 (漢)許慎著 (清)王筠集 清同治四年(1865)刻本 十四册 缺一卷(補正三十)

500000－8701－0005984 F162465－76
說文解字句讀三十卷 (漢)許慎著 (清)王筠集 清光緒八年(1882)餘姚朱逌然成都刻本 十二册

500000－8701－0005985 F162515－22
說文通訓定聲十八卷分部檢韻一卷說雅一卷古今韻準一卷 (清)朱駿聲輯 清光緒十三年(1887)上海積山書局石印本 八册

500000－8701－0005986 F162523－34
說文通訓定聲十八卷分部檢韻一卷說雅一卷古今韻準一卷 (清)朱駿聲輯 清光緒十九年(1893)上海鴻文書局石印本 十二册

500000－8701－0005987 F162535－42
說文通訓定聲十八卷分部檢韻一卷說雅一卷

古今韻準一卷　(清)朱駿聲輯　清光緒十三年(1887)上海積山書局石印本　八册

500000－8701－0005988　F162543－64
說文通訓定聲十八卷分部檢韻一卷說雅一卷古今韻準一卷　(清)朱駿聲輯　清刻本　二十二册

500000－8701－0005989　F162565－88
說文通訓定聲十八卷分部檢韻一卷說雅一卷古今韻準一卷　(清)朱駿聲輯　清刻本　二十四册

500000－8701－0005990　F162589－93
說文校議十五卷　(清)姚文田　(清)嚴可均撰　清同治十三年(1874)歸安姚氏刻本　五册

500000－8701－0005991　F162594－98
說文校議十五卷　(清)姚文田　(清)嚴可均撰　清同治十三年(1874)歸安姚氏刻本　五册

500000－8701－0005992　F162599－602
說文校議十五卷　(清)姚文田　(清)嚴可均撰　清同治十三年(1874)歸安姚氏刻本　四册

500000－8701－0005993　F162603－06
說文校議十五卷　(清)姚文田　(清)嚴可均撰　清同治十三年(1874)歸安姚氏刻本　四册

500000－8701－0005994　F162607－08
說文引經考二卷附補遺一卷　(清)吳玉搢著　清光緒八年(1882)種玉山房刻本　二册

500000－8701－0005995　F162609－10
說文引經考二卷附補遺一卷　(清)吳玉搢著　清光緒八年(1882)種玉山房刻本　二册

500000－8701－0005996　F162611－12
說文引經考二卷附補遺一卷　(清)吳玉搢著　清道光元年(1821)山陽吳氏刻本　二册

500000－8701－0005997　F162619－719
五禮通考二百六十二卷首四卷　(清)秦蕙田編輯　清光緒六年(1880)江蘇書局刻本　一百一册

500000－8701－0005998　F162726
說文通訓定聲十八卷分部檢韻一卷說雅一卷古今韻準一卷　(清)朱駿聲輯　清光緒十三年(1887)上海積山書局石印本　一册　缺十八卷(說文通訓定聲十八卷)

500000－8701－0005999　F162730
說文部首韻言一卷　(清)黃茂編　清光緒二十五年(1899)滎縣黃氏刻本　一册

500000－8701－0006000　F162731
說文部首讀本一卷　(清)程畹編　清武昌嘯雲書室刻本　一册

500000－8701－0006001　F162732
說文解字部首一卷直音一卷　(漢)許慎記　清光緒八年(1882)蜀南黃氏刻本　一册

500000－8701－0006002　F162733
說文解字部首一卷直音一卷　(漢)許慎記　清光緒八年(1882)蜀南黃氏刻本　一册

500000－8701－0006003　F162734
說文解字部首一卷直音一卷　(漢)許慎記　清光緒八年(1882)蜀南黃氏刻本　一册

500000－8701－0006004　F162736
說文部首讀本一卷　(清)程畹編　清湖北武昌書局刻本　一册

500000－8701－0006005　F162737
說文部首讀本一卷　(清)程畹編　清光緒八年(1882)蜀南黃氏刻本　一册

500000－8701－0006006　F162738
說文提要一卷　(清)陳建侯撰　清光緒元年(1875)湖北崇文書局刻本　一册

500000－8701－0006007　F162739
說文提要一卷　(清)陳建侯撰　清光緒元年(1875)湖北崇文書局刻本　一册

500000－8701－0006008　F162742
說文提要一卷　(清)陳建侯撰　清同治十二年(1873)湖北崇文書局刻本　一册

500000－8701－0006009　F162743
說文部目二卷　(清)陳建侯纂　清光緒八年(1882)研經閣刻本　一册

500000－8701－0006010　F162745
說文部首輯注不分卷　(□)王蕃編輯　清刻本　一册

500000－8701－0006011　F162746－71
說文通訓定聲十八卷古今韻準一卷分部檢韻一卷説雅一卷行述一卷　(清)朱駿聲輯　清咸豐元年(1851)臨嘯閣刻本　二十六册

500000－8701－0006012　F162772－95
說文通訓定聲十八卷古今韻準一卷分部檢韻一卷説雅一卷行述一卷　(清)朱駿聲輯　清咸豐元年(1851)臨嘯閣刻本　二十四册

500000－8701－0006013　F162796－831
說文通訓定聲十八卷古今韻準一卷分部檢韻一卷説雅一卷行述一卷　(清)朱駿聲輯　清咸豐元年(1851)臨嘯閣刻本　三十六册

500000－8701－0006014　F162833－38
說文新附攷六卷　(清)鄭珍記　清光緒七年(1881)刻本　六册

500000－8701－0006015　F162839－44
說文新附攷六卷　(清)鄭珍記　清光緒七年(1881)刻本　六册

500000－8701－0006016　F162845－47
說文新附攷六卷　(清)鄭珍記　清光緒七年(1881)刻本　三册

500000－8701－0006017　F162848－50
說文新附攷六卷　(清)鄭珍記　清光緒七年(1881)刻本　三册

500000－8701－0006018　F162851－54
說文新附攷六卷續考一卷　(清)鈕樹玉撰　清同治七年(1868)碧螺山館刻本　四册

500000－8701－0006019　F162855－56
說文新附攷六卷續考一卷　(清)鈕樹玉撰　清同治十三年(1874)湖北崇文書局刻本　二册

500000－8701－0006020　F162857－58
說文新附攷六卷續考一卷　(清)鈕樹玉撰　清同治十三年(1874)湖北崇文書局刻本　二册

500000－8701－0006021　F162858－59
說文新附攷六卷續考一卷　(清)鈕樹玉撰　清同治十三年(1874)湖北崇文書局刻本　二册

500000－8701－0006022　F162861－62
說文引經考證八卷　(清)陳瑑撰　清同治十三年(1874)湖北崇文書局刻本　二册

500000－8701－0006023　F162863－64
說文引經考證八卷　(清)陳瑑撰　清同治十三年(1874)湖北崇文書局刻本　二册

500000－8701－0006024　F162865－66
說文引經考證八卷　(清)陳瑑撰　清同治十三年(1874)湖北崇文書局刻本　二册

500000－8701－0006025　F162867－68
說文引經考證八卷　(清)陳瑑撰　清同治十三年(1874)湖北崇文書局刻本　二册

500000－8701－0006026　F162869－70
說文逸字二卷　(清)鄭珍著　清咸豐八年(1858)遵義鄭氏刻本　二册

500000－8701－0006027　F162871－72
說文逸字二卷附録一卷　(清)鄭珍著　清咸豐八年(1858)望山堂刻本　二册

500000－8701－0006028　F162873－74
說文逸字二卷附録一卷　(清)鄭珍著　清咸豐八年(1858)望山堂刻本　二册

500000－8701－0006029　F162875－76
說文逸字二卷附録一卷　(清)鄭珍著　清咸豐八年(1858)望山堂刻本　二册

500000－8701－0006030　F162877－78
說文逸字二卷附録一卷　(清)鄭珍著　清咸豐八年(1858)望山堂刻本　二册

500000－8701－0006031　F162879－80
說文逸字二卷附録一卷　(清)鄭珍著　清咸

豐八年(1858)成都御風樓刻本　二册

500000－8701－0006032　F162881
說文逸字二卷附録一卷　(清)鄭珍著　清咸豐八年(1858)刻本　一册

500000－8701－0006033　F162882－85
段氏說文注訂八卷　(清)鈕樹玉著　清同治五年(1866)碧螺山館補刻本　四册

500000－8701－0006034　F162886－87
段氏說文注訂八卷　(清)鈕樹玉著　清同治十三年(1874)湖北崇文書局刻本　二册

500000－8701－0006035　F162888－89
段氏說文注訂八卷　(清)鈕樹玉著　清同治十三年(1874)湖北崇文書局刻本　二册

500000－8701－0006036　F162890－91
段氏說文注訂八卷　(清)鈕樹玉著　清同治十三年(1874)湖北崇文書局刻本　二册

500000－8701－0006037　F162892－93
段氏說文注訂八卷　(清)鈕樹玉著　清同治十三年(1874)湖北崇文書局刻本　二册

500000－8701－0006038　F162894
汲古閣說文訂一卷　(清)段玉裁撰　清嘉慶二年(1797)刻本　一册

500000－8701－0006039　F162895
汲古閣說文訂一卷　(清)段玉裁撰　清嘉慶二年(1797)歸安姚氏刻咫進齋叢書本　一册

500000－8701－0006040　F162926－29
說文古籀疏證六卷　(清)莊述祖撰　清刻本　四册

500000－8701－0006041　F162953
說文古籀補八卷　(清)吳大澂撰　清光緒二十四年(1898)刻本　一册

500000－8701－0006042　F162954－85
說文解字義證五十卷　(清)桂馥撰　清同治九年(1870)湖北崇文書局刻本　三十二册

500000－8701－0006043　F162986－3017
說文解字義證五十卷　(清)桂馥撰　清同治九年(1870)湖北崇文書局刻本　三十二册

500000－8701－0006044　F163018－37
說文釋例二十卷　(清)王筠撰　清光緒九年(1883)成都御風樓刻本　二十册

500000－8701－0006045　F163038－57
說文釋例二十卷　(清)王筠撰　清光緒九年(1883)成都御風樓刻本　二十册

500000－8701－0006046　F163058－73
說文釋例二十卷補正二十卷　(清)王筠撰　清同治四年(1865)刻本　十六册

500000－8701－0006047　F163074－83
說文釋例二十卷補正二十卷　(清)王筠撰　清同治四年(1865)刻本　十册

500000－8701－0006048　F163084－89
說文釋例二十卷補正二十卷　(清)王筠撰　清光緒十三年(1887)上海積山書局石印本　六册

500000－8701－0006049　F163090－109
說文釋例二十卷　(清)王筠撰　清宣統二年(1910)中江劉氏家塾刻本　二十册

500000－8701－0006050　F163151－52
說文通檢十四卷首一卷末一卷　(清)黎永椿編　清光緒十四年(1888)掃葉山房刻本　二册

500000－8701－0006051　F163153－54
說文通檢十四卷首一卷末一卷　(清)黎永椿編　清光緒二年(1876)湖北崇文書局刻本　二册

500000－8701－0006052　F163155－56
說文通檢十四卷首一卷末一卷　(清)黎永椿編　清光緒二年(1876)湖北崇文書局刻本　二册

500000－8701－0006053　F163157
說文通檢十四卷首一卷末一卷　(清)黎永椿編　清光緒四年(1878)宏達堂刻本　一册

500000－8701－0006054　F163164－69
篆文大觀六卷首一卷　(宋)徐鉉書　清上海

碧梧山莊石印本　六冊

500000－8701－0006055　F163170－75
篆文大觀六卷首一卷　（宋）徐鉉書　清上海碧梧山莊石印本　六冊

500000－8701－0006056　F163180－84
文字存真六種附四種　（清）饒炯撰　清光緒三十年（1904）達古軒刻本　五冊　存二種十五卷（六書例說一卷、說文解字部首訂十四卷）

500000－8701－0006057　F163191－94
苗氏說文四種　（清）苗夔撰　清咸豐元年（1851）壽陽祁寯藻刻本　四冊

500000－8701－0006058　F163195－202
苗氏說文四種　（清）苗夔撰　清咸豐元年（1851）壽陽祁寯藻刻本　八冊

500000－8701－0006059　F163212－19
說文繫傳四十卷　（宋）徐鍇傳釋　清乾隆四十七年（1782）刻本　八冊

500000－8701－0006060　F163220－27
說文解字徐氏繫傳四十卷校勘記三卷　（宋）徐鍇傳釋　（宋）朱翺反切　清歸安姚覲元刻本　八冊

500000－8701－0006061　F163228－35
說文解字繫傳四十卷　（宋）徐鍇傳釋　清歸安姚覲元刻本　八冊

500000－8701－0006062　F163236－42
說文繫傳四十卷附校勘記三卷　（宋）徐鍇傳釋　清壽陽祁氏刻小學彙函本　七冊

500000－8701－0006063　F163243－54
說文繫傳四十卷附校勘記三卷　（宋）徐鍇傳釋　清番禺陶氏南海廖氏刻本　十二冊

500000－8701－0006064　F163255－56
說文繫傳四十卷附校勘記三卷　（宋）徐鍇傳釋　清末石印本　二冊

500000－8701－0006065　F163257－64
說文解字徐氏繫傳四十卷　（漢）許慎著　（宋）徐鍇傳釋　（宋）朱翺反切　清光緒九年（1883）江蘇書局刻本　八冊

500000－8701－0006066　F163265－72
說文解字徐氏繫傳四十卷　（漢）許慎著　（宋）徐鍇傳釋　（宋）朱翺反切　清光緒九年（1883）江蘇書局刻本　八冊

500000－8701－0006067　F163273－80
說文繫傳四十卷　（宋）徐鍇傳釋　清新安汪氏刻本　八冊

500000－8701－0006068　F163512－25
說文解字校錄十五卷　（漢）許慎撰　（清）鈕樹玉校錄　清光緒十一年（1885）江蘇書局刻本　十四冊

500000－8701－0006069　F163526－39
說文解字校錄十五卷　（漢）許慎撰　（清）鈕樹玉校錄　清光緒十一年（1885）江蘇書局刻本　十四冊

500000－8701－0006070　F163570－81
說文解字十五卷　（漢）許慎撰　清刻本　十二冊

500000－8701－0006071　F163582－87
說文解字十五卷　（漢）許慎撰　清刻本　六冊

500000－8701－0006072　F163588－93
說文解字十五卷　（漢）許慎撰　清刻本　六冊

500000－8701－0006073　F163594－601
說文解字十五卷　（漢）許慎撰　清同治十年（1871）刻本　八冊

500000－8701－0006074　F163602－07
說文解字十五卷　（漢）許慎撰　清同治十年（1871）刻本　六冊

500000－8701－0006075　F163608－15
說文解字十五卷　（漢）許慎記　（宋）徐鉉校定　**說文通檢十四卷首一卷末一卷**　（清）黎永椿編　清同治十二年（1873）羊城富文齋刻本　八冊

500000－8701－0006076　F163616－23

說文解字十五卷　(漢)許慎撰　清同治十年(1871)刻本　八册

500000－8701－0006077　F163628－31
說文解字十五卷　(漢)許慎撰　清嘉慶十四年(1809)陽湖孫氏平津館刻本　四册

500000－8701－0006078　F163632－41
說文解字十五卷　(漢)許慎撰　清嘉慶十四年(1809)陽湖孫氏平津館刻本　十册

500000－8701－0006079　F163647－49
說文解字三十卷　(漢)許慎撰　清光緒十二年(1886)吴縣朱氏家塾刻本　三册

500000－8701－0006080　F163650－55
說文解字十五卷校記一卷　(漢)許慎撰　清光緒七年(1881)淮南書局刻本　六册

500000－8701－0006081　F163656－60
說文解字十五卷校記一卷　(漢)許慎撰　清光緒七年(1881)淮南書局刻本　五册

500000－8701－0006082　F163661－66
說文解字十五卷　(漢)許慎撰　清嘉慶十二年(1807)藤花榭刻本　六册

500000－8701－0006083　F163667－76
說文解字十五卷　(漢)許慎撰　清光緒二年(1876)歸安姚氏刻本　十册

500000－8701－0006084　F163677－84
說文解字十五卷　(漢)許慎撰　清光緒二年(1876)歸安姚氏刻本　八册

500000－8701－0006085　F163685－702
說文解字注三十二卷　(清)段玉裁注　清同治三年(1864)湖南古書流通處刻本　十八册

500000－8701－0006086　F163703－18
說文解字注三十二卷　(清)段玉裁注　清同治十一年(1872)蘇州保息局刻本　十六册

500000－8701－0006087　F163719－42
說文解字注三十二卷　(清)段玉裁注　清同治十一年(1872)蘇州保息局刻本　二十四册

500000－8701－0006088　F163743－58
說文解字注三十二卷　(清)段玉裁注　清光緒三年(1877)成都尊經書院刻本　十六册

500000－8701－0006089　F163759－75
說文解字注三十二卷　(清)段玉裁注　清光緒三年(1877)成都尊經書院刻本　十七册

500000－8701－0006090　F163776－90、4036－38
說文解字注三十二卷汲古閣說文訂一卷　(清)段玉裁注　清同治十一年(1872)湖北崇文書局刻本　十八册

500000－8701－0006091　F163791－805
說文解字注三十二卷汲古閣說文訂一卷　(清)段玉裁注　清同治十一年(1872)湖北崇文書局刻本　十五册　存三十卷(一至三十)

500000－8701－0006092　F163806－37
說文解字注三十二卷汲古閣說文訂一卷　(清)段玉裁注　清同治十一年(1872)湖北崇文書局刻本　三十二册

500000－8701－0006093　F163838－55
說文解字注三十二卷汲古閣說文訂一卷　(清)段玉裁注　清同治十一年(1872)湖北崇文書局刻本　十八册

500000－8701－0006094　F163889－92
說文解字注十五卷附六書音均表一卷匡謬八卷通檢十四卷首一卷末一卷　(清)段玉裁注　清光緒十五年(1889)上海點石齋石印本　四册

500000－8701－0006095　F163893－900
說文解字十五卷附六書音均表五卷說文通檢十四卷段注匡謬八卷首一卷末一卷　(清)段玉裁注　清宣統二年(1910)上海江左書林石印本　八册

500000－8701－0006096　F163901－08
說文解字十五卷附六書音均表五卷說文通檢十四卷段注匡謬八卷首一卷末一卷　(清)段玉裁注　清宣統二年(1910)上海江左書林石印本　八册

500000－8701－0006097　F163957－64

說文解字十五卷附六書音均表五卷說文通檢十四卷說文解字注匡謬八卷首一卷末一卷 (清)段玉裁注　清末上海錦章圖書局石印本　八册

500000－8701－0006098　F164007－35
說文解字十四卷　(清)段玉裁注　(清)徐灝箋　清刻本　二十九册

500000－8701－0006099　F164051－58
說文古本考十四卷　(清)沈濤纂　清光緒十年(1884)吳縣潘氏滂喜齋刻本　八册

500000－8701－0006100　F164067－70
說文辨字正俗八卷　(清)李富孫撰　清光緒二十八年(1902)善化楊氏刻本　四册

500000－8701－0006101　F164071－72
說文辨字正俗八卷　(清)李富孫撰　清光緒二十八年(1902)刻本　二册

500000－8701－0006102　F164073－76
說文辨字正俗八卷　(清)李富孫撰　清光緒二十八年(1902)刻本　四册

500000－8701－0006103　F164077－78
說文染指二卷　(清)吳楚著　清光緒十四年(1888)寄硯山房刻本　二册

500000－8701－0006104　F164079－80
說文答問疏證六卷　(清)薛傳均著　清光緒八年(1882)成都御風樓刻本　二册

500000－8701－0006105　F164081
說文解字繫傳校勘記三卷　(宋)徐鍇撰　清道光十九年(1839)刻本　一册

500000－8701－0006106　F164082
廣潛研堂說文答問疏證八卷　(清)承培元撰　清光緒十八年(1892)廣雅書局刻本　一册

500000－8701－0006107　F164083
潛揅堂說文答問疏證六卷　(清)薛傳均撰　清光緒七年(1881)廣雅書局刻本　一册

500000－8701－0006108　F164084－86
說文發疑六卷續一卷　(清)張行孚述　清光緒九年(1883)邘上寓廬刻本　三册

500000－8701－0006109　F164087－88
說文解字韻譜十卷　(宋)徐鉉撰　清同治三年(1864)吳縣馮桂芬刻本　二册

500000－8701－0006110　F164089－92
說文繫傳校錄三十卷　(清)王筠撰　清道光二十三年(1843)安邱王氏刻本　四册

500000－8701－0006111　F164093－94
說文繫傳校錄三十卷　(清)王筠撰　清咸豐七年(1857)安邱王氏刻本　二册

500000－8701－0006112　F164095－96
說文繫傳校錄三十卷　(清)王筠撰　清咸豐七年(1857)安邱王氏刻本　二册

500000－8701－0006113　F164097
說文辨疑一卷　(清)顧廣圻撰　清光緒三年(1877)湖北崇文書局刻本　一册

500000－8701－0006114　F164098
說文辨疑一卷　(清)顧廣圻撰　清光緒三年(1877)湖北崇文書局刻本　一册

500000－8701－0006115　F164099－100
說文繫傳考異四卷附錄一卷　(清)汪憲撰　清光緒八年(1882)徐氏八杉齋刻本　二册

500000－8701－0006116　F164103－04
說文韻譜校五卷　(清)王筠撰　清光緒二十八年(1902)濰縣劉氏刻本　二册

500000－8701－0006117　F164105－06
說文解字篆韻譜五卷　(宋)徐鉉撰　清綿州李氏函海刻本　二册

500000－8701－0006118　F164108
讀說文雜識一卷　(清)許棫撰　清光緒七年(1881)陽湖惲氏刻本　一册

500000－8701－0006119　F164109
說文管見三卷　(清)胡秉虔撰　清漢州張氏受經堂刻本　一册

500000－8701－0006120　F164110－13
說文段注撰要九卷　(清)馬壽齡撰　清光緒九年(1883)金陵胡氏愚園刻本　四册

500000－8701－0006121　F164114－19
說文引經證例二十四卷　(清)承培元撰　清光緒二十一年(1895)廣雅書局刻本　六冊

500000－8701－0006122　F164127－29
說文分韻易知錄五卷　(清)許密齋編纂　清刻本　三冊

500000－8701－0006123　F164130－35
說文分韻易知錄五卷　(清)許密齋編纂　清刻本　六冊

500000－8701－0006124　F164136
說文楬原二卷　(清)張行孚撰　清光緒十年(1884)後知不足齋刻本　一冊

500000－8701－0006125　F164137－40
說文外編十六卷　(清)雷浚撰　清光緒二年(1876)刻本　四冊

500000－8701－0006126　F164141
說文佚字考四卷　(清)張鳴珂撰　清光緒十三年(1887)嘉興張氏豫章刻本　一冊

500000－8701－0006127　F164142－43
說文聲讀表七卷　(清)苗夔纂　清道光二十二年(1842)山東福山王氏刻天壤閣叢書本　二冊

500000－8701－0006128　F164152－63
經典釋文三十卷　(唐)陸德明撰　**序錄攷證一卷孟子音義二卷**　(清)盧文弨輯　清同治十年(1871)刻本　十二冊

500000－8701－0006129　F164164－79
經典釋文三十卷　(唐)陸德明撰　**序錄攷證一卷**　(清)盧文弨輯　清同治十年(1871)刻本　十六冊

500000－8701－0006130　F164180－89
經典釋文三十卷　(唐)陸德明撰　清順治八年(1651)刻通志堂經解本　十冊

500000－8701－0006131　F164190－200
經典釋文三十卷　(唐)陸德明撰　**攷證三十卷**　(清)盧文弨緝　**孟子音義二卷**　(宋)孫奭撰　**孟子音義札記一卷**　繆荃孫撰　清同治十三年(1874)成都尊經書院刻光緒二年(1876)補刻本　十一冊

500000－8701－0006132　F164201－11
經典釋文三十卷　(唐)陸德明撰　**攷證三十卷**　(清)盧文弨緝　**孟子音義札記一卷**　繆荃孫撰　**孟子音義二卷**　(宋)孫奭撰　清同治十三年(1874)成都尊經書院刻光緒二年(1876)補刻本　十一冊

500000－8701－0006133　F164212－23
經典釋文三十卷　(唐)陸德明撰　**攷證三十卷**　(清)盧文弨緝　**國語補音三卷**　(宋)宋庠撰　**國語補音札記一卷**　(清)錢保塘撰　清同治十三年(1874)成都尊經書院刻光緒二年(1876)補刻本　十二冊

500000－8701－0006134　F164224－35
經典釋文三十卷　(唐)陸德明撰　**攷證三十卷**　(清)盧文弨緝　**孟子音義札記一卷**　繆荃孫撰　**孟子音義二卷**　(宋)孫奭撰　**國語補音札記一卷**　(清)錢保塘撰　**國語補音三卷**　(宋)宋庠撰　清同治十三年(1874)成都尊經書院刻光緒二年(1876)補刻本　十二冊

500000－8701－0006135　F164248－49
經典釋文考證不分卷　(清)盧文弨輯　清常州龍城書院刻本　二冊

500000－8701－0006136　F164250－59
經典釋文三十卷　(唐)陸德明撰　清乾隆五十六年(1791)刻本　十冊

500000－8701－0006137　F164260－71
經典釋文三十卷附考證　(唐)陸德明著　清同治八年(1869)湖北崇文書局刻本　十二冊

500000－8701－0006138　F164272－83
經典釋文三十卷附考證　(唐)陸德明著　清同治八年(1869)湖北崇文書局刻本　十二冊

500000－8701－0006139　F164284－95
經典釋文三十卷附考證　(唐)陸德明著　清同治八年(1869)湖北崇文書局刻本　十二冊

500000－8701－0006140　F164296－307

經典釋文三十卷附考證　(唐)陸德明著　清同治八年(1869)湖北崇文書局刻本　十二册

500000－8701－0006141　F164308－10
經言拾遺十四卷　(清)徐文靖撰　清乾隆二十一年(1756)當塗徐氏志寧堂刻本　三册

500000－8701－0006142　F164311－20
經典釋文三十卷附考證　(唐)陸德明撰　清乾隆五十六年(1791)成都尊經書院刻本　十册

500000－8701－0006143　F164321
廣雅十卷　(三國魏)張揖撰　(隋)曹憲音　清刻小學彙函本　一册

500000－8701－0006144　F164322
廣雅補疏四卷　王樹枏撰　清光緒十六年(1890)文莫室刻本　一册

500000－8701－0006145　F164323
廣雅補疏四卷　王樹枏撰　清光緒十六年(1890)文莫室刻本　一册

500000－8701－0006146　F164324－31
廣雅疏證十卷博雅音十卷　(清)王念孫撰　清刻本　八册

500000－8701－0006147　F164332－39
廣雅疏證十卷博雅音十卷　(清)王念孫撰　清光緒五年(1879)淮南書局刻本　八册

500000－8701－0006148　F164340－47
廣雅疏證十卷博雅音十卷　(清)王念孫撰　清光緒五年(1879)淮南書局刻本　八册

500000－8701－0006149　F164348－51
廣韻五卷　(隋)陸法言撰　(宋)陳彭年等重修　清刻本　四册

500000－8701－0006150　F164352－56
廣韻五卷　(隋)陸法言撰　(宋)陳彭年等重修　清刻本　五册

500000－8701－0006151　F164357－60
大宋重修廣韻五卷　(隋)陸法言撰　(宋)陳彭年等重修　清康熙四十三年(1704)吳郡張氏六浮閣刻本　四册

500000－8701－0006152　F164361－64
大宋重修廣韻五卷　(隋)陸法言撰　(宋)陳彭年等重修　清康熙四十三年(1704)吳郡張氏六浮閣刻本　四册

500000－8701－0006153　F164365
廣韻五卷　(宋)陳彭年等重修　**校札一卷**　(清)黎庶昌撰　清光緒遵義黎氏刻古逸叢書本　一册

500000－8701－0006154　F164377－81
廣韻五卷　(隋)陸法言撰　清粵東富文齋刻小學彙函本　五册

500000－8701－0006155　F164382－86
大宋重修廣韻五卷　(隋)陸法言撰　(宋)陳彭年等重修　清蘇州張氏澤存堂刻小學彙函本　五册

500000－8701－0006156　F164387－91
大宋重修廣韻五卷　(隋)陸法言撰　(宋)陳彭年等重修　清蘇州張氏澤存堂刻小學彙函本　五册

500000－8701－0006157　F164393－96
釋名疏證補八卷續釋名一卷釋名補遺一卷疏證補附一卷　王先謙撰集　清光緒二十二年(1896)刻本　四册

500000－8701－0006158　F164397－400
釋名疏證補八卷續釋名一卷釋名補遺一卷疏證補附一卷　王先謙撰集　清光緒二十二年(1896)刻本　四册

500000－8701－0006159　F164401－04
釋名疏證補八卷續釋名一卷釋名補遺一卷疏證補附一卷　王先謙撰集　清光緒二十二年(1896)刻本　四册

500000－8701－0006160　F164405－06
釋名疏證八卷續釋名一卷補遺一卷　(清)畢沅撰　**釋名疏證校議一卷**　(清)吳翊寅撰　清光緒二十年(1894)廣雅書局刻廣雅書局叢書本　二册

500000－8701－0006161　F164423－34

音學五書三十八卷 (清)顧炎武撰 清光緒十一年(1885)四明觀稼樓刻本 十二冊

500000－8701－0006162 F164435－42
顧氏音學五書三十八卷 (清)顧炎武著 清光緒十六年(1890)刻本 八冊

500000－8701－0006163 F164443－54
顧氏音學五書三十八卷 (清)顧炎武著 清光緒十六年(1890)思賢講舍刻本 十二冊

500000－8701－0006164 F164455－66
顧氏音學五書三十八卷 (清)顧炎武著 清光緒十六年(1890)思賢講舍刻本 十二冊

500000－8701－0006165 F164467－82
顧氏音學五書三十八卷 (清)顧炎武著 清光緒十六年(1890)思賢講舍刻本 十六冊

500000－8701－0006166 F164483－94
顧氏音學五書三十八卷 (清)顧炎武著 清光緒十六年(1890)思賢講舍刻本 十二冊

500000－8701－0006167 F164495－502
江氏音學十書八種 (清)江有誥撰 清嘉慶至道光刻本 八冊

500000－8701－0006168 F164511－14
音學質疑六卷 (清)彭焯南撰 清光緒二十三年(1897)上海二玉山館刻本 四冊

500000－8701－0006169 F164516－20
附釋文互註禮部韻略五卷 (宋)□□撰 清光緒二年(1876)歸安姚氏川東館舍刻本 五冊

500000－8701－0006170 F164521－25
附釋文互註禮部韻略五卷 (宋)□□撰 清光緒二年(1876)歸安姚氏川東館舍刻本 五冊

500000－8701－0006171 F164539
蜀方言二卷 張慎儀著 清刻本 一冊

500000－8701－0006172 F164541－43
輶軒使者絕代語釋別國方言十三卷首一卷續二卷續補一卷 (漢)揚雄撰 (晉)郭璞注 清光緒十七年(1891)思賢講舍刻本 三冊

500000－8701－0006173 F164544－49
輶軒使者絕代語釋別國方言箋疏十三卷 (清)錢繹撰集 清光緒十六年(1890)王氏紅蝠山房刻本 六冊

500000－8701－0006174 F164550－53
輶軒使者絕代語釋別國方言箋疏十三卷附校勘記 (清)錢繹撰集 清光緒十六年(1890)廣州廣雅書局刻本 四冊

500000－8701－0006175 F164554－58
音韻闡微十八卷附韻譜一卷 (清)李光地等修 清光緒七年(1881)淮南書局刻本 五冊

500000－8701－0006176 F164559－62
輶軒使者絕代語釋別國方言十三卷 (漢)揚雄撰 (晉)郭璞注 清嘉慶六年(1801)會稽樊氏刻本 四冊

500000－8701－0006177 F164563－66
輶軒使者絕代語釋別國方言十三卷 (清)戴震疏證 清光緒八年(1882)汗青簃刻本 四冊

500000－8701－0006178 F164567－70
輶軒使者絕代語釋別國方言十三卷 (清)戴震疏證 清光緒八年(1882)汗青簃刻本 四冊

500000－8701－0006179 F164571－74
輶軒使者絕代語釋別國方言十三卷 (清)戴震疏證 清光緒八年(1882)汗青簃刻本 四冊

500000－8701－0006180 F164577－78
輶軒使者絕代語釋別國方言注疏證十三卷續二卷 (清)戴震疏證 清刻本 二冊

500000－8701－0006181 F164583－84
韻字略十二集 (清)毛謨纂輯 清嘉慶二十一年(1816)歸安毛氏刻本 二冊

500000－8701－0006182 F164587－88
韻字略十二集 (清)毛謨纂輯 清光緒元年(1875)湖北崇文書局刻本 二冊

500000－8701－0006183 F164604－06

切韻考六卷附外篇三卷　(清)陳澧撰　清道光二十二年(1842)番禺陳氏刻本　三冊

500000－8701－0006184　F164612
名原二卷　(清)孫詒讓記　清光緒三十一年(1905)刻本　一冊

500000－8701－0006185　F164613
名原二卷　(清)孫詒讓記　清光緒三十一年(1905)刻本　一冊

500000－8701－0006186　F164614
名原二卷　(清)孫詒讓記　清光緒三十一年(1905)刻本　一冊

500000－8701－0006187　F164626－30
韻辨附文五卷　(清)沈兆霖撰　清同治十一年(1872)秦郵夏氏潼川使院刻本　五冊

500000－8701－0006188　F164631－33
古韻通説二十卷　(清)龍啓瑞著　清光緒九年(1883)四川尊經書局刻本　三冊

500000－8701－0006189　F164634－39
古音類表九卷　(清)傅壽彤撰　清光緒二年(1876)刻本　六冊

500000－8701－0006190　F164640－43
古音類表九卷　(清)傅壽彤撰　清光緒二年(1876)刻本　四冊

500000－8701－0006191　F164644－51
音切譜二十卷　(清)李元著　清道光二十八年(1848)廣漢李印堂刻本　八冊

500000－8701－0006192　F164652
翻切簡可篇二卷　(清)張燮承撰　清同治十一年(1872)長洲吳氏竹城顧氏刻本　一冊

500000－8701－0006193　F164653－54
佩文詩韻釋要五卷　(清)周兆基輯　清宣統三年(1911)商務印書館影印本　二冊

500000－8701－0006194　F164655－56
佩文詩韻釋要五卷　(清)周兆基輯　清宣統三年(1911)商務印書館影印本　二冊

500000－8701－0006195　F164657
佩文詩韻釋要五卷　(清)周兆基輯　清光緒二十三年(1897)歷城吳氏刻本　一冊

500000－8701－0006196　F164658
佩文詩韻釋要五卷　(清)朱重輯　清光緒元年(1875)湖北崇文書局刻本　一冊

500000－8701－0006197　F164659
佩文詩韻釋要五卷　(清)朱重輯　清光緒元年(1875)湖北崇文書局刻本　一冊

500000－8701－0006198　F164681－84
四音辨要十四卷　(清)駱成驤著　清光緒十年(1884)清明紀念會刻本　四冊

500000－8701－0006199　F164687－88
急就篇四卷　(漢)史游撰　(唐)顏師古注　(宋)王應麟補注　清刻玉海本　二冊

500000－8701－0006200　F164689－90
急就篇四卷　(唐)顏師古注　(宋)王應麟補注　清浙江書局刻玉海本　二冊

500000－8701－0006201　F164691－94
急就篇四卷　(唐)顏師古注　(宋)王應麟補注　清光緒五年(1879)福山王氏刻本　四冊

500000－8701－0006202　F164695－96
大清通禮品官士庶人喪禮傳二卷　(清)□□編　清光緒十一年(1885)刻本　二冊

500000－8701－0006203　F164704－05
倉頡篇校正三卷　(清)梁章鉅撰　清光緒五年(1879)蘇州嘉魚坊西寶華山房刻本　二冊

500000－8701－0006204　F164706－07
倉頡篇三卷　(清)孫星衍學　**續本一卷**　(清)任大椿輯　**補本二卷**　(清)陶方琦學　清光緒二十三年(1897)成都龔氏刻本　二冊

500000－8701－0006205　F164708－09
倉頡篇三卷　(清)孫星衍學　**續本一卷**　(清)任大椿輯　**補本二卷**　(清)陶方琦學　清光緒二十三年(1897)成都龔氏襄馨精舍刻本　二冊

500000－8701－0006206　F164710－11
倉頡篇三卷　(清)孫星衍學　**續本一卷**

(清)任大椿輯　**補本二卷**　(清)陶方琦學　清光緒十六年(1890)江蘇書局刻本　二冊

500000-8701-0006207　F164712-13
倉頡篇三卷　(清)孫星衍學　**續本一卷**　(清)任大椿輯　**補本二卷**　(清)陶方琦學　清光緒十六年(1890)江蘇書局刻本　二冊

500000-8701-0006208　F164717-18
文字蒙求四卷　(清)王筠著　清宣統二年(1910)上海文瑞樓石印本　二冊

500000-8701-0006209　F164719
文字蒙求四卷　(清)王筠著　清光緒五年(1879)刻本　一冊

500000-8701-0006210　F164720
文字蒙求四卷　(清)王筠著　清光緒五年(1879)刻本　一冊

500000-8701-0006211　F164721
文字蒙求四卷　(清)王筠撰　清光緒五年(1879)會稽章氏刻本　一冊

500000-8701-0006212　F164722-23
文字蒙求四卷　(清)王筠撰　清光緒十三年(1887)梁谿浦氏刻本　二冊

500000-8701-0006213　F164724-25
文字蒙求四卷　(清)王筠撰　清道光十八年(1838)刻本　二冊

500000-8701-0006214　F164726
文字蒙求四卷　(清)王筠撰　清道光十八年(1838)刻本　一冊

500000-8701-0006215　F164727-28
文字蒙求四卷　(清)王筠撰　清光緒七年(1881)富氏刻本　二冊

500000-8701-0006216　F164729
文字蒙求四卷　(清)王筠撰　清光緒七年(1881)富氏刻本　一冊

500000-8701-0006217　F164730-34
文字蒙求廣義四卷　(清)王筠著　(清)蒯光典廣義　清光緒二十七年(1901)江楚書局刻本　五冊

500000-8701-0006218　F164735
儀禮釋官一卷　(宋)李如圭撰　清刻本　一冊

500000-8701-0006219　F164736-54
禮書一百五十卷　(宋)陳祥道撰　清光緒二年(1876)刻本　十九冊

500000-8701-0006220　F164755-60
直省釋奠禮樂記六卷首一卷末一卷　(清)應寶時等纂　清同治十二年(1873)仁和吳恒、長洲顧澐刻本　六冊

500000-8701-0006221　F164791-800
集韻考正十卷　(清)方成珪著　清光緒五年(1879)刻本　十冊

500000-8701-0006222　F164801-10
集韻考正十卷　(清)方成珪著　清光緒五年(1879)瑞安孫氏刻本　十冊

500000-8701-0006223　F164811-20
集韻十卷　(宋)丁度等修　清光緒二年(1876)歸安姚氏刻本　十冊

500000-8701-0006224　F164821-30
集韻十卷　(宋)丁度等修　清光緒二年(1876)歸安姚氏刻本　十冊

500000-8701-0006225　F164831-34
字林考逸八卷附錄一卷　(清)任大椿撰　**補本一卷**　(清)陶方琦撰　**補附錄一卷**　清光緒十六年(1890)江蘇書局刻本　四冊

500000-8701-0006226　F164835
重訂合聲簡字譜一卷　勞乃宣撰　清光緒三十二年(1906)江甯刻本　一冊

500000-8701-0006227　F164836
重訂合聲簡字譜一卷　勞乃宣撰　清光緒三十二年(1906)江甯刻本　一冊

500000-8701-0006228　F164837
增訂合聲簡字譜一卷　勞乃宣撰　清光緒三十二年(1906)江甯刻本　一冊

500000-8701-0006229　F164838
增訂合聲簡字譜一卷　勞乃宣撰　清光緒三

十二年(1906)江甯刻本　一冊

500000-8701-0006230　F164839-42
字林考逸八卷附錄一卷　(清)任大椿撰　**補遺一卷**　(清)陶方琦輯　(清)龔道耕補訂　**說郛字林附錄一卷**　(宋)呂忱撰　**校誤一卷**　清光緒二十三年(1897)成都龔氏襄馨精舍刻本　四冊

500000-8701-0006231　F164843-46
字林考逸八卷附錄一卷　(清)任大椿撰　**補遺一卷**　(清)陶方琦輯　(清)龔道耕補訂　**說郛字林附錄一卷**　(宋)呂忱撰　**校誤一卷**　清光緒二十三年(1897)成都龔氏襄馨精舍刻本　四冊

500000-8701-0006232　F164851-54
唐石經校文十卷　(清)嚴可均纂　清嘉慶九年(1804)元尚居刻本　四冊

500000-8701-0006233　F164855-58
唐石經校文十卷　(清)嚴可均纂　清嘉慶九年(1804)元尚居刻本　四冊

500000-8701-0006234　F164859-62
唐石經校文十卷　(清)嚴可均纂　清光緒八年(1882)刻四靈堂類集本　四冊

500000-8701-0006235　F164864
小學答問一卷　章炳麟著　清宣統元年(1909)刻本　一冊

500000-8701-0006236　F164865
小學答問一卷　章炳麟著　清宣統元年(1909)刻本　一冊

500000-8701-0006237　F164866-67
小學集解六卷　(明)陳選集注　(清)高愈纂注　清道光十四年(1834)成都錦江書院刻本　二冊

500000-8701-0006238　F164868-71
小學集解六卷　(清)張伯行輯　清同治五年(1866)福建正誼書局刻本　四冊

500000-8701-0006239　F164872-74
小學集解六卷　(清)張伯行輯註　清光緒元年(1875)湖北崇文書局刻本　三冊

500000-8701-0006240　F164875-77
小學集解六卷　(清)張伯行輯註　清光緒元年(1875)湖北崇文書局刻本　三冊

500000-8701-0006241　F164878-80
小學集解六卷　(清)張伯行輯註　清同治六年(1867)楚北崇文書局刻本　三冊

500000-8701-0006242　F164885-88
小學鉤沉十九卷　(清)任大椿纂輯　清光緒十年(1884)龍氏刻本　四冊

500000-8701-0006243　F164889-90
小學鉤沉十九卷　(清)任大椿纂輯　清光緒十年(1884)龍氏刻本　二冊

500000-8701-0006244　F164891-92
小學鉤沉十九卷　(清)任大椿纂輯　清光緒十年(1884)龍氏刻本　二冊

500000-8701-0006245　F164893-96
小學鉤沉續編八卷　顧震福撰集　清光緒十八年(1892)山陽顧氏刻本　四冊

500000-8701-0006246　F164912-15
四書圖考十三卷　(清)杜炳雲撰　清光緒十三年(1887)鴻文書局石印本　四冊

500000-8701-0006247　F164928
六藝綱目二卷附六書說一卷　(元)舒天民著　清道光二十八年(1848)藝林山房刻本　一冊

500000-8701-0006248　F164929
六藝綱目二卷　(元)舒天民著　清道光二十八年(1848)藝林山房刻本　一冊

500000-8701-0006249　F164930-31
六藝綱目二卷　(元)舒天民撰　清光緒二十九年(1903)思賢書局刻本　二冊

500000-8701-0006250　F164932-35
六藝綱目二卷六藝發原一卷字原一卷札記一卷　(元)舒天民撰　清道光二十八年(1848)嘉蔭簃刻本　四冊

500000－8701－0006251　F164936－40
鄉黨圖考十卷　(清)江永著　清乾隆三十八年(1773)潛德堂刻本　五冊

500000－8701－0006252　F164943－50
緯攎十四卷首一卷末一卷　(清)喬松年輯　清光緒三年至四年(1877－1878)洪都李氏刻本　八冊

500000－8701－0006253　F164951－58
緯攎十四卷首一卷末一卷　(清)喬松年輯　清光緒三年至四年(1877－1878)洪都李氏刻本　八冊

500000－8701－0006254　F164959
御覽闕史二卷　(唐)高彦修著　清光緒三年(1877)湖北崇文書局刻本　一冊

500000－8701－0006255　F164960
黃書七卷　(清)王夫之撰　清德記刻本　一冊

500000－8701－0006256　F164961
周易外傳七卷　(清)王夫之撰　清光緒二十七年(1901)簡青齋書局石印本　一冊

500000－8701－0006257　F164962
周易外傳七卷　(清)王夫之撰　清光緒二十七年(1901)簡青齋書局石印本　一冊

500000－8701－0006258　F164963－70
駢雅七卷序目一卷訓纂十六卷　(明)朱謀㙔著　(清)魏茂林訓纂　清光緒七年(1881)成都瀹雅齋刻本　八冊

500000－8701－0006259　F164971－78
駢雅七卷序目一卷訓纂十六卷　(明)朱謀㙔著　(清)魏茂林訓纂　清光緒七年(1881)成都瀹雅齋刻本　八冊

500000－8701－0006260　F164979－82
駢雅七卷序目一卷訓纂十六卷　(明)朱謀㙔著　(清)魏茂林訓纂　清光緒七年(1881)成都瀹雅齋刻本　四冊

500000－8701－0006261　F164983－85
小學集注六卷　(宋)朱熹輯　(明)陳選句讀　清光緒二十五年(1899)上海書局石印本　三冊

500000－8701－0006262　F164986
小學韻語一卷　(清)羅澤南編輯　清光緒二十六年(1900)京師同文館鉛印本　一冊

500000－8701－0006263　F164987－96
小學類編八種　(清)李祖望輯　清咸豐二年至光緒二年(1852－1876)江都李氏半畝園刻本　十冊

500000－8701－0006264　F164997
小學纂注四卷總論一卷文公朱夫子[熹]年譜一卷　(清)高愈纂注　清咸豐七年(1857)古郊唐氏職思堂刻本　一冊

500000－8701－0006265　F165000
中州音韻一卷司馬溫公切韻一卷　(□)張漢重校　清石印本　一冊

500000－8701－0006266　F165001－04
檢韻指南十二集　(清)姚文登輯　清光緒八年(1882)桐梓學署刻本　四冊

500000－8701－0006267　F165005－07
五經不二字音韻釋文三卷　(清)楊貞元註　清道光六年(1826)弘農氏刻本　三冊

500000－8701－0006268　F165009
等韻一得內篇一卷外篇一卷補篇一卷　勞乃宣撰　清光緒二十四年(1898)桐鄉勞氏吳橋官廨刻本　一冊　存一卷(內篇一卷)

500000－8701－0006269　F165010－19
新增說文韻府群玉二十卷　(元)陰時夫輯　(元)陰中夫註　清文光堂刻本　十冊

500000－8701－0006270　F165040－49
隸篇十五卷續編十五卷再續編十五卷　(清)翟云升著　清道光十七年至十八年(1837－1838)刻本　十冊

500000－8701－0006271　F165050－55
隸韻十卷碑目一卷　(宋)劉球纂　**攷證二卷**　(清)翁方綱撰　清嘉慶十五年(1810)長白厚巷刻本　六冊

500000－8701－0006272　F165056－59
增輯隸法彙纂十卷　(清)項懷述著　清同治九年(1870)巴郡汪氏養和堂刻本　四册

500000－8701－0006273　F165060－67
隸辨八卷　(清)顧藹吉撰集　清光緒十三年(1887)上海蜚英館石印本　八册

500000－8701－0006274　F165092－105
字彙十二集首一卷韻法直圖一卷韻法橫圖一卷　(明)梅膺祚音釋　清刻本　十四册

500000－8701－0006275　F165106－18
字彙十二集首一卷　(明)梅膺祚音釋　清古杭雲棲寺刻本　十三册

500000－8701－0006276　F165119
字學舉隅不分卷　(清)龍啓瑞輯　清光緒二年(1876)錢塘程氏刻本　一册

500000－8701－0006277　F165120
字學舉隅不分卷　(清)龍啓瑞輯　清宣統元年(1909)貴州學務公所石印本　一册

500000－8701－0006278　F165121
字學舉隅不分卷　(清)龍啓瑞輯　清同治十年(1871)懿文齋刻本　一册

500000－8701－0006279　F165122
字學舉隅不分卷　(清)龍啓瑞輯　清同治十年(1871)臨桂龍氏都門刻本　一册

500000－8701－0006280　F165123
字學舉隅不分卷　(清)龍啓瑞輯　清道光二十六年(1846)刻本　一册

500000－8701－0006281　F165124
字學舉隅不分卷　(清)龍啓瑞輯　清道光三十年(1850)鏡水園刻本　一册

500000－8701－0006282　F165126
字說一卷　(清)吳大澂撰　清光緒十九年(1893)思賢講舍刻本　一册

500000－8701－0006283　F165127－30
字鑑五卷　(元)李文仲編　清道光九年(1829)刻本　四册

500000－8701－0006284　F165131－36
字典考證十二集　(清)奕繪等輯　清光緒二年(1876)崇文書局刻本　六册

500000－8701－0006285　F165141－72
讀禮通考一百二十卷　(清)徐乾學撰　清光緒七年(1881)江蘇書局刻本　三十二册

500000－8701－0006286　F165213－42
讀禮通考一百二十卷　(清)徐乾學撰　清康熙三十五年(1696)刻本　三十册

500000－8701－0006287　F165249－58
六書通不分卷　(清)畢弘述篆訂　清乾隆六十年(1795)刻本　十册

500000－8701－0006288　F165259－68
六書通不分卷　(清)畢弘述篆訂　清乾隆六十年(1795)刻本　十册

500000－8701－0006289　F165269－76
六書十二聲傳十二卷　(清)呂調陽撰　清光緒十四年(1888)刻觀象廬叢書本　八册

500000－8701－0006290　F165277－86
六書十二聲傳十二卷　(清)呂調陽撰　清光緒十四年(1888)刻觀象廬叢書本　十册

500000－8701－0006291　F165287－90
六書轉注錄十卷　(清)洪亮吉著　清光緒四年(1878)授經堂刻本　四册

500000－8701－0006292　F165291－94
六書轉注錄十卷　(清)洪亮吉著　清光緒四年(1878)授經堂刻本　四册

500000－8701－0006293　F165337－41
六書通十卷　(明)閔齊伋撰　(清)畢弘述篆訂　清光緒二十一年(1895)上海鴻寶齋石印本　五册

500000－8701－0006294　F165342
六書通十卷　(明)閔齊伋撰　(清)畢弘述篆訂　清光緒二十一年(1895)上海鴻寶齋石印本　一册

500000－8701－0006295　F165343－54
六書分類十二卷首一卷　(清)傅世垚輯　清

康熙三十八年(1699)聽松閣刻本　十二冊

500000－8701－0006296　F165355－68
六書分類十二卷首一卷　(清)傅世垚輯　清康熙四十四年(1705)聽松閣刻本　十四冊

500000－8701－0006297　F165369－82
六書分類十二卷首一卷　(清)傅世垚輯　清乾隆三十年(1765)維隅堂刻本　十四冊

500000－8701－0006298　F165383－408
六書繫韻二十四卷首一卷附檢字二卷　(清)李貞輯　清光緒十六年(1890)湘陰李氏刻本　二十六冊

500000－8701－0006299　F165409－34
六書繫韻二十四卷首一卷附檢字二卷　(清)李貞輯　清光緒十六年(1890)湘陰李氏刻本　二十六冊

500000－8701－0006300　F165440
六書音均表不分卷　(清)段玉裁撰　清乾隆四十二年(1777)刻本　一冊

500000－8701－0006301　F165441
六書音均表不分卷　(清)段玉裁撰　清乾隆四十二年(1777)刻本　一冊

500000－8701－0006302　F165442－43
六書音均表五卷　(清)段玉裁撰　清同治十一年(1872)湖北崇文書局刻本　二冊

500000－8701－0006303　F165444－45
論語十卷　(宋)朱熹集註　清江南李光明莊刻本　二冊

500000－8701－0006304　F165446－51
論語十卷　(宋)朱熹集註　清刻本　六冊

500000－8701－0006305　F165452－53
論語十卷　(宋)朱熹集註　清光緒三十二年(1906)上海商務印書館鉛印四書集注本　二冊

500000－8701－0006306　F165454－55
論語十卷　(宋)朱熹集註　清一經堂刻本　二冊

500000－8701－0006307　F165456－57
論語十卷　(宋)朱熹集註　清八旗官學刻本　二冊

500000－8701－0006308　F165466－67
論語注疏解經十卷札記一卷　(三國魏)何晏集解　(宋)邢昺疏　清光緒三十三年(1907)貴池劉氏玉海堂刻本　二冊

500000－8701－0006309　F165468
論語注疏解經十卷札記一卷　(三國魏)何晏集解　(宋)邢昺疏　清光緒三十三年(1907)貴池劉氏玉海堂刻本　一冊

500000－8701－0006310　F165469－78
論語後案二十卷　(清)黃式三著　清光緒九年(1883)浙江書局刻儆居遺書本　十冊

500000－8701－0006311　F165479－88
論語後案二十卷　(清)黃式三著　清光緒九年(1883)浙江書局刻儆居遺書本　十冊

500000－8701－0006312　F165489－98
論語後案二十卷　(清)黃式三著　清光緒九年(1883)浙江書局刻儆居遺書本　十冊

500000－8701－0006313　F165499－503
論語後案二十卷　(清)黃式三著　清光緒九年(1883)浙江書局刻儆居遺書本　五冊

500000－8701－0006314　F165504－05
論語訓二卷　王闓運撰　清光緒二十七年(1901)刻本　二冊

500000－8701－0006315　F165506－07
論語訓二卷　王闓運撰　清光緒二十七年(1901)刻本　二冊

500000－8701－0006316　F165508－13
論語後案二十卷　(清)黃式三著　清道光二十四年(1844)定海黃氏活字印本　六冊

500000－8701－0006317　F165514－17
論語注疏解經二十卷附校勘記　(三國魏)何晏集解　(宋)邢昺疏　清光緒十八年(1892)湖南寶慶務本書局刻本　四冊

500000－8701－0006318　F165518－21

論語注疏解經二十卷附校勘記　（三國魏）何晏集解　（宋）邢昺疏　清光緒十八年(1892)湖南寶慶務本書局刻本　四册

500000－8701－0006319　F165522－27
論語注疏解經二十卷附校勘記　（三國魏）何晏集解　（宋）邢昺疏　**論語音義一卷**　（唐）陸德明撰　清同治十三年(1874)湖南書局刻本　六册

500000－8701－0006320　F165528－33
論語注疏解經二十卷附校勘記　（三國魏）何晏集解　（宋）邢昺疏　清嘉慶二十年(1815)刻本　六册

500000－8701－0006321　F165536－37
論語話解十卷　（清）陳濬著　清光緒廣仁堂刻本　二册

500000－8701－0006322　F165538－41
論語集解二十卷　（三國魏）何晏注　（唐）陸德明音義　（宋）邢昺疏　清同治十年(1871)巴陵鍾氏刻本　四册

500000－8701－0006323　F165543－48
論語正義二十四卷　（清）劉寶楠著　清光緒十八年(1892)黄岡范氏嘯園刻本　六册

500000－8701－0006324　F165549－54
論語正義二十四卷　（清）劉寶楠著　清同治五年(1866)刻本　六册

500000－8701－0006325　F165555－60
論語正義二十四卷　（清）劉寶楠著　清同治五年(1866)刻本　六册

500000－8701－0006326　F165561－64
論語集注旁證二十卷　（清）梁章鉅著　清光緒十二年(1886)荊溪許氏鉛印本　四册

500000－8701－0006327　F165566
論語發隱一卷孟子發隱一卷　（清）楊文會註　清刻楊居士遺書本　一册

500000－8701－0006328　F165567－68
論語古訓十卷　（清）陳鱣著　清光緒九年(1883)浙江書局刻本　二册

500000－8701－0006329　F165572－77
論語古注集箋十卷附論語攷一卷　（清）潘維城著　清光緒七年(1881)吴元炳刻本　六册

500000－8701－0006330　F165578－79
南軒先生論語解十卷　（宋）張栻撰　清咸豐四年(1854)綿邑南軒祠刻本　二册

500000－8701－0006331　F165580－81
南軒先生論語解十卷　（宋）張栻撰　清道光二十九年(1849)綿邑洗墨池刻本　二册

500000－8701－0006332　F165589
大學古本質言不分卷　（清）劉沅著　清末富順凝善書局刻本　一册

500000－8701－0006333　F165590
大學古本質言不分卷　（清）劉沅著　清末富順凝善書局刻本　一册

500000－8701－0006334　F165591
大學古本質言不分卷　（清）劉沅著　清末富順凝善書局刻本　一册

500000－8701－0006335　F165592
大學古本質言不分卷　（清）劉沅著　清末刻本　一册

500000－8701－0006336　F165593
大學古本質言不分卷　（清）劉沅著　清末豫誠堂刻本　一册

500000－8701－0006337　F165594
大學古本質言一卷　（清）劉沅著　清光緒三十一年(1905)竹陰書屋刻本　一册

500000－8701－0006338　F165596
大學不分卷　（宋）朱熹章句　清刻本　一册

500000－8701－0006339　F165599
古本大學大義不分卷　（清）傅光弼著　清光緒十四年(1888)刻本　一册

500000－8701－0006340　F165600－01
大學章句大全不分卷　（宋）朱熹章句　清刻性理四書大全本　二册

500000－8701－0006341　F165603

大學古本不分卷　(清)姜國伊述註　清光緒八年(1882)刻本　一冊

500000－8701－0006342　F165607－14
大學衍義四十三卷　(宋)真德秀輯　(明)陳仁錫評　清道光十七年(1837)芸香堂刻本　八冊

500000－8701－0006343　F165615
中庸二卷　(清)葛崙輯　清刻四書集註杓指本　一冊

500000－8701－0006344　F165620－21
中庸集註章句大全不分卷　(宋)朱熹集句　清刻本　二冊

500000－8701－0006345　F165622
中庸直指不分卷　(明)史德清述　清光緒十年(1884)金陵刻經處刻本　一冊

500000－8701－0006346　F165623－25
中庸直講五卷　(清)文嗣著　清同治二年(1863)善成堂刻本　三冊

500000－8701－0006347　F165628－29
增補蘇批孟子二卷年譜一卷　(宋)蘇洵批　(清)趙大浣增補　清末石印本　二冊

500000－8701－0006348　F165630－31
增補蘇批孟子二卷年譜一卷　(宋)蘇洵批　(清)趙大浣增補　清末上海著易堂書局石印本　二冊

500000－8701－0006349　F165632－33
增補蘇批孟子二卷年譜一卷　(宋)蘇洵批　(清)趙大浣增補　清末上海錦章圖書局石印本　二冊

500000－8701－0006350　F165636－43
孟子七卷　(宋)朱熹集註　清刻本　八冊

500000－8701－0006351　F165644－46
孟子七卷　(宋)朱熹集註　清刻本　三冊

500000－8701－0006352　F165647－49
孟子七卷　(宋)朱熹集註　清刻本　三冊

500000－8701－0006353　F165650－51
孟子十四卷　(漢)趙岐注　清浙江書局補刻本　二冊

500000－8701－0006354　F165656－62
四書直解孟子十四卷　(明)張居正著　清刻本　七冊

500000－8701－0006355　F165663－66
南軒先生孟子說七卷　(宋)張栻撰　清咸豐四年(1854)綿邑南軒祠刻本　四冊

500000－8701－0006356　F165667－70
南軒先生孟子說七卷　(宋)張栻撰　清咸豐四年(1854)綿邑南軒祠刻本　四冊

500000－8701－0006357　F165671
孟子要略五卷　(宋)朱熹輯　清道光二十九年(1849)漢陽劉氏刻本　一冊

500000－8701－0006358　F165672
孟子要略五卷　(宋)朱熹輯　清同治十三年(1874)傳忠書局刻本　一冊

500000－8701－0006359　F165681－87
孟子注疏解經二十八卷附校勘記　(漢)趙岐注　(宋)孫奭疏　清光緒十八年(1892)湖南寶慶務本書局刻本　七冊

500000－8701－0006360　F165688－95
孟子注疏解經二十八卷附校勘記　(漢)趙岐注　(宋)孫奭疏　清光緒十八年(1892)湖南寶慶務本書局刻本　八冊

500000－8701－0006361　F165696－703
孟子注疏解經二十八卷附校勘記孟子音義二卷　(漢)趙岐注　(宋)孫奭疏　清同治十三年(1874)湖南書局刻本　八冊

500000－8701－0006362　F165704－09
孟子注疏解經二十八卷　(漢)趙岐注　(宋)孫奭疏　清四友堂刻本　六冊

500000－8701－0006363　F165711－16
孟子注疏解經二十八卷　(漢)趙岐注　(宋)孫奭疏　清同治十年(1871)巴陵鍾氏刻本　六冊

500000－8701－0006364　F165717－25

孟子注疏解經二十八卷 (漢)趙岐注 (宋)孫奭疏 清同治十年(1871)巴陵鍾氏刻本 九冊

500000－8701－0006365 F165736
孟子本義官話七篇 (德國)安保羅著 清光緒三十一年(1905)鉛印本 一冊

500000－8701－0006366 F165737－46
孟子正義三十卷 (清)焦循撰集 清翁氏刻本 十冊

500000－8701－0006367 F165747
孟子弟子攷補正不分卷孟子外書補注四卷 (清)朱彝尊著 陳矩補正 清光緒二十六年(1900)刻靈峰草堂叢書本 一冊

500000－8701－0006368 F165748－49
標孟七卷 (清)汪有光評 清光緒十三年(1887)刻本 二冊

500000－8701－0006369 F165755
孝經不分卷 (清)吳大澂書 清光緒十一年(1885)碧梧山莊石印本 一冊

500000－8701－0006370 F165756
孝經不分卷 (清)吳大澂書 清光緒十一年(1885)上海同文書局石印本 一冊

500000－8701－0006371 F165757
孝經不分卷 (漢)鄭玄注 (清)嚴可均輯 清光緒二十九年(1903)大關唐氏刻本 一冊

500000－8701－0006372 F165758
孝經不分卷 (唐)玄宗李隆基注 清同治七年(1868)金陵書局刻本 一冊

500000－8701－0006373 F165760
孝經不分卷附忠經 (唐)玄宗李隆基注 (唐)陸德明音義 清光緒十二年(1886)湖北官書處刻本 一冊

500000－8701－0006374 F165761
孝經不分卷附忠經 (唐)玄宗李隆基注 (唐)陸德明音義 清光緒十二年(1886)湖北官書處刻本 一冊

500000－8701－0006375 F165766
孝經注疏九卷附校勘記 (唐)玄宗李隆基注 (宋)邢昺疏 清道光六年(1826)南昌府學刻本 一冊

500000－8701－0006376 F165767
孝經注疏九卷附校勘記 (唐)玄宗李隆基注 (宋)邢昺疏 清光緒十八年(1892)湖南寶慶務本書局刻本 一冊

500000－8701－0006377 F165768
孝經注疏九卷 (唐)玄宗李隆基注 (宋)邢昺疏 清汲古閣刻本 一冊

500000－8701－0006378 F165769－70
孝經注疏九卷附校勘記 (唐)玄宗李隆基注 (宋)邢昺疏 清同治十三年(1874)湖南書局刻本 二冊

500000－8701－0006379 F165771
孝經注疏九卷 (唐)玄宗李隆基注 (唐)陸德明音義 (宋)邢昺疏 清同治十年(1871)巴陵鍾氏刻本 一冊

500000－8701－0006380 F165772
孝經注疏九卷 (唐)玄宗李隆基注 (唐)陸德明音義 (宋)邢昺疏 清同治十年(1871)巴陵鍾氏刻本 一冊

500000－8701－0006381 F165773
孝經十八章輯傳不分卷 (清)汪宗沂著 清光緒二十四年(1898)刻本 一冊

500000－8701－0006382 F165775
孝經注解一卷 (唐)玄宗李隆基注 (宋)司馬光解 清道光二十七年(1847)諸城李氏刻本 一冊

500000－8701－0006383 F165776－80
孝經詳説六卷 (清)冉覲祖輯 清光緒七年(1881)大梁書局刻本 五冊

500000－8701－0006384 F165781－82
孝經章句或問一卷附廣傳遺書錄一卷 (清)汪烜章句 清同治十三年(1874)曲水書局活字印本 二冊

500000－8701－0006385 F165783－86

禮樂全書十六卷　(清)張安茂纂輯　清順治十三年(1656)刻本　四冊

500000－8701－0006386　F165787－92
讀禮叢鈔十六種　(清)張履祥等輯　清光緒十七年(1891)湘西李氏鞠園刻本　六冊

500000－8701－0006387　F165793－814
樂書二百卷　(宋)陳暘撰　清光緒二年(1876)廣州刻本　二十二冊

500000－8701－0006388　F165815－35
樂書二百卷　(宋)陳暘撰　清光緒二年(1876)廣州刻本(卷一爲抄配)　二十一冊

500000－8701－0006389　F165836－935
五禮通考二百六十二卷首四卷附　(清)秦蕙田編輯　清光緒六年(1880)江蘇書局刻本　一百冊

500000－8701－0006390　F165936－6095
五禮通考二百六十二卷首四卷附讀禮通考一百二十卷　(清)秦蕙田編輯　清乾隆十八年(1753)味經窩刻本　一百六十冊

500000－8701－0006391　F166096－215
五禮通考二百六十二卷首四卷附讀禮通考一百二十卷　(清)秦蕙田編輯　清乾隆十八年(1753)味經窩刻本　一百二十冊

500000－8701－0006392　F166216－25
韻會舉要三十卷　(元)黄公紹編輯　清光緒九年(1883)淮南書局刻本　十冊

500000－8701－0006393　F166226－35
韻會舉要三十卷　(元)黄公紹編輯　清光緒九年(1883)淮南書局刻本　十冊

500000－8701－0006394　F166236
字類標韻提綱六卷　(清)華綱輯　清乾隆二十一年(1756)刻本　一冊

500000－8701－0006395　F166237－42
韻法十便十二卷　(清)楊得春輯　清光緒二十年(1894)正興堂刻本　六冊

500000－8701－0006396　F166255
新增四書補註備旨類聯串珠詩韻典腋合璧不分卷　(清)鄧林著　(清)鄧煜編　清光緒十二年(1886)重慶治國堂刻本　一冊

500000－8701－0006397　F166256－57
詩韻集成十卷　(清)余照輯　清刻本　二冊

500000－8701－0006398　F166258
韻府翼五卷　(清)郭鑑庚輯　清光緒元年(1875)貴州傅氏刻本　一冊

500000－8701－0006399　F166259－60
韻歧五卷　(清)江昱輯　清光緒七年(1881)刻本　二冊

500000－8701－0006400　F166261－62
韻補五卷　(宋)吳棫著　**韻補正一卷**　(清)顧炎武撰　清光緒九年(1883)邵武徐氏刻本　二冊

500000－8701－0006401　F166264－69
詩韻全璧五卷附初學檢韻一卷　(清)暢懷書屋主人輯　清末上海錦章圖書局石印本　六冊

500000－8701－0006402　F166288－92
詩韻合璧五卷　(清)湯文潞編　清光緒三年(1877)掃葉山房刻本　五冊

500000－8701－0006403　F166293－97
詩韻合璧五卷　(清)湯文潞編　清光緒六年(1880)菊秋藕香書局活字印本　五冊

500000－8701－0006404　F166309
古今韻攷四卷附切韻一卷　(清)李子德撰　清光緒六年(1880)福山王氏刻天壤閣叢書本　一冊

500000－8701－0006405　F166313－15
古韻標準四卷附四聲切韻表　(清)江永編　清乾隆三十六年(1771)潮陽縣衙刻本　三冊

500000－8701－0006406　F166317－19
聲調三譜四卷　(清)王祖源輯　清光緒八年(1882)福山王氏四川成綿龍茂道署紅茶山館刻本　三冊

500000－8701－0006407　F166320－21
經韻集字拆解二卷冠全韻字數一卷　(清)熊

守謙參訂 （清）彭良敞集注 清道光十年(1830)三樂源書院刻本 二册

500000－8701－0006408 F166322－29
唐韻正二十卷 （清）顧炎武纂輯 清思賢講舍刻本 八册

500000－8701－0006409 F166330
釋字百韻一卷 （清）陳勱著 清光緒三年(1877)松竹齋刻本 一册

500000－8701－0006410 F166336－37
律音彙考八卷 （清）邱之稑著 **琴旨申邱一卷** （清）劉人熙撰 清光緒二十三年(1897)餘杭汪氏刻本 二册

500000－8701－0006411 F166338－39
朱飲山三韻易知十卷 （清）朱燮撰 （清）楊廷茲重纂 清乾隆三十七年(1772)刻本 二册

500000－8701－0006412 F166340
欽定清漢對音字式不分卷 （清）高宗弘曆纂 清道光十六年(1836)官刻本 一册

500000－8701－0006413 F166341
辨字摘要四卷 （清）盧紹麒 （清）楊占鰲編 清嘉慶十七年(1812)芸生堂刻本 一册

500000－8701－0006414 F166342
辨正文字一卷辨似一卷 （清）宣世濤參校 清嘉慶元年(1796)紫陽書院刻本 一册

500000－8701－0006415 F166343
重文二卷附補遺一卷 （清）丁午輯 清光緒八年(1882)錢塘丁氏刻本 一册

500000－8701－0006416 F166344
增訂韻辨摘要一卷 （清）胡子英輯 清同治十三年(1874)琉璃廠含英閣刻本 一册

500000－8701－0006417 F166345
增訂韻辨摘要一卷 （清）張仰山編 清同治十三年(1874)松竹齋刻本 一册

500000－8701－0006418 F166346
重校臨文便覽不分卷 （清）龍光甸輯 清同治十三年(1874)含英閣刻本 一册

500000－8701－0006419 F166347－51
古今韻略五卷 （清）邵長蘅纂 清刻本 五册

500000－8701－0006420 F166352－91
康熙字典十二集檢字一卷辨似一卷補遺一卷備考一卷字母切韻要法一卷 （清）張玉書 （清）陳廷敬閱 （清）淩紹雯等纂 清咸豐七年(1857)刻本 四十册

500000－8701－0006421 F166392－431
康熙字典十二集附補遺備考字母切韻要法 （清）張玉書等撰 清刻本 四十册

500000－8701－0006422 F166432－71
康熙字典十二集檢字一卷辨似一卷備考一卷字母切韻要法一卷補遺一卷 （清）張玉書 （清）陳廷敬閱 （清）淩紹雯等纂 清道光七年(1827)刻本 四十册

500000－8701－0006423 F166472－511
康熙字典十二集檢字一卷辨似一卷補遺一卷備考一卷字母切韻要法一卷 （清）張玉書 （清）陳廷敬閱 （清）淩紹雯等纂 清光緒元年(1875)湖北崇文書局刻本 四十册

500000－8701－0006424 F166512－51
康熙字典十二集檢字一卷辨似一卷補遺一卷備考一卷字母切韻要法一卷 （清）張玉書 （清）陳廷敬閱 （清）淩紹雯等纂 清刻本 四十册

500000－8701－0006425 F166552－91
康熙字典十二集檢字一卷辨似一卷等韻一卷 （清）張玉書 （清）陳廷敬閱 （清）淩紹雯等纂 清刻本 四十册

500000－8701－0006426 F166592－625
康熙字典十二集等韻切音指南一卷檢字一卷辨似一卷 （清）張玉書 （清）陳廷敬閱 （清）淩紹雯等纂 清道光十七年(1837)刻本 三十四册

500000－8701－0006427 F166626－67
康熙字典十二集檢字一卷辨似一卷備考一卷補遺一卷 （清）張玉書 （清）陳廷敬閱

(清)淩紹雯等纂　清道光七年(1827)刻本　四十二册

500000－8701－0006428　F166668－74
康熙字典十二集檢字一卷辨似一卷字母切韻要法一卷補遺一卷備考一卷　(清)張玉書　(清)陳廷敬閱　(清)淩紹雯等纂　清光緒三十二年(1906)上海商務印書館銅板印本　七册

500000－8701－0006429　F166675－81
康熙字典十二集檢字一卷辨似一卷字母切韻要法一卷備考一卷補遺一卷　(清)張玉書　(清)陳廷敬閱　(清)淩紹雯等纂　清光緒三十二年(1906)上海商務印書館銅板印本　七册

500000－8701－0006430　F166682－93
康熙字典十二集檢字一卷辨似一卷字母切韻要法一卷備考一卷補遺一卷　(清)張玉書　(清)陳廷敬閱　(清)淩紹雯等纂　清光緒十四年(1888)上海圖書集成印書局石印本　十二册

500000－8701－0006431　F166708－13
康熙字典十二集檢字一卷辨似一卷字母切韻要法一卷備考一卷補遺一卷　(清)張玉書　(清)陳廷敬閱　(清)淩紹雯等纂　清光緒十六年(1890)上海鴻文書局石印本　六册

500000－8701－0006432　F166732－33
康熙字典十二集檢字一卷辨似一卷字母切韻要法一卷備考一卷補遺一卷　(清)張玉書　(清)陳廷敬閱　(清)淩紹雯等纂　清石印本　二册

500000－8701－0006433　F166938－43
雷刻四種　(清)雷浚撰　清光緒十年(1884)吳縣雷氏刻本　六册

500000－8701－0006434　F166944－49
雷刻四種　(清)雷浚撰　清光緒十年(1884)吳縣雷氏刻本　六册

500000－8701－0006435　F166950－51
漢學商兑三卷　(清)方東樹撰　清光緒二十六年(1900)浙江書局刻本　二册

500000－8701－0006436　F166952－55
漢學商兑贅言四卷　(清)豫師撰　清光緒十四年(1888)胡錫祜、羅錦文刻本　四册

500000－8701－0006437　F166956
虚字説一卷　(清)袁仁林著　清乾隆十一年(1746)豐城熊氏刻本　一册

500000－8701－0006438　F166957－62
龍龕手鑑四卷　(遼)釋行均撰　清虚竹齋刻本　六册

500000－8701－0006439　F166963－7000
藝文備覽十二集一百二十卷附檢字一卷　(清)沙木集注　清嘉慶刻本　三十八册

500000－8701－0006440　F167001－05
大宋重修廣韻五卷附廣韻校札一卷　(隋)張德言撰　(宋)陳彭年等重修　清道光三十年(1850)邵州東山精舍新化鄧氏刻本　五册

500000－8701－0006441　F167006－19
類篇十五卷　(宋)司馬光等纂　清光緒二年(1876)川東官舍刻本　十四册

500000－8701－0006442　F167020－22
大廣益會玉篇三十卷　(南朝梁)顧野王撰　**廣韻校刊札記一卷**　(清)鄧顯鶴撰　清道光三十年(1850)邵州東山精舍新化鄧氏刻本　三册

500000－8701－0006443　F167023－25
大廣益會玉篇三十卷　(南朝梁)顧野王撰　**廣韻校刊札記一卷**　(清)鄧顯鶴撰　清道光三十年(1850)邵州東山精舍新化鄧氏刻本　三册

500000－8701－0006444　F167026－29
大廣益會玉篇三十卷　(南朝梁)顧野王撰　**廣韻校刊札記一卷**　(清)鄧顯鶴撰　清道光三十年(1850)邵州東山精舍新化鄧氏刻本　四册

500000－8701－0006445　F167030－33
大廣益會玉篇三十卷　(南朝梁)顧野王撰

廣韻校刊札記一卷　(清)鄧顯鶴撰　清道光三十年(1850)邵州東山精舍新化鄧氏刻本　四冊

500000－8701－0006446　F167034－36
大廣益會玉篇三十卷　(南朝梁)顧野王撰　清末刻本　三冊

500000－8701－0006447　F167037－39
大廣益會玉篇三十卷　(南朝梁)顧野王撰　清刻小學彙函本　三冊

500000－8701－0006448　F167040－42
大廣益會玉篇三十卷　(南朝梁)顧野王撰　(唐)孫強增字　(宋)陳彭年重修　清康熙四十三年(1704)張士俊刻本　三冊

500000－8701－0006449　F167043－46
養蒙針度五卷　(清)潘子聲手定　清同治十二年(1873)揚州百尺樓刻本　四冊

500000－8701－0006450　F167047－48
養蒙針度五卷　(清)潘子聲手定　清同治十二年(1873)揚州百尺樓刻本　二冊

500000－8701－0006451　F167049－50
李氏蒙求補注六卷　(唐)李瀚著　(清)金三俊補注　清光緒二年(1876)刻本　二冊

500000－8701－0006452　F167051－52
蒙求箋註十卷　(唐)李瀚撰　(清)譚言藹註　清嘉慶十六年(1811)刻本　二冊

500000－8701－0006453　F167053
正蒙集註四卷　(宋)張横渠著　(明)高景逸註　**正蒙輯釋**　(清)華希閔纂集　**太極圖說集註一卷通書集註一卷**　(宋)周敦頤撰　(宋)朱熹註　**西銘集註一卷**　(宋)張横渠著　(宋)朱熹註　清康熙四十七年(1708)刻本　一冊

500000－8701－0006454　F167054－61
澤存堂五種　(清)張士俊輯　清光緒十四年(1888)上海蜚英館石印本　八冊

500000－8701－0006455　F167062－64
檢字一貫三十二集　題(□)三家村學究編　清末石印本　三冊　缺一集五部(亥集:齊部、齒部、龍部、龜部、禽部)

500000－8701－0006456　F167068－69
鐘鼎字源五卷附錄一卷　(清)汪立名編　清光緒二年(1876)洞庭秦氏麟慶堂刻本　二冊

500000－8701－0006457　F167072－76
廣金石韻府四卷　(明)朱時望編纂　(清)林尚葵輯　(清)張鳳藻增篆　清咸豐七年(1857)巴郡張氏刻本　五冊

500000－8701－0006458　F167078－81
廣金石韻府四卷　(明)朱時望編纂　(清)林尚葵輯　(清)張鳳藻增篆　清咸豐七年(1857)巴郡張氏刻本　四冊

500000－8701－0006459　F167082－96
楷法溯源十四卷　(清)潘存輯　楊守敬編　清光緒三年至四年(1877－1878)宜都楊氏刻本　十五冊

500000－8701－0006460　F167097－111
楷法溯源十四卷　(清)潘存輯　楊守敬編　清光緒三年至四年(1877－1878)宜都楊氏刻本　十五冊

500000－8701－0006461　F167115
五經小學述二卷　(清)莊述祖著　清光緒十六年(1890)崇寧譚氏刻本　一冊

500000－8701－0006462　F167116－17
點勘記二卷省堂筆記一卷　(清)歐陽泉著　清光緒九年(1883)寶硯齋刻本　二冊

500000－8701－0006463　F167118－19
龍文鞭影二卷　(明)蕭良有著　(清)楊臣諍增訂　清刻本　二冊

500000－8701－0006464　F167120－25
證俗文十九卷　(清)郝懿行輯　清光緒十年(1884)曬書堂刻本　六冊

500000－8701－0006465　F167133－40
隸辨八卷　(清)顧藹吉撰集　清乾隆八年(1743)刻本　八冊

500000－8701－0006466　F167141－48

隸辨八卷　（清）顧藹吉撰集　清乾隆八年（1743）刻本　八册

500000－8701－0006467　F167149－60
五音集字十部集字繫聲二卷　（清）汪朝恩纂輯　清光緒三十四年（1908）渝城聖家書局刻本　十二册

500000－8701－0006468　F167185
辨字摘要不分卷　（清）盧紹麒　（清）楊占鰲編　清道光二十六年（1846）英德堂刻本　一册

500000－8701－0006469　F167186
清真啓蒙字母一卷　（清）江克編　清光緒三十三年（1907）蓉城江氏刻本　一册

500000－8701－0006470　F167187
經漢註解赫廳一卷　（清）余昭文編　清光緒十三年（1887）蓉城余氏刻本　一册

500000－8701－0006471　F167188－89
汗簡七卷　（宋）郭忠恕撰　清光緒十一年（1885）朱氏槐廬刻本　二册

500000－8701－0006472　F167190－95
汗簡箋正七卷書目箋正一卷　（宋）郭忠恕撰　（清）鄭珍箋正　清光緒十五年（1889）廣雅書局刻本　六册

500000－8701－0006473　F167206
英字入門不分卷　（清）曹驤譯　清同治十三年（1874）上海著易堂鉛印本　一册

500000－8701－0006474　F167207－12
英語集全六卷　（清）唐廷樞著　清同治元年（1862）緯經堂刻本　六册

500000－8701－0006475　F167215－26
經籍纂詁一百六卷首一卷　（清）阮元編　清光緒二十年（1894）上海鴻寶齋石印本　十二册

500000－8701－0006476　F167227－38
經籍纂詁一百六卷首一卷　（清）阮元編　清光緒十四年（1888）上海鴻寶齋石印本　十二册

500000－8701－0006477　F167239－43
經籍纂詁五卷首一卷　（清）阮元撰輯　清光緒九年（1883）上海點石齋影印本　五册

500000－8701－0006478　F167244－55
經籍纂詁一百六卷　（清）阮元編　清光緒上海漱六山莊石印本　十二册

500000－8701－0006479　F167256－315
經籍纂詁一百六卷首一卷附補遺一百六卷　（清）阮元編　清嘉慶四年（1799）儀徵阮氏琅嬛仙館刻本　六十册

500000－8701－0006480　F167316－63
經籍纂詁一百六卷首一卷附補遺　（清）阮元編　清同治十二年（1873）淮南書局補刻本　四十八册

500000－8701－0006481　F167377－82
瓠瓜錄十卷　（清）芮長恤著　清刻本　六册

500000－8701－0006482　F167383－88
瓠瓜錄十卷　（清）芮長恤著　清光緒十年（1884）毘陵惲氏懷永堂刻本　六册

500000－8701－0006483　F167419－24
茶香室經說十六卷　（清）俞樾著　清光緒十四年（1888）刻春在堂叢書本　六册

500000－8701－0006484　F167425－27
惜抱軒九經說十七卷　（清）姚鼐撰　清嘉慶十五年（1810）亦愛廬刻本　三册

500000－8701－0006485　F167428－31
易堂問目四卷　（清）吳鼎輯　清乾隆三十七年（1772）無錫鄒氏刻本　四册

500000－8701－0006486　F167432－39
孔叢伯說經五藁三十六卷附一種一卷　（清）孔廣林著　清光緒十六年（1890）山東書局刻本　八册

500000－8701－0006487　F167440
熊先生經說七卷　（元）熊朋來撰　清巴陵鍾氏刻通志堂經解本　一册

500000－8701－0006488　F167441－45
通介堂經說十二卷　（清）徐灝撰　清咸豐四

年(1854)番禺徐氏刻本　五册

500000－8701－0006489　F167446－57
孫谿朱氏經學叢書初編十三種　(清)朱記榮輯　清光緒十二年(1886)吴縣朱氏槐廬刻本　十二册

500000－8701－0006490　F167458－69
孫谿朱氏經學叢書初編十三種　(清)朱記榮輯　清光緒十二年(1886)吴縣朱氏槐廬刻本　十二册

500000－8701－0006491　F167470－73
古音諧八卷首一卷　(清)姚文田撰　清道光二十五年(1845)刻本　四册

500000－8701－0006492　F167474
轉注古音略五卷　(明)楊慎撰　(清)李調元校定　清末刻本　一册

500000－8701－0006493　F167475
鄭學録四卷　(清)鄭珍撰　清同治四年(1865)刻本　一册

500000－8701－0006494　F167476－77
傳經表一卷附通經表一卷　(清)畢沅著　清光緒五年(1879)華陽宏達堂刻本　二册

500000－8701－0006495　F167478－87
鄭氏佚書二十二種附録一種　(漢)鄭玄撰　(清)袁鈞輯　清光緒十四年(1888)浙江書局刻本　十册

500000－8701－0006496　F167488－91
國朝漢學師承記八卷經師經義目録一卷宋學淵源記二卷附記一卷　(清)江藩纂輯　清光緒九年(1883)山西書局刻本　四册

500000－8701－0006497　F167496－97
經話甲編二卷　廖平著　清光緒二十三年(1897)尊經書局刻本　二册

500000－8701－0006498　F167500－05
六經圖十二卷　(清)鄭之僑編輯　清刻本　六册

500000－8701－0006499　F167512－31
群經字詁七十二卷　(清)段諤廷撰　(清)黄本驥編　清道光二十九年(1849)黔陽楊氏長沙瀏陽門寓刻本　二十册

500000－8701－0006500　F167532－43
經傳繹義五十卷　(清)陳煒著　清嘉慶九年(1804)校字齋刻本　十二册

500000－8701－0006501　F167548－49
經傳釋詞十卷　(清)王引之著　清嘉慶五年(1800)刻皇清經解本　二册

500000－8701－0006502　F167550－51
經傳釋詞十卷　(清)王引之著　清道光二十七年(1847)金山錢氏刻本　二册

500000－8701－0006503　F167554－55
經傳釋詞十卷　(清)王引之著　清末鉛印本　二册

500000－8701－0006504　F167556－61
經義雜記三十卷敘録一卷　(清)臧琳著　清嘉慶三年(1798)武進臧氏拜經堂刻本　六册

500000－8701－0006505　F167564－69
經學紺珠八種　(清)胡有秩輯　清道光六年(1826)刻本　六册

500000－8701－0006506　F167570－79
經句説十卷　(清)吴英著　清嘉慶十八年至二十年(1813－1815)吴縣吴氏有竹石軒刻本　十册

500000－8701－0006507　F167580－85
經字異同四十八卷　(清)張維屏輯　清光緒五年(1879)清泉精舍刻本　六册

500000－8701－0006508　F167591－94
經學提要十五卷　(清)蔡孔炘編　清道光七年(1827)江州蔡氏刻本　四册

500000－8701－0006509　F167595－98
經學通論五卷　(清)皮錫瑞著　清光緒三十三年(1907)湖南思賢書局刻本　四册

500000－8701－0006510　F167599－602
經學通論五卷　(清)皮錫瑞著　清光緒三十三年(1907)湖南思賢書局刻本　四册

500000－8701－0006511　F167603－04
說文逸字二卷附錄一卷　(清)鄭珍著　清咸豐八年(1858)望山堂刻本　二冊

500000－8701－0006512　F167605－06
儀禮私箋八卷　(清)鄭珍撰　清同治五年(1866)成山唐氏刻本　二冊

500000－8701－0006513　F167607
巢經巢集經說一卷　(清)鄭珍撰　清刻本　一冊

500000－8701－0006514　F167614－17
增訂二論詳解四卷　(清)劉忠輯　清光緒十一年(1885)東壁垣刻本　四冊

500000－8701－0006515　F167618－21
增訂二論詳解四卷　(清)劉忠輯　清乾隆四十一年(1776)文奎堂刻本　四冊

500000－8701－0006516　F167622－23
全謝山先生經史問答十卷　(清)全祖望著　清乾隆三十年(1765)董秉純刻本　二冊

500000－8701－0006517　F167627－28
群經補義五卷　(清)江永著　清乾隆二十五年(1760)敷文閣刻本　二冊

500000－8701－0006518　F167629－32
群經補義五卷附周禮疑義舉要七卷　(清)江永著　清乾隆五十七年(1792)書業堂刻本　四冊

500000－8701－0006519　F167633－46
重訂七經精義三十九卷　(清)黃淦纂　清嘉慶十二年(1807)令德堂刻本　十四冊

500000－8701－0006520　F167647－53
重訂七經精義三十九卷　(清)黃淦纂　清嘉慶十二年(1807)令德堂刻本　七冊

500000－8701－0006521　F167654－67
七經精義三十九卷　(清)黃淦纂　清嘉慶九年(1804)武林黃氏刻本　十四冊

500000－8701－0006522　F167668
周官圖說六卷　(清)李錫書撰　清嘉慶六年(1801)青城元陽洞刻本　一冊

500000－8701－0006523　F167669－72
九經古義十六卷　(清)惠棟著　清光緒十二年(1886)吳縣朱記榮刻本　四冊

500000－8701－0006524　F167673
十一經問對五卷　(元)何異孫撰　清巴陵鍾氏刻通志堂經解本　一冊

500000－8701－0006525　F167674
公是先生七經小傳三卷　(宋)劉敞撰　清巴陵鍾氏刻通志堂經解本　一冊

500000－8701－0006526　F167675－76
六經奧論六卷首一卷　(宋)鄭樵撰　清巴陵鍾氏刻通志堂經解本　二冊

500000－8701－0006527　F167677－78
六經正誤六卷　(宋)毛居正著　清巴陵鍾氏刻通志堂經解本　二冊

500000－8701－0006528　F167679－758
經策通纂二種五十六卷首一卷　(清)吳潁炎等輯　清光緒十四年(1888)點石齋石印本　八十冊

500000－8701－0006529　F167759－90
經學輯要二十四卷首一卷　(清)吳潁炎等纂　清光緒十年(1884)上海點石齋石印經策通纂本　三十二冊

500000－8701－0006530　F167791－840
經義考三百卷　(清)朱彝尊編　清光緒二十三年(1897)浙江書局刻本　五十冊

500000－8701－0006531　F167841－88
經義考三百卷　(清)朱彝尊編　清同治十三年(1874)刻本　四十八冊

500000－8701－0006532　F167889－916
經義述聞三十二卷附經傳釋詞十卷　(清)王引之著　清道光七年(1827)高郵王氏北京刻本　二十八冊

500000－8701－0006533　F167917－30
經義述聞三十二卷　(清)王引之著　清咸豐十年(1860)學海堂刻皇清經解本　十四冊

500000－8701－0006534　F167931－38

經義述聞十五卷　(清)王引之著　清嘉慶二十二年(1817)刻本　八册

500000－8701－0006535　F167939－8015
經苑二十五種　(清)錢儀吉輯　清道光至咸豐大梁書院刻同治七年(1868)王儒行等印本　七十七册

500000－8701－0006536　F168016－92
經苑二十五種　(清)錢儀吉輯　清道光至咸豐大梁書院刻同治七年(1868)王儒行等印本　七十七册

500000－8701－0006537　F168132－51
經苑二十五種　(清)錢儀吉輯　清道光至咸豐大梁書院刻同治七年(1868)王儒行等印本　四十册　存十六種一百十二卷(呂氏家塾讀詩記二十七至三十二、續呂氏家塾讀詩記三卷、周官新義十六卷附考工記解二卷、儀禮集釋三十卷、儀禮釋宮一卷、春秋啖趙集傳纂例十卷、春秋微旨三卷、春秋集解十二卷、孝經刊誤一卷、孝經本義二卷、孝經或問三卷、孝經翼一卷、論語意原四卷、孟子外書四卷、讀四書叢說八卷、瑟譜六卷)

500000－8701－0006538　D06/4:5/00303－1
欽定全唐文姓氏韻編一卷　(清)彭邦疇等編　清嘉慶刻本　一册

500000－8701－0006539　F168173－214
古經解彙函十六種　(清)鍾謙鈞輯　清同治十三年(1874)巴陵鍾氏刻本　四十二册

500000－8701－0006540　F168215－34
古經解彙函十六種附小學彙函二十四種　(清)鍾謙鈞輯　清光緒十四年(1888)上海蜚英館石印本　二十册

500000－8701－0006541　F168235－70
小學彙函十四種　(清)鍾謙鈞等輯　清刻古經解彙函本　三十六册

500000－8701－0006542　F168271－301
小學彙函十四種　(清)鍾謙鈞等輯　清刻古經解匯函本　三十一册

500000－8701－0006543　F168350－85
九經九種　(清)姜兆錫輯　清雍正元年至乾隆十四年(1723－1749)寅清樓刻本　三十六册　存八種存九十一卷(周易述藴四卷、書經六卷、詩傳述藴六卷、周禮十二卷、儀禮經傳内編二十三卷外編五卷首一卷、禮記十卷、春秋十二卷、春秋公羊穀梁二傳十二卷)

500000－8701－0006544　F168386－577
御纂七經七種　(清)李光地等撰　清同治十一年(1872)江西書局刻本　一百九十二册

500000－8701－0006545　F168578－697
十三經注疏三百四十六卷附考證　(清)鄂爾泰　(清)張廷玉總閱　清同治十年(1871)廣東書局刻本　一百二十册

500000－8701－0006546　F168698－857
十三經注疏三百四十六卷附考證　(清)鄂爾泰　(清)張廷玉總閱　清同治十年(1871)廣東書局刻本　一百六十册

500000－8701－0006547　F168858－9037
十三經注疏四百十六卷　(唐)孔穎達等正義　**附校勘記**　(清)阮元撰　清道光六年(1826)南昌府學刻本　一百八十册

500000－8701－0006548　F169038－223
重刊宋本十三經注疏十三種四百十六卷　(唐)孔穎達等正義　**附校勘記四百十六卷**　(清)阮元撰　(清)盧宣旬摘錄　清嘉慶二十年(1815)江西南昌府學刻本　一百八十六册

500000－8701－0006549　F169224－403
重刊宋本十三經注疏十三種四百十六卷　(唐)孔穎達等正義　**附校勘記四百十六卷**　(清)阮元撰　(清)盧宣旬摘錄　清同治十二年(1873)江西書局刻本　一百八十册

500000－8701－0006550　F169404－583
重刊宋本十三經注疏十三種四百十六卷　(唐)孔穎達等正義　**附校勘記四百十六卷**　(清)阮元撰　(清)盧宣旬摘錄　清同治十二年(1873)江西書局刻本　一百八十册

500000－8701－0006551　F169584－703

重刊宋本十三經注疏十三種四百十六卷 (唐)孔穎達等正義 **附校勘記四百十六卷** (清)阮元撰 (清)盧宣旬摘錄 清嘉慶二十年(1815)江西南昌府學刻本 一百二十冊

500000－8701－0006552 F169784－815
宋本十三經注疏四百十六卷 (唐)孔穎達等正達 **附校勘記** (清)阮元撰 **識語四卷** 清光緒十三年(1887)脈望仙館石印本 三十二冊

500000－8701－0006553 F169816－47
宋本十三經注疏四百十六卷 (唐)孔穎達等正達 **附校勘記** (清)阮元撰 **識語四卷** 清光緒十三年(1887)脈望仙館石印本 三十二冊

500000－8701－0006554 F169848－87
宋本十三經注疏四百十六卷 (唐)孔穎達等正達 **附校勘記** (清)阮元撰 **識語四卷** 清光緒十三年(1887)脈望仙館石印本 四十冊

500000－8701－0006555 F169888－919
宋本十三經注疏四百十六卷 (唐)孔穎達等正達 **附校勘記** (清)阮元撰 **識語四卷** 清光緒十三年(1887)脈望仙館石印本 三十二冊

500000－8701－0006556 F169920－47
十三經注疏四百十六卷 (唐)孔穎達等正義 **附校勘記** (清)阮元撰 **識語四卷** 清光緒十三年(1887)上海點石齋石印本 二十八冊

500000－8701－0006557 F169948－79
宋本十三經注疏四百十六卷 (唐)孔穎達等正義 **附校勘記** (清)阮元撰 **識語四卷** 清光緒二十九年(1903)上海點石齋印書局石印本 三十二冊

500000－8701－0006558 F169980－70021
十三經旁訓七十九卷 (清)□□輯 清咸豐元年至三年(1851－1853)竹橋齋刻本 四十二冊

500000－8701－0006559 F170022－221
皇清經解一百八十五種一千四百卷 (清)阮元輯 清道光九年(1829)廣東學海堂刻本 一百八十八冊 缺八十七卷(四百三十四、四百四十九至四百六十一、五百四十八至五百五十三、七百七十八至八百四十四)

500000－8701－0006560 F170222－581
皇清經解一百九十二種一千四百八卷 (清)阮元輯 清道光九年(1829)廣東學海堂刻咸豐十年至十一年(1860－1861)補刻本 三百五十三冊 缺三十七卷(一千二百九十四至一千三百三十)

500000－8701－0006561 F170582－941
皇清經解一百九十二種一千四百八卷 (清)阮元輯 清道光九年(1829)廣東學海堂刻咸豐十年至十一年(1860－1861)補刻本 三百五十七冊 缺二十二卷(二百七十五至二百九十六)

500000－8701－0006562 F170942－1261
皇清經解續編一千四百三十卷 王先謙輯 清光緒十四年(1888)南菁書院刻本 三百二十冊

500000－8701－0006563 F171262－65
皇清經解編目十六卷 (清)淩忠照編 清光緒十八年(1892)上海古香閣影印本 四冊

500000－8701－0006564 F171266－69
皇清經解編目十六卷 (清)淩忠照編 清光緒十八年(1892)上海古香閣影印本 四冊

500000－8701－0006565 F171270－333
皇清經解一百八十種一千四百八卷 (清)阮元輯 清光緒十三年(1887)上海書局石印本 六十四冊

500000－8701－0006566 F171334－57
皇清經解一百九十卷首一卷 (清)阮元輯 清光緒十一年(1885)上海點石齋石印本 二十四冊

500000－8701－0006567 F171358－81
皇清經解一百九十卷首一卷 (清)阮元輯

清光緒十一年(1885)上海點石齋石印本　二十四册

500000－8701－0006568　F171382－89
十三經集字摹本不分卷附摘録　(清)彭玉雯纂　(清)萬青銓校正　清道光二十九年(1849)江右彭氏刻本　八册

500000－8701－0006569　F171390－97
十三經集字摹本不分卷附摘録　(清)彭玉雯纂　(清)萬青銓校正　清咸豐二年(1852)梓潼刻本　八册

500000－8701－0006570　F171398－405
十三經集字摹本不分卷附摘録　(清)彭玉雯纂　(清)萬青銓校正　清咸豐二年(1852)京都琉璃廠刻本　八册

500000－8701－0006571　F171406－15
十三經集字摹本不分卷附摘録　(清)彭玉雯纂　(清)萬青銓校正　清道光二十九年(1849)江右彭氏刻本　十册

500000－8701－0006572　F171416－25
十三經集字摹本不分卷附摘録　(清)彭玉雯纂　(清)萬青銓校正　清道光二十九年(1849)江右彭氏刻本　十册

500000－8701－0006573　F171463－72
五經精義二十二卷　(清)黄淦纂　清嘉慶九年至十六年(1804－1811)翼經堂刻本　十册

500000－8701－0006574　F171473－80
五經揭要二十五卷　(清)許寶善輯　清刻本　八册

500000－8701－0006575　F171481
五經蠡測六卷　(明)蔣悌生著　清巴陵鍾氏刻通志堂經解本　一册

500000－8701－0006576　F171482－501
五經合纂大成四十四卷　(清)同文書局編輯　清光緒十一年(1885)上海同文書局影印本　二十册

500000－8701－0006577　F171502－05
五經類纂十六卷　(清)秦伯龍　(清)秦耀龍輯　清雍正六年(1728)清尋閣刻本　四册

500000－8701－0006578　F171506－15
五經類編二十八卷　(清)周世樟編輯　清雍正二年(1724)縠詒堂刻本　十册

500000－8701－0006579　F171516－39
五經三傳讀本四十四卷　(□)□□輯　清咸豐二年(1852)潯陽萬氏蓮峰書屋刻朱墨套印本　二十四册

500000－8701－0006580　F171540－55
春秋十六卷首一卷附録經傳一卷　(□)□□撰　清刻本　三十册

500000－8701－0006581　F171575－82
新學偽經考十四卷　康有為撰　清光緒十七年(1891)望雲樓石印本　八册

500000－8701－0006582　F171583－86
監本詩經八卷　(宋)朱熹集傳　清宣統元年(1909)上海廣益書局鉛印本　四册

500000－8701－0006583　F171589
經籍舉要一卷附刊五種　(清)龍啓瑞輯　清光緒十九年(1893)中江講院浙西袁氏刻本　一册

500000－8701－0006584　F171591
研究經籍古書方法一卷　宋育仁著　清末刻本　一册

500000－8701－0006585　F171594
經學歷史一卷　(清)皮錫瑞著　清光緒三十二年(1906)思賢書局刻本　一册

500000－8701－0006586　F171598
四益館經學四變記四卷　廖平撰　清光緒三十二年(1906)成都存古書局刻本　一册

500000－8701－0006587　F171599
古學攷一卷　廖平著　清光緒二十三年(1897)尊經書局刻本　一册

500000－8701－0006588　F171600－603
四書反身録五卷　(清)李顒口授　(清)王心敬録　清宣統二年(1910)成都國學研究會刻本　四册

500000－8701－0006589　F171616－27
大清通禮五十四卷　(清)穆克登額等續纂　清光緒九年(1883)江蘇書局刻本　十二册

500000－8701－0006590　F171628－43
通雅五十二卷首三卷　(清)方以智輯著　(清)姚文燮校訂　清康熙五年(1666)立教館刻本　十六册

500000－8701－0006591　F171644－51
四書人物類典串珠四十卷　(清)臧志仁編輯　清嘉慶四年(1799)刻本　八册

500000－8701－0006592　F171652－55
字林考逸八卷附錄一卷　(清)任大椿撰　**補遺一卷**　(清)陶方琦輯　(清)龔道耕補訂　**説郛字林附錄一卷**　(宋)呂忱撰　**校誤一卷**　清光緒二十三年(1897)成都龔氏襄馨精舍刻本　四册

500000－8701－0006593　F171656－57
韻歧五卷　(清)江昱輯　清光緒七年(1881)刻本　二册

500000－8701－0006594　F171658－63
字典考證十二集　(清)奕繪等輯　清光緒二年(1876)崇文書局刻本　六册

500000－8701－0006595　F171664
春秋比二卷　(清)郝懿行輯　清光緒十六年(1890)崇寧譚氏刻本　一册

500000－8701－0006596　F171665－66
孟子字義疏證三卷　(清)戴震著　清末鉛印本　二册

500000－8701－0006597　F171667－70
孟子文評不分卷　(清)趙承謨評點　清同治十二年(1873)蓉城刻本　四册

500000－8701－0006598　F171671
周禮折衷四卷　(宋)魏了翁撰　清望三益齋刻本　一册

500000－8701－0006599　F171672－75
古今韻略五卷　(清)邵長蘅纂　清刻本　四册

500000－8701－0006600　F171676
六書舊義一卷　廖平撰　清光緒十三年(1887)刻本　一册

500000－8701－0006601　F171677－82
韻海大全不分卷　題(清)仁壽室主人輯　清光緒十三年(1887)上海積山書局石印本　六册

500000－8701－0006602　F171683－98
四書古註九種九十四卷附群義彙解四卷　(清)□□輯　清光緒十九年(1893)上海同文書局石印本　十六册

500000－8701－0006603　F171706－11
禮記節本十卷　(清)汪基鈔撰　清宣統元年(1909)上海會文學社石印本　六册

500000－8701－0006604　F171718－23
周禮六卷　(漢)鄭玄注　(唐)陸德明音義　清光緒二十二年(1896)新化三味堂刻本　六册

500000－8701－0006605　F171724－27
升菴經説十四卷　(明)楊慎撰　(清)李調元編　清刻本　四册

500000－8701－0006606　F171728－30
輶軒使者絕代語釋别國方言十三卷　(清)戴震疏證　清刻本　三册

500000－8701－0006607　F171731
音韻辨訛一卷附錄一卷　(清)萬青銓參訂　(清)余任槐校對　清道光十二年(1832)芋栗園刻十四年(1834)增刻本　一册

500000－8701－0006608　F171733
書經精義四卷首一卷末一卷　(清)黄淦纂　清刻本　一册

500000－8701－0006609　F171739－42
韻府鉤沉五卷　(清)雷浚著　清光緒十三年(1887)刻本　四册

500000－8701－0006610　F171743－46
春秋公羊傳十一卷　(漢)何休解詁　(唐)陸德明音義　清同治十一年(1872)山東書局刻

民國十四年(1925)張宗昌印本　四册

500000－8701－0006611　F171747－50
春秋穀梁傳十二卷　(晉)范甯集解　(唐)陸德明音義　清同治十一年(1872)山東書局刻本　四册

500000－8701－0006612　F171751
詩經精義四卷首一卷　(清)黄淦纂　清嘉慶七年(1802)武林黄氏刻本　一册

500000－8701－0006613　F171752
周禮精義六卷首一卷　(清)黄淦纂　清嘉慶十二年(1807)武林黄氏刻本　一册

500000－8701－0006614　F171753
春秋精義四卷首一卷　(清)黄淦纂　清嘉慶九年(1804)武林黄氏刻本　一册

500000－8701－0006615　F171754－55
説文古語攷補正二卷　(清)程炎攷　(清)傅雲龍補正　清光緒十一年(1885)紅餘籀室刻籑喜廬所箸書本　二册

500000－8701－0006616　F171757－62
禮經箋十七卷　(漢)鄭玄注　王闓運箋　清光緒二十六年(1900)成都吕氏刻本　六册

500000－8701－0006617　F171764－65
倉頡篇三卷　(清)孫星衍學　**續本一卷**　(清)任大椿輯　**補本二卷**　(清)陶方琦學　清光緒十六年(1890)江蘇書局刻本　二册

500000－8701－0006618　F171766
孟子要略五卷　(宋)朱熹輯　清道光二十九年(1849)漢陽劉氏刻本　一册

500000－8701－0006619　F171767－68
四聲易知錄四卷附偏旁舉略　(清)姚文田輯　清道光十年(1830)泗水楊氏韶州刻本　二册

500000－8701－0006620　F171770
重校十三經不二字不分卷　(清)李鴻藻輯　清光緒九年(1883)高陽李氏刻本　一册

500000－8701－0006621　F171778
論語偶記一卷　(清)方庶常著　清光緒七年(1881)成都瀹雅齋刻本　一册

500000－8701－0006622　F171779－81
易經精華六卷首一卷末一卷　(清)薛嘉穎輯　清道光元年(1821)魏氏古香閣刻本　三册

500000－8701－0006623　F171782－87
書經精華十卷首一卷　(宋)蔡沈集傳　(清)王巨源編　清魏氏古香閣刻本　六册

500000－8701－0006624　F171788－91
周禮精華六卷首一卷　(清)陳龍標編輯　清嘉慶十一年(1806)魏氏古香閣刻本　四册

500000－8701－0006625　F171793－94
班馬字類二卷　(宋)婁機編　清刻本　二册

500000－8701－0006626　F171795
字學舉隅不分卷　(清)龍啓瑞輯　清光緒二年(1876)松竹齋刻本　一册

500000－8701－0006627　F171796－800
小學紺珠十卷　(宋)王應麟撰　清刻本　五册

500000－8701－0006628　F171801
影北宋鈔本毛詩□□卷　(□)□□輯　清光緒貴陽陳氏靈峰草堂影印本　一册　存三卷(四至六)

500000－8701－0006629　F171802－14
群經平議三十五卷　(清)俞樾著　清同治十年(1871)刻本　十三册

500000－8701－0006630　F171816－17
王氏經説六卷　(清)王紹蘭著　清光緒吳縣潘氏刻本　二册

500000－8701－0006631　F171818
爾雅補注殘本一卷　(清)劉玉麐著　**急就章一卷**　(漢)史游纂　**王氏音略一卷**　清光緒十二年(1886)刻本　一册

500000－8701－0006632　F171819
論語孔注辨僞二卷　(清)沈濤著　清道光元年(1821)嘉興沈氏刻本　一册

500000－8701－0006633　F171820－23

宋葉文康公禮經會元節本四卷　(清)許元淮輯　清嘉慶五年(1800)瘦竹山房刻本　四册

500000－8701－0006634　F171824－27
佩文韻府彙編五卷　(清)李元祺輯　清道光十年(1830)半塭草堂刻本　四册

500000－8701－0006635　F171828－31
兩得新知四卷　(清)胡為治編輯　清道光二十九年(1849)古歙胡氏刻本　四册

500000－8701－0006636　F171832－34
爾雅注疏十一卷　(晉)郭璞注　(宋)邢昺疏　清刻本　三册

500000－8701－0006637　F171840－41
經解入門八卷　(清)江藩纂　清光緒十四年(1888)粵東書局刻本　二册

500000－8701－0006638　F171842－43
三禮圖二十卷　(宋)聶崇義集註　清康熙十五年(1676)刻本　二册

500000－8701－0006639　F171844－47
詩經八卷　(宋)朱熹集傳　清光緒三年(1877)永康退補齋胡氏刻本　四册

500000－8701－0006640　F171852－55
禮記合參四卷　(清)曹士瑋　(清)程王霞纂　清康熙四十三年(1704)刻本　四册

500000－8701－0006641　F171856
家塾蒙求五卷　(清)康基淵纂輯　清道光六年(1826)一枝山房刻本　一册

500000－8701－0006642　F171861
經序錄二卷　(清)吴承漸纂輯　清刻本　一册

500000－8701－0006643　F171862
史序錄一卷　(清)吴承漸纂輯　清刻本　一册

500000－8701－0006644　F171863
説文檢字二卷　(清)毛謨輯　清嘉慶二十一年(1816)歸安毛氏四川督學使者署刻本　一册

500000－8701－0006645　F171865
孝經十八篇　(□)□□纂　清同治四年(1865)武邑張官德等刻本　一册

500000－8701－0006646　F171866
中庸本解二卷　(清)楊亶驊著　清光緒十八年(1892)王文泉等刻本　一册

500000－8701－0006647　F171867
孔聖孝經旁訓一卷　(清)周樽眉輯　**孝經直解附論辨一卷**　(清)劉沅註釋　清咸豐三年(1853)竹橋齋刻本　一册

500000－8701－0006648　F171868
孝經不分卷　(漢)鄭玄注　(清)嚴可均輯　清光緒二十九年(1903)大關唐氏刻本　一册

500000－8701－0006649　F171874－79
毛詩三十卷首附鄭氏詩譜一卷　(漢)毛亨傳　(漢)鄭玄箋　清光緒十七年(1891)緯蕭草堂刻本　六册

500000－8701－0006650　F171880－91
字彙十二集首一卷　(明)梅膺祚音釋　清道光八年(1828)大文堂刻本　十二册

500000－8701－0006651　F171892－905
字彙十二集首一卷末一卷韻法直圖一卷韻法橫圖一卷　(明)梅膺祚音釋　清康熙二十七年(1688)丹山堂刻本　十四册

500000－8701－0006652　F171918－25
睿川易義合編不分卷　徐天璋撰　清宣統三年(1911)鉛印本　八册

500000－8701－0006653　F171926－45
新增説文韻府群玉二十卷　(元)陰時夫輯　(元)陰中夫註　清奎光堂刻本　二十册

500000－8701－0006654　F171946－65
新增説文韻府群玉二十卷　(元)陰時夫輯　(元)陰中夫註　清文光堂刻本　二十册

500000－8701－0006655　F171966－75
增刪韻府群玉定本二十卷　(元)陰時夫輯　(元)陰中夫註　清康熙十九年(1680)刻本　十册

500000－8701－0006656　F171976－85
縮本精選經藝淵海五種　（清）黃逢甲等輯　清光緒十一年（1885）上海點石齋石印本　十冊

500000－8701－0006657　F171995
尚書後案駁證二卷　（清）王劼撰　清咸豐十一年（1861）巴縣王晚晴樓刻本　一冊

500000－8701－0006658　F171996－99
司馬溫公稽古錄二十卷　（宋）司馬光撰　清同治十一年（1872）湖北崇文書局刻本　四冊

500000－8701－0006659　F172000－07
澤存堂五種　（清）張士俊輯　清光緒十四年（1888）上海蜚英館石印本　八冊

500000－8701－0006660　F172008－13
說文解字十五卷　（漢）許慎撰　清乾隆三十八年（1773）大興朱筠刻本　六冊

500000－8701－0006661　F172014－23
皇極經世緒言九卷首二卷　（宋）邵雍著（清）劉斯組述　清道光十年（1830）錢塘徐樹堂刻本　十冊

500000－8701－0006662　F172024－28
字學一覽五卷　（清）徐錦編　清康熙四十二年（1703）刻本　五冊

500000－8701－0006663　F172029－44
欽定書經圖說五十卷　（清）孫家鼐等纂　清光緒三十一年（1905）石印本　十六冊

500000－8701－0006664　F172045－144
古經解彙函十六種附小學彙函十四種　（清）鍾謙鈞輯　清同治十二年（1873）粵東書局刻本　一百冊

500000－8701－0006665　F172145－52
說文解字注匡謬八卷　（清）徐承慶撰　清光緒歸安姚氏刻本　八冊

500000－8701－0006666　F172153－158
儀禮鄭注句讀十七卷附監本正誤一卷石本誤字一卷　（漢）鄭玄注　（清）張爾岐句讀　清光緒三十一年（1905）新化三味堂刻本　六冊

500000－8701－0006667　F172159－226
古經解彙函十六種　（清）鍾謙鈞輯　清光緒十五年（1889）湘南書局刻本　六十八冊

500000－8701－0006668　F172227－38
宋名臣言行錄前集十卷後集十四卷續集八卷別集二十六卷外集十七卷　（宋）朱熹　（宋）李幼武纂集　清光緒二十九年（1903）刻本　十二冊

500000－8701－0006669　F172239－302
經籍纂詁一百六卷首一卷附補遺　（清）阮元編輯　清嘉慶十七年（1812）刻本　六十四冊

500000－8701－0006670　F172303－12
經籍纂詁五卷首一卷　（清）阮元撰集　清光緒九年（1883）上海點石齋影印本　十冊

500000－8701－0006671　F172313－18
禮經箋十七卷　（漢）鄭玄注　王闓運箋　清光緒二十六年（1900）成都呂氏刻本　六冊

500000－8701－0006672　F172319－20
方言疏證十三卷續二卷　（清）戴震疏證　清刻本　二冊

500000－8701－0006673　F172321－22
集字便覽摘要不分卷　（清）張小浦輯　清道光二十八年（1848）利生泉刻本　二冊

500000－8701－0006674　F172323－24
漢和字典摘要不分卷　宋超驤編輯　清光緒三十二年（1906）四川官報書局石印本　二冊

500000－8701－0006675　F172325－27
家塾蒙求五卷　（清）康基淵纂輯　清光緒八年（1882）汗青簃刻本　三冊

500000－8701－0006676　F172328
和文譯翼不分卷　沈銓撰譯　清光緒三十一年（1905）綏郡刻本　一冊

500000－8701－0006677　F172329
和文譯翼不分卷　沈銓撰譯　清光緒三十一年（1905）綏郡刻本　一冊

500000－8701－0006678　F172355
曾文正公榮哀錄一卷　（清）黃翼升撰　清末

民初鉛印本　一册

500000－8701－0006679　F172356
北學編四卷補遺一卷　(清)魏一鰲輯　(清)尹會一訂　清光緒十四年(1888)四川尊經書院刻本　一册

500000－8701－0006680　F172357－64
史外八卷　(清)汪有典著　清刻本　八册

500000－8701－0006681　F172365
古學攷一卷　廖平撰　清光緒二十三年(1897)成都尊經書局刻本　一册

500000－8701－0006682　F172371－74
三國志六十五卷　(晉)陳壽撰　(南朝宋)裴松之注　清光緒三十一年(1905)上海文敬齋石印本　四册

500000－8701－0006683　F172379－82
最新地理教科書四卷　商務印書館編譯所編纂　清光緒三十二年(1906)上海商務印書館鉛印本　四册

500000－8701－0006684　F172383－84
經史百家簡編二卷　(清)曾國藩纂　清末上海商務印書館鉛印本　二册

500000－8701－0006685　F172386
續黔書八卷　(清)張澍撰　清光緒十五年(1889)貴陽熊氏刻本　一册

500000－8701－0006686　F172387－88
黔書二卷　(清)田雯編　清康熙二十九年(1690)刻本　二册

500000－8701－0006687　F172401－10
文史通義内篇五卷外篇三卷附校讎通義三卷　(清)章學誠撰　清光緒二十八年(1902)湖南勸學書舍刻本　十册

500000－8701－0006688　F172411－13
禹貢會箋十二卷冠圖一卷　(清)徐文靖輯　清光緒二年(1876)南通張氏刻本　三册

500000－8701－0006689　F172414－18
奏定學堂章程不分卷　(清)張之洞等編　清光緒二十九年(1903)湖北學務處刻本　五册

500000－8701－0006690　F172419－20
遼史紀事本末四十卷首一卷　(清)李有棠編纂　清光緒二十五年(1899)慎記書莊石印本　二册

500000－8701－0006691　F172421－22
讀史論略二卷　(清)杜詔著　清嘉慶十三年(1808)桂林九經堂刻本　二册

500000－8701－0006692　F172423
讀史論略一卷　(清)杜詔著　**歷代紀年便覽一卷附歷朝割據諸國一卷**　(清)陳鍾珂輯　清同治元年(1862)楚南朱氏刻本　一册

500000－8701－0006693　F172424
皇朝政典挈要八卷　(日本)增田貢著　毛淦補編　清光緒二十九年(1903)湖南大文書局刻本　一册

500000－8701－0006694　F172425
讀史論略一卷　(清)杜詔著　清刻本　一册

500000－8701－0006695　F172431－33
歷代帝王年表不分卷　(清)齊召南編　清乾隆四十二年(1777)刻本　三册

500000－8701－0006696　F172434－35
戰國策釋地二卷　(清)張琦撰　清嘉慶二十年(1815)刻本　二册

500000－8701－0006697　F172437－42
史記菁華錄六卷　(清)姚祖恩編　清光緒二十七年(1901)刻本　六册

500000－8701－0006698　F172449－56
史通通釋二十卷　(清)浦起龍釋　清光緒十九年(1893)上海文瑞樓石印本　八册

500000－8701－0006699　F172473－78
瀛環志略十卷　(清)徐繼畬撰　清同治十二年(1873)掞雲樓刻本　六册

500000－8701－0006700　F172479－82
東洋史要二卷　(日本)桑原騭藏著　樊炳清譯　清光緒二十五年(1899)東文學社石印本　四册

500000－8701－0006701　F172484－85

求闕齋日記類鈔二卷 （清）曾國藩著 （清）王啟原校編 清光緒二年（1876）傳忠書局刻本 二册

500000－8701－0006702 F172487－98
沈文肅公政書七卷首一卷 （清）沈葆楨撰 清光緒六年（1880）刻本 十二册

500000－8701－0006703 F172508－11
日本國志四十卷首一卷 （清）黄遵憲編纂 清光緒二十二年（1896）石印本 四册

500000－8701－0006704 F172512－15
萬國史記二十卷 （日本）岡本監輔著 清光緒五年（1879）石印本 四册

500000－8701－0006705 F172516
黄書七卷 （清）王夫之撰 清光緒二十四年（1898）湘潭周氏若厲軒刻本 一册

500000－8701－0006706 F172518
周公年表一卷 （清）牟庭撰 清光緒五年（1879）受經堂張氏刻本 一册

500000－8701－0006707 F172519
陶靖節先生［淵明］年譜一卷 （宋）吴仁傑編 清光緒二十一年（1895）刻本 一册

500000－8701－0006708 F172520
孫淵如先生［星衍］年譜二卷 （清）張紹南撰 清光緒二十四年（1898）常州孫氏刻本 一册

500000－8701－0006709 F172521－24
四洪年譜四卷 （清）洪汝奎編輯 清宣統三年（1911）晦木齋刻本 四册

500000－8701－0006710 F172527
唐書直筆四卷 （宋）吕夏卿撰 清光緒二十六年（1900）江夏劉氏刻本 一册

500000－8701－0006711 F172542－45
史通削繁四卷 （清）紀昀撰 清光緒二十一年（1895）寶慶澹雅書局刻本 四册

500000－8701－0006712 F172546－49
史通削繁四卷 （清）紀昀撰 清道光十三年（1833）涿州盧氏兩廣節署刻朱墨套印本 四册

500000－8701－0006713 F172550
皇朝武功紀盛四卷 （清）趙翼纂 **旗軍志一卷** （清）金德純著 清末鉛印本 一册

500000－8701－0006714 F172554
西徼水道一卷 （清）黄楙材著 清光緒十二年（1886）新陽趙氏刻本 一册

500000－8701－0006715 F172558
中史略説二卷 （□）天眉撰 清光緒二十七年（1901）寒杉館刻本 一册

500000－8701－0006716 F172561
金石例補二卷 （清）郭麐著 清光緒四年（1878）會稽章氏刻本 一册

500000－8701－0006717 F172562－67
人壽金鑑二十二卷 （清）程得齡輯 清嘉慶二十五年（1820）金陵柏華昇刻本 六册

500000－8701－0006718 F172568－73
五代史記纂誤續補六卷 （清）吴光耀撰 清光緒十四年（1888）江夏吴氏刻本 六册

500000－8701－0006719 F172579－80
清史攬要六卷 （日本）增田貢著 清光緒三十一年（1905）上海書局石印本 二册

500000－8701－0006720 F172581
八妹壽芝墓祭祀譜一卷 （清）唐必桂撰 清光緒十年（1884）刻本 一册

500000－8701－0006721 F172587
西藏宗教源流考一卷 （清）張其勤編輯 清宣統二年（1910）官印書局鉛印本 一册

500000－8701－0006722 F172591－98
水道提綱二十八卷 （清）齊召南編錄 清光緒四年（1878）津門徐士鑾霞城郡署刻本 八册

500000－8701－0006723 F172599－602
四史疑年錄七卷 （清）劉文如輯 清宣統元年（1909）刻本 四册

500000－8701－0006724 F172603－06

括地志八卷　（唐）李泰等撰　（清）孫星衍輯　清嘉慶三年（1798）蘭陵孫氏刻本　四冊

500000－8701－0006725　F172609－14
補晉書藝文志六卷　（清）文廷式纂　清宣統元年（1909）長沙鉛印本　六冊

500000－8701－0006726　F172621
明地理志圖一卷　楊守敬編　清宣統二年（1910）宜都楊氏刻朱墨套印本　一冊

500000－8701－0006727　F172622
宋地理志圖不分卷　楊守敬編　清宣統三年（1911）宜都楊氏刻朱墨套印本　一冊

500000－8701－0006728　F172623
後周并七國圖十一卷　楊守敬編　清宣統二年（1910）宜都楊氏刻朱墨套印本　一冊

500000－8701－0006729　F172624
後漢并六國圖十一卷　楊守敬編　清宣統二年（1910）宜都楊氏刻朱墨套印本　一冊

500000－8701－0006730　F172625
後晉并七國圖十一卷　楊守敬編　清宣統三年（1911）宜都楊氏刻朱墨套印本　一冊

500000－8701－0006731　F172626
後唐并七國圖十一卷　楊守敬編　清宣統二年（1910）宜都楊氏刻朱墨套印本　一冊

500000－8701－0006732　F172627
南齊州郡圖不分卷　楊守敬編　清宣統元年（1909）宜都楊氏刻朱墨套印本　一冊

500000－8701－0006733　F172628
劉宋州郡圖八卷附補校宋書州郡志札記一卷　楊守敬編　清宣統元年（1909）宜都楊氏刻朱墨套印本　一冊

500000－8701－0006734　F172629
後蜀疆域圖六卷附夏疆域圖四卷　楊守敬編　清宣統三年（1911）宜都楊氏刻朱墨套印本　一冊

500000－8701－0006735　F172630
前趙疆域圖不分卷　楊守敬編　清宣統元年（1909）宜都楊氏刻朱墨套印本　一冊

500000－8701－0006736　F172631
東晉疆域圖九卷　楊守敬編　（清）馬範疇繪圖　清宣統元年（1909）宜都楊氏刻朱墨套印本　一冊

500000－8701－0006737　F172632
西晉地理圖不分卷　楊守敬編　清宣統元年（1909）宜都楊氏刻朱墨套印本　一冊

500000－8701－0006738　F172633
嬴秦郡縣圖不分卷　楊守敬編　清宣統元年（1909）宜都楊氏刻朱墨套印本　一冊

500000－8701－0006739　F172634
戰國疆域圖不分卷　楊守敬編　清宣統元年（1909）宜都楊氏刻朱墨套印本　一冊

500000－8701－0006740　F172635
歷代輿地沿革險要圖不分卷　楊守敬　饒敦秩編　清光緒三十二年（1906）楊氏觀海堂刻朱墨套印本　一冊

500000－8701－0006741　F172636－43
水經注圖不分卷　楊守敬　熊會貞撰　清光緒三十一年（1905）楊氏觀海堂刻朱墨套印本　八冊

500000－8701－0006742　F172644－51
水經注圖不分卷　楊守敬　熊會貞撰　清光緒三十一年（1905）楊氏觀海堂刻朱墨套印本　八冊

500000－8701－0006743　F172652－67
水經注四十卷首一卷　（北魏）酈道元撰　清刻本　十六冊

500000－8701－0006744　F172692－703
水經注匯校四十卷首一卷附水經注釋附錄二卷　（北魏）酈道元撰　清光緒七年（1881）江西新城楊氏刻本　十二冊

500000－8701－0006745　F172704－07
國語二十一卷　（三國吳）韋昭注　**札記一卷**　（清）黃丕烈撰　**考異四卷**　（清）汪遠孫撰　清嘉慶五年（1800）吳縣黃氏刻本　四冊

500000－8701－0006746　F172708

欽定六部處分則例四卷　(清)清平等纂修　清光緒三十四年(1908)上海集成圖書公司鉛印本　一册

500000－8701－0006747　F172710－11
漢書引經異文錄證六卷　(清)繆祐孫撰　清光緒十一年(1885)刻本　二册

500000－8701－0006748　F172712－15
西藏通覽一編十六章二編六章　(日本)山縣初男著　四川西藏研究會編譯　清宣統元年(1909)成都文倫書局鉛印本　四册

500000－8701－0006749　F172718－27
蜀中名勝記三十卷　(明)曹學佺著　清成都茹古書局刻本　十册

500000－8701－0006750　F172729
皇朝政典挈要六卷　(日本)增田貢著　清光緒三十一年(1905)上海點石齋合記石印本　一册

500000－8701－0006751　F172730－35
霆軍紀略十六卷　(清)陳昌編輯　清光緒刻本　六册　存十四卷(一至十四)

500000－8701－0006752　F172736－37
天祿閣外史八卷　(漢)黃憲著　清馬湖盧秉鈞刻本　二册

500000－8701－0006753　F172754
越絕書十五卷首附本事一卷　(漢)袁康撰　清刻本　一册

500000－8701－0006754　F172893－96
甲申傳信錄十卷　(清)錢䇲著　(清)郝聰錄　清道光二十年(1840)刻本　四册

500000－8701－0006755　F172898－901
三流道里表不分卷　(清)徐本等纂修　清嘉慶十六年(1811)刻本　四册

500000－8701－0006756　F172902－17
隸釋二十七卷隸續二十一卷附汪本隸釋刊誤一卷　(宋)洪适著　清同治十年至十一年(1871－1872)皖南洪氏晦木齋刻本　十六册

500000－8701－0006757　F172922
梟氏爲鍾圖說補義一卷　(清)鄭珍著　陳矩補義　清刻靈峰草堂叢書本　一册

500000－8701－0006758　F172923－24
張叔未解元所藏金石文字不分卷　(清)嚴亥編　清光緒十年(1884)四會嚴氏鶴緣齋影印本　二册

500000－8701－0006759　F172925－29
筠清館金石文字五卷　(清)吳榮光著　清道光二十二年(1842)南海吳氏筠清館刻本　五册

500000－8701－0006760　F172930－44
楷法溯源十四卷　(清)潘存輯　楊守敬編　清光緒三年至四年(1877－1878)宜都楊氏刻本　十五册

500000－8701－0006761　F172945－48
史論正鵠初集四卷　(清)王樹敏評點　清光緒二十七年(1901)上海久敬齋石印本　四册

500000－8701－0006762　F172949－52
史論正鵠二集四卷　(清)王樹敏評點　清光緒二十四年(1898)石印本　四册

500000－8701－0006763　F172953－60
史論正鵠三集八卷　(清)王樹敏評點　清光緒二十七年(1901)上海久敬齋石印本　八册

500000－8701－0006764　F172961－74
遊記彙刊八種　(清)曾紀澤等撰　清光緒二十三年(1897)新學書局刻本　十四册　存八種十四卷(金軺籌筆四卷、出使英法日記一卷、使德日記一卷、西征紀程四卷、西輶日記一卷、遊歷芻言一卷、印度劄記一卷、伯利探路記一卷)

500000－8701－0006765　F172983－90
南巡盛典一百二十卷　(清)高晉等纂輯　清光緒八年(1882)上海點石齋石印本　八册

500000－8701－0006766　F172991－3014
秋審實緩比較成案二十四卷　(清)英祥輯　(清)林恩綬增輯　清光緒七年(1881)崇氏刻本　二十四册

500000－8701－0006767　F173053－56
古玉圖考不分卷　(清)吳大澂編　清光緒十五年(1889)上海同文書局石印本　四冊

500000－8701－0006768　F173057
俄國蠶食亞洲史略二篇　題(□)養浩齋主人輯譯　清光緒二十八年(1902)上海廣智書局鉛印本　一冊

500000－8701－0006769　F173067－68
地球韻言四卷　(清)張士瀛撰　清光緒二十三年(1897)刻本　二冊

500000－8701－0006770　F173096－99
籀膏述林十卷　(清)孫詒讓撰　清咸豐十年(1860)刻本　四冊

500000－8701－0006771　F173110
書目答問不分卷　(清)張之洞撰　清光緒元年(1875)成都尊經書院刻本　一冊

500000－8701－0006772　F173111－18
日本訪書志十七卷　楊守敬撰　清光緒二十七年(1901)刻本　八冊

500000－8701－0006773　F173119－24
五洲各國政治攷八卷　(清)錢恂輯　清光緒二十七年(1901)石印本　六冊

500000－8701－0006774　F173136－37
鐘鼎字源五卷附錄一卷　(清)汪立名編　清光緒二年(1876)洞庭秦氏麟慶堂刻本　二冊

500000－8701－0006775　F173140－43
湘軍志十六篇　王闓運撰　清光緒刻本　四冊

500000－8701－0006776　F173161－64
同治中興京外奏議約編八卷　(清)陳弢編　清光緒元年(1875)京都小西山房刻本　四冊

500000－8701－0006777　F173165－68
涑水記聞十六卷補遺一卷　(宋)司馬光撰　清光緒三年(1877)湖北崇文書局刻本　四冊

500000－8701－0006778　F173174
蜀輶日記四卷(嘉慶十五年五月十五日至十一月二十二日)　(清)陶澍撰　清光緒七年(1881)江州官舍刻本　一冊

500000－8701－0006779　F173181
元統元年進士錄一卷　(明)王明仲撰　清乾隆三十年(1765)南陵徐乃昌刻本　一冊

500000－8701－0006780　F173182－91
三省邊防備覽十八卷　(清)嚴如熤輯　清道光十年(1830)來鹿堂刻本　十冊

500000－8701－0006781　F173192－97
三邑治略六卷　(清)熊賓輯　清光緒三十一年(1905)刻本　六冊

500000－8701－0006782　F173200
聖安本紀六卷　(清)顧炎武著　清末鉛印本　一冊

500000－8701－0006783　F173203－08
瀛環志略十卷　(清)徐繼畬撰　清光緒十年(1884)京都琉璃廠會經堂刻本　六冊

500000－8701－0006784　F173209－32
史記一百三十卷　(漢)司馬遷撰　(明)歸有光評點　**方望溪評點史記四卷**　(清)方苞評點　清光緒二年(1876)武昌張氏刻本　二十四冊

500000－8701－0006785　F173233－52
史記一百三十卷　(漢)司馬遷撰　(明)歸有光評點　**方望溪評點史記四卷**　(清)方苞評點　清光緒二年(1876)武昌張氏刻本　二十冊

500000－8701－0006786　F173253－72
三國志六十五卷　(晉)陳壽撰　(南朝宋)裴松之注　清同治六年(1867)金陵書局刻本　二十冊

500000－8701－0006787　F173276－83
史通通釋二十卷　(清)浦起龍釋　清光緒十九年(1893)上海文瑞樓石印本　八冊

500000－8701－0006788　F173288－95
歷代名臣言行錄二十四卷　(清)朱桓編輯　清光緒三十年(1904)錦章書局石印本　八冊

500000－8701－0006789　F173297－99

山海經十八卷　(晉)郭璞注　(清)畢沅校　清光緒三年(1877)浙江書局刻本　三册

500000－8701－0006790　F173300
中國地理圖表不分卷　彭昌南編　清宣統元年(1909)四川合州刻本　一册

500000－8701－0006791　F173305
史目表二卷　(清)洪飴孫撰　清光緒四年(1878)啓秀山房刻本　一册

500000－8701－0006792　F173306
皇朝武功紀盛四卷　(清)趙翼著　清乾隆五十七年(1792)湛貽堂刻本　一册

500000－8701－0006793　F173307
荆州記三卷附録一卷　(南朝宋)盛弘之撰　陳運溶集證　清光緒二十四年(1898)長沙萃文堂刻本　一册

500000－8701－0006794　F173308－19
欽定工部則例五十卷附乘輿儀仗做法二卷　(清)史貽直等纂　清乾隆十四年(1749)刻本　十二册

500000－8701－0006795　F173352－63
昌黎先生集四十卷外集十卷遺文一卷　(唐)韓愈著　**集傳一卷**　(宋)朱熹編　**點勘四卷**　(清)陳景雲撰　清同治八年(1869)江蘇書局刻本　十二册

500000－8701－0006796　F173364－74
昌黎先生集四十卷外集十卷遺文一卷　(唐)韓愈著　**集傳一卷**　(宋)朱熹編　**點勘四卷**　(清)陳景雲撰　清同治八年(1869)江蘇書局刻本　十一册

500000－8701－0006797　F173375－85
昌黎先生集四十卷外集十卷遺文一卷　(唐)韓愈著　**集傳一卷**　(宋)朱熹編　**點勘四卷**　(清)陳景雲撰　清同治八年(1869)江蘇書局刻本　十一册

500000－8701－0006798　F173386－96
昌黎先生集四十卷外集十卷遺文一卷　(唐)韓愈著　**集傳一卷**　(宋)朱熹編　**點勘四卷**　(清)陳景雲撰　清同治八年(1869)江蘇書局刻本　十一册

500000－8701－0006799　F173401－10
昌黎先生集四十卷外集十卷遺文一卷　(唐)韓愈著　**集傳一卷**　(宋)朱熹編　**點勘四卷**　(清)陳景雲撰　清宣統三年(1911)石印本　十册

500000－8701－0006800　F173421－32
昌黎先生集四十卷外集十卷遺文一卷　(唐)韓愈著　**集傳一卷**　(宋)朱熹編　**點勘四卷**　(清)陳景雲撰　清宣統三年(1911)掃葉山房石印本　十二册

500000－8701－0006801　F173433－44
昌黎先生集四十卷外集十卷遺文一卷　(唐)韓愈著　**集傳一卷**　(宋)朱熹編　**點勘四卷**　(清)陳景雲撰　清宣統三年(1911)掃葉山房石印本　十二册

500000－8701－0006802　F173455－62
昌黎先生集四十卷附遺文一卷　(唐)韓愈著　(唐)李漢編　清光緒十五年(1889)玉山文瀾閣刻本　八册

500000－8701－0006803　F173463－70
昌黎先生集四十卷遺文一卷　(唐)韓愈著　(唐)李漢編　清同治九年(1870)萃文堂刻本　八册

500000－8701－0006804　F173471－78
昌黎先生集四十卷遺文一卷　(唐)韓愈著　(唐)李漢編　清同治九年(1870)萃文堂刻本　八册

500000－8701－0006805　F173523－38
重刊五百家註音辯昌黎先生文集四十卷　(唐)韓愈著　清乾隆四十九年(1784)刻本　十六册

500000－8701－0006806　F173539－46
重刊五百家註音辯昌黎先生文集四十卷　(唐)韓愈著　清乾隆四十九年(1784)刻本　八册

500000－8701－0006807　F173589－98
昌黎先生集四十卷外集十卷遺文一卷　(唐)韓愈撰　(唐)李漢編　**集傳一卷**　(宋)朱熹編　**點勘四卷**　(清)陳景雲撰　清宣統三年(1911)上海鴻文書局、千頃堂書局石印本　十冊

500000－8701－0006808　F173603－06
昌黎先生詩集注十一卷　(唐)韓愈著　(清)顧嗣立注　清光緒九年(1883)廣州翰墨園刻三色套印本　四冊

500000－8701－0006809　F173607－10
昌黎先生詩集注十一卷　(唐)韓愈著　(清)顧嗣立注　清光緒九年(1883)廣州翰墨園刻三色套印本　四冊

500000－8701－0006810　F173630－33
昌黎先生詩增注證訛十一卷年譜一卷本傳一卷　(唐)韓愈著　(清)顧嗣立刪補　(清)黄鉞增注證訛　清咸豐七年(1857)刻本　四冊

500000－8701－0006811　F173634－37
昌黎先生詩增注證訛十一卷年譜一卷本傳一卷　(唐)韓愈著　(清)顧嗣立刪補　(清)黄鉞增注證訛　清咸豐七年(1857)刻本　四冊

500000－8701－0006812　F173738－43
唐宋八大家類選十四卷　(清)儲欣評　清光緒十八年(1892)湖北官書處刻本　六冊

500000－8701－0006813　F173752－57
唐宋八大家類選十四卷　(清)儲欣評　清乾隆三十一年(1766)受祉堂刻本　六冊

500000－8701－0006814　F173758－805
唐宋八大家文鈔一百四十四卷　(明)茅坤評選　清皖省聚文堂刻本　四十八冊　缺一卷(曾文定公文抄一)

500000－8701－0006815　F173806－09
唐大家韓文公文鈔十六卷　(唐)韓愈著　(明)茅坤評　清康熙四十五年(1706)刻本　四冊

500000－8701－0006816　F173810－13
唐宋八家精選層級集讀本四卷　(清)儲在陸原評　(清)吴煒增訂　清乾隆二十四年(1759)紫陽書院刻本　四冊

500000－8701－0006817　F173814－17
唐宋八家精選層級集讀本四卷　(清)儲在陸原評　(清)吴煒增訂　清乾隆二十四年(1759)紫陽書院刻本　四冊

500000－8701－0006818　F173818－49
唐宋八大家文分體讀本一集八卷二集八卷三集八卷附錄一卷　(清)汪份輯　清康熙五十八年(1719)遄喜齋刻本　三十二冊

500000－8701－0006819　F173850－73
御選唐宋文醇五十八卷　(清)高宗弘曆選　清光緒三年(1877)浙江書局刻本　二十四冊

500000－8701－0006820　F173874－93
御選唐宋文醇五十八卷　(清)高宗弘曆選　清光緒六年(1880)浙江書局刻本　二十冊

500000－8701－0006821　F173894－905
文苑英華選六十卷　(清)宮夢仁訂　清刻本　十二冊

500000－8701－0006822　F173906－07
讀書作文譜十二卷抑善繡法二卷　(清)唐彪輯著　清康熙四十七年(1708)刻本　二冊

500000－8701－0006823　F173908－15
駢體文鈔三十一卷　(清)李兆洛編　清光緒八年(1882)滬上刻本　八冊

500000－8701－0006824　F173916－27
駢體文鈔三十一卷　(清)李兆洛編　清光緒八年(1882)滬上刻本　十二冊

500000－8701－0006825　F173928－37
駢體文鈔三十一卷　(清)李兆洛編　清同治六年(1867)婁江徐氏刻本　十冊

500000－8701－0006826　F173938－49
駢體文鈔三十一卷　(清)李兆洛編　清同治六年(1867)婁江徐氏刻本　十二冊

500000－8701－0006827　F173950－59

駢體文鈔三十一卷　(清)李兆洛編　清光緒七年(1881)四川尊經書局刻本　十册

500000－8701－0006828　F173960－71
駢體文鈔三十一卷　(清)李兆洛編　清合河康氏家塾刻本　十二册

500000－8701－0006829　F173972－81
駢體文鈔三十一卷　(清)李兆洛編　清光緒七年(1881)四川存古書局刻本　十册

500000－8701－0006830　F173982－85
唐駢體文鈔十七卷　(清)陳均輯　清同治十二年(1873)陳古樵刻本　四册

500000－8701－0006831　F173986－90
唐駢體文鈔十七卷　(清)陳均輯　清同治十二年(1873)陳古樵刻本　五册

500000－8701－0006832　F173991－94
唐駢體文鈔十七卷　(清)陳均輯　清嘉慶二十五年(1820)海昌陳氏廣州刻本　四册

500000－8701－0006833　F173995－4002
國朝駢體正宗評本十二卷　(清)曾燠輯　(清)姚燮評　清光緒十一年(1885)鎮海張氏花雨樓刻朱墨套印本　八册

500000－8701－0006834　F174003－06
清朝駢體正宗評本十二卷　(清)曾燠選　(清)姚燮評　清光緒上海文瑞樓石印本　四册

500000－8701－0006835　F174007－10
清朝駢體正宗評本十二卷　(清)曾燠選　(清)姚燮評　清光緒上海文瑞樓石印本　四册

500000－8701－0006836　F174011－16
國朝駢體正宗十二卷　(清)曾燠輯　清嘉慶十一年(1806)刻本　六册

500000－8701－0006837　F174017－20
清朝駢體正宗評本十二卷　(清)曾燠選　(清)姚燮評　清光緒上海文瑞樓石印本　四册

500000－8701－0006838　F174021－26
國朝駢體正宗十二卷　(清)曾燠輯　清光緒五年(1879)太原王氏家刻本　六册

500000－8701－0006839　F174062－81
皇朝駢文類苑十四卷首一卷　(清)姚燮輯　清光緒十二年(1886)刻本　二十册

500000－8701－0006840　F174082－83
移華館駢體文四卷　(清)董基誠撰　清咸豐九年(1859)蓉城刻本　二册

500000－8701－0006841　F174084－91
孔羿軒洪北江兩先生駢體文合刻十六卷　(清)孔廣森　(清)洪亮吉撰　清光緒二十一年(1895)善化章氏經濟堂刻本　八册

500000－8701－0006842　F174092
儀鄭堂駢儷文三卷　(清)孔廣森著　清光緒二十一年(1895)善化章氏經濟堂刻本　一册

500000－8701－0006843　F174093
師鄭堂駢體文存二卷　孫雄撰　清光緒二十一年(1895)刻本　一册

500000－8701－0006844　F174094－97
越縵堂駢體文四卷附散體文一卷　(清)李慈銘著　清光緒二十三年(1897)刻本　四册

500000－8701－0006845　F174098
夢花亭駢體文集四卷　(清)陸長春著　清吳興劉氏嘉業堂刻本　一册

500000－8701－0006846　F174099－110
有正味齋駢體文二十四卷　(清)吳錫麒著　(清)王廣業箋　清咸豐九年(1859)青箱塾刻本　十二册

500000－8701－0006847　F174111－12
味雪齋文鈔乙集八卷　(清)戴絅孫撰　清道光二十九年(1849)刻本　二册

500000－8701－0006848　F174113－14
示樸齋駢體文六卷　(清)錢振倫撰　清同治六年(1867)袁浦崇實書院刻本　二册

500000－8701－0006849　F174115－22
駢體南鍼十六卷　(清)汪傳懿輯　清同治五年(1866)容我讀齋刻本　八册

500000－8701－0006850　F174123－24
縵雅堂駢體文八卷　(清)王詒壽著　清光緒六年(1880)娛園刻本　二册

500000－8701－0006851　F174125－26
縵雅堂駢體文八卷　(清)王詒壽著　清光緒六年(1880)娛園刻本　二册

500000－8701－0006852　F174127－30
有正味齋駢體文二十四卷首一卷　(清)吳錫麒著　(清)王廣業箋　(清)葉聯芬注　清光緒十五年(1889)上海蜚英館石印本　四册

500000－8701－0006853　F174139－44
有正味齋駢文十六卷　(清)吳錫麒著　(清)葉聯芬箋注　清同治七年(1868)慈北葉氏刻本　六册

500000－8701－0006854　F174145－72
駢文類纂四十六卷　王先謙纂輯　清光緒二十八年(1902)湖南思賢書局刻本　二十八册

500000－8701－0006855　F174183－92
駢雅七卷首一卷　(明)朱謀㙔撰　清同治十一年(1872)經綸書室刻本　十册

500000－8701－0006856　F174193－200
駢雅七卷首一卷　(明)朱謀㙔撰　清同治十一年(1872)經綸書室刻本　八册

500000－8701－0006857　F174201－08
隨園駢體文註十六卷　(清)袁枚著　(清)黎光地註　清光緒十二年(1886)竹素書局刻本　八册

500000－8701－0006858　F174209－16
國朝常州駢體文錄三十一卷結一宧駢體文一卷　屠寄輯　清光緒十六年(1890)武進屠氏刻本　八册

500000－8701－0006859　F174217－19
列國陸軍制不分卷　(美國)歐潑登著　(美國)林樂知　(清)瞿昂來譯　清末江南製造總局刻本　三册

500000－8701－0006860　F174220－39
皇朝駢文類苑十四卷首一卷　(清)姚燮輯　清光緒十二年(1886)鎮海張壽榮刻本　二十册

500000－8701－0006861　F174240－55
皇朝駢文類苑十四卷首一卷　(清)姚燮輯　清光緒十二年(1886)鎮海張壽榮刻本　十六册

500000－8701－0006862　F174256－67
皇朝駢文類苑十四卷首一卷　(清)姚燮輯　清光緒九年(1883)鎮海張壽榮刻本　十二册

500000－8701－0006863　F174268－87
皇朝駢文類苑十四卷首一卷　(清)姚燮輯　清光緒九年(1883)鎮海張壽榮刻本　二十册

500000－8701－0006864　F174288－91
國朝十家四六文鈔　王先謙編　清光緒十五年(1889)長沙王氏刻本　四册

500000－8701－0006865　F174292－95
國朝十家四六文鈔　王先謙編　清刻本　四册

500000－8701－0006866　F174296－99
國朝十家四六文鈔　王先謙編　清光緒十五年(1889)長沙王氏刻本　四册

500000－8701－0006867　F174300－07
忠雅堂評選四六法海八卷　(明)王志堅編　(清)蔣士銓評選　清同治十年(1871)萃文堂刻朱墨套印本　八册

500000－8701－0006868　F174308－15
忠雅堂評選四六法海八卷　(明)王志堅編　(清)蔣士銓評選　清同治十年(1871)萃文堂刻朱墨套印本　八册

500000－8701－0006869　F174316－26
忠雅堂評選四六法海八卷　(明)王志堅編　(清)蔣士銓評選　清同治十年(1871)萃文堂刻朱墨套印本　八册

500000－8701－0006870　F174324－31
評選四六法海八卷　(明)王志堅編　(清)蔣士銓評選　清末上海文瑞樓石印本　八册

500000－8701－0006871　F174332－39

評選四六法海八卷　(明)王志堅編　(清)蔣士銓評選　清末上海文瑞樓石印本　八冊

500000－8701－0006872　F174340－49
八家四六文注八卷首一卷補注一卷　(清)孫星衍等撰　(清)許貞幹注　清光緒十七年(1891)侯官許氏刻本　十冊

500000－8701－0006873　F174350－57
八家四六文註八卷首一卷補注一卷　(清)孫星衍等撰　(清)許貞幹註　清末上海文瑞樓石印本　八冊

500000－8701－0006874　F174358－65
八家四六文註八卷首一卷補注一卷　(清)孫星衍等撰　(清)許貞幹註　清末掃葉山房石印本　八冊

500000－8701－0006875　F174366－69
宋四六選二十四卷　(清)彭元瑞定本　(清)曹振鏞編　清同治四年(1865)青雲樓刻本　四冊

500000－8701－0006876　F174370－81
宋四六選二十四卷　(清)彭元瑞定本　(清)曹振鏞編　清刻本　十二冊

500000－8701－0006877　F174382－91
宋四六選二十四卷　(清)彭元瑞定本　(清)曹振鏞編　清宣統二年(1910)南通州翰墨林書局鉛印本　十冊

500000－8701－0006878　F174392－97
善卷堂四六十卷　(清)陸繁弨撰　(清)吳自高注　清同治十二年(1873)濟經堂刻本　六冊

500000－8701－0006879　F174398－401
善卷堂四六十卷　(清)陸繁弨撰　(清)吳自高注　清乾隆三十五年(1770)武進陳明善刻本　四冊

500000－8701－0006880　F174402－13
四六叢話三十三卷選詩叢話一卷　(清)孫梅輯　清光緒七年(1881)嶺南許應鑅等刻本　十二冊

500000－8701－0006881　F174418－27
陳檢討四六二十卷　(清)陳維崧撰　(清)程師恭註　清乾隆三十五年(1770)亦園刻本　十冊

500000－8701－0006882　F174428－33
陳檢討四六二十卷　(清)陳維崧撰　(清)程師恭註　清乾隆三十五年(1770)亦園刻本　六冊

500000－8701－0006883　F174434－39
陳檢討四六二十卷　(清)陳維崧撰　(清)程師恭註　清同治六年(1867)古桂山房刻本　六冊

500000－8701－0006884　F174440－47
陳檢討四六二十卷　(清)陳維崧撰　(清)程師恭註　清有美堂刻本　八冊

500000－8701－0006885　F174448－53
陳檢討四六二十卷　(清)陳維崧撰　(清)程師恭註　清有美堂刻本　六冊

500000－8701－0006886　F174454－61
陳檢討四六二十卷　(清)陳維崧撰　(清)程師恭註　清末鴻章書局石印本　八冊

500000－8701－0006887　F174462－67
陳檢討四六二十卷　(清)陳維崧撰　(清)程師恭註　清有美堂刻本　六冊

500000－8701－0006888　F174468－71
陳檢討四六二十卷　(清)陳維崧撰　(清)程師恭註　清刻本　四冊

500000－8701－0006889　F174480－87
八代詩選二十卷　王闓運纂　清光緒十六年(1890)江蘇書局刻本　八冊

500000－8701－0006890　F174488－93
八代詩選二十卷　王闓運纂　清末上海掃葉山房石印本　六冊

500000－8701－0006891　F174494－99
八代詩選二十卷　王闓運纂　清光緒七年(1881)四川尊經書局刻本　六冊

500000－8701－0006892　F174500－05

八代詩選二十卷　王闓運纂　清光緒七年(1881)四川尊經書局刻本　六冊

500000－8701－0006893　F174506－29
歷朝詩約選九十二卷　(清)劉大櫆纂　清光緒二十一年至二十三年(1895－1897)文徵閣刻本　二十四冊

500000－8701－0006894　F174530－51
歷朝詩約選九十二卷　(清)劉大櫆纂　清光緒二十一年至二十三年(1895－1897)文徵閣刻本　二十二冊　缺四卷(一至四)

500000－8701－0006895　F174552－75
歷朝詩約選九十二卷　(清)劉大櫆纂　清光緒二十三年(1897)桐城蕭穆刻本　二十四冊

500000－8701－0006896　F174576－91
歷代詩話二十八種　(清)何文煥輯　清末石印本　十六冊

500000－8701－0006897　F174592－639
御選歷代詩餘一百二十卷　(清)沈辰垣等纂　清蟫隱廬石印本　四十八冊

500000－8701－0006898　F174760－879
御製全唐詩九百卷　(清)曹寅等纂　清刻本　一百二十冊

500000－8701－0006899　F174880－999
全唐詩九百卷　(清)曹寅等編　清光緒元年(1875)豫章撫州饒玉成刻本　一百七冊　缺八十一卷(第三函:李白九至二十五、韋應物十卷、孟彥深劉灣孫昌裔琳柳渾一卷、張謂一卷、岑參四卷、沈宇張鼎薛奇童楊諫張萬頃沈頌梁鍠一卷、杜儼趙良器黄麟郭向郭良王喬徐九皐閻寬李收程彌綸屈同仙豆盧復荊冬倩梁洽鄭紹朱斌梁德裕常非月張良璞孫欣王羨門芮挺章樓穎李康成一卷楊賁李清陳季王邕莊若訥魏璀王顗竇冀魯收朱逵許瑤一卷句佶一卷李嘉祐二卷包何一卷賈邕劉舟長孫鑄房白元晟劉太冲姚發鄭愕殷少野鄔載一卷皇甫曾一卷、高適四卷,第四函:杜甫十九卷、賈至一卷、錢起四卷、元結二卷、張繼一卷、韓翃三卷、獨孤及二卷、郎士元一卷、皇甫冉二卷)

500000－8701－0006900　F175000－31
全唐詩三十二卷　(清)曹寅　(清)彭定求編修　清光緒十三年(1887)上海同文書局石印本　三十二冊

500000－8701－0006901　F175032－63
全唐詩三十二卷　(清)曹寅　(清)彭定求編修　清光緒十三年(1887)上海同文書局石印本　三十二冊

500000－8701－0006902　F175064－103
全唐詩鈔八十卷　(清)吳成儀編　清嘉慶十三年(1808)元和吳氏刻本　四十冊

500000－8701－0006903　F175104－05
全唐詩鈔補遺十六卷　(清)吳成儀編　清刻本　二冊

500000－8701－0006904　F175106－13
唐詩別裁集十卷　(清)沈德潛　(清)陳培脈選　清刻本　八冊

500000－8701－0006905　F175114－18
唐詩別裁集十卷　(清)沈德潛　(清)陳培脈選　清刻本　五冊

500000－8701－0006906　F175119－24
唐詩別裁集十卷　(清)沈德潛　(清)陳培脈選　清康熙五十六年(1717)刻本　六冊

500000－8701－0006907　F175125－34
重訂唐詩別裁集二十卷　(清)沈德潛選　清乾隆二十八年(1763)三讓堂刻本　十冊

500000－8701－0006908　F175135－40
重訂唐詩別裁集二十卷　(清)沈德潛選　清乾隆二十八年(1763)教忠堂刻本　六冊

500000－8701－0006909　F175141－52
唐詩別裁集引典備註二十卷　(清)沈德潛選　(清)俞汝昌增注　清道光十七年(1837)白鹿山房刻本　十二冊

500000－8701－0006910　F175153－76
御選唐宋詩醇四十七卷目錄二卷　(清)高宗弘曆選　清乾隆二十五年(1760)珊城遺安堂刻朱墨套印本　二十四冊

500000－8701－0006911　F175177－96
御選唐宋詩醇四十七卷目錄二卷　（清）高宗弘曆選　清光緒三年（1877）公益會刻本　二十冊

500000－8701－0006912　F175197－216
御選唐宋詩醇四十七卷目錄二卷　（清）高宗弘曆選　清光緒七年（1881）浙江書局刻本　二十冊

500000－8701－0006913　F175217－36
御選唐宋詩醇四十七卷目錄二卷　（清）高宗弘曆選　清光緒十四年（1888）南海潘氏灌根書屋刻本　二十冊

500000－8701－0006914　F175277
唐人萬首絕句選七卷　（宋）洪邁元本　（清）王士禛選本　清末掃葉山房石印本　一冊

500000－8701－0006915　F175280－81
唐人萬首絕句選七卷　（宋）洪邁元本　（清）王士禛選本　清刻本　二冊

500000－8701－0006916　F175282－83
唐人萬首絕句選七卷　（宋）洪邁元本　（清）王士禛選本　清四川成都存古書局刻本　二冊

500000－8701－0006917　F175284－85
唐人萬首絕句選七卷　（宋）洪邁元本　（清）王士禛選本　清四川成都存古書局刻本　二冊

500000－8701－0006918　F175286－87
唐人萬首絕句選七卷　（宋）洪邁元本　（清）王士禛選本　清光緒二十三年（1897）金陵書局刻本　二冊

500000－8701－0006919　F175290－97
唐人合集四種　（□）□□輯　清光緒十年（1884）上海同文書局石印本　八冊

500000－8701－0006920　F175298－311
王氏彙刻唐人集七種　（清）王遐春輯　清嘉慶十五年至十八年（1810－1813）福建王氏麟後山房刻本　十四冊

500000－8701－0006921　F175314－18
十三唐人詩選十三卷　（清）劉雲份輯　清康熙淮南劉氏野香堂刻本　五冊

500000－8701－0006922　F175323－26
唐人試帖詩鈔四卷　（清）張尹評選　清乾隆二十二年（1757）刻本　四冊

500000－8701－0006923　F175327－30
試帖箋林八卷　（清）秦錫淳選評　清乾隆二十三年（1758）北京文茂齋刻本　四冊

500000－8701－0006924　F175340
唐五言詩選二卷　（□）□□纂　清刻本　一冊

500000－8701－0006925　F175341
中晚唐詩叩彈續集三卷　（清）杜詔　（清）杜庭珠集　清刻本　一冊

500000－8701－0006926　F175342－47
中晚唐詩叩彈集十二卷續集三卷　（清）杜詔　（清）杜庭珠集　清刻本　六冊

500000－8701－0006927　F175356－63
古唐詩合解十二卷附古詩合解四卷　（清）王堯衢註　清末上海廣益書局石印本　八冊

500000－8701－0006928　F175364－69
古唐詩合解十二卷附古詩合解四卷　（清）王堯衢註　清道光二十五年（1845）英德堂刻本　六冊

500000－8701－0006929　F175370－75
古唐詩合解十二卷附古詩合解四卷　（清）王堯衢註　清雍正十年（1732）會文堂刻本　六冊

500000－8701－0006930　F175376－81
古唐詩合解十二卷附古詩合解四卷　（清）王堯衢註　清雍正十年（1732）大經堂刻本　六冊

500000－8701－0006931　F175382－87
古唐詩合解十二卷附古詩合解四卷　（清）王堯衢註　清雍正十年（1732）文德堂刻本　六冊

500000－8701－0006932　F175388
註釋唐詩三百首四卷　(清)孫洙編　清末上海昌文書局石印本　一冊

500000－8701－0006933　F175389
唐詩三百首不分卷　(清)孫洙編　清遂邑務本堂刻本　一冊

500000－8701－0006934　F175392－93
唐詩三百首二卷　(清)孫洙編　清光緒九年(1883)古香閣魏氏刻本　二冊

500000－8701－0006935　F175398
繪圖唐詩三百首四卷　題(清)蘅塘退士編　清末上海章福記書局石印本　一冊

500000－8701－0006936　F175401－04
唐詩三百首註釋六卷　(清)孫洙編　(清)章燮註　**續選一卷**　(清)于慶元編　清光緒十年(1884)刻本　四冊

500000－8701－0006937　F175405－08
唐詩三百首註釋六卷　(清)孫洙編　(清)章燮註　**續選一卷**　(清)于慶元編　清光緒十年(1884)湖南經濟書局刻本　四冊

500000－8701－0006938　F175417－18
唐詩三百首補注八卷　(清)陳婉俊輯　清光緒十三年(1887)蒲圻但氏刻本　二冊

500000－8701－0006939　F175425－30
唐詩三百首註疏六卷　(清)孫洙編　(清)章燮註　清末上海鴻寶齋書局石印本　六冊

500000－8701－0006940　F175431－36
唐詩三百首註疏六卷　(清)孫洙編　(清)章燮註　**續選一卷**　(清)于慶元編　清道光十七年(1837)江右同文堂刻本　六冊

500000－8701－0006941　F175437－38
唐詩三百首註疏六卷　(清)孫洙編　(清)章燮註　**續選一卷**　(清)于慶元編　清道光十七年(1837)江右同文堂刻本　二冊

500000－8701－0006942　F175439
唐詩三百首續選不分卷　(清)于慶元編　清刻本　一冊

500000－8701－0006943　F175440
唐文粹詩選六卷　(清)王士禛刪纂　清末石印本　一冊

500000－8701－0006944　F175441－46
唐宋詩舉要八卷　高步瀛纂　清末鉛印本　六冊

500000－8701－0006945　F175447－50
唐賢三體詩句法六卷　(宋)周弼編　(元)釋圓至註　(清)高士奇輯　(清)何焯評　清光緒十二年(1886)桂陽夏氏瀘州鹽局刻朱墨套印本　四冊

500000－8701－0006946　F175451－53
續唐三體詩八卷　(清)高士奇選　清康熙三十二年(1693)刻本　三冊

500000－8701－0006947　F175454
唐人五言長律清麗集六卷　(清)徐曰璉　(清)沈士駿輯　清刻本　一冊

500000－8701－0006948　F175455－56
唐人五言長律清麗集六卷　(清)徐曰璉　(清)沈士駿輯　清乾隆二十二年(1757)刻本　二冊

500000－8701－0006949　F175457－59
唐人五言排律詩論三卷　(清)蔣鵬翮編釋　清乾隆二十二年(1757)寒山草堂刻本　三冊

500000－8701－0006950　F175460－61
唐人七言絕句鈔不分卷　(清)陳廣専批點　清光緒九年(1883)成都刻本　二冊

500000－8701－0006951　F175462－67
唐詩選六卷　王闓運撰　清光緒二年(1876)成都尊經書局刻本　六冊

500000－8701－0006952　F175468－73
唐詩選六卷　王闓運撰　清光緒二年(1876)成都尊經書局刻本　六冊

500000－8701－0006953　F175480－83
唐詩成法十二卷　(清)屈復著　清乾隆二十八年(1763)弱水草堂刻本　四冊

500000－8701－0006954　F175490－91

唐詩近體四卷　(清)胡本淵評選　清同治七年(1868)刻光緒二年(1876)印本　二冊

500000－8701－0006955　F175508－19
讀雪山房唐詩三十四卷　(清)管世銘輯　清光緒十二年(1886)湖北官書處刻本　十二冊

500000－8701－0006956　F175575－78
唐詩金粉十卷　(清)沈炳震纂輯　清雍正二年(1724)冬讀書齋刻本　四冊

500000－8701－0006957　F175579－80
唐詩金粉十卷　(清)沈炳震纂輯　清雍正二年(1724)冬讀書齋刻本　二冊

500000－8701－0006958　F175591
唐賢三昧集三卷　(清)王士禛編　清康熙二十七年(1688)崑山盛氏刻本　一冊

500000－8701－0006959　F175592－97
唐賢三昧集三卷　(清)王士禛選本　(清)吳煊　(清)胡棠輯注　(清)黃培芳評　清末上海錦章書局石印本　六冊

500000－8701－0006960　F175598－600
唐賢三昧集三卷　(清)王士禛選本　(清)吳煊　(清)胡棠輯注　(清)黃培芳評　清光緒九年(1883)翰墨園刻朱墨套印本　三冊

500000－8701－0006961　F175601－03
唐賢三昧集三卷　(清)王士禛選本　(清)吳煊　(清)胡棠輯注　(清)黃培芳評　清光緒九年(1883)翰墨園刻朱墨套印本　三冊

500000－8701－0006962　F175604－11
唐孟王岑高四家集四種　(唐)孟浩然等撰　清石印本　八冊

500000－8701－0006963　F175612－16
唐四家集四種　(唐)王維等著　清宣統三年(1911)上海掃葉山房石印本　五冊

500000－8701－0006964　F175650－59
十種唐詩選十七卷　(清)王士禛纂　清康熙三十一年(1692)夢延齋刻本　十冊

500000－8701－0006965　F175669－73
三唐人集三種　(清)馮焌光輯　清光緒二年(1876)南海馮氏刻本　五冊　存三種三十二卷(李文公集六至十八補遺一卷附錄一卷、皇甫持正文集六卷補遺一卷、孫可之文集十卷)

500000－8701－0006966　F175674－81
唐人三家集二十六卷　(清)秦恩復輯　清道光十年(1830)江都石研齋影宋刻本　八冊

500000－8701－0006967　F175687－93
五朝詩鐸三十一卷　(清)李壽萱輯　清光緒十四年(1888)敘州府學署明倫堂刻本　七冊　缺三卷(一至三)

500000－8701－0006968　F175694－99
五朝詩鐸三十一卷　(清)李壽萱輯　清光緒十四年(1888)敘州府學署明倫堂刻本　六冊

500000－8701－0006969　F175700－09
五朝詩鐸二十卷　(清)李壽萱輯　清光緒十七年(1891)敘州府學署明倫堂刻本　十冊

500000－8701－0006970　F175710－17
五朝詩鐸二十卷　(清)李壽萱輯　清光緒十七年(1891)敘州府學署明倫堂刻本　八冊

500000－8701－0006971　F175718－33
湖海詩傳四十六卷　(清)王昶輯　清嘉慶八年(1803)青浦王氏刻本　十六冊

500000－8701－0006972　F175734－45
湖海詩傳四十六卷　(清)王昶輯　清嘉慶八年(1803)三泖漁莊刻本　十二冊

500000－8701－0006973　F175746－51
湖海詩傳四十六卷　(清)王昶輯　清嘉慶八年(1803)三泖漁莊刻本　六冊

500000－8701－0006974　F175752－67
湖海詩傳四十六卷　(清)王昶輯　清同治四年(1865)綠蔭堂刻本　十六冊

500000－8701－0006975　F175768－87
湖海文傳七十五卷　(清)王昶輯　清道光十七年(1837)刻同治五年(1866)經訓堂印本　二十冊

500000－8701－0006976　F175788－93
湖海文傳七十五卷　(清)王昶輯　**王公神道**

碑一卷 (清)阮元撰 清道光十七年(1837)經訓堂刻本 六册

500000－8701－0006977 F175794－809
湖海樓文集六卷儷體文集十二卷詩集十二卷詩集補遺一卷詞集二十卷 (清)陳維崧著 (清)陳淮同編校 清光緒十七年至十九年(1891－1893)宜縣任氏弇山官署刻本 十六册

500000－8701－0006978 F175810－11、13－25
湖海樓詩集十二卷詩集補遺一卷詞集二十卷文集六卷儷體文集十二卷 (清)陳維崧著 (清)陳淮同編校 清康熙二十八年(1689)宜興陳氏刻本 十五册 缺三卷(詩集四至六)

500000－8701－0006979 F175866－81
樂府詩集一百卷 (宋)郭茂倩輯 清同治十三年(1874)湖北崇文書局刻本 十六册

500000－8701－0006980 F175882－97
樂府詩集一百卷 (宋)郭茂倩輯 清同治十三年(1874)湖北崇文書局刻本 十六册

500000－8701－0006981 F175898－913
樂府詩集一百卷 (宋)郭茂倩輯 清同治十三年(1874)湖北崇文書局刻本 十六册

500000－8701－0006982 F175914－29
樂府詩集一百卷 (宋)郭茂倩輯 清光緒元年(1875)湖北崇文書局刻本 十六册

500000－8701－0006983 F175930－45
樂府詩集一百卷 (宋)郭茂倩輯 清光緒元年(1875)湖北崇文書局刻本 十六册

500000－8701－0006984 F175946－61
樂府詩集一百卷 (宋)郭茂倩輯 清光緒元年(1875)湖北崇文書局刻本 十六册

500000－8701－0006985 F175962－65
古詩源十四卷 (清)沈德潛選 清康熙五十八年(1719)竹軒齋刻本 四册

500000－8701－0006986 F175966－69
古詩源十四卷 (清)沈德潛選 清光緒十年(1884)敘州汗青簃刻本 四册

500000－8701－0006987 F175970－73
古詩源十四卷 (清)沈德潛選 清光緒十七年(1891)湖南思賢書局刻本 四册

500000－8701－0006988 F175974－77
古詩源十四卷 (清)沈德潛選 清光緒十七年(1891)湖南思賢書局刻本 四册

500000－8701－0006989 F175978－81
古詩源十四卷 (清)沈德潛選 清光緒十七年(1891)湖南思賢書局刻本 四册

500000－8701－0006990 F175998－6001
古詩源十四卷 (清)沈德潛選 清光緒十四年(1888)攷雋堂刻本 四册

500000－8701－0006991 F176002－05
古詩源十四卷 (清)沈德潛選 清康熙五十八年(1719)成都崇倫書局刻本 四册

500000－8701－0006992 F176006－15
漁洋山人古詩選五十卷 (清)王士禛選 清同治五年(1866)金陵書局刻本 十册

500000－8701－0006993 F176016－25
漁洋山人古詩選五十卷 (清)王士禛選 清同治五年(1866)金陵書局刻本 十册

500000－8701－0006994 F176026－37
劉註七家詩十二卷 (清)張熙宇評 (清)劉培棠 (清)劉鍾英輯註 清光緒十五年(1889)天津李文煥刻本 十二册

500000－8701－0006995 F176038－41
七家詩選註釋七卷 (清)張昶注釋 (清)張熙宇輯評 清惠林堂刻本 四册

500000－8701－0006996 F176042－45
五七言今體詩鈔十八卷 (清)姚鼐輯 清同治七年(1868)湘鄉曾氏刻本 四册

500000－8701－0006997 F176090－93
玉谿生詩詳註三卷 (清)馮浩編訂 清乾隆四十五年(1780)醉六堂刻本 四册

500000－8701－0006998 F176094－97
玉谿生詩詳註三卷 (清)馮浩編訂 清乾隆四十五年(1780)醉六堂刻本 四册

500000－8701－0006999　F176102－09
玉谿生詩詳註三卷附樊南文集詳註八卷　(清)馮浩編訂　清同治七年(1868)桐鄉馮寶圻刻本　八冊

500000－8701－0007000　F176110－17
玉谿生詩詳註三卷附樊南文集詳註八卷　(清)馮浩編訂　清同治七年(1868)桐鄉馮寶圻刻本　八冊

500000－8701－0007001　F176118－21
樊南文集詳註八卷　(唐)李商隱著　(清)馮浩編註　清同治七年(1868)桐鄉馮氏刻本　四冊

500000－8701－0007002　F176134－37
樊南文集詳註八卷　(唐)李商隱著　(清)馮浩編註　清乾隆三十年(1765)德聚堂刻本　四冊

500000－8701－0007003　F176138－41
樊南文集補編十二卷　(唐)李商隱著　(清)錢振倫箋　(清)錢振常注　清同治五年(1866)盱眙吳氏望三益齋刻本　四冊

500000－8701－0007004　F176162－63
李長吉集四卷外卷一卷　(唐)李賀著　(明)黃淳耀評　(清)黎簡批點　清宣統元年(1909)掃葉山房朱墨石印本　二冊

500000－8701－0007005　F176168－69
李長吉歌詩四卷首一卷外集一卷　(唐)李賀著　(清)王琦編輯　清乾隆二十五年(1760)錢塘王氏寶笏樓刻本　二冊

500000－8701－0007006　F176170－75
李長吉歌詩四卷首一卷外集一卷　(唐)李賀著　(清)王琦編輯　清乾隆二十五年(1760)錢塘王氏寶笏樓刻本　六冊

500000－8701－0007007　F176176－79
李長吉歌詩四卷首一卷外集一卷　(唐)李賀撰　(清)王琦彙解　清光緒四年(1878)宏達堂刻本　四冊

500000－8701－0007008　F176180－83
李長吉歌詩四卷首一卷外集一卷　(唐)李賀著　(清)王琦編輯　清宣統元年(1909)上海文瑞樓石印本　四冊

500000－8701－0007009　F176196
唐李文山詩集三卷　(唐)李群玉撰　清同治十三年(1874)安福蔣氏刻本　一冊

500000－8701－0007010　F176197－204
李衛公文集二十卷別集十卷外集四卷補遺一卷　(唐)李德裕撰　清光緒十六年(1890)常慊慊齋刻本　八冊

500000－8701－0007011　F176205－08
李文公集十八卷補遺一卷附錄一卷　(唐)李翱撰　清光緒元年(1875)讀有用書齋刻本　四冊

500000－8701－0007012　F176209－10
李長吉昌谷集句解定本四卷　(唐)李賀著　(清)姚佺箋閱　清刻本　二冊

500000－8701－0007013　F176232
王子安集十六卷　(唐)王勃著　清叢雅居鄒氏刻本　一冊　存八卷(九至十六)

500000－8701－0007014　F176233－36
王子安集十六卷　(唐)王勃著　清光緒五年(1879)華陽醉經堂刻本　四冊

500000－8701－0007015　F176237－38
王子安集十六卷　(唐)王勃著　清光緒五年(1879)華陽醉經堂刻本　二冊　存八卷(一至八)

500000－8701－0007016　F176247－50
陳伯玉文集三卷詩集二卷　(唐)陳子昂著　(清)楊國楨編　**首一卷附錄一卷**　清咸豐四年(1854)粵東陳氏來鳳堂刻本　四冊

500000－8701－0007017　F176251－54
陳伯玉文集三卷詩集二卷　(唐)陳子昂著　**附錄一卷**　清道光十七年(1837)蜀州楊國楨刻本　四冊

500000－8701－0007018　F176255－58
陳伯玉文集三卷詩集二卷　(唐)陳子昂著

(清)楊國楨編　**首一卷附錄一卷**　清咸豐四年(1854)粵東陳氏來鳳堂刻本　四册

500000－8701－0007019　F176259－61
陳伯玉文集三卷詩集二卷　(唐)陳子昂著　(清)楊國楨編　**首一卷附錄一卷**　清刻本　三册　存三卷(文集三卷)

500000－8701－0007020　F176263－66
陳伯玉文集三卷詩集二卷　(唐)陳子昂著　(清)楊國楨編　**首一卷附錄一卷**　清咸豐四年(1854)刻本　四册

500000－8701－0007021　F176267－70
陳伯玉文集三卷詩集二卷　(唐)陳子昂著　(清)楊國楨編　**首一卷附錄一卷**　清咸豐四年(1854)刻本　四册

500000－8701－0007022　F176271－76
河東先生文集六卷　(唐)柳宗元著　清宣統二年(1910)上海會文堂粹記石印本　六册

500000－8701－0007023　F176277－82
河東先生文集六卷　(唐)柳宗元著　清宣統二年(1910)上海會文堂書局石印本　六册

500000－8701－0007024　F176283－88
河東先生文集六卷　(唐)柳宗元著　清宣統二年(1910)上海會文堂書局石印本　六册

500000－8701－0007025　F176303－06
柳河東詩集二卷　(唐)柳宗元著　清宣統二年(1910)時中書局石印本　四册

500000－8701－0007026　F176308－09
唐大家柳柳州文鈔十二卷　(明)茅坤評　清刻本　二册

500000－8701－0007027　F176310－17
柳文惠公全集四十三卷別集二卷外集二卷附錄一卷　(唐)劉禹錫編　(宋)穆脩訂　(清)楊季鸞重校　清同治七年(1868)刻本　八册

500000－8701－0007028　F176322－23
唐陸宣公文集四卷首一卷　(唐)陸贄撰　清同治五年(1866)福州正誼書局刻本　二册

500000－8701－0007029　F176324、26－28
唐陸宣公集二十二卷首一卷　(唐)陸贄撰　清光緒二年(1876)江蘇書局刻本　四册　存十四卷(七至二十)

500000－8701－0007030　F176330－37
唐陸宣公集二十四卷　(唐)陸贄撰　清道光二十七年(1847)刻本　八册

500000－8701－0007031　F176338－43
唐陸宣公集二十二卷　(唐)陸贄撰　清同治五年(1866)楊氏問竹軒家塾刻本　六册

500000－8701－0007032　F176344－47
唐陸宣公集二十二卷　(唐)陸贄撰　清同治五年(1866)楊氏問竹軒家塾刻本　四册

500000－8701－0007033　F176348－53
唐陸宣公集二十二卷　(唐)陸贄撰　清刻本　六册

500000－8701－0007034　F176354－65
顔魯公文集三十卷首一卷附補遺一卷　(清)黄本驥編訂　清道光十九年(1839)寧鄉黄氏刻本　十二册

500000－8701－0007035　F176366－76
顔魯公文集三十卷首一卷附補遺一卷　(清)黄本驥編訂　清道光十九年(1839)寧鄉黄氏刻本　十一册　缺一卷(一)

500000－8701－0007036　F176377－79
文忠集十六卷附拾遺四卷　(唐)顔真卿著　清刻本　三册

500000－8701－0007037　F176380－91
顔魯公文集三十卷首一卷附補遺　(清)黄本驥編訂　清道光二十五年(1845)三長物齋刻本　十二册

500000－8701－0007038　F176392－400
顔魯公文集三十卷首一卷附補遺　(清)黄本驥編訂　清道光二十五年(1845)三長物齋刻本　九册

500000－8701－0007039　F176401－06
樊川詩集四卷補遺一卷外集一卷別集一卷

（唐）杜牧著　（清）馮集梧注　清光緒十六年（1890）湘南書局刻本　六册

500000－8701－0007040　F176407－11
樊川詩集四卷補遺一卷外集一卷别集一卷　（唐）杜牧著　（清）馮集梧注　清光緒十六年（1890）湘南書局刻本　五册

500000－8701－0007041　F176412－16
樊川詩集四卷補遺一卷外集一卷别集一卷　（唐）杜牧著　（清）馮集梧注　清光緒十六年（1890）湘南書局刻本　五册

500000－8701－0007042　F176417－18
樊川詩集四卷外集一卷别集一卷補遺一卷　（唐）杜牧著　（清）馮集梧注　清嘉慶六年（1801）德裕堂刻本　二册

500000－8701－0007043　F176433－38
樊川詩集四卷外集一卷别集一卷補遺一卷　（唐）杜牧著　（清）馮集梧注　清光緒二十二年（1896）成都楊氏景蘇園刻本　六册

500000－8701－0007044　F176439－42
溫飛卿詩集九卷　（唐）溫庭筠撰　（明）曾益注　（清）顧予咸補注　清宣統二年（1910）石印本　四册

500000－8701－0007045　F176443－46
溫飛卿詩集九卷　（唐）溫庭筠撰　（明）曾益注　（清）顧予咸補注　清宣統二年（1910）石印本　四册

500000－8701－0007046　F176447－50
溫飛卿詩集九卷　（唐）溫庭筠撰　（明）曾益注　（清）顧予咸補注　清宣統二年（1910）上海國學扶輪社石印本　四册

500000－8701－0007047　F176451－54
溫飛卿詩集九卷　（唐）溫庭筠撰　（明）曾益注　（清）顧予咸補注　清宣統二年（1910）上海國學扶輪社石印本　四册

500000－8701－0007048　F176455－56
溫飛卿詩集九卷　（唐）溫庭筠撰　（明）曾益注　（清）顧予咸補注　清刻本　二册

500000－8701－0007049　F176457－58
溫飛卿詩集九卷　（唐）溫庭筠撰　（明）曾益注　（清）顧予咸補注　清刻本　二册

500000－8701－0007050　F176459－60
溫飛卿詩集九卷　（唐）溫庭筠撰　（明）曾益注　（清）顧予咸補注　清刻本　二册

500000－8701－0007051　F176461－62
溫飛卿詩集九卷　（唐）溫庭筠撰　（明）曾益注　（清）顧予咸補注　清康熙三十六年（1697）長洲顧氏秀野草堂刻本　二册

500000－8701－0007052　F176469－70
河嶽英靈集二卷　（唐）殷璠輯　清光緒四年（1878）秀水高行篤揚州刻本　二册

500000－8701－0007053　F176471
河嶽英靈集二卷　（唐）殷璠輯　清光緒四年（1878）秀水高行篤揚州刻本　一册

500000－8701－0007054　F176472
寒山子詩集一卷　（唐）釋寒山著　清宣統二年（1910）雲陽程德金蘇州刻本　一册

500000－8701－0007055　F176473－74
駱賓王文集十卷　（唐）駱賓王著　清宣統三年（1911）上海文瑞樓石印本　二册

500000－8701－0007056　F176478
洪度集一卷　（唐）薛濤著　清光緒三十二年（1906）貴陽陳氏靈峰草堂刻本　一册

500000－8701－0007057　F176479
洪度集一卷　（唐）薛濤著　清光緒三十二年（1906）貴陽陳氏靈峰草堂刻本　一册

500000－8701－0007058　F176480－83
劉賓客文集三十卷附補遺一卷　（唐）劉禹錫撰　清光緒五年（1879）定州王氏謙德堂刻畿輔叢書本　四册

500000－8701－0007059　F176484－89
劉賓客文集三十卷外集十卷　（唐）劉禹錫撰　清光緒三十一年（1905）仁和朱氏刻結一廬朱氏賸餘叢書本　六册

500000－8701－0007060　F176490－94

張燕公集二十五卷　(唐)張説著　清武英殿活字印本　五冊

500000－8701－0007061　F176495－96
韋蘇州集十卷　(唐)韋應物著　清宣統三年(1911)冰雪山房石印本　二冊

500000－8701－0007062　F176497－99
唐黃御史集八卷附錄一卷書後一卷　(唐)黃滔著　清嘉慶十五年(1810)王氏麟後山房刻本　三冊

500000－8701－0007063　F176500
唐女郎魚玄機詩一卷　(唐)魚玄機著　清嘉慶八年(1803)刻本　一冊

500000－8701－0007064　F176501
王無功集三卷補遺二卷校勘記一卷　(唐)王勣著　清光緒三十二年(1906)羅氏唐風樓刻本　一冊

500000－8701－0007065　F176502
麟角集一卷　(唐)王棨著　清嘉慶十七年(1812)王遐春刻本　一冊

500000－8701－0007066　F176503－04
孫可之文集二卷　(唐)孫樵著　清宣統二年(1910)守政書局刻本　二冊

500000－8701－0007067　F176505
孫可之文集十卷　(唐)孫樵著　清光緒二年(1876)讀有用書齋刻本　一冊

500000－8701－0007068　F176506－07
唐皮日休文藪十卷　(唐)皮日休撰　清光緒八年(1882)郯城于氏刻本　二冊

500000－8701－0007069　F176508－11
制詔集二十卷　(唐)常衮著　清光緒七年(1881)閩郭氏沁泉山館刻本　四冊

500000－8701－0007070　F176532－37
蘇學士文集十六卷　(宋)蘇舜欽著　清宣統三年(1911)北京龍文閣書局石印本　六冊

500000－8701－0007071　F176538－43
蘇學士文集十六卷　(宋)蘇舜欽著　清宣統三年(1911)北京龍文閣書局石印本　六冊

500000－8701－0007072　F176555－62
坡門酬唱二十三卷　(宋)蘇軾等著　清宣統二年至三年(1910－1911)貴池劉氏玉海堂刻本　八冊

500000－8701－0007073　F176563－74
蘇文忠公詩集五十卷目錄二卷　(宋)蘇軾著　(清)紀昀評點　清同治八年(1869)韞玉山房刻朱墨套印本　十二冊

500000－8701－0007074　F176575－654
三蘇全集四種二百八卷　(宋)蘇軾等撰　清道光十二年(1832)中州弓翊清刻本　八十冊

500000－8701－0007075　F176655－734
三蘇全集四種二百八卷　(宋)蘇軾等撰　清道光十二年(1832)中州弓翊清刻本　八十冊

500000－8701－0007076　F176735－814
三蘇全集四種二百八卷　(宋)蘇軾等撰　清道光十二年(1832)中州弓翊清刻本　八十冊

500000－8701－0007077　F176815－94
三蘇全集四種二百八卷　(宋)蘇軾等撰　清道光十二年(1832)中州弓翊清刻本　八十冊

500000－8701－0007078　F176895－974
三蘇全集四種二百八卷　(宋)蘇軾等撰　清道光十二年(1832)中州弓翊清刻本　八十冊

500000－8701－0007079　F177015－38
蘇文忠公詩編註集成四十六卷總案四十五卷蘇海識餘三卷諸家雜綴酌存一卷牋詩圖一卷　(清)王文誥撰　清光緒十四年(1888)浙江書局刻本　二十四冊

500000－8701－0007080　F177039－62
蘇文忠公詩編註集成四十六卷總案四十五卷蘇海識餘三卷諸家雜綴酌存一卷牋詩圖一卷　(清)王文誥撰　清光緒十四年(1888)浙江書局刻本　二十四冊

500000－8701－0007081　F177063－74
蘇文忠公詩集五十卷目錄二卷　(宋)蘇軾著　(清)紀昀評點　清同治八年(1869)婺源潘氏韞玉山房刻朱墨套印本　十二冊

500000－8701－0007082　F177075－86
蘇文忠公詩集五十卷目錄二卷　(宋)蘇軾著　(清)紀昀評點　清同治八年(1869)婺源潘氏韞玉山房刻朱墨套印本　十二冊

500000－8701－0007083　F177117－53
東坡全集八十四卷目錄二卷　(宋)蘇軾著　清道光十二年(1832)眉州三蘇祠刻本　三十七冊

500000－8701－0007084　F177165－70
高季迪先生大全集十八卷　(明)高啓著　清光緒十四年(1888)刻本　六冊

500000－8701－0007085　F177171－72
移華館駢體文四卷　(清)董基誠撰　清光緒十四年(1888)刻本　二冊

500000－8701－0007086　F177173－84
文信國公集二十卷首一卷　(宋)文天祥著　清光緒二十三年(1897)湘南書局刻本　十二冊

500000－8701－0007087　F177185－94
文信國公集二十卷首一卷　(宋)文天祥著　清光緒二十三年(1897)湘南書局刻本　十冊

500000－8701－0007088　F177195－210
文信國公集二十卷首一卷　(宋)文天祥著　清楚醴景萊書室刻本　十六冊

500000－8701－0007089　F177211－22
高子遺書十二卷附錄一卷　(明)高攀龍著　清光緒二年(1876)無錫東林書院刻本　十二冊

500000－8701－0007090　F177228－31
謝疊山先生評注四種合刻　(元)謝枋得著　清光緒九年(1883)弋陽江澍昀等刻本　四冊

500000－8701－0007091　F177232－35
謝疊山先生評注四種合刻　(元)謝枋得著　清光緒九年(1883)弋陽江澍昀等刻本　四冊

500000－8701－0007092　F177236－47
詩觀初集十二卷　(清)鄧漢儀輯　清康熙十一年(1672)泰州鄧氏慎墨堂刻本　十二冊

500000－8701－0007093　F177282－305
亭林先生遺書彙輯二十六種首一卷　(清)顧炎武著　清光緒十四年(1888)吳縣朱氏槐廬刻本　二十四冊

500000－8701－0007094　F177306－29
亭林先生遺書彙輯二十六種首一卷　(清)顧炎武著　清光緒十四年(1888)吳縣朱氏槐廬刻本　二十四冊

500000－8701－0007095　F177330－33
亭林文集六卷詩集五卷　(清)顧炎武著　清宣統元年(1909)上海掃葉山房石印本　四冊

500000－8701－0007096　F177350－51
亭林文集六卷餘集一卷　(清)顧炎武著　清山隱居刻本　二冊

500000－8701－0007097　F177352－53
亭林詩集五卷　(清)顧炎武著　清光緒二年(1876)湖南書局刻本　二冊

500000－8701－0007098　F177367－70
亭林文集六卷　(清)顧炎武著　清光緒崇川葛氏學古齋刻本　四冊

500000－8701－0007099　F177371－82
亭林遺書十種二十七卷　(清)顧炎武撰　清吳江潘氏遂初堂刻本　十二冊

500000－8701－0007100　F177389－400
重刻方望溪先生全集三十卷附年譜一卷　(清)方苞著　清咸豐元年(1851)桐城戴氏味經山館刻本　十二冊

500000－8701－0007101　F177401－14
重刻方望溪先生全集三十卷附年譜一卷　(清)方苞著　清咸豐元年(1851)桐城戴氏味經山館刻本　十四冊

500000－8701－0007102　F177419－26
望溪全集十八卷附補遺十卷　(清)方苞著　清宣統元年(1909)上海集成圖書公司鉛印本　八冊

500000－8701－0007103　F177427－46
施愚山文集二十八卷　(清)施閏章著　清宣

統二年(1910)上海國學扶輪社石印本　二十冊

500000－8701－0007104　F177447－54
施愚山先生學餘詩集五十卷　(清)施閏章撰　(清)施彥淳　(清)施彥恪錄輯　清康熙四十七年(1708)曹氏楝亭刻乾隆施念曾等續刻本　八冊

500000－8701－0007105　F177455－60
施愚山先生學餘文集二十八卷　(清)施閏章撰　(清)施彥淳　(清)施彥恪錄輯　清康熙四十七年(1708)曹氏楝亭刻乾隆施念曾等續刻本　六冊

500000－8701－0007106　F177494－98
課士直解七卷　(清)陳宏謀著　**渤嘐存愚二卷**　(清)李清植著　清道光十八年(1838)貴陽撫署刻本　五冊

500000－8701－0007107　F177515－20
六如居士全集七卷制義一卷畫譜三卷外集六卷　(明)唐寅著　清嘉慶六年(1801)長沙唐氏果克山房刻本　六冊

500000－8701－0007108　F177521－22
六如居士全集七卷　(明)唐寅著　清光緒十一年(1885)鎮江文成堂刻本　二冊

500000－8701－0007109　F177535－58
亦有生齋集六十七卷　(清)趙恒玉著　清道光三年(1823)刻本　二十四冊

500000－8701－0007110　F177565－80
定山堂詩集四十三卷附錄一卷詩餘四卷　(清)龔鼎孳著　(清)龔鼎孶訂　**芳草詞一卷**　(清)龔士雅著　清光緒九年(1883)聽彝書屋刻本　十六冊

500000－8701－0007111　F177581－84
龔端毅公奏疏八卷附錄一卷　(清)龔鼎孳著　清光緒九年(1883)聽彝書屋刻本　四冊

500000－8701－0007112　F177585－91
定山堂古文小品二卷續集一卷補遺三卷浠川政譜不分卷　(清)龔鼎孳著　清光緒十年(1884)刻本　七冊

500000－8701－0007113　F177602－05
詠史集八卷別集一卷　(清)汪元慎著　清咸豐二年(1852)鑄錯軒刻本　四冊

500000－8701－0007114　F177606－15
龍眠古文一集二十四卷附一卷　(清)李雅　(清)何永紹輯　清道光十五年(1835)刻本　十冊

500000－8701－0007115　F177624－29
應潛齋先生集十卷　(明)應撝謙著　清咸豐四年(1854)刻本　六冊

500000－8701－0007116　F177630－39
重刊校正唐荊川先生文集十二卷補遺五卷外集三卷　(明)唐順之著　清光緒三十年(1904)江南書局刻本　十冊

500000－8701－0007117　F177640
籌洋芻議不分卷　(清)薛福成撰　清光緒十一年(1885)刻本　一冊

500000－8701－0007118　F177641－43
浙東籌防錄四卷　(清)薛福成撰　清光緒十四年(1888)刻本　三冊

500000－8701－0007119　F177644－51
庸庵文編四卷續編二卷外編四卷　(清)薛福成撰　清光緒十四年(1888)刻本　八冊

500000－8701－0007120　F177652－59
庸庵文編四卷續編二卷外編四卷　(清)薛福成撰　清光緒十四年(1888)刻本　八冊

500000－8701－0007121　F177660－707
庸庵全集四十七卷　(清)薛福成撰　清光緒十三年至二十四年(1887－1898)刻本　四十八冊

500000－8701－0007122　F177708－11
彙纂詩法度針十卷首一卷　(清)徐文弼輯　清乾隆二十三年(1758)刻本　四冊

500000－8701－0007123　F177712－15
賡縵堂矢音集二卷詩集四卷文集一卷雜俎一卷　(清)何彤雲著　清咸豐九年(1859)綠天

蘭若刻本　四冊

500000－8701－0007124　F177716－17
詩舲詩錄六卷　(清)張祥河著　清道光十八年(1838)華亭張氏刻本　二冊

500000－8701－0007125　F177718
新選策論二卷　(清)陳祖虞等著　清光緒二十八年(1902)瀘州開智書局鉛印本　一冊

500000－8701－0007126　F177721
唐詩六百編四卷　(清)某根居士編　清同治十三年(1874)刻本　一冊

500000－8701－0007127　F177722
言志詩輯補一卷　(清)汪昶著　清刻本　一冊

500000－8701－0007128　F177724
試律叢話四卷　(清)梁章鉅著　清道光二十二年(1842)知足知不足齋刻本　一冊

500000－8701－0007129　F177725－28
鷹青集不分卷　(清)姚元之著　清道光二十三年(1843)刻本　四冊

500000－8701－0007130　F177729－32
謙受堂集十五卷　(清)邵大業著　清嘉慶二年(1797)大縣邵氏刻本　四冊

500000－8701－0007131　F177733
雍益集一卷　(清)王士禛著　清刻本　一冊

500000－8701－0007132　F177742－49
詁經精舍文集十四卷　(清)阮元編　清嘉慶六年(1801)揚州阮氏琅嬛仙館刻本　八冊

500000－8701－0007133　F177770－75
鹿忠節公集二十一卷　(明)鹿善繼著　清刻本　六冊

500000－8701－0007134　F177776－83
鹿忠節公認真草□□種　(明)鹿善繼著　清刻本　八冊　存十五種存二十二卷(金花始末二卷、馬房本末一卷、籽粒本末二卷、扶孤始末一卷、籛餘一卷、農曹草一卷、粵東鹽法一卷、福建鹽法一卷、歸里草一卷、待放草一卷、典餉草一卷、樞曹草二卷、榆關草三卷、再歸草二卷、奉常草二卷)

500000－8701－0007135　F177784－87
亥白詩草八卷　(清)張問安著　清光緒七年(1881)玉燕堂刻本　四冊

500000－8701－0007136　F177788－91
亥白詩草八卷　(清)張問安著　清光緒七年(1881)玉燕堂刻本　四冊

500000－8701－0007137　F177792－803
唐堂集五十卷補遺二卷續集八卷冬錄一卷　(清)黃之雋著　清乾隆刻本　十二冊

500000－8701－0007138　F177809
詞源二卷附錄二種　(宋)張炎編　清道光八年(1828)刻本　一冊

500000－8701－0007139　F177810
宋四家詞選一卷　(清)周濟輯　清道光十二年(1832)刻本　一冊

500000－8701－0007140　F177811
唐五代詞選三卷　(清)成肇麐輯　清光緒十三年(1887)刻本　一冊

500000－8701－0007141　F177836
漁洋詩話三卷　(清)王士禛著　清刻本　一冊

500000－8701－0007142　F177837
說詩晬語二卷　(清)沈德潛撰　清刻本　一冊

500000－8701－0007143　F177838
說詩晬語二卷　(清)沈德潛撰　清刻本　一冊

500000－8701－0007144　F177845－46
廣雅堂詩集一卷　(清)張之洞著　清宣統二年(1910)四川官印刷局鉛印本　二冊

500000－8701－0007145　F177851－56
應制五言排律類選十二卷　(清)劉宗魏輯　清乾隆二十六年(1761)春山堂刻本　六冊

500000－8701－0007146　F177857－58
文館詞林四卷　(唐)許敬宗等編　清光緒十

九年(1893)宜都楊氏景蘇園刻本　二冊

500000－8701－0007147　F177859
詠物七言律詩偶記一卷　(清)翁方綱著　清嘉慶十一年(1806)刻本　一冊

500000－8701－0007148　F177874－82
詞學全書四種附古韻一種　(清)查培繼編　清乾隆十一年(1746)世德堂刻本　九冊　存三種十二卷(填詞名解四卷、古今詞論一卷、填詞圖譜六卷續集一卷)

500000－8701－0007149　F177887－98
詞學叢書六種　(清)秦恩復輯　清嘉慶至道光江都秦氏刻本　十二冊

500000－8701－0007150　F177899－906
詞學叢書六種　(清)秦恩復輯　清嘉慶至道光江都秦氏刻本　八冊

500000－8701－0007151　F177907－14
詞綜補遺二十卷　(清)陶樑編　清道光十四年(1834)長洲陶氏刻本　八冊

500000－8701－0007152　F177915－26
詞林紀事二十二卷附錄三卷　(清)張宗橚輯　清末掃葉山房石印本　十二冊

500000－8701－0007153　F177930－33
父師善誘法二卷讀書作文譜十二卷　(清)唐彪輯　清康熙十四年(1675)經國堂刻本　四冊

500000－8701－0007154　F177934－37
謝疊山先生文章軌範七卷　(元)謝枋得撰　清光緒八年(1882)青簡齋刻朱墨套印本　四冊

500000－8701－0007155　F177938－39
謝疊山先生文章軌範七卷　(元)謝枋得撰　清光緒三十一年(1905)鴻德堂刻本　二冊

500000－8701－0007156　F177940－41
詩比興箋四卷　(清)陳沆撰　清光緒九年(1883)長洲彭氏武昌官署刻本　二冊

500000－8701－0007157　F177956
詞選二卷續二卷附一卷　(清)張惠言輯　清道光十六年(1836)長沙張氏刻本　一冊

500000－8701－0007158　F177957
詞選二卷續二卷附一卷　(清)張惠言輯　清道光十六年(1836)長沙張氏刻本　一冊

500000－8701－0007159　F177958－59
詞選二卷續二卷附一卷　(清)張惠言輯　清道光十年(1830)刻本　二冊

500000－8701－0007160　F177961－62
詞選二卷續二卷附一卷　(清)張惠言輯　清道光十年(1830)官書處刻本　二冊

500000－8701－0007161　F177967－68
詞選二卷續二卷　(清)張惠言輯　清光緒十年(1884)汗青簃刻本　二冊

500000－8701－0007162　F177995－8006
龍川文集三十卷補遺一卷附錄二卷札記一卷　(宋)陳亮著　清同治八年(1869)永康應氏刻本　十二冊

500000－8701－0007163　F178007－16
龍川文集三十卷辨譌考異二卷附錄二卷　(宋)陳亮著　清光緒元年(1875)湖北崇文書局刻本　十冊

500000－8701－0007164　F178017－26
龍川文集三十卷辨譌考異二卷附錄二卷　(宋)陳亮著　清光緒元年(1875)湖北崇文書局刻本　十冊

500000－8701－0007165　F178047－48
程氏家塾讀書分年日程三卷　(元)程端禮著　清光緒八年(1882)羊城六雅齋刻本　二冊

500000－8701－0007166　F178049－50
程氏家塾讀書分年日程三卷　(元)程端禮著　清光緒八年(1882)羊城六雅齋刻本　二冊

500000－8701－0007167　F178052
方泉先生詩集三卷　(宋)周文璞著　清宣統元年(1909)上海國光社影印本　一冊

500000－8701－0007168　F178053
哀怨集一卷附城南詞一卷　宋育仁著　秦嵩年編　清宣統二年(1910)忠州秦氏鉛印本

一册

500000－8701－0007169　F178054
章雲李先生時文稿一卷　(清)章金牧著　清光緒五年(1879)福山王氏刻本　一册

500000－8701－0007170　F178079－91
詞律二十卷　(清)萬樹編　清康熙二十六年(1687)萬氏堆絮園刻本　十三册

500000－8701－0007171　F178092－107
詞律二十卷補遺一卷　(清)萬樹著　(清)杜文瀾校勘　**拾遺八卷**　(清)徐本立纂　清同治十二年至光緒二年(1873－1876)刻本　十六册

500000－8701－0007172　F178108－23
詞律二十卷補遺一卷　(清)萬樹著　(清)杜文瀾校勘　**拾遺八卷**　(清)徐本立纂　清同治十二年至光緒二年(1873－1876)刻本　十六册

500000－8701－0007173　F178124－35
詞律二十卷　(清)萬樹編　清康熙二十六年(1687)萬氏堆絮園刻本　十二册

500000－8701－0007174　F178136－47
詞律二十卷　(清)萬樹編　清康熙二十六年(1687)萬氏堆絮園刻本　十二册

500000－8701－0007175　F178152－53
唐文粹詩選六卷　(清)王士禛删纂　清康熙二十六年(1687)刻本　二册

500000－8701－0007176　F178155
庚子秋詞二卷　(清)王鵬運等著　清末刻本　一册

500000－8701－0007177　F178157
詩賦全集一卷　(清)徐文靖輯　清志寧堂刻本　一册

500000－8701－0007178　F178159－66
龍谿王先生全集二十二卷　(明)王畿著　(明)丁賓編　清光緒八年(1882)海昌查氏刻本　八册

500000－8701－0007179　F178167－86
文粹四十五卷　(清)張道緒輯評　清嘉慶十六年(1811)人鏡軒刻本　二十册

500000－8701－0007180　F178187－98
廬陵文丞相文山先生全集十六卷　(宋)文天祥著　清雍正三年(1725)刻本　十二册

500000－8701－0007181　F178199－214
廬陵文丞相文山先生全集十六卷　(宋)文天祥著　清雍正三年(1725)刻本　十六册

500000－8701－0007182　F178215－16
六朝唐賦讀本不分卷　(清)馬傳庚選註　清同治十三年(1874)京都馬氏玉燕書巢刻本　二册

500000－8701－0007183　F178241－46
廬陵文丞相信國公文忠烈先生全集十卷　(宋)文天祥著　(清)文有焕等編輯　清道光二十八年(1848)刻本　六册

500000－8701－0007184　F178252－53
讀史方輿紀要敘二卷　(清)顧祖禹著　清尊經廣業書局刻本　二册

500000－8701－0007185　F178254－56
龍洲集十四卷首一卷附玉淵吟藁一卷　(宋)劉過著　清光緒二十五年(1899)泰和蕭氏閑餘軒刻本　三册

500000－8701－0007186　F178257－72
唐人五十家小集五十種　(清)江標輯　清光緒二十一年(1895)元和江氏湖南使院刻本　十六册

500000－8701－0007187　F178273
鹿仙吟草一卷　(清)王汝霖撰　清光緒十年(1884)文天駿刻本　一册

500000－8701－0007188　F178276－83
唐宋八大家類選十四卷　(清)儲欣輯評　清康熙三十八年(1699)刻本　八册

500000－8701－0007189　F178284－85
龍筋鳳髓判注四卷　(唐)張鷟著　(明)劉允鵬注　清光緒十年(1884)汗青簃刻本　二册

500000－8701－0007190　F178286－301

新刻重校增補圓機活法詩學全書二十四卷 (明)王世貞校正　清刻本　十六冊

500000－8701－0007191　F178334－39
六合内外瑣言二十卷　(清)屠紳著　清宣統三年(1911)上海國學扶輪社石印本　六冊

500000－8701－0007192　F178340－41
廣治平略八卷補編八卷　(清)蔡方炳編　清末鉛印本　二冊

500000－8701－0007193　F178342
文選古字通疏證六卷　(清)薛傳均著　清道光二十一年(1841)江都薛氏刻本　一冊

500000－8701－0007194　F178343
文格通比十二卷　(清)駱成驤著　清光緒二十九年(1903)成都志古堂刻本　一冊

500000－8701－0007195　F178344－45
諸葛忠武侯文集六卷　(清)張澍編輯　清嘉慶十七年(1812)刻本　二冊

500000－8701－0007196　F178383－86
文心雕龍十卷　(南朝梁)劉勰著　清光緒十四年(1888)兩廣節署刻本　四冊

500000－8701－0007197　F178387－88
文心雕龍十卷附詩品三卷書品一卷尤射一卷　(南朝梁)劉勰著　清刻本　二冊

500000－8701－0007198　F178393－96
文心雕龍十卷　(南朝梁)劉勰著　(清)黄叔琳注　清光緒二十一年(1895)學庫山房刻本　四冊

500000－8701－0007199　F178397－400
文心雕龍十卷　(南朝梁)劉勰著　(清)黄叔琳注　清光緒十九年(1893)思賢講舍刻本　四冊

500000－8701－0007200　F178401－04
文心雕龍十卷　(南朝梁)劉勰著　(清)黄叔琳注　清光緒十九年(1893)思賢講舍刻本　四冊

500000－8701－0007201　F178413－16
文心雕龍十卷　(南朝梁)劉勰著　(清)黄叔琳注　清乾隆三年(1738)養素堂刻本　四冊

500000－8701－0007202　F178417－18
文心雕龍十卷　(南朝梁)劉勰著　(清)黄叔琳注　清乾隆三年(1738)養素堂刻本　二冊

500000－8701－0007203　F178419－22
文心雕龍十卷　(南朝梁)劉勰著　(清)黄叔琳注　清光緒二十二年(1896)新化三味堂刻本　四冊

500000－8701－0007204　F178423－26
文心雕龍十卷　(南朝梁)劉勰著　(清)黄叔琳注　清道光十三年(1833)廣州翰墨園刻朱墨套印本　四冊

500000－8701－0007205　F178427－30
文心雕龍十卷　(南朝梁)劉勰著　(清)黄叔琳注　清道光十三年(1833)廣州翰墨園刻朱墨套印本　四冊

500000－8701－0007206　F178431－34
文心雕龍十卷　(南朝梁)劉勰著　(清)黄叔琳注　清道光十三年(1833)涿州盧氏兩廣節署刻朱墨套印本　四冊

500000－8701－0007207　F178435－38
文心雕龍十卷　(南朝梁)劉勰著　(清)黄叔琳注　清道光十三年(1833)涿州盧氏兩廣節署刻朱墨套印本　四冊

500000－8701－0007208　F178439－42
文心雕龍十卷　(南朝梁)劉勰著　(清)黄叔琳注　(清)紀昀評　清京都聚奎堂刻本　四冊

500000－8701－0007209　F178443－46
文心雕龍十卷　(南朝梁)劉勰著　(清)黄叔琳注　(清)紀昀評　清京都聚奎堂刻本　四冊

500000－8701－0007210　F178447－48
新蘅詞六卷外集一卷　(清)張景祁著　清光緒九年(1883)百億梅花仙館刻本　二冊

500000－8701－0007211　F178450－54
廬陽三賢集三種十七卷　(宋)包拯等著　清

光緒元年(1875)合肥張氏毓秀堂刻本　五冊

500000－8701－0007212　F178455－58
唐詩金粉十卷　(清)沈炳震纂輯　清雍正二年(1724)刻本　四冊

500000－8701－0007213　F178464－69
定盦文集三卷續集四卷文集補二卷雜詩一卷補編四卷　(清)龔自珍撰　清宣統二年(1910)上海掃葉山房石印本　六冊

500000－8701－0007214　F178471－77
龔定盦文集三卷續集四卷補編四卷拾遺一卷附時文一卷文集補一卷別集一卷附孝珙手抄詞一卷　(清)龔自珍撰　**年譜一卷**　吳昌綬編　清宣統元年(1909)國學扶輪社鉛印本　七冊

500000－8701－0007215　F178478－84
龔定盦文集三卷續集四卷補編四卷拾遺一卷附時文一卷文集補一卷別集一卷附孝珙手抄詞一卷　(清)龔自珍撰　**年譜一卷**　吳昌綬編　清宣統元年(1909)國學扶輪社鉛印本　七冊

500000－8701－0007216　F178485－90
龔定盦文集三卷續集四卷文集補二卷續錄一卷雜詩一卷詞選一卷詞錄一卷補編四卷附佚文一卷　(清)龔自珍撰　清光緒三十四年(1908)成都官書局刻本　六冊

500000－8701－0007217　F178491－96
龔定盦文集三卷續集四卷文集補二卷續錄一卷雜詩一卷詞選一卷別集一卷補編四卷附佚文一卷　(清)龔自珍撰　清光緒三十四年(1908)成都官書局刻本　六冊

500000－8701－0007218　F178497－502
定盦文集三卷續集四卷文集補二卷續錄一卷雜詩一卷詞選一卷別集一卷補編四卷　(清)龔自珍撰　清光緒二十三年(1897)萬本書堂刻本　六冊

500000－8701－0007219　F178503－06
定盦文集三卷續集四卷文集補二卷續錄一卷雜詩一卷詞選一卷別集一卷補編四卷　(清)龔自珍撰　清光緒二十八年(1902)上海鴻文書局石印本　四冊

500000－8701－0007220　F178551－62
庾子山集十六卷　(北周)庾信撰　(清)倪璠注　清篤慶堂刻本　十二冊

500000－8701－0007221　F178590－635
康熙字典十二集附檢字一卷辨似一卷等韻一卷備考一卷補遺一卷　(清)張玉書等纂修　(清)奕繪等重修　清道光七年(1827)刻本　四十冊

500000－8701－0007222　F178636－67
康熙字典十二集附檢字一卷辨似一卷等韻一卷備考一卷補遺一卷　(清)張玉書等纂修　(清)奕繪等重修　清道光七年(1827)刻本　三十二冊

500000－8701－0007223　F178680－83
謝山存稿十卷　(明)陳吾德著　清刻本　四冊

500000－8701－0007224　F178716
讀書法十章　(日本)澤柳政太郎著　(清)大無畏生譯　清光緒二十九年(1903)商務印書館鉛印本　一冊

500000－8701－0007225　F178721
讀經遺法臆略一卷　(清)黄金山輯　清光緒六年(1880)歙縣許氏刻本　一冊

500000－8701－0007226　F178722－23
詩選樓詩稿十卷　(清)王采蘋著　清光緒二十年(1894)東河督署刻本　二冊

500000－8701－0007227　F178724－25
讀雪齋詩集九卷　(清)孫文川著　清光緒八年(1882)刻本　二冊

500000－8701－0007228　F178726－35
太師誠意伯劉文成公集二十卷　(明)劉基撰　清光緒二十六年(1900)浙江書局刻本　十冊

500000－8701－0007229　F178736－45
太師誠意伯劉文成公集二十卷　(明)劉基撰

清光緒二十六年(1900)浙江書局刻本 十冊

500000－8701－0007230 F178746－47
說詩樂趣二十卷 (清)伍涵芬著 清大文堂刻本 二冊

500000－8701－0007231 F178748－49
說文古籀補十四卷 (清)吳大澂撰 清光緒十二年(1886)上海點石齋石印本 二冊

500000－8701－0007232 F178750
六藝論疏證一卷魯禮禘祫義疏證一卷 (清)皮錫瑞著 清光緒二十五年(1899)刻本 一冊

500000－8701－0007233 F178765－66
六梅書屋尺牘四卷 (清)淩丹階著 清光緒三年(1877)上海申報館鉛印本 二冊

500000－8701－0007234 F178767－70
四益館經學叢書五種 廖平撰 清光緒十三年(1887)刻本 四冊 存四種存七卷(六書舊義一卷、今古學考二卷、何氏公羊解詁三十論三卷、分撰兩戴記章句凡例一卷)

500000－8701－0007235 F178779－88
施註蘇詩四十二卷補遺二卷 (宋)蘇軾撰 (宋)施元之註 (清)邵長蘅等刪補 清康熙三十八年(1699)刻本 十冊

500000－8701－0007236 F178789－804
太師誠意伯劉文成公集二十卷 (明)劉基撰 清乾隆十一年(1746)青田劉氏刻本 十六冊

500000－8701－0007237 F178817－18
讀書分年日程三卷 (元)程端禮著 清同治七年(1868)湖北崇文書局刻本 二冊

500000－8701－0007238 F178819－20
讀書分年日程三卷 (元)程端禮著 清同治七年(1868)湖北崇文書局刻本 二冊

500000－8701－0007239 F178821－28
說文解字徐氏繫傳四十卷 (漢)許慎著 (宋)徐鍇傳釋 (宋)朱翱反切 清道光十九年(1839)壽陽祁氏刻本 八冊

500000－8701－0007240 F178829－34
庸庵文編四卷續編二卷外編四卷海外文編四卷籌洋芻議一卷出使英法義比四國日記六卷(光緒十六年正月十一日至十七年二月三十日) (清)薛福成撰 清光緒二十七年(1901)上海書局石印本 六冊 存十卷(文編四卷、續編二卷、外編四卷)

500000－8701－0007241 F178835－36
庶常館賦鈔不分卷 (□)□□撰 清光緒十五年(1889)刻本 二冊

500000－8701－0007242 F178837－38
謝宣城詩集五卷 (南朝齊)謝朓撰 清嘉慶元年(1796)海寧吳氏拜經樓刻本 二冊

500000－8701－0007243 F178839－40
座右銘贅語八卷 (清)彭世昌著 清光緒十二年(1886)廬陵彭氏信好軒刻本 二冊

500000－8701－0007244 F178841－42
謝梅莊先生遺集八卷 (清)謝濟世著 清光緒三十四年(1908)全州趙氏鉛印本 二冊

500000－8701－0007245 F178845－48
庸盦文外編四卷 (清)薛福成撰 清光緒十九年(1893)刻本 四冊

500000－8701－0007246 F178849
謫麐堂遺集四卷 (清)戴望著 清宣統元年(1909)會稽趙氏鉛印本 一冊

500000－8701－0007247 F178850－51
詒晉齋後集詩一卷隨筆一卷 (清)永瑆撰 清光緒九年(1883)刻本 二冊

500000－8701－0007248 F178852－54
亦拙詩草十二卷 (清)歐陽翹著 清光緒十二年(1886)刻本 三冊

500000－8701－0007249 F178862
麝塵集一卷 (清)史久榕撰 清光緒十六年(1890)刻本 一冊

500000－8701－0007250 F178863
麝塵集一卷 (清)史久榕撰 清光緒十六年

(1890)刻本　一册

500000－8701－0007251　F178864
夜雪集一卷　王闓運著　清光緒九年(1883)成都石室刻本　一册

500000－8701－0007252　F178867
靖康傳信録二卷　(宋)李綱著　清光緒十年(1884)邵武徐氏刻本　一册

500000－8701－0007253　F178868
甕天瑣録一卷　(清)趙樹吉著　清光緒八年(1882)汗青簃刻本　一册

500000－8701－0007254　F178869
誌銘廣例二卷　(清)梁玉繩著　清光緒四年(1878)會稽章氏刻本　一册

500000－8701－0007255　F178876
齋中讀書一卷　(清)胡肇昕著　清光緒二十五年(1899)績溪胡氏刻本　一册

500000－8701－0007256　F178877
諧聲别部五卷　(清)王士禎原本　(清)喻端士編輯　清乾隆五十四年(1789)刻本　一册

500000－8701－0007257　F178878－87
童山詩集四十二卷附卷二卷　(清)李調元著　清萬卷樓刻本　十册

500000－8701－0007258　F178888
六藝綱目二卷附録一卷　(元)舒天民著　(元)舒自謙注　清光緒四年(1878)刻宏達堂叢書本　一册

500000－8701－0007259　F178893－900
高子遺書十二卷附録一卷　(明)高攀龍著　清光緒二年(1876)無錫東林書院刻民國十一年(1922)補刻本　八册

500000－8701－0007260　F178901－14
高給諫遺集十四卷　(清)高枏著　清宣統三年(1911)瀘縣高氏清翰堂刻本　十四册

500000－8701－0007261　F178915－38
鹿洲全集八種　(清)藍鼎元著　清光緒五年(1879)藍謙修補刻本　二十四册

500000－8701－0007262　F178939－43
庚辰集五卷　(清)紀昀編　清刻本　五册

500000－8701－0007263　F178944－53
詁經精舍全集十六卷　(清)俞樾編　清光緒十一年(1885)刻本　十册

500000－8701－0007264　F178954－65
庾子山集十六卷　(北周)庾信撰　(清)倪璠注　清大文堂刻本　十二册

500000－8701－0007265　F178966
唐五代詞選三卷　(清)成肇麐輯　清光緒十三年(1887)刻本　一册

500000－8701－0007266　F178967－69
宋七家詞選七卷　(清)戈載輯　清光緒十一年(1885)刻本　三册

500000－8701－0007267　F178970－73
庚子銷夏記八卷　(清)孫承澤撰　清乾隆二十六年(1761)歙縣鮑氏知不足齋刻本　四册

500000－8701－0007268　F178974－77
詩韻集成十卷　(清)余照輯　清光緒五年(1879)善成堂刻本　四册

500000－8701－0007269　F178989－94
增廣詩韻全璧五卷　題(清)惜陰軒主人編　清光緒十七年(1891)上海錦章書局石印本　六册

500000－8701－0007270　F179007－12
增廣詩韻全璧五卷附録一卷　題(清)惜陰軒主人編　清光緒二十二年(1896)上海積山書局石印本　六册

500000－8701－0007271　F179013－17
詩韻合璧五卷　李煥章編　清光緒十五年(1889)上海蜚英館石印本　五册

500000－8701－0007272　F179018－21
詩韻集成十卷　(清)余照輯　清光緒二十一年(1895)澹雅書局刻本　四册

500000－8701－0007273　F179022－25
詩韻集成十卷　(清)余照輯　清道光十七年(1837)宏道堂刻本　四册

500000－8701－0007274　F179038－41
增廣詩句題解彙編四卷　(清)中西書局編　清光緒二十四年(1898)上海中西書局石印本　四册

500000－8701－0007275　F179042－46
校補詩韻合璧五卷附録一卷　(清)湯文潞編　清光緒四年(1878)上海淞隱閣鉛印本　五册

500000－8701－0007276　F179047－51
校補詩韻合璧五卷附録一卷　(清)湯文潞編　清光緒四年(1878)上海淞隱閣鉛印本　五册

500000－8701－0007277　F179058－63
增廣詩韻全璧六卷　題(清)鴻寶齋主人編　清光緒十六年(1890)上海鴻寶齋書局石印本　六册

500000－8701－0007278　F179077－81
詩韻合璧五卷　(清)許時庚編　清光緒十二年(1886)鉛印本　五册

500000－8701－0007279　F179087－91
詩韻合璧五卷　(清)許時庚編　清光緒十二年(1886)鉛印本　五册

500000－8701－0007280　F179092－95
詩韻集成十卷　(清)余照輯　清光緒四年(1878)刻本　四册

500000－8701－0007281　F179096－105
詩韻音義註二十卷　(清)朱奎輯　清嘉慶八年(1803)雨香書屋刻本　十册

500000－8701－0007282　F179150－54
讀書作文譜十二卷　(清)唐彪著　清嘉慶二十四年(1819)羊城古經閣刻本　五册

500000－8701－0007283　F179155－58
高陶堂遺集八卷　(清)高心夔著　清光緒八年(1882)平湖朱氏經注經齋刻本　四册

500000－8701－0007284　F179159－62
高陶堂遺集八卷　(清)高心夔著　清光緒八年(1882)平湖朱氏經注經齋刻本　四册

500000－8701－0007285　F179169－72
唐眉山全集二十四卷首一卷　(宋)唐庚著　清道光二十一年(1841)丹稜學署刻本　四册

500000－8701－0007286　F179173－80
批點唐宋八家鈔八卷　(清)高塘輯評　清道光十五年(1835)雙河堂刻本　八册

500000－8701－0007287　F179181
衷聖齋詩集二卷　(清)劉光第著　清光緒二十九年(1903)成都昌福公司鉛印本　一册

500000－8701－0007288　F179182－83
衷聖齋文集不分卷　(清)劉光第著　清光緒三十年(1904)儷峰書屋刻本　二册

500000－8701－0007289　F179184
司空詩品註釋一卷　(唐)司空圖著　清爽塏山房刻本　一册

500000－8701－0007290　F179212－13
唐律賦鈔不分卷　(清)楊泗孫輯　清光緒二年(1876)榍香室刻本　二册

500000－8701－0007291　F179215－20
方言箋疏十三卷　(清)錢繹注　清光緒十六年(1890)紅蝠山房刻本　六册

500000－8701－0007292　F179221－24
方言疏證十三卷　(清)戴震注　清光緒八年(1882)汗青簃刻本　四册

500000－8701－0007293　F179234－35
六朝文絜四卷　(清)許槤評選　清光緒十三年(1887)蒲圻但氏刻本　二册

500000－8701－0007294　F179244－45
讀書作文譜十二卷父師善誘法二卷　(清)唐彪輯著　清嘉慶十九年(1814)刻本　二册

500000－8701－0007295　F179246－49
讀書作文譜十二卷父師善誘法二卷　(清)唐彪輯著　清康熙四十七年(1708)文餘堂刻本　四册

500000－8701－0007296　F179256－65
詩鵠上編三卷中編三卷下編三卷附編三卷　(清)王維舉　(清)王繩祖編　清光緒八年

(1882)東湖草堂刻本　十册

500000－8701－0007297　F180182－85
海粟樓詩階六卷　(清)郭思第輯　清光緒十三年(1887)長白崧蕃刻本　四册

500000－8701－0007298　F180186
宛鄰詩二卷附蓬室偶吟一卷　(清)張琦撰　清光緒十七年(1891)陽湖張氏鉛印本　一册

500000－8701－0007299　F180206－43
寶韋齋類稿一百卷　(清)李桓撰　清光緒六年(1880)武林趙寶墨齋刻本　三十八册

500000－8701－0007300　F180244－47
寶奎堂集十二卷　(清)陸錫熊撰　清道光二十九年(1849)上海張氏刻本　四册

500000－8701－0007301　F180248－51
寶奎堂集十二卷　(清)陸錫熊撰　清嘉慶十五年(1810)松江刻本　四册

500000－8701－0007302　F180252－59
寶綸堂集十卷　(清)陳洪綬著　**拾遺一卷**　(清)陳洪綬著　(清)董金鑑輯　清光緒十四年(1888)會稽董氏取斯堂刻本　八册

500000－8701－0007303　F180260－67
寶綸堂集十卷　(清)陳洪綬著　**拾遺一卷**　(清)陳洪綬著　(清)董金鑑輯　清光緒十四年(1888)會稽董氏取斯堂刻本　八册

500000－8701－0007304　F180268－69
宛湄書屋文鈔八卷　(清)李光廷著　清光緒四年(1878)端溪書院刻本　二册

500000－8701－0007305　F180270－79
宛陵集六十卷　(宋)梅堯臣著　清宣統二年(1910)影印本　十册

500000－8701－0007306　F180280－83
寄雲山館詩鈔十卷　(清)趙韻卿著　清光緒二十六年(1900)趙氏刻本　四册

500000－8701－0007307　F180284－87
宛陵書屋古詩錄十二卷　(清)張琦撰　清琉璃廠文德齋史鴻德刻本　四册

500000－8701－0007308　F180291
宛陵文二卷　(清)張琦撰　清末宛鄰書屋鉛印本　一册

500000－8701－0007309　F180292－301
宛陵先生文集六十卷　(宋)梅堯臣撰　清宣統二年(1910)影印本　十册

500000－8701－0007310　F180302
濂亭文集八卷　(清)張裕釗著　清末掃葉山房石印本　一册

500000－8701－0007311　F180303－04
濂亭文集八卷　(清)張裕釗著　清光緒八年(1882)查氏木漸齋刻本　二册

500000－8701－0007312　F180305－06
濂亭文集八卷　(清)張裕釗著　清光緒八年(1882)查氏木漸齋刻本　二册

500000－8701－0007313　F180307－08
濂亭遺集六卷　(清)張裕釗著　清宣統二年(1910)鄂城刻本　二册

500000－8701－0007314　F180319－22
寶日軒詩集四卷附存詩四卷　(清)王德溥著　清嘉慶四年(1799)何氏刻本　四册

500000－8701－0007315　F180323－24
實學文導二卷　(清)傅雲龍編　清光緒二十一年(1895)石印本　二册

500000－8701－0007316　F180325
賓萌外集四卷　(清)俞樾著　清同治五年(1866)刻本　一册

500000－8701－0007317　F180327－30
安般簃集十卷春闈雜詠一卷附錄一卷　(清)芳郭鈍叟(袁昶)撰　清光緒十六年至十八年(1890－1892)刻本　四册

500000－8701－0007318　F180331－60
宋六十名家詞六十一種　(清)毛晉輯　清光緒十四年(1888)錢塘汪氏刻本　三十册

500000－8701－0007319　F180361－62
宋詩別裁集八卷　(清)張景星點閱　清乾隆二十六年(1761)刻本　二册

500000－8701－0007320　F180363
宋詩別裁集八卷　（清）張景星點閱　清乾隆二十六年（1761）刻本　一册

500000－8701－0007321　F180383－88
宋代五十六家詩集五十七種　坐春書塾選本　清宣統二年（1910）北京龍文閣石印本　六册

500000－8701－0007322　F180389－90
宋宗忠簡公集七卷　（宋）宗澤著　清同治四年（1865）鳩江刻本　二册

500000－8701－0007323　F180396－99
宋六十一家詞選十二卷　（清）馮煦輯　清宣統二年（1910）掃葉山房石印本　四册

500000－8701－0007324　F180400－03
宋六十一家詞選十二卷　（清）馮煦輯　清宣統二年（1910）掃葉山房石印本　四册

500000－8701－0007325　F180404－07
宋六十一家詞選十二卷　（清）馮煦輯　清光緒十三年（1887）江寧成氏冶城山館刻本　四册

500000－8701－0007326　F180416－19
守默齋詩稿一卷附雜著一卷　（清）何應祺著　清同治五年（1866）刻本　四册

500000－8701－0007327　F180420
塞上吟四卷　（清）方聯甲著　清同治十二年（1873）武昌郡廨刻本　一册

500000－8701－0007328　F180421
塞上吟四卷　（清）方聯甲著　清同治十二年（1873）武昌郡廨刻本　一册

500000－8701－0007329　F180423
御選項妙覺普度和聖寒山大士詩一卷　（唐）釋邱胤撰　**圓覺慈度合聖拾得大士詩一卷**　（唐）釋拾得撰　清雍正十一年（1733）刻本　一册

500000－8701－0007330　F180436－39
空同詩集三十四卷　（明）李夢陽著　清光緒十五年（1889）渭南嚴氏刻本　四册

500000－8701－0007331　F180440－45
空同詩集三十四卷　（明）李夢陽著　清光緒十五年（1889）渭南嚴氏刻本　六册

500000－8701－0007332　F180446－51
空同詩集三十四卷　（明）李夢陽著　清光緒十五年（1889）刻十六年（1890）補刻本　六册

500000－8701－0007333　F180452－55
適軒尺牘八卷　（清）徐菊生撰　清光緒二年（1876）金陵存古堂刻本　四册

500000－8701－0007334　F180461
寄生山館詩賸一卷瘦玉詞鈔附一卷　（清）徐士怡著　清光緒十二年（1886）刻本　一册

500000－8701－0007335　F180462－65
寄嶽雲齋試體詩選詳注四卷　（清）聶銑敏著　（清）張學蘇箋　清嘉慶九年（1804）寶翰樓刻本　四册

500000－8701－0007336　F180466－67
增批寄嶽雲齋試體詩選四卷　（清）聶銑敏著　（清）張學蘇箋　清嘉慶九年（1804）刻本　二册

500000－8701－0007337　F180468－69
寄雲山館詞鈔二卷附刊寄愁軒詩鈔詞鈔一卷澹音閣詩鈔一卷　（清）趙韻卿撰　**問花吟館詩鈔一卷**　（清）潘廷灝撰　**胭華樓詩鈔一卷**　（清）潘淑貞撰　清光緒二十六年至二十七年（1900－1901）刻本　二册

500000－8701－0007338　F180470－77
寄園寄所寄十二卷　（清）趙吉士輯　清宣統三年（1911）文盛書局石印本　八册

500000－8701－0007339　F180479
守一齋詩詞三卷　（清）胡文鎬著　清光緒元年（1875）刻本　一册

500000－8701－0007340　F180480－83
適軒尺牘八卷　（清）徐菊生撰　清光緒六年（1880）愛日堂刻本　四册

500000－8701－0007341　F180484－93
安陽集十集　（宋）韓琦撰　清乾隆三十七年

(1772)書錦堂刻本　十冊

500000－8701－0007342　F180495
淮海後集二卷淮海詞一卷附補遺考證　(宋)秦觀著　清刻本　一冊

500000－8701－0007343　F180497
寫心續存一卷　(清)張夒承撰　清同治元年(1862)刻本　一冊

500000－8701－0007344　F180498
寫心再存一卷　(清)張夒承撰　清光緒元年(1875)刻本　一冊

500000－8701－0007345　F180499
永言錄一卷　(清)淳德堂編　清光緒元年(1875)刻本　一冊

500000－8701－0007346　F180500－03
容甫先生遺詩五卷補遺一卷　(清)汪中著　清光緒十一年(1885)維揚述古齋木活字印本　四冊

500000－8701－0007347　F180504－05
容安小室詩鈔四卷小室詞一卷　(清)楊福申著　清宣統三年(1911)同文書館鉛印本　二冊

500000－8701－0007348　F180506
廖天一閣文二卷遺遠堂集外文一卷莽蒼蒼齋詩二卷石鞠影廬筆識二卷　(清)譚嗣同著　清光緒二十八年(1902)石印本　一冊

500000－8701－0007349　F180508
淳化閣帖釋文十卷　(清)徐朝弼集釋　清嘉慶十七年(1812)關中書院耕書堂刻本　二冊

500000－8701－0007350　F180509
涪州小學鄉土地理三卷　(清)賀守典　(清)熊鴻謨編纂　清光緒三十一年(1905)涪州小學堂刻本　一冊

500000－8701－0007351　F180530
避諱錄五卷補正一卷　(清)黄本驥編輯　清鉛印本　一冊

500000－8701－0007352　F180531－40
永新詩徵三十三卷附錄九卷　(清)尹繼隆輯　清同治六年(1867)暫留軒刻本　十冊

500000－8701－0007353　F180546－49
汪子遺集文錄十卷詩錄四卷遺書六卷　(清)汪縉著　清光緒八年(1882)彭氏刻本　四冊

500000－8701－0007354　F180550－53
汪梅村先生集十二卷汪集一卷　(清)汪士鐸著　清光緒七年(1881)刻本　四冊

500000－8701－0007355　F180554－61
汪梅村先生集十二卷汪集一卷　(清)汪士鐸著　清光緒七年(1881)刻本　八冊

500000－8701－0007356　F180562－69
汪鈍翁文集十六卷　(清)汪琬著　清宣統二年(1910)上海國學扶輪社石印本　八冊

500000－8701－0007357　F180581－84
河海崑崙錄四卷　裴景福著　清光緒三十二年(1906)鉛印本　四冊

500000－8701－0007358　F180610
福建闈墨不分卷　(□)□□編輯　清光緒衡鑑堂刻本　一冊

500000－8701－0007359　F180611
福建闈墨不分卷　(□)□□編輯　清光緒衡鑑堂刻本　一冊

500000－8701－0007360　F180612
福建闈墨不分卷　(□)□□編輯　清光緒衡鑑堂刻朱印本　一冊

500000－8701－0007361　F180613
福建闈墨不分卷　(□)□□編輯　清光緒衡鑑堂刻朱印本　一冊

500000－8701－0007362　F180615－16
測海集六卷　(清)彭紹升撰　清光緒二年(1876)成都刻本　二冊

500000－8701－0007363　F180617－18
測海集六卷　(清)彭紹升撰　清同治四年(1865)縣署刻本　二冊

500000－8701－0007364　F180619－20
測海集六卷　(清)彭紹升撰　清同治四年

(1865)縣署刻本　二册

500000－8701－0007365　F180621－22
測海集六卷　(清)彭紹升撰　清同治四年(1865)縣署刻本　二册

500000－8701－0007366　F180623－26
遜學齋文鈔十卷首一卷末一卷　(清)孫衣言著　清同治十三年(1874)刻本　四册

500000－8701－0007367　F180627－28
遜學齋詩鈔十卷　(清)孫衣言著　清同治三年(1864)刻本　二册

500000－8701－0007368　F180629－30
遜學齋詩鈔十卷　(清)孫衣言著　清同治三年(1864)刻本　二册

500000－8701－0007369　F180631－32
潘少白先生詩集五卷　(清)潘諮撰　清桂林陳氏刻本　二册

500000－8701－0007370　F180633－36
潘少白先生集八卷常語二卷　(清)潘諮撰　清道光二十四年(1844)瞻園刻本　四册

500000－8701－0007371　F180637－42
潘方伯公遺稿六卷　(清)潘學祖　(清)潘延祖編　清光緒二十二年(1896)都門刻本　六册

500000－8701－0007372　F180645
述學内篇三卷補遺一卷外篇一卷别録一卷附録一卷校勘記一卷　(清)汪中撰　清刻本　一册　存二卷(一至二)

500000－8701－0007373　F180646－49
述古堂文集十二卷　(清)錢兆鵬著　清光緒七年(1881)刻本　四册

500000－8701－0007374　F180650－55
潛溪録六卷首一卷　(明)宋濂著　孫鏘增補　丁立中編輯　清宣統三年(1911)四明孫氏七千卷樓刻本　六册

500000－8701－0007375　F180658－65
澄衷蒙學堂字課圖説四卷　劉樹屏編　吴子城繪圖　清光緒二十七年(1901)澄衷蒙學堂石印本　八册

500000－8701－0007376　F180679－82
澂清齋試帖六卷　(清)劉鳳墀著　(清)劉亮藻輯評　清光緒十二年(1886)刻四色套印本　四册

500000－8701－0007377　F180683－86
心知堂詩稿十八卷　(清)汪仲洋著　清道光六年(1826)刻本　四册

500000－8701－0007378　F180687－90
心知堂詩稿十八卷　(清)汪仲洋著　清咸豐三年(1853)刻本　四册

500000－8701－0007379　F180693－700
邃懷堂文集箋注十六卷　(明)袁翼撰　(清)朱舲箋註　清咸豐八年(1858)古唐朱氏古懽齋刻本　八册

500000－8701－0007380　F180701－20
邃懷堂文集十六卷駢文補箋一卷　(明)袁翼撰　(清)朱舲箋註　清光緒十四年(1888)嘉定廖氏刻本　二十册

500000－8701－0007381　F180727－28
對類便讀六卷首一卷　(清)程錫類編輯　清康熙四十六年(1707)蘇州緑慎堂刻本　二册

500000－8701－0007382　F180735－40
漢書鈔四卷後漢書二卷　(清)高嵣集評　清乾隆五十三年(1788)鬱文堂刻本　六册

500000－8701－0007383　F180744－47
補註洗冤録集證四卷附刊一卷　(宋)宋慈撰　(清)王又槐集證　(清)阮其新補註　(清)張錫蕃句讀　**作吏要言一卷**　(清)葉玉屏著　(清)朱性齋增補　清道光二十三年(1843)江都鍾氏刻三色套印本　四册

500000－8701－0007384　F180749
漢劉子駿集一卷　(漢)劉歆著　清刻本　一册

500000－8701－0007385　F180750－53
沈余遺書三種　(清)趙舒翹輯　清光緒二十二年(1896)江蘇書局刻本　四册

500000－8701－0007386　F180754－59
滇詩拾遺六卷　(清)陳榮昌輯　清宣統元年(1909)昆明刻本　六冊

500000－8701－0007387　F180762
瀟湘閣詩稿一卷　(清)沈以淑著　清光緒三十三年(1907)重慶中西書局鉛印本　一冊

500000－8701－0007388　F180763
沈子磻遺文一卷　(清)沈銘石著　清光緒三十四年(1908)江陰金氏栗香室刻本　一冊

500000－8701－0007389　F180768－71
邁堂文畧四卷　(清)李祖陶著　清同治七年(1868)敖陽尚友樓刻本　四冊

500000－8701－0007390　F180772－75
邁堂文畧四卷　(清)李祖陶著　清同治七年(1868)敖陽尚友樓刻本　四冊

500000－8701－0007391　F180776
邁堂文畧不分卷　(清)李祖陶著　清道光十五年(1835)鷺洲書院刻本　一冊

500000－8701－0007392　F180777
法帖釋文十卷　(清)徐祖弼集釋　清嘉慶八年(1803)山左徐氏刻本　一冊

500000－8701－0007393　F180778－83
洪芳洲先生歸田稿三卷續歸田稿二卷續稿二卷附奏疏一卷摘稿四卷讀禮稿三卷　(明)洪朝選撰　**忠孝乘一卷**　清光緒十八年(1892)洪氏刻本　六冊

500000－8701－0007394　F180784－93
沈氏三先生文集六十二卷附録一卷　(宋)沈遘等撰　清光緒二十二年(1896)浙江書局刻本　十冊

500000－8701－0007395　F180794－803
沈氏三先生文集六十二卷附録一卷　(宋)沈遘等撰　清光緒二十二年(1896)浙江書局刻本　十冊

500000－8701－0007396　F180804
洪度集一卷　(唐)薛濤著　清光緒三十二年(1906)貴陽陳矩靈峯草堂刻本　一冊

500000－8701－0007397　F180805
洪度集一卷　(唐)薛濤著　清光緒貴陽陳矩靈峯草堂刻本　一冊

500000－8701－0007398　F180806－89
洪北江全集二十三種　(清)洪亮吉撰　清光緒十五年(1889)湖北官書處刻本　八十四冊

500000－8701－0007399　F180890－973
洪北江全集二十三種　(清)洪亮吉撰　清光緒十五年(1889)湖北官書處刻本　八十四冊

500000－8701－0007400　F180974－89
洪北江全集二十三種　(清)洪亮吉撰　清光緒三年(1877)授經堂刻本　十六冊　存十三種存八十八卷(洪北江先生年譜一卷,卷施閣文甲集七卷、乙集八卷、詩二十卷,更生齋文甲集四卷、文乙集四卷、詩餘二卷、詩八卷,附鮚軒詩八卷,擬兩晉南北史樂府二卷,北江詩話六卷,曉讀書齋初録二卷、二録二卷、三録二卷、四録二卷,弟子職箋釋一卷,史目表二卷,漢魏音四卷,遣戍伊犁日記一卷,天山客話一卷,外家紀聞一卷)

500000－8701－0007401　F180998－1003
清嘉録十二卷　(清)顧祿撰　清道光十年(1830)刻本　六冊

500000－8701－0007402　F181012
遺山樂府三卷　(金)元好問著　清刻本　一冊

500000－8701－0007403　F181015
清貽館遺稿二卷　(清)石葆元著　清道光二十九年(1849)石氏刻本　一冊

500000－8701－0007404　F181027
清雋集一卷　(宋)鄭起撰　(元)仇遠選　清刻本　一冊

500000－8701－0007405　F181028
清風室詩鈔五卷　(清)錢保塘撰　清宣統三年(1911)江蘇刻本　一冊

500000－8701－0007406　F181029－31
清風遺集一卷易注四卷　(清)魏閥著　**附録**

一卷　(清)楊世昌等撰　清光緒十八年(1892)漢川甑山書院刻本　三冊

500000－8701－0007407　F181096－115
湘綺樓全集三十卷　王闓運著　清光緒三十三年(1907)墨莊劉氏長沙刻本　二十冊

500000－8701－0007408　F181116－27
湘綺樓全集三十卷　王闓運著　清光緒三十三年(1907)墨莊劉氏長沙刻本　十二冊

500000－8701－0007409　F181136－47
湘綺樓全集三十卷　王闓運著　清宣統二年(1910)上海國學扶輪社石印本　十二冊

500000－8701－0007410　F181148－59
湘綺樓全集三十卷　王闓運著　清宣統二年(1910)上海國學扶輪社石印本　十二冊

500000－8701－0007411　F181168－71
湘綺樓文集八卷　王闓運著　清光緒二十六年(1900)烝陽刻本　四冊

500000－8701－0007412　F181172－73
湘綺樓文集八卷　王闓運著　清光緒三十三年(1907)長沙刻本　二冊

500000－8701－0007413　F181174－79
湘綺樓文集八卷　王闓運著　清光緒三十三年(1907)長沙刻本　六冊

500000－8701－0007414　F181180－82
湘綺樓文集八卷　王闓運著　清光緒三十四年(1908)湘靈文社鉛印本　三冊

500000－8701－0007415　F181183－84
湘綺樓文集八卷　王闓運著　清光緒三十四年(1908)湘靈文社鉛印本　二冊

500000－8701－0007416　F181186－89
湘綺樓箋啓八卷　王闓運撰　清光緒三十三年(1907)墨莊劉氏長沙刻本　四冊

500000－8701－0007417　F181190－91
湘綺樓詩十四卷　王闓運著　清光緒三十三年(1907)長沙刻本　二冊

500000－8701－0007418　F181192－97
湘綺樓詩十四卷　王闓運著　清光緒三十三年(1907)長沙刻本　六冊

500000－8701－0007419　F181198－201
湘綺樓詩八卷附夜雪集一卷　王闓運著　清光緒二十六年(1900)東洲講舍刻本　四冊

500000－8701－0007420　F181202－05
湘綺樓詩十四卷　王闓運著　清光緒三十三年(1907)東洲講舍刻本　四冊

500000－8701－0007421　F181213
湘絃離恨譜一卷　(清)張祖同撰　清光緒七年(1881)平湖張氏刻本　一冊

500000－8701－0007422　F181214－15
湘中草六卷　(清)湯傳楹撰　清康熙二十四年(1685)刻本　二冊

500000－8701－0007423　F181229－40
詞學全書四種附古韻一種　(清)查培繼編　清乾隆十一年(1746)世德堂刻本　十二冊

500000－8701－0007424　F181351－56
潛菴先生全集五卷附年譜一卷疏稿一卷　(清)湯斌著　(清)閻興邦評　清同治十二年(1873)紅杏山房刻本　六冊

500000－8701－0007425　F181369－73
潛菴先生全集五卷　(清)湯斌著　(清)閻興邦評　清同治十年(1871)繡谷趙氏刻本　五冊

500000－8701－0007426　F181374－79
潛菴先生全集五卷附年譜一卷疏稿一卷　(清)湯斌著　(清)閻興邦評　清同治十年(1871)繡谷麗澤書屋刻本　六冊

500000－8701－0007427　F181380－91
潛菴先生全集五卷附年譜一卷疏稿一卷　(清)湯斌著　(清)閻興邦評　清同治十年(1871)繡谷麗澤書屋刻本　十二冊

500000－8701－0007428　F181392－99
漁洋山人精華録箋注十二卷補一卷　(清)王士禛撰　(清)金榮箋注　(清)徐淮纂輯　**年譜一卷**　(清)惠棟撰　清鳳翽堂刻本　八冊

500000－8701－0007429　F181400－06
漁洋山人精華録箋注十二卷補一卷　（清）王士禛撰　（清）金榮箋注　（清）徐淮纂輯　**年譜一卷**　（清）惠棟撰　清鳳翽堂刻本　七冊

500000－8701－0007430　F181407－16
漁洋山人精華録箋注十二卷補一卷　（清）王士禛撰　（清）金榮箋注　（清）徐淮纂輯　**年譜一卷**　（清）惠棟撰　清鳳翽堂刻本　十冊

500000－8701－0007431　F181417－22
漁洋山人精華録箋注十二卷補一卷　（清）王士禛撰　（清）金榮箋注　（清）徐淮纂輯　**年譜一卷**　（清）惠棟撰　清鳳翽堂刻本　六冊

500000－8701－0007432　F181423－27
漁洋山人精華録箋注十二卷補一卷　（清）王士禛撰　（清）金榮箋注　（清）徐淮纂輯　**年譜一卷**　（清）惠棟撰　清刻本　五冊

500000－8701－0007433　F181434－37
漁洋山人精華錄十卷　（清）王士禛撰　（清）林佶編　清康熙三十九年（1700）林佶刻本　四冊

500000－8701－0007434　F181438－49
漁洋山人精華録箋注十二卷補一卷附錄一卷　（清）王士禛撰　（清）金榮箋注　（清）徐淮纂輯　**年譜一卷**　（清）惠棟撰　清末石印本　十二冊

500000－8701－0007435　F181450－61
漁洋山人精華録箋注十二卷補一卷附錄一卷　（清）王士禛撰　（清）金榮箋注　（清）徐淮纂輯　**年譜一卷**　（清）惠棟撰　清末石印本　十二冊

500000－8701－0007436　F181470
漁洋詩話二卷　（清）王士禛撰　清光緒二十二年（1896）掃葉山房石印本　一冊

500000－8701－0007437　F181471
漁洋詩話二卷　（清）王士禛撰　清末上海錦章圖書局石印本　一冊

500000－8701－0007438　F181496－97
漁洋感舊集小傳四卷　（清）盧見曾撰　清光緒四年（1878）上海淞隱閣鉛印本　二冊

500000－8701－0007439　F181498
漁洋感舊集小傳四卷　（清）盧見曾撰　清宣統二年（1910）上海國學扶輪社鉛印本　一冊

500000－8701－0007440　F181499
漁洋山人詩問二卷　（清）王士禛撰　清乾隆三十五年（1770）王氏刻本　一冊

500000－8701－0007441　F181500
漁洋山人詩問二卷　（清）王士禛撰　清乾隆三十五年（1770）王氏刻本　一冊

500000－8701－0007442　F181502
漁洋山人詩問二卷　（清）王士禛撰　清宣統三年（1911）上海掃葉山房石印本　一冊

500000－8701－0007443　F181503－04
漁洋山人詩集十六卷　（清）王士禛撰　清康熙二十三年（1684）刻本　二冊

500000－8701－0007444　F181505－18
漁洋山人精華録訓纂十卷目錄二卷訓纂補十卷首一卷金氏精華録箋註辯訛一卷　（清）惠棟撰　**漁洋山人自撰年譜二卷**　（清）王士禛撰　（清）惠棟註補　清紅豆齋刻本　十四冊

500000－8701－0007445　F181519－32
漁洋山人精華録訓纂十卷目錄二卷金氏精華録箋註辯訛一卷　（清）惠棟撰　**漁洋山人自撰年譜二卷**　（清）王士禛撰　（清）惠棟註補　清光緒十七年（1891）會稽徐氏述史樓刻本　十四冊

500000－8701－0007446　F181533－56
漁洋山人精華録訓纂十卷目錄二卷金氏精華録箋註辯訛一卷　（清）惠棟撰　**漁洋山人自撰年譜二卷**　（清）王士禛撰　（清）惠棟註補　清光緒十七年（1891）會稽徐氏述史樓刻本　二十四冊

500000－8701－0007447　F181557－60
漁邨記十三折　題（□）妙有山人著　題（□）湘巖居士評點　清乾隆四十三年（1778）妙有

山房刻本　四册

500000－8701－0007448　F181561－64
清芬樓遺藁四卷　（清）任啓運著　清嘉慶二十二年（1817）刻本　四册

500000－8701－0007449　F181565－75
清白士集二十八卷　（清）梁玉繩著　清嘉慶五年（1800）刻本　十一册

500000－8701－0007450　F181576－79
湖州詞徵二十四卷　朱祖謀輯校　清宣統三年（1911）歸安朱氏刻本　四册

500000－8701－0007451　F181580－81
湖唐林館駢體文二卷　（清）李慈銘著　清光緒十年（1884）刻本　二册

500000－8701－0007452　F181582
湖上草堂詩一卷　胡薇元著　清宣統元年（1909）刻本　一册

500000－8701－0007453　F181583－88
湖北試牘六卷　（清）趙尚輔輯　清光緒十七年（1891）刻本　六册

500000－8701－0007454　F181589－93
湖南校士錄四卷　（清）張亨嘉輯　清光緒十七年（1891）湖南學院刻本　五册

500000－8701－0007455　F181596
湖墅雜詩二卷　（清）魏標注　清光緒七年（1881）錢塘丁氏刻本　一册

500000－8701－0007456　F181597－604
還硯齋文稿不分卷　（清）趙新注　清光緒八年（1882）黄樓刻本　八册

500000－8701－0007457　F181605－20
湖海樓文集六卷儷體文集十二卷詩集十二卷詩集補遺一卷詞集二十卷　（清）陳維崧著　清光緒十七年至十九年（1891－1893）宜縣任氏弇山官署刻本　十六册

500000－8701－0007458　F181621－42
湖海樓詩集十二卷詩集補遺一卷詞集二十卷文集六卷儷體文集十二卷　（清）陳維崧著　清乾隆六十年（1795）浩然堂刻本　二十二册

500000－8701－0007459　F181643－46
湖海樓詞集十三卷　（清）陳維崧著　（清）陳淮同等編校　清刻本　四册

500000－8701－0007460　F181647－50
通德遺書所見錄七十二卷　（清）孔廣林輯　清光緒十六年（1890）山東書局刻本　四册

500000－8701－0007461　F181651－53
通齋集五卷外集一卷文集二卷南行紀程一卷　（清）蔣超伯著　清同治三年（1864）高涼郡齋刻本　三册

500000－8701－0007462　F181654－56
通甫類稾四卷續編二卷　（清）魯一同撰　清咸豐九年（1859）湯氏刻本　三册

500000－8701－0007463　F181657－58
通父詩存四卷詩存之餘二卷　（清）魯一同撰　清咸豐九年（1859）刻本　二册　存四卷（詩存一至二、詩存之餘二卷）

500000－8701－0007464　F181659－60
通問便集二卷　題（清）子虚氏輯注　清光緒十三年（1887）上洋畲經堂鉛印本　二册

500000－8701－0007465　F181661－64
通雅堂詩鈔十卷　（清）施山著　清刻本　四册

500000－8701－0007466　F181665
通用對聯一卷　（□）□□纂　清道光六年（1826）忠信堂刻本　一册

500000－8701－0007467　F181666
通詁二卷　（清）李調元著　清刻本　一册

500000－8701－0007468　F181667－74
初月樓文鈔十卷詩鈔四卷聞見錄十卷續聞見錄十卷　（清）吳德旋著　清道光三年（1823）康氏刻本　八册

500000－8701－0007469　F181676
逢吉堂焚餘稿一卷　（清）黄錫深著　清光緒二十八年（1902）南海黄氏刻本　一册

500000－8701－0007470　F181680－83
遲删集八卷附文一卷　（清）吕堅撰　清乾隆

四十三年(1778)滋樹堂刻本　四冊

500000－8701－0007471　F181684
資州校士續錄不分卷　(清)高培穀編　清光緒十五年(1889)資州官廨刻本　一冊

500000－8701－0007472　F181685
澗泉詩餘一卷附客亭樂府一卷稼軒詞補遺一卷　(宋)韓淲撰　**康範詩餘一卷**　(宋)汪晫撰　**應齋詞一卷**　(宋)趙善括撰　清刻本　一冊

500000－8701－0007473　F181688
鴻雪唱和集一卷　(清)吳庭榕等著　清末鉛印本　一冊

500000－8701－0007474　F181689－92
滑稽詩文集第一集四卷　(清)硯雲居士編纂　清宣統二年(1910)石印本　四冊

500000－8701－0007475　F181693－96
滑疑集八卷　(清)韓錫胙著　清同治十三年(1874)浙江處州府署刻本　四冊

500000－8701－0007476　F181697－98
凝齋先生遺集十卷末一卷　(清)陳世爵著　清乾隆二十七年(1762)集思堂刻本　二冊　缺二卷(九至十)

500000－8701－0007477　F181699－700
退思粗訂稿二卷　(清)朱文翰著　(清)潘紹曾重編　清刻本　二冊

500000－8701－0007478　F181701－04
退復軒文集二卷隨筆二卷　(清)錫縝著　清刻本　四冊

500000－8701－0007479　F181705－06
退耕堂集六卷　徐世昌著　清末天津徐氏刻本　二冊

500000－8701－0007480　F181707
退學齋詩稿一卷知困書屋詩稿一卷半園詩稿一卷西徵詩稿一卷吏隱草一卷　(清)朱在勤撰　清刻本　一冊

500000－8701－0007481　F181712
道安室雜文四卷　(清)蕭道管撰　清刻本　一冊

500000－8701－0007482　F181734－57
道古堂文集四十八卷詩集二十六卷集外文一卷集外詩一卷　(清)杭世駿撰　清光緒十四年(1888)錢唐汪氏刻本　二十四冊

500000－8701－0007483　F181758－73
道古堂文集四十八卷詩集二十六卷集外文一卷集外詩一卷　(清)杭世駿撰　清光緒十四年(1888)錢唐汪氏刻本　十六冊

500000－8701－0007484　F181804－23
道古堂文集四十六卷詩集二十六卷　(清)杭世駿著　清刻本　二十冊

500000－8701－0007485　F181824－29
道古堂詩集二十六卷　(清)杭世駿著　清乾隆三十二年(1767)刻本　六冊

500000－8701－0007486　F181850
道德經二卷附陰符經一卷　(三國魏)王弼注　(清)徐大椿補注　清乾隆二十五年(1760)善成堂刻本　一冊

500000－8701－0007487　F181856－61
道援堂詩集十三卷　(清)屈大均著　清刻本　六冊

500000－8701－0007488　F181862－67
道援堂詩集十三卷　(清)屈大均著　清刻本　六冊

500000－8701－0007489　F181868－73
註釋道生堂全集三集　(清)鍾聲著　(清)傅鍾麟注　清光緒十七年(1891)成舍山房刻本　六冊

500000－8701－0007490　F181874－78
道咸同光四朝詩史甲集六卷首一卷　孫雄輯　清宣統二年(1910)刻本　五冊

500000－8701－0007491　F181895－902
海秋詩集二十六卷　(清)湯鵬撰　清道光十八年(1838)刻本　八冊

500000－8701－0007492　F181903－10
海秋詩集二十六卷　(清)湯鵬撰　清道光十

八年(1838)刻本　八冊

500000－8701－0007493　F181911
海藏樓詩一卷　鄭孝胥著　清光緒二十八年(1902)武昌刻本　一冊

500000－8701－0007494　F181912－15
海粟樓詩階六卷　(清)郭思第輯　清光緒十三年(1887)長白崧蕃刻本　四冊

500000－8701－0007495　F181916－27
海虞三陶先生集合刻二十卷補錄二卷　(清)陶元湻等著　清光緒七年(1881)楊氏刻本　十二冊

500000－8701－0007496　F181928－35
海虞三陶先生集合刻二十卷補錄二卷　(清)陶元湻等著　清光緒七年(1881)楊氏刻本　八冊

500000－8701－0007497　F181938－39
海峯先生詩集十卷　(清)劉大櫆著　清光緒二十五年(1899)刻本　二冊

500000－8701－0007498　F181940－57
海雅堂集五編五十二卷　(清)淩揚藻著　清道光十年(1830)狎鷗亭刻本　十八冊

500000－8701－0007499　F181963－72
海峯先生文集八卷詩集十一卷　(清)劉大櫆著　清刻本　十冊

500000－8701－0007500　F181979－82
滄溟詩集十四卷　(明)李攀龍撰　清光緒二十一年(1895)長沙張氏湘雨樓刻本　四冊

500000－8701－0007501　F181983－86
滄溟詩集十四卷　(明)李攀龍撰　清光緒三十三年(1907)渭南嚴氏刻本　四冊

500000－8701－0007502　F181987－90
滄溟詩集十四卷　(明)李攀龍撰　清刻本　四冊

500000－8701－0007503　F181993－99
冷吟仙館詩稿八卷附錄一卷詩餘一卷文存一卷　(清)左錫嘉撰　**吟雲仙館詩稿一卷**　(清)曾詠撰　清光緒十七年(1891)陽湖左氏刻本　七冊

500000－8701－0007504　F182004－09
游鷹山先生集十卷首一卷　(宋)游酢著　(清)游廷馨校輯　清道光二十一年(1841)游氏刻本　六冊

500000－8701－0007505　F182010－11
寒灰集五卷　(清)何栻著　(清)馮詢子評　清咸豐八年(1858)刻本　二冊

500000－8701－0007506　F182012－24
寒松堂全集十二卷年譜一卷　(清)魏象樞著　清嘉慶十六年(1811)刻本　十三冊

500000－8701－0007507　F182025－72
寧都三魏全集三種附三種　(清)魏際瑞等撰　(清)林時益輯　清道光二十五年(1845)易堂刻本(目錄、魏伯子文集卷一係補配)　四十八冊

500000－8701－0007508　F182137
御製避暑山莊詩不分卷　(清)揆敘等撰　清末香山徐氏石印本　一冊

500000－8701－0007509　F182152－55
字典考證十二集　(清)奕繪等輯　清愛日堂刻本　四冊

500000－8701－0007510　F182161
重訂增修安樂箴銘一卷附錄一卷　(清)鐵珊增輯　清光緒八年(1882)石印本　一冊

500000－8701－0007511　F182163－68
淮海集十七卷詩集二卷詞一卷補遺一卷　(宋)秦觀著　清道光十七年(1837)吳縣蔣氏刻本　六冊

500000－8701－0007512　F182175－82
瀛奎律髓四十九卷　(元)方回選　清康熙五十二年(1713)刻本　八冊

500000－8701－0007513　F182183－96
瀛奎律髓刊誤四十九卷　(元)方回選　(清)紀昀批點　清嘉慶五年(1800)李氏刻本　十四冊

500000－8701－0007514　F182227－38

清容居士集五十卷目錄二卷　(元)袁桷撰　**札記一卷**　(清)郁松年撰　清道光二十年(1840)刻宜稼堂叢書本　十二册

500000－8701－0007515　F182239－40
寇忠愍公詩集三卷　(宋)寇準著　清宣統三年(1911)中華圖書館影印本　二册

500000－8701－0007516　F182245－49
清閨秀正始再續集初編四卷　(清)單士釐輯　清末歸安錢氏鉛印本　五册

500000－8701－0007517　F182250－53
清芬集十卷　(清)劉寶楠輯　清道光十八年(1838)刻本　四册

500000－8701－0007518　F182254－55
禮記淺說二卷　(清)皮錫瑞著　清光緒二十五年(1899)刻本　二册

500000－8701－0007519　F182256－59
涑水記聞十六卷　(宋)司馬光撰　清刻本　四册

500000－8701－0007520　F182260－66
江止庵遺集八卷首一卷　(明)江天一著　清光緒二十二年(1896)祭書草堂刻本　七册

500000－8701－0007521　F182267－70
江左校士錄六卷　(清)黃體芳輯　清光緒十二年(1886)上洋石印本　四册

500000－8701－0007522　F182273－76
滹南遺老王先生文集四十五卷　(金)王若虛撰　清光緒十二年(1886)海豐吳氏刻本　四册

500000－8701－0007523　F182281－84
淡墨錄十六卷　(清)李調元著　清乾隆六十年(1795)萬卷樓刻本　四册

500000－8701－0007524　F182286－303
顧端文公遺書十三種六十一卷　(明)顧憲成撰　**年譜四卷**　(明)顧與沐撰　(清)顧樞輯　(清)顧貞觀補　**附小辨齋偶存八卷**　(明)顧允成撰　清光緒三年(1877)涇里宗祠刻本　十八册

500000－8701－0007525　F182342－49
道鄉先生文集四十卷補遺一卷年譜一卷　(宋)鄒浩撰　清道光十一年(1831)刻本　八册

500000－8701－0007526　F182350－57
遂甯張文端公全集七卷　(清)張鵬翮撰　清光緒七年(1881)刻本　八册

500000－8701－0007527　F182358－61
滄州明詩鈔一卷補鈔二卷續鈔四卷　(清)王國均纂輯　清道光二十六年(1846)刻本　四册

500000－8701－0007528　F182368－75
冢綆四十八卷　(清)杜大恒編　清光緒二十二年(1896)儷峰書屋刻本　八册

500000－8701－0007529　F182377
漫遊紀略四卷　(清)王澐著　清末申報館鉛印本　一册

500000－8701－0007530　F182378
湘雪詩鈔四卷　(唐)何易著　清刻本　一册

500000－8701－0007531　F182379
選樓集句二卷首一卷附錄一卷　(清)許祥光集　清道光二十年(1840)番禺許氏刻本　一册

500000－8701－0007532　F182380－89
祠部集三十五卷　(宋)強至撰　清武英殿聚珍版印本　十册

500000－8701－0007533　F182396－407
迦陵詞全集三十卷　(清)陳維崧著　清康熙二十九年(1690)患立堂刻本　十二册

500000－8701－0007534　F182408－13
湖海樓詩集八卷　(清)陳維崧著　清康熙二十八年(1689)刻本　六册

500000－8701－0007535　F182414
青樓集一卷　題(元)雪蓑漁隱記　**板橋雜記三卷**　(清)余懷著　**吳門畫舫錄一卷**　題(清)西溪山人編　清光緒三十四年(1908)長沙葉氏刻本　一册

500000－8701－0007536　F182415－20
書傳補商十七卷　（清）戴鈞衡著　清刻本　六册

500000－8701－0007537　F182421－22
本事詞二卷　（清）葉申薌編輯　清道光十二年（1832）天籟軒刻本　二册

500000－8701－0007538　F182431－32
本朝文讀本四卷　（清）吳鼒編　清嘉慶三年（1798）刻本　二册

500000－8701－0007539　F182439
忠義録一卷　（清）張運基等撰　清同治九年（1870）刻本　一册

500000－8701－0007540　F182440－47
春草堂詩話十六卷　（清）謝堃著　清刻本　八册　存十四卷（一至八、十一至十六）

500000－8701－0007541　F182458
東坡樂府三卷　（宋）蘇軾撰　清宣統二年（1910）刻本　一册

500000－8701－0007542　F182459
中州樂府一卷天下同文一卷附補遺　（金）元好問輯　清宣統三年（1911）刻本　一册

500000－8701－0007543　F182464
東坡樂府二卷　（宋）蘇軾著　清光緒十四年（1888）桂林王氏四印齋刻本　一册

500000－8701－0007544　F182471－72
中國文學指南二卷　邵伯棠輯　清宣統二年（1910）上海會文堂石印本　二册

500000－8701－0007545　F182482－83
中西匯通醫經精義二卷　唐宗海著　清光緒三十四年（1908）千頃堂書局石印本　二册

500000－8701－0007546　F182484－85
中西匯通醫經精義二卷　唐宗海著　清光緒十八年（1892）千頃堂書局石印本　二册

500000－8701－0007547　F182515－30
授堂全集九種七十一卷　（清）武億著　（清）武穆淳編　清道光二十三年（1843）授堂刻本　十六册

500000－8701－0007548　F182533
抱潤軒文集十卷　馬其昶編　清宣統元年（1909）安徽官紙印書局石印本　一册

500000－8701－0007549　F182534
抱潤軒文集十卷　馬其昶編　清宣統元年（1909）安徽官紙印書局石印本　一册

500000－8701－0007550　F182577－80
東塾集六卷申范一卷　（清）陳澧撰　清光緒十八年（1892）廣州菊坡精舍刻本　四册

500000－8701－0007551　F182581－83
東塾集六卷附申范一卷　（清）陳澧撰　清光緒十八年（1892）廣州菊坡精舍刻本　三册

500000－8701－0007552　F182584－88
東洲草堂文鈔二十卷　（清）何紹基著　清同治刻本　五册

500000－8701－0007553　F182589－94
東洲草堂詩選十一卷　（清）何紹基著　清同治八年（1869）宜章官廨刻本　六册

500000－8701－0007554　F182595－600
東洲草堂詩鈔三十卷附詩餘一卷　（清）何紹基著　清同治六年（1867）長沙無園刻本　六册

500000－8701－0007555　F182601－06
青草堂二集十六卷　（清）趙國華著　清光緒八年（1882）濟南刻本　六册

500000－8701－0007556　F182623－26
拙修集十卷　（清）吳廷楝著　清同治十年（1871）六安求我齋刻本　四册

500000－8701－0007557　F182627－28
拙尊園叢稿六卷　（清）黎庶昌著　清光緒江南城李光明莊刻本　二册

500000－8701－0007558　F182629－32
拙尊園叢稿六卷　（清）黎庶昌著　清光緒二十一年（1895）金陵狀元閣刻本　四册

500000－8701－0007559　F182633－36
拙尊園叢稿六卷　（清）黎庶昌著　清光緒二十一年（1895）金陵狀元閣刻本　四册

500000－8701－0007560　F182637－38
青溪舊屋文集十一卷　(清)劉文淇著　清光緒九年(1883)刻本　二册

500000－8701－0007561　F182643－48
青虚山房集十一卷　(清)王太岳著　清光緒十九年(1893)定興鹿氏刻本　六册

500000－8701－0007562　F182649
振綺堂詩存一卷　(清)汪憲撰　清光緒十五年(1889)錢塘汪氏刻本　一册

500000－8701－0007563　F182650
東莊吟稿不分卷　(清)吕留良著　清宣統三年(1911)鉛印本　一册

500000－8701－0007564　F182651
静頤齋文集一卷　(清)李廣濂著　清宣統二年(1910)上海文明書局石印本　一册

500000－8701－0007565　F182652
静頤齋文集一卷　(清)李廣濂著　清宣統二年(1910)上海文明書局石印本　一册

500000－8701－0007566　F182654－65
静志居詩話二十四卷　(清)朱彝尊著　清嘉慶二十四年(1819)扶荔山房刻本　十二册

500000－8701－0007567　F182666－81
静志居詩話二十四卷　(清)朱彝尊著　清嘉慶二十四年(1819)扶荔山房刻本　十六册

500000－8701－0007568　F182688－91
申端愍公集八卷首一卷末一卷　(明)申佳胤著　清刻本　四册

500000－8701－0007569　F182692－97
東洲草堂文鈔二十卷附眠琴閣遺文一卷遺詩二卷浣月樓遺詩二卷　(清)何紹基　(清)何慶涵　(清)李楣著　清光緒刻本　六册

500000－8701－0007570　F182704－09
静儉堂集十卷　(明)熊化著　清光緒二十年(1894)刻本　六册

500000－8701－0007571　F182710－14
静齋新集四卷附時藝續存一卷　(清)何麓生著　清光緒十七年(1891)繡川何氏刻本　五册

500000－8701－0007572　F182715－18
静齋時藝新集四卷　(清)何麓生著　清光緒十五年(1889)通讀堂刻本　四册

500000－8701－0007573　F182729
慧日永明智覺壽禪師山居詩一卷　(宋)釋延壽撰　清道光二十一年(1841)善因寺刻本　一册

500000－8701－0007574　F182730
慧福樓幸草一卷附曲園自述詩一卷　(清)俞繡孫著　清光緒九年(1883)刻本　一册

500000－8701－0007575　F182732
揚子雲集四卷　(漢)揚雄著　清宣統三年(1911)上海文明書局鉛印本　一册

500000－8701－0007576　F182735
擬明史樂府一百首　(清)尤侗撰　清康熙二十年(1681)刻本　一册

500000－8701－0007577　F182744
泰然齋文集二卷　(清)金榘著　清道光二十六年(1846)刻本　一册

500000－8701－0007578　F182745－50
秦川焚餘草六卷補遺一卷附刻一卷　(清)董平章撰　清光緒二十七年(1901)容齋刻本　六册

500000－8701－0007579　F182751
抱素堂詩六卷補遺一卷　(清)孫清元著　清宣統三年(1911)呈貢孫氏石印本　一册

500000－8701－0007580　F182752
抱犢山房集六卷　(清)嵇永仁撰　清同治元年(1862)長沙刻本　一册

500000－8701－0007581　F182756－57
挹翠樓詩話四卷　(清)潘清撰　清同治二年(1863)刻本　二册

500000－8701－0007582　F182766－67
[同治]增修萬縣志三十六卷首一卷典禮備考八卷　(清)王玉鯨　(清)張琴修　(清)范泰衡等纂　清同治五年(1866)萬縣志局刻本

二冊　存八卷(典禮備考八卷)

500000－8701－0007583　F182768－69
［同治］增修萬縣志三十六卷首一卷典禮備考八卷　(清)王玉鯨　(清)張琴修　(清)范泰衡等纂　清同治五年(1866)萬縣志局刻本　二冊　存八卷(典禮備考八卷)

500000－8701－0007584　F182777
棗林詩集不分卷　(清)談遷著　清宣統三年(1911)上海國學扶輪社鉛印本　一冊

500000－8701－0007585　F182780
拾遺記十卷　(晉)王嘉撰　(南朝梁)蕭綺錄　清光緒元年(1875)湖北崇文書局刻本　一冊

500000－8701－0007586　F182782
揚子法言十三卷音義一卷　(漢)揚雄撰　(晉)李軌注　清光緒二年(1876)浙江書局刻本　一冊

500000－8701－0007587　F182783－84
揚子法言十三卷音義一卷　(漢)揚雄撰　(晉)李軌注　清嘉慶二十四年(1819)江都秦氏影宋刻本　二冊

500000－8701－0007588　F182785－89
重刻賴古堂尺牘新鈔三選結隣集十五卷　(清)周在梁等輯　清宣統三年(1911)上海國學扶輪社石印本　五冊

500000－8701－0007589　F182790－97
重刻賴古堂尺牘新鈔三選結隣集十五卷　(清)周在梁等輯　清光緒十二年(1886)賴古堂刻本　八冊

500000－8701－0007590　F182800－11
貴池二妙集五十一卷補遺一卷　(明)吳應箕　(明)劉城著　劉世珩編　清光緒二十六年(1900)貴池劉氏刻本　十三冊

500000－8701－0007591　F182812－17
絜齋集二十四卷附宋儒袁正獻公從祀錄六卷　(宋)袁燮撰　清同治十一年(1872)四明袁氏進修堂刻本　六冊

500000－8701－0007592　F182818－19
春秋左傳杜氏集解辨正二卷　廖平撰　清鉛印本　二冊

500000－8701－0007593　F182820－27
振振堂聯稿二卷文稿二卷詩稿二卷聯稿續二卷　(清)鍾祖芬著　(清)鄭壎輯註　清光緒三十二年(1906)江津振振堂刻本　八冊

500000－8701－0007594　F182840－41
新編十錯認春燈謎記二卷　(清)阮大鋮著　清暖紅室刻本　二冊

500000－8701－0007595　F182842－45
春在堂楹聯錄存三卷續編五卷　(清)俞樾編著　清光緒十年(1884)成都志古堂刻本　四冊

500000－8701－0007596　F182851
春柳堂詩稿一卷　(清)張宜泉著　清光緒三年(1877)張氏刻本　一冊

500000－8701－0007597　F182853
春酒堂文集一卷　(清)周容著　清宣統二年(1910)國學扶輪社鉛印本　一冊

500000－8701－0007598　F182858－60
春秋繁露十七卷附錄一卷　(漢)董仲舒著　清光緒二十三年(1897)新化三味書局刻本　三冊

500000－8701－0007599　F182863－66
春在堂尺牘六卷　(清)俞樾著　清刻本　四冊

500000－8701－0007600　F182867－68
春在堂詩編九卷　(清)俞樾著　清同治七年(1868)刻本　二冊

500000－8701－0007601　F182869－72
增批輯註東萊博議四卷　(宋)呂祖謙著　清宣統三年(1911)上海會文堂書局石印本　四冊

500000－8701－0007602　F182877－78
東萊先生左氏博議二十五卷　(宋)呂祖謙著　清道光十九年(1839)錢塘瞿氏清吟閣刻本

二册

500000－8701－0007603　F182879
東瀛草不分卷　陳矩著　（清）朱庭珍評　清光緒十八年（1892）貴陽陳氏石印本　一册

500000－8701－0007604　F182880
紹興東湖書院通藝堂記一卷附通藝堂詩錄序庚子雜詩序　（清）陶濬宣撰　清光緒二十四年（1898）福州蔣紹荃刻本　一册

500000－8701－0007605　F182899
青邱高季迪先生梟藻集五卷　（明）高啟撰（清）金檀輯注　清雍正六年（1728）刻本　一册

500000－8701－0007606　F182901－02
余忠宣青陽山房集五卷附錄一卷　（元）余闕著　清光緒元年（1875）合肥張氏毓秀堂刻本　二册

500000－8701－0007607　F182903－18
春融堂集六十八卷年譜二卷雜記八卷　（清）王昶著　清嘉慶十二年（1807）塾南書舍刻本　十六册

500000－8701－0007608　F182919－30
春融堂集六十八卷年譜二卷雜記八卷　（清）王昶著　清嘉慶十二年（1807）塾南書舍刻本　十二册

500000－8701－0007609　F182931－50
忠雅堂集四十三卷　（清）蔣士銓著　清道光二十三年（1843）芷園刻本　二十册

500000－8701－0007610　F182951－82
中復堂全集九種九十八卷附錄一卷　（清）姚瑩著　清同治六年（1867）安福縣署刻本　三十二册

500000－8701－0007611　F182983－3004
中復堂全集九種九十八卷附錄一卷　（清）姚瑩著　清同治六年（1867）安福縣署刻本　二十二册

500000－8701－0007612　F183005－07
忠雅堂詩集二十七卷　（清）蔣士銓撰　清乾隆二十七年（1762）揚州刻本　三册　存十六卷（一至十六）

500000－8701－0007613　F183008－23
忠雅堂文集十二卷詩集二十七卷補遺二卷詞集二卷　（清）蔣士銓著　清刻本　十六册

500000－8701－0007614　F183029－33
忠雅堂詩集二十七卷補遺二卷　（清）蔣士銓撰　清蔣氏益州刻本　五册

500000－8701－0007615　F183034－41
忠雅堂文集十二卷　（清）蔣士銓撰　清刻本　八册

500000－8701－0007616　F183042－47
忠雅堂詩集二十七卷補遺二卷詞集二卷　（清）蔣士銓撰　清乾隆二十七年（1762）紅杏山房刻本　六册

500000－8701－0007617　F183048－67
忠雅堂文集十二卷詩集二十七卷補遺二卷詞集二卷　（清）蔣士銓撰　清道光二十三年（1843）藏園刻本　二十册

500000－8701－0007618　F183080－87
扶雅集十六卷　（清）胡章著　清嘉慶元年（1796）存餘堂刻本　八册

500000－8701－0007619　F183088
青村遺稿一卷附錄一卷　（元）金涓撰　清光緒二年（1876）退補齋刻本　一册

500000－8701－0007620　F183089
中虚寶全集一卷　題（清）霞谷道人著　清光緒二十二年（1896）金陵成北科巷蔭餘善堂刻本　一册

500000－8701－0007621　F183092－100
東里文集二十五卷別集不分卷　（明）楊士奇著　**年譜一卷**　清光緒二年（1876）西昌楊敦本堂刻本　九册

500000－8701－0007622　F183101－04
青埰山人詩十卷　（清）洪飴孫著　清光緒十年（1884）閩縣陳氏西江使廨刻本　四册

500000－8701－0007623　F183105

東里生爈餘集三卷　(清)汪家禧撰　清光緒二年(1876)許氏刻本　一冊

500000－8701－0007624　F183106－07
東槎雜著不分卷海外同人集二卷歸省贈言一卷墨江修禊詩一卷　姚文棟著　清光緒十四年(1888)刻本　二冊

500000－8701－0007625　F183111
史忠正公集二卷　(明)史可法撰　(清)史山清輯　清光緒四年(1878)萬邑熊兆麟刻本　一冊

500000－8701－0007626　F183112－15
史忠正公文集四卷首一卷末二卷　(明)史可法撰　(清)史山清輯　清同治五年(1866)渝州健松山堂刻本　四冊

500000－8701－0007627　F183116－17
史忠正公集四卷首一卷末一卷　(明)史可法撰　(清)史山清輯　清光緒二十三年(1897)湘南書局刻本　二冊

500000－8701－0007628　F183118－21
史忠正公集四卷首一卷末一卷　(明)史可法撰　(清)史山清輯　清道光三十年(1850)六安典室刻本　四冊

500000－8701－0007629　F183122－23
史忠正公集四卷首一卷末一卷　(明)史可法撰　(清)史山清輯　清咸豐二年(1852)史氏刻本　二冊

500000－8701－0007630　F183124－26
史忠正公全集四卷首一卷末一卷　(明)史可法撰　(清)史山清輯　清同治七年(1868)楚醴景萊書室刻本　三冊

500000－8701－0007631　F183127－28
史忠正公全集四卷首一卷末一卷　(明)史可法撰　(清)史山清輯　清同治七年(1868)楚醴景萊書室刻本　二冊

500000－8701－0007632　F183129－30
中復堂遺稿五卷續編二卷　(清)姚瑩著　清同治四年(1865)桐城姚氏刻本　二冊

500000－8701－0007633　F183131
東廬吟草一卷　(清)金梁著　清末鉛印本　一冊

500000－8701－0007634　F183135－36
揭文安公文粹二卷　(元)揭傒斯撰　清咸豐元年(1851)刻粵雅堂叢書本　二冊

500000－8701－0007635　F183137
書法正傳四卷學書要論一卷　(清)蔣和撰　清光緒六年(1880)刻本　一冊

500000－8701－0007636　F183140－43
泰雲堂集二十五卷　(清)孫爾準著　清道光十三年(1833)無錫孫氏刻本　四冊

500000－8701－0007637　F183144－47
忠正德文集十卷附錄一卷　(宋)趙鼎撰　清道光十一年(1831)會稽吳氏刻本　四冊

500000－8701－0007638　F183156
本草問答二卷　唐宗海著　清光緒三十四年(1908)千頃堂書局石印本　一冊

500000－8701－0007639　F183157
本草問答二卷　唐宗海著　清光緒三十四年(1908)千頃堂書局石印本　一冊

500000－8701－0007640　F183158－59
書目答問不分卷　(清)張之洞撰　清光緒十四年(1888)上海蜚英館石印本　二冊

500000－8701－0007641　F183160－61
書疑九卷　(宋)王柏撰　清同治八年(1869)金華胡氏刻本　二冊

500000－8701－0007642　F183162－65
事類賦三十卷　(宋)吳淑撰註　清刻本　四冊

500000－8701－0007643　F183166－71
事類賦三十卷　(宋)吳淑撰註　清刻本　六冊

500000－8701－0007644　F183176－81
本事詩十二卷　(清)徐釚編輯　(清)李蘧門等增訂　清乾隆二十二年(1757)承芳堂刻本　六冊

500000－8701－0007645　F183192－95
苾芻館詞集六卷　(清)胡延著　清光緒二十九年(1903)金陵糧儲道廨刻本　四冊

500000－8701－0007646　F183196－99
苾芻館詞集六卷　(清)胡延著　清光緒二十九年(1903)金陵糧儲道廨刻本　四冊

500000－8701－0007647　F183201－06
廿一史彈詞註十一卷　(明)楊慎撰　清乾隆五十一年(1786)張任佐視履堂刻本　六冊

500000－8701－0007648　F183207－13
甘泉鄉人稿二十四卷餘稿二卷　(清)錢泰吉著　**年譜一卷**　(清)錢應溥述　**邠農偶吟稿一卷**　(清)錢炳森撰　**四水子遺著一卷**　(清)錢友泗撰　清同治十一年(1872)嘉興錢氏刻本　七冊

500000－8701－0007649　F183214－25
甘泉鄉人稿二十四卷餘稿二卷　(清)錢泰吉著　**年譜一卷**　(清)錢應溥述　**邠農偶吟稿一卷**　(清)錢炳森撰　**四水子遺著一卷**　(清)錢友泗撰　清同治十一年(1872)嘉興錢氏刻本　十二冊

500000－8701－0007650　F183226－31
甘泉鄉人稿二十四卷餘稿二卷　(清)錢泰吉著　**邠農偶吟稿一卷**　(清)錢炳森撰　**年譜一卷**　(清)錢應溥述　清咸豐四年(1854)蔣氏刻本　六冊

500000－8701－0007651　F183233
七硯齋集聯一卷　(清)馮譽驄著　清光緒十四年(1888)避喧園刻本　一冊

500000－8701－0007652　F183234－35
七言詩歌行鈔八卷　(清)王士禛選　清刻本　二冊

500000－8701－0007653　F183236
七頌堂文集二卷　(清)劉體仁著　清同治七年(1868)潁川劉氏刻本　一冊

500000－8701－0007654　F183237－38
七頌堂詩集十卷　(清)劉體仁著　清同治六年(1867)刻本　二冊

500000－8701－0007655　F183239－46
七家詩詳註七卷　(清)張熙宇輯　(清)石暉甲注　清光緒二十三年(1897)二酉山房刻本　八冊

500000－8701－0007656　F183247－50
重刊七經樓文集六卷　(清)蔣湘南著　清同治九年(1870)馬佩玖刻本　四冊

500000－8701－0007657　F183251－55
七十家賦鈔六卷　(清)張惠言纂輯　清光緒二十三年(1897)江蘇書局刻本　五冊

500000－8701－0007658　F183256－59
七十家賦鈔六卷　(清)張惠言纂輯　清道光元年(1821)合河康氏刻本　四冊

500000－8701－0007659　F183260－63
七十家賦鈔六卷　(清)張惠言纂輯　清光緒四年(1878)宏達堂刻本　四冊

500000－8701－0007660　F183264－65
九家詩續刻讀本五卷　(清)吳錫麒等著　(清)李錫瓚評注　清嘉慶十三年(1808)映雪齋刻本　二冊　缺一卷(三)

500000－8701－0007661　F183266－67
九煙先生遺集六卷　(清)周星著　清道光二十九年(1849)揚州刻本　二冊

500000－8701－0007662　F183269－72
九柏山房詩十六卷　(清)楊倫著　清嘉慶十七年(1812)遂初堂刻本　四冊

500000－8701－0007663　F183325－26
十萬琅玕吟館詩草一卷　(清)劉翊泰著　清光緒二十四年(1898)春暉閣刻本　二冊

500000－8701－0007664　F183327
重校十三經不二字不分卷　(清)李鴻藻輯　清光緒十二年(1886)刻本　一冊

500000－8701－0007665　F183328－31
七家詩選箋注七卷　(清)張熙宇評選　(清)張昶註釋　清道光十二年(1832)青雲堂刻本　四冊

500000－8701－0007666　F183332
十笏山房詩集二卷　（清）徐鴻喆著　清道光二十七年(1847)桐城徐氏刻本　一册

500000－8701－0007667　F183334－37
繡像十五貫十六卷　（清）朱素臣撰　清刻本　四册

500000－8701－0007668　F183338
真道問答不分卷　（英國）楊格非著　清光緒三十一年(1905)華西聖教書會鉛印本　一册

500000－8701－0007669　F183339－42
十科策畧箋釋十卷　（明）劉定之著　清刻本　四册

500000－8701－0007670　F183343
喜雨圖詩一卷　（清）朱明儀編　清刻本　一册

500000－8701－0007671　F183346－51
去僞齋集五卷　（明）吕坤著　清道光七年(1827)開封府署刻本　六册

500000－8701－0007672　F183352－59
壹齋集二十九卷雜集三卷　（清）黄鉞著　清嘉慶二十年(1815)刻本　八册

500000－8701－0007673　F183360－67
太上寶筏圖説不分卷　（清）黄正元撰　清光緒十五年(1889)石印本　八册

500000－8701－0007674　F183376－81
嘉樹山房集二十卷外集二卷　（清）張士元著　清同治十一年(1872)震澤張氏一研樓刻本　六册

500000－8701－0007675　F183382－89
嘉樹山房集二十卷外集二卷　（清）張士元著　清同治十一年(1872)震澤張氏一研樓刻本　八册

500000－8701－0007676　F183390－91
有正味齋尺牘二卷　（清）吴錫麒著　清光緒九年(1883)南海潘氏雲林閣刻本　二册

500000－8701－0007677　F183416－18
有正味齋駢體文二十四卷首一卷　（清）吴錫麒著　（清）王廣業箋　（清）葉聯芬注　清光緒十五年(1889)上海蜚英館石印本　四册

500000－8701－0007678　F183419－26
有正味齋集十六卷　（清）吴錫麒撰　清嘉慶二十一年(1816)文盛堂刻本　八册

500000－8701－0007679　F183427－38
有正味齋詩集十六卷詩續集八卷駢體文二十四卷駢體文續集八卷詞集八卷詞續集二卷外集五卷又二卷　（清）吴錫麒著　清嘉慶十三年(1808)文德堂刻本　十二册

500000－8701－0007680　F183439－56
有正味齋詩集十六卷詩續集八卷駢體文二十四卷駢體文續集八卷詞集八卷詞續集二卷外集五卷又二卷　（清）吴錫麒撰　清嘉慶十三年(1808)刻本　十八册

500000－8701－0007681　F183457－64
有正味齋駢文十六卷　（清）吴錫麒著　（清）葉聯芬箋注　清同治七年(1868)慈北葉氏刻本　八册

500000－8701－0007682　F183465－72
有正味齋駢文十六卷　（清）吴錫麒著　清光緒二十年(1894)蜀東宏道堂刻本　八册

500000－8701－0007683　F183473－92
有正味齋詩集十六卷詩續集八卷駢體文二十四卷駢體文續集八卷詞集八卷詞續集二卷外集五卷又二卷　（清）吴錫麒著　清嘉慶十三年(1808)敬書堂刻本　二十册

500000－8701－0007684　F183493－504
有恒心齋集六種　（清）程鴻詔撰　清刻本　十二册　缺二種五卷(有恒心齋詩餘二卷、詞餘一卷,夏小正集説一至二)

500000－8701－0007685　F183505－16
有恒心齋集六種　（清）程鴻詔撰　清刻本　十二册

500000－8701－0007686　F183517－18
有恒心齋詩七卷　（清）程鴻詔撰　清刻本　二册

500000－8701－0007687　F183519－22
有恒心齋前集一卷文一卷　（清）程鴻詔撰　清刻本　四册

500000－8701－0007688　F183523－24
有恒心齋駢體文六卷　（清）程鴻詔撰　清同治十一年（1872）休寧吳氏刻本　二册

500000－8701－0007689　F183525－26
有恒心齋駢體文六卷　（清）程鴻詔撰　清同治十一年（1872）休寧吳氏刻本　二册

500000－8701－0007690　F183527－30
有懷堂詩藁六卷　（清）韓菼著　清刻本　四册

500000－8701－0007691　F183615－22
胡文忠公遺集八十六卷首一卷　（清）胡林翼著　（清）曾國荃輯　（清）胡鳳丹重編　清光緒二十七年（1901）上海圖書集成印書局鉛印本　八册

500000－8701－0007692　F183623－30
胡文忠公遺集十卷首一卷　（清）胡林翼著　清同治七年（1868）醉六堂刻本　八册

500000－8701－0007693　F183631－36
胡文忠公遺集十卷首一卷　（清）胡林翼著　清同治七年（1868）醉六堂刻本　六册

500000－8701－0007694　F183637－40
胡文忠公遺集八十六卷首一卷　（清）胡林翼撰　（清）鄭敦謹　（清）曾國荃編輯　清同治六年（1867）刻本　四册　存九卷（一至八、首一卷）

500000－8701－0007695　F183641－48
胡文忠公遺集十卷首一卷　（清）胡林翼著　（清）閻敬銘編輯　清同治三年（1864）武昌節署刻本　八册

500000－8701－0007696　F183649－52
胡少師總集六卷首一卷附録一卷　（宋）胡舜陟著　清同治二年（1863）刻本　四册

500000－8701－0007697　F183653－60
胡澹庵先生文集三十二卷　（宋）胡銓著　清道光十三年（1833）讀書堂刻本　八册

500000－8701－0007698　F183663－68
楹聯叢話十二卷續話四卷　（清）梁章鉅編輯　清道光二十五年（1845）長沙刻本　六册

500000－8701－0007699　F183694－701
楹聯叢話十二卷續話四卷賸話一卷巧對録八卷補録一卷　（清）梁章鉅編輯　清道光二十三年（1843）南浦廌齋刻本　八册

500000－8701－0007700　F183714－27
李忠文公朋僚函稿二十四卷附海軍函稿四卷　（清）吳汝綸編輯　清光緒二十八年（1902）蓮池書舍鉛印本　十四册

500000－8701－0007701　F183736－45
李竹嬾先生説部八種二十五卷　（明）李日華著　清乾隆三十三年（1768）刻本　十册　存七種二十四卷（六研齋筆記四卷、二筆四卷、三筆四卷，紫桃軒雜綴三卷、又綴三卷，禮白嶽記一卷，璽召録一卷，薊旋録一卷，竹嬾畫賸一卷、續畫賸一卷，墨君題語一卷）

500000－8701－0007702　F183810－827、844－903
李文忠公奏稿八十卷朋僚函稿二十卷譯署函稿二十卷竈池教堂函稿一卷海軍函稿四卷電稿四十卷首一卷　（清）李鴻章撰　清光緒三十四年（1908）刻本　七十八册　存一百二十五卷（奏稿一至二十二、五十三至八十，朋僚函稿二十卷，譯署函稿二十卷，竈池教堂函稿一卷，海軍函稿四卷，電稿一至三十）

500000－8701－0007703　F183912
李元賓文集六卷附録一卷　（唐）李觀著　清光緒十年（1884）刻畿輔叢書本　一册

500000－8701－0007704　F183913
李衛公外集四卷補遺一卷　（唐）李德裕撰　清光緒十三年（1887）刻本　一册

500000－8701－0007705　F183914－16
萬善堂集詩集十卷文集六卷　（清）李化楠著　清刻本　三册

500000－8701－0007706　F183917－20

十三峯書屋書札四卷 (清)李榕著 清宣統三年(1911)成都志古堂刻本 四册

500000－8701－0007707 F183921－24
十三峯書屋書札四卷 (清)李榕著 清宣統三年(1911)成都志古堂刻本 四册

500000－8701－0007708 F183925－26
李忠武公書牘二卷 (清)李續賓著 清光緒十七年(1891)甌江巡署刻本 二册

500000－8701－0007709 F183927－30
韓詩外傳十卷附校註拾遺一卷補逸一卷 (漢)韓嬰著 (清)周廷寀校註 清同治元年(1862)薛崇禮堂刻本 四册

500000－8701－0007710 F183941－42
碧栖山房詩鈔三卷 (清)馮慶撰 清同治七年(1868)成都刻本 二册

500000－8701－0007711 F183943－50
獨漉堂集文集十五卷續集一卷詩集十六卷 (清)陳恭尹著 清道光五年(1825)羅浮陳氏刻本 八册

500000－8701－0007712 F183951－56
古微堂内集二卷外集八卷 (清)魏源著 清宣統元年(1909)國學扶輪社鉛印本 六册

500000－8701－0007713 F183957－64
存素堂詩初集錄存二十四卷附詩稿一卷存詩堂詩二集八卷續集一卷 (清)法式善著 清嘉慶八年(1803)刻本 八册

500000－8701－0007714 F183965－66
檀氏儀禮韻言塾課藏本二卷 (清)檀萃纂 清咸豐九年(1859)刻本 二册

500000－8701－0007715 F183967
在璞堂吟稿一卷 (清)方芳佩撰 清乾隆十六年(1751)刻本 一册

500000－8701－0007716 F183969－74
盍簪集十二卷 (清)雷國楫著 清乾隆三十七年(1772)刻本 六册

500000－8701－0007717 F183981－84
槐軒雜著四卷 (清)劉沅著 清宣統三年(1911)槐蔭書屋刻本 四册

500000－8701－0007718 F183985－88
槐軒雜著四卷 (清)劉沅著 清末豫誠堂刻本 四册

500000－8701－0007719 F183990－91
韜厂蹈海錄四卷 (清)徐良弼等撰 清光緒鉛印本 二册

500000－8701－0007720 F183992
菜根譚一卷 (明)洪應明著 **娑羅館清言二卷** (明)屠隆著 (清)郁嘉慶閲 **續娑羅館清言二卷** (明)屠隆著 清光緒二年(1876)揚州藏經禪院刻本 一册

500000－8701－0007721 F183993
博物志十卷 (晉)張華撰 清光緒元年(1875)湖北崇文書局刻本 一册

500000－8701－0007722 F183995
檀几叢書錄要不分卷 (清)姚廷傑著 (清)何思鈞輯 清道光八年(1828)新安程氏刻本 一册

500000－8701－0007723 F183996
真西山集二卷 (宋)真德秀撰 清咸豐元年(1851)滎邑刻本 一册

500000－8701－0007724 F184001－04
盋山文錄八卷詩錄二卷 (清)顧雲著 清光緒十五年(1889)上元顧氏刻本 四册

500000－8701－0007725 F184005－06
大日本中興先覺志二卷 (日本)岡本監輔撰 清光緒二十七年(1901)蓉茹古書局刻本 二册

500000－8701－0007726 F184007－16
左通補釋三十三卷 (清)梁履繩撰 清道光九年(1829)錢塘汪氏振綺堂刻光緒元年(1875)補刻本 十册

500000－8701－0007727 F184017
杜工部詩話一卷 (清)劉鳳誥著 清宣統二年(1910)掃葉山房石印本 一册

500000－8701－0007728 F184018－19

桂舟遊草二卷　(清)王站柱著　清乾隆五十五年(1790)刻本　二冊

500000－8701－0007729　F184020－23
順安詩草八卷清儀閣雜詠一卷　(清)張廷濟著　清道光清儀閣刻本　四冊

500000－8701－0007730　F184028－32
賴古堂尺牘新鈔二選藏弆集十二卷　(清)周在梁等鈔　清宣統三年(1911)上海國學扶輪社石印本　五冊

500000－8701－0007731　F184034－45
藏園九種曲十三卷　(清)蔣士銓撰　清漁古堂刻本　十二冊

500000－8701－0007732　F184053
楚遊草三卷　題(清)蓉溪外史著　清刻本　一冊

500000－8701－0007733　F184056－57
黃勉齋先生文集八卷　(清)張伯行編　清康熙四十八年(1709)正誼堂刻本　二冊

500000－8701－0007734　F184058－59
林和靖詩集四卷拾遺一卷　(宋)林逋撰　清同治十二年(1873)長洲朱氏刻本　二冊

500000－8701－0007735　F184060－61
林和靖詩集四卷拾遺一卷　(宋)林逋撰　清同治十二年(1873)長洲朱氏刻本　二冊

500000－8701－0007736　F184062－63
林和靖先生詩集四卷　(宋)林逋著　清光緒二十一年(1895)婺源俞氏清蔭堂刻本　二冊

500000－8701－0007737　F184067－70
林嚴文鈔四卷　林紓　嚴復著　清宣統三年(1911)上海國學扶輪社鉛印本　四冊

500000－8701－0007738　F184071－74
林嚴文鈔四卷　林紓　嚴復著　清宣統元年(1909)上海國學扶輪社鉛印本　四冊

500000－8701－0007739　F184075
林外野言二卷補遺一卷　(元)郭翼著　清趙氏又滿樓刻本　一冊

500000－8701－0007740　F184076－95
橫雲山人集二十七卷附颺言集五卷　(清)王鴻緒撰　清康熙十年(1671)刻本　二十冊

500000－8701－0007741　F184100－01
枝山文集四卷　(明)祝允明著　清光緒元年(1875)元和祝氏刻本　二冊

500000－8701－0007742　F184103－07
植庵集十卷　(清)李慎傳著　清光緒十年(1884)丹徒李氏刻本　五冊

500000－8701－0007743　F184108－13
孝義琵琶記六卷　(元)高明著　清刻本　六冊

500000－8701－0007744　F184114
孝經直解不分卷　(清)劉沅注　清咸豐十一年(1861)豫誠堂刻本　一冊

500000－8701－0007745　F184115－16
華齋詩文鈔十二卷　(清)宦懋庸著　清光緒二十年(1894)川東道署刻本　二冊

500000－8701－0007746　F184123－25
樊榭山房遊仙三百首詩註三卷　(清)厲鶚著　清道光二十八年(1848)錢塘蔣氏刻本　三冊

500000－8701－0007747　F184150－55
草字彙十二卷　(清)石梁集　清乾隆五十二年(1787)刻本　六冊

500000－8701－0007748　F184157－62
莊靖先生遺集十卷　(金)李俊民撰　清乾隆三十八年(1773)刻本　六冊

500000－8701－0007749　F184167
蔣詩二卷　蔣智由著　清宣統二年(1910)文明書局鉛印本　一冊

500000－8701－0007750　F184168
華泉先生集選四卷　(明)邊貢著　(清)王士禎編　清刻本　一冊

500000－8701－0007751　F184169－76
茂林吳氏詩存三十一卷　(明)吳尚默撰　清道光十一年(1831)濂谿別墅刻本　八冊

500000－8701－0007752　F184184－87
樹廬文鈔十卷　(清)彭士望著　清道光十四年(1834)刻本　四冊

500000－8701－0007753　F184188－94
樹經堂詩初集十五卷續集二卷　(清)謝啓昆著　清乾隆五十八年(1793)刻本　七冊

500000－8701－0007754　F184195
茶香室經説十六卷　(清)俞樾著　清光緒十九年(1893)味腴書屋石印本　一冊

500000－8701－0007755　F184196
茶山集八卷　(宋)曾幾撰　清刻本　一冊

500000－8701－0007756　F184197－200
薈蕞編十二卷　(清)俞蔭甫編　清光緒七年(1881)上海申報館鉛印本　四冊

500000－8701－0007757　F184207－12
蒼莨初集二十一卷　(清)孫鼎臣撰　清咸豐五年(1855)刻本　六冊

500000－8701－0007758　F184218－19
茅鹿門傳稿不分卷　(明)茅坤著　清刻本　二冊

500000－8701－0007759　F184221－24
芳茂山人詩錄十卷　(清)孫星衍注　清光緒十年(1884)吳縣朱氏刻本　四冊

500000－8701－0007760　F184225－32
芳茂山人文集十二卷　(清)孫星衍撰　清光緒十一年(1885)吳縣朱氏刻本　八冊

500000－8701－0007761　F184235－38
敬孚類藁十六卷　(清)蕭穆著　清光緒三十二年(1906)刻本　四冊

500000－8701－0007762　F184239－41
蒿菴集三卷附錄一卷閒話二卷　(清)張爾岐著　清光緒十五年(1889)山東書局刻本　三冊

500000－8701－0007763　F184249－56
世説新語補二十卷　(南朝宋)劉義慶撰　(南朝梁)劉孝標註　清乾隆二十七年(1762)茂清書屋刻本　八冊

500000－8701－0007764　F184258
蒲江詞稾一卷附省齋詩餘一卷鶴林詞一卷　(宋)盧祖皋等著　清刻本　一冊

500000－8701－0007765　F184259
芸香閣尺一書一卷　(清)朱蔭培撰　清咸豐元年(1851)刻本　一冊

500000－8701－0007766　F184264－67
蔗尾詩集十五卷　(清)鄭方坤著　清刻本　四冊

500000－8701－0007767　F184268
蒙川遺稾四卷補遺一卷　(宋)劉黻撰　清光緒瑞安孫氏詒善祠塾刻本　一冊

500000－8701－0007768　F184269
藤花館詩二卷詩餘一卷　(清)陳克常著　清光緒十三年(1887)丹徒陳氏刻本　一冊

500000－8701－0007769　F184271－78
夢陔堂詩集三十四卷　(清)黃承吉著　清道光十二年(1832)維揚龍文齋穆西堂刻本　八冊

500000－8701－0007770　F184279－80
彈求集二卷　(□)□□撰　清光緒三年(1877)開泰堂刻本　二冊

500000－8701－0007771　F184311－14
古月軒詩存五卷文存二卷　(清)朱伸林著　清光緒十年(1884)琹川書屋刻本　四冊

500000－8701－0007772　F184315－30
古歡堂集四十六卷　(清)田雯著　清刻本　十六冊

500000－8701－0007773　F184331－32
古律經傳附考五卷　(清)紀大奎撰　清刻本　二冊

500000－8701－0007774　F184333－36
古微堂詩集十卷　(清)魏源著　清同治九年(1870)刻本　四冊

500000－8701－0007775　F184337－40
古微堂詩集十卷　(清)魏源著　清同治九年(1870)刻本　四冊

500000－8701－0007776　F184341－44
古微堂内集三卷外集七卷　（清）魏源著　清光緒四年（1878）淮南書局刻本　四册

500000－8701－0007777　F184345－46
古紅梅閣集八卷　（清）劉履芬著　**附録一卷**　（清）朱之榛等撰　**紫藤花館詩餘一卷**　（清）劉觀藻撰　清光緒六年（1880）刻本　二册

500000－8701－0007778　F184347－50
古書拾遺四卷　（清）林春溥著　清咸豐三年（1853）竹柏山房刻本　四册

500000－8701－0007779　F184391
古今楹聯彙刻小傳十二集　（清）吳隱輯　清光緒三十二年（1906）西泠印社石印本　一册

500000－8701－0007780　F184403－05
古樂經傳五卷　（清）李光地註　清刻本　三册

500000－8701－0007781　F184406－07
古詩逢原讀本不分卷　（清）席樹馨輯　清光緒二年（1876）刻本　二册

500000－8701－0007782　F184421－26
太乙舟文集八卷　（清）陳用光著　清道光二十三年（1843）武昌王崇文堂書坊刻本　六册

500000－8701－0007783　F184427－32
太乙舟文集八卷　（清）陳用光著　清道光二十三年（1843）武昌王崇文堂書坊刻本　六册

500000－8701－0007784　F184433－38
太鶴山人集十三卷　（清）端木國瑚著　清道光二十年（1840）溫州維新書局刻本　六册

500000－8701－0007785　F184439－46
太乙舟文集八卷　（清）陳用光著　清光緒二十一年（1895）長沙刻本　八册

500000－8701－0007786　F184447－70
培遠堂偶存稿四十八卷　（清）陳宏謀著　清光緒二十二年（1896）鄂藩署鉛印本　二十四册

500000－8701－0007787　H05098
揚子法言十三卷音義一卷　（漢）揚雄撰　（晉）李軌注　清光緒二年（1876）浙江書局刻本　一册

500000－8701－0007788　F184472－75
杭氏七種　（清）杭世駿著　清咸豐元年（1851）小瑯嬛山館刻本　四册

500000－8701－0007789　F184476－81
杭氏七種　（清）杭世駿著　清咸豐元年（1851）小瑯嬛山館刻本　六册

500000－8701－0007790　F184483－88
古今苑二十一卷　（宋）章樵註　清刻本　六册

500000－8701－0007791　F184489－96
古文教傳八卷　（明）王守仁集傳　（明）史可法訓釋　清刻本　八册

500000－8701－0007792　F184505－16
梅崖居士全集文集三十卷外集八卷　（清）朱仕秀著　清道光五年（1825）松谷刻本　十二册

500000－8701－0007793　F184517－22
七子詩話二十二卷　（宋）黄徹等撰　清光緒二十六年（1900）刻本　六册

500000－8701－0007794　F184523－34
李氏五種合刊二十八卷　（清）李兆洛著　清光緒十四年（1888）掃葉山房刻本　十二册

500000－8701－0007795　F184535－37
希古堂文乙集六卷　（清）譚宗浚著　清刻本　三册

500000－8701－0007796　F184538－40
希古堂稿不分卷　（清）黄炳堃撰　清刻本　三册

500000－8701－0007797　F184541－42
希齋文鈔二卷　（清）高學濂撰　清道光二十二年（1842）思誠齋刻本　二册

500000－8701－0007798　F184543
圭盦詩録一卷　（清）吳觀禮著　清光緒五年（1879）蕢齋刻本　一册

500000－8701－0007799　F184544
圭盦詩錄一卷　(清)吳觀禮著　清光緒五年(1879)蕡齋刻本　一册

500000－8701－0007800　F184545－50
圭塘小藁十三卷附續集一卷别集二卷　(元)許有壬著　清同治二年(1863)河南官書局刻本　六册

500000－8701－0007801　F184551－56
圭塘小藁十三卷附續集一卷别集二卷　(元)許有壬著　清同治二年(1863)河南官書局刻本　六册

500000－8701－0007802　F184568
南宋四名臣詞集不分卷　(清)王鵬運等編　清光緒十五年(1889)四印齋刻本　一册

500000－8701－0007803　F184569
楚遊吟三卷　(清)瞿中溶著　清刻本　一册

500000－8701－0007804　F184570
南宋樂府一卷　(清)章季英著　清光緒二年(1876)歸安趙氏成都刻本　一册

500000－8701－0007805　F184574－76
盋山文錄八卷　(清)顧雲著　清光緒十五年(1889)刻本　三册

500000－8701－0007806　F184578－79
寸草軒詩存四卷　(清)徐盛持著　清光緒十九年(1893)東河督署刻本　二册

500000－8701－0007807　F184580－83
寸草軒詩存四卷　(清)徐盛持著　清光緒十九年(1893)東河督署刻本　四册

500000－8701－0007808　F184584
才調集三卷　(五代)韋縠原本　(清)王士禛删纂　清刻本　一册

500000－8701－0007809　F184585－88
在山小草詩四卷　(清)許懋和著　清光緒十六年(1890)刻本　四册

500000－8701－0007810　F184589
左山遺草一卷　(清)楊言著　清光緒四年(1878)休寧楊氏刻本　一册

500000－8701－0007811　F184593－608
鶴山文鈔三十二卷附周禮折衷四卷師友雅言一卷　(宋)魏了翁著　清望三益齋刻本　十六册

500000－8701－0007812　F184609－14
鶴徵錄八卷首一卷後錄十二卷首一卷　(清)李集輯　清嘉慶十六年(1811)嘉興李氏刻本　六册

500000－8701－0007813　F184617
鶴舫詩詞二卷　(清)石芝撰　清道光二十年(1840)掃花山房刻本　一册

500000－8701－0007814　F184618－29
鶴山文鈔三十二卷附周禮折衷四卷師友雅言一卷　(宋)魏了翁著　清同治十三年(1874)望三益齋刻本　十二册

500000－8701－0007815　F184630－41
鶴山文鈔三十二卷附周禮折衷四卷師友雅言一卷　(宋)魏了翁著　清宣統二年(1910)官印刷局刻本　十二册

500000－8701－0007816　F184642－52
鶴山文鈔三十二卷附周禮折衷四卷師友雅言一卷　(宋)魏了翁著　清宣統二年(1910)官印刷局刻本　十一册　缺四卷(周禮折衷四卷)

500000－8701－0007817　F184653－62
郝文忠公陵川文集三十九卷附錄一卷　(元)郝經著　(清)王鏐編訂　清嘉慶三年(1798)刻本　十册

500000－8701－0007818　F184663－72
切問齋文鈔三十卷　(清)陸燿輯　清道光四年(1824)崇陽楊氏河南官署刻本　十册

500000－8701－0007819　F184673－82
切問齋文鈔三十卷　(清)陸燿輯　清嘉慶元年(1796)刻本　十册

500000－8701－0007820　F184683－92
切問齋文鈔三十卷　(清)陸燿輯　清嘉慶元年(1796)刻本　十册

500000－8701－0007821　F184693－700
好雲樓詩集二十八卷首一卷　(清)李聯琇著　清刻本　八冊

500000－8701－0007822　F184713－17
郁鄢山房詩存八卷駢文二卷疏草二卷文略二卷甕天瑣錄一卷　(清)趙樹吉著　清光緒八年至十一年(1882－1885)汗青簃刻本　五冊

500000－8701－0007823　F184742－53
切問齋文鈔三十卷　(清)陸燿輯　清同治八年(1869)金陵錢氏刻本　十二冊

500000－8701－0007824　F184754－63
切問齋文鈔三十卷　(清)陸燿輯　清同治八年(1869)金陵錢氏刻本　十冊

500000－8701－0007825　F184775
韓魏公言行錄不分卷　(清)崔廷璋編　清光緒十三年(1887)刻本　一冊

500000－8701－0007826　F184782－83
聲玉山齋詩集十卷　(清)鄒熊著　清嘉慶十五年(1810)刻本　二冊

500000－8701－0007827　F184793－94
柳汁吟舫詩草十四卷賦草一卷外集一卷　(清)何盛斯著　清咸豐元年(1851)敘樂園刻本　二冊

500000－8701－0007828　F184795－96
桐華吟館詩稿十二卷詞稿二卷文鈔一卷　(清)楊揆著　清嘉慶十二年(1807)刻本　二冊

500000－8701－0007829　F184797－98
桐埜詩集四卷　(清)周起渭著　清咸豐二年(1852)世恩堂陳氏刻本　二冊

500000－8701－0007830　F184801－06
南軒文集四十四卷　(宋)張栻撰　清道光二十九年(1849)綿邑洗墨池刻本　六冊

500000－8701－0007831　F184807－18
南軒文集四十四卷　(宋)張栻撰　清咸豐四年(1854)綿邑南軒祠刻本　十二冊

500000－8701－0007832　F184819－38
南軒文集四十四卷論語解十卷孟子說七卷　(宋)張栻撰　清咸豐四年(1854)綿邑南軒祠刻本　二十冊

500000－8701－0007833　F184839－50
南軒文集四十四卷論語解十卷孟子說七卷　(宋)張栻撰　清光緒十七年(1891)刻本　十二冊

500000－8701－0007834　F184851－54
南畇詩槀二十一卷　(清)彭定求著　清康熙四十八年(1709)刻本　四冊

500000－8701－0007835　F184855－60
南畇文槀十二卷　(清)彭定求著　清刻本　六冊

500000－8701－0007836　F184861－68
南雷文定前集十一卷後集四卷三集三卷四集四卷附錄一卷　(清)黃宗羲撰　清黃氏家塾刻本　八冊

500000－8701－0007837　F184869－76
南雷文定前集十一卷後集四卷三集三卷　(清)黃宗羲撰　清刻本　八冊

500000－8701－0007838　F184881－85
南湖集十卷附錄三卷　(宋)張鎡著　清乾隆四十六年(1781)刻本　五冊

500000－8701－0007839　F184886－89
南宋雜事詩七卷　(清)沈嘉轍等撰　清同治十一年(1872)淮南書局刻本　四冊

500000－8701－0007840　F184890－91
南皐山人詩集類稿七卷　(清)高鳳翰撰　清刻本　二冊

500000－8701－0007841　F184892－97
南沙先生文集八卷　(明)熊過著　清同治十二年(1873)富順書局刻本　六冊

500000－8701－0007842　F184898－900
南沙先生文集八卷　(明)熊過著　清同治十二年(1873)富順書局刻本　三冊

500000－8701－0007843　F184901－04
黃梨洲先生南雷文約四卷　(清)黃宗羲著

清刻本　四册

500000－8701－0007844　F184905
南雷餘集一卷　(清)黄宗羲著　清宣統三年(1911)上海國光印刷社鉛印本　一册

500000－8701－0007845　F184907
南籠遺稿一卷黔南詩存一卷　(清)唐樂宇著　**一笑亭詩草一卷**　(清)藻亭居士撰　清嘉慶十七年(1812)綿清堂刻本　一册

500000－8701－0007846　F184912－19
南村草堂文鈔二十卷　(清)鄧顯鶴撰　清咸豐元年(1851)新化鄧氏刻本　八册

500000－8701－0007847　F184951－54
南宋雜事詩七卷　(清)沈嘉轍等撰　清刻本　四册

500000－8701－0007848　F184955－58
南山全集十六卷　(清)戴名世著　清宣統二年(1910)秀野軒刻本　四册

500000－8701－0007849　F184959－66
南山全集十六卷　(清)戴名世著　清宣統二年(1910)秀野軒刻本　八册

500000－8701－0007850　F184993－98
袁文箋正十六卷補注一卷　(清)袁枚著　(清)石韞玉箋　清嘉慶十七年(1812)刻本　六册

500000－8701－0007851　F184999－5006
袁文箋正十六卷　(清)袁枚著　(清)石韞玉箋　清光緒八年(1882)汗青簃刻本　八册

500000－8701－0007852　F185007－14
袁文箋正十六卷補注一卷　(清)袁枚著　(清)石韞玉箋　清光緒八年(1882)汗青簃刻本　八册

500000－8701－0007853　F185015－22
袁文箋正十六卷補注一卷　(清)袁枚著　(清)石韞玉箋　清光緒八年(1882)汗青簃刻本　八册

500000－8701－0007854　F185023－38
梨雲館類定袁中郎先生全集二十四卷　(明)袁宏道著　清道光九年(1829)刻本　十六册

500000－8701－0007855　F185043－47
栖雲閣詩十六卷留耕堂遺詩四卷拾遺三卷　(清)高珩撰　清乾隆五十六年(1791)益都趙氏畏天齋刻本　五册

500000－8701－0007856　F185081－84
板橋全集六卷　(清)鄭燮著　清光緒十八年(1892)石印本　四册

500000－8701－0007857　F185111－14
板橋集六編　(清)鄭燮著　清乾隆四十八年(1783)清暉書屋刻本　四册

500000－8701－0007858　F185115－18
板橋集六編　(清)鄭燮著　清刻本　四册

500000－8701－0007859　F185119－22
板橋集六卷　(清)鄭燮著　清刻本　四册

500000－8701－0007860　F185123－24
板橋集六卷　(清)鄭燮著　清刻本　二册

500000－8701－0007861　F185137－38
五言今體詩鈔九卷七言今體詩鈔九卷唐人五言絶句鈔一卷　(清)姚鼐選　清道光十八年(1838)京都榮林齋刻本　二册

500000－8701－0007862　F185149－50
姚江學辨二卷　(清)羅澤南撰　清咸豐九年(1859)長沙刻本　二册

500000－8701－0007863　F185159－60
彭剛直公詩集八卷　(清)彭玉麟著　清光緒十七年(1891)蘇城謝文翰刻本　二册

500000－8701－0007864　F185161－62
彭剛直公詩集八卷　(清)彭玉麟著　清光緒十七年(1891)蘇城謝文翰刻本　二册

500000－8701－0007865　F185163－67
桃花扇四卷首一卷　(清)孔尚任撰　清光緒二十一年(1895)蘭雪堂刻本　五册

500000－8701－0007866　F185170－71
荆釵記二卷　(元)柯丹邱著　清暖紅室刻彙刻傳奇本　二册

500000－8701－0007867　F185185－87
戴南山文鈔六卷　(清)戴名世著　清宣統二年(1910)上海國學扶輪社鉛印本　三册

500000－8701－0007868　F185188－91
戴東原集十二卷　(清)戴震著　清光緒十年(1884)蛟川秋樹根齋刻本　四册

500000－8701－0007869　F185204－05
越縵堂集白華絳柎閣詩十卷　(清)李慈銘著　清光緒十八年(1892)刻本　二册

500000－8701－0007870　F185210－29
榕園全集六種三十一卷　(清)李彦章著　清道光二十年(1840)刻本　二十册

500000－8701－0007871　F185230－39
求是堂詩文集三十一卷　(清)胡承珙撰　清道光十三年(1833)漱芳齋湯左之刻本　十册

500000－8701－0007872　F185240－41
求闕齋文鈔不分卷　(清)曾國藩撰　(清)方宗誠編　清同治十一年(1872)刻本　二册

500000－8701－0007873　F185242－43
椿蔭軒古近體詩鈔不分卷　(清)敖册賢著　清刻本　二册

500000－8701－0007874　F185244－45
姓氏解紛十卷　(清)黄本驥編　清道光二十五年(1845)刻本　二册

500000－8701－0007875　F185246－51
樓山堂集二十七卷　(明)吴應箕著　清宣統二年(1910)鉛印本　六册

500000－8701－0007876　F185252－53
樓山詩集六卷　(清)王恕撰　清光緒十九年(1893)好鷟山房刻本　二册

500000－8701－0007877　F185254－55
樓山詩集六卷　(清)王恕撰　清光緒十九年(1893)好鷟山房刻本　二册

500000－8701－0007878　F185260
妙香軒集唐詩五鈔　(清)程祖潤著　清咸豐七年(1857)刻本　一册

500000－8701－0007879　F185261－64
柈湖文集十二卷首一卷　(清)吴敏樹著　清光緒十九年(1893)思賢講舍刻本　四册

500000－8701－0007880　F185265－68
柈湖文集十二卷首一卷　(清)吴敏樹著　清光緒十九年(1893)思賢講舍刻本　四册

500000－8701－0007881　F185269－76
趙文肅公文集二十三卷　(明)趙貞吉撰　清光緒十七年(1891)四祠刻本　八册

500000－8701－0007882　F185277－82
趙文敏公松雪齋全集十卷外集一卷續集一卷行狀一卷　(元)趙孟頫著　清光緒八年(1882)洞庭楊氏城書室刻本　六册

500000－8701－0007883　F185283－88
趙文敏公松雪齋全集十卷外集一卷續集一卷行狀一卷　(元)趙孟頫著　清光緒八年(1882)洞庭楊氏城書室刻本　六册

500000－8701－0007884　F185293－96
趙文敏公松雪齋全集十卷外集一卷續集一卷　(元)趙孟頫著　清康熙五十二年(1713)城書室刻本　四册

500000－8701－0007885　F185310－13
趙恭毅公賸稿八卷　(清)趙申喬撰　(清)趙侗斆編　清光緒十八年(1892)浙江書局刻本　四册

500000－8701－0007886　F185324－33
樫華館文集六卷詩集四卷附駢文一卷雜録一卷　(清)路德著　清光緒七年(1881)解梁刻本　十册

500000－8701－0007887　F185334－35
柏溪詩鈔二卷　(清)張同準著　清刻本　二册

500000－8701－0007888　F185336－41
柏梘山房文集十六卷文續集一卷詩集十卷詩續集二卷駢體文二卷　(清)梅曾亮著　清光緒二十七年(1901)鉛印本　六册

500000－8701－0007889　F185352－61

楊龜山先生集四十二卷首一卷 （宋）楊時著　清康熙四十六年（1707）刻本　十冊

500000－8701－0007890　F185362－63
楊忠湣公集五卷首一卷末一卷 （明）楊繼盛著　清光緒二十三年（1897）湘南書局刻本　二冊

500000－8701－0007891　F185364－65
楊忠湣公集五卷首一卷末一卷 （明）楊繼盛著　清光緒二十三年（1897）湘南書局刻本　二冊

500000－8701－0007892　F185366－69
楊忠湣公集四卷 （明）楊繼盛著　清光緒九年（1883）甘肅藩署刻本　四冊

500000－8701－0007893　F185370－73
楊忠湣公全集四卷 （明）楊繼盛著　（清）毛大可鑒定　清康熙三十七年（1698）刻本　四冊

500000－8701－0007894　F185374－75
楊忠湣公集四卷首一卷 （明）楊繼盛著　清道光三十年（1850）婺源單氏遺經堂刻本　二冊

500000－8701－0007895　F185376
楊忠湣公集二卷 （明）楊繼盛著　清刻本　一冊

500000－8701－0007896　F185377
楊忠湣公遺書一卷 （明）楊繼盛著　清刻本　一冊

500000－8701－0007897　F185378
楊忠湣公集二卷 （明）楊繼盛著　清光緒四年（1878）萬邑熊氏刻本　一冊

500000－8701－0007898　F185379－80
楊忠湣公集五卷首一卷末一卷 （明）楊繼盛著　清同治七年（1868）楚醴景萊書室刻本　二冊

500000－8701－0007899　F185381
楊忠湣公集四卷 （明）楊繼盛著　清光緒十一年（1885）上海文藝齋刻本　一冊

500000－8701－0007900　F185382－83
楊椒山先生集四卷 （明）楊繼盛著　清道光二十一年（1841）刻本　二冊

500000－8701－0007901　F185384－89
楊忠湣公集五卷首一卷末一卷表忠記二卷 （明）楊繼盛著　清同治十一年（1872）刻本　六冊

500000－8701－0007902　F185390－93
楊忠湣公集六卷 （明）楊繼盛著　章鈺輯　清道光三十年（1850）刻本　四冊

500000－8701－0007903　F185394－97
楊忠湣公全集四卷 （明）楊繼盛著　清光緒十八年（1892）章江棣萼樓刻本　四冊

500000－8701－0007904　F185398－401
楊椒山先生集四卷 （明）楊繼盛著　清刻本　四冊

500000－8701－0007905　F185402－03
楊徵君自攜前集一卷後集一卷 （清）楊陳復著　清光緒十一年（1885）屯溪茹古堂刻本　二冊

500000－8701－0007906　F185404－05
楊徵君自攜前集一卷後集一卷 （清）楊陳復著　清光緒十一年（1885）屯溪茹古堂刻本　二冊

500000－8701－0007907　F185406－07
楊氏慕廬詩集二集 （清）楊裕勳著　清光緒二十六年（1900）鉛印本　二冊

500000－8701－0007908　F185417－20
槐卿遺稾六卷 （清）沈衍慶著　清同治元年（1862）刻本　四冊

500000－8701－0007909　F185421
槐軒千家詩註解二卷論詩法一卷後附一卷 （清）夏世欽訂　清光緒十五年（1889）刻本　一冊

500000－8701－0007910　F185422
韞玉樓遺稿一卷 （清）徐咸安著　清末南林張氏適園刻本　一冊

500000－8701－0007911　F185423－26
韞山堂時文集三集　(清)管世銘著　清刻本　四册

500000－8701－0007912　F185429
獨學廬尺牘偶存二卷　(清)石韞玉撰　清道光三年(1823)刻本　一册

500000－8701－0007913　F185446－49
如不及齋詩草四卷　(清)梅芳著　清道光二十四年(1844)渝州問字山房刻本　四册

500000－8701－0007914　F185450－57
翰海十二卷　(明)陳繼儒編　(明)沈佳胤輯　清光緒二年(1876)上海申報館鉛印本　八册

500000－8701－0007915　F185460
翰林學士集一卷　(唐)許敬宗編　清光緒十九年(1893)貴陽陳氏影唐卷子刻本　一册

500000－8701－0007916　F185461
翰林學士集一卷　(唐)許敬宗編　清光緒十九年(1893)貴陽陳氏刻本　一册

500000－8701－0007917　F185462－63
新編翰林珠玉六卷　(元)虞集撰　清光緒七年(1881)刻本　二册

500000－8701－0007918　F185464－65
新編翰林珠玉六卷　(元)虞集撰　清光緒七年(1881)刻本　二册

500000－8701－0007919　F185466
鞮芬室詞甲稿一卷　(清)何震著　清光緒三十三年(1907)上海點石齋鉛印本　一册

500000－8701－0007920　F185478
梅南詩鈔一卷　(清)顧履均著　清光緒二十五年(1899)刻本　一册

500000－8701－0007921　F185494－501
柏梘山房文集十六卷續集一卷駢體文二卷詩集十卷續集二卷　(清)梅曾亮著　清宣統三年(1911)上海國學扶輪社鉛印本　八册

500000－8701－0007922　F185504－07
梅氏詩略前集十卷續集十卷　(清)梅清等輯　清敦睦堂刻本　四册

500000－8701－0007923　F185508－15
梅村詩集箋注十八卷附詞一卷　(清)吴偉業著　(清)吴翌鳳箋注　清光緒十年(1884)湖北官書處刻本　八册

500000－8701－0007924　F185516－27
梅村詩集箋注十八卷　(清)吴偉業著　(清)吴翌鳳箋注　清嘉慶十九年(1814)滄浪吟榭刻本　十二册

500000－8701－0007925　F185528－31
松蔭精舍文集三卷詩集一卷　(清)李洲著　清道光十八年(1838)刻本　四册

500000－8701－0007926　F185532
松聲池館詩存四卷　(清)汪璐著　清光緒十五年(1889)泉唐振綺堂刻本　一册

500000－8701－0007927　F185538－41
松壽堂詩鈔十卷　(清)陳夔龍著　清宣統三年(1911)貴陽陳氏刻本　四册

500000－8701－0007928　F185542－49
梅山詩集十七卷首一卷　(清)王繩祖著　清光緒二十二年(1896)刻本　八册

500000－8701－0007929　F185550－57
松心十集三十七卷　(清)張維屏著　清道光三十年(1850)南豐趙氏刻本　八册

500000－8701－0007930　F185558－69
松花菴全集十二卷　(清)吴鎮著　清宣統二年(1910)文社刻本　十二册

500000－8701－0007931　F185570－81
松花菴全集十二卷　(清)吴鎮著　清宣統二年(1910)文社刻本　十二册

500000－8701－0007932　F185594
榆園雜興詩一卷　(清)袁振業著　清光緒十八年(1892)春藻堂刻本　一册

500000－8701－0007933　F185595
榆園雜興詩一卷　(清)袁振業著　清光緒十八年(1892)春藻堂刻本　一册

500000－8701－0007934　F185600
救文格論一卷雜録一卷　(清)顧炎武著　清光緒七年(1881)瀹雅齋刻本　一冊

500000－8701－0007935　F185623－24
散原精舍詩二卷　陳三立著　清宣統二年(1910)上海商務印書館鉛印本　二冊

500000－8701－0007936　F185658－60
存吾春齋詩鈔十三卷　(清)劉繹著　清光緒刻本　三冊

500000－8701－0007937　F185661－68
存誠齋文集十二卷　(清)何曰愈著　清同治五年(1866)皖江藩署刻本　八冊

500000－8701－0007938　F185669－74
馮秋水先生評定存雅堂遺稿十三卷　(清)方鳳著　清同治十三年(1874)方爽齋刻本　六冊

500000－8701－0007939　F185675－82
存悔齋集二十八卷外集四卷　(清)劉鳳誥著　清道光十七年(1837)海寧楊文蓀刻本　八冊

500000－8701－0007940　F185703－14
存研樓文集十六卷　(清)儲大文著　清光緒元年(1875)靜遠堂刻本　十二冊

500000－8701－0007941　F185715－26
存研樓文集十六卷　(清)儲大文著　清光緒元年(1875)靜遠堂刻本　十二冊

500000－8701－0007942　F185735
左腴類眉四卷　題(□)灌園居士著　清刻本　一冊

500000－8701－0007943　F185736－37
左纏藤齋詩鈔二卷　(清)吳國俊著　清道光十七年(1837)刻本　二冊

500000－8701－0007944　F185738－42
左忠毅公集三卷年譜二卷　(明)左光斗著　清乾隆四年(1739)刻本　五冊

500000－8701－0007945　F185747
大生要旨不分卷附續編秘方不分卷　(清)唐千頃輯　清光緒二十二年(1896)上海廣益書局石印本　一冊

500000－8701－0007946　F185750
大小雅堂詩集不分卷　(清)承齡著　清光緒十八年(1892)刻本　一冊

500000－8701－0007947　F185754－65
左海全集十種　(清)陳壽祺著　清道光五年(1825)刻本　十二冊　存三種十八卷(文集十卷、乙編二卷、絳跗草堂詩集六卷)

500000－8701－0007948　F185766－73
大雲山房文稿初集四卷二集四卷　(清)惲敬著　清同治八年(1869)陽湖惲氏蜀中刻本　八冊

500000－8701－0007949　F185774－83
大雲山房文稿初集四卷二集四卷言事二卷　(清)惲敬著　清嘉慶二十年(1815)武寧盧旬宣刻本　十冊

500000－8701－0007950　F185784
大雲山房言事二卷　(清)惲敬著　清刻本　一冊

500000－8701－0007951　F185785
大鶴山人詩集二卷　鄭文焯著　清刻本　一冊

500000－8701－0007952　F185794－801
大雲山房文稾初集四卷二集四卷　(清)惲敬著　清光緒十四年(1888)刻本　八冊

500000－8701－0007953　F185802－09
大雲山房文稾初集四卷二集四卷　(清)惲敬著　清光緒十四年(1888)刻本　八冊

500000－8701－0007954　F185810－17
大雲山房文稾初集四卷二集四卷　(清)惲敬著　清光緒十四年(1888)官書處刻本　八冊

500000－8701－0007955　F185884－92
樊榭山房集十卷續集十卷文集八卷集外詩三卷集外詞四卷　(清)厲鶚著　清光緒十年(1884)刻本　九冊

500000－8701－0007956　F185893－901

樊榭山房集十卷續集十卷文集八卷集外詩三卷集外詞四卷　（清）厲鶚著　清光緒十年(1884)刻本　九册

500000－8701－0007957　F185902－07
樊榭山房集十卷續集十卷文集八卷　（清）厲鶚著　清光緒七年(1881)嶺南述軒刻本　六册

500000－8701－0007958　F185908－11
樊榭山房集十卷續集十卷　（清）厲鶚著　清光緒刻本　四册

500000－8701－0007959　F185912－29、74－79
樊山集二十八卷續集二十八卷批判十四卷附一卷時文一卷公牘三卷二家詠古詩一卷試帖一卷詞鈔五卷　樊增祥撰　清光緒十九年至二十八年(1893－1902)渭南縣署刻本　二十四册

500000－8701－0007960　F185959－65
帶經堂詩話三十卷首一卷　（清）王士禎著　清光緒元年(1875)刻本　七册　存二十八卷(一至十五、十九至三十,首一卷)

500000－8701－0007961　F186012－31
黄漳浦集五十卷首一卷目錄二卷　（明）黄道周著　**年譜二卷**　（清）莊起儔編　清道光八年(1828)刻本　二十册

500000－8701－0007962　F186032－55
黄漳浦集五十卷首一卷目錄二卷　（明）黄道周著　**年譜二卷**　（清）莊起儔編　清道光八年(1828)刻本　二十四册

500000－8701－0007963　F186072－77
餘姚黄忠端公集六卷　（明）黄尊素撰　**黄忠端公年譜二卷黄梨洲先生年譜三卷**　（清）黄炳垕編輯　**誦芬詩畧三卷測地志要四卷五緯捷算四卷竹橋黄氏世德傳贊一卷圖說一卷誥敕一卷附錄一卷**　（清）黄炳垕撰　清同治至光緒餘姚黄氏留書種閣刻本　六册

500000－8701－0007964　F186078－83
黄忠壯公遺集九卷首一卷附錄一卷　（清）黄淳熙著　清光緒元年(1875)成都刻本　六册

500000－8701－0007965　F186091－96
芝龕記六卷　（清）董榕撰　清乾隆十六年(1751)官刻本　六册

500000－8701－0007966　F186097－102
芝龕記六卷　（清）董榕撰　清光緒十五年(1889)資中刻本　六册

500000－8701－0007967　F186103－08
芝龕記六卷　（清）董榕撰　清光緒十五年(1889)資中刻本　六册

500000－8701－0007968　F186109
黄陵書牘二卷　（□）□□撰　清光緒三十三年(1907)鉛印本　一册

500000－8701－0007969　F186132
范文正公言行錄三卷附年譜言行摘錄一卷（清）崔廷璋輯　清光緒十二年(1886)施州崔氏成都刻本　一册

500000－8701－0007970　F186133－34
黄海看雲圖題詞二卷　（清）汪廷棟輯　清光緒二十年(1894)古歙汪氏刻本　二册

500000－8701－0007971　F186135－44
范文正公集四十八卷　（宋）范仲淹著　清道光十年(1830)歲寒堂刻本　十册

500000－8701－0007972　F186145－54
范文正公集四十八卷　（宋）范仲淹著　清道光十年(1830)歲寒堂刻本　十册

500000－8701－0007973　F186155－60
范忠宣公集五種二十五卷　（宋）范純仁著　清宣統二年(1910)歲寒堂刻本　六册

500000－8701－0007974　F186161－70
范文正公集四十八卷　（宋）范仲淹著　清宣統二年(1910)歲寒堂刻本　十册

500000－8701－0007975　F186181－86
范忠宣公集二十卷奏議二卷遺文一卷附錄一卷補編一卷　（宋）范純仁著　清康熙四十六年(1707)歲寒堂刻本　六册

500000－8701－0007976　F186187－210
蘇文忠公詩合注五十卷首一卷　（清）馮應榴

輯訂　清光緒九年(1883)眉山三蘇祠刻本　二十四册

500000－8701－0007977　F186211－30
蘇魏公文集七十二卷首一卷目録二卷附録一卷　(宋)蘇頌撰　清道光二十二年(1842)蘇廷玉家刻本　二十册

500000－8701－0007978　F186231－94
重刊明成化本東坡七集一百十卷　(宋)蘇軾著　清光緒三十四年至宣統元年(1908－1909)寶華盦刻本　六十四册

500000－8701－0007979　F186295－306
蘇文忠公詩集注三十二卷　(宋)蘇軾著　(宋)呂祖謙分編　(宋)王十朋纂輯　清同治十年(1871)涂氏望忠實堂刻本　十二册

500000－8701－0007980　F186323－43
角山樓蘇詩評註彙鈔二十卷目録二卷　(宋)蘇軾著　(清)趙克宜輯　清咸豐二年(1852)刻本　二十一册

500000－8701－0007981　F186370－81
角山樓蘇詩評註彙鈔二十卷目録二卷　(宋)蘇軾著　(清)趙克宜輯　清咸豐二年(1852)刻本　十二册

500000－8701－0007982　F186413－32
蘇魏公文集七十二卷首一卷目録二卷附録一卷　(宋)蘇頌撰　清道光二十二年(1842)刻本　二十册

500000－8701－0007983　F186452
蘇鄰遺詩二卷　(清)李鴻裔撰　清光緒十四年(1888)遵義黎氏刻本　一册

500000－8701－0007984　F186453－57
蘇盦文録二卷駢文録五卷詩録八卷詞録一卷　(清)楊葆光撰　清光緒九年(1883)杭州刻本　五册

500000－8701－0007985　F186458－62
蘇盦文録二卷駢文録五卷詩録八卷詞録一卷　(清)楊葆光撰　清光緒九年(1883)杭州刻本　五册

500000－8701－0007986　F186467－68
萬善花室文藁六卷　(清)方履籛著　清道光十一年(1831)刻本　二册

500000－8701－0007987　F186469－74
藝苑彈蕉六卷　題(清)蝻蝂山人輯　清光緒二十三年(1897)成都刻本　六册

500000－8701－0007988　F186479－86
藝風堂文集七卷外篇一卷續集八卷外集一卷　繆荃孫撰　清光緒二十六年至民國二年(1900－1913)江陰繆氏藝風堂刻本　八册

500000－8701－0007989　F186487－94
藝風堂文集七卷外篇一卷續集八卷外集一卷　繆荃孫撰　清光緒二十六年至民國二年(1900－1913)江陰繆氏藝風堂刻本　八册

500000－8701－0007990　F186501－02
藝概六卷　(清)劉熙載撰　清光緒二十九年(1903)成都官書局鉛印本　二册

500000－8701－0007991　F186503－04
藝概六卷　(清)劉熙載撰　清同治十二年(1873)刻本　二册

500000－8701－0007992　F186512－13
包慎伯論書四卷論文二卷　(清)包世臣撰　清光緒九年(1883)資中官廨刻本　二册

500000－8701－0007993　F186514－15
藝風堂文漫存七卷　繆荃孫撰　清宣統二年(1910)江陰繆氏刻本　二册

500000－8701－0007994　F186526
花外集一卷　(宋)王沂孫撰　清末四川官印書局刻本　一册

500000－8701－0007995　F186528－33
花宜館詩鈔十六卷附無腔村笛二卷　(清)吴振棫著　清同治四年(1865)京師刻本　六册

500000－8701－0007996　F186534－37
華國編文選八卷　(清)孫喬年增輯　清乾隆二十四年(1759)高郵孫氏刻本　四册

500000－8701－0007997　F186538－39
華峯文集六卷　(清)吴光耀撰　清光緒二十

四年(1898)江夏吳氏刻本　二册

500000－8701－0007998　F186546
夢約軒詩存一卷　(清)何俊著　清光緒元年(1875)湖北臬署刻本　一册

500000－8701－0007999　F186547－48
夢硯齋遺稿八卷　(清)唐樹義著　清同治四年(1865)綏定郡齋刻本　二册

500000－8701－0008000　F186557
蓮因室詩集二卷詞集一卷　(清)鄭蘭孫著　清光緒元年(1875)刻本　一册

500000－8701－0008001　F186558
蓮西閣詩草四卷　(清)汪熹著　清嘉慶十年(1805)刻本　一册

500000－8701－0008002　F186559－60
茗柯文初編一卷二編二卷三編一卷四編一卷　(清)張惠言著　清宣統二年(1910)掃葉山房石印本　二册

500000－8701－0008003　F186561－62
茗柯文初編一卷二編二卷三編一卷四編一卷　(清)張惠言著　清光緒七年(1881)武進張氏刻本　二册

500000－8701－0008004　F186571－74
舊學山房試卷四卷末一卷試帖一卷賦一卷　(清)謝甘盤著　清光緒二十年(1894)南城謝氏刻本　四册

500000－8701－0008005　F186576－79
蓮子居詞話四卷　(清)吳衡照輯　清嘉慶二十三年(1818)刻本　四册

500000－8701－0008006　F186580
蓮子居詞話四卷　(清)吳衡照輯　清嘉慶二十三年(1818)刻本　一册

500000－8701－0008007　F186605－06
蒿庵遺集十二卷　(清)莊棫著　清光緒十二年(1886)錢塘鄦氏刻本　二册

500000－8701－0008008　F186607
菊江遊草一卷　(清)黄家鳳著　清嘉慶三年(1798)刻本　一册

500000－8701－0008009　F186608－13
菊坡精舍集二十卷　(清)陳澧輯　清光緒二十三年(1897)菊坡精舍刻本　六册

500000－8701－0008010　F186628－35
芙蓉山館全集二十卷　(清)楊芳燦著　清光緒十七年(1891)無錫劉氏鉛印本　八册

500000－8701－0008011　F186636－37
蕙襟集十二卷　(清)馮秀瑩著　清宣統三年(1911)刻本　二册

500000－8701－0008012　F186639－42
薇省詞鈔十卷附錄一卷　況周儀撰錄　清光緒二十四年(1898)廣陵刻本　四册

500000－8701－0008013　F186643－46
薇省詞鈔十卷附錄一卷　況周儀撰錄　清光緒二十四年(1898)廣陵刻本　四册

500000－8701－0008014　F186653－54
批點燕子箋二卷　(清)阮大鋮著　(明)湯顯祖評　清暖紅室傅春珊刻本　二册

500000－8701－0008015　F186655－63
芝麓山房散體文鈔三卷讀史隨筆一卷入覲詩鈔一卷時藝偶存一卷續刻一卷　(清)向時鳴著　清光緒十三年至十四年(1887－1888)刻本　九册

500000－8701－0008016　F186664
芝麓山房外集一卷　(清)向時鳴著　清光緒十三年(1887)銅梁向氏刻本　一册

500000－8701－0008017　F186671－76
茆泮林八種　(清)茆泮林著　清道光十四年(1834)梅瑞軒刻本　六册

500000－8701－0008018　F186677－81
藕頤類稿二十卷附外集七種　(清)熊寶泰著　清潛山熊氏刻本　五册

500000－8701－0008019　F186682－85
萸江詩存三卷古文存四卷附朋舊詩一卷　(清)陶必銓著　清嘉慶二十一年(1816)愛吾廬刻本　四册

500000－8701－0008020　F186687－732

新編古今事文類聚一百七十卷 (宋)祝穆編 清德壽堂刻本 四十六冊

500000－8701－0008021 F186733
雍正上諭不分卷 (清)允祥等彙編 清同治八年(1869)刻本 一冊

500000－8701－0008022 F186735
摩訶般若波羅蜜鈔經五卷 (晉)釋曇摩蜱等譯 清普陀山法雨寺刻本 一冊

500000－8701－0008023 F186736
佛說摩訶阿彌陀經一卷 (清)魏源譯 (清)王耕心衷論 清光緒三十年(1904)刻本 一冊

500000－8701－0008024 F186741
語錄彙集不分卷 (清)釋悟超編 清嘉慶二十二年(1817)成都文殊院刻本 一冊

500000－8701－0008025 F186744
論法華二卷 (清)釋㤙觀老人口說 (清)釋妙諦子筆受 清光緒三年(1877)江北刻經處刻本 一冊

500000－8701－0008026 F186747
諸法本無經三卷 (隋)釋闍那崛多譯 清宣統元年(1909)常州天寧寺刻本 一冊

500000－8701－0008027 F186748
諸法無行經二卷 (晉)釋鳩摩羅什譯 清宣統元年(1909)常州天寧寺刻本 一冊

500000－8701－0008028 F186749
諸經日誦集要二卷 (明)釋袾宏輯 清光緒二十四年(1898)金陵刻經處刻本 一冊

500000－8701－0008029 F186750
高峰大師語錄一卷 (元)釋原妙撰 清光緒十五年(1889)南京金陵刻經處刻本 一冊

500000－8701－0008030 F186751
高峰大師語錄一卷 (元)釋原妙撰 清光緒十五年(1889)南京金陵刻經處刻本 一冊

500000－8701－0008031 F186782－87
放光般若波羅蜜經三十卷 (晉)釋無羅叉 (晉)釋竺叔蘭譯 清光緒十二年(1886)如皋刻經處刻本 六冊

500000－8701－0008032 F186788
談玄詩草修真四要 鄭觀應著 清光緒二十三年(1897)鉛印本 一冊

500000－8701－0008033 F186796
文殊師利所說摩訶般若波羅蜜經二卷 (南朝梁)釋曼陀羅仙譯 清道光十一年(1831)刻本 一冊

500000－8701－0008034 F186797
文殊師利所說摩訶般若波羅蜜經二卷 (南朝梁)釋曼陀羅仙譯 清道光十一年(1831)刻本 一冊

500000－8701－0008035 F186813－14
請益錄六卷 (宋)釋正覺拈古 (元)釋行秀評唱 清刻本 二冊

500000－8701－0008036 F186845－56
雜阿含經五十卷 (南朝宋)釋求那跋陀羅譯 清光緒十一年(1885)常熟刻經處刻本 十二冊

500000－8701－0008037 F186857－60
高僧傳初集十五卷首一卷 (南朝梁)釋慧皎著 清光緒十年(1884)金陵刻經處刻本 四冊

500000－8701－0008038 F186861－70
高僧傳二集四十卷 (唐)釋道宣撰 清光緒十六年(1890)江北刻經處刻本 十冊

500000－8701－0008039 F186871－78
高僧傳三集三十卷首一卷 (宋)釋贊寧編 清光緒十三年(1887)江北刻經處刻本 八冊

500000－8701－0008040 F186879－86
高僧傳三集三十卷首一卷 (宋)釋贊寧編 清光緒十三年(1887)江北刻經處刻本 八冊

500000－8701－0008041 F186887－88
高僧傳四集六卷 (明)釋如惺撰 清光緒十八年(1892)江北刻經處刻本 二冊

500000－8701－0008042 F186889
修習止觀坐禪法要二卷 (隋)釋智顗著 六

妙法門一卷　（隋）釋智者著　清光緒十八年（1892）金陵刻經處刻本　一册

500000－8701－0008043　F186890

修習止觀坐禪法要二卷　（隋）釋智顗著　**六妙法門一卷**　（隋）釋智者著　清光緒十八年（1892）金陵刻經處刻本　一册

500000－8701－0008044　F186898－901

方廣大莊嚴經十二卷　（唐）釋地婆訶羅譯　清光緒三十一年（1905）揚州藏經院刻本　四册

500000－8701－0008045　F186902－05

方廣大莊嚴經十二卷　（唐）釋地婆訶羅譯　清光緒三十一年（1905）揚州藏經院刻本　四册

500000－8701－0008046　F186911

六祖大師法寶壇經不分卷　（唐）釋慧能説　（唐）釋法海録　清同治十一年（1872）如臯刻經處刻本　一册

500000－8701－0008047　F186912

六祖大師法寶壇經不分卷　（唐）釋慧能説　（唐）釋法海録　清同治十一年（1872）如臯刻經處刻本　一册

500000－8701－0008048　F186926－27

辯僞録六卷　（元）釋祥邁著　清光緒三十三年（1907）揚州藏經院刻本　二册

500000－8701－0008049　F186940－41

龍舒增廣淨土文十二卷　（宋）王日休著　清同治八年（1869）慈谿五峯寺刻本　二册

500000－8701－0008050　F186946－48

立世阿毗曇論十卷　（南朝陳）釋真諦譯　清宣統二年（1910）常州天寧寺刻本　三册

500000－8701－0008051　F186963－64

光讚般若波羅蜜經十卷　（晉）釋竺法護譯　清光緒十二年（1886）錢塘刻本　二册

500000－8701－0008052　F186969－70

省庵法師語録二卷西方發願文注一卷東海若解一卷　（清）彭際清訂　清光緒二十六年（1900）揚州藏經院刻本　二册

500000－8701－0008053　F186971－72

省庵法師語録二卷西方發願文注一卷東海若解一卷　（清）彭際清訂　清光緒二十六年（1900）揚州藏經院刻本　二册

500000－8701－0008054　F186975－76

悟真篇三注三卷　（宋）張伯端著　（宋）薛道光等注　清刻本　二册

500000－8701－0008055　F186978

性相通説一卷　（明）釋德清著　清光緒三十二年（1906）新都寶光寺刻本　一册

500000－8701－0008056　F186979－82

性命圭旨四集　（□）尹真人秘授　清康熙八年（1669）宏道堂刻本　四册

500000－8701－0008057　F186983－86

性命圭旨四集　（□）尹真人秘授　清康熙八年（1669）刻本　四册

500000－8701－0008058　F187109－33

瑜伽師地論一百卷　（唐）釋玄奘譯　明萬曆二十七年至二十八年（1599－1600）徑山寂照庵刻徑山藏本　二十五册

500000－8701－0008059　F187134－35

雲棲大師遺稿三卷　（明）釋袾宏著　清光緒二十五年（1899）金陵刻經處刻本　二册

500000－8701－0008060　F187136－39

弘明集十四卷　（南朝梁）釋僧祐集　清光緒三十二年（1906）金陵刻經處刻本　四册

500000－8701－0008061　F187152－63

玉芝堂談薈三十六卷　（明）徐應秋輯　清光緒元年（1875）西安徐氏刻本　十二册

500000－8701－0008062　F187164－97

雲棲法彙三十一種首一卷末一卷　（明）釋袾宏編著　清光緒二十三年（1897）南京金陵刻經處刻本　三十四册

500000－8701－0008063　F187217

天台四教儀一卷　（高麗）釋諦觀録　**始終心要一卷**　（唐）釋湛然述　（宋）釋從義註　**天**

台八教大意一卷　(隋)釋灌頂撰　清宣統元年(1909)揚州藏經院刻本　一冊

500000－8701－0008064　F187228－31
一切經音義二十五卷　(唐)釋元應撰　清乾隆五十一年(1786)陽湖孫氏刻本　四冊

500000－8701－0008065　F187240－43
一切經音義二十五卷　(唐)釋元應撰　**補訂新譯大方廣佛華嚴經音義二卷**　(唐)釋慧苑述　清同治八年(1869)杭州曹氏刻本　四冊

500000－8701－0008066　F187244－47
一切經音義二十五卷　(唐)釋元應撰　**補訂新譯大方廣佛華嚴經音義二卷**　(唐)釋慧苑述　清同治八年(1869)杭州曹氏刻本　四冊

500000－8701－0008067　F187248
佛說四十二章經解一卷　(明)釋智旭著　**佛遺教經解一卷**　(明)釋智旭撰　**八大人覺經畧解一卷**　(漢)釋安世高譯　(明)釋智旭解　清同治十年(1871)毓江龍藏寺刻本　一冊

500000－8701－0008068　F187249－53
天台四教儀集註十卷　(元)釋蒙潤輯　清同治七年(1868)杭州昭慶寺慧空經房刻本　五冊

500000－8701－0008069　F187254－58
天台四教儀集註十卷　(元)釋蒙潤輯　清同治七年(1868)杭州昭慶寺慧空經房刻本　五冊

500000－8701－0008070　F187259－62
天童密雲禪師闢妄救十卷　(明)釋真啓編　清光緒三十三年(1907)萬縣流通經處刻本　四冊

500000－8701－0008071　F187265
旃檀佛西來歷代傳祀記一卷　(清)聖祖玄燁著　清同治八年(1869)刻本　一冊

500000－8701－0008072　F187267
西歸直指四卷首一卷　(清)周夢顏輯　清光緒十二年(1886)金陵刻經處刻本　一冊

500000－8701－0008073　F187268
西歸直指四卷首一卷　(清)周夢顏輯　清光緒十二年(1886)金陵刻經處刻本　一冊

500000－8701－0008074　F187271
西方要決科注二卷　(唐)釋窺基著　清刻本　一冊

500000－8701－0008075　F187273－74
根本說一切有部毘奈耶八卷　(唐)釋義淨譯　清刻本　二冊

500000－8701－0008076　F187277－86
聖學總論不分卷　(清)陸育吉等著　清刻本　十冊

500000－8701－0008077　F187288
西齋淨土詩四卷　(明)釋梵琦著　清末金陵刻經處刻本　一冊

500000－8701－0008078　F187299－301
瑜伽師地論記□□卷　(唐)釋道倫著　清刻本　三冊　存八卷(三十五至三十七、七十七至八十一)

500000－8701－0008079　F187302
重訂西方公據二卷　(清)彭際清輯　清光緒四年(1878)金陵刻經處刻本　一冊

500000－8701－0008080　F187303
重訂西方公據二卷　(清)彭際清輯　清光緒四年(1878)金陵刻經處刻本　一冊

500000－8701－0008081　F187304
西方公據一卷　(清)沈清塵　(清)周遠振著　清江夏洪山寶通寺刻本　一冊

500000－8701－0008082　F187333－37
賢首五教儀開蒙增註五卷　(清)釋通理著　清宣統元年(1909)揚州藏經院刻本　五冊

500000－8701－0008083　F187338－57
憨山老人夢遊集五十五卷　(明)釋德清著　(明)釋通炯編輯　清光緒五年(1879)江北刻經處刻本　二十冊

500000－8701－0008084　F187358－67
天台四教儀註彙補輔宏記十卷　(高麗)釋諦觀錄　(元)釋蒙潤註　(清)釋性權彙補　清

光緒二十四年(1898)釋諦閑刻本　十冊

500000－8701－0008085　F187371－72
子問二卷　(清)劉沅著　清光緒十四年(1888)樂善堂刻本　二冊

500000－8701－0008086　F187376
發菩提心論二卷　(晉)釋鳩摩羅什譯　清光緒十四年(1888)江北刻經處刻本　一冊

500000－8701－0008087　F187377
發菩提心論二卷　(晉)釋鳩摩羅什譯　清光緒十四年(1888)江北刻經處刻本　一冊

500000－8701－0008088　F187382
三論玄義二卷　(唐)釋吉藏著　清光緒二十五年(1899)金陵刻經處刻本　一冊

500000－8701－0008089　F187383
三論玄義二卷　(唐)釋吉藏著　清光緒二十五年(1899)金陵刻經處刻本　一冊

500000－8701－0008090　F187386
佛說觀彌勒菩薩上生兜率陀天經一卷　(南朝宋)釋沮渠京聲譯　**佛說彌勒下生經一卷**　(晉)釋鳩摩羅什譯　**佛說觀彌勒菩薩下生經一卷**　(晉)釋竺法護譯　清光緒三年(1877)金陵刻經處刻本　一冊

500000－8701－0008091　F187394
水懺數略三卷　(□)□□纂　清光緒十五年(1889)如皋刻經處刻本　一冊　存二卷(一至二)

500000－8701－0008092　F187395－97
水陸大齋儀軌會本六卷　(南朝梁)釋誌公等著　清同治八年(1869)敏曦刻本　三冊

500000－8701－0008093　F187399
佛說盂蘭盆經疏一卷　(唐)釋宗密著　(宋)釋淨源注　清光緒三十二年(1906)金陵刻經處刻本　一冊

500000－8701－0008094　F187400－02
悲華經十卷　(晉)釋曇無讖譯　清光緒四年(1878)金陵刻經處刻本　三冊

500000－8701－0008095　F187414－23
靈峰蕅益大師宗論十卷　(明)釋成時編輯　清光緒元年(1875)江北刻經處刻本　十冊

500000－8701－0008096　F187439
一乘決疑論一卷　(清)彭際清著　清同治八年(1869)如皋刻經處刻本　一冊

500000－8701－0008097　F187444－48
佛果圜悟禪師碧巖集十卷　(宋)釋圜悟著　清光緒二年(1876)杭州昭慶寺慧空經房刻本　五冊

500000－8701－0008098　F187455－59
三壇傳戒正範四卷　(明)釋見月著　清同治九年(1870)杭州昭慶寺刻本　五冊

500000－8701－0008099　F187464
三教齊性集不分卷　(清)世宗胤禛輯　清光緒元年(1875)成都文殊院刻本　一冊

500000－8701－0008100　F187465
三聖寶訓一卷　(□)□□撰　清光緒二十六年(1900)渠縣學署刻本　一冊

500000－8701－0008101　F187481
八宗綱要二卷　(明)釋凝然述　清宣統三年(1911)揚州藏經院刻本　一冊

500000－8701－0008102　F187482
坐禪三昧法門經二卷　(晉)釋鳩摩羅什譯　清刻本　一冊

500000－8701－0008103　F187483
坐禪三昧法門經二卷　(晉)釋鳩摩羅什譯　清刻本　一冊

500000－8701－0008104　F187486
唐玄奘法師八識規矩母頌一卷　(清)釋性起論釋　清光緒三年(1877)刻本　一冊

500000－8701－0008105　F187494
觀世音菩薩普門品經一卷　(晉)釋鳩摩羅什譯　清刻本　一冊

500000－8701－0008106　F187495
大方廣佛華嚴經普賢菩薩行願品一卷　(□)□□譯　清刻本　一冊

500000－8701－0008107　F187497
竹窗三筆一卷　(明)釋袾宏著　清光緒二十四年(1898)金陵刻經處刻本　一冊

500000－8701－0008108　F187500
八大人覺經一卷遺教經論一卷　(南朝陳)釋真諦譯　清刻本　一冊

500000－8701－0008109　F187501
八大人覺經疏一卷附二林居唱和詩一卷　(清)釋續法輯　清光緒三年(1877)江北刻經處刻本　一冊

500000－8701－0008110　F187503
入佛問答二卷　(清)問橋居士著　清宣統三年(1911)漢口佛教會鉛印本　一冊

500000－8701－0008111　F187517
金剛三昧經二卷　(□)□□撰　清同治十二年(1873)金陵刻經處刻本　一冊

500000－8701－0008112　F187518
金剛三昧經二卷　(□)□□撰　清同治十二年(1873)金陵刻經處刻本　一冊

500000－8701－0008113　F187519－20
金剛經心經註彙纂二卷　(清)孫念劬纂　清光緒二十二年(1896)張允頴刻本　二冊

500000－8701－0008114　F187528－29
金光明最勝王經十卷　(唐)釋義淨譯　清同治十年(1871)常熟刻經處刻本　二冊

500000－8701－0008115　F187530－31
金光明最勝王經十卷　(唐)釋義淨譯　清同治十年(1871)常熟刻經處刻本　二冊

500000－8701－0008116　F187532
金光般若經六譯本不分卷　(晉)釋鳩摩羅什等譯　清同治十一年(1872)金陵刻經處刻本　一冊

500000－8701－0008117　F187533
金光般若經六譯本不分卷　(晉)釋鳩摩羅什等譯　清同治十一年(1872)金陵刻經處刻本　一冊

500000－8701－0008118　F187543
金剛經句解一卷　(清)□□注　清光緒二年(1876)揚州法藏寺刻本　一冊

500000－8701－0008119　F187544
金光明經四卷　(晉)釋曇無讖譯　清同治十年(1871)金陵刻經處刻本　一冊

500000－8701－0008120　F187546
金剛能斷般若波羅密多經一卷　(清)裕恩譯　**佛說濡首菩薩無清淨分衛經二卷**　(南朝宋)釋翔公譯　清同治十年(1871)如皋刻經處刻本[佛說濡首菩薩無清淨分衛經二卷係清光緒十五年(1889)江北刻經處刻本]　一冊

500000－8701－0008121　F187549
金剛般若波羅蜜經破空論一卷　(晉)釋鳩摩羅什譯　**般若波羅密多心經釋要一卷**　(明)釋智旭撰　**金剛般若波羅蜜經觀心釋一卷**　(明)釋智旭撰　清同治十年(1871)如皋刻經處刻本　一冊

500000－8701－0008122　F187550
金剛般若波羅蜜經破空論一卷　(晉)釋鳩摩羅什譯　**般若波羅密多心經釋要一卷**　(明)釋智旭撰　**金剛般若波羅蜜經觀心釋一卷**　(明)釋智旭撰　清同治十年(1871)如皋刻經處刻本　一冊

500000－8701－0008123　F187551
金剛般若波羅蜜經略疏二卷　(唐)釋智儼著　**般若波羅蜜多心經略疏一卷**　(唐)釋法藏撰　清光緒二十八年(1902)金陵刻經處刻本[般若波羅蜜多心經略疏一卷係清同治八年(1869)金陵刻經處刻本]　一冊

500000－8701－0008124　F187552
金剛般若經疏一卷　(隋)釋智者大師撰　**般若波羅密多心經疏一卷**　(唐)釋玄奘譯　(唐)釋靖邁疏　清光緒三十三年(1907)金陵刻經處刻本[般若波羅密多心經疏一卷係清光緒二十三年(1897)金陵刻經處刻本]　一冊

500000－8701－0008125　F187570－74

金剛經注解四卷　(明)成祖朱棣編　清光緒七年(1881)刻本　五冊

500000－8701－0008126　F187602－03
金剛般若波羅蜜經宗通九卷　(晉)釋鳩摩羅什譯　(明)曾鳳儀撰　清光緒十一年(1885)金陵刻經處刻本　二冊

500000－8701－0008127　F187610
頂批金丹真傳二卷　(明)孫汝忠著　(明)張崇烈註　(明)李堪疏　(清)傅金銓頂批醒要　**道書試金石一卷**　(清)傅金銓著　**入藥鏡一卷康節邵子詩一卷呂祖沁園春一卷**　(清)傅金銓註　清刻本　一冊

500000－8701－0008128　F187612
金剛般若波羅蜜經二卷　(晉)釋鳩摩羅什譯　(唐)釋慧能注　清道光二十一年(1841)劉學富刻本　一冊

500000－8701－0008129　F187618
無量壽經宗要一卷　(唐)釋元曉著　清刻本　一冊

500000－8701－0008130　F187619
無量壽經宗要一卷　(唐)釋元曉著　清刻本　一冊

500000－8701－0008131　F187620
無量壽如來會二卷　(唐)釋菩提流志譯　清光緒二十二年(1896)金陵刻經處刻本　一冊

500000－8701－0008132　F187622
無量壽經起信論三卷附觀無量壽佛經約論一卷　(清)彭際清著　清刻本　一冊

500000－8701－0008133　F187623
無量壽經起信論三卷附觀無量壽佛經約論一卷　(清)彭際清著　清刻本　一冊

500000－8701－0008134　F187625
無隱禪師略錄一卷　題(清)普願居士集校　清光緒十六年(1890)金陵刻經處刻本　一冊

500000－8701－0008135　F187626
佛說大乘無量壽莊嚴經一卷　(宋)釋法賢譯　清光緒十年(1884)金陵刻經處刻本　一冊

500000－8701－0008136　F187627
佛說大乘無量壽莊嚴經一卷　(宋)釋法賢譯　清光緒十年(1884)金陵刻經處刻本　一冊

500000－8701－0008137　F187632
無量壽經二卷　(三國魏)釋康僧鎧譯　**佛說觀無量壽佛經一卷**　(南朝宋)釋畺良耶舍譯　**佛說阿彌陀經一卷**　(晉)釋鳩摩羅什譯　**大方廣佛華嚴經入不思議解脱境界普賢行願品一卷**　(唐)釋般若譯　清同治十三年(1874)金陵刻經處刻本　一冊

500000－8701－0008138　F187633
無量壽經二卷　(三國魏)釋康僧鎧譯　**佛說觀無量壽佛經一卷**　(南朝宋)釋畺良耶舍譯　**佛說阿彌陀經一卷**　(晉)釋鳩摩羅什譯　**大方廣佛華嚴經入不思議解脱境界普賢行願品一卷**　(唐)釋般若譯　清同治十三年(1874)金陵刻經處刻本　一冊

500000－8701－0008139　F187634
佛說無量清淨平等覺經三卷　(漢)釋支婁迦讖譯　清光緒十年(1884)金陵刻經處刻本　一冊

500000－8701－0008140　F187635
佛說無量清淨平等覺經三卷　(漢)釋支婁迦讖譯　清光緒十年(1884)金陵刻經處刻本　一冊

500000－8701－0008141　F187636
無量義經一卷　(南朝齊)釋曇摩伽陀耶舍譯　**佛說觀普賢菩薩行法經一卷**　(南朝宋)釋曇摩蜜多譯　清光緒三年(1877)江都江北刻經處刻本[佛說觀普賢菩薩行法經一卷係清光緒七年(1881)金陵刻經處刻本]　一冊

500000－8701－0008142　F187637－38
佛說無量壽經義疏六卷　(三國魏)釋康僧鎧譯　(隋)釋慧遠疏　清光緒二十年(1894)金陵刻經處刻本　二冊

500000－8701－0008143　F187639
無量義經一卷　(南朝齊)釋曇摩伽陀耶舍譯　清刻本　一冊

500000－8701－0008144　F187645
佛說觀普賢菩薩行法經一卷　（南朝宋）釋曇摩蜜多譯　清刻本　一冊

500000－8701－0008145　F187646－47
佛說無量壽經義疏六卷　（三國魏）釋康僧鎧譯　（隋）釋慧遠疏　清光緒二十年（1894）金陵刻經處刻本　二冊

500000－8701－0008146　F187652－56
空林慈篤海月和尚語錄二十一卷　（清）釋明慧等編　清刻本　五冊

500000－8701－0008147　F187659－62
錦江禪燈二十卷　（清）釋徹綱輯　清康熙二十二年（1683）刻本　四冊

500000－8701－0008148　F187663
念佛百問一卷　（清）釋悟開撰　清同治五年（1866）正定王氏刻本　一冊

500000－8701－0008149　F187664
念佛警策二卷　（清）彭際清編　清同治十三年（1874）許靈虛刻本　一冊

500000－8701－0008150　F187669－70
慈悲梁皇寶懺六卷　（南朝梁）武帝蕭衍著　清光緒十五年（1889）金陵刻經處刻本　二冊

500000－8701－0008151　F187673
無言童子經二卷　（晉）釋竺法護譯　**奮迅王問經二卷**　（北魏）釋瞿曇般若流支譯　清刻本　一冊

500000－8701－0008152　F187674
入法界體性經一卷佛說如來智印經一卷　（隋）釋闍那崛多譯　清光緒四年（1878）金陵刻經處刻本　一冊

500000－8701－0008153　F187677
入楞伽心玄義一卷　（唐）釋法藏著　清光緒十八年（1892）金陵刻經處刻本　一冊

500000－8701－0008154　F187678
欲海回狂三卷附内典字義譯註一卷　（清）周安士著　清同治三年（1864）邗江熊氏刻本　一冊

500000－8701－0008155　F187679
欲海回狂三卷附内典字義譯註一卷　（清）周安士著　清同治三年（1864）邗江熊氏刻本　一冊

500000－8701－0008156　F187680
善女人傳二卷　（清）彭際清著　清同治十一年（1872）陶緩雲等刻本　一冊

500000－8701－0008157　F187683
金陵毘盧寺印魁文祖法語一卷　（清）釋清池記　清宣統三年（1911）揚州藏經院刻本　一冊

500000－8701－0008158　F187684
善住意天子所問經三卷　（三國魏）釋毗目智仙　（北魏）釋菩提留支譯　清光緒六年（1880）常熟刻經處刻本　一冊

500000－8701－0008159　F187747
淨土四經不分卷　（清）魏源輯　清同治五年（1866）石埭楊文會刻本　一冊

500000－8701－0008160　F187748
淨土四經不分卷　（清）魏源輯　清同治五年（1866）石埭楊文會刻本　一冊

500000－8701－0008161　F187757
淨土十疑論一卷　（隋）釋智者大師撰　清道光十六年（1836）新都寶光寺刻本　一冊

500000－8701－0008162　F187758－61
靈峰蕅益大師選定淨土十要十卷　（明）釋智旭輯　（明）釋成時評點　清同治六年（1867）杭州慧空經房刻本　四冊

500000－8701－0008163　F187762
淨土神珠一卷　（清）釋古崑輯　清同治十三年（1874）杭州慧空經房刻本　一冊

500000－8701－0008164　F187766
蓮修必讀一卷　（清）釋觀如輯　清光緒十二年（1886）揚州藏經院刻本　一冊

500000－8701－0008165　F187767
御選雲棲蓮池祩宏大師語錄一卷　（清）世宗胤禛輯　清雍正十一年（1733）刻本　一冊

500000－8701－0008166　F187768
御選雲棲蓮池袾宏大師語錄一卷　(清)世宗胤禛輯　清雍正十一年(1733)刻本　一册

500000－8701－0008167　F187769
蓮社備覽一卷　(清)汪善慶註　清光緒三十二年(1906)成都大慈寺刻本　一册

500000－8701－0008168　F187770
蓮社備覽一卷　(清)汪善慶註　清光緒三十二年(1906)成都大慈寺刻本　一册

500000－8701－0008169　F187772
元空法鑑一卷　(清)曾懷玉著　清光緒三十年(1904)文匯堂刻本　一册

500000－8701－0008170　F187774
大慧普覺禪師宗門武庫一卷雪堂行和尚拾遺錄一卷　(宋)釋道謙編　清光緒七年(1881)常熟刻經處刻本　一册

500000－8701－0008171　F187780
遊心安樂道一卷　(唐)釋元曉著　清金陵刻經處刻本　一册

500000－8701－0008172　F187781
遊心安樂道一卷　(唐)釋元曉著　清金陵刻經處刻本　一册

500000－8701－0008173　F187789
道宣律師感通錄一卷　(唐)釋道宣著　清光緒十五年(1889)江北刻經處刻本　一册

500000－8701－0008174　F187793－94
老子道德經解二卷首一卷附觀老莊影響論一卷　(明)釋德清撰　清光緒十二年(1886)金陵刻經處刻本　二册

500000－8701－0008175　F187795－96
老子道德經解二卷首一卷附觀老莊影響論一卷　(明)釋德清撰　清光緒十二年(1886)金陵刻經處刻本　二册

500000－8701－0008176　F187813－14
道行般若波羅密經十卷首一卷　(漢)釋支婁迦讖譯　清光緒十三年(1887)錢塘釋道霖刻本　二册

500000－8701－0008177　F187816－18
宗範八卷首一卷　(清)錢伊庵編輯　清光緒十二年(1886)金陵刻經處刻本　三册

500000－8701－0008178　F187832－33
肇論略注六卷　(明)釋德清著　清光緒十四年(1888)金陵刻經處刻本　二册

500000－8701－0008179　F187834－35
肇論略注六卷　(明)釋德清著　清光緒十四年(1888)金陵刻經處刻本　二册

500000－8701－0008180　F187836
退溪詩集一卷　(清)龔晴皋撰　清咸豐二年(1852)巴縣龔氏刻本　一册

500000－8701－0008181　F187842－43
寫法切要二卷　(清)釋少逸編輯　清同治八年(1869)杭州祥雨亭刻本　二册

500000－8701－0008182　F187844－45
法門疏抄二卷　(清)釋昌德編輯　清同治十三年(1874)慈濟寺刻本　二册

500000－8701－0008183　F187888－97
道統大成不分卷　(清)汪啓濩輯　(清)韓景垚等評點　清光緒二十六年(1900)上海刻本　十册

500000－8701－0008184　F187898
禪門課誦二卷　(□)□□撰　清光緒十六年(1890)成都文殊院刻本　一册　存一卷(二)

500000－8701－0008185　F187900
禪源諸詮集都序四卷　(唐)釋宗密著　清光緒十八年(1892)金陵刻經處刻本　一册

500000－8701－0008186　F187902
禪門鍛煉說一卷　(清)釋戒顯著　清同治十一年(1872)如皋刻經處刻本　一册

500000－8701－0008187　F187904
禪門日誦不分卷　(□)□□撰　清海陵南山寺刻本　一册

500000－8701－0008188　F187905－06
禪門日誦不分卷　(清)釋宏亮輯　清光緒二十五年(1899)重慶華嚴寺刻本　二册

500000 - 8701 - 0008189　F187907 - 08

禪門日誦不分卷　(清)釋宏亮輯　清光緒二十五年(1899)重慶華嚴寺刻本　二册

500000 - 8701 - 0008190　F187912 - 13

禪門日誦諸經不分卷　(□)□□撰　清光緒十一年(1885)重慶羅漢寺刻本　二册

500000 - 8701 - 0008191　F187915

禪宗正指三卷　(清)劉體恕編　清康熙五十四年(1715)刻本　一册

500000 - 8701 - 0008192　F187921

實相般若波羅蜜經一卷摩訶般若波羅蜜大明咒經一卷般若波羅密多心經一卷　(唐)釋菩提流志等譯　清光緒十五年(1889)江北刻經處刻本　一册

500000 - 8701 - 0008193　F187924

寶藏論一卷　(晉)釋僧肇著　清光緒二十三年(1897)金陵刻經處刻本　一册

500000 - 8701 - 0008194　F187928

安樂集二卷　(唐)釋道綽著　清光緒二十三年(1897)金陵刻經處刻本　一册

500000 - 8701 - 0008195　F187932

慧日永明智覺壽禪師山居詩一卷　(宋)釋延壽著　**福源石屋珙禪師山居詩一卷**　(元)釋清珙著　**幻居詩一卷**　(清)釋悟開著　清光緒十一年(1885)江北刻經處刻本　一册

500000 - 8701 - 0008196　F187933

永嘉真覺禪師證道歌一卷　(元)釋法惠註　清光緒三十四年(1908)金陵刻經處刻本　一册

500000 - 8701 - 0008197　F187934

永嘉真覺禪師證道歌一卷　(元)釋法惠註　清光緒三十四年(1908)金陵刻經處刻本　一册

500000 - 8701 - 0008198　F187935

御選妙覺普度和聖寒山大士詩一卷　(唐)釋寒山撰　**御選圓覺慈度合聖拾得大士詩一卷**　(唐)釋拾得撰　清成都文殊院刻本　一册

500000 - 8701 - 0008199　F187936

御選妙覺普度和聖寒山大士詩一卷　(唐)釋寒山撰　**御選圓覺慈度合聖拾得大士詩一卷**　(唐)釋拾得撰　**悟真篇外集一卷**　(宋)張伯端撰　**附栯堂山居詩一卷**　清光緒十一年(1885)金陵刻經處刻本　一册

500000 - 8701 - 0008200　F187937

御選妙覺普度和聖寒山大士詩一卷　(唐)釋寒山撰　**御選圓覺慈度合聖拾得大士詩一卷**　(唐)釋拾得撰　**悟真篇外集一卷**　(宋)張伯端撰　**附栯堂山居詩一卷**　清光緒十一年(1885)金陵刻經處刻本　一册

500000 - 8701 - 0008201　F187938

御選妙覺普度和聖寒山大士詩一卷　(唐)釋寒山撰　**御選圓覺慈度合聖拾得大士詩一卷**　(唐)釋拾得撰　清雍正十一年(1733)刻本　一册

500000 - 8701 - 0008202　F187939

御選妙覺普度和聖寒山大士詩一卷　(唐)釋寒山撰　**御選圓覺慈度合聖拾得大士詩一卷**　(唐)釋拾得撰　清雍正十一年(1733)刻本　一册

500000 - 8701 - 0008203　F187941

妙法蓮華經大乘懸談不分卷　(清)釋大義輯　清康熙三十四年(1695)刻本　一册

500000 - 8701 - 0008204　F187942

法華大成音義九卷附懸談音義一卷　(清)釋淨昇輯　清刻本　一册

500000 - 8701 - 0008205　F187943

法華經安樂行義一卷　(南朝陳)釋慧思說　**法華龍女成佛權實義一卷**　(宋)釋源清述　清光緒三年至二十三年(1877 - 1897)金陵刻經處刻本　一册

500000 - 8701 - 0008206　F187944

法華經安樂行義一卷　(南朝陳)釋慧思說　**法華龍女成佛權實義一卷**　(宋)釋源清述　清光緒三年至二十三年(1877 - 1897)金陵刻經處刻本　一册

500000－8701－0008207　F187950
法華擊節一卷　（明）釋德清著　清刻本　一册

500000－8701－0008208　F187951
般若心經口義別一卷　（清）釋大瓆著　清宣統元年（1909）刻本　一册

500000－8701－0008209　F187958
佛説造像量度經一卷附續補一卷　（清）工布查布譯　清同治十三年（1874）金陵刻經處刻本　一册

500000－8701－0008210　F187959
佛説造像量度經一卷附續補一卷　（清）工布查布譯　清同治十三年（1874）金陵刻經處刻本　一册

500000－8701－0008211　F187966－67
選佛譜六卷　（明）釋智旭著　清光緒十七年（1891）金陵刻經處刻本　二册

500000－8701－0008212　F187968－69
選佛譜六卷　（明）釋智旭著　清光緒十七年（1891）金陵刻經處刻本　二册

500000－8701－0008213　F187977
法界宗五祖略記一卷賢首五教儀開蒙不分卷　（清）釋續法輯　清光緒二年至二十二年（1876－1896）刻本　一册

500000－8701－0008214　F187991
潙山警策句釋記二卷　（清）釋弘贊著　清宣統二年（1910）常州天寧寺刻本　一册

500000－8701－0008215　F187999
淨慈要語二卷　（明）釋元賢著　清末揚州藏經院刻本　一册

500000－8701－0008216　F188002
淨業知津一卷附闢邪一卷　（清）釋悟開著　清同治十三年（1874）金陵刻經處刻本　一册

500000－8701－0008217　F188003
淨土論三卷　（唐）釋迦才著　清金陵刻經處刻本　一册

500000－8701－0008218　F188008
淨業知津一卷附闢邪一卷　（清）釋悟開著　清同治十三年（1874）金陵刻經處刻本　一册

500000－8701－0008219　F188009－13
心傳韻語五卷　（清）何謙著　清同治二年（1863）白雲山刻本　五册

500000－8701－0008220　F188014
淨土晨鐘六卷　（清）周克復撰　清乾隆五十七年（1792）刻本　一册

500000－8701－0008221　F188020－23
淨土經論十四種　（漢）釋支婁迦讖譯　清同治十年至光緒二十二年（1871－1896）金陵刻經處刻本　四册

500000－8701－0008222　F188028
淨土警語一卷起一心精進念佛七期規式一卷　（清）釋行策輯　清光緒六年（1880）常熟刻經處刻本　一册

500000－8701－0008223　F188029
淨土警語一卷起一心精進念佛七期規式一卷　（清）釋行策輯　清光緒六年（1880）常熟刻經處刻本　一册

500000－8701－0008224　F188051－55
淨土資糧全集六卷前集一卷後集一卷　（明）莊廣還輯　清嘉慶九年（1804）刻本　五册

500000－8701－0008225　F188056－67
河圖心法合纂直講十三卷洛書心法合纂直講十四卷　題（清）蘭陵不二子著　清同治十二年至光緒三年（1873－1877）復真堂刻本　十二册

500000－8701－0008226　F188068－99
法苑珠林一百卷　（唐）釋道世著　清光緒三年（1877）常熟三峰寺刻本　三十二册

500000－8701－0008227　F188100－29
法苑珠林一百卷　（唐）釋道世著　清宣統二年（1910）毘陵天寧寺刻本　三十册

500000－8701－0008228　F188177－86
成唯識論觀心法要十卷　（明）釋智旭述　清光緒二十六年（1900）揚州藏經院刻本　十册

500000－8701－0008229　F188187－206
成唯識論述記六十卷　（唐）釋窺基著　清光緒二十七年（1901）金陵刻經處刻本　二十册

500000－8701－0008230　F188207－26
成唯識論述記六十卷　（唐）釋窺基著　清光緒二十七年（1901）金陵刻經處刻本　二十册

500000－8701－0008231　F188227－40
成唯識論述記六十卷　（唐）釋窺基著　清光緒二十七年（1901）金陵刻經處刻本　十四册

500000－8701－0008232　F188249
折疑論集註二卷　（元）釋子成著　（明）釋師子注　清光緒三十四年（1908）揚州藏經院刻本　一册

500000－8701－0008233　F188250－51
成唯識論十卷　（唐）釋玄奘譯　清光緒二十二年（1896）金陵刻經處刻本　二册

500000－8701－0008234　F188271
攝大乘論本三卷　（唐）釋玄奘譯　清石印本　一册

500000－8701－0008235　F188272
攝大乘論本三卷　（唐）釋玄奘譯　清石印本　一册

500000－8701－0008236　F188276
頓悟入道要門論二卷　（唐）釋慧海著　清宣統二年（1910）常州天寧寺刻本　一册

500000－8701－0008237　F188285
慧命經不分卷　（清）柳華陽著　清光緒十二年（1886）成都誠德堂刻本　一册

500000－8701－0008238　F188288
八識規矩頌一卷大乘百法明門論一卷　（明）釋廣益釋　清刻本　一册

500000－8701－0008239　F188289
八識規矩頌一卷大乘百法明門論一卷　（明）釋廣益釋　清刻本　一册

500000－8701－0008240　F188341－44
感應篇圖説不分卷　（清）許鶴沙圖説　清同治十一年（1872）同心堂刻本　四册

500000－8701－0008241　F188345－48
感應篇注釋四卷　（清）劉沅注　清嘉慶九年（1804）雙流劉氏扶經堂刻本　四册

500000－8701－0008242　F188352－55
感應篇圖説不分卷　（清）許鶴沙圖説　清道光二十九年（1849）浙省華氏刻本　四册

500000－8701－0008243　F188356
感應經直解一卷　胡薇元著　清光緒三十三年（1907）彊爲善齋刻本　一册

500000－8701－0008244　F188371－72
中阿含經十卷　（晉）釋瞿曇僧伽提婆譯　清守道等刻本　二册

500000－8701－0008245　F188373
成具光明定意經一卷　（漢）釋支曜譯　清刻本　一册

500000－8701－0008246　F188377－78
東園語錄二卷　題（唐）純陽子著　清平雲堂真如刻本　二册

500000－8701－0008247　F188383
中論會譯不分卷　（晉）釋鳩摩羅什譯　清光緒三十年（1904）上海頻伽精舍鉛印本　一册

500000－8701－0008248　F188470－75
指月錄三十二卷　（明）瞿汝稷輯　清涪州刻本　六册

500000－8701－0008249　F188476－85
指月錄三十二卷　（明）瞿汝稷集　清同治十一年（1872）杭州昭慶寺慧空經房刻本　十册

500000－8701－0008250　F188486－95
指月錄三十二卷　（明）瞿汝稷集　清刻本　十册

500000－8701－0008251　F188496－505
指月錄三十二卷　（明）瞿汝稷集　清同治六年（1867）刻本　十册

500000－8701－0008252　F188542－43
中論六卷　（晉）釋鳩摩羅什譯　清光緒三十三年（1907）揚州藏經院刻本　二册

500000－8701－0008253　F188544－45
大乘中觀釋論十卷　(宋)釋惟淨等譯　清光緒三十四年(1908)金陵刻經處刻本　二册

500000－8701－0008254　F188546－47
大乘中觀釋論十卷　(宋)釋惟淨等譯　清光緒三十四年(1908)金陵刻經處刻本　二册

500000－8701－0008255　F188548－51
揞黑豆集八卷　(清)心園居士輯　清乾隆五十九年(1794)刻本　四册

500000－8701－0008256　F188552－57
天目中峰和尚廣錄三十卷　(元)釋慈寂撰　清刻本　六册

500000－8701－0008257　F188561
忠孝誥二卷　(唐)呂洞賓著　清刻本　一册

500000－8701－0008258　F188562－64
畫禪室隨筆四卷　(明)董其昌著　清宣統元年(1909)上海掃葉山房石印本　三册

500000－8701－0008259　F188597－606
楞嚴經指掌疏十卷　(清)釋通理著　清光緒二十八年(1902)成都文殊院刻本　十册

500000－8701－0008260　F188607－18
楞嚴經指掌疏十卷　(清)釋通理著　清光緒二十八年(1902)成都文殊院刻本　十二册

500000－8701－0008261　F188619－30
楞嚴經指掌疏十卷　(清)釋通理著　清光緒二十七年(1901)維揚藏經院刻本　十二册

500000－8701－0008262　F188634－48
大佛頂首楞嚴經正脈疏四十卷首一卷　(明)釋真鑑著　**大佛頂如來密因修證了義諸菩薩萬行首楞嚴經纂註二卷首一卷**　(唐)釋般剌密諦譯　清光緒二十二年(1896)金陵刻經處刻本　十五册

500000－8701－0008263　F188649－54
大佛頂如來密因修證了義諸菩薩萬行首楞嚴經直指十卷　(唐)釋般剌密諦譯　清福緣蓮社刻本　六册

500000－8701－0008264　F188655－59
大佛頂如來密因修證了義諸菩薩萬行首楞嚴經纂註十卷　(唐)釋般剌密諦譯　(明)釋真界注　清光緒三十四年(1908)金陵刻經處刻本　五册

500000－8701－0008265　F188660－64
大佛頂如來密因修證了義諸菩薩萬行首楞嚴經纂註十卷首一卷末一卷　(唐)釋般剌密諦譯　(明)釋真界纂注　清光緒三十四年(1908)金陵刻經處刻本　五册

500000－8701－0008266　F188665－84
大佛頂首楞嚴經疏解蒙鈔六十卷首一卷　(清)錢謙益著　清光緒五年(1879)刻本　二十册

500000－8701－0008267　F188685－90
楞嚴經通議十卷補遺一卷首楞嚴經懸鏡一卷首楞嚴經通議略科一卷　(明)釋德清著　清光緒二十年(1894)金陵刻經處刻本　六册

500000－8701－0008268　F188691－92
大佛頂如來密因修證了義諸菩薩萬行首楞嚴經十卷　(唐)釋般剌密帝譯　清同治八年(1869)金陵刻經處刻本　二册

500000－8701－0008269　F188693－94
大佛頂如來密因修證了義諸菩薩萬行首楞嚴經十卷　(唐)釋般剌密帝譯　清同治八年(1869)金陵刻經處刻本　二册

500000－8701－0008270　F188701－02
大佛頂首楞嚴經玄義四卷　(明)釋傳燈著　清光緒十四年(1888)天台真覺寺刻本　二册

500000－8701－0008271　F188703－12
大佛頂如來密因修證了義諸菩薩萬行首楞嚴經合轍十卷　(明)釋通潤著　清咸豐五年(1855)涪州新廟坊刻本　十册

500000－8701－0008272　F188713－22
大佛頂如來密因修證了義諸菩薩萬行首楞嚴經合轍十卷　(明)釋通潤著　清咸豐五年(1855)涪州新廟坊刻本　十册

500000－8701－0008273　F188725－26

楞伽阿跋多羅寶經四卷　(南朝宋)釋求那跋陀羅譯　清同治九年(1870)金陵刻經處刻本　二册

500000－8701－0008274　F188727－28
大乘入楞伽經七卷　(唐)釋實叉難陀譯　清光緒三十四年(1908)金陵刻經處刻本　二册

500000－8701－0008275　F188744－47
楞伽阿跋多羅寶經會譯四卷　(南朝宋)釋求那跋陀羅譯　(明)釋員珂會譯　清光緒三十四年(1908)金陵刻經處刻本　四册

500000－8701－0008276　F188748－51
楞伽阿跋多羅寶經會譯四卷　(南朝宋)釋求那跋陀羅譯　(明)釋員珂會譯　清光緒三十四年(1908)金陵刻經處刻本　四册

500000－8701－0008277　F188783
佛觀彌勒菩薩上生兜率陀天經一卷　(南朝宋)釋沮渠京聲譯　**佛說彌勒下生經一卷**　(晉)釋鳩摩羅什譯　**佛說彌勒菩薩下生經一卷**　(晉)釋竺法護譯　清光緒三年(1877)金陵刻經處刻本　一册

500000－8701－0008278　F188788
菩薩戒本經一卷　(晉)釋曇無讖譯　**菩薩戒本經箋要一卷**　(明)釋智旭箋　清光緒六年(1880)金陵刻經處刻本　一册

500000－8701－0008279　F188790－93
菩薩瓔珞經二十卷　(晉)釋竺佛念譯　清光緒十八年(1892)江北刻經處刻本　四册

500000－8701－0008280　F188796
大乘密嚴經三卷　(唐)釋不空譯　清光緒二十三年(1897)金陵刻經處刻本　一册

500000－8701－0008281　F188798
勸修淨土切要一卷　(清)釋真益願纂　清光緒十六年(1890)揚州藏經院刻本　一册

500000－8701－0008282　F188803
大華嚴經略策一卷答順宗心要法門一卷三聖圓融觀門一卷　(唐)釋澄觀述　**原人論一卷**　(唐)釋宗密述　**華嚴念佛三昧論一卷**　(清)彭際清述　清光緒二十三年(1897)金陵刻經處刻本　一册

500000－8701－0008283　F188808
大乘法界無差别論疏二卷　(唐)釋法藏著　清光緒二十一年(1895)金陵刻經處刻本　一册

500000－8701－0008284　F188815－20
重訂教乘法數十二卷　(明)釋圓瀞撰　清光緒三十年(1904)新都寶光寺刻本　六册

500000－8701－0008285　F188821－26
重訂教乘法數十二卷　(明)釋圓瀞撰　清光緒三十四年(1908)常州天寧寺刻本　六册

500000－8701－0008286　F188827－32
重訂教乘法數十二卷　(明)釋圓瀞撰　清光緒四年(1878)杭州昭慶寺刻本　六册

500000－8701－0008287　F188840－41
老子道德經解二卷首一卷附觀老莊影響論一卷　(明)釋德清撰　清光緒十三年(1887)金陵刻經處刻本　二册

500000－8701－0008288　F188843－44
大哀經八卷　(晉)釋竺法護譯　清宣統元年(1909)刻本　二册

500000－8701－0008289　F188845－47
大方等大集月藏經十卷　(北齊)釋那連提耶舍譯　清光緒八年(1882)常熟刻經處刻本　三册

500000－8701－0008290　F188848
大方等大集賢護經五卷　(隋)釋闍那崛多等譯　清同治十二年(1873)江北刻經處刻本　一册

500000－8701－0008291　F188849
大方廣圓覺修多羅了義經二卷　(唐)釋佛陀多羅譯　清同治八年(1869)金陵刻經處刻本　一册

500000－8701－0008292　F188850
大方等如來藏經一卷　(晉)釋佛陀跋陀羅譯　**莊嚴菩提心經一卷**　(晉)釋鳩摩羅什譯

寶授菩薩菩提行經一卷　（宋）釋法賢譯　**佛說長者女庵提遮師子吼了義經**　（□）□□譯　**佛說老女人經**　（三國吳）支謙譯　**稱讚大乘功德經**　（唐）釋玄奘譯　**佛說長者法志妻經**　（□）□□譯　**佛說堅固女經**　（北齊）釋那連提耶舍譯　清光緒二十二年至二十三年（1896－1897）金陵刻經處刻本　一冊

500000－8701－0008293　F188851
大方等如來藏經一卷　（晉）釋佛陀跋陀羅譯　**莊嚴菩提心經一卷**　（晉）釋鳩摩羅什譯　**寶授菩薩菩提行經一卷**　（宋）釋法賢譯　**佛說長者女庵提遮師子吼了義經**　（□）□□譯　**佛說老女人經**　（三國吳）支謙譯　**稱讚大乘功德經**　（唐）釋玄奘譯　**佛說長者法志妻經**　（□）□□譯　**佛說堅固女經**　（北齊）釋那連提耶舍譯　清光緒二十二年至二十三年（1896－1897）金陵刻經處刻本　一冊

500000－8701－0008294　F188857－58
林間錄二卷　（宋）釋德洪編　清光緒二十七年（1901）揚州藏經院刻本　二冊

500000－8701－0008295　F188859－62
大唐西域記十二卷　（唐）釋玄奘譯　（唐）釋辯機撰　清宣統元年（1909）常州天寧寺刻本　四冊

500000－8701－0008296　F188865－67
萬善同歸集三卷　（宋）釋延壽述　清同治十一年（1872）金陵刻經處刻本　三冊

500000－8701－0008297　F188868－70
萬善同歸集三卷　（宋）釋延壽述　清同治十一年（1872）金陵刻經處刻本　三冊

500000－8701－0008298　F188871
萬法歸心錄三卷　（清）釋超溟著　清光緒三十四年（1908）揚州流通處刻本　一冊

500000－8701－0008299　F188872
萬法歸心錄不分卷　（清）釋超溟著　（清）釋明貫編　清同治十三年（1874）空林堂刻本　一冊

500000－8701－0008300　F188873－74
萬善同歸集六卷　（宋）釋延壽著　清道光十七年（1837）成都文殊院刻本　二冊

500000－8701－0008301　F188875－78
十不二門指要鈔詳解二卷　（唐）釋湛然釋籤　（宋）釋可度詳解　（宋）釋知禮鈔　（明）正謐分會　清福德因緣堂刻本　四冊

500000－8701－0008302　F188879－90
增壹阿含經五十卷　（晉）釋曇摩難提譯　清光緒十二年（1886）江北刻經處刻本　十二冊

500000－8701－0008303　F188902－07
出曜經二十卷　（晉）釋竺佛念譯　清光緒十五年（1889）江北刻經處刻本　六冊

500000－8701－0008304　F188908
新刊衆真醒迷篇一卷　（清）□□著　清光緒二十二年（1896）刻本　一冊

500000－8701－0008305　F188925
自知錄二卷　（明）釋袾宏述　清光緒二十五年（1899）金陵刻經處刻本　一冊

500000－8701－0008306　F210001－10
困學紀聞註二十卷　（宋）王應麟著　（清）翁元圻注　清道光五年（1825）餘姚守福堂刻本　十冊

500000－8701－0008307　F210011－14
困學紀聞注二十卷　（宋）王應麟著　（清）翁元圻注　清同治九年（1870）揚州書局刻本　四冊

500000－8701－0008308　F210015－22
朝市叢載七卷附鞠臺集秀一卷　（清）李虹若撰　清光緒十三年（1887）刻本　八冊

500000－8701－0008309　F210033
廣愛錄一卷　（清）孟超然撰　清道光十年（1830）刻本　一冊

500000－8701－0008310　F210034－37
讀書拾遺六卷　（清）傅玉書撰　清光緒二十四年（1898）戎州旅寓刻本　四冊

500000－8701－0008311　F210050－55
因樹屋書影十卷　（清）周亮工撰　清雍正三

年(1725)懷德堂刻本　六冊

500000－8701－0008312　F210058－63
讀書叢錄二十四卷　(清)洪頤煊撰　清刻本　六冊

500000－8701－0008313　F210064－65
愈愚錄六卷　(清)劉寶楠撰　清光緒十四年(1888)廣雅書局刻本　二冊

500000－8701－0008314　F210067
讀書餘錄二卷　(清)俞樾撰　清刻本　一冊

500000－8701－0008315　F210068
續家事筆記二卷　(清)唐必桂撰　清光緒三十二年(1906)唐氏刻本　一冊

500000－8701－0008316　F210073－74
雲山讀書記二編　(清)鄧繹撰　清光緒十四年(1888)刻本　二冊

500000－8701－0008317　F210075－82
札樸十卷　(清)桂馥撰　清光緒九年(1883)長洲蔣氏心矩齋刻本　八冊

500000－8701－0008318　F210083－98
義門讀書記五十八卷附行狀一卷　(清)何焯撰　清乾隆三十四年(1769)長洲蔣氏刻本　十六冊

500000－8701－0008319　F210099－110
義門讀書記五十八卷附行狀一卷　(清)何焯撰　清乾隆三十四年(1769)長洲蔣氏刻本　十二冊

500000－8701－0008320　F210150－65
求闕齋弟子記三十二卷　(清)王定安撰　清光緒二年(1876)都門刻本　十六冊

500000－8701－0008321　F210166－81
求闕齋弟子記三十二卷　(清)王定安撰　清光緒二年(1876)都門刻本　十六冊

500000－8701－0008322　F210185－88
札迻十二卷　(清)孫詒讓輯　清光緒二十年(1894)里安孫氏刻本　四冊

500000－8701－0008323　F210189－92
札迻十二卷　(清)孫詒讓輯　清光緒二十年(1894)里安孫氏刻本　四冊

500000－8701－0008324　F210694－700
讀書雜志十種八十二卷餘編二卷　(清)王念孫撰　清刻本　七冊　存二十六卷(淮南内篇雜志二十二卷補遺一卷、漢隷拾遺一卷、餘編二卷)

500000－8701－0008325　F210701－36
唐代叢書一百六十四種　(清)王文誥輯　清嘉慶十一年(1806)刻本　三十六冊

500000－8701－0008326　F210915－20
精訂綱鑑廿四史通俗衍義六卷　(清)呂撫輯　清宣統元年(1909)上海章福記書局石印本　六冊

500000－8701－0008327　F211077－88
景岳全書六十四卷　(明)張介賓著　清刻本(卷四十八至四十九係補配)　二十四冊

500000－8701－0008328　F211101
脈學奇經八脈攷一卷　(明)李時珍撰輯　清刻本　一冊

500000－8701－0008329　F211103
景岳新方砭四卷　(清)陳念祖著　清光緒二十一年(1895)宏道堂刻本　一冊

500000－8701－0008330　F211111－22
中西匯通醫書五種　唐宗海撰　清光緒三十二年(1906)中西書屋鉛印本　十二冊

500000－8701－0008331　F211127－30
景岳全書發揮四卷　(清)葉桂著　清光緒五年(1879)海昌顧氏刻本　四冊

500000－8701－0008332　F211131－34
景岳全書發揮四卷　(清)葉桂著　清光緒五年(1879)海昌顧氏刻本　四冊

500000－8701－0008333　F211135
四聖懸樞五卷　(清)黃元御著　清長沙徐氏刻本　一冊

500000－8701－0008334　F211136
欽定四庫全書提要醫家類一卷　(清)紀昀等

撰　清宣統三年(1911)上海中西醫學研究會鉛印本　一册

500000－8701－0008335　F211137－38
四時調攝牋八種　(宋)姜蛻等著　清刻本　二册

500000－8701－0008336　F211147－50
醫門棒喝初集四卷　(清)章楠著　(清)王孟英增批評點　清宣統元年(1909)石印本　四册

500000－8701－0008337　F211151－56
醫門棒喝二集傷寒論本旨九卷　(清)章楠著　(清)王孟英評點　清宣統元年(1909)蠡城三友益齋石印本　六册

500000－8701－0008338　F211157－62
醫宗必讀十卷　(清)李中梓著　清光緒二十四年(1898)常郡宛委山莊刻本　六册

500000－8701－0008339　F211163－70
三餘堂詳校醫宗必讀十卷　(清)李中梓著　清乾隆三十九年(1774)三餘堂刻本　八册

500000－8701－0008340　F211171－80
醫宗必讀十卷　(清)李中梓撰　清刻本　十册

500000－8701－0008341　F211181－82
病機沙篆二卷　(清)李中梓撰　清吳門尤氏刻本　二册

500000－8701－0008342　F211183－88
詳校醫宗必讀十卷　(清)李中梓撰　清刻本　六册

500000－8701－0008343　F211189－93
醫宗必讀十卷　(清)李中梓撰　清刻本　五册

500000－8701－0008344　F211194－98
映雪堂詳校醫宗必讀十卷　(清)李中梓撰　清嘉慶六年(1801)聚瀛堂刻本　五册

500000－8701－0008345　F211199－203
敷潤堂詳校醫宗必讀十卷　(清)李中梓撰　清嘉慶二十年(1815)敷潤堂刻本　五册

500000－8701－0008346　F211204－36
景岳全書六十四卷　(明)張介賓著　清刻本　三十三册

500000－8701－0008347　F211261－84
景岳全書六十四卷　(明)張介賓著　清刻本　二十四册

500000－8701－0008348　F211285－308
景岳全書六十四卷　(明)張介賓著　清文富堂刻本　二十四册

500000－8701－0008349　F211309－10
醫方捷徑指南全書二卷　(明)王宗顯輯　清正字山房刻本　二册

500000－8701－0008350　F211311
醫方捷徑指南全書二卷　(明)王宗顯輯　清平安會刻本　一册

500000－8701－0008351　F211313－14
醫方捷徑指南全書二卷　(明)王宗顯輯　清書林致盛堂刻本　二册

500000－8701－0008352　F211330－38
編註醫學入門七卷首一卷　(明)李梴著　清廣城青雲樓刻本　九册

500000－8701－0008353　F211344－49
陳修園公餘醫錄六種合刻二十二卷　(清)陳念祖著　清成德堂刻本　六册

500000－8701－0008354　F211350－89
公餘醫錄十六種全集十六種九十一卷　(清)陳念祖著　清光緒二十一年(1895)閩長樂書局刻本　四十册

500000－8701－0008355　F211390－93
劉河間傷寒三書三種　(金)劉完素撰　清末上海千頃堂書局石印本　四册

500000－8701－0008356　F211394－97
劉河間傷寒六書六種　(金)劉完素撰　清末上海千頃堂書局石印本　四册

500000－8701－0008357　F211423－26
靈樞素問節要淺註十二卷　(清)陳念祖集注　清光緒元年(1875)善成堂刻本　四册

500000－8701－0008358　F211428
醫林改錯一卷　(清)王清任著　清光緒三十四年(1908)上海理文軒石印本　一冊

500000－8701－0008359　F211429－30
醫林改錯二卷　(清)王清任著　清光緒三十年(1904)京都文成堂書鋪刻本　二冊

500000－8701－0008360　F211432
醫林改錯二卷　(清)王清任著　清道光五年(1825)金陵文英堂刻本　一冊

500000－8701－0008361　F211433－35
壽世新編不分卷　(清)萬潛齋著　清光緒十八年(1892)道合山房刻本　三冊

500000－8701－0008362　F211436－38
壽世新編不分卷　(清)萬潛齋著　清光緒十八年(1892)道合山房刻本　三冊

500000－8701－0008363　F211439
集驗良方拔萃二卷續補一句　題(清)恬素氏輯　(清)黃省齋補輯　清咸豐九年(1859)寄漚氏刻本　一冊

500000－8701－0008364　F211440
集驗良方拔萃二卷續補一句　題(清)恬素氏輯　(清)黃省齋補輯　清咸豐九年(1859)寄漚氏刻本　一冊

500000－8701－0008365　F211446－50
校正圖註難經脈訣八卷　(晉)王叔和著　(明)張世賢註　**校正瀕湖脈學一卷奇經八脈考一卷**　(明)李時珍撰　清光緒三十二年(1906)上海福記書局石印本　五冊

500000－8701－0008366　F211452－54
增補醫方一盤珠十卷　(清)洪金鼎纂　清玫古堂刻本　三冊

500000－8701－0008367　F211459－60
醫宗說約六卷　(清)蔣示吉纂　清嘉慶二十四年(1819)六也樓刻本　二冊

500000－8701－0008368　F211462
大生要旨五卷　(清)唐千頃輯　清光緒十七年(1891)上海唐氏刻本　一冊

500000－8701－0008369　F211463
大生要旨五卷　(清)唐千頃輯　清同治三年(1864)香山集善堂刻本　一冊

500000－8701－0008370　F211464
大生要旨五卷　(清)唐千頃輯　清嘉慶二十四年(1819)新安汪經義堂刻本　一冊

500000－8701－0008371　F211466－68
醫方集解三卷　(清)汪昂撰　清刻本　三冊

500000－8701－0008372　F211487－89
醫方集解三卷　(清)汪昂著　清康熙二十一年(1682)刻本　三冊

500000－8701－0008373　F211490－95
鍼灸甲乙經十二卷　(晉)皇甫謐撰　清光緒十一年(1885)四明存存軒刻本　六冊

500000－8701－0008374　F211498
醫方簡易二卷　(□)□□著　清同治十年(1871)刻本　一冊

500000－8701－0008375　F211499－504
醫理真傳四卷附醫法圓通四卷　(清)鄭壽全撰　清光緒十七年(1891)宏道堂刻本　六冊

500000－8701－0008376　F211505－08
醫理真傳四卷　(清)鄭壽全撰　清光緒二十九年(1903)刻本　四冊

500000－8701－0008377　F211509－10
醫理真傳四卷　(清)鄭壽全撰　清同治八年(1869)成都文林齋刻本　二冊

500000－8701－0008378　F211519－20
醫法圓通四卷　(清)鄭壽全編輯　清同治十三年(1874)成都文林齋刻本　二冊

500000－8701－0008379　F211521－22
醫法圓通四卷　(清)鄭壽全著　清同治十三年(1874)臨邛鄭氏刻本　二冊

500000－8701－0008380　F211523－26
醫法圓通四卷　(清)鄭壽全著　清光緒二十九年(1903)刻本　四冊

500000－8701－0008381　F211528－29

醫學三字經四卷　(清)陳念祖著　清嘉慶九年(1804)重慶樂聚堂刻本　二册

500000－8701－0008382　F211530
醫學三字經四卷　(清)陳念祖著　清嘉慶九年(1804)刻本　一册

500000－8701－0008383　F211531－33
素問靈樞類纂約註三卷　(清)汪昂纂輯　清同治六年(1867)刻本　三册

500000－8701－0008384　F211534－39
補註黄帝内經素問二十四卷遺篇一卷靈樞十二卷　(宋)林億等註　清光緒二十二年(1896)上海圖書集成局鉛印本　六册

500000－8701－0008385　F211540－55
醫門棒喝四卷醫門棒喝二集傷寒論本旨九卷　(清)章楠著　清同治六年(1867)聚文堂刻本　十六册

500000－8701－0008386　F211558－59
本草萬方鍼線八卷　(明)李時珍撰　(清)蔡烈先輯　清山陰蔡氏刻本　二册

500000－8701－0008387　F211560－61
本草萬方鍼線八卷　(明)李時珍撰　(清)蔡烈先輯　清春明堂刻本　二册

500000－8701－0008388　F211562－64
本草萬方鍼線八卷　(明)李時珍撰　(清)蔡烈先輯　清春明堂刻本　三册

500000－8701－0008389　F211565－74
臨證指南醫案十卷　(清)葉桂著　清嘉慶八年(1803)衛生堂刻本　十册

500000－8701－0008390　F211575－86
臨證指南醫案十卷　(清)葉桂著　清光緒二十年(1894)劉氏刻朱墨套印本　十二册

500000－8701－0008391　F211597
驗方新編十八卷　(清)鮑相璈編輯　清光緒十一年(1885)成都福昌公司鉛印本　一册

500000－8701－0008392　F211598
驗方新編十八卷　(清)正誼堂選輯　清光緒二十一年(1895)刻本　一册

500000－8701－0008393　F211599
驗方新編十八卷　(清)正誼堂選輯　清光緒三十年(1904)富順道生堂刻本　一册

500000－8701－0008394　F211606－13
驗方新編十六卷　(清)鮑相璈編輯　清同治六年(1867)刻本　八册

500000－8701－0008395　F211616
萬承志堂丸散膏丹全集不分卷　(清)萬承志堂輯　清光緒十一年(1885)萬承志堂刻本　一册

500000－8701－0008396　F211617
胡慶餘堂丸散膏丹全集不分卷　(清)胡慶餘堂輯　清胡慶餘堂雪記刻本　一册

500000－8701－0008397　F211620
醫門法律六卷　(清)喻昌撰　清上海簡青齋書局石印本　一册

500000－8701－0008398　F211621
醫效秘傳四卷　(清)葉桂撰　清石印本　一册

500000－8701－0008399　F211622－23
血證論八卷　唐宗海撰　清光緒二十年(1894)申江袖海山房石印本　二册

500000－8701－0008400　F211624
養真集二卷　題(清)隱士養真子撰　清道光十五年(1835)刻本　一册

500000－8701－0008401　F211625
全體須知六章　(英國)傅蘭雅撰　清光緒二十年(1894)刻本　一册

500000－8701－0008402　F211626－41
訂正東醫寶鑑内景篇四卷外形篇四卷雜病篇十一卷湯液篇三卷鍼灸篇一卷　(朝鮮)許浚編輯　清末上海校經山房石印本　十六册

500000－8701－0008403　F211792－831
公餘醫録三十二種全集一百十卷　(清)陳念祖著　清光緒二十一年(1895)宏道堂刻本　四十册

500000－8701－0008404　F211871－74

尚論張仲景傷寒論重編三百九十七法二卷首一卷後篇四卷 (清)喻昌著 清乾隆四年(1739)靖安在兹園刻本 四冊

500000－8701－0008405 F211875－78
尚論張仲景傷寒論重編三百九十七法二卷首一卷 (清)喻昌著 清刻本 四冊

500000－8701－0008406 F211879－81
尚論張仲景傷寒論重編三百九十七法二卷首一卷 (清)喻昌著 清刻本 三冊

500000－8701－0008407 F211882－84
尚論後篇四卷 (清)喻昌著 清刻本 三冊

500000－8701－0008408 F211885－88
尚論後篇四卷 (清)喻昌著 清刻本 四冊

500000－8701－0008409 F211889
天寶本草不分卷 (清)龔錫麟編 清光緒十年(1884)綿邑文茂堂刻本 一冊

500000－8701－0008410 F211890
天寶本草□□卷 (清)龔錫麟編 清刻本 一冊 存一卷(藥性下)

500000－8701－0008411 F211934
太醫院增補青囊藥性賦直解五卷首一卷 (明)羅必煒參訂 清光緒二十九年(1903)上海書局石印本 一冊

500000－8701－0008412 F211939
雷公炮製藥性解六卷 (清)李中梓著 清刻本 一冊

500000－8701－0008413 F211940－43
珍珠囊指掌補遺藥性賦四卷 (金)李杲編輯 **雷公炮製藥性解六卷** (清)李中梓編輯 清康熙三十二年(1693)文盛堂刻本 四冊

500000－8701－0008414 F211944
新刻校證大字李東垣先生珍珠囊二卷 (金)李杲編 清重慶二友堂刻本 一冊

500000－8701－0008415 F211945－46
新刻校證大字李東垣先生珍珠囊二卷 (金)李杲編 清重慶二友堂刻本 二冊

500000－8701－0008416 F211947
醫方湯頭歌括不分卷 (清)汪昂著 清刻本 一冊

500000－8701－0008417 F211955－60
三朝名醫方論三種二十三卷 (宋)駱龍吉等著 清光緒二十六年(1900)上海千頃堂書局石印本 六冊

500000－8701－0008418 F211961－67
千金翼方三十卷 (唐)孫思邈撰 清光緒四年(1878)獨山莫繩孫影元刻本 七冊 存二十六卷(一至三、八至三十)

500000－8701－0008419 F211967/1
千金翼方三十卷 (唐)孫思邈撰 清光緒四年(1878)獨山莫繩孫影元刻本 一冊 存三卷(九至十一)

500000－8701－0008420 F212026－27
張仲景中寒論辯證廣註三卷首一卷 (清)汪琥註 清刻本 二冊

500000－8701－0008421 F212028－30
三家醫案合刻三卷附書劄溫熱贅言一卷 (清)吳金壽輯 清道光十一年(1831)笠澤吳氏刻本 三冊

500000－8701－0008422 F212031－33
醫效秘傳三卷 (清)葉桂著 (清)吳金壽輯 清道光十一年(1831)笠澤吳氏刻本 三冊

500000－8701－0008423 F212034－37
靈素提要淺註十二卷 (清)陳念祖集注 清光緒三十三年(1907)巴蜀善成堂刻本 四冊

500000－8701－0008424 F212038
咽喉口齒玉鑰全函一卷 (清)汪必昌校訂 清刻本 一冊

500000－8701－0008425 F212039
巢氏病源補養宣導法一卷 廖平輯 清刻本 一冊

500000－8701－0008426 F212040
巢氏病源補養宣導法一卷 廖平輯 清刻本 一冊

500000－8701－0008427　F212041
玉楸藥解八卷　(清)黄元御著　清長沙徐氏燮龢精舍刻本　一冊

500000－8701－0008428　F212042
玉楸藥解八卷　(清)黄元御著　清長沙徐氏燮龢精舍刻本　一冊

500000－8701－0008429　F212043
玉楸藥解八卷　(清)黄元御著　清刻本　一冊

500000－8701－0008430　F212057
二指禪脈訣度針不分卷　(清)周學霆著　清刻本　一冊

500000－8701－0008431　F212072－77
石室秘籙六卷　(清)陳士鐸撰　清康熙二十六年(1687)綠蔭堂刻本　六冊

500000－8701－0008432　F212078－83
校正儒門事親十五卷　(金)張子和著　清宣統二年(1910)上海千頃堂石印本　六冊

500000－8701－0008433　F212084－89
嵩厓尊生書十五卷　(清)景日昣著　清宏道堂刻本　六冊

500000－8701－0008434　F212092－95
慈航集四卷　(清)王勳著　清光緒十一年(1885)錢塘吳文祐刻本　四冊

500000－8701－0008435　F212096－101
脈經十卷　(晉)王叔和著　清光緒十七年(1891)池陽周氏刻本　六冊

500000－8701－0008436　F212102－41
御纂醫宗金鑑七十四卷治方十六卷首一卷　(清)吳謙等纂輯　清刻本　四十冊

500000－8701－0008437　F212231－34
醫學集成四卷　(清)劉清臣輯　清同治十二年(1873)雙流李氏刻本　四冊

500000－8701－0008438　F212235－38
醫學集成四卷　(清)劉清臣輯　清同治十二年(1873)雙流李氏刻本　四冊

500000－8701－0008439　F212239－42
醫學集成四卷　(清)劉清臣輯　清同治十二年(1873)雙流李氏刻本　四冊

500000－8701－0008440　F212243－44
醫學五則五卷　(清)廖雲溪著　清光緒三十三年(1907)刻本　二冊

500000－8701－0008441　F212245－50
醫學切要全集六卷附醫學一統一卷　(清)王文選編　清光緒八年(1882)萬邑王氏刻本　六冊

500000－8701－0008442　F212251－52
祝由科天醫十三科二卷　(□)□□纂　清刻朱墨套印本　二冊

500000－8701－0008443　F212253
祝由科天醫十三科二卷　(□)□□纂　清刻朱墨套印本　一冊

500000－8701－0008444　F212254－55
御製耕織圖不分卷　(清)聖祖玄燁輯　清光緒十二年(1886)上海點石齋石印本　二冊

500000－8701－0008445　F212256－65
醫學叢書初編十種附二種　(清)丁丙編輯　清光緒四年(1878)錢塘丁氏當歸草堂刻本　十冊　存十種四十一卷(顱顖經二卷、傳信適用方四卷、衛濟寶書二卷、太醫局諸科程文九卷、產育寶慶集方二卷、濟生方八卷、產寶諸方一卷、急救仙方六卷、瑞竹堂經驗方五卷補遺一卷、痎瘧論疏一卷)

500000－8701－0008446　F212266－68
醫學從衆八卷　(清)陳念祖著　清道光二十五年(1845)善成堂刻本　三冊

500000－8701－0008447　F212269－70
醫學實在易八卷　(清)陳念祖著　清道光二十四年(1844)善成堂刻本　二冊

500000－8701－0008448　F212271－72
寓意草不分卷　(清)喻昌撰　清刻本　二冊

500000－8701－0008449　F212273－74
醫學源流論二卷　(清)徐大椿撰　清石印本

二冊

500000－8701－0008450　F212275－76
醫學源流論二卷　(清)徐大椿撰　清乾隆六年(1741)刻本　二冊

500000－8701－0008451　F212279－82
醫學心悟五卷　(清)程國彭著　清雍正十年(1732)刻本　四冊

500000－8701－0008452　F212283－87
醫驗錄五卷　(清)吳楚著　清咸豐三年(1853)内江博學齋刻本　五冊

500000－8701－0008453　F212348
傷寒説意十卷　(清)黃元御著　清刻本　一冊

500000－8701－0008454　F212349－50
傷寒説意十卷首一卷　(清)黃元御撰　清道光十四年(1834)長沙徐樹銘刻本　二冊

500000－8701－0008455　F212351－54
傷寒懸解十四卷首一卷末一卷　(清)黃元御撰　清道光十二年(1832)長沙徐樹銘刻本　四冊

500000－8701－0008456　F212355－58
傷寒補天石二卷續編二卷　(明)戈維城撰　清嘉慶十六年(1811)吳中朱氏刻本　四冊

500000－8701－0008457　F212370－71
傷寒心悟四卷　(清)汪純粹著　清雍正十二年(1734)刻本　二冊

500000－8701－0008458　F212381
傷寒舌鑑不分卷　(清)張登纂輯　清康熙七年(1668)張氏雋永堂刻本　一冊

500000－8701－0008459　F212384－87
重訂傷寒集注四卷　(清)舒詔撰　清乾隆三十五年(1770)文光堂刻本　四冊

500000－8701－0008460　F212390
傷寒論淺註補正七卷首一卷　(漢)張仲景著　(清)陳念祖注　唐宗海補正　清光緒三十四年(1908)上海千頃堂書局石印本　一冊

500000－8701－0008461　F212391
金匱略淺註補正九卷　(漢)張仲景著　(清)陳念祖註　唐宗海補正　清光緒三十四年(1908)上海千頃堂石印本　一冊

500000－8701－0008462　F212407－10
傷寒來蘇全集三種八卷　(清)柯琴編註　清宣統元年(1909)同文會刻本　四冊

500000－8701－0008463　F212411－14
傷寒來蘇全集三種八卷　(清)柯琴編註　清宣統元年(1909)同文會刻本　四冊

500000－8701－0008464　F212415－18
傷寒來蘇全集三種八卷　(清)柯琴編註　清刻本　四冊

500000－8701－0008465　F212419－26
傷寒來蘇全集三種八卷　(清)柯琴編註　清宏道堂刻本　八冊

500000－8701－0008466　F212427
脾胃論二卷　(明)吳中珩校　清刻本　一冊

500000－8701－0008467　F212428－29
醫理匯精二卷　(清)李培郁編輯　(清)劉仕廉校正　清同治十二年(1873)雙邑成蹊書屋刻本　二冊

500000－8701－0008468　F212430－45
西藥大成十卷　(英國)來拉　(英國)海得蘭著　(英國)傅蘭雅譯　(清)趙元益筆述　清光緒刻本　十六冊

500000－8701－0008469　F212446－57
内科理法前編六卷後編總病六卷專病十卷附卷一卷　(英國)虎伯撰　(清)趙元益筆述　舒高第口譯　清光緒刻本　十二冊

500000－8701－0008470　F212458－61
瘍科選粹八卷　(清)陳文治輯　清紫雲石間刻本　四冊

500000－8701－0008471　F212466－67
齊氏痢證匯參三編十卷　(清)吳道源纂輯　清戎州齊秉慧刻本　二冊

500000－8701－0008472　F212468－69

齊氏家傳醫秘二卷　（清）齊秉慧纂輯　清刻本　二册

500000－8701－0008473　F212470－71
齊氏痘麻醫按四編二卷　（清）陳奇生纂輯　清刻本　二册

500000－8701－0008474　F212472－73
齊氏醫案崇正辨訛六卷　（清）齊秉慧纂　清刻本　二册

500000－8701－0008475　F212528
劉松峯先生治瘟疫妙方一卷　（清）劉松峯撰　吴又可先生瘟疫效方一卷　（清）吴有性撰　附張若谷癲狗論一卷　（清）張若谷撰　清光緒二十一年（1895）賓城鄒氏刻本　一册

500000－8701－0008476　F212529
新刊痘疹不求人方論一卷　（明）朱棟隆撰　清康熙三十六年（1697）刻本　一册

500000－8701－0008477　F212530
拯嬰彙編不分卷　（清）□□輯　清同治八年（1869）甯郡拯嬰會刻本　一册

500000－8701－0008478　F212535－40
幼科三種九卷　（清）熊應雄輯　清宣統元年（1909）文元書屋石印本　六册

500000－8701－0008479　F212542
聶氏痘門方旨八卷　（明）聶尚恒著　清嘉慶十五年（1810）漢陽鄷承迨刻本　一册

500000－8701－0008480　F212543
麻疹闡註四卷　（清）張廉撰　清光緒元年（1875）鉛印本　一册

500000－8701－0008481　F212544
郁謝麻科合璧不分卷　（明）郁氏　（明）謝心陽撰　（清）楊開泰彙輯　清光緒十二年（1886）刻本　一册

500000－8701－0008482　F212549
訓女草藥便方一卷　（清）成玉堂編　清光緒三十四年（1908）合州成玉堂刻本　一册

500000－8701－0008483　F212552－59
女科百問二卷附產寶雜錄一卷　（明）齊仲甫撰　清乾隆六十年（1795）刻本　八册

500000－8701－0008484　F212566
經驗福幼編一卷　（清）莊一夔著　清光緒二十三年（1897）翠微社館刻本　一册

500000－8701－0008485　F212567－71
痢症定論大全四卷附失血治法一卷　（清）孔毓禮撰　清光緒三十四年（1908）刻本　五册

500000－8701－0008486　F212572－74
原機啓微集二卷附錄一卷　（明）倪維德著　清刻本　三册

500000－8701－0008487　F212576
保赤須知不分卷　（清）雪凡道人撰　清光緒二十一年（1895）刻本　一册

500000－8701－0008488　F212577
保產機要一卷　（□）□□撰　經絡歌訣一卷　（清）汪昂編輯　（清）汪端較　保生碎事一卷　清刻本　一册

500000－8701－0008489　F212578－81
種痘新書十二卷　（清）張琰編輯　清乾隆六年（1741）刻本　四册

500000－8701－0008490　F212582
白喉治法忌表抉微不分卷　（清）耐修子錄　清光緒二十三年（1897）同心堂刻本　一册

500000－8701－0008491　F212693－98
幼幼集成六卷　（清）陳復正輯　清紫英仙館刻本　六册

500000－8701－0008492　F212701
元亨療馬集四卷　（明）喻本元　（明）喻本亨輯　清務本堂刻本　一册

500000－8701－0008493　F212706－09
新科纂圖元亨療馬集八卷　（明）喻本元　（明）喻本亨輯　清上海江東書局石印本　四册

500000－8701－0008494　F212710
新輯校正增圖元亨療馬集六卷附水黃牛牛經大全二卷駝經一卷　（明）喻本元　（明）喻本亨輯　清末上海進步書局石印本　一册

500000－8701－0008495　F212711－13
新刻繡像療牛馬經五卷　(明)喻本元　(明)喻本亨輯　清乾隆元年(1736)刻本　三冊

500000－8701－0008496　F212714
元亨療牛集二卷　(明)喻本元　(明)喻本亨輯　清金陵汝顯堂唐氏刻本　一冊

500000－8701－0008497　F212719－24
辨證奇聞十卷　(清)錢松撰　清光緒三十一年(1905)寶善齋書莊石印本　六冊

500000－8701－0008498　F212728－42
辨證錄十四卷附胎產秘書二卷　(清)陳士鐸撰　清光緒十年(1884)善成堂刻本　十五冊

500000－8701－0008499　F212743－54
臨證醫案傷寒辨證錄十四卷　(清)陳士鐸撰　清光緒十年(1884)善成堂刻本　十二冊

500000－8701－0008500　F212755－60
證治彙補八卷　(清)李惺庵撰　清末中原書局石印本　六冊

500000－8701－0008501　F212767－72
醫經原旨六卷　(清)薛雪集註　清乾隆十九年(1754)刻本　六冊

500000－8701－0008502　F212773－77
蘭臺軌範八卷　(清)徐大椿著　清吳江徐氏洄溪草堂刻本　五冊

500000－8701－0008503　F212778－82
蘭臺軌範八卷　(清)徐大椿著　清光緒十五年(1889)江左書林槐廬刻本　五冊

500000－8701－0008504　F212784
難經經釋二卷　(戰國)秦越人撰　(清)徐大椿釋　清同治三年(1864)刻本　一冊

500000－8701－0008505　F212785
石頑老人診宗三昧不分卷　(清)張登輯　清康熙二十八年(1689)刻本　一冊

500000－8701－0008506　F212787
霍亂論二卷　(清)王士雄撰　清光緒十七年(1891)蒲圻但氏刻本　一冊

500000－8701－0008507　F212788
霍亂論二卷　(清)王士雄撰　清光緒十七年(1891)蒲圻但氏刻本　一冊

500000－8701－0008508　F212793－94
抄補瘟疫合璧二卷　(清)王嘉謨輯　清道光四年(1824)蔚立堂刻本　二冊

500000－8701－0008509　F212795
遂生編不分卷　(清)莊一夔撰　清道光四年(1824)宜賓縣府石印本　一冊

500000－8701－0008510　F212822－63
六科準繩六種　(明)王肯堂輯　清末民初上海鴻寶齋書局石印本　四十二冊

500000－8701－0008511　F212878－79
外科症治全生前集三卷後集三卷　(清)王維德纂輯　清乾隆五年(1740)聚奎堂刻本　二冊

500000－8701－0008512　F212880－81
王洪緒先生外科症治全生二卷　(清)王維德纂輯　清咸豐九年(1859)陳氏刻本　二冊

500000－8701－0008513　F212882
外科症治全生前集三卷後集三卷　(清)王維德纂輯　清刻本　一冊

500000－8701－0008514　F212883
衛生要術不分卷　(清)潘霨撰　清光緒二年(1876)刻本　一冊

500000－8701－0008515　F212884
衛生編三卷　(清)魏祖清輯　清乾隆十四年(1749)丹陽文會堂書坊刻本　一冊

500000－8701－0008516　F212885
衛生學問答上下編九章　丁福保纂　清光緒二十九年(1903)成都刻本　一冊

500000－8701－0008517　F212903－12
鍼灸大成十卷　(明)楊繼洲著　清道光五年(1825)刻本　十冊

500000－8701－0008518　F212913－48
名醫類案十二卷　(明)江瓘集　**續名醫類案二十四卷**　(清)魏之琇編集　清光緒十一年

(1885)信述堂刻本　三十六册

500000－8701－0008519　F212953－58
新刊外科正宗六卷　(明)陳實功著　清道光二十二年(1842)刻本　六册

500000－8701－0008520　F212963－68
重訂外科正宗十二卷　(明)陳實功著　清嘉慶十三年(1808)金閶三槐堂刻本　六册

500000－8701－0008521　F212969
外科十法一卷附症治方藥一卷　(清)程國彭著　清雍正十一年(1733)書栗軒刻本　一册

500000－8701－0008522　F212970
外科十法一卷附症治方藥一卷　(清)程國彭著　清雍正十一年(1733)新安江氏刻本　一册

500000－8701－0008523　F213055－94
本草綱目五十二卷圖三卷脈學奇經八脈攷一卷　(明)李時珍編輯　**萬方鍼線八卷**　(清)蔡烈先輯　清同治十一年(1872)芥子園刻本　四十册

500000－8701－0008524　F213095－129
本草綱目五十二卷圖三卷脈學奇經八脈攷一卷　(明)李時珍編輯　**萬方鍼線八卷**　(清)蔡烈先輯　清同治十一年(1872)芥子園刻本　三十五册　存五十三卷(本草綱目一至五十、圖三卷)

500000－8701－0008525　F213131－42
本草求真九卷主治二卷脈理求真三卷　(清)黄涫繡纂　(清)黄涫紱校訂　清乾隆四十三年(1778)遂寧務本堂刻本　十二册

500000－8701－0008526　F213143－70
本草綱目五十二卷圖三卷　(明)李時珍編輯　清康熙五十六年(1717)本立堂刻本　二十八册

500000－8701－0008527　F213171－208
本草綱目五十二卷圖三卷脈學奇經八脈攷一卷　(明)李時珍編輯　**萬方鍼線八卷**　(清)蔡烈先輯　清順治十四年(1657)同文堂刻本　三十八册

500000－8701－0008528　F213209－48
本草綱目五十二卷圖三卷脈學奇經八脈攷一卷　(明)李時珍編輯　**萬方鍼線八卷**　(清)蔡烈先輯　清順治十四年(1657)同文堂刻本　四十册

500000－8701－0008529　F213249－52
增訂本草備要四卷　(清)汪昂著　清康熙三十三年(1694)兩儀堂刻本　四册

500000－8701－0008530　F213253－56
增訂本草備要四卷　(清)汪昂著　清康熙三十三年(1694)兩儀堂刻本　四册

500000－8701－0008531　F213257－60
增訂本草備要四卷　(清)汪昂著　清光緒七年(1881)蘇城江右同文公所刻本　四册

500000－8701－0008532　F213265－68
增訂圖註本草備要四卷　(清)汪昂著　清刻本　四册

500000－8701－0008533　F213269－72
增訂本草備要四卷　(清)汪昂著　清刻本　四册

500000－8701－0008534　F213279－84
本草三家合註六卷　(清)郭汝驄集註　**神農本草經百種錄一卷**　(清)徐大椿著　清刻本　六册

500000－8701－0008535　F213285－91
本草求真九卷主治二卷　(清)黄宮繡纂　清光緒四年(1878)刻本　七册

500000－8701－0008536　F213292－93
新刻校證大字李東垣先生珍珠囊二卷　(金)李杲編　清刻本　二册

500000－8701－0008537　F213294－99
吴氏醫學述第三種本草從新六卷　(清)吴儀洛著　清乾隆二十二年(1757)硤川吴氏利濟堂刻本　六册

500000－8701－0008538　F213300－02
吴氏醫學述第三種本草從新六卷　(清)吴儀

洛著　清嘉慶十二年(1807)山淵堂增刻本　三冊

500000－8701－0008539　F213303
神農本草經百種錄不分卷　(清)徐大椿著　清刻本　一冊

500000－8701－0008540　F213304
神農本草經百種錄不分卷　(清)徐大椿著　清刻本　一冊

500000－8701－0008541　F213305
神農本草三卷　(□)□□撰　清光緒十一年(1885)成都尊經書院刻本　一冊

500000－8701－0008542　F213306
神農本草三卷　(□)□□撰　清光緒十一年(1885)成都尊經書院刻本　一冊

500000－8701－0008543　F213313－20
食物本草會纂十二卷附食物本草圖一卷　(清)沈李龍纂輯　清康熙三十年(1691)刻本　八冊

500000－8701－0008544　F213321－22
本草衍義二十卷　(宋)寇宗奭編輯　清光緒三年(1877)歸安張氏刻本　二冊

500000－8701－0008545　F213323
三書本草二卷　(清)李中梓著　清刻本　一冊

500000－8701－0008546　F213324－35
本經疏證十二卷續疏六卷序疏要八卷　(清)鄒澍學　清道光二十九年(1849)常州長年醫局刻本　十二冊　存十八卷(本經疏證十二卷、續疏六卷)

500000－8701－0008547　F213336－47
本經疏證十二卷續疏六卷序疏要八卷　(清)鄒澍學　清道光二十九年(1849)常州長年醫局刻本　十二冊

500000－8701－0008548　F213348－53
重鐫本草醫方合編六卷　(清)汪昂著　清乾隆五年(1740)刻本　六冊

500000－8701－0008549　F213370－77
醫學啓蒙輯覽五種　(清)王德宣輯　清宣統元年(1909)重慶王氏鉛印本　八冊

500000－8701－0008550　F213378
醫貫砭二卷　(清)徐大椿著　清刻本　一冊

500000－8701－0008551　F213380
圖註八十一難經辨真四卷　(戰國)秦越人著　清刻本　一冊

500000－8701－0008552　F213381－82
圖註八十一難經辨真四卷　(戰國)秦越人著　**刪註脈訣規正二卷**　(清)沈鏡刪註　清聚盛堂刻本　二冊

500000－8701－0008553　F213383－84
圖註八十一難經辨真四卷　(戰國)秦越人著　清刻本　二冊

500000－8701－0008554　F213385－86
圖註八十一難經辨真四卷　(戰國)秦越人著　清刻本　二冊

500000－8701－0008555　F213387
圖註八十一難經辨真四卷　(戰國)秦越人著　清刻本　一冊

500000－8701－0008556　F213389
難經經解二卷　(戰國)秦越人撰　(清)徐大椿釋　清同治三年(1864)刻本　一冊

500000－8701－0008557　F213390
難經經解二卷　(戰國)秦越人撰　(清)徐大椿釋　清同治三年(1864)刻本　一冊

500000－8701－0008558　F213391－92
圖註八十一難經辨真四卷　(戰國)秦越人著　(明)張世賢圖註　清儒興堂刻本　二冊

500000－8701－0008559　F213393－94
圖註八十一難經辨真四卷　(戰國)秦越人著　(明)張世賢圖註　清善成堂刻本　二冊

500000－8701－0008560　F213395－96
東垣先生此事難知集二卷　(元)王好古撰　清刻本　二冊

500000－8701－0008561　F213397

素靈微蘊四卷　(清)黄元御著　清道光九年(1829)長沙徐氏燮龢精舍刻本　一册

500000－8701－0008562　F213398
素靈微蘊四卷　(清)黄元御著　清道光九年(1829)長沙徐氏燮龢精舍刻本　一册

500000－8701－0008563　F213399
春溫三字訣一卷痢症三字訣一卷養生鏡一卷　(清)張子培等著　清刻本　一册

500000－8701－0008564　F213410－11
史載之方二卷　(宋)史堪著　清光緒二年(1876)吴興陸氏十萬卷樓刻本　二册

500000－8701－0008565　F213412
增輯普濟應驗良方八卷附達生編一卷福幼編一卷遂生編一卷　(清)祝韻梅輯　清光緒十一年(1885)清江楊氏刻本　一册

500000－8701－0008566　F213413－17
校正醫林狀元壽世保元十卷　(明)龔廷賢著　清同治八年(1869)刻本　五册

500000－8701－0008567　F213418－41
欽定授時通考七十八卷　(清)張照等纂　清乾隆七年(1742)江西書局刻本　二十四册

500000－8701－0008568　F213442－53
醫書匯參輯成二十四卷　(清)蔡宗玉纂輯　清道光十九年(1839)次知齋刻本　十二册

500000－8701－0008569　F213454－63
徐氏醫書八種　(清)徐大椿撰　清刻本　十册

500000－8701－0008570　F213470－73
删註脈訣規正二卷　(清)沈鏡删註　**圖註八十一難經辨真四卷**　(戰國)秦越人著　(明)張世賢圖註　清康熙三十二年(1693)宏道堂刻本　四册

500000－8701－0008571　F213474
删註脈訣規正二卷　(清)沈鏡删註　清嘉慶十年(1805)刻本　一册

500000－8701－0008572　F213476
血證論八卷　唐宗海著　清光緒三十四年(1908)千頃堂書局石印本　一册

500000－8701－0008573　F213477
脈理求真三卷　(清)黄涫繡纂　清乾隆三十九年(1774)刻本　一册

500000－8701－0008574　F213478－79
丹溪朱氏脈因症治二卷　(元)朱震亨撰　清刻本　二册

500000－8701－0008575　F213480－82
臟腑圖說症治合璧三卷　(清)羅定昌撰　清光緒二十年(1894)刻本　三册

500000－8701－0008576　F213487
備急灸法一卷　(宋)孫炬卿撰　清光緒十七年(1891)江寧藩署刻本　一册

500000－8701－0008577　F213488
橡村治驗不分卷　(清)許橡村撰　清刻本　一册

500000－8701－0008578　F213489－90
奇方類編二卷　(清)吴世昌抄輯　清康熙五十八年(1719)刻本　二册

500000－8701－0008579　F213491－504
黄帝内經素問九卷黄帝内經靈樞註證發微十卷　(清)張志聰註　清光緒五年(1879)刻本　十四册

500000－8701－0008580　F213505－13
靈樞經十卷　(清)張志聰集註　清刻本　九册

500000－8701－0008581　F213520－21
内經知要講義四卷　(清)錢榮光撰　清末上海錦章書局石印本　二册

500000－8701－0008582　F213522－25
内經知要講義四卷　(清)錢榮光撰　清末上海錦章書局石印本　四册

500000－8701－0008583　F213526－45
弦雪居重訂遵生八牋十九卷目錄一卷　(明)高濂撰　(明)鍾惺校閲　清刻本　二十册

500000－8701－0008584　F213546－62

弦雪居重訂遵生八牋十九卷目錄一卷 (明)高濂撰 (明)鍾惺校閲 清光緒十年(1884)刻本(卷三至四係補配) 十七册

500000－8701－0008585 F213569－72

絳雪園古方選註不分卷 (清)王子接註 清雍正九年(1731)常熟席氏掃葉山房刻本 四册

500000－8701－0008586 F213573－80

續知不足齋叢書第一集六種 (宋)陳師文等編 清渤海鮑氏刻本 八册

500000－8701－0008587 F213581

絳雪園古方選註不分卷 (清)王子接註 清刻本 一册

500000－8701－0008588 F213582－85

絳雪園古方選註不分卷 (清)王子接註 清刻本 四册

500000－8701－0008589 F213586－603

馮氏錦囊秘録雜症大小合參十四卷首二卷 (清)馮兆張纂輯 清嘉慶十八年(1813)刻本 十八册

500000－8701－0008590 F213604－07

溫病條辨六卷首一卷 (清)吳瑭撰 (清)朱武曹點評 清道光十五年(1835)粵東惠濟倉刻本 四册

500000－8701－0008591 F213608－11

問心堂溫病條辨六卷首一卷 (清)吳瑭撰 (清)朱武曹點評 清嘉慶信義書屋刻本 四册

500000－8701－0008592 F213612－15

溫病條辨六卷首一卷 (清)吳瑭著 (清)汪瑟菴參訂 清咸豐九年(1859)天津何氏刻本 四册

500000－8701－0008593 F213616－19

問心堂溫病條辨六卷首一卷 (清)吳瑭撰 (清)朱武曹點評 清光緒十八年(1892)刻本 四册

500000－8701－0008594 F213621－24

溫病條辨六卷首一卷 (清)吳瑭撰 (清)朱武曹點評 清末石印本 四册

500000－8701－0008595 F213630－31

洄溪醫案一卷 (清)徐大椿撰 (清)王士雄編 清刻本 二册

500000－8701－0008596 F213632

葉氏醫案存真三卷附馬氏醫案一卷 (清)葉萬青輯 清末石印本 一册

500000－8701－0008597 F213641

達生編二卷附小兒便覽一卷 (清)亟齋居士輯 清刻本 一册

500000－8701－0008598 F213642

達生編三卷 (清)亟齋居士輯 清心畊堂刻本 一册

500000－8701－0008599 F213643

達生編三卷 (清)亟齋居士輯 清光緒十四年(1888)錢塘趙氏刻本 一册

500000－8701－0008600 F213644

達生編二卷附小兒便覽一卷 (清)亟齋居士輯 清乾隆五十四年(1789)刻本 一册

500000－8701－0008601 F213645

達生編不分卷 (清)亟齋居士輯 清乾隆十七年(1752)新安汪氏存雅堂刻本 一册

500000－8701－0008602 F213646

達生編不分卷 (清)亟齋居士輯 清道光二十二年(1842)刻本 一册

500000－8701－0008603 F213647

達生編二卷附保赤編一卷 (清)亟齋居士輯 清咸豐五年(1855)刻本 一册

500000－8701－0008604 F213648

達生編不分卷 (清)亟齋居士輯 清同治六年(1867)金陵安樂堂刻本 一册

500000－8701－0008605 F213649

達生編不分卷 (清)亟齋居士輯 清光緒十四年(1888)刻本 一册

500000－8701－0008606 F213650－53

類症普濟本事方十卷　(宋)許叔微撰　清雲間王氏刻本　四册

500000－8701－0008607　F213655－58
活人書二十卷　(宋)朱肱撰　(明)徐溶校正　清光緒二十三年(1897)刻本　四册

500000－8701－0008608　F213659
御纂金鏡錄不分卷　清嘉慶二十二年(1817)兩儀堂刻本　一册

500000－8701－0008609　F213660
醫宗備要三卷　(清)曾香田等輯　清光緒元年(1875)湖北崇文書局刻本　一册

500000－8701－0008610　F213661－64
簡易醫訣四卷　(清)周雲章撰　清宣統元年(1909)新都周氏刻本　四册

500000－8701－0008611　F213665
筆花醫鏡四卷　(清)江涵暾撰　清道光二十年(1840)刻本　一册

500000－8701－0008612　F213666
筆花醫鏡四卷　(清)江涵暾撰　清道光二十年(1840)刻本　一册

500000－8701－0008613　F213667
人鏡經附錄二卷　(明)鍾奇撰　清萬縣乾乾印書館石印本　一册

500000－8701－0008614　F213668
怪疾奇方不分卷　(清)汪汲輯　清嘉慶六年(1801)刻本　一册

500000－8701－0008615　F213669
鋤心齋郤病錦囊二卷　(清)諸鳴皋編　清道光二十九年(1849)刻本　一册

500000－8701－0008616　F213670
銀海精微四卷　(唐)孫思邈輯　(清)周亮節校正　清刻本　一册

500000－8701－0008617　F213671－74
傷寒瘟疫條辨七卷　(清)楊璿撰　清同治九年(1870)刻本　四册

500000－8701－0008618　F213676－77
溫熱暑疫全書四卷　(清)周揚俊輯　清刻本　二册

500000－8701－0008619　F213678
溫病指南二卷　(清)婁傑輯　清光緒三十二年(1906)三邑顧文華齋刻本　一册

500000－8701－0008620　F213679
達生編三卷　(清)亟齋居士輯　清光緒十四年(1888)錢塘趙氏刻本　一册

500000－8701－0008621　F213680
溫疫論二卷　(清)吳有性著　清光緒六年(1880)刻本　一册

500000－8701－0008622　F213681－82
溫疫論二卷　(清)吳有性著　清吳郡書業堂刻本　二册

500000－8701－0008623　F213683
溫病證治歌括二卷　(□)□□著　清光緒十九年(1893)刻本　一册

500000－8701－0008624　F213701－02
尚論前篇四卷後篇四卷　(清)喻昌著　清光緒石印本　二册

500000－8701－0008625　F213703－04
侶山堂類辯二卷　(清)張志聰撰　清刻本　二册

500000－8701－0008626　F213707
白喉忌表抉微不分卷　(清)耐修子輯　清光緒二十三年(1897)刻本　一册

500000－8701－0008627　F213708
白喉忌表抉微不分卷　(清)耐修子輯　清光緒二十三年(1897)刻本　一册

500000－8701－0008628　F213712
保赤慈航一卷　(清)程子輯　清道光二十四年(1844)刻本　一册

500000－8701－0008629　F213716
幾希錄一卷首一卷附集古方一卷　(□)□□撰　清同治八年(1869)姑蘇得見齋刻本　一册

500000－8701－0008630　F213717
洄溪醫案不分卷　（清）徐大椿撰　（清）王士雄編　清咸豐五年（1855）刻本　一册

500000－8701－0008631　F213718
湯頭歌括不分卷　（清）汪昂撰　清康熙三十三年（1694）刻本　一册

500000－8701－0008632　F213719
醫方湯頭歌括不分卷　（清）汪昂編輯　清康熙三十三年（1694）吳門張氏刻本　一册

500000－8701－0008633　F213721
濟世達生撮要不分卷　（□）□□撰　清光緒十五年（1889）岳邑徐氏刻本　一册

500000－8701－0008634　F213722
急救應驗良方不分卷　（清）曹潤之撰　清光緒十三年（1887）榮縣正堂刻本　一册

500000－8701－0008635　F213723
急救應驗良方不分卷　（清）曹潤之撰　清光緒十三年（1887）榮縣正堂刻本　一册

500000－8701－0008636　F213724
急救奇痧方附經驗内外百病不分卷　（□）□□撰　清咸豐元年（1851）刻本　一册

500000－8701－0008637　F213725
備用藥物一卷經驗簡便良方一卷　（□）□□撰　清刻本　一册

500000－8701－0008638　F213726
備用藥物一卷經驗簡便良方一卷　（□）□□撰　清刻本　一册

500000－8701－0008639　F213727－30
古今名醫彙粹八卷　（清）羅美編輯　清咸豐九年（1859）刻本　四册

500000－8701－0008640　F213731
驚風辨證必讀書不分卷　（清）莊一夔等撰　清光緒二十七年（1901）上元江氏刻本　一册

500000－8701－0008641　F213732
驚風辨證必讀書不分卷　（清）莊一夔等撰　清光緒二十七年（1901）上元江氏刻本　一册

500000－8701－0008642　F213733－35
蘭室秘藏三卷　（金）李杲撰　清刻本　三册

500000－8701－0008643　F213736－51
黄氏醫書八種七十六卷　（清）黄元御撰　清昌邑黄氏家塾刻本　十六册

500000－8701－0008644　F213752－61
黄氏醫書八種七十六卷　（清）黄元御著　清咸豐十年（1860）燮龢精舍刻本　十册

500000－8701－0008645　F213762
大生集成五卷　（清）王承謨補撰　清光緒十六年（1890）刻本　一册

500000－8701－0008646　F213768－69
女科輯要二卷　（清）沈堯封輯　清同治元年（1862）刻本　二册

500000－8701－0008647　F213770－71
女科輯要二卷　（清）沈堯封輯　清同治元年（1862）刻本　二册

500000－8701－0008648　F213772
女科要旨四卷　（清）陳念祖撰　清光緒二十一年（1895）宏道堂刻本　一册

500000－8701－0008649　F213773
萬氏女科三卷　（明）萬密齋撰　清康熙五十三年（1714）西昌裘氏刻本　一册

500000－8701－0008650　F213774－75
萬氏女科三卷　（明）萬密齋撰　清康熙五十三年（1714）刻本　二册

500000－8701－0008651　F213779
胎產秘書三卷　（清）陳敬之撰　清嘉慶十四年（1809）刻本　一册

500000－8701－0008652　F213783
胎產合璧三卷　（清）□□纂　清同治九年（1870）新安永思堂刻本　一册

500000－8701－0008653　F213784
安胎保產全書不分卷　（清）錢養庶輯　清康熙四十四年（1705）刻本　一册

500000－8701－0008654　F213785

賽金丹二編　(清)蘊真子集　清同治元年(1862)刻本　一冊

500000－8701－0008655　F213786－88
胎產心法三卷　(清)閻純璽撰　清同治十年(1871)杭州刻本　三冊

500000－8701－0008656　F213789－90
產科心法二集　(清)汪喆撰　清嘉慶九年(1804)刻本　二冊

500000－8701－0008657　F213793－94
重刻產科心法二集附福幼編一卷　(清)汪喆撰　清光緒十七年(1891)刻本　二冊

500000－8701－0008658　F213795
草藥性一卷　(□)□□撰　清光緒三十二年(1906)重慶文華堂刻本　一冊

500000－8701－0008659　F213796
草藥性一卷　(□)□□撰　清光緒三十二年(1906)重慶文華堂刻本　一冊

500000－8701－0008660　F213797－800
溫熱經緯五卷　(清)王士雄纂　(清)楊照藜　(清)汪曰楨評　清光緒八年(1882)繁江官廨刻本　四冊

500000－8701－0008661　F213801－04
溫熱經緯五卷　(清)王士雄纂　(清)楊照藜　(清)汪曰楨評　清光緒八年(1882)繁江官廨刻本　四冊

500000－8701－0008662　F213805
溫病條辨湯頭歌括一卷　(清)戴葆元編集　清光緒四年(1878)刻本　一冊

500000－8701－0008663　F213806
金匱湯頭歌括一卷　(清)戴葆元編集　清光緒四年(1878)刻本　一冊

500000－8701－0008664　F213807－08
扁鵲心書三卷附神方一卷　(戰國)秦越人傳　(宋)竇材輯　清刻本　二冊

500000－8701－0008665　F213817
隨息居重訂霍亂論四卷　(清)王士雄纂　清末上海文瑞樓石印本　一冊

500000－8701－0008666　F213818
隨息居飲食譜不分卷　(清)王士雄纂　清末上海文瑞樓石印本　一冊

500000－8701－0008667　F213819－20
長沙藥解四卷　(清)黃元御撰　清乾隆十八年(1753)長沙徐氏刻本　二冊

500000－8701－0008668　F213823
咽喉脈證通論不分卷　(清)許槤校訂　清光緒十一年(1885)武進費氏刻本　一冊

500000－8701－0008669　F213824
喉痧癥治不分卷　(清)汪承煦纂輯　清刻本　一冊

500000－8701－0008670　F213825－26
喉科杓指四卷　(清)包永泰撰　清嘉慶二十年(1815)刻本　二冊

500000－8701－0008671　F213827
時方妙用四卷歌括二卷　(清)陳念祖撰　清末石印本　一冊

500000－8701－0008672　F213838－43
滇南草本圖註三卷附醫門擥要一卷　(明)蘭茂撰　清光緒十三年(1887)刻本　六冊

500000－8701－0008673　F213844－45
寓意草不分卷　(清)喻昌撰　清黎川陳氏刻本　二冊

500000－8701－0008674　F213846－49
傅青主女科二卷男科二卷　(清)傅山著　清末石印本　四冊

500000－8701－0008675　F213850
傅青主女科二卷男科二卷　(清)傅山著　清末石印本　一冊

500000－8701－0008676　F213851
金匱要略淺註補正九卷　(漢)張仲景撰　(清)陳念祖註　唐宗海補正　清光緒三十四年(1908)千頃堂書局石印本　一冊

500000－8701－0008677　F213852－55
重訂傷寒集註四卷　(清)舒詔撰　清乾隆三十五年(1770)文光堂刻本　四冊

500000－8701－0008678　F213856
傷寒論翼二卷　(清)柯琴撰　清刻本　一册

500000－8701－0008679　F213857
傷寒附翼二卷　(清)柯琴撰　清刻本　一册

500000－8701－0008680　F213858－61
傷寒論淺註補正七卷首一卷　(漢)張仲景撰　(清)陳念祖注　唐宗海補正　清光緒二十六年(1900)成都兩義堂刻本　四册

500000－8701－0008681　F213867－68
金匱方歌括六卷　(清)陳念祖撰　清光緒三十三年(1907)巴蜀善成堂刻本　二册

500000－8701－0008682　F213869－71
金匱要略淺註十卷　(漢)張仲景撰　(清)陳念祖集註　清光緒三十三年(1907)巴蜀善成堂刻本　三册

500000－8701－0008683　F213874－77
金匱要略淺註十卷　(漢)張仲景撰　(清)陳念祖集註　清光緒元年(1875)宏道堂刻本　四册

500000－8701－0008684　F213882－87
重刊金匱玉函經二註二十二卷　(宋)趙以德衍義　(清)周揚俊補注　清養恬齋刻本　六册

500000－8701－0008685　F213888－95
黃帝内經素問二十四卷　(明)吳崐註　清光緒二十四年(1898)梁安程氏刻本　八册

500000－8701－0008686　F213896
新鐫陶節菴家藏秘授傷寒六書六卷續論三卷　(明)陶華撰　清刻本　一册

500000－8701－0008687　F213897－900
傷寒辯證四卷　(清)陳堯道著　清嘉慶十一年(1806)刻本　四册

500000－8701－0008688　F213902
張仲景傷寒雜病論合編一卷　(清)汪宗沂編　清光緒十四年(1888)刻本　一册

500000－8701－0008689　F213903
傷寒醫訣串解六卷　(清)陳念祖撰　清咸豐六年(1856)刻本　一册

500000－8701－0008690　F213904－15
中西匯通醫書五種　唐宗海撰　清光緒三十四年(1908)千頃堂書局石印本　十二册

500000－8701－0008691　F213916－23
世補齋醫書六種三十三卷　(清)陸懋修撰　清光緒十年(1884)刻本　八册

500000－8701－0008692　F213924－31
世補齋醫書前集六種三十三卷後集四種二十五卷　(清)陸懋修撰　清光緒十二年(1886)山左書局刻本　八册　存前集六種三十三卷(文十六卷、世補齋不謝方一卷、傷寒論陽明病釋四卷、内經運氣病釋九卷附内經遺篇病釋一卷、内經運氣表一卷、内經難字音義一卷)

500000－8701－0008693　F213952－59
增訂士材三書八卷　(清)李中梓撰　清康熙六年(1667)刻本　八册

500000－8701－0008694　F213960－79
飛鴻堂印譜五集四十卷　(清)汪啓淑輯　清影印本　二十册

500000－8701－0008695　F213980－4011
數理精蘊二編四十五卷表八卷　(清)張樹聲等纂　清光緒八年(1882)廣東藩司刻本　三十二册

500000－8701－0008696　F214012－43
數理精蘊二編四十五卷表八卷　(清)張樹聲等纂　清光緒八年(1882)廣東藩司刻本　三十二册

500000－8701－0008697　F214044－83
御製數理精蘊上編五卷下編四十卷表八卷　(清)張樹聲等纂　清光緒八年(1882)刻本　四十册

500000－8701－0008698　F214084－107
御製數理精蘊上編五卷下編四十卷表八卷　(清)張樹聲等纂　清光緒十四年(1888)上海慎記書局石印本　二十四册

500000－8701－0008699　F214108－31
御製數理精蘊上編五卷下編四十卷表八卷　(清)張樹聲等纂　清光緒十四年(1888)上海文全書局石印本　二十四册

500000－8701－0008700　F214155－78
宋元學案一百卷首一卷　(清)黄宗羲著　(清)全祖望重訂　清道光二十六年(1846)道州何氏刻本　二十四册

500000－8701－0008701　F214243－82
宋元學案一百卷首一卷　(清)黄宗羲著　(清)全祖望重訂　清光緒五年(1879)長沙寄廬刻本　四十册

500000－8701－0008702　F214283－314
宋元學案一百卷首一卷　(清)黄宗羲著　(清)全祖望重訂　清光緒五年(1879)長沙寄廬刻本　三十二册

500000－8701－0008703　F214315－53
宋元學案一百卷首一卷　(清)黄宗羲著　(清)全祖望重訂　清光緒五年(1879)長沙寄廬刻本　三十九册

500000－8701－0008704　F214356－59
困學紀聞二十卷　(宋)王應麟著　清同治九年(1870)揚州書局刻本　四册

500000－8701－0008705　F214360－71
困學紀聞註二十卷　(宋)王應麟著　(清)翁元圻注　清道光五年(1825)餘姚守福堂刻本　十二册

500000－8701－0008706　F214372－407
困學紀聞註二十卷　(宋)王應麟著　(清)翁元圻注　清道光五年(1825)餘姚守福堂刻本　三十六册

500000－8701－0008707　F214440－47
困學紀聞註二十卷　(宋)王應麟著　(清)翁元圻輯注　清咸豐元年(1851)小嫏嬛山館刻本　八册

500000－8701－0008708　F214448－53
校訂困學紀聞三箋二十卷　(宋)王應麟撰　(清)何焯等箋注　清嘉慶九年(1804)刻本　六册

500000－8701－0008709　F214454－59
困學紀聞二十卷　(宋)王應麟著　清桐華書塾刻本　六册

500000－8701－0008710　F214476－83
困學紀聞二十卷　(宋)王應麟撰　(宋)何焯等箋釋　清咸豐二年(1852)小西山房刻本　八册

500000－8701－0008711　F214484－91
困學紀聞集證二十卷末一卷　(宋)王應麟著　(清)萬希槐輯注　清嘉慶八年(1803)刻本　八册

500000－8701－0008712　F214492－99
困學紀聞集證二十卷末一卷　(宋)王應麟著　(清)萬希槐輯注　清嘉慶八年(1803)刻本　八册

500000－8701－0008713　F214500－07
困學紀聞集證合註二十卷　(宋)王應麟著　(清)何焯等注　清嘉慶二十四年(1819)壽山齋胡氏刻本　八册

500000－8701－0008714　F214508
宋元學案粹語一卷　吳虞輯　清光緒三十三年(1907)成都文倫書局鉛印本　一册

500000－8701－0008715　F214509
宋元學案粹語一卷　吳虞輯　清光緒三十三年(1907)成都文倫書局鉛印本　一册

500000－8701－0008716　F214513－14
淮南雜著二卷　曹允源著　清光緒十七年(1891)刻本　二册

500000－8701－0008717　F214552－59
五種遺規十三卷　(清)陳弘謀編　清道光二年(1822)彙文堂刻本　八册

500000－8701－0008718　F214560－67
養正遺規二卷補編一卷從政遺規二卷教女遺規三卷訓俗遺規四卷　(清)陳宏謀編　清嘉慶八年(1803)知足齋刻本　八册　缺一卷

（從政遺規二）

500000－8701－0008719　F214568－75
養正遺規二卷補編一卷教女遺規三卷訓俗遺規四卷從政遺規二卷　（清）陳宏謀編　清光緒十七年（1891）刻本　八册

500000－8701－0008720　F214592－95
地理拾鉛巒頭理氣合編四卷　（清）程承瀚輯　清光緒十年（1884）刻本　四册

500000－8701－0008721　F214596－97
朱子論學切要語二卷　（宋）朱熹著　清白田草堂刻本　二册

500000－8701－0008722　F214598
見吾隨筆一卷　（清）齊學培著　清道光三十年（1850）日新草堂刻本　一册

500000－8701－0008723　F214599－600
訓俗遺規四卷　（清）陳宏謀輯　清光緒三十二年（1906）維新書局刻本　二册

500000－8701－0008724　F214601－02
訓俗遺規四卷　（清）陳宏謀輯　清同治七年（1868）楚北崇文書局刻本　二册

500000－8701－0008725　F214603－04
訓俗遺規四卷　（清）陳宏謀輯　清同治七年（1868）楚北崇文書局刻本　二册

500000－8701－0008726　F214605－11、14
在官法戒録摘鈔四卷從政遺規摘鈔二卷訓俗遺規摘鈔四卷教女遺規摘鈔不分卷養正遺規摘鈔不分卷　（清）陳宏謀編輯　清同治七年（1868）崇文書局刻本　八册

500000－8701－0008727　F214612
教女遺規不分卷　（清）陳宏謀編　清同治十年（1871）楚北崇文書局刻本　一册

500000－8701－0008728　F214613
養正遺規摘鈔不分卷　（清）陳宏謀編　清同治十年（1871）楚北崇文書局刻本　一册

500000－8701－0008729　F214615－22
訓俗遺規四卷從政遺規二卷教女遺規三卷養正遺規二卷補編一卷在官法戒録四卷　（清）陳宏謀輯　清道光六年至光緒三十二年（1826－1906）刻本　八册

500000－8701－0008730　F214623－24
從政遺規摘鈔二卷　（清）陳宏謀編　清同治七年（1868）崇文書局刻本　二册

500000－8701－0008731　F214625
教女遺規摘鈔不分卷　（清）陳宏謀編　清同治四年（1865）崇文書局刻本　一册

500000－8701－0008732　F214626－29
十駕齋養新録二十卷　（清）錢大昕撰　清嘉慶九年（1804）家刻本　四册

500000－8701－0008733　F214630－37
十駕齋養新録二十卷餘録三卷　（清）錢大昕撰　清光緒二年（1876）浙江書局刻本　八册

500000－8701－0008734　F214638－45
十駕齋養新録二十卷餘録三卷　（清）錢大昕撰　清光緒二年（1876）浙江書局刻本　八册

500000－8701－0008735　F214646－57
尚友録二十二卷　（明）廖用賢編纂　（清）張伯琮補輯　清刻本　十二册

500000－8701－0008736　F214658－89
格致鏡原一百卷　（清）陳元龍纂　清雍正刻本　三十二册

500000－8701－0008737　F214691
國朝宋學淵源記二卷附記一卷　（清）江藩著　清光緒二十二年（1896）長沙周氏刻本　一册

500000－8701－0008738　F214709－20
學案小識十四卷首一卷末一卷　（清）唐鑑撰　清光緒十年（1884）善化唐祖培刻本　十二册

500000－8701－0008739　F214745－70
明儒學案六十二卷　（清）黄宗羲著　清光緒十四年（1888）南昌縣學刻本　二十六册

500000－8701－0008740　F214771－94
明儒學案六十二卷　（清）黄宗羲著　清光緒十四年（1888）南昌縣學刻本　二十四册

500000－8701－0008741　F214795－810
明儒學案六十二卷　(清)黄宗羲著　清光緒十四年(1888)南昌縣學刻本　十六册

500000－8701－0008742　F214811－30
明儒學案六十二卷　(清)黄宗羲著　清道光元年(1821)會稽莫氏刻本　二十册

500000－8701－0008743　F214870
家庭直講三卷　(清)陸釣川輯　清刻本　一册

500000－8701－0008744　F214871
家庭講話三卷　(清)陸釣川輯　清道光九年(1829)刻本　一册

500000－8701－0008745　F214872
身世金箴不分卷　(清)郝懿行撰　清光緒十三年(1887)刻本　一册

500000－8701－0008746　F214873
遠色編三卷　(清)彭啓豐撰　清乾隆三十八年(1773)刻本　一册

500000－8701－0008747　F214874
司馬溫公家範十卷　(宋)司馬光撰　清康熙五十八年(1719)刻本　一册

500000－8701－0008748　F214878
先正嘉言約鈔二卷　(清)姚永樸編　清刻本　一册

500000－8701－0008749　F214881
桔苿瑣言二卷　饒敦秩撰　清光緒二十八年(1902)東湖饒氏鉛印本　一册

500000－8701－0008750　F214888－89
碧血錄四卷　(□)□□撰　清刻本　二册

500000－8701－0008751　F214890－95
教學五書五種　(明)劉宗周撰　清道光二十七年(1847)刻本　六册

500000－8701－0008752　F214896－99
弟子箴言十六卷　(清)胡達源撰　清道光十五年(1835)聞妙香軒刻本　四册

500000－8701－0008753　F214900－02
脩省編三卷　(清)范鍾銓纂輯　清刻本　三册

500000－8701－0008754　F214925－28
課子隨筆節鈔六卷續編一卷　(清)張又渠輯　(清)徐桐節鈔　清光緒六年(1880)刻本　四册

500000－8701－0008755　F214937－38
名言贅錄二卷　(清)陸孫鼎輯　清道光二十八年(1848)仁和陸氏小松書屋刻本　二册

500000－8701－0008756　F214939
澄懷園語四卷　(清)張廷玉撰　清乾隆十一年(1746)刻本　一册

500000－8701－0008757　F214940
澄懷園語四卷　(清)張廷玉撰　清光緒六年(1880)桐城張氏刻本　一册

500000－8701－0008758　F214943
聰訓齋語二卷恒產瑣言一卷　(清)張英纂　清光緒九年(1883)資中官廨刻本　一册

500000－8701－0008759　F214945
聰訓齋語二卷恒產瑣言一卷飯有十二合說一卷　(清)張英纂　清光緒十七年(1891)皖南洪氏蜀西樂山縣署刻本　一册

500000－8701－0008760　F214948
清修寶鑑八卷　題(□)清微老人纂　清同治四年(1865)刻本　一册

500000－8701－0008761　F214950
文昌帝君功過格不分卷　(□)□□撰　清同治二年(1863)刻本　一册

500000－8701－0008762　F214951
身世金箴不分卷　(清)郝懿行撰　清光緒八年(1882)刻本　一册

500000－8701－0008763　F214952
聖祖仁皇帝庭訓格言類編一卷　(清)郭振墉纂　清湘陰郭氏清聞山館刻本　一册

500000－8701－0008764　F214959
聖祖仁皇帝庭訓格言一卷　(清)世宗胤禛纂　清刻本　一册

500000－8701－0008765　F214960
聖祖仁皇帝庭訓格言一卷　（清）世宗胤禛纂　清光緒十五年（1889）四川鹽務總局刻本　一冊

500000－8701－0008766　F214964－67
思辨錄輯要二十二卷　（清）陸世儀撰　清培德會鉛印本　四冊

500000－8701－0008767　F214968－75
思辨錄輯要二十二卷後集十三卷　（清）陸世儀撰　清光緒三年（1877）江蘇書局刻本　八冊

500000－8701－0008768　F214976－78
求己錄三卷　題（清）盧涇遯士編　清光緒二十二年（1896）刻本　三冊

500000－8701－0008769　F214979－80
代形合參三卷附一卷　（美國）羅密士撰　（美國）潘慎文譯　（清）謝洪賚筆述　清光緒二十八年（1902）上海美華書館鉛印本　二冊

500000－8701－0008770　F214981－82
代形合參三卷附一卷　（美國）羅密士撰　（美國）潘慎文譯　（清）謝洪賚筆述　清光緒二十八年（1902）上海美華書館鉛印本　二冊

500000－8701－0008771　F214983－84
八線備旨四卷　（美國）羅密士撰　（美國）潘慎文譯　清光緒二十三年（1897）上海美華書館鉛印本　二冊

500000－8701－0008772　F214985－86
八線備旨四卷　（美國）羅密士撰　（美國）潘慎文譯　清光緒二十三年（1897）上海美華書館鉛印本　二冊

500000－8701－0008773　F214987－88
算式集要四卷　（英國）哈司韋輯　（英國）傅蘭雅譯　清末江南製造總局刻本　二冊

500000－8701－0008774　F214990－91
算式解法十四卷　（美國）好敦司　（美國）開奈利撰　（清）華蘅芳譯　清光緒二十五年（1899）江南製造局刻本　二冊

500000－8701－0008775　F214992－93
形學拾級九卷　（清）劉光照編譯　清光緒三十三年（1907）上海美華書館鉛印本　二冊

500000－8701－0008776　F214995
先正讀書訣不分卷　（清）周永年輯　清光緒四年（1878）吳郡顧氏雙江刻本　一冊

500000－8701－0008777　F214996
小兒語一卷附續小兒語一卷老學究語一卷　（清）呂得勝撰　清江楚書局刻本　一冊

500000－8701－0008778　F214997
小兒語一卷附續小兒語一卷老學究語一卷　（清）呂得勝撰　清江楚書局刻本　一冊

500000－8701－0008779　F214998
弟子職正音一卷　（清）王筠撰　清光緒七年（1881）刻本　一冊

500000－8701－0008780　F214999
弟子職集解一卷攷證一卷　（清）莊述祖　（清）黃彭年輯　清同治三年（1864）刻本　一冊

500000－8701－0008781　F215000
啓蒙入聖善過格全部總解不分卷　（清）唐彪纂　清同治七年（1868）刻本　一冊

500000－8701－0008782　F215001
養蒙金鑑二卷　（清）林之望編輯　清光緒元年（1875）鄂垣藩署刻本　一冊

500000－8701－0008783　F215002
噩夢一卷　（清）王夫之撰　清宣統二年（1910）成都寓廬刻本　一冊

500000－8701－0008784　F215003－06
傳家寶訓十卷　（清）石璿輯　清乾隆六十年（1795）清素堂刻本　四冊

500000－8701－0008785　F215007
格言聯璧節鈔不分卷　（清）金纓輯　清同治九年（1870）刻本　一冊

500000－8701－0008786　F215009
格言聯璧不分卷　（清）金纓輯　清同治十年（1871）刻本　一冊

500000－8701－0008787　F215010－13
仁化編不分卷　(清)慎修堂輯　清乾隆三十年(1765)京江慎修堂刻本　四冊

500000－8701－0008788　F215020－23
東塾讀書記二十五卷　(清)陳澧撰　清光緒二十七年(1901)邵州勸學書舍刻本　四冊

500000－8701－0008789　F215024－27
東塾讀書記二十五卷　(清)陳澧撰　清光緒二十七年(1901)湖南官書局刻本　四冊

500000－8701－0008790　F215028－32
東塾讀書記二十五卷　(清)陳澧撰　清光緒七年(1881)刻本　五冊

500000－8701－0008791　F215033－37
東塾讀書記二十五卷　(清)陳澧撰　清光緒七年(1881)刻本　五冊

500000－8701－0008792　F215038－41
東塾讀書記二十五卷　(清)陳澧撰　清光緒二十七年(1901)大泉書局刻本　四冊

500000－8701－0008793　F215042－45
東塾讀書記二十五卷　(清)陳澧撰　清光緒二十四年(1898)紉蘭書館刻本　四冊

500000－8701－0008794　F215046－49
東塾讀書記二十五卷　(清)陳澧撰　清光緒二十四年(1898)紉蘭書館刻本　四冊

500000－8701－0008795　F215070－85
家寶全集三十二卷　(清)石成金撰　清乾隆四年(1739)文光堂刻本　十六冊

500000－8701－0008796　F215110－11
身世準繩二卷　(清)李迪光纂輯　清道光十二年(1832)刻本　二冊

500000－8701－0008797　F215112－15
鄉黨應酬六卷　(清)鄧炳震編輯　清光緒二十八年(1902)刻本　四冊

500000－8701－0008798　F215137－38
鄉守輯要十卷　(清)許乃釗編輯　清咸豐元年(1851)宛平史氏刻本　二冊

500000－8701－0008799　F215139－50
昭德先生郡齋讀書志二十卷首一卷　(宋)姚應績編　清光緒二十九年(1903)南京書局刻本　十二冊

500000－8701－0008800　F215165
益智圖一卷　(清)童葉庚撰　清光緒四年(1878)刻本　一冊

500000－8701－0008801　F215180－89
智囊補二十八卷　(清)馮夢龍重輯　清道光二十五年(1845)聚芸堂刻本　十冊

500000－8701－0008802　F215190－93
代數術二十五卷首一卷　(英國)華里司輯　(英國)傅蘭雅口譯　(清)華蘅芳筆述　清光緒二十二年(1896)上海璣衡堂石印本　四冊

500000－8701－0008803　F215194－97
新纂簡捷易明演算法四卷　(清)沈士桂纂輯　清刻本　四冊

500000－8701－0008804　F215198－203
彭氏啓蒙數學談理十卷　(清)彭竹陽撰　清光緒二十九年(1903)重慶彭氏算學館鉛印本　六冊

500000－8701－0008805　F215204
新譯無線電說明書一卷　(清)□□纂　清末鉛印本　一冊

500000－8701－0008806　F215205
電學測算十一章　徐兆熊譯　清末鉛印本　一冊

500000－8701－0008807　F215206－09
增删算法統宗十一卷首一卷附校算記一卷　(明)程大位編輯　(清)梅瑴成增删　清江南製造總局刻本　四冊

500000－8701－0008808　F215210
對數表不分卷　(美國)赫士口譯　(清)朱葆琛筆述　清宣統元年(1909)上海美華書館鉛印本　一冊

500000－8701－0008809　F215211－12
開方釋例四卷　(清)駱騰鳳撰　清道光二十

三年(1843)刻本　二册

500000－8701－0008810　F215213－16
學算筆談十二卷　(清)華蘅芳撰　清光緒二十二年(1896)上海文瑞樓石印本　四册

500000－8701－0008811　F215217－20
學算筆談十二卷　(清)華蘅芳撰　清光緒二十二年(1896)上海文瑞樓石印本　四册

500000－8701－0008812　F215221
日法朔餘彊弱攷一卷附方程新術草一卷　(清)李鋭撰　清刻本　一册

500000－8701－0008813　F215222－23
小衡算說二卷　(清)汪光恒撰　清光緒十一年(1885)聞梅齋刻本　二册

500000－8701－0008814　F215224－25
小衡算說二卷　(清)汪光恒撰　清光緒十一年(1885)聞梅齋刻本　二册

500000－8701－0008815　F215226－27
新編算學啓蒙三卷　(元)朱世傑撰　清道光十九年(1839)刻本　二册

500000－8701－0008816　F215228－33
代數術二十五卷首一卷　(英國)華里司輯　(英國)傅蘭雅口譯　(清)華蘅芳筆述　清同治十二年(1873)江南製造總局刻本　六册

500000－8701－0008817　F215234－39
代數術二十五卷首一卷　(英國)華里司輯　(英國)傅蘭雅口譯　(清)華蘅芳筆述　清同治十二年(1873)江南製造總局刻本　六册

500000－8701－0008818　F215240－42
三角理數九卷　(英國)華里司輯　(英國)傅蘭雅口譯　(清)華蘅芳筆述　清光緒二十二年(1896)上海璣衡堂石印本　三册

500000－8701－0008819　F215243－45
三角理數九卷　(英國)華里司輯　(英國)傅蘭雅口譯　(清)華蘅芳筆述　清光緒二十二年(1896)上海璣衡堂石印本　三册

500000－8701－0008820　F215246
代數備旨十三章　(美國)狄考文譯　清光緒三十一年(1905)上海美華書館鉛印本　一册

500000－8701－0008821　F215247－50
施案奇聞八卷九十七回　(清)□□撰　清道光十九年(1839)刻本　四册

500000－8701－0008822　F215251－53
算學入門三卷　(清)周廣詢輯　清光緒二十八年(1902)渝城炳文堂刻本　三册

500000－8701－0008823　F215254－56
算學入門三卷　(清)周廣詢輯　清光緒二十八年(1902)渝城炳文堂刻本　三册

500000－8701－0008824　F215257－60
化學衛生論四卷　(英國)真司騰撰　(英國)傅蘭雅譯　清光緒十六年(1890)上海格致書室刻本　四册

500000－8701－0008825　F215267
焦氏筆乘六卷續集八卷　(明)焦竑輯　清道光三十年(1850)粤雅堂刻本　一册

500000－8701－0008826　F215268－75
算經十書三十五卷　(清)孔繼涵輯　清光緒十六年(1890)上海刻本　八册

500000－8701－0008827　F215277－82
則古昔齋算學十三種　(清)李善蘭著　清同治六年(1867)刻本　六册

500000－8701－0008828　F215283－90
則古昔齋算學十三種　(清)李善蘭著　清同治六年(1867)刻本　八册

500000－8701－0008829　F215291－92
理數合解四卷　題(□)竹坡居士撰　清光緒二十一年(1895)刻本　二册

500000－8701－0008830　F215293－98
董方立遺書八種附二種　(清)董祐誠撰　清同治八年(1869)四川成都寓舍刻本　六册

500000－8701－0008831　F215299
畫形圖說一卷　(英國)里察森撰　清光緒六年(1880)刻本　一册

500000－8701－0008832　F215300

衡齋遺書九卷附録一卷　(清)汪孝嬰撰　清道光十四年(1834)刻本　一册

500000－8701－0008833　F215301－20
天文算學纂要二十卷首一卷國朝萬年書二卷　(清)陳松纂　清光緒十三年(1887)刻本　二十册

500000－8701－0008834　F215327－28
光學二卷　(英國)田大里輯　(美國)金楷理譯　(清)趙元益筆述　清刻本　二册

500000－8701－0008835　F215329－30、8972－73
中西星要五種十二卷　(清)倪榮桂輯　清嘉慶八年(1803)刻本　四册

500000－8701－0008836　F215331－33
圜天圖説三卷　(清)李明徹撰　清嘉慶二十四年(1819)刻本　三册

500000－8701－0008837　F215334－35
圜天圖説續編二卷首一卷　(清)李明徹撰　清道光元年(1821)刻本　二册

500000－8701－0008838　F215336－39
河洛精藴九卷　(清)江永著　清乾隆三十九年(1774)小西山房刻本　四册

500000－8701－0008839　F215340－41
交食捷算四卷　(清)黄炳垕撰　清光緒十年(1884)刻本　二册

500000－8701－0008840　F215342－43
算學啓蒙述義二卷　(元)朱世傑撰　清光緒内府刻本　二册

500000－8701－0008841　F215344－45
新編算學啓蒙三卷　(元)朱世傑撰　清道光十九年(1839)刻本　二册

500000－8701－0008842　F215349
交食引蒙不分卷　(清)賈步緯撰　清末江南製造總局刻本　一册

500000－8701－0008843　F215351
衛生學問答上編七章　丁福保纂　清光緒二十八年(1902)刻本　一册

500000－8701－0008844　F215356－63
格物測算八卷　(美國)丁韙良撰　清光緒九年(1883)鉛印本　八册

500000－8701－0008845　F215367
三光淺説三卷　(英國)革笨撰　(英國)華立熙譯　清光緒二十九年(1903)上海廣學會鉛印本　一册

500000－8701－0008846　F215368
大清光緒二十三年歲次丁酉航海通書一卷　(清)江南製造局譯改　(清)賈步緯算校　清光緒二十三年(1897)活字印本　一册

500000－8701－0008847　F215369－70
航海簡法四卷　(英國)那麗撰　(美國)金楷理口譯　(清)王德均筆述　清上海江南機器製造總局刻本(卷四有部分係鉛印)　二册

500000－8701－0008848　F215371－78
李氏算學遺書十一種十八卷　(清)李鋭著　清光緒十六年(1890)上海醉六堂刻本　八册

500000－8701－0008849　F215379－86
李氏算學遺書十一種十八卷　(清)李鋭著　清光緒十六年(1890)上海醉六堂刻本　八册

500000－8701－0008850　F215387－89
私藏疑龍經大全三卷附菊逸山房山法備收一卷地理點穴撼龍經不分卷　(唐)楊益撰　清刻本　三册

500000－8701－0008851　F215390－91
私藏疑龍經大全三卷附菊逸山房山法備收一卷地理點穴撼龍經不分卷　(唐)楊益撰　清刻本　二册

500000－8701－0008852　F215396－99
私藏疑龍經大全三卷附菊逸山房山法備收一卷地理點穴撼龍經不分卷　(唐)楊益撰　(清)高其倬批　(清)寇宗集註　榮錫勳補　清光緒十八年(1892)巴蜀善成堂刻本　四册

500000－8701－0008853　F215400－03
撼龍經批註校補不分卷附疑龍經批註校補三卷　(唐)楊益撰　(清)高其倬批　(清)寇

宗集註　榮錫勳補　清光緒十八年(1892)巴蜀善成堂刻本　四冊

500000－8701－0008854　F215404
私藏疑龍經大全三卷附菊逸山房山法備收一卷　(唐)楊益撰　清道光十三年(1833)刻本　一冊

500000－8701－0008855　F215405
私藏疑龍經大全三卷附菊逸山房山法備收一卷　(唐)楊益撰　清道光十三年(1833)刻本　一冊

500000－8701－0008856　F215406
地理點穴撼龍經不分卷菊逸山房地理正書不分卷　(唐)楊益著　(清)高其倬批　清道光十四年(1834)刻本　一冊

500000－8701－0008857　F215407
中星表一卷　(清)余煌撰　清刻本　一冊

500000－8701－0008858　F215408
地理陰陽纂要二卷　(清)鄧士松纂輯　清光緒十七年(1891)刻本　一冊

500000－8701－0008859　F215409－10
心眼指要四卷　(清)章甫集　清道光十六年(1836)善成堂刻本　二冊

500000－8701－0008860　F215411
心眼指要四卷　(清)章甫集　清道光十六年(1836)善成堂刻本　一冊

500000－8701－0008861　F215413－16
曹安峰地理原本說四卷　(清)曹安峰著　清同治六年(1867)刻本　四冊

500000－8701－0008862　F215417
地理體用合編四卷　(清)林士恭著　清同治刻本　一冊

500000－8701－0008863　F215418－20
雪心賦正解四卷　(唐)卜應天著　(清)孟浩註　清刻本　三冊

500000－8701－0008864　F215421－22
雪心賦正解四卷附辯論三十篇　(唐)卜應天著　(清)孟浩註　清康熙十九年(1680)刻本　二冊

500000－8701－0008865　F215424－25
緝古算經一卷　(唐)王孝通撰注　**圖解三卷**　(清)陳杰著　**細草一卷音義一卷**　(清)陳杰輯　清道光二十年(1840)刻本　二冊

500000－8701－0008866　F215426－29
緝古算經一卷　(唐)王孝通撰注　**圖解三卷**　(清)陳杰著　**細草一卷音義一卷**　(清)陳杰輯　清道光二十年(1840)刻本　四冊

500000－8701－0008867　F215430
白鹿洞數二卷　(周)姜尚撰　(三國蜀)諸葛亮增補　(明)劉基纂輯　清光緒十二年(1886)萬邑周氏刻本　一冊

500000－8701－0008868　F215431
畢法集覽不分卷　(清)程愛函集　清同治十一年(1872)刻本　一冊

500000－8701－0008869　F215435
秘授命理須知滴天髓二卷　(明)京圖撰　(明)劉基註　清刻本　一冊

500000－8701－0008870　F215436
靈棋經一卷　(清)程芝雲校　清道光三年(1823)百二漢鏡齋刻本　一冊

500000－8701－0008871　F215437
靈棋經一卷　(清)程芝雲校　清道光三年(1823)百二漢鏡齋刻本　一冊

500000－8701－0008872　F215440
張宗道先生地理全書不分卷　(明)張宗道撰　清刻本　一冊

500000－8701－0008873　F215441
新編日用涓吉奇門五總龜四卷　(清)池紀解編　清刻本　一冊

500000－8701－0008874　F215444
天玉經註三卷　(唐)楊益著　(清)葉滋榮註　清同治七年(1868)粵東文華閣刻本　一冊

500000－8701－0008875　F215445－46
巒頭心法圖訣二卷　(清)蔡麟士著　清咸豐四年(1854)粵東文華閣刻本　二冊

500000－8701－0008876　F215447
董公選擇要覽不分卷　(明)董潛撰　清嘉慶二十二年(1817)刻本　一册

500000－8701－0008877　F215448
地理水法一聲雷一卷　(清)徐進撰　清道光二十三年(1843)刻本　一册

500000－8701－0008878　F215453－54
嚴陵張九儀地理穿山透地真傳一卷　張九儀著　清康熙五十七年(1718)刻本　二册

500000－8701－0008879　F215455－56
天元五歌闡義五卷　(清)蔣大鴻著　題(清)無心道人注　**無空秘旨一卷**　(清)釋目講著　清道光元年(1821)刻本　二册

500000－8701－0008880　F215457
天元五歌闡義五卷　(清)蔣大鴻著　題(清)無心道人注　**無空秘旨一卷**　(清)釋目講著　清道光元年(1821)刻本　一册

500000－8701－0008881　F215458－64
地理正宗十二卷　(清)朱紹曾撰　清嘉慶十九年(1814)刻本　七册　存十一卷(一、三至十二)

500000－8701－0008882　F215465－70
地理正宗六卷　(明)蕭智深撰　清道光七年(1827)刻本　六册

500000－8701－0008883　F215471－74
夏時明堂陰陽經十卷　(清)莊述祖撰　清光緒九年(1883)刻本　四册

500000－8701－0008884　F215476－79
羅經指南撥霧集三卷　(明)吴天洪批點　清康熙三十二年(1693)經綸堂刻本　四册

500000－8701－0008885　F215480－81
羅經指南撥霧集三卷　(明)吴天洪批點　清康熙三十二年(1693)經綸堂刻本　二册

500000－8701－0008886　F215482－83
新刊校正增釋合併麻衣先生神相編五卷　(清)陸位崇編　清光緒三十四年(1908)成都三府會刻本　二册

500000－8701－0008887　F215513－22
新編評註通玄先生張果星宗大全十卷　(明)陸位輯　清金陵三山唐氏刻本　十册

500000－8701－0008888　F215536－41
子平四言集腋六卷　(清)廖冀亨撰　清道光三十年(1850)永定廖氏刻本　六册

500000－8701－0008889　F215552
易道真傳五卷　(宋)陳摶撰　清道光二十九年(1849)刻本　一册

500000－8701－0008890　F215553－57
三統術衍三卷鈐一卷　(清)錢大昕撰　清嘉慶六年(1801)刻本　五册

500000－8701－0008891　F215558－61
斷易大全四卷　(清)余興國編輯　清善成堂刻本　四册

500000－8701－0008892　F215562－64
嚴陵張九儀增釋地理琢玉斧巒頭歌括不分卷　張九儀著　清道光八年(1828)刻本　三册

500000－8701－0008893　F215565－68
地理辨正五卷　(清)蔣平階補傳　(清)姜垚辨正　(清)無心道人增補直解　清善成堂刻本　四册

500000－8701－0008894　F215569－70
地理辨正五卷　(清)蔣平階補傳　(清)姜垚辨正　(清)無心道人增補直解　清道光三年(1823)刻本　二册

500000－8701－0008895　F215571－72
陽宅三要四卷　(清)趙廷棟著　清道光十一年(1831)刻本　二册

500000－8701－0008896　F215573－74
陽宅合法全書二卷　(清)雷行參訂　清乾隆二十八年(1763)雙溪雷氏刻本　二册

500000－8701－0008897　F215579－82
奇門通書大全四卷　(清)池紀解註　清善成堂刻本　四册

500000－8701－0008898　F215583－84
重刻天元奇門遁甲句解煙波釣叟歌不分卷

(宋)趙普撰　(清)池紀解編　清刻本　二冊

500000－8701－0008899　F215585－88
奇門遁甲統宗十二卷　題(三國蜀)諸葛亮著　清刻本　四冊

500000－8701－0008900　F215589－92
河洛理數七卷　(宋)陳搏著　清上海校經山房石印本　四冊

500000－8701－0008901　F215593－98
河洛理數六卷　(宋)陳搏著　清刻本　六冊

500000－8701－0008902　F215599－604
河洛理數七卷　(宋)陳搏著　清刻本　六冊

500000－8701－0008903　F215605－12
河洛理數七卷　(宋)陳搏著　清刻本　八冊

500000－8701－0008904　F215613－14
六壬指南五卷　(清)陳公獻撰　清刻本　二冊

500000－8701－0008905　F215619－22
卜筮正宗十四卷　(清)王維德輯　清康熙四十八年(1709)古吳王氏刻本　四冊

500000－8701－0008906　F215623－28
卜筮正宗全書十四卷　(清)王維德輯　清道光五年(1825)藜照書屋刻本　六冊

500000－8701－0008907　F215629－34
卜筮正宗十四卷　(清)王維德輯　清康熙四十八年(1709)吳郡張氏刻本　六冊

500000－8701－0008908　F215635－38
地理匯參六卷　(清)尹光忠撰　清光緒八年(1882)刻本　四冊

500000－8701－0008909　F215639－50
宅譜指要四卷宅譜邇言二卷選時造命四卷修方案證五卷　(清)魏青江撰　清乾隆六年(1741)刻本　十二冊

500000－8701－0008910　F215651－62
陰宅集要四卷陽宅集成八卷　(清)姚廷鑾輯　清乾隆十七年(1752)刻本　十二冊

500000－8701－0008911　F215669－72
東塾讀書記十五卷　(清)陳澧撰　清光緒二十七年(1901)上海江左書林石印本　四冊

500000－8701－0008912　F215673－76
東塾讀書記十五卷　(清)陳澧撰　清光緒二十四年(1898)上海江左書林石印本　四冊

500000－8701－0008913　F215677－92
安吳四種三十六卷首一卷　(清)包世臣著　清光緒十四年(1888)刻本　十六冊

500000－8701－0008914　F215693－708
安吳四種三十六卷首一卷　(清)包世臣著　清道光二十六年(1846)白門倦游閣木活字印本　十六冊

500000－8701－0008915　F215709－24
初學記三十卷附校勘記　(唐)徐堅等撰　清光緒十四年(1888)四川成都黃氏蘊石齋刻本　十六冊

500000－8701－0008916　F215725－40
初學記三十卷附校勘記　(唐)徐堅等撰　**校勘記補遺一卷**　(清)鄒增祜補校　清維揚陳氏刻本　十六冊

500000－8701－0008917　F215741－52
古香齋鑒賞袖珍初學記三十卷　(唐)徐堅等撰　清刻本　十二冊

500000－8701－0008918　F215761－68
兼韻音義四卷　(清)殷秉鏞撰　清道光二十三年(1843)成都繆氏刻本　八冊

500000－8701－0008919　F215769－84
蛾術編八十二卷　(清)王鳴盛纂　清道光二十一年(1841)世楷堂刻本　十六冊

500000－8701－0008920　F215785－96
癸巳類稿十五卷　(清)俞正燮撰　清光緒五年(1879)會稽章氏刻本　十二冊

500000－8701－0008921　F215797－804
癸巳類稿十五卷　(清)俞正燮撰　清道光十三年(1833)求日益齋刻本　八冊

500000－8701－0008922　F215805－10
癸巳存稿十五卷　(清)俞正燮撰　清光緒十

年(1884)刻本　六冊

500000－8701－0008923　F215811－12
水窗春囈二卷　(清)歐陽兆熊　(清)金安清撰　清鉛印本　二冊

500000－8701－0008924　F215820－23
樵説續十二卷　(清)蜀西樵也撰　清光緒二十七年(1901)成都聊園刻本　四冊

500000－8701－0008925　F215824－27
北夢瑣言二十卷　(宋)孫光憲撰　清刻本　四冊

500000－8701－0008926　F215829－32
全人矩矱四卷首一卷末一卷　(清)孫念劬撰　清嘉慶元年(1796)刻本　四冊

500000－8701－0008927　F215833－34
交翠軒筆記四卷　(清)沈濤纂　清道光十六年(1836)刻本　二冊

500000－8701－0008928　F215836
黄學廬襍述三卷　(清)陳士芑著　清宣統元年(1909)鉛印本　一冊

500000－8701－0008929　F215837－56
讀書紀數略五十四卷　(清)宫夢仁編纂　清光緒六年(1880)懺花菴刻本　二十冊

500000－8701－0008930　F215857－60
漢學商兑三卷　(清)方東樹撰　清光緒二十六年(1900)浙江書局刻本　四冊

500000－8701－0008931　F215861－62
知聖篇二卷　廖平撰　清光緒二十八年(1902)刻本　二冊

500000－8701－0008932　F215863－66
上蔡語録三卷　(清)謝良佐著　清光緒十八年(1892)陳氏刻本　四冊

500000－8701－0008933　F215867
初學行文語類三卷　(清)孫埏編輯　清乾隆三年(1738)刻本　一冊

500000－8701－0008934　F215868－71
何燕泉先生餘冬敘録二十二卷　(明)何孟春撰　清乾隆二十三年(1758)刻本　四冊

500000－8701－0008935　F215872－77
讀書拾遺六卷　(清)傅玉書撰　清光緒二十四年(1898)戎州旅寓刻本　六冊

500000－8701－0008936　F215886－91
丹鉛總録二十七卷　(明)楊慎撰　清乾隆三十年(1765)虎林楊昶刻本　六冊

500000－8701－0008937　F215901－02
經義莛撞四卷附讀經瑣記一卷　易順鼎著　清光緒十年(1884)刻本　二冊

500000－8701－0008938　F215903－10
思辨録輯要二十二卷後集十三卷　(清)陸世儀撰　清光緒三年(1877)江蘇書局刻本　八冊

500000－8701－0008939　F215911
南田畫跋一卷　(清)惲格撰　清光緒四年(1878)刻本　一冊

500000－8701－0008940　F215912－16
無邪堂答問五卷　(清)朱一新撰　清光緒二十八年(1902)知新書屋成都刻本　五冊

500000－8701－0008941　F215917－20
求闕齋讀書録十卷　(清)曾國藩著　(清)王啟原編輯　清光緒二年(1876)傳忠書局刻本　四冊

500000－8701－0008942　F215921－22
求闕齋讀書録十卷　(清)曾國藩著　(清)王啟原編輯　清光緒二年(1876)傳忠書局刻本　二冊

500000－8701－0008943　F215923－30
養吉齋叢録二十六卷餘録十卷　(清)吴振棫纂　清光緒二十二年(1896)刻本　八冊

500000－8701－0008944　F215931－34
顔氏學記十卷　(清)戴望述　清同治十年(1871)嘉興錢氏冶城山館刻本　四冊

500000－8701－0008945　F215935－46
習學記言五十卷　(宋)葉適撰　清光緒九年(1883)江陰刻本　十二冊

500000－8701－0008946　F215947－52
讀書紀數略五十四卷　(清)宮夢仁輯　清康熙五十年(1711)刻本　六册

500000－8701－0008947　F215953－64
義門讀書記五十八卷附行狀一卷　(清)何焯撰　清乾隆三十四年(1769)刻本　十二册

500000－8701－0008948　F215965－69
無邪堂答問五卷　(清)朱一新撰　清光緒二十一年(1895)廣雅書局刻本　五册

500000－8701－0008949　F215970－74
無邪堂答問五卷　(清)朱一新撰　清光緒二十一年(1895)廣雅書局刻本　五册

500000－8701－0008950　F215975－6004
西山先生真文忠公讀書記四十卷　(宋)真西山輯　清同治三年(1864)刻本　三十册

500000－8701－0008951　F216005－28
西山先生真文忠公讀書記四十卷　(宋)真西山輯　清咸豐七年(1857)古渝涵園書屋刻本　二十四册

500000－8701－0008952　F216029－60
慈溪黄氏日抄分類九十七卷古今紀要十九卷　(宋)黄震編輯　清乾隆三十二年(1767)刻本　三十二册

500000－8701－0008953　F216061－180
太平御覽一千卷目錄十五卷　(宋)李昉等纂　清嘉慶十二年至十七年(1807－1812)歙縣鮑氏刻本　一百二十册

500000－8701－0008954　F216181－308
太平御覽一千卷目錄十五卷　(宋)李昉等纂　清光緒十八年(1892)南海李氏刻本　一百二十八册

500000－8701－0008955　F216316－19
古書疑義舉例七卷　(清)俞樾撰　清蘇州文學山房活字印本　四册

500000－8701－0008956　F216374－75
人譜類記二卷蕺山先生人譜一卷　(明)劉宗周撰　清教忠堂刻本　二册

500000－8701－0008957　F216409－14
草字彙十二卷　(清)石梁集　清英德堂刻本　六册

500000－8701－0008958　F216415－20
草字彙十二卷　(清)石梁集　清道光五年(1825)刻本　六册

500000－8701－0008959　F216421－24
草字彙十二卷　(清)石梁集　清乾隆五十二年(1787)刻本　四册

500000－8701－0008960　F216425－30
草字彙十二卷　(清)石梁集　清乾隆五十二年(1787)刻本　六册

500000－8701－0008961　F216431－34
草聖彙辯不分卷　(清)白芬匯編摹辯　清乾隆五十八年(1793)刻本　四册

500000－8701－0008962　F216450
篆瀘偏旁點畫辯不分卷　(清)鄭漢音釋　清刻本　一册

500000－8701－0008963　F216451
篆法探源不分卷　(明)朱之蕃撰　(清)李登重訂　清宣統元年(1909)中國圖書公司石印本　一册

500000－8701－0008964　F216452－59
篆學瑣著三十種四十卷　(清)顧湘編　清道光二十年(1840)海虞顧氏刻本　八册

500000－8701－0008965　F216462－63
梅村筆記二卷　(清)釋明理著　清嘉慶十六年(1811)刻本　二册

500000－8701－0008966　F216464－66
純正蒙求三卷　(清)胡雲峰編　清光緒六年(1880)刻本　三册

500000－8701－0008967　F216471－74
新增幼學故事瓊林四卷　(清)程允升編　(清)鄒聖脈增補　清桂元堂刻本　四册

500000－8701－0008968　F216475－78
新增幼學故事瓊林四卷　(清)程允升編　(清)鄒聖脈增補　清古香閣刻本　四册

500000－8701－0008969　F216479－82
寄傲山房塾課新增幼學故事瓊林四卷　(清)程允升編　(清)鄒聖脈增補　清刻本　四册

500000－8701－0008970　F216483－86
寄傲山房塾課新增幼學故事瓊林四卷　(清)程允升編　(清)鄒聖脈增補　清光緒十六年(1890)愛蓮堂刻本　四册

500000－8701－0008971　F216487－90
育正堂重訂幼學須知句解四卷　(清)程允升著　清乾隆四十六年(1781)書業堂刻本　四册

500000－8701－0008972　F216491－94
過庭錄十六卷　(清)宋翔鳳著　清光緒七年(1881)會稽章氏刻本　四册

500000－8701－0008973　F216501－04
鍥旁註事類捷錄十五卷　(明)鄧志謨輯　清刻本　四册

500000－8701－0008974　F216505－08
玉譜類編四卷　(清)徐壽基輯　清光緒十五年(1889)武進徐氏刻本　四册

500000－8701－0008975　F216509－12
見心錄八卷　(清)黄文治增輯　清咸豐九年(1859)崇川黄氏問海山館刻本　四册

500000－8701－0008976　F216514－15
述學内篇三卷補遺一卷外篇一卷別錄一卷附錄一卷校勘記一卷　(清)汪中撰　清同治八年(1869)揚州書局刻本　二册

500000－8701－0008977　F216516－17
程氏家塾讀書分年日程三卷綱領一卷　(元)程端禮編　清刻本　二册

500000－8701－0008978　F216518
程氏家塾讀書分年日程三卷綱領一卷　(元)程端禮著　清同治八年(1869)江蘇書局刻本　一册

500000－8701－0008979　F216519－22
事類賦三十卷　(宋)吴淑撰註　清刻本　四册

500000－8701－0008980　F216535－42
地學淺釋三十八卷　(英國)雷俠兒著　(美國)瑪高溫口譯　(清)華蘅芳筆述　清同治十二年(1873)江南機器製造總局刻本　八册

500000－8701－0008981　F216543－48
愛日吟廬書畫錄四卷補錄一卷續錄八卷別錄四卷　(清)葛金烺著　清宣統二年(1910)當湖葛氏上海刻本　六册

500000－8701－0008982　F216549－72
廣博物志五十卷　(明)董斯張纂　清光緒五年(1879)學海堂刻本　二十四册

500000－8701－0008983　F216596
小鷗波館畫識三卷　(清)潘曾瑩著　清蘇州文學山房活字印本　一册

500000－8701－0008984　F216597
小鷗波館畫寄一卷　(清)潘曾瑩著　清刻本　一册

500000－8701－0008985　F216598－603
遲鴻軒所見書畫錄四卷　(清)楊硯輯　清同治十二年(1873)刻本　六册

500000－8701－0008986　F216604－619
古芬閣書畫記十八卷　(清)杜瑞聯纂輯　清光緒七年(1881)太谷杜氏刻本　十六册

500000－8701－0008987　F216620－23
鐵網珊瑚二十卷　(明)都穆編　清乾隆二十三年(1758)吴郡都氏刻本　四册

500000－8701－0008988　F216624－39
佩文齋書畫譜一百卷　(清)孫岳頒等纂輯　清光緒九年(1883)上海同文書局石印本　十六册

500000－8701－0008989　F216640－47
書畫鑑影二十四卷　(清)李佐賢編輯　清同治十年(1871)刻本　八册

500000－8701－0008990　F216648－63
虚齋名畫錄十六卷　龐元濟撰　清宣統元年(1909)烏城龐氏申江刻本　十六册

500000－8701－0008991　F216675－722

淵鑑類函四百五十卷目録四卷　(清)張英等纂　清光緒十三年(1887)上海同文書局石印本　四十八册

500000－8701－0008992　F216723－70
淵鑑類函四百五十卷目録四卷　(清)張英等纂　清光緒十三年(1887)上海同文書局石印本　四十八册

500000－8701－0008993　F216771－94
欽定西清古鑑四十卷錢録十六卷　(清)梁詩正等編　清光緒十四年(1888)上海鴻文書局石印本　二十四册

500000－8701－0008994　F216795－802
聽雨樓隨筆八卷　(清)王培荀輯　清道光二十五年(1845)濟南王氏刻本　八册

500000－8701－0008995　F216803－12
遊記十卷補編一卷　(明)徐寄輯　清光緒七年(1881)瘦影山房活字印本　十册

500000－8701－0008996　F216813－7013
淵鑑類函四百五十卷目録四卷　(清)張英等纂　清康熙四十九年(1710)刻本　二百一册

500000－8701－0008997　F217014－73
淵鑑類函四百五十卷目録四卷　(清)張英等纂　清光緒十八年(1892)上海同文書局石印本　六十册

500000－8701－0008998　F217074－133
淵鑑類函四百五十卷目録四卷　(清)張英等纂　清光緒十八年(1892)上海同文書局石印本　六十册

500000－8701－0008999　F217134－43
淵鑑類函四百五十卷　(清)張英等纂　清光緒二十三年(1897)上海點石齋石印本　十册

500000－8701－0009000　F217144－53
淵鑑類函四百五十卷　(清)張英等纂　清光緒二十三年(1897)上海點石齋石印本　十册

500000－8701－0009001　F217154－213
佩文韻府一百六卷韻府拾遺一百六卷　(清)蔡升元等纂　清光緒十二年(1886)上海同文書局石印本　六十册

500000－8701－0009002　F217214－73
佩文韻府一百六卷韻府拾遺一百六卷　(清)蔡升元等纂　清光緒十二年(1886)上海同文書局石印本　六十册

500000－8701－0009003　F217274－333
佩文韻府一百六卷韻府拾遺一百六卷　(清)蔡升元等纂　清光緒十三年(1887)上海點石齋石印本　六十册

500000－8701－0009004　F217334－93
佩文韻府一百六卷韻府拾遺一百六卷　(清)蔡升元等纂　清光緒二十二年(1896)上海點石齋石印本　六十册

500000－8701－0009005　F217394－453
佩文韻府一百六卷韻府拾遺一百六卷　(清)蔡升元等纂　清光緒二十二年(1896)上海點石齋石印本　六十册

500000－8701－0009006　F217454－639
佩文韻府一百六卷韻府拾遺一百六卷　(清)蔡升元等纂　清刻本　一百八十六册

500000－8701－0009007　F217640－819
佩文韻府一百六卷韻府拾遺一百六卷　(清)蔡升元等纂　清刻本　一百八十册

500000－8701－0009008　F217820－999
佩文韻府一百六卷　(清)蔡升元等纂　清康熙五十年(1711)刻本　一百八十册

500000－8701－0009009　F218000－238
佩文韻府一百六卷韻府拾遺一百六卷　(清)蔡升元等纂　清康熙五十年(1711)刻本　二百三十九册

500000－8701－0009010　F218239－333
佩文韻府一百六卷　(清)蔡升元等纂　清康熙五十年(1711)內府刻本　九十五册

500000－8701－0009011　F218334－438
佩文韻府一百六卷韻府拾遺一百六卷　(清)蔡升元等纂　清康熙五十年(1711)覆清內府刻本　一百五册

500000－8701－0009012　F218439－48
佩文韻府一百六卷韻府拾遺一百六卷　（清）蔡升元等纂　清光緒八年（1882）上海點石齋石印本　十冊

500000－8701－0009013　F218449－58
佩文韻府一百六卷韻府拾遺一百六卷　（清）蔡升元等纂　清光緒八年（1882）上海點石齋石印本　十冊

500000－8701－0009014　F218459－98
韻府拾遺一百六卷　（清）汪灝等編　清刻本　四十冊

500000－8701－0009015　F218543－48
荀子二十卷附校勘補遺一卷　（戰國）荀況撰　（唐）楊倞注　（清）謝墉輯補　清光緒二年（1876）浙江書局刻本　六冊

500000－8701－0009016　F218549－54
荀子二十卷附校勘補遺一卷　（戰國）荀況撰　（唐）楊倞注　（清）謝墉輯補　清光緒二年（1876）浙江書局刻本　六冊

500000－8701－0009017　F218555
荀子二十卷附校勘補遺一卷　（戰國）荀況撰　（唐）楊倞注　（清）謝墉輯補　清光緒二年（1876）浙江書局刻本　一冊

500000－8701－0009018　F218556－61
荀子二十卷附校勘補遺一卷　（戰國）荀況撰　（唐）楊倞注　（清）謝墉輯補　清光緒二年（1876）浙江書局刻本　六冊

500000－8701－0009019　F218562－69
荀子二十卷附校勘補遺一卷　（戰國）荀況撰　（唐）楊倞注　（清）謝墉輯補　清乾隆五十一年（1786）安雅堂刻本　八冊

500000－8701－0009020　F218570－77
荀子二十卷　（戰國）荀況撰　（唐）楊倞注　清內府刻本　八冊

500000－8701－0009021　F218578－81
荀子二十卷　（戰國）荀況撰　（唐）楊倞注　清光緒十年（1884）遵義黎氏刻古逸叢書本　四冊

500000－8701－0009022　F218582－85
荀子二十卷附校勘補遺一卷　（戰國）荀況撰　（唐）楊倞注　（清）謝墉輯補　清光緒二十三年（1897）新化三味書室刻本　四冊

500000－8701－0009023　F218586－91
荀子二十卷首一卷　（唐）楊倞注　王先謙集解　清光緒十七年（1891）長沙王氏刻本　六冊

500000－8701－0009024　F218592－97
荀子二十卷首一卷　（唐）楊倞注　王先謙集解　清光緒十七年（1891）長沙王氏刻本　六冊

500000－8701－0009025　F218598－603
荀子二十卷首一卷　（唐）楊倞注　王先謙集解　清光緒十七年（1891）長沙王氏刻本　六冊

500000－8701－0009026　F218604－09
荀子二十卷首一卷　（唐）楊倞注　王先謙集解　清光緒十七年（1891）長沙王氏刻本　六冊

500000－8701－0009027　F218610－15
荀子二十卷首一卷　（唐）楊倞注　王先謙集解　清光緒十七年（1891）思賢講舍刻本　六冊

500000－8701－0009028　F218616－21
荀子二十卷首一卷　（唐）楊倞注　王先謙集解　清光緒十七年（1891）思賢講舍刻本　六冊

500000－8701－0009029　F218622－27
荀子二十卷首一卷　（唐）楊倞注　王先謙集解　清光緒十七年（1891）思賢講舍刻本　六冊

500000－8701－0009030　F218630－34
荀子箋釋二十卷附校勘補遺　（唐）楊倞註　清嘉慶九年（1804）刻本　五冊

500000－8701－0009031　F218635－40

荀子二十卷附校勘補遺一卷　(戰國)荀況撰　(唐)楊倞注　(清)謝墉輯補　清光緒二十三年(1897)新化三味書室刻本　六冊

500000－8701－0009032　F218641－44
地理精微集六卷　(清)盛廷謨撰　清光緒二十四年(1898)江寧藩署刻本　四冊

500000－8701－0009033　F218645－48
增補地理直指原真大全三卷首一卷　(清)釋如玉撰　清康熙三十五年(1696)指歸庵刻本　四冊

500000－8701－0009034　F218649－54
增補地理直指原真大全三卷首一卷　(清)釋如玉撰　清明德堂刻本　六冊

500000－8701－0009035　F218655－62
增補地理直指原真大全三卷首一卷　(清)釋如玉撰　清嘉慶十五年(1810)刻本　八冊

500000－8701－0009036　F218663－70
地理正義不分卷　(清)張受祺纂　清乾隆十二年(1747)滬城淩氏刻本　八冊

500000－8701－0009037　F218671－75
學彊恕齋筆算十卷　(清)梅啓照輯　清同治十二年(1873)刻本　五冊

500000－8701－0009038　F218676－79
近思錄十四卷　(清)張伯行集解　清同治五年(1866)福州正誼書局刻本　四冊

500000－8701－0009039　F218680－83
朱子原訂近思錄十四卷　(清)江永集註　清同治七年(1868)楚北崇文書局刻本　四冊

500000－8701－0009040　F218684－87
朱子原訂近思錄十四卷　(清)江永集註　清同治七年(1868)楚北崇文書局刻本　四冊

500000－8701－0009041　F218688－89
朱子原訂近思錄十四卷　(清)江永集註　清乾隆七年(1742)刻本　二冊

500000－8701－0009042　F218690－93
近思錄十四卷　(清)江永集註　清同治三年(1864)望三益齋刻本　四冊

500000－8701－0009043　F218694－97
近思錄十四卷考訂朱子世家一卷　(清)江永集註　清刻本　四冊

500000－8701－0009044　F218698－703
近思錄十四卷首一卷附校勘記一卷考訂朱子世家一卷　(清)江永集註　清光緒三十年(1904)蜀東善成堂刻本　六冊

500000－8701－0009045　F218704－09
近思錄十四卷　(清)江永集註　清光緒十五年(1889)金陵書局刻本　六冊

500000－8701－0009046　F218710－13
近思錄十四卷　(清)江永集註　清同治三年(1864)刻本　四冊

500000－8701－0009047　F218730－33
近思錄集注十四卷　(清)江永集註　清咸豐三年(1853)刻本　四冊

500000－8701－0009048　F218734－37
近思錄十四卷附考訂朱子世家一卷　(清)江永集註　清同治八年(1869)江蘇書局刻本　四冊

500000－8701－0009049　F218738－41
近思錄十四卷附校勘記一卷考訂朱子世家一卷　(清)江永集註　清同治八年(1869)江蘇書局刻本　四冊

500000－8701－0009050　F218748－53
疇人傳四十六卷　(清)阮元撰　**續傳六卷**　(清)羅士琳續補　**三編七卷**　(清)諸可寶纂錄　清光緒二十二年(1896)上洋紹文書局石印本　六冊

500000－8701－0009051　F218756－65
九章算術細草圖說九卷海島算經細草圖說一卷　(晉)劉徽注　(唐)李淳風等註釋　(清)李潢撰　清刻本　十冊

500000－8701－0009052　F218766－73
數書九章十八卷　(宋)秦九韶撰　**札記四卷**　(清)宋景昌撰　清道光二十二年(1842)刻本　八冊

500000－8701－0009053　F218774－77
九章算術細草圖說九卷海島算經細草圖說一卷　(晉)劉徽注　(唐)李淳風等註釋　(清)李潢撰　清光緒二十二年(1896)上海文淵山房石印本　四冊

500000－8701－0009054　F218778－81
九章算術細草圖說九卷海島算經細草圖說一卷　(晉)劉徽注　(唐)李淳風等註釋　(清)李潢撰　清光緒二十二年(1896)上海文淵山房石印本　四冊

500000－8701－0009055　F218782－89
九章算術細草圖說九卷海島算經細草圖說一卷　(晉)劉徽注　(唐)李淳風等註釋　(清)李潢撰　清光緒十七年(1891)成都王氏刻本　八冊

500000－8701－0009056　F218790－97
卦象大全八卷　(清)沈國南彙著　清刻本　八冊

500000－8701－0009057　F218798－800
乾坤法竅三卷陰符玄解一卷　(清)范宜賓集　清乾隆三十一年(1766)林笏堂刻本　三冊

500000－8701－0009058　F218801
郭氏元經十卷　(晉)郭璞注　清乾隆五十五年(1790)刻本　一冊

500000－8701－0009059　F218802
天文歌略一卷　(清)葉瀾著　清光緒二十四年(1898)刻本　一冊

500000－8701－0009060　F218803－08
原本直指演算法統宗大全十二卷　(明)程大位編　清同治三年(1864)刻本　六冊

500000－8701－0009061　F218809－12
增刪算法統宗十一卷首一卷附校算記一卷　(明)程大位編輯　(清)梅穀成增刪　清刻本　四冊

500000－8701－0009062　F218813－16
測地繪圖十一卷附量面積器一卷稟報格式一卷　(英國)富路瑪著　(英國)傅蘭雅口譯　(清)徐壽筆述　清江南製造總局刻本　四冊

500000－8701－0009063　F218817－22
陰陽五要奇書六種　(明)江之棟輯　清乾隆五十五年(1790)樂真堂刻本　六冊

500000－8701－0009064　F218823－30
大六壬大全十三卷　(清)郭載騋較訂　清康熙四十三年(1704)刻本　八冊

500000－8701－0009065　F218831－43
大六壬大全十三卷　(清)郭載騋較訂　清康熙四十三年(1704)刻本　十三冊

500000－8701－0009066　F218844－50
大六壬大全十三卷　(清)郭載騋較訂　清康熙四十三年(1704)刻本　七冊

500000－8701－0009067　F218851－58
大六壬大全十三卷　(清)郭載騋較訂　清康熙四十三年(1704)刻本　八冊

500000－8701－0009068　F218859
大六壬心鏡八卷附二十科取象法一卷　(唐)徐道符撰　清光緒二年(1876)刻本　一冊

500000－8701－0009069　F218863－64
六經天文篇二卷　(宋)王應麟撰　清光緒十年(1884)成都志古堂刻本　二冊

500000－8701－0009070　F218865－70
學算筆談十二卷　(清)華蘅芳撰　清光緒二十二年(1896)邁槃徐氏刻本　六冊

500000－8701－0009071　F218871－76
學算筆談十二卷　(清)華蘅芳撰　清光緒八年(1882)金匱華氏刻本　六冊

500000－8701－0009072　F218877－82
梅氏叢書輯要六十二卷　(清)梅文鼎撰　清末石印本　六冊

500000－8701－0009073　F218883－88
梅氏叢書輯要六十二卷　(清)梅文鼎撰　清末石印本　六冊

500000－8701－0009074　F218892－903
宣城梅氏叢書輯要六十二卷　(清)梅文鼎撰

清同治十三年(1874)宣城梅氏刻本　十二冊

500000－8701－0009075　F218904－35
地理大成五集四十九卷　(清)葉泰輯　清康熙三十五年(1696)景福堂刻本　三十二冊

500000－8701－0009076　F218936－47
太乙數統宗大全四十卷　(清)羅集福輯　清乾隆六十年(1795)刻本　十二冊

500000－8701－0009077　F218948－53
陳子性藏書十二卷首一卷　(清)陳子性著　(清)陳式基　(清)陳式猷纂輯　清乾隆四十七年(1782)禪山書坊奎元堂刻本　六冊

500000－8701－0009078　F218954－55
重訂選擇集要七卷　(清)黃一鳴編集　清道光二十一年(1841)峽江黃氏金陵公署刻本　二冊

500000－8701－0009079　F218956－57
淵海子平音義評註五卷　(宋)徐昇編　清芸生堂刻本　二冊

500000－8701－0009080　F218958－61
淵海子平音義評註五卷　(宋)徐昇編　清福建余氏刻本　四冊

500000－8701－0009081　F218962
高厚蒙求初集不分卷二集不分卷三集不分卷四集不分卷　(清)徐朝俊纂　清嘉慶十二年至二十年(1807－1815)刻本　一冊　存二集(初集、三集)

500000－8701－0009082　F218963－64
高厚蒙求初集不分卷二集不分卷三集不分卷四集不分卷　(清)徐朝俊纂　清嘉慶十二年至二十年(1807－1815)刻本　二冊　存二集(初集、四集)

500000－8701－0009083　F218965
地理三字經二卷　(清)程思樂著　清乾隆六十年(1795)宏道堂刻本　一冊

500000－8701－0009084　F218966－71
四元玉鑑細艸三卷首一卷末一卷　(清)朱世俊編　清道光十六年(1836)刻本　六冊

500000－8701－0009085　H05100
起起穀梁廢疾一卷釋范一卷會試硃卷不分卷(光緒己丑科)　廖平著　**經學初程一卷**　廖平　吳之英撰　清光緒十一年(1885)福山王懿榮刻民國三年(1914)成都存古書局印本　一冊

500000－8701－0009086　F218974－75
增刪卜易大全六卷　(清)丁耀亢著　清書學山房刻本　二冊

500000－8701－0009087　F218976－77
增刪卜易大全六卷　(清)丁耀亢著　清善成堂刻本　二冊

500000－8701－0009088　F218978－81
增刪卜易六卷　(清)丁耀亢著　清乾隆五十年(1785)吳門沈氏刻本　四冊

500000－8701－0009089　F218982－85
增刪卜易六卷　(清)丁耀亢著　清同治四年(1865)刻本　四冊

500000－8701－0009090　F218986－89
夢溪筆談二十六卷附補筆談四卷　(宋)沈括著　清光緒二十八年(1902)大關唐氏成都刻本　四冊

500000－8701－0009091　F218990－96
重訂格物入門七卷　(美國)丁韙良著　清光緒十四年(1888)刻本　七冊

500000－8701－0009092　F218997－9003
增訂格物入門七卷　(美國)丁韙良著　清光緒二十三年(1897)歸安姚治安刻本　七冊

500000－8701－0009093　F219004－10
增訂格物入門七卷　(美國)丁韙良著　清光緒二十三年(1897)歸安姚治安刻本　七冊

500000－8701－0009094　F219011－17
格物入門七卷　(美國)丁韙良著　清同治七年(1868)刻本　七冊

500000－8701－0009095　F219018－19
地學二卷　(清)沈鎬著　清康熙五十一年(1712)望江沈氏刻本　二冊

500000－8701－0009096　F219020－23
地學二卷　(清)沈鎬著　清刻本　四册

500000－8701－0009097　F219024－43
北堂書鈔一百六十卷　(唐)虞世南撰　(清)孔廣陶註　清光緒十四年(1888)南海孔氏三十有三萬卷堂刻本　二十册

500000－8701－0009098　F219044－63
北堂書鈔一百六十卷　(唐)虞世南撰　(清)孔廣陶註　清光緒十四年(1888)南海孔氏三十有三萬卷堂刻本　二十册

500000－8701－0009099　F219064－93
天中記六十卷　(明)陳耀文纂　清光緒四年(1878)聽雨山房刻本　三十册

500000－8701－0009100　F219094－147
慈溪黃氏日抄分類九十七卷古今紀要十九卷　(宋)黃震編輯　清乾隆三十二年(1767)刻本　五十四册

500000－8701－0009101　F219148－267
玉海二百四卷　(宋)王應麟撰　清嘉慶十一年(1806)刻本　一百二十册

500000－8701－0009102　F219268－377
玉海二百四卷　(宋)王應麟撰　清光緒九年(1883)浙江書局刻本　一百十册

500000－8701－0009103　F219378－729
分類字錦六十四卷　(清)何焯等纂　清康熙六十一年(1722)刻本　五十二册

500000－8701－0009104　F219430－69
分類字錦六十四卷　(清)何焯等纂　清康熙六十一年(1722)刻本　四十册

500000－8701－0009105　F219470－517
御定駢字類編二百四十卷　(清)沈宗敬等纂修　清光緒十三年(1887)上海同文書局石印本　四十八册

500000－8701－0009106　F219587－91
新刻增定邵康節先生梅花觀梅拆字數全集五卷　(宋)邵雍著　清經綸堂刻本　五册

500000－8701－0009107　F219592－95
談天十八卷首一卷　(英國)侯失勒著　(清)李善蘭删述　清光緒二十二年(1896)上海著易堂石印本　四册

500000－8701－0009108　F219599－606
敏求軒述記十六卷　(清)陳世箴輯　清道光二十八年(1848)丹徒陳氏刻本　八册

500000－8701－0009109　F219607－08
篆刻鍼度八卷　(清)陳克恕述　清上海朝記書莊石印本　二册

500000－8701－0009110　F219613
回回原來不分卷　(清)劉三傑撰　清光緒二十九年(1903)刻本　一册

500000－8701－0009111　F219614－19
棻堂節錄十六卷　(清)徐時作輯　清乾隆三十年(1765)刻本　六册

500000－8701－0009112　F219620－26
巵林十卷　(清)周嬰纂　清嘉慶二十年(1815)蕭山陳氏湖海樓刻本　七册

500000－8701－0009113　F219627－28
宋瑣語不分卷　(清)郝懿行撰　清光緒郝氏刻本　二册

500000－8701－0009114　F219629－30
籌算淺釋二卷　勞乃宣撰　清光緒二十三年(1897)清苑官廨刻本　二册

500000－8701－0009115　F219631－36
古籌算攷釋六卷　勞乃宣撰　清光緒十二年(1886)完縣官舍刻本　六册

500000－8701－0009116　F219637－38
衍元小草二卷　(清)孔慶霽　(清)孔慶靄述　清光緒二十四年(1898)清苑官廨刻本　二册

500000－8701－0009117　F219639－46
遣愁集十二卷　(清)張貴勝纂輯　清雍正九年(1731)刻本　八册

500000－8701－0009118　F219647－49
談天十八卷　(英國)侯失勒撰　(英國)偉烈亞力口譯　(清)李善蘭删述　清同治十三年

(1874)活字印本　三冊

500000－8701－0009119　F219650－53
談天十八卷　(英國)侯失勒撰　(英國)偉烈亞力口譯　(清)李善蘭刪述　清咸豐九年(1859)刻本　四冊

500000－8701－0009120　F219654－59
汪龍莊先生遺書八種　(清)汪輝祖纂　清同治六年(1867)刻本　六冊

500000－8701－0009121　F219660－64
圜天圖說三卷續編二卷　(清)李明徹撰　清嘉慶二十四年(1819)刻本　五冊

500000－8701－0009122　F219665
天文圖說四卷　(英國)柯雅各撰　(美國)摩嘉立譯　清光緒九年(1883)益智書會刻本　一冊

500000－8701－0009123　F219666
三才略三卷　蔣德鈞輯　清光緒十四年(1888)湘鄉蔣氏求實齋刻本　一冊

500000－8701－0009124　F219668－69
近世社會主義四編　(日本)福井準造著　趙必振譯　清光緒二十八年(1902)上海廣智書局鉛印本　二冊

500000－8701－0009125　F219670
倡酬續錄不分卷　(清)許善長纂　清光緒十二年(1886)仁和許氏碧聲吟館刻本　一冊

500000－8701－0009126　F219675－76
表異錄二十卷　(明)王志堅輯　清刻本　二冊

500000－8701－0009127　F219677－78
清異錄二卷　(宋)陶穀撰　清光緒二年(1876)海昌陳氏刻本　二冊

500000－8701－0009128　F219679
淞南夢影錄四卷　(清)黃協塤編　清末上海申報館鉛印本　一冊

500000－8701－0009129　F219680－81
三異筆談第一集四卷　(清)許元仲著　清末申報館鉛印本　二冊

500000－8701－0009130　F219682－97
西學啓蒙十六種　(英國)艾約瑟輯　清光緒二十四年(1898)仿泰西法石印本　十六冊

500000－8701－0009131　F219702－09
選學膠言二十卷補遺一卷　(清)張雲璈撰　清嘉慶九年(1804)金陵劉氏刻本　八冊

500000－8701－0009132　F219710－39
管窺輯要八十卷　(清)黃鼎纂定　清順治十年(1653)刻本　三十冊

500000－8701－0009133　F219740－55
援鶉堂筆記五十卷附琹誤一卷琹誤補遺一卷　(清)姚範撰　清道光十六年(1836)刻本　十六冊

500000－8701－0009134　F219758
洪文襄奏對筆記二卷　(清)洪承疇撰　清末四川官印刷局鉛印本　一冊

500000－8701－0009135　F219760－63
新刻精纂詳註仕途懸鏡八卷　(明)王世茂纂輯　清刻本　四冊

500000－8701－0009136　F219764－924
正誼堂全書六十八種首一卷末一卷　(清)張伯行輯　清同治八年(1869)刻本　一百六十一冊

500000－8701－0009137　F219925－20124
正誼堂全書六十八種首一卷末一卷　(清)張伯行輯　清同治八年(1869)刻本　二百冊

500000－8701－0009138　F220125－234
子書百家一百一種　(清)崇文書局輯　清光緒元年(1875)湖北崇文書局刻本　一百十冊

500000－8701－0009139　F220465－547
二十二子二十二種　(清)浙江書局輯　清光緒元年至二十七年(1875－1901)浙江書局刻本　八十三冊

500000－8701－0009140　F220548－630
二十二子二十二種　(清)浙江書局輯　清光緒元年至二十七年(1875－1901)浙江書局刻本　八十三冊

500000－8701－0009141　F220631－713
二十二子二十二種　（清）浙江書局輯　清光緒元年至二十七年（1875－1901）浙江書局刻本　八十三冊

500000－8701－0009142　F220797－828
子書二十八種　（清）育文書局輯　清宣統三年（1911）上海育文書局石印本　三十二冊

500000－8701－0009143　F220829－60
子書二十八種　（清）育文書局輯　清宣統三年（1911）上海育文書局石印本　三十二冊

500000－8701－0009144　F221041－80
十子全書十種一百二十九卷　（清）王子興輯　清嘉慶九年（1804）寶慶經綸堂刻本　四十冊

500000－8701－0009145　F221081－120
十子全書十種一百二十九卷　（清）王子興輯　清嘉慶九年（1804）寶慶經綸堂刻本　四十冊

500000－8701－0009146　F221209－318
子書百家一百一種　（清）崇文書局輯　清光緒元年（1875）湖北崇文書局刻本　一百十冊

500000－8701－0009147　F221319－44
十子全書十種一百二十九卷　（清）王子興輯　清嘉慶九年（1804）姑蘇聚文堂刻本　十九冊　存七種一百一卷（道德經評注二卷、荀子二十卷附校勘補遺一卷、管子二十四卷、韓非子二十卷、淮南子二十一卷、中說十卷、鶡冠子三卷）

500000－8701－0009148　F221363－70
定本墨子閒詁十五卷附錄一卷墨子後語二卷　（清）孫詒讓註　清末掃葉山房石印本　八冊

500000－8701－0009149　F221375－82
墨子閒詁十五卷目錄一卷附錄一卷後語二卷　（清）孫詒讓撰　清宣統二年（1910）瑞安孫氏刻本　八冊

500000－8701－0009150　F221442－44
墨子箋十五卷校勘表一卷　（清）曹耀湘注　清光緒三十二年（1906）湖南官書報局鉛印本　三冊

500000－8701－0009151　F221445－46
墨商三卷補遺一卷　（清）王景義撰　清宣統二年（1910）刻本　二冊

500000－8701－0009152　F221447－48
墨子七十一篇三卷　（戰國）墨翟著　王闓運注　清光緒三十年（1904）江西官書局刻本　二冊

500000－8701－0009153　F221449－52
墨子十五卷目錄一卷　（清）畢沅輯註　清光緒二年（1876）浙江書局刻本　四冊

500000－8701－0009154　F221453－56
墨子十五卷目錄一卷　（清）畢沅輯註　清光緒刻本　四冊

500000－8701－0009155　F221457－60
太玄四卷　（宋）司馬光註　清道光十一年（1831）青棠書屋刻本　四冊

500000－8701－0009156　F221461－64
太玄四卷　（宋）司馬光註　清道光十一年（1831）青棠書屋刻本　四冊

500000－8701－0009157　F221465－68
太玄四卷　（宋）司馬光註　清道光十一年（1831）青棠書屋刻本　四冊

500000－8701－0009158　F221469－72
法言疏證十三卷附校補一卷勘誤一卷　（清）汪榮寶撰　清宣統三年（1911）金薤琳琅齋鉛印本　四冊

500000－8701－0009159　F221476－77
揚子法言十三卷音義一卷　（漢）揚雄撰　（晉）李軌注　清嘉慶二十三年（1818）江都秦氏石研齋刻本　二冊

500000－8701－0009160　F221478－79
新纂門目五臣音注揚子法言十卷　（晉）李軌　（唐）柳宗元　（宋）司馬光等註　清嘉慶九年（1804）刻本　二冊

500000－8701－0009161　F221480－83
太玄四卷　（漢）揚雄著　（宋）司馬光注　清道光十一年（1831）青棠書屋刻本　四册

500000－8701－0009162　F221484－85
輶軒使者絶代語釋别國方言十三卷續二卷補一卷　（漢）揚雄撰　（晉）郭璞注　清光緒十七年（1891）思賢講舍刻本　二册

500000－8701－0009163　F221486－89
孫子十家注十三卷敘録一卷　（春秋）孫武著（三國魏）武帝曹操等注　清咸豐五年（1855）淡香齋刻本　四册

500000－8701－0009164　F221490－97
孫子十家注十三卷敘録一卷　（春秋）孫武著（三國魏）武帝曹操等注　清光緒二十三年（1897）新化三味書室刻本　八册

500000－8701－0009165　F221498－507
孫子十家注十三卷敘録一卷　（春秋）孫武著（三國魏）武帝曹操等注　清嘉慶二年（1797）陽湖孫氏兖州官署刻本　十册

500000－8701－0009166　F221511
新訂王氏羅經透解四卷　（清）王道亨輯　清同治三年（1864）刻本　一册

500000－8701－0009167　F221512－19
增補星平會海命學全書十卷首一卷　題（清）月金山人　題（清）水中龍編輯　清刻本　八册

500000－8701－0009168　F221520－23
增補星平會海命學全書十卷首一卷　題（清）月金山人　題（清）水中龍編輯　清刻本　四册

500000－8701－0009169　F221524
顓頊歷攷二卷紅崖碑釋文一卷　（清）鄒漢勛撰　清刻鄒叔子遺書本　一册

500000－8701－0009170　F221525－28
乙巳占十卷　（唐）李淳風撰　清刻本　四册

500000－8701－0009171　F221529
五常靈課兩儀神課不分卷　（清）王錫鑫編輯　清光緒八年（1882）萬邑周有堂刻本　一册

500000－8701－0009172　F221536－45
皇極經世緒言九卷首二卷　（宋）邵雍撰（明）黄粤洲註釋　清嘉慶四年（1799）善成堂刻本　十册

500000－8701－0009173　F221546－47
堪輿正論二卷　（清）葉遠撰　清刻本　二册

500000－8701－0009174　F221548－51
地理録要四卷　（清）蔣平階撰　清嘉慶十三年（1808）刻本　四册

500000－8701－0009175　F221552－55
地理録要四卷　（清）蔣平階撰　清嘉慶七年（1802）刻本　四册

500000－8701－0009176　F221556－75
重鎸官板地理天機會元正篇體用括要三十五卷　（唐）卜則巍撰　（明）顧乃德集　（明）徐之鏌補　明書林陳氏刻本　二十册

500000－8701－0009177　F221576－79
地理五訣八卷　（清）趙廷棟撰　清光緒十五年（1889）刻本　四册

500000－8701－0009178　F221580－95
重刊人子須知資孝地理心學統宗三十九卷（明）徐善繼　（明）徐善述撰　清刻本　十六册

500000－8701－0009179　F221596－97
新刻石函平砂玉尺經全書真機四卷　（元）劉秉忠述　（明）劉基解　清刻本　二册

500000－8701－0009180　F221598－603
入地眼全書十卷　（宋）釋靜道撰　（清）萬樹華編　清道光元年（1821）刻本　六册

500000－8701－0009181　F221604－13
新鎸歷法總覽合節鰲頭通書大全十卷　（清）熊宗立纂　清康熙六十年（1721）刻本　十册

500000－8701－0009182　F221614－25
新鎸歷法便覽象吉備要通書二十九卷　（清）魏鑑纂輯　清康熙六十年（1721）刻本　十二册

500000－8701－0009183　F221626－35
五經類編二十八卷　(清)周世樟編輯　清康熙二十二年(1683)宏盛堂刻本　十冊

500000－8701－0009184　F221636－45
五經類編二十八卷　(清)周世樟編輯　清雍正二年(1724)穀詒堂刻本　十冊

500000－8701－0009185　F221646－57
通俗編三十八卷　(清)翟灝撰　清乾隆十六年(1751)無不宜齋刻本　十二冊

500000－8701－0009186　F221658－67
片玉山房花箋錄二十卷　(清)孫兆溎輯　清同治四年(1865)刻本　十冊

500000－8701－0009187　F221668－79
寄園寄所寄十二卷　(清)趙吉士輯　清刻本　十二冊

500000－8701－0009188　F221680－87
寄園寄所寄十二卷　(清)趙吉士輯　清宣統三年(1911)文盛書局石印本　八冊

500000－8701－0009189　F221688－89
鑄史駢言十二卷　(清)孫玉田著　清光緒十三年(1887)石印本　二冊

500000－8701－0009190　F221690－93
鑄史駢言十二卷　(清)孫玉田著　清宣統元年(1909)鑄記書局石印本　四冊

500000－8701－0009191　F221694－97
小知錄十二卷　(清)陸鳳藻輯　清同治十二年(1873)淮南書局刻本　四冊

500000－8701－0009192　F221698－703
千金裘二集二十六卷　(清)蔣義彬　(清)徐元麟纂　清嘉慶二十一年(1816)漢陽蔣氏刻本　六冊

500000－8701－0009193　F221704
藥言四卷　(清)李西漚著　清刻本　一冊

500000－8701－0009194　F221705－14
親親餘事三編十八卷　(清)麻敬業著　清光緒二十一年(1895)刻本　十冊

500000－8701－0009195　F221715－18
槐軒雜著四卷　(清)劉沅著　清豫誠堂刻本　四冊

500000－8701－0009196　F221719－22
槐軒雜著四卷　(清)劉沅著　清宣統二年(1910)孫樂善堂刻本　四冊

500000－8701－0009197　F221725－36
履園叢話二十四卷　(清)錢泳輯　清道光刻同治九年(1870)補刻本　十二冊

500000－8701－0009198　F221761－72
七修類藁五十一卷續藁七卷　(明)朗瑛著述　清光緒六年(1880)廣州翰墨園刻本　十二冊

500000－8701－0009199　F221775－78
黃先生儒行集傳四卷　(明)黃道周著　清刻本　四冊

500000－8701－0009200　F221783－98
廣東新語二十八卷　(清)屈大均編纂　清刻本　十六冊

500000－8701－0009201　F221809－13
盛世危言五卷　鄭觀應輯　清光緒二十二年(1896)成都刻本　五冊

500000－8701－0009202　F221814－23
增訂盛世危言新編十四卷　鄭觀應著　清光緒二十三年(1897)成都刻本　十冊

500000－8701－0009203　F221824－27
容齋四筆十六卷　(宋)洪邁著　清光緒二十年(1894)衣江官廨刻本　四冊

500000－8701－0009204　F221828－32
容齋續筆十六卷　(宋)洪邁著　清光緒二十年(1894)衣江官廨刻本　五冊

500000－8701－0009205　F221835
仁學二卷　(清)譚嗣同著　清鉛印本　一冊

500000－8701－0009206　F221836
六事箴言一卷　(清)葉玉屏輯　清光緒二十二年(1896)四川巴州官署刻本　一冊

500000－8701－0009207　F221837
勸學篇二卷　(清)張之洞著　清光緒二十四年(1898)成都志古堂刻本　一册

500000－8701－0009208　F221838
勸學篇二卷　(清)張之洞著　清光緒二十四年(1898)嚴雋熙貴陽官署刻本　一册

500000－8701－0009209　F221839
勸學篇二卷　(清)張之洞著　清光緒二十五年(1899)鄒履和廣濟縣官署刻本　一册

500000－8701－0009210　F221840
勸學篇二卷　(清)張之洞著　清光緒二十四年(1898)兩湖書院刻本　一册

500000－8701－0009211　F221841－42
勸學篇二卷　(清)張之洞著　清光緒二十四年(1898)兩湖書院刻本　二册

500000－8701－0009212　F221843
勸學篇二卷　(清)張之洞著　清光緒二十四年(1898)兩湖書院刻本　一册

500000－8701－0009213　F221844
勸學篇二卷　(清)張之洞著　清光緒二十四年(1898)兩湖書院刻本　一册

500000－8701－0009214　F221845－46
錦字箋四卷　(清)黄澐編　清道光三十年(1850)三益堂刻本　二册

500000－8701－0009215　F221847－50
求闕齋讀書錄十卷　(清)曾國藩著　(清)王啟原編輯　清光緒二年(1876)傳忠書局刻本　四册

500000－8701－0009216　F221851
北學編四卷補遺一卷　(清)魏一鰲輯　(清)尹會一訂　清光緒十四年(1888)四川尊經書院刻本　一册

500000－8701－0009217　F221852－53
坊記集傳二卷　(明)黄道周輯　清刻本　二册

500000－8701－0009218　F221854－58
齊書五卷　(清)吳天成著　清光緒二十七年(1901)威遠吳氏刻本　五册

500000－8701－0009219　F221863－64
危言四卷　(清)湯震著　清光緒十六年(1890)刻本　二册

500000－8701－0009220　F221867
程式編三卷閏一卷　(清)龔鼎元編　清同治十一年(1872)楚南龔氏刻本　一册

500000－8701－0009221　F221868－69
書林揚觶二卷　(清)方東樹著　清同治十年(1871)望三益齋刻本　二册

500000－8701－0009222　F221871－74
蠕範八卷附劄記　(清)李元著　清光緒二十七年(1901)刻本　四册

500000－8701－0009223　F221875－76
稽古日鈔八卷　(清)郁文等輯　清乾隆二十九年(1764)秋曉山房刻本　二册

500000－8701－0009224　F221891
酌中志二十四卷　(明)劉若愚著　清道光二十五年(1845)刻海山仙館叢書本　一册

500000－8701－0009225　F221903－04
天演論二卷　(英國)赫胥黎著　嚴復譯　清光緒二十八年(1902)成都書局刻本　二册

500000－8701－0009226　F221905－06
天演論二卷　(英國)赫胥黎著　嚴復譯　清光緒二十八年(1902)成都書局刻本　二册

500000－8701－0009227　F221907－08
天演論二卷　(英國)赫胥黎著　嚴復譯　清光緒二十九年(1903)三義書局刻本　二册

500000－8701－0009228　F221910－11
十家語錄摘要二卷詠梅軒記一卷賸稿一卷增訂一卷　(清)謝蘭生輯　清同治六年(1867)刻本　二册

500000－8701－0009229　F221915
菜根譚一卷　(明)洪應明著　**娑羅館清言二卷**　(明)屠隆著　(清)郁嘉慶閲　**續娑羅館清言二卷**　(明)屠隆著　清光緒二十五年(1899)刻本　一册

500000－8701－0009230　F221916
菜根譚一卷　(明)洪應明著　**娑羅館清言二卷**　(明)屠隆著　(清)郁嘉慶閱　**續娑羅館清言二卷**　(明)屠隆著　清光緒二十五年(1899)江寧釋讓之刻本　一冊

500000－8701－0009231　F221919
人譜類記二卷　(明)劉宗周著　清光緒二十八年(1902)三原張氏刻本　一冊

500000－8701－0009232　F221924
儒門語要六卷　(清)倪元坦輯著　清光緒三十四年(1908)四川省師範學堂鉛印本　一冊

500000－8701－0009233　F221925
儒門語要六卷　(清)倪元坦輯著　清光緒三十四年(1908)四川省師範學堂鉛印本　一冊

500000－8701－0009234　F221928－29
聖證論補評二卷　(清)皮錫瑞著　清光緒元年(1875)刻本　二冊

500000－8701－0009235　F221930－33
群學肄言十六卷　(英國)斯賓塞爾著　嚴復譯　清光緒二十九年(1903)上海文明書局鉛印本　四冊

500000－8701－0009236　F221934－37
群學肄言十六卷　(英國)斯賓塞爾著　嚴復譯　清光緒二十九年(1903)上海文明書局鉛印本　四冊

500000－8701－0009237　F221938－43
蟫史二十卷　(清)屠紳撰　清鉛印本　六冊

500000－8701－0009238　F221944－47
穆勒名學三卷　(英國)穆勒約翰著　嚴復譯　清光緒三十一年(1905)金粟齋譯書社刻本　四冊

500000－8701－0009239　F221949
知聖篇二卷　廖平撰　清宣統三年(1911)上海國學扶輪社鉛印本　一冊

500000－8701－0009240　F221950－51
洛學編五卷　(清)湯斌著　清同治九年(1870)睢州湯氏刻本　二冊

500000－8701－0009241　F221953
聰訓齋語二卷恒產瑣言一卷飯有十二合說一卷　(清)張英纂　清光緒二十三年(1897)桐城張氏刻本　一冊

500000－8701－0009242　F221954
聰訓齋語二卷恒產瑣言一卷　(清)張英纂　清光緒九年(1883)資中官廨刻本　一冊

500000－8701－0009243　F221957－64
學校四禮合纂十卷首一卷　(清)謝言子輯　清同治二年(1863)復真堂刻本　八冊

500000－8701－0009244　F221965－68
廿二史策案十二卷　(清)王鋆輯　清道光十一年(1831)綠蔭山房刻本　四冊

500000－8701－0009245　F221969－70
時事新論十二卷　(英國)李提摩太著　清光緒二十年(1894)上海廣學會鉛印本　二冊

500000－8701－0009246　F221971
校邠廬抗議二卷　(清)馮桂芬著　清光緒二十四年(1898)刻本　一冊

500000－8701－0009247　F221972－75
聞知錄十四卷　(清)張秉直著　清光緒元年(1875)三原劉氏刻本　四冊

500000－8701－0009248　F221977－78
儒林宗派十六卷　(清)萬斯同著　清宣統三年(1911)浙江圖書館刻本　二冊

500000－8701－0009249　F221979
王文成公傳習錄三卷　(明)王守仁著　清宣統二年(1910)成都國學研究會刻本　一冊

500000－8701－0009250　F221981
明本釋三卷　(宋)劉荀著　清乾隆武英殿活字印本　一冊

500000－8701－0009251　F221983
儒門法語一卷　(清)彭定求著　(清)湯金釗輯　清道光五年(1825)刻本　一冊

500000－8701－0009252　F221984
聖學管窺一卷　(清)葉慶榮註　清光緒六年(1880)成都友書堂刻本　一冊

500000－8701－0009253　F221985－88
孔氏家語十卷　(三國魏)王肅注　清乾隆四十六年(1781)刻本　四冊

500000－8701－0009254　F221989－92
稽古日鈔八卷　(清)郁文等輯　清乾隆二十九年(1764)秋曉山房刻本　四冊

500000－8701－0009255　F221993－2000
勸戒近録六卷續録六卷三録六卷四録六卷　(清)梁恭辰撰　清咸豐二年(1852)刻本　八冊

500000－8701－0009256　F222001－12
補注黄帝内經素問二十四卷遺篇一卷靈樞十二卷　(宋)林億等校註　清光緒三年(1877)浙江書局刻本　十二冊

500000－8701－0009257　F222013－42
廣博物志五十卷　(明)董斯張纂　清光緒五年(1879)學海堂刻本　三十冊

500000－8701－0009258　F222043－50
補注黄帝内經素問二十四卷遺篇一卷　(宋)林億等校註　清光緒三年(1877)浙江書局刻本　八冊

500000－8701－0009259　F222051－57
補注黄帝内經素問二十四卷遺篇一卷　(宋)林億等校註　清光緒三年(1877)浙江書局刻本　七冊

500000－8701－0009260　F222058－64
補注黄帝内經素問二十四卷遺篇一卷　(宋)林億等校註　清光緒三年(1877)浙江書局刻本　七冊

500000－8701－0009261　F222065－66
天演論二卷　(英國)赫胥黎著　嚴復譯　清光緒二十九年(1903)上海同文社鉛印本　二冊

500000－8701－0009262　F222067－106
藝文類聚一百卷　(唐)歐陽詢撰　清光緒五年(1879)宏達堂刻本　四十冊

500000－8701－0009263　F222107
心易觵奥四卷　(清)蔡瀛著　清嫏嬛別館刻本　一冊

500000－8701－0009264　F222108－23
讀書紀數略五十四卷　(清)宫夢仁編纂　清光緒六年(1880)懺花菴刻本　十六冊

500000－8701－0009265　F222124－71
太平御覽一千卷目錄十五卷　(宋)李昉等纂　清嘉慶十二年(1807)歙縣鮑氏刻本　四十八冊

500000－8701－0009266　F222194－99
荀子二十卷附校勘補遺一卷　(戰國)荀況撰　(唐)楊倞注　(清)謝墉輯補　清嘉慶九年(1804)嘉善謝氏刻本　六冊

500000－8701－0009267　F222235－40
荀子二十卷首一卷　(唐)楊倞注　王先謙集解　清光緒十七年(1891)刻本(卷一、首一卷係補配)　六冊

500000－8701－0009268　F222246－47
荀子二十卷　(戰國)荀況撰　(唐)楊倞注　(清)吳汝綸批點　清宣統二年(1910)衍星社鉛印本　二冊

500000－8701－0009269　F222277－80
孔子家語十卷　(三國魏)王肅注　清末江南城李光明莊刻本　四冊

500000－8701－0009270　F222285－86
孔子家語十卷　(三國魏)王肅注　清乾隆四十六年(1781)刻本　二冊

500000－8701－0009271　F222287－88
孔子家語十卷　(三國魏)王肅注　清光緒六年(1880)刻本　二冊

500000－8701－0009272　F222289－92
孔子家語十卷　(三國魏)王肅注　清刻本　四冊

500000－8701－0009273　F222293－94
家語疏證六卷　(清)孫志祖撰　清刻本　二冊

500000－8701－0009274　F222295－306

百子金丹十卷　(明)郭偉選注　(明)郭中吉編　清乾隆八年(1743)刻本　十二册

500000－8701－0009275　F222344－46
淮南鴻烈解二十一卷　(漢)高誘撰　清末掃葉山房石印本　三册

500000－8701－0009276　F222347－48
淮南天文訓補注二卷　(清)錢塘撰　清光緒三年(1877)湖北崇文書局刻本　二册

500000－8701－0009277　F222349－50
諸子平議三十五卷　(清)俞樾著　清光緒二十一年(1895)上海鴻文書局石印本　二册

500000－8701－0009278　F222385－412
重刻諸子彙函二十八卷　(明)侯應琛輯　清初刻本　二十八册

500000－8701－0009279　F222451－52
孔子家語十卷　(三國魏)王肅注　清乾隆四十五年(1780)刻本　二册

500000－8701－0009280　F222453－54
孔子家語十卷　(三國魏)王肅注　清刻本　二册

500000－8701－0009281　F222455－58
孔子家語十卷　(三國魏)王肅注　清吳門錢氏刻本　四册

500000－8701－0009282　F222459－62
孔子家語十卷　(三國魏)王肅注　清光緒李光明莊刻本　四册

500000－8701－0009283　F222463－64
孔子家語十卷　(三國魏)王肅注　(清)王子雍增注　清光緒六年(1880)常熟席氏掃葉山房刻本　二册

500000－8701－0009284　F222472
顏氏家訓七卷附攷證一卷　(北齊)顏之推撰　清末上海文瑞樓石印本　一册

500000－8701－0009285　F222479
顏氏家訓二卷　(北齊)顏之推撰　(清)朱軾評點　清康熙五十八年(1719)刻本　一册

500000－8701－0009286　F222487－88
顏氏家訓七卷附攷證一卷　(北齊)顏之推撰　清光緒七年(1881)汗青簃刻本　二册

500000－8701－0009287　F222489
顏氏家訓七卷附攷證一卷　(北齊)顏之推撰　清光緒七年(1881)汗青簃刻本　一册

500000－8701－0009288　F222490－91
顏氏家訓七卷附攷證一卷　(北齊)顏之推撰　清光緒七年(1881)汗青簃刻本　二册

500000－8701－0009289　F222492
顏氏家訓二卷　(北齊)顏之推撰　清光緒元年(1875)湖北崇文書局刻本　一册

500000－8701－0009290　F222530－33
世說新語六卷　(南朝宋)劉義慶撰　(南朝梁)劉孝標注　清光緒三年(1877)湖北崇文書局刻本　四册

500000－8701－0009291　F222534－37
世說新語六卷　(南朝宋)劉義慶撰　(南朝梁)劉孝標注　清光緒三年(1877)湖北崇文書局刻本　四册

500000－8701－0009292　F222538－41
世說新語六卷　(南朝宋)劉義慶撰　(南朝梁)劉孝標注　清光緒三年(1877)湖北崇文書局刻本　四册

500000－8701－0009293　F222542－47
世說新語三卷　(南朝宋)劉義慶撰　(南朝梁)劉孝標註　清光緒二十二年(1896)三原李氏長沙刻惜陰軒叢書本　六册

500000－8701－0009294　F222548－53
世說新語三卷　(南朝宋)劉義慶撰　(南朝梁)劉孝標注　清光緒十七年(1891)思賢講舍刻本　六册

500000－8701－0009295　F222554－59
世說新語三卷　(南朝宋)劉義慶撰　(南朝梁)劉孝標注　清光緒十七年(1891)思賢講舍刻本　六册

500000－8701－0009296　F222560－65

世說新語六卷　(南朝宋)劉義慶撰　(南朝梁)劉孝標注　清刻本　六册

500000－8701－0009297　F222566
世說新語六卷　(南朝宋)劉義慶撰　(南朝梁)劉孝標注　清末石印本　一册

500000－8701－0009298　F222567－68
世說新語六卷　(南朝宋)劉義慶撰　(南朝梁)劉孝標注　清末石印本　二册

500000－8701－0009299　F222581－86
世說新語六卷　(南朝宋)劉義慶撰　(南朝梁)劉孝標注　清末上海掃葉山房石印本　六册

500000－8701－0009300　F222587－92
世說新語六卷　(南朝宋)劉義慶撰　(南朝梁)劉孝標注　清末上海掃葉山房石印本　六册

500000－8701－0009301　F222593－98
世說新語六卷　(南朝宋)劉義慶撰　(南朝梁)劉孝標註　清浦江周氏紛欣閣刻本　六册

500000－8701－0009302　F222599－604
世說新語三卷　(南朝宋)劉義慶撰　(南朝梁)劉孝標註　清光緒二十二年(1896)三原李氏長沙刻惜陰軒叢書本　六册

500000－8701－0009303　F222605－10
世說新語三卷　(南朝宋)劉義慶撰　(南朝梁)劉孝標注　清光緒十七年(1891)思賢講舍刻本　六册

500000－8701－0009304　F222611－16
世說新語補二十卷　(南朝宋)劉義慶撰　(南朝梁)劉孝標註　清乾隆二十七年(1762)茂清書屋刻本　六册

500000－8701－0009305　F222617－24
世說新語補二十卷　(南朝宋)劉義慶撰　(南朝梁)劉孝標註　清乾隆二十七年(1762)茂清書屋刻本　八册

500000－8701－0009306　F222625－26
淮南子二十一卷　(漢)劉安撰　清鉛印本　二册

500000－8701－0009307　F222627－38
淮南子二十一卷　(漢)高誘注　清乾隆五十三年(1788)武進莊氏咸寧官署刻本　十二册

500000－8701－0009308　F222639－44
淮南子二十一卷　(漢)劉安撰　(漢)高誘注　清嘉慶九年(1804)武進莊氏刻本　六册

500000－8701－0009309　F222657－58
新序十卷　(漢)劉向撰　清光緒元年(1875)湖北崇文書局刻本　二册

500000－8701－0009310　F222672－77
東塾讀書記二十五卷　(清)陳澧撰　清光緒二十七年(1901)邵州勸學書舍刻本　六册

500000－8701－0009311　F222688－95
論衡三十卷　(漢)王充撰　清刻本　八册

500000－8701－0009312　F222696－701
論衡三十卷　(漢)王充撰　清光緒元年(1875)湖北崇文書局刻本　六册

500000－8701－0009313　F222702－04
論衡三十卷　(漢)王充撰　清光緒元年(1875)湖北崇文書局刻本　三册

500000－8701－0009314　F222705－10
論衡三十卷　(漢)王充撰　清光緒元年(1875)湖北崇文書局刻本　六册

500000－8701－0009315　F222711－16
論衡三十卷　(漢)王充撰　清光緒元年(1875)湖北崇文書局刻本　六册

500000－8701－0009316　F222733－36
說苑二十卷　(漢)劉向撰　清光緒元年(1875)湖北崇文書局刻本　四册

500000－8701－0009317　F222737－38
鹽鐵論十卷　(漢)桓寬著　清光緒十七年(1891)思賢講舍刻本　二册

500000－8701－0009318　F222739－40
鹽鐵論十卷附校勘小識　(漢)桓寬著　清光

緒十七年(1891)思賢講舍刻本　二册

500000－8701－0009319　F222741
鹽鐵論十卷附校勘小識　(漢)桓寬著　清光緒十七年(1891)思賢講舍刻本　一册

500000－8701－0009320　F222742－43
炳燭編四卷　(清)李賡芸撰　清光緒四年(1878)宏達堂刻本　二册

500000－8701－0009321　F222745－52
繹志十九卷　(清)胡承諾譔　清光緒十七年(1891)刻本　八册

500000－8701－0009322　F222754
四禮翼不分卷　(明)呂坤撰　清光緒二十一年(1895)湖北官書處刻本　一册

500000－8701－0009323　F222755
呻吟語節錄六卷　(明)呂坤著　清光緒五年(1879)宛平陳氏刻本　一册

500000－8701－0009324　F222756－61
呻吟語六卷　(明)呂坤著　清刻本　六册

500000－8701－0009325　F222762－67
呻吟語六卷　(明)呂坤著　清道光七年(1827)開封府署刻本　六册

500000－8701－0009326　F222781－84
呂子節錄四卷補遺二卷　(明)呂坤著　(清)陳宏謀評輯　清乾隆元年(1736)桂林陳氏刻本　四册

500000－8701－0009327　F222792－97
呂氏春秋二十六卷附攷一卷　(漢)高誘注　(清)畢沅輯校　清乾隆五十四年(1789)刻本　六册

500000－8701－0009328　F222798－803
呂氏春秋二十六卷附攷一卷　(漢)高誘注　(清)畢沅輯校　清乾隆五十四年(1789)畢氏靈巖山館刻本　六册

500000－8701－0009329　F222804－07
呂氏春秋二十六卷　(秦)呂不韋撰　清光緒元年(1875)湖北崇文書局刻本　四册

500000－8701－0009330　F222814－15
新序十卷　(漢)劉向著　清刻本　二册

500000－8701－0009331　F222836－37
呂子節錄四卷首一卷　(明)呂坤著　(清)陳宏謀評輯　清道光十八年(1838)刻本　二册

500000－8701－0009332　F222838－39
呂子節錄六卷　(明)呂坤著　(清)陳宏謀評輯　清同治九年(1870)刻本　二册

500000－8701－0009333　F222840－43
呂子節錄四卷補遺二卷　(明)呂坤著　(清)陳宏謀評輯　清光緒十三年(1887)江西書局刻本　四册

500000－8701－0009334　F222844－45
呂子節錄四卷補遺二卷　(明)呂坤著　(清)陳宏謀評輯　清乾隆元年(1736)刻本　二册

500000－8701－0009335　F222846－47
呂子節錄二卷　(明)呂坤著　(清)陳宏謀評輯　清同治九年(1870)刻本　二册

500000－8701－0009336　F222848－51
呂子集粹四卷　(明)呂坤著　(清)陳宏謀評輯　清光緒五年(1879)山陽高氏刻本　四册

500000－8701－0009337　F222853－56
潛書二卷　(清)唐甄著　(清)王聞遠編　清光緒三十一年(1905)鄧氏刻本　四册

500000－8701－0009338　F222859－64
潛邱劄記六卷左汾近稿一卷　(清)閻若璩撰　清乾隆十年(1745)岑川程氏刻本　六册

500000－8701－0009339　F222866－75
揚子書繹六卷　(清)楊文彩著　清光緒二年(1876)仁和韓懿章刻本　十册

500000－8701－0009340　F222876－79
潛夫論十卷　(漢)王符著　(清)汪繼培箋　清光緒十七年(1891)思賢講舍刻本　四册

500000－8701－0009341　F222880－83
潛夫論十卷　(漢)王符著　(清)汪繼培箋　清光緒十七年(1891)思賢講舍刻本　四册

500000－8701－0009342　F222884－85
潛夫論十卷　(漢)王符著　(清)汪繼培箋　清光緒十七年(1891)思賢講舍刻本　二冊

500000－8701－0009343　F222886－89
潛夫論十卷　(漢)王符著　(清)汪繼培箋　清光緒十七年(1891)思賢講舍刻本　四冊

500000－8701－0009344　F222890－93
潛夫論十卷　(漢)王符著　(清)汪繼培箋　清光緒十七年(1891)思賢講舍刻本　四冊

500000－8701－0009345　F222900
鶡冠子三卷　(宋)陸佃解　(明)王宇評　清嘉慶九年(1804)刻本　一冊

500000－8701－0009346　F222901
鶡冠子三卷　(宋)陸佃解　(明)王宇評　清嘉慶九年(1804)刻本　一冊

500000－8701－0009347　F222902
鶡冠子三卷　(宋)陸佃解　(明)王宇評　清嘉慶九年(1804)刻本　一冊

500000－8701－0009348　F222903
鬼谷子二卷　(南朝梁)陶宏景注　清嘉慶十年(1805)江都秦氏刻本　一冊

500000－8701－0009349　F222904－07
唐摭言十五卷　(五代)王定保撰　清光緒五年(1879)刻本　四冊

500000－8701－0009350　F222908－13
癸巳存稿十五卷　(清)俞正燮著　清光緒十年(1884)刻本　六冊

500000－8701－0009351　F222914－19
癸巳存稿十五卷　(清)俞正燮撰　清光緒十年(1884)刻本　六冊

500000－8701－0009352　F222920－24
癸巳類稿十五卷　(清)俞正燮撰　清道光十三年(1833)求日益齋刻本　五冊

500000－8701－0009353　F222925－26
文昌孝經增註圖證不分卷　(□)□□纂　清同治九年(1870)刻本　二冊

500000－8701－0009354　F222933－36
近思錄十四卷附考訂朱子世家一卷　(清)江永注　清咸豐三年(1853)刻本　四冊

500000－8701－0009355　F222937
近思錄十四卷　(清)江永注　清道光五年(1825)刻本　一冊

500000－8701－0009356　F222938
孔氏家語十卷　(三國魏)王肅注　清乾隆四十五年(1780)刻本　一冊

500000－8701－0009357　F222939－46
百美新詠一卷題詞一卷圖傳一卷　(清)顏希源輯　**集詠一卷**　(清)袁枚撰　清嘉慶十年(1805)刻本　八冊

500000－8701－0009358　F222947－78
太平廣記五百卷　(宋)李昉等編　清嘉慶十一年(1806)刻本　三十二冊

500000－8701－0009359　F222985－88
老莊合刻不分卷　(三國魏)王弼　(晉)郭象註　清刻本　四冊

500000－8701－0009360　F223002－05
老子翼八卷首一卷　(明)焦竑輯　清光緒二十一年(1895)袁氏漸西村舍刻本　四冊

500000－8701－0009361　F223006－09
老子翼八卷首一卷　(明)焦竑輯　清光緒二十一年(1895)袁氏漸西村舍刻本　四冊

500000－8701－0009362　F223033
老子道德經二篇附釋文　(三國魏)王弼注　清末石印本　一冊

500000－8701－0009363　F223036
老子二卷　(清)吳汝綸點勘　清宣統元年(1909)吳氏鉛印本　一冊

500000－8701－0009364　F223037
老子二卷　(清)吳汝綸點勘　清宣統元年(1909)吳氏鉛印本　一冊

500000－8701－0009365　F223045
老子道德經二篇附釋文　(三國魏)王弼注　清刻本　一冊

500000－8701－0009366　F223048－51
老子道德經解二卷首一卷附觀老莊影響論一卷　(明)釋德清撰　清刻本　四册

500000－8701－0009367　F223074
老子道德經二卷　題(漢)河上公章句　清渭南嚴氏成都刻渭南嚴氏叢書本　一册

500000－8701－0009368　F223075
道德經評註二卷　題(漢)河上公章句　(明)歸有光批閱　清嘉慶九年(1804)刻本　一册

500000－8701－0009369　F223082－83
道德指歸論六卷　(漢)嚴遵著　清照曠閣刻本　二册

500000－8701－0009370　F223086－89
比例匯通四卷　(清)羅士琳著　清嘉慶二十三年(1818)刻本　四册

500000－8701－0009371　F223093－94
管子二十四卷　(春秋)管仲著　(唐)房玄齡注　清光緒二十三年(1897)圖書集成局石印本　二册

500000－8701－0009372　F223110－29
策府統宗六十五卷　(清)劉昌齡編　清光緒十七年(1891)同文書局石印本　二十册

500000－8701－0009373　F223130－31
尚友錄二十二卷續集二十二卷　(明)廖用賢編纂　(清)張伯琮補輯　清光緒十四年(1888)上海點石齋石印本　二册　缺一卷(續集二十二)

500000－8701－0009374　F223132
勸學篇二卷　(清)張之洞撰　清光緒二十四年(1898)兩湖書院刻本　一册

500000－8701－0009375　F223133－44
原富五部　(英國)斯密亞丹著　嚴復譯　清末鉛印本　十二册

500000－8701－0009376　F223145
二程粹言二卷　(宋)張栻編輯　清刻本　一册

500000－8701－0009377　F223146
河南程氏外書十二卷　(宋)程顥撰　清刻本　一册

500000－8701－0009378　F223177－80
莊子集解八卷　王先謙輯　清宣統元年(1909)上海掃葉山房石印本　四册

500000－8701－0009379　F223181－84
莊子集解八卷　王先謙輯　清宣統元年(1909)上海掃葉山房石印本　四册

500000－8701－0009380　F223185－88
莊子集解八卷　王先謙輯　清宣統元年(1909)上海掃葉山房石印本　四册

500000－8701－0009381　F223189－92
莊子集解八卷　王先謙輯　清宣統元年(1909)上海掃葉山房石印本　四册

500000－8701－0009382　F223193－96
莊子集解八卷　王先謙輯　清末校經山房成記書局石印本　四册

500000－8701－0009383　F223203－12
莊子集解十卷　王先謙輯　清末掃葉山房石印本　十册

500000－8701－0009384　F223219－22
莊子十卷　(晉)郭象注　(清)王儒舲點句　清末上海文瑞樓石印本　四册

500000－8701－0009385　F223224－30
淮南鴻烈解二十一卷　(漢)劉安著　(漢)高誘註　清刻本　七册

500000－8701－0009386　F223231－32
管子二十四卷　(春秋)管仲著　(唐)房玄齡注　清末鉛印本　二册

500000－8701－0009387　F223234－36
刪定荀子管子不分卷　(清)方苞刪定　清末石印本　三册

500000－8701－0009388　F223237－40
物理學上編四卷　(日本)飯盛挺造編纂　(日本)藤田豐八譯　(清)王季烈重編　清光緒二十六年(1900)製造局刻本　四册

500000－8701－0009389　F223241－43
錬金新語十章　(英國)奧斯吞著　舒高第(清)鄭昌棪譯　清光緒十七年(1891)刻本　三冊

500000－8701－0009390　F223244
格致小引四章　(英國)赫施賚著　(英國)羅亨利　(清)瞿昂來譯　清江南製造總局刻本　一冊

500000－8701－0009391　F223245－47
格物探原三卷　(英國)韋廉臣撰　清光緒六年(1880)刻本　三冊

500000－8701－0009392　F223248
三白寶海三卷　(元)釋幕講集　清乾隆五十五年(1790)刻本　一冊

500000－8701－0009393　F223249
保全生命論一卷附一卷　(英國)古蘭肥勒撰　(英國)秀耀春譯　清光緒二十七年(1901)上海製造局刻本　一冊

500000－8701－0009394　F223251－55
碧血錄五卷　(清)莊仲方著　清光緒八年(1882)上海同文書局石印本　五冊

500000－8701－0009395　F223256－57
古書疑義舉例七卷　(清)俞樾著　清宏達堂刻本　二冊

500000－8701－0009396　F223258－59
廣東農事試驗場第一年報告書　(清)陳望曾撰　清宣統二年(1910)石印本　二冊

500000－8701－0009397　F223266－71
畜德錄二十卷　(清)席啓圖纂輯　清末掃葉山房石印本　六冊

500000－8701－0009398　F223285－90
南華真経正義三篇附識餘三篇　(清)陳壽昌輯　清光緒十九年(1893)怡顏齋刻本　六冊

500000－8701－0009399　F223291－94
南華經四卷　(清)徐廷槐鈔閱　清乾隆六年(1741)會稽徐氏刻本　四冊

500000－8701－0009400　F223295－98
南華真經本義十六卷　(明)陳治安註　清山陰徐氏刻本　四冊

500000－8701－0009401　F223299－304
南華真經正義三篇附識餘三篇　(清)陳壽昌輯　清光緒十九年(1893)怡顏齋刻本　六冊

500000－8701－0009402　F223305－10
南華真經正義三篇附識餘三篇　(清)陳壽昌輯　清光緒十九年(1893)怡顏齋刻本　六冊

500000－8701－0009403　F223351－56
莊子十卷　(晉)郭象注　(唐)陸德明音義　清光緒二十三年(1897)新化三味書室刻本　六冊

500000－8701－0009404　F223357－58
莊子内篇二卷　王闓運注　清刻本　二冊

500000－8701－0009405　F223359
莊子内篇二卷　王闓運注　清刻本　一冊

500000－8701－0009406　F223360－63
莊子因六卷　(清)林雲銘評述　清光緒六年(1880)白雲精舍刻本　四冊

500000－8701－0009407　F223364－67
莊子因六卷　(清)林雲銘評述　清康熙二十七年(1688)刻本　四冊

500000－8701－0009408　F223368－73
莊子因六卷　(清)林雲銘評述　清康熙二十七年(1688)刻本　六冊

500000－8701－0009409　F223374－77
莊子因六卷　(清)林雲銘評述　清梅園萃華堂刻本　四冊

500000－8701－0009410　F223384－89
莊子雪三卷　(清)陸樹芝輯註　清嘉慶四年(1799)刻本　六冊

500000－8701－0009411　F223390－93
莊子約解四卷　(清)劉鴻典輯註　清同治五年(1866)刻本　四冊

500000－8701－0009412　F223394－97
莊子約解四卷　(清)劉鴻典輯註　清同治五

年(1866)刻本　四册

500000－8701－0009413　F223400－02
莊子集解八卷　王先謙輯　清宣統元年(1909)思賢書局刻本　三册

500000－8701－0009414　F223403－06
莊子集解八卷　王先謙輯　清宣統元年(1909)思賢書局刻本　四册

500000－8701－0009415　F223407－09
莊子集解八卷　王先謙輯　清宣統元年(1909)思賢書局刻本　三册

500000－8701－0009416　F223410－12
莊子集解八卷　王先謙輯　清宣統元年(1909)思賢書局刻本　三册

500000－8701－0009417　F223426－33
莊子集釋十卷　(清)郭慶藩輯　清光緒二十年(1894)湖南思賢講舍刻本　八册

500000－8701－0009418　F223434－39
莊子集釋十卷　(清)郭慶藩輯　清光緒二十年(1894)湖南思賢講舍刻本　六册

500000－8701－0009419　F223440－44
莊子集釋十卷　(清)郭慶藩輯　清光緒二十年(1894)湖南思賢講舍刻本　五册

500000－8701－0009420　F223451－54
莊子獨見不分卷　(清)胡文英評釋　清乾隆十七年(1752)同德堂刻本　四册

500000－8701－0009421　F223455－59
莊子獨見不分卷　(清)胡文英評釋　清嘉慶九年(1804)刻本　五册

500000－8701－0009422　F223469
一片石四齣　(清)蔣士銓填詞　(清)吴承緒正譜　清經綸堂刻本　一册

500000－8701－0009423　F223470
雪中人十六齣　(清)李士珠正譜　(清)蔣士銓填詞　(清)錢世錫評點　清經綸堂刻本　一册

500000－8701－0009424　F223471－86
佩文齋書畫譜一百卷　(清)孫岳頒等纂輯　清光緒九年(1883)上海同文書局影印本　十六册

500000－8701－0009425　F223502－05
東方兵事紀略六卷　姚錫光撰　清光緒二十三年(1897)武昌刻本(卷六原缺)　四册

500000－8701－0009426　F223506－15
千金裘二十七卷　(清)蔣義彬纂　清道光十七年(1837)經元堂刻本　十册

500000－8701－0009427　F223528－29
惠迪書六卷　(□)大原氏著　清光緒十年(1884)泰州龍樹精舍刻本　二册

500000－8701－0009428　F223530－31
惠迪書六卷　(□)大原氏著　清光緒十年(1884)泰州龍樹精舍刻本　二册

500000－8701－0009429　F223537－46
抱朴子内篇二十卷外篇五十卷附篇十卷　(晉)葛洪著　清光緒十一年(1885)吴縣朱氏刻本　十册

500000－8701－0009430　F223550
聰訓齋語二卷恒産瑣言一卷飯有十二合説一卷　(清)張英纂　清光緒十一年(1885)成都志古堂刻本　一册

500000－8701－0009431　F223552－55
國朝漢學師承記八卷經師經義目録一卷宋學淵源記二卷附記一卷　(清)江藩著　清光緒二十二年(1896)刻本　四册

500000－8701－0009432　F223556－57
子問二卷　(清)劉沅著　清咸豐七年(1857)威遠李氏玉成堂刻本　二册

500000－8701－0009433　F223558－59
子問二卷　(清)劉沅著　清咸豐七年(1857)威遠李氏玉成堂刻本　二册

500000－8701－0009434　F223565－66
薛子條貫篇十三卷　(明)薛瑄著　(清)戴楫編　清道光二十八年(1848)丹徒戴氏刻本　二册

500000－8701－0009435　F223567－69
薛子條貫篇十三卷附續篇十三卷　(明)薛瑄著　(清)戴楫編　清光緒十九年(1893)廣州府署刻本　三冊

500000－8701－0009436　F223609－10
福泰金鑑初集不分卷　題(□)養村子輯　清光緒十六年(1890)刻本　二冊

500000－8701－0009437　F223629－30
徑中徑又徑徵義三卷　(清)張師誠輯　(清)徐槐廷徵義　清光緒二十五年(1899)刻本　二冊

500000－8701－0009438　F223631
徐氏褋著四種　(清)徐大椿注　清光緒十九年(1893)上海集成印書局鉛印本　一冊

500000－8701－0009439　F223632
黃帝内經靈樞十二卷　(唐)王冰注　清光緒十九年(1893)鴻文書局石印本　一冊

500000－8701－0009440　F223633
黃帝内經素問二十四卷　(唐)王冰注　清光緒十九年(1893)鴻文書局石印本　一冊

500000－8701－0009441　F223650－55
浮邱子十二卷　(清)湯鵬著　清宣統二年(1910)掃葉山房石印本　六冊

500000－8701－0009442　F223656－61
浮邱子十二卷　(清)湯鵬著　清宣統二年(1910)掃葉山房石印本　六冊

500000－8701－0009443　F223668
太玄十卷　(漢)揚雄著　(清)吳汝綸點勘　清宣統二年(1910)衍星社鉛印本　一冊

500000－8701－0009444　F223669－70
新纂門目五臣音註揚子法言十卷　(晉)李軌　(唐)柳宗元　(宋)司馬光等註　清嘉慶九年(1804)刻本　二冊

500000－8701－0009445　F223671－72
述學内篇三卷補遺一卷外篇一卷別錄一卷附錄一卷校勘記一卷　(清)汪中撰　清同治八年(1869)揚州書局刻本　二冊

500000－8701－0009446　F223673－74
述學内篇三卷補遺一卷外篇一卷別錄一卷附錄一卷校勘記一卷　(清)汪中撰　清同治八年(1869)揚州書局刻本　二冊

500000－8701－0009447　F223677－80
漢學商兌贅言四卷　(清)方東樹撰　清光緒十四年(1888)刻本　四冊

500000－8701－0009448　F223681－90
皇極經世緒言九卷首一卷　(宋)邵雍著　(明)黃粵洲註釋　清嘉慶四年(1799)錢塘徐氏刻本　十冊

500000－8701－0009449　F223693－96
白虎通疏證十二卷　(清)陳立著　清光緒元年(1875)淮南書局刻本　四冊

500000－8701－0009450　F223705
醒園錄不分卷　(清)李化楠編　清羅江李氏刻本　一冊

500000－8701－0009451　F223706－07
延平李先生答問一卷後錄一卷補錄一卷　(宋)朱熹輯　清光緒五年(1879)金州周氏刻本　二冊

500000－8701－0009452　F223708－11
庸書内篇二卷外篇二卷　(清)陳熾著　清光緒二十二年(1896)刻本　四冊

500000－8701－0009453　F223712－15
孔子家語十卷　(三國魏)王肅注　清刻本　四冊

500000－8701－0009454　F223716－17
筆算教科書十五章　(日本)文學社編纂所編　(清)董瑞椿口譯　(清)朱念椿筆述　清光緒二十七年(1901)南洋公學師範院石印本　二冊

500000－8701－0009455　F223718－19
物算教科書二十一章　(日本)文學社編纂所編　(清)董瑞椿口譯　(清)朱念椿筆述　清光緒二十七年(1901)南洋公學師範院石印本　二冊

500000－8701－0009456　F223721－22
冶梅竹譜不分卷　（清）王寅繪　清光緒八年（1882）金陵王氏日本刻本　二册

500000－8701－0009457　F223723－24
晏子春秋八卷　（戰國）晏嬰著　清嘉慶二十一年（1816）全椒吳氏刻本　二册

500000－8701－0009458　F223725－26
晏子春秋七卷　（戰國）晏嬰著　清光緒十八年（1892）思賢講舍刻本　二册

500000－8701－0009459　F223727－29
晏子春秋七卷　（戰國）晏嬰著　清光緒十八年（1892）思賢講舍刻本　三册

500000－8701－0009460　F223730－39
朱飲山千金譜二十九卷　（清）朱夔撰　（清）楊廷兹編輯　清乾隆三十七年（1772）刻本　十册

500000－8701－0009461　F223743
又問一卷　（清）劉沅著　清咸豐七年（1857）刻本　一册

500000－8701－0009462　F223744
又問一卷　（清）劉沅著　清咸豐七年（1857）刻本　一册

500000－8701－0009463　F223745
弟子職集解一卷附考證一卷　（清）莊述祖撰　（清）黄彭年輯　清光緒七年（1881）貴築黄氏四川鹽茶道署刻本　一册

500000－8701－0009464　F223746
尸子二卷　（清）孫星衍輯　清光緒十五年（1889）湘鄉蔣氏求實齋刻本　一册

500000－8701－0009465　F223748－53
管子二十四卷　（春秋）管仲著　（唐）房玄齡注　清光緒二年（1876）浙江書局刻本　六册

500000－8701－0009466　F223761－76
初學記三十卷附校勘記　（唐）徐堅等撰　清光緒十四年（1888）四川成都黄氏蘊石齋刻本　十六册

500000－8701－0009467　F223777－92
初學記三十卷附校勘記　（唐）徐堅等撰　**校勘記補遺一卷**　（清）鄒增祜補校　清維揚陳氏刻本　十六册

500000－8701－0009468　F223793－810
三書寶鑑三種四十八卷　（明）戚繼光著　（清）惠麓酒民編次　清光緒二十五年（1899）刻本　十八册

500000－8701－0009469　F223839－44
蘭雪堂古事苑定本十二卷　（明）鄧志謨編輯　清刻本　六册

500000－8701－0009470　F223845－50
蘭雪堂古事苑定本十二卷　（明）鄧志謨編輯　清乾隆十四年（1749）文翰樓刻本　六册

500000－8701－0009471　F223871－74
測地繪圖十一卷附卷一卷附表一卷　（英國）富路瑪著　（英國）傅蘭雅譯　（清）徐壽筆述　清江南製造總局刻本　四册

500000－8701－0009472　F223875－82
地學淺釋三十八卷　（英國）雷俠兒著　（美國）瑪高溫口譯　（清）華蘅芳筆述　清同治十二年（1873）江南機器製造總局刻本　八册

500000－8701－0009473　F223883－97
學統五十三卷　（清）熊賜履編　清康熙二十四年（1685）刻本　十五册

500000－8701－0009474　F223898－921
權衡一書四十一卷　（清）王植輯錄　清乾隆元年（1736）刻本　二十四册

500000－8701－0009475　F223922－57
玉芝堂談薈三十六卷　（明）徐應秋輯　清刻本　三十六册

500000－8701－0009476　F223973－78
古學記問錄十五卷　（清）吳蔚文編輯　清同治四年（1865）刻本　六册

500000－8701－0009477　F223979
格言聯璧一卷　（□）□□編輯　清同治八年（1869）柘浦管正望刻本　一册

500000－8701－0009478　F223980－83

地理小補三卷附續編一卷　(清)劉杰著　清光緒九年(1883)醴陵劉氏刻本　四冊

500000－8701－0009479　F223997－4002
精選黃眉故事十卷　(明)鄧志謨彙編　清刻本　六冊

500000－8701－0009480　F224003－08
增補註釋故事白眉十卷　(明)許以忠集　清吳門聚錦堂刻本　六冊

500000－8701－0009481　F224009－10
畫禪室隨筆四卷　(明)董其昌著　清刻本　二冊

500000－8701－0009482　F224011－15
札樸十卷　(清)桂馥撰　清嘉慶十八年(1813)山陰小李山房刻本　五冊

500000－8701－0009483　F224016－19
大清搢紳全書四卷　(清)□□編　清光緒三十三年(1907)京都榮祿堂刻本　四冊

500000－8701－0009484　F224020－23
大清搢紳全書四卷　(清)□□編　清光緒三十四年(1908)京都榮祿堂刻本　四冊

500000－8701－0009485　F224024－39
讀書紀數略五十四卷　(清)宮夢仁輯　清康熙四十八年(1709)澤州陳氏刻本　十六冊

500000－8701－0009486　F224042－51
燕在閣知新錄三十二卷　(清)王棠彙訂　清康熙刻本　十冊

500000－8701－0009487　F224052
汪子遺書三種不分卷　(清)汪縉著　清嘉慶十年(1805)樗園刻本　一冊

500000－8701－0009488　F224053－58
汪龍莊先生遺書八種十五卷　(清)汪輝祖纂　清光緒八年至十二年(1882－1886)山東書局刻本　六冊

500000－8701－0009489　F224059－62
補註洗冤錄集證四卷附刊一卷　(宋)宋慈撰　(清)王又槐集證　(清)阮其新補註　(清)張錫蕃句讀　**作吏要言一卷**　(清)葉玉屏著　(清)朱性齋增補　清道光二十三年(1843)江都鍾氏刻三色套印本　四冊

500000－8701－0009490　F224063－66
補註洗冤錄集證五卷附刑部題定檢骨圖格一卷寶鑑編一卷　(宋)宋慈撰　(清)王又槐增輯　清道光十三年(1833)會稽阮氏刻本　四冊

500000－8701－0009491　F224067－71
重刊補註洗冤錄集證六卷　(宋)宋慈撰　(清)王又槐增輯　(清)李觀瀾補輯　(清)阮其新補註　清道光二十四年至二十七年(1844－1847)翰墨園刻四色套印本　五冊

500000－8701－0009492　F224072－75
洗冤錄詳義四卷附摭遺二卷摭遺補一卷　(宋)宋慈著　(清)許梿編校　清光緒十六年(1890)湖北官書處刻本　四冊

500000－8701－0009493　F224076－81
洗冤錄詳義四卷附摭遺二卷摭遺補一卷　(宋)宋慈著　(清)許梿編校　清光緒十六年(1890)湖北官書處刻本　六冊

500000－8701－0009494　F224082－87
洗冤錄詳義四卷附摭遺二卷摭遺補一卷　(宋)宋慈著　(清)許梿編校　清光緒三年(1877)湖北藩署刻本　六冊

500000－8701－0009495　F224088－92
重刊補註洗冤錄集證五卷附刊檢骨圖格一卷寶鑑編一卷石香秘錄一卷　(宋)宋慈撰　(清)王又槐增輯　清道光二十二年(1842)刻朱墨套印本　五冊

500000－8701－0009496　F224093－97
重刊補注洗冤錄集證六卷　(宋)宋慈撰　(清)王又槐增輯　清光緒三年(1877)浙江書局刻三色套印本　五冊

500000－8701－0009497　F224099－102
草廬經畧十二卷　(明)□□撰　清光緒七年(1881)成都刻本　四冊

500000－8701－0009498　F224103－06

練兵實紀九卷雜集六卷 （明）戚繼光撰 清京都琉璃廠刻本 四冊

500000－8701－0009499 F224127－36
新鐫旁批詳註總斷廣名將譜二十卷 （明）黄道周註 清刻本 十冊

500000－8701－0009500 F224138－47
重刊武經七書彙解七卷首一卷末一卷 （清）朱鏞著 清康熙三十九年（1700）索綽絡氏家塾刻本 十冊

500000－8701－0009501 F224148－54
火龍經三集八卷附兵法百戰經二卷 （三國蜀）諸葛亮撰 （明）劉伯溫等增輯 清刻本 七冊

500000－8701－0009502 F224155－70
讀史兵略四十六卷 （清）胡林翼纂 清光緒元年（1875）湖北崇文書局刻本 十六冊

500000－8701－0009503 F224171－80
海南一勺合編内函十卷首一卷外函三十二卷 題（清）鶴洞子纂輯 清道光十五年（1835）浙江省刻本 十冊

500000－8701－0009504 F224181－85
重刊武經七書彙解七卷首一卷末一卷 （清）朱鏞纂輯 清光緒二年（1876）嶺南雙門古經閣書坊刻本 五冊 存五卷（一至四、首一卷）

500000－8701－0009505 F224194－97
臨陣管見九卷 （德國）斯拉弗司撰 （美國）金楷理口譯 （清）趙元益筆述 清刻本 四冊

500000－8701－0009506 F224198－202
兵鑑全集四卷附測海錄一卷火攻答一卷 （清）徐宗幹輯 清咸豐二年（1852）斯未信齋刻本 五冊

500000－8701－0009507 F224204－05
越事備考案略三卷 （清）劉名譽採輯 清刻本 二冊

500000－8701－0009508 F224206－08
越事備考芻言六卷 （清）劉名譽採輯 清刻本 三冊

500000－8701－0009509 F224209－14
紀效新書十八卷 （明）戚繼光著 清京都琉璃廠刻本 六冊

500000－8701－0009510 F224215－19
洴澼百金方十四卷 （清）袁宫桂編次 清道光二十年（1840）刻本 五冊

500000－8701－0009511 F224220
風后握奇經一卷附六韜三卷 （周）姜尚撰 （漢）公孫宏解 清光緒元年（1875）湖北崇文書局刻本 一冊

500000－8701－0009512 F224221－38
三書寶鑑三種四十八卷 （明）戚繼光著 （清）惠麓酒民編次 清道光十年至咸豐五年（1830－1855）刻本 十八冊

500000－8701－0009513 F224239－44
權制八卷 陳澹然著 清光緒二十六年（1900）徐崇立長沙刻本 六冊

500000－8701－0009514 F224245－54
金湯借箸十二籌十二卷 （清）李盤著 清刻本 十冊

500000－8701－0009515 F224255－58
火器命中十二卷 （清）梅定九著 （清）熊方伯圖解 清光緒二十四年（1898）粵東鴻都閣刻本 四冊

500000－8701－0009516 F224259－61
水師操練十八卷首一卷附卷一卷 （英國）戰船部原書 （英國）傅蘭雅口譯 （清）徐建寅筆述 清刻本 三冊

500000－8701－0009517 F224264－67
四裔編年表四卷 （美國）林樂知 （清）李鳳苞彙編 嚴良勳譯 清刻本 四冊

500000－8701－0009518 F224268－75
金湯借箸十二籌十二卷 （清）李盤著 清咸豐五年（1855）淮南李氏刻本 八冊

500000－8701－0009519 F224276

蜀學編二卷　(清)方守道初輯　高賡恩覆輯　清光緒二十七年(1901)錦江書局刻本　一冊

500000－8701－0009520　F224277－84
戊笈談兵十卷　(清)汪紱著　清光緒二十年(1894)長安趙舒翹等刻本　八冊

500000－8701－0009521　F224285
武備輯要六卷　(清)許乃濟校　清道光二十年(1840)福珠隆阿廣州刻本　一冊

500000－8701－0009522　F224286－88
武備輯要續編十卷　(清)許乃釗編輯　清道光二十九年(1849)福珠隆阿廣州刻本　三冊

500000－8701－0009523　F224289－92
浮邱子十二卷　(清)湯鵬著　清同治四年(1865)刻本　四冊

500000－8701－0009524　F224293－96
浮邱子十二卷　(清)湯鵬著　清同治四年(1865)刻本　四冊

500000－8701－0009525　F224297－300
潛書二卷　(清)唐甄著　(清)王聞遠編　清光緒三十一年(1905)鄧氏刻本　四冊

500000－8701－0009526　F224301－04
潛書二卷　(清)唐甄著　(清)王聞遠編　清光緒九年(1883)中江李氏刻本　四冊

500000－8701－0009527　F224305－12
陔餘叢考四十三卷　(清)趙翼著　清乾隆五十五年(1790)陽湖趙氏刻本　八冊

500000－8701－0009528　F224313－16
戴東原集十二卷札記一卷　(清)戴震撰　**戴東原先生年譜一卷**　(清)段玉裁編　清宣統二年(1910)渭南嚴氏成都刻本　四冊

500000－8701－0009529　F224317－22
世說新語三卷　(南朝宋)劉義慶撰　(南朝梁)劉孝標注　清光緒十七年(1891)思賢講舍刻本　六冊

500000－8701－0009530　F224323－28
世說新語補二十卷　(南朝宋)劉義慶撰　(明)何良俊增補　清葛氏嘯園刻本　六冊

500000－8701－0009531　F224329－36
世說新語補二十卷　(南朝宋)劉義慶撰　(明)何良俊增補　清葛氏嘯園刻本　八冊

500000－8701－0009532　F224338－45
皇朝古學類編十四卷首一卷　(清)姚燮選　清光緒九年(1883)玉軸山房石印本　八冊

500000－8701－0009533　F224346－47
博物要覽十二卷　(清)谷應泰撰　(清)李調元輯　清光緒七年(1881)錦州李氏刻本　二冊

500000－8701－0009534　F224370－75
卜筮正宗十四卷　(清)王維德輯　清康熙四十八年(1709)吳郡張氏刻本　六冊

500000－8701－0009535　F224388－91
金軺籌筆四卷附錄一卷　(清)楊楷著　清光緒十三年(1887)無錫楊氏刻本　四冊

500000－8701－0009536　F224392－97
石渠餘紀六卷　(清)王慶雲撰　清光緒十六年(1890)龍氏刻本　六冊

500000－8701－0009537　F224414－29
初學記三十卷附校勘記　(唐)徐堅等撰　**校勘記補遺一卷**　(清)鄒增祜補校　清刻本　十六冊

500000－8701－0009538　F224431－32
金軺籌筆四卷　(清)楊楷著　清光緒九年(1883)挹秀山房刻本　二冊

500000－8701－0009539　F224443－46
臨陣管見九卷　(德國)斯拉弗司撰　(美國)金楷理口譯　(清)趙元益筆述　清光緒二十九年(1903)廣雅書局刻本　四冊

500000－8701－0009540　F224447－86
子史精華一百六十卷　(清)吳襄等纂修　清聚錦堂刻本　四十冊

500000－8701－0009541　F224487－530
子史精華一百六十卷　(清)吳襄等纂修　清聚錦堂刻本　四十四冊

500000－8701－0009542　F224531－78
子史精華一百六十卷　(清)吳襄等纂修　清刻本　四十八冊

500000－8701－0009543　F224579－618
子史精華一百六十卷　(清)吳襄等纂修　清刻本　四十冊

500000－8701－0009544　F224619－26
子史精華一百六十卷　(清)吳襄等纂修　清光緒十年(1884)上海同文書局石印本　八冊

500000－8701－0009545　F224627－34
子史精華一百六十卷　(清)吳襄等纂修　清末朝記書莊石印本　八冊

500000－8701－0009546　F224644
新刻鬼谷先生命理四字經前定神數一卷　(晉)王翊著　清沛都玉文齋刻本　一冊

500000－8701－0009547　F224645
新增袖裏綉像百中經二卷　(□)□□撰　清刻本　一冊

500000－8701－0009548　F224650
勸學篇二卷　(清)張之洞著　清光緒二十四年(1898)四友山房刻本　一冊

500000－8701－0009549　F224652
中國美術印譜不分卷　(清)□□纂　清道光十五年(1835)刻三色套印本　一冊

500000－8701－0009550　F224654
平三角和較術不分卷　(清)項名達著　清道光二十三年(1843)錢塘項氏刻本　一冊

500000－8701－0009551　F224655
存治編一卷存人編四卷　(清)顏元著　清末四存學會鉛印本　一冊

500000－8701－0009552　F224656－57
訓俗遺規補二卷　(清)陳宏謀輯　清刻本　二冊

500000－8701－0009553　F224658－60
從政遺規四卷　(清)陳宏謀輯　清光緒十九年(1893)刻本　三冊

500000－8701－0009554　F224661－64
正譌八卷　(清)劉沅著　清咸豐四年(1854)刻本　四冊

500000－8701－0009555　F224665－74
蜃樓志二十四回　(清)庾嶺勞人撰　(清)禹山老子編　清刻本　十冊

500000－8701－0009556　F224675－78
焦氏易林十六卷附易林冗龠十測一卷　(明)盛如林纂著　清嘉慶十三年(1808)刻本　四冊

500000－8701－0009557　F224679－86
息影偶錄八卷　(清)張埏輯　清嘉慶九年(1804)仁和張氏刻本　八冊

500000－8701－0009558　F224687－98
西遊真詮一百回　(清)陳士斌注　(清)金人瑞批　清文奎堂刻本　十二冊

500000－8701－0009559　F224708
牙牌參禪圖譜一卷　(清)劉遵撰　清光緒十四年(1888)觀自得齋刻本　一冊

500000－8701－0009560　F224711
廣蠶桑說一卷　(清)沈練撰　清同治二年(1863)刻本　一冊

500000－8701－0009561　F224716－19
陰宅集要四卷　(清)姚廷鑾輯　清乾隆十三年(1748)華亭姚氏片山書樓刻本　四冊

500000－8701－0009562　F224720－21
初學行文語類三卷　(清)孫埏編輯　清刻本　二冊

500000－8701－0009563　F224722－31
管城碩記三十卷　(清)徐文靖著　清乾隆九年(1744)志寧堂刻本　十冊

500000－8701－0009564　F224736－43
池上草堂筆記近錄六卷續錄六卷三錄六卷四錄六卷　(清)梁恭辰著　清同治十年(1871)太倉趙氏刻本　八冊

500000－8701－0009565　F224744
東軒吟社畫像附記傳題跋不分卷　(清)汪子

用編　清光緒二年(1876)錢塘汪氏振綺堂刻本　一册

500000－8701－0009566　F224745
天元選擇辨正八卷　題(清)謝一園輯　清光緒五年(1879)刻本　一册

500000－8701－0009567　F224748－51
鏞學心要新編三卷附摘要一卷　(清)宋仔鳳著　清光緒二十八年(1902)蜀西廣石山房刻本　四册

500000－8701－0009568　F224752－55
漢溪書法通解八卷　(清)戈守智纂　清道光十九年(1839)刻本　四册

500000－8701－0009569　F224757－58
傳家寶訓十卷　(清)石璿輯　清乾隆六十年(1795)清素堂刻本　四册

500000－8701－0009570　F224779－84
吴越所見書畫録六卷　(清)陸時化編輯　清宣統二年(1910)神州國光社鉛印本　六册

500000－8701－0009571　F224785－90
重學二十卷曲綫説三卷　(英國)艾約瑟口譯　(清)李善蘭筆述　清同治五年(1866)刻本　六册

500000－8701－0009572　F224791
藝舟雙楫不分卷　(清)包世臣撰　清光緒八年(1882)蒲圻但氏刻本　一册

500000－8701－0009573　F224792
子華子十卷　(戰國)程本著　清康熙十三年(1674)北海方氏刻本　一册

500000－8701－0009574　F224793－802
披薹漫筆十八卷　(清)江紹蓮採輯　清嘉慶六年(1801)刻本　十册

500000－8701－0009575　F224805
傅子一卷附帝範四卷　(晉)傅玄　(唐)太宗李世民撰　清乾隆三十九年(1774)武英殿活字印本　一册

500000－8701－0009576　F224808
四川諮議局第二屆常年决議案報告不分卷　(清)四川諮議局編　清宣統四川諮議局鉛印本　一册

500000－8701－0009577　F224823－25
津門雜記三卷　(清)張燾輯　清光緒十年(1884)刻本　三册

500000－8701－0009578　F224826－29
七克七卷　(西班牙)龐迪我撰述　清嘉慶三年(1798)刻本　四册

500000－8701－0009579　F224830
神相鐵關刀四卷　(清)梧岡山人集　清光緒二十年(1894)刻本　一册

500000－8701－0009580　F224831－34
神相鐵關刀四卷　(清)梧岡山人集　清光緒二十年(1894)刻本　四册

500000－8701－0009581　F224835
勾股演代五卷　(清)王錫恩著　清光緒二十九年(1903)刻本　一册

500000－8701－0009582　F224838
大清光緒三十三年歲次丁未七政經緯宿度五星伏見一卷　(清)□□編　清光緒刻本　一册

500000－8701－0009583　F224840
大清宣統元年時憲書一卷　恒安等纂　清宣統刻本　一册

500000－8701－0009584　F224841
輪輿私箋二卷　(清)鄭珍撰　清同治七年(1868)獨山莫氏金陵刻本　一册

500000－8701－0009585　F224842
大清光緒二十二年歲次丙申七政經緯宿度五星伏見一卷　(清)□□編　清光緒刻本　一册

500000－8701－0009586　F224843－900
欽定四庫全書考證一百卷　(清)王太岳纂輯　清光緒二十五年(1899)廣雅書局刻本　五十八册

500000－8701－0009587　F224901－02
人譜正篇一卷人譜類記二卷附本傳一卷

(明)劉宗周著　清同治六年(1867)刻本　二冊

500000－8701－0009588　F224907－08
危言二卷　(清)邵作舟著　清光緒二十四年(1898)上海商務印書館鉛印本　二冊

500000－8701－0009589　F224909－10
危言二卷　(清)邵作舟著　清光緒二十四年(1898)上海商務印書館鉛印本　二冊

500000－8701－0009590　F224912
痧症全書三卷　(清)王楚堂著　清光緒九年(1883)石印本　一冊

500000－8701－0009591　F224919－20
龍文鞭影二卷　(明)蕭良有著　(清)楊臣諍增訂　清刻本　二冊

500000－8701－0009592　F224921－22
龍文鞭影二卷　(明)蕭良有著　(清)楊臣諍增訂　清刻本　二冊

500000－8701－0009593　F224946
蘇臺麋鹿記二卷　(清)潘鍾瑞撰　清刻本　一冊

500000－8701－0009594　F224947－54
廣事類賦四十卷　(清)華希閔撰　清康熙三十八年(1699)劍光閣刻本　八冊

500000－8701－0009595　F224955－58
事類賦三十卷　(宋)吳淑撰註　清刻本　四冊

500000－8701－0009596　F224959－5038
四庫全書攷證一百卷　(清)王太岳纂輯　清刻本　八十冊

500000－8701－0009597　F225039－54
三書寶鑑三種四十八卷　(明)戚繼光著　(清)惠麓酒民編次　清道光十年至咸豐五年(1830－1855)刻本　十六冊

500000－8701－0009598　F225071－80
記事珠十卷　(清)張以謙著　清嘉慶二十一年(1816)雲間王氏知不足齋刻本　十冊

500000－8701－0009599　F225090
佐治藥言一卷續一卷　(清)汪輝祖纂　清同治七年(1868)湖北崇文書局刻本　一冊

500000－8701－0009600　F225091
佐治藥言一卷續一卷　(清)汪輝祖纂　清同治七年(1868)湖北崇文書局刻本　一冊

500000－8701－0009601　F225092－93
學治臆説二卷附續説一卷説贅一卷　(清)汪輝祖纂　清同治七年(1868)湖北崇文書局刻本　二冊

500000－8701－0009602　F225094－97
述記三十四種　(清)任兆麟纂　清乾隆五十三年(1788)刻本　四冊

500000－8701－0009603　F225098
梟氏爲鍾圖説一卷　(清)鄭珍著　清光緒二十年(1894)貴築高氏資州官廨刻本　一冊

500000－8701－0009604　F225110－19
科學叢書第一集八種十三卷　(日本)矢津昌永著　樊炳清譯　清光緒二十七年(1901)上海教育世界出版所石印本　十冊

500000－8701－0009605　F225124－26
翼教叢編六卷　(清)蘇輿輯　清光緒二十五年(1899)刻本　三冊

500000－8701－0009606　F225127
無雙譜一卷　(清)吳雲撰　清刻本　一冊

500000－8701－0009607　F225128－31
學仕遺規四卷　(清)陳宏謀輯　(清)陳蘭森等編校　清培遠堂刻本　四冊

500000－8701－0009608　F225133－36
寄傲山房塾課新增幼學故事瓊林四卷　(清)程允升著　(清)鄒聖脈增補　清乾隆二十五年(1760)兩儀堂刻本　四冊

500000－8701－0009609　F225137
千金寶要六卷　(宋)郭思編　清光緒十一年(1885)平津館孫氏刻本　一冊

500000－8701－0009610　F225139－50
夢園書畫錄二十五卷　(清)方濬頤輯訂　清

光緒元年(1875)刻本　十二册

500000－8701－0009611　F225157－60
呂氏春秋二十六卷附攷一卷　(漢)高誘注　(清)畢沅輯校　清乾隆五十四年(1789)刻本　四册

500000－8701－0009612　F225161－95
富强齋叢書正全集□□種□□卷　(清)袁俊德輯　清光緒二十五年(1899)小倉山房石印本　三十五册　存三十五種二百二十一卷(算學:勾股六術一卷、算式集要四卷、九數外錄一卷、衍元要義一卷、弧田問率一卷、直積回求一卷、割圜連比例術圖解三卷首一卷、橢圓求周術一卷、斜弧三邊求角補術一卷、堆垛求積術一卷、三統術衍補一卷、周冪知裁一卷、器象顯真四卷附圖一卷、重學二十卷、電學綱目一卷、電學十卷首一卷,化學:化學鑑原六卷、化學鑑原續編二十四卷、化學鑑原補編六卷、化學體積分劑一卷、化學材料中西名目表一卷,聲學:聲學八卷、光學二卷、視學諸器圖說一卷、談天十八卷附表一卷、測候叢談四卷、地學淺釋三十八卷,史學:列國歲計政要十二卷、光緒戊戌年列國歲計表一卷、萬國總說三卷、中俄交界圖一卷、俄史輯譯四卷、歐洲東方交涉記十二卷、南北花旗戰紀十八卷,公法學:各國交涉公法論初集四卷末一卷)

500000－8701－0009613　F225196－227
格致叢書一百種附刻十種　(清)徐建寅編　清光緒二十七年(1901)上海譯書公學石印本　三十二册

500000－8701－0009614　F225228－91
西學富强叢書八十一種　(清)張之洞輯　清光緒二十七年(1901)上海寶善齋石印本　六十四册　存七十三種四百一卷(勾股六術一卷、算式集要四卷、九數外錄一卷、衍元要義一卷、弧田問率一卷、直積回求一卷、割圜連比例術圖解三卷、橢圓求周術一卷、斜弧三邊求角補術一卷、堆垛求積術一卷、三統術衍補一卷、周冪知裁一卷、器象顯真四卷附圖一卷、重學二十卷、電學綱目一卷、電學十卷首一卷、化學鑑原六卷、化學鑑原續編二十四卷、化學鑑原補編六卷附錄體積分劑一卷、化學材料中西名目表一卷、聲學八卷、光學二卷、視學諸器圖説一卷、談天十八卷附表一卷、測候叢談四卷、地學淺釋三十八卷、列國歲計政要十二卷、萬國總說三卷、俄史輯譯四卷、歐洲東方交涉記十二卷、南北花旗戰紀十八卷、各國交涉公法論總論一卷初集四卷二集四卷三集八卷附校勘記一卷、英國水師律例四卷、開煤要法十二卷、井礦工程三卷、銀礦指南一卷、冶金錄三卷、鍊鋼要言一卷、金石識別十二卷附英文表一卷、汽機必以十二卷首一卷附一卷、汽機新制八卷、鍊石編三卷附圖一卷、海塘輯要十卷首一卷、行軍鐵路工程二卷附圖一卷、匠誨與規三卷、造管之法一卷、色相留眞一卷、造硫强水法一卷、回熱爐法一卷、鎔金類罐一卷、水衣全論一卷、垸髹致美一卷、製肥皂法二卷、製油燭法一卷、電氣鍍金四卷、電學鍍鎳一卷、製玻璃法二卷、鐵船針向一卷、機動圖説一卷、列國陸軍制九卷、臨陣管見九卷、營城揭要二卷附圖一卷、英國水師考一卷、法國水師考一卷、美國水師考一卷、海軍調度要言三卷附圖一卷、輪船布陣十二卷首一卷附圖一卷、製火藥法三卷附圖一卷、兵船礮法六卷、回持活德鋼礮一卷、西藝知新克虜伯礮準心法一卷附圖一卷、克虜伯礮說四卷、克虜伯礮操法四卷附表八卷)

500000－8701－0009615　F225292－93
京塵雜錄四卷　(清)楊掌生著　清光緒十二年(1886)上海同文書局石印本　二册

500000－8701－0009616　F225302－05
訓女圖說二卷　(清)桂馥著　清光緒十四年(1888)鶴慶蔣宗漢刻本　四册

500000－8701－0009617　F225306－07
諏吉便覽不分卷　(清)俞榮寬編　(清)費淳鑒定　清嘉慶十八年(1813)刻本　二册

500000－8701－0009618　F225309－14
關帝降象寶訓圖書六卷　(□)□□編　清同治三年(1864)介休文翰堂刻本　六册

500000－8701－0009619　F225318－21
四典要會四卷　(清)復初氏著　清光緒二十四年(1898)錦城荊德茂厚堂刻本　四冊

500000－8701－0009620　F225324
谷園箸存二卷　(清)蔡世信撰　清光緒三十四年(1908)刻本　一冊

500000－8701－0009621　F225325
新刊性理彙解六卷　(清)王熙祖纂輯　清康熙四十年(1701)刻本　一冊

500000－8701－0009622　F225327
閨訓清源不分卷　(清)劉棖文輯　清刻本　一冊

500000－8701－0009623　F225328
菰中隨筆不分卷　(清)顧炎武著　清道光十二年(1832)刻本　一冊

500000－8701－0009624　F225331－32
沖虛至德真經八卷　(晉)張湛注　清光緒二十八年(1902)影印本　二冊

500000－8701－0009625　F225333
蕺山先生人譜一卷人譜類記一卷　(明)劉宗周著　(清)洪正治編　清道光八年(1828)教忠堂刻本　一冊

500000－8701－0009626　F225334
馬首農言一卷　(清)祁寯藻著　清咸豐五年(1855)刻本　一冊

500000－8701－0009627　F225335－39
嶽雪樓書畫錄五卷　(清)孔廣陶編　清光緒十五年(1889)刻本　五冊

500000－8701－0009628　F225340
道德寶章不分卷　(宋)白玉蟾註　清刻本　一冊

500000－8701－0009629　F225341－42
桐城先生點勘墨子讀本十六卷　(戰國)墨翟著　(清)吳汝綸點勘　清末鉛印本　二冊

500000－8701－0009630　F225343
中國預算要略一卷　劉澤熙著　清宣統二年(1910)璧山胡氏北京石印本　一冊

500000－8701－0009631　F225345
靈石記一卷　(清)趙爾豐著　清宣統二年(1910)石印本　一冊

500000－8701－0009632　F225352
守望新書四卷　(清)錢泳輯　清道光二十二年(1842)揚州士樸堂刻本　一冊

500000－8701－0009633　F225356－61
紀效新書十八卷首一卷　(明)戚繼光著　清道光二十三年(1843)錢塘許氏刻本　六冊

500000－8701－0009634　F225374－77
御纂性理精義十二卷　(清)李光地等纂　清刻本　四冊

500000－8701－0009635　F225378－83
御纂性理精義十二卷　(清)李光地等纂　清刻本　六冊

500000－8701－0009636　F225384－89
御纂性理精義十二卷　(清)李光地等纂　清刻本　六冊

500000－8701－0009637　F225390－93
抱朴子內篇四卷外篇四卷　(晉)葛洪撰　清刻本　四冊

500000－8701－0009638　F225394
天演論二卷　(英國)赫胥黎著　嚴復譯　清光緒二十七年(1901)富文書局石印本　一冊

500000－8701－0009639　F225395－98
課子隨筆節鈔六卷續編一卷　(清)張又渠輯　(清)徐桐節鈔　清刻本　四冊

500000－8701－0009640　F225403－06
抱朴子內篇四卷　(晉)葛洪撰　清光緒二十年(1894)經綸元記刻本　四冊

500000－8701－0009641　F225407－10
抱朴子內篇四卷　(晉)葛洪撰　清光緒二十年(1894)經綸元記刻本　四冊

500000－8701－0009642　F225411－18
南華雪心編八卷　(清)劉鳳苞註釋　清光緒二十三年(1897)刻本　八冊

500000-8701-0009643　F225419-26
原富五部　(英國)斯密亞丹著　嚴復譯　清光緒二十七年(1901)刻本　八册

500000-8701-0009644　F225427-34
原富五部　(英國)斯密亞丹著　嚴復譯　清光緒二十九年(1903)南洋公學譯書院鉛印本　八册

500000-8701-0009645　F225435-42
原富五部　(英國)斯密亞丹著　嚴復譯　清光緒二十九年(1903)南洋公學譯書院鉛印本　八册

500000-8701-0009646　F225443-46
群學肄言十六卷　(英國)斯賓塞爾著　嚴復譯　清光緒二十九年(1903)上海文明書局鉛印本　四册

500000-8701-0009647　F225453
雞澤脞錄一卷迎靄筆記二卷　(清)程鴻詔著　清同治刻本　一册

500000-8701-0009648　F225455-58
文公家禮七卷　(宋)朱熹著　明萬曆刻本　四册

500000-8701-0009649　F225459
安瀾紀要二卷　(清)徐心如撰　清道光二十二年(1842)刻本　一册

500000-8701-0009650　F225460-63
曉菴遺書曆法六卷曆表三卷大統秝法啟蒙五卷雜著一卷　(清)王錫闡著　清光緒刻本　四册　存八卷(曆表二至三、大統秝法啟蒙五卷、雜著一卷)

500000-8701-0009651　F225462
開方通釋一卷　(清)焦循撰　清德化李氏刻本　一册

500000-8701-0009652　F225463
心得要旨一卷　(明)金星橋撰　清德化李氏刻本　一册

500000-8701-0009653　F225464
綢繆未雨集三種附保守平安歌三首　(清)杜成章輯　清光緒二十六年(1900)刻本　一册

500000-8701-0009654　F225471-74
練兵實紀九卷　(明)戚繼光撰　清道光十四年(1834)安康張氏刻本　四册

500000-8701-0009655　F225475-76
家語十卷　(清)錢受益校　**集語二卷**　(清)薛據纂　(清)鍾人傑閱　清初刻本　二册

500000-8701-0009656　F225479
廣西團練事宜不分卷　(清)朱孫詒編　清咸豐十一年(1861)刻本　一册

500000-8701-0009657　F225480
陸軍軍刀圖說一卷　(清)□□撰　清光緒中東石印局石印本　一册

500000-8701-0009658　F225482
長江礮臺芻議不分卷　姚錫光撰　清光緒三十三年(1907)北洋陸軍編譯局石印本　一册

500000-8701-0009659　F225483
鍊鋼要言一卷附錄試驗各法一卷　(清)徐家寶譯　清光緒二十年(1894)江南製造總局刻本　一册

500000-8701-0009660　F225484-85
鍊石編三卷附圖一卷　(英國)亨利黎特撰　舒高第　(清)鄭昌棪譯　清江南製造總局鉛印本　二册

500000-8701-0009661　F225487
普通體操學教科書不分卷　(日本)日本師範學校編　王肇鋐譯　清光緒三十年(1904)東壁書屋刻本　一册

500000-8701-0009662　F225488
普通體操學教科書不分卷　(日本)日本師範學校編　王肇鋐譯　清光緒三十年(1904)東壁書屋刻本　一册

500000-8701-0009663　F225489
體操法五卷　(德國)瑞乃爾口譯　(清)蕭誦芬筆述　清光緒二十六年(1900)刻本　一册

500000-8701-0009664　F225490
體操法五卷　(德國)瑞乃爾口譯　(清)蕭誦

芬筆述　清光緒二十六年(1900)刻本　一册

500000－8701－0009665　F225491－92
防海新論十八卷　(德國)希理哈撰　(英國)傅蘭雅口譯　(清)華蘅芳筆述　清末石印本　二册

500000－8701－0009666　F225493
御風要術三卷　(英國)白爾特撰　(美國)金楷理口譯　(清)華蘅芳筆述　清末石印本　一册

500000－8701－0009667　F225494
行軍測繪十卷首一卷　(英國)連提撰　(英國)傅蘭雅口譯　(清)趙元益筆述　清末石印本　一册

500000－8701－0009668　F225495
洋槍淺言一卷　(清)顔邦固著　清光緒十一年(1885)上海江南機器製造總局刻本　一册

500000－8701－0009669　F225496
格林礮操法一卷　(美國)傅蘭克撰　(英國)傅蘭雅口譯　(清)徐建寅筆述　清末上海江南機器製造總局刻本　一册

500000－8701－0009670　F225497
礮法畫譜一卷　(清)丁乃文著　清光緒十四年(1888)江南製造局鉛印本　一册

500000－8701－0009671　F225498－500
水師操練十八卷首一卷附卷一卷　(英國)戰船部原書　(英國)傅蘭雅口譯　(清)徐建寅筆述　清刻本　三册

500000－8701－0009672　F225501
水師保身法一卷　(法國)勒羅阿撰　(英國)伯克雷譯　(清)程鑾　(清)趙元益重譯　清江南製造總局刻本　一册

500000－8701－0009673　F225502－03
英國水師律例四卷　(英國)師德麟　(英國)極福德纂　(清)鄭昌棪　舒高第譯　清光緒三年(1877)江南製造總局刻本　二册

500000－8701－0009674　F225504－05
漢溪書法通解八卷　(清)戈守智纂　清乾隆十五年(1750)刻本　二册

500000－8701－0009675　F225506－07
海軍調度要言三卷附圖一卷　(英國)拏核甫撰　舒高第　(清)鄭昌棪譯　清鉛印本　二册

500000－8701－0009676　F225509－12
太玄四卷　(宋)司馬光註　清道光十一年(1831)青棠書屋刻本　四册

500000－8701－0009677　F225521
繪圖增註朱子治家格言一卷　(清)朱用純著　(清)陸廷燮註　清光緒三十四年(1908)上海萃文齋書莊刻本　一册

500000－8701－0009678　F225523－32
廣事類賦四十卷　(清)華希閔著　清劍光閣刻本　十册

500000－8701－0009679　F225543－48
槐廳載筆二十卷　(清)法式善編　清嘉慶法式善刻本　六册

500000－8701－0009680　F225550－53
百二漢鏡齋秘書四種五卷　(清)程芝雲編　清道光四年(1824)湖邊程氏刻本　四册

500000－8701－0009681　F225557－60
文子纘義十二卷　(元)杜道堅撰　清光緒九年(1883)湖南傳忠書局刻本　四册

500000－8701－0009682　F225561－64
揚州畫舫録十八卷　(清)李斗著　清乾隆六十年(1795)刻本　四册

500000－8701－0009683　F225576
釋字百韻一卷　(清)陳勱著　清光緒二年(1876)張氏刻本　一册

500000－8701－0009684　F225577－78
字府精萃二卷　(□)□□纂　清同治四年(1865)刻本　二册

500000－8701－0009685　F225579
二老堂雜志五卷　(宋)周必大著　清六安晁氏木活字印學海類編本　一册

500000－8701－0009686　F225580－611
朱子語類大全一百四十卷　(宋)黎清德編　清刻本　三十二册

500000－8701－0009687　F225612－51
朱子語類一百四十卷　(宋)黎清德編　清同治十一年(1872)四川制署應元書院刻本　四十册

500000－8701－0009688　F225652－715
御纂朱子全書六十六卷　(清)李光地等編修　清康熙五十二年(1713)内府刻本　六十四册

500000－8701－0009689　F225716－43
御纂朱子全書六十六卷　(清)李光地等編修　清同治八年(1869)成都書局刻本　二十八册

500000－8701－0009690　F225744－75
御纂朱子全書六十六卷　(清)李光地等編修　清同治八年(1869)成都書局刻本　三十二册

500000－8701－0009691　F225776－823
御纂朱子全書六十六卷　(清)李光地等編修　清康熙五十三年(1714)武英殿刻本　四十八册

500000－8701－0009692　F225872－911
御纂朱子全書六十六卷　(清)李光地等編修　清刻本　四十册

500000－8701－0009693　F225950－57
大學衍義四十三卷　(宋)真德秀著　清同治十三年(1874)金陵書局刻本　八册

500000－8701－0009694　F225958－60
大學衍義補輯要六卷首一卷　(明)丘濬撰　(清)陳宏謀纂輯　清道光二十二年(1842)寶恕堂刻本　三册

500000－8701－0009695　F225961－68
大學衍義體要十六卷　(宋)真德秀編　(清)徐桐輯　清刻本　八册

500000－8701－0009696　F225969－6016
大學衍義補一百六十卷首一卷　(明)丘濬撰　(明)陳仁錫評　清刻本　四十八册

500000－8701－0009697　F226017－36
理學宗傳二十六卷　(清)孫奇逢輯　(清)魏一鰲　(清)孫立雅編　清康熙五年(1666)著臺張氏刻本　二十册

500000－8701－0009698　F226037－48
理學宗傳二十六卷　(清)孫奇逢輯　(清)魏一鰲　(清)孫立雅編　清光緒六年(1880)浙江書局刻本　十二册

500000－8701－0009699　F226049－60
理學宗傳二十六卷　(清)孫奇逢輯　(清)魏一鰲　(清)孫立雅編　清光緒六年(1880)浙江書局刻本　十二册

500000－8701－0009700　F226073－84
理學宗傳二十六卷　(清)孫奇逢輯　(清)魏一鰲　(清)孫立雅編　清康熙五年(1666)著臺張氏刻本　十二册

500000－8701－0009701　F226148－57
列聖合璧發聾振聵起死回生集二十四卷附胎產方一卷　(清)徐謙纂輯　清咸豐十年至十一年(1860－1861)刻本　十册

500000－8701－0009702　F226158
陸清獻公治嘉格言一卷　(清)陸隴其著　清同治七年(1868)上海衙署刻本　一册

500000－8701－0009703　F226160
學治臆說二卷附續說一卷說贅一卷　(清)汪輝祖纂　清光緒二十年(1894)王氏刻本　一册

500000－8701－0009704　F226173－204
大學衍義補一百六十卷首一卷　(明)邱濬撰　清光緒二十一年(1895)桂垣書局刻本　三十二册

500000－8701－0009705　F226205－06
大學衍義輯要六卷　(宋)真德秀撰　(清)陳宏謀纂　清刻本　二册

500000－8701－0009706　F226207－11

大學衍義補輯要十二卷首一卷 (明)邱濬撰 (清)陳宏謀纂 清刻本 五册 存十一卷(一至十、首一卷)

500000－8701－0009707 F226215－22
籌濟編三十二卷首一卷 (清)楊景仁輯 清光緒四年(1878)常熟楊氏刻本 八册

500000－8701－0009708 F226223－26
約書十二卷 (清)謝階樹撰 清道光二十四年(1844)刻本 四册

500000－8701－0009709 F226227－30
無邪堂答問五卷 (清)朱一新撰 清光緒二十一年(1895)廣東刻本 四册

500000－8701－0009710 F226231
懺摩録一卷潘瀾筆記二卷 (清)彭兆蓀著 清光緒二十四年(1898)東倉書庫刻本 一册

500000－8701－0009711 F226232
同仁堂藥目一卷 (清)樂鳳鳴輯 清光緒十五年(1889)刻本 一册

500000－8701－0009712 F226235
女小學四卷 (清)戴禮編 清光緒三十四年(1908)北京京華印書局鉛印本 一册

500000－8701－0009713 F226236
辟邪紀實三卷附一卷 (□)天下第一傷心人撰 清咸豐十一年(1861)刻本 一册

500000－8701－0009714 F226237
辟邪紀實三卷附一卷 (□)天下第一傷心人撰 清咸豐十一年(1861)刻本 一册

500000－8701－0009715 F226244－45
存我軒偶録不分卷 (清)陸鍾渭著 清光緒二十八年(1902)重慶廣益書局鉛印本 二册

500000－8701－0009716 F226256
會輔堂問答記略二卷 (清)亦畸編輯 清光緒二十六年(1900)刻本 一册

500000－8701－0009717 F226257
會輔堂問答記略二卷 (清)亦畸編輯 清光緒二十六年(1900)刻本 一册

500000－8701－0009718 F226258
身世金箴不分卷 (清)郝懿行撰 清光緒十三年(1887)刻本 一册

500000－8701－0009719 F226260
憲法精理二卷八章 (清)周逵編譯 清光緒二十九年(1903)廣業書局刻本 一册

500000－8701－0009720 F226261
直隸督院答覆諮議局案并咨行文件彙編不分卷 (清)直隸諮議局編 清宣統二年(1910)鉛印本 一册

500000－8701－0009721 F226262－63
日下尊聞録五卷 (清)曹鴻勛等録 清光緒十七年(1891)培花館屬全文書局石印本 二册

500000－8701－0009722 F226264－65
中俄國際約注五卷 施紹常纂 清光緒三十一年(1905)上海商務印書館鉛印本 二册

500000－8701－0009723 F226266－67
北夢瑣言二十卷 (宋)孫光憲撰 清光緒五年(1879)仁邑公局刻本 二册

500000－8701－0009724 F226268－71
齊民要術十卷 (北魏)賈思勰撰 清刻觀象廬叢書本 四册

500000－8701－0009725 F226272－81
鴻苞節録十卷 (明)屠隆著 (清)屠繼利編 清咸豐七年(1857)章邱縣署刻本 十册

500000－8701－0009726 F226282－87
海昌二妙集二卷首二卷 題(□)浮雲末齋主人輯 清刻本 六册

500000－8701－0009727 F226288－95
輟耕録三十卷 (明)陶宗儀撰 清光緒十一年(1885)上海福瀛書局刻本 八册

500000－8701－0009728 F226298
世界叢編不分卷 王昭三編 清宣統元年(1909)績溪世界社鉛印本 一册

500000－8701－0009729 F226299
世界叢編不分卷 王昭三編 清宣統元年

(1909)績溪世界社鉛印本　一册

500000－8701－0009730　F226300
英政概一卷法政概一卷英藩政概四卷　(清)劉啟彤譯編　清光緒十六年(1890)廣百宋齋鉛印本　一册

500000－8701－0009731　F226301－02
奏摺體例輯要四卷　(清)步翼鵬撰　清宣統元年(1909)石印本　二册

500000－8701－0009732　F226303
女子家庭模範十章　(清)蘇完瓜爾佳籛年輯著　清天津醒華報館石印本　一册

500000－8701－0009733　F226304
民種學二卷　(清)大學堂譯書局譯　清光緒二十九年(1903)北京大學堂官書局鉛印本　一册

500000－8701－0009734　F226307
西京雜記二卷　(晉)葛洪撰　清光緒八年(1882)刻本　一册

500000－8701－0009735　F226308
成功錦囊不分卷　王建善譯　清宣統二年(1910)成都文倫書局鉛印本　一册

500000－8701－0009736　F226309
新撰家政學七章　(日本)下田歌子著　(清)湯釗譯　清光緒三十一年(1905)四川官報書局鉛印本　一册

500000－8701－0009737　F226310－11
列子八卷　(唐)盧重元解　清嘉慶八年(1803)江都秦氏石研齋刻本　二册

500000－8701－0009738　F226312
沖虚至德真經八卷　(晉)張湛注　清嘉慶元年(1796)刻本　一册

500000－8701－0009739　F226318－25
墨子閒詁十五卷附錄一卷後語一卷　(清)孫詒讓註　清掃葉山房石印本　八册

500000－8701－0009740　F226382－85
墨子閒詁十五卷目錄一卷附錄一卷後語二卷　(清)孫詒讓撰　清宣統二年(1910)瑞安孫氏刻本　四册

500000－8701－0009741　F226389
陸清獻公蒞嘉遺跡三卷　(清)黄維玉編輯　清道光二十一年(1841)嘉邑曹氏刻本　一册

500000－8701－0009742　F226390－93
富陽夏氏叢刻七種　(清)夏震武等著　清光緒富陽夏氏刻本　四册

500000－8701－0009743　F226394
官子譜一卷　(□)□□編　清刻本　一册

500000－8701－0009744　F226396
曾氏家訓一卷　(清)左錫嘉輯　清光緒十七年(1891)刻本　一册

500000－8701－0009745　F226397
黄書七卷　(清)王夫之譔　清刻本　一册

500000－8701－0009746　F226403
聰訓齋語二卷恒產瑣言一卷飯有十二合説一卷　(清)張英纂　清光緒十七年(1891)皖南洪氏蜀西樂山縣署刻本　一册

500000－8701－0009747　F226412－17
遵言二卷續編四卷附補遺　(清)王遠焌編輯　清光緒三十三年(1907)商務印書館鉛印本　六册

500000－8701－0009748　F226418
順天易生編二卷　(清)趙璧纂　清光緒二年(1876)蘇城毛氏刻本　一册

500000－8701－0009749　F226419－20
聖諭廣訓直解不分卷　(清)聖祖玄燁撰　清道光三十年(1850)刻本　二册

500000－8701－0009750　F226421－23
傳習錄三卷　(明)王守仁撰　清宣統二年(1910)成都國學研究會刻本　三册

500000－8701－0009751　F226424－27
平平言四卷　(清)方大湜撰　清光緒十八年(1892)資州官廨刻本　四册

500000－8701－0009752　F226428
廸幼錄三卷　(明)程基輯　清光緒二十八年

(1902)刻本　一册

500000－8701－0009753　F226433－36
松陽講義十二卷　(清)陸隴其著　清康熙二十九年(1690)當湖陸氏刻本　四册

500000－8701－0009754　F226437
六事箴言一卷續編一卷　(清)葉玉屏編　(清)伍孚尹續編　清光緒三十三年(1907)遵義華氏鉛印本　一册

500000－8701－0009755　F226438－40
神相彙編四卷　(清)高鼎玉著　清道光二十三年(1843)雲間高氏修竹吾廬刻本　三册　存三卷(一至三)

500000－8701－0009756　F226444－48
無邪堂答問五卷　(清)朱一新撰　清光緒二十八年(1902)知新書屋成都刻本　五册

500000－8701－0009757　F226465
支那教學史略三卷　(日本)狩野良知撰　清光緒二十八年(1902)上海商務印書館鉛印本　一册

500000－8701－0009758　F226468－70
皇朝經世論鈔四卷　(清)顧炎武等撰　清光緒二十四年(1898)頤齋刻本　三册

500000－8701－0009759　F226471－72
在官法戒錄摘鈔四卷　(清)陳宏謀編輯　清光緒三十二年(1906)本村川東大足縣復興廟刻本　二册

500000－8701－0009760　F226473－74
折獄龜鑑八卷首一卷　(清)許槤輯　清光緒十四年(1888)四川臬署刻本　二册

500000－8701－0009761　F226475
力書一卷平等會公例一卷　(清)周善培撰　清光緒二十四年(1898)湖南刻本　一册

500000－8701－0009762　F226491－96
石渠餘紀六卷　(清)王慶雲撰　清光緒十四年(1888)甯鄉黄氏刻本　六册

500000－8701－0009763　F226497－502
墨林今話十八卷　(清)蔣寶齡撰　**續編一卷**　(清)蔣茝生撰　清宣統三年(1911)上海掃葉山房石印本　六册

500000－8701－0009764　F226513－20
桐陰論畫二卷首一卷附錄一卷二編二卷三編二卷附畫訣一卷續桐陰論畫一卷　(清)秦祖永著　清同治三年(1864)岑南何氏刻本　八册

500000－8701－0009765　F226524－29
新鐫分類評註文武合編百子金丹四卷分類內外合編百子金丹六卷　(明)郭偉選註　(明)王星聚校訂　(明)郭中吉編次　清光緒二十二年(1896)品聚堂刻本　六册

500000－8701－0009766　F226530
化學鑑原補編六卷附一卷　(英國)傅蘭雅口譯　(清)徐壽筆述　清光緒二十二年(1896)石印本　一册

500000－8701－0009767　F226531
化學考質八卷　(德國)富里西尼烏司著　(英國)傅蘭雅口譯　(清)徐壽筆述　清光緒二十二年(1896)石印本　一册

500000－8701－0009768　F226585
電學綱目一卷　(英國)田大里輯　(清)周郇譯　清光緒二十二年(1896)石印本　一册

500000－8701－0009769　F226586
電氣鍍金略法一卷　(英國)華特撰　(英國)傅蘭雅口譯　(清)周郇筆述　清光緒二十二年(1896)上海璣衡堂石印本　一册

500000－8701－0009770　F226587－89
電學十卷首一卷　(英國)瑙挨德著　(清)徐建寅譯　清光緒二十二年(1896)石印本　三册

500000－8701－0009771　F226590－95
電學大成五種二十一卷　(英國)田大里等輯　(清)周郇等譯　清光緒二十二年(1896)石印本　六册

500000－8701－0009772　F226596－99
庸書内篇二卷外篇二卷　(清)陳熾著　清光

緒二十四年(1898)徐宗師示刻本　四冊

500000－8701－0009773　F226661
脈學奇經八脈攷一卷　(明)李時珍撰輯　清刻本　一冊

500000－8701－0009774　F226664－65
桐城先生點勘管子讀本二十四卷　(唐)房玄齡注　(清)吳汝綸點勘　清宣統衍星社鉛印本　二冊

500000－8701－0009775　F226666
桐城先生點勘太玄讀本十卷　(漢)揚雄著　(清)吳汝綸點勘　清宣統二年(1910)衍星社鉛印本　一冊

500000－8701－0009776　F226667－71
練兵實紀九卷雜集六卷　(明)戚繼光撰　清刻本　五冊

500000－8701－0009777　F226672－77
孫子十家注十三卷敘錄一卷　(春秋)孫武著　(三國魏)武帝曹操等注　清咸豐五年(1855)淡香齋刻本　四冊

500000－8701－0009778　F226718－29
翁山詩外十九卷　(清)屈大均撰　清宣統二年(1910)上海國學扶輪社鉛印本　十二冊

500000－8701－0009779　F226730－41
翁山詩外十九卷　(清)屈大均撰　清宣統二年(1910)上海國學扶輪社鉛印本　十二冊

500000－8701－0009780　F226742－46
翁山文外十六卷　(清)屈大均撰　清宣統二年(1910)上海國學扶輪社鉛印本　五冊

500000－8701－0009781　F226747－51
翁山文外十六卷　(清)屈大均撰　清宣統二年(1910)上海國學扶輪社鉛印本　五冊

500000－8701－0009782　F226776－85
翁松禪手札不分卷　(清)翁同龢著　清宣統元年(1909)石印本　十冊

500000－8701－0009783　F226786－91
䨰䬵亭集三十二卷後集十二卷　(清)祁寯藻著　清咸豐七年(1857)壽陽郭氏刻本　六冊

500000－8701－0009784　F226792－97
䨰䬵亭集三十二卷後集十二卷　(清)祁寯藻著　清咸豐七年(1857)壽陽郭氏刻本　六冊

500000－8701－0009785　F226798－99
筆花書屋詩鈔二卷　(清)嵇文駿著　清同治九年(1870)景谿嵇氏刻本　二冊

500000－8701－0009786　F226800－81
錫慶堂詩集八卷　(清)嵇璜著　清咸豐九年(1859)刻本　二冊

500000－8701－0009787　F226802－03
介白堂詩集二卷　(清)劉光第著　清光緒二十九年(1903)宜賓儷峯書屋刻本　二冊

500000－8701－0009788　F226804－05
介白堂詩集二卷　(清)劉光第著　清光緒二十九年(1903)宜賓儷峯書屋刻本　二冊

500000－8701－0009789　F226806
介白堂詩集二卷　(清)劉光第著　清光緒二十九年(1903)鉛印本　一冊

500000－8701－0009790　F226808－11
篁村集十二卷　(清)陸錫熊撰　清道光二十九年(1849)刻本　四冊

500000－8701－0009791　F226812
篋中詞續集四卷　(清)譚獻纂錄　清刻本　一冊

500000－8701－0009792　F226813－22
篋中詞六卷續集四卷　(清)譚獻纂錄　清光緒八年(1882)仁和譚氏刻本　十冊

500000－8701－0009793　F226823
無定雲龕詩集一卷詞集一卷　(清)沈寶鋸著　清光緒十四年(1888)樫園刻本　一冊

500000－8701－0009794　F226824
無欲齋詩草七卷尋聲譜一卷　(明)鹿善繼著　清光緒二十三年(1897)刻本　一冊

500000－8701－0009795　F226825－28
無近名齋文鈔兩編六卷附雜著兩編三卷外編一卷　(清)彭詡著　清光緒十年(1884)刻本　四冊

500000－8701－0009796　F226837－42
鑑止水齋集二十卷　(清)許宗彦撰　清咸豐八年(1858)刻本　六冊

500000－8701－0009797　F226843
鈍齋東遊日記不分卷(光緒三十四年十二月十四日至宣統元年七月十日)　賀綸夔編述　清宣統元年(1909)上海商務印書館鉛印本　一冊

500000－8701－0009798　F226864－65
錢牧齋文鈔不分卷　(清)錢謙益撰　清宣統元年(1909)上海國學扶輪社鉛印本　二冊

500000－8701－0009799　F226866－69
錢牧齋文鈔不分卷　(清)錢謙益撰　清宣統元年(1909)上海國學扶輪社鉛印本　四冊

500000－8701－0009800　F226870－73
錢牧齋文鈔不分卷　(清)錢謙益撰　清宣統元年(1909)上海國學扶輪社鉛印本　四冊

500000－8701－0009801　F226874－903
錢牧齋全集一百六十三卷　(清)錢謙益撰　清宣統二年(1910)邃漢齋鉛印本　三十冊　存一百二十四卷(初學集一百十卷、有學集一至十四)

500000－8701－0009802　F226904－09
初學集二十卷　(清)錢謙益撰　(清)錢曾箋註　清宣統三年(1911)上海國學扶輪社影印本　六冊

500000－8701－0009803　F226910
讀杜小箋三卷讀杜二箋二卷　(清)錢謙益撰　清宣統三年(1911)國學扶輪社石印本　一冊

500000－8701－0009804　F226913－24
曾文正公家書十卷家訓二卷　(清)曾國藩撰　清光緒四年(1878)傳忠書局刻本　十二冊

500000－8701－0009805　F226925－34
曾文正公家書十卷　(清)曾國藩撰　清光緒四年(1878)傳忠書局刻本　十冊

500000－8701－0009806　F226935－48
曾文正公家書十卷家訓二卷　(清)曾國藩撰　**大事記四卷**　(清)王定安編　**榮哀錄一卷**　清宣統三年(1911)成都文倫書局鉛印本　十四冊

500000－8701－0009807　F226949－50
錢南園先生遺集五卷　(清)錢灃著　清光緒十九年(1893)浙江書局刻本　二冊

500000－8701－0009808　F226951－52
錢南園先生遺集五卷　(清)錢灃著　清光緒十九年(1893)浙江書局刻本　二冊

500000－8701－0009809　F226953－54
錢南園先生遺集五卷　(清)錢灃著　清光緒二十一年(1895)刻本　二冊

500000－8701－0009810　F226959－60
錢南園先生遺集五卷　(清)錢灃著　清同治十一年(1872)刻本　二冊

500000－8701－0009811　F226961－62
錢南園先生遺集五卷　(清)錢灃著　清同治十一年(1872)刻本　二冊

500000－8701－0009812　F226963－64
錢南園先生遺集五卷　(清)錢灃著　清同治十一年(1872)刻本　二冊

500000－8701－0009813　F226987－92
曾文正公家書十卷家訓二卷　(清)曾國藩撰　**大事記四卷**　(清)王定安編　**榮哀錄一卷**　清光緒二十九年(1903)上海錦章書局石印本　六冊

500000－8701－0009814　F227011－12
曾文正公文集三卷詩集三卷　(清)曾國藩著　清光緒二年(1876)傳忠書局刻本　二冊

500000－8701－0009815　F227013－15
曾文正公文集三卷　(清)曾國藩著　清光緒二年(1876)傳忠書局刻本　三冊

500000－8701－0009816　F227016－19
曾文正公文集四卷　(清)曾國藩著　清光緒二十四年(1898)新化三味書屋刻本　四冊

500000－8701－0009817　F227020－23

曾文正公文集四卷　(清)曾國藩著　清光緒二十四年(1898)新化三味書屋刻本　四冊

500000－8701－0009818　F227024－63
曾文正公手書日記不分卷(道光二十一年正月至同治十一年二月初三日)　(清)曾國藩記　清宣統元年(1909)上海中國圖書公司石印本　四十冊

500000－8701－0009819　F227066－73
曾惠敏公全集奏疏六卷文集五卷詩鈔四卷日記二卷(光緒四年七月二十七日至十二年十一月十六日)　(清)曾紀澤撰　清光緒十九年(1893)江南製造總局鉛印本　八冊

500000－8701－0009820　F227074－81
曾惠敏公全集奏疏六卷文集五卷詩鈔四卷日記二卷(光緒四年七月二十七日至十二年十一月十六日)　(清)曾紀澤撰　清光緒十九年(1893)江南製造總局鉛印本　八冊

500000－8701－0009821　F227092－95
曾文正公文鈔四卷　(清)曾國藩著　清同治十二年(1873)醉六齋刻本　四冊

500000－8701－0009822　F227096－99
曾文正公文鈔四卷　(清)曾國藩著　清同治十一年(1872)蘇郡刻本　四冊

500000－8701－0009823　F227100－03
曾文正公文鈔四卷　(清)曾國藩著　(清)張英編校　清同治十一年(1872)刻本　四冊

500000－8701－0009824　F227104－07
曾文正公文集三卷詩集三卷　(清)曾國藩著　清宣統元年(1909)上海著易堂鉛印本　四冊

500000－8701－0009825　F227108－25
飲冰室文集十八卷　梁啟超撰　清廣智書局鉛印本　十八冊

500000－8701－0009826　F227126－28
鐵莊文集八卷　(清)陸楣著　清光緒二十一年(1895)曹氏樂善堂活字印本　三冊

500000－8701－0009827　F227129－32
鐵園集六卷　(清)陸墢著　清道光二十九年(1849)刻本　四冊

500000－8701－0009828　F227133－38
鐵厓詩集三種二十六卷首一卷附錄一卷　(明)楊維楨撰　(明)吳復編　(清)樓卜瀍註　清光緒八年(1882)諸暨樓氏崇德堂補刻本　六冊

500000－8701－0009829　F227139－41
鐵橋漫稿十三卷　(清)嚴可均撰　清道光十八年(1838)四錄堂刻本　三冊

500000－8701－0009830　F227143－48
養晦堂文集十卷詩集二卷　(清)劉蓉撰　清光緒三年(1877)湖南思賢講舍刻本　六冊

500000－8701－0009831　F227149－54
養晦堂文集十卷詩集二卷　(清)劉蓉撰　清光緒三年(1877)湖南思賢講舍刻本　六冊

500000－8701－0009832　F227161－72
養知書屋文集二十八卷　(清)郭嵩燾著　清光緒十八年(1892)刻本　十二冊

500000－8701－0009833　F227173－80
養志居僅存稿十八卷　(清)陳宗起著　(清)陳克劬輯　清光緒十一年(1885)刻本　八冊

500000－8701－0009834　F227185－88
養拙齋詩十四卷附錄一卷　(清)王必達撰　清光緒十九年(1893)刻本　四冊

500000－8701－0009835　F227189－90
養一齋詩話十卷李杜詩話三卷　(清)潘德輿撰　清刻本　二冊　存六卷(養一齋詩話四至六、李杜詩話三卷)

500000－8701－0009836　F227191－94
養一齋詩話十卷李杜詩話三卷　(清)潘德輿撰　清末掃葉山房石印本　四冊

500000－8701－0009837　F227195－98
養一齋詩話十卷李杜詩話三卷　(清)潘德輿撰　清末掃葉山房石印本　四冊

500000－8701－0009838　F227199－206
養一齋文集二十卷　(清)李兆洛著　清光緒

四年(1878)刻本　八册

500000－8701－0009839　F227207－14
養一齋文集二十卷　(清)李兆洛著　清光緒四年(1878)刻本　八册

500000－8701－0009840　F227215－22
養一齋文集二十卷　(清)李兆洛著　清光緒四年(1878)刻本　八册

500000－8701－0009841　F227247－52
劍南詩鈔六卷　(宋)陸游著　(清)楊大鶴選　清光緒五年(1879)刻本　六册

500000－8701－0009842　F227253－60
劍南詩鈔六卷　(宋)陸游著　(清)楊大鶴選　清康熙二十四年(1685)刻本　八册

500000－8701－0009843　F227261－68
劍南詩鈔六卷　(宋)陸游著　(清)楊大鶴選　清光緒八年(1882)文苑山房刻本　八册

500000－8701－0009844　F227269－74
劍南詩鈔六卷　(宋)陸游著　(清)楊大鶴選　清康熙二十四年(1685)刻本　六册

500000－8701－0009845　F227275－306
劍南詩稿八十五卷　(宋)陸游著　清刻本　三十二册

500000－8701－0009846　F227307－36
劍南詩稿八十五卷　(宋)陸游著　清刻本　三十册

500000－8701－0009847　F227339－50
養素堂文集三十五卷　(清)張澍著　清道光十七年(1837)刻本　十二册

500000－8701－0009848　F227351－66
養素堂文集三十五卷　(清)張澍著　清道光十七年(1837)刻本　十六册

500000－8701－0009849　F227367－70
知足齋文集六卷附詩續集四卷進呈文稾二卷　(清)朱珪著　清刻本　四册

500000－8701－0009850　F227371－78
知足齋詩集二十卷　(清)朱珪著　清嘉慶刻本　八册

500000－8701－0009851　F227379－80
知悔齋文二卷　(清)陳克劬著　清光緒十九年(1893)刻本　二册

500000－8701－0009852　F227381
知聖篇二卷　廖平撰　清光緒二十八年(1902)刻本　一册

500000－8701－0009853　F227382
知白軒遺稿四卷末一卷　(清)楊景程著　清光緒十一年(1885)刻本　一册

500000－8701－0009854　F227397－404
缾水齋詩集十七卷別集二卷詩話一卷　(清)舒位撰　清光緒十二年(1886)刻本　八册

500000－8701－0009855　F227405－08
瓶花齋集十卷　(明)袁宏道撰　清宣統三年(1911)抱殘守缺齋石印本　四册

500000－8701－0009856　F227412－15
竹瑞堂詩鈔十八卷　(清)黄德華著　清同治三年(1864)刻本　四册

500000－8701－0009857　F227416－19
竹瑞堂詩鈔十八卷　(清)黄德華著　清同治三年(1864)刻本　四册

500000－8701－0009858　F227420
竹書紀年統箋十二卷　(南朝梁)沈約附注　(清)徐文靖統箋　**雜述一卷**　(清)徐文靖彙輯　**前編一卷**　(清)徐文靖補箋　清光緒三年(1877)浙江書局刻本　一册

500000－8701－0009859　F227421－24
竹書紀年統箋十二卷　(南朝梁)沈約附注　(清)徐文靖統箋　**雜述一卷**　(清)徐文靖彙輯　**前編一卷**　(清)徐文靖補箋　清光緒三年(1877)浙江書局刻本　四册

500000－8701－0009860　F227425－28
竹書紀年統箋十二卷　(南朝梁)沈約附注　(清)徐文靖統箋　**雜述一卷**　(清)徐文靖彙輯　**前編一卷**　(清)徐文靖補箋　清光緒三年(1877)浙江書局刻本　四册

500000－8701－0009861　F227434－49
弇州山人詩集五十卷目錄八卷　(明)王世貞著　清光緒三十三年(1907)渭南嚴氏刻本　十六冊

500000－8701－0009862　F227450－73
御訂全金詩增補中州集七十二卷首二卷　(金)元好問輯　(清)郭元釪補輯　清康熙五十年(1711)刻本　二十四冊

500000－8701－0009863　F227474－76
金匱要略淺註補正九卷　(漢)張仲景撰　(清)陳念祖註　唐宗海補正　清光緒三十四年(1908)千頃堂書局石印本　三冊

500000－8701－0009864　F227477－79
金匱要略淺註補正九卷　(漢)張仲景撰　(清)陳念祖註　唐宗海補正　清光緒三十四年(1908)千頃堂書局石印本　三冊

500000－8701－0009865　F227480－87
全謝山文鈔十六卷　(清)全祖望著　清宣統二年(1910)上海國學扶輪社鉛印本　八冊

500000－8701－0009866　F227488－95
全謝山文鈔十六卷　(清)全祖望著　清宣統二年(1910)上海國學扶輪社鉛印本　八冊

500000－8701－0009867　F227496－99
全蜀節孝錄三卷　(清)羅定昌纂輯　**雙流縣節孝貞烈續錄一卷**　(清)李瓊芳採輯　清光緒十七年(1891)刻本　四冊

500000－8701－0009868　F227500－03
重訂全唐詩話八卷　(宋)尤袤輯　(清)孫濤續輯　清宣統三年(1911)上海朝記書莊石印本　四冊

500000－8701－0009869　F227504－07
重訂全唐詩話八卷　(宋)尤袤輯　(清)孫濤續輯　清宣統三年(1911)上海朝記書莊石印本　四冊

500000－8701－0009870　F227508－13
全唐詩話六卷　(宋)王褒著　清宣統三年(1911)上海朝記書莊石印本　六冊

500000－8701－0009871　F227514－19
全唐詩話六卷　(宋)王褒著　清宣統三年(1911)上海朝記書莊石印本　六冊

500000－8701－0009872　F227520
全唐詩話六卷　(宋)王褒著　清宣統三年(1911)上海朝記書莊石印本　一冊

500000－8701－0009873　F227535－38
全史宮詞二十卷　(清)史夢蘭輯　清咸豐六年(1856)刻本　四冊

500000－8701－0009874　F227539－50
全蜀秇文志六十四卷　(明)楊慎輯　清光緒十五年(1889)雨餘山房刻本　十二冊

500000－8701－0009875　F227551－62
全蜀秇文志六十四卷　(明)楊慎輯　清光緒十五年(1889)雨餘山房刻本　十二冊

500000－8701－0009876　F227568－71
金忠節公文集八卷　(明)邵勷編次　清光緒三年(1877)刻本　四冊

500000－8701－0009877　F227572－75
金忠節公文集八卷　(明)金聲著　清光緒十四年(1888)黟邑李氏刻本　四冊

500000－8701－0009878　F227576－79
金忠節公文集八卷　(明)金聲著　清光緒十四年(1888)黟邑李氏刻本　四冊

500000－8701－0009879　F227580－83
金源紀事詩八卷　(清)湯運泰著　(清)湯顯業　(清)湯顯幹注　清同治十二年(1873)淮南書局刻本　四冊

500000－8701－0009880　F227584－85
金源紀事詩八卷　(清)湯運泰著　(清)湯顯業　(清)湯顯幹注　清嘉慶十八年(1813)刻本　二冊

500000－8701－0009881　F227586－89
金源紀事詩八卷　(清)湯運泰著　(清)湯顯業　(清)湯顯幹注　清嘉慶十八年(1813)刻本　四冊

500000－8701－0009882　F227591－92

金粟山房詩鈔十卷　（清）朱寯瀛著　清光緒二十七年（1901）刻本　二册

500000－8701－0009883　F227593－98
廣金石韻府五卷　（明）朱時望編纂　（清）林尚葵輯　（清）張鳳藻增篆　清咸豐七年（1857）巴郡張氏刻本　六册

500000－8701－0009884　F227603－10
八家四六文註八卷首一卷補注一卷　（清）孫星衍等撰　（清）許貞幹註　清末掃葉山房石印本　八册

500000－8701－0009885　F227611－18
八家四六文註八卷首一卷補注一卷　（清）孫星衍等撰　（清）許貞幹註　清末掃葉山房石印本　八册

500000－8701－0009886　F227619－26
八銘堂塾鈔初集四卷二集四卷　（清）吳懋政編　清光緒二十一年（1895）希樸齋刻本　八册

500000－8701－0009887　F227628－47
全五代詩九十一卷補遺一卷五代帝王廟謚年譜一卷編引書名一卷　（清）李調元編　清乾隆四十五年（1780）刻本　二十册

500000－8701－0009888　F227648－59
普天忠憤全集十四卷　（清）魯陽生編　清光緒二十一年（1895）石印本　十二册

500000－8701－0009889　F227664－65
人譜正篇一卷續篇一卷三篇一卷類記增訂六卷　（明）劉宗周著　清光緒二十九年（1903）滇官書局刻本　二册

500000－8701－0009890　F227672－73
公餘隨錄四卷　（清）恒保著　清同治九年（1870）刻本　二册

500000－8701－0009891　F227674
校正公餘醫錄五種十八卷　（清）陳念祖著　清末上海廣益書局文華書局石印本　一册

500000－8701－0009892　F227680－91
八旗文經六十卷　（清）盛昱　楊鍾羲編　清光緒二十七年（1901）武昌刻本　十二册

500000－8701－0009893　F227692－707
笙雅堂全集四種二十一卷　（清）張九鐔著　清嘉慶十六年（1811）刻本　十六册

500000－8701－0009894　F227708
笑庵存稿一卷　（清）鄭溥撰　清光緒二十九年（1903）黃海山人刻本　一册

500000－8701－0009895　F227709
谷園箸存二卷　（清）蔡世信撰　清光緒三十四年（1908）刻本　一册

500000－8701－0009896　F227710－14
善卷堂四六十卷　（清）陸繁弨撰　（清）吳自高注　清乾隆三十五年（1770）刻本　五册

500000－8701－0009897　F227715－17
善卷堂四六十卷　（清）陸繁弨撰　（清）吳自高注　清道光二年（1822）刻本　三册

500000－8701－0009898　F227718
缶廬詩四卷別存一卷　（清）吳俊卿著　清光緒十九年（1893）刻本　一册

500000－8701－0009899　F227731
今古學攷二卷　廖平述　清刻本　一册

500000－8701－0009900　F227732－33
鏡海樓詩集四卷　（清）楊鳳翰著　清光緒十二年（1886）瀘州鹽局刻本　二册

500000－8701－0009901　F227735－38
會稽掇英總集二十卷　（宋）孔延之編　清道光元年（1821）山陰杜氏浣花宗塾刻本　四册

500000－8701－0009902　F227739－42
廬陽三賢集三種十七卷　（宋）包拯等撰　清刻本　四册

500000－8701－0009903　F227743－54
尊經書院初集十二卷　王闓運編　清光緒十年（1884）四川省城刻本　十二册

500000－8701－0009904　F227755
鄭學錄四卷　（清）鄭珍撰　清同治四年（1865）刻本　一册

500000－8701－0009905　F227772－76
篤素堂文集十六卷　(清)張英著　清刻本　五冊

500000－8701－0009906　F227777
篤素堂集鈔三卷　(清)張英著　清湘鄉蔣氏龍安郡署刻本　一冊

500000－8701－0009907　F227778－79
食舊悳齋雜箸二卷　(清)劉嶽雲著　清光緒二十二年(1896)四川刻本　二冊

500000－8701－0009908　F227781－88
鈐山堂集四十卷　(明)嚴嵩撰　清刻本　八冊

500000－8701－0009909　F227836－39
管見舉隅二卷緒論二卷　(清)王培荀撰　清道光二十八年(1848)刻本　四冊

500000－8701－0009910　F227840－43
第六絃溪文鈔四卷　(清)黄廷鑑著　清光緒十年(1884)虞山後知不足齋刻本　四冊

500000－8701－0009911　F227872－79
分類尺牘備覽三十卷　(清)王虎榜編　清光緒十九年(1893)申江袖海山房石印本　八冊

500000－8701－0009912　F227892－93
司空詩品註釋一卷　(唐)司空圖撰　**文品二十四則一卷**　(□)夏少庸著　**詞品十二則一卷**　(□)郭祥伯撰　**賦品二十四則一卷書品二十四則一卷**　(清)黄鉞著　**畫品二十四則一卷**　清光緒十八年(1892)刻本　二冊

500000－8701－0009913　F227894－97
分類詩腋八卷　(清)李楨編　清嘉慶二十二年(1817)寧都李氏刻本　四冊

500000－8701－0009914　F227898－961
分類字錦六十四卷　(清)何焯等纂　清刻本　六十四冊

500000－8701－0009915　F227966
笛漁小槀十卷　(清)朱昆田著　清刻本　一冊

500000－8701－0009916　F227967
笛漁小槀十卷　(清)朱昆田著　清刻本　一冊

500000－8701－0009917　F227968－69
笛漁小槀十卷　(清)朱昆田著　清刻本　二冊

500000－8701－0009918　F227970－73
笛漁小槀十卷　(清)朱昆田著　清刻本　四冊

500000－8701－0009919　F227979－96
飲冰室文集十六卷補遺二卷　梁啟超撰　清廣智書局鉛印本　十八冊

500000－8701－0009920　F228003－04
錦官堂試帖二卷　(清)延清著　清光緒十一年(1885)刻本　二冊

500000－8701－0009921　F228006－09
李衛公會昌一品集二十卷　(唐)李德裕撰　清刻畿輔叢書初編本　四冊

500000－8701－0009922　F228010
詩品三卷　(南朝梁)鍾嶸撰　(清)毛晉訂　清光緒四年(1878)宏達堂刻本　一冊

500000－8701－0009923　F228012
弟子職箋釋一卷　(清)洪亮吉撰　清光緒三年(1877)鄂垣刻本　一冊

500000－8701－0009924　F228047－50
金源紀事詩八卷　(清)湯運泰著　(清)湯顯業　(清)湯顯幹注　清同治十二年(1873)淮南書局刻本　四冊

500000－8701－0009925　F228052－53
金樓子六卷　(南朝梁)元帝蕭繹撰　清光緒元年(1875)湖北崇文書局刻本　二冊

500000－8701－0009926　F228054
斜川集六卷附錄二卷　(宋)蘇過撰　清乾隆五十三年(1788)刻本　一冊

500000－8701－0009927　F228055－118
曾忠襄公奏議三十二卷文集二卷批牘五卷書札二十二卷　(清)曾國荃撰　**榮哀錄二卷**　蕭榮爵編輯　**年譜四卷**　(清)王定安撰　蕭

榮爵增訂　清光緒二十九年(1903)刻本　六十四册

500000－8701－0009928　F228121－26
館律分韻初編六卷　題(清)春暉閣主人輯　清光緒十四年(1888)上海漱六山莊石印本　六册

500000－8701－0009929　F228127－32
分類蓮仙尺牘六卷　(清)趙古農選　清咸豐十一年(1861)刻本　六册

500000－8701－0009930　F228133－36
分類緘腋四卷　(清)涂謙著　清道光九年(1829)刻本　佚名朱筆批點　四册

500000－8701－0009931　F228137－56
增廣策學總纂大成四十六卷　(清)蔡壽祺撰　清光緒五年(1879)刻本　二十册

500000－8701－0009932　F228157－66
鐵厓三種二十六卷　(明)楊維楨著　(清)樓卜瀍注　清宣統二年(1910)掃葉山房石印本　十册

500000－8701－0009933　F228167－70
斜川集六卷　(宋)蘇過著　清道光七年(1827)刻本　四册

500000－8701－0009934　F228176－79
鉛山高守村詩稿不分卷　(清)高阜著　清刻本　四册

500000－8701－0009935　F228181－82
鄭齋漢學文編六卷　孫雄著　清光緒三十四年(1908)鉛印師鄭叢書本　二册

500000－8701－0009936　F228183
鄭齋芻論不分卷　孫雄著　清末石印師鄭所著書本　一册

500000－8701－0009937　F228184
鄭齋類稿不分卷　孫雄著　清末石印師鄭所著書本　一册

500000－8701－0009938　F228185
鄭齋類稿不分卷　孫雄著　清末石印師鄭所著書本　一册

500000－8701－0009939　F228186－87
義門先生集十二卷附錄一卷　(清)吳雲等輯　清宣統三年(1911)中華圖書館影印本　二册

500000－8701－0009940　F228188－193
善卷堂四六十卷　(清)陸繁弨撰　(清)吳自高注　清乾隆三十五年(1770)刻本　六册

500000－8701－0009941　F228194－95
敘異齋文草三卷　(清)趙衡著　清光緒三十四年(1908)北新書局鉛印本　二册

500000－8701－0009942　F228202－03
重刊校正笠澤藂書四卷補遺詩一卷續補遺一卷　(唐)陸龜蒙撰　清大疊山房刻蘇州振新書社印本　二册

500000－8701－0009943　F228204
弟一生修梅花館詞五卷附錄一卷蕙風簃所箸書一卷　況周儀撰　清光緒十八年(1892)刻本　一册

500000－8701－0009944　F228213－14
簡莊文鈔六卷續編二卷河莊詩鈔一卷　(清)陳鱣著　清光緒十四年(1888)海昌羊氏粵東刻本　二册

500000－8701－0009945　F228215－20
銅梁山人詩集二十五卷　(清)王汝璧撰　清光緒二十年(1894)京師刻本　六册

500000－8701－0009946　F228505－10
鑑止水齋集二十卷　(清)許宗彥著　清刻本　六册

500000－8701－0009947　F228511－16
鑑止水齋集二十卷　(清)許宗彥著　清刻本　六册

500000－8701－0009948　F228517－20
鐔津文集十九卷首一卷　(宋)釋契嵩撰　清光緒二十八年(1902)刻本　四册

500000－8701－0009949　F228521－24
尊聞居士集八卷附錄一卷遺稿一卷　(清)羅有高著　(清)彭紹升錄　清光緒七年(1881)

吳縣洪氏寧都試署刻本　四冊

500000－8701－0009950　F228525－28
尊聞居士集八卷附錄一卷　（清）羅有高著（清）彭紹升錄　清光緒八年（1882）長洲彭氏刻本　四冊

500000－8701－0009951　F228588－91
四友遺詩四種　（清）黎庶昌輯　清光緒二十年（1894）遵義黎氏川東道署刻本　四冊

500000－8701－0009952　F228592
四松草堂詩略四卷　（清）宗韶著　清光緒三十年（1904）上海新昌書局鉛印本　一冊

500000－8701－0009953　F228619－20
四書義不分卷　（清）王慶洛等撰　清末鉛印本　二冊

500000－8701－0009954　F228621－28
四照堂詩集十五卷　（清）譚溥著　清同治三年（1864）越中刻本　八冊

500000－8701－0009955　F228634－35
四憶堂詩集六卷附遺稿一卷　（清）賈開宗等選注　清末上海掃葉山房石印本　二冊

500000－8701－0009956　F228636－37
四憶堂詩集六卷附遺稿一卷　（清）賈開宗等選注　清末上海掃葉山房石印本　二冊

500000－8701－0009957　F228638－41
四憶堂詩集六卷附遺稿一卷　（清）賈開宗等選注　清光緒十年（1884）刻本　四冊

500000－8701－0009958　F228642－43
四憶堂詩集六卷附遺稿一卷　（清）侯方域著（清）賈開宗等選注　清同治十三年（1874）刻本　二冊

500000－8701－0009959　F228656
畏廬文集一卷　林紓著　清宣統二年（1910）上海商務館鉛印本　一冊

500000－8701－0009960　F228657
畏廬文集一卷　林紓著　清宣統二年（1910）上海商務館鉛印本　一冊

500000－8701－0009961　F228681－90
蜀詩撮要十四卷　鍾登甲編輯　清光緒八年（1882）樂道齋刻本　十冊

500000－8701－0009962　F228691－98
蜀詩撮要十四卷　鍾登甲編輯　清光緒八年（1882）樂道齋刻本　八冊

500000－8701－0009963　F228699－702
蜀詩十五卷　（清）費經虞輯　清刻古棠書屋叢書本　四冊

500000－8701－0009964　F228703－06
賦學指南十卷二集六卷　（清）余丙煦編輯　清咸豐四年（1854）刻本　四冊

500000－8701－0009965　F228707－09
蜀遊詩續鈔六卷　（清）陸炳輯　清刻本　三冊

500000－8701－0009966　F228710
梅影盦詞集四種四卷　（清）顧復初著　清光緒六年（1880）吳郡顧氏刻本　一冊　存二種二卷（蜀桐弦詞一卷、海風簫詞一卷）

500000－8701－0009967　F228713－14
蜀樵詩鈔不分卷　（清）廖光著　清光緒二十七年（1901）綿竹刻本　二冊

500000－8701－0009968　F228716－23
蜀秀集九卷　（清）譚宗浚輯　清光緒五年（1879）成都試院刻本　八冊

500000－8701－0009969　F228724－31
蜀秀集九卷　（清）譚宗浚輯　清光緒二十三年（1897）尊經書院刻本　八冊

500000－8701－0009970　F228732－53
國朝詩人徵略六十卷二編六十四卷　（清）張維屏輯　清道光十年（1830）番禺張氏刻本　二十二冊

500000－8701－0009971　F228754－61
國朝二十四家文鈔二十四卷　（清）徐斐然輯評　清道光十年（1830）文光堂刻本　八冊

500000－8701－0009972　F228762－67
國朝二十四家文鈔二十四卷　（清）徐斐然輯

評　清道光十年(1830)文光堂刻本　六冊

500000－8701－0009973　F228768－69
國朝文棟八卷　(清)胡嘉銓輯　清光緒十二年(1886)黟縣胡氏刻本　二冊

500000－8701－0009974　F228770－79
國朝詩十卷外編一卷補六卷　(清)吳翌鳳選　清嘉慶元年(1796)刻本　十冊

500000－8701－0009975　F228780－89
國朝二十四家文鈔二十四卷　(清)徐斐然輯評　清道光十年(1830)刻本　十冊

500000－8701－0009976　F228790－809
國朝山左詩抄六十卷　(清)盧見曾纂　清乾隆二十三年(1758)雅雨堂刻本　二十冊

500000－8701－0009977　F228810－19
國朝常州詞錄三十一卷　繆荃孫校輯　清光緒二十二年(1896)江陰繆氏刻本　十冊

500000－8701－0009978　F228820－29
國朝常州詞錄三十一卷　繆荃孫校輯　清光緒二十二年(1896)江陰繆氏刻本　十冊

500000－8701－0009979　F228830－37
國朝閨秀正始集二十卷附錄一卷補遺一卷　(清)完顏惲珠輯　清道光十三年(1833)退思堂刻本　八冊

500000－8701－0009980　F228838－43
國朝駢體正宗十二卷　(清)曾燠輯　清光緒十三年(1887)上海蜚英館石印本　六冊

500000－8701－0009981　F228844－47
國朝駢體正宗續編八卷　(清)張鳴珂輯　清光緒二十一年(1895)湖南崇德書局刻本　四冊

500000－8701－0009982　F228848－53
國朝駢體正宗十二卷　(清)曾燠輯　清光緒五年(1879)刻本　六冊

500000－8701－0009983　F228854－61
欽定國朝詩別裁集三十二卷　(清)沈德潛纂評　清乾隆二十六年(1761)刻本　八冊

500000－8701－0009984　F228862－73
欽定國朝詩別裁集三十二卷　(清)沈德潛纂評　清乾隆二十六年(1761)刻本　十二冊

500000－8701－0009985　F228874－87
欽定國朝詩別裁集三十二卷　(清)沈德潛纂評　清乾隆二十六年(1761)刻本　十六冊

500000－8701－0009986　F228890－95
欽定國朝詩別裁集三十二卷　(清)沈德潛纂評　清乾隆二十六年(1761)刻本　六冊

500000－8701－0009987　F228914－42
國朝文鈔初編不分卷二編不分卷三編不分卷　(清)高螗集譯　清道光十一年(1831)雙桐書屋刻本　二十九冊

500000－8701－0009988　F228943－44
國朝名人小簡二卷　吳曾祺編纂　清宣統二年(1910)上海商務印書館鉛印本(六版)　二冊

500000－8701－0009989　F228945－48
國朝名人書札二卷　吳曾祺編纂　清宣統三年(1911)上海商務印書館鉛印本(七版)　四冊

500000－8701－0009990　F228959－66
國朝試賦匯海續編前集六卷後集二卷續選補編一卷　(清)黃爵滋編輯　清咸豐元年(1851)刻本　八冊

500000－8701－0009991　F228973
國文比較錄不分卷　(清)李天根輯　清刻本　一冊

500000－8701－0009992　F228974
國文比較錄不分卷　(清)李天根輯　清刻本　一冊

500000－8701－0009993　F228975
唐人選唐詩八種二十三卷　(清)毛晉編　清刻本　一冊　存四種四卷(國秀集選一卷、篋中集選一卷、搜玉集選一卷、御覽詩集選一卷)

500000－8701－0009994　F228976

唐人選唐詩八種二十三卷 （清）毛晉編　清刻本　一冊　存六種六卷（國秀集選一卷、篋中集選一卷、搜玉集選一卷、御覽集選一卷、極玄集選一卷、又玄集選一卷）

500000－8701－0009995　F228977－78

國朝古文選二卷 （清）□□選　清光緒二十七年（1901）叢文精舍刻本　二冊

500000－8701－0009996　F228979－80

國學叢刊不分卷 羅振玉編　清宣統三年（1911）石印本　二冊

500000－8701－0009997　F228981－84

國朝名文小題讀本 （清）戴三錫編輯　清道光七年（1827）刻本　四冊

500000－8701－0009998　F228985－94

國朝詞綜四十八卷二集八卷 （清）王昶纂　清嘉慶七年（1802）刻本　十冊

500000－8701－0009999　F229012－31

國朝全蜀詩鈔六十四卷附錄一卷 （清）孫桐生選輯　清光緒五年（1879）長沙刻本　二十冊

500000－8701－0010000　F229032－36

四友遺詩四種 （清）黎庶昌輯　清光緒二十年（1894）遵義黎氏川東道署刻本　五冊

500000－8701－0010001　F229039－42

墨香居畫識十卷 （清）馮金伯撰　清刻本　四冊

500000－8701－0010002　F229043－44

墨歡吟館詩存四卷 （清）曹鳴鑾著　（清）王鼎祚編　清道光三十年（1850）海昌孫氏刻本　二冊

500000－8701－0010003　F229045－46

疊陽遺韻六卷首一卷 （清）梁煥奎　（清）湯蟊仙編輯　清光緒十七年（1891）刻本　二冊

500000－8701－0010004　F229047

日湖漁唱一卷 （宋）陳允平著　清四川官印刷局刻本　一冊

500000－8701－0010005　F229048

日湖漁唱一卷補遺一卷續補遺一卷 （宋）陳允平著　清刻本　一冊

500000－8701－0010006　F229049

日本雜事詩二卷 （清）黃遵憲著　清光緒二十四年（1898）長沙富文堂刻本　一冊

500000－8701－0010007　F229050－57

目耕齋全集不分卷 （清）沈叔眉編　清光緒十四年（1888）刻本　八冊

500000－8701－0010008　F229058－61

目耕齋全集不分卷 （清）沈叔眉編　清光緒二十年（1894）湖南書局刻本　四冊

500000－8701－0010009　F229062－71

思綺堂文集十卷 （清）章藻功撰注　清刻本　十冊

500000－8701－0010010　F229072－81

思綺堂文集十卷 （清）章藻功撰注　清康熙六十一年（1722）刻本　十冊

500000－8701－0010011　F229082－91

思綺堂文集十卷 （清）章藻功撰注　清刻本　十冊

500000－8701－0010012　F229092－101

思綺堂文集十卷 （清）章藻功撰注　清刻本　十冊

500000－8701－0010013　F229102－11

思綺堂文集十卷 （清）章藻功撰注　清刻本　十冊

500000－8701－0010014　F229112－21

思綺堂文集十卷 （清）章藻功撰注　清刻本　十冊

500000－8701－0010015　F229122－31

思綺堂文集十卷 （清）章藻功撰注　清刻本　十冊

500000－8701－0010016　F229132－41

思綺堂文集十卷 （清）章藻功撰注　清刻本　十冊

500000－8701－0010017　F229142

思兄樓文稿一卷㸑餘稿一卷　（清）羅長裿撰　清刻本　一册

500000－8701－0010018　F229143－48
思益堂集十九卷　（清）周壽昌撰　清光緒十四年（1888）刻本　六册

500000－8701－0010019　F229149－52
困學隨筆十三卷　（清）朱恩著　清光緒二十三年（1897）上海寶善書局石印本　四册

500000－8701－0010020　F229188－89
毘陵伍氏合集六種　（清）伍宇昭著　清嘉慶十六年（1811）刻本　二册

500000－8701－0010021　F229190－93
愚谷文存十四卷　（清）吴騫著　清嘉慶十二年（1807）刻本　四册

500000－8701－0010022　F229206－13
田間詩集二十八卷　（清）錢澄之著　清刻本　八册

500000－8701－0010023　F229216－26
新刻重校增補圓機活法詩學全書二十四卷　（明）王世貞校正　清道光十五年（1835）刻本　十一册

500000－8701－0010024　F229227－31
新刊校正增補圓機詩韻活法全書十四卷　（明）王世貞增校　（明）蔣先庚重訂　清嘉慶三年（1798）莽州王道南補刻本　五册

500000－8701－0010025　F229235
影梅庵悼亡題詠一卷附録一卷　（清）冒襄撰　清宣統元年（1909）刻本　一册

500000－8701－0010026　F229244－47
呂晚村詩集一卷補遺一卷　（清）呂留良著　清末石印本　四册

500000－8701－0010027　F229250
呂城雜詠一卷題詠鈔一卷　（清）黄之晉著　清同治元年（1862）刻本　一册

500000－8701－0010028　F229251－52
呂半隱先生詩集不分卷　（清）呂潛撰　清光緒十五年（1889）刻本　二册

500000－8701－0010029　F229254
題鳳館詞稿一卷文稿一卷　（清）朱鑑成著　清刻本　一册

500000－8701－0010030　F229255－60
題鳳館稿不分卷　（清）朱鑑成著　清同治十年（1871）成都刻本　六册

500000－8701－0010031　F229276－77
晁具茨先生詩集十五卷　（清）晁沖之著　清光緒八年（1882）知不足齋刻本　二册

500000－8701－0010032　F229280－85
顯志堂稿十二卷夢柰詩稿一卷　（清）馮桂芬著　清光緒二年（1876）校邠廬刻本　六册

500000－8701－0010033　F229286－93
顯志堂稿十二卷夢柰詩稿一卷　（清）馮桂芬著　清光緒二年（1876）校邠廬刻本　八册

500000－8701－0010034　F229294－97
羅豫章先生集十二卷首一卷末一卷　（宋）羅從彥著　（宋）黄植京訂補　清光緒八年（1882）盱江謝氏刻本　四册

500000－8701－0010035　F229298
羅浮偫鶴山人詩草不分卷　鄭官應著　清光緒二十四年（1898）海上待鶴書屋鉛印本　一册

500000－8701－0010036　F229299－300
羅浮偫鶴山人詩草二卷外集一卷　鄭官應著　清宣統元年（1909）上海城北著易堂鉛印本　二册

500000－8701－0010037　F229317－23
羅山遺書七種　（清）羅澤南著　清咸豐至同治長沙刻本　八册

500000－8701－0010038　F229341－61
曝書亭集八十卷附録一卷　（清）朱彝尊撰　清光緒十五年（1889）刻本　二十一册

500000－8701－0010039　F229362－73
曝書亭集八十卷附録一卷　（清）朱彝尊撰　清康熙四十七年（1708）刻本　十二册

500000－8701－0010040　F229374－93

曝書亭集八十卷附錄一卷　(清)朱彝尊撰　清康熙四十七年(1708)刻本　二十冊

500000-8701-0010041　F229394-413
曝書亭集八十卷附錄一卷　(清)朱彝尊撰　清光緒十五年(1889)刻本　二十冊

500000-8701-0010042　F229414-28
曝書亭集八十卷附錄一卷　(清)朱彝尊撰　**笛漁小槀十卷**　(清)朱昆田撰　**曝書亭集詞注七卷**　(清)李富孫纂　清光緒十五年(1889)刻本　十六冊

500000-8701-0010043　F229429-43
曝書亭集八十卷附錄一卷　(清)朱彝尊撰　清康熙四十七年(1708)刻本　十五冊

500000-8701-0010044　F229444-54
曝書亭集八十卷附錄一卷　(清)朱彝尊撰　清康熙四十七年(1708)刻本　十一冊

500000-8701-0010045　F229455-70
曝書亭集八十卷附錄一卷　(清)朱彝尊撰　清光緒十五年(1889)刻本　十六冊

500000-8701-0010046　F229471-86
曝書亭集八十卷附錄一卷　(清)朱彝尊撰　清光緒十五年(1889)刻本　十六冊

500000-8701-0010047　F229487-502
曝書亭集八十卷附錄一卷　(清)朱彝尊撰　清光緒十五年(1889)刻本　十六冊

500000-8701-0010048　F229503-20
曝書亭集八十卷附錄一卷　(清)朱彝尊撰　清光緒十五年(1889)刻本　十八冊

500000-8701-0010049　F229525
賦梅書屋詩初集六卷　(清)宋廷樑著　清光緒十七年(1891)西江刻本　一冊

500000-8701-0010050　F229526-27
賦話十卷　(清)李調元著　清光緒七年(1881)瀹雅齋刻本　二冊

500000-8701-0010051　F229528-29
賦話十卷　(清)李調元著　清光緒七年(1881)瀹雅齋刻本　二冊

500000-8701-0010052　F229530-31
賦彙題解十卷　(清)倪一擎編　清乾隆二十三年(1758)刻本　二冊

500000-8701-0010053　F229532-35
硃套賦學正鵠註釋十卷　(清)李次清選註　清刻朱墨套印本　四冊

500000-8701-0010054　F229536-43
賦學正鵠註釋十卷　(清)李元度輯　清光緒十一年(1885)文昌書局刻本　八冊

500000-8701-0010055　F229544-49
賦學正鵠註釋十卷　(清)李元度輯　清光緒十一年(1885)文昌書局刻本　六冊

500000-8701-0010056　F229551
時方妙用四卷　(清)陳念祖著　清光緒三十四年(1908)上海幸福社石印本　一冊

500000-8701-0010057　F229552
晞髮遺集二卷補一卷天地間集一卷　(宋)謝翺著　清末石印本　一冊

500000-8701-0010058　F229553-55
曉園詩選三卷　(清)張孔言著　清道光十五年(1835)刻本　三冊

500000-8701-0010059　F229559-60
晴漪閣詩六卷　(清)陳克劬著　清光緒十三年(1887)刻本　二冊

500000-8701-0010060　F229562-65
嘯劍山房詩鈔十三卷附試帖一卷　(清)文星瑞著　清同治九年至十年(1870-1871)刻本　四冊

500000-8701-0010061　F229573-96
味餘書室全集定本四十卷隨筆二卷目錄四卷　(清)仁宗顒琰撰　清嘉慶五年(1800)內府刻本　二十四冊

500000-8701-0010062　F229601-02
味經山館文鈔四卷　(清)戴鈞衡撰　清刻本　二冊

500000-8701-0010063　F229603-04
味經山館詩鈔六卷　(清)戴鈞衡著　清刻本

二册

500000－8701－0010064　F229605－06

味經得雋齋律賦不分卷　(清)薛春黎著　清同治十年(1871)刻本　二册

500000－8701－0010065　F229608－09

嚴太僕先生集十二卷　(清)嚴虞惇著　清光緒十年(1884)常熟嚴氏刻本　二册

500000－8701－0010066　F229610－13

瞿忠宣公集十卷　(明)瞿式耜撰　清光緒十三年(1887)刻本　四册

500000－8701－0010067　F229619－20

明宫雜詠二十卷　(清)饒智元輯　清光緒十九年(1893)刻湘泉館叢書本　二册

500000－8701－0010068　F229621

明夷待訪録一卷　(清)黄宗羲著　清光緒二十八年(1902)瀘州開智書局鉛印本　一册

500000－8701－0010069　F229622

承華事略一卷　(元)王惲撰　**明夷待訪録一卷**　(清)黄宗羲著　清同治刻小石山房叢書本　一册

500000－8701－0010070　F229625－26

明紀事樂府四卷　(清)龍文彬著　清光緒十一年(1885)刻本　二册

500000－8701－0010071　F229627－30

明滇南五名臣遺集五種　(清)李根源輯　清宣統二年(1910)刻本　四册

500000－8701－0010072　F229631

明堂圖說一卷附録一卷　(清)熊羅宿著　清刻本　一册

500000－8701－0010073　F229632

明良志略一卷　(清)劉沅撰　清道光二十九年(1849)刻本　一册

500000－8701－0010074　F229634－37

明三十家詩選初集八卷　(清)汪端輯　清光緒九年(1883)刻本　四册

500000－8701－0010075　F229638－45

明三十家詩選初集八卷二集八卷　(清)汪端輯　清同治十二年(1873)蘊蘭吟館刻本　八册

500000－8701－0010076　F229646－53

明三十家詩選初集八卷二集八卷　(清)汪端輯　清同治十二年(1873)蘊蘭吟館刻本　八册

500000－8701－0010077　F229654－61

明三十家詩選初集八卷二集八卷　(清)汪端輯　清同治十二年(1873)蘊蘭吟館刻本　八册

500000－8701－0010078　F229662－69

明三十家詩選初集八卷二集八卷　(清)汪端輯　清同治十二年(1873)蘊蘭吟館刻本　八册

500000－8701－0010079　F229670－75

明詩别裁集十二卷　(清)沈德潛　(清)周準輯　清刻本　六册

500000－8701－0010080　F229686－89

明詩别裁集十二卷　(清)沈德潛　(清)周準輯　清刻本　四册

500000－8701－0010081　F229744－51、55－56

詞綜三十八卷　(清)朱彝尊編　(清)汪森增定　(清)柯崇樸編次　(清)周篔辨譌　清康熙十七年(1678)刻本　十册

500000－8701－0010082　F229752－54

明詞綜十二卷　(清)王昶纂　清嘉慶七年(1802)刻本　三册

500000－8701－0010083　F229757－63

明詞綜十二卷　(清)王昶纂　清嘉慶七年(1802)刻本　七册

500000－8701－0010084　F229764－74

國朝詞綜四十八卷二集八卷　(清)王昶纂　清嘉慶七年(1802)刻本　十一册

500000－8701－0010085　F229775－84

國朝詞綜四十八卷二集八卷　(清)王昶纂　清刻本　十册

500000－8701－0010086　F229785－815
國朝詞綜四十八卷二集八卷　(清)王昶輯　清嘉慶七年(1802)刻本　三十一册

500000－8701－0010087　F229816－53
明詩紀事甲籤三十卷乙籤二十二卷丙籤十二卷丁籤十七卷戊籤二十二卷己籤二十卷庚籤三十卷辛籤三十四卷　陳田輯　清光緒二十三年至宣統三年(1897－1911)貴陽陳氏聽詩齋刻本　三十八册

500000－8701－0010088　F229854－85
明詩綜一百卷　(清)朱彝尊録　(清)汪森緝評　清刻本　三十二册

500000－8701－0010089　F229886、927－957
明詩綜一百卷　(清)朱彝尊録　(清)汪森緝評　清刻本　三十二册

500000－8701－0010090　F229958－59
晚學齋文集十二卷　(清)姚椿著　清道光二十年(1840)刻本　二册

500000－8701－0010091　F229962－65
晚香亭詩鈔不分卷　(清)蔡邦甸著　清光緒十八年(1892)天津石印本　四册

500000－8701－0010092　F229966－77
晚學齋集二十三卷三十四齣　(清)鄭由熙著　清光緒刻本　十二册

500000－8701－0010093　F229978－81
晚聞居士遺集九卷首一卷　(清)王宗炎撰　清道光十年至十一年(1830－1831)杭州愛日軒陸氏刻本　四册

500000－8701－0010094　F229985－86
晚學集八卷元魏滎陽鄭文公摩崖碑跋一卷　(清)桂馥著　清道光二十一年(1841)刻本　二册

500000－8701－0010095　F229987
秘本眼科捷徑一卷傷寒古鑑一卷達生編二卷　(清)陳念祖輯　清光緒三十四年(1908)上海章福記石印本　一册　存三卷(秘本眼科捷徑一卷、傷寒古鑑一卷、達生編一)

500000－8701－0010096　F229997
眠琴閣遺文一卷遺詩二卷　(清)何慶涵著　**附刻一卷**　(清)何維棣述　清刻本　一册

500000－8701－0010097　F230001
叩缶吟一卷　(清)龔世楠著　清刻本　一册

500000－8701－0010098　F230002
嗣雅堂詩存五卷　(清)王嘉録撰　清刻本　一册

500000－8701－0010099　F230017－40
昭代名人尺牘續集小傳二十四卷　陶湘選集　清宣統三年(1911)天寶石印局石印本　二十四册

500000－8701－0010100　F230041－48
黔詩紀略三十三卷　(清)唐樹義審例　(清)黎兆勳採詩　(清)莫友芝傳證　清同治十二年(1873)遵義唐氏夢研齋金陵刻本　八册

500000－8701－0010101　F230049－56
黔詩紀略三十三卷　(清)唐樹義審例　(清)黎兆勳採詩　(清)莫友芝傳證　清同治十二年(1873)遵義唐氏夢研齋金陵刻本　八册

500000－8701－0010102　F230057－72
黔詩紀略三十三卷　(清)唐樹義審例　(清)黎兆勳採詩　(清)莫友芝傳證　清同治十二年(1873)遵義唐氏夢研齋金陵刻本　十六册

500000－8701－0010103　F230073－80
黔詩紀略後編三十卷紀略補三卷　(清)莫庭芝　(清)黎汝謙採詩　陳田傳證　清宣統三年(1911)京師刻本　八册

500000－8701－0010104　F230081－90
黔詩紀略後編三十卷紀略補三卷　(清)莫庭芝　(清)黎汝謙採詩　陳田傳證　清宣統三年(1911)京師刻本　十册

500000－8701－0010105　F230091－92
晦鳴録二卷　(清)餐霞館輯　清刻本　二册

500000－8701－0010106　F230093－94
晦明軒稿不分卷　楊守敬著　清光緒二十七年(1901)鄰蘇園刻本　二册

500000－8701－0010107　F230095
吟雲仙館詩稿不分卷　(清)曾詠著　清光緒十七年(1891)定襄官署刻本　一册

500000－8701－0010108　F230096－97
贈言不分卷　(清)徐愈等著　清康熙五十九年(1720)刻本　二册

500000－8701－0010109　F230098－99
鳴原堂論文二卷　(清)曾國藩撰　(清)曾國荃審訂　清光緒四年(1878)上海淞隱閣鉛印本　二册

500000－8701－0010110　F230101－02
鳴原堂論文二卷　(清)曾國藩撰　(清)曾國荃審訂　清同治十二年(1873)勵志齋刻本　二册

500000－8701－0010111　F230103－04
鳴原堂論文二卷　(清)曾國藩撰　(清)曾國荃審訂　清同治十二年(1873)勵志齋刻本　二册

500000－8701－0010112　F230120－25
鳴鶴堂文集十卷詩集十一卷　(清)任源祥著　清光緒十五年(1889)刻本　六册

500000－8701－0010113　F230126－27
鳴鶴堂詩集十一卷　(清)任源祥著　清光緒十五年(1889)刻本　二册

500000－8701－0010114　F230128－29
鳴鶴堂詩集十一卷　(清)任源祥著　清光緒十五年(1889)刻本　二册

500000－8701－0010115　F230130－34
午夢堂全集十二種　(明)沈宜修著　清刻本　五册

500000－8701－0010116　F230135－36
曾文正公大事記四卷　(清)王定安著　清光緒二十年(1894)崇德書局刻本　二册

500000－8701－0010117　F230137－44
鈍翁續藁五十六卷汪伯子箐菴遺藁一卷　(清)汪琬撰　**寸碧堂詩集二卷外集一卷**　(明)汪膺撰　**姑蘇楊柳枝詞一卷補注一卷**　(清)汪琬等撰　(清)周枝楙編次　(清)周靖箋注　清刻本　八册

500000－8701－0010118　F230165－70
增廣智囊補二十八卷　(清)馮夢龍輯　清宣統三年(1911)上海文盛書局石印本　六册

500000－8701－0010119　F230171－78
金聖嘆全集八卷　(清)金人瑞撰　清末上海錦文堂石印本　八册

500000－8701－0010120　F230179－88
養一齋文集二十卷　(清)李兆洛著　清光緒四年(1878)刻本　十册

500000－8701－0010121　F230189－98
鄭子尹遺書五種二十五卷　(清)鄭珍著　清咸豐二年至同治五年(1852－1866)刻本　十册

500000－8701－0010122　F230199－206
鄭子尹遺書五種二十五卷　(清)鄭珍著　清咸豐二年至同治五年(1852－1866)刻本　八册

500000－8701－0010123　F230207－30
學海堂集十六卷二集二十二卷三集二十四卷　(清)阮元等輯　清道光五年至咸豐九年(1825－1859)刻本　二十四册

500000－8701－0010124　F230231－70
學海堂集十六卷二集二十二卷三集二十四卷四集二十八卷　(清)阮元等輯　清道光五年至光緒十二年(1825－1886)刻本　四十册

500000－8701－0010125　F230271－94
欽定學政全書八十六卷　(清)王傑等纂　清刻本　二十四册

500000－8701－0010126　F230306
學古齋集古今體詩三卷雜文一卷　(清)瞿俊著　清宣統二年(1910)鐵琴銅劍樓瞿氏刻本　一册

500000－8701－0010127　F230307－10
學齋詩集四卷　(清)喬崇烈著　清刻本　四册

500000－8701－0010128　F230311－14
學齋詩集四卷　(清)喬崇烈著　清刻本　四冊

500000－8701－0010129　F230315
學詁齋文集二卷　(清)薛壽撰　清光緒十五年(1889)廣雅書局刻本　一冊

500000－8701－0010130　F230316
歐陽氏遺書序一卷　(清)歐陽直撰　清光緒二十六年(1900)刻本　一冊

500000－8701－0010131　F230328－33
歐陽文公圭齋集十五卷首一卷附錄一卷　(元)歐陽玄撰　清道光十四年(1834)刻本　六冊

500000－8701－0010132　F230334－37
歐陽南野先生文集五卷　(明)李春芳選編　清道光十五年(1835)刻本　四冊

500000－8701－0010133　F230338－97
歐陽文忠公全集一百五十三卷首一卷附錄五卷　(宋)歐陽修撰　清乾隆五十七年(1792)刻本　六十冊

500000－8701－0010134　F230422－45
歐陽文忠公全集一百五十三卷首一卷附錄五卷　(宋)歐陽修撰　清刻本　二十四冊

500000－8701－0010135　F230446－69
歐陽文忠公全集一百五十三卷首一卷附錄五卷　(宋)歐陽修撰　清刻本　二十四冊

500000－8701－0010136　F230470－93
歐陽文忠公全集一百五十三卷首一卷附錄五卷　(宋)歐陽修撰　清乾隆五十七年(1792)刻本　二十四冊

500000－8701－0010137　F230494－525
歐陽文忠公全集一百五十三卷首一卷附錄五卷　(宋)歐陽修撰　清光緒十九年(1893)澹雅書局刻本　三十二冊

500000－8701－0010138　F230526－73
歐陽文忠公全集一百五十三卷首一卷附錄五卷　(宋)歐陽修撰　清光緒十九年(1893)澹雅書局刻本　四十八冊

500000－8701－0010139　F230589
歐陽氏遺書序一卷　(清)歐陽直撰　清光緒二十六年(1900)刻本　一冊

500000－8701－0010140　F230590
歐陽氏遺書一卷　(清)歐陽直撰　清刻本　一冊

500000－8701－0010141　F230591－92
歐陽省堂點勘記二卷省堂筆記一卷　(清)歐陽泉撰　清同治九年(1870)皖城刻本　二冊

500000－8701－0010142　F230593－632
隨園三十八種　(清)袁枚撰　清光緒十八年(1892)勤裕堂鉛印本　四十冊

500000－8701－0010143　F230633－72
隨園三十八種　(清)袁枚撰　清光緒十八年(1892)勤裕堂鉛印本　四十冊

500000－8701－0010144　F230915－94
隨園三十種　(清)袁枚撰　清刻本　八十冊

500000－8701－0010145　F230995－1000
隨園詩話十六卷補遺十卷　(清)袁枚著　清光緒七年(1881)善成堂刻本　六冊

500000－8701－0010146　F231001－08
隨園詩話十六卷補遺十卷　(清)袁枚著　清光緒七年(1881)善成堂刻本　八冊

500000－8701－0010147　F231045－50
隨園詩話十六卷補遺十卷　(清)袁枚著　清末石印本　六冊

500000－8701－0010148　F231053－56
隨園詩話十六卷補遺四卷　(清)袁枚著　清末上海廣益書局石印本　四冊

500000－8701－0010149　F231060－86
隨園三十六種　(清)袁枚撰　清光緒十九年(1893)倉山舊主石印本　十八冊　存十九種二百五卷(小倉山房外集八卷、小倉山房詩集三十七卷補遺二卷、袁太史時文一卷、小倉山房尺牘十卷、牘外餘言一卷、隨園詩話十六卷補遺十卷、隨園隨筆二十八卷、新齊諧二十四卷續十卷、隨園食單一卷、續同人集十七卷、隨園八十壽言六卷、紅豆村人詩稿十四卷、碧腴齋詩存八卷、南園詩選二卷、筱雲詩集二卷、槃花軒詩稿二卷、袁家三妹合稿四卷、繡餘吟稿一卷、素文女子遺稿一卷)

500000－8701－0010150　F231129－32
隨園隨筆二十八卷　(清)袁枚著　清末交通圖書館石印本　四冊

500000－8701－0010151　F231137
隨園女弟子詩選五卷　(清)袁枚輯　清嘉慶元年(1796)刻本　一冊

500000－8701－0010152　F231138－39
隨園女弟子詩選五卷　(清)袁枚輯　清嘉慶元年(1796)新安汪氏刻本　二冊

500000－8701－0010153　F231140－71
陶文毅公全集六十四卷首一卷末一卷　(清)陶澍撰　清道光二十年(1840)淮北士民刻本　三十二冊

500000－8701－0010154　F231172－95
陶文毅公全集六十四卷首一卷末一卷　(清)陶澍撰　清道光二十年(1840)淮北士民刻本　二十四冊

500000－8701－0010155　F231196－219
陶文毅公全集六十四卷首一卷末一卷　(清)陶澍撰　清道光二十年(1840)淮北士民刻本　二十四冊

500000－8701－0010156　F231220－43
陶文毅公全集六十四卷首一卷末一卷　(清)陶澍撰　清道光二十年(1840)淮北士民刻本　二十四冊

500000－8701－0010157　F231244－59
陶園文集八卷詩集二十四卷詩餘二卷　(清)張九鉞著　清道光二十三年(1843)刻本　十六冊

500000－8701－0010158　F231260－269
陶園文集八卷詩集二十二卷詩餘二卷　(清)張九鉞著　清道光七年(1827)刻本　十冊

500000－8701－0010159　F231276－79
陶淵明文集十卷　(晉)陶潛著　清宣統元年(1909)著易堂石印本　四冊

500000－8701－0010160　F231290－91
陶堂志微錄五卷　(清)高心夔編　清光緒五年(1879)刻本　二冊

500000－8701－0010161　F231292
陶情樂府四卷　(明)楊慎撰　清宣統三年(1911)緡陽精舍刻本　一冊

500000－8701－0010162　F231301－08
陶菴集二十二卷首一卷末一卷　(明)黄淳耀撰　清光緒五年(1879)上海時中書局刻本　八冊

500000－8701－0010163　F231309－16
陶菴集二十二卷首一卷末一卷　(明)黄淳耀撰　清光緒五年(1879)上海時中書局刻本　八冊

500000－8701－0010164　F231317－49
關中兩朝文鈔二十二卷文鈔補六卷詩鈔補四卷詩鈔又補一卷　(清)李元春選　清道光十二年至十七年(1832－1837)刻本　三十三冊

500000－8701－0010165　F231350－67
留硯堂集七十三卷　(清)張漢著　清道光二十四年(1844)刻本　十八冊

500000－8701－0010166　F231368－87
憑山閣增輯留青新集三十卷　(清)陳枚選　(清)張國泰訂　(清)陳德裕增輯　清康熙四十七年(1708)積秀堂刻本　二十冊

500000－8701－0010167　F231388－403
重編留青新集二十四卷　(清)陳枚原輯　清光緒十六年(1890)上海鉛印本　十六冊

500000－8701－0010168　F231404－15
重編留青新集二十四卷　(清)陳枚原輯　清光緒三十四年(1908)上海廣益書局鉛印本　十二冊

500000－8701－0010169　F231416－27
增廣留青新集二十四卷　(清)陳枚原輯　清

光緒二十五年(1899)石印本　十二冊

500000－8701－0010170　F231428－39
增廣留青新集二十四卷　(清)陳枚原輯　清末上海源記書局石印本　十二冊

500000－8701－0010171　F231440
留仙閣詩存一卷　(清)鄭德玉著　清光緒二十年(1894)志經堂刻本　一冊

500000－8701－0010172　F231443－44
留春草堂詩鈔七卷　(清)伊秉綬著　清光緒二十三年(1897)無錫鄧氏刻本　二冊

500000－8701－0010173　F231445－48
留春草堂詩鈔七卷　(清)伊秉綬著　清光緒二十三年(1897)無錫鄧氏刻本　四冊

500000－8701－0010174　F231449－98
輿地紀勝二百卷補遺十卷校勘記五十二卷　(宋)王象之編　清道光二十九年(1849)懼盈齋刻本　五十冊

500000－8701－0010175　F231499－501
問園遺集一卷空山夢一卷　(清)范元亨等著　清光緒十七年(1891)良鄉縣官廨刻本　三冊

500000－8701－0010176　F231506－13
闕里文獻考一百卷首一卷末一卷　(清)孔繼汾撰　清乾隆二十七年(1762)刻本　八冊

500000－8701－0010177　F231514
陳文恭公手札節要三卷　(清)陳宏謀撰　清刻本　一冊

500000－8701－0010178　F231515
陳一齋先生詩集一卷　(清)陳梓著　(清)崔以學編錄　清宣統三年(1911)上海國學扶輪社鉛印本　一冊

500000－8701－0010179　F231516
陳一齋先生詩集一卷　(清)陳梓著　(清)崔以學編錄　清宣統三年(1911)上海國學扶輪社鉛印本　一冊

500000－8701－0010180　F231517－20
陳少陽集十卷首一卷　(清)劉德麟編輯　(清)聞福圻編輯　清光緒十六年(1890)刻本　四冊

500000－8701－0010181　F231539
湖海樓尺牘一卷　(清)陳維崧著　**尤西堂尺牘一卷**　(清)尤侗著　清宣統三年(1911)上海文明書局鉛印叢刻尺牘本　一冊

500000－8701－0010182　F231541
陳龍川酌古論一卷中興論一卷　(宋)陳亮著　清光緒二十七年(1901)耘程館鉛印本　一冊

500000－8701－0010183　F231542－51
陳忠裕公全集三十卷首一卷末一卷年譜三卷　(明)陳子龍著　(清)王昶輯　(清)王鴻達等編訂　清嘉慶八年(1803)簳山草堂刻本　十冊

500000－8701－0010184　F231552
陳文恭公手札節要三卷　(清)陳宏謀撰　清光緒八年(1882)合肥張氏刻本　一冊

500000－8701－0010185　F231553－58
陳檢討集二十卷　(清)陳維崧撰　(清)程師恭注　清道光八年(1828)刻本　六冊

500000－8701－0010186　F231559－64
陳檢討集二十卷　(清)陳維崧撰　(清)程師恭注　清刻本　六冊

500000－8701－0010187　F231565－70
陳檢討集二十卷　(清)陳維崧撰　(清)程師恭注　清同治六年(1867)刻本　六冊

500000－8701－0010188　F231571－78
閒情偶寄十六卷　(清)李漁著　清刻本　八冊

500000－8701－0010189　F231579－82
閒情集六卷　(清)顧有孝編　(清)陸在楷增輯　清刻本　四冊

500000－8701－0010190　F231583
閑道錄三卷　(清)李光地等校　清康熙十年(1671)刻本　一冊

500000－8701－0010191　F231585－89

閑閑老人詩集十卷　(金)趙秉文著　清光緒十三年(1887)文莫室刻本　五冊

500000－8701－0010192　F231590－93
閑閑老人詩集十卷　(金)趙秉文著　清光緒十三年(1887)文莫室刻本　四冊

500000－8701－0010193　F231594－601
閑閑老人滏水文集二十卷校札記二卷附錄一卷　(金)趙秉文撰　清光緒二十九年(1903)海豐吳氏刻本　八冊

500000－8701－0010194　F231602－17
象山先生全集三十六卷　(清)李紱點次　清同治十年至光緒七年(1871－1881)義里素位堂刻本　十六冊

500000－8701－0010195　F231618－27
象山先生全集三十六卷附校勘畧一卷　(清)李紱點次　清同治十年(1871)刻本　十冊

500000－8701－0010196　F231649－52
桴亭先生文鈔六卷確菴先生文鈔六卷　(清)葉裕仁編次　清同治九年(1870)合肥蒯氏刻本　四冊

500000－8701－0010197　F231653
陸氏傳家集□□卷　(清)陸迺普編　清同治十一年(1872)新建吳坤修署檢刻本　一冊　存一卷(方房詩賸一卷)

500000－8701－0010198　F231690－94
劉禮部集十二卷　(清)劉逢祿撰　清道光十年(1830)思誤齋刻本　五冊　存十卷(一至十)

500000－8701－0010199　F231701
劉忠宣公遺集□□卷附錄文二卷詩一卷　(明)劉大夏著　清光緒元年(1875)刻本　一冊　存二卷(附錄文二、詩一卷)

500000－8701－0010200　F231702－06
劉端臨先生遺書八卷附廣經室文鈔一卷　(清)劉台拱撰　清道光十四年(1834)阮思海刻本　五冊

500000－8701－0010201　F231727
劉左使文集四卷　(宋)劉安節撰　清乾隆五十二年(1787)刻本　一冊

500000－8701－0010202　F231728
劉給諫文集五卷　(宋)劉安上著　清刻本　一冊

500000－8701－0010203　F231729
唐人五十家小集五十種　(清)江標輯　清刻本　一冊　存五種五卷(劉兼詩集一卷、王周詩集一卷、儲嗣宗詩集一卷、章碣詩集一卷、李遠詩集一卷)

500000－8701－0010204　F231732
夔門送行詩二卷續篇一卷　(清)曾福謙撰　清光緒二十八年(1902)刻本　一冊

500000－8701－0010205　F231779－80
歷代名人書札二卷　吳曾祺編輯　清宣統元年(1909)上海商務印書館鉛印本　二冊

500000－8701－0010206　F231821
歷代帝王紹運圖一卷　(□)□□撰　清光緒二十一年(1895)刻靈峯草堂叢書本　一冊

500000－8701－0010207　F231822－81
趙甌北全集七種一百七十五卷　(清)趙翼撰　清宣統元年(1909)成都官書局刻本　六十冊

500000－8701－0010208　F231882－933
趙甌北全集七種一百七十五卷　(清)趙翼撰　清刻本　五十二冊　存七種一百五十七卷(廿二史劄記一至十九、陔餘叢考四十三卷、簷曝雜記六卷、皇朝武功紀盛四卷、甌北詩鈔二十卷、甌北詩話十卷續二卷、甌北集五十三卷)

500000－8701－0010209　F231942－45
甌北詩鈔五言古四卷七言古五卷五言律二卷七言律七卷絕句二卷　(清)趙翼著　清乾隆五十六年(1791)刻本　四冊

500000－8701－0010210　F231946－53
甌北詩鈔五言古四卷七言古五卷五言律二卷七言律七卷絕句二卷　(清)趙翼著　清乾隆

五十六年(1791)刻本　八冊

500000－8701－0010211　F231954－62
甌北詩鈔五言古四卷七言古五卷五言律二卷七言律七卷絕句二卷　(清)趙翼著　清乾隆五十六年(1791)刻本　九冊

500000－8701－0010212　F231963－72
甌北詩鈔五言古四卷七言古五卷五言律二卷七言律七卷絕句二卷　(清)趙翼著　清乾隆五十六年(1791)刻本　十冊

500000－8701－0010213　F231973－84
甌北集五十三卷　(清)趙翼著　清乾隆五十五年(1790)刻本　十二冊

500000－8701－0010214　F231985－99
甌北集五十三卷　(清)趙翼著　清嘉慶十七年(1812)刻本　十五冊

500000－8701－0010215　F232004－05
甌北詩話十卷　(清)趙翼著　清嘉慶七年(1802)刻本　二冊

500000－8701－0010216　F232006－09
甌北詩話十卷　(清)趙翼著　清嘉慶七年(1802)刻本　四冊

500000－8701－0010217　F232010－11
甌北詩話十二卷　(清)趙翼著　清刻本　二冊

500000－8701－0010218　F232012
甌北詩話十二卷　(清)趙翼著　清刻本　一冊

500000－8701－0010219　F232013－15
甌北詩話十二卷　(清)趙翼著　清刻本　三冊

500000－8701－0010220　F232016－18
甌北詩話十二卷　(清)趙翼著　清刻本　三冊

500000－8701－0010221　F232017－22
甌香館集十二卷首一卷末一卷　(清)惲格著　(清)蔣光煦輯　清末掃葉山房石印本　六冊

500000－8701－0010222　F232027－30
甌香館集十二卷首一卷末一卷　(清)惲格著　(清)蔣光煦輯　清光緒七年(1881)刻本　四冊

500000－8701－0010223　F232031－42
駢體文鈔三十一卷　(清)李兆洛編　清同治六年(1867)刻本　十二冊

500000－8701－0010224　F232043－54
駢體文鈔三十一卷　(清)李兆洛編　清光緒八年(1882)合河康氏家塾上海刻本　十二冊

500000－8701－0010225　F232055－56
屈宋古音義三卷　(明)陳第著　清光緒武昌張氏刻本　二冊

500000－8701－0010226　F232058－63
屈賈文合編十八卷　(戰國)屈原　(漢)賈誼撰　清光緒三年(1877)長沙刻本　六冊

500000－8701－0010227　F232067
陵陽先生詩四卷　(宋)韓駒著　清宣統二年(1910)沈氏刻本　一冊

500000－8701－0010228　F232069
居易軒詩遺鈔一卷文遺鈔一卷　(清)趙炳龍著　清光緒十四年(1888)長沙刻本　一冊

500000－8701－0010229　F232090
同人倡和詩鈔一卷　(清)蔣一桂輯　清同治八年(1869)蘋花小社刻本　一冊

500000－8701－0010230　F232091
同聲詩鈔一卷　(清)李樹瀛等撰　清同治五年(1866)刻本　一冊

500000－8701－0010231　F232092－95
同館七言長律鈔四卷　(清)王家相編輯　清嘉慶二十年(1815)刻本　四冊

500000－8701－0010232　F232096－13
同人集八卷　(清)冒襄輯　清刻本　八冊

500000－8701－0010233　F232117－19
長短經九卷　(唐)趙蕤撰　清光緒二十六年(1900)刻本　三冊

500000－8701－0010234　F232120
長安宮詞一卷　(清)胡延撰　清光緒二十八年(1902)刻本　一册

500000－8701－0010235　F232121
長安宮詞一卷　(清)胡延撰　清光緒二十八年(1902)刻本　一册

500000－8701－0010236　F232122－25
月令粹編二十四卷圖說一卷　(清)秦嘉謨編　清嘉慶十七年(1812)江都秦氏琳琅仙館刻本　四册

500000－8701－0010237　F232126－30
胭脂牡丹尺牘六卷　(唐)韓鄂輯錄　清咸豐五年(1855)宏道堂刻本　五册

500000－8701－0010238　F232131
尺牘句解二卷　題(清)桃花館主編　清光緒二十年(1894)刻本　一册

500000－8701－0010239　F232132－33
尺牘初桄二卷附二卷彙註一卷　(清)徐敷五撰　清光緒十二年(1886)格致書局刻本　二册

500000－8701－0010240　F232134－39
賴古堂名賢尺牘新鈔十二卷　(清)高阜(清)羅耀選　(清)周在浚　(清)周在梁鈔　清宣統三年(1911)上海國學扶輪社石印本　六册

500000－8701－0010241　F232142－49
枕善堂尺牘一隅二十卷　(清)陳大溶著　清道光十六年(1836)刻本　八册

500000－8701－0010242　F232152、8612－16
易堂九子文鈔九種　(清)彭士望輯　清道光十七年(1837)刻民國十四年(1925)印本　六册

500000－8701－0010243　F232153－68
邱海二公合集十六卷　(明)邱濬　(明)海瑞撰　清嘉慶二十年(1815)刻本　十六册

500000－8701－0010244　F232169－74
丘文莊公集十卷　(明)丘濬撰　(明)賈棠等選定　(清)吳位和等重編　清乾隆十八年(1753)瓊山縣刻本　六册

500000－8701－0010245　F232175
眉韻樓詩話八卷　孫雄輯　清末集成圖書公司鉛印晨風閣叢書甲集本　一册　存二卷(一至二)

500000－8701－0010246　F232176－77
眉韻樓詩話續編四卷　孫雄輯　清宣統二年(1910)北洋官報局鉛印詩史閣叢書甲集本　二册

500000－8701－0010247　F232178
眉綠樓詞一卷　(清)顧文彬著　清光緒五年(1879)刻本　一册

500000－8701－0010248　F232179－82
眉綠樓詞一卷　(清)顧文彬著　清光緒十年(1884)吳下刻本　四册

500000－8701－0010249　F232183－84
眉山詩案廣證六卷　(清)張鑑著　清光緒十年(1884)江蘇書局刻本　二册

500000－8701－0010250　F232195
腋裘篇一卷　(清)王次先纂輯　清同治五年(1866)刻本　一册

500000－8701－0010251　F232198－99
駁五經異義疏證十卷　(清)皮錫瑞著　清光緒二十五年(1899)刻本　二册

500000－8701－0010252　F232208
繪像全圖長生殿四卷　(清)洪昇填詞　清光緒十六年(1890)上海文瑞樓鉛印本　一册

500000－8701－0010253　F232209
校正圖註脈訣辨眞四卷附方一卷　(晉)王叔和撰　(明)張世賢註　清末石印本　一册

500000－8701－0010254　F232214－17
岳忠武王文集八卷首一卷末一卷　(清)黃邦寧纂修　清光緒十二年(1886)上海簡玉山房刻本　四册

500000－8701－0010255　F232218
長離閣集一卷附錄一卷　(清)王采薇著　清

光緒八年(1882)蘪蕪吟館刻本　一冊

500000－8701－0010256　F232223
髯仙詩舫遺稿二卷　(清)李鴻裔著　清光緒十四年(1888)黎氏日本刻本　一冊

500000－8701－0010257　F232224
岳容齋詩集四卷　(清)岳鍾琪撰　清末古棠書屋刻本　一冊

500000－8701－0010258　F232226
鬘天影事譜四卷附録一卷　易順鼎著　清光緒二十二年(1896)長沙刻本　一冊

500000－8701－0010259　F232227－30
隱居通議三十一卷　(元)劉壎著　清嘉慶六年(1801)刻本　四冊

500000－8701－0010260　F232231－34
隱居通議三十一卷　(元)劉壎著　清光緒十一年(1885)刻本　四冊

500000－8701－0010261　F232242
陝西闈墨不分卷(光緒壬寅補行庚子恩正併科)　樊增祥等撰　清光緒衡鑑堂刻本　一冊

500000－8701－0010262　F232243
陝西闈墨不分卷(光緒壬寅補行庚子恩正併科)　樊增祥等撰　清光緒衡鑑堂刻本　一冊

500000－8701－0010263　F232246－47
欣賞齋尺牘六卷　(清)曹仁鏡輯　清光緒十四年(1888)刻本　二冊

500000－8701－0010264　F232249
醫宗說約六卷　(清)蔣示吉纂　清末上海廣益書局石印本　一冊

500000－8701－0010265　F232250
尸子二卷存疑一卷　(清)汪繼培輯　清光緒三年(1877)浙江書局刻本　一冊

500000－8701－0010266　F232251
鳳山草堂文集二卷　(清)周慕伍著　清光緒十七年(1891)刻本　一冊

500000－8701－0010267　F232252
鳳山草堂文集二卷　(清)周慕伍著　清光緒十七年(1891)刻本　一冊

500000－8701－0010268　F232253－54
風雅遺聞四卷　(清)戚學標著　清刻本　二冊

500000－8701－0010269　F232256
聞妙香室詞一卷　(清)李宗昉著　清刻本　一冊

500000－8701－0010270　F232261
丹邱生集五卷附録一卷　(元)柯九思著　清光緒三十四年(1908)息園刻本　一冊

500000－8701－0010271　F232268－69
展峯詩草六卷　(清)伍兆鼇著　清光緒二十四年(1898)刻本　二冊

500000－8701－0010272　F232271－76
巽齋文集二十七卷附存一卷　(宋)歐陽守道著　清廬陵志局刻本　六冊

500000－8701－0010273　F232277－78
印雪軒詩鈔十六卷　(清)俞鴻漸著　清同治十三年(1874)刻本　二冊

500000－8701－0010274　F232280－85
用六集十二卷　(清)刁包著　清道光二十三年(1843)刻本　六冊

500000－8701－0010275　F232286－93
閨秀詞鈔十六卷姓氏韻編一卷　徐乃昌譔録　清宣統元年(1909)小檀欒室刻本　八冊

500000－8701－0010276　F232301－04
開卷偶得十卷　(清)林春溥著　清道光二十九年(1849)竹柏山房刻本　四冊

500000－8701－0010277　F232305－20
閏榻先生集三十卷外集八卷鯤花岡集八卷　(清)張望著　清同治三年(1864)義寧州鴻文齋刻本　十六冊

500000－8701－0010278　F232321－54
廬陵周益國文忠公集一百六十二卷首一卷　(宋)周必大撰　清道光二十八年(1848)廬陵

歐陽氏刻本　三十四册

500000－8701－0010279　F232355－86
廬陵周益國文忠公集一百六十二卷首一卷　（宋）周必大撰　清道光二十八年（1848）廬陵歐陽氏刻本　三十二册

500000－8701－0010280　F232387
周易思半錄二卷　（清）方鑄學　清光緒二十七年（1901）桐城方氏達縣刻本　一册

500000－8701－0010281　F232388－91
周子全書九卷首二卷末一卷　（宋）周敦頤原著　（清）鄧顯鶴編　清光緒十七年（1891）濂溪刻本　四册

500000－8701－0010282　F232396－97
周甲贈言二卷　（清）檀萃編　清乾隆五十四年（1789）刻本　二册

500000－8701－0010283　F232398－99
周禮音訓二卷　（清）楊國楨撰　清刻本　二册

500000－8701－0010284　F232400－01
周禮政要二卷　（清）孫詒讓撰　清光緒二十八年（1902）鉛印本　二册

500000－8701－0010285　F232402－03
周禮政要二卷　（清）孫詒讓撰　清光緒二十八年（1902）鉛印本　二册

500000－8701－0010286　F232404
周禮疑義舉要七卷　（清）江永撰　清刻本　一册

500000－8701－0010287　F232405
周官聯事表六卷附一卷　（清）甯緗編　清光緒三十四年（1908）成都刻遇園叢書本　一册

500000－8701－0010288　F232406－07
黎照堂臨池新編四卷　（清）劉昭輯　清乾隆十八年（1753）刻本　二册

500000－8701－0010289　F232409
七注陰符經一卷　（周）姜尚注　（漢）張良解　（三國蜀）諸葛亮釋　**陰符集證一卷**　（清）諸葛光榮輯　清刻本　一册

500000－8701－0010290　F232410
筱帆詩集二卷　（清）徐大昌著　清光緒二十五年（1899）武昌刻本　一册

500000－8701－0010291　F232411－20
陋軒詩十二卷詩續二卷　（清）吳嘉紀著　清道光二十年（1840）刻本　十册

500000－8701－0010292　F232422
闡幽集一卷　（清）張繼輯　清光緒十四年（1888）刻本　一册

500000－8701－0010293　F232427－38
天真閣集五十四卷外集六卷　（清）孫原湘著　清刻本　十二册

500000－8701－0010294　F232439－54
天真閣集五十四卷外集六卷　（清）孫原湘著　清光緒十七年（1891）刻本　十六册

500000－8701－0010295　F232455－74
欽定四書文四十一卷　（清）方苞輯　清刻本　二十册　存二十七卷（欽定化治四書文六卷，欽定正嘉四書文六卷，欽定隆萬四書文論語二卷、孟子二卷，欽定啓禎四書文六卷，欽定本朝四書文大學一卷、論語二卷、孟子二卷）

500000－8701－0010296　F232475－98
遵巖先生文集四十二卷　（明）王慎中撰　（清）李光墺　（清）李光型編　清康熙五十年（1711）晋江李光墺等刻本　二十四册

500000－8701－0010297　F232523－34、36－39、41－42、44－46
尤太史西堂全集文集二十四卷詩集三十一卷附湘中集六卷　（清）尤侗著　清學畬堂刻本　二十一册　缺一卷（哀絃集一卷）

500000－8701－0010298　F232535、40、43
西堂全集文集二十四卷詩集三十一卷附湘中集六卷　（清）尤侗著　清刻本　三册　存八卷（詩集：哀絃集一卷、述祖詩一卷、于京集二卷、論語詩一卷、右北平集一卷、看雲草堂集二卷）

500000－8701－0010299　F232553－68
西堂全集文集二十四卷詩集三十一卷附湘中集六卷　(清)尤侗著　清刻本　十六册

500000－8701－0010300　F232569－88
西堂全集文集二十四卷詩集三十一卷附湘中集六卷　(清)尤侗著　清刻本　二十册

500000－8701－0010301　F232589－604
西堂全集文集二十四卷詩集三十一卷附湘中集六卷　(清)尤侗著　清刻本　十六册

500000－8701－0010302　F232605－28
西堂全集文集二十四卷詩集三十一卷附湘中集六卷　(清)尤侗著　清刻本　二十四册

500000－8701－0010303　F232669－700
兩浙輶軒録四十卷補遺十卷　(清)阮元訂　清光緒十六年(1890)浙江書局刻本　三十二册

500000－8701－0010304　F232701－40
兩浙輶軒續録五十四卷補遺六卷　(清)潘衍桐訂　清光緒十七年(1891)浙江書局刻本　四十册

500000－8701－0010305　F232741－64
王文成公全書三十八卷　(明)王守仁撰　清刻本　二十四册

500000－8701－0010306　F232765－88
王文成公全書三十八卷　(明)王守仁撰　清刻本　二十四册

500000－8701－0010307　F232789－816
王文成公全書三十八卷　(明)王守仁撰　清刻本　二十八册

500000－8701－0010308　F232829－44
王陽明先生全集十六卷目録二卷年譜二卷　(明)王守仁撰　清道光六年(1826)刻本　十六册

500000－8701－0010309　F232865－72
遂甯張文端公全集六卷首一卷末一卷　(清)張鵬翮撰　清光緒八年(1882)刻本　八册

500000－8701－0010310　F232888－95
元遺山先生集二十八卷首一卷　(元)張德輝類次　清道光三十年(1850)張氏陽泉山莊刻本　八册

500000－8701－0010311　F232896－911
元遺山先生集四十卷首一卷　(元)張德輝類次　清光緒八年(1882)靈石楊氏刻京都翰文齋書坊印本　十六册

500000－8701－0010312　F232912－15
遺山先生詩集二十卷　(金)元好問撰　清刻本　四册

500000－8701－0010313　F232920－25
遺山先生詩集二十卷補遺一卷　(金)元好問撰　清宣統二年(1910)山陰周氏刻本　六册

500000－8701－0010314　F232926－29
遺山先生詩集二十卷補遺一卷　(金)元好問撰　清宣統二年(1910)山陰周氏刻本　四册

500000－8701－0010315　F232930－33
元遺山詩集箋注十四卷首一卷末一卷　(元)張德輝類次　(清)施國祁箋　清道光二年(1822)刻本　四册

500000－8701－0010316　F232985－97
元詩選癸集十卷　(清)顧嗣立輯　(清)席世臣補輯　清光緒十四年(1888)席氏掃葉山房刻本　十六册

500000－8701－0010317　F233044－45
石林居士建康集八卷補遺一卷　(宋)葉夢得著　清道光二十四年(1844)吳中孫氏刻本　二册

500000－8701－0010318　F233046－47
石林居士建康集八卷補遺一卷　(宋)葉夢得著　清道光二十四年(1844)吳中孫氏刻本　二册

500000－8701－0010319　F233056－57
元詩選六卷補遺一卷　(清)顧奎光選輯　(清)陶瀚　(清)陶玉禾參評　清刻本　二册

500000－8701－0010320　F233098－101
石龕詩卷二十一卷詩餘偶存一卷　(清)劉楚

英撰　清同治九年(1870)粵西鹺署刻本　四冊

500000－8701－0010321　F233102－07

靈峰草堂叢書□□種　陳矩輯　清光緒二十九年(1903)至民國貴陽陳氏刻本　六冊　存十四種存二十卷[春秋左傳杜注校勘記一卷、梟氏為鍾圖說補義一卷、天全石錄一卷、孟子外書補注四卷、孟子弟子考補正一卷、毛詩殘三卷(四至六)、翰林學士集一卷、陶靖節先生年譜一卷、黔語二卷、洪度集一卷、悟蘭唫一卷、滇游草一卷、東瀛草一卷、東游文藁一卷]

500000－8701－0010322　F233108－09

一朶山房詩集十八卷　(清)傅潢著　清光緒二年(1876)都門刻本　二冊

500000－8701－0010323　F233117－18

雪堂詩集不分卷　(清)傅作楫著　清刻本　二冊

500000－8701－0010324　F233119－21

子良詩存七卷　(清)馮詢撰　清道光二十年(1840)刻本　三冊

500000－8701－0010325　F233128－33

安般簃集詩續十卷于湖小集二卷附錄一卷　(清)芳郭鈍叟(袁昶)撰　清光緒十六年(1890)小漚巢刻本　六冊

500000－8701－0010326　F233134－39

本朝詩賦登瀛集四卷栢梁體詩一卷補編一卷應制詩一卷御試博學鴻詞一卷　(清)高宗弘曆等撰　清乾隆四年(1739)刻本　六冊

500000－8701－0010327　F233146－53

北山文集三十卷首一卷末一卷　(宋)鄭剛中著　清同治十二年(1873)永康胡氏退補齋刻本　八冊

500000－8701－0010328　F233154－59

雪山集十六卷　(宋)王質著　清同治九年(1870)刻本　六冊

500000－8701－0010329　F233168－69

元詩別裁八卷補遺一卷　(清)張景星等點閱　清刻本　二冊

500000－8701－0010330　F233178－87

西泠五布衣遺著十種　(清)丁丙輯　清同治十二年(1873)錢塘丁氏當歸草堂刻本　十冊

500000－8701－0010331　F233188－96

西泠五布衣遺著十種　(清)丁丙輯　清同治十二年(1873)錢塘丁氏當歸草堂刻本　九冊

500000－8701－0010332　F233196

西湖遊記一卷　(清)查人漢著　清光緒七年(1881)竹書堂丁氏刻本　一冊

500000－8701－0010333　F233197－200

釀蜜集四卷　(清)浦起龍著　清光緒二十七年(1901)刻本　四冊

500000－8701－0010334　F233201－02

三歸草二卷　(明)鹿善繼著　清刻本　二冊

500000－8701－0010335　F233219－24

張亨甫全集二十卷首一卷　(清)張際著　清同治六年(1867)刻本　六冊

500000－8701－0010336　F233225－47

揅經室一集十四卷二集八卷三集五卷四集十一卷外集五卷　(清)阮元撰　清道光三年(1823)文選樓刻本　二十三冊　存四十一卷(一集十四卷、二集八卷、三集五卷、四集十一卷、外集一至三)

500000－8701－0010337　F233249－66

揅經室一集十四卷二集八卷三集五卷四集十一卷外集五卷　(清)阮元撰　清道光三年(1823)刻本　十八冊

500000－8701－0010338　F233267－76

芳茂山人文集十二卷詩錄九卷附長離閣集一卷　(清)孫星衍著　清光緒二十年(1894)湖南思賢書局刻本　十冊

500000－8701－0010339　F233277－84

芳茂山人文集十二卷詩錄九卷附長離閣集一卷　(清)孫星衍著　清光緒十一年(1885)長沙王氏刻本　八冊

500000－8701－0010340　F233285－94

芳茂山人文集十二卷詩録九卷附長離閣集一卷 (清)孫星衍著 清光緒十一年(1885)吳縣朱氏槐廬刻本 十册

500000－8701－0010341 F233295－306
芳茂山人文集十二卷詩録九卷附長離閣集一卷 (清)孫星衍著 清光緒二十年(1894)湖南思賢書局刻本 十二册

500000－8701－0010342 F233307－16
芳茂山人文集十二卷詩録九卷附長離閣集一卷 (清)孫星衍著 清光緒二十年(1894)湖南思賢書局刻本 十二册

500000－8701－0010343 F233318
孫明復小集三卷附考異 (宋)孫復撰 清光緒十五年(1889)問經精舍刻本 一册

500000－8701－0010344 F233319－24
二林居集二十四卷 (清)彭紹升著 清光緒七年(1881)刻本 六册

500000－8701－0010345 F233325－32
張子全書十五卷 (宋)張載撰 清道光二十二年(1842)刻本 八册

500000－8701－0010346 F233333－36
三魚堂文集十二卷外集六卷 (清)陸隴其著 清刻本 四册 存十二卷(文集一至六、外集六卷)

500000－8701－0010347 F233337－42
三魚堂文集十二卷外集六卷 (清)陸隴其著 清刻本 六册

500000－8701－0010348 F233343－48
三魚堂文集十二卷附録一卷外集六卷 (清)陸隴其著 清刻本 六册

500000－8701－0010349 F233349－53
三魚堂文集十二卷附録一卷外集六卷 (清)陸隴其著 清同治七年(1868)武林薇署刻本 五册

500000－8701－0010350 F233386－89
夏節愍全集十卷首一卷末一卷補遺二卷 (清)莊師洛輯 (清)陳均等編 清光緒二十九年(1903)成都刻本 四册

500000－8701－0010351 F233390－95
孫文恭公遺書七種 (明)孫應鰲撰 清光緒六年(1880)獨山莫氏刻本 六册

500000－8701－0010352 F233402－03
三恥齋初稿六卷 (清)吳坤修著 清同治四年(1865)鳩江戎幄刻本 二册

500000－8701－0010353 F233404－19
弘正四傑詩集四種附一種 (清)張百熙輯 清光緒二十一年(1895)長沙張氏湘雨樓刻本 十六册

500000－8701－0010354 F233420－35
司馬文正公傳家集八十卷目録二卷附録一卷 (宋)司馬光撰 清光緒十二年(1886)解梁書院刻本 十六册

500000－8701－0010355 F233436－51
司馬文正公集八十二卷目録二卷首一卷 (宋)司馬光撰 清乾隆五十五年(1790)刻本 十六册

500000－8701－0010356 F233452－56
司馬溫公文集十四卷首一卷 (清)張伯行重訂 清光緒七年(1881)金雞趙氏補刻儀封張氏本 五册

500000－8701－0010357 F233457－64
司馬溫公文集十四卷 (清)張伯行重訂 清光緒七年(1881)金雞趙氏補刻儀封張氏本 八册

500000－8701－0010358 F233469－500
司馬文正公集八十二卷目録二卷首一卷 (宋)司馬光著 清乾隆五十五年(1790)刻本 三十二册

500000－8701－0010359 F233567－82
王臨川全集一百卷目録二卷 (宋)王安石撰 清光緒九年(1883)刻本 十六册

500000－8701－0010360 F233583－98
王臨川全集一百卷目録二卷 (宋)王安石撰 清光緒九年(1883)溧陽繆氏小峴山館刻本

十六冊

500000－8701－0010361　F233599－618
王臨川全集一百卷目錄二卷　(宋)王安石撰　清光緒九年(1883)溧陽繆氏小峫山館刻本　二十冊

500000－8701－0010362　F233624－27
王臨川文集四卷　(宋)王安石撰　清宣統二年(1910)上海會文堂書局石印本　四冊

500000－8701－0010363　F233628－33
三蘇策論十二卷　(宋)蘇洵等著　清光緒二十七年(1901)鴻寶齋書局石印本　六冊

500000－8701－0010364　F233635－40
三蘇策論十二卷　(宋)蘇洵等著　清光緒二十七年(1901)煥文書局石印本　六冊

500000－8701－0010365　F233641－46
三蘇策論十二卷　(宋)蘇洵等著　清光緒二十七年(1901)鍊石書局石印本　六冊

500000－8701－0010366　F233677－78
確山駢體文四卷　(清)宋世犖著　清光緒九年(1883)花雨樓刻本　二冊

500000－8701－0010367　F233687
孟子要略五卷　(宋)朱熹輯　清刻本　一冊

500000－8701－0010368　F233691
夏小正一卷　(漢)戴德撰　(清)王氏注　清光緒十年(1884)成都尊經書局刻本　一冊

500000－8701－0010369　F233692－93
五家宫詞五卷　(清)毛晉輯　清光緒五年(1879)受經堂刻本　二冊

500000－8701－0010370　F233694－703
重刻天傭子全集十卷首一卷末一卷　(明)艾南英著　(清)艾爲珖輯　清刻本　十冊

500000－8701－0010371　F233704－05
北海亭詩集四卷文集四卷　(明)鹿化麟著　(清)孫奇逢編　清刻本　二冊

500000－8701－0010372　F233706－21
夏峯先生集十六卷首一卷　(清)孫奇逢著　清道光二十五年(1845)大梁書院刻本　十六冊

500000－8701－0010373　F233726－29
文通十卷　(清)馬建忠著　清末鉛印本　四冊

500000－8701－0010374　F233733－34
一粟齋文鈔二卷　(清)易本烺著　清光緒元年(1875)刻本　二冊

500000－8701－0010375　F233735－40
水雲村泯稿二十二卷　(元)劉壎著　清道光十七年(1837)刻本　六冊

500000－8701－0010376　F233741－48
兩當軒集二十卷　(清)黄景仁著　**攷異二卷附録六卷**　(清)黄志述輯　清同治十二年(1873)集珍齋木活字印本　八冊

500000－8701－0010377　F233749－56
兩當軒集二十卷　(清)黄景仁著　**攷異二卷附録六卷**　(清)黄志述輯　清同治十二年(1873)集珍齋木活字印本　八冊

500000－8701－0010378　F233757－62
兩當軒詩鈔十四卷悔存詞鈔二卷　(清)黄景仁著　清嘉慶二十二年(1817)侯官鄭氏刻本　六冊

500000－8701－0010379　F233763－64
兩當軒詩鈔十四卷悔存詞鈔二卷　(清)黄景仁著　清嘉慶二十二年(1817)侯官鄭氏刻本　二冊

500000－8701－0010380　F233765－70
兩當軒集二十卷　(清)黄景仁著　**攷異二卷附録六卷**　(清)黄志述輯　清咸豐八年(1858)刻本　六冊

500000－8701－0010381　F233771－76
兩當軒集二十二卷　(清)黄景仁著　**攷異二卷附録四卷**　(清)黄志述輯　清光緒二年(1876)刻本　六冊

500000－8701－0010382　F233779－80
功甫小集十一卷　(清)潘曾沂著　清同治三

年(1864)刻本　二册

500000－8701－0010383　F233781－86
王湘綺先生文集八卷　王闓運著　清光緒三十三年(1907)墨莊劉氏長沙刻本　六册

500000－8701－0010384　F233787－96
石笥山房文集六卷補遺一卷詩集十一卷詩餘一卷補遺二卷續補遺二卷　(清)胡天游著　清咸豐二年(1852)刻本　十册

500000－8701－0010385　F233797－806
石笥山房文集六卷補遺一卷詩集十一卷詩餘一卷補遺二卷續補遺二卷　(清)胡天游著　清咸豐二年(1852)刻本　十册

500000－8701－0010386　F233807－18
南軒文集四十四卷論語解十卷孟子説七卷　(宋)張栻撰　清道光二十九年(1849)綿邑洗墨池刻本　十二册

500000－8701－0010387　F233819－30
南軒文集四十四卷論語解十卷孟子説七卷　(宋)張栻撰　清咸豐四年(1854)綿邑南軒祠刻本　十二册

500000－8701－0010388　F233831－34
謬莫子集四卷高辛硯齋雜著一卷　(清)俞興瑞撰　**客窗閒話二卷**　(清)吳熾符撰　清咸豐六年(1856)刻本　四册

500000－8701－0010389　F233835－50
二程全書七種六十六卷　(宋)程頤　(宋)程顥撰　清光緒三十四年(1908)澹雅書局刻本　十六册

500000－8701－0010390　F233851－56
二程子遺書纂二卷外書一卷　(清)李光地撰　清刻本　六册

500000－8701－0010391　F233857－58
河南程氏遺書二十五卷　(宋)程顥撰　清刻本　二册　存十八卷(一至十八)

500000－8701－0010392　F233859－74
天岳山館文鈔四十卷　(清)李元度撰　清光緒六年(1880)爽谿精舍刻本　十六册

500000－8701－0010393　F233875－86
天岳山館文鈔四十卷　(清)李元度撰　清光緒六年(1880)爽谿精舍刻本　十二册

500000－8701－0010394　F233887－906
天岳山館文鈔四十卷　(清)李元度撰　清光緒六年(1880)爽谿精舍刻本　二十册

500000－8701－0010395　F233907－22
楊園先生全集五十四卷附年譜一卷　(清)張履祥著　(清)姚璉輯　清同治十年(1871)江蘇書局刻本　十六册

500000－8701－0010396　F233949－56
二曲全集二十六卷四書反身錄八卷首一卷　(清)李顒著　清光緒二十六年(1900)湖李荷花池刻本　八册

500000－8701－0010397　F233981－90
二曲集二十六卷首一卷四書反身錄十六卷歷年紀略一卷　(清)李顒著　清同治五年(1866)刻本　十册

500000－8701－0010398　F233991－96
二曲全集二十六卷　(清)李顒著　清咸豐元年(1851)曲阜刻本　六册

500000－8701－0010399　F234019－30
二曲集二十六卷首一卷歷年紀略一卷四書反身錄十六卷　(清)李顒著　清同治十二年(1873)刻本　十二册

500000－8701－0010400　F234036－51
二曲集四十六卷　(清)李顒著　清光緒三年(1877)信述堂刻本　十六册

500000－8701－0010401　F234052－67
水心先生文集二十九卷補遺一卷別集十六卷　(宋)葉適撰　清光緒八年(1882)瑞安孫氏刻本　十六册

500000－8701－0010402　F234069－72
張廉卿先生文集八卷　(清)張裕釗著　清宣統元年(1909)五色古文山房刻本　四册

500000－8701－0010403　F234073－76
張廉卿先生文集八卷　(清)張裕釗著　清宣

統元年(1909)五色古文山房刻本　四冊

500000－8701－0010404　F234077－80
張廉卿先生文集八卷　(清)張裕釗著　清宣統元年(1909)五色古文山房刻本　四冊

500000－8701－0010405　F234081－86
砥齋集十二卷　(清)王弘撰著　清刻本　六冊

500000－8701－0010406　F234087－90
平齋文集三十二卷　(宋)洪咨夔撰　清同治十一年(1872)湘皖杉直櫰清之館刻本　四冊

500000－8701－0010407　F234095－98
邗江三百吟十卷　(清)林蘇門著　清刻本　四冊

500000－8701－0010408　F234110－21
元豐類稿五十卷　(宋)曾鞏著　清光緒十六年(1890)慈利漁浦書院刻本　十二冊

500000－8701－0010409　F234122－31
元豐類稿五十卷首一卷　(宋)曾鞏著　明隆慶五年(1571)刻本　十冊

500000－8701－0010410　F234154－69
西漚全集十卷外集八卷　(清)李惺著　(清)宋寶椷　(清)童棫編輯　清同治七年(1868)刻民國七年(1918)增修本　十六冊

500000－8701－0010411　F234170－85
西漚全集十卷外集八卷　(清)李惺著　(清)宋寶椷　(清)童棫編輯　清同治七年(1868)刻民國七年(1918)增修本　十六冊

500000－8701－0010412　F234186－93
西漚全集十卷外集八卷　(清)李惺著　(清)宋寶椷　(清)童棫編輯　清同治七年(1868)刻民國七年(1918)增修本　八冊

500000－8701－0010413　F234196
玉笥山房要集四卷文坿一卷　(清)顧廷綸著　清光緒十二年(1886)會稽顧氏刻本　一冊

500000－8701－0010414　F234197
丁祭禮樂備考三卷　(清)邱之稑編　清道光二十年(1840)瀏陽縣刻本　一冊

500000－8701－0010415　F234198－205
恥躬堂文鈔十卷詩鈔十六卷　(清)彭士望著　清咸豐二年(1852)刻本　八冊

500000－8701－0010416　F234206－13
五百四峯堂詩鈔二十五卷　(清)黎簡著　清同治十三年(1874)南海陳氏刻本　八冊

500000－8701－0010417　F234218－19
靈芬堂詩二集十卷　(清)郭麐著　清刻本　二冊

500000－8701－0010418　F234220
賈長江詩集四卷　(唐)賈島著　清光緒十年(1884)刻本　一冊

500000－8701－0010419　F234221－24
三水關紀事和詩三卷　胡薇元等著　清光緒三十年至三十一年(1904－1905)善化高氏刻本　四冊

500000－8701－0010420　F234228－35
武定詩續鈔二十四卷　(清)李佐賢編　清同治六年(1867)利津李氏刻本　八冊

500000－8701－0010421　F234236－39
孟亭居士文稿五卷　(清)馮浩著　清刻本　四冊　存四卷(一、三至五)

500000－8701－0010422　F234253－56
三耻齋初稿十二卷　(清)吳坤修著　清同治四年(1865)刻八年(1869)補刻本　四冊

500000－8701－0010423　F234257－62
尹文端公詩集十卷　(清)尹繼善著　清刻本　六冊

500000－8701－0010424　F234263
天游閣集五卷　(清)顧太清著　清宣統二年(1910)上海神州國光社鉛印本　一冊

500000－8701－0010425　F234264
天游閣集五卷　(清)顧太清著　清宣統二年(1910)上海神州國光社鉛印本　一冊

500000－8701－0010426　F234267
醯略四卷　(清)趙信著　清刻本　一冊

500000－8701－0010427　F234279－91
張臯文箋易詮全集十六種　(清)張惠言著　清嘉慶至道光刻本　十三冊　存十三種四十一卷(虞氏易禮二卷、虞氏易候一卷、虞氏易言二卷、周易鄭氏注三卷、周易荀氏九家三卷、周易鄭荀義三卷、易義別錄十四卷、易緯略義三卷、易圖條辨一卷、讀儀禮記二卷、茗柯文初編一卷二編二卷三編一卷四編一卷、茗柯詞一卷、擬名家制藝一卷)

500000－8701－0010428　F234292－303
霜紅龕集四十卷附錄三卷年譜一卷　(清)傅山撰　清刻本　十二冊

500000－8701－0010429　F234304－13
霜紅龕集四十卷我詩集十一卷仙儒外紀十卷　(清)傅山撰　(清)張廷鑑　(清)張廷銓拾遺　(清)劉霦補輯　清咸豐四年(1854)晉陽書院刻本　十冊

500000－8701－0010430　F234324
弢園尺牘十二卷　(清)王韜著　清宣統二年(1910)鉛印本　一冊

500000－8701－0010431　F234331－40
弢園文錄外編十卷　(清)王韜著　清光緒二十三年(1897)時務學社刻本　十冊

500000－8701－0010432　F234358
西崑詶唱集二卷　(宋)楊億編　清邵武徐氏刻本　一冊

500000－8701－0010433　F234359－60
西崑詶唱集二卷　(宋)楊億編　清誦芬閣刻本　二冊

500000－8701－0010434　F234361－62
西崑詶唱集二卷　(宋)楊億編　清康熙四十七年(1708)刻本　二冊

500000－8701－0010435　F234363
醉吟草六卷　(清)劉大容著　清刻本　一冊

500000－8701－0010436　F234377
增像第六才子書五卷首一卷　(元)王實甫撰　清末石印本　一冊

500000－8701－0010437　F234378－81
增像第六才子書六卷　(元)王實甫撰　清光緒二十七年(1901)上海書局石印本　四冊　存四卷(一至四)

500000－8701－0010438　F234392－97
此益閣增訂金批西廂記四卷首一卷末一卷　(元)王實甫撰　清乾隆六十年(1795)刻朱墨套印本　六冊

500000－8701－0010439　F234402－11
西廂記五卷附錄十卷　(元)王實甫撰　清暖紅室刻本　十冊

500000－8701－0010440　F234417－25
一笠菴北詞廣正譜十七卷附南戲北詞正謬一卷　(明)徐于室原稿　(明)鈕少雅樂句　(清)李玄玉更定　清青蓮書屋刻本　十冊

500000－8701－0010441　F234446－47
陳眉公批評琵琶記二卷釋義琵琶記二卷　(明)陳繼儒評　清暖紅室刻本　二冊

500000－8701－0010442　F234449
水仙亭詞集二卷　(清)項玶著　清刻本　一冊

500000－8701－0010443　F234455－58
西泠詞萃六種　(清)丁丙輯　清光緒十一年至十三年(1885－1887)錢塘丁氏刻本　四冊

500000－8701－0010444　F234459－60
董解元西廂四卷　(金)董解元撰　(清)顧渚山樵點定　清夢鳳樓暖紅室刻彙刻傳奇本　二冊

500000－8701－0010445　F234504
面城精舍雜文甲編一卷乙編一卷　羅振玉著　清刻本　一冊

500000－8701－0010446　F234552－55
雲中集不分卷　(清)劉淯著　清光緒九年(1883)岳口李綽裕堂刻本　四冊

500000－8701－0010447　F234556－65
二水樓文集二十卷首一卷詩集十八卷　(清)李茹旻著　清光緒十七年(1891)味憩廬刻本

十冊

500000－8701－0010448　F234566－71
雲林別墅新輯酬世錦囊書啟八卷家禮集成七卷帖式二卷採輯新聯二卷　（清）鄒景陽輯　清末石印本　六冊

500000－8701－0010449　F234572
欽定武英殿聚珍版程式一卷　（清）金簡著　清刻本　一冊

500000－8701－0010450　F234573
二十二史感應錄二卷　（清）彭希涑著　清光緒四年（1878）刻本　一冊

500000－8701－0010451　F234591
幼義一卷　（清）□□撰　清刻本　一冊

500000－8701－0010452　F234594－97
五十名家書札不分卷　（清）陸心源編　清光緒二十年（1894）上海復古齋石印本　四冊

500000－8701－0010453　F234602－13
西湖集覽二十六種　（清）丁丙輯　清光緒九年（1883）丁氏嘉惠堂刻本　十二冊

500000－8701－0010454　F234614－18
一家言文集四卷詩集八卷　（清）李漁著　清刻本　五冊

500000－8701－0010455　F234624－27
西泠閨詠十六卷　（清）陳文述著　清光緒十三年（1887）西泠翠螺閣刻本　四冊

500000－8701－0010456　F234628－31
西泠恒古集十卷　（清）陳文述著　清光緒九年（1883）越中刻本　四冊

500000－8701－0010457　F234632－39
癸巳類稿十五卷　（清）俞正燮撰　清道光十三年（1833）求日益齋刻本　八冊

500000－8701－0010458　F234640－41
琴鐸唱和集二卷續集一卷詩餘唱和集一卷續鈔一卷附錄唱和詩鈔一卷　（清）許時中（清）李寶元著　清光緒二十四年（1898）納溪官署刻本　二冊

500000－8701－0010459　F234642－45
水心先生別集十六卷　（宋）葉適撰　清同治九年（1870）瑞安孫氏刻本　四冊

500000－8701－0010460　F234646
續刻三水關紀事和詩一卷補刻一卷　（清）高維演輯　清光緒三十一年（1905）刻本　一冊

500000－8701－0010461　F234648
催生符不分卷附錄經驗良方一卷　（□）□□撰　清光緒十年（1884）刻本　一冊

500000－8701－0010462　F234649－51
翼教叢編六卷　（清）蘇輿輯　清光緒二十四年（1898）武昌刻本　三冊

500000－8701－0010463　F234652－55
三元秘授六集附錄一卷　（明）張溥著　清百忍堂刻雙色套印本　四冊

500000－8701－0010464　F234656
醒迷錄不分卷　（□）□□撰　清同治三年（1864）威遠玉成堂刻本　一冊

500000－8701－0010465　F234657
影北宋本二李唱和集一卷　（宋）李昉　（宋）李至撰　清光緒十五年（1889）貴陽陳氏日本刻本　一冊

500000－8701－0010466　F234675－76
張河間集二卷　（漢）張衡著　清刻本　二冊

500000－8701－0010467　F234677－78
雲左山房詩鈔四卷　（清）林則徐著　清刻本　二冊

500000－8701－0010468　F234691
孟塗先生遺詩二卷　（清）劉開著　清光緒十二年（1886）刻本　一冊

500000－8701－0010469　F234708－15
劉孟塗集四十四卷　（清）劉開著　清道光六年（1826）姚氏檗山草堂刻本　八冊

500000－8701－0010470　F234716－23
劉孟塗集四十四卷　（清）劉開著　清道光六年（1826）姚氏檗山草堂刻本　八冊

500000－8701－0010471　F234724
司空詩品注釋一卷　(唐)司空圖撰　清刻本　一册

500000－8701－0010472　F234725－26
群書寶窟□□卷　(□)□□纂　清末石印本　二册　存二十四卷(十八至二十三、二十五至三十二、五十二至五十九、六十一至六十二)

500000－8701－0010473　F234735
群經凡例不分卷　廖平撰　清光緒二十二年(1896)成都尊經書局刻四益館叢書本　一册

500000－8701－0010474　F234738
群經補義五卷　(清)江永著　清刻本　一册

500000－8701－0010475　F234745－46
翠筠館詩存二卷　(清)魁玉著　清同治七年(1868)刻本　二册

500000－8701－0010476　F234747
孟子音義二卷札記一卷　(宋)孫奭撰　清刻本　一册

500000－8701－0010477　F234749－50
聊齋先生文集二卷　(清)蒲松齡撰　清宣統三年(1911)刻本　二册

500000－8701－0010478　F234751－52
西廬文集四卷　(清)張雋著　清宣統二年(1910)上海國學扶輪社鉛印本　二册

500000－8701－0010479　F234753
西垣詩鈔二卷黔苗竹枝詞一卷　(清)毛貴銘著　清光緒十年(1884)長沙王氏刻本　一册

500000－8701－0010480　F234757－62
西藏圖考八卷首一卷　(清)黄沛翹輯　清光緒二十三年(1897)刻本　六册

500000－8701－0010481　F234763－68
新喻梁石門先生集十卷首一卷末一卷　(明)梁寅撰　清光緒十五年(1889)刻本　六册

500000－8701－0010482　F234777－80
三鄭進士合稿四卷附録一卷附一卷　(清)鄭方城等撰　(清)陳亦韓　(清)徐笠山論定　清新繁張宏仁刻本　四册

500000－8701－0010483　F234781－82
西河詩話一卷西河詞話一卷　(清)毛奇齡著　清宣統三年(1911)上海文瑞樓石印本　二册

500000－8701－0010484　F234787－88
西漚試帖註略四卷　(清)李惺著　(清)張子銘等注　清道光十五年(1835)刻本　二册

500000－8701－0010485　F234789－90
三君子堂詩存五卷　(清)石彦恬著　清光緒十四年(1888)刻本　二册

500000－8701－0010486　F234791－92
遡園文集四卷詩集一卷語商一卷　(清)賈開宗著　清刻本　二册　存四卷(文集一至二、詩集一卷、語商一卷)

500000－8701－0010487　F234796－98
正誼書院課選四卷　(清)朱蘭坡輯　(清)歐陽泉編　清道光二十四年(1844)刻本　三册

500000－8701－0010488　F234799－806
正誼書院課選不分卷　(清)馮景亭鑒定　清光緒二年(1876)正誼書院刻本　八册

500000－8701－0010489　F234815
疎影樓名花百咏一卷吟草一卷　(清)李淑儀著　清道光十三年(1833)疎影樓刻本　一册

500000－8701－0010490　F234816
西招圖畧一卷附録一卷　(清)松筠撰　清道光二十七年(1847)王氏刻本　一册

500000－8701－0010491　F234817
西招圖畧一卷附録一卷　(清)松筠撰　清道光二十七年(1847)王氏刻本　一册

500000－8701－0010492　F234818
西藏賦一卷　(清)和寧著　清刻本　一册

500000－8701－0010493　F234819
西藏賦一卷　(清)和寧著　清刻本　一册

500000－8701－0010494　F234821－22
端硯齋試帖二卷　(清)胡積城著　清道光十

一年(1831)刻本　二冊

500000－8701－0010495　F234823－24
端硯齋試帖二卷　(清)胡積城著　清道光十一年(1831)刻本　二冊

500000－8701－0010496　F234826－33
孔顨軒洪北江兩先生駢體文合刻十六卷　(清)孔廣森　(清)洪亮吉撰　清光緒二十一年(1895)善化章氏刻本　八冊

500000－8701－0010497　F234834－35
黃文靖公雲林集六卷　(元)黃奎著　清刻本　二冊

500000－8701－0010498　F234838
詞辨二卷　(清)周濟編　清光緒四年(1878)刻本　一冊

500000－8701－0010499　F234839
周氏止庵詞辨二卷附介存齋論詞雜著一卷　(清)譚獻評　清刻本　一冊

500000－8701－0010500　F234845－46
湘綺樓箋啓四卷　王闓運著　清宣統三年(1911)成都志古堂刻本　二冊

500000－8701－0010501　F234847
玉汝詩集抄存一卷　(清)胡廷璟著　清刻本　一冊

500000－8701－0010502　F234849
王制箋一卷　(清)皮錫瑞著　清光緒三十四年(1908)思賢書局刻本　一冊

500000－8701－0010503　F234853
天文歌略一卷地學歌略一卷　(清)葉瀾著　清光緒二十四年(1898)刻本　一冊

500000－8701－0010504　F234855－60
靜用堂偶編十卷續編十卷　(清)涂天相著　(清)魏亦晉等編校　清雍正二年(1724)刻本　六冊

500000－8701－0010505　F234865－67
天瘦閣詩半六卷　(清)李士棻著　清末活字印本　三冊

500000－8701－0010506　F234868
疎影樓詞五卷種玉詞一卷　(清)姚燮著　清上湖草堂刻本　一冊

500000－8701－0010507　F234869－73
變雅堂全集六卷　(清)杜濬撰　(清)汪士倫輯　清道光二十三年(1843)刻本　五冊

500000－8701－0010508　F234874－76
茶村詩鈔八卷　(清)杜濬撰　清乾隆七年(1742)刻道光二十三年(1843)補刻本　三冊

500000－8701－0010509　F234877－80
聽雲僊館詩集二卷儷體文集四卷文集補編一卷續集一卷　(清)湯成彥著　清刻本　四冊

500000－8701－0010510　F234883－94
五經類編二十八卷　(清)周世樟編輯　清刻本　十二冊

500000－8701－0010511　F234911－22
邵子湘全集青門簏稾十六卷旅稾六卷賸稾八卷附邵氏家録二卷　(清)邵長蘅纂　(清)邵璿　(清)邵衷赤編　清康熙三十二年至三十八年(1693－1699)刻本　十二冊

500000－8701－0010512　F234923－26
雨村詩話十六卷　(清)李調元著　清刻本　四冊

500000－8701－0010513　F234935－38
武經七書七種　(明)張居正輯　清光緒二十四年(1898)成都志古堂刻本　四冊

500000－8701－0010514　F234940
現今世界大勢論一卷　梁啟超譯著　清鉛印本　一冊

500000－8701－0010515　F234941
君去有家歸詩一卷附摺呈公函録一卷　張錫麟編輯　清鉛印本　一冊

500000－8701－0010516　F234942
彈求集二卷　(清)程正矩撰　清嘉慶十年(1805)刻本　一冊

500000－8701－0010517　F234943
新刻分題陰騭文西江月詞一卷附刻戒淫西江

月詞十闋一卷　(清)廖子海著　清同治十一年(1872)榮縣刻本　一冊

500000－8701－0010518　F234947
聖賢高士傳贊一卷　(三國魏)嵇康撰　**四民月令一卷**　(漢)崔寔撰　**芑堂印説一卷**　(清)張燕昌述　清光緒二十八年(1902)怡蘭堂刻本　一冊

500000－8701－0010519　F234950
一鐙精舍甲部稿五卷　(清)何秋濤著　清光緒五年(1879)淮南書局刻本　一冊

500000－8701－0010520　F234952－55
試帖詩課合存□□種　(清)吳錫麒等著　清刻本　四冊　存九種九卷(有正味齋試帖一卷、芝音閣試帖一卷、存素堂試帖一卷、芳草堂試帖一卷、知不足齋試帖一卷、方雪齋試帖一卷、桑寄生齋試帖一卷、蛾術齋試帖一卷、雙藤書屋試帖一卷)

500000－8701－0010521　F234957－58
石梅山館詩稿二卷　(清)熊光大著　清清厚堂活字印本　二冊

500000－8701－0010522　F234959
石堂詩鈔一卷詞鈔一卷　(□)□□輯　清刻本　一冊

500000－8701－0010523　F234968－69
平津館文稿二卷　(清)孫星衍著　清嘉慶十三年(1808)刻本　二冊

500000－8701－0010524　F234977
不忘初齋詩草四卷　(清)王紹燕著　清刻本　一冊

500000－8701－0010525　F234990
五周先生集七卷　冒廣生輯　清光緒二十二年(1896)刻本　一冊

500000－8701－0010526　F234992
吾炙集一卷　(清)錢謙益著　清光緒二十八年(1902)刻本　一冊

500000－8701－0010527　F234993
可齋經進文存一卷　(清)朱文翰著　清同治十一年(1872)刻本　一冊

500000－8701－0010528　F235001
噩夢一卷　(清)王夫之著　清宣統二年(1910)刻本　一冊

500000－8701－0010529　F235002
百末詞六卷後性理吟一卷　(清)尤侗著　清刻本　一冊

500000－8701－0010530　F235004－07
百美新詠一卷題詞一卷圖傳一卷　(清)顏希源輯　**集詠一卷**　(清)袁枚撰　清同治九年(1870)三益堂刻本　四冊

500000－8701－0010531　F235011
元穆文鈔一卷　杜俞撰　清光緒十四年(1888)刻本　一冊

500000－8701－0010532　F235017
研究經籍古書方法一卷　宋育仁著　清末刻本　一冊

500000－8701－0010533　F235018
疏快軒詩二卷詩餘一卷　(清)陸楣著　清活字印本　一冊

500000－8701－0010534　F235019－20
五家宮詞二卷　(清)毛晉輯　清光緒五年(1879)受經堂刻本　二冊

500000－8701－0010535　F235021－24
五十名家書札不分卷　(清)陸心源撰　清光緒二十年(1894)上海復古齋石印本　四冊

500000－8701－0010536　F235029
重刻二忠祠紀畧一卷　(清)黃贊湯編　清同治八年(1869)北京二忠祠刻本　一冊

500000－8701－0010537　F235030－31
雲棧紀程八卷　(清)張邦伸編輯　清乾隆五十九年(1794)刻本　二冊

500000－8701－0010538　F235032－37
而菴説唐詩二十二卷首一卷　(清)徐增撰　清九誥堂刻本　六冊

500000－8701－0010539　F235044－47

蠶尾集十卷續集二卷後集二卷 （清）王士禎著 清宣統三年（1911）上海集成圖書公司影印本 四冊

500000－8701－0010540 F235050－57
歐陽文公圭齋集十六卷首一卷末一卷 （清）鄧顯鶴編 清道光二十六年（1846）新化鄧氏南邨草堂刻本 八冊

500000－8701－0010541 F235063－78
惜抱軒全集十種 （清）姚鼐撰 清同治五年（1866）省心閣刻本 十六冊

500000－8701－0010542 F235079－86
惜抱軒全集十種 （清）姚鼐撰 清同治五年（1866）省心閣刻本 八冊

500000－8701－0010543 F235103－106
惜抱軒文集十六卷文後集十卷 （清）姚鼐撰 清光緒九年（1883）桐城徐氏刻本 四冊

500000－8701－0010544 F235109－10
五言今體詩鈔九卷七言今體詩鈔九卷 （清）姚鼐輯 清同治五年（1866）金陵書局刻本 二冊

500000－8701－0010545 F235115－18
惜抱先生尺牘八卷 （清）姚鼐撰 清道光三年（1823）刻本 四冊

500000－8701－0010546 F235119－20
惜抱先生尺牘八卷 （清）姚鼐撰 清刻本 二冊

500000－8701－0010547 F235121－44
小萬卷齋文藁二十四卷詩藁三十二卷經進藁四卷詩續藁十二卷首一卷末一卷 （清）朱琦著 清光緒十一年（1885）刻本 二十四冊

500000－8701－0010548 F235145－49
小雅樓詩集八卷遺文二卷首一卷 （清）鄧方著 清光緒二十六年（1900）廣州刻本 五冊

500000－8701－0010549 F235168－79
小倉山房文集三十四卷外集七卷 （清）袁枚著 清刻本 十二冊

500000－8701－0010550 F235180－83
音注小倉山房尺牘八卷附補遺 （清）胡光斗箋釋 清石印本 四冊

500000－8701－0010551 F235193－97
小倉山房尺牘五卷 （清）袁枚著 （清）陳名金輯注 清同治二年（1863）文光堂刻本 五冊

500000－8701－0010552 F235198－99
小倉山房尺牘八卷 （清）袁枚著 清刻本 二冊

500000－8701－0010553 F235200－02
小謨觴館文注四卷續注二卷 （清）孫元培 （清）孫長熙纂輯 清道光十四年（1834）刻本 三冊

500000－8701－0010554 F235203－08
小謨觴館全集詩集八卷續集二卷詩餘一卷文集四卷續集二卷 （清）彭兆蓀著 清刻本 六冊

500000－8701－0010555 F235209－14
小謨觴館詩文全集十七卷 （清）彭兆蓀著 清同治十三年（1874）刻本 六冊

500000－8701－0010556 F235215－26
小謨觴館詩文集注十八卷附詩文附錄 （清）彭兆蓀著 （清）孫元培 （清）孫長熙輯 清光緒二十年（1894）錢塘汪氏刻本 十二冊

500000－8701－0010557 F235227
小鷗波館駢體文鈔二卷 （清）潘曾瑩著 清刻本 一冊

500000－8701－0010558 F235228－31
小謨觴館詩集注八卷詩續集注二卷詩餘附錄一卷文集注四卷文集續集注二卷 （清）孫元培 （清）孫長熙輯 清光緒十九年（1893）苕溪佟氏吳門寓齋刻本 四冊

500000－8701－0010559 F235232－39
小謨觴館詩集八卷附錄一卷詩續集二卷詩餘附錄一卷文集四卷文續集二卷 （清）彭兆蓀著 清嘉慶十一年（1806）韓江寓舍刻本 八冊

500000－8701－0010560　F235243－50
小白華山人詩鈔十二卷續八卷附試帖詩鈔一卷　（清）張乃孚著　清刻本　八冊

500000－8701－0010561　F235251－52
小學六卷文公朱夫子[熹]年譜一卷　（清）高愈注　清刻本　二冊

500000－8701－0010562　F235253－56
小學體註大成六卷附忠經集註一卷孝經集註一卷　（明）陳選集註　（清）毛繼登等輯　清五車堂刻本　四冊

500000－8701－0010563　F235257－58
小學六卷文公朱夫子[熹]年譜一卷　（清）高愈注　清同治十一年（1872）浙江書局刻本　二冊

500000－8701－0010564　F235259－62
小學纂注六卷附朱子[熹]年譜一卷小學總論一卷　（清）高愈編　清歙西豐芑堂刻本　四冊

500000－8701－0010565　F235263－65
小學註鈔六卷總論一卷題辭一卷　（明）陳選（清）高愈注　清乾隆二十六年（1761）刻本　三冊

500000－8701－0010566　F235273－75
小學集解六卷　（清）張伯行輯註　清同治六年（1867）楚北崇文書局刻本　三冊

500000－8701－0010567　F235276－77
小學集解六卷　（清）張伯行輯註　清同治六年（1867）楚北崇文書局刻本　二冊

500000－8701－0010568　F235278－79
小石帆亭著錄六卷　（清）翁方綱著　清道光二十年（1840）味古書室刻本　二冊

500000－8701－0010569　F235281
小蘇潭詞三卷　（清）謝學崇著　清刻本　一冊

500000－8701－0010570　F235287－96
小山類稿選二十卷附錄一卷　（明）張岳撰　清刻本　十冊

500000－8701－0010571　F235297
十四層啓蒙捷訣集二卷　（清）曹原亮著　清嘉慶二十五年（1820）刻本　一冊

500000－8701－0010572　F235298－301
塾課小題正鵠三集訓蒙草一卷　（清）李元度編　清刻本　四冊

500000－8701－0010573　F235302－07
塾課小題正鵠三集訓蒙草一卷養正草一卷（清）李元度編　清刻本　六冊

500000－8701－0010574　F235308－15
塾課小題正鵠三集訓蒙草一卷養正草一卷（清）李元度編　清光緒二十四年（1898）冒德堂書室刻本　八冊

500000－8701－0010575　F235316－43
小檀欒室彙刻閨秀詞十集一百種附一種　徐乃昌編　清光緒二十一年（1895）南陵徐氏刻本　二十八冊

500000－8701－0010576　F235344－45
悅雲山房詩存六卷附風泉館詞存一卷　（清）劉敦元著　清光緒二十八年（1902）天津徐氏刻本　二冊

500000－8701－0010577　F235350－57
燭湖集二十卷附編二卷　（宋）孫應時著　清嘉慶八年（1803）刻本　八冊

500000－8701－0010578　F235358－61
懷白軒詩鈔十卷詞鈔二卷南北曲一卷文鈔二卷駢體一卷賦鈔一卷　（清）陸初望著　清同治五年（1866）刻本　四冊

500000－8701－0010579　F235362－63
懷陽聚草不分卷雜作不分卷　（清）袁如凱撰（清）張用霖評錄　清道光九年（1829）懷陽書院刻本　二冊

500000－8701－0010580　F235364－69
懷古田舍詩節鈔六卷　（清）徐榮著　清同治三年（1864）刻本　六冊

500000－8701－0010581　F235370－75
懷古田舍詩節鈔六卷　（清）徐榮著　清同治

三年(1864)刻本　六冊

500000－8701－0010582　F235436－47
當湖文繫二十八卷　(清)朱壬林編　清光緒十五年(1889)當湖朱氏刻本　十二冊

500000－8701－0010583　F235448－57
悔餘菴文稿九卷詩十三卷樂府四卷餘辛集三卷　(清)何栻著　清同治四年(1865)鳩江戎幄刻本　十冊

500000－8701－0010584　F235458－61
煙霞萬古樓詩選二卷文集六卷　(清)王曇著　清光緒二十一年(1895)鴻文書局石印本　四冊

500000－8701－0010585　F235465－68
烟嶼樓詩集十八卷　(清)徐時棟著　**重刻遊杭合集一卷**　(清)徐元第　(清)徐時棟著　清同治六年(1867)虎胛山房葉氏刻本　四冊

500000－8701－0010586　F235469－70
尚絅堂駢體文二卷　(清)劉嗣綰著　清光緒九年(1883)四明張氏花雨樓刻本　二冊

500000－8701－0010587　F235471－79
尚絅堂詩集五十二卷駢體文二卷　(清)劉嗣綰著　清道光六年(1826)刻本　九冊

500000－8701－0010588　F235480－85
愓諟齋存稿十卷　喻長霖著　清鉛印本　六冊

500000－8701－0010589　F235491－94
卷施閣文乙集八卷續編一卷　(清)洪亮吉著　清光緒九年(1883)紫藤花館刻本　四冊

500000－8701－0010590　F235496
國文讀本粹化新編不分卷　王納善編　清光緒三十二年(1906)上海群學會鉛印本　一冊

500000－8701－0010591　F235499－500
怡雲詩草二卷　(清)張其禄著　清光緒十五年(1889)沅江張氏刻本　二冊

500000－8701－0010592　F235501－502
怡志堂文初編六卷　(清)朱琦著　清同治三年(1864)京師刻本　二冊

500000－8701－0010593　F235505
卷勺軒詩鈔一卷　(清)江觀濤著　清同治七年(1868)歙縣許氏刻本　一冊

500000－8701－0010594　F235506
憶雲詞四卷刪存補遺一卷　(清)項廷紀撰　清光緒二十五年(1899)思賢書局刻本　一冊

500000－8701－0010595　F235508
懷歸草堂詩一卷守閒堂詩一卷課耕樓詩一卷　(清)呂潛著　清光緒十五年(1889)刻本　一冊

500000－8701－0010596　F235509
懷歸草堂詩一卷守閒堂詩一卷課耕樓詩一卷　(清)呂潛著　清光緒十五年(1889)刻本　一冊

500000－8701－0010597　F235521－24
少谷詩集八卷　(明)鄭善夫著　清咸豐三年(1853)刻本　四冊

500000－8701－0010598　F235525－28
少谷詩集八卷　(明)鄭善夫著　清咸豐三年(1853)刻本　四冊

500000－8701－0010599　F235531－32
炳燭齋文集初刻一卷續刻一卷　(明)顧大韶著　清宣統元年(1909)國學扶輪社鉛印本　二冊

500000－8701－0010600　F235533－34
炳燭齋文集初刻一卷續刻一卷　(明)顧大韶著　清宣統元年(1909)國學扶輪社鉛印本　二冊

500000－8701－0010601　F235536－37
剡源文鈔四卷佚文一卷　(清)黄宗羲選定　清光緒十五年(1889)刻本　二冊

500000－8701－0010602　F235538
剡源佚文二卷佚詩八卷　(元)戴表元著　清光緒二十一年(1895)刻宜稼堂叢書本　一冊

500000－8701－0010603　F235539－46
剡源集三十卷重刻剡源札記一卷　(元)戴表元著　清道光二十年(1840)上海郁氏刻宜稼

堂叢書本　八冊

500000－8701－0010604　F235547－66
懷麓堂詩稿二十卷文稿三十卷詩後稿十卷文後稿三十卷雜記十卷　（明）李東陽著　**年譜一卷**　（清）朱景英編　清康熙四十八年（1709）刻本　二十冊

500000－8701－0010605　F235567－86
懷麓堂詩稿二十卷文稿三十卷詩後稿十卷文後稿三十卷　（明）李東陽著　**年譜一卷**　（清）朱景英編　**雜記十卷**　清嘉慶八年（1803）刻本　二十冊

500000－8701－0010606　F235587－91
賞雨茅屋詩集十六卷外集一卷　（清）曾燠撰　清刻本　五冊

500000－8701－0010607　F235592－97
賞雨茅屋詩集十五卷外集一卷　（清）曾燠撰　清嘉慶十五年（1810）刻本　六冊

500000－8701－0010608　F235598－601
賞雨茅屋詩集十五卷外集一卷　（清）曾燠撰　清嘉慶十五年（1810）刻本　四冊

500000－8701－0010609　F235602－17
憺園全集三十六卷　（清）徐乾學撰　清光緒九年（1883）刻本　十六冊

500000－8701－0010610　F235618－25
得月軒尺牘八卷　（清）孫方增著　清光緒元年（1875）刻本　八冊

500000－8701－0010611　F235626
伯牙琴一卷續補一卷　（元）鄧牧撰　清乾隆五十年（1785）刻知不足齋叢書本　一冊

500000－8701－0010612　F235628
緝雅堂詩話二卷　（清）潘衍桐著　清光緒十七年（1891）杭州刻本　一冊

500000－8701－0010613　F235629
釋名八卷　（漢）劉熙撰　清末鉛印本　一冊

500000－8701－0010614　F235630
釋名八卷　（漢）劉熙撰　清刻本　一冊

500000－8701－0010615　F235640－47
和文漢譯讀本八卷　（日本）坪内雄藏編輯　（日本）長尾槙太郎譯　清光緒三十二年（1906）上海商務印書館鉛印本　八冊

500000－8701－0010616　F235655－56
綠天蘭若詩鈔一卷續一卷續續一卷　（清）釋含澈撰　清咸豐三年（1853）刻本　二冊

500000－8701－0010617　F235657－60
綠天蘭若詩鈔補遺一卷鉢囊游草一卷潛西精舍詩稿一卷潛西偶存一卷　（清）釋含澈撰　清刻本　四冊

500000－8701－0010618　F235661－63
綠雪堂古文鈔二卷駢文鈔一卷椿蔭軒古今體詩鈔二卷　（清）敖冊賢著　清光緒十三年（1887）刻本　三冊　存三卷（綠雪堂古文鈔二卷、駢文鈔一卷）

500000－8701－0010619　F235664－65
綠筠堂菊花詩集四卷　（清）朱秉銘著　（清）朱篪　（清）朱篢註　清道光十五年（1835）刻本　二冊

500000－8701－0010620　F235666
綠梅影樓詩存一卷詞存一卷　（清）顧翎著　清光緒十四年（1888）刻本　一冊

500000－8701－0010621　F235667－74
綠天蘭臭集八卷　（清）釋含澈編　清光緒十五年（1889）潛西精舍刻本　八冊

500000－8701－0010622　F235675－91
綠漪草堂文集三十卷外集二卷別集二卷詩集二十卷首一卷　（清）羅汝懷著　清光緒九年（1883）湖南省城刻本　十七冊

500000－8701－0010623　F235692－97
綠雪堂遺集二十卷　（清）王衍梅撰　清刻本　六冊

500000－8701－0010624　F235698－705
綠野齋前後合集六卷太湖詩草一卷制藝一卷　（清）劉鴻翱著　清道光二十四年（1844）刻本　八冊

500000－8701－0010625　F235706－37
綠羅山莊文集二十四卷詩集三十二卷　(清)胡浚撰註　清乾隆二十一年(1756)刻本　三十二册

500000－8701－0010626　F235738－39
絳雪山房詩續鈔六卷　(清)楊慶琛著　清同治元年(1862)刻本　二册

500000－8701－0010627　F235740－45
絳雪山房詩鈔二十卷　(清)楊慶琛著　清道光二十八年(1848)刻本　六册

500000－8701－0010628　F235746－52
絳雪山房詩鈔二十卷　(清)楊慶琛著　清道光二十八年(1848)刻本　七册

500000－8701－0010629　F235771－74
冬心先生集四卷　(清)金農著　清宣統二年(1910)上海京師書業公司石印本　四册

500000－8701－0010630　F235830－33
名賢手札不分卷　(清)郭慶藩輯　清光緒十一年(1885)上海同文書局石印本　四册

500000－8701－0010631　F235834－37
名賢手札不分卷　(清)郭慶藩輯　清光緒十一年(1885)上海同文書局石印本　四册

500000－8701－0010632　F235838－39
名賢手札不分卷　(清)郭慶藩輯　清光緒十一年(1885)上海同文書局石印本　二册

500000－8701－0010633　F235844－47
名賢手札不分卷　(清)郭慶藩輯　清光緒十年(1884)湘陰郭氏岵瞻堂刻本　四册

500000－8701－0010634　F235848－49
名賢手札不分卷　(清)郭慶藩輯　清光緒十年(1884)湘陰郭氏岵瞻堂刻本　二册

500000－8701－0010635　F235861－62
疑雨集四卷　(明)王彦泓著　清宣統元年(1909)上海著易堂石印本　二册

500000－8701－0010636　F235863－64
疑雨集四卷　(明)王彦泓著　清宣統元年(1909)上海掃葉山房石印本　二册

500000－8701－0010637　F235883－98
盤洲文集八十卷首一卷末一卷　(清)湯紀尚撰　清刻本　十六册

500000－8701－0010638　F235899－902
絕妙好詞箋七卷續鈔二卷　(宋)周密輯　(清)查爲仁　(清)厲鶚箋　清宣統元年(1909)上海沅記書莊石印本　四册

500000－8701－0010639　F235908－15
絕妙好詞箋七卷續鈔二卷　(宋)周密輯　(清)查爲仁　(清)厲鶚箋　清道光八年(1828)杭州愛日軒刻本　八册

500000－8701－0010640　F235916－17
絕妙好詞箋七卷續鈔二卷　(宋)周密輯　(清)查爲仁　(清)厲鶚箋　清道光八年(1828)杭州愛日軒刻本　二册

500000－8701－0010641　F235918
絕妙好詞箋七卷續鈔二卷　(宋)周密編　(清)查爲仁　(清)厲鶚箋　**詞選二卷**　(清)張惠言錄　**續詞選二卷**　(清)董毅錄　**附錄一卷**　清同治十一年(1872)會稽章氏刻本　一册

500000－8701－0010642　F235919－22
絕妙好詞箋七卷續鈔二卷　(宋)周密輯　(清)查爲仁　(清)厲鶚箋　清同治十一年(1872)會稽章氏刻本　四册

500000－8701－0010643　F235923－41
黎文肅公遺書七種首一卷　(清)黎培敬撰　清刻本　十九册　缺一種四卷(求補拙齋外集四卷)

500000－8701－0010644　F235948
鄉黨便蒙二卷　(清)劉傳一著　清道光五年(1825)刻本　一册

500000－8701－0010645　F235949－50
鄉黨圖考十卷　(清)江永編　清刻本　二册

500000－8701－0010646　F235951－52、56－58
光緒乙酉至丁酉各科鄉試硃卷不分卷　(□)□□編　清刻本(間有三色、二色套印)

五册

500000－8701－0010647　F235953－55

各科會試硃卷不分卷(道光丁未至光緒戊戌)　(清)□□編　清刻本　三册

500000－8701－0010648　F235959

光緒辛卯福建鄉試硃卷不分卷　(清)□□編　清刻本　一册

500000－8701－0010649　F235978－79

血證論八卷　唐宗海著　清光緒三十四年(1908)千頃堂書局石印本　二册

500000－8701－0010650　F235980－81

伊川文集八卷附錄一卷　(宋)程頤撰　清刻本　二册

500000－8701－0010651　F235982－83

伊川經説八卷　(宋)程頤撰　清刻本　二册

500000－8701－0010652　F235984－85

槃薖文集甲三卷乙二卷別錄一卷　(清)湯紀尚撰　清光緒二十三年(1897)刻本　二册

500000－8701－0010653　F235986

佩蘭室詩集一卷附伯和公萬州攀轅圖詩彙鈔　(清)杭佩蘭著　清宣統二年(1910)鉛印本　一册

500000－8701－0010654　F235989

仍柏園悼亡集句一卷　(□)□□輯　清光緒二十七年(1901)景德鎮開智印刷所鉛印本　一册

500000－8701－0010655　F235990

仍柏園禹山文存一卷詩存二卷　(清)蔣體隨著　清光緒三十三年(1907)景德鎮開智印刷所鉛印本　一册

500000－8701－0010656　F235996

紉蘭室詩鈔三卷　(清)嚴少華著　清刻本　一册

500000－8701－0010657　F235997

雙丰公輓詩一卷　(清)舒夢蘭著　**湘舟漫錄三卷**　(清)舒夢蘭著　(清)詹堅　(清)龔鉽編　清嘉慶十二年至十六年(1807－1811)刻本　一册

500000－8701－0010658　F235999－6000

包孝肅奏議十卷附錄一卷　(宋)包拯撰　清光緒元年(1875)合肥張氏毓秀堂刻廬陽三賢集本　二册

500000－8701－0010659　F236001－08

象山先生全集三十六卷　(清)李紱點次　清宣統二年(1910)江左書林鉛印本　八册

500000－8701－0010660　F236009－16

象山先生全集三十六卷　(清)李紱點次　清宣統二年(1910)江左書林鉛印本　八册

500000－8701－0010661　F236017－24

象山先生全集三十六卷　(清)李紱點次　清江左書林石印本　八册

500000－8701－0010662　F236029－32

侯鯖集十卷　(清)李友棠著　清靜香閣刻本　四册

500000－8701－0010663　F236035

解頤對偶餘聯不分卷　(□)□□編輯　清綿竹萬古書莊刻本　一册

500000－8701－0010664　F236036－38

向湖邨舍詩初集十二卷　趙藩著　清光緒十四年(1888)長沙刻本　三册

500000－8701－0010665　F236039

鄱陽集四卷首一卷末一卷　(宋)洪皓著　清同治九年(1870)皖南洪氏晦木齋刻本　一册

500000－8701－0010666　F236042、44－53

鄒叔子遺書七種附二種　(清)鄒漢勛著　清光緒九年(1883)新化鄒氏刻本　十一册　存七種二十七卷附二種二卷(讀書偶識一至三、七至十、附一卷,五均論二卷,顓頊麻攷二卷,紅崖碑釋文一卷,南高平物產記二卷,學藝齋文存八卷外集一卷,學藝齋詩存二卷附詩餘一卷,鄒君墓田記一卷,行述一卷)

500000－8701－0010667　F236054－57

鴛央湖櫂歌一卷　(清)朱彝尊等撰　清刻本　四册

500000－8701－0010668　F236058－59
鴛鴦鏡傳奇二十齣　(清)傅玉書填詞　清光緒二十一年(1895)成都刻本　二册

500000－8701－0010669　F236060
鴛鴦宜福館遺詞不分卷　(清)陳元鼎著　清光緒十八年(1892)雙照樓刻本　一册

500000－8701－0010670　F236063
魯巖交遊記不分卷　(清)張宗泰著　清刻本　一册

500000－8701－0010671　F236064－67
峋嶁鑑撮四卷　(清)曠敏本輯　清嘉慶二十三年(1818)刻本　四册

500000－8701－0010672　F236068－73
儀顧堂集二十卷　(清)陸心源撰　清刻本　六册

500000－8701－0010673　F236074－75
儀衛軒詩集五卷　(清)方東樹著　清同治七年(1868)合肥李鴻章刻本　二册

500000－8701－0010674　F236076－79
儀衛軒文集十二卷文外集一卷年譜一卷　(清)方東樹著　清同治七年(1868)合肥李鴻章刻本　四册

500000－8701－0010675　F236080－83
儀衛軒文集十二卷文外集一卷年譜一卷　(清)方東樹著　清同治七年(1868)合肥李鴻章刻本　四册

500000－8701－0010676　F236102－05
傷寒論淺註補正七卷首一卷　(漢)張仲景撰　(清)陳念祖注　唐宗海補正　清光緒三十四年(1908)上海千頃堂書局石印本　四册

500000－8701－0010677　F236108
以意錄二卷　吳之英撰　清末石印本　一册

500000－8701－0010678　F236111－12
微尚齋詩集初編四卷　(清)馮志沂著　清咸豐十一年(1861)刻本　二册

500000－8701－0010679　F236114－19
牧齋有學集詩註十四卷　(清)錢曾箋註　清刻本　六册

500000－8701－0010680　F236120－27
徐騎省集三十卷附校勘記一卷補遺一卷附錄一卷本傳一卷　(宋)徐鉉著　清光緒十八年(1892)刻本　八册

500000－8701－0010681　F236128－35
徐騎省集三十卷附校勘記一卷補遺一卷附錄一卷本傳一卷　(宋)徐鉉著　清光緒十八年(1892)刻本　八册

500000－8701－0010682　F236136－43
徐騎省集三十卷附校勘記一卷補遺一卷附錄一卷本傳一卷　(宋)徐鉉著　清光緒十八年(1892)刻本　八册

500000－8701－0010683　F236150－55
青藤書屋文集三十卷補遺一卷　(明)徐渭著　**婦人集一卷附補一卷**　(清)陳維崧撰　(清)冒褒注　清道光二十六年(1846)刻海山仙館叢書本　六册

500000－8701－0010684　F236156－57
青藤書屋文集三十卷　(明)徐渭著　清末石印本　二册　存十卷(二十一至三十)

500000－8701－0010685　F236159－64
徐孝穆集箋註六卷　(清)吳兆宜箋注　清善化經濟書堂刻本　六册

500000－8701－0010686　F236165－68
增訂徐文定公集六卷首二卷　(明)徐光啟撰　清光緒三十四年(1908)鉛印本　四册

500000－8701－0010687　F236169－73
徐州二遺民集十卷　(清)萬壽祺　(清)閻爾梅著　清光緒十九年(1893)刻本　五册

500000－8701－0010688　F236174－78
徐州二遺民集十卷　(清)萬壽祺　(清)閻爾梅著　清光緒十九年(1893)刻本　五册

500000－8701－0010689　F236179－93
紗籠詩集十六卷　(清)釋含澈編　清同治十二年(1873)綠天蘭若刻本　十五册

500000－8701－0010690　F236194－293

總纂升菴合集二百四十卷 (明)楊慎著 (清)鄭寶琛纂輯 (清)王文林編次 清光緒八年(1882)刻本 一百冊

500000 - 8701 - 0010691 F236294 - 313
太史升菴全集八十一卷目錄二卷 (明)楊慎著 清乾隆六十年(1795)刻本 二十冊

500000 - 8701 - 0010692 F236354 - 77
升菴外集一百卷 (明)楊慎著 (明)焦竑編 清道光二十四年(1844)刻本 二十四冊

500000 - 8701 - 0010693 F236378 - 81
太史升菴遺集二十六卷 (明)楊慎著 清道光二十四年(1844)刻本 四冊

500000 - 8701 - 0010694 F236382 - 89
太史升菴遺集二十六卷 (明)楊慎著 清道光二十四年(1844)刻本 八冊

500000 - 8701 - 0010695 F236390 - 95
太史升菴遺集二十六卷 (明)楊慎著 清道光二十四年(1844)刻本 六冊

500000 - 8701 - 0010696 F236397 - 400
升菴詩話十二卷補遺二卷 (明)楊慎著 清刻本 四冊

500000 - 8701 - 0010697 F236404 - 11
山谷詩集註内集二十卷外集十七卷别集二卷 (宋)黄庭堅撰 (宋)任淵註 清光緒二十一年至二十五年(1895 - 1899)刻本 八冊

500000 - 8701 - 0010698 F236432 - 63
宋黄文節公文集正集三十二卷首四卷外集二十四卷首一卷别集十九卷首一卷 (宋)黄庭堅著 **黄青社先生伐檀集二卷** (宋)黄庶著 清乾隆三十年(1765)緝香堂刻本 三十二冊

500000 - 8701 - 0010699 F236464 - 91
宋黄文節公全集正集三十二卷首四卷續集十卷首一卷附一卷外集二十四卷首一卷别集十九卷首一卷 (宋)黄庭堅著 **黄青社先生伐檀集二卷** (宋)黄庶著 清光緒二十年(1894)義寧州署刻本 二十八冊

500000 - 8701 - 0010700 F236492 - 515
山谷詩内集注二十卷 (宋)黄庭堅著 (宋)任淵注 **山谷詩外集注十七卷補一卷** (宋)黄庭堅著 (宋)史容注 **山谷詩别集注二卷補一卷** (宋)黄庭堅著 (宋)史季溫注 **重刻山谷先生年譜十四卷附錄一卷** (宋)黄昀編 清光緒二年(1876)刻本 二十四冊

500000 - 8701 - 0010701 F236516 - 35
山谷詩内集注二十卷 (宋)黄庭堅著 (宋)任淵注 **山谷詩外集注十七卷補一卷** (宋)黄庭堅著 (宋)史容注 **山谷詩别集注二卷補一卷** (宋)黄庭堅著 (宋)史季溫注 **重刻山谷先生年譜十四卷附錄一卷** (宋)黄昀編 清光緒二年(1876)刻本 二十冊

500000 - 8701 - 0010702 F236536 - 45
山谷詩内集注二十卷 (宋)黄庭堅著 (宋)任淵注 **山谷詩外集注十七卷補四卷** (宋)黄庭堅著 (宋)史容注 **山谷詩别集注二卷** (宋)黄庭堅著 (宋)史季溫注 **重刻山谷先生年譜十四卷附錄一卷** (宋)黄昀編 清乾隆五十四年(1789)刻本 十冊

500000 - 8701 - 0010703 F236566 - 69
山南詩選四卷 (清)嚴如熤輯 清光緒十三年(1887)刻本 四冊

500000 - 8701 - 0010704 F236570 - 77
山左古文鈔八卷 (清)李景嶧 (清)劉鴻翱輯 清刻本 八冊

500000 - 8701 - 0010705 F236578 - 80
山海經十八卷圖讚一卷補注一卷 (晉)郭璞傳 清光緒元年(1875)湖北崇文書局刻本 三冊

500000 - 8701 - 0010706 F236587 - 90
山中白雲詞八卷附錄一卷 (宋)張炎著 清宣統三年(1911)龍文圖書莊石印本 四冊

500000 - 8701 - 0010707 F236591 - 94
山中白雲詞八卷附錄一卷 (宋)張炎著 清宣統三年(1911)龍文圖書莊石印本 四冊

500000 - 8701 - 0010708 F236595 - 96

山中白雲詞八卷　(宋)張炎著　清光緒八年(1882)娱園刻本　二冊

500000－8701－0010709　F236605－08
白香詞譜箋四卷　(清)舒夢蘭輯　(清)謝朝徵箋　清宣統二年(1910)掃葉山房石印本　四冊

500000－8701－0010710　F236641－43
姜白石全集十六卷　(宋)姜夔著　清宣統二年(1910)掃葉山房石印本　三冊

500000－8701－0010711　F236644－46
姜白石全集十六卷　(宋)姜夔著　清宣統二年(1910)掃葉山房石印本　三冊

500000－8701－0010712　F236647－50
白石道人詩集二卷集外詩一卷附録諸賢酬贈詩一卷詩説一卷歌曲四卷歌曲别集一卷　(宋)姜夔著　**詩詞評論一卷白石道人逸事一卷**　清乾隆刻本　四冊

500000－8701－0010713　F236651
白石道人歌曲不分卷　(宋)姜夔著　清四川官印刷局刻本　一冊

500000－8701－0010714　F236652－55
白石道人詩集二卷集外詩一卷附録諸賢酬贈詩一卷詩説一卷歌曲四卷歌曲别集一卷末一卷　(宋)姜夔著　(清)金正儀等編　**詩詞評論一卷白石道人逸事一卷**　清刻本　四冊

500000－8701－0010715　F236656－57
白石道人詩集二卷首一卷附録諸賢酬贈詩一卷集外詩一卷詩説一卷投贈詩詞補遺一卷歌曲四卷首一卷歌曲别集一卷續書譜一卷　(宋)姜夔著　**詩詞評論一卷補遺一卷　白石道人逸事一卷補遺一卷**　清同治十年(1871)桂林倪氏刻本　二冊

500000－8701－0010716　F236658－61
白石道人詩集二卷集外詩一卷附録諸賢酬贈詩一卷投贈詩詞補遺一卷詩説一卷歌曲四卷歌曲别集一卷　(宋)姜夔著　**詩詞評論一卷補遺一卷　白石道人集事一卷補遺一卷**　清乾隆三十六年(1771)刻本　四冊

500000－8701－0010717　F236662
白石道人詩集二卷集外詩一卷附録諸賢酬贈詩一卷投贈詩詞補遺一卷詩説一卷歌曲四卷歌曲别集一卷　(宋)姜夔著　**詩詞評論一卷補遺一卷　白石道人集事一卷補遺一卷**　清乾隆三十六年(1771)刻本　一冊

500000－8701－0010718　F236663－72
白沙子全集九卷像贊一卷附録一卷　(明)陳獻章撰　清刻本　十冊

500000－8701－0010719　F236683－87
越縵堂集白華絳柎閣詩十卷　(清)李慈銘著　清光緒十六年(1890)石印本　六冊

500000－8701－0010720　F236688－93
越縵堂集白華絳柎閣詩十卷　(清)李慈銘著　清光緒十六年(1890)石印本　六冊

500000－8701－0010721　F236713
白雲先生許文懿公傳集四卷　(清)戴錡編　清雍正十年(1732)刻本　二冊

500000－8701－0010722　F236714－18
白田草堂存稿二十四卷　(清)王懋竑著　**附録二卷**　清刻本　五冊

500000－8701－0010723　F236719－24
白田草堂存稿二十四卷　(清)王懋竑著　**行狀一卷崇祀鄉賢録一卷**　清乾隆刻本　六冊

500000－8701－0010724　F236725－34
白華前稿六十卷　(清)吴省欽著　清刻本　十冊

500000－8701－0010725　F236735
白圭堂詩續鈔六卷　(清)江之紀著　清同治三年(1864)孫人鏡刻本　一冊

500000－8701－0010726　F236736－39
白圭堂詩鈔八卷續鈔六卷　(清)江之紀著　清刻本　四冊　缺一卷(續鈔六)

500000－8701－0010727　F236740－41
白鄉詩鈔十卷　(清)董元憲著　清刻本　二冊

500000－8701－0010728　F236744－49

白鶴堂詩文稿不分卷　(清)彭端淑著　(清)胡天遊等評　清同治六年(1867)刻本　六冊

500000－8701－0010729　F236762－77
吳興詩存初集八卷二集十四卷三集六卷四集二十卷　(清)陸心源輯　清刻本　十六冊

500000－8701－0010730　F236790－801
吳摯甫尺牘五卷補遺一卷諭兒書一卷　(清)吳汝綸撰　清宣統二年(1910)上海國學扶輪社石印本　十二冊

500000－8701－0010731　F236802
吳摯甫詩集一卷　(清)吳汝綸撰　清宣統二年(1910)上海國學扶輪社石印本　一冊

500000－8701－0010732　F236803－07
吳摯甫文集四卷附風土紀四篇一卷　(清)吳汝綸撰　清宣統二年(1910)上海國學扶輪社石印本　五冊

500000－8701－0010733　F236818－23
吳學士文集四卷詩集五卷　(清)吳鼒撰　(清)梁肇煌　(清)薛時雨編訂　清光緒八年(1882)江寧藩署刻本　六冊

500000－8701－0010734　F236826
吳越遊草一卷　(清)王文治著　清宣統二年(1910)上海國學扶輪社石印本　一冊

500000－8701－0010735　F236841－48
梅村詩集箋註十八卷　(清)吳偉業著　(清)吳翌鳳箋注　清光緒九年(1883)四川善成堂刻本　八冊

500000－8701－0010736　F236849－58
梅村詩集箋註十八卷　(清)吳偉業著　(清)吳翌鳳箋注　清光緒二十二年(1896)新化三味堂刻本　十冊

500000－8701－0010737　F236871－82
梅村詩集箋注十八卷附詞一卷　(清)吳偉業著　(清)吳翌鳳箋注　清光緒十年(1884)湖北官書局刻本　十二冊

500000－8701－0010738　F236883－90
梅村詩集箋註十八卷　(清)吳偉業著　(清)吳翌鳳箋注　清嘉慶十九年(1814)滄浪吟榭刻本　八冊

500000－8701－0010739　F236891－906
吳詩集覽二十卷談藪一卷　(清)靳榮藩輯注　清乾隆四十年(1775)刻本　十六冊

500000－8701－0010740　F236907－22
吳詩集覽二十卷談藪一卷　(清)靳榮藩輯注　清刻本　十六冊

500000－8701－0010741　F236923－34
吳詩集覽二十卷談藪一卷　(清)靳榮藩輯注　清刻本　十二冊

500000－8701－0010742　F236935－50
吳詩集覽二十卷談藪一卷　(清)靳榮藩輯注　清刻本　十六冊

500000－8701－0010743　F236951－56
梅村集二十卷　(清)吳偉業著　清宣統二年(1910)上海國學昌明社石印本　六冊

500000－8701－0010744　F236973
吳梅村詞一卷　(清)吳偉業撰　清宣統元年(1909)掃葉山房石印本　一冊

500000－8701－0010745　F236974
吳梅村詞一卷　(清)吳偉業撰　清光緒十六年(1890)湖北官書處刻本　一冊

500000－8701－0010746　F236975－82
梅村家藏稿五十八卷補遺一卷樂府三種四卷　(清)吳偉業撰　**年譜四卷**　(清)顧師軾編　清宣統三年(1911)武進董氏誦芬室刻本　八冊

500000－8701－0010747　F236989－7008
經典釋文三十卷附考證　(唐)陸德明撰　清光緒十五年(1889)湘南書局刻本　二十冊

500000－8701－0010748　F237009－24
初學辨體不分卷　(清)徐與喬述　清康熙十七年(1678)稼史齋刻本　十六冊

500000－8701－0010749　F237035－46
經籍纂詁一百六卷首一卷檢韻一卷　(清)阮元撰集　清末上海文瑞樓發行鴻章書局石印

本　十二冊

500000－8701－0010750　F237047
經籍跋文一卷　(清)陳鱣著　清刻本　一冊

500000－8701－0010751　F237048
經籍舉要一卷　(清)龍啓瑞輯　清光緒十年(1884)刻本　一冊

500000－8701－0010752　F237049
經籍舉要一卷附刊五種　(清)龍啓瑞輯　清光緒十九年(1893)中江講院刻本　一冊

500000－8701－0010753　F237052－53
經話甲編二卷　廖平著　清光緒二十三年(1897)尊經書局刻四益館叢書本　二冊

500000－8701－0010754　F237054
經書源流歌訣一卷三禮儀制歌訣一卷歷代姓系歌訣一卷　(清)李鍾倫著　清成雲山房刻本　一冊

500000－8701－0010755　F237055
經義正衡敘錄一卷　(清)雷廷珍著　清光緒貴陽崇學書局鉛印井書堂正衡本　一冊

500000－8701－0010756　F237056
經義策論要法三卷附錄一卷　(清)王□□撰輯　清光緒二十七年(1901)江夏陳氏刻本　一冊

500000－8701－0010757　F237057
經義模範一卷　(宋)張才叔撰　**作義要訣一卷**　(元)倪士毅撰　**四六金鍼一卷**　(清)陳維崧撰　清雲自在龕刻本　一冊

500000－8701－0010758　F237058－59
全謝山先生經史問答十卷　(清)全祖望著　清乾隆三十年(1765)董秉純刻本　二冊

500000－8701－0010759　F237060－61
全謝山先生經史問答十卷　(清)全祖望著　清刻本　二冊

500000－8701－0010760　F237062－63
經笥堂文鈔二卷　(清)雷鋐著　清嘉慶十六年(1811)寧化伊氏刻本　二冊

500000－8701－0010761　F237064
經濟原論二十七篇　(美國)麥喀梵著　(清)朱寶綬譯　清光緒三十四年(1908)上海中國圖書公司鉛印本　一冊

500000－8701－0010762　F237065
經解入門八卷　(清)江藩纂　清光緒十四年(1888)粵東書局刻本　一冊

500000－8701－0010763　F237068－69
繪圖列表簡明講義初等經學教科書十六卷　(清)儲丙鶉編　清英商育文書局石印本　二冊

500000－8701－0010764　F237088
香銷酒醒詞一卷附曲一卷　(清)趙慶熺著　清光緒十一年(1885)碧聲吟館刻本　一冊

500000－8701－0010765　F237099－102
香屑集十八卷首一卷末一卷　(清)黃之雋撰　清同治十三年(1874)刻本　四冊　存十九卷(香屑集十八卷、首一卷)

500000－8701－0010766　F237115－22
香蘇山館古體詩鈔十七卷今體詩鈔十九卷　(清)吳嵩梁著　清刻本　八冊

500000－8701－0010767　F237123－30
香蘇山館古體詩鈔十七卷今體詩鈔十九卷　(清)吳嵩梁著　清刻本　八冊

500000－8701－0010768　F237131－46
紀文達公遺集文集十六卷詩集十六卷　(清)紀樹馨編校　清嘉慶十七年(1812)刻本　十六冊

500000－8701－0010769　F237160－61
經德堂文集六卷　(清)龍啓瑞著　清光緒四年(1878)京師刻本　二冊

500000－8701－0010770　F237162－67
經韻樓集十二卷　(清)段玉裁著　清光緒十年(1884)蛟川秋樹根齋刻本　六冊

500000－8701－0010771　F237168－87
香樹齋集詩十八卷續十四卷文集二十八卷續鈔五卷　(清)錢陳群著　清刻本　二十冊

500000－8701－0010772　F237188－95
紀文達公遺集十六卷首一卷　（清）紀樹馨編校　清宣統二年（1910）上海保粹樓石印本　八冊

500000－8701－0010773　F237200－03
紀曉嵐詩評註四卷　（清）紀昀著　（清）郭斌註釋　清刻朱墨套印本　四冊

500000－8701－0010774　F237204－05
紀曉嵐詩評註四卷　（清）紀昀著　（清）郭斌註釋　清嘉慶八年（1803）刻本　二冊

500000－8701－0010775　F237206－07
紀曉嵐詩評註四卷　（清）紀昀著　（清）郭斌註釋　清嘉慶九年（1804）刻本　二冊

500000－8701－0010776　F237208
紀曉嵐詩註釋四卷　（清）紀昀著　（清）郭斌註釋　清刻本　一冊

500000－8701－0010777　F237209－10
退復軒詩四卷　（清）兀魯特著　清刻本　二冊

500000－8701－0010778　F237211
退復軒試帖未棄草一卷　（清）兀魯特著　清刻本　一冊

500000－8701－0010779　F237212－15
復莊駢儷文榷八卷　（清）姚燮著　（清）王蒔蘭編　清咸豐四年（1854）刻大梅山館集本　四冊

500000－8701－0010780　F237216－19
復莊駢儷文榷二編八卷　（清）姚燮著　（清）王蒔蘭編　清咸豐四年（1854）刻大梅山館集本　四冊

500000－8701－0010781　F237220－35
復初齋詩集六十六卷　（清）翁方綱著　清刻本　十六冊

500000－8701－0010782　F237288－97
復初齋文集三十五卷　（清）翁方綱著　清道光十六年（1836）刻光緒三年（1877）補刻本　十冊

500000－8701－0010783　F237298－301
復堂文續五卷　（清）譚獻撰　清光緒二十七年（1901）刻鴿齋刻本　四冊

500000－8701－0010784　F237302－11
半厂叢書初編九種八十三卷　（清）譚獻輯　清同治至光緒刻本　十冊　存五種存三十卷（復堂類集文四卷詩十一卷詞三卷、復堂日記八卷、合肥三家詩二卷、待堂文一卷、池上小集一卷）

500000－8701－0010785　F237313－20
復莊詩問三十四卷　（清）姚燮著　清道光二十六年至二十八年（1846－1848）大梅山館刻本　八冊

500000－8701－0010786　F237342－45
巢經巢詩鈔九卷後集四卷　（清）鄭珍著　清光緒二十三年（1897）遵義黎氏五羊城刻本　四冊

500000－8701－0010787　F237346－49
巢經巢詩鈔九卷後集四卷　（清）鄭珍著　清刻本　四冊

500000－8701－0010788　F237350－51
巢經巢詩鈔九卷　（清）鄭珍著　清刻本　二冊

500000－8701－0010789　F237354－55
巢經巢詩鈔九卷　（清）鄭珍著　清刻本　二冊

500000－8701－0010790　F237356－58
巢經巢詩鈔九卷　（清）鄭珍著　清刻本　三冊

500000－8701－0010791　F237359
巢經巢詩鈔後集四卷　（清）鄭珍著　清光緒二十年（1894）貴築高氏資州官廨刻本　一冊

500000－8701－0010792　F237360－62
巢經巢遺文五卷鳧氏為鍾圖說一卷　（清）鄭珍著　清光緒十九年至二十年（1893－1894）貴築高氏資州官廨刻本　三冊

500000－8701－0010793　F237366－67

秋笳集八卷　(清)吳兆騫著　清光緒知止艸堂刻本　二册

500000－8701－0010794　F237368－71
補註秋水軒尺牘四卷　(清)許思湄著　清光緒十年(1884)蘇城管氏刻本　四册

500000－8701－0010795　F237372－75
詳註秋水軒尺牘四卷　(清)許思湄著　清光緒十年(1884)上洋管氏刻本　四册

500000－8701－0010796　F237409
秋心集一卷　(清)舒夢蘭著　(清)舒懋熙錄　**聯璧詩鈔二卷**　(清)舒亮袞著　清嘉慶十九年(1814)刻本　一册

500000－8701－0010797　F237410－11
秋影樓詩集九卷　(清)汪繹著　清光緒二十三年(1897)鐵琴銅劍樓瞿氏刻本　二册

500000－8701－0010798　F237412
秋士先生遺集六卷　(清)彭績撰　清光緒七年(1881)刻本　一册

500000－8701－0010799　F237413－14
秋士先生遺集六卷　(清)彭績撰　清光緒七年(1881)刻本　二册

500000－8701－0010800　F237415－20
秋浦雙忠錄五種四十卷　劉世珩編　清光緒二十六年至二十八年(1900－1902)貴池劉氏唐石簃刻本　六册

500000－8701－0010801　F237421－30
船山詩草二十卷補遺六卷　(清)張問陶撰　清同治十三年(1874)刻本　十册

500000－8701－0010802　F237431－38
船山詩草二十卷補遺六卷　(清)張問陶撰　清嘉慶十年至道光二十九年(1805－1849)刻本　八册

500000－8701－0010803　F237439－46
船山詩草二十卷補遺六卷　(清)張問陶撰　清嘉慶十年至道光二十九年(1805－1849)刻本　八册

500000－8701－0010804　F237465－70
船山詩草二十卷　(清)張問陶撰　清嘉慶二十年(1815)石韞玉刻本　十册

500000－8701－0010805　F237471－76
船山詩草二十卷　(清)張問陶撰　清嘉慶二十年(1815)石韞玉刻本　六册

500000－8701－0010806　F237477－84
船山詩草二十卷　(清)張問陶撰　清嘉慶二十年(1815)石韞玉刻本　八册

500000－8701－0010807　F237485－562
朱子文集大全類編一百十一卷首一卷　(宋)朱熹著　(清)朱玉輯　**年譜一卷**　(宋)蔡沈輯　清道光二十年(1840)刻本　七十八册

500000－8701－0010808　F237576
朱子論語集註訓詁攷二卷　(清)潘衍桐輯　清光緒十七年(1891)浙江書局刻本　一册

500000－8701－0010809　F237577
朱子論語集註訓詁攷二卷　(清)潘衍桐輯　清光緒十七年(1891)浙江書局刻本　一册

500000－8701－0010810　F237578－83
朱子古文讀本六卷　(清)周大璋編　清咸豐三年(1853)聚秀堂刻本　六册

500000－8701－0010811　F237588－96
朱飲山千金譜二十九卷三韻易知十卷　(清)朱燮撰　(清)楊廷茲編輯　清乾隆五十五年(1790)刻本　九册　存二十九卷(千金譜二十九卷)

500000－8701－0010812　F237597－98
朱止泉先生文集八卷　(清)朱光進編輯　清刻本　二册

500000－8701－0010813　F237599－604
壯悔堂文集十卷遺稿一卷　(清)侯方域著　(清)賈開宗等評點　清同治十二年(1873)刻本　六册

500000－8701－0010814　F237605－10
壯悔堂文集十卷遺稿一卷　(清)侯方域著　(清)賈開宗等評點　清光緒四年(1878)刻本　六册

500000－8701－0010815　F237617－20
壯悔堂文集十卷　(清)侯方域著　(清)賈開宗等評點　清嘉慶十九年(1814)刻本　四册

500000－8701－0010816　F237621－26
壯悔堂文集十卷遺稿一卷四憶堂詩集六卷遺稿一卷　(清)侯方域著　(清)賈開宗等評點　清乾隆十七年(1752)刻本　六册

500000－8701－0010817　F237627－32
壯悔堂文集十卷遺稿一卷四憶堂詩集六卷　(清)侯方域著　(清)賈開宗等評點　清刻本　六册

500000－8701－0010818　F237633－36
壯悔堂文集十卷遺稿一卷　(清)侯方域著　(清)賈開宗等評點　清末掃葉山房石印本　四册

500000－8701－0010819　F237637－40
壯悔堂文集十卷遺稿一卷　(清)侯方域著　(清)賈開宗等評點　清末掃葉山房石印本　四册

500000－8701－0010820　F237649－52
壯悔堂文集十卷首一卷遺稿一卷四憶堂詩集六卷遺稿一卷　(清)侯方域著　(清)賈開宗等評點　清宣統元年(1909)上海中國圖書公司鉛印本　四册

500000－8701－0010821　F237653－57
讀萬卷樓圖書局集聯不分卷　(□)□□輯　清刻本　五册

500000－8701－0010822　F237658－61
集虛齋學古文十二卷　(清)方椠如著　清乾隆十九年(1754)刻本　四册

500000－8701－0010823　F237662－65
集虛齋學古文十二卷　(清)方椠如著　清乾隆十九年(1754)刻本(卷一第一葉爲抄補)　四册

500000－8701－0010824　F237731－34
信陽詩集二十六卷　(明)何景明撰　清光緒三十三年(1907)渭南嚴氏刻本　四册

500000－8701－0010825　F237735－38
信陽詩集二十六卷　(明)何景明撰　清光緒三十三年(1907)渭南嚴氏刻本　四册

500000－8701－0010826　F237747－50
增註千姓連珠四卷　(清)潘紉佩著　(清)楊宗楷註　清道光十二年(1832)刻本　四册

500000－8701－0010827　F237753
集唐七律詩百首一卷　(清)武友蕃著　清同治十二年(1873)盱眙吳氏刻本　一册

500000－8701－0010828　F237757
周給事垂光集不分卷附錄一卷　(明)周璽撰　清光緒元年(1875)合肥張氏毓秀堂刻本　一册

500000－8701－0010829　F237758－65
雙白燕堂集唐詩二卷詩八卷文集二卷外集八卷金石續編二十一卷　(清)陸耀遹著　清道光二十二年至光緒四年(1842－1878)刻本　八册　存二十卷(集唐詩二卷、詩集八卷、文集二卷、外集八卷)

500000－8701－0010830　F237771
雙烈遺稿不分卷　(清)黄簾珠　(清)朱淑鳳著　清刻本　一册

500000－8701－0010831　F237772－73
雙節堂庸訓六卷　(清)汪輝祖著　清同治七年(1868)崇文書局刻本　二册

500000－8701－0010832　F237774－77
雙白燕堂文集二卷外集八卷　(清)陸耀遹著　清光緒四年(1878)興國州署刻本　四册

500000－8701－0010833　F237778－79
雙峯猥稿九卷首一卷末一卷　(宋)舒邦佐著　清道光二十九年(1849)刻本　二册

500000－8701－0010834　F237796－811
虞文靖公道園全集六十卷　(元)虞集撰　清光緒元年(1875)陵陽書局刻本　十六册

500000－8701－0010835　F237812－31
虞文靖公道園全集六十卷　(元)虞集撰　清刻本　二十册

500000－8701－0010836　F237832－51
虞文靖公道園全集六十卷　(元)虞集撰　清刻本　二十册

500000－8701－0010837　F237864－67
虚直軒文集十卷首一卷　(清)姚文然著　清道光九年(1829)刻本　四册

500000－8701－0010838　F237868－79
虚受堂文集十六卷詩集十七卷書札二卷　王先謙著　清光緒二十六年至三十三年(1900－1907)刻本　十二册

500000－8701－0010839　F237882－85
師竹齋集十四卷　(清)李鼎元著　清道光二十五年(1845)刻本　四册

500000－8701－0010840　F237886
師友雅言一卷　(宋)魏了翁撰　清末望三益齋刻本　一册

500000－8701－0010841　F237887－88
師儉齋詩鈔二卷　(清)蕭望崧著　清光緒二十九年(1903)刻本　二册

500000－8701－0010842　F237891
師嗇軒遺詩一卷附家傳一卷　(清)敖貢賢著　清光緒三十一年(1905)刻本　一册

500000－8701－0010843　F237892
師鄭堂駢體文存二卷　孫雄撰　清光緒二十一年(1895)刻本　一册

500000－8701－0010844　F237896－907
頻羅庵遺集十六卷　(清)梁同書撰　清嘉慶二十二年(1817)仁和陸貞一刻本　十二册

500000－8701－0010845　F237908－17
紫竹山房詩文集詩十二卷文二十卷　(清)陳兆崙著　清刻本　十册

500000－8701－0010846　F237928－31
紫石泉山房文集十二卷　(清)吳定著　清光緒十三年(1887)刻本　四册

500000－8701－0010847　F237932－35
紫石泉山房外集十二卷　(清)吳定著　清光緒十三年(1887)刻本　四册

500000－8701－0010848　F237936－39
紫石泉山房外集十二卷　(清)吳定著　清嘉慶元年(1796)刻本　四册

500000－8701－0010849　F237940
熊宋氏節烈集一卷　(清)熊賓輯　清末光緒鉛印本　一册

500000－8701－0010850　F237941－50
熊襄愍公集十卷首一卷末一卷　(明)熊廷弼撰　清道光二十六年(1846)刻本　十册

500000－8701－0010851　F237951－60
經遼疏牘十卷　(明)熊廷弼著　清末湖北通志局刻本　十册

500000－8701－0010852　F237961－70
熊襄愍公集十卷首一卷末一卷　(明)熊廷弼撰　清同治三年(1864)刻本　十册

500000－8701－0010853　F237971－80
熊襄愍公集十卷首一卷末一卷　(明)熊廷弼撰　清嘉慶十八年(1813)刻本　十册

500000－8701－0010854　F237984
比目魚傳奇二卷三十二折　(清)湖上笠翁(李漁)編　清刻本　一册

500000－8701－0010855　F237985
比目魚傳奇二卷三十二折　(清)湖上笠翁(李漁)編　清刻本　一册

500000－8701－0010856　F237986
拜經樓詩話四卷　(清)吳騫輯　清嘉慶三年(1798)刻本　一册

500000－8701－0010857　F237987－88
註釋拜月亭記二卷四十齣　(元)施惠撰　(明)羅懋登註釋　清宣統元年(1909)暖紅室刻本　二册

500000－8701－0010858　F237989
紅豆簾琴意一卷　(清)陳克劬著　清光緒十三年(1887)刻本　一册

500000－8701－0010859　F237990－97
紅藕山莊尺牘十二卷首一卷　題(清)治垠散人著　清刻本　八册

500000－8701－0010860　F237998－8001
紅豆樹館詩稿十四卷詞八卷補遺一卷逸稿一卷　（清）陶樑著　清咸豐七年（1857）刻本　四册

500000－8701－0010861　F238002－07
紅豆樹館詩稿十四卷詞補遺一卷　（清）陶樑著　清咸豐七年（1857）刻本　六册

500000－8701－0010862　F238008－09
紅樹山莊詩草四卷黔遊草一卷　（清）劉家逵著　清刻本　二册

500000－8701－0010863　F238010－13
紅豆詩人集十八卷附錄一卷　（清）董潮著　清道光刻本　四册

500000－8701－0010864　F238021
貞石山房詩鈔四卷　（清）王邦璽著　清光緒十九年（1893）安成王氏刻本　一册

500000－8701－0010865　F238024
止齋文鈔二卷　（清）馬福安撰　清同治七年（1868）刻本　一册

500000－8701－0010866　F238025－28
止止堂集五卷　（明）戚繼光著　清光緒十四年（1888）山東書局刻本　四册

500000－8701－0010867　F238029
何偉民不分卷　郭立山等撰　林紓編輯　清末京師官書局鉛印本　一册

500000－8701－0010868　F238030－35
何義門先生集十二卷附錄一卷　（清）何焯著　（清）韓崇等輯　**家書四卷**　吳蔭培編　清宣統元年（1909）平江吳氏廣州刻本　六册

500000－8701－0010869　F238036－39
何大復詩集二十六卷附錄一卷　（明）何景明著　清刻本　四册

500000－8701－0010870　F238040－49
樂志堂詩集十二卷文集十八卷　（清）譚瑩著　清咸豐九年至十年（1859－1860）吏隱園刻本　十册

500000－8701－0010871　F238050－55
樂餘靜廉齋文稿一卷詩稿初集一卷二集一卷三集二卷詩鈔續集一卷絳河笙詞稿一卷梵天瑟詞一卷蜀桐絃詞一卷海風簫詞一卷　（清）顧復初撰　清同治六年至光緒六年（1867－1880）刻本　六册

500000－8701－0010872　F238056－71
樂志堂文集十八卷詩集十二卷續集二卷文畧四卷附錄詩畧一卷　（清）譚瑩著　清咸豐九年至光緒元年（1859－1875）吏隱園刻本　十六册

500000－8701－0010873　F238072－73
樂志堂文畧四卷附錄一卷　（清）譚瑩著　清光緒四年（1878）刻本　二册

500000－8701－0010874　F238074－75
樂志堂文畧四卷附錄一卷詩畧二卷　（清）譚瑩著　清光緒四年（1878）刻本　二册

500000－8701－0010875　F238076
樂府新編陽春白雪前集五卷後集五卷　（元）楊朝英選集　清嘉慶十六年（1811）刻本　一册

500000－8701－0010876　F238077
樂府指迷一卷　（宋）沈義父撰　清道光十四年（1834）刻本　一册

500000－8701－0010877　F238078
樂府傳聲一卷陰符經三卷　（清）徐大椿著　清刻本　一册

500000－8701－0010878　F238079－80
樂易山房制義二卷　（清）文天駿著　清光緒十六年（1890）瀘州鹽局刻本　二册

500000－8701－0010879　F238081
後甲集二卷　（清）章大來著　清刻本　一册

500000－8701－0010880　F238085
後漢書贊語三卷讀三國志書後一卷　（清）李祖陶著　清道光十二年（1832）刻本　一册

500000－8701－0010881　F238092－95
後湖草堂詩鈔二十四卷試帖一卷賦鈔一卷　（清）王濟宏著　清咸豐四年（1854）刻本

四冊

500000－8701－0010882　F238096－99
後湖草堂詩鈔二十四卷試帖一卷賦鈔一卷　(清)王濟宏著　清咸豐四年(1854)刻本　四冊

500000－8701－0010883　F238100－111
崇百藥齋文集二十卷續集四卷三集十二卷玉真閣吟稿一卷　(清)陸繼輅著　清光緒四年(1878)興國州署刻本　十二冊

500000－8701－0010884　F238112－23
崇百藥齋文集二十卷續集四卷三集十二卷玉真閣吟稿一卷　(清)陸繼輅著　清光緒四年(1878)興國州署刻本　十二冊

500000－8701－0010885　F238124－29
崇百藥齋文集二十卷續集四卷三集十二卷玉真閣吟稿一卷　(清)陸繼輅著　清嘉慶三年至道光八年(1798－1828)合肥學舍刻本　六冊　存二十八卷(文集二十卷、續集四卷、三集一至四)

500000－8701－0010886　F238130－37
崇雅堂藁八卷　(清)王植著　清刻本　八冊

500000－8701－0010887　F238138
崇正慕古一卷　金龍中教總會編輯　清蒼溪高黄鄉刻本　一冊

500000－8701－0010888　F238139－43
嶺南三大家詩選二十四卷　(清)王隼選　清同治七年(1868)南海陳氏刻本　五冊

500000－8701－0010889　F238144－46
嶺南三大家詩選二十四卷　(清)王隼選　清同治七年(1868)南海陳氏刻本　三冊

500000－8701－0010890　F238147－52
嶺南三大家詩選二十四卷　(清)王隼選　清刻本　六冊

500000－8701－0010891　F238164－68
巙文書屋集略八卷　(清)潘相著　清刻本　五冊

500000－8701－0010892　F238169－74
變雅堂遺集文八卷詩十卷附錄二卷　(清)杜濬著　清光緒二十年(1894)黄岡沈氏刻本　六冊

500000－8701－0010893　F238181－83
試帖仙樣集裁詩十法三卷　題(清)麓峰居士撰　清道光二十五年(1845)二酉堂刻朱墨套印本　三冊

500000－8701－0010894　F238184－87
仙心閣詩鈔四卷　(清)彭慰高著　清光緒三年(1877)廣州刻本　四冊

500000－8701－0010895　F238198－201
倭文端公遺書八卷首二卷末一卷續三卷　(清)倭仁著　清光緒元年(1875)六安求我齋刻本　四冊

500000－8701－0010896　F238206
掣鯨堂詩集九卷　(清)費錫璜著　清古棠書屋刻本　一冊

500000－8701－0010897　F238207
掣鯨堂詩集九卷　(清)費錫璜著　清古棠書屋刻本　一冊

500000－8701－0010898　F238208
賃舂草一卷　(清)汪嘉清著　清光緒十三年(1887)陽湖錢鑅刻本　一冊

500000－8701－0010899　F238209－11
豳風廣義三卷　(清)楊屾編輯　清刻本　三冊

500000－8701－0010900　F238212
亂定草一卷紫露山館詩鈔一卷移蘭室時文一卷　(清)楊彝珍著　清刻本　一冊

500000－8701－0010901　F238214－15
嶠雅不分卷　(明)鄺露著　清末鉛印本　二冊

500000－8701－0010902　F238216－17
嶠雅不分卷　(明)鄺露著　清末鉛印本　二冊

500000－8701－0010903　F238218
峯泖去思集一卷　(清)劉家逵撰　清光緒二

十六年(1900)刻本　一册

500000－8701－0010904　F238221
皖江三家詩鈔四卷　(清)陳世鎔輯　清道光二十五年(1845)刻本　一册

500000－8701－0010905　F238242－45
稼軒長短句十二卷　(宋)辛棄疾著　清光緒十四年(1888)四印齋刻本　四册

500000－8701－0010906　F238251
傅光祿集二卷首一卷末一卷　(南朝宋)傅亮撰　清光緒十九年(1893)演慎齋刻本　一册

500000－8701－0010907　F238252－55
傅忠毅公全集八卷首一卷　(清)傅宏烈撰　清咸豐元年(1851)刻本　四册

500000－8701－0010908　F238258－59
綸籙堂詩鈔三卷文鈔三卷　(清)黄之紀著　清刻本　二册

500000－8701－0010909　F238260－61
編珠四卷　(隋)杜公瞻撰　(清)高士奇校　**續二卷**　(清)高士奇編　清刻本　二册

500000－8701－0010910　F238272－308
鮚埼亭集外編五十卷全謝山先生經史問答十卷　(清)全祖望著　清嘉慶十六年(1811)刻本　三十七册

500000－8701－0010911　F238309－32
鮚埼亭集三十八卷首一卷經史問答十卷外編五十卷　(清)全祖望撰　清同治十一年(1872)刻本　二十四册

500000－8701－0010912　F238333－64
鮚埼亭集三十八卷首一卷經史問答十卷外編五十卷　(清)全祖望撰　清同治十一年(1872)刻本　三十二册

500000－8701－0010913　F238365－68
鮚埼亭詩集十卷　(清)全祖望著　清光緒十六年(1890)慈谿童氏大鄮山館刻本　四册

500000－8701－0010914　F238369－82
納書楹曲譜正集四卷續集四卷外集二卷補遺四卷　(清)葉堂訂譜　(清)王文治參訂　清乾隆五十七年至五十九年(1792－1794)刻本　十四册

500000－8701－0010915　F238389
納蘭詞五卷補遺一卷　(清)納蘭性德著　清光緒六年(1880)娱園刻本　一册

500000－8701－0010916　F238390
納書楹南柯記全譜二卷　(清)葉堂訂譜　(清)王文治參訂　清道光二十八年(1848)刻本　一册

500000－8701－0010917　F238391－98
納書楹曲譜全集二十二卷　(清)葉堂訂譜　(清)王文治參訂　清乾隆五十七年(1792)刻本　八册　存四種八卷(納書楹牡丹亭全譜二卷、納書楹南柯記全譜二卷、納書楹紫釵記全譜二卷、納書楹邯鄲記全譜二卷)

500000－8701－0010918　F238404
續春秋左氏傳博議二卷　(清)王夫之著　清刻本　一册

500000－8701－0010919　F238406－25
續檇李詩繫四十卷　(清)胡昌基輯　清宣統三年(1911)刻本　二十册

500000－8701－0010920　F238426－27
綺雲江館聯語偶存一卷續存一卷　(清)吳熙著　清宣統二年(1910)湘鄉彭闉巽長沙刻本　二册

500000－8701－0010921　F238428－29
綺雲江館聯語偶存一卷續存一卷　(清)吳熙著　清宣統二年(1910)湘鄉彭闉巽長沙刻本　二册

500000－8701－0010922　F238430
綺雲閣詩存三卷　(清)張友書著　清光緒十二年(1886)刻本　一册

500000－8701－0010923　F238431
綺松老人詩集二卷　(宋)饒節著　清宣統二年(1910)姚埭沈氏刻本　一册

500000－8701－0010924　F238432
綺松老人詩集二卷　(宋)饒節著　清宣統二

年(1910)姚埭沈氏刻本　一冊

500000－8701－0010925　F238433－38
射鷹樓詩話二十四卷　(清)林昌彝輯　清咸豐元年(1851)林昌彝福州刻本　六冊

500000－8701－0010926　F238446－47
待園詩鈔六卷　(清)江有蘭著　清同治五年(1866)金陵書局刻本　二冊

500000－8701－0010927　F238448
鰈硯廬詩鈔二卷附聯吟集一卷　(清)嚴永華著　清末刻本　一冊

500000－8701－0010928　F238449
佐雜譜二卷　(清)李庚乾輯　清光緒十九年(1893)四川會文堂刻本　一冊

500000－8701－0010929　F238450
結一宧駢體文二卷詩畧三卷　屠寄著　清光緒十六年(1890)廣州刻本　一冊

500000－8701－0010930　F238451
結一廬遺文二卷　(清)朱學勤著　清光緒三十四年(1908)刻本　一冊

500000－8701－0010931　F238453－56
寄傲山房塾課新增幼學故事瓊林四卷首一卷　(清)程允升著　(清)鄒聖脈增補　清乾隆二十五年(1760)聚賢齋刻本　四冊

500000－8701－0010932　F238469－71
秣陵集六卷　(清)陳文述撰　清光緒十年(1884)淮南書局刻本　三冊

500000－8701－0010933　F238472－73
秣陵春傳奇二卷附臨春閣一卷　(清)吳偉業編　清刻本　二冊

500000－8701－0010934　F238474
使黔草三卷　(清)何紹基著　清咸豐四年(1854)刻本　一冊

500000－8701－0010935　F238475－76
使黔草三卷附東洲草堂詩鈔去蜀入秦詩一卷東洲草堂詩鈔峨眉瓦屋游草二卷　(清)何紹基著　清刻本　二冊

500000－8701－0010936　F238484
傳經表二卷　(清)洪亮吉撰　清光緒五年(1879)授經堂刻本　一冊

500000－8701－0010937　F238485－88
繡虎軒尺牘二集八卷　(清)曹煜著　清傳萬堂刻本　四冊

500000－8701－0010938　F238491－92
律賦必以集二卷　(清)顧南雅評選　清光緒十五年(1889)刻本　二冊

500000－8701－0010939　F238500
自娱軒未是草一卷　(清)牟思敬著　清光緒三十三年(1907)成都文倫書局鉛印本　一冊

500000－8701－0010940　F238501－02
自娱軒未是草一卷續草一卷　(清)牟思敬著　清光緒貴陽文通書局鉛印本　二冊

500000－8701－0010941　F238503
自娱軒未是草一卷續草一卷　(清)牟思敬著　清光緒貴陽文通書局鉛印本　一冊

500000－8701－0010942　F238504－06
自然好學齋詩鈔十卷　(清)汪端著　清同治十三年(1874)刻本　三冊

500000－8701－0010943　F238513－15
穆天子傳六卷末一卷　(晉)郭璞註　(清)檀萃疏　清刻本　三冊

500000－8701－0010944　F238516－33
穆堂初稿五十卷　(清)李紱著　清乾隆二年(1737)刻本　十八冊

500000－8701－0010945　F238534
粵東皇華集四卷　(清)李調元著　清刻本　一冊

500000－8701－0010946　F238535－82
粵十三家集十三種一百七十一卷　(清)伍元薇輯　清道光二十年(1840)南海伍氏詩雪軒刻本　四十八冊

500000－8701－0010947　F238583－606
皇朝經世文編一百二十卷　(清)賀長齡輯　清光緒二十五年(1899)上海中西書局石印本

二十四冊

500000－8701－0010948　F238611
皇甫持正集六卷補遺一卷　(唐)皇甫湜撰　清刻本　一冊

500000－8701－0010949　F238617－18
魏叔子詩集八卷　(清)魏禧著　題(清)世侃直士編次　清刻本　二冊

500000－8701－0010950　F238619－20
魏叔子日錄三卷　(清)魏禧著　清刻本　二冊

500000－8701－0010951　F238621－34
呂祖全書三十二卷禪宗正指三卷　(唐)呂嵒著　(清)劉體恕彙輯　清嘉慶元年(1796)晴川刻本　十四冊　缺三卷(禪宗正指三卷)

500000－8701－0010952　F238635－54
呂祖全書三十三卷禪宗正指三卷　(唐)呂嵒著　(清)劉體恕彙輯　清同治七年(1868)刻本　二十冊　缺四卷(三十二、禪宗正指三卷)

500000－8701－0010953　F238655－70
呂祖全書三十四卷禪宗正指三卷　(唐)呂嵒著　(清)劉體恕彙輯　清光緒五年(1879)鄂渚濮氏刻本　十六冊

500000－8701－0010954　F238675－76
毘尼珍敬錄二卷　(明)釋廣承輯錄　清光緒二年(1876)刻本　二冊

500000－8701－0010955　F238686
毗尼日用切要一卷　(清)釋讀體彙集　**沙彌律儀要略一卷**　(明)釋袾宏輯　清光緒十八年(1892)金陵刻經處刻本　一冊

500000－8701－0010956　F238687
毗尼日用切要一卷　(清)釋讀體彙集　**沙彌律儀要略一卷**　(明)釋袾宏輯　清光緒十八年(1892)金陵刻經處刻本　一冊

500000－8701－0010957　F238688－89
毘尼日用切要香乳記二卷　(清)釋書玉箋記　清乾隆三十三年(1768)刻本　二冊

500000－8701－0010958　F238692
毗尼關要事義十六卷　(清)釋德基輯　清光緒三十二年(1906)刻本　一冊

500000－8701－0010959　F238693－700
毘尼關要十六卷　(清)釋德基輯　清刻本　八冊

500000－8701－0010960　F238701－07
曇無德部四分律刪補隨機羯磨十五卷　(唐)釋道宣撰集　(清)釋讀體續釋　清刻本　七冊

500000－8701－0010961　F238718－19
大方廣圓覺修多羅了義經略近釋六卷　(明)釋通潤撰　清光緒十二年(1886)金陵刻經處刻本　二冊

500000－8701－0010962　F238720－21
大方廣圓覺修多羅了義經略近釋六卷　(明)釋通潤撰　清光緒十二年(1886)金陵刻經處刻本　二冊

500000－8701－0010963　F238722－23
大方廣圓覺修多羅了義經略疏二卷　(唐)釋宗密撰　清光緒三十年(1904)揚州藏經院刻本　二冊

500000－8701－0010964　F238724－27
圓覺經析義疏大義四卷　(清)釋通理述　清光緒三十三年(1907)揚州藏經院刻本　四冊

500000－8701－0010965　F238732－35
圓悟佛果禪師語錄二十卷　(宋)釋紹隆等編　清刻本　四冊

500000－8701－0010966　F238740－42
大方廣圓覺經大疏三卷　(唐)釋宗密撰　清道光十六年(1836)成都文殊院刻本　三冊

500000－8701－0010967　F238752－53
因明入正理論疏八卷　(唐)釋窺基撰　清光緒二十二年(1896)金陵刻經處刻本　二冊

500000－8701－0010968　F238754－55
因明入正理論疏八卷　(唐)釋窺基撰　清光緒二十二年(1896)金陵刻經處刻本　二冊

500000－8701－0010969　F238765
唯心訣一卷永明智覺禪師定慧相資歌一卷警世一卷　(明)釋永明著　**高麗國普照禪師修心訣一卷直心直說一卷**　(元)釋知訥撰　清光緒七年(1881)金陵刻經處刻本　一冊

500000－8701－0010970　F238766
唯心訣一卷永明智覺禪師定慧相資歌一卷警世一卷　(明)釋永明著　**高麗國普照禪師修心訣一卷直心直說一卷**　(元)釋知訥撰　清光緒七年(1881)金陵刻經處刻本　一冊

500000－8701－0010971　F238769－70
唯識二十論一卷　(唐)釋玄奘譯　**唯識二十論述記四卷**　(唐)釋窺基撰　清宣統二年(1910)江西刻經處刻本　二冊

500000－8701－0010972　F238771－72
唯識開蒙問答二卷　(元)釋雲峰輯　清宣統三年(1911)揚州藏經禪院刻本　二冊

500000－8701－0010973　F238777－78
唯識二十論一卷　(唐)釋玄奘譯　**唯識二十論述記四卷**　(唐)釋窺基撰　清宣統二年(1910)江西刻經處刻本　二冊

500000－8701－0010974　F238779－80
唯識二十論一卷　(唐)釋玄奘譯　**唯識二十論述記四卷**　(唐)釋窺基撰　清宣統二年(1910)江西刻經處刻本　二冊

500000－8701－0010975　F238783
佛說四諦經一卷佛說本相倚致經一卷　(漢)釋安世高譯　**佛說恒水經一卷佛說瞻婆比丘經一卷佛說頂生王故事經一卷**　(晉)釋法炬譯　**佛說緣本致經一卷**　(□)□□譯　**佛說文陀竭王經一卷**　(晉)釋曇無讖譯　清光緒六年(1880)金陵刻經處刻本　一冊

500000－8701－0010976　F238784
四分戒本一卷　(晉)釋耶舍　(晉)釋竺佛念譯　清光緒十八年(1892)金陵刻經處刻本　一冊

500000－8701－0010977　F238785
四分戒本一卷　(晉)釋耶舍　(晉)釋竺佛念譯　清光緒十八年(1892)金陵刻經處刻本　一冊

500000－8701－0010978　F238787
四分戒本一卷　(晉)釋耶舍　(晉)釋竺佛念譯　清刻本　一冊

500000－8701－0010979　F238788
四分戒本一卷　(晉)釋耶舍　(晉)釋竺佛念譯　清刻本　一冊

500000－8701－0010980　F238793
佛說四十二章經解一卷　(明)釋智旭著　**佛遺教經解一卷**　(明)釋智旭撰　**八大人覺經畧解一卷**　(漢)釋安世高譯　(明)釋智旭解　清光緒十一年(1885)金陵刻經處刻本　一冊

500000－8701－0010981　F238794
佛說四十二章經解一卷　(明)釋智旭著　**佛遺教經解一卷**　(明)釋智旭撰　**八大人覺經畧解一卷**　(漢)釋安世高譯　(明)釋智旭解　清光緒十一年(1885)金陵刻經處刻本　一冊

500000－8701－0010982　F238795
佛說四十二章經一卷　(漢)釋迦葉摩騰　(漢)釋竺法蘭譯　**佛教西來玄化應運略錄一卷**　(宋)程輝編　**佛教經施行勅一卷**　(唐)太宗李世民撰　**八大人覺經一卷**　(漢)釋安世高譯　清同治九年(1870)金陵刻經處刻本　一冊

500000－8701－0010983　F238797
佛說四十二章經註一卷　(明)釋永祥補註　清光緒十六年(1890)金陵刻經處刻本　一冊

500000－8701－0010984　F238805
佛說四十二章經解一卷　(明)釋智旭著　**佛遺教經解一卷**　(明)釋智旭撰　**八大人覺經畧解一卷**　(漢)釋安世高譯　(明)釋智旭解　清同治十年(1871)繁江龍藏寺刻本　一冊

500000－8701－0010985　F238827
思益梵天所問經四卷　(晉)釋鳩摩羅什譯　清光緒五年(1879)金陵刻經處刻本　一冊

500000－8701－0010986　F238828
思益梵天所問經四卷　（晉）釋鳩摩羅什譯　清光緒五年（1879）金陵刻經處刻本　一册

500000－8701－0010987　F238837－40
顯揚聖教論二十卷　（唐）釋玄奘譯　清宣統元年（1909）刻本　四册

500000－8701－0010988　F238841－44
顯揚聖教論二十卷　（唐）釋玄奘譯　清宣統元年（1909）刻本　四册

500000－8701－0010989　F238851－52
高僧傳四集六卷　（明）釋如惺撰　清光緒十八年（1892）江北刻經處刻本　二册

500000－8701－0010990　F238854
三支比量義鈔一卷　（唐）釋玄奘立　（宋）釋延壽造　（明）釋明昱鈔　清刻本　一册

500000－8701－0010991　F238856－60
佛果圜悟禪師碧巖集十卷　（宋）釋圜悟著　清光緒二年（1876）釋開慧刻本　五册

500000－8701－0010992　F238867
佛説目連問戒律中五百輕重事經二卷　（□）□□譯　清光緒二年（1876）江北刻經處刻本　一册

500000－8701－0010993　F238870－73
晨鐘暮鼓醒迷纂要四卷　（清）朱厚祥輯　清光緒八年（1882）聚善堂刻本　四册

500000－8701－0010994　F238874－87
長春道教源流八卷荔莊詩存一卷浮山志五卷　（清）陳銘珪著　清刻本　十四册

500000－8701－0010995　F238888
唐大薦福寺故寺主翻經大德法藏和尚傳一卷　（唐）崔致遠纂　清光緒二十三年（1897）金陵刻經處刻本　一册

500000－8701－0010996　F238889
龐居士語録二卷　（唐）于頔編　清咸豐元年（1851）姑蘇虎邱普度寺刻本　一册

500000－8701－0010997　F238900－01
月心笑巖寶祖南北集二卷　（清）釋曇芝編集　清光緒十二年（1886）昭慶寺慧空經房刻本　二册

500000－8701－0010998　F238905
删定止觀三卷附録一卷　（唐）梁肅述　清宣統三年（1911）鉛印本　一册

500000－8701－0010999　F238906
删定止觀三卷附録一卷　（唐）梁肅述　清宣統三年（1911）鉛印本　一册

500000－8701－0011000　F238910
勝鬘獅子吼一乘大方便方廣經一卷　（南朝宋）釋求那跋陀羅譯　**勝鬘夫人會一卷**　（唐）釋菩提流志譯　清光緒二十二年（1896）金陵刻經處刻本　一册

500000－8701－0011001　F238915－18
勝鬘經寶窟十五卷　（唐）釋吉藏撰　清光緒二十六年（1900）金陵刻經處刻本　四册

500000－8701－0011002　F238919－22
勝鬘獅子吼一乘大方便方廣經一卷　（南朝宋）釋求那跋陀羅譯　**勝鬘經寶窟十五卷**　（唐）釋吉藏撰　清光緒二十六年（1900）金陵刻經處刻本　四册

500000－8701－0011003　F238934－49
新刻黄掌綸先生評訂神仙鑑二十二卷　（清）徐衜述　（清）李理贊　清康熙五十一年（1712）刻本　十六册

500000－8701－0011004　F238950－53
居士傳五十六卷　（清）彭紹升撰　清乾隆四十年（1775）刻本　四册

500000－8701－0011005　F238954－57
居士傳五十六卷　（清）彭紹升撰　清乾隆四十年（1775）刻本　四册

500000－8701－0011006　F238962－67
佛説長阿含經二十二卷首一卷　（晉）釋佛陀耶舍　（晉）釋竺佛念譯　清光緒十三年（1887）姑蘇刻經處刻本　六册

500000－8701－0011007　F238970－71
賢首五教儀六卷　（清）釋續法集録　清康熙

十九年(1680)刻本　二冊

500000－8701－0011008　F238972－75
賢愚因緣經十三卷　(北魏)釋慧覺譯　清楊寶西刻本　四冊

500000－8701－0011009　F238978－81
阿毗達磨法藴足論十卷　(唐)釋玄奘譯　清宣統二年(1910)常州天寧寺刻本　四冊

500000－8701－0011010　F238994－99
阿毗曇八犍度論三十卷　(晉)釋伽提婆(晉)釋竺佛念譯　清刻本　六冊

500000－8701－0011011　F239000－05
明州阿育王山志十六卷　(明)郭子章撰　清刻本　六冊

500000－8701－0011012　F239050
受持佛說阿彌陀經行願儀一卷　(明)釋成時輯　清同治九年(1870)如臯刻經處刻本　一冊

500000－8701－0011013　F239084－89
阿毗達磨俱舍論三十卷　(唐)釋玄奘譯　清宣統三年(1911)常州天寧寺刻本　六冊

500000－8701－0011014　F239092－93
佛說阿彌陀經疏鈔二卷　(明)釋袾宏撰　**佛說阿彌陀經一卷**　(晉)釋鳩摩羅什譯　清光緒二十五年(1899)金陵刻經處刻本　二冊

500000－8701－0011015　F239097
阿難問事佛吉凶經一卷　(漢)釋安世高譯　**十二緣生祥瑞經二卷**　(宋)釋施護譯　清同治九年(1870)如臯刻經處刻本[十二緣生祥瑞經二卷爲清光緒三年(1877)江北刻經處刻本]　一冊

500000－8701－0011016　F239098
阿難問事佛吉凶經一卷　(漢)釋安世高譯　**十二緣生祥瑞經二卷**　(宋)釋施護譯　清同治九年(1870)如臯刻經處刻本[十二緣生祥瑞經二卷爲清光緒三年(1877)江北刻經處刻本]　一冊

500000－8701－0011017　F239099
佛說阿彌陀經一卷觀世音菩薩普門品經一卷金剛般若波羅密經一卷　(晉)釋鳩摩羅什譯　**大方廣佛華嚴經普賢菩薩行願品一卷**　(唐)釋般若譯　**般若波羅密多心經一卷**　(唐)釋玄奘譯　**大佛頂首楞嚴經大勢至菩薩念佛圓通章一卷**　(唐)釋般剌密諦譯　清刻本　一冊

500000－8701－0011018　F239102
佛說阿彌陀經二卷　(三國吳)支謙譯　清光緒五年(1879)常熟刻經處刻本　一冊

500000－8701－0011019　F239103
佛說阿彌陀經二卷　(三國吳)支謙譯　清光緒五年(1879)常熟刻經處刻本　一冊

500000－8701－0011020　F239104
佛說阿彌陀經義疏一卷　(宋)釋元照述　清光緒二十四年(1898)金陵刻經處刻本　一冊

500000－8701－0011021　F239105
佛說阿彌陀經義疏一卷　(宋)釋元照述　清光緒二十四年(1898)金陵刻經處刻本　一冊

500000－8701－0011022　F239107
佛說阿彌陀經一卷　(晉)釋鳩摩羅什譯　清末刻本　一冊

500000－8701－0011023　F239112－14
佛說阿彌陀經要解便蒙鈔三卷　(清)釋達默造鈔　(清)釋達林參訂　清光緒二十三年(1897)三觀精舍蓮蕊氏刻本　三冊

500000－8701－0011024　F239115
原人論一卷　(唐)釋宗密述　清同治十三年(1874)雞園刻經處刻本　一冊

500000－8701－0011025　F239116
佛說阿彌陀經要解一卷　(晉)釋鳩摩羅什譯　(明)釋智旭解　清光緒三十四年(1908)刻本　一冊

500000－8701－0011026　F239119
佛說阿彌陀經要解一卷　(晉)釋鳩摩羅什譯　(明)釋智旭解　清光緒十一年(1885)金陵刻經處刻本　一冊

500000－8701－0011027　F239120
佛說阿閦佛國經三卷　(漢)釋支婁迦讖譯　清刻本　一冊

500000－8701－0011028　F239127－30
阿毗達磨集異門足論二十卷　(唐)釋玄奘譯　(唐)釋尊者舍利子說　清刻本　四冊

500000－8701－0011029　F239133－34
勝天王般若波羅蜜經七卷　(南朝陳)釋月婆首那譯　清光緒二年(1876)江北刻經處刻本　二冊

500000－8701－0011030　F239135－37
大乘阿毗達磨雜集論十六卷　(唐)釋玄奘譯　清宣統三年(1911)揚州張肇昌刻本　三冊

500000－8701－0011031　F239138－40
大乘阿毗達磨雜集論十六卷　(唐)釋玄奘譯　清宣統三年(1911)揚州張肇昌刻本　三冊

500000－8701－0011032　F239171－80
閱藏知津四十四卷總目四卷　(明)釋智旭彙輯　清光緒十八年(1892)金陵刻經處刻本　十冊

500000－8701－0011033　F239181
佛說阿彌陀經疏鈔擷一卷附一卷　(明)釋袾宏疏鈔　(清)徐槐廷擷　**佛說阿彌陀經一卷**　(晉)釋鳩摩羅什譯　清北京文芳刻字石印局刻本　一冊

500000－8701－0011034　F239182
聖蹟圖誌十四卷　(□)□□輯　清同治四年(1865)刻本　一冊

500000－8701－0011035　F239184
闢邪集二卷附一卷　(清)鍾始聲著　(清)程智用評　**見聞錄一卷**　(明)釋智旭隨筆　清光緒九年(1883)刻本　一冊

500000－8701－0011036　F239185
閱藏隨筆二卷　(清)釋元度撰　(清)釋太穆節解　清川東大老山華嚴寺刻本　一冊

500000－8701－0011037　F239186－87
閱藏隨筆二卷　(清)釋元度撰　(清)釋太穆節解　清宣統元年(1909)揚州天寧寺刻本　二冊

500000－8701－0011038　F239194－97
如意珠二卷　(□)□□撰　清道光十五年(1835)刻本　四冊

500000－8701－0011039　F239198
佛說大阿彌陀經一卷　(宋)王日休輯　**佛說小阿彌陀佛經一卷**　(晉)釋鳩摩羅什譯　**佛說觀無量壽佛經一卷**　(南朝宋)釋畺良耶舍譯　清光緒三十四年(1908)刻本　一冊

500000－8701－0011040　F239200－02
十住毗婆沙論十五卷　(晉)釋鳩摩羅什譯　清光緒二十一年(1895)江北刻經處刻本　三冊

500000－8701－0011041　F239235－36
佛說觀無量壽佛經疏四卷　(唐)釋善導集記　清光緒二十年(1894)金陵刻經處刻本　二冊

500000－8701－0011042　F239237
佛說觀無量壽佛經一卷　(南朝宋)釋畺良耶舍譯　**佛說阿彌陀佛經一卷**　(晉)釋鳩摩羅什譯　**稱讚淨土佛攝受經一卷**　(唐)釋玄奘譯　**拔一切業障根本得生淨土神咒一卷**　(南朝宋)釋求耶跋陀羅譯　**後出阿彌陀佛偈經一卷**　(漢)□□譯　**阿彌陀鼓音聲王陀羅尼經一卷**　(□)□□譯　**觀世音菩薩得大勢菩薩受記經一卷**　(南朝宋)釋曇無竭譯　**無量壽經優波提舍一卷**　(北魏)釋菩提留支譯　**佛說阿彌陀經疏一卷**　(唐)釋元曉述　清光緒七年(1881)金陵刻經處刻本　一冊

500000－8701－0011043　F239246－49
太上感應篇註說四卷　(清)惠棟箋　清道光二十八年(1848)刻本　四冊

500000－8701－0011044　F239250－53
重刻太上感應篇圖說一卷　(清)許鶴沙圖說　清刻本　四冊

500000－8701－0011045　F239254－61
太上感應篇圖說一卷　(清)許鶴沙圖說　清

光緒十五年(1889)刻本　八册

500000－8701－0011046　F239263－64
大薩遮尼乾子受記經十卷　(北魏)釋菩提留支譯　清光緒十九年(1893)江北刻經處刻本　二册

500000－8701－0011047　F239275－99
大智度論一百卷　(晉)釋鳩摩羅什譯　清光緒九年(1883)姑蘇刻經處刻本　二十五册

500000－8701－0011048　F239301
筠州黄蘗斷際禪師傳心法要一卷宛陵錄一卷　(唐)裴休集　清光緒十年(1884)金陵刻經處刻本　一册

500000－8701－0011049　F239309－10
大乘本生心地觀經八卷　(唐)釋般若等譯　清刻本　二册

500000－8701－0011050　F239311－12
大乘本生心地觀經八卷　(唐)釋般若等譯　清刻本　二册

500000－8701－0011051　F239332
禪門日誦不分卷　(□)□□撰　清刻本　一册

500000－8701－0011052　F239337
菩提資糧論六卷　(隋)釋達摩笈多譯　清宣統三年(1911)常州天寧寺刻本　一册

500000－8701－0011053　F239338
大佛頂如來密因修證了義諸菩薩萬行楞嚴經玄義二卷　(明)釋智旭著　清刻本　一册

500000－8701－0011054　F239347－48
大乘起信論疏記會本六卷　(南朝陳)釋真諦譯　(唐)釋元曉疏　清光緒二十五年(1899)金陵刻經處刻本　二册

500000－8701－0011055　F239349
大乘起信論直解二卷　(明)釋德清直解　清刻本　一册

500000－8701－0011056　F239350
大乘起信論直解二卷　(明)釋德清直解　清光緒十六年(1890)金陵刻經處刻本　一册

500000－8701－0011057　F239351
大乘起信論纂註二卷　(南朝陳)釋真諦譯　(明)釋真界註　清光緒十一年(1885)金陵刻經處刻本　一册

500000－8701－0011058　F239352
大乘起信論一卷　(南朝陳)釋真諦譯　清光緒二十四年(1898)金陵刻經處刻本　一册

500000－8701－0011059　F239353
大乘起信論一卷　(唐)釋實叉難陀譯　清光緒二十四年(1898)金陵刻經處刻本　一册

500000－8701－0011060　F239354
大乘起信論一卷　(唐)釋實叉難陀譯　清光緒二十四年(1898)金陵刻經處刻本　一册

500000－8701－0011061　F239357－66
大乘起信論疏筆削記會閱十卷首一卷　(唐)釋法藏疏　(唐)釋宗密註　(宋)釋子璿記　(清)釋續法編　清光緒十五年(1889)刻本　十册

500000－8701－0011062　F239368
大乘起信論裂網疏六卷　(明)釋智旭撰　清金陵書局刻本　一册

500000－8701－0011063　F239369
大乘起信論裂網疏六卷　(明)釋智旭撰　清刻本　一册

500000－8701－0011064　F239370
大乘起信論科註不分卷　(南朝陳)釋真諦譯　清光緒三十年(1904)廬陵黄氏武昌刻高等佛學教科書本　一册

500000－8701－0011065　F239371
大乘起信論科註不分卷　(南朝陳)釋真諦譯　清光緒三十年(1904)廬陵黄氏武昌刻高等佛學教科書本　一册

500000－8701－0011066　F239429－30
大般涅槃師子吼經七卷　(晉)釋曇無讖譯　清刻大涅槃經本　二册

500000－8701－0011067　F239447
大宗地玄文本論略註四卷　(南朝陳)釋真諦

譯　（清）楊文會略註　清光緒三十二年（1906）金陵刻經處刻本　一冊

500000－8701－0011068　F239451
佛說梵網經二卷　（晉）釋鳩摩羅什譯　清光緒十年（1884）金陵刻經處刻本　一冊

500000－8701－0011069　F239452－55
佛說梵網經菩薩心地品合註七卷　（晉）釋鳩摩羅什譯　（明）釋智旭註　**佛說梵網經菩薩心地品玄義一卷**　（明）釋智旭述　清同治十三年（1874）金陵刻經處刻本　四冊

500000－8701－0011070　F239456－60
佛說梵網經菩薩心地品合註七卷附雜集五卷　（晉）釋鳩摩羅什譯　（明）釋智旭註　**佛說梵網經菩薩心地品玄義一卷**　（明）釋智旭述　清同治十三年（1874）金陵刻經處刻本　五冊

500000－8701－0011071　F239461－64
梵網經心地品菩薩戒義疏發隱五卷　（明）釋袾宏發隱　（隋）釋智者大師說　清同治十年（1871）刻本　四冊

500000－8701－0011072　F239465－68
佛說梵網經直解二卷附直解事義一卷　（晉）釋鳩摩羅什譯　（明）釋寂光解　清刻本　四冊

500000－8701－0011073　F239469－72
佛說梵網經直解二卷附直解事義一卷　（晉）釋鳩摩羅什譯　（明）釋寂光解　清刻本　四冊

500000－8701－0011074　F239473
教觀綱宗一卷　（明）釋智旭著　清光緒三十三年（1907）刻本　一冊

500000－8701－0011075　F239474
教觀綱宗一卷　（明）釋智旭著　清光緒三十三年（1907）刻本　一冊

500000－8701－0011076　F239477
大方廣圓覺修多羅了義經二卷　（唐）釋佛陀多羅譯　清同治八年（1869）金陵刻經處刻本　一冊

500000－8701－0011077　F239478－80
悟真篇闡幽三卷　（清）朱元育口授　（清）潘靜觀述　**南宗書拾遺一卷悟真篇拾遺一卷**　（宋）張紫陽著　清光緒二十五年（1899）成都守經堂刻本　三冊

500000－8701－0011078　F239484－86
相宗八要解八種八卷　（唐）釋玄奘譯　清光緒二十八年（1902）金陵刻經處刻本　三冊

500000－8701－0011079　F239495
佛說大淨法門品經一卷　（晉）釋竺法護譯　清光緒元年（1875）江北刻經處刻本　一冊

500000－8701－0011080　F239497
大化總歸二卷　（清）馬開科著　清刻本　一冊

500000－8701－0011081　F239521－56
地藏菩薩本願經科注三卷綸貫一卷　（清）釋靈椉著　清光緒八年（1882）天台真覺寺刻本　六冊

500000－8701－0011082　F239527－32
地藏菩薩本願經科注三卷綸貫一卷　（清）釋靈椉著　清光緒八年（1882）天台真覺寺刻本　六冊

500000－8701－0011083　F239533－41
大佛頂如來密因修證了義諸菩薩萬行首楞嚴經文句十卷　（唐）釋般剌密諦譯　（明）釋智旭文句　清同治十三年（1874）金陵刻經處刻本　九冊

500000－8701－0011084　F239544
徹悟禪師語錄二卷蕅益大師梵室偶談一卷　（清）釋了亮等輯　清同治十年（1871）金陵刻本　一冊

500000－8701－0011085　F239545
徹悟禪師語錄二卷蕅益大師梵室偶談一卷　（清）釋了亮等輯　清同治十年（1871）金陵刻本　一冊

500000－8701－0011086　F239548－50

大慈恩寺三藏法師傳十卷　(唐)釋慧立撰　(唐)釋彥悰箋　清宣統元年(1909)常州天寧寺刻本　三冊

500000－8701－0011087　F239551－53
大慈恩寺三藏法師傳十卷　(唐)釋慧立撰　(唐)釋彥悰箋　清宣統元年(1909)常州天寧寺刻本　三冊

500000－8701－0011088　F239560
藥師七佛供養儀軌如意王經一卷　(清)工布查布譯　(清)巴尔藏嘉磋補譯　清北京顯親王府刻本　一冊

500000－8701－0011089　F239561
藥師七佛供養儀軌如意王經一卷　(明)達賴喇嘛撰　(清)工布查布譯　(清)巴尔藏嘉磋補譯　清北京顯親王府刻本　一冊

500000－8701－0011090　F239562
華嚴聖可玉禪師百頌一卷　(□)釋海昆錄　**雲峯聖可玉禪師百頌錄一卷**　(□)釋發鳴錄　**雲峰聖可玉禪師百頌錄一卷**　(□)釋普明錄　清康熙三十四年(1695)重慶華嚴寺刻本　一冊

500000－8701－0011091　F239563
丈雪老人耆耇篇三卷　(清)釋常匡錄　清刻本　一冊

500000－8701－0011092　F239564－66
古信相文殊院丈伯明錫和尚語錄三卷　(清)釋明錫撰　清乾隆二十六年(1761)刻本　三冊

500000－8701－0011093　F239569
大佛頂經序指味疏一卷　(清)釋諦閑述疏　清光緒二十八年(1902)慈溪西方寺刻本　一冊

500000－8701－0011094　F239570－71
大乘中觀釋論十卷　(宋)釋惟淨等譯　清光緒三十四年(1908)金陵刻經處刻本　二冊

500000－8701－0011095　F239572－73
大乘止觀法門釋要六卷　(明)釋智旭述　清光緒二十二年(1896)刻本　二冊

500000－8701－0011096　F239592－93
夢東禪師遺集二卷　(清)釋際醒撰　清釋了亮等刻本　二冊

500000－8701－0011097　F239622－45
大寶積經一百二十卷　(唐)釋菩提流志譯　清刻本　二十四冊

500000－8701－0011098　F239646－69
大寶積經一百二十卷　(唐)釋菩提流志譯　清刻本　二十四冊

500000－8701－0011099　F239671
請觀音經疏一卷　(隋)釋智顗說　(隋)釋頂法師記　清許靈虛刻本　一冊

500000－8701－0011100　F239704－05
觀佛三昧海經十卷　(晉)佛陀跋陀羅譯　清光緒十七年(1891)金陵刻經處刻本　二冊

500000－8701－0011101　F239706
大乘法界無差別論疏二卷　(唐)釋法藏著　清光緒二十一年(1895)金陵刻經處刻本　一冊

500000－8701－0011102　F239708－15
大方等大集經三十卷　(晉)釋曇無讖譯　清光緒七年至八年(1881－1882)常熟刻經處刻本　八冊

500000－8701－0011103　F239720
十二門論一卷　(晉)釋鳩摩羅什譯　清光緒二十一年(1895)金陵刻經處刻本　一冊

500000－8701－0011104　F239721
十二門論宗致義記三卷　(唐)釋法藏述　清光緒二十一年(1895)金陵刻經處刻本　一冊

500000－8701－0011105　F239722－23
十二門論宗致義記四卷　(晉)釋鳩摩羅什譯　(唐)釋法藏記　清宣統三年(1911)江西刻經處刻本　二冊

500000－8701－0011106　F239724－25
十二門論宗致義記四卷　(晉)釋鳩摩羅什譯　(唐)釋法藏記　清宣統三年(1911)江西刻

經處刻本　二冊

500000－8701－0011107　F239763－64
維摩詰所説經註八卷　（晉）釋鳩摩羅什譯（晉）釋僧肇註　清光緒十三年（1887）金陵刻經處刻本　二冊

500000－8701－0011108　F239765
維摩詰所説經註三卷　（晉）釋鳩摩羅什譯（晉）釋僧肇註　清同治九年（1870）金陵刻經處刻本　一冊

500000－8701－0011109　F239774－79
翻譯名義集二十卷　（宋）釋法雲編　清光緒四年（1878）金陵刻經處刻本　六冊

500000－8701－0011110　F239782－92
經濟尋源九卷後集三卷　（□）□□撰　清同治七年（1868）刻本　十一冊

500000－8701－0011111　F239786－803
佛祖歷代通載三十六卷　（宋）釋念常集　清江北刻經處刻本　八冊

500000－8701－0011112　F239793
翻譯名義集選不分卷　（□）□□選　清同治十二年（1873）江北刻經處刻本　一冊

500000－8701－0011113　F239794
翻譯名義集選不分卷　（□）□□選　清同治十二年（1873）江北刻經處刻本　一冊

500000－8701－0011114　F239804－09
翻譯名義集二十卷　（宋）釋法雲編　清刻本　六冊

500000－8701－0011115　F239810－17
佛教畧史初編八卷　（清）釋惟靜編輯　清光緒三十二年（1906）成都大慈寺刻本　八冊

500000－8701－0011116　F239829
解深密經五卷　（唐）釋玄奘譯　清同治十年（1871）金陵刻經處刻本　一冊

500000－8701－0011117　F239857－60
大乘起信論纂註二卷　（南朝陳）釋真諦譯（明）釋真界纂註　**菩薩戒本經箋要一卷**　（晉）釋曇無讖譯　（明）釋智旭箋　**壇經一卷附六祖大師事畧一卷**　（唐）六祖慧能大師説（唐）釋法海錄　**佛説阿彌陀佛要解一卷**　（晉）釋鳩摩羅什譯　（明）釋智旭解　清同治十一年至光緒十一年（1872－1885）金陵刻經處刻釋氏四書本　四冊

500000－8701－0011118　F239861－64
大乘起信論纂註二卷　（南朝陳）釋真諦譯（明）釋真界纂註　**菩薩戒本經箋要一卷**　（晉）釋曇無讖譯　（明）釋智旭箋　**壇經一卷附六祖大師事畧一卷**　（唐）六祖慧能大師説（唐）釋法海錄　**佛説阿彌陀佛要解一卷**　（晉）釋鳩摩羅什譯　（明）釋智旭解　清同治十一年至光緒十一年（1872－1885）金陵刻經處刻釋氏四書本　四冊

500000－8701－0011119　F239866
淨土生無生論親聞記二卷　（明）釋受教撰清杭州慧空經房刻本　一冊

500000－8701－0011120　F239867
寶藏論一卷　（晉）釋僧肇著　清光緒二十三年（1897）金陵刻經處刻本　一冊

500000－8701－0011121　F239868
寶藏論一卷　（晉）釋僧肇著　清光緒二十三年（1897）金陵刻經處刻本　一冊

500000－8701－0011122　F239869
彙集語錄不分卷附經驗效方一卷　（清）釋本圓悟超輯　清嘉慶二十二年（1817）成都文殊院刻本　一冊

500000－8701－0011123　F239879
修華嚴奧旨妄盡還源觀一卷　（唐）釋法藏述　**注華嚴法界觀門一卷**　（唐）釋宗密注　清刻本　一冊

500000－8701－0011124　F239882
上品資糧一卷　（清）釋古崑集　清昭慶寺慧空經房刻本　一冊

500000－8701－0011125　F239884－85
占察善惡業報經玄義一卷　（明）釋智旭述　**疏二卷**　（隋）釋菩提登譯　（明）釋智旭述　**行法一卷**　（明）釋智旭集　清同治七年

(1868)刻本　二册

500000－8701－0011126　F239886－87
占察善惡業報經玄義一卷　(明)釋智旭述　**疏二卷**　(隋)釋菩提登譯　(明)釋智旭述　**行法一卷**　(明)釋智旭集　清同治七年(1868)刻本　二册

500000－8701－0011127　F239889
比丘尼傳四卷　(晉)釋寶唱撰　清光緒十一年(1885)金陵刻經處刻本　一册

500000－8701－0011128　F239904－06
樂育堂語錄三卷　(清)黄元吉撰　清光緒十五年(1889)刻本　三册

500000－8701－0011129　F239907
佛華嚴入如來德智不思議境界經一卷　(隋)釋闍那崛多譯　**大方廣佛華嚴經修慈分一卷**　(唐)釋提雲般若等譯　**大方廣如來不思議境界經一卷**　(唐)釋實叉難陀譯　清同治九年(1870)如皋刻經處刻本　一册

500000－8701－0011130　F239916－19
雅俗通用釋門疏式十卷　(清)釋如德彙輯　清光緒四年(1878)知儒精舍刻本　四册

500000－8701－0011131　F239920－24
釋氏稽古略四卷　(元)釋覺岸編集　**續略三卷**　(明)釋大聞彙編　清光緒十二年(1886)浙江海潮寺刻本　五册

500000－8701－0011132　F239931
解迷顯智成悲十明論一卷　(唐)李通玄撰　清同治八年(1869)如皋刻經處刻本　一册

500000－8701－0011133　F239932
釋門真孝錄五卷　(清)張廣湉輯　清刻本　一册

500000－8701－0011134　F239933－36
釋禪波羅蜜次第法門十卷　(隋)釋智顗說　(隋)釋法慎記　(隋)釋灌頂再治　清光緒三十四年(1908)揚州藏經院刻本　四册

500000－8701－0011135　F240003
華嚴法界玄鏡三卷注華嚴法界觀門一卷　(唐)釋澄觀著　清光緒二十一年(1895)金陵刻經處刻本　一册

500000－8701－0011136　F240009
大方廣佛華嚴經要解一卷　(宋)釋戒環集　清同治十一年(1872)金陵刻經處刻本　一册

500000－8701－0011137　F240010－25
大方廣佛華嚴經六十卷　(晉)釋佛陀跋陀羅等譯　清光緒七年(1881)常熟刻經處刻本　十六册

500000－8701－0011138　F240062－77
大方廣佛華嚴經六十卷　(晉)釋佛陀跋陀羅等譯　清光緒七年(1881)常熟刻經處刻本　十六册

500000－8701－0011139　F240078－107
大方廣佛新華嚴經合論一百二十卷首一卷　(唐)釋實叉難陀譯經　(唐)釋志寧釐經合論　清同治十一年(1872)金陵刻經處刻本　三十册

500000－8701－0011140　F240116－20
大方廣佛華嚴經普賢行願品別行疏鈔十五卷　(唐)釋宗密隨疏鈔　清光緒三十二年(1906)金陵刻經處刻本　五册

500000－8701－0011141　F240121－25
大方廣佛華嚴經普賢行願品別行疏鈔十五卷　(唐)釋宗密隨疏鈔　清光緒三十二年(1906)金陵刻經處刻本　五册

500000－8701－0011142　F240126－29
釋迦譜十卷　(南朝梁)釋僧祐撰　清光緒三十四年(1908)武昌刻本　四册

500000－8701－0011143　F240130－33
釋迦譜十卷　(南朝梁)釋僧祐撰　清光緒三十四年(1908)武昌刻本　四册

500000－8701－0011144　F240135－38
釋摩訶衍論十卷　(南朝陳)釋真諦等譯　清金陵刻經處刻本　四册

500000－8701－0011145　F240151
仁王護國般若波羅蜜多經二卷　(唐)釋不空

譯　清同治九年(1870)金陵刻經處刻本　一冊

500000－8701－0011146　F240152
仁王護國般若波羅蜜多經二卷　(唐)釋不空譯　清同治九年(1870)金陵刻經處刻本　一冊

500000－8701－0011147　F240159
修西輯要一卷　(清)釋信庵輯　清光緒十年(1884)江北刻經處刻本　一冊

500000－8701－0011148　F240160
修西定課一卷　(清)鄭澄德　(清)鄭澄源編注　清光緒二十四年(1898)金陵刻經處刻本　一冊

500000－8701－0011149　F240161
修西定課一卷　(清)鄭澄德　(清)鄭澄源編注　清光緒二十四年(1898)金陵刻經處刻本　一冊

500000－8701－0011150　F240162
修真因果傳全本一卷　(□)□□輯　清光緒十四年(1888)刻本　一冊

500000－8701－0011151　F240170
儒釋道平心論二卷　(宋)劉謐著　清同治二年(1863)刻本　一冊

500000－8701－0011152　F240176－77
佛本行經七卷　(宋)釋寶雲譯　清宣統三年(1911)江北刻經處刻本　二冊

500000－8701－0011153　F240185－86
佛所行讚經五卷　(晉)釋曇無讖譯　清刻本　二冊

500000－8701－0011154　F240190
七經同卷佛說出家緣經一卷佛說阿含正門行經一卷佛說十八泥犁經一卷佛說法受塵經一卷　(漢)釋安世高等譯　清刻本　一冊

500000－8701－0011155　F240193－94
佛爾雅八卷　(清)周春撰　清宣統三年(1911)上海國學扶輪社鉛印本　二冊

500000－8701－0011156　F240195
佛爾雅八卷　(清)周春撰　清嘉慶二十一年(1816)刻本　一冊

500000－8701－0011157　F240196
佛爾雅八卷　(清)周春撰　清嘉慶二十一年(1816)刻本　一冊

500000－8701－0011158　F240202
佛說德護長者經二卷　(北齊)釋那連提黎耶舍譯　清刻本　一冊

500000－8701－0011159　F240204
佛說仁王護國般若波羅密經疏神寶記四卷　(清)釋柏庭善月述　清光緒十四年(1888)江北刻經處刻本　一冊

500000－8701－0011160　F240207
佛說梵網經二卷　(晉)釋鳩摩羅什譯　清光緒十年(1884)金陵刻經處刻本　一冊

500000－8701－0011161　F240208
佛遺教經論疏節要一卷　(晉)釋鳩摩羅什譯　(宋)釋淨源節要　(明)釋袾宏補註　清光緒二十四年(1898)金陵刻經處刻本　一冊

500000－8701－0011162　F240211
淨業知津一卷　(清)釋悟開述　**淨土之理一卷**　范古農撰　**闢邪一卷佛說十往生阿彌陀佛國經**　(□)□□譯　**自知錄二卷**　清末至民國刻本　一冊

500000－8701－0011163　F240212
淨業知津一卷　(清)釋悟開述　**淨土之理一卷**　范古農撰　**闢邪一卷佛說十往生阿彌陀佛國經**　(□)□□譯　**自知錄二卷**　清末至民國刻本　一冊

500000－8701－0011164　F240213
佛祖心要節錄二卷　(□)□□撰　清光緒十三年(1887)刻本　一冊

500000－8701－0011165　F240216
佛祖心燈一卷宗教律諸家演派一卷摘錄聖武記之卷五溯查西藏剌麻來源一卷　(清)釋守一編　清光緒十六年(1890)金陵刻經處刻本　一冊

500000－8701－0011166　F240226－27
徑中徑又徑四卷　（清）張師誠輯　清光緒二十九年（1903）刻本　二册

500000－8701－0011167　F240228－29
徑中徑又徑四卷　（清）張師誠輯　清光緒二年（1876）刻本　二册

500000－8701－0011168　F240230－31
徑中徑又徑四卷　（清）張師誠輯　清刻本　二册

500000－8701－0011169　F240233
徑中徑又徑徵義三卷　（清）張師誠輯　（清）徐槐廷徵義　清光緒二十五年（1899）刻本　一册

500000－8701－0011170　F240237
無量壽經優婆提舍願生偈一卷　（北魏）釋菩提留支譯　**無量壽經優婆提舍願生偈註二卷**　（北魏）釋曇鸞註解　**略論安樂淨土義一卷**　（北魏）釋曇鸞撰　**讚阿彌陀佛偈一卷**　（北魏）釋曇鸞作　清光緒十九年（1893）金陵刻經處刻本　一册

500000－8701－0011171　F240238
往生淨土決疑行願二門一卷　（宋）釋遵式撰　清刻本　一册

500000－8701－0011172　F240241
般若般羅蜜多心經一卷　（唐）釋玄奘譯　**文殊師利所説摩訶般若波羅蜜經一卷**　（南朝梁）釋曼陀羅仙譯　清光緒元年（1875）江北刻經處刻本　一册

500000－8701－0011173　F240242
般若般羅蜜多心經一卷　（唐）釋玄奘譯　**文殊師利所説摩訶般若波羅蜜經一卷**　（南朝梁）釋曼陀羅仙譯　清光緒元年（1875）江北刻經處刻本　一册

500000－8701－0011174　F240243
般若般羅蜜多心經直説一卷補録省菴法師勸發菩提心文一卷　（明）釋德清撰　清刻本　一册

500000－8701－0011175　F240249
金剛般若波羅蜜經註解一卷般若波羅密多心經註解一卷　（晉）釋鳩摩羅什譯　（明）釋宗泐註　（明）釋如玘註　清光緒二年（1876）長沙刻經處刻本　一册

500000－8701－0011176　F240254－57
般若綱要十卷首一卷　（清）釋通門閲正　（清）葛𩡝提綱　清光緒二十二年（1896）刻本　四册

500000－8701－0011177　F240258－61
般若綱要十卷首一卷　（清）釋通門閲正　（清）葛𩡝提綱　清光緒二十二年（1896）刻本　四册

500000－8701－0011178　F240262－64
般若燈論十五卷　（唐）釋波羅頗蜜多羅譯　清光緒二十四年（1898）金陵刻經處刻本　三册

500000－8701－0011179　F240281
佛教初學課本一卷註一卷　（清）楊文會述　清光緒三十三年（1907）刻本　一册

500000－8701－0011180　F240282
佛教初學課本一卷註一卷　（清）楊文會述　清光緒三十二年（1906）金陵刻經處刻本　一册

500000－8701－0011181　F240310
續原教論二卷　（明）沈士榮著　清光緒元年（1875）金陵刻經處刻本　一册

500000－8701－0011182　F240314
集一切福德三昧經三卷　（晉）釋鳩摩羅什譯　清光緒十四年（1888）江北刻經處刻本　一册

500000－8701－0011183　F240318－29
大方廣佛華嚴經著述集要二十九種四十卷　（唐）釋智儼等撰　（清）□□輯　清同治八年至民國六年（1869－1917）金陵刻經處、如皋刻經處刻本　十二册

500000－8701－0011184　F240330－37

大方廣佛華嚴經疏鈔懸談二十八卷首一卷 (唐)釋澄觀著　清光緒三十三年(1907)金陵刻經處刻本　八冊

500000－8701－0011185　F240338－45
大方廣佛華嚴經疏鈔懸談二十八卷首一卷 (唐)釋澄觀著　清光緒三十三年(1907)金陵刻經處刻本　八冊

500000－8701－0011186　F240351－56
大明三藏法數五十卷　(明)釋一如等集註　清光緒六年(1880)六通寺刻本　六冊

500000－8701－0011187　F240360
大清重刻龍藏彙記一卷　(清)□□編　清同治九年(1870)金陵刻經處刻本　一冊

500000－8701－0011188　F240361－65
大藏一覽十卷　(明)陳實編　(明)姚舜漁輯　清光緒十年(1884)刻本　五冊

500000－8701－0011189　F240372－73
南極仙翁唱道真言二卷　(清)鶴臞子輯　清咸豐七年(1857)來鶴堂刻本　二冊

500000－8701－0011190　F240389－93
妙法蓮華經通義二十卷　(明)釋德清撰　清光緒三十四年(1908)金陵刻經處刻本　五冊

500000－8701－0011191　F240394－405
妙法蓮華經指掌疏七卷附錄一卷　(清)釋通理撰　清宣統元年(1909)江北刻經處刻本　十二冊

500000－8701－0011192　F240406－13
妙法蓮華經臺宗會義十六卷　(明)釋智旭撰　清光緒十九年(1893)江北刻經處刻本　八冊

500000－8701－0011193　F240414－23
妙法蓮華經玄義十卷　(隋)釋智顗說　清宣統二年(1910)江北刻經處刻本　十冊

500000－8701－0011194　F240428－29
妙法蓮華經玄義節要二卷　(隋)釋智顗撰　(隋)釋灌頂記　清福德因緣堂刻本　二冊

500000－8701－0011195　F240430－32
妙法蓮華經七卷　(晉)釋鳩摩羅什譯　清同治十年(1871)金陵刻經處刻本　三冊

500000－8701－0011196　F240433－35
妙法蓮華經七卷　(晉)釋鳩摩羅什譯　清同治十年(1871)金陵刻經處刻本　三冊

500000－8701－0011197　F240443
華嚴金師子章解一卷華嚴金獅子章解一卷華嚴經明法品内立三寶章一卷流轉章一卷法界緣起章一卷圓音章一卷法身章一卷十世章一卷玄義章一卷　(唐)釋法藏撰　清同治九年至光緒二十一年(1870－1895)金陵刻經處刻本　一冊

500000－8701－0011198　F240444－46
萬松老人評唱天童覺和尚頌古從容庵錄十卷　(宋)釋正覺頌古　(元)釋行秀評唱　(明)釋離知錄　清光緒七年(1881)姑蘇刻經處刻本　三冊

500000－8701－0011199　F240447
無量壽經優婆提舍願生偈一卷願生偈註二卷　(北魏)釋菩提留支譯　**略論安樂淨土義一卷讚阿彌陀佛偈一卷**　(北魏)釋曇鸞撰　清光緒十九年(1893)金陵刻經處刻本　一冊

500000－8701－0011200　F240448
勸發菩提心文不分卷　(唐)釋宗密等著　清刻本　一冊

500000－8701－0011201　F240451
沙彌十戒威儀錄要一卷　(明)釋智旭彙輯　清刻本　一冊

500000－8701－0011202　F240458
佛說觀彌勒菩薩上生兜率陀天經一卷　(南朝宋)釋沮渠京聲譯　**佛說彌勒下生經一卷**　(晉)釋鳩摩羅什譯　**佛說觀彌勒菩薩下生經一卷**　(晉)釋竺法護譯　清光緒三年(1877)金陵刻經處刻本　一冊

500000－8701－0011203　F240467－74
妙法蓮華經科註七卷　(晉)釋鳩摩羅什譯　清同治十一年(1872)刻本　八冊

500000－8701－0011204　F240493－522
妙法蓮華經文句記三十卷　(晉)釋鳩摩羅什譯　清光緒七年(1881)姑蘇刻經處刻本　三十册

500000－8701－0011205　F240523－52
妙法蓮華經文句記三十卷　(晉)釋鳩摩羅什譯　清光緒七年(1881)姑蘇刻經處刻本　三十册

500000－8701－0011206　F240553－57
妙法蓮華經通義二十卷　(明)釋德清撰　清光緒三十四年(1908)金陵刻經處刻本　五册

500000－8701－0011207　F240558－69
妙法蓮華經指掌疏七卷附懸示一卷科判一卷事義一卷　(清)釋通理撰　清宣統元年(1909)江北刻經處刻本　十二册

500000－8701－0011208　F240570－79
大般涅槃經四十卷　(晉)釋曇無讖譯　清光緒五年(1879)刻本　十册

500000－8701－0011209　F240580－87
太上寶筏圖說不分卷　(清)黄正元撰　清光緒十八年(1892)鴻文書局石印本　八册

500000－8701－0011210　F240588－95
太上寶筏圖說不分卷　(清)黄正元撰　清石印本　八册

500000－8701－0011211　F240601
太上玉笈救劫金燈感應篇新註一卷　(清)□□註　清宣統元年(1909)刻本　一册

500000－8701－0011212　F240611
博山和尚參禪警語一卷　(明)釋元來說　(明)釋成正集　清光緒三十四年(1908)金山江天寺刻本　一册

500000－8701－0011213　F240613
原人論一卷　(唐)釋宗密述　清同治十三年(1874)雞園刻經處刻本　一册

500000－8701－0011214　F240616
佛說梵網經二卷　(晉)釋鳩摩羅什譯　清光緒十年(1884)金陵刻經處刻本　一册

500000－8701－0011215　F240619
菩提資糧論六卷　(隋)釋達摩笈多譯　清宣統三年(1911)常州天寧寺刻本　一册

500000－8701－0011216　F240681－84
首楞嚴經疏二十卷　(宋)釋子璿集　清同治元年(1862)刻本　四册

500000－8701－0011217　F240685－88
首楞嚴經疏二十卷　(宋)釋子璿集　清同治元年(1862)刻本　四册

500000－8701－0011218　F240762－66
大佛頂如來密因修證了義諸菩薩行首楞嚴經纂註十卷首一卷末一卷　(唐)釋般剌密諦譯　(明)釋真界纂註　(唐)釋彌伽釋迦譯語　(唐)房融筆受　清光緒三十四年(1908)金陵刻經處刻本　五册

500000－8701－0011219　F240767－74
首楞嚴經疏二十卷　(宋)釋子璿輯　清光緒三十二年(1906)刻本　八册

500000－8701－0011220　F240775－76
大乘理趣六波羅密多經十卷　(唐)釋般若譯　清光緒十九年(1893)金陵刻經處刻本　二册

500000－8701－0011221　F240785
菩薩瓔珞本業經二卷　(晉)釋竺佛念譯　**佛說受十善戒經一卷**　(□)□□譯　清光緒十四年(1888)江北刻經處刻本　一册

500000－8701－0011222　F240788－89
佛說菩薩念佛三昧經六卷　(南朝宋)釋玄暢等譯　清同治十一年(1872)常熟刻經處刻本　二册

500000－8701－0011223　F240790－91
佛說菩薩念佛三昧經六卷　(南朝宋)釋玄暢等譯　清同治十一年(1872)常熟刻經處刻本　二册

500000－8701－0011224　F240794
藥師瑠璃光如來本願功德經一卷　(唐)釋玄奘譯　清同治十一年(1872)如皋刻經處刻本

一册

500000－8701－0011225　F240801
大般涅槃經玄義二卷　（隋）釋灌頂撰　清光緒八年（1882）金陵刻經處刻本　一册

500000－8701－0011226　F240802
大般涅槃經玄義二卷　（隋）釋灌頂撰　清光緒八年（1882）金陵刻經處刻本　一册

500000－8701－0011227　F240803
千手千眼大悲懺法一卷　（□）□□輯　清刻本　一册

500000－8701－0011228　F240817
十宗略説一卷　（清）楊文會述　清刻本　一册

500000－8701－0011229　F240818
十宗略説一卷　（清）楊文會述　清刻本　一册

500000－8701－0011230　F240821
十八空論一卷　（南朝陳）釋真諦譯　**百論二卷**　（晉）釋鳩摩羅什譯　**廣百論一卷**　（唐）釋玄奘譯　清宣統三年（1911）常州天寧寺刻本　一册

500000－8701－0011231　F240822
十八空論一卷　（南朝陳）釋真諦譯　**百論二卷**　（晉）釋鳩摩羅什譯　**廣百論一卷**　（唐）釋玄奘譯　清宣統三年（1911）常州天寧寺刻本　一册

500000－8701－0011232　F240823
十善業道經節要一卷　（明）釋澫益編訂　**見聞錄一卷**　（明）釋智旭隨筆　清刻本　一册

500000－8701－0011233　F240831
大雲輪請雨經二卷　（唐）釋不空譯　清同治十三年（1874）如皋刻經處刻本　一册

500000－8701－0011234　F240833－34
佛説樓炭經六卷　（晉）釋法立等譯　（晉）釋法炬譯　清刻本　二册

500000－8701－0011235　F240840－45
重訂教乘法數十二卷　（明）釋圓瀞撰　清光緒三十四年（1908）常州天寧寺刻本　六册

500000－8701－0011236　F240846
教觀綱宗一卷教觀綱宗釋義一卷　（明）釋智旭撰　清刻本　一册

500000－8701－0011237　F240848
大乘造像功德經二卷　（唐）釋提曇般若等譯　**佛説作佛形像經一卷**　（□）□□譯　**佛説造立形像福報經一卷**　（□）□□譯　**佛説灌佛經（灌洗佛形像）一卷**　（晉）釋法炬譯　**佛説灌洗佛經（摩訂剎頭經）一卷**　（晉）釋聖堅譯　**佛説浴像功德經一卷**　（唐）釋寶思惟譯　**浴像功德經一卷**　（唐）釋義淨譯　**佛説校量數珠功德經一卷**　（唐）釋寶思惟譯　**曼殊室利呪藏中校量數珠功德經一卷**　（唐）釋義淨譯　**佛説龍施女經一卷**　（三國吳）釋塞支謙譯　**佛説龍施菩薩本起經一卷**　（晉）釋竺法護譯　**佛説八吉祥神咒經一卷**　（三國吳）釋塞支謙譯　**佛説八陽神咒經一卷**　（晉）釋竺法護譯　**佛説八吉祥經一卷**　（南朝梁）釋伽婆羅譯　**佛説八佛名號經一卷**　（隋）釋闍那崛多譯　**佛説盂蘭盆經一卷**　（晉）釋竺法護譯　**佛説報恩奉盆經（報像功德經）一卷**　（□）□□譯　**佛説觀藥王藥上二菩薩經一卷**　（南朝宋）釋畺良耶舍譯　清同治十一年（1872）常熟刻經處刻本　一册

500000－8701－0011238　F240855－56
大般涅槃經玄義發源機要六卷　（宋）釋智圓述　清刻本　二册

500000－8701－0011239　F240858
梁譯大乘起信論一卷　（南朝陳）釋真諦譯　清光緒二十四年（1898）金陵刻經處刻本　一册

500000－8701－0011240　F240868－82
瑤函玉笈十八卷　（□）□□撰　清咸豐十年（1860）刻本　十五册

500000－8701－0011241　F240883－97
瑤函玉笈十八卷　（□）□□撰　清咸豐十年（1860）刻本　十五册

500000－8701－0011242　F240898
永覺和尚洞上古轍二卷　（明）釋元賢輯　（明）釋道霈編　清刻本　一册

500000－8701－0011243　F240899
解脱戒本經一卷　（北魏）釋瞿曇般若流支譯　清光緒三十四年（1908）江北刻經處刻本　一册

500000－8701－0011244　F240917
護法論一卷　（宋）張商英述　清光緒二年（1876）常熟刻經處刻本　一册

500000－8701－0011245　F240958－65
珍重廬山一瓣香八卷　（□）□□撰　清咸豐九年（1859）四香草堂刻本　八册

500000－8701－0011246　F240972
佛説四十二章經解一卷　（明）釋智旭著　**佛遺教經解一卷**　（明）釋智旭撰　**八大人覺經畧解一卷**　（漢）釋安世高譯　（明）釋智旭解　清同治十年（1871）緑天蘭若刻本　一册

500000－8701－0011247　F240973－75
佛説阿彌陀經要解便蒙鈔三卷　（清）釋達默造鈔　清光緒二十三年（1897）三觀精舍刻本　三册

500000－8701－0011248　F240976
秋水閣雜著一卷　（清）許兆椿著　清刻本　一册

500000－8701－0011249　F240986－89
琴志樓叢書四十三種　易順鼎撰　清光緒十年至十三年（1884－1887）刻本　四册　存十四種十九卷（讀老札記二卷補遺一卷、讀經瑣記一卷、經義莛撞四卷、楚頌亭詞弟四集一卷、琹臺夢語一卷、出都詩録一卷、吳篷詩録一卷、樊山沌水詩録一卷、蜀船詩録一卷、巴山詩録一卷、錦里詩録一卷、峩眉詩録一卷、青城詩録一卷、林屋詩録一卷）

500000－8701－0011250　F240995
華嚴感應緣起傳一卷　（三國吳）釋弘璧輯　清光緒十五年（1889）江北刻經處刻本　一册

500000－8701－0011251　F240997
華嚴一乘十玄門一卷　（唐）釋智儼著　**華嚴五十要問答二卷**　（唐）釋智儼集　清光緒二十二年（1896）金陵刻經處刻本　一册

500000－8701－0011252　F240998
華嚴法界玄鏡三卷　（唐）釋澄觀著　**注華嚴法界觀門一卷**　（唐）釋宗密注　清光緒二十一年（1895）金陵刻經處刻本　一册

500000－8701－0011253　F240999
華嚴經旨歸一卷修華嚴奥旨妄盡還源觀一卷華嚴經義海百門一卷　（唐）釋法藏撰　清同治九年（1870）如皋刻經處刻本［華嚴經義海百門爲清光緒二十一年（1895）金陵刻經處刻本］　一册

500000－8701－0011254　F241001
八識規矩直解一卷　（唐）釋玄奘作　（明）釋智旭解　**性相通説一卷**　（明）釋德清撰　清光緒三十年至三十二年（1904－1906）新都寶光寺刻本　一册

500000－8701－0011255　F241003－05
悟真篇闡幽三卷　（清）朱元育口授　（清）潘静觀述　清光緒二十五年（1899）成都守經堂刻本　三册

500000－8701－0011256　F241006
道源精微歌二卷　（清）□□撰　清光緒十五年（1889）刻本　一册

500000－8701－0011257　F241007
百字碑註一卷黄鶴賦一卷西遊原旨讀法二卷　（清）劉一明註　清嘉慶三年（1798）刻本　一册

500000－8701－0011258　F241008
無根樹解一卷　（元）張三丰著　**黄庭經解一卷**　（清）劉一明解　**金丹四百字解一卷**　（清）劉一明解註　**修真九要一卷**　（清）劉一明撰　清刻本　一册

500000－8701－0011259　F241009－12
翼教叢編六卷　（清）蘇輿輯　清光緒二十五年（1899）滙源堂刻本　四册

500000－8701－0011260　F241018

發菩提心論二卷　(晉)釋鳩摩羅什譯　清光緒十四年(1888)江北刻經處刻本　一冊

500000－8701－0011261　F241024

功過格一卷　(□)□□撰　清咸豐五年(1855)刻本　一冊

500000－8701－0011262　F241025－30

天文示斯十四卷　題(清)洞微子輯　清光緒四年(1878)陝西石門松仙閣刻本　六冊

500000－8701－0011263　F241031－45

續杏壇繼尼閣尊經八卷法懺八卷　(□)□□譯　清宣統元年(1909)内江刻本　十五冊　存十五卷(續杏壇八卷,法懺一至二、四至八)

500000－8701－0011264　F241048

佛説阿彌陀經摘要易解一卷　(清)釋真嵩槃譚撰　**毘陵天甯普能嵩禪師淨土詩一卷**　(清)釋德潤錄　**毘陵天甯定念禪和尚語錄一卷**　清光緒五年(1879)刻本　一冊

500000－8701－0011265　F241057

客問條答一卷　(清)倪懷綸撰　清光緒十三年(1887)土山灣鉛印本　一冊

500000－8701－0011266　F241058

客問條答一卷　(清)倪懷綸撰　清光緒十三年(1887)土山灣鉛印本　一冊

500000－8701－0011267　F241060－65

曝書亭集詩註二十四卷朱竹垞先生年譜一卷　(清)朱彝尊撰　(清)楊謙纂　清刻本　六冊

500000－8701－0011268　F241066－71

曝書亭集詩註二十四卷朱竹垞先生年譜一卷　(清)朱彝尊撰　(清)楊謙纂　清刻本　六冊

500000－8701－0011269　F241073－76

曝書亭集詞註七卷　(清)李富孫纂　清刻本　四冊

500000－8701－0011270　F241077－79

曝書亭集詞註七卷　(清)李富孫纂　清刻本　三冊

500000－8701－0011271　F241080－81

曝書亭集詞註七卷　(清)李富孫纂　清刻本　二冊

500000－8701－0011272　F241082－83

慎奩文鈔二卷　(清)左宗植著　清光緒元年(1875)刻本　二冊

500000－8701－0011273　F241146－47

聽嚶堂選蘇長公尺牘二卷　(清)黄始箋輯　清刻本　二冊

500000－8701－0011274　F241148－55

懷豳雜俎十二種　徐乃昌輯　清宣統元年(1909)南陵徐乃昌刻本　八冊

500000－8701－0011275　F241156－69

國朝詩人徵略六十卷　(清)張維屏輯　清道光十年(1830)番禺張氏刻本　十四冊

500000－8701－0011276　F241170－72

鴻雪因緣圖記三集　(清)麟慶撰　清光緒十二年(1886)上海同文書局石印本　三冊

500000－8701－0011277　F241173

西藏宗教源流考一卷　(清)張其勤編輯　清宣統二年(1910)官印刷局鉛印本　一冊

500000－8701－0011278　F241174－79

國朝駢體正宗十二卷　(清)曾燠輯　清同治十三年(1874)刻本　六冊

500000－8701－0011279　F241180－88

莊子故八卷　(戰國)莊周撰　馬其昶注　清光緒三十一年(1905)集虛草堂刻本　八冊

500000－8701－0011280　F241189－93

經懺集成二十種　(清)劉沅輯　清咸豐十年(1860)虛受齋彙刻本　五冊

500000－8701－0011281　F241195－206

切問齋文鈔三十卷　(清)陸燿輯　清同治八年(1869)金陵錢氏刻本　十二冊

500000－8701－0011282　F241207

圭奩詩錄一卷　(清)吳觀禮著　清光緒五年

(1879)蕢齋刻本　一册

500000－8701－0011283　F241208
歷代都江堰功小傳二卷　(清)錢茂編纂　清宣統三年(1911)太和王氏四川官署刻本　一册

500000－8701－0011284　F241209－16
墨子閒詁十五卷附錄一卷後語二卷目錄一卷　(清)孫詒讓注　清刻本　八册

500000－8701－0011285　F241217－18
羅鄂州小集六卷　(宋)羅願著　**附羅郢州遺文一卷**　(宋)羅頌著　清光緒十九年(1893)黟縣李氏刻本　二册

500000－8701－0011286　F241219－20
陸宣公奏議讀本四卷首一卷　(清)汪銘謙編輯　清末石印本　二册

500000－8701－0011287　F241230－41
全上古三代秦漢三國晉南北朝文編目一百三卷　(清)蔣壑編　清光緒五年(1879)刻本　十二册

500000－8701－0011288　F241242－57
方正學先生遜志齋集二十四卷拾補一卷外紀一卷校勘記一卷　(明)方孝孺撰　(明)張紹謙纂　清同治十二年(1873)武林任有容齋刻本　十六册

500000－8701－0011289　F241258
重訂文公家禮儀節八卷首一卷　(宋)朱熹著　(明)陳仁錫訂定　清刻本　一册

500000－8701－0011290　F241259－82
資治新書初集十四卷首一卷二集二十卷　(清)李漁編　清刻本　二十四册

500000－8701－0011291　F241287－88
袁易齋先生圖民錄四卷　(清)袁守定著　清同治十二年(1873)湘鄉楊昌濬武林節署刻本　二册

500000－8701－0011292　F241289
棠陰比事一卷　(宋)桂萬榮輯　清同治六年(1867)木樨山房木活字印本　一册

500000－8701－0011293　F241290
勸學篇二卷　(清)張之洞著　清光緒二十四年(1898)京師同文館鉛印本　一册

500000－8701－0011294　F241291
兵法圓機三卷　(清)揭暄著　清光緒十八年(1892)揚州文選樓刻本　一册

500000－8701－0011295　F241292－301
讀杜心解六卷首二卷　(清)浦起龍講解　(清)浦起麟參讀　清寧我齋刻本　十册

500000－8701－0011296　F241302－13
庾子山集十六卷　(北周)庾信撰　(清)倪璠注　清刻本　十二册

500000－8701－0011297　F241314－15
詞林韻釋五卷　(宋)□□撰　清嘉慶十五年(1810)江都秦氏享帚精舍刻本　二册

500000－8701－0011298　F241316－21
彙鈔三館字例不分卷　(清)内府纂修　清刻本　六册

500000－8701－0011299　F241322
陶靖節先生[淵明]年譜一卷　(宋)吳仁傑編　清刻靈峰草堂叢書本　一册

500000－8701－0011300　F241332－35
小學集解六卷　(明)陳選集注　(清)高愈纂注　清刻本　四册

500000－8701－0011301　F241336－59
婁水文徵八十卷　(清)王寶仁編　(清)陸煐　(清)季錫疇輯　清道光十二年(1832)刻本　二十四册

500000－8701－0011302　F241360
萬國官制志一卷　(清)馮斯欒編著　清光緒二十八年(1902)上海廣智書局鉛印本　一册

500000－8701－0011303　F241361
書目答問不分卷　(清)張之洞撰　清宣統元年(1909)上海掃葉山房石印本　一册

500000－8701－0011304　F241374－83
古今史論大觀前編十五卷後編十七卷　(清)雷縉編輯　清光緒二十七年(1901)上海硯耕

山莊石印本　十冊

500000－8701－0011305　F241384－85
百末詞六卷外國竹枝詞一卷　(清)尤侗著　清康熙二十年(1681)刻本　二冊

500000－8701－0011306　F241388－92
小學絃歌八卷　(清)李元度編　清光緒十九年(1893)鴻德堂刻本　五冊

500000－8701－0011307　F241405－10
韓魏公集二十卷　(宋)韓琦著　(清)張伯行重訂　清康熙四十八年(1709)正誼堂刻本　六冊

500000－8701－0011308　F241411－18
讀書錄十一卷續錄十二卷薛文清公手稿一卷　(明)薛瑄著　清乾隆十一年(1746)刻本　八冊

500000－8701－0011309　F241419－26
蘀石齋詩集五十卷　(清)錢載著　清蘇州交通圖書館印本　八冊

500000－8701－0011310　F241435－37
香雪文鈔六卷　(清)曹學詩著　清刻本　三冊

500000－8701－0011311　F241456
張仲景傷寒論原文淺註六卷傷寒醫訣串解六卷金匱要畧淺註十卷時方妙用四卷　(清)陳念祖集註　清末上海文華書局石印本　一冊

500000－8701－0011312　F241457－60
古詩源十四卷　(清)沈德潛選　清康熙五十八年(1719)成都崇倫書局刻本　四冊

500000－8701－0011313　F241461－64
五十名家書札不分卷　(清)陸心源撰　清光緒十九年(1893)上海學有根柢齋石印本　四冊

500000－8701－0011314　F241467－72
兩當軒集二十二卷　(清)黃景仁著　**攷異二卷附錄四卷**　(清)黃志述輯　清宣統二年(1910)掃葉山房石印本　六冊

500000－8701－0011315　F241473－74
習之先生文集二卷　(唐)李翺著　清宣統三年(1911)上海會文堂石印本　二冊

500000－8701－0011316　F241475－78
石笥山房文集五卷補遺一卷　(清)胡天游著　清宣統二年(1910)上海國學扶輪社鉛印本　四冊

500000－8701－0011317　F241479
增訂合聲簡字譜一卷　勞乃宣撰　清光緒三十二年(1906)江甯刻本　一冊

500000－8701－0011318　F241497
佛說阿彌陀經摘要易解一卷　(清)釋真嵩槩譚撰　**毘陵天甯普能嵩禪師淨土詩一卷**　(清)釋德潤錄　**毘陵天甯定念禪和尚語錄一卷**　清光緒五年(1879)刻本　一冊

500000－8701－0011319　F241498
我法集二卷　(清)紀昀撰　(清)紀樹馨編錄　清嘉慶五年(1800)刻本　一冊

500000－8701－0011320　F241499－502
王陽明先生文鈔二十卷　(明)王守仁著　(清)張問達編輯　清致和堂刻本　四冊

500000－8701－0011321　F241503－28
楊文節公文集四十三卷詩集四十二卷首一卷　(宋)楊萬里撰　清乾隆六十年(1795)刻本　二十六冊

500000－8701－0011322　F241541－44
增廣詩句題解彙編四卷　(清)同文書局編　清光緒十年(1884)上海同文書局石印本　四冊

500000－8701－0011323　F241545－60
四書古注群義彙解九種　(清)鴻寶齋書局編　清光緒十九年(1893)上海鴻寶齋書局石印本　十六冊

500000－8701－0011324　F241561－72
五經備旨五種　(清)鄒聖脈纂輯　(清)鄒廷猷編次　清光緒十三年(1887)上海鴻文書局石印巾箱本　十二冊

500000－8701－0011325　F241573－600

賦海大觀三十二卷目錄一卷　題（清）鴻寶齋主人編　清光緒三十年（1904）上海鴻寶齋書局石印本　二十八册

500000－8701－0011326　F241623
爾雅補郭二卷　（清）翟灝著　清光緒八年（1882）卷施誃刻本　一册

500000－8701－0011327　F241624
爾雅易讀一卷　清光緒十七年（1891）古潤李光明莊刻本　一册

500000－8701－0011328　F241625－28
爾雅匡名二十卷　（清）嚴元照撰　清光緒十六年（1890）廣州廣雅書局刻本　四册

500000－8701－0011329　F241629－36
爾雅郭注佚存補訂二十卷　王樹枏輯　清刻本　八册

500000－8701－0011330　F241654－67
文選六十卷　（南朝梁）蕭統撰　（唐）李善注　清刻本　十四册

500000－8701－0011331　F241668－77
爾雅郭注義疏三卷　（清）郝懿行學　清光緒十年（1884）榮縣蜀南閣刻本　十册

500000－8701－0011332　F241678－85
爾雅郭注義疏三卷　（清）郝懿行學　清光緒十年（1884）榮縣蜀南閣刻本　八册

500000－8701－0011333　F241686－91
爾雅郭注義疏三卷　（清）郝懿行學　清光緒十年（1884）榮縣蜀南閣刻本　六册

500000－8701－0011334　F241695
十誦律毘尼序三卷　（晉）釋卑摩羅叉譯　清常州天寧寺刻經處刻本　一册

500000－8701－0011335　F241700－03
五瑞齋詩續鈔九卷　（清）姚濬昌著　**遠心軒遺詩一卷**　（清）姚永楷撰　清刻本　四册

500000－8701－0011336　F241704－05
宋宗忠簡公集七卷　（宋）宗澤著　清同治四年（1865）鳩江刻本　二册

500000－8701－0011337　F241711－18
西漚外集八卷　（清）李惺著　（清）童棫（清）宋寶械編輯　清刻本　八册

500000－8701－0011338　F241738－42
爾雅郭注佚存補訂二十卷　王樹枏輯　清光緒十八年（1892）新城王樹枏文莫室刻本　五册

500000－8701－0011339　F241743－50
爾雅郭注義疏三卷　（清）郝懿行學　清光緒十四年（1888）湖北官書局刻本　八册

500000－8701－0011340　F241751－58
爾雅郭注義疏三卷　（清）郝懿行學　清光緒十四年（1888）湖北官書局刻本　八册

500000－8701－0011341　F241759－66
爾雅郭注義疏三卷　（清）郝懿行學　清光緒十四年（1888）湖北官書局刻本　八册

500000－8701－0011342　F241769－816
經義考三百卷目錄二卷　（清）朱彝尊錄　清乾隆二十年（1755）德州盧氏刻本　四十八册

500000－8701－0011343　F241820
忠經一卷　（漢）馬融撰　清光緒二十一年（1895）蒙古裕鋼成都刻本　一册

500000－8701－0011344　F241822
兩湖書院課程地理學不分卷　（清）兩湖書院編　清光緒刻朱印本　清光緒壬寅（1902）固之墨題　一册

500000－8701－0011345　F241825
歷代輿地沿革險要圖不分卷　楊守敬　饒敦秩編　清光緒三十二年（1906）楊氏觀海堂刻朱墨套印本　一册

500000－8701－0011346　F241826
春秋列國圖不分卷　楊守敬編　清光緒三十二年（1906）刻朱墨套印本　一册

500000－8701－0011347　F241827
春秋列國圖不分卷　楊守敬編　清光緒三十二年（1906）刻朱墨套印本　一册

500000－8701－0011348　F241828

戰國疆域圖不分卷　楊守敬編　清宣統元年(1909)楊氏鄂城刻朱墨套印本　一冊

500000－8701－0011349　F241829
戰國疆域圖不分卷　楊守敬編　清宣統元年(1909)楊氏鄂城刻朱墨套印本　一冊

500000－8701－0011350　F241830
嬴秦郡縣圖不分卷　楊守敬編　清宣統元年(1909)楊氏鄂城刻朱墨套印本　一冊

500000－8701－0011351　F241831
嬴秦郡縣圖不分卷　楊守敬編　清宣統元年(1909)楊氏鄂城刻朱墨套印本　一冊

500000－8701－0011352　F241832
後漢郡國圖不分卷　楊守敬編　熊會貞繪圖　清宣統元年(1909)刻朱墨套印本　一冊

500000－8701－0011353　F241833
後漢郡國圖不分卷　楊守敬編　熊會貞繪圖　清宣統元年(1909)刻朱墨套印本　一冊

500000－8701－0011354　F241834
三國疆域圖不分卷　楊守敬編　熊會貞繪圖　清光緒三十三年(1907)刻朱墨套印本　一冊

500000－8701－0011355　F241835
三國疆域圖不分卷　楊守敬編　熊會貞繪圖　清光緒三十三年(1907)刻朱墨套印本　一冊

500000－8701－0011356　F241836
東晉疆域圖九卷　楊守敬編　(清)馬範疇繪圖　清宣統元年(1909)刻朱墨套印本　一冊

500000－8701－0011357　F241837
東晉疆域圖九卷　楊守敬編　(清)馬範疇繪圖　清宣統元年(1909)刻朱墨套印本　一冊

500000－8701－0011358　F241838
西魏疆域圖一卷　楊守敬編　清宣統三年(1911)刻朱墨套印本　一冊

500000－8701－0011359　F241839
劉宋州郡圖八卷附補校宋書州郡志札記一卷　楊守敬編　清宣統元年(1909)宜都楊氏刻朱墨套印本　一冊

500000－8701－0011360　F241840
唐地理志圖一卷　楊守敬編　清宣統三年(1911)刻朱墨套印本　一冊

500000－8701－0011361　F241841－60
杜詩詳註二十五卷附編二卷　(唐)杜甫撰　(清)仇兆鰲註　清康熙三十二年(1693)刻本　二十冊

500000－8701－0011362　F241869－77
杜詩鏡銓二十卷附錄一卷　(清)楊綸編輯　清同治十一年(1872)望三益齋刻本　九冊

500000－8701－0011363　F241878
讀書堂杜工部文集註解二卷　(唐)杜甫撰　(清)張溍評註　清讀書堂刻本　一冊

500000－8701－0011364　F241879－86
杜工部集二十卷　(唐)杜甫撰　(清)錢謙益箋註　清宣統三年(1911)時中書局石印本　八冊

500000－8701－0011365　F241891－92
合肥相國七十賜壽圖不分卷附壽言　(清)□□編　清石印本　二冊

500000－8701－0011366　F241893－94
四子譜二卷　(清)過伯齡輯　(清)陸求可正　清宣統三年(1911)上海千頃堂石印本　二冊

500000－8701－0011367　F241905
博山和尚參禪警語一卷　(明)釋元來說　(明)釋成正集　清光緒三十四年(1908)金山江天寺刻本　一冊

500000－8701－0011368　F241907－09
書目答問不分卷輶軒語不分卷　(清)張之洞撰　清光緒三年(1877)濠上書齋刻本　三冊

500000－8701－0011369　F241910－13
尚書十三卷　(漢)孔安國傳　清光緒十年(1884)柚香閣刻本　四冊

500000－8701－0011370　F241914－17
相臺易經十卷　(三國魏)王弼註　清光緒十

年(1884)刻本　四冊

500000－8701－0011371　F241944－46
俄羅斯三卷　(法國)亞奈得爾列耳亞波留著　(日本)林毅陸譯　清上海商務印書館鉛印本　三冊

500000－8701－0011372　F241953－88
綱鑑會纂四十卷　(明)王世貞編輯　清大文堂刻本　三十六冊

500000－8701－0011373　F242023－38
古文辭類纂七十四卷　(清)姚鼐纂　清光緒十九年(1893)思賢講舍刻本　十六冊

500000－8701－0011374　F242039－54
西漚全集十卷外集八卷　(清)童棫　(清)宋寶械編輯　清同治七年(1868)刻本　十六冊

500000－8701－0011375　F242055－62
續古文辭類纂三十四卷　(清)姚鼐撰　清光緒八年(1882)長沙王氏虛受堂刻本　八冊

500000－8701－0011376　F242063－78
史存三十卷　(清)劉沅輯　清宣統元年(1909)富順凝善堂刻本　十六冊

500000－8701－0011377　F242079
文心雕龍十卷　(南朝梁)劉勰著　(清)黄叔琳注　(清)紀昀評　清光緒十九年(1893)思賢講舍刻本　一冊

500000－8701－0011378　F242080－83
文心雕龍十卷　(南朝梁)劉勰撰　(清)黄叔琳輯注　清乾隆三年(1738)刻本　四冊

500000－8701－0011379　F242115－16
鳴原堂論文二卷　(清)曾國藩撰　(清)曾國荃審訂　清成都志古堂刻本　二冊

500000－8701－0011380　F242119
重刻活幼心法二卷　(明)聶尚恒著　清光緒二年(1876)刻本　一冊

500000－8701－0011381　F242120
俗言一卷　(清)劉沅撰　清咸豐四年(1854)刻本　一冊

500000－8701－0011382　F242125
紉齋畫賸一卷　(清)陳允升繪　清光緒四年(1878)刻本　一冊

500000－8701－0011383　F242148－49
郵傳部第一次電政統計表二卷　(清)郵傳部編　清末郵傳部鉛印本　二冊

500000－8701－0011384　F242150－51
郵傳部第一次路政統計表不分卷　(清)郵傳部編　清末郵傳部鉛印本　二冊

500000－8701－0011385　F242152
郵傳部第一次總務船政統計表不分卷　(清)郵傳部統計處編　清宣統二年(1910)郵傳部鉛印本　一冊

500000－8701－0011386　F242158－65
遂甯張文端公全集六卷首一卷末一卷　(清)張鵬翮撰　清光緒八年(1882)遂甯張氏刻本　八冊

500000－8701－0011387　F242166－73
附釋音尚書注疏二十卷附校勘記　(唐)孔穎達撰　清道光二十六年(1846)南昌府學刻本　八冊

500000－8701－0011388　F242174－79
二林居集二十四卷　(清)彭紹升著　清光緒七年(1881)長洲彭氏江右藩署刻本　六冊

500000－8701－0011389　F242182
三藩紀事本末二十二卷　(清)楊陸榮編輯　清光緒十四年(1888)崇德堂鉛印本　一冊

500000－8701－0011390　F242193
漢書地理志補校二卷　楊守敬著　清光緒二十五年(1899)刻本　一冊

500000－8701－0011391　F242198
四川地理教科書不分卷　(日本)神田正雄著　(清)趙其祥等譯　清光緒三十年(1904)達用學堂刻本　一冊

500000－8701－0011392　F242201－04
神農本草經讀四卷　(清)陳念祖著　清光緒十四年(1888)五福堂刻本　四冊

500000－8701－0011393　F242206－07
經餘必讀二卷續編二卷　(清)錢樹棠等輯　清光緒二十二年(1896)上海寶善書局石印本　二册

500000－8701－0011394　F242208－15
初月樓四種二十五卷　(清)吴德旋著　(清)康兆晉輯　清光緒八年(1882)花雨樓刻本　八册

500000－8701－0011395　F242223－30
附釋音尚書注疏二十卷附校勘記　(唐)孔穎達撰　清光緒十八年(1892)湖南寶慶務本書局刻本　八册

500000－8701－0011396　F242231
孝經注疏九卷附校勘記　(宋)邢昺疏　清光緒十八年(1892)湖南寶慶務本書局刻本　一册

500000－8701－0011397　F242232－47
儀禮疏五十卷附校勘記　(唐)賈公彦疏　清嘉慶二十年(1815)江西南昌府學刻本　十六册

500000－8701－0011398　F242248－61
儀禮疏五十卷附校勘記　(唐)賈公彦疏　清嘉慶二十年(1815)江西南昌府學刻本　十四册

500000－8701－0011399　F242262－77
弇州山人詩集五十二卷目録八卷　(明)王世貞著　清光緒三十三年(1907)渭南嚴氏刻本　十六册

500000－8701－0011400　F242278－81
金忠節公文集八卷　(明)金聲著　清光緒十四年(1888)黔邑李氏刻本　四册

500000－8701－0011401　F242282－93
雙養一齋文集二十卷詩集四卷　(清)李兆洛著　清光緒四年(1878)刻本　十二册

500000－8701－0011402　F242294
聽訓齋語二卷恒產瑣言一卷飯有十二合說一卷　(清)張英纂　清光緒十一年(1885)成都志古堂刻本　一册

500000－8701－0011403　F242307－30
王文成公全書三十八卷　(明)王守仁撰　清刻本　二十四册

500000－8701－0011404　F242353－54
書小史十卷　(宋)陳思纂次　清光緒二十二年(1896)八千卷樓刻朱印本　二册

500000－8701－0011405　F242355－56
古學捷録十卷　(清)陳應麐纂輯　清康熙二年(1663)浣花軒刻本　二册

500000－8701－0011406　F242370－71
萬國地誌二卷　(日本)矢津昌永著　樊炳清譯　清光緒二十九年(1903)成都志古堂刻本　二册

500000－8701－0011407　F242374－78
詞壇妙品十卷　(清)張淵懿選　清宣統三年(1911)上海自強書局朝記書莊石印本　五册

500000－8701－0011408　F242380－83
汶志紀略四卷　(清)李錫書纂述　清刻本　四册

500000－8701－0011409　F242384－91
文通十卷　(清)馬建忠著　清光緒三十年(1904)成都官報書局鉛印本　八册

500000－8701－0011410　F242395
紅樓夢賦不分卷　(清)沈謙著　清道光二十六年(1846)晉熙何氏刻本　一册

500000－8701－0011411　F242406－15
經餘必讀八卷續編八卷三集四卷　(清)錢樹棠　(清)雷琳輯　清光緒二年(1876)永康胡氏退補齋刻本　十册

500000－8701－0011412　F242430－33
亥白詩草八卷　(清)張問安著　清光緒七年(1881)玉燕堂刻本　四册

500000－8701－0011413　F242434
三州學録二卷　胡薇元著　清玉津閣刻本　一册

500000－8701－0011414　F242441
增訂金壺字攷一卷附古體假借字一卷　(清)郝在田增輯　清光緒十一年(1885)刻本　一冊

500000－8701－0011415　F242447－49
等韻一得内篇一卷外篇一卷補篇一卷　勞乃宣撰　清光緒二十四年(1898)吳橋官廨刻本　三冊

500000－8701－0011416　F242450
四川福建會館官會題名錄一卷　(清)趙之琦　(清)高銘堃編　清光緒二十六年(1900)刻本　一冊

500000－8701－0011417　F242451－54
新纂氏族箋釋八卷　(清)熊峻運著　清桂華樓刻本　四冊

500000－8701－0011418　F242455
寒山詩三百三十首一卷附拾得詩一卷　(□)□□輯　清刻本　一冊

500000－8701－0011419　F242465
[乾隆]陸涼州志六卷　(清)沈生遴纂輯　清乾隆十七年(1752)刻本　一冊

500000－8701－0011420　F242488－503
[同治]宜昌府志十六卷首一卷　(清)聶光鑾修　(清)王柏心　(清)雷春沼纂　清同治四年(1865)刻本　十六冊

500000－8701－0011421　F242650－57
南嶽志八卷　(清)高自位重編　(清)曠敏本輯　清乾隆十八年(1753)開雲樓刻本　八冊

500000－8701－0011422　F242724－39
[同治]長興縣志三十二卷　(清)趙定邦修　(清)周學濬　(清)丁寶書纂　清同治十二年(1873)修光緒元年(1875)刻本　十六冊

500000－8701－0011423　F242786
武功縣志三卷首一卷　(明)康海纂　(清)孫景烈評註　清嘉慶十九年(1814)刻光緒十三年(1887)張世英補刻本　一冊

500000－8701－0011424　F242793
[嘉慶]續眉州志畧不分卷　(清)戴三錫修　(清)王之俊等纂　清嘉慶十七年(1812)刻本　一冊

500000－8701－0011425　F242794－801
[同治]穀城縣志八卷　(清)承印修　(清)蔣海澄　(清)黄定鏞纂　清同治六年(1867)刻本　八冊

500000－8701－0011426　F242802－13
[光緒]南匯縣志二十二卷首一卷末一卷　(清)金福曾　(清)顧思賢修　(清)張文虎等纂　清光緒五年(1879)刻本　十二冊

500000－8701－0011427　F242814－23
[光緒]蘭谿縣志八卷首一卷附補遺一卷　(清)秦簧等修　(清)唐壬森纂　清光緒七年(1881)修十五年(1889)刻本[補遺一卷係清光緒十七年(1891)增訂]　十冊

500000－8701－0011428　F242868－83
[光緒]餘姚縣志二十七卷首一卷末一卷　(清)周炳麟修　清光緒二十五年(1899)刻本　十六冊

500000－8701－0011429　F242884－99
[光緒]嘉定縣志三十二卷首一卷刊誤一卷　(清)程其玨修　(清)楊震福　(清)諸維銓纂　清光緒七年(1881)刻本　十六冊

500000－8701－0011430　F242904－19
[光緒]黄巖縣志四十卷首一卷附黄巖集三十二卷　(清)陳寶善　(清)孫憙修　(清)王棻纂　(清)陳鍾英　(清)鄭錫滜續修　(清)王詠霓續纂　清同治七年(1868)修光緒元年(1875)續修三年(1877)刻本　十六冊　存四十一卷(黄巖縣志四十卷、首一卷)

500000－8701－0011431　F242980－99
[同治]續輯漢陽縣志二十八卷　(清)黄式度修　(清)王柏心纂　清同治七年(1868)刻本　二十冊

500000－8701－0011432　F243077－80
京口山水志十八卷首一卷末一卷　(清)楊棨撰　清道光二十四年(1844)刻本　四冊

500000－8701－0011433　F243087
乾道臨安志三卷首一卷　(宋)周淙纂　宋乾道五年(1169)纂清光緒四年(1878)會稽章氏刻式訓堂叢書本　一冊

500000－8701－0011434　F243099－110
[光緒]青浦縣志三十卷首二卷末一卷　(清)陳其元等修　(清)熊其英　(清)邱式金纂　清光緒五年(1879)刻本　十二冊

500000－8701－0011435　F243132－51
乾隆府廳州縣圖志五十卷　(清)洪亮吉撰　清光緒二十三年(1897)新化三味書室刻本　二十冊

500000－8701－0011436　F243206－09
汶志紀略四卷首一卷　(清)李錫書纂修　清嘉慶十年(1805)刻本　四冊

500000－8701－0011437　F243214－19
[光緒]江油縣志二十四卷　(清)武丕文修　(清)歐培槐等纂　清光緒二十九年(1903)刻本　六冊

500000－8701－0011438　F243537－43－1
[同治四川]新甯縣志八卷　(清)復成修　(清)周紹鑾　(清)胡元翔纂　清同治八年(1869)刻本　七冊

500000－8701－0011439　F243537－44
[同治四川]新甯縣志八卷　(清)復成修　(清)周紹鑾　(清)胡元翔纂　清同治八年(1869)刻本　八冊

500000－8701－0011440　F243545
丹棱縣鄉土志二卷　(清)齊肇璜纂輯　清光緒三十二年(1906)官報書局鉛印本　一冊

500000－8701－0011441　F243547
四川新設鑪霍屯志畧一卷附登開辦鑪霍屯務公牘一卷附錄一卷　(清)李之珂撰述　清光緒三十二年(1906)蓉城鉛印本　一冊

500000－8701－0011442　F243549－52
西藏圖考八卷首一卷　(清)黃沛翹輯　清光緒十二年(1886)滇南李培榮刻本　四冊

500000－8701－0011443　F243553－56
西藏圖考八卷首一卷　(清)黃沛翹輯　清光緒十二年(1886)滇南李培榮刻本　四冊

500000－8701－0011444　F243557－80
升菴外集一百卷　(明)楊慎著　(明)焦竑編　清道光四年(1824)刻本　二十四冊

500000－8701－0011445　F243581－600
太史升菴全集八十一卷目錄二卷　(明)楊慎著　清乾隆六十年(1795)新都周氏刻本　二十冊

500000－8701－0011446　F243601－48
庸盦全集十種　(清)薛福成撰　清光緒十三年至二十四年(1887－1898)刻本　四十八冊

500000－8701－0011447　F243685－88
痲科活人全書四卷　(清)謝玉瓊纂　清光緒十九年(1893)豐城李氏刻本　四冊

500000－8701－0011448　F243689
疔瘡良方形圖要訣一卷　(□)□□撰　清光緒二十三年(1897)重慶刻本　一冊

500000－8701－0011449　F243703－06
廣生要旨八卷　(清)王譚編　清光緒三十年(1904)合州鄭氏刻本　四冊

500000－8701－0011450　F243721
增補秘傳痘疹玉髓金鏡錄真本四卷首一卷　(明)翁仲仁撰　清光緒三十年(1904)上海書局石印本　一冊

500000－8701－0011451　F243756－57
瘟疫明辨四卷　(清)鄭奠一撰　清同治六年(1867)刻本　二冊

500000－8701－0011452　F243758
訓女草藥便方一卷　(清)成玉堂編　清光緒三十四年(1908)合州成玉堂刻本　一冊

500000－8701－0011453　F243759－62
痘科類編釋意三卷末一卷　(清)翟良輯　清光緒十年(1884)刻本　四冊

500000－8701－0011454　F243765－70
雜症準繩八卷　(明)王肯堂輯　清刻本

六册

500000－8701－0011455　F243771－78
傷寒準繩八卷　(明)王肯堂輯　清刻本　八册

500000－8701－0011456　F243779－846
證治準繩六種四十四卷　(明)王肯堂撰　清光緒十八年(1892)上海圖書集成印書局鉛印本　六十八册

500000－8701－0011457　F243867－70
王氏醫案二卷續編八卷霍亂論二卷　(清)王士雄撰　(清)周鑅輯　清光緒十七年(1891)蒲圻但氏刻本　四册

500000－8701－0011458　F243871－73
三指禪三卷　(清)周學霆著　清光緒二十九年(1903)文益書局刻本　三册

500000－8701－0011459　F243874
西方子明堂灸經八卷　(清)馮一梅撰　清光緒十年(1884)錢塘丁氏刻本　一册

500000－8701－0011460　F243875－80
傷寒來蘇全集三種八卷　(清)柯琴編註　清刻本　六册

500000－8701－0011461　F243881－90
徐氏醫書六種　(清)徐大椿撰輯　清同治十二年(1873)湖北崇文書局刻本　十册

500000－8701－0011462　F243891－98
靈樞經九卷　(清)張志聰集註　清光緒十六年(1890)浙江書局刻本　八册

500000－8701－0011463　F243899－903
靈素提要淺註十二卷　(清)陳念祖集注　清光緒十五年(1889)長樂書局刻本　五册

500000－8701－0011464　F243904－19
張氏醫通十六卷傷寒纘論二卷本經逢源四卷傷寒緒論二卷　(清)張璐撰　**石頑老人診宗三昧一卷**　(清)張登編次　**傷寒兼證析義一卷**　(清)張倬著　**傷寒舌鑑一卷**　(清)張登彙纂　清光緒三十三年(1907)上海書局石印本　十六册

500000－8701－0011465　F243920－23
醫學實在易八卷　(清)陳念祖撰　清光緒十五年(1889)刻本　四册

500000－8701－0011466　F243924－27
醫學從衆八卷　(清)陳念祖撰　清光緒十五年(1889)刻本　四册

500000－8701－0011467　F243928－29
王氏醫案二卷　(清)王士雄撰　(清)周鑅輯　清咸豐元年(1851)楊照藜吟香書屋刻本　二册

500000－8701－0011468　F243930－33
王氏醫案續編八卷　(清)王士雄撰　(清)張鴻輯　清咸豐元年(1851)刻本　四册

500000－8701－0011469　F243934－35
霍亂論二卷　(清)王士雄撰　清咸豐元年(1851)楊照藜吟香書屋刻本　二册

500000－8701－0011470　F243937－38
隨息居重訂霍亂論四卷　(清)王士雄撰　清光緒十三年(1887)四明汲綆書莊刻本　二册

500000－8701－0011471　F243945－50
瘍醫準繩六卷　(明)王肯堂輯　清刻本　六册

500000－8701－0011472　F243951－56
雜症準繩八卷　(明)王肯堂撰　清刻本　六册

500000－8701－0011473　F243957－61
女科證治準繩五卷　(明)王肯堂撰　清刻本　五册

500000－8701－0011474　F243962－69
類方準繩八卷　(明)王肯堂輯　清九思堂刻本　八册

500000－8701－0011475　F243970－78
幼科證治準繩九卷　(明)王肯堂輯　清九思堂刻本　九册

500000－8701－0011476　F243979－4020
唐王燾先生外臺秘要方四十卷　(唐)王燾撰　清同治十三年(1874)廣東翰墨園刻本　四

十二冊

500000－8701－0011477　F244021－24
寒疫合編歌括四卷　（清）王光甸編輯　清光緒二十二年（1896）安居崇善堂刻本　四冊

500000－8701－0011478　F244026－30
傷寒瘟疫條辨七卷　（清）楊璿撰　（清）楊鼎編　清光緒三十三年（1907）重慶同經閣刻本　五冊

500000－8701－0011479　F244031
達生全集二卷　（清）亟齋居士輯　清咸豐七年（1857）刻本　一冊

500000－8701－0011480　F244032
濟世達生撮要不分卷　（□）□□撰　清光緒十五年（1889）合川李澤身刻本　一冊

500000－8701－0011481　F244033
達生編一卷　（清）亟齋居士撰　（清）汪家駒增訂　清末重慶志同刊刻石印社石印本　一冊

500000－8701－0011482　F244034
福幼編一卷新訂小兒科臍風驚風合編一卷遂生編一卷　（清）莊一夔撰　清光緒十一年（1885）重慶尊古堂刻本　一冊

500000－8701－0011483　F244036
神農本草經讀四卷　（清）陳念祖著　清光緒二十一年（1895）宏道堂刻本　一冊

500000－8701－0011484　F244037
達生編二卷續編一卷　（清）亟齋居士輯　清光緒三十四年（1908）集成書社刻本　一冊

500000－8701－0011485　F244038
活幼心法大全九卷　（明）聶尚恒著　（清）黄光會校　清乾隆四十六年（1781）大興堂刻本　一冊

500000－8701－0011486　F244040
遂生福幼編不分卷　（清）莊在田著　清道光元年（1821）淡遠齋刻本　一冊

500000－8701－0011487　F244041
活幼心法十卷附達生編二卷　（清）淡含墀（清）周曰俊著　清咸豐七年（1857）岳池秦茂堂刻本　一冊

500000－8701－0011488　F244043－46
寒疫合編歌括四卷　（清）王光甸編輯　清同治元年（1862）什邡王氏刻本　四冊

500000－8701－0011489　F244051－54
傷寒論四卷　（清）張志聰註　（清）高世栻纂　清同治九年（1870）刻本　四冊

500000－8701－0011490　F244056－58
張仲景傷寒論原文淺註六卷　（清）陳念祖集註　清光緒三十三年（1907）巴蜀善成堂刻本　三冊

500000－8701－0011491　F244059
急救喉痧要法一卷　（□）□□撰　**瘧疾論三卷**　（清）韓善徵纂　清重慶善成堂刻本　一冊

500000－8701－0011492　F244060
外科症治全生集四卷　（清）王維德輯　清末重慶新記啟渝公司鉛印本　一冊

500000－8701－0011493　F244063－66
新鐫一草亭全書四卷　（清）文永周輯　清光緒三十年（1904）郁然堂刻本　四冊

500000－8701－0011494　F244067－78
徐批臨證指南醫案十卷附種福堂續選臨證指南四卷　（清）葉桂著　（清）徐大椿評　清光緒十四年（1888）蒲圻但氏刻本　十二冊

500000－8701－0011495　F244079－82
溫熱經緯五卷　（清）王士雄纂　（清）楊照藜（清）汪曰楨評　清光緒八年（1882）繁江官廨刻本　四冊

500000－8701－0011496　F244083－88
活人書二十卷　（宋）朱肱撰　（明）徐溶校正　清光緒二十三年（1897）儒林堂刻本　六冊

500000－8701－0011497　F244089－92
傷寒瘟疫條辨七卷　（清）楊璿撰　（清）楊鼎編　清光緒三十三年（1907）渝城文治堂刻本　四冊

500000－8701－0011498　F244093－104
醫科五種　(清)王孟英　(清)王士雄著　清光緒十八年(1892)上海醉六堂刻本　十二冊

500000－8701－0011499　F244105－08
葛仙翁肘後備急方八卷　(晉)葛洪撰　清光緒十一年(1885)湖州王文先齋刻本　四冊

500000－8701－0011500　F244109－12
傅氏眼科審視瑤函六卷首一卷　(明)傅仁宇纂　清濟世堂刻本　四冊

500000－8701－0011501　F244113－18
外科正宗十二卷　(明)陳實功著　(清)徐大椿評　清咸豐十年(1860)海寧徐氏刻本　六冊

500000－8701－0011502　F244119－24
外科證治全書五卷末一卷　(清)許克昌　(清)畢法輯　清同治六年(1867)孝感居仁守成都刻本　六冊

500000－8701－0011503　F244125－28
傷寒論註八卷　(清)柯琴編註　清刻本　四冊

500000－8701－0011504　F244129－36
傷寒來蘇全集三種八卷　(清)柯琴編註　清刻本　八冊

500000－8701－0011505　F244137－44
傷寒論註八卷　(清)柯琴編註　清乾隆二十年(1755)崑山刻本　八冊

500000－8701－0011506　F244145－50
傷寒來蘇全集三種八卷　(清)柯琴編註　清務本堂刻本　六冊

500000－8701－0011507　F244151－56
傷寒來蘇全集三種八卷　(清)柯琴編註　清務本堂刻本　六冊

500000－8701－0011508　F244157－62
鼎鍥幼幼集成六卷　(清)陳復正輯　清刻本　六冊

500000－8701－0011509　F244163
幼科鐵鏡二卷首一卷　(清)夏鼎著　清光緒三十年(1904)上海書局石印本　一冊

500000－8701－0011510　F244168－75
重刊巢氏諸病源候總論五十卷　(隋)巢元方撰　清光緒元年(1875)湖北崇文書局刻本　八冊

500000－8701－0011511　F244176－83
重刊巢氏諸病源候總論五十卷　(隋)巢元方撰　清光緒元年(1875)湖北崇文書局刻本　八冊

500000－8701－0011512　F244188－99
名醫類案十二卷　(明)江瓘集　清崇陽興順堂刻本　十二冊

500000－8701－0011513　F244200－23
孫真人備急千金要方九十三卷目錄二卷附海上方一卷枕中方一卷　(唐)孫思邈撰　清同治七年(1868)南川縣王培楨刻本　二十四冊

500000－8701－0011514　F244226
時方妙用四卷　(清)陳念祖著　清光緒十三年(1887)務本堂刻本　一冊

500000－8701－0011515　F244227
時方歌括二卷　(清)陳念祖著　清光緒十三年(1887)務本堂刻本　一冊

500000－8701－0011516　F244228
景岳新方砭四卷　(清)陳念祖著　清光緒十三年(1887)刻本　一冊

500000－8701－0011517　F244229
醫學三字經四卷　(清)陳念祖著　清光緒十三年(1887)刻本　一冊

500000－8701－0011518　F244231
太乙救苦神灸靈方一卷　(清)□□撰　清刻本　一冊

500000－8701－0011519　F244237
備急灸方不分卷　(宋)聞人耆年撰　清光緒十六年(1890)影宋刻本　一冊

500000－8701－0011520　F244239
孫真人備急千金要方五卷　(唐)孫思邈撰　清刻道藏輯要本　一冊

500000－8701－0011521　F244243
傷寒真方歌括六卷　(清)陳念祖著　清光緒十五年(1889)務本堂刻本　一册

500000－8701－0011522　F244244
傷寒醫訣串解六卷　(清)陳念祖撰　清光緒十五年(1889)務本堂刻本　一册

500000－8701－0011523　F244245
白喉治法忌表抉微不分卷　(清)耐修子錄　清刻本　一册

500000－8701－0011524　F244246
白喉治法忌表抉微一卷　(清)鄭海澗著　清刻本　一册

500000－8701－0011525　F244247
本草通元四卷　(清)李中梓著　(清)尤乘增訂　清善成堂刻本　一册　存二卷(三至四)

500000－8701－0011526　F244248
中西滙参銅人圖説一卷　(清)劉鐘衡著　清湘鄉劉氏上海刻本　一册

500000－8701－0011527　F244253－54
刪註脈訣規正二卷　(晉)王叔和著　(清)沈鏡刪註　清光緒二年(1876)文興堂刻本　二册

500000－8701－0011528　F244255－56
長沙方歌括六卷　(清)陳念祖著　清光緒十五年(1889)遂邑務本堂刻本　二册

500000－8701－0011529　F244261－62
外科症治全生前集三卷後集三卷　(清)王維德著　(清)馬文植評　清光緒九年(1883)武林吳氏刻本　二册

500000－8701－0011530　F244265－66
傅青主男科二卷女科二卷附產後編二卷　(清)傅山著　清光緒三十一年(1905)校經山房石印本　二册

500000－8701－0011531　F244281－92
備急千金要方三十卷附影宋本千金方攷異一卷　(唐)孫思邈著　(宋)林億等校正　清光緒四年(1878)刻本　十二册

500000－8701－0011532　F244293－94
傷寒明理論四卷　(宋)成無已著　清刻本　二册

500000－8701－0011533　F244295－300
鼎鍥幼幼集成六卷　(清)陳復正著　清翰墨園刻本　六册

500000－8701－0011534　F244301－10
仲景全書五種　(漢)張機撰　清光緒二十年(1894)成都崇文齋鄧氏刻本　十册

500000－8701－0011535　F244311－42
唐王燾先生外臺秘要方四十卷　(唐)王燾撰　明經餘居刻本　三十二册

500000－8701－0011536　F244357－64
千金翼方三十卷　(唐)孫思邈撰　清光緒四年(1878)上海刻本　八册

500000－8701－0011537　F244375－76
寓意草不分卷　(清)喻昌撰　清刻本　二册

500000－8701－0011538　F244379
遂生編一卷福幼編一卷　(清)莊一夔等著　清同治七年(1868)成都玉成文齋書舖刻本　一册

500000－8701－0011539　F244380－83
溫病條辨六卷首一卷附輯溫病條辨論一卷　(清)吳瑭著　(清)汪瑟菴参訂　**溫病十五方一卷**　(清)楊璿撰　清道光二十八年(1848)刻本　四册

500000－8701－0011540　F244384－91
濟陰綱目十四卷附保生碎事一卷　(明)武之望著　(清)汪淇注　清天德堂刻本　八册

500000－8701－0011541　F244392－97
鍼灸甲乙經十二卷　(晉)皇甫謐撰　清光緒十一年(1885)四明存存軒刻本　六册

500000－8701－0011542　F244398－403
診家正眼二卷本草通元二卷病機沙篆一卷增補一卷　(清)李中梓著　(清)尤乘增補　**壽世青編二卷**　(清)尤乘纂　清刻本　六册

500000－8701－0011543　F244404－07

問心堂溫病條辨六卷首一卷　(清)吳瑭著　清光緒十九年(1893)礦務公司刻本　四冊

500000－8701－0011544　F244408－11
活幼心書三卷附校記　(元)曾世榮編次　清宣統二年(1910)武昌醫館刻本　四冊

500000－8701－0011545　F244412－17
黃帝内經素問九卷　(清)張志聰集註　清光緒十六年(1890)浙江書局刻本　六冊

500000－8701－0011546　F244424－26
素問靈樞類纂約註三卷　(清)汪昂纂輯　清光緒六年(1880)刻本　三冊

500000－8701－0011547　F244427
草藥性一卷　(□)□□撰　清光緒三十二年(1906)重慶文華堂刻本　一冊

500000－8701－0011548　F244432－41
較正醫林狀元壽世保元十卷　(明)龔廷賢編　清合陽松林堂刻本　十冊

500000－8701－0011549　F244454－61
黃帝素問九卷　(清)高世栻註解　清光緒十三年(1887)浙江書局刻本　八冊

500000－8701－0011550　F244474－75
仲景存真集二卷　(清)吳蓬萊編輯　清宣統三年(1911)刻本　二冊

500000－8701－0011551　F244492
十藥神書註解一卷　(元)葛可久編　(清)陳念祖註　清光緒十五年(1889)遂邑務本堂刻本　一冊

500000－8701－0011552　F244493
内科新說二卷　(英國)合信氏　(清)管茂材撰　清咸豐八年(1858)刻本　一冊

500000－8701－0011553　F244494
太乙神鍼一卷咽喉脈證通論一卷　(清)范培蘭輯　清善成堂刻本　一冊

500000－8701－0011554　F244496－99
中西醫粹四卷　(清)羅定昌撰　清光緒二十年(1894)刻本　四冊

500000－8701－0011555　F244502－04
張仲景傷寒論原文淺註六卷　(清)陳念祖集註　清光緒十五年(1889)遂寧務本堂刻本　三冊

500000－8701－0011556　F244505
女科要旨四卷　(清)陳念祖撰　清光緒十三年(1887)南雅書屋刻本　一冊

500000－8701－0011557　F244507－12
黃帝内經靈樞註證發微十卷　(明)馬蒔註證　清刻本　六冊

500000－8701－0011558　F244513
廣瘟疫論四卷末一卷　(清)戴天章著　清光緒三十二年(1906)漢川劉氏果育軒鉛印本　一冊

500000－8701－0011559　F244515
太上黃庭内景玉經一卷　題(唐)梁邱子註　**黃庭内景經一卷**　(清)蔣國祚注　**太上黃庭中景經一卷**　(金)李千乘注　清刻道藏輯要本　一冊

500000－8701－0011560　F244516－39
黃帝内經靈樞素問十九卷　(清)張志聰集註　清光緒三年(1877)刻本　二十四冊

500000－8701－0011561　F244540－57
黃帝内經靈樞素問十九卷　(清)張志聰集註　清光緒三年(1877)刻本　十八冊

500000－8701－0011562　F244558－70
中西醫通彙函八種續集三種　朱鈞編　清光緒三十三年(1907)上海朱氏煥文書局石印本　十三冊　存五種十八卷續集三種十二卷(醫學讀書記三卷、附醫學續記一卷,保赤全書三卷,精選治瘧必喻三卷,脈原三卷,傷寒論述義五卷;續集:血證論八卷,本草問答二卷,醫經精義二卷)

500000－8701－0011563　F244576－78
善成堂增訂士材三書七卷附壽世青編二卷　(清)李中梓著　(清)尤乘增補　清重慶善成堂刻本　三冊　存七卷(診家正眼三卷、病機沙篆二卷、壽世青編二卷)

500000－8701－0011564　F244583－85
太素張神仙脈訣玄微綱領宗統三卷　（清）張太素著　清刻本　三冊

500000－8701－0011565　F244588－89
眼科白問二卷　（清）王子固纂輯　清光緒十年（1884）重慶善成堂刻本　二冊

500000－8701－0011566　F244590－93
釐正按摩要術四卷　（清）張振鋆輯　清光緒十九年（1893）刻本　四冊

500000－8701－0011567　F244594－97
本草崇原集說三卷　（清）仲學輅集說　（清）章炳森　（清）高世栻纂集　清宣統二年（1910）錢塘仲氏刻本　四冊

500000－8701－0011568　F244680－83
景岳全書發揮四卷　（清）葉桂著　清道光二十四年（1844）刻本　四冊

500000－8701－0011569　F244684
瀕湖脈學一卷脈訣考證一卷奇經八脈考一卷　（明）李時珍著　清光緒二十九年（1903）長洲張鼎思刻本　一冊

500000－8701－0011570　F244685－88
本草三家合註六卷　（清）郭汝驄集註　**神農本草經百種錄一卷**　（清）徐大椿著　清刻本　四冊

500000－8701－0011571　F244689－700
東垣十書　（明）□□輯　清刻本　十二冊

500000－8701－0011572　F244723－24
醫林改錯二卷　（清）王清任著　清刻本　二冊

500000－8701－0011573　F244727－30
脈經十卷　（晉）王叔和著　清宣統元年（1909）借月山房刻本　四冊

500000－8701－0011574　F244735－36
葛仙翁肘後備急方八卷　（晉）葛洪撰　清刻道藏輯要本　二冊

500000－8701－0011575　F244737－40
脈經十卷　（宋）林億等類次　清光緒三十一年（1905）長沙徐氏橘隱園刻本　四冊

500000－8701－0011576　F244741－44
醫經原旨六卷　（清）薛雪集註　清刻本　四冊

500000－8701－0011577　F244747－50
脈經十卷　（晉）王叔和著　清菁華閣刻本　四冊

500000－8701－0011578　F244751－52
脈訣刊誤集解二卷　（元）戴起宗撰　（明）汪機補訂　**附錄一卷**　（明）汪機輯　清宣統元年（1909）借月山房刻本　二冊

500000－8701－0011579　F244753－56
醫理發明八卷　（清）黃元吉編輯　清刻本　四冊

500000－8701－0011580　F244775－76
新刊補註銅人腧穴鍼灸圖經五卷　（宋）王惟一編修　清光緒三十三年至宣統元年（1907－1909）貴池劉氏玉海堂刻本　二冊

500000－8701－0011581　F244778－80
金匱心典三卷　（漢）張仲景著　（清）尤怡集註　清光緒七年（1881）崇德書院刻本　三冊

500000－8701－0011582　F244782－83
圖註八十一難經辨真四卷　（戰國）秦越人著　（明）張世賢圖註　清末大足龍水鎮蘭氏文興堂刻本　二冊

500000－8701－0011583　F244786
鍼灸擇日編集一卷　（宋）張公溴著　（明）金義孫等編　清光緒十六年（1890）上杭羅氏刻本　一冊

500000－8701－0011584　F244787－96
醫學叢書初編十種附二種　（清）丁丙編輯　清光緒四年（1878）錢塘丁氏當歸草堂刻本　十冊　存十種四十一卷（顱顖經二卷、傳信適用方四卷、衛濟寶書二卷、太醫局諸科程文九卷、產育寶慶集方二卷、濟生方八卷、產寶諸方一卷、急救仙方六卷、瑞竹堂經驗方五卷補遺一卷、痃瘧論疏一卷）

500000－8701－0011585　F244797－804
尚論篇四卷首一卷後篇四卷　(清)喻昌著　清乾隆四年(1739)黎川陳守誠刻本　八册

500000－8701－0011586　F244805－08
瘟疫彙編十六卷　(清)吳有性著　(清)汪期蓮編　清光緒九年(1883)永川萬氏兩儀書院刻本　四册

500000－8701－0011587　F244815－16
金匱方歌括六卷　(清)陳念祖著　清光緒十五年(1889)刻本　二册

500000－8701－0011588　F244817
銅人鍼灸經七卷附校勘記一卷　(宋)王惟一撰　清光緒九年(1883)錢塘丁氏刻本　一册

500000－8701－0011589　F244818－20
金匱要略淺註十卷　(漢)張仲景原文　(清)陳念祖集注　清光緒十五年(1889)務本堂刻本　三册

500000－8701－0011590　F244821－30
鍼灸大成十卷　(清)章廷珪重修　清刻本　十册

500000－8701－0011591　F244841－42
東醫寶鑑鍼灸篇二卷　(朝鮮)許浚著　清刻本　二册

500000－8701－0011592　F244844
推拿廣意三卷　(清)熊應雄輯　(清)陳世凱重訂　清光緒三十年(1904)上海書局石印本　一册

500000－8701－0011593　F244845－48
齊氏醫案崇正辨訛六卷　(清)齊秉慧纂　清蜀都會友彭記刻本　四册　存五卷(一至五)

500000－8701－0011594　F244849－50
痘疹定論四卷　(清)朱純嘏編輯　清重慶善成堂刻本　二册

500000－8701－0011595　F244856
痘疹慈航一卷遂生編一卷臍驚合編一卷　(明)聶尚恒著　(清)鮑雲韶輯　清光緒十八年(1892)巴縣龍崗場文會公所刻本　一册

500000－8701－0011596　F244862－67
金匱玉函經二註二十二卷坿十藥神書一卷附補方一卷　(宋)趙以德衍義　(清)周揚俊補注　清道光十八年(1838)吳郡經義齋刻本　六册

500000－8701－0011597　F244868－71
金匱懸解二十二卷　(清)黃元御著　清長沙徐氏刻本　四册

500000－8701－0011598　F244872
傷寒真方歌括六卷　(清)陳念祖著　清光緒三十三年(1907)重慶善成堂刻本　一册

500000－8701－0011599　F244882
洞主仙師白喉治法異表抉微一卷　題(清)耐修子注　清末貴陽文通書局鉛印本　一册

500000－8701－0011600　F244883－88
三才彙集六卷　(清)董雞山　(清)張蓮溪纂輯　清道光二十五年(1845)刻本　六册

500000－8701－0011601　F244889
痧喉正義一卷　(清)張振鋆輯　清光緒三十三年(1907)瀘州文匯堂刻本　一册

500000－8701－0011602　F244893
瘟疫明辨四卷　(清)鄭奠一撰　清重慶善成堂刻本　一册

500000－8701－0011603　F244894－95
痘疹正宗二卷　(清)宋麟祥著　清光緒三十二年(1906)重慶善成堂刻本　二册

500000－8701－0011604　F244896
瘟疫明辨五卷末一卷　(清)鄭奠一撰　清同治十一年(1872)刻本　一册

500000－8701－0011605　F244897
麻科合璧不分卷　(清)楊開泰等輯　清宣統元年(1909)璧山治國堂刻本　一册

500000－8701－0011606　F244898
麻科合璧不分卷　(清)楊開泰等輯　清宣統元年(1909)璧山治國堂刻本　一册

500000－8701－0011607　F244899
郁謝麻科合璧不分卷　(明)郁氏　(明)謝心

陽撰　(清)楊開泰彙輯　清宣統刻本　一册

500000－8701－0011608　F244900
麻疹一卷　劉道榮輯　清宣統元年(1909)鉛印本　一册

500000－8701－0011609　F244901
麻疹一卷　劉道榮輯　清宣統元年(1909)鉛印本　一册

500000－8701－0011610　F244902
抄補瘟疫二卷　(清)王嘉謨著　清光緒三十四年(1908)重慶會文堂刻本　一册

500000－8701－0011611　F244906－20
瘍醫大全四十卷　(清)顧世澄輯　清光緒三十年(1904)重慶善成堂刻本　十五册

500000－8701－0011612　F244921－23
金匱方歌括六卷　(清)陳念祖著　清刻本　三册

500000－8701－0011613　F244925－29
靈樞素問節要淺註十二卷　(清)陳念祖集注　清光緒三年(1877)聚元堂刻本　五册

500000－8701－0011614　F244930
御纂金鏡錄一卷　清道光十五年(1835)永順堂刻本　一册

500000－8701－0011615　F244932
溫疫論二卷　(清)吳有性著　清光緒二年(1876)敘府儒興堂刻醒醫六書本　一册

500000－8701－0011616　F244940
新鍥雲林神彀二卷　(明)龔廷賢編著　清成德堂刻本　一册

500000－8701－0011617　F244941
產孕集二卷　(□)□□撰　清同治七年(1868)刻本　一册

500000－8701－0011618　F244942
溫病論類編二卷　(清)吳有性著　清同治元年(1862)刻本　一册

500000－8701－0011619　F244943－46
傷寒論淺註補正七卷首一卷　(漢)張仲景著　(清)陳念祖註　唐宗海補正　清光緒三十二年(1906)善成堂刻本　四册

500000－8701－0011620　F244947－50
種痘新書十二卷　(清)張琰編輯　清刻本　四册

500000－8701－0011621　F244951－52
傷寒大成二種四卷附二種二卷　(清)張璐撰　清嘉慶六年(1801)刻本　二册　存二種二卷(傷寒纘論一、傷寒緒論二)

500000－8701－0011622　F244953
傷寒真方歌括六卷附十藥神書註解一卷　(清)陳念祖著　清光緒二十一年(1895)宏道堂刻本　一册

500000－8701－0011623　F244954
傷寒說意十卷首一卷　(清)黃元御撰　清刻本　一册

500000－8701－0011624　F244956
幼科鐵鏡六卷　(清)夏鼎著　清光緒六年(1880)文光堂刻本　一册

500000－8701－0011625　F244957
全生合編三種　(清)莊一夔撰　清光緒元年(1875)江津板橋場程安亭刻本　一册

500000－8701－0011626　F244965
金匱方解一卷　(清)蘇國樑著　清刻本　一册

500000－8701－0011627　F244966－69
痘科類編釋意三卷疹科纂要一卷　(清)翟良輯　清咸豐元年(1851)務本堂刻本　四册

500000－8701－0011628　F244972－75
靈素提要淺註十二卷　(清)陳念祖集注　清光緒二十一年(1895)長樂書局刻本　四册

500000－8701－0011629　F244976
廣瘟疫論四卷末一卷　(清)戴天章著　清光緒三十二年(1906)漢川劉氏果育軒鉛印本　民國三十二年(1943)許覺園題識及墨筆圈點　一册

500000－8701－0011630　F244984

古梅梁氏瘋科全書　(清)梁希曾著　清宣統元年(1909)皖省官醫牛痘總局活字印本　一冊

500000－8701－0011631　F244985

女科要旨四卷　(清)陳念祖撰　清光緒三十三年(1907)巴蜀善成堂刻本　一冊

500000－8701－0011632　F244992

脈學輯要三卷　(日本)丹波元簡著　清光緒二十三年(1897)文若堂刻本　一冊

500000－8701－0011633　F244997－5000

醫學考辨十二卷　(清)羅紹芳纂輯　清羅氏粹白齋刻本　四冊

500000－8701－0011634　F245006

幼科鐵鏡六卷　(清)夏鼎著　清宏道堂刻本　一冊

500000－8701－0011635　F245007－14

傷寒懸解十四卷首一卷末一卷　(清)黃元御撰　清咸豐十年(1860)刻黃氏醫書本　八冊

500000－8701－0011636　F245015－16

張仲景傷寒論原文淺註六卷　(清)陳念祖集註　清光緒十五年(1889)務本堂刻本　二冊

500000－8701－0011637　F245017

傷寒論翼二卷　(清)柯琴撰　清務本堂刻本　一冊

500000－8701－0011638　F245018－19

傷寒論翼二卷　(清)柯琴撰　清宏道堂刻本　二冊

500000－8701－0011639　F245021－26

驗方新編十六卷　(清)鮑相璈編輯　清咸豐四年(1854)婺源俞文詔刻本　六冊

500000－8701－0011640　F245027

景岳新方砭四卷　(清)陳念祖著　清巴川文淵閣刻本　一冊

500000－8701－0011641　F245028

最妙眼科神方一卷　唐宗海選輯　清宣統二年(1910)瀘州匯文堂刻本　一冊

500000－8701－0011642　F245035

景岳新方砭四卷　(清)陳念祖著　清光緒二十九年(1903)蜀東信義書局刻本　一冊

500000－8701－0011643　F245036

時方歌括二卷　(清)陳念祖著　清光緒二十九年(1903)蜀東信義書局刻本　一冊

500000－8701－0011644　F245037

咽喉脈證通論四種五卷　(清)許槤校訂　清善成堂刻本　一冊

500000－8701－0011645　F245038

咽喉脈證通論四種五卷　(清)許槤校訂　清光緒二十四年(1898)吉儺天醮刻本　一冊
存三種三卷(總論一卷、時疫白喉捷要一卷、曹氏治溫提要一卷)

500000－8701－0011646　F245039

咽喉脈證通論四種五卷　(清)許槤校訂　清光緒二十八年(1902)打箭鑪軍糧府劉氏刻本　一冊

500000－8701－0011647　F245040

吊腳痧方論一卷　(清)徐子默著　清光緒十年(1884)萬縣濂溪書屋刻本　一冊

500000－8701－0011648　F245041

景岳新方砭四卷　(清)陳念祖著　清銅邑成文堂刻本　一冊

500000－8701－0011649　F245042

四聖懸樞五卷　(清)黃元御著　清長沙徐氏刻本　一冊

500000－8701－0011650　F245043－44

景岳新方砭四卷　(清)陳念祖著　清光緒二十一年(1895)刻本　二冊

500000－8701－0011651　F245045

時方妙用四卷　(清)陳念祖著　清光緒十三年(1887)宏道堂刻本　一冊

500000－8701－0011652　F245046－49

尚論張仲景傷寒論重編三百九十七法二卷首一卷後篇四卷　(清)喻昌著　清刻本　四冊

500000－8701－0011653　F245050

寓意草不分卷 （清）喻昌撰　清刻本　一冊

500000－8701－0011654　F245051－54
醫門法律六卷 （清）喻昌撰　清善成堂刻本　四冊

500000－8701－0011655　F245059－60
陳修園先生晚餘三書十三卷 （清）陳念祖著　清咸豐九年（1859）三山林氏刻本　二冊

500000－8701－0011656　F245062－65
醫法圓通四卷 （清）鄭壽全編輯　清光緒十三年（1887）五福堂刻本　四冊

500000－8701－0011657　F245067
洄溪醫案一卷 （清）徐大椿著　清光緒二年（1876）刻本　一冊

500000－8701－0011658　F245068
神農本草經讀四卷 （清）陳念祖著　清同治七年（1868）刻本　一冊

500000－8701－0011659　F245075－78
類證普濟本事方十卷 （宋）許叔微著　（清）葉桂釋義　清嘉慶十九年（1814）長洲葉氏刻本　四冊

500000－8701－0011660　F245079－82
傷寒論淺註補正七卷首一卷 （漢）張仲景撰　（清）陳念祖註　唐宗海補正　清光緒三十二年（1906）中西書屋鉛印本　四冊

500000－8701－0011661　F245083
痲科合璧不分卷 （清）楊開泰等輯　清宣統元年（1909）刻本　一冊

500000－8701－0011662　F245092
神農本草經讀四卷 （清）陳念祖著　清檀藹書屋刻本　一冊

500000－8701－0011663　F245101－04
尚論張仲景傷寒論重編三百九十七法二卷首一卷後篇四卷 （清）喻昌著　清宏道堂刻本　四冊

500000－8701－0011664　F245105－06
中西醫解二卷 唐宗海著　清光緒二十五年（1899）成都刻本　二冊

500000－8701－0011665　F245107－08
增訂本草備要十一卷醫方集解二卷 （清）汪昂著　清刻本　二冊

500000－8701－0011666　F245111
增補大生要旨五卷 （清）唐千頃著　清道光十九年（1839）酆都高氏刻本　一冊

500000－8701－0011667　F245113
女科要旨四卷 （清）陳念祖撰　清達縣明德善堂刻本　一冊

500000－8701－0011668　F245114－17
古今名醫彙粹八卷 （清）羅美輯　清咸豐九年（1859）巴縣新發埸桂文堂刻本　四冊

500000－8701－0011669　F245118
大生要旨五卷續增大生要旨一卷 （清）唐千頃纂　（清）何大生續增　清光緒二十二年（1896）重慶芸香閣刻本　一冊

500000－8701－0011670　F245119
驚風闢妄一卷 趙逢春著　清光緒三十四年（1908）金築鉛印本　一冊

500000－8701－0011671　F245120－21
中西醫解二卷 唐宗海著　清光緒三十年（1904）文匯堂刻本　二冊

500000－8701－0011672　F245122－25
增訂本草備要四卷附醫方湯頭歌括一卷 （清）汪昂輯　清重慶善成堂刻本　四冊

500000－8701－0011673　F245126
草藥性單方不分卷 （□）□□輯　清末重慶文華堂書局刻本　一冊

500000－8701－0011674　F245128
增補大生要旨五卷 （清）唐千頃編　（清）馬振蕃續編　清光緒十年（1884）涪州藺市龍門閣刻本　一冊

500000－8701－0011675　F245132
十藥神書註解一卷 （元）葛可久編　（清）陳念祖註　（清）林壽萱韻　清光緒三十一年（1905）蜀東信義書局刻本　一冊

500000－8701－0011676　F245134

女科要旨四卷　(清)陳念祖撰　清光緒三十三年(1907)巴蜀善成堂刻本　一册

500000－8701－0011677　F245135－36
大生要旨五卷　(清)唐千頃纂　清善成堂刻本　二册

500000－8701－0011678　F245143
活幼心法二卷重刻達生編二卷　(清)淡含墀　(清)周曰俊著　清刻本　一册

500000－8701－0011679　F245145
胎產秘書二卷　(元)朱震亨撰　清嘉慶十四年(1809)古虞杏園何氏刻本　一册

500000－8701－0011680　F245146－57
仲景全書五種　(漢)張機撰　清光緒二十年(1894)成都崇文齋鄧氏刻本　十二册

500000－8701－0011681　F245158－62
金匱要略淺註補正九卷　(漢)張仲景撰　(清)陳念祖註　唐宗海補正　清鉛印本　五册

500000－8701－0011682　F245163
寓意草不分卷　(清)喻昌撰　清刻本　一册

500000－8701－0011683　F245165
神農最要三卷　(清)陳開沚述　清光緒二十三年(1897)潼川永義和刻本　一册

500000－8701－0011684　F245174－78
尚論張仲景傷寒論重編三百九十七法二卷首一卷後篇四卷　(清)喻昌著　清刻本　五册

500000－8701－0011685　F245179－84
本草三家合註六卷　(清)郭汝驄集注　清榮豐堂刻本　六册

500000－8701－0011686　F245185－90
本草三家合註六卷　(清)郭汝驄集注　**神農本草經百種錄一卷**　(清)徐大椿著　清瀛洲書屋刻本　六册

500000－8701－0011687　F245192
大生要旨五卷　(清)唐千頃著　清宣統二年(1910)宏道堂刻本　一册

500000－8701－0011688　F245196
郁謝痳科合璧不分卷　(明)郁氏　(明)謝心陽撰　(清)楊開泰彙輯　清宣統三年(1911)文倫書局鉛印本　一册

500000－8701－0011689　F245197－99
圓機堂纂集痘科良方三卷圓機堂家藏麻疹片玉良方一卷　(清)謝曦編輯　清光緒十六年(1890)内邑刻本　三册

500000－8701－0011690　F245200
群方便覽續編二卷　(清)郭謙圃輯　清同治五年(1866)劉鈞亭等刻本　一册

500000－8701－0011691　F245202－09
醫書六種　(清)徐大椿著　清半松齋刻本　八册

500000－8701－0011692　F245210－14
醫宗必讀五卷　(清)李中梓著　清咸豐十年(1860)宏道堂刻本　五册

500000－8701－0011693　F245215－18
醫宗說約六卷　(清)蔣示吉纂　清道光八年(1828)宏道堂刻本　四册

500000－8701－0011694　F245219－22
醫學從眾錄八卷　(清)陳念祖著　清宏道堂刻本　四册

500000－8701－0011695　F245223－27
金匱要略淺註十卷　(漢)張仲景原文　(清)陳念祖集註　清咸豐五年(1855)重慶劉聚興堂刻本　五册

500000－8701－0011696　F245228－30
醫學從眾錄八卷　(清)陳念祖著　清光緒二十一年(1895)宏道堂刻本　三册

500000－8701－0011697　F245231－33
醫學實在易八卷　(清)陳念祖撰　清光緒二十一年(1895)宏道堂刻本　三册

500000－8701－0011698　F245235
時方歌括二卷　(清)陳念祖著　清刻本　一册

500000－8701－0011699　F245237－42

靈素提要淺註十二卷　(清)陳念祖集注　清刻本　六册

500000－8701－0011700　F245243－46
醫學從眾八卷　(清)陳念祖著　清刻本　四册

500000－8701－0011701　F245247－50
新刊良朋彙集十卷　(清)孫偉輯　清同治四年(1865)宏道堂刻本　四册

500000－8701－0011702　F245252
小蓬萊山館方鈔二卷　題(清)蕭山竹林寺僧傳　清道光五年(1825)刻本　一册

500000－8701－0011703　F245254
順宗實録五卷　(唐)韓愈撰　清道光二十六年(1846)番禺潘氏刻海山仙館叢書本　一册

500000－8701－0011704　F245258－77
正誼堂文集四十卷首一卷　(清)張伯行輯　清刻本　二十册

500000－8701－0011705　F245278－317
欽定大清會典八十卷　(清)托津等修　清嘉慶二十三年(1818)刻本　四十册

500000－8701－0011706　F245318－27
釋氏十三經十三種　(清)金陵刻經處編　清同治八年至十年(1869－1871)金陵刻經處刻本　十册

500000－8701－0011707　F245328
增註三千字文一卷　題(清)補拙居士編輯　(清)姜岳註釋　清光緒三十三年(1907)意誠堂刻本　一册

500000－8701－0011708　F245329－30
十家詩鈔十種　(清)錢振倫編　清同治九年(1870)刻本　二册

500000－8701－0011709　F245336
字學舉隅不分卷　(清)龍啓瑞輯　清同治十三年(1874)湖北崇文書局刻本　一册

500000－8701－0011710　F245337
字學舉隅不分卷　(清)龍啓瑞輯　清同治十三年(1874)湖北崇文書局刻本　一册

500000－8701－0011711　F245338－39
金壺精粹四卷　(清)楊慶麟編訂　清光緒二年(1876)京師松竹齋刻本　二册

500000－8701－0011712　F245341－44
吾學録初編二十四卷　(清)吳榮光撰　清光緒三十年(1904)寶善書局石印本　四册

500000－8701－0011713　F245353－57
書林清話十卷　葉德輝述　清末石印本　五册

500000－8701－0011714　F245377
濟南大學堂備齋古文讀本一卷　周學熙編　清光緒二十八年(1902)山東大學堂刻本　一册

500000－8701－0011715　F245383
寫心偶存一卷　(清)張爕承譔　清咸豐八年(1858)刻本　一册

500000－8701－0011716　F245384
韓清議約公牘一卷　□□編輯　清宣統同文書局鉛印本　一册

500000－8701－0011717　F245385
荔村草堂詩續鈔一卷　(清)譚宗浚著　清宣統二年(1910)刻本　一册

500000－8701－0011718　F245386
荔村草堂詩續鈔一卷　(清)譚宗浚著　清宣統二年(1910)刻本　一册

500000－8701－0011719　F245440
藏輶隨筆一卷　陶思曾著　清宣統元年(1909)四川官印刷局鉛印本　一册

500000－8701－0011720　F245441
芑汀詩草六卷　(清)嚴履豐著　清道光二十八年(1848)刻本　一册

500000－8701－0011721　F245445－48
西洋雜志八卷　(清)黎庶昌撰　清光緒二十六年(1900)遵義黎氏刻本　四册

500000－8701－0011722　F245456
槐雲語録一卷　(清)李子松著　(清)曾秉中輯　清光緒十二年(1886)文雅堂刻本　一册

500000－8701－0011723　F245457
仁書二篇　（清）易佩紳著　清光緒十年(1884)易佩紳刻本　一册

500000－8701－0011724　F245459－60
訟過齋日記六卷　（清）毛輝鳳著　清光緒九年(1883)眉州署刻本　二册

500000－8701－0011725　F245464－69
毛詩禮徵十卷　（清）包世榮著　清道光七年(1827)小倦游閣刻本　六册

500000－8701－0011726　F245471
端石擬三卷坿蘂閣十硯銘一卷　（清）陳齡著　清同治十二年(1873)海鹽陳氏刻靜園叢書本　一册

500000－8701－0011727　F245474
茂苑吟秋集不分卷　（清）羅長裿等輯　清光緒三十二年(1906)刻本　一册

500000－8701－0011728　F245475
阿富汗土耳其斯坦志一卷斯坦志一卷斯坦新志一卷土耳基司丹志一卷東土耳基司丹志一卷　（清）學部圖書局編　清光緒三十三年(1907)學部圖書局鉛印本　一册

500000－8701－0011729　F245483
續方言新校補二卷　（清）杭世駿輯　張慎儀補　清鉛印本　一册

500000－8701－0011730　F245490
商君書五卷　（戰國）商鞅撰　清光緒二十七年(1901)新化三味書室刻本　一册

500000－8701－0011731　F245495－506
國朝滇南詩畧三十二卷附流寓詩略二卷　（清）袁文揆纂輯　清光緒二十六年(1900)昆明五華書院刻本　十二册

500000－8701－0011732　F245507－12
道援堂詩集十三卷　（清）屈大均著　清刻本　六册

500000－8701－0011733　F245513－16
綠蘿書屋遺集四卷附誦芬堂詩草一卷　（清）羅文俊　（清）羅廷琛撰　清光緒二十三年(1897)刻本　四册

500000－8701－0011734　F245517－22
醒予山房文存十二卷　（清）劉愚著　清同治元年(1862)成都刻四年(1865)續刻本　六册

500000－8701－0011735　F245523－24
何有錄一卷續一卷　（清）劉愚著　清刻本　二册

500000－8701－0011736　F245525－26
師友贈言不分卷　（清）朱守訓編輯　清同治四年(1865)刻本　二册

500000－8701－0011737　F245527
普通學歌訣一卷　（清）張一鵬撰　清光緒二十七年(1901)成都知新書屋刻本　一册

500000－8701－0011738　F245528
啟悟要津二十課　（美國）卜舫濟撰　清光緒三十年(1904)成都官報書局鉛印本　一册

500000－8701－0011739　F245531
蠶桑摘要三卷　（清）趙淵輯　清光緒二十八年(1902)德陽縣署刻本　一册

500000－8701－0011740　F245534－35
集字繫聲二卷檢字一卷辨似一卷　（□）□□編　清渝城聖家書局刻本　二册

500000－8701－0011741　F245546－51
爾雅郭注佚存補訂二十卷　王樹枏輯　清光緒十八年(1892)資陽刻本　六册

500000－8701－0011742　F245568－70
琴學入門二卷　（清）張鶴輯　清末中華圖書館刻本　三册

500000－8701－0011743　F245571－74
趙次閑印譜不分卷　（清）趙次閑撰　清末有正書局拓印本　四册

500000－8701－0011744　F245577
鉢囊游草一卷附鉢囊草一卷　（清）釋含澈著　清光緒十年(1884)新繁潛西精舍刻本　一册

500000－8701－0011745　F245578－85

全明忠義別傳三十二卷 (清)汪有典纂述 清同治七年(1868)渝州于斯盛等募資刻本 八冊

500000－8701－0011746 F245586－89
律音彙考八卷 (清)邱之稑著 清道光十八年(1838)椵田家塾刻本 四冊

500000－8701－0011747 F245590
丁祭禮樂備考三卷 (清)邱之稑著 清道光二十年(1840)椵田家塾刻本 一冊

500000－8701－0011748 F245596
韻法答問一卷韻法全圖一卷反切等韻譜一卷韻法易知一卷 (清)楊得春輯 清光緒十二年(1886)天彭迂拙齋刻本 一冊

500000－8701－0011749 F245597
親屬記二卷 (清)鄭珍輯 (清)陳榘補 清貴州陳氏刻本 一冊 存一卷(二)

500000－8701－0011750 F245618
嫻蓺軒襍箸三卷 (清)黃家岱著 清光緒二十一年(1895)江蘇南菁講舍刻本 一冊

500000－8701－0011751 F245619
最樂編正集六卷 (明)高道淳輯 **續集二卷** (清)錢熿輯 (清)許寶善增訂 清道光四年(1824)錢塘濮氏刻本 一冊

500000－8701－0011752 F245621－25
明滇南詩畧十卷首一卷 (清)袁文典 (清)袁文揆纂輯 清光緒二十六年(1900)昆明五華書院刻本 五冊

500000－8701－0011753 F245628－35
國朝六家詩選八卷 (清)劉執玉選 清光緒九年(1883)汗青簃刻本 八冊

500000－8701－0011754 F245636－39
七經樓文集六卷 (清)蔣湘南撰 清同治九年(1870)馬佩玖刻本 四冊

500000－8701－0011755 F245650
江忠烈公遺集二卷附錄小傳一卷 (清)江忠源著 清同治三年(1864)新寧江氏四川藩署刻本 一冊

500000－8701－0011756 F245655－56
理學鉤玄三卷 (日本)中江篤介著 (清)陳鵬譯 清光緒二十八年(1902)上海廣智書局鉛印本 二冊

500000－8701－0011757 F245675
鑪藏道里最新考一卷 (清)張其勤撰 清光緒三十三年(1907)鉛印本 一冊

500000－8701－0011758 F245677
學校管理法十章 (日本)田中敬一編 (清)周家樹譯 清光緒二十九年(1903)成都官書局刻本 一冊

500000－8701－0011759 F245680－95
詞律二十卷補遺一卷 (清)萬樹著 (清)杜文瀾校勘 **拾遺八卷** (清)徐本立纂 清光緒二年(1876)刻本 十六冊

500000－8701－0011760 F245697
退溪詩集一卷 (清)龔晴皋撰 清咸豐二年(1852)巴縣龔氏刻本 一冊

500000－8701－0011761 F245718
瑟廬居士遺詩一卷 (清)章永康著 清宣統二年(1910)刻本 一冊

500000－8701－0011762 F245719－22
聽蟬書屋詩錄十二卷文錄二卷駢文一卷尺牘一卷 (清)吳德純著 清光緒十年(1884)歸安吳氏味無味齋刻本 四冊

500000－8701－0011763 F245723
怡怡樓遺稿一卷 (清)高以莊著 清光緒元年(1875)西充官廨刻本 一冊

500000－8701－0011764 F245736
樹蕙背遺詩一卷 (清)鄭淑昭著 清光緒三十年(1904)京師刻本 一冊

500000－8701－0011765 F245737－40
曼陀羅室意存集八卷詩鈔續一卷 (清)趙庚吉著 清光緒三十年(1904)刻本 四冊

500000－8701－0011766 F245741－46
諸葛忠武侯文集六卷首一卷故事五卷 (清)張澍編輯 清光緒三十四年(1908)金谿周氏

刻本　六冊

500000－8701－0011767　F245749－51
孟子七卷　(宋)朱熹集註　清刻本　三冊

500000－8701－0011768　F245752－53
論語十卷　(宋)朱熹集註　清刻本　二冊

500000－8701－0011769　F245754－57
文心雕龍十卷　(南朝梁)劉勰著　(清)黄叔琳注　(清)紀昀評　清道光十三年(1833)涿州盧氏兩廣節署刻朱墨套印本　四冊

500000－8701－0011770　F245762
體操法五卷　(德國)瑞乃爾口譯　(清)蕭誦芬筆述　清光緒二十六年(1900)刻本　一冊

500000－8701－0011771　F245763
體操法五卷　(德國)瑞乃爾口譯　(清)蕭誦芬筆述　清光緒二十六年(1900)刻本　一冊

500000－8701－0011772　F245764
亞拉伯志一卷新志一卷　(清)學部編譯圖書局編　清光緒三十三年(1907)學部編譯圖書局鉛印本　一冊

500000－8701－0011773　F245765
印度新志一卷爪哇志一卷蘇門答拉志一卷新志一卷　(清)學部編譯圖書局編　清光緒三十三年(1907)學部圖書局鉛印本　一冊

500000－8701－0011774　F245778
亞斐利加洲志一卷新志一卷　(清)學部編譯圖書局編纂　清宣統元年(1909)學部圖書局鉛印本　一冊

500000－8701－0011775　F245779
爪哇志一卷附新志一卷蘇門答拉志一卷附新志一卷　(清)學部編譯圖書局編纂　清光緒三十三年(1907)學部編譯圖書局鉛印本一冊

500000－8701－0011776　F245780－83
莊子約解四卷　(清)劉鴻典輯註　清同治五年(1866)刻本　四冊

500000－8701－0011777　F245784
批點孟子文二卷　(□)□□撰　清同治十二年(1873)刻本　一冊

500000－8701－0011778　F245790
歷代都江堰功小傳二卷　(清)錢茂編纂　清刻本　一冊

500000－8701－0011779　F245791
古今註三卷　(晉)崔豹著　清怡蘭堂刻本一冊

500000－8701－0011780　F245796－803
内則衍義十六卷　(清)世祖福臨撰　清刻本八冊

500000－8701－0011781　F245809－20
類腋五十五卷　(清)姚培謙輯　清刻本　十二冊

500000－8701－0011782　F245867－69
石笥山房詩集四卷文集六卷　(清)胡天游著　清嘉慶四年(1799)浦陽戴殿海刻本　三冊

500000－8701－0011783　F245870
霜菉亭易說一卷　胡薇元著　清光緒三十四年(1908)刻本　一冊

500000－8701－0011784　F245873
庸書内篇二卷外篇二卷　(清)陳熾著　清光緒二十三年(1897)上海文瑞樓石印本　一冊

500000－8701－0011785　F245880－95
陽明先生集要三編十五卷　(明)王守仁撰　清光緒五年(1879)黔南刻本　十六冊

500000－8701－0011786　F245902－03
前任四川總督籲門宫保駱公[秉章]年譜一卷　(清)駱秉章撰　清刻本　二冊

500000－8701－0011787　F245905
趨庭紀聞一卷附家傳一卷　(清)羅應旒著　清光緒十八年(1892)刻本　一冊

500000－8701－0011788　F245907－16
石笥山房文集六卷補遺一卷詩集十一卷詩餘一卷補遺二卷續補遺二卷　(清)胡天游著　清咸豐二年(1852)刻本　十冊

500000－8701－0011789　F245918－57

康熙字典十二集檢字一卷辨似一卷字母切韻要法一卷補遺十二集備考十二集 （清）张玉書等纂修　清道光七年（1827）敂元堂刻本　四十册

500000－8701－0011790　F245966
勸學篇二卷 （清）張之洞著　清光緒二十四年（1898）兩湖書院刻本　一册

500000－8701－0011791　F245968
楊忠武公［遇春］年譜一卷 （清）楊國忠（清）楊國楨編　清刻本　一册

500000－8701－0011792　F246355－414
舊唐書二百卷校勘記六十六卷 （五代）劉昫撰　**逸文十二卷** （清）岑建功輯　清刻本　六十册

500000－8701－0011793　F246514－15
雲左山房詩鈔八卷附卷一卷 （清）林則徐著　清光緒十二年（1886）福州林氏刻本　二册

500000－8701－0011794　F246517－18
宋岳忠武王集八卷末一卷 （宋）岳飛撰　清同治四年（1865）鳩江戎幄刻本　二册

500000－8701－0011795　F246520－22
禪林寶訓筆説三卷 （清）釋智祥註　清乾隆十五年（1750）京都刻本　三册

500000－8701－0011796　F246523－602
唐書合鈔二百六十卷補正六卷首一卷 （清）沈炳震集　**唐書宰相世系表訂譌十二卷** （清）沈炳震訂鈔　清刻本　八十册

500000－8701－0011797　F246603－82
［光緒］甘肅新通志一百卷首五卷 （清）昇允（清）長庚修　（清）安維峻纂　清光緒三十四年（1908）修宣統元年（1909）刻本　八十册

500000－8701－0011798　F246699－718
水心文集二十九卷 （宋）葉適撰　清刻本　二十册

500000－8701－0011799　F246797－802
説文解字斠詮十四卷 （清）錢坫著　清光緒九年（1883）淮南書局刻本　六册

500000－8701－0011800　F246891－98
梅村家藏稿五十八卷補遺一卷樂府三種四卷 （清）吳偉業撰　**年譜四卷** （清）顧師軾編　清宣統三年（1911）武進董氏誦芬室刻本　八册

500000－8701－0011801　F246911－14
求古精舍金石圖初集四卷 （清）陳經輯　清刻本　四册

500000－8701－0011802　F246917－22
洴澼百金方十四卷 （清）袁宮桂編次　清刻本　六册

500000－8701－0011803　F246925－48
宋詩鈔初集八十四種 （清）呂留良等選　清康熙十年（1671）吳氏鑑古堂刻本　二十四册

500000－8701－0011804　F246949－7012
江西詩徵九十四卷附刻一卷補遺一卷 （清）曾燠編輯　清嘉慶九年（1804）刻本　六十四册

500000－8701－0011805　F247068－71
名賢手札不分卷 （清）郭慶藩輯　清光緒十年（1884）湘陰郭氏岵瞻堂刻本　四册

500000－8701－0011806　F247132－37
三宋人集四十六卷 （清）方功惠輯　清光緒七年（1881）碧琳琅館刻本　六册

500000－8701－0011807　F247147
唐寫本唐韻殘卷 （唐）孫愐撰　清光緒三十四年（1908）上海國粹學報館影印本　一册

500000－8701－0011808　F247149
江慎修音學辨微字寫本一卷 （清）江永著　清宣統元年（1909）順德鄧實影印本　一册

500000－8701－0011809　F247151－74
昭代名人尺牘二十四卷 （清）吳修編輯　清光緒三十四年（1908）上海西泠印社石印本　二十四册

500000－8701－0011810　F247175－76
昭代名人尺牘小傳二十四卷 （清）吳修編輯　清末石印本　二册

500000－8701－0011811　F247246－53
梅村詩集箋注十八卷　（清）吳偉業著　（清）吳翌鳳箋注　清嘉慶十九年(1814)滄浪吟榭刻本　八册

500000－8701－0011812　F247254－65
梅村詩集箋注十八卷　（清）吳偉業著　（清）吳翌鳳箋注　清嘉慶十九年(1814)滄浪吟榭刻本　十二册

500000－8701－0011813　F247280
列子八卷　（晉）張湛注　清光緒二十三年(1897)文瑞樓鉛印本　一册

500000－8701－0011814　F247306－07
念二史詠史詩註二卷　（清）孫殿雲撰　清道光十二年(1832)吳縣蔡氏刻本　二册

500000－8701－0011815　F247308
槐軒解湯海若先生纂輯名家詩二卷　（清）夏世欽訂　清咸豐八年(1858)宏道堂刻本　一册

500000－8701－0011816　F247309
千家詩註二卷　（清）黎恂編輯　清光緒十七年(1891)錦江書局刻本　一册

500000－8701－0011817　F247310－13
松鄉先生文集十卷　（元）任士林著　清光緒十六年(1890)補刻本　四册

500000－8701－0011818　F247326－29
定香亭筆談四卷　（清）阮元記　（清）吳文溥錄　清光緒二十五年(1899)浙江書局刻本　四册

500000－8701－0011819　F247330－33
曾文正公大事記四卷　（清）王定安著　清光緒二年(1876)傳忠書局刻本　四册

500000－8701－0011820　F247334－35
曾文正公家訓二卷　（清）曾國藩著　清光緒五年(1879)湖南傳忠書局刻本　二册

500000－8701－0011821　F247336－37
曾文正公家訓二卷　（清）曾國藩著　清光緒五年(1879)湖南傳忠書局刻本　二册

500000－8701－0011822　F247338－53
虞文靖公道園全集六十卷　（元）虞集撰　清光緒元年(1875)陵陽書局刻本　十六册

500000－8701－0011823　F247354－68
虞文靖公道園全集六十卷　（元）虞集撰　清光緒元年(1875)陵陽書局刻本　十五册

500000－8701－0011824　F247369
陵陽先生詩四卷坿校勘記一卷　（宋）韓駒著　清宣統刻本　一册

500000－8701－0011825　F247399－422
升菴外集一百卷　（明）楊慎著　（明）焦竑編　清道光四年(1824)刻本　二十四册

500000－8701－0011826　F247423－42
太史升菴全集八十一卷目錄二卷　（明）楊慎著　清乾隆六十年(1795)新都周氏刻本　二十册

500000－8701－0011827　F247477－86
蜀秀集九卷　（清）譚宗浚輯　清光緒五年(1879)成都試院刻本　十册

500000－8701－0011828　F247512
文選集腋二卷　（清）胥斌輯　清群玉閣刻小嫏嬛山館叢書本　一册

500000－8701－0011829　F247513
文選集腋二卷　（清）胥斌輯　清群玉閣刻小嫏嬛山館叢書本　一册

500000－8701－0011830　F247517－20
咏物詩選註釋八卷　（清）易開繙　（清）孫溶鳴註　（清）俞琰輯　清宏道堂刻本　四册

500000－8701－0011831　F247553
雪夜詩談三卷附明人詩話補一卷國朝詩話補一卷　（清）彭端淑著　（清）蔡長耕集　清刻本　一册

500000－8701－0011832　F247554－56
石笥山房詩集四卷文集六卷　（清）胡天游著　清嘉慶三年(1798)刻本　三册

500000－8701－0011833　F247557
文公朱先生感興詩一卷附武夷櫂歌一卷

（宋）朱熹著　（宋）蔡模注　清同治四年（1865）復齋刻本　一册

500000－8701－0011834　F247558－63
御錄經海一滴六卷　（清）世宗胤禛編　清雍正十三年（1735）内府刻本　六册

500000－8701－0011835　F247564－65
五言排律依永集八卷　（清）張九鉞箋釋　清積秀堂刻本　二册

500000－8701－0011836　F247572－75
浪跡叢談十一卷　（清）梁章鉅著　清刻本　四册

500000－8701－0011837　F247576－79
小學絃歌八卷　（清）李元度編輯　清光緒五年（1879）刻本　四册

500000－8701－0011838　F247581－84
湖海樓詩稿十二卷　（清）陳維崧著　（清）陳履端等録　清康熙六十年（1721）刻本　四册

500000－8701－0011839　F247585－89
增訂二三場群書備考四卷　（明）袁黄著　（明）袁儼注　（明）沈昌世增　清刻本　五册

500000－8701－0011840　F247591－600
帶經堂詩話三十卷首一卷　（清）王士禎著　清同治十二年（1873）廣州藏脩堂刻本　十册

500000－8701－0011841　F247601－04
青門簏稿十六卷　（清）邵長蘅纂　（清）顧景星批點　清康熙三十四年（1695）刻本　四册

500000－8701－0011842　F247609－32
文選六十卷考異十卷　（南朝梁）蕭統撰　（唐）李善註　（清）胡克家考異　清同治八年（1869）湖北崇文書局刻本　二十四册

500000－8701－0011843　F247636－37
儀鄭堂駢儷文三卷　（清）孔廣森著　清光緒二十一年（1895）善化章氏經濟堂刻本　二册

500000－8701－0011844　F247638－39
更生齋文乙集四卷　（清）洪亮吉撰　清光緒二十一年（1895）善化章氏經濟堂刻本　二册

500000－8701－0011845　F247640－43
卷施閣文乙集八卷續編一卷　（清）洪亮吉著　清善化章氏經濟堂刻本　四册

500000－8701－0011846　F247646－49
柈湖文集十二卷首一卷　（清）吳敏樹著　清光緒十九年（1893）思賢講舍刻本　四册

500000－8701－0011847　F247650
翰林學士集一卷　（唐）許敬宗編　清光緒十九年（1893）貴陽陳氏刻本　一册

500000－8701－0011848　F247651－54
陳書三十六卷　（唐）姚思廉撰　清同治十二年（1873）金陵書局刻本　四册

500000－8701－0011849　F247655
陝西闈墨不分卷（光緒壬寅補行庚子恩正併科）　樊增祥等撰　清光緒刻本　一册

500000－8701－0011850　F247656－61
缾水齋詩集十七卷别集二卷詩話一卷　（清）舒位撰　清光緒十二年（1886）刻本　六册

500000－8701－0011851　F247662－65
五言今體詩九卷　（清）姚鼐輯　清同治五年（1866）金陵書局刻本　四册

500000－8701－0011852　F247666－69
空同詩集三十四卷　（明）李夢陽著　清光緒十五年（1889）刻本　四册

500000－8701－0011853　F247674－973
國朝耆獻類徵初編七百二十卷　（清）李桓輯　清光緒十年至十六年（1884－1890）湘陰李氏刻本　三百册

500000－8701－0011854　F247974－8015
西清續鑑甲編二十卷附錄一卷　（清）梁詩正等編撰　清宣統二年（1910）涵芬樓影印本　四十二册

500000－8701－0011855　F248016－39
樊山集二十八卷續集二十八卷公牘三卷批判十五卷時文一卷二家詠古詩二卷試帖二卷詞鈔五卷　樊增祥著　清光緒十九年（1893）渭南縣署刻本　二十四册

500000－8701－0011856　F248047－48
中國文學指南二卷　邵伯棠撰　清上海會文堂石印本　二册

500000－8701－0011857　F248051
宦游紀略二卷　(清)高廷瑤撰　清光緒九年(1883)資中官廨刻本　一册

500000－8701－0011858　F248056－61
忠雅堂文集十二卷　(清)蔣士銓撰　清道光二十三年(1843)刻本　六册

500000－8701－0011859　F248074－113
五代史記注七十四卷　(宋)歐陽修著　(宋)徐無黨　(清)彭元瑞注　清道光八年(1828)刻本　四十册

500000－8701－0011860　F248114－37
讀書雜志十種八十二卷餘編二卷　(清)王念孫著　清刻本　二十四册

500000－8701－0011861　F248155
丁亥入都紀程二卷　(清)黎庶昌著　清光緒十四年(1888)鉛印本　一册

500000－8701－0011862　F248156－67
五朝文鐸二十卷　(清)李壽萱編輯　清光緒十七年(1891)敘州府學署明倫堂刻本　十二册

500000－8701－0011863　F248168－79
忠雅堂詩集二十九卷詞集二卷文集十二卷　(清)蔣士銓著　清刻本　十二册

500000－8701－0011864　F248204－11
大雲山房文稾初集四卷二集四卷　(清)惲敬著　清光緒十四年(1888)官書處刻本　八册

500000－8701－0011865　F248212
漢鐃歌釋文箋正一卷　王先謙著　清同治十一年(1872)長沙王氏虛受堂刻本　一册

500000－8701－0011866　F248213－16
蜀詩十五卷　(清)費經虞輯　清道光十三年(1833)鷲溪孫氏古棠書屋刻本　四册

500000－8701－0011867　F248231
中庸直指一卷　(明)史德清述　清光緒十年(1884)金陵刻經處刻本　一册

500000－8701－0011868　F248232
大清重刻龍藏彙記一卷　(清)□□編　清同治九年(1870)金陵刻經處刻本　一册

500000－8701－0011869　F248236
春秋例表不分卷　(□)□□撰　清光緒七年(1881)四川尊經書院刻本　一册

500000－8701－0011870　F248237－52
宋黄文節公外集二十四卷首一卷別集十九卷首一卷　(宋)黄庭堅著　**黄青社先生伐檀集二卷**　(宋)黄庶著　清乾隆三十年(1765)緝香堂刻本　十六册

500000－8701－0011871　F248333－62
四書朱子本義匯參四十六卷　(清)王步青輯　(清)王士鼇編　清同文堂刻本　三十册

500000－8701－0011872　F248363－72
駢體文鈔三十一卷　(清)李兆洛編　清光緒七年(1881)四川存古書局刻本　十册

500000－8701－0011873　F248455－56
庸盦海外文編四卷　(清)薛福成撰　清光緒二十二年(1896)石印本　二册

500000－8701－0011874　F248459－62
峋嶁鑑撮四卷附歷代紀年便覽一卷讀史論略一卷　(清)曠敏本編　(清)陳鐘珂輯　清同治八年(1869)益和堂刻本　四册

500000－8701－0011875　F248473
古春軒詩鈔二卷　(清)梁德繩著　清咸豐二年(1852)刻本　一册

500000－8701－0011876　F248477－78
農候雜占四卷　(清)梁章鉅撰　清同治十二年(1873)刻本　二册

500000－8701－0011877　F248481
書法通文便解一卷　(清)許鳳翥著　清同治四年(1865)楚北許氏刻本　一册

500000－8701－0011878　F248482
天元古佛救劫大梵王經一卷　(□)□□撰　清道光二十四年(1844)刻本　一册

500000－8701－0011879　F248493
文昌帝君功過格不分卷　(□)□□撰　清光緒十五年(1889)守經堂刻本　一册

500000－8701－0011880　F248497
太上感應篇詩帖二卷　(□)□□撰　清道光十一年(1831)歙西許氏穀堂刻本　一册

500000－8701－0011881　F248505－06
爾雅直音二卷　(清)孫偘輯　清光緒十三年(1887)長沙經濟書局刻本　二册

500000－8701－0011882　F248507
續增字學舉隅韻辨摘要一卷辨似一卷正譌一卷續正譌一卷摘誤一卷續辨似一卷音異同一卷新增辨音一卷避諱錄一卷　(□)□□撰　清道光十八年(1838)樂道齋刻本　一册

500000－8701－0011883　F248616
祖師元要篇一卷　(明)張三丰編輯　清道光六年(1826)傲雪山房刻本　一册

500000－8701－0011884　F248620
淨土警語一卷　(清)釋行策編　清光緒六年(1880)常熟刻經處刻本　一册

500000－8701－0011885　F248621
金剛經感應分類輯要一卷　(清)王澤浤編　(清)孫天錦校　清會稽蔣氏刻本　一册

500000－8701－0011886　F248622
重刊遊冥傳世十殿錄一卷　(□)□□撰　清光緒二十五年(1899)刻本　一册

500000－8701－0011887　F248629－30
全人矩矱摘抄四卷首一卷末一卷　(清)孫念劬編　清同治七年(1868)槐蔭書屋刻本　二册

500000－8701－0011888　F248636－37
溈山警策句釋記二卷　(清)釋弘贊註　清康熙九年(1670)新安程氏等刻本　二册

500000－8701－0011889　F248638
淨業痛策一卷　(清)釋照瑩集　清光緒三年(1877)杭州慧空經房刻本　一册

500000－8701－0011890　F248647
六事箴言一卷附散碎語一卷　(□)□□編　清光緒二十六年(1900)刻本　一册

500000－8701－0011891　F248649
新刻羅經解三卷　(明)熊汝嶽編述　(明)吳天洪批點　清刻本　一册

500000－8701－0011892　F248650－51
羅經指南撥霧集三卷　(清)葉泰著　清南山堂刻本　二册

500000－8701－0011893　F248662
三教齊性集不分卷　(清)世宗胤禛輯　清光緒元年(1875)刻本　一册

500000－8701－0011894　F248667
觀音濟度本願真經二卷　(□)廣野老人著　清光緒三十二年(1906)刻本　一册

500000－8701－0011895　F248668
新演苦海蓮舟一卷　(□)□□撰　清刻本　一册

500000－8701－0011896　F248674
憨山大師淨宗法要一卷進修法要一卷　(明)釋德清撰　清道光二十四年(1844)杭州昭慶寺慧空經房刻本　一册

500000－8701－0011897　F248680
最上一乘慧命經不分卷　(清)柳華陽撰并註　清光緒八年(1882)龍華齋刻本　一册

500000－8701－0011898　F248685
首楞嚴無上神咒一卷　(□)□□輯　清光緒三十三年(1907)刻本　一册

500000－8701－0011899　F248686
首楞嚴經指掌疏事義十卷懸示一卷　(清)釋通理述　清刻本　一册

500000－8701－0011900　F248698
大乘起信論直解二卷　(明)釋德清直解　清光緒三十三年(1907)刻本　一册

500000－8701－0011901　F248752－53
陽宅三要四卷　(清)趙廷棟著　清刻本　二册

500000-8701-0011902　F248754
覺迷靈丹二卷　(□)□□撰　清光緒十五年(1889)刻本　一冊

500000-8701-0011903　F248763
明善問答不分卷　題(□)喚夢居士著　清刻本　一冊

500000-8701-0011904　F248765
顯報摘鈔不分卷　(□)□□編　清道光五年(1825)同善堂刻本　一冊

500000-8701-0011905　F248771
觀音大士香山寶懺一卷　(□)□□撰　清刻本　一冊

500000-8701-0011906　F248772-73
天元五歌闡義五卷　(清)蔣大鴻著　題(清)無心道人注　**無空秘旨一卷**　(清)釋目講著　清宣統元年(1909)刻本　二冊

500000-8701-0011907　F248774
三聖經旁訓　(□)□□撰　清光緒二十三年(1897)刻本　一冊　存四種四卷(太上感應篇一卷、文昌帝君陰騭文一卷、關聖帝君覺世經一卷、朱子治家格言一卷)

500000-8701-0011908　F248775
五公末劫經一卷　(□)□□撰　清宣統元年(1909)刻本　一冊

500000-8701-0011909　F248777
感應篇韻語不分卷　(清)劉鴻典撰　清光緒七年(1881)刻本　一冊

500000-8701-0011910　F248781
悟道錄二卷　題(清)悟元老人著　清嘉慶二十一年(1816)湟中通侯張志遠刻本　一冊

500000-8701-0011911　F248782
會心内集二卷　(清)劉一明著　清嘉慶二十三年(1818)刻本　一冊

500000-8701-0011912　F248783
太華山紫金鎮兩世修行劉香寶卷全集二卷　(清)釋烈正校補　清刻本　一冊

500000-8701-0011913　F248784
丹桂籍註案不分卷　(□)□□撰　清道光二十六年(1846)刻本　一冊

500000-8701-0011914　F248790
悟性窮原一卷　(清)涵谷子著　清同治刻本　一冊

500000-8701-0011915　F248792
悟性窮原一卷　(清)涵谷子著　清金陵孫正安刻本　一冊

500000-8701-0011916　F248799
印化救刧養心經懺二卷養心懺一卷　(□)□□撰　清光緒三十四年(1908)刻本　一冊

500000-8701-0011917　F248803
大方廣圓覺修多羅了義經二卷　(唐)釋佛陀多羅譯　清同治八年(1869)金陵刻經處刻本　一冊

500000-8701-0011918　F248811-20
指月錄三十二卷　(明)瞿汝稷集　清同治六年(1867)刻本　十冊

500000-8701-0011919　F248821-30
指月錄三十二卷　(明)瞿汝稷集　清同治十一年(1872)杭州昭慶寺慧空經房刻本　十冊

500000-8701-0011920　F248831-38
新編楊曾地理家傳心法捷訣一貫堪輿八卷　(明)唐世友編輯　清宏道堂刻本　八冊

500000-8701-0011921　F248845-49
瑜伽菩薩地品十六卷　(唐)釋玄奘譯　清光緒三十一年(1905)金陵刻經處刻本　五冊

500000-8701-0011922　F248859-64
新訂同善錄六卷　(清)陳調元輯　清道光二十二年(1842)雙流刻本　六冊

500000-8701-0011923　F248865-74
大方廣佛華嚴經入不思議解脱境界普賢行願品四十卷　(唐)釋般若譯　清同治十三年(1874)雞園刻經處刻本　十冊

500000-8701-0011924　F248878
暗室燈二卷　(清)深山居士編　清同治二年(1863)潮陽郭德炎氏刻本　一冊

500000－8701－0011925　F248882－83
大佛頂如來密因修證了義諸菩薩萬行首楞嚴經十卷　（唐）釋般剌密帝譯　清同治八年（1869）金陵刻經處刻本　二册

500000－8701－0011926　F248901
地理元空法鑑一卷　（□）□□撰　清刻藍印本（有抄配）　一册

500000－8701－0011927　F248904
玉山老人講論八章　（□）□□撰　清光緒十九年（1893）刻本　一册

500000－8701－0011928　F248905
至聖孝經一卷文昌六帝君孝經六章　（清）聞春輯　清同治十二年（1873）通州青雲閣刻本　一册

500000－8701－0011929　F250087
慶祝表文不分卷　（□）□□輯　清光緒三十年（1904）刻本　一册

500000－8701－0011930　F250092－93
敦厚集二卷　（□）□□撰　清光緒二十四年（1898）永邑刻本　四册

500000－8701－0011931　F250094
八宅明鏡二卷　（清）箬冠道人撰　清蘇州樂真堂刻本　一册

500000－8701－0011932　F250106
竈王新經一卷竈君新諭文一卷太陽真一卷月光尊經一卷　（□）□□輯　清光緒三十二年（1906）重慶治古堂刻本　一册

500000－8701－0011933　F250107
竈王新經一卷竈君新論文一卷太陽真一卷月光尊經一卷　（□）□□輯　清光緒三十二年（1906）重慶治古堂刻本　一册

500000－8701－0011934　F250111
東嶽延生保命妙經一卷太上老君説城隍消災集福妙經一卷　（□）□□撰　清光緒三十三年（1907）刻本　一册

500000－8701－0011935　F250119
金仙證論不分卷　（清）柳華陽撰　清光緒九年（1883）瀋陽李宗鏡刻本　一册

500000－8701－0011936　F250121－22
地理小補三卷續編一卷坿辨正發秘初稿一卷　（清）劉杰著　清光緒九年（1883）文光堂刻本　二册

500000－8701－0011937　F250123
月宫僊度一卷　（□）□□譯　清道光元年（1821）桂香堂刻本　一册

500000－8701－0011938　F250124－25
大乘起信論義記七卷別記一卷　（唐）釋法藏著　清光緒二十三年（1897）金陵刻經處刻本　二册

500000－8701－0011939　F250126－28
雪心賦辨訛正解四卷　（唐）卜應天著　（清）孟浩註　清刻本　三册

500000－8701－0011940　F250129
雪心賦正解四卷　（唐）卜應天著　（清）孟浩註　清刻本　一册

500000－8701－0011941　F250130
三教心法二卷　題（清）光月老人重輯　清光緒三十年（1904）遂寧崇興堂書局刻本　一册

500000－8701－0011942　F250133－36
性命雙脩萬神圭旨四集　（□）尹真人秘授　清刻本　四册

500000－8701－0011943　F250137
九天司命灶君勸善錫福寶懺三卷　（□）□□撰　清同治元年（1862）遂寧刻本　一册

500000－8701－0011944　F250138
三教平心論一卷護法論一卷　（宋）劉謐撰　（宋）張商英述　清刻本　一册

500000－8701－0011945　F250141
坤道銘箴一卷　題（清）了塵子較閲　清宣統元年（1909）重慶木牌坊治古堂刻本　一册

500000－8701－0011946　F250142
修真寶筏一卷　（□）□□譯　清光緒二十七年（1901）巴縣土主場刻本　一册

500000－8701－0011947　F250145
血盆經懺□□種　(□)□□譯　清光緒十六年(1890)遵義刻本　一冊　存二種二卷(文昌帝君血盆報恩真經一卷、文昌帝君血盆報恩寶懺一卷)

500000－8701－0011948　F250146
聖帝夙世解寃經中天本行懺一卷　(□)□□纂　清光緒十六年(1890)刻本　一冊

500000－8701－0011949　F250149
坤道師表一卷　(□)□□撰　清光緒三十一年(1905)刻本　一冊

500000－8701－0011950　F250150
籩豆全禮一卷　(□)□□撰　清末刻本　一冊

500000－8701－0011951　F250151
籩豆全禮一卷　(□)□□撰　清末刻本　一冊

500000－8701－0011952　F250152
太上老君說常清靜經一卷　(□)□□撰　清光緒二十二年(1896)餘慶中和堂刻本　一冊

500000－8701－0011953　F250153
清靜經一卷　胡薇元箋注　清刻本　一冊

500000－8701－0011954　F250160
新刻敬竈章一卷　(□)□□撰　清刻本　一冊

500000－8701－0011955　F250161
新訂敬灶章坿靈驗記一卷　(□)□□撰　清光緒二十八年(1902)刻本　一冊

500000－8701－0011956　F250165
沙彌律儀要略二篇　(明)釋袾宏輯　清刻本　一冊

500000－8701－0011957　F250168－71
道學薪傳八卷　(清)張位註　清光緒二十五年(1899)成都二仙菴刻本　四冊

500000－8701－0011958　F250172
覺迷靈丹一卷醒迷編一卷　題(□)九陽山人著　清光緒三十年(1904)刻本　一冊

500000－8701－0011959　F250175
了凡四訓不分卷　(明)袁黃撰　清光緒十五年(1889)湖北官書處刻本　一冊

500000－8701－0011960　F250176
了凡四訓不分卷　(明)袁黃撰　清光緒十五年(1889)湖北官書處刻本　一冊

500000－8701－0011961　F250183－84
仙佛真傳章句直解一卷　(□)□□撰　清同治四年(1865)崇善堂等刻本　二冊

500000－8701－0011962　F250189
靈山大路一卷　(清)了塵子撰　**新鐫大藏血盆經註**　(清)樂善居士編　清光緒三十三年(1907)樂善堂刻本　一冊

500000－8701－0011963　F250197－98
五大部直音三卷　(□)□□撰　清同治十二年(1873)昭慶寺慧空經房刻本　二冊

500000－8701－0011964　F250199－200
五大部直音三卷　(□)□□撰　清同治十二年(1873)昭慶寺慧空經房刻本　二冊

500000－8701－0011965　F250810
三聖寶訓萃解　(□)□□撰　清光緒三十三年(1907)重慶普善堂刻本　一冊　存三種三卷(太上感應篇萃解一卷、文昌帝君陰騭文萃解一卷、關聖帝君覺世經萃解一卷)

500000－8701－0011966　F250822
三聖經句解不分卷　(□)□□撰　清宣統二年(1910)重慶治古堂刻本　一冊

500000－8701－0011967　F250824－25
仙佛合宗語錄不分卷　(明)伍守陽著　清刻本　二冊

500000－8701－0011968　F250852
定教慈佛閨門寶訓一卷　(□)□□撰　清同治九年(1870)鏡心堂刻本　一冊

500000－8701－0011969　F250865－68
靈峰蕅益大師選定淨土十要十卷　(明)釋智旭輯　(明)釋成時評點　清光緒二十年(1894)揚州藏經院刻本　四冊

500000－8701－0011970　F250870
般若波羅蜜多心經添足一卷　（唐）釋玄奘譯　（清）釋弘贊撰　清同治十三年（1874）成都文殊院刻本　一冊

500000－8701－0011971　F250872
呂祖靈籤一卷　（□）□□撰　清光緒三十二年（1906）成都二仙菴刻本　一冊

500000－8701－0011972　F250873
呂祖靈籤一卷　（□）□□撰　清刻本　一冊

500000－8701－0011973　F250874
呂祖靈籤一卷　（□）□□撰　清刻本　一冊

500000－8701－0011974　F250877
般若波羅蜜多心經解二卷　（清）釋續法撰　清北京刻經處刻本　一冊

500000－8701－0011975　F250878
般若波羅蜜多心經解二卷　（清）釋續法撰　清北京刻經處刻本　一冊

500000－8701－0011976　F250881
三千諸佛名經三卷　（南朝宋）釋畺良耶舍譯　清光緒元年（1875）金陵刻經處刻本　一冊

500000－8701－0011977　F250883
文殊菩薩及諸仙所說吉凶時日善惡宿曜經二卷　（唐）釋不空譯　清光緒二十一年（1895）江北刻經處刻本　一冊

500000－8701－0011978　F250884
大乘三聚懺悔經等五種　（隋）釋闍那崛多等譯　清同治十年（1871）常熟刻經處刻本　一冊

500000－8701－0011979　F250885
蓮修起信錄六卷首一卷　（清）程兆鸞著　清光緒二十二年（1896）揚州來復堂刻經處刻本　一冊

500000－8701－0011980　F250887
三寶感通錄四卷　（唐）釋道宣著　清宣統元年（1909）揚州藏經院刻本　一冊

500000－8701－0011981　F250888
佛說無量壽經二卷　（三國魏）釋康僧鎧譯　清同治十三年（1874）金陵刻經處刻本　一冊

500000－8701－0011982　F250889
唐大薦福寺故寺主翻經大德法藏和尚傳一卷　（唐）崔致遠纂　清光緒二十三年（1897）金陵刻經處刻本　一冊

500000－8701－0011983　F250890
佛說觀無量壽佛經略論一卷　（南朝宋）釋畺良耶舍譯　（清）楊文會論　清刻楊居士遺書本　一冊

500000－8701－0011984　F250891
禪關策進二集　（明）釋袾宏著　清光緒二十四年（1898）金陵刻經處刻本　一冊

500000－8701－0011985　F250893
大明度無極經六卷　（三國吳）支謙譯　清刻本　一冊

500000－8701－0011986　F250894
佛說守護大千國土經三卷　（宋）釋施護譯　清同治十三年（1874）雞園刻經處刻本　一冊

500000－8701－0011987　F250895
持名四十八法一卷附鄭韋庵先生戒殺放生詞一卷　（清）鄭韋庵著　**戒殺四十八問一卷**　（清）周安士著　**體仁要術一卷**　（清）彭紹升著　清刻本　一冊

500000－8701－0011988　F250902－05
釋迦如來密行化蹟全譜四卷　（清）永珊繪　清光緒二十三年（1897）揚州藏經院石印本　四冊

500000－8701－0011989　F250911－20
指月錄三十二卷　（明）瞿汝稷集　清刻本　十冊

500000－8701－0011990　F250921－30
指月錄三十二卷　（明）瞿汝稷集　清刻本　十冊

500000－8701－0011991　F250931
重刊道藏輯要全真正韻一卷　（清）彭定求編修　清成都二仙菴刻本　一冊

500000－8701－0011992　F250932

重刊道藏輯要全真正韻一卷　(清)彭定求編修　清成都二仙菴刻本　一册

500000－8701－0011993　F250933－36
重刊道藏輯要心香妙語四卷　(清)陳復烜校輯　清光緒三十二年(1906)成都二仙菴刻本　四册

500000－8701－0011994　F250937－40
玄宗通事雅宜集四卷　(清)陳復慧著　清光緒三十二年(1906)成都二仙菴刻本　四册

500000－8701－0011995　F250941－43
玄都律壇威儀品三卷　(清)陸道和編集　清成都二仙菴刻本　三册

500000－8701－0011996　F250945
祈雨科一卷　(清)紀慎齋撰　清光緒三十二年(1906)成都二仙菴刻本　一册

500000－8701－0011997　F250947
佛說七俱胝佛母準提大明陀羅尼經一卷　(唐)釋金剛智譯　**千手千眼觀世音菩薩廣大圓滿無礙大悲心陀羅尼經一卷**　(唐)釋伽梵達摩譯　**穢跡金剛說神通大滿陀羅尼法術靈要門經一卷**　(唐)釋無能勝譯　**佛頂尊勝陀羅尼經一卷**　(唐)釋佛陀波利譯　清同治九年(1870)金陵刻經處刻本　一册

500000－8701－0011998　F250953－56
說文外編十六卷　(清)雷浚撰　清光緒二年(1876)刻本　四册

500000－8701－0011999　F250966－69
淨土聖賢錄九卷　(清)彭際清撰　清嘉慶十三年(1808)釋幻拙刻本　四册

500000－8701－0012000　F250970－1002
雲棲法彙三十三種　(明)釋袾宏輯　清同治十二年(1873)滿洲赫舍里如山等刻本　三十三册　存二十九種八十五卷(梵網經心地品菩薩戒義疏發隱五卷附事義一卷問辯一卷、佛說阿彌陀經一卷、佛說阿彌陀經疏鈔四卷附事義四卷問辯一卷續問答一卷答問一卷、佛遺教經論疏節要一卷、諸經日誦集要二卷、具戒便蒙一卷、沙彌律儀要略一卷、沙彌尼比丘尼戒錄要一卷、禪關策進一卷、僧訓日紀一卷、緇門崇行錄十卷、大方廣佛華嚴經感應略記一卷附華嚴大經處會品目總要之圖一卷、往生集三卷附一卷、皇明名僧輯略一卷、續武林西湖高僧事略一卷、自知錄二卷、法界聖凡水陸勝會修齋儀軌六卷、修設瑜伽集要施食壇儀一卷、楞嚴摸象記十卷附諸經一卷、西方願文解一卷、戒殺放生文一卷附刻一卷、竹窗隨筆一卷、竹窗二筆一卷、竹窗三筆一卷、山房雜錄二卷、雲棲大師遺稿三卷附補遺一卷、雲棲共住規約四卷、雲棲紀事一卷附孝義無礙庵錄一卷、雲棲大師塔銘一卷附祭文偈贊一卷)

500000－8701－0012001　F251003－1605、1626－1939、1941－2627
欽定古今圖書集成一萬卷目錄三十二卷　(清)蔣廷錫等編　清光緒十年(1884)上海圖書集成鉛版印書局鉛印本　一千六百六册　缺一百二十三卷(明倫彙編官常典七百十八至八百、家範典一至十二,博物彙編草木典一百三十九至一百五十九、藝術典六百二十七至六百三十三)

500000－8701－0012002　F258848－49
兩漢書文選二卷　(清)儲欣評　清刻本　二册

500000－8701－0012003　F258850－59
聖武記十四卷　(清)魏源撰　清刻本　十册

500000－8701－0012004　F258860－71
唐宋八家文讀本三十卷　(唐)韓愈著　(清)沈德潛評點　清嘉慶十八年(1813)刻本　十二册

500000－8701－0012005　F258872－77
宋四六選二十四卷　(清)彭元瑞定本　(清)曹振鏞編　清乾隆四十一年(1776)刻本　六册

500000－8701－0012006　F258878－81
身世金丹四卷　(清)楊奎輯　清乾隆十九年(1754)常城大西堂刻本　四册

500000－8701－0012007　F258882－901
御選唐宋詩醇四十七卷目錄二卷　(清)高宗弘曆選　清乾隆二十五年(1760)紫陽書院刻本　二十册

500000－8701－0012008　F258902－23
新刻黃掌綸先生評訂神仙鑑二十二卷　(清)徐衛述　(清)李理贊　清刻本　二十二册

500000－8701－0012009　F258924－33
文苑英華選六十卷　(清)宮夢仁訂　清康熙四十三年(1704)刻本　十册

500000－8701－0012010　F258934－61
杜詩詳註二十五卷首一卷附編二卷　(唐)杜甫撰　(清)仇兆鰲輯註　清康熙三十二年(1693)刻本　二十八册

500000－8701－0012011　F258961－9008
御定駢字類編二百四十卷　(清)聖祖玄燁纂　清光緒十三年(1887)上海同文書局石印本　四十八册

500000－8701－0012012　F259019－28
顧氏音學五書三十八卷　(清)顧炎武撰　清光緒十一年(1885)湘陰郭氏岵瞻堂刻本　十册

500000－8701－0012013　F259029－48
李太白文集三十六卷　(唐)李白撰　(清)王琦輯註　清乾隆二十四年(1759)刻本　二十册

500000－8701－0012014　F259049－60
經史百家雜鈔二十六卷　(清)曾國藩纂　清光緒三十三年(1907)上海商務印書館鉛印本　十二册

500000－8701－0012015　F259061－76
李太白文集三十六卷　(唐)李白撰　(清)王琦輯註　清乾隆二十四年(1759)刻本　十六册

500000－8701－0012016　F259077－80
彙纂詩法度鍼三十三卷首一卷　(清)徐文弼編輯　清刻本　四册

500000－8701－0012017　F259081－96
文選六十卷　(南朝梁)蕭統撰　(唐)李善注　清光緒十三年(1887)湖北書局刻本　十六册

500000－8701－0012018　F259097－134
正字通十二集　(清)廖文英輯　**字彙舊本首卷一卷**　(明)梅膺祚音釋　清經正堂刻本　三十八册

500000－8701－0012019　F259135－38
詩經融註大全體要八卷　(清)高朝瓔定　(清)沈世楷輯　清刻本　四册

500000－8701－0012020　F259139－42
御製資政要覽三卷　(清)世祖福臨撰　清刻本　四册

500000－8701－0012021　F259143－46
御製資政要覽三卷　(清)世祖福臨撰　清刻本　四册

500000－8701－0012022　F259147－56
躬恥齋詩鈔十五卷首一卷後編七卷　(清)宗稷辰撰　清咸豐九年(1859)杕杜軒刻本　十册

500000－8701－0012023　F259177－79
脩省編三卷首一卷　(清)范鍾銓纂輯　清乾隆三十年(1765)強恕齋刻本　三册

500000－8701－0012024　F259180－84
鄉黨圖考十卷　(清)江永著　清乾隆三十九年(1774)潛德堂刻本　五册

500000－8701－0012025　F259185－217
諭摺彙存不分卷(光緒十八年十一月至十九年十一月)　(清)內閣輯　清鉛印本　三十三册

500000－8701－0012026　F259946－52
陰陽五要奇書五種附二種　(明)江之棟輯　清乾隆五十五年(1790)翠筠山房刻本　七册
　存五種二十二卷(元經十卷、璇璣經集註一卷、佐元直指圖解五卷首一卷、三白寶海三卷、八宅明鏡二卷)

500000－8701－0012027　F262565－3358

武英殿聚珍版書一百五十八種　（清）紀昀等編　清光緒二十五年（1899）廣州廣雅書局刻本　七百九十六册　存一百四十八種二千八百六十一卷（經部：周易口訣義六卷，吳園周易解九卷附錄一卷，易原八卷，郭氏傳家易說十一卷總論一卷，誠齋易傳二十卷，易象意言一卷，易學濫觴一卷，易緯十二卷：易緯乾坤鑿度二卷、易緯稽覽圖二卷、易緯通卦驗二卷、易緯是類謀一卷、易緯乾鑿度二卷、易緯辨終備一卷、易緯乾元序制記一卷、易緯坤靈圖一卷，禹貢指南四卷，尚書詳解二十六卷首一卷，禹貢說斷四卷，尚書詳解五十卷，融堂書解二十卷，詩總聞二十卷，續呂氏家塾讀詩記三卷，絜齋毛詩經筵講義四卷，儀禮識誤三卷，儀禮集釋三十卷，儀禮釋宮一卷，大戴禮記十三卷，春秋釋例十五卷附校勘記二卷，春秋集傳纂例十卷附校勘記一卷，春秋傳說例一卷，春秋經解十五卷，春秋辨疑四卷附校勘記一卷，春秋攷十六卷，春秋集註四十卷，春秋繁露十七卷附錄一卷附校勘記二卷，鄭志三卷拾遺一卷附校勘記一卷，論語意原四卷，欽定詩經樂譜全書三十卷樂律正俗一卷，輶軒使者絕代語釋别國方言十三卷；史部：兩漢刊誤補遺十卷附校勘記一卷，三國志辨誤三卷，新唐書糾謬二十卷校勘記二卷，五代史纂誤三卷，東觀漢記二十四卷，御選明臣奏議四十卷，魏鄭公諫續錄二卷，元朝名臣事略十五卷附校勘記一卷，鄴中記一卷，蠻書十卷，琉球國志略十六卷首一卷，元和郡縣誌四十卷，元豐九域志十卷，輿地廣記三十八卷附校勘記二卷，水經注四十卷附御製文一卷，畿輔安瀾志五十六卷，嶺表錄異三卷，河朔訪古記三卷，麟臺故事五卷拾遺二卷附考異一卷，唐會要一百卷，五代會要三十卷附校勘記一卷，宋朝事實二十卷，建炎以來朝野雜記甲集二十卷乙集二十卷附校勘記五卷，西漢會要七十卷，東漢會要四十卷，漢官舊儀二卷補遺一卷，幸魯盛典一至十、二十一至四十，欽定武英殿聚珍版程式一卷，直齋書錄解題二十二卷，欽定四庫全書總目二百卷首四卷，絳帖平六卷總錄一卷，淳化閣帖釋文十卷，唐史論斷三卷附校勘記一卷，唐書直筆四卷；子部：傅子一卷，傅子五卷，帝范四卷，公是弟子記四卷，明本釋三卷，項氏家說十卷附錄二卷，農桑輯要七卷，農書一至五，蘇沈良方八卷拾遺二卷，小兒藥證真訣三卷，周髀算經二卷附音義一卷，九章算術九卷附音義一卷，孫子算經三卷，海島算經一卷，五曹算經五卷，夏侯陽算經三卷，五經算術二卷，寶真齋法書贊二十八卷，墨法集要一卷，鶡冠子三卷，白虎通義四卷白虎通義攷一卷校勘記四卷，猗覺寮雜記二卷，能改齋漫錄十八卷拾遺一卷，雲谷雜紀四卷首一卷末一卷，學林十卷，甕牖閑評八卷，考古質疑六卷，朝野類要五卷，欽定四庫全書考證一百卷，澗泉日記三卷，敬齋古今黈八卷拾遺五卷，意林六卷拾遺一卷，帝王經世圖譜十六卷，涑水記聞十六卷，唐語林八卷附校勘記二卷，歸潛志十四卷，老子道德經二卷，文子纘義十二卷；集部：張燕公集二十五卷，文忠集十六卷拾遺四卷，小畜集三十卷外集十三卷拾遺一卷，南陽集六卷拾遺一卷，元憲集三十六卷，景文集六十二卷，文恭集四十卷拾遺一卷，祠部集三十五卷，華陽集四十卷，公是集五十四卷，彭城集四十卷，淨德集三十八卷，忠肅集二十卷拾遺一卷，山谷内集詩注二十卷外集詩注十七卷别集詩注二卷外集補四卷别集補一卷，后山詩十二卷，柯山集五十卷拾遺十二卷，陶山集十六卷，學易集八卷，西臺集二十卷，浮沚集九卷，毘陵集十六卷拾遺一卷，浮溪集三十二卷附拾遺三卷，簡齋集十六卷，茶山集八卷拾遺一卷，文定集二十四卷拾遺一卷，雪山集十六卷，攻媿集一百十二卷拾遺一卷，乾道稿二卷淳熙稿二十卷章泉稿五卷章泉稿拾遺一卷，止堂集十八卷，絜齋集二十四卷拾遺一卷，南澗甲乙稿二十二卷拾遺一卷，蒙齋集二十卷拾遺一卷，恥堂存稿八卷，拙軒集六卷，金淵集六卷，牧庵集一至三十四；附：御製詩文十全集五十四卷首一卷，文苑英華辨證十卷拾遺一卷，悅心集五卷，萬壽衢歌樂章六卷，詩倫二卷，歲寒堂詩話二卷，碧溪詩話十卷，浩然齋雅談三卷）

500000－8701－0012028　F263359－4167

武英殿聚珍版書一百五十八種　（清）紀昀等編　清光緒二十五年（1899）廣州廣雅書局刻本　八百九冊　存一百五十種二千九百十八卷（經部：周易口訣義六卷，易說六卷，吳周易解九卷附錄一卷，易原八卷，郭氏傳家易說十一卷總論一卷，誠齋易傳二十卷，易象意言一卷，易學濫觴一卷，易緯十二卷：易緯乾坤鑿度二卷、易緯稽覽圖二卷、易緯通卦驗二卷、易緯是類謀一卷、易緯乾鑿度二卷、易緯辨終備一卷、易緯乾元序制記一卷、易緯坤靈圖一卷，禹貢指南四卷，尚書詳解二十六卷首一卷，禹貢說斷四卷，尚書詳解五十卷，融堂書解二十卷，詩總聞二十卷，續呂氏家塾讀詩記三卷，絜齋毛詩經筵講義四卷，儀禮識誤三卷，儀禮集釋三十卷，儀禮釋宮一卷，大戴禮記十三卷，春秋釋例十五卷附校勘記二卷，春秋集傳纂例十卷附校勘記一卷，春秋傳說例一卷，春秋經解十五卷，春秋辨疑四卷附校勘記一卷，春秋攷十六卷，春秋集註四十卷，春秋繁露十七卷附錄一卷附校勘記二卷，鄭志三卷拾遺一卷附校勘記一卷，論語意原四卷，欽定詩經樂譜全書三十卷樂律正俗一卷，輶軒使者絕代語釋別國方言十三卷；史部：兩漢刊誤補遺十卷附校勘記一卷，三國志辨誤三卷，新唐書糾謬二十卷校勘記二卷，五代史纂誤三卷，東觀漢記二十四卷，御選明臣奏議四十卷，魏鄭公諫續錄二卷，元朝名臣事略十五卷附校勘記一卷，鄴中記一卷，蠻書十卷，琉球國志略十六卷首一卷，元和郡縣誌四十卷，元豐九域志十卷，輿地廣記三十八卷附校勘記二卷，水經注四十卷附御製文一卷，畿輔安瀾志五十六卷，嶺表錄異三卷，河朔訪古記三卷，麟臺故事五卷拾遺二卷附考異一卷，唐會要一百卷，五代會要三十卷附校勘記一卷，宋朝事實二十卷，建炎以來朝野雜記甲集二十卷乙集二十卷附校勘記五卷，西漢會要七十卷，東漢會要四十卷，漢官舊儀二卷補遺一卷，幸魯盛典四十卷，欽定武英殿聚珍版程式一卷，直齋書錄解題二十二卷，欽定四庫全書總目二百卷首四卷，絳帖平六卷總錄一卷，淳化閣帖釋文十卷，唐史論斷三卷附校勘記一卷，唐書直筆四卷；子部：傅子一卷，傅子五卷，帝范四卷，公是弟子記四卷，明本釋三卷，項氏家說十卷附錄二卷，農桑輯要七卷，農書三十六卷，蘇沈良方八卷拾遺二卷，小兒藥證真訣三卷，周髀算經二卷附音義一卷，九章算術九卷附音義一卷，孫子算經三卷，海島算經一卷，五曹算經五卷，夏侯陽算經三卷，五經算術二卷，寶真齋法書贊二十八卷，墨法集要一卷，鶡冠子三卷，白虎通義四卷白虎通義攷一卷校勘記四卷，猗覺寮雜記二卷，能改齋漫錄十八卷拾遺一卷，雲谷雜紀四卷首一卷末一卷，學林十卷，甕牖閑評八卷，考古質疑六卷，朝野類要五卷，欽定四庫全書考證一百卷，澗泉日記三卷，敬齋古今黈八卷拾遺五卷，意林六卷拾遺一卷，帝王經世圖譜十六卷，涑水記聞十六卷，唐語林八卷附校勘記二卷，歸潛志十四卷，老子道德經二卷，文子纘義十二卷；集部：張燕公集二十五卷，文忠集十六卷拾遺四卷，小畜集三十卷外集十三卷拾遺一卷，南陽集六卷拾遺一卷，元憲集三十六卷，景文集六十二卷，文恭集四十卷拾遺一卷，祠部集三十五卷，華陽集四十卷，公是集五十四卷，彭城集四十卷，淨德集三十八卷，忠肅集二十卷拾遺一卷，山谷內集詩注二十卷外集詩注十七卷別集詩注二卷外集補四卷別集補一卷，后山詩十二卷，柯山集五十卷拾遺十二卷續拾遺一卷，陶山集十六卷，學易集八卷，西臺集二十卷，浮沚集九卷，毘陵集十六卷拾遺一卷，浮溪集三十二卷附拾遺三卷，簡齋集十六卷，茶山集八卷拾遺一卷，文定集二十四卷拾遺一卷，雪山集十六卷，攻媿集一百十二卷拾遺一卷，乾道稿二卷淳熙稿二十卷章泉稿五卷章泉稿拾遺一卷，止堂集十八卷，絜齋集二十四卷拾遺一卷，南澗甲乙稿二十二卷拾遺一卷，蒙齋集二十卷拾遺一卷，恥堂存稿八卷，拙軒集六卷，金淵集六卷，牧庵集三十六卷；附：牧庵年譜一卷，御製詩文十全集五十四卷首一卷，文苑英華辨證十卷拾遺一卷，悅心集五卷，萬壽衢歌樂章六卷，詩倫二卷，歲寒堂詩話二卷，碧溪詩話十卷，浩然

齋雅談三卷)

500000－8701－0012029　F264168－978
武英殿聚珍版書一百三十七種　(清)紀昀等編　清同治七年(1868)福建藩署修補本　八百十一冊

500000－8701－0012030　F264979－5126、5159－5324
廣雅書局叢書□□種　(清)廣雅書局輯　清光緒廣雅書局刻本　三百十四冊　存六十四種四百七十一卷(經類:周易解故一卷,易林釋文二卷,尚書伸孔篇一卷,禹貢班義述三卷附漢糜水入尚龍谿考一卷,毛詩傳箋通釋三十二卷,毛詩後箋三十卷,毛詩天文考一卷,儀禮古今文異同疏證五卷,儀禮私箋八卷,輪輿私箋二卷附圖一卷,大戴禮記解詁十三卷,禮記天算釋一卷,春秋規過考信三卷,春秋述義拾遺八卷首一卷,春秋公羊注疏質疑二卷,孟子趙注補正六卷,孟子劉注一卷,爾雅匡名二十卷,爾雅補注殘本一卷;小學:說文本經答問二卷,小爾雅訓纂六卷,輶軒使者絕代語釋別國方言箋疏十三卷附校勘記一卷,釋名疏證八卷續釋名一卷補遺一卷附校議一卷,釋穀四卷,急就章考異一卷,汗簡七卷,漢碑徵經一卷;雜著:吳氏遺箸五卷附錄一卷:經說三卷、小學說一卷、廣韻說一卷附錄一卷,句溪雜箸六卷,劉氏遺書八卷:論語駢枝一卷、經傳小記一卷、國語補校一卷、荀子補注一卷、淮南子補校一卷、方言補校一卷、漢學拾遺一卷、文集一卷,愈愚錄六卷,學詁齋文集二卷,廣經室文鈔一卷,陳司業遺書三卷:掌錄二卷、經咫一卷,東塾遺書:水經注西南諸水考三卷、弧三角平視法一卷、摹印述一卷、三統術詳說四卷,親屬記二卷,先聖生卒年月日考二卷;史學:史記索隱三十卷,史記志疑三十六卷附錄三卷,史記三書正譌三卷,史記月表正譌一卷,史表功比說一卷,史記注補正一卷,史記毛本正誤一卷,史漢駢枝一卷,漢書辨疑二十二卷,漢書注校補五十六卷,漢志水道疏證四卷,人表攷九卷補一卷附錄一卷,漢書人表考校補一卷,後漢書辨疑十一卷,續漢書辨疑九卷,後漢書注補正八卷,後漢書注又補一卷,後漢書補注續一卷,前漢書注攷證一卷,後漢書注攷證一卷,後漢郡國令長考一卷,三國志辨疑三卷,三國志攷證八卷,三國志旁證一至十六,金史詳校一至二,史記天官書補目一卷,楚漢諸侯疆域志三卷)

500000－8701－0012031　F265325－638
廣雅書局叢書□□種　(清)廣雅書局輯　清光緒廣雅書局刻本　三百十二冊　存一百五種一千二百二十三卷(經類:尚書伸孔篇一卷,禹貢班義述三卷附漢糜水入尚龍谿考一卷,書蔡傳附釋一卷,詩集傳附釋一卷,毛詩傳箋通釋七至三十二,毛詩後箋三十卷,毛詩天文考一卷,禮書綱目一至七十四、首三卷,大戴禮記解詁四至十三,禮記天算釋一卷,春秋規過考信三卷,春秋述義拾遺八卷附河間劉氏書目考一卷,春秋公羊注疏質疑二卷,孟子趙注補正六卷,孟子劉注一卷,爾雅匡名二十卷,爾雅補注殘本一卷;小學:說文引經證例二十四卷,潛揅堂說文答問疏證六卷,廣潛揅堂說文答問疏證八卷,說文本經答問二卷,小爾雅訓纂六卷,輶軒使者絕代語釋別國方言箋疏十三卷附校勘記一卷;雜著:劉氏遺書八卷:論語駢枝一卷、經傳小記一卷、國語補校一卷、荀子補注一卷、淮南子補校一卷、方言補校一卷、漢學拾遺一卷、文集一卷,愈愚錄一至三,學詁齋文集二卷,白田草堂存稾八卷,陳司業遺書三卷:掌錄二卷、經咫一卷,東塾遺書:水經注西南諸水考三卷、弧三角平視法一卷、摹印述一卷、三統術詳說四卷,無邪堂答問五卷,少室山房筆叢七至十四、二十六至四十八,詩藪外編四卷雜編六卷;史學:史記索隱三十卷,史記志疑九至三十六、附錄三卷,史記三書正訛三卷,史記月表正訛一卷,史表功比說一卷,史記注補正一卷,史記毛本正誤一卷,史漢駢枝一卷,漢書辨疑二十二卷,漢書注校補一至三十四,漢志水道疏證四卷,漢書西域傳補注二卷,人表考四至八,後漢書補注四至二十四卷,後漢書辨疑十一卷,續漢書辨疑九卷,後漢書注補正八卷,後漢書注又補一卷,後漢書補注續一卷,三國志辨疑三卷,三國志考證一至四,晉書校勘記五卷,晉書校勘記三卷,新舊唐書互證十六至二十卷,宋遼金元四史朔閏考二卷,遼史拾遺二十四卷,遼史拾遺補五卷,元史譯文證補一至六、九至十二、十四至十五、十八、二十二至二十四、二十六至二十七、二十九至三十,史記天官書補目一卷,楚漢諸侯疆域志三卷,後漢書補表八卷,後漢三公年表一卷,補後漢書蓺文志四卷,補續漢書蓺文志一卷,補三國疆域志二卷,補晉兵志一卷,補晉書藝文志四卷補遺一卷附錄一卷附刻本誤一卷,東晉疆域志一至二、四,十六國疆域志一至二,補梁疆域志四卷,補宋書刑法志一卷,補宋書食貨志一卷,南北史年表一卷,南北史世系表五卷,南北史帝王世系表一卷,五代紀年表一卷,補五代史藝文志一卷,宋史藝文志補一卷,補遼金元蓺文志一卷,補三史蓺文志一卷,補元史蓺文志四卷,十七史商榷一至六十八,廿二史考異三十六至九十三,諸史考異十八卷、附讀書叢錄七卷,諸史拾遺五卷,歷代史表二十六至三十七,欽定歷代職官表三至六、五十三至五十五、六十至六十四、六十八至七十二,歷代地理沿革表五至三十二、三十七至四十七卷,三史同名錄四十卷,西魏書二十四卷附錄一卷,續唐書三十五至七十,晉陽秋輯本:晉陽秋三卷、續晉陽秋二卷,漢晉春秋輯本:漢晉春秋三卷、晉春秋一卷,晉書地道記一卷,晉太康三年地記一卷,十六國春秋纂錄校本十卷,建炎以來繫年要錄一至一百二十四、一百三十一至二百,國語翼解四至六,吉林外記十卷,黑龍江外記八卷;集部:屈子離騷彙訂三卷雜文箋略二卷首一卷,蘇詩查注補正一至二,范石湖詩集注三卷)

500000－8701－0012032　F265635
屈子雜文箋略不分卷　(清)王邦采撰　清廣雅書局刻本　一冊

500000－8701－0012033　F265638
三國志辨疑三卷　(清)錢大昭撰　清光緒十五年(1889)廣雅書局刻廣雅書局叢書本　一冊

500000－8701－0012034　F265750－845
增訂漢魏叢書八十六種　(清)王謨輯　清乾隆五十六年(1791)江西建昌學署刻本　九十六冊

500000－8701－0012035　F265846－945
增訂漢魏叢書八十六種　(清)王謨輯　清光緒二年(1876)紅杏山房刻本　一百冊

500000－8701－0012036　F265946－6024
增訂漢魏叢書八十六種　(清)王謨輯　清乾隆五十六年(1791)江西建昌學署刻本　八十冊

500000－8701－0012037　F266125－311
增訂漢魏叢書八十六種　(清)王謨輯　清光緒二十年(1894)湖南藝文書局刻本　一百八十七冊　存八十六種存四百五十八卷(焦氏易林校略十六卷,易傳三卷,關氏易傳一卷,周易略例一卷,古三墳一卷,汲塚周書十卷,詩傳孔氏傳一卷,詩說一卷,韓詩外傳十卷,毛詩草木鳥獸蟲魚疏二卷,大戴禮記十三卷,春秋繁露十七卷,白虎通德論四卷,獨斷一卷,忠經一卷,孝傳一卷,小爾雅一卷,方言十三卷,博雅十卷,釋名八卷,竹書紀年二,穆天子傳六卷,越絕書十五卷,吳越春秋一至三,西京雜記六卷,漢武帝內傳一卷,飛燕外傳一卷,雜事秘辛一卷,華陽國志十四卷,十六國春秋十六卷,元經薛氏傳一至五、八至十,群輔錄一卷,英雄記鈔一卷,高士傳三卷,蓮社高賢傳一卷,神仙傳十卷,孔叢二卷,新語二卷,新書十卷,新序十卷,說苑二十卷,淮南鴻烈解二十一卷,鹽鐵論十二卷,揚子法言十卷,申鑒五卷,論衡三十卷,潛夫論十卷,中論二卷,中說二卷,風俗通義十卷,人物志三卷,新論十卷,顏氏家訓七卷攷證一卷,參同契一卷,陰符經一卷,風后握奇經一卷附握奇經續圖一卷八陣總述一卷,素書一卷,心書一卷,古今注三卷,中華古今注三卷,博物志十卷,詩品三卷,書品一卷,尤射一卷,拾遺記一至三、七至十,述異記二卷,續齊諧記一卷,搜神記八卷,搜神後記二卷,還冤記一卷,神異經一卷,海內十洲記一卷,別國洞冥記四卷,枕中書一卷,佛國記一卷,伽藍記五卷,三輔黃圖六卷,水經二卷,星經二卷,荊楚歲時記一

卷,南方草木狀三卷,竹譜一卷,禽經一卷,古今刀劍錄一卷,鼎錄一卷,天祿閣外史八卷)

500000－8701－0012038　F266312－344
增訂漢魏叢書九十六種　(明)何鏜輯　清宣統三年(1911)上海大通書局石印本　三十三册

500000－8701－0012039　F266393－423
增訂漢魏叢書九十六種　(明)何鏜輯　清宣統三年(1911)上海大通書局石印本　三十一册　存九十二種存四百六十卷(焦氏易林四卷、易傳三卷、關氏易傳一卷、周易略例一卷、古三墳一卷、汲塚周書十卷、詩傳孔氏傳一卷、詩說一卷、韓詩外傳十卷、毛詩草木鳥獸蟲魚疏二卷、大戴禮記十三卷、春秋繁露十七卷、白虎通德論四卷、獨斷一卷、忠經一卷、孝傳一卷、小爾雅一卷、方言十三卷、博雅十卷、釋名四卷、竹書紀年二卷、穆天子傳六卷、越絕書十五卷、吳越春秋六卷、西京雜記六卷、漢武帝内傳一卷、華陽國志十四卷、十六國春秋十六卷、三國志辨誤一卷、元經薛氏傳十卷、群輔錄一卷、英雄記鈔一卷、高士傳三卷、蓮社高賢傳一卷、神仙傳十卷、孔叢二卷附詰墨一卷、新語二卷、新書十卷、新序十卷、說苑二十卷、淮南鴻烈解二十一卷、鹽鐵論十二卷、法言十卷、申鑒五卷、論衡三十卷、潛夫論十卷、中論二卷、人物志三卷、新論十卷、顏氏家訓二卷、參同契一卷、陰符經一卷、風后握奇經一卷附握奇經續圖一卷八陣總述一卷、素書一卷、心書一卷、孫子二卷、列子八卷、傅子一卷、道德經評注二卷、古今注三卷、中華古今注三卷、博物志十卷、文心雕龍十卷、詩品三卷、書品一卷、尤射一卷、拾遺記十卷、述異記二卷、續齊諧記一卷、搜神記八卷、搜神後記二卷、還冤記一卷、神異經一卷、海内十洲記一卷、别國洞冥記四卷、枕中記一卷、佛國記一卷、伽藍記五卷、三輔黄圖六卷、水經二卷、星經二卷、荊楚歲時記一卷、南方草木狀三卷、竹譜一卷、禽經一卷、古今刀劍錄一卷、鼎錄一卷、天祿閣外史八卷、輶軒絕代語一卷、鄴中記一卷、博異記一卷、世本一卷)

500000－8701－0012040　F266455－86
古今說海一百三十五種　(明)陸楫輯　清道光元年(1821)邵氏酉山堂刻本　三十二册

500000－8701－0012041　F266617－771
古香齋袖珍十種　(清)高宗弘曆纂　清光緒十年(1884)南海孔氏三十有三萬卷堂刻本　一百五十五册

500000－8701－0012042　F266772－932
古香齋新刻袖珍淵鑑類函四百五十卷目錄四卷　(清)張英等纂修　清同治十三年至光緒六年(1874－1880)南海孔氏刻本　一百六十一册

500000－8701－0012043　F266933－7012
浙江重刊聚珍版書三十九種　(□)□□編　清浙江書局刻本　八十册

500000－8701－0012044　G01/1－1/00001
藏書紀要不分卷　(清)孫從添著　清嘉慶刻本　一册

500000－8701－0012045　G01/1－1/00002
藏書十約一卷遊藝卮言二卷　葉德輝撰　清宣統長沙葉氏刻觀古堂所著書本　一册

500000－8701－0012046　G01/1－1/00003
書林清話十卷　葉德輝述　清宣統長沙葉氏觀古堂刻本　四册

500000－8701－0012047　G01/1－1/00004
書林清話十卷　葉德輝述　清宣統長沙葉氏觀古堂刻本　四册

500000－8701－0012048　G01/1－1/00005
藏書紀事詩六卷　葉昌熾撰　清光緒二十三年(1897)元和江氏長沙學使署刻本　六册

500000－8701－0012049　G01/1－1/00006
藏書紀事詩七卷　葉昌熾著　清宣統二年(1910)長洲葉氏刻本　六册

500000－8701－0012050　G01/1－1/00007
曝書雜記三卷　(清)錢泰吉撰　清同治三年(1864)嘉興錢氏刻本　一册

500000－8701－0012051　G01/1－1/00008

書林清話十卷　葉德輝述　清宣統長沙葉氏觀古堂刻本　四冊

500000－8701－0012052　G01/1－1/00009
宋元本行格表二卷　(清)江標輯　清光緒二十三年(1897)刻本　四冊

500000－8701－0012053　G01/1－1/00010
藏書紀事詩七卷　葉昌熾著　清宣統二年(1910)長洲葉氏刻本　六冊

500000－8701－0012054　G01/1－1/00012
愛日精廬藏書志三十六卷續志四卷　(清)張金吾編　清道光六年(1826)昭文張氏愛日精廬刻本　八冊

500000－8701－0012055　G01/1－1/00013
愛日精廬藏書志三十六卷續志四卷　(清)張金吾編　清道光六年(1826)昭文張氏愛日精廬刻本　十二冊

500000－8701－0012056　G01/1－2/00014
愛日精廬藏書志三十六卷續志四卷　(清)張金吾編　清道光六年(1826)昭文張氏愛日精廬刻本　十冊

500000－8701－0012057　G01/1－2/00015
拜經樓藏書題跋記五卷附錄一卷　(清)吳壽暘纂　清道光二十七年(1847)刻本　四冊

500000－8701－0012058　G01/1－2/00016
拜經樓藏書題跋記五卷附錄一卷　(清)吳壽暘纂　清道光二十七年(1847)刻本　三冊

500000－8701－0012059　G01/1－2/00017
士禮居藏書題跋記六卷續編二卷　(清)黃丕烈撰　清光緒十年(1884)滂喜齋刻本　十二冊

500000－8701－0012060　G01/1－2/00018
士禮居藏書題跋記六卷　(清)黃丕烈撰　清光緒八年(1882)吳縣潘氏刻本　四冊

500000－8701－0012061　G01/1－2/00019
士禮居藏書題跋記六卷續編二卷　(清)黃丕烈撰　清光緒十年(1884)滂喜齋刻本　六冊

500000－8701－0012062　G01/1－2/00020
古泉山館題跋一卷　(清)瞿中溶撰　清宣統二年(1910)刻本　一冊

500000－8701－0012063　G01/1－2/00021
儀顧堂題跋十六卷續跋十六卷　(清)陸心源撰　清光緒十六年至十八年(1890－1892)歸安陸氏刻本　八冊

500000－8701－0012064　G01/1－2/00022
經籍跋文一卷　(清)陳鱣著　清道光十七年(1837)海寧蔣氏刻本　一冊

500000－8701－0012065　G01/1－2/00023
直齋書錄解題二十二卷　(宋)陳振孫撰　清光緒九年(1883)江蘇書局刻本　六冊

500000－8701－0012066　G01/1－2/00024
直齋書錄解題二十二卷　(宋)陳振孫撰　清光緒九年(1883)江蘇書局刻本　六冊

500000－8701－0012067　G01/1－2/00025
直齋書錄解題二十二卷　(宋)陳振孫撰　清乾隆江南刻武英殿聚珍版書本　十二冊

500000－8701－0012068　G01/1－2/00026
目錄學九卷　(清)耿文光編　清光緒二十年(1894)刻本　八冊

500000－8701－0012069　G01/1－2/00027
新學僞經考十四卷　康有為撰　清光緒十七年(1891)廣州康氏萬木草堂刻本　八冊

500000－8701－0012070　G01/1－2/00028
古今僞書考不分卷　(清)姚際恒著　清光緒三年(1877)活字印本　二冊

500000－8701－0012071　G01/1－3/00029
羣書拾補三十七卷　(清)盧文弨編輯　清光緒十三年(1887)上海蜚英館石印本　八冊

500000－8701－0012072　G01/1－3/00030
兩漢刊誤補遺不分卷　(宋)吳仁傑撰　清抄本　一冊

500000－8701－0012073　G01/1－3/00031
五史斠義五卷　羅振玉撰　清光緒二十九年(1903)刻本　四冊

500000－8701－0012074　G01/1－3/00032
歷代載籍足徵錄一卷弟子職集解一卷　(清)莊述祖著　清道光十五年(1835)脊令舫刻本　一冊

500000－8701－0012075　G01/1－3/00033
四庫全書表文箋釋四卷　(清)林鶴年纂　清宣統至民國吳興劉氏求恕齋刻本　四冊

500000－8701－0012076　G01/1－3/00034
札迻十二卷　(清)孫詒讓撰　清光緒二十年(1894)刻二十一年(1895)重修本　四冊

500000－8701－0012077　G01/1－3/00035
羣書校補一百卷　(清)陸心源輯　清光緒十年(1884)歸安陸氏刻本　二十四冊

500000－8701－0012078　G01/1－3/00036
書目答問四卷附國朝著述諸家姓名一卷　(清)張之洞撰　清光緒十四年(1888)上海鴻文書局鉛印本　二冊

500000－8701－0012079　G01/1－3/00037
書目答問四卷　(清)張之洞撰　清光緒四年(1878)上海淞隱閣刻本　二冊

500000－8701－0012080　G01/1－3/00038
書目答問不分卷　(清)張之洞撰　清宣統元年(1909)石印本　二冊

500000－8701－0012081　G01/1－3/00039
書目答問箋補四卷　(清)張之洞撰　(清)江人度箋補　清光緒三十年(1904)漢川江氏刻本　四冊

500000－8701－0012082　G01/1－3/00040
書目答問四卷　(清)張之洞撰　清光緒十四年(1888)上海蜚英館石印本　二冊

500000－8701－0012083　G01/1－3/00041
書目答問四卷附尊經書院記一卷　(清)張之洞撰　清光緒五年(1879)貴陽陳氏刻本　二冊

500000－8701－0012084　G01/1－3/00042
書目答問不分卷　(清)張之洞撰　清光緒元年(1875)刻本　一冊

500000－8701－0012085　G01/1－3/00043
宋元舊本書經眼錄三卷附錄二卷　(清)莫友芝撰　清同治十二年(1873)刻本　五冊

500000－8701－0012086　G01/1－3/00044
宋元舊本書經眼錄三卷附錄二卷　(清)莫友芝撰　清同治十二年(1873)獨山黎氏刻本　六冊

500000－8701－0012087　G01/1－3/00045
宋元舊本書經眼錄三卷附錄二卷　(清)莫友芝撰　清同治十二年(1873)獨山黎氏刻本　二冊

500000－8701－0012088　G01/1－3/00046
宋元舊本書經眼錄三卷附錄二卷　(清)莫友芝撰　清同治十二年(1873)獨山黎氏刻本　二冊

500000－8701－0012089　G01/1－3/00047
郘亭知見傳本書目十六卷　(清)莫友芝編　清宣統元年(1909)鉛印本　八冊

500000－8701－0012090　G01/1－4/00048
續彙刻書目十二卷補遺一卷　(清)傅雲龍輯　(清)胡俊章補　清光緒二年(1876)味腴藝圃刻本　十二冊

500000－8701－0012091　G01/1－4/00050
彙刻書目二十卷　(清)顧修撰　(清)朱學勤補　清光緒十五年(1889)上海福瀛書局刻本　二十冊

500000－8701－0012092　G01/1－4/00051
彙刻書目二十卷　(清)顧修撰　(清)朱學勤補　清光緒十五年(1889)上海福瀛書局刻本　二十冊

500000－8701－0012093　G01/1－4/00052
彙刻書目二十卷　(清)顧修撰　(清)朱學勤補　清光緒十五年(1889)上海福瀛書局刻本　二十冊

500000－8701－0012094　G01/1－4/00053
增補彙刻書目不分卷　(清)顧修編　清光緒元年(1875)北京琉璃廠刻本　十二冊

500000－8701－0012095　G01/1－4/00054
彙刻書目不分卷　(清)顧修編　清嘉慶二十五年(1820)璜川吳氏刻本　十册

500000－8701－0012096　G01/1－5/00055
江刻書目三種十卷　(清)江標輯　清光緒二十三年(1897)元和江氏刻本　四册

500000－8701－0012097　G01/1－5/00056
江刻書目三種十卷　(清)江標輯　清光緒二十三年(1897)元和江氏刻本　四册

500000－8701－0012098　G01/1－5/00057
觀古堂書目叢刻十五種　葉德輝輯　清光緒湘潭葉氏刻民國八年(1919)重編印本　二十册

500000－8701－0012099　G01/1－5/00058
觀古堂書目叢刻十五種　葉德輝輯　清光緒湘潭葉氏刻民國八年(1919)重編印本　十九册　存十二種四十三卷(秘書省續編到四庫闕書目二卷、古今書刻二卷、南雍志經籍考二卷、百川書志二十卷、萬卷堂書目四卷、孝慈堂書目不分卷、佳趣堂書目不分卷、竹崦盦傳鈔書目一卷、結一廬書目四卷附録一卷、別本結一廬書目一卷、求古居宋本書一卷附考證一卷、潛采堂宋人集目録一卷元人集目録一卷)

500000－8701－0012100　G01/1－5/00059
觀古堂書目叢刻十五種　葉德輝輯　清光緒湘潭葉氏刻民國八年(1919)重編印本　十六册

500000－8701－0012101　G01/1－6/00060
金山錢氏家刻書目六卷　(清)錢熙祚著　(清)錢培蓀編　清光緒四年(1878)金山錢氏刻本　八册

500000－8701－0012102　G01/1－6/00061
補晉書藝文志六卷　(清)文廷式纂　清宣統元年(1909)長沙鉛印本　六册

500000－8701－0012103　G01/1－6/00062
補晉書藝文志四卷附録一卷補遺一卷　丁國鈞撰　**刊誤一卷**　丁辰述録　清光緒廣雅書局刻廣雅書局叢書本　二册

500000－8701－0012104　G01/1－6/00063
補晉書藝文志四卷附録一卷補遺一卷　丁國鈞撰　**刊誤一卷**　丁辰述録　清光緒廣雅書局刻廣雅書局叢書本　二册

500000－8701－0012105　G01/1－6/00064
八史經籍志十種三十卷　(日本)□□輯　清光緒八年(1882)張壽榮刻本　十六册

500000－8701－0012106　G01/1－7/00065
八史經籍志十種三十卷　(日本)□□輯　清光緒八年(1882)張壽榮刻本　十六册

500000－8701－0012107　G01/1－7/00066
八史經籍志十種三十卷　(日本)□□輯　清光緒八年(1882)張壽榮刻本　十六册

500000－8701－0012108　G01/1－7/00067
前漢書藝文志一卷　(漢)班固撰　(唐)顏師古注　清同治九年(1870)成都志古堂刻本　一册

500000－8701－0012109　G01/1－7/00068
漢書藝文志攷證十卷　(宋)王應麟撰　清光緒刻玉海本　二册

500000－8701－0012110　G01/1－7/00069
漢書藝文志攷證十卷　(宋)王應麟撰　清光緒十年(1884)成都志古堂刻本　一册

500000－8701－0012111　G01/1－7/00070
漢藝文志攷證十卷　(宋)王應麟撰　清光緒十一年(1885)刻六藝園叢書本　二册

500000－8701－0012112　G01/1－7/00071
補三國藝文志四卷　(清)侯康著　清道光十一年(1831)南海伍氏刻本　一册

500000－8701－0012113　G01/1－7/00072
補三國藝文志四卷　(清)侯康撰　清光緒十三年(1887)廣雅書局刻本　一册

500000－8701－0012114　G01/1－7/00073
補元史藝文志四卷　(清)錢大昕著　清光緒十九年(1893)廣雅書局刻本　一册

500000－8701－0012115　G01/1－7/00074
補漢書藝文志一卷　(清)錢大昭著　清光緒十四年(1888)廣雅書局刻廣雅書局叢書本　一册

500000－8701－0012116　G01/1－7/00075
補後漢書藝文志四卷　(清)侯康撰　清光緒十七年(1891)廣雅書局刻廣雅書局叢書本　一册

500000－8701－0012117　G01/1－7/00076
補後漢書藝文志四卷　(清)侯康撰　清刻本　一册

500000－8701－0012118　G01/1－7/00077
補後漢書藝文志一卷藝文志考十卷　(清)曾樸纂輯　清光緒二十一年(1895)常熟曾氏刻常熟曾氏叢書本　六册

500000－8701－0012119　G01/2－1/00078
補晉書經籍志四卷　吴士鑑纂　清光緒二十一年(1895)蘇州書局刻本　二册

500000－8701－0012120　G01/2－1/00079
補晉書經籍志四卷　吴士鑑纂　清光緒二十一年(1895)蘇州書局刻本　二册

500000－8701－0012121　G01/2－1/00080
隋經籍志考證十三卷　(清)章宗源撰　清光緒三年(1877)湖北崇文書局刻本　四册

500000－8701－0012122　G01/2－1/00081
隋經籍志考證十三卷　(清)章宗源撰　清光緒三年(1877)湖北崇文書局刻本　四册

500000－8701－0012123　G01/2－1/00082
補五代史藝文志一卷　(清)顧櫰三著　清光緒十七年(1891)廣雅書局刻廣雅書局叢書本　一册

500000－8701－0012124　G01/2－1/00083
補遼金元藝文志一卷　(清)倪燦著　清光緒十七年(1891)廣雅書局刻本　一册

500000－8701－0012125　G01/2－1/00084
宋史藝文志補一卷　(清)倪燦著　清光緒十七年(1891)廣雅書局刻本　一册

500000－8701－0012126　G01/2－1/00085
補三史藝文志一卷　(清)金門詔撰　清光緒十七年(1891)廣雅書局刻廣雅書局叢書本　一册

500000－8701－0012127　G01/2－1/00086
國史經籍志五卷附錄一卷　(明)焦竑輯　清咸豐元年(1851)刻粤雅堂叢書本　一册

500000－8701－0012128　G01/2－1/00087
皇朝經籍志六卷　(清)黄本驥輯　清道光二十五年(1845)三長物齋刻三長物齋叢書本　二册

500000－8701－0012129　G01/2－1/00088
江陰藝文志二卷校補一卷　金武祥輯　清光緒十七年(1891)栗香室刻栗香室叢書本　一册

500000－8701－0012130　G01/2－1/00089
杭州藝文志十卷　(清)吴慶坻等纂　清光緒三十四年(1908)長沙刻本　六册

500000－8701－0012131　G01/2－1/00090
杭州藝文志十卷　(清)吴慶坻等纂　清光緒三十四年(1908)長沙刻本　六册

500000－8701－0012132　G01/2－1/00091
日本訪書志十六卷　楊守敬撰　清光緒二十三年(1897)宜都楊氏鄰蘇園刻本　八册

500000－8701－0012133　G01/2－1/00092
日本訪書志十六卷　楊守敬撰　清光緒二十三年(1897)宜都楊氏鄰蘇園刻本　八册

500000－8701－0012134　G01/2－1/00093
日本訪書志十六卷　楊守敬撰　清光緒二十三年(1897)宜都楊氏鄰蘇園刻本　八册

500000－8701－0012135　G01/2－2/00094
善本書室藏書志四十卷附錄一卷　(清)丁丙輯　清光緒二十七年(1901)錢塘丁氏刻本　十六册

500000－8701－0012136　G01/2－2/00095
善本書室藏書志四十卷附錄一卷　(清)丁丙輯　清光緒二十七年(1901)錢塘丁氏刻本

十册

500000－8701－0012137　G01/2－2/00096
平津館鑒藏書籍記三卷續編一卷補遺一卷　(清)孫星衍撰　清道光十九年(1839)刻本　二册

500000－8701－0012138　G01/2－2/00097
經籍訪古志六卷補遺一卷　(日本)澁江全善　(日本)森立之撰　清光緒十一年(1885)六合徐氏鉛印本　八册

500000－8701－0012139　G01/2－2/00098
經籍訪古志六卷補遺一卷　(日本)澁江全善　(日本)森立之撰　清光緒十一年(1885)六合徐氏鉛印本　八册

500000－8701－0012140　G01/2－2/00099
經籍訪古志六卷補遺一卷　(日本)澁江全善　(日本)森立之撰　清光緒十一年(1885)六合徐氏鉛印本　八册

500000－8701－0012141　G01/2－2/00100
永樂大典目録六十卷　(明)解縉等編　清道光二十八年(1848)靈石楊氏刻連筠簃叢書本　二十册

500000－8701－0012142　G01/2－3/00101
禁書總目一卷違礙書目一卷　(清)四庫館編　清光緒十年(1884)歸安姚氏刻咫進齋叢書本　一册

500000－8701－0012143　G01/2－3/00102
禁書總目一卷違礙書目一卷銷燬抽燬書目一卷　(清)四庫館編　清光緒十年(1884)歸安姚氏刻咫進齋叢書本　四册

500000－8701－0012144　G01/2－3/00103
銷燬抽燬書目一卷　(清)高宗弘曆編　清光緒九年(1883)歸安姚氏刻咫進齋叢書本　一册

500000－8701－0012145　G01/2－3/00104
違礙書目一卷　(清)四庫館編　清光緒歸安姚氏刻咫進齋叢書本　一册

500000－8701－0012146　G01/2－3/00105
禁書總目一卷　(清)四庫館編　清光緒九年(1883)歸安姚氏刻咫進齋叢書本　二册

500000－8701－0012147　G01/2－3/00106
小學考五十卷　(清)謝啟昆録　清光緒十四年(1888)浙江書局刻本　十册

500000－8701－0012148　G01/2－3/00107
西學書目表三卷　梁啟超編　清光緒二十二年(1896)時務報刻本　一册

500000－8701－0012149　G01/2－3/00108
欽定四庫全書提要醫家類一卷　(清)紀昀等撰　清宣統三年(1911)上海義明書局鉛印本　一册

500000－8701－0012150　G01/2－3/00109
小學考五十卷　(清)謝啟昆録　清光緒十四年(1888)浙江書局刻本　二十册

500000－8701－0012151　G01/2－3/00110
小學考五十卷　(清)謝啟昆録　清光緒十五年(1889)上海書局影印本　六册

500000－8701－0012152　G01/2－3/00111
小學考五十卷　(清)謝啟昆録　清光緒十五年(1889)上海鴻文書局石印本　六册

500000－8701－0012153　G01/2－3/00112
諸家藏書簿十卷　(清)李調元輯　清光緒八年(1882)廣漢樂道齋刻本　一册

500000－8701－0012154　G01/2－4/00113
崇文總目五卷補遺一卷附録一卷　(宋)王堯臣等編　(清)錢東垣輯釋　清光緒八年(1882)常熟鮑氏後知不足齋刻本　五册

500000－8701－0012155　G01/2－4/00114
廣西存書總目不分卷　(清)桂垣書局編　清桂垣書局刻本　一册

500000－8701－0012156　G01/2－4/00115
欽定天禄琳琅書目十卷續編二十卷　(清)于敏中等編校　清光緒十年(1884)長沙王氏刻本　十册

500000－8701－0012157　G01/2－4/00116
欽定天禄琳琅書目十卷續編二十卷　(清)于

敏中等編校　清光緒十年(1884)長沙王氏刻本　十冊

500000－8701－0012158　G01/2－4/00117
四庫簡明目録標注二十卷附録一卷　(清)邵懿辰注　清宣統三年(1911)仁和邵氏半巖廬刻本　六冊

500000－8701－0012159　G01/2－4/00118
四庫簡明目録標注二十卷附録一卷　(清)邵懿辰注　清宣統三年(1911)仁和邵氏半巖廬刻本　六冊

500000－8701－0012160　G01/2－4/00119
四庫簡明目録標注二十卷附録一卷　(清)邵懿辰注　清宣統三年(1911)仁和邵氏半巖廬刻本　六冊

500000－8701－0012161　G01/2－4/00120
廣雅書院藏書目録七卷　(清)朱鼎甫編　清光緒二十七年(1901)廣州廣雅書局刻本　三冊

500000－8701－0012162　G01/2－5/00121
欽定四庫全書總目二百卷首四卷　(清)紀昀等纂　清乾隆武英殿刻本　八十冊

500000－8701－0012163　G01/2－6/00122
欽定四庫全書總目二百卷首四卷　(清)紀昀等纂　清同治七年(1868)廣東書局刻本　一百七冊

500000－8701－0012164　G01/2－7/00123
欽定四庫全書總目二百卷首四卷　(清)紀昀等纂　清同治七年(1868)廣東書局刻本　一百二十冊

500000－8701－0012165　G01/3－1/00124
欽定四庫全書總目二百卷首四卷　(清)紀昀等纂　清同治七年(1868)廣東書局刻本　一百二十冊

500000－8701－0012166　G01/3－3/00125
欽定四庫全書總目二百卷　(清)紀昀等纂
四庫未收書目提要五卷　(清)阮元撰　清光緒二十年(1894)上海點石齋石印本　二十冊

500000－8701－0012167　G01/3－3/00126
欽定四庫全書總目二百卷　(清)紀昀等纂　清乾隆六十年(1795)浙江刻本　九十冊

500000－8701－0012168　G01/3－5/00127
欽定四庫全書總目二百卷首四卷　(清)紀昀等纂　清光緒二十五年(1899)廣州廣雅書局刻本　一百冊

500000－8701－0012169　G01/3－6/00128
欽定四庫全書總目二百卷首四卷　(清)紀昀等纂　清光緒二十五年(1899)廣州廣雅書局刻本(卷四十六至四十七、一百六至一百七係補配)　一百冊

500000－8701－0012170　G01/3－7/00129
欽定四庫全書簡明目録二十卷　(清)紀昀等纂　清同治七年(1868)廣東書局刻本　二十冊

500000－8701－0012171　G01/4－1/00130
欽定四庫全書簡明目録二十卷　(清)紀昀等纂　清同治七年(1868)廣東書局刻本　十二冊

500000－8701－0012172　G01/4－1/00131
欽定四庫全書簡明目録二十卷　(清)紀昀等纂　清同治七年(1868)廣東書局刻本　十五冊

500000－8701－0012173　G01/4－1/00132
欽定四庫全書簡明目録二十卷　(清)紀昀等纂　清光緒二十年(1894)上海點石齋石印本　四冊

500000－8701－0012174　G01/4－1/00133
欽定四庫全書簡明目録二十卷　(清)紀昀等纂　清刻本　十二冊

500000－8701－0012175　G01/4－1/00134
欽定四庫全書簡明目録二十卷　(清)紀昀等纂　清廣州黎氏刻本　十二冊

500000－8701－0012176　G01/4－1/00135
欽定四庫全書簡明目録二十卷首一卷　(清)紀昀等纂　清光緒二年(1876)刻本　十二冊

重慶圖書館古籍普查登記目録

（下）

索引

全國古籍普查登記目録

國家圖書館出版社
National Library of China Publishing House

書名筆畫字頭索引

一畫

一 25
乙 25

二畫

二 25
十 26
丁 28
七 29
卜 29
八 29
人 30
入 30
九 30
刀 31
力 31
又 31
了 31

三畫

三 31
干 34
于 34
工 34
士 34
土 34
下 34
大 34
丈 40
才 40
寸 40
上 41
山 41

千 42
及 42
夕 42
之 42
尸 42
己 42
巳 42
女 42
小 43
子 45

四畫

丰 45
王 45
井 47
夫 47
天 47
元 48
廿 50
木 50
五 50
支 53
不 53
太 53
尤 54
比 54
切 54
牙 55
止 55
少 55
日 55
中 56
內 57
牛 58
午 58
毛 58

五畫

冬	93
包	94
立	94
玄	94
半	94
永	94
司	94
民	95
弗	95
弘	95
出	95
皮	95
弁	95
幼	95

六畫

匡	95
式	96
刑	96
邢	96
迁	96
圭	96
吉	96
考	96
老	96
地	96
芝	97
芑	97
西	97
在	100
百	100
有	101
而	101
存	101
匠	102
列	102
成	102
夷	102
至	102
此	102

光	102
曲	103
同	103
吊	103
因	103
回	104
朱	104
缶	105
先	105
竹	105
休	105
伏	105
延	105
仲	105
任	105
仰	105
仿	105
自	106
伊	106
血	106
向	106
行	106
舟	106
全	106
合	107
企	108
邠	108
危	108
各	108
名	108
多	108
交	108
亦	108
亥	108
羊	108
米	108
汗	108
江	108
汲	109
池	110
汝	110

七畫

谷	……	123
狄	……	123
角	……	123
言	……	123
亨	……	123
疗	……	123
辛	……	123
忻	……	123
快	……	123
灼	……	123
弟	……	123
冷	……	123
汪	……	124
沙	……	124
沖	……	124
汽	……	124
沂	……	124
汾	……	124
泛	……	124
汴	……	124
汶	……	124
沉	……	124
沈	……	124
完	……	124
宋	……	124
冶	……	127
初	……	127
君	……	128
壯	……	128
尾	……	128
改	……	128
阿	……	128
附	……	128
妙	……	129
邵	……	129

八畫

奉	……	129
武	……	129
青	……	130

表	……	131
長	……	131
卦	……	131
坤	……	131
幸	……	131
坡	……	131
亞	……	131
苷	……	131
茂	……	131
苗	……	131
英	……	131
茆	……	132
范	……	132
苾	……	132
直	……	132
茗	……	133
茅	……	133
枉	……	133
林	……	133
枝	……	133
板	……	133
來	……	133
松	……	133
杭	……	134
述	……	134
枕	……	135
東	……	135
卧	……	138
臥	……	138
事	……	138
兩	……	138
雨	……	139
協	……	139
郁	……	139
郁	……	139
奇	……	139
拔	……	139
拍	……	139
抱	……	139
拙	……	140
招	……	140

九畫

保	178
侶	178
俄	178
俗	178
信	178
皇	179
鬼	181
泉	181
禹	181
侯	181
追	181
盾	181
待	181
衍	181
律	181
後	182
俞	183
弇	183
食	183
胎	183
匍	183
風	183
急	183
訂	183
哀	183
亭	184
度	184
庭	184
施	184
弈	184
奕	184
音	184
帝	184
恆	185
美	185
姜	185
前	185
首	185
逆	185
炳	185
洪	185

洹	186
洧	186
洞	186
泂	186
洗	186
活	186
洛	186
洋	186
洴	186
津	186
宣	187
宦	187
突	187
客	187
扁	187
衲	187
祖	187
神	187
祝	187
祠	187
郡	187
退	187
咺	188
屏	188
眉	188
胥	188
陝	188
姚	188
飛	188
癸	188
柔	188
紅	188
約	189
紀	189
紉	189

十畫

耕	189
耗	189
馬	189

拿	198
豹	198
倉	198
飣	198
翁	198
脩	198
胭	199
脈	199
烏	199
逢	199
留	199
託	199
訓	199
記	199
訒	199
衷	199
高	199
郭	200
唐	200
座	200
症	200
病	200
唐	200
旃	205
畜	205
悟	205
悔	205
悅	205
瓶	205
拳	205
益	205
兼	205
朔	205
烟	205
剡	205
淨	205
浦	205
浹	205
酒	205
浙	205
涇	205

涉	206
娑	206
消	206
浩	206
海	206
浴	206
浮	206
浣	206
浪	207
害	207
宸	207
家	207
容	207
冢	207
袖	207
祥	207
書	207
展	208
弱	208
陸	208
陵	209
陳	209
陰	210
陶	210
娛	211
通	211
務	212
孫	212
純	213
紗	213
納	213
紛	213

十一畫

理	213
現	213
琉	213
琅	213
埠	213
教	214

十二畫

十三畫

蒿	261
蒲	261
蓉	261
蒙	261
椿	261
楳	261
禁	261
楚	261
楝	262
楷	262
楊	262
楞	263
槐	263
榆	263
楹	264
較	264
賈	264
酧	264
厯	264
感	264
摰	264
碑	264
碎	264
鄠	264
電	264
雷	264
頓	264
督	264
歲	265
粲	265
虞	265
當	265
睦	265
睡	265
黽	265
愚	265
歇	265
暗	265
路	265
園	265
遺	265
蛾	265
睕	265
農	265
嗣	266
蜀	266
嵊	267
嵩	267
圓	267
稗	267
筠	267
筱	268
節	268
與	268
傳	268
催	268
賃	268
傷	268
粵	269
微	269
鉢	269
鉛	269
愈	269
會	269
愛	269
亂	269
飴	269
頌	269
梟	269
腳	269
肆	269
解	269
誅	270
試	270
詩	270
誠	272
話	272
詳	272
廉	273
麻	273
鳶	273
靖	273

十四畫

十五畫

字	頁
賢	310
遷	310
醉	310
遼	310
確	311
震	311
撫	311
輝	311
賞	311
賦	311
賜	311
瞑	311
閱	311
閭	312
影	312
遺	312
蝶	312
數	312
嶠	312
墨	312
稽	312
稷	313
黎	313
稼	313
篋	313
篁	313
篇	313
篆	313
儀	313
質	314
德	314
衛	315
徵	315
徹	315
盤	315
銷	315
鋤	315
鋟	315
劍	315
餘	315
魯	315
劉	315
穎	316
請	316
諸	316
諏	317
課	317
論	317
談	317
摩	318
褒	318
瘡	318
廣	318
慶	318
憐	318
養	318
遵	318
潮	319
潛	319
澗	319
潘	319
潼	319
澄	319
寫	320
審	320
憨	320
履	320
遲	320
彈	320
選	320
豫	320
樂	320
練	321
緬	321
緝	321
緯	321
緱	321
編	321
緣	322
畿	322

十六畫

字	頁
靜	322
隸	322
駱	322
駁	322
駢	322
撼	323
操	323
擔	323
壇	323
燕	323
薑	323
薛	323
薇	323
薈	323
蕭	323
翰	323
頤	323
噩	323
薩	323
樹	323
橫	323
樸	323
橋	323
樵	323
橘	324
輯	324
輶	324
整	324
賴	324
融	324
瓢	324
醒	324
勵	324
歷	324
奮	327
霍	327
霑	327
頻	327
餐	327
曉	327
曇	327
戰	327
還	327
圜	327
默	327
黔	327
積	328
穆	328
篤	328
篠	328
舉	328
興	328
學	328
儒	329
衡	329
錬	329
錢	329
錫	329
錦	329
劒	330
歙	330
館	330
鮑	330
獲	330
穎	330
獨	330
獪	330
駕	330
諧	330
諭	330
諮	330
憑	330
凝	330
磨	330
辨	330
親	330
龍	330
嬴	331
憺	331

憶	331
燒	331
螢	331
營	331
澤	331
澹	331
濂	331
憲	331
寰	331
禪	331
閻	332
避	332
彊	332
隰	332
隱	332
縉	332

十七畫

環	332
趨	332
戴	332
聲	332
聰	332
聯	333
鞞	333
鞠	333
藍	333
藏	333
舊	333
韓	333
隸	334
檉	334
檄	334
檢	334
檀	334
臨	335
霜	335
擬	335
幽	335
戲	335

黻	335
嶺	335
嶽	335
矯	335
魏	335
輿	335
儲	336
龜	336
徽	336
鍥	336
鍼	336
鍾	336
爵	336
谿	336
甑	336
鮚	336
謝	336
謚	337
謙	337
襄	337
應	337
療	337
齋	337
甕	337
燭	337
鴻	337
濤	337
濟	337
濱	337
濰	337
賽	337
邃	337
禮	337
氈	338
翼	338
績	339
縵	339
總	339
縮	339
繆	339

十八畫

字	頁
鰲	339
聶	339
藕	339
職	339
藝	339
騉	339
藤	339
藥	339
轉	339
覆	339
醫	340
霧	341
擷	341
豐	341
叢	341
題	341
瞿	341
瞻	341
闕	341
蟬	341
蟲	341
鵑	341
韞	341
顓	342
黟	342
穢	342
簡	342
雙	342
邊	343
歸	343
鎮	343
饅	343
翻	343
雞	343
謫	343
顏	343
雜	344
離	344
顏	344
瀿	344
璧	344
彝	344
織	344
斷	344

十九畫

字	頁
難	344
撻	344
蘋	344
蘆	344
勸	344
蘇	345
攀	345
醯	345
麗	345
願	346
攄	346
贈	346
曝	346
關	346
疇	346
嚴	346
韜	346
羅	346
簫	347
籈	347
簪	347
懲	347
鏡	347
辭	347
騰	347
鯤	347
識	347
證	347
廬	347
龐	347
韻	347
懷	348

| --- | --- | --- | --- |
瀕	349	礱	352
瀘	349	攝	352
瀛	349	儼	352
嬾	349	鐵	352
孀	349	臟	353
繹	349	麝	353
繪	349	辯	353
繡	350	灄	353
		竈	353
		顧	353
		鶴	353
		續	353

二十畫

蘭	350
蘠	350
櫺	350
醴	350
酃	350
闡	350
闢	351
鶡	351
蠔	351
蠕	351
籌	351
纂	351
覺	351
鐔	351
鐫	351
鐘	351
釋	351
鰈	352
護	352
譯	352
懺	352
夔	352
灌	352
寶	352

二十一畫

鬘	352

二十二畫

聽	356
驚	356
鷗	356
巖	356
體	357
穰	357
籜	357
鑄	357
鑑	357
鑛	357
讀	357
龔	359
鷥	359
巒	359

二十三畫

籩	359
驗	359
曬	359
顯	359
麟	359
欒	359
變	359

二十四畫

觀	360
鹽	360
釀	360
靈	360
豔	361
籩	361
鑪	361
贛	361
蠻	361

二十五畫

| 爵 | 361 |

二十六畫

| 讚 | 361 |

二十七畫

| 鬱 | 361 |
| 灪 | 361 |

二十九畫

| 鬱 | 361 |

其他

書名筆畫索引

一畫

一山文存十二卷 …………………… 2－554
一切經音義二十五卷 ……………… 1－387
一切經音義二十五卷 ……………… 1－387
一切經音義二十五卷 ……………… 1－387
一切經音義二十五卷 ……………… 2－208
一片石四齣 ………………………… 1－448
一化元宗十二卷 …………………… 1－66
一六山房易備解八卷 ……………… 2－370
一百五十讚佛頌一卷 ……………… 2－363
一行居集八卷首一卷附錄一卷 …… 2－31
一朵山房詩集十八卷 ……………… 1－490
一峰先生文集十四卷 ……………… 1－16
一峯羅先生集五卷 ………………… 1－43
一乘決疑論一卷 …………………… 1－388
一笑亭詩草一卷 …………………… 1－377
一家言文集四卷詩集八卷 ………… 1－496
一笠菴北詞廣正譜十七卷附南戲北
　詞正謬一卷 ……………………… 1－495
一笠菴北詞廣正譜十卷 …………… 2－268
一笠庵新編一捧雪傳奇二卷 ……… 2－268
一斑錄雜述八卷附編一卷 ………… 1－245
一粟齋文鈔二卷 …………………… 1－492
一統志案說十六卷 ………………… 1－160
一瓢齋詩存六卷 …………………… 1－102
一瓢齋詩話不分卷 ………………… 1－102
一瞚錄一卷 ………………………… 2－198
一鐙精舍甲部稿五卷 ……………… 1－499
一囊春三卷 ………………………… 2－46
乙巳占十卷 ………………………… 1－437
乙未亭詩集六卷畏壘山人詩集四卷
　………………………………………… 1－153

二畫

二十一史二千五百六十七卷 ……… 1－97
二十一史二千五百六十七卷 ……… 1－98
二十一史二千五百六十七卷 ……… 1－98
二十一史二千五百六十七卷 ……… 1－98
二十一史二千五百六十七卷 ……… 1－98
二十一史二千五百六十七卷 ……… 1－98
二十一史三千二百五十卷 ………… 1－125
二十一史精義二十一卷 …………… 2－75
二十一史論贊三十六卷 …………… 2－490
二十一史論贊輯要三十六卷 ……… 1－54
二十一史論贊輯要三十六卷 ……… 1－94
二十一史彈詞註十卷 ……………… 2－364
二十一史彈詞註十卷 ……………… 2－364
二十一史彈詞輯註十卷 …………… 2－370
二十二子二十二種 ………………… 1－435
二十二子二十二種 ………………… 1－435
二十二子二十二種 ………………… 1－436
二十二史言行略四十二卷 ………… 2－87
二十二史感應錄二卷 ……………… 1－252
二十二史感應錄二卷 ……………… 1－496
二十七松堂集二十二卷 …………… 2－245
二十子全書一百六十九卷 ………… 1－33
二十四史二十四種 ………………… 1－253
二十四史二十四種 ………………… 2－74
二十四史二十四種 ………………… 2－74
二十四史二十四種 ………………… 2－74
二十四史二十四種 ………………… 2－74
二十四史二十四種 ………………… 2－74
二十四史二十四種 ………………… 2－74
二十四史二十四種 ………………… 2－74
二十四史二十四種 ………………… 2－74
二十四史二十四種 ………………… 2－74
二十四史二十四種 ………………… 2－310
二十四史九通政典類要合編三百二
　十卷 ……………………………… 2－59
二十四史九通政典類要合編三百二
　十卷 ……………………………… 2－315
二十四史九通政典類要合編三百二

十卷	2-526
二十四史三千二百五十卷	1-150
二十四史三千二百五十卷	1-150
二十四史三千二百五十卷	1-150
二十四史三表不分卷	2-74
二十四史三表不分卷	2-313
二十四孝圖（益智圖）一卷	2-276
二十家子書二十九卷	1-50
二水樓文集二十卷首一卷詩集十八卷	1-495
二申野錄八卷	1-128
二申野錄八卷	2-117
二老堂雜志五卷	1-460
二百年後之吾人三章	2-334
二曲全集二十八卷四書反身錄八卷首一卷	2-245
二曲全集二十六卷	1-493
二曲全集二十六卷四書反身錄八卷	2-338
二曲全集二十六卷四書反身錄八卷首一卷	1-493
二曲集二十八卷	2-245
二曲集二十六卷	1-214
二曲集二十六卷首一卷四書反身錄十六卷歷年紀略一卷	1-493
二曲集二十六卷首一卷歷年紀略一卷四書反身錄十六卷	1-493
二曲集四十六卷	1-493
二如亭群芳譜二十八卷首一卷	2-445
二如亭群芳譜二十九卷首一卷	2-38
二如亭群芳譜三十卷	1-201
二如亭群芳譜三十卷	1-202
二如亭群芳譜三十卷首一卷	1-129
二如亭群芳譜三十卷首一卷	1-130
二如亭群芳譜三十卷首一卷	1-130
二如亭群芳譜三十卷首一卷	1-130
二如亭群芳譜三十卷首一卷	2-393
二如亭群芳譜三十卷首一卷	2-394
二如亭群芳譜三十卷首一卷	2-394
二如亭群芳譜三十卷首一卷	2-470
二如亭群芳譜三十卷首一卷	2-561

二酉山房試帖四卷	2-464
二酉堂叢書二十二種	2-426
二酉堂叢書二十二種	2-426
二酉堂叢書二十二種	2-491
二酉堂叢書二十八種	2-339
二妙集五十一卷	2-244
二林居集二十四卷	1-491
二林居集二十四卷	1-540
二林居集二十四卷	2-247
二林居集二卷	2-247
二忠祠紀略不分卷	2-180
二知軒詩鈔□□卷二知軒詩續鈔二十二卷	2-350
二指禪脈訣度針不分卷	1-404
二思堂叢書六種	2-14
二思堂叢書六種	2-278
二程子遺書纂二卷外書一卷	1-493
二程全書七種六十六卷	1-493
二程全書六十五卷	1-6
二程粹言二卷	1-446
二銘草堂金石聚十六卷	2-206
二銘草堂金石聚十六卷	2-206
二銘草堂金石聚十六卷	2-310
十一朝東華約錄二百三十二卷	2-120
十一經初學讀本十一種不分卷	1-256
十一經初學讀本十一種不分卷	2-316
十一經初學讀本十一種不分卷	2-612
十一經初學讀本十一種不分卷	2-612
十一經初學讀本十一種不分卷	2-612
十一經音訓十一種不分卷	2-286
十一經音訓十一種不分卷	2-458
十一經音訓十一種不分卷	2-490
十一經問對五卷	1-315
十二石齋叢錄七卷	2-221
十二門論一卷	1-526
十二門論一卷	2-30
十二門論宗致義記二卷	2-29
十二門論宗致義記三卷	1-526
十二門論宗致義記四卷	1-526
十二門論宗致義記四卷	1-526
十二緣生祥瑞經二卷	1-17

十二緣生祥瑞經二卷	1-522	十三經注疏三百三十四卷	2-304
十二緣生祥瑞經二卷	1-522	十三經注疏三百四十六卷	2-304
十七史一千五百七十四卷	1-99	十三經注疏三百四十六卷	2-304
十七史一千五百七十四卷	1-99	十三經注疏三百四十六卷	2-453
十七史一千五百七十四卷	1-99	十三經注疏三百四十六卷附考證	1-316
十七史一千五百七十四卷	1-99	十三經注疏三百四十六卷附考證	1-316
十七史一千五百七十四卷	1-99	十三經注疏三百四十六卷附考證	2-17
十七史一千五百七十四卷	1-99	十三經注疏四百十六卷	1-316
十七史附宋遼金元宏簡錄	2-74	十三經注疏四百十六卷	1-317
十七史商榷一百卷	1-143	十三經注疏四百十六卷	2-17
十七史商榷一百卷	2-74	十三經注疏序二卷	2-321
十七史商榷一百卷	2-90	十三經注疏校勘記識語四卷	2-453
十七史商榷一百卷	2-90	十三經客難六十二卷	2-17
十七史商榷一百卷	2-90	十三經校勘記十三卷	2-17
十七史商榷一百卷	2-90	十三經旁訓七十九卷	1-317
十七史商榷一百卷	2-90	十三經集字不分卷	2-492
十七史商榷一百卷	2-90	十三經集字摹本不分卷	2-365
十七史商榷一百卷	2-90	十三經集字摹本不分卷附摘錄	1-318
十七史商榷一百卷	2-391	十三經集字摹本不分卷附摘錄	1-318
十七史商榷一百卷	2-504	十三經集字摹本不分卷附摘錄	1-318
十七史商榷一百卷	2-504	十三經集字摹本不分卷附摘錄	1-318
十七史商榷一百卷	2-505	十三經集字摹本不分卷附摘錄	1-318
十八空論一卷	1-533	十三經註疏三百三十三卷	1-98
十八空論一卷	1-533	十三經註疏三百三十三卷	1-98
十八空論一卷	2-30	十三經註疏三百三十三卷	1-98
十八家詩鈔二十八卷	2-255	十三經註疏三百三十三卷	1-99
十八家詩鈔二十八卷	2-255	十三經註疏三百三十三卷	1-99
十九世紀外交史十七章	2-187	十三經註疏三百三十五卷	1-26
十三峯書屋全集文稿一卷詩集二卷書劄四卷批牘二卷	2-349	十三經註疏三百四十七卷附攷證	1-166
十三峯書屋書札四卷	1-371	十三經輯訓不分卷	1-74
十三峯書屋書札四卷	1-371	十三經韻語一卷	2-446
十三峯書屋書札四卷	2-396	十三經韻語一卷	2-498
十三唐人詩選十三卷	1-334	十三經韻語一卷	2-498
十三經不二字不分卷	2-492	十三經類語十四卷	1-178
十三經不二字不分卷	2-492	十子全書十種一百二十九卷	1-436
十三經古注二百九十一卷總目附攷一卷	1-101	十子全書十種一百二十九卷	1-436
十三經札記二十二卷	2-17	十子全書十種一百二十九卷	1-436
十三經注疏十三種	1-185	十不二門指要鈔詳解二卷	1-398
		十不二門指要鈔詳解二卷	2-395
		十六國春秋一百卷	1-135
		十六國春秋一百卷	1-165

書名	頁碼
十六國春秋一百卷	1-216
十六國春秋一百卷	1-248
十六國春秋一百卷	2-102
十六國春秋一百卷	2-341
十六國春秋輯補一百卷年表一卷	2-506
十六國春秋纂錄十卷校勘記一卷	2-506
十六國疆域志十六卷	1-249
十六國疆域志十六卷	2-131
十六國疆域志十六卷	2-131
十四層啓蒙捷訣集二卷	1-501
十住毗婆沙論十五卷	1-523
十住毗婆沙論十五卷	2-29
十宗略說一卷	1-533
十宗略說一卷	1-533
十科策畧箋釋十卷	1-369
十科策畧箋釋十卷	2-369
十科策畧箋釋十卷年譜一卷	2-466
十笏山房詩集二卷	1-369
十家詩鈔十種	1-555
十家語錄摘要二卷詠梅軒記一卷賸稿一卷增訂一卷	1-439
十國春秋一百十六卷	1-251
十國春秋一百十六卷	2-109
十國春秋一百十六卷	2-518
十國春秋一百十四卷	1-156
十國春秋一百十四卷	1-157
十萬卷樓叢書五十種三百八十八卷	2-13
十萬卷樓叢書五十種三百八十八卷	2-419
十萬卷樓叢書五十種三百八十八卷	2-420
十萬琅玕吟館詩草一卷	1-368
十朝東華錄五百二十五卷(天命至咸豐)	2-468
十朝東華錄五百二十五卷(天命至咸豐)	2-468
十朝東華錄五百二十五卷(天命至咸豐)	2-468
十朝東華錄五百二十五卷(天命至咸豐)	2-468
十朝東華錄五百二十五卷(天命至咸豐)	2-468
十朝東華錄五百二十五卷(天命至咸豐)	2-469
十朝東華錄五百二十五卷(天命至咸豐)	2-469
十朝聖訓十種九百二十二卷	2-319
十朝聖訓十種九百二十二卷	2-368
十朝聖訓十種九百二十二卷	2-408
十朝聖訓(太祖至文宗)	2-125
十朝聖訓(太祖至文宗)	2-125
十善業道經節要一卷	1-533
十種唐詩選十七卷	1-336
十種唐詩選十七卷	2-253
十誦律毘尼序三卷	1-538
十駕齋養新錄二十卷	1-417
十駕齋養新錄二十卷	2-351
十駕齋養新錄二十卷餘錄三卷	1-204
十駕齋養新錄二十卷餘錄三卷	1-417
十駕齋養新錄二十卷餘錄三卷	1-417
十駕齋養新錄二十卷餘錄三卷	2-7
十藥神書一卷	2-47
十藥神書註解一卷	1-548
十藥神書註解一卷	1-553
丁文誠公奏稿二十六卷首一卷	2-127
丁文誠公奏稿二十六卷首一卷	2-127
丁文誠公奏稿二十六卷首一卷附遺稿一卷	2-127
丁文誠公致先太守手劄不分卷	1-108
丁文誠公遺集奏稿二十六卷首一卷	2-534
丁未分類中外官商快覽不分卷	2-389
丁未和會類要四卷	2-68
丁未和會類要四卷	2-413
丁卯集二卷	1-116
丁卯集不分卷	1-113
丁亥入都紀程二卷	1-562
丁亥入都紀程二卷	2-182
丁亥爐餘錄四卷	2-2
丁海暘遺稿十七卷	1-135
丁祭禮樂備考三卷	1-494
丁祭禮樂備考三卷	1-557

丁鶴年集三卷續集一卷	1－113
七十家賦鈔六卷	1－184
七十家賦鈔六卷	1－224
七十家賦鈔六卷	1－368
七十家賦鈔六卷	1－368
七十家賦鈔六卷	1－368
七十家賦鈔六卷	2－232
七十家賦鈔六卷	2－232
七十家賦鈔六卷	2－232
七十家賦鈔六卷	2－232
七十家賦鈔六卷	2－232
七十家賦鈔六卷	2－334
七十家賦鈔六卷	2－398
七十家賦鈔六卷	2－398
七子詩話二十二卷	1－374
七子詩選十四卷	1－149
七子詩選十四卷	2－297
七克七卷	1－455
七言今體詩鈔九卷	2－300
七言古詩聲調細論一卷附錄一卷	2－287
七言詩歌行鈔十五卷	2－300
七言詩歌行鈔八卷	1－368
七注陰符經一卷	1－488
七注陰符經一卷	2－370
七星山人集二卷	2－392
七修類藁五十一卷	1－26
七修類藁五十一卷續藁七卷	1－438
七修類藁五十一卷續藁七卷	2－7
七修類藁五十一卷續藁七卷	2－7
七修類藁五十一卷續藁七卷	2－449
七家後漢書二十一卷	1－250
七家後漢書二十一卷	2－100
七家後漢書二十一卷	2－100
七家詩詳註七卷	1－368
七家詩選註釋七卷	1－337
七家詩選註釋七卷	2－255
七家詩選註釋七卷	2－379
七家詩選箋注七卷	1－368
七硯齋集聯一卷	1－368
七頌堂文集二卷	1－368
七頌堂詩集十卷	1－368
七經同卷佛說出家緣經一卷佛說阿含正門行經一卷佛說十八泥犁經一卷佛說法受塵經一卷	1－529
七經孟子攷文補遺二百卷	2－17
七經精義三十九卷	1－315
七經樓文集六卷	1－557
七經樓文集六卷	2－251
七錄齋集□□卷	2－382
卜筮正宗十四卷	1－425
卜筮正宗十四卷	1－425
卜筮正宗十四卷	1－453
卜筮正宗全書十四卷	1－425
八大人覺經一卷	1－520
八大人覺經一卷	2－31
八大人覺經一卷遺教經論一卷	1－389
八大人覺經畧解一卷	1－387
八大人覺經畧解一卷	1－520
八大人覺經畧解一卷	1－520
八大人覺經畧解一卷	1－520
八大人覺經畧解一卷	1－534
八大人覺經畧解一卷	2－395
八大人覺經略解一卷	2－398
八大人覺經略解一卷	2－398
八大人覺經疏一卷附二林居唱和詩一卷	1－389
八千卷樓書目不分卷	1－128
八史經籍志十種三十卷	1－250
八史經籍志十種三十卷	1－577
八史經籍志十種三十卷	1－577
八史經籍志十種三十卷	1－577
八代文鈔一百六卷	1－136
八代文粹二百二十卷目錄十八卷	2－225
八代文粹二百二十卷目錄十八卷	2－225
八代文粹二百二十卷目錄十八卷	2－225
八代詩揆五卷	1－167
八代詩選二十卷	1－199
八代詩選二十卷	1－332
八代詩選二十卷	1－332
八代詩選二十卷	1－332
八代詩選二十卷	1－333
八代詩選二十卷	2－253

書名	冊-頁
八宅明鏡二卷	1-565
八宗綱要二卷	1-388
八宗綱要二卷	2-32
八妹壽芝墓祭祀譜一卷	1-324
八妹壽芝墓祭祀譜一卷	2-549
八函二十二卷	1-79
八段錦圖不分卷	1-179
八家四六文注八卷首一卷	2-235
八家四六文注八卷首一卷	2-235
八家四六文注八卷首一卷	2-235
八家四六文注八卷首一卷補注一卷	1-332
八家四六文鈔八種九卷	2-361
八家四六文註八卷首一卷補注一卷	1-332
八家四六文註八卷首一卷補注一卷	1-332
八家四六文註八卷首一卷補注一卷	1-470
八家四六文註八卷首一卷補注一卷	1-470
八家詩選三卷	2-542
八朝宋名臣言行錄前集十卷後集十四卷別集二十六卷續集八卷外集十八卷外集附一卷	1-203
八銘堂塾鈔初集四卷二集四卷	1-470
八旗文經六十卷	1-470
八劉唐人詩不分卷	1-219
八線備旨四卷	1-419
八線備旨四卷	1-419
八編類纂二百八十五卷附六經圖六卷	1-230
八編類纂二百八十五卷圖二卷六經圖六卷	2-522
八編類纂二百八十五卷圖二卷六經圖六卷	2-522
八識規矩直解一卷	1-534
八識規矩直解一卷	2-32
八識規矩直解一卷	2-400
八識規矩直解一卷	2-538
八識規矩頌一卷大乘百法明門論一卷	1-395
八識規矩頌一卷大乘百法明門論一卷	1-395
八識規矩頌一卷大乘百法明門論一卷	2-364
人天眼目四卷宋門雜錄二卷	1-187
人物志三卷	1-16
人物志三卷	2-379
人品捷錄五卷	2-391
人葠譜四卷	1-172
人境廬詩草十一卷	2-265
人壽金鑑二十二卷	1-192
人壽金鑑二十二卷	1-252
人壽金鑑二十二卷	1-324
人壽金鑑二十二卷	2-26
人壽金鑑二十二卷	2-401
人範六卷	2-26
人鏡經附錄二卷	1-412
人譜正篇一卷人譜類記二卷附本傳一卷	1-455
人譜正篇一卷續篇一卷三篇一卷類記增訂六卷	1-470
人譜類記二卷	1-440
人譜類記二卷蕺山先生人譜一卷	1-427
入地眼全書十卷	1-437
入佛問答二卷	1-389
入法界體性經一卷佛說如來智印經一卷	1-391
入幕須知五種附贅言十則一卷	2-66
入幕須知五種附贅言十則一卷	2-66
入幕須知五種附贅言十則一卷	2-67
入楞伽心玄義一卷	1-391
入藥鏡一卷康節邵子詩一卷呂祖沁園春一卷	1-390
九九銷夏錄十四卷	1-244
九子全書十種	2-18
九天司命灶君勸善錫福寶懺三卷	1-565
九柏山房詩十六卷	1-368
九家詩續刻讀本五卷	1-368
九通二千三百五十三卷	2-485

九通分類總纂二百四十卷	2-60
九通分類總纂二百四十卷	2-77
九通全書二千三百五十三卷	2-485
九通全書九種	2-60
九通全書九種	2-60
九通全書九種	2-60
九通全書九種	2-60
九通全書九種	2-60
九通序不分卷	1-247
九通序不分卷	2-60
九通序不分卷	2-529
九通提要十二卷	2-59
九域志十卷	1-179
九章算術細草圖說九卷海島算經細草圖說一卷	1-431
九章算術細草圖說九卷海島算經細草圖說一卷	1-432
九章算術細草圖說九卷海島算經細草圖說一卷	1-432
九章算術細草圖說九卷海島算經細草圖說一卷	1-432
九朝紀事本末□□卷	2-434
九朝紀事本末□□卷	2-435
九煙先生集四卷	2-244
九煙先生遺集六卷	1-368
九經九種	1-316
九經五十一卷附四卷	1-71
九經古義十六卷	1-315
九經古義十六卷	2-17
九僧詩一卷	1-169
九旗古義述一卷	2-59
九鐘精舍金石跋尾甲編一卷	2-203
九靈山房集三十二卷	1-156
刁南樓二折	2-593
刁南樓二折	2-593
力書一卷平等會公例一卷	1-464
又問一卷	1-450
又問一卷	1-450
了凡四訓一卷附袁了凡居士傳一卷雲谷先大師傳一卷俞淨意公遇竈神記一卷	2-583
了凡四訓不分卷	1-566
了凡四訓不分卷	1-566

三畫

三才分類粹言二十卷	2-36
三才略三卷	1-435
三才略三卷	2-5
三才略三卷	2-414
三才彙集六卷	1-550
三才彙編六卷	1-165
三才圖會一百六卷	1-141
三千諸佛名經三卷	1-567
三子合刊十三卷	1-83
三子合刊十三卷	1-83
三元秘授六集附錄一卷	1-496
三支比量義鈔一卷	1-521
三水關紀事和詩三卷	1-494
三古圖四十二卷	1-169
三古圖四十二卷	2-205
三史拾遺五卷	2-78
三史拾遺五卷宋遼金元四史朔閏攷二卷	2-78
三史拾遺五卷諸史拾遺五卷	1-250
三白寶海三卷	1-447
[嘉慶]三台縣志八卷	2-150
[嘉慶]三台縣志八卷	2-150
三光淺說三卷	1-422
三州學錄二卷	1-541
三字經一卷	2-544
三字經注解備要二卷	2-300
三字經訓詁一卷	2-446
三字經訓詁一卷	2-554
三孝記四卷	2-592
三吳水利不分卷	1-109
三邑治略六卷	1-327
三角理數九卷	1-421
三角理數九卷	1-421
三宋人集四十六卷	1-559
三君子堂詩存五卷	1-497
三長物齋叢書二十六種二百六十四	

卷 …… 2－285	三通考詳節三種七十六卷 …… 1－251
三長物齋叢書二十六種二百六十四	三通考詳節三種七十六卷 …… 2－60
卷 …… 2－425	三通考輯要三種七十六卷 …… 2－60
三長物齋叢書二十六種二百六十四	三通考輯要三種七十六卷 …… 2－492
卷 …… 2－556	三通序三卷 …… 1－247
三松堂集詩集二十卷詩續集六卷文	三通序三卷 …… 1－251
集四卷 …… 1－184	三通序三卷 …… 2－59
三刻太醫院補註婦人良方大全二十	三通序三卷 …… 2－62
四卷 …… 2－46	三通序三種五卷 …… 2－62
三刻太醫院補註婦人良方大全二十	三通序目三種三卷 …… 2－394
四卷首一卷 …… 1－87	三教心法二卷 …… 1－565
[乾隆]三河縣志十六卷首一卷 …… 2－136	三教平心論一卷 …… 2－402
三指禪三卷 …… 1－544	三教平心論一卷護法論一卷 …… 1－565
三省邊防備覽十八卷 …… 1－327	三教齊性集不分卷 …… 1－388
三省邊防備覽十八卷 …… 2－173	三教齊性集不分卷 …… 1－563
三省邊防備覽十四卷 …… 2－173	三教繡像搜神記四卷 …… 2－35
三省邊防備覽十四卷 …… 2－338	三異筆談第一集四卷 …… 1－435
三恥齋初稿十二卷 …… 1－494	三異錄八卷 …… 2－449
三恥齋初稿十二卷 …… 2－264	三國全戲三折 …… 2－592
三恥齋初稿六卷 …… 1－491	三國全戲三折 …… 2－592
[光緒]三原縣新志八卷 …… 1－273	三國志六十五卷 …… 1－1
三唐人集三種 …… 1－336	三國志六十五卷 …… 1－66
三唐詩品三卷 …… 2－523	三國志六十五卷 …… 1－68
三流道里表不分卷 …… 1－326	三國志六十五卷 …… 1－118
三流道里表不分卷 …… 2－70	三國志六十五卷 …… 1－120
三流道里表不分卷 …… 2－70	三國志六十五卷 …… 1－123
三流道里表不分卷 …… 2－344	三國志六十五卷 …… 1－124
三流道里表不分卷 …… 2－552	三國志六十五卷 …… 1－175
三家宮詞三卷二家宮詞二卷 …… 2－411	三國志六十五卷 …… 1－204
三家詩補遺三卷 …… 2－537	三國志六十五卷 …… 1－323
三家詩補遺三卷 …… 2－537	三國志六十五卷 …… 1－327
三家詩遺說攷三種十五卷 …… 1－272	三國志六十五卷 …… 2－101
三家醫案合刻三卷附書劄溫熱贅言	三國志六十五卷 …… 2－101
一卷 …… 1－403	三國志六十五卷 …… 2－101
三家醫案合刻三卷醫效秘傳三卷溫	三國志六十五卷 …… 2－101
熱贅言一卷 …… 2－47	三國志六十五卷 …… 2－101
三書本草二卷 …… 1－409	三國志六十五卷 …… 2－314
三書寶鑑三種四十八卷 …… 1－450	三國志六十五卷 …… 2－532
三書寶鑑三種四十八卷 …… 1－452	三國志六十五卷 …… 2－560
三書寶鑑三種四十八卷 …… 1－456	三國志六十五卷 …… 2－560
三書寶鑑三種四十八卷 …… 2－71	三國志六十五卷附考證 …… 1－186

三國志六十五卷附考證	2-100	卷	1-491
三國志六十五卷附考證	2-100	三朝北盟會編二百五十卷	2-111
三國志六十五卷附考證	2-100	三朝北盟會編二百五十卷	2-111
三國志六十五卷附考證	2-101	三朝北盟會編二百五十卷首一卷	2-111
三國志六十五卷附考證	2-101	三朝北盟會編二百五十卷首一卷	2-111
三國志六十五卷附考證	2-101	三朝名醫方論三種二十三卷	1-403
三國志六十五卷附考證	2-101	三間草堂集錄二十一種一百三十二	
三國志六十五卷附考證	2-101	卷	1-114
三國志六十五卷附考證	2-101	三湘從事錄一卷	2-119
三國志六十五卷附考證	2-101	三費章程一卷	2-488
三國志六十五卷附考證	2-101	三統術衍三卷鈐一卷	1-424
三國志六十五卷附考證	2-101	三統術衍三卷鈐一卷	2-499
三國志六十五卷附考證	2-101	三統術詳說四卷	2-506
三國志六十五卷附考證	2-101	三聖經句解不分卷	1-566
三國志六十五卷附考證	2-101	三聖經旁訓	1-564
三國志攷證八卷	2-101	三聖寶訓一卷	1-388
三國志攷證八卷	2-506	三聖寶訓一卷	2-409
三國志攷證八卷	2-506	三聖寶訓萃解	1-566
三國志補義十三卷	2-100	三農紀二十四卷	2-49
三國志蔣恭侯傳一卷	2-197	三農紀二十四卷	2-394
三國志質疑六卷	2-101	三農紀十卷	2-383
三國志辨疑三卷	1-573	三農紀十卷	2-493
三國志辨疑三卷	2-505	三經音義四卷	1-197
三國志證聞三卷	2-102	三經評注五卷	1-81
三國志證聞三卷	2-102	三經評注五卷	1-81
三國佛教略史三卷	2-27	三經評注五卷	1-82
三國紀年表一卷	2-505	三輔黃圖六卷	1-47
三國職官表三卷	2-65	三輔黃圖六卷附補遺一卷	2-180
三國職官表三卷	2-66	三管英靈五十七卷	2-399
三國疆域圖不分卷	1-539	三鄭進士合稿四卷附錄一卷附一卷	
三國疆域圖不分卷	1-539		1-497
三魚堂日記十卷(康熙丙午至壬申)		三賢文集十二卷	2-219
	2-198	三餘書屋叢書□□種	2-407
三魚堂文集十二卷外集六卷	1-181	三餘書屋叢書□□種	2-423
三魚堂文集十二卷外集六卷	1-491	三餘堂詳校醫宗必讀十卷	1-400
三魚堂文集十二卷外集六卷	1-491	三餘堂詳校醫宗必讀十卷	2-38
三魚堂文集十二卷外集六卷附錄一		三餘贅筆一卷	2-393
卷	2-556	三論玄義二卷	1-388
三魚堂文集十二卷附錄一卷外集六		三論玄義二卷	1-388
卷	1-491	三壇傳戒正範四卷	1-388
三魚堂文集十二卷附錄一卷外集六		三壇傳戒儀範三卷補遺一卷	2-533

三擊掌二折	2-592
三禮約編十九卷	1-276
三禮圖二十卷	1-321
三禮編繹二十六卷	1-41
三藩紀事本末二十二卷	1-540
三藩紀事本末二十二卷	2-118
三歸草二卷	1-490
三蘇全集四種二百八卷	1-341
三蘇全集四種二百八卷	1-341
三蘇全集四種二百八卷	1-341
三蘇全集四種二百八卷	1-341
三蘇全集四種二百八卷	2-283
三蘇全集四種二百八卷	2-283
三蘇策論十二卷	1-492
三蘇策論十二卷	1-492
三蘇策論十二卷	1-492
三寶感通錄四卷	1-567
干巷志六卷首一卷	2-142
干祿字書一卷	1-183
于忠肅公集十二卷附錄四卷	1-66
于忠肅公集十二卷附錄四卷	1-66
于清端公政書八卷	1-162
于清端公政書八卷外集一卷首編一卷	2-270
于湖詞一卷	1-101
工程做法□□卷	2-522
工程做法□□卷	2-522
士林彝訓八卷	2-528
士禮居黃氏叢書二十種	1-108
士禮居黃氏叢書十七種附二種一百九十四卷	2-370
士禮居黃氏叢書十七種附二種一百九十四卷	2-418
士禮居黃氏叢書十八種	1-106
士禮居藏書題跋記六卷	1-575
士禮居藏書題跋記六卷	2-549
士禮居藏書題跋記六卷續編二卷	1-575
士禮居藏書題跋記六卷續編二卷	1-575
士禮居叢書題跋記六卷	2-458
士翼三卷	2-26
土司例纂不分卷	2-528
土耳基國志一卷土耳基新志一卷	2-186
土耳機史不分卷	2-186
下學芙城錄一卷	2-454
大小雅堂詩集不分卷	1-381
大日本中興先覺志二卷	1-371
大日本維新史二卷	2-185
大化總歸二卷	1-525
大六壬大全十三卷	1-175
大六壬大全十三卷	1-432
大六壬大全十三卷	1-432
大六壬大全十三卷	1-432
大六壬大全十三卷	1-432
大六壬心鏡八卷附二十科取象法一卷	1-432
大方便佛報恩經七卷	2-28
大方等大集月藏經十卷	1-397
大方等大集經三十卷	1-526
大方等大集經三十卷	2-28
大方等大集賢護經五卷	1-397
大方等大集賢護經五卷	2-28
大方等如來藏經一卷	1-397
大方等如來藏經一卷	1-398
大方廣如來不思議境界經一卷	1-528
大方廣佛華嚴經八十卷	1-23
大方廣佛華嚴經八十卷	2-316
大方廣佛華嚴經八十卷	2-611
大方廣佛華嚴經八十卷	2-611
大方廣佛華嚴經八十卷	2-611
大方廣佛華嚴經八十卷	2-611
大方廣佛華嚴經八十卷	2-611
大方廣佛華嚴經入不思議解脫境界普賢行願品一卷	1-390
大方廣佛華嚴經入不思議解脫境界普賢行願品一卷	1-390
大方廣佛華嚴經入不思議解脫境界普賢行願品一卷	2-315
大方廣佛華嚴經入不思議解脫境界普賢行願品一卷	2-611
大方廣佛華嚴經入不思議解脫境界	

普賢行願品四十卷 …………………… 1-564
大方廣佛華嚴經六十卷 ……………… 1-528
大方廣佛華嚴經六十卷 ……………… 1-528
大方廣佛華嚴經六十卷 ……………… 2-33
大方廣佛華嚴經六十卷 ……………… 2-566
大方廣佛華嚴經吞海集三卷 ………… 2-399
大方廣佛華嚴經□□卷 ……………… 2-530
大方廣佛華嚴經□□卷 ……………… 2-564
大方廣佛華嚴經要解一卷 …………… 1-528
大方廣佛華嚴經要解一卷 …………… 2-398
大方廣佛華嚴經修慈分一卷 ………… 1-528
大方廣佛華嚴經著述集要二十八種
　三十九卷 …………………………… 2-27
大方廣佛華嚴經著述集要二十九種
　四十卷 ……………………………… 1-530
大方廣佛華嚴經普賢行願品別行疏
　鈔十五卷 …………………………… 1-528
大方廣佛華嚴經普賢行願品別行疏
　鈔十五卷 …………………………… 1-528
大方廣佛華嚴經普賢菩薩行願品一
　卷 …………………………………… 1-388
大方廣佛華嚴經普賢菩薩行願品一
　卷 …………………………………… 1-522
大方廣佛華嚴經疏鈔會本二百二十
　卷 …………………………………… 1-246
大方廣佛華嚴經疏鈔懸談二十八卷
　首一卷 ……………………………… 1-531
大方廣佛華嚴經疏鈔懸談二十八卷
　首一卷 ……………………………… 1-531
大方廣佛華嚴經疏演義鈔九卷 ……… 1-88
大方廣佛新華嚴經合論一百二十卷
　首一卷 ……………………………… 1-528
大方廣佛新華嚴經合論一百二十卷
　首一卷 ……………………………… 2-27
大方廣圓覺修多羅了義經二卷 ……… 1-61
大方廣圓覺修多羅了義經二卷 ……… 1-83
大方廣圓覺修多羅了義經二卷 ……… 1-397
大方廣圓覺修多羅了義經二卷 ……… 1-525
大方廣圓覺修多羅了義經二卷 ……… 1-564
大方廣圓覺修多羅了義經二卷 ……… 2-30
大方廣圓覺修多羅了義經二卷 ……… 2-400

大方廣圓覺修多羅了義經直解二卷
　……………………………………… 2-364
大方廣圓覺修多羅了義經畧疏註二
　卷附圭峯定慧禪師遙稟清涼國師
　書一卷 ……………………………… 1-88
大方廣圓覺修多羅了義經略近釋六
　卷 …………………………………… 1-519
大方廣圓覺修多羅了義經略近釋六
　卷 …………………………………… 1-519
大方廣圓覺修多羅了義經略疏二卷
　……………………………………… 1-519
大方廣圓覺經大疏三卷 ……………… 1-519
大方廣圓覺經大疏三卷 ……………… 2-30
大方廣圓覺經大疏三卷 ……………… 2-465
大打董家廟七折 ……………………… 2-598
大打董家廟七折 ……………………… 2-598
大打董家廟七折 ……………………… 2-598
大生要旨五卷 ………………………… 1-401
大生要旨五卷 ………………………… 1-401
大生要旨五卷 ………………………… 1-401
大生要旨五卷 ………………………… 1-554
大生要旨五卷 ………………………… 1-554
大生要旨五卷續增大生要旨一卷 …… 1-553
大生要旨不分卷附續編秘方不分卷
　……………………………………… 1-381
大生集成五卷 ………………………… 1-413
大生集成五卷 ………………………… 2-480
大成易旨四卷 ………………………… 1-260
[道光]大同縣志二十卷首一卷末一
　卷 …………………………………… 2-139
[道光]大竹縣志四十卷 ……………… 2-159
[光緒]大足縣志八卷 ………………… 2-159
[光緒]大足縣志八卷 ………………… 2-159
[光緒]大足縣志八卷 ………………… 2-159
[光緒]大足縣志八卷 ………………… 2-159
[光緒]大足縣志八卷 ………………… 2-577
[嘉慶]大足縣志八卷 ………………… 2-159
[同治]大邑縣志二十卷 ……………… 2-159
大佛頂如來密因修證了義諸菩薩行
　首楞嚴經纂註十卷首一卷末一卷
　……………………………………… 1-532

| 大佛頂如來密因修證了義諸菩薩萬行首楞嚴經十卷 …………… 1-36
| 大佛頂如來密因修證了義諸菩薩萬行首楞嚴經十卷 …………… 1-142
| 大佛頂如來密因修證了義諸菩薩萬行首楞嚴經十卷 …………… 1-207
| 大佛頂如來密因修證了義諸菩薩萬行首楞嚴經十卷 …………… 1-396
| 大佛頂如來密因修證了義諸菩薩萬行首楞嚴經十卷 …………… 1-396
| 大佛頂如來密因修證了義諸菩薩萬行首楞嚴經十卷 …………… 1-565
| 大佛頂如來密因修證了義諸菩薩萬行首楞嚴經十卷 …………… 2-314
| 大佛頂如來密因修證了義諸菩薩萬行首楞嚴經十卷首一卷 ……… 2-28
| 大佛頂如來密因修證了義諸菩薩萬行首楞嚴經文句十卷 ……… 1-525
| 大佛頂如來密因修證了義諸菩薩萬行首楞嚴經玄義二卷文句十卷 …… 2-30
| 大佛頂如來密因修證了義諸菩薩萬行首楞嚴經合轍十卷 ……… 1-64
| 大佛頂如來密因修證了義諸菩薩萬行首楞嚴經合轍十卷 ……… 1-396
| 大佛頂如來密因修證了義諸菩薩萬行首楞嚴經合轍十卷 ……… 1-396
| 大佛頂如來密因修證了義諸菩薩萬行首楞嚴經折衷疏十卷 …… 1-129
| 大佛頂如來密因修證了義諸菩薩萬行首楞嚴經直指十卷 ……… 1-396
| 大佛頂如來密因修證了義諸菩薩萬行首楞嚴經通議十卷附補遺一卷 … 2-29
| 大佛頂如來密因修證了義諸菩薩萬行首楞嚴經講錄十卷 ……… 1-67
| 大佛頂如來密因修證了義諸菩薩萬行首楞嚴經纂註二卷首一卷 …… 1-396
| 大佛頂如來密因修證了義諸菩薩萬行首楞嚴經纂註十卷 ……… 1-396
| 大佛頂如來密因修證了義諸菩薩萬行首楞嚴經纂註十卷首一卷末一卷 …… 1-396
| 大佛頂如來密因修證了義諸菩薩萬行首楞嚴經纂註十卷首一卷末一卷 …… 2-28
| 大佛頂如來密因修證了義諸菩薩萬行首楞嚴經纂註十卷首一卷末一卷 …… 2-464
| 大佛頂如來密因修證了義諸菩薩萬行楞嚴經玄義二卷 …………… 1-524
| 大佛頂首楞嚴經大勢至菩薩念佛圓通章一卷 ……………………… 1-522
| 大佛頂首楞嚴經正脈疏四十卷首一卷 ……………………… 1-396
| 大佛頂首楞嚴經正脈疏四十卷首一卷 ……………………… 2-28
| 大佛頂首楞嚴經玄義四卷 …… 1-396
| 大佛頂首楞嚴經疏解蒙鈔六十卷首一卷 ……………………… 1-396
| 大佛頂首楞嚴經疏解蒙鈔六十卷首一卷 ……………………… 2-30
| 大佛頂經序指味疏一卷 ……… 1-526
| 大宋重修廣韻五卷 …………… 1-298
| 大宋重修廣韻五卷 …………… 1-298
| 大宋重修廣韻五卷 …………… 1-298
| 大宋重修廣韻五卷 …………… 1-298
| 大宋重修廣韻五卷附廣韻校札一卷 ……………………………… 1-311
| 大英國志八卷 ………………… 2-188
| 大英國志八卷 ………………… 2-188
| 大英國志八卷 ………………… 2-188
| 大事記十二卷通釋三卷解題十二卷 … 1-10
| 大事記十二卷通釋三卷解題十二卷 … 1-10
| 大事記四卷 …………………… 1-466
| 大事記四卷 …………………… 1-466
| 大事記續編七十七卷 ………… 1-5
| 大明三藏法數五十卷 ………… 1-531
| 大明三藏聖教北藏六千三百六十一卷續北藏四百十卷目錄五卷 …… 2-601
| 大明仁孝皇后勸善書二十卷 … 1-3
| 大明成化庚寅重刊改併五音集韻十五卷 ……………………………… 1-5
| 大明重刊三藏聖教六千二百三十四

卷 …………………………………… 2－601	大乘阿毗達磨雜集論十六卷 ………… 2－285
大明度無極經六卷 …………………… 1－567	大乘法界無差別論疏二卷 …………… 1－397
大明萬曆二年歲次甲戌大統曆不分	大乘法界無差別論疏二卷 …………… 1－526
卷 …………………………………… 1－42	大乘法界無差別論疏二卷 …………… 2－29
大明會典一百八十卷 ………………… 1－97	大乘起信論一卷 ……………………… 1－524
大明會典二百二十八卷 ……………… 1－37	大乘起信論一卷 ……………………… 1－524
大金國志四十卷 ……………………… 1－131	大乘起信論一卷 ……………………… 1－524
大金國志四十卷 ……………………… 2－113	大乘起信論直解二卷 ………………… 1－524
大金國志四十卷 ……………………… 2－481	大乘起信論直解二卷 ………………… 1－524
大金國志四十卷 ……………………… 2－489	大乘起信論直解二卷 ………………… 1－563
大泌山房集一百三十四卷目錄一卷	大乘起信論直解二卷 ………………… 2－30
…………………………………… 1－138	大乘起信論科註不分卷 ……………… 1－524
大宗地玄文本論略註四卷 …………… 1－524	大乘起信論科註不分卷 ……………… 1－524
大哀經八卷 …………………………… 1－397	大乘起信論裂網疏六卷 ……………… 1－524
大亭山館叢書十八種四十二卷 ……… 2－420	大乘起信論裂網疏六卷 ……………… 1－524
大美國史略八卷 ……………………… 2－189	大乘起信論裂網疏六卷 ……………… 2－30
［道光］大姚縣志十六卷圖一卷 …… 2－169	大乘起信論疏二卷 …………………… 2－29
大華嚴經略策一卷答順宗心要法門	大乘起信論疏記會本六卷 …………… 1－524
一卷三聖圓融觀門一卷 ………… 1－397	大乘起信論疏記會本六卷 …………… 2－29
大華嚴經略策一卷答順宗心要法門	大乘起信論疏筆削記會閱十卷首一
一卷三聖圓融觀門一卷 ………… 2－27	卷 …………………………………… 1－524
大乘入楞伽經七卷 …………………… 1－397	大乘起信論義記七卷別記一卷 ……… 1－565
大乘入楞伽經七卷 …………………… 2－33	大乘起信論纂註二卷 ………………… 1－524
大乘三聚懺悔經等五種 ……………… 1－567	大乘起信論纂註二卷 ………………… 1－527
大乘止觀法門四卷 …………………… 2－402	大乘起信論纂註二卷 ………………… 1－527
大乘止觀法門四卷 …………………… 2－442	大乘起信論纂註二卷 ………………… 2－30
大乘止觀法門釋要六卷 ……………… 1－526	大乘造像功德經二卷 ………………… 1－533
大乘止觀法門釋要六卷 ……………… 2－30	大乘理趣六波羅密多經十卷 ………… 1－532
大乘中觀釋論十卷 …………………… 1－396	大乘理趣六波羅密多經十卷 ………… 2－29
大乘中觀釋論十卷 …………………… 1－396	大乘密嚴經三卷 ……………………… 1－397
大乘中觀釋論十卷 …………………… 1－526	大乘集菩薩學論二十五卷 …………… 2－390
大乘中觀釋論十卷 …………………… 2－30	大乘集菩薩學論二十五卷 …………… 2－583
大乘本生心地觀經八卷 ……………… 1－524	大乘瑜伽金剛性海曼殊室利千臂千
大乘本生心地觀經八卷 ……………… 1－524	鉢大教王經十卷 …………………… 1－162
大乘百法明門論直解一卷 …………… 2－32	大般若波羅密多經□□卷 …………… 1－17
大乘百法明門論直解一卷 …………… 2－400	大般涅槃師子吼經七卷 ……………… 1－524
大乘百法明門論直解一卷 …………… 2－538	大般涅槃經四十卷 …………………… 1－532
大乘阿毗達磨雜集論十六卷 ………… 1－523	大般涅槃經四十卷 …………………… 2－611
大乘阿毗達磨雜集論十六卷 ………… 1－523	大般涅槃經玄義二卷 ………………… 1－533
大乘阿毗達磨雜集論十六卷 ………… 2－29	大般涅槃經玄義二卷 ………………… 1－533
大乘阿毗達磨雜集論十六卷 ………… 2－29	大般涅槃經玄義發源機要六卷 ……… 1－533

書名	頁碼
大唐六典三十卷	1-22
大唐西域記十二卷	1-41
大唐西域記十二卷	1-398
大唐西域記十二卷	2-185
大唐開元占經一百二十卷	2-407
大梅山館集三種五十五卷	2-558
大清一統志三百五十六卷附科爾沁諸部一卷	1-195
大清一統志五百卷	2-307
大清一統志五百卷	2-490
大清一統志四百二十四卷	2-134
大清一統志四百二十四卷	2-134
大清一統志表不分卷	2-453
大清一統輿圖三十一卷首一卷	1-251
大清刑事訴訟律草案一卷	2-70
大清光緒二十二年歲次丙申七政經緯宿度五星伏見一卷	1-455
大清光緒二十三年歲次丁酉航海通書一卷	1-422
大清光緒三十三年歲次丁未七政經緯宿度五星伏見一卷	1-455
大清光緒年時憲書不分卷	2-386
大清法規大全（光緒辛丑迄宣統己酉）	2-332
大清法規大全（光緒辛丑迄宣統己酉）	2-353
大清法規大全（光緒辛丑迄宣統己酉）	2-371
大清法規大全（光緒辛丑迄宣統己酉）	2-451
大清法規大全續編□□卷	2-332
大清法規大全續編□□卷	2-451
大清重刻龍藏彙記一卷	1-531
大清重刻龍藏彙記一卷	1-562
大清重刻龍藏彙記不分卷	2-31
大清律例三十九卷	2-445
大清律例四十七卷	2-400
大清律例刑案彙纂集成四十卷督捕則例二卷	2-69
大清律例刑案彙纂集成四十卷督捕則例二卷	2-69
大清律例集解四十卷	2-453
大清律例集解四十卷	2-453
大清律例集解四十卷末一卷附督捕則例二卷	2-453
大清律例彙輯便覽四十卷附督捕則例二卷五軍道里表一卷三流道里表一卷	2-69
大清律例彙輯便覽四十卷附督捕則例二卷五軍道里表一卷三流道里表一卷	2-69
大清律例彙輯便覽四十卷附督捕則例二卷五軍道里表一卷三流道里表一卷秋審實緩比較彙案一卷	2-457
大清律例增修統纂集成四十卷	2-379
大清律例增修統纂集成四十卷附督捕則例二卷	2-314
大清律例增修統纂集成四十卷附督捕則例二卷	2-315
大清律例增修統纂集成四十卷附督捕則例二卷	2-315
大清律例總類不分卷	1-244
大清律例總類不分卷	2-551
大清律纂修條例二卷	2-400
大清律纂修條例不分卷	2-349
大清律纂修條例不分卷	2-445
大清宣宗成皇帝實錄不分卷	1-109
大清宣統元年時憲書一卷	1-455
大清宣統新法令不分卷	2-462
大清宣統新法令不分卷大清光緒新法令不分卷	2-125
大清通禮五十四卷	1-319
大清通禮五十四卷	2-55
大清通禮五十四卷	2-55
大清通禮五十四卷	2-55
大清通禮五十四卷	2-63
大清通禮品官士庶人喪禮傳二卷	1-277
大清通禮品官士庶人喪禮傳二卷	1-300
大清通禮摘要不分卷	2-491
大清現行刑律三十六卷秋審條例一卷禁煙條例一卷	2-333
大清現行刑律案語不分卷	2-353

大清現行刑律講義不分卷	2-70	大廣益會玉篇三十卷	1-105
大清國大墨西哥國通商條約不分卷	2-343	大廣益會玉篇三十卷	1-105
大清搢紳全書四卷	1-451	大廣益會玉篇三十卷	1-105
大清搢紳全書四卷	1-451	大廣益會玉篇三十卷	1-105
大清搢紳全書四卷	2-64	大廣益會玉篇三十卷	1-219
大清搢紳全書四卷	2-192	大廣益會玉篇三十卷	1-311
大清搢紳全書四卷	2-193	大廣益會玉篇三十卷	1-311
大清會典二百五十卷	2-403	大廣益會玉篇三十卷	1-311
大清會典二百五十卷	2-450	大廣益會玉篇三十卷	1-311
大清會典四卷	2-63	大廣益會玉篇三十卷	1-312
大清會典四卷	2-462	大廣益會玉篇三十卷	1-312
大清會典便蒙述略二十七卷	2-63	大廣益會玉篇三十卷	1-312
大清會典便蒙述略二十七卷	2-312	大廣益會玉篇三十卷	2-213
大清新刑律總則不分卷分則不分卷	2-70	大廣益會玉篇三十卷	2-213
大清新法令不分卷	2-69	大廣益會玉篇三十卷	2-414
大雲山房文槀初集四卷二集四卷	1-381	大廣益會玉篇三十卷玉篇廣韻指南一卷	1-96
大雲山房文槀初集四卷二集四卷	1-381	大漢紀元年歲次壬子時憲書一卷	2-527
大雲山房文槀初集四卷二集四卷	1-381	[光緒]大寧縣志八卷首一卷	2-149
大雲山房文槀初集四卷二集四卷	1-562	[光緒]大寧縣志八卷首一卷	2-150
大雲山房文槀初集四卷二集四卷	2-249	[光緒]大寧縣志八卷首一卷	2-150
大雲山房文稿二集四卷	1-229	大慧普覺禪師宗門武庫一卷雪堂行和尚拾遺錄一卷	1-392
大雲山房文稿初集四卷	1-229	大慧普覺禪師宗門武庫一卷雪堂行和尚拾遺錄一卷	2-34
大雲山房文稿初集四卷二集四卷	1-381	大德重校聖濟總錄二百卷目錄一卷	1-2
大雲山房文稿初集四卷二集四卷言事二卷	1-381	大潛山房詩鈔一卷	2-497
大雲山房文稿初集四卷二集四卷言事二卷	2-249	大樂原音七卷	1-232
大雲山房言事二卷	1-381	大薩遮尼乾子受記經十卷	1-524
大雲輪請雨經二卷	1-533	大薩遮尼乾子受記經十卷	2-32
大智度論一百卷	1-524	大還閣琴譜六卷谿山琴況不分卷萬峯閣指法閟箋不分卷	1-232
大智度論一百卷	2-330	大還閣琴譜六卷谿山琴況不分卷萬峯閣指法閟箋不分卷	1-232
大智度論一百卷	2-396	大學一卷中庸一卷	1-204
大復集三十七卷附錄一卷	1-22	大學大全章句一卷中庸大全章句二卷論語集註大全二十卷孟子集註大全十四卷	1-219
大道還鄉不分卷	2-454		
大愚蘗二集十卷	1-149		
大會泉譜一卷	2-205		
大慈恩寺三藏法師傳十卷	1-44	大學不分卷	1-306
大慈恩寺三藏法師傳十卷	1-526	大學古本不分卷	1-307
大慈恩寺三藏法師傳十卷	1-526	大學古本質言一卷	1-306
大廣益會玉篇三十卷	1-105		

大學古本質言不分卷	1-306	大戴禮記十三卷	1-118
大學古本質言不分卷	1-306	大戴禮記十三卷	1-186
大學古本質言不分卷	1-306	大戴禮記十三卷	1-275
大學古本質言不分卷	1-306	大戴禮記十三卷	1-275
大學古本質言不分卷	1-306	大戴禮記十三卷	1-275
大學衍義四十三卷	1-74	大戴禮記十三卷	2-379
大學衍義四十三卷	1-74	大戴禮記補注十三卷	1-275
大學衍義四十三卷	1-74	大戴禮記補注十三卷	1-275
大學衍義四十三卷	1-88	大戴禮記補注十三卷	1-275
大學衍義四十三卷	1-307	大戴禮記補注十三卷	2-55
大學衍義四十三卷	1-461	大戴禮記補注十三卷	2-55
大學衍義四十三卷	2-20	大戴禮記補注十三卷敘錄一卷	1-179
大學衍義四十三卷	2-286	大藏一覽十卷	1-531
大學衍義四十三卷	2-445	大藏一覽十卷	2-31
大學衍義補一百六十卷	1-7	大題文府不分卷	2-301
大學衍義補一百六十卷	1-7	大寶積經一百二十卷	1-17
大學衍義補一百六十卷	1-8	大寶積經一百二十卷	1-526
大學衍義補一百六十卷	1-8	大寶積經一百二十卷	1-526
大學衍義補一百六十卷	1-60	大寶積經一百二十卷	2-28
大學衍義補一百六十卷	1-63	大寶積經論四卷	1-17
大學衍義補一百六十卷	1-63	大鶴山人詩集二卷	1-381
大學衍義補一百六十卷	1-66	大鶴山人詩稿不分卷	1-110
大學衍義補一百六十卷	1-67	大鶴山人雜稿不分卷	1-176
大學衍義補一百六十卷首一卷	1-63	大鶴山房全書十一種	2-15
大學衍義補一百六十卷首一卷	1-71	大鶴山房全書十一種	2-281
大學衍義補一百六十卷首一卷	1-76	大鶴山房全書十種附一種	1-182
大學衍義補一百六十卷首一卷	1-77	大鶴山房全書十種附一種	1-182
大學衍義補一百六十卷首一卷	1-461	丈雪老人耆耆篇三卷	1-526
大學衍義補一百六十卷首一卷	1-461	才調集十卷	1-75
大學衍義補輯要十二卷首一卷	1-182	才調集十卷	1-75
大學衍義補輯要十二卷首一卷	1-462	才調集十卷	1-75
大學衍義補輯要六卷首一卷	1-461	才調集十卷	1-163
大學衍義輯要六卷	1-182	才調集十卷	2-254
大學衍義輯要六卷	1-461	才調集三卷	1-375
大學衍義體要十六卷	1-461	才調集補註十卷	2-537
大學章句一卷論語集注十卷孟子集注七卷中庸章句一卷	1-97	才調集補註十卷	2-587
大學章句大全不分卷	1-306	寸草軒詩存四卷	1-375
大學章句纂箋一卷大學或問纂箋一卷	2-459	寸草軒詩存四卷	1-375
大儒學粹九卷	1-44	寸耕鈔畧一卷	1-200
		寸碧堂詩集二卷外集一卷	1-218
		寸碧堂詩集二卷外集一卷	1-218

寸碧堂詩集二卷外集一卷 ……………	1－480
上今上皇帝萬言書一卷 ……………	2－65
[同治]上江兩縣志二十九卷首一卷 …………………………………	2－142
[同治]上江兩縣志二十九卷首一卷 …………………………………	2－142
上南天下集五折 ………………………	2－597
上品資糧一卷 …………………………	1－527
上乘藏經節要宗鏡錄百卷 ……………	1－142
[同治]上海縣志三十二卷首一卷末一卷 ………………………………	2－142
上清靈寶濟度大成金書四十卷 ………	1－178
上趙次帥籌西藏涼山書不分卷 ………	2－519
上蔡語錄三卷 …………………………	1－426
山中白雲詞八卷 ………………………	1－508
山中白雲詞八卷附錄一卷 ……………	1－507
山中白雲詞八卷附錄一卷 ……………	1－507
山中讀書印三卷補一卷 ………………	1－88
山左古文鈔八卷 ………………………	1－507
[光緒]山西通志一百八十四卷首一卷 …………………………………	2－139
[光緒]山西通志一百八十四卷首一卷 …………………………………	2－295
[雍正]山西通志二百三十卷 …………	2－295
山羊全書一卷 …………………………	2－50
山谷內集詩注二十卷 …………………	2－259
山谷老人刀筆二十卷 …………………	1－110
山谷先生詩選一卷 ……………………	2－259
山谷黃先生年譜三十卷 ………………	1－20
山谷黃先生年譜三十卷 ………………	1－20
山谷黃先生別傳一卷 …………………	1－20
山谷黃先生別傳一卷 …………………	1－20
山谷詩內集注二十卷 …………………	1－507
山谷詩內集注二十卷 …………………	1－507
山谷詩內集注二十卷 …………………	1－507
山谷詩外集注十七卷補一卷 …………	1－507
山谷詩外集注十七卷補一卷 …………	1－507
山谷詩外集注十七卷補四卷 …………	1－507
山谷詩別集注二卷 ……………………	1－507
山谷詩別集注二卷 ……………………	2－259
山谷詩別集注二卷補一卷 ……………	1－507
山谷詩別集注二卷補一卷 ……………	1－507
山谷詩集註內集二十卷外集十七卷別集二卷 ……………………………	1－186
山谷詩集註內集二十卷外集十七卷別集二卷 ……………………………	1－186
山谷詩集註內集二十卷外集十七卷別集二卷 ……………………………	1－186
山谷詩集註內集二十卷外集十七卷別集二卷 ……………………………	1－186
山谷詩集註內集二十卷外集十七卷別集二卷 ……………………………	1－507
山東全省實業表不分卷 ………………	2－57
山東軍興紀略二十二卷 ………………	2－121
[嘉靖]山東通志四十卷 ………………	1－20
山門新語二卷 …………………………	1－231
山門新語二卷 …………………………	2－273
山居存稿十一卷 ………………………	1－28
山居存藁一卷 …………………………	2－352
山居瑣言一卷 …………………………	2－50
山居雜志二十三種四十一卷 …………	1－48
山南詩選四卷 …………………………	1－507
山海經十八卷 …………………………	1－73
山海經十八卷 …………………………	1－139
山海經十八卷 …………………………	1－139
山海經十八卷 …………………………	1－139
山海經十八卷 …………………………	1－168
山海經十八卷 …………………………	1－191
山海經十八卷 …………………………	1－328
山海經十八卷 …………………………	2－130
山海經十八卷 …………………………	2－130
山海經十八卷 …………………………	2－130
山海經十八卷 …………………………	2－130
山海經十八卷 …………………………	2－528
山海經十八卷圖贊一卷 ………………	1－177
山海經十八卷圖讚一卷補注一卷 ……	1－507
山海經十八卷圖讚一卷補注一卷 ……	2－130
山海經十八卷圖讚一卷補注一卷 ……	2－130
山海經十八卷圖讚一卷補注一卷 ……	2－130
山海經十八卷圖讚一卷補注一卷 ……	2－130
山海經十八卷圖讚一卷 ………………	1－177

山海經四卷	2-130
山海經存九卷首一卷	2-130
山海經補註十八卷	2-498
山海經彙說八卷	2-131
山海經圖讚一卷	2-498
山海經箋疏十八卷圖贊一卷訂譌一卷	2-130
山海經廣注十八卷圖五卷	1-182
山海經廣注十八卷圖五卷讀山海經語一卷山海經雜述一卷	2-458
山海經廣注十八卷讀山海經語一卷山海經雜述一卷圖五卷	1-168
山海經釋義十八卷	1-19
山海經釋義十八卷	1-93
山家清供一卷	2-48
山帶閣註楚辭六卷首一卷餘論二卷說韻一卷	1-110
山帶閣註楚辭六卷首一卷餘論二卷說韻一卷	1-110
山堂肆考二百四十卷	1-60
山堂肆考二百四十卷	1-60
山堂肆考二百四十卷	1-61
山堂肆考二百四十卷	1-61
山堂肆考二百四十卷	1-61
山堂肆考二百四十卷	1-116
山堂肆考二百四十卷	1-116
山堂肆考二百四十卷	2-565
[嘉慶浙江]山陰縣志三十卷首一卷	2-144
山曉閣西漢文選六卷	2-368
山曉閣重訂昭明文選十二卷	2-368
山曉閣選古文全集三十二卷	2-219
山曉閣選古文全集三十二卷	2-368
山曉閣選宋大家蘇穎濱全集二卷	2-368
山曉閣選明文全集二十四卷	2-368
山曉閣選明文續集四卷	2-381
山藍新說一卷	2-50
山蠶圖說一卷	2-51
山蠶圖說一卷	2-51
千手千眼大悲懺法一卷	1-533
千手千眼觀世音菩薩廣大圓滿無礙大悲心陀羅尼經一卷	1-568
千文六書統要二卷	1-104
千古斯文二十八卷	1-139
千古斯文三集	2-489
千百年眼十二卷	1-41
千百年眼十二卷	1-247
千百年眼十二卷	2-550
千字文釋義不分卷	1-180
千松筆記不分卷	1-75
千金裘二十七卷	1-448
千金裘二集二十六卷	1-438
千金裘二集二十六卷	2-328
千金裘初集二十七卷二集二十六卷	2-5
千金翼方三十卷	1-51
千金翼方三十卷	1-51
千金翼方三十卷	1-51
千金翼方三十卷	1-60
千金翼方三十卷	1-403
千金翼方三十卷	1-403
千金翼方三十卷	1-547
千金翼方三十卷	2-46
千金翼方三十卷	2-328
千金翼方三十卷	2-445
千金寶要六卷	1-456
千家詩注二卷	2-392
千家詩註二卷	1-560
千家詩註二卷	2-253
及見詩鈔十二卷	2-307
及見詩續鈔八卷	2-307
夕陽樓一折改良夕陽樓一折	2-597
夕陽樓二集	2-597
之溪老生集八卷附勸影堂詞三卷	1-148
尸子二卷	1-450
尸子二卷	2-23
尸子二卷存疑一卷	1-487
尸子二卷存疑一卷	2-23
己未詞科錄十二卷首一卷	2-191
已畦詩集十卷殘餘一卷	1-213
女小學四卷	1-462
女子家庭模範十章	1-463
女兒經閨中寶不分卷	2-526

女科二卷	2－339
女科百問二卷附產寶雜錄一卷	1－406
女科要旨四卷	1－413
女科要旨四卷	1－548
女科要旨四卷	1－552
女科要旨四卷	1－553
女科要旨四卷	1－554
女科要旨四卷	2－334
女科經綸八卷	2－483
女科輯要二卷	1－413
女科輯要二卷	1－413
女科證治準繩五卷	1－544
女科證治準繩五卷	2－377
女科證治準繩五卷	2－567
女學六卷	2－546
小山畫譜二卷	1－237
小山類稿選二十卷附錄一卷	1－501
小方壺齋輿地叢鈔十二帙補編十二帙再補編十二帙	2－344
小方壺齋輿地叢鈔十二帙補編十二帙再補編十二帙	2－507
小方壺齋輿地叢鈔十二帙補編十二帙再補編十二帙	2－511
小方壺齋輿地叢鈔十二帙補編十二帙再補編十二帙	2－515
小方壺齋輿地叢鈔六十四卷續編十二帙	2－130
小石山房叢書三十八種	2－10
小石山房叢書三十八種	2－10
小石山房叢書三十八種	2－423
小石山房叢書三十八種	2－423
小石帆亭著錄六卷	1－205
小石帆亭著錄六卷	1－501
小石帆亭著錄六卷	2－217
小四書五卷	1－15
小白華山人詩鈔十二卷續八卷附試帖詩鈔一卷	1－501
小芋香館遺集十二卷	2－261
小名錄二卷	2－363
小沙子史略一卷	2－86
小沙子史略一卷	2－86
小沙子史略一卷樂府一則	2－89
小亞細亞志一卷小亞細亞新志一卷	2－186
小松石齋集五卷	2－263
小知錄十二卷	1－242
小知錄十二卷	1－438
小兒斑疹備急方論一卷	2－44
小兒語一卷	2－523
小兒語一卷附續小兒語一卷老學究語一卷	1－419
小兒語一卷附續小兒語一卷老學究語一卷	1－419
小兒語一卷續三卷	2－521
小兒藥證直訣三卷	2－44
小兒藥證直訣附方一卷	2－44
小南邨二集八卷	1－180
小柴桑喃喃錄二卷	1－68
小倉山房文集三十五卷	2－314
小倉山房文集三十五卷	2－413
小倉山房文集三十四卷外集七卷	1－500
小倉山房尺牘八卷	1－500
小倉山房尺牘五卷	1－500
小倉山房全集□□卷	1－228
小倉山房詩集二十六卷	2－588
小倉山房詩集三十一卷補遺一卷附錄一卷	2－568
小倉山房詩集三十七卷補遺二卷	2－413
小海嶽樓存稿四卷	2－454
小琉球漫誌十卷	1－103
小清華園詩談二卷	2－553
小窓四紀四種	1－81
小窓艷紀十二部□□卷	1－139
小嫏嬛山館衡刊類書二十種三十八卷	2－4
小嫏嬛山館衡刊類書十二種二十三卷	2－3
小萬卷樓叢書十七種	2－420
小萬卷齋文藁二十四卷詩藁三十二卷經進藁四卷詩續藁十二卷首一卷末一卷	1－500
小萬卷齋詩稿三十二卷經進稿四卷	

續稿四卷	1-162	小學答問一卷	1-302
小雅樓詩集八卷遺文二卷首一卷	1-500	小學答問一卷	2-209
小雅樓詩集八卷遺文二卷首一卷	2-265	小學集注六卷	1-303
小腆紀年附攷二十卷	2-119	小學集註六卷	2-24
小腆紀年附攷二十卷	2-119	小學集解六卷	1-302
小腆紀傳六十五卷附補遺一卷	2-119	小學集解六卷	1-302
小蓬萊山館方鈔二卷	1-555	小學集解六卷	1-302
小蓬萊閣金石文字不分卷	2-204	小學集解六卷	1-302
小蓬萊閣金石文字不分卷	2-379	小學集解六卷	1-302
小蓬萊閣金石文字不分卷	2-538	小學集解六卷	1-501
小滄浪筆談四卷	1-244	小學集解六卷	1-501
小爾雅訓纂六卷	1-288	小學集解六卷	1-536
小爾雅訓纂六卷	2-208	小學鉤沈十九卷	2-209
小爾雅疏八卷	1-288	小學註鈔六卷總論一卷題辭一卷	1-501
小爾雅疏證五卷	2-208	小學鉤沉十九卷	1-302
小爾雅疏證五卷	2-402	小學鉤沉十九卷	1-302
小爾雅義證十三卷補遺一卷	1-196	小學鉤沉十九卷	1-302
小爾雅義證十三卷補遺一卷	1-199	小學鉤沉續編八卷	1-302
小爾雅義證十三卷補遺一卷	1-199	小學彙函十四種	1-316
小綱鑑二種二卷	2-600	小學彙函十四種	1-316
小學六卷	2-26	小學彙函十四種	2-308
小學六卷文公朱夫子[熹]年譜一卷	1-501	小學彙函十四種	2-536
小學六卷文公朱夫子[熹]年譜一卷	1-501	小學韻語一卷	1-303
小學古文讀本二卷	2-216	小學韻語一卷	2-216
小學史斷二卷	1-137	小學韻語一卷	2-389
小學考五十卷	1-579	小學韻語一卷	2-389
小學考五十卷	1-579	小學韻語不分卷	2-520
小學考五十卷	1-579	小學類編七種	2-209
小學考五十卷	1-579	小學類編八種	1-303
小學考五十卷	2-288	小學纂注六卷附朱子[熹]年譜一卷小學總論一卷	1-501
小學攷五十卷	2-436	小學纂注四卷總論一卷文公朱夫子[熹]年譜一卷	1-303
小學弦歌八卷	2-253	小學體註大成六卷附忠經集註一卷孝經集註一卷	1-501
小學弦歌八卷	2-537	小衡箕說二卷	1-421
小學衍義六卷	1-161	小衡箕說二卷	1-421
小學紺珠十卷	1-117	小衡箕說二卷	2-520
小學紺珠十卷	1-320	小辨齋偶存八卷	1-362
小學絃歌八卷	1-537	小隱山房印可不分卷	2-274
小學絃歌八卷	1-561	小檀欒室彙刻閨秀詞十集一百種附	
小學答問一卷	1-302		

一種	1－501
小謨觴館文注四卷續注二卷	1－500
小謨觴館全集詩集八卷續集二卷詩餘一卷文集四卷續集二卷	1－500
小謨觴館詩文全集十七卷	1－500
小謨觴館詩文全集詩八卷續二卷文四卷續二卷	2－250
小謨觴館詩文集注十八卷附詩文附錄	1－500
小謨觴館詩集八卷附錄一卷詩續集二卷詩餘附錄一卷文集四卷文續集二卷	1－500
小謨觴館詩集注八卷詩續集注二卷詩餘附錄一卷文集注四卷文續集注二卷	1－500
小蘇潭詞三卷	1－501
小蘭雪堂唅槀十一卷	2－266
小鷗波館畫寄一卷	1－428
小鷗波館畫識三卷	1－428
小鷗波館詩鈔十卷詞鈔一卷	2－264
小鷗波館駢體文鈔二卷	1－500
子勺不分卷	1－95
子平四言集腋六卷	1－424
子史精華一百六十卷	1－226
子史精華一百六十卷	1－237
子史精華一百六十卷	1－251
子史精華一百六十卷	1－251
子史精華一百六十卷	1－251
子史精華一百六十卷	1－251
子史精華一百六十卷	1－251
子史精華一百六十卷	1－453
子史精華一百六十卷	1－453
子史精華一百六十卷	1－454
子史精華一百六十卷	1－454
子史精華一百六十卷	1－454
子史精華一百六十卷	1－454
子史精華一百六十卷	2－3
子史精華一百六十卷	2－3
子史精華一百六十卷	2－4
子史精華一百六十卷	2－307
子史精華三十卷	1－251
子史精華三十卷	2－5
子史類語二十四卷	1－66
子良詩存七卷	1－490
子良詩存七卷	2－497
子華子二卷	1－23
子華子十卷	1－455
子夏易傳十一卷	1－263
子恩內篇五卷外篇二卷	2－20
子恩內篇五卷外篇二卷	2－565
子書二十八種	1－436
子書二十八種	1－436
子書百家一百一種	1－435
子書百家一百一種	1－436
子書百家一百一種	2－9
子問二卷	1－388
子問二卷	1－448
子問二卷	1－448
子彙二十四種三十四卷	1－45

四畫

丰祖全書	2－313
王子安集十六卷	1－338
王子安集十六卷	1－338
王子安集十六卷	1－338
王子安集注二十卷首一卷末一卷	2－239
王子安集註二十卷首一卷末一卷	2－557
王元美先生文選二十六卷	1－58
王公神道碑一卷	1－336
王氏音略一卷	1－320
王氏書苑十卷王氏畫苑十卷	1－32
王氏書畫苑七十三卷	1－61
王氏彙刻唐人集七種	1－334
王氏經說六卷	1－320
王氏醫案二卷	1－544
王氏醫案二卷	2－552
王氏醫案二卷續編八卷霍亂論二卷	1－544
王氏醫案續編八卷	1－544
王氏醫案續編八卷	2－561
王文成公文選八卷	1－69

王文成公文選八卷	1-69
王文成公全書三十八卷	1-489
王文成公全書三十八卷	1-489
王文成公全書三十八卷	1-489
王文成公全書三十八卷	1-541
王文成公傳習錄三卷	1-440
王文恪公集三十六卷	1-35
王文恪公集三十六卷	1-36
王文靖公集二十四卷年譜一卷	1-102
王文靖公集二十四卷年譜一卷附錄一卷	1-160
王文肅公遺文一卷	2-462
王右丞集二十八卷首一卷末一卷	1-157
王右丞集二十八卷首一卷末一卷	2-239
王右丞集二十八卷首一卷末一卷	2-239
王右丞詩集二卷	2-298
王百穀集二十一種四十二卷	1-38
王先生十七史蒙求十六卷	2-87
王先生十七史蒙求十六卷	2-87
王先生十七史蒙求十六卷	2-87
王先生十七史蒙求十六卷	2-466
王先謙自定年譜三卷	2-200
王艮齋詩集十卷文集四卷	1-166
王志二卷	2-549
王壯武公遺集二十四卷首一卷	2-334
王昌齡集三卷首一卷	1-200
王門宗旨十四卷	1-139
王忠文公文集二十四卷	1-3
王忠文公文集二十四卷	1-16
王忠文公文集二十四卷	1-16
王狀元集百家注編年杜陵詩史三十二卷	2-257
王制訂一卷	2-395
王制箋一卷	1-498
王制箋一卷	2-475
王季重九種集	1-90
王季重先生文集十三卷附十三種	1-68
王荊公文集註八卷	2-248
王荊公唐百家詩選二十卷	1-218
王荊文公詩五十卷	1-143
王荊文公詩五十卷	1-143
王荊文公詩五十卷	1-143
王荊文公詩五十卷	1-143
王荊文公詩箋註五十卷	1-173
王待御詩集六卷	2-298
王洪緒先生外科症治全生二卷	1-407
王益吾所刻書十一種	2-197
王益吾所刻書十一種	2-362
王船山先生[夫之]年譜二卷	2-199
王陽明先生文鈔二十卷	1-537
王陽明先生全集二十二卷首一卷	1-165
王陽明先生全集二十二卷首一卷	1-165
王陽明先生全集二十二卷首一卷	1-221
王陽明先生全集十六卷	2-522
王陽明先生全集十六卷目錄二卷年譜二卷	1-489
王雁汀先生奏議六卷	1-131
王無功集三卷補遺二卷校勘記一卷	1-341
王評文選詩不分卷	1-178
王湘綺先生文集八卷	1-493
王湘綺先生全集一百七十九卷	2-414
王槐野先生存笥稿二十卷續集九卷	1-41
王會篇箋釋三卷	2-61
王會篇箋釋三卷	2-94
王輔嗣論易一卷	1-83
王鳳洲先生綱鑑正史全編二十四卷	2-532
王漁洋遺書三十八種	2-362
王儀部先生箋釋三十卷首一卷末一卷	2-474
王摩詰集六卷	1-159
王摩詰詩集七卷孟浩然詩集二卷	2-256
王遵巖家居集七卷	1-16
王靜學先生文集七卷附錄一卷	1-109
王龍溪先生全集二十卷	2-244
王龍標詩集四卷	2-298
王臨川文集四卷	1-492
王臨川全集一百卷目錄二卷	1-491
王臨川全集一百卷目錄二卷	1-491
王臨川全集一百卷目錄二卷	1-492
王臨川全集一百卷目錄二卷	2-241

王臨川全集一百卷目錄二卷	2-241	天元選擇辨正八卷	1-455
王臨川全集一百卷目錄二卷	2-555	天元曆理全書十二卷	2-37
王觀濤先生四書家訓□□卷	2-373	天中記六十卷	1-32
[嘉慶]井研縣志十卷	2-570	天中記六十卷	1-53
[乾隆]井研縣志十卷首一卷	2-163	天中記六十卷	1-53
[雍正]井陘縣誌八卷	2-137	天中記六十卷	1-54
井蛙雜記八卷	1-242	天中記六十卷	1-118
井礦工程三卷	2-52	天中記六十卷	1-434
夫椒山館詩二十一卷補遺一卷	2-262	天中記六十卷	2-4
天一閣見存書目四卷首一卷末一卷	2-2	天中記六十卷	2-463
天一閣見存書目四卷首一卷末一卷	2-2	天中記六十卷	2-463
天一閣書目十卷附碑目一卷	1-153	天中記六十卷	2-586
天一閣書目四卷	2-2	天文示斯十四卷	1-535
天一閣書目四卷	2-2	天文示斯十四卷	2-567
天下一統志九十卷	1-134	天文氣候星像形圖不分卷	1-178
天下一統志九十卷	1-134	天文揭要二卷	2-493
天下一統志九十卷	2-132	天文歌略一卷	1-432
天下才子必讀書十五卷末一卷	2-330	天文歌略一卷地學歌略一卷	1-498
天下山河兩戒考十四卷	2-36	天文圖說四卷	1-435
天下山河兩戒考十四卷	2-37	天文算學纂要二十卷首一卷國朝萬年書二卷	1-422
天下名勝楹聯不分卷	2-464		
天下名勝楹聯不分卷	2-527	天方字母解義題一卷清真教說一卷	2-216
天下名勝楹聯不分卷	2-554	天方典禮擇要解二十卷附後編一卷	2-35
天下金石志不分卷	1-95	天方性理五卷首一卷	2-396
天下郡國利病書一百二十卷	1-112	天方性理圖傳五卷首一卷	2-35
天下郡國利病書一百二十卷	2-132	天玉經註三卷	1-423
天下郡國利病書一百二十卷	2-132	天目中峰和尚廣錄三十卷	1-396
天下郡國利病書一百二十卷	2-132	天目中峯和尚廣錄三十卷	2-400
天下郡國利病書一百二十卷	2-132	天目先生集二十一卷	1-46
天下郡國利病書一百二十卷	2-132	天仙正理直論增註不分卷	2-35
天下郡國利病書一百二十卷	2-132	天仙正理直論增註不分卷	2-35
天下郡國利病書一百二十卷	2-132	天主降生言行紀畧□□卷	2-393
天下郡國利病書一百二十卷	2-549	天台八教大意一卷	1-386
天子肆獻祼饋食禮三卷	2-55	天台八教大意一卷	2-33
天元五歌闡義五卷	1-424	天台山方外志三十卷	2-566
天元五歌闡義五卷	1-424	天台四教儀一卷	1-386
天元五歌闡義五卷	1-564	天台四教儀一卷	2-33
天元五歌闡義五卷	2-36	天台四教儀集註十卷	1-387
天元古佛救劫大梵王經一卷	1-562	天台四教儀集註十卷	1-387
天元草五卷	2-390	天台四教儀集註十卷	2-33

天台四教儀註彙補輔宏記十卷	1-387	天寶本草□□卷	1-403
天台治畧十卷補遺一卷	2-386	元人十種詩六十一卷	1-70
天全石錄一卷	2-397	元人十種詩六十一卷	1-70
天全石錄不分卷	1-233	元人十種詩六十一卷	1-70
天雨花三十回	2-380	元中記一卷補遺一卷	2-340
天岳山館文鈔四十卷	1-493	元文類七十卷目錄三卷	1-16
天岳山館文鈔四十卷	1-493	元文類七十卷目錄三卷	1-16
天岳山館文鈔四十卷	1-493	元文類七十卷目錄三卷	2-228
天岳山館文鈔四十卷	2-450	元文類七十卷目錄三卷	2-228
天放樓金石跋尾一卷	1-109	元文類七十卷目錄三卷	2-228
[乾隆]天津縣志二十四卷	1-221	元文類七十卷目錄三卷	2-228
[乾隆]天津縣志二十四卷	2-137	元文類七十卷目錄三卷	2-228
天咫偶聞十卷	2-172	元史二百十卷	1-28
天真閣集五十四卷外集六卷	1-488	元史二百十卷	1-122
天真閣集五十四卷外集六卷	1-488	元史二百十卷目錄二卷	2-114
天童寺志十卷	2-398	元史二百十卷目錄二卷	2-114
天童寺志十卷首一卷	2-296	元史二百十卷目錄二卷	2-114
天童密雲禪師闢妄救十卷	1-387	元史二百十卷目錄二卷	2-114
天游閣集五卷	1-494	元史二百十卷目錄二卷	2-114
天游閣集五卷	1-494	元史二百十卷目錄二卷	2-114
天游閣集詩五卷附詩補附錄	2-260	元史二百十卷目錄二卷	2-114
天運紹統不分卷	1-95	元史二百十卷目錄二卷	2-114
天補樓行記一卷	1-167	元史氏族表三卷	2-77
天祿閣外史八卷	1-326	元史氏族表三卷	2-565
天祿閣外史八卷	2-7	元史紀事本末二十七卷	1-102
天祿識餘十卷	1-201	元史紀事本末二十七卷	2-114
天傭子集不分卷	1-111	元史紀事本末二十七卷	2-114
天聞閣琴譜十六卷	2-273	元史紀事本末二十七卷	2-114
天聞閣琴譜十六卷外一卷首一卷	1-231	元史紀事本末二十七卷	2-114
天聞閣琴譜十六卷外一卷首一卷	1-231	元史紀事本末二十七卷	2-114
天瘦閣詩半六卷	1-498	元史紀事本末二十七卷	2-114
天瘦閣詩卷不分卷	1-167	元史紀事本末二十七卷	2-114
天演論二卷	1-439	元史紀事本末二十七卷	2-115
天演論二卷	1-439	元史紀事本末二十七卷	2-115
天演論二卷	1-439	元史紀事本末二十七卷	2-115
天演論二卷	1-441	元史紀事本末二十七卷	2-115
天演論二卷	1-458	元史紀事本末二十七卷	2-115
天演論二卷	2-459	元史紀事本末四卷	1-134
天霞山館文存六卷	2-498	元史節要十四卷	1-10
天壤閣叢書二十六種	2-337	元史新編九十五卷	2-114
天寶本草不分卷	1-403	元史藝文志四卷	2-77

元史藝文志四卷	2-409	
元史類編四十二卷	1-148	
元史類編四十二卷	2-115	
元史類編四十二卷	2-115	
元史類編四十二卷	2-115	
元史類編四十二卷	2-481	
元史類編四十二卷	2-566	
元白長慶集一百三十九卷	1-34	
元白長慶集一百三十九卷	1-34	
元包經傳五卷	1-66	
元包數總義二卷	1-66	
元曲選一百種一百卷	1-58	
元曲選一百種一百卷	1-58	
元次山集十二卷	1-160	
元亨療牛集二卷	1-407	
元亨療牛集二卷	2-535	
元亨療馬集四卷	1-406	
元和姓纂十卷	2-191	
元和姓纂十卷	2-191	
元和郡縣圖志四十卷闕卷逸文一卷	2-131	
元和郡縣圖志四十卷闕卷逸文一卷補志九卷	1-178	
元和郡縣圖志四十卷闕卷逸文一卷補志九卷	2-131	
元和郡縣圖志四十卷闕卷逸文一卷補志九卷	2-131	
元和郡縣圖志四十卷闕卷逸文一卷補志九卷	2-131	
元和蔡氏所著書三種	2-567	
元空法鑑一卷	1-392	
元空秘旨一卷	2-36	
元城先生語錄三卷	1-90	
元書一百二卷首一卷	2-114	
元朝名臣事略十五卷	2-193	
元朝名臣事略十五卷附校勘記一卷	2-330	
元朝祕史十五卷	2-115	
元朝祕史十五卷首一卷	2-115	
元朝秘史十卷續集二卷	2-115	
元朝秘史十卷續集二卷	2-333	

元道州詩集二卷	2-298	
元統元年進士錄一卷	1-327	
元聖武親征錄一卷附刊誤一卷	2-115	
元詩別裁八卷補遺一卷	1-490	
元詩選二集不分卷	1-181	
元詩選二集不分卷	1-221	
元詩選三集一百三卷	1-221	
元詩選六卷補遺一卷	1-174	
元詩選六卷補遺一卷	1-215	
元詩選六卷補遺一卷	1-489	
元詩選初集九卷首一卷	1-164	
元詩選初集九卷首一卷	1-221	
元詩選初集九卷首一卷	1-221	
元詩選初集九卷首一卷二集不分卷三集不分卷	2-255	
元詩選癸集十卷	1-221	
元詩選癸集十卷	1-489	
元詩選癸集十卷	2-255	
元詩體要十四卷	1-94	
元經十卷	1-139	
元遺山先生集二十八卷首一卷	1-489	
元遺山先生集四十卷附錄一卷	1-190	
元遺山先生集四十卷首一卷	1-489	
元遺山先生集四十卷首一卷附錄一卷補載一卷新樂府四卷續夷堅志四卷年譜一卷施輯年譜一卷凌輯年譜一卷李輯廣年譜二卷元遺山先生集考證三卷	2-242	
元遺山詩集箋注十四卷首一卷末一卷	1-489	
元遺山詩集箋注十四卷首一卷末一卷	2-260	
元穆日記三卷	2-297	
元穆文鈔一卷	1-499	
元龍太子中唐全傳二卷	2-592	
元豐九域志十六卷	2-131	
元豐九域志十卷	2-132	
元豐九域志十卷	2-132	
元豐九域志十卷	2-132	
元豐類稿五十卷	1-229	
元豐類稿五十卷	1-494	

元豐類稿五十卷	2-241	廿二史劄記三十六卷補遺一卷	2-90
元豐類稿五十卷首一卷	1-494	廿二史劄記三十六卷補遺一卷	2-90
廿一史四譜五十四卷	1-250	廿二史劄記三十六卷補遺一卷	2-90
廿一史四譜五十四卷	2-73	廿二史劄記三十六卷補遺一卷	2-90
廿一史四譜五十四卷	2-86	廿二史劄記三十六卷補遺一卷	2-90
廿一史四譜五十四卷	2-86	廿二史劄記三十六卷補遺一卷	2-90
廿一史四譜五十四卷	2-86	廿二史劄記三十六卷補遺一卷	2-90
廿一史四譜五十四卷	2-86	廿二史劄記三十六卷補遺一卷	2-91
廿一史四譜五十四卷	2-505	廿二史劄記三十六卷補遺一卷	2-91
廿一史約編八卷首一卷	2-87	廿二史劄記三十六卷補遺一卷	2-370
廿一史約編八卷首一卷	2-87	廿二史劄記三十六卷補遺一卷皇朝劄記述略四卷	2-90
廿一史約編八卷首一卷	2-87	廿二史劄記三十六卷補遺一卷皇朝劄記述略四卷	2-90
廿一史約編八卷首一卷	2-87	廿二史劄記三十六卷補遺一卷識語二卷	2-90
廿一史約編八卷首一卷	2-87	廿二史纂略六卷	1-194
廿一史約編八卷首一卷	2-87	廿四史二十四種三千二百四十一卷	2-330
廿一史約編八卷首一卷	2-87	廿四史二十四種三千二百四十一卷	2-330
廿一史約編八卷首一卷	2-87	廿四史二十四種三千二百四十一卷	2-330
廿一史約編八卷首一卷	2-87	廿四史約編八卷首一卷	2-87
廿一史約編八卷首一卷	2-330	廿四史論新編二十三卷	2-88
廿一史約編八卷首一卷	2-333	木石居精校八朝偶雋七卷	1-92
廿一史彈詞四卷	2-273	木訥先生春秋經筌十六卷	1-284
廿一史彈詞四卷	2-393	木訥先生春秋經筌十六卷	2-321
廿一史彈詞四卷	2-393	木訥先生春秋經筌十六卷附左氏傳說二十卷	1-283
廿一史彈詞注十卷明紀彈詞注二卷	2-272	木犀軒叢書二十七種	2-410
廿一史彈詞注十卷明紀彈詞注二卷	2-273	木犀軒叢書二十七種續刻六種	2-420
廿一史彈詞註十一卷	1-368	木犀軒叢書二十五種	2-11
廿一史彈詞註十一卷	2-349	木雞書屋文四集六卷	2-305
廿一史彈詞註十一卷	2-393	五十名家書札不分卷	1-496
廿一史彈詞註十一卷	2-393	五十名家書札不分卷	1-499
廿一史彈詞註十一卷	2-393	五十名家書札不分卷	1-537
廿二史文鈔一百九卷	2-86	五七言今體詩鈔十八卷	1-337
廿二史考異一百卷	2-91	五大洲圖說簡明萬國公法三卷	2-487
廿二史考異一百卷	2-91	五大部直音三卷	1-566
廿二史考異一百卷	2-91	五大部直音三卷	1-566
廿二史紀事提要八卷	2-84		
廿二史策案十二卷	1-440		
廿二史策案十二卷	2-73		
廿二史劄記三十六卷	2-91		

五山志林八卷	2-271	五百四峯堂詩鈔二十五卷	1-494
五千年中外交涉史九十七卷	2-124	五行大義五卷	2-323
五公末劫經一卷	1-564	五色線二卷	1-195
五史斠義五卷	1-575	五色線集二卷	1-239
五代史七十四卷	1-81	五車韻府十卷	1-125
五代史七十四卷	2-108	五車韻瑞一百六十卷	1-62
五代史七十四卷	2-108	五車韻瑞一百六十卷	1-63
五代史七十四卷	2-108	五車韻瑞一百六十卷	1-63
五代史七十四卷	2-108	五車韻瑞一百六十卷	1-63
五代史七十四卷	2-108	五車韻瑞一百六十卷	1-63
五代史七十四卷	2-108	五車韻瑞一百六十卷	2-546
五代史七十四卷	2-109	五里塘六折	2-592
五代史七十四卷	2-109	五里塘六折	2-592
五代史七十四卷	2-109	五言今體詩九卷	1-561
五代史七十四卷	2-109	五言今體詩鈔九卷七言今體詩鈔九卷	1-500
五代史七十四卷	2-109	五言今體詩鈔九卷七言今體詩鈔九卷唐人五言絕句鈔一卷	1-377
五代史記七十四卷	1-1	五言排律依永集八卷	1-561
五代史記七十四卷	1-1	五言詩十七卷	2-535
五代史記七十四卷	1-90	五知齋琴譜八卷	1-175
五代史記七十四卷	1-145	五知齋琴譜八卷	1-189
五代史記七十四卷	2-108	五知齋琴譜八卷	1-231
五代史記七十四卷	2-109	五知齋琴譜八卷	1-231
五代史記七十四卷	2-109	五知齋琴譜八卷	1-231
五代史記注七十四卷	1-562	五知齋琴譜八卷	1-231
五代史記纂誤續補六卷	1-324	五知齋琴譜八卷	2-273
五代史記纂誤續補六卷	2-109	五知齋琴譜八卷	2-528
五代史補五卷	1-226	五周先生集七卷	1-499
五代史補五卷	2-109	五音集字十卷集字繫聲二卷檢字一卷辨似一卷	2-215
五代史補五卷五代史闕文一卷	1-77	五音集字十部集字繫聲二卷	1-313
五代史闕文一卷	2-109	五美緣全傳八十回	2-453
五代名畫補遺一卷	1-90	五洲地理志略三十六卷首一卷	2-184
五代春秋二卷	2-109	五洲各國政治攷八卷	1-327
五代故事二卷	2-109	五洲事物采新十卷	2-5
五代紀年表一卷	2-505	五洲括地歌一卷	2-184
五代會要三十卷	1-130	五洲圖考不分卷	2-184
五代會要三十卷	2-62	五洲圖考不分卷	2-184
五代會要三十卷	2-62	五洲圖考不分卷	2-329
五代會要三十卷校勘記一卷	2-62	五軍道里表不分卷	2-70
五代詩話十二卷	2-217		
五代詩話八卷	2-474		

五桂樓書目四卷	2-2
五倫書六十二卷	1-4
五倫書六十二卷	1-136
五畝居桑蠶清課四卷	2-51
五畝園小志題詠合刻四種	2-180
五家宮詞二卷	1-499
五家宮詞五卷	1-492
五常靈課兩儀神課不分卷	1-437
五朝小說□□種	1-205
五朝文鐸二十卷	1-562
五朝名臣言行錄十卷三朝名臣言行錄十四卷	2-191
五朝名臣言行錄十卷三朝名臣言行錄十四卷	2-192
五朝詩鐸二十卷	1-336
五朝詩鐸二十卷	1-336
五朝詩鐸三十一卷	1-336
五朝詩鐸三十一卷	1-336
五雅七十三卷	1-16
五雅七十三卷	1-16
五瑞齋詩續鈔九卷	1-538
五詩別裁五種□□卷	2-286
五經三傳讀本四十四卷	1-318
五經小學述二卷	1-312
五經小學述二卷	2-17
五經不二字音韻釋文三卷	1-303
五經文字三卷	1-121
五經文海不分卷	2-548
五經四書讀本七十七卷	1-109
五經合纂大成四十九卷	2-350
五經合纂大成四十九卷	2-434
五經合纂大成四十四卷	1-318
五經合纂大成四十四卷	2-16
五經異義疏證三卷	1-189
五經異義疏證三卷	1-196
五經脩旨五種	1-537
五經揭要二十一卷	2-413
五經揭要二十五卷	1-318
五經集字一卷	2-488
五經集解三十三卷	2-353
五經集解三十三卷附錄二卷石經考辨二卷增訂畊餘瑣錄十二卷	2-552
五經集解三十三卷增訂畊餘瑣錄十二卷	2-403
五經評略不分卷	1-69
五經註選五卷	1-120
五經歲徧齋校書三種	2-429
五經圖十二卷	1-185
五經圖十二卷	2-490
五經精義二十二卷	1-318
五經贊一卷	2-488
五經類編二十八卷	1-318
五經類編二十八卷	1-438
五經類編二十八卷	1-438
五經類編二十八卷	1-498
五經類編二十八卷附諸經畧說一卷經義辨訛一卷辨疑一卷	2-409
五經類纂十六卷	1-318
五經蠡測六卷	1-318
五種秘竅十七卷	2-283
五種遺規十七卷	2-26
五種遺規十七卷	2-400
五種遺規十三卷	1-416
五緯捷算四卷	2-396
五燈會元五十七卷	2-34
五藏三經傳五卷海內經附傳一卷	2-131
五嶽山人集三十八卷	1-16
五禮通考二百六十二卷	2-55
五禮通考二百六十二卷目錄二卷首四卷	1-164
五禮通考二百六十二卷目錄二卷首四卷	1-164
五禮通考二百六十二卷首四卷	1-291
五禮通考二百六十二卷首四卷目錄二卷	2-311
五禮通考二百六十二卷首四卷目錄二卷	2-311
五禮通考二百六十二卷首四卷目錄二卷	2-311
五禮通考二百六十二卷首四卷目錄二卷	2-377
五禮通考二百六十二卷首四卷目錄	

二卷	2-531	昌大洞經懺文一卷	2-536
五禮通考二百六十二卷首四卷附	1-309	太上感應篇註說四卷	1-523
五禮通考二百六十二卷首四卷附讀禮通考一百二十卷	1-309	太上感應篇詩帖二卷	1-563
五禮通考二百六十二卷首四卷附讀禮通考一百二十卷	1-309	太上感應篇圖說一卷	1-523
五雜組十六卷	1-45	太上感應篇圖說一卷	2-334
五雜組十六卷	1-94	太上感應篇纘義二卷	2-589
支那文明史論十章不分卷	2-124	太上感應靈篇不分卷	1-23
支那史要六卷	1-250	太上寶筏圖說不分卷	1-369
支那史要六卷	2-91	太上寶筏圖說不分卷	1-532
支那全史七卷	2-74	太上寶筏圖說不分卷	1-532
支那哲學史四卷	2-18	太上寶筏圖說不分卷	2-26
支那通史七卷	2-91	太上靈寶天尊說利痘保童真經二卷	2-344
支那通史七卷	2-329	太上靈寶靜明二帝君三天秘法掌訣法旨七卷	2-493
支那教學史略三卷	1-464	太上靈寶靜明二帝君三天秘法掌訣法旨七卷	2-493
支遁集二卷首一卷補遺一卷	2-256	太平御覽一千卷目錄十五卷	1-427
不多集二十二卷	1-42	太平御覽一千卷目錄十五卷	1-427
不忘初齋詩草四卷	1-499	太平御覽一千卷目錄十五卷	1-441
太乙舟文集八卷	1-374	太平御覽一千卷目錄十五卷	2-4
太乙舟文集八卷	1-374	太平御覽一千卷目錄十五卷	2-4
太乙舟文集八卷	1-374	太平御覽一千卷目錄十五卷	2-4
太乙舟文集八卷	2-309	太平御覽一千卷目錄十五卷	2-4
太乙舟文集八卷	2-365	太平御覽一千卷目錄十五卷	2-462
太乙神照經三卷	2-287	太平御覽一千卷目錄十五卷	2-462
太乙神鍼一卷咽喉脈證通論一卷	1-548	太平御覽一千卷目錄十五卷	2-462
太乙救苦神灸靈方一卷	1-546	太平御覽一千卷目錄十五卷	2-463
太乙數統宗大全四十卷	1-433	太平經國之書十一卷	1-24
太上十三經註解一卷	2-305	太平廣記五百卷	1-242
太上玉笈救劫金燈感應篇新註一卷	1-532	太平廣記五百卷	1-445
太上玉笈救劫金燈感應篇新註不分卷	2-333	太平廣記五百卷	2-554
太上老君說常清靜經一卷	1-566	太平廣記五百卷目錄十卷	1-24
太上老君說常清靜經一卷	2-34	太平廣記五百卷目錄十卷	1-24
太上老君說常清靜經不分卷	2-492	太平廣記五百卷目錄十卷	1-44
太上洞玄靈寶高上玉皇本行經三卷	2-364	[道光山西]太平縣志十六卷首一卷	2-139
太上黃庭中景經一卷	1-548	[光緒四川]太平縣志十卷首一卷	2-160
太上黃庭內景玉經一卷	1-548	[光緒四川]太平縣志十卷首一卷	2-160
太上無極總真文昌大洞仙經三卷文		[光緒四川]太平縣志十卷首一卷	2-160
		太平寰宇記二百卷	1-113

太平寰宇記二百卷目錄二卷	1－156
太平寰宇記二百卷目錄二卷	1－248
太平寰宇記二百卷目錄二卷	2－131
太平寰宇記二百卷目錄二卷	2－131
太平寰宇記二百卷目錄二卷補闕七卷	2－131
太平寰宇記二百卷目錄二卷補闕七卷	2－131
太史升菴文集八十一卷目錄四卷	1－43
太史升菴文集八十一卷目錄四卷	1－43
太史升菴全集八十一卷	2－465
太史升菴全集八十一卷目錄二卷	1－507
太史升菴全集八十一卷目錄二卷	1－543
太史升菴全集八十一卷目錄二卷	1－560
太史升菴全集八十一卷目錄二卷	2－243
太史升菴遺集二十六卷	1－43
太史升菴遺集二十六卷	1－507
太史升菴遺集二十六卷	1－507
太史升菴遺集二十六卷	1－507
太史升菴遺集二十六卷	2－409
太史升庵文集八十一卷目錄四卷	1－36
太史升庵遺集二十六卷	2－243
太史華句八卷	1－41
太白山人詩五卷	1－24
太白兵備統宗寶鑑一百八十四卷	1－171
太玄十卷	1－449
太玄四卷	1－436
太玄四卷	1－436
太玄四卷	1－436
太玄四卷	1－437
太玄四卷	1－460
太玄經十卷	1－23
太玄經十卷	1－87
太玄經十卷	1－88
太函集一百二十卷目錄六卷	1－32
太函集一百二十卷目錄六卷	1－32
太函集一百二十卷目錄六卷	1－121
太函集一百二十卷目錄六卷	1－121
太函集一百二十卷目錄六卷	1－121
太保費文憲公摘稿二十卷	1－22
太素張神仙脈訣玄微綱領宗統三卷	1－549
太華山紫金鎮兩世修行劉香寶卷全集二卷	1－564
太原傅科男科二卷女科二卷	2－41
太師誠意伯劉文成公集二十卷	1－348
太師誠意伯劉文成公集二十卷	1－348
太師誠意伯劉文成公集二十卷	1－349
太師誠意伯劉文成公集二十卷首一卷	2－369
太師誠意伯劉文成先生文集二十卷序一卷	2－555
太常因革禮一百卷校識二卷	2－55
太常因革禮一百卷校識二卷	2－56
太極圖說集註一卷通書集註一卷	1－312
太傅孫文正公手書遺摺稿一卷	2－453
太歲超辰表三卷	2－37
太醫院增補青囊藥性賦直解五卷首一卷	1－403
太鶴山人集十三卷	1－374
尤太史西堂全集文集二十四卷詩集三十一卷附湘中集六卷	1－488
尤西堂尺牘一卷	1－483
比目魚傳奇二卷三十二折	1－514
比目魚傳奇二卷三十二折	1－514
比丘尼傳四卷	1－528
比丘尼傳四卷	2－34
比竹餘音四卷	1－114
比竹餘音四卷	2－551
比例匯通四卷	1－446
比國條約不分卷	2－559
比雅十卷	1－288
切音捷訣一卷幼學切音便讀一卷	2－212
切問齋文鈔三十卷	1－375
切問齋文鈔三十卷	1－375
切問齋文鈔三十卷	1－375
切問齋文鈔三十卷	1－376
切問齋文鈔三十卷	1－376
切問齋文鈔三十卷	1－535
切問齋文鈔三十卷	2－305
切問齋集十二卷首一卷	2－247

切問齋集十四卷	1－157	日本國志四十卷首一卷	2－185
切韻考六卷	2－551	日本國志四十卷首一卷	2－185
切韻考六卷附外篇三卷	1－300	日本國志四十卷首一卷	2－185
切韻考外篇三卷	2－473	日本國志四十卷首一卷	2－185
切韻考外篇三卷	2－554	日本國志四十卷首一卷	2－185
切韻攷四卷	1－149	日本國志四十卷首一卷	2－185
牙牌參禪圖譜一卷	1－454	日本國志四十卷首一卷	2－185
止止堂集五卷	1－515	日本國志四十卷首一卷	2－185
止齋文鈔二卷	1－515	日本國志四十卷首一卷	2－185
止齋先生文集五十二卷附錄一卷	1－9	日本國志四十卷首一卷	2－412
止齋先生春秋後傳十二卷	1－288	日本國志四十卷首一卷	2－473
止齋舊稿不分卷	2－498	日本國通商行船條約不分卷	2－585
少吏論辯正一卷	2－66	日本訪書志十七卷	1－327
少谷詩集八卷	1－502	日本訪書志十七卷	2－299
少谷詩集八卷	1－502	日本訪書志十七卷	2－473
少保于公奏議十卷	2－125	日本訪書志十六卷	1－109
少保于公奏議十卷	2－344	日本訪書志十六卷	1－578
少室山房筆叢正集三十二卷續集十六卷甲乙剩言一卷	1－38	日本訪書志十六卷	1－578
少室山房筆叢四十八卷	2－8	日本訪書志十六卷	1－578
少室山房筆叢四十八卷	2－505	日本維新三十年史十二編	2－185
少室山房筆叢四十八卷詩藪內編六卷雜編六卷外編四卷	2－8	日本維新三十年史十二編	2－185
少湖先生文集七卷	1－15	日本維新三十年史十二編	2－185
少湖先生文集七卷	1－15	日本維新政治彙篇十二卷	2－68
少湖徐先生學則辨一卷	1－22	日本維新政治彙篇十二卷	2－68
少湖徐先生學則辨一卷	2－372	日本維新慷慨史二卷	2－185
日下尊聞錄五卷	1－462	日本學校源流不分卷	2－53
日下舊聞四十二卷補遺四十二卷	1－174	日本雜事詩二卷	1－475
日下舊聞四十二卷補遺四十二卷	1－218	日本雜事詩二卷	2－264
日下舊聞四十二卷補遺四十二卷	1－218	日耳曼史不分卷	2－188
日本文部省沿革及官制不分卷	2－53	日知薈說四卷	1－162
日本地理兵要十卷	2－185	日知錄三十二卷	1－218
日本金石志五卷	2－203	日知錄三十二卷	1－245
日本法規大全不分卷	2－69	日知錄三十二卷	2－6
日本法規大全不分卷	2－70	日知錄三十二卷	2－385
日本法規解字一卷	2－69	日知錄之餘四卷	2－6
日本法規解字一卷	2－70	日知錄之餘四卷	2－501
日本國志四十卷首一卷	1－324	日知錄刊誤二卷續刊誤二卷	2－411
日本國志四十卷首一卷	2－185	日知錄集釋三十二卷	2－411
日本國志四十卷首一卷	2－185	日知錄集釋三十二卷附刊誤二卷續刊誤二卷	1－243
		日知錄集釋三十二卷附刊誤二卷續	

刊誤二卷 …… 1－245	中西匯通醫書五種 …… 2－39
日知錄集釋三十二卷附刊誤二卷續	中西匯通醫書五種 …… 2－493
刊誤二卷 …… 2－6	中西匯通醫書五種 …… 2－549
日知錄集釋三十二卷附刊誤二卷續	中西匯通醫經精義二卷 …… 1－363
刊誤二卷 …… 2－6	中西匯通醫經精義二卷 …… 1－363
日知錄集釋三十二卷附刊誤二卷續	中西匯通醫經精義二卷 …… 2－41
刊誤二卷 …… 2－6	中西滙參銅人圖說一卷 …… 1－547
日知錄集釋三十二卷首一卷 …… 2－6	中西醫通彙函八種續集三種 …… 1－548
日法朔餘彊弱攷一卷附方程新術草	中西醫解二卷 …… 1－553
一卷 …… 1－421	中西醫解二卷 …… 1－553
日星測時新表不分卷 …… 2－459	中西醫粹四卷 …… 1－548
日涉編十二卷 …… 1－49	中西醫學群書第一集國粹部十種 …… 2－588
日湖漁唱一卷 …… 1－475	中州名賢文表三十卷 …… 1－146
日湖漁唱一卷補遺一卷續補遺一卷	中州名賢文表三十卷續六十八卷 …… 2－308
…… 1－475	中州金石攷八卷 …… 1－178
日慎齋詩草六卷附外集一卷 …… 2－263	中州金石記五卷 …… 2－203
日講書經解義十三卷 …… 1－107	中州音韻一卷司馬溫公切韻一卷 …… 1－303
中山傳信錄六卷 …… 1－106	中州集十卷首一卷樂府一卷 …… 1－77
中日約章會要補遺一卷 …… 2－68	中州集十卷首一卷樂府一卷 …… 1－78
中日馬關新約十一款另約三款 …… 2－518	中州集十卷首一卷樂府一卷 …… 1－78
中史略說二卷 …… 1－324	中州集十卷首一卷樂府一卷 …… 1－78
中外地輿圖說集成一百三十卷首三	中州樂府一卷天下同文一卷附補遺
卷皇輿全圖一卷 …… 2－135	…… 1－363
中外地輿圖說集成一百三十卷首三	[乾隆]中江縣志十二卷首一卷 …… 2－581
卷皇輿全圖一卷 …… 2－135	[同治]中江縣志補遺一卷續編一卷
中外地輿圖說集成一百三十卷首三	…… 2－161
卷皇輿全圖一卷 …… 2－436	[同治]中江縣志補遺一卷續編一卷
中外政治策論彙編二十四卷 …… 2－65	…… 2－161
中外政治策論彙編二十四卷 …… 2－65	[道光]中江縣新志八卷首一卷 …… 2－161
中外掌故論海十四卷 …… 2－539	[道光]中江縣新志八卷首一卷 …… 2－161
中外經世策論合纂六十三卷 …… 2－483	中吳紀聞六卷 …… 1－106
中立四子集四種六十四卷 …… 1－45	中阿含經十卷 …… 1－395
中西六種 …… 2－387	中東戰紀本末八卷首一卷末一卷續
中西星要五種十二卷 …… 1－422	編四卷首一卷末一卷三編四卷 …… 2－122
中西紀事二十四卷首一卷 …… 2－124	中東戰紀本末八卷首一卷末一卷續
中西紀事二十四卷首一卷 …… 2－124	編四卷首一卷末一卷三編四卷 …… 2－122
中西紀事二十四卷首一卷 …… 2－386	中星表一卷 …… 1－423
中西匯通醫書五種 …… 1－399	中俄界約斠注七卷首一卷 …… 2－68
中西匯通醫書五種 …… 1－415	中俄界約斠注七卷首一卷 …… 2－68
	中俄界約斠注七卷首一卷 …… 2－584
	中俄界記二編首一編 …… 2－172

中俄界務沿革記略不分卷 …………… 2－172	中說十卷 ……………………………… 1－2
中俄約章會要三卷 …………………… 2－68	中說十卷 ……………………………… 1－91
中俄國際約注五卷 …………………… 1－462	中說十卷 ……………………………… 1－92
中華古今注三卷 ……………………… 1－201	中說十卷 ……………………………… 1－92
中華古今注三卷 ……………………… 2－339	中說十卷 ……………………………… 1－182
中晚唐詩叩彈集十二卷 ……………… 2－301	中說十卷 ……………………………… 1－189
中晚唐詩叩彈集十二卷 ……………… 2－301	中說十卷 ……………………………… 2－23
中晚唐詩叩彈集十二卷續集三卷 …… 1－148	中說十卷 ……………………………… 2－24
中晚唐詩叩彈集十二卷續集三卷 …… 1－334	中說十卷 ……………………………… 2－24
中晚唐詩叩彈集十二卷續集三卷 …… 2－254	中論六卷 ……………………………… 1－395
中晚唐詩叩彈續集三卷 ……………… 1－334	中論六卷 ……………………………… 2－30
中晚唐詩紀六十二卷 ………………… 1－166	中論會譯不分卷 ……………………… 1－395
中國文學指南二卷 …………………… 1－363	中興小紀四十卷 ……………………… 2－111
中國文學指南二卷 …………………… 1－562	中興小紀四十卷 ……………………… 2－111
中國四千年開化史九章不分卷 ……… 2－124	中興名臣事略八卷 …………………… 1－252
中國四千年開化史九章不分卷 ……… 2－124	中興名臣事略四卷 …………………… 1－252
中國地理圖表不分卷 ………………… 1－328	中興別記六十一卷 …………………… 2－122
中國名相傳二卷 ……………………… 2－487	中興將帥別傳三十卷 ………………… 1－249
中國美術印譜不分卷 ………………… 1－454	中興將帥別傳三十卷附續編六卷 …… 2－191
中國預算要略一卷 …………………… 1－458	中興將帥別傳續編六卷 ……………… 2－191
中國歷代文派沿革錄一卷 …………… 2－547	中議公事實紀略目錄一卷 …………… 2－198
中庸一卷 ……………………………… 2－314	[光緒]內江縣志十五卷首一卷 …… 2－158
中庸二卷 ……………………………… 1－307	[同治]內江縣志十五卷首一卷 …… 2－575
中庸本解二卷 ………………………… 1－321	[同治]內江縣志十五卷首一卷 …… 2－575
中庸直指一卷 ………………………… 1－562	[咸豐]內江縣志十五卷首一卷 …… 2－158
中庸直指一卷 ………………………… 2－315	[光緒]內江縣志十六卷 ……………… 2－159
中庸直指不分卷 ……………………… 1－307	[光緒]內江縣志十六卷 ……………… 2－290
中庸直講五卷 ………………………… 1－307	[道光]內江縣志要四卷 ……………… 2－290
中庸集註章句大全不分卷 …………… 1－307	內則衍義十六卷 ……………………… 1－242
中庸湖南講一卷 ……………………… 2－529	內則衍義十六卷 ……………………… 1－558
中朝故事一卷 ………………………… 1－197	內科理法後編總病六卷專病十卷附
中虛寶全集一卷 ……………………… 1－366	卷一卷 ……………………………… 2－48
中等教育日本歷史四編 ……………… 2－534	內科理法後編總病六卷專病十卷附
中復堂全集九種九十八卷附錄一卷	卷一卷 ……………………………… 2－48
…………………………………… 1－366	內科理法前編六卷 …………………… 2－48
中復堂全集九種九十八卷附錄一卷	內科理法前編六卷 …………………… 2－48
…………………………………… 1－366	內科理法前編六卷後編總病六卷專
中復堂全集九種附一種 ……………… 2－301	病十卷附卷一卷 …………………… 1－405
中復堂遺稿五卷續編二卷 …………… 1－367	內科新說二卷 ………………………… 1－548
中說二卷 ……………………………… 2－339	內科新說二卷 ………………………… 2－493
中說十卷 ……………………………… 1－2	[康熙]內鄉縣志十二卷 ……………… 1－222

內經知要講義四卷	1－410	毛詩異文箋十卷	2－229
內經知要講義四卷	1－410	毛詩詁訓傳三十卷附毛詩譜一卷	1－270
牛痘新書不分卷	2－477	毛詩註疏二十卷	1－119
午亭文編五十卷	1－157	毛詩補正二十五卷	1－271
午亭文編五十卷	1－218	毛詩補箋十六卷	2－302
午亭文編五十卷	1－218	毛詩補禮六卷	1－189
午亭文編五十卷	1－218	毛詩傳箋三十卷	1－185
午亭文編五十卷	2－289	毛詩傳箋三十卷	2－229
午夢堂全集十二種	1－480	毛詩傳箋三十卷鄭氏詩譜一卷	1－191
午夢堂集十二種二十一卷	2－555	毛詩傳箋三十卷鄭氏詩譜一卷	1－191
毛西河先生仲氏易三十卷	1－178	毛詩傳箋通釋三十二卷	1－270
毛西河先生家禮辨說十六卷	2－56	毛詩傳箋通釋三十二卷	2－229
毛尚書奏稿十六卷首一卷	2－127	毛詩鄭箋改字說四卷	1－273
毛詩二十卷	1－200	毛詩稽古編三十卷	1－165
毛詩二十卷	1－271	毛詩稽古編三十卷	1－173
毛詩二十卷	1－271	毛詩稽古編三十卷	2－230
毛詩三十卷	1－271	毛詩稽古編三十卷附攷一卷	1－165
毛詩三十卷首附鄭氏詩譜一卷	1－321	毛詩稽古編三十卷附攷一卷	1－165
毛詩古音攷四卷附讀詩拙言一卷	1－269	毛詩稽古編三十卷附攷一卷	2－319
毛詩古音攷四卷附讀詩拙言一卷	1－269	毛詩禮徵十卷	1－556
毛詩古音攷四卷附讀詩拙言一卷	2－230	毛詩譜不分卷	1－269
毛詩古音攷四卷附讀詩拙言一卷	2－230	毛詩證讀五卷讀詩或問一卷	1－269
毛詩古音攷四卷附讀詩拙言一卷	2－230	毛詩證讀五卷讀詩或問一卷	1－269
毛詩古音攷四卷附讀詩拙言一卷	2－352	毛詩纂歌附說二卷	1－190
毛詩名物畧四卷	1－269	毛詩讀三十卷	1－271
毛詩李黃集解四十二卷	1－271	毛詩讀三十卷	1－271
毛詩序傳定本音注三十卷	2－230	毛詩讀三十卷	1－271
毛詩注疏二十卷	1－1	毛詩讀三十卷	1－271
毛詩注疏二十卷附校勘記	2－320	毛詩讀三十卷	1－271
毛詩注疏三十卷附毛詩譜一卷	1－270	毛詩讀三十卷	2－229
毛詩注疏三十卷附毛詩譜一卷	1－270	毛鄭詩斠議一卷	1－269
毛詩注疏三十卷詩譜一卷注疏原目一卷注解傳述人一卷	2－302	毛鄭詩斠議一卷	2－360
毛詩草木鳥獸蟲魚疏二卷	1－269	壬癸藏札記十二卷	1－240
毛詩要義二十卷	1－270	升菴外集一百卷	1－50
毛詩後箋三十卷	1－270	升菴外集一百卷	1－97
毛詩後箋三十卷	1－270	升菴外集一百卷	1－507
毛詩後箋三十卷	2－552	升菴外集一百卷	1－543
毛詩訂詁八卷附錄二卷	1－270	升菴外集一百卷	1－560
毛詩訂詁八卷附錄二卷	2－230	升菴外集一百卷	2－243
毛詩音義三卷	1－269	升菴先生文集八十一卷目錄四卷	1－57
		升菴先生文集八十一卷目錄四卷	1－57

升菴詩話十二卷補遺二卷 ……………	1－507
升菴經說十四卷 …………………………	1－319
升菴全蜀藝文志六十四卷 ………………	2－236
仁山金先生文集四卷 ……………………	1－103
仁王護國般若波羅蜜多經二卷 …………	1－528
仁王護國般若波羅蜜多經二卷 …………	1－529
仁王護國般若波羅蜜經一卷 ……………	2－583
仁化編不分卷 ……………………………	1－420
[嘉靖]仁和縣志十四卷 …………………	2－145
仁書二篇 …………………………………	1－556
[同治]仁壽縣志十五卷首一卷 …………	2－151
[道光]仁壽縣新志八卷 …………………	2－151
仁壽鏡四卷 ………………………………	2－558
仁學二卷 …………………………………	1－438
[嘉慶]什邡縣志五十四卷 ………………	2－152
[嘉慶]什邡縣志五十四卷 ………………	2－152
片玉山房花箋錄二十卷 …………………	1－199
片玉山房花箋錄二十卷 …………………	1－438
片玉山房花箋錄二十卷 …………………	2－8
片刻餘閑集二卷 …………………………	1－103
[光緒]化州志十二卷 ……………………	2－168
化學分原八卷 ……………………………	2－38
化學考質八卷 ……………………………	1－464
化學考質八卷附表一卷 …………………	2－37
化學求數十五卷附求數便用表一卷 …	2－37
化學衛生論四卷 …………………………	1－421
化學衛生論四卷 …………………………	2－38
化學鑑原六卷 ……………………………	2－37
化學鑑原補編六卷附一卷 ………………	1－464
化學鑑原補編六卷附體積分劑一卷 …	2－37
化學鑑原續編二十四卷 …………………	2－37
仍柏園禹山文存一卷詩存二卷 …………	1－505
仍柏園悼亡集句一卷 ……………………	1－505
爪哇志一卷附新志一卷蘇門答拉志一卷附新志一卷 ……………………………	1－558
爪哇志一卷附新志一卷蘇門答拉志一卷附新志一卷 ……………………………	2－186
反離騷一卷 ………………………………	1－11
介白堂詩集二卷 …………………………	1－465
介白堂詩集二卷 …………………………	1－465
介白堂詩集二卷 …………………………	1－465
介白堂詩集二卷 …………………………	2－265
介白堂詩集二卷 …………………………	2－587
父師善誘法二卷讀書作文譜十二卷 ……………………………………………	1－345
今文尚書三十卷 …………………………	1－265
今文尚書三十卷 …………………………	1－265
今文尚書三十卷 …………………………	1－265
今文尚書考證三十卷 ……………………	2－92
今文尚書攷證三十卷 ……………………	1－265
今文尚書攷證三十卷 ……………………	1－265
今水經一卷 ………………………………	2－176
今水經一卷 ………………………………	2－176
今水經一卷 ………………………………	2－176
今水經一卷 ………………………………	2－176
今世說八卷 ………………………………	2－271
今世說八卷首一卷 ………………………	2－560
今古地理述十八卷首三卷末一卷 ………	2－134
今古地理述十八卷首三卷末一卷 ………	2－134
今古奇觀四十卷 …………………………	2－500
今古奇觀四十卷 …………………………	2－521
今古奇觀四十卷 …………………………	2－549
今古寓言不分卷 …………………………	1－95
今古學攷二卷 ……………………………	1－208
今古學攷二卷 ……………………………	1－470
今古學攷二卷 ……………………………	2－17
今古學攷二卷 ……………………………	2－17
今古學攷二卷 ……………………………	2－17
今古學攷二卷 ……………………………	2－289
今古學攷二卷 ……………………………	2－360
今有堂詩集四卷後集六卷 ………………	1－153
今詩真趣編不分卷 ………………………	2－395
今獻備遺四十二卷 ………………………	1－37
分甘餘話四卷 ……………………………	1－151
分國左傳□□卷 …………………………	2－564
分類尺牘備覽三十卷 ……………………	1－471
分類尺牘新語二十四卷 …………………	2－370
分類字錦六十四卷 ………………………	1－142
分類字錦六十四卷 ………………………	1－143
分類字錦六十四卷 ………………………	1－434
分類字錦六十四卷 ………………………	1－434
分類字錦六十四卷 ………………………	1－471

分類字錦六十四卷	2-213
分類字錦六十四卷	2-399
分類補註李太白詩二十五卷	1-4
分類補註李太白詩二十五卷	1-118
分類補註李太白詩二十五卷分類編次李太白文五卷	1-23
分類蓮仙尺牘六卷	1-472
分類詩腋八卷	1-471
分類詩腋八卷	2-356
分類詩腋八卷	2-447
分類經進近思錄集解十四卷	1-24
分類賦學雞跖集三十卷附錄一卷	2-559
分類緘腋四卷	1-472
分類編次李太白文五卷	1-87
公羊春秋經傳驗推補證十一卷	1-279
公羊春秋經傳驗推補證十一卷	2-94
公羊春秋經傳驗推補證十一卷附大統春秋條例圖表一卷	1-279
公羊春秋經傳驗推補證十一卷附大統春秋條例圖表一卷	1-279
公羊春秋經傳驗推補證十一卷首一卷	2-528
公羊春秋經傳驗推補證十一卷首一卷	2-547
公羊傳一卷穀梁傳一卷	1-204
公羊傳初學讀本不分卷	1-279
公羊傳初學讀本不分卷	2-93
公羊穀梁春秋合編附註疏纂十二卷	2-520
公羊箋十一卷	1-280
公羊箋十一卷	1-280
公法會通十卷	2-69
公法總論一卷	2-69
公是先生七經小傳三卷	1-315
公是先生弟子記一卷	2-323
公是集五十四卷	2-241
公侯鑒□□卷	2-500
公堂寫本打雁回窑十折	2-601
公堂寫本打雁回窑十折	2-601
公堂寫本盤河磧二折	2-600
公堂戲本新勸民一折	2-601
公餘隨錄四卷	1-470
公餘醫錄十六種全集十六種九十一卷	1-400
公餘醫錄三十二種全集一百十卷	1-402
月日紀古十二卷	2-37
月日紀古十二卷	2-555
月心笑巖寶祖南北集二卷	1-521
月旦堂仙佛奇踪合刻八卷	1-44
月令通攷十六卷	1-59
月令廣義二十四卷首一卷	1-32
月令廣義二十四卷首一卷	1-32
月令廣義二十四卷首一卷	1-121
月令廣義二十四卷首一卷附錄一卷	1-32
月令廣義二十四卷首一卷附錄一卷	1-32
月令廣義二十四卷首一卷附錄一卷	1-121
月令粹編二十四卷圖說一卷	1-165
月令粹編二十四卷圖說一卷	1-486
月令粹編二十四卷圖說一卷	2-54
月令粹編二十四卷圖說一卷	2-54
月令粹編二十四卷圖說一卷	2-54
月河精舍叢鈔五種	2-501
月宮僊度一卷	1-565
勿藥須知一卷	2-48
丹方彙編四卷	2-47
丹邱生集五卷附錄一卷	1-487
丹泉海島錄四卷	1-238
丹桂籍不分卷	2-502
丹桂籍印鑑陰隲文增訓一卷	2-274
丹桂籍註案不分卷	1-564
[光緒]丹徒縣志六十卷首四卷	2-143
丹國條約不分卷	2-527
丹崖四種筆記四卷	1-173
丹棱縣鄉土志二卷	1-543
[光緒]丹稜縣志十卷首一卷	2-165
[光緒]丹稜縣志十卷首一卷	2-165
丹魁堂詩集五卷	1-194
丹魁堂詩集五卷	2-397
丹鉛總錄二十七卷	1-13
丹鉛總錄二十七卷	1-13
丹鉛總錄二十七卷	1-53

丹鉛總錄二十七卷	1－53
丹鉛總錄二十七卷	1－85
丹鉛總錄二十七卷	1－168
丹鉛總錄二十七卷	1－426
丹鉛總錄二十七卷	2－520
丹溪手鏡三卷	1－137
丹溪心法五卷	2－305
丹溪心法附餘二十四卷	2－502
丹溪心法附餘二十四卷首一卷	1－14
丹溪心法附餘二十四卷首一卷	2－44
丹溪朱氏脈因症治二卷	1－410
丹溪先生心法五卷附錄一卷	1－137
丹溪先生心法五卷附錄一卷附脈訣指掌一卷丹溪先生金匱鉤玄一卷醫學發明一卷活法機要一卷	2－44
丹臺玉案六卷	2－44
勾股演代五卷	1－455
卞制軍政書四卷	2－72
六一山房詩集十卷續集十卷	2－264
六十種曲一百二十卷	1－97
六十種曲一百二十卷	1－97
六十種曲一百二十卷	1－97
六十種曲一百二十卷	1－130
六子全書六十二卷	1－22
六子全書六十二卷	1－22
六子全書六十卷	1－22
六壬指南五卷	1－425
六臣註文選六十卷	1－58
六臣註文選六十卷	1－82
六臣註文選六十卷	1－140
六合內外瑣言二十卷	1－347
六如居士全集七卷	1－343
六如居士全集七卷制義一卷畫譜三卷外集六卷	1－343
六如居士畫譜三卷	1－237
六如亭二卷	2－267
六如唐先生畫譜三卷	2－276
六妙法門一卷	1－385
六妙法門一卷	1－386
六妙法門一卷	2－391
六事箴言一卷	1－438
六事箴言一卷	2－495
六事箴言一卷附散碎語一卷	1－563
六事箴言一卷續編一卷	1－464
六典通考二百卷	2－77
六帖補二十卷	1－113
六科準繩六種	1－407
六科證治準繩六種	1－81
六科證治準繩六種	2－377
六科證治準繩六種四十六卷	1－81
六科證治準繩六種四十四卷	1－38
六科證治準繩六種四十四卷	1－38
六科證治準繩六種四十四卷	2－556
六度集經八卷	2－28
六祖大師法寶壇經一卷祇園禪師語錄一卷	1－187
六祖大師法寶壇經不分卷	1－386
六祖大師法寶壇經不分卷	1－386
六祖大師法寶壇經不分卷	2－34
六圃沈新周先生地學二卷	2－378
六家文選六十卷	1－26
六家文選六十卷	1－26
六家文選六十卷	1－141
六家詩名物疏五十五卷提要三卷	1－49
六書十二聲傳十二卷	1－304
六書十二聲傳十二卷	1－304
六書十二聲傳十二卷	2－289
六書分類十二卷首一卷	1－122
六書分類十二卷首一卷	1－214
六書分類十二卷首一卷	1－304
六書分類十二卷首一卷	1－305
六書分類十二卷首一卷	1－305
六書正譌五卷	1－91
六書正譌五卷	1－230
六書正譌五卷	2－211
六書正譌五卷	2－211
六書故三十三卷通釋一卷	1－158
六書音均表五卷	1－207
六書音均表五卷	1－305
六書音均表不分卷	1－305
六書音均表不分卷	1－305
六書原始十五卷	1－109

六書通十卷	1-122
六書通十卷	1-198
六書通十卷	1-304
六書通十卷	1-304
六書通十卷	2-211
六書通十卷	2-305
六書通十卷	2-305
六書通十卷	2-477
六書通十卷	2-533
六書通十卷首一卷	2-307
六書通不分卷	1-304
六書通不分卷	1-304
六書統二十卷	1-1
六書統溯原十三卷	1-1
六書會原八卷	2-211
六書說一卷轉注古義考一卷	2-211
六書賦音義二十卷附六書賦一卷	1-35
六書賦音義二十卷附六書賦一卷	1-66
六書舊義一卷	1-208
六書舊義一卷	1-319
六書舊義一卷	2-474
六書轉注錄十卷	1-304
六書轉注錄十卷	1-304
六書繫韻二十四卷首一卷附檢字二卷	1-305
六書繫韻二十四卷首一卷附檢字二卷	1-305
六書繫韻二十四卷首一卷附檢字二卷	2-211
六梅書屋尺牘四卷	1-349
六朝文絜四卷	1-143
六朝文絜四卷	1-351
六朝文絜四卷	2-226
六朝文絜四卷	2-226
六朝文絜四卷	2-226
六朝文絜四卷	2-226
六朝文絜四卷	2-226
六朝四家全集十六卷	1-192
六朝事迹編類十四卷	1-183
六朝事迹編類十四卷	2-172
六朝事迹編類十四卷	2-172
六朝事迹編類十四卷	2-546
六朝唐賦英華三卷	2-521
六朝唐賦讀本不分卷	1-346
六朝唐賦讀本不分卷	2-521
六朝唐賦讀本不分卷	2-521
六朝唐賦讀本四卷	2-521
六經天文篇二卷	1-432
六經正誤六卷	1-315
六經補疏二十卷	2-17
六經奧論六卷首一卷	1-200
六經奧論六卷首一卷	1-315
六經圖十二卷	1-314
六經圖考不分卷	2-16
六經圖定本不分卷	2-309
六藝論疏證一卷	2-532
六藝綱目二卷	1-192
六藝綱目二卷	1-302
六藝綱目二卷	1-302
六藝綱目二卷六藝發原一卷字原一卷札記一卷	1-302
六藝綱目二卷附六書說一卷	1-302
六藝綱目二卷附錄一卷	1-350
六藝論一卷三禮目錄一卷	1-198
六藝論疏證一卷魯禮禘祫義疏證一卷	1-349
六櫃運道冊不分卷	2-382
六韜六卷	2-454
六韜逸文一卷	2-454
六醴齋醫書十種	2-387
六譯館叢書八十四種	2-410
六體齋醫書十種	2-39
文山先生文集二卷	2-242
文山先生文集十七卷別集六卷附錄三卷	1-4
文山先生全集二十卷	1-42
文子纘義十二卷	1-460
文子纘義十二卷	2-549
文中子中說一卷	2-24
文中子中說十卷	2-24
文中子中說十卷	2-24
文公朱先生感興詩一卷附武夷櫂歌

一卷 …………………………… 1－560	文光堂四書體注合講十九卷 …… 1－254
文公家禮七卷 ………………… 1－459	文光堂增定課兒鑑略妥註善本五卷
文公家禮儀節八卷 …………… 2－56	…………………………………… 1－252
文公家禮儀節八卷 …………… 2－56	文竹閣詩鈔八卷 ……………… 2－263
文公家禮儀節八卷 …………… 2－477	文字存真六種附四種 ………… 1－294
文公家禮儀節八卷 …………… 2－564	文字存真六種附四種 ………… 2－209
文心雕龍十卷 ………………… 1－147	文字存真六種附四種 ………… 2－329
文心雕龍十卷 ………………… 1－189	文字蒙求四卷 ………………… 1－301
文心雕龍十卷 ………………… 1－195	文字蒙求四卷 ………………… 1－301
文心雕龍十卷 ………………… 1－347	文字蒙求四卷 ………………… 1－301
文心雕龍十卷 ………………… 1－347	文字蒙求四卷 ………………… 1－301
文心雕龍十卷 ………………… 1－347	文字蒙求四卷 ………………… 1－301
文心雕龍十卷 ………………… 1－347	文字蒙求四卷 ………………… 1－301
文心雕龍十卷 ………………… 1－347	文字蒙求四卷 ………………… 1－301
文心雕龍十卷 ………………… 1－347	文字蒙求四卷 ………………… 1－301
文心雕龍十卷 ………………… 1－347	文字蒙求四卷 ………………… 2－212
文心雕龍十卷 ………………… 1－347	文字蒙求四卷 ………………… 2－212
文心雕龍十卷 ………………… 1－347	文字蒙求四卷 ………………… 2－212
文心雕龍十卷 ………………… 1－347	文字蒙求廣義四卷 …………… 1－301
文心雕龍十卷 ………………… 1－347	文字蒙求廣義四卷 …………… 2－212
文心雕龍十卷 ………………… 1－347	文字蒙求廣義四卷 …………… 2－482
文心雕龍十卷 ………………… 1－540	文字會寶不分卷 ……………… 1－37
文心雕龍十卷 ………………… 1－540	文字藥一卷 …………………… 1－197
文心雕龍十卷 ………………… 1－558	文苑英華一千卷 ……………… 1－29
文心雕龍十卷 ………………… 2－216	文苑英華一千卷 ……………… 1－29
文心雕龍十卷 ………………… 2－385	文苑英華一千卷 ……………… 1－29
文心雕龍十卷 ………………… 2－586	文苑英華一千卷 ……………… 1－29
文心雕龍十卷 ………………… 2－586	文苑英華一千卷 ……………… 1－67
文心雕龍十卷附詩品三卷書品一卷	文苑英華律賦選四卷 ………… 1－115
尤射一卷 …………………… 1－347	文苑英華鈔十卷 ……………… 1－140
文心雕龍輯註十卷 …………… 1－172	文苑英華摘粹十卷 …………… 1－45
文史通義八卷 ………………… 2－72	文苑英華選六十卷 …………… 1－329
文史通義八卷校讎通義三卷 ……… 2－72	文苑英華選六十卷 …………… 1－569
文史通義八卷校讎通義三卷 ……… 2－72	文苑英華選六十卷 …………… 2－220
文史通義八卷校讎通義三卷 ……… 2－72	文苑英華選六十卷 …………… 2－445
文史通義八卷校讎通義三卷 ……… 2－72	文苑彙雋二十四卷 …………… 1－130
文史通義八卷校讎通義三卷 ……… 2－72	文苑彙雋二十四卷 …………… 1－130
文史通義八卷校讎通義三卷 ……… 2－72	文林綺繡五種 ………………… 2－542
文史通義內篇五卷外篇三卷附校讎	文林綺繡五種五十九卷 ……… 1－46
通義三卷 …………………… 1－323	文林綺繡五種五十九卷 ……… 1－46

書名	卷冊-頁
文林綺繡五種五十九卷	1-47
文昌化書四卷	1-141
文昌孝經增註圖證不分卷	1-445
文昌帝君功過格不分卷	1-418
文昌帝君功過格不分卷	1-563
文昌帝君功過格不分卷	2-551
文昌雜錄六卷補遺一卷	2-535
文忠集十六卷附拾遺四卷	1-339
文府滑稽十二卷	1-56
文府滑稽十二卷	1-56
文房四譜五卷	1-113
文房肆攷圖說八卷	1-215
文品二十四則一卷	1-471
文信國公集二十卷首一卷	1-342
文信國公集二十卷首一卷	1-342
文信國公集二十卷首一卷	1-342
文信國公集二十卷首一卷	2-549
文奇豹斑十二卷	1-66
文格通比十二卷	1-347
文殊五字根本真言念誦法不分卷	2-384
文殊師利所說摩訶般若波羅蜜經一卷	1-530
文殊師利所說摩訶般若波羅蜜經一卷	1-530
文殊師利所說摩訶般若波羅蜜經二卷	1-385
文殊師利所說摩訶般若波羅蜜經二卷	1-385
文殊師利菩薩問菩提經論二卷	2-31
文殊菩薩及諸仙所說吉凶時日善惡宿曜經二卷	1-567
文家稽古編十卷	2-380
文通十卷	1-492
文通十卷	1-541
文通十卷	2-413
文通三十卷閏一卷	1-66
文敏馮先生奏疏四卷	1-91
文章正論二十卷	1-53
文章軌範七卷	2-458
文章指南五集	2-530
文章流別論一卷	2-523
文章遊戲初編八卷二編八卷三編八卷四編八卷	2-288
文章遊戲初編八卷二編八卷三編八卷四編八卷	2-319
文章練要十卷	1-289
文章練要十卷	1-289
文章緣起一卷	2-216
文章緣起一卷	2-559
文章辨體五十卷外集五卷總論一卷	1-150
文清公薛先生文集二十四卷	1-90
文清公薛先生文集二十四卷	2-287
文瑞樓藏書目十二卷	1-178
文遠集二十八卷補遺一卷	1-70
文粹一百卷	2-226
文粹一百卷	2-226
文粹一百卷	2-226
文粹四十五卷	1-346
文粹補遺二十六卷	2-226
文粹補遺二十六卷	2-226
文粹補遺二十六卷	2-226
文廟上丁禮樂備考四卷	2-56
文廟祀典考五十卷首一卷	2-55
文廟祀典考五十卷首一卷	2-56
文廟紀畧四卷	2-354
文廟通考六卷首一卷	2-56
文選十二卷	1-50
文選十二卷	1-51
文選十二卷	1-52
文選十二卷	1-56
文選十二卷	1-56
文選十二卷	1-63
文選五卷考異一卷	2-222
文選六十卷	1-5
文選六十卷	1-24
文選六十卷	1-27
文選六十卷	1-28
文選六十卷	1-95
文選六十卷	1-95
文選六十卷	1-95
文選六十卷	1-95

文選六十卷	……	1-146
文選六十卷	……	1-146
文選六十卷	……	1-224
文選六十卷	……	1-538
文選六十卷	……	1-569
文選六十卷	……	2-221
文選六十卷	……	2-221
文選六十卷	……	2-221
文選六十卷	……	2-222
文選六十卷	……	2-222
文選六十卷	……	2-222
文選六十卷	……	2-222
文選六十卷	……	2-222
文選六十卷	……	2-222
文選六十卷	……	2-222
文選六十卷	……	2-222
文選六十卷	……	2-222
文選六十卷	……	2-222
文選六十卷	……	2-222
文選六十卷	……	2-222
文選六十卷	……	2-222
文選六十卷	……	2-223
文選六十卷	……	2-223
文選六十卷	……	2-223
文選六十卷	……	2-223
文選六十卷	……	2-223
文選六十卷	……	2-223
文選六十卷	……	2-223
文選六十卷	……	2-223
文選六十卷	……	2-223
文選六十卷	……	2-226
文選六十卷	……	2-330
文選六十卷	……	2-333
文選六十卷	……	2-437
文選六十卷	……	2-451
文選六十卷	……	2-471
文選六十卷	……	2-533
文選六十卷考異十卷	……	1-146
文選六十卷考異十卷	……	1-203
文選六十卷考異十卷	……	1-561
文選六十卷考異十卷	……	2-222
文選六十卷考異十卷	……	2-222
文選六十卷考異十卷	……	2-222
文選六十卷考異十卷	……	2-222
文選六十卷考異十卷	……	2-222
文選六十卷考異十卷	……	2-223
文選六十卷考異十卷	……	2-223
文選六十卷考異十卷	……	2-223
文選六十卷考異十卷	……	2-223
文選六十卷考異十卷	……	2-223
文選六十卷考異十卷	……	2-223
文選六十卷考異十卷	……	2-223
文選六十卷考異十卷	……	2-223
文選六十卷考異十卷	……	2-223
文選古字通疏證六卷	……	1-347
文選古字通疏證六卷	……	2-209
文選古字通疏證六卷	……	2-209
文選古字通疏證六卷	……	2-209
文選考異十卷	……	2-205
文選考異十卷	……	2-224
文選考異十卷	……	2-299
文選考異十卷	……	2-451
文選考異十卷	……	2-471
文選考異四卷	……	2-220
文選考異四卷	……	2-220
文選考異四卷	……	2-534
文選各家詩集四卷	……	2-392
文選李注補正四卷	……	2-219
文選李注補正四卷	……	2-219
文選李注補正四卷	……	2-523
文選李注補正四卷	……	2-529
文選刪十二卷	……	2-454
文選刪註十二卷	……	1-90
文選音義八卷	……	2-225
文選音義八卷	……	2-225
文選旁證四十六卷	……	2-221
文選旁證四十六卷	……	2-221
文選旁證四十六卷	……	2-221

文選旁證四十六卷	2-221
文選理學權輿八卷	2-529
文選理學權輿八卷補一卷	2-221
文選理學權輿八卷補一卷文選考異 　四卷文選李注補正四卷	2-220
文選理學權輿八卷補一卷文選考異 　四卷文選李注補正四卷	2-220
文選理學權輿八卷補一卷文選考異 　四卷文選李注補正四卷	2-220
文選章句二十八卷	1-50
文選章句二十八卷	1-56
文選集腋二卷	1-560
文選集腋二卷	1-560
文選補遺四十卷	1-90
文選補遺四十卷	2-224
文選補遺四十卷	2-224
文選補遺四十卷	2-224
文選補遺四十卷	2-502
文選補遺四十卷	2-535
文選樓叢書十五種	2-418
文選課虛四卷	2-221
文選課虛四卷	2-464
文選錦字錄二十一卷	1-46
文選錦字錄二十一卷	1-46
文選類林十八卷	1-19
文選類林十八卷	1-19
文選類林十八卷	1-92
文選瀹註三十卷	1-211
文編六十四卷	1-18
文學山房明刻集錦一百六十種	1-132
文學舍詩不分卷	1-188
文學興國策二卷	2-53
文館詞林四卷	1-344
文襄公奏議八卷	1-18
文璨清娛四十八卷	2-219
文獻通考二十四卷首一卷	2-61
文獻通考三百四十八卷	1-1
文獻通考三百四十八卷	1-26
文獻通考三百四十八卷	1-80
文獻通考三百四十八卷	1-134
文獻通考三百四十八卷	1-134
文獻通考三百四十八卷	1-136
文獻通考三百四十八卷	1-150
文獻通考三百四十八卷	1-150
文獻通考三百四十八卷	2-60
文獻通考三百四十八卷	2-61
文獻通考三百四十八卷	2-552
文獻通考三百四十八卷	2-561
文獻通考三百四十八卷附考證三卷	2-61
文獻通考三百四十八卷附考證三卷	2-61
文獻通考三百四十八卷附考證三卷	2-77
文獻通考三百四十八卷首一卷	1-91
文獻通考三百四十八卷首一卷	1-91
文獻通考三百四十八卷首一卷	1-91
文獻通考三百四十八卷首一卷	1-92
文獻通考三百四十八卷首一卷	1-92
文獻通考三百四十八卷首一卷	1-97
文獻通考三百四十八卷首一卷	1-97
文獻通考正續合編三十一卷首一卷	2-59
文獻通考紀要二卷	1-144
文獻通考紀要二卷	2-59
文獻通考紀要四卷	2-59
文獻通考鈔二十四卷續鈔三十卷	2-60
文獻通考詳節二十四卷	2-60
文獻通考詳節二十四卷	2-60
文獻通考詳節二十四卷	2-60
文獻通考詳節二十四卷	2-60
文獻通考詳節二十四卷	2-61
文獻通考詳節二十四卷	2-61
文獻通考輯要二十四卷	1-247
文獻通考纂二十二卷續二十二卷	2-61
文獻徵存錄十卷	1-251
文獻徵存錄十卷	2-191
文瀾閣志二卷附錄一卷	2-393
文儷十四卷	1-129
文體明辨六十一卷首一卷目錄六卷 　附錄十四卷附錄目錄二卷	2-561
文體芻言一卷	2-393
方氏墨譜六卷	1-56
方氏墨譜六卷	1-56
方正學先生遜志齋集二十四卷拾補 　一卷外紀一卷校勘記一卷	1-536

方外詩選八卷	2-300	心傳韻語五卷	1-394
方舟集二十四卷	1-175	心傳韻語五卷	2-351
方言疏證十三卷	1-351	心影集擇錄四卷	2-390
方言疏證十三卷續二卷	1-322	心聲書屋文稿六卷	2-415
方言箋疏十三卷	1-351	心聲齋策論精選五卷	2-396
方貞觀詩集六卷	1-101	心嚮往齋用陶韻詩二卷	1-171
方泉先生詩集三卷	1-112	尹氏小學大全五種	2-489
方泉先生詩集三卷	1-345	尹文端公詩集十卷	1-494
方泉先生詩集三卷	2-259	尺木堂綱鑑易知錄二十卷	2-84
方泉先生詩集三卷	2-392	尺木堂綱鑑易知錄九十二卷	2-84
方望溪文鈔六卷首一卷	2-246	尺木堂綱鑑易知錄九十二卷	2-84
方望溪全集十六種	2-486	尺木堂綱鑑易知錄九十二卷	2-355
方望溪評點史記四卷	1-187	尺木堂綱鑑易知錄九十二卷	2-565
方望溪評點史記四卷	1-187	尺木堂綱鑑易知錄九十二卷	2-565
方望溪評點史記四卷	1-191	尺牘句解二卷	1-486
方望溪評點史記四卷	1-327	尺牘初桃二卷附二卷彙註一卷	1-486
方望溪評點史記四卷	1-327	尺牘清裁六十卷補遺一卷	1-28
方望溪評點史記四卷	2-76	尺牘清裁六十卷補遺一卷	1-28
方壺先生集四卷	1-113	尺牘蒙詁四卷	2-563
方植之全集十九種	2-289	引經證醫四卷	2-38
方程天元合釋一卷四元名式釋例一卷四元加減乘除釋一卷四元草一卷	2-360	引種牛痘方書不分卷	2-44
		引種牛痘方書不分卷	2-44
方廣大莊嚴經十二卷	1-386	丑回門二折	2-592
方廣大莊嚴經十二卷	1-386	丑回門二折	2-592
方儀衛先生年譜一卷	2-249	巴九寨一折	2-591
方輿紀要簡覽三十四卷	2-134	巴九寨一折	2-591
方輿類纂二十八卷首一卷	2-306	巴山七種二十二卷	2-385
火器命中十二卷	1-452	[道光]巴州志十卷首一卷	2-165
火龍經三集八卷附兵法百戰經二卷	1-452	[道光]巴州志十卷首一卷	2-165
斗野藁支卷一卷	2-352	[乾隆]巴縣志十七卷首一卷	2-166
心易觿奧四卷	1-441	[乾隆]巴縣志十七卷首一卷	2-166
心知堂詩稿十八卷	1-355	[乾隆]巴縣志十七卷首一卷	2-166
心知堂詩稿十八卷	1-355	[乾隆]巴縣志十七卷首一卷	2-166
心矩齋叢書十種	2-13	[乾隆]巴縣志十七卷首一卷	2-572
心矩齋叢書十種	2-532	[乾隆]巴縣志十七卷首一卷	2-572
心眼指要四卷	1-423	[乾隆]巴縣志十七卷首一卷	2-572
心眼指要四卷	1-423	[乾隆]巴縣志十七卷首一卷	2-572
心眼指要四卷	2-36	[乾隆]巴縣志十七卷首一卷	2-572
心得要旨一卷	1-459	[乾隆]巴縣志十七卷首一卷	2-572
心園大學知新十二卷	1-257	[乾隆]巴縣志十七卷首一卷	2-572

[乾隆]巴縣志十七卷首一卷	2-572	孔氏家語十卷劄記一卷	1-192
[乾隆]巴縣志十七卷首一卷	2-572	孔文舉集不分卷	2-527
[乾隆]巴縣志十七卷首一卷	2-572	孔庭摘要一卷	2-195
[乾隆]巴縣志十七卷首一卷	2-572	孔聖孝經旁訓一卷	1-321
[同治]巴縣志四卷	2-166	孔叢子三卷	1-116
[同治]巴縣志四卷	2-166	孔叢子三卷	1-119
[同治]巴縣志四卷	2-572	孔叢子三卷	2-459
[同治]巴縣志四卷	2-572	孔叢伯說經五稾三十六卷附一種一卷	1-313
[同治]巴縣志四卷	2-572	孔撰軒洪北江兩先生駢體文合刻十六卷	1-330
巴縣鄉土志二卷	2-166	孔撰軒洪北江兩先生駢體文合刻十六卷	1-498
巴縣鄉土志二卷	2-572	毋無園集□□卷	2-502
以意錄二卷	1-506	水心文集二十九卷	1-89
孔子[丘]年譜一卷七十二列傳一卷	2-339	水心文集二十九卷	1-559
孔子年譜輯註一卷	2-199	水心文集二十九卷補遺一卷	2-242
孔子家語十卷	1-28	水心先生文集二十九卷補遺一卷別集十六卷	1-493
孔子家語十卷	1-28	水心先生別集十六卷	1-496
孔子家語十卷	1-89	水心先生別集十六卷	2-242
孔子家語十卷	1-441	水田居激書二卷	2-493
孔子家語十卷	1-441	水仙亭詞集二卷	1-495
孔子家語十卷	1-441	水東日記一卷	1-25
孔子家語十卷	1-441	水東日記一卷	1-102
孔子家語十卷	1-442	水東日記一卷	1-102
孔子家語十卷	1-442	水南詩集二卷文集二卷	2-248
孔子家語十卷	1-442	水師保身法一卷	1-460
孔子家語十卷	1-442	水師操練十八卷首一卷附卷一卷	1-452
孔子家語十卷	1-449	水師操練十八卷首一卷附卷一卷	1-460
孔子家語十卷	2-20	水陸大齋儀軌會本六卷	1-388
孔子家語十卷	2-548	水曹清暇錄十六卷	1-131
孔子家語八卷	1-9	水雲村泯稿二十二卷	1-492
孔子家語八卷	1-89	水雲集一卷湖山類稿五卷	1-170
孔子集語十七卷	2-20	水雲樓詞二卷續一卷	2-264
孔子暨七十二子贊一卷	2-339	水道直指一卷水經註釋地補遺二卷	2-175
孔子編年四卷	2-198	水道直指一卷水經註釋地補遺二卷	2-175
孔氏家語十卷	1-441	水道提綱二十八卷	1-153
孔氏家語十卷	1-445	水道提綱二十八卷	1-250
孔氏家語十卷	2-382		
孔氏家語十卷	2-472		
孔氏家語十卷劄記一卷	1-192		

水道提綱二十八卷	1-324
水道提綱二十八卷	2-173
水道提綱二十八卷	2-173
水道提綱二十八卷	2-173
水道提綱二十八卷	2-173
水道提綱二十八卷	2-173
水道提綱二十八卷	2-174
水道提綱二十八卷	2-557
水窗春囈二卷	1-426
水經四十卷	2-175
水經四十卷	2-175
水經四十卷	2-175
水經四十卷	2-175
水經四十卷	2-319
水經注不分卷	1-147
水經注不分卷	1-148
水經注四十卷	1-164
水經注四十卷	1-164
水經注四十卷	1-165
水經注四十卷	1-165
水經注四十卷	1-165
水經注四十卷	2-397
水經注四十卷首一卷	1-325
水經注四十卷首一卷	2-175
水經注四十卷首一卷	2-175
水經注四十卷首一卷	2-308
水經注四十卷首一卷	2-521
水經注四十卷首一卷附錄二卷	2-175
水經注四十卷首一卷附錄二卷	2-175
水經注四十卷首一卷附錄二卷	2-175
水經注四十卷首一卷附錄二卷	2-175
水經注四十卷首一卷附錄二卷	2-338
水經注四十卷補遺一卷附錄二卷	2-175
水經注四十卷補遺一卷附錄二卷	2-175
[水經注要刪引用書目]不分卷	1-108
水經注疏□□卷	1-108
水經注疏要刪四十卷補遺一卷	2-176
水經注疏要刪四十卷補遺一卷	2-176
水經注疏要刪四十卷補遺一卷	2-399
水經注疏要刪補遺四十卷	2-176
水經注疏要刪補遺四十卷	2-176
水經注匯校四十卷首一卷	2-175
水經注匯校四十卷首一卷附水經注釋附錄二卷	1-325
水經注圖一卷附錄一卷	2-174
水經注圖一卷附錄一卷	2-174
水經注圖一卷附錄一卷	2-174
水經注圖不分卷	1-325
水經注圖不分卷	1-325
水經注圖說殘槀四卷	2-176
水經注圖說殘槀四卷	2-176
水經注圖說殘槀四卷	2-459
水經注圖說殘槀四卷	2-459
水經注箋刊誤十二卷	2-451
水經注戴趙合校勘本不分卷	1-108
水經注釋四十卷首一卷附錄二卷水經注箋刊誤十二卷	1-155
水經注釋四十卷首一卷附錄二卷水經注箋刊誤十二卷	1-225
水經注釋四十卷首一卷附錄二卷水經注箋刊誤十二卷	2-176
水經注釋四十卷首一卷附錄二卷水經注箋刊誤十二卷	2-176
水經注釋四十卷首一卷附錄二卷水經注箋刊誤十二卷	2-176
水經注釋四十卷首一卷附錄二卷水經注箋刊誤十二卷	2-176
水經注釋四十卷首一卷附錄二卷水經注箋刊誤十二卷	2-401
水經釋地八卷	2-175
水經釋地八卷	2-175
水滸後傳十卷首一卷	1-238
水蜜桃譜一卷	2-50
水蜜桃譜一卷	2-50
水擒龐德五折	2-593
水擒龐德五折	2-593
水鏡集增刪百問□□卷	2-453
水懺數略三卷	1-388
幻居詩一卷	1-393

五畫

玉山老人講論八章	1-565

玉芝堂文集六卷詩集三卷	2-246
玉芝堂談薈三十六卷	1-386
玉芝堂談薈三十六卷	1-450
玉芝堂談薈三十六卷	2-9
玉汝詩集抄存一卷	1-498
玉岑樓紀事詩一卷	2-498
玉雨堂書畫記四卷	1-233
玉府鉤玄六卷	1-55
玉函山房輯佚書八十卷附目耕帖三十一卷	2-494
玉函山房輯佚書八十卷附目耕帖三十一卷	2-494
玉函山房輯佚書五百九十三種附目耕帖三十一卷	2-284
玉函山房輯佚書五百九十三種附目耕帖三十一卷	2-426
玉函山房輯佚書六百三十四種附目耕帖三十一卷	2-13
玉函山房輯佚書六百三十四種附目耕帖三十一卷	2-335
玉函山房輯佚書六百三十四種附目耕帖三十一卷	2-426
玉函山房輯佚書六百三十四種附目耕帖三十一卷	2-542
玉函山房輯佚書六百三十四種附目耕帖三十一卷	2-568
玉玲瓏閣叢刻三種二十三卷	1-167
玉茗堂全集四十六卷	1-65
玉茗堂還魂記二卷	1-171
玉茗堂還魂記二卷	1-172
玉茗堂還魂記二卷三十一齣	1-215
玉茗堂還魂記二卷三十一齣	1-215
玉亭集十四卷	2-8
玉津閣叢書甲集十二種	2-15
玉津閣叢書甲集十二種	2-281
玉津樂府第五一卷	1-225
玉華集不分卷	1-213
玉海二百四卷	1-434
玉海二百四卷	1-434
玉海二百四卷附刻十一種	1-3
玉海二百四卷附刻十二種六十一卷	2-528
玉海二百四卷附刻十三種	1-3
玉海二百四卷附刻十三種	2-457
玉海二百四卷辭學指南四卷附刻十三種	2-457
玉海二百四卷辭學指南四卷附刻十三種	2-457
玉海二百四卷辭學指南四卷附刻十三種	2-457
玉海二百卷辭學指南四卷	1-3
玉海二百卷辭學指南四卷附刻十五種六十四卷	2-3
玉海二百卷辭學指南四卷附刻十五種六十四卷	2-3
玉海二百卷辭學指南四卷附刻十四種六十二卷	1-2
玉堂叢語八卷	1-44
玉堂叢語八卷	1-44
玉笙樓詩錄十二卷續錄一卷	2-264
玉笥山房要集四卷文坿一卷	1-494
玉壺清話十卷	1-176
玉搔頭傳奇二卷三十齣	2-269
玉楸藥解八卷	1-404
玉楸藥解八卷	1-404
玉楸藥解八卷	1-404
玉獅堂十種曲十種	2-309
玉獅堂十種曲十種	2-309
玉溪生詩詳註三卷首一卷	1-156
玉臺畫史二卷	1-233
玉臺畫史五卷	1-233
玉臺畫史五卷別錄一卷	2-276
玉臺新詠十卷	1-65
玉臺新詠十卷	1-69
玉臺新詠十卷	1-90
玉臺新詠十卷	1-173
玉臺新詠十卷	1-174
玉臺新詠十卷	1-174
玉臺新詠十卷	2-253
玉臺新詠十卷	2-253
玉臺新詠考異十卷	1-168

玉歷至寶編一卷附經驗良方一卷	2-456	正德訪賢四折	2-601
玉歷鈔傳警世一卷	2-401	正誼書院課選不分卷	1-497
玉歷鈔歌不分卷	2-456	正誼書院課選四卷	1-497
玉篇三十卷	1-210	正誼堂文集四十卷首一卷	1-555
玉燕堂四種曲八卷	1-190	正誼堂全書六十八種首一卷末一卷	1-435
[光緒]玉環廳志十四卷首一卷	2-145	正誼堂全書六十八種首一卷末一卷	1-435
玉谿生詩詳註三卷	1-337	正誼堂全書六十三種續刻五種首一卷末一卷	2-462
玉谿生詩詳註三卷	1-337	正學編八卷	2-584
玉谿生詩詳註三卷	2-259	正譌八卷	1-454
玉谿生詩詳註三卷附樊南文集詳註八卷	1-338	正譌八卷	2-25
玉谿生詩詳註三卷附樊南文集詳註八卷	1-338	正覺樓叢刻三十八種	2-421
玉簪記二卷三十三齣	2-268	正覺樓叢刻三十八種	2-421
玉簡齋叢書二十六種	2-421	正續名世文宗十六卷	1-54
玉簡齋叢書二十六種	2-421	正續名世文宗十六卷	1-54
玉譜類編四卷	1-428	卉菴摭言二卷	1-245
玉巖先生文集九卷附錄一卷	1-15	[嘉慶]邛州直隸州志四十六卷首一卷	2-150
刊刻注釋張子房鮮學士千家詩正二卷	2-470	[嘉慶]邛州直隸州志四十六卷首一卷	2-291
末虛室印賞不分卷	2-273	邛州迤南山川圻界考訂不分卷	2-136
邗上題襟集一卷續集一卷	2-248	功甫小集十一卷	1-492
邗江三百吟十卷	1-494	功過格一卷	1-535
示我周行六卷	2-182	功順堂叢書十八種	2-420
示樸齋駢體文六卷	1-330	功順堂叢書十八種	2-420
正本清源十二卷	2-34	去偽齋集五卷	1-369
正字通十二集	1-133	[乾隆]甘州府志十六卷首一卷	2-141
正字通十二集	1-569	甘泉鄉人稿二十四卷附曝書雜記三卷	2-249
正字通十二集	2-298	甘泉鄉人稿二十四卷餘稿二卷	1-368
正字通十二集	2-300	甘泉鄉人稿二十四卷餘稿二卷	1-368
正字通十二集	2-365	甘泉鄉人稿二十四卷餘稿二卷	1-368
正字通十二集	2-365	甘棠小志四卷首一卷末一卷	1-274
正字通十二集	2-370	[光緒]甘肅新通志一百卷首五卷	1-559
正字通十二集	2-381	世本輯補十卷	2-78
正字通十二集	2-502	世本輯補十卷	2-78
正法眼藏三卷	2-306	世界近世史五編十九章	2-184
正祖聖德堂詳訂古文評註全集十卷	2-221	世界近世史五編十九章	2-184
正蒙二卷	1-196	世界通史三十卷	2-183
正蒙集註四卷	1-312		
正蒙輯釋	1-312		

世界第一譚二十一章	2－184
世界叢編不分卷	1－462
世界叢編不分卷	1－462
世補齋醫書六種三十三卷	1－415
世補齋醫書前集六種三十三卷後集四種二十五卷	1－415
世補齋醫書前集六種三十三卷後集四種二十五卷	2－47
世經堂集二十六卷	1－78
世說新語八卷	1－50
世說新語八卷	1－55
世說新語八卷	1－82
世說新語三卷	1－11
世說新語三卷	1－11
世說新語三卷	1－34
世說新語三卷	1－52
世說新語三卷	1－79
世說新語三卷	1－210
世說新語三卷	1－442
世說新語三卷	1－442
世說新語三卷	1－442
世說新語三卷	1－443
世說新語三卷	1－443
世說新語三卷	1－453
世說新語三卷	2－271
世說新語三卷	2－271
世說新語六卷	1－53
世說新語六卷	1－128
世說新語六卷	1－207
世說新語六卷	1－442
世說新語六卷	1－442
世說新語六卷	1－442
世說新語六卷	1－443
世說新語六卷	1－443
世說新語六卷	1－443
世說新語六卷	1－443
世說新語六卷	1－443
世說新語六卷	2－271
世說新語補二十卷	1－142
世說新語補二十卷	1－212
世說新語補二十卷	1－373
世說新語補二十卷	1－443
世說新語補二十卷	1－443
世說新語補二十卷	1－453
世說新語補二十卷	1－453
世說新語補二十卷	2－385
世說新語補二十卷附釋名一卷	1－82
世說新語補四卷	1－93
世寶錄十卷	2－551
古夫于亭雜錄六卷	1－191
古今人物論三十六卷	2－311
古今人物論三十四卷	1－139
古今文字通釋十四卷	2－212
古今史論大觀前編十五卷後編十七卷	1－536
古今史學粹珍三種不分卷	1－252
古今印則不分卷	1－47
古今考三十八卷	1－50
古今考三十八卷	1－50
古今考三十八卷	1－71
古今列女傳三卷	1－3
古今合璧事類備要前集六十九卷後集八十一卷續集五十六卷	1－25
古今合璧事類備要前集六十九卷後集八十一卷續集五十六卷	1－25
古今合璧事類備要前集六十九卷後集八十一卷續集五十六卷	1－25
古今合璧事類備要前集六十九卷後集八十一卷續集五十六卷	1－25
古今名醫彙粹八卷	1－413
古今名醫彙粹八卷	1－553
古今苑二十一卷	1－374
古今法制表十六卷	2－61
古今法制表十六卷	2－61
古今注三卷	1－133
古今治統二十卷	2－84
古今律歷考七十二卷	1－47
古今紀要二十卷	2－89
古今紀要二十卷	2－89
古今紀要十九卷	2－391
古今秘苑三十二卷	2－559

古今僞書考一卷	1-205	古今類書纂要增刪十二卷	1-72
古今僞書考一卷	2-527	古今類書纂要增刪十二卷	1-133
古今僞書考不分卷	1-575	古今類傳四卷	1-152
古今萬姓統譜一百四十卷歷代帝王姓系統譜六卷氏族博考十四卷	1-149	古今類傳四卷	2-401
古今萬姓統譜一百四十卷歷代帝王姓系統譜六卷氏族博攷十四卷	1-49	古今類傳四卷	2-499
		古月軒詩存五卷文存二卷	1-373
古今註三卷	1-558	古文一隅三卷	2-414
古今詞統十六卷	2-382	古文分編集評二集五卷	2-219
古今詞統十六卷雜說一卷	1-161	古文分編集評三集八卷	2-219
古今游名山記十七卷總錄一卷	1-48	古文分編集評初集五卷二集五卷三集八卷四集四卷	2-219
古今楹聯彙刻十二卷	2-585	古文快筆貫通解三卷	2-301
古今楹聯彙刻小傳十二集	1-374	古文苑二十一卷	1-7
古今歲時雜詠四十六卷	1-113	古文苑二十一卷	1-7
古今詩話選雋二卷	2-356	古文苑二十一卷	1-7
古今僞書考一卷	2-309	古文苑二十一卷	1-32
古今說部叢書十集	2-378	古文苑二十一卷	1-87
古今說部叢書十集	2-378	古文苑二十一卷	2-218
古今說部叢書十集	2-378	古文苑二十一卷	2-218
古今說部叢書十集	2-378	古文苑二十一卷	2-218
古今說海一百二十卷	1-191	古文苑二十一卷	2-218
古今說海一百三十五種	1-574	古文苑二十一卷	2-218
古今說海一百三十五種一百四十二卷	2-519	古文苑二十一卷	2-218
		古文苑二十一卷	2-218
古今說海一百四十二卷	2-9	古文苑二十一卷	2-218
古今翰苑瓊琚十二卷	1-67	古文苑二十一卷	2-218
古今翰苑瓊琚十二卷	1-122	古文苑二十一卷	2-218
古今錢略三十二卷首一卷末一卷	2-205	古文苑二十一卷	2-304
古今濡削選章四十卷	1-78	古文苑二十一卷	2-526
古今藝苑談槩上集十二卷下集十二卷	1-111	古文苑九卷	2-218
		古文苑九卷	2-221
古今醫案按十卷	2-582	古文苑九卷	2-221
古今醫統大全一百卷	1-136	古文析義十二卷	2-221
古今韻攷四卷附切韻一卷	1-309	古文析義十六卷	2-373
古今韻略五卷	1-125	古文析義六卷	2-310
古今韻略五卷	1-310	古文奇賞二十二卷	2-285
古今韻略五卷	1-319	古文奇賞二十二卷	2-459
古今韻略五卷	2-214	古文奇賞二十二卷目錄一卷略紀一卷	2-384
古今韻會舉要三十卷	1-24		
古今韻會舉要三十卷	1-27	古文奇賞二十二卷目錄一卷略紀一卷	2-565
古今韻會舉要三十卷	1-33		

古文奇賞二十二卷續奇賞三十四卷	
奇賞齋廣文苑英華二十六卷四續	
古文奇賞五十三卷 …………… 1－78	
古文奇賞二十二卷續奇賞三十四卷	
奇賞齋廣文苑英華二十六卷四續	
古文奇賞五十三卷 …………… 1－78	
古文尚書十卷尚書逸文二卷………… 1－266	
古文尚書十卷尚書逸文二卷 ………… 2－91	
古文尚書十卷尚書逸文二卷 ………… 2－92	
古文尚書十卷尚書逸文二卷 ………… 2－436	
古文尚書正辭三十三卷……………… 1－265	
古文尚書正辭三十三卷 ……………… 2－92	
古文尚書攷二卷……………………… 2－500	
古文尚書撰異三十二卷……………… 2－475	
古文眉詮七十九卷…………………… 2－221	
古文眉詮七十九卷…………………… 2－221	
古文眉詮七十九卷首一卷…………… 2－307	
古文眉詮七十九卷首一卷…………… 2－546	
古文約選不分卷……………………… 2－233	
古文約選不分卷……………………… 2－334	
古文約選不分卷……………………… 2－352	
古文約編十卷附錄一卷……………… 1－228	
古文教傳八卷………………………… 1－374	
古文雅正十四卷……………………… 2－225	
古文雅正十四卷……………………… 2－225	
古文雅正十四卷……………………… 2－225	
古文詞畧二十卷……………………… 2－224	
古文詞畧二十卷……………………… 2－287	
古文詞畧讀本二十四卷……………… 2－289	
古文詞略二十四卷…………………… 2－224	
古文詞略二十四卷…………………… 2－224	
古文淵鑒六十四卷…………………… 1－115	
古文淵鑒六十四卷…………………… 1－166	
古文淵鑒六十四卷…………………… 1－194	
古文淵鑒六十四卷…………………… 1－194	
古文淵鑒六十四卷…………………… 2－220	
古文淵鑒六十四卷…………………… 2－220	
古文淵鑒六十四卷…………………… 2－220	
古文淵鑒六十四卷…………………… 2－220	
古文淵鑒六十四卷…………………… 2－220	
古文淵鑒六十四卷…………………… 2－220	

古文淵鑒六十四卷…………………… 2－220	
古文淵鑒六十四卷…………………… 2－220	
古文淵鑒六十四卷…………………… 2－307	
古文淵鑒六十四卷…………………… 2－380	
古文淵鑒六十四卷…………………… 2－390	
古文淵鑒六十四卷…………………… 2－445	
古文淵鑒六十四卷…………………… 2－482	
古文淵鑒六十四卷…………………… 2－482	
古文淵鑒六十四卷…………………… 2－566	
古文楷法□□卷……………………… 2－407	
古文解八卷…………………………… 2－586	
古文彙鈔十卷………………………… 1－224	
古文賞音十二卷……………………… 2－218	
古文賞音十二卷……………………… 2－384	
古文選七種…………………………… 2－220	
古文選七種…………………………… 2－325	
古文選七種…………………………… 2－559	
古文選要五卷………………………… 1－24	
古文學餘三十四卷…………………… 2－216	
古文斲十六卷………………………… 2－392	
古文翼八卷…………………………… 2－310	
古文辭類纂十五卷…………………… 2－234	
古文辭類纂十五卷…………………… 2－234	
古文辭類纂十五卷續十卷…………… 2－234	
古文辭類纂七十五卷………………… 2－233	
古文辭類纂七十五卷………………… 2－234	
古文辭類纂七十五卷………………… 2－234	
古文辭類纂七十五卷………………… 2－234	
古文辭類纂七十五卷………………… 2－234	
古文辭類纂七十五卷附校勘記一卷	
……………………………………… 2－234	
古文辭類纂七十五卷附校勘記一卷	
……………………………………… 2－234	
古文辭類纂七十四卷………………… 1－204	
古文辭類纂七十四卷………………… 1－204	
古文辭類纂七十四卷………………… 1－204	
古文辭類纂七十四卷………………… 1－540	
古文辭類纂七十四卷………………… 2－233	
古文辭類纂七十四卷………………… 2－233	
古文辭類纂七十四卷………………… 2－233	

古文辭類纂七十四卷	2－233	古香齋袖珍十種	1－574
古文辭類纂七十四卷	2－234	古香齋新刻袖珍十種	2－371
古文辭類纂七十四卷	2－234	古香齋新刻袖珍淵鑑類函四百五十卷目錄四卷	1－574
古文辭類纂七十四卷	2－234	古香齋新刻袖珍淵鑑類函四百五十卷目錄四卷	2－213
古文辭類纂七十四卷	2－234	古香齋新刻袖珍淵鑑類函四百五十卷目錄四卷	2－213
古文辭類纂七十四卷	2－234	古香齋新刻袖珍淵鑑類函四百五十卷目錄四卷	2－406
古文辭類纂七十四卷續三十四卷	2－234	古香齋新刻袖珍淵鑑類函四百五十卷目錄四卷	2－406
古文辭類纂七十四卷續三十四卷	2－234	古香齋新刻袖珍淵鑑類函四百五十卷目錄四卷	2－406
古文辭類纂七十四卷續三十四卷	2－234	古香齋新刻袖珍資治通鑑綱目三編二十卷	2－447
古文辭類纂七十四卷續三十四卷	2－234	古香齋鑒賞袖珍初學記三十卷	1－188
古文辭類纂七十四卷續三十四卷	2－234	古香齋鑒賞袖珍初學記三十卷	1－425
古文瀾編二十卷	1－137	古香齋鑒賞袖珍初學記三十卷	2－4
古文讀本二卷	2－469	古香齋鑒賞袖珍初學記三十卷	2－473
古文觀止十二卷	2－216	古香齋鑒賞袖珍初學記三十卷	2－553
古文觀止十二卷	2－216	古香齋鑒賞袖珍春明夢餘錄七十卷	1－219
古文觀止十二卷	2－216	古香齋鑒賞袖珍春明夢餘錄七十卷	1－234
古玉圖考不分卷	1－327	古香齋鑒賞袖珍春明夢餘錄七十卷	2－7
古玉圖考不分卷	2－206	古俗字略七卷補一卷	2－361
古玉圖考不分卷	2－206	古信相文殊院丈伯明錫和尚語錄三卷	1－526
古玉圖考不分卷	2－206	古泉山館詩集八卷	2－305
古玉圖考不分卷	2－206	古泉山館題跋一卷	1－575
古本大學大義不分卷	1－306	古泉書錄解題三卷	2－495
古史考年異同表二卷	2－276	古泉匯六十卷首四卷補遺二卷	2－205
古史談菀三十六卷	1－59	古泉匯六十卷首四卷補遺二卷	2－205
古名儒毛詩解十五種附刻一種	1－87	古泉匯六十卷首四卷補遺二卷	2－205
［光緒］古州廳志十卷首一卷	2－170	古泉匯首集四卷元集十四卷亨集十四卷利集十八卷貞集十四卷首一卷	2－334
［光緒］古州廳志十卷首一卷	2－432	古泉叢話三卷	1－248
古孝子傳一卷	2－399	古律經傳附考五卷	1－373
古志石華三十卷	2－207	古音諧八卷首一卷	1－314
古芬閣書畫記十八卷	1－428		
古芬閣書畫記十八卷	2－276		
古易音訓二卷	1－259		
古金待問錄五卷補遺一卷	1－200		
古金待問錄五卷補遺一卷	2－205		
古周禮釋評六卷	1－62		
古春軒詩鈔二卷	1－562		
古春軒詩鈔二卷	2－261		
古品節錄六卷	1－159		
古香岑草堂詩餘正集六卷新集五卷別集四卷續集二卷	1－81		

古音類表九卷	1-300
古音類表九卷	1-300
古紅梅閣集八卷	1-374
古唐詩合解十二卷	2-412
古唐詩合解十二卷又四卷	2-253
古唐詩合解十二卷附古詩合解四卷	1-334
古唐詩合解十二卷附古詩合解四卷	1-334
古唐詩合解十二卷附古詩合解四卷	1-334
古唐詩合解十二卷附古詩合解四卷	1-334
古唐詩合解十二卷附古詩合解四卷	1-334
古書拾遺四卷	1-374
古書疑義舉例七卷	1-427
古書疑義舉例七卷	1-447
古書疑義舉例七卷	2-215
古書疑義舉例七卷	2-442
古梅梁氏癅科全書	1-552
古梅閣仿完白山人印賸正續編不分卷	1-193
古雪堂詩集十六卷	1-106
古逸三十卷	1-207
古逸書十種	2-10
古逸書十種	2-279
古逸書十種	2-426
古逸書三十卷	1-91
古逸叢書二十六種	1-210
古逸叢書二十六種	1-210
古逸叢書二十六種	1-210
古硯香齋遺詩六卷試帖一卷挽聯一卷	2-265
古雋考略四卷	1-45
古愚心言八卷	1-154
古愚老人消夏錄十七種	1-198
古愚老人消夏錄十七種	2-423
古愚老人消夏錄十七種	2-431
古愚老人消夏錄十六種六十三卷	2-14
古照堂詩稿一卷	2-269
古微堂内集二卷外集八卷	1-371
古微堂内集二卷外集八卷	2-249
古微堂内集二卷外集八卷	2-397
古微堂内集三卷外集七卷	1-374
古微堂詩集十卷	1-373
古微堂詩集十卷	1-373
古詩逢原讀本不分卷	1-374
古詩源十四卷	1-337
古詩源十四卷	1-337
古詩源十四卷	1-337
古詩源十四卷	1-337
古詩源十四卷	1-337
古詩源十四卷	1-337
古詩源十四卷	1-537
古詩源十四卷	2-398
古詩源十四卷	2-411
古詩源十四卷	2-489
古詩箋五言十七卷七言十五卷	2-253
古詩歸十五卷	1-82
古韵通說二十卷	2-352
古經解鉤沉三十卷	2-398
古經解彙函十六種	1-316
古經解彙函十六種	1-322
古經解彙函十六種附小學彙函二十四種	1-316
古經解彙函十六種附小學彙函十四種	1-322
古經解彙函十六種附小學彙函十四種	2-381
古經解彙函十六種附小學彙函十四種	2-499
古經解彙函十六種附小學彙函十四種	2-547
古經解彙函十六種附小學彙函十四種續附十種	2-402
古經解彙函續附十種	2-350
古經解彙函續附十種	2-350
古經解彙函十六種	2-285
古經解彙函十六種附小學彙函十四種	2-313

書名	頁碼	書名	頁碼
古經解彙函十六種附小學彙函十四種	2-556	本事詩十二卷	1-153
古經解彙函十六種附小學彙函十四種	2-16	本事詩十二卷	1-367
古幣泉鈔一卷	2-205	本事詩十二卷	2-217
古樂苑五十二卷前卷一卷衍錄四卷目錄二卷	1-37	本事詩十二卷	2-482
古樂苑五十二卷前卷一卷衍錄四卷目錄二卷	1-37	本草三家合註六卷	1-408
古樂苑五十二卷前卷一卷衍錄四卷目錄二卷	1-37	本草三家合註六卷	1-549
古樂府十卷	1-25	本草三家合註六卷	1-554
古樂府十卷	1-25	本草三家合註六卷	1-554
古樂府十卷	1-88	本草三家合註六卷	2-45
古樂經傳五卷	1-101	本草三家合註六卷	2-45
古樂經傳五卷	1-374	本草三家合註六卷	2-344
古樂經傳五卷	2-273	本草三家合註六卷	2-396
古學攷一卷	1-318	本草三家合註六卷附神農本草經百種錄一卷	2-45
古學攷一卷	1-323	本草求真十二卷	2-488
古學攷一卷	2-413	本草求真九卷主治二卷	1-408
古學攷不分卷	1-208	本草求真九卷主治二卷脈理求真三卷	1-408
古學記問錄十五卷	1-450	本草述三十二卷首一卷	1-177
古學記問錄十五卷	2-7	本草述三十二卷首一卷	2-45
古學捷錄十卷	1-541	本草述三十二卷首一卷	2-45
古謠諺一百卷	2-56	本草述鉤元三十二卷	2-45
古謠諺一百卷	2-56	本草便讀四卷	2-45
古藤書屋詩鈔□□集	2-307	本草通元四卷	1-547
古籀拾遺三卷	2-212	本草問答二卷	1-367
古籀拾遺三卷	2-212	本草問答二卷	1-367
古籀餘論二卷	2-212	本草問答二卷	2-556
古籀餘論三卷	2-436	本草崇原集說三卷	1-549
古韻通說二十卷	1-300	本草衍義二十卷	1-409
古韻通說二十卷	2-214	本草從新十八卷	1-182
古韻通說二十卷	2-459	本草萬方鍼線八卷	1-402
古韻標準四卷附四聲切韻表	1-309	本草萬方鍼線八卷	1-402
古韻標準四卷首一卷	2-538	本草萬方鍼線八卷	1-402
古籌算攷釋六卷	1-434	本草萬方鍼線八卷	2-353
古歡室全集四種	2-281	本草萬方鍼線八卷	2-404
古歡堂集四十六卷	1-373	本草萬方鍼線八卷本草綱目圖三卷	1-192
本支千世一卷	2-195	本草詩箋十卷	2-45
本事詞二卷	1-363	本草詩箋十卷	2-490
		本草滙十八卷補遺一卷	1-162
		本草經疏輯要十卷	2-45

本草經解要四卷	2-45
本草摘義三卷續義一卷	1-113
本草綱目五十二卷	1-78
本草綱目五十二卷附圖二卷	1-47
本草綱目五十二卷附瀕湖脈學一卷七經八脈考一卷	2-404
本草綱目五十二卷首一卷圖三卷	2-482
本草綱目五十二卷圖三卷	1-408
本草綱目五十二卷圖三卷	2-306
本草綱目五十二卷圖三卷	2-308
本草綱目五十二卷圖三卷	2-448
本草綱目五十二卷圖三卷	2-448
本草綱目五十二卷圖三卷脈學奇經八脈攷一卷	1-408
本草綱目五十二卷圖三卷脈學奇經八脈攷一卷	1-408
本草綱目五十二卷圖三卷脈學奇經八脈攷一卷	1-408
本草綱目五十二卷圖三卷脈學奇經八脈攷一卷	1-408
本草綱目拾遺十卷首一卷	2-404
本草類方十卷	1-106
本朝十二家精選十二卷	2-502
本朝文讀本四卷	1-363
本朝聖政捷錄六卷	1-79
本朝詩賦登瀛集四卷柏梁體詩一卷補編一卷應制詩一卷御試博學鴻詞一卷	1-490
本朝館閣詩二十卷附錄一卷續附錄一卷	1-225
本朝館閣賦前集十二卷後集七卷補遺一卷附錄一卷續附錄一卷	2-546
本經逢源四卷	2-480
本經疏證十二卷續疏六卷序疏要八卷	1-409
本經疏證十二卷續疏六卷序疏要八卷	1-409
本經疏證十二卷續疏六卷序疏要八卷	2-45
本經疏證十二卷續疏六卷序疏要八卷	2-45
札逐十二卷	1-399
札逐十二卷	1-399
札逐十二卷	1-576
札樸十卷	1-167
札樸十卷	1-399
札樸十卷	1-451
札樸十卷	2-315
可書一卷	2-354
可齋經進文存一卷	1-499
丙寅北行日譜一卷	2-323
丙寅北行日譜一卷	2-323
左山遺草一卷	1-375
左氏春秋紀事本末十四卷首一卷	2-349
左氏傳說二十卷	1-200
左文襄公全集一百二十三卷首一卷	2-487
左文襄公全集一百三十一卷首二卷	2-251
左文襄公全集一百三十一卷首二卷	2-369
左文襄公[宗棠]年譜十卷	2-200
左文襄公奏疏初編三十八卷續編七十六卷三編六卷	2-127
左文襄公奏疏初編三十八卷續編七十六卷三編六卷	2-127
左文襄公書牘二十六卷家書二卷	2-270
左汾近稾一卷	2-349
左忠毅公集三卷年譜二卷	1-381
左恪靖伯奏稿三十八卷	2-129
左恪靖伯奏稿三十八卷	2-129
左海全集十種	1-381
左海全集十種	2-14
左海全集十種	2-279
左海全集十種	2-279
左通補釋三十二卷	2-94
左通補釋三十三卷	1-371
左腴類眉四卷	1-381
左傳不分卷	1-113
左傳分國紀事本末十八卷	1-71
左傳文法讀本十二卷	2-324
左傳史論二卷	2-88

左傳史論二卷 …………………… 2-88	左纏藤齋詩鈔二卷………………… 1-381
左傳史論二卷 …………………… 2-308	石友齋重訂唐詩歸三十六卷………… 2-564
左傳句解六卷 …………………… 1-282	石田先生集不分卷 ………………… 1-35
左傳杜解補正三卷 ……………… 1-283	石田先生詩鈔八卷文鈔一卷 ……… 1-71
左傳折諸二十八卷首二卷公羊折諸	石林先生春秋傳二十卷……………… 1-289
六卷首一卷穀梁折諸六卷首一卷	石林居士建康集八卷補遺一卷 …… 1-489
……………………………… 1-100	石林居士建康集八卷補遺一卷 …… 1-489
左傳快讀十八卷首一卷 ………… 1-283	石林遺書十三種 …………………… 2-13
左傳快讀十八卷首一卷 ………… 1-283	石林遺書十三種 …………………… 2-339
左傳事緯十二卷 ………………… 2-324	石林遺書十三種 …………………… 2-355
左傳事緯十二卷 ………………… 2-586	石林燕語十卷 ……………………… 1-8
左傳事緯十二卷字釋一卷 ……… 1-283	石門文字禪三十卷 ………………… 1-48
左傳事緯十二卷字釋一卷 ……… 2-94	石門文字禪三十卷 ………………… 1-48
左傳事緯十二卷字釋一卷 ……… 2-389	石門文字禪三十卷 ………………… 2-334
左傳咀華二十二卷 ……………… 1-283	石門文字禪三十卷 ………………… 2-334
左傳□□卷 ……………………… 2-587	［道光四川］石泉縣志十卷 ……… 2-149
左傳紀事本末五十三卷 ………… 1-283	［道光四川］石泉縣志十卷 ……… 2-296
左傳紀事本末五十三卷 ………… 2-93	［道光陝西］石泉縣志四卷 ……… 2-140
左傳紀事本末五十三卷 ………… 2-93	［道光陝西］石泉縣志四卷 ……… 2-140
左傳紀事本末五十三卷 ………… 2-93	石室仙機五卷諸家集說一卷 ……… 1-115
左傳紀事本末五十三卷 ………… 2-93	石室秘籙六卷 ……………………… 1-214
左傳紀事本末五十三卷 ………… 2-93	石室秘籙六卷 ……………………… 1-404
左傳紀事本末五十三卷 ………… 2-93	石室秘籙六卷 ……………………… 2-44
左傳紀事本末五十三卷 ………… 2-93	石倉十二代詩選五百六卷 ………… 1-74
左傳紀事本末五十三卷 ………… 2-93	石梅山館詩稿二卷………………… 1-499
左傳淺說二卷 …………………… 2-482	石堂先生遺集二十二卷 …………… 1-39
左傳評十卷 ……………………… 1-283	石堂詩鈔一卷詞鈔一卷…………… 1-499
左傳義法舉要一卷 ……………… 2-94	石笥山房文集五卷補遺一卷……… 1-537
左傳經世鈔二十三卷……………… 2-322	石笥山房文集六卷補遺一卷詩集十
左傳選不分卷 …………………… 2-560	一卷詩餘一卷補遺二卷續補遺二
左傳舊疏考正八卷 ……………… 1-283	卷 ……………………………… 1-203
左傳舊疏考正八卷 ……………… 2-94	石笥山房文集六卷補遺一卷詩集十
左傳讀本二卷 …………………… 2-367	一卷詩餘一卷補遺二卷續補遺二
左粹類纂十二卷音釋一卷 ……… 1-46	卷 ……………………………… 1-493
左粹類纂十二卷音釋一卷 ……… 1-46	石笥山房文集六卷補遺一卷詩集十
左翼三十八卷 …………………… 1-289	一卷詩餘一卷補遺二卷續補遺二
左繡三十卷首一卷 ……………… 2-327	卷 ……………………………… 1-493
左繡三十卷首一卷 ……………… 2-327	石笥山房文集六卷補遺一卷詩集十
左繡三十卷首一卷 ……………… 2-327	一卷詩餘一卷補遺二卷續補遺二
左繡三十卷首一卷 ……………… 2-327	卷 ……………………………… 1-558
	石笥山房詩集四卷文集六卷 ……… 1-558

石笥山房詩集四卷文集六卷	1-560	布澤編八卷	1-214
石渠閣校刻庭訓閱古隨筆二卷	2-370	布澤編詩文彙集二卷	1-213
石渠餘紀六卷	1-453	戊子重九讌集編一卷枕流館讌集編	
石渠餘紀六卷	1-464	一卷	2-220
石渠餘紀六卷	2-63	戊申年官商快覽不分卷	2-389
石渠餘紀六卷	2-294	戊戌政變記九卷	2-123
石渠餘紀六卷	2-312	戊戌政變記九卷	2-123
石梁詩鈔八卷	2-262	戊笈談兵十卷	1-453
石湖居士文集三十四卷	1-111	戊笈談兵十卷	2-71
石湖居士詩集三十四卷	1-152	平三角和較術不分卷	1-454
石湖居士詩集三十四卷	1-211	平山堂圖志十卷首一卷	1-158
石湖詩鈔一卷	2-305	平山堂圖志十卷首一卷	2-180
石頑老人診宗三昧一卷	1-544	平平言四卷	1-463
石頑老人診宗三昧不分卷	1-407	平平言四卷	2-399
石蓮盦彙刻九金人集八種一百五十		平平錄十卷附錄一卷	2-25
五卷	2-228	平旦鐘聲二卷	2-492
石蓮盦彙刻九金人集八種一百五十		平回志八卷首一卷	2-122
五卷	2-285	平回志八卷首一卷	2-122
石㡒甲嵩生箋註七家詩七卷	2-320	[乾隆]平江縣志二十五卷首一卷末	
石園全集三十卷	1-103	一卷	1-223
石園全集三十卷	1-103	平妖傳八卷四十回	2-385
石經彙函十種四十五卷	1-256	平定粵匪紀略十八卷附記四卷	2-122
石經彙函十種四十五卷	1-256	平定粵寇紀略十八卷附記四卷	2-122
石經彙函十種四十五卷	1-256	平定關隴紀略十三卷	2-122
石經彙函十種四十五卷	2-17	平定關隴紀略十三卷	2-464
石經彙函十種四十五卷	2-320	平定羅刹方略一卷元朝征緬錄一卷	
石樓詩蹟一卷	2-564		2-357
石墨鐫華八卷	2-203	平津館文稿二卷	1-499
石墨鐫華八卷	2-323	平津館叢書四十二種	2-11
石墨鐫華六卷附錄二卷	1-30	平津館叢書四十二種	2-416
石墨鐫華六卷附錄二卷	1-30	平津館叢書四十二種	2-416
石點頭六卷十四回	1-239	平津館叢書四十二種	2-489
石鐘山志十六卷首一卷	2-178	平津館叢書四十二種	2-495
石鐘山志十六卷首一卷	2-178	平津館鑒藏書籍記三卷續編一卷補	
石鐘山志十六卷首一卷	2-432	遺一卷	1-579
石龕詩卷二十一卷詩餘偶存一卷	1-489	[乾隆]平原縣志十卷首一卷	2-138
石龕詩卷二十一卷詩餘偶存一卷	2-264	平浙紀略十六卷	2-122
石龕詩卷二十一卷詩餘偶存一卷	2-415	平浙紀略十六卷	2-122
右台仙館筆記十二卷	1-243	平浙紀略十六卷	2-528
右台仙館筆記十六卷	2-434	[光緒]平越直隸州志四十卷	2-291
石編補十卷	1-41	[光緒]平越直隸州志四十卷	2-328

平湖殉難錄一卷	2-144	北堂書鈔一百六十卷	1-434
平湖殉難錄一卷	2-292	北堂書鈔一百六十卷	1-434
[光緒]平湖縣志二十五卷首一卷末一卷	2-144	北堂書鈔一百六十卷	2-4
[光緒]平湖縣志二十五卷首一卷末一卷	2-292	北堂書鈔一百六十卷首一卷	2-310
[乾隆]平湖縣志十卷首一卷末一卷	2-144	北堂書鈔一百六十卷首一卷	2-414
[光緒貴州]平遠州續志八卷首一卷	2-170	北湖小志六卷首一卷附李翁醫記二卷	2-379
平閩紀十三卷	1-102	北夢瑣言二十卷	1-161
平齋文集三十二卷	1-494	北夢瑣言二十卷	1-242
平灘紀略六卷	2-434	北夢瑣言二十卷	1-243
打紅臺七折	2-600	北夢瑣言二十卷	1-426
北山小集四十卷	1-162	北夢瑣言二十卷	1-462
北山文集三十卷首一卷末一卷	1-490	北新關志十六卷船圖一卷	1-102
北史一百卷	1-1	北溪先生大全文集五十卷	1-118
北史一百卷	1-122	北溪先生四書字義二卷附嚴陵講義一卷	2-544
北史一百卷	1-228	北溪先生全集五十卷	2-555
北史一百卷	2-105	北齊書五十卷	1-122
北史一百卷	2-105	北齊書五十卷	1-124
北史一百卷	2-105	北齊書五十卷	1-177
北史一百卷	2-105	北齊書五十卷	2-105
北史一百卷	2-105	北齊書五十卷	2-105
北史一百卷	2-105	北齊書五十卷	2-106
北史一百卷	2-105	北齊書五十卷	2-106
北史一百卷	2-403	北齊書五十卷	2-588
北史一百卷附考證	2-105	北齊書五十卷附考證	2-106
北史一百卷附考證	2-105	北齊書五十卷附考證	2-106
北史一百卷附考證	2-105	北齊書五十卷附考證	2-106
北史一百卷附考證	2-105	北齊書五十卷附考證	2-106
北史一百卷附考證	2-105	北齊書文鈔四卷	1-137
北行日錄二卷	2-323	北學編四卷補遺一卷	1-323
北江全集十種一百四十一卷	1-173	北學編四卷補遺一卷	1-439
北宋經撫年表二卷	2-110	北學編四卷補遺一卷	2-194
北固山志十二卷首一卷	2-177	北學編四卷補遺一卷	2-446
北洋公牘類纂二十五卷	2-59	北徼彙編六卷	2-553
北洋公牘類纂續編二十四卷	2-59	占察善惡業報經玄義一卷	1-527
北涇草堂集五卷附外集三卷	2-249	占察善惡業報經玄義一卷	1-528
北海亭詩集四卷文集四卷	1-492	占察善惡業報經玄義一卷	2-30
北堂書鈔一百六十卷	1-17	目耕帖二十四卷	2-13
北堂書鈔一百六十卷	1-31	目耕齋全集不分卷	1-475
北堂書鈔一百六十卷	1-31	目耕齋全集不分卷	1-475

目錄學九卷	1－575
甲乙存稿四卷	2－353
甲乙集三卷	1－116
甲子會紀五卷	1－79
甲子會紀五卷	1－128
甲子編年圖一卷	2－500
甲申傳信錄十卷	1－326
申公詩說一卷	1－89
申文定公書經講義會編十二卷	1－124
申端愍公集八卷首一卷末一卷	1－364
田間詩集二十八卷	1－476
由拳集二十三卷	1－59
由拳集二十三卷	1－59
由拳集二十三卷	1－59
由拳集二十三卷	1－129
冊府元龜一千卷目錄十卷	1－133
冊府元龜一千卷目錄十卷	1－134
冊府元龜一千卷目錄十卷	1－134
冊府元龜一千卷目錄十卷	2－563
冊府元龜獨制三十卷	1－68
史目表二卷	1－328
史目表二卷	2－86
史目表二卷	2－357
史目表二卷	2－500
史外八卷	1－323
史外八卷	2－194
史外八卷	2－194
史外八卷	2－194
史外八卷	2－194
史外八卷	2－194
史外三十二卷	1－218
史存三十卷	1－540
史存三十卷	2－91
史存三十卷	2－91
史序錄一卷	1－321
史表功比說一卷	2－505
史忠正公文集四卷首一卷末二卷	1－367
史忠正公全集四卷首一卷末一卷	1－367
史忠正公全集四卷首一卷末一卷	1－367
史忠正公全集四卷首一卷末一卷	2－555
史忠正公集二卷	1－367
史忠正公集四卷首一卷末一卷	1－367
史忠正公集四卷首一卷末一卷	1－367
史忠正公集四卷首一卷末一卷	1－367
史姓韻編六十四卷	2－190
史姓韻編六十四卷	2－190
史姓韻編六十四卷	2－308
史姓韻編六十四卷	2－312
史姓韻編六十四卷	2－478
史姓韻編六十四卷	2－490
史要七卷	2－87
史記一百三十卷	1－2
史記一百三十卷	1－12
史記一百三十卷	1－27
史記一百三十卷	1－64
史記一百三十卷	1－64
史記一百三十卷	1－70
史記一百三十卷	1－70
史記一百三十卷	1－92
史記一百三十卷	1－99
史記一百三十卷	1－122
史記一百三十卷	1－122
史記一百三十卷	1－123
史記一百三十卷	1－123
史記一百三十卷	1－138
史記一百三十卷	1－138
史記一百三十卷	1－138
史記一百三十卷	1－138
史記一百三十卷	1－168
史記一百三十卷	1－186
史記一百三十卷	1－186
史記一百三十卷	1－187
史記一百三十卷	1－187
史記一百三十卷	1－191
史記一百三十卷	1－194
史記一百三十卷	1－327
史記一百三十卷	1－327
史記一百三十卷	2－75
史記一百三十卷	2－75
史記一百三十卷	2－75
史記一百三十卷	2－75
史記一百三十卷	2－75

史記一百三十卷	2-75	史記志疑三十六卷	2-314
史記一百三十卷	2-75	史記志疑三十六卷補遺一卷	1-184
史記一百三十卷	2-75	史記法語八卷	1-113
史記一百三十卷	2-75	史記索隱三十卷	1-77
史記一百三十卷	2-76	史記索隱三十卷	2-532
史記一百三十卷	2-76	史記菁華錄六卷	1-189
史記一百三十卷	2-76	史記菁華錄六卷	1-189
史記一百三十卷	2-76	史記菁華錄六卷	1-189
史記一百三十卷	2-76	史記菁華錄六卷	1-189
史記一百三十卷	2-76	史記菁華錄六卷	1-250
史記一百三十卷	2-76	史記菁華錄六卷	1-250
史記一百三十卷	2-76	史記菁華錄六卷	1-323
史記一百三十卷	2-76	史記菁華錄六卷	2-77
史記一百三十卷	2-76	史記菁華錄六卷	2-86
史記一百三十卷	2-76	史記菁華錄六卷	2-86
史記一百三十卷	2-76	史記菁華錄六卷	2-86
史記一百三十卷	2-76	史記菁華錄六卷	2-86
史記一百三十卷	2-76	史記菁華錄六卷	2-87
史記一百三十卷	2-76	史記菁華錄六卷	2-487
史記一百三十卷	2-76	史記探源八卷	2-77
史記一百三十卷	2-76	史記探源八卷	2-90
史記一百三十卷	2-77	史記鈔九十一卷	1-82
史記一百三十卷	2-367	史記鈔九十一卷首一卷	1-42
史記一百三十卷	2-392	史記鈎玄四卷	1-61
史記一百三十卷	2-392	史記評林一百三十卷	1-47
史記一百三十卷	2-392	史記評林一百三十卷	1-47
史記一百三十卷	2-489	史記評林一百三十卷	1-47
史記一百三十卷	2-489	史記評林一百三十卷	1-53
史記一百三十卷	2-489	史記評林一百三十卷	1-59
史記一百三十卷附錄一卷桐城吳先生彙錄諸家史記評語一卷桐城吳先生史記初校本點識一卷	2-459	史記評林一百三十卷	1-78
		史記評林一百三十卷	1-117
史記一百三十卷首一卷	1-69	史記評林一百三十卷	1-121
史記一百三十卷首一卷	1-69	史記評林一百三十卷	1-121
史記天官書補目一卷	2-505	史記評林一百三十卷	2-73
史記正義一百三十卷	1-47	史記論文一百三十卷	1-217
史記先秦文七卷	1-130	史記選六卷	2-86
史記志疑三十六卷	1-155	史記選六卷	2-560
史記志疑三十六卷	2-77	史記題評一百三十卷	1-12
史記志疑三十六卷	2-77	史記題評一百三十卷	1-142
史記志疑三十六卷	2-77	史案二十卷首一卷	2-88
		史通二十卷	1-12

史通二十卷	1-44	史餘二十卷	2-500
史通二十卷	1-44	史論六種十二卷	2-401
史通削繁四卷	1-324	史論正鵠二集四卷	1-326
史通削繁四卷	1-324	史論正鵠三集八卷	1-326
史通削繁四卷	2-73	史論正鵠初集四卷	1-326
史通削繁四卷	2-73	史緯三百三十卷	2-77
史通削繁四卷	2-73	史緯三百三十卷	2-313
史通削繁四卷	2-73	史學提要箋釋五卷	1-247
史通削繁四卷	2-73	史學提要箋釋五卷	2-88
史通削繁四卷	2-89	史學叢書四十三種三百十七卷	2-484
史通訓故補二十卷	1-177	史學叢書四十三種三百十七卷	2-484
史通通釋二十卷	1-164	史學叢書四十三種三百十七卷	2-484
史通通釋二十卷	1-164	史學叢書四十三種三百十七卷	2-484
史通通釋二十卷	1-164	史學叢書四十三種三百十七卷	2-491
史通通釋二十卷	1-323	史學驪珠四卷	2-88
史通通釋二十卷	1-327	史闕十四卷	2-86
史通通釋二十卷	2-73	史聲不分卷	2-74
史通通釋二十卷	2-73	史懷十七卷	1-86
史通通釋二十卷	2-73	史鑑年表彙編十四卷	2-276
史通通釋二十卷	2-73	史鑑節要便讀六卷	1-247
史通通釋二十卷	2-482	史鑑節要便讀六卷	2-88
史通通釋二十卷附錄一卷	1-225	史鑑節要便讀六卷	2-88
史通通釋二十卷附錄一卷	2-73	史鑑節要便讀六卷	2-88
史通通釋二十卷附錄一卷	2-73	史鑑節要便讀六卷	2-391
史異編十七卷	1-32	史鑑總論二卷	2-89
史畧八十七卷	2-74	史鑑總論二卷	2-89
史畧八十七卷	2-86	史觸十七卷	1-70
史畧八十七卷	2-500	叩年吟一卷	1-479
史略六卷	1-183	四十八孝圖解不分卷附童子五字孝言	2-486
史筌五卷首一卷	2-88	四大奇書第一種十九卷首一卷	1-238
史載之方二卷	1-410	四大奇書第一種十九卷首一卷	1-238
史載之方二卷	2-46	四大奇書第一種十九卷首一卷	2-553
史傳三編五十六卷	2-190	四大奇書第一種(三國演義)十九卷首一卷	2-519
史傳三編五十六卷	2-478		
史傳三編五十六卷	2-492	四大奇書第一種□□卷□□回	2-540
史傳三編初續不分卷	2-190	四大家文選八卷	1-79
史傳三編初續不分卷	2-190	[四川]袁氏族譜□□卷	2-582
史漢方駕三十五卷	1-59	[四川]徐氏宗譜□□卷	2-195
史漢求是五十五卷尚書文義一卷	2-87	[四川三臺]周氏族譜不分卷	2-196
史漢異同補評三十二卷	1-39	[四川三臺]蕭氏族譜四卷	2-196
史餘二十卷	2-85		

四川川漢鐵路公司白話廣告不分卷 ………………………………… 2-383
[四川内江]武城曾氏重修族譜十二卷 ………………………………… 2-197
四川地理教科書不分卷 ………… 1-540
四川名勝記四卷 ………………… 2-179
四川名勝記四卷 ………………… 2-179
四川名勝楹聯一卷 ……………… 2-496
四川名勝楹聯一卷 ……………… 2-554
四川兵工廠暫訂各廠房分章不分卷 ………………………………… 2-520
四川官運鹽案彙編九十卷首一卷 …… 2-58
四川官運鹽案彙編九十卷首一卷 …… 2-58
四川官運鹽案類編二十七卷首一卷續編十五卷 ………………… 2-401
四川官運鹽案類編二十七卷首一卷續編五十五卷 ……………… 2-59
四川官運鹽案類編九十卷首一卷 … 2-545
四川官運鹽案類編九十卷續編四卷首一卷 ……………………… 2-496
四川奏定警察章程七章 ………… 2-490
四川省各府直隸廳州圖一卷 …… 2-133
四川省城尊經書院記一卷 ……… 1-203
[乾隆]四川保寧府廣元縣志十三卷首一卷 ……………………… 2-148
[乾隆]四川保寧府廣元縣志十三卷首一卷 ……………………… 2-148
[嘉慶]四川通志二百四卷首二十二卷 ………………………………… 2-147
[嘉慶]四川通志二百四卷首二十二卷 ………………………………… 2-147
[嘉慶]四川通志二百四卷首二十二卷 ………………………………… 2-147
[嘉慶]四川通志二百四卷首二十二卷 ………………………………… 2-296
[嘉慶]四川通志二百四卷首二十二卷 ………………………………… 2-442
[嘉慶]四川通志二百四卷首二十二卷 ………………………………… 2-442
[嘉慶]四川通志二百四卷首二十二卷 ………………………………… 2-442
[嘉慶]四川通志二百四卷首二十二卷 ………………………………… 2-442
[嘉慶]四川通志二百四卷首二十二卷 ………………………………… 2-443
[嘉慶]四川通志二百四卷首二十二卷 ………………………………… 2-443
[嘉慶]四川通志二百四卷首二十二卷 ………………………………… 2-443
[嘉慶]四川通志二百四卷首二十二卷 ………………………………… 2-443
[嘉慶]四川通志二百四卷首二十二卷 ………………………………… 2-443
[嘉慶]四川通志二百四卷首二十二卷 ………………………………… 2-443
[嘉慶]四川通志二百四卷首二十二卷 ………………………………… 2-443
[嘉慶]四川通志二百四卷首二十二卷 ………………………………… 2-443
[嘉慶]四川通志二百四卷首二十二卷 ………………………………… 2-443
[嘉慶]四川通志二百四卷首二十二卷 ………………………………… 2-444
[嘉慶]四川通志二百四卷首二十二卷 ………………………………… 2-444
[嘉慶]四川通志二百四卷首二十二卷 ………………………………… 2-444
[嘉慶]四川通志二百四卷首二十二卷 ………………………………… 2-444
[嘉慶]四川通志二百四卷首二十二卷 ………………………………… 2-444
[嘉慶]四川通志二百四卷首二十二卷 ………………………………… 2-444
[雍正]四川通志四十七卷首一卷 … 1-155
[雍正]四川通志四十七卷首一卷 … 2-147
[雍正]四川通志四十七卷首一卷 … 2-296
四川通省忠義總錄三十一卷附續錄二卷附霆軍二卷 …………… 2-194

[四川資中]冷氏族譜四卷 …… 2-196	四不如類鈔十二卷首一卷 …… 1-61
[四川資中]河源歐陽氏族譜七卷末一卷 …… 2-196	四友遺詩八種十六卷 …… 1-143
	四友遺詩八種十六卷 …… 1-143
四川福建會館官會題名錄一卷 …… 1-542	四友遺詩四種 …… 1-473
[四川榮縣]詹氏家譜四卷 …… 2-195	四友遺詩四種 …… 1-475
[四川漢中]冷氏族譜四卷 …… 2-196	四友遺詩四種十三卷 …… 2-472
[四川漢中]冷氏族譜四卷 …… 2-196	四友遺詩四種十三卷 …… 2-472
四川選拔貢卷不分卷（光緒丁酉科） …… 2-374	四分比丘尼戒本一卷 …… 2-32
	四分戒本一卷 …… 1-520
四川選拔貢卷不分卷（光緒丁酉科） …… 2-374	四分戒本一卷 …… 1-520
	四分戒本一卷 …… 1-520
四川選拔貢卷不分卷（宣統己酉科） …… 2-374	四分戒本一卷 …… 1-520
	四分戒本一卷 …… 2-399
四川選拔硃卷不分卷（光緒乙酉科） …… 2-374	四分戒本如釋十二卷 …… 2-442
	四六初徵二十卷 …… 2-537
四川諮議局第二屆常年決議案報告不分卷 …… 1-455	四六金鍼一卷 …… 1-510
	四六法海十二卷 …… 1-65
四川諮議局第二屆常年決議案報告不分卷 …… 2-388	四六法海□□卷 …… 2-537
	四六珠璣四卷 …… 1-95
四川諮議局議案一卷 …… 2-67	四六採腴二十卷 …… 1-70
四川優行貢卷不分卷（光緒丁酉科） …… 2-374	四六鴛鴦譜十二卷啓集十二卷 …… 1-71
	四六霞肆十六卷 …… 1-70
四川優行貢卷不分卷（光緒丁酉科） …… 2-374	四六霞肆十六卷 …… 1-120
	四六霞肆十六卷 …… 2-537
四川優行貢卷不分卷（光緒辛卯科） …… 2-461	四六叢話三十三卷 …… 1-160
	四六叢話三十三卷選詩叢話一卷 …… 1-332
[康熙]四川總志三十六卷首一卷 … 1-107	四六叢話三十三卷選詩叢話一卷 …… 2-217
[康熙]四川總志三十六卷首一卷 … 1-107	四六叢話三十三卷選詩叢話一卷 …… 2-217
[四川簡陽]羅氏族譜四卷 …… 2-196	四六類編十六卷 …… 1-69
四川勸工總局成品價值表一卷 …… 2-518	四水子遺著一卷 …… 1-368
四川警務文牘彙編不分卷 …… 2-538	四水子遺著一卷 …… 1-368
四川鹽法志四十卷首一卷 …… 1-195	四史四種 …… 2-75
四川鹽法志四十卷首一卷 …… 2-58	四史四種 …… 2-75
四川鹽法志四十卷首一卷 …… 2-58	四史四種 …… 2-75
四川鹽法志四十卷首一卷 …… 2-58	四史四種 …… 2-75
四子全書九卷 …… 1-42	四史四種 …… 2-75
四子譜二卷 …… 1-539	四史發伏十卷 …… 2-90
四子譜二卷 …… 2-467	四史疑年錄七卷 …… 1-324
四子譜二卷 …… 2-467	四史鴻裁四十卷 …… 2-94
四元玉鑑細艸三卷首一卷末一卷 …… 1-433	四印齋所刻詞二十種 …… 2-267
四不如類鈔十二卷首一卷 …… 1-61	四印齋所刻詞二十種 …… 2-477

四印齋彙刻宋元三十一家詞………	2－542
四印齋彙刻宋元三十一家詞三十一卷………	2－267
四民月令一卷………	1－499
四言舉要一卷………	2－304
四松草堂詩略四卷………	1－473
四明談助四十六卷首一卷………	1－162
四典要會四卷………	1－458
四音定切四卷首一卷………	2－212
四音辨要十四卷………	1－300
四音釋義十二集………	2－214
四洪年譜四卷………	1－324
四洪年譜四卷………	2－201
四時調攝牋八種………	1－400
四庫未收書目提要五卷………	1－580
四庫未收書目提要五卷………	2－1
四庫未收書目提要五卷………	2－349
四庫未收書目提要五卷………	2－550
四庫全書攷證一百卷………	1－456
四庫全書表文箋釋四卷………	1－576
四庫全書書目表四卷………	2－1
四庫全書書目表四卷………	2－1
四庫書目略二十卷………	2－1
四庫簡明目錄標注二十卷附錄一卷………	1－580
四庫簡明目錄標注二十卷附錄一卷………	1－580
四庫簡明目錄標注二十卷附錄一卷………	1－580
四庫簡明目錄標注二十卷附錄一卷………	2－530
四部日抄不分卷………	1－108
四部日抄不分卷………	1－108
四益館經學四變記四卷………	1－318
四益館經學叢書五種………	1－349
四益館經學叢書五種………	2－474
四益館叢書□□種………	2－283
四益館雜著不分卷………	2－527
四書人名攷二十卷………	2－20
四書人物考訂補四十卷………	1－100
四書人物類典串珠四十卷………	1－255
四書人物類典串珠四十卷………	1－319
四書人物類典串珠四十卷………	2－322
四書人物類典串珠四十卷………	2－372
四書大全三十六卷………	1－254
四書大全四十二卷………	1－227
四書大全□□卷………	1－227
四書小參一卷附四書問答一卷………	1－258
四書不分卷	1－258
四書反身錄七卷續錄一卷………	1－254
四書反身錄七卷續錄一卷………	1－254
四書反身錄八卷………	1－254
四書反身錄八卷………	1－254
四書反身錄八卷………	2－20
四書反身錄大學中庸二卷論語十卷孟子二卷………	1－254
四書反身錄五卷………	1－255
四書反身錄五卷………	1－318
四書反身錄□□卷………	2－338
四書反身錄□□卷………	2－467
四書正文不分卷	2－354
四書正本十九卷	1－253
四書正本十九卷	1－253
四書正本十九卷	1－253
四書正體十九卷	2－319
四書古人典林十二卷………	1－216
四書古人典林十二卷………	1－256
四書古人典林十二卷………	2－371
四書古注群義彙解九種………	1－537
四書古註九種九十四卷附群義彙解四卷………	1－258
四書古註九種九十四卷附群義彙解四卷………	1－259
四書古註九種九十四卷附群義彙解四卷………	1－319
四書左國彙纂四卷	2－467
四書考二十八卷………	2－459
四書考二十八卷考異一卷	1－71
四書考二十八卷考異一卷	1－71
四書考異總考三十六卷	1－253
四書考異總考三十六卷	1－253
四書考異總考三十六卷條考三十六	

卷 ·································	1－253
四書考異總考三十六卷條考三十六卷 ·························	1－253
四書攷略二卷 ·························	1－114
四書朱子大全精言四十一卷 ·······	1－101
四書朱子本義匯參四十三卷首三卷	2－319
四書朱子本義匯參四十三卷首三卷	2－462
四書朱子本義匯參四十六卷 ·······	1－562
四書朱子異同條辨四十卷 ···········	1－99
四書朱子語類三十八卷 ···············	1－217
四書字詁七十八卷 ·····················	1－253
四書字詁七十八卷 ·····················	2－20
四書字詁七十八卷檢字一卷 ·······	2－464
四書求是十六卷 ·························	2－316
四書近指十七卷 ·························	1－257
四書若解編六卷 ·························	1－94
四書直解二十七卷 ·····················	1－142
四書直解二十七卷 ·····················	1－142
四書直解二十七卷 ·····················	2－325
四書直解二十六卷 ·····················	1－115
四書直解孟子十四卷 ···················	1－307
四書或問語類集解釋註四十一卷 ···	2－325
四書味根錄三十九卷 ···················	1－255
四書味根錄三十九卷 ···················	1－255
四書味根錄三十九卷 ···················	1－255
四書味根錄三十九卷 ···················	2－365
四書典林三十卷 ·························	1－226
四書典林三十卷 ·························	1－253
四書典林三十卷 ·························	1－253
四書典林三十卷 ·························	1－253
四書典林三十卷 ·························	2－305
四書典制類聯音註三十三卷 ·······	1－255
四書典故辨正二十卷附錄一卷 ·······	1－255
四書典故辨正二十卷附錄一卷 ·······	2－20
四書宗印□□卷 ·························	2－339
四書指韻不分卷 ·························	1－255
四書便蒙添註十九卷 ···················	1－257
四書恆解十四卷 ·························	1－258
四書恆解十四卷 ·························	1－258
四書恆解十四卷 ·························	1－258
四書恆解六卷 ·····························	1－258

四書約旨二十卷 ·························	2－20
四書約旨二十卷 ·························	2－321
四書訓義三十六卷四書稗疏二卷考異一卷 ·························	2－19
四書旁訓不分卷 ·························	1－257
四書益智錄二十卷 ·····················	1－255
四書通旨六卷 ·····························	1－257
四書通證六卷 ·····························	1－257
四書章句十六卷 ·························	2－19
四書章句附考四卷 ·····················	1－196
四書章句附考四卷 ·····················	2－19
四書章句集注二十六卷家塾讀本句讀一卷定本辨一卷附考四卷 ·······	1－196
四書章句集注二十六卷家塾讀本句讀一卷定本辨一卷附考四卷 ·······	2－19
四書章句集註十九卷 ·····················	1－257
四書章句集註定本辨一卷四書家塾讀本句讀一卷 ·············	1－196
四書章句集註定本辨一卷四書家塾讀本句讀一卷 ·············	2－19
四書貫珠講義十九卷 ·····················	1－258
四書備考二十八卷 ·······················	2－372
四書備考二十八卷攷異一卷 ·········	1－140
四書集字一卷 ·····························	1－256
四書集字一卷五經集字一卷 ·········	1－258
四書集注十九卷 ·························	1－254
四書集注十九卷 ·························	1－254
四書集注十九卷 ·························	1－254
四書集注十九卷 ·························	1－254
四書集注十九卷 ·························	2－365
四書集注大全三十六卷附讀大學法一卷大學或問一卷讀中庸法一卷中庸或問一卷讀論語孟子法一卷 ···	1－86
四書集註二十六卷 ·······················	2－399
四書集註十九卷 ·························	2－19
四書集註十九卷 ·························	2－19
四書集註十九卷 ·························	2－365
四書集註十九卷 ·························	2－523
四書集註大全四種 ·······················	1－201
四書集註正本十二卷 ·····················	1－258
四書集註扚指四種 ·······················	2－326

四書鄒魯指南不分卷	1－120
四書補注備旨十二卷	1－254
四書補注備旨十二卷	1－254
四書補注備旨十二卷	1－254
四書補註備旨十二卷	2－19
四書疏註撮言大全三十七卷	1－257
四書義不分卷	1－473
四書義不分卷	2－470
四書彙考□□卷	1－208
四書經史摘證七卷	1－256
四書經注集證十九卷	1－203
四書經注集證十九卷	1－257
四書經註集證十九卷	2－19
四書經註集證十九卷	2－325
四書摭餘說七卷	1－255
四書摭餘說七卷	2－19
四書圖考十三卷	1－255
四書圖考十三卷	1－302
四書說約二十卷	2－552
四書說約三十三卷	1－258
四書說約三十三卷	1－258
四書說叢十七卷	1－142
四書說叢十七卷	2－467
四書隨見錄四十卷首二卷	1－255
四書質疑十九卷孝經質疑一卷	2－20
四書課錄二十九卷	1－255
四書遵註合講十九卷圖考一卷	1－255
四書辨疑十五卷	1－256
四書講義十二卷	1－257
四書講義合參二十七卷	1－142
四書講義合參二十七卷	1－142
四書講義困勉錄三十七卷	1－257
四書題鏡不分卷	1－257
四書題鏡不分卷	1－257
四書識小錄一卷	1－108
四書類考三十卷	2－20
四書類典賦二十四卷	2－414
四書釋文不分卷	2－19
四書釋地一卷續一卷又續一卷三續一卷	1－257
四書釋地一卷續一卷又續一卷三續一卷附孟子生卒年月考	1－184
四書釋地補一卷續補一卷又續補一卷三續補一卷	2－20
四書釋地補一卷續補一卷又續補二卷三續補二卷	1－257
四書辯訛六卷	2－324
四書體注十九卷	1－257
四書讀本辨義十九卷	1－256
四書讀本辨義十九卷	1－256
四教義六卷	2－583
四喜記二卷四十二齣	2－268
四朝先賢六家年譜不分卷	2－201
四朝聞見錄五卷附錄一卷	2－323
四診抉微八卷管窺附餘一卷	2－44
四診抉微八卷管窺附餘一卷	2－388
四聖懸樞五卷	1－399
四聖懸樞五卷	1－552
四照堂詩集十五卷	1－473
四裔編年表四卷	1－452
四裔編年表四卷	2－276
四裔編年表四卷	2－277
四溟山人集不分卷	1－131
四經精華三十二卷首三卷末一卷	2－16
四經精華四種三十五卷	1－253
四經精華四種三十四卷	1－253
四種字體書法正宗合刻□□卷	2－442
四憶堂詩集六卷附遺稿一卷	1－473
四憶堂詩集六卷附遺稿一卷	1－473
四憶堂詩集六卷附遺稿一卷	1－473
四憶堂詩集六卷附遺稿一卷	1－473
四禪詩選三十卷	2－296
四聲切韻表一卷凡例一卷	2－473
四聲切韻表三卷	2－468
四聲易知錄四卷	2－214
四聲易知錄四卷	2－473
四聲易知錄四卷附偏旁舉略	1－320
四禮初稿四卷	2－56
四禮初稿四卷附四禮約言四卷	1－276
四禮約言四卷	2－56

四禮翼八篇	1-276
四禮翼不分卷	1-444
四體千家詩一卷	2-363
生子上路二折	2-597
丘文莊公集十卷	1-173
丘文莊公集十卷	1-486
代形合參三卷附一卷	1-419
代形合參三卷附一卷	1-419
代直隸總督勸諭牧文一卷	2-394
代直隸總督勸諭牧文一卷	2-394
代數術二十五卷首一卷	1-420
代數術二十五卷首一卷	1-421
代數術二十五卷首一卷	1-421
代數備旨十三章	1-421
代警編二卷	1-46
仙人拈集四卷	2-46
仙心閣詩鈔四卷	1-516
仙佛合宗一卷	2-32
仙佛合宗語錄不分卷	1-566
仙佛合宗語錄不分卷	2-583
仙佛真傳章句直解一卷	1-566
仙傳外科集驗秘方十一卷	1-110
仙源書院藏書目錄初編八卷	2-1
仙機武庫八集	1-73
白下愚園集八卷首一卷	2-251
白氏文集七十一卷	1-21
白氏文集七十一卷	1-21
白氏長慶集七十一卷附錄一卷	1-34
[乾隆]白水縣志四卷首一卷	1-221
白石山房逸藁二卷	1-112
白石山房集二十六卷	1-160
白石道人逸事一卷補遺一卷	1-508
白石道人集事一卷補遺一卷	1-508
白石道人集事一卷補遺一卷	1-508
白石道人詩集二卷首一卷附錄諸賢酬贈詩一卷集外詩一卷詩說一卷投贈詩詞補遺一卷歌曲四卷首一卷歌曲別集一卷續書譜一卷	1-508
白石道人詩集二卷集外詩一卷附錄諸賢酬贈詩一卷投贈詩詞補遺一卷詩說一卷歌曲四卷歌曲別集一卷	1-508
白石道人詩集二卷集外詩一卷附錄諸賢酬贈詩一卷投贈詩詞補遺一卷詩說一卷歌曲四卷歌曲別集一卷	1-508
白石道人詩集二卷集外詩一卷附錄諸賢酬贈詩一卷詩說一卷歌曲四卷歌曲別集一卷	1-508
白石道人詩集二卷集外詩一卷附錄諸賢酬贈詩一卷詩說一卷歌曲四卷歌曲別集一卷末一卷	1-508
白石道人詩集二卷集外詩一卷詩說一卷歌曲四卷別集一卷	1-143
白石道人歌曲不分卷	1-508
白石道人歌曲六卷別集一卷附錄二卷	2-455
白石詩集一卷詞集一卷	1-145
白田草堂存稿二十四卷	1-508
白田草堂存稿二十四卷	1-508
白圭堂詩鈔八卷續鈔六卷	1-508
白圭堂詩續鈔六卷	1-508
白芙堂算學叢書二十三種八十九卷	2-279
白芙堂算學叢書二十三種八十九卷	2-279
白芙堂算學叢書二十三種八十九卷	2-360
白沙子八卷	1-21
白沙子全集十卷首一卷末一卷古詩教解二卷	1-164
白沙子全集十卷首一卷末一卷古詩教解二卷	1-164
白沙子全集十卷首一卷末一卷古詩教解二卷	1-164
白沙子全集十卷首一卷末一卷古詩教解二卷	2-243
白沙子全集九卷像贊一卷附錄一卷	1-508
白茅堂集四十六卷	1-215
白茅堂集四十六卷	1-215
白雨齋詞話八卷附詞存一卷詩鈔一

卷 ……………………………………	2-268	白喉忌表抉微不分卷 ……………	1-412
白虎通四卷 ……………………………	1-146	白喉治法忌表抉微一卷 …………	1-547
白虎通四卷 ……………………………	1-199	白喉治法忌表抉微不分卷 ………	1-406
白虎通四卷 ……………………………	2-5	白喉治法忌表抉微不分卷 ………	1-547
白虎通四卷 ……………………………	2-5	白榆集二十卷 ……………………	1-39
白虎通疏證十二卷 …………………	1-449	白蘇齋類集二十二卷 ……………	1-88
白虎通疏證十二卷 …………………	2-7	白鶴山房詩鈔十九卷詞鈔二卷 …	2-263
白虎通疏證十二卷 …………………	2-7	白鶴堂詩文稿不分卷 ……………	1-509
白虎通德論二卷 ……………………	1-27	白鶴堂詩文稿不分卷 ……………	2-246
白虎通德論二卷 ……………………	1-35	用六集十二卷 ……………………	1-487
白虎通德論二卷 ……………………	1-35	印人傳三卷 ………………………	2-501
白虎通德論二卷 ……………………	1-92	印化救刼養心經懺二卷養心懺一卷	
白虎通德論二卷 ……………………	1-92	……………………………………	1-564
白虎通德論十卷 ……………………	2-5	印苑□□卷 ………………………	1-176
白虎通德論四卷 ……………………	1-66	印典八卷 …………………………	1-217
白虎通德論四卷 ……………………	1-80	印典八卷 …………………………	2-467
白虎通德論四卷 ……………………	1-81	印度史攬要十六章 ………………	2-186
白香山詩長慶集二十卷後集十七卷		印度史攬要十六章 ………………	2-186
別集一卷補遺二卷 …………	1-147	印度國志一卷 ……………………	2-186
白香山詩長慶集二十卷後集十七卷		印度新志一卷 ……………………	2-186
別集一卷補遺二卷 …………	1-147	印度新志一卷爪哇志一卷蘇門答拉	
白香山詩長慶集二十卷後集十七卷		志一卷新志一卷 ……………	1-558
別集一卷補遺二卷 …………	1-147	印雪軒詩鈔十六卷 ………………	1-487
白香山詩長慶集二十卷後集十七卷		印鴻吟草二卷 ……………………	2-308
別集一卷補遺二卷 …………	1-223	句曲外史集三卷 …………………	1-138
白香山詩長慶集二十卷後集十七卷		句注山房集稿詩集十卷文集二十卷 …	1-91
別集一卷補遺二卷 …………	2-362	[乾隆]句容縣志十卷首一卷末一卷	
白香山詩長慶集二十卷後集十七卷		……………………………………	2-142
別集一卷補遺二卷 …………	2-400	外科十法一卷附症治方藥一卷 …	1-408
白香山詩集四十卷 …………………	2-404	外科十法一卷附症治方藥一卷 …	1-408
白香詞譜一卷晚翠軒詞韻一卷 ……	2-266	外科大成四卷 ……………………	2-43
白香詞譜箋四卷 ……………………	1-508	外科切要不分卷 …………………	2-43
白華前稿六十卷 ……………………	1-508	外科正宗十二卷 …………………	1-546
白雪齋選訂樂府吳騷合編四卷 ……	1-72	外科症治全生前集三卷後集三卷 …	1-407
白毫菴內篇四卷外篇一卷襍篇二卷 …	1-79	外科症治全生前集三卷後集三卷 …	1-407
白鹿洞數二卷 ………………………	1-423	外科症治全生前集三卷後集三卷 …	1-547
白鄉文鈔四卷 ………………………	2-382	外科症治全生集四卷 ……………	1-545
白鄉詩鈔十卷 ………………………	1-508	外科理例七卷 ……………………	2-566
白雲先生許文懿公傳集四卷 ………	1-508	外科證治全書五卷末一卷 ………	1-546
白雲許先生文集四卷 ………………	1-110	冬心先生集四卷 …………………	1-504
白喉忌表抉微不分卷 ………………	1-412	冬心先生集四卷 …………………	2-262

93

冬心先生集四卷	2-474
冬心先生續集一卷三體詩一卷自度曲一卷雜著一卷隨筆一卷	2-337
冬花庵燼餘稿三卷	2-343
冬花庵燼餘稿三卷	2-463
冬梅花四折	2-597
冬梅花四折	2-597
包孝肅奏議十卷附錄一卷	1-505
包孝肅奏議十卷附錄一卷	2-126
包慎伯論文二卷	2-455
包慎伯論書四卷	2-586
包慎伯論書四卷論文二卷	1-383
立世阿毗曇論十卷	1-386
立世阿毗曇論十卷	2-30
立雪堂遺稿四卷	2-392
立雪齋琴譜二卷首一卷	1-233
立雪齋琴譜二卷首一卷	1-233
玄宗通事雅宜集四卷	1-568
玄都律壇威儀品三卷	1-568
玄覽八卷	1-36
半厂叢書初編九種八十三卷	1-511
半厂叢書初編九種八十三卷	1-367
半厂叢書初編九種八十三卷	2-423
半厂叢書初編九種八十三卷	2-503
半厂叢書初編九種八十三卷	2-503
半日閻羅六折	2-599
半月誦菩薩戒儀式註一卷	2-585
半舫齋編年詩二十卷	1-162
半畝園叢書三十種二百七十二卷	2-12
半閒軒詩草二卷	2-355
半塘丙稿味梨集一卷丁稿鶩翁集一卷戊稿蜩知集一卷	1-184
半窻史略四十二卷	2-87
半窻史略四十二卷	2-454
半巖廬所箸書九種四十卷	2-15
半巖廬遺詩二卷	2-343
永川公牘十卷	2-270
[光緒]永川縣志十卷首一卷	2-154
[光緒]永川縣志十卷首一卷	2-154
[光緒]永川縣志十卷首一卷	2-154
[光緒]永川縣志十卷首一卷	2-576

[光緒]永川縣志十卷首一卷	2-576
[光緒]永川縣志十卷首一卷	2-576
[光緒]永川縣志十卷首一卷	2-576
永言錄一卷	1-354
永定河志三十二卷	2-292
永定河續志十六卷首一卷附刻一卷補錄一卷附錄一卷原編序列一卷	2-291
永新詩徵三十三卷附錄九卷	1-354
永福庵文字緣略不分卷	2-436
永嘉文選四卷	2-403
永嘉真覺大師證道歌一卷	2-459
永嘉真覺禪師證道歌一卷	1-393
永嘉真覺禪師證道歌一卷	1-393
永嘉聞見錄二卷	2-182
永嘉聞見錄二卷	2-399
[乾隆]永嘉縣志二十六卷	2-292
永嘉叢書十三種	2-430
永嘉叢書十三種	2-430
[乾隆]永壽縣新志十卷首一卷	2-140
永寧祇謁筆記一卷	2-180
永寧祇謁筆記一卷	2-180
永樂大典目錄六十卷	1-579
永樂瀘州志□□卷	2-155
永曆實錄二十六卷	2-119
永覺和尚洞上古轍二卷	1-534
司空表聖文集十卷	1-111
司空詩品注釋一卷	1-497
司空詩品注釋一卷	2-477
司空詩品注釋一卷	2-557
司空詩品註釋一卷	1-351
司空詩品註釋一卷	1-471
司空詩品註釋一卷	2-361
司空詩品註釋一卷	2-411
司馬氏書儀十卷	1-166
司馬氏書儀十卷	1-275
司馬文正公集八十二卷目錄二卷首一卷	1-491
司馬文正公集八十二卷目錄二卷首一卷	1-491
司馬文正公集八十二卷首一卷目錄	

一卷 …………………………………… 1-175
司馬文正公傳家集八十卷目錄二卷
　　…………………………………………… 1-177
司馬文正公傳家集八十卷目錄二卷
　　附錄一卷 ………………………… 1-491
司馬文園集二卷附錄一卷 ……… 1-66
司馬彪莊子注一卷補遺一卷音一卷
　　逸篇一卷逸語一卷疑義一卷又補
　　遺一卷音補遺一卷又補遺一卷逸
　　篇司馬注補遺一卷 ……………… 2-340
司馬溫公稽古錄二十卷 …………… 1-89
司馬溫公稽古錄二十卷 …………… 1-89
司馬溫公文集十四卷 ……………… 1-177
司馬溫公文集十四卷 ……………… 1-177
司馬溫公文集十四卷 ……………… 1-491
司馬溫公文集十四卷首一卷 …… 1-491
司馬溫公文集十四卷首一卷 …… 2-241
司馬溫公家範十卷 ………………… 1-418
司馬溫公稽古錄二十卷 …………… 1-322
司馬溫公稽古錄二十卷 …………… 2-84
司馬溫公稽古錄二十卷 …………… 2-84
司馬貌夜斷七賢六折 ……………… 2-593
民業東北輕便鐵路股份有限公司章
　　程一卷附簡略計劃書一卷 …… 2-584
民業東北輕便鐵路簡略計劃書一卷
　　…………………………………………… 2-584
民種學二卷 …………………………… 1-463
弗告堂集二十六卷 ………………… 1-46
弗告堂集二十六卷 ………………… 1-46
弘正四傑詩集四種附一種 ……… 1-491
弘正四傑詩集四種附一種 ……… 2-255
弘明集十四卷 ………………………… 1-33
弘明集十四卷 ………………………… 1-386
弘明集十四卷 ………………………… 2-31
弘明集十四卷 ………………………… 2-410
弘明集十四卷 ………………………… 2-611
弘簡錄二百五十四卷 ……………… 1-195
弘簡錄二百五十四卷 ……………… 2-506
弘簡錄二百五十四卷 ……………… 2-506
弘簡錄二百五十四卷 ……………… 2-507
弘簡錄二百五十四卷 ……………… 2-507

弘簡錄二百五十四卷續弘簡錄元史
　　類編四十二卷 …………………… 2-507
弘簡錄二百五十四卷續弘簡錄元史
　　類編四十二卷 …………………… 2-507
出巡條規不分卷 …………………… 1-37
出門苦情四折 ……………………… 2-597
出使英法義比四國日記六卷（光緒
　　十六年正月十一日至十七年二月
　　三十日）………………………………… 2-198
出使英法義比四國日記六卷（光緒
　　十六年正月十一日至十七年二月
　　三十日）………………………………… 2-198
出使美日秘崔日記十六卷（光緒十
　　五年九月一日至十九年七月二十
　　四日）…………………………………… 1-249
出曜經二十卷 ……………………… 1-398
出曜經二十卷 ……………………… 2-31
皮氏經學叢書十種 ………………… 2-17
皮鹿門著書九種 …………………… 2-17
皮襲美詩集九卷 …………………… 2-298
弁服釋例八卷 ……………………… 1-189
幼女歌一卷 ………………………… 2-387
幼女歌一段戒溺女歌一段 ……… 2-596
幼幼集四卷 ………………………… 1-241
幼幼集成六卷 ……………………… 1-406
幼科三種九卷 ……………………… 1-406
幼科切要不分卷 …………………… 2-43
幼科證治準繩九卷 ………………… 1-544
幼科證治準繩九卷 ………………… 2-377
幼科證治準繩九卷 ………………… 2-407
幼科鐵鏡二卷首一卷 ……………… 1-546
幼科鐵鏡六卷 ……………………… 1-551
幼科鐵鏡六卷 ……………………… 1-552
幼科鐵鏡六卷 ……………………… 2-43
幼義一卷 …………………………… 1-496
幼稺新編讀本三卷 ………………… 2-215
幼學堂詩稿文稿四卷 ……………… 1-159

六畫

匡喆刻經頌十二卷 ………………… 2-206

匡喆刻經頌十二卷	2-206	老子章義二卷	1-230
式訓堂叢書三集四十一種	2-12	老子章義二卷	2-370
式訓堂叢書三集四十一種	2-384	老子道德經二卷	1-34
式訓堂叢書三集四十一種	2-420	老子道德經二卷	1-130
式訓堂叢書三集四十一種	2-466	老子道德經二卷	1-446
式訓堂叢書三集四十一種	2-486	老子道德經二篇	2-587
式訓堂叢書三集□□種	2-332	老子道德經二篇附釋文	1-445
刑名一得二卷	2-70	老子道德經二篇附釋文	1-445
刑部比照加減成案三十二卷	2-70	老子道德經解二卷首一卷	2-21
刑部比照加減成案續編三十二卷	2-70	老子道德經解二卷首一卷附觀老莊影響論一卷	1-392
刑案匯覽六十卷首一卷末一卷	2-349	老子道德經解二卷首一卷附觀老莊影響論一卷	1-392
刑案匯覽六十卷首一卷末一卷	2-349	老子道德經解二卷首一卷附觀老莊影響論一卷	1-397
刑案匯覽六十卷首一卷末一卷拾遺備考一卷	2-350	老子道德經解二卷首一卷附觀老莊影響論一卷	1-446
刑案匯覽六十卷首一卷末一卷拾遺備考一卷	2-448	老子解二卷	2-435
[光緒]邢臺縣志八卷首一卷	2-137	老子翼八卷首一卷	1-445
迂齋先生標註崇古文訣三十五卷	1-20	老子翼八卷首一卷	1-445
圭塘小藁十三卷附續集一卷別集二卷	1-375	老老恒言五卷	2-38
圭塘小藁十三卷附續集一卷別集二卷	1-375	老莊合刻不分卷	1-445
圭塘欸乃集一卷	1-112	老學菴載筆不分卷	1-113
圭盦詩錄一卷	1-374	地名考不分卷	1-132
圭盦詩錄一卷	1-375	地球新義不分卷	1-207
圭盦詩錄一卷	1-535	地球新義不分卷	1-207
吉凶龜鑑□□卷	2-531	地球韻言四卷	1-327
吉林外記十卷	2-357	地球韻言四卷	2-187
吉林外記十卷寧古塔記略一卷	2-136	地球韻言四卷	2-187
吉林度支司光緒戊申年收支歉目報告書不分卷	2-349	地球韻言四卷	2-187
考工記要十七卷附圖一卷	2-51	地球韻言四卷	2-363
考正古微書三十六卷	1-176	地理三字經二卷	1-433
考古彙編二十四卷	1-24	地理大成五集四十九卷	1-433
考古圖十卷	1-32	地理大全一集形勢真訣三十卷	2-560
考信錄三十六卷	1-247	地理小補三卷附續編一卷	1-451
考槃集四卷	1-74	地理小補三卷續編一卷坿辨正發秘初稿一卷	1-565
考察憲政要目一卷	2-389	地理元空法鑑一卷	1-565
老子二卷	1-445	地理五訣八卷	1-437
老子二卷	1-445	地理五訣八卷	2-313
老子本義二卷	2-21	地理水法一聲雷一卷	1-424

地理正宗十二卷	1-424	芝龕記六卷	1-215
地理正宗六卷	1-424	芝龕記六卷	1-382
地理正義不分卷	1-431	芝龕記六卷	1-382
地理全志一卷續瀛環志略一卷	2-184	芝龕記六卷	1-382
地理初桄不分卷附中西輿地表一卷	2-38	芝龕記六卷	2-302
地理拾鉛巒頭理氣合編四卷	1-417	芝龕記六卷	2-302
地理陰陽纂要二卷	1-423	芝龕記六卷六十齣	2-268
地理唊蔗錄八卷	2-553	芑汀詩草六卷	1-555
地理須知一卷	2-558	芑堂印說一卷	1-499
地理匯參六卷	1-425	芑野詩鈔四卷	1-180
地理精微集六卷	1-431	西山先生真文忠公文章正宗二十四卷	2-489
地理錄要四卷	1-437	西山先生真文忠公文章正宗二十四卷續二十卷	1-93
地理錄要四卷	1-437		
地理辨正五卷	1-424	西山先生真文忠公讀書記四十卷	1-427
地理辨正五卷	1-424	西山先生真文忠公讀書記四十卷	1-427
地理辨正五卷首一卷	2-36	西天目祖山志八卷首一卷末一卷	2-178
地理點穴撼龍經十卷	2-391	西比利亞志一卷西比利亞新志一卷	2-186
地理點穴撼龍經不分卷菊逸山房地理正書不分卷	1-423	西方子明堂灸經八卷	1-544
地理體用合編四卷	1-423	西方公據一卷	1-387
地勢畧解二十章	2-465	西方合論十卷	2-33
地圖綜要內篇一卷外篇一卷	1-129	西方要決科注二卷	1-387
地學二卷	1-433	西方要決科註二卷	2-401
地學二卷	1-434	西方確指一卷	2-442
地學淺釋三十八卷	1-428	西史綱目二十卷	2-184
地學淺釋三十八卷	1-450	[康熙]西充縣志十二卷	2-149
地學淺釋三十八卷	2-38	[光緒]西充縣志十四卷圖一卷	2-149
地學講義一卷	2-288	[光緒]西充縣志十四卷圖一卷	2-149
地藏菩薩本願經科注三卷綸貫一卷	1-525	[光緒]西充縣志十四卷圖一卷	2-149
地藏菩薩本願經科注三卷綸貫一卷	1-525	[康熙江西]西江志二百六卷圖一卷	1-154
芝庭先生集十八卷附錄一卷	1-229	[乾隆]西安府志八十卷首一卷	2-140
芝庭先生集十八卷附錄一卷	2-247	[康熙浙江]西安縣志十二卷首一卷	2-293
芝菴雜記四卷	1-220		
芝園定集五十一卷	1-11	[宣統吉林]西安縣志略十三卷	2-171
芝麓山房外集一卷	1-384	西吳里語四卷	1-112
芝麓山房散體文鈔三卷讀史隨筆一卷入觀詩鈔一卷時藝偶存一卷續刻一卷	1-384	西陂類稿五十卷	1-214
		西陂類槀文錄一卷	2-532
		西青散記四卷	1-178
芝龕記六卷	1-196	西青散記四卷	2-270

書名	卷冊頁
西招圖畧一卷乍了圖說一卷	2－173
西招圖畧一卷乍了圖說一卷	2－173
西招圖畧一卷附錄一卷	1－246
西招圖畧一卷附錄一卷	1－497
西招圖畧一卷附錄一卷	1－497
西京雜記二卷	1－245
西京雜記二卷	1－463
西京雜記二卷	2－271
西京雜記二卷	2－493
西京雜記六卷	1－37
西河合集五十四卷	1－186
西河合集四百九十三卷	1－192
西河合集經集五十一種二百三十六卷文集六十六種二百五十七卷	1－225
西河詩話一卷西河詞話一卷	1－497
西泠八家印選三十卷	2－274
西泠五布衣遺著十種	1－490
西泠五布衣遺著十種	1－490
西泠四家印譜四種	2－273
西泠四家印譜四種	2－274
西泠仙詠三卷	2－263
西泠恒古集十卷	1－496
西泠詞萃六種	1－495
西泠詞萃六種	2－266
西泠閨詠十六卷	1－496
西垣詩鈔二卷黔苗竹枝詞一卷	1－497
西政叢書三十二種	2－322
西政叢書三十二種	2－322
西政叢書三十二種	2－337
西政叢書三十二種	2－431
西政叢書三十二種	2－431
西南紀事十二卷	2－118
西俗雜誌一卷	2－363
西洋史要不分卷	2－183
西洋雜志八卷	1－555
西洋雜志八卷	2－392
西夏易經十六種	2－337
西夏易經十六種	2－337
西夏紀事本末三十六卷首二卷	2－111
西夏紀事本末三十六卷首二卷	2－111
西夏紀事本末三十六卷首二卷	2－112
西夏紀事本末三十六卷首二卷	2－112
西夏紀事本末三十六卷首二卷	2－112
西夏紀事本末三十六卷首二卷	2－112
西晉地理圖不分卷	1－325
西陲要略四卷	2－173
西陲要略四卷	2－173
西陲總統事略十二卷	2－173
西域三種	2－171
西域水道記五卷新疆賦一卷	2－357
西域水道記五卷漢西域圖攷二卷新疆賦一卷	2－175
西域四種	2－171
西域釋地一卷附西陲要略四卷	2－436
西堂全集二十一卷	1－162
西堂全集文集二十四卷詩集三十一卷附湘中集六卷	1－488
西堂全集文集二十四卷詩集三十一卷附湘中集六卷	1－489
西堂全集文集二十四卷詩集三十一卷附湘中集六卷	1－489
西堂全集文集二十四卷詩集三十一卷附湘中集六卷	1－489
西堂全集文集二十四卷詩集三十一卷附湘中集六卷	1－489
西堂全集文集二十四卷詩集三十卷樂府六卷餘集六十七卷附湘中草六卷	1－215
西堂全集文集二十四卷詩集三十卷樂府六卷餘集六十七卷附湘中草六卷	2－245
西堂全集文集二十四卷詩集三十卷樂府六卷餘集六十七卷附湘中草六卷	2－245
西國名菜嘉花論一卷	2－338
西國近事彙編不分卷（光緒丁酉年）	2－493
西國近事彙編不分卷（光緒癸未年）	2－493
西國近事彙編不分卷（同治癸酉年至甲戌年）	2－492
西國近事彙編（同治癸酉年）	2－480

西國近事彙編（光緒丙子年至戊戌年）……………………………… 2－499	西湖遊覽志二十四卷志餘二十六卷 … 1－89
西國近事彙編□□卷 ……………… 2－187	西游真詮一百回 …………………… 2－467
西崑酬唱集二卷 …………………… 1－165	西塘先生文集十卷 …………………… 1－52
西崑詶唱集二卷 …………………… 1－495	西塘先生文集十卷 …………………… 1－52
西崑詶唱集二卷 …………………… 1－495	西疆交涉志要六卷 ………………… 2－125
西崑詶唱集二卷 …………………… 1－495	西園詩鈔八卷外集律賦二卷外集試帖詩二卷 ……………………………… 2－263
西清古鑑四十卷 …………………… 2－301	
西清古鑑四十卷錢錄十六卷 ……… 1－125	西園詩鈔五卷外集二卷外集試帖二卷詩存補鈔三卷 …………………… 2－545
西清古鑑四十卷錢錄十六卷 ……… 1－125	
西清古鑑四十卷錢錄十六卷 ……… 2－204	西臺疏稿二卷 ………………………… 1－32
西清劄記四卷 ……………………… 2－274	西臺慟哭記註一卷冬青樹引重註一卷 ……………………………………… 1－204
西清續鑑甲編二十卷附錄一卷 …… 1－561	
西清續鑑甲編二十卷附錄一卷 …… 2－205	西銘集註一卷 ……………………… 1－312
西清續鑑甲編二十卷附錄一卷 …… 2－349	西漢文二十卷 ……………………… 2－451
西清續鑑甲編二十卷附錄一卷 …… 2－350	西漢文二十卷目錄二十卷東漢文二十卷目錄二十卷 …………………… 1－120
西清續鑑甲編二十卷附錄一卷 …… 2－350	
［道光］西鄉縣志六卷 ……………… 2－140	西漢文二十卷東漢文二十卷 ……… 1－143
西廂記五卷附錄十卷 ……………… 1－495	西漢文選不分卷 …………………… 2－457
西廂記後傳四卷 …………………… 2－548	西漢文選四卷 ………………………… 2－86
西遊真詮一百回 …………………… 1－238	西漢文選四卷 ……………………… 2－379
西遊真詮一百回 …………………… 1－454	西漢文選四卷 ……………………… 2－560
西遊真詮一百回 …………………… 2－379	西漢要會七十卷 ……………………… 2－61
西遊原旨二十四卷一百回首一卷 … 1－238	西漢紀年三十卷 …………………… 1－188
西遊原旨二十四卷一百回首一卷 … 1－238	西漢會要七十卷 ……………………… 2－61
西湖七種曲十卷 …………………… 1－186	西漢會要七十卷 ……………………… 2－61
西湖小史一卷西湖遊記一卷 ……… 2－179	西漢會要七十卷 ……………………… 2－62
西湖志四十八卷 …………………… 1－103	西漢會要七十卷 ……………………… 2－62
西湖志四十八卷 …………………… 1－221	西漢會要七十卷 …………………… 2－484
西湖志四十八卷 …………………… 1－221	西漚外集八卷 ……………………… 1－538
西湖志四十八卷 …………………… 2－179	西漚外集八卷 ………………………… 2－25
西湖志四十八卷 …………………… 2－179	西漚外集八卷 ……………………… 2－383
西湖志四十八卷 …………………… 2－458	西漚外集八卷 ……………………… 2－383
西湖志纂十五卷首一卷 …………… 1－173	西漚全集十卷外集八卷 …………… 1－494
西湖志纂十五卷首一卷 …………… 2－179	西漚全集十卷外集八卷 …………… 1－494
西湖志纂十五卷首一卷後一卷 …… 1－158	西漚全集十卷外集八卷 …………… 1－494
西湖佳話古今遺蹟十六卷 ………… 2－489	西漚全集十卷外集八卷 …………… 1－540
西湖佳話古今遺蹟十六卷 ………… 2－548	西漚試帖註略四卷 ………………… 1－497
西湖拾遺四十八卷 ………………… 2－489	［乾隆青海］西寧府新志四十卷 …… 2－171
西湖集覽二十六種 ………………… 1－496	［乾隆青海］西寧府新志四十卷 …… 2－171
西湖遊記一卷 ……………………… 1－490	西轺日記四卷（光緒四年五月至五年十一月）附印度劄記二卷 ……… 2－198

西學格致大全不分卷	2-279
西學書目表三卷	1-579
西學啓蒙十六種	1-435
西學啓蒙十六種	2-426
西學啓蒙十六種	2-426
西學富强叢書八十一種	1-457
西學富强叢書八十一種	2-388
西學富强叢書八十一種	2-388
西學富强叢書八十一種	2-389
西徼水道一卷	1-324
西徼水道一卷	2-174
西徼水道一卷	2-354
西藏宗教源流考一卷	1-324
西藏宗教源流考一卷	1-535
西藏宗教源流考一卷	2-34
西藏奏疏四卷首一卷	2-173
西藏通覽一編十六章二編六章	1-326
西藏通覽一編十六章二編六章	2-171
西藏通覽一編十六章二編六章	2-172
西藏圖考八卷	2-357
西藏圖考八卷首一卷	1-497
西藏圖考八卷首一卷	1-543
西藏圖考八卷首一卷	1-543
西藏圖考八卷首一卷	2-172
西藏圖考八卷首一卷	2-172
西藏圖考八卷首一卷	2-482
西藏圖考八卷首一卷	2-482
西藏賦一卷	1-497
西藏賦一卷	1-497
西藏賦一卷魁城賦一卷新疆賦一卷	2-181
西魏書二十四卷	2-105
西魏書二十四卷	2-105
西魏書二十四卷敘錄一卷	1-161
西魏疆域圖一卷	1-539
西齋偶得三卷	1-238
西齋偶得三卷	1-240
西齋淨土詩四卷	1-387
西齋詩輯遺三卷	1-240
西藝知新二十二卷	2-52
西藥大成十卷	1-405
西藥大成十卷首一卷	2-48
西歸直指四卷首一卷	1-387
西歸直指四卷首一卷	1-387
西疇居士春秋本例二十卷	1-288
西廬文集四卷	1-497
在山小草詩四卷	1-375
在官法戒四卷	2-27
在官法戒錄摘鈔四卷	1-464
在官法戒錄摘鈔四卷	2-27
在官法戒錄摘鈔四卷	2-394
在官法戒錄摘鈔四卷從政遺規摘鈔二卷訓俗遺規摘鈔四卷教女遺規摘鈔不分卷養正遺規摘鈔不分卷	1-417
在陸草堂文集六卷	1-217
在陸草堂史記選八卷	1-249
在園雜志四卷	1-161
在璞堂吟稿一卷	1-371
百二漢鏡齋秘書四種五卷	1-460
百川學海十集一百三種一百七十九卷	1-6
百川學海十集九十二種一百五十一卷	1-7
百子金丹十卷	1-442
百末詞六卷外國竹枝詞一卷	1-537
百末詞六卷後性理吟一卷	1-499
百字碑註一卷黃鶴賦一卷西遊原旨讀法二卷	1-534
百花詩不分卷	2-456
百法義錄四卷	2-29
百柱堂全集內集三十四卷外集十九卷	2-250
百美新詠一卷題詞一卷圖傳一卷	1-182
百美新詠一卷題詞一卷圖傳一卷	1-445
百美新詠一卷題詞一卷圖傳一卷	1-499
百美新詠一卷題詞一卷圖傳一卷	2-193
百衲居士鐵圍山叢談六卷	1-114
百家類纂四十卷	1-42
百梅一韻詩一卷	2-488
百將圖傳二卷	1-248
百論二卷	1-533

百論二卷	1-533
百論二卷	2-30
有不爲齋隨筆十卷	2-8
有正味齋尺牘二卷	1-369
有正味齋集十六卷	1-369
有正味齋詩集十六卷詞集八卷外集五卷	2-463
有正味齋詩集十六卷詩續集八卷駢體文二十四卷駢體文續集八卷詞集八卷詞續集二卷外集五卷又二卷	1-369
有正味齋詩集十六卷詩續集八卷駢體文二十四卷駢體文續集八卷詞集八卷詞續集二卷外集五卷又二卷	1-369
有正味齋詩集十六卷詩續集八卷駢體文二十四卷駢體文續集八卷詞集八卷詞續集二卷外集五卷又二卷	2-246
有正味齋詩集十六卷詩續集八卷駢體文二十四卷駢體文續集八卷詞集八卷詞續集二卷外集五卷又二卷	2-306
有正味齋詩集十六卷詩續集八卷駢體文二十四卷駢體文續集八卷詞集八卷詞續集二卷外集五卷又二卷	2-306
有正味齋詩集十六卷詩續集八卷駢體文二十四卷駢體文續集八卷詞集八卷詞續集二卷外集五卷又二卷	2-306
有正味齋詩集十六卷駢體文二十四卷詞集八卷外集五卷	2-306
有正味齋駢文十六卷	1-331
有正味齋駢文十六卷	1-369
有正味齋駢文十六卷	1-369
有正味齋駢文十六卷	2-311
有正味齋駢體文二十四卷	1-330
有正味齋駢體文二十四卷	2-235
有正味齋駢體文二十四卷	2-246
有正味齋駢體文二十四卷首一卷	1-331
有正味齋駢體文二十四卷首一卷	1-369
有竹居集十六卷	1-226
有宋福建莆陽黃國簿四如先生文稿四卷末一卷	1-12
有恒心齋前集一卷文一卷	1-370
有恒心齋集六種	1-245
有恒心齋集六種	1-369
有恒心齋集六種	1-369
有恒心齋詩七卷	1-369
有恒心齋駢體文六卷	1-370
有恒心齋駢體文六卷	1-370
有象列仙全傳九卷	1-89
有象列仙全傳九卷	1-89
有餘閑館奏稿類編四十四卷續編四十七卷	1-109
有懷堂文藁二十二卷	1-219
有懷堂文藁二十二卷	2-305
有懷堂文藁二十二卷詩藁六卷	1-106
有懷堂詩文集二十八卷	1-153
有懷堂詩藁六卷	1-219
有懷堂詩藁六卷	1-370
而菴說唐詩二十二卷首一卷	1-212
而菴說唐詩二十二卷首一卷	1-499
而□無雙譜一卷	2-488
存吾春齋詩鈔十三卷	1-381
存我軒偶錄不分卷	1-462
存治編一卷存人編四卷	1-454
存研樓文集十六卷	1-381
存研樓文集十六卷	1-381
存研樓文集十六卷二集二十五卷	1-225
存研樓文集十六卷二編二卷	2-300
存素堂文集四卷	1-156
存素堂詩初集錄存二十四卷附詩稿一卷存詩堂詩二集八卷續集一卷	1-371
存悔齋集二十八卷外集四卷	1-381
存悔齋詩不分卷	1-112

存誠齋文集十二卷	1-381	成都通覽十卷	2-502
匠門書屋文集三十卷	1-106	成都通覽十卷	2-502
匠門書屋文集三十卷	1-148	[嘉慶]成都縣志六卷首一卷	2-162
列女傳十六卷	1-172	[嘉慶]成都縣志六卷首一卷	2-162
列女傳八卷	1-165	[嘉慶]成都縣志六卷首一卷	2-162
列女傳八卷	2-193	成案續編二刻八卷(清乾隆十九年至二十七年)	2-489
列女傳八卷	2-193	成案續編十二卷	2-316
列女傳集注八卷補遺一卷	2-193	成唯識論十卷	1-395
列女傳集注八卷補遺一卷	2-469	成唯識論十卷	2-30
列女傳補注八卷敍錄一卷校正一卷	2-193	成唯識論十卷	2-494
列子八卷	1-65	成唯識論直指一卷	1-74
列子八卷	1-463	成唯識論述記六十卷	1-395
列子八卷	1-560	成唯識論述記六十卷	1-395
列子八卷	2-21	成唯識論述記六十卷	1-395
列子八卷	2-466	成唯識論述記六十卷	2-30
列仙傳二卷	1-18	成唯識論述記六十卷	2-390
列仙傳二卷	1-20	成唯識論述記六十卷	2-477
列仙傳二卷	1-20	成唯識論觀心法要十卷	1-394
列仙傳二卷	2-471	成唯識論觀心法要十卷	2-33
列仙傳四卷	2-458	成裕堂繪像第七才子書六卷	1-169
列仙傳校正本二卷仙讚一卷	2-190	成裕堂繪像第七才子書六卷	2-456
列國政要一百三十二卷	2-68	成裕堂繪像第六才子書八卷	1-169
列國政要一百三十二卷	2-68	夷牢溪廬詩鈔四卷	2-265
列國陸軍制不分卷	1-249	夷門廣牘一百七種	1-47
列國陸軍制不分卷	1-331	夷堅志十集二十卷	1-240
列國歲計政要十二卷首一卷	2-68	夷堅志十集二十卷	2-496
列朝詩集乾集二卷甲集前編十一卷甲集二十二卷乙集八卷丙集十六卷丁集十六卷閏集六卷	2-255	夷堅志八十卷	1-240
		至大重修宣和博古圖錄三十卷	1-129
		至正集八十一卷	2-297
列朝詩集乾集二卷甲集前編十一卷甲集二十二卷乙集八卷丙集十六卷丁集十六卷閏集六卷	2-339	至順鎮江志二十一卷附錄一卷校勘記二卷	2-143
		至遊子二卷	1-16
列聖合璧發聾振瞶起死回生集二十四卷附胎產方一卷	1-461	至聖先師世系考一卷	2-196
		至聖孝經一卷文昌六帝君孝經六章	1-565
成山老人[唐炯]年譜六卷	2-200	至聖林廟碑目六卷	2-206
成化丁亥重刊改併五音類聚四聲篇十五卷	1-5	至論別集十卷	1-87
成功錦囊不分卷	1-463	此益閣增訂金批西廂記四卷首一卷末一卷	1-495
成具光明定意經一卷	1-395		
成都通覽十卷	2-148	[光緒]光化縣志八卷首一卷	2-146

[光緒]光化縣志八卷首一卷 ……… 2-146	光緒政要二十八卷…………… 2-367
光緒乙巳年交涉要覽上篇二卷下篇三卷………………………………… 2-314	光緒政要三十四卷…………… 2-125
光緒乙巳年交涉要覽上篇二卷下篇三卷………………………………… 2-550	光緒桐鄉縣志二十四卷……… 2-145
光緒乙酉至丁酉各科鄉試硃卷不分卷……………………………………… 1-504	光緒財政通纂五十四卷……… 1-250
光緒二十四年通商各關華洋貿易總冊二卷………………………………… 2-387	光緒財政通纂五十四卷……… 2-58
[光緒十八年至二十年]諭摺彙存不分卷……………………………………… 2-563	光緒財政通纂五十四卷……… 2-339
[光緒十八年至十九年]諭摺彙存不分卷……………………………………… 2-563	光緒湖北輿地記二十四卷…… 2-135
[光緒十六年至十七年]諭摺彙存不分卷……………………………………… 2-563	光緒新政奏議一卷…………… 2-123
[光緒三十一年]諭摺彙存不分卷 … 2-563	光緒輿地韻編一卷…………… 2-276
[光緒三十三年]諭摺彙存不分卷 … 2-563	光緒輿地韻編一卷涪州石魚題名記一卷………………………………… 2-297
光緒三十有一年四川通俗襍纂不分卷……………………………………… 2-389	光學二卷……………………… 1-422
光緒三十有四年四川通俗襍纂不分卷……………………………………… 2-390	光學二卷光學附視學諸器圖說一卷 … 2-37
光緒井研志四十二卷首一卷……… 2-163	光學須知一卷氣學須知一卷… 2-558
光緒井研志四十二卷首一卷……… 2-163	光讚般若波羅蜜經十卷……… 1-386
光緒井研志四十二卷首一卷……… 2-163	[乾隆]曲阜縣志一百卷……… 1-222
光緒井研志四十二卷首一卷……… 2-570	[乾隆]曲阜縣志一百卷……… 1-222
光緒井研志四十二卷首一卷……… 2-570	[乾隆]曲周縣志十九卷……… 2-581
光緒井研志四十二卷首一卷……… 2-570	曲洧舊聞十卷………………… 1-112
光緒井研志四十二卷首一卷……… 2-570	曲洧舊聞四卷………………… 1-118
光緒井研志四十二卷首一卷……… 2-570	曲園墨戲一卷………………… 2-547
光緒井研志四十二卷首一卷……… 2-570	曲譜十二卷首一卷末一卷…… 1-115
光緒井研志四十二卷首一卷……… 2-570	同人倡和詩鈔一卷…………… 1-485
光緒井研志四十二卷首一卷……… 2-570	同人集八卷…………………… 1-485
光緒井研志四十二卷首一卷……… 2-570	同仁堂藥目一卷……………… 1-462
光緒丙子清河縣志二十六卷……… 2-291	同治上海縣志三十二卷首一卷末一卷………………………………… 2-296
光緒丙午年交涉要覽上篇一卷中篇二卷下篇四卷……………………… 2-314	同治中興京外奏議約編八卷… 1-327
光緒辛卯福建鄉試硃卷不分卷… 1-505	同治中興京外奏議約編八卷… 2-127
光緒武進陽湖縣志三十卷首一卷… 2-142	同治中興京外奏議約編八卷… 2-127
光緒武進陽湖縣志三十卷首一卷… 2-292	同治中興京外奏議約編八卷… 2-127
光緒建元以來總督年表初稿一卷…… 2-122	同治中興京外奏議約編八卷… 2-370
	[同治至光緒]諭摺彙存二十二卷 … 2-563
	[同治至光緒]諭摺彙存二十二卷 … 2-563
	同書四卷……………………… 1-106
	同館七言長律鈔四卷………… 1-485
	同館試律彙鈔二十四卷續鈔十二卷補鈔二卷……………………… 2-370
	同聲詩鈔一卷………………… 1-485
	吊腳痧方論一卷……………… 1-552
	因明入正理論疏八卷………… 1-519

因明入正理論疏八卷	1－519
因明入正理論疏八卷	2－31
因明入正理論疏八卷	2－31
因明入正理論疏八卷	2－494
因明入正理論疏節錄集註一卷	2－583
因寄軒文初集十卷二集六卷補遺一卷坿刻小異遺文一卷	2－250
因樹屋書影十卷	1－228
因樹屋書影十卷	1－398
因樹屋書影十卷	2－271
因樹屋書影十卷	2－386
回文類聚四卷	2－270
回回原來不分卷	1－434
回春集金匱淺注十卷	2－42
朱子文集大全類編一百十一卷	2－242
朱子文集大全類編一百十一卷首一卷	1－512
朱子古文讀本六卷	1－512
朱子四書或問二十九卷中庸輯畧二卷	1－257
朱子四書或問小注三十六卷	1－257
朱子性理吟二卷	2－355
朱子性理吟二卷	2－497
朱子原訂近思錄十四卷	1－431
朱子原訂近思錄十四卷	1－431
朱子原訂近思錄十四卷	1－431
朱子原訂近思錄十四卷	2－24
朱子原訂近思錄十四卷	2－24
朱子原訂近思錄十四卷	2－397
朱子原訂近思錄十四卷考訂朱子世家一卷	2－24
朱子家禮八卷首一卷	1－211
朱子家禮八卷首一卷	1－276
朱子集一百四卷目錄二卷補遺一卷	2－495
朱子語類一百四十卷	1－461
朱子語類一百四十卷	2－24
朱子語類一百四十卷	2－544
朱子語類八十卷	2－320
朱子語類八十卷	2－411
朱子語類八十卷	2－458
朱子語類大全一百四十卷	1－461
朱子語類日鈔五卷	2－26
朱子儀禮經傳通解六十九卷	2－326
朱子論語集註訓詁攷二卷	1－512
朱子論語集註訓詁攷二卷	1－512
朱子論學切要語二卷	1－417
朱子[熹]年譜四卷考異四卷朱子論學切要語二卷	2－199
朱子[熹]年譜四卷考異四卷朱子論學切要語二卷	2－199
朱子[熹]年譜四卷考異四卷朱子論學切要語二卷	2－199
朱子[熹]年譜四卷考異四卷朱子論學切要語二卷朱子年譜考異校勘記三卷	2－199
朱子[熹]年譜四卷考異四卷朱子論學切要語二卷朱子年譜考異校勘記三卷	2－199
朱子禮纂五卷	1－101
朱夫子[熹]年譜二卷朱子年譜前錄二卷	2－199
朱止泉先生文集八卷	1－512
朱文公校昌黎先生文集二十卷外集一卷遺文一卷	1－85
朱文公校昌黎先生文集四十卷外集十卷	2－529
朱文公校昌黎先生文集四十卷外集十卷遺文一卷	1－1
朱文公校昌黎先生文集四十卷外集十卷遺文一卷	1－10
朱文公校昌黎先生文集四十卷外集十卷遺文一卷	1－13
朱文公校昌黎先生文集四十卷外集十卷遺文一卷	1－52
朱文公校昌黎先生文集四十卷外集十卷遺文一卷	1－53
朱文公校昌黎先生文集四十卷外集十卷遺文一卷	1－53
朱文公校昌黎先生文集四十卷外集十卷遺文一卷	1－53
朱文公校昌黎先生文集四十卷外集	

十卷遺文一卷 …… 1-53	竹書紀年統箋十二卷 …… 2-78
朱文公校昌黎先生文集四十卷外集	竹書紀年統箋十二卷 …… 2-78
十卷遺文一卷 …… 1-85	竹書紀年統箋十二卷 …… 2-78
朱文端公藏書十種 …… 1-211	竹書紀年統箋十二卷 …… 2-78
朱字綠先生古文鈔三卷 …… 1-148	竹窗隨筆竹窗二筆竹窗三筆 …… 1-242
朱飲山三韻易知十卷 …… 1-310	竹葉亭雜記八卷 …… 1-229
朱飲山千金譜二十九卷 …… 1-450	竹葉亭雜記八卷 …… 1-235
朱飲山千金譜二十九卷 …… 2-465	竹葉亭雜記八卷 …… 2-120
朱飲山千金譜二十九卷三韻易知十	竹葉亭雜記四卷 …… 2-121
卷 …… 1-212	竹窗三筆一卷 …… 1-389
朱飲山千金譜二十九卷三韻易知十	竹瑞堂詩鈔十八卷 …… 1-468
卷 …… 1-512	竹瑞堂詩鈔十八卷 …… 1-468
朱飲山千金譜二十九卷三韻易知十	竹溪鬳齋十一稿續集三十卷 …… 1-114
卷 …… 2-309	竹嘯軒詩鈔十八卷 …… 1-171
朱蓉生駁康學書札一卷 …… 2-362	竹嘯軒詩鈔十八卷 …… 1-171
朱楓林集十卷 …… 1-35	竹齋先生詩集四卷 …… 1-107
缶鳴集十二卷 …… 1-85	竹齋詩集不分卷 …… 1-112
缶鳴集十二卷 …… 1-85	竹嬾畫媵二卷 …… 1-133
缶廬詩四卷別存一卷 …… 1-470	竹灣遺稿八卷首一卷 …… 2-248
先正嘉言約鈔二卷 …… 1-418	休寧縣四處界至不分卷 …… 1-112
先正讀書訣不分卷 …… 1-419	伏侯古今注一卷淮南萬畢術一卷 …… 2-361
先正讀書訣不分卷 …… 2-480	伏敵堂詩錄十五卷續錄四卷首一卷
先光祿公[郭沛霖]年譜二卷 …… 2-200	附錄一卷 …… 1-190
先秦鴻文五卷兩漢鴻文二十卷 …… 1-72	延平李先生答問一卷後錄一卷補錄
先賢十五家年譜不分卷 …… 2-201	一卷 …… 1-449
先儒趙子言行錄二卷 …… 2-24	仲景存真集二卷 …… 1-548
竹坡侍郎奏議二卷 …… 2-129	仲景全書五種 …… 1-547
竹波軒楳冊不分卷 …… 2-354	仲景全書五種 …… 1-554
竹柏山房十五種附刻四種 …… 2-11	仲景傷寒補亡論二十卷 …… 2-41
竹柏山房十五種附刻四種 …… 2-277	任子遺書不分卷 …… 1-132
竹柏山房十五種附刻四種 …… 2-445	[道光]任邱縣志續編二卷 …… 2-137
竹素園詩鈔八卷 …… 1-173	任釣臺先生遺書四卷 …… 2-55
竹書紀年二卷 …… 1-56	任釣臺先生遺書四卷 …… 2-55
竹書紀年二卷 …… 1-138	仰視千七百二十九鶴齋叢書四十種
竹書紀年二卷 …… 1-138	…… 2-358
竹書紀年二卷 …… 2-78	仰視千七百二十九鶴齋叢書四十種
竹書紀年校補二卷原委一卷 …… 1-143	…… 2-421
竹書紀年統箋十二卷 …… 1-468	仿宋刻阮本十三經注疏三百二十八
竹書紀年統箋十二卷 …… 1-468	卷附校勘記 …… 2-302
竹書紀年統箋十二卷 …… 1-468	仿宋相臺五經九十五卷附考證 …… 1-256
竹書紀年統箋十二卷 …… 2-78	仿宋相臺五經九十五卷附考證 …… 1-256

仿宋相臺五經九十六卷附考證 ……	2-16
仿潛齋詩鈔十五卷………………	2-265
自西徂東五卷……………………	2-414
自知堂集二十四卷………………	1-18
自知錄二卷………………………	1-398
自知錄二卷………………………	1-529
自知錄二卷………………………	1-529
自娛軒未是草一卷………………	1-518
自娛軒未是草一卷續草一卷……	1-518
自娛軒未是草一卷續草一卷……	1-518
自得齋易學四種十卷……………	1-260
自得齋易學四種十卷……………	2-18
自然好學齋詩鈔十卷……………	1-518
自愉堂集詩四卷文六卷…………	1-37
自遠堂琴譜十二卷………………	1-200
自遠堂琴譜十二卷………………	1-231
自遠堂琴譜十二卷………………	1-231
自遠堂琴譜十二卷………………	2-273
自新路□□卷……………………	2-534
自警編九卷………………………	1-20
自警編九卷………………………	1-46
自警編九卷………………………	1-89
伊川文集八卷附錄一卷…………	1-505
伊川易傳四卷……………………	1-262
伊川易傳四卷……………………	1-262
伊川易傳四卷……………………	2-294
伊川經說八卷……………………	1-505
伊川擊壤集二十卷………………	1-30
伊川擊壤集八卷…………………	1-29
伊犁總統事畧四卷………………	1-110
血盆經懺□□種…………………	1-566
血染衣四段………………………	2-600
血證論八卷………………………	1-402
血證論八卷………………………	1-410
血證論八卷………………………	1-505
向湖邨舍詩初集十二卷…………	1-505
向湖邨舍詩初集十二卷…………	2-265
行水金鑑一百七十五卷首一卷…	1-156
行水金鑑一百七十五卷首一卷…	2-301
行有恒堂初集二卷………………	1-104
行吟中集一卷近稿一卷…………	2-261
行軍測繪十卷……………………	2-72
行軍測繪十卷首一卷……………	1-460
行素草堂目睹書錄不分卷汲古閣珍藏秘本書目不分卷 ……	2-2
行素草堂目睹書錄不分卷汲古閣珍藏秘本書目不分卷 ……	2-2
行素草堂金石叢書………………	2-202
行素草堂金石叢書二十一種……	2-475
行素軒算學五種十九卷…………	2-279
[乾隆]行唐縣新志十六卷………	2-137
行海要術四卷……………………	2-58
行船免撞章程不分卷……………	1-249
行船免撞章程不分卷……………	2-58
舟車所至十八種…………………	2-397
全人矩矱四卷首一卷末一卷……	1-426
全人矩矱摘抄四卷首一卷末一卷	1-563
全上古三代秦漢三國六朝文七百四十一卷 ……	2-414
全上古三代秦漢三國六朝文七百四十六卷 ……	2-224
全上古三代秦漢三國六朝文七百四十六卷 ……	2-224
全上古三代秦漢三國六朝文七百四十六卷 ……	2-224
全上古三代秦漢三國六朝文七百四十六卷 ……	2-224
全上古三代秦漢三國六朝文七百四十六卷 ……	2-224
全上古三代秦漢三國晉南北朝文編目一百三卷 ……	1-536
全五代詩九十一卷補遺一卷五代帝王廟諡年譜一卷編引書名一卷 ……	1-470
全文禮記匯參二十四卷…………	1-277
全本禮記體註大全合參十卷……	1-277
全史宮詞二十卷…………………	1-469
全史論贊八十一卷………………	1-138
全生合編三種……………………	1-551
全地五大洲女俗通考二十一卷首一卷 ……	2-56

全明忠義別傳三十二卷	1-557
全明忠義別傳三十二卷	2-194
全明忠義別傳三十二卷	2-312
全真清玄濟鍊鐵鑵施食全集一卷	2-397
全真清玄濟鍊鐵鑵施食全集一卷	2-397
全真清玄濟鍊鐵鑵施食全集一卷	2-397
全真嘆文一卷	2-478
全唐文紀事一百二十二卷首一卷	2-475
全唐文紀事一百二十二卷首一卷	2-476
全唐詩九百卷	1-333
全唐詩九百卷	2-384
全唐詩九百卷	2-384
全唐詩九百卷	2-518
全唐詩九百卷	2-522
全唐詩九百卷目錄十二卷	1-211
全唐詩九百卷目錄十二卷	1-227
全唐詩九百卷目錄十二卷	1-227
全唐詩九百卷目錄十二卷	1-254
全唐詩三十二卷	1-333
全唐詩三十二卷	1-333
全唐詩三十二卷	2-254
全唐詩鈔八十卷	1-333
全唐詩鈔八十卷補遺十六卷	2-301
全唐詩鈔八十卷補遺十六卷	2-384
全唐詩鈔補遺十六卷	1-333
全唐詩話八卷	1-224
全唐詩話三卷	1-8
全唐詩話六卷	1-39
全唐詩話六卷	1-469
全唐詩話六卷	1-469
全唐詩話六卷	1-469
全浙詩話五十四卷目錄一卷引用書目一卷	1-132
全補翰墨評林前集四卷後集四卷續集四卷	1-135
全蜀秇文志六十四卷	1-469
全蜀秇文志六十四卷	1-469
全蜀秇文志六十四卷首一卷	1-249
全蜀秇文志六十四卷首一卷	2-304
全蜀秇文志六十四卷首一卷	2-308
全蜀秇文志六十四卷首一卷	2-337
全蜀秇文志六十四卷首一卷	2-550
全蜀登科記不分卷坿歷科解元	2-464
全蜀節孝錄三卷	1-469
全蜀節孝錄三卷續錄一卷	2-193
全像列國評林□□卷	1-139
全像演義明皇英烈誌傳四卷	1-93
全滇紀要不分卷	1-246
全謝山文鈔十六卷	1-469
全謝山文鈔十六卷	1-469
全謝山文鈔十六卷	2-248
全謝山先生經史問答十卷	1-154
全謝山先生經史問答十卷	1-315
全謝山先生經史問答十卷	1-510
全謝山先生經史問答十卷	1-510
全體通考十八卷	2-38
全體須知六章	1-402
[光緒]合州志十六卷首一卷	2-166
[光緒]合州志十六卷首一卷	2-166
[光緒]合州志十六卷首一卷	2-166
[光緒]合州志十六卷首一卷	2-579
[光緒]合州志十六卷首一卷	2-579
[光緒]合州志十六卷首一卷	2-579
合江三費章程一卷續修三費章程一卷	2-547
[嘉慶]合江縣志五十四卷	2-580
[同治]合江縣志五十四卷首一卷	1-246
[同治]合江縣志五十四卷首一卷	2-166
[同治]合江縣志五十四卷首一卷	2-166
[同治]合江縣志五十四卷首一卷	2-580
[同治]合江縣志五十四卷首一卷	2-580
合肥李勤恪公政書十卷	2-129
合肥李勤恪公政書十卷	2-129
合肥李勤恪公政書十卷首一卷	2-530
合肥李勤恪公政書十卷首一卷	2-530
合肥相國七十賜壽圖不分卷附壽言	1-539
合肥相國七十賜壽圖不分卷坿壽言	2-464
合刻山海經水經五十八卷	1-51
合刻延平四先生[楊時][羅從彥][李處權][朱熹]年譜四種	2-200

合刻范文正公忠宣公全集二十九卷	1-59	名賢手札不分卷	1-504
合聲簡字譜音註不分卷	2-522	名賢手札不分卷	1-504
合璧美善四書十九卷	1-258	名賢手札不分卷	1-504
企梧廬文稿□□卷	2-548	名賢手札不分卷	1-504
邠農偶吟稿一卷	1-368	名賢手札不分卷	1-559
邠農偶吟稿一卷	1-368	名賢手札不分卷	2-533
邠農偶吟稿一卷	1-368	名醫類案十二卷	1-153
邠農偶吟稿一卷	2-249	名醫類案十二卷	1-407
危言二卷	1-456	名醫類案十二卷	1-546
危言二卷	1-456	名醫類案十二卷	2-47
危言四卷	1-439	名醫類案十二卷	2-497
各科會試硃卷不分卷(道光丁未至光緒戊戌)	1-505	多福通書不分卷	2-328
		多聞闕疑不分卷	1-178
各國立約始末記三十卷首二卷	2-68	多識錄四卷	2-15
各國地球新錄四卷	2-184	交食引蒙不分卷	1-422
各國約章纂要六卷首一卷附錄一卷	2-69	交食捷算四卷	1-422
各國條約不分卷	2-69	交食細草二卷首一卷	2-36
各國條約稅則章程不分卷	2-69	交翠軒筆記四卷	1-426
各國條款稅則不分卷	2-59	亦有生齋集六十七卷	1-343
[光緒]名山縣志十五卷	2-153	亦拙詩草十二卷	1-349
[光緒]名山縣志十五卷	2-153	亦政堂重修考古圖十卷	1-193
[光緒]名山縣志十五卷	2-153	亦政堂重修考古圖十卷	1-194
[光緒]名山縣志十五卷	2-434	亦政堂重修宣和博古圖錄三十卷	2-204
名公筆記一卷	1-35	亦政堂重修宣和博古圖錄三十卷	2-332
名公筆記一卷	1-36	亦政堂詩集十二卷	1-160
名公增修標註隋書詳節二十卷	1-17	亥白詩草八卷	1-344
名世文宗二十卷外集四卷	1-140	亥白詩草八卷	1-344
名世文宗三十卷談藪一卷	1-72	亥白詩草八卷	1-541
名世文宗三十卷談藪一卷	1-72	羊城古鈔八卷	2-168
名句文身表異錄二十卷	1-167	[光緒]米脂縣志十二卷	2-140
名句文身表異錄十四卷	2-9	米襄陽外紀十二卷	1-85
名言贅錄二卷	1-418	汗簡七卷	1-313
名物攷二十卷	1-76	汗簡七卷目錄敘略一卷	1-168
名物類考四卷	1-38	汗簡三卷	2-213
名原二卷	1-300	汗簡三卷	2-213
名原二卷	1-300	汗簡三卷目錄敘略一卷	1-187
名原二卷	1-300	汗簡箋正七卷目錄一卷	1-183
名原二卷	2-209	汗簡箋正七卷書目箋正一卷	1-313
名媛詩歸三十六卷	2-340	[同治]江山縣志十二卷首一卷末一卷	2-144
名媛詩歸三十卷	1-81		
名賢手札不分卷	1-504	江止庵遺集八卷首一卷	1-362

江止庵遺集八卷首一卷 ………… 2-244	[光緒]江油縣志二十四卷 ………… 1-543
江止庵遺集八卷首一卷 ………… 2-482	[光緒]江油縣志二十四卷 ………… 2-156
江氏音學十書八種 ………… 1-299	[光緒]江油縣志二十四卷 ………… 2-156
江氏音學十書附等韻叢說一卷 ………… 1-193	[光緒]江油縣志二十四卷 ………… 2-156
江氏韻書三種 ………… 1-182	[道光]江油縣志四卷首一卷 ………… 2-156
江文通集四卷 ………… 1-152	[道光]江油縣志四卷首一卷 ………… 2-156
江左十五子詩選十五卷 ………… 1-146	[道光]江油縣志四卷首一卷 ………… 2-156
江左十五子詩選十五卷 ………… 1-147	江南野史十卷 ………… 1-110
江左三大家詩鈔九卷 ………… 1-166	江南製造局記十卷 ………… 2-72
江左三大家詩鈔九卷 ………… 2-381	江南鐵淚圖附編一卷 ………… 2-559
江左校士錄六卷 ………… 1-362	江津三費章程一卷 ………… 2-68
[道光]江北廳志八卷首一卷 ………… 2-155	[光緒]江津縣志十二卷附志存一卷
[道光]江北廳志八卷首一卷 ………… 2-155	………… 2-156
[光緒]江西通志一百八十卷首五卷	[光緒]江津縣志十二卷附志存一卷
………… 2-145	………… 2-156
[光緒]江西通志一百八十卷首五卷	江都陳氏叢書七種一百五卷 ………… 2-14
………… 2-293	江都陳氏叢書七種一百五卷 ………… 2-277
[雍正]江西通志一百六十二卷首三	[光緒]江陵縣志六十五卷首一卷 ……2-294
卷 ………… 2-293	江陰藝文志二卷校補一卷 ………… 1-578
江西詩徵九十四卷附刻一卷補遺一	江湖長翁文集四十卷 ………… 1-52
卷 ………… 1-559	江湖長翁文集四十卷 ………… 1-52
[江西臨川]西塘湯氏重修族譜不分	江湖長翁文集四十卷 ………… 1-52
卷 ………… 2-196	江湖長翁文集四十卷 ………… 1-53
[江西臨川]帶湖游氏六修族譜十二	江湖後集二十四卷 ………… 2-254
卷首一卷 ………… 2-196	江楚會奏變法三折 ………… 2-123
江邨銷夏錄三卷 ………… 1-163	江慎修音學辨微字寫本一卷 ………… 1-559
江邨銷夏錄三卷 ………… 1-164	江寧金石待訪目二卷 ………… 2-206
江邨銷夏錄三卷 ………… 2-275	江寧金石記八卷 ………… 2-303
江行日記一卷金石例補二卷國志蒙	江寧金石記八卷 ………… 2-407
拾二卷 ………… 1-197	江隣幾雜志一卷 ………… 1-151
[道光]江安縣志二卷首一卷 ………… 2-155	江樓襍咏集唐句不分卷 ………… 1-94
[嘉慶]江安縣志六卷 ………… 2-155	[江蘇][浙江]吳越錢氏五修流光宗
[嘉慶]江安縣志六卷 ………… 2-581	譜十二卷 ………… 2-197
江東白苧二卷續二卷 ………… 1-79	江蘇沿海圖說不分卷 ………… 2-393
江東白苧二卷續二卷 ………… 1-79	江蘇採輯遺書目錄不分卷 ………… 1-131
江忠烈公遺集二卷附錄小傳一卷 …1-557	江蘇詩徵一百八十三卷 ………… 2-235
江刻書目三種 ………… 2-299	江蘇詩徵一百八十三卷 ………… 2-306
江刻書目三種 ………… 2-357	汲古閣說文訂一卷 ………… 1-120
江刻書目三種十卷 ………… 1-577	汲古閣說文訂一卷 ………… 1-203
江刻書目三種十卷 ………… 1-577	汲古閣說文訂一卷 ………… 1-293
江刻書目三種十卷 ………… 2-586	汲古閣說文訂一卷 ………… 1-293

汲冢周書十卷 …………………… 1－22	安南志略十九卷首一卷 ………… 2－186
汲冢周書十卷 …………………… 2－92	安胎保產全書不分卷 …………… 1－413
汲冢周書十卷 …………………… 2－586	安般簃集十卷 …………………… 2－266
[乾隆]汲縣志十四卷首一卷末一卷 …………………………………… 2－139	安般簃集十卷春闈雜詠一卷附錄一卷 …………………………… 1－352
池上草堂筆記近錄六卷續錄六卷三錄六卷四錄六卷 …………… 1－454	安般簃集詩續十卷于湖小集二卷附錄一卷 …………………… 1－490
池上草堂筆記近錄六卷續錄六卷三錄六卷四錄六卷 …………… 2－272	[康熙]安陸府志三十六卷首一卷 … 2－289
池北偶談二十六卷 ……………… 1－197	安陽集十集 ……………………… 1－353
池北偶談二十六卷 ……………… 1－239	安陽集五十卷家傳十卷別錄三卷 … 1－9
池北偶談二十六卷 ……………… 1－239	安陽集五十卷家傳十卷別錄三卷 … 2－307
池北偶談二十六卷 ……………… 1－239	[乾隆]安陽縣志十二卷首一卷 …… 2－290
池北偶談二十六卷 ……………… 1－239	安雅堂文集二卷 ………………… 1－200
汝州全志十卷首一卷 …………… 2－432	安雅堂文集二卷書啟一卷 ……… 1－200
汝東判語六卷 …………………… 2－396	安雅堂未刻稿八卷入蜀集二卷 … 2－470
守一齋詩詞三卷 ………………… 1－353	安雅堂全集七種二十卷 ………… 2－407
守山閣叢書一百十種 …………… 2－11	安雅堂詩不分卷 ………………… 2－462
守山閣叢書一百十種 …………… 2－406	[咸豐]安順府志五十四卷首一卷 … 2－170
守山閣叢書一百十種 …………… 2－418	[咸豐]安順府志五十四卷首一卷 … 2－170
守汴日志一卷 …………………… 2－117	[咸豐]安順府志五十四卷首一卷 … 2－432
守柔齋詩鈔初集四卷續集四卷守柔齋行河草二卷 …………… 2－263	[咸豐]安順府志五十四卷首一卷 … 2－576
守望新書四卷 …………………… 1－458	安祿山事迹三卷校記一卷 ……… 2－550
守默齋詩稿一卷附雜著一卷 …… 1－353	安溪訂韻□□卷 ………………… 2－390
宅譜指要四卷宅譜邇言二卷選時造命四卷修方案證五卷 …… 1－425	安樂集二卷 ……………………… 1－393
安邦誌二十卷 …………………… 2－413	安樂集二卷 ……………………… 2－33
安吳四種三十六卷首一卷 ……… 1－425	安樂銘不分卷 …………………… 2－450
安吳四種三十六卷首一卷 ……… 1－425	[同治]安縣志三十二卷首一卷 …… 2－155
安吳四種三十六卷首一卷 ……… 2－15	[同治]安縣志三十二卷首一卷 …… 2－155
安吳四種三十六卷首一卷 ……… 2－15	[安徽休寧]回嶺汪氏宗譜□□卷 …… 1－12
安吳四種三十六卷首一卷 ……… 2－321	[安徽阜陽]清華胡氏勳賢正譜十八卷首一卷末四卷 ………… 2－196
[道光]安岳縣志十六卷首一卷 …… 2－155	[道光]安徽通志二百六十卷首六卷 …………………………… 2－294
[道光]安岳縣志十六卷首一卷 …… 2－155	
[道光]安岳縣志十六卷首一卷 …… 2－155	[道光]安徽通志二百六十卷首六卷 …………………………… 2－570
[道光]安岳縣志十六卷首一卷 …… 2－573	
[道光]安岳縣志十六卷首一卷 …… 2－573	[安徽寧國縣]續北莒國唐氏宗譜四卷首一卷末一卷 …………… 2－195
[道光]安岳縣志十六卷首一卷 …… 2－573	[安徽潛山縣]韓氏族譜八卷首一卷 …………………………………… 2－196
安定先生周易口義十卷雜卦一卷 … 1－148	[安徽歙縣]汪氏重修統宗譜一百五十卷 ……………………… 2－195
安南志略二十卷 ………………… 1－131	

［安徽歙縣］黃氏宗譜二十五卷首一
　　卷末一卷……………………… 2－196
［安徽歙縣］蟾溪程氏家譜□□卷 … 1－110
安瀾紀要二卷…………………… 1－459
冰言十卷………………………… 2－403
冰言十卷補錄十卷……………… 2－26
字林考逸八卷附錄一卷………… 1－301
字林考逸八卷附錄一卷………… 1－302
字林考逸八卷附錄一卷………… 1－302
字林考逸八卷附錄一卷………… 1－319
字林考逸八卷附錄一卷………… 2－500
字林考逸八卷附錄一卷………… 2－501
字林考逸八卷補本一卷附錄一卷補
　　附錄一卷……………………… 2－213
字典考證十二集………………… 1－304
字典考證十二集………………… 1－319
字典考證十二集………………… 1－361
字典考證十二集………………… 2－213
字典考證十二集………………… 2－213
字府精萃二卷…………………… 1－460
字彙十二集首一卷……………… 1－304
字彙十二集首一卷……………… 1－321
字彙十二集首一卷末一卷韻法直圖
　　一卷韻法橫圖一卷…………… 1－321
字彙十二集首一卷韻法直圖一卷韻
　　法橫圖一卷…………………… 1－304
字彙十二集韻法直圖一卷……… 2－541
字彙十二卷首一卷末一卷附韻法直
　　圖一卷韻法橫圖一卷 ………… 1－55
字彙十二卷首一卷末一卷附韻法直
　　圖一卷韻法橫圖一卷 ………… 1－56
字彙十二卷首一卷末一卷附韻法直
　　圖一卷韻法橫圖一卷 ………… 1－118
字彙十二卷首一卷末一卷附韻法直
　　圖一卷韻法橫圖一卷 ………… 1－118
字彙十二卷首一卷末一卷附韻法直
　　圖一卷韻法橫圖一卷 ………… 1－118
字彙十二卷首一卷末一卷韻法橫圖
　　一卷…………………………… 2－554
字彙舊本首卷一卷……………… 1－133
字彙舊本首卷一卷……………… 1－569

字彙舊本首卷一卷……………… 2－298
字彙舊本首卷一卷……………… 2－300
字彙舊本首卷一卷……………… 2－365
字彙舊本首卷一卷……………… 2－370
字彙舊本首卷一卷……………… 2－381
字說一卷………………………… 1－304
字學一覽五卷…………………… 1－322
字學三種………………………… 1－208
字學舉隅不分卷………………… 1－208
字學舉隅不分卷………………… 1－304
字學舉隅不分卷………………… 1－304
字學舉隅不分卷………………… 1－304
字學舉隅不分卷………………… 1－304
字學舉隅不分卷………………… 1－304
字學舉隅不分卷………………… 1－320
字學舉隅不分卷………………… 1－555
字學舉隅不分卷………………… 1－555
字學舉隅不分卷………………… 2－403
字學舉隅續編不分卷…………… 1－208
字辨證篆十七卷………………… 2－304
字類標韻六卷補遺一卷………… 2－406
字類標韻提綱六卷……………… 1－309
字釋一卷………………………… 2－324
字釋一卷………………………… 2－586
字鑑五卷………………………… 1－104
字鑑五卷………………………… 1－124
字鑑五卷………………………… 1－304
艮齋先生薛常州浪語集三十五卷…… 1－246
阮亭選志壑堂詩十五卷………… 1－228
阮盦筆記五種…………………… 2－270
艸堂詩集八卷…………………… 1－148
防海紀略二卷…………………… 2－122
防海新論十八卷………………… 1－460
防海新論十八卷　……………… 2－72
如不及齋詩草四卷……………… 1－380
如不及齋彙鈔二十六種………… 2－353
如面談十六卷…………………… 1－138
如面譚二集十八卷……………… 1－119
如面譚二集十八卷……………… 2－450
如是我聞六卷…………………… 1－238

如皋冒氏叢書二十六種	2-284
如意珠二卷	1-523
如意寶珠二卷	2-583
如蘭集二十卷	1-163
好雲樓詩集二十八卷首一卷	1-376
好學爲福齋文鈔二卷	1-225

七畫

形學拾級九卷	1-419
戒殺四十八問一卷	1-567
攻媿集一百十二卷	1-219
赤水玄珠三十卷	1-42
[嘉定]赤城志四十卷	2-144
赤城集十八卷	2-288
均藻四卷	1-110
孝義琵琶記六卷	1-372
孝肅奏議十卷	1-3
孝肅奏議十卷	2-501
孝經一卷	2-530
孝經一卷	2-533
孝經一卷	2-533
孝經十八章輯傳不分卷	1-308
孝經十八篇	1-321
孝經不分卷	1-308
孝經不分卷	1-308
孝經不分卷	1-308
孝經不分卷	1-308
孝經不分卷	1-321
孝經不分卷附忠經	1-308
孝經不分卷附忠經	1-308
孝經本義十八章	2-487
孝經直解一卷	2-27
孝經直解不分卷	1-372
孝經直解附論辨一卷	1-321
孝經注疏九卷	1-308
孝經注疏九卷	1-308
孝經注疏九卷	1-308
孝經注疏九卷附校勘記	1-308
孝經注疏九卷附校勘記	1-308
孝經注疏九卷附校勘記	1-308
孝經注疏九卷附校勘記	1-541
孝經注解一卷	1-308
孝經章句或問一卷附廣傳遺書錄一卷	1-308
孝經集傳四卷	1-201
孝經集傳四卷	2-465
孝經註疏九卷正義一卷	1-228
孝經詳說六卷	1-308
孝歌十四首	2-600
坊記集傳二卷	1-439
志喜堂汪朗山琴譜不分卷	1-131
志寧堂稿不分卷	2-261
志學通禪師語錄十卷	2-352
志學錄一卷	2-392
志壑堂詩集十二卷文集十二卷詩後集五卷文後集三卷辛酉同遊倡和詩餘後集二卷	2-362
芙蓉山館全集二十卷	1-384
芙蓉鏡巵言四集	2-483
邯鄲夢傳奇二卷三十齣	2-268
芸香閣尺一書一卷	1-373
芸香館遺詩二卷	1-167
花月痕全書十六卷五十二回	2-272
花仙劍二集	2-599
花外集一卷	1-383
花雨樓叢鈔二十八種	2-424
花宜館詩鈔十六卷附無腔村笛二卷	1-383
花萼吟傳奇二卷三十二齣	2-269
花間笑語五卷	2-363
花間集十卷	1-133
花間集四卷	1-83
花間集四卷	1-111
花隝聯吟四卷詞一卷	2-334
花隱香巢試帖偶存二卷	2-488
芥子園畫傳二集九卷	1-237
芥子園畫傳二集九卷	1-237
芥子園畫傳二集九卷	1-237
芥子園畫傳五卷	1-200
芥子園畫傳六卷	1-237
芥子園畫傳六卷	2-275

芥子園畫傳四集……………… 2－488
芥子園畫傳初集五卷二集八卷三集
　四卷四集四卷 ……………… 2－539
芥子園畫傳初集五卷二集八卷三集
　四卷四集四卷 ……………… 2－539
芥子園畫傳初集五卷二集八卷三集
　四卷四集四卷 ……………… 2－539
芥子園畫傳初集五卷二集八卷三集
　四卷四集四卷 ……………… 2－539
芥子園畫傳初集五卷二集八卷三集
　四卷四集四卷 ……………… 2－540
芥子園畫傳初集五卷二集八卷三集
　四卷四集四卷 ……………… 2－540
芥子園畫傳初集五卷二集八卷三集
　四卷四集四卷 ……………… 2－540
芥子園畫傳初集六卷二集九卷三集
　六卷 ………………………… 1－236
芳茂山人文集十二卷 ………… 1－373
芳茂山人文集十二卷詩錄九卷附長
　離閣集一卷 ………………… 1－490
芳茂山人文集十二卷詩錄九卷附長
　離閣集一卷 ………………… 1－490
芳茂山人文集十二卷詩錄九卷附長
　離閣集一卷 ………………… 1－491
芳茂山人文集十二卷詩錄九卷附長
　離閣集一卷 ………………… 1－491
芳茂山人文集十二卷詩錄九卷附長
　離閣集一卷 ………………… 1－491
芳茂山人詩錄十卷 …………… 1－373
芳茂山人詩錄九卷附長離閣集一卷
　……………………………… 2－549
芳草詞一卷 …………………… 1－343
芳堅館題跋三卷 ……………… 2－206
芳堅館題跋四卷 ……………… 2－349
杜工部七言律詩一卷 ………… 2－501
杜工部全集六十六卷目錄六卷 　1－45
杜工部草堂詩箋二十二卷詩話二卷
　年譜二卷 …………………… 2－240
杜工部草堂詩箋二十二卷詩話二卷
　年譜二卷 …………………… 2－258
杜工部草堂詩箋四十卷黃氏集千家

註杜工部詩史補遺十卷集註杜工
　部詩外集一卷杜工部草堂詩話二
　卷杜工部草堂詩年譜二卷 … 2－239
杜工部集二十卷 ……………… 1－105
杜工部集二十卷 ……………… 1－539
杜工部集二十卷 ……………… 2－257
杜工部集二十卷 ……………… 2－257
杜工部集二十卷 ……………… 2－258
杜工部集二十卷 ……………… 2－588
杜工部集二十卷附錄一卷諸家詩話
　一卷少陵先生年譜一卷唱酬題詠
　附錄一卷 …………………… 2－258
杜工部集二十卷附錄一卷諸家詩話
　一卷少陵先生年譜一卷唱酬題詠
　附錄一卷 …………………… 2－258
杜工部集二十卷附錄一卷諸家詩話
　一卷唱酬題詠附錄一卷 …… 2－240
杜工部集二十卷首一卷 ……… 1－171
杜工部集二十卷首一卷 ……… 1－171
杜工部集二十卷首一卷 ……… 1－171
杜工部集二十卷首一卷 ……… 1－176
杜工部集二十卷首一卷 ……… 1－201
杜工部集二十卷首一卷 ……… 2－257
杜工部集二十卷首一卷 ……… 2－257
杜工部集二十卷首一卷 ……… 2－257
杜工部集二十卷首一卷 ……… 2－330
杜工部集二十卷首一卷諸家詩話一
　卷唱酬題詠附錄一卷 ……… 2－258
杜工部集二十卷諸家詩話一卷唱酬
　題詠附錄一卷杜工部集附錄一卷
　少陵先生年譜一卷 ………… 2－258
杜工部集二十卷諸家詩話一卷唱酬
　題詠附錄一卷附錄一卷 …… 1－224
杜工部詩二十卷文集二卷 …… 1－86
杜工部詩集二十卷集外詩一卷文集
　二卷 ………………………… 1－105
杜工部詩話一卷 ……………… 1－371
杜工部編年詩史譜目一卷 …… 2－257
杜子美七言律不分卷 ………… 1－83
杜子美七言律不分卷 ………… 1－84
杜子美詩集二十卷 …………… 1－80

113

| 杜子美詩集二十卷 …………… 1－81
| 杜少陵集十卷………………… 1－8
| 杜氏通典二百卷 ……………… 1－10
| 杜主開明前志五卷後志八卷 … 1－248
| 杜茶村詩鈔八卷 ……………… 1－179
| 杜律通解四卷 ………………… 1－211
| 杜律啟蒙十二卷 ……………… 1－216
| 杜律虞註二卷 ………………… 1－9
| 杜詩偶評四卷 ………………… 1－146
| 杜詩偶評四卷 ………………… 1－146
| 杜詩偶評四卷 ………………… 2－257
| 杜詩偶評四卷 ………………… 2－257
| 杜詩集說二十卷末一卷附本傳年譜
| 一卷 ………………………… 2－257
| 杜詩集說二十卷末一卷附本傳年譜
| 一卷 ………………………… 2－257
| 杜詩補註二卷 ………………… 2－315
| 杜詩會粹二十四卷 …………… 1－154
| 杜詩詳注二十五卷首一卷附編二卷
| ……………………………… 2－462
| 杜詩詳注二十五卷首一卷附編二卷
| ……………………………… 2－561
| 杜詩詳注二十五卷首一卷諸家詠杜
| 附錄二卷 …………………… 2－257
| 杜詩詳注二十五卷首一卷諸家詠杜
| 附錄二卷 …………………… 2－257
| 杜詩詳注三十一卷首一卷 …… 2－473
| 杜詩詳註二十五卷附編二卷…… 1－539
| 杜詩詳註二十五卷首一卷附編二卷
| ……………………………… 1－104
| 杜詩詳註二十五卷首一卷附編二卷
| ……………………………… 1－105
| 杜詩詳註二十五卷首一卷附編二卷
| ……………………………… 1－218
| 杜詩詳註二十五卷首一卷附編二卷
| ……………………………… 1－569
| 杜詩詳註三十一卷首一卷 …… 1－218
| 杜詩論文五十六卷…………… 2－479
| 杜詩論文五十六卷…………… 2－588
| 杜詩鏡銓二十卷附錄一卷…… 1－539
| 杜詩鏡銓二十卷附錄一卷年譜一卷

……………………………… 1－224
杜詩鏡銓二十卷附錄一卷年譜一卷
 ……………………………… 1－224
杜詩鏡銓二十卷附錄一卷年譜一卷
 ……………………………… 2－258
杜詩鏡銓二十卷附錄一卷讀書堂杜
 工部文集註解二卷 ………… 2－257
杜詩鏡銓二十卷附錄一卷讀書堂杜
 工部文集註解二卷 ………… 2－258
杜詩闡三十三卷 ……………… 2－257
杜樊川詩集八卷 ……………… 2－298
杜韓詩句集韻八卷 …………… 2－5
村學究語不分卷 ……………… 2－474
杏元和番九折 ………………… 2－592
杏元和番九折 ………………… 2－593
［光緒］巫山縣志三十二卷首一卷 … 2－149
［光緒］巫山縣志三十二卷首一卷 … 2－149
李元賓文集五卷 ……………… 1－112
李元賓文集六卷附錄一卷…… 1－370
李太夫人行狀一卷 …………… 2－198
李太白文集三十六卷………… 1－157
李太白文集三十六卷………… 1－569
李太白文集三十六卷………… 1－569
李太白文集三十六卷………… 2－239
李太白文集三十六卷………… 2－239
李太白文集三十六卷………… 2－239
李太白文集三十六卷………… 2－239
李太白文集三十六卷………… 2－239
李太白文集三十六卷………… 2－239
李太白文集三十六卷………… 2－257
李太白文集三十六卷………… 2－381
李太白文集三十六卷………… 2－528
李太白文集三十卷…………… 1－174
李太白文集三十卷…………… 1－174
李太白文集三十卷…………… 2－239
李太白文集三十卷…………… 2－239
李太白文集三十卷…………… 2－239
李太白文集三十卷…………… 2－239
李太白文集三十卷…………… 2－256
李太白文集三十卷附錄六卷… 2－286

李太白全集十六卷	2-239
李太白詩集二十二卷	1-73
李中允集六卷	2-260
李氏三忠事蹟考證不分卷	2-195
李氏五種合刊二十八卷	1-251
李氏五種合刊二十八卷	1-252
李氏五種合刊二十八卷	1-374
李氏五種合刊二十八卷	2-130
李氏五種合刊二十八卷	2-130
李氏五種合刊二十八卷	2-130
李氏五種合刊二十八卷	2-130
李氏五種合刊二十八卷	2-277
李氏五種合刊二十八卷	2-398
李氏蒙求補注六卷	1-312
李氏蒙求補注六卷	2-88
李氏蒙求補注六卷	2-88
李氏蒙求補注六卷	2-307
李氏蒙求補注六卷	2-307
李氏算學遺書十一種十八卷	1-422
李氏算學遺書十一種十八卷	1-422
李氏算學遺書十一種十八卷	2-449
李氏遺書十一種	2-36
李氏藏書六十八卷	1-43
李氏藏書六十八卷	1-43
李文山詩集三卷	1-116
李文公集十八卷補遺一卷附錄一卷	1-338
李文忠公全集一百六十五卷首一卷	2-251
李文忠公全集一百六十五卷首一卷	2-487
李文忠公奏稿八十卷朋僚函稿二十卷譯署函稿二十卷蠠池教堂函稿一卷海軍函稿四卷電稿四十卷首一卷	1-370
李文定公貽安堂集十卷	1-45
李文貞公著書□□種	2-14
李文恭公文集十六卷	2-251
李文恭公詩集八卷文集十六卷	2-251
李文饒文集二十卷別集十卷外集四卷	1-67
李文饒文集二十卷別集十卷外集四卷	1-67
李竹嬾先生說部八種二十五卷	1-370
李杜全集四十七卷	1-76
李杜全集四十七卷	1-76
李杜全集四十八卷	1-30
李杜全集四十八卷	1-30
李杜全集四十八卷	1-30
李杜詩通六十一卷	1-106
李杜詩鈔不分卷	1-181
李杜詩選十二卷	1-24
李見菴先生四書辨誤五十條二卷	2-537
李長吉昌谷集句解定本四卷	1-338
李長吉集四卷	1-23
李長吉集四卷外卷一卷	1-338
李長吉集四卷附外卷一卷	2-258
李長吉歌詩四卷首一卷外集一卷	1-174
李長吉歌詩四卷首一卷外集一卷	1-338
李長吉歌詩四卷首一卷外集一卷	1-338
李長吉歌詩四卷首一卷外集一卷	1-338
李長吉歌詩四卷首一卷外集一卷	1-338
李長吉歌詩四卷首一卷外集一卷	2-258
李長吉歌詩四卷首一卷外集一卷	2-589
李卓吾先生批點西廂記真本二卷	1-70
李卓吾先生讀升菴集二十卷	1-50
李卓吾先生讀升菴集二十卷	1-50
李卓吾先生讀升菴集二十卷	1-50
李卓吾批點世說新語補二十卷	1-58
李卓吾批點世說新語補二十卷	1-58
李卓吾評于節闇集奏疏四卷文集一卷詩集三卷附一卷補遺一卷	1-138
李卓吾評選方正學文集十一卷首一卷	1-93
李忠文公朋僚函稿二十四卷附海軍函稿四卷	1-370
李忠武公奏疏不分卷	2-127
李忠武公書牘二卷	1-371
李空同詩集三十三卷附錄一卷	2-408
李陳大主考會墨一卷	2-496
李恕谷先生[塨]年譜五卷	2-200
李詩鈔述註十六卷	1-30

李義山文集十卷	1-174	甫田集三十六卷	2-243
李義山文集六卷	1-144	甫田集三十六卷	2-547
李義山詩三卷	2-459	更生詩草一卷更生續草一卷	2-490
李義山詩文集詳註二種十三卷	1-225	更生齋文乙集四卷	1-561
李義山詩集三卷	1-202	更生齋文乙集四卷	2-248
李義山詩集三卷	2-298	更癸軒彙輯閒居筆記六卷	1-107
李義山詩集三卷	2-466	[嘉慶]束鹿縣志十卷	2-137
李義山詩集三卷	2-466	吾汶藁十卷補遺一卷	2-381
李義山詩集三卷	2-466	吾汶藁十卷	1-112
李義山詩集三卷	2-584	吾炙集一卷	1-499
李義山詩集三卷附錄諸家詩評一卷詩譜一卷	1-197	吾學編六十九卷	1-29
李義山詩集三卷附錄諸家詩評一卷詩譜一卷	1-201	吾學錄初編二十四卷	1-555
		豆花莊詩鈔十卷首一卷末一卷	2-458
李義山詩集三卷附錄諸家詩評一卷詩譜一卷	2-259	酉陽雜俎二十卷續集十卷	2-454
		[咸豐]邳州志二十卷首一卷	1-274
李義山詩集三卷附錄諸家詩評一卷詩譜一卷	2-398	[嘉慶]夾江縣志十二卷首一卷	2-158
		[嘉慶]夾江縣志十二卷首一卷	2-158
李義山詩集三卷附錄諸家詩評一卷詩譜一卷	2-399	夾漈遺稿三卷	1-180
		扶荔生覆瓿集十卷	2-252
李義山詩集三卷附錄諸家詩評一卷詩譜一卷	2-466	扶風許氏仙音集二卷	2-272
		[嘉慶]扶風縣志十七卷首一卷	2-432
李義山詩集三卷附錄諸家詩評一卷詩譜一卷	2-466	扶雅集十六卷	1-366
		批點分類誠齋先生文膾後集十二卷	2-364
李衛公文集二十卷別集十卷外集四卷補遺一卷	1-175	批點分類誠齋先生文膾前集十二卷	1-210
李衛公文集二十卷別集十卷外集四卷補遺一卷	1-338	批點考工記二卷	1-35
李衛公外集四卷補遺一卷	1-370	批點孟子文二卷	1-558
李衛公會昌一品集二十卷	1-471	批點唐宋八家鈔八卷	1-351
李養一先生詩集四卷附賦二篇詩餘三十二首	2-262	批點唐詩始音十五卷	1-17
		批點燕子箋二卷	1-384
李翰林詩范德機批選四卷	1-25	抄補瘟疫二卷	1-551
李鴻章十二章	2-494	抄補瘟疫合璧二卷	1-407
李鴻章十二章	2-494	折肱漫錄七卷	2-284
李鴻章七衰壽序不分卷	2-270	折疑論集註二卷	1-395
車書樓彙輯各名公四六爭奇八卷	1-33	折獄龜鑑八卷	2-69
車書樓彙輯各名公四六爭奇八卷	1-130	折獄龜鑑八卷首一卷	1-464
車書樓彙輯旁註當代名公四六瑤函六卷首一卷	1-38	抗希堂十六種	2-450
		抗希堂十六種一百四十六卷	2-558
甫田集三十六卷	2-243	抗希堂十六種全書	2-483
		抗希堂十六種全書	2-483

抗希堂十六種全書	2－483	廸幼錄三卷	1－463
抒懷操一卷	1－232	困知記二卷續二卷三續一卷四續一卷附錄一卷續補外編一卷	2－25
求己錄三卷	1－419		
求古精舍金石圖初集四卷	1－198	困學紀聞二十卷	1－145
求古精舍金石圖初集四卷	1－559	困學紀聞二十卷	1－163
求古精舍金石圖初集四卷	2－205	困學紀聞二十卷	1－163
求自得之室文鈔十二卷	2－251	困學紀聞二十卷	1－219
求志書院課藝四卷	2－457	困學紀聞二十卷	1－245
求治管見一卷續一卷	2－67	困學紀聞二十卷	1－416
求是堂詩文集三十一卷	1－378	困學紀聞二十卷	1－416
求是堂詩集二十二卷詩餘一卷	2－262	困學紀聞二十卷	1－416
求是齋印譜初集六卷附二卷	1－154	困學紀聞二十卷首一卷	1－245
求益齋全集五種	2－249	困學紀聞二十卷首一卷	1－245
求補拙齋外集四卷	2－548	困學紀聞二十卷首一卷	2－457
求實齋叢書十五種	2－351	困學紀聞注二十卷	1－398
求實齋叢書十五種	2－422	困學紀聞注二十卷	2－5
求聲集□□卷	2－287	困學紀聞注二十卷首一卷	2－548
求闕齋日記類鈔二卷	1－324	困學紀聞集證二十卷末一卷	1－416
求闕齋日記類鈔二卷	2－198	困學紀聞集證二十卷末一卷	1－416
求闕齋文鈔不分卷	1－378	困學紀聞集證合註二十卷	1－416
求闕齋弟子記三十二卷	1－399	困學紀聞註二十卷	1－398
求闕齋弟子記三十二卷	1－399	困學紀聞註二十卷	1－416
求闕齋讀書錄十卷	1－426	困學紀聞註二十卷	1－416
求闕齋讀書錄十卷	1－426	困學紀聞註二十卷	1－416
求闕齋讀書錄十卷	1－439	困學紀聞補注二十卷	1－108
步天歌一卷	1－179	困學隨筆十三卷	1－476
里木山房印存不分卷	1－235	呂子校補二卷	2－499
里堂學算記五種	2－320	呂子集粹四卷	1－444
里乘十卷	2－412	呂子節錄二卷	1－444
［光緒］呈貢縣志八卷	2－169	呂子節錄六卷	1－444
見一詩藁不分卷	1－29	呂子節錄四卷首一卷	1－444
見心錄八卷	1－428	呂子節錄四卷補遺二卷	1－444
見吾隨筆一卷	1－417	呂子節錄四卷補遺二卷	1－444
見菴錦官錄八種	2－15	呂子節錄四卷補遺二卷	1－444
見菴雜著一卷	2－537	呂子遺書十種	2－14
見聞隨筆二十六卷	1－243	呂氏四禮翼不分卷	2－26
見聞隨筆二十六卷	2－472	呂氏春秋二十六卷	1－2
見聞錄一卷	1－523	呂氏春秋二十六卷	1－6
見聞錄一卷	1－533	呂氏春秋二十六卷	1－80
見聞雜紀九卷續二卷	1－81	呂氏春秋二十六卷	1－83
見聞續筆二十四卷	1－243	呂氏春秋二十六卷	1－86

呂氏春秋二十六卷	1-91
呂氏春秋二十六卷	1-444
呂氏春秋二十六卷附攷一卷	1-144
呂氏春秋二十六卷附攷一卷	1-144
呂氏春秋二十六卷附攷一卷	1-444
呂氏春秋二十六卷附攷一卷	1-444
呂氏春秋二十六卷附攷一卷	1-457
呂氏春秋二十六卷附攷一卷	2-528
呂氏家塾讀詩記三十二卷	1-12
呂半隱先生詩集不分卷	1-476
呂半隱先生詩集不分卷	2-299
呂東萊先生文集二十卷首一卷	2-559
呂東萊先生左氏博議六卷	1-170
呂城雜詠一卷題詠鈔一卷	1-476
呂祖太乙生生三才神數合刻不分卷	2-412
呂祖年譜海山奇遇七卷	2-35
呂祖年譜海山奇遇七卷	2-304
呂祖全書三十二卷禪宗正指三卷	1-519
呂祖全書三十二卷禪宗正指三卷	2-34
呂祖全書三十三卷禪宗正指三卷	1-519
呂祖全書三十四卷禪宗正指三卷	1-519
呂祖指玄篇秘注不分卷	2-34
呂祖編年詩集九卷	2-305
呂祖靈籤一卷	1-567
呂祖靈籤一卷	1-567
呂祖靈籤一卷	1-567
呂涇野先生續傳一卷	2-581
呂書四種合刻九卷	2-414
呂晚邨先生四書講義四十三卷	2-373
呂晚村東莊詩集七卷	2-360
呂晚村詩集一卷補遺一卷	1-476
呂新吾先生好人歌一卷	2-523
呂新吾先生實政錄七卷	2-408
呂新吾集十三種	2-533
呂衡州集十卷	1-192
吟風閣四卷譜二卷	1-107
吟雲仙館詩稿一卷	1-361
吟雲仙館詩稿一卷	2-265
吟雲仙館詩稿一卷	2-457
吟雲仙館詩稿一卷	2-457
吟雲仙館詩稿不分卷	1-480
別雅五卷	1-204
別雅五卷	2-212
別雅五卷	2-467
吹網錄六卷	1-243
吹網錄六卷	1-243
吹劍錄不分卷	1-242
吳又可先生瘟疫效方一卷	1-406
吳友如畫寶十二集	1-237
吳氏一家稿十種	2-284
吳氏遺箸五卷附錄一卷	2-506
吳氏醫學述第三種本草從新六卷	1-408
吳氏醫學述第三種本草從新六卷	1-408
吳文肅公文集二十卷棣華雜著一卷	1-41
吳江沈氏詩集十二卷	1-153
吳吟小稿三十卷	1-130
吳吳山三婦合評牡丹亭還魂記二卷	1-191
吳吳山三婦合評牡丹亭還魂記二卷	2-268
吳吳山三婦合評牡丹亭還魂記二卷附錄一卷或問一卷	1-201
吳門耆舊記一卷	2-180
吳門畫舫錄一卷	1-362
吳門銷夏記三卷	1-241
吳門銷夏記三卷	1-244
吳門銷夏記三卷	1-244
吳郡圖經續記三卷	2-141
吳梅村先生[偉業]年譜四卷	2-200
吳梅村詞一卷	1-184
吳梅村詞一卷	1-509
吳梅村詞一卷	1-509
吳船錄二卷	2-182
吳越所見書畫錄六卷	1-455
吳越所見書畫錄六卷	2-585
吳越所見書畫錄六卷書畫說鈴一卷	2-274
吳越春秋十卷	1-93
吳越春秋六卷	1-129
吳越春秋六卷	1-135
吳越遊草一卷	1-509

吳淵穎先生集十二卷	1-158	刪補古今文致十卷	1-67
吳歈萃雅四卷	1-50	刪續昭明文選六十四卷	1-114
吳會英才集二十四卷	1-177	岑嘉州集二卷	1-19
吳會英才集二十卷	2-312	岑嘉州集八卷	1-19
吳詩集覽二十卷補註二十卷	1-145	岑嘉州詩集四卷	2-299
吳詩集覽二十卷談藪一卷	1-509	牡丹亭還魂記二卷	1-50
吳詩集覽二十卷談藪一卷	1-509	牡丹亭還魂記二卷	1-224
吳詩集覽二十卷談藪一卷	1-509	牡丹亭還魂記八卷	2-361
吳詩集覽二十卷談藪一卷	1-509	[光緒]利川縣志十四卷首一卷	2-145
吳詩集覽二十卷談藪二卷	1-216	秀山公牘五卷	2-329
吳摯甫文集四卷附風土紀四篇一卷	1-509	[光緒]秀山縣志十四卷首一卷	2-150
吳摯甫尺牘五卷補遺一卷諭兒書一卷	1-509	[光緒]秀山縣志十四卷首一卷	2-150
吳摯甫尺牘五卷補遺一卷諭兒書一卷	2-270	[光緒]秀山縣志十四卷首一卷	2-150
吳摯甫詩集一卷	1-509	[光緒]秀山縣志十四卷首一卷	2-573
吳摯甫詩集一卷	2-265	[光緒]秀山縣志十四卷首一卷	2-573
吳摯甫詩集一卷	2-547	[光緒]秀山縣志十四卷首一卷	2-573
吳興掌故集十七卷	1-37	[光緒]秀山縣志十四卷首一卷	2-573
吳興詩存初集八卷二集十四卷三集六卷四集二十卷	1-509	[光緒]秀山縣志十四卷首一卷	2-573
吳學士文集四卷詩集五卷	1-509	秀水盛氏所刊書五種	1-104
吳學士文集四卷詩集五卷	2-401	私藏疑龍經大全三卷附菊逸山房山法備收一卷	1-423
吳學士詩集五卷文集四卷	2-248	私藏疑龍經大全三卷附菊逸山房山法備收一卷	1-423
吳醫彙講十一卷	2-48	私藏疑龍經大全三卷附菊逸山房山法備收一卷地理點穴撼龍經不分卷	1-422
吳讓之印存不分卷	1-235		
刪注脈訣規正二卷	2-41	私藏疑龍經大全三卷附菊逸山房山法備收一卷地理點穴撼龍經不分卷	1-422
刪定止觀三卷附錄一卷	1-521		
刪定止觀三卷附錄一卷	1-521	私藏疑龍經大全三卷附菊逸山房山法備收一卷地理點穴撼龍經不分卷	1-422
刪定荀子管子二卷	1-176		
刪定荀子管子不分卷	1-446		
刪訂二奇合傳四十回	2-567	我法集二卷	1-537
刪註脈訣規正二卷	1-409	兵法圓機三卷	1-536
刪註脈訣規正二卷	1-410	兵垣四編四卷附編四卷	1-84
刪註脈訣規正二卷	1-410	兵書三種七卷	2-394
刪註脈訣規正二卷	1-547	兵船汽機六卷附錄一卷	2-51
刪註脈訣規正二卷	2-41	兵錄十四卷	1-179
刪註脈訣規正二卷	2-41	兵鏡或問二卷	2-371
刪註脈訣規正二卷	2-548	兵鏡備考十三卷	2-371
刪註脈訣規正二卷	2-560	兵鑑全集四卷附測海錄一卷火攻答	

書名	頁碼
一卷	1-452
邱海二公合集十六卷	1-486
何大復先生集三十八卷	1-19
何大復先生集三十八卷	1-163
何大復先生集三十八卷附錄一卷	2-243
何大復先生集三十八卷附錄一卷	2-243
何大復詩集二十六卷附錄一卷	1-515
何氏公羊春秋十論一卷續十論一卷再續十論一卷附庸尊卑表一卷	1-280
何氏公羊春秋十論一卷續論一卷再續論一卷	1-208
何氏公羊解詁一卷	1-208
何氏公羊解詁十論一卷續十論一卷再續十論一卷春秋天子二伯方伯卒正附庸尊卑表一卷	2-412
何氏集二十六卷	1-88
何氏語林三十卷	1-18
何氏語林三十卷	1-18
何氏語林三十卷	1-19
何文定公文集十一卷	1-37
何文定公文集十一卷	1-37
何文簡公文集十八卷	1-30
何文簡公疏議十卷	1-37
何有錄一卷續一卷	1-556
何偉民不分卷	1-515
何博士備論二卷	2-89
何義門先生集十二卷附錄一卷	1-515
何燕泉先生餘冬敘錄二十二卷	1-426
何翰林集二十八卷	1-18
佐治芻言不分卷	2-9
佐治藥言一卷續一卷	1-456
佐治藥言一卷續一卷	1-456
佐治藥言一卷續一卷	2-67
佐雜譜二卷	1-518
佚老巢遺稿二卷	2-380
佚存叢書十七種	2-426
作吏要言一卷	1-355
作吏要言一卷	1-451
作吏要言一卷	2-71
作吏要言一卷	2-71
作吏要言一卷	2-408
作吏要言一卷	2-531
作義要訣一卷	1-510
伯牙琴一卷	1-110
伯牙琴一卷續補一卷	1-503
身世金丹四卷	1-568
身世金箴不分卷	1-418
身世金箴不分卷	1-418
身世金箴不分卷	1-462
身世準繩二卷	1-420
佛本行集經六十卷	2-31
佛本行集經六十卷	2-416
佛本行經七卷	1-529
佛果圜悟禪師碧巖集十卷	1-388
佛果圜悟禪師碧巖集十卷	1-521
佛果圜悟禪師碧巖集十卷	2-34
佛昇忉利天爲母說法經三卷	2-442
佛所行讚經五卷	1-529
佛祖心要節錄二卷	1-529
佛祖心燈一卷宗教律諸家演派一卷	2-32
佛祖心燈一卷宗教律諸家演派一卷	2-32
佛祖心燈一卷宗教律諸家演派一卷摘錄聖武記之卷五溯查西藏剌麻來源一卷	1-529
佛祖統紀五十四卷	1-48
佛祖歷代通載三十六卷	1-527
佛華嚴入如來德智不思議境界經一卷	1-528
佛教西來玄化應運略錄一卷	1-520
佛教初學課本一卷註一卷	1-530
佛教初學課本一卷註一卷	1-530
佛教初學課本一卷註一卷	2-27
佛教畧史初編八卷	1-527
佛教畧史初編八卷	2-34
佛教經施行勅一卷	1-520
佛頂尊勝陀羅尼經一卷	1-568
佛國記一卷	1-117
佛國記一卷	2-183
佛國記一卷	2-561
佛爾雅八卷	1-529
佛爾雅八卷	1-529
佛爾雅八卷	1-529

佛爾雅八卷	2－27	佛說老女人經	1－398
佛說七俱胝佛母準提大明陀羅尼經		佛說老女人經	1－398
一卷	1－568	佛說守護大千國土經三卷	1－567
佛說八吉祥神咒經一卷	1－533	佛說如來不思議秘密大乘經二十卷	
佛說八吉祥經一卷	1－533		2－611
佛說八佛名號經一卷	1－533	佛說如來不思議秘密金剛手經二十	
佛說八陽神咒經一卷	1－533	卷	1－170
佛說大安般守意經二卷	2－583	佛說作佛形像經一卷	1－533
佛說大佛名經□□卷	1－134	佛說阿閦佛國經三卷	1－523
佛說大阿彌陀經一卷	1－523	佛說阿彌陀佛要解一卷	1－527
佛說大乘無量壽莊嚴經一卷	1－390	佛說阿彌陀佛要解一卷	1－527
佛說大乘無量壽莊嚴經一卷	1－390	佛說阿彌陀佛經一卷	1－523
佛說大淨法門品經一卷	1－525	佛說阿彌陀經一卷	1－390
佛說小阿彌陀佛經一卷	1－523	佛說阿彌陀經一卷	1－390
佛說仁王護國般若波羅密經疏神寶		佛說阿彌陀經一卷	1－522
記四卷	1－529	佛說阿彌陀經一卷	1－522
佛說文陀竭王經一卷	1－520	佛說阿彌陀經一卷	1－523
佛說文殊師利現寶藏經二卷	2－401	佛說阿彌陀經一卷觀世音菩薩普門	
佛說目連問戒律中五百輕重事經二		品經一卷金剛般若波羅密經一卷	
卷	1－521		1－522
佛說目連問戒律中五百輕重事經二		佛說阿彌陀經二卷	1－522
卷	2－34	佛說阿彌陀經二卷	1－522
佛說四十二章經一卷	1－520	佛說阿彌陀經要解一卷	1－522
佛說四十二章經一卷	2－31	佛說阿彌陀經要解一卷	1－522
佛說四十二章經一卷	2－31	佛說阿彌陀經要解一卷	2－33
佛說四十二章經註一卷	1－520	佛說阿彌陀經要解便蒙鈔三卷	1－522
佛說四十二章經註一卷佛遺教經註		佛說阿彌陀經要解便蒙鈔三卷	1－534
一卷	2－31	佛說阿彌陀經疏一卷	1－523
佛說四十二章經解一卷	1－387	佛說阿彌陀經疏鈔二卷	1－522
佛說四十二章經解一卷	1－520	佛說阿彌陀經疏鈔擷一卷附一卷	1－523
佛說四十二章經解一卷	1－520	佛說阿彌陀經義疏一卷	1－522
佛說四十二章經解一卷	1－520	佛說阿彌陀經義疏一卷	1－522
佛說四十二章經解一卷	1－534	佛說阿彌陀經摘要易解一卷	1－535
佛說四十二章經解一卷	2－398	佛說阿彌陀經摘要易解一卷	1－537
佛說四十二章經解一卷	2－398	佛說盂蘭盆經一卷	1－533
佛說四十二章經解一卷佛遺教經解		佛說盂蘭盆經疏一卷	1－388
一卷	2－394	佛說長阿含經二十二卷首一卷	1－521
佛說四十二章經解一卷佛遺教經解		佛說長者女庵提遮師子吼了義經	1－398
一卷八大人覺經略解一卷	2－31	佛說長者女庵提遮師子吼了義經	1－398
佛說四諦經一卷佛說本相倚致經一		佛說長者法志妻經	1－398
卷	1－520	佛說長者法志妻經	1－398

佛說受十善戒經一卷	1-532
佛說恒水經一卷佛說瞻婆比丘經一卷佛說頂生王故事經一卷	1-520
佛說校量數珠功德經一卷	1-533
佛說造立形像福報經一卷	1-533
佛說造像量度經一卷附續補一卷	1-394
佛說造像量度經一卷附續補一卷	1-394
佛說浴像功德經一卷	1-533
佛說菩薩念佛三昧經六卷	1-532
佛說菩薩念佛三昧經六卷	1-532
佛說梵網經二卷	1-525
佛說梵網經二卷	1-529
佛說梵網經二卷	1-532
佛說梵網經二卷	2-32
佛說梵網經直解二卷附直解事義一卷	1-525
佛說梵網經直解二卷附直解事義一卷	1-525
佛說梵網經菩薩心地品玄義一卷	1-525
佛說梵網經菩薩心地品玄義一卷	1-525
佛說梵網經菩薩心地品合註七卷	1-525
佛說梵網經菩薩心地品合註七卷玄義一卷	2-32
佛說梵網經菩薩心地品合註七卷附雜集五卷	1-525
佛說堅固女經	1-398
佛說堅固女經	1-398
佛說報恩奉盆經(報像功德經)一卷	1-533
佛說無量清淨平等覺經三卷	1-390
佛說無量清淨平等覺經三卷	1-390
佛說無量壽經二卷	1-567
佛說無量壽經二卷	2-406
佛說無量壽經義疏六卷	1-390
佛說無量壽經義疏六卷	1-391
佛說無量壽經義疏六卷	2-33
佛說樓炭經六卷	1-533
佛說德護長者經二卷	1-529
佛說摩訶阿彌陀經一卷	1-385
佛說摩訶阿彌陀經一卷	2-401
佛說緣本致經一卷	1-520
佛說龍施女經一卷	1-533
佛說龍施菩薩本起經一卷	1-533
佛說濡首菩薩無清淨分衛經二卷	1-389
佛說彌勒下生經一卷	1-388
佛說彌勒下生經一卷	1-397
佛說彌勒下生經一卷	1-531
佛說彌勒下生經一卷	2-29
佛說彌勒菩薩下生經一卷	1-397
佛說灌佛經(灌洗佛形像)一卷	1-533
佛說灌洗佛經(摩訶刹頭經)一卷	1-533
佛說觀無量壽佛經一卷	1-390
佛說觀無量壽佛經一卷	1-390
佛說觀無量壽佛經一卷	1-523
佛說觀無量壽佛經一卷	1-523
佛說觀無量壽佛經一卷	2-442
佛說觀無量壽佛經略論一卷	1-567
佛說觀無量壽佛經疏四卷	1-523
佛說觀普賢菩薩行法經一卷	1-390
佛說觀普賢菩薩行法經一卷	1-391
佛說觀彌勒菩薩下生經一卷	1-388
佛說觀彌勒菩薩下生經一卷	1-531
佛說觀彌勒菩薩下生經一卷	2-29
佛說觀彌勒菩薩上生兜率陀天經一卷	1-388
佛說觀彌勒菩薩上生兜率陀天經一卷	1-531
佛說觀彌勒菩薩上生兜率陀天經一卷	2-29
佛說觀藥王藥上二菩薩經一卷	1-533
佛遺教經一卷	2-31
佛遺教經解一卷	1-387
佛遺教經解一卷	1-520
佛遺教經解一卷	1-520
佛遺教經解一卷	1-520
佛遺教經解一卷	1-534
佛遺教經解一卷	2-398
佛遺教經解一卷	2-398
佛遺教經論疏節要一卷	1-529
[佛學經典音義]□□卷	1-16

佛觀彌勒菩薩上生兜率陀天經一卷	1-397	坐隱齋先生自訂棋譜全集不分卷	2-354
伽藍記五卷	2-183	谷園箸存二卷	1-458
近月樓存稿□□卷	2-479	谷園箸存二卷	1-470
近六科館課詩賦合鈔二種九卷	2-501	谷園箸存二卷	2-409
近世社會主義四編	1-435	[乾隆]狄道州志十六卷	2-141
近光集二十八卷	1-156	角力記一卷	1-95
近光集二十八卷	1-217	角山樓增補類腋六十七卷	2-288
近事會元五卷	1-110	角山樓蘇詩評注彙鈔二十卷附錄三卷目錄二卷	2-259
近思錄十四卷	1-431		
近思錄十四卷	1-431	角山樓蘇詩評註彙鈔二十卷目錄二卷	1-383
近思錄十四卷	1-431		
近思錄十四卷	1-431	角山樓蘇詩評註彙鈔二十卷目錄二卷	1-383
近思錄十四卷	1-445		
近思錄十四卷考訂朱子世家一卷	1-431	言志詩輯補一卷	1-344
近思錄十四卷附考訂朱子世家一卷	1-431	亨甫詩選八卷	2-358
		疗瘡良方形圖要訣一卷	1-543
近思錄十四卷附考訂朱子世家一卷	1-445	辛丑銷夏記五卷	2-275
		辛丑銷夏記五卷	2-289
近思錄十四卷附校勘記一卷考訂朱子世家一卷	1-431	辛卯侍行記六卷	2-181
		辛亥年官商快覽不分卷	2-389
近思錄十四卷首一卷附校勘記一卷考訂朱子世家一卷	1-431	[光緒]忻州志四十二卷	2-139
		快書五十種五十卷	1-65
近思錄集注十四卷	1-431	快雪堂集六十四卷	1-39
近思錄集解十四卷	2-567	快園詩話十六卷	1-183
近思續錄十四卷	2-390	快閣藏書十種五十八卷	1-128
卮林十卷	1-434	灼艾別集二卷	1-15
余孝子請旌實錄不分卷	2-198	弟一生修梅花館詞五卷附錄一卷蕙風簃所箸書一卷	1-472
余忠宣公青陽山房集五卷	2-243		
余忠宣青陽山房集五卷附錄一卷	1-366	弟子箴言十六卷	1-418
余忠宣青陽山房集五卷附錄一卷周給事垂北集一卷附錄一卷	2-243	弟子職正音一卷	1-419
		弟子職集解一卷	2-26
余和梅印譜一卷	1-235	弟子職集解一卷攷證一卷	1-419
希古堂文乙集六卷	1-374	弟子職集解一卷附句讀一卷考證一卷補音一卷	2-356
希古堂稿不分卷	1-374		
希齋文鈔二卷	1-374	弟子職集解一卷附考證一卷	1-450
希臘史二卷	2-187	弟子職集解一卷附考證一卷	2-356
希臘志略七卷	2-187	弟子職箋釋一卷	1-471
坐禪三昧法門經二卷	1-388	弟子職箋釋不分卷	2-471
坐禪三昧法門經二卷	1-388	冷吟仙館詩稿八卷附錄一卷	2-311
坐隱齋先生自訂棋譜全集不分卷	2-354	冷吟仙館詩稿八卷附錄一卷詩餘一卷文存一卷	1-361

冷吟仙館詩稿八卷附錄一卷詩餘一卷文存一卷	2-264	泛槎圖六集	2-474
冷吟仙館詩稿八卷附錄一卷詩餘一卷文存一卷	2-457	汴圍濕襟錄三卷	2-441
冷吟仙館詩稿八卷附錄一卷詩餘一卷文存一卷	2-457	汶志紀略四卷	1-541
冷紅詞四卷	2-232	汶志紀略四卷首一卷	1-543
汪子遺書三種不分卷	1-451	汶志紀略四卷首一卷	2-155
汪子遺集文錄十卷詩錄四卷遺書六卷	1-354	汶志紀略四卷首一卷	2-155
汪氏傳家集三種	1-160	沉冤實錄一卷	2-344
汪文定公集十三卷	1-21	沈下賢文集十二卷	2-537
汪本隸釋刊誤二十七卷	1-156	沈子磏遺文一卷	1-356
汪梅村先生集十二卷汪集一卷	1-354	沈氏三先生文集六十二卷附錄一卷	1-356
汪梅村先生集十二卷汪集一卷	1-354	沈氏三先生文集六十二卷附錄一卷	1-356
汪鈍翁文集十六卷	1-354	沈氏弋說六卷	1-54
[汪薇]崇祀錄不分卷	1-181	沈氏尊生書七種	2-383
汪龍莊先生遺書八種	1-435	沈氏尊生書五種	2-40
汪龍莊先生遺書八種十五卷	1-451	沈氏學弢十六卷	1-39
汪雙池先生叢書三十一種	2-278	沈文肅公政書七卷首一卷	1-324
汪羅彭薛四家合鈔四種十五卷	2-228	沈文肅公政書七卷首一卷	2-129
汪羅彭薛四家合鈔四種十五卷	2-500	沈文肅公政書七卷首一卷	2-129
汪羅彭薛四家合鈔四種十五卷	2-500	沈文肅公政書七卷首一卷	2-303
沙彌十戒威儀錄要一卷	1-531	沈四山人詩錄六卷附錄一卷	1-183
沙彌律儀要略一卷	1-519	沈休文集四卷	1-33
沙彌律儀要略一卷	1-519	沈余遺書三種	1-355
沙彌律儀要略一卷	2-32	沈忠敏公龜谿集十二卷	1-38
沙彌律儀要略二篇	1-566	沈端恪公[近思]年譜二卷	2-365
沖虛至德真經八卷	1-2	沈隱侯集二卷	2-587
沖虛至德真經八卷	1-93	沈歸愚詩文全集十四種	2-410
沖虛至德真經八卷	1-93	完菴劉先生詩集二卷	1-113
沖虛至德真經八卷	1-121	宋七家詞選七卷	1-350
沖虛至德真經八卷	1-188	宋七家詞選七卷	2-267
沖虛至德真經八卷	1-458	宋七家詞選七卷	2-542
沖虛至德真經八卷	1-463	宋人小說類編四卷	2-272
沖虛至德真經八卷	2-528	宋人小說類編四卷補鈔一卷	1-236
汽機必以十二卷首一卷附一卷	2-52	宋大家王文公文抄十六卷	1-52
汽機發軔九卷	2-52	宋大家王文公文抄十六卷	1-136
汽機新制八卷	2-51	宋大家王文公文抄十六卷	2-480
[乾隆]沂州府志三十六卷首一卷	2-138	宋大家王文公文鈔十六卷	2-407
[乾隆]汾陽縣志十四卷首一卷	1-222	宋大家歐陽文忠公文抄三十二卷	1-136
		宋大家歐陽文忠公文抄三十二卷	1-136
		宋大家歐陽文忠公文抄三十二卷	2-377

宋大家歐陽文忠公文抄三十二卷	2-378	宋六十一家詞選十二卷	2-367
宋大家歐陽文忠公文抄三十二卷	2-378	宋六十名家詞六十一種	1-352
宋大家歐陽文忠公文鈔三十二卷	2-241	宋六十名家詞六十一種	2-267
宋大家歐陽文忠公文鈔三十二卷	2-565	宋六十名家詞六十一種	2-267
宋大家蘇文公文鈔十卷	2-446	宋文正范先生文集十卷	1-51
宋大家蘇文忠公文鈔二十八卷	2-446	宋文正范先生文集十卷	1-51
宋大家蘇文定公文鈔二十卷	2-446	宋文鑑一百五十卷目錄三卷	1-23
宋王忠文公文集五十卷	2-334	宋文鑑一百五十卷目錄三卷	1-23
宋王忠文公文集五十卷目錄四卷	2-313	宋文鑑一百五十卷目錄三卷	2-227
宋王忠文公文集五十卷目錄四卷	2-445	宋文鑑一百五十卷目錄三卷	2-227
宋王復齋鐘鼎欵識一卷	1-145	宋文鑑一百五十卷目錄三卷	2-227
宋王復齋鐘鼎款識一卷	2-205	宋文鑑一百五十卷目錄三卷	2-227
宋元以來畫人姓氏錄三十六卷首一卷	2-207	宋本十三經注疏四百十六卷	1-317
宋元本行格表二卷	1-575	宋本十三經注疏四百十六卷	1-317
宋元四書五經義四卷	1-258	宋本十三經注疏四百十六卷	1-317
宋元名家詞十三種附二種	2-267	宋本十三經注疏四百十六卷	1-317
宋元名家詞十三種附二種	2-405	宋本十三經注疏四百十六卷	1-317
宋元通鑑一百五十七卷	1-67	宋史文鈔八卷	2-531
宋元通鑑一百五十七卷	1-67	宋史四百九十六卷	2-353
宋元通鑑一百五十七卷	1-149	宋史四百九十六卷目錄三卷	1-5
宋元通鑑一百五十七卷	2-565	宋史四百九十六卷目錄三卷	1-122
宋元詩六十一種二百七十三卷	1-58	宋史四百九十六卷目錄三卷	2-110
宋元資治通鑑六十四卷	1-77	宋史四百九十六卷目錄三卷	2-110
宋元學案一百卷首一卷	1-416	宋史四百九十六卷目錄三卷	2-110
宋元學案一百卷首一卷	1-416	宋史四百九十六卷目錄三卷	2-110
宋元學案一百卷首一卷	1-416	宋史四百九十六卷目錄三卷	2-110
宋元學案一百卷首一卷	1-416	宋史四百九十六卷目錄三卷	2-110
宋元學案一百卷首一卷	2-24	宋史四百九十六卷目錄三卷	2-110
宋元學案粹語一卷	1-416	宋史紀事本末一百九卷	1-178
宋元學案粹語一卷	1-416	宋史紀事本末一百九卷	1-207
宋元舊本書經眼錄三卷附錄二卷	1-576	宋史紀事本末一百九卷	2-110
宋元舊本書經眼錄三卷附錄二卷	1-576	宋史紀事本末一百九卷	2-110
宋元舊本書經眼錄三卷附錄二卷	1-576	宋史紀事本末一百九卷	2-110
宋元舊本書經眼錄三卷附錄二卷	1-576	宋史紀事本末一百九卷	2-110
宋元舊本書經眼錄三卷附錄二卷	2-531	宋史紀事本末一百九卷	2-110
宋元舊本書經眼錄三卷坿錄二卷	2-299	宋史紀事本末一百九卷	2-110
宋六十一家詞選十二卷	1-353	宋史紀事本末十卷	1-134
宋六十一家詞選十二卷	1-353	宋史紀事本末十卷	2-110
宋六十一家詞選十二卷	1-353	宋史新編二百卷	1-24
宋六十一家詞選十二卷	2-267		

宋史新編二百卷 ……………	1-25
宋史論三卷元史論一卷………	2-110
宋史藝文志補一卷……………	1-578
宋四六選二十四卷……………	1-332
宋四六選二十四卷……………	1-332
宋四六選二十四卷……………	1-332
宋四六選二十四卷……………	1-568
宋四六選二十四卷……………	2-235
宋四六選二十四卷……………	2-235
宋四六選二十四卷……………	2-235
宋四六選二十四卷……………	2-402
宋四六叢珠彙選十卷…………	1-138
宋四名家詩四種………………	2-277
宋四家詞選一卷………………	1-344
宋四家詞選不分卷……………	2-267
宋代五十六家詩集五十七種…	1-353
宋代五十六家詩集五十七種…	2-254
宋司馬溫國文正公家範十卷…	1-154
宋地理志圖不分卷……………	1-325
宋百家詩存二十卷……………	1-225
宋百家詩存二十卷……………	2-386
宋朱晦庵先生名臣言行錄前集十卷 後集十四卷續集八卷別集十三卷 外集十七卷 …………………	1-138
宋名臣言行略十二卷…………	1-41
宋名臣言行錄五十八卷………	2-192
宋名臣言行錄外集十七卷……	2-564
宋名臣言行錄別集十三卷……	2-448
宋名臣言行錄前集十卷後集十四卷 續集八卷別集二十六卷外集十七 卷 …………………………	1-322
宋名臣言行錄前集十卷後集十四卷 續集八卷別集二十六卷外集十七 卷 …………………………	2-448
宋名家詞八十九卷……………	1-134
宋名家詞六十一種……………	2-302
宋名家詞六集九十一卷………	1-74
宋州郡志校勘記一卷…………	2-102
宋丞相文山先生全集二十卷…	1-214
宋丞相李忠定公奏議六十九卷	1-28
宋邵康節先生伊川擊壤集十卷	1-19
宋邵康節先生伊川擊壤集九卷集外 詩一卷附洛陽邵氏三世名賢行實 圖像錄 ………………………	1-225
宋林和靖先生詩集四卷省心錄一卷 ……………………………	1-180
宋林和靖先生詩集四卷省心錄一卷 附錄一卷 ……………………	1-36
宋忠定趙周王別錄八卷………	2-252
宋岳忠武王集八卷末一卷……	1-559
宋岳忠武王集八卷末一卷……	2-242
宋金元詞集見存卷目不分卷…	2-545
宋金元詩選六卷………………	1-213
宋金仁山先生遺書十四種……	2-430
宋宗忠簡公集七卷……………	1-353
宋宗忠簡公集七卷……………	1-538
宋宗忠簡公集七卷……………	2-242
宋重修廣韻五卷………………	1-103
宋洪魏公進萬首唐人絕句四十卷目 錄四卷 ………………………	1-38
宋洪魏公進萬首唐人絕句四十卷目 錄四卷 ………………………	1-38
宋洪魏公進萬首唐人絕句四十卷目 錄四卷 ………………………	1-38
宋書一百卷……………………	1-17
宋書一百卷……………………	1-123
宋書一百卷……………………	1-123
宋書一百卷……………………	1-123
宋書一百卷……………………	2-103
宋書一百卷……………………	2-103
宋書一百卷……………………	2-103
宋書一百卷……………………	2-103
宋書一百卷……………………	2-103
宋書一百卷……………………	2-103
宋書一百卷……………………	2-103
宋書一百卷……………………	2-103
宋書文鈔八卷…………………	2-530
宋孫仲益內簡尺牘十卷………	1-220
宋黃文節公文集正集三十二卷首四 卷外集二十四卷首一卷別集十九 卷首一卷……………………	1-507

宋黃文節公外集二十四卷首一卷別集十九卷首一卷 ………………	1-562
宋黃文節公全集正集三十二卷首四卷續集十卷首一卷附一卷外集二十四卷首一卷別集十九卷首一卷 ………………………………	1-507
宋黃獻公周禮說五卷首一卷末一卷 ………………………………	1-268
宋葉文康公禮經會元四卷 ……	2-409
宋葉文康公禮經會元節本四卷	1-276
宋葉文康公禮經會元節本四卷	1-277
宋葉文康公禮經會元節本四卷	1-321
宋葉文康公禮經會元節本四卷	2-55
宋朝事實二十卷 ……………	1-226
宋提刑洗冤集錄五卷 ………	2-69
宋曾文定公集選一卷 ………	2-377
宋稗類鈔八卷 ………………	1-242
宋稗類鈔三十六卷 …………	2-316
宋詩別裁集八卷 ……………	1-352
宋詩別裁集八卷 ……………	1-353
宋詩紀事一百卷 ……………	1-147
宋詩紀事一百卷 ……………	1-147
宋詩紀事一百卷 ……………	1-216
宋詩紀事一百卷 ……………	1-229
宋詩紀事一百卷 ……………	2-308
宋詩紀事補遺一百卷附小傳補正四卷 ………………………………	2-217
宋詩鈔初集八十四種 ………	1-148
宋詩鈔初集八十四種 ………	1-559
宋詩鈔初集八十四種 ………	2-359
宋詩鈔初集八十四種 ………	2-409
宋詩鈔選初集十七種二集二十三種三集二十四種四集二十九種 ………	1-214
宋瑣語不分卷 ………………	1-434
宋鄭所南先生心史七卷 ……	1-71
宋歐陽文忠公集選二卷 ……	2-410
宋賢遺書不分卷 ……………	2-479
宋遼金元菁華錄十卷 ………	2-368
宋劉後村先生集十二卷 ……	1-75
宋論十五卷 …………………	2-110
宋論十五卷 …………………	2-110
宋論十五卷 …………………	2-110
宋論十五卷 …………………	2-111
宋論十五卷 …………………	2-111
宋論十五卷 …………………	2-329
宋學士文集七十五卷 ………	1-9
宋學士文集七十五卷 ………	1-9
宋儒龜山楊先生年譜一卷豫章羅先生年譜一卷延平李先生年譜一卷紫陽朱先生年譜一卷 ………	2-482
宋濂溪周元公先生集十卷 …	1-67
宋徽宗聖濟經十卷 …………	1-111
宋徽宗聖濟經十卷 …………	2-38
宋藝圃集二十二卷 …………	1-45
宋蘇文定公集選一卷 ………	2-368
宋豔十二卷 …………………	1-244
冶金錄三卷 …………………	2-52
冶梅竹譜不分卷 ……………	1-450
初月樓文鈔十卷詩鈔四卷聞見錄十卷續聞見錄十卷 ………	1-359
初月樓四種二十五卷 ………	1-541
初月樓聞見錄十卷 …………	1-220
初白菴詩評三卷 ……………	1-104
初白菴詩評三卷 ……………	2-452
初桄齋詩集二卷 ……………	2-396
初唐四傑文集二十一卷 ……	2-226
初唐四傑文集二十一卷 ……	2-226
初唐四傑文集二十一卷 ……	2-226
初唐四傑集三十七卷 ………	1-145
初唐四傑集三十七卷 ………	2-226
初唐四傑集三十七卷 ………	2-226
初唐四傑集三十七卷 ………	2-226
初潭集十二卷 ………………	1-78
初潭集十二卷 ………………	1-78
初潭集三十卷 ………………	1-32
初潭集三十卷 ………………	1-92
初學行文語類三卷 …………	1-426
初學行文語類三卷 …………	1-454
初學記三十卷 ………………	1-25
初學記三十卷 ………………	1-26
初學記三十卷 ………………	1-26
初學記三十卷 ………………	1-29

初學記三十卷	1－29
初學記三十卷	1－29
初學記三十卷附校勘記	1－185
初學記三十卷附校勘記	1－425
初學記三十卷附校勘記	1－425
初學記三十卷附校勘記	1－450
初學記三十卷附校勘記	1－450
初學記三十卷附校勘記	1－453
初學記三十卷附校勘記	2－4
初學記三十卷附校勘記	2－460
初學晬盤二卷	2－528
初學集二十卷	1－466
初學集二十卷	2－551
初學辨體不分卷	1－509
初學辨體不分卷	2－382
君去有家歸詩一卷附摺呈公函錄一卷	1－498
壯悔堂文集十卷	1－513
壯悔堂文集十卷	2－245
壯悔堂文集十卷	2－546
壯悔堂文集十卷首一卷遺稿一卷四憶堂詩集六卷遺稿一卷	1－513
壯悔堂文集十卷遺稿一卷	1－512
壯悔堂文集十卷遺稿一卷	1－512
壯悔堂文集十卷遺稿一卷	1－513
壯悔堂文集十卷遺稿一卷	1－513
壯悔堂文集十卷遺稿一卷四憶堂詩集六卷	1－513
壯悔堂文集十卷遺稿一卷四憶堂詩集六卷遺稿一卷	1－513
尾蔗叢談四卷	2－8
改正代數備旨補草十三卷	2－458
改良陷人坑六篇	2－598
改良陷人坑六篇	2－598
改良闖王廟一折	2－599
改亭詩集六卷	1－149
阿文成公［那彥成］年譜三十四卷	2－200
阿育王舍利瑞應集一卷	2－442
阿育王舍利瑞應集一卷冠塔號略注一卷	2－32
阿毗達磨法蘊足論十卷	1－522
阿毗達磨法蘊足論十卷	2－30
阿毗達磨界身足論二卷五事毗婆沙論二卷附十八部論一卷部執異論一卷異部宗輪論一卷	2－583
阿毗達磨俱舍論三十卷	1－522
阿毗達磨集異門足論二十卷	1－523
阿毗曇八犍度論三十卷	1－522
阿毗曇八犍度論三十卷	2－30
阿達曼群島志一卷新志一卷	2－187
阿富汗土耳其斯坦志一卷斯坦志一卷斯坦新志一卷土耳基司丹志一卷東土耳基司丹志一卷	1－556
阿彌陀鼓音聲王陀羅尼經一卷	1－523
阿難問事佛吉凶經一卷	1－522
阿難問事佛吉凶經一卷	1－522
附音傍訓句解論語二卷	1－1
附釋文互註禮部韻略五卷	1－299
附釋文互註禮部韻略五卷	1－299
附釋文互註禮部韻略五卷	2－214
附釋音毛詩注疏二十卷附校勘記	1－270
附釋音毛詩注疏二十卷附校勘記	1－270
附釋音毛詩注疏二十卷附校勘記	2－303
附釋音尚書注疏二十卷附校勘記	1－266
附釋音尚書注疏二十卷附校勘記	1－266
附釋音尚書注疏二十卷附校勘記	1－540
附釋音尚書注疏二十卷附校勘記	1－541
附釋音周禮注疏四十二卷附校勘記	2－325
附釋音周禮注疏四十二卷附校勘記	2－328
附釋音周禮注疏四十二卷附校勘記	2－329
附釋音春秋左傳注疏六十卷附校勘記	1－285
附釋音春秋左傳注疏六十卷附校勘記	2－324
附釋音春秋左傳注疏六十卷附校勘記	2－326
附釋音春秋左傳注疏六十卷附校勘記	2－328

記	2-329	
附釋音禮記注疏六十三卷附校勘記	1-277	
附釋音禮記注疏六十三卷附校勘記	1-277	
附釋音禮記注疏六十三卷附校勘記	1-278	
附釋音禮記注疏六十三卷附校勘記	1-278	
附釋音禮記注疏六十三卷附校勘記	2-325	
附釋音禮記注疏六十三卷附校勘記	2-328	
附釋音禮記註疏六十三卷	1-166	
妙法蓮華經七卷	1-531	
妙法蓮華經七卷	1-531	
妙法蓮華經七卷	2-412	
妙法蓮華經大乘懸談不分卷	1-393	
妙法蓮華經文句記三十卷	1-532	
妙法蓮華經文句記三十卷	1-532	
妙法蓮華經文句記三十卷	2-28	
妙法蓮華經四卷	1-79	
妙法蓮華經玄義十卷	1-531	
妙法蓮華經玄義十卷	2-28	
妙法蓮華經玄義節要二卷	1-531	
妙法蓮華經指掌疏七卷附錄一卷	1-531	
妙法蓮華經指掌疏七卷附懸示一卷科判一卷事義一卷	1-532	
妙法蓮華經科註七卷	1-531	
妙法蓮華經珠髻合頌補註七卷	1-141	
妙法蓮華經通義二十卷	1-531	
妙法蓮華經通義二十卷	1-532	
妙法蓮華經臺宗會義十六卷	1-531	
妙法蓮華經臺宗會義十六卷	2-29	
妙法蓮華經觀世音菩薩普門品一卷	2-611	
妙香室叢話十四卷	2-464	
妙香室叢話六卷	1-241	
妙香軒集唐詩五鈔	1-378	
妙絕古今不分卷	1-12	
妙藥神方不分卷	2-557	

邵子湘全集青門簏槀十六卷旅槀六卷賸槀八卷附邵氏家錄二卷	1-229	
邵子湘全集青門簏槀十六卷旅槀六卷賸槀八卷附邵氏家錄二卷	1-229	
邵子湘全集青門簏槀十六卷旅槀六卷賸槀八卷附邵氏家錄二卷	1-229	
邵子湘全集青門簏槀十六卷旅槀六卷賸槀八卷附邵氏家錄二卷	1-498	
邵子湘全集青門簏槀十六卷旅槀六卷賸槀八卷附邵氏家錄二卷	2-333	
邵武徐氏叢書二十三種一百五十一卷	2-423	
邵武徐氏叢書二十三種一百五十一卷	2-546	
邵武徐氏叢書二十三種一百五十一卷	2-546	
邵蟻術詩集八卷	1-112	

八畫

［光緒］奉節縣志三十六卷首一卷	2-162	
［光緒］奉節縣志三十六卷首一卷	2-162	
［光緒］奉節縣志三十六卷首一卷	2-162	
［光緒］奉節縣志三十六卷首一卷	2-579	
武功縣志三卷首一卷	1-206	
武功縣志三卷首一卷	1-206	
武功縣志三卷首一卷	1-222	
武功縣志三卷首一卷	1-542	
武功縣志三卷首一卷	2-137	
武功縣志三卷首一卷	2-140	
武功縣志三卷首一卷	2-140	
武功縣志三卷首一卷	2-140	
武功縣志三卷首一卷	2-140	
武功縣志三卷首一卷	2-291	
武功縣志三卷首一卷	2-434	
［光緒］武功縣續志二卷	2-293	
武夷山志二十四卷	2-293	
武夷山志二十四卷首一卷	2-179	
武夷志畧四卷	1-39	
武英殿本二十三史考證六十七卷	2-75	
武英殿聚珍版書一百三十七種	1-572	

武英殿聚珍版書一百五十八種 ……	1-570
武英殿聚珍版書一百五十八種 ……	1-571
武英殿聚珍版書一百五十八種 ……	2-331
武英殿聚珍版書一百五十八種 ……	2-332
武英殿聚珍版書一百五十八種 ……	2-483
武英殿聚珍版書一百四十八種 ……	2-9
武英殿聚珍版書三十八種 ……	2-11
武英殿聚珍版書五十四種 ……	2-11
武英殿聚珍版書□□種 ……	2-341
武林往哲遺箸五十六種 ……	2-354
武林往哲遺箸五十六種 ……	2-430
武林往哲遺箸五十六種 ……	2-480
武林往哲遺箸後編十種 ……	2-338
武林往哲遺箸後編十種 ……	2-430
武林往哲遺箸後編十種 ……	2-536
武林掌故叢編二十六集一百九十四種六百三十卷 ……	2-372
武林掌故叢編二十六集一百九十四種六百三十卷 ……	2-430
武林藏書錄三卷首一卷末一卷 ……	2-194
武林藏書錄三卷首一卷末一卷 ……	2-194
[光緒湖北咸寧]武昌縣志二十六卷首一卷末一卷 ……	2-145
[乾隆]武岡州志十卷一卷 ……	2-294
武定詩續鈔二十四卷 ……	1-494
武陵山人遺書十二種 ……	2-370
[光緒]武進陽湖縣合志三十六卷首一卷 ……	2-581
[乾隆]武清縣志十二卷首一卷末一卷 ……	2-137
[康熙]武鄉縣志六卷 ……	1-222
[乾隆]武鄉縣志六卷首一卷 ……	1-222
武備地利四卷武備火攻不分卷 ……	2-72
武備志二百四十卷 ……	2-71
武備志二百四十卷 ……	2-391
武備志二百四十卷 ……	2-485
武備志二百四十卷 ……	2-485
武備輯要六卷 ……	1-453
武備輯要續編十二卷 ……	2-367
武備輯要續編十卷 ……	1-453
武溪集二十一卷 ……	1-132

武經七書七種 ……	1-498
武經直解二十五卷附兵法一卷 ……	1-5
武經直解二十五卷附錄一卷 ……	1-31
青田山廬詩鈔二卷詞鈔一卷 ……	2-264
青在堂竹譜二卷 ……	2-276
青村遺稿一卷附錄一卷 ……	1-366
青岑遺稿一卷 ……	1-153
青邱高季迪先生鳧藻集五卷 ……	1-104
青邱高季迪先生鳧藻集五卷 ……	1-366
青邱高季迪先生詩集十八卷遺詩一卷扣舷集一卷附錄一卷鳧藻集五卷首一卷 ……	1-223
青邱高季迪先生詩集十八卷遺詩一卷鳧藻集五卷扣舷集一卷 ……	1-125
青邱高季迪先生詩集十八卷遺詩一卷鳧藻集五卷扣舷集一卷 ……	1-125
青邱高季迪先生詩集十八卷遺詩一卷鳧藻集五卷扣舷集一卷 ……	1-126
青社黃先生伐檀集二卷 ……	1-20
青社黃先生伐檀集二卷 ……	1-20
青門簏稿十六卷 ……	1-561
青門賸稿八卷 ……	1-160
青草堂二集十六卷 ……	1-363
[光緒]青神縣志五十四卷首一卷 ……	2-162
[光緒]青神縣志五十四卷首一卷 ……	2-162
[光緒]青浦縣志三十卷首二卷末一卷 ……	1-543
青陽先生文集六卷 ……	1-12
青陽先生文集六卷附錄二卷 ……	1-12
青陽先生文集六卷附錄二卷 ……	1-12
[光緒]青陽縣志十二卷 ……	2-143
[乾隆]青陽縣志八卷 ……	2-432
青虛山房集十一卷 ……	1-364
青埊山人詩十卷 ……	1-366
青照堂叢書四十三種 ……	2-11
青溪舊屋文集十一卷 ……	1-364
青樓集一卷 ……	1-362
青霞館論畫絕句一卷 ……	2-275
青谿漫稿二十四卷 ……	2-334
青藤山人路史二卷 ……	1-92
青藤書屋文集三十卷 ……	1-506

青藤書屋文集三十卷補遺一卷	1-506	[同治]長興縣志三十二卷	2-433
青蘿館詩六卷	1-31	長離閣集一卷附錄一卷	1-486
青蘿館詩前集四卷續集二卷	1-31	長離閣集一卷附錄一卷	2-262
表異錄二十卷	1-242	卦象大全八卷	1-432
表異錄二十卷	1-243	坤皋鐵筆二卷自序一卷	1-224
表異錄二十卷	1-435	坤皋鐵筆二卷自序一卷	1-225
表異錄二十卷	2-409	坤道師表一卷	1-566
表異錄二十卷	2-411	坤道銘箴一卷	1-565
長生殿傳奇二卷	2-386	坤道歸原不分卷	2-482
長生殿傳奇四卷	2-269	坤輿撮要問答五卷	2-184
長生殿傳奇四卷	2-388	幸魯盛典四十卷	1-155
長白山錄一卷補遺一卷	2-182	幸魯盛典四十卷	2-56
長白山錄一卷補遺一卷	2-548	坡仙集十六卷	1-60
長白山錄一卷補遺一卷隴蜀餘聞一卷廣州遊覽小志一卷	2-182	坡仙集十六卷	1-80
長江集十卷	2-342	坡門酬唱二十三卷	1-341
長江會彙指津圖說志二十卷	2-58	亞拉伯志一卷新志一卷	1-558
長江圖說十二卷	2-176	亞拉伯志一卷新志一卷	2-186
長江圖說十二卷	2-176	亞美利加洲通史十編	2-189
長江礮臺芻議不分卷	1-459	亞美利加洲通史十編	2-189
長安志二十卷圖三卷	2-172	亞細亞洲志不分卷	2-185
長安宮詞一卷	1-486	亞斐利加洲志一卷新志一卷	1-558
長安宮詞一卷	1-486	亞斐利加洲志一卷新志一卷	2-189
[嘉慶]長安縣志三十六卷	1-158	苄園詩錄四卷	2-266
[嘉慶]長安縣志三十六卷	1-141	[道光]茂州志四卷首一卷	2-160
長安獲古編二卷續一卷	1-166	[道光]茂州志四卷首一卷	2-160
長沙方歌括六卷	1-547	[道光]茂州志四卷首一卷	2-161
長沙方歌括六卷	2-544	[道光]茂州志四卷首一卷	2-575
長沙藥解四卷	1-414	茂苑吟秋集不分卷	1-556
長春道教源流八卷荔莊詩存一卷浮山志五卷	1-521	茂林吳氏詩存三十一卷	1-372
長洲二陳先生詩集十四卷	1-103	苗氏說文四種	1-294
長恩書室叢書二十種	2-425	苗氏說文四種	1-294
[道光]長清縣志十六卷首一卷末一卷	2-138	苗氏說文四種	2-209
[道光]長清縣志十六卷首一卷末一卷	2-138	苗氏說文四種	2-209
長短經九卷	1-132	苗防備覽二十二卷	2-173
長短經九卷	1-485	苗防備覽二十二卷	2-483
長寧縣三費章程一卷	2-382	英民史記二卷	2-188
[同治]長興縣志三十二卷	1-542	英台孝歌十篇	2-598
		英台新歌書一折	2-597
		英台新歌書一折	2-597
		英台罵媒一折	2-599
		英台罵媒一折	2-599

英台罵媒一折	2-599
英台罵媒一折	2-600
英台罵媒一折孟姜女哭長城一折改良放牛一折	2-599
英台罵媒一折孟姜女哭長城一折改良放牛一折	2-600
英吉利國志三卷	2-188
英字入門不分卷	1-313
英法政概六卷	1-252
英法政概六卷	1-252
英法義比志譯略四卷	2-188
英政概一卷法政概一卷英藩政概四卷	1-463
英俄印度交涉書一卷續編一卷	2-68
英俄印度交涉書一卷續編一卷	2-68
英俄印度交涉書一卷續編一卷	2-188
英國水師律例四卷	1-460
英國度支考六章	2-58
英國通典二十卷	2-68
英國續議通商行船條約一卷	2-68
英軺日記十二卷(光緒十六年正月十一日至十七年二月三十日)	2-198
英雲夢傳八卷	2-272
英雲夢傳八卷	2-549
英語集全六卷	1-313
英興記二卷首一卷末一卷	2-188
英藩政概四卷	1-252
英藩政概四卷	1-252
茆泮林八種	1-384
范太僕集十四卷	1-38
范氏後漢書批評一百卷	1-31
范氏後漢書批評一百卷	1-31
范文正公言行錄三卷	2-197
范文正公言行錄三卷附年譜言行摘錄一卷	1-382
范文正公忠宣公全集五十九卷	1-16
范文正公政府奏議二卷書牘一卷	1-26
范文正公集二十四卷	1-87
范文正公集十二種	2-241
范文正公集四十八卷	1-382
范文正公集四十八卷	1-382
范文正公集四十八卷	1-382
范文正公褒賢集五卷政府奏議二卷尺牘三卷年譜一卷年譜補遺一卷言行拾遺事錄四卷鄱陽遺事錄一卷遺蹟一卷建立義莊規矩一卷	2-241
范伯子詩集十九卷	2-265
范忠貞公文集五卷首一卷	1-105
范忠宣公文集二十卷	1-87
范忠宣公文集二十卷奏議二卷遺文一卷附錄一卷補編一卷	2-241
范忠宣公文集二十卷奏議二卷遺文一卷附錄一卷補編一卷	2-241
范忠宣公奏議三卷	1-26
范忠宣公集二十卷奏議二卷遺文一卷附錄一卷補編一卷	1-382
范忠宣公集五種二十五卷	1-382
苾芻館詞集六卷	1-368
苾芻館詞集六卷	1-368
苾芻館詞集六卷	2-587
直省釋奠禮樂記六卷首一卷末一卷	1-193
直省釋奠禮樂記六卷首一卷末一卷	1-301
直省釋奠禮樂記六卷首一卷末一卷	2-56
直省釋奠禮樂記六卷首一卷末一卷	2-312
[乾隆]直隸綿州志十九卷	1-221
[光緒]直隸瀘州志十二卷首一卷	2-155
[光緒]直隸瀘州志十二卷首一卷	2-155
[光緒]直隸瀘州志十二卷首一卷	2-577
[道光]直隸定州志二十二卷首一卷	2-137
[乾隆]直隸秦州新志十二卷首一卷末一卷	1-221
[嘉慶]直隸郴州總志(郴縣縣志)四十二卷首二卷末一卷	2-147
[同治]直隸理番廳志六卷首一卷	2-150
[同治]直隸理番廳志六卷首一卷	2-296
[嘉慶]直隸敘永廳志四十八卷	2-167
[乾隆]直隸商州志十四卷首一卷	2-140
直隸督院答覆諮議局案并咨行文件	

| 彙編不分卷 …………………… 1-462
[同治]直隸綿州志五十五卷 ……… 2-153
[同治]直隸綿州志五十五卷 ……… 2-153
[嘉慶]直隸綿州志五十四卷 ……… 2-153
[道光]直隸霍州志二十五卷首一卷
　　　　　　　　　　　　　…… 2-139
[嘉慶]直隸瀘州志十二卷 ………… 2-290
直講李先生文集三十七卷外集三卷
　年譜一卷 ………………………… 1-37
直齋書錄解題二十二卷 …………… 1-195
直齋書錄解題二十二卷 …………… 1-575
直齋書錄解題二十二卷 …………… 1-575
直齋書錄解題二十二卷 …………… 1-575
直齋書錄解題二十二卷 …………… 2-394
直齋書錄解題二十二卷 …………… 2-558
苕溪漁隱叢話前集六十卷後集四十
　卷 ………………………………… 2-305
茅鹿門先生文集三十六卷 ………… 1-49
茅鹿門集八卷 ……………………… 1-229
茅鹿門傳稿不分卷 ………………… 1-373
枉川全集六種三十三卷 …………… 2-286
林子全集□□卷 …………………… 1-60
林外野言二卷補遺一卷 …………… 1-372
林和靖先生詩集四卷 ……………… 1-372
林和靖先生詩集四卷省心錄一卷 … 1-192
林和靖詩集四卷拾遺一卷 ………… 1-192
林和靖詩集四卷拾遺一卷 ………… 1-372
林和靖詩集四卷拾遺一卷 ………… 1-372
林居集十二卷 ……………………… 1-69
林間錄二卷 ………………………… 1-398
林間錄二卷 ………………………… 2-31
林登州遺集二十三卷附錄一卷 …… 1-69
林蕙堂文集十二卷 ………………… 1-182
林嚴文鈔四卷 ……………………… 1-372
林嚴文鈔四卷 ……………………… 1-372
枝山文集四卷 ……………………… 1-372
枝山文集四卷 ……………………… 2-243
板橋全集六卷 ……………………… 1-377
板橋全集六編 ……………………… 2-333
板橋集六卷 ………………………… 1-105
板橋集六卷 ………………………… 1-216

板橋集六卷 ………………………… 1-377
板橋集六卷 ………………………… 1-377
板橋集六卷 ………………………… 2-287
板橋集六卷 ………………………… 2-287
板橋集六卷 ………………………… 2-287
板橋集六卷 ………………………… 2-287
板橋集六卷 ………………………… 2-287
板橋集六卷 ………………………… 2-333
板橋集六卷 ………………………… 2-368
板橋集六卷 ………………………… 2-529
板橋集六卷 ………………………… 2-529
板橋集六卷 ………………………… 2-529
板橋集六編 ………………………… 1-105
板橋集六編 ………………………… 1-377
板橋集六編 ………………………… 1-377
板橋集六編 ………………………… 2-287
板橋集六編 ………………………… 2-529
板橋雜記三卷 ……………………… 1-362
來生福彈詞三十六回 ……………… 2-528
來禽館集二十九卷 ………………… 1-154
[同治]來鳳縣志三十卷首一卷末一
　卷 ………………………………… 2-146
來瞿唐先生日錄內篇六卷外篇七卷 … 2-9
來瞿唐先生易注十五卷首一卷末一
　卷 ………………………………… 2-18
來瞿唐先生易註十五卷首一卷末一
　卷 ………………………………… 1-262
來瞿唐先生易註十五卷首一卷末一
　卷 ………………………………… 1-262
來瞿唐先生易註十五卷首一卷末一
　卷 ………………………………… 1-262
來瞿唐先生易註十五卷首一卷末一
　卷 ………………………………… 2-320
來瞿唐先生易註十五卷首一卷末一
　卷 ………………………………… 2-320
來瞿唐先生易註十五卷首一卷末一
　卷附圖像一卷 …………………… 2-351
來瞿唐先生易註十五卷首一卷末一
　卷圖像一卷 ……………………… 1-262
松月山莊詩鈔十四卷 ……………… 2-263
松月山莊詩鈔十四卷 ……………… 2-442

松心十集三十七卷 ……………	1－380
［嘉慶］松江府志八十四卷首二卷 …	2－141
［嘉慶］松江府志八十四卷首二卷 …	2－141
［嘉慶］松江府志八十四卷首二卷圖一卷 ……………………	2－575
［光緒］松江府續志四十卷首一卷圖一卷 ……………………	2－141
松花菴全集十二卷 ………………	1－380
松花菴全集十二卷 ………………	1－380
松厓文稿一卷松厓文稿次編一卷蘭山詩草一卷松花菴詩草一卷松花菴遊草一卷松花菴逸草一卷松花菴詩餘一卷松花菴律古一卷律古續稿一卷松花菴集唐一卷韻史一卷 ………………………………	1－227
松門集不分卷 ……………………	1－130
松風老屋詩稿十二卷續稿四卷詩餘續稿一卷 ………………………	2－288
松風閣指法二卷 …………………	1－232
松風閣琴譜二卷 …………………	1－232
松風閣琴譜二卷附指法一卷抒懷操一卷 ………………………………	2－396
松風閣琴譜不分卷 ………………	1－232
松風閣詩鈔二十六卷 ……………	2－264
松風餘韻五十卷末一卷 …………	2－567
松冠山人自訂年譜二卷 …………	2－200
松桂堂全集三十七卷 ……………	1－151
松桂堂全集三十七卷南泩集三卷延露詞三卷 ……………………	2－517
松峰說疫七卷 ……………………	2－43
松陵集十卷 ………………………	1－77
松陵集十卷 ………………………	1－77
松雪齋集十卷外集一卷 …………	1－169
松雪齋集十卷外集一卷 …………	1－174
松陽講義十二卷 …………………	1－145
松陽講義十二卷 …………………	1－258
松陽講義十二卷 …………………	1－258
松陽講義十二卷 …………………	1－258
松陽講義十二卷 …………………	1－464
松鄉先生文集十卷 ………………	1－64
松鄉先生文集十卷 ………………	1－560

松絃館琴譜二卷 …………………	1－179
松蔭精舍文集三卷詩集一卷 ……	1－380
松園印譜一卷 ……………………	1－216
松筠閣鈔異三卷 …………………	1－244
松壽堂詩鈔十卷 …………………	1－380
松聲池館詩存四卷 ………………	1－380
松聲池館詩存四卷 ………………	2－261
杭大宗七種叢書十八卷 …………	1－228
杭氏七種 …………………………	1－374
杭氏七種 …………………………	1－374
杭氏七種 …………………………	2－493
杭州藏書樓書目一卷 ……………	2－1
杭州藝文志十卷 …………………	1－578
杭州藝文志十卷 …………………	1－578
杭俗遺風不分卷 …………………	2－56
杭諺詩一卷 ………………………	1－192
述古堂文集十二卷 ………………	1－355
述古堂藏書目四卷 ………………	2－557
述古叢鈔二十六種 ………………	2－11
述古叢鈔二十六種 ………………	2－11
述古叢鈔二十六種 ………………	2－423
述古叢鈔□□種 …………………	2－409
述玄一卷 …………………………	1－23
述記三十四種 ……………………	1－456
述記三十四種 ……………………	2－324
述記三十四種 ……………………	2－325
述記不分卷 ………………………	2－390
述異記二卷 ………………………	1－209
述異記二卷 ………………………	2－272
述學內篇三卷外篇一卷補遺一卷別錄一卷 ……………………	1－104
述學內篇三卷補遺一卷外篇一卷別錄一卷 ……………………	2－246
述學內篇三卷補遺一卷外篇一卷別錄一卷附錄一卷校勘記一卷 ………	1－355
述學內篇三卷補遺一卷外篇一卷別錄一卷附錄一卷校勘記一卷 ………	1－428
述學內篇三卷補遺一卷外篇一卷別錄一卷附錄一卷校勘記一卷 ………	1－449
述學內篇三卷補遺一卷外篇一卷別錄一卷附錄一卷校勘記一卷 ………	1－449

述學內篇三卷補遺一卷外篇一卷別
　　錄一卷附錄一卷校勘記一卷……… 2－246
述學內篇三卷補遺一卷外篇一卷別
　　錄一卷附錄一卷校勘記一卷……… 2－324
枕中書一卷……………………………… 2－339
枕葄齋詩經問答十四卷 ………………… 1－271
枕葄齋詩經問答十四卷 ………………… 1－271
枕善堂尺牘一隅二十卷 ………………… 1－486
枕經山房詩餘□□卷 …………………… 2－453
枕經山房詩餘□□卷 …………………… 2－453
東三省政略十二卷 ……………………… 2－72
東三省輿地圖說一卷附錄一卷 ………… 2－357
東山堂集八卷 …………………………… 2－246
東文典問答十三章 ……………………… 2－215
東方兵事紀略六卷 ……………………… 1－249
東方兵事紀略六卷 ……………………… 1－448
東方兵事紀略六卷 ……………………… 2－122
［光緒］東平州志二十七卷首編一卷
　　………………………………………… 2－138
東北邊防輯要二卷 ……………………… 2－357
東西洋考十二卷 ………………………… 2－184
東西學書錄總敘二卷 …………………… 2－6
東江家藏集四十二卷附錄一卷 ………… 1－13
東村集十卷 ……………………………… 1－107
東里文集二十五卷別集不分卷 ………… 1－366
東里文集二十五卷詩集三卷續集六
　　十二卷別集四卷附錄四卷 ………… 1－27
東里生燼餘集三卷 ……………………… 1－367
東谷集七種五十一卷 …………………… 1－219
東坡文選二十卷 ………………………… 1－83
東坡文選二十卷 ………………………… 1－83
東坡文選六卷 …………………………… 1－157
東坡先生年譜一卷 ……………………… 1－80
東坡先生年譜一卷 ……………………… 1－80
東坡先生全集七十五卷 ………………… 1－78
東坡先生全集七十五卷 ………………… 1－142
東坡先生全集七十五卷 ………………… 1－142
東坡先生全集七十五卷 ………………… 2－377
東坡先生志林五卷 ……………………… 1－84
東坡先生詩集註三十二卷 ……………… 1－138
東坡先生編年詩五十卷 ………………… 1－150

東坡先生編年詩五十卷 ………………… 1－150
東坡先生編年詩五十卷年表一卷 ……… 1－212
東坡全集一百十五卷目錄七卷 ………… 1－91
東坡全集一百十五卷目錄七卷 ………… 1－140
東坡全集八十四卷目錄二卷 …………… 1－342
東坡和陶合箋四卷 ……………………… 2－259
東坡和陶合箋四卷 ……………………… 2－259
東坡集十六卷 …………………………… 1－60
東坡集十六卷後集二十卷奏議十五
　　卷內制集十卷樂語一卷外制集三
　　卷應詔集十卷續集十二卷 ………… 1－4
東坡集八十四卷 ………………………… 2－283
東坡集四十卷後集二十卷奏議十五
　　卷外制集三卷內制集十卷附樂語
　　一卷應詔集十卷續集十二卷附校
　　記二卷 ……………………………… 2－558
東坡集四十卷後集二十卷奏議十五
　　卷外制集三卷內制集十卷樂語一
　　卷應詔集十卷續集十二卷附校記
　　二卷東坡先生年譜一卷 …………… 1－189
東坡集選五十卷 ………………………… 1－140
東坡詩選十二卷 ………………………… 1－80
東坡詩選十二卷 ………………………… 1－80
東坡詩選十二卷 ………………………… 2－500
東坡樂府二卷 …………………………… 1－363
東坡樂府三卷 …………………………… 1－363
東坡樂府三卷 …………………………… 2－586
東坡題跋二卷 …………………………… 2－487
東林本末三卷 …………………………… 2－117
東林同難列傳一卷附錄一卷 …………… 1－184
東林同難錄一卷 ………………………… 2－193
東征集六卷 ……………………………… 2－411
東周列國全志一百八回 ………………… 1－185
東周列國全志二十一卷一百八回 ……… 2－487
東周列國全志二十三卷 ………………… 1－201
東周列國全志二十三卷 ………………… 2－272
東周列國全志二十三卷 ………………… 2－272
東周列國全志二十三卷 ………………… 2－310
東周列國全志二十三卷一百八回 ……… 1－235
東周列國全志二十三卷一百八回 ……… 1－238
東周列國全志二十三卷一百八回 ……… 1－238

| 東周列國全志二十三卷一百八回 …… 1-238
| 東周列國全志二十三卷一百八回 …… 2-314
| 東周列國全志二十三卷一百八回 …… 2-314
| 東周列國全志二十三卷一百八回 …… 2-448
| 東周列國全志二十三卷一百八回 …… 2-492
| 東周列國全志二十三卷一百八回 …… 2-499
| 東周列國全志二十三卷一百八回 …… 2-544
| 東周列國全志二十三卷一百八回訂
　　正東周列國志善本封建地圖考一
　　卷 …………………………………… 2-492
| 東周列國志二十七卷首一卷 ……… 2-545
| 東河奏稿一卷江蘇奏稿八卷湖廣奏
　　稿五卷使粵奏稿八卷兩廣奏稿四
　　卷陝甘奏稿一卷雲貴奏稿十卷 … 2-127
| 東河奏稿一卷江蘇奏稿八卷湖廣奏
　　稿五卷使粵奏稿八卷兩廣奏稿四
　　卷陝甘奏稿一卷雲貴奏稿十卷 … 2-127
| 東河奏稿一卷江蘇奏稿八卷湖廣奏
　　稿五卷使粵奏稿八卷兩廣奏稿四
　　卷陝甘奏稿一卷雲貴奏稿十卷 … 2-128
| 東河奏稿一卷江蘇奏稿八卷湖廣奏
　　稿五卷使粵奏稿八卷兩廣奏稿四
　　卷陝甘奏稿一卷雲貴奏稿十卷 … 2-128
| 東河奏稿一卷江蘇奏稿八卷湖廣奏
　　稿五卷使粵奏稿八卷兩廣奏稿四
　　卷陝甘奏稿一卷雲貴奏稿十卷附
　　滇輶紀程一卷荷戈紀程一卷政書
　　蒐遺一卷 ………………………… 2-128
| 東垣十書 …………………………… 1-549
| 東垣十書 ……………………………… 2-39
| 東垣十書 …………………………… 2-502
| 東垣十書 …………………………… 2-502
| 東垣十種醫書附二種 ……………… 2-314
| 東垣先生此事難知集二卷 ………… 1-409
| 東垣先生此事難知集二卷 ………… 2-560
| 東南紀事十二卷 …………………… 2-118
| 東南海島圖經十卷 ………………… 2-349
| 東洋史要二卷 ……………………… 1-323
| 東洋史要二卷 ……………………… 2-356
| 東洋史要四卷 ……………………… 2-496
| 東洲艸堂文鈔二十卷 ……………… 2-493

| 東洲草堂文鈔二十卷 ……………… 1-363
| 東洲草堂文鈔二十卷附眠琴閣遺文
　　一卷遺詩二卷浣月樓遺詩二卷 … 1-364
| 東洲草堂詩鈔三十卷附詩餘一卷 … 1-363
| 東洲草堂詩選十一卷 ……………… 1-363
| 東都事略一百三十卷 ……………… 1-145
| 東都事略一百三十卷 ……………… 1-168
| 東都事略一百三十卷 ……………… 2-109
| 東都事略一百三十卷 ……………… 2-109
| 東都事略一百三十卷 ……………… 2-109
| 東都事略一百三十卷 ……………… 2-109
| 東都事略一百三十卷 ……………… 2-109
| 東都事略一百三十卷 ……………… 2-109
| 東都事略一百三十卷 ……………… 2-109
| 東都事略一百三十卷 ……………… 2-386
| 東都事略一百三十卷 ……………… 2-481
| 東華錄一百九十四卷(天命至雍正)
　　…………………………………… 2-119
| 東華錄一百九十四卷(天命至雍正)
　　…………………………………… 2-119
| 東華錄一百九十四卷續錄三百三十
　　卷(天命至同治) ………………… 2-119
| 東華錄十六卷 ……………………… 1-114
| 東華錄八卷 ………………………… 2-469
| 東華錄八卷 ………………………… 2-469
| 東華錄三十二卷 …………………… 2-120
| 東華錄三十二卷 …………………… 2-120
| 東華錄三十二卷 …………………… 2-120
| 東華錄三十二卷 …………………… 2-469
| 東華錄三十二卷 …………………… 2-469
| 東華錄三十二卷 …………………… 2-469
| 東華錄詳節二十四卷 ……………… 2-120
| 東華錄擎要一百十四卷 …………… 2-120
| 東華錄擎要一百十四卷 …………… 2-468
| 東華錄擎要一百十四卷 …………… 2-497
| 東華續錄一百卷(同治) …………… 2-119
| 東華續錄一百卷(同治) …………… 2-119
| 東華續錄一百卷(同治) …………… 2-322
| 東華續錄一百卷(同治) …………… 2-468
| 東華續錄一百卷(同治) …………… 2-468

東華續錄一百卷(同治)	2-468
東華續錄一百卷(同治)	2-469
東華續錄一百卷(咸豐)	2-119
東華續錄二百二十卷(光緒)	2-120
東華續錄二百二十卷(光緒)	2-468
東華續錄二百二十卷(光緒)	2-468
東華續錄二百三十卷(乾隆至道光)	2-119
東華續錄六十九卷(咸豐)	2-468
東華續錄六十九卷(咸豐)	2-468
東莊吟稿不分卷	1-364
東軒吟社畫像附記傳題跋不分卷	1-454
東原錄一卷	2-354
東晉南北朝輿地表二十四卷	2-135
東晉疆域志四卷	2-131
東晉疆域志四卷	2-131
東晉疆域圖九卷	1-325
東晉疆域圖九卷	1-539
東晉疆域圖九卷	1-539
東郭記二卷四十四齣	1-226
東海半人詩鈔二十四卷	1-166
東萊先生古文關鍵二卷	1-199
東萊先生古文關鍵二卷	2-224
東萊先生古文關鍵二卷	2-224
東萊先生左氏博議二十五卷	1-365
東萊先生左氏博議二十五卷	2-89
東萊先生左氏博議二十五卷	2-89
東萊先生左氏博議二十五卷	2-94
東萊先生左氏博議二十五卷	2-480
東萊先生左氏博議二十五卷	2-480
東萊先生左氏博議二十五卷	2-559
東萊先生東漢詳節三十卷	2-588
東萊先生音注唐鑑二十四卷	1-6
東萊先生音注唐鑑二十四卷	1-129
東萊先生音註唐鑑二十四卷	2-108
東萊先生音註唐鑑二十四卷	2-108
東萊先生詩律武庫後集十五卷	1-163
東萊呂氏西漢精華十四卷東漢精華十四卷	1-28
東萊博議四卷	2-89
東萊博議四卷	2-89
東萊博議四卷附增補虛字注釋一卷	2-492
東萊博議四卷附增補虛字註釋一卷	2-94
東堂集十卷	1-114
東望望閣詩鈔十四集	1-161
東嵒艸堂評訂唐詩鼓吹十卷	1-147
東嵒艸堂評訂唐詩鼓吹十卷	2-519
東嵒艸堂評訂唐詩鼓吹十卷	2-519
東嵒艸堂評訂唐詩鼓吹十卷	2-380
東皋草堂叢書□□種	2-429
東皋詩餘四卷	1-152
東遊偶識一卷	2-186
東湖艸堂賦鈔初集四卷二集四卷三集四卷四集四卷	2-403
東槎紀略五卷	2-124
東槎紀略五卷	2-124
東槎雜著不分卷海外同人集二卷歸省贈言一卷墨江修禊詩一卷	1-367
東園語錄二卷	1-395
東廓鄒先生遺稿十一卷	1-86
東塾集六卷申范一卷	1-363
東塾集六卷申范一卷	2-250
東塾集六卷附申范一卷	1-363
東塾遺書四種	2-278
東塾讀書記二十五卷	1-420
東塾讀書記二十五卷	1-420
東塾讀書記二十五卷	1-420
東塾讀書記二十五卷	1-420
東塾讀書記二十五卷	1-420
東塾讀書記二十五卷	1-420
東塾讀書記二十五卷	1-420
東塾讀書記二十五卷	1-443
東塾讀書記二十五卷	2-6
東塾讀書記二十五卷	2-6
東塾讀書記二十五卷	2-6
東塾讀書記十五卷	1-425
東塾讀書記十五卷	1-425
東漢文二十卷	2-449
東漢文鑑二十卷	1-87
東漢史刪三十三卷	1-59
東漢會要四十卷	2-62

東漢會要四十卷	2－62
東漢會要四十卷	2－62
東維子集三十一卷	1－114
東壁山房四書體註合講十九卷	1－255
東嶽延生保命妙經一卷太上老君說城隍消災集福妙經一卷	1－565
東醫寶鑑二十三卷	2－485
東醫寶鑑二十三卷目錄二卷	2－485
東醫寶鑑內景篇四卷外形篇四卷雜病篇十一卷湯液篇三卷針灸篇一卷目錄二卷	2－38
東醫寶鑑鍼灸篇二卷	1－550
東麓堂稿不分卷	2－356
東廬吟草一卷	1－367
東瀛草一卷	2－266
東瀛草不分卷	1－366
東鷗詞不分卷	1－178
東觀集七卷	1－112
東觀漢記二十四卷	2－100
東觀漢記二十四卷	2－332
東觀漢記二十四卷	2－484
東觀餘論二卷	1－175
東觀餘論四卷	1－45
東籬中正不分卷	1－170
臥龍崗志二卷	1－161
臥雲樓琴譜八卷指法二卷	1－234
臥龍崗志二卷	1－223
臥龍崗志二卷	2－177
事物考八卷	1－11
事物紀原二十卷	1－3
事物紀原集類十卷	1－5
事物異名錄四十卷	2－361
事類賦三十卷	1－11
事類賦三十卷	1－180
事類賦三十卷	1－207
事類賦三十卷	1－207
事類賦三十卷	1－367
事類賦三十卷	1－367
事類賦三十卷	1－428
事類賦三十卷	1－456
事類賦三十卷	2－459
事類賦三十卷	2－494
事類賦補遺十四卷	2－353
事類賦補遺十四卷	2－494
事類賦補遺十四卷	2－527
兩山墨談十八卷	1－245
兩宋名賢小集三百六十六卷	1－111
兩京遺編十二種七十三卷	1－43
兩京遺編十二種七十三卷	1－43
兩晉南北史合纂四十卷	1－43
兩晉清談十二卷	1－238
兩般秋雨盦詩選一卷	2－338
兩般秋雨盦隨筆八卷	1－241
兩般秋雨盦隨筆八卷	1－241
兩般秋雨盦隨筆八卷	1－241
兩般秋雨盦隨筆八卷	1－241
兩般秋雨盦隨筆八卷	1－241
兩般秋雨盦隨筆八卷	1－241
兩般秋雨盦隨筆八卷	2－339
兩浙名賢錄五十四卷外錄八卷	1－66
兩浙名賢錄六十二卷	2－492
兩浙金石志十八卷補遺一卷	2－203
兩浙金石志十八卷補遺一卷	2－203
兩浙輶軒錄四十卷補遺十卷	1－489
兩浙輶軒錄四十卷補遺十卷	2－255
兩浙輶軒續錄五十四卷補遺六卷	1－489
兩浙輶軒續錄五十四卷補遺六卷	2－255
兩浙鹽法續纂備考十二卷	2－340
兩得新知四卷	1－321
兩淮鹽法志五十六卷首四卷	2－437
兩淮鹽法志五十六卷首四卷	2－564
兩淮鹽法志五十六卷首四卷	2－564
兩朝剝復錄六卷附先撥志始二卷	2－117
兩朝御批資治通鑑二百九十四卷敘錄三卷	2－78
兩朝御批資治通鑑二百九十四卷敘錄三卷	2－78
兩湖書院課程不分卷	1－252
兩湖書院課程地理學不分卷	1－538
兩湖書院輿地課程六卷	1－252
兩湖書院輿地課程六卷	1－252
兩當軒集二十二卷	1－492

兩當軒集二十二卷	1-537
兩當軒集二十二卷	2-247
兩當軒集二十二卷	2-589
兩當軒集二十卷	1-115
兩當軒集二十卷	1-492
兩當軒集二十卷	1-492
兩當軒集二十卷	1-492
兩當軒詩鈔十四卷竹眠詞鈔二卷	2-262
兩當軒詩鈔十四卷悔存詞鈔二卷	1-492
兩當軒詩鈔十四卷悔存詞鈔二卷	1-492
兩廣鹽法志三十五卷	1-114
兩廣鹽法志三十五卷	2-315
兩漢三國學案十一卷	2-18
兩漢文選不分卷	1-51
兩漢文選四十卷	1-70
兩漢文選四十卷	1-70
兩漢刊誤補遺十卷	1-252
兩漢刊誤補遺十卷	2-98
兩漢刊誤補遺十卷	2-98
兩漢刊誤補遺不分卷	1-575
兩漢金石記二十二卷	2-202
兩漢紀六十卷	1-24
兩漢紀六十卷	1-24
兩漢紀六十卷	1-28
兩漢紀字句異同考一卷	1-165
兩漢紀字句異同考一卷	1-228
兩漢書文選二卷	1-568
兩漢書抄十六卷	1-23
兩漢書抄十六卷	1-24
兩漢博聞十二卷	1-27
兩漢博聞十二卷	1-27
兩漢策要十二卷	2-62
兩漢策要十二卷	2-365
兩漢策要十二卷	2-545
兩漢雋言十六卷	1-82
兩漢蒙拾前漢三卷後漢二卷	1-247
兩罍軒彝器圖釋十二卷	2-205
兩罍軒彝器圖釋十二卷	2-206
雨村詩話十六卷	1-498
雨巖詩文集不分卷	1-133
協律鉤元四卷附外集一卷	2-258
郁崑殿試冊不分卷	1-190
郁謝麻科合璧不分卷	1-406
郁謝麻科合璧不分卷	1-550
郁謝麻科合璧不分卷	1-554
郁鄢山房集詩存八卷駢文二卷疏草二卷文略二卷	2-251
郁鄢山房詩存八卷駢文二卷疏草二卷文略二卷甕天瑣錄一卷	1-376
郁鄢山房駢文二卷詩存八卷	2-373
奇方類編二卷	1-410
奇方纂要一卷	2-47
奇門五總龜□□卷	2-538
奇門通書大全四卷	1-424
奇門遁甲秘笈大全三十卷	2-457
奇門遁甲統宗十二卷	1-425
奇門遁甲統宗十二卷	2-72
奇門遁甲闡秘發微三卷	2-396
奇姓通十四卷	1-67
奇觚室吉金文述二十卷首一卷	2-204
奇觚室樂石文述十二卷	2-531
奇經八脈考一卷	2-41
奇經八脈考一卷	2-482
奇經八脈考一卷校正瀕湖脈學一卷	2-41
奇經八脈考一卷校正瀕湖脈學一卷	2-450
拔一切業障根本得生淨土神咒一卷	1-523
拍案驚奇三十六卷	2-272
抱朴子內篇二十卷外篇五十卷附篇十卷	1-448
抱朴子內篇二十卷外篇五十卷附篇十卷	2-23
抱朴子內篇四卷	1-458
抱朴子內篇四卷	1-458
抱朴子內篇四卷外篇四卷	1-458
抱素堂詩六卷補遺一卷	1-364
抱桐軒文集三卷	1-179
抱桐軒文集三卷	1-180
抱經堂叢書十七種二百七十一卷	2-416
抱潤軒文集十卷	1-363
抱潤軒文集十卷	1-363

抱犢山房集六卷 … 1-105
抱犢山房集六卷 … 1-364
拙修集十卷 … 1-363
拙尊園叢稿六卷 … 1-363
拙尊園叢稿六卷 … 1-363
拙尊園叢稿六卷 … 1-363
拙尊園叢稿六卷 … 2-252
拙尊園叢稿六卷 … 2-252
招隱居二卷附火坑蓮一卷 … 2-491
披薹漫筆十八卷 … 1-455
卓吾先生批評龍谿王先生語錄鈔八
　卷 … 1-42
卓珂月先生全集十六卷 … 1-72
虎鈐經二十卷 … 1-88
虎鈐經二十卷 … 2-71
尚友錄二十二卷 … 1-65
尚友錄二十二卷 … 1-201
尚友錄二十二卷 … 1-417
尚友錄二十二卷 … 2-190
尚友錄二十二卷 … 2-190
尚友錄二十二卷 … 2-190
尚友錄二十二卷補遺一卷 … 2-390
尚友錄二十二卷續集二十二卷 … 1-446
尚史七十卷 … 1-185
尚史七十卷 … 1-229
尚史七十卷 … 2-91
尚史七十卷 … 2-367
尚史七十卷 … 2-369
尚史七十卷 … 2-519
尚白齋鐫陳眉公寶顏堂秘笈十五種
　四十七卷 … 1-35
尚書二卷 … 1-266
尚書十三卷 … 1-265
尚書十三卷 … 1-539
尚書三十卷 … 1-266
尚書大傳三卷 … 1-266
尚書大傳四卷考異一卷補遺一卷續
　補遺一卷 … 1-266
尚書大傳四卷考異一卷補遺一卷續
　補遺一卷 … 1-266
尚書大傳四卷考異一卷補遺一卷續

補遺一卷 … 1-266
尚書大傳四卷補遺一卷 … 2-354
尚書大傳四卷補遺一卷續補遺一卷
　 … 2-404
尚書大傳四卷補遺一卷續補遺一卷
　考異一卷 … 1-266
尚書大傳四卷補遺一卷續補遺一卷
　考異一卷 … 2-522
尚書大傳補注七卷 … 1-266
尚書大傳補注七卷 … 2-92
尚書日記十六卷 … 1-32
尚書日記十六卷 … 1-32
尚書日記十六卷 … 1-68
尚書中候疏證不分卷 … 1-266
尚書今注音疏十二卷末一卷外編一
　卷 … 1-100
尚書六卷 … 1-189
尚書六卷 … 1-202
尚書六卷 … 1-265
尚書六體遺範□□卷 … 2-387
尚書孔傳參證三十六卷 … 1-266
尚書孔傳參證三十六卷 … 1-267
尚書古文疏證八卷附朱子古文書疑
　一卷 … 1-267
尚書古文疏證八卷附朱子古文書疑
　一卷 … 1-267
尚書考異六卷 … 1-192
尚書考異六卷 … 1-265
尚書考異六卷 … 1-265
尚書因文六卷首一卷 … 1-266
尚書注疏二十卷 … 1-63
尚書注疏二十卷 … 1-63
尚書注疏二十卷 … 1-265
尚書注疏二十卷 … 2-320
尚書注疏十九卷附考證 … 1-266
尚書軌範撮要圖不分卷 … 2-520
尚書要義二十卷 … 1-266
尚書後案三十卷後辨附一卷 … 1-156
尚書後案三十卷後辨附一卷 … 1-156
尚書後案三十卷後辨附一卷 … 1-266
尚書後案三十卷後辨附一卷 … 1-266

尚書後案三十卷後辨附一卷 …… 1－266	味經山館文鈔四卷 …… 1－477
尚書後案三十卷後辨附一卷 …… 1－266	味經山館詩鈔六卷 …… 1－477
尚書後案三十卷後辨附一卷 …… 2－329	味經得雋齋律賦不分卷 …… 1－478
尚書後案駁證二卷 …… 1－322	味餘書室全集定本四十卷隨筆二卷
尚書集注述疏三十二卷首一卷末二	目錄四卷 …… 1－477
卷附錄讀書堂答問一卷 …… 2－92	味餘書室全集定本四十卷隨筆二卷
尚書註疏二十卷 …… 1－119	目錄四卷 …… 2－313
尚書箋三十卷 …… 2－338	[道光]昆明縣志十卷 …… 2－169
尚書離句六卷 …… 1－265	[道光]昆明縣志十卷 …… 2－169
尚書離句六卷 …… 1－265	[道光]昆明縣志十卷 …… 2－169
尚書離句六卷 …… 2－395	[道光]昆明縣志十卷 …… 2－578
尚書證義二十八卷 …… 1－173	[道光]昆明縣志十卷 …… 2－578
尚書釋天六卷 …… 1－101	昌江性學述筆貫珠十二卷 …… 2－316
尚書顧命解一卷 …… 1－276	昌谷集四卷 …… 1－78
尚絅堂詩集五十二卷駢體文二卷 …… 1－502	昌谷集四卷 …… 1－79
尚絅堂駢體文二卷 …… 1－502	昌黎先生集四十卷 …… 1－194
尚絅廬詩存二卷 …… 2－264	昌黎先生集四十卷 …… 2－258
尚論後篇四卷 …… 1－403	昌黎先生集四十卷外集十卷 …… 2－240
尚論後篇四卷 …… 1－403	昌黎先生集四十卷外集十卷 …… 2－240
尚論前篇四卷後篇四卷 …… 1－412	昌黎先生集四十卷外集十卷遺文一
尚論張仲景傷寒論重編三百九十七	卷 …… 1－44
法二卷首一卷 …… 1－403	昌黎先生集四十卷外集十卷遺文一
尚論張仲景傷寒論重編三百九十七	卷 …… 1－44
法二卷首一卷 …… 1－403	昌黎先生集四十卷外集十卷遺文一
尚論張仲景傷寒論重編三百九十七	卷 …… 1－44
法二卷首一卷後篇四卷 …… 1－403	昌黎先生集四十卷外集十卷遺文一
尚論張仲景傷寒論重編三百九十七	卷 …… 1－63
法二卷首一卷後篇四卷 …… 1－552	昌黎先生集四十卷外集十卷遺文一
尚論張仲景傷寒論重編三百九十七	卷 …… 1－96
法二卷首一卷後篇四卷 …… 1－553	昌黎先生集四十卷外集十卷遺文一
尚論張仲景傷寒論重編三百九十七	卷 …… 1－97
法二卷首一卷後篇四卷 …… 1－554	昌黎先生集四十卷外集十卷遺文一
尚論篇四卷首一卷 …… 1－164	卷 …… 1－328
尚論篇四卷首一卷後篇四卷 …… 1－550	昌黎先生集四十卷外集十卷遺文一
尚論篇四卷首一卷後篇四卷 …… 2－559	卷 …… 1－328
具呈舉人蕭德驊爲恭疏詩義證明易	昌黎先生集四十卷外集十卷遺文一
蘊呈請代一卷 …… 2－389	卷 …… 1－328
具區志十六卷 …… 1－158	昌黎先生集四十卷外集十卷遺文一
果樹栽培總論一卷 …… 2－50	卷 …… 1－328
味辛堂詩鈔一卷翠聲閣詩鈔一卷 …… 2－263	昌黎先生集四十卷外集十卷遺文一
味雪齋文鈔乙集八卷 …… 1－330	卷 …… 1－328

書名	頁碼
昌黎先生集四十卷外集十卷遺文一卷	1－328
昌黎先生集四十卷外集十卷遺文一卷	1－328
昌黎先生集四十卷外集十卷遺文一卷	1－329
昌黎先生集四十卷附遺文一卷	1－328
昌黎先生集四十卷遺文一卷	1－328
昌黎先生集四十卷遺文一卷	1－328
昌黎先生集四十卷遺文一卷	2－454
昌黎先生詩集注十一卷	1－168
昌黎先生詩集注十一卷	1－329
昌黎先生詩集注十一卷	1－329
昌黎先生詩集注十一卷	2－258
昌黎先生詩集注十一卷年譜一卷	1－214
昌黎先生詩集註十一卷本傳一卷年譜一卷	1－188
昌黎先生詩集註十一卷本傳一卷年譜一卷	1－188
昌黎先生詩集註十一卷本傳一卷年譜一卷	1－188
昌黎先生詩增注證訛十一卷年譜一卷本傳一卷	1－329
昌黎先生詩增注證訛十一卷年譜一卷本傳一卷	1－329
昌黎先生詩增注證訛十一卷年譜一卷本傳一卷	2－258
昌黎先生詩增注證訛十一卷年譜一卷本傳一卷	2－258
昌黎詩集注十一卷	1－187
門徑書叢刻不分卷	2－52
昇甫詞三卷	1－109
明九邊考四卷附車戰議一卷	2－172
明三十家詩選初集八卷	1－478
明三十家詩選初集八卷二集八卷	1－478
明三十家詩選初集八卷二集八卷	1－478
明三十家詩選初集八卷二集八卷	1－478
明三十家詩選初集八卷二集八卷	1－478
明三十家詩選初集八卷二集八卷	2－255
明三十家詩選初集八卷二集八卷	2－260
明大司馬盧公集十二卷首一卷	2－244
明大司馬盧公集十二卷首一卷	2－244
明大政纂要六十三卷	2－116
明大政纂要六十三卷	2－116
明大政纂要六十三卷	2－397
明太保費文憲公文集選要六卷	1－149
明太祖功臣圖一卷	2－490
明文在一百卷	2－228
明文在一百卷	2－228
明文在一百卷	2－228
明文在一百卷	2－228
明文在一百卷	2－399
明文奇賞四十卷	1－78
明文奇賞四十卷	1－78
明文授讀六十二卷	2－401
明文鈔二編六卷	2－395
明文鈔五編六卷	2－395
明文鈔六編六卷	2－395
明文鈔四編六卷	2－395
明文鈔初編六卷	2－490
明尺牘谷音七卷	1－70
明水陳先生［九川］年譜二卷	1－120
明末五小史七卷	2－118
明末五小史八卷	1－132
明本釋三卷	1－440
明史三百三十二卷目錄四卷	1－106
明史三百三十二卷目錄四卷	1－195
明史三百三十二卷目錄四卷	2－115
明史三百三十二卷目錄四卷	2－115
明史三百三十二卷目錄四卷	2－115
明史三百三十二卷目錄四卷	2－115
明史三百三十二卷目錄四卷	2－115
明史紀事本末八十卷	2－116
明史紀事本末八十卷	2－116
明史紀事本末八十卷	2－116
明史紀事本末八十卷	2－116
明史紀事本末八十卷	2－117
明史紀事本末八十卷	2－117
明史紀事本末八十卷	2－117
明史紀事本末八十卷	2－117
明史紀事本末八十卷三藩紀事本末二十二卷	2－117

書名	卷冊
明史紀事本末八十卷三藩紀事本末二十二卷	2-117
明史稿三百十卷	2-117
明史稿三百十卷	2-117
明史稿三百十卷目錄二卷	2-475
明史論四卷	2-88
明史論四卷	2-88
明史彈詞註二卷	2-395
明史彈詞註二卷	2-567
明地理志圖一卷	1-325
明臣奏議十二卷首一卷	2-126
明臣奏議十二卷首一卷	2-126
明臣奏議十二卷首一卷	2-466
明夷待訪錄一卷	1-478
明夷待訪錄一卷	1-478
明夷待訪錄一卷	2-25
明夷待訪錄一卷	2-25
明夷待訪錄一卷	2-551
明夷待訪錄糾謬一卷	2-25
明名臣傳四十卷	2-191
明州阿育王山志十六卷	1-522
明州阿育王山志十六卷	2-289
明良志略一卷	1-478
明良志略一卷	2-194
明季北略二十四卷	2-118
明季北略二十四卷	2-119
明季北略二十四卷	2-400
明季北略二十卷明季南略十八卷	2-118
明季南署十八卷	2-311
明季南略十八卷	2-118
明季南略十八卷	2-118
明季郡國利病書一百二十卷	1-115
明季復社紀略四卷	2-449
明季稗史彙編十六種	2-119
明季稗史彙編十六種	2-119
明季稗史彙編十六種	2-119
明季稗史彙編十六種	2-119
明季稗史彙編十六種	2-119
明季稗史彙編十六種	2-119
明季稗史彙編十六種	2-398
明季稗史彙編十六種	2-463
明紀六十卷	2-116
明紀六十卷	2-116
明紀六十卷	2-116
明紀六十卷	2-116
明紀事樂府四卷	1-478
明紀彈詞二卷	2-395
明紀彈詞註二卷	2-491
明紀彈詞註二卷附類聚數考一卷	2-472
明紀編年十二卷	2-494
明珠記二卷	1-118
明倫大典二十四卷	1-137
明宮史八卷	2-117
明宮史八卷	2-117
明宮雜詠二十卷	1-478
明書一百七十一卷	2-468
明書一百七十一卷	2-538
明書一百七十一卷目錄二卷	2-116
明通鑑九十卷首一卷目錄二十卷前編四卷附編六卷	2-116
明通鑑九十卷首一卷目錄二十卷前編四卷附編六卷	2-116
明通鑑九十卷首一卷前編四卷附編六卷	2-116
明堂圖說一卷附錄一卷	1-478
明張文忠公全集四十八卷	2-528
明朝紀事本末八十卷	1-161
明朝紀事本末八十卷	1-171
明詞綜十二卷	1-181
明詞綜十二卷	1-478
明詞綜十二卷	1-478
明詞綜十二卷	2-267
明善問答不分卷	1-564
明道易經十二卷	2-324
明會要八十卷	2-62
明會要八十卷	2-62
明詩平論二集二十卷	1-70
明詩別裁集十二卷	1-146
明詩別裁集十二卷	1-215
明詩別裁集十二卷	1-478
明詩別裁集十二卷	1-478
明詩別裁集十二卷	2-255

明詩別裁集十二卷	2-414
明詩別裁集十二卷	2-526
明詩紀事甲籤三十卷乙籤二十二卷丙籤十二卷丁籤十七卷戊籤二十二卷己籤二十卷庚籤三十卷辛籤三十四卷	1-479
明詩紀事甲籤三十卷乙籤二十二卷丙籤十二卷丁籤十七卷戊籤二十二卷己籤二十卷庚籤三十卷辛籤三十四卷	2-217
明詩紀事甲籤三十卷乙籤二十二卷丙籤十二卷丁籤十七卷戊籤二十二卷己籤二十卷庚籤三十卷辛籤三十四卷	2-300
明詩綜一百卷	1-143
明詩綜一百卷	1-143
明詩綜一百卷	1-143
明詩綜一百卷	1-143
明詩綜一百卷	1-211
明詩綜一百卷	1-479
明詩綜一百卷	1-479
明詩歸八卷	2-401
明滇南五名臣遺集五種	1-478
明滇南詩畧十卷首一卷	1-557
明滇南詩畧十卷首一卷	2-409
明滇南詩畧十卷首一卷	2-464
明滇南詩畧十卷國朝滇南詩畧二十二卷國朝滇南流寓詩畧二卷滇南詩畧續刻十卷	2-316
明賢尺牘四卷	2-269
明儒學案六十二卷	1-417
明儒學案六十二卷	1-417
明儒學案六十二卷	1-418
明儒學案六十二卷	1-418
明儒學案六十二卷	2-24
明儒學案六十二卷	2-24
明儒學案六十二卷	2-24
明儒學案六十二卷	2-470
明鑑會纂十五卷	2-466
易古興鈔十二卷	2-320
易見九卷首一卷啟蒙二卷	2-371
易林元籥十測一卷	2-496
易冒十卷	2-370
易堂九子文鈔九種	1-486
易堂問目四卷	1-241
易堂問目四卷	1-313
易堂問目四卷	2-394
易象集解十卷	1-259
易筌六卷附論一卷	1-39
易筋經內府秘書不分卷	1-133
易道真傳五卷	1-424
易傳十七卷	2-404
易傳十七卷	2-495
易意四卷	2-389
易經十二卷	1-261
易經十二卷首一卷末一卷	1-260
易經十二卷首一卷末一卷	1-260
易經八卷	1-260
易經八卷	1-260
易經八卷	1-261
易經八卷	1-261
易經八卷	1-261
易經三卷	1-261
易經本意四卷	2-528
易經札記三卷尚書札記二卷	2-462
易經全解六卷首一卷	1-260
易經如話十二卷首一卷	2-361
易經如話十二卷首一卷	2-487
易經直解二十卷	1-124
易經旁訓三卷	1-259
易經程傳四卷	1-260
易經集解二卷易傳集解十卷周易口訣義六卷補一卷	2-18
易經詮義十四卷首一卷	2-487
易經詳說五十卷	2-18
易經彙解四十卷	1-259
易經彙解四十卷	1-259
易經精華六卷末一卷	1-259
易經精華六卷首一卷末一卷	1-259
易經精華六卷首一卷末一卷	1-320
易經精華六卷首一卷末一卷	2-365
易經增訂旁訓三卷	1-259

易經體註四卷	1-259	忠武公[楊遇春]年譜不分卷	2-482
易箋八卷圖說一卷首一卷	1-154	忠武志十卷	2-236
易說醒四卷	1-260	忠武侯諸葛孔明先生全集五種	2-236
易漢學八卷	1-259	忠武祠墓志七卷首一卷末一卷	2-179
易漢學八卷	2-19	忠武誌八卷	1-161
易緯乾鑿度二卷	1-259	忠武誌八卷	1-219
易學本原啓蒙意見四卷	1-8	忠雅堂文集十二卷	1-366
易學別編不分卷	1-114	忠雅堂文集十二卷	1-562
易學真傳五卷	2-18	忠雅堂文集十二卷詩集二十七卷補遺二卷詞集二卷	1-366
易學啟蒙四編	2-528		
易學闡元一卷	2-526	忠雅堂文集十二卷詩集二十七卷補遺二卷詞集二卷	1-366
易隱八卷首一卷	2-35		
易藝舉隅六卷	1-259	忠雅堂文集三十卷	1-145
易纂一說曉九卷序一卷末一卷	1-259	忠雅堂集三十卷	2-301
易釋文一卷	2-404	忠雅堂集三十卷	2-494
易觸七卷	1-263	忠雅堂集四十三卷	1-366
易鑑三十八卷附鄉賢錄一卷	1-260	忠雅堂評選四六法海八卷	1-331
迪吉錄八卷首一卷	1-226	忠雅堂評選四六法海八卷	1-331
迪吉錄太集一卷	2-407	忠雅堂評選四六法海八卷	1-331
典故列女傳四卷	2-193	忠雅堂評選四六法海八卷	2-224
典故列女傳四卷	2-193	忠雅堂評選四六法海八卷	2-224
典故列女傳四卷	2-481	忠雅堂評選四六法海八卷	2-224
典故紀聞十八卷	2-342	忠雅堂詩集二十七卷	1-366
典故紀聞十八卷	2-408	忠雅堂詩集二十七卷補遺二卷	1-366
典禮備考二卷	2-55	忠雅堂詩集二十七卷補遺二卷詞集二卷	1-366
典禮備考八卷	2-499		
典禮備考八卷	2-575	忠雅堂詩集二十七卷補遺二卷詞集二卷	2-262
典禮備要八卷附涪州義勇彙編一卷	2-482		
		忠雅堂詩集二十七卷補遺二卷銅絃詞二卷文集十二卷	1-145
固哉草亭詩一卷	1-156		
忠正德文集十卷附錄一卷	1-367	忠雅堂詩集二十九卷詞集二卷文集十二卷	1-562
忠正德文集十卷附錄一卷	2-413		
[同治]忠州直隸州志十二卷首一卷	2-161	忠義水滸全書一百二十回首一卷	1-171
		忠義水滸傳一百回	1-120
[同治]忠州直隸州志十二卷首一卷	2-162	忠義集七卷	1-77
		忠義錄一卷	1-363
[同治]忠州直隸州志十卷首一卷	2-296	忠愍公詩三卷	1-112
[道光]忠州直隸州志八卷首一卷	2-161	忠經一卷	1-538
[道光]忠州直隸州志八卷首一卷	2-161	忠獻韓魏王別錄一卷	1-87
忠孝乘一卷	1-356	呻吟語六卷	1-46
忠孝誥二卷	1-396	呻吟語六卷	1-46

呻吟語六卷	1-444
呻吟語六卷	1-444
呻吟語六卷	2-7
呻吟語節錄六卷	1-444
邵亭知見傳本書目十六卷	1-576
邵亭詩鈔六卷	1-167
邵亭遺詩八卷遺文八卷附墓誌銘一卷	1-167
咏物詩選八卷	2-471
咏物詩選註釋八卷	1-560
岣嶁鑑撮四卷	1-506
岣嶁鑑撮四卷附歷代紀年便覽一卷讀史論略一卷	1-562
垂金扇一折	2-593
制詔集二十卷	1-341
制義叢話二十四卷制義叢話題名一卷	2-218
制義叢話二十四卷制義叢話題名一卷	2-218
知不足齋叢書三十集□□種□□卷	2-416
知不足齋叢書三十集□□種□□卷	2-437
知不足齋叢書三十集□□種□□卷	2-438
知不足齋叢書三十集□□種□□卷	2-439
知不足齋叢書三十集□□種□□卷	2-440
知不足齋叢書三十集□□種□□卷	2-440
知不足齋叢書三十集□□種□□卷	2-440
知不足齋叢書三十集□□種□□卷	2-440
知不足齋叢書三十集□□種□□卷	2-441
知不足齋叢書三十集□□種□□卷	2-441
知不足齋叢書三十集□□種□□卷	2-441
知不足齋叢書三十集□□種□□卷	2-441
知不足齋叢書三十集□□種□□卷	2-441
知不足齋叢書三十集□□種□□卷	2-441
知不足齋叢書三十集□□種□□卷	2-441
知不足齋叢書三十集□□種□□卷	2-441
知不足齋叢書三十集□□種□□卷	2-441
知白軒遺稿四卷末一卷	1-468
知足齋文集六卷附詩續集四卷進呈文稾二卷	1-468
知足齋文集六卷進呈文稾二卷	2-585
知足齋詩集二十卷	1-468
知非齋詩續鈔□□卷	2-520
知服齋叢書二十四種	2-423
知恥齋詩集六卷文集二卷	2-248
知悔齋文二卷	1-468
知聖篇二卷	1-208
知聖篇二卷	1-426
知聖篇二卷	1-440
知聖篇二卷	1-468
知聖篇二卷	2-472
知養恬齋時文鈔不分卷賦鈔四卷	2-250
牧牛村舍外集四卷學古集四卷詩論一卷	1-156
牧牛圖頌一卷	2-33
牧令全書四種附一種	2-67
牧令書二十三卷	2-67
牧令書二十三卷末一卷保甲書四卷	2-488
牧令書二十三卷附保甲書四卷	2-67

牧令書二十三卷附保甲書四卷	2-67	使琉球記六卷	2-183
牧令書鈔一卷	2-67	使琉球記六卷	2-382
牧令書輯要十卷	2-66	使琉球記六卷	2-492
牧令書輯要十卷	2-66	使黔草三卷	1-518
牧令書輯要十卷	2-412	使黔草三卷附東洲草堂詩鈔去蜀入	
牧民忠告二卷	1-183	秦詩一卷東洲草堂詩鈔峨眉瓦屋	
牧雲和尚七會餘錄六卷	1-202	游草二卷	1-518
牧雲和尚嬾齋別集十四卷	1-202	版權考三篇	2-216
牧豬法一卷	2-50	岱史十八卷	1-42
牧齋有學集詩註十四卷	1-506	岱南閣叢書十七種一百六十卷	2-9
牧齋初學集一百十卷	1-74	岱南閣叢書十六種一百五十三卷	2-416
物理小識十二卷	2-6	兒笘錄四卷	2-497
物理小識十二卷首一卷	2-497	佩文詩韻釋要五卷	1-300
物理小識十二卷總論一卷	1-237	佩文詩韻釋要五卷	1-300
物理學上編四卷	1-446	佩文詩韻釋要五卷	1-300
物意管窺略記不分卷	1-114	佩文詩韻釋要五卷	1-300
物算教科書二十一章	1-449	佩文詩韻釋要五卷	1-300
和文漢譯讀本八卷	1-503	佩文詩韻釋要五卷	2-215
和文漢譯讀本八卷	2-216	佩文詩韻釋要五卷	2-311
和文譯翼不分卷	1-322	佩文詩韻釋要五卷	2-496
和文譯翼不分卷	1-322	佩文齋書畫譜一百卷	1-428
和名類聚鈔十卷	2-5	佩文齋書畫譜一百卷	1-448
和靖尹先生文集十卷附錄一卷	1-19	佩文齋書畫譜一百卷	2-274
秋林伐山二卷	1-115	佩文齋書畫譜一百卷	2-306
季漢書六十卷正論一卷答問一卷	1-58	佩文齋書畫譜一百卷	2-485
佳山堂詩集十卷二集九卷	2-398	佩文齋書畫譜一百卷	2-565
岳氏相臺五經九十五卷附考證	1-255	佩文齋詠物詩選四百八十六卷	1-103
岳氏相臺五經九十六卷附考證	2-16	佩文齋詠物詩選四百八十六卷	1-162
岳石帆先生鑒定四六宙函三十卷	1-64	佩文齋詠物詩選四百八十六卷	1-162
[光緒]岳池縣志二十卷首一卷	2-164	佩文齋詠物詩選四百八十六卷	2-351
[光緒]岳池縣志二十卷首一卷	2-164	佩文齋詠物詩選四百八十六卷	2-358
[光緒]岳池縣志二十卷首一卷	2-164	佩文齋詠物詩選四百八十六卷	2-362
[光緒]岳池縣志二十卷首一卷	2-164	佩文齋詠物詩選四百八十六卷	2-452
[光緒]岳池縣志二十卷首一卷	2-290	佩文齋廣群芳譜一百卷目錄二卷	1-128
岳忠武王文集八卷首一卷末一卷	1-486	佩文齋廣群芳譜一百卷目錄二卷	1-196
岳忠武王文集八卷首一卷末一卷	2-242	佩文齋廣群芳譜一百卷目錄二卷	2-38
岳容齋詩集四卷	1-487	佩文齋廣群芳譜一百卷目錄二卷	2-38
岳陽風土記一卷	2-180	佩文齋廣群芳譜一百卷目錄二卷	2-355
岳陽風土記不分卷	1-95	佩文齋廣群芳譜一百卷目錄二卷	2-355
岳廟志略十卷首一卷	2-442	佩文韻府一百六卷	1-128
使琉球記六卷	2-183	佩文韻府一百六卷	1-128

佩文韻府一百六卷	1-429	佩觿三卷	1-103
佩文韻府一百六卷	1-429	佩觿三卷	1-168
佩文韻府一百六卷	2-340	依蓮集一卷	2-394
佩文韻府一百六卷	2-340	郋園先生全書一百三十一種	2-356
佩文韻府一百六卷	2-341	郋園先生全書一百三十一種	2-356
佩文韻府一百六卷	2-341	郋園先生全書一百三十一種	2-459
佩文韻府一百六卷	2-383	郋園詩鈔一卷古泉雜詠四卷消夏百一詩二卷觀古堂詩錄一卷觀畫百詠四卷	2-256
佩文韻府一百六卷韻府拾遺一百六卷	1-429	欣賞齋尺牘六卷	1-487
佩文韻府一百六卷韻府拾遺一百六卷	1-429	往生淨土決疑行願二門一卷	1-530
佩文韻府一百六卷韻府拾遺一百六卷	1-429	金山衛廟學紀略一卷	1-247
佩文韻府一百六卷韻府拾遺一百六卷	1-429	金山衛廟學紀略不分卷	2-518
佩文韻府一百六卷韻府拾遺一百六卷	1-429	金山衛廟學紀略不分卷	2-518
佩文韻府一百六卷韻府拾遺一百六卷	1-429	金山衛廟學紀略不分卷	2-518
佩文韻府一百六卷韻府拾遺一百六卷	1-429	[光緒]金山縣志三十卷首一卷	2-142
佩文韻府一百六卷韻府拾遺一百六卷	1-429	[光緒]金山縣志三十卷首一卷	2-581
佩文韻府一百六卷韻府拾遺一百六卷	1-429	金山錢氏家刻書目六卷	1-577
佩文韻府一百六卷韻府拾遺一百六卷	1-429	金川玉屑集六卷附錄一卷	1-114
佩文韻府一百六卷韻府拾遺一百六卷	1-429	金川瑣記六卷	2-496
佩文韻府一百六卷韻府拾遺一百六卷	1-430	金元明八大家文選五十三卷	2-221
佩文韻府一百六卷韻府拾遺一百六卷	1-430	金元明八大家文選五十三卷	2-221
佩文韻府一百六卷韻府拾遺一百六卷	2-215	金氏世德紀二卷	2-558
佩文韻府一百六卷韻府拾遺一百六卷	2-215	金丹正理大全金碧古文龍虎上經三卷	1-90
佩文韻府一百六卷韻府拾遺一百六卷	2-215	金丹正理大全群仙珠玉三卷	2-551
佩文韻府一百六卷韻府拾遺一百六卷	2-215	金丹四百字解一卷	1-534
佩文韻府彙編五卷	1-321	金丹就正篇三篇金丹玄膚論二十篇附破論六卷	2-35
佩韋齋輯聞四卷	2-322	金丹就正篇玄膚論一卷	2-556
佩蘭室詩集一卷附伯和公萬州攀轅圖詩彙鈔	1-505	金文雅十六卷	2-228
		金文雅十六卷	2-228
		金文雅十六卷	2-228
		金文雅十六卷	2-228
		金文最六十卷	2-228
		金文最六十卷	2-228
		金文最六十卷	2-228
		金文最六十卷	2-228
		金正希先生文集輯略九卷	1-107
		金正希先生文集輯略九卷	1-118
		金正希先生文集輯略九卷	1-170

金石一隅錄一卷	2－206	金石識別十二卷	2－52
金石三例三種十五卷	1－157	金史一百三十五卷	2－113
金石三例三種十五卷	2－202	金史一百三十五卷	2－113
金石三例三種十五卷	2－202	金史一百三十五卷	2－113
金石三例三種十五卷	2－202	金史一百三十五卷	2－113
金石三例三種十五卷	2－202	金史一百三十五卷	2－113
金石三例三種十五卷	2－202	金史一百三十五卷附欽定金國語解一卷	1－123
金石三例三種十五卷	2－463	金史一百三十五卷附欽定金國語解一卷	1－162
金石三例再續編三種十三卷	2－202	金史一百三十五卷金史語解十二卷附考證一卷	2－113
金石三例再續編三種十三卷	2－202	金史一百三十五卷欽定金國語解一卷	2－113
金石文字辨異十二卷	2－203	金史一百三十五卷欽定金國語解一卷	2－113
金石古文十四卷	1－14	金史一百三十五卷欽定金國語解一卷	2－113
金石古文十四卷	1－14	金史紀事本末五十二卷首一卷	2－113
金石史二卷	1－125	金史紀事本末五十二卷首一卷	2－113
金石存十五卷	1－125	金史紀事本末五十二卷首一卷	2－113
金石存十五卷附粵風四卷	2－555	金史紀事本末五十二卷首一卷	2－114
金石苑六卷	2－299	金史紀事本末五十二卷首一卷	2－114
金石例補二卷	1－324	金史紀事本末五十二卷首一卷末一卷	2－113
金石訂例四卷	2－218	金史詳校十卷首一卷	2－506
金石索十二卷首一卷	1－248	金史詳校十卷首一卷末一卷	2－114
金石索十二卷首一卷	1－248	金史詳校十卷首一卷末一卷	2－114
金石萃編一百六十卷	2－315	金仙證論不分卷	1－565
金石萃編一百六十卷	2－485	金光明最勝王經十卷	1－389
金石萃編一百六十卷	2－485	金光明最勝王經十卷	1－389
金石萃編補略二卷	2－312	金光明經四卷	1－389
金石萃編補略二卷	2－534	金光般若經六譯本不分卷	1－389
金石彙目分編二十卷	2－202	金光般若經六譯本不分卷	1－389
金石圖不分卷	2－204	金希正先生年譜一卷	2－199
金石圖不分卷	2－205	金忠節公文集八卷	1－469
金石圖說二卷	2－206	金忠節公文集八卷	1－469
金石粹編一百六十卷	1－164	金忠節公文集八卷	1－469
金石綜例四卷附石經閣金石跋文一卷	2－589	金忠節公文集八卷	1－541
金石錄三十卷	1－153	金妹調兄七折	2－600
金石錄三十卷	2－202	金荃集七卷別集一卷	1－68
金石錄三十卷	2－202		
金石錄三十卷	2－202		
金石錄三十卷	2－202		
金石錄三十卷	2－202		
金石錄三十卷	2－203		
金石識別十二卷	1－244		

金華山樵詩前集	2-556
金華文徵二十卷	1-68
金華徵獻略二十卷	1-250
金華叢書六十四種	2-13
金華叢書六十四種	2-367
金華叢書六十四種	2-430
金索六卷石索六卷首一卷	2-204
金索六卷石索六卷首一卷	2-204
金索六卷石索六卷首一卷	2-204
金索六卷石索六卷首一卷	2-204
金索六卷石索六卷首一卷	2-310
金剛三昧經二卷	1-389
金剛三昧經二卷	1-389
金剛般若波羅密經一卷	1-134
金剛般若波羅密經一卷	2-315
金剛般若波羅密經一卷	2-611
金剛般若波羅密經二卷	1-390
金剛般若波羅密經二卷	2-554
金剛般若波羅密經宗通九卷	1-390
金剛般若波羅密經宗通九卷	2-560
金剛般若波羅密經破取著不壞假名論二卷	2-31
金剛般若波羅密經破空論一卷	1-389
金剛般若波羅密經破空論一卷	1-389
金剛般若波羅密經破空論一卷	2-28
金剛般若波羅密經略疏二卷	1-389
金剛般若波羅密經註解一卷般若波羅密多心經註解一卷	1-530
金剛般若波羅蜜經觀心釋一卷	1-389
金剛般若波羅蜜經觀心釋一卷	1-389
金剛般若波羅蜜經觀心釋一卷	2-28
金剛般若經疏一卷	1-389
金剛般若經疏一卷	2-28
金剛般若經疏一卷	2-400
金剛般若經疏一卷	2-583
金剛能斷般若波羅密多經一卷	1-389
金剛頂瑜伽修行念誦儀軌一卷無量壽如來供養儀軌一卷甘露軍茶利成就儀軌一卷觀自在多羅瑜伽念誦法一卷聖觀自在菩薩心真言觀行儀軌一卷	2-554
金剛頂經瑜伽文殊師利菩薩法一品（五字呪法）一卷金剛頂瑜伽經十八會指歸一卷訶利帝母真言法一卷大方廣佛華嚴經入法界品四十二字觀一卷陀羅尼門諸部要目一卷金剛頂瑜伽三十七尊禮一卷受菩提心戒儀一卷大聖文殊師利菩薩讚佛法身禮一卷百千頌大集經地藏菩薩請問法身讚一卷	2-363
金剛經心經註彙纂二卷	1-389
金剛經句解一卷	1-389
金剛經注解四卷	1-390
金剛經感應分類輯要一卷	1-563
金瓶梅一百回	1-16
金瓶梅一百回	1-16
金瓶梅一百回	1-16
金陵毘盧寺印魁文祖法語一卷	1-391
金陵癸甲摭談不分卷賊情彙纂不分卷	2-122
金陵通傳四十五卷通傳補遺四卷續通傳一卷補一卷	2-194
金陵瑣事四卷續金陵瑣事二卷二續金陵瑣事二卷	1-187
金雀記二卷三十齣	1-230
[嘉慶]金堂縣志九卷首一卷末一卷	2-166
[嘉慶]金堂縣志九卷首一卷末一卷	2-166
[嘉慶]金堂縣志九卷首一卷末一卷	2-167
金壺七墨四種	2-271
金壺精粹四卷	1-555
金貂籌筆四卷	1-453
金貂籌筆四卷附錄一卷	1-453
金粟山房詩鈔十卷	1-470
金湯借箸十二籌十二卷	1-119
金湯借箸十二籌十二卷	1-452
金湯借箸十二籌十二卷	1-452
金絲錄一卷葉戲原起一卷	2-404
金聖嘆全集八卷	1-480
金蓮記二卷三十六齣	1-230

金詩選四卷名字爵里錄一卷元詩選
　　六卷補遺一卷名氏爵里攷一卷…… 1-158
金源紀事詩八卷…………………… 1-469
金源紀事詩八卷…………………… 1-469
金源紀事詩八卷…………………… 1-469
金源紀事詩八卷…………………… 1-471
金源紀事詩八卷…………………… 2-248
金臺殘淚記三卷南浦秋波錄三卷翠
　　眉亭稿一卷碧雲遺稿一卷燕臺鴻
　　爪集題詞 ………………………… 2-281
金匱方解一卷……………………… 1-551
金匱方歌括六卷…………………… 1-415
金匱方歌括六卷…………………… 1-550
金匱方歌括六卷…………………… 1-551
金匱方歌括六卷…………………… 2-556
金匱心典三卷……………………… 1-549
金匱玉函經二註二十二卷坿十藥神
　　書一卷附補方一卷 …………… 1-550
金匱玉函經二註二十三卷 ………… 2-43
金匱要略淺註十卷………………… 1-415
金匱要略淺註十卷………………… 1-415
金匱要略淺註十卷………………… 1-550
金匱要略淺註十卷………………… 1-554
金匱要略淺註補正九卷…………… 1-414
金匱要略淺註補正九卷…………… 1-469
金匱要略淺註補正九卷…………… 1-469
金匱要略淺註補正九卷…………… 1-554
金匱要略淺註補正九卷…………… 2-544
金匱要略註解□□卷……………… 2-357
金匱略淺註補正九卷……………… 1-405
金匱湯頭歌括一卷………………… 1-414
金匱翼八卷 ………………………… 2-42
金匱懸解二十二卷………………… 1-550
金銀珠寶譜不分卷………………… 1-114
金精廖公秘授地學心法正傳畫筴扒
　　砂經四卷補遺一卷 …………… 2-567
金樓子六卷………………………… 1-471
金橋算命十三折…………………… 2-599
金閶多文堂新刻增訂釋義經書便用
　　通考雜字二卷外一卷 ………… 2-458
金聲玉振不分卷…………………… 1-114

[道光]金谿縣志六十卷首一卷 …… 2-289
金蘭集一卷………………………… 1-106
金鰲退食筆記二卷………………… 2-520
金罍子四十四卷 …………………… 1-33
金罍子四十四卷 …………………… 1-33
[乾隆]郃陽縣全志四卷…………… 1-223
采芳隨筆二十四卷 ………………… 1-77
采風記五卷………………………… 2-188
采風記五卷………………………… 2-188
采風記五卷坿紀程感事詩一卷…… 2-557
采風類記十卷……………………… 1-154
采真別墨不分卷…………………… 1-109
采真彙藥四卷……………………… 1-212
采菽堂古詩選三十八卷補遺四卷… 1-190
采菽堂古詩選三十八卷補遺四卷… 2-384
受子譜選二卷首一卷……………… 2-361
受持佛說阿彌陀經行願儀一卷…… 1-522
受祺堂詩三十五卷………………… 1-163
受祺堂詩三十五卷………………… 1-218
受經堂彙稿十四卷………………… 1-100
爭春園全傳四十八回……………… 2-409
念二史詠史詩註二卷……………… 1-560
念八翻傳奇二卷二十八齣………… 1-204
念佛百問一卷……………………… 1-391
念佛百問一卷 ……………………… 2-33
念佛警策二卷……………………… 1-391
念菴羅先生文集二十四卷………… 2-565
念菴羅先生集十三卷 ……………… 1-14
念菴羅先生集十三卷 ……………… 1-14
[光緒]肥城縣志十卷首一卷 ……… 2-138
周子全書九卷首二卷末一卷……… 1-488
周中丞撫江奏稿四卷……………… 2-129
周公年表一卷……………………… 1-324
周公年表一卷……………………… 2-198
周氏止庵詞辨二卷附介存齋論詞雜
　　著一卷…………………………… 1-498
周氏醫學叢書三十二種 …………… 2-39
周氏醫學叢書三十二種 …………… 2-39
周氏醫學叢書三十二種…………… 2-498
周文忠公尺牘二卷雜文附錄一卷… 2-270
周甲贈言二卷……………………… 1-488

周易十一卷 …………………… 1 – 261	周易函書約存十五卷首三卷 … 2 – 19
周易十一卷 …………………… 1 – 261	周易要義十卷首一卷 ………… 1 – 263
周易十一卷 …………………… 2 – 351	周易要義十卷首一卷 …………… 2 – 19
周易十卷 ……………………… 1 – 261	周易指三十八卷易例一卷易圖五卷
周易十卷易圖一卷上下篇義一卷易	易斷辭一卷周易上下經一卷 … 2 – 327
五贊一卷筮儀一卷易說綱領一卷 …… 1 – 3	周易思半錄二卷 ……………… 1 – 488
周易八卷 ………………………… 1 – 83	周易音義一卷 ………………… 2 – 495
周易大全纂十二卷附圖說一卷 ……… 1 – 62	周易洗心十卷 ………………… 1 – 217
周易不分卷附禮記一卷穀梁傳一卷	周易姚氏學十六卷首一卷 …… 1 – 260
……………………………… 1 – 261	周易姚氏學十六卷首一卷 …… 1 – 260
周易不分卷附禮記一卷穀梁傳一卷	周易姚氏學十六卷首一卷 …… 1 – 260
……………………………… 1 – 261	周易姚氏學十六卷首一卷 …… 1 – 260
周易六卷 ……………………… 1 – 210	周易索詁十二卷首一卷 ……… 1 – 259
周易本義四卷 …………………… 1 – 41	周易旁註六卷前圖二卷 ……… 1 – 101
周易本義四卷 ………………… 1 – 189	周易兼義九卷 ………………… 1 – 119
周易本義四卷 ………………… 1 – 208	周易兼義九卷音義一卷附勘記 … 1 – 262
周易本義四卷圖說一卷卦歌一卷筮	周易兼義九卷音義一卷附勘記 … 1 – 262
儀一卷 ……………………… 1 – 214	周易兼義九卷音義一卷附勘記 … 1 – 262
周易本義□□卷 ……………… 1 – 190	周易兼義九卷經典釋文一卷附校勘
周易本義□□卷 ……………… 2 – 487	記 …………………………… 1 – 262
周易本義啟蒙通刊經二卷傳十卷啟	周易通義十六卷 ……………… 2 – 355
蒙四卷首一卷 ……………… 2 – 320	周易通論四卷 ………………… 1 – 259
周易本義補四卷 ……………… 1 – 259	周易略例一卷 ………………… 1 – 119
周易四卷 ……………………… 1 – 185	周易象義集成三卷 …………… 1 – 259
周易四卷 ……………………… 1 – 260	周易參同契脈望三卷雜義一卷圖說
周易四卷 ……………………… 1 – 261	一卷 ………………………… 2 – 35
周易四卷 ……………………… 1 – 261	周易集解十七卷 ………………… 1 – 13
周易四卷 ……………………… 1 – 261	周易集解十七卷 ……………… 1 – 192
周易四卷 ……………………… 1 – 261	周易集解十七卷 ……………… 1 – 263
周易四卷 ……………………… 1 – 261	周易集解八卷補遺一卷 ……… 1 – 263
周易四卷 ……………………… 1 – 261	周易集解略例一卷 ……………… 1 – 13
周易四卷 ……………………… 1 – 261	周易虞氏義九卷 ……………… 1 – 165
周易四卷圖一卷筮儀一卷 …… 1 – 213	周易傳註七卷附周易筮考一卷 … 2 – 18
周易外傳七卷 ………………… 1 – 303	周易傳義二十四卷 ……………… 1 – 68
周易外傳七卷 ………………… 1 – 303	周易傳義十六卷附上下篇義一卷周
周易告蒙圖註三卷 …………… 2 – 320	易朱子圖說一卷易五贊一卷筮儀
周易或問六卷 …………………… 2 – 18	一卷 ………………………… 1 – 13
周易易簡十二卷 ……………… 1 – 260	周易傳義合訂圖義十二卷 …… 1 – 259
周易注疏十三卷略例一卷附考證 … 1 – 262	周易會通十二卷 ………………… 1 – 53
周易注疏十三卷略例一卷附考證 … 1 – 262	周易會歸四卷 ………………… 1 – 261
	周易解九卷 …………………… 1 – 259

周易詳說十五卷首一卷	1-259	周書五十卷	2-106
周易經傳二十四卷	1-21	周書五十卷	2-369
周易圖說四卷	1-260	周書五十卷	2-369
周易說纂鉤玄不分卷	2-372	周書五十卷附考證	2-106
周易精義四卷首一卷	1-263	周書五十卷附考證	2-106
周易實事十五卷首一卷	1-263	周書五十卷附考證	2-106
周易實事十四卷首一卷	2-320	周書五十卷附考證	2-106
周易輯聞六卷	1-263	周書五十卷附考證	2-106
周易闡真四卷首一卷	2-18	周書五十卷附考證	2-106
周易闡真四卷首一卷	2-548	周書五十卷附考證	2-106
周易變通解六卷首一卷末一卷	1-262	周書五十卷附考證	2-106
周易變通解六卷首一卷末一卷	1-262	周陳弈譜不分卷	2-531
周季編略九卷	2-92	周給事垂光集不分卷附錄一卷	1-513
周季編略九卷	2-92	周會魁校正四書大全十八卷	1-109
周季編略九卷	2-355	周會魁校正四書大全十八卷	1-202
周官古經舉例一卷	2-488	周會魁校正易經大全二十卷首一卷	
周官析疑三十六卷考工記析疑四卷			1-202
周官集注十二卷周官辨一卷	1-268	周濂溪先生全集十三卷	1-219
周官恆解六卷	1-268	周髀算經二卷	2-343
周官圖說六卷	1-315	周髀算經音義一卷	2-343
周官圖說六卷	2-537	周禮十二卷	1-267
周官箋六卷	2-61	周禮十二卷	1-267
周官塾訓□□卷	2-370	周禮十二卷	1-267
周官精義十二卷	1-124	周禮十二卷	1-267
周官精義十二卷	1-268	周禮十二卷	1-267
周官精義十二卷	1-268	周禮十八卷	1-84
周官精義十二卷	1-268	周禮六卷	1-267
周官精義十二卷	1-268	周禮六卷	1-267
周官精義十二卷	1-268	周禮六卷	1-267
周官精義十二卷	2-319	周禮六卷	1-267
周官精義十二卷	2-396	周禮六卷	1-267
周官聯事表六卷附一卷	1-488	周禮六卷	1-267
周書十卷周書逸文一卷	2-92	周禮六卷	1-267
周書十卷周書逸文一卷	2-92	周禮六卷	1-267
周書十卷周書逸文一卷	2-489	周禮六卷	1-319
周書五十卷	1-122	周禮六卷	2-61
周書五十卷	1-123	周禮正義八十六卷	2-61
周書五十卷	2-106	周禮古學考十一卷	1-269
周書五十卷	2-106	周禮折衷四卷	1-319
周書五十卷	2-106	周禮折衷四卷	2-491
周書五十卷	2-106		

周禮注疏四十二卷附校勘記 ………	1-269
周禮注疏四十二卷附校勘記 ………	1-269
周禮注疏四十二卷附校勘記 ………	1-269
周禮注疏四十二卷附校勘記 ………	1-269
周禮注疏四十二卷附校勘記 ………	1-269
周禮注疏四十二卷附校勘記 ………	2-319
周禮注疏刪翼三十卷 ………………	1-68
周禮注疏獻疑七卷 …………………	1-268
周禮政要二卷 ………………………	1-268
周禮政要二卷 ………………………	1-268
周禮政要二卷 ………………………	1-268
周禮政要二卷 ………………………	1-488
周禮政要二卷 ………………………	1-488
周禮政要二卷 ………………………	2-480
周禮政要二卷 ………………………	2-480
周禮政要二卷 ………………………	2-480
周禮政要二卷 ………………………	2-480
周禮故書疏證六卷 …………………	1-268
周禮故書疏證六卷 …………………	1-269
周禮故書疏證六卷附儀禮古今文書證二卷 ………………………	2-54
周禮音訓二卷 ………………………	1-488
周禮旁訓六卷 ………………………	1-269
周禮註疏四十二卷 …………………	1-13
周禮註疏四十二卷 …………………	1-85
周禮註疏四十二卷 …………………	1-119
周禮註疏四十二卷 …………………	1-119
周禮註疏四十二卷 …………………	1-120
周禮註疏四十二卷 …………………	2-586
周禮註疏刪翼三十卷 ………………	1-99
周禮註釋十二卷 ……………………	1-268
周禮註釋十二卷 ……………………	1-268
周禮註釋六卷 ………………………	2-320
周禮節訓六卷 ………………………	1-267
周禮節訓六卷 ………………………	1-267
周禮節訓增句六卷 …………………	1-267
周禮節釋十二卷 ……………………	1-101
周禮節釋十二卷 ……………………	1-268
周禮節釋十二卷 ……………………	2-496
周禮會通六卷 ………………………	1-100
周禮經注節鈔七卷 …………………	1-101
周禮疑義舉要七卷 …………………	1-488
周禮精華六卷 ………………………	1-268
周禮精華六卷 ………………………	1-268
周禮精華六卷 ………………………	1-268
周禮精華六卷 ………………………	2-319
周禮精華六卷首一卷 ………………	1-320
周禮精義六卷首一卷 ………………	1-320
周禮漢讀考六卷 ……………………	1-167
周禮讀本六卷 ………………………	2-61
周懶予先生圍棋譜不分卷 …………	1-236
周懶予先生圍棋譜不分卷 …………	2-497
周懶予先生圍棋譜不分卷 …………	2-497
昏禮通考二十四卷首一卷 …………	1-277
匋雅二卷 ……………………………	1-240
匋雅二卷 ……………………………	2-274
匋雅二卷 ……………………………	2-274
匋齋臧石記四十四卷附臧甎記二卷 ………………………………	2-548
匋齋臧石記四十四卷附臧甎記二卷 ………………………………	2-556
匋齋藏石記四十四卷首一卷 ………	2-559
刓菴訂定譚子詩歸十卷自題一卷 ……	1-71
炙硯瑣談三卷 ………………………	1-179
京口山水志十八卷首一卷末一卷 ……	1-542
京本音釋註解書言故事大全十二卷 ………………………………	1-137
京本校正音釋唐柳先生集四十三卷別集一卷外集二卷 ………………	1-90
京津拳匪紀略八卷前編二卷後編二卷 ………………………………	2-123
京師大學堂中國地理講義一卷首一卷 ………………………………	2-491
京師大學堂講義初編五章 …………	1-244
京塵雜錄四卷 ………………………	1-457
京畿金石考二卷 ……………………	2-207
夜雪集一卷 …………………………	1-350
夜譚隨錄十二卷 ……………………	1-238
夜譚隨錄十二卷 ……………………	2-272
夜譚隨錄十二卷 ……………………	2-410
郊居遺稿十卷 ………………………	1-154
庚子北京事變紀略一卷 ……………	2-123

庚子秋詞二卷	1-346
庚子海外紀事四卷	2-125
庚子國變演義三卷	1-242
庚子銷夏記八卷	1-175
庚子銷夏記八卷	1-175
庚子銷夏記八卷	1-175
庚子銷夏記八卷	1-234
庚子銷夏記八卷	1-350
庚子銷夏記八卷	2-274
庚子銷夏記八卷閒者軒帖考一卷	2-274
庚申噩夢記二卷	2-198
庚戌年官商快覽不分卷	2-389
庚辰集五卷	1-350
庚辰集五卷	2-312
庚辰集五卷	2-454
庚辛泣杭錄十六卷	2-123
庚癸原音六種附一種	1-235
放光般若波羅蜜經三十卷	1-385
放翁先生詩選二卷	2-371
放翁逸稾二卷	2-379
刻卜公家藏地理雪心賦一卷二十章	2-377
刻李袞一先生清源洞文集六卷	1-40
刻宋鄭一拂先生附錄一卷	1-52
刻來虹閣分類諸子二三塲問渡一卷附刻來虹閣分類表聯二三塲問渡一卷	2-587
刻徐文長先生秘集十二卷	1-80
刻徐文長先生秘集十二卷	1-80
刻註釋藝林聚錦故事白眉十卷	1-136
刻鵠軒賸稿不分卷	2-495
育正堂重訂幼學須知句解四卷	1-428
育正堂重訂幼學須知句解四卷	2-553
性命圭旨四集	1-386
性命圭旨四集	1-386
性命圭旨四集	2-35
性命圭旨四集附洞玄靈寶定觀經註一卷	2-392
性命全旨三卷	2-35
性命微言四十一章	2-383
性命雙脩萬神圭旨四集	1-565

性命雙脩萬神圭旨四集	2-35
性相通說一卷	1-386
性相通說一卷	1-534
性相通說一卷	2-32
性理大全書七十卷	1-59
性理大全書七十卷	1-62
性理大全書七十卷	1-62
性理大全書七十卷	1-62
性理大全書七十卷	2-378
性理大全書輯要□□卷	2-521
性理全書七十卷	1-62
性理會通七十卷續編四十二卷	1-135
性理標題彙要二十二卷	1-69
性理標題綜要二十二卷	1-116
性理標題綜要二十二卷首一卷	1-78
性理標題綜要二十二卷首一卷	1-78
性理標題綜要六卷	2-378
性學舉隅二卷	2-25
怪疾奇方不分卷	1-412
怡志堂文初編六卷	1-502
怡怡樓遺稿一卷	1-557
怡雲詩草二卷	1-502
怡雲閣浣紗記二卷	1-78
卷勺軒詩鈔一卷	1-502
卷勺園集三卷續編一卷	1-161
卷石山房詩鈔一卷	2-263
卷施閣文乙集八卷續編一卷	1-502
卷施閣文乙集八卷續編一卷	1-561
卷施閣文乙集八卷續編一卷	2-248
卷施閣集四十九卷	2-551
卷施閣駢體文八卷	2-407
卷施閣駢體文續編一卷	2-340
法言疏證十三卷附校補一卷勘誤一卷	1-436
法言會纂五十卷	2-35
法苑珠林一百二十卷	1-33
法苑珠林一百卷	1-177
法苑珠林一百卷	1-394
法苑珠林一百卷	1-394
法門疏抄二卷	1-392
法帖釋文十卷	1-356

法界宗五祖略記一卷賢首五教儀開
　　蒙不分卷 …………………… 1－394
法律名辭通釋十卷 ……………… 2－405
法律名辭通釋十卷目錄一卷 …… 2－308
法華大成九卷 …………………… 2－406
法華大成音義九卷附懸談音義一卷
　　……………………………… 1－393
法華經安樂行義一卷 …………… 1－393
法華經安樂行義一卷 …………… 1－393
法華歌註一卷 …………………… 1－141
法華龍女成佛權實義一卷 ……… 1－393
法華龍女成佛權實義一卷 ……… 1－393
法華擊節一卷 …………………… 1－394
法書二卷名畫二卷 ……………… 2－275
法國新志四卷 …………………… 2－188
法訣啟明二卷 …………………… 2－395
法蘭西史五卷 …………………… 2－188
沽上題襟集八卷 ………………… 1－104
河上楮談二卷 …………………… 1－41
[道光]河內縣志三十六卷 ……… 2－139
[道光]河內縣志三十六卷 ……… 2－292
[康熙]河內縣志五卷 …………… 1－222
河防紀畧四卷 …………………… 2－406
河東先生文集六卷 ……………… 1－339
河東先生文集六卷 ……………… 1－339
河東先生文集六卷 ……………… 1－339
河東先生集十五卷 ……………… 1－146
河東先生集四十五卷附錄二卷集傳
　　一卷外集二卷龍城錄二卷 … 1－22
河南先生文集二十七卷 ………… 1－172
河南財政說明書四卷 …………… 2－58
[雍正]河南通志八十卷 ………… 2－293
[雍正]河南通志八十卷 ………… 2－432
河南程氏外書十二卷 …………… 1－446
河南程氏全書七種六十七卷 …… 2－24
河南程氏全書六種六十六卷 …… 2－24
河南程氏遺書二十五卷 ………… 1－493
河洛理數七卷 …………………… 1－425
河洛理數七卷 …………………… 1－425
河洛理數七卷 …………………… 1－425
河洛理數七卷 …………………… 2－35

河洛理數六卷 …………………… 1－425
河洛圖說四卷 …………………… 2－537
河洛精蘊九卷 …………………… 1－422
河洛精蘊九卷 …………………… 2－19
河洛精蘊九卷 …………………… 2－19
河海崑崙錄四卷 ………………… 1－354
河間六書□□種 ………………… 2－488
河幹詩鈔四卷 …………………… 1－198
河圖心法合纂直講十三卷 ……… 2－491
河圖心法合纂直講十三卷洛書心法
　　合纂直講十四卷 …………… 1－394
河嶽英靈集二卷 ………………… 1－340
河嶽英靈集二卷 ………………… 1－340
泙漫子二卷 ……………………… 2－35
泊如齋重修宣和博古圖錄三十卷 … 1－56
泊如齋重修宣和博古圖錄三十卷 … 1－56
泊如齋重修宣和博古圖錄三十卷 … 1－57
泊如齋重修宣和博古圖錄三十卷 … 1－57
注華嚴法界觀門一卷 …………… 1－527
注華嚴法界觀門一卷 …………… 1－534
[道光]泌陽縣志十二卷首一卷 … 2－139
泥壁樓一折 ……………………… 2－598
泥壁樓一折 ……………………… 2－598
波斯志不分卷 …………………… 2－186
波餘遺稿一卷首一卷附錄二卷 … 1－147
波餘遺稿一卷首一卷附錄二卷 … 1－147
治心齋琴學練要五卷 …………… 1－232
治平言二卷 ……………………… 2－62
治平通議八卷 …………………… 1－239
治平勝算全書十四卷 …………… 1－175
治法彙八卷 ……………………… 1－93
治蝗全法四卷 …………………… 2－50
宗子相集八卷 …………………… 1－22
宗子相集八卷 …………………… 1－22
宗伯集八十一卷 ………………… 1－40
宗聖要旨八卷附條目古方一卷 … 2－42
宗範八卷首一卷 ………………… 1－392
宗範八卷首一卷 ………………… 2－34
宗範八卷首一卷 ………………… 2－330
宗鏡錄一百卷 …………………… 1－159
宗鏡錄一百卷 …………………… 2－33

宗鏡錄一百卷	2-352	定盦文集補不分卷定盦文集補編四	
宗鏡錄一百卷	2-385	卷	2-311
宗鏡錄一百卷	2-403	［乾隆］宜川縣志八卷首一卷末一卷	
宗鏡錄一百卷	2-589		2-140
定山堂古文小品二卷續集一卷補遺		［乾隆］宜川縣志八卷首一卷末一卷	
三卷浠川政譜不分卷	1-343		2-140
定山堂詩集三十七卷	1-220	宜邑鍾氏醫書歌訣四種	2-39
定山堂詩集四十三卷附錄一卷詩餘		［同治］宜昌府志十六卷首一卷	1-542
四卷	1-343	［同治］宜昌府志十六卷首一卷	2-145
定山堂詩集四十三卷詩餘四卷	1-193	［同治］宜昌府志十六卷首一卷	2-294
定山堂詩集四十三卷詩餘四卷	1-195	［同治］宜昌府志十六卷首一卷	2-576
定本墨子閒詁十五卷附錄一卷墨子		［同治］宜都縣志四卷首一卷末一卷	
後語二卷	1-436		2-145
定例彙編（道光元年至三十年）	2-64	［光緒］宜陽縣志十六卷	2-139
定香亭筆談四卷	1-235	［嘉慶］宜賓縣志五十四卷首一卷	2-154
定香亭筆談四卷	1-560	［嘉慶］宜賓縣志五十四卷首一卷	2-154
定香亭筆談四卷	2-7	［嘉慶］宜賓縣志五十四卷首一卷	2-433
定香亭筆談四卷	2-408	宜稼堂叢書七種	2-11
定教慈佛閨門寶訓一卷	1-566	宜稼堂叢書六種	2-418
定國志安邦中集二十卷	2-413	［光緒］宜興荊谿縣新志十卷首一卷	
［嘉慶］定遠縣志三十五卷	2-573	末一卷	2-142
［光緒四川］定遠縣志六卷	2-155	官子一卷	2-403
［光緒四川］定遠縣志六卷	2-155	官子譜一卷	1-463
［光緒四川］定遠縣志六卷	2-573	官子譜一卷	2-402
定盦文集三卷續集四卷文集補二卷		官子譜一卷	2-402
雜詩一卷補編四卷	1-348	官場現形記五編六十卷	1-240
定盦文集三卷續集四卷文集補二卷		官場現形記五編六十卷	2-304
續錄一卷雜詩一卷詞選一卷別集		官聯條辨八卷	2-61
一卷補編四卷	1-348	空山堂全集九種	2-14
定盦文集三卷續集四卷文集補二卷		空同子集六十六卷	1-54
續錄一卷雜詩一卷詞選一卷別集		空同子集六十六卷目錄三卷	1-52
一卷補編四卷	1-348	空同子集六十六卷目錄三卷	1-52
定盦文集三卷續集四卷文集補四卷		空同集六十三卷	1-23
補編四卷	2-249	空同詩集三十四卷	1-353
定盦文集三卷續集四卷文集補四卷		空同詩集三十四卷	1-353
補編四卷附軼文一卷	2-249	空同詩集三十四卷	1-353
定盦文集補二卷續集四卷	2-587	空同詩集三十四卷	1-561
定盦文集補編四卷	2-586	空同詩集三十四卷	2-260
定盦年譜稿本一卷	2-249	空同詩集三十四卷	2-303
定齋易箋八卷首一卷	1-100	空同詩選一卷	1-83
定齋集二十卷	2-303	空林慈篤海月和尚語錄二十一卷	1-391

空華集二卷飲河集二卷止啼齋集一
　　卷石頭菴集五卷 …………… 1－37
宛陵文二卷 ………………………… 1－352
宛陵先生文集六十卷 ……………… 1－352
宛陵先生文集六十卷 ……………… 2－241
宛陵先生文集六十卷 ……………… 2－241
宛陵先生集六十卷拾遺一卷 ……… 1－40
宛陵先生集六十卷拾遺一卷附錄一
　　卷 …………………………… 1－47
宛陵書屋古詩錄十二卷 …………… 1－352
宛陵集六十卷 ……………………… 1－352
宛雅初編八卷二編八卷三編二十四
　　卷聯句一卷詩話三卷首一卷 … 1－157
宛湄書屋文鈔八卷 ………………… 1－352
宛鄰書屋古詩錄十二卷 …………… 2－255
宛鄰書屋古詩錄十二卷 …………… 2－255
宛鄰詩二卷附蓬室偶吟一卷 ……… 1－352
宛鄰遺書十五卷 …………………… 2－279
郎潛紀聞二筆八卷 ………………… 1－240
郎潛紀聞十四卷 …………………… 1－234
郎潛紀聞十四卷 …………………… 1－234
郎潛紀聞十四卷 …………………… 1－240
郎潛紀聞三筆六卷 ………………… 1－240
郎潛紀聞初筆七卷 ………………… 1－240
祈雨科一卷 ………………………… 1－568
祈園詩集一卷 ……………………… 2－250
建文朝野彙編二十卷 ……………… 1－42
建炎以來朝野雜記甲集二十卷乙集
　　二十卷 ……………………… 1－112
建炎以來朝野雜記甲集二十卷乙集
　　二十卷 ……………………… 1－239
建炎以來朝野雜記甲集二十卷乙集
　　二十卷 ……………………… 1－239
建炎以來繫年要錄二百卷 ………… 1－112
建炎以來繫年要錄二百卷 ………… 2－111
建炎以來繫年要錄二百卷 ………… 2－111
建炎以來繫年要錄二百卷 ………… 2－111
建炎以來繫年要錄二百卷 ………… 2－111
建炎進退志四卷附建炎時政記三卷
　　……………………………… 2－111
建炎進退志四卷附建炎時政記三卷

　　……………………………… 2－111
建康實錄二十卷附校勘記 ………… 2－102
［宣統安徽］建德縣志二十卷首一卷
　　……………………………… 2－143
居士傳五十六卷 …………………… 1－521
居士傳五十六卷 …………………… 1－521
居士傳五十六卷 …………………… 2－34
居易軒詩遺鈔一卷文遺鈔一卷 …… 1－485
居易軒詩遺鈔一卷文遺鈔一卷 …… 2－252
居易錄三十四卷 …………………… 1－170
居濟一得八卷 ……………………… 2－51
屈子雜文不分卷 …………………… 2－232
屈子雜文箋略不分卷 ……………… 1－573
屈宋古音攷一卷附吳才老韻補正一
　　卷 …………………………… 2－232
屈宋古音義三卷 …………………… 1－485
屈宋古音義三卷 …………………… 2－232
屈宋古音義三卷 …………………… 2－232
屈宋古音義三卷 …………………… 2－405
屈原列傳一卷 ……………………… 1－161
屈原列傳一卷 ……………………… 1－211
屈原列傳一卷 ……………………… 2－368
屈原賦注七卷通釋二卷音義三卷 … 2－232
屈原賦注七卷通釋二卷音義三卷 … 2－232
屈原賦注七卷通釋二卷音義三卷 … 2－232
屈原賦注七卷通釋二卷音義三卷 … 2－506
屈陶合刻不分卷 …………………… 1－35
屈賈文合編十八卷 ………………… 1－485
屈賦微二卷 ………………………… 1－204
屈騷心印五卷 ……………………… 2－456
屈廬詩稿四卷 ……………………… 2－266
弦雪居重訂遵生八牋十九卷 ……… 2－8
弦雪居重訂遵生八牋十九卷 ……… 2－381
弦雪居重訂遵生八牋十九卷 ……… 2－480
弦雪居重訂遵生八牋十九卷 ……… 2－480
弦雪居重訂遵生八牋十九卷目錄一
　　卷 …………………………… 1－88
弦雪居重訂遵生八牋十九卷目錄一
　　卷 …………………………… 1－410
弦雪居重訂遵生八牋十九卷目錄一
　　卷 …………………………… 1－411

弦雪居重訂遵生八牋十九卷目錄一卷	2-298	孟子本義官話七篇	1-308
弦雪居重訂遵生八牋十九卷目錄一卷	2-311	孟子外書補正四卷	1-284
弢甫五嶽集二十卷	1-180	孟子考異一卷	2-320
弢甫五嶽集二十卷	1-216	孟子字義疏證三卷	1-319
弢園文錄外編十卷	1-495	孟子弟子考補正一卷	1-284
弢園尺牘十二卷	1-495	孟子弟子攷補正不分卷孟子外書補注四卷	1-308
陋巷誌六卷	1-70	孟子注疏十四卷考證十四卷	1-181
陋軒詩十二卷	2-261	孟子注疏解經二十八卷	1-307
陋軒詩十二卷詩續二卷	1-488	孟子注疏解經二十八卷	1-307
陔餘叢考四十三卷	1-235	孟子注疏解經二十八卷	1-308
陔餘叢考四十三卷	1-453	孟子注疏解經二十八卷附校勘記	1-307
陔餘叢考四十三卷	2-7	孟子注疏解經二十八卷附校勘記	1-307
陔餘叢考四十三卷	2-450	孟子注疏解經二十八卷附校勘記孟子音義二卷	1-307
姑蘇楊柳枝詞一卷補注一卷	1-480	孟子要略五卷	1-307
姑蘇臺六折	2-598	孟子要略五卷	1-307
姓氏急就篇二卷	2-212	孟子要略五卷	1-320
姓氏解紛十卷	1-378	孟子要略五卷	1-492
姓氏解紛十卷	2-191	孟子音義二卷	1-297
姓氏譜纂七卷	1-69	孟子音義二卷	1-297
姓觿十卷附錄一卷	2-494	孟子音義二卷	1-297
始終心要一卷	1-386	孟子音義二卷札記一卷	1-497
始終心要一卷	2-33	孟子音義札記一卷	1-297
迦陵詞全集三十卷	1-362	孟子音義札記一卷	1-297
承志錄三卷附集一卷	2-35	孟子音義札記一卷	1-297
承華事略一卷	1-478	孟子師說七卷	2-20
承華事略一卷	2-551	孟子[軻]年譜二卷	2-199
[道光]承德府志六十卷首二十六卷	2-171	孟子集註大全二十卷序說一卷	2-320
[光緒]承德縣志書不分卷	2-171	孟子集註大全十四卷	2-461
孟子十四卷	1-140	孟子集註大全十四卷	2-567
孟子十四卷	1-307	孟子集註大全□□卷	1-208
孟子七卷	1-307	孟子集註本義匯參十四卷首一卷	2-322
孟子七卷	1-307	孟子註疏解經十四卷	2-527
孟子七卷	1-307	孟子趙注十四卷附音義二卷	1-172
孟子七卷	1-558	孟子編年四卷	2-199
孟子七卷	2-365	孟有涯集十七卷	1-24
孟子文評不分卷	1-319	孟有涯集十七卷	1-24
孟子正義三十卷	1-308	孟有涯集十七卷	1-24
孟子正義三十卷	2-20	孟東野詩集十卷	1-84
		孟東野詩集十卷	1-84

159

孟東野詩集十卷 …………………… 1-84
孟東野詩集十卷 …………………… 2-299
孟東野詩集八卷 …………………… 1-19
孟亭居士文稿五卷 ………………… 1-494
孟姜女千里尋夫一折 ……………… 2-593
孟姜女千里尋夫一折 ……………… 2-593
孟姜女千里尋夫一折 ……………… 2-593
孟浩然詩集三卷補遺一卷 ………… 1-36
孟塗先生遺詩二卷 ………………… 1-496
孟襄陽詩集二卷 …………………… 2-298
孟廬札記八卷 ……………………… 1-232
函海一百五十二種 ………………… 2-424
函海一百五十二種 ………………… 2-424
函海一百五十九種 ………………… 2-286
函海一百五十九種 ………………… 2-339
函海一百五十九種 ………………… 2-424
函海一百五十四種 ………………… 2-11
函海一百五十四種 ………………… 2-11
函海一百六十一種 ………………… 2-286

九畫

契丹國志二十七卷 ………………… 1-131
契丹國志二十七卷 ………………… 2-112
契丹國志二十七卷 ………………… 2-112
契丹國志二十七卷 ………………… 2-112
契丹國志二十七卷 ………………… 2-112
契丹國志二十七卷 ………………… 2-489
契丹國志二十七卷 ………………… 2-489
奏定學堂章程不分卷 ……………… 1-323
奏定學堂章程不分卷 ……………… 2-53
奏定學堂章程不分卷 ……………… 2-53
奏定學堂章程不分卷 ……………… 2-393
奏定學堂章程不分卷 ……………… 2-494
奏定學堂章程不分卷 ……………… 2-523
奏定學堂章程不分卷 ……………… 2-547
奏定學堂章程不分卷 ……………… 2-547
奏摺體例輯要四卷 ………………… 1-463
春及堂詩集四十三卷 ……………… 1-157
春在堂尺牘六卷 …………………… 1-365
春在堂全書三十四種 ……………… 2-15

春在堂全書三十四種 ……………… 2-279
春在堂全書三十四種 ……………… 2-280
春在堂楹聯錄存三卷續編五卷 …… 1-365
春在堂楹聯錄存三卷續編五卷 …… 2-270
春在堂詩編九卷 …………………… 1-365
春早堂詩集十二卷 ………………… 1-212
春花走雪一折 ……………………… 2-600
春雨樓叢書六種 …………………… 2-10
春草軒尺牘一卷附雜錄一卷 ……… 1-109
春草堂詩話十六卷 ………………… 1-363
春柳堂詩稿一卷 …………………… 1-365
春秋十六卷首一卷 ………………… 1-289
春秋十六卷首一卷附錄經傳一卷 … 1-318
春秋十六卷首一卷附錄經傳一卷附
　陸氏三傳釋文音義十六卷 ……… 2-93
春秋十六卷首一卷陸氏三傳釋文音
　義十六卷 ………………………… 2-328
春秋三十卷 ………………………… 1-187
春秋三十卷圖說一卷興廢一卷提要
　一卷 ……………………………… 1-285
春秋大成三十一卷 ………………… 1-125
春秋大事表五十卷綱領一卷偶筆一
　卷輿圖一卷附錄一卷 …………… 1-215
春秋大事表五十卷綱領一卷偶筆一
　卷輿圖一卷附錄一卷 …………… 1-289
春秋大事表五十卷綱領一卷偶筆一
　卷輿圖一卷附錄一卷 …………… 1-289
春秋大事表五十卷綱領一卷偶筆一
　卷輿圖一卷附錄一卷 …………… 1-290
春秋大事表五十卷綱領一卷偶筆一
　卷輿圖一卷附錄一卷 …………… 1-290
春秋大事表五十卷綱領一卷偶筆一
　卷輿圖一卷附錄一卷 …………… 1-290
春秋大事表五十卷綱領一卷偶筆一
　卷輿圖一卷附錄一卷 …………… 2-328
春秋大事表五十卷綱領一卷偶筆一
　卷輿圖一卷附錄一卷 …………… 2-448
春秋王制尚書周禮九州疆域大小攷
　一卷 ……………………………… 2-552
春秋五傳十七卷首一卷 …………… 1-288
春秋比二卷 ………………………… 1-289

春秋比二卷 1-289
春秋比二卷 1-319
春秋比事參義十六卷 2-94
春秋中國夷狄辨三卷 2-493
春秋毛氏傳三十六卷 1-289
春秋公羊注疏二十八卷 1-63
春秋公羊註疏二十八卷 2-303
春秋公羊註疏二十卷 1-120
春秋公羊註疏二十卷 1-120
春秋公羊傳十一卷 1-279
春秋公羊傳十一卷 1-280
春秋公羊傳十一卷 1-280
春秋公羊傳十一卷 1-280
春秋公羊傳十一卷 1-280
春秋公羊傳十一卷 1-319
春秋公羊傳十一卷 2-93
春秋公羊傳十一卷 2-326
春秋公羊傳十一卷校刊記一卷 1-280
春秋公羊傳十一卷校刊記一卷 2-93
春秋公羊傳十一卷校刊記一卷 2-465
春秋公羊傳十二卷 1-84
春秋公羊傳十二卷 1-124
春秋公羊傳十二卷 1-280
春秋公羊傳十二卷 2-379
春秋公羊傳攷一卷 1-84
春秋公羊傳攷一卷 1-84
春秋公羊傳注疏二十八卷 1-203
春秋公羊傳注疏二十八卷附考證 1-279
春秋公羊傳注疏二十八卷附考證 1-279
春秋公羊傳注疏二十八卷附校勘記 1-279
春秋公羊傳註疏二十八卷 1-99
春秋公羊傳箋十一卷 2-486
春秋公羊傳讀本四卷 1-280
春秋公羊經何氏釋例十卷附公羊春秋何氏解詁箋一卷發墨守評一卷左氏春秋考證二卷 1-279
春秋公羊經傳解詁十二卷 1-174
春秋公羊經傳解詁十二卷附校記一卷 1-280
春秋公羊經傳解詁十二卷附校記一卷 1-280
春秋公羊經傳解詁十二卷附校記一卷 1-280
春秋公羊經傳解詁十二卷附校記一卷 1-280
春秋公羊經傳解詁十二卷附校記一卷 2-93
春秋公羊穀梁合纂二卷 1-121
春秋公羊禮疏十一卷 2-93
春秋公羊禮疏十一卷 2-436
春秋公穀傳彙義十二卷 1-280
春秋氏族圖不分卷 1-252
春秋世族譜一卷 2-202
春秋世族譜二卷 1-248
春秋左氏古經十二篇 1-288
春秋左氏古經說三卷疏證三卷義疏六卷 1-289
春秋左氏古經說三卷疏證三卷義疏六卷附左氏撥正錄一卷 1-289
春秋左氏傳旁訓三十卷公羊傳旁訓四卷穀梁傳旁訓四卷 1-290
春秋左氏傳補注十卷 1-288
春秋左氏傳賈服註輯述二十卷 1-290
春秋左氏傳賈服註輯述二十卷 1-290
春秋左氏經傳集解三十卷春秋提要一卷諸侯興廢一卷春秋列國東坡圖說一卷 1-63
春秋左氏經傳集解三十卷春秋提要一卷諸侯興廢一卷春秋列國東坡圖說一卷 1-118
春秋左傳十五卷 1-82
春秋左傳十五卷 1-82
春秋左傳十五卷 1-82
春秋左傳十五卷 1-82
春秋左傳三十卷 2-94
春秋左傳三十卷首一卷 1-285
春秋左傳三十卷首一卷 1-285
春秋左傳三十卷首一卷 1-285
春秋左傳五十卷 1-283
春秋左傳五十卷 1-283
春秋左傳五十卷 1-286

春秋左傳五十卷	2-94	春秋左傳精義旁訓十八卷	1-290
春秋左傳五十卷	2-321	春秋左傳綱目一卷	2-329
春秋左傳五十卷	2-328	春秋左傳屬事二十卷古字奇字音釋一卷春秋左傳注解辨誤二卷辨誤補遺一卷古器圖一卷	1-62
春秋左傳五十卷	2-329		
春秋左傳五十卷	2-399		
春秋左傳五十卷	2-589	春秋左傳讀本□□卷	2-329
春秋左傳五十卷提要一卷	1-181	春秋四傳三十八卷	1-68
春秋左傳杜氏集解辨正二卷	1-365	春秋四傳三十八卷綱領一卷提要一卷圖說一卷諸國興廢說一卷二十國年表一卷	1-12
春秋左傳杜林合註五十卷	2-322		
春秋左傳杜注三十卷	1-283		
春秋左傳杜注三十卷	1-283	春秋四傳序	1-137
春秋左傳杜注三十卷	1-283	春秋地名攷畧十四卷	1-100
春秋左傳杜注三十卷	1-283	春秋地名攷畧十四卷	1-100
春秋左傳杜注三十卷	1-283	春秋臣傳三十卷	1-289
春秋左傳杜注三十卷	1-283	春秋列國圖不分卷	1-538
春秋左傳杜注三十卷首一卷	1-162	春秋列國圖不分卷	1-538
春秋左傳杜注三十卷首一卷	1-201	春秋列國圖說一卷	2-329
春秋左傳杜注三十卷首一卷	1-283	春秋名號歸一圖二卷	1-61
春秋左傳杜注三十卷首一卷	1-283	春秋名號歸一圖二卷	1-62
春秋左傳杜注三十卷首一卷	2-327	春秋名號歸一圖二卷	1-63
春秋左傳杜注三十卷首一卷	2-327	春秋名號歸一圖二卷	1-118
春秋左傳杜注校勘記一卷	1-284	春秋名號歸一圖二卷	1-285
春秋左傳杜注校勘記一卷	1-284	春秋名號歸一圖二卷	1-285
春秋左傳初學讀本不分卷	2-93	春秋名號歸一圖二卷	1-285
春秋左傳注疏六十卷	1-60	春秋名號歸一圖二卷	1-285
春秋左傳注疏六十卷	1-285	春秋名號歸一圖二卷	1-289
春秋左傳音訓不分卷	1-288	春秋或問十卷	1-289
春秋左傳旁訓十八卷	2-327	春秋非左二卷	1-207
春秋左傳旁訓十八卷	2-327	春秋例表一卷	2-276
春秋左傳註評測義七十卷世系譜一卷名號異稱便覽一卷地名配古籍一卷列國東坡圖說一卷總評一卷	1-41	春秋例表二十八卷	1-290
		春秋例表不分卷	1-562
		春秋胡傳三十卷綱領一卷提要一卷諸國興廢說一卷春秋列國東坡圖說一卷正經音訓一卷	1-4
春秋左傳註疏六十卷	1-13		
春秋左傳註疏六十卷	1-119		
春秋左傳註疏六十卷	1-120	春秋胡傳三十卷諸國興廢說一卷	1-4
春秋左傳註疏六十卷	1-285	春秋指掌三十卷前二卷附錄二卷	1-100
春秋左傳註疏六十卷附音義	1-285	春秋皇綱論五卷	1-289
春秋左傳節文十五卷	2-564	春秋恒解八卷	1-288
春秋左傳節文十五卷附音義	1-121	春秋紀傳五十一卷世系圖一卷	1-288
春秋左傳精義旁訓十八卷	1-290	春秋夏正二卷	1-196
		春秋師說三卷附錄二卷	1-289

春秋朔閏異同考二卷附考略………… 1-120
春秋家說三卷……………………… 1-289
春秋董氏學八卷董氏學附傳一卷 …… 2-92
春秋董氏學八卷董氏學附傳一卷 …… 2-385
春秋提要一卷……………………… 2-329
春秋提綱十卷……………………… 1-190
春秋揭要二卷……………………… 1-290
春秋揭要二卷……………………… 1-290
春秋筆削發微圖一卷春秋名號歸一
　圖二卷春秋年表一卷………… 2-487
春秋筆削發微圖不分卷…………… 1-288
春秋集傳十五卷…………………… 1-289
春秋集傳大全三十七卷序論一卷春
　秋二十國年表一卷諸國興廢說一
　卷 ……………………………… 1-86
春秋集解三十卷…………………… 1-289
春秋詞命三卷 ……………………… 1-61
春秋尊王發微十二卷……………… 1-288
春秋尊孟一卷……………………… 2-489
春秋楚地答問一卷………………… 1-207
春秋傳三十卷綱領一卷諸國興廢說
　一卷提要一卷………………… 1-92
春秋會義二十六卷………………… 2-329
春秋經世不分卷 ………………… 1-95
春秋經左氏傳句解七十卷………… 1-1
春秋經傳集解三十卷 …………… 1-27
春秋經傳集解三十卷 …………… 1-61
春秋經傳集解三十卷 …………… 1-62
春秋經傳集解三十卷 …………… 1-86
春秋經傳集解三十卷 …………… 1-284
春秋經傳集解三十卷 …………… 1-284
春秋經傳集解三十卷 …………… 1-284
春秋經傳集解三十卷 …………… 1-284
春秋經傳集解三十卷 …………… 1-284
春秋經傳集解三十卷 …………… 1-284
春秋經傳集解三十卷 …………… 1-285
春秋經傳集解三十卷 …………… 1-285
春秋經傳集解三十卷 …………… 1-285
春秋經傳集解三十卷 …………… 1-285
春秋經傳集解三十卷 …………… 2-326
春秋經傳集解三十卷年表一卷名號
　歸一圖二卷…………………… 1-202
春秋經傳集解三十卷年表一卷名號
　歸一圖二卷…………………… 1-285
春秋經傳集解三十卷年表一卷名號
　歸一圖二卷…………………… 2-324
春秋經傳集解三十卷異名考一卷…… 1-124
春秋經傳類求十二卷……………… 1-100
春秋經傳類聯三十四卷…………… 2-311
春秋穀梁注疏二十卷……………… 1-279
春秋穀梁注疏二十卷附考證……… 1-278
春秋穀梁注疏二十卷附考證……… 1-278
春秋穀梁注疏二十卷附音義及校勘
　記 ……………………………… 1-279
春秋穀梁傳十二卷………………… 1-278
春秋穀梁傳十二卷………………… 1-278
春秋穀梁傳十二卷………………… 1-278
春秋穀梁傳十二卷………………… 1-278
春秋穀梁傳十二卷………………… 1-278
春秋穀梁傳十二卷………………… 1-278
春秋穀梁傳十二卷………………… 1-278
春秋穀梁傳十二卷………………… 1-278
春秋穀梁傳十二卷………………… 1-320
春秋穀梁傳十二卷………………… 2-326
春秋穀梁傳十二卷校刊記一卷…… 1-278
春秋穀梁傳十二卷校刊記一卷…… 1-278
春秋穀梁傳十二卷校刊記一卷…… 1-278
春秋穀梁傳十二卷校刊記一卷…… 2-326
春秋穀梁傳不分卷………………… 1-279
春秋穀梁傳讀本四卷……………… 1-279
春秋圖表二卷……………………… 1-284
春秋圖表二卷……………………… 1-284
春秋說十六卷首一卷……………… 1-284
春秋說十六卷首一卷……………… 1-284
春秋說十六卷首一卷……………… 2-327
春秋精義四卷首一卷……………… 1-290
春秋精義四卷首一卷……………… 1-320
春秋穀梁注疏二十卷攷證二十卷…… 1-181
春秋穀梁註疏二十卷……………… 1-119
春秋穀梁傳十二卷 ………………… 1-84

春秋穀梁傳十二卷攷一卷	1-124
春秋穀梁傳十卷	2-94
春秋穀梁經傳補注二十四卷首一卷末一卷	1-278
春秋穀梁經傳補注二十四卷首一卷末一卷	2-94
春秋劉氏傳十五卷	1-289
春秋衡庫三十卷附錄三卷備錄一卷	1-64
春秋繁露十七卷	1-178
春秋繁露十七卷	1-284
春秋繁露十七卷	1-284
春秋繁露十七卷	1-284
春秋繁露十七卷	1-284
春秋繁露十七卷附錄一卷	1-65
春秋繁露十七卷附錄一卷	1-365
春秋繁露義證十七卷首一卷攷證一卷	1-284
春秋繁露義證十七卷首一卷攷證一卷	2-93
春秋釋例十五卷	1-285
春秋釋例十五卷	1-285
春秋釋例十五卷	2-93
春秋釋例十五卷首一卷	2-93
春秋權衡十七卷	1-288
春秋屬辭辨例編六十卷首二卷	1-290
春秋屬辭辨例編六十卷首二卷	2-328
春秋體註四卷	1-285
春酒堂文集一卷	1-365
春渚紀聞十卷	1-117
春暉堂叢書十二種	2-10
春暉堂叢書十二種	2-423
春暉閣詩鈔選六卷	2-264
春鳧小稿不分卷	1-131
春溫三字訣一卷痢症三字訣一卷養生鏡一卷	1-410
春融堂集六十八卷	2-301
春融堂集六十八卷年譜二卷雜記八卷	1-366
春融堂集六十八卷年譜二卷雜記八卷	1-366
珂雪齋近草十卷	1-89
珍重廬山一瓣香八卷	1-534
珍珠衫二十折	2-593
珍珠衫二十折	2-593
珍珠囊指掌補遺藥性賦四卷	1-403
珍珠囊指掌補遺藥性賦四卷	2-45
珍珠囊指掌補遺藥性賦四卷	2-45
珍珠囊指掌補遺藥性賦四卷	2-45
珍珠囊指掌補遺藥性賦四卷	2-46
玲瓏山館叢書六編六十八種一百七十四卷首三卷	2-12
玲瓏山館叢書六編六十八種一百七十四卷首三卷	2-338
玲瓏山館叢書六編六十八種一百七十四卷首三卷	2-423
封氏聞見記十卷	1-243
封泥考略十卷	2-206
封泥攷略十卷	2-206
封贈言錄四卷	2-367
[道光]城口廳志二十卷首一卷	2-160
城北集八卷	1-200
[康熙]城固縣志十卷	2-141
政刑大觀告示不分卷	2-478
政刑大觀審語不分卷	2-478
政治一斑九卷	2-59
政治學二卷	2-59
郝氏遺書三十二種	2-339
郝氏遺書三十二種	2-535
郝文忠公陵川文集三十九卷附錄一卷	1-375
[光緒]荊州府志八十卷首一卷	2-146
荊州記三卷	2-182
荊州記三卷附錄一卷	1-328
[同治]荊門直隸州志十二卷首一卷	2-294
荊南萃古編不分卷	2-207
荊釵記二卷	1-226
荊釵記二卷	1-377
荊園小語一卷進語一卷	2-8
荊溪外紀二十五卷	1-24
荊駝逸史五十三種	1-143
荊駝逸史五十三種	2-118

荊駝逸史五十三種……………… 2－118	茶香室叢鈔二十三卷…………… 1－244
荊駝逸史五十三種……………… 2－118	茶香室續鈔二十五卷…………… 1－244
荊楚歲時記一卷………………… 2－535	茶董二卷………………………… 1－77
草木子四卷……………………… 1－7	茶經三卷………………………… 1－48
草木子四卷……………………… 1－86	茶經三卷附錄一卷……………… 1－105
草木移植心得一卷……………… 2－50	茶經水辨一卷…………………… 1－48
草字彙十二卷…………………… 1－372	茶譜一卷十友圖贊一卷………… 1－38
草字彙十二卷…………………… 1－427	荀子二十卷……………………… 1－64
草字彙十二卷…………………… 1－427	荀子二十卷……………………… 1－64
草字彙十二卷…………………… 1－427	荀子二十卷……………………… 1－87
草字彙十二卷…………………… 1－427	荀子二十卷……………………… 1－97
草字彙十二卷補十二卷………… 2－275	荀子二十卷……………………… 1－430
草堂詩餘十六卷………………… 2－267	荀子二十卷……………………… 1－430
草堂詩餘五卷…………………… 1－84	荀子二十卷……………………… 1－441
草堂詩餘五卷…………………… 1－84	荀子二十卷附校勘補遺一卷…… 1－181
草堂詩餘五卷…………………… 1－136	荀子二十卷附校勘補遺一卷…… 1－181
草堂詩餘正集六卷……………… 1－80	荀子二十卷附校勘補遺一卷…… 1－430
草堂詩餘四卷…………………… 1－133	荀子二十卷附校勘補遺一卷…… 1－430
草堂詩餘續集二卷……………… 2－349	荀子二十卷附校勘補遺一卷…… 1－430
草堂說史八卷…………………… 2－91	荀子二十卷附校勘補遺一卷…… 1－430
草堂餘詩別集四卷……………… 2－349	荀子二十卷附校勘補遺一卷…… 1－430
草窗詞二卷補二卷……………… 1－169	荀子二十卷附校勘補遺一卷…… 1－431
草窗詞二卷補二卷……………… 2－323	荀子二十卷附校勘補遺一卷…… 1－441
草聖彙辯不分卷………………… 1－427	荀子二十卷附校勘補遺一卷…… 2－395
草藥性一卷……………………… 1－414	荀子二十卷首一卷……………… 1－430
草藥性一卷……………………… 1－414	荀子二十卷首一卷……………… 1－430
草藥性一卷……………………… 1－548	荀子二十卷首一卷……………… 1－430
草藥性一卷……………………… 2－450	荀子二十卷首一卷……………… 1－430
草藥性一卷……………………… 2－582	荀子二十卷首一卷……………… 1－430
草藥性單方不分卷……………… 1－553	荀子二十卷首一卷……………… 1－430
草廬經畧十二卷………………… 1－451	荀子二十卷首一卷……………… 1－441
草廬經畧十二卷………………… 2－71	荀子二十卷校勘補遺一卷……… 2－20
草廬經畧十二卷………………… 2－385	荀子集解二十卷首一卷………… 1－163
草廬經畧十二卷………………… 2－544	荀子集解二十卷首一卷………… 2－20
茶山集八卷……………………… 1－373	荀子集解二十卷首一卷………… 2－21
茶山集八卷……………………… 2－557	荀子集解二十卷首一卷………… 2－349
茶村詩鈔八卷…………………… 1－498	荀子箋釋二十卷附校勘補遺…… 1－430
茶具圖贊一卷…………………… 1－48	茗柯文初編一卷二編二卷三編一卷
茶香室三鈔二十九卷目錄一卷… 1－235	四編一卷……………………… 1－384
茶香室經說十六卷……………… 1－313	
茶香室經說十六卷……………… 1－373	

茗柯文初編一卷二編二卷三編一卷	
四編一卷 …………………… 1-384	
茗柯文初編一卷二編二卷三編一卷	
四編一卷 …………………… 2-248	
茗柯文初編一卷二編二卷三編一卷	
四編一卷 …………………… 2-308	
茗柯文初編一卷二編二卷三編一卷	
四編一卷 …………………… 2-557	
茗洲吳氏家典八卷 …………… 2-56	
茗洲吳氏家典八卷 …………… 2-56	
茗洲吳氏家典八卷 …………… 2-449	
茗洲吳氏家典八卷 …………… 2-557	
茗韻軒遺詩一卷 ……………… 1-194	
荒政瑣言一卷 ………………… 2-495	
荒政瑣言不分卷 ……………… 1-201	
荒政輯要九卷首一卷 ………… 2-57	
荒政輯要九卷首一卷 ………… 2-367	
荒政輯要九卷首一卷 ………… 2-371	
荒政輯要九卷首一卷 ………… 2-413	
荒書一卷 ……………………… 1-249	
故唐律疏議三十卷 …………… 2-69	
故唐律疏議三十卷 …………… 2-69	
故唐律疏議三十卷進律疏表一卷 … 2-473	
胡少師總集六卷首一卷附錄一卷 … 1-370	
胡氏家傳行述誄辭一卷 ……… 2-195	
胡文忠公政書十四卷 ………… 2-128	
胡文忠公政書十四卷 ………… 2-128	
胡文忠公遺集十卷首一卷 …… 1-370	
胡文忠公遺集十卷首一卷 …… 1-370	
胡文忠公遺集十卷首一卷 …… 1-370	
胡文忠公遺集八十六卷首一卷 … 1-370	
胡文忠公遺集八十六卷首一卷 … 1-370	
胡文忠公遺集八十六卷首一卷 … 2-250	
胡文忠公遺集八十六卷首一卷 … 2-354	
胡文忠公遺集八十六卷首一卷 … 2-371	
胡文忠公遺集八十六卷首一卷 … 2-397	
胡文忠公遺集八十六卷首一卷 … 2-444	
胡文忠公遺集八十六卷首一卷 … 2-444	
胡文忠公遺集八十六卷首一卷 … 2-463	
胡文忠公遺集八十六卷首一卷 … 2-463	
胡文忠公遺集八十六卷首一卷 … 2-463	

胡文忠公遺集八十六卷首一卷 … 2-550	
胡君實印雋不分卷 …………… 1-176	
胡敬齋先生居業錄四卷 ……… 2-491	
胡慶餘堂丸散膏丹全集不分卷 … 1-402	
胡澹庵先生文集三十二卷 …… 1-370	
荔村草堂詩鈔十卷 …………… 2-265	
荔村草堂詩續鈔一卷 ………… 1-555	
荔村草堂詩續鈔一卷 ………… 1-555	
南山全集十六卷 ……………… 1-377	
南山全集十六卷 ……………… 1-377	
南山集十四卷附補遺三卷年譜一卷	
………………………………… 2-245	
南川公業圖說十二卷首一卷 … 2-57	
南川公業圖說十二卷首一卷附南川	
公業圖說專經書院一卷 …… 2-57	
[道光]南川縣志十二卷首一卷 …… 2-158	
南方草木狀三卷 ……………… 1-209	
南北史年表一卷世系表五卷帝王世	
系表一卷 …………………… 2-102	
南北史捃華八卷 ……………… 2-271	
南北史捃華八卷 ……………… 2-271	
南北史捃華八卷 ……………… 2-271	
南北史補志十四卷附補志贊一卷 … 2-102	
南北史補志十四卷附補志贊一卷 … 2-102	
南北史續世說十卷 …………… 1-35	
南田畫跋一卷 ………………… 1-426	
南史八十卷 …………………… 1-122	
南史八十卷 …………………… 1-175	
南史八十卷 …………………… 1-203	
南史八十卷 …………………… 1-204	
南史八十卷 …………………… 1-204	
南史八十卷 …………………… 2-103	
南史八十卷 …………………… 2-103	
南史八十卷 …………………… 2-103	
南史八十卷 …………………… 2-103	
南史八十卷 …………………… 2-103	
南史八十卷附考證 …………… 2-102	
南史八十卷附考證 …………… 2-103	
南史八十卷附考證 …………… 2-103	
南史八十卷附考證 …………… 2-103	
南史八十卷附考證 …………… 2-103	

南史考證一卷	2-105	南宋文錄錄二十四卷	2-227
南史識小錄十四卷北史識小錄十四卷	2-102	南宋文錄錄二十四卷	2-227
南史識小錄十四卷北史識小錄十四卷	2-102	南宋文錄錄二十四卷	2-227
[嘉慶]南充縣志八卷圖考一卷	2-158	南宋四名臣詞集不分卷	1-375
[嘉慶]南充縣志八卷圖考一卷	2-158	南宋江陰軍乾明院羅漢尊號碑不分卷	2-474
[嘉慶]南充縣志八卷圖考一卷	2-295	南宋院畫錄八卷	2-275
[嘉慶]南充縣志八卷圖考一卷	2-575	南宋書六十八卷	1-186
[嘉慶]南充縣志八卷圖考一卷	2-575	南宋書六十八卷	2-111
南州草堂集三十卷楓江漁父圖題詞一卷青門集一卷	1-217	南宋書六十八卷	2-111
南江札記四卷	2-445	南宋書六十八卷	2-481
[道光]南江縣志三卷	2-158	南宋羣賢小集七十三種附一種	2-227
[道光]南江縣志三卷	2-158	南宋羣賢小集七十三種附一種	2-343
[道光]南江縣志三卷	2-432	南宋樂府一卷	1-375
[道光]南江縣志三卷	2-575	南宋雜事詩七卷	1-376
南巡盛典一百二十卷	1-157	南宋雜事詩七卷	1-377
南巡盛典一百二十卷	1-157	南宋雜事詩七卷	2-111
南巡盛典一百二十卷	1-248	南宋雜事詩七卷	2-111
南巡盛典一百二十卷	1-326	南宋雜事詩七卷	2-349
南巡盛典一百二十卷	2-369	南宋雜事詩七卷	2-399
南巡盛典一百二十卷	2-383	南宋雜事詩七卷	2-567
南巡盛典一百二十卷	2-383	南阜山人詩集類稿七卷	1-376
南巡盛典一百二十卷	2-386	南宗書拾遺一卷悟真篇拾遺一卷	1-525
南巡盛典一百二十卷	2-386	南柯二卷	1-137
南村草堂文鈔二十卷	1-377	南柯記傳奇四卷	2-456
南村輟耕錄三十卷	1-5	南畇文稾十二卷	1-376
南村輟耕錄三十卷	1-22	南畇詩稾二十一卷	1-376
南沙先生文集八卷	1-376	南畇詩稿十卷詩續稿十七卷文稿十二卷	1-179
南沙先生文集八卷	1-376		
南宋文範七十卷外編四卷作者考二卷	2-227	南畇詩稾二十六卷南畇老人自訂年譜一卷	2-261
南宋文範七十卷外編四卷作者考二卷	2-227	[萬曆]南屏淨慈寺志十卷	1-40
南宋文範七十卷外編四卷作者考二卷	2-227	南華真經正義三篇附識餘三篇	1-447
		南華真經十卷	1-48
		南華真經十卷	1-82
南宋文範七十卷外編四卷作者考二卷	2-227	南華真經正義三篇附識餘三篇	1-447
		南華真經正義三篇附識餘三篇	1-447
南宋文範七十卷外編四卷作者考二卷	2-227	南華真經正義三篇附識餘三篇	2-21
南宋文範外編四卷	2-370	南華真經本義十六卷	1-447
南宋文範外編四卷	2-370	南華真經旁注五卷	1-34
		南華真經旁注五卷	1-79

南華真經副墨八卷讀南華真經雜說一卷	1－40
南華真經評注五卷	1－150
南華真經評註十卷	2－545
南華真經解三卷	2－451
南華真經解內篇一卷外篇一卷雜篇一卷	1－184
南華真經解六卷	2－21
南華雪心編八卷	1－458
南華堂七折	2－599
南華堂七折	2－599
南華經十六卷	1－84
南華經十六卷	1－132
南華經三卷	1－181
南華經四卷	1－168
南華經四卷	1－447
南軒文集四十四卷	1－376
南軒文集四十四卷	1－376
南軒文集四十四卷論語解十卷孟子說七卷	1－376
南軒文集四十四卷論語解十卷孟子說七卷	1－376
南軒文集四十四卷論語解十卷孟子說七卷	1－493
南軒文集四十四卷論語解十卷孟子說七卷	1－493
南軒文集四十四卷論語解十卷孟子說七卷	2－14
南軒文集四十四卷論語解十卷孟子說七卷	2－241
南軒文集四十四卷論語解十卷孟子說七卷	2－309
南軒文集四十四卷論語解十卷孟子說七卷	2－462
南軒先生文集四十四卷	1－10
南軒先生孟子說七卷	1－307
南軒先生孟子說七卷	1－307
南軒先生論語解十卷	1－306
南軒先生論語解十卷	1－306
南唐書十八卷	1－136
南唐書十八卷	1－247
南唐書十八卷	2－109
南唐書十八卷	2－109
南唐書十八卷齋居紀事一卷家世舊聞一卷	2－109
南唐書八卷	1－190
南唐書三十卷	1－247
南唐書三十卷	2－109
南唐書三十卷附考異一卷	1－190
[道光]南部縣志三十卷首一卷	2－158
[道光]南部縣志三十卷首一卷	2－158
[道光]南部縣志三十卷首一卷	2－293
南部縣輿圖考不分卷	2－133
南部縣輿圖考不分卷	2－133
南部縣輿圖考不分卷	2－294
南部縣輿圖考不分卷	2－566
南海百詠續編四卷	2－463
南海先生戊戌奏稿不分卷	2－129
[宣統]南海縣志二十六卷首一卷	2－168
南菁書院叢書八集四十一種	2－10
南菁書院叢書八集四十一種	2－420
南菁書院叢書八集四十一種	2－544
南菁書院叢書八集四十一種	2－566
南陽關四折	2－599
南極仙翁唱道真言二卷	1－531
南雅堂醫書三十二種	2－40
南雅堂醫書全集四十八種	2－556
南無阿彌陀佛六字真經不分卷	2－456
南無阿彌陀佛六字真經不分卷	2－456
南無阿彌陀佛六字經不分卷	2－456
南詔野史二卷	2－135
南詔野史二卷	2－135
南詔野史二卷	2－135
南湖集十卷附錄三卷	1－376
南渡錄四卷	2－526
[光緒]南匯縣志二十二卷首一卷末一卷	1－542
[光緒]南匯縣志二十二卷首一卷末一卷	2－143
[光緒]南匯縣志二十二卷首一卷末一卷	2－143
南雷文定前集十一卷後集四卷三集	

三卷	1-376	
南雷文定前集十一卷後集四卷三集三卷四集四卷附錄一卷	1-376	
南雷文定前集十一卷後集四卷三集三卷四集四卷附錄一卷	2-244	
南雷文定前集十一卷後集四卷三集三卷四集四卷附錄一卷	2-448	
南雷餘集一卷	1-377	
南園前五先生詩五卷首一卷後五先生詩二十五卷首一卷附刻南園花信詩一卷	2-255	
南溪筆錄群賢詩話三卷	1-9	
南溪筆錄群賢詩話三卷	1-9	
[同治]南溪縣志八卷	2-158	
[同治]南溪縣志八卷	2-158	
南臺遺疏不分卷	2-587	
南齊州郡圖不分卷	1-325	
南齊書五十九卷	1-17	
南齊書五十九卷	1-123	
南齊書五十九卷	1-124	
南齊書五十九卷	2-103	
南齊書五十九卷	2-103	
南齊書五十九卷	2-103	
南齊書五十九卷	2-103	
南齊書五十九卷	2-104	
南齊書五十九卷	2-104	
南齊書五十九卷	2-104	
南齊書五十九卷	2-104	
南齊書五十九卷	2-550	
南齊書五十九卷	2-561	
南齊書五十九卷附考證	2-103	
南齊書五十九卷附考證	2-104	
南齊書五十九卷附考證	2-104	
南漢春秋十三卷	2-108	
南漢書十八卷考異十八卷南漢文字畧四卷南漢叢錄二卷	2-315	
南窻紀談一卷	2-323	
南薰殿圖像攷二卷	2-275	
南嶽志八卷	1-542	
南嶽志八卷	2-178	
南嶽總勝集三卷	2-178	
南齋先生魏文靖公摘稿十卷附錄一卷	1-87	
南豐先生元豐類藁五十一卷	1-26	
南豐先生元豐類藁五十一卷	1-26	
南豐先生元豐類藁五十一卷	1-26	
南豐先生元豐類藁五十卷附錄一卷	1-28	
南豐先生元豐類藁五十卷附錄一卷	1-28	
南豐先生元豐類藁五十卷集外文二卷續附南豐先生行狀碑誌哀挽一卷	2-531	
南疆繹史勘本三十卷首二卷繹史摭遺十八卷繹史卹諡考八卷	2-118	
南疆繹史勘本三十卷首二卷繹史摭遺十八卷繹史卹諡考八卷	2-118	
南籠遺稿一卷黔南詩存一卷	1-377	
枯木禪琴譜八卷	1-232	
枯木禪琴譜八卷	1-232	
柯山集五十卷	1-225	
柯庭餘習十二卷	1-108	
查浦詩鈔十二卷	1-106	
查浦輯聞二卷	1-106	
相宗八要直解八卷	2-32	
相宗八要直解八卷	2-401	
相宗八要解八種八卷	1-525	
相宗八要解八種八卷	2-32	
相理衡真十卷	2-564	
相臺五經九十六卷附考證	1-255	
相臺五經九十六卷附考證	1-256	
相臺五經九十六卷附考證	1-256	
相臺五經九十六卷附考證	1-256	
相臺五經九十六卷附考證	1-256	
相臺五經九十六卷附考證	1-256	
相臺五經九十六卷附考證	1-256	
相臺五經九十六卷附考證	2-16	
相臺五經九十六卷附考證	2-319	
相臺五經九十六卷附考證	2-323	
相臺五經九十六卷附考證	2-531	
相臺易經十卷	1-539	
柏梘山房文集十六卷文續集一卷詩		

集十卷詩續集二卷駢體文二卷…… 1－378
柏梘山房文集十六卷文續集一卷詩
　集十卷詩續集二卷駢體文二卷…… 2－250
柏梘山房文集十六卷文續集一卷詩
　集十卷詩續集二卷駢體文二卷…… 2－312
柏梘山房文集十六卷文續集一卷詩
　集十卷詩續集二卷駢體文二卷…… 2－532
柏梘山房文集十六卷續集一卷駢體
　文二卷詩集十卷續集二卷………… 1－380
柏梘山房駢體文鈔一卷………………… 2－354
柏溪詩鈔二卷…………………………… 1－378
柳文二十二卷…………………………… 1－92
柳文七卷………………………………… 1－83
柳文四十三卷外集二卷別集二卷附
　錄一卷………………………………… 1－11
柳文四十三卷別集二卷外集二卷附
　錄一卷………………………………… 1－11
柳文□□卷……………………………… 2－561
柳文惠公全集四十三卷別集二卷外
　集二卷附錄一卷……………………… 1－339
柳汀吟舫詩草十四卷…………………… 2－310
柳汀吟舫詩草十四卷賦草一卷外集
　一卷…………………………………… 1－376
［乾隆］柳州府馬平縣志十卷首一卷
　………………………………………… 2－577
柳河東詩集二卷………………………… 1－339
柳河東詩集二卷………………………… 2－298
柳亭詩話三十卷………………………… 1－213
柳洲遺槀二卷…………………………… 2－463
柳崖外編十卷首一卷…………………… 1－245
柳盟胡公紀實一卷……………………… 2－198
柳盟園詩集二卷………………………… 2－261
柳邊紀略五卷…………………………… 2－182
栲湖文集十二卷首一卷………………… 1－378
栲湖文集十二卷首一卷………………… 1－378
栲湖文集十二卷首一卷………………… 1－561
栲湖文集十二卷首一卷………………… 2－249
栲湖文集十二卷首一卷………………… 2－324
勅建淨慈寺志二十八卷首二卷末一
　卷……………………………………… 2－560
勅修兩浙鹽法志十六卷首一卷……… 1－103

［乾隆］勅修浙江通志二百八十卷首
　三卷…………………………………… 1－157
要藥分劑十卷…………………………… 2－560
咸平集三十卷…………………………… 1－112
咸淳臨安志一百卷……………………… 1－168
咸淳臨安志一百卷……………………… 2－144
咸淳臨安志一百卷……………………… 2－144
咸淳臨安志一百卷校栞札記三卷…… 2－547
咸淳臨安志九十七卷…………………… 1－193
［乾隆四川］威遠縣志八卷首一卷 … 2－162
［乾隆四川］威遠縣志八卷首一卷 … 2－162
［乾隆四川］威遠縣志八卷首一卷 … 2－162
［乾隆四川］威遠縣志八卷首一卷 … 2－293
［光緒四川］威遠縣志三編四卷　… 2－162
［光緒四川］威遠縣志三編四卷　… 2－162
［光緒四川］威遠縣志三編四卷　… 2－162
［光緒四川］威遠縣志三編四卷　… 2－162
［光緒四川］威遠縣志三編四卷　… 2－293
［光緒四川］威遠縣志三編四卷　… 2－577
［光緒四川］威遠縣志三編四卷　… 2－577
［嘉慶四川］威遠縣志六卷　　　… 2－162
［嘉慶四川］威遠縣志六卷　　　… 2－162
［嘉慶四川］威遠縣志六卷　　　… 2－162
［嘉慶四川］威遠縣志六卷　　　… 2－293
研六室文鈔十卷附補遺一卷………… 1－170
研究經籍古書方法一卷………………… 1－318
研究經籍古書方法一卷………………… 1－499
研露樓琴譜不分卷……………………… 2－563
研露樓琴譜四卷首一卷………………… 1－232
面城精舍雜文甲編一卷乙編一卷…… 1－495
面城精舍雜文甲編一卷乙編一卷…… 2－253
面城精舍雜文甲編一卷乙編一卷…… 2－253
持名四十八法一卷附鄭韋庵先生戒
　殺放生詞一卷………………………… 1－567
持志塾言二卷…………………………… 2－26
持靜齋書目四卷續增一卷……………… 2－1
持靜齋書目四卷續增書目一卷持靜
　齋藏書紀要二卷……………………… 2－1
持靜齋書目四卷續增書目一卷持靜
　齋藏書紀要二卷……………………… 2－1
持靜齋藏書紀要二卷…………………… 2－329

括地志八卷	1－246	是程堂集十四卷	1－154
括地志八卷	1－325	是程堂集十四卷二集四卷耶溪漁隱	
拾遺記十卷	1－209	詞二卷	1－153
拾遺記十卷	1－365	則古昔齋算學十三種	1－421
拾遺記十卷	2－502	則古昔齋算學十三種	1－421
拾遺記十卷	2－564	則古昔齋算學十三種	2－36
指月錄三十二卷	1－35	則古昔齋算學十三種	2－279
指月錄三十二卷	1－174	映雪堂詳校醫宗必讀十卷	1－400
指月錄三十二卷	1－395	星槎勝覽四卷	2－187
指月錄三十二卷	1－395	星經二卷	2－535
指月錄三十二卷	1－395	昨非菴日纂二十卷	1－140
指月錄三十二卷	1－395	昨非集四卷	2－252
指月錄三十二卷	1－564	昭代名人尺牘二十四卷	1－559
指月錄三十二卷	1－564	昭代名人尺牘小傳二十四卷	1－559
指月錄三十二卷	1－567	昭代名人尺牘小傳二十四卷	2－190
指月錄三十二卷	1－567	昭代名人尺牘小傳二十四卷	2－373
按封大元九宮詞譜格正全本還魂記		昭代名人尺牘續集小傳二十四卷	1－479
詞調二卷	1－197	昭代叢書十集五百卷	2－11
拯嬰彙編不分卷	1－406	昭代叢書十集五百卷	2－286
拯嬰彙編不分卷	2－43	昭代叢書十集五百卷	2－425
貞一齋集十卷詩說一卷	1－103	昭代叢書十集五百卷	2－425
貞石山房詩鈔四卷	1－515	昭代叢書十集五百卷	2－467
貞定先生遺集四卷	2－250	昭代叢書甲集五十卷	2－471
貞定先生遺集四卷附錄一卷	1－199	昭如女子詩鈔一卷	2－217
貞定先生遺集四卷附錄一卷	2－445	昭如女子詩鈔一卷	2－550
貞隱先生治安策三十三卷	1－112	昭明文選六臣彙註疏解□□卷	2－502
貞觀小斷不分卷	1－88	昭明文選集成六十卷首二卷	2－218
貞觀政要十卷	1－5	昭明選詩□□卷	2－434
貞觀政要十卷	1－5	昭明選賦□□卷	2－434
省吾錄二編	2－497	昭明選騷□□卷	2－434
省括編二十三卷	1－33	昭德先生郡齋讀書志二十卷	1－184
省軒考古類編十二卷	1－213	昭德先生郡齋讀書志二十卷附志二	
省軒考古類編十二卷	1－213	卷	2－334
省軒考古類編十二卷	2－77	昭德先生郡齋讀書志二十卷首一卷	
省軒考古類編十二卷	2－382		1－420
省庵法師語錄二卷西方發願文注一		昭德先生郡齋讀書志五卷後志二卷	
卷東海若解一卷	1－386		1－132
省庵法師語錄二卷西方發願文注一		昭德先生郡齋讀書志五卷後志二卷	
卷東海若解一卷	1－386		1－214
省齋全集十二卷	2－520	昭德新編三卷	1－113
是亦良方不分卷	2－472	畏廬文集一卷	1－473

畏廬文集一卷	1-473
毗尼日用切要一卷	1-519
毗尼日用切要一卷	1-519
毗尼日用切要一卷	2-32
毗尼關要事義十六卷	1-519
毗尼日用切要香乳記二卷	1-519
毗尼珍敬錄二卷	1-519
毗尼關要十六卷	1-519
毗陵天甯定念禪和尚語錄一卷	1-535
毗陵天甯定念禪和尚語錄一卷	1-537
毗陵天甯普能嵩禪師淨土詩一卷	1-535
毗陵天甯普能嵩禪師淨土詩一卷	1-537
毗陵伍氏合集六種	1-476
毗陵集二十卷補遺一卷附錄一卷	1-156
思兄樓文稿一卷釀餘稿一卷	1-476
思益梵天所問經四卷	1-170
思益梵天所問經四卷	1-520
思益梵天所問經四卷	1-521
思益梵天所問經四卷	2-28
思益堂集二十卷	2-369
思益堂集十九卷	1-476
思誠堂集三卷	2-319
思誠堂集三卷附顏懷清撰永思堂賸稿一卷	2-319
思適齋集十八卷	1-107
思適齋集十八卷	2-250
思綺堂文集十卷	1-217
思綺堂文集十卷	1-475
思綺堂文集十卷	1-475
思綺堂文集十卷	1-475
思綺堂文集十卷	1-475
思綺堂文集十卷	1-475
思綺堂文集十卷	1-475
思綺堂文集十卷	1-475
思辨錄疑義一卷	2-482
思辨錄輯要二十二卷	1-419
思辨錄輯要二十二卷後集十三卷	1-419
思辨錄輯要二十二卷後集十三卷	1-426
思辨錄輯要二十二卷後集十三卷	2-6
韋刺史詩集十卷附錄一卷	1-23
韋弦佩一卷	1-197
韋庵集二卷	1-113
韋齋集十二卷	1-171
韋蘇州集十卷	1-160
韋蘇州集十卷	1-341
韋蘇州集十卷	2-258
韋蘇州集十卷拾遺一卷	1-7
韋蘇州集十卷拾遺一卷	1-70
韋蘇州集十卷拾遺一卷	1-92
韋蘇州集十卷拾遺一卷	1-92
韋蘇州集十卷拾遺一卷	1-92
韋蘇州集十卷拾遺一卷	1-93
韋蘇州詩集二卷	1-146
韋蘇州詩集二卷	2-298
品花寶鑑六十回	1-209
品花寶鑑六十回	1-209
品花寶鑑六十回	2-272
咽喉口齒玉鑰全函一卷	1-403
咽喉脈證通論不分卷	1-414
咽喉脈證通論四種五卷	1-552
咽喉脈證通論四種五卷	1-552
咽喉脈證通論四種五卷	1-552
迴瀾紀要二卷安瀾紀要二卷	2-51
幽冥寶傳不分卷	2-351
幽冥寶傳不分卷	2-596
幽夢影二卷	1-241
幽夢影二卷	2-8
拜經樓詩集十二卷續編四卷詩餘一卷	2-419
拜經樓詩話四卷	1-514
拜經樓藏書題跋記五卷附錄一卷	1-575
拜經樓藏書題跋記五卷附錄一卷	1-575
拜經樓藏書題跋記五卷附錄一卷	2-359
拜經樓叢書三十一種三十三卷	2-419
看不川八段	2-601
香山詩選六卷	2-400
香草詞一卷	1-212
香草齋詩集六卷	1-152
香祖筆記十二卷	1-167
香祖筆記十二卷	1-167
香祖筆記十二卷	1-242

香祖筆記十二卷	2-8
香祖筆記十二卷	2-497
香乘二十八卷	1-72
香海盦叢書八種	2-264
香屑集十八卷首一卷末一卷	1-510
香屑集十八卷首一卷末一卷	2-352
香屑集十八卷首一卷末一卷	2-396
香雪文鈔六卷	1-537
香蓮闈宮一折	2-601
香銷酒醒詞一卷附曲一卷	1-510
香樹齋集詩十八卷續十四卷文集二十八卷續鈔五卷	1-510
香禪精舍集八種附七種	2-8
香蘇山館古體詩鈔十七卷今體詩鈔十九卷	1-510
香蘇山館古體詩鈔十七卷今體詩鈔十九卷	1-510
香囊記二卷	1-118
香艷叢書二十集	2-304
香豔叢書四卷	2-271
秋士先生遺集六卷	1-512
秋士先生遺集六卷	1-512
秋心集一卷	1-512
秋水菴花影集五卷	1-77
秋水集十卷	1-172
秋水閣雜著一卷	1-534
秋江集註六卷	2-262
秋浦雙忠錄五種四十卷	1-198
秋浦雙忠錄五種四十卷	1-512
秋浦雙忠錄五種四十卷	2-242
秋崖先生小藁文集四十五卷詩集三十八卷	1-24
秋笳集八卷	1-512
秋影樓詩集九卷	1-512
秋審實緩比較成案二十四卷	1-326
秋審實緩比較條款不分卷	2-70
秋燈叢話十八卷	1-102
秋聲集八卷	1-110
秋聲閣尺牘二卷	2-269
科名金鍼不分卷	2-53
科學叢書八種十一卷	2-13
科學叢書第一集	2-322
科學叢書第一集八種十三卷	1-456
重文二卷附補遺一卷	1-310
重文二卷附補遺一卷	2-458
重刊七經樓文集六卷	1-368
重刊人子須知資孝地理心學統宗三十九卷	1-437
重刊人子須知資孝地理心學統宗三十九卷首一卷	2-446
重刊人子須知資孝地理心學統宗三十九卷首一卷	2-518
重刊三通考輯要三種	2-60
重刊五百家註音辯昌黎先生文集四十卷	1-328
重刊五百家註音辯昌黎先生文集四十卷	1-328
重刊五百家註音辯昌黎先生文集四十卷	2-402
重刊文信國公全集十七卷首一卷	2-242
重刊宋本十三經注疏十三種四百十六卷	1-316
重刊宋本十三經注疏十三種四百十六卷	1-316
重刊宋本十三經注疏十三種四百十六卷	1-316
重刊宋本十三經注疏十三種四百十六卷	1-317
重刊宋本十三經注疏十三種四百十六卷	2-16
重刊宋本十三經注疏十三種四百十六卷	2-17
重刊宋濂學士先生文集二十八卷	1-22
重刊武經七書彙解七卷首一卷末一卷	1-452
重刊武經七書彙解七卷首一卷末一卷	1-452
重刊明成化本東坡七集一百十卷	1-383
重刊明成化本東坡七集一百十卷	2-241
重刊明成化東坡七集	2-241
重刊明成化東坡七集	2-241
重刊金匱玉函經二註二十二卷	1-415

書名	頁碼
[嘉慶]重刊宜興縣志四卷首一卷	2-142
[嘉慶]重刊宜興縣舊志十卷首一卷末一卷	2-142
[嘉慶]重刊荊溪縣志四卷首一卷	2-142
重刊荊川先生文集十八卷外集三卷	1-42
重刊拜經樓叢書七種	2-419
重刊拜經樓叢書七種	2-419
重刊拜經樓叢書七種	2-473
重刊校正唐荊川先生文集十二卷	1-18
重刊校正唐荊川先生文集十二卷	1-18
重刊校正唐荊川先生文集十二卷補遺五卷外集三卷	1-343
重刊校正唐荊川先生文集十二卷新刊荊川先生外集三卷補遺荊川集五卷附錄一卷	2-243
重刊校正笠澤叢書四卷補遺詩一卷續補遺一卷	1-174
重刊校正笠澤叢書四卷補遺詩一卷續補遺一卷	1-174
重刊校正笠澤叢書四卷補遺詩一卷續補遺一卷	1-174
重刊校正笠澤叢書四卷補遺詩一卷續補遺一卷	1-472
重刊校正笠澤叢書四卷補遺詩一卷續補遺一卷	2-238
重刊校正笠澤叢書四卷補遺詩一卷續補遺一卷	2-535
重刊併音連聲韻學集成十三卷題韻直音篇七卷	1-59
重刊黃文獻公文集十卷	1-12
重刊救荒補遺書二卷	2-57
重刊救荒補遺書二卷	2-57
重刊救荒補遺書二卷	2-394
重刊許氏說文解字五音韻譜十二卷	1-90
重刊許氏說文解字五音韻譜十二卷	1-135
重刊巢氏諸病源候總論五十卷	1-546
重刊巢氏諸病源候總論五十卷	1-546
重刊巢氏諸病源候總論五十卷	2-41
重刊逆臣傳世十殿錄一卷	1-563
重刊道藏輯要二十八集	2-316
重刊道藏輯要二十八集	2-318
重刊道藏輯要二十八集	2-449
重刊道藏輯要二十八集二百三十六種	2-34
重刊道藏輯要心香妙語四卷	1-568
重刊道藏輯要全真正韻一卷	1-567
重刊道藏輯要全真正韻一卷	1-568
重刊補注洗冤錄集證六卷	1-451
重刊補註洗冤錄集證五卷附刊檢骨圖格一卷寶鑑編一卷石香秘錄一卷	1-451
重刊補註洗冤錄集證六卷	1-451
重刊補註洗冤錄集證六卷	2-70
重刊經史證類大全本草三十一卷	1-26
重刊經史證類大全本草三十一卷	1-30
重刊經史證類大全本草三十一卷	1-31
重刊經史證類大全本草三十一卷	1-60
重刊經史證類大全本草三十一卷	1-129
[道光]重刊續纂宜荊縣志十卷首一卷	2-142
重刊讀史大略脫誤附摘一卷	2-86
重刊讀史論略一卷	2-89
重刻二忠祠紀畧一卷	1-499
重刻山谷先生年譜十四卷附錄一卷	1-507
重刻山谷先生年譜十四卷附錄一卷	1-507
重刻山谷先生年譜十四卷附錄一卷	1-507
重刻天元奇門遁甲句解煙波釣叟歌不分卷	1-424
重刻天傭子全集十卷首一卷末一卷	1-492
重刻太上感應篇圖說一卷	1-523
重刻內府原板張閣老經筵四書直解指南二十七卷	1-122
重刻內府原板張閣老經筵四書直解指南二十七卷	1-142
重刻方望溪先生全集三十卷附年譜一卷	1-342
重刻方望溪先生全集三十卷附年譜	

| 一卷 ··· 1-342
| 重刻活幼心法二卷 ·························· 1-540
| 重刻恭簡公志樂二十卷 ···················· 1-158
| 重刻高太史大全集十八卷附扣舷集
| 一卷 ··· 1-54
| 重刻產科心法二集附福幼編一卷 ······ 1-414
| 重刻張太岳先生文集四十八卷 ········· 2-244
| 重刻張太岳先生文集四十八卷附浩
| 氣吟一卷 ······································ 1-192
| 重刻張閣老經筵四書直解二十七卷
| ·· 1-120
| 重刻遊杭合集一卷 ·························· 1-502
| 重刻楊孟載眉菴集十二卷補遺一卷
| ·· 1-119
| 重刻增補燕居筆記十卷 ···················· 1-137
| 重刻諸子彙函二十八卷 ···················· 1-442
| 重刻賴古堂尺牘新鈔三選結隣集十
| 五卷 ··· 1-365
| 重刻賴古堂尺牘新鈔三選結隣集十
| 五卷 ··· 1-365
| 重刻賴古堂尺牘新鈔三選結隣集十
| 六卷 ··· 2-269
| 重定金石契不分卷首一卷 ················ 2-203
| 重定金石契不分卷首一卷石鼓文存
| 一卷補注一卷 ······························· 1-247
| 重修正文對音捷要真傳琴譜大全十
| 卷 ·· 1-45
| [同治]重修成都縣志十六卷首一卷
| ·· 2-163
| [同治]重修成都縣志十六卷首一卷
| ·· 2-163
| [同治]重修成都縣志十六卷首一卷
| ·· 2-163
| [嘉慶]重修延安府志八十卷 ··········· 2-140
| 重修名法指掌圖四卷 ························ 2-70
| 重修名法指掌圖四卷 ························ 2-70
| [光緒]重修安徽通志三百五十卷補
| 遺十卷 ·· 2-143
| [光緒]重修安徽通志三百五十卷補
| 遺十卷 ·· 2-570
| [光緒]重修長壽縣志十卷 ··············· 2-164

[光緒]重修長壽縣志十卷 ············· 2-579
[光緒四川]重修東鄉縣志十二卷首
  一卷 ··· 2-581
重修政和經史證類備用本草三十卷 ··· 1-26
重修政和經史證類備用本草三十卷 ··· 1-26
重修政和經史證類備用本草三十卷 ··· 1-29
重修政和經史證類備用本草三十卷 ··· 1-29
重修政和經史證類備用本草三十卷 ··· 1-29
重修政和經史證類備用本草三十卷 ··· 1-29
重修政和經史證類備用本草三十卷 ··· 1-82
重修政和經史證類備用本草三十卷 ··· 1-97
重修政和經史證類備用本草三十卷
  ·· 1-128
重修政和經史證類備用本草三十卷
  ·· 1-129
重修政和經史證類備用本草三十卷
  ·· 2-530
重修南海普陀山志二十卷首一卷 ··· 1-169
重修南海普陀山志二十卷首一卷 ··· 2-178
重修南海普陀山志二十卷首一卷 ··· 2-178
重修南海普陀山志二十卷首一卷 ··· 2-178
重修南海普陀山志二十卷首一卷 ··· 2-546
重修南嶽志二十六卷 ······················ 2-178
重修南嶽志二十六卷 ······················ 2-178
[道光]重修昭化縣志四十八卷 ······ 2-163
[道光]重修昭化縣志四十八卷 ······ 2-163
重修昭覺寺志八卷 ·························· 2-180
重修昭覺寺志八卷 ·························· 2-180
重修昭覺寺志八卷 ·························· 2-180
重修宣和博古圖錄三十卷 ················ 1-56
重修宣和博古圖錄三十卷 ·············· 2-334
[咸豐]重修梓潼縣志六卷 ············· 2-158
[咸豐]重修梓潼縣志六卷 ············· 2-158
[咸豐]重修梓潼縣志六卷 ············· 2-158
[同治]重修涪州志十五卷首一卷末
  一卷義勇彙編一卷 ······················· 2-576
[同治]重修涪州志十五卷首一卷末
  一卷義勇彙編一卷 ······················· 2-576
[同治]重修涪州志十五卷首一卷末
  一卷義勇彙編一卷 ······················· 2-576
[同治]重修涪州志十五卷首一卷末

一卷義勇彙編一卷 …………… 2-576
[同治]重修涪州志十五卷首一卷末
　　一卷義勇彙編一卷 …………… 2-576
[同治]重修涪州志十五卷首一卷末
　　一卷義勇彙編一卷 …………… 2-154
[同治]重修涪州志十五卷首一卷末
　　一卷義勇彙編一卷 …………… 2-154
[同治]重修涪州志十五卷首一卷末
　　一卷義勇彙編一卷 …………… 2-433
[道光]重修博興縣志十三卷 …… 2-138
[光緒]重修彭縣志十三卷末一卷補
　　遺一卷 ………………………… 2-290
[光緒]重修彭縣志十三卷首一卷末
　　一卷補遺一卷 ………………… 2-159
[光緒]重修彭縣志十三卷首一卷末
　　一卷補遺一卷 ………………… 2-159
[光緒]重修彭縣志十三卷首一卷末
　　一卷補遺一卷 ………………… 2-159
[光緒]重修彭縣志十三卷首一卷末
　　一卷補遺一卷 ………………… 2-445
[光緒]重修彭縣志十三卷首一卷末
　　一卷補遺一卷 ………………… 2-575
[光緒]重修彭縣志十三卷首一卷末
　　一卷補遺一卷 ………………… 2-575
[光緒]重修彭縣志十三卷首一卷末
　　一卷補遺一卷 ………………… 2-575
[康熙]重修富陽縣志十卷 ……… 2-291
[光緒]重修甯羌州志五卷 ……… 1-273
[同治]重修嘉定府志四十八卷首一
　　卷 ……………………………… 2-151
[光緒]重修嘉善縣志三十六卷首一
　　卷 ……………………………… 2-144
[道光]重修膠州志四十卷 ……… 2-138
[同治]重修鄞都縣志四卷 ……… 2-153
[同治]重修鄞都縣志四卷典禮備考
　　八卷 …………………………… 2-578
[光緒]重修靈寶縣志八卷 ……… 2-138
重訂七經精義三十九卷 ………… 1-315
重訂七經精義三十九卷 ………… 1-315
重訂王鳳洲先生綱鑑會纂四十六卷 … 2-83
重訂王鳳洲先生綱鑑會纂四十六卷 … 2-83

重訂王鳳洲先生綱鑑會纂四十六卷 … 2-84
重訂王鳳洲先生綱鑑會纂四十六卷
　　續宋元紀二十三卷 …………… 1-69
重訂丹溪先生心法五卷 ………… 2-502
重訂文公家禮儀節八卷首一卷 … 1-536
重訂文選集評十五卷首一卷末一卷
　　………………………………… 2-219
重訂文選集評十五卷首一卷末一卷
　　………………………………… 2-219
重訂文選集評十五卷首一卷末一卷
　　………………………………… 2-219
重訂文選集評十五卷首一卷末一卷
　　………………………………… 2-219
重訂文選集評十五卷首一卷末一卷
　　………………………………… 2-451
重訂文選集評十五卷首一卷末一卷
　　………………………………… 2-542
重訂古文雅正十四卷 …………… 2-225
重訂古文釋義新編八卷 ………… 2-224
重訂外科正宗十二卷 …………… 1-408
重訂外科正宗十二卷 …………… 2-43
重訂外科正宗□□卷 …………… 2-527
重訂西方公據二卷 ……………… 1-387
重訂西方公據二卷 ……………… 1-387
重訂西青散記八卷 ……………… 1-179
重訂西青散記八卷 ……………… 2-270
重訂全唐詩話八卷 ……………… 1-469
重訂全唐詩話八卷 ……………… 1-469
重訂合聲簡字譜一卷 …………… 1-301
重訂合聲簡字譜一卷 …………… 1-301
重訂李義山年譜一卷詩話一卷 … 1-106
重訂李義山年譜一卷詩話一卷 … 1-213
重訂李義山詩集箋註三卷集外詩箋
　　註一卷 ………………………… 1-105
重訂李義山詩集箋註三卷集外詩箋
　　註一卷 ………………………… 1-213
重訂李義山詩集箋註三卷集外詩箋
　　註一卷 ………………………… 2-259
重訂事類賦三十卷 ……………… 2-455

重訂事類賦三十卷	2-542
重訂事類賦四十卷	2-542
重訂河防通議一卷閩中海錯疏一卷	2-51
重訂香屑集箋註十八卷首一卷末一卷	1-220
重訂宣和譜牙牌彙集二卷	1-201
重訂宣和譜牙牌彙集二卷	2-276
重訂格物入門七卷	1-433
重訂併音連聲韻學集成十二卷	1-43
重訂併音連聲韻學集成十三卷	1-43
重訂唐詩別裁集二十卷	1-333
重訂唐詩別裁集二十卷	1-333
重訂唐詩別裁集二十卷	2-522
重訂唐詩別裁集二十卷	2-541
重訂教乘法數十二卷	1-397
重訂教乘法數十二卷	1-397
重訂教乘法數十二卷	1-397
重訂教乘法數十二卷	1-533
重訂教乘法數十二卷	2-29
重訂教乘法數十二卷	2-29
重訂教乘法數三十卷	1-166
重訂博物典彙四卷	2-502
重訂路史全本四十七卷	1-195
重訂路史全本前紀九卷後紀十四卷餘論十卷發揮六卷國名紀八卷	2-343
重訂路史全本前紀九卷後紀十四卷餘論十卷發揮六卷國名紀八卷	2-364
重訂路史全本前紀九卷後紀十四卷餘論十卷發揮六卷國名紀八卷	2-364
重訂傷寒集注四卷	1-405
重訂傷寒集註四卷	1-414
重訂廣事類賦四十卷	2-455
重訂廣事類賦四十卷	2-522
重訂綴白裘新集合編十二集	2-268
重訂增修安樂箴銘一卷附錄一卷	1-361
重訂增補陶朱公致富奇書八卷	2-456
重訂穀梁春秋經傳古義疏十一卷經學外篇敘目一卷釋範一卷起起穀梁癈疾一卷	1-208
重訂選擇集要七卷	1-433
重栞宋本十三經注疏四百十六卷	2-453
重校十三經不二字不分卷	1-320
重校十三經不二字不分卷	1-368
重校正唐文粹一百卷	1-18
重校正唐文粹一百卷	1-43
重校古周禮六卷	1-195
重校拜月亭記二卷	1-49
重校拜經樓叢書十種	2-419
重校臨文便覽不分卷	1-310
重脩政和經史證類備用大觀本草三十卷	1-129
重廣補注黃帝內經素問二十四卷靈樞十二卷素問遺篇一卷	2-40
重廣補註黃帝內經素問二十四卷	1-11
重廣補註黃帝內經素問二十四卷	1-11
重廣補註黃帝內經素問二十四卷	1-11
重廣補註黃帝內經素問二十四卷	1-11
重樓玉鑰二卷	2-43
重鋟文公先生奏議十五卷	1-43
[重慶]南陽郡韓氏支譜不分卷	2-196
[重慶巴縣]文氏家譜一卷	2-195
[重慶江北縣]黃氏宗譜三卷	2-196
[重慶江北縣玉屏]戴氏宗譜五卷	2-196
[道光]重慶府志九卷	2-147
[道光]重慶府志九卷	2-147
[道光]重慶府志九卷	2-147
[道光]重慶府志九卷	2-574
[道光]重慶府志九卷	2-574
重慶府學務綜核所章程一卷	2-558
[重慶涪陵]何氏族譜六卷	2-195
[重慶涪陵]余氏族譜五卷	2-197
[重慶涪陵]余氏族譜五卷	2-197
[重慶涪陵]武城曾氏重修族譜不分卷	2-196
[重慶涪陵]陳氏族譜□卷	2-582
[重慶萬縣]萬邑牟氏族譜六卷首一卷	2-195
[重慶渝北]渝北續修徐氏族譜八卷	2-195
[重慶渝北]鄧氏族譜十卷	2-195
[重慶渝北]鄧氏族譜□□卷	2-582
重選唐音大成十五卷	1-17

重編東坡先生外集八十六卷年譜一卷 …… 1-45	修養正傳丹經類粹三卷 …… 1-31
重編東坡先生外集八十六卷年譜一卷 …… 1-49	修潔堂集略十六卷 …… 1-167
	修辭指南二十卷 …… 1-13
	修辭指南二十卷 …… 1-85
重編留青新集二十四卷 …… 1-482	修攘大畧六卷粵賊事畧二卷 …… 2-284
重編留青新集二十四卷 …… 1-482	保甲書四卷 …… 2-72
重編留青新集二十四卷 …… 2-548	保甲書四卷 …… 2-369
重編淮海先生年譜節要一卷 …… 2-241	保甲書四卷末一卷 …… 2-72
重學二十卷曲綫說三卷 …… 1-455	保生碎事一卷 …… 1-406
重學二十卷曲綫說三卷 …… 2-36	保全生命論一卷附一卷 …… 1-447
重鐫本草醫方合編六卷 …… 1-409	保全生命論一卷附一卷 …… 2-38
重鐫本草醫方合編六卷 …… 2-45	保赤須知不分卷 …… 1-406
重鐫官板地理天機會元正篇體用括要三十五卷 …… 1-437	保赤慈航一卷 …… 1-412
	保素堂稿十卷 …… 2-490
重鐫神峯張先生通考闢謬命理正宗大全六卷 …… 2-522	保華全書四卷附續編一卷 …… 2-56
	保產機要一卷 …… 1-406
段氏說文注訂八卷 …… 1-293	[同治]保康縣志七卷首一卷末一卷 …… 2-145
段氏說文注訂八卷 …… 1-293	
段氏說文注訂八卷 …… 1-293	保富述要一卷 …… 2-58
段氏說文注訂八卷 …… 1-293	[道光]保寧府志六十二卷 …… 2-147
段氏說文注訂八卷 …… 1-293	[道光]保寧府志六十二卷 …… 2-148
段氏說文注訂八卷 …… 2-210	[道光]保寧府志六十二卷 …… 2-148
段氏說文注訂八卷 …… 2-210	[道光]保寧府志六十二卷 …… 2-574
段氏說文注訂八卷 …… 2-587	侶山堂類辯二卷 …… 1-412
便蒙大版四書十九卷 …… 1-258	俄大彼得併吞世界遺策一冊 …… 2-362
修正刑律案語不分卷 …… 2-353	俄史輯譯七十七章 …… 2-189
修西定課一卷 …… 1-529	俄史輯譯四卷 …… 2-313
修西定課一卷 …… 1-529	俄史輯譯四卷 …… 2-313
修西輯要一卷 …… 1-529	俄史輯譯四卷 …… 2-365
修身要覽不分卷附編不分卷 …… 2-26	俄史輯譯四卷 …… 2-380
[道光]修武縣志十卷首一卷 …… 2-139	俄國蠶食亞洲史略二篇 …… 1-327
修華嚴奧旨妄盡還源觀一卷 …… 1-527	俄羅斯三卷 …… 1-540
修真九要一卷 …… 1-534	俄羅斯史十六章 …… 2-189
修真因果傳全本一卷 …… 1-529	俄羅斯國志二卷 …… 2-189
修真因果傳全本不分卷 …… 2-454	俗言一卷 …… 1-540
修真程途四卷附編二卷 …… 2-34	俗言一卷 …… 2-542
修真寶筏一卷 …… 1-565	信芳閣詩草四卷 …… 2-263
修習止觀坐禪法要二卷 …… 1-385	信陽詩集二十六卷 …… 1-513
修習止觀坐禪法要二卷 …… 1-386	信陽詩集二十六卷 …… 1-513
修習止觀坐禪法要二卷 …… 2-391	信陽詩集二十六卷 …… 2-260
修齊遺言不分卷 …… 2-360	信摭一卷 …… 2-7

皇甫持正集六卷補遺一卷	1－519
皇明十六家小品三十二卷	1－72
皇明三元考十四卷	1－79
皇明今獻纂言二十四卷	1－127
皇明文則二十二卷	1－131
皇明文範六十八卷目錄二卷	1－48
皇明文範六十八卷目錄二卷	1－48
皇明文範六十八卷目錄二卷	2－529
皇明文選二十卷	1－21
皇明文衡一百卷目錄二卷	1－21
皇明文衡一百卷目錄二卷	1－21
皇明百方家問答十五卷	1－61
皇明泳化類編一百三十六卷	1－39
皇明通志一百二十六卷	2－78
皇明理學名臣言行錄二卷	1－88
皇明詩選十三卷	1－72
皇明經濟文輯二十三卷	1－66
皇明徽詩彙編四十二卷附錄一卷	1－20
皇明鴻猷錄十六卷	1－40
皇明寶訓四十卷	1－88
皇華紀聞四卷	1－234
皇華紀聞四卷	2－182
皇清奏議六十八卷首一卷	2－126
皇清敕授文林郎貴州安平縣知縣仲矩劉公崇祀鄉賢祠錄一卷	2－475
皇清經解一千四百十二卷首一卷	2－366
皇清經解一千四百八卷首一卷	2－316
皇清經解一千四百八卷首一卷	2－365
皇清經解一千四百八卷首一卷	2－366
皇清經解一千四百八卷首一卷	2－366
皇清經解一千四百八卷首一卷	2－568
皇清經解一千四百卷	2－16
皇清經解一千四百卷	2－16
皇清經解一千四百卷首一卷	2－289
皇清經解一百八十五種一千四百卷	1－317
皇清經解一百八十種一千四百八卷	1－317
皇清經解一百九十二種一千四百八卷	1－317
皇清經解一百九十二種一千四百八卷	1－317
皇清經解一百九十卷首一卷	1－317
皇清經解一百九十卷首一卷	1－317
皇清經解依經分訂一千卷	2－540
皇清經解編目十六卷	1－317
皇清經解編目十六卷	1－317
皇清經解續編一千四百三十卷	1－317
皇清經解續編一千四百三十卷	2－16
皇清經解續編一千四百三十卷	2－366
皇清經解續編一千四百三十卷	2－366
皇清經解續編一千四百三十卷	2－366
皇清經解續編一千四百三十卷	2－366
皇清經解續編一千四百三十卷	2－367
皇清經解續編一千四百三十卷	2－367
皇朝一統輿地全圖不分卷	2－135
皇朝五經彙解二百七十卷	1－253
皇朝五經彙解二百七十卷	1－253
皇朝五經彙解二百七十卷	1－253
皇朝五經彙解二百七十卷	1－253
皇朝五經彙解二百七十卷	2－328
皇朝中外壹統輿圖三十一卷首一卷	2－134
皇朝中外壹統輿圖三十一卷首一卷	2－134
皇朝中外壹統輿圖三十一卷首一卷	2－134
皇朝中外壹統輿圖三十一卷首一卷	2－134
皇朝中外壹統輿圖三十一卷首一卷	2－472
皇朝文典七十四卷	2－63
皇朝文典七十四卷	2－63
皇朝文獻通考三百卷	2－62
皇朝文獻通考三百卷	2－63
皇朝文獻通考三百卷	2－63
皇朝文獻通考三百卷	2－63
皇朝文獻通考三百卷	2－491
皇朝古學類編十四卷首一卷	1－453
皇朝四書彙解七十五卷	1－257

皇朝名臣言行錄八卷四朝名臣言行錄二十六卷皇朝道學名臣言行錄十七卷 …………… 2－192	皇朝經世文三編八十卷 ………… 2－412
皇朝名臣言行錄八卷四朝名臣言行錄二十六卷皇朝道學名臣言行錄十七卷 …………… 2－192	皇朝經世文四編二十一卷 ………… 2－64
	皇朝經世文四編二十一卷 ………… 2－381
皇朝兵制考略六卷 ………… 2－71	皇朝經世文統編一百七卷 ………… 2－64
皇朝武功紀盛四卷 ………… 1－324	皇朝經世文統編一百七卷 ………… 2－549
皇朝武功紀盛四卷 ………… 1－328	皇朝經世文新增續編一百二十卷 … 2－550
皇朝武功紀盛四卷 ………… 2－120	皇朝經世文新編二十一卷 ………… 2－64
皇朝武功紀盛四卷 ………… 2－120	皇朝經世文新編二十一卷 ………… 2－64
皇朝武功紀盛四卷 ………… 2－361	皇朝經世文新編二十一卷 ………… 2－362
皇朝武功紀盛四卷 ………… 2－399	皇朝經世文新編二十一卷 ………… 2－549
皇朝武功紀盛四卷 ………… 2－493	皇朝經世文新編二十二卷 ………… 2－64
皇朝直省府廳州縣歌括一卷 ………… 2－133	皇朝經世文新編三十二卷 ………… 2－64
皇朝直省府廳州縣歌括不分卷 ……… 2－492	皇朝經世文新編三十二卷 ………… 2－64
皇朝直省府廳州縣歌括不分卷 ……… 2－501	皇朝經世文編一百二十卷 ………… 1－518
皇朝政典挈要八卷 ………… 1－323	皇朝經世文編一百二十卷 ………… 2－64
皇朝政典挈要八卷 ………… 2－121	皇朝經世文編一百二十卷 ………… 2－65
皇朝政典挈要八卷 ………… 2－121	皇朝經世文編一百二十卷 ………… 2－65
皇朝政典挈要八卷 ………… 2－121	皇朝經世文編一百二十卷 ………… 2－65
皇朝政典挈要六卷 ………… 1－326	皇朝經世文編一百二十卷 ………… 2－362
皇朝政典類纂五百卷目錄六卷 ……… 2－63	皇朝經世文編一百二十卷姓名總目二卷 …………… 2－65
皇朝政典類纂五百卷目錄六卷 ……… 2－360	皇朝經世文編一百二十卷姓名總目二卷 …………… 2－65
皇朝通典一百卷 ………… 2－62	皇朝經世文編一百二十卷姓名總目二卷 …………… 2－65
皇朝通典一百卷 ………… 2－62	皇朝經世文編一百二十卷姓名總目二卷 …………… 2－65
皇朝通典一百卷 ………… 2－62	皇朝經世文編一百二十卷姓名總目二卷 …………… 2－310
皇朝通典一百卷 ………… 2－62	皇朝經世文編一百二十卷姓名總目二卷 …………… 2－315
皇朝祭器樂舞錄二卷 ………… 2－55	皇朝經世文編一百二十卷姓名總目三卷 …………… 2－313
皇朝掌故一卷 ………… 2－551	皇朝經世文續編一百二十卷 ……… 2－64
皇朝掌故彙編六十卷 ………… 2－64	皇朝經世文續編一百二十卷 ……… 2－64
皇朝掌故讀本不分卷 ………… 2－120	皇朝經世文續編一百二十卷 ……… 2－64
皇朝詞林典故六十四卷 ………… 2－66	皇朝經世文續編一百二十卷 ……… 2－64
皇朝詞林典故六十四卷 ………… 2－500	皇朝經世文續編一百二十卷 ……… 2－64
皇朝道學名臣言行外錄十七卷 ……… 2－192	皇朝經世文續編一百二十卷 ……… 2－64
皇朝新政文編二十六卷 ………… 2－557	皇朝經世文續編一百二十卷 ……… 2－64
皇朝經世三編 ………… 2－536	皇朝經世文續編一百二十卷 ……… 2－64
皇朝經世文三編八十卷 ………… 2－65	皇朝經世文續編一百二十卷 ……… 2－64
皇朝經世文三編八十卷 ………… 2－65	皇朝經世文續編一百二十卷 ……… 2－64
皇朝經世文三編八十卷 ………… 2－65	
皇朝經世文三編八十卷 ………… 2－358	

皇朝經世文續編一百二十卷	2-362
皇朝經世文續編一百二十卷	2-362
皇朝經世文續編一百二十卷姓名總目三卷	2-65
皇朝經世文續編一百二十卷姓名總目三卷	2-65
皇朝經世緒言九卷首二卷	2-369
皇朝經世論鈔四卷	1-464
皇朝經籍志六卷	1-578
皇朝經籍志六卷	2-554
皇朝經籍志六卷	2-557
皇朝瑣屑錄四十四卷	1-246
皇朝瑣屑錄四十四卷	2-121
皇朝劄記述略四卷	2-395
皇朝駢文類苑十四卷首一卷	1-330
皇朝駢文類苑十四卷首一卷	1-331
皇朝駢文類苑十四卷首一卷	1-331
皇朝駢文類苑十四卷首一卷	1-331
皇朝駢文類苑十四卷首一卷	1-331
皇朝駢文類苑十四卷首一卷	2-235
皇朝諡法考五卷補編一卷	2-191
皇朝諡法考五卷補編一卷	2-191
皇朝諡法考五卷補編一卷	2-191
皇朝諡法考五卷續編一卷補編一卷	2-415
皇朝輿地水道源流五卷	2-176
皇朝輿地通考二十三卷	2-134
皇朝輿地畧一卷韻編一卷	2-358
皇朝輿地畧一卷韻編一卷	2-358
皇朝輿地略一卷	2-277
皇朝輿地略不分卷	2-134
皇朝輿地圖說六卷	2-359
皇朝輿地韻編二卷地志韻編唐志補闕正誤考異一卷歷代地理志韻編今釋校勘記一卷	2-136
皇朝輿地韻編二卷地志韻編唐志補闕正誤考異一卷歷代地理志韻編今釋校勘記一卷	2-136
皇朝輿地韻編不分卷	2-136
皇朝藩部要略十八卷附世系表四卷	2-124
皇朝續文獻通考三百二十卷	2-63
皇朝續文獻通考三百二十卷	2-78
皇極經世緒言九卷首一卷	1-449
皇極經世緒言九卷首二卷	1-322
皇極經世緒言九卷首二卷	1-437
皇輿表十六卷	1-102
鬼谷子二卷	1-445
鬼谷子三卷	1-156
鬼報仇十二折	2-601
鬼報仇十三折	2-598
泉布統志九卷首一卷附錄一卷	2-205
泉布統志九卷首一卷附錄一卷	2-205
泉布統志九卷首一卷附錄一卷	2-393
泉志十五卷	1-62
泉志十五卷	1-117
[嘉慶]禹城縣志十二卷	2-138
禹貢川澤考二卷	2-175
禹貢水道考異五卷	2-175
禹貢要註一卷	2-328
禹貢指南四卷	1-146
禹貢註節讀不分卷	1-185
禹貢會箋十二卷	2-175
禹貢會箋十二卷首一卷	1-100
禹貢會箋十二卷冠圖一卷	1-323
禹貢錐指二十卷	1-212
禹貢錐指二十卷	1-212
禹貢錐指二十卷	1-212
禹貢錐指二十卷圖一卷	1-101
禹貢錐指二十卷圖一卷	2-319
禹貢翼傳便蒙一卷	2-136
侯鯖集十卷	1-167
侯鯖集十卷	1-505
侯鯖錄八卷	1-20
侯鯖錄八卷	1-151
追昔遊集三卷	1-70
盾頭草一卷蓬轉草一卷符水公餘草一卷	2-263
待園詩鈔六卷	1-518
待鶴樓詩鈔四卷	2-587
衍元小草二卷	1-434
律呂原音四卷	1-100

律例便覽八卷	2-380
律例圖說辨譌十卷	2-364
律例圖說辨譌十卷荒政瑣言一卷	1-214
律音彙考八卷	1-310
律音彙考八卷	1-557
律話三卷	2-493
律賦必以集二卷	1-518
律賦必以集二卷	2-397
律賦循繩一卷	2-446
律賦衡裁六卷	2-453
後九家詩不分卷	2-395
後九家詩不分卷	2-395
後山先生集二十四卷首一卷	2-241
後山詩十二卷	1-200
後山詩十二卷	1-216
後甲集二卷	1-515
後出阿彌陀佛偈經一卷	1-523
後邨居士詩二十卷	1-146
後知不足齋叢書五十六種	2-362
後知不足齋叢書五十六種	2-362
後知不足齋叢書四十七種一百七十六卷	2-417
後知不足齋叢書初編十六種	2-12
後知不足齋叢書初編十六種	2-533
後周并七國圖十一卷	1-325
後紅樓夢三十回附刻詩二卷	2-380
後晉并七國圖十一卷	1-325
後唐并七國圖十一卷	1-325
後湖草堂詩鈔二十四卷試帖一卷賦鈔一卷	1-515
後湖草堂詩鈔二十四卷試帖一卷賦鈔一卷	1-516
後蜀疆域圖六卷附夏疆域圖四卷	1-325
後漢三公年表一卷	2-505
後漢并六國圖十一卷	1-325
後漢郡國令長攷一卷	2-505
後漢郡國圖不分卷	1-539
後漢郡國圖不分卷	1-539
後漢紀三十卷	1-165
後漢紀三十卷	2-100
後漢書一百二十卷	1-66
後漢書一百二十卷	1-93
後漢書一百二十卷	1-93
後漢書一百二十卷	1-122
後漢書一百二十卷	1-186
後漢書一百二十卷	1-186
後漢書一百二十卷	1-197
後漢書一百二十卷	2-99
後漢書一百二十卷	2-99
後漢書一百二十卷	2-99
後漢書一百二十卷	2-99
後漢書一百二十卷	2-99
後漢書一百二十卷	2-99
後漢書一百二十卷	2-100
後漢書一百二十卷	2-100
後漢書一百二十卷附考證	2-99
後漢書一百二十卷附考證	2-99
後漢書一百二十卷附考證	2-99
後漢書一百二十卷附考證	2-99
後漢書一百二十卷附考證	2-99
後漢書一百二十卷附考證	2-100
後漢書一百二十卷附考證	2-100
後漢書一百二十卷附考證	2-100
後漢書一百二十卷附考證	2-100
後漢書一百二十卷附考證	2-100
後漢書一百二十卷附考證	2-100
後漢書一百卷	1-193
後漢書一百卷續漢書志三十卷	1-250
後漢書九十卷	1-20
後漢書九十卷	1-99
後漢書九十卷	1-100
後漢書九十卷	1-124
後漢書九十卷	1-124
後漢書九十卷	1-124
後漢書九十卷	1-156
後漢書九十卷	1-175
後漢書九十卷	1-197
後漢書九十卷	2-99
後漢書九十卷	2-99
後漢書九十卷	2-100
後漢書九十卷	2-100
後漢書文鈔二十八卷	2-87
後漢書各縣故城所在不分卷	1-109

後漢書志三十卷	2－358
後漢書朔閏考五卷	2－100
後漢書鈔二卷	1－247
後漢書補表八卷	2－505
後漢書補注二十四卷	1－177
後漢書補注二十四卷	1－177
後漢書補逸二十一卷	2－358
後漢書疏證三十卷	1－250
後漢書疏證三十卷	2－99
後漢書辨疑十一卷	2－506
後漢書贅語三卷讀三國志書後一卷	1－515
後樂園集八卷	1－73
後續大宋楊家將文武曲星包公狄青初傳十四卷	2－449
後續大宋楊家將文武曲星包公狄青初傳十四卷六十八回	2－455
俞石澗易外別傳不分卷	1－85
俞俞齋文藁四卷	2－533
弇山堂別集一百卷	1－32
弇山堂別集一百卷	2－117
弇州山人四部稿一百七十四卷續稿二百七卷目錄十二卷	1－140
弇州山人詩集五十二卷	2－532
弇州山人詩集五十二卷目錄八卷	1－541
弇州山人詩集五十二卷目錄八卷	2－260
弇州山人詩集五十卷目錄八卷	1－469
弇州山人藝苑巵言十二卷	1－37
弇州山人讀書後八卷	1－94
弇州山人讀書後八卷	1－94
弇州史料前集三十卷後集七十卷	1－51
食旨齋鳴秋草四卷	1－148
食物本草會纂十二卷	2－45
食物本草會纂十二卷附食物本草圖一卷	1－409
食舊惪齋雜箸二卷	2－472
食舊惪齋雜箸二卷	1－471
胎產心法三卷	1－414
胎產合璧三卷	1－413
胎產秘書二卷	1－554
胎產秘書二卷	2－43
胎產秘書二卷附胎產秘方一卷	2－43
胎產秘書三卷	1－413
胎產集要二卷	2－43
匍國條款不分卷	2－343
風后握奇經一卷附六韜三卷	1－452
風雨樓叢書二十四種	2－495
風俗通義十卷	1－47
風俗通義十卷	1－86
風俗通義十卷	1－117
風俗通義十卷	1－131
風俗通義十卷	2－560
風雅廣逸十卷附錄一卷	1－13
風雅遺聞四卷	1－487
風箏誤傳奇二卷三十齣	2－269
急救危症簡便驗方二卷續集二卷	1－213
急救奇痧方附經驗內外百病不分卷	1－413
急救喉疹要法一卷	1－545
急救應驗良方一卷	2－488
急救應驗良方不分卷	1－413
急救應驗良方不分卷	1－413
急就章一卷	1－320
急就篇四卷	1－117
急就篇四卷	1－300
急就篇四卷	1－300
急就篇四卷	1－300
急就篇四卷	2－212
急就篇四卷	2－212
急就篇四卷	2－212
急就篇四卷正文一卷	2－408
急就篇四卷正文一卷	2－409
急就篇四卷姓氏急就篇二卷	2－333
訂正東醫寶鑑內景篇四卷外形篇四卷雜病篇十一卷湯液篇三卷鍼灸篇一卷	1－402
訂正通鑑綱目前編二十五卷	1－81
訂正通鑑綱目前編二十五卷	1－96
訂譌雜錄十卷	1－216
訂譌雜錄十卷	1－236
訂譌雜錄十卷	2－494
哀仲錄不分卷	2－536

哀怨集一卷附城南詞一卷	1-345	施愚山先生全集七種九十六卷	1-218
亭林文集六卷	1-162	施愚山先生全集七種九十六卷	1-218
亭林文集六卷	1-342	施愚山先生學餘文集二十八卷	1-343
亭林文集六卷詩集五卷	1-342	施愚山先生學餘文集二十八卷詩集五十卷	2-384
亭林文集六卷詩集五卷	2-245	施愚山先生學餘詩集五十卷	1-343
亭林文集六卷餘集一卷	1-342	弈理指歸圖三卷	2-533
亭林文集六卷餘集一卷	2-245	弈萃一卷	2-437
亭林先生遺書彙輯二十六種	2-431	弈隅通會二卷	2-533
亭林先生遺書彙輯二十六種首一卷	1-342	弈潛齋集譜二編四種七卷	1-236
亭林先生遺書彙輯二十六種首一卷	1-342	弈潛齋集譜二編四種七卷	1-236
亭林詩集五卷	1-342	弈潛齋集譜三編不分卷	2-566
亭林詩集五卷	2-260	弈潛齋集譜不分卷	1-203
亭林遺書十種	1-102	弈潛齋集譜不分卷	2-531
亭林遺書十種	1-162	弈潛齋集譜不分卷	2-531
亭林遺書十種二十七卷	1-342	弈潛齋集譜不分卷	2-531
度支部稅課司奏案輯要三卷	2-59	弈潛齋集譜初編十四種十四卷	1-236
度世寶筏正本一卷	2-553	弈潛齋集譜初編十四種十四卷	1-236
度曲須知二卷	1-69	弈潛齋集譜初編十四種十四卷	1-236
度隴記四卷	2-182	弈學會海不分卷	1-236
度隴記四卷	2-182	奕理指歸圖三卷	1-240
庭立記聞四卷	2-434	奕理指歸圖三卷	2-531
施太史新選漢文神駒□□卷	2-407	奕萃官子一卷	2-396
施定菴范西屏棋譜不分卷	2-344	奕程不分卷	1-236
[光緒]施南府志續編十卷	2-145	奕程不分卷	1-236
施案奇聞八卷九十七回	1-421	奕樂園圍棋譜不分卷	1-133
施註蘇詩四十二卷目錄二卷	2-384	奕樂園圍棋譜不分卷	1-133
施註蘇詩四十二卷目錄二卷東坡年譜一卷王注正譌一卷蘇詩續補遺二卷	1-224	音切譜二十卷	1-300
		音切譜二十卷	2-447
施註蘇詩四十二卷補遺二卷	1-349	音注小倉山房尺牘八卷附補遺	1-500
施註蘇詩四十二卷總目二卷	1-176	音學五書三十八卷	1-116
施註蘇詩四十二卷總目二卷	1-176	音學五書三十八卷	1-299
施註蘇詩四十二卷總目二卷	1-176	音學五書三十八卷	2-214
施註蘇詩四十二卷總目二卷	1-176	音學五書三十八卷	2-214
施註蘇詩四十二卷總目二卷	1-176	音學質疑六卷	1-299
施註蘇詩四十二卷續補遺二卷	2-555	音韻正訛四卷	2-355
施愚山文集二十八卷	1-342	音韻辨訛一卷附錄一卷	1-319
施愚山先生全集七種九十六卷	1-159	音韻辨訛一卷補遺一卷	2-456
施愚山先生全集七種九十六卷	1-159	音韻闡微十八卷	2-215
		音韻闡微十八卷附韻譜一卷	1-299
		帝女花二卷	1-210

帝王世紀十卷	1-249	前漢書一百卷	2-98
帝王世紀十卷考異十卷	2-78	前漢書一百卷	2-98
帝王廟諡年諱譜一卷	2-74	前漢書一百卷	2-98
帝王廟諡年諱譜一卷	2-408	前漢書一百卷	2-98
帝京景物畧八卷	1-72	前漢書一百卷	2-98
帝京景物畧八卷	1-72	前漢書一百卷	2-98
帝京景物略八卷	1-201	前漢書一百卷	2-98
帝鑑圖說不分卷	1-167	前漢書一百卷	2-98
帝鑑圖說不分卷	2-27	前漢書一百卷	2-98
恆山志五集	2-177	前漢書一百卷	2-98
美國條約不分卷	2-584	前漢書一百卷	2-98
美國國立銀行沿革畧一卷	2-582	前漢書一百卷	2-98
美術叢書四集四十輯	2-273	前漢書一百卷	2-98
姜白石全集十六卷	1-508	前漢書細讀四卷	2-99
姜白石全集十六卷	1-508	前漢書鈔四卷	1-247
姜西溟先生文鈔四卷	1-107	前漢書鈔四卷	2-521
前任四川總督籲門宮保駱公［秉章］		前漢書補注一百卷首一卷	2-97
年譜一卷	1-558	前漢書補注一百卷首一卷	2-97
前守寶錄五卷後錄二十卷	2-71	前漢書補注一百卷首一卷	2-98
前後蜀雜事詩二卷	2-413	前漢書補注一百卷首一卷	2-313
前後漢書精華錄六卷	1-247	前漢書藝文志一卷	1-577
前趙疆域圖不分卷	1-325	首楞嚴無上神咒一卷	1-563
前塵瘦影錄二卷	1-241	首楞嚴經指掌疏事義十卷	2-400
前漢紀三十卷	1-131	首楞嚴經指掌疏事義十卷	2-532
前漢紀三十卷	1-165	首楞嚴經指掌疏事義十卷懸示一卷	
前漢紀三十卷	1-228		1-563
前漢書一百卷	1-14	首楞嚴經疏二十卷	1-532
前漢書一百卷	1-122	首楞嚴經疏二十卷	1-532
前漢書一百卷	1-124	首楞嚴經疏二十卷	1-532
前漢書一百卷	1-186	逆臣傳四卷	1-249
前漢書一百卷	1-186	炳燭編不分卷	1-36
前漢書一百卷	1-186	炳燭編四卷	1-444
前漢書一百卷	1-193	炳燭齋文集初刻一卷續刻一卷	1-502
前漢書一百卷	2-97	炳燭齋文集初刻一卷續刻一卷	1-502
前漢書一百卷	2-97	洪文襄奏對筆記二卷	1-435
前漢書一百卷	2-97	洪文襄奏對筆記二卷	2-392
前漢書一百卷	2-97	洪北江文集四卷	2-413
前漢書一百卷	2-97	洪北江全集二十三種	1-356
前漢書一百卷	2-97	洪北江全集二十三種	1-356
前漢書一百卷	2-98	洪北江全集二十三種	1-356
前漢書一百卷	2-98	洪北江全集二十三種	2-14

洪北江全集二十三種 …………… 2-14	洗冤錄全纂六卷…………………… 2-402
洪北江全集二十三種 …………… 2-249	洗冤錄詳義四卷附攟遺二卷攟遺補
洪北江全集二十三種 …………… 2-418	一卷 …………………………… 1-451
洪芳洲先生歸田稿三卷續歸田稿二	洗冤錄詳義四卷附攟遺二卷攟遺補
卷續稿二卷附奏疏一卷摘稿四卷	一卷 …………………………… 1-451
讀禮稿三卷 …………………… 1-356	洗冤錄詳義四卷附攟遺二卷攟遺補
洪武正韻十六卷 ………………… 1-10	一卷 …………………………… 1-451
洪武正韻十六卷 ………………… 1-29	洗冤錄詳義四卷附攟遺二卷攟遺補
洪武正韻彙編四卷 ……………… 1-87	一卷 …………………………… 2-70
洪度集一卷 ……………………… 1-340	洗冤錄詳義四卷首一卷 ………… 1-154
洪度集一卷 ……………………… 1-340	洗冤錄詳義四卷攟遺二卷 ……… 2-70
洪度集一卷 ……………………… 1-356	洗冤錄辨證三卷 ………………… 2-71
洪度集一卷 ……………………… 1-356	活人書二十卷 …………………… 1-412
洪度集一卷 ……………………… 2-397	活人書二十卷 …………………… 1-545
[嘉慶]洪雅縣志二十五卷首一卷 … 2-157	活幼心法二卷重刻達生編二卷 … 1-554
[嘉慶]洪雅縣志二十五卷首一卷 … 2-157	活幼心法十卷附達生編二卷 …… 1-545
[嘉慶]洪雅縣志二十五卷首一卷 … 2-157	活幼心法大全九卷 ……………… 1-545
[嘉慶]洪雅縣志二十五卷首一卷 … 2-157	活幼心書三卷附校記 …………… 1-548
[嘉慶]洪雅縣志二十五卷首一卷 … 2-577	活捉王魁二卷 …………………… 2-598
[嘉慶]洪雅縣志二十五卷首一卷 … 2-577	活捉王魁二卷 …………………… 2-599
[嘉慶]洪雅縣志二十五卷首一卷 … 2-577	活捉王魁二卷 …………………… 2-599
[嘉慶]洪雅縣志二十五卷首一卷 … 2-577	[嘉慶]洛川縣志二十卷首一卷末一
[光緒]洪雅縣志十二卷首一卷 …… 2-157	卷 ……………………………… 2-141
[光緒]洪雅縣志十二卷首一卷 …… 2-157	洛書心法合纂直講十四卷………… 2-491
[光緒]洪雅縣志十二卷首一卷 …… 2-157	洛陽伽藍記五卷 ………………… 1-125
[光緒]洪雅縣志十二卷首一卷 …… 2-577	洛陽伽藍記五卷集證一卷 ……… 1-183
[光緒]洪雅縣志十二卷首一卷 …… 2-577	洛學編五卷 ……………………… 1-440
[光緒]洪雅縣志十二卷首一卷 …… 2-577	洋防輯要二十四卷 ……………… 2-173
[光緒]洪雅縣志十二卷首一卷 …… 2-577	洋防輯要二十四卷 ……………… 2-403
洪範正論五卷 …………………… 1-172	洋務時事彙編八卷 ……………… 2-68
洹詞十二卷 ……………………… 1-22	洋槍淺言一卷 …………………… 1-460
洹詞十二卷首一卷 ……………… 2-243	[康熙]洋縣志八卷首一卷 ……… 2-291
[嘉慶]洧川縣志八卷首一卷 …… 2-139	洴澼百金方十四卷 ……………… 1-452
洞主仙師白喉治法異表抉微一卷 … 1-550	洴澼百金方十四卷 ……………… 1-559
洞宗彙選□□卷 ………………… 2-555	洴澼百金方十四卷首一卷 ……… 2-72
洞霄圖志六卷首一卷 …………… 1-215	津夫詩鈔二卷 …………………… 1-111
洞蕭樓詩紀十三卷 ……………… 2-436	津門雜記三卷 …………………… 1-455
洄溪醫案一卷 …………………… 1-411	津門雜記三卷 …………………… 2-180
洄溪醫案一卷 …………………… 1-553	津逮秘書一百四十一種七百五十五
洄溪醫案不分卷 ………………… 1-413	卷 ……………………………… 1-72
洗冤錄四卷 ……………………… 2-71	津逮秘書一百四十一種七百五十五

卷	1-72	神相鐵關刀四卷	1-455
津逮秘書一百四十一種七百五十五卷	1-73	神相鐵關刀四卷首一卷	2-500
津逮秘書一百四十一種七百五十五卷	1-76	神農本草三卷	1-409
		神農本草三卷	1-409
津逮秘書一百四十一種七百五十五卷	1-76	神農本草三卷	2-45
		神農本草經百種錄一卷	1-408
津逮秘書一百四十一種七百五十五卷	2-407	神農本草經百種錄一卷	1-549
		神農本草經百種錄一卷	1-554
宣和奉使高麗圖經四十卷附錄一卷	2-526	神農本草經百種錄一卷	2-344
		神農本草經百種錄一卷	2-396
宣和博古圖三十卷	1-193	神農本草經百種錄不分卷	1-409
宣城梅氏叢書輯要六十二卷	1-432	神農本草經百種錄不分卷	1-409
宣統二年通商各關華洋貿易論畧不分卷	2-387	神農本草經疏三十卷	1-67
		神農本草經疏三十卷	2-308
宣統二年通商各關華洋貿易總冊不分卷	2-387	神農本草經讀四卷	1-540
		神農本草經讀四卷	1-545
宣靖備史四卷	1-111	神農本草經讀四卷	1-553
宦海指南五種	2-66	神農本草經讀四卷	1-553
宦遊紀略二卷	2-198	神機制敵太白陰經十卷	2-404
宦鄉要則七卷	2-55	神醫彙編十卷	2-46
宦鄉要則七卷	2-55	祝由科二卷	2-44
宦鄉要則八卷首一卷	2-415	祝由科天醫十三科二卷	1-404
宦遊紀略二卷	1-250	祝由科天醫十三科二卷	1-404
宦遊紀實二卷	2-67	祠山志十卷首一卷	2-178
宦游紀略二卷	1-562	祠部集三十五卷	1-362
宦游紀略二卷	2-475	郡縣分韻考十卷	2-136
宦游紀略二卷	2-520	退思粗訂稿二卷	1-360
突星閣詩抄十五卷	2-568	退思粗訂稿二卷	2-522
客座贅語十卷	1-181	退耕堂集六卷	1-360
客問條答一卷	1-535	退菴隨筆二十二卷	1-241
客問條答一卷	1-535	退庵金石書畫跋二十卷	2-203
客窗閒話二卷	1-493	退密刪存橐二卷	2-402
扁鵲心書三卷附神方一卷	1-414	退復軒文集二卷隨筆二卷	1-360
衲蘇集二卷	2-386	退復軒試帖未棄草一卷	1-511
祖師元要篇一卷	1-563	退復軒詩四卷	1-511
祖師元要篇不分卷	2-35	退溪詩集一卷	1-392
神仙感遇傳五卷	1-94	退溪詩集一卷	1-557
神相全編十二卷	2-564	退溪詩集一卷	2-329
神相彙編四卷	1-464	退溪詩集一卷	2-329
神相鐵關刀四卷	1-455	退學齋詩稿一卷知困書屋詩稿一卷半園詩稿一卷西徵詩稿一卷吏隱	

草一卷	1-360
咫進齋叢書三集三十五種	2-10
咫進齋叢書三集三十五種	2-421
咫進齋叢書三集三十五種	2-421
咫進齋叢書三集三十五種	2-421
屏山集二十卷	1-10
[乾隆]屏山縣志八卷首一卷	2-164
[乾隆]屏山縣志八卷首一卷	2-164
[乾隆]屏山縣志八卷首一卷	2-164
[光緒]屏山縣續志二卷首一卷	2-165
[光緒]屏山縣續志二卷首一卷	2-165
[光緒]屏山縣續志二卷首一卷	2-165
[光緒]屏山縣續志二卷首一卷	2-296
眉山詩案廣證六卷	1-486
眉山詩案廣證六卷	2-259
眉公書畫史一卷安得長者言一卷	1-61
眉公筆記二卷	1-118
眉公詩鈔八卷	1-68
眉公詩鈔八卷	1-225
[嘉慶]眉州屬志十九卷	2-165
[嘉慶]眉州屬志十九卷	2-165
[嘉慶]眉州屬志十九卷	2-290
眉彭新三屬水利志不分卷	2-51
眉綠樓詞一卷	1-486
眉綠樓詞一卷	1-486
眉韻樓詩話八卷	1-486
眉韻樓詩話續編四卷	1-486
胥山詩錄一卷	1-108
[陝西省]朝邑縣幅員地糧總說不分卷	2-483
[雍正]陝西通志一百卷首一卷	2-579
[陝西省]朝邑縣幅員地糧總說不分卷	2-554
[雍正]陝西通志一百卷首一卷	1-198
[雍正]陝西通志一百卷首一卷	2-139
[雍正]陝西通志一百卷首一卷	2-139
[康熙]陝西通志三十二卷圖一卷	1-154
陝西闈墨不分卷(光緒壬寅補行庚子恩正併科)	1-487
陝西闈墨不分卷(光緒壬寅補行庚子恩正併科)	1-487
陝西闈墨不分卷(光緒壬寅補行庚子恩正併科)	1-561
姚氏印存一卷	1-236
姚氏先德傳六卷	2-195
姚江學辨二卷	1-377
姚伯子論不分卷	1-46
姚選古文真本五色標記表十五卷首一卷	2-233
姚選古文真本五色標記表十五卷首一卷	2-233
飛丸記二卷	1-226
飛燕外傳一卷漢雜事秘辛一卷	1-194
飛龍全傳十二卷六十回	2-378
飛鴻堂印餘十二卷	1-108
飛鴻堂印譜五集四十卷	1-415
飛鴻堂印譜五集四十卷	2-274
飛鴻堂印譜五集四十卷	2-274
癸巳存稿十五卷	1-425
癸巳存稿十五卷	1-445
癸巳存稿十五卷	1-445
癸巳存稿十五卷	2-7
癸巳存稿十五卷	2-561
癸巳類稿十五卷	1-176
癸巳類稿十五卷	1-425
癸巳類稿十五卷	1-425
癸巳類稿十五卷	1-445
癸巳類稿十五卷	1-496
癸巳類稿十五卷	2-7
癸甲襄校錄五卷	2-527
癸卯恩科直墨四卷	2-334
癸卯恩科鄉試十八省同年全錄不分卷	2-388
癸辛雜識前集一卷後集一卷	2-364
柔柔詩稿一卷首一卷附錄一卷	2-554
柔遠新書四卷	2-124
紅杏山房聞見隨筆二十八卷	1-242
紅杏山房聞見隨筆二十八卷	2-361
紅豆莊雜錄不分卷	1-112
紅豆詩人集十八卷附錄一卷	1-515
紅豆樹館書畫記八卷	2-274
紅豆樹館書畫記八卷	2-396

紅豆樹館詩稿十四卷詞八卷補遺一卷逸稿一卷	1-515
紅豆樹館詩稿十四卷詞補遺一卷	1-515
紅豆簃琴意一卷	1-514
紅荔山房吟稿二卷	2-260
紅雪樓九種傳奇九種	2-269
紅蕉山館詩鈔十卷續鈔二卷	2-262
紅蕉吟館印記不分卷	1-235
紅樓夢一百二十回	1-125
紅樓夢一百二十回	2-560
紅樓夢一百二十回首一卷	1-209
紅樓夢一百二十卷	1-209
紅樓夢一百二十卷	1-209
紅樓夢一百二十卷	1-209
紅樓夢一百二十卷	1-209
紅樓夢一百二十卷	1-209
紅樓夢傳奇八卷	1-171
紅樓夢圖詠不分卷	1-193
紅樓夢圖詠不分卷	1-237
紅樓夢賦不分卷	1-541
紅樹山莊詩草四卷黔遊草一卷	1-515
紅藕山莊尺牘十二卷首一卷	1-514
約書十二卷	1-462
約章分類輯要三十八卷	2-68
約章成案匯覽乙篇四十二卷	2-302
約章成案匯覽乙篇四十二卷	2-302
約章成案匯覽甲篇十卷	2-68
約章成案匯覽甲篇十卷	2-68
紀元編三卷末一卷	2-73
紀元編三卷末一卷	2-73
紀元編三卷末一卷	2-73
紀元編三卷末一卷	2-541
紀元編四卷	1-246
紀公叢書十三種	2-283
紀文達公文錄一卷	2-392
紀文達公遺集十六卷	2-288
紀文達公遺集十六卷	2-360
紀文達公遺集十六卷首一卷	1-511
紀文達公遺集十六卷首一卷	2-551
紀文達公遺集文集十六卷詩集十六卷	1-510
紀效新書十八卷	1-452
紀效新書十八卷	2-367
紀效新書十八卷首一卷	1-458
紀效新書十八卷首一卷	2-385
紀慎齋先生全書十二種續二種	2-283
紀慎齋先生全集十四種續集六種	2-463
紀曉嵐詩評註四卷	1-511
紀曉嵐詩評註四卷	1-511
紀曉嵐詩評註四卷	1-511
紀曉嵐詩註釋四卷	1-511
紉齋畫賸一卷	1-540
紉齋畫賸不分卷	1-237
紉蘭室詩鈔三卷	1-505

十畫

耕煙草堂詩鈔四卷	1-172
耕餘樓書目四集	1-131
耗子伸冤九回	2-600
耗子伸冤九回	2-600
馬氏文通十卷	2-302
馬首農言一卷	1-458
馬戲圖譜一卷	2-276
馬糞孵卵法一卷	2-50
[嘉慶]馬邊廳志畧六卷	1-180
[嘉慶]馬邊廳志略六卷首一卷	2-164
秦川焚餘草六卷	2-301
秦川焚餘草六卷補遺一卷附刻一卷	1-364
秦西事物叢考八卷	1-243
[道光]秦安縣志十四卷	2-141
秦府請印七折	2-600
秦蜀驛程紀二卷	2-183
秦蜀驛程紀二卷	2-183
秦會要二十六卷	2-61
秦漢十印齋藏書目四卷	1-125
秦漢瓦圖記四卷補遺一卷	1-148
秦漢文四卷	1-12
秦漢文鈔十二卷	1-141
秦漢文鈔六卷	1-84
秦漢文鈔六卷	1-84

書名	頁碼
秦漢書疏十八卷	1－28
秦漢魏六朝碑刻輿地考一卷	2－206
泰山道里記一卷	1－153
泰西十八周史攬要十八卷	2－183
泰西十八周史攬要十八卷	2－183
泰西民族文明史十四章	2－187
泰西新史攬要二十四卷	2－187
泰西新史攬要二十四卷	2－187
泰西新史攬要二十四卷	2－187
［道光］泰州志三十六卷首一卷	2－291
泰雲堂集二十五卷	1－367
泰然齋文集二卷	1－364
［光緒］泰興縣志二十六卷首一卷末一卷	2－143
［光緒］珙縣志十五卷首一卷	2－150
［光緒］珙縣志十五卷首一卷	2－150
［光緒］珙縣志十五卷首一卷	2－150
珠里小志十八卷首一卷	2－567
珠叢別錄二十八種	2－406
班馬字類二卷	1－320
班馬字類二卷	2－209
班馬異同三十五卷	1－94
素行居教學法程四卷	2－482
素問靈樞類纂約註三卷	1－402
素問靈樞類纂約註三卷	1－548
素問靈樞類纂約註三卷	2－40
素問靈樞類纂約註三卷	2－41
素靈微蘊四卷	1－410
素靈微蘊四卷	1－410
起起穀梁廢疾一卷釋范一卷會試硃卷不分卷（光緒己丑科）	1－433
袁王加批綱鑑彙纂三十九卷首一卷	2－81
袁王加批綱鑑彙纂三十九卷首一卷	2－85
袁王綱鑑合編三十九卷	2－85
袁中郎十集十六卷	1－35
袁中郎十集十六卷	1－123
袁中郎全集四十卷	2－563
袁中郎敝篋集二卷	1－96
袁氏世範三卷	2－27
袁文合箋十六卷	2－247
袁文箋正十六卷	1－178
袁文箋正十六卷	1－377
袁文箋正十六卷補注一卷	1－178
袁文箋正十六卷補注一卷	1－178
袁文箋正十六卷補注一卷	1－226
袁文箋正十六卷補注一卷	1－377
袁文箋正十六卷補注一卷	1－377
袁文箋正十六卷補注一卷	1－377
袁文箋正十六卷補注一卷	2－309
袁文箋正十六卷補注一卷	2－321
袁文箋正十六卷補注一卷	2－322
袁文箋正十六卷補注一卷	2－322
袁易齋先生圖民錄四卷	1－536
袁海叟詩集四卷	2－260
都門紀略四集四卷	2－539
盍簪集十二卷	1－371
埃及近世史二十七章	2－486
恥躬堂文鈔十卷詩鈔十六卷	1－494
華及堂視昔編六卷	1－105
華延年室題跋三卷	2－119
華英通商事略一卷	2－363
華制存攷（光緒三十三年十一月初一日至宣統二年臘月二十一日）	2－125
華泉先生集選四卷	1－372
華峯文集六卷	1－383
華盛頓傳八卷	2－201
華國編文選八卷	1－383
華陽金仙證論一卷	2－35
華陽國志十二卷	1－63
華陽國志十二卷	2－123
華陽國志十二卷	2－123
華陽國志十二卷	2－123
華陽國志十二卷	2－123
華陽國志十二卷	2－123
華陽國志十二卷	2－123
華陽國志十二卷	2－124
華陽國志十二卷	2－124
華陽國志十二卷	2－124
華陽國志十二卷	2－527
華陽國志十二卷	2－546
華陽國志十二卷附錄一卷	1－191
華陽國志十二卷附錄一卷	1－191

華陽散稿二卷	2-332
［嘉慶］華陽縣志四十四卷首一卷	2-161
［嘉慶］華陽縣志四十四卷首一卷	2-161
［嘉慶］華陽縣志四十四卷首一卷	2-295
華陽館詩集十四卷附錄一卷文集十二卷	1-39
華銀山志十八卷首一卷	2-178
華銀山志十八卷首一卷	2-178
華銀山志十八卷首一卷	2-432
華銀山志十八卷首一卷	2-432
華嶽志八卷首一卷	2-177
華嶽志八卷首一卷	2-177
華鋈山樵詩原稿□□卷	1-178
華嚴一乘十玄門一卷	1-534
華嚴五十要問答二卷	1-534
華嚴金師子章解一卷華嚴金獅子章解一卷華嚴經明法品内立三寶章一卷流轉章一卷法界緣起草一卷圓音章一卷法身章一卷十世章一卷玄義章一卷	1-531
華嚴念佛三昧論一卷	1-397
華嚴念佛三昧論一卷	2-27
華嚴法界玄鏡三卷	1-534
華嚴法界玄鏡三卷注華嚴法界觀門一卷	1-528
華嚴海印道場九會請佛儀一卷	2-529
華嚴聖可玉禪師百頌一卷	1-526
華嚴感應緣起傳一卷	1-534
華嚴經旨歸一卷修華嚴奧旨妄盡還源觀一卷華嚴經義海百門一卷	1-534
華嚴經如來出現品三十七之二節選	1-179
華嚴懸談會玄記四十卷	2-30
莆田集三十六卷	1-194
莆陽知稼翁集二卷	1-67
莆陽知稼翁集二卷	1-156
莫愁湖志六卷首一卷	2-177
莫愁湖志六卷首一卷	2-177
莫愁湖志六卷首一卷	2-177
莫愁湖志六卷首一卷	2-451
莫愁湖志六卷首一卷附楹聯便覽	2-177
莫愁湖楹聯便覽不分卷	2-270
莊子十卷	1-446
莊子十卷	1-447
莊子十卷	2-612
莊子內篇二卷	1-447
莊子內篇二卷	1-447
莊子因六卷	1-447
莊子因六卷	1-447
莊子因六卷	1-447
莊子因六卷	1-447
莊子因六卷	2-21
莊子因六卷	2-21
莊子因六卷	2-368
莊子注三卷	1-170
莊子故八卷	1-535
莊子故八卷	2-586
莊子南華真經十卷	1-116
莊子南華真經四卷音義四卷	1-83
莊子約解四卷	1-447
莊子約解四卷	1-447
莊子約解四卷	1-558
莊子旁注五卷	2-473
莊子通義十卷	1-10
莊子雪三卷	1-447
莊子雪三卷	2-21
莊子集解十卷	1-446
莊子集解八卷	1-446
莊子集解八卷	1-446
莊子集解八卷	1-446
莊子集解八卷	1-446
莊子集解八卷	1-446
莊子集解八卷	1-448
莊子集解八卷	1-448
莊子集解八卷	1-448
莊子集解八卷	1-448
莊子集釋十卷	1-183
莊子集釋十卷	1-448
莊子集釋十卷	1-448
莊子集釋十卷	1-448
莊子集釋十卷	2-21
莊子集釋十卷	2-350

莊子解三十三卷莊子通一卷 …………… 2-21
莊子鬳齋口義十卷釋音一卷 …………… 1-10
莊子鬳齋口義十卷釋音一卷 …………… 1-10
莊子獨見不分卷 ………………………… 1-168
莊子獨見不分卷 ………………………… 1-448
莊子獨見不分卷 ………………………… 1-448
莊子翼八卷 ……………………………… 1-55
莊子翼八卷 ……………………………… 1-141
莊子釋意三篇 …………………………… 2-497
莊渠先生遺書十六卷 …………………… 1-10
莊靖先生遺集十卷 ……………………… 1-372
莊嚴菩提心經一卷 ……………………… 1-397
莊嚴菩提心經一卷 ……………………… 1-398
茶香室叢鈔二十三卷目錄一卷 ………… 1-235
茶香室續鈔二十五卷目錄一卷 ………… 1-235
莘齋詩文鈔十二卷 ……………………… 1-372
真文忠公續文章正宗二十卷 …………… 1-21
真文忠公續文章正宗二十卷 …………… 1-142
真心直說一卷八識規矩補註二卷大
　乘百法明門論解一卷唯釋三十論
　一卷 …………………………………… 2-582
真西山先生集八卷 ……………………… 2-368
真西山全集八種 ………………………… 2-242
真西山集二卷 …………………………… 1-371
真西山讀書記乙集上大學衍義四十
　三卷 …………………………………… 1-88
真道問答不分卷 ………………………… 1-369
真誥二十卷 ……………………………… 1-34
尅擇璇璣經集註一卷 …………………… 1-75
桂舟遊草二卷 …………………………… 1-372
桂芳齋重訂古文釋義新編八卷 ………… 2-224
桂林集八卷 ……………………………… 1-172
桂洲先生奏議二十卷外集一卷 ………… 1-86
桂洲奏議二十卷外集二卷桂洲集四
　卷 ……………………………………… 1-13
桂洲夏文愍公奏議二十一卷附補遺
　一卷 …………………………………… 2-126
桂海虞衡志一卷 ………………………… 2-182
桂海虞衡志一卷 ………………………… 2-363
[同治]桂陽直隸州志二十七卷首一
　卷 ……………………………………… 2-147
[同治]桂陽直隸州志二十七卷首一
　卷 ……………………………………… 2-295
桂溪耆舊集十二卷 ……………………… 2-547
桂學答問一卷 …………………………… 2-316
桔朩瑣言二卷 …………………………… 1-418
桔朩瑣言二卷 …………………………… 2-415
桔朩瑣言二卷 …………………………… 2-415
栖雲閣詩十六卷 ………………………… 1-152
栖雲閣詩十六卷留耕堂遺詩四卷拾
　遺三卷 ………………………………… 1-377
栴堂山居詩一卷 ………………………… 1-393
栴堂山居詩一卷 ………………………… 1-393
桐水文緣集不分卷 ……………………… 2-407
桐石草堂集九卷 ………………………… 1-212
桐石草堂集九卷 ………………………… 2-471
桐竹水莊詩四卷 ………………………… 1-180
桐城左氏文法教科書二卷吳氏文法
　教科書二卷 …………………………… 2-407
桐城先生點勘太玄讀本十卷 …………… 1-465
桐城先生點勘管子讀本二十四卷 ……… 1-465
桐城先生點勘墨子讀本十六卷 ………… 1-458
桐城吳氏文法教科書二卷 ……………… 2-407
桐城吳氏文法教科書二卷 ……………… 2-407
桐城吳氏文法教科書二卷 ……………… 2-407
桐城吳先生尺牘五卷補遺一卷諭兒
　書一卷 ………………………………… 1-190
桐城吳先生尺牘五卷補遺一卷諭兒
　書一卷 ………………………………… 2-471
桐城吳先生全書五種 …………………… 2-408
桐城吳先生全書五種 …………………… 2-411
桐城吳先生全書五種 …………………… 2-458
桐城吳先生詩集一卷 …………………… 2-405
桐城耆舊傳十二卷 ……………………… 2-194
桐華吟館詩稿十二卷詞稿二卷文鈔
　一卷 …………………………………… 1-376
桐華舸詩鈔八卷續鈔八卷明季詠史
　詩鈔一卷褒忠詩鈔一卷 ……………… 2-541
桐華閣叢書六種 ………………………… 2-283
桐陰論畫二卷首一卷附錄一卷二編
　二卷三編二卷附畫訣一卷續桐陰
　論畫一卷 ……………………………… 1-464

桐陰論畫二卷首一卷附錄一卷續桐陰論畫一卷桐陰畫訣一卷桐陰論畫二編二卷三編二卷	2-275	格言聯璧不分卷	2-465
桐陰論畫二卷首一卷附錄一卷續桐陰論畫一卷桐陰畫訣一卷桐陰論畫二編二卷三編二卷	2-276	格言聯璧節鈔不分卷	1-419
		格林礟操法一卷	1-460
		格物入門七卷	1-433
桐陰論畫二卷首一卷續桐陰論畫一卷桐陰畫訣一卷	1-233	格物探原三卷	1-447
		格物測算八卷	1-422
桐陰論畫二卷首一卷續桐陰論畫一卷桐陰畫訣一卷桐陰論畫二編二卷桐陰論畫三編二卷	1-233	格致小引一卷	2-36
		格致小引四章	1-447
		格致古微六卷	2-5
		格致古微六卷	2-5
桐埜詩集四卷	1-376	格致書院課藝（光緒丙戌至癸巳年）	2-353
桐埜詩集四卷	2-261	格致啟蒙四卷	2-36
桐雲閣試律詳註二卷	2-368	格致彙編二十八卷	1-237
桐園草堂琴譜□□卷	2-354	格致彙編不分卷	2-36
栝蒼金石志十二卷	2-207	格致餘論一卷	1-209
栝蒼金石志十二卷	2-207	格致叢書一百種附刻十種	1-457
桃花泉奕譜二卷	1-143	格致鏡原一百卷	1-108
桃花泉奕譜二卷	1-200	格致鏡原一百卷	1-115
桃花泉奕譜二卷	1-233	格致鏡原一百卷	1-218
桃花泉奕譜二卷	1-233	格致鏡原一百卷	1-417
桃花泉奕譜二卷	2-344	格致鏡原一百卷	2-4
桃花泉奕譜二卷	2-344	格致鏡原一百卷	2-310
桃花泉奕譜二卷	2-354	格致鏡原一百卷	2-451
桃花泉奕譜二卷	2-354	栘華館駢體文四卷	1-330
桃花泉奕譜二卷	2-391	栘華館駢體文四卷	1-342
桃花扇四卷首一卷	1-377	校刊日經大成三卷首一卷	2-43
桃花扇傳奇二卷	1-220	校刊史記集解索隱正義札記五卷	1-249
桃花扇傳奇二卷	1-220	校刊史記集解索隱正義札記五卷	2-75
桃花扇傳奇二卷四十齣	2-268	校刊史記集解索隱正義札記五卷	2-75
桃花源志略十三卷	2-179	校刊史記集解索隱正義札記五卷	2-75
［光緒］桃源縣志十七卷首一卷末一卷	2-147	校刊史記集解索隱正義札記五卷	2-395
		校刊明道本韋氏解國語劄記一卷	1-194
［光緒］桃源縣志十七卷首一卷末一卷	2-294	校刊咸淳臨安志札記三卷	1-168
		校刊咸淳臨安志札記三卷	2-144
桃溪客語五卷	2-286	校刊咸淳臨安志札記三卷	2-144
格言二卷格言類纂二卷	2-520	校正公餘醫錄五種十八卷	1-470
格言彙編六種	2-497	校正孔氏大戴禮記補注十三卷	2-54
格言聯璧一卷	1-450	校正孔氏大戴禮記補註十三卷	2-538
格言聯璧一卷	2-536	校正重刊官板宋朝文鑑一百五十卷	1-62
格言聯璧不分卷	1-419	校正重刊官板宋朝文鑑一百五十卷	

目錄三卷	1-62	鬲津草堂詩不分卷	1-103
校正重刊官板宋朝文鑑一百五十卷		酉中志二十四卷	1-439
目錄三卷	2-227	酌雅齋四書遵註合講大學一卷中庸	
校正朝邑志一卷	2-180	一卷論語十卷孟子七卷圖考一卷	
校正圖注脈訣四卷	2-41		2-482
校正圖注脈訣四卷	2-41	夏小正一卷	1-203
校正圖註八十一難經四卷	2-41	夏小正一卷	1-492
校正圖註八十一難經四卷	2-337	夏小正一卷	2-55
校正圖註八十一難經四卷	2-450	夏小正一卷	2-340
校正圖註脈訣四卷	2-337	夏小正正義一卷弟子職正音一卷夏	
校正圖註脈訣四卷	2-450	小正一卷	2-55
校正圖註脈訣辨真四卷附方一卷	1-486	夏小正四卷	2-496
校正圖註難經脈訣八卷	1-401	夏小正星候攷一卷	1-276
校正儒門事親十五卷	1-404	夏小正通釋一卷	2-55
校正醫林狀元壽世保元十卷	1-410	夏小正集說四卷	2-496
校正瀕湖脈學一卷	2-41	夏小正集說四卷附雞澤脞錄一卷迎	
校正瀕湖脈學一卷奇經八脈考一卷		釐筆記二卷	1-276
	1-401	夏小正戴氏傳四卷附考異一卷別錄	
校正瀕湖脈學一卷奇經八脈攷一卷		一卷	1-197
	2-337	夏時明堂陰陽經十卷	1-424
校邠廬抗議二卷	1-440	夏峯先生集十六卷首一卷	1-492
校邠廬抗議二卷	2-64	夏節愍全集十卷首一卷末一卷補遺	
校注橘山四六二十卷	1-46	一卷續補遺一卷	2-244
校訂困學紀聞三箋二十卷	1-416	夏節愍全集十卷首一卷末一卷補遺	
校訂困學紀聞三箋二十卷	2-5	一卷續補遺一卷	2-244
校訂困學紀聞三箋二十卷	2-464	夏節愍全集十卷首一卷末一卷補遺	
校訂困學紀聞集證二十卷	2-6	二卷	1-491
校訂定盦全集十卷	2-249	砥齋集十二卷	1-494
校訂定盦全集十卷附錄一卷	2-315	破邪論二卷	2-34
校徐集札記一卷	2-240	破愁一夕話三種三卷	1-81
校勘光緒嘉善縣志劄記一卷	2-144	原人論一卷	1-397
校補詩韻合璧五卷附錄一卷	1-351	原人論一卷	1-522
校補詩韻合璧五卷附錄一卷	1-351	原人論一卷	1-532
校經山房叢書二十八種	2-12	原人論一卷	2-27
校經山房叢書二十八種	2-424	原本直指演算法統宗大全十二卷	1-432
校經山房叢書二十八種	2-424	原故文錄一卷詩錄一卷補遺一卷	2-235
校經堂初集四卷二集九卷	2-305	原富五部	1-446
核訂現行刑律不分卷	2-558	原富五部	1-459
根本說一切有部毘奈耶八卷	1-387	原富五部	1-459
連筠簃叢書十二種	2-11	原富五部	1-459
連筠簃叢書十二種	2-418	原富五部	2-56

原富五部	2-57		晉書一百三十卷附音義三卷	2-102
原富五部	2-57		晉書一百三十卷附音義三卷	2-102
原富五部	2-57		晉書一百三十卷附音義三卷附考證	2-102
原富五部	2-57		晉書校勘記五卷	2-102
原富五部	2-57		晉書鉤玄二卷	1-62
原富五集八卷	2-558		晉畧六十六卷	2-312
原機啓微集二卷附錄一卷	1-406		晉略不分卷	2-102
原獻文錄四卷詩錄三卷補遺一卷	2-235		晉略不分卷	2-102
烈皇小識八卷	2-457		晉溪本兵敷奏十四卷	1-20
殉節錄不分卷	1-247		晉熙逸乘四卷	2-236
盋山文錄八卷	1-375		晉僧肇法師寶藏論一卷	2-588
盋山文錄八卷詩錄二卷	1-371		[道光]晉寧州志十二卷	2-432
振振堂聯稿二卷文稿二卷詩稿二卷 聯稿續二卷	1-365		柴桑傭錄四卷	2-69
振振堂聯稿二卷文稿二卷詩稿二卷 聯稿續二卷	2-356		時方妙用四卷	1-477
			時方妙用四卷	1-546
			時方妙用四卷	1-552
振振堂聯稿二卷文稿二卷詩稿二卷 聯稿續二卷	2-356		時方妙用四卷	2-46
振振堂聯稿二卷文稿二卷詩稿二卷 聯稿續二卷	2-553		時方妙用四卷歌括二卷	1-414
			時方歌括二卷	1-546
振綺堂詩存一卷	1-364		時方歌括二卷	1-552
振綺堂詩存一卷	2-261		時方歌括二卷	1-554
振綺堂叢書二集十二種	2-420		時行課幼大全雜字一卷	2-565
振綺堂叢書第一集十種	2-10		時行課幼大全雜字一卷	2-565
振綺堂叢書第一集十種	2-420		時事新論十二卷	1-440
振綺類纂四卷	2-474		時易通占二卷	2-19
挹翠樓詩話四卷	1-364		時物典彙二卷	2-378
晉二俊文集二十卷	1-8		時病論八卷	2-44
晉五胡指掌二卷	2-102		時病論八卷	2-498
晉文歸八卷	1-141		時務通考三十一卷	2-5
晉宋書故一卷	2-208		時務通攷續編三十一卷	2-5
晉記六十八卷首一卷	1-149		時務通攷續編三十一卷	2-5
晉書一百三十卷	1-59		時敏堂詩鈔不分卷	2-528
晉書一百三十卷	1-122		時敏學堂課藝二卷	2-497
晉書一百三十卷	1-123		時節氣候抄六卷首一卷	2-532
晉書一百三十卷	1-124		時經兩方三卷	2-46
晉書一百三十卷	1-141		時興孝歌八首	2-599
晉書一百三十卷附音義三卷	1-192		時興花文六首	2-600
晉書一百三十卷附音義三卷	2-102		時興傷心祭文不分卷	2-456
晉書一百三十卷附音義三卷	2-102		時興傷心祭文不分卷	2-601
晉書一百三十卷附音義三卷	2-102		時興傷心祭文不分卷	2-601

畢法集覽不分卷	1-423
財政條議一卷	2-584
財政統計表式舉要一卷解說二卷	2-585
眠琴閣遺文一卷遺詩二卷	1-479
晁具茨先生詩集十五卷	1-476
晏子春秋七卷	1-450
晏子春秋七卷	1-450
晏子春秋七卷	2-197
晏子春秋七卷音義二卷校勘二卷	2-197
晏子春秋七卷校勘二卷音義二卷	2-460
晏子春秋八卷	1-187
晏子春秋八卷	1-187
晏子春秋八卷	1-191
晏子春秋八卷	1-199
晏子春秋八卷	1-450
晏子春秋六卷	1-130
晏子春秋六卷	1-130
恩安李耀庭先生七十壽言不分卷	2-404
恩安李耀庭先生七十壽言不分卷	2-542
[同治]恩施縣志十二卷首一卷	2-146
恩福堂詩鈔一卷	2-344
恩餘堂經進初稿十二卷續稿二十二卷三稿十一卷	1-217
恩餘堂經進初藁十二卷	2-312
峽江救生船志二卷附川行必要一卷 峽江圖考一卷	2-469
峽江圖考不分卷	2-176
峽江圖考不分卷	2-176
峽江圖考不分卷	2-176
峽江圖考不分卷	2-176
峽江圖考不分卷	2-361
峭帆樓叢書十八種	2-13
峨山圖說二卷	1-249
峨山圖說二卷	2-179
峨山圖說二卷	2-179
峨眉山志十八卷	2-179
峨眉山志十八卷	2-179
[嘉慶]峨眉縣志十卷首一卷	2-151
[嘉慶]峨眉縣志十卷首一卷	2-152
[嘉慶]峨眉縣志十卷首一卷	2-152
[嘉慶]峨眉縣志十卷首一卷	2-574
[嘉慶]峨眉縣志十卷首一卷	2-574
[宣統]峨眉縣續志十卷圖一卷	2-152
[宣統]峨眉縣續志十卷圖一卷	2-152
[宣統]峨眉縣續志十卷圖一卷	2-574
峨邊廳輿地圖一卷附雜記與保甲團練章程	2-134
峩眉山志十八卷	2-538
峯泖去思集一卷	1-516
剛峯公案□□卷	2-487
郵傳部第一次電政統計表二卷	1-540
郵傳部第一次路政統計表不分卷	1-540
郵傳部第一次總務船政統計表不分卷	1-540
秣陵春傳奇二卷附臨春閣一卷	1-518
秣陵集六卷	1-518
秣陵集六卷	2-263
秣陵集六卷	2-382
秣陵集六卷表一卷圖考一卷	2-466
秘本眼科捷徑一卷傷寒古鑑一卷達生編二卷	1-479
秘書二十一種	1-202
秘書二十一種	1-206
秘書二十一種	1-206
秘書二十一種	1-206
秘書二十一種	1-235
秘書二十一種	1-239
秘書二十一種	1-239
秘書二十一種	2-310
秘書二十一種	2-361
秘書二十八種	2-299
秘書二十八種	2-382
秘書二十八種	2-451
秘書省續編到四庫闕書目二卷	2-382
秘授命理須知滴天髓二卷	1-423
秘授命理須知滴天髓二卷	2-470
秘傳天祿閣寓言外史八卷	1-55
秘傳天祿閣寓言外史八卷	1-55
秘傳地理尋龍經秘訣一卷	2-377
秘傳花鏡六卷	2-352
秘傳花鏡六卷	2-388
秘傳花鏡六卷	2-471

秘傳花鏡六卷圖一卷 ……………	1-202
秘傳花鏡六卷圖一卷 ……………	2-412
秘傳證治要訣十二卷附方訣引用醫書不分卷 ………………	2-39
秘傳證治要訣十二卷證治要訣類方四卷 ………………	2-378
笑林廣記三集 ………………………	2-598
笑笑錄六卷 …………………………	2-537
笑庵存稿一卷 ………………………	1-470
笑庵存稿不分卷 ……………………	2-520
借緑軒刪訂湯霍林先生讀書譜四卷 ………………	2-458
借鏡錄不分卷 ………………………	2-473
倚松老人詩集二卷 …………………	1-110
倚雲閣詩存三卷補遺一卷倚雲閣詩餘存三卷 ………………	2-260
倚晴樓七種曲七種 …………………	2-268
倚雉堂集十二卷 ……………………	1-103
倘湖樵書二編十二卷 ………………	1-213
倡酬續錄不分卷 ……………………	1-435
倭文端公遺書八卷首二卷末一卷續三卷 ………………	1-516
倪小野先生全集八卷 ………………	2-466
倪雲林先生詩集六卷附錄一卷 ……	1-102
俾路芝志一卷馬留土股志一卷紐吉尼亞島志一卷西里伯島志一卷西里伯島新志一卷 ………………	2-186
[光緒]射洪縣志十八卷首一卷 ……	2-152
[光緒]射洪縣志十八卷首一卷 ……	2-152
[光緒]射洪縣志十八卷首一卷 ……	2-152
[光緒]射洪縣志十八卷首一卷 ……	2-152
[光緒]射洪縣志十八卷首一卷 ……	2-152
[光緒]射洪縣志十八卷首一卷 ……	2-574
射書四卷首一卷 ……………………	1-242
射鷹樓詩話二十四卷 ………………	1-518
射鷹樓詩話二十四卷 ………………	2-566
皋鶴堂批評第一奇書金瓶梅一百回 …	1-16
躬恥齋詩鈔十五卷首一卷後編七卷 ………………………	1-569
息園存藁四十一卷 …………………	1-23
息影偶錄八卷 ………………………	1-454
[同治]郫縣志四十四卷首一卷 ……	2-153
[同治]郫縣志四十四卷首一卷 ……	2-154
[同治]郫縣志四十四卷首一卷 ……	2-295
郫縣鄉土志不分卷 …………………	2-181
郫縣鄉土志不分卷 …………………	2-181
師山先生文集八卷遺文五卷附錄一卷濟美錄四卷 ………………	1-23
師友雅言一卷 ………………………	1-514
師友贈言不分卷 ……………………	1-556
師竹齋集十四卷 ……………………	1-514
師伏堂叢書十八種 …………………	2-279
師伏堂叢書十八種 …………………	2-361
師伏堂叢書十八種 …………………	2-447
師伏堂叢書十種四十四卷 …………	2-15
師薔軒遺詩一卷附家傳一卷 ………	1-514
師經堂集十八卷 ……………………	1-103
師鄭堂駢體文存二卷 ………………	1-330
師鄭堂駢體文存二卷 ………………	1-514
師儉齋詩鈔二卷 ……………………	1-514
師儉齋詩鈔二卷附錄一卷 …………	2-413
徑山藏□□種 ………………………	1-228
徑中徑又徑四卷 ……………………	1-530
徑中徑又徑四卷 ……………………	1-530
徑中徑又徑四卷 ……………………	1-530
徑中徑又徑徵義三卷 ………………	1-449
徑中徑又徑徵義三卷 ………………	1-530
徐公文集三十卷 ……………………	1-131
徐氏八種十八卷 ……………………	2-40
徐氏三種 ……………………………	2-518
徐氏襍著四種 ………………………	1-449
徐氏醫書八種 ………………………	1-410
徐氏醫書六種 ………………………	1-544
徐文長文集三十卷 …………………	1-81
徐文長文集三十卷 …………………	1-118
徐文長文集三十卷四聲猿一卷 ……	1-36
徐文長文集三十卷附四聲猿一卷 …	1-36
徐文長逸稿二十四卷附徐文長自著畸譜一卷 ………………	1-66
徐州二遺民集十卷 …………………	1-506
徐州二遺民集十卷 …………………	1-506
徐孝穆全集六卷 ……………………	1-133

書名	頁碼
徐孝穆全集六卷	1-191
徐孝穆全集六卷	2-237
徐孝穆全集六卷	2-237
徐孝穆全集六卷	2-237
徐孝穆全集六卷	2-237
徐孝穆全集六卷	2-237
徐孝穆全集六卷	2-237
徐孝穆全集六卷	2-238
徐孝穆全集六卷	2-238
徐孝穆集箋註六卷	1-506
徐批臨證指南醫案十卷附種福堂公選溫熱論醫案四卷	2-41
徐批臨證指南醫案十卷附種福堂續選臨證指南四卷	1-545
徐批臨證指南醫案十卷附錄四卷	2-47
徐位山先生六種	1-229
徐迪功詩集四卷外集三卷附談藝錄一卷	2-337
徐侍郎集二卷附錄一卷	1-35
徐幹中論二卷	1-117
徐詩二卷	2-586
徐霞客遊記十集附錄一集	1-111
徐霞客遊記不分卷附遊記補編一卷	1-148
徐騎省集三十卷附校勘記一卷補遺一卷附錄一卷本傳一卷	1-506
徐騎省集三十卷附校勘記一卷補遺一卷附錄一卷本傳一卷	1-506
徐騎省集三十卷附校勘記一卷補遺一卷附錄一卷本傳一卷	1-506
徐騎省集三十卷徐集補遺一卷	2-240
殷商貞卜文字考一卷	2-203
般若心經口義別一卷	1-394
般若心經五家註五卷	2-399
般若波羅密多心經一卷	1-522
般若波羅密多心經疏一卷	1-389
般若波羅密多心經釋要一卷	1-389
般若波羅密多心經釋要一卷	1-389
般若波羅密多心經釋要一卷	2-28
般若波羅密多心經釋要一卷	2-400
般若波羅密多心經釋要一卷	2-583
般若波羅蜜多心經略疏一卷	1-389
般若波羅蜜多心經添足一卷	1-567
般若波羅蜜多心經疏一卷	2-28
般若波羅蜜多心經解二卷	1-567
般若波羅蜜多心經解二卷	1-567
般若波羅蜜多理趣經大安樂不空三昧真實金剛菩薩等一十七聖大曼荼羅義述一卷	2-363
般若般羅蜜多心經一卷	1-530
般若般羅蜜多心經一卷	1-530
般若般羅蜜多心經直說一卷補錄省菴法師勸發菩提心文一卷	1-530
般若綱要十卷首一卷	1-530
般若綱要十卷首一卷	1-530
般若燈論十五卷	1-530
般若燈論十五卷	2-29
航海簡法四卷	1-422
針方六集六卷	1-60
針灸大成十二卷	2-287
針灸大成十卷	2-561
針灸大成十卷	1-47
拿破崙本紀四十二章四卷	2-201
豹隱堂集十一卷	2-412
倉頡篇三卷	1-300
倉頡篇三卷	1-300
倉頡篇三卷	1-300
倉頡篇三卷	1-301
倉頡篇三卷	1-320
倉頡篇三卷	2-208
倉頡篇校正三卷	1-300
飣餖吟十二卷	2-553
翁山文外十六卷	1-465
翁山文外十六卷	1-465
翁山詩外二十卷	2-261
翁山詩外十九卷	1-465
翁山詩外十九卷	1-465
翁松禪手札不分卷	1-465
翁東涯集十七卷	1-14
翁注困學紀聞二十卷首一卷	2-5
脩本堂叢書十種九十三卷	2-277

脩省編三卷	1－418	官法戒錄四卷	1－417
脩省編三卷首一卷	1－569	訓俗遺規補二卷	1－454
胭華樓詩鈔一卷	1－353	訓俗遺規摘鈔四卷	2－27
胭脂牡丹尺牘六卷	1－486	訓纂堂叢書六種	2－278
脈理求真三卷	1－410	訓纂堂叢書六種	2－493
脈訣刊誤集解二卷	1－135	記事珠十卷	1－456
脈訣刊誤集解二卷	1－549	記事珠十卷	2－4
脈訣刊誤集解二卷	2－41	記事珠十卷	2－360
脈經十卷	1－193	記事珠十卷	2－363
脈經十卷	1－404	記事珠十卷	2－495
脈經十卷	1－549	記纂淵海一百九十五卷	1－94
脈經十卷	1－549	記纂淵海一百卷	1－55
脈經十卷	1－549	記纂淵海一百卷	1－55
脈經十卷	2－471	訒菴集古印存三十二卷	1－109
脈經十卷	2－584	衷聖齋文集一卷外編一卷	2－252
脈語二卷	1－86	衷聖齋文集不分卷	1－351
脈學奇經八脈攷一卷	1－399	衷聖齋詩集二卷	1－351
脈學奇經八脈攷一卷	1－465	高士宗先生手授醫學真傳一卷	2－47
脈學輯要三卷	1－552	高士傳三卷	1－20
烏衣香牒四卷	1－102	高士傳三卷	2－190
逢吉堂焚餘稿一卷	1－359	高士傳三卷	2－190
留仙閣詩存一卷	1－483	高士傳三卷	2－377
留春草堂詩鈔七卷	1－483	高子文集六卷	2－385
留春草堂詩鈔七卷	1－483	高子遺書十二卷	1－71
留春草堂詩鈔七卷	2－556	高子遺書十二卷	1－71
留春草堂詩鈔四卷	2－261	高子遺書十二卷附錄一卷	1－342
留垣疏草不分卷	2－126	高子遺書十二卷附錄一卷	1－350
留垣疏草不分卷	2－126	高王經不分卷	2－455
留真集古近體詩六卷	2－264	高石齋文鈔三卷射洪縣修志議一卷	
留真譜新編不分卷	2－434		2－564
留硯堂集七十三卷	1－482	[乾隆]高平縣志二十二卷末一卷	2－139
託素齋文集二卷	1－175	高平關三折觀星訓子三折母子出關	
託素齋文集二卷詩集四卷	1－151	一折	2－591
訓女草藥便方一卷	1－406	高平關三折觀星訓子三折母子出關	
訓女草藥便方一卷	1－543	一折	2－591
訓女圖說二卷	1－457	高安三傳合編三種五十六卷	2－190
訓俗遺規四卷	1－417	[乾隆]高苑縣志十卷	2－137
訓俗遺規四卷	1－417	高明大字春秋胡傳三十卷首一卷	1－4
訓俗遺規四卷	1－417	[光緒]高明縣志十六卷首一卷	2－168
訓俗遺規四卷從政遺規二卷教女遺		高季迪先生大全集十八卷	1－148
規三卷養正遺規二卷補編一卷在		高季迪先生大全集十八卷	1－342

書名	頁碼
高季迪先生大全集十八卷	2-285
[康熙]高要縣志二十九卷	1-221
高厚蒙求初集不分卷二集不分卷三集不分卷四集不分卷	1-433
高厚蒙求初集不分卷二集不分卷三集不分卷四集不分卷	1-433
高厚蒙求初編一卷二集一卷三集三卷四集三卷五集一卷	2-316
高厚蒙求初編一卷二集一卷三集三卷四集三卷五集一卷	2-406
高皇帝御製文集二十卷	1-44
高峰大師語錄一卷	1-385
高峰大師語錄一卷	1-385
[乾隆]高郵州志十二卷首一卷末一卷	2-142
[嘉靖]高陵縣志七卷	2-581
高陶堂遺集八卷	1-351
高陶堂遺集八卷	1-351
高等小學古文讀本四卷	2-216
高等小學國文教科書一百二十課	2-551
高給諫遺集十四卷	1-350
高給諫遺詩不分卷	2-256
高僧傳二集四十卷	1-385
高僧傳二集四十卷	2-472
高僧傳三集三十卷首一卷	1-385
高僧傳三集三十卷首一卷	1-385
高僧傳四集六卷	1-385
高僧傳四集六卷	1-521
高僧傳初集十五卷首一卷	1-385
高僧傳初集十五卷首一卷	2-34
[同治]高縣志五十四卷首一卷	2-148
[同治]高縣志五十四卷首一卷	2-573
高麗國永樂好太王碑釋文纂攷一卷	2-382
高麗國普照禪師修心訣一卷直心直說一卷	1-520
高麗國普照禪師修心訣一卷直心直說一卷	1-520
郭氏元經十卷	1-432
郭氏傳家易說十一卷總論一卷	1-215
郭侍郎奏議十二卷	2-129
郭侍郎奏議十二卷	2-129
唐堂集五十卷冬錄一卷	1-153
唐堂集五十卷補遺二卷續集八卷冬錄一卷	1-344
唐堂集五十卷補遺二卷續集八卷冬錄一卷	2-533
座右銘贅語八卷	1-349
症因脉治四卷	2-536
病榻夢痕錄二卷	2-198
病榻夢痕錄二卷餘錄一卷	1-241
病榻夢痕錄二卷餘錄一卷	2-198
病機沙篆二卷	1-400
唐十二家詩不分卷	1-36
唐人七言絕句鈔不分卷	1-335
唐人八家詩八種四十二卷	1-75
唐人八家詩八種四十二卷	1-76
唐人三家集二十六卷	1-183
唐人三家集二十六卷	1-336
唐人三家集二十六卷	2-227
唐人五十家小集五十種	1-346
唐人五十家小集五十種	1-484
唐人五言長律清麗集六卷	1-335
唐人五言長律清麗集六卷	1-335
唐人五言排律詩論三卷	1-335
唐人六集四十三卷	1-76
唐人六集四十三卷	1-76
唐人合集四種	1-334
唐人萬首絕句選七卷	1-334
唐人萬首絕句選七卷	1-334
唐人萬首絕句選七卷	1-334
唐人萬首絕句選七卷	1-334
唐人萬首絕句選七卷	2-254
唐人萬首絕句選七卷	2-326
唐人萬首絕句選七卷	2-327
唐人試帖詩鈔四卷	1-334
唐人試帖箋註四卷唐人試帖箋註八韻一卷	2-558
唐人試帖攀龍四卷	2-356
唐人寫經一卷	1-17
唐人選唐詩八種二十三卷	1-75

唐人選唐詩八種二十三卷	1-75	唐六典三十卷	2-62
唐人選唐詩八種二十三卷	1-75	唐文粹一百卷	1-18
唐人選唐詩八種二十三卷	1-75	唐文粹一百卷	1-18
唐人選唐詩八種二十三卷	1-76	唐文粹一百卷	2-226
唐人選唐詩八種二十三卷	1-474	唐文粹一百卷	2-227
唐人選唐詩八種二十三卷	1-475	唐文粹一百卷	2-397
唐人選唐詩八種二十三卷	2-540	唐文粹一百卷	2-473
唐人選唐詩六種十二卷	1-15	唐文粹補遺二十六卷	2-226
唐大家柳柳州文抄十二卷	1-136	唐文粹補遺二十六卷	2-226
唐大家柳柳州文抄十二卷	2-392	唐文粹補遺二十六卷	2-226
唐大家柳柳州文鈔十二卷	1-339	唐文粹補遺二十六卷	2-445
唐大家韓文公文抄十六卷	1-136	唐文粹詩選六卷	1-335
唐大家韓文公文抄十六卷	2-377	唐文粹詩選六卷	1-346
唐大家韓文公文鈔十六卷	1-329	唐石經校文十卷	1-302
唐大薦福寺故寺主翻經大德法藏和尚傳一卷	1-521	唐石經校文十卷	1-302
唐大薦福寺故寺主翻經大德法藏和尚傳一卷	1-567	唐石經校文十卷	1-302
		唐石經校文十卷	2-289
唐才子傳十卷	2-194	唐史論斷三卷	2-107
唐女郎魚玄機詩一卷	1-341	唐四名家集四種十二卷	1-77
唐王右丞詩集六卷	1-16	唐四家集四種	1-336
唐王燾先生外臺秘要方四十卷	1-66	唐四家詩四種	2-254
唐王燾先生外臺秘要方四十卷	1-544	唐四家詩四種	2-254
唐王燾先生外臺秘要方四十卷	1-547	唐四家詩集二十四卷	2-254
唐王燾先生外臺秘要方四十卷	2-46	唐代西藏文無量壽經一卷	1-17
唐王燾先生外臺秘要方四十卷	2-359	唐代叢書一百六十四種	1-399
唐王燾先生外臺秘要方四十卷	2-467	唐代叢書一百六十四種	2-9
唐王燾先生外臺秘要方四十卷	2-475	唐代叢書一百六十四種	2-321
唐王燾先生外臺秘要方四十卷目錄一卷	2-47	唐代叢書一百六十四種	2-379
		唐代叢書一百六十四種	2-456
		唐代叢書一百六十四種	2-456
唐元次山文集十二卷	1-89	唐玄奘法師八識規矩母頌一卷	1-388
唐五十家集五十卷	1-9	唐皮日休文藪十卷	1-184
唐五代詞選三卷	1-344	唐皮日休文藪十卷	1-341
唐五代詞選三卷	1-350	唐皮日休文藪十卷	2-552
唐五代詞選三卷	2-267	唐地理志圖一卷	1-539
唐五言詩選二卷	1-334	唐丞相曲江張文獻公集十二卷首一卷	1-248
唐中丞遺集二十八卷首一卷	2-252		
唐中興閒氣集二卷	1-187	唐丞相曲江張文獻公集十二卷首一卷附錄一卷千秋金鑑錄五卷	2-239
唐公[友耕]年譜一卷附錄一卷	2-200		
唐公[友耕]年譜一卷附錄一卷	2-200	唐丞相曲江張文獻公集十二卷首一卷附錄一卷千秋金鑑錄五卷曲江	
唐月令注一卷補遺一卷附考一卷	2-340		

201

集補遺一卷曲江集校勘記三卷首一卷曲江年譜一卷曲江公傳一卷曲江紀畧一卷曲江集外編一卷曲江集附錄二卷	2－239
唐丞相曲江張先生文集十二卷附錄一卷	1－43
唐李文山詩集三卷	1－338
唐李白詩十二卷	1－90
唐李長吉詩集四卷外詩集一卷	1－54
唐李推官披沙集六卷	1－196
唐甫里先生集二十卷	1－34
唐伯虎先生全集二十二卷	1－44
唐宋十二大家文歸十四卷	1－81
唐宋十大家全集錄五十一卷首一卷	2－235
唐宋十大家全集錄五十二卷	2－226
唐宋十大家全集錄五十二卷	2－548
唐宋八大家文分體讀本一集八卷二集八卷三集八卷	2－316
唐宋八大家文分體讀本一集八卷二集八卷三集八卷附錄一卷	1－329
唐宋八大家文鈔一百四十四卷	1－329
唐宋八大家文鈔十九卷首一卷	2－232
唐宋八大家文鈔十九卷首一卷	2－233
唐宋八大家文讀本三十卷	2－216
唐宋八大家古文讀本不分卷	2－377
唐宋八大家選二十四卷	2－444
唐宋八大家類選十四卷	1－329
唐宋八大家類選十四卷	1－329
唐宋八大家類選十四卷	1－346
唐宋八家文讀本三十卷	1－568
唐宋八家文讀本三十卷	2－326
唐宋八家文讀本三十卷	2－549
唐宋八家鈔八卷	2－327
唐宋八家精選層級集讀本四卷	1－329
唐宋八家精選層級集讀本四卷	1－329
唐宋八家精選層級集讀本四卷	2－305
唐宋八家精選層級集讀本四卷	2－379
唐宋八家精選層級集讀本四卷	2－381
唐宋八家精選層級集讀本四卷	2－521
唐宋八家精選層級集讀本四卷	2－521
唐宋白孔六帖一百卷目錄二卷	1－21
唐宋白孔六帖一百卷目錄二卷	1－21
唐宋白孔六帖一百卷目錄二卷	1－21
唐宋白孔六帖一百卷目錄二卷	1－21
唐宋白孔六帖一百卷目錄二卷	1－21
唐宋名賢歷代確論一百卷	1－6
唐宋詩舉要八卷	1－335
唐孟王岑高四家集四種	1－336
唐荊川先生批點史漢選十八卷	1－38
唐荊川先生文集十二卷目錄一卷	1－129
唐荊川先生批點精選史記六卷漢書三卷	1－81
唐荊川先生編左氏始末十二卷	1－23
唐荊川先生編諸儒語要十卷	1－31
唐柳河東集四十五卷外集五卷附錄一卷	2－240
唐柳河東集四十五卷外集五卷遺文一卷附錄一卷	1－71
唐段少卿酉陽雜俎前集二十卷續集十卷	1－36
唐段少卿酉陽雜俎前集二十卷續集十卷	1－36
唐律賦鈔不分卷	1－351
唐眉山全集二十四卷首一卷	1－351
唐眉山詩集十卷文集十四卷	1－115
唐眉山詩集十卷文集十四卷	2－587
唐書二百二十五卷	1－2
唐書二百二十五卷	1－124
唐書二百二十五卷	2－107
唐書二百二十五卷	2－107
唐書二百二十五卷	2－107
唐書二百二十五卷	2－108
唐書二百二十五卷釋音二十五卷	2－107
唐書二百二十五卷釋音二十五卷	2－107
唐書二百六十卷唐書宰相世系表訂譌十二卷	2－485
唐書二百卷	1－18
唐書二百卷	1－18
唐書文鈔三十六卷	2－530
唐書合鈔二百六十卷首一卷補正三卷	2－107

書名	冊-頁
唐書合鈔二百六十卷補正六卷首一卷	1-559
唐書合鈔補正六卷	2-475
唐書合鈔補正六卷	2-476
唐書直筆四卷	1-324
唐書宰相世系表訂譌十二卷	1-559
唐書宰相世系表訂譌十二卷	2-107
唐陸宣公文集四卷首一卷	1-339
唐陸宣公文集四卷首一卷	2-240
唐陸宣公奏議全集四卷首一卷	2-126
唐陸宣公奏議讀本四卷首一卷	2-126
唐陸宣公奏議讀本四卷首一卷	2-306
唐陸宣公集二十二卷	1-163
唐陸宣公集二十二卷	1-163
唐陸宣公集二十二卷	1-164
唐陸宣公集二十二卷	1-172
唐陸宣公集二十二卷	1-194
唐陸宣公集二十二卷	1-339
唐陸宣公集二十二卷	1-339
唐陸宣公集二十二卷	1-339
唐陸宣公集二十二卷	2-126
唐陸宣公集二十二卷	2-126
唐陸宣公集二十二卷	2-126
唐陸宣公集二十二卷	2-240
唐陸宣公集二十二卷	2-434
唐陸宣公集二十二卷	2-501
唐陸宣公集二十二卷	2-518
唐陸宣公集二十二卷	2-526
唐陸宣公集二十二卷附年譜一卷	2-240
唐陸宣公集二十二卷附錄一卷	2-126
唐陸宣公集二十二卷首一卷	1-339
唐陸宣公集二十二卷首一卷	2-518
唐陸宣公集二十四卷	1-90
唐陸宣公集二十四卷	1-339
唐陸宣公集二十四卷	2-240
唐陸宣公翰苑集二十二卷	2-240
唐陸宣公翰苑集二十四卷	1-55
唐陸宣公翰苑集二十四卷	1-97
唐黃御史集八卷附錄一卷	1-70
唐黃御史集八卷附錄一卷	1-159
唐黃御史集八卷附錄一卷書後一卷	1-341
唐朝名畫錄一卷	1-90
唐開元小說六種十卷	2-554
唐開元占經一百二十卷	1-128
唐御史臺精舍題名考三卷	2-191
唐詞紀十六卷	1-130
唐賈浪仙長江集十卷	1-18
唐會要一百卷	1-147
唐會要一百卷	2-62
唐會要一百卷	2-62
唐會要一百卷	2-62
唐詩三百首二卷	1-335
唐詩三百首不分卷	1-335
唐詩三百首六卷	2-382
唐詩三百首註疏六卷	1-335
唐詩三百首註疏六卷	1-335
唐詩三百首註疏六卷	1-335
唐詩三百首註疏六卷	2-411
唐詩三百首註釋六卷	1-335
唐詩三百首註釋六卷	1-335
唐詩三百首補注八卷	1-335
唐詩三百首補註八卷	2-326
唐詩三百首補註八卷	2-326
唐詩三百首續選不分卷	1-335
唐詩三百首續選不分卷	2-326
唐詩三百續選不分卷	2-319
唐詩六百編四卷	1-344
唐詩百名家全集三百二十六卷	1-212
唐詩百家選六卷唐詩百家小傳一卷	2-254
唐詩成法十二卷	1-335
唐詩成法十二卷	2-216
唐詩別裁集十卷	1-333
唐詩別裁集十卷	1-333
唐詩別裁集十卷	1-333
唐詩別裁集十卷	2-254
唐詩別裁集引典備註二十卷	1-333
唐詩別裁集引典備註二十卷	2-254
唐詩別裁集引典備註二十卷	2-254
唐詩別裁集引典備註二十卷	2-301

唐詩近體四卷	1-336	唐詩觀瀾集二十四卷	2-327
唐詩快十六卷	1-185	唐詩豔逸品四種	1-82
唐詩直解七卷首一卷	2-356	唐摭言十五卷	1-445
唐詩所四十七卷	1-57	唐摭言十五卷	2-271
唐詩金粉十卷	1-204	唐語林八卷附校勘記一卷	1-235
唐詩金粉十卷	1-336	唐語林八卷附校勘記一卷	2-271
唐詩金粉十卷	1-336	唐賢三昧集三卷	1-336
唐詩金粉十卷	1-348	唐賢三昧集三卷	1-336
唐詩金粉十卷	2-4	唐賢三昧集三卷	1-336
唐詩金粉十卷	2-4	唐賢三昧集三卷	1-336
唐詩拾遺十卷	1-91	唐賢三昧集三卷	2-253
唐詩品彙九十卷拾遺十卷	1-5	唐賢三昧集三卷	2-254
唐詩品彙九十卷拾遺十卷	1-5	唐賢三昧集三卷	2-550
唐詩品彙九十卷拾遺十卷	1-90	唐賢三體詩句法六卷	1-335
唐詩品彙九十卷拾遺十卷	1-135	唐賢三體詩句法六卷	2-256
唐詩紀一百七十卷目錄三十四卷	1-54	唐賢小三昧集三卷	1-151
唐詩紀一百七十卷目錄三十四卷	1-55	唐劉賓客詩集六卷	1-13
唐詩紀一百七十卷目錄三十四卷	1-96	唐劉隨州詩集十一卷外集一卷	1-91
唐詩紀一百七十卷目錄三十四卷	1-96	唐諸家同詠集一卷贈題集一卷歷朝	
唐詩紀一百七十卷目錄三十四卷	1-96	諸家評王右丞詩畫鈔一卷	1-27
唐詩紀事八十一卷	1-18	唐寫本切韻五卷	1-133
唐詩紀事八十一卷	1-18	唐寫本唐韻殘卷	1-559
唐詩紀事八十一卷	1-18	唐寫本唐韻殘卷	2-214
唐詩啓蒙一卷	2-254	唐寫本說文解字木部箋異一卷附仿	
唐詩貫珠六十卷	2-254	唐寫本說文解字木部一卷	1-194
唐詩鼓吹十卷	1-173	唐樂府十八卷	1-80
唐詩鼓吹十卷	2-565	唐駱先生文集六卷附錄一卷	1-44
唐詩解五十卷	1-44	唐駢體文鈔十七卷	1-190
唐詩解五十卷	1-147	唐駢體文鈔十七卷	1-330
唐詩解五十卷	1-224	唐駢體文鈔十七卷	1-330
唐詩選十三卷	1-224	唐駢體文鈔十七卷	1-330
唐詩選十三卷	2-254	唐翰林李白詩類編十二卷	1-18
唐詩選七卷	1-67	唐盧戶部詩集十卷	1-18
唐詩選六卷	1-335	唐韓文公集選二卷	2-368
唐詩選六卷	1-335	唐藩鎮指掌二卷	2-108
唐詩選六卷	2-331	唐韻正二十卷	1-310
唐詩選□□卷	2-529	唐類函二百卷目錄二卷	1-49
唐詩諧律二卷	1-198	唐類函二百卷目錄二卷	1-49
唐詩歸三十六卷	2-389	唐類函二百卷目錄二卷	1-49
唐詩類苑二百卷	1-44	唐類函二百卷目錄二卷	1-49
唐詩類苑二百卷	1-117	唐類函二百卷目錄二卷	1-121

唐類函二百卷目錄二卷	1-121	剡源佚文二卷佚詩八卷	1-502
旃檀佛西來歷代傳祀記一卷	1-387	剡源集三十卷重刻剡源札記一卷	1-502
畜德錄二十卷	1-447	淨業痛策一卷	1-563
畜德錄二十卷	2-502	淨慈要語二卷	1-394
悟性窮原一卷	1-564	浦江鄭氏旌義編二卷	2-56
悟性窮原一卷	1-564	浦城遺書十四種	2-429
悟真篇三注三卷	1-386	涑水記聞十六卷	1-362
悟真篇外集一卷	1-393	涑水記聞十六卷補遺一卷	1-327
悟真篇外集一卷	1-393	酒中趣不分卷	2-299
悟真篇約註三卷	2-35	酒譜一卷	1-41
悟真篇闡幽三卷	1-525	浙西六家詞六種	2-355
悟真篇闡幽三卷	1-534	浙江平湖縣查編保甲事宜不分卷	2-72
悟道錄二卷	1-564	浙江全省輿圖不分卷附說表一卷	1-132
悔餘菴文稿九卷詩十三卷樂府四卷餘辛集三卷	1-502	浙江全省輿圖並水陸道里記不分卷	2-134
悔齋詩集一卷	2-401	浙江全省輿圖並水陸道里記不分卷	2-277
悅心集五卷	1-170	浙江杭州新刊重校補訂四書集說二十卷	1-91
悅雲山房詩存六卷附風泉館詞存一卷	1-501	浙江沿海圖說不分卷	2-393
瓶花齋集十卷	1-123	浙江重刊聚珍版書三十九種	1-574
瓶花齋集十卷	1-468	[雍正]浙江通志二百八十卷首三卷	2-295
拳案三種	2-123	[雍正]浙江通志二百八十卷首三卷	2-579
益都金石記四卷	2-203	浙江通省志圖說一卷	1-203
益都金石記四卷	2-203	浙江採集遺書總錄十卷	2-1
益雅堂叢書六十六種	2-12	浙江採集遺書總錄十卷	2-1
益智堂增補註典釋義第六才子西廂十卷	1-198	[浙江淳安縣][浙江蘭溪市]晉昌唐氏重修世譜八卷首一卷末一卷	2-195
益智圖一卷	1-420	[浙江紹興縣]山陰廣陵樗里王氏宗譜六卷首一卷末一卷	2-195
益智圖四卷首一卷	1-191	浙江圖考不分卷	2-135
兼山堂弈譜一卷	1-219	浙東籌防錄四卷	1-343
兼濟堂纂刻梅勿菴先生曆算全書二十九種七十四卷	2-285	浙東籌防錄四卷	2-129
兼濟堂纂刻梅勿菴先生曆算全書二十九種七十四卷	2-285	浙刻雙池遺書十二種	2-278
兼韻音義四卷	1-425	浙刻雙池遺書八種	2-278
兼韻音義四卷	2-311	浙省倉庫清查節要一卷兩浙運庫清查挈要一卷	2-552
朔方備乘六十八卷首十二卷	2-172		
朔方備乘六十八卷首十二卷	2-312	浙省新建安徽會館不分卷	2-471
烟嶼樓詩集十八卷	1-502		
剡中治略三卷	2-69	涇川叢書四十五種	2-429
剡源文鈔四卷佚文一卷	1-502		

涇野先生文集三十六卷	1－22	海國圖志一百卷首一卷續志二十五卷首一卷	2－406
涉史隨筆一卷	1－6		
娑羅館清言一卷	2－285	海國圖志一百卷續集二十五卷首一卷	2－333
娑羅館清言二卷	1－371		
娑羅館清言二卷	1－439	海國圖志六十卷	2－532
娑羅館清言二卷	1－440	海國圖志續集二十五卷首一卷	2－184
消暑隨筆四卷	2－363	海粟樓詩階六卷	1－352
消暑錄一卷	1－244	海粟樓詩階六卷	1－361
浩然齋雅談三卷	1－163	海雅堂集二十八卷四書紀疑錄六卷春秋咫聞鈔十二卷	2－250
浩然齋雅談三卷	2－218		
海山仙館叢書五十六種	2－11	海雅堂集五編五十二卷	1－361
海山仙館叢書五十六種	2－419	海道圖說十五卷附長江圖說一卷	2－174
海山仙館叢書五十六種	2－419	海道圖說十五卷附長江圖說一卷	2－174
海天琴思錄八卷	1－233	海瑞大紅袍全傳十卷一百回	2－360
海外文編四卷	2－8	海虞三陶先生集合刻二十卷補錄二卷	1－361
海外紀事前編十二卷後編六卷	2－550		
海外紀事前編十二卷後編六卷	2－550	海虞三陶先生集合刻二十卷補錄二卷	1－361
［嘉慶］海州直隸州志三十二卷首一卷	2－290		
		海源閣藏書目一卷	2－586
海防錄要二卷	2－351	海源閣叢書六種	2－420
海昌二妙集二卷首二卷	1－462	［乾隆］海寧州志十六卷首一卷	2－144
海昌叢載三十二種	2－430	海錄碎事二十二卷	1－57
海南一勺合編内函十卷首一卷外函三十二卷	1－452	海錄碎事二十二卷	1－57
		海藏老人陰證略例一卷	2－584
海南雜著一卷	2－406	海藏樓詩一卷	1－361
海秋詩集二十六卷	1－360	海藏樓詩□□卷	2－405
海秋詩集二十六卷	1－360	海鹽張氏涉園叢刻八種	2－284
海客日譚六卷首一卷	2－188	海鹽張氏涉園叢刻八種	2－302
海客日譚六卷首一卷	2－397	浴像功德經一卷	1－533
海軍調度要言三卷附圖一卷	1－460	浮邱子十二卷	1－449
海峰先生文集十卷詩集八卷製藝一卷	2－465	浮邱子十二卷	1－449
		浮邱子十二卷	1－453
海峯先生文集八卷詩集十一卷	1－361	浮邱子十二卷	1－453
海峯先生詩集十卷	1－361	浮邱子十二卷	2－250
海國聞見錄一卷	2－176	浮邱閣古體詩一卷浮邱閣今體詩一卷	2－405
海國圖志一百卷	2－184		
海國圖志一百卷	2－184	浮雲集一卷	2－406
海國圖志一百卷	2－184	浮溪集三十二卷	2－484
海國圖志一百卷	2－557	浣水續談一卷	1－31
海國圖志一百卷首一卷	2－184	浣紗記一齣水滸記一齣躍鯉記一齣雙珠記一齣金鎖記一齣	1－200
海國圖志一百卷首一卷	2－184		

［光緒］浪穹縣志略十三卷 ………… 2－169
［光緒］浪穹縣志略十三卷 ………… 2－169
浪跡叢談十一卷 …………………… 1－561
浪跡叢談十一卷續談八卷 ………… 1－243
浪跡叢談十一卷續談八卷 ………… 1－243
害蟲要說一卷 ……………………… 2－49
害蟲要說一卷 ……………………… 2－50
宸垣識畧十六卷 …………………… 1－231
宸垣識略十六卷 …………………… 1－246
宸垣識略十六卷 …………………… 1－246
宸垣識略十六卷 …………………… 2－172
宸垣識略十六卷 …………………… 2－172
家事筆記一卷 ……………………… 2－414
家事筆記一卷 ……………………… 2－521
家事筆記一卷 ……………………… 2－521
家珍集文鈔 ………………………… 2－250
家庭直講三卷 ……………………… 1－418
家庭講話三卷 ……………………… 1－418
家庭講話三卷 ……………………… 2－383
家菌長養法一卷附蕈種栽培法一卷 … 2－50
家語十卷 …………………………… 1－81
家語十卷 …………………………… 1－459
家語疏證六卷 ……………………… 1－441
家語證偽十一卷 …………………… 2－20
家塾蒙求五卷 ……………………… 1－321
家塾蒙求五卷 ……………………… 1－322
家寶全集三十二卷 ………………… 1－420
家寶初集八卷 ……………………… 2－563
家寶新集八種 ……………………… 1－214
谷川詩鈔二卷 ……………………… 2－351
容安小室詩鈔四卷小室詞一卷 …… 1－354
容甫先生遺詩五卷補遺一卷 ……… 1－354
容甫先生遺詩五卷補遺一卷 ……… 2－390
容甫先生遺詩五卷補遺一卷附錄一
　卷 ……………………………… 2－261
容甫先生遺詩五卷補遺一卷附錄一
　卷 ……………………………… 2－469
容城三賢文集十二卷 ……………… 2－436
容臺文集九卷別集四卷 …………… 1－73
容齋一筆十六卷二筆十六卷三筆十
　六卷四筆十六卷五筆十卷 ……… 1－89

容齋四筆十六卷 …………………… 1－438
容齋隨筆十六卷 …………………… 2－7
容齋隨筆十六卷續筆十六卷三筆十
　六卷四筆十六卷五筆十卷 ……… 1－68
容齋隨筆十六卷續筆十六卷三筆十
　六卷四筆十六卷五筆十卷 ……… 1－155
容齋隨筆十六卷續筆十六卷三筆十
　六卷四筆十六卷五筆十卷 ……… 1－235
容齋隨筆十六卷續筆十六卷三筆十
　六卷四筆十六卷五筆十卷 ……… 2－405
容齋續筆十六卷 …………………… 1－438
冢綆四十八卷 ……………………… 1－362
袖珍八經旁訓□□卷 ……………… 2－285
［光緒］祥符縣志二十四卷首一卷 … 2－139
書小史十卷 ………………………… 1－541
書古微十二卷 ……………………… 2－92
書目答問不分卷 …………………… 1－157
書目答問不分卷 …………………… 1－180
書目答問不分卷 …………………… 1－327
書目答問不分卷 …………………… 1－367
書目答問不分卷 …………………… 1－536
書目答問不分卷 …………………… 1－576
書目答問不分卷 …………………… 1－576
書目答問不分卷 …………………… 2－312
書目答問不分卷附四川省城尊經書
　院記 …………………………… 2－412
書目答問不分卷輶軒語不分卷 …… 1－539
書目答問四卷 ……………………… 1－576
書目答問四卷 ……………………… 1－576
書目答問四卷附國朝著述諸家姓名
　一卷 …………………………… 1－576
書目答問四卷附尊經書院記一卷 … 1－576
書目答問箋補四卷 ………………… 1－576
書史會要補遺一卷 ………………… 1－132
書言故事大全十二卷 ……………… 1－137
書苑補益十二卷畫苑補益四卷 …… 1－32
書林清話十卷 ……………………… 1－555
書林清話十卷 ……………………… 1－574
書林清話十卷 ……………………… 1－574
書林清話十卷 ……………………… 1－575
書林揚觶二卷 ……………………… 1－439

207

書法正宗二卷	2－495
書法正宗四卷學書雜論一卷	2－442
書法正傳四卷學書要論一卷	1－367
書法正傳四卷學書要論一卷	2－401
書法通文便解一卷	1－562
書品一卷	2－379
書敘指南十二卷	1－12
書集傳六卷	1－86
書集傳六卷	1－97
書集傳六卷書圖一卷朱子說書綱領一卷書序一卷	1－124
書畫緣書譜姓類二十卷首一卷末一卷畫宗姓類十二卷首一卷末一卷	2－201
書畫鑑影二十四卷	1－428
書畫鑑影二十四卷	2－274
書傳音釋六卷首一卷末一卷	2－320
書傳音釋六卷首一卷末一卷	2－497
書傳音釋六卷書圖一卷朱子說書綱領一卷	1－267
書傳補商十七卷	1－363
書傳會選六卷	1－140
書經大全十卷書圖一卷	2－481
書經六卷	1－263
書經六卷	1－263
書經六卷	1－264
書經六卷	1－264
書經六卷	1－264
書經六卷	1－264
書經六卷	1－264
書經六卷	1－264
書經六卷	1－264
書經六卷	1－264
書經六卷	1－264
書經六卷	1－264
書經六卷	1－264
書經六卷	1－264
書經六卷	1－264
書經六卷	2－92
書經六卷	2－92
書經六卷	2－92
書經六卷首一卷末一卷	1－264
書經六卷首一卷末一卷	1－264
書經六卷首一卷末一卷	1－264
書經六卷首一卷末一卷	2－320
書經古今講義合刪四卷	1－141
書經近指六卷	1－265
書經旁訓四卷	1－263
書經旁訓四卷	1－263
書經旁訓辨體合訂四卷	1－265
書經集注□□卷	2－442
書經集註六卷	1－264
書經集註六卷	1－265
書經集註六卷首一卷末一卷	1－263
書經集註六卷首一卷末一卷	1－263
書經詮義十二卷首二卷	1－263
書經詮義十二卷首二卷	1－263
書經精華十卷首一卷	1－265
書經精華十卷首一卷	1－320
書經精華十卷首一卷	2－365
書經精華六卷	1－265
書經精義四卷首一卷末一卷	1－265
書經精義四卷首一卷末一卷	1－319
書經精義彙鈔六卷	2－535
書經講義六章	2－482
書經體註大全合叅六卷	1－263
書經體註大全合叅六卷	1－263
書經體註大全合叅六卷	1－263
書經體註大全合叅六卷	1－263
書經體註約解合叅四卷	1－263
書疑九卷	1－367
書學南鍼六卷	2－275
書學會編四卷	1－4
書藝蒙求□□卷首一卷	2－448
展峯詩草六卷	1－487
弱水集二十二卷	1－173
陸子餘集八卷附錄一卷	1－13
陸天隨詩集十四卷	2－298

陸氏傳家集□□卷	1-484	陳文恭公手札節要三卷	1-483
陸文定公集二十六卷	1-52	陳文恭公手札節要三卷	2-269
陸放翁先生[遊]年譜一卷深寧先生[王應麟]年譜一卷弇州山人[王世貞]年譜一卷	2-201	陳司業集四種十一卷	1-216
		陳伯玉文集十卷附錄一卷	1-59
		陳伯玉文集十卷附錄一卷	1-59
陸放翁全集一百五十七卷	1-67	陳伯玉文集三卷詩集二卷	1-338
陸放翁全集一百五十七卷	1-129	陳伯玉文集三卷詩集二卷	1-338
陸放翁全集一百五十八卷	1-129	陳伯玉文集三卷詩集二卷	1-338
陸放翁全集一百五十八卷	1-129	陳伯玉文集三卷詩集二卷	1-339
陸放翁全集一百五十八卷	1-129	陳伯玉文集三卷詩集二卷	1-339
陸放翁全集六種一百五十七卷	1-77	陳伯玉文集三卷詩集二卷	1-339
陸放翁劍南詩選六卷	1-211	陳伯玉文集三卷詩集二卷	2-238
陸宣公全集二十四卷	1-75	陳伯玉文集三卷詩集二卷	2-369
陸宣公全集二十四卷	1-75	陳伯玉文集三卷詩集二卷	2-551
陸宣公奏議讀本四卷首一卷	1-536	陳伯玉先生新著詩經講意拂鏡塵□□卷	2-325
陸宣公奏議讀本四卷首一卷	2-125		
陸宣公集二十四卷	1-80	陳忠裕公全集三十卷首一卷末一卷年譜三卷	1-483
陸宣公集二十四卷	2-377		
陸軍軍刀圖說一卷	1-459	陳忠裕公全集三十卷首一卷末一卷年譜三卷兵垣奏議一卷	2-244
[乾隆]陸涼州志六卷	1-542		
陸桴亭先生遺書二十二種年譜一卷行狀一卷行實一卷	2-392	陳定宇先生文集十七卷	2-548
		陳定宇先生文集十六卷別集一卷	1-172
陸桴亭思辨錄輯要三十五卷	2-490	陳迦陵文集六卷	1-219
陸象山文集不分卷	2-371	陳思王集二卷	2-236
陸清獻公治嘉格言一卷	1-461	陳修園公餘醫錄六種合刻二十二卷	1-400
陸清獻公蒞嘉遺跡三卷	1-463		
陸清獻公[隴其]年譜一卷	2-390	陳修園先生晚餘三書十三卷	1-553
陸講山口譜五集十卷	1-113	陳修園醫書二十一種	2-478
陵陽先生詩四卷	1-113	陳修園醫書十六種九十一卷	2-40
陵陽先生詩四卷	1-485	陳修園醫書五十種	2-588
陵陽先生詩四卷埒校勘記一卷	1-560	陳修園醫書四十種一百二十卷	2-40
[光緒]陵縣志二十二卷首一卷	2-138	陳眉公先生訂正書譜四卷	1-86
[道光]陵縣志二十二卷首一卷	2-138	陳眉公批評琵琶記二卷釋義琵琶記二卷	1-495
陳一齋先生詩集一卷	1-483		
陳一齋先生詩集一卷	1-483	陳眉公珍珠船四卷	1-64
陳上陽真人金丹大要一卷	2-35	陳眉公重訂野客叢書十二卷附錄一卷	1-51
陳子性藏書十二卷首一卷	1-433		
陳太史無夢園初集三十四卷	1-140	陳眉公重訂野客叢書十二卷附錄一卷	1-51
陳少陽集十卷首一卷	1-483		
陳氏毛詩五種三十七卷	2-379	陳眉公訂正震澤長語二卷	1-64
陳文恭公手札節要三卷	1-483	陳書三十六卷	1-123

陳書三十六卷	1－561	陶子師先生集四卷首一卷南崖集四卷首一卷	2－412
陳書三十六卷	2－104	陶文毅公全集六十四卷首一卷末一卷	1－482
陳書三十六卷	2－104	陶文毅公全集六十四卷首一卷末一卷	1－482
陳書三十六卷	2－104	陶文毅公全集六十四卷首一卷末一卷	1－482
陳書三十六卷	2－104	陶文毅公全集六十四卷首一卷末一卷	1－482
陳書三十六卷附考證	2－104	陶退菴先生集二卷	2－412
陳書三十六卷附考證	2－104	陶退菴先生集二卷首一卷	2－247
陳書三十六卷附考證	2－105	陶邕州小集一卷	1－113
陳書三十六卷附考證	2－105	陶菴集二十二卷首一卷末一卷	1－482
陳情歸本一卷	1－47	陶菴集二十二卷首一卷末一卷	1－482
陳學士文集十五卷	2－585	陶菴夢憶八卷	2－244
陳學士吟窓雜錄五十卷	1－13	陶堂志微錄五卷	1－482
陳龍川酌古論一卷中興論一卷	1－483	陶晚聞先生集十卷首一卷補錄一卷	2－412
陳檢討四六二十卷	1－332	陶晚聞先生集十卷首一卷補錄一卷	2－498
陳檢討四六二十卷	1－332	陶晚聞先生集八卷	2－247
陳檢討四六二十卷	1－332	陶情樂府四卷	1－482
陳檢討四六二十卷	1－332	陶彭澤集六卷	2－237
陳檢討四六二十卷	1－332	陶雲汀先生奏疏五十卷	2－518
陳檢討四六二十卷	1－332	陶雲詩鈔十五卷	1－154
陳檢討集二十卷	1－212	陶淵明文集十卷	1－157
陳檢討集二十卷	1－483	陶淵明文集十卷	1－188
陳檢討集二十卷	1－483	陶淵明文集十卷	1－482
陳檢討集二十卷	1－483	陶淵明文集十卷	2－237
陳檢討集十二卷詩鈔十卷詞鈔十二卷	1－147	陶淵明文集十卷	2－237
陰宅集要四卷	1－454	陶淵明文集十卷	2－237
陰宅集要四卷陽宅集成八卷	1－425	陶淵明文集十卷	2－237
陰晉異函三卷	1－243	陶淵明文集十卷	2－256
陰符集證一卷	1－488	陶淵明全集四卷	1－85
陰符集證一卷	2－370	陶淵明集十卷	1－186
陰陽五要奇書五種附二種	1－569	陶淵明集十卷	1－188
陰陽五要奇書六種	1－432	陶淵明集八卷首一卷末一卷	2－237
陰隲文印譜不分卷	1－236	陶淵明集八卷首一卷末一卷	2－237
陰騭文圖證不分卷	1－242	陶淵明集八卷首一卷末一卷	2－237
陶山集十六卷	1－219		
陶子師先生南崖集四卷	2－247		
陶子師先生集四卷首一卷	2－246		

陶淵明詩一卷	2-256	通父詩存四卷	2-263
陶淵明詩不分卷	1-191	通父詩存四卷詩存之餘二卷	1-359
陶園文集八卷詩集二十二卷詩餘二卷	1-482	通占大象歷星經二卷	1-25
陶園文集八卷詩集二十四卷詩餘二卷	1-482	通用對聯一卷	1-359
		通行章程四卷	2-401
陶詩彙評四卷	2-256	[光緒江蘇]通州直隸州志十六卷首一卷末一卷訂譌一卷	2-292
陶詩彙評四卷	2-256	通志二百卷	1-95
陶詩彙評四卷	2-256	通志二百卷	1-95
陶詩彙評四卷	2-489	通志二百卷	1-150
陶靖節先生[淵明]年譜一卷	1-324	通志二百卷	2-77
陶靖節先生[淵明]年譜一卷	1-536	通志二百卷	2-77
陶靖節先生[淵明]年譜一卷	2-199	通志二百卷	2-78
陶靖節先生詩四卷	1-176	通志二百卷考證三卷	2-77
陶靖節集十卷	1-13	通志堂集二十卷	1-104
陶靖節集十卷總論一卷	1-33	通志堂集二十卷	1-104
陶靖節集十卷總論一卷	1-52	通志堂經解一千七百九十二卷	1-252
陶靖節集十卷總論一卷	1-52	通志堂經解一千七百九十二卷	1-253
陶靖節集八卷附錄一卷	1-33	通志堂經解一千八百四十五卷	1-253
陶靖節集八卷附錄一卷	2-237	通志堂經解一百四十種	1-144
陶靖節集八卷附錄一卷	2-237	通志堂經解一百四十種	1-193
陶靖節集八卷附錄一卷	2-586	通志堂經解一百四十種	2-16
陶靖節詩集四卷	2-256	通志堂經解一百四十種	2-306
陶學士先生文集二十卷事跡一卷	1-6	通志堂經解一百四十種	2-307
陶學士先生文集二十卷事跡一卷	1-6	通志略五十二卷	1-82
陶隱居集四卷	1-65	通志略五十二卷	1-150
陶齋吉金錄八卷	1-200	通志略五十二卷	2-77
陶齋吉金錄八卷	2-205	通志略五十二卷	2-478
陶齋吉金錄八卷	2-205	通甫類槀四卷續編二卷	1-359
陶齋吉金錄八卷	2-205	通甫類藁四卷續編四卷	2-249
陶齋吉金錄八卷	2-546	通典二百卷	1-26
陶齋吉金續錄二卷	1-192	通典二百卷	1-26
陶齋吉金續錄二卷	2-205	通典二百卷	1-150
陶齋吉金續錄二卷補遺一卷	2-205	通典二百卷	1-150
陶廬文集九卷	2-445	通典二百卷	1-175
娛園叢刻十二種	2-424	通典二百卷	2-60
娛園叢刻十二種	2-424	通典二百卷	2-60
娛園叢刻十種	2-12	通典二百卷	2-77
娛親雅言六卷	2-7	通典二百卷	2-472
通介堂經說十二卷	1-313	通典二百卷考證一卷	2-452
通介堂經說十二卷	2-288	通俗編三十八卷	1-438

通俗編三十八卷	2－213
通紀直解十六卷	1－96
通問便集二卷	1－359
通商各國條約二函四十二種	2－584
通商各國條約二函四十二種	2－584
通商各關華洋貿易總冊不分卷	2－58
通商條約章程成案彙編三十卷	2－68
通雅五十二卷首三卷	1－212
通雅五十二卷首三卷	1－319
通雅堂詩鈔十卷	1－359
通雅堂詩鈔十卷續集二卷	2－256
通詁二卷	1－359
通經表一卷	2－201
通德遺書所見錄七十二卷	1－359
通齋集五卷外集一卷文集二卷南行紀程一卷	1－359
通藝錄二十一種	1－173
通藝錄二十一種	1－238
通藝錄二十一種	2－14
通藝錄二十一種	2－303
通鑑本末紀要八十一卷首三卷	1－169
通鑑地理通釋十四卷	1－117
通鑑地理通釋十四卷	1－117
通鑑地理通釋十四卷	2－135
通鑑地理通釋十四卷	2－135
通鑑宋本校勘記五卷通鑑元本校勘記二卷	2－78
通鑑長編紀事本末一百五十卷	2－86
通鑑長編紀事本末一百五十卷	2－314
通鑑直解二十八卷	2－391
通鑑直解二十五卷	1－75
通鑑直解□□卷	2－547
通鑑注辯正二卷	2－83
通鑑紀事本末二百三十九卷	1－195
通鑑紀事本末二百三十九卷	2－85
通鑑紀事本末二百三十九卷	2－85
通鑑紀事本末二百三十九卷	2－85
通鑑紀事本末二百三十九卷	2－85
通鑑紀事本末二百三十九卷	2－85
通鑑紀事本末二百三十九卷	2－85
通鑑紀事本末二百三十九卷	2－355
通鑑紀事本末二百三十九卷	2－566
通鑑紀事本末四十二卷	1－1
通鑑紀事本末四十二卷	1－17
通鑑紀事本末四十二卷	1－47
通鑑紀事本末四十二卷	1－97
通鑑紀事本末前編十二卷	1－134
通鑑答問五卷	2－83
通鑑答問五卷	2－83
通鑑箋註七十二卷	1－74
通鑑箋註七十二卷	1－74
通鑑箋註七十二卷	1－74
通鑑綱目三種	2－83
通鑑綱目分註補遺四卷附書法存疑一卷	2－83
通鑑綱目四種	2－83
通鑑論三卷附稽古錄論一卷	2－80
通鑑論三卷附稽古錄論一卷	2－400
通鑑總類二十卷	1－38
通鑑類纂二十部	2－83
通鑑釋文辯誤十二卷	2－80
通鑑釋文辯誤十二卷	2－80
通鑑續編一百二十七卷考辯一卷	1－111
務本堂四書體註合講十九卷	1－254
務本堂四書體註合講十九卷	1－254
孫子十家注十三卷敍錄一卷	1－437
孫子十家注十三卷敍錄一卷	1－437
孫子十家注十三卷敍錄一卷	1－437
孫子十家注十三卷敍錄一卷	1－465
孫子十家註十三卷附遺說一卷敍錄一卷	1－198
孫子十家註十三卷附遺說一卷敍錄一卷	2－72
孫子十家註十三卷敍錄一卷遺說一卷	2－71
孫子三卷吳子二卷司馬灋一卷	2－71
孫子三卷吳子二卷司馬灋一卷	2－333
孫子取衷十三卷	1－46
孫子集注十三卷	2－566
孫子集註十三卷	1－19
孫月峰先生批評史記□□卷	2－566

孫月峰先生批評禮記六卷	1-29
孫月峯先生批評書經六卷	1-89
孫月峯先生評文選三十卷	1-71
孫月峯先生評文選三十卷	1-71
孫月峯先生評文選三十卷	1-71
孫氏祠堂書目內編四卷外編三卷	2-2
孫氏祠堂書目內編四卷外編三卷	2-2
孫文定公全集十二卷	1-100
孫文恭公遺書七種	1-234
孫文恭公遺書七種	1-491
孫文恭公遺書七種	2-13
孫文恭公遺書七種	2-311
孫可之文集二卷	1-341
孫可之文集十卷	1-341
孫吳司馬瀹八卷	2-391
孫吳司馬瀹八卷	2-478
孫尚書內簡尺牘編註十卷	1-90
孫明復小集三卷附考異	1-491
孫宗伯集十卷	1-31
孫真人千金方衍義三十卷	2-47
孫真人千金方衍義三十卷	2-47
孫真人千金方衍義三十卷	2-486
孫真人備急千金要方九十三卷目錄二卷	1-57
孫真人備急千金要方九十三卷目錄二卷	1-207
孫真人備急千金要方九十三卷目錄二卷附海上方一卷枕中方一卷	1-546
孫真人備急千金要方三十卷	2-328
孫真人備急千金要方五卷	1-546
孫夏峰全集十四種	2-245
孫淵如先生[星衍]年譜二卷	1-324
孫徵君日譜錄存三十六卷	2-308
孫谿朱氏金石叢書十六種	2-202
孫谿朱氏經學叢書初編十三種	1-314
孫谿朱氏經學叢書初編十三種	1-314
純正蒙求三卷	1-427
紗籠文選八卷	2-220
紗籠詩集十六卷	1-506
紗籠詩集十四卷	2-401
納書楹玉茗堂四夢全譜八卷	1-167
納書楹曲譜正集四卷續集四卷外集二卷	2-288
納書楹曲譜正集四卷續集四卷外集二卷	2-301
納書楹曲譜正集四卷續集四卷外集二卷補遺四卷	1-216
納書楹曲譜正集四卷續集四卷外集二卷補遺四卷	1-517
納書楹曲譜正集四卷續集四卷外集二卷補遺四卷納書楹玉茗堂四夢全譜八卷	1-167
納書楹曲譜正集四卷續集四卷外集二卷補遺四卷納書楹玉茗堂四夢全譜八卷	1-199
納書楹曲譜全集二十二卷	1-228
納書楹曲譜全集二十二卷	1-517
納書楹南柯記全譜二卷	1-517
[嘉慶]納谿縣志十卷	2-582
納蘭詞五卷補遺一卷	1-517
納蘭詞五卷補遺一卷	2-267
紛欣閣叢書十三種	2-429

十一畫

理財攷鏡四卷	2-58
理數合解四卷	1-421
理學平譚二卷	1-30
理學宗傳二十六卷	1-224
理學宗傳二十六卷	1-461
理學宗傳二十六卷	1-461
理學宗傳二十六卷	1-461
理學宗傳二十六卷	1-461
理學宗傳二十六卷	2-18
理學宗傳二十六卷	2-306
理學鈎玄三卷	1-557
現今世界大勢論一卷	1-498
琉球國志略十六卷首一卷	2-186
琉球國志略十六卷首一卷	2-186
琉球國志略十六卷首一卷	2-331
琅琊代醉編四十卷	1-45
埤雅二十卷	1-10

埤雅二十卷	1-87	黃山志定本七卷首一卷	1-148
埤雅二十卷	1-163	黃山志定本七卷首一卷	1-223
埤雅二十卷	1-163	黃山志定本七卷首一卷	1-223
埤雅二十卷	1-288	黃山志定本七卷首一卷	2-433
埤雅廣要四十二卷	1-53	黃山谷文集一卷張文潛文集一卷	2-389
教女遺規三卷	2-287	黃山領要錄二卷	2-177
教女遺規不分卷	1-417	黃山領要錄二卷	2-323
教女遺規摘鈔不分卷	1-417	黃太史精華錄八卷	1-86
教女遺規摘鈔不分卷	2-27	黃氏日鈔九十七卷	2-6
教育心理學五篇	2-540	黃氏日鈔九十七卷	2-6
教育世界六十八卷	2-451	黃氏逸書考三百五十二種	2-10
教育叢書初集十一種十四卷	2-556	黃氏逸書考三百五十二種	2-428
教務紀略四卷首一卷	2-35	黃氏醫書八種七十六卷	1-413
教學五書五種	1-418	黃氏醫書八種七十六卷	1-413
教觀綱宗一卷	1-525	黃氏醫書八種七十六卷	2-40
教觀綱宗一卷	1-525	黃氏醫書八種七十六卷	2-40
教觀綱宗一卷教觀綱宗釋義一卷	1-533	黃氏醫書八種七十六卷	2-447
教觀綱宗一卷教觀綱宗釋義一卷	2-27	黃文靖公雲林集六卷	1-498
碧溪詩話十卷	1-111	黃石公素書一卷	2-71
培遠堂手札節存一卷	2-270	黃石公素書一卷	2-71
培遠堂偶存稿四十八卷	1-374	黃先生儒行集傳四卷	1-438
堝垢山房詩鈔十二卷	1-149	[光緒]黃州府志四十卷首一卷	2-145
勘分旅大租界專條一卷	2-172	黃孝子紀程二卷附錄一卷	2-27
聊園詩存十卷詞存一卷	2-473	黃青社先生伐檀集二卷	1-507
聊園詩存十卷詞存一卷續六卷	2-265	黃青社先生伐檀集二卷	1-507
聊園詩存再續十四卷	2-265	黃青社先生伐檀集二卷	1-562
聊園詩存再續十四卷	2-450	黃忠壯公遺集九卷首一卷附錄一卷	1-382
聊園雜文略一卷	2-252	黃忠壯公遺集九卷首一卷附錄一卷	2-300
聊齋先生文集二卷	1-497		
聊齋志異十六卷	1-169	黃忠端公年譜二卷黃梨洲先生年譜三卷	1-382
聊齋志異合評十二卷	1-178		
聊齋志異新評十六卷	1-239	黃忠端公[尊素]年譜二卷	2-197
聊齋志異新評十六卷	1-239	[光緒]黃岡縣志二十四卷首一卷	2-292
聊齋志異新評十六卷	2-272	黃勉齋先生文集八卷	1-372
聊齋志異新評十六卷	2-338	黃庭內景經一卷	1-548
聊齋志異新評十六卷	2-437	黃庭堅簡尺二卷	1-87
聊齋志異新評十六卷	2-437	黃庭經解一卷	1-534
聊齋志異新評十六卷	2-523	黃帝內經太素三十卷黃帝內經明堂一卷附錄一卷	2-40
聊齋志異新評十六卷	2-529		
聊齋誌異□□卷	2-339		
黃山志十卷	1-223	黃帝內經素問二十四卷	1-415

214

書名	頁碼
黃帝內經素問二十四卷	1－449
黃帝內經素問二十四卷遺篇一卷黃帝內經靈樞十二卷	1－200
黃帝內經素問十二卷黃帝素問靈樞經十二卷	1－87
黃帝內經素問九卷	1－548
黃帝內經素問九卷	2－40
黃帝內經素問九卷	2－560
黃帝內經素問九卷黃帝內經靈樞註證發微十卷	1－410
黃帝內經素問九卷靈樞經十卷	2－486
黃帝內經素問註證發微九卷附補遺一卷	1－135
黃帝內經素問註證發微九卷黃帝內經靈樞註證發微十卷	2－337
黃帝內經素問註證發微九卷黃帝內經靈樞註證發微十卷	2－462
黃帝內經素問節文註釋十卷	1－136
黃帝內經素問節文註釋十卷	2－381
黃帝內經靈樞十二卷	1－449
黃帝內經靈樞十二卷	2－551
黃帝內經靈樞十二卷	2－583
黃帝內經靈樞九卷	2－41
黃帝內經靈樞素問十九卷	1－548
黃帝內經靈樞素問十九卷	1－548
黃帝內經靈樞註證發微十卷	1－548
黃帝內經靈樞註證發微九卷補遺一卷	2－41
黃帝素問九卷	1－548
黃帝素問宣明論方十五卷	2－46
黃帝素問靈樞集註二十三卷遺篇五卷	1－112
黃眉故事十卷	2－4
黃眉故事十卷	2－4
黃海看雲圖題詞二卷	1－382
黃書七卷	1－303
黃書七卷	1－324
黃書七卷	1－463
黃書不分卷	2－287
黃陵書牘二卷	1－382
黃梨洲先生南雷文約四卷	1－213
黃梨洲先生南雷文約四卷	1－376
黃梨洲遺書十種	2－14
黃葉邨莊詩集八卷續集一卷後集一卷	2－262
黃湄詩選十卷	1－211
黃詩全集五十八卷	2－259
黃溪志十二卷	2－147
黃漳浦集五十卷首一卷目錄二卷	1－382
黃漳浦集五十卷首一卷目錄二卷	1－382
黃漳浦集五十卷首一卷目錄二卷	2－305
黃蕘圃先生［丕烈］年譜二卷	2－200
黃學廬褧述三卷	1－426
［光緒］黃巖縣志四十卷首一卷附黃巖集三十二卷	1－542
菽園雜記十五卷	1－131
萸江詩存三卷古文存四卷附朋舊詩一卷	1－384
菜根譚一卷	1－371
菜根譚一卷	1－439
菜根譚一卷	1－440
菜根譚一卷	2－285
菜根譚二卷	2－546
菜堂節錄十六卷	1－434
菊江遊草一卷	1－384
菊坡精舍集二十卷	1－384
菊逸山房山法備收一卷	2－391
菊逸山房地理三卷	2－391
菊逸山房地理正書三種	2－36
萃錦唫八卷	2－256
萃錦唫八卷	2－289
菩提資糧論六卷	1－524
菩提資糧論六卷	1－532
菩提資糧論六卷	2－30
菩薩戒本一卷	2－442
菩薩戒本經一卷	1－397
菩薩戒本經一卷	2－32
菩薩戒本經箋要一卷	1－397
菩薩戒本經箋要一卷	1－527
菩薩戒本經箋要一卷	1－527
菩薩戒本經箋要一卷	2－32
菩薩藏經一卷	2－28

書名	頁碼
菩薩瓔珞本業經二卷	1－532
菩薩瓔珞經二十卷	1－397
菩薩瓔珞經二十卷	2－28
萍蓬類稿三種四卷	2－356
乾坤大畧十一卷	2－277
乾坤正氣錄五卷	2－197
乾坤法竅三卷陰符玄解一卷	1－432
乾隆府廳州縣圖志五十卷	1－543
乾隆府廳州縣圖志五十卷	2－134
乾隆府廳州縣圖志五十卷	2－134
乾隆府廳州縣圖志五十卷	2－134
乾隆府廳州縣圖志五十卷	2－134
乾道臨安志三卷附札記一卷	2－144
乾道臨安志三卷首一卷	1－543
乾嘉詩壇點將錄一卷	1－244
菉斐軒詞韻一卷	2－415
菰中隨筆不分卷	1－241
菰中隨筆不分卷	1－458
梵網經心地品菩薩戒義疏發隱五卷	1－525
梵網經菩薩戒一卷	2－400
梵網經菩薩戒本疏十卷	2－32
梧生詩鈔十卷文鈔十卷	2－446
梧生駢體文鈔一卷	2－354
桯史十五卷附錄一卷	1－5
桯史十五卷附錄一卷	1－117
桯史十五卷附錄一卷	1－117
梅山詩集十七卷首一卷	1－380
梅氏詩略前集十卷續集十卷	1－380
梅氏叢書輯要六十二卷	1－432
梅氏叢書輯要六十二卷	1－432
梅花百咏詩不分卷	1－65
梅花草堂集十四卷	1－39
梅花喜神譜二卷	2－276
梅花夢二卷	2－269
梅花閣吟七卷	2－262
梅村文集二十卷	2－245
梅村家藏稿五十八卷補遺一卷樂府三種四卷	1－195
梅村家藏稿五十八卷補遺一卷樂府三種四卷	1－509
梅村家藏稿五十八卷補遺一卷樂府三種四卷	1－559
梅村筆記二卷	1－427
梅村集二十卷	1－509
梅村詩集箋注十八卷	1－174
梅村詩集箋注十八卷	1－380
梅村詩集箋注十八卷	1－560
梅村詩集箋注十八卷	1－560
梅村詩集箋注十八卷	2－261
梅村詩集箋注十八卷	2－396
梅村詩集箋注十八卷附詞一卷	1－380
梅村詩集箋注十八卷附詞一卷	1－509
梅村詩集箋註十八卷	1－509
梅村詩集箋註十八卷	1－509
梅村詩集箋註十八卷	1－509
梅村詩鈔三卷	1－229
梅苑十卷	1－204
梅南詩鈔一卷	1－380
梅華菴二香琴譜十卷	1－233
梅崖居士全集文集三十卷外集八卷	1－374
梅庵詩存一卷	2－337
梅溪先生廷試策一卷奏議四卷詩文前集二十卷後集二十九卷	1－3
梅溪先生廷試策一卷奏議四卷詩文前集二十卷後集二十九卷	1－4
梅溪先生廷試策一卷奏議四卷詩文前集二十卷後集二十九卷附錄一卷	1－4
梅影盦詞集四種四卷	1－473
梅影盦詞集四種四卷	2－268
梅龍陣四折	2－592
梅龍陣四折	2－592
梅龍陣四折	2－592
麥有堂詩初集四卷二集五卷	2－462
麥爾通史上世紀三卷中世紀二卷近世紀二卷	2－183
桴亭先生文鈔六卷確菴先生文鈔六卷	1－484
梓溪文鈔內集八卷外集十卷	1－30
梓溪文鈔內集八卷外集十卷	1－30

梓溪文鈔內集八卷外集十卷	1－30	硃批諭旨不分卷	2－301
梓溪文鈔內集八卷外集十卷	1－186	硃批諭旨不分卷	2－492
專修淨業功課不分卷	2－315	硃套賦學正鵠註釋十卷	1－477
曹子建集十卷	1－12	瓠瓜錄十卷	1－313
曹子建集十卷	1－95	瓠瓜錄十卷	1－313
曹氏墨林二卷	1－153	匏翁家藏外集不分卷	1－110
曹州牡丹譜二卷	1－175	匏翁家藏集七十七卷補遺一卷	1－8
曹安峰地理原本說四卷	1－423	匏翁家藏集七十七卷補遺一卷	1－8
曹安殺子王爺圖一折	2－600	匏隱齋詩草不分卷	1－108
曹安殺子王爺圖一折	2－600	盛世危言五卷	1－244
曹集銓評十卷逸文一卷魏陳思王年譜一卷	2－256	盛世危言五卷	1－438
曹集銓評十卷逸文一卷魏陳思王年譜一卷	2－256	盛世危言五卷	2－8
曹集銓評十卷逸文一卷魏陳思王年譜一卷	2－256	盛明百家詩三百二十四卷	1－138
		盛明百家詩三百二十四卷	1－138
		盛明百家詩三百二十四卷	2－354
堅瓠集六十六卷	2－548	盛明百家詩選三十四卷首一卷	1－35
帶江園小草擇存十卷	2－337	［康熙］盛京通志三十二卷	1－175
帶經堂全集七編九十二卷	1－216	［乾隆］盛京通志四十八卷首一卷	2－171
帶經堂集七編九十二卷	1－211	雪山集十六卷	1－216
帶經堂集九十二卷	2－245	雪山集十六卷	1－490
帶經堂集九十二卷	2－371	雪川詩稿十卷	1－149
帶經堂集九十二卷	2－431	雪中人十六齣	1－448
帶經堂詩話三十卷首一卷	1－226	雪心賦正解四卷	1－423
帶經堂詩話三十卷首一卷	1－226	雪心賦正解四卷	1－565
帶經堂詩話三十卷首一卷	1－382	雪心賦正解四卷附辯論三十篇	1－423
帶經堂詩話三十卷首一卷	1－561	雪心賦辨訛正解四卷	1－565
帶經堂詩話三十卷首一卷	2－217	雪坡文集十二卷附墓誌碑文年譜雪坡醉吟詩集九卷簷曝詩存附刻一卷雪坡獨行詩集八卷	2－243
帶經堂詩話三十卷首一卷	2－217		
帶經堂詩話三十卷首一卷	2－308	雪夜詩談三卷附明人詩話補一卷國朝詩話補一卷	1－560
帶經堂詩話三十卷首一卷	2－323		
帶經堂詩話三十卷首一卷	2－324	雪眉詩鈔一卷雪眉詞鈔一卷	2－330
帶經堂詩話三十卷首一卷	2－458	雪莊西湖漁唱七卷	1－173
帶經堂詩話三十卷首一卷	2－587	雪堂詩集不分卷	1－490
研華館詞三卷首一卷	2－268	雪堂墨品一卷	1－172
硃批增註七家詩選七卷	2－255	雪鴻堂詩蒐逸三卷附錄一卷	1－148
硃批諭旨十八函	1－207	排山小集八卷續集十二卷	1－153
硃批諭旨不分卷	2－125	［雍正］揚州府志四十卷	1－157
硃批諭旨不分卷	2－125	推拿廣意三卷	1－550
硃批諭旨不分卷	2－127	頂批金丹真傳二卷	1－390
硃批諭旨不分卷	2－301	授堂全集九種七十一卷	1－363

書名	頁碼
授堂遺書八種附錄二卷	2-9
授堂遺書八種附錄二卷	2-277
授經圖二十卷	1-114
探杏譜一卷附磨勘條例摘要不分卷	2-309
掃葉山房四書體註合講十九卷圖考一卷	1-255
救文格論一卷雜錄一卷	1-381
救世鍼砭不分卷	2-353
救世鍼砭不分卷	2-401
救世鍼砭不分卷	2-582
救世鍼砭不分卷	2-582
救生集四卷	2-555
救荒六十策一卷	2-57
救荒奇策一卷	2-57
救急備用經驗彙方十卷	2-47
救時要策萬言書二卷	2-490
救偏瑣言十卷備用良方一卷	2-46
虛齋蔡先生文集五卷	1-9
常州先哲遺書第一集四十一種三百六十七卷附三種七十四卷後編三十種三百二卷	2-429
常州先哲遺書第一集四十一種三百六十七卷附三種七十四卷後編三十種三百二卷	2-472
常州先哲遺書第一集四十一種三百六十七卷附三種七十四卷後編三十種三百二卷	2-472
[乾隆]常昭合志十二卷首一卷	2-143
常評事集四卷寫情集二卷	1-15
常惺惺齋文集十卷詩集十一卷	2-250
常甯詩文存十二卷	2-235
野谷詩藁六卷	1-114
野香亭集十三卷	2-491
野記四卷	1-241
野獲編三十卷	1-242
野獲編三十卷附補遺四卷	2-125
晨風閣叢書二十二種四十七卷	2-13
晨風閣叢書二十二種四十七卷	2-422
晨風閣叢書二十二種四十七卷	2-422
晨風閣叢書二十二種四十七卷	2-422
晨鐘暮鼓醒迷纂要四卷	1-521
眺秋樓詩八卷	2-498
眼科切要不分卷	2-43
眼科白問二卷	1-549
閉門草三種	1-179
問心堂溫病條辨六卷	2-42
問心堂溫病條辨六卷	2-42
問心堂溫病條辨六卷首一卷	1-189
問心堂溫病條辨六卷首一卷	1-411
問心堂溫病條辨六卷首一卷	1-411
問心堂溫病條辨六卷首一卷	1-548
問花吟館詩鈔一卷	1-353
問琴閣詩錄一卷	2-351
問園遺集一卷空山夢一卷	1-483
問經堂叢書十八種	2-416
問影樓輿地叢書十五種四十四卷	2-386
問影樓輿地叢書第一集十七種四十六卷	2-172
曼陀羅室意存集八卷詩鈔續一卷	1-557
曼陀羅華閣叢書十六種	2-10
曼衍心漏三篇	2-487
曼殊室利呪藏中校量數珠功德經一卷	1-533
晦明軒稿一卷附壬癸金石跋一卷	2-252
晦明軒稿二卷附己庚金石跋一卷壬癸金石跋一卷丁戊金石跋一卷	1-249
晦明軒稿不分卷	1-479
晦菴先生朱文公文集一百卷續集十一卷別集十卷	2-242
晦庵先生朱文公文集一百卷附續集五卷別集七卷目錄二卷	1-211
晦庵先生朱文公易說二十三卷	1-260
晦庵先生校正周易繫辭精義二卷	1-210
晦庵先生校正周易繫辭精義二卷	2-19
晦鳴錄二卷	1-479
晦闇齋筆語六卷南屏贅語八卷	2-350
晞髮遺集二卷補一卷天地間集一卷	1-204
晞髮遺集二卷補一卷天地間集一卷	1-477
[咸豐]冕寧縣志十二卷首一卷末一	

卷	2-163	國史經籍志六卷	1-91
晚香亭詩鈔不分卷	1-479	國史經籍志六卷	1-132
晚笑堂竹莊畫傳不分卷	2-190	國史經籍志六卷	1-180
晚聞居士遺集九卷首一卷	1-155	國史儒林傳二卷國史文苑傳二卷國	
晚聞居士遺集九卷首一卷	1-479	史循吏傳一卷賢良祠王大臣小傳	
晚聞堂集十六卷	2-303	二卷	1-96
晚學集八卷	2-494	國秀集三卷	1-161
晚學集八卷元魏滎陽鄭文公摩崖碑		國朝二十四家文鈔二十四卷	1-473
跋一卷	1-479	國朝二十四家文鈔二十四卷	1-473
晚學齋文集十二卷	1-479	國朝二十四家文鈔二十四卷	1-474
晚學齋集二十三卷三十四齣	1-479	國朝二十四家文鈔二十四卷	2-557
異方便淨土傳燈歸元鏡三祖實錄二		國朝十家四六文鈔	1-331
卷	1-106	國朝十家四六文鈔	1-331
異方便淨土傳燈歸元鏡三祖實錄二		國朝十家四六文鈔	1-331
卷	2-404	國朝十家四六文鈔十卷	2-228
異苑十卷	1-86	國朝八家四六文鈔不分卷	2-221
異香集二卷	1-217	國朝三家文鈔三十二卷	1-156
異域瑣談四卷	2-171	國朝三家文鈔三十二卷	1-163
異域瑣談四卷	2-171	國朝三家文鈔三十二卷	1-220
異號類編二十卷	2-3	國朝大家文歸二卷	1-81
異說征西演義全傳六卷四十回	1-183	國朝山左詩抄六十卷	1-474
略論安樂淨土義一卷	1-530	國朝山左詩鈔六十卷	1-153
略論安樂淨土義一卷讚阿彌陀佛偈		國朝五言長律賡颺集十六卷	1-217
一卷	1-531	國朝六家詞鈔十一卷	2-554
略論安樂淨土義一卷讚阿彌陀佛偈		國朝六家詩鈔八卷	1-154
一卷	2-527	國朝六家詩鈔八卷	1-154
鄂州太守存齋先生羅公傳一卷	2-143	國朝六家詩鈔八卷	1-220
鄂州太守存齋先生羅公傳一卷	2-143	國朝六家詩鈔八卷	2-255
鄂州太守存齋先生羅公傳一卷	2-581	國朝六家詩鈔八卷	2-255
鄂省全皖同鄉錄一卷	2-56	國朝六家詩選八卷	1-557
鄂宰小學四種	2-11	國朝文棟八卷	1-474
鄂國金佗稡編二十八卷	2-197	國朝文鈔初編不分卷二編不分卷三	
鄂國金佗稡編二十八卷	2-197	編不分卷	1-474
鄂國金佗續編三十卷	2-197	國朝文匯甲前集二十卷甲集六十卷	
鄂國金佗續編三十卷	2-197	乙集七十卷丙集三十卷丁集二十	
婁水文徵八十卷	1-536	卷	2-228
婁東雜著六十八種	2-429	國朝文匯甲前集二十卷甲集六十卷	
國文比較錄不分卷	1-474	乙集七十卷丙集三十卷丁集二十	
國文比較錄不分卷	1-474	卷	2-229
國文讀本粹化新編不分卷	1-502	國朝文錄八十二卷	2-229
國史經籍志五卷附錄一卷	1-578	國朝文錄八十二卷	2-229

國朝文錄八十二卷	2-312
國朝文錄八十二卷	2-321
國朝文錄續編六十三卷附邁堂文略四卷	2-321
國朝文錄續編六十三卷附邁堂文略四卷	2-398
國朝文錄續編四十九種附一種	2-400
國朝文類七十卷目錄三卷	1-2
國朝未栞遺書志略一卷	1-220
國朝古文正的七卷	2-229
國朝古文選二卷	1-475
國朝先正事略六十卷	2-189
國朝先正事略六十卷	2-189
國朝先正事略六十卷	2-189
國朝先正事略六十卷	2-189
國朝先正事略六十卷	2-190
國朝先正事略六十卷	2-190
國朝先正事略六十卷	2-190
國朝先正事略六十卷	2-190
國朝先正事略六十卷	2-190
國朝先正事略六十卷	2-190
國朝全蜀詩鈔六十四卷附錄一卷	1-475
國朝全閩詩錄初集續十一卷	2-236
國朝名人小簡二卷	1-474
國朝名人小簡二卷	2-269
國朝名人書札二卷	1-474
國朝名人著述叢編十三種	2-228
國朝名文小題讀本	1-475
國朝名世類苑四十六卷	1-49
國朝名世類苑四十六卷	1-49
國朝名世類苑四十六卷	1-118
國朝名家詩餘□□種	1-153
國朝宋學淵源記二卷附記一卷	1-417
國朝宋學淵源記二卷附記一卷	2-429
國朝律介一卷	1-153
國朝院畫錄二卷	2-274
國朝柔遠記二十卷	2-124
國朝柔遠記二十卷	2-124
國朝柔遠記二十卷	2-124
國朝貢舉考畧二卷	2-201
國朝耆獻類徵初編七百二十卷	1-561
國朝耆獻類徵初編四百八十四卷通檢十卷目錄二十卷漢滿同姓名錄一卷首二百四卷	2-191
國朝耆獻類徵初編四百八十四卷通檢十卷目錄二十卷漢滿同姓名錄一卷國朝賢媛類徵十二卷首二百四卷	2-191
國朝書人輯略十一卷首一卷	1-234
國朝書畫家筆錄四卷	2-202
國朝常州詞錄三十一卷	1-474
國朝常州詞錄三十一卷	1-474
國朝常州駢體文錄三十一卷結一宦駢體文一卷	1-331
國朝常州駢體文錄三十一卷結一宦駢體文一卷	2-229
國朝詞綜四十八卷二集八卷	1-475
國朝詞綜四十八卷二集八卷	1-478
國朝詞綜四十八卷二集八卷	1-478
國朝詞綜四十八卷二集八卷	1-479
國朝詞綜四十八卷二集八卷	2-297
國朝詞綜四十六卷二集八卷	1-182
國朝畫徵錄三卷明人附錄一卷續錄二卷	1-234
國朝畫徵錄三卷明人附錄一卷續錄二卷	1-237
國朝畫徵錄三卷明人附錄一卷續錄二卷	1-237
國朝畫徵錄三卷明人附錄一卷續錄二卷	1-237
國朝畫徵錄三卷首一卷續錄二卷	1-237
國朝畫徵錄三卷首一卷續錄二卷	2-276
國朝畫徵錄三卷首一卷續錄二卷	2-276
國朝畫徵錄三卷續錄二卷	2-330
國朝畫徵錄三卷續錄二卷明人附錄一卷	1-237
國朝畫徵錄三卷續錄二卷明人附錄一卷	2-501
國朝畫徵錄三卷續錄二卷圖畫精意識一卷	2-276
國朝畫識十七卷附墨香居畫識十卷	2-480

國朝畫識十七卷墨香居畫識十卷 …… 2-276
國朝試賦匯海續編前集六卷後集二
　卷續選補編一卷 …………… 1-474
國朝詩十卷外編一卷補六卷 ……… 1-474
國朝詩人徵略二編六十四卷 ……… 2-412
國朝詩人徵略六十卷 …………… 1-535
國朝詩人徵略六十卷 …………… 2-588
國朝詩人徵略六十卷二編六十四卷
　…………………………………… 1-473
國朝詩別裁集三十六卷 ………… 1-143
國朝詩別裁集三十六卷 ………… 1-143
國朝詩別裁集三十六卷 ………… 1-215
國朝詩別裁集三十六卷 ………… 1-216
國朝詩別裁集三十六卷 ………… 2-400
國朝詩餘新集五卷 ……………… 1-80
國朝詩選六卷 …………………… 2-535
國朝詩選六卷 …………………… 2-540
國朝滇南流寓詩畧二卷 ………… 2-465
國朝滇南流寓詩略二卷 ………… 2-552
國朝滇南詩畧二十二卷 ………… 2-465
國朝滇南詩畧三十二卷附流寓詩略
　二卷 …………………………… 1-556
國朝滄州詩鈔十二卷 …………… 2-235
國朝閨秀正始集二十卷附錄一卷補
　遺一卷 ………………………… 1-474
國朝閨閣詩鈔一百種 …………… 2-300
國朝漢學師承記八卷宋學淵源記二
　卷經師經義目錄一卷附記一卷 … 1-158
國朝漢學師承記八卷經師經義目錄
　一卷 …………………………… 2-542
國朝漢學師承記八卷經師經義目錄
　一卷宋學淵源記二卷附記一卷 … 1-251
國朝漢學師承記八卷經師經義目錄
　一卷宋學淵源記二卷附記一卷 … 1-251
國朝漢學師承記八卷經師經義目錄
　一卷宋學淵源記二卷附記一卷 … 1-252
國朝漢學師承記八卷經師經義目錄
　一卷宋學淵源記二卷附記一卷 … 1-314
國朝漢學師承記八卷經師經義目錄
　一卷宋學淵源記二卷附記一卷 … 1-448
國朝漢學師承記八卷經師經義目錄
　一卷宋學淵源記二卷附記一卷 …… 2-18
國朝漢學師承記八卷經師經義目錄
　一卷宋學淵源記二卷附記一卷 …… 2-18
國朝畿輔詩傳六十卷 …………… 2-255
國朝駢體正宗十二卷 …………… 1-176
國朝駢體正宗十二卷 …………… 1-330
國朝駢體正宗十二卷 …………… 1-330
國朝駢體正宗十二卷 …………… 1-474
國朝駢體正宗十二卷 …………… 1-474
國朝駢體正宗十二卷 …………… 1-535
國朝駢體正宗十二卷 …………… 2-552
國朝駢體正宗評本十二卷 ……… 1-330
國朝駢體正宗評本十二卷 ……… 2-235
國朝駢體正宗續編八卷 ………… 1-474
國朝翰詹源流編年二卷 ………… 1-216
國朝歷科館選錄二卷 …………… 2-191
國朝歷科題名碑錄初集不分卷明洪
　武至崇禎各科題名碑錄不分卷 … 2-191
國朝歷科題名碑錄初集不分卷明洪
　武至崇禎各科題名碑錄不分卷 … 2-191
國朝歷科題名碑錄初集不分卷(順
　治三年至道光二十年)附明洪武
　至崇禎各科題名碑錄不分卷 …… 2-201
國朝館選爵里謚法考六卷 ……… 2-498
國朝謚法考一卷 ………………… 1-213
國朝謚法考一卷 ………………… 2-277
國策地名考二十卷首一卷 ……… 2-96
國語二十一卷 …………………… 1-12
國語二十一卷 …………………… 1-44
國語二十一卷 …………………… 1-45
國語二十一卷 …………………… 1-64
國語二十一卷 …………………… 1-91
國語二十一卷 …………………… 1-194
國語二十一卷 …………………… 1-198
國語二十一卷 …………………… 1-252
國語二十一卷 …………………… 1-325
國語二十一卷 …………………… 2-94
國語二十一卷 …………………… 2-94
國語二十一卷 …………………… 2-95
國語二十一卷 …………………… 2-95
國語二十一卷 …………………… 2-95

國語二十一卷	2-95	國學叢刊不分卷	2-3
國語二十一卷	2-95	唯心訣一卷永明智覺禪師定慧相資	
國語二十一卷	2-95	歌一卷警世一卷	1-520
國語二十一卷	2-95	唯心訣一卷永明智覺禪師定慧相資	
國語二十一卷	2-95	歌一卷警世一卷	1-520
國語二十一卷	2-95	唯識二十論一卷	1-520
國語二十一卷	2-95	唯識二十論一卷	1-520
國語二十一卷	2-95	唯識二十論一卷	1-520
國語二十一卷	2-95	唯識二十論述記四卷	1-520
國語二十一卷	2-95	唯識二十論述記四卷	1-520
國語二十一卷	2-96	唯識二十論述記四卷	1-520
國語二十一卷	2-96	唯識二十論述記四卷	2-32
國語二十一卷	2-96	唯識開蒙問答二卷	1-520
國語二十一卷	2-96	唯識開蒙問答二卷	2-29
國語二十一卷	2-96	唯識論述記二十四卷	2-30
國語二十一卷	2-96	崑陽子龍門心法二卷	2-532
國語三君注輯存四卷國語發正二十		[光緒]崑新兩縣續修合志五十二卷	
一卷國語考異四卷	1-188	首一卷末一卷	2-291
國語正義二十一卷	2-96	崔氏洹詞十七卷附錄四卷	1-23
國語正義二十一卷	2-465	崔東洲集二十卷續集十一卷	1-101
國語四卷	2-533	崔東壁遺書前編八種五十四卷附一	
國語韋解補正二十一卷	2-96	種一卷後編九種十七卷	1-164
國語校注本三種二十九卷	1-176	崔東壁遺書前編八種五十四卷附一	
國語校注本三種二十九卷	1-176	種一卷後編九種十七卷	2-246
國語校注本三種二十九卷	2-95	崇文書局彙刻書三十一種	2-359
國語校注本三種二十九卷	2-95	崇文書局彙刻書三十一種	2-426
國語校注本三種二十九卷	2-95	崇文書局彙刻書三十一種	2-488
國語校注本三種二十九卷	2-95	崇文總目五卷補遺一卷附錄一卷	1-579
國語校注本三種二十九卷	2-95	崇文總目五卷補遺一卷附錄一卷	2-531
國語校注本三種二十九卷	2-420	崇正合編十三卷	2-18
國語補音三卷	1-169	崇正慕古一卷	1-516
國語補音三卷	1-297	崇百藥齋文集二十卷續集四卷三集	
國語補音三卷	1-297	十二卷玉真閣吟稿一卷	1-516
國語補音三卷	2-465	崇百藥齋文集二十卷續集四卷三集	
國語補音三卷	2-466	十二卷玉真閣吟稿一卷	1-516
國語補音三卷附札記	2-94	崇百藥齋文集二十卷續集四卷三集	
國語補音札記一卷	1-297	十二卷玉真閣吟稿一卷	1-516
國語補音札記一卷	1-297	崇祀鄉賢錄不分卷	2-381
國語翼解六卷	2-96	崇祀鄉賢錄不分卷	2-381
國粹叢書三集五十種	2-422	崇雅堂藳八卷	1-516
國學叢刊不分卷	1-475	崇道堂四書蒙求十九卷	1-255

崇禎觀本七折	2-597	第一才子書六十卷首一卷	2-530
崇禎觀本七折	2-597	第一才子書繡像三國志演義六十卷	
[嘉慶]崇寧縣志四卷	2-151	一百二十回	2-361
[嘉慶]崇寧縣志四卷	2-151	第一奇書一百回	1-85
崇德祠志畧四卷嚴意雜著一卷	2-180	第一樓叢書九種	2-15
[光緒]崇慶州志十二卷首一卷	2-432	第五才子書十二卷	1-209
崆峒山志二卷	2-177	第五才子書施耐庵水滸傳七十五卷	
崆峒集六十六卷目錄三卷	1-88		2-391
過伯齡較訂圍碁譜不分卷	2-402	第六才子書八卷	2-268
過庭錄十六卷	1-428	第六才子書西廂記八卷附才子西廂	
過庭錄十六卷	2-8	醉心篇一卷	1-210
過雲樓書畫記書類四卷畫類六卷附		第六絃溪文鈔四卷	1-471
哭三子承詩四十首	2-275	敏求軒述記十六卷	1-244
梨雲館類定袁中郎全集二十四卷	1-79	敏求軒述記十六卷	1-434
梨雲館類定袁中郎全集二十四卷	1-79	敏果齋七種	2-424
移芝室詩鈔二卷	2-260	進修堂奏稿二卷	1-247
笛漁小稾十卷	1-182	偏旁舉略一卷	2-212
笛漁小稾十卷	1-182	貨布文字考四卷首一卷	1-167
笛漁小稾十卷	1-471	貨布文字考四卷首一卷附一卷	2-205
笛漁小稾十卷	1-471	得一錄八卷	2-26
笛漁小稾十卷	1-471	得月軒尺牘八卷	1-503
笛漁小稾十卷	1-471	從古堂款識學十六卷	2-204
笛漁小稾十卷	1-477	從政遺規二卷	2-27
笛漁小稿十卷	1-224	從政遺規四卷	1-454
笛漁小稾十卷	1-169	從政遺規摘鈔二卷	1-417
笛漁小稾十卷	2-261	從政遺規摘鈔二卷	2-27
笙雅堂全集四種二十一卷	1-470	船山師友記十七卷首一卷	2-194
笠江近稿不分卷	1-20	船山詩注二十卷	2-262
笠翁一家言全集十六卷	2-300	船山詩草二十卷	1-226
笠翁一家言全集十六卷	2-300	船山詩草二十卷	1-512
笠翁一家言全集十六卷	2-520	船山詩草二十卷	1-512
笠翁十種曲	2-456	船山詩草二十卷	2-554
笠翁十種曲二十卷	1-214	船山詩草二十卷補遺六卷	1-203
笠翁偶集六卷	2-355	船山詩草二十卷補遺六卷	1-512
笠翁偶集六卷	2-454	船山詩草二十卷補遺六卷	1-512
筍河文集十六卷首一卷	2-585	船山詩草二十卷補遺六卷	1-512
第一才子書六十卷	2-551	船山詩草二十卷補遺六卷	2-262
第一才子書六十卷一百二十回	2-455	船山詩草補遺六卷	2-554
第一才子書六十卷一百二十回	2-541	船山遺書五十六種二百九十四卷附	
第一才子書六十卷一百二十回首一卷	1-174	刊二卷補遺一卷	2-14

223

船山遺書五十六種二百九十四卷附刊二卷補遺一卷 …… 2－359	象山先生全集三十六卷 …… 1－505
船山遺書五十六種二百九十四卷附刊二卷補遺一卷 …… 2－431	象山先生全集三十六卷 …… 2－372
船山遺書五十六種二百九十四卷附刊二卷補遺一卷 …… 2－431	象山先生全集三十六卷附校勘劄一卷 …… 1－484
船山遺書五十六種二百九十四卷附刊二卷補遺一卷 …… 2－431	象山先生全集六卷 …… 1－40
船山遺書五十六種二百九十四卷附刊二卷補遺一卷 …… 2－462	象數論六卷 …… 1－259
船山遺書五十六種二百九十四卷附刊二卷補遺一卷 …… 2－549	逸史彙編□□卷 …… 2－479
船政奏議彙編五十四卷 …… 2－127	逸民史二十二卷 …… 1－32
釣臺集二卷 …… 1－30	逸民傳一卷 …… 2－189
釣臺集二卷圖一卷 …… 1－39	逸周書十卷附錄一卷校正補遺一卷 …… 1－177
［光緒］敘州府志四十三卷首一卷末一卷 …… 2－148	逸周書十卷附錄一卷校正補遺一卷 …… 1－177
［光緒］敘州府志四十三卷首一卷末一卷 …… 2－148	逸周書十卷校正補遺一卷附錄一卷 …… 2－92
［光緒］敘州府志四十三卷首一卷末一卷 …… 2－290	逸周書十卷校正補遺一卷附錄一卷 …… 2－92
［光緒］敘州府志四十三卷首一卷末一卷 …… 2－580	［雍正］猗氏縣志八卷 …… 1－222
敘異齋文草三卷 …… 1－472	凰求鳳傳奇二卷 …… 1－202
斜川集六卷 …… 1－146	凰求鳳傳奇四集三十齣 …… 2－269
斜川集六卷 …… 1－146	斛山楊先生遺稿四卷 …… 1－37
斜川集六卷 …… 1－472	祭塔十三折 …… 2－598
斜川集六卷 …… 2－470	祭塔十三折 …… 2－598
斜川集六卷附錄二卷 …… 1－471	許氏說文解字五音韻譜十二卷 …… 1－15
欲海回狂三卷附內典字義譯註一卷 …… 1－391	許氏說文解字雙聲疊韻譜一卷 …… 2－212
欲海回狂三卷附內典字義譯註一卷 …… 1－391	許氏說文解字雙聲疊韻譜不分卷 …… 2－408
欲寡過齋雜筆六卷 …… 2－6	許伯清詩稿一卷 …… 1－61
覓燈因話二卷 …… 2－539	許真君玉匣記二卷新鐫許真君玉匣記增補諸家選擇日用通書一卷 …… 2－455
象山先生文集二十八卷外集五卷 …… 1－85	許鍾斗文集五卷 …… 1－106
象山先生全集三十六卷 …… 1－22	訟過齋日記六卷 …… 1－556
象山先生全集三十六卷 …… 1－22	訪白袍一折刺雙舟一折哭桃園一折 …… 2－591
象山先生全集三十六卷 …… 1－484	庶物異名疏三十卷 …… 1－71
象山先生全集三十六卷 …… 1－505	庶常館賦鈔不分卷 …… 1－349
象山先生全集三十六卷 …… 1－505	［光緒］麻城縣志五十六卷首一卷末一卷 …… 2－145
	麻栽製法一卷 …… 2－50
	麻疹一卷 …… 1－551
	麻疹一卷 …… 1－551
	庾子山全集十卷 …… 2－238
	庾子山集十六卷 …… 1－223
	庾子山集十六卷 …… 1－348

庾子山集十六卷	1-350
庾子山集十六卷	1-536
庾子山集十六卷	2-238
庾子山集十六卷	2-238
庾子山集十六卷	2-238
庾子山集十六卷	2-238
庾子山集十六卷	2-238
庾子山集十六卷	2-238
庾子山集十六卷	2-238
庾子山集十六卷	2-238
庾子山集十六卷	2-238
庾子山集十六卷	2-238
庾子山集十六卷	2-238
庾子山集十六卷	2-238
庾子山集十六卷	2-411
產孕集二卷	1-551
產科心法二集	1-414
產科心瀍二集	2-526
庸吏庸言二卷	2-394
庸吏庸言二卷	2-394
庸吏庸言二卷附庸吏餘談一卷	2-67
庸書內篇二卷外篇二卷	1-449
庸書內篇二卷外篇二卷	1-464
庸書內篇二卷外篇二卷	1-558
庸書內篇二卷外篇二卷	2-534
庸庵文編四卷續編二卷外編四卷	1-343
庸庵文編四卷續編二卷外編四卷	1-343
庸庵文編四卷續編二卷外編四卷海外文編四卷籌洋芻議一卷出使英法義比四國日記六卷（光緒十六年正月十一日至十七年二月三十日）	1-349
庸庵全集十種	2-475
庸庵全集四十七卷	1-343
庸閒齋筆記九卷	1-242
庸盦文外編四卷	1-349
庸盦文續編二卷	2-252
庸盦全集十種	1-543
庸盦全集十種	2-236
庸盦尚書奏議十六卷	2-129
庸盦尚書奏議十六卷	2-129
庸盦尚書奏議十六卷	2-129
庸盦海外文編四卷	1-562
庸盦筆記二卷	1-244
康熙字典十二集三十六卷總目一卷檢字一卷辨似一卷等韻一卷補遺一卷備攷一卷	1-102
康熙字典十二集附補遺備考字母切韻要法	1-310
康熙字典十二集附檢字一卷辨似一卷等韻一卷備考一卷補遺一卷	1-348
康熙字典十二集附檢字一卷辨似一卷等韻一卷備考一卷補遺一卷	1-348
康熙字典十二集等韻切音指南一卷檢字一卷辨似一卷	1-310
康熙字典十二集檢字一卷辨似一卷字母切韻要法一卷等韻切音指南一卷字典考證十二卷備考一卷補遺一卷	2-213
康熙字典十二集檢字一卷辨似一卷字母切韻要法一卷備考一卷補遺一卷	1-311
康熙字典十二集檢字一卷辨似一卷字母切韻要法一卷備考一卷補遺一卷	1-311
康熙字典十二集檢字一卷辨似一卷字母切韻要法一卷備考一卷補遺一卷	1-311
康熙字典十二集檢字一卷辨似一卷字母切韻要法一卷備考一卷補遺一卷	1-311
康熙字典十二集檢字一卷辨似一卷字母切韻要法一卷補遺一卷備考一卷	1-311
康熙字典十二集檢字一卷辨似一卷字母切韻要法一卷補遺十二集備考十二集	1-559
康熙字典十二集檢字一卷辨似一卷等韻一卷	1-310
康熙字典十二集檢字一卷辨似一卷	

等韻一卷備考一卷補遺一卷 ………	2－585
康熙字典十二集檢字一卷辨似一卷	
等韻一卷補遺一卷備考一卷 ………	2－518
康熙字典十二集檢字一卷辨似一卷	
等韻一卷補遺一卷備考一卷 ………	2－546
康熙字典十二集檢字一卷辨似一卷	
等韻一卷補遺一卷備考一卷 ………	2－546
康熙字典十二集檢字一卷辨似一卷	
備考一卷字母切韻要法一卷補遺	
一卷 ……………………………………	1－310
康熙字典十二集檢字一卷辨似一卷	
備考一卷補遺一卷 ……………………	1－310
康熙字典十二集檢字一卷辨似一卷	
補遺一卷備考一卷字母切韻要法	
一卷 ……………………………………	1－310
康熙字典十二集檢字一卷辨似一卷	
補遺一卷備考一卷字母切韻要法	
一卷 ……………………………………	1－310
康熙字典十二集檢字一卷辨似一卷	
補遺一卷備考一卷字母切韻要法	
一卷 ……………………………………	1－310
康輶紀行十六卷 …………………………	2－183
康輶紀行十六卷 …………………………	2－534
康對山先生文集十卷附錄一卷 …………	1－215
康對山先生文集十卷附錄一卷 …………	1－215
康對山先生集三十卷首一卷 ……………	1－108
康範詩餘一卷 ……………………………	1－360
康輶紀行十六卷 …………………………	2－369
康齋先生文集十二卷附錄一卷 …………	1－17
康齋先生文集十二卷附錄一卷 …………	1－17
康齋先生文集十三卷附錄一卷 …………	1－6
康齋先生文集十三卷附錄一卷 …………	1－7
康濟譜二十三卷 …………………………	1－71
康濟譜二十五卷 …………………………	2－191
康濟譜二十五卷 …………………………	2－384
鹿仙吟草一卷 ……………………………	1－346
［光緒］鹿邑縣志十六卷首一卷 ………	2－291
鹿忠節公集二十一卷 ……………………	1－344
鹿忠節公認真草□□種 …………………	1－344
鹿洲公案二卷 ……………………………	1－241
鹿洲公案二卷 ……………………………	2－69

鹿洲全集八種 ……………………………	1－350
鹿洲全集八種 ……………………………	2－279
鹿洲全集九種 ……………………………	2－278
鹿洲全集九種 ……………………………	2－279
鹿洲全集九種 ……………………………	2－545
鹿臯詩集不分卷 …………………………	2－379
旌陽古蹟唱和詩一卷 ……………………	2－548
章子留書六卷 ……………………………	1－66
章太炎文鈔四卷譚復生文鈔二卷 ………	2－253
章氏遺書二種 ……………………………	2－14
章雲李先生時文稿一卷 …………………	1－346
產後編二卷 ………………………………	2－327
商子五卷 …………………………………	1－201
商文毅公集十一卷 ………………………	1－28
商文毅公集十卷 …………………………	1－43
商君書五卷 ………………………………	1－556
商君書五卷附考一卷 ……………………	2－22
商君書五卷附考一卷 ……………………	2－22
商君書五卷附考一卷 ……………………	2－22
商君書五卷附考一卷 ……………………	2－22
商君書五卷附考一卷 ……………………	2－549
［乾隆］商南縣志十二卷 ………………	2－140
商辦山東嶧縣中興煤礦有限公司光	
緒三十四年簡明總帳一卷 ……………	2－52
商辦川省川漢鐵路有限公司章程一	
卷 ………………………………………	2－389
望三益齋叢書十一種 ……………………	2－425
望江吳先生造福秘訣三卷 ………………	1－61
望堂金石集二集五十種 …………………	2－204
望溪先生文偶抄不分卷 …………………	1－215
望溪先生文偶鈔五卷 ……………………	2－540
望溪先生文集十八卷集外文十卷集	
外文補遺二卷年譜一卷年譜附錄	
一卷 ……………………………………	2－246
望溪全集十八卷附補遺十卷 ……………	1－342
望溪集不分卷 ……………………………	1－159
望溪集不分卷 ……………………………	1－159
情史類畧二十四卷 ………………………	1－103
惜抱先生尺牘八卷 ………………………	1－500
惜抱先生尺牘八卷 ………………………	1－500
惜抱先生尺牘八卷 ………………………	2－270

惜抱軒九經說十七卷……………… 1－313	清河書畫舫十二卷附補遺………… 1－233
惜抱軒今體詩選五言九卷七言九卷	清河書畫舫十二卷附補遺………… 1－233
……………………………… 2－253	清河書畫舫十二卷附補遺………… 2－274
惜抱軒文集十六卷文後集十卷……… 1－500	清河書畫舫十二卷附補遺………… 2－415
惜抱軒先生文集二卷 ……………… 2－392	清河張氏宗譜十六卷首一卷……… 2－195
惜抱軒全集十種 …………………… 1－500	清河集七卷附錄一卷……………… 2－379
惜抱軒全集十種 …………………… 1－500	清官圖二回 ………………………… 2－600
惜抱軒全集十種 …………………… 2－14	清官圖二回 ………………………… 2－600
惜抱軒全集十種 …………………… 2－14	清官圖二回 ………………………… 2－600
惜抱軒全集十種 …………………… 2－248	清官圖下本二回 …………………… 2－600
惜抱軒遺書三種 …………………… 2－249	清官圖下本二回 …………………… 2－600
惜峰吟稿一卷 ……………………… 2－265	清咸豐己未庚申川東軍務公牘十卷
惜陰軒叢書四十六種 ……………… 2－10	……………………………… 1－109
惜陰軒叢書四十六種………………… 2－418	清修寶鑑八卷 ……………………… 1－418
惜陰軒叢書四十六種………………… 2－418	[同治]清泉縣志十卷首一卷末一卷
惜陰軒叢書四十六種………………… 2－475	……………………………… 2－146
惜裒先生尺牘八卷 ………………… 1－182	清風亭下本三折 …………………… 2－601
惜裒先生尺牘八卷 ………………… 2－535	清風室詩鈔五卷 …………………… 1－356
悼亡詩一卷 ………………………… 1－161	清風遺集一卷易注四卷…………… 1－356
剪桐載筆不分卷 …………………… 1－163	清素堂集十卷 ……………………… 1－191
剪燈叢話三種七卷 ………………… 1－239	清真指南十卷 ……………………… 2－34
[道光]清平縣志八卷 ……………… 2－170	清真啓蒙字母一卷 ………………… 1－313
清史攬要六卷 ……………………… 1－324	清秘述聞十六卷 …………………… 2－121
清史攬要六卷 ……………………… 2－120	清秘述聞十六卷 …………………… 2－121
清史攬要六卷 ……………………… 2－120	清容外集九種 ……………………… 1－199
清白士集二十八卷 ………………… 1－359	清容外集九種 ……………………… 2－425
清白士集二十八卷 ………………… 2－434	清容居士集五十卷 ………………… 2－368
清光緒二十九年四川鄉試題名全錄	清容居士集五十卷目錄二卷……… 1－111
一卷 ……………………… 2－557	清容居士集五十卷目錄二卷……… 1－362
[乾隆]清江志八卷 ………… 2－581	清容居士集五十卷目錄二卷……… 2－408
清江貝先生文集三十卷詩集十卷詩	清娛閣吟稾六卷 …………………… 1－183
餘一卷………………………… 1－3	清異錄二卷 ………………………… 1－167
清江貝先生文集三十卷詩集十卷詩	清異錄二卷 ………………………… 1－435
餘一卷………………………… 1－104	清異錄二卷 ………………………… 2－271
清江碧嶂集一卷 …………………… 1－77	清異錄二卷 ………………………… 2－409
[同治江西]清江縣志十卷首一卷 … 2－145	清涼山志十卷 ……………………… 2－177
清江擢秀集五種 …………………… 2－249	清涼山新志十卷 …………………… 2－177
清芬堂叢書四十六種 ……………… 2－286	清朝先正事略三十卷……………… 2－191
清芬集十卷 ………………………… 1－362	清朝駢體正宗評本十二卷………… 1－330
清芬樓遺藁四卷 …………………… 1－359	清朝駢體正宗評本十二卷………… 1－330
清吟堂全集十五種七十七卷……… 1－226	清朝駢體正宗評本十二卷………… 1－330

清貽館遺稿二卷	1-356
清雋集一卷	1-356
清脾錄□□卷	2-380
[嘉慶]清溪縣志四卷	2-157
[嘉慶]清溪縣志四卷	2-157
清嘉錄十二卷	1-356
清閨秀正始再續集初編四卷	1-362
清聞齋詩存三卷	1-110
清瘦閣讀畫十八種	2-406
清適編五卷	1-40
清綺軒詞選十三卷	1-175
清綺軒詞選十三卷	2-526
清綺軒詞選十三卷	2-526
清儀閣印存不分卷	2-274
清儀閣金石題識四卷	2-203
清遵集十六卷	1-165
清靜經一卷	1-566
清獻堂集八種五十七卷	1-225
[康熙]淅川縣志八卷	2-433
淞南夢影錄四卷	1-435
淞隱漫錄十二卷	1-242
淞隱漫錄十二卷	2-526
渠丘耳夢錄四卷	1-204
渠亭山人半部稿一卷	1-220
[同治]渠縣志五十二卷首一卷	2-156
[同治]渠縣志五十二卷首一卷	2-156
[同治]渠縣志五十二卷首一卷	2-580
[同治]渠縣志五十二卷首一卷	2-580
[同治]渠縣志五十二卷首一卷	2-580
[同治]渠縣志五十二卷首一卷	2-580
[同治]渠縣志五十二卷首一卷	2-580
混元宗壇冠巾啟師集一卷	2-478
混元宗壇冠巾啟師集一卷	2-478
渳啀存愚二卷	1-343
淮南子二十一卷	1-116
淮南子二十一卷	1-188
淮南子二十一卷	1-213
淮南子二十一卷	1-443
淮南子二十一卷	1-443
淮南子二十一卷	1-443
淮南子二十一卷	2-23
淮南子二十一卷	2-23
淮南子二十一卷	2-23
淮南子二十一卷	2-325
淮南子二十一卷	2-461
淮南子二十一卷	2-568
淮南子二十八卷	1-22
淮南子二十八卷	1-89
淮南天文訓補注二卷	1-442
淮南天文訓補注二卷	2-23
淮南鴻烈解二十一卷	1-51
淮南鴻烈解二十一卷	1-442
淮南鴻烈解二十一卷	1-446
淮南鴻烈解二十一卷	2-23
淮南鴻烈解二十一卷	2-23
淮南鴻烈解二十八卷	1-90
淮南鴻烈解二十八卷	1-90
淮南雜著二卷	1-416
淮南鹽法記略十卷	2-59
淮軍平捻記十二卷	2-122
淮郡文渠志二卷	2-177
淮海後集二卷淮海詞一卷附補遺考證	1-354
淮海集十七卷後集二卷淮海詞一卷	2-241
淮海集十七卷後集二卷詞一卷補遺一卷文集攷證一卷附年譜節要一卷	2-465
淮海集十七卷詩集二卷詞一卷補遺一卷	1-361
淮海集四十卷後集六卷	1-88
淮海集四十卷後集六卷	1-88
淮海集四十卷後集六卷長短句三卷	1-22
淮海集四十卷後集六卷長短句三卷	1-41
淮鹺備要十卷	2-58
淨土十疑論一卷	1-391
淨土之理一卷	1-529
淨土之理一卷	1-529
淨土四經不分卷	1-391
淨土四經不分卷	1-391
淨土四經四種	2-33
淨土生無生論親聞記二卷	1-527

淨土神珠一卷	1－391
淨土晨鐘六卷	1－394
淨土聖賢錄九卷	1－568
淨土資糧全集六卷前集一卷後集一卷	1－40
淨土資糧全集六卷前集一卷後集一卷	1－394
淨土經論十四種	1－394
淨土論三卷	1－394
淨土論三卷	2－33
淨土警語一卷	1－563
淨土警語一卷起一心精進念佛七期規式一卷	1－394
淨土警語一卷起一心精進念佛七期規式一卷	1－394
淨業知津一卷	1－529
淨業知津一卷	1－529
淨業知津一卷附闢邪一卷	1－394
淨業知津一卷附闢邪一卷	1－394
淨業知津一卷附闢邪一卷	2－33
淳化秘閣法帖考正十二卷	2－275
淳化秘閣法帖考正十二卷	2－275
淳化秘閣法帖考正十卷附二卷	1－152
淳化秘閣法帖考正十卷附二卷	1－169
淳化閣帖釋文十卷	1－354
淳化閣帖釋文十卷	2－459
淳化閣帖釋文十卷	2－459
淳化閣帖釋文十卷	2－535
[乾隆]淳化縣志三十卷	1－223
[乾隆]淳化縣志三十卷	2－140
[乾隆]淳化縣志三十卷	2－292
淳熙稿二十卷	1－220
涪州小學鄉土地理三卷	1－354
[道光]涪州志十卷	2－576
涪乘啟新三卷	2－154
[同治]淡水廳志十六卷	2－168
淡芭菰栽製法一卷	2－50
淡墨錄十六卷	1－362
梁山來知德先生易經集註十六卷易注雜說圖一卷上下經篇義一卷易學六十四卦啟蒙一卷	1－116
[嘉慶]梁山縣志十八卷首一卷	2－156
[光緒]梁山縣志十卷首一卷	2－156
[光緒]梁山縣志十卷首一卷	2－156
梁江文通集彙註十卷附錄一卷	1－41
梁昭明文選十二卷	1－88
梁昭明文選十二卷	1－116
梁昭明文選十二卷	1－214
梁昭明文選十二卷	2－532
梁昭明文選□□卷	1－141
梁書五十六卷	1－122
梁書五十六卷	1－122
梁書五十六卷	1－123
梁書五十六卷	1－124
梁書五十六卷	2－104
梁書五十六卷	2－104
梁書五十六卷	2－104
梁書五十六卷	2－104
梁書五十六卷	2－104
梁書五十六卷附考證	2－104
梁書五十六卷附考證	2－104
梁書五十六卷附考證	2－104
梁書五十六卷附考證	2－104
梁書五十六卷附考證	2－104
梁園風雅二十七卷	1－161
梁譯大乘起信論一卷	1－533
涵芬樓古今文鈔一百卷	2－407
涵芬樓古今文鈔一百卷	2－527
寇忠愍公詩集三卷	1－362
寄生山館詩賸一卷瘦玉詞鈔附一卷	1－353
寄青霞館弈選八卷	1－236
寄青霞館弈選八卷續編八卷	2－531
寄青霞館弈選續編八卷	1－236
寄青齋詞稿一卷	2－267
寄雲山館詞鈔二卷附刊寄愁軒詩鈔詞鈔一卷澹音閣詩鈔一卷	1－353
寄雲山館詩鈔十卷	1－352
寄閒堂稿四卷	1－37
寄傲山房塾課新增幼學故事瓊林四卷	1－428
寄傲山房塾課新增幼學故事瓊林四卷	

| 卷 | 1-428 |

寄傲山房塾課新增幼學故事瓊林四
　卷 …………………………………… 1-456
寄傲山房塾課新增幼學故事瓊林四
　卷 …………………………………… 2-215
寄傲山房塾課新增幼學故事瓊林四
　卷首一卷 ……………………………… 1-518
寄傲山房塾課纂輯書經備旨蔡註捷
　錄七卷 ………………………………… 1-265
寄傲山房塾課纂輯書經備旨蔡註捷
　錄七卷 ………………………………… 1-265
寄傲山房塾課纂輯御案易經備旨七
　卷 ……………………………………… 1-262
寄傲山房塾課纂輯御案易經備旨七
　卷 ……………………………………… 1-262
寄傲山房塾課纂輯禮記全文備旨十
　一卷 …………………………………… 2-321
寄園寄所寄十二卷 ……………………… 1-194
寄園寄所寄十二卷 ……………………… 1-353
寄園寄所寄十二卷 ……………………… 1-438
寄園寄所寄十二卷 ……………………… 1-438
寄園寄所寄十二卷 ……………………… 2-309
寄園寄所寄十二卷 ……………………… 2-446
寄影軒詩鈔十八卷 ……………………… 2-265
寄嶽雲齋試體詩選詳注四卷 …………… 1-353
寄龕襍著四種十六卷 …………………… 2-355
宿食論六卷 ……………………………… 2-404
啟悟要津二十課 ………………………… 1-556
啟東錄六卷 ……………………………… 2-184
啟法入門六卷 …………………………… 2-353
啟雋類函一百二卷職官攷五卷目錄
　九卷 …………………………………… 1-60
啟雋類函一百二卷職官攷五卷目錄
　九卷 …………………………………… 1-60
啟蒙入聖善過格全部總解不分卷 …… 1-419
啟蒙入聖善過格全部讀本一卷 ……… 2-402
啟蒙問答二卷 …………………………… 2-488
屠漸山蘭暉堂集十二卷 ………………… 1-10
張三丰先生全集不分卷 ………………… 2-34
張三丰祖師無根樹詞註解一卷 ……… 2-583
張大司馬奏稿四卷 ……………………… 2-127

張大司馬奏稿四卷 ……………………… 2-127
張子全書十五卷 ………………………… 1-491
張子全書十四卷附錄一卷 ……………… 1-134
張太岳先生全集四十七卷 ……………… 2-532
張氏適園叢書七種 ……………………… 2-422
張氏醫書七種 …………………………… 2-39
張氏醫通十六卷 ………………………… 2-302
張氏醫通十六卷 ………………………… 2-502
張氏醫通十六卷本經逢源四卷 ……… 2-48
張氏醫通十六卷傷寒纘論二卷本經
　逢源四卷傷寒緒論二卷 …………… 1-544
張文昌詩集五卷 ………………………… 2-298
張文定公文選三十九卷 ………………… 1-19
張右史文集六十卷 ……………………… 1-112
張仲景中寒論辯證廣註三卷首一卷
　………………………………………… 1-403
張仲景金匱要略論註二十四卷 ……… 2-42
張仲景金匱要略論註二十四卷 ……… 2-42
張仲景傷寒論原文淺注六卷 ………… 2-483
張仲景傷寒論原文淺注六卷 ………… 2-486
張仲景傷寒論原文淺註六卷 ………… 1-545
張仲景傷寒論原文淺註六卷 ………… 1-548
張仲景傷寒論原文淺註六卷 ………… 1-552
張仲景傷寒論原文淺註六卷傷寒醫
　訣串解六卷金匱要署淺註十卷時
　方妙用四卷 ………………………… 1-537
張仲景傷寒論貫珠集八卷 …………… 2-42
張仲景傷寒雜病論合編一卷 ………… 1-415
張亨甫全集二十卷首一卷 ……………… 1-490
張若谷癲狗論一卷 ……………………… 1-406
張叔未解元所藏金石文字不分卷 …… 1-326
張叔未解元所藏金石文字不分卷 …… 2-203
張河間集二卷 …………………………… 1-496
張宗道先生地理全書不分卷 ………… 1-423
張陸二先生批評戰國策抄四卷 ……… 1-140
張陸二先生批評戰國策抄四卷 ……… 1-140
張異度先生自廣齋集十六卷 ………… 1-74
張皋文箋易詮全集十六種 …………… 1-495
張楊園先生[履祥]年譜一卷附錄
　一卷 …………………………………… 2-199
張廉卿先生文集八卷 …………………… 1-493

張廉卿先生文集八卷	1-493
張廉卿先生文集八卷	1-494
張廉卿先生文集八卷	2-251
張靖達公奏議八卷首一卷	2-129
張說之文集二十五卷補遺五卷	2-239
張燕公集二十五卷	1-341
張翰林校正禮記大全三十卷	1-101
張樵嵐先生詩二卷	1-179
張龍湖先生文集十五卷	1-102
張龍湖先生文集十五卷	1-161
隋書八十五卷	1-2
隋書八十五卷	1-123
隋書八十五卷	1-123
隋書八十五卷	2-107
隋書八十五卷	2-107
隋書八十五卷	2-107
隋書八十五卷	2-107
隋書八十五卷	2-107
隋書八十五卷	2-369
隋書八十五卷附考證	2-106
隋書八十五卷附考證	2-106
隋書八十五卷附考證	2-106
隋書八十五卷附校勘記	2-107
隋書八十五卷附校勘記	2-107
隋書八十五卷附校勘記	2-107
隋書八十五卷附校勘記	2-107
隋書地理志考證九卷	1-108
隋書地理志考證九卷	2-131
隋書地理志考證九卷補遺一卷	2-131
隋書地理志考證九卷補遺一卷	2-131
隋經籍志考證十三卷	1-578
隋經籍志考證十三卷	1-578
隋經籍志考證十三卷	2-551
[乾隆]郿縣志十八卷首一卷	1-222
[光緒]階州直隸州續志三十三卷首一卷	2-141
陽山顧氏文房小說四十種五十八卷	1-139
陽宅三要四卷	1-424
陽宅三要四卷	1-563
陽宅大全十一卷	1-95
陽宅合法全書二卷	1-424
陽明先生文集十六卷	1-158
陽明先生文錄五卷外集九卷別錄十二卷	1-27
陽明先生文錄五卷外集九卷別錄十卷	1-13
陽明先生別錄十四卷	2-547
陽明先生別錄十卷	1-139
陽明先生集要三編十五卷	1-558
陽明先生集要理學編四卷經濟編七卷文章編四卷年譜一卷	2-243
陽明先生集要理學編四卷經濟編七卷文章編四卷年譜一卷	2-243
陽明先生集要經濟編七卷	1-141
陽和語錄六卷	1-208
陽春集一卷	2-323
隆平集二十卷	1-220
[同治]隆昌縣志四十二卷首一卷	2-165
[同治]隆昌縣志四十二卷首一卷	2-295
婦人集一卷附補一卷	1-506
婦女隨身寶不分卷	2-526
婦嬰至寶六卷附催生符一卷	2-43
習之先生文集二卷	1-537
習之先生文集二卷	2-240
習苦齋畫絮十卷	1-234
習苦齋畫絮十卷	2-275
習苦齋畫絮十卷	2-275
習是編二卷	2-294
習學記言五十卷	1-426
習學記言序目五十卷	1-173
翏莫子集四卷高辛硯齋雜著一卷	1-493
參星秘要諏吉便覽一卷附寶鏡圖一卷	2-582
參寥子詩集十二卷	1-3
貫華堂選批唐才子詩甲集七言律八卷	1-197
貫華堂選批唐才子詩甲集七言律八卷	1-226
鄉守外編輯要十卷	2-493
鄉守輯要十卷	1-420
鄉園憶舊六卷	2-180

| 鄉黨文補編三百四十八篇 …………… 2－486
| 鄉黨便蒙二卷 ………………………… 1－258
| 鄉黨圖考十卷 ………………………… 1－303
| 鄉黨圖考十卷 ………………………… 1－569
| 鄉黨圖考十卷 ………………………… 2－413
| 鄉黨應酬六卷 ………………………… 1－420
| 紺珠集十三卷 ………………………… 1－5
| 絃索調時劇新譜一卷太古傳宗琵琶
　　調宮詞曲譜一卷 ………………… 1－197
| 絃徽宣祕不分卷音調定程不分卷 …… 1－235
| 紹聞編八卷 …………………………… 1－47
| 紹興先正遺書十四種一百七十六卷
　　……………………………………… 2－352
| 紹興先正遺書十四種一百七十六卷
　　……………………………………… 2－430
| 紹興東湖書院通藝堂記一卷附通藝
　　堂詩錄序庚子雜詩序 …………… 1－366
| 巢氏病源補養宣導法一卷 …………… 1－403
| 巢氏病源補養宣導法一卷 …………… 1－403
| 巢經巢全集五種二十五卷 …………… 2－549
| 巢經巢集經說一卷 …………………… 1－315
| 巢經巢詩鈔九卷 ……………………… 1－511
| 巢經巢詩鈔九卷 ……………………… 1－511
| 巢經巢詩鈔九卷 ……………………… 1－511
| 巢經巢詩鈔九卷 ……………………… 2－265
| 巢經巢詩鈔九卷後集四卷 …………… 1－511
| 巢經巢詩鈔九卷後集四卷 …………… 1－511
| 巢經巢詩鈔後集四卷 ………………… 1－511
| 巢經巢詩鈔後集四卷 ………………… 2－265
| 巢經巢遺文五卷皀氏爲鍾圖說一卷
　　……………………………………… 1－511
| 巢經巢遺文五卷皀氏爲鍾圖說一卷
　　……………………………………… 2－251

十二畫

| 貳臣傳十二卷 ………………………… 1－249
| 貳臣傳十二卷 ………………………… 2－191
| 貳臣傳十二卷 ………………………… 2－477
| 貳臣傳十二卷逆臣傳四卷 …………… 2－191
| 絜齋毛詩經筵講義四卷 ……………… 1－272

絜齋集二十四卷附宋儒袁正獻公從
　　祀錄六卷 ………………………… 1－365
絜齋集二十四卷附宋儒袁正獻公從
　　祀錄六卷 ………………………… 2－242
琴心記二卷 …………………………… 1－226
琴史六卷 ……………………………… 2－564
琴旨申邱一卷 ………………………… 1－310
琴志樓叢書四十三種 ………………… 1－534
琴志樓叢書四十三種 ………………… 2－343
琴苑二卷 ……………………………… 1－233
琴苑心傳全編二十卷 ………………… 1－17
琴瑟合譜二卷 ………………………… 1－231
琴臺正續合刻六種八卷 ……………… 2－256
琴操二卷 ……………………………… 1－232
琴操二卷 ……………………………… 1－233
琴操二卷 ……………………………… 2－256
琴學入門二卷 ………………………… 1－231
琴學入門二卷 ………………………… 1－231
琴學入門二卷 ………………………… 1－231
琴學入門二卷 ………………………… 1－231
琴學入門二卷 ………………………… 1－556
琴學入門二卷 ………………………… 2－273
琴學入門四卷 ………………………… 1－232
琴學入門四卷 ………………………… 1－232
琴學心聲諧譜二卷 …………………… 1－125
琴學正聲六卷 ………………………… 1－232
琴學叢書十種三十三卷 ……………… 2－273
琴譜合璧二種二卷 …………………… 1－40
琴譜析微六卷指法二卷 ……………… 1－108
琴譜新聲六卷 ………………………… 1－231
琴譜新聲六卷 ………………………… 2－495
琴譜諧聲六卷 ………………………… 1－232
琴譜諧聲六卷 ………………………… 1－234
琴譜諧聲六卷 ………………………… 1－234
琴鐸唱和集二卷續集一卷詩餘唱和
　　集一卷續鈔一卷附錄唱和詩鈔一
　　卷 ………………………………… 1－496
琳琅祕室叢書三十種 ………………… 2－10
琳琅祕室叢書三十種 ………………… 2－418
堯山堂外紀一百卷 …………………… 1－39
堯山堂偶雋七卷 ……………………… 1－87

書名	頁碼	書名	頁碼
堪輿正論二卷	1－437	［嘉慶］彭山縣志六卷	2－159
堪輿經二卷	1－213	［嘉慶］彭山縣志六卷	2－575
項城袁氏家集十六種	2－282	彭氏啟蒙數學談理十卷	2－382
項城袁氏家集十六種	2－384	彭氏啓蒙數學談理十卷	1－420
越中金石記十卷目錄二卷	1－187	彭文敬公全集四十五卷	2－251
越史略三卷	2－357	［光緒］彭水縣志四卷首一卷	2－159
越事備考芻言六卷	1－452	［光緒］彭水縣志四卷首一卷	2－433
越事備考案略三卷	1－452	彭剛直公奏稿八卷	2－125
越南地輿圖說六卷首一卷	2－186	彭剛直公奏稿八卷	2－127
越南地輿圖說六卷首一卷	2－186	彭剛直公奏稿八卷	2－127
越南地輿圖說六卷首一卷	2－565	彭剛直公奏稿八卷	2－127
越風三十卷	2－235	彭剛直公奏稿八卷	2－127
越絕書十五卷	2－587	彭剛直公奏稿八卷	2－129
越絕書十五卷首附本事一卷	1－326	彭剛直公奏稿八卷	2－287
［光緒］越寯廳全志十二卷	2－159	彭剛直公詩集八卷	1－377
越縵堂集白華絳柎閣詩十卷	1－378	彭剛直公詩集八卷	1－377
越縵堂集白華絳柎閣詩十卷	1－508	彭剛直公詩集八卷奏稿八卷	2－302
越縵堂集白華絳柎閣詩十卷	1－508	彭羲門全集四十三卷	2－393
越縵堂集白華絳柎閣詩十卷	2－264	［嘉慶］彭縣志四十二卷補遺一卷	2－159
越縵堂駢體文四卷附散體文一卷	1－330	［嘉慶］彭縣志四十二卷補遺一卷	2－159
［光緒］越巂廳全志十二卷	2－433	煮字齋增讀回文詩不分卷	1－38
博山和尚參禪警語一卷	1－532	煮藥漫抄二卷	2－270
博山和尚參禪警語一卷	1－539	達生全集二卷	1－545
博物志十卷	1－104	達生保赤編四卷	2－412
博物志十卷	1－371	達生編一卷	1－545
博物典彙二十卷	1－75	達生編二卷附小兒便覽一卷	1－411
博物典彙二十卷	1－75	達生編二卷附小兒便覽一卷	1－411
博物典彙二十卷	1－75	達生編二卷附刻小兒慢驚風一卷	2－487
博物典彙二十卷	1－118	達生編二卷附保赤編一卷	1－411
博物要覽十二卷	1－453	達生編二卷續編一卷	1－545
博物誌十卷	1－133	達生編三卷	1－411
［乾隆］博野縣志八卷首一卷末一卷	1－158	達生編三卷	1－411
博異記一卷	2－363	達生編三卷	1－412
博異記一卷	2－377	達生編不分卷	1－411
博雅十卷	1－196	達生編不分卷	1－411
博雅備考二十七卷	1－176	達生編不分卷	1－411
博濟方五卷	1－114	達生編不分卷	1－411
喜雨圖詩一卷	1－369	［嘉慶］達縣志五十二卷	2－157
［嘉慶］彭山縣志六卷	2－159	［嘉慶］達縣志五十二卷	2－157
［嘉慶］彭山縣志六卷	2－159	壹是紀始二十二卷補遺一卷	2－449
		壹齋集二十九卷雜集三卷	1－369

壺庵五種曲不分卷	2－415	萬國地誌二卷	1－541
斯文精萃不分卷	2－220	萬國官制志一卷	1－536
斯文精萃不分卷	2－340	萬國政治藝學全書三百八十卷	2－12
斯邁爾斯自助論不分卷	2－450	萬國政治藝學全書三百八十卷	2－455
期齋呂先生集十四卷	1－36	萬國通史三編十卷	2－183
期齋集十四卷首一卷	1－133	萬國通史前編十卷	2－183
葉氏醫案存真三卷附馬氏醫案一卷		萬國通史前編十卷	2－183
	1－411	萬國通史前編十卷	2－183
葉忠節公遺稿十二卷	1－152	萬國通史續編十卷	2－183
散原精舍詩二卷	1－381	萬國通鑑四卷	2－183
散原精舍詩二卷	2－265	萬善同歸集三卷	1－5
葬書校注一卷	2－409	萬善同歸集三卷	1－398
萬氏女科三卷	1－413	萬善同歸集三卷	1－398
萬氏女科三卷	1－413	萬善同歸集六卷	1－398
萬方鍼線八卷	1－408	萬善同歸集六卷	2－583
萬方鍼線八卷	1－408	萬善花室文藁六卷	1－383
萬方鍼線八卷	1－408	萬善花室文藁六卷附錄一卷	2－249
萬方鍼線八卷	1－408	萬善花室文藁六卷續集一卷	2－303
萬年橋志八卷	2－182	萬善花室駢體文鈔一卷	2－354
萬充宗先生經學五書十九卷	1－154	萬善堂集詩集十卷文集六卷	1－370
萬邑公會紀畧六卷	2－486	[雍正]萬載縣志十六卷首一卷	1－222
萬邑西南山石刻記二卷附南浦郡報		萬壽僊書四卷	2－449
善寺兩唐碑釋文一卷	2－206	萬壽僊書四卷	2－498
萬邑西南山石刻記二卷附南浦郡報		萬壽僊書四卷	2－561
善寺兩唐碑釋文一卷	2－207	萬壽衢歌樂章六卷	2－566
萬言肆雅一卷	1－148	萬曆野獲編三十卷	1－110
萬松老人評唱天童覺和尚頌古從容		萬曆野獲編三十卷	1－110
庵錄十卷	1－531	萬曆野獲編三十卷	1－110
萬忠貞公遺集三卷首一卷	2－260	萬曆清丈休寧縣叁拾叁都捌圖歸戶	
萬卷堂書目四卷	2－1	緯不分卷	1－94
萬卷樓藏書總目四卷	2－585	葛仙翁肘後備急方八卷	1－546
萬法歸心錄三卷	1－398	葛仙翁肘後備急方八卷	1－549
萬法歸心錄不分卷	1－398	董子文編□□卷	2－377
萬承志堂丸散膏丹全集不分卷	1－402	董子春秋繁露十七卷附錄一卷	1－65
萬首唐人絕句一百卷	1－11	董公選擇要覽不分卷	1－424
萬國公法四卷	2－69	董氏詩萃二十卷	1－155
萬國公法四卷	2－69	董氏叢書十六種	2－433
萬國公法四卷	2－69	董方立算書五種七卷	2－445
萬國公法四卷	2－584	董方立遺書八種	2－445
萬國史記二十卷	1－324	董方立遺書八種附二種	1－421
萬國史記二十卷	2－184	董家廟七折	2－597

234

董解元西廂四卷	1-495	粟香室叢書三十九種一百六卷	2-422
董學士泌園集三十七卷	1-55	粟香室叢書三十九種一百六卷	2-423
葡萄新書一卷	2-50	粟香室叢書五十八種	2-455
敬孚類藁十六卷	1-373	粟香隨筆八卷二筆八卷三筆八卷四筆八卷五筆八卷	2-271
敬孚類藁十六卷	2-249		
敬軒先生[薛瑄]行狀一卷	1-276	粟香隨筆八卷二筆八卷三筆八卷四筆八卷五筆八卷	2-423
敬軒薛先生文集二十四卷年譜一卷	1-45		
敬脩堂詞賦課鈔十六卷附金臺課藝一卷	2-541	粟香隨筆八卷二筆八卷三筆八卷四筆八卷五筆八卷	2-423
敬業堂詩集五十卷	1-198	粟香隨筆八卷二筆八卷三筆八卷四筆八卷五筆八卷	2-423
敬業堂詩集四十八卷	1-219		
敬業堂詩續集六卷	1-219	棗林詩集不分卷	1-365
敬業堂詩續集六卷	1-219	棗林雜俎六集	2-386
敬業堂詩續集六卷	1-219	棗强縣志補正五卷	2-137
敬慎堂公牘六卷	2-270	皕宋樓藏書志一百二十卷	2-542
敬義堂家訓三卷	2-520	皕宋樓藏書志一百二十卷	2-586
敬齋文集十二卷補編一卷	2-493	皕宋樓藏書志一百二十卷續志四卷	2-2
敬禮聖心月三卷	2-536	皕宋樓藏書志一百二十卷續志四卷	2-3
落花倡和詩集不分卷	1-150	皕宋樓藏書志一百二十卷續志四卷	2-3
朝代紀元表一卷	2-86	[嘉慶]硤川續志二十卷	2-144
朝市叢載七卷附鞠臺集秀一卷	1-398	硯北雜志一卷	2-358
朝市叢載□□卷	2-451	硯林詩集四卷	2-340
朝考卷不分卷	2-374	硯耕緒錄十六卷	1-243
[正德]朝邑縣志二卷	1-185	硯譜一卷	1-34
[正德]朝邑縣志二卷	2-141	雁門集十四卷附卷一卷倡和錄一卷	1-202
楮記室十五卷	1-10		
棋經十三篇一卷	1-31	雁門集十四卷附卷一卷倡和錄一卷	2-260
植庵集十卷	1-372		
植漆法一卷	2-50	雁門集十四卷附卷一卷倡和錄一卷	2-264
椒生隨筆二卷	2-536		
椒生隨筆六卷	2-8	雲山讀書記二編	1-399
椒生續草三卷	2-536	雲中雁三鬧太平莊全集五十四回	1-185
椒丘文集三十四卷外集一卷	1-12	雲中集不分卷	1-495
棲碧山房詩鈔三卷	2-264	雲左山房詩鈔八卷附卷一卷	1-559
[光緒]棲霞縣續志十卷	2-138	雲左山房詩鈔四卷	1-496
棉業圖說八卷	2-464	雲仙散錄一卷	1-197
棣香齋叢書六十八種	2-429	雲自在龕叢書五集十九種	2-421
棣萼山房試帖四卷首一卷	2-452	雲自在龕叢書五集十九種	2-530
惠迪書六卷	1-448	雲林別墅新輯酬世錦囊書啟八卷家禮集成七卷帖式二卷採輯新聯二卷	1-496
惠迪書六卷	1-448		
逼姬一折	2-598		

235

雲林別墅繪像妥註第六才子書六卷首一卷 …… 1-210	雲棧紀程八卷 …… 1-499
雲來集不分卷 …… 2-472	雲棧紀程四卷 …… 2-182
[同治]雲和縣志十六卷首一卷 …… 2-144	雲軸詩草一卷 …… 2-498
[光緒]雲南通志二百四十二卷首四卷附忠義錄三十二卷忠義俗考一卷烈女錄八卷 …… 2-168	[紹熙]雲間志三卷 …… 2-142
	雲路金鍼不分卷 …… 2-461
	雲路指南十四卷 …… 2-337
[康熙]雲南通志三十卷 …… 2-169	雲臺新志十八卷首一卷末一卷 …… 2-177
[道光]雲南通志稿二百十六卷首三卷 …… 2-169	雲臺新志十八卷首一卷末一卷 …… 2-177
[道光]雲南通志稿二百十六卷首三卷 …… 2-296	雲篆廧書不分卷 …… 2-540
	雲樵草書集法二卷附聖賢道釋四贊一卷 …… 1-6
[道光]雲南通志稿二百十六卷首三卷 …… 2-574	揚子太玄經十卷太玄圖一卷 …… 2-564
	揚子法言十三卷 …… 2-367
雲南第一次考試法官闈文不分卷 …… 2-462	揚子法言十三卷音義一卷 …… 1-167
雲南備徵志二十一卷 …… 2-168	揚子法言十三卷音義一卷 …… 1-365
雲南備徵志二十一卷 …… 2-168	揚子法言十三卷音義一卷 …… 1-365
雲南備徵志二十一卷 …… 2-294	揚子法言十三卷音義一卷 …… 1-374
雲南備徵志二十一卷 …… 2-567	揚子法言十三卷音義一卷 …… 1-436
[光緒]雲南縣志十二卷 …… 2-169	揚子法言十三卷音義一卷 …… 2-23
[光緒]雲南縣志十二卷 …… 2-169	揚子法言十三卷首一卷 …… 2-23
雲南礦廠工器圖略一卷滇南礦廠興程圖略一卷 …… 2-52	揚子法言音義 …… 2-367
	揚子書繹六卷 …… 1-444
[乾隆]雲南騰越州志十三卷 …… 2-170	揚子雲集四卷 …… 1-364
雲笈七籤一百二十二卷 …… 1-89	揚州水道記四卷 …… 2-532
雲笈七籤一百二十二卷 …… 1-89	[萬曆]揚州府志二十七卷首一卷 …… 1-47
雲莊劉文簡公文集二十卷 …… 1-131	揚州畫舫錄十八卷 …… 1-233
雲峰書屋集印譜不分卷 …… 1-235	揚州畫舫錄十八卷 …… 1-460
雲峰聖可玉禪師百頌錄一卷 …… 1-526	揚州畫舫錄十八卷 …… 2-182
雲峯胡先生文集十卷附錄一卷 …… 2-308	揚州夢二卷三十二齣 …… 2-268
雲峯聖可玉禪師百頌錄一卷 …… 1-526	揚州夢二卷三十二齣 …… 2-268
雲留小住印譜不分卷 …… 1-236	揚侍郎集五卷 …… 1-93
[咸豐]雲陽縣志十二卷 …… 2-150	揭文安公文粹二卷 …… 1-367
[咸豐]雲陽縣志十二卷 …… 2-150	揭庶韓先生注一卷 …… 2-85
[咸豐]雲陽縣志十二卷 …… 2-574	揭庶韓先生注一卷 …… 2-500
[咸豐]雲陽縣志十二卷 …… 2-574	搜地靈二卷 …… 2-472
[咸豐]雲陽縣志十二卷 …… 2-574	搜神記二十卷 …… 1-53
	搜神記八卷 …… 1-209
雲棲大師遺稿三卷 …… 1-386	援鶉堂筆記五十卷 …… 2-551
雲棲法彙三十一種首一卷末一卷 …… 1-386	援鶉堂筆記五十卷附欵誤一卷欵誤補遺一卷 …… 1-435
雲棲法彙三十三種 …… 1-568	
雲棲法彙三十三種 …… 2-31	揞黑豆集八卷 …… 1-396

[乾隆]雅州府志十六卷首一卷 ……	2-148
雅江新政一卷………………………	2-353
雅雨堂叢書十三種一百三十五卷 ……	1-125
雅雨堂叢書十三種一百三十五卷 ……	1-169
雅雨堂叢書十三種一百三十五卷 ……	1-169
雅尚齋遵生八牋十九卷總目一卷 …	1-130
雅宜山人集十卷 …………………	1-12
雅俗通用釋門疏式十卷 …………	1-528
雅趣藏書不分卷…………………	2-382
悲華經十卷………………………	1-388
悲華經十卷………………………	2-28
紫石泉山房文集十二卷 …………	1-514
紫石泉山房外集十二卷 …………	1-514
紫石泉山房外集十二卷 …………	1-514
紫竹山房詩文集詩十二卷文二十卷	
………………………………	1-514
紫陽文公先生[朱熹]年譜五卷 …	1-19
紫陽方先生瀛奎律髓四十九卷 …	1-181
紫陽方先生瀛奎律髓四十九卷 …	1-214
紫藤花館詩餘一卷………………	1-374
虛白齋存稿十卷…………………	1-213
虛字註釋備考六卷………………	2-89
虛字註釋備考六卷………………	2-94
虛字說一卷………………………	1-311
虛字韻藪一卷……………………	2-340
虛直軒文集十卷首一卷…………	1-514
虛受堂文集十六卷詩集十七卷書札	
二卷 ………………………	1-514
虛齋名畫錄十六卷………………	1-233
虛齋名畫錄十六卷………………	1-428
虛齋名畫錄十六卷………………	2-276
棠陰比事一卷……………………	1-536
晴川後蟹錄四卷…………………	1-242
晴雪齋漫錄前集七卷後集七卷 …	1-113
晴雲山房文集十七卷補遺二卷詩集	
三卷補遺一卷………………	2-491
晴漪閣詩六卷……………………	1-477
晴漪閣詩六卷紅豆簾琴意一卷 …	2-265
最上一乘慧命經不分卷…………	1-563
最近支那史二卷…………………	2-84
最近支那史二卷…………………	2-395
最妙眼科神方一卷………………	1-552
最新地理教科書四卷……………	1-323
最新博物圖□□部………………	2-587
最樂堂文集六卷…………………	2-369
最樂編六卷 ……………………	2-26
最樂編六卷 ……………………	2-367
最樂編正集六卷…………………	1-557
鼎刻臺閣攷正遵古韻律海篇大成二	
十卷 ………………………	1-39
[康熙]鼎修霍州志十卷 …………	1-223
鼎鍥卜筮鬼谷流源天機大全斷易大	
全三卷首一卷………………	2-398
鼎鍥幼幼集成六卷………………	1-546
鼎鍥幼幼集成六卷………………	1-547
鼎鍥幼幼集成六卷………………	2-481
鼎鍥幼幼集成四卷………………	2-44
鼎鍥葉太史彙纂玉堂鑑綱七十二卷	
………………………………	2-368
鼎鍥葉太史彙纂玉堂鑑綱七十二卷	
總論一卷……………………	1-59
鼎鍥葉太史彙纂玉堂鑑綱七十二卷	
總論一卷……………………	1-120
鼎鍥趙田了凡袁先生編纂古本歷史	
大方綱鑑補三十九卷 ………	2-84
鼎鍥趙田了凡袁先生編纂古本歷史	
大方綱鑑補三十九卷首一卷 ………	2-85
鼎鐫施會元評註選輯唐駱賓王狐白	
三卷 ………………………	1-35
閩榻先生集三十卷外集八卷觀花岡	
集八卷………………………	1-487
開方通釋一卷……………………	1-459
開方釋例四卷……………………	1-420
開有益齋讀書志六卷續志一卷金石	
文字記一卷…………………	2-2
開有益齋讀書志六卷續志一卷金石	
文字記一卷…………………	2-2
開有益齋讀書志六卷續志一卷金石	
文字記一卷…………………	2-469
開卷偶得十卷……………………	1-487
開河記一卷………………………	2-540
[康熙]開封府志四十卷 …………	2-138

開浦殖民地志不分卷	2-189
開眼經一卷	2-568
開煤要法十二卷	2-52
[咸豐]開縣志二十七卷首一卷	2-165
[咸豐]開縣志二十七卷首一卷	2-165
[咸豐]開縣志二十七卷首一卷	2-165
[咸豐]開縣志二十七卷首一卷	2-579
[咸豐]開縣志二十七卷首一卷	2-579
開縣李尚書政書八卷首一卷	2-129
開縣李尚書政書八卷首一卷	2-129
開縣李尚書政書八卷首一卷	2-405
閑家類纂二卷	2-495
閑閑老人詩集十卷	1-484
閑閑老人詩集十卷	1-484
閑閑老人滏水文集二十卷	1-179
閑閑老人滏水文集二十卷校札記二卷附錄一卷	1-484
閑道錄三卷	1-483
閒中八種	1-76
閒居偶錄十二卷	1-217
閒情小品二十七種二十八卷附錄一卷	1-128
閒情小錄初集八種	1-185
閒情偶寄十六卷	1-243
閒情偶寄十六卷	1-483
閒情偶寄十六卷	2-466
閒情集六卷	1-483
遏雲閣曲譜初集不分卷	2-414
景文集六十二卷	1-225
景文集六十二卷	2-306
景刊宋金元明本詞四十四種	2-416
景行錄不分卷	1-244
景行錄六卷	1-131
[乾隆]景州志六卷首一卷	1-158
景岳全書六十四卷	1-399
景岳全書六十四卷	1-400
景岳全書六十四卷	1-400
景岳全書六十四卷	1-400
景岳全書六十四卷	2-39
景岳全書六十四卷	2-39
景岳全書六十四卷	2-40
景岳全書六十四卷	2-460
景岳全書六十四卷	2-461
景岳全書六十四卷	2-461
景岳全書六十四卷	2-470
景岳全書六十四卷	2-470
景岳全書六十四卷	2-471
景岳全書六十四卷	2-471
景岳全書六十四卷	2-471
景岳全書六十四卷	2-588
景岳全書發揮四卷	1-399
景岳全書發揮四卷	1-399
景岳全書發揮四卷	1-549
景岳新方砭四卷	1-399
景岳新方砭四卷	1-546
景岳新方砭四卷	1-552
景岳新方砭四卷	1-552
景岳新方砭四卷	1-552
景岳新方砭四卷	1-552
景渠李先生文集不分卷	1-46
景紫堂全書十七種	2-15
景德鎮陶錄十卷	1-220
景德鎮陶錄十卷	1-236
景德鎮陶錄十卷	2-274
景德鎮陶錄十卷	2-533
[康熙]貴州通志三十六卷	1-106
[乾隆]貴州通志四十六卷首一卷	2-170
[乾隆]貴州通志四十六卷首一卷	2-170
[乾隆]貴州通志四十六卷首一卷	2-569
[乾隆]貴州通志四十六卷首一卷	2-569
[乾隆]貴州通志四十六卷首一卷	2-569
[乾隆]貴州通志四十六卷首一卷	2-569
[乾隆]貴州通志四十六卷首一卷	2-569
[乾隆]貴州通志四十六卷首一卷	2-570
[乾隆]貴州通志四十六卷首一卷	2-570
貴州鄉試硃卷一卷(乾隆至光緒)	2-487
貴池二妙集五十一卷補遺一卷	1-365
[道光]貴陽府志八十八卷冠編二卷餘編二十卷	2-170
[道光]貴陽府志八十八卷冠編二卷餘編二十卷	2-170

[道光]貴陽府志八十八卷冠編二卷	
餘編二十卷 …………………… 2-294	
[道光]貴陽府志八十八卷冠編二卷	
餘編二十卷 …………………… 2-573	
[道光]貴陽府志八十八卷冠編二卷	
餘編二十卷 …………………… 2-573	
[嘉慶]鄖西縣續志四卷首一卷 …… 2-146	
[同治]鄖陽志八卷首一卷 ……… 2-146	
違礙書目一卷 …………………… 1-579	
喉科杓指四卷 …………………… 1-414	
喉症全科紫珍集二卷 …………… 2-43	
喉症全科紫珍集二卷 …………… 2-552	
喉痧癍治不分卷 ………………… 1-414	
喉證滙參五卷 …………………… 2-43	
喻氏三書合刻十六卷 …………… 2-40	
喻氏三書合刻十六卷 …………… 2-535	
喻林一百二十卷 ………………… 1-48	
喻林一百二十卷 ………………… 1-48	
喻林八十卷 ……………………… 1-48	
黑奴籲天錄四卷 ………………… 2-273	
黑龍江外記八卷 ………………… 2-134	
黑龍江外記八卷 ………………… 2-357	
黑龍江述略六卷 ………………… 2-171	
黑龍江述略六卷 ………………… 2-171	
黑蠻風土記不分卷 ……………… 2-189	
圍棋近譜三集 …………………… 1-106	
圍棋闖局一卷 …………………… 1-70	
圍碁近譜不分卷 ………………… 2-391	
無邪堂答問五卷 ………………… 1-426	
無邪堂答問五卷 ………………… 1-427	
無邪堂答問五卷 ………………… 1-427	
無邪堂答問五卷 ………………… 1-462	
無邪堂答問五卷 ………………… 1-464	
無邪堂答問五卷 ………………… 2-8	
無邪堂答問五卷 ………………… 2-8	
無邪堂答問五卷 ………………… 2-506	
無近名齋文鈔兩編六卷附雜著兩編	
三卷外編一卷 ………………… 1-465	
無言童子經二卷 ………………… 1-391	
無知錄不分卷 …………………… 2-281	
無定雲盦詩集一卷詞集一卷 …… 1-465	
無空秘旨一卷 …………………… 1-424
無空秘旨一卷 …………………… 1-424
無空秘旨一卷 …………………… 1-564
無弦琴譜二卷 …………………… 2-267
無垢先生橫浦心傳錄三卷 ……… 1-96
無根樹解一卷 …………………… 1-534
無欲齋詩草七卷尋聲譜一卷 …… 1-465
無量義經一卷 …………………… 1-141
無量義經一卷 …………………… 1-390
無量義經一卷 …………………… 1-390
無量壽如來會二卷 ……………… 1-390
無量壽如來會二卷 ……………… 2-33
無量壽經二卷 …………………… 1-390
無量壽經二卷 …………………… 1-390
無量壽經宗要一卷 ……………… 1-390
無量壽經宗要一卷 ……………… 1-390
無量壽經起信論三卷附觀無量壽佛
經約論一卷 …………………… 1-390
無量壽經起信論三卷附觀無量壽佛
經約論一卷 …………………… 1-390
無量壽經優波提舍一卷 ………… 1-523
無量壽經優婆提舍願生偈一卷 … 1-530
無量壽經優婆提舍願生偈一卷 … 2-527
無量壽經優婆提舍願生偈一卷願生
偈註二卷 ……………………… 1-531
無量壽經優婆提舍願生偈註二卷 … 1-530
無量壽經優婆提舍願生偈註二卷 … 2-527
無稽讕語□□卷 ………………… 2-481
無線電報一卷補編一卷 ………… 2-52
[光緒]無錫金匱縣志四十卷首一卷
………………………………… 2-143
[光緒]無錫金匱縣志四十卷首一卷
………………………………… 2-143
[光緒]無錫金匱縣志四十卷首一卷
………………………………… 2-143
無隱禪師略錄一卷 ……………… 1-390
無隱禪師略錄一卷 ……………… 2-32
無聲詩史七卷 …………………… 1-107
無聲詩史七卷 …………………… 1-178
無聲詩史七卷 …………………… 1-234
無聲詩史七卷 …………………… 2-202

無聲詩史七卷	2－202
無雙譜一卷	1－456
掣鯨堂詩集九卷	1－516
掣鯨堂詩集九卷	1－516
掣鯨堂詩集九卷	2－261
掣鯨堂詩集不分卷	2－454
掣鯨堂詩選九卷	2－456
餅水齋詩集十七卷別集二卷詩話一卷	1－468
餅水齋詩集十七卷別集二卷詩話一卷	1－561
餅水齋詩集十七卷別集二卷詩話一卷	2－249
餅笙館修簫譜四卷	1－107
智囊二十八卷	1－85
智囊補二十八卷	1－167
智囊補二十八卷	1－223
智囊補二十八卷	1－420
智囊補二十八卷	2－340
智囊補二十八卷	2－340
智囊補二十八卷	2－560
［嘉慶］犍為縣志十卷首一卷	2－153
［嘉慶］犍為縣志十卷首一卷	2－153
［嘉慶］犍為縣志十卷首一卷	2－153
［嘉慶］犍為縣志十卷首一卷	2－575
程氏家塾讀書分年日程三卷	1－345
程氏家塾讀書分年日程三卷	1－345
程氏家塾讀書分年日程三卷綱領一卷	1－428
程氏家塾讀書分年日程三卷綱領一卷	1－428
程氏家塾讀書分年日程三卷綱領一卷	2－53
程氏演繁露十六卷續集六卷	1－79
程氏墨苑二十四卷	1－31
程正通傳授秘方不分卷	1－67
程式編三卷閏一卷	1－439
程志十卷	2－24
程侍郎遺集初編十卷	1－188
程洺水先生集三十卷附錄一卷	1－74
程洺水先生集三十卷附錄一卷	1－74
程崑崙文選四卷詩選二卷	2－245
程巽隱先生全集四卷	1－102
黎花樓詩二卷	1－172
黎雲館類定袁中郎先生全集二十四卷	1－377
等韻一得二卷	2－477
等韻一得內篇一卷外篇一卷補篇一卷	1－303
等韻一得內篇一卷外篇一卷補篇一卷	1－542
等韻一得外篇一卷校勘記一卷	2－349
策府統宗六十五卷	1－446
策學備纂三十二卷首一卷	2－12
策學備纂三十二卷首一卷	2－568
答客諮言不分卷	2－521
筆山崔先生文集十卷	1－40
筆花書屋詩鈔二卷	1－465
筆花醫鏡四卷	1－179
筆花醫鏡四卷	1－412
筆花醫鏡四卷	1－412
筆算教科書十五章	1－449
備用藥物一卷經驗簡便良方一卷	1－413
備用藥物一卷經驗簡便良方一卷	1－413
備急千金要方三十卷	2－450
備急千金要方三十卷附影宋本千金方攷異一卷	1－547
備急灸方不分卷	1－546
備急灸法一卷	1－191
備急灸法一卷	1－410
傅子一卷	1－204
傅子一卷	2－557
傅子一卷附帝範四卷	1－455
傅中丞集四卷附錄一卷	1－67
傅氏眼科審視瑤函六卷首一卷	1－546
傅氏眼科審視瑤函六卷首一卷	2－43
傅氏眼科審視瑤函六卷首一卷	2－498
傅氏眼科審視瑤函六卷首一卷醫案一卷	2－499
傅光祿集二卷首一卷末一卷	1－517
傅青主女科二卷男科二卷	1－414
傅青主女科二卷男科二卷	1－414

傅青主女科產後編二卷	2－552
傅青主先生集□□卷	2－380
傅青主男科二卷	2－552
傅青主男科二卷女科二卷附產後編二卷	1－547
傅忠毅公全集八卷首一卷	1－517
傅與礪文集十一卷附錄一卷	1－112
傅鶉觚集五卷補遺一卷傅子校勘記一卷	2－236
傅鶉觚集五卷補遺一卷傅子校勘記一卷	2－236
貸園叢書初集十二種	2－338
貸園叢書初集十二種	2－418
貸園叢書初集十二種	2－501
牌統孚玉四卷	1－71
順天易生編二卷	1－463
［光緒］順天府志一百三十卷附錄一卷	2－136
［光緒］順天府志一百三十卷附錄一卷	2－136
［光緒］順天府志一百三十卷附錄一卷	2－136
順天鄉試硃卷不分卷（光緒乙酉科）	2－374
順安詩草八卷清儀閣雜詠一卷	1－372
順宗實錄五卷	1－555
［康熙］順義縣志五卷	1－223
［康熙］順慶府志十卷	2－147
集一切福德三昧經三卷	1－530
集千家註分類杜工部詩二十五卷	1－1
集千家註分類杜工部詩二十五卷文集二卷	1－1
集千家註杜工部詩集二十卷	1－20
集千家註杜工部詩集二十卷文集二卷	1－20
集千家註杜工部詩集二十卷文集二卷	1－20
集千家註杜工部詩集二十卷文集二卷	1－50
集千家註杜工部詩集二十卷文集二卷	1－52
集千家註杜工部詩集二十卷文集二卷	1－89
集千家註杜工部詩集二十卷杜工部文集二卷	2－588
集古印譜不分卷	2－274
集古錄跋尾十卷	1－189
集古錄跋尾十卷	1－248
集古錄跋尾十卷	2－535
集古聯句一卷	1－229
集字便覽摘要不分卷	1－322
集字繫聲二卷檢字一卷辨似一卷	1－556
集注太玄十卷	2－35
集唐七律詩百首一卷	1－513
集異記一卷	2－471
集異新抄八卷	2－304
集虛草堂叢書甲集十三種	2－421
集虛草堂叢書甲集十種	2－12
集虛齋四書口義十卷	1－254
集虛齋四書口義十卷	1－254
集虛齋四書口義十卷	1－254
集虛齋學古文十二卷	1－513
集虛齋學古文十二卷	1－513
集說詮真不分卷	2－27
集錄真西山文章正宗三十卷	1－18
集韻十卷	1－104
集韻十卷	1－301
集韻十卷	1－301
集韻十卷	2－214
集韻十卷	2－380
集韻考正十卷	1－301
集韻考正十卷	1－301
集韻考正十卷	2－214
集驗良方拔萃二卷續補一句	1－401
集驗良方拔萃二卷續補一句	1－401
集驗簡易良方四卷	2－47
焦山志二十六卷首一卷	2－177
焦山志二十六卷首一卷	2－581
焦山志十六卷首一卷	1－212
焦山續志八卷	2－177
焦山續志八卷	2－177
焦氏易林十六卷	1－171

焦氏易林十六卷 …………………… 2-496
焦氏易林十六卷附易林冗儁十測一
　卷 …………………………………… 1-454
焦氏易林四卷 ………………………… 1-81
焦氏筆乘六卷續集八卷 ……………… 1-42
焦氏筆乘六卷續集八卷 ……………… 1-421
焦氏遺書二十二種 …………………… 2-501
焦氏遺書二十二種一百二十四卷 …… 2-277
焦氏叢書二十二種二百二十四卷 …… 2-9
焦氏類林八卷 ………………………… 1-52
焦氏類林八卷 ………………………… 1-52
焦南浦先生［袁熹］年譜一卷附錄一
　卷 …………………………………… 2-200
皖江三家詩鈔四卷 …………………… 1-517
皖江採風錄一卷 ……………………… 2-498
粵西筆述不分卷 ……………………… 2-183
粵東金石略附二卷 …………………… 1-155
御批通鑑輯覽合璧一百二十卷 ……… 2-82
御批資治通鑑綱目五十九卷首一卷
　舉要三卷御批續資治通鑑綱目二
　十七卷 ……………………………… 2-82
御批資治通鑑綱目全書一百九卷 …… 1-157
御批資治通鑑綱目前編十八卷正編
　四十三卷 …………………………… 1-246
御批資治通鑑綱目前編十八卷首一
　卷舉要三卷 ………………………… 2-435
御批資治通鑑綱目前編十八卷舉要
　三卷正編五十九卷末一卷續編二
　十七卷 ……………………………… 2-83
御批資治通鑑綱目前編十八卷舉要
　三卷正編五十九卷末一卷續編二
　十七卷 ……………………………… 2-83
御批資治通鑑綱目前編十八卷舉要
　三卷正編五十九卷首一卷續編二
　十七卷三編六卷 …………………… 2-82
御批增補了凡綱鑑十卷首一卷 ……… 2-84
御批增補了凡綱鑑四十卷首一卷 …… 2-84
御批增補了凡綱鑑四十卷首一卷 …… 2-84
御批歷代通鑑輯覽一百二十卷 ……… 2-81
御批歷代通鑑輯覽一百二十卷 ……… 2-81
御批歷代通鑑輯覽一百二十卷 ……… 2-82

御批歷代通鑑輯覽一百二十卷 ……… 2-82
御批歷代通鑑輯覽一百二十卷 ……… 2-82
御批歷代通鑑輯覽一百二十卷 ……… 2-82
御批歷代通鑑輯覽一百二十卷 ……… 2-82
御批歷代通鑑輯覽一百二十卷 ……… 2-82
御批歷代通鑑輯覽一百二十卷 ……… 2-82
御批歷代通鑑輯覽一百二十卷 ……… 2-82
御批歷代通鑑輯覽一百二十卷 ……… 2-82
御批歷代通鑑輯覽一百二十卷 ……… 2-82
御批歷代通鑑輯覽一百二十卷 ……… 2-82
御批歷代通鑑輯覽一百二十卷 ……… 2-82
御批歷代通鑑輯覽一百二十卷 ……… 2-82
御批歷代通鑑輯覽一百二十卷 ……… 2-82
御批歷代通鑑輯覽一百二十卷 ……… 2-82
御批歷代通鑑輯覽一百二十卷 ……… 2-82
御批歷代通鑑輯覽一百二十卷 ……… 2-314
御批歷代通鑑輯覽一百二十卷 ……… 2-507
御批歷代通鑑輯覽一百二十卷 ……… 2-540
御批歷代通鑑輯覽一百二十卷 ……… 2-540
御批歷代通鑑輯覽一百二十卷歷代
　帝王年表一卷 ……………………… 2-81
御批續資治通鑑綱目二十七卷 ……… 2-435
御批續資治通鑑綱目二十七卷 ……… 2-435
御刻三希堂石渠寶笈法帖釋文十六
　卷 …………………………………… 1-154
御定七政四餘量天尺不分卷 ………… 2-37
御定七政四餘量天尺不分卷 ………… 2-37
御定全唐詩錄一百卷 ………………… 1-175
御定全唐詩錄一百卷 ………………… 2-522
御定全唐詩錄一百卷附御定全唐詩
　人年表一卷 ………………………… 1-104
御定全唐詩錄一百卷附御定全唐詩
　人年表一卷 ………………………… 1-175
御定佩文齋詠物詩選四百八十六卷
　………………………………………… 2-253
御定駢字類編二百四十卷 …………… 1-168
御定駢字類編二百四十卷 …………… 1-229
御定駢字類編二百四十卷 …………… 1-434
御定駢字類編二百四十卷 …………… 1-569
御定歷代賦彙一百四十卷外集二十
　卷逸句二卷補遺二十二卷目錄二
　卷 …………………………………… 1-196

| 御定歷代賦彙一百四十卷外集二十卷逸句二卷補遺二十二卷目錄二卷 …………………………… 1－214
| 御定歷代賦彙一百四十卷外集二十卷逸句二卷補遺二十二卷目錄二卷 …………………………… 2－499
| 御定歷代賦彙一百四十卷外集二十卷逸句二卷補遺二十二卷目錄二卷 …………………………… 2－499
| 御定歷代賦彙一百四十卷外集二十卷逸句二卷補遺二十二卷目錄二卷 …………………………… 2－500
| 御定歷代賦彙一百四十卷外集二十卷逸句二卷補遺二十二卷目錄二卷 …………………………… 2－500
| 御定歷代題畫詩類一百二十卷 ……… 1－107
| 御定歷代題畫詩類一百二十卷 ……… 1－107
| 御定歷代題畫詩類一百二十卷 ……… 1－107
| 御定歷代題畫詩類一百二十卷 ……… 2－452
| 御定歷代題畫詩類一百二十卷 ……… 2－453
| 御風要術三卷 …………………………… 1－460
| 御風要術三卷 …………………………… 2－58
| 御訂全金詩增補中州集七十二卷首二卷 ………………………………… 1－107
| 御訂全金詩增補中州集七十二卷首二卷 ………………………………… 1－469
| 御案詩經備旨八卷 ……………………… 1－269
| 御案詩經備旨八卷 ……………………… 2－365
| 御寇要覽六卷 …………………………… 2－71
| 御製文二集四十四卷目錄二卷 ……… 1－155
| 御製文集一集四卷二集五十卷三集五十卷四集三十六卷 ……………… 1－104
| 御製全史詩六十四卷首二卷 ………… 1－151
| 御製全唐詩九百卷 ……………………… 1－333
| 御製全韻詩五卷 ………………………… 2－312
| 御製全韻詩不分卷 ……………………… 2－536
| 御製律呂正義二編四卷 ……………… 1－233
| 御製耕織圖不分卷 ……………………… 1－404
| 御製耕織圖四十六幅 …………………… 1－100
| 御製欽若曆書十六卷 …………………… 1－185
| 御製欽若曆書十六卷 …………………… 2－370
| 御製圓明園詩二卷 ……………………… 2－180
| 御製圓明園詩二卷 ……………………… 2－180
| 御製圓明園詩二卷 ……………………… 2－452
| 御製詩四集一百卷目錄十二卷 ……… 1－193
| 御製詩初集四十四卷目錄四卷 ……… 2－288
| 御製資政要覽三卷 ……………………… 1－569
| 御製資政要覽三卷 ……………………… 1－569
| 御製資政要覽三卷 ……………………… 2－26
| 御製資政要覽三卷 ……………………… 2－27
| 御製曆象考成後編十卷 ………………… 2－36
| 御製滿漢四書六卷 ……………………… 1－258
| 御製數理精蘊上編五卷下編四十卷表八卷 …………………………… 1－415
| 御製數理精蘊上編五卷下編四十卷表八卷 …………………………… 1－415
| 御製數理精蘊上編五卷下編四十卷表八卷 …………………………… 1－416
| 御製數理精蘊上編五卷下編四十卷表八卷 …………………………… 2－496
| 御製曆象考成上編十六卷下編十卷 ………………………………… 1－107
| 御製避暑山莊詩二卷 …………………… 1－115
| 御製避暑山莊詩不分卷 ………………… 1－361
| 御製繙譯四書四卷 ……………………… 1－170
| 御撰資治通鑑綱目三編二十卷 ……… 2－81
| 御撰資治通鑑綱目三編二十卷 ……… 2－81
| 御撰資治通鑑綱目三編二十卷 ……… 2－84
| 御撰資治通鑑綱目三編二十卷 ……… 2－84
| 御撰資治通鑑綱目三編二十卷 ……… 2－84
| 御撰資治通鑑綱目三編二十卷 ……… 2－116
| 御撰資治通鑑綱目三編二十卷 ……… 2－116
| 御撰資治通鑑綱目三編二十卷 ……… 2－116
| 御撰資治通鑑綱目三編二十卷 ……… 2－564
| 御撰資治通鑑綱目三編二十卷末一卷 …………………………………… 2－84
| 御撰資治通鑑綱目三編二十卷末一卷 …………………………………… 2－84
| 御撰資治通鑑綱目三編二卷末一卷 … 2－84
| 御撰資治通鑑綱目三編五卷 ………… 2－84
| 御撰資治通鑑綱目三編四十卷 ……… 2－116

御選元詩八十卷首一卷姓名爵里二卷 …… 1-104	卷 …… 1-353
御選妙覺普度和聖寒山大士詩一卷 …… 1-393	御選雲棲蓮池袾宏大師語錄一卷 …… 1-391
御選妙覺普度和聖寒山大士詩一卷 …… 1-393	御選雲棲蓮池袾宏大師語錄一卷 …… 1-392
御選妙覺普度和聖寒山大士詩一卷 …… 1-393	御選圓覺慈度合聖拾得大士詩一卷 …… 1-393
御選妙覺普度和聖寒山大士詩一卷 …… 1-393	御選圓覺慈度合聖拾得大士詩一卷 …… 1-393
御選妙覺普度和聖寒山大士詩一卷 …… 1-393	御選圓覺慈度合聖拾得大士詩一卷 …… 1-393
御選妙覺普度和聖寒山大士詩一卷 …… 2-256	御選圓覺慈度合聖拾得大士詩一卷 …… 2-256
御選明詩一百二十卷姓名爵里八卷 …… 1-103	御選語錄十九卷 …… 2-352
御選明詩一百二十卷姓名爵里八卷 …… 1-166	御選語錄十九卷 …… 2-384
御選金詩二十四卷首一卷姓名爵里一卷 …… 1-160	御選歷代詩餘一百二十卷 …… 1-159
御選唐宋文醇五十八卷 …… 1-166	御選歷代詩餘一百二十卷 …… 1-159
御選唐宋文醇五十八卷 …… 1-329	御選歷代詩餘一百二十卷 …… 1-228
御選唐宋文醇五十八卷 …… 1-329	御選歷代詩餘一百二十卷 …… 1-333
御選唐宋文醇五十八卷 …… 2-216	御選歷代詩餘一百二十卷 …… 2-360
御選唐宋文醇五十八卷 …… 2-216	御選歷代詩餘一百二十卷 …… 2-361
御選唐宋文醇五十八卷 …… 2-216	御錄宗鏡大綱二十卷 …… 1-159
御選唐宋文醇五十八卷 …… 2-235	御錄經海一滴六卷 …… 1-561
御選唐宋文醇五十八卷 …… 2-356	御龍子集七十七卷目錄四卷 …… 1-47
御選唐宋詩醇四十七卷目錄二卷 …… 1-160	御纂七經七種 …… 1-316
御選唐宋詩醇四十七卷目錄二卷 …… 1-333	御纂七經七種 …… 2-285
御選唐宋詩醇四十七卷目錄二卷 …… 1-334	御纂七經義疏二百九十一卷 …… 2-284
御選唐宋詩醇四十七卷目錄二卷 …… 1-334	御纂九經三百二十卷 …… 2-286
御選唐宋詩醇四十七卷目錄二卷 …… 1-334	御纂朱子全書六十六卷 …… 1-177
御選唐宋詩醇四十七卷目錄二卷 …… 1-569	御纂朱子全書六十六卷 …… 1-177
御選唐宋詩醇四十七卷目錄二卷 …… 2-254	御纂朱子全書六十六卷 …… 1-211
御選唐宋詩醇四十七卷目錄二卷 …… 2-302	御纂朱子全書六十六卷 …… 1-461
御選唐詩三十二卷 …… 2-565	御纂朱子全書六十六卷 …… 1-461
御選唐詩三十二卷目錄三卷 …… 1-115	御纂朱子全書六十六卷 …… 1-461
御選唐詩三十二卷目錄三卷 …… 1-177	御纂朱子全書六十六卷 …… 1-461
御選唐詩三十二卷目錄三卷 …… 1-177	御纂朱子全書六十六卷 …… 2-386
御選項妙覺普度和聖寒山大士詩一	御纂朱子全書六十六卷 …… 2-561
	御纂金鏡錄一卷 …… 1-551

御纂金鏡錄不分卷	1-412
御纂周易折中二十二卷	1-261
御纂周易折中二十二卷	2-18
御纂周易折中二十二卷首一卷	1-162
御纂周易折中二十二卷首一卷	1-163
御纂周易折中二十二卷首一卷	1-163
御纂周易折中二十二卷首一卷	1-163
御纂周易折中二十二卷首一卷	1-261
御纂周易折中二十二卷首一卷	1-261
御纂周易折中二十二卷首一卷	1-261
御纂周易折中二十二卷首一卷	1-262
御纂周易折中二十二卷首一卷	1-262
御纂周易折中二十二卷首一卷	1-262
御纂周易折中二十二卷首一卷	2-18
御纂周易折中二十二卷首一卷	2-316
御纂周易折中二十二卷首一卷	2-325
御纂周易折中二十二卷首一卷	2-325
御纂周易述義十卷	1-261
御纂周易述義十卷	2-19
御纂周易述義十卷	2-530
御纂性理精義十二卷	1-196
御纂性理精義十二卷	1-458
御纂性理精義十二卷	1-458
御纂性理精義十二卷	1-458
御纂性理精義十二卷	2-18
御纂性理精義十二卷	2-491
御纂春秋直解十二卷	1-290
御纂詩義折中二十卷	1-273
御纂詩義折中二十卷	1-273
御纂詩義折中二十卷	1-273
御纂詩義折中二十卷	1-273
御纂詩義折中二十卷	1-273
御纂詩義折中二十卷	2-327
御纂詩義折中二十卷	2-535
御纂醫宗金鑑七十四卷治方十六卷首一卷	1-404
御纂醫宗金鑑九十卷首一卷	2-384
御纂醫宗金鑑九十卷首一卷	2-539
御纂醫宗金鑑內科七十四卷	2-314
御覽曲洧舊聞十卷	2-8
御覽闕史二卷	1-303
復古編二卷附校正一卷附錄一卷	2-547
復古編附錄一卷曾樂軒稿一卷安陸集一卷	1-198
復初齋文集三十五卷	1-511
復初齋文集三十五卷	2-247
復初齋詩集六十六卷	1-511
復亭詩刪四卷	1-161
復莊詩問三十四卷	1-511
復莊駢儷文榷二編八卷	1-511
復莊駢儷文榷八卷	1-511
復莊駢儷文榷八卷	2-251
復菴和尚華嚴論貫一卷	2-611
復堂文續五卷	1-511
復齋詩集四卷首一卷末一卷文集二十一卷	2-249
鈍吟老人文稿不分卷	2-467
鈍吟老人雜錄十卷	2-467
鈍吟全集二十三卷	1-103
鈍翁前後類稿六十二卷續稿五十六卷汪伯子箐菴遺槀一卷姑蘇楊柳枝詞一卷	1-218
鈍翁前後類稿六十二卷續稿五十六卷汪伯子箐菴遺槀一卷姑蘇楊柳枝詞一卷	1-218
鈍翁續槀五十六卷汪伯子箐菴遺槀一卷	1-480
鈍齋東遊日記不分卷(光緒三十四年十二月十四日至宣統元年七月十日)	1-466
鈐山堂附錄一卷	1-27
鈐山堂附錄一卷	1-27
鈐山堂集四十卷	1-27
鈐山堂集四十卷	1-27
鈐山堂集四十卷	1-471
鈐山堂集四十卷	2-244
欽取朝考卷不分卷	2-556
欽定七政四餘萬年書不分卷	2-37
欽定七經七種	2-285
欽定工部則例五十卷附乘輿儀仗做法二卷	1-328
欽定大清會典一百卷	2-63

欽定大清會典一百卷 …………… 2－63
欽定大清會典一百卷 …………… 2－63
欽定大清會典一百卷 …………… 2－63
欽定大清會典一百卷 …………… 2－63
欽定大清會典一百卷 …………… 2－306
欽定大清會典一百卷 …………… 2－343
欽定大清會典一百卷 …………… 2－398
欽定大清會典一百卷事例一千二百
　二十卷 …………………………… 2－63
欽定大清會典一百卷事例一千二百
　二十卷 …………………………… 2－63
欽定大清會典一百卷事例一千二百
　二十卷目錄八卷 ………………… 2－63
欽定大清會典一百卷事例一千二百
　二十卷目錄八卷 ………………… 2－63
欽定大清會典一百卷首一卷 …… 2－403
欽定大清會典一百卷首一卷 …… 2－534
欽定大清會典一百卷首一卷 …… 2－534
欽定大清會典八十卷 …………… 1－555
欽定大清會典事例一千二百二十卷
　………………………………………… 2－534
欽定大清會典事例一千二百二十卷
　………………………………………… 2－534
欽定大清會典事例一千二百二十卷
　目錄八卷 ………………………… 2－503
欽定大清會典事例一千二百二十卷
　目錄八卷 ………………………… 2－503
欽定大清會典事例九百二十卷目錄
　八卷 ……………………………… 2－306
欽定大清會典圖一百三十二卷目錄
　二卷 ……………………………… 2－503
欽定大清會典圖二百七十卷 ……… 2－64
欽定大清會典圖二百七十卷首一卷
　………………………………………… 2－503
欽定天祿琳琅書目十卷 …………… 1－111
欽定天祿琳琅書目十卷 …………… 1－179
欽定天祿琳琅書目十卷續編二十卷
　………………………………………… 1－190
欽定天祿琳琅書目十卷續編二十卷
　………………………………………… 1－579

欽定天祿琳琅書目十卷續編二十卷
　………………………………………… 1－579
欽定天祿琳琅書目十卷續編二十卷
　………………………………………… 2－585
欽定五軍道里表十八卷 …………… 2－72
欽定日下舊聞考一百六十卷 …… 1－168
欽定日下舊聞考一百六十卷 …… 2－495
欽定日下舊聞考一百六十卷 …… 2－495
欽定中樞政考十五卷 ……………… 2－66
欽定中樞政考綠營四十卷………… 2－323
欽定中樞政考綠營四十卷………… 2－323
欽定內務府現行則例四卷 ………… 2－67
欽定戶部漕運全書九十二卷首一卷 … 2－58
欽定六部處分則例四卷…………… 1－326
欽定古今圖書集成一萬卷………… 1－199
欽定古今圖書集成一萬卷目錄三十
　二卷 ……………………………… 1－568
欽定古今圖書集成一萬卷目錄三十
　二卷 ……………………………… 2－307
欽定古今圖書集成一萬卷目錄三十
　二卷 ……………………………… 2－421
欽定古今圖書集成一萬卷目錄三十
　二卷 ……………………………… 2－560
欽定古今圖書集成一萬卷目錄四十
　卷 ………………………………… 1－115
欽定古今圖書集成一萬卷目錄四十
　卷 ………………………………… 2－313
欽定石峯堡紀署二十卷首一卷 …… 1－111
欽定平定陝甘新疆回匪方略三百二
　十卷 ……………………………… 2－122
欽定平定雲南回匪方略五十卷欽定
　平定貴州苗匪紀略四十卷 ……… 2－121
欽定四庫全書考證一百卷………… 1－455
欽定四庫全書考證一百卷………… 2－11
欽定四庫全書考證一百卷………… 2－310
欽定四庫全書附存目錄十卷 ……… 2－1
欽定四庫全書附存目錄十卷 ……… 2－1
欽定四庫全書提要醫家類一卷 …… 1－399
欽定四庫全書提要醫家類一卷 …… 1－579
欽定四庫全書總目二百卷………… 1－580
欽定四庫全書總目二百卷………… 1－580

246

欽定四庫全書總目二百卷 …………… 2-436	欽定吏部處分則例四十七卷 ………… 2-486
欽定四庫全書總目二百卷 …………… 2-436	欽定吏部驗封司則例六卷 …………… 2-66
欽定四庫全書總目二百卷 …………… 2-436	欽定西清古鑑四十卷錢錄十六卷 …… 1-429
欽定四庫全書總目二百卷未收書目提要五卷欽定四庫簡明目錄二十卷 ………………………………… 2-1	欽定西清古鑑四十卷錢錄十六卷 …… 2-350
	欽定西清古鑑四十卷錢錄十六卷 …… 2-538
	欽定行政綱目不分卷 ………………… 2-527
欽定四庫全書總目二百卷首一卷 …… 1-251	欽定全唐文一千卷 …………………… 2-549
欽定四庫全書總目二百卷首一卷 …… 2-436	欽定全唐文一千卷目錄三卷 ………… 1-195
欽定四庫全書總目二百卷首一卷 …… 2-457	欽定全唐文一千卷目錄三卷 ………… 1-196
欽定四庫全書總目二百卷首一卷 …… 2-550	欽定全唐文一千卷目錄三卷 ………… 1-196
欽定四庫全書總目二百卷首四卷 …… 1-580	欽定全唐文一千卷目錄三卷 ………… 1-196
欽定四庫全書總目二百卷首四卷 …… 1-580	欽定全唐文一千卷目錄三卷 ………… 2-227
欽定四庫全書總目二百卷首四卷 …… 1-580	欽定全唐文一千卷目錄三卷 ………… 2-227
欽定四庫全書總目二百卷首四卷 …… 1-580	欽定全唐文一千卷目錄三卷 ………… 2-227
欽定四庫全書總目二百卷首四卷 …… 1-580	欽定全唐文姓氏韻編一卷 …………… 1-316
欽定四庫全書總目二百卷首四卷 …… 2-531	欽定全唐詩十二函一百二十冊 ……… 2-383
欽定四庫全書簡明目錄二十卷 ……… 1-580	欽定全唐詩九百卷 …………………… 2-301
欽定四庫全書簡明目錄二十卷 ……… 1-580	欽定全唐詩九百卷 …………………… 2-301
欽定四庫全書簡明目錄二十卷 ……… 1-580	欽定全唐詩九百卷 …………………… 2-302
欽定四庫全書簡明目錄二十卷 ……… 1-580	欽定全唐詩九百卷 …………………… 2-434
欽定四庫全書簡明目錄二十卷 ……… 1-580	欽定武英殿聚珍版程式一卷 ………… 1-496
欽定四庫全書簡明目錄二十卷 ……… 1-580	欽定協紀辨方書三十六卷 …………… 2-37
欽定四庫全書簡明目錄二十卷 ………… 2-1	欽定協紀辨方書三十六卷 …………… 2-37
欽定四庫全書簡明目錄二十卷 ………… 2-1	欽定協紀辨方書三十六卷 …………… 2-449
欽定四庫全書簡明目錄二十卷 ………… 2-1	欽定明鑑二十四卷首一卷 …………… 1-191
欽定四庫全書簡明目錄二十卷 ………… 2-1	欽定明鑑二十四卷首一卷 …………… 2-116
欽定四庫全書簡明目錄二十卷 ……… 2-557	欽定明鑑二十四卷首一卷 …………… 2-116
	欽定明鑑二十四卷首一卷 …………… 2-116
欽定四庫全書簡明目錄二十卷首一卷 ………………………………… 1-580	欽定周官義疏四十八卷首一卷 ……… 1-268
	欽定周官義疏四十八卷首一卷 ……… 1-268
欽定四庫全書簡明目錄二十卷首一卷 …………………………………… 2-1	欽定周官義疏四十八卷首一卷 ……… 1-268
	欽定周官義疏四十八卷首一卷 ……… 1-268
欽定四庫全書簡明目錄二十卷首一卷 ………………………………… 2-302	欽定周官義疏四十八卷首一卷 ……… 2-61
	欽定周官義疏四十八卷首一卷 ……… 2-61
欽定四庫全書簡明目錄□□卷 ……… 1-17	欽定周官義疏四十八卷首一卷 ……… 2-566
欽定四書文四十一卷 ………………… 1-488	欽定春秋左傳讀本三十卷 …………… 1-289
欽定吏部則例□□卷 ………………… 2-486	欽定春秋左傳讀本三十卷 ……………… 2-94
欽定吏部則例□□卷 ………………… 2-486	欽定春秋傳說彙纂三十八卷首二卷 ………………………………… 1-285
欽定吏部處分則例五十二卷 ………… 2-66	
欽定吏部處分則例五十二卷 ………… 2-546	欽定春秋傳說彙纂三十八卷首二卷 ………………………………… 1-285
欽定吏部處分則例四十七卷 ………… 2-66	

欽定春秋傳說彙纂三十八卷首二卷 ……………………………………… 1-286	欽定書經傳說彙纂二十一卷首二卷 ……………………………………… 1-264
欽定春秋傳說彙纂三十八卷首二卷 ……………………………………… 1-286	欽定書經傳說彙纂二十一卷首二卷 ……………………………………… 1-265
欽定春秋傳說彙纂三十八卷首二卷 ……………………………………… 1-286	欽定書經傳說彙纂二十一卷首二卷 ……………………………………… 1-265
欽定春秋傳說彙纂三十八卷首二卷 ……………………………………… 1-286	欽定書經傳說彙纂二十一卷首二卷 ……………………………………… 1-265
欽定春秋傳說彙纂三十八卷首二卷 ……………………………………… 1-286	欽定書經傳說彙纂二十一卷首二卷書序一卷 …………………………… 2-92
欽定春秋傳說彙纂三十八卷首二卷 ……………………………………… 1-286	欽定書經傳說彙纂二十一卷書序一卷 ……………………………………… 2-92
欽定春秋傳說彙纂三十八卷首二卷 ……………………………………… 1-100	欽定書經圖說五十卷 …………… 1-263
	欽定書經圖說五十卷 …………… 1-263
欽定春秋傳說彙纂三十八卷首二卷 … 2-92	欽定書經圖說五十卷 …………… 1-322
欽定春秋傳說彙纂三十八卷首二卷 … 2-93	欽定授時通考七十八卷 ………… 1-410
欽定科場條例六十卷 ……………… 2-65	欽定授時通考七十八卷 ………… 2-473
欽定重修兩浙鹽法志三十卷首一卷 … 2-59	欽定授時通考全書七十八卷 …… 2-49
欽定重修兩浙鹽法志三十卷首二卷 ……………………………………… 2-340	欽定授時通考全書七十八卷 …… 2-49
欽定重修兩浙鹽法志三十卷首二卷 ……………………………………… 2-340	欽定國子監志八十二卷首二卷 … 2-66
欽定重修兩浙鹽法志三十卷首二卷 ……………………………………… 2-341	欽定國朝詩別裁集三十二卷 …… 1-474
	欽定國朝詩別裁集三十二卷 …… 1-474
欽定皇輿西域圖志四十八卷首四卷 ……………………………………… 2-171	欽定國朝詩別裁集三十二卷 …… 1-474
欽定皇輿西域圖志四十八卷首四卷 ……………………………………… 2-171	欽定國朝詩別裁集三十二卷 …… 1-474
欽定皇輿西域圖志四十八卷首四卷 ……………………………………… 2-495	欽定國朝詩別裁集三十二卷 …… 2-559
	欽定康濟錄四卷 …………………… 2-57
	欽定康濟錄四卷 …………………… 2-57
	欽定康濟錄四卷 …………………… 2-57
	欽定康濟錄四卷 …………………… 2-384
欽定音義詩經正文四卷 …………… 1-273	欽定清漢對音字式不分卷 ……… 1-310
欽定音義詩經正文四卷 …………… 1-273	欽定清漢對音字式不分卷 ……… 2-405
欽定宮中現行則例四卷 ……………… 2-67	欽定勝朝殉節諸臣錄十二卷首一卷 ……………………………………… 2-193
欽定書經傳說彙纂二十一卷首二卷 ……………………………………… 1-263	欽定詩經傳說彙纂二十一卷首二卷 ……………………………………… 2-328
欽定書經傳說彙纂二十一卷首二卷 ……………………………………… 1-264	欽定詩經傳說彙纂二十一卷首二卷詩序二卷 …………………………… 2-229
欽定書經傳說彙纂二十一卷首二卷 ……………………………………… 1-264	欽定詩經傳說彙纂二十一卷首二卷詩序二卷 …………………………… 2-229
	欽定剿平捻匪方略三百二十卷 … 2-121
	欽定熙朝雅頌集一百六卷首集二十

書名	頁碼
六卷餘集二卷	1-166
欽定滿洲源流考二十卷	1-229
欽定遼史語解十卷金史語解十二卷元史語解二十四卷	2-77
欽定遼史語解十卷金史語解十二卷元史語解二十四卷	2-112
欽定篆文六經四書不分卷	1-255
欽定篆文六經四書不分卷	1-255
欽定儀象考成三十卷首一卷	2-36
欽定儀象考成三十卷首二卷	2-36
欽定儀象考成三十卷首二卷	2-36
欽定儀象考成三十卷首二卷	2-527
欽定儀象考成續編三十二卷	2-36
欽定儀禮義疏四十八卷首一卷	2-54
欽定儀禮義疏四十八卷首二卷	1-282
欽定儀禮義疏四十八卷首二卷	1-282
欽定儀禮義疏四十八卷首二卷	1-282
欽定儀禮義疏四十八卷首二卷	2-53
欽定儀禮義疏四十八卷首二卷	2-326
欽定儀禮義疏四十八卷首二卷	2-326
欽定選擇曆書十卷	1-115
欽定駢字類編二百四十卷	2-502
欽定歷代職官表七十二卷首一卷	2-65
欽定歷代職官表七十二卷首一卷	2-66
欽定歷代職官表七十二卷首一卷	2-503
欽定歷代職官表七十二卷首一卷	2-505
欽定學政全書八十二卷	2-53
欽定學政全書八十六卷	1-480
欽定學政全書八十六卷	2-53
欽定學政全書八十六卷首一卷	2-518
欽定禮記義疏八十二卷首一卷	1-277
欽定禮記義疏八十二卷首一卷	1-277
欽定禮記義疏八十二卷首一卷	1-277
欽定禮記義疏八十二卷首一卷	2-54
欽定禮記義疏八十二卷首一卷	2-321
欽定禮記義疏八十二卷首一卷	2-566
欽定禮部則例二百二卷	2-55
欽定總管內務府現行則例四卷	2-67
欽定蘭州紀略二十卷首一卷	2-518
欽定續文獻通考二百五十卷	2-59
欽定續文獻通考二百五十卷	2-60
欽定續文獻通考二百五十卷	2-60
欽定續文獻通考輯要二十六卷	1-247
欽定續通志六百四十卷	2-77
欽定續通志六百四十卷	2-77
欽定續通典一百五十卷	2-59
欽定續通典一百五十卷	2-59
欽定續纂外藩蒙古回部王公表十二卷傳十二卷	2-313
欽褒雙孝錄不分卷	2-518
鈞天樂二本三十二齣	2-391
番禺陳氏東塾叢書四種附一種	2-278
番禺陳氏東塾叢書四種附一種	2-411
番禺陳氏東塾叢書四種附一種	2-493
飲水詩集二卷飲水詞集二卷	1-107
飲冰室壬寅文集□□卷	2-415
飲冰室文集十八卷	1-467
飲冰室文集十八卷韻文集五卷	2-281
飲冰室文集十六卷補遺二卷	1-471
飲冰室文集十六卷補遺二卷	2-472
飲綠山堂詩集二十卷	1-179
脾胃論二卷	1-405
腋衷篇一卷	1-486
勝天王般若波羅蜜經七卷	1-523
勝朝遺事二編八卷	2-117
勝朝遺事初編六卷	2-117
勝鬘夫人會一卷	1-521
勝鬘獅子吼一乘大方便方廣經一卷	1-521
勝鬘獅子吼一乘大方便方廣經一卷	1-521
勝鬘經寶窟十五卷	1-521
勝鬘經寶窟十五卷	1-521
觚齋集聯十種	2-500
觚賸續編四卷	1-245
鄒叔子遺書七種附二種	1-505
鄒叔子遺書七種附二種	2-251
鄒叔子遺書七種附二種	2-278
鄒徵君遺書八種附二種	2-15
鄒徵君遺書八種附二種	2-349
詁經精舍文集十四卷	1-344
詁經精舍全集十六卷	1-350

評注陸宣公奏議十五卷首一卷唐陸宣公集十卷	2-125	詞苑叢談十二卷	1-170
評論出像水滸傳二十卷七十回	2-413	詞林正韻三卷佩文詩韻五卷	2-215
評論出像水滸傳二十卷七十回	2-553	詞林典故八卷	2-66
評選四六法海八卷	1-331	詞林紀事二十二卷附錄三卷	1-345
評選四六法海八卷	1-332	詞林紀事二十二卷附錄三卷	2-217
評點春秋綱目左傳句解彙雋六卷	2-94	詞林海錯十六卷	1-42
評點春秋綱目左傳句解彙雋六卷	2-329	詞林韻釋五卷	1-536
評釋諸子摘要四卷	1-94	詞品十二則一卷	1-471
診家正眼二卷本草通元二卷病機沙篆一卷增補一卷	1-547	詞科掌錄十七卷餘話七卷	1-166
註心賦四卷	2-402	詞科掌錄十七卷餘話七卷	2-67
註陸宣公奏議十五卷	2-126	詞科掌錄十七卷餘話七卷	2-491
註陸宣公奏議十五卷序首一卷	2-125	詞律二十卷	1-214
註陸宣公奏議十五卷序首一卷	2-126	詞律二十卷	1-346
註陸宣公奏議十五卷附制誥十卷	1-19	詞律二十卷	1-346
註陸宣公奏議十五卷附制誥十卷附錄一卷	2-126	詞律二十卷	1-346
註陸宣公奏議十五卷附制誥十卷附錄一卷	2-126	詞律二十卷首一卷	1-159
		詞律二十卷補遺一卷	1-346
註陸宣公奏議十卷首一卷附制誥十卷	2-240	詞律二十卷補遺一卷	1-346
註釋拜月亭記二卷四十齣	1-197	詞律二十卷補遺一卷	1-557
註釋拜月亭記二卷四十齣	1-197	詞律二十卷補遺一卷	2-266
註釋拜月亭記二卷四十齣	1-514	詞致錄十六卷	1-40
註釋桐雲閣試帖詩評四卷	2-415	詞致錄十六卷	1-40
註釋唐詩三百首不分卷	2-396	詞評一卷	1-90
註釋唐詩三百首不分卷	2-561	詞源二卷	2-266
註釋唐詩三百首四卷	1-335	詞源二卷附錄二種	1-344
註釋啓蒙對偶續編□□卷	2-369	詞源斠律二卷	1-224
註釋道生堂全集三集	1-360	詞源斠律二卷	2-276
詠古詩鈔十八卷目錄四卷	2-321	詞綜三十八卷	1-182
詠古詩鈔十八卷目錄四卷	2-557	詞綜三十八卷	1-478
詠史集八卷別集一卷	1-343	詞綜三十六卷	1-108
詠花軒詩集六卷	1-102	詞綜三十六卷	2-266
詠物七言律詩偶記一卷	1-345	詞綜三十六卷	2-266
詠物詩選八卷	1-190	詞綜三十卷	1-102
詠物詩選八卷	2-344	詞綜偶評一卷	1-104
詠物詩選八卷	2-382	詞綜偶評一卷	2-452
詠物詩選註釋八卷	2-449	詞綜補遺二十卷	1-345
詞名集解六卷續編二卷	2-446	詞徵六卷	2-561
		詞選二卷	1-504
		詞選二卷	2-267
		詞選二卷附錄一卷	1-191
		詞選二卷附錄一卷續詞選二卷	2-266

詞選二卷茗柯詞二卷立山詞一卷續	
詞選二卷附錄一卷 ……………	1－189
詞選二卷續二卷 …………………	1－345
詞選二卷續二卷附一卷 …………	1－345
詞選二卷續二卷附一卷 …………	1－345
詞選二卷續二卷附一卷 …………	1－345
詞選二卷續二卷附一卷 …………	1－345
詞選二卷續詞選二卷附錄一卷 …	2－266
詞選七種十三卷 …………………	2－266
詞壇妙品十卷 ……………………	1－541
詞壇妙品十卷 ……………………	2－555
詞壇妙品後集□□卷 ……………	2－526
詞學全書四種附古韻一種 ………	1－345
詞學全書四種附古韻一種 ………	1－357
詞學全書四種附古韻一種 ………	2－266
詞學叢書六種 ……………………	1－345
詞學叢書六種 ……………………	1－345
詞學叢書六種 ……………………	2－266
詞錄徵存不分卷 …………………	1－179
詞辨二卷 …………………………	1－498
詞譜四十卷 ………………………	1－115
詞譜四十卷 ………………………	2－266
詞韻二卷附詞韻論略一卷 ………	2－266
詒美堂集二十四卷 ………………	1－66
詒晉齋後集詩一卷隨筆一卷 ……	1－349
詒經堂藏書七種 …………………	2－423
詒經堂藏書七種 …………………	2－423
敦夙好齋詩初編十二卷 …………	2－263
敦拙堂詩集十三卷 ………………	1－155
敦厚集二卷 ………………………	1－565
[道光]敦煌縣志七卷首一卷 ……	2－573
痘科切要一卷 ……………………	2－44
痘科切要不分卷附雜方 …………	2－470
痘科類編釋意三卷末一卷 ………	1－543
痘科類編釋意三卷疹科纂要一卷	1－551
痘疹正宗二卷 ……………………	1－550
痘疹定論四卷 ……………………	1－550
痘疹定論四卷 ……………………	2－44
痘疹傳心錄十九卷 ………………	2－284
痘疹慈航一卷遂生編一卷臍驚合編	
一卷 ……………………………	1－550
痘訣二卷 …………………………	2－277
痢症定論大全四卷附失血治法一卷	
…………………………………	1－406
痧症全書三卷 ……………………	1－456
痧症全書三卷 ……………………	2－44
痧喉正義一卷 ……………………	1－550
廄肥篇一卷 ………………………	2－49
遊心安樂道一卷 …………………	1－392
遊心安樂道一卷 …………………	1－392
遊峨詩紀不分卷 …………………	2－528
遊羗錄一卷 ………………………	2－362
遊記十卷補編一卷 ………………	1－429
遊記彙刊八種 ……………………	1－326
遊歷芻言一卷 ……………………	2－344
遊歷芻言一卷 ……………………	2－354
遊歷圖經餘紀十五卷 ……………	2－184
童山詩集四十二卷附卷二卷 ……	1－350
童蒙急務初集一卷二集六卷三集二	
卷 ………………………………	2－466
童溪王先生易傳三十卷 …………	1－260
愢諟齋存稿十卷 …………………	1－502
愢齋五種十卷附續編一種二卷 …	2－446
善女人傳二卷 ……………………	1－391
[光緒]善化縣志三十四卷首一卷 …	2－147
善本書室藏書志四十卷附錄一卷 …	1－578
善本書室藏書志四十卷附錄一卷 …	1－578
善本書室藏書志四十卷附錄一卷 …	1－299
善本書室藏書志四十卷附錄一卷 …	2－553
善本書室藏書志四十卷附錄一卷 …	2－585
善本書室藏書志四十卷附錄一卷 …	2－589
善成堂本草從新六卷 ……………	2－45
善成堂增訂士材三書七卷附壽世青	
編二卷 …………………………	1－548
善成堂韜略元機全書八卷 ………	2－526
善住意天子所問經三卷 …………	1－391
善卷堂四六十卷 …………………	1－332
善卷堂四六十卷 …………………	1－332
善卷堂四六十卷 …………………	1－470
善卷堂四六十卷 …………………	1－470
善卷堂四六十卷 …………………	1－472
普天忠憤全集十四卷 ……………	1－470

[光緒]普安直隸廳志二十二卷 ……	2-581
普通百科新大詞典十二集目錄二卷補遺一卷	2-521
普通百科新大詞典十二集目錄二卷補遺一卷	2-521
普通歌訣全書一卷………………	2-555
普通歷代史一卷…………………	1-250
普通學書錄四卷…………………	2-390
普通學歌訣一卷…………………	1-556
普通學歌訣一卷…………………	2-395
普通體操學教科書不分卷………	1-459
普通體操學教科書不分卷………	1-459
[乾隆]普寧縣志十卷首一卷 ……	1-221
尊天爵齋奕譜不分卷……………	2-391
尊前集二卷………………………	1-133
尊經書院初集十二卷……………	1-470
尊經書院初集十二卷……………	2-284
尊經題目不分卷…………………	2-532
尊聞居士集八卷附錄一卷………	1-473
尊聞居士集八卷附錄一卷………	2-247
尊聞居士集八卷附錄一卷………	2-247
尊聞居士集八卷附錄一卷遺稿一卷 ………………………………	1-472
道一編六卷………………………	1-7
道古堂文集四十八卷詩集二十六卷 ………………………………	2-247
道古堂文集四十八卷詩集二十六卷集外文一卷集外詩一卷…………	1-360
道古堂文集四十八卷詩集二十六卷集外文一卷集外詩一卷…………	1-360
道古堂文集四十八卷詩集二十六卷集外文一卷集外詩一卷軼事一卷 ………………………………	2-246
道古堂文集四十六卷詩集二十六卷 ………………………………	1-360
道古堂文集四十六卷詩集二十六卷 ………………………………	2-247
道古堂外集二十六卷……………	1-104
道古堂詩集二十六卷……………	1-170
道古堂詩集二十六卷……………	1-360
道行般若波羅密經十卷首一卷………	1-392
道安室雜文四卷…………………	1-360
道咸同光四朝詩史甲集六卷首一卷 ………………………………	1-360
道宣律師感通錄一卷……………	1-392
道書一貫十五種…………………	2-426
道書一貫真機易簡錄十二卷……	2-35
道書十二種三十三卷……………	2-409
道書八種…………………………	1-94
道書全集十四種九十五卷 ………	1-45
道書試金石一卷…………………	1-390
道鄉公文集四十卷補遺一卷附錄一卷 ………………………………	2-330
道鄉先生文集四十卷補遺一卷年譜一卷 ………………………………	1-162
道鄉先生文集四十卷補遺一卷年譜一卷 ………………………………	1-362
道鄉先生鄒忠公文集四十卷續集一卷 ………………………………	1-9
道援堂詩集十三卷………………	1-360
道援堂詩集十三卷………………	1-360
道援堂詩集十三卷………………	1-556
道統大成不分卷…………………	1-392
道統大成不分卷 ………………	2-34
道園學古錄五十卷………………	1-27
道源精微歌二卷…………………	1-534
道德指歸論六卷…………………	1-446
道德真經二卷……………………	1-93
道德經二卷附陰符經一卷………	1-360
道德經評註二卷…………………	1-189
道德經評註二卷…………………	1-446
道德經註釋八十章………………	2-494
道德寶章一卷 …………………	1-31
道德寶章不分卷…………………	1-458
道學須知不分卷…………………	2-583
道學淵源錄三十卷附錄一卷 ……	2-25
道學薪傳八卷……………………	1-566
道藏輯要二十八集………………	2-481
遂生福幼編不分卷………………	1-545
遂生編一卷福幼編一卷…………	1-547
遂生編不分卷……………………	1-407
遂初堂集詩十六卷文二十卷別集四	

卷……	1-220
遂昌山人雜錄不分卷……	1-131
遂甯張文端公全集七卷……	1-362
遂甯張文端公全集七卷首一卷……	2-245
遂甯張文端公全集六卷首一卷末一卷……	1-489
遂甯張文端公全集六卷首一卷末一卷……	1-540
[光緒]遂甯縣志六卷首一卷……	2-394
[光緒]遂甯縣志六卷首一卷……	2-579
[光緒]遂甯縣志六卷首一卷……	2-579
[乾隆]遂寧縣志十二卷首一卷……	2-158
[光緒]遂寧縣志六卷首一卷……	2-158
[光緒]遂寧縣志六卷首一卷……	2-158
曾氏家訓一卷……	1-463
曾文正公大事記四卷……	1-480
曾文正公大事記四卷……	1-560
曾文正公手書日記不分卷(道光二十一年正月至同治十一年二月初三日)……	1-467
曾文正公手書日記不分卷(道光二十一年正月至同治十一年二月初三日)……	2-198
曾文正公手書日記不分卷(道光二十一年正月至同治十一年二月初三日)……	2-271
曾文正公文集三卷……	1-466
曾文正公文集三卷詩集三卷……	1-466
曾文正公文集三卷詩集三卷……	1-467
曾文正公文集四卷……	1-466
曾文正公文集四卷……	1-467
曾文正公文鈔四卷……	1-467
曾文正公文鈔四卷……	1-467
曾文正公文鈔四卷……	1-467
曾文正公文鈔四卷……	2-384
曾文正公全集一百二十八卷首一卷……	2-278
曾文正公全集一百五十六卷……	2-278
曾文正公全集一百五十六卷……	2-278
曾文正公全集一百五十六卷……	2-285
曾文正公全集一百六十四卷首一卷……	2-15
曾文正公批牘六卷……	2-129
曾文正公奏議十卷首一卷末一卷……	2-128
曾文正公奏議十卷首一卷末一卷……	2-128
曾文正公奏議十卷首一卷末一卷……	2-128
曾文正公奏議十卷首一卷末一卷……	2-526
曾文正公奏議十卷首一卷末一卷……	2-537
曾文正公奏議十卷首一卷末一卷文鈔四卷……	2-128
曾文正公家訓二卷……	1-560
曾文正公家訓二卷……	1-560
曾文正公家書十卷……	1-466
曾文正公家書十卷家訓二卷……	1-466
曾文正公家書十卷家訓二卷……	1-466
曾文正公家書十卷家訓二卷……	1-466
曾文正公[國藩]年譜十二卷……	2-200
曾文正公[國藩]年譜十二卷……	2-278
曾文正公[國藩]年譜十二卷首一卷……	2-200
曾文正公榮哀錄一卷……	1-322
曾文正公雜著鈔一卷……	2-25
曾忠襄公奏議三十二卷文集二卷批牘五卷書札二十二卷……	1-471
曾忠襄公奏議三十二卷文集二卷批牘五卷書札二十二卷……	2-252
曾忠襄公奏議三十二卷文集二卷批牘五卷書札二十二卷……	2-323
曾胡批牘二卷……	2-129
曾惠敏公日記五卷(光緒四年七月二十七日至十一年九月)……	2-198
曾惠敏公全集奏疏六卷文集五卷詩鈔四卷日記二卷(光緒四年七月二十七日至十二年十一月十六日)……	1-467
曾惠敏公全集奏疏六卷文集五卷詩鈔四卷日記二卷(光緒四年七月二十七日至十二年十一月十六日)……	1-467
曾惠敏公全集奏疏六卷文集五卷詩鈔四卷日記二卷(光緒四年七月二十七日至十二年十一月十六日)……	2-252

焠掌錄二卷 …… 1-102	湖南方物志八卷 …… 2-57
馮少墟集二十二卷 …… 1-42	湖南全省掌故備攷三十五卷 …… 2-146
馮少墟集二十二卷續集五卷 …… 2-430	[湖南祁陽]周氏族譜□□卷 …… 2-582
馮氏錦囊秘錄痘疹全集二十卷 …… 2-566	[湖南祁陽]周氏族譜□□卷 …… 2-582
馮氏錦囊秘錄雜症大小合參二十卷 …… 2-405	湖南苗防屯政考十五卷首一卷補編一卷 …… 1-235
馮氏錦囊秘錄雜症大小合參二十卷 …… 2-410	湖南苗防屯政考十五卷首一卷補編一卷 …… 2-173
馮氏錦囊秘錄雜症大小合參十四卷首二卷 …… 1-411	湖南省至鄰省交界處所并本省提鎮協標營暨各省督撫提鎮將軍程限不分卷 …… 2-412
馮秋水先生評定存雅堂遺稿十三卷 …… 1-381	湖南校士錄四卷 …… 1-359
馮恭定公全集二十二卷續集一卷 …… 2-244	[光緒]湖南通志二百八十八卷首八卷末十九卷 …… 2-297
湛甘泉先生文集三十二卷 …… 2-244	湖南商事習慣報告書不分卷 …… 2-52
湛園未定稿六卷 …… 1-180	湖唐林館駢體文二卷 …… 1-359
湛園未定藁六卷 …… 2-246	湖海文傳七十五卷 …… 1-336
湛園札記四卷 …… 1-152	湖海文傳七十五卷 …… 1-336
湛園札記四卷 …… 1-245	湖海文傳七十五卷 …… 2-228
湖上草堂詩一卷 …… 1-359	湖海文傳七十五卷 …… 2-248
湖山便覽十二卷 …… 2-174	湖海文傳七十五卷 …… 2-472
湖山便覽十二卷 …… 2-174	湖海詩傳小傳六卷 …… 2-201
湖山便覽十二卷 …… 2-174	湖海詩傳四十六卷 …… 1-177
湖山便覽十二卷 …… 2-470	湖海詩傳四十六卷 …… 1-336
湖山遺稿三卷 …… 1-153	湖海詩傳四十六卷 …… 1-336
湖北江漢水利議一卷 …… 1-108	湖海詩傳四十六卷 …… 1-336
[湖北宜昌]喬川劉氏族譜□□卷 …… 2-196	湖海詩傳四十六卷 …… 1-336
[湖北黃岡]周氏族譜二十五卷新序一卷首六卷 …… 2-582	湖海詩傳四十六卷 …… 2-253
湖北鄉試硃卷不分卷(同治癸酉科) …… 2-374	湖海詩傳四十六卷 …… 2-405
湖北試牘六卷 …… 1-359	湖海樓文集六卷儷體文集十二卷詩集十二卷詩集補遺一卷詞集二十卷 …… 1-337
湖北詩徵傳略四十卷 …… 2-194	
湖北叢書三十一種 …… 2-429	湖海樓文集六卷儷體文集十二卷詩集十二卷詩集補遺一卷詞集二十卷 …… 1-359
湖北叢書三十一種 …… 2-461	
湖州詞徵二十四卷 …… 1-359	
湖州叢書十二種 …… 2-430	湖海樓文集六卷儷體文集十二卷詩集十二卷詩集補遺一卷詞集二十卷 …… 2-246
湖州叢書十二種 …… 2-430	
湖南文徵一百九十卷首一卷姓氏傳四卷目錄六卷 …… 2-485	
湖南文徵一百九十卷首一卷姓氏傳四卷目錄六卷 …… 2-485	湖海樓尺牘一卷 …… 1-483
	湖海樓全集五十一卷 …… 1-153
	湖海樓詞集二十卷 …… 2-448

湖海樓詞集十三卷	1-359
湖海樓詩集十二卷詩集補遺一卷詞集二十卷文集六卷儷體文集十二卷	1-337
湖海樓詩集十二卷詩集補遺一卷詞集二十卷文集六卷儷體文集十二卷	1-359
湖海樓詩集八卷	1-362
湖海樓詩稿十二卷	1-561
湖海樓叢書十二種	2-10
湖海樓叢書十二種	2-549
湖海樓叢書十三種	2-411
湖海樓叢書十四種	2-404
湖海樓叢書十四種	2-418
湖海樓叢書十四種	2-418
[光緒]湖鄉分志十二卷首一卷末一卷	1-180
湖墅雜詩二卷	1-359
湖壖雜記一卷	2-325
湖壖雜記一卷	2-393
湘上詩緣錄四卷新安詩萃一卷	2-256
湘山野錄三卷續錄一卷	1-117
湘中草六卷	1-357
湘中草六卷	2-405
湘舟漫錄三卷	1-505
湘軍志十六篇	1-327
湘軍志十六篇	2-121
湘軍志十六篇	2-121
湘軍志十六篇	2-121
湘軍志十六篇	2-121
湘軍志十六篇	2-121
湘軍志十六篇	2-121
湘軍志十六篇	2-402
湘軍記二十卷	2-121
湘軍記二十卷	2-121
湘軍記二十卷	2-121
湘軍記二十卷	2-121
湘軍記二十卷	2-121
湘軍記二十卷	2-311
湘軍記二十卷	2-491
湘軍記二十卷	2-589
湘梫宦時文一卷	2-410
湘梫宦遺稿一卷	2-410
湘梫宦遺稾二卷	2-530
[光緒]湘陰縣圖志三十四卷首一卷末一卷	2-291
湘雪詩鈔四卷	1-362
湘絃離恨譜一卷	1-357
湘煙錄十六卷	1-66
湘管聯吟一卷續集三卷附錄一卷附稿一卷	1-149
湘管齋寓賞編六卷	1-217
湘管齋寓賞續編六卷	1-217
湘綺樓八代詩選二十卷	1-225
湘綺樓文集八卷	1-357
湘綺樓文集八卷	1-357
湘綺樓文集八卷	1-357
湘綺樓文集八卷	1-357
湘綺樓文集八卷	1-357
湘綺樓文集八卷	2-253
湘綺樓自定本四卷	2-589
湘綺樓全書十八種	2-279
湘綺樓全書十八種	2-404
湘綺樓全集三十卷	1-357
湘綺樓全集三十卷	1-357
湘綺樓全集三十卷	1-357
湘綺樓全集三十卷	1-357
湘綺樓全集文集八卷詩集十四卷箋啟八卷	2-253
湘綺樓詞乙巳自定本一卷	2-586
湘綺樓詩十四卷	1-357
湘綺樓詩十四卷	1-357
湘綺樓詩十四卷	1-357
湘綺樓詩八卷	2-266
湘綺樓詩八卷附夜雪集一卷	1-357
湘綺樓詩八卷夜雪集二卷	2-266
湘綺樓箋啟八卷	2-334
湘綺樓箋啟八卷	2-409
湘綺樓箋啟八卷	2-409
湘綺樓箋啟八卷	2-476
湘綺樓箋启八卷	1-357
湘綺樓箋启四卷	1-498

書名	頁碼
[光緒]湘潭縣志十二卷	2-146
[光緒]湘潭縣志十二卷	2-147
[光緒]湘潭縣志十二卷	2-147
[光緒]湘潭縣志十二卷	2-577
湯子遺書十卷年譜一卷附錄一卷	1-228
湯子遺書十卷附錄一卷	1-144
湯子遺書十卷附錄一卷	1-144
湯子遺書十卷附錄一卷	1-144
湯子遺書節編十八卷	2-245
湯起鎬輓章不分卷	2-353
[萬曆]湯陰精忠廟志十卷附續刻詩文	1-50
湯液本草三卷	2-45
湯液本草三卷	2-404
湯液本草三卷	2-564
湯睡菴先生歷朝綱鑑全史七十卷首一卷	2-414
湯頭歌括不分卷	1-413
測地繪圖十一卷附卷一卷附表一卷	1-450
測地繪圖十一卷附量面積器一卷稟報格式一卷	1-432
測地繪圖十一卷附量面積器一卷稟報格式一卷	2-37
測字秘牒一卷	2-310
測候叢談四卷	2-37
測海集六卷	1-354
測海集六卷	1-354
測海集六卷	1-354
測海集六卷	1-355
測海集六卷	2-477
渭南文集五十二卷	1-9
渭南文集五十卷	1-129
渭南文集五十卷	1-129
渭南文集五十卷	1-129
渭南文集五十卷	1-130
渭南文集五十卷	2-382
滑疑集八卷	1-360
滑稽詩文集第一集四卷	1-360
滑耀編不分卷	1-39
淵海子平音義評註五卷	1-433
淵海子平音義評註五卷	1-433
淵雅堂編年詩稿二十卷惕甫未定稿二十六卷文外集四卷	1-147
淵雅堂編年詩稿十八卷惕甫未定稿十六卷文外集四卷	1-147
淵穎吳先生集十二卷附錄一卷	1-23
淵鑑類函四百五十卷	1-429
淵鑑類函四百五十卷	1-429
淵鑑類函四百五十卷	2-213
淵鑑類函四百五十卷目錄四卷	1-160
淵鑑類函四百五十卷目錄四卷	1-160
淵鑑類函四百五十卷目錄四卷	1-429
淵鑑類函四百五十卷目錄四卷	1-429
淵鑑類函四百五十卷目錄四卷	1-429
淵鑑類函四百五十卷目錄四卷	1-429
淵鑑類函四百五十卷目錄四卷	1-429
淵鑑類函四百五十卷目錄四卷	2-213
淵鑑類函四百五十卷目錄四卷	2-379
淵鑑類函四百五十卷目錄四卷	2-383
淵鑑類函四百五十卷目錄四卷	2-383
淵鑑類函四百五十卷目錄四卷	2-478
淵鑑類函四百五十卷目錄四卷	2-535
[乾隆]漵浦縣志二十卷首一卷末一卷	2-147
游仙詩二卷鈍吟老人集外詩一卷鈍吟餘集一卷	2-467
游紅巖山記不分卷	2-406
游冥錄不分卷	2-454
游鷹山先生集十卷首一卷	1-361
渼陂集十六卷	1-25
渼陂續集三卷	1-25
[康熙]滋陽縣志四卷	1-161
溈山警策句釋記二卷	1-394
溈山警策句釋記二卷	1-563
溈山警策句釋記二卷	2-32
溉堂詩選不分卷	1-180
湧翠樓詩鈔六卷	2-411
湧幢小品三十二卷	1-67
寒山子詩集一卷	1-340
寒山詩三百三十首一卷附拾得詩一卷	1-542

寒玉山房詩七卷	2-307	寓意草不分卷	1-164
寒灰集五卷	1-361	寓意草不分卷	1-404
寒松堂全集十二卷	2-405	寓意草不分卷	1-414
寒松堂全集十二卷年譜一卷	1-361	寓意草不分卷	1-547
寒松堂全集奏疏四卷	2-126	寓意草不分卷	1-553
寒疫合編歌括四卷	1-545	寓意草不分卷	1-554
寒疫合編歌括四卷	1-545	寓意錄四卷	2-274
[乾隆]富平縣志八卷	2-292	[康熙]甯化縣志七卷首一卷	2-168
富國策三卷	2-499	運氣占候補遺一卷	1-15
富強齋叢書正全集□□種□□卷	1-457	補三史藝文志一卷	1-578
富強齋叢書正全集□□種□□卷續全集□□種□□卷	2-388	補三國藝文志四卷	1-577
		補三國藝文志四卷	1-577
富陽夏氏叢刻七種	1-463	補三國疆域志二卷	2-505
富貴百貨寶圖一卷	2-553	補元史藝文志四卷	1-577
[同治]富順縣志三十八卷	2-154	補元和郡縣志四十七鎮圖說一卷	2-405
[同治]富順縣志三十八卷	2-154	補五代史藝文志一卷	1-578
[同治]富順縣志三十八卷	2-154	補史記一卷	1-12
[同治]富順縣志三十八卷	2-569	補注黃帝內經素問二十四卷遺篇一卷	1-441
[乾隆]富順縣志五卷首一卷	2-154		
[乾隆]富順縣志五卷首一卷	2-154	補注黃帝內經素問二十四卷遺篇一卷	1-441
[乾隆]富順縣志五卷首一卷	2-154		
[乾隆]富順縣志五卷首一卷	2-154	補注黃帝內經素問二十四卷遺篇一卷	1-441
[乾隆]富順縣志五卷首一卷	2-154		
[乾隆]富順縣志五卷首一卷	2-154	補注黃帝內經素問二十四卷遺篇一卷靈樞十二卷	1-441
[乾隆]富順縣志五卷首一卷	2-568		
[乾隆]富順縣志五卷首一卷	2-568	補後漢書藝文志一卷藝文志考十卷	1-578
[乾隆]富順縣志五卷首一卷	2-568	補後漢書藝文志四卷	1-578
[乾隆]富順縣志五卷首一卷	2-568	補後漢書藝文志四卷	1-578
[乾隆]富順縣志五卷首一卷	2-569	補後漢書藝文志四卷	2-505
[乾隆]富順縣志五卷首一卷	2-569	補訂新譯大方廣佛華嚴經音義二卷	1-387
[乾隆]富順縣志五卷首一卷	2-569		
[乾隆]富順縣志五卷首一卷	2-569	補訂新譯大方廣佛華嚴經音義二卷	1-387
[乾隆]富順縣志五卷首一卷	2-569		
[乾隆]富順縣志五卷首一卷	2-569	補訂新譯大方廣佛華嚴經音義二卷	2-208
[乾隆]富順縣志五卷首一卷	2-569		
[乾隆]富順縣志五卷首一卷	2-569	補華陽國志三州郡縣目錄一卷	2-123
[乾隆]富順縣志五卷首一卷	2-569	補華陽國志三州郡縣目錄一卷	2-123
[乾隆]富順縣志五卷首一卷	2-569	補華陽國志三州郡縣目錄一卷	2-123
寓菴集七卷	1-131	補華陽國志三州郡縣目錄一卷	2-123
寓蜀草四卷	2-452	補華陽國志三州郡縣目錄一卷	2-123

補華陽國志三州郡縣目錄一卷 ……	2-124
補華陽國志三州郡縣目錄一卷 ……	2-124
補華陽國志三州郡縣目錄一卷 ……	2-124
補晉兵志一卷 ……	2-102
補晉兵志一卷 ……	2-505
補晉書經籍志四卷 ……	1-183
補晉書經籍志四卷 ……	1-578
補晉書經籍志四卷 ……	1-578
補晉書藝文志六卷 ……	1-325
補晉書藝文志六卷 ……	1-577
補晉書藝文志四卷附錄一卷補遺一卷 ……	1-577
補晉書藝文志四卷附錄一卷補遺一卷 ……	1-577
補造無功集不分卷 ……	2-480
補梁疆域志四卷 ……	2-136
補筆談三卷 ……	1-240
補註秋水軒尺牘四卷 ……	1-512
補註洗冤錄集證五卷附刑部題定檢骨圖格一卷寶鑑編一卷 ……	1-451
補註洗冤錄集證四卷附刊一卷 ……	1-355
補註洗冤錄集證四卷附刊一卷 ……	1-451
補註洗冤錄集證四卷附刊一卷 ……	2-71
補註洗冤錄集證四卷附刊一卷 ……	2-71
補註洗冤錄集證四卷附刊一卷 ……	2-408
補註黃帝內經素問二十四卷遺篇一卷靈樞十二卷 ……	1-402
補註釋文黃帝內經素問十二卷遺篇一卷 ……	1-12
補註釋文黃帝內經素問十二卷遺篇一卷靈樞十二卷 ……	1-11
補新疆方輿紀要論一卷 ……	2-171
補漢書藝文志一卷 ……	1-578
補遼金元藝文志一卷 ……	1-578
[道光]補輯石砫廳新志十二卷 ……	2-149
[道光]補輯石砫廳新志十二卷 ……	2-290
[道光]補輯石砫廳新志十二卷 ……	2-290
[道光]補輯石砫廳新志十二卷輿圖一卷 ……	2-149
補瓢存稿六卷 ……	1-150
補寰宇訪碑錄五卷失編一卷刊誤一卷 ……	2-2
補寰宇訪碑錄五卷失編一卷刊誤一卷 ……	2-300
補寰宇訪碑錄五卷失編一卷刊誤一卷 ……	2-536
[光緒]補纂仁壽縣原志六卷末一卷 ……	2-151
[光緒]補纂仁壽縣原志六卷末一卷 ……	2-151
[光緒]補纂仁壽縣原志六卷末一卷 ……	2-290
裕後須知一卷 ……	2-344
尋親記二卷三十四齣 ……	2-268
尋壑外言五卷 ……	1-154
畫石軒臥遊隨錄四卷 ……	1-132
畫形圖說一卷 ……	1-421
畫品二十四則一卷 ……	1-471
畫舫餘譚一卷 ……	1-237
畫學心印八卷 ……	1-234
畫學心印八卷 ……	2-276
畫學心印八卷 ……	2-494
畫禪室隨筆四卷 ……	1-149
畫禪室隨筆四卷 ……	1-215
畫禪室隨筆四卷 ……	1-237
畫禪室隨筆四卷 ……	1-237
畫禪室隨筆四卷 ……	1-396
畫禪室隨筆四卷 ……	1-451
畫禪室隨筆四卷 ……	2-550
費氏古易訂文十二卷 ……	2-372
粥譜一卷附廣粥譜一卷 ……	2-38
巽齋文集二十七卷附存一卷 ……	1-487
疎影樓名花百咏一卷吟草一卷 ……	1-497
疎影樓詞五卷種玉詞一卷 ……	1-498
疏快軒詩二卷詩餘一卷 ……	1-499
媚幽閣文娛不分卷 ……	1-138
[乾隆]登封縣志三十二卷 ……	2-138
[乾隆]登封縣志三十二卷 ……	2-139
登壇必究四十卷 ……	1-134
登壇必究四十卷 ……	1-134
登瀛瑣蹟擬樂府百首二卷 ……	2-340
發菩提心論二卷 ……	1-388

發菩提心論二卷	1－388
發菩提心論二卷	1－535
婺川留別士民詩草一卷	2－475
[嘉慶]婺源縣志三十九卷首一卷	2－294
[道光]婺源縣志三十九卷首一卷	2－432
[光緒]婺源縣志六十四卷首一卷	2－143
[光緒]婺源縣志六十四卷首一卷	2－143
[光緒]婺源縣志六十四卷首一卷	2－574
[光緒]婺源縣志六十四卷首一卷	2－574
婺學治事文編一卷	2－59
鄉黨便蒙二卷	1－276
鄉黨便蒙二卷	1－504
鄉黨圖考十卷	1－276
鄉黨圖考十卷	1－276
鄉黨圖考十卷	1－276
鄉黨圖考十卷	1－276
鄉黨圖考十卷	1－276
鄉黨圖考十卷	1－504
結一宧駢體文二卷詩罍三卷	1－518
結一廬書目四卷	2－356
結一廬遺文二卷	1－183
結一廬遺文二卷	1－518
絳雪山房詩鈔二十卷	1－504
絳雪山房詩鈔二十卷	1－504
絳雪山房詩續鈔六卷	1－504
絳雪園古方選註不分卷	1－411
絳雪園古方選註不分卷	1－411
絳雪園古方選註不分卷	1－411
絳雪園古方選註不分卷	2－47
絳雲樓書目二卷	1－110
絳雲樓書目補遺一卷	2－529
絳跗閣詩稿十一卷	1－150
[乾隆]絳縣志十四卷	1－222
絕妙好詞七卷	1－174
絕妙好詞箋七卷附錄一卷	2－267
絕妙好詞箋七卷續鈔二卷	1－504
絕妙好詞箋七卷續鈔二卷	1－504
絕妙好詞箋七卷續鈔二卷	1－504
絕妙好詞箋七卷續鈔二卷	1－504
幾何原本十五卷首十五卷	2－352

幾希錄一卷首一卷附集古方一卷	1－412
幾希錄附集古方三卷首一卷	2－46

十三畫

瑟廬居士遺詩一卷	1－557
瑞竹堂經驗方五卷	1－111
瑞典國那威國條約不分卷	2－343
瑞泉南伯子集二十二卷	1－19
瑞筠圖傳奇二卷三十二齣	2－269
瑜伽師地論一百卷	1－386
瑜伽師地論記□□卷	1－387
瑜伽菩薩地品十六卷	1－564
載雲舫集十卷	1－148
載詠樓重鐫硃批孟子二卷	1－185
載詠樓重鐫硃批孟子二卷	1－211
鄖署雜鈔十二卷首一卷末一卷	1－219
遠心軒遺詩一卷	1－538
遠色編三卷	1－418
遠色編三卷	2－404
鼓山志十四卷首一卷	2－179
聖安本紀六卷	1－327
聖宋文選全集三十二卷	1－194
聖宋文選全集三十二卷	2－227
聖宋文選全集三十二卷	2－227
聖宋文選全集三十二卷	2－227
聖宋文選全集三十二卷	2－322
聖武記二編二卷	2－539
聖武記十四卷	1－247
聖武記十四卷	1－568
聖武記十四卷	2－120
聖武記十四卷	2－120
聖武記十四卷	2－120
聖武記十四卷	2－120
聖武記十四卷	2－120
聖武記十四卷	2－120
聖武記十四卷	2－120
聖武記十四卷	2－120
聖武記十四卷	2－413
聖雨齋詩文集十卷	2－528

聖門四考六卷	1-132
聖門傳詩嫡冢十六卷	1-89
聖門禮志一卷聖門樂志一卷	2-53
聖帝夙世解冤經中天本行懺一卷	1-566
聖祖仁皇帝庭訓格言一卷	1-418
聖祖仁皇帝庭訓格言一卷	1-419
聖祖仁皇帝庭訓格言類編一卷	1-418
聖朝名畫評三卷	1-90
聖賢高士傳贊一卷	1-499
聖賢高士傳贊一卷	2-189
聖賢像贊三卷首一卷	2-309
聖賢實學二卷	2-398
聖賢實學全集不分卷	2-19
聖廟祀典輯聞不分卷	1-109
聖學心法四卷	1-3
聖學格物通一百卷	2-27
聖學格物通一百卷	2-304
聖學管窺一卷	1-440
聖學總論不分卷	1-387
聖學總論四卷前集一卷後集一卷首一卷	2-18
聖諭像解二十卷	1-157
聖諭像解二十卷	2-312
聖諭像解二十卷	2-379
聖諭廣訓不分卷	2-26
聖諭廣訓直解不分卷	1-463
聖諭廣訓□□卷	2-488
聖謨全書二十四卷	1-111
聖蹟圖誌十四卷	1-523
聖證論補評二卷	1-440
戡定新疆記八卷	2-124
蓮子居詞話四卷	1-384
蓮子居詞話四卷	1-384
蓮子居詞話四卷	2-268
蓮子居詞話四卷	2-268
蓮西閣詩草四卷	1-384
蓮因室詩集二卷詞集一卷	1-384
蓮社備覽一卷	1-392
蓮社備覽一卷	2-392
蓮修必讀一卷	1-391
蓮修必讀一卷	2-359
蓮修起信錄六卷首一卷	1-567
蓮洋集二十卷年譜一卷附錄一卷	1-212
蓮洋集二十卷附錄一卷	1-159
蓮洋集十二卷補遺一卷附錄一卷	1-160
蓮洋詩鈔十卷附錄一卷	1-147
蓮峯先生集七卷附錄一卷	1-31
靳文襄公奏疏八卷	1-220
靳文襄公奏疏八卷	1-220
靳史三十卷	1-151
靳兩城先生集二十卷	1-40
靳兩城先生集二十卷	1-40
靳兩城先生集二十卷	1-40
夢月巖詩集二十卷詩餘一卷	1-157
夢花亭駢體文集四卷	1-330
夢東禪師遺集二卷	1-526
夢陔堂詩集三十四卷	1-373
夢約軒詩存一卷	1-384
夢華詩草二卷詩餘二卷	2-263
夢華廬賦海三十卷	2-541
夢甦齋詩集六卷附錄海上寓公草一卷	2-308
夢硯齋遺稿八卷	1-384
夢筆生花初編八卷二編八卷三編八卷四編八卷	1-240
夢遊詩草一卷	2-263
夢窗詞四卷補遺一卷	1-169
夢園書畫錄二十五卷	1-456
夢溪筆談二十六卷	1-240
夢溪筆談二十六卷附補筆談四卷	1-433
夢溪筆談二十六卷補筆談三卷	2-481
夢溪筆談二十六卷補筆談三卷續筆談一卷	1-240
夢樓詩集二十四卷	1-225
夢澤集十七卷	1-24
蒼莨初集二十一卷	1-373
蒼莨初集二十一卷附畚塘芻論四卷河防紀畧四卷	2-371
蒼莨初集二十一卷附畚塘芻論四卷河防紀畧四卷	2-371
[同治]蒼梧縣志十八卷首一卷	2-296
蒼雪軒全集二十卷附館閣草一卷	1-64

蒼霞草二十卷	1-40	蒙古史二卷	2-115
蓬心集一卷	2-265	蒙古遊牧記十六卷	2-136
[光緒]蓬州志十五篇	2-160	蒙古遊牧記十六卷	2-136
[光緒]蓬州志十五篇	2-160	蒙古游牧記十六卷	2-357
[光緒]蓬州志十五篇	2-160	蒙求三卷	2-585
[道光]蓬州志略十卷	1-106	蒙求箋註十卷	1-312
[道光]蓬溪縣志十六卷首一卷	2-160	蒙寇志略一卷	2-122
[道光]蓬溪縣志十六卷首一卷	2-160	蒙寇志略一卷	2-122
[道光]蓬溪縣志十六卷首一卷	2-160	蒙寇志略一卷	2-287
[道光]蓬溪縣志十六卷首一卷	2-291	蒙養詩教一卷	2-355
[道光]蓬溪縣志十六卷首一卷	2-295	蒙墾續供一卷	2-126
[道光]蓬溪縣志十六卷首一卷	2-490	蒙隱集二卷	1-131
[光緒]蓬溪縣續志十四卷首一卷	1-246	椿蔭軒古近體詩鈔不分卷	1-378
[光緒]蓬溪縣續志十四卷首一卷	2-160	楳花庵印存不分卷	1-224
[光緒]蓬溪縣續志十四卷首一卷	2-160	禁止販賣白奴公約一卷	2-68
[光緒]蓬溪縣續志十四卷首一卷	2-160	禁書總目一卷	1-579
[光緒]蓬溪縣續志十四卷首一卷	2-575	禁書總目一卷違礙書目一卷	1-579
[光緒]蓬溪縣續志十四卷首一卷	2-575	禁書總目一卷違礙書目一卷銷燬抽燬書目一卷	1-579
[光緒]蓬溪縣續志十四卷首一卷	2-575		
[光緒]蓬溪縣續志十四卷首一卷	2-575	楚紀六十卷	1-47
蒿菴閒話二卷談龍錄一卷	2-287	楚國文憲公雪樓程先生文集三十卷	1-113
蒿菴集三卷附錄一卷閒話二卷	1-373		
蒿庵遺集十二卷	1-384	楚遊吟三卷	1-375
蒲水齋食治廣要八卷	1-86	楚遊草三卷	1-372
[乾隆]蒲州府志二十四卷圖一卷	1-223	楚漢春秋一卷疑義一卷	2-399
蒲江詞稾一卷附省齋詩餘一卷鶴林詞一卷	1-373	楚漢諸侯疆域志三卷	1-189
		楚漢諸侯疆域志三卷	2-505
[光緒]蒲江縣志五卷	2-161	楚騷五卷附錄一卷	1-32
[光緒]蒲江縣志五卷	2-161	楚騷五卷附錄一卷	1-32
[乾隆]蒲江縣志四卷	2-161	楚辭二卷	1-32
[乾隆]蒲江縣志四卷	2-579	楚辭二卷	1-33
[光緒]蒲城縣新志十三卷首一卷	2-432	楚辭二卷	1-83
蒲亭夏山堂王氏祠塾倡和詩詞一卷	2-396	楚辭十七卷	1-29
		楚辭十七卷	1-134
蒲亭夏山堂王氏祠塾倡和詩詞一卷	2-396	楚辭十七卷	1-142
		楚辭十七卷	1-190
[乾隆]蒲臺縣志四卷首一卷	1-221	楚辭十七卷	1-204
蓉槎蠡說十二卷	1-106	楚辭十七卷	2-230
蒙川遺稾四卷補遺一卷	1-373	楚辭十七卷	2-230
[康熙]蒙化府志六卷首一卷	1-223	楚辭十七卷	2-230
蒙以養正二卷	2-306	楚辭十七卷	2-231

楚辭十七卷	2-231
楚辭十七卷	2-231
楚辭十七卷	2-231
楚辭十七卷	2-231
楚辭十七卷	2-231
楚辭十七卷	2-231
楚辭十七卷	2-231
楚辭十七卷附錄一卷	1-83
楚辭十七卷附錄一卷	1-83
楚辭十九卷讀楚辭語一卷楚辭雜論一卷	2-232
楚辭十卷	1-80
楚辭十卷	2-232
楚辭十卷	2-497
楚辭十卷	2-564
楚辭八卷後語六卷辯證二卷	1-51
楚辭八卷後語六卷辯證二卷	1-210
楚辭八卷首一卷	2-486
楚辭天問箋一卷	2-231
楚辭天問箋一卷	2-231
楚辭六卷首一卷	2-232
楚辭附覽二卷辯證二卷	2-587
楚辭約註不分卷	2-581
楚辭通釋十四卷末一卷	2-231
楚辭章句十七卷	1-8
楚辭章句十七卷	1-184
楚辭集注八卷	2-231
楚辭集注八卷	2-446
楚辭集注八卷後語六卷辯證二卷	1-8
楚辭集注八卷首一卷	2-231
楚辭集注八卷首一卷	2-231
楚辭集注八卷辯證二卷後語六卷	1-210
楚辭集注八卷辯證二卷後語六卷	2-231
楚辭集注八卷辯證二卷後語六卷	2-231
楚辭集注八卷辯證二卷後語六卷	2-231
楚辭集註八卷	1-188
楚辭集註八卷後語六卷辯證二卷	1-86
楚辭集註八卷辯證二卷後語八卷	1-64
楚辭集註八卷辯證二卷後語六卷	1-11
楚辭評註十卷	1-216
楚辭評註十卷	1-216
楚辭燈四卷	2-497
楚辭燈四卷楚懷襄二王在位事跡考一卷	2-368
楚辭燈四卷楚懷襄二王在位事蹟考一卷	1-161
楚辭燈四卷楚懷襄二王在位事蹟考一卷	1-211
楚辭釋十卷附高唐賦一卷	2-231
楚辭釋十卷附高唐賦一卷	2-231
楚辭釋十卷附高唐賦一卷	2-231
楚辭釋十卷附高唐賦一卷	2-231
楚辭釋十卷附高唐賦一卷	2-451
楚辭辯證二卷	2-230
楚辭辯證二卷	2-232
楚寶四十卷外篇五卷	1-160
楚寶四十卷外篇五卷	2-194
楚寶四十卷外篇五卷	2-194
棟亭詩鈔詩八卷別集四卷	1-105
棟亭藏書十二種	1-173
楷法溯源十四卷	1-312
楷法溯源十四卷	1-312
楷法溯源十四卷	1-326
楷法溯源十四卷楷法溯源所采集帖目錄一卷古碑目錄一卷	2-275
楊升庵先生批點文心雕龍十卷	1-196
楊升庵先生批點文心雕龍十卷	1-196
楊氏慕廬詩集二集	1-379
楊文敏公集二十五卷附錄一卷	1-7
楊文節公文集四十二卷首一卷末一卷	2-242
楊文節公文集四十三卷詩集四十二卷首一卷	1-537
楊文懿公文集三十六卷	1-38
楊忠武公[遇春]年譜一卷	1-559
楊忠烈公文集十卷附表忠錄三卷首一卷末一卷	2-244
楊忠潛公全集四卷	1-379
楊忠潛公全集四卷	1-379
楊忠潛公集二卷	1-379
楊忠潛公集二卷	1-379

楊忠湣公集五卷首一卷末一卷……… 1－379
楊忠湣公集五卷首一卷末一卷……… 1－379
楊忠湣公集五卷首一卷末一卷……… 1－379
楊忠湣公集五卷首一卷末一卷表忠
　記二卷 ……………………… 1－379
楊忠湣公集六卷 …………………… 1－379
楊忠湣公集四卷 …………………… 1－379
楊忠湣公集四卷 …………………… 1－379
楊忠湣公集四卷首一卷 …………… 1－379
楊忠湣公遺書一卷 ………………… 1－379
楊忠愍公行狀一卷 ………………… 1－45
楊忠愍公全集一卷楊忠愍公傳家寶
　訓全集一卷 ………………… 2－244
楊忠愍公全集五卷首一卷末一卷… 2－555
楊忠愍公全集四卷 ………………… 2－244
楊忠愍公全集四卷 ………………… 2－333
楊忠愍公全集四卷 ………………… 2－333
楊忠愍公全集四卷 ………………… 2－412
楊忠愍公集三卷 …………………… 1－45
楊忠愍公遺書不分卷 ……………… 1－246
楊盈川集十卷 ……………………… 2－308
楊椒山先生集四卷 ………………… 1－379
楊椒山先生集四卷 ………………… 1－379
楊園先生全書十二種二十四卷…… 2－245
楊園先生全集五十四卷附年譜一卷
　……………………………… 1－493
楊園先生全集五十四卷附年譜一卷
　……………………………… 2－244
楊園淵源錄四卷 …………………… 2－145
楊詩所見選四卷 …………………… 2－260
楊徵君自攜前集一卷後集一卷…… 1－379
楊徵君自攜前集一卷後集一卷…… 1－379
楊龜山文集不分卷 ………………… 1－197
楊龜山先生集四十二卷 …………… 2－242
楊龜山先生集四十二卷首一卷…… 1－379
楊鐵崖文集五卷史義拾遺二卷西湖
　竹枝詞集一卷香奩集一卷 … 1－40
楞伽阿跋多羅寶經四卷 …………… 1－86
楞伽阿跋多羅寶經四卷 …………… 1－105
楞伽阿跋多羅寶經四卷 …………… 1－397
楞伽阿跋多羅寶經四卷 …………… 2－29

楞伽阿跋多羅寶經四卷 …………… 2－367
楞伽阿跋多羅寶經會譯四卷 ……… 1－397
楞伽阿跋多羅寶經會譯四卷 ……… 1－397
楞嚴指掌疏懸示一卷 ……………… 2－399
楞嚴神咒一卷 ……………………… 2－397
楞嚴經宗通十卷 …………………… 2－445
楞嚴經指掌疏十卷 ………………… 1－198
楞嚴經指掌疏十卷 ………………… 1－396
楞嚴經指掌疏十卷 ………………… 1－396
楞嚴經指掌疏十卷 ………………… 1－396
楞嚴經指掌疏十卷 ………………… 2－397
楞嚴經指掌疏十卷事義十卷懸示一
　卷 …………………………… 2－29
楞嚴經指掌疏□□卷 ……………… 2－400
楞嚴經通議十卷補遺一卷首楞嚴經
　懸鏡一卷首楞嚴經通議略科一卷
　……………………………… 1－396
槐軒千家詩註解二卷論詩法一卷後
　附一卷 ……………………… 1－379
槐軒約言一卷 ……………………… 2－25
槐軒約言一卷 ……………………… 2－415
槐軒解湯海若先生纂輯名家詩二卷
　……………………………… 1－560
槐軒雜著四卷 ……………………… 1－371
槐軒雜著四卷 ……………………… 1－371
槐軒雜著四卷 ……………………… 1－438
槐軒雜著四卷 ……………………… 1－438
槐軒雜箸四卷 ……………………… 2－289
槐軒雜箸四卷 ……………………… 2－463
槐卿遺槁六卷 ……………………… 1－379
槐野先生存笥稿三十八卷 ………… 1－134
槐雲語錄一卷 ……………………… 1－555
槐廬叢書十四種 …………………… 2－487
槐廬叢書五十一種 ………………… 2－424
槐廬叢書初編十四種二編十五種三
　編八種 ……………………… 2－411
槐廳載筆二十卷 …………………… 1－153
槐廳載筆二十卷 …………………… 1－460
榆園叢刻十八種 …………………… 2－253
榆園叢刻十八種 …………………… 2－424

榆園叢刻十八種附娛園叢刻十二種 …… 2-424	感應篇韻語不分卷 …… 1-564
榆園叢刻十八種附娛園叢刻十二種 …… 2-424	揅經室一集十四卷二集八卷三集五卷四集十一卷外集五卷 …… 1-490
榆園叢刻十八種附娛園叢刻十二種 …… 2-424	揅經室一集十四卷二集八卷三集五卷四集十一卷外集五卷 …… 1-490
榆園雜興詩一卷 …… 1-380	揅經室集四集三十八卷續集十一卷再續集六卷外卷五卷 …… 2-250
榆園雜興詩一卷 …… 1-380	揅經室詩錄五卷 …… 1-178
榆關草二卷 …… 2-130	揅經室詩錄五卷 …… 1-178
楹書隅錄五卷 …… 2-300	揅經室經進書錄四卷 …… 2-530
楹書隅錄五卷續編四卷 …… 1-184	碑版文廣例十卷 …… 2-217
楹書隅錄五卷續編四卷 …… 2-2	碑傳集一百六十卷首二卷 …… 2-588
楹書隅錄五卷續編四卷 …… 2-2	碑傳集一百六十卷首二卷末二卷 …… 2-189
楹書隅錄五卷續編四卷 …… 2-586	碑傳集一百六十卷首二卷末三卷 …… 2-189
楹聯集錦八卷 …… 2-270	碎金詞譜十四卷續譜六卷詞韻四卷養默山房詩餘三卷 …… 1-166
楹聯叢話十二卷 …… 2-368	[乾隆]鄠縣新志六卷 …… 2-140
楹聯叢話十二卷 …… 2-558	電氣鍍金略法一卷 …… 1-464
楹聯叢話十二卷 …… 2-558	電學十卷首一卷 …… 1-464
楹聯叢話十二卷續話四卷 …… 1-370	電學十卷首一卷 …… 2-37
楹聯叢話十二卷續話四卷 …… 2-270	電學大成五種二十一卷 …… 1-464
楹聯叢話十二卷續話四卷 …… 2-470	電學測算十一章 …… 1-420
楹聯叢話十二卷續話四卷 …… 2-498	電學綱目一卷 …… 1-464
楹聯叢話十二卷續話四卷賸話一卷巧對錄八卷補錄一卷 …… 1-370	電學綱目一卷 …… 2-37
楹聯續話四卷 …… 2-333	雷公炮製藥性解六卷 …… 1-403
楹聯續話四卷 …… 2-368	雷公炮製藥性解六卷 …… 1-403
較正醫林狀元壽世保元十卷 …… 1-548	雷公炮製藥性解六卷 …… 2-45
賈氏叢書甲集八種二十一卷 …… 2-13	雷公炮製藥性解六卷 …… 2-45
賈長江詩集四卷 …… 1-494	雷公炮製藥性解六卷 …… 2-45
賈長江詩集四卷 …… 2-299	雷公炮製藥性解六卷 …… 2-46
酔世集□□卷 …… 2-528	雷刻八種 …… 2-15
蜃中樓傳奇二卷三十齣 …… 2-268	雷刻四種 …… 1-311
蜃中樓傳奇二卷三十齣 …… 2-269	雷刻四種 …… 1-311
蜃樓志二十四回 …… 1-454	雷刻四種 …… 2-15
感舊集十六卷 …… 1-106	[光緒]雷波廳志三十六卷首一卷 … 2-150
感舊集十六卷 …… 1-177	[光緒]雷波廳志三十六卷首一卷 … 2-150
感應經直解一卷 …… 1-395	[光緒]雷波廳志三十六卷首一卷 … 2-434
感應篇直講不分卷 …… 2-380	頓悟入道要門論二卷 …… 1-395
感應篇注釋四卷 …… 1-395	頓悟入道要門論二卷 …… 2-32
感應篇圖說不分卷 …… 1-395	督捕則例二卷 …… 2-72
感應篇圖說不分卷 …… 1-395	督捕則例二卷 …… 2-400

督捕則例附纂二卷	2－344
歲華紀麗四卷	1－213
歲寒堂詩話二卷	1－163
歲寒堂詩話二卷	2－217
歲寒堂讀杜二十卷	1－166
粲花軒詩藁二卷	2－493
虞氏易禮二卷	2－344
虞文靖公道園全集六十卷	1－513
虞文靖公道園全集六十卷	1－513
虞文靖公道園全集六十卷	1－514
虞文靖公道園全集六十卷	1－560
虞文靖公道園全集六十卷	1－560
虞文靖公道園全集六十卷	2－387
虞初新志二十卷	1－239
虞初新志二十卷	1－239
虞初續志十二卷	1－239
虞東學詩十二卷首一卷	2－230
虞德園先生集二十五卷	1－88
當代名聯一卷	2－554
[同治]當陽縣志十八卷首一卷末一卷	2－146
[同治]當陽縣志十八卷首一卷末一卷	2－433
當湖文繫二十八卷	1－502
當湖外志八卷	1－189
當歸草堂醫學叢書初編十種	2－39
當歸草堂醫學叢書初編十種附二種	2－39
當歸草堂叢書八種	2－429
當歸草堂叢書八種十五卷	2－10
睦堂先生文集六十卷詩甲集三十四卷乙集五卷高雅堂時文十二卷睦堂先生試體詩一卷	2－283
睡庵稿十六卷	1－70
電記四卷	1－108
愚谷文存十四卷	1－476
歇菴集二十卷附錄三卷	1－51
歇菴集十六卷	1－51
暗室燈二卷	1－564
路史前紀九卷後紀十三卷餘論十卷發揮六卷國名紀七卷	2－343
路史前紀九卷後紀十三卷餘論十卷發揮六卷國名紀七卷	2－343
路史前紀九卷後紀十三卷餘論十卷發揮六卷國名紀七卷	2－343
路史前紀九卷後紀十三卷餘論十卷發揮六卷路史國姓衍慶紀原一卷歸愚子大衍數一卷國名紀七卷	2－91
路史前紀九卷後紀十四卷國名紀八卷餘論十卷發揮六卷	2－91
路史前紀九卷後紀十四卷國名紀八卷餘論十卷發揮六卷	2－91
園林午夢一卷錢塘夢一卷西廂摘句骰譜一卷	1－70
遣愁集十二卷	1－434
遣愁集十二卷	2－408
遣愁集十卷	1－182
蛾術編八十二卷	1－425
蛾術編八十二卷	2－9
畹香樓詩稿二卷	2－314
農工商部統計表不分卷	2－57
農工商部統計表不分卷	2－57
農政全書六十卷	2－49
農政全書六十卷	2－49
農政全書六十卷	2－49
農政全書六十卷	2－49
農政全書六十卷	2－373
農政全書六十卷	2－373
農政全書六十卷	2－373
農政全書六十卷	2－373
農政全書六十卷	2－476
農政全書六十卷	2－476
農政全書六十卷	2－476
農圃六書六卷	1－72
農候雜占四卷	1－562
農書二十二卷	2－48
農書三十六卷	2－536
農桑衣食撮要二卷	2－49
農桑輯要七卷	2－49
農務土質論三卷附圖說一卷	2－49
農務化學問答二卷	2－49
農務化學簡易要法三卷	2－49
農產製作學二卷	2－52

農學初級一卷	2-49	蜀秀集九卷	2-473
農學初級一卷	2-49	蜀事答問八章	1-249
農學初階七十章	2-49	蜀事答問八章	2-182
農學津梁一卷	2-478	蜀事答問八章	2-457
農學理說二卷附表一卷	2-413	蜀典十二卷	2-181
農學會日記一卷(光緒二十九年三月十六日至四月十七日)鹽學會日記一卷(光緒二十九年五月十七日至二十四日)農學會譯稿一卷	1-180	蜀典十二卷	2-181
		蜀典十二卷	2-181
		蜀典十二卷	2-181
		蜀典十二卷	2-181
		蜀典十二卷	2-447
嗣雅堂詩存五卷	1-479	蜀典十二卷	2-447
蜀十五家詞十七卷	2-475	蜀典十二卷	2-447
蜀中名勝記二十二卷	1-38	蜀典十二卷	2-447
蜀中名勝記三十卷	1-250	蜀典十二卷	2-447
蜀中名勝記三十卷	1-250	蜀典十二卷	2-447
蜀中名勝記三十卷	1-326	蜀典十二卷	2-473
蜀中名勝記三十卷	2-180	蜀典十二卷	2-473
蜀中名勝記三十卷	2-180	蜀典十二卷	2-473
蜀中名勝記三十卷	2-180	蜀典十二卷	2-474
蜀文徵存三十卷	2-236	蜀典十二卷	2-474
蜀方言二卷	1-299	蜀典十二卷	2-474
蜀水攷四卷	1-248	蜀典十二卷	2-474
蜀水攷四卷	1-248	蜀典十二卷	2-474
蜀水攷四卷	1-248	蜀宕渠五李詩鈔五種	1-151
蜀水攷四卷	2-174	蜀故二十七卷	2-181
蜀水攷四卷	2-174	蜀故二十七卷	2-181
蜀水攷四卷	2-174	蜀故二十七卷	2-181
蜀水攷四卷	2-174	蜀故二十七卷	2-181
蜀水攷四卷	2-174	蜀故二十七卷	2-181
蜀水攷四卷	2-174	蜀故二十七卷	2-181
蜀水攷四卷	2-174	蜀故二十七卷	2-300
蜀水攷四卷	2-496	蜀故二十七卷	2-476
蜀水攷四卷	2-586	蜀故二十七卷	2-476
蜀水經十六卷	2-174	蜀都雜鈔一卷	2-182
蜀秀集九卷	1-248	蜀景匯覽十四卷	2-464
蜀秀集九卷	1-473	蜀景匯覽十四卷	2-471
蜀秀集九卷	1-473	蜀景匯覽十四卷賦三卷	2-236
蜀秀集九卷	1-560	蜀景匯覽十四卷賦三卷	2-236
蜀秀集九卷	2-236	蜀景彙考十九卷	2-180
蜀秀集九卷	2-303	蜀景彙考十九卷	2-180

蜀景彙考十九卷	2-386
蜀程小紀一卷	2-183
蜀遊詩續鈔六卷	1-151
蜀遊詩續鈔六卷	1-473
蜀游鴻雪集二卷	2-458
蜀碑記十卷	2-549
蜀碑記十卷	2-555
蜀碑記補十卷	2-538
蜀碑記補十卷	2-555
蜀亂一卷	2-123
蜀亂一卷	2-123
蜀亂一卷	2-123
蜀亂一卷	2-123
蜀詩十五卷	1-473
蜀詩十五卷	1-562
蜀詩十五卷	2-236
蜀詩十五卷	2-236
蜀詩十五卷	2-413
蜀詩撮要十四卷	1-473
蜀詩撮要十四卷	1-473
蜀詩撮要十四卷	2-298
蜀碧四卷	2-118
蜀碧四卷	2-118
蜀碧四卷	2-118
蜀碧四卷	2-118
蜀碧四卷	2-118
蜀碧四卷	2-118
蜀碧四卷	2-118
蜀碧四卷	2-300
蜀僚問答二卷	2-67
蜀僚問答二卷讀律心得三卷	2-330
蜀樵詩鈔不分卷	1-473
蜀輶日記四卷(嘉慶十五年五月十五日至十一月二十二日)	1-180
蜀輶日記四卷(嘉慶十五年五月十五日至十一月二十二日)	1-327
蜀輶日記四卷(嘉慶十五年五月十五日至十一月二十二日)	2-183
蜀輶日記四卷(嘉慶十五年五月十五日至十一月二十二日)	2-464
蜀學編二卷	1-453
蜀學編二卷	2-193
蜀學編二卷	2-193
蜀學編二卷	2-299
蜀學編二卷	2-462
蜀龜鑑七卷首一卷	2-117
蜀龜鑑七卷首一卷	2-117
蜀龜鑑七卷首一卷	2-117
蜀龜鑑七卷首一卷	2-117
蜀龜鑑七卷首一卷	2-299
蜀燹述略六卷	2-122
蜀難敘略一卷	2-288
蜀難敘略一卷	2-288
蜀藻幽勝錄四卷	1-81
蜀鑑十卷	1-248
蜀鑑十卷	2-123
蜀鑑十卷	2-123
蜀鑑十卷	2-123
[同治]嵊縣志二十六卷首一卷末一卷	2-291
[道光]嵊縣志十四卷首一卷末一卷	2-144
嵩厓尊生書十五卷	1-404
圓悟佛果禪師語錄二十卷	1-519
圓機堂纂集痘科良方三卷圓機堂家藏麻疹片玉良方一卷	1-554
圓覺慈度合聖拾得大士詩一卷	1-353
圓覺經析義疏大義四卷	1-519
圓覺經略疏之鈔二十五卷	2-30
禪乘四十二種四十七卷	1-34
禪海七十四種	1-151
禪海七十四種	1-151
禪海七十四種	1-151
禪海七十四種	1-151
禪海七十種四百四十九卷	1-151
禪海七十種四百四十九卷	1-151
禪海七十種四百四十九卷	2-387
禪海七十種四百四十九卷	2-476
禪海大觀四十種二百四十卷	1-60
禪海六套四十六種二百八十七卷	1-60
筠州黃蘗斷際禪師傳心法要一卷宛陵錄一卷	1-524

[同治]筠連縣志十六卷	2-167	傷寒心悟四卷	1-405
[同治]筠連縣志十六卷	2-167	傷寒舌鑑一卷	1-544
[同治]筠連縣志十六卷	2-167	傷寒舌鑑不分卷	1-405
筠廊偶筆二卷	2-520	傷寒附翼二卷	1-415
筠清館金石文字五卷	1-121	傷寒來蘇全集三種八卷	1-405
筠清館金石文字五卷	1-326	傷寒來蘇全集三種八卷	1-405
筠清館金石文字五卷	2-203	傷寒來蘇全集三種八卷	1-405
筠清館金石文字五卷	2-203	傷寒來蘇全集三種八卷	1-405
筠溪文集二十四卷	1-129	傷寒來蘇全集三種八卷	1-544
筠溪牧潛集七卷	1-68	傷寒來蘇全集三種八卷	1-546
筠溪牧潛集七卷	1-68	傷寒來蘇全集三種八卷	1-546
筱帆詩集二卷	1-488	傷寒來蘇全集三種八卷	1-546
節本泰西新史攬要八卷	2-187	傷寒來蘇全集三種八卷	2-42
節本禮記十卷	1-277	傷寒來蘇全集三種八卷	2-42
節孝先生文集三十卷	1-1	傷寒明理論四卷	1-547
節孝先生文集三十卷	1-173	傷寒柯氏全集三種	2-42
節孝先生文集三十卷附錄一卷	1-15	傷寒恒論十卷	2-42
與古齋琴譜四卷	1-231	傷寒真方歌括六卷	1-547
與古齋琴譜四卷	2-273	傷寒真方歌括六卷	1-550
傳忠堂學古文一卷	1-187	傷寒真方歌括六卷附十藥神書註解一卷	1-551
傳是樓書目不分卷	1-110		
傳是樓書目不分卷	2-550	傷寒兼證析義一卷	1-544
傳家必讀不分卷	2-565	傷寒補天石二卷續編二卷	1-405
傳家寶初集八卷二集八卷三集八卷四集八卷	2-359	傷寒微旨二卷	1-110
		傷寒準繩八卷	1-544
傳家寶初集八卷二集八卷三集八卷四集八卷	2-380	傷寒說意十卷	1-405
		傷寒說意十卷首一卷	1-405
傳家寶初集八卷二集八卷三集八卷四集八卷	2-380	傷寒說意十卷首一卷	1-551
		傷寒說意十卷首一卷	2-40
傳家寶訓十卷	1-419	傷寒瘟疫條辨七卷	1-412
傳家寶訓十卷	1-455	傷寒瘟疫條辨七卷	1-545
傳家寶摘要一卷	2-380	傷寒瘟疫條辨七卷	1-545
傳習錄三卷	1-463	傷寒瘟疫條辨七卷	2-42
傳經表一卷附通經表一卷	1-314	傷寒瘟疫條辨六卷	2-42
傳經表二卷	1-518	傷寒緒論二卷	2-564
傳經表不分卷	2-18	傷寒論十卷	1-193
催生符不分卷附錄經驗良方一卷	1-496	傷寒論四卷	1-545
賃春草一卷	1-516	傷寒論後條辯十五卷	2-42
傷寒大成二種四卷附二種二卷	1-551	傷寒論淺註補正七卷首一卷	1-405
傷寒大成二種四卷附三種三卷	1-215	傷寒論淺註補正七卷首一卷	1-415
傷寒分經十卷	2-42	傷寒論淺註補正七卷首一卷	1-506

書名	頁碼
傷寒論淺註補正七卷首一卷	1－551
傷寒論淺註補正七卷首一卷	1－553
傷寒論淺註補正七卷首一卷	2－377
傷寒論淺註補正七卷首一卷	2－522
傷寒論註八卷	1－546
傷寒論註八卷	1－546
傷寒論註四卷附翼二卷	2－42
傷寒論翼二卷	1－177
傷寒論翼二卷	1－415
傷寒論翼二卷	1－552
傷寒論翼二卷	1－552
傷寒論類方四卷	2－46
傷寒辨證四卷	2－42
傷寒辨證四卷	2－42
傷寒醫訣串解六卷	1－415
傷寒醫訣串解六卷	1－547
傷寒證治準繩八卷	2－453
傷寒懸解十四卷首一卷末一卷	1－405
傷寒懸解十四卷首一卷末一卷	1－552
傷寒懸解十四卷首一卷末一卷	2－42
傷寒辯證四卷	1－415
傷寒纘論二卷緒論二卷	1－198
粵十三家集十三種一百七十一卷	1－518
粵十三家集十三種一百七十一卷	2－495
粵東皇華集四卷	1－518
粵雅堂叢書三十集一百八十五種	2－11
粵雅堂叢書三十集一百八十五種	2－419
粵雅堂叢書三十集一百八十五種	2－419
粵閩巡視紀略三卷	1－183
粵謳一卷	2－309
微尚齋詩集初編四卷	1－506
微波榭叢書十六種	1－205
鉢囊游草一卷附鉢囊草一卷	1－556
鉛山高守村詩稿不分卷	1－472
[同治]鉛山縣志三十卷首一卷	2－145
愈愚錄六卷	1－399
會心內集二卷	1－564
會心內集二卷	2－535
會典簡明錄一卷	2－63
會真記一卷	1－70
[同治]會理州志十二卷	2－166
[同治]會理州志十二卷	2－166
[同治]會理州志十二卷	2－580
[光緒]會理州續志二卷	2－166
[光緒]會理州續志二卷	2－166
[光緒]會理州續志二卷	2－580
會試硃卷一卷(光緒丙戌科)	2－555
會試硃卷不分卷(同治乙丑科)	2－374
會輔堂問答記略二卷	1－462
會輔堂問答記略二卷	1－462
會語一卷	1－199
會稽掇英總集二十卷	1－470
愛日吟廬書畫錄四卷補錄一卷續錄八卷別錄四卷	1－428
愛日堂尚書註解纂要六卷	2－503
愛日精廬藏書志三十六卷續志四卷	1－575
愛日精廬藏書志三十六卷續志四卷	1－575
愛日精廬藏書志三十六卷續志四卷	1－575
愛日精廬藏書志三十六卷續志四卷	2－585
愛日齋彙選當代名公繡句短札雲翰飄香□□卷	1－139
愛吾廬公餘偶筆不分卷	1－109
愛完耍五折	2－596
愛完耍五折	2－597
亂定草一卷紫露山館詩鈔一卷移蘭室時文一卷	1－516
飴山詩集二十卷	1－219
飴山詩集二十卷文集十二卷附錄一卷	1－228
頌天臚筆二十四卷	1－68
頌帚二集二卷	1－40
覓氏爲鍾圖說一卷	1－456
覓氏爲鍾圖說補義一卷	1－326
腳氣治法總要二卷	1－114
肄業要覽一卷	2－52
[乾隆]解州全志本州十八卷首一卷安邑縣十六卷首一卷安邑縣運城十六卷首一卷芮城縣十六卷首一	

卷夏縣十六卷首一卷平陸縣十六卷首一卷	1-158
[乾隆]解州安邑縣運城志十六卷首一卷	1-222
[乾隆]解州安邑縣運城志十六卷首一卷	1-222
解迷顯智成悲十明論一卷	1-528
解脫戒本經一卷	1-534
解脫集四卷	1-123
解深密經五卷	1-170
解深密經五卷	1-527
解深密經五卷	2-32
解頤對偶餘聯不分卷	1-505
解學士文集十卷	1-21
解學士文集十卷	1-21
誄文不分卷	2-496
試帖三十卷古近體詩二卷知養恬齋試帖二卷知養恬齋賦鈔四卷	2-263
試帖仙樣集裁詩十法三卷	1-516
試帖詩課合存□□種	1-499
試帖箋林八卷	1-334
試律叢話四卷	1-344
詩八卷	1-208
詩八卷	2-563
詩人玉屑二十卷	1-14
詩人玉屑二十卷	1-143
詩比興箋四卷	1-345
詩比興箋四卷附簡學齋詩存一卷	2-528
詩中畫二卷	1-240
詩毛氏傳疏三十卷	1-158
詩毛氏傳疏三十卷	1-167
詩毛氏傳疏三十卷毛詩說一卷釋毛詩音四卷	1-193
詩毛氏傳疏三十卷釋毛詩音四卷毛詩說一卷毛詩傳義類一卷鄭氏箋攷徵一卷	1-269
詩毛氏傳疏三十卷釋毛詩音四卷毛詩說一卷毛詩傳義類一卷鄭氏箋攷徵一卷	1-270
詩毛氏傳疏三十卷釋毛詩音四卷毛詩說一卷毛詩傳義類一卷鄭氏箋攷徵一卷	1-270
詩毛氏傳疏三十卷釋毛詩音四卷毛詩說一卷毛詩傳義類一卷鄭氏箋攷徵一卷	1-270
詩毛氏傳疏三十卷釋毛詩音四卷毛詩說一卷毛詩傳義類一卷鄭氏箋攷徵一卷	2-230
詩古微二卷	2-230
詩古微上編三卷中編十卷下編二卷首一卷	1-272
詩古微上編三卷中編十卷下編二卷首一卷	1-272
詩古微上編三卷中編十卷下編二卷首一卷	2-230
詩古微上編三卷中編十卷下編二卷首一卷	2-230
詩本誼一卷	2-392
詩句題解韻編總彙不分卷	2-434
詩外傳十卷	1-14
詩外傳十卷	1-27
詩外傳十卷	1-27
詩外傳十卷	1-272
詩攷不分卷	1-133
詩序廣義二十四卷	1-189
詩序廣義二十四卷	1-272
詩林韶濩二十卷	1-214
詩林韶濩二十卷	2-383
詩林韶濩選評二十卷補編一卷	1-213
詩所八卷	1-273
詩所五十六卷附詩所歷代名氏爵里一卷	1-58
詩法萃編十五卷首一卷	2-217
詩法源流三卷	1-91
詩品三卷	1-188
詩品三卷	1-471
詩逆不分卷詩考一卷	1-65
詩紀一百五十六卷目錄三十六卷	1-53
詩紀一百五十六卷目錄三十六卷	1-58
詩紀一百五十六卷目錄三十六卷	1-58
詩紀一百五十六卷目錄三十六卷	1-59
詩紀一百五十六卷目錄三十六卷	1-95

詩紀一百五十六卷目錄三十六卷 ……	1-95
詩紀一百五十六卷目錄三十六卷 ……	1-96
詩紀前集十卷正集一百三十卷外集	
四卷別集十二卷 …………………	1-15
詩舲詩錄六卷 ……………………	1-344
詩庸六卷 …………………………	1-154
詩牌譜一卷 ………………………	2-276
詩集附錄一卷 ……………………	1-20
詩集傳二十卷 ……………………	1-4
詩集傳二十卷 ……………………	1-4
詩集傳二十卷詩傳綱領一卷詩圖一	
卷詩序一卷 ……………………	1-4
詩集傳十卷詩序辨說一卷詩傳綱領	
一卷詩圖一卷 …………………	1-3
詩集傳名物鈔八卷 ………………	1-272
詩集傳名物鈔八卷 ………………	2-326
詩集傳音釋二十卷附詩圖一卷詩傳	
綱領一卷詩序辨說一卷校刻詩集	
傳音釋札記一卷 ………………	1-273
詩集傳音釋二十卷附詩圖一卷詩傳	
綱領一卷詩序辨說一卷校刻詩集	
傳音釋札記一卷 ………………	1-273
詩集傳音釋二十卷附詩圖一卷詩傳	
綱領一卷詩序辨說一卷校刻詩集	
傳音釋札記一卷 ………………	2-229
詩雋類函一百五十卷 ……………	1-49
詩雋類函一百五十卷 ……………	1-49
詩詞評論一卷白石道人逸事一卷 ……	1-508
詩詞評論一卷白石道人逸事一卷 ……	1-508
詩詞評論一卷補遺一卷 …………	1-508
詩詞評論一卷補遺一卷 …………	1-508
詩詞評論一卷補遺一卷 …………	1-508
詩詞雜俎十一種二十四卷 ………	1-73
詩補傳三十卷 ……………………	1-273
詩畫舫六冊 ………………………	2-457
詩傳大全二十卷綱領一卷諸國世次	
圖一卷詩序一卷 ………………	1-226
詩傳名物集覽十二卷 ……………	2-230
詩解頤四卷 ………………………	1-272
詩經八卷 …………………………	1-185
詩經八卷 …………………………	1-208
詩經八卷 …………………………	1-211
詩經八卷 …………………………	1-270
詩經八卷 …………………………	1-270
詩經八卷 …………………………	1-270
詩經八卷 …………………………	1-270
詩經八卷 …………………………	1-270
詩經八卷 …………………………	1-270
詩經八卷 …………………………	1-271
詩經八卷 …………………………	1-271
詩經八卷 …………………………	1-271
詩經八卷 …………………………	1-271
詩經八卷 …………………………	1-271
詩經八卷 …………………………	1-271
詩經八卷 …………………………	1-271
詩經八卷 …………………………	1-321
詩經小學三十卷 …………………	1-185
詩經小學三十卷 …………………	2-387
詩經小學三十卷 …………………	2-584
詩經不分卷 ………………………	1-271
詩經叶音辨譌八卷首一卷 ………	1-125
詩經四家異文攷五卷 ……………	1-273
詩經考十八卷 ……………………	1-79
詩經初學讀本不分卷 ……………	1-272
詩經恆解六卷 ……………………	1-269
詩經原始十八卷首二卷 …………	1-269
詩經秘旨八卷 ……………………	1-65
詩經旁訓五卷 ……………………	1-272
詩經旁訓四卷 ……………………	1-208
詩經旁訓四卷 ……………………	1-272
詩經通論十八卷卷前一卷 ………	2-536
詩經通論十八卷首一卷 …………	1-101
詩經通論十八卷首一卷 …………	1-271
詩經集注八卷 ……………………	2-229
詩經集註八卷 ……………………	2-229
詩經集傳八卷 ……………………	1-125
詩經補箋二十卷 …………………	1-270
詩經補箋二十卷 …………………	1-270
詩經傳說彙纂二十一卷首二卷詩序	
二卷 ……………………………	1-272
詩經傳說彙纂二十一卷首二卷詩序	
二卷 ……………………………	1-272

書名	冊-頁
詩經疑問七卷附編一卷	1-272
詩經說鈴十二卷	1-273
詩經廣詁三十卷	2-499
詩經精華十卷	1-271
詩經精華十卷首一卷	1-203
詩經精華十卷首一卷	1-271
詩經精華十卷首一卷	2-365
詩經精義四卷首一卷	1-320
詩經精義彙鈔四卷首一卷	2-537
詩經精義彙鈔四卷	2-229
詩經融註大全體要八卷	1-569
詩經識名一卷	2-470
詩經觸義六卷	1-272
詩經體註大全八卷	2-326
詩經體註大全合參八卷	1-272
詩管見七卷首一卷	2-229
詩說二卷	1-273
詩說十二卷	1-187
詩說附詩疑二卷詩傳遺說六卷	1-272
詩賦全集一卷	1-346
詩餘偶鈔六種	2-267
詩餘圖譜三卷	1-69
詩選樓詩稿十卷	1-348
詩緝三十六卷	1-14
詩緝三十六卷	1-14
詩緝三十六卷	2-229
詩緯集證四卷	1-273
詩緣樵說拾遺六卷	2-255
詩輯三十六卷	1-272
詩輯三十六卷	1-272
詩學指南八卷	1-162
詩錄前編四卷正編十卷	1-195
詩禮堂全集十七種五十七卷	2-551
詩總聞二十卷	2-414
詩藪內篇六卷外篇四卷續編二卷	1-136
詩藪內編六卷外編六卷雜編六卷續編二卷	1-34
詩藪內編六卷雜編六卷外編四卷	2-217
詩鵠上編三卷中編三卷下編三卷附編三卷	2-316
詩鵠上編三卷中編三卷下編三卷附編三卷	1-351
詩鵠上編三卷中編三卷下編三卷附編三卷	2-475
詩鵠附編三卷	2-436
詩歸二種五十一卷	1-59
詩歸二種五十一卷	1-78
詩歸二種五十一卷	1-150
詩瀋二十卷三家詩拾遺十卷	2-230
詩識名解十五卷	1-101
詩譜一卷	2-431
詩譜一卷	2-431
詩韻全璧五卷附初學檢韻一卷	1-309
詩韻合璧五卷	1-309
詩韻合璧五卷	1-309
詩韻合璧五卷	1-350
詩韻合璧五卷	1-351
詩韻合璧五卷	1-351
詩韻析七卷	1-273
詩韻音義註二十卷	1-351
詩韻集成十卷	1-309
詩韻集成十卷	1-350
詩韻集成十卷	1-350
詩韻集成十卷	1-350
詩韻集成十卷	1-351
詩韻集成題考合刻十卷首一卷	2-550
詩韻瑤林八卷	2-550
詩韻釋略五卷	2-529
詩辯坻四卷	1-152
詩觀初集十二卷	1-342
誠一堂琴譜六卷	1-232
誠一堂琴譜六卷	1-232
誠一堂琴譜六卷琴談二卷	1-217
誠意伯劉先生文集二十卷	1-22
誠齋先生易傳二十卷	1-15
誠齋易傳二十卷	1-260
誠齋集一百三十三卷	1-131
話口袋一卷	2-387
詳注聊齋志異圖詠十六卷	1-238
詳注聊齋志異圖詠十六卷	1-238
詳注聊齋志異圖詠十六卷	1-238
詳注聊齋志異圖詠十六卷首一卷	2-470
詳訂世史類編四十五卷首一卷	1-247

詳校醫宗必讀十卷	1-68
詳校醫宗必讀十卷	1-400
詳校醫宗必讀十卷	2-39
詳校醫宗必讀十卷	2-39
詳註秋水軒尺牘四卷	1-512
詳註聊齋志異圖詠十六卷	2-390
詳註聊齋志異圖詠十六卷	2-561
詳註普通歌訣全書□□卷	2-520
廉泉詩鈔四卷	2-559
痲科合璧不分卷	1-550
痲科合璧不分卷	1-550
痲科合璧不分卷	1-553
痲科活人全書四卷	1-543
痲疹闡註四卷	1-406
鳶青集不分卷	1-344
靖逆記六卷	1-167
靖康傳信錄二卷	1-350
靖康傳信錄三卷	1-133
靖康傳信錄三卷	2-111
靖節先生年譜攷異二卷	2-199
靖節先生集十卷首一卷諸本評陶彙集一卷年譜攷異二卷	2-236
靖節先生集十卷首一卷諸本評陶彙集一卷年譜攷異二卷	2-237
[光緒]靖邊志稿四卷	2-292
新五代史七十四卷	1-124
[同治]新化縣志三十五卷首二卷	2-146
新文牘十卷	2-370
新刊三翰林精選百大家四書墨卷評林□□卷	1-141
新刊丹溪先生心法五卷	1-6
新刊正文對音捷要琴譜真傳六卷	1-30
新刊正文對音捷要琴譜真傳六卷	1-30
新刊正文對音捷要琴譜真傳六卷	1-116
新刊古列女傳七卷續列女傳一卷	1-191
新刊古列女傳七卷續列女傳一卷	1-201
新刊古列女傳七卷續列女傳一卷	2-193
新刊外科正宗六卷	1-408
新刊迂齋先生標註崇古文訣三十五卷	1-19
新刊名世文宗三十一卷	1-59
新刊名世文宗三十卷	1-140
新刊宋學士全集三十三卷	1-23
新刊良朋彙集十卷	1-555
新刊君子亭群書摘草五卷	1-89
新刊京本分類標題大字詩學全補三十卷	1-27
新刊京本袖珍方大全四卷	1-3
新刊性理大全七十卷	2-563
新刊性理彙解六卷	1-458
新刊馬潛龍鸚鵡記全傳四卷	2-599
新刊馬潛龍鸚鵡記全傳四卷	2-599
新刊馬潛龍鸚鵡記全傳四卷	2-599
新刊校正圓機活法詩學全書二十四卷新刊校正增補圓機韻學活法全書十四卷	2-529
新刊校正圓機活法詩學全書二十四卷新刊校正增補圓機韻學活法全書十四卷	2-529
新刊校正增補圓機詩韻活法全書十四卷	1-476
新刊校正增釋合併麻衣先生神相編五卷	1-424
新刊校正增釋合併麻衣先生神相編五卷	2-36
新刊唐荊川先生稗編一百二十卷目錄三卷	1-55
新刊唐荊川先生稗編一百二十卷目錄三卷	1-55
新刊唐荊川先生稗編一百二十卷目錄三卷	1-55
新刊袖珍方四卷	1-7
新刊朝溪先生捫虱新話四卷	1-112
新刊紫陽朱子綱目大全五十九卷	1-21
新刊裒真醒迷篇一卷	1-398
新刊痘疹不求人方論一卷	1-406
新刊補注銅人腧穴針灸圖經五卷	1-205
新刊補註銅人腧穴鍼灸圖經五卷	1-549
新刊補遺秘傳痘疹全嬰金鏡錄三卷補遺三卷	1-29
新刊趙田了凡先生編纂古本歷史大方綱鑑補三十卷附明紀二十卷	2-84

新刊趙田了凡袁先生編纂古本歷史大方綱鑑補三十九卷	2-84
新刊趙田了凡袁先生編纂古本歷史大方綱鑑補三十九卷	2-84
新刊趙田了凡袁先生編纂古本歷史大方綱鑑補三十九卷	2-84
新刊監本冊府元龜一千卷目錄十卷	1-94
新刊鳳洲先生簽題性理精纂約義八卷首一卷	1-67
新刊增補古今名家詩學大成二十四卷	1-36
新刊增補古今名家韻學淵海大成十二卷	1-93
新刊駱子集註四卷	1-44
新刊翰林攷正綱目通鑑玉臺青史二十八卷	1-140
新刊舉業利用六子拔奇六卷	1-90
新刊簪纓必用翰苑新書□□卷	1-142
新刊簡明醫縠八卷要言一卷	1-136
新刊繡像全圖施公案後傳□□卷	2-451
新刊權截之文集五十卷	1-169
新刊讀史隨筆二卷	2-390
新刊讀史隨筆二卷	2-480
新世鴻勳四卷二十二回	1-102
新刊性理大全六卷	2-521
新刊醫林狀元壽世保元十卷	2-460
新民叢報彙編不分卷(乙巳年)	1-210
新民叢報彙編不分卷(乙巳年)	2-357
新民叢報彙編不分卷(甲辰年)	2-357
新民叢報彙編不分卷(甲辰年)	2-357
新民叢報彙編不分卷(甲辰年)	2-357
新民叢報彙編不分卷(甲辰年)	2-357
新民叢報彙編不分卷(甲辰年)	2-357
新安二江先生集八卷	1-154
新安文獻志一百卷目錄二卷	1-6
新安名族志二卷	1-19
新安志十卷	1-194
[淳熙]新安志十卷附一卷	2-143
[淳熙]新安志十卷附一卷	2-143
[淳熙]新安志十卷附一卷	2-581
新安景物約編五卷補遺一卷	2-477
新吾呂先生實政錄七卷	1-134
新序十卷	1-443
新序十卷	1-444
新序十卷	2-369
新序十卷	2-412
新刻九我李太史校正大方性理全書七十卷	1-91
新刻九我李太史編纂古本世史大方綱鑑四十卷	2-362
新刻九我李太史編纂古本歷史大方綱鑑三十九卷首一卷	1-56
新刻大孝記四卷	2-598
新刻大孝記四卷	2-598
新刻大孝記四卷	2-598
新刻山房十友圖贊一卷	1-55
新刻山海經十八卷	1-56
新刻山海經十八卷	1-56
新刻天花藏批評玉姣梨四卷二十回	2-538
新刻天花藏批評玉嬌梨二十回新刻天花藏批評平山冷燕二十回	1-199
新刻元龍太子全傳二卷	2-592
新刻元龍太子全傳二卷	2-592
新刻元龍太子全傳二卷	2-592
新刻元龍太子全傳二卷	2-592
新刻元龍太子全傳二卷	2-592
新刻元龍太子全傳二卷	2-592
新刻分題陰騭文西江月詞一卷附刻戒淫西江月詞十闋一卷	1-498
新刻六言雜字真音一卷	2-356
新刻文房圖贊一卷	1-55
新刻文選粹語二卷	1-39
新刻世史類編四十五卷首一卷	2-322
新刻古今女史姓氏字里詳節不分卷	1-161
新刻古今玄屑八卷	1-53
新刻古今原始十五卷	1-54
新刻古今醫鑑八卷	1-136
新刻古今類腴十八卷	1-71
新刻古器具名二卷	1-55

書名	冊-頁
新刻石函平砂玉尺經全書真機四卷 ………………………………	1－437
新刻北戶錄二卷 ……………	1－31
新刻北戶錄二卷 ……………	1－31
新刻北宋三遂平妖傳六卷四十回 ……	2－383
新刻四民便用明鏡通書四卷 …………	1－142
新刻出相音註勸善目連救母行孝戲文二卷 ………………………	2－396
新刻全補標題音註元朝捷錄四卷 ……	1－79
新刻全像三寶太監西洋記通俗演義二十卷一百回 ………………	1－102
新刻收董平四折 ……………	2－600
新刻批點四書讀本十九卷 ……	1－258
新刻批點四書讀本十九卷 ……	2－20
新刻批點四書讀本十九卷 ……	2－316
新刻呂新吾先生文集十卷 ……	1－32
新刻何氏類鎔三十五卷 ………	1－41
新刻余文榜私訪烏江渡不分卷 ……	2－522
新刻尾卷增廣一卷 ……………	2－591
新刻尾卷增廣一卷 ……………	2－592
新刻來瞿唐先生易註十五卷首一卷末一卷 ……………………	1－262
新刻來瞿唐先生易註十五卷首一卷末一卷 ……………………	1－262
新刻來瞿唐先生易註十五卷首一卷末一卷 ……………………	2－320
新刻事物異名二卷 ……………	1－56
新刻金陵原板易經開心正解下經六卷 ……………………………	1－118
新刻金陵原板易經開心正解六卷 ……	1－48
新刻京本性理大全書七十卷 ……	1－56
新刻京臺公餘勝覽國色天香十卷 ……	1－169
新刻性理大全書七十卷 ………	1－135
新刻性理大全書七十卷 ………	1－135
新刻性理大全書七十卷 ………	1－149
新刻宜齋野乘一卷 ……………	1－38
新刻官板地理玉髓真經□□卷 ……	2－533
新刻封神演義八卷一百回 ……	2－393
新刻茶具圖贊一卷 ……………	1－55
新刻胡氏詩識三卷 ……………	1－139
新刻重校增補圓機活法詩學全書二十四卷 ……………………	1－347
新刻重校增補圓機活法詩學全書二十四卷 ……………………	1－476
新刻重校增補圓機活法詩學全書二十四卷 ……………………	2－370
新刻重校增補圓機活法詩學全書二十四卷 ……………………	2－384
新刻修真寶傳因果全部一卷 ……	2－589
新刻修真寶傳因果全部不分卷 ……	2－454
新刻鬼谷先生命理四字經前定神數一卷 ……………………………	1－454
新刻音註勸善目連救母行孝戲文三卷 ……………………………	2－550
新刻音註勸善目連救母行孝戲文三卷附錄草稿一卷 …………	2－523
新刻前唐十二家詩二十四卷 ……	1－38
新刻格古論要五卷 ……………	1－56
新刻校證大字李東垣先生珍珠囊二卷 ……………………………	1－403
新刻校證大字李東垣先生珍珠囊二卷 ……………………………	1－403
新刻校證大字李東垣先生珍珠囊二卷 ……………………………	1－408
新刻徐陳二先生評選三蘇文則八卷 …	1－36
新刻旁訓四六古事苑十卷 ……	2－364
新刻陶顧二會元類編蘇長公全集四集四十卷 ……………………	1－51
新刻通鑑集要二十八卷 ………	1－61
新刻紗燈記□□卷 ……………	2－601
新刻黃掌綸先生評訂神仙鑑二十二卷 ……………………………	1－521
新刻黃掌綸先生評訂神仙鑑二十二卷 ……………………………	1－569
新刻黃掌綸先生評訂神仙鑑二十二卷 ……………………………	2－458
新刻國朝名公尺牘類選十二卷 ……	1－54
新刻國朝名公四書新說答問七卷 ……	2－487
新刻眾真醒迷不分卷 …………	2－450
新刻清書全集四種 ……………	2－358
新刻張太岳先生詩文集四十七卷 ……	1－58
新刻張太岳先生詩文集四十七卷 ……	1－195

新刻張太岳先生詩文集四十七卷 …… 1－195
新刻張太岳先生詩文集四十七卷 …… 1－202
新刻張太岳先生詩文集四十七卷 …… 1－202
新刻張太岳先生詩文集四十七卷 …… 1－202
新刻張太岳先生詩文集四十七卷 …… 1－202
新刻萬法歸宗五卷 …………………… 2－365
新刻蒐集群書紀載大千生鑑六卷 …… 1－33
新刻敬竈章一卷 ……………………… 1－566
新刻雅調唱口黨人碑全傳二十八卷
　　 ……………………………………… 2－601
新刻御頒新例三臺明律招判正宗十
　二卷 ………………………………… 1－93
新刻註釋故事白眉十卷 ……………… 1－135
新刻註釋故事白眉十卷 ……………… 1－136
新刻註釋故事白眉十卷 ……………… 2－379
新刻絕代語釋別國方言十三卷 ……… 1－61
新刻蓮花鬧八回 ……………………… 2－600
新刻楊家府世代忠勇通俗演義八卷
　　 ……………………………………… 1－201
新刻歲時廣記四卷圖說一卷 ………… 1－56
新刻爾雅翼三十二卷 ………………… 1－60
新刻爾雅翼三十二卷 ………………… 1－119
新刻廣雅十卷 ………………………… 1－51
新刻精纂詳註仕途懸鏡八卷 ………… 1－435
新刻增定邵康節先生梅花觀梅拆字
　數全集五卷 ………………………… 1－434
新刻增訂釋義經書世事通考雜字二
　卷外一卷 …………………………… 2－334
新刻增訂釋義經書世事通考雜字三
　卷 …………………………………… 2－305
新刻標題古今三十三朝史綱紀要七
　十二卷首一卷外紀七卷 …………… 1－121
新刻劍嘯閣批評西漢演義傳八卷 …… 2－457
新刻劍嘯閣批評西漢演義傳八卷 …… 2－548
新刻學堂日記故事圖說不分卷 ……… 2－490
新刻戴氏鼠璞二卷 …………………… 1－56
新刻臨川王介甫先生詩文集一百卷
　目錄二卷 …………………………… 1－59
新刻鍾伯敬先生批評封神演義十九
　卷一百回 …………………………… 2－344
新刻濟顛大師醉菩提全傳三卷十二
　回 …………………………………… 2－500
新刻歸正樓七折 ……………………… 2－597
新刻歸正樓七折 ……………………… 2－597
新刻歸正樓七折 ……………………… 2－597
新刻歸正樓七折 ……………………… 2－598
新刻羅經解三卷 ……………………… 1－563
新刻繡像療馬經五卷 ………………… 1－407
新刻繡像療牛經一卷 ………………… 2－582
新刻繡像療牛經一卷 ………………… 2－582
新刻繡像療牛經一卷 ………………… 2－582
新刻釋名八卷 ………………………… 1－61
新刻續文房圖贊一卷 ………………… 1－55
新定九宮大成南北宮詞譜八十一卷
　閏一卷總目三卷 …………………… 1－115
新定三禮圖二十卷 …………………… 1－145
新定三禮圖二十卷 …………………… 1－276
新定三禮圖二十卷 …………………… 1－276
新定三禮圖二十卷 …………………… 2－530
新定三禮圖二十卷 …………………… 2－587
新官軌範不分卷居官格言二卷 ……… 1－91
新政真詮六編 ………………………… 2－123
新科纂圖元亨療馬集八卷 …………… 1－406
新修長蘆鹽法志十六卷 ……………… 1－107
[康熙]新修齊東縣志八卷 …………… 2－137
[康熙]新修齊東縣志八卷 …………… 2－138
[光緒]新修潼川府志三十卷 ………… 1－246
[光緒]新修潼川府志三十卷 ………… 2－148
[光緒]新修潼川府志三十卷 ………… 2－148
[光緒]新修潼川府志三十卷 ………… 2－576
[光緒]新修潼川府志三十卷 ………… 2－576
[光緒]新修潼川府志三十卷 ………… 2－576
[光緒]新修潼川府志三十卷 ………… 2－576
新訂大全雜字一卷 …………………… 2－553
新訂王氏羅經透解四卷 ……………… 1－437
新訂六譯館叢書九十五種 …………… 2－541
新訂六譯館叢書九十五種 …………… 2－559
新訂四書人物備考十二卷 …………… 2－381
新訂四書補註備旨十卷 ……………… 1－253
新訂四書補註備旨十卷 ……………… 1－254
新訂四書補註備旨十卷 ……………… 1－254

新訂四書補註備旨十卷	1-254	新時連筲七折	2-591
新訂同善錄六卷	1-564	新時連筲七折	2-591
新訂敬灶章垺靈驗記一卷	1-566	新時連筲七折	2-591
新訂銅板四書正蒙□□卷	2-405	新時連筲七折	2-591
新度妻盤天河九折	2-597	新時連筲七折	2-591
新度妻盤天河九折	2-597	新時連筲七折	2-591
[道光]新津縣志四十卷首一卷	2-289	新時連筲七折	2-591
新泰縣鄉土志不分卷	2-138	新時連筲七折	2-591
[道光]新都縣志十八卷首一卷	2-148	新時連筲七折	2-591
[道光]新都縣志十八卷首一卷	2-148	新時連筲七折	2-591
[咸豐]新都縣志十八卷首一卷	2-573	新時連筲七折	2-591
新校經史海篇直音五卷	1-94	新唐書二百二十五卷	1-122
新時連筲七折	2-589	新唐書二百二十五卷	1-123
新時連筲七折	2-589	新益智圖一卷	2-340
新時連筲七折	2-589	新書十卷	1-200
新時連筲七折	2-589	新書十卷	2-23
新時連筲七折	2-589	新書十卷	2-23
新時連筲七折	2-590	新書十卷	2-23
新時連筲七折	2-590	新訪友八折	2-591
新時連筲七折	2-590	新訪友八折	2-591
新時連筲七折	2-590	新訪友八折	2-597
新時連筲七折	2-590	新訪友八折	2-597
新時連筲七折	2-590	新喻三劉文集六卷首一卷	1-213
新時連筲七折	2-590	新喻梁石門先生集十卷首一卷末一卷	1-497
新時連筲七折	2-590	[同治四川]新甯縣志八卷	1-543
新時連筲七折	2-590	[同治四川]新甯縣志八卷	1-543
新時連筲七折	2-590	[同治四川]新甯縣志八卷	2-433
新時連筲七折	2-590	[道光]新會縣志十四卷	2-168
新時連筲七折	2-590	新義錄一百卷首一卷	2-313
新時連筲七折	2-590	新義錄一百卷首一卷	2-333
新時連筲七折	2-590	新斠注地理志十六卷	2-135
新時連筲七折	2-590	新斠注地理志十六卷	2-135
新時連筲七折	2-590	新爾雅十四卷	2-209
新時連筲七折	2-590	新箋決科古今源流至論十卷	1-129
新時連筲七折	2-590	新箋決科古今源流至論前集十卷後集十卷續集十卷	1-87
新時連筲七折	2-590	新語二卷	2-355
新時連筲七折	2-590	新說西遊記一百回	2-272
新時連筲七折	2-590	新說西遊記一百回	2-548
新時連筲七折	2-590	新說西遊記圖像一百回	2-353

[乾隆]新鄭縣志三十一卷首一卷 … 2-433
新演苦海蓮舟一卷……………… 1-563
新增四書補註備旨類聯串珠詩韻典
　腋合璧不分卷……………… 1-309
新增幼學故事瓊林四卷………… 1-427
新增幼學故事瓊林四卷………… 1-427
新增幼學故事瓊林四卷………… 2-215
新增幼學故事瓊林四卷首一卷… 2-402
新增刑案匯覽十六卷 …………… 2-70
新增直音說文韻府群玉二十卷 … 1-90
新增格古要論十三卷 …………… 1-30
新增格古要論十三卷 …………… 1-30
新增格古要論三卷……………… 2-499
新增袖裏繡像百中經二卷……… 1-454
新增詩經補註附考備旨八卷…… 2-321
新增說文韻府群玉二十卷……… 1-119
新增說文韻府群玉二十卷……… 1-184
新增說文韻府群玉二十卷……… 1-303
新增說文韻府群玉二十卷……… 1-321
新增說文韻府群玉二十卷……… 1-321
新增說文韻府羣玉二十卷……… 2-210
新增說文韻府羣玉二十卷……… 2-210
新增說文韻府羣玉二十卷……… 2-363
新增说文韻府羣玉二十卷 ……… 1-57
新增説文韻府羣玉二十卷 ……… 1-57
新增願體集四卷 ………………… 2-567
新增驗方雲林合編八卷 ………… 2-38
新撰家政學七章………………… 1-463
新鋟葛稚川内篇四卷外篇四卷… 2-23
新鋟葛稚川外篇四卷 …………… 1-46
新鋟詳明醒世筭法五卷………… 1-225
新選古今類腴十八卷 …………… 1-49
新選古今類腴十八卷 …………… 1-49
新選古文筆法八卷首一卷……… 2-221
新選古文筆法八卷首一卷……… 2-221
新選古文筆法八卷首一卷……… 2-221
新選策論二卷…………………… 1-344
新編十錯認春燈謎記二卷……… 1-365
新編元寶媒傳奇二卷…………… 1-202
新編日用涓吉奇門五總龜四卷… 1-423
新編古今事文類聚一百七十卷… 1-385

新編古今事文類聚前集六十卷後集
　五十卷別集三十二卷續集二十八
　卷 ……………………………… 1-42
新編古今事文類聚前集六十卷後集
　五十卷續集二十八卷別集三十二
　卷 ……………………………… 1-57
新編古今事文類聚前集六十卷後集
　五十卷續集二十八卷別集三十二
　卷 ……………………………… 1-57
新編古今事文類聚前集六十卷後集
　五十卷續集二十八卷別集三十二
　卷 ……………………………… 1-57
新編古今事文類聚前集六十卷後集
　五十卷續集二十八卷別集三十二
　卷 ……………………………… 1-58
新編古今事文類聚前集六十卷後集
　五十卷續集二十八卷別集三十二
　卷 ……………………………… 1-85
新編古今事文類聚前集六十卷後集
　五十卷續集二十八卷別集三十二
　卷 ……………………………… 1-231
新編古今事文類聚前集六十卷後集
　五十卷續集二十八卷別集三十二
　卷新集三十六卷外集十五卷……… 1-2
新編吏治懸鏡八卷……………… 2-310
新編吏治懸鏡八卷……………… 2-378
新編事文類聚翰墨大全甲集十二卷
　乙集十八卷丙集十四卷丁集十一
　卷戊集十三卷己集十二卷庚集十
　五卷辛集十六卷壬集十七卷癸集
　十七卷後甲集十五卷後乙集十三
　卷後丙集十二卷後丁集十四卷後
　戊集九卷 ……………………… 1-85
新編事文類聚翰墨大全甲集十二卷
　乙集十八卷丙集十四卷丁集十一
　卷戊集十三卷己集十二卷庚集十
　五卷辛集十六卷壬集十七卷癸集
　十七卷後甲集十五卷後乙集十三
　卷後丙集十二卷後丁集十四卷後
　戊集九卷 ……………………… 1-128
新編事文類聚翰墨大全甲集十二卷

| 乙集十八卷丙集十四卷丁集十一卷戊集十三卷己集十二卷庚集十五卷辛集十六卷壬集十七卷癸集十七咸定甲集十五咸定乙集十三咸定丙集十二咸定丁集十四咸定戊集九卷 …… 1-128
新編事文類聚翰墨全書甲集十二卷乙集九卷丙集五卷丁集五卷戊集十三卷己集十二卷庚集二十四卷辛集十卷壬集十二卷癸集十一卷後甲集十五卷後乙集三卷後丙集六卷後丁集八卷後戊集九卷 …… 1-88
新編併音連聲韻學集成十三卷直音篇七卷 …………………… 1-135
新編金匱要略方論三卷附遺一卷 …… 1-61
新編沿海險要圖說十六卷新編長江險要圖說五卷 …………… 2-173
新編張仲景注解傷寒發微論二卷傷寒百證歌五卷 …………… 2-41
新編婦人良方補遺大全二十四卷首一卷 …………………………… 1-4
新編評注通玄先生張果星宗大全十卷 ……………………………… 1-61
新編評註通玄先生張果星宗大全十卷 ……………………………… 1-424
新編楊曾地理家傳心法捷訣一貫堪輿八卷 ………………………… 1-564
新編算學啓蒙三卷 ……………… 1-421
新編算學啓蒙三卷 ……………… 1-422
新編鳳雙飛前後全傳四十二回 …… 2-526
新編翰林珠玉六卷 ……………… 1-200
新編翰林珠玉六卷 ……………… 1-380
新編翰林珠玉六卷 ……………… 1-380
新編曆法大旨陰陽理氣大成通書□□卷 ……………………………… 1-136
新編曆法大旨通書陰陽理氣大成□□卷 ……………………………… 2-501
新編錄鬼簿二卷 ………………… 1-173
新輯毛西河四種 ………………… 2-465
新輯刑案彙編十六卷 …………… 2-70
新輯校正增圖元亨療馬集六卷附水黃牛牛經大全二卷駝經一卷 …… 1-406
新輯時務匯通一百八卷 ………… 2-310
新輯單字音訓十二集 …………… 2-214
新學大叢書一百二十卷 ………… 2-331
新學偽經考十四卷 ……………… 1-318
新學偽經考十四卷 ……………… 1-575
新學偽經考十四卷 ……………… 2-17
新學偽經考十四卷 ……………… 2-385
新錄勸世善書不分卷 …………… 2-454
新雕宋朝文鑑一百五十卷目錄三卷 … 1-5
新雕徂徠石先生文集二十卷補遺一卷校勘記一卷 ……………… 2-240
新雕校證大字白氏諷諫一卷 …… 1-187
新舊唐書互證二十卷 …………… 2-107
新舊唐書合鈔二百六十卷首一卷宰相世系表訂譌十二卷 ……… 2-475
新繁文廟祭譜錄六卷首一卷 …… 2-56
[同治]新繁縣志十六卷首一卷 … 2-149
[同治]新繁縣志十六卷首一卷 … 2-149
[同治]新繁縣志十六卷首一卷 … 2-149
[嘉慶]新繁縣志四十三卷首一卷 … 2-149
新繁縣鄉土志十卷 ……………… 2-149
新繁縣鄉土志十卷 ……………… 2-149
新鍥七政玉衡命理天機利集三卷 … 1-42
新鍥百大家評注歷子品粹十八卷 … 1-41
新鍥全補日記故事旁訓便講八卷 … 1-80
新鍥幽閒玩味奪趣群芳十卷 …… 2-498
新鍥重訂出像附釋標註驚鴻記題評二卷 ………………………… 1-49
新鍥重訂出像通俗演義東晉志傳八卷紀元一卷 ………………… 2-553
新鍥書經定衡講意六卷 ………… 1-61
新鍥書經講義會編十二卷 ……… 1-97
新鍥雲林神彀二卷 ……………… 1-551
新鍥會元玉蟠袁先生真傳書經翼衷演義□□卷 ………………… 1-125
新鍥翰林評選註釋午未程墨表□□卷 ………………………… 1-141
新鍥徽郡原板夢學全書三卷首一卷 … 1-93
新鍥簪纓必用增補秘笈新書十三卷別集三卷 …………………… 1-42

| 新鐫工師雕斵正式魯班木經匠家鏡 三卷附祕訣仙機一卷 …………… 2-490
| 新鐫工師雕斵正式魯班木經匠家鏡 三卷附祕訣仙機一卷 …………… 2-497
| 新勸民五折 …………………………… 2-591
| 新蘅詞六卷外集一卷 ………………… 1-347
| [宣統]新疆圖志一百十六卷首一卷 …………………………………… 2-171
| [宣統]新疆圖志一百十六卷首一卷 …………………………………… 2-296
| [宣統]新疆圖志一百十六卷首一卷 …………………………………… 2-315
| [宣統]新疆圖志一百十六卷首一卷 …………………………………… 2-412
| 新纂氏族箋釋八卷 …………………… 1-251
| 新纂氏族箋釋八卷 …………………… 1-252
| 新纂氏族箋釋八卷 …………………… 1-542
| 新纂氏族箋釋八卷 …………………… 2-202
| 新纂氏族箋釋八卷 …………………… 2-415
| 新纂六臣註漢文選二十四卷 ………… 1-60
| 新纂門目五臣音注揚子法言十卷 …… 1-436
| 新纂門目五臣音註揚子法言十卷 …… 1-189
| 新纂門目五臣音註揚子法言十卷 …… 1-449
| 新纂簡捷易明算法四卷附稽核錢糧 置簿規式 ……………………………… 2-477
| 新纂簡捷易明演算法四卷 …………… 1-420
| 新鐫一草亭全書四卷 ………………… 1-545
| 新鐫十名家批評易傳闡庸一百卷易 傳闡庸要略二卷 ……………………… 1-125
| 新鐫十名家批評易傳闡庸九十卷 …… 2-320
| 新鐫工師雕斵正式魯班木經匠家鏡 三卷附靈驅解法洞明真言秘書一 卷 ……………………………………… 2-52
| 新鐫大藏血盆經註 …………………… 1-566
| 新鐫五行秘旨昭繇闢謬叅贊陰陽曆 理通書三卷 …………………………… 2-518
| 新鐫五言千家詩箋註二卷諸名家百 花詩一卷 ……………………………… 2-363
| 新鐫分類評註文武合編百子金丹十 卷 ……………………………………… 2-448
| 新鐫分類評註文武合編百子金丹四 卷分類內外合編百子金丹六卷 …… 1-464
| 新鐫六經類雋十一卷 ………………… 2-385
| 新鐫方孟旋先生義經代言十二卷 …… 1-201
| 新鐫玉茗堂批評按鑑參補南宋志傳 十卷五十回 …………………………… 2-325
| 新鐫玉茗堂批評按鑑參補南宋志傳 十卷五十回 …………………………… 2-452
| 新鐫玉茗堂批點按鑑參補北宋志傳 十卷五十回 …………………………… 2-452
| 新鐫玉茗堂批點按鑑叅補楊家將傳 十卷 …………………………………… 2-458
| 新鐫古今大雅北宮詞記六卷 ………… 1-45
| 新鐫古今大雅南宮詞記六卷北宮詞 記六卷 ………………………………… 1-45
| 新鐫古今大雅南宮詞記六卷北宮詞 記六卷 ………………………………… 1-45
| 新鐫古今名公尺牘彙編選註四卷 …… 1-55
| 新鐫古本批點繡像三世報隔簾花影 四十八回 ……………………………… 1-243
| 新鐫名公釋義全備墨莊白眉故事六 卷 ……………………………………… 1-86
| 新鐫批評出相韓湘子三十回 ………… 1-64
| 新鐫批評出像通俗演義禪真後史十 集六十回 ……………………………… 1-72
| 新鐫沈學士評選曆世諸大家名文品 節□□卷 ……………………………… 1-141
| 新鐫武經標題正義七卷附武經節要 一卷陣法馬步射法棍法一卷 ……… 1-137
| 新鐫易經家訓六卷 …………………… 1-92
| 新鐫性理奧十卷首一卷 ……………… 1-200
| 新鐫時用通式翰墨全書十二卷 ……… 1-64
| 新鐫時用通式翰墨全書十二卷 ……… 1-64
| 新鐫時用通式翰墨全書十二卷 ……… 1-206
| 新鐫時用通式翰墨全書十二卷 ……… 2-587
| 新鐫唐氏壽域一卷 …………………… 1-79
| 新鐫旁批詳註總斷廣名將譜二十卷 …………………………………………… 1-452
| 新鐫海內奇觀十卷 …………………… 1-208
| 新鐫海烈婦百煉真傳十二卷十二回 …………………………………………… 1-184
| 新鐫陶節菴家藏秘授傷寒六書六卷

續論三卷	1－415
新鐫陶節庵家藏傷寒六書六卷	1－39
新鐫通俗雲箋二卷	1－78
新鐫許真君廣玉匣記增補諸家選擇日用通書六卷	2－351
新鐫張侗初太史永思齋評選古文正宗十四卷	2－566
新鐫張侗初太史永思齋評選古文正宗八卷	1－135
新鐫經苑二十五種	2－373
新鐫經苑二十五種	2－373
新鐫綴白裘合集□□卷	2－387
新鐫增定元明捷錄大成□□卷	2－565
新鐫增補評林音註國朝捷錄四卷	1－79
新鐫諸子拔萃八卷	1－65
新鐫諸子拔萃八卷	1－65
新鐫選註名公四六雲濤十卷	1－78
新鐫歷法便覽象吉備要通書二十九卷	1－437
新鐫歷法總覽合節鰲頭通書大全十卷	1－437
新鐫歷朝捷錄增定全編原本四卷	1－80
新鐫繡像旁批詳註總斷廣百將傳二十卷	1－75
新鐫顧廻瀾原板歷朝捷錄大成□□卷	2－370
新譯無線電說明書一卷	1－420
意中緣傳奇二卷	1－200
意中緣傳奇二卷三十齣	2－268
意中緣傳奇二卷三十齣	2－269
意茗山館詩稿十六卷	2－263
意林五卷	1－152
意林五卷	1－159
意林五卷補遺一卷	2－8
雍正上諭不分卷	1－385
雍正上諭不分卷	2－125
雍正上諭不分卷	2－125
雍州金石記十卷餘記一卷	1－101
雍益集一卷	1－344
雍熙樂府二十卷	1－17
慎子一卷	2－407

慎思錄四卷	2－329
慎修堂集四十五卷	1－91
慎柔五書五卷	2－284
慎盦文鈔二卷	1－535
慎齋遺書十卷	2－39
慎鸞交傳奇二卷三十齣	1－228
慎鸞交傳奇二卷三十齣	2－269
義士碑記不分卷	2－476
義門先生集十二卷附錄一卷	1－107
義門先生集十二卷附錄一卷	1－472
義門鄭氏家儀不分卷	2－379
義門讀書記五十八卷	2－7
義門讀書記五十八卷	2－7
義門讀書記五十八卷	2－552
義門讀書記五十八卷附行狀一卷	1－399
義門讀書記五十八卷附行狀一卷	1－399
義門讀書記五十八卷附行狀一卷	1－427
義貞記二卷	1－200
遡園文集四卷詩集一卷語商一卷	1－497
慈航集四卷	1－404
慈悲梁皇寶懺六卷	1－391
慈悲道場懺法傳十卷	2－380
慈悲道場懺法傳十卷	2－314
慈湖先生遺書抄六卷	1－96
慈湖春秋傳十二卷	1－114
慈暉館詞草一卷慈暉館詩草一卷	2－411
慈溪黃氏日抄分類八十八卷	2－381
慈溪黃氏日抄分類九十七卷	1－94
慈溪黃氏日抄分類九十七卷古今紀要十九卷	1－427
慈溪黃氏日抄分類九十七卷古今紀要十九卷	1－434
慈溪黃氏日抄分類九十七卷古今紀要十九卷	2－331
慈溪黃氏日抄分類九十七卷古今紀要十九卷	2－561
[雍正]慈谿縣志十六卷	1－147
煙霞萬古樓文集六卷	2－248
煙霞萬古樓文集六卷詩選二卷	2－248
煙霞萬古樓詩選二卷文集六卷	1－502

[光緒]資州直隸州志三十卷首四卷 ……	2-157	二卷 ……………………………………	2-79
[光緒]資州直隸州志三十卷首四卷 ……	2-294	資治通鑑二百九十四卷釋文辯誤十二卷 ……………………………………	2-79
[光緒]資州直隸州志三十卷首四卷 ……	2-295	資治通鑑二百九十四卷釋文辯誤十二卷 ……………………………………	2-79
[光緒]資州直隸州志三十卷首四卷 ……	2-545	資治通鑑刊本識誤三卷 ……………	1-170
資州校士續錄不分卷 ………………	1-360	資治通鑑目錄三十卷 ………………	1-135
資州校士續錄不分卷 ………………	2-270	資治通鑑目錄三十卷 ………………	2-80
資治明紀綱目二十卷附三編一卷 ……	2-85	資治通鑑目錄三十卷 ………………	2-80
資治明鑑綱目二十卷附三編一卷 ……	2-81	資治通鑑目錄三十卷 ………………	2-80
資治通鑑二百九十四卷 ……………	1-1	資治通鑑目錄三十卷 ………………	2-80
資治通鑑二百九十四卷 ……………	1-1	資治通鑑目錄三十卷 ………………	2-80
資治通鑑二百九十四卷 ……………	1-23	資治通鑑外紀十卷目錄五卷 ………	2-85
資治通鑑二百九十四卷 ……………	1-133	資治通鑑外紀十卷目錄五卷 ………	2-85
資治通鑑二百九十四卷 ……………	1-195	資治通鑑外紀十卷目錄五卷 ………	2-85
資治通鑑二百九十四卷 ……………	2-78	資治通鑑外紀十卷目錄五卷 ………	2-85
資治通鑑二百九十四卷 ……………	2-79	資治通鑑考異三十卷 ………………	1-29
資治通鑑二百九十四卷 ……………	2-79	資治通鑑考異三十卷資治通鑑釋例一卷 ……………………………………	2-80
資治通鑑二百九十四卷 ……………	2-79	資治通鑑地理今釋十六卷 …………	2-132
資治通鑑二百九十四卷 ……………	2-79	資治通鑑地理今釋十六卷 …………	2-133
資治通鑑二百九十四卷 ……………	2-79	資治通鑑地理今釋十六卷 …………	2-133
資治通鑑二百九十四卷 ……………	2-79	資治通鑑地理今釋十六卷 …………	2-133
資治通鑑二百九十四卷 ……………	2-435	資治通鑑地理今釋十六卷 …………	2-133
資治通鑑二百九十四卷 ……………	2-544	資治通鑑地理今釋十六卷 …………	2-133
資治通鑑二百九十四卷目錄三十卷 …	2-79	資治通鑑後編一百八十四卷 ………	2-80
資治通鑑二百九十四卷目錄三十卷 …	2-79	資治通鑑後編一百八十四卷 ………	2-80
資治通鑑二百九十四卷附釋文辯誤十二卷 ……………………………………	1-192	資治通鑑後編一百八十四卷 ………	2-315
資治通鑑二百九十四卷釋文辯誤十二卷 ……………………………………	2-79	資治通鑑後編校勘記十五卷 ………	2-315
資治通鑑二百九十四卷釋文辯誤十二卷 ……………………………………	2-79	資治通鑑問疑一卷 …………………	2-80
資治通鑑二百九十四卷釋文辯誤十二卷 ……………………………………	2-79	資治通鑑問疑一卷 …………………	2-80
資治通鑑二百九十四卷釋文辯誤十二卷 ……………………………………	2-79	資治通鑑補二百九十四卷 …………	2-79
資治通鑑二百九十四卷釋文辯誤十二卷 ……………………………………	2-79	資治通鑑補二百九十四卷 …………	2-435
資治通鑑二百九十四卷釋文辯誤十二卷 ……………………………………	2-79	資治通鑑補二百九十四卷 …………	2-435
資治通鑑二百九十四卷釋文辯誤十		資治通鑑補二百九十四卷首一卷刊誤二卷 ……………………………………	1-190
		資治通鑑綱目五十九卷 ……………	1-6
		資治通鑑綱目五十九卷 ……………	1-63
		資治通鑑綱目五十九卷 ……………	1-63
		資治通鑑綱目五十九卷 ……………	1-63
		資治通鑑綱目五十九卷 ……………	2-435

資治通鑑綱目五十九卷	2-436	資治新書二集二十卷	2-349
資治通鑑綱目五十九卷	2-436	資治新書二集二十卷總目一卷	2-555
資治通鑑綱目五十九卷	2-436	資治新書十四卷	2-67
資治通鑑綱目五十九卷	2-455	資治新書十四卷首一卷二集二十卷	2-402
資治通鑑綱目五十九卷前編二十五卷	1-149	資治新書初集十四卷首一卷二集二十卷	1-536
資治通鑑綱目五十九卷首一卷	1-6	[咸豐]資陽縣志四十八卷首二卷	2-157
資治通鑑綱目五十九卷首二卷	1-96	[咸豐]資陽縣志四十八卷首二卷	2-290
資治通鑑綱目正編五十九卷續編二十七卷前編二十五卷末一卷	1-206	[康熙]資縣總志八卷	1-221
資治通鑑綱目全書一百十三卷	1-57	滇考二卷	2-182
資治通鑑綱目全書一百十三卷	1-96	滇考二卷	2-182
資治通鑑綱目全書一百十三卷	1-96	滇南文畧四十七卷首一卷	2-316
資治通鑑綱目前編二十七卷	2-83	滇南文畧四十七卷首一卷	2-490
資治通鑑綱目前編二十五卷	1-149	滇南文畧四十七卷首一卷	2-490
資治通鑑綱目前編二十五卷正編五十九卷末一卷續編二十七卷三編二十卷	2-83	滇南文畧四十七卷首一卷	2-539
		滇南明詩畧續刻十卷	2-464
資治通鑑綱目前編二十五卷正編五十九卷續編二十七卷	1-197	滇南明詩畧續刻十卷	2-464
資治通鑑綱目前編二十五卷正編五十九卷續編二十七卷續編末一卷	2-435	滇南草本圖註三卷附醫門擎要一卷	1-414
		滇南雜志二十四卷	2-173
資治通鑑綱目前編二十五卷正編五十九卷續編二十七卷續編末一卷	2-435	滇亂紀畧一卷	2-390
		滇詩拾遺六卷	1-356
資治通鑑綱目集覽五十九卷	1-5	滇詩重光集十八卷	2-465
資治通鑑綱目集覽五十九卷	1-63	滇詩重光集十八卷首一卷	2-316
資治通鑑綱目發明五十九卷	1-5	滇緬劃界圖說一卷	2-357
資治通鑑綱目發明五十九卷	1-5	滇黔奏議十卷	2-128
資治通鑑綱目發明五十九卷	2-81	[嘉慶]滇繫四十卷	2-169
資治通鑑綱目續編二十七卷末一卷	2-436	[嘉慶]滇繫四十卷	2-297
		[嘉慶]滇繫四十卷	2-297
資治通鑑綱目續編末一卷	1-96	[嘉慶]滇繫四十卷	2-396
資治通鑑總要通論一卷	1-137	滙古菁華二十四卷	1-53
資治通鑑釋文三十卷	2-80	滙古菁華二十四卷	1-53
資治通鑑釋文三十卷	2-80	[嘉慶]溫江縣志三十六卷首一卷	2-157
資治通鑑釋文三十卷	2-80	[嘉慶]溫江縣志三十六卷首一卷	2-157
資治通鑑釋例圖譜一卷	2-80	[嘉慶]溫江縣志三十六卷首一卷	2-578
資治新書二集二十卷	2-67	溫江縣鄉土志十二卷	2-181
資治新書二集二十卷	2-67	溫江縣鄉土志十二卷	2-289
		溫江縣鄉土志十二卷	2-578
		溫庭筠詩集七卷集外詩一卷	1-196
		溫疫論二卷	1-412

溫疫論二卷	1-412
溫疫論二卷	1-551
溫疫論二卷	2-535
溫飛卿詩集七卷別集一卷集外詩一卷	1-146
溫飛卿詩集七卷別集一卷集外詩一卷	1-146
溫飛卿詩集九卷	1-340
溫飛卿詩集九卷	1-340
溫飛卿詩集九卷	1-340
溫飛卿詩集九卷	1-340
溫飛卿詩集九卷	1-340
溫飛卿詩集九卷	1-340
溫飛卿詩集九卷	1-340
溫飛卿詩集九卷	1-340
溫飛卿詩集九卷	2-258
溫飛卿詩集九卷	2-259
溫飛卿詩集九卷	2-298
溫病十五方一卷	1-547
溫病指南二卷	1-412
溫病條辨六卷	2-42
溫病條辨六卷首一卷	1-411
溫病條辨六卷首一卷	1-411
溫病條辨六卷首一卷	1-411
溫病條辨六卷首一卷附輯溫病條辨論一卷	1-547
溫病條辨湯頭歌括一卷	1-414
溫病論類編二卷	1-551
溫病證治歌括二卷	1-412
溫病證治歌括二卷	2-583
溫熱暑疫全書四卷	1-412
溫熱經緯五卷	1-414
溫熱經緯五卷	1-414
溫熱經緯五卷	1-545
溫熱經緯五卷	2-41
溫熱經緯五卷	2-307
滄州明詩鈔一卷補鈔二卷續鈔四卷	1-362
滄來自記年譜一卷	2-547
滄海老人中學參同一卷	2-520
滄海老人中學參同一卷	2-589
滄桑豔二卷二十齣	2-269
滄粟齋存稿四卷	2-538
滄溟先生集三十一卷附錄一卷附錄補遺一卷	1-57
滄溟先生集三十卷附錄一卷	1-28
滄溟先生集三十卷附錄一卷	1-28
滄溟先生集三十卷附錄一卷	1-28
滄溟詩集十四卷	1-361
滄溟詩集十四卷	1-361
滄溟詩集十四卷	1-361
滄溟詩集十四卷	2-260
滄溟詩集十四卷	2-415
滂喜齋叢書五十四種	2-10
滂喜齋叢書五十四種	2-421
滂喜齋叢書五十四種	2-421
滂喜齋叢書五十四種	2-421
塞上吟四卷	1-353
塞上吟四卷	1-353
禪農最要三卷	1-554
禪農最要三卷	2-405
福田自動織機圖說一卷	2-52
福幼編一卷附臍風驚風合編一卷	2-436
福幼編一卷新訂小兒科臍風驚風合編一卷遂生編一卷	1-545
[福建]福州柯氏家譜一卷	2-196
福建沿海圖說不分卷	2-393
福建闈墨不分卷	1-354
福建闈墨不分卷	1-354
福建闈墨不分卷	1-354
福建闈墨不分卷	1-354
[乾隆]福建續志九十二卷首四卷	2-295
福泰金鑑初集不分卷	1-449
福惠全書三十二卷	2-325
福惠全書三十二卷	2-478
福源石屋珙禪師山居詩一卷	1-393
福壽全書六卷	1-44
福壽根四卷	2-404
群方便覽續編二卷	1-554
群書考索古今事文玉屑二十四卷	1-33
群書考索古今事文玉屑二十四卷	1-33
群書備考六卷續二三場群書備考三	

卷 ……	1-129
群書集事淵海四十七卷 ……	1-6
群書寶窟六部 ……	2-456
群書寶窟□□卷 ……	1-497
群經凡例不分卷 ……	1-497
群經平議三十五卷 ……	1-320
群經平議三十五卷 ……	2-565
群經字詁七十二卷 ……	1-314
群經音辨七卷 ……	1-102
群經宮室圖二卷 ……	1-202
群經補義五卷 ……	1-315
群經補義五卷 ……	1-497
群經補義五卷附周禮疑義舉要七卷 ……	1-315
群經義證八卷 ……	1-188
群學肄言十六卷 ……	1-440
群學肄言十六卷 ……	1-440
群學肄言十六卷 ……	1-459
羣書札記十六卷 ……	2-7
羣書考索前集六十六卷後集六十五卷續集五十六卷別集二十五卷 ……	1-142
羣書拾補三十七卷 ……	1-575
羣書校補一百卷 ……	1-576
羣書疑辨十二卷 ……	2-25
羣書疑辨十二卷 ……	2-25
羣經凡例不分卷 ……	2-523
羣經凡例不分卷 ……	2-523
羣經凡例不分卷 ……	2-523
羣經凡例不分卷 ……	2-523
羣經字詁七十二卷 ……	2-209
羣經治要子鈔二卷 ……	2-8
羣學肄言十六卷 ……	2-56
羣學肄言十六卷 ……	2-56
彙苑詳註三十六卷 ……	1-57
彙苑詳註三十六卷 ……	1-58
彙刻書目二十卷 ……	1-576
彙刻書目二十卷 ……	1-576
彙刻書目二十卷 ……	1-576
彙刻書目二十卷 ……	2-534
彙刻書目不分卷 ……	1-577
彙鈔三館字例不分卷 ……	1-536

彙鍥註釋三蘇文苑八卷 ……	1-62
彙纂詩法度針十卷首一卷 ……	1-343
彙纂詩法度鍼三十三卷首一卷 ……	1-569
彙纂詩法度鍼三十三卷首一卷 ……	2-321
殿試策不分卷 ……	2-377
辟邪紀實三卷附一卷 ……	1-462
辟邪紀實三卷附一卷 ……	1-462
辟疆園杜詩註解七言律五卷 ……	1-159
遜志齋全集十八卷 ……	2-243
遜志齋集二十四卷 ……	1-50
遜志齋集二十四卷 ……	1-50
遜學齋文鈔十卷首一卷末一卷 ……	1-355
遜學齋詩鈔十卷 ……	1-355
遜學齋詩鈔十卷 ……	1-355
經史百家序錄不分卷 ……	2-534
經史百家簡編二卷 ……	1-323
經史百家簡編二卷 ……	2-225
經史百家簡編二卷 ……	2-225
經史百家簡編二卷 ……	2-225
經史百家簡編二卷 ……	2-225
經史百家簡編二卷 ……	2-225
經史百家簡編二卷 ……	2-589
經史百家雜鈔二十六卷 ……	1-569
經史百家雜鈔二十六卷 ……	2-225
經史百家雜鈔二十六卷 ……	2-225
經史百家雜鈔二十六卷 ……	2-304
經史百家雜鈔二十六卷首一卷 ……	2-225
經史百家雜鈔二十六卷首一卷 ……	2-225
經史典奧六十七卷 ……	1-73
經史雜記八卷 ……	1-166
經史證類大觀本草三十一卷 ……	1-195
經句說十卷 ……	1-314
經字異同四十八卷 ……	1-314
經言拾遺十四卷 ……	1-260
經言拾遺十四卷 ……	1-298
經言拾遺十四卷 ……	2-18
經序錄二卷 ……	1-321
經苑二十五種 ……	1-316
經苑二十五種 ……	1-316
經苑二十五種 ……	1-316
經苑二十五種 ……	2-402

經苑二十五種	2-490	經傳繹義五十卷	1-314
經典釋文三十卷	1-103	經傳釋詞十卷	1-125
經典釋文三十卷	1-144	經傳釋詞十卷	1-314
經典釋文三十卷	1-297	經傳釋詞十卷	1-314
經典釋文三十卷	1-297	經傳釋詞十卷	1-314
經典釋文三十卷	1-297	經傳釋詞十卷	2-208
經典釋文三十卷	1-297	經解入門八卷	1-321
經典釋文三十卷	1-297	經解入門八卷	1-510
經典釋文三十卷	1-297	經解入門八卷	2-392
經典釋文三十卷	1-297	經解入門八卷	2-501
經典釋文三十卷	1-297	經解指要七種	2-361
經典釋文三十卷	2-208	經話甲編二卷	1-314
經典釋文三十卷	2-324	經話甲編二卷	1-510
經典釋文三十卷	2-360	經話甲編二卷	2-16
經典釋文三十卷	2-408	經義正衡敘錄一卷	1-510
經典釋文三十卷	2-473	經義考二百九十八卷	1-190
經典釋文三十卷附考證	1-297	經義考三百卷	1-315
經典釋文三十卷附考證	1-297	經義考三百卷	1-315
經典釋文三十卷附考證	1-297	經義考三百卷目錄二卷	1-538
經典釋文三十卷附考證	1-298	經義考三百卷目錄二卷	2-16
經典釋文三十卷附考證	1-298	經義合編二卷	2-362
經典釋文三十卷附考證	1-509	經義述聞十五卷	1-316
經典釋文考證不分卷	1-297	經義述聞三十二卷	1-315
經訓比義三卷	2-358	經義述聞三十二卷	2-17
經訓堂叢書二十一種	2-9	經義述聞三十二卷	2-534
經訓堂叢書二十一種	2-286	經義述聞三十二卷附經傳釋詞十卷	
經訓堂叢書二十一種	2-416		1-315
經訓堂叢書二十一種	2-416	經義茞撞四卷附讀經瑣記一卷	1-426
經訓堂叢書二十一種	2-517	經義茞撞四卷附讀經瑣記一卷	2-17
經書源流歌訣一卷三禮儀制歌訣一		經義策論要法三卷附錄一卷	1-510
卷歷代姓系歌訣一卷	1-510	經義策論要法三卷附議啟二篇	2-382
經書算學天文攷二卷	2-526	經義策論要法三卷附議啟二篇	2-498
經略洪承疇奏對筆記二卷	2-126	經義模範一卷	1-510
經笥堂文鈔二卷	1-510	經義雜記三十卷敘錄一卷	1-314
經笥質疑易義原則六卷首一卷附篇		經漢註解赫廳一卷	1-313
四卷首一卷	1-259	經遼疏牘十卷	1-514
經策通纂二種五十六卷首一卷	1-315	經遼疏牘九卷	2-126
經策通纂二種五十六卷首一卷	2-16	經遼疏牘九卷	2-126
經筵玉音問答一卷	2-323	經德堂文集六卷	1-510
經詞衍釋十卷補遺一卷	2-208	經徵成案彙編三期（光緒三十四年	
經絡歌訣一卷	1-406	至宣統二年）	2-409

經徵成案彙編三期(光緒三十四年至宣統二年)	2-545	經籍跋文一卷	1-510
經徵成案彙編不分卷	2-585	經籍跋文一卷	1-575
經徵成案彙編第一期	2-288	經籍舉要一卷	1-510
經餘必讀二卷續編二卷	1-541	經籍舉要一卷附刊五種	1-318
經餘必讀八卷	2-496	經籍舉要一卷附刊五種	1-510
經餘必讀八卷續編八卷三集四卷	1-541	經籍纂詁一百六卷	1-313
經餘必讀八卷續編八卷三集四卷	2-413	經籍纂詁一百六卷附補遺	2-357
經學初程一卷	1-433	經籍纂詁一百六卷首一卷	1-313
經學通論五卷	1-314	經籍纂詁一百六卷首一卷	1-313
經學通論五卷	1-314	經籍纂詁一百六卷首一卷附補遺	1-313
經學紺珠八種	1-314	經籍纂詁一百六卷首一卷附補遺	1-322
經學提要十五卷	1-314	經籍纂詁一百六卷首一卷附補遺一百六卷	1-313
經學算學天文攷二卷	2-432	經籍纂詁一百六卷首一卷補遺一卷	2-215
經學輯要二十四卷	2-360		
經學輯要二十四卷首一卷	1-315	經籍纂詁一百六卷首一卷補遺一卷	2-215
經學輯要二十四卷首一卷	2-558		
經學歷史一卷	1-318	經籍纂詁一百六卷首一卷檢韻一卷	1-509
經濟原論二十七篇	1-510		
經濟尋源九卷後集三卷	1-527	經籍纂詁五卷	2-434
經濟學五編	2-392	經籍纂詁五卷首一卷	1-313
經濟叢編十三種	2-283	經籍纂詁五卷首一卷	1-322
經濟類攷二卷	2-4	經籍纂詁不分卷附補遺	2-215
經濟類編一百卷	1-34	經籍纂詁一百六卷補遺一百六卷首一卷	2-447
經濟類編一百卷	1-34		
經濟類編一百卷	1-34	經懺集成二十種	1-535
經濟類編一百卷	1-118	經驗福幼編一卷	1-406
經禮補逸九卷	1-275	綉像四香緣四卷	2-527
經韻集字拆解二卷冠全韻字數一卷		綉像南唐演義薛家將傳四卷	2-287
	1-309	綉圖繪芳園全錄八卷八十回	2-388
經韻樓集十二卷	1-510	綏寇紀略十二卷	2-478
經韻樓集十二卷	2-249	綏寇紀略十二卷補遺三卷	1-168
經韻樓叢書十一種	2-277	綏寇紀略十二卷補遺三卷	2-118
經韻樓叢書七種	1-226	綏寇紀略十二卷補遺三卷	2-118
經韻樓叢書八種一百十二卷	2-584	彙刻書目二十卷	1-224
經籍訪古志六卷補遺一卷	1-579	彙刻書目不分卷	2-539
經籍訪古志六卷補遺一卷	1-579	彙書詳註三十六卷	1-130
經籍訪古志六卷補遺一卷	1-579	彙書詳註三十六卷	1-130
經籍訪古志六卷補遺一卷	2-414	彙集語錄不分卷附經驗效方一卷	1-527
經籍訪古志六卷補遺一卷	2-521	彙選攜笈通書二卷	1-225
經籍訪古志六卷補遺一卷	2-585	彙輯輿圖備攷全書十八卷	1-151

彙纂功過格十二卷首一卷末一卷 …… 2-26

十四畫

碧山樂府四卷 …………………… 1-71
碧血錄五卷 ……………………… 1-238
碧血錄五卷 ……………………… 1-447
碧血錄四卷 ……………………… 1-418
碧栖山房詩鈔三卷 ……………… 1-371
碧陽課藝不分卷 ………………… 1-133
碧漪集四卷 ……………………… 1-181
碧聲吟館叢書六種八卷附五種八卷
 ……………………………………… 2-466
碧檀欒齋詩稿□□卷 …………… 2-353
瑤函玉笈十八卷 ………………… 1-533
瑤函玉笈十八卷 ………………… 1-533
駁林居漫錄評正不分卷 ………… 1-80
駁案新編三十二卷續編七卷 …… 2-70
駁案新編三十二卷續編七卷 …… 2-519
駁案新編三十二卷續編七卷 …… 2-550
趙子常選杜律五言註三卷 ……… 2-474
趙氏本草綱目拾遺十卷 ………… 2-482
趙氏淵源集十卷銷暑錄一卷 …… 2-13
趙文恪公自訂年譜一卷 ………… 2-200
趙文恪公遺集不分卷 …………… 2-251
趙文敏公松雪齋全集十卷外集一卷
 續集一卷 ………………………… 1-378
趙文敏公松雪齋全集十卷外集一卷
 續集一卷 ………………………… 2-337
趙文敏公松雪齋全集十卷外集一卷
 續集一卷行狀一卷 ……………… 1-378
趙文敏公松雪齋全集十卷外集一卷
 續集一卷行狀一卷 ……………… 1-378
趙文敏公松雪齋全集十卷外集一卷
 續集一卷行狀一卷 ……………… 2-243
趙文肅公文集二十三卷 ………… 1-60
趙文肅公文集二十三卷 ………… 1-172
趙文肅公文集二十三卷 ………… 1-378
趙州和尚語錄三卷趙州真際禪師行
 狀一卷 …………………………… 2-314
趙次閑印譜不分卷 ……………… 1-556

趙李合璧八卷 …………………… 2-45
趙忠毅公史韻四卷 ……………… 2-88
[乾隆]趙城縣志二十四卷首一卷末
 一卷 ……………………………… 1-222
趙恭毅公賸槁八卷 ……………… 1-378
趙浚谷文集十七卷 ……………… 1-128
趙清獻公文集十卷附錄一卷 …… 1-12
趙熙會試硃卷一卷(光緒壬辰科)四
 川鄉試硃卷一卷(光緒辛卯科) … 2-374
趙甌北全集七種一百七十五卷 … 1-484
趙甌北全集七種一百七十五卷 … 1-484
趙甌北全集七種一百七十五卷 … 2-14
趙甌北全集七種一百七十五卷 … 2-278
趙甌北全集七種一百七十五卷 … 2-330
趙甌北全集七種一百七十五卷 … 2-501
墟中十八詠一卷圖一卷 ………… 1-106
嘉定四先生集九十二卷 ………… 1-108
[光緒]嘉定縣志三十二卷首一卷刊
 誤一卷 …………………………… 1-542
[光緒]嘉定縣志三十二卷首一卷刊
 誤一卷 …………………………… 2-143
嘉定錢氏潛研堂全書二十三種二百
 七十一卷 ………………………… 2-278
嘉定錢氏潛研堂全書二十四種 … 2-403
嘉定錢氏潛研堂全書二十四種 … 2-403
嘉靖以來內閣首輔傳八卷 ……… 1-119
嘉樂齋三蘇文範十八卷 ………… 1-95
嘉樂齋三蘇文範十八卷 ………… 1-95
嘉樂齋三蘇文範十八卷 ………… 1-95
嘉樂齋三蘇文範十八卷 ………… 2-563
嘉樹山房集二十卷外集二卷 …… 1-369
嘉樹山房集二十卷外集二卷 …… 1-369
嘉樹山房集二十卷附外集二卷續集
 二卷 ……………………………… 2-246
嘉樹山房詩集十八卷應制二卷 … 2-261
[光緒]嘉興府志八十八卷首二卷 … 2-144
[光緒]墊江縣志十卷 …………… 2-161
[光緒]墊江縣志十卷 …………… 2-161
[光緒]墊江縣志十卷 …………… 2-293
[道光]墊江縣志十卷 …………… 2-161
增默菴詩遺集二卷 ……………… 2-262

書名	頁碼
穀山筆麈十八卷	1-44
穀梁春秋經傳古義疏十一卷	1-278
穀梁春秋經傳古義疏十一卷	2-327
穀詒堂全集三卷	2-536
穀詒堂集古詩鈔十卷	2-482
壽世青編二卷	1-547
壽世新編不分卷	1-401
壽世新編不分卷	1-401
[道光]綦江縣志十二卷首一卷	2-161
[道光]綦江縣志十二卷首一卷	2-161
[道光]綦江縣志十二卷首一卷	2-295
[道光]綦江縣志十二卷首一卷	2-577
聚星堂餘草不分卷	2-329
聚星堂餘草不分卷	2-355
聚星堂餘草不分卷	2-355
聚學軒叢書六十一種	2-421
聚學軒叢書六十一種	2-421
聚學軒叢書六十種	2-12
摹印述一卷	2-351
蔣山堂印譜不分卷	1-236
蔣氏游藝秘錄二卷	1-155
蔣恭侯傳不分卷	2-351
蔣鉛山九種曲九種	2-532
蔣詩二卷	1-372
蔡中郎文集十卷外傳一卷	1-36
蔡中郎文集十卷外傳一卷	1-87
蔡中郎集十二卷附錄一卷	1-50
蔡中郎集十卷外紀一卷外集四卷列傳一卷年表一卷	1-194
蔡中郎集十卷外紀一卷外集四卷列傳一卷年表一卷	1-220
蔡中郎集十卷外紀一卷外集四卷列傳一卷年表一卷	2-236
蔡中郎集十卷外紀一卷外集四卷列傳一卷年表一卷	2-236
蔡氏九儒書九種九卷首一卷	2-312
蔡氏九儒書九種九卷首一卷	2-448
蔡氏萬方鍼綫八卷	2-482
蔡虛齋先生四書蒙引十五卷	1-255
蔡福州外紀十卷附錄一卷	2-491
蔡端明別紀十二卷	1-11
蔗尾詩集十五卷	1-373
蔗塘未定稿七種九卷外集五種八卷	1-105
蔗塘未定稿七種九卷外集五種六卷	1-105
熙朝紀政六卷	2-120
熙朝紀政四卷	2-490
熙朝宰輔錄不分卷	2-489
熙朝新語十六卷	2-121
[光緒]蔚州志二十卷首一卷	1-274
[乾隆]蔚州志補十二卷首一卷	2-292
蓼懷堂琴譜不分卷	1-231
蓼懷堂琴譜不分卷	1-231
蓼懷堂琴譜不分卷	2-273
檟園四種	2-299
檟園四種	2-300
榕村全集四十卷	1-171
榕村全集四十卷	1-216
榕村語錄三十卷	1-170
榕村語錄三十卷	1-216
榕村講授三卷	1-199
榕園全集六種三十一卷	1-378
榕園叢書三集六十三種續刻三種	2-11
榕檀問業十八卷	1-173
輶軒語不分卷	2-497
監本正誤一卷石本誤字一卷	2-53
監本正誤一卷石本誤字一卷儀禮校勘記一卷	2-53
監本四書十九卷附四書圖一卷字辨一卷句辨一卷	1-258
監本附音春秋公羊注疏二十八卷附校勘記	1-279
監本附音春秋公羊注疏二十八卷附校勘記	1-279
監本附音春秋公羊注疏二十八卷附校勘記	2-303
監本附音春秋公羊註疏二十八卷	1-1
監本春秋公羊注疏二十八卷附校勘記	1-279
監本春秋公羊注疏二十八卷附校勘記	2-328

監本詩經八卷	1-318	爾雅正義二十卷附釋文三卷	1-288
監本詩經刪補四卷	1-271	爾雅正義三卷	1-100
監本禮記十卷	1-274	爾雅古義二卷	1-111
監本釋音春秋穀梁傳注疏二十卷	1-279	爾雅古義二卷	1-188
監本釋音春秋穀梁傳注疏二十卷	1-279	爾雅古義二卷	1-188
監本釋音春秋穀梁傳注疏二十卷附校勘記	1-279	爾雅四卷	1-287
樕溪遺績不分卷	2-535	爾雅匡名二十卷	1-538
爾雅二卷	1-287	爾雅匡名二十卷	2-208
爾雅二卷	1-288	爾雅初學讀本一卷孝經初學讀本一卷	1-287
爾雅十一卷首一卷	1-202	爾雅直音二卷	1-288
爾雅三卷	1-10	爾雅直音二卷	1-288
爾雅三卷	1-184	爾雅直音二卷	1-563
爾雅三卷	1-198	爾雅直音二卷	2-327
爾雅三卷	1-198	爾雅直音二卷附考一卷	1-287
爾雅三卷	1-198	爾雅易讀一卷	1-538
爾雅三卷	1-210	爾雅注疏十一卷	1-203
爾雅三卷	1-210	爾雅注疏十一卷	1-286
爾雅三卷	1-287	爾雅注疏十一卷	1-286
爾雅三卷	1-287	爾雅注疏十一卷	1-286
爾雅三卷	1-287	爾雅注疏十一卷	1-286
爾雅三卷	1-287	爾雅注疏十一卷	1-286
爾雅三卷	1-287	爾雅注疏十一卷	1-286
爾雅三卷	1-287	爾雅注疏十一卷	1-321
爾雅三卷	1-287	爾雅注疏十一卷	2-290
爾雅三卷	1-287	爾雅注疏本正誤五卷	1-287
爾雅三卷	1-287	爾雅音義二卷	1-203
爾雅三卷	1-287	爾雅郭注佚存補訂二十卷	1-538
爾雅三卷	1-287	爾雅郭注佚存補訂二十卷	1-538
爾雅三卷	1-288	爾雅郭注佚存補訂二十卷	1-556
爾雅三卷	1-288	爾雅郭注佚存補訂二十卷	2-334
爾雅三卷	1-288	爾雅郭注佚存補訂二十卷	2-372
爾雅三卷	1-288	爾雅郭注佚存補訂二十卷	2-372
爾雅三卷	2-208	爾雅郭注義疏二十卷	2-208
爾雅三卷	2-208	爾雅郭注義疏二十卷	2-208
爾雅三卷附校勘記	1-287	爾雅郭注義疏二十卷	2-208
爾雅三卷附校勘記	1-287	爾雅郭注義疏二十卷	2-327
爾雅三卷附校勘記	1-287	爾雅郭注義疏十九卷	1-170
爾雅正郭三卷	1-288	爾雅郭注義疏十九卷	2-208
爾雅正郭三卷	2-208	爾雅郭注義疏三卷	1-538

爾雅郭注義疏三卷	1-538
爾雅郭注義疏三卷	1-538
爾雅郭注義疏三卷	1-538
爾雅郭注義疏三卷	1-538
爾雅郭注義疏三卷	1-538
爾雅郭註補正九卷	2-554
爾雅註八卷	1-89
爾雅註疏十一卷	1-119
爾雅補注殘本一卷	1-320
爾雅補郭二卷	1-538
爾雅補郭二卷	2-208
爾雅疏十卷	1-287
爾雅疏十卷	2-208
爾雅疏十卷	2-337
爾雅疏十卷附校勘記	1-286
爾雅疏十卷附校勘記	1-286
爾雅疏十卷附校勘記	1-286
爾雅疏十卷附校勘記	1-286
爾雅疏十卷附校勘記	1-286
爾雅疏十卷附校勘記	1-286
爾雅疏十卷附校勘記	1-287
爾雅疏十卷附校勘記	2-409
爾雅蒙求二卷	1-189
爾雅漢注三卷	1-224
爾雅翼三十二卷	1-8
爾雅翼三十二卷	1-75
爾雅翼三十二卷	1-75
爾雅讀本四卷	1-287
爾爾書屋詩草八卷	2-264
霆軍紀略十六卷	1-326
霆軍紀略十六卷	2-121
霆軍紀略十六卷	2-121
摭言一卷	2-363
摭言十五卷	1-243
摘刊歷代策略四卷	2-465
摘刊歷代論略七卷	2-466
摘刊歷代論略七卷策略四卷	2-466
摘錄書法通文便解一卷	1-208
睿川易義合編不分卷	1-321
對山印稿八卷	1-169
對山集十九卷	1-25
對雨樓叢書五種三十五卷	1-205
對數表不分卷	1-420
對聯匯海十四卷	2-270
對類二十卷	1-88
對類二十卷	1-93
對類二十卷	2-410
對類便讀六卷首一卷	1-355
對類便讀六卷首一卷	2-369
對類便讀六卷首一卷	2-383
對類便讀六卷首一卷	2-390
對類便讀六卷首一卷	2-466
幣泉匯典一卷	2-205
剿九我李先生編輯梁昭明太子統文選品彙十八卷	1-49
暌車志六卷	1-151
暢園叢書甲函五種十二卷	2-12
閨秀詞鈔十六卷姓氏韻編一卷	1-487
閨訓清源不分卷	1-458
閨範四卷	1-137
聞妙香室詞一卷	1-487
聞妙香室試帖選註三卷	2-255
聞知錄十四卷	1-440
閩中書畫錄不分卷	1-108
閩政領要三卷	2-392
閩雜記十二卷	1-241
鳴原堂論文二卷	1-480
鳴原堂論文二卷	1-480
鳴原堂論文二卷	1-480
鳴原堂論文二卷	1-540
鳴原堂論文二卷	2-496
鳴鶴堂文集十卷詩集十一卷	1-480
鳴鶴堂詩集十一卷	1-480
鳴鶴堂詩集十一卷	1-480
嘯亭雜錄八卷續錄二卷	1-234
嘯亭雜錄八卷續錄二卷	2-9
嘯堂集古錄二卷	1-91
嘯園叢書五十八種	2-424
嘯園叢書五十八種	2-425
嘯園叢書五十八種	2-471
嘯劍山房詩鈔十三卷附試帖一卷	1-477
圖民錄四卷	2-67

書名	頁碼
圖衍辨正二卷河圖說不分卷 ………	2-19
圖書府六卷 ………………………	1-86
圖書編一百二十七卷 ……………	1-65
圖註八十一難經四卷 ……………	2-41
圖註八十一難經辨真四卷 ………	1-409
圖註八十一難經辨真四卷 ………	1-409
圖註八十一難經辨真四卷 ………	1-409
圖註八十一難經辨真四卷 ………	1-409
圖註八十一難經辨真四卷 ………	1-409
圖註八十一難經辨真四卷 ………	1-409
圖註八十一難經辨真四卷 ………	1-410
圖註八十一難經辨真四卷 ………	1-549
圖註八十一難經辨真四卷 ………	2-41
圖註八十一難經辨真四卷 ………	2-41
圖註八十一難經辨真四卷 ………	2-41
圖註八十一難經辨真四卷 ………	2-41
圖註八十一難經辨真四卷 ………	2-377
圖註八十一難經辨真四卷 ………	2-462
圖註脉訣辨真四卷 ………………	2-468
圖註脉訣辨真四卷 ………………	2-468
圖註脉訣辨真四卷附脉訣附方一卷 ………………………………	2-467
圖註脉訣辨真四卷附脉訣附方一卷 ………………………………	2-469
圖註脈訣辨真四卷 ………………	2-41
圖畫見聞誌六卷 …………………	1-117
圖畫新聞（十月十二至二十日）……	2-333
圖解三卷 …………………………	1-423
圖解三卷 …………………………	1-423
圖說一卷五贊一卷筮儀一卷 ……	1-68
圖繪寶鑑八卷 ……………………	2-201
圖繪寶鑑六卷 ……………………	1-8
鄦齋叢書二十種 …………………	2-422
鄦齋叢書二十種 …………………	2-422
製紙畧法一卷 ……………………	2-52
種玉堂陰騭文印譜不分卷 ………	2-381
種印度粟法一卷 …………………	2-50
種梅心法二卷 ……………………	2-8
種棉五種 …………………………	2-50
種痘新書十二卷 …………………	1-406
種痘新書十二卷 …………………	1-551
種福堂公選良方四卷 ……………	2-47
種福堂公選良方兼刻古吳名醫精論□□卷 ………………………………	2-526
種福堂公選臨證指南四卷 ………	2-450
種墨山房詩草□□卷 ……………	2-381
種樹山房詩集九卷 ………………	2-264
種樹書一卷附廣饌桑說輯補二卷饌桑說一卷 ………………………	2-50
稱謂錄三十二卷 …………………	1-182
稱讚大乘功德經 …………………	1-398
稱讚大乘功德經 …………………	1-398
稱讚淨土佛攝受經一卷 …………	1-523
箋注陶淵明集十卷 ………………	1-192
箋注陶淵明集十卷補注陶淵明集總論一卷 ………………………………	2-237
箋注陶淵明集十卷補注陶淵明集總論一卷 ………………………………	2-237
箋注陶淵明集六卷附錄一卷 ……	1-68
箋釋梅亭先生四六標準四十卷 …	1-41
算式集要四卷 ……………………	1-419
算式集要四卷 ……………………	2-36
算式解法十四卷 …………………	1-419
算經十書三十五卷 ………………	1-421
算學入門三卷 ……………………	1-421
算學入門三卷 ……………………	1-421
算學初讀四卷 ……………………	2-519
算學啓蒙述義二卷 ………………	1-422
算學策要十五卷增補算學纂要三卷增補談算輯要六卷 ………………	2-494
管子二十四卷 ……………………	1-35
管子二十四卷 ……………………	1-52
管子二十四卷 ……………………	1-52
管子二十四卷 ……………………	1-64
管子二十四卷 ……………………	1-116
管子二十四卷 ……………………	1-446
管子二十四卷 ……………………	1-446
管子二十四卷 ……………………	1-450
管子二十四卷 ……………………	2-22
管子二十四卷 ……………………	2-22
管子二十四卷 ……………………	2-22

管子二十四卷	2-22
管子二十四卷	2-22
管子二十四卷	2-343
管子二十四卷	2-344
管子二十四卷	2-352
管子校正二十四卷	2-22
管子校正二十四卷	2-22
管子校正二十四卷	2-22
管子義證八卷	2-21
管子纂二卷	1-93
管可壽齋尺牘二卷	2-496
管見舉隅二卷緒論二卷	1-471
管城碩記三十卷	1-235
管城碩記三十卷	1-454
管城碩記三十卷	2-7
管窺輯要八十卷	1-435
管窺輯要八十卷	2-36
管韓合纂四卷	1-93
毓麟廣嗣集不分卷	2-459
儆季褧箸五種附二種	2-359
儆季褧箸五種附二種	2-359
儆季雜著七種	2-281
儆居集二十二卷	2-359
儆居遺書十一種	2-359
僊佛奇踪八卷	1-44
僊源輿頌不分卷	2-498
僭國年表不分卷附僭國續譜一卷	1-131
槃薖文集甲三卷乙二卷別錄一卷	1-505
銅人鍼灸經七卷附校勘記一卷	1-550
銅梁山人詩集二十五卷	1-472
銅梁山人詩集二十五卷	2-466
[光緒]銅梁縣志十六卷首一卷	2-167
[光緒]銅梁縣志十六卷首一卷	2-167
[光緒]銅梁縣志十六卷首一卷	2-580
銅鼓書堂遺稾三十二卷	1-149
銅鼓書堂遺稾三十二卷	1-217
銅鼓書堂遺稾三十二卷	2-246
銅鼓書堂藏印不分卷	2-274
銀海精微四卷	1-412
銀海精微四卷	2-43
銀礦指南不分卷	2-52

鄱陽集四卷首一卷末一卷	1-505
邇言十卷	1-180
鳳山草堂文集二卷	1-487
鳳山草堂文集二卷	1-487
鳳池園文集八卷詩集八卷	1-107
鳳城瑣錄一卷	1-240
鳳城瑣錄一卷	2-182
鳳凰山七十二卷七十二回	2-519
[乾隆]鳳翔縣志八卷首一卷	1-158
鳳臺祇謁筆記一卷	2-180
[乾隆山西]鳳臺縣志二十卷首一卷	1-221
雜症準繩八卷	1-544
疑年錄四卷續疑年錄四卷	2-201
疑雨集四卷	1-504
疑雨集四卷	1-504
疑獄集前集一卷後集一卷續二卷	1-157
誌銘廣例二卷	1-350
語石十卷	2-207
語石十卷	2-207
語石十卷	2-207
語石十卷	2-207
語石十卷	2-385
語石十卷	2-589
語錄彙集不分卷	1-385
誥咒要鈔一卷	2-528
誥授光祿大夫頭品頂帶陝西布政司布政使贈內閣學士先考之純府君[蔣凝學]行狀一卷	2-197
說文分韻易知錄五卷	1-297
說文分韻易知錄五卷	1-297
說文引經考二卷	1-183
說文引經考二卷附補遺一卷	1-291
說文引經考二卷附補遺一卷	1-291
說文引經考二卷附補遺一卷	1-291
說文引經考二卷附補遺一卷	2-212
說文引經考證八卷	1-292
說文引經考證八卷	1-292
說文引經考證八卷	1-292
說文引經考證八卷	1-292
說文引經證例二十四卷	1-297

說文古本考十四卷	1-296
說文古本攷十四卷	1-175
說文古語攷補正二卷	1-320
說文古籀十四卷補遺一卷補附錄一卷	1-170
說文古籀補八卷	1-293
說文古籀疏證六卷	1-293
說文古籀疏證六卷	2-212
說文古籀補十四卷	1-349
說文本經答問二卷	2-211
說文外編十六卷	1-297
說文外編十六卷	1-568
說文字原集注十六卷表一卷表說一卷	1-172
說文字原集注十六卷表一卷表說一卷	1-172
說文字辨十四卷	2-211
說文佚字考四卷	1-297
說文長箋一百卷首二卷解題一卷凡例一卷六書長箋七卷	1-150
說文段注訂補十四卷	2-210
說文段注訂補不分卷	1-113
說文段注撰要九卷	1-296
說文段注撰要九卷	2-211
說文段注撰要九卷	2-211
說文段注撰要九卷	2-382
說文染指二卷	1-296
說文校議十五卷	1-171
說文校議十五卷	1-291
說文校議十五卷	1-291
說文校議十五卷	1-291
說文校議十五卷	1-291
說文校議十五卷	2-209
說文校議十五卷	2-344
說文部目二卷	1-292
說文部首輯注不分卷	1-292
說文部首韻言一卷	1-291
說文部首讀本一卷	1-291
說文部首讀本一卷	1-291
說文部首讀本一卷	1-291
說文部首讀本一卷	2-209
說文部首讀本一卷	2-209
說文通訓定聲十八卷分部檢韻一卷說雅一卷古今韻準一卷	1-290
說文通訓定聲十八卷分部檢韻一卷說雅一卷古今韻準一卷	1-290
說文通訓定聲十八卷分部檢韻一卷說雅一卷古今韻準一卷	1-290
說文通訓定聲十八卷分部檢韻一卷說雅一卷古今韻準一卷	1-291
說文通訓定聲十八卷分部檢韻一卷說雅一卷古今韻準一卷	1-291
說文通訓定聲十八卷分部檢韻一卷說雅一卷古今韻準一卷	1-291
說文通訓定聲十八卷分部檢韻一卷說雅一卷古今韻準一卷	2-211
說文通訓定聲十八卷分部檢韻一卷說雅一卷古今韻準一卷	2-391
說文通訓定聲十八卷古今韻準一卷分部檢韻一卷說雅一卷行述一卷	1-292
說文通訓定聲十八卷古今韻準一卷分部檢韻一卷說雅一卷行述一卷	1-292
說文通訓定聲十八卷古今韻準一卷分部檢韻一卷說雅一卷行述一卷	1-292
說文通檢十四卷首一卷末一卷	1-293
說文通檢十四卷首一卷末一卷	1-293
說文通檢十四卷首一卷末一卷	1-293
說文通檢十四卷首一卷末一卷	1-293
說文通檢十四卷首一卷末一卷	1-294
說文通檢十四卷首一卷末一卷	2-209
說文通檢十四卷首一卷末一卷	2-210
說文逸字二卷	1-292
說文逸字二卷附錄一卷	1-292
說文逸字二卷附錄一卷	1-292
說文逸字二卷附錄一卷	1-292
說文逸字二卷附錄一卷	1-292
說文逸字二卷附錄一卷	1-293
說文逸字二卷附錄一卷	1-315

說文逸字二卷附錄一卷……………	2-212
說文逸字二卷附錄一卷……………	2-212
說文提要一卷…………………………	1-291
說文提要一卷…………………………	1-291
說文提要一卷…………………………	1-291
說文答問疏證六卷……………………	1-296
說文答問疏證六卷……………………	2-209
說文發疑六卷…………………………	2-211
說文發疑六卷續一卷…………………	1-296
說文揭原二卷…………………………	1-297
說文揭原二卷…………………………	2-211
說文解字十二卷………………………	1-48
說文解字十二卷………………………	1-48
說文解字十二卷………………………	1-48
說文解字十二卷………………………	1-62
說文解字十二卷………………………	1-62
說文解字十二卷………………………	1-117
說文解字十五卷………………………	1-122
說文解字十五卷………………………	1-294
說文解字十五卷………………………	1-294
說文解字十五卷………………………	1-294
說文解字十五卷………………………	1-294
說文解字十五卷………………………	1-294
說文解字十五卷………………………	1-295
說文解字十五卷………………………	1-295
說文解字十五卷………………………	1-295
說文解字十五卷………………………	1-295
說文解字十五卷………………………	1-295
說文解字十五卷………………………	1-295
說文解字十五卷………………………	1-322
說文解字十五卷………………………	2-531
說文解字十五卷附六書音均表五卷 說文通檢十四卷段注匡謬八卷首一卷末一卷………………………	1-295
說文解字十五卷附六書音均表五卷 說文通檢十四卷段注匡謬八卷首一卷末一卷………………………	1-295
說文解字十五卷附六書音均表五卷 說文通檢十四卷說文解字注匡謬八卷首一卷末一卷……………	1-296
說文解字十五卷校記一卷……………	1-295
說文解字十五卷校記一卷……………	1-295
說文解字十五卷標目一卷……………	2-209
說文解字十五卷標目一卷……………	2-209
說文解字十五卷標目一卷……………	2-209
說文解字十五卷標目一卷……………	2-210
說文解字十五卷標目一卷……………	2-210
說文解字十五篇附六書音均表五卷 …………………………………………	2-536
說文解字十四卷………………………	1-156
說文解字十四卷………………………	1-296
說文解字三十二卷……………………	1-204
說文解字三十二卷……………………	2-210
說文解字三十二卷……………………	2-302
說文解字三十二卷……………………	2-408
說文解字三十二卷……………………	2-546
說文解字三十卷………………………	1-295
說文解字句讀三十卷…………………	1-290
說文解字句讀三十卷…………………	2-399
說文解字句讀三十卷附補正三十卷 …………………………………………	1-290
說文解字句讀三十卷附補正三十卷 …………………………………………	1-290
說文解字句讀三十卷附補正三十卷 …………………………………………	1-290
說文解字句讀三十卷附補正三十卷 …………………………………………	2-211
說文解字句讀三十卷附補正三十卷 …………………………………………	2-211
說文解字句讀三十卷附補正三十卷 …………………………………………	2-211
說文解字注十五卷附六書音均表一卷匡謬八卷通檢十四卷首一卷末一卷…………………………………	1-295
說文解字注十五卷附六書音均表一卷匡謬八卷通檢十四卷首一卷末一卷…………………………………	2-210
說文解字注三十二卷…………………	1-295
說文解字注三十二卷…………………	1-295
說文解字注三十二卷…………………	1-295

說文解字注三十二卷 …………… 1-295	說文解字註匡謬八卷 …………… 2-519
說文解字注三十二卷 …………… 2-210	說文解字義證五十卷 …………… 1-293
說文解字注三十二卷 …………… 2-210	說文解字義證五十卷 …………… 1-293
說文解字注三十二卷 …………… 2-329	說文解字義證五十卷 …………… 2-210
說文解字注三十二卷 …………… 2-519	說文解字義證五十卷 …………… 2-321
說文解字注三十二卷汲古閣說文訂一卷 …………… 1-295	說文解字羣經正字二十八卷 …… 2-210
說文解字注三十二卷汲古閣說文訂一卷 …………… 1-295	說文解字斠詮十四卷 …………… 1-122
說文解字注三十二卷汲古閣說文訂一卷 …………… 1-295	說文解字斠詮十四卷 …………… 1-176
說文解字注三十二卷汲古閣說文訂一卷 …………… 1-295	說文解字斠詮十四卷 …………… 1-559
說文解字注三十二卷說文通檢十四卷首一卷末一卷說文解字注匡謬八卷 …………… 2-477	說文解字斠詮十四卷 …………… 2-210
	說文解字篆韻譜五卷 …………… 1-296
	說文解字篆韻譜五卷附錄一卷 … 2-531
	說文解字篆韻譜五卷附錄一卷 … 2-551
說文解字注三十卷說文部目分韻一卷附六書音均表五卷 …………… 1-145	說文解字繫傳四十卷 …………… 1-294
說文解字注匡謬八卷 …………… 1-322	說文解字繫傳四十卷附校勘記三卷 …………… 1-171
說文解字注匡謬八卷 …………… 2-210	說文解字繫傳校勘記三卷 ……… 1-296
說文解字校錄十五卷 …………… 1-294	說文解字韻譜十卷 ………………… 1-164
說文解字校錄十五卷 …………… 1-294	說文解字韻譜十卷 ………………… 1-296
說文解字校錄十五卷 …………… 2-326	說文新附攷六卷 …………………… 1-292
說文解字徐氏繫傳四十卷 ……… 1-294	說文新附攷六卷 …………………… 1-292
說文解字徐氏繫傳四十卷 ……… 1-294	說文新附攷六卷 …………………… 1-292
說文解字徐氏繫傳四十卷 ……… 1-349	說文新附攷六卷 …………………… 1-292
說文解字徐氏繫傳四十卷 ……… 2-210	說文新附攷六卷 …………………… 2-211
說文解字徐氏繫傳四十卷 ……… 2-210	說文新附攷六卷 …………………… 2-211
說文解字徐氏繫傳四十卷校勘記三卷 …………………… 1-294	說文新附攷六卷 …………………… 2-540
說文解字徐氏繫傳四十卷校勘記三卷 …………………… 2-210	說文新附攷六卷續考一卷 ……… 1-292
	說文新附攷六卷續考一卷 ……… 1-292
	說文新附攷六卷續考一卷 ……… 1-292
說文解字部首一卷直音一卷 …… 1-291	說文新附攷六卷續考一卷 ……… 2-211
說文解字部首一卷直音一卷 …… 1-291	說文新附攷六卷續考一卷 ……… 2-211
說文解字部首一卷直音一卷 …… 1-291	說文新附攷六卷續考一卷 ……… 2-358
說文解字部首一卷直音一卷 …… 2-211	說文管見三卷 ……………………… 1-296
說文解字部首十四卷 …………… 2-211	說文廣義三卷 ……………………… 2-210
說文解字通釋四十卷 …………… 2-326	說文審音十六卷 …………………… 2-214
說文解字通釋四十卷 …………… 2-526	說文辨字正俗八卷 ………………… 1-296
說文解字通釋四十卷校勘記三卷 …… 2-533	說文辨字正俗八卷 ………………… 1-296
說文解字(第一篇)不分卷 …… 1-133	說文辨字正俗八卷 ………………… 1-296
	說文辨疑一卷 ……………………… 1-296
	說文辨疑一卷 ……………………… 1-296

說文聲系十四卷	1-174	說郛一百二十号	2-524
說文聲類二卷	2-356	說郛字林附錄一卷	1-302
說文聲讀表七卷	1-297	說郛字林附錄一卷	1-302
說文檢字二卷	1-321	說郛字林附錄一卷	1-319
說文檢字二卷	2-209	說郛字林附錄一卷	2-500
說文雙聲二卷	2-212	說郛字林附錄一卷	2-501
說文繫傳四十卷	1-294	說郛續四十六号	1-123
說文繫傳四十卷	1-294	說郛續四十六号	1-127
說文繫傳四十卷	2-531	說莊三卷	1-34
說文繫傳四十卷附校勘記三卷	1-294	說理會編十五卷	1-137
說文繫傳四十卷附校勘記三卷	1-294	說略三十卷	1-34
說文繫傳四十卷附校勘記三卷	1-294	說雅二卷	2-344
說文繫傳考異四卷附錄一卷	1-296	說雅二卷	2-550
說文繫傳校錄三十卷	1-296	說嵩三十二卷	2-179
說文繫傳校錄三十卷	1-296	說嵩三十二卷	2-455
說文繫傳校錄三十卷	1-296	說鈴抄□□卷	2-393
說文韻譜校五卷	1-296	說鈴前集三十七種後集十六種	2-9
說文釋例二十卷	1-201	說鈴前集三十七種後集十六種	2-9
說文釋例二十卷	1-293	說鈴前集三十三種後集十九種	1-155
說文釋例二十卷	1-293	說鈴前集三十三種後集十九種	1-193
說文釋例二十卷	1-293	說鈴前集三十三種後集十九種	1-245
說文釋例二十卷	2-210	說鈴前集三十三種後集十九種	2-284
說文釋例二十卷	2-321	說鈴前集三十三種後集十九種	2-363
說文釋例二十卷	2-394	說詩晬語二卷	1-203
說文釋例二十卷補正二十卷	1-293	說詩晬語二卷	1-344
說文釋例二十卷補正二十卷	1-293	說詩晬語二卷	1-344
說文釋例二十卷補正二十卷	1-293	說詩樂趣二十卷	1-349
說文蠹箋十四篇	1-194	說經二十六卷	2-19
說文疊韻二卷首一卷末一卷	2-212	說經堂詩草一卷	2-285
說玄	2-564	說類六十二卷	1-33
說玄一卷	1-87	誦芬詩畧三卷測地志要四卷五緯捷算四卷竹橋黃氏世德傳贊一卷圖說一卷誥敕一卷附錄一卷	1-382
說玄五篇一卷	1-23		
說玄五篇一卷	1-88		
說苑二十卷	1-17	塾課小題正鵠三集訓蒙草一卷	1-501
說苑二十卷	1-443	塾課小題正鵠三集訓蒙草一卷養正草一卷	1-501
說苑二十卷	2-369		
說苑二十卷	2-405	塾課小題正鵠三集訓蒙草一卷養正草一卷	1-501
說郛一百二十号	1-126		
說郛一百二十号	1-126	廣王二卷	2-533
說郛一百二十号	1-133	廣文選六十卷	1-25
說郛一百二十号	2-6	廣文選六十卷	1-25

297

廣文選六十卷 …………………… 1-27
廣文選刪□□卷 ………………… 2-454
廣玉匣記二卷 …………………… 2-304
[乾隆]廣平府志二十四卷 ……… 1-158
廣生要旨八卷 …………………… 1-543
廣印人傳十六卷補遺一卷 ……… 2-554
廣弘明集三十卷 ………………… 1-33
廣弘明集四十卷 ………………… 2-611
廣弘明集四十卷 ………………… 2-611
廣西存書總目不分卷 …………… 1-579
廣西全省地輿圖說不分卷 ……… 2-134
[乾隆雲南]廣西府志二十六卷 … 2-169
[嘉慶]廣西通志二百七十九卷首一
  卷 ……………………………… 2-168
[嘉慶]廣西通志二百七十九卷首一
  卷 ……………………………… 2-293
[嘉慶]廣西通志二百七十九卷首一
  卷 ……………………………… 2-295
廣西團練事宜不分卷 …………… 1-459
廣百川學海十集 ………………… 1-128
廣百論一卷 ……………………… 1-533
廣百論一卷 ……………………… 1-533
廣百論一卷 ……………………… 2-30
廣列女傳二十卷附存一卷 ……… 2-193
廣成儀制斗醮啟師全集一卷清靜朝
  真禮斗全集一卷朝真禮斗一卷拜
  斗解厄全集一卷接壽正朝全集一
  卷貢祀諸天正朝集一卷 ……… 2-398
廣成儀制斗醮啟師全集一卷清靜朝
  真禮斗全集一卷朝真禮斗一卷拜
  斗解厄全集一卷接壽正朝全集一
  卷貢祀諸天正朝集一卷 ……… 2-441
廣成儀制雷霆禱結皇旛集一卷 … 2-478
廣成儀制□□種 ………………… 2-478
廣成儀制□□種 ………………… 2-479
[咸豐]廣安州志八卷 …………… 2-574
[光緒]廣安州新志四十三卷首一卷
  ………………………………… 2-148
[光緒]廣安州新志四十三卷首一卷
  ………………………………… 2-574
廣志繹六卷 ……………………… 2-181

廣志繹六卷 ……………………… 2-498
廣東孝歌十五段 ………………… 2-601
[廣東佛山]南海學正黃氏家譜節本
  八卷首一卷末一卷 …………… 2-196
[廣東東莞]篁溪張氏家譜一卷 … 2-195
[道光]廣東通志三百三十四卷首一
  卷 ……………………………… 2-168
[雍正]廣東通志六十四卷 ……… 1-154
廣東農事試驗場第一年報告書 … 1-447
廣東新語二十八卷 ……………… 1-438
廣東新語二十八卷 ……………… 2-378
廣東新語二十八卷 ……………… 2-520
廣東輿地全圖不分卷 …………… 2-134
廣事全集四種 …………………… 2-303
廣事類賦四十卷 ………………… 1-180
廣事類賦四十卷 ………………… 1-211
廣事類賦四十卷 ………………… 1-456
廣事類賦四十卷 ………………… 1-460
廣事類賦四十卷 ………………… 2-4
廣事類賦四十卷 ………………… 2-522
廣和文漢讀法一卷 ……………… 2-534
廣金石韻府五卷 ………………… 1-470
廣金石韻府五卷 ………………… 2-213
廣金石韻府五卷 ………………… 2-305
廣金石韻府五卷附玉篇字畧一卷 … 2-471
廣金石韻府四卷 ………………… 1-312
廣金石韻府四卷 ………………… 1-312
廣治平略八卷補編八卷 ………… 1-347
廣治平略三十六卷續編八卷 …… 2-4
[道光]廣南府志四卷 …………… 2-169
廣陵通典十卷 …………………… 1-189
廣陵通典十卷 …………………… 2-142
廣陵通典十卷 …………………… 2-142
廣桑蠶說一卷 …………………… 2-51
廣桑蠶說一卷 …………………… 2-51
廣理學備考八十種八十卷 ……… 1-218
廣陽雜記五卷 …………………… 1-238
廣博物志五十卷 ………………… 1-60
廣博物志五十卷 ………………… 1-60
廣博物志五十卷 ………………… 1-60
廣博物志五十卷 ………………… 1-97

書名	頁碼
廣博物志五十卷	1-191
廣博物志五十卷	1-428
廣博物志五十卷	1-441
廣博物志五十卷	2-272
廣雁蕩山志二十八卷首一卷末一卷	1-248
廣雁蕩山志二十八卷首一卷末一卷	2-178
廣雅十卷	1-298
廣雅書局叢書一百五十三種	2-12
廣雅書局叢書□□種	1-572
廣雅書局叢書□□種	1-572
廣雅書局叢書□□種	2-503
廣雅書局叢書□□種	2-504
廣雅書院藏書目錄七卷	1-580
廣雅堂詩集一卷	1-344
廣雅堂詩集不分卷	2-263
廣雅堂詩集不分卷	2-459
廣雅堂詩集四卷	1-193
廣雅補疏四卷	1-298
廣雅補疏四卷	1-298
廣雅疏證十卷	1-196
廣雅疏證十卷	2-541
廣雅疏證十卷附博雅音十卷	1-186
廣雅疏證十卷附博雅音十卷	2-208
廣雅疏證十卷博雅音十卷	1-298
廣雅疏證十卷博雅音十卷	1-298
廣雅疏證十卷博雅音十卷	1-298
廣雅碎金四卷附錄一卷	2-263
[道光]廣順州志十二卷首一卷末一卷	2-170
[道光]廣順州志十二卷首一卷末一卷	2-170
廣愛錄一卷	1-398
廣廣事類賦三十二卷	2-455
廣廣事類賦三十二卷	2-527
廣瘟疫論四卷末一卷	1-548
廣瘟疫論四卷末一卷	1-551
廣漢魏叢書□□種	1-209
廣潛研堂說文答問疏證八卷	1-296
廣興記二十四卷	1-42
廣興記二十四卷	1-119
廣興記二十四卷	2-132
廣興記二十四卷	2-132
廣興記二十四卷	2-132
廣興記二十四卷	2-132
廣興記二十四卷	2-327
廣興記二十四卷	2-392
廣興記二十四卷	2-392
廣興記二十四卷首一卷	2-553
廣韻五卷	1-96
廣韻五卷	1-169
廣韻五卷	1-169
廣韻五卷	1-201
廣韻五卷	1-210
廣韻五卷	1-298
廣韻五卷	1-298
廣韻五卷	1-298
廣韻五卷	1-298
廣韻五卷	2-214
廣韻五卷	2-538
廣韻校刊札記一卷	1-311
廣韻校刊札記一卷	1-311
廣韻校刊札記一卷	1-311
廣韻校刊札記一卷	1-311
廣續方言四卷拾遺一卷	2-215
廣蠶桑說輯補二卷	2-51
廣蠶桑說一卷	1-454
瘧疾論三卷	1-545
瘍科選粹八卷	1-405
瘍科證治準繩六卷	2-377
瘍科證治準繩六卷	2-378
瘍科證治準繩六卷	2-378
瘍醫大全四十卷	1-551
瘍醫大全四十卷	2-588
瘍醫準繩六卷	1-544
瘟疫明辨五卷末一卷	1-550
瘟疫明辨四卷	1-543
瘟疫明辨四卷	1-550
瘟疫明辨四卷末一卷	2-42
瘟疫條辨摘要不分卷附風溫簡便方一卷金瘡鐵扇散方一卷	2-43

瘟疫彙編十六卷	1-550	精校改良新海底二卷	2-592
瘟疫論類編五卷	2-43	精寫本明清百家書札二卷	2-269
瘦羊錄十五種	2-360	精選古今名賢叢話詩林廣記十卷	1-8
旗亭記二卷	1-208	精選名賢詞話草堂詩餘二卷	2-560
旗軍志一卷	1-324	精選故事黃眉十卷	2-567
廖天一閣文二卷遺遠堂集外文一卷莽蒼蒼齋詩二卷石鞠影廬筆識二卷	1-354	精選黃眉故事十卷	1-451
		精選詩林廣記四卷	1-36
		精選詩林廣記四卷	1-37
[同治]彰明縣志五十七卷首二卷	2-149	[道光]鄰水縣志六卷首一卷	2-167
[同治]彰明縣志五十七卷首二卷	2-149	粹語合刊五卷	2-386
端石擬三卷坿蓺閣十硯銘一卷	1-556	粹論不分卷	2-557
端硯齋試帖二卷	1-497	鄭子尹遺書五種二十五卷	1-480
端硯齋試帖二卷	1-498	鄭子尹遺書五種二十五卷	1-480
端溪硯史三卷	1-183	鄭子尹遺書五種二十五卷	2-532
端綺集二十八卷	2-410	鄭子尹遺書五種二十五卷	2-532
端隱吟藁一卷	2-352	鄭少谷先生全集六種	2-300
適軒尺牘八卷	1-353	鄭氏古文尚書證訛十一卷	2-92
適軒尺牘八卷	1-353	鄭氏佚書二十二種附錄一種	1-314
適情雅趣十卷	1-184	鄭氏佚書二十二種附錄一種	2-16
適齋居士集四卷	1-148	鄭氏佚書二十二種附錄一種	2-16
齊氏家傳醫秘二卷	1-406	鄭氏周易三卷	2-404
齊氏家傳醫秘二卷	2-526	鄭文十五卷鄭詩十三卷附錄二卷	1-14
齊氏痘麻證按四編二卷	1-406	鄭司農[玄]年譜一卷	2-199
齊氏痢證匯參三編十卷	1-405	鄭司農集一卷	2-354
齊氏醫案崇正辨訛六卷	1-406	鄭志三卷	1-249
齊氏醫案崇正辨訛六卷	1-550	鄭志三卷	1-249
齊民要術十卷	1-44	鄭板橋集六編	2-248
齊民要術十卷	1-462	鄭學錄四卷	1-314
齊民要術十卷	2-48	鄭學錄四卷	1-470
齊民要術十卷	2-49	鄭學錄四卷	2-194
齊民要術十卷	2-49	鄭學錄四卷	2-194
齊民要術十卷	2-49	鄭學錄四卷	2-197
齊東埜語二十卷	1-8	鄭學錄四卷	2-355
齊東野語二十卷	1-151	鄭學錄四卷	2-520
[雍正]齊河縣志十卷首一卷	2-137	鄭齋芻論不分卷	1-472
齊家要畧不分卷	2-558	鄭齋漢學文編六卷	1-472
齊書五卷	1-439	鄭齋類稿不分卷	1-472
齊詩翼氏學疏證二卷	1-273	鄭齋類稿不分卷	1-472
精狐全傳□□卷	2-542	鄭雙橋文集八卷	2-564
精訂綱鑑廿四史通俗衍義六卷	1-399	[光緒]榮昌縣志二十二卷	1-246
精校改良新海底二卷	2-592	[光緒]榮昌縣志二十二卷	2-168

[光緒]榮昌縣志二十二卷 …… 2-294	漢唐三傳四種十三卷 …… 1-20
[道光]榮縣志三十八卷首一卷 …… 2-168	漢唐事箋後集八卷 …… 2-66
榮豐堂新鐫千家詩一卷解學士詩選一卷 …… 2-548	漢唐事箋前集十二卷後集八卷 …… 2-344
漢上消閒集十六卷 …… 2-303	漢書一百二十卷 …… 1-17
漢口紫陽書院志略八卷首一卷 …… 2-540	漢書一百卷 …… 1-122
漢口叢談六卷 …… 1-245	漢書一百卷 …… 1-141
漢文歸二十卷 …… 1-163	漢書一百卷 …… 1-175
漢石經殘片 …… 2-207	漢書一百卷 …… 2-382
漢史餘二十卷補錄一卷補註一卷 …… 2-413	漢書一百卷 …… 2-475
漢印偶存不分卷 …… 1-235	漢書引經異文錄證六卷 …… 1-249
漢西域圖考七卷 …… 2-173	漢書引經異文錄證六卷 …… 1-326
漢西域圖考七卷首一卷 …… 2-357	漢書引經異文錄證六卷 …… 2-97
漢名臣傳三十二卷 …… 2-193	漢書地理志校本二卷 …… 1-160
漢州小學田不分卷 …… 2-53	漢書地理志補校二卷 …… 1-540
漢州水源一卷 …… 2-175	漢書志□□卷 …… 2-529
[嘉慶]漢州志四十卷首一卷末一卷 …… 1-246	漢書鈔四卷後漢書二卷 …… 1-355
[嘉慶]漢州志四十卷首一卷末一卷 …… 2-156	漢書評林一百卷 …… 1-42
[嘉慶]漢州志四十卷首一卷末一卷 …… 2-156	漢書評林一百卷 …… 1-43
[嘉慶]漢州志四十卷首一卷末一卷 …… 2-577	漢書評林一百卷 …… 1-43
[嘉慶]漢州志四十卷首一卷末一卷 …… 2-577	漢書評林一百卷 …… 2-73
漢志水道疏證四卷 …… 2-135	漢書評林一百卷 …… 2-99
漢志水經注水道疏證及汭水考不分卷（清同治至民國四年） …… 1-108	漢書評林一百卷 …… 2-99
漢制考四卷 …… 1-226	漢書註校補五十六卷 …… 2-99
漢制攷四卷 …… 1-96	漢書註校補五十六卷 …… 2-99
漢制攷四卷 …… 1-248	漢書補注一百二十卷首一卷 …… 2-485
漢和字典摘要不分卷 …… 1-322	漢書補注一百卷首一卷 …… 1-250
漢官七種十一卷 …… 2-585	漢書疏證三十六卷 …… 2-98
漢官七種十一卷 …… 2-585	漢書疏證三十六卷 …… 2-98
漢官儀三卷 …… 1-198	漢書蒙拾三卷 …… 2-312
漢官儀三卷 …… 1-199	漢書蒙拾三卷後漢書蒙拾二卷 …… 1-250
漢官儀三卷 …… 1-249	漢書蒙拾三卷後漢書蒙拾二卷 …… 2-97
漢官儀三卷 …… 2-55	漢書辨疑二十二卷 …… 2-99
漢官舊儀二卷補遺一卷 …… 2-484	漢書辨疑二十二卷 …… 2-506
漢員各官雙單月選表不分卷 …… 1-184	漢書點勘不分卷 …… 2-99
	漢書藝文志攷證十卷 …… 1-577
	漢書藝文志攷證十卷 …… 1-577
	漢雋十卷 …… 2-413
	漢挈室文鈔四卷補遺一卷 …… 2-351
	漢碑文考釋不分卷 …… 1-109
	漢詩統箋三卷急救探奇一卷 …… 2-253
	漢溪書法通解八卷 …… 1-455

書名	冊-頁
漢溪書法通解八卷	1-460
漢溪書法通解八卷	2-275
漢溪書法通解八卷	2-401
漢溪書法通解八卷	2-409
漢劉子駿集一卷	1-355
漢學堂叢書□□種	2-428
漢學商兌三卷	1-311
漢學商兌三卷	1-426
漢學商兌三卷	2-25
漢學商兌三卷	2-25
漢學商兌贅言四卷	1-311
漢學商兌贅言四卷	1-449
漢儒通義七卷	2-9
漢儒通義七卷	2-9
漢隸字源五卷碑目一卷附字一卷	1-78
漢魏六朝一百三家集一百十八卷	1-128
漢魏六朝一百三家集一百十八卷	1-152
漢魏六朝一百三家集一百十八卷	1-152
漢魏六朝一百三家集一百十八卷	2-475
漢魏六朝女子文選二卷	2-225
漢魏六朝女子文選二卷	2-225
漢魏六朝百三名家集一百三種	2-219
漢魏六朝百三名家集一百三種	2-219
漢魏六朝百三名家集一百三種	2-219
漢魏六朝百三名家集一百三種	2-219
漢魏六朝百三名家集一百三種	2-219
漢魏六朝百三名家集一百三種	2-219
漢魏六朝百三家集一百十八卷	1-152
漢魏六朝百三家集一百三種	2-219
漢魏六朝百三家集一百三種	2-225
漢魏六朝百三家集一百三種	2-225
漢魏六朝百三家集一百三種	2-309
漢魏六朝百三家集一百三種	2-458
漢魏六朝名家集四十種	2-219
漢魏六朝名家集四十種一百七十六卷	2-407
漢魏音四卷	2-304
漢魏詩集十四卷	1-9
漢魏遺書鈔一百種	2-13
漢魏諸名家集二十種一百二十三卷	1-54
漢魏諸名家集二十種一百二十三卷	1-54
漢魏諸名家集二十種一百二十三卷	1-54
漢魏叢書三十八種	1-128
漢魏叢書三十八種二百五十一卷	1-57
漢藝文志考證十卷	2-477
漢藝文志攷證十卷	1-577
漢藝文志攷證十卷	2-587
漢關侯事蹟彙編八卷附錄四卷	1-199
漢鐃歌釋文箋正一卷	1-562
漢鐃歌釋文箋正不分卷	2-256
滿洲名臣傳四十八卷漢名臣傳三十二卷	2-192
滿洲名臣傳四十八卷漢名臣傳三十二卷	2-192
滿漢名臣傳一百二十卷列臣傳二十四卷	1-111
滿漢翻譯忠武侯諸葛孔明心書不分卷	1-179
漸西村人初集十三卷于湖小集五卷	2-265
漸學廬叢書第一集	2-449
漱石閒談二卷	1-94
漱芳軒合纂禮記體註四卷	1-277
漱芳軒合纂禮記體註四卷	1-277
漱玉齋文集三卷	2-244
漱經齋座右銘類編不分卷續編一卷	2-583
漳南遺老王先生文集四十五卷	1-362
漳南遺老集四十五卷詩集一卷續編詩集一卷	2-585
漫遊紀略四卷	1-362
漁人得利七折	2-598
漁石集四卷	1-22
漁邨記十三折	1-358
漁洋山人古詩選五十卷	1-337
漁洋山人古詩選五十卷	1-337
漁洋山人古詩選五言詩十七卷七言詩十五卷	2-253
漁洋山人古詩選五言詩十七卷七言詩十五卷	2-546
漁洋山人自撰年譜二卷	1-358

漁洋山人自撰年譜二卷	1-358
漁洋山人自撰年譜二卷	1-358
漁洋山人自撰年譜二卷	2-261
漁洋山人自撰年譜二卷	2-520
漁洋山人自撰年譜二卷	2-586
漁洋山人詩問二卷	1-358
漁洋山人詩問二卷	1-358
漁洋山人詩問二卷	1-358
漁洋山人詩集二十二卷	2-452
漁洋山人詩集二十二卷詩集續集十六卷	1-212
漁洋山人詩集十六卷	1-358
漁洋山人精華錄訓纂十卷目錄二卷金氏精華錄箋註辯訛一卷	1-358
漁洋山人精華錄訓纂十卷目錄二卷金氏精華錄箋註辯訛一卷	1-358
漁洋山人精華錄訓纂十卷目錄二卷金氏精華錄箋註辯訛一卷	2-261
漁洋山人精華錄訓纂十卷目錄二卷金氏精華錄箋註辯訛一卷	2-520
漁洋山人精華錄訓纂十卷目錄二卷訓纂補十卷首一卷金氏精華錄箋註辯訛一卷	1-358
漁洋山人精華錄箋注十二卷補一卷	1-168
漁洋山人精華錄箋注十二卷補一卷	1-168
漁洋山人精華錄箋注十二卷補一卷	1-227
漁洋山人精華錄箋注十二卷補一卷	1-357
漁洋山人精華錄箋注十二卷補一卷	1-358
漁洋山人精華錄箋注十二卷補一卷	1-358
漁洋山人精華錄箋注十二卷補一卷	1-358
漁洋山人精華錄箋注十二卷補一卷附錄一卷	1-358
漁洋山人精華錄箋注十二卷補一卷附錄一卷	1-358
漁洋山人精華錄箋注十二卷補一卷附錄一卷	2-261
漁洋山人精華錄十卷	1-146
漁洋山人精華錄十卷	1-146
漁洋山人精華錄十卷	1-219
漁洋山人精華錄十卷	1-219
漁洋山人精華錄十卷	1-358
漁洋山人精華錄十卷	2-452
漁洋感舊集小傳四卷	1-358
漁洋感舊集小傳四卷	1-358
漁洋感舊集小傳四卷補遺一卷	2-201
漁洋詩話二卷	1-358
漁洋詩話二卷	1-358
漁洋詩話二卷	2-402
漁洋詩話三卷	1-168
漁洋詩話三卷	1-200
漁洋詩話三卷	1-344
漁隱叢話前集六十卷後集四十卷	1-143
漁磯漫鈔十卷	2-217
[光緒]漳浦縣志十九卷續志一卷	2-168
滴水珠十折	2-599
賓退錄十卷	1-173
賓退錄十卷	1-173
賓萌外集四卷	1-352
賓萌集五卷外集四卷	2-359
[光緒]寧羌州志五卷	2-141
[道光]寧陝廳志四卷	2-141
寧都三魏全集三種附三種	1-361
寧都三魏全集三種附三種	2-229
寧都三魏全集三種附三種	2-403
寧都三魏全集三種附三種	2-410
寧都三魏全集三種附三種	2-455
[乾隆]寧夏府志二十二卷首一卷	1-222
實其文齋詩鈔六卷	2-455
實政錄七卷	2-67
實相般若波羅蜜經一卷摩訶般若波羅蜜大明咒經一卷般若波羅密多心經一卷	1-393
實學文導二卷	1-352

肇論略注六卷	1-392
肇論略注六卷	1-392
暨陽輿頌不分卷	2-474
隨身寶不分卷	2-388
隨身寶不分卷	2-388
隨軒金石文字九種	2-204
隨軒金石文字不分卷	1-204
隨軒金石文字不分卷	1-251
隨軒金石文字四卷	2-204
隨息居重訂霍亂論四卷	1-414
隨息居重訂霍亂論四卷	1-544
隨息居飲食譜不分卷	1-414
隨庵徐氏叢書十種四十三卷	2-13
隨園三十八種	1-481
隨園三十八種	1-481
隨園三十六種	1-481
隨園三十種	1-481
隨園三十種	2-247
隨園三十種	2-247
隨園三十種	2-567
隨園三十種	2-567
隨園三十種	2-568
隨園三十種	2-568
隨園女弟子詩選五卷	1-482
隨園女弟子詩選五卷	1-482
隨園詩草八卷	1-160
隨園詩話十六卷	1-216
隨園詩話十六卷補遺十卷	1-217
隨園詩話十六卷補遺十卷	1-481
隨園詩話十六卷補遺十卷	1-481
隨園詩話十六卷補遺十卷	1-481
隨園詩話十六卷補遺十卷	2-465
隨園詩話十六卷補遺四卷	1-481
隨園隨筆二十八卷	1-482
隨園駢體文註十六卷	1-331
隨盦徐氏叢書二十種	2-425
隨盦徐氏叢書續編十種四十一卷	2-425
[道光]鄰水縣志六卷首一卷	2-579
熊士選集一卷	1-19
熊士選集一卷	1-19
熊勿軒先生文集八卷	1-112
熊先生經說七卷	1-313
熊宋氏節烈集一卷	1-514
熊襄愍公集十卷首一卷末一卷	1-514
熊襄愍公集十卷首一卷末一卷	1-514
熊襄愍公集十卷首一卷末一卷	1-514
[咸豐]鄧川州志十六卷首一卷末一卷	2-169
鄧文蕭公巴西集二卷	2-242
翠娛閣評選行笈必携詞菁二卷	1-200
翠娛閣評選行笈必携詩最二卷	1-139
翠琅玕館叢書五十五種	2-12
翠筠館詩存二卷	1-497
翠筠館詩存二卷	2-263
翠薇山房數學十五種三十八卷	2-279
綺松老人詩集二卷	1-517
綺松老人詩集二卷	1-517
綺雲江館聯語偶存一卷續存一卷	1-517
綺雲江館聯語偶存一卷續存一卷	1-517
綺雲閣詩存三卷	1-517
綱目續議二卷	2-83
綱鑑正史約三十六卷	2-83
綱鑑正史約三十六卷	2-83
綱鑑正史約三十六卷	2-83
綱鑑正史約三十六卷	2-83
綱鑑正史約三十六卷	2-565
綱鑑正史約三十六卷附紀一卷總紀一卷	1-139
綱鑑會編九十八卷	2-565
綱鑑會編九十八卷歷代統系表略三卷	1-159
綱鑑會纂四十卷	1-540
綱鑑標題四卷性理標題一卷	1-141
綱鑑擇語十卷	2-84
綱鑑總論二卷	1-250
綱鑑總論二卷	2-89
綱鑑總論二卷	2-89
綱鑑總論二卷	2-89
綱鑑總論二卷	2-89
維摩詰所說經折衷疏六卷	2-28
維摩詰所說經註八卷	1-527
維摩詰所說經註八卷	2-28

維摩詰所說經註八卷	2-28
維摩詰所說經註八卷	2-494
維摩詰所說經註三卷	1-527
[道光]綿竹縣志四十六卷	2-153
[道光]綿竹縣志四十六卷	2-153
綿竹縣鄉土志不分卷	2-153
綿竹縣鄉土志不分卷	2-181
綿津山人詩十八卷楓香詞一卷	1-172
綿津山人詩集二十三卷	1-179
綿津山人詩集二十四卷楓香詞一卷	1-149
綿津山人詩集三十一卷附楓香詞一卷漫堂說詩一卷	1-211
綿津山人詩集三十一卷楓香詞一卷漫堂說詩一卷滄浪小志二卷	1-156
綿津山人詩集三十一卷楓香詞一卷漫堂說詩一卷緯蕭草堂詩三卷筠廊偶筆二卷怪石贊一卷	1-172
綵毫記二卷	2-455
綢繆未雨集三種附保守平安歌三首	1-459
綴白裘十二集四十八卷	2-598
綴白裘梆子腔十一集外編四卷	2-539
綴白裘新集八編四卷	2-539
綴白裘新集五編四卷	2-539
綴白裘新集六編四卷	2-539
綴白裘新集四編四卷	2-539
綠天蘭若詩鈔一卷	2-442
綠天蘭若詩鈔一卷續一卷續續一卷	1-503
綠天蘭若詩鈔一卷續一卷續續一卷	2-400
綠天蘭若詩鈔補遺一卷鉢囊游草一卷潛西精舍詩稿一卷潛西偶存一卷	1-503
綠天蘭臭集八卷	1-503
綠梅影樓詩存一卷詞存一卷	1-503
綠雪堂古文鈔二卷駢文鈔一卷椿蔭軒古今體詩鈔二卷	1-503
綠雪堂遺集二十卷	1-503
綠雪堂遺集十六卷	2-288
綠野仙蹤一百回	2-304
綠野仙蹤八十四回	1-239
綠野齋前後合集六卷太湖詩草一卷制藝一卷	1-503
綠雲館遺集一卷	2-267
綠筠堂菊花詩集四卷	1-503
綠漪草堂文集三十卷外集二卷別集二卷詩集二十卷首一卷	1-503
綠羅山莊文集二十四卷詩集三十二卷	1-504
綠蘿書屋遺集四卷附誦芬堂詩草一卷	1-556

十五畫

慧山記四卷續編三卷首一卷	2-177
慧日永明智覺壽禪師山居詩一卷	1-364
慧日永明智覺壽禪師山居詩一卷	1-393
慧命經不分卷	1-395
慧命經不分卷	2-477
慧福樓幸草一卷附曲園自述詩一卷	1-364
璔川驪唱一卷	2-455
髯仙詩舫遺稿二卷	1-487
增刊校正王狀元集註分類東坡先生詩二十五卷	1-9
增批寄嶽雲齋試體詩選四卷	1-353
增批輯註東萊博議四卷	1-365
增刪卜易大全六卷	1-433
增刪卜易大全六卷	1-433
增刪卜易六卷	1-433
增刪卜易六卷	1-433
增刪易經真解六卷	1-259
增刪陶朱公奇書類纂六卷	1-137
增刪陶朱公奇書類纂六卷	2-563
增刪算法統宗十一卷首一卷附校算記一卷	1-420
增刪算法統宗十一卷首一卷附校算記一卷	1-432
增刪算法統宗十一卷首一卷附校算記一卷	2-36

增删韻府群玉定本二十卷 …………… 1－321
增定南九宫曲譜二十一卷附錄一卷
　　 ……………………………………… 1－140
增定紀効新書十八卷首一卷 ………… 1－207
增定國朝館課經世宏辭十五卷 ……… 1－40
增定國朝館課經世宏辭十五卷 ……… 1－62
增定智囊補二十八卷 ………………… 2－561
增定課兒鑑畧妥註善本五卷 ………… 2－397
增定課讀鑑略妥註善本五卷 ………… 2－83
［同治］增修酉陽直隷州總志二十二
　　卷首一卷末一卷 ………………… 2－150
［同治］增修酉陽直隷州總志二十二
　　卷首一卷末一卷 ………………… 2－295
增修附註資治通鑑節要續編大全三
　　十卷 ……………………………… 1－7
［光緒］增修南川縣志十二卷首一卷
　　 ……………………………………… 2－290
［光緒］增修崇慶州志十二卷首一卷
　　 ……………………………………… 2－151
［光緒］增修崇慶州志十二卷首一卷
　　 ……………………………………… 2－151
［同治］增修萬縣志三十六卷 ……… 2－160
［同治］增修萬縣志三十六卷 ……… 2－160
［同治］增修萬縣志三十六卷 ……… 2－160
［同治］增修萬縣志三十六卷首一卷
　　 ……………………………………… 2－326
［同治］增修萬縣志三十六卷首一卷
　　 ……………………………………… 2－575
［同治］增修萬縣志三十六卷首一卷
　　典禮備考八卷 …………………… 1－364
［同治］增修萬縣志三十六卷首一卷
　　典禮備考八卷 …………………… 1－365
［同治］增修萬縣志三十六卷首一卷
　　典禮備考八卷 …………………… 2－160
增修詩話總龜四十八卷後集五十卷 … 1－25
增修詩話總龜四十八卷後集五十卷 … 1－25
［光緒］增修灌縣志十四卷首一卷 … 2－157
［光緒］增修灌縣志十四卷首一卷 … 2－157
［光緒］增修灌縣志十四卷首一卷 … 2－157
［光緒］增修灌縣志十四卷首一卷 … 2－581
增訂二三場群書備考四卷 …………… 1－69

增訂二三場群書備考四卷 …………… 1－69
增訂二三場群書備考四卷 …………… 1－69
增訂二三場群書備考四卷 …………… 1－69
增訂二三場群書備考四卷 …………… 1－69
增訂二三場群書備考四卷 …………… 1－561
增訂二論詳解四卷 …………………… 1－315
增訂二論詳解四卷 …………………… 1－315
增訂二論詳解四卷 …………………… 2－294
增訂士材三書八卷 …………………… 1－415
增訂本草附方二卷 …………………… 1－182
增訂本草備要十一卷醫方集解二卷
　　 ……………………………………… 1－553
增訂本草備要四卷 …………………… 1－408
增訂本草備要四卷 …………………… 1－408
增訂本草備要四卷 …………………… 1－408
增訂本草備要四卷 …………………… 1－408
增訂本草備要四卷附醫方湯頭歌括
　　一卷 ……………………………… 1－553
增訂合聲簡字譜一卷 ………………… 1－301
增訂合聲簡字譜一卷 ………………… 1－301
增訂合聲簡字譜一卷 ………………… 1－537
增訂合聲簡字譜一卷 ………………… 2－477
增訂李衛公兵法望江南四卷 ………… 1－113
增訂金壺字攷一卷附古體假借字一
　　卷 ………………………………… 1－208
增訂金壺字攷一卷附古體假借字一
　　卷 ………………………………… 1－542
增訂昭明文選集成詳註六十卷 ……… 2－218
增訂昭明文選集成詳註六十卷 ……… 2－218
增訂袁文箋正四卷 …………………… 2－287
增訂格物入門七卷 …………………… 1－433
增訂格物入門七卷 …………………… 1－433
增訂徐文定公集六卷首二卷 ………… 1－506
增訂盛世危言新編十四卷 …………… 1－438
增訂盛世危言新編十四卷 …………… 2－8
增訂集錄十二卷 ……………………… 2－464
增訂慎守編十五卷 …………………… 2－454
增訂圖註本草備要四卷 ……………… 1－408
增訂精忠演義說本全傳二十卷八十
　　回 ………………………………… 2－379
增訂精忠演義說本全傳二十卷八十

書名	冊-頁
回	2-380
增訂精忠演義說本全傳二十卷八十回	2-449
增訂漢魏叢書八十六種	1-185
增訂漢魏叢書八十六種	1-573
增訂漢魏叢書八十六種	1-573
增訂漢魏叢書八十六種	1-573
增訂漢魏叢書八十六種	2-9
增訂漢魏叢書八十六種	2-9
增訂漢魏叢書八十六種	2-405
增訂漢魏叢書八十六種	2-452
增訂漢魏叢書八十六種	2-522
增訂漢魏叢書八十六種	2-588
增訂漢魏叢書九十六種	1-574
增訂漢魏叢書九十六種	1-574
增訂韻辨摘要一卷	1-310
增訂韻辨摘要一卷	1-310
增壹阿含經五十卷	1-398
增評加批金玉緣圖說十六卷一百二十回	2-535
增評加批金玉緣圖說十六卷首一卷	1-209
增評補像全圖金玉緣一百二十回	2-549
增評補像全圖金玉緣一百二十回首一卷	1-209
增評補像全圖金玉緣一百二十回首一卷	1-238
增評補像全圖金玉緣一百二十回首一卷	2-451
增評補像全圖金玉緣一百二十回首一卷	2-451
增評補像全圖金玉緣一百二十回首一卷	2-452
增評補像全圖金玉緣一百二十回首一卷	2-477
增評補圖石頭記一百二十卷	2-535
增評補圖石頭記一百二十卷	2-535
增評補圖石頭記一百二十卷首一卷	1-209
增註七家詩彙鈔七卷	2-414
增註三千字文一卷	1-555
增註千姓連珠四卷	1-513
增補大生要旨五卷	1-553
增補大生要旨五卷	1-553
增補五經備旨五種	1-256
增補六臣註文選六十卷	2-533
增補四書人物聚考十二卷	1-255
增補四書義經義式不分卷	1-257
增補地理直指原真大全三卷首一卷	1-431
增補地理直指原真大全三卷首一卷	1-431
增補地理直指原真大全三卷首一卷	1-431
增補字學舉隅一卷	1-208
增補如面談新集十卷首一卷	2-449
增補事類統編九十三卷首一卷	2-4
增補事類統編九十三卷首一卷	2-333
增補事類統編九十三卷首一卷	2-448
增補事類統編九十三卷首一卷	2-490
增補姓氏族譜箋釋八卷	2-190
增補春秋左傳杜林合註二十卷總評一卷圖說一卷世系譜一卷地名配古籍一卷名號便覽一卷	1-115
增補星平會海命學全書十卷首一卷	1-437
增補星平會海命學全書十卷首一卷	1-437
增補秘傳痘疹玉髓金鏡錄真本四卷首一卷	1-543
增補陶朱公致富奇書八卷	1-214
增補崑山玉六卷	2-4
增補萬寶全書二十卷	2-368
增補萬寶全書三十卷	2-499
增補虛字註釋一卷	2-89
增補虛字註釋一卷	2-89
增補註釋故事白眉十卷	1-451
增補彙刻書目不分卷	1-576
增補齊省堂儒林外史六十回	2-560
增補醫方一盤珠十卷	1-401
增補醫方一盤珠全集十卷首一卷	2-583

增補醫林狀元壽世保元十卷 …………… 2-349	穀梁春秋經傳古義疏十一卷 …………… 1-207
增補醫林狀元壽世保元十卷 …………… 2-442	穀梁春秋經傳古義疏十一卷 …………… 2-94
增補蘇批孟子二卷年譜一卷 …………… 1-307	穀梁傳初學讀本不分卷 …………… 2-94
增補蘇批孟子二卷年譜一卷 …………… 1-307	穀詒堂集十卷 …………… 2-264
增補蘇批孟子二卷年譜一卷 …………… 1-307	蕙風叢書四十三卷 …………… 2-459
增補繡像全圖金玉緣一百二十回 …… 2-483	蕙襟集十二卷 …………… 1-384
增像全圖三國演義十六卷首一卷一	蕺山先生人譜一卷人譜類記一卷 …… 1-458
百二十回 …………… 2-272	蕺山先生人譜一卷人譜類記二卷 …… 2-467
增像第六才子書五卷首一卷 …………… 1-495	蕺山先生人譜一卷附人譜類記二卷 … 2-27
增像第六才子書六卷 …………… 1-495	邁堂文畧不分卷 …………… 1-356
增像續小五義六卷一百廿四回 ………… 2-358	邁堂文畧四卷 …………… 1-356
增廣四書五經典林十二卷 …………… 1-257	邁堂文畧四卷 …………… 1-356
增廣留青新集二十四卷 …………… 1-482	蕉軒隨錄十二卷 …………… 1-245
增廣留青新集二十四卷 …………… 1-483	蕉庵琴譜四卷 …………… 1-232
增廣智囊補二十八卷 …………… 1-480	蕉庵琴譜四卷 …………… 1-232
增廣策學總纂大成四十六卷 …………… 1-472	蕉庵琴譜四卷 …………… 2-273
增廣註釋音辯唐柳先生文集四十三	蕉庵琴譜四卷 …………… 2-532
卷別集二卷外集二卷附錄一卷 …… 1-1	蕉窗必讀十卷 …………… 2-370
增廣註釋音辯唐柳先生集二十卷別	蕉聲館文集八卷詩集二十卷詩補遺
集一卷外集一卷 …………… 1-9	四卷續補遺一卷首一卷 …………… 1-199
增廣註釋音辯唐柳先生集二十卷別	蕩平髮逆圖記二十二卷首一卷 ……… 2-390
集一卷外集一卷 …………… 1-9	蕩平髮逆圖記二十二卷首一卷 ……… 2-413
增廣註釋音辯唐柳先生集四十三卷	蕩寇志七十卷結水滸全傳七十卷 …… 2-385
別集二卷外集二卷 …………… 1-4	樞垣記略十六卷 …………… 2-249
增廣註釋音辯唐柳先生集四十三卷	標孟七卷 …………… 1-308
別集二卷外集二卷 …………… 1-89	標題評釋武經七書十卷 …………… 1-137
增廣詩句題解彙編四卷 …………… 1-351	樗莊文稿六卷 …………… 1-163
增廣詩句題解彙編四卷 …………… 1-537	樗繭譜一卷 …………… 1-233
增廣詩韻全璧五卷 …………… 1-350	樗繭譜一卷 …………… 1-233
增廣詩韻全璧五卷 …………… 2-340	樗繭譜一卷 …………… 2-51
增廣詩韻全璧五卷附錄一卷 …………… 1-350	樗繭譜一卷 …………… 2-51
增廣詩韻全璧六卷 …………… 1-351	樗繭譜一卷 …………… 2-51
增廣詳註嘤求集四卷 …………… 2-415	樗繭譜一卷 …………… 2-51
增廣賢文二卷 …………… 2-388	樓山堂集二十七卷 …………… 1-378
增輯普濟應驗良方八卷附達生編一	樓山堂遺書五種 …………… 1-160
卷福幼編一卷遂生編一卷 …………… 1-410	樓山詩集六卷 …………… 1-378
增輯隸法彙纂十卷 …………… 1-304	樓山詩集六卷 …………… 1-378
增釋文明字彙□□卷 …………… 2-447	樓山詩集六卷 …………… 2-305
增釋春秋列傳五卷 …………… 1-43	樓山詩集六卷 …………… 2-322
穀城山館詩集二十卷 …………… 1-62	樓山詩集六卷 …………… 2-322
[同治]穀城縣志八卷 …………… 1-542	樓山詩集六卷 …………… 2-322

樓山詩集六卷	2-462	樊榭山房集十卷續集十卷	1-155
樊山判牘續編四卷	2-70	樊榭山房集十卷續集十卷	1-155
樊山政書二十卷	2-70	樊榭山房集十卷續集十卷	1-382
樊山集二十八卷續集二十八卷公牘三卷批判十五卷時文一卷二家詠古詩二卷試帖二卷詞鈔五卷	1-561	樊榭山房集十卷續集十卷文集八卷	1-382
樊山集二十八卷續集二十八卷批判十四卷附一卷時文一卷公牘三卷二家詠古詩一卷試帖一卷詞鈔五卷	1-382	樊榭山房集十卷續集十卷文集八卷	2-395
樊山集二十八卷續集二十八卷時文一卷公牘三卷批判十五卷二家詠古詩一卷二家詞鈔五卷二家試帖一卷	2-252	樊榭山房集十卷續集十卷文集八卷集外詩三卷又一卷集外詞四卷集外曲二卷集外文一卷附挽辭墓誌軼事	2-247
樊山集二十八卷續集二十八卷樊山批判十五卷樊山公牘三卷二家詞鈔五卷二家詠古詩一卷二家試帖二卷樊山詩文一卷	2-324	樊榭山房集十卷續集十卷文集八卷集外詩三卷又一卷集外詞四卷集外曲二卷集外文一卷附挽辭墓誌軼事	2-364
樊山續集三十二卷	1-208	樊榭山房集十卷續集十卷文集八卷集外詩三卷集外詞四卷	1-381
樊川文集二十卷外集一卷別集一卷	1-188	樊榭山房集十卷續集十卷文集八卷集外詩三卷集外詞四卷	1-382
樊川文集二十卷別集一卷外集一卷	1-86	樊榭山房集外詩三卷	2-343
樊川詩集四卷外集一卷別集一卷補遺一卷	1-340	樊榭山房遊仙三百首詩註三卷	1-372
樊川詩集四卷外集一卷別集一卷補遺一卷	1-340	樊館定計借頭一折	2-598
樊川詩集四卷別集一卷外集一卷	2-259	橡村治驗不分卷	1-410
樊川詩集四卷別集一卷外集一卷補遺一卷	2-414	橡繭圖說二卷	1-77
樊川詩集四卷補遺一卷外集一卷別集一卷	1-339	敷潤堂詳校醫宗必讀十卷	1-400
樊川詩集四卷補遺一卷外集一卷別集一卷	1-340	輪輿私箋二卷	1-455
樊川詩集四卷補遺一卷外集一卷別集一卷	1-340	輟耕錄三十卷	1-117
樊南文集補編十二卷	1-338	輟耕錄三十卷	1-462
樊南文集補編十二卷附錄一卷	2-240	甌北五國志一卷	2-189
樊南文集詳註八卷	2-240	甌北集五十三卷	1-485
樊南文集詳註八卷	1-338	甌北集五十三卷	1-485
樊南文集詳註八卷	1-338	甌北詩鈔二十卷	2-553
樊南文集詳註八卷	2-240	甌北詩鈔十八卷詩話十二卷	2-262
		甌北詩鈔五言古四卷七言古五卷五言律二卷七言律七卷絕句二卷	1-484
		甌北詩鈔五言古四卷七言古五卷五言律二卷七言律七卷絕句二卷	1-484
		甌北詩鈔五言古四卷七言古五卷五言律二卷七言律七卷絕句二卷	1-485
		甌北詩鈔五言古四卷七言古五卷五言律二卷七言律七卷絕句二卷	1-485

甌北詩鈔四卷	2-262
甌北詩話十二卷	1-485
甌北詩話十二卷	1-485
甌北詩話十二卷	1-485
甌北詩話十卷	1-485
甌北詩話十卷	1-485
甌香館集十二卷首一卷末一卷	1-485
甌香館集十二卷首一卷末一卷	1-485
甌鉢羅室書畫過目攷四卷附一卷	2-207
甌鉢羅室書畫過目攷四卷首一卷附一卷	1-234
歐蟲燃犀錄一卷	2-46
歐洲八大帝王傳一卷	2-201
歐洲列國戰事本末二十二卷	2-415
歐洲列國戰事本末二十二卷	2-445
歐洲東方交涉記十二卷	2-187
歐洲東方交涉記十二卷	2-187
歐洲財政史四章附錄一卷	2-58
歐洲最近政治史十六章	2-486
歐洲最近政治史十六章	2-487
歐陽氏遺書一卷	1-481
歐陽氏遺書序一卷	1-481
歐陽氏遺書序一卷	1-481
歐陽氏遺書序一卷	2-396
歐陽文公圭齋集十五卷首一卷附錄一卷	1-481
歐陽文公圭齋集十六卷首一卷末一卷	1-500
歐陽文忠公五代史抄二十卷	1-49
歐陽文忠公五代史抄二十卷新唐書抄二卷	1-80
歐陽文忠公毛詩本義十六卷	1-91
歐陽文忠公全集一百五十三卷附錄五卷	1-4
歐陽文忠公全集一百五十三卷附錄五卷	1-164
歐陽文忠公全集一百五十三卷首一卷附錄五卷	1-481
歐陽文忠公全集一百五十三卷首一卷附錄五卷	1-481
歐陽文忠公全集一百五十三卷首一卷附錄五卷	1-481
歐陽文忠公全集一百五十三卷首一卷附錄五卷	1-481
歐陽文忠公全集一百五十三卷首一卷附錄五卷	1-481
歐陽文忠公全集一百五十三卷首一卷附錄五卷	2-241
歐陽文集五十卷	1-14
歐陽南野先生文集五卷	1-481
歐陽省堂點勘記二卷省堂筆記一卷	1-481
歐遊雜錄二卷	2-188
歐羅巴通史不分卷	2-187
歐羅巴通史四卷	2-187
賢首五教儀六卷	1-521
賢首五教儀六卷	2-502
賢首五教儀開蒙增註五卷	1-387
賢首五教儀註懸談二卷	1-230
賢愚因緣經十三卷	1-522
賢愚因緣經十三卷	2-583
遷民圖說一卷	2-56
醉花樓二折	2-592
醉吟草六卷	1-495
醉經書館印譜四卷	1-236
醉墨山房僅存稿文集一卷詩稿一卷詩話一卷外集一卷	2-300
醉戰雍州二折	2-592
遼史一百十五卷	2-112
遼史一百十五卷	2-112
遼史一百十五卷附考證一卷欽定遼史語解十卷	2-112
遼史一百十六卷	1-2
遼史一百十六卷	1-98
遼史一百十六卷	1-122
遼史一百十六卷附考證	2-112
遼史一百十六卷附考證	2-112
遼史一百十六卷附考證	2-112
遼史一百十六卷附考證	2-112

遼史一百十六卷附考證 …………… 2-112	賦苑八卷 …………………………… 1-79
遼史一百十六卷附考證 …………… 2-112	賦品二十四則一卷書品二十四則一
遼史一百十六卷附考證 …………… 2-112	卷 ………………………………… 1-471
遼史一百十六卷附考證 …………… 2-112	賦海大觀三十二卷目錄一卷 ……… 1-538
遼史拾遺二十四卷 ………………… 1-249	賦梅書屋詩初集六卷 ……………… 1-477
遼史拾遺二十四卷 ………………… 2-112	賦梅書屋詩初集六卷二集三卷三集
遼史拾遺二十四卷 ………………… 2-112	二卷四集一卷五集一卷 ………… 2-474
遼史拾遺二十四卷補五卷 ………… 2-77	賦鈔箋畧十五卷 …………………… 1-148
遼史拾遺補五卷 …………………… 1-248	賦鈔箋畧十五卷 …………………… 1-217
遼史拾遺補五卷 …………………… 2-112	賦鈔箋畧十五卷 …………………… 2-385
遼史拾遺補五卷 …………………… 2-112	賦鈔箋畧十五卷 …………………… 2-539
遼史紀事本末四十卷首一卷 ……… 1-323	賦話十卷 …………………………… 1-477
遼史紀事本末四十卷首一卷 ……… 2-113	賦話十卷 …………………………… 1-477
遼史紀事本末四十卷首一卷 ……… 2-113	賦彙錄要二十八卷補遺一卷外集一
遼史紀事本末四十卷首一卷 ……… 2-113	卷補題注一卷 …………………… 2-519
遼史紀事本末四十卷首一卷 ……… 2-113	賦彙錄要二十八卷補遺錄要一卷補
遼史紀事本末四十卷首一卷 ……… 2-113	題註一卷賦彙錄要外集一卷 …… 2-232
遼史紀事本末四十卷首一卷考一卷	賦彙題解十卷 ……………………… 1-477
………………………………………… 2-113	賦學正鵠十卷 ……………………… 2-467
遼陽鄉土志一卷 …………………… 2-171	賦學正鵠註釋十卷 ………………… 1-477
碻山駢體文四卷 …………………… 1-492	賦學正鵠註釋十卷 ………………… 1-477
震川大全集三十卷餘集八卷別集十	賦學指南十卷二集六卷 …………… 1-473
卷補集八卷 ……………………… 2-550	賜硯堂叢書新編四集四十種 ……… 2-175
震川先生集三十卷別集十卷 ……… 2-244	賜硯堂叢書新編四集四十種 ……… 2-284
震川先生集三十卷別集十卷 ……… 2-551	賜閒堂集四十卷 …………………… 1-31
震澤先生集三十六卷 ……………… 1-19	賜綺堂集二十八卷續詩四卷外編八
[乾隆]震澤縣志三十八卷首一卷 … 1-223	卷 ………………………………… 2-469
[乾隆]震澤縣志三十八卷首一卷 … 2-142	瞑琴綠陰閣詞存一卷 ……………… 1-151
撫本禮記鄭注考異二卷 …………… 1-101	閱史約書五卷 ……………………… 1-75
撫本禮記鄭注考異二卷 …………… 1-101	閱微草堂筆記二十四卷 …………… 1-234
撫吳公牘五十卷 …………………… 2-270	閱微草堂筆記二十四卷 …………… 1-234
撫吳公牘五十卷 …………………… 2-270	閱微草堂筆記二十四卷 …………… 1-239
撫吳疏草不分卷 …………………… 2-529	閱微草堂筆記二十四卷 …………… 1-239
[宣統]輝南廳志一卷 ……………… 2-171	閱微草堂筆記二十四卷 …………… 1-239
賞雨茅屋詩集十五卷外集一卷 …… 1-503	閱微草堂筆記二十四卷 …………… 1-239
賞雨茅屋詩集十五卷外集一卷 …… 1-503	閱微草堂筆記二十四卷 …………… 2-272
賞雨茅屋詩集十六卷外集一卷 …… 1-160	閱微草堂筆記五種二十四卷首一卷
賞雨茅屋詩集十六卷外集一卷 …… 1-503	………………………………………… 1-239
賞奇軒四種合編四卷 ……………… 2-276	閱微草堂筆記擇要二卷 …………… 1-234
賞奇軒四種合編四卷 ……………… 2-488	閱微草堂筆記擇要二卷 …………… 2-272
賞奇軒四種合編四卷 ……………… 2-488	閱藏知津四十四卷總目四卷 ……… 1-523

閱藏知津四十四卷總目四卷 ……	2-31
閱藏隨筆二卷 ……………………	1-523
閱藏隨筆二卷 ……………………	1-523
[咸豐]閬中縣志八卷 ……………	2-165
[咸豐]閬中縣志八卷 ……………	2-165
[咸豐]閬中縣志八卷 ……………	2-165
影北宋本二李唱和集一卷 ………	1-496
影北宋鈔本毛詩□□卷 …………	1-320
影梅庵悼亡題詠一卷附錄一卷 …	1-476
遺山先生詩集二十卷 ……………	1-6
遺山先生詩集二十卷 ……………	1-116
遺山先生詩集二十卷 ……………	1-116
遺山先生詩集二十卷 ……………	1-116
遺山先生詩集二十卷 ……………	1-116
遺山先生詩集二十卷 ……………	1-116
遺山先生詩集二十卷 ……………	1-192
遺山先生詩集二十卷 ……………	1-489
遺山先生詩集二十卷補遺一卷 …	1-489
遺山先生詩集二十卷補遺一卷 …	1-489
遺山先生詩集二十卷補遺一卷 …	2-589
遺山詩鈔三卷 ……………………	2-259
遺山樂府三卷 ……………………	1-356
遺民詩十六卷近青堂詩一卷 ……	2-255
蝶仙小史彙編六卷首一卷 ………	1-242
數書九章十八卷 …………………	1-431
數理精蘊二編四十五卷表八卷 …	1-415
數理精蘊二編四十五卷表八卷 …	1-415
嶠雅二卷 …………………………	1-159
嶠雅不分卷 ………………………	1-516
嶠雅不分卷 ………………………	1-516
墨子一卷 …………………………	1-116
墨子二卷 …………………………	2-21
墨子二卷 …………………………	2-21
墨子二卷 …………………………	2-21
墨子十五卷目錄一卷 ……………	1-436
墨子十五卷目錄一卷 ……………	1-436
墨子十五卷目錄一卷附篇目考一卷 …	2-21
墨子十六卷 ………………………	2-414
墨子七十一篇三卷 ………………	1-436
墨子七十一篇三卷 ………………	2-21
墨子閒詁十五卷目錄一卷附錄一卷	

後語二卷 …………………………	1-436
墨子閒詁十五卷目錄一卷附錄一卷	
後語二卷 …………………………	1-463
墨子閒詁十五卷目錄一卷附錄一卷	
後語二卷 …………………………	2-21
墨子閒詁十五卷目錄一卷附錄一卷	
後語二卷 …………………………	2-21
墨子閒詁十五卷目錄一卷附錄一卷	
後語二卷 …………………………	2-21
墨子閒詁十五卷附錄一卷後語一卷	
……………………………………	1-463
墨子閒詁十五卷附錄一卷後語二卷	
目錄一卷 …………………………	1-536
墨子經說解二卷 …………………	2-412
墨子經說解二卷 …………………	2-412
墨子經說解二卷 …………………	2-491
墨子箋十五卷校勘表一卷 ………	1-436
墨子箋十五卷校勘表一卷 ………	2-21
墨石齋印稿不分卷 ………………	1-235
墨史二卷 …………………………	1-132
墨池殘瀋四卷 ……………………	1-185
墨池編二十卷 ……………………	1-217
墨池編二十卷 ……………………	2-467
墨池編六卷 ………………………	1-131
墨妙亭碑目考二卷附考一卷 ……	2-207
墨妙亭碑目考二卷附考一卷 ……	2-207
墨林今話十八卷 …………………	1-184
墨林今話十八卷 …………………	1-234
墨林今話十八卷 …………………	1-464
墨林今話十八卷 …………………	2-275
墨林今話十八卷 …………………	2-275
墨林今話十八卷 …………………	2-275
墨林今話十八卷 …………………	2-275
墨林今話十八卷 …………………	2-476
墨香居畫識十卷 …………………	1-475
墨香居畫識十卷 …………………	2-385
墨香居畫識十卷 …………………	2-449
墨莊樂府鈔四卷 …………………	2-392
墨商三卷補遺一卷 ………………	1-436
墨歡吟館詩存四卷 ………………	1-475
稽古日鈔八卷 ……………………	1-159

稽古日鈔八卷	1-439
稽古日鈔八卷	1-441
[同治]稷山縣志十卷	2-139
黎文肅公遺書七種首一卷	1-504
黎文肅公遺書七種首一卷	2-252
[光緒]黎平府志八卷首一卷	2-433
黎陽王襄敏公集四卷	2-243
黎照堂臨池新編四卷	1-488
稼軒長短句十二卷	1-517
稼書先生[陸隴其]年譜一卷	2-200
篋中集一卷	1-161
篋中集一卷附劄記一卷	1-197
篋中詞六卷續集四卷	1-465
篋中詞續集四卷	1-465
篋外錄一卷	1-242
篋衍集十二卷	1-169
篔村集十二卷	1-465
篁墩程先生文集九十三卷拾遺一卷	1-9
篁墩程先生文粹二十五卷	1-8
篁墩程先生文粹二十五卷	1-8
篇海類編二十卷	1-85
篆文大觀六卷首一卷	1-293
篆文大觀六卷首一卷	1-294
篆文六經四書六十一卷	1-100
篆文四書不分卷	2-19
篆刻鍼度八卷	1-434
篆刻鍼度八卷	2-273
篆刻鍼度八卷	2-534
篆法探源不分卷	1-427
篆書易經□□卷	1-188
篆學瑣著三十種四十卷	1-145
篆學瑣著三十種四十卷	1-427
篆學瑣著三十種四十卷	2-273
篆學瑣著三十種四十卷	2-273
篆瀍偏旁點畫辯不分卷	1-427
儀鄭堂駢儷文三卷	1-330
儀鄭堂駢儷文三卷	1-561
儀鄭堂駢儷文三卷	2-246
儀衛軒文集十二卷文外集一卷年譜一卷	1-506
儀衛軒文集十二卷文外集一卷年譜	

一卷	1-506
儀衛軒文集十二卷文外集一卷詩集五卷大意尊聞三卷	2-249
儀衛軒詩集五卷	1-506
儀衛軒遺書一卷	2-249
儀衛軒遺書不分卷	2-477
儀禮十七卷	1-9
儀禮十七卷	1-188
儀禮十七卷	1-188
儀禮十七卷	1-280
儀禮十七卷	1-280
儀禮十七卷	1-280
儀禮十七卷	1-280
儀禮十七卷	1-280
儀禮十七卷	1-280
儀禮十七卷	1-281
儀禮十七卷	1-281
儀禮十七卷	1-281
儀禮十七卷	1-281
儀禮十七卷	1-281
儀禮十七卷	1-281
儀禮十七卷	1-281
儀禮十七卷	2-53
儀禮十七卷	2-53
儀禮十七卷	2-351
儀禮十七卷附校錄一卷續校一卷	1-220
儀禮十七卷附錄一卷	1-281
儀禮十七卷附錄一卷	1-281
儀禮十七卷附嚴本儀禮鄭氏註校錄一卷續校一卷	2-53
儀禮正義四十卷	1-282
儀禮正義四十卷	2-53
儀禮古今文疏義十七卷	1-281
儀禮古今文疏義十七卷	1-281
儀禮古今文疏義十七卷	1-281
儀禮古今文疏義十七卷	2-54
儀禮古今文疏證二卷	1-281
儀禮古今文疏證二卷	1-281
儀禮私箋八卷	1-282
儀禮私箋八卷	1-315

儀禮私箋八卷	2-54
儀禮易讀十七卷	1-188
儀禮易讀十七卷	1-281
儀禮易讀十七卷	1-281
儀禮易讀十七卷	1-281
儀禮注疏十七卷	1-282
儀禮注疏十七卷附考證	1-282
儀禮注疏十七卷附考證	1-282
儀禮注疏十七卷附校勘記	1-282
儀禮要義五十卷	1-282
儀禮恒解十六卷	1-282
儀禮章句十七卷	1-282
儀禮註疏十七卷	1-119
儀禮疏五十卷	1-157
儀禮疏五十卷附校勘記	1-282
儀禮疏五十卷附校勘記	1-282
儀禮疏五十卷附校勘記	1-541
儀禮疏五十卷附校勘記	1-541
儀禮節本二卷	2-483
儀禮節本二卷	2-488
儀禮節本二卷	2-488
儀禮節畧二十卷	1-100
儀禮節畧二十卷	1-282
儀禮經注一隅二卷	2-359
儀禮經傳通解二十九卷	1-170
儀禮經傳通解二十三卷儀禮集傳集注十四卷儀禮經傳通解續二十九卷	1-282
儀禮圖六卷	1-281
儀禮圖六卷	1-281
儀禮圖六卷	1-281
儀禮圖六卷	2-54
儀禮圖六卷	2-54
儀禮精義不分卷補編一卷	1-282
儀禮精義不分卷補編一卷	1-282
儀禮精義不分卷補編一卷	1-282
儀禮鄭注十七卷	2-323
儀禮鄭注句讀十七卷附監本正誤一卷石本誤字一卷	1-322
儀禮漢讀考一卷毛詩故訓傳三十	2-387
儀禮識誤三卷	1-281
儀禮韻言二卷	1-282
儀禮釋官一卷	1-301
儀禮釋官九卷首一卷	1-144
儀禮釋官九卷首一卷	2-55
儀顧堂集二十卷	1-506
儀顧堂集二十卷	2-252
儀顧堂題跋十六卷續跋十六卷	1-575
質學叢書三十種	2-5
質學叢書三十種	2-12
質顧一卷	2-391
[光緒]德安府志二十卷首一卷補遺一卷	2-581
德音堂琴譜十卷	1-232
德國工商勃興史五章	2-188
德國議院章程德國合盟紀事本末不分卷	2-380
德國議院章程德國合盟紀事本末不分卷	2-380
[同治]德陽縣志四十四卷首一卷	2-290
[同治]德陽縣志四十四卷首一卷	2-579
[光緒]德陽縣志續編十卷首一卷末一卷	2-152
[光緒]德陽縣志續編十卷首一卷末一卷	2-152
[光緒]德陽縣志續編十卷首一卷末一卷	2-153
[光緒]德陽縣志續編十卷首一卷末一卷	2-578
[道光]德陽縣新志十二卷首一卷末一卷	2-152
[道光]德陽縣新志十二卷首一卷末一卷	2-152
[道光]德陽縣新志十二卷首一卷末一卷	2-152
[道光]德陽縣新志十二卷首一卷末一卷	2-152
[道光]德陽縣新志十二卷首一卷末一卷	2-578
[道光]德陽縣新志十二卷首一卷末一卷	2-579

衛生易簡方十二卷附錄一卷	1-3
衛生要術不分卷	1-407
衛生家寶產科備要八卷	2-43
衛生編三卷	1-407
衛生學問答二卷	2-528
衛生學問答上下編九章	1-407
衛生學問答上編七章	1-422
[嘉慶]衛藏通志十六卷首一卷	2-172
[嘉慶]衛藏通志十六卷首一卷	2-172
衛藏圖識圖考二卷識畧二卷	2-173
衛藏圖識圖考二卷識畧二卷	2-361
衛濟餘編十八卷	2-288
徵君孫先生[奇逢]年譜二卷	2-199
徵君孫先生[奇逢]年譜二卷	2-199
徵君孫先生[奇逢]年譜二卷	2-199
徵刻唐宋秘本書目一卷	2-529
徵刻唐宋秘本書目考證二卷	2-529
徵異錄十二卷	2-272
徹悟禪師語錄二卷	2-415
徹悟禪師語錄二卷蕅益大師梵室偶談一卷	1-525
徹悟禪師語錄二卷蕅益大師梵室偶談一卷	1-525
盤山志十六卷首五卷	1-108
盤山志十卷附補遺一卷	2-177
盤山志十卷首一卷補遺四卷	1-103
盤洲文集八十卷首一卷末一卷	1-504
銷燬抽燬書目一卷	1-579
銷燬抽燬書目一卷禁書總目一卷違礙書目一卷奏繳咨禁書目一卷	2-288
銷燬抽燬書目一卷禁書總目一卷違礙書目一卷奏繳咨禁書目一卷	2-289
銷燬抽燬書目一卷禁書總目一卷違礙書目一卷奏繳咨禁書目一卷	2-482
銷燬抽燬書目一卷禁書總目一卷違礙書目一卷奏繳咨禁書目一卷	2-527
鋤心齋邨病錦囊二卷	1-412
鋤經書舍零墨四卷	1-241
鍥湛持文太史纂輯四書心新滌理□□卷首一卷	2-461
[同治]劍州志十卷	2-167
[同治]劍州志十卷	2-167
[同治]劍州志十卷	2-580
劍南詩鈔六卷	1-468
劍南詩鈔六卷	1-468
劍南詩鈔六卷	1-468
劍南詩鈔六卷	1-468
劍南詩鈔六卷	2-259
劍南詩槀八十五卷	1-64
劍南詩槀八十五卷	1-95
劍南詩槀八十五卷放翁遺槀二卷	1-96
劍南詩稿八十五卷	1-136
劍南詩稿八十五卷	1-468
劍南詩稿八十五卷	1-468
劍俠傳四卷	1-192
劍俠傳四卷續編四卷	2-272
餘冬序錄二卷	1-15
[乾隆]餘姚志四十卷	1-221
餘姚黃忠端公集六卷	1-382
[光緒]餘姚縣志二十七卷首一卷末一卷	1-542
餘園叢稿四種	2-399
餘墨偶談八卷續集八卷	1-240
餘墨偶談八卷續集八卷	2-407
魯公文集十五卷	1-50
魯班全書□□折	2-597
魯班全書□□折	2-601
魯詩遺說攷六卷敘錄一卷	2-230
魯齋遺書十卷	1-22
魯巖交遊記不分卷	1-506
劉子全書四十卷首一卷	2-14
劉子全書四十卷首一卷	2-432
劉子威集三十二卷	1-39
劉中丞奏議二十卷	2-128
劉中丞奏議二十卷	2-128
劉中丞奏議二十卷	2-128
劉中丞奏議二十卷	2-128
劉氏家塾四書解二十卷	2-316
劉氏遺書八卷	2-506
劉氏鴻書一百八卷	1-33
劉氏鴻書一百八卷	1-33
劉氏鴻書一百八卷	1-33

劉氏叢書鈔□□種	2-496
劉氏類山十卷	1-35
劉文安公全集六種	2-430
劉文清公遺集十七卷應制詩集三卷	2-262
劉文靖公文集二十七卷考異一卷	1-5
劉左使文集四卷	1-484
劉向古列女傳七卷續列女傳一卷	1-50
劉向古列女傳七卷續列女傳一卷	1-50
劉向新序十卷	1-13
劉向說苑二十卷	1-85
劉向說苑二十卷	1-85
劉向說苑二十卷	2-530
劉向說苑二十卷新序十卷	1-13
劉向說苑纂註二十卷	2-365
劉宋州郡圖八卷附補校宋書州郡志札記一卷	1-325
劉宋州郡圖八卷附補校宋書州郡志札記一卷	1-539
劉壯肅公奏議十卷首一卷	2-128
劉武慎公全集二十九卷	2-251
劉武慎公遺書二十五卷年譜三卷	2-250
劉松峯先生治瘟疫妙方一卷	1-406
劉忠介公人譜三編	2-552
劉忠宣公遺集□□卷附錄文二卷詩一卷	1-484
劉河間傷寒三書三種	1-400
劉河間傷寒六書六種	1-400
劉河間傷寒六書六種二十五卷附二種二卷	2-476
劉河間傷寒醫鑑一卷	2-46
劉河間醫學六書六種	1-128
劉孟塗集四十四卷	1-496
劉孟塗集四十四卷	1-496
劉孟塗集四十四卷	2-250
劉宮保賜壽圖不分卷	2-377
劉須溪先生記鈔八卷	1-64
劉註七家詩十二卷	1-337
劉給諫文集五卷	1-484
劉夢得詩集十二卷	2-298
劉槎翁先生詩選十二卷	1-39
劉端臨先生遺書八卷附廣經室文鈔一卷	1-484
劉賓客文集三十卷外集十卷	1-340
劉賓客文集三十卷外集十卷	2-240
劉賓客文集三十卷附補遺一卷	1-340
劉隨州詩集十一卷	2-258
劉隨州詩集十一卷	2-566
劉隨州詩集十卷補遺一卷	1-85
劉隨州詩集五卷	2-298
劉禮部集十二卷	1-484
穎陽琴譜四卷	1-212
請益錄六卷	1-385
請觀音經疏一卷	1-526
諸子文歸二十二卷	1-77
諸子平議三十五卷	1-442
諸子平議三十五卷	2-18
諸子奇賞後集六十卷	1-230
諸子奇賞前集五十一卷	1-230
諸子品節五十卷	1-60
諸子品節五十卷	1-120
諸子彙函九十三種二十六卷	1-66
諸氏家集十卷	1-165
諸史考異十八卷	2-90
諸史考異十八卷	2-505
諸史考異十八卷	2-505
諸史考異十八卷讀書叢錄七卷	2-90
諸史拾遺五卷	2-78
諸史拾遺五卷	2-78
諸史採奇四卷	1-54
諸史提要十五卷	1-164
諸佛世尊如來菩薩尊者神僧名經不分卷	1-3
諸法本無經三卷	1-385
諸法無行經二卷	1-385
諸家藏書簿十卷	1-579
諸葛丞相集二卷	1-65
諸葛武侯集四卷首一卷	2-236
諸葛武侯集四卷首一卷	2-311
諸葛忠武侯文集六卷	1-347
諸葛忠武侯文集六卷首一卷故事五卷	1-557

諸葛忠武侯文集六卷首一卷故事五卷	2-236	論語注疏解經二十卷附校勘記	1-306
諸葛忠武侯文集六卷首一卷故事五卷	2-236	論語注疏解經十卷札記一卷	1-305
諸葛忠武侯兵法六卷首一卷	2-305	論語注疏解經十卷札記一卷	1-305
諸葛忠武侯故事五卷	2-197	論語注疏解經十卷札記一卷	2-20
諸經日誦集要二卷	1-385	論語後案二十卷	1-305
諸儒文要八卷	1-140	論語後案二十卷	1-305
諏吉便覽不分卷	1-457	論語後案二十卷	1-305
諏吉便覽不分卷	2-363	論語後案二十卷	1-305
諏擇秘典二卷諏擇曆眼十二卷	1-66	論語音義一卷	1-306
課士直解七卷	1-343	論語訓二卷	1-109
課子隨筆節鈔六卷續編一卷	1-418	論語訓二卷	1-305
課子隨筆節鈔六卷續編一卷	1-458	論語訓二卷	1-305
課兒圖鈔存一卷	2-355	論語偶記一卷	1-320
課蒙舉隅二卷	2-544	論語備考畧二卷	2-389
課蒙舉隅二卷	2-544	論語集注旁證二十卷	1-306
論山詩選十五卷	2-261	論語集註大全二十卷序說一卷	1-121
論文偶記一卷附惜抱軒語一卷	2-547	論語集註大全二十卷讀論語孟子法一卷序說一卷	2-319
論法華二卷	1-385	論語集解二十卷	1-306
論書法不分卷	1-179	論語集解義疏十卷	1-176
論語二十篇	2-522	論語註疏解經二十卷	1-17
論語十卷	1-305	論語發隱一卷孟子發隱一卷	1-306
論語十卷	1-305	論語話解十卷	1-306
論語十卷	1-305	論衡三十卷	1-15
論語十卷	1-305	論衡三十卷	1-15
論語十卷	1-305	論衡三十卷	1-66
論語十卷	1-558	論衡三十卷	1-93
論語不分卷	2-20	論衡三十卷	1-93
論語孔注辨偽二卷	1-320	論衡三十卷	1-118
論語孔注辨偽二卷	2-20	論衡三十卷	1-443
論語正義二十四卷	1-306	論衡三十卷	1-443
論語正義二十四卷	1-306	論衡三十卷	1-443
論語正義二十四卷	1-306	論衡三十卷	1-443
論語正義二十四卷	2-20	論衡三十卷	1-443
論語古注集箋十卷附論語攷一卷	1-306	論衡三十卷	2-469
論語古訓十卷	1-306	談天十八卷	1-434
論語考異一卷	2-319	談天十八卷	1-435
論語注疏解經二十卷附校勘記	1-305	談天十八卷附表一卷	2-36
論語注疏解經二十卷附校勘記	1-306	談天十八卷首一卷	1-434
論語注疏解經二十卷附校勘記	1-306	談玄詩草修真四要	1-385

談往一卷	2-325	養知書屋文集二十八卷	1-467
談往一卷	2-393	養知書屋文集二十八卷詩集十五卷	
談藝珠叢二十七種	2-542		2-520
談藝珠叢二十七種	2-553	養知書屋文集二十八卷詩集十五卷	
談瀛錄三卷	2-186	奏疏十二卷	2-250
摩訶般若波羅蜜鈔經五卷	1-385	養素堂文集三十五卷	1-468
摩訶般若波羅蜜經三十卷	2-28	養素堂文集三十五卷	1-468
褎節錄一卷	2-198	養真集二卷	1-402
瘡瘍經驗三卷	2-497	養真集二卷	2-34
廎和錄二卷	2-273	養晦堂文集十卷詩集二卷	1-467
廎縵堂矢音集二卷詩集四卷文集一		養晦堂文集十卷詩集二卷	1-467
卷雜俎一卷	1-343	養晦堂文集十卷詩集二卷	2-251
廎縵堂矢音集二卷詩集四卷文集一		養晦堂文集十卷詩集二卷	2-251
卷雜俎一卷	2-497	養魚人工孵化術一卷	2-50
慶芝堂詩集十八卷	1-172	養雲山館試帖二卷	2-312
慶祝表文不分卷	1-565	養雲山館試帖四卷	2-415
[光緒]慶符縣志五十五卷	2-148	養蒙正軌不分卷	2-518
憐香伴傳奇二卷三十六齣	2-269	養蒙金鑑二卷	1-419
養一齋文集二十卷	1-467	養蒙金鑑二卷首一卷	2-394
養一齋文集二十卷	1-468	養蒙針度五卷	1-312
養一齋文集二十卷	1-468	養蒙針度五卷	1-312
養一齋文集二十卷	1-480	養蒙針度五卷	2-500
養一齋文集二十卷	2-248	養默山房詩稿三十二卷	2-262
養一齋集二十五卷首一卷	1-183	遵言二卷續編四卷附補遺	1-463
養一齋集八種五十二卷	1-157	遵註增補旨意四書指南纂序直解全	
養一齋詩話十卷李杜詩話三卷	1-467	書□□卷	2-467
養一齋詩話十卷李杜詩話三卷	1-467	[道光]遵義府志四十八卷首一卷	2-170
養一齋詩話十卷李杜詩話三卷	1-467	[道光]遵義府志四十八卷首一卷	2-170
養正書屋全集定本十六卷目錄二卷		[道光]遵義府志四十八卷首一卷	2-170
	2-263	[道光]遵義府志四十八卷首一卷	2-289
養正遺規二卷補編一卷教女遺規三		[道光]遵義府志四十八卷首一卷	2-570
卷訓俗遺規四卷從政遺規二卷	1-417	[道光]遵義府志四十八卷首一卷	2-571
養正遺規二卷補編一卷從政遺規二		[道光]遵義府志四十八卷首一卷	2-571
卷教女遺規三卷訓俗遺規四卷	1-416	[道光]遵義府志四十八卷首一卷	2-571
養正遺規摘鈔不分卷	1-417	[道光]遵義府志四十八卷首一卷	2-571
養正遺規摘鈔不分卷附補鈔不分卷	2-26	[道光]遵義府志四十八卷首一卷	2-571
養吉齋餘錄十卷	2-520	[道光]遵義府志四十八卷首一卷	2-571
養吉齋叢錄二十六卷餘錄十卷	1-426	[道光]遵義府志四十八卷首一卷	2-571
養志居僅存稿十八卷	1-467	[道光]遵義府志四十八卷首一卷	2-571
養志居僅存稿十八卷首一卷	2-250	[道光]遵義府志四十八卷首一卷	2-571
養拙齋詩十四卷附錄一卷	1-467	[道光]遵義府志四十八卷首一卷	2-571

[道光]遵義府志四十八卷首一卷 …	2－571
[道光]遵義府志四十八卷首一卷 …	2－571
[道光]遵義府志四十八卷首一卷 …	2－571
[道光]遵義府志四十八卷首一卷 …	2－571
[道光]遵義府志四十八卷首一卷 …	2－572
遵巖先生文集四十二卷………………	1－488
[嘉慶]潮陽縣志二十卷首一卷 ……	2－168
潛夫論十卷…………………………	1－444
潛夫論十卷…………………………	1－444
潛夫論十卷…………………………	1－445
潛夫論十卷…………………………	1－445
潛夫論十卷…………………………	1－445
潛夫論十卷…………………………	2－23
潛西偶存一卷………………………	2－399
潛西精舍詩文稿不分卷……………	2－538
[光緒]潛江縣志續二十卷首一卷 …	2－146
潛虬山人詩集十卷…………………	1－20
潛邱劄記六卷左汾近稿一卷………	1－444
潛邱劄記六卷左汾近稿一卷………	2－25
潛研堂文集五十卷…………………	2－302
潛研堂文集五十卷…………………	2－302
潛研堂文集五十卷…………………	2－453
潛研堂全書二十一種………………	2－15
潛研堂全書十六種…………………	2－14
潛研堂全書十六種…………………	2－14
潛研堂詩集十卷續集十卷…………	1－171
潛研堂詩集十卷續集十卷文集五十卷………………………………	1－198
潛翁類鈔不分卷……………………	1－132
潛書二卷……………………………	1－444
潛書二卷……………………………	1－453
潛書二卷……………………………	1－453
潛書二卷……………………………	2－25
潛書二卷……………………………	2－25
潛菴先生全集五卷…………………	1－357
潛菴先生全集五卷附年譜一卷疏稿一卷………………………………	1－357
潛菴先生全集五卷附年譜一卷疏稿一卷………………………………	1－357
潛菴先生全集五卷附年譜一卷疏稿一卷………………………………	1－357
潛庵先生遺稿五卷…………………	1－215
潛孯堂說文答問疏證六卷…………	1－296
潛孯堂說文答問疏證六卷…………	2－506
潛園總集十七種……………………	2－278
潛園總集十七種七百三十五卷……	2－286
潛溪三種……………………………	2－474
潛溪三種……………………………	2－474
潛溪先生集十八卷…………………	1－4
潛溪錄六卷首一卷…………………	1－355
潛溪錄六卷首一卷…………………	2－243
潛溪錄六卷首一卷…………………	2－314
潛溪錄六卷首一卷…………………	2－474
潛確居類書一百二十卷……………	1－72
潛確居類書一百二十卷……………	1－72
潛確居類書一百二十卷……………	1－76
潛確居類書一百二十卷……………	1－203
潛確居類書一百二十卷……………	2－546
潛確居類書一百二十卷……………	2－566
潛學編十二卷………………………	1－42
潛學編十二卷………………………	1－42
潛穎詩十卷文四卷…………………	2－252
澗泉詩餘一卷附客亭樂府一卷稼軒詞補遺一卷………………………	1－360
潘少白先生集八卷常語二卷………	1－355
潘少白先生詩集五卷………………	1－355
潘方伯公遺稿六卷…………………	1－355
潘昌遠堂選方一卷…………………	2－41
潘刻五種……………………………	2－420
潘笠江先生集十二卷………………	1－20
潘象安詩集四卷……………………	1－46
潘景齋奕譜約選一卷………………	1－236
潘景齋奕譜約選一卷………………	1－236
[乾隆]潼川府志十二卷首一卷 ……	2－148
[乾隆]潼川府志十二卷首一卷 ……	2－148
[乾隆]澄城縣志二十卷	2－141
[乾隆]澄城縣志二十卷	2－433
澄衷蒙學堂字課圖說四卷…………	1－355
澄衷蒙學堂字課圖說四卷…………	2－216
澄懷主人自訂年譜六卷……………	2－200
澄懷園載賡集六卷…………………	1－150
澄懷園語四卷………………………	1－224

澄懷園語四卷	1-418	選集漢印分韻二卷續集漢印分韻二卷	2-213
澄懷園語四卷	1-418	選詩七卷	1-32
澄蘭室古緣萃錄十八卷	2-275	選詩七卷詩人爵里一卷目錄一卷	1-84
澄蘭室古緣萃錄十八卷	2-309	選詩三卷	1-31
澄鑒堂琴譜不分卷指法二卷	1-221	選詩約註十二卷姓氏爵里考一卷	1-130
寫心再存一卷	1-354	選詩補注八卷續編四卷補遺二卷	1-26
寫心偶存一卷	1-555	選詩補註八卷續編五卷補遺二卷	1-137
寫心續存一卷	1-354	選樓集句二卷首一卷附錄一卷	1-362
寫本清風亭上本五折下本四折	2-599	選賦六卷	1-139
寫本清風亭上本五折下本四折	2-599	選學膠言二十卷補遺一卷	1-435
寫刻瀟像全傳八仙圖四卷	2-591	豫軍紀略十二卷	2-121
寫刻瀟像全傳八仙圖四卷	2-591	豫章先賢九家年譜不分卷	2-201
寫法切要二卷	1-392	豫章黃先生文集三十卷外集十四卷別集二十卷山谷詞一卷簡尺二卷	1-20
寫定尚書二十八卷	1-194		
寫定尚書不分卷	2-91	豫章黃先生文集三十卷外集十四卷別集二十卷山谷詞一卷簡尺二卷	1-20
寫韻軒小稿二卷	1-147		
寫韻軒小稿二卷	1-147	豫章羅先生文集十七卷	1-9
審音鑑古錄不分卷	1-67	豫章羅先生文集十七卷	1-18
憨山大師淨宗法要一卷進修法要一卷	1-563	[嘉慶]樂山縣志十六卷首一卷	2-151
		[嘉慶]樂山縣志十六卷首一卷	2-151
憨山老人夢遊集五十五卷	1-387	[嘉慶]樂山縣志十六卷首一卷	2-581
憨山老人夢遊集五十五卷	2-33	樂邦文類五卷	2-583
履園叢話二十四卷	1-438	[道光]樂至縣志十六卷首一卷	2-151
履園叢話二十四卷	2-370	[道光]樂至縣志十六卷首一卷	2-151
履齋示兒編二十三卷	1-85	[道光]樂至縣志十六卷首一卷	2-151
履齋示兒編二十三卷	1-155	[道光]樂至縣志十六卷首一卷	2-574
履齋四明吟稿二卷	1-113	樂全先生文集四十卷	1-181
履齋詩餘二卷	1-113	樂志堂文畧四卷附錄一卷	1-515
遲刪集八卷附文一卷	1-359	樂志堂文畧四卷附錄一卷詩略二卷	1-515
遲鴻軒所見書畫錄四卷	1-428		
彈求集二卷	1-373	樂志堂文集十八卷詩集十二卷續集二卷文畧四卷附錄詩畧一卷	1-515
彈求集二卷	1-498		
選批左傳十六卷	1-282	樂志堂詩集十二卷文集十八卷	1-515
選佛譜六卷	1-394	樂易山房制義二卷	1-515
選佛譜六卷	1-394	樂易堂詩十二卷	1-166
選刻北溪先生遺書二卷首一卷附錄一卷	2-24	樂府外集四卷首一卷	2-498
		樂府妙聲五卷	1-132
選集漢印分韻二卷	1-203	樂府指迷一卷	1-515
選集漢印分韻二卷	1-234	樂府指迷一卷	2-266
選集漢印分韻二卷	2-213	樂府雅詞三卷拾遺二卷	1-158
選集漢印分韻二卷	2-214		

樂府傳聲一卷陰符經三卷	1-515
樂府詩集一百卷	1-231
樂府詩集一百卷	1-337
樂府詩集一百卷	1-337
樂府詩集一百卷	1-337
樂府詩集一百卷	1-337
樂府詩集一百卷	1-337
樂府詩集一百卷	1-337
樂府詩集一百卷目錄二卷	1-2
樂府詩集一百卷目錄二卷	1-134
樂府詩集一百卷目錄二卷	1-134
樂府詩集一百卷目錄二卷	1-134
樂府詩集一百卷目錄二卷	2-384
樂府新編陽春白雪前集五卷後集五卷	1-187
樂府新編陽春白雪前集五卷後集五卷	1-197
樂府新編陽春白雪前集五卷後集五卷	1-231
樂府新編陽春白雪前集五卷後集五卷	1-515
樂府新編陽春白雪前集五卷後集五卷	2-267
樂府標源二卷	2-446
樂育堂語錄三卷	1-528
樂律攷二卷	1-232
樂律全書十五種四十八卷	1-100
樂律表微八卷	1-100
[乾隆]樂亭縣志十四卷首一卷	2-292
樂圃餘稿十卷附錄一卷	1-110
樂書二百卷	1-309
樂書二百卷	1-309
樂書二百卷目錄二十卷	1-2
樂善堂全集四十卷目錄四卷	2-386
樂善堂全集定本三十卷	2-246
樂經元義八卷	2-273
樂餘靜廉齋文稿一卷詩稿三集二卷詩鈔續集二卷	2-251
樂餘靜廉齋文稿一卷詩稿初集一卷二集一卷三集二卷詩鈔續集一卷絳河笙詞稿一卷梵天瑟詞一卷蜀桐絃詞一卷海風簫詞一卷	1-515
樂餘靜廉齋文稿一卷詩稿初集一卷二集一卷三集二卷詩鈔續集一卷絳河笙詞稿一卷梵天瑟詞一卷蜀桐絃詞一卷海風簫詞一卷	2-465
樂餘靜廉齋詩鈔續集一卷	2-264
樂餘靜廉齋詩稿初集一卷二集一卷	2-264
樂餘靜廉齋詩稿初集一卷二集一卷文稿一卷	2-397
練川名人畫像四卷續編三卷附錄二卷	1-191
練公文集二卷首一卷	1-54
練兵實紀九卷	1-459
練兵實紀九卷雜集六卷	1-452
練兵實紀九卷雜集六卷	1-465
練兵實紀九卷雜集六卷	2-472
緬甸國志一卷英領緬甸志一卷緬甸新志一卷暹羅國志一卷布哈爾志一卷	2-184
緝玉錄五卷	1-48
緝古算經一卷	1-423
緝古算經一卷	1-423
緝古算經三卷	2-323
緝雅堂詩話二卷	1-503
緯略十二卷	1-211
緯蕭草堂詩一卷	1-172
緯學原流興廢考三卷	2-16
緯攟十四卷	2-16
緯攟十四卷首一卷末一卷	1-303
緯攟十四卷首一卷末一卷	1-303
緱山先生集二十七卷	1-51
緱山先生集二十七卷	1-51
編事彙鈔十二卷續鈔八卷	2-124
編事彙鈔十二卷續鈔八卷	2-124
編事彙鈔十二卷續鈔八卷	2-124
編珠四卷	1-161
編珠四卷	1-517
編珠四卷	2-291
編註醫學入門七卷首一卷	1-400
編錄堂詩鈔三卷文鈔三卷	1-517

緣猗軒文鈔二卷駢體文鈔一卷詩鈔
　二卷詞鈔一卷……………… 2－252
畿輔水利議一卷 ………………… 2－51
畿輔河道水利叢書九種 ………… 2－51
畿輔通志三百卷首一卷 ………… 2－297
畿輔通志三百卷首一卷 ………… 2－297
畿輔叢書一百八十八種 ………… 2－341
畿輔叢書一百八十八種 ………… 2－342
畿輔叢書一百八十八種 ………… 2－342
畿輔叢書一百八十八種 ………… 2－429
畿輔叢書一百八十八種 ………… 2－467
畿輔叢書一百八十八種 ………… 2－470

十六畫

靜用堂偶編十卷續編十卷 ……… 1－498
靜用堂偶編十卷續編十卷 ……… 2－245
靜用堂偶編十卷續編十卷 ……… 2－245
靜志居詩話二十四卷 …………… 1－364
靜志居詩話二十四卷 …………… 1－364
靜修先生丁亥集六卷遺文六卷遺詩
　六卷拾遺七卷續集三卷 ……… 1－6
靜修先生丁亥集六卷遺文六卷遺詩
　六卷拾遺七卷續集三卷 ……… 1－6
靜修先生丁亥集六卷遺文六卷遺詩
　六卷拾遺七卷續集三卷 ……… 1－6
靜修先生文集十二卷 …………… 2－565
靜軒集五卷附錄一卷 …………… 2－379
靜娛樓詠史詩一卷 ……………… 2－555
靜惕堂書目宋人集一卷元人集一卷
　………………………………… 2－529
靜惕堂詩集四十四卷 …………… 1－220
靜廉齋詩集二十四卷 …………… 1－183
靜儉堂集十卷 …………………… 1－364
靜頤齋文集一卷 ………………… 1－364
靜頤齋文集一卷 ………………… 1－364
靜齋時藝新集四卷 ……………… 1－364
靜齋新集四卷附時藝續存一卷 … 1－364
靜觀堂集十四卷 ………………… 1－151
隸釋二十七卷 …………………… 2－471
隸釋二十七卷隸續二十一卷附汪本

隸釋刊誤一卷 ………………… 1－326
駱文忠公奏稿十卷 ……………… 2－128
駱文忠公奏稿十卷 ……………… 2－128
駱文忠公奏議湘中稿十六卷四川稿
　十一卷駱文忠公奏稿十卷行狀一
　卷神道碑銘一卷輓言錄一卷 … 2－475
駱文忠公奏議湘中稿十六卷四川稿
　十一卷駱文忠公奏稿十卷行狀一
　卷神道碑銘一卷輓言錄一卷 … 2－480
駱文忠公奏議湘中稿十六卷續刻四
　川奏議十一卷附錄一卷 ……… 2－128
駱文忠公奏議湘中稿十六卷續刻四
　川奏議十一卷附錄一卷 ……… 2－128
駱文忠公奏議湘中稿十六卷續刻四
　川奏議十一卷附錄一卷 ……… 2－128
駱丞集四卷 ……………………… 2－238
駱賓王文集十卷 ………………… 1－170
駱賓王文集十卷 ………………… 1－340
駁五經異義疏證十卷 …………… 1－486
駢文類纂四十六卷 ……………… 1－331
駢文類纂四十六卷 ……………… 2－252
駢志二十卷 ……………………… 1－35
駢枝別集二十卷 ………………… 1－79
駢枝別集二十卷 ………………… 1－79
駢雅七卷 ………………………… 2－302
駢雅七卷序目一卷訓纂十六卷 … 1－303
駢雅七卷序目一卷訓纂十六卷 … 1－303
駢雅七卷序目一卷訓纂十六卷 … 1－303
駢雅七卷首一卷 ………………… 1－331
駢雅七卷首一卷 ………………… 1－331
駢雅七卷首一卷 ………………… 2－460
駢雅訓纂十六卷首一卷 ………… 2－208
駢語雕龍四卷 …………………… 1－41
駢儷碎金六卷 …………………… 2－477
駢體文鈔三十一卷 ……………… 1－224
駢體文鈔三十一卷 ……………… 1－329
駢體文鈔三十一卷 ……………… 1－329
駢體文鈔三十一卷 ……………… 1－329
駢體文鈔三十一卷 ……………… 1－329
駢體文鈔三十一卷 ……………… 1－330
駢體文鈔三十一卷 ……………… 1－330

駢體文鈔三十一卷	1-330	薛文清公行實錄五卷	1-69
駢體文鈔三十一卷	1-485	薛文清公全集四十卷	1-79
駢體文鈔三十一卷	1-485	薛考功集十卷	1-11
駢體文鈔三十一卷	1-562	薇省詞鈔十卷附錄一卷	1-384
駢體文鈔三十一卷	2-235	薇省詞鈔十卷附錄一卷	1-384
駢體文鈔三十一卷	2-235	薈蕞編二十卷	2-328
駢體文鈔三十一卷	2-235	薈蕞編十二卷	1-373
駢體文鈔三十一卷	2-396	蕭閑老人明秀集注六卷	2-464
駢體南鍼十六卷	1-330	蕭選韻系二卷	2-214
撼龍經不分卷	2-530	翰林記二十卷	2-66
撼龍經批註校補不分卷附疑龍經批		翰林學士集一卷	1-182
註校補三卷	1-422	翰林學士集一卷	1-380
操養齋遺書四卷	2-586	翰林學士集一卷	1-380
擔公遺詩一卷附錄一卷	2-488	翰林學士集一卷	1-561
壇經一卷附六祖大師事畧一卷	1-527	翰林羅圭峰先生文集十八卷	1-86
壇經一卷附六祖大師事畧一卷	1-527	翰海十二卷	1-68
燕下鄉脞錄十六卷	1-240	翰海十二卷	1-380
燕下鄉脞錄十六卷	1-240	頤志齋四譜四卷	2-502
燕山外史二卷	1-242	頤志齋叢書二十一種	2-343
燕山外史注釋八卷	1-241	頤志齋叢書二十二種四十一卷	2-277
燕山外史注釋八卷	1-244	頤壽老人年譜二卷	2-200
燕山外史註釋八卷	2-271	噩夢一卷	1-419
燕子箋記二卷四十二齣	2-268	噩夢一卷	1-499
燕市聯吟集四卷討春合唱一卷	2-351	噩夢不分卷	2-496
燕在閣知新錄三十二卷	1-451	薩天錫詩集三卷集外詩一卷	1-116
燕在閣知新錄三十二卷	2-6	樹經堂詩初集十五卷續集二卷	1-373
燕在閣知新錄三十二卷	2-478	樹蕙背遺詩一卷	1-557
燕京開教畧三篇	2-35	樹廬文鈔十卷	1-373
燕泉何先生餘冬序錄六十五卷	1-51	橫浦先生文集二十卷心傳三卷日新	
燕泉何先生餘冬序錄六十五卷	1-51	一卷孟子發題一卷家傳一卷	1-34
燕粵夷務奏牘三卷	1-179	橫渠張子釋六卷	1-10
燕禧堂五種	2-14	橫雲山人集二十七卷附颺言集五卷	
蕫齋文集十卷	2-530		1-372
薛子條貫篇十三卷	1-448	橫雲山人集二十七卷颺言集五卷	1-104
薛子條貫篇十三卷	2-24	樸村文集二十四卷詩集十三卷	1-104
薛子條貫篇十三卷附續篇十三卷	1-449	檇李遺書二十種	2-13
薛氏醫按二十四種	1-135	檇李遺書二十種	2-431
薛氏醫按二十四種	2-39	樵說十二卷	2-550
薛氏醫按二十四種	2-390	樵說十二卷續十二卷	2-217
薛氏醫按二十四種	2-391	樵說續十二卷	1-426
薛文清公手稿一卷	1-69	樵說續十二卷	2-463

橘中秘四卷	1-140
輯說一卷集解序一卷列國圖說一卷興廢說一卷提要一卷	1-288
輶軒使者絕代語釋別國方言十三卷	1-207
輶軒使者絕代語釋別國方言十三卷	1-299
輶軒使者絕代語釋別國方言十三卷	1-299
輶軒使者絕代語釋別國方言十三卷	1-299
輶軒使者絕代語釋別國方言十三卷	1-319
輶軒使者絕代語釋別國方言十三卷附宋本方言校勘記一卷	1-183
輶軒使者絕代語釋別國方言十三卷附校正補遺一卷	1-202
輶軒使者絕代語釋別國方言十三卷附續方言二卷	2-215
輶軒使者絕代語釋別國方言十三卷首一卷續二卷續補一卷	1-299
輶軒使者絕代語釋別國方言十三卷續二卷補一卷	1-437
輶軒使者絕代語釋別國方言注疏證十三卷續二卷	1-299
輶軒使者絕代語釋別國方言箋疏十三卷	1-299
輶軒使者絕代語釋別國方言箋疏十三卷	2-215
輶軒使者絕代語釋別國方言箋疏十三卷	2-401
輶軒使者絕代語釋別國方言箋疏十三卷	2-506
輶軒使者絕代語釋別國方言箋疏十三卷	2-534
輶軒使者絕代語釋別國方言箋疏十三卷附校勘記	1-299
輶軒使者絕代語釋別國方言箋疏十三卷附校勘記	2-215
輶軒語一卷	2-391
輶軒語三卷	1-225
輶軒語不分卷	1-242
輶軒語不分卷	2-496
輶軒語不分卷	2-522
整菴先生存稿二十卷續稿十三卷	1-162
賴古堂尺牘新鈔二選藏弆集十二卷	1-372
賴古堂尺牘新鈔二選藏弆集十六卷	2-269
賴古堂名賢尺牘新鈔十二卷	1-486
賴古堂集二十四卷	2-281
賴古堂集二十四卷附錄一卷	1-214
賴古堂藏書不分卷	2-282
融堂書解二十卷	1-159
瓢餘小草□□卷	2-395
醒予山房文存十二卷	1-556
醒世恒言四十卷	1-207
醒世姻緣傳一百回	1-174
醒迷要言一卷	2-561
醒迷錄不分卷	1-496
醒園錄一卷	2-52
醒園錄不分卷	1-449
勵志錄二卷	2-458
歷世真仙體道通鑑五十三卷續編五卷後集六卷	1-3
歷仕錄一卷	2-289
歷代人物論海一百卷	2-538
歷代文獻論略二十四卷	2-60
歷代世系紀年編一卷	2-74
歷代世系紀年編一卷	2-477
歷代石經略二卷	2-207
歷代史表五十九卷	2-73
歷代史表五十九卷	2-73
歷代史表五十九卷	2-73
歷代史表五十九卷	2-74
歷代史表五十九卷	2-74
歷代史表五十九卷	2-74
歷代史表五十九卷	2-505
歷代史事政治論三百八卷	2-89
歷代史案二十卷首一卷	2-88

歷代史案二十卷首一卷 …………… 2－88	歷代名臣言行錄二十四卷 …………… 2－192
歷代史略十段錦詞話旁註二卷附歷代帝王紀一卷 …………… 1－84	歷代名臣言行錄二十四卷 …………… 2－192
	歷代名臣言行錄二十四卷 …………… 2－192
歷代史論一編四卷 …………… 2－88	歷代名臣言行錄二十四卷 …………… 2－192
歷代史論二十二卷 …………… 2－88	歷代名臣言行錄二十四卷 …………… 2－192
歷代史論二十二卷 …………… 2－88	歷代名臣言行錄二十四卷 …………… 2－192
歷代史論二十二卷 …………… 2－88	歷代名臣言行錄二十四卷 …………… 2－192
歷代史論二卷 …………… 2－89	歷代名臣言行錄二十四卷 …………… 2－486
歷代史論十二卷 …………… 2－88	歷代名臣言行錄二十四卷 …………… 2－503
歷代史論十二卷宋史論三卷 …………… 2－308	歷代名臣言行錄二十四卷首一卷 …… 2－497
歷代史論十二卷宋史論三卷元史論一卷 …………… 2－88	歷代名臣奏議三百二十卷 …………… 2－313
	歷代名臣奏議三百二十卷 …………… 2－567
歷代史論十二卷宋史論三卷元史論一卷 …………… 2－88	歷代名臣奏議三百十九卷 …………… 2－125
	歷代名臣奏議三百五十卷 …………… 1－3
歷代史纂左編一百四十二卷 …………… 1－13	歷代名臣奏議三百五十卷 …………… 1－70
歷代史纂左編一百四十二卷 …………… 1－28	歷代名臣傳三十五卷首一卷續編五卷 …………… 2－192
歷代地理志韻編今釋二十卷 …………… 2－136	
歷代地理志韻編今釋二十卷皇朝輿地韻編二卷 …………… 2－136	歷代名臣傳節錄三十卷 …………… 2－193
	歷代名畫記十卷 …………… 1－117
歷代地理沿革表四十七卷 …………… 2－130	歷代名儒傳八卷首一卷 …………… 2－193
歷代地理沿革表四十七卷 …………… 2－450	歷代名儒傳八卷首一卷 …………… 2－194
歷代地理沿革表四十七卷 …………… 2－505	歷代州域韻語一卷 …………… 1－248
歷代年號記略一卷 …………… 2－276	歷代宅京記二十卷 …………… 2－172
歷代名人年譜十卷附存疑及生卒年月無考一卷 …………… 2－201	歷代君鑒五十卷 …………… 1－139
	歷代沿革表三卷 …………… 2－135
歷代名人年譜十卷附存疑及生卒年月無考一卷 …………… 2－201	歷代沿革表三卷 …………… 2－172
	歷代建元考不分卷外編不分卷 …… 1－114
歷代名人年譜十卷附存疑及生卒年月無考一卷 …………… 2－201	歷代建元重號一卷 …………… 2－477
	歷代建元重號補遺一卷建元附考一卷 …………… 2－477
歷代名人年譜十卷附存疑及生卒年月無考一卷 …………… 2－201	
	歷代政治論海四十四卷 …………… 2－539
歷代名人書札二卷 …………… 1－484	歷代帝王年表二卷 …………… 2－74
歷代名臣列女氏姓譜一百五十七卷 …………… 2－193	歷代帝王年表三卷 …………… 1－246
	歷代帝王年表三卷紀元編三卷 …… 2－277
歷代名臣言行錄二十四卷 …………… 1－327	歷代帝王年表三卷紀元編三卷 …… 2－277
歷代名臣言行錄二十四卷 …………… 2－192	歷代帝王年表不分卷 …………… 1－323
歷代名臣言行錄二十四卷 …………… 2－192	歷代帝王年表不分卷 …………… 2－541
歷代名臣言行錄二十四卷 …………… 2－192	歷代帝王表不分卷 …………… 2－277
	歷代帝王表不分卷 …………… 2－277
	歷代帝王表不分卷附帝王廟謚年諱

譜一卷	2-73	歷代職官表六卷	2-66
歷代帝王表不分卷附帝王廟諡年諱		歷代職官表六卷	2-66
譜一卷	2-73	歷代職官表六卷	2-66
歷代帝王表不分卷附帝王廟諡年諱		歷代職官表六卷	2-66
譜一卷	2-277	歷代職官表六卷	2-66
歷代帝王法帖釋文十卷	1-248	歷代職官表六卷	2-66
歷代帝王法帖釋文考異十卷	1-92	歷代職官表六卷	2-391
歷代帝王紹運圖一卷	1-484	歷代職官表六卷	2-499
歷代神仙通鑑二十二卷	2-407	歷代疆域表三卷	2-135
歷代紀年便覽一卷附歷朝割據諸國		歷代疆域表三卷	2-172
一卷	1-323	歷代籌邊略八十四卷目錄類編三卷	
歷代都江堰功小傳二卷	1-249		2-172
歷代都江堰功小傳二卷	1-536	歷代籌邊略八十四卷目錄類編三卷	
歷代都江堰功小傳二卷	1-558	附奏議二卷	2-302
歷代都江堰功小傳二卷	2-195	歷代籌邊略八十四卷目錄類編三卷	
歷代時勢論海十四卷	2-539	附奏議二卷	2-479
歷代宮閨文選二十六卷	2-224	歷代鐘鼎彝器款識法帖二十卷	1-182
歷代陵寢備攷五十卷歷代宗廟附考		歷代鐘鼎彝器款識法帖二十卷	1-249
八卷	2-207	歷代鐘鼎彝器款識法帖二十卷	2-206
歷代通鑑纂要九十二卷	1-8	歷年紀畧一卷	2-200
歷代通鑑纂要九十二卷	2-85	歷年紀畧一卷	2-477
歷代策論合抄策對三卷對問四卷論		歷年紀畧一卷潛確錄一卷	2-467
十一卷	2-371	歷科朝元卷不分卷	2-65
歷代循吏傳八卷	2-192	歷朝二十五家詩錄三十七卷首一卷	
歷代詠史樂府二十卷	2-454		2-308
歷代畫史彙傳七十二卷首一卷目錄		歷朝史印十卷	1-233
三卷附錄二卷	1-233	歷朝史案二十卷首一卷	2-488
歷代畫史彙傳七十二卷首一卷目錄		歷朝印識二卷補遺一卷近編一卷	1-205
三卷附錄二卷	1-234	歷朝印識不分卷補遺不分卷國朝印	
歷代統紀表十三卷	2-74	識二卷近編一卷	1-235
歷代統紀表十三卷	2-86	歷朝名媛詩詞十二卷	1-163
歷代載籍足徵錄一卷弟子職集解一		歷朝名媛詩詞十二卷	2-253
卷	1-576	歷朝弈事輯略不分卷	2-531
歷代詩話二十七種	1-174	歷朝紀事本末九種	2-86
歷代詩話二十八種	1-333	歷朝紀事本末九種	2-540
歷代輿地沿革險要圖不分卷	1-325	歷朝通鑑紀事本末四種六十八卷	1-134
歷代輿地沿革險要圖不分卷	1-538	歷朝捷錄四卷	1-81
歷代輿地沿革險要圖不分卷	2-135	歷朝詩約選九十二卷	1-333
歷代輿地沿革險要圖不分卷	2-135	歷朝詩約選九十二卷	1-333
歷代輿地沿革險要圖不分卷	2-135	歷朝詩約選九十二卷	1-333
歷代輿地圖不分卷	2-135	歷朝詩約選九十二卷	2-297

歷朝詩約選九十三卷	2-479
歷朝賦楷八卷首一卷	1-212
奮迅王問經二卷	1-391
霍亂論二卷	1-407
霍亂論二卷	1-407
霍亂論二卷	1-544
霍亂論二卷	2-552
[光緒]霑益州志六卷	2-169
[光緒]霑益州志六卷	2-169
頻羅庵遺集十六卷	1-153
頻羅庵遺集十六卷	1-514
餐芍華館詩集八卷蕉心詞一卷	2-262
餐菊齋棋評不分卷	1-236
曉菴遺書曆法六卷曆表三卷大統稑法啟蒙五卷雜著一卷	1-459
曉園詩選三卷	1-477
曇陽遺韻六卷首一卷	1-475
曇無德部四分律刪補隨機羯磨十五卷	1-519
戰國策十二卷	1-74
戰國策十二卷	1-84
戰國策十卷	1-65
戰國策十卷	1-198
戰國策十卷	2-97
戰國策三十三卷	1-144
戰國策三十三卷	1-146
戰國策三十三卷	1-146
戰國策三十三卷	2-96
戰國策三十三卷	2-96
戰國策三十三卷	2-96
戰國策三十三卷	2-96
戰國策三十三卷	2-96
戰國策三十三卷	2-96
戰國策三十三卷	2-96
戰國策三十三卷	2-97
戰國策三十三卷	2-97
戰國策三十三卷	2-97
戰國策三十三卷	2-97
戰國策三十三卷	2-97
戰國策三十三卷	2-97
戰國策三十三卷	2-97
戰國策三十三卷	2-404
戰國策三十三卷	2-486
戰國策去毒二卷	2-97
戰國策選八卷附錄一卷	1-56
戰國策選八卷附錄一卷	1-117
戰國策選四卷	2-319
戰國策纂四卷	1-142
戰國策釋地二卷	1-323
戰國策釋地二卷	2-96
戰國策釋地二卷	2-131
戰國疆域圖不分卷	1-325
戰國疆域圖不分卷	1-539
戰國疆域圖不分卷	1-539
戰萬山十四折	2-599
戰萬山十四折	2-599
還硯齋文稿不分卷	1-359
圜天圖說三卷	1-422
圜天圖說三卷續編二卷	1-435
圜天圖說續編二卷首一卷	1-422
圜海圖考四卷	2-537
默庵遺集八卷	1-183
黔史四卷	2-124
[光緒]黔江縣志五卷首一卷	2-164
[光緒]黔江縣志五卷首一卷	2-164
[光緒]黔江縣志五卷首一卷	2-164
[咸豐]黔江縣志四卷首一卷	2-163
[咸豐]黔江縣志四卷首一卷	2-582
[黔南石馬]田氏宗譜□□卷	2-582
黔南職方紀略九卷	2-170
黔南識略三十二卷	2-182
黔南識略三十二卷	2-182
黔南識略三十二卷	2-542
黔記四卷	2-182
黔書二卷	1-323
黔書二卷	2-414
黔書二卷	2-493
[黔蜀]田氏宗譜□□卷	2-582

書名	頁碼
黔詩紀略三十三卷	1-479
黔詩紀略三十三卷	1-479
黔詩紀略三十三卷	1-479
黔詩紀略後編三十卷紀略補三卷	1-479
黔詩紀略後編三十卷紀略補三卷	1-479
黔詩紀略後編三十卷紀略補三卷	2-236
黔語二卷	2-135
黔語二卷	2-135
黔語二卷	2-415
積古齋鐘鼎彝器款識十卷	1-229
積古齋鐘鼎彝器款識十卷	2-204
積古齋鐘鼎彝器款識十卷	2-204
積古齋鐘鼎彝器款識十卷	2-204
積古齋鐘鼎彝器款識十卷	2-204
積古齋鐘鼎彝器款識十卷	2-204
積古齋鐘鼎彝器款識十卷	2-365
積學齋叢書二十種	2-12
積學齋叢書二十種	2-415
積學齋叢書二十種	2-421
積學齋叢書二十種	2-421
穆天子傳六卷	1-46
穆天子傳六卷末一卷	1-518
穆勒名學八篇	2-25
穆勒名學三卷	1-440
穆勒名學三卷	2-26
穆堂初稿五十卷	1-518
篤素堂文集十六卷	1-471
篤素堂文集四卷	2-487
篤素堂集鈔三卷	1-471
篤素堂集鈔三卷	2-26
篠村詩鈔四卷	2-390
舉祀鄉賢文移一卷	1-135
舉業式程程論一卷	1-85
[光緒]興文縣志六卷首一卷	2-164
[光緒]興文縣志六卷首一卷	2-164
[光緒]興文縣志六卷首一卷	2-164
[光緒]興文縣志六卷首一卷	2-579
[乾隆陝西]興安府志三十卷	2-140
興哭娘經一折	2-598
[乾隆江西]興國縣志二十六卷首一卷	1-212
[咸豐]興義府志七十四卷首一卷	2-292
[光緒]興義府志續編二卷	2-292
學古堂日記四十種	2-3
學古堂日記四十種	2-414
學古堂日記四十種五十三卷	2-519
學古堂捐藏書目一卷學古堂藏書目一卷學古堂藏數據附刻叢書子目一卷	2-502
學古堂捐藏書目不分卷	2-1
學古堂捐藏書目不分卷	2-1
學古齋集古今體詩三卷雜文一卷	1-480
學仕遺規四卷	1-456
學仕遺規四卷補四卷	2-385
學仕錄十六卷	2-9
學易門徑一卷	1-260
學易集八卷	2-483
學治一得編一卷附錄一卷	2-394
學治臆說二卷附續說一卷說贅一卷	1-456
學治臆說二卷附續說一卷說贅一卷	1-461
學治臆說二卷續說一卷	2-67
學治臆說二卷續說一卷	2-67
學治臆說二卷續說一卷	2-67
學治續說一卷說贅一卷	2-394
學春秋隨筆十卷	1-290
學津討原二十集	2-329
學校四禮合纂十卷首一卷	1-440
學校管理法十章	1-557
學海津梁四編	2-412
學海堂四集二十八卷	2-384
學海堂集十六卷二集二十二卷三集二十四卷	1-480
學海堂集十六卷二集二十二卷三集二十四卷四集二十八卷	1-480
學海堂集初集十六卷二集二十二卷三集二十四卷四集二十八卷	2-422
學海堂集初集十六卷二集二十二卷三集二十四卷四集二十八卷	2-431
學海堂叢刻十二種	2-422
學海堂叢刻十二種	2-463

書名	冊-頁
學海堂叢刻十二種	2-463
學海堂叢刻十二種	2-477
學海堂叢刻十三種	2-13
學海類編四百三十一種	2-10
學海類編四百三十一種	2-425
學海類編四百三十一種	2-545
學案小識十四卷首一卷末一卷	1-417
學案小識十四卷首一卷末一卷	2-25
學案初模二十卷	2-371
學案初模續編二十卷	2-556
學琴說一卷	1-232
學琴說一卷	1-232
學詁齋文集二卷	1-481
學統五十三卷	1-201
學統五十三卷	1-450
學蔀通辨四編十二卷	2-24
學蔀通辨續編三卷	2-520
學算筆談十二卷	1-421
學算筆談十二卷	1-421
學算筆談十二卷	1-432
學算筆談十二卷	1-432
學算筆談十二卷	2-53
學算筆談十二卷	2-363
學彊恕齋筆算十卷	1-431
學齋詩集四卷	1-480
學齋詩集四卷	1-481
儒林宗派十六卷	1-440
儒門事親十五卷	2-314
儒門法語一卷	1-440
儒門語要六卷	1-440
儒門語要六卷	1-440
儒門語要六卷	2-19
儒門醫學三卷	2-584
儒宗三要六卷	2-19
儒函數類六十二卷目錄四卷	1-41
儒釋道平心論二卷	1-529
儒釋道平心論二卷	2-31
儒釋道平心論二卷	2-31
[乾隆]衡水縣志十四卷	2-137
[同治]衡陽縣志十二卷	2-146
衡齋遺書九卷附錄一卷	1-422
鍊石編三卷附圖一卷	1-459
鍊石編三卷附圖一卷	2-51
鍊金新語十章	1-447
鍊鋼要言一卷附錄試驗各法一卷	1-459
錢考功詩集四卷	2-298
錢考功詩集四卷	2-480
錢志新編二十卷首一卷附二卷	2-309
錢牧齋文鈔不分卷	1-466
錢牧齋文鈔不分卷	1-466
錢牧齋文鈔不分卷	1-466
錢牧齋文鈔不分卷	2-246
錢牧齋全集一百六十三卷	1-466
錢南園先生遺集五卷	1-466
錢南園先生遺集五卷	1-466
錢南園先生遺集五卷	1-466
錢南園先生遺集五卷	1-466
錢南園先生遺集五卷	1-466
錢南園先生遺集五卷	1-466
錢南園先生遺集五卷	2-248
錢南園先生遺集五卷	2-248
錢塘韋先生文集十六卷	1-131
錢塘遺事十卷	1-114
錢塘遺事十卷	1-202
[康熙]錢塘縣志三十六卷首一卷	2-300
錢錄十六卷	1-247
錢臨江先生集十四卷	1-53
錫慶堂詩集八卷	1-465
錦上花四十八回	2-410
錦帆集四卷去吳尺牘一卷	1-123
錦江禪燈二十卷	1-391
錦字箋四卷	1-439
錦字箋四卷	2-496
錦字箋四卷	2-559
錦里新編十六卷首一卷	1-246
錦里新編十六卷首一卷	1-246
錦里新編十六卷首一卷	1-246
錦里新編十六卷首一卷	2-298
錦里新編十六卷首一卷	2-555
錦官堂試帖二卷	1-471
錦官錄雜著一卷	2-7
錦繡萬花谷前集四十卷後集四十卷	

書名	頁碼
續集四十卷	1-14
錦繡萬花谷前集四十卷後集四十卷	
續集四十卷	1-14
錦繡萬花谷前集四十卷後集四十卷	
續集四十卷	1-14
錦繡萬花谷前集四十卷後集四十卷	
續集四十卷	1-120
錦繡萬花谷前集四十卷後集四十卷	
續集四十卷別集三十卷	1-14
劍南詩槀八十五卷	2-553
歙縣館錄不分卷	2-392
館律分韻初編六卷	1-472
館律分韻初編六卷	2-310
鮑氏國策十卷	1-21
鮑紅葉叢書十七種十九卷	2-281
鮑參軍集二卷	2-237
鮑爵軍門戰功紀畧一卷	2-494
[光緒]獲鹿縣志十四卷首一卷末一卷	2-291
[穎川]汪氏宗譜□□卷	2-195
獨持集□□卷	2-547
獨漉堂集文集十五卷續集一卷詩集十六卷	1-371
獨學廬尺牘偶存二卷	1-380
獨學廬初稿詩八卷文三卷附刊二卷二稿詩三卷詞二卷文四卷三稿詩六卷文五卷四稿詩四卷外集二卷補遺一卷	1-213
獨學廬初稿詩八卷文三卷讀左卮言一卷漢書刊誤一卷	1-155
獪園十六卷	2-548
鴛央湖櫂歌一卷	1-505
鴛鴦宜福館遺詞不分卷	1-506
鴛鴦影四卷十八回	1-209
鴛鴦鏡傳奇二十齣	1-506
諧聲別部五卷	1-350
諧聲別部六卷	2-217
諧聲補逸十四卷	1-100
諧鐸十二卷	2-272
諭摺合訂不分卷(光緒十三年正月至十六年七月)	2-125
諭摺彙存二十二卷	2-125
諭摺彙存二十二卷	2-125
[光緒]諭摺彙存不分卷	2-561
[光緒]諭摺彙存不分卷	2-562
[光緒]諭摺彙存不分卷	2-562
諭摺彙存不分卷(光緒十七年至三十三年八月二十九日)	2-125
諭摺彙存不分卷(光緒十八年十一月至十九年十一月)	1-569
諮議局章程及選舉章程解釋彙鈔(第五次自宣統元年七月起宣統元年九月止)	2-545
憑山閣增定留青全集二十四卷	2-331
憑山閣增輯留青新集三十卷	1-482
憑山閣增輯留青新集三十卷	2-298
凝齋先生遺集十卷末一卷	1-360
磨坊相會二集	2-591
辨正文字一卷辨似一卷	1-310
辨字摘要不分卷	1-313
辨字摘要四卷	1-310
辨譌一得二十卷	2-583
辨證奇聞十卷	1-407
辨證錄十二卷	2-42
辨證錄十四卷附胎產秘書二卷	1-407
親親餘事三編十八卷	1-438
親屬記二卷	1-557
龍川文集三十卷補遺一卷附錄二卷札記一卷	1-345
龍川文集三十卷辨譌考異二卷附錄二卷	1-345
龍川文集三十卷辨譌考異二卷附錄二卷	1-345
龍川先生文集三十卷	1-90
龍井見聞錄十卷附宋僧元淨外傳二卷	2-179
龍文鞭影二卷	1-312
龍文鞭影二卷	1-456
龍文鞭影二卷	1-456
龍文鞭影二卷	2-558
龍文鞭影四卷	2-216
[道光]龍安府志十卷	2-147

書名	頁碼
[道光]龍安府志十卷	2-296
龍沙紀事詩一卷	2-344
龍虎山志十二卷	2-178
龍虎山志十六卷	1-149
[康熙河北]龍門縣志十六卷	2-171
龍岡山人詩鈔十八卷	2-386
龍城劄記三卷	1-199
龍威秘書十九種	2-9
龍威秘書十集	2-334
龍威秘書十集	2-408
龍威秘書十集	2-425
龍威秘書十集	2-492
龍威秘書十集三百三十四卷	2-492
龍洲集十四卷首一卷附玉淵吟藁一卷	1-346
龍眠古文一集二十四卷附一卷	1-343
龍筋鳳髓判注四卷	1-346
龍舒增廣淨土文十二卷	1-135
龍舒增廣淨土文十二卷	1-386
龍經三卷	1-39
龍圖公案八卷	2-386
龍谿王先生全集二十二卷	1-36
龍谿王先生全集二十二卷	1-36
龍谿王先生全集二十二卷	1-346
龍龕手鑑四卷	1-311
嬴秦郡縣圖不分卷	1-325
嬴秦郡縣圖不分卷	1-539
嬴秦郡縣圖不分卷	1-539
憺園文集三十六卷	1-102
憺園文集三十六卷	1-217
憺園全集三十六卷	1-503
憶雲詞四卷刪存補遺一卷	1-502
燒餅歌四折	2-601
螢窗異草初編四卷二編四卷三編四卷	2-519
[同治]營山縣志三十卷	2-167
[同治]營山縣志三十卷	2-168
[同治]營山縣志三十卷	2-293
[同治]營山縣志三十卷	2-579
澤存堂五種	1-312
澤存堂五種	1-322
澤存堂五種	2-307
澹生堂藏書目十四卷	2-2
澹災蠡述一卷	2-174
澹園文一卷	2-415
澹園詩草三卷	2-478
濂亭文集八卷	1-352
濂亭文集八卷	1-352
濂亭文集八卷	1-352
濂亭文集八卷	2-542
濂亭遺集六卷	1-352
濂溪志七卷濂溪遺芳集一卷	2-566
濂溪集六卷	1-27
憲法精理二卷八章	1-462
憲政分年籌備事宜表一卷	2-59
憲章錄四十七卷	1-54
憲章錄四十六卷	1-41
憲廟硃批諭旨不分卷	2-127
寰宇訪碑錄十二卷	2-207
寰宇訪碑錄十二卷	2-299
寰宇訪碑錄十二卷	2-351
寰宇訪碑錄十二卷	2-585
寰宇訪碑錄十二卷刊謬一卷	2-299
寰宇訪碑錄十二卷刊謬一卷	2-589
寰宇訪碑錄十二卷刊謬一卷補寰宇訪碑錄五卷刊誤一卷	2-207
寰宇訪碑錄十二卷補五卷	2-398
寰宇訪碑錄十二卷補五卷	2-530
禪林寶訓筆說三卷	1-559
禪門日誦不分卷	1-392
禪門日誦不分卷	1-392
禪門日誦不分卷	1-393
禪門日誦不分卷	1-524
禪門日誦諸經不分卷	1-393
禪門課誦二卷	1-392
禪門課誦二卷	2-465
禪門鍛煉說一卷	1-392
禪門鍛煉說一卷	2-359
禪宗正指三卷	1-393
禪宗永嘉集註解二卷	1-187
禪真後史五十三回	2-527
禪源諸詮集都序四卷	1-392

禪關策進二集	1-567
禪關策進三卷	2-583
閻氏小兒方論一卷	2-44
閻潛丘先生[若璩]年譜一卷	1-169
閻潛丘先生[若璩]年譜一卷	2-200
閻潛丘先生[若璩]年譜一卷	2-200
避諱錄五卷補正一卷	1-354
彊邨詞四卷	2-532
隰樊詩鈔四卷	2-260
隱秀軒集三十三卷	1-65
隱秀軒集三十三卷	1-65
隱居通議三十一卷	1-144
隱居通議三十一卷	1-487
隱居通議三十一卷	1-487
隱軒詩稿一卷	2-198
[光緒]縉雲縣志十六卷首一卷末一卷	2-291

十七畫

環遊地球新錄四卷	2-184
趨庭紀聞一卷附家傳一卷	1-558
戴氏遺書□□種	2-247
戴氏遺書□□種	2-429
戴東原先生年譜一卷	1-453
戴東原先生年譜一卷	2-247
戴東原先生年譜一卷	2-247
戴東原先生年譜一卷	2-308
戴東原先生年譜一卷	2-323
戴東原先生年譜一卷	2-323
戴東原先生年譜一卷	2-324
戴東原先生年譜一卷	2-324
戴東原集十二卷	1-104
戴東原集十二卷	1-378
戴東原集十二卷札記一卷	1-453
戴東原集十二卷札記一卷	2-247
戴東原集十二卷札記一卷	2-247
戴東原集十二卷札記一卷	2-308
戴東原集十二卷札記一卷	2-323
戴東原集十二卷札記一卷	2-323
戴東原集十二卷札記一卷	2-324
戴東原集十二卷札記一卷	2-324
戴東原集十二卷首一卷	2-247
戴南山文鈔六卷	1-378
戴南山文鈔六卷首一卷	2-245
聲玉山齋詩集十卷	1-376
聲律通考十卷	1-232
聲律通考十卷	2-273
聲律通考十卷	2-567
聲律啟蒙撮要二卷	2-413
聲律啟蒙撮要二卷	2-455
聲調三譜五種十一卷	1-170
聲調三譜四卷	1-309
聲調三譜四卷	2-217
聲調三譜四卷	2-217
聲調三譜四卷	2-469
聲調譜一卷續譜一卷	1-113
聲調譜前譜一卷後譜一卷續譜一卷	1-165
聲調譜前譜一卷後譜一卷續譜一卷	2-217
聲調譜前譜一卷後譜一卷續譜一卷	2-287
聲調譜前譜一卷後譜一卷續譜一卷談龍錄一卷	2-217
聲學八卷	2-37
聲學須知一卷	2-558
聲韻攷四卷	2-215
聲韻攷四卷	2-442
聰山集詩八卷文三卷	2-261
聰訓齋語二卷恒產瑣言一卷	1-418
聰訓齋語二卷恒產瑣言一卷	1-440
聰訓齋語二卷恒產瑣言一卷飯有十二合說一卷	1-418
聰訓齋語二卷恒產瑣言一卷飯有十二合說一卷	1-440
聰訓齋語二卷恒產瑣言一卷飯有十二合說一卷	1-448
聰訓齋語二卷恒產瑣言一卷飯有十二合說一卷	1-463
聰訓齋語二卷恒產瑣言一卷飯有十二合說一卷	1-541

聰訓齋語二卷恒產瑣言一卷飯有十二合說一卷	2－26	舊唐書二百卷	1－231
聯新事備詩學大成三十卷	1－93	舊唐書二百卷	2－107
聯璧詩鈔二卷	1－512	舊唐書二百卷	2－107
鞞婆沙論十四卷	1－2	舊唐書二百卷	2－107
鞠部羣英不分卷	1－237	舊唐書二百卷	2－107
藍山先生詩集六卷	1－3	舊唐書二百卷	2－530
藍山集六卷	2－260	舊唐書二百卷附考證	2－107
藍侍御集十卷	1－41	舊唐書二百卷附考證	2－107
藍澗集六卷	2－260	舊唐書二百卷校勘記六十六卷	1－559
藍橋汲水二卷	2－600	舊唐書校勘記六十六卷	2－530
藏事舉要一卷	2－171	舊唐書逸文十二卷	2－530
藏書十三種一百八十卷	2－278	舊學山房試卷四卷末一卷試帖一卷賦一卷	1－384
藏書十約一卷遊藝卮言二卷	1－574	韓子二十卷	1－80
藏書六十八卷	1－55	韓子二十卷附錄一卷	1－92
藏書六十八卷	1－67	韓子迂評二十卷	1－82
藏書六十八卷	1－94	韓子粹言一卷	2－390
藏書六十八卷	1－94	韓氏三禮圖說二卷	1－276
藏書六十八卷續藏書二十七卷	1－94	韓文一卷	1－121
藏書紀事詩七卷	1－574	韓文公文抄十六卷	1－83
藏書紀事詩七卷	1－575	韓文公文抄十六卷	1－83
藏書紀事詩六卷	1－574	韓文公文抄十六卷	1－83
藏書紀事詩六卷	2－3	韓文杜律二卷	1－84
藏書紀要不分卷	1－574	韓文起十二卷	1－225
藏園九種曲十三卷	1－372	韓文類譜七卷柳先生[宗元]年譜一卷	1－197
藏園九種曲十三卷	2－269	韓非子二十卷	1－35
藏園九種曲十三卷	2－269	韓非子二十卷	1－52
藏輈隨筆一卷	1－555	韓非子二十卷	1－52
舊五代史一百五十卷	2－108	韓非子二十卷	1－165
舊五代史一百五十卷	2－108	韓非子二十卷	1－165
舊五代史一百五十卷	2－108	韓非子二十卷	1－231
舊五代史一百五十卷	2－108	韓非子二十卷	2－22
舊五代史一百五十卷	2－108	韓非子二十卷	2－22
舊五代史一百五十卷目錄二卷	2－108	韓非子二十卷	2－22
舊五代史一百五十卷目錄二卷	2－108	韓非子二十卷	2－22
舊五代史一百五十卷附考證目錄二卷	1－203	韓非子二十卷	2－22
舊雨齋詩集八卷	1－149	韓非子二十卷	2－22
舊唐書二百卷	1－185	韓非子二十卷	2－23
舊唐書二百卷	1－207	韓非子二十卷	2－353
		韓非子二十卷	2－389

韓非子二十卷	2－398
韓非子二十卷識誤三卷	1－204
韓非子集解二十卷首一卷	2－22
韓非子集解二十卷首一卷	2－22
韓非子集解二十卷首一卷	2－22
韓非子集解二十卷首一卷	2－22
韓非子集解二十卷首一卷	2－22
韓昌黎詩集編年箋注十二卷本傳一卷	1－161
韓忠獻王安陽集一卷范文正公文集一卷	2－389
韓柳文一百卷	1－10
韓柳文一百卷	1－11
韓國條約不分卷	2－527
韓清議約公牘一卷	1－555
韓集點勘四卷	1－180
韓集點勘四卷	2－285
韓詩外傳十卷	1－80
韓詩外傳十卷	1－203
韓詩外傳十卷	1－272
韓詩外傳十卷	1－272
韓詩外傳十卷	1－272
韓詩外傳十卷	2－229
韓詩外傳十卷附校註拾遺一卷補逸一卷	1－371
韓詩外傳十卷附校註拾遺一卷補逸一卷	2－229
韓隱廬詩鈔七卷樂府集一卷補遺集一卷	2－349
韓隱廬詩鈔□□卷補遺集一卷	2－448
韓魏公言行錄不分卷	1－376
韓魏公言行錄不分卷	2－492
韓魏公集二十卷	1－537
韓魏公集二十卷	2－334
韓魏公集三十八卷	1－87
隸法彙纂十卷	1－156
隸法彙纂十卷	2－213
隸篇十五卷續編十五卷再續編十五卷	1－303
隸辨八卷	1－172
隸辨八卷	1－172
隸辨八卷	1－190
隸辨八卷	1－194
隸辨八卷	1－304
隸辨八卷	1－312
隸辨八卷	1－313
隸韻十卷碑目一卷	1－245
隸韻十卷碑目一卷	1－303
隸韻十卷碑目一卷	2－213
隸韻十卷碑目一卷	2－381
隸釋二十七卷	2－206
隸釋二十七卷	2－405
隸釋二十七卷隸續二十一卷刊誤一卷	2－206
隸釋二十七卷隸續二十一卷刊誤一卷	2－206
隸續二十一卷	1－161
檉華館文集六卷詩集四卷附駢文一卷雜錄一卷	1－378
檉華館詩集四卷詩餘一卷	2－265
檉華館駢體文一卷	2－252
檉華館雜錄一卷附錄一卷	2－271
檄文鬧宮一折	2－599
檢字一貫三十二集	1－312
檢韻指南十二集	1－303
檢驗集證一卷附檢驗合參一卷	2－71
檀几叢書初集五帙五十卷五十種二集五帙五十卷五十種	1－220
檀几叢書初集五帙五十卷五十種二集五帙五十卷五十種餘集二卷四十七種附政一卷十種	1－230
檀几叢書初集五帙五十卷五十種二集五帙五十卷五十種餘集二卷四十七種附政一卷十種	2－447
檀几叢書初集五帙五十卷五十種二集五帙五十卷五十種餘集二卷四十七種附政一卷十種	2－447
檀几叢書錄要不分卷	1－371
檀弓一卷	1－82
檀弓一卷	1－82
檀弓二卷	1－62
檀氏儀禮韻言塾課藏本二卷	1－371

臨川先生文集一百卷目錄二卷 ……… 1－14	嶺南三大家詩選二十四卷………… 1－516
臨川先生文集一百卷目錄二卷 ……… 1－14	嶺南三大家詩選二十四卷………… 1－516
臨川吳文正公集四十九卷道學基統	嶺南三大家詩選二十四卷………… 2－588
一卷外集三卷……………………… 1－5	嶺南實事記二十卷首一卷………… 2－129
臨文便覽不分卷…………………… 2－309	嶺南遺書五十九種………………… 2－13
臨池心解一卷……………………… 2－545	嶺南遺書五十九種………………… 2－360
［光緒］臨朐縣志十六卷 ………… 2－138	嶺南遺書五十九種………………… 2－429
臨陣心法一卷……………………… 2－72	嶽雪樓書畫錄五卷………………… 1－240
臨陣管見九卷……………………… 1－452	嶽雪樓書畫錄五卷………………… 1－458
臨陣管見九卷……………………… 1－453	矯亭存稿十八卷…………………… 1－14
臨陣管見九卷……………………… 2－71	魏文貞公故事拾遺三卷年譜一卷…… 2－352
［康熙］臨海縣志十五卷首一卷 …… 1－222	魏文靖公史傳攷略一卷邛州八賢史
［乾隆］臨榆縣志十四卷首一卷 …… 1－222	傳一卷…………………………… 2－197
臨漪園詩後集四卷文集四卷詩集偶	魏志三十卷………………………… 1－180
存一卷文集三卷 ………………… 2－465	魏伯子文集十卷…………………… 2－449
臨證指南醫案十卷………………… 1－402	魏武帝注孫子三卷………………… 2－458
臨證指南醫案十卷………………… 1－402	魏叔子日錄三卷…………………… 1－519
臨證指南醫案十卷………………… 2－47	魏叔子詩集八卷…………………… 1－519
臨證指南醫案十卷………………… 2－47	魏書一百十四卷…………………… 1－122
臨證指南醫案十卷………………… 2－47	魏書一百十四卷…………………… 1－123
臨證指南醫案十卷………………… 2－450	魏書一百十四卷…………………… 2－105
臨證指南醫案十卷………………… 2－451	魏書一百十四卷…………………… 2－105
臨證指南醫案十卷………………… 2－453	魏書一百十四卷…………………… 2－105
臨證指南醫案十卷………………… 2－453	魏書一百十四卷…………………… 2－373
臨證指南醫案十卷………………… 2－470	魏書一百十四卷…………………… 2－393
臨證醫案傷寒辨證錄十四卷……… 1－407	魏書一百十四卷考證一卷………… 2－105
霜紅龕集四十卷…………………… 2－561	魏書一百十四卷考證一卷………… 2－105
霜紅龕集四十卷我詩集十一卷仙儒	魏書一百十四卷考證一卷………… 2－105
外紀十卷………………………… 1－495	魏書文鈔十八卷…………………… 1－137
霜紅龕集四十卷附錄三卷年譜一卷	魏書校勘記一卷…………………… 2－496
………………………………… 1－495	魏鄭公諫錄五卷…………………… 1－170
霜紅龕集四十卷附錄三卷年譜一卷	魏鄭公諫錄五卷諫續錄一卷……… 2－585
………………………………… 2－245	魏鄭公諫續錄二卷………………… 2－330
霜菉亭易說一卷…………………… 1－558	魏鶴先生渠陽詩一卷……………… 1－196
擬古樂府二卷……………………… 1－30	輿地沿革表四十卷首一卷………… 2－130
擬明史樂府一百首………………… 1－364	輿地沿革表四十卷首一卷………… 2－130
豳風廣義三卷……………………… 1－516	輿地紀勝二百卷附校勘記五十二卷
戲蟬四折…………………………… 2－591	補遺十卷………………………… 2－132
斅清齋試帖六卷…………………… 1－355	輿地紀勝二百卷首一卷…………… 2－132
嶺外代答十卷……………………… 2－323	輿地紀勝二百卷首一卷…………… 2－132
嶺南三大家詩選二十四卷………… 1－516	輿地紀勝二百卷補遺十卷校勘記五

335

書名	頁碼
十二卷	1-483
輿地廣記三十八卷校勘輿地廣記札記二卷	2-131
輿地廣記三十八卷校勘輿地廣記札記二卷	2-131
輿地廣記三十八卷校勘輿地廣記札記二卷	2-131
輿地廣記三十八卷剳記二卷	1-192
儲御史詩集四卷	2-298
龜山先生集四十二卷	1-54
龜巢藁二十卷	1-111
[康熙]徽州府志十八卷圖一卷	1-223
[康熙]徽州府志十八卷圖一卷	1-223
[康熙]徽州府志十八卷圖一卷	2-433
[康熙]徽州府志十八卷圖一卷	2-580
[道光]徽州府志十六卷首一卷	2-433
[道光]徽州府志十六卷首一卷	2-433
[道光]徽州府志十六卷首一卷	2-580
[道光]徽州府志十六卷首一卷	2-580
[道光]徽州府志十六卷首一卷	2-580
徽言秘旨不分卷	1-103
徽郡詩八卷	1-23
[嘉慶]徽縣志八卷	2-141
鍥兩狀元編次皇明要考六卷	1-61
鍥音註蓺林唐故事白眉十二卷	1-208
鍥音註藝林唐故事白眉十二卷	1-35
鍥音註藝林唐故事白眉十二卷	1-35
鍥旁註事類捷錄十五卷	1-141
鍥旁註事類捷錄十五卷	1-428
鍥熙朝名公書啓連腴八卷	1-41
鍥精選古今名公藻翰雙奇十三卷	2-389
鍼灸大成十二卷	2-340
鍼灸大成十卷	1-407
鍼灸大成十卷	1-550
鍼灸大成十卷	2-44
鍼灸大成十卷	2-45
鍼灸大成十卷	2-287
鍼灸甲乙經十二卷	1-401
鍼灸甲乙經十二卷	1-547
鍼灸甲乙經十二卷	2-44
鍼灸甲乙經十二卷	2-557
鍼灸擇日編集一卷	1-182
鍼灸擇日編集一卷	1-549
鍼灸靈法三卷	2-553
鍾山札記四卷	1-199
鍾伯敬先生五經纂註五卷	1-137
鍾伯敬先生批評漢書一百卷	1-68
鍾伯敬批點世說新語補二十卷	1-40
[同治]鍾祥縣志二十卷補編二卷	2-146
鍾馗送妹五折	2-600
爵秩全覽(光緒甲午秋季)	2-454
谿上詩輯十四卷	2-548
谿上詩輯十四卷	2-559
谿州官牘四集	2-251
甑甀洞藳五十四卷目錄二卷	1-37
甑甀洞續稿詩集十二卷文集十五卷目錄二卷	1-39
鮚埼亭外集五十卷附錄不分卷	1-132
鮚埼亭集三十八卷外編五十卷首一卷附經史問答十卷	2-247
鮚埼亭集三十八卷首一卷經史問答十卷外編五十卷	1-517
鮚埼亭集三十八卷首一卷經史問答十卷外編五十卷	1-517
鮚埼亭集外編五十卷	1-150
鮚埼亭集外編五十卷	2-542
鮚埼亭集外編五十卷全謝山先生經史問答十卷	1-517
鮚埼亭詩集十卷	1-517
謝山存稿十卷	1-348
謝耳伯先生初集十六卷全集八卷	1-72
謝宣城集五卷	1-140
謝宣城集六卷	1-157
謝宣城詩集五卷	1-349
謝華啓秀八卷	1-211
謝梅莊先生遺集八卷	1-349
謝疊山先生文章軌範七卷	1-345
謝疊山先生文章軌範七卷	1-345
謝疊山先生文章軌範七卷	2-218
謝疊山先生文章軌範七卷	2-218
謝疊山先生文章軌範七卷	2-218
謝疊山先生文章軌範七卷	2-218

謝疊山先生批點檀弓一卷	2－54	濟美錄四卷	1－23
謝疊山先生評注四種合刻	1－342	濟陰綱目十四卷目錄一卷附保生碎	
謝疊山先生評注四種合刻	1－342	事一卷	2－43
諡法通考十八卷	1－34	濟陰綱目十四卷附保生碎事一卷	1－547
謙受堂集十五卷	1－344	[道光]濟甯直隸州志十卷首一卷末	
襄陽外編一卷	1－36	一卷圖一卷	2－291
襄陽外編拾遺一卷	1－36	[咸豐]濱州志十二卷首一卷	2－138
[乾隆]襄陽府志四十卷圖一卷	2－145	[乾隆]濰縣志六卷首一卷末一卷	1－274
[同治]襄陽縣志七卷首一卷	2－145	賽金丹二卷	1－187
應制五言排律類選十二卷	1－344	賽金丹二編	1－414
應試唐詩類釋五卷	2－327	邃雅堂學古錄七卷	2－248
應潛齋先生集十卷	1－343	邃懷堂文集十六卷駢文補箋一卷	1－355
應齋詞一卷	1－360	邃懷堂文集箋注十六卷	1－355
療飢良方一卷	2－555	邃懷堂詩鈔前編三卷後編二卷	2－264
齋中讀書一卷	1－350	禮念彌陀道場懺法三卷	2－464
甕天瑣錄一卷	1－350	禮記二十卷	1－26
甕天瑣錄一卷	2－397	禮記二十卷	1－101
燭湖集二十卷附編二卷	1－501	禮記二十卷	1－101
鴻苞集四十八卷	1－48	禮記二十卷	1－274
鴻苞節錄十卷	1－462	禮記二十卷	1－274
鴻雪因緣圖記三集	1－165	禮記二十卷	1－274
鴻雪因緣圖記三集	1－535	禮記十卷	1－191
鴻雪因緣圖記三集六卷	2－534	禮記十卷	1－202
鴻雪唱和集一卷	1－360	禮記十卷	1－274
鴻慶居士文集四十二卷	1－195	禮記十卷	1－274
鴻慶居士文集四十二卷	2－586	禮記十卷	1－274
濤生詩草三卷	1－132	禮記十卷	1－274
濟一子道書七種	2－450	禮記十卷	1－274
濟一子證道秘書十七種	2－465	禮記十卷	1－274
濟一子證道秘書十七種	2－473	禮記十卷	1－274
濟一子證道秘書十七種	2－473	禮記十卷	1－274
濟世內科經驗全方三卷首一卷	1－80	禮記十卷	1－274
濟世良方六卷	2－405	禮記十卷	1－274
濟世達生撮要不分卷	1－413	禮記十卷	1－274
濟世達生撮要不分卷	1－545	禮記十卷	1－274
濟北晁先生雞肋集七十卷	1－72	禮記十卷	1－274
濟北晁先生雞肋集七十卷	1－111	禮記十卷	1－274
濟生方八卷	1－111	禮記十卷	1－274
濟生集六卷	2－43	禮記十卷	1－274
濟南大學堂備齋古文讀本一卷	1－555	禮記十卷	1－275
[道光]濟南府志七十二卷首一卷	2－292	禮記十卷	1－275

禮記十卷	1－275
禮記十卷	1－275
禮記十卷	1－275
禮記十卷	2－54
禮記十卷	2－54
禮記十卷	2－54
禮記十卷	2－54
禮記十卷	2－324
禮記六十一卷附尚書顧命解一卷	2－54
禮記四十六卷	2－404
禮記四十六卷	2－404
禮記合參四卷	1－321
禮記析疑四十八卷	2－385
禮記或問五卷	1－277
禮記制度示掌圖一卷	2－554
禮記注疏六十三卷	1－278
禮記注疏六十三卷	1－278
禮記注疏六十三卷攷證六十三卷	1－181
禮記注疏六十三卷附校勘記	1－278
禮記要義三十三卷	1－121
禮記要義三十三卷	1－277
禮記省度四卷	1－230
禮記省度四卷	1－277
禮記恆解四十九卷	1－275
禮記恆解四十九卷	2－564
禮記約編十卷	1－277
禮記約編十卷	2－54
禮記校勘記六十七卷	1－277
禮記訓纂四十九卷	2－324
禮記章句或問十卷	1－275
禮記淺說二卷	1－362
禮記揭要四卷	1－277
禮記集註十卷	2－554
禮記集解六十一卷	1－276
禮記集說十六卷	1－207
禮記集說十卷	2－324
禮記註疏六十三卷	1－119
禮記註疏六十三卷	1－119
禮記註疏六十三卷	2－472
禮記節本二卷	1－277
禮記節本十卷	1－319

禮記箋三十六卷	1－275
禮記箋三十六卷	1－275
禮記箋四十六卷	2－54
禮記精華十卷	1－275
禮記精義六卷首一卷	1－277
禮記精義六卷首一卷	2－381
禮記精義旁訓六卷	1－275
禮記精義旁訓六卷	1－275
禮記精義旁訓六卷	1－275
禮記精義鈔畧十卷	2－537
禮記增訂旁訓六卷	1－275
禮記增訂旁訓六卷	2－324
禮記撮要三卷	1－275
禮記質疑四十九卷	2－54
禮記纂言三十六卷	1－276
禮記纂注三十卷	1－120
禮書一百五十卷	1－276
禮書一百五十卷	1－301
禮書附錄十二卷	2－325
禮書通故五十卷	2－303
禮書通故五十卷	2－410
禮書通故五十卷	2－566
禮書通故四十九卷	2－55
禮書綱目八十五卷首三卷	2－53
禮經大義不分卷	1－276
禮經會元四卷	1－10
禮經箋十七卷	1－276
禮經箋十七卷	1－277
禮經箋十七卷	1－320
禮經箋十七卷	1－322
禮經箋十七卷	2－54
禮經釋例十四卷	1－276
禮箋三卷	2－54
禮說十四卷	1－276
禮樂全書十六卷	1－309
甓湖聯吟集七卷	1－107
翼教叢編六卷	1－456
翼教叢編六卷	1－496
翼教叢編六卷	1－534
翼聖堂重訂蘇老泉硃批孟子二卷	2－491
翼駉稗編八卷	1－244

翼學編十三卷	1－33
續學堂文鈔六卷首一卷	1－198
續學堂詩鈔四卷首一卷	1－180
縵雅堂駢體文八卷	1－331
縵雅堂駢體文八卷	1－331
總纂升菴合集二百四十卷	1－507
總纂升菴合集二百四十卷	2－353
總纂升菴合集二百四十卷	2－358
總纂升菴合集二百四十卷	2－358
總纂升菴合集二百四十卷	2－359
縮本精選經藝淵海五種	1－322
繆篆分韻五卷	1－151
繆篆分韻五卷繆篆補一卷	2－213

十八畫

鼇正按摩要術四卷	1－549
聶氏痘門方旨八卷	1－406
藕香零拾三十九種	2－414
藕香零拾三十九種	2－421
藕香零拾三十九種	2－421
藕香館文錄一卷	2－250
藕頤類稿二十卷附外集七種	1－384
藕頤類稿二十卷附外集七種	2－248
職方外紀五卷首一卷	2－357
藝文通覽一百二十卷	1－178
藝文備覽十二集一百二十卷附檢字一卷	1－311
藝文備覽十二集一百二十卷附檢字一卷	2－210
藝文類聚一百卷	1－11
藝文類聚一百卷	1－27
藝文類聚一百卷	1－28
藝文類聚一百卷	1－29
藝文類聚一百卷	1－57
藝文類聚一百卷	1－105
藝文類聚一百卷	1－150
藝文類聚一百卷	1－239
藝文類聚一百卷	1－441
藝文類聚一百卷	2－373
藝舟雙楫不分卷	1－455
藝苑捃華四十八種	2－271
藝苑捃華四十八種	2－350
藝苑彈蕉六卷	1－383
藝林粹言四十一卷	1－86
藝風堂文集七卷外篇一卷續集八卷	2－253
藝風堂文集七卷外篇一卷續集八卷外集一卷	1－383
藝風堂文集七卷外篇一卷續集八卷外集一卷	1－383
藝風堂文漫存七卷	1－383
藝風堂金石文字目十八卷	2－287
藝風藏書記八卷	2－589
藝風藏書記八卷續記八卷	2－3
藝風藏書記八卷續記八卷	2－3
藝風藏書記八卷續記八卷	2－289
藝海珠塵一百六十四種	2－11
藝海珠塵一百六十四種	2－282
藝海珠塵一百六十四種	2－418
藝海珠塵一百六十四種	2－418
藝概六卷	1－383
藝概六卷	1－383
藝概六卷	2－216
藝槩六卷	2－498
藝槩六卷	2－555
藝贊三卷	1－10
鞦芬室詞甲稿一卷	1－380
藤花館詩二卷詩餘一卷	1－373
藤花館詩二卷詩餘一卷	2－266
藤陰雜記十二卷	1－241
[藤溪]陳氏宗譜七卷著述一卷	2－582
藥地炮莊九卷	1－132
藥言不分卷藥言賸稿不分卷	2－26
藥言四卷	1－438
藥品總目一卷	2－482
藥師七佛供養儀軌如意王經一卷	1－526
藥師七佛供養儀軌如意王經一卷	1－526
藥師瑠璃光如來本願功德經一卷	1－532
轉注古音略五卷	1－314
覆瓿集七卷附錄一卷	1－39
覆瓿集三種	2－15

醫方考八卷	1－37
醫方易簡新編六卷續編二卷醫方易簡外科續編一卷續刻簡易新編新增良方一卷	2－47
醫方捷徑二卷	2－583
醫方捷徑指南全書二卷	1－400
醫方捷徑指南全書二卷	1－400
醫方捷徑指南全書二卷	1－400
醫方集解三卷	1－401
醫方集解三卷	1－401
醫方集解三卷增訂本草備要十一卷	2－485
醫方集解不分卷	2－46
醫方集解六卷增訂本草備要六卷	2－46
醫方湯頭歌括不分卷	1－403
醫方湯頭歌括不分卷	1－413
醫方論四卷	2－46
醫方辨難大成上集□□卷中集幼科四十七卷首一卷婦科十六卷首一卷下集眼科六卷外科三十二卷首一卷	2－519
醫方簡易二卷	1－401
醫林改錯一卷	1－401
醫林改錯二卷	1－401
醫林改錯二卷	1－401
醫林改錯二卷	1－549
醫林改錯二卷	2－46
醫林改錯二卷	2－546
醫林指月十二種	2－39
醫林選青七卷附傷寒三卷治溫提要一卷	2－38
醫述十六卷	2－502
醫門法律二十四卷	2－518
醫門法律六卷	1－402
醫門法律六卷	1－553
醫門法律六卷	2－48
醫門棒喝二集傷寒論本旨九卷	1－400
醫門棒喝四卷	2－38
醫門棒喝四卷醫門棒喝二集傷寒論本旨九卷	1－402
醫門棒喝初集四卷	1－400

醫法心傳一卷	2－38
醫法圓通四卷	1－401
醫法圓通四卷	1－401
醫法圓通四卷	1－401
醫法圓通四卷	1－553
醫法徵驗錄二卷	2－46
醫宗必讀十卷	1－400
醫宗必讀十卷	1－400
醫宗必讀十卷	2－502
醫宗必讀五卷	1－554
醫宗秘錄□□卷	2－536
醫宗備要三卷	1－412
醫宗摘要四卷	2－44
醫宗說約六卷	1－401
醫宗說約六卷	1－487
醫宗說約六卷	1－554
醫宗說約四卷	2－48
醫故二篇	2－39
醫科五種	1－546
醫效秘傳三卷	1－403
醫效秘傳四卷	1－402
醫家四要四卷	2－38
醫書八種	2－40
醫書六種	1－554
醫書匯參輯成二十四卷	1－410
醫書匯參輯成十六卷	2－39
醫理真傳四卷	1－401
醫理真傳四卷	1－401
醫理真傳四卷	2－558
醫理真傳四卷附醫法圓通四卷	1－401
醫理發明八卷	1－549
醫理匯精二卷	1－405
醫理匯精二卷	2－46
醫貫砭二卷	1－409
醫貫砭二卷	2－48
醫無閭子醫貫六卷	1－226
醫統正脈全書四十四種	2－39
醫統正脈全書四十四種	2－284
醫鈴八卷	2－39
醫經原旨六卷	1－407

醫經原旨六卷	1-549
醫經原旨六卷	2-40
醫經原旨六卷	2-40
醫學一統一卷	2-47
醫學一統一卷眼科切要一卷	2-540
醫學三字經四卷	1-402
醫學三字經四卷	1-402
醫學三字經四卷	1-546
醫學三字經四卷	2-552
醫學五則五卷	1-404
醫學切要一卷	2-48
醫學切要全集六卷附醫學一統一卷	1-404
醫學心悟五卷	1-405
醫學心悟五卷	2-48
醫學心悟五卷附外科十法一卷	2-48
醫學心悟六卷	2-48
醫學考辨十二卷	1-552
醫學金鍼八卷	2-44
醫學金鍼八卷	2-44
醫學金鍼八卷	2-44
醫學法律六卷	2-48
醫學便覽七卷	2-39
醫學從衆八卷	1-555
醫學從衆八卷	2-470
醫學從衆錄八卷	1-554
醫學從衆錄八卷	1-554
醫學從衆八卷	1-404
醫學從衆八卷	1-544
醫學從衆八卷	2-39
醫學啓蒙輯覽五種	1-409
醫學集成四卷	1-404
醫學集成四卷	1-404
醫學集成四卷	1-404
醫學統旨六卷	1-13
醫學源流論二卷	1-404
醫學源流論二卷	1-405
醫學源流論二卷	2-40
醫學源流論二卷	2-518
醫學實在易八卷	1-404
醫學實在易八卷	1-544

醫學實在易八卷	1-554
醫學綱目四十卷	1-15
醫學窮源集六卷	2-48
醫學叢書初編十種附二種	1-404
醫學叢書初編十種附二種	1-549
醫學讀書記三卷續記一卷附靜香樓醫案一卷	2-48
醫驗錄五卷	1-405
霧隱山房詩二卷	2-415
擷芳集八十卷	1-217
[乾隆]豐城縣志二十卷首一卷末一卷	2-145
豐都留渝同鄉勸學會齒錄不分卷	2-382
豐順丁氏持靜齋書目不分卷	2-299
[光緒]豐縣志十六卷首一卷	2-581
叢睦汪氏遺書十九種	2-15
叢睦汪氏遺書十九種	2-277
叢碧山房文集八卷	1-228
題鳳館詞稿一卷文稿一卷	1-476
題鳳館稿一卷	2-549
題鳳館稿八卷	2-449
題鳳館稿八卷	2-449
題鳳館稿八卷詞稿一卷文稿一卷	2-489
題鳳館稿不分卷	1-476
瞿忠宣公集十卷	1-478
瞻籠齋古印徵不分卷	1-235
闕里文獻考一百卷首一卷末一卷	1-155
闕里文獻考一百卷首一卷末一卷	1-215
闕里文獻考一百卷首一卷末一卷	1-483
闕里志二十四卷	1-155
闕里志二十四卷	1-155
闕里志二十四卷	2-289
闕里志二十四卷	2-339
蟬史二十卷	1-440
蟲天志十卷	1-80
蟲薈五卷	2-38
鵑音一卷白社詩草一卷	1-35
鵑音一卷白社詩草一卷	1-36
鵑碧錄二卷	2-489
韞山堂時文集三集	1-380
韞玉樓遺稿一卷	1-379

顓項歷攷二卷紅崖碑釋文一卷 ········ 1－437	雙探妹一折 ·············· 2－593
[嘉慶]黟縣志十六卷首一卷 ······ 2－144	雙探妹一折 ·············· 2－593
穢跡金剛說神通大滿陀羅尼法術靈	雙探妹一折 ·············· 2－594
要門經一卷 ············· 1－568	雙探妹一折 ·············· 2－594
簡心十道疏解一卷 ············ 2－398	雙探妹一折 ·············· 2－594
簡心十道疏解一卷 ············ 2－398	雙探妹一折 ·············· 2－594
[咸豐]簡州志十四卷 ·········· 2－167	雙探妹一折 ·············· 2－594
[咸豐]簡州志十四卷 ·········· 2－167	雙探妹一折 ·············· 2－594
[光緒]簡州續志二卷 ·········· 2－167	雙探妹一折 ·············· 2－594
[光緒]簡州續志二卷 ·········· 2－167	雙探妹一折 ·············· 2－594
簡易醫訣四卷 ··············· 1－412	雙探妹一折 ·············· 2－594
簡易醫訣四卷 ··············· 2－311	雙探妹一折 ·············· 2－594
簡要良方不分卷 ············· 2－47	雙探妹一折 ·············· 2－594
簡莊文鈔六卷續編二卷河莊詩鈔一	雙探妹一折 ·············· 2－594
卷 ··················· 1－472	雙探妹一折 ·············· 2－594
簡學齋館課試律存不分卷附續鈔 ····· 2－250	雙探妹一折 ·············· 2－594
雙丰公輓詩一卷 ············· 1－505	雙探妹一折 ·············· 2－594
雙白燕堂文集二卷外集八卷 ······· 1－513	雙探妹一折 ·············· 2－594
雙白燕堂集唐詩二卷詩八卷文集二	雙探妹一折 ·············· 2－594
卷外集八卷金石續編二十一卷 ···· 1－513	雙探妹一折 ·············· 2－594
雙池文集十卷 ··············· 2－358	雙探妹一折 ·············· 2－594
雙池先生[汪烜]年譜四卷 ······· 2－199	雙探妹一折 ·············· 2－594
雙花樓一折 ················ 2－593	雙探妹一折 ·············· 2－594
雙花樓三折 ················ 2－593	雙探妹一折 ·············· 2－594
雙冷齋文集四卷又二卷 ········· 2－252	雙探妹一折 ·············· 2－594
雙忠廟傳奇二卷 ············· 1－104	雙探妹一折 ·············· 2－594
雙佩齋詩集八卷補梅書屋詩草一卷	雙探妹一折 ·············· 2－595
雙佩齋文集四卷駢體文集一卷 ···· 2－246	雙探妹一折 ·············· 2－595
雙烈遺稿不分卷 ············· 1－513	雙探妹一折 ·············· 2－595
雙峰先生文集九卷 ············ 1－117	雙探妹一折 ·············· 2－595
雙峯猥稿九卷首一卷末一卷 ······· 1－513	雙探妹一折 ·············· 2－595
[光緒]雙流縣志二卷 ·········· 2－151	雙探妹一折 ·············· 2－595
[光緒]雙流縣志二卷 ·········· 2－151	雙探妹一折 ·············· 2－595
[嘉慶]雙流縣志四卷 ·········· 2－150	雙探妹一折 ·············· 2－595
雙流縣節孝貞烈續錄一卷 ········ 1－469	雙探妹一折 ·············· 2－595
雙探妹一折 ················ 2－593	雙探妹一折 ·············· 2－595
雙探妹一折 ················ 2－593	雙探妹一折 ·············· 2－595
雙探妹一折 ················ 2－593	雙探妹一折 ·············· 2－595
雙探妹一折 ················ 2－593	雙探妹一折 ·············· 2－595
雙探妹一折 ················ 2－593	雙探妹一折 ·············· 2－595
雙探妹一折 ················ 2－593	雙探妹一折 ·············· 2－595

雙探妹一折	2-595	邊事彙鈔十二卷續鈔八卷	2-495
雙探妹一折	2-595	邊事續鈔八卷	2-406
雙探妹一折	2-595	邊華泉集八卷	1-26
雙探妹一折	2-595	邊華泉詩集七卷附錄一卷	2-337
雙探妹一折	2-595	歸方評點史記合筆六卷	1-250
雙探妹一折	2-595	歸方評點史記合筆六卷	2-86
雙探妹一折	2-595	歸田詩話三卷	2-350
雙探妹一折	2-595	歸田瑣記八卷	1-243
雙探妹一折	2-595	歸田瑣記八卷	1-244
雙探妹一折	2-596	歸田錄二卷	2-364
雙探妹一折	2-596	[光緒]歸安縣志五十二卷首一卷	2-144
雙探妹一折	2-596	歸愚文鈔十二卷	1-193
雙探妹一折	2-596	歸愚詩鈔二十卷	1-194
雙探妹一折	2-596	歸愚詩鈔二十卷	1-194
雙探妹一折	2-596	歸愚詩鈔二十卷年譜一卷	2-297
雙探妹一折	2-596	歸愚詩鈔十四卷	1-193
雙探妹一折	2-596	歸震川大全集三十卷附餘集八卷別集十卷補集八卷體則一卷	2-9
雙探妹一折	2-596	歸潛志十四卷	1-149
雙探妹一折	2-596	歸樸齋詩鈔戊集二卷己集二卷	2-266
雙探妹一折	2-596	鎮南雜詠一卷	2-552
雙探妹一折	2-596	餕飫亭集三十二卷後集十二卷	1-465
雙探妹一折	2-596	餕飫亭集三十二卷後集十二卷	1-465
雙探妹一折	2-596	翻切簡可篇二卷	1-300
雙探妹一折	2-596	翻譯名義集二十卷	1-527
雙探妹一折	2-596	翻譯名義集二十卷	1-527
雙探妹一折	2-596	翻譯名義集二十卷	2-31
雙探妹一折	2-596	翻譯名義集選不分卷	1-527
雙探妹一折	2-596	翻譯名義集選不分卷	1-527
雙探妹一折	2-596	雞足山志十卷首一卷	2-179
雙登科七折	2-593	雞足山志十卷首一卷	2-179
雙登科七折	2-593	雞足山志十卷首一卷	2-179
雙楳景闇叢書十五種二十七卷	2-12	雞澤脞錄一卷迎鑾筆記二卷	1-459
雙楳景闇叢書十五種二十七卷	2-361	謫麐堂遺集四卷	1-349
雙楳景闇叢書□□種	2-446	謫麐堂遺集四卷	2-251
雙節堂庸訓六卷	1-513	謫麐堂遺集四卷	2-251
雙溪集十二卷	1-153	顏山雜記四卷	1-213
雙鳳樓□□卷	2-601	顏氏家訓二卷	1-442
雙養一齋文集二十卷詩集四卷	1-541	顏氏家訓二卷	1-442
雙藤書屋詩集十二卷試帖二卷	2-288	顏氏家訓七卷考證一卷	1-196
邊事彙鈔十二卷	2-406	顏氏家訓七卷附攷證一卷	1-442

顏氏家訓七卷附攷證一卷	1－442
顏氏家訓七卷附攷證一卷	1－442
顏氏家訓七卷附攷證一卷	1－442
顏氏學記十卷	1－426
顏氏學記十卷	2－25
顏氏學記十卷	2－396
顏魯公文集十五卷補遺一卷	1－19
顏魯公文集十五卷補遺一卷附年譜一卷行狀一卷碑銘一卷舊本傳一卷新本傳一卷	1－194
顏魯公文集十五卷補遺一卷附錄一卷	1－31
顏魯公文集三十卷首一卷世系表一卷年譜一卷補遺一卷	2－445
顏魯公文集三十卷首一卷附補遺	1－339
顏魯公文集三十卷首一卷附補遺	1－339
顏魯公文集三十卷首一卷附補遺一卷	1－339
顏魯公文集三十卷首一卷附補遺一卷	1－339
顏瘤子二卷	2－567
雜阿含經五十卷	1－17
雜阿含經五十卷	1－385
雜毒海八卷	1－146
雜症準繩八卷	1－543
雜病證治類方八卷	2－564
離騷一卷	1－192
離騷草木疏補四卷	1－42
離騷集傳一卷	2－232
離騷集傳一卷離騷草木疏四卷離騷箋二卷	2－232
離騷集傳一卷離騷箋二卷楚辭辨證二卷楚辭集注八卷首一卷離騷草木疏四卷	2－232
離騷節解不分卷附正音一卷本韻一卷節指一卷	1－172
離騷彙訂六卷	2－230
離騷箋二卷	2－230
顏氏家訓二卷	1－46
顏懷清撰永思堂賸稿一卷	2－319
瀠源問答十二卷	2－8

[同治]璧山縣志十卷首一卷末一卷	2－164
[同治]璧山縣志十卷首一卷末一卷	2－164
彝軍紀略一卷	2－122
彝軍紀略一卷	2－122
織錦回文圖一卷回文續編一卷	2－270
斷易大全四卷	1－424

十九畫

難經本義二卷	2－458
難經集注五卷	2－41
難經經解二卷	1－409
難經經解二卷	1－409
難經經釋二卷	1－407
擇石齋詩集五十卷	1－537
擇石齋詩集四十九卷	1－152
蘋州漁笛譜不分卷	2－450
蘆浦筆記十卷	1－114
勸世人免上當四段	2－597
勸世人免上當四段	2－597
勸戒三錄六卷	2－449
勸戒近錄六卷續錄六卷三錄六卷四錄六卷	1－441
勸忍百箴考註五卷附錄一卷	1－10
勸修淨土切要一卷	1－397
勸善金科十本二十卷首一卷	1－115
勸善錄一卷	1－61
勸發菩提心文一卷	2－442
勸發菩提心文不分卷	1－531
勸嫖客八折	2－598
勸學篇二卷	1－439
勸學篇二卷	1－439
勸學篇二卷	1－439
勸學篇二卷	1－439
勸學篇二卷	1－439
勸學篇二卷	1－439
勸學篇二卷	1－439
勸學篇二卷	1－446
勸學篇二卷	1－454

勸學篇二卷	1-536
勸學篇二卷	1-559
勸學篇二卷	2-53
蘇氏易傳九卷	1-117
蘇文六卷	1-83
蘇文六卷	1-83
蘇文忠公外紀二卷	1-207
蘇文忠公全集一百十一卷	1-11
蘇文忠公海外集二十二卷年譜一卷首一卷	1-228
蘇文忠公策論選十二卷	1-83
蘇文忠公詩合注五十卷首一卷	1-382
蘇文忠公詩合注五十卷首一卷	2-259
蘇文忠公詩合注五十卷首一卷	2-305
蘇文忠公詩合註五十卷首一卷	1-212
蘇文忠公詩集五十卷目錄二卷	1-190
蘇文忠公詩集五十卷目錄二卷	1-341
蘇文忠公詩集五十卷目錄二卷	1-341
蘇文忠公詩集五十卷目錄二卷	1-342
蘇文忠公詩集五十卷目錄二卷	2-259
蘇文忠公詩集五十卷目錄二卷	2-259
蘇文忠公詩集注三十二卷	1-383
蘇文忠公詩編註集成一百三卷	1-184
蘇文忠公詩編註集成四十六卷總案四十五卷蘇海識餘三卷諸家雜綴酌存一卷賤詩圖一卷	1-341
蘇文忠公詩編註集成四十六卷總案四十五卷蘇海識餘三卷諸家雜綴酌存一卷賤詩圖一卷	1-341
蘇文忠公詩編註集成四十六卷總案四十五卷蘇海識餘三卷諸家雜綴酌存一卷賤詩圖一卷	2-259
蘇老泉文集十三卷	1-83
蘇老泉先生全集二十卷附錄二卷	1-158
蘇老泉先生全集二十卷附錄二卷	1-211
蘇老譚史米老譚史二卷	1-77
蘇合作賦一卷詞一卷碑一卷銘一卷記一卷贊一卷	2-488
[同治]蘇州府志一百五十卷首三卷	2-141
[同治]蘇州府志一百五十卷首三卷	2-294
[乾隆]蘇州府志八十卷首一卷	2-141
蘇沈內翰良方十卷	2-323
蘇沈良方八卷	2-46
蘇長公小品二卷	2-488
蘇長公小品四卷	1-82
蘇長公合作八卷補二卷	1-84
蘇長公合作八卷補二卷	1-84
蘇長公密語十六卷首一卷	1-82
蘇東坡詩集二十五卷	1-80
蘇東坡詩集二十五卷	1-92
蘇東坡詩集注三十二卷年譜一卷	1-148
蘇東坡詩集注三十二卷年譜一卷	1-148
蘇東坡詩集注三十二卷年譜一卷	1-174
蘇園仲詩集六卷文集二卷補遺一卷	2-247
蘇詩續補遺二卷	2-556
蘇臺麋鹿記二卷	1-456
蘇臺麋鹿記二卷	2-122
蘇鄰遺詩二卷	1-383
蘇學士文集十六卷	1-341
蘇學士文集十六卷	1-341
蘇學士文集十六卷	2-240
蘇學士集十六卷	1-164
蘇齋文錄二卷駢文錄五卷詩錄八卷詞錄一卷	1-383
蘇齋文錄二卷駢文錄五卷詩錄八卷詞錄一卷	1-383
蘇魏公文集七十二卷	1-180
蘇魏公文集七十二卷首一卷目錄二卷附錄一卷	1-383
蘇魏公文集七十二卷首一卷目錄二卷附錄一卷	1-383
蘇齋叢書二十四種	1-159
蘇齋叢書二十四種	1-159
攀古樓藏器目一卷	1-109
醃略四卷	1-494
醃雞甕集十二卷	1-112
[同治]麗水縣志十五卷	2-144
麗廔叢書九種	2-279
麗廔叢書九種	2-339

麗廔叢書九種	2-420
麗廔叢書九種	2-420
麗樓叢書九種	2-12
麗樓叢書九種	2-13
麗濩薈錄十二卷	1-238
願體集四卷	2-371
攈古錄金文三卷	2-203
贈言不分卷	1-480
曝書亭集八十卷	1-224
曝書亭集八十卷	2-314
曝書亭集八十卷附葉兒樂府一卷	1-182
曝書亭集八十卷附葉兒樂府一卷	1-182
曝書亭集八十卷附錄一卷	1-183
曝書亭集八十卷附錄一卷	1-224
曝書亭集八十卷附錄一卷	1-476
曝書亭集八十卷附錄一卷	1-476
曝書亭集八十卷附錄一卷	1-477
曝書亭集八十卷附錄一卷	1-477
曝書亭集八十卷附錄一卷	1-477
曝書亭集八十卷附錄一卷	1-477
曝書亭集八十卷附錄一卷	1-477
曝書亭集八十卷附錄一卷	1-477
曝書亭集八十卷附錄一卷	1-477
曝書亭集八十卷附錄一卷	1-477
曝書亭集八十卷附錄一卷	2-373
曝書亭集八十卷附錄一卷	2-471
曝書亭集八十卷附錄一卷	2-471
曝書亭集詞注七卷	1-477
曝書亭集詞註七卷	1-182
曝書亭集詞註七卷	1-535
曝書亭集詞註七卷	1-535
曝書亭集詞註七卷	1-535
曝書亭集詞註七卷	2-267
曝書亭集詩註二十四卷朱竹垞先生年譜一卷	1-190
曝書亭集詩註二十四卷朱竹垞先生年譜一卷	1-216
曝書亭集詩註二十四卷朱竹垞先生年譜一卷	1-535
曝書亭集詩註二十四卷朱竹垞先生年譜一卷	1-535
曝書亭詞拾遺三卷志異一卷	2-267
曝書雜記三卷	1-574
曝書雜記三卷	2-3
關中兩朝文鈔二十二卷文鈔補六卷詩鈔補四卷詩鈔又補一卷	1-482
關中兩朝文鈔補六卷	2-308
關中金石記八卷	2-203
關中金石記八卷	2-203
關中金石記八卷附記一卷	2-203
關中金石記八卷附記一卷	2-203
關中金石記八卷附記一卷	2-469
關中奏議全集十八卷	2-456
關中勝蹟圖志三十卷圖一卷	1-173
關中漢唐存碑不分卷	2-521
關尹子一卷	1-24
關尹子二卷	1-140
關尹子九卷	2-351
關帝事蹟徵信編三十卷首一卷末一卷	1-244
關帝明聖真經不分卷	2-391
關帝降象寶訓圖書六卷	1-457
關帝聖蹟圖志全集十卷	2-190
疇人傳四十六卷	1-431
嚴太僕先生集十二卷	1-155
嚴太僕先生集十二卷	1-478
嚴文靖公集十二卷附詩一卷	1-59
嚴永思先生通鑑補正略三卷	1-170
嚴永思先生通鑑補正略三卷	2-85
嚴永思先生通鑑補正略三卷	2-85
[光緒]嚴州府志三十八卷首一卷	2-144
嚴州圖經三卷	2-132
嚴陵張九儀地理穿山透地真傳一卷	1-424
嚴陵張九儀增釋地理琢玉斧巒頭歌括不分卷	1-424
韜厂蹈海錄四卷	1-371
韜略元機八卷	2-464
羅山遺書七種	1-476
羅山遺書八種十八卷	2-459
羅文恪公遺集奏疏二卷	2-128

書名	頁碼
羅圭峰先生文集三十卷首一卷	1-217
[嘉慶四川]羅江縣志十卷	2-163
[嘉慶四川]羅江縣志十卷	2-578
[嘉慶四川]羅江縣志三十六卷	2-163
[嘉慶四川]羅江縣志三十六卷	2-163
[嘉慶四川]羅江縣志三十六卷	2-163
[嘉慶四川]羅江縣志三十六卷	2-578
[嘉慶四川]羅江縣志三十六卷	2-578
[嘉慶四川]羅江縣志三十六卷	2-578
[嘉慶四川]羅江縣志三十六卷	2-578
羅郢州遺文一卷	1-65
羅郢州遺文一卷	1-536
羅郢州遺文一卷	2-242
羅郢州遺文一卷	2-242
羅馬志略十三卷	2-187
羅浮偫鶴山人詩草二卷外集一卷	1-476
羅浮偫鶴山人詩草不分卷	1-476
羅鄂州小集五卷	1-65
羅鄂州小集六卷	1-154
羅鄂州小集六卷	1-536
羅鄂州小集六卷	2-242
羅鄂州小集六卷	2-242
羅經指南撥霧集三卷	1-424
羅經指南撥霧集三卷	1-424
羅經指南撥霧集三卷	1-563
羅經秘竅十卷	1-79
羅豫章先生集十二卷首一卷末一卷	1-476
羅豫章先生集十二卷首一卷末一卷	2-242
籀膏述林十卷	1-327
籑園叢書七種三十四卷	2-15
籑園叢書七種三十四卷	2-283
籓曝雜記六卷	1-242
懲忿室慾編二卷	1-130
鏡花緣二十卷	2-487
鏡花緣二十卷一百回	1-209
鏡真山房試帖二卷	2-547
鏡真山房詩鈔六卷	2-367
鏡海樓詩集四卷	1-470
辭學指南四卷	2-304
[光緒]騰越廳志稿二十卷首一卷	2-170
[光緒]騰越廳志稿二十卷首一卷	2-295
[光緒]騰越廳志稿二十卷首一卷	2-432
鯤溟先生詩集四卷奏疏一卷	1-161
識小編二卷	2-17
識餘不分卷	1-181
證治要訣類方四卷	2-378
證治準繩八卷	2-378
證治準繩八卷	2-378
證治準繩六種四十四卷	1-544
證治彙補八卷	1-407
證治彙補八卷	2-589
證治彙補八卷	2-393
證俗文十九卷	1-312
廬山小志二十四卷首一卷	1-187
廬山小志二十四卷首一卷	2-178
廬山志十五卷	2-178
廬山志十五卷	2-178
廬山志十五卷	2-178
廬山志十五卷	2-178
廬山志十五卷	2-178
廬山紀事十二卷	1-15
廬山紀事十二卷	1-172
廬陵文丞相文山先生全集十六卷	1-346
廬陵文丞相文山先生全集十六卷	1-346
廬陵文丞相信國公文忠烈先生全集十卷	1-346
廬陵宋丞相信國公文忠烈先生全集十六卷	1-184
廬陵宋丞相信國公文忠烈先生全集十六卷	2-242
廬陵周益國文忠公集一百六十二卷首一卷	1-487
廬陵周益國文忠公集一百六十二卷首一卷	1-488
廬陵詩存十二卷	2-470
廬陵歐陽文忠公年譜一卷	1-14
廬陽三賢集三種十七卷	1-347
廬陽三賢集三種十七卷	1-470
龐居士語錄二卷	1-521
韻山堂詩集七卷補遺一卷	2-532

韻叶考五卷	1-89
韻史二卷	1-250
韻史二卷	1-250
韻史二卷	1-250
韻字急就篇十卷	2-305
韻字略十二集	1-299
韻字略十二集	1-299
韻字略十二集	2-214
韻歧五卷	1-309
韻歧五卷	1-319
韻府拾遺一百六卷	1-430
韻府拾遺一百六卷	2-214
韻府拾遺一百六卷	2-383
韻府約編二十四卷	2-545
韻府萃音十二集	2-214
韻府鉤沉五卷	1-319
韻府群玉二十卷	1-1
韻府群玉二十卷	1-4
韻府翼五卷	1-309
韻府翼五卷	2-214
韻法十便十二卷	1-309
韻法直圖一卷韻法橫圖一卷末一卷	2-363
韻法答問一卷韻法全圖一卷反切等韻譜一卷韻法易知一卷	1-557
韻法橫圖一卷韻法直圖一卷末一卷	2-363
韻海大全不分卷	1-319
韻海大全不分卷	2-450
韻詁五卷附補遺一卷	2-214
韻補五卷	1-10
韻補五卷	1-15
韻補五卷	1-15
韻補五卷	1-309
韻補五卷	2-214
韻補正一卷	1-309
韻補正一卷	2-214
韻會舉要三十卷	1-309
韻會舉要三十卷	1-309
韻語陽秋二十卷	1-8
韻語陽秋二十卷	1-9
韻編四卷	2-194
韻辨附文五卷	1-300
韻辨附文五卷	2-214
韻辨附文五卷	2-214
懷古田舍梅統十三卷	2-521
懷古田舍詩節鈔六卷	1-501
懷古田舍詩節鈔六卷	1-501
懷白軒詩鈔十卷詞鈔二卷南北曲一卷文鈔二卷駢體一卷賦鈔一卷	1-501
懷沙記二卷	1-201
懷星堂全集三十卷	2-494
懷清堂集二十卷	1-103
懷陽聚草不分卷雜作不分卷	1-501
懷嚳雜俎十二種	1-535
懷嚳雜俎十二種	2-13
懷嚳雜俎十二種	2-288
懷歸草堂詩一卷守閒堂詩一卷課耕樓詩一卷	1-502
懷歸草堂詩一卷守閒堂詩一卷課耕樓詩一卷	1-502
懷麓堂詩稿二十卷文稿三十卷詩後稿十卷文後稿三十卷	1-503
懷麓堂詩稿二十卷文稿三十卷詩後稿十卷文後稿三十卷文後續稿十卷	2-507
懷麓堂詩稿二十卷文稿三十卷詩後稿十卷文後稿三十卷雜記十卷	1-503
懷麓堂詩稿二十卷文稿三十卷詩後稿十卷文後稿三十卷雜記十卷	2-314
類方準繩八卷	1-544
類次書肆說鈴二卷	1-36
類林新詠三十六卷	1-184
類林新詠三十六卷	1-224
類症普濟本事方十卷	1-168
類症普濟本事方十卷	1-412
類書纂要三十三卷	1-211
類書纂要三十三卷	2-4
類書纂要三十三卷	2-306
類書纂要三十三卷	2-313
類書纂要三十三卷	2-401
類博稿十卷	1-15

類雋三十卷	1-45
類脶五十五卷	1-558
類脶五十五卷附補遺一卷	2-5
類經三十二卷	2-48
類經三十二卷圖翼十一卷附翼四卷	1-62
類經三十二卷圖翼十一卷附翼四卷	1-91
類經三十二卷圖翼十一卷附翼四卷	1-92
類經附翼四卷	2-563
類經圖翼十一卷	2-454
類經圖翼十一卷附翼四卷	2-44
類聚數考不分卷	2-454
類箋唐王右丞詩集十卷	1-27
類箋唐王右丞詩集十卷文集四卷年譜一卷外編一卷附錄三卷	1-16
類箋唐王右丞詩集十卷文集四卷年譜一卷外編一卷附錄三卷	1-16
類篇十五卷	1-311
類篇十五卷	2-213
類篇十五卷	2-408
類篇四十五卷	1-187
類聯集古二編十二卷	2-454
類證治裁八卷首一卷附卷一卷	2-588
類證註釋錢氏小兒方訣十卷	1-8
類證普濟本事方十卷	1-553
類證普濟本事方十卷	2-403
瀟湘閣詩稿一卷	1-356
瀟碧堂集二十卷	1-46
瀟碧堂集二十卷	1-123
瀕湖脈學一卷	2-482
瀕湖脈學一卷脈訣考證一卷奇經八脈考一卷	1-549
[光緒]瀘州九姓鄉志四卷	2-156
[乾隆]瀘溪縣志二十四卷首一卷	2-146
瀛舟筆談十二卷首一卷	2-7
瀛奎律髓刊誤四十九卷	1-361
瀛奎律髓刊誤四十九卷	2-254
瀛奎律髓刊誤四十九卷	2-551
瀛奎律髓刊誤四十九卷	2-588
瀛奎律髓四十九卷	1-361
瀛奎律髓四十九卷	2-254
瀛奎律髓四十九卷	2-567
瀛寰志略續集四卷末一卷	2-470
瀛環志略十卷	1-252
瀛環志略十卷	1-323
瀛環志略十卷	1-327
瀛環志略十卷	2-188
瀛環志略十卷	2-188
瀛環志略十卷	2-188
瀛環志略十卷	2-188
瀛環志略十卷	2-188
瀛環志略十卷	2-188
嬾真子五卷	2-364
嬾雲山莊詩鈔六卷	2-553
嫏嬛軒褾箸三卷	1-557
嫏嬛軒褾箸三卷	2-500
繹史一百六十卷年表一卷	2-91
繹史一百六十卷年表一卷	2-411
繹史一百六十卷附世系圖一卷年表一卷	1-138
繹史一百六十卷附世系圖一卷年表一卷	1-147
繹史一百六十卷附世系圖一卷年表一卷	2-91
繹史一百六十卷附世系圖一卷年表一卷	2-91
繹史一百六十卷附世系圖一卷年表一卷	2-91
繹史摭遺十八卷繹史岬證攷八卷	2-119
繹志十九卷	1-444
繹志十九卷	2-25
繪風亭評第七才子書琵琶記六卷	1-190
繪像全圖長生殿四卷	1-486
繪圖二十四孝	2-354
繪圖二十四孝	2-355
繪圖上海雜記十卷	1-241
繪圖五千字文不分卷	2-479
繪圖平山冷燕四才子書四卷二十回	2-538
繪圖四書速成新體讀本□□卷	2-325
繪圖列表簡明講義初等經學教科書十六卷	1-510
繪圖走馬春秋全傳六卷五十四回	1-238

繪圖後紅樓夢六卷三十二回	2-363
繪圖施公案十集	2-448
繪圖施公案四傳□□卷	2-451
繪圖唐詩三百首四卷	1-335
繪圖第一俠奇女傳四卷	2-456
繪圖情史二十四卷	2-521
繪圖萬事不求人不分卷	2-388
繪圖評點女僊外史八卷一百回	1-238
繪圖綴白裘十二集四十八卷	2-358
繪圖增註朱子治家格言一卷	1-460
繪圖鏡花緣一百回	1-210
繪圖續今古奇觀六卷三十回	2-559
繪餘漫錄四卷	2-355
繡虎軒尺牘二集八卷	1-518
繡虎軒尺牘初集八卷二集八卷三集八卷	2-448
繡虎軒尺牘初集八卷二集八卷三集八卷	2-547
繡刻演劇六十種曲一百二十卷	1-77
繡刻演劇六十種曲一百二十卷	1-97
繡雲閣八卷一百四十三回	2-360
繡像十五貫十六卷	1-369
繡像小說七十二期	2-272
繡像六美圖三十回雙帥印十四回鬧蘆莊十六回九龍陣十六回	1-185
繡像古今賢女傳九卷首一卷	2-193
繡像西漢演義八卷一百回	2-553
繡像批點紅樓夢一百二十回	1-209
繡像批點紅樓夢一百二十回	2-358
繡像批點紅樓夢一百二十回	2-534
繡像批點紅樓夢一百二十回	2-556
繡像昇仙演義傳八卷五十六回	2-538
繡像京本雲合奇蹤玉茗英烈全傳十卷八十回	2-453
繡像京本雲合奇蹤玉茗英烈全傳十卷八十回	2-453
繡像後續南北宋楊家將文武曲星包公狄青演義初傳十四卷六十八回	2-453
繡像第十才子駐春園四卷二十四回	2-538
繡像第七才子琵琶記六卷	2-538
繡像第九才子書捉鬼傳四卷十回	2-538
繡像義妖傳前集六卷後集二卷	1-209
繡像剿逆圖考二卷	2-415
繡像說唐征西全傳六卷九十回	2-434
繡像增圖綠野仙蹤八卷八十回	2-538
繡像繪圖二十四史通俗演義六卷首一卷	2-534
繡襦記二卷四十一齣	1-229

二十畫

蘭石山房詩鈔二卷	2-391
蘭史自訂年譜一卷	2-497
蘭泉居士日記不分卷(清同治十年至十三年)	1-96
蘭室秘藏三卷	1-413
蘭雪堂古事苑定本十二卷	1-217
蘭雪堂古事苑定本十二卷	1-450
蘭雪堂古事苑定本十二卷	1-450
蘭雪堂古事苑定本十二卷	2-312
蘭雪堂集八卷	1-173
蘭臺軌範八卷	1-407
蘭臺軌範八卷	1-407
蘭臺軌範八卷	2-44
[光緒]蘭谿縣志八卷首一卷附補遺一卷	1-542
[光緒]蘭谿縣志八卷首一卷附補遺一卷	2-145
蘭藻堂集八卷	1-160
蘧盦東遊日記一卷(光緒三十三年三月二十一日至六月十九日)	2-549
櫨隱盦賸槀一卷	2-310
醴陵集十卷	1-155
[光緒]酆都縣志四卷首一卷	2-153
[光緒]酆都縣志四卷首一卷	2-153
[光緒]酆都縣志四卷首一卷	2-153
[光緒]酆都縣志四卷首一卷	2-153
[光緒]酆都縣志四卷首一卷	2-578
[光緒]酆都縣志四卷首一卷	2-578
闡幽集一卷	1-488

闢邪一卷佛說十往生阿彌陀佛國經 …… 1-529	記一卷 …… 1-37
闢邪一卷佛說十往生阿彌陀佛國經 …… 1-529	鐫王鳳洲先生會纂綱鑑歷朝正史全編二十三卷首一卷 …… 1-141
闢邪集二卷附一卷 …… 1-523	鐫玉堂釐正龍頭字林備攷韻海全書十六卷首一卷 …… 1-55
鶡冠子一卷 …… 2-21	鐫李及泉參于鱗箋釋唐詩選七卷 …… 1-94
鶡冠子三卷 …… 1-12	鐫眉公陳先生評選莊子南華經雋四卷 …… 1-141
鶡冠子三卷 …… 1-148	
鶡冠子三卷 …… 1-187	鐫書言群玉要刪上十卷下十卷 …… 1-43
鶡冠子三卷 …… 1-445	鐘鼎字源五卷 …… 1-229
鶡冠子三卷 …… 1-445	鐘鼎字源五卷附錄一卷 …… 1-101
鶡冠子三卷 …… 1-445	鐘鼎字源五卷附錄一卷 …… 1-312
鶡冠子三卷 …… 2-367	鐘鼎字源五卷附錄一卷 …… 1-327
鶡冠子三卷 …… 2-399	鐘鼎字源五卷附錄一卷 …… 2-204
蠛蠓集五卷 …… 1-45	鐘鼎字源五卷附錄一卷 …… 2-204
蠕範八卷 …… 2-50	鐘鼎字源五卷附錄一卷 …… 2-204
蠕範八卷附劄記 …… 1-439	釋氏十三經十三種 …… 1-555
籌洋芻議不分卷 …… 1-343	釋氏十三經註疏八十九卷 …… 2-303
籌海圖編十三卷 …… 1-65	釋氏十三經註疏八十九卷 …… 2-303
籌海圖編十三卷 …… 1-135	釋氏稽古略四卷 …… 1-528
籌海圖編十三卷 …… 2-173	釋氏稽古略四卷 …… 2-31
籌海圖編十三卷 …… 2-289	釋地圖考二卷釋星圖考一卷 …… 2-537
籌蒙芻議二卷 …… 2-129	釋名八卷 …… 1-196
籌算淺釋二卷 …… 1-434	釋名八卷 …… 1-503
籌濟編三十二卷首一卷 …… 1-462	釋名八卷 …… 1-503
籌濟編三十二卷首一卷 …… 2-57	釋名八卷 …… 2-385
籌濟編三十二卷首一卷 …… 2-57	釋名四卷 …… 2-350
籌濟編三十二卷首一卷 …… 2-57	釋名疏證八卷補遺一卷續釋名一卷 …… 1-187
籌邊記二卷 …… 2-172	
纂圖互註老子道德經二卷 …… 1-2	釋名疏證八卷續釋名一卷補遺一卷 …… 1-298
纂圖互註老子道德經二卷 …… 1-2	
纂圖互註荀子二十卷 …… 1-2	釋名疏證八卷續釋名一卷補遺一卷 …… 2-208
纂圖互註荀子二十卷 …… 1-2	
纂圖互註南華真經十卷 …… 1-2	釋名疏證八卷續釋名一卷補遺一卷 …… 2-506
纂圖互註揚子法言十卷 …… 1-2	
覺迷靈丹一卷醒迷編一卷 …… 1-566	釋名疏證校議一卷 …… 1-298
覺迷靈丹二卷 …… 1-564	釋名疏證校議一卷 …… 2-208
覺峰賸藁四卷 …… 2-449	釋名疏證校議一卷 …… 2-506
鐔津文集十九卷首一卷 …… 1-472	釋名疏證補八卷續釋名一卷釋名補遺一卷疏證補附一卷 …… 1-298
鐔津文集十九卷首一卷 …… 2-241	
鐔津文集十九卷鐔津明教大師行業	釋名疏證補八卷續釋名一卷釋名補

遺一卷疏證補附一卷 ……	1-298
釋名疏證補八卷續釋名一卷釋名補	
遺一卷疏證補附一卷 ……	1-298
釋名疏證補八卷續釋名一卷釋名補	
遺一卷疏證補附一卷 ……	2-208
釋字百韻一卷 ……	1-310
釋字百韻一卷 ……	1-460
釋門真孝錄五卷 ……	1-528
釋迦如來密行化蹟全譜四卷 ……	1-567
釋迦譜十卷 ……	1-528
釋迦譜十卷 ……	1-528
釋摩訶衍論十卷 ……	1-528
釋摩訶衍論十卷 ……	2-583
釋禪波羅蜜次第法門十卷 ……	1-528
釋禪波羅蜜次第法門十卷 ……	2-33
鰈硯廬詩鈔二卷附聯吟集一卷 ……	1-518
護法論一卷 ……	1-534
譯古含奇三卷 ……	1-260
譯史綱目十六卷首一卷 ……	2-183
懺花盦叢書三十種二百二十六卷 ……	2-422
懺摩錄一卷潘瀾筆記二卷 ……	1-462
[光緒]夔州府志三十六卷首一卷 ……	2-148
[道光]夔州府志三十六卷首一卷 ……	2-148
[道光]夔州府志三十六卷首一卷 ……	2-578
夔門送行詩二卷續篇一卷 ……	1-484
灌江四種 ……	2-174
灌江定考一卷 ……	2-177
灌江備考一卷 ……	2-177
灌記初稿四卷 ……	2-182
[乾隆]灌縣志十二卷首一卷末一卷	
……	1-222
灌縣鄉土志二卷 ……	2-181
灌縣鄉土志二卷 ……	2-181
灌縣鄉土志二卷 ……	2-181
寶日軒詩集四卷附存詩四卷 ……	1-352
寶刻叢編二十卷 ……	1-111
寶奎堂集十二卷 ……	1-352
寶奎堂集十二卷 ……	1-352
寶草齋類稿一百卷 ……	1-352
寶華山志十五首一卷 ……	1-223
寶授菩薩菩提行經一卷 ……	1-397
寶授菩薩菩提行經一卷 ……	1-398
寶硯齋全集四集不分卷文集首一卷	
試帖一卷 ……	2-404
寶閑堂集四卷 ……	1-125
寶綸堂文鈔八卷 ……	1-164
寶綸堂集十卷 ……	1-352
寶綸堂集十卷 ……	1-352
寶綸堂集十卷 ……	2-297
寶綸堂詩稿□□卷 ……	2-312
寶墨齋摹印不分卷 ……	2-386
寶藏論一卷 ……	1-393
寶藏論一卷 ……	1-527
寶藏論一卷 ……	1-527
寶藏論一卷 ……	2-33
寶應名勝紀署二卷 ……	1-110
[道光]寶應縣志二十八卷 ……	2-142
[道光]寶應縣志二十八卷 ……	2-142
寶顏堂訂正羅湖野錄四卷 ……	1-142
寶繪錄二十卷 ……	1-225

二十一畫

鼉天影事譜四卷附錄一卷 ……	1-487
權文公詩集十卷 ……	1-172
權制八卷 ……	1-452
權衡一書四十一卷 ……	1-450
權衡一書四十一卷 ……	2-369
權衡一書四十一卷 ……	2-369
礮法畫譜一卷 ……	1-460
礮學不分卷 ……	2-340
顨軒孔氏所著書七種 ……	2-14
顨軒孔氏所著書七種六十卷 ……	2-277
攝大乘論本三卷 ……	1-395
攝大乘論本三卷 ……	1-395
攝生眾妙方十一卷 ……	1-43
攝生眾妙方十一卷 ……	1-136
儼山文集一百卷目錄二卷外集四十	
卷續集十卷 ……	1-21
儼山文集一百卷目錄二卷外集四十	
卷續集十卷 ……	1-21
鐵盃居士詩稿五卷 ……	2-560

鐵厓三種二十六卷	1-472	顧氏四十家小說四十四卷	1-245
鐵厓逸編註八卷附錄一卷	2-260	顧氏音學五書三十八卷	1-299
鐵厓詩集三種二十六卷首一卷附錄一卷	1-467	顧氏音學五書三十八卷	1-299
鐵厓樂府註十卷逸編註八卷詠史註八卷	1-156	顧氏音學五書三十八卷	1-299
鐵華館叢書七種	2-425	顧氏音學五書三十八卷	1-299
鐵華館叢書六種	1-186	顧氏音學五書三十八卷	1-299
鐵莊文集八卷	1-467	顧氏音學五書三十八卷	1-569
鐵崖先生古樂府十卷古樂府補六卷復古詩集六卷麗則遺音四卷附錄一卷	1-77	顧氏音學五書三十八卷	2-313
鐵崖先生古樂府十卷古樂府補六卷復古詩集六卷麗則遺音四卷附錄一卷	1-77	顧氏音學五書五種三十八卷	2-329
		顧氏遺書十二種	2-15
		顧亭林先生[炎武]年譜一卷	1-168
		顧亭林先生[炎武]年譜一卷	2-199
		顧亭林先生[炎武]年譜一卷	2-199
鐵琴銅劍樓藏書目錄二十四卷	1-237	顧亭林先生詩箋註十七卷顧詩箋注校補一卷	2-260
鐵琴銅劍樓藏書目錄二十四卷	1-237	顧亭林先生遺書十種	2-431
鐵琴銅劍樓藏書目錄二十四卷	2-2	顧端文公遺書十三種六十一卷	1-362
鐵琴銅劍樓藏書目錄二十四卷	2-2	鶴山文鈔三十二卷	2-300
鐵琴銅劍樓藏書目錄二十四卷	2-2	鶴山文鈔三十二卷	2-342
鐵琴銅劍樓藏書目錄二十四卷	2-299	鶴山文鈔三十二卷附周禮折衷四卷師友雅言一卷	1-375
鐵琴銅劍樓藏書目錄二十四卷	2-299	鶴山文鈔三十二卷附周禮折衷四卷師友雅言一卷	1-375
鐵園集六卷	1-467		
鐵網珊瑚二十卷	1-215	鶴山文鈔三十二卷附周禮折衷四卷師友雅言一卷	1-375
鐵網珊瑚二十卷	1-428		
鐵網珊瑚書品十卷畫品六卷	1-125	鶴山文鈔三十二卷附周禮折衷四卷師友雅言一卷	1-375
鐵網珊瑚書品十卷畫品六卷	1-215		
鐵網珊瑚書品十卷畫品六卷	2-475	鶴林玉露十六卷	1-9
鐵橋金石跋四卷	2-475	鶴林玉露十六卷	1-10
鐵橋漫稿十三卷	1-149	鶴林玉露十六卷	1-87
鐵橋漫稿十三卷	1-467	鶴林玉露十六卷補遺一卷	1-48
鐵廬印譜不分卷	2-274	鶴林玉露十六卷補遺一卷	1-48
臟腑圖說症治合璧三卷	1-410	[道光]鶴峯州志十四卷首一卷	2-146
麝塵集一卷	1-349	鶴舫詩詞二卷	1-375
麝塵集一卷	1-349	鶴壽堂叢書二十二種	2-10
辯偽錄六卷	1-386	鶴儕詩鈔□□卷	2-333
灄山集三卷	2-288	鶴徵錄十二卷首一卷	2-194
竈王新經一卷竈君新諭文一卷太陽真一卷月光尊經一卷	1-565	鶴徵錄八卷首一卷後錄十二卷首一卷	1-375
竈王新經一卷竈君新諭文一卷太陽真一卷月光尊經一卷	1-565	鶴歸來傳奇二卷	2-268
		續二三場群書備考三卷	1-139

353

續山東考古錄三十二卷首一卷 ········	2－136
續山東考古錄三十二卷首一卷 ········	2－136
[同治]續天津縣志二十卷首一卷 ···	2－137
[同治]續天津縣志二十卷首一卷 ···	2－293
續太平廣記八卷 ·················	2－271
續文章軌範百家批評註釋七卷 ······	2－495
續文選十四卷 ···················	1－56
續文選十四卷 ···················	2－533
續文選三十二卷 ·················	1－49
續文選三十二卷 ·················	1－49
續文獻通考二百五十四卷 ··········	1－55
續文獻通考纂要二卷 ··············	2－62
續方言新校補二卷 ················	1－556
續玉臺新詠五卷 ··················	1－47
續玉臺新詠四卷 ··················	1－65
續刊青城山記二卷 ················	2－178
續刊青城山記二卷 ················	2－179
續刊青城山記二卷 ················	2－179
續刊青城山記二卷 ················	2－306
續刊青城山記二卷 ················	2－482
續古文苑二十卷 ··················	2－220
續古文苑二十卷 ··················	2－220
續古文苑二十卷 ··················	2－220
續古文苑二十卷 ··················	2－220
續古文辭類纂二十八卷 ············	2－233
續古文辭類纂二十八卷 ············	2－233
續古文辭類纂二十八卷 ············	2－233
續古文辭類纂二十八卷 ············	2－233
續古文辭類纂二十八卷 ············	2－233
續古文辭類纂二十八卷 ············	2－397
續古文辭類纂二十八卷 ············	2－587
續古文辭類纂三十四卷 ············	1－204
續古文辭類纂三十四卷 ············	1－540
續古文辭類纂三十四卷 ············	2－233
續古文辭類纂三十四卷 ············	2－233
續古文辭類纂三十四卷 ············	2－233
續古文辭類纂三十四卷 ············	2－233
續古文辭類纂三十四卷 ············	2－233
續仙傳一卷 ······················	1－20
續弘簡錄元史類編四十二卷 ········	2－115

續夷堅志四卷 ····················	1－240
續夷堅志前集一卷後集一卷 ········	1－170
續同書八卷 ······················	1－243
續行水金鑑一百五十六卷圖一卷 ····	1－155
續名醫類案二十四卷 ··············	1－407
續杏壇繼尼閣尊經八卷法懺八卷 ····	1－535
續英烈傳五卷三十四回 ············	2－385
續知不足齋叢書十八種 ············	2－417
續知不足齋叢書第一集六種 ········	1－411
[同治]續金堂縣志八卷首一卷末一卷 ····························	2－167
[同治]續金堂縣志八卷首一卷末一卷 ····························	2－167
[同治]續金堂縣志八卷首一卷末一卷 ····························	2－167
續刻三水關紀事和詩一卷補刻一卷 ····························	1－496
續刻金石三例三種 ················	2－202
續刻溫陵四太史參選彙評古今名文珠璣□□卷 ····················	2－381
續刻溫陵四太史評選古今名文珠璣八卷 ····························	1－38
[乾隆]續河南通志八十卷首四卷 ···	2－138
[乾隆]續河南通志八十卷首四卷 ···	2－293
續孟子二卷 ······················	1－204
續函海十種 ······················	2－424
續函海十種 ······················	2－424
續春秋左氏傳博議二卷 ············	1－517
續幽怪錄四卷 ····················	1－199
續香齋集五種 ····················	2－262
[光緒]續修井研縣志二卷 ··········	2－163
[光緒]續修井陘縣志三十六卷 ·····	2－137
[光緒]續修白鹽井志十一卷首一卷 ····························	2－169
[光緒]續修安岳縣志四卷 ··········	2－155
[光緒]續修安岳縣志四卷 ··········	2－155
[光緒]續修安岳縣志四卷 ··········	2－155
[光緒]續修安岳縣志四卷 ··········	2－573
[道光]續修英山縣志二十六卷首一卷 ····························	2－146
[光緒]續修叙永永寧廳縣合志五十	

四卷首一卷 ……………… 2－167	續詞選二卷 ……………… 1－504
續修稅則善後章程一卷 ……………… 2－59	續詞選二卷 ……………… 2－267
［乾隆］續修臺灣府志二十六卷首一卷 ……………… 2－581	續補寰宇訪碑録不分卷 ……………… 1－109
［光緒］續修稷山縣志二卷 ……… 2－139	續碑傳集八十六卷首二卷 ……………… 2－189
［同治］續修羅江縣志二十四卷 …… 2－163	續碑傳集八十六卷首二卷 ……………… 2－189
［同治］續修羅江縣志二十四卷 …… 2－163	續碑傳集八十六卷首二卷 ……………… 2－189
［同治］續修羅江縣志二十四卷 …… 2－163	續資治通鑑二百二十卷 ……………… 1－203
［同治］續修羅江縣志二十四卷 …… 2－578	續資治通鑑二百二十卷 ……………… 2－80
［同治］續修羅江縣志二十四卷 …… 2－578	續資治通鑑二百二十卷 ……………… 2－80
［光緒］續修廬州府志一百卷首一卷末一卷 ……………… 2－292	續資治通鑑二百二十卷 ……………… 2－80
	續資治通鑑二百二十卷 ……………… 2－80
續皇清經解一千四百三十卷 …… 2－16	續資治通鑑二百二十卷 ……………… 2－81
續泉匯元集三卷亨集三卷利集三卷貞集五卷補遺二卷首集一卷 … 2－334	續資治通鑑二百二十卷 ……………… 2－81
	續資治通鑑二百二十卷 ……………… 2－81
續後漢書九十卷 ……………… 2－386	續資治通鑑二百二十卷 ……………… 2－81
續後漢書志三十卷 …………… 1－197	續資治通鑑二百二十卷 ……………… 2－81
續後漢書志三十卷 …………… 2－99	續資治通鑑二百二十卷 ……………… 2－81
續後漢書志三十卷 …………… 2－99	續資治通鑑二百二十卷 ……………… 2－81
續後漢書志三十卷 …………… 2－100	續資治通鑑二百二十卷 ……………… 2－81
續後漢書志三十卷 …………… 2－100	續資治通鑑二百二十卷 ……………… 2－81
續眉州志畧一卷 ……………… 2－290	續資治通鑑二百二十卷 ……………… 2－435
［嘉慶］續眉州志畧不分卷 …… 1－542	續資治通鑑二百二十卷 ……………… 2－435
［嘉慶］續眉州志略不分卷 …… 2－165	續資治通鑑二百二十卷 ……………… 2－495
［嘉慶］續眉州志略不分卷 …… 2－165	續資治通鑑二百二十卷 ……………… 2－520
續栝蒼金石志四卷 …………… 2－207	續資治通鑑六十四卷 …………… 1－29
續原教論二卷 ……………… 1－530	續資治通鑑長編一百八卷 ……… 1－132
續原教論二卷 ……………… 2－31	續資治通鑑長編五百二十卷 …… 1－171
續唐三體詩八卷 ……………… 1－335	續資治通鑑長編五百二十卷目録二卷 ……………… 2－80
續娑羅館清言二卷 …………… 1－371	
續娑羅館清言二卷 …………… 1－439	續資治通鑑長編五百二十卷目録二卷 ……………… 2－80
續娑羅館清言二卷 …………… 1－440	
續家事筆記二卷 ……………… 1－399	續資治通鑑長編五百二十卷目録二卷 ……………… 2－353
續家事筆記二卷 ……………… 2－557	
續家事筆記二卷 ……………… 2－557	續資治通鑑長編拾補六十卷 …… 2－80
續博物志十卷 ……………… 2－363	續資治通鑑長編拾補六十卷 …… 2－80
［光緒］續雲南通志稿一百九十四卷首六卷 ……………… 2－168	續資治通鑑綱目二十七卷 ……… 1－5
	續資治通鑑綱目二十七卷 ……… 1－63
［光緒］續雲南通志稿一百九十四卷首六卷 ……………… 2－168	續資治通鑑綱目二十七卷 ……… 1－94
	續資治通鑑綱目二十七卷 ……… 1－94
續集漢印分韻二卷 …………… 2－213	續資治通鑑綱目二十七卷 ……… 1－96

續資治通鑑綱目二十七卷	1-171
續資治通鑑綱目二十七卷	2-565
續資治通鑑綱目廣義十七卷	1-8
續彙刻書目十二卷補遺一卷	1-576
續疑年錄四卷	2-200
續疑年錄四卷	2-566
續廣事類賦三十卷	2-353
續廣事類賦三十卷	2-455
續廣事類賦三十卷	2-527
續齊諧一卷	1-209
[同治]續漢州志二十四卷首一卷補一卷	2-156
[同治]續漢州志二十四卷首一卷補一卷	2-156
[同治]續漢州志二十四卷首一卷補一卷	2-156
[同治]續漢州志二十四卷首一卷補一卷	2-157
續漢書八志三十卷	2-312
續漢書三十卷	1-193
續漢書辨疑九卷	2-506
[同治]續增什邡縣志五十四卷	2-152
續增刑案彙覽十六卷	2-70
續增字學舉隅韻辨摘要一卷辨似一卷正譌一卷續正譌一卷摘誤一卷續辨似一卷音異同一卷新增辨音一卷避諱錄一卷	1-563
續增科場條例不分卷	2-552
續增科場條例不分卷	2-556
[光緒]續增樂至縣志四卷首一卷	1-248
[光緒]續增樂至縣志四卷首一卷	2-151
[光緒]續增樂至縣志四卷首一卷	2-151
[光緒]續增樂至縣志四卷首一卷	2-574
[同治]續增黔江縣志一卷	2-164
續選古文雅正十四卷	2-225
續編資治宋元綱目大全二十七卷首一卷	1-21
續樵李詩繫四十卷	1-517
[光緒]續輯均州志十六卷首一卷	2-146
[光緒]續輯均州志十六卷首一卷	2-146
[同治]續輯漢陽縣志二十八卷	1-542
續黔書八卷	1-323
續黔書八卷	2-170
續黔書八卷	2-330
續黔書八卷	2-436
續黔書八卷	2-493
續藏書二十七卷	1-91
續藏書二十七卷	1-117
續藏書二十七卷	1-136
續藏書二十七卷	1-140
續藏書二十七卷	2-351
續禦寇略三卷	2-173
續禮記集說一百卷	2-54
[乾隆]續耀州志十一卷	2-433
[同治]續纂江寧府志十五卷首一卷	2-141

二十二畫

聽花吟館詩稿五十二卷	2-536
聽花吟館詩稿五十二卷遊鑾華山詩草一卷	2-313
聽雨紀談一卷	2-393
聽雨樓隨筆八卷	1-429
聽雨樓隨筆六卷	2-181
聽雲僊館詩集二卷儷體文集四卷文集補編一卷續集一卷	1-498
聽雲僊館儷體文集四卷補編一卷續集二卷詩集二卷詞一卷西游感懷吟草一卷	2-251
聽鴻樓詩稿三卷二分明月閣詞一卷	1-161
聽蟬書屋詩錄十二卷文錄二卷駢文一卷尺牘一卷	1-557
聽嚶堂選蘇長公尺牘二卷	1-535
驚風辨證必讀書不分卷	1-413
驚風辨證必讀書不分卷	1-413
驚風闖妄一卷	1-553
鷗陂漁話六卷	1-243
鷗陂漁話六卷	1-243
鷗堂賸稿一卷東鷗草堂詞二卷	1-187
巖居稿八卷	1-25

體仁要術一卷……………………… 1-567	讀史方輿紀要一百三十卷輿圖要覽
體操法五卷……………………… 1-459	四卷……………………………… 2-540
體操法五卷……………………… 1-459	讀史方輿紀要一百三十卷輿圖要覽
體操法五卷……………………… 1-558	四卷……………………………… 2-540
體操法五卷……………………… 1-558	讀史方輿紀要一百三十卷輿圖要覽
穰梨館過眼錄四十卷續錄十六卷…… 1-234	四卷首一卷……………………… 2-133
穰梨館過眼錄四十卷續錄十六卷…… 2-207	讀史方輿紀要十卷…………………… 2-133
籜廊瑯記九卷………………………… 1-245	讀史方輿紀要十卷附讀史方輿紀要
鑄史駢言十二卷……………………… 1-438	摘錄一卷………………………… 2-133
鑄史駢言十二卷……………………… 1-438	讀史方輿紀要九十八卷……………… 2-133
鑑止水齋集二十卷…………………… 1-466	讀史方輿紀要四卷…………………… 1-247
鑑止水齋集二十卷…………………… 1-472	讀史方輿紀要序二卷………………… 2-133
鑑止水齋集二十卷…………………… 1-472	讀史方輿紀要序二卷………………… 2-133
鑑行集三十卷………………………… 2-489	讀史方輿紀要序二卷………………… 2-133
鑛學心要新編三卷附摘要一卷……… 1-455	讀史方輿紀要敘二卷………………… 1-346
讀大學中庸記二卷…………………… 2-545	讀史兵略四十六卷…………………… 1-251
讀水經注小識四卷…………………… 2-176	讀史兵略四十六卷…………………… 1-251
讀左日鈔十二卷補二卷……………… 2-531	讀史兵略四十六卷…………………… 1-251
讀左補義五十卷首一卷 ……………… 2-16	讀史兵略四十六卷…………………… 1-251
讀左雜詠一卷………………………… 2-266	讀史兵略四十六卷…………………… 1-452
讀史大略六十卷 ……………………… 2-89	讀史兵略四十六卷 …………………… 2-71
讀史大略六十卷首一卷附樂府一則 … 2-86	讀史兵略四十六卷…………………… 2-436
讀史大略六十卷首一卷附樂府一則 … 2-86	讀史兵略續編十卷 …………………… 2-71
讀史及幼編不分卷…………………… 1-252	讀史兵略續編十卷 …………………… 2-71
讀史方輿紀要一百三十卷…………… 2-323	讀史快編七十五卷 …………………… 2-87
讀史方輿紀要一百三十卷附方輿全	讀史快編七十五卷 …………………… 2-87
圖總說五卷……………………… 2-133	讀史快編七十五卷 …………………… 2-87
讀史方輿紀要一百三十卷附方輿全	讀史偶錄不分卷……………………… 1-132
圖總說五卷……………………… 2-383	讀史碎金八十卷……………………… 2-522
讀史方輿紀要一百三十卷輿圖要覽	讀史管見三卷………………………… 1-216
四卷……………………………… 1-246	讀史漫錄十四卷 ……………………… 1-31
讀史方輿紀要一百三十卷輿圖要覽	讀史論畧詳註不分卷………………… 2-547
四卷……………………………… 2-133	讀史論略一卷………………………… 1-323
讀史方輿紀要一百三十卷輿圖要覽	讀史論略一卷………………………… 1-323
四卷……………………………… 2-133	讀史論略一卷 ………………………… 2-89
讀史方輿紀要一百三十卷輿圖要覽	讀史論略一卷 ………………………… 2-89
四卷……………………………… 2-133	讀史論略一卷 ………………………… 2-89
讀史方輿紀要一百三十卷輿圖要覽	讀史論略一卷 ………………………… 2-89
四卷……………………………… 2-133	讀史論略二卷………………………… 1-247
讀史方輿紀要一百三十卷輿圖要覽	讀史論略二卷………………………… 1-323
四卷……………………………… 2-316	讀史論略詳註不分卷………………… 1-184

讀史舉正八卷	2-88
讀史鏡古編十七卷	2-482
讀史鏡古編三十二卷	2-271
讀史識存十卷	1-143
讀杜小箋三卷讀杜二箋二卷	1-466
讀杜小箋三卷讀杜二箋二卷	2-395
讀杜心解六卷首二卷	1-158
讀杜心解六卷首二卷	1-536
讀杜心解六卷首二卷	2-257
讀杜心解六卷首二卷	2-257
讀杜詩愚得十八卷	1-3
讀尚書記一卷	2-545
讀明文會編不分卷	2-542
讀明史雜著二卷	2-117
讀易攷原一卷	2-587
讀易傳心十二卷附圖說三卷	1-260
讀易餘言五卷	1-15
讀周易記六卷附錄一卷	2-545
讀柳村外集家禮改良□□卷	2-471
讀律心得三卷蜀僚問答二卷	2-394
讀律心得三卷蜀僚問答二卷	2-394
讀律心得不分卷	2-496
讀律佩觿八卷讀律八法一卷	1-214
讀紅樓夢隨筆十六卷	1-114
讀書分年日程三卷	1-349
讀書分年日程三卷	1-349
讀書分年法程不分卷	2-414
讀書作文譜十二卷	1-351
讀書作文譜十二卷	2-442
讀書作文譜十二卷父師善誘法二卷	1-351
讀書作文譜十二卷父師善誘法二卷	1-351
讀書作文譜十二卷抑善繡法二卷	1-329
讀書知不分卷	1-68
讀書法十章	1-348
讀書拾遺六卷	1-398
讀書拾遺六卷	1-426
讀書紀數略五十四卷	1-426
讀書紀數略五十四卷	1-427
讀書紀數略五十四卷	1-441
讀書紀數略五十四卷	1-451
讀書紀數略五十四卷	2-380
讀書堂杜工部文集注解二卷	2-239
讀書堂杜工部文集註解二卷	1-539
讀書堂杜工部文集註解二卷	2-315
讀書堂杜工部詩集注解二十卷文集注解二卷	1-105
讀書堂杜工部詩集注解二十卷文集注解二卷杜工部編年詩史譜目一卷	2-257
讀書堂杜工部詩集註解二十卷	2-257
讀書敏求記四卷	1-101
讀書敏求記四卷	1-149
讀書敏求記四卷附補遺一卷	2-3
讀書偶記八卷	2-6
讀書脞錄七卷	1-241
讀書脞錄七卷	2-7
讀書脞錄七卷續編四卷	1-145
讀書劄記八卷	1-15
讀書餘錄二卷	1-399
讀書錄二十四卷	1-15
讀書錄十一卷續錄十二卷	2-24
讀書錄十一卷續錄十二卷薛文清公手稿一卷	1-537
讀書叢錄二十四卷	1-399
讀書叢錄二十四卷	2-7
讀書叢錄七卷	2-6
讀書叢錄七卷	2-506
讀書雜志十種八十二卷餘編二卷	1-243
讀書雜志十種八十二卷餘編二卷	1-243
讀書雜志十種八十二卷餘編二卷	1-245
讀書雜志十種八十二卷餘編二卷	1-399
讀書雜志十種八十二卷餘編二卷	1-562
讀書雜志十種八十二卷餘編二卷	2-3
讀書雜志十種八十二卷餘編二卷	2-314
讀書雜識十二卷	2-3
讀書雜釋十四卷	1-241
讀通鑑綱目條記二十卷首一卷	2-83
讀通鑑綱目條記二十卷首一卷	2-309
讀通鑑論三十卷末一卷	2-81
讀通鑑論三十卷末一卷宋論十五卷	2-81

讀通鑑論三十卷末一卷宋論十五卷
　　春秋世論五卷續春秋左氏博議二
　　卷 …………………………………… 2－81
讀雪山房唐詩三十四卷 …………… 1－336
讀雪齋詩集九卷 …………………… 1－348
讀萬卷樓圖書局集聯不分卷 ……… 1－513
讀畫齋叢書八集四十五種 ………… 2－11
讀畫齋叢書五十二種 ……………… 2－418
讀畫齋叢書五十二種 ……………… 2－418
讀畫齋叢書四十六種 ……………… 2－485
讀畫齋叢書四十六種 ……………… 2－485
讀畫齋題畫詩十九卷 ……………… 1－160
讀詩鈔說四卷附統論一卷 ………… 2－229
讀經遺法臆略一卷 ………………… 1－348
讀說文雜識一卷 …………………… 1－296
讀選集箴不分卷 …………………… 2－492
讀禮通考一百二十卷 ……………… 1－171
讀禮通考一百二十卷 ……………… 1－171
讀禮通考一百二十卷 ……………… 1－304
讀禮通考一百二十卷 ……………… 1－304
讀禮通考一百二十卷 ……………… 2－55
讀禮通考一百二十卷 ……………… 2－311
讀禮通考一百二十卷 ……………… 2－311
讀禮通考一百二十卷 ……………… 2－373
讀禮通考一百二十卷 ……………… 2－399
讀禮通考一百二十卷 ……………… 2－541
讀禮叢鈔十六種 …………………… 1－309
龔定盦文集三卷續集四卷文集補二
　　卷續錄一卷雜詩一卷詞選一卷別
　　集一卷補編四卷附佚文一卷 … 1－348
龔定盦文集三卷續集四卷文集補二
　　卷續錄一卷雜詩一卷詞選一卷詞
　　錄一卷補編四卷附佚文一卷 … 1－348
龔定盦文集三卷續集四卷補編四卷
　　拾遺一卷附時文一卷文集補一卷
　　別集一卷附孝珙手抄詞一卷 … 1－348
龔定盦文集三卷續集四卷補編四卷
　　拾遺一卷附時文一卷文集補一卷
　　別集一卷附孝珙手抄詞一卷 … 1－348
龔畏齋先生十三經客難五十五卷附
　　七卷 ……………………………… 2－408

龔端毅公奏疏八卷附錄一卷 ……… 1－343
鷟子一卷 …………………………… 1－24
巒頭心法圖訣二卷 ………………… 1－423

二十三畫

鼇峰類稿二十六卷 ………………… 1－13
驗方新編二十四卷 ………………… 2－47
驗方新編十八卷 …………………… 1－402
驗方新編十八卷 …………………… 1－402
驗方新編十八卷 …………………… 1－402
驗方新編十六卷 …………………… 1－402
驗方新編十六卷 …………………… 1－552
驗方新編十六卷 …………………… 2－47
驗方新編八卷首一卷 ……………… 2－521
驗方新編□□卷咽喉秘集二卷 …… 2－455
曬書堂筆錄六卷 …………………… 1－244
曬書堂詩鈔二卷 …………………… 1－244
顯志堂稿十二卷夢奈詩稿一卷 …… 1－476
顯志堂稿十二卷夢奈詩稿一卷 …… 1－476
顯佛集三卷 ………………………… 2－352
顯密圓通成佛心要集二卷 ………… 2－399
顯密圓通成佛心要集二卷 ………… 2－442
顯報摘鈔不分卷 …………………… 1－564
顯揚聖教論二十卷 ………………… 1－521
顯揚聖教論二十卷 ………………… 1－521
顯揚聖教論二十卷 ………………… 2－29
顯揚聖教論二十卷 ………………… 2－29
麟角集一卷 ………………………… 1－341
麟角集一卷 ………………………… 2－267
麟角集一卷 ………………………… 2－371
[康熙]麟遊縣志五卷 ……………… 2－140
[光緒]麟遊縣新志草十卷 ………… 2－140
麟經指月十二卷 …………………… 1－64
欒城集五十卷後集二十四卷三集十
　　卷應詔集十二卷 ………………… 1－139
[同治]欒城縣志十四卷首一卷末一
　　卷 ……………………………… 2－137
變法自強奏議彙編二十卷 ………… 2－123
變雅堂全集六卷 …………………… 1－498
變雅堂遺集文八卷詩十卷附錄二卷

變雅堂遺集文八卷詩十卷附錄二卷
.... 2-527

二十四畫

觀世音菩薩得大勢菩薩受記經一卷
.... 1-523
觀世音菩薩普門品經一卷............ 1-388
觀古堂所著書一集七種二集十種...... 2-283
觀古堂所著書一集七種二集十種...... 2-362
觀古堂所著書一集七種二集十種...... 2-364
觀古堂所著書一集七種二集十種...... 2-411
觀古堂所著書一集八種二集八種 2-15
觀古堂所著書一集八種二集八種 2-446
觀古堂書目叢刻十五種............... 1-577
觀古堂書目叢刻十五種............... 1-577
觀古堂書目叢刻十五種............... 1-577
觀古堂書目叢刻十五種............... 2-446
觀古堂書目叢刻十五種............... 2-462
觀古堂書目叢刻十五種............... 2-499
觀古堂書目叢刻十五種............... 2-539
觀古堂書目叢刻十五種............... 2-585
觀古堂彙刻書一集十一種二集十一
種 2-3
觀古堂彙刻書一集十一種二集十一
種 2-10
觀古堂彙刻書一集十一種二集八種
.... 2-460
觀古堂彙刻書一集十三種二集六種
.... 2-364
觀古堂彙刻書一集十三種二集六種
.... 2-411
觀古堂彙刻書一集十三種二集六種
觀古堂所著書一集七種二集十種
.... 2-421
觀古堂彙刻書一集九種二集六種...... 2-537
觀自得齋叢書二十九種............... 2-372
觀自得齋叢書二十九種............... 2-423

觀自得齋叢書二十九種............... 2-423
觀佛三昧海經十卷..................... 1-526
觀妙齋藏金石文玫略十六卷............ 1-152
觀物博異八卷............................. 2-498
觀河集四卷................................. 2-356
觀河集四卷................................. 2-397
觀音大士香山寶懺一卷.................. 1-564
觀音化度十二圓覺一卷.................. 2-456
觀音濟度本願真經二卷.................. 1-563
觀象玩占十卷............................. 1-132
觀象玩占五十卷附拾遺一卷............ 1-132
觀象玩占五十卷首一卷.................. 1-131
觀象居詩鈔二卷.......................... 2-536
觀象廬叢書二十八種..................... 2-352
觀象廬叢書十九種........................ 2-282
觀楞伽阿跋多羅寶經記十八卷首一
卷 2-33
觀樹堂詩集十四卷........................ 1-173
[光緒]鹽城縣志十七卷首一卷 1-274
[光緒]鹽亭縣志續編四卷首一卷 ... 2-296
鹽鐵論二卷................................. 2-23
鹽鐵論二卷................................. 2-23
鹽鐵論十二卷.............................. 1-14
鹽鐵論十二卷.............................. 2-23
鹽鐵論十二卷.............................. 2-400
鹽鐵論十卷................................. 1-443
鹽鐵論十卷................................. 2-23
鹽鐵論十卷附校勘小識.................. 1-443
鹽鐵論十卷附校勘小識.................. 1-444
釀蜜集四卷................................. 1-490
靈山大路一卷.............................. 1-566
靈石記一卷................................. 1-458
[嘉慶]靈石縣志十二卷................. 2-139
靈芬堂詩二集十卷........................ 1-494
靈芬館集十種.............................. 2-278
靈芬館詞四種七卷........................ 1-191
靈芬館詞四種七卷........................ 2-267
靈谷禪林志十五卷首一卷............... 2-180
靈素提要淺註十二卷..................... 1-403
靈素提要淺註十二卷..................... 1-544
靈素提要淺註十二卷..................... 1-551

靈素提要淺註十二卷	1－555
靈峰草堂叢書□□種	1－490
靈峰草堂叢書□□種	2－404
靈峰草堂叢書□□種	2－435
靈峰草堂叢書□□種	2－435
靈峰蕅益大師宗論十卷	1－388
靈峰蕅益大師宗論十卷	2－34
靈峰蕅益大師梵室偶談一卷	2－415
靈峰蕅益大師選定淨土十要十卷	1－391
靈峰蕅益大師選定淨土十要十卷	1－566
靈峰蕅益大師選定淨土十要十卷	2－33
靈棋經一卷	1－43
靈棋經一卷	1－423
靈棋經一卷	1－423
靈棋經二卷	1－199
靈棋經不分卷	1－176
［康熙］靈壽縣志十卷末一卷	2－137
［康熙］靈壽縣志十卷末一卷	2－137
靈樞素問節要淺註十二卷	1－400
靈樞素問節要淺註十二卷	1－551
靈樞經十卷	1－410
靈樞經九卷	1－544
靈護集一卷靈護坿集一卷	1－68
靈寶畢法三卷十章	2－583
靈鶼閣叢書六集五十六種	2－12
靈鶼閣叢書六集五十六種	2－350
靈鶼閣叢書六集五十六種	2－400
靈鶼閣叢書六集五十六種	2－420
鹽尾集十卷續集二卷後集二卷	1－500
鹽尾集十卷續集二卷後集二卷	2－432
鹽尾集十卷續集二卷後集二卷	2－432
鹽事要略一卷	2－49
鹽桑白話二卷	2－547
鹽桑萃編十五卷首一卷	2－51
鹽桑淺說一卷	2－288
鹽桑淺說一卷	2－501
鹽桑淺說一卷	2－501
鹽桑淺說一卷	2－501
鹽桑淺說一卷	2－502
鹽桑摘要三卷	1－556
鹽桑摘要三卷	2－333
鹽桑實濟六卷	2－51
鹽桑輯要不分卷	2－51
鹽桑輯要不分卷	2－51
鹽桑輯要不分卷	2－407
籩豆全禮一卷	1－566
籩豆全禮一卷	1－566
鑪藏道里最新考一卷	1－557
鑪藏道里最新考一卷	2－198
［光緒］贛榆縣志十八卷	1－273
豔文書屋集略八卷	1－516

二十五畫

| 爵華閣遺集四卷 | 2－265 |

二十六畫

| 讚阿彌陀佛偈一卷 | 1－530 |

二十七畫

| 鬱華閣遺集詩四卷 | 1－182 |
| 灩澦囊五卷 | 2－119 |

二十九畫

| 鬱華閣遺集不分卷 | 2－450 |
| 鬱華閣遺集四卷 | 1－199 |

其他

□像金瓶梅一百回	1－16
［□□］王氏宗譜二卷	2－582
［□□］王氏宗譜□□卷	2－338

重慶圖書館古籍普查登記目録

（中）

全國古籍普查登記目録

國家圖書館出版社
National Library of China Publishing House

500000－8701－0012177　G01/4－1/00136
欽定四庫全書簡明目錄二十卷　(清)紀昀等纂　清光緒五年(1879)上海點石齋影印本　十二冊

500000－8701－0012178　G01/4－1/00137
欽定四庫全書簡明目錄二十卷　(清)紀昀等纂　清光緒十年(1884)上海同文書局石印本　四冊

500000－8701－0012179　G01/4－1/00138
欽定四庫全書簡明目錄二十卷　(清)紀昀等纂　清光緒十四年(1888)暢懷書屋石印本　四冊

500000－8701－0012180　G01/4－2/00139
欽定四庫全書簡明目錄二十卷　(清)永瑢等總裁　清乾隆四十九年(1784)刻本　八冊

500000－8701－0012181　G01/4－2/00140
欽定四庫全書簡明目錄二十卷首一卷　(清)永瑢等總裁　清光緒元年(1875)成都志古堂刻本　十二冊

500000－8701－0012182　G01/4－2/00141
欽定四庫全書總目二百卷未收書目提要五卷欽定四庫簡明目錄二十卷　(清)紀昀等纂　清光緒二十年(1894)上海點石齋石印本　二十四冊

500000－8701－0012183　G01/4－2/00142
欽定四庫全書附存目錄十卷　(清)胡虔編　清乾隆五十八年(1793)刻本　四冊

500000－8701－0012184　G01/4－2/00143
欽定四庫全書附存目錄十卷　(清)胡虔編　清光緒十年(1884)學海堂刻本　六冊

500000－8701－0012185　G01/4－2/00144
四庫全書書目表四卷　(清)李滋然編　清宣統三年(1911)北京京華印書局鉛印本　四冊

500000－8701－0012186　G01/4－2/00145
四庫全書書目表四卷　(清)李滋然編　清宣統三年(1911)北京京華印書局鉛印本　四冊

500000－8701－0012187　G01/4－2/00146
四庫書目略二十卷　(清)費莫文良編　清同治九年(1870)滿洲費氏刻本　十冊

500000－8701－0012188　G01/4－2/00147
四庫未收書目提要五卷　(清)阮元著　清光緒九年(1883)成都御風樓刻本　三冊

500000－8701－0012189　G01/4－2/00148
學古堂捐藏書目不分卷　(清)學古堂編　清刻本　一冊

500000－8701－0012190　G01/4－2/00149
學古堂捐藏書目不分卷　(清)學古堂編　清刻本　一冊

500000－8701－0012191　G01/4－3/00150
浙江採集遺書總錄十卷　(清)鍾音等編輯　清乾隆三十九年(1774)刻本　八冊

500000－8701－0012192　G01/4－3/00151
浙江採集遺書總錄十卷　(清)鍾音等編輯　清乾隆三十九年(1774)刻本　十冊

500000－8701－0012193　G01/4－3/00152
仙源書院藏書目錄初編八卷　(清)馬徵麐輯　清光緒元年(1875)刻本　二冊

500000－8701－0012194　G01/4－3/00153
杭州藏書樓書目一卷　(清)邵章編　清光緒二十八年(1902)刻朱印本　一冊

500000－8701－0012195　G01/4－3/00154
萬卷堂書目四卷　(明)朱睦㮮撰　清光緒至民國長沙葉氏刻觀古堂書目叢書本　一冊

500000－8701－0012196　G01/4－3/00155
持靜齋書目四卷續增一卷　(清)丁日昌輯　(清)莫友芝編　清豐順丁氏持靜齋刻本　五冊

500000－8701－0012197　G01/4－3/00156
持靜齋書目四卷續增書目一卷持靜齋藏書紀要二卷　(清)丁日昌輯　(清)莫友芝編　清同治九年(1870)豐順丁氏刻本　六冊

500000－8701－0012198　G01/4－3/00157
持靜齋書目四卷續增書目一卷持靜齋藏書紀要二卷　(清)丁日昌輯　(清)莫友芝編　清

同治九年(1870)豐順丁氏刻本　六册

500000－8701－0012199　G01/4－3/00158
補寰宇訪碑録五卷失編一卷刊誤一卷　(清)趙之謙纂集　清光緒十二年(1886)吴縣朱氏刻行素草堂金石叢書本　二册

500000－8701－0012200　G01/4－3/00159
孫氏祠堂書目内編四卷外編三卷　(清)孫星衍編　清嘉慶十五年(1810)陽湖孫氏刻本　三册

500000－8701－0012201　G01/4－3/00160
孫氏祠堂書目内編四卷外編三卷　(清)孫星衍編　清光緒十年(1884)德化李氏刻本　一册

500000－8701－0012202　G01/4－3/00161
開有益齋讀書志六卷續志一卷金石文字記一卷　(清)朱緒曾撰　清光緒六年(1880)金陵翁氏茹古閣刻本　六册

500000－8701－0012203　G01/4－3/00162
開有益齋讀書志六卷續志一卷金石文字記一卷　(清)朱緒曾撰　清光緒六年(1880)金陵翁氏茹古閣刻本　四册

500000－8701－0012204　G01/4－3/00163
澹生堂藏書目十四卷　(明)祁承㸁撰　清光緒二十年(1894)徐氏刻本　四册

500000－8701－0012205　G01/4－4/00164
行素草堂目睹書録不分卷汲古閣珍藏秘本書目不分卷　(清)朱記榮編　清光緒元年(1875)吴縣朱氏槐廬刻本　十册

500000－8701－0012206　G01/4－4/00165
行素草堂目睹書録不分卷汲古閣珍藏秘本書目不分卷　(清)朱記榮編　清光緒元年(1875)吴縣朱氏槐廬刻本　十册

500000－8701－0012207　G01/4－4/00167
丁亥燼餘録四卷　(清)桂馥編輯　清光緒二十二年(1896)臨川桂氏刻本　二册

500000－8701－0012208　G01/4－4/00168
天一閣見存書目四卷首一卷末一卷　(清)薛福成編　清光緒十五年(1889)無錫薛氏刻本　四册

500000－8701－0012209　G01/4－4/00169
天一閣見存書目四卷首一卷末一卷　(清)薛福成編　清光緒十五年(1889)無錫薛氏刻本　四册

500000－8701－0012210　G01/4－4/00170
五桂樓書目四卷　(清)黄澄量編　清光緒二十一年(1895)姚江黄氏刻本　二册

500000－8701－0012211　G01/4－4/00171
天一閣書目四卷　(清)范懋柱編　清道光刻本　四册

500000－8701－0012212　G01/4－4/00172
天一閣書目四卷　(清)范懋柱編　清嘉慶十三年(1808)揚州阮氏文選樓刻本　十册

500000－8701－0012213　G01/4－4/00173
楹書隅録五卷續編四卷　(清)楊紹和輯　清同治十二年(1873)聊城楊氏海源閣刻宣統三年(1911)海王邨譚宅補刻本　八册

500000－8701－0012214　G01/4－4/00174
楹書隅録五卷續編四卷　(清)楊紹和輯　清光緒二十年(1894)聊城楊氏海源閣刻本　八册

500000－8701－0012215　G01/4－4/00175
鐵琴銅劍樓藏書目録二十四卷　(清)瞿鏞編　清光緒二十四年(1898)常熟罟里瞿氏家塾刻本　十册

500000－8701－0012216　G01/4－5/00176
鐵琴銅劍樓藏書目録二十四卷　(清)瞿鏞編　清光緒二十四年(1898)常熟罟里瞿氏家塾刻本　八册

500000－8701－0012217　G01/4－5/00177
鐵琴銅劍樓藏書目録二十四卷　(清)瞿鏞編　清咸豐七年(1857)常熟罟里瞿氏家塾刻本　十册

500000－8701－0012218　G01/4－5/00178
皕宋樓藏書志一百二十卷續志四卷　(清)陸

心源編　清光緒八年(1882)十萬卷樓刻本　四十册

500000－8701－0012219　G01/4－5/00179
皕宋樓藏書志一百二十卷續志四卷　(清)陸心源編　清光緒八年(1882)十萬卷樓刻本　三十二册

500000－8701－0012220　G01/4－6/00180
皕宋樓藏書志一百二十卷續志四卷　(清)陸心源編　清光緒八年(1882)十萬卷樓刻本　三十二册

500000－8701－0012221　G01/4－6/00181
觀古堂彙刻書一集十一種二集十一種　葉德輝輯　清光緒二十八年(1902)長沙葉氏刻本　一册　存三種三卷(絳雲樓書目補遺一卷、靜惕堂宋元人集書目一卷、竹崦盦傳鈔書目一卷)

500000－8701－0012222　G01/4－6/00182
讀書敏求記四卷附補遺一卷　(清)錢曾著　清道光二十九年(1849)儀徵阮氏小瑯嬛仙館刻本　二册

500000－8701－0012223　G01/4－6/00183
藝風藏書記八卷續記八卷　繆荃孫撰　清光緒二十七年(1901)刻本　六册

500000－8701－0012224　G01/4－6/00184
藝風藏書記八卷續記八卷　繆荃孫撰　清光緒二十七年(1901)刻本　六册

500000－8701－0012225　G01/4－7/00185
學古堂日記四十種　(清)雷浚　(清)汪之昌輯　清光緒十六年(1890)蘇州學古堂刻本　二十六册

500000－8701－0012226　G01/4－7/00186
讀書雜志十種八十二卷餘編二卷　(清)王念孫著　清同治九年(1870)金陵書局刻本　二十四册

500000－8701－0012227　G01/4－7/00187
讀書雜識十二卷　(清)勞格著　清光緒四年(1878)吳興丁氏刻本　六册

500000－8701－0012228　G01/4－7/00188
異號類編二十卷　(清)史夢蘭輯　清同治四年(1865)刻本　四册

500000－8701－0012229　G01/4－7/00189
國學叢刊不分卷　羅振玉輯　清宣統三年(1911)石印本　二册

500000－8701－0012230　G01/4－7/00190
曝書雜記三卷　(清)錢泰吉撰　清刻本　三册

500000－8701－0012231　G01/4－7/00191
藏書紀事詩六卷　葉昌熾撰　清光緒二十三年(1897)元和江氏長沙學使署刻本　十二册

500000－8701－0012232　G01/5－1/00192
子史精華一百六十卷　(清)吳襄等纂修　清刻內府本　四十八册

500000－8701－0012233　G01/5－1/00193
子史精華一百六十卷　(清)吳襄等纂修　清刻內府本　四十六册

500000－8701－0012234　G01/5－2/00194
小鄉嬛山館衡刊類書十二種二十三卷　(□)□□輯　清同治六年(1867)刻本　十二册

500000－8701－0012235　G01/5－2/00195
玉海二百卷辭學指南四卷附刻十五種六十四卷　(宋)王應麟撰　清光緒九年(1883)浙江書局刻本　一百二十二册

500000－8701－0012236　G01/5－3/00196
玉海二百卷辭學指南四卷附刻十五種六十四卷　(宋)王應麟撰　清光緒九年(1883)浙江書局刻本　二十二册　存十五種六十四卷(附刻:詩攷一卷、詩地理攷六卷、漢藝文志攷證十卷、通鑑地理通釋十四卷、周書王會一卷、漢制攷四卷、踐阼篇集解一卷、急就篇四卷、姓氏急就篇二卷、六經天文編二卷、小學紺珠十卷、周易鄭康成注一卷、通鑑答問五卷、校補玉海瑣記二卷、王深寧先生年譜一卷)

500000－8701－0012237　G01/5－3/00197

小娜嬛山館衡刊類書二十種三十八卷　(□)□□輯　清同治十二年(1873)錦文堂刻本　二十册

500000 - 8701 - 0012238　G01/5 - 3/00198
黄眉故事十卷　(明)鄧志謨撰　清光緒三年(1877)經濟堂刻本　四册

500000 - 8701 - 0012239　G01/5 - 3/00199
黄眉故事十卷　(明)鄧志謨撰　清光緒二十七年(1901)刻本　四册

500000 - 8701 - 0012240　G01/5 - 3/00200
唐詩金粉十卷　(清)沈炳震纂輯　清光緒七年(1881)古經閣刻本　五册

500000 - 8701 - 0012241　G01/5 - 3/00201
唐詩金粉十卷　(清)沈炳震纂輯　清光緒七年(1881)古經閣刻本　五册

500000 - 8701 - 0012242　G01/5 - 4/00202
天中記六十卷　(明)陳耀文纂　清光緒四年(1878)聽雨山房刻本　六十册

500000 - 8701 - 0012243　G01/5 - 4/00203
子史精華一百六十卷　(清)吴襄等纂修　清光緒十二年(1886)上海同文書局石印本　八册

500000 - 8701 - 0012244　G01/5 - 4/00204
北堂書鈔一百六十卷　(唐)虞世南撰　(清)孔廣陶註　清光緒十四年(1888)南海孔氏三十有三萬卷堂刻本　二十册

500000 - 8701 - 0012245　G01/5 - 4/00205
古香齋鑒賞袖珍初學記三十卷　(唐)徐堅撰　清光緒刻本　十四册

500000 - 8701 - 0012246　G01/5 - 4/00206
初學記三十卷附校勘記　(唐)徐堅等撰　清光緒十四年(1888)四川成都黄氏蘊石齋刻本　十二册

500000 - 8701 - 0012247　G01/5 - 5/00207
太平御覽一千卷目録十五卷　(宋)李昉等纂　清嘉慶十四年(1809)昭文張氏刻本　一百二册

500000 - 8701 - 0012248　G01/5 - 6/00208
太平御覽一千卷目録十五卷　(宋)李昉等纂　清光緒二十年(1894)上海積山書局石印本　三十二册

500000 - 8701 - 0012249　G01/5 - 7/00209
太平御覽一千卷目録十五卷　(宋)李昉等纂　清光緒十八年(1892)南海李氏刻本　一百二十册

500000 - 8701 - 0012250　G01/6 - 2/00210
太平御覽一千卷目録十五卷　(宋)李昉等纂　清嘉慶十二年至十七年(1807 - 1812)歙縣鮑氏刻本　一百二册

500000 - 8701 - 0012251　G01/6 - 3/00211
記事珠十卷　(清)張以謙撰　清嘉慶二十一年(1816)雲間王氏刻本　十册

500000 - 8701 - 0012252　G01/6 - 3/00212
經濟類攷二卷　(清)顧九錫輯著　清光緒十五年(1889)上海鴻文書局石印本　二册

500000 - 8701 - 0012253　G01/6 - 3/00213
增補崑山玉六卷　(清)李道輯　(清)張焕丁增補　清光緒十一年(1885)刻本　六册

500000 - 8701 - 0012254　G01/6 - 3/00214
廣治平略三十六卷續編八卷　(清)蔡方炳撰　清小琅嬛館刻本　十册

500000 - 8701 - 0012255　G01/6 - 3/00215
增補事類統編九十三卷首一卷　(清)黄葆真增輯　清道光二十六年(1846)丹陽黄氏刻本　四十八册

500000 - 8701 - 0012256　G01/6 - 4/00216
類書纂要三十三卷　(清)周魯輯　清康熙刻本　二十八册

500000 - 8701 - 0012257　G01/6 - 4/00217
廣事類賦四十卷　(清)華希閔著　清康熙三十八年(1699)劍光閣刻本　六册

500000 - 8701 - 0012258　G01/6 - 4/00218
格致鏡原一百卷　(清)陳元龍撰　清雍正十三年(1735)海寧陳氏刻本　十六册　存四十

八卷(一至四十八)

500000－8701－0012259　G01/6－4/00219
類腋五十五卷附補遺一卷　(清)姚培謙　(清)張卿雲輯　清乾隆檢香齋刻本　十冊

500000－8701－0012260　G01/6－4/00220
質學叢書三十種　武昌質學會輯　清光緒二十二年至二十三年(1896－1897)武昌質學會刻本　八冊　存六種十八卷(格致古微六卷,德國議院章程一卷,比利時國考察罪犯會紀略一卷,中俄界約斠注三至五,西學畧述六至十,長江礮臺芻議一卷、附礮臺編目一卷)

500000－8701－0012261　G01/6－4/00221
格致古微六卷　王仁俊撰　清光緒二十四年(1898)新化三味書局刻本　二冊

500000－8701－0012262　G01/6－4/00222
格致古微六卷　王仁俊撰　清光緒二十二年(1896)吳縣王氏籀鄦誃刻本　四冊

500000－8701－0012263　G01/6－5/00223
時務通考三十一卷　(清)王奇英等輯　清光緒二十三年(1897)上海點石齋石印本　二十冊

500000－8701－0012264　G01/6－5/00224
五洲事物采新十卷　(清)孫慕君著　清光緒二十八年(1902)上海書局石印本　四冊

500000－8701－0012265　G01/6－5/00225
和名類聚鈔十卷　(日本)源順著　清光緒二十三年(1897)攸縣龍氏刻本　四冊

500000－8701－0012266　G01/6－5/00226
三才略三卷　蔣德鈞輯　清光緒十四年(1888)湘鄉蔣氏求實齋刻本　一冊

500000－8701－0012267　G01/6－5/00227
時務通攷續編三十一卷　(清)點石齋主人撰　清光緒十七年(1891)上海點石齋石印本　十六冊

500000－8701－0012268　G01/6－5/00228
時務通攷續編三十一卷　(清)點石齋主人撰　清光緒十七年(1891)上海點石齋石印本　十五冊　存二十六卷(一至二十四、三十至三十一)

500000－8701－0012269　G01/6－5/00229
杜韓詩句集韻八卷　(清)汪文柏輯　清光緒八年(1882)刻本　三冊

500000－8701－0012270　G01/6－5/00230
千金裘初集二十七卷二集二十六卷　(清)蔣義彬　(清)徐元麟纂　清嘉慶二十一年至二十三年(1816－1818)藜照書屋刻本　六冊

500000－8701－0012271　G01/6－5/00231
子史精華三十卷　(清)吳襄等纂修　清光緒九年(1883)上海點石齋石印本　二冊

500000－8701－0012272　G01/6－6/00233
白虎通四卷　(漢)班固撰　**義攷一卷**　(清)莊述祖撰　**闕文一卷**　(清)莊述祖輯　(清)盧文弨訂　**校勘補遺一卷**　(清)盧文弨撰　清乾隆四十九年(1784)抱經堂刻本　六冊

500000－8701－0012273　G01/6－6/00234
白虎通四卷　(漢)班固撰　**義攷一卷**　(清)莊述祖撰　**闕文一卷**　(清)莊述祖輯　(清)盧文弨訂　**校勘補遺一卷**　(清)盧文弨撰　清乾隆四十九年(1784)抱經堂刻本　二冊

500000－8701－0012274　G01/6－6/00235
白虎通德論十卷　(漢)班固纂輯　清光緒南陵徐氏影元刻本　二冊

500000－8701－0012275　G01/6－6/00236
翁注困學紀聞二十卷首一卷　(宋)王應麟撰　(清)翁元圻注　清光緒十三年(1887)上海同文書局石印本　六冊

500000－8701－0012276　G01/6－6/00237
校訂困學紀聞三箋二十卷　(宋)王應麟撰　(清)全祖望等箋　清乾隆七年(1742)紅杏山房刻本　六冊

500000－8701－0012277　G01/6－6/00238
困學紀聞注二十卷　(宋)王應麟著　(清)翁元圻注　清道光五年(1825)餘姚守福堂刻本　十六冊

500000－8701－0012278　G01/6－6/00239
黃氏日鈔九十七卷　（宋）黃震著　清光緒耕餘樓刻本　二十四册

500000－8701－0012279　G01/6－6/00240
黃氏日鈔九十七卷　（宋）黃震著　清光緒耕餘樓刻本　二十四册

500000－8701－0012280　G01/6－7/00241
校訂困學紀聞集證二十卷　（清）萬希槐輯　清嘉慶十八年（1813）胡氏山壽齋刻本　八册

500000－8701－0012281　G01/6－7/00242
物理小識十二卷　（清）方以智集　清光緒十年（1884）寧靜堂刻本　六册

500000－8701－0012282　G01/6－7/00243
思辨錄輯要二十二卷後集十三卷　（清）陸世儀撰　清培德會鉛印本　八册

500000－8701－0012283　G01/6－7/00244
說郛一百二十弓　（明）陶宗儀輯　清順治四年（1647）宛委山堂刻本　一百二十册

500000－8701－0012284　G02/1－2/00245
欲寡過齋雜筆六卷　（清）張道超編　清刻本　三册

500000－8701－0012285　G02/1－2/00246
日知錄集釋三十二卷附刊誤二卷續刊誤二卷　（清）顧炎武著　（清）黃汝成集釋　清同治十一年（1872）湖北崇文書局刻本　十六册

500000－8701－0012286　G02/1－3/00247
日知錄集釋三十二卷附刊誤二卷續刊誤二卷　（清）顧炎武著　（清）黃汝成集釋　清光緒二十五年（1899）京都琉璃廠刻本　十六册

500000－8701－0012287　G02/1－3/00248
日知錄三十二卷　（清）顧炎武著　清康熙三十四年（1695）刻本　十六册

500000－8701－0012288　G02/1－3/00249
日知錄集釋三十二卷附刊誤二卷續刊誤二卷　（清）顧炎武著　（清）黃汝成集釋　清同治十一年（1872）湖北崇文書局刻本　十六册

500000－8701－0012289　G02/1－3/00250
日知錄集釋三十二卷首一卷　（清）顧炎武撰　（清）黃汝成集釋　清光緒十三年（1887）同文書局石印本　一册　存九卷（一至八、首一卷）

500000－8701－0012290　G02/1－3/00251
日知錄之餘四卷　（清）顧炎武著　清宣統二年（1910）元和鄒氏吳中刻本　二册

500000－8701－0012291　G02/1－3/00252
日知錄集釋三十二卷附刊誤二卷續刊誤二卷　（清）顧炎武著　（清）黃汝成集釋　清道光十四年至十八年（1834－1838）嘉定黃氏西谿草廬刻本　十二册

500000－8701－0012292　G02/1－3/00253
東西學書錄總敘二卷　沈桐生著　清光緒二十三年（1897）刻本　二册

500000－8701－0012293　G02/1－3/00254
讀書叢錄七卷　（清）洪頤煊著　清光緒廣州廣雅書局刻本　一册

500000－8701－0012294　G02/1－3/00255
讀書偶記八卷　（清）趙紹祖著　清道光四年（1824）古墨齋刻本　二册

500000－8701－0012295　G02/1－3/00256
東塾讀書記二十五卷　（清）陳澧撰　清光緒二十七年（1901）大泉書局刻本　四册　存十九卷（一至十二、十五至二十一）

500000－8701－0012296　G02/1－3/00257
東塾讀書記二十五卷　（清）陳澧撰　清光緒番禺陳氏刻本　四册　存二十一卷（一至二十一）

500000－8701－0012297　G02/1－3/00258
東塾讀書記二十五卷　（清）陳澧撰　清光緒番禺陳氏刻本　四册　存十九卷（一至十二、十五至二十一）

500000－8701－0012298　G02/1－4/00259
燕在閣知新錄三十二卷　（清）王棠彙訂　清康熙五十六年（1717）刻本　三十二册

500000－8701－0012299　G02/1－4/00260

古香齋鑒賞袖珍春明夢餘錄七十卷　(清)孫承澤著　清光緒九年(1883)刻本　二十四冊

500000－8701－0012300　G02/1－4/00261
管城碩記三十卷　(清)徐文靖撰　清乾隆九年(1744)志寧堂刻本　八冊

500000－8701－0012301　G02/1－4/00262
信摭一卷　(清)章學誠著　清宣統二年(1910)上海國光印刷所鉛印本　一冊

500000－8701－0012302　G02/1－4/00263
義門讀書記五十八卷　(清)何焯撰　清光緒六年(1880)苕溪吳氏刻本　十二冊

500000－8701－0012303　G02/1－5/00264
義門讀書記五十八卷　(清)何焯撰　清乾隆三十四年(1769)蔣維鈞刻本　十二冊

500000－8701－0012304　G02/1－5/00265
陔餘叢考四十三卷　(清)趙翼撰　清乾隆五十五年(1790)刻本　十六冊

500000－8701－0012305　G02/1－5/00266
娛親雅言六卷　(清)嚴元照著　清光緒十一年(1885)弢園王氏活字印本　四冊

500000－8701－0012306　G02/1－5/00267
讀書脞錄七卷　(清)孫志祖撰　清嘉慶四年(1799)刻本　四冊

500000－8701－0012307　G02/1－5/00268
瀛舟筆談十二卷首一卷　(清)阮亨編　清嘉慶二十五年(1820)刻本　六冊

500000－8701－0012308　G02/1－5/00269
定香亭筆談四卷　(清)阮元撰　(清)吳文溥錄　清光緒二十五年(1899)浙江書局刻本　四冊

500000－8701－0012309　G02/1－5/00270
十駕齋養新錄二十卷餘錄三卷　(清)錢大昕撰　清光緒二年(1876)浙江書局刻本　八冊

500000－8701－0012310　G02/1－5/00271
讀書叢錄二十四卷　(清)洪頤煊撰　清道光元年(1821)刻本　六冊

500000－8701－0012311　G02/1－5/00272
白虎通疏證十二卷　(清)陳立撰　清光緒元年(1875)淮南書局刻本　四冊

500000－8701－0012312　G02/1－5/00273
白虎通疏證十二卷　(清)陳立撰　清光緒元年(1875)淮南書局刻本　四冊

500000－8701－0012313　G02/1－6/00274
癸巳類稿十五卷　(清)俞正燮撰　清光緒五年(1879)會稽章氏刻本　十冊

500000－8701－0012314　G02/1－6/00275
癸巳存稿十五卷　(清)俞正燮撰　清光緒十年(1884)禹航姚氏刻本　八冊

500000－8701－0012315　G02/1－6/00276
古學記問錄十五卷　(清)吳蔚文編輯　清同治四年(1865)刻本　六冊

500000－8701－0012316　G02/1－6/00277
羣書札記十六卷　(清)錢大昕著　清光緒四年(1878)武林竹簡齋刻本　六冊

500000－8701－0012317　G02/1－6/00278
錦官錄雜著一卷　(清)李錫書著　清光緒二年(1876)靜樂李氏刻本　一冊

500000－8701－0012318　G02/1－6/00279
天祿閣外史八卷　(漢)黃憲著　(宋)韓泊贊　清乾隆刻增訂漢魏叢書本　四冊

500000－8701－0012319　G02/1－6/00280
容齋隨筆十六卷　(宋)洪邁撰　清光緒二十年(1894)衣江官廨刻本　二十冊

500000－8701－0012320　G02/1－7/00281
七修類藁五十一卷續藁七卷　(明)朗瑛著述　清光緒六年(1880)廣州翰墨園刻本　十二冊

500000－8701－0012321　G02/1－7/00282
七修類藁五十一卷續藁七卷　(明)朗瑛著述　清光緒六年(1880)廣州翰墨園刻本　十六冊

500000－8701－0012322　G02/1－7/00283
呻吟語六卷　(明)呂坤著　清同治七年

(1868)刻本　六冊

500000－8701－0012323　G02/1－7/00284
少室山房筆叢四十八卷　(明)胡應麟撰　清光緒二十二年(1896)廣州廣雅書局刻本　八冊

500000－8701－0012324　G02/2－1/00285
少室山房筆叢四十八卷詩藪內編六卷雜編六卷外編四卷　(明)胡應麟撰　清光緒二十二年(1896)廣州廣雅書局刻本　十冊

500000－8701－0012325　G02/2－1/00286
幽夢影二卷　(清)張潮著　清同治十三年(1874)遲雲樓主人刻本　二冊

500000－8701－0012326　G02/2－1/00287
玉亭集十四卷　(清)吳高增著　清乾隆刻本　六冊

500000－8701－0012327　G02/2－1/00288
荆園小語一卷進語一卷　(清)申涵光撰　清刻本　一冊

500000－8701－0012328　G02/2－1/00289
香祖筆記十二卷　(清)王士禛撰　清康熙四十四年(1705)刻本　四冊

500000－8701－0012329　G02/2－1/00290
尾蔗叢談四卷　(清)李調元著　清刻本　二冊

500000－8701－0012330　G02/2－1/00291
過庭錄十六卷　(清)宋翔鳳撰　清光緒七年(1881)會稽章氏刻本　四冊

500000－8701－0012331　G02/2－1/00292
灤源問答十二卷　(清)沈可培著　清嘉慶二十年(1815)嘉興沈氏雪浪齋刻本　十二冊

500000－8701－0012332　G02/2－1/00293
有不為齋隨筆十卷　(清)光聰諧著　清光緒十三年(1887)貴築黄氏蘇州藩署刻本　二冊

500000－8701－0012333　G02/2－2/00294
種梅心法二卷　(清)臥雲先生撰　清光緒二十五年(1899)刻本　二冊

500000－8701－0012334　G02/2－2/00295
椒生隨筆六卷　(清)王之春著　清光緒七年(1881)刻本　三冊

500000－8701－0012335　G02/2－2/00296
無邪堂答問五卷　(清)朱一新撰　清光緒二十一年(1895)廣州廣雅書局刻本　五冊

500000－8701－0012336　G02/2－2/00297
無邪堂答問五卷　(清)朱一新撰　清光緒二十一年(1895)廣州廣雅書局刻本　五冊

500000－8701－0012337　G02/2－2/00298
海外文編四卷　(清)薛福成輯　清光緒二十四年(1898)志强學會刻本　四冊

500000－8701－0012338　G02/2－2/00299
盛世危言五卷　鄭觀應輯　清光緒二十年(1894)渝城刻本　五冊

500000－8701－0012339　G02/2－2/00300
增訂盛世危言新編十四卷　鄭觀應撰　清光緒二十三年(1897)成都刻本　八冊

500000－8701－0012340　G02/2－2/00301
片玉山房花箋錄二十卷　(清)孫兆溎輯　清咸豐刻本　十六冊

500000－8701－0012341　G02/2－2/00302
香禪精舍集八種附七種　(清)潘鍾瑞撰　清光緒長洲香禪精舍刻本　十四冊

500000－8701－0012342　G02/2－2/00303
弦雪居重訂遵生八牋十九卷　(明)高濂撰　(明)鍾惺較閲　清光緒十年(1884)上海千頃堂刻本　十八冊

500000－8701－0012343　G02/2－2/00304
御覽曲洧舊聞十卷　(宋)朱弁著　清光緒二十二年(1896)儷峰書屋刻本　二冊

500000－8701－0012344　G02/2－2/00305
羣經治要子鈔二卷　(唐)魏徵撰　蔣德鈞節編　清光緒湘鄉蔣氏求實齋刻本　一冊

500000－8701－0012345　G02/2－2/00306
意林五卷補遺一卷　(唐)馬總撰　清光緒三年(1877)湖北崇文書局刻本　二冊

500000－8701－0012346　G02/2－3/00307
玉芝堂談薈三十六卷　(明)徐應秋輯　清光緒元年(1875)西安徐氏刻本　三十二册

500000－8701－0012347　G02/2－3/00308
來瞿唐先生日録内篇六卷外篇七卷　(明)來知德撰　清道光十一年(1831)刻本　十四册

500000－8701－0012348　G02/2－4/00309
古今説海一百四十二卷　(明)陸楫輯　清道光元年(1821)苕溪邵氏酉山堂刻本　二十册

500000－8701－0012349　G02/2－4/00310
嘯亭雜録八卷續録二卷　(清)昭槤撰　清光緒六年(1880)刻本　十二册

500000－8701－0012350　G02/2－4/00311
名句文身表異録十四卷　(明)王志堅輯　清雍正刻本　二册

500000－8701－0012351　G02/2－4/00312
佐治芻言不分卷　(英國)傅蘭雅口譯　應祖錫筆述　清光緒江南製造總局刻本　三册

500000－8701－0012352　G02/2－4/00313
漢儒通義七卷　(清)陳澧輯　清光緒二十五年(1899)蔭立堂刻蔭立堂叢書本　三册

500000－8701－0012353　G02/2－4/00314
漢儒通義七卷　(清)陳澧輯　清咸豐八年(1858)刻東塾叢書本　二册

500000－8701－0012354　G02/2－4/00315
唐代叢書一百六十四種　(清)王文誥輯　清嘉慶十一年(1806)刻本　二十册

500000－8701－0012355　G02/2－5/00316
蛾術編八十二卷　(清)王鳴盛纂　清道光二十一年(1841)世楷堂刻本　二十册

500000－8701－0012356　G02/2－5/00317
學仕録十六卷　(清)戴肇辰輯　清同治六年(1867)刻本　六册

500000－8701－0012357　G02/2－5/00318
子書百家一百一種　(清)崇文書局輯　清光緒元年(1875)湖北崇文書局刻本　一百十册

500000－8701－0012358　G02/2－7/00319
增訂漢魏叢書八十六種　(清)王謨輯　清乾隆五十六年(1791)刻本　一百四十八册

500000－8701－0012359　G02/3－2/00320
增訂漢魏叢書八十六種　(清)王謨輯　清光緒二年(1876)紅杏山房刻本　八十一册

500000－8701－0012360　G02/3－3/00321
歸震川大全集三十卷附餘集八卷别集十卷補集八卷體則一卷　(明)歸有光著　清宣統二年(1910)上海國學扶輪社石印本　十二册

500000－8701－0012361　G02/3－4/00322
武英殿聚珍版書一百四十八種　(清)紀昀等編　清光緒二十五年(1899)廣雅書局刻本　八百十册

500000－8701－0012362　G02/4－6/00323
説鈴前集三十七種後集十六種　(清)吳震方輯　清道光五年(1825)刻本　二十四册

500000－8701－0012363　G02/4－7/00324
説鈴前集三十七種後集十六種　(清)吳震方輯　清嘉慶五年(1800)刻本　三十四册

500000－8701－0012364　G02/4－7/00325
焦氏叢書二十二種二百二十四卷　(清)焦循撰　清嘉慶至道光江都焦氏雕菰樓刻本　四十册

500000－8701－0012365　G02/5－1/00326
龍威秘書十九種　(清)馬俊良輯　清乾隆五十九年(1794)石門馬氏大酉山房刻本　八十册

500000－8701－0012366　G02/5－2/00327
岱南閣叢書十七種一百六十卷　(清)孫星衍輯　清乾隆六十年(1795)蘭陵孫氏刻本　四十册

500000－8701－0012367　G02/5－2/00328
授堂遺書八種附録二卷　(清)武億撰　清道光二十三年(1843)偃師武氏刻本　十六册

500000－8701－0012368　G02/5－2/00329
經訓堂叢書二十一種　(清)畢沅輯　清乾隆

四十八年(1783)鎮洋畢氏刻本　三十六冊

500000－8701－0012369　G02/5－3/00330
黃氏逸書考三百五十二種　(清)黃奭輯　清道光甘泉黃氏刻民國十四年(1925)王鑒修補印本　一百冊

500000－8701－0012370　G02/5－4/00331
學海類編四百三十一種　(清)曹溶輯　(清)陶越增刪　清道光十一年(1831)六安晁氏木活字印本　一百二十冊

500000－8701－0012371　G02/5－6/00332
湖海樓叢書十二種　(清)陳春輯　清嘉慶蕭山陳氏刻本　二十冊

500000－8701－0012372　G02/5－6/00333
春暉堂叢書十二種　(清)徐渭仁輯　清道光至咸豐上海徐氏刻同治補刻本　十二冊

500000－8701－0012373　G02/5－6/00334
鶴壽堂叢書二十二種　(清)王士濂輯　清光緒二十四年(1898)高郵王氏刻本　十二冊

500000－8701－0012374　G02/5－6/00335
小石山房叢書三十八種　(清)顧湘編輯　清同治十三年(1874)虞山顧氏刻本　二十冊

500000－8701－0012375　G02/5－7/00336
惜陰軒叢書四十六種　(清)李錫齡輯　清道光六年(1826)宏道院刻本[續編爲清咸豐八年(1858)刻本]　一百二十四冊

500000－8701－0012376　G02/6－1/00337
咫進齋叢書三集三十五種　(清)姚覲元輯　清光緒九年(1883)歸安姚氏刻本　十八冊

500000－8701－0012377　G02/6－1/00338
古逸書十種　(清)茆泮林輯　清道光十四年(1834)梅瑞軒刻本　五冊

500000－8701－0012378　G02/6－2/00339
琳琅祕室叢書三十種　(清)胡珽輯　清光緒十四年(1888)會稽董氏取斯堂木活字印本　二十四冊

500000－8701－0012379　G02/6－2/00340
當歸草堂叢書八種十五卷　(清)丁丙輯　清同治二年至五年(1863－1866)錢塘丁氏刻本　六冊

500000－8701－0012380　G02/6－2/00341
南菁書院叢書八集四十一種　王先謙　繆荃孫輯　清光緒十四年(1888)江陰南菁書院刻本　四十冊

500000－8701－0012381　G02/6－3/00342
春雨樓叢書六種　(清)朱士端編輯　清同治元年至四年(1862－1865)寶應朱氏刻本　六冊

500000－8701－0012382　G02/6－3/00343
振綺堂叢書第一集十種　(清)汪康年輯　清宣統二年(1910)泉唐汪氏鉛印本　六冊

500000－8701－0012383　G02/6－3/00344
小石山房叢書三十八種　(清)顧湘編輯　清同治十三年(1874)虞山顧氏刻本　十五冊

500000－8701－0012384　G02/6－3/00345
滂喜齋叢書五十四種　(清)潘祖蔭輯　清同治十一年至光緒九年(1872－1883)吳縣潘氏刻本　三十二冊

500000－8701－0012385　G02/6－3/00346
曼陀羅華閣叢書十六種　(清)杜文瀾纂輯　清光緒十八年(1892)常熟席氏掃葉山房刻本　三十二冊

500000－8701－0012386　G02/6－4/00347
觀古堂彙刻書一集十一種二集十一種　葉德輝輯　清光緒二十八年(1902)長沙葉氏刻本　十五冊　存十九種五十四卷(第一集:阮氏三家詩補遺三卷,爾雅圖贊一卷,山海經圖贊二卷,說文段注校三種:徐星伯說文段注札記一卷、龔定菴說文段注札記一卷、桂未谷說文段注鈔一卷補鈔一卷,南雍志經籍考二卷,萬卷堂書目四卷,絳雲樓書目補遺一卷,靜惕堂宋元人集書目一卷,竹崦盦傳鈔書目一卷,結一廬書目四卷附宋元本書目一卷,巖下放言三卷;第二集:華陽陶隱居内傳三卷,華陽陶隱居集二卷,沈下賢文集十二卷,魚玄機集一卷附題跋記一卷,金陵百詠一卷,嘉禾百詠一

卷,曝書亭刪餘詞一卷曝書亭詞手稿原目一卷附校勘記一卷,崑崙集一卷續一卷附一卷)

500000－8701－0012387　G02/6－4/00348
竹柏山房十五種附刻四種　(清)林春溥撰　清嘉慶至咸豐竹柏山房刻本　三十二冊

500000－8701－0012388　G02/6－4/00349
述古叢鈔二十六種　(清)劉晚榮輯　清同治至光緒古岡劉氏藏修書屋刻本　三十二冊

500000－8701－0012389　G02/6－5/00350
昭代叢書十集五百卷　(清)張潮　(清)張漸輯　(清)楊復吉　(清)沈楙悳續輯　清道光十三年(1833)吴江沈氏世楷堂刻本　一百五十五冊

500000－8701－0012390　G02/6－7/00351
平津館叢書四十二種　(清)孫星衍輯　清嘉慶蘭陵孫氏刻本　五十冊

500000－8701－0012391　G03/1－1/00352
武英殿聚珍版書三十八種　(清)紀昀等編　清乾隆四十二年(1777)浙江刻本　六十四冊

500000－8701－0012392　G03/1－2/00353
武英殿聚珍版書五十四種　(清)紀昀等編　清同治十三年(1874)江西書局刻本　一百二十八冊

500000－8701－0012393　G03/1－3/00354
藝海珠塵一百六十四種　(清)吴省蘭輯　清嘉慶中南滙吴氏聽彝堂刻本　六十四冊

500000－8701－0012394　G03/1－4/00355
函海一百五十四種　(清)李調元輯　清光緒七年至八年(1881－1882)廣漢鍾登甲樂道齋刻本　二百冊

500000－8701－0012395　G03/1－6/00356
函海一百五十四種　(清)李調元輯　清萬卷樓刻本　二百冊

500000－8701－0012396　G03/2－1/00357
欽定四庫全書考證一百卷　(清)王太岳纂輯　清道光刻本　九十五冊

500000－8701－0012397　G03/2－2/00358
青照堂叢書四十三種　(清)李元春輯　清道光十五年(1835)朝邑劉氏青照堂刻本　二十六冊

500000－8701－0012398　G03/2－3/00359
讀畫齋叢書八集四十五種　(清)顧修輯　清嘉慶四年(1799)桐川顧氏刻本　六十四冊

500000－8701－0012399　G03/2－3/00360
鄂宰小學四種　(清)王筠編輯　清咸豐二年(1852)安邱賀氏刻本　二冊

500000－8701－0012400　G03/2－3/00361
連筠簃叢書十二種　(清)楊尚文輯　清道光二十八年(1848)靈氏楊氏刻本　三十六冊

500000－8701－0012401　G03/2－4/00362
海山仙館叢書五十六種　(清)潘仕成輯　清道光至咸豐番禺潘氏刻光緒中補刻本　一百二十冊

500000－8701－0012402　G03/2－6/00363
宜稼堂叢書七種　(清)郁松年輯　清道光二十一年至二十二年(1841－1842)上海郁氏刻本　六十三冊

500000－8701－0012403　G03/2－6/00364
述古叢鈔二十六種　(清)劉晚榮輯　清同治至光緒古岡劉氏藏修書屋刻本　十二冊

500000－8701－0012404　G03/2－6/00365
守山閣叢書一百十種　(清)錢熙祚輯　清光緒十五年(1889)上海鴻文書局石印本　一百冊

500000－8701－0012405　G03/3－1/00366
木犀軒叢書二十五種　李盛鐸輯　清光緒德化李氏木犀軒刻本　四十冊

500000－8701－0012406　G03/3－1/00367
榕園叢書三集六十三種續刻三種　(清)張丙炎輯　清宣統二年(1910)真州張氏榕園刻本　六十冊

500000－8701－0012407　G03/3－2/00368
粤雅堂叢書三十集一百八十五種　(清)伍崇曜輯　清道光至光緒南海伍氏刻本　四百冊

500000－8701－0012408　G03/3－6/00369
半畝園叢書三十種二百七十二卷　（清）吳坤修輯　清同治新建吳氏皖城刻本　六十六册

500000－8701－0012409　G03/3－6/00370
式訓堂叢書三集四十一種　（清）章壽康輯　清光緒會稽章氏刻本　三十二册

500000－8701－0012410　G03/3－7/00371
質學叢書三十種　武昌質學會輯　清光緒二十二年至二十三年（1896－1897）武昌質學會刻本　四十二册

500000－8701－0012411　G03/3－7/00372
萬國政治藝學全書三百八十卷　（清）朱大文（清）淩賡颺編輯　清光緒二十一年（1895）上海鴻文書局石印本　五十三册

500000－8701－0012412　G03/3－7/00373
翠琅玕館叢書五十五種　（清）馮兆年編輯　清光緒十年至十四年（1884－1888）廣州馮氏刻本　四十册

500000－8701－0012413　G03/4－1/00374
聚學軒叢書六十種　劉世珩輯　清光緒二十九年（1903）貴池劉氏刻本　一百册

500000－8701－0012414　G03/4－2/00375
玲瓏山館叢書六編六十八種一百七十四卷首三卷　（清）□□輯　清光緒刻本　五十册

500000－8701－0012415　G03/4－2/00376
娱園叢刻十種　（清）許增輯　清光緒十五年（1889）仁和許氏娱園刻本　四册

500000－8701－0012416　G03/4－3/00377
益雅堂叢書六十六種　（清）□□輯　清光緒十五年（1889）文選樓刻本　三十二册

500000－8701－0012417　G03/4－3/00378
校經山房叢書二十八種　（清）朱記榮輯　清光緒三十年（1904）孫溪朱氏槐廬家塾刻本　三十二册

500000－8701－0012418　G03/4－3/00379
策學備纂三十二卷首一卷　（清）吳頴炎輯　清光緒十九年（1893）上海點石齋石印本　四十八册

500000－8701－0012419　G03/4－4/00380
積學齋叢書二十種　徐乃昌輯　清光緒南陵徐氏積學齋刻本　十六册

500000－8701－0012420　G03/4－4/00381
後知不足齋叢書初編十六種　（清）鮑廷爵編輯　清光緒十年（1884）常熟鮑氏刻本　三十二册

500000－8701－0012421　G03/4－4/00382
暢園叢書甲函五種十二卷　（清）張邁輯　清光緒二十年（1894）始豐張氏四明刻本　八册

500000－8701－0012422　G03/4－5/00383
廣雅書局叢書一百五十三種　（清）廣雅書局輯　清光緒廣雅書局刻民國九年（1920）番禺徐紹匯印本　五百九十四册

500000－8701－0012423　G03/5－5/00384
靈鶼閣叢書六集五十六種　（清）江標輯　清光緒二十一年（1895）元和江氏湖南使院刻本　三十二册

500000－8701－0012424　G03/5－6/00385
集虚草堂叢書甲集十種　李國松輯　清光緒合肥李氏刻本　二十四册

500000－8701－0012425　G03/5－6/00386
雙楳景闇叢書十五種二十七卷　葉德輝輯　清光緒至宣統長沙葉氏郎園刻本　五册　存十四種二十六卷（素女經一卷、素女方一卷、玉房秘訣一卷指要一卷、洞玄子一卷、天地陰陽交歡大樂賦一卷、青樓集一卷、板橋雜記三卷、吳門畫舫錄一卷、燕蘭小譜五卷附海漚小譜一卷、觀劇絕句三卷、木皮散人鼓詞一卷附萬古愁曲一卷、乾嘉詩壇點將錄一卷、東林點將錄一卷附考一卷、重刻足本乾嘉詩壇點將錄一卷）

500000－8701－0012426　G03/5－6/00387
麗樓叢書九種　葉德輝輯　清光緒三十三年（1907）長沙葉氏刻本　八册

500000－8701－0012427　G03/5－6/00388

麗樓叢書九種　葉德輝輯　清光緒三十三年(1907)長沙葉氏刻本　八册

500000－8701－0012428　G03/5－6/00389
心矩齋叢書十種　(清)蔣鳳藻編輯　清光緒九年(1883)長洲蔣氏心矩齋刻民國十四年(1925)文學山房重印本　十五册

500000－8701－0012429　G03/5－6/00390
十萬卷樓叢書五十種三百八十八卷　(清)陸心源輯　清光緒二年至十八年(1876－1892)歸安陸氏刻本　一百十二册

500000－8701－0012430　G03/6－1/00391
隨庵徐氏叢書十種四十三卷　徐乃昌輯　清光緒至民國南陵徐氏刻本　十二册

500000－8701－0012431　G03/6－1/00392
懷豳雜俎十二種　徐乃昌輯　清宣統元年(1909)南陵徐氏刻本　八册

500000－8701－0012432　G03/6－1/00393
科學叢書八種十一卷　樊炳清輯譯　清光緒二十七年(1901)上海教育世界出版所石印本　十册

500000－8701－0012433　G03/6－1/00394
晨風閣叢書二十二種四十七卷　沈宗畸輯　清宣統元年(1909)番禺沈氏刻本　十五册　存二十種四十三卷(詩經四家異文攷補一卷,說文解字校勘記殘稾一卷,仁廟聖政記二卷,出圍城記一卷,西域水道記校補一卷,寒山金石林部目一卷,昭陵碑錄三卷附錄一卷,潛采堂書目四種:全唐詩未備書目一卷、明詩綜采摭書目一卷、兩淮鹽筴書引證書目一卷、竹垞行笈書目一卷,藝芸書舍宋元本書目二卷,曲錄六卷,戲曲攷原一卷,鹿門集三卷拾遺一卷續補遺一卷,邕州小集一卷,方叔淵遺稾一卷附高氏三宴詩集三卷,香山九老會詩一卷,古洋遺響集一卷,南唐二主詞一卷補遺一卷附校勘記一卷,平園近體樂府一卷,後村別調一卷補一卷,眉庵詞一卷)

500000－8701－0012434　G03/6－1/00395
峭帆樓叢書十八種　趙詒琛輯　清宣統至民國新陽趙氏刻本　二十四册

500000－8701－0012435　G03/6－1/00396
漢魏遺書鈔一百種　(清)王謨輯　清嘉慶三年(1798)刻本　十六册

500000－8701－0012436　G03/6－2/00397
目耕帖二十四卷　(清)馬國翰著　清同治十年(1871)濟南皇華館書局刻本　十六册

500000－8701－0012437　G03/6－2/00398
玉函山房輯佚書六百三十四種附目耕帖三十一卷　(清)馬國翰著　清光緒十年(1884)楚南書局刻本　八十册

500000－8701－0012438　G03/6－3/00399
檇李遺書二十種　(清)孫福清輯　清光緒四年(1878)望雲仙館刻本　二十册

500000－8701－0012439　G03/6－3/00400
嶺南遺書五十九種　(清)伍元薇　(清)伍崇曜輯　清道光十一年(1831)南海伍氏刻本　八十册

500000－8701－0012440　G03/6－4/00401
金華叢書六十四種　(清)胡鳳丹輯　清同治至光緒永康胡氏退補齋刻本　二百七十四册

500000－8701－0012441　G03/6－6/00402
學海堂叢刻十三種　(清)□□輯　清光緒三年至十二年(1877－1886)廣州學海堂刻本　十四册

500000－8701－0012442　G03/6－6/00403
趙氏淵源集十卷銷暑錄一卷　(清)趙紹祖輯撰　清光緒十三年(1887)小古墨齋四川重慶綦江縣署刻本　六册

500000－8701－0012443　G03/6－6/00404
孫文恭公遺書七種　(明)孫應鰲撰　清光緒六年(1880)獨山莫氏刻本　六册

500000－8701－0012444　G03/6－6/00405
賈氏叢書甲集八種二十一卷　(清)賈臻輯　清咸豐賈氏躬自厚齋刻本　十册

500000－8701－0012445　G03/6－6/00406
石林遺書十三種　(宋)葉夢得撰　葉德輝輯

清光緒至宣統長沙葉氏觀古堂刻本　十六册

500000－8701－0012446　G03/6－7/00407
呂子遺書十種　(明)呂坤著　清道光刻本　二十四册

500000－8701－0012447　G03/6－7/00408
劉子全書四十卷首一卷　(明)劉宗周撰　(清)董瑒編　清道光四年(1824)蕭山王氏刻本　二十四册

500000－8701－0012448　G03/6－7/00409
二思堂叢書六種　(清)梁章鉅著　清光緒元年(1875)福州梁氏刻本　十六册

500000－8701－0012449　G04/1－1/00410
船山遺書五十六種二百九十四卷附刊二卷補遺一卷　(清)王夫之著　清同治四年(1865)湘鄉曾氏金陵節署刻本　一百六十册

500000－8701－0012450　G04/1－2/00411
李文貞公著書□□種　(清)李光地撰　清刻本　十册

500000－8701－0012451　G04/1－2/00412
黃梨洲遺書十種　(清)黃宗羲著　清光緒三十一年(1905)諸暨蔣氏石印本　十二册

500000－8701－0012452　G04/1－3/00413
空山堂全集九種　(清)牛運震撰　清嘉慶二十三年(1818)空山堂刻本　五十一册

500000－8701－0012453　G04/1－3/00414
燕禧堂五種　(清)任大椿著　清乾隆刻本　六册

500000－8701－0012454　G04/1－3/00415
章氏遺書二種　(清)章學誠著　清光緒三年(1877)貴陽刻本　五册

500000－8701－0012455　G04/1－4/00416
古愚老人消夏錄十六種六十三卷　(清)汪汲撰　清乾隆至嘉慶古愚山房刻本　十二册

500000－8701－0012456　G04/1－4/00417
趙甌北全集七種一百七十五卷　(清)趙翼撰　清宣統二年(1910)成都官書局刻本　五十册

500000－8701－0012457　G04/1－5/00418
顨軒孔氏所著書七種　(清)孔廣森撰　清嘉慶十七年(1812)曲阜孔氏刻本　十六册

500000－8701－0012458　G04/1－5/00419
通藝錄二十一種　(清)程瑤田撰　清嘉慶刻本　十九册

500000－8701－0012459　G04/1－5/00420
洪北江全集二十三種　(清)洪亮吉撰　清光緒洪用勤授經堂刻本　八十四册

500000－8701－0012460　G04/1－7/00421
洪北江全集二十三種　(清)洪亮吉撰　清光緒洪用勤授經堂刻本　三十二册

500000－8701－0012461　G04/2－1/00422
惜抱軒全集十種　(清)姚鼐撰　清光緒三十三年(1907)上海大東門内校經山房刻本　十六册

500000－8701－0012462　G04/2－2/00423
惜抱軒全集十種　(清)姚鼐撰　清同治五年(1866)省心閣刻本　二十册

500000－8701－0012463　G04/2－2/00424
左海全集十種　(清)陳壽祺著　清嘉慶至道光三山陳氏家刻本　二十八册

500000－8701－0012464　G04/2－3/00425
江都陳氏叢書七種一百五卷　(清)陳濬撰並輯　清嘉慶至同治刻本　四十九册

500000－8701－0012465　H00512－1
南軒文集四十四卷論語解十卷孟子說七卷　(宋)張栻撰　清咸豐四年(1854)南軒祠刻本　四册　存二十六卷(南軒文集十九至四十四)

500000－8701－0012466　G04/2－5/00427
潛研堂全書十六種　(清)錢大昕著　清乾隆至嘉慶刻道光二十年(1840)錢師光印本　三十二册

500000－8701－0012467　G04/2－6/00428
潛研堂全書十六種　(清)錢大昕著　清乾隆

至嘉慶刻道光二十年(1840)錢師光印本　六十四册

500000－8701－0012468　G04/2－7/00429
潛研堂全書二十一種　(清)錢大昕著　清光緒十年(1884)長沙龍氏家塾刻本　八十册

500000－8701－0012469　G04/3－1/00430
半巖廬所箸書九種四十卷　(清)邵懿辰撰　清宣統至民國仁和邵氏家祠刻本　十二册

500000－8701－0012470　G04/3－1/00431
安吴四種三十六卷首一卷　(清)包世臣著　清咸豐元年(1851)刻本　十六册

500000－8701－0012471　G04/3－1/00432
多識録四卷　(清)陳恕著　清道光十八年(1838)連平練氏上海官舍刻本　二册

500000－8701－0012472　G04/3－2/00433
安吴四種三十六卷首一卷　(清)包世臣著　清同治十一年(1872)涇縣包氏刻本　十六册

500000－8701－0012473　G04/3－2/00434
見菴錦官録八種　(清)李錫書著　清嘉慶至道光靜樂李氏蘂石山房刻本　十一册

500000－8701－0012474　G04/3－2/00435
景紫堂全書十七種　(清)夏炘撰　清咸豐四年(1854)當塗夏氏家刻本　二十二册

500000－8701－0012475　G04/3－3/00436
覆瓿集三種　(清)張文虎著　清同治十三年(1874)金陵冶城賓館刻本　八册

500000－8701－0012476　G04/3－3/00437
鄒徵君遺書八種附二種　(清)鄒伯奇著　清同治十二年(1873)南海鄒氏香草書屋刻本　四册　存六種九卷附二種八卷(學計一得二卷,補小爾雅釋度量衡一卷,格術補一卷,對數尺記一卷,乘方捷算三卷,鄒徵君存稿一卷,附:夏氏算學四種:少廣縋鑿一卷、洞方術圖解二卷、致曲術一卷、致曲圖解一卷,徐氏算學三種:造各表簡法一卷、截球解義一卷、橢圓求周術一卷)

500000－8701－0012477　G04/3－3/00438
觀古堂所著書一集八種二集八種　葉德輝輯　清光緒中湘潭葉氏刻本　十七册

500000－8701－0012478　G04/3－3/00439
春在堂全書三十四種　(清)俞樾撰　清光緒二十五年(1899)德清俞氏刻本　一百册

500000－8701－0012479　G04/3－4/00440
第一樓叢書九種　(清)俞樾著　清同治十年(1871)德清俞氏刻本　十一册

500000－8701－0012480　G04/3－4/00441
曾文正公全集一百六十四卷首一卷　(清)曾國藩著　(清)李瀚章編　清光緒十四年(1888)鴻文書局鉛印本　四十四册

500000－8701－0012481　G04/3－5/00442
雷刻四種　(清)雷浚撰　清光緒吴縣雷氏刻本　六册

500000－8701－0012482　G04/3－5/00443
雷刻八種　(清)雷浚撰　清光緒吴縣雷氏刻本　十二册

500000－8701－0012483　G04/3－5/00444
顧氏遺書十二種　(清)顧觀光著　清光緒九年(1883)獨山莫祥芝氏刻本　八册

500000－8701－0012484　G04/3－5/00445
叢睦汪氏遺書十九種　(清)汪篁輯　清光緒十二年(1886)錢塘汪氏刻本　三十二册

500000－8701－0012485　G04/3－6/00446
師伏堂叢書十種四十四卷　(清)皮錫瑞撰　清光緒十九年至三十年(1893－1904)善化皮氏師伏堂刻本　二十六册

500000－8701－0012486　G04/3－6/00447
籑園叢書七種三十四卷　張慎儀撰　清光緒至民國刻本　十四册

500000－8701－0012487　G04/3－6/00448
玉津閣叢書甲集十二種　胡薇元撰　清光緒至民國刻本　十二册

500000－8701－0012488　G04/3－6/00449
大鶴山房全書十一種　鄭文焯撰　清光緒至民國刻民國九年(1920)蘇州交通圖書館彙印

本　八册

500000－8701－0012489　G04/3－6/00450
緯學原流興廢考三卷　（清）蔣清翊編　清光緒二十三年（1897）吳縣蔣氏雙唐碑館刻本　一册

500000－8701－0012490　G04/3－6/00451
六經圖考不分卷　（宋）楊甲著　清康熙六十一年（1722）禮耕堂刻本　六册

500000－8701－0012491　G04/3－7/00452
重刊宋本十三經注疏十三種四百十六卷（唐）孔穎達等正義　**附校勘記四百十六卷**（清）阮元撰　（清）盧宣旬摘錄　清同治十二年（1873）江西書局刻本　一百八十册

500000－8701－0012492　G04/4－3/00453
四經精華三十二卷首三卷末一卷　（□）□□撰　清光緒十六年（1890）富順汲古齋刻本　十六册

500000－8701－0012493　G04/4－3/00454
相臺五經九十六卷附考證　（宋）岳珂輯　清光緒撫黔使者賀長齡刻本　四十册

500000－8701－0012494　G04/4－3/00455
讀左補義五十卷首一卷　（清）姜炳璋輯　清乾隆三十三年（1768）刻本　十四册

500000－8701－0012495　G04/4－4/00456
皇清經解續編一千四百三十卷　王先謙輯　清光緒十四年（1888）南菁書院刻本　三百二十册

500000－8701－0012496　G04/5－1/00457
緯攟十四卷　（清）喬松年輯　清光緒三年（1877）強恕堂刻本　四册

500000－8701－0012497　G04/5－1/00458
皇清經解一千四百卷　（清）阮元輯　**續皇清經解一千四百三十卷**　王先謙輯　清石印本　三十五册

500000－8701－0012498　G04/5－2/00459
皇清經解一千四百卷　（清）阮元輯　清道光二十九年（1849）廣東學海堂刻本　三百六十册

500000－8701－0012499　G04/5－6/00460
通志堂經解一百四十種　（清）納蘭成德輯　清同治十二年（1873）粵東書局刻本　四百五十九册

500000－8701－0012500　G04/6－6/00461
經話甲編二卷　廖平著　清光緒二十三年（1897）尊經書局刻四益館叢書本　一册

500000－8701－0012501　G04/6－6/00462
仿宋相臺五經九十六卷附考證　（宋）岳珂輯　清光緒二年（1876）江南書局刻本　三十二册

500000－8701－0012502　G04/6－7/00463
經義考三百卷目錄二卷　（清）朱彝尊編　清光緒二十三年（1897）浙江書局刻本　五十册

500000－8701－0012503　G05/1－1/00464
經策通纂二種五十六卷首一卷　（清）吳熲炎等輯　清光緒十四年（1888）上海點石齋石印本　八十册

500000－8701－0012504　G05/1－1/00465
五經合纂大成四十四卷　（清）同文書局編輯　清光緒十一年（1885）上海同文書局影印本　二十册

500000－8701－0012505　G05/1－2/00466
古經解彙函十六種附小學彙函十四種　（清）鍾謙鈞輯　清光緒十四年（1888）上海蜚英館石印本　十册

500000－8701－0012506　G05/1－2/00467
岳氏相臺五經九十六卷附考證　（宋）岳珂輯　清光緒八年（1882）長沙龍氏家塾刻本　四十册

500000－8701－0012507　G05/1－2/00468
鄭氏佚書二十二種附錄一種　（漢）鄭玄撰　（清）袁鈞輯　清光緒十四年（1888）浙江書局刻本　十册

500000－8701－0012508　G05/1－2/00469
鄭氏佚書二十二種附錄一種　（漢）鄭玄撰

(清)袁鈞輯　清光緒十四年(1888)浙江書局刻本　十冊

500000－8701－0012509　G05/1－3/00470
五經小學述二卷　(清)莊述祖撰　清光緒十六年(1890)刻本　一冊

500000－8701－0012510　G05/1－3/00471
十三經客難六十二卷　(清)龔元玠著　清道光二十六年(1846)南昌吳啓楠等刻本　二十四冊

500000－8701－0012511　G05/1－3/00472
十三經札記二十二卷　(清)朱亦棟著　清光緒四年(1878)武林竹簡齋刻本　四冊　存十八卷(易經札記三卷、孝經札記一卷、論語札記三卷、爾雅札記一卷、儀禮札記一卷、禮記札記二卷、左傳札記二卷、公穀札記一卷、詩經札記二卷、周易札記二卷)

500000－8701－0012512　G05/1－3/00473
九經古義十六卷　(清)惠棟撰　清乾隆潮陽縣署刻本　一冊

500000－8701－0012513　G05/1－3/00474
今古學攷二卷　廖平著　清光緒十二年(1886)西平蕭氏鉛印本　一冊

500000－8701－0012514　G05/1－3/00475
今古學攷二卷　廖平著　清光緒十二年(1886)成都刻四益館叢書本　一冊

500000－8701－0012515　G05/1－3/00476
今古學攷二卷　廖平著　清光緒十二年(1886)成都刻四益館叢書本　一冊

500000－8701－0012516　G05/1－3/00477
經義述聞三十二卷　(清)王引之著　清道光七年(1827)北京壽藤書屋刻本　十六冊

500000－8701－0012517　G05/1－3/00478
七經孟子攷文補遺二百卷　(日本)山井鼎撰　清嘉慶二年(1797)阮氏小琅嬛仙館刻本　十六冊

500000－8701－0012518　G05/1－3/00479
識小編二卷　(清)董豐垣撰　清光緒八年(1882)崇州葛氏學古齋刻本　二冊

500000－8701－0012519　G05/1－3/00480
經義莛撞四卷附讀經瑣記一卷　易順鼎著　清光緒十年(1884)刻本　一冊

500000－8701－0012520　G05/1－3/00481
新學僞經考十四卷　康有為撰　清光緒十七年(1891)武林望雲樓石印本　八冊

500000－8701－0012521　G05/1－3/00482
六經補疏二十卷　(清)焦循著　清道光六年(1826)半九書塾刻焦氏叢書本　八冊

500000－8701－0012522　G05/1－4/00483
十三經注疏三百四十六卷附考證　(清)鄂爾泰　(清)張廷玉總閱　清同治十年(1871)廣東書局刻本　一百六十冊

500000－8701－0012523　G05/1－6/00484
重刊宋本十三經注疏十三種四百十六卷　(唐)孔穎達等正義　**附校勘記四百十六卷**　(清)阮元撰　(清)盧宣旬摘錄　**校勘記識語四卷**　(清)汪文臺撰　清同治十二年(1873)江西書局刻本　一百八十二冊

500000－8701－0012524　G05/2－1/00485
十三經注疏四百十六卷　(唐)孔穎達等正義　**附校勘記**　(清)阮元撰　**識語四卷**　清光緒十三年(1887)上海點石齋石印本　二十五冊

500000－8701－0012525　G05/2－1/00486
皮鹿門著書九種　(清)皮錫瑞著　清光緒思賢書局刻本　十四冊

500000－8701－0012526　G05/2－1/00487
皮氏經學叢書十種　(清)皮錫瑞著　清光緒思賢書局刻本　十四冊

500000－8701－0012527　G05/2－1/00488
十三經校勘記十三卷　(□)□□輯　清刻本　一冊

500000－8701－0012528　G05/2－1/00489
石經彙函十種四十五卷　王秉恩輯　清光緒十六年(1890)四川尊經書局刻本　十冊

500000－8701－0012529　G05/2－2/00490
傳經表不分卷　（清）畢沅著　清光緒九年(1883)蛟川松筠書屋刻本　一册

500000－8701－0012530　G05/2－2/00491
國朝漢學師承記八卷經師經義目録一卷宋學淵源記二卷附記一卷　（清）江藩纂　清光緒九年(1883)山西書局刻本　一册

500000－8701－0012531　G05/2－2/00492
國朝漢學師承記八卷經師經義目録一卷宋學淵源記二卷附記一卷　（清）江藩著　清光緒二十二年(1896)刻本　四册

500000－8701－0012532　G05/2－2/00493
兩漢三國學案十一卷　唐晏撰　清末潮陽鄭氏龍溪精舍刻朱印本　十册

500000－8701－0012533　G05/2－2/00494
崇正合編十三卷　（清）唐彝倫編輯　（清）吴紹伯評　清同治九年(1870)刻本　五册

500000－8701－0012534　G05/2－2/00495
支那哲學史四卷　（日本）遠藤隆吉著　（清）金范臣譯　清光緒刻本　一册

500000－8701－0012535　G05/2－2/00496
聖學總論四卷前集一卷後集一卷首一卷　（□）□□輯　清刻本　八册

500000－8701－0012536　G05/2－2/00497
御纂性理精義十二卷　（清）李光地等修　清康熙五十六年(1717)刻本　八册

500000－8701－0012537　G05/2－2/00498
九子全書十種　（清）王子興輯　清嘉慶九年(1804)刻本　二十六册

500000－8701－0012538　G05/2－3/00499
理學宗傳二十六卷　（清）孫奇逢輯　（清）魏一鰲　（清）孫立雅編　清光緒六年(1880)浙江書局刻本　十二册

500000－8701－0012539　G05/2－3/00500
諸子平議三十五卷　（清）俞樾著　清光緒二十一年(1895)上海鴻文書局石印本　二册

500000－8701－0012540　G05/2－3/00501
自得齋易學四種十卷　（清）丁澤安著　清光緒八年(1882)刻本　四册

500000－8701－0012541　G05/2－3/00502
易經集解二卷易傳集解十卷周易口訣義六卷補一卷　（清）孫星衍著　清光緒二年(1876)廣陵雙梧書屋刻本　四册

500000－8701－0012542　G05/2－3/00503
御纂周易折中二十二卷　（清）李光地等撰　清同治六年(1867)馬新貽刻本　十册

500000－8701－0012543　G05/2－3/00504
御纂周易折中二十二卷首一卷　（清）李光地等撰　清康熙五十四年(1715)刻本　十二册

500000－8701－0012544　G05/2－3/00505
易經詳説五十卷　（清）冉覲祖著　清同治九年(1870)寄願堂刻本　二十二册　存四十四卷(一至三十、三十五至三十六、三十九至五十)

500000－8701－0012545　G05/2－4/00506
周易闡真四卷首一卷　（清）劉一明述註　清夏復恒刻本　四册

500000－8701－0012546　G05/2－4/00507
來瞿唐先生易注十五卷首一卷末一卷　（明）來知德註　清刻本　十册

500000－8701－0012547　G05/2－4/00508
周易傳註七卷附周易筮考一卷　（清）李塨撰　清道光二十三年(1843)博陵石氏刻本　四册

500000－8701－0012548　G05/2－4/00509
周易或問六卷　（清）文天駿撰　清光緒刻本　六册

500000－8701－0012549　G05/2－4/00510
經言拾遺十四卷　（清）徐文靖撰　清乾隆二十年(1755)刻本　二册

500000－8701－0012550　G05/2－4/00511
易學真傳五卷　（宋）陳摶著　（宋）邵雍述　清道光二十九年(1849)刻本　一册

500000－8701－0012551　G05/2－4/00512

周易要義十卷首一卷 (宋)魏了翁著 清光緒十二年(1886)江蘇書局刻本 四冊

500000－8701－0012552 G05/2－4/00513
晦庵先生校正周易繫辭精義二卷 (宋)吕祖謙編 清光緒九年(1883)刻本 一冊

500000－8701－0012553 G05/2－4/00514
御纂周易述義十卷 (清)傅恒等纂 清乾隆二十年(1755)刻本 六冊

500000－8701－0012554 G05/2－4/00515
河洛精蘊九卷 (清)江永著 清乾隆五十年(1785)旌德黄氏刻本 四冊

500000－8701－0012555 G05/2－4/00516
河洛精蘊九卷 (清)江永著 清乾隆三十九年(1774)小酉山房刻本 四冊

500000－8701－0012556 G05/2－5/00517
時易通占二卷 (清)張岱坤著 清光緒四年(1878)石門唐氏刻本 二冊

500000－8701－0012557 G05/2－5/00518
易漢學八卷 (清)惠棟著 清刻本 二冊

500000－8701－0012558 G05/2－5/00519
四書補註備旨十二卷 (清)鄧林著 清光緒十二年(1886)魏氏古香閣刻本 十二冊

500000－8701－0012559 G05/2－5/00520
周易函書約存十五卷首三卷 (清)胡煦著 清光緒十三年(1887)蒲圻但氏刻本 二冊 存三卷(首三卷)

500000－8701－0012560 G05/2－5/00521
圖衍辨正二卷河圖說不分卷 (清)劉士奎著 清光緒五年(1879)遂寧吴氏刻本 一冊

500000－8701－0012561 G05/2－5/00522
聖賢實學全集不分卷 (清)唐道宗述 清光緒二十九年(1903)刻本 一冊

500000－8701－0012562 G05/2－5/00523
儒門語要六卷 (清)倪元坦輯著 清光緒三十四年(1908)鉛印本 一冊

500000－8701－0012563 G05/2－5/00524
儒宗三要六卷 (清)李保乾輯 清同治三年(1864)刻本 四冊

500000－8701－0012564 G05/2－5/00525
篆文四書不分卷 (□)□□書 清末民初碧梧山莊影印本 六冊

500000－8701－0012565 G05/2－5/00526
四書章句十六卷 (宋)朱熹章句 清光緒二十年(1894)刻本 六冊

500000－8701－0012566 G05/2－5/00527
四書釋文不分卷 (清)王賡言編訂 清道光二年(1822)諸城王氏家塾刻本 六冊

500000－8701－0012567 G05/2－5/00528
四書章句集注二十六卷家塾讀本句讀一卷定本辨一卷附考四卷 (宋)朱熹集註 **四書章句集註定本辨一卷四書家塾讀本句讀一卷** (清)吴英撰 **四書章句附考四卷** (清)吴志忠輯 清嘉慶十六年(1811)璜川吴氏真意堂刻本 八冊

500000－8701－0012568 G05/2－5/00529
四書集註十九卷 (宋)朱熹集註 清刻本 六冊

500000－8701－0012569 G05/2－6/00530
四書訓義三十六卷四書稗疏二卷考異一卷 (宋)朱熹集註 (清)王夫之訓義 清光緒十三年(1887)潞河啖柘山房刻本 二十八冊

500000－8701－0012570 G05/2－6/00531
四書集註十九卷 (宋)朱熹集註 清道光七年(1827)愷元堂刻朱墨套印本 七冊

500000－8701－0012571 G05/2－6/00532
四書經註集證十九卷 (宋)朱熹集註 (清)吴昌宗輯 清嘉慶三年(1798)江都汪氏刻本 十二冊

500000－8701－0012572 G05/2－6/00533
說經二十六卷 (清)韓泰青著 清乾隆四十一年(1776)刻本 五冊

500000－8701－0012573 G05/2－6/00534
四書摭餘說七卷 (清)曹之升輯 清嘉慶三

年(1798)蕭山曹氏家塾刻本　六冊

500000－8701－0012574　G05/2－6/00535
四書釋地補一卷續補一卷又續補一卷三續補一卷　(清)閻若璩撰　(清)樊廷枚校補　清嘉慶二十一年(1816)海涵堂刻本　五冊

500000－8701－0012575　G05/2－6/00536
四書典故辨正二十卷附錄一卷　(清)周柄中撰　清道光十年(1830)刻本　四冊

500000－8701－0012576　G05/2－6/00537
四書類考三十卷　(清)陳愚谷撰　清嘉慶六年(1801)蘄州陳氏家塾刻本　十八冊

500000－8701－0012577　G05/2－7/00538
四書字詁七十八卷　(清)段諤廷原稿　(清)黄本驥編訂　清道光二十九年(1849)黔陽楊氏刻本　二十一冊

500000－8701－0012578　G05/2－7/00539
四書反身録八卷　(清)李顒撰　清道光十一年(1831)浙江書局刻本　一冊

500000－8701－0012579　G05/2－7/00540
四書質疑十九卷孝經質疑一卷　徐紹楨著　清光緒九年(1883)番禺徐氏梧州刻本　二冊

500000－8701－0012580　G05/2－7/00541
四書人名攷二十卷　(清)胡之煜校　清嘉慶八年(1803)蘄州陳氏家塾刻本　十冊

500000－8701－0012581　G05/2－7/00542
新刻批點四書讀本十九卷　(宋)朱熹集注　(清)翁我愚批點　清道光七年(1827)刻朱墨套印本　六冊

500000－8701－0012582　G05/2－7/00543
四書約旨二十卷　(清)任啟運著　清乾隆三十六年(1771)刻本　六冊

500000－8701－0012583　G05/2－7/00544
論語不分卷　(戰國)孔丘撰　清光緒十一年(1885)上海同文書局石印本　四冊

500000－8701－0012584　G05/2－7/00545
論語注疏解經十卷札記一卷　(三國魏)何晏集解　(宋)邢昺疏　清光緒三十三年(1907)貴池劉氏玉海堂刻本　二冊

500000－8701－0012585　G05/2－7/00546
論語孔注辨僞二卷　(清)沈濤著　清道光二十二年(1842)刻本　一冊

500000－8701－0012586　G05/2－7/00547
論語正義二十四卷　(清)劉寶楠著　清同治五年(1866)定遠方氏刻本　八冊

500000－8701－0012587　G05/3－1/00548
孔子家語十卷　(三國魏)王肅註　(清)王子雍增註　清光緒六年(1880)刻本　二冊

500000－8701－0012588　G05/3－1/00549
孔子集語十七卷　(清)孫星衍輯　清嘉慶二十二年(1817)刻本　二冊

500000－8701－0012589　G05/3－1/00550
家語證僞十一卷　(清)范家相著　清光緒十五年(1889)會稽徐氏鑄學齋刻本　二冊

500000－8701－0012590　G05/3－1/00551
子思内篇五卷外篇二卷　(漢)鄭玄注　(清)黄以周輯解　清光緒二十二年(1896)南菁書院刻意林逸子本　二冊

500000－8701－0012591　G05/3－1/00552
大學衍義四十三卷　(宋)真德秀彙輯　清光緒二十二年(1896)新化三味堂刻本　十冊

500000－8701－0012592　G05/3－1/00553
孟子正義三十卷　(清)焦循撰集　清刻本　十冊

500000－8701－0012593　G05/3－1/00554
荀子二十卷校勘補遺一卷　(唐)楊倞注　清乾隆五十一年(1786)嘉善謝氏刻本　四冊

500000－8701－0012594　G05/3－1/00555
孟子師說七卷　(清)黄宗羲著　清光緒八年(1882)慈谿醉經閣馮氏刻本　二冊

500000－8701－0012595　G05/3－1/00556
荀子集解二十卷首一卷　(唐)楊倞注　王先謙集解　清光緒十七年(1891)長沙王氏刻本　六冊

500000－8701－0012596　G05/3－1/00557
荀子集解二十卷首一卷　（唐）楊倞注　王先謙集解　清光緒十七年（1891）長沙王氏刻本　六册

500000－8701－0012597　G05/3－1/00558
老子道德經解二卷首一卷　（明）釋德清著　清光緒十二年（1886）金陵刻經處刻本　二册

500000－8701－0012598　G05/3－1/00559
老子本義二卷　（清）魏源著　清光緒二十五年（1899）邵陽魏氏刻本　二册

500000－8701－0012599　G05/3－1/00560
列子八卷　（晉）張湛注　（唐）殷敬順釋文　清光緒二年（1876）浙江書局刻本　二册

500000－8701－0012600　G05/3－1/00561
南華真經解六卷　（清）宣穎撰　清刻本　六册

500000－8701－0012601　G05/3－1/00562
莊子因六卷　（清）林雲銘評述　清光緒六年（1880）白雲精舍刻本　四册

500000－8701－0012602　G05/3－1/00563
莊子因六卷　（清）林雲銘評述　清光緒六年（1880）刻本　四册

500000－8701－0012603　G05/3－1/00564
莊子解三十三卷莊子通一卷　（清）王夫之撰　（清）王敔增注　清同治四年（1865）湘鄉曾氏金陵節署刻船山遺書本　六册

500000－8701－0012604　G05/3－2/00566
莊子雪三卷　（清）陸樹芝輯註　清嘉慶四年（1799）刻本　六册

500000－8701－0012605　G05/3－2/00567
南華真經正義三篇附識餘三篇　（清）陳壽昌輯　清光緒十九年（1893）怡顔齋刻本　六册

500000－8701－0012606　G05/3－2/00568
莊子集釋十卷　（清）郭慶藩輯　清光緒思賢講舍刻本　八册

500000－8701－0012607　G05/3－2/00569
鶡冠子一卷　（戰國）鶡冠子著　清宣統三年（1911）唐瀛氏安仁刻本　一册

500000－8701－0012608　G05/3－2/00570
墨子二卷　（戰國）墨翟撰　（清）張惠言述　清宣統元年（1909）國學保存會影印本　一册

500000－8701－0012609　G05/3－2/00571
墨子二卷　（戰國）墨翟撰　（清）張惠言述　清宣統元年（1909）國學保存會影印本　一册

500000－8701－0012610　G05/3－2/00572
墨子二卷　（戰國）墨翟撰　（清）張惠言述　清宣統元年（1909）國學保存會影印本　一册

500000－8701－0012611　G05/3－2/00573
墨子閒詁十五卷目録一卷附録一卷後語二卷　（清）孫詒讓注　清宣統二年（1910）瑞安廣明書社刻本　八册

500000－8701－0012612　G05/3－2/00574
墨子閒詁十五卷目録一卷附録一卷後語二卷　（清）孫詒讓注　清宣統二年（1910）瑞安廣明書社刻本　八册

500000－8701－0012613　G05/3－2/00575
墨子閒詁十五卷目録一卷附録一卷後語二卷　（清）孫詒讓注　清光緒二十一年（1895）蘇州毛氏活字印本　八册

500000－8701－0012614　G05/3－2/00576
墨子箋十五卷校勘表一卷　（清）曹耀湘注　清光緒三十二年（1906）湖南官書報局鉛印本　三册

500000－8701－0012615　G05/3－2/00577
墨子七十一篇三卷　（戰國）墨翟著　王闓運注　清光緒三十年（1904）江西官書局刻本　二册

500000－8701－0012616　G05/3－2/00578
墨子十五卷目録一卷附篇目考一卷　（戰國）墨翟著　（清）畢沅校注　清乾隆四十九年（1784）靈巖山館刻本　四册

500000－8701－0012617　G05/3－2/00579
管子義證八卷　（清）洪頤煊撰　清光緒十四年（1888）徐氏積雪齋刻本　二册

500000－8701－0012618　G05/3－2/00580
管子二十四卷　(春秋)管仲撰　清光緒元年(1875)湖北崇文書局刻本　四册

500000－8701－0012619　G05/3－2/00581
管子校正二十四卷　(清)戴望撰　清同治十一年(1872)刻本　四册

500000－8701－0012620　G05/3－2/00582
管子校正二十四卷　(清)戴望撰　清同治十一年(1872)刻本　四册

500000－8701－0012621　G05/3－2/00583
管子校正二十四卷　(清)戴望撰　清同治十一年(1872)刻本　四册

500000－8701－0012622　G05/3－2/00584
管子二十四卷　(春秋)管仲撰　(唐)房玄齡註釋　(唐)劉績增註　(明)沈鼎新　(明)朱養純參評　(明)朱長春通演　(明)朱養和輯訂　清嘉慶九年(1804)刻本　六册

500000－8701－0012623　G05/3－3/00585
管子二十四卷　(春秋)管仲撰　(唐)房玄齡注　清光緒二年(1876)浙江書局刻本　六册

500000－8701－0012624　G05/3－3/00586
管子二十四卷　(春秋)管仲撰　(唐)房玄齡注　清光緒二年(1876)浙江書局刻本　六册

500000－8701－0012625　G05/3－3/00587
商君書五卷附考一卷　(戰國)商鞅著　清光緒二年(1876)浙江書局刻本　一册

500000－8701－0012626　G05/3－3/00588
商君書五卷附考一卷　(戰國)商鞅撰　清光緒二年(1876)浙江書局刻本　一册

500000－8701－0012627　G05/3－3/00589
商君書五卷附考一卷　(戰國)商鞅撰　清光緒二年(1876)浙江書局刻本　一册

500000－8701－0012628　G05/3－3/00590
商君書五卷附考一卷　(戰國)商鞅撰　清光緒二年(1876)浙江書局刻本　一册

500000－8701－0012629　G05/3－3/00591
管子二十四卷　(春秋)管仲撰　(唐)房玄齡註　清光緒五年(1879)刻本　四册

500000－8701－0012630　G05/3－3/00592
韓非子集解二十卷首一卷　(清)王先慎撰　清光緒二十二年(1896)長沙王氏刻本　六册

500000－8701－0012631　G05/3－3/00593
韓非子集解二十卷首一卷　(清)王先慎撰　清光緒二十二年(1896)長沙王氏刻本　六册

500000－8701－0012632　G05/3－3/00594
韓非子集解二十卷首一卷　(清)王先慎撰　清光緒二十二年(1896)長沙王氏刻本　六册

500000－8701－0012633　G05/3－3/00595
韓非子集解二十卷首一卷　(清)王先慎撰　清光緒二十二年(1896)長沙王氏刻本　六册

500000－8701－0012634　G05/3－3/00596
韓非子集解二十卷首一卷　(清)王先慎撰　清光緒二十二年(1896)長沙王氏刻本　六册

500000－8701－0012635　G05/3－3/00597
韓非子二十卷　(戰國)韓非著　清嘉慶九年(1804)刻本　七册

500000－8701－0012636　G05/3－3/00598
韓非子二十卷　(戰國)韓非撰　**識誤三卷**　(清)顧廣圻撰　清光緒元年(1875)浙江書局刻本　六册

500000－8701－0012637　G05/3－3/00599
韓非子二十卷　(戰國)韓非撰　**識誤三卷**　(清)顧廣圻撰　清光緒元年(1875)浙江書局刻本　六册

500000－8701－0012638　G05/3－3/00600
韓非子二十卷　(戰國)韓非撰　**識誤三卷**　(清)顧廣圻撰　清光緒十九年(1893)鴻文書局影印本　一册

500000－8701－0012639　G05/3－3/00601
韓非子二十卷　(戰國)韓非撰　**識誤三卷**　(清)顧廣圻撰　清光緒二十三年(1897)圖書集成局石印本　二册

500000－8701－0012640　G05/3－3/00602
韓非子二十卷　(戰國)韓非撰　**識誤三卷**

(清)顧廣圻撰　清光緒二十三年(1897)圖書集成局石印本　六冊

500000－8701－0012641　G05/3－3/00603
韓非子二十卷　(戰國)韓非著　清光緒元年(1875)湖北崇文書局刻本　四冊

500000－8701－0012642　G05/3－4/00604
尸子二卷存疑一卷　(清)汪繼培輯　清光緒三年(1877)浙江書局刻本　一冊

500000－8701－0012643　G05/3－4/00605
尸子二卷　(清)孫星衍輯　清光緒十五年(1889)湘鄉蔣氏求實齋刻本　一冊

500000－8701－0012644　G05/3－4/00606
新書十卷　(漢)賈誼著　清光緒元年(1875)浙江書局刻本　二冊

500000－8701－0012645　G05/3－4/00607
新書十卷　(漢)賈誼撰　清光緒元年(1875)浙江書局刻本　二冊

500000－8701－0012646　G05/3－4/00608
新書十卷　(漢)賈誼著　清乾隆刻抱經堂叢書本　二冊

500000－8701－0012647　G05/3－4/00609
淮南子二十一卷　(漢)劉安撰　(漢)高誘注　清光緒二年(1876)浙江書局刻本　六冊

500000－8701－0012648　G05/3－4/00610
淮南子二十一卷　(漢)劉安撰　(漢)高誘注　清光緒二年(1876)浙江書局刻本　六冊

500000－8701－0012649　G05/3－4/00611
淮南子二十一卷　(漢)劉安撰　(漢)高誘注　清光緒二年(1876)浙江書局刻本　十冊

500000－8701－0012650　G05/3－4/00612
淮南鴻烈解二十一卷　(漢)劉安撰　清刻本　八冊

500000－8701－0012651　G05/3－4/00613
淮南鴻烈解二十一卷　(漢)劉安著　(漢)高誘注　清光緒元年(1875)湖北崇文書局刻本　四冊

500000－8701－0012652　G05/3－4/00614
淮南天文訓補注二卷　(清)錢塘撰　清光緒三年(1877)湖北崇文書局刻本　二冊

500000－8701－0012653　G05/3－4/00615
鹽鐵論十二卷　(漢)桓寬撰　(明)鍾惺評　清刻本　四冊

500000－8701－0012654　G05/3－4/00616
揚子法言十三卷音義一卷　(漢)揚雄撰　(晉)李軌注　清光緒二年(1876)浙江書局刻本　一冊

500000－8701－0012655　G05/3－4/00617
鹽鐵論十卷　(漢)桓寬撰　清光緒十七年(1891)思賢講舍刻本　二冊

500000－8701－0012656　G05/3－4/00618
鹽鐵論二卷　(漢)桓寬撰　清光緒元年(1875)湖北崇文書局刻本　二冊

500000－8701－0012657　G05/3－4/00619
鹽鐵論二卷　(漢)桓寬撰　清光緒元年(1875)湖北崇文書局刻本　二冊

500000－8701－0012658　G05/3－4/00620
潛夫論十卷　(漢)王符著　(清)汪繼培箋　清光緒十七年(1891)思賢講舍刻本　四冊

500000－8701－0012659　G05/3－4/00621
揚子法言十三卷首一卷　(漢)揚雄撰　(晉)李軌注　清嘉慶二十三年(1818)江都秦氏石研齋刻本　二冊

500000－8701－0012660　G05/3－4/00622
新鍥葛稚川内篇四卷外篇四卷　(晉)葛洪著　(明)張可大評校　清刻本　八冊

500000－8701－0012661　G05/3－4/00623
抱朴子内篇二十卷外篇五十卷附篇十卷　(晉)葛洪撰　清光緒十一年(1885)吳縣朱氏刻本　八冊

500000－8701－0012662　G05/3－4/00624
中說十卷　(隋)王通撰　(宋)阮逸注　清光緒十六年(1890)影宋刻本　一冊

500000－8701－0012663　G05/3－4/00625

文中子中說十卷　(宋)阮逸注　清光緒刻二十二子本　二冊

500000 - 8701 - 0012664　G05/3 - 4/00626
中說十卷　(隋)王通撰　(宋)阮逸注　清嘉慶九年(1804)刻本　二冊

500000 - 8701 - 0012665　G05/3 - 4/00627
文中子中說一卷　(隋)王通注　清光緒元年(1875)湖北崇文書局刻本　一冊

500000 - 8701 - 0012666　G05/3 - 4/00628
文中子中說十卷　(隋)王通撰　(宋)阮逸注　清光緒二十三年(1897)新化三味書室刻本　一冊

500000 - 8701 - 0012667　G05/3 - 4/00629
中說十卷　(隋)王通撰　(宋)阮逸注　清嘉慶九年(1804)刻本　一冊

500000 - 8701 - 0012668　G05/3 - 5/00630
宋元學案一百卷首一卷　(清)黄宗羲著　(清)全祖望重訂　清光緒五年(1879)長沙寄廬刻本　三十二冊

500000 - 8701 - 0012669　G05/3 - 5/00631
程志十卷　(明)崔銑校編　清刻本　二冊

500000 - 8701 - 0012670　G05/3 - 5/00632
河南程氏全書六種六十六卷　(宋)程顥　(宋)程頤撰　(宋)朱熹輯　清同治十年(1871)六安求我齋刻本　十二冊　存五種六十二卷(河南程氏遺書二十五卷附録一卷、河南程氏外書十二卷、河南程氏文集十二卷遺文一卷附録一卷、河南程氏經說八卷、河南程氏粹言二卷)

500000 - 8701 - 0012671　G05/3 - 5/00633
河南程氏全書七種六十七卷　(宋)程顥　(宋)程頤撰　(宋)朱熹輯　清康熙呂氏寶誥堂刻本　十二冊

500000 - 8701 - 0012672　G05/3 - 5/00634
朱子原訂近思錄十四卷考訂朱子世家一卷　(清)江永集注　清同治四年至五年(1865 - 1866)刻本　六冊

500000 - 8701 - 0012673　G05/3 - 5/00635
朱子原訂近思錄十四卷　(清)江永集注　清同治七年(1868)湖北崇文書局刻本　四冊

500000 - 8701 - 0012674　G05/3 - 5/00636
朱子原訂近思錄十四卷　(清)江永集註　清嘉慶十九年(1814)刻本　四冊

500000 - 8701 - 0012675　G05/3 - 5/00637
小學集註六卷　(宋)朱熹撰　(明)陳選註　清同治元年(1862)盱眙吳氏刻本　四冊

500000 - 8701 - 0012676　G05/3 - 6/00638
朱子語類一百四十卷　(宋)朱熹撰　(宋)黎清德輯　清同治十一年(1872)刻本　四十八冊

500000 - 8701 - 0012677　G05/3 - 6/00639
選刻北溪先生遺書二卷首一卷附錄一卷　(宋)陳淳著　(清)余肇鋆編　清咸豐十一年(1861)長沙余氏明辨齋刻本　二冊

500000 - 8701 - 0012678　G05/3 - 6/00640
學蔀通辨四編十二卷　(明)陳建撰　清啟後堂刻本　二冊

500000 - 8701 - 0012679　G05/3 - 6/00641
先儒趙子言行錄二卷　(清)陳廷鈞纂述　清咸豐六年(1856)刻本　二冊

500000 - 8701 - 0012680　G05/3 - 7/00642
明儒學案六十二卷　(清)黄宗羲撰　清乾隆刻本　二十四冊

500000 - 8701 - 0012681　G05/3 - 7/00643
明儒學案六十二卷　(清)黄宗羲撰　清光緒十四年(1888)刻本　三十一冊

500000 - 8701 - 0012682　G05/3 - 7/00644
明儒學案六十二卷　(清)黄宗羲著　清道光元年(1821)會稽莫氏刻本　十六冊

500000 - 8701 - 0012683　G05/4 - 1/00645
薛子條貫篇十三卷　(清)戴楫編輯　清光緒十九年(1893)南皮張氏廣州刻本　三冊

500000 - 8701 - 0012684　G05/4 - 1/00646
讀書錄十一卷續錄十二卷　(明)薛瑄著　清

光緒二十年(1894)涇陽柏氏柏經正堂刻本　八冊

500000－8701－0012685　G05/4－1/00647
困知記二卷續二卷三續一卷四續一卷附錄一卷續補外編一卷　(明)羅欽順著　清刻本　二冊　存六卷(續二卷、三續一卷、四續一卷、附錄一卷、續補外編一卷)

500000－8701－0012686　G05/4－1/00649
明夷待訪錄糾謬一卷　(清)李滋然著　清宣統元年(1909)鉛印本　一冊

500000－8701－0012687　G05/4－1/00650
明夷待訪錄一卷　(清)黄宗羲著　清光緒北洋官報局鉛印本　一冊

500000－8701－0012688　G05/4－1/00651
明夷待訪錄一卷　(清)黄宗羲著　清光緒二十八年(1902)成都翰文堂刻本　一冊

500000－8701－0012689　G05/4－1/00652
繹志十九卷　(清)胡承諾譔　清同治十一年(1872)浙江書局刻本　八冊

500000－8701－0012690　G05/4－1/00653
學案小識十四卷首一卷末一卷　(清)唐鑑撰　清光緒十年(1884)刻本　十二冊

500000－8701－0012691　G05/4－1/00654
顏氏學記十卷　(清)戴望述　清光緒三十四年(1908)上海國學保存會鉛印本　二冊

500000－8701－0012692　G05/4－1/00655
潛書二卷　(清)唐甄著　(清)王聞遠編　清光緒九年(1883)中江李氏刻本　三冊　存二卷(一上、二)

500000－8701－0012693　G05/4－1/00656
潛書二卷　(清)唐甄著　(清)王聞遠編　清光緒三十一年(1905)鄧氏刻本　四冊

500000－8701－0012694　G05/4－1/00657
潛邱劄記六卷左汾近稿一卷　(清)閻若璩撰　清大成齋刻本　三冊

500000－8701－0012695　G05/4－1/00658
羣書疑辨十二卷　(清)萬斯同纂　清嘉慶二十一年(1816)刻本　六冊

500000－8701－0012696　G05/4－1/00659
羣書疑辨十二卷　(清)萬斯同纂　清嘉慶二十一年(1816)刻本　七冊

500000－8701－0012697　G05/4－2/00660
槐軒約言一卷　(清)劉沅撰　清刻本　一冊

500000－8701－0012698　G05/4－2/00661
正譌八卷　(清)劉沅著　清同治三年(1864)刻本　三冊

500000－8701－0012699　G05/4－2/00662
漢學商兑三卷　(清)方東樹撰　清光緒二十六年(1900)浙江書局刻本　四冊

500000－8701－0012700　G05/4－2/00663
漢學商兑三卷　(清)方東樹撰　清光緒八年(1882)四明花雨樓刻本　四冊

500000－8701－0012701　G05/4－2/00664
西漚外集八卷　(清)李惺著　清同治七年(1868)眉山劉鴻典刻本　八冊

500000－8701－0012702　G05/4－2/00665
平平錄十卷附錄一卷　(清)楊芳著　清道光十二年(1832)銅仁楊氏刻本　四冊

500000－8701－0012703　G05/4－2/00666
曾文正公雜著鈔一卷　(清)曾國藩撰　(清)蔣德鈞節編　清光緒十五年(1889)湘鄉蔣氏求實齋刻本　一冊

500000－8701－0012704　G05/4－2/00667
道學淵源錄三十卷附錄一卷　(清)黄嗣東輯　清光緒三十四年(1908)鳳山學舍刻本　十四冊

500000－8701－0012705　G05/4－2/00668
性學舉隅二卷　(美國)丁韙良著　清光緒二十四年(1898)上海美華書館鉛印本　一冊

500000－8701－0012706　G05/4－2/00669
穆勒名學八篇　(英國)穆勒約翰著　嚴復譯　清光緒三十一年(1905)金粟齋譯書社鉛印本　二冊

500000－8701－0012707　G05/4－2/00670
穆勒名學三卷　(英國)穆勒約翰著　嚴復譯　清光緒三十一年(1905)金粟齋譯書社刻本　八册

500000－8701－0012708　G05/4－2/00671
呂氏四禮翼不分卷　(明)呂坤著　清光緒九年(1883)刻本　一册

500000－8701－0012709　G05/4－2/00672
持志塾言二卷　(清)劉熙載著　清同治六年(1867)刻本　一册

500000－8701－0012710　G05/4－2/00673
五種遺規十七卷　(清)陳弘謀編輯　清光緒二十一年(1895)浙江書局刻本　十册

500000－8701－0012711　G05/4－2/00674
篤素堂集鈔三卷　(清)張英著　清光緒十四年(1888)湘鄉蔣氏求實齋刻本　一册

500000－8701－0012712　G05/4－2/00676
聰訓齋語二卷恒產瑣言一卷飯有十二合說一卷　(清)張英纂　清光緒十七年(1891)樂山縣署刻本　一册

500000－8701－0012713　G05/4－2/00677
修身要覽不分卷附編不分卷　題(金)存真子撰　清光緒二十九年(1903)成都復真堂刻本　一册

500000－8701－0012714　G05/4－2/00678
朱子語類日鈔五卷　(清)陳澧編　清咸豐十一年(1861)番禺陳氏刻本　一册

500000－8701－0012715　G05/4－2/00679
人範六卷　(清)蔣元輯　清光緒十六年(1890)守拙軒刻本　四册

500000－8701－0012716　G05/4－2/00680
養正遺規摘鈔不分卷附補鈔不分卷　(清)陳宏謀編　清同治七年(1868)楚北崇文書局刻本　一册

500000－8701－0012717　G05/4－2/00681
弟子職集解一卷　(清)莊述祖著　**考證一卷**　(清)黃彭年輯　清光緒十四年(1888)江蘇書局刻本　一册

500000－8701－0012718　G05/4－2/00682
小學六卷　(清)高愈纂注　清光緒八年(1882)刻本　四册

500000－8701－0012719　G05/4－2/00683
最樂編六卷　(明)高道淳輯　清同治二年(1863)刻本　一册

500000－8701－0012720　G05/4－3/00684
太上寶筏圖說不分卷　(清)黃正元撰　清光緒十八年(1892)上海鴻文書局石印本　八册

500000－8701－0012721　G05/4－3/00685
士翼三卷　(明)崔銑著　(明)崔汲編　明萬曆九年(1581)刻本　三册

500000－8701－0012722　G05/4－3/00686
藥言不分卷藥言賸稿不分卷　題(□)董玉書纂　清同治五年(1866)湘鄉劉氏養晦堂刻本　二册

500000－8701－0012723　G05/4－3/00687
冰言十卷補錄十卷　(清)劉鴻業輯　(清)袁愈俊　(清)劉昭校　清同治五年(1866)養晦堂刻本　二册

500000－8701－0012724　G05/4－3/00688
得一錄八卷　(清)余治輯　清光緒十三年(1887)四川臬署刻本　八册

500000－8701－0012725　G05/4－3/00689
彙纂功過格十二卷首一卷末一卷　(□)□□撰　清同治六年(1867)吳門章雨田等刻本　十册

500000－8701－0012726　G05/4－3/00690
人壽金鑑二十二卷　(清)程得齡輯　清嘉慶二十五年(1820)刻本　六册

500000－8701－0012727　G05/4－3/00691
御製資政要覽三卷　(清)世祖福臨撰　清順治十二年(1655)內府刻本　四册

500000－8701－0012728　G05/4－3/00692
聖諭廣訓不分卷　(清)聖祖玄燁撰　清同治四年(1865)刻本　二册

500000－8701－0012729　G05/4－3/00693
御製資政要覽三卷　（清）世祖福臨撰　清順治十二年（1655）内府刻本　四册

500000－8701－0012730　G05/4－3/00694
蕺山先生人譜一卷附人譜類記二卷　（明）劉宗周著　（清）洪正治校編　清道光八年（1828）教忠堂刻本　二册

500000－8701－0012731　G05/4－3/00695
訓俗遺規摘鈔四卷　（清）陳宏謀輯　清同治七年（1868）湖北崇文書局刻本　二册

500000－8701－0012732　G05/4－3/00696
袁氏世範三卷　（宋）袁采撰　清乾隆刻知不足齋叢書本　二册

500000－8701－0012733　G05/4－3/00697
孝經直解一卷　（清）劉沅註釋　清道光二十八年（1848）刻本　一册

500000－8701－0012734　G05/4－3/00698
黄孝子紀程二卷附録一卷　（清）黄向堅撰　清乾隆刻知不足齋叢書本　一册

500000－8701－0012735　G05/4－3/00699
教女遺規摘鈔不分卷　（清）陳宏謀編　清同治七年（1868）楚北崇文書局刻本　一册

500000－8701－0012736　G05/4－3/00700
帝鑑圖説不分卷　（明）張居正著　明萬曆刻本　八册

500000－8701－0012737　G05/4－4/00701
聖學格物通一百卷　（明）湛若水撰　清同治五年（1866）刻本　二十册

500000－8701－0012738　G05/4－4/00702
在官法戒録摘鈔四卷　（清）陳宏謀編輯　清同治七年（1868）楚北崇文書局刻本　二册

500000－8701－0012739　G05/4－4/00703
從政遺規摘鈔二卷　（清）陳宏謀編　清同治七年（1868）楚北崇文書局刻本　二册

500000－8701－0012740　G05/4－4/00704
在官法戒四卷　（清）陳宏謀編輯　清道光六年（1826）刻本　二册

500000－8701－0012741　G05/4－4/00705
從政遺規二卷　（清）陳宏謀輯　清光緒三十年（1904）刻本　二册

500000－8701－0012742　G05/4－4/00706
集説詮真不分卷　（清）黄伯禄輯　清光緒十年（1884）刻本　六册

500000－8701－0012743　G05/4－4/00707
佛爾雅八卷　（清）周春著　清宣統二年（1910）上海國學扶輪社鉛印本　二册

500000－8701－0012744　G05/4－4/00708
三國佛教略史三卷　（日本）島地墨雷　（日本）生田得能撰　（清）釋聽雲　（清）釋海秋譯　清宣統三年（1911）龍泉龍泉寺石印本　一册

500000－8701－0012745　G05/5－7/00710
教觀綱宗一卷教觀綱宗釋義一卷　（明）釋智旭著　清光緒三十三年（1907）錦垣大慈寺刻本　一册

500000－8701－0012746　G05/5－7/00711
佛教初學課本一卷註一卷　（清）楊文會述　清光緒三十二年（1906）金陵刻經處刻本　一册

500000－8701－0012747　G05/5－7/00712
大方廣佛新華嚴經合論一百二十卷首一卷　（唐）釋實叉難陀譯經　（唐）釋志寧釐經合論　清同治十一年（1872）金陵刻經處刻本　三十册

500000－8701－0012748　G05/6－1/00713
大華嚴經略策一卷答順宗心要法門一卷三聖圓融觀門一卷　（唐）釋澄觀述　**原人論一卷**　（唐）釋宗密述　**華嚴念佛三昧論一卷**　（清）彭際清述　清光緒二十三年（1897）金陵刻經處刻本　一册

500000－8701－0012749　G05/6－1/00714
大方廣佛華嚴經著述集要二十八種三十九卷　（唐）釋澄觀等撰　（清）□□輯　清同治八年至光緒二十三年（1869－1897）金陵刻經處、如皋刻經處刻本　十二册

500000－8701－0012750　G05/6－1/00715
菩薩藏經一卷　（南朝梁）釋僧伽婆羅譯　清刻本　六冊

500000－8701－0012751　G05/6－1/00716
六度集經八卷　（三國吳）釋康僧會譯　清光緒五年（1879）金陵刻經處刻本　二冊

500000－8701－0012752　G05/6－1/00717
大佛頂首楞嚴經正脈疏四十卷首一卷　（明）釋真鑑著　清光緒二十二年（1896）金陵刻經處刻本　十四冊

500000－8701－0012753　G05/6－1/00718
大佛頂如來密因修證了義諸菩薩萬行首楞嚴經纂註十卷首一卷末一卷　（唐）釋般剌密諦譯　（明）釋真界纂注　清光緒三十四年（1908）金陵刻經處刻本　五冊

500000－8701－0012754　G05/6－1/00719
大佛頂如來密因修證了義諸菩薩萬行首楞嚴經十卷首一卷　（唐）釋般剌密帝譯　（唐）房融筆受　清宣統三年（1911）新都寶光寺刻本　三冊

500000－8701－0012755　G05/6－1/00720
大方便佛報恩經七卷　（□）□□撰　清同治十一年（1872）金陵刻經處刻本　二冊

500000－8701－0012756　G05/6－1/00721
維摩詰所說經註八卷　（晉）釋鳩摩羅什譯　（晉）釋僧肇註　清同治五年（1866）金陵刻經處刻本　一冊

500000－8701－0012757　G05/6－1/00722
大寶積經一百二十卷　（唐）釋菩提流志譯　清常熟刻經處刻本　二十四冊

500000－8701－0012758　G05/6－2/00723
思益梵天所問經四卷　（晉）釋鳩摩羅什譯　清光緒五年（1879）金陵刻經處刻本　一冊

500000－8701－0012759　G05/6－2/00724
維摩詰所說經註八卷　（晉）釋鳩摩羅什譯　（晉）釋僧肇註　清光緒十三年（1887）金陵刻經處刻本　二冊

500000－8701－0012760　G05/6－2/00725
大方等大集經三十卷　（晉）釋曇無讖譯　清光緒八年（1882）常熟刻經處刻本　八冊

500000－8701－0012761　G05/6－2/00726
悲華經十卷　（晉）釋曇無讖譯　清光緒四年（1878）金陵刻經處刻本　三冊

500000－8701－0012762　G05/6－2/00727
維摩詰所說經折衷疏六卷　（明）釋大賢述　清光緒金陵刻經處刻本　三冊

500000－8701－0012763　G05/6－2/00728
菩薩瓔珞經二十卷　（晉）釋竺佛念譯　清光緒十八年（1892）江北刻經處刻本　五冊

500000－8701－0012764　G05/6－2/00729
大方等大集賢護經五卷　（隋）釋闍那崛多等譯　清同治十二年（1873）江北刻經處刻本　一冊

500000－8701－0012765　G05/6－2/00731
摩訶般若波羅蜜經三十卷　（晉）釋鳩摩羅什譯　清刻本　八冊

500000－8701－0012766　G05/6－2/00732
金剛般若波羅蜜經破空論一卷　（晉）釋鳩摩羅什譯　（明）釋智旭造論　**金剛般若波羅蜜經觀心釋一卷**　（明）釋智旭述　**般若波羅密多心經釋要一卷**　（明）釋智旭釋　清同治十年（1871）如皋刻經處刻本　一冊

500000－8701－0012767　G05/6－2/00733
金剛般若經疏一卷　（隋）釋智者說　**般若波羅蜜多心經疏一卷**　（唐）釋玄奘譯經　（唐）釋靖邁撰疏　清光緒三十三年（1907）金陵刻經處刻本　一冊

500000－8701－0012768　G05/6－2/00734
妙法蓮華經文句記三十卷　（晉）釋鳩摩羅什譯　清光緒七年（1881）姑蘇刻經處刻本　十五冊

500000－8701－0012769　G05/6－2/00735
妙法蓮華經玄義十卷　（隋）釋智顗說　清宣統二年（1910）江北刻經處刻本　十冊

500000－8701－0012770　G05/6－2/00736
妙法蓮華經臺宗會義十六卷　（明）釋智旭撰　清光緒十九年（1893）江北刻經處刻本　八冊

500000－8701－0012771　G05/6－3/00737
佛說觀彌勒菩薩上生兜率陀天經一卷　（南朝宋）釋沮渠京聲譯　**佛說彌勒下生經一卷**　（晉）釋鳩摩羅什譯　**佛說觀彌勒菩薩下生經一卷**　（晉）釋竺法護譯　清光緒三年（1877）金陵刻經處刻本　一冊

500000－8701－0012772　G05/6－3/00738
楞伽阿跋多羅寶經四卷　（南朝宋）釋求那跋陀羅譯　清同治九年（1870）金陵刻經處刻本　二冊

500000－8701－0012773　G05/6－3/00739
楞嚴經指掌疏十卷事義十卷懸示一卷　（清）釋通理著　清光緒二十七年（1901）刻本　十二冊

500000－8701－0012774　G05/6－3/00740
十住毗婆沙論十五卷　（晉）釋鳩摩羅什譯　清光緒二十一年（1895）江北刻經處刻本　三冊

500000－8701－0012775　G05/6－3/00741
重訂教乘法數十二卷　（明）釋圓瀞撰　清光緒三十年（1904）新都寶光寺刻本　六冊

500000－8701－0012776　G05/6－3/00742
重訂教乘法數十二卷　（明）釋圓瀞撰　清光緒四年（1878）杭州昭慶寺刻本　六冊

500000－8701－0012777　G05/6－3/00743
百法義錄四卷　（清）梅光羲編　清刻本　二冊

500000－8701－0012778　G05/6－3/00744
唯識開蒙問答二卷　（元）釋雲峰輯　清宣統三年（1911）揚州藏經禪院刻本　二冊

500000－8701－0012779　G05/6－3/00745
大乘阿毗達磨雜集論十六卷　（唐）釋玄奘譯　清宣統三年（1911）揚州張肇昌刻本　三冊

500000－8701－0012780　G05/6－3/00746
大乘阿毗達磨雜集論十六卷　（唐）釋玄奘譯　清宣統三年（1911）揚州張肇昌刻本　三冊

500000－8701－0012781　G05/6－3/00747
顯揚聖教論二十卷　（唐）釋玄奘譯　清宣統元年（1909）揚州藏經院刻本　四冊

500000－8701－0012782　G05/6－3/00748
顯揚聖教論二十卷　（唐）釋玄奘譯　清宣統元年（1909）揚州藏經院刻本　四冊

500000－8701－0012783　G05/6－3/00749
大佛頂如來密因修證了義諸菩薩萬行首楞嚴經通議十卷附補遺一卷　（明）釋德清述　清光緒二十年（1894）金陵刻經處刻本　六冊

500000－8701－0012784　G05/6－3/00750
大乘理趣六波羅密多經十卷　（唐）釋般若譯　清光緒十九年（1893）金陵刻經處刻本　二冊

500000－8701－0012785　G05/6－3/00751
十二門論宗致義記二卷　（唐）釋法藏述　清光緒二十一年（1895）金陵刻經處刻本　一冊

500000－8701－0012786　G05/6－3/00752
大乘法界無差別論疏二卷　（唐）釋法藏著　清光緒二十一年（1895）金陵刻經處刻本　一冊

500000－8701－0012787　G05/6－3/00753
般若燈論十五卷　（唐）釋波羅頗蜜多羅譯　清光緒二十四年（1898）金陵刻經處刻本　三冊

500000－8701－0012788　G05/6－3/00754
大乘起信論疏二卷　（南朝陳）釋真諦譯　（唐）釋法藏疏　（唐）釋宗密注　清光緒三年（1877）長沙刻經刻本　二冊

500000－8701－0012789　G05/6－4/00755
大乘起信論疏記會本六卷　（南朝陳）釋真諦譯　（唐）釋元曉疏　清光緒二十五年（1899）金陵刻經處刻本　二冊

500000－8701－0012790　G05/6－4/00756

十八空論一卷 （南朝陳）釋真諦譯 **百論二卷** （晉）釋鳩摩羅什譯 **廣百論一卷** （唐）釋玄奘譯 清宣統三年（1911）常州天寧寺刻本 一冊

500000－8701－0012791 G05/6－4/00757
十二門論一卷 （晉）釋鳩摩羅什譯 清光緒二十一年（1895）金陵刻經處刻本 一冊

500000－8701－0012792 G05/6－4/00758
中論六卷 （晉）釋鳩摩羅什譯 清光緒三十三年（1907）刻本 二冊

500000－8701－0012793 G05/6－4/00759
大方廣圓覺修多羅了義經二卷 （唐）釋佛陀多羅譯 清同治八年（1869）金陵刻經處刻本 一冊

500000－8701－0012794 G05/6－4/00760
大乘中觀釋論十卷 （宋）釋惟淨等譯 清光緒三十四年（1908）金陵刻經處刻本 二冊

500000－8701－0012795 G05/6－4/00761
大佛頂如來密因修證了義諸菩薩萬行首楞嚴經玄義二卷文句十卷 （唐）釋般剌密諦譯 （明）釋智旭文句 清同治十三年（1874）金陵刻經處刻本 十冊

500000－8701－0012796 G05/6－4/00762
圓覺經略疏之鈔二十五卷 （唐）釋宗密輯 清宣統三年（1911）揚州藏經禪院刻本 五冊

500000－8701－0012797 G05/6－4/00763
大方廣圓覺經大疏三卷 （唐）釋宗密著 清道光十六年（1836）刻本 三冊

500000－8701－0012798 G05/6－4/00764
大佛頂首楞嚴經疏解蒙鈔六十卷首一卷 （清）錢謙益撰 清光緒刻本 二十冊

500000－8701－0012799 G05/6－4/00765
成唯識論十卷 （唐）釋玄奘譯 清光緒二十二年（1896）金陵刻經處刻本 二冊

500000－8701－0012800 G05/6－4/00766
大乘起信論直解二卷 （明）釋德清直解 清光緒十六年（1890）金陵刻經處刻本 一冊

500000－8701－0012801 G05/6－4/00767
成唯識論述記六十卷 （唐）釋窺基著 清光緒二十七年（1901）金陵刻經處刻本 二十冊

500000－8701－0012802 G05/6－4/00768
唯識論述記二十四卷 （唐）釋窺基著 清宣統二年（1910）江西刻經處刻本 二冊

500000－8701－0012803 G05/6－4/00769
菩提資糧論六卷 （隋）釋達摩笈多譯 清宣統三年（1911）常州天寧寺刻本 一冊

500000－8701－0012804 G05/6－4/00770
華嚴懸談會玄記四十卷 （元）釋普瑞輯 清光緒十四年（1888）常熟刻經處刻本 十冊

500000－8701－0012805 G05/6－4/00771
大乘止觀法門釋要六卷 （明）釋智旭述 清光緒二十二年（1896）刻本 二冊

500000－8701－0012806 G05/6－5/00772
占察善惡業報經玄義一卷 （明）釋智旭述 **疏二卷** （隋）釋菩提登譯 （明）釋智旭述 **行法一卷** （明）釋智旭集 清同治七年（1868）刻本 二冊

500000－8701－0012807 G05/6－5/00773
大乘起信論纂註二卷 （南朝陳）釋真諦譯 （明）釋真界注 清光緒十一年（1885）金陵刻經處刻本 一冊

500000－8701－0012808 G05/6－5/00774
大乘起信論裂網疏六卷 （明）釋智旭述 清光緒金陵書局刻本 一冊

500000－8701－0012809 G05/6－5/00775
阿毗達磨法蘊足論十卷 （唐）釋玄奘譯 清宣統二年（1910）常州天寧寺刻本 四冊

500000－8701－0012810 G05/6－5/00776
阿毗曇八犍度論三十卷 （晉）釋伽提婆 （晉）釋竺佛念譯 清宣統三年（1911）天寧寺刻本 六冊

500000－8701－0012811 G05/6－5/00777
立世阿毗曇論十卷 （南朝陳）釋真諦譯 清宣統二年（1910）天寧寺刻本 三冊

500000－8701－0012812　G05/6－5/00778
佛本行集經六十卷　(隋)釋闍那崛多譯　清光緒三十年(1904)南昌刻經處刻本　十二冊

500000－8701－0012813　G05/6－5/00779
出曜經二十卷　(晉)釋竺佛念譯　清光緒十五年(1889)江北刻經處刻本　六冊

500000－8701－0012814　G05/6－5/00780
林間錄二卷　(宋)釋德洪編　清光緒二十七年(1901)揚州藏經院刻本　二冊

500000－8701－0012815　G05/6－5/00781
雲棲法彙三十三種　(明)釋袾宏編著　清光緒二十三年(1897)金陵刻經處刻本　三十四冊

500000－8701－0012816　G05/6－6/00782
佛説四十二章經一卷　(漢)釋迦葉摩騰(漢)釋竺法蘭譯　**佛遺教經一卷**　(晉)釋鳩摩羅什譯　**八大人覺經一卷**　(漢)釋安世高譯　清同治九年(1870)金陵刻經處刻本一冊

500000－8701－0012817　G05/6－6/00783
佛説四十二章經註一卷佛遺教經註一卷(宋)釋守遂註　(明)釋了童註　清光緒十六年(1890)金陵刻經處刻本　一冊

500000－8701－0012818　G05/6－6/00784
佛説四十二章經一卷　(漢)釋迦葉摩騰(漢)釋竺法蘭譯　清同治三年(1864)埶北蔣氏刻本　一冊

500000－8701－0012819　G05/6－6/00785
一行居集八卷首一卷附錄一卷　(清)彭紹升著　清道光五年(1825)刻本　四冊

500000－8701－0012820　G05/6－6/00786
大清重刻龍藏彙記不分卷　(清)釋超盛等編輯　清同治九年(1870)金陵刻經處刻本一冊

500000－8701－0012821　G05/6－6/00787
大藏一覽十卷　(明)陳實編　(明)姚舜漁輯　清光緒十一年(1885)刻本　五冊

500000－8701－0012822　G05/6－6/00788
釋氏稽古略四卷　(元)釋覺岸編集　**續略三卷**　(明)釋大聞彙編　清光緒十二年(1886)浙江海潮寺刻本　五冊

500000－8701－0012823　G05/6－6/00789
閱藏知津四十四卷總目四卷　(明)釋智旭彙輯　清光緒十八年(1892)金陵刻經處刻本十冊

500000－8701－0012824　G05/6－6/00790
佛説四十二章經解一卷佛遺教經解一卷八大人覺經略解一卷　(明)釋智旭纂述　清同治九年(1870)金陵刻經處刻本　一冊

500000－8701－0012825　G05/6－6/00791
弘明集十四卷　(南朝梁)釋僧祐集　清光緒三十二年(1906)金陵刻經處刻本　四冊

500000－8701－0012826　G05/6－6/00792
續原教論二卷　(明)沈士榮著　清光緒元年(1875)金陵刻經處刻本　一冊

500000－8701－0012827　G05/6－6/00793
儒釋道平心論二卷　(宋)劉謐撰　清同治刻本　一冊

500000－8701－0012828　G05/6－6/00794
儒釋道平心論二卷　(宋)劉謐撰　清同治刻本　一冊

500000－8701－0012829　G05/6－6/00795
翻譯名義集二十卷　(宋)釋法雲編　清光緒金陵刻經處刻本　六冊

500000－8701－0012830　G05/6－6/00796
因明入正理論疏八卷　(唐)釋窺基撰　清光緒二十二年(1896)金陵刻經處刻本　二冊

500000－8701－0012831　G05/6－6/00797
因明入正理論疏八卷　(唐)釋窺基撰　清光緒二十二年(1896)金陵刻經處刻本　二冊

500000－8701－0012832　G05/6－6/00798
文殊師利菩薩問菩提經論二卷　(北魏)釋菩提留支譯　**金剛般若波羅蜜經破取著不壞假名論二卷**　(唐)釋地婆訶羅譯　清宣統三年

(1911)常州天寧寺刻本　一册

500000 - 8701 - 0012833　G05/6 - 6/00799
菩薩戒本經一卷　(晉)釋曇無讖譯　**菩薩戒本經箋要一卷**　(明)釋智旭箋　清同治九年(1870)金陵刻經處刻本　一册

500000 - 8701 - 0012834　G05/6 - 6/00800
梵網經菩薩戒本疏十卷　(唐)釋法藏著　清光緒二十五年(1899)金陵刻經處刻本　二册

500000 - 8701 - 0012835　G05/6 - 6/00801
佛說梵網經二卷　(晉)釋鳩摩羅什譯　清光緒十年(1884)金陵刻經處刻本　一册

500000 - 8701 - 0012836　G05/6 - 6/00802
佛說梵網經菩薩心地品合註七卷玄義一卷　(晉)釋鳩摩羅什譯　(明)釋智旭註　清同治十三年(1874)金陵刻經處刻本　五册

500000 - 8701 - 0012837　G05/6 - 6/00803
四分比丘尼戒本一卷　(晉)釋耶舍　(晉)釋竺佛念譯　清光緒二十一年(1895)金陵刻經處刻本　一册

500000 - 8701 - 0012838　G05/6 - 6/00804
毗尼日用切要一卷　(清)釋讀體彙集　**沙彌律儀要略一卷**　(明)釋袾宏輯　清光緒十八年(1892)金陵刻經處刻本　一册

500000 - 8701 - 0012839　G05/6 - 6/00805
仙佛合宗一卷　(明)伍守陽著　明萬曆刻本　一册

500000 - 8701 - 0012840　G05/6 - 6/00806
大薩遮尼乾子受記經十卷　(北魏)釋菩提留支譯　清光緒十九年(1893)江北刻經處刻本　二册

500000 - 8701 - 0012841　G05/6 - 6/00807
無隱禪師略錄一卷　題(清)普願居士集校　清光緒十六年(1890)金陵刻經處刻本　一册

500000 - 8701 - 0012842　G05/6 - 6/00808
阿育王舍利瑞應集一卷冠塔號略注一卷　(清)釋妙然輯　清光緒元年(1875)寧波育王寺刻本　一册

500000 - 8701 - 0012843　G05/6 - 6/00809
頓悟入道要門論二卷　(唐)釋慧海著　清宣統二年(1910)常州天寧寺刻本　一册

500000 - 8701 - 0012844　G05/6 - 6/00810
佛祖心燈一卷宗教律諸家演派一卷　(清)釋守一編　清光緒十六年(1890)金陵刻經處刻本　一册

500000 - 8701 - 0012845　G05/6 - 6/00811
佛祖心燈一卷宗教律諸家演派一卷　(清)釋守一編　清光緒十六年(1890)金陵刻經處刻本　一册

500000 - 8701 - 0012846　G05/6 - 6/00812
八宗綱要二卷　(明)釋凝然述　清宣統三年(1911)揚州藏經院刻本　一册

500000 - 8701 - 0012847　G05/6 - 6/00813
解深密經五卷　(唐)釋玄奘譯　清同治十年(1871)金陵刻經處刻本　一册

500000 - 8701 - 0012848　G05/6 - 6/00814
相宗八要解八種八卷　(唐)釋玄奘譯　清光緒二十八年(1902)金陵刻經處刻本　三册

500000 - 8701 - 0012849　G05/6 - 6/00815
相宗八要直解八卷　(唐)釋玄奘譯　(明)釋智旭解　清同治九年(1870)金陵刻經處刻本　二册

500000 - 8701 - 0012850　G05/6 - 6/00816
唯識二十論述記四卷　(唐)釋窺基撰　清宣統二年(1910)江西刻經處刻本　二册

500000 - 8701 - 0012851　G05/6 - 6/00817
八識規矩直解一卷　(唐)釋玄奘作　(明)釋智旭解　**大乘百法明門論直解一卷**　(唐)釋玄奘譯　(明)釋智旭解　清光緒三十年(1904)新邑寶光寺刻本　一册

500000 - 8701 - 0012852　G05/6 - 6/00818
溈山警策句釋記二卷　(清)釋弘贊註　清順治十七年(1660)刻本　一册

500000 - 8701 - 0012853　G05/6 - 7/00819
性相通說一卷　(明)釋德清述　清光緒三十

二年(1906)新都寶光寺刻本　一册

500000－8701－0012854　G05/6－7/00820
大乘入楞伽經七卷　(唐)釋實叉難陀譯　清光緒三十四年(1908)金陵刻經處刻本　二册

500000－8701－0012855　G05/6－7/00821
觀楞伽阿跋多羅寶經記十八卷首一卷　(南朝宋)釋求那跋陀羅譯　(明)釋德清記　清光緒三十一年(1905)金陵刻經處刻本　六册

500000－8701－0012856　G05/6－7/00822
成唯識論觀心法要十卷　(明)釋智旭述　清光緒二十六年(1900)揚州藏經院刻本　十册

500000－8701－0012857　G05/6－7/00824
大方廣佛華嚴經六十卷　(晉)釋佛陀跋陀羅等譯　清光緒七年(1881)常熟刻經處刻本　十六册

500000－8701－0012858　G05/6－7/00825
天台四教儀一卷　(高麗)釋諦觀録　**始終心要一卷**　(唐)釋湛然述　(宋)釋從義註　**天台八教大意一卷**　(隋)釋灌頂撰　清宣統元年(1909)揚州藏經院刻本　一册

500000－8701－0012859　G05/6－7/00826
天台四教儀集註十卷　(元)釋蒙潤輯　清刻本　四册

500000－8701－0012860　G05/6－7/00827
釋禪波羅蜜次第法門十卷　(隋)釋智顗說　(隋)釋法慎記　(隋)釋灌頂再治　清光緒三十四年(1908)揚州藏經院刻本　四册

500000－8701－0012861　G05/6－7/00828
佛説無量壽經義疏六卷　(三國魏)釋康僧鎧譯　(隋)釋慧遠疏　清光緒二十年(1894)金陵刻經處刻本　二册

500000－8701－0012862　G05/6－7/00829
淨土四經四種　(清)魏源輯　清同治五年(1866)石埭楊文會刻本　一册

500000－8701－0012863　G05/6－7/00830
靈峰蕅益大師選定淨土十要十卷　(明)釋智旭輯　(明)釋成時評點　清光緒二十年(1894)揚州藏經院刻本　四册

500000－8701－0012864　G05/6－7/00831
淨土論三卷　(唐)釋迦才著　清光緒金陵刻經處刻本　一册

500000－8701－0012865　G05/6－7/00832
安樂集二卷　(唐)釋道綽著　清光緒二十三年(1897)金陵刻經處刻本　一册

500000－8701－0012866　G05/6－7/00833
無量壽如來會二卷　(唐)釋菩提流志譯　清光緒二十二年(1896)金陵刻經處刻本　一册

500000－8701－0012867　G05/6－7/00834
西方合論十卷　(明)袁宏道撰　清道光十六年(1836)刻本　二册

500000－8701－0012868　G05/6－7/00835
佛説阿彌陀經要解一卷　(晉)釋鳩摩羅什譯　清道光十六年(1836)刻本　一册

500000－8701－0012869　G05/6－7/00836
淨業知津一卷附闢邪一卷　(清)釋悟開著　清同治十三年(1874)金陵刻經處刻本　一册

500000－8701－0012870　G05/6－7/00837
念佛百問一卷　(清)釋悟開撰　清同治五年(1866)正定王氏刻本　一册

500000－8701－0012871　G05/6－7/00838
憨山老人夢遊集五十五卷　(明)釋德清撰　(明)釋通炯編輯　清光緒五年(1879)江北刻經處刻本　二十册

500000－8701－0012872　G06/1－1/00839
宗鏡録一百卷　(宋)釋延壽集　清光緒二十五年(1899)江北刻經處刻本　二十册

500000－8701－0012873　G06/1－1/00840
寶藏論一卷　(晉)釋僧肇著　清光緒二十三年(1897)金陵刻經處刻本　一册

500000－8701－0012874　G06/1－1/00841
牧牛圖頌一卷　(□)□□撰　清光緒二十四年(1898)維揚衆香庵刻本　一册

500000－8701－0012875　G06/1－1/00842

大慧普覺禪師宗門武庫一卷雪堂行和尚拾遺錄一卷　（宋）釋道謙編　清光緒七年（1881）常熟刻經處刻本　一冊

500000－8701－0012876　G06/1－1/00843
靈峰蕅益大師宗論十卷　（明）釋成時編輯　清光緒元年（1875）江北刻經處刻本　十冊

500000－8701－0012877　G06/1－1/00844
六祖大師法寶壇經不分卷　（唐）釋慧能說　（唐）釋法海錄　清同治十一年（1872）如皋刻經處刻本　一冊

500000－8701－0012878　G06/1－1/00845
佛果圜悟禪師碧巖集十卷　（宋）釋圜悟著　清光緒二年（1876）杭州昭慶寺慧空經房刻本　五冊

500000－8701－0012879　G06/1－1/00846
宗範八卷首一卷　（清）錢伊庵編輯　清光緒十二年（1886）金陵刻經處刻本　三冊

500000－8701－0012880　G06/1－1/00847
佛說目連問戒律中五百輕重事經二卷　（□）□□譯　清光緒二年（1876）江北刻經處刻本　一冊

500000－8701－0012881　G06/1－1/00848
破邪論二卷　（唐）釋法琳著　清光緒三十四年（1908）揚州藏經院刻本　一冊

500000－8701－0012882　G06/1－1/00849
佛教畧史初編八卷　（清）釋惟靜編輯　清光緒三十二年（1906）成都大慈寺刻本　八冊

500000－8701－0012883　G06/1－1/00850
西藏宗教源流考一卷　（清）張其勤編輯　清宣統二年（1910）官印書局鉛印本　一冊

500000－8701－0012884　G06/1－1/00851
高僧傳初集十五卷首一卷　（南朝梁）釋慧皎著　清光緒十年（1884）金陵刻經處刻本　四冊

500000－8701－0012885　G06/1－1/00852
五燈會元五十七卷　（宋）釋慧明輯　清光緒三十二年（1906）長沙刻經處刻本　二十冊

500000－8701－0012886　G06/1－2/00853
居士傳五十六卷　（清）彭紹升撰　清乾隆四十年（1775）刻本　四冊

500000－8701－0012887　G06/1－2/00854
比丘尼傳四卷　（晉）釋寶唱撰　清光緒十一年（1885）金陵刻經處刻本　一冊

500000－8701－0012888　G06/1－2/00855
修真程途四卷附編二卷　（唐）呂嵓著　清刻本　六冊

500000－8701－0012889　G06/1－2/00856
正本清源十二卷　（□）□□撰　清咸豐六年（1856）刻本　十二冊

500000－8701－0012890　G06/1－2/00857
重刊道藏輯要二十八集二百三十六種　（清）賀龍驤初編　清光緒三十二年（1906）刻本　二百四十一冊

500000－8701－0012891　G06/1－6/00858
張三丰先生全集不分卷　（清）李西月重編　清閬中朱氏刻本　六冊

500000－8701－0012892　G06/1－6/00859
道統大成不分卷　（清）汪啟濩輯　清光緒二十六年（1900）刻本　十冊

500000－8701－0012893　G06/1－7/00860
呂祖指玄篇秘注不分卷　（□）滄海老人註　清乾隆刻本　一冊

500000－8701－0012894　G06/1－7/00861
呂祖全書三十二卷禪宗正指三卷　（唐）呂嵓著　（清）劉體恕彙輯　清嘉慶五年（1800）義陵劉氏刻本　十六冊

500000－8701－0012895　G06/1－7/00862
清真指南十卷　（清）馬文炳撰　清光緒十一年（1885）成都寶真堂刻本　十冊

500000－8701－0012896　G06/1－7/00863
養真集二卷　（□）□□撰　清光緒二十年（1894）南洋刻本　一冊

500000－8701－0012897　G06/1－7/00864
太上老君說常清靜經一卷　（□）□□撰　清

同治十一年(1872)刻本　一冊

500000－8701－0012898　G06/1－7/00865
祖師元要篇不分卷　(□)□□撰　清道光六年(1826)傲雪山房刻本　一冊

500000－8701－0012899　G06/1－7/00866
悟真篇約註三卷　(□)□□撰　清康熙刻道言五種本　二冊

500000－8701－0012900　G06/1－7/00867
周易參同契脈望三卷雜義一卷圖說一卷　(清)陶素耜撰　清刻本　二冊

500000－8701－0012901　G06/1－7/00868
承志錄三卷附集一卷　(明)彭純一撰　清康熙刻道言五種本　一冊

500000－8701－0012902　G06/1－7/00869
陳上陽真人金丹大要一卷　(清)陶素耜刪訂　**金丹就正篇三篇金丹玄膚論二十篇附破論六卷**　(明)陸西星撰　清康熙刻道言五種本　一冊

500000－8701－0012903　G06/1－7/00870
性命雙脩萬神圭旨四集　(□)尹真人秘授　清刻本　四冊

500000－8701－0012904　G06/1－7/00871
性命圭旨四集　(□)尹真人秘授　清康熙四十四年(1705)刻本　四冊

500000－8701－0012905　G06/1－7/00872
性命全旨三卷　(清)貞一子述　清光緒十二年(1886)刻本　四冊

500000－8701－0012906　G06/1－7/00873
法言會纂五十卷　(清)劉沅撰　清道光六年(1826)刻本　五冊

500000－8701－0012907　G06/1－7/00874
華陽金仙證論一卷　(清)柳華陽著　清光緒十三年(1887)刻本　一冊

500000－8701－0012908　G06/1－7/00875
天仙正理直論增註不分卷　(明)伍守陽撰並註　清嘉慶九年(1804)刻本　二冊

500000－8701－0012909　G06/1－7/00876
天仙正理直論增註不分卷　(明)伍守陽著　清光緒成都二仙菴刻道藏輯要本　一冊

500000－8701－0012910　G06/1－7/00877
道書一貫真機易簡錄十二卷　(清)傅金銓輯　清嘉慶十八年(1813)刻本　六冊

500000－8701－0012911　G06/1－7/00878
泙漫子二卷　(清)泙漫子撰　清光緒十七年(1891)青城刻本　二冊

500000－8701－0012912　G06/1－7/00879
三教繡像搜神記四卷　(晉)干寶著　(清)如林重增　清康熙元年(1662)刻本　四冊

500000－8701－0012913　G06/1－7/00880
呂祖年譜海山奇遇七卷　(清)火西月述　清刻本　三冊

500000－8701－0012914　G06/2－1/00881
教務紀略四卷首一卷　(清)李剛己等編　清光緒三十年(1904)山東印書館刻本　五冊

500000－8701－0012915　G06/2－1/00882
燕京開教畧三篇　(法國)樊國樑編　清光緒三十一年(1905)北京救世堂鉛印本　三冊

500000－8701－0012916　G06/2－1/00883
天方典禮擇要解二十卷附後編一卷　(清)劉智纂述　清同治十年(1871)刻本　六冊

500000－8701－0012917　G06/2－1/00884
天方性理圖傳五卷首一卷　(清)劉智纂述　清同治十年(1871)刻本　六冊

500000－8701－0012918　G06/2－1/00885
集注太玄十卷　(漢)揚雄著　(宋)司馬光注　清嘉慶三年(1798)五柳居陶氏刻本　四冊

500000－8701－0012919　G06/2－1/00886
易隱八卷首一卷　(清)曹九錫輯　清光緒十一年(1885)祥麟書屋刻本　四冊

500000－8701－0012920　G06/2－1/00887
河洛理數七卷　(宋)陳摶著　(宋)邵雍述　明末刻本　八冊

500000－8701－0012921　G06/2－1/00888
新刊校正增釋合併麻衣先生神相編五卷　（清）陸位崇編　清光緒三十四年（1908）成都三府會刻本　四冊

500000－8701－0012922　G06/2－1/00889
地理辨正五卷首一卷　（清）蔣平階補傳　（清）姜垚辨正　（清）無心道人直解　**心眼指要四卷**　（清）無心道人集　**元空秘旨一卷**　（清）釋目講著　（清）無心道人解　**天元五歌闡義五卷**　（清）蔣大鴻撰　（清）無心道人註　清宣統元年（1909）成都三味堂刻本　六冊

500000－8701－0012923　G06/2－1/00890
三才分類粹言二十卷　（清）匡良杞著　清光緒六年（1880）餘蔭堂刻本　四冊

500000－8701－0012924　G06/2－1/00891
菊逸山房地理正書三種　（清）寇宗輯　清道光十三年（1833）兩儀堂刻本　四冊

500000－8701－0012925　G06/2－1/00892
格致小引一卷　（英國）赫施賚著　（英國）羅亨利　（清）瞿昂來同譯　清江南製造局刻本　一冊

500000－8701－0012926　G06/2－1/00893
格致彙編不分卷　（英國）傅蘭雅輯譯　清光緒二年至十八年（1876－1892）上海格致書局鉛印本　二十八冊

500000－8701－0012927　G06/2－2/00894
則古昔齋算學十三種　（清）李善蘭著　清同治六年（1867）刻本　六冊

500000－8701－0012928　G06/2－2/00895
格致啟蒙四卷　（英國）羅期古纂　（美國）林樂知　（清）鄭昌棪譯　清刻本　四冊

500000－8701－0012929　G06/2－2/00896
增刪算法統宗十一卷首一卷附校算記一卷　（明）程大位編輯　（清）梅穀成增刪　清光緒三年（1877）江南機器製造總局刻本　四冊

500000－8701－0012930　G06/2－2/00897
算式集要四卷　（英國）哈司韋輯　（英國）傅蘭雅譯　清末江南製造總局刻本　二冊

500000－8701－0012931　G06/2－2/00898
李氏遺書十一種　（清）李鋭著　清光緒十六年（1890）上海醉六堂刻本　六冊

500000－8701－0012932　G06/2－2/00899
重學二十卷曲綫説三卷　（英國）艾約瑟口譯　（清）李善蘭筆述　清同治五年（1866）刻本　六冊

500000－8701－0012933　G06/2－2/00900
管窺輯要八十卷　（清）黃鼎纂　清順治十年（1653）刻本　三十六冊

500000－8701－0012934　G06/2－3/00901
欽定儀象考成三十卷首二卷　（清）允祿等纂　清光緒十四年（1888）慎記書莊石印本　十二冊

500000－8701－0012935　G06/2－3/00902
欽定儀象考成三十卷首二卷　（清）允祿等纂　清光緒十四年（1888）慎記書莊石印本　十二冊

500000－8701－0012936　G06/2－3/00903
欽定儀象考成三十卷首一卷　（清）允祿等纂　清乾隆二十年（1755）刻本　十冊

500000－8701－0012937　G06/2－3/00904
欽定儀象考成續編三十二卷　（清）敬徵等纂　清道光二十二年（1842）刻本　十二冊

500000－8701－0012938　G06/2－3/00905
交食細草二卷首一卷　（清）張作楠著　清刻本　一冊

500000－8701－0012939　G06/2－3/00906
御製曆象考成後編十卷　（清）允祿等纂　清乾隆七年（1742）刻本　八冊

500000－8701－0012940　G06/2－3/00907
談天十八卷附表一卷　（英國）侯失勒著　（清）偉烈亞力譯　（清）李善蘭　（清）徐建寅述　清光緒江南製造總局刻本　四冊

500000－8701－0012941　G06/2－3/00908
天下山河兩戒考十四卷　（清）徐文靖註　清

雍正刻本　四冊

500000－8701－0012942　G06/2－3/00909
天下山河兩戒考十四卷　(清)徐文靖註　清光緒二年(1876)刻本　五冊

500000－8701－0012943　G06/2－3/00910
測地繪圖十一卷附量面積器一卷稟報格式一卷　(英國)富路瑪著　(英國)傅蘭雅口譯　(清)徐壽筆述　清江南製造總局刻本　四冊

500000－8701－0012944　G06/2－4/00911
太歲超辰表三卷　(清)汪曰楨撰　清光緒十二年(1886)會稽章氏刻式訓堂叢書本　一冊

500000－8701－0012945　G06/2－4/00912
月日紀古十二卷　(清)蕭智漢纂輯　清道光二十八年(1848)經元堂刻本　十二冊

500000－8701－0012946　G06/2－4/00913
天元曆理全書十二卷　(□)□□撰　清刻本　八冊

500000－8701－0012947　G06/2－4/00914
欽定協紀辨方書三十六卷　(清)允祿等撰　清乾隆六年(1741)刻朱墨套印本　二十四冊

500000－8701－0012948　G06/2－4/00915
欽定協紀辨方書三十六卷　(清)允祿等撰　清乾隆六年(1741)刻朱墨套印本　十六冊

500000－8701－0012949　G06/2－4/00916
欽定七政四餘萬年書不分卷　(清)欽天監編　清刻本　四冊

500000－8701－0012950　G06/2－4/00917
御定七政四餘量天尺不分卷　(清)欽天監編　清刻本　四冊

500000－8701－0012951　G06/2－4/00918
御定七政四餘量天尺不分卷　(清)欽天監編　清刻本　四冊

500000－8701－0012952　G06/2－4/00919
測候叢談四卷　(美國)金楷理口譯　(清)華蘅芳筆述　清江南機器製造總局刻本　二冊

500000－8701－0012953　G06/2－4/00920
聲學八卷　(英國)田大里著　(英國)傅蘭雅口譯　(清)徐建寅筆述　清江南機器製造總局刻本　二冊

500000－8701－0012954　G06/2－4/00921
光學二卷光學附視學諸器圖說一卷　(英國)田大里輯　(美國)金楷理譯　(清)趙元益筆述　清江南機器製造總局刻本　二冊

500000－8701－0012955　G06/2－5/00922
電學十卷首一卷　(英國)瑙挨德著　(英國)傅蘭雅譯　(清)徐建寅述　清江南機器製造總局刻本　六冊

500000－8701－0012956　G06/2－5/00923
電學綱目一卷　(英國)田大里輯　(英國)傅爾雅口譯　(清)周郇筆譯　清江南機器製造總局刻本　一冊

500000－8701－0012957　G06/2－5/00924
化學鑑原補編六卷附體積分劑一卷　(英國)傅蘭雅口譯　(清)徐壽筆述　清江南機器製造總局刻本　六冊

500000－8701－0012958　G06/2－5/00925
化學考質八卷附表一卷　(德國)富里西尼烏司著　(英國)傅蘭雅口譯　(清)徐壽筆述　清江南機器製造總局刻本　六冊

500000－8701－0012959　G06/2－5/00926
化學求數十五卷附求數便用表一卷　(德國)富里西尼烏司著　(英國)傅蘭雅口譯　(清)徐壽筆述　清江南機器製造總局刻本　十四冊

500000－8701－0012960　G06/2－5/00927
化學鑑原六卷　(英國)韋而司著　(英國)傅蘭雅口譯　(清)徐壽筆述　清江南機器製造總局刻本　四冊

500000－8701－0012961　G06/2－5/00928
化學鑑原續編二十四卷　(英國)蒲陸山著　(英國)傅蘭雅口譯　(清)徐壽筆述　清江南機器製造總局刻本　六冊

500000－8701－0012962　G06/2－5/00929

化學分原八卷 （英國）蒲陸山著 （英國）傅蘭雅口譯 （清）徐建寅筆述 清江南機器製造總局刻本 二冊

500000－8701－0012963 G06/2－5/00930
地學淺釋三十八卷 （英國）雷俠兒著 （美國）瑪高溫口譯 （清）華蘅芳筆述 清同治十二年（1873）江南機器製造總局刻本 八冊

500000－8701－0012964 G06/2－5/00931
地理初桄不分卷附中西輿地表一卷 （美國）卜舫濟譯著 清光緒二十三年（1897）鉛印本 一冊

500000－8701－0012965 G06/2－5/00932
二如亭群芳譜二十九卷首一卷 （明）王象晉纂輯 明刻本 二十四冊

500000－8701－0012966 G06/2－6/00933
佩文齋廣群芳譜一百卷目錄二卷 （清）汪灝等纂 清康熙四十七年（1708）內府刻本 四十八冊

500000－8701－0012967 G06/2－6/00934
佩文齋廣群芳譜一百卷目錄二卷 （清）汪灝等纂 清康熙四十七年（1708）內府刻本 四十八冊

500000－8701－0012968 G06/2－7/00935
蟲薈五卷 （清）方旭撰 清光緒十六年（1890）睦州方氏刻本 四冊

500000－8701－0012969 G06/2－7/00936
全體通考十八卷 （英國）德貞撰 清光緒十二年（1886）同文館鉛印本 十四冊

500000－8701－0012970 G06/2－7/00937
保全生命論一卷附一卷 （英國）古蘭肥勒著 （英國）秀耀春譯 清光緒二十七年（1901）上海製造局刻本 一冊

500000－8701－0012971 G06/2－7/00938
老老恒言五卷 （清）曹庭棟撰 清活字印本 二冊

500000－8701－0012972 G06/2－7/00939
化學衛生論四卷 （英國）真司騰著 （英國）傅蘭雅譯 清光緒十六年（1890）上海格致書室刻本 四冊

500000－8701－0012973 G06/2－7/00940
粥譜一卷附廣粥譜一卷 （清）黃雲鵠纂輯 清光緒七年（1881）蘄州黃氏刻本 一冊

500000－8701－0012974 G06/2－7/00941
醫門棒喝四卷 （清）章楠著 清同治六年（1867）聚文堂刻本 四冊

500000－8701－0012975 G06/2－7/00942
新增驗方雲林合編八卷 （明）龔廷賢編著 （清）席樹馨校訂 清光緒六年（1880）虛白書室刻本 六冊

500000－8701－0012976 G06/2－7/00943
東醫寶鑑內景篇四卷外形篇四卷雜病篇十一卷湯液篇三卷針灸篇一卷目錄二卷 （朝鮮）許浚撰 清道光二十七年（1847）刻本 四十冊

500000－8701－0012977 G06/3－1/00944
醫家四要四卷 （清）雷大震等著 清光緒十二年（1886）養鶴山房刻醫學三書本 四冊

500000－8701－0012978 G06/3－1/00945
醫法心傳一卷 （清）程芝田著 清光緒十三年（1887）養鶴山房刻醫學三書本 一冊

500000－8701－0012979 G06/3－1/00946
宋徽宗聖濟經十卷 （宋）吳禔註 清光緒十三年（1887）歸安陸氏刻十萬卷樓叢書本 二冊

500000－8701－0012980 G06/3－1/00947
引經證醫四卷 （清）程樑撰 清光緒八年（1882）刻本 四冊

500000－8701－0012981 G06/3－1/00948
醫林選青七卷附傷寒三卷治溫提要一卷 （清）甯崧生纂輯 清光緒二十年（1894）刻本 八冊

500000－8701－0012982 G06/3－1/00949
三餘堂詳校醫宗必讀十卷 （清）李中梓著 清乾隆三十九年（1774）刻本 五冊

500000－8701－0012983　G06/3－1/00950
詳校醫宗必讀十卷　(清)李中梓著　清刻本　六冊

500000－8701－0012984　G06/3－1/00951
詳校醫宗必讀十卷　(清)李中梓著　清刻本　五冊

500000－8701－0012985　G06/3－2/00952
秘傳證治要訣十二卷附方訣引用醫書不分卷　(明)戴元禮述　清二酉堂刻本　三冊　存十二卷(秘傳證治要訣十二卷)

500000－8701－0012986　G06/3－2/00953
醫書匯參輯成十六卷　(清)蔡宗玉纂輯　清道光十九年(1839)刻本　十冊

500000－8701－0012987　G06/3－2/00954
醫學從衆八卷　(清)陳念祖著　清光緒二十一年(1895)刻本　二冊

500000－8701－0012988　G06/3－2/00955
慎齋遺書十卷　(明)周之干著　清道光二十九年(1849)刻本　六冊

500000－8701－0012989　G06/3－2/00956
醫鈴八卷　清乾隆五十四年(1789)安和堂刻本　八冊

500000－8701－0012990　G06/3－2/00957
宜邑鍾氏醫書歌訣四種　(清)鍾文煥著　清光緒十三年(1887)刻本　六冊

500000－8701－0012991　G06/3－2/00958
醫故二篇　鄭文焯著　清光緒十七年(1891)平江梓文閣刻本　四冊

500000－8701－0012992　G06/3－2/00959
當歸草堂醫學叢書初編十種　(清)丁丙輯　清光緒四年(1878)錢塘丁氏當歸草堂刻本　十六冊

500000－8701－0012993　G06/3－2/00960
六體齋醫書十種　(清)程永培輯　清光緒十七年(1891)廣州儒雅堂刻本　二十四冊

500000－8701－0012994　G06/3－3/00961
醫統正脈全書四十四種　(明)王肯堂輯　清江陰朱文震刻本　七十冊　缺一種十二卷(黃帝靈樞經十二卷)

500000－8701－0012995　G06/3－4/00962
醫林指月十二種　(清)王琦輯　清光緒二十二年(1896)上海圖書集成公司鉛印本　七冊

500000－8701－0012996　G06/3－4/00963
薛氏醫按二十四種　(明)吳琯輯　清刻本　四十八冊

500000－8701－0012997　G06/3－4/00964
東垣十書　(明)□□輯　清奎文堂刻本　十六冊

500000－8701－0012998　G06/3－5/00966
醫學便覽七卷　(□)□□撰　清刻本　六冊

500000－8701－0012999　G06/3－5/00967
周氏醫學叢書三十二種　(清)周學海輯　清光緒至宣統池陽周氏刻宣統三年(1911)彙印本　八十九冊

500000－8701－0013000　G06/3－6/00968
周氏醫學叢書三十二種　(清)周學海輯　清光緒至宣統池陽周氏刻宣統三年(1911)彙印本　六十三冊

500000－8701－0013001　G06/3－6/00969
中西匯通醫書五種　唐宗海撰　清光緒三十四年(1908)千頃堂書局石印本　十二冊

500000－8701－0013002　G06/3－6/00970
當歸草堂醫學叢書初編十種附二種　(清)丁丙輯　清光緒四年(1878)錢塘丁氏當歸草堂刻本　十二冊

500000－8701－0013003　G06/3－7/00972
張氏醫書七種　(清)張璐著　清光緒三十三年(1907)上海書局石印本　二十冊

500000－8701－0013004　G06/3－7/00973
景岳全書六十四卷　(明)張介賓著　清乾隆三十三年(1768)越郡藜照樓刻本　二十四冊

500000－8701－0013005　G06/3－7/00974
景岳全書六十四卷　(明)張介賓著　清刻本　二十四冊

500000－8701－0013006　G06/3－7/00975
景岳全書六十四卷　(明)張介賓著　清光緒二十年(1894)上海圖書集成印書局鉛印本　十五册　存六十卷(一至五十八、六十三至六十四)

500000－8701－0013007　G06/4－1/00976
醫書八種　(清)徐大椿著　清光緒四年(1878)刻本　十二册

500000－8701－0013008　G06/4－1/00977
徐氏八種十八卷　(清)徐大椿輯著　清同治三年(1864)善成堂刻本　十册

500000－8701－0013009　G06/4－1/00978
沈氏尊生書五種　(清)沈金鰲輯　清同治十三年(1874)湖北崇文書局刻本　二十六册

500000－8701－0013010　G06/4－2/00979
黄氏醫書八種七十六卷　(清)黄元御著　清同治元年(1862)湘鄉左氏刻本　十六册

500000－8701－0013011　G06/4－2/00980
黄氏醫書八種七十六卷　(清)黄元御著　清咸豐十年(1860)燮龢精舍刻本　十八册　存七種七十二卷(傷寒懸解十四卷首一卷末一卷、金匱懸解二十二卷、四聖心源十卷、四聖懸樞五卷、長沙藥解四卷、傷寒説意十卷首一卷、素靈微藴四卷)

500000－8701－0013012　G06/4－2/00981
傷寒説意十卷首一卷　(清)黄元御撰　清咸豐十年(1860)長沙燮龢精舍刻本　七册

500000－8701－0013013　G06/4－2/00982
喻氏三書合刻十六卷　(清)喻昌著　清光緒二十一年(1895)經元書室刻本　十七册

500000－8701－0013014　G06/4－3/00983
陳修園醫書四十種一百二十卷　(清)陳念祖著　清光緒三十一年(1905)上海商務印書館鉛印本　二十四册

500000－8701－0013015　G06/4－3/00984
南雅堂醫書三十二種　(清)陳念祖撰　清光緒二十九年(1903)蜀東信義書局刻本　三十二册

500000－8701－0013016　G06/4－3/00985
陳修園醫書十六種九十一卷　(清)陳念祖著　清刻本　二十六册　存十四種七十五卷(神農本草經讀四卷、長沙方歌括六卷、醫學三字經四卷、金匱要略淺註十卷、時方歌括二卷、金匱方歌括六卷、時方妙用四卷、女科要旨四卷、傷寒真方歌括六卷、景岳新方砭四卷、傷寒醫訣串解六卷、十藥神書註解一卷、張仲景傷寒論原文淺註六卷、靈素集註節要十二卷)

500000－8701－0013017　G06/4－4/00986
醫學源流論二卷　(清)徐大椿撰　清光緒孫谿朱氏槐廬刻本　二册

500000－8701－0013018　G06/4－4/00987
醫經原旨六卷　(清)薛雪集註　清乾隆刻本　六册

500000－8701－0013019　G06/4－4/00988
醫經原旨六卷　(清)薛雪集註　清乾隆十九年(1754)刻本　四册

500000－8701－0013020　G06/4－4/00989
重廣補注黄帝内經素問二十四卷靈樞十二卷素問遺篇一卷　(唐)王冰注　清光緒十年(1884)京口文成書店據宋本刻本　十册

500000－8701－0013021　G06/4－4/00990
黄帝内經素問九卷　(清)張志聰註　清刻本　十册

500000－8701－0013022　G06/4－4/00991
黄帝内經太素三十卷黄帝内經明堂一卷附錄一卷　(隋)楊上善撰注　清光緒二十三年(1897)通隱堂刻本　六册　存二十五卷(二至三、五至六、八至十五、十七、十九、二十二至三十,黄帝内經明堂一卷,附錄一卷)

500000－8701－0013023　G06/4－4/00992
素問靈樞類纂約註三卷　(清)汪昂纂輯　清刻本　三册

500000－8701－0013024　G06/4－4/00993

素問靈樞類纂約註三卷　(清)汪昂纂輯　清刻本　三冊

500000－8701－0013025　G06/4－4/00994
黄帝内經靈樞九卷　(清)張志聰註　清刻本　十冊

500000－8701－0013026　G06/4－5/00995
黄帝内經靈樞註證發微九卷補遺一卷　(明)馬蒔註　清光緒五年(1879)善成堂刻本　八冊

500000－8701－0013027　G06/4－5/00996
校正圖註八十一難經四卷　(戰國)秦越人著　(明)張世賢註　**校正圖注脈訣四卷**　(晉)張叔和撰　(明)張世賢註　**奇經八脈考一卷**　(明)李時珍撰　**校正瀕湖脈學一卷**　(明)李時珍撰　清上海章福記石印本　五冊

500000－8701－0013028　G06/4－5/00997
刪注脈訣規正二卷　(晉)王叔和著　(清)沈鏡刪註　清咸豐七年(1857)刻本　二冊

500000－8701－0013029　G06/4－5/00998
圖註脈訣辨真四卷　(晉)王叔和著　(明)張世賢注　**圖註八十一難經辨真四卷**　(戰國)秦越人著　清道光三年(1823)藜照書屋刻本　四冊

500000－8701－0013030　G06/4－5/00999
圖註八十一難經四卷　(戰國)秦越人述　(明)張世賢註　**校正圖注脈訣四卷**　(晉)王叔和譔　(明)張世賢註　**奇經八脈考一卷校正瀕湖脈學一卷**　(明)李時珍撰　清光緒三十二年(1906)上海福記書局石印本　五冊

500000－8701－0013031　G06/4－5/01000
圖註八十一難經辨真四卷　(戰國)秦越人著　(明)張世賢圖註　清光緒二十三年(1897)湖南經綸堂元記刻本　二冊

500000－8701－0013032　G06/4－5/01001
圖註八十一難經辨真四卷　(戰國)秦越人著　(明)張世賢註　**刪註脈訣規正二卷**　(清)沈鏡刪注　清務本堂刻本　五冊

500000－8701－0013033　G06/4－5/01002
圖註八十一難經辨真四卷　(戰國)秦越人著　(明)張世賢圖註　**刪註脈訣規正二卷**　(清)沈鏡刪註　清兩儀堂刻本　四冊

500000－8701－0013034　G06/4－5/01003
難經集注五卷　(明)王九思等註　清光緒八年(1882)木活字印本　三冊

500000－8701－0013035　G06/4－5/01004
中西匯通醫經精義二卷　唐宗海著　清光緒二十年(1894)申江袖海山房書局石印本　一冊

500000－8701－0013036　G06/4－5/01005
重刊巢氏諸病源候總論五十卷　(隋)巢元方撰　清光緒元年(1875)湖北崇文書局刻本　八冊

500000－8701－0013037　G06/4－5/01006
徐批臨證指南醫案十卷附種福堂公選溫熱論醫案四卷　(清)葉桂著　(清)徐大椿評　清光緒十二年(1886)成都培元堂刻本　十二冊

500000－8701－0013038　G06/4－5/01007
脈訣刊誤集解二卷　(元)戴起宗撰　(明)汪機補訂　**附錄一卷**　(明)汪機輯　清宣統元年(1909)刻本　二冊

500000－8701－0013039　G06/4－5/01008
新編張仲景注解傷寒發微論二卷傷寒百證歌五卷　(宋)許叔微著　清光緒七年(1881)吳興陸氏十萬卷樓刻本　一冊

500000－8701－0013040　G06/4－5/01009
太原傅科男科二卷女科二卷　(清)傅山撰　**潘昌遠堂選方一卷**　清光緒三十一年(1905)成都官報書局鉛印本　三冊

500000－8701－0013041　G06/4－5/01010
溫熱經緯五卷　(清)王士雄纂　清光緒十九年(1893)刻本　四冊

500000－8701－0013042　G06/4－5/01011
仲景傷寒補亡論二十卷　(宋)郭雍著　清宣統三年(1911)武昌醫館刻本　四冊

500000－8701－0013043　G06/4－6/01012
傷寒分經十卷　（漢）張仲景著　（清）喻昌註　清乾隆三十一年（1766）武原吳氏刻本　六冊

500000－8701－0013044　G06/4－6/01013
問心堂溫病條辨六卷　（清）吳瑭著　清咸豐十年（1860）刻本　四冊

500000－8701－0013045　G06/4－6/01014
溫病條辨六卷　（清）吳瑭著　清咸豐九年（1859）刻本　四冊

500000－8701－0013046　G06/4－6/01015
問心堂溫病條辨六卷　（清）吳瑭著　清同治八年（1869）凝香閣刻本　六冊

500000－8701－0013047　G06/4－6/01016
傷寒柯氏全集三種　（清）柯琴編注　清光緒二十六年（1900）刻本　八冊

500000－8701－0013048　G06/4－6/01017
傷寒來蘇全集三種八卷　（清）柯琴編註　清宣統元年（1909）同文會刻本　八冊

500000－8701－0013049　G06/4－6/01018
傷寒來蘇全集三種八卷　（清）柯琴編註　清宏道堂刻本　八冊

500000－8701－0013050　G06/4－6/01019
張仲景傷寒論貫珠集八卷　（清）尤怡註　清嘉慶十五年（1810）刻本　四冊

500000－8701－0013051　G06/4－6/01020
宗聖要旨八卷附條目古方一卷　（清）尤怡注釋　清光緒二年（1876）刻本　四冊

500000－8701－0013052　G06/4－6/01021
傷寒懸解十四卷首一卷末一卷　（清）黃元御撰　清咸豐九年（1859）刻本　四冊

500000－8701－0013053　G06/4－6/01022
傷寒瘟疫條辨六卷　（清）楊璿撰　（清）楊鼎編　清同治六年（1867）刻本　六冊

500000－8701－0013054　G06/4－6/01023
傷寒瘟疫條辨七卷　（清）楊璿撰　（清）楊鼎編　清光緒三十三年（1907）重慶同經閣刻本　四冊

500000－8701－0013055　G06/4－6/01024
傷寒辨證四卷　（清）陳堯道撰　清乾隆二十一年（1756）刻本　二冊

500000－8701－0013056　G06/4－6/01025
傷寒辨證四卷　（清）陳堯道著　清嘉慶十一年（1806）刻本　四冊

500000－8701－0013057　G06/4－6/01026
辨證錄十二卷　（清）陳士鐸著　清乾隆十三年（1748）刻本　十二冊

500000－8701－0013058　G06/4－6/01027
傷寒恒論十卷　（清）鄭壽全註　清光緒二十三年（1897）刻本　四冊

500000－8701－0013059　G06/4－6/01028
瘟疫明辨四卷末一卷　（清）鄭奠一著　清光緒二十六年（1900）刻本　一冊

500000－8701－0013060　G06/4－6/01029
傷寒論註四卷附翼二卷　（漢）張仲景撰　（清）柯琴註　清乾隆二十年（1755）崑山馬氏刻本　六冊

500000－8701－0013061　G06/4－7/01030
傷寒論後條辯十五卷　（清）程應旄著　清康熙十年（1671）王氏刻本　六冊

500000－8701－0013062　G06/4－7/01031
回春集金匱淺注十卷　（清）陳念祖註　清刻本　三冊

500000－8701－0013063　G06/4－7/01032
張仲景金匱要略論註二十四卷　（清）徐彬著　清刻本　八冊

500000－8701－0013064　G06/4－7/01033
張仲景金匱要略論註二十四卷　（清）徐彬著　清光緒五年（1879）刻本　六冊

500000－8701－0013065　G06/4－7/01034
金匱翼八卷　（清）尤在涇集　（清）徐錦讀　清嘉慶十八年（1813）刻本　四冊

500000－8701－0013066　G06/4－7/01035

金匱玉函經二註二十三卷　(宋)趙以德衍義　(清)周揚俊補注　清刻本　六冊

500000－8701－0013067　G06/4－7/01036
瘟疫條辨摘要不分卷附風溫簡便方一卷金瘡鐵扇散方一卷　(清)陳良佐晰義　(清)楊璿條辨　清光緒十五年(1889)浙江書局鉛印本　一冊

500000－8701－0013068　G06/4－7/01037
瘟疫論類編五卷　(清)吳有性著　(清)劉奎第訂正　**松峰說疫七卷**　(清)劉奎撰　清乾隆五十一年(1786)刻本　六冊

500000－8701－0013069　G06/4－7/01038
外科切要不分卷　(清)王文選編輯　清道光二十七年(1847)萬邑王氏刻本　一冊

500000－8701－0013070　G06/4－7/01039
外科大成四卷　(清)祁坤著　清乾隆六十年(1795)金閶函三堂刻本　四冊

500000－8701－0013071　G06/4－7/01040
重訂外科正宗十二卷　(明)陳實功著　清嘉慶二十年(1815)刻本　六冊

500000－8701－0013072　G06/4－7/01041
眼科切要不分卷　(清)王文選編輯　清道光二十七年(1847)萬邑王氏刻本　一冊

500000－8701－0013073　G06/4－7/01042
銀海精微四卷　(唐)孫思邈輯　(清)周亮節校正　清大雅堂刻本　二冊

500000－8701－0013074　G06/4－7/01043
傅氏眼科審視瑤函六卷首一卷　(明)傅仁宇纂輯　清藜照書屋刻本　六冊

500000－8701－0013075　G06/4－7/01044
校刊日經大成三卷首一卷　(清)黃庭鏡編著　清嘉慶二十三年(1818)寶城述古堂刻本　六冊

500000－8701－0013076　G06/4－7/01045
喉症全科紫珍集二卷　題(清)竇氏撰　(清)朱翔宇輯　清光緒八年(1882)刻本　二冊

500000－8701－0013077　G06/4－7/01046
喉證滙參五卷　(□)□□輯　清光緒十二年(1886)刻本　一冊

500000－8701－0013078　G06/4－7/01047
重樓玉鑰二卷　(清)鄭梅澗撰　清道光十八年(1838)刻本　二冊

500000－8701－0013079　G06/4－7/01048
濟生集六卷　(清)王上達纂輯　清光緒二十二年(1896)明州哷古齋刻本　三冊

500000－8701－0013080　G06/4－7/01049
濟陰綱目十四卷目錄一卷附保生碎事一卷　(明)武之望輯著　(清)汪淇箋釋　清宏道堂刻本　八冊

500000－8701－0013081　G06/4－7/01050
衛生家寶產科備要八卷　(宋)朱端章輯　清光緒十三年(1887)刻本　四冊

500000－8701－0013082　G06/5－1/01051
胎產秘書二卷附胎產秘方一卷　(元)朱震亨著　清光緒二十二年(1896)玉臨堂石印本　一冊

500000－8701－0013083　G06/5－1/01052
婦嬰至寶六卷附催生符一卷　(清)亟齋居士原編　清光緒元年(1875)刻本　二冊

500000－8701－0013084　G06/5－1/01053
胎產集要二卷　(清)黃惕齋輯　清同治七年(1868)海昌鍾氏刻本　二冊

500000－8701－0013085　G06/5－1/01054
胎產秘書二卷　(清)陳敬之著　清刻本　二冊

500000－8701－0013086　G06/5－1/01055
拯嬰彙編不分卷　(清)□□輯　清咸豐十一年(1861)刻本　一冊

500000－8701－0013087　G06/5－1/01056
幼科切要不分卷　(清)王文選編輯　清刻本　一冊

500000－8701－0013088　G06/5－1/01057
幼科鐵鏡六卷　(清)夏禹鑄著　清藜照書屋刻本　二冊

500000－8701－0013089　G06/5－1/01058
鼎鍥幼幼集成四卷　(清)陳復正輯　清乾隆十五年(1750)刻本　四册

500000－8701－0013090　G06/5－1/01059
小兒藥證直訣三卷　(宋)錢乙著　**小兒斑疹備急方論一卷**　(宋)董汲著　**閻氏小兒方論一卷**　(宋)閻孝忠著　**小兒藥證直訣附方一卷**　清光緒十七年(1891)池陽周氏刻本　一册

500000－8701－0013091　G06/5－1/01060
痘疹定論四卷　(清)朱純嘏編輯　清乾隆二十年(1755)上元陳氏蘭州官署刻本　二册

500000－8701－0013092　G06/5－1/01061
痘科切要一卷　(清)王文選編輯　清道光二十七年(1847)萬邑王氏刻本　一册

500000－8701－0013093　G06/5－1/01062
引種牛痘方書不分卷　(□)□□輯　清咸豐五年(1855)新昌劉氏刻本　一册

500000－8701－0013094　G06/5－1/01063
引種牛痘方書不分卷　(□)□□輯　清咸豐五年(1855)新昌劉氏刻本　一册

500000－8701－0013095　G06/5－1/01064
丹溪心法附餘二十四卷首一卷　(明)方廣編輯　明刻本　十五册

500000－8701－0013096　G06/5－1/01065
時病論八卷　(清)雷豐著　清光緒十年(1884)雷氏慎修堂刻本　四册

500000－8701－0013097　G06/5－1/01066
丹臺玉案六卷　(明)孫文胤著　明末刻本　十二册

500000－8701－0013098　G06/5－1/01067
丹溪先生心法五卷附錄一卷附脈訣指掌一卷丹溪先生金匱鉤玄一卷醫學發明一卷活法機要一卷　(元)朱震亨著　(明)戴元禮錄補　清二酉堂刻本　七册

500000－8701－0013099　G06/5－1/01068
蘭臺軌範八卷　(清)徐大椿著　清光緒十五年(1889)江左書林槐廬刻本　六册

500000－8701－0013100　G06/5－1/01069
醫宗摘要四卷　(明)薛己著　(明)黄承昊評輯　清刻本　四册

500000－8701－0013101　G06/5－2/01070
四診抉微八卷管窺附餘一卷　(清)林之翰纂述　清雍正元年(1723)刻本　二册

500000－8701－0013102　G06/5－2/01071
痧症全書三卷　(清)林森傳授　(清)王凱編輯　清道光五年(1825)刻本　一册

500000－8701－0013103　G06/5－2/01072
石室秘籙六卷　(清)陳士鐸撰　清康熙二十八年(1689)義烏金氏刻本　六册

500000－8701－0013104　G06/5－2/01073
醫學金鍼八卷　(清)陳念祖著　(清)潘霨增輯　清光緒四年(1878)吳縣敏德堂潘氏刻本　四册

500000－8701－0013105　G06/5－2/01074
醫學金鍼八卷　(清)陳念祖著　(清)潘霨增輯　清光緒四年(1878)吳縣敏德堂潘氏刻本　四册

500000－8701－0013106　G06/5－2/01075
醫學金鍼八卷　(清)陳念祖著　(清)潘霨增輯　清光緒四年(1878)吳縣敏德堂潘氏刻本　四册

500000－8701－0013107　G06/5－2/01076
鍼灸大成十卷　(清)章廷珪重修　清光緒六年(1880)校經山房成記刻本　十册

500000－8701－0013108　G06/5－2/01077
類經圖翼十一卷附翼四卷　(明)張公賓著　明刻本　五册

500000－8701－0013109　G06/5－2/01078
祝由科二卷　(□)□□輯　清刻本　一册

500000－8701－0013110　G06/5－2/01079
鍼灸甲乙經十二卷　(晉)皇甫謐撰　清光緒十一年(1885)四明存存軒刻本　四册

500000－8701－0013111　G06/5－2/01080
鍼灸大成十卷　（清）章廷珪重修　清咸豐十年（1860）刻本　十冊

500000－8701－0013112　G06/5－2/01081
趙李合璧八卷　（清）趙廷儒　（清）李玉峯纂輯　清光緒三十四年（1908）張興龍刻本　四冊

500000－8701－0013113　G06/5－2/01082
湯液本草三卷　（元）王好古類集　清光緒三十四年（1908）成都肇經堂刻本　三冊

500000－8701－0013114　G06/5－2/01083
本草便讀四卷　（清）張秉成編輯　清末上海千頃堂石印本　一冊

500000－8701－0013115　G06/5－2/01084
善成堂本草從新六卷　（清）吳儀洛輯　清刻本　四冊

500000－8701－0013116　G06/5－2/01085
本草經疏輯要十卷　（清）吳世鎧纂輯　清光緒十一年（1885）刻本　八冊

500000－8701－0013117　G06/5－3/01086
本經疏證十二卷續疏六卷序疏要八卷　（清）鄒澍學　清道光二十九年（1849）常州長年醫局刻民國七年（1918）印本　十二冊

500000－8701－0013118　G06/5－3/01087
本經疏證十二卷續疏六卷序疏要八卷　（清）鄒澍學　清道光二十九年（1849）常州長年醫局刻本　八冊

500000－8701－0013119　G06/5－3/01088
神農本草三卷　（□）□□撰　清光緒十一年（1885）成都尊經書院刻本　一冊

500000－8701－0013120　G06/5－3/01089
本草經解要四卷　（清）葉桂集註　清光緒十四年（1888）鉛印本　四冊

500000－8701－0013121　G06/5－3/01090
本草述鉤元三十二卷　（清）楊時泰輯　清道光二十二年（1842）毘陵涵雅堂刻本　十二冊

500000－8701－0013122　G06/5－3/01091
本草述三十二卷首一卷　（清）劉若金撰　清嘉慶十五年（1810）武進薛氏還讀山房刻本　十六冊

500000－8701－0013123　G06/5－3/01092
本草述三十二卷首一卷　（清）劉若金撰　清嘉慶十五年（1810）武進薛氏還讀山房刻本　二十冊

500000－8701－0013124　G06/5－4/01093
本草三家合註六卷附神農本草經百種錄一卷　（清）郭汝驄集註　清宣統元年（1909）漢文書屋刻本　七冊

500000－8701－0013125　G06/5－4/01094
本草三家合註六卷　（清）郭汝驄集註　清刻本　六冊

500000－8701－0013126　G06/5－4/01095
本草三家合註六卷　（清）郭汝驄集註　清刻本　三冊

500000－8701－0013127　G06/5－4/01096
本草詩箋十卷　（清）朱鑰著　清乾隆二十七年（1762）群玉山房刻本　四冊

500000－8701－0013128　G06/5－4/01097
重鐫本草醫方合編六卷　（清）汪昂著　清刻本　五冊　存五卷（一至三、五至六）

500000－8701－0013129　G06/5－4/01098
食物本草會纂十二卷　（清）沈李龍纂輯　清刻本　七冊

500000－8701－0013130　G06/5－4/01099
雷公炮製藥性解六卷　（清）李中梓編輯　**珍珠囊指掌補遺藥性賦四卷**　（金）李杲編輯　清文盛堂刻本　四冊

500000－8701－0013131　G06/5－4/01100
雷公炮製藥性解六卷　（清）李中梓編輯　**珍珠囊指掌補遺藥性賦四卷**　（金）李杲編輯　清光緒二十三年（1897）金陵濮氏刻本　四冊

500000－8701－0013132　G06/5－4/01101
雷公炮製藥性解六卷　（清）李中梓編輯　**珍珠囊指掌補遺藥性賦四卷**　（金）李杲編輯

清道光三年(1823)刻本　四册

500000－8701－0013133　G06/5－4/01102
雷公炮製藥性解六卷　(清)李中梓編輯　**珍珠囊指掌補遺藥性賦四卷**　(金)李杲編輯　清乾隆五十年(1785)金閶傳萬堂刻本　四册

500000－8701－0013134　G06/5－4/01103
醫林改錯二卷　(清)王清任著　清咸豐三年(1853)刻本　一册

500000－8701－0013135　G06/5－4/01104
幾希錄附集古方三卷首一卷　(清)瑞五堂主人編輯　清咸豐元年(1851)刻本　四册

500000－8701－0013136　G06/5－4/01105
千金翼方三十卷　(唐)孫思邈撰　清乾隆二十八年(1763)刻本　十六册

500000－8701－0013137　G06/5－4/01106
時經兩方三卷　(□)□□輯　清同治十二年(1873)刻本　三册

500000－8701－0013138　G06/5－4/01107
一囊春三卷　(清)徐朝宦等纂輯　清同治五年(1866)刻本　五册

500000－8701－0013139　G06/5－4/01108
傷寒論類方四卷　(清)潘蔚增輯　清同治五年(1866)刻本　四册

500000－8701－0013140　G06/5－4/01109
醫方集解不分卷　(清)汪昂撰　清刻本　六册

500000－8701－0013141　G06/5－4/01110
醫方集解六卷增訂本草備要六卷　(清)汪昂著　清乾隆五年(1740)繡谷胡氏松雲草堂刻本　八册

500000－8701－0013142　G06/5－5/01111
仙人拈集四卷　(清)李文炳纂輯　清刻本　四册

500000－8701－0013143　G06/5－5/01112
神醫彙編十卷　(□)□□輯　清康熙至乾隆刻本　九册

500000－8701－0013144　G06/5－5/01113
醫法徵驗錄二卷　(清)李文庭著　清光緒二十年(1894)貴州高氏四川資州官廨刻本　二册

500000－8701－0013145　G06/5－5/01114
醫理匯精二卷　(清)李培郁編輯　(清)劉仕廉校正　清同治十二年(1873)雙邑成蹊書屋刻本　四册

500000－8701－0013146　G06/5－5/01115
蘇沈良方八卷　(宋)蘇軾　(宋)沈括著　清光緒三十年(1904)善成裕記刻本　二册

500000－8701－0013147　G06/5－5/01116
史載之方二卷　(宋)史堪著　清光緒二年(1876)吳興陸氏十萬卷樓刻本　一册

500000－8701－0013148　G06/5－5/01117
醫方論四卷　(清)黃伯雄著　清光緒三年(1877)刻本　四册

500000－8701－0013149　G06/5－5/01118
救偏瑣言十卷備用良方一卷　(清)費啟泰著　清順治惠迪堂刻本　六册

500000－8701－0013150　G06/5－5/01119
黃帝素問宣明論方十五卷　(金)劉完素輯著　(明)吳勉學校　**劉河間傷寒醫鑑一卷**　(元)馬宗素撰　(明)吳勉學校　明刻本　四册

500000－8701－0013151　G06/5－5/01120
三刻太醫院補註婦人良方大全二十四卷　(宋)陳自明編輯　(明)薛己補註　明刻本　四册

500000－8701－0013152　G06/5－5/01121
時方妙用四卷　(清)陳念祖著　清光緒十三年(1887)務本堂刻本　四册

500000－8701－0013153　G06/5－5/01122
毆蟲燃犀錄一卷　(清)燃犀道人著　清光緒二十六年(1900)天彭官署刻本　一册

500000－8701－0013154　G06/5－5/01123
唐王燾先生外臺秘要方四十卷　(唐)王燾撰

清同治十三年(1874)廣東翰墨園刻本　四十册

500000－8701－0013155　G06/5－5/01124
唐王燾先生外臺秘要方四十卷目錄一卷　(唐)王燾撰　清志古堂刻本　四十册

500000－8701－0013156　G06/5－6/01125
孫真人千金方衍義三十卷　(清)張璐著　清光緒五年(1879)刻本　三十二册

500000－8701－0013157　G06/5－7/01126
孫真人千金方衍義三十卷　(清)張璐著　清同治六年(1867)掃葉山房刻本　三十二册

500000－8701－0013158　G06/5－7/01127
絳雪園古方選註不分卷　(清)王子接註　清常熟席氏掃葉山房刻本　四册

500000－8701－0013159　G06/5－7/01128
世補齋醫書前集六種三十三卷後集四種二十五卷　(清)陸懋修撰　清光緒十二年(1886)山左書局刻本　十八册

500000－8701－0013160　G06/6－1/01129
醫方易簡新編六卷續編二卷醫方易簡外科續編一卷續刻簡易新編新增良方一卷　(清)龔自璋纂輯　清同治三年(1864)香山集善堂刻本　七册

500000－8701－0013161　G06/6－1/01130
奇方纂要一卷　(清)王錫鑫編輯　**醫學一統一卷**　(清)黄為良編輯　清道光二十七年(1847)刻本　一册

500000－8701－0013162　G06/6－1/01131
簡要良方不分卷　(清)雪凡道人編　清光緒二十一年(1895)刻本　一册

500000－8701－0013163　G06/6－1/01132
集驗簡易良方四卷　(□)□□撰　清刻本　四册

500000－8701－0013164　G06/6－1/01133
驗方新編十六卷　(清)鮑相璈編輯　清同治四年(1865)善化鮑氏粤西武宣官署刻本　八册

500000－8701－0013165　G06/6－1/01134
驗方新編二十四卷　(清)鮑相璈編輯　清光緒四年(1878)浙江省東壁齋刻本　十六册

500000－8701－0013166　G06/6－1/01135
救急備用經驗彙方十卷　(清)葉廷薦輯　清嘉慶六年(1801)樂志堂刻本　十六册

500000－8701－0013167　G06/6－1/01136
十藥神書一卷　(元)葛可久編　(清)潘蔚增注　清光緒五年(1879)吳縣潘氏敏德堂刻本　一册

500000－8701－0013168　G06/6－1/01137
丹方彙編四卷　(清)錢峻編輯　(清)俞焕　(清)周朗增補　清寶珍堂刻本　四册

500000－8701－0013169　G06/6－2/01138
三家醫案合刻三卷醫效秘傳三卷溫熱贅言一卷　(清)吳金壽輯　清刻本　四册

500000－8701－0013170　G06/6－2/01139
名醫類案十二卷　(明)江瓘集　清刻本　十二册

500000－8701－0013171　G06/6－2/01140
臨證指南醫案十卷　(清)葉桂著　清光緒二十年(1894)劉氏刻朱墨套印本　十册

500000－8701－0013172　G06/6－2/01141
臨證指南醫案十卷　(清)葉桂著　清乾隆三十三年(1768)刻本　十册

500000－8701－0013173　G06/6－2/01142
徐批臨證指南醫案十卷附錄四卷　(清)葉桂著　(清)徐大椿評　清光緒十四年(1888)蒲圻但氏刻本　十二册

500000－8701－0013174　G06/6－2/01143
種福堂公選良方四卷　(清)葉桂撰　清道光二十九年(1849)刻本　二册

500000－8701－0013175　G06/6－2/01144
臨證指南醫案十卷　(清)葉桂著　清嘉慶八年(1803)刻朱墨套印本　十册

500000－8701－0013176　G06/6－2/01145
高士宗先生手授醫學真傳一卷　(清)高世栻

輯　清刻本　一册

500000－8701－0013177　G06/6－2/01146
醫學切要一卷　(清)王文選編輯　清光緒八年(1882)刻本　一册

500000－8701－0013178　G06/6－2/01147
醫學窮源集六卷　(明)王損庵著　(明)殷宅心輯釋　清嘉慶十三年(1808)雉水湯氏刻本　六册

500000－8701－0013179　G06/6－3/01148
張氏醫通十六卷本經逢源四卷　(清)張璐撰　清寶翰樓刻本　二十册

500000－8701－0013180　G06/6－3/01149
類經三十二卷　(明)張介賓著　清嘉慶四年(1799)金閶萃英堂刻本　十九册

500000－8701－0013181　G06/6－3/01150
醫學心悟六卷　(清)程國彭著　清刻本　五册

500000－8701－0013182　G06/6－3/01151
醫學心悟五卷　(清)程國彭著　清乾隆十三年(1748)休寧汪氏刻本　四册

500000－8701－0013183　G06/6－3/01152
醫學心悟五卷附外科十法一卷　(清)程國彭著　(清)汪沂校　清乾隆五十六年(1791)休寧汪氏書粟軒刻本　六册

500000－8701－0013184　G06/6－3/01153
醫貫砭二卷　(清)徐大椿著　清光緒孫谿朱氏槐廬刻本　一册

500000－8701－0013185　G06/6－3/01154
醫學讀書記三卷續記一卷附静香樓醫案一卷　(清)尤怡著　清光緒十四年(1888)行素草堂刻槐廬叢書本　一册

500000－8701－0013186　G06/6－3/01155
醫宗說約四卷　(清)蔣示吉纂　清康熙刻本　四册

500000－8701－0013187　G06/6－3/01156
醫門法律六卷　(清)喻昌撰　清刻本　七册

500000－8701－0013188　G06/6－3/01157
醫學法律六卷　(清)喻昌著　清錫環堂刻本　六册

500000－8701－0013189　G06/6－4/01158
内科理法前編六卷　(英國)虎伯著　舒高第口譯　(清)趙元益筆述　清江南製造總局刻本　四册

500000－8701－0013190　G06/6－4/01159
内科理法前編六卷　(英國)虎伯著　舒高第口譯　(清)趙元益筆述　清江南製造總局刻本　四册

500000－8701－0013191　G06/6－4/01160
内科理法後編總病六卷專病十卷附卷一卷　(英國)虎伯著　舒高第口譯　(清)趙元益筆述　清江南製造總局刻本　八册

500000－8701－0013192　G06/6－4/01161
内科理法後編總病六卷專病十卷附卷一卷　(英國)虎伯著　舒高第口譯　(清)趙元益筆述　清江南製造總局刻本　八册

500000－8701－0013193　G06/6－4/01162
西藥大成十卷首一卷　(英國)來拉　(英國)海得蘭著　(英國)傅蘭雅譯　(清)趙元益筆述　清江南製造總局刻本　十六册

500000－8701－0013194　G06/6－5/01163
吴醫彙講十一卷　(清)唐大烈纂　清嘉慶長洲唐氏刻本　二册

500000－8701－0013195　G06/6－5/01164
山家清供一卷　(宋)林洪撰　**勿藥須知一卷**　(清)尤乘輯　清光緒三十三年(1907)刻本　一册

500000－8701－0013196　G06/6－5/01165
農書二十二卷　(元)王禎撰　清木活字印本　八册

500000－8701－0013197　G06/6－5/01166
齊民要術十卷　(北魏)賈思勰著　清光緒二十二年(1896)桐廬袁氏中江榷署刻本　六册

500000－8701－0013198　G06/6－5/01167

齊民要術十卷　(北魏)賈思勰著　清光緒二十二年(1896)桐廬袁氏中江榷署刻本　一冊

500000－8701－0013199　G06/6－5/01168
齊民要術十卷　(北魏)賈思勰著　清光緒十四年至十九年(1888－1893)葉長高刻觀象廬叢書本　四冊

500000－8701－0013200　G06/6－5/01169
齊民要術十卷　(北魏)賈思勰著　清光緒十四年至十九年(1888－1893)葉長高刻觀象廬叢書本　四冊

500000－8701－0013201　G06/6－5/01170
農桑衣食撮要二卷　(元)魯明善撰　清嘉慶十七年(1812)刻墨海金壺叢書本　一冊

500000－8701－0013202　G06/6－5/01171
三農紀二十四卷　(清)張宗法著　清刻本　六冊

500000－8701－0013203　G06/6－5/01172
農桑輯要七卷　(元)司農司撰　**蠶事要略一卷**　(清)張行孚輯　清光緒二十二年(1896)桐廬袁氏中江榷署刻本　二冊

500000－8701－0013204　G06/6－5/01173
農學初階七十章　(英國)黑球華來思著　(清)吳治儉譯　清光緒二十年(1894)北洋官報局石印本　三冊

500000－8701－0013205　G06/6－6/01174
農政全書六十卷　(明)徐光啓撰　清光緒二十六年(1900)上海文海書局石印本　八冊

500000－8701－0013206　G06/6－6/01175
農政全書六十卷　(明)徐光啓纂輯　(清)張國維鑒定　清道光二十三年(1843)刻本　二十四冊

500000－8701－0013207　G06/6－6/01176
農政全書六十卷　(明)徐光啓撰　清宣統元年(1909)上海求學齋局石印本　八冊

500000－8701－0013208　G06/6－6/01177
農政全書六十卷　(明)徐光啓纂輯　(清)張國維鑒定　清道光十七年(1837)貴陽刻本　三冊　存四十四卷(一至十四、三十一至六十)

500000－8701－0013209　G06/6－6/01178
農學初級一卷　(英國)旦爾恒理著　(英國)秀耀春譯　(清)范熙庸筆述　清光緒二十四年(1898)上海製造局刻本　一冊

500000－8701－0013210　G06/6－6/01179
農學初級一卷　(英國)旦爾恒理著　(英國)秀耀春譯　(清)范熙庸筆述　清光緒二十四年(1898)上海製造局刻本　一冊

500000－8701－0013211　G06/7－7/01180
欽定授時通考全書七十八卷　(清)張廷玉等總裁　(清)蔣溥等纂修　清道光六年(1826)刻本　二十冊

500000－8701－0013212　G06/7－7/01181
欽定授時通考全書七十八卷　(清)張廷玉等總裁　(清)蔣溥等纂修　清道光六年(1826)刻本　二十四冊

500000－8701－0013213　G07/1－1/01182
農務土質論三卷附圖說一卷　(美國)金福蘭格令希蘭著　(美國)衛理譯　(清)范熙庸筆述　清光緒二十六年(1900)上海製造局刻本　三冊

500000－8701－0013214　G07/1－1/01183
廄肥篇一卷　(美國)啤耳撰　(清)胡濬康譯　清北洋官報局石印農學叢書本　一冊

500000－8701－0013215　G07/1－1/01184
農務化學問答二卷　(英國)仲斯敦著　(英國)秀耀春譯　(清)范熙庸筆述　清光緒二十五年(1899)江南製造總局刻本　二冊

500000－8701－0013216　G07/1－1/01185
農務化學簡易要法三卷　(美國)固來納著　(英國)傅蘭雅口譯　清北洋官報局石印農學叢書本　三冊

500000－8701－0013217　G07/1－1/01186
害蟲要說一卷　(日本)小野孫之郎著　(日本)烏居赫雄譯　清北洋官報局石印農學叢

書本　一冊

500000－8701－0013218　G07/1－1/01187
害蟲要説一卷　（日本）小野孫之郎著　（日本）烏居赫雄譯　清北洋官報局石印農學叢書本　一冊

500000－8701－0013219　G07/1－1/01188
治蝗全法四卷　（清）顧彦輯　清光緒十四年（1888）刻本　三冊

500000－8701－0013220　G07/1－1/01189
種印度粟法一卷　（清）直隸臬署原譯　羅振玉潤色　清北洋官報局石印農學叢書本　一冊

500000－8701－0013221　G07/1－1/01190
種棉五種　（英國）杜均安著　清北洋官報局石印農學叢書本　一冊

500000－8701－0013222　G07/1－1/01191
麻栽製法一卷　（日本）高橋重郎著　（日本）藤田豐八譯　清北洋官報局石印農學叢書本　一冊

500000－8701－0013223　G07/1－1/01192
植漆法一卷　（日本）初瀬川健增撰　清北洋官報局石印農學叢書本　一冊

500000－8701－0013224　G07/1－1/01193
淡芭菰栽製法一卷　（美國）厄斯宅士藏　陳壽彭譯　清北洋官報局石印農學叢書本　一冊

500000－8701－0013225　G07/1－1/01194
山藍新説一卷　（日本）堀内良平編述　（清）林壬譯　清北洋官報局石印農學叢書本　一冊

500000－8701－0013226　G07/1－1/01195
家菌長養法一卷附蕈種栽培法一卷　（美國）和爾康尼著　陳壽彭譯　清北洋官報局石印農學叢書本　一冊

500000－8701－0013227　G07/1－1/01196
果樹栽培總論一卷　（日本）福羽逸人著　（清）沈紘譯　清北洋官報局石印農學叢書本　一冊

500000－8701－0013228　G07/1－1/01197
水蜜桃譜一卷　（清）褚華著　清北洋官報局石印農學叢書本　一冊

500000－8701－0013229　G07/1－1/01198
水蜜桃譜一卷　（清）褚華撰　清嘉慶刻本　一冊

500000－8701－0013230　G07/1－1/01199
葡萄新書一卷　（日本）中城恒三郎著　（清）林壬譯　清北洋官報局石印農學叢書本　一冊

500000－8701－0013231　G07/1－1/01200
草木移植心得一卷　薩端譯　清北洋官報局石印農學叢書本　一冊

500000－8701－0013232　G07/1－1/01201
種樹書一卷附廣蠶桑説輯補二卷蠶桑説一卷　（元）俞宗本著　清光緒二十三年（1897）漸西村舍刻本　一冊

500000－8701－0013233　G07/1－1/01202
山居瑣言一卷　（清）王晉之著　清北洋官報局石印本　一冊

500000－8701－0013234　G07/1－1/01203
蠕範八卷　（清）李元著　清光緒十七年（1891）刻湖北叢書本　四冊

500000－8701－0013235　G07/1－1/01204
馬糞孵卵法一卷　（美國）胡兒別士著　（日本）大寄保之助譯　清北洋官報局石印農學叢書本　一冊

500000－8701－0013236　G07/1－1/01205
山羊全書一卷　（日本）内藤菊造著　清北洋官報局石印農學叢書本　一冊

500000－8701－0013237　G07/1－1/01206
牧豬法一卷　（清）陳梅坡譯　清北洋官報局石印農學叢書本　一冊

500000－8701－0013238　G07/1－1/01207
養魚人工孵化術一卷　（日本）金田歸逸撰　（清）劉大猷譯　清北洋官報局石印農學叢書

本　一册

500000－8701－0013239　G07/1－1/01208
山蠶圖說一卷　(清)夏與賡撰　清光緒三十一年(1905)遵義夏氏刻本　一册

500000－8701－0013240　G07/1－1/01209
蠶桑萃編十五卷首一卷　(清)衛傑編　清光緒二十五年(1899)刻本　八册

500000－8701－0013241　G07/1－1/01210
廣蠶桑說輯補二卷　(清)仲昂庭輯補　清光緒三年(1877)刻本　一册

500000－8701－0013242　G07/1－1/01211
蠶桑輯要不分卷　(清)沈秉成撰　**廣桑蠶說一卷**　(清)沈練撰　清光緒元年(1875)江西書局刻本　一册

500000－8701－0013243　G07/1－1/01212
蠶桑輯要不分卷　(清)沈秉成撰　**廣桑蠶說一卷**　(清)沈練撰　清光緒元年(1875)江西書局刻本　一册

500000－8701－0013244　G07/1－1/01213
五畝居桑蠶清課四卷　(清)曹笙南輯　清同治十一年(1872)刻本　一册

500000－8701－0013245　G07/1－1/01214
蠶桑實濟六卷　(清)易星撰　清光緒十七年(1891)桂垣書局刻本　二册

500000－8701－0013246　G07/1－1/01215
山蠶圖說一卷　(清)夏與賡撰　清光緒三十二年(1906)成都文倫書局鉛印本　一册

500000－8701－0013247　G07/1－1/01216
樗繭譜一卷　(清)鄭珍纂　清光緒十五年(1889)貴州刻本　一册

500000－8701－0013248　G07/1－1/01217
樗繭譜一卷　(清)鄭珍纂　清光緒十五年(1889)貴州刻本　一册

500000－8701－0013249　G07/1－1/01218
樗繭譜一卷　(清)鄭珍纂　(清)莫友芝註　清宣統元年(1909)貴州遵義府官書局鉛印本　一册

500000－8701－0013250　G07/1－1/01219
樗繭譜一卷　(清)鄭珍纂　(清)莫友芝註　清宣統元年(1909)貴州遵義府官書局鉛印本　一册

500000－8701－0013251　G07/1－1/01220
考工記要十七卷附圖一卷　(英國)瑪體生著　(英國)傅蘭雅　(清)鍾天緯譯　清江南製造總局刻本　八册

500000－8701－0013252　G07/1－1/01221
鍊石編三卷附圖一卷　(英國)亨利黎特撰　舒高第　(清)鄭昌棪譯　清江南製造總局鉛印本　二册

500000－8701－0013253　G07/1－1/01222
居濟一得八卷　(清)張伯行撰　清同治五年(1866)福州正誼書局刻正誼堂全書本　四册

500000－8701－0013254　G07/1－1/01223
眉彭新三屬水利志不分卷　(□)□□輯　清眉山縣通濟堰局抄本　一册

500000－8701－0013255　G07/1－2/01224
畿輔河道水利叢書九種　(清)吳邦慶輯　清道光四年(1824)刻本　十册

500000－8701－0013256　G07/1－2/01225
迴瀾紀要二卷安瀾紀要二卷　(清)徐端撰　清嘉慶十八年(1813)刻本　四册

500000－8701－0013257　G07/1－2/01226
重訂河防通議一卷閩中海錯疏一卷　(元)沙克什撰　(清)余肇鈞訂　清同治八年(1869)長沙余氏永豐書局刻本　一册

500000－8701－0013258　G07/1－2/01227
畿輔水利議一卷　(清)林則徐撰　清光緒二年(1876)三山林氏刻本　一册

500000－8701－0013259　G07/1－2/01228
汽機新制八卷　(英國)白爾格撰　(英國)傅蘭雅口譯　(清)徐建寅筆述　清江南機器製造局刻本　二册

500000－8701－0013260　G07/1－2/01229
兵船汽機六卷附錄一卷　(英國)息尼德著

(英國)傅蘭雅口譯　(清)華備鈺筆述　清江南機器製造總局刻本　八册

500000－8701－0013261　G07/1－2/01230
汽機必以十二卷首一卷附一卷　(英國)蒲而捺撰　(英國)傅蘭雅口譯　(清)徐建寅筆述　清光緒江南製造局刻本　六册

500000－8701－0013262　G07/1－2/01231
汽機發軔九卷　(英國)美以納白勞那撰　(英國)偉烈亞力口譯　(清)徐壽筆述　清光緒江南製造局刻本　四册

500000－8701－0013263　G07/1－2/01232
無線電報一卷補編一卷　(英國)克爾著　(美國)衛理口譯　(清)范熙庸筆述　清光緒二十六年(1900)江南製造局刻本　一册

500000－8701－0013264　G07/1－2/01233
醒園錄一卷　(清)李化楠撰　清刻本　一册

500000－8701－0013265　G07/1－2/01234
農產製作學二卷　(清)沈紘譯　清北洋官報局石印本　二册

500000－8701－0013266　G07/1－2/01235
金石識別十二卷　(美國)代那撰　(美國)瑪高溫口譯　(清)華蘅芳筆述　清同治至光緒江南製造局刻本　六册

500000－8701－0013267　G07/1－2/01236
井礦工程三卷　(英國)白爾捺輯　(英國)傅蘭雅譯　(清)趙元益筆述　清江南製造總局刻本　二册

500000－8701－0013268　G07/1－2/01237
開煤要法十二卷　(英國)士密德輯　(英國)傅蘭雅口譯　(清)王德均筆述　清江南機器製造總局刻本　二册

500000－8701－0013269　G07/1－2/01238
銀礦指南不分卷　(美國)亞倫著　(英國)傅蘭雅口譯　應祖錫筆記　清光緒十七年(1891)江南製造局刻本　一册

500000－8701－0013270　G07/1－2/01239
雲南礦廠工器圖略一卷滇南礦廠輿程圖略一卷　(清)吳其濬纂　(清)徐金生繪輯　清活字印本　一册

500000－8701－0013271　G07/1－2/01240
冶金錄三卷　(美國)阿發滿著　(英國)傅蘭雅口譯　(清)趙元益筆述　清江南製造總局刻本　二册

500000－8701－0013272　G07/1－3/01241
西藝知新二十二卷　(英國)諾格德著　(英國)傅蘭雅口述　(清)徐壽筆述　清光緒江南機器製造總局刻本　十四册

500000－8701－0013273　G07/1－3/01242
新鐫工師雕斲正式魯班木經匠家鏡三卷附靈驅解法洞明真言秘書一卷　(明)午榮彙編　(清)章嚴集　清尚古堂刻本　二册

500000－8701－0013274　G07/1－3/01243
製紙畧法一卷　(日本)金關常次郎著　(日本)佐野謙之助譯　清北洋官報局石印本　一册

500000－8701－0013275　G07/1－3/01244
福田自動織機圖說一卷　(日本)大隴製造所編撰　(日本)川瀨儀太郎譯　清北洋官報局石印本　一册

500000－8701－0013276　G07/1－3/01245
商辦山東嶧縣中興煤礦有限公司光緒三十四年簡明總帳一卷　(□)□□輯　清光緒三十四年(1908)石印本　一册

500000－8701－0013277　G07/1－3/01246
湖南商事習慣報告書不分卷　湖南調查局編印　清宣統三年(1911)湖南調查局鉛印本　一册

500000－8701－0013278　G07/1－3/01247
肄業要覽一卷　(英國)史本守著　(清)顏永京譯　清光緒二十一年(1895)上海格致書室鉛印本　一册

500000－8701－0013279　G07/1－3/01248
門徑書叢刻不分卷　(□)□□輯　清刻本　二册

500000－8701－0013280　G07/1－3/01249
勸學篇二卷　（清）張之洞撰　清光緒二十四年（1898）浙江省刻本　一册

500000－8701－0013281　G07/1－3/01250
奏定學堂章程不分卷　（清）張之洞等編　清光緒湖北學務處刻本　一册

500000－8701－0013282　G07/1－3/01251
奏定學堂章程不分卷　（清）張之洞等編　清光緒江西官書局石印本　四册　存十三種附二種（學務綱要、大學堂章程、高等學堂章程、中學堂章程、高等小學堂章程、初等小學堂章程、蒙養院及家庭教育法章程、優級師範學堂章程、初級師範學堂章程、實業教員講習所章程、高等農工商實業學堂章程、中等農工商實業學堂章程、初等農商實業學堂章程，附實業補習普通學堂章程、藝徒學堂章程）

500000－8701－0013283　G07/1－3/01252
日本文部省沿革及官制不分卷　（日本）文部省原書　出洋學生編輯所譯　清光緒二十八年（1902）上海商務印書館鉛印本　一册

500000－8701－0013284　G07/1－3/01253
文學興國策二卷　（美國）林樂知譯　清光緒二十二年（1896）上海廣學會鉛印本　一册

500000－8701－0013285　G07/1－3/01254
學算筆談十二卷　（清）華蘅芳撰　清光緒刻行素軒算稿本　四册

500000－8701－0013286　G07/1－3/01255
日本學校源流不分卷　（美國）路義思著（美國）衛理譯　（清）范熙庸述　清光緒二十五年（1899）江南製造局刻本　一册

500000－8701－0013287　G07/1－3/01256
程氏家塾讀書分年日程三卷綱領一卷　（元）程端禮撰　清同治八年（1869）江蘇書局刻本　一册

500000－8701－0013288　G07/1－3/01257
欽定學政全書八十二卷　（清）王傑等纂　清刻本　十六册

500000－8701－0013289　G07/1－4/01258
欽定學政全書八十六卷　（清）王傑等纂　清刻本　十六册

500000－8701－0013290　G07/1－4/01259
漢州小學田不分卷　（□）□□輯　清刻本　一册

500000－8701－0013291　G07/1－4/01260
科名金鍼不分卷　（□）□□輯　清光緒元年（1875）刻本　一册

500000－8701－0013292　G07/1－4/01261
聖門禮志一卷聖門樂志一卷　（清）孔令貽編輯　清光緒十三年（1887）刻本　二册

500000－8701－0013293　G07/1－4/01262
禮書綱目八十五卷首三卷　（清）江永編　清嘉慶十五年（1810）刻本　二十八册

500000－8701－0013294　G07/1－4/01263
儀禮十七卷　（漢）鄭玄註　（清）張爾岐句讀　**監本正誤一卷石本誤字一卷**　（清）張爾岐句讀　清同治七年（1868）金陵書局刻本　四册

500000－8701－0013295　G07/1－4/01264
儀禮十七卷　（漢）鄭玄註　（清）張爾岐句讀　**監本正誤一卷石本誤字一卷儀禮校勘記一卷**　（清）張爾岐句讀　清同治十一年（1872）山東書局刻本　六册

500000－8701－0013296　G07/1－4/01265
儀禮十七卷附嚴本儀禮鄭氏註校錄一卷續校一卷　（漢）鄭玄注　清同治九年（1870）湖北崇文書局刻本　二册

500000－8701－0013297　G07/1－5/01266
欽定儀禮義疏四十八卷首二卷　（清）允祿等撰　清刻本　二十八册

500000－8701－0013298　G07/1－5/01267
儀禮正義四十卷　（漢）鄭玄注　（清）胡培翬學　清咸豐元年（1851）陸氏刻同治修補本　二十册

500000－8701－0013299　G07/1－5/01268

周禮故書疏證六卷附儀禮古今文書證二卷 (清)宋世犖著　清光緒六年(1880)津門徐氏刻本　二冊

500000－8701－0013300　G07/1－5/01269
儀禮古今文疏義十七卷 (清)胡承珙撰　清光緒三年(1877)湖北崇文書局刻本　四冊

500000－8701－0013301　G07/1－5/01270
儀禮私箋八卷 (清)鄭珍撰　清同治五年(1866)成山唐氏刻本　三冊

500000－8701－0013302　G07/1－5/01271
儀禮圖六卷 (清)張惠言述　清同治九年(1870)湖北崇文書局刻本　二冊

500000－8701－0013303　G07/1－5/01272
儀禮圖六卷 (清)張惠言述　清同治九年(1870)湖北崇文書局刻本　三冊

500000－8701－0013304　G07/1－5/01273
禮記約編十卷 (清)汪基鈔撰　清宣統二年(1910)直隸官書局石印本　六冊

500000－8701－0013305　G07/1－5/01274
禮記十卷 (元)陳澔集說　清同治十一年(1872)山東書局刻本　十冊

500000－8701－0013306　G07/1－6/01275
欽定儀禮義疏四十八卷首一卷 (清)允祿等撰　清刻本　三十二冊

500000－8701－0013307　G07/1－6/01276
禮記箋四十六卷 (漢)鄭玄注　王闓運箋　清光緒二十六年(1900)成都呂氏刻本　十二冊

500000－8701－0013308　G07/1－6/01277
禮經箋十七卷 (漢)鄭玄注　王闓運箋　清光緒二十六年(1900)刻本　六冊

500000－8701－0013309　G07/1－6/01278
續禮記集說一百卷 (清)杭世駿著　清光緒二十一年(1895)浙江書局刻本　四十冊

500000－8701－0013310　G07/1－7/01279
禮記六十一卷附尚書顧命解一卷 (清)孫希旦集解　清咸豐十年至同治七年(1860－1868)瑞安孫氏盤谷草堂刻本　十四冊

500000－8701－0013311　G07/1－7/01280
禮記十卷 (元)陳澔集說　清光緒十七年(1891)刻本　十冊

500000－8701－0013312　G07/1－7/01281
禮記十卷 (元)陳澔集說　清同治七年(1868)崇文書局刻本　五冊

500000－8701－0013313　G07/1－7/01282
禮記十卷 (元)陳澔集說　清同治五年(1866)金陵書局刻本　十冊

500000－8701－0013314　G07/2－1/01283
欽定禮記義疏八十二卷首一卷 (清)允祿等纂　清刻本　四十八冊

500000－8701－0013315　G07/2－1/01284
禮箋三卷 (清)金榜撰　清嘉慶刻本　四冊

500000－8701－0013316　G07/2－1/01285
禮記質疑四十九卷 (清)郭嵩燾著　清光緒十六年(1890)思賢講舍刻本　十冊

500000－8701－0013317　G07/2－1/01286
謝疊山先生批點檀弓一卷 (元)謝枋得批點　清光緒二十二年(1896)桂垣書局刻本　一冊

500000－8701－0013318　G07/2－1/01287
月令粹編二十四卷圖說一卷 (清)秦嘉謨編　清嘉慶十七年(1812)江都秦氏琳琅仙館刻本　六冊

500000－8701－0013319　G07/2－1/01288
月令粹編二十四卷圖說一卷 (清)秦嘉謨編　清嘉慶十七年(1812)江都秦氏琳琅仙館刻本　四冊

500000－8701－0013320　G07/2－1/01289
月令粹編二十四卷圖說一卷 (清)秦嘉謨編　清嘉慶十七年(1812)江都秦氏琳琅仙館刻本　八冊

500000－8701－0013321　G07/2－2/01290
校正孔氏大戴禮記補注十三卷 王樹枏補注　清光緒九年(1883)刻本　二冊

500000－8701－0013322　G07/2－2/01291
夏小正正義一卷弟子職正音一卷夏小正一卷　（清）王筠著　清道光二十九年（1849）刻本　一册

500000－8701－0013323　G07/2－2/01292
大戴禮記補注十三卷　（北周）盧辯注　（清）孔廣森補　清光緒刻本　二册

500000－8701－0013324　G07/2－2/01293
大戴禮記補注十三卷　（北周）盧辯注　（清）孔廣森補注　清同治十三年（1874）淮南書局刻本　四册

500000－8701－0013325　G07/2－2/01294
宋葉文康公禮經會元節本四卷　（宋）葉時撰　清光緒十三年（1887）文選樓刻本　四册

500000－8701－0013326　G07/2－2/01295
宦鄉要則七卷　（清）張鑒瀛撰　清宣統元年（1909）宏道堂刻本　四册

500000－8701－0013327　G07/2－2/01296
宦鄉要則七卷　（清）張鑒瀛撰　清光緒六年（1880）一體閣刻本　四册

500000－8701－0013328　G07/2－2/01297
夏小正通釋一卷　（清）梁章鉅輯　清光緒十三年（1887）浙江書局刻本　一册

500000－8701－0013329　G07/2－2/01298
夏小正一卷　（漢）戴德撰　（清）王氏注　清光緒十年（1884）成都尊經書局刻本　一册

500000－8701－0013330　G07/2－2/01299
儀禮釋官九卷首一卷　（清）胡匡衷著　清同治八年（1869）刻本　四册

500000－8701－0013331　G07/2－2/01300
任釣臺先生遺書四卷　（清）任啟運撰　（清）張紀植錄　清嘉慶十五年（1810）刻本　一册

500000－8701－0013332　G07/2－2/01301
五禮通考二百六十二卷　（清）秦蕙田編輯　清刻本　一百二十册

500000－8701－0013333　G07/2－4/01302
大清通禮五十四卷　（清）穆克登額等續纂　清光緒九年（1883）江蘇書局刻本　十二册

500000－8701－0013334　G07/2－4/01303
大清通禮五十四卷　（清）穆克登額等續纂　清光緒九年（1883）江蘇書局刻本　十二册

500000－8701－0013335　G07/2－4/01304
大清通禮五十四卷　（清）穆克登額等續纂　清光緒九年（1883）江蘇書局刻本　十二册

500000－8701－0013336　G07/2－4/01305
典禮備考二卷　（□）□□撰　清刻本　二册

500000－8701－0013337　G07/2－4/01306
禮書通故四十九卷　（清）黄以周撰　清光緒十九年（1893）黄氏試館刻本　三十二册

500000－8701－0013338　G07/2－4/01307
欽定禮部則例二百二卷　（清）特登額等修　清道光二十四年（1844）刻本　二十四册

500000－8701－0013339　G07/2－5/01308
漢官儀三卷　（宋）劉攽撰　清道光四年（1824）鮑崇城刻本　一册

500000－8701－0013340　G07/2－5/01309
天子肆獻祼饋食禮三卷　（清）任啟運纂　清乾隆三十八年（1773）清芬樓刻本　一册

500000－8701－0013341　G07/2－5/01310
任釣臺先生遺書四卷　（清）任啟運撰　清嘉慶十四年（1809）刻本　二册

500000－8701－0013342　G07/2－5/01311
皇朝祭器樂舞錄二卷　（清）徐曉泉編　清同治十年（1871）刻本　二册

500000－8701－0013343　G07/2－5/01312
讀禮通考一百二十卷　（清）徐乾學輯　清康熙三十五年（1696）刻本　三十二册

500000－8701－0013344　G07/2－5/01313
文廟祀典考五十卷首一卷　（清）龐鍾璐編輯　清光緒四年（1878）常熟龐氏刻本　八册

500000－8701－0013345　G07/2－5/01314
太常因革禮一百卷校識二卷　（宋）歐陽修等編　清光緒廣雅書局刻本　八册

500000－8701－0013346　G07/2－6/01315
太常因革禮一百卷校識二卷　(宋)歐陽修等編　清光緒廣雅書局刻本　八册

500000－8701－0013347　G07/2－6/01316
直省釋奠禮樂記六卷首一卷末一卷　(清)應寶時等纂　清同治十二年(1873)刻本　六册

500000－8701－0013348　G07/2－6/01317
幸魯盛典四十卷　(清)孔毓圻等纂　清刻本　十二册

500000－8701－0013349　G07/2－6/01318
文廟通考六卷首一卷　(清)牛樹梅校補　清同治十一年(1872)浙江書局刻本　二册

500000－8701－0013350　G07/2－6/01319
文廟上丁禮樂備考四卷　(清)吳祖昌等編　清同治九年(1870)江右乙藜齋刻本　四册

500000－8701－0013351　G07/2－6/01320
文廟祀典考五十卷首一卷　(清)龐鍾璐編輯　清光緒四年(1878)刻本　八册

500000－8701－0013352　G07/2－6/01321
新繁文廟祭譜錄六卷首一卷　(清)周煜南編輯　清光緒三十三年(1907)刻本　四册

500000－8701－0013353　G07/2－6/01322
毛西河先生家禮辨說十六卷　(清)毛奇齡撰　清同治三年(1864)古潭余氏明辨齋刻本　四册

500000－8701－0013354　G07/2－6/01323
文公家禮儀節八卷　(明)楊慎輯　**四禮初稿四卷**　(明)宋纁輯　**四禮約言四卷**　(清)呂維祺輯　清康熙四十年(1701)刻本　八册

500000－8701－0013355　G07/2－6/01324
茗洲吳氏家典八卷　(清)吳翟輯　清光緒十八年(1892)茗洲吳氏刻本　四册

500000－8701－0013356　G07/2－6/01325
茗洲吳氏家典八卷　(清)吳翟輯　清光緒十八年(1892)茗洲吳氏刻本　五册

500000－8701－0013357　G07/2－6/01326
文公家禮儀節八卷　(明)丘濬輯　清光緒十一年(1885)刻本　四册

500000－8701－0013358　G07/2－6/01327
浦江鄭氏旌義編二卷　(明)鄭濤等編　清刻本　一册

500000－8701－0013359　G07/2－6/01328
全地五大洲女俗通考二十一卷首一卷　(美國)林樂知輯譯　(清)任保羅譯述　清光緒二十九年(1903)上海廣學會鉛印本　二十一册

500000－8701－0013360　G07/2－6/01329
杭俗遺風不分卷　(清)范月橋著　清同治二年(1863)刻本　四册

500000－8701－0013361　G07/2－6/01330
古謠諺一百卷　(清)杜文瀾輯　清咸豐十一年(1861)曼陀羅華閣刻本　十册

500000－8701－0013362　G07/2－6/01331
古謠諺一百卷　(清)杜文瀾輯　清咸豐十一年(1861)曼陀羅華閣刻本　十六册

500000－8701－0013363　G07/3－1/01332
保華全書四卷附續編一卷　(英國)貝思福撰　(美國)林樂知譯　清光緒二十五年(1899)上海廣學會鉛印本　四册

500000－8701－0013364　G07/3－1/01333
羣學肄言十六卷　(英國)斯賓塞爾著　嚴復譯　清光緒樂羣社刻本　四册

500000－8701－0013365　G07/3－1/01334
羣學肄言十六卷　(英國)斯賓塞爾著　嚴復譯　清光緒二十九年(1903)上海文明書局鉛印本　四册

500000－8701－0013366　G07/3－1/01335
鄂省全皖同鄉錄一卷　(□)□□輯　清光緒刻本　一册

500000－8701－0013367　G07/3－1/01336
遷民圖說一卷　(清)黃璣著　清光緒二十二年(1896)上海點石齋石印本　一册

500000－8701－0013368　G07/3－1/01337
原富五部　(英國)斯密亞丹著　嚴復譯　清

光緒鉛印本　十二冊

500000－8701－0013369　G07/3－1/01338
原富五部　(英國)斯密亞丹著　嚴復譯　清光緒刻本　八冊

500000－8701－0013370　G07/3－1/01339
原富五部　(英國)斯密亞丹著　嚴復譯　清光緒刻本　八冊

500000－8701－0013371　G07/3－1/01340
原富五部　(英國)斯密亞丹著　嚴復譯　清光緒精宏書局鉛印本　七冊

500000－8701－0013372　G07/3－1/01341
原富五部　(英國)斯密亞丹著　嚴復譯　清光緒南洋公學譯書院鉛印本　八冊

500000－8701－0013373　G07/3－2/01342
原富五部　(英國)斯密亞丹著　嚴復譯　清光緒南洋公學譯書院鉛印本　七冊

500000－8701－0013374　G07/3－2/01343
湖南方物志八卷　(清)黄本驥撰　清道光二十六年(1846)刻三長物齋叢書本　二冊

500000－8701－0013375　G07/3－2/01344
農工商部統計表不分卷　(清)農工商部編　清光緒三十四年(1908)農工商部鉛印本　二冊

500000－8701－0013376　G07/3－2/01345
農工商部統計表不分卷　(清)農工商部編　清光緒三十四年(1908)農工商部鉛印本　二冊

500000－8701－0013377　G07/3－2/01346
南川公業圖說十二卷首一卷附南川公業圖說專經書院一卷　(清)張濤等纂　清光緒十五年(1889)南川縣刻本　十冊

500000－8701－0013378　G07/3－2/01347
南川公業圖說十二卷首一卷　(清)張濤等纂　清光緒十五年(1889)南川縣刻本　八冊

500000－8701－0013379　G07/3－2/01348
山東全省實業表不分卷　(□)□□輯　清石印本　二冊

500000－8701－0013380　G07/3－3/01349
欽定康濟錄四卷　(清)倪國璉著　清乾隆刻本　六冊

500000－8701－0013381　G07/3－3/01350
欽定康濟錄四卷　(清)倪國璉撰　清同治三年(1864)刻本　三冊

500000－8701－0013382　G07/3－3/01351
欽定康濟錄四卷　(清)倪國璉撰　清乾隆刻本　六冊

500000－8701－0013383　G07/3－3/01352
荒政輯要九卷首一卷　(清)汪志伊纂　清同治八年(1869)楚北崇文書局刻本　二冊

500000－8701－0013384　G07/3－3/01353
救荒奇策一卷　(清)馮錦輯　清光緒十一年(1885)江蘇南通州如皋縣穆文秀刻本　一冊

500000－8701－0013385　G07/3－3/01354
重刊救荒補遺書二卷　(宋)董煟編著　(元)張光大新增　(明)朱熊補遺　(明)王崇慶釋　清同治八年(1869)楚北崇文書局刻本　二冊

500000－8701－0013386　G07/3－3/01355
重刊救荒補遺書二卷　(宋)董煟編著　(元)張光大新增　(明)朱熊補遺　(明)王崇慶釋　清同治八年(1869)楚北崇文書局刻本　二冊

500000－8701－0013387　G07/3－3/01356
籌濟編三十二卷首一卷　(清)楊景仁輯　清光緒五年(1879)山東書局刻本　八冊

500000－8701－0013388　G07/3－3/01357
救荒六十策一卷　題(清)寄湘漁父輯　清光緒十一年(1885)刻本　一冊

500000－8701－0013389　G07/3－3/01359
籌濟編三十二卷首一卷　(清)楊景仁輯　清光緒四年(1878)常熟楊氏刻本　六冊

500000－8701－0013390　G07/3－3/01360
籌濟編三十二卷首一卷　(清)楊景仁輯　清光緒九年(1883)武昌書局刻本　八冊

500000－8701－0013391　G07/3－4/01361
欽定戶部漕運全書九十二卷首一卷　(清)户部編　清刻本　三十二冊

500000－8701－0013392　G07/3－4/01362
四川商辦鐵路駐宜公司第一期報告不分卷　(清)李稷勳編輯　清宣統二年(1910)駐宜川路公司鉛印本　一冊

500000－8701－0013393　G07/3－4/01364
長江會彙指津圖説志二十卷　(清)張振集著　(清)王秋谷評　清乾隆五年(1740)刻本　三冊　存四卷(一至四)

500000－8701－0013394　G07/3－4/01365
行船免撞章程不分卷　(英國)傅蘭雅　(清)鍾天緯譯　清光緒江南製造總局鉛印本　一冊

500000－8701－0013395　G07/3－4/01366
御風要術三卷　(英國)白爾特撰　(美國)金楷理口譯　(清)華蘅芳筆述　清同治十二年(1873)江南機器製造總局刻本　二冊

500000－8701－0013396　G07/3－4/01367
行海要術四卷　(美國)金楷理口譯　(清)李鳳苞筆述　清江南製造總局刻本　三冊

500000－8701－0013397　G07/3－5/01368
通商各關華洋貿易總冊不分卷　(清)上海通商海關造冊處譯　清鉛印本　十五冊　存十五年(光緒十二年至十三年、十六年、十九年至二十年、二十三年至二十四年、二十八年至二十九年、三十二年至三十四年,宣統元年至三年)

500000－8701－0013398　G07/3－5/01369
保富述要一卷　(英國)布來德撰　(英國)傅蘭雅口譯　(清)徐家寶筆述　清光緒江南製造總局鉛印本　二冊

500000－8701－0013399　G07/3－5/01370
歐洲財政史四章附錄一卷　(日本)小林丑三郎著　(清)胡宗瀛譯　清光緒二十八年(1902)商務印書館鉛印本　一冊

500000－8701－0013400　G07/3－5/01371
理財攷鏡四卷　(清)孫德全著　清宣統鉛印本　一冊

500000－8701－0013401　G07/3－5/01372
英國度支考六章　(英國)司可得開勒撰　(清)華龍譯　清光緒二十九年(1903)商務印書館鉛印本　一冊

500000－8701－0013402　G07/3－5/01373
河南財政説明書四卷　(□)□□撰　清宣統石印本　五冊

500000－8701－0013403　G07/3－6/01374
光緒財政通纂五十四卷　(清)杜翰藩編　清光緒三十一年(1905)成都文倫書局鉛印本　二十冊

500000－8701－0013404　G07/3－6/01375
四川鹽法志四十卷首一卷　(清)丁寶楨纂　(清)羅文彬編輯　清光緒八年(1882)刻本　二十冊

500000－8701－0013405　G07/3－6/01376
四川鹽法志四十卷首一卷　(清)丁寶楨纂　(清)羅文彬編輯　清光緒八年(1882)刻本　二十冊

500000－8701－0013406　G07/3－7/01378
四川鹽法志四十卷首一卷　(清)丁寶楨纂　(清)羅文彬編輯　清光緒八年(1882)刻本　二十冊

500000－8701－0013407　G07/3－7/01379
淮鹺備要十卷　(清)李澄輯　清道光三年(1823)刻本　三冊

500000－8701－0013408　G07/3－7/01380
四川官運鹽案彙編九十卷首一卷　(清)華國英編　清光緒二十八年(1902)瀘州總局刻本　二十四冊

500000－8701－0013409　G07/3－7/01381
四川官運鹽案彙編九十卷首一卷　(清)華國英編　清光緒二十八年(1902)瀘州總局刻本　二十四冊

500000－8701－0013410　G07/4－1/01382
四川官運鹽案類編二十七卷首一卷續編五十五卷　(清)唐炯編　清光緒七年(1881)成都總局刻本　二十六冊

500000－8701－0013411　G07/4－1/01383
欽定重修兩浙鹽法志三十卷首一卷　(清)阮元等纂修　清嘉慶六年(1801)浙江官刻本　二十四冊

500000－8701－0013412　G07/4－1/01384
淮南鹽法記略十卷　(清)龐際雲撰　清同治十二年(1873)淮南書局刻本　十冊

500000－8701－0013413　G07/4－1/01385
度支部稅課司奏案輯要三卷　(清)宋壽徵等編　清宣統三年(1911)鉛印本　三冊

500000－8701－0013414　G07/4－1/01386
各國條款稅則不分卷　(□)□□輯　清刻本　二十冊

500000－8701－0013415　G07/4－1/01387
續修稅則善後章程一卷　(□)□□輯　清光緒石印本　一冊

500000－8701－0013416　G07/4－2/01388
政治學二卷　(日本)那特硜講述　(清)戢翼翬　(清)王慕陶譯　清光緒二十八年(1902)上海商務印書館鉛印本　一冊

500000－8701－0013417　G07/4－2/01389
政治一斑九卷　出洋學生編輯所譯述　清光緒二十八年(1902)上海商務印書館鉛印本　二冊

500000－8701－0013418　G07/4－2/01390
憲政分年籌備事宜表一卷　(清)憲政編查館編　清宣統鉛印本　一冊

500000－8701－0013419　G07/4－2/01391
北洋公牘類纂二十五卷　(清)甘厚慈輯　清光緒三十三年(1907)北京益森公司鉛印本　二十冊

500000－8701－0013420　G07/4－2/01392
北洋公牘類纂續編二十四卷　(清)甘厚慈輯　清宣統二年(1910)北洋官報局鉛印本　二十冊

500000－8701－0013421　G07/4－2/01393
文獻通考紀要四卷　(□)□□撰　清光緒二十八年(1902)石印本　四冊

500000－8701－0013422　G07/4－2/01394
婺學治事文編一卷　湯壽潛撰　清光緒二十四年(1898)金華府署刻本　六冊

500000－8701－0013423　G07/4－2/01395
三通序三卷　蔣德鈞輯　清光緒十四年(1888)湘鄉蔣氏求實齋刻本　一冊

500000－8701－0013424　G07/4－2/01396
九旗古義述一卷　(清)孫詒讓撰　清光緒二十八年(1902)刻本　一冊

500000－8701－0013425　G07/4－2/01397
文獻通考紀要二卷　(□)□□撰　清刻本　一冊

500000－8701－0013426　G07/4－3/01398
二十四史九通政典類要合編三百二十卷　(清)黃書霖輯　清光緒二十五年(1899)約雅堂石印本　六十冊

500000－8701－0013427　G07/4－3/01399
九通提要十二卷　(清)柴紹炳撰　清光緒二十八年(1902)上海鉛印本　六冊

500000－8701－0013428　G07/4－3/01400
文獻通考正續合編三十一卷首一卷　(清)盧宣旬編　清嘉慶略識字齋刻本　三十二冊

500000－8701－0013429　G07/4－4/01401
欽定續通典一百五十卷　(清)嵇璜等纂　清光緒二十七年(1901)上海圖書集成局鉛印本　十二冊

500000－8701－0013430　G07/4－4/01402
欽定續通典一百五十卷　(清)嵇璜等纂　清光緒元年(1875)廣東學海堂刻本　四十冊

500000－8701－0013431　G07/4－4/01403
欽定續文獻通考二百五十卷　(清)嵇璜等撰　清光緒二十八年(1902)上海鴻寶書局石印

本　二十四册

500000－8701－0013432　G07/4－5/01404
欽定續文獻通考二百五十卷　(清)嵇璜等撰　清光緒二十七年(1901)上海圖書集成局鉛印本　三十六册

500000－8701－0013433　G07/4－5/01405
欽定續文獻通考二百五十卷　(清)嵇璜等撰　清光緒十三年(1887)浙江書局刻本　一百二十册

500000－8701－0013434　G07/4－7/01406
九通分類總纂二百四十卷　(清)汪鍾霖纂　清光緒二十八年(1902)上海文瀾書局石印本　八十册

500000－8701－0013435　G07/5－1/01407
三通考輯要三種七十六卷　湯壽潛輯　清光緒二十五年(1899)上海圖書集成局鉛印本　三十册

500000－8701－0013436　G07/5－1/01408
重刊三通考輯要三種　湯壽潛編輯　清光緒二十八年(1902)王氏三合山房刻本　十三册

500000－8701－0013437　G07/5－1/01409
九通序不分卷　(□)□□輯　清光緒二十八年(1902)新學書社石印本　三册

500000－8701－0013438　G07/5－2/01410
九通全書九種　(□)□□輯　清光緒二十八年(1902)上海鴻寶書局石印本　二百四册

500000－8701－0013439　G07/5－4/01411
九通全書九種　(□)□□輯　清光緒二十七年(1901)上海圖書集成局鉛印本　三百册

500000－8701－0013440　G07/5－7/01412
九通全書九種　(□)□□輯　清光緒八年至二十二年(1882－1896)浙江書局刻本　九百九十六册

500000－8701－0013441　G08/1－5/01413
九通全書九種　(□)□□輯　清光緒八年至二十二年(1882－1896)浙江書局刻本　九百九十六册

500000－8701－0013442　G08/3－4/01414
九通全書九種　(□)□□輯　清光緒二十八年(1902)上海貫吾齋石印本　一百三十册

500000－8701－0013443　G08/3－5/01415
通典二百卷　(唐)杜佑纂　清同治十年(1871)學海堂刻本　四十册

500000－8701－0013444　G08/3－5/01416
通典二百卷　(唐)杜佑纂　清咸豐九年(1859)崇仁謝氏刻本　四十册

500000－8701－0013445　G08/3－6/01417
文獻通考鈔二十四卷續鈔三十卷　(清)史以遇輯　(清)史以甲續輯　清康熙刻本　十八册

500000－8701－0013446　G08/3－6/01418
文獻通考詳節二十四卷　(元)馬端臨撰　(清)嚴虞惇輯　清刻本　十册

500000－8701－0013447　G08/3－6/01419
文獻通考詳節二十四卷　(元)馬端臨撰　(清)嚴虞惇輯　清光緒二十八年(1902)肇經堂刻本　八册

500000－8701－0013448　G08/3－6/01420
文獻通考詳節二十四卷　(元)馬端臨撰　(清)嚴虞惇輯　清光緒二十八年(1902)肇經堂刻本　八册

500000－8701－0013449　G08/3－6/01421
三通考詳節三種七十六卷　(清)嚴虞惇錄　清光緒二十七年(1901)鴻寶齋書局石印本　二十册

500000－8701－0013450　G08/3－6/01422
文獻通考詳節二十四卷　(元)馬端臨撰　(清)嚴虞惇輯　清光緒二十八年(1902)刻本　九册

500000－8701－0013451　G08/3－6/01423
歷代文獻論略二十四卷　(清)嚴杏林編校　清光緒二十八年(1902)鉛印本　四册

500000－8701－0013452　G08/3－6/01424
文獻通考三百四十八卷　(元)馬端臨撰　清

咸豐九年(1859)崇仁謝氏刻本　一百二十册

500000－8701－0013453　G08/4－1/01425
文獻通考二十四卷首一卷　(元)馬端臨撰　清光緒二十五年(1899)上海點石齋石印本　十六册

500000－8701－0013454　G08/4－1/01426
文獻通考三百四十八卷　(元)馬端臨撰　清光緒二十二年(1896)浙江書局刻九通全書本　一百四十九册

500000－8701－0013455　G08/4－2/01427
文獻通考三百四十八卷附考證三卷　(元)馬端臨撰　清光緒二十七年(1901)上海圖書集成局鉛印九通全書本　四十四册

500000－8701－0013456　G08/4－3/01428
文獻通考三百四十八卷附考證三卷　(元)馬端臨撰　清光緒二十七年(1901)上海圖書集成局鉛印九通全書本　四十四册

500000－8701－0013457　G08/4－3/01429
文獻通考詳節二十四卷　(元)馬端臨撰　(清)嚴虞惇輯　清光緒二十五年(1899)上海書局石印本　三册

500000－8701－0013458　G08/4－3/01430
文獻通考詳節二十四卷　(元)馬端臨撰　(清)嚴虞惇輯　清乾隆二十九年(1764)常熟嚴氏繩武堂刻本　八册

500000－8701－0013459　G08/4－3/01431
文獻通考纂二十二卷續二十二卷　(元)馬端臨撰　(清)郎星等編　清康熙刻本　二十四册

500000－8701－0013460　G08/4－4/01432
古今法制表十六卷　(清)孫榮編著　清光緒三十二年(1906)刻本　十二册

500000－8701－0013461　G08/4－4/01433
古今法制表十六卷　(清)孫榮編著　清光緒三十二年(1906)刻本　十册

500000－8701－0013462　G08/4－4/01434
周禮讀本六卷　(清)周先登輯　清嘉慶十二年(1807)刻本　一册

500000－8701－0013463　G08/4－4/01435
周禮六卷　(漢)鄭玄注　(唐)陸德明音義　清刻本　六册

500000－8701－0013464　G08/4－4/01436
王會篇箋釋三卷　(清)何秋濤撰　清光緒十七年(1891)江蘇書局刻本　三册

500000－8701－0013465　G08/4－4/01437
周官箋六卷　王闓運著　清光緒二十七年(1901)成都呂氏刻本　六册

500000－8701－0013466　G08/4－4/01438
周禮正義八十六卷　(清)孫詒讓撰　清光緒三十一年(1905)瑞安廣明書社鉛印本　二十四册

500000－8701－0013467　G08/4－4/01439
官聯條辨八卷　(清)黄端輯　清刻本　二册

500000－8701－0013468　G08/4－5/01440
欽定周官義疏四十八卷首一卷　(清)允祿等纂　清同治七年(1868)浙江刻本　二十四册

500000－8701－0013469　G08/4－5/01441
欽定周官義疏四十八卷首一卷　(清)允祿等纂　清乾隆十九年(1754)内府刻本　三十二册

500000－8701－0013470　G08/4－5/01442
秦會要二十六卷　(清)孫楷撰　清光緒三十一年(1905)湘潭孫氏刻本　四册

500000－8701－0013471　G08/4－5/01443
西漢會要七十卷　(宋)徐天麟撰　清光緒五年(1879)嶺南學海堂刻本　十册

500000－8701－0013472　G08/4－5/01444
西漢會要七十卷　(宋)徐天麟撰　清刻本　十册

500000－8701－0013473　G08/4－6/01445
西漢要會七十卷　(宋)徐天麟撰　清乾隆三十九年(1774)武英殿聚珍版本　十六册

500000－8701－0013474　G08/4－6/01446

西漢會要七十卷　(宋)徐天麟撰　清光緒十年(1884)江蘇書局刻本　十册

500000－8701－0013475　G08/4－6/01447
西漢會要七十卷　(宋)徐天麟撰　清光緒十年(1884)江蘇書局刻本　十册

500000－8701－0013476　G08/4－6/01448
兩漢策要十二卷　(宋)陶叔獻輯　清光緒十三年(1887)上海同文書局石印本　八册

500000－8701－0013477　G08/4－6/01449
東漢會要四十卷　(宋)徐天麟著　清光緒五年(1879)嶺南學海堂刻本　十册

500000－8701－0013478　G08/4－6/01450
東漢會要四十卷　(宋)徐天麟著　清刻本　八册

500000－8701－0013479　G08/4－6/01451
東漢會要四十卷　(宋)徐天麟著　清光緒十年(1884)江蘇書局刻本　八册

500000－8701－0013480　G08/4－6/01452
唐六典三十卷　(唐)玄宗李隆基撰　(唐)李林甫等注　清光緒二十一年(1895)廣雅書局刻本　四册

500000－8701－0013481　G08/4－7/01453
唐會要一百卷　(宋)王溥撰　清刻本　二十八册

500000－8701－0013482　G08/4－7/01454
唐會要一百卷　(宋)王溥撰　清光緒十年(1884)江蘇書局刻本　二十四册

500000－8701－0013483　G08/5－1/01455
唐會要一百卷　(宋)王溥撰　清光緒十年(1884)江蘇書局刻本　二十四册

500000－8701－0013484　G08/5－2/01456
三通序三種五卷　(清)康夢芸輯　清道光十三年(1833)江夏周氏刻本　四册

500000－8701－0013485　G08/5－2/01457
三通序三卷　蔣德鈞輯　清光緒十四年(1888)湘鄉蔣氏求實齋刻本　二册

500000－8701－0013486　G08/5－2/01458
五代會要三十卷　(宋)王溥著　清光緒十二年(1886)江蘇書局刻本　六册

500000－8701－0013487　G08/5－2/01459
五代會要三十卷　(宋)王溥著　清光緒十二年(1886)江蘇書局刻本　六册

500000－8701－0013488　G08/5－2/01460
五代會要三十卷校勘記一卷　(宋)王溥著　清光緒二十一年(1895)刻本　六册

500000－8701－0013489　G08/5－2/01461
續文獻通考纂要二卷　(明)王圻著　清嘉慶二十四年(1819)刻本　一册

500000－8701－0013490　G08/5－2/01462
治平言二卷　(明)曾大奇撰　(清)蕭伯玉批評　清刻本　二册

500000－8701－0013491　G08/5－2/01463
明會要八十卷　(清)龍文彬纂　清光緒廣州廣雅書局刻本　二十册

500000－8701－0013492　G08/5－3/01464
明會要八十卷　(清)龍文彬纂　清光緒十三年(1887)永懷堂刻本　二十册

500000－8701－0013493　G08/5－3/01465
皇朝通典一百卷　(清)嵇璜等撰　清光緒元年(1875)廣東學海堂刻本　三十二册

500000－8701－0013494　G08/5－4/01466
皇朝通典一百卷　(清)嵇璜等撰　清光緒二十八年(1902)上海鴻寶書局石印本　八册

500000－8701－0013495　G08/5－4/01467
皇朝通典一百卷　(清)嵇璜等撰　清光緒八年(1882)浙江書局刻本　四十册

500000－8701－0013496　G08/5－4/01468
皇朝通典一百卷　(清)嵇璜等撰　清光緒二十七年(1901)上海圖書集成局鉛印本　十二册

500000－8701－0013497　G08/5－4/01469
皇朝文獻通考三百卷　(清)嵇璜等纂　清光緒二十八年(1902)貫吾齋石印本　二十册

500000－8701－0013498　G08/5－5/01470
皇朝文獻通考三百卷　(清)嵇璜等纂　清光緒二十八年(1902)上海鴻寶書局石印本　三十二冊

500000－8701－0013499　G08/5－5/01471
皇朝文獻通考三百卷　(清)嵇璜等纂　清光緒二十七年(1901)上海圖書集成局鉛印本　四十八冊

500000－8701－0013500　G08/5－5/01472
皇朝文獻通考三百卷　(清)嵇璜等纂　清光緒二十七年(1901)上海圖書集成局鉛印本　四十二冊

500000－8701－0013501　G08/5－6/01473
皇朝續文獻通考三百二十卷　(清)劉錦藻纂　清光緒三十一年(1905)堅匏盦鉛印本　八十八冊

500000－8701－0013502　G08/5－7/01474
皇朝政典類纂五百卷目錄六卷　(清)席裕福輯　清光緒二十九年(1903)上海圖書集成局鉛印本　一百二十冊

500000－8701－0013503　G08/6－1/01475
會典簡明錄一卷　(清)張祥河訂　清刻本　一冊

500000－8701－0013504　G08/6－1/01476
石渠餘紀六卷　(清)王慶雲撰　清光緒刻本　六冊

500000－8701－0013505　G08/6－2/01477
欽定大清會典一百卷事例一千二百二十卷目錄八卷　(清)崑岡等總裁　清光緒二十五年(1899)石印本　四百二十冊

500000－8701－0013506　G09/1－2/01478
欽定大清會典一百卷事例一千二百二十卷目錄八卷　(清)崑岡等總裁　清光緒二十五年(1899)石印本　四百二十冊

500000－8701－0013507　G09/1－2/01479
欽定大清會典一百卷事例一千二百二十卷　(清)崑岡等總裁　清光緒三十四年(1908)商務印書館石印本　一百五十八冊　存一千三百十四卷(會典一百卷、事例七至一千二百二十)

500000－8701－0013508　G09/2－1/01480
欽定大清會典一百卷事例一千二百二十卷　(清)崑岡等總裁　清光緒三十四年(1908)商務印書館石印本　一百六十冊

500000－8701－0013509　G09/2－2/01481
欽定大清會典一百卷　(清)允祹等總裁　清刻本　二十冊

500000－8701－0013510　G09/2－2/01482
欽定大清會典一百卷　(清)允祹等總裁　清刻本　二十冊

500000－8701－0013511　G09/2－2/01483
欽定大清會典一百卷　(清)允祹等總裁　清刻本　二十四冊

500000－8701－0013512　G09/2－3/01484
欽定大清會典一百卷　(清)允祹等總裁　清光緒二十七年(1901)上海文林石印本　六冊

500000－8701－0013513　G09/2－3/01485
欽定大清會典一百卷　(清)允祹等總裁　清光緒二十七年(1901)上海文林石印本　六冊

500000－8701－0013514　G09/2－3/01486
大清通禮五十四卷　(清)穆克登額等續纂　清光緒九年(1883)江蘇書局刻本　十二冊

500000－8701－0013515　G09/2－3/01487
皇朝文典七十四卷　(清)李兆洛輯　清嘉慶二十年(1815)揚州李氏刻本　十六冊

500000－8701－0013516　G09/2－3/01488
皇朝文典七十四卷　(清)李兆洛輯　清嘉慶二十年(1815)揚州李氏刻本　二十冊

500000－8701－0013517　G09/2－3/01489
大清會典便蒙述略二十七卷　(清)□□撰　清光緒三十年(1904)萬縣署刻本　二冊

500000－8701－0013518　G09/2－3/01490
大清會典四卷　(清)仁宗顒琰續修　清同治十一年(1872)湖北崇文書局刻本　四冊

500000－8701－0013519　G09/2－3/01491
皇朝掌故彙編六十卷　(清)宋文蔚等編纂　清光緒二十八年(1902)刻本　六十册

500000－8701－0013520　G09/2－4/01492
欽定大清會典圖二百七十卷　(清)崑岡等總裁　清光緒二十五年(1899)石印本　七十五册

500000－8701－0013521　G09/2－5/01493
大清搢紳全書四卷　(□)□□撰　清宣統二年(1910)京都榮錄堂刻本　五册

500000－8701－0013522　G09/2－5/01494
定例彙編(道光元年至三十年)　(清)内府編　清刻本　三十册

500000－8701－0013523　G09/2－5/01495
皇朝經世文統編一百七卷　(清)邵之棠編　清光緒二十七年(1901)上海寶善齋石印本　五十二册

500000－8701－0013524　G09/2－5/01496
校邠廬抗議二卷　(清)馮桂芬撰　清光緒十一年(1885)弢園老民刻本　一册

500000－8701－0013525　G09/2－5/01497
皇朝經世文新編二十一卷　麥仲華輯　清光緒二十四年(1898)上海大同譯書局石印本　二十四册

500000－8701－0013526　G09/2－6/01498
皇朝經世文新編二十一卷　麥仲華輯　清光緒二十四年(1898)上海大同譯書局石印本　二十二册　存二十一卷(一上、二至二十一)

500000－8701－0013527　G09/2－6/01499
皇朝經世文四編二十一卷　(清)賀長齡輯　清光緒二十八年(1902)鉛印本　二十册

500000－8701－0013528　G09/2－6/01500
皇朝經世文新編三十二卷　麥仲華輯　清光緒二十七年(1901)上海書局石印本　十六册

500000－8701－0013529　G09/2－6/01501
皇朝經世文新編三十二卷　麥仲華輯　清光緒二十七年(1901)上海書局石印本　十六册

500000－8701－0013530　G09/2－6/01502
皇朝經世文新編二十二卷　麥仲華輯　清光緒二十七年(1901)上海寶善書局石印本　十六册

500000－8701－0013531　G09/2－6/01503
皇朝經世文續編一百二十卷　(清)葛士濬輯　清光緒十七年(1891)廣百宋齋鉛印本　二十四册

500000－8701－0013532　G09/2－6/01504
皇朝經世文續編一百二十卷　(清)葛士濬輯　清光緒十七年(1891)廣百宋齋鉛印本　二十四册

500000－8701－0013533　G09/2－7/01505
皇朝經世文續編一百二十卷　(清)葛士濬輯　清光緒二十二年(1896)寶善書局石印本　二十册

500000－8701－0013534　G09/2－7/01506
皇朝經世文續編一百二十卷　(清)葛士濬輯　清光緒二十二年(1896)寶善書局石印本　二十册

500000－8701－0013535　G09/2－7/01507
皇朝經世文續編一百二十卷　(清)葛士濬輯　清光緒二十七年(1901)上海久敬齋鉛印本　二十四册

500000－8701－0013536　G09/2－7/01508
皇朝經世文續編一百二十卷　(清)葛士濬輯　清光緒十四年(1888)圖書集成局鉛印本　三十二册

500000－8701－0013537　G09/2－7/01509
皇朝經世文續編一百二十卷　(清)葛士濬輯　清光緒二十四年(1898)上海宏文閣鉛印本　二十四册

500000－8701－0013538　G09/2－7/01510
皇朝經世文編一百二十卷　(清)賀長齡輯　清光緒二十五年(1899)重慶中西書屋鉛印本　二十四册

500000－8701－0013539　G09/3－1/01511

皇朝經世文編一百二十卷姓名總目二卷 (清)賀長齡輯 清道光七年(1827)刻本 八十册

500000－8701－0013540 G09/3－2/01512
皇朝經世文編一百二十卷姓名總目二卷 (清)賀長齡輯 清道光七年(1827)刻本 八十册

500000－8701－0013541 G09/3－3/01513
皇朝經世文編一百二十卷 (清)賀長齡輯 清光緒二十四年(1898)上海宏文閣鉛印本 二十四册

500000－8701－0013542 G09/3－3/01514
皇朝經世文編一百二十卷 (清)賀長齡輯 清光緒十二年(1886)思補樓石印本 六十册

500000－8701－0013543 G09/3－4/01515
皇朝經世文編一百二十卷 (清)賀長齡輯 清鉛印本 二十四册

500000－8701－0013544 G09/3－4/01516
皇朝經世文編一百二十卷 (清)賀長齡輯 清光緒十五年(1889)上海廣百宋齋鉛印本 二十四册

500000－8701－0013545 G09/3－4/01517
皇朝經世文編一百二十卷姓名總目二卷 (清)賀長齡輯 清光緒十三年(1887)上海點石齋石印本 十二册

500000－8701－0013546 G09/3－5/01518
皇朝經世文編一百二十卷姓名總目二卷 (清)賀長齡輯 清光緒十三年(1887)上海廣百宋齋鉛印本 二十四册

500000－8701－0013547 G09/3－5/01519
中外政治策論彙編二十四卷 (清)鴻寶齋主人輯 清光緒二十七年(1901)鴻寶書局石印本 二十四册

500000－8701－0013548 G09/3－5/01520
中外政治策論彙編二十四卷 (清)鴻寶齋主人輯 清光緒二十七年(1901)鴻寶書局石印本 二十四册

500000－8701－0013549 G09/3－5/01521
皇朝經世文續編一百二十卷姓名總目三卷 (清)盛康輯 清光緒二十三年(1897)丹徒盛氏思補樓刻本 八十册

500000－8701－0013550 G09/3－6/01522
皇朝經世文續編一百二十卷姓名總目三卷 (清)盛康輯 清光緒二十三年(1897)丹徒盛氏思補樓刻本 八十册

500000－8701－0013551 G09/3－7/01523
上今上皇帝萬言書一卷 嚴復撰 清光緒二十八年(1902)廣業書局刻本 一册

500000－8701－0013552 G09/3－7/01524
皇朝經世文三編八十卷 (清)陳忠倚輯 清光緒二十七年(1901)上海書局石印本 十六册

500000－8701－0013553 G09/3－7/01525
皇朝經世文三編八十卷 (清)陳忠倚輯 清光緒二十七年(1901)上海書局石印本 十六册

500000－8701－0013554 G09/3－7/01526
皇朝經世文三編八十卷 (清)陳忠倚輯 清光緒二十四年(1898)上海鴻寶書局石印本 十六册

500000－8701－0013555 G09/3－7/01527
欽定科場條例六十卷 (清)奎潤等纂 清光緒十三年(1887)刻本 四十册

500000－8701－0013556 G09/4－1/01528
歷科朝元卷不分卷 (□)□□輯 清光緒石印本 二册

500000－8701－0013557 G09/4－1/01529
三國職官表三卷 (清)洪飴孫撰 清光緒十七年(1891)廣州廣雅書局刻本 三册

500000－8701－0013558 G09/4－1/01530
欽定歷代職官表七十二卷首一卷 (清)永瑢等纂 清光緒二十二年(1896)廣雅書局刻本 二十四册

500000－8701－0013559 G09/4－1/01531

欽定歷代職官表七十二卷首一卷 （清）永瑢等纂 清光緒二十二年(1896)廣雅書局刻本 二十七册

500000－8701－0013560 G09/4－2/01532
三國職官表三卷 （清）洪飴孫述 清道光二年(1822)刻本 三册

500000－8701－0013561 G09/4－2/01533
歷代職官表六卷 （清）黄本驥校 清光緒八年(1882)上海王氏刻本 三册

500000－8701－0013562 G09/4－2/01534
歷代職官表六卷 （清）黄本驥校 清光緒二十二年(1896)廣州新甯明善社刻本 三册

500000－8701－0013563 G09/4－2/01535
歷代職官表六卷 （清）黄本驥校 （清）張孝楷復校 清光緒六年(1880)膺詁齋刻本 四册

500000－8701－0013564 G09/4－2/01536
歷代職官表六卷 （清）黄本驥校 （清）張孝楷復校 清光緒六年(1880)膺詁齋刻本 一册

500000－8701－0013565 G09/4－2/01537
歷代職官表六卷 （清）黄本驥校 （清）張孝楷復校 清光緒六年(1880)膺詁齋刻本 一册

500000－8701－0013566 G09/4－2/01538
歷代職官表六卷 （清）黄本驥校 清道光二十六年(1846)湘陰蔣環刻本 四册

500000－8701－0013567 G09/4－2/01539
欽定國子監志八十二卷首二卷 （清）文慶等纂 清道光武英殿刻本 二十册

500000－8701－0013568 G09/4－2/01540
詞林典故八卷 （清）張廷玉等編 清乾隆十二年(1747)武英殿刻本 十册

500000－8701－0013569 G09/4－2/01541
皇朝詞林典故六十四卷 （清）朱珪等纂 清光緒十三年(1887)刻本 三十四册

500000－8701－0013570 G09/4－3/01542
漢唐事箋後集八卷 （元）朱禮撰 清道光二年(1822)刻本 二册

500000－8701－0013571 G09/4－3/01543
欽定吏部處分則例四十七卷 （清）吏部纂 清刻本 十六册

500000－8701－0013572 G09/4－3/01544
翰林記二十卷 （明）黄佐撰 清道光文字歡娱室刻嶺南遺書本 八册

500000－8701－0013573 G09/4－3/01545
欽定吏部處分則例五十二卷 （清）吏部纂 清刻本 二十册

500000－8701－0013574 G09/4－3/01546
欽定吏部驗封司則例六卷 （清）吏部纂 清刻本 四册

500000－8701－0013575 G09/4－3/01547
欽定中樞政考十五卷 （清）鄂爾泰等撰 清刻本 八册

500000－8701－0013576 G09/4－3/01548
少吏論辯正一卷 （清）俞理初撰 清光緒九年(1883)成都刻本 一册

500000－8701－0013577 G09/4－3/01549
宦海指南五種 （清）許乃普輯 清光緒十六年(1890)四川臬署刻本 四册

500000－8701－0013578 G09/4－3/01550
牧令書輯要十卷 （清）丁日昌編 清同治八年(1869)湖北崇文書局刻本 十册

500000－8701－0013579 G09/4－3/01551
牧令書輯要十卷 （清）丁日昌編 清同治八年(1869)湖北崇文書局刻本 十册

500000－8701－0013580 G09/4－4/01552
入幕須知五種附贅言十則一卷 （清）張廷驤輯 清光緒十三年(1887)刻本 五册

500000－8701－0013581 G09/4－4/01553
入幕須知五種附贅言十則一卷 （清）張廷驤輯 清光緒十三年(1887)刻本 五册

500000－8701－0013582 G09/4－4/01554

入幕須知五種附贅言十則一卷 （清）張廷驤輯 清光緒十三年（1887）刻本 五冊

500000－8701－0013583 G09/4－4/01555
牧令全書四種附一種 （清）丁日昌輯 清同治七年（1868）江蘇書局刻本 十四冊

500000－8701－0013584 G09/4－4/01556
牧令書二十三卷 （清）徐棟輯 清同治四年（1865）成都刻本 十六冊

500000－8701－0013585 G09/4－4/01557
牧令書二十三卷附保甲書四卷 （清）徐棟輯 清同治四年（1865）成都刻本 二十冊

500000－8701－0013586 G09/4－5/01558
牧令書二十三卷附保甲書四卷 （清）徐棟輯 清道光二十八年（1848）楊以增刻本 二十一冊

500000－8701－0013587 G09/4－5/01559
牧令書鈔一卷 （清）徐棟輯 清光緒十二年（1886）湘鄉蔣氏求實齋刻本 一冊

500000－8701－0013588 G09/4－5/01560
學治臆說二卷續說一卷 （清）汪輝祖纂 清同治七年（1868）湖北崇文書局刻本 二冊

500000－8701－0013589 G09/4－5/01561
學治臆說二卷續說一卷 （清）汪輝祖纂 清同治七年（1868）湖北崇文書局刻本 二冊

500000－8701－0013590 G09/4－5/01562
佐治藥言一卷續一卷 （清）汪輝祖纂 清同治七年（1868）湖北崇文書局刻本 一冊

500000－8701－0013591 G09/4－5/01563
學治臆說二卷續說一卷 （清）汪輝祖纂 清嘉慶十八年（1813）刻本 一冊

500000－8701－0013592 G09/4－5/01566
圖民錄四卷 （清）袁守定撰 清光緒五年（1879）江蘇書局刻本 二冊

500000－8701－0013593 G09/4－5/01567
資治新書十四卷 （清）李漁輯 清刻本 八冊

500000－8701－0013594 G09/4－5/01568
資治新書二集二十卷 （清）李漁撰 清康熙六年（1667）刻本 十二冊

500000－8701－0013595 G09/4－5/01569
資治新書二集二十卷 （清）李漁輯 清刻本 十二冊

500000－8701－0013596 G09/4－5/01570
求治管見一卷續一卷 （清）戴肇辰撰 清光緒七年（1881）丹徒戴傑刻本 一冊

500000－8701－0013597 G09/4－5/01571
蜀僚問答二卷 （清）劉衡著 清道光十年（1830）刻本 一冊

500000－8701－0013598 G09/4－5/01572
庸吏庸言二卷附庸吏餘談一卷 （清）劉衡撰 清道光刻本 一冊

500000－8701－0013599 G09/4－5/01573
宦遊紀實二卷 （清）周樂撰 清光緒二十三年（1897）善化周氏刻本 二冊

500000－8701－0013600 G09/4－5/01574
詞科掌錄十七卷餘話七卷 （清）杭世駿編輯 清乾隆仁和杭氏道古堂刻本 六冊

500000－8701－0013601 G09/4－5/01575
欽定總管内務府現行則例四卷 （清）裕誠等修 清光緒十年（1884）刻本 四冊

500000－8701－0013602 G09/4－5/01576
欽定内務府現行則例四卷 清宣統三年（1911）内務府刻本 四冊

500000－8701－0013603 G09/4－5/01577
欽定宮中現行則例四卷 清鉛印本 四冊

500000－8701－0013604 G09/4－5/01578
四川諮議局議案一卷 （清）四川諮議局編 清宣統元年（1909）鉛印本 一冊

500000－8701－0013605 G09/4－5/01579
實政錄七卷 （明）呂坤著 清同治七年（1868）湖北崇文書局刻本 四冊

500000－8701－0013606 G09/4－5/01580

列國政要一百三十二卷 (清)端方 (清)戴鴻慈輯 清光緒三十四年(1908)上海商務石印本 三十二册

500000－8701－0013607 G09/4－5/01581
列國政要一百三十二卷 (清)端方 (清)戴鴻慈輯 清光緒三十四年(1908)上海商務石印本 三十二册

500000－8701－0013608 G09/4－5/01582
日本維新政治彙篇十二卷 (清)劉慶汾集譯 清光緒二十八年(1902)成都刻本 六册

500000－8701－0013609 G09/4－5/01583
日本維新政治彙篇十二卷 (清)劉慶汾集譯 清光緒二十八年(1902)成都刻本 六册

500000－8701－0013610 G09/4－5/01584
英國通典二十卷 (英國)高爾敦著 (清)許士熊譯 清光緒二十九年(1903)鉛印本 二册

500000－8701－0013611 G09/4－5/01585
江津三費章程一卷 (清)□□撰 清咸豐七年(1857)刻同治十一年(1872)續刻本 一册

500000－8701－0013612 G09/4－5/01586
列國歲計政要十二卷首一卷 (英國)麥丁富得力編纂 (美國)林樂知譯 (清)鄭昌棪記 清光緒元年(1875)江南製造總局刻本 六册

500000－8701－0013613 G09/4－6/01587
洋務時事彙編八卷 (□)□□撰 清光緒二十四年(1898)上海書局石印本 十二册

500000－8701－0013614 G09/4－6/01588
丁未和會類要四卷 (□)□□撰 清光緒鉛印本 三册

500000－8701－0013615 G09/4－6/01589
禁止販賣白奴公約一卷 (□)□□撰 清鉛印本 一册

500000－8701－0013616 G09/4－6/01590
英俄印度交涉書一卷續編一卷 (英國)馬文著 清光緒江南製造總局刻本 一册

500000－8701－0013617 G09/4－6/01591
英俄印度交涉書一卷續編一卷 (英國)馬文著 清光緒江南製造總局刻本 一册

500000－8701－0013618 G09/4－6/01592
中日約章會要補遺一卷 (□)□□撰 清光緒鉛印本 一册

500000－8701－0013619 G09/4－6/01593
英國續議通商行船條約一卷 (□)□□撰 清光緒石印本 一册

500000－8701－0013620 G09/4－6/01594
中俄約章會要三卷 (□)□□撰 清光緒四年(1878)同文館鉛印本 一册

500000－8701－0013621 G09/4－6/01595
中俄界約斠注七卷首一卷 (清)錢恂撰 清光緒二十年(1894)上海醉六堂刻本 四册

500000－8701－0013622 G09/4－6/01596
中俄界約斠注七卷首一卷 (清)錢恂撰 清光緒二十年(1894)上海醉六堂刻本 二册

500000－8701－0013623 G09/4－7/01597
約章成案匯覽甲篇十卷 (清)北洋洋務局纂輯 清光緒三十一年(1905)上海點石齋石印本 十册

500000－8701－0013624 G09/4－7/01598
通商條約章程成案彙編三十卷 (□)□□撰 清光緒十二年(1886)鐵城廣百宋齋鉛印本 十二册

500000－8701－0013625 G09/4－7/01599
約章成案匯覽甲篇十卷 (清)北洋洋務局纂輯 清光緒三十一年(1905)上海點石齋石印本 十册

500000－8701－0013626 G09/4－7/01600
各國立約始末記三十卷首二卷 (清)陸元鼎編輯 清光緒三十二年(1906)上海商務印書館鉛印本 二十二册

500000－8701－0013627 G09/4－7/01601
約章分類輯要三十八卷 蔡乃煌等編 清光緒二十七年(1901)上海緯文閣石印本 三十

二册

500000－8701－0013628　G09/5－1/01602
各國約章纂要六卷首一卷附録一卷　勞乃宣撰　清光緒十八年(1892)上海圖書集成印書局鉛印本　四册

500000－8701－0013629　G09/5－1/01603
各國條約不分卷　(□)□□撰　清光緒二十五年(1899)思賢局刻本　八册

500000－8701－0013630　G09/5－1/01604
各國條約稅則章程不分卷　(清)郭慶藩等校　清刻本　十六册

500000－8701－0013631　G09/5－1/01605
萬國公法四卷　(英國)羅柏村撰　(英國)傅蘭雅　汪振聲譯　清光緒二十四年(1898)上海新學書會石印本　四册

500000－8701－0013632　G09/5－1/01606
公法總論一卷　(英國)羅柏村著　(英國)傅蘭雅　汪振聲譯　清光緒江南製造總局鉛印本　一册

500000－8701－0013633　G09/5－1/01607
萬國公法四卷　(美國)惠頓撰　(美國)丁韙良譯　清同治三年(1864)京都崇實館刻本　四册

500000－8701－0013634　G09/5－1/01608
萬國公法四卷　(美國)惠頓撰　(美國)丁韙良譯　清鉛印本　四册

500000－8701－0013635　G09/5－1/01609
公法會通十卷　(瑞士)步倫著　清光緒六年(1880)益智書會刻本　四册

500000－8701－0013636　G09/5－1/01610
故唐律疏議三十卷　(唐)長孫無忌等纂　**律音義一卷**　(宋)孫奭等撰　**宋提刑洗冤集録五卷**　(宋)宋慈撰　清光緒十七年(1891)刻本　八册

500000－8701－0013637　G09/5－1/01611
故唐律疏議三十卷　(唐)長孫無忌等撰　清乾隆至嘉慶蘭陵孫氏刻岱南閣叢書本　十二册

500000－8701－0013638　G09/5－2/01612
大清律例彙輯便覽四十卷附督捕則例二卷五軍道里表一卷三流道里表一卷　(清)湖北讞局輯　清同治十一年(1872)刻本　二十八册

500000－8701－0013639　G09/5－2/01613
大清律例彙輯便覽四十卷附督捕則例二卷五軍道里表一卷三流道里表一卷　(清)湖北讞局輯　清同治十一年(1872)刻本　三十二册

500000－8701－0013640　G09/5－3/01614
大清律例刑案彙纂集成四十卷督捕則例二卷　(清)姚雨薌輯　(清)胡仰山增修　清咸豐元年(1851)蘇州桐石山房刻本　二十四册

500000－8701－0013641　G09/5－3/01615
大清律例刑案彙纂集成四十卷督捕則例二卷　(清)姚雨薌輯　(清)胡仰山增修　清光緒九年(1883)京都琉璃廠刻本　二十四册

500000－8701－0013642　G09/5－3/01616
剡中治略三卷　(清)潘文軒著　(清)錢忠林輯　清刻本　二册

500000－8701－0013643　G09/5－3/01617
大清新法令不分卷　商務印書館編　清宣統元年(1909)上海商務印書館鉛印本　二十册

500000－8701－0013644　G09/5－3/01618
鹿洲公案二卷　(清)藍鼎元著　(清)曠敏本評　清雍正七年(1729)刻本　二册

500000－8701－0013645　G09/5－3/01619
柴桑傭録四卷　(清)鍾體志著　清光緒十六年(1890)藻雪堂刻本　二册

500000－8701－0013646　G09/5－3/01620
折獄龜鑑八卷　(宋)鄭克撰　清光緒八年(1882)刻本　二册

500000－8701－0013647　G09/5－4/01621
日本法規大全不分卷　南洋公學譯書院譯　商務編譯所補譯　**日本法規解字一卷**　(清)錢恂　(清)董鴻禕輯　清光緒三十三年(1907)上海商務印書館鉛印本　八十一册

500000－8701－0013648　G09/5－5/01622
日本法規大全不分卷　南洋公學譯書院譯　商務編譯所補譯　**日本法規解字一卷**　(清)錢恂　(清)董鴻褘輯　清光緒三十三年(1907)上海商務印書館鉛印本　八十一冊

500000－8701－0013649　G09/5－6/01623
大清現行刑律講義不分卷　(清)孫霖撰　清宣統二年(1910)鉛印本　四冊

500000－8701－0013650　G09/5－6/01624
大清新刑律總則不分卷分則不分卷　(□)□□撰　清宣統元年(1909)法政學社石印本　六冊

500000－8701－0013651　G09/5－6/01625
重修名法指掌圖四卷　(清)徐灝撰　清同治九年(1870)湖北崇文書局刻本　四冊

500000－8701－0013652　G09/5－6/01626
重修名法指掌圖四卷　(清)徐灝撰　清同治九年(1870)湖北崇文書局刻本　四冊

500000－8701－0013653　G09/5－6/01627
秋審實緩比較條款不分卷　(清)謝信齋編　清光緒十三年(1887)京東擷華書局鉛印本　二冊

500000－8701－0013654　G09/5－6/01628
三流道里表不分卷　(清)徐本等纂修　清同治十一年(1872)刻本　二冊

500000－8701－0013655　G09/5－6/01629
五軍道里表不分卷　清同治十一年(1872)刻本　二冊

500000－8701－0013656　G09/5－6/01630
三流道里表不分卷　(清)徐本等纂修　清同治十一年(1872)江蘇書局刻本　二冊

500000－8701－0013657　G09/5－6/01631
刑名一得二卷　(清)白如珍撰　清乾隆四十九年(1784)刻本　二冊

500000－8701－0013658　G09/5－6/01632
刑部比照加減成案三十二卷　(清)許槤　(清)熊莪訂　清道光十四年(1834)刻本　十六冊

500000－8701－0013659　G09/5－6/01633
刑部比照加減成案續編三十二卷　(清)許槤訂　清道光二十三年(1843)刻本　十六冊

500000－8701－0013660　G09/5－7/01634
新增刑案匯覽十六卷　(□)□□撰　清光緒上海圖書集成局鉛印本　四冊

500000－8701－0013661　G09/5－7/01635
續增刑案彙覽十六卷　(□)□□撰　清光緒上海圖書集成局鉛印本　八冊

500000－8701－0013662　G09/5－7/01636
樊山判牘續編四卷　樊增祥撰　清宣統三年(1911)大同書局石印本　四冊

500000－8701－0013663　G09/5－7/01637
樊山政書二十卷　樊增祥撰　清宣統二年(1910)金陵湯明林聚珍書局鉛印本　十冊

500000－8701－0013664　G09/5－7/01638
新輯刑案彙編十六卷　(清)周守赤輯　清光緒二十三年(1897)上海圖書集成局鉛印本　八冊

500000－8701－0013665　G09/5－7/01639
駁案新編三十二卷續編七卷　(清)全士潮等纂　清刻本　二十四冊

500000－8701－0013666　G09/6－1/01640
大清刑事訴訟律草案一卷　沈家本編　清宣統二年(1910)修訂法律館鉛印本　一冊

500000－8701－0013667　G09/6－1/01641
洗冤錄詳義四卷摭遺二卷　(清)許槤編　清光緒二年(1876)泉唐葛氏嘯園刻本　五冊

500000－8701－0013668　G09/6－1/01642
重刊補註洗冤錄集證六卷　(宋)宋慈撰　(清)王又槐增輯　(清)李觀瀾補輯　(清)阮其新補註　清道光二十四年至二十七年(1844－1847)翰墨園刻四色套印本　五冊

500000－8701－0013669　G09/6－1/01643
洗冤錄詳義四卷附摭遺二卷摭遺補一卷　(宋)宋慈撰　清光緒十年(1884)儀徵敬勝堂

刻本　六冊

500000－8701－0013670　G09/6－1/01644
補註洗冤錄集證四卷附刊一卷　(宋)宋慈撰　(清)王又槐集證　(清)阮其新補註　(清)張錫蕃句讀　**作吏要言一卷**　(清)葉玉屏著　(清)朱性齋增補　清道光二十三年(1843)江都鍾氏刻三色套印本　八冊

500000－8701－0013671　G09/6－1/01645
洗冤錄四卷　(宋)宋慈撰　清刻本　二冊

500000－8701－0013672　G09/6－1/01646
檢驗集證一卷附檢驗合參一卷　(清)郎錦騏纂　清光緒二十七年(1901)刻本　四冊

500000－8701－0013673　G09/6－1/01647
洗冤錄辨證三卷　(清)翟中溶撰　(清)李璋煜重訂　清道光二十七年(1847)刻本　二冊

500000－8701－0013674　G09/6－1/01648
補註洗冤錄集證四卷附刊一卷　(宋)宋慈撰　(清)王又槐集證　(清)阮其新補註　(清)張錫蕃句讀　**作吏要言一卷**　(清)葉玉屏著　(清)朱性齋增補　清道光二十三年(1843)江都鍾氏刻三色套印本　四冊

500000－8701－0013675　G09/6－2/01649
戊笈談兵十卷　(清)汪紱著　清光緒二十年(1894)刻本　八冊

500000－8701－0013676　G09/6－2/01650
三書寶鑑三種四十八卷　(明)戚繼光著　(清)惠麓酒民編次　清道光十年至咸豐五年(1830－1855)光齋堂刻本　二十冊

500000－8701－0013677　G09/6－2/01651
武備志二百四十卷　(明)茅元儀輯　明天啓元年(1621)刻本　六十四冊

500000－8701－0013678　G09/6－3/01652
前守寶錄五卷後錄二十卷　(清)魁聯撰　清同治十三年(1874)刻本　六冊

500000－8701－0013679　G09/6－3/01653
皇朝兵制考略六卷　(清)翁同爵編　清光緒元年(1875)武昌節署刻本　一冊

500000－8701－0013680　G09/6－3/01654
讀史兵略四十六卷　(清)胡林翼纂　清咸豐十一年(1861)益陽胡氏武昌節署刻本　十六冊

500000－8701－0013681　G09/6－3/01655
讀史兵略續編十卷　(清)胡林翼纂　清光緒二十六年(1900)上海圖書集成印書局石印本　十冊

500000－8701－0013682　G09/6－3/01656
讀史兵略續編十卷　(清)胡林翼纂　清光緒二十八年(1902)湘省學堂刻本　十冊

500000－8701－0013683　G09/6－3/01657
御寇要覽六卷　(清)東瀰居士彙輯　清咸豐十一年(1861)刻本　六冊

500000－8701－0013684　G09/6－3/01658
草廬經略十二卷　(□)□□撰　清光緒七年(1881)蓬萊宋氏刻粵雅堂叢書本　四冊

500000－8701－0013685　G09/6－3/01659
虎鈐經二十卷　(□)□□撰　清刻本　二冊

500000－8701－0013686　G09/6－3/01660
黃石公素書一卷　(漢)黃石公著　清道光十九年(1839)刻本　一冊

500000－8701－0013687　G09/6－3/01661
黃石公素書一卷　(漢)黃石公著　清道光十九年(1839)刻本　一冊

500000－8701－0013688　G09/6－3/01662
孫子三卷吳子二卷司馬灋一卷　(□)□□編　清刻本　一冊

500000－8701－0013689　G09/6－3/01663
臨陣管見九卷　(德國)斯拉弗司撰　(美國)金楷理口譯　(清)趙元益筆述　清江南機器製造總局刻本　四冊

500000－8701－0013690　G09/6－4/01664
孫子十家註十三卷敘錄一卷遺說一卷　(春秋)孫武著　(三國魏)武帝曹操等注　清光緒二十三年(1897)文瑞樓鉛印本　四冊

500000－8701－0013691　G09/6－4/01665

孫子十家註十三卷附遺説一卷敘錄一卷 （春秋）孫武著 （三國魏）武帝曹操等注 清嘉慶二年（1797）陽湖孫氏兗州官署刻本 四冊

500000－8701－0013692 G09/6－4/01666
臨陣心法一卷 （清）劉連捷著 清光緒十六年（1890）湘鄉劉氏金陵刻本 一冊

500000－8701－0013693 G09/6－4/01667
行軍測繪十卷 （英國）連提撰 （英國）傅蘭雅口譯 （清）趙元益筆述 清光緒江南製造總局刻本 二冊

500000－8701－0013694 G09/6－4/01668
武備地利四卷武備火攻不分卷 （明）施永圖輯 清刻本 六冊

500000－8701－0013695 G09/6－4/01669
奇門遁甲統宗十二卷 題（三國蜀）諸葛亮著 清刻本 六冊

500000－8701－0013696 G09/6－4/01670
督捕則例二卷 （清）徐本等纂修 清刻本 二冊

500000－8701－0013697 G09/6－4/01671
欽定五軍道里表十八卷 （清）明亮等纂輯 清同治十二年（1873）江蘇書局刻本 十八冊

500000－8701－0013698 G09/6－4/01672
東三省政略十二卷 （□）□□撰 清宣統三年（1911）鉛印本 四十冊

500000－8701－0013699 G09/6－5/01673
江南製造局記十卷 （清）魏允恭等編 清光緒三十一年（1905）上海文寶書局石印本 十冊

500000－8701－0013700 G09/6－5/01674
保甲書四卷末一卷 （清）徐棟輯 清同治四年（1865）成都刻本 二冊

500000－8701－0013701 G09/6－5/01675
浙江平湖縣查編保甲事宜不分卷 （□）□□撰 清嘉慶二十年（1815）刻本 一冊

500000－8701－0013702 G09/6－5/01676
保甲書四卷 （清）徐棟輯 清同治四年（1865）成都刻本 三冊

500000－8701－0013703 G09/6－5/01677
卞制軍政書四卷 （清）卞寶第撰 清刻本 四冊

500000－8701－0013704 G09/6－5/01678
防海新論十八卷 （德國）希理哈著 （英國）傅蘭雅口譯 （清）華蘅芳筆述 清同治十二年（1873）江南製造總局刻本 六冊

500000－8701－0013705 G09/6－5/01679
洴澼百金方十四卷首一卷 （清）袁宮桂編次 （清）玉巵居士重訂 清道光刻本 六冊

500000－8701－0013706 G09/6－5/01680
文史通義八卷校讎通義三卷 （清）章學誠撰 清光緒三年（1877）貴陽修志局刻本 五冊

500000－8701－0013707 G09/6－5/01681
文史通義八卷校讎通義三卷 （清）章學誠撰 清光緒三年（1877）貴陽修志局刻本 五冊

500000－8701－0013708 G09/6－5/01682
文史通義八卷校讎通義三卷 （清）章學誠撰 清光緒十九年（1893）粵東菁華閣刻本 八冊

500000－8701－0013709 G09/6－5/01683
文史通義八卷校讎通義三卷 （清）章學誠撰 清光緒十九年（1893）粵東菁華閣刻本 八冊

500000－8701－0013710 G09/6－5/01684
文史通義八卷 （清）章學誠撰 清光緒二十五年（1899）三味堂刻本 八冊

500000－8701－0013711 G09/6－6/01685
文史通義八卷校讎通義三卷 （清）章學誠撰 清道光十二年（1832）會稽章氏刻章氏遺書本 五冊

500000－8701－0013712 G09/6－6/01686
文史通義八卷校讎通義三卷 （清）章學誠撰 清道光十二年（1832）會稽章氏刻章氏遺書本 五冊

500000－8701－0013713　G09/6－6/01687
廿二史策案十二卷　(清)王鎏輯　清道光十一年(1831)綠蔭山房刻本　六册

500000－8701－0013714　G09/6－6/01688
史通通釋二十卷附錄一卷　(清)浦起龍釋　清道光至光緒廣東翰墨園刻本　八册

500000－8701－0013715　G09/6－6/01689
史通通釋二十卷附錄一卷　(清)浦起龍釋　清道光至光緒廣東翰墨園刻本　六册

500000－8701－0013716　G09/6－6/01690
史通通釋二十卷　(清)浦起龍釋　清光緒二十年(1894)上海積山書局石印本　八册

500000－8701－0013717　G09/6－6/01691
史通通釋二十卷　(清)浦起龍釋　清光緒二十五年(1899)上海寶文書局石印本　八册

500000－8701－0013718　G09/6－6/01692
史通通釋二十卷　(清)浦起龍釋　清光緒十九年(1893)上海文瑞樓石印本　八册

500000－8701－0013719　G09/6－6/01693
史通通釋二十卷　(清)浦起龍釋　清光緒十九年(1893)上海文瑞樓石印本　八册

500000－8701－0013720　G09/6－6/01694
史通削繁四卷　(清)紀昀撰　清道光十三年(1833)涿州盧氏兩廣節署刻朱墨套印本　四册

500000－8701－0013721　G09/6－6/01695
史通削繁四卷　(清)紀昀撰　清三味堂刻本　四册

500000－8701－0013722　G09/6－6/01696
史通削繁四卷　(清)紀昀撰　清光緒二十一年(1895)寶慶澹雅書局刻本　四册

500000－8701－0013723　G09/6－6/01697
史通削繁四卷　(清)紀昀撰　清光緒元年(1875)凱江李氏家塾刻本　四册

500000－8701－0013724　G09/6－6/01698
史通削繁四卷　(清)紀昀撰　清光緒元年(1875)凱江李氏家塾刻本　四册

500000－8701－0013725　G09/6－7/01699
漢書評林一百卷　(明)淩稚隆輯校　清光緒十年(1884)湘鄉劉鴻年刻本　二十五册　存九十五卷(一至二十八、三十四至一百)

500000－8701－0013726　G09/6－7/01700
史記評林一百三十卷　(漢)司馬遷撰　(明)淩稚隆輯　清光緒十年(1884)湘鄉劉鴻年刻本　二十四册

500000－8701－0013727　G10/1－1/01701
歷代帝王表不分卷附帝王廟謚年諱譜一卷　(清)齊召南編　清同治三年(1864)武林葉氏敦怡堂刻本　四册

500000－8701－0013728　G10/1－1/01702
歷代帝王表不分卷附帝王廟謚年諱譜一卷　(清)齊召南編　清同治三年(1864)武林葉氏敦怡堂刻本　二册

500000－8701－0013729　G10/1－2/01703
廿一史四譜五十四卷　(清)沈炳震撰　清光緒二十二年(1896)廣州廣雅書局刻本　十六册

500000－8701－0013730　G10/1－3/01704
紀元編三卷末一卷　(清)李兆洛編　清南海伍氏刻粤雅堂叢書本　三册

500000－8701－0013731　G10/1－3/01705
紀元編三卷末一卷　(清)李兆洛撰　清同治十年(1871)合肥李氏刻本　一册

500000－8701－0013732　G10/1－3/01706
紀元編三卷末一卷　(清)李兆洛編　清刻本　三册

500000－8701－0013733　G10/1－3/01707
歷代史表五十九卷　(清)萬斯同撰　清嘉慶元年(1796)蘇州留香閣刻本　十册

500000－8701－0013734　G10/1－3/01708
歷代史表五十九卷　(清)萬斯同撰　清光緒十五年(1889)廣雅書局刻本　六册

500000－8701－0013735　G10/1－3/01709
歷代史表五十九卷　(清)萬斯同撰　清光緒

十五年(1889)廣雅書局刻本　六册

500000－8701－0013736　G10/1－4/01710
歷代史表五十九卷　(清)萬斯同撰　清光緒十五年(1889)廣雅書局刻本　六册

500000－8701－0013737　G10/1－4/01711
歷代史表五十九卷　(清)萬斯同撰　清光緒十五年(1889)廣雅書局刻本　六册

500000－8701－0013738　G10/1－4/01712
二十四史三表不分卷　(清)段長基編　清光緒元年(1875)刻本　二十八册

500000－8701－0013739　G10/1－5/01713
歷代史表五十九卷　(清)萬斯同撰　清光緒十九年(1893)上海古香閣石印本　八册

500000－8701－0013740　G10/1－5/01714
帝王廟謚年諱譜一卷　(清)陸費墀撰　清嘉慶至道光儀徵阮氏刻本　一册

500000－8701－0013741　G10/1－5/01715
歷代世系紀年編一卷　(清)沈炳震輯　清同治十年(1871)安徽藩署敬義齋刻半畝園叢書本　一册

500000－8701－0013742　G10/1－5/01716
史臠不分卷　(清)一山氏著　清刻本　二册

500000－8701－0013743　G10/1－5/01717
歷代統紀表十三卷　(清)段長基撰　清嘉慶二十二年(1817)段氏小西山房刻本　十二册

500000－8701－0013744　G10/1－5/01718
歷代帝王年表二卷　(清)齊召南編　清光緒二十三年(1897)上海著易堂石印本　八册

500000－8701－0013745　G10/1－5/01719
支那全史七卷　(日本)藤田久道撰　清光緒二十七年(1901)教育世界社刻本　四册

500000－8701－0013746　G10/1－5/01720
史畧八十七卷　(清)朱堃輯　清光緒二十六年(1900)成都培元堂刻本　八册

500000－8701－0013747　G10/1－6/01721
十七史商榷一百卷　(清)王鳴盛撰　清刻本　三十册

500000－8701－0013748　G10/1－6/01722
十七史附宋遼金元宏簡錄　(清)毛晉輯　明崇禎至清順治琴川毛氏汲古閣刻本　五百九册

500000－8701－0013749　G10/3－2/01723
二十四史二十四種　(漢)司馬遷等撰　清同治至光緒五省官書局刻本　五百四十四册

500000－8701－0013750　G10/4－6/01724
二十四史二十四種　(漢)司馬遷等撰　清同治至光緒五省官書局刻本　五百四十八册

500000－8701－0013751　G10/6－1/01725
二十四史二十四種　(漢)司馬遷等撰　清同治至光緒五省官書局刻本　四百册

500000－8701－0013752　G11/2－1/01726
二十四史二十四種　(漢)司馬遷等撰　清光緒二十八年(1902)武林竹簡齋石印本　二百册

500000－8701－0013753　G11/2－3/01727
二十四史二十四種　(漢)司馬遷等撰　清光緒十四年(1888)上海圖書集成印書局鉛印本　三百九十三册

500000－8701－0013754　G11/2－7/01728
二十四史二十四種　(漢)司馬遷等撰　清光緒三十四年(1908)上海集成圖書公司鉛印本　四百册

500000－8701－0013755　G11/3－4/01729
二十四史二十四種　(漢)司馬遷等撰　清光緒十年(1884)上海同文書局石印本　七百十一册

500000－8701－0013756　G11/4－6/01730
二十四史二十四種　(漢)司馬遷等撰　清光緒十年(1884)上海同文書局石印本　七百二十九册

500000－8701－0013757　G11/5－7/01731
二十四史二十四種　(漢)司馬遷等撰　清光緒二十九年(1903)上海五洲同文書局石印本

七百十一冊

500000－8701－0013758　G12/1－3/01732
四史四種　(漢)司馬遷等撰　清同治八年(1869)嶺南葄古堂刻本　一百二十二冊

500000－8701－0013759　G12/1－5/01733
四史四種　(漢)司馬遷等撰　清光緒三十一年(1905)上海久敬齋石印本　三十二冊

500000－8701－0013760　G12/1－5/01734
四史四種　(漢)司馬遷等撰　清同治十年至十一年(1871－1872)成都書局刻本　一百冊

500000－8701－0013761　G12/1－7/01735
四史四種　(漢)司馬遷等撰　清同治十年至十一年(1871－1872)成都書局刻本　一百一冊

500000－8701－0013762　G12/2－2/01736
四史四種　(漢)司馬遷等撰　清光緒十年(1884)上海同文書局影印本　一百二十冊

500000－8701－0013763　G12/2－3/01737
武英殿本二十三史考證六十七卷　(□)□□撰　清刻本　二十冊

500000－8701－0013764　G12/2－3/01738
二十一史精義二十一卷　(清)王南珍輯　清乾隆瓣香堂刻本　六冊

500000－8701－0013765　G12/2－3/01739
校刊史記集解索隱正義札記五卷　(清)張文虎編　清同治十一年(1872)金陵書局刻本　二冊

500000－8701－0013766　G12/2－3/01740
校刊史記集解索隱正義札記五卷　(清)張文虎編　清同治十一年(1872)金陵書局刻本　二冊

500000－8701－0013767　G12/2－3/01741
校刊史記集解索隱正義札記五卷　(清)張文虎編　清同治十一年(1872)金陵書局刻本　二冊

500000－8701－0013768　G12/2－4/01742
史記一百三十卷　(漢)司馬遷撰　(南朝宋)裴駰集解　清同治九年(1870)湖北崇文書局刻本　二十四冊

500000－8701－0013769　G12/2－4/01743
史記一百三十卷　(漢)司馬遷撰　(南朝宋)裴駰集解　清同治九年(1870)湖北崇文書局刻本　二十四冊

500000－8701－0013770　G12/2－5/01744
史記一百三十卷　(漢)司馬遷撰　(南朝宋)裴駰集解　(唐)司馬貞索隱　(唐)張守節正義　清光緒十四年(1888)上海圖書集成印書局鉛印本　十六冊

500000－8701－0013771　G12/2－5/01745
史記一百三十卷　(漢)司馬遷撰　(南朝宋)裴駰集解　(唐)司馬貞索隱　(唐)張守節正義　清乾隆四年(1739)刻本　二十四冊

500000－8701－0013772　G12/2－5/01746
史記一百三十卷　(漢)司馬遷撰　(南朝宋)裴駰集解　(唐)司馬貞索隱　(唐)張守節正義　清光緒十年(1884)上海同文書局石印本　二十八冊

500000－8701－0013773　G12/2－6/01747
史記一百三十卷　(漢)司馬遷撰　(南朝宋)裴駰集解　(唐)司馬貞索隱　(唐)張守節正義　清光緒十年(1884)上海同文書局石印本　三十二冊

500000－8701－0013774　G12/2－6/01748
史記一百三十卷　(漢)司馬遷撰　(南朝宋)裴駰集解　清光緒四年(1878)金陵書局刻本　十六冊

500000－8701－0013775　G12/2－6/01749
史記一百三十卷　(漢)司馬遷撰　(南朝宋)裴駰集解　清光緒四年(1878)金陵書局刻本　十八冊

500000－8701－0013776　G12/2－7/01750
史記一百三十卷　(漢)司馬遷撰　(南朝宋)裴駰集解　(唐)司馬貞索隱　(唐)張守節正義　清光緒二十八年(1902)史學會社石印本　八冊

500000－8701－0013777　G12/2－7/01751
史記一百三十卷　(漢)司馬遷撰　(南朝宋)裴駰集解　(唐)司馬貞索隱　(唐)張守節正義　清同治九年(1870)金陵書局刻本　二十册

500000－8701－0013778　G12/2－7/01752
史記一百三十卷　(漢)司馬遷撰　(南朝宋)裴駰集解　(唐)司馬貞索隱　(唐)張守節正義　清同治九年(1870)金陵書局刻本　二十册

500000－8701－0013779　G12/3－1/01753
史記一百三十卷　(漢)司馬遷撰　(南朝宋)裴駰集解　(唐)司馬貞索隱　(唐)張守節正義　清同治九年(1870)金陵書局刻本　三十册

500000－8701－0013780　G12/3－1/01754
史記一百三十卷　(漢)司馬遷撰　(南朝宋)裴駰集解　(唐)司馬貞索隱　(唐)張守節正義　清羊城駱氏翰墨園刻本　三十册

500000－8701－0013781　G12/3－2/01755
史記一百三十卷　(漢)司馬遷撰　(南朝宋)裴駰集解　(唐)司馬貞索隱　(唐)張守節正義　清羊城駱氏翰墨園刻本　四十册

500000－8701－0013782　G12/3－2/01756
史記一百三十卷　(漢)司馬遷撰　(南朝宋)裴駰集解　(唐)司馬貞索隱　(唐)張守節正義　清同治十一年(1872)成都書局刻本　二十六册

500000－8701－0013783　G12/3－3/01757
史記一百三十卷　(漢)司馬遷撰　(南朝宋)裴駰集解　(唐)司馬貞索隱　(唐)張守節正義　清同治十一年(1872)成都書局刻本　二十六册

500000－8701－0013784　G12/3－3/01758
史記一百三十卷　(漢)司馬遷撰　(明)徐孚遠　(明)陳子龍測議　清刻本　三十二册

500000－8701－0013785　G12/3－4/01759
史記一百三十卷　(漢)司馬遷撰　(明)徐孚遠　(明)陳子龍測議　清刻本　三十二册

500000－8701－0013786　G12/3－4/01760
史記一百三十卷　(漢)司馬遷撰　(南朝宋)裴駰集解　(唐)司馬貞索隱　(唐)張守節正義　清光緒三十一年(1905)上海久敬齋石印本　八册

500000－8701－0013787　G12/3－4/01761
史記一百三十卷　(漢)司馬遷撰　(南朝宋)裴駰集解　(唐)司馬貞索隱　(唐)張守節正義　清光緒三十一年(1905)上海久敬齋石印本　八册

500000－8701－0013788　G12/3－4/01762
史記一百三十卷　(漢)司馬遷撰　(南朝宋)裴駰集解　(唐)司馬貞索隱　(唐)張守節正義　清光緒十年(1884)上海同文書局石印本　二十六册

500000－8701－0013789　G12/3－5/01763
史記一百三十卷　(漢)司馬遷撰　(南朝宋)裴駰集解　(唐)司馬貞索隱　(唐)張守節正義　清光緒十四年(1888)上海蜚英館石印本　十二册

500000－8701－0013790　G12/3－5/01764
史記一百三十卷　(漢)司馬遷撰　(明)歸有光評點　**方望溪評點史記四卷**　(清)方苞評點　清光緒二年(1876)武昌張氏刻本　二十册

500000－8701－0013791　G12/3－5/01765
史記一百三十卷　(漢)司馬遷撰　(清)吳汝綸點勘　清宣統元年(1909)南宮邢氏刻本　二十册

500000－8701－0013792　G12/3－5/01766
史記一百三十卷　(漢)司馬遷撰　(清)吳汝綸點勘　清宣統元年(1909)南宮邢氏刻本　二十册

500000－8701－0013793　G12/3－6/01767
史記一百三十卷　(漢)司馬遷撰　(南朝宋)裴駰集解　(唐)司馬貞索隱　(唐)張守節正義　清同治十一年(1872)成都書局刻本　二

十六册

500000－8701－0013794　G12/3－6/01768
史記一百三十卷　(漢)司馬遷撰　(南朝宋)裴駰集解　(唐)司馬貞索隱　(唐)張守節正義　清同治十一年(1872)成都書局刻本　二十六册

500000－8701－0013795　G12/3－7/01769
史記探源八卷　崔適撰　清宣統二年(1910)刻本　二册

500000－8701－0013796　G12/3－7/01770
史記志疑三十六卷　(清)梁玉繩撰　清光緒十三年(1887)廣雅書局刻本　十四册

500000－8701－0013797　G12/3－7/01771
史記志疑三十六卷　(清)梁玉繩撰　清光緒十三年(1887)廣雅書局刻本　十四册

500000－8701－0013798　G12/3－7/01772
史記志疑三十六卷　(清)梁玉繩撰　清光緒十四年(1888)餘姚朱氏刻本　十六册

500000－8701－0013799　G12/3－7/01773
史記菁華録六卷　(清)姚祖恩編　清道光四年(1824)吳興姚氏扶荔山房刻朱墨套印本　六册

500000－8701－0013800　G12/4－1/01774
史緯三百三十卷　(清)陳允錫删修　清康熙三十三年(1694)晉江陳氏刻本　一百册

500000－8701－0013801　G12/4－2/01775
省軒考古類編十二卷　(清)柴紹炳纂　清雍正刻本　四册

500000－8701－0013802　G12/4－2/01776
元史藝文志四卷　(清)錢大昕補　清光緒江蘇書局刻本　一册

500000－8701－0013803　G12/4－2/01777
元史氏族表三卷　(清)錢大昕撰　清光緒江蘇書局刻本　一册

500000－8701－0013804　G12/4－2/01778
欽定遼史語解十卷金史語解十二卷元史語解二十四卷　清光緒四年(1878)江蘇書局刻本　五册

500000－8701－0013805　G12/4－2/01779
遼史拾遺二十四卷補五卷　(清)厲鶚撰　清光緒元年(1875)江蘇書局刻本　六册

500000－8701－0013806　G12/4－3/01780
欽定續通志六百四十卷　(清)嵇璜等纂　清光緒二十七年(1901)上海圖書集成局鉛印本　六十册

500000－8701－0013807　G12/4－3/01781
欽定續通志六百四十卷　(清)嵇璜等纂　清光緒二十七年(1901)上海圖書集成局鉛印本　六十册

500000－8701－0013808　G12/4－4/01782
九通分類總纂二百四十卷　(清)汪鍾霖纂　清光緒二十八年(1902)上海文瀾書局石印本　八十册

500000－8701－0013809　G12/4－5/01783
通典二百卷　(唐)杜佑纂　清光緒二十二年(1896)浙江書局刻本　四十二册

500000－8701－0013810　G12/4－5/01784
文獻通考三百四十八卷附考證三卷　(元)馬端臨撰　清光緒二十二年(1896)浙江書局刻本　一百十九册

500000－8701－0013811　G12/4－7/01785
六典通考二百卷　(清)閻鎮珩輯　清光緒二十九年(1903)刻本　七十二册

500000－8701－0013812　G12/5－1/01786
通志二百卷考證三卷　(宋)鄭樵撰　清光緒二十二年(1896)浙江書局刻本　一百四十册

500000－8701－0013813　G12/5－2/01787
通志略五十二卷　(宋)鄭樵著　清乾隆十四年(1749)汪啓淑刻本　二十册

500000－8701－0013814　G12/5－3/01788
通志二百卷　(宋)鄭樵撰　清咸豐九年(1859)崇仁謝氏刻本　一百六十册

500000－8701－0013815　G12/5－4/01789
通志二百卷　(宋)鄭樵撰　清光緒二十七年

(1901)上海圖書集成局石印本　六十冊

500000－8701－0013816　G12/5－5/01790
通志二百卷　(宋)鄭樵撰　清光緒二十七年(1901)上海圖書集成局石印本　六十冊

500000－8701－0013817　G12/5－5/01791
皇朝續文獻通考三百二十卷　(清)劉錦藻纂　清光緒三十一年(1905)刻本　八十八冊

500000－8701－0013818　G12/6－1/01793
皇明通志一百二十六卷　清光緒二十七年(1901)上海圖書集成局石印本　十二冊

500000－8701－0013819　G12/6－1/01794
世本輯補十卷　(清)秦嘉謨輯補　清嘉慶二十三年(1818)琳琅仙館刻本　十冊

500000－8701－0013820　G12/6－1/01795
世本輯補十卷　(清)秦嘉謨輯補　清嘉慶二十三年(1818)琳琅仙館刻本　十冊

500000－8701－0013821　G12/6－1/01796
三史拾遺五卷宋遼金元四史朔閏攷二卷　(清)錢大昕撰　清光緒十年(1884)長沙龍氏家塾刻嘉定錢氏潛研堂叢書本　二冊

500000－8701－0013822　G12/6－1/01797
諸史拾遺五卷　(清)錢大昕著　清光緒十七年(1891)廣雅書局刻本　一冊

500000－8701－0013823　G12/6－1/01798
三史拾遺五卷　(清)錢大昕著　清嘉慶十二年(1807)嘉定李氏嘉興郡齋刻本　二冊

500000－8701－0013824　G12/6－1/01799
諸史拾遺五卷　(清)錢大昕著　清嘉慶十二年(1807)嘉定李氏嘉興郡齋刻本　二冊

500000－8701－0013825　G12/6－1/01800
帝王世紀十卷考異十卷　(晉)皇甫謐撰　清光緒四年(1878)刻藍印本　一冊

500000－8701－0013826　G12/6－1/01801
竹書紀年二卷　(清)張宗泰校補　清嘉慶二年(1797)石梁學署刻本　一冊

500000－8701－0013827　G12/6－1/01802
竹書紀年統箋十二卷　(南朝梁)沈約附注　(清)徐文靖統箋　**雜述一卷**　(清)徐文靖彙輯　**前編一卷**　(清)徐文靖補箋　清光緒三年(1877)浙江書局刻本　四冊

500000－8701－0013828　G12/6－1/01803
竹書紀年統箋十二卷　(南朝梁)沈約附注　(清)徐文靖統箋　**雜述一卷**　(清)徐文靖彙輯　**前編一卷**　(清)徐文靖補箋　清光緒三年(1877)浙江書局刻本　四冊

500000－8701－0013829　G12/6－2/01804
竹書紀年統箋十二卷　(南朝梁)沈約附注　(清)徐文靖統箋　**雜述一卷**　(清)徐文靖彙輯　**前編一卷**　(清)徐文靖補箋　清乾隆刻本　四冊

500000－8701－0013830　G12/6－2/01805
竹書紀年統箋十二卷　(南朝梁)沈約附注　(清)徐文靖統箋　**雜述一卷**　(清)徐文靖彙輯　**前編一卷**　(清)徐文靖補箋　清乾隆刻本　五冊

500000－8701－0013831　G12/6－2/01806
竹書紀年統箋十二卷　(南朝梁)沈約附注　(清)徐文靖統箋　**雜述一卷**　(清)徐文靖彙輯　**前編一卷**　(清)徐文靖補箋　清乾隆刻本　三冊

500000－8701－0013832　G12/6－2/01807
通鑑宋本校勘記五卷通鑑元本校勘記二卷　(清)張瑛撰　清光緒八年(1882)江蘇書局刻本　一冊

500000－8701－0013833　G12/6－2/01808
兩朝御批資治通鑑二百九十四卷敘錄三卷　(宋)司馬光纂　(元)胡三省注　清光緒九年(1883)重慶廣學書局刻本　一百一冊

500000－8701－0013834　G12/6－5/01809
兩朝御批資治通鑑二百九十四卷敘錄三卷　(宋)司馬光纂　(元)胡三省注　清光緒九年(1883)重慶廣學書局刻本　一百冊

500000－8701－0013835　G13/1－1/01810
資治通鑑二百九十四卷　(宋)司馬光撰

(元)胡三省音注　清光緒十四年至十七年(1888－1891)長沙楊氏刻本　九十二册

500000－8701－0013836　G13/1－2/01811
資治通鑑二百九十四卷　(宋)司馬光撰　(元)胡三省音注　清光緒十四年至十七年(1888－1891)長沙楊氏刻本　七十六册

500000－8701－0013837　G13/1－3/01812
資治通鑑二百九十四卷　(宋)司馬光撰　(元)胡三省音注　清光緒十三年(1887)長沙刻本　一百二十册

500000－8701－0013838　G13/1－5/01813
資治通鑑二百九十四卷目錄三十卷　(宋)司馬光集　清光緒二十六年(1900)圖書集成局鉛印本　四十四册

500000－8701－0013839　G13/1－5/01814
資治通鑑二百九十四卷　(宋)司馬光撰　(元)胡三省音注　清光緒二十八年(1902)上海積山書局石印本　三十册

500000－8701－0013840　G13/1－5/01815
資治通鑑二百九十四卷　(宋)司馬光撰　(元)胡三省音注　清光緒二十八年(1902)上海積山書局石印本　三十二册　存二百八十四卷(一至一百四十、一百五十一至二百九十四)

500000－8701－0013841　G13/1－6/01816
資治通鑑二百九十四卷　(宋)司馬光撰　(元)胡三省音注　清光緒三十一年(1905)成都官書局石印本　一百二十三册

500000－8701－0013842　G13/1－7/01817
資治通鑑二百九十四卷　(宋)司馬光撰　(元)胡三省音注　清光緒三十一年(1905)成都官書局石印本　一百二十二册

500000－8701－0013843　G13/2－3/01819
資治通鑑二百九十四卷目錄三十卷　(宋)司馬光撰　(元)胡三省音注　清光緒二十二年(1896)上海蜚英館石印本　四十册

500000－8701－0013844　G13/2－3/01820
資治通鑑二百九十四卷釋文辯誤十二卷　(宋)司馬光撰　(元)胡三省音注　清同治十年(1871)湖北崇文書院刻本　一百四册

500000－8701－0013845　G13/2－5/01821
資治通鑑二百九十四卷釋文辯誤十二卷　(宋)司馬光撰　(元)胡三省音注　清同治十年(1871)湖北崇文書院刻本　一百四册

500000－8701－0013846　G13/2－6/01822
資治通鑑二百九十四卷釋文辯誤十二卷　(宋)司馬光撰　(元)胡三省音注　清同治十年(1871)湖北崇文書院刻本　一百四册

500000－8701－0013847　G13/3－1/01823
資治通鑑二百九十四卷釋文辯誤十二卷　(宋)司馬光撰　(元)胡三省音注　清同治十年(1871)湖北崇文書院刻本　一百四册

500000－8701－0013848　G13/3－2/01824
資治通鑑二百九十四卷釋文辯誤十二卷　(宋)司馬光撰　(元)胡三省音注　清長沙佚老堂翻元刻本　九十六册　存二百九十四卷(一至十二、十六至二十七、三十一至一百九十九、二百六至二百九十四,釋文辯誤十二卷)

500000－8701－0013849　G13/3－3/01825
資治通鑑二百九十四卷釋文辯誤十二卷　(宋)司馬光撰　(元)胡三省音注　清鄱陽胡氏刻本　一百十七册

500000－8701－0013850　G13/3－5/01826
資治通鑑二百九十四卷釋文辯誤十二卷　(宋)司馬光撰　(元)胡三省音注　清鄱陽胡氏刻本　一百册

500000－8701－0013851　G13/3－6/01827
資治通鑑二百九十四卷釋文辯誤十二卷　(宋)司馬光撰　(元)胡三省音注　清同治八年(1869)江蘇書局刻本　一百册

500000－8701－0013852　G13/4－1/01828
資治通鑑補二百九十四卷　(元)胡三省音注　(明)嚴衍補　清光緒二年(1876)思補樓木活字印本　八十册

500000－8701－0013853　G13/4－2/01829
資治通鑑考異三十卷資治通鑑釋例一卷　(宋)司馬光撰　**資治通鑑問疑一卷**　(宋)劉義仲纂集　清光緒十四年(1888)刻本　十冊

500000－8701－0013854　G13/4－2/01830
資治通鑑目錄三十卷　(宋)司馬光編輯　清同治八年(1869)江蘇書局仿宋刻本　九冊　存二十七卷(一至二十一、二十五至三十)

500000－8701－0013855　G13/4－2/01831
資治通鑑目錄三十卷　(宋)司馬光編輯　清同治八年(1869)江蘇書局仿宋刻本　十冊

500000－8701－0013856　G13/4－2/01832
資治通鑑目錄三十卷　(宋)司馬光編輯　清光緒十七年(1891)刻本　八冊

500000－8701－0013857　G13/4－2/01833
資治通鑑目錄三十卷　(宋)司馬光編輯　清光緒十七年(1891)刻本　八冊

500000－8701－0013858　G13/4－2/01834
資治通鑑目錄三十卷　(宋)司馬光編輯　**資治通鑑釋例圖譜一卷**　(宋)司馬光釋例　**資治通鑑問疑一卷**　(宋)劉義仲纂集　清光緒三十一年(1905)成都官書局石印本　二十四冊

500000－8701－0013859　G13/4－3/01835
通鑑論三卷附稽古錄論一卷　(宋)司馬光撰　(清)伍耀光輯　清光緒二十八年(1902)宏道堂刻本　二冊

500000－8701－0013860　G13/4－3/01836
資治通鑑後編一百八十四卷　(清)徐乾學編輯　清富陽夏氏刻本　四十八冊

500000－8701－0013861　G13/4－3/01837
資治通鑑後編一百八十四卷　(清)徐乾學編輯　清富陽夏氏刻本　五十二冊

500000－8701－0013862　G13/4－4/01838
續資治通鑑長編五百二十卷目錄二卷　(宋)李燾著　清光緒七年(1881)浙江書局刻本　一百二十冊

500000－8701－0013863　G13/4－5/01839
續資治通鑑長編五百二十卷目錄二卷　(宋)李燾著　清光緒七年(1881)浙江書局刻本　一百十冊　存四百七十四卷(四十七至五百二十)

500000－8701－0013864　G13/4－7/01840
續資治通鑑長編拾補六十卷　(清)秦緗業輯　清光緒九年(1883)浙江書局刻本　十六冊

500000－8701－0013865　G13/4－7/01841
續資治通鑑長編拾補六十卷　(清)秦緗業輯　清光緒九年(1883)浙江書局刻本　十六冊

500000－8701－0013866　G13/4－7/01842
通鑑釋文辯誤十二卷　(元)胡三省撰　清成都官書局石印本　四冊

500000－8701－0013867　G13/4－7/01843
資治通鑑釋文三十卷　(清)史炤撰　清光緒十五年(1889)刻本　七冊

500000－8701－0013868　G13/4－7/01844
資治通鑑釋文三十卷　(清)史炤撰　清光緒五年(1879)吳興陸氏十萬卷樓刻本　四冊

500000－8701－0013869　G13/4－7/01845
資治通鑑釋文三十卷　(清)史炤撰　清光緒五年(1879)吳興陸氏十萬卷樓刻本　六冊

500000－8701－0013870　G13/4－7/01846
續資治通鑑二百二十卷　(清)畢沅編　清同治八年(1869)江蘇書局刻本　六十冊

500000－8701－0013871　G13/5－1/01847
續資治通鑑二百二十卷　(清)畢沅編　清同治八年(1869)江蘇書局刻本　六十冊

500000－8701－0013872　G13/5－2/01848
續資治通鑑二百二十卷　(清)畢沅編　清光緒二十八年(1902)上海積山書局石印本　二十二冊

500000－8701－0013873　G13/5－2/01849
續資治通鑑二百二十卷　(清)畢沅編　**通鑑釋文辯誤十二卷**　(元)胡三省撰　清同治八年(1869)江蘇書局刻本　八十二冊

500000－8701－0013874　G13/5－4/01850
續資治通鑑二百二十卷　(清)畢沅編　清光緒二十九年(1903)珠江同馨書局刻本　一百册

500000－8701－0013875　G13/5－5/01851
續資治通鑑二百二十卷　(清)畢沅編　清光緒三十一年(1905)新化三味書室刻本　八十册

500000－8701－0013876　G13/5－5/01852
續資治通鑑二百二十卷　(清)畢沅編　清光緒三十一年(1905)新化三味書室刻本　八十册

500000－8701－0013877　G13/5－6/01853
續資治通鑑二百二十卷　(清)畢沅編　清光緒二十六年(1900)上海圖書集成局鉛印本　二十八册

500000－8701－0013878　G13/5－6/01854
續資治通鑑二百二十卷　(清)畢沅編　清石印本　一册　存十卷(四十一至五十)

500000－8701－0013879　G13/5－6/01855
續資治通鑑二百二十卷　(清)畢沅編　清光緒二十二年(1896)上海蜚英館石印本　二十册

500000－8701－0013880　G13/5－6/01856
續資治通鑑二百二十卷　(清)畢沅編　清光緒二十二年(1896)上海蜚英館石印本　二十册

500000－8701－0013881　G13/5－7/01857
續資治通鑑二百二十卷　(清)畢沅編　清光緒七年(1881)番禺任氏刻本　八十册

500000－8701－0013882　G13/6－1/01858
續資治通鑑二百二十卷　(清)畢沅編　清嘉慶六年(1801)桐鄉馮氏刻本　四十册

500000－8701－0013883　G13/6－1/01859
續資治通鑑二百二十卷　(清)畢沅編　清嘉慶六年(1801)桐鄉馮氏刻本　七十二册

500000－8701－0013884　G13/6－2/01860
讀通鑑論三十卷末一卷　(清)王夫之著　清光緒二十二年(1896)廣州新甯明善社刻本　十四册

500000－8701－0013885　G13/6－2/01861
讀通鑑論三十卷末一卷宋論十五卷春秋世論五卷續春秋左氏博議二卷　(清)王夫之著　清光緒二十七年(1901)藜照書屋刻本　二十四册

500000－8701－0013886　G13/6－3/01862
讀通鑑論三十卷末一卷宋論十五卷　(清)王夫之著　清光緒二十五年(1899)湖北武昌刻本　二十册

500000－8701－0013887　G13/6－3/01863
御撰資治通鑑綱目三編二十卷　(清)張廷玉等編　清刻本　六册

500000－8701－0013888　G13/6－3/01864
御撰資治通鑑綱目三編二十卷　(清)張廷玉等編　清刻本　六册

500000－8701－0013889　G13/6－3/01865
資治通鑑綱目發明五十九卷　(宋)尹起莘撰　清同治尹氏刻本　六册

500000－8701－0013890　G13/6－3/01866
袁王加批綱鑑彙纂三十九卷首一卷　(宋)司馬光撰　(宋)朱熹綱目　(明)袁黃　(明)王世貞編纂　**資治明鑑綱目二十卷附三編一卷**　清末民初上海掃葉山房石印本　二十四册

500000－8701－0013891　G13/6－3/01867
御批歷代通鑑輯覽一百二十卷　(清)傅恒等纂　清同治十年(1871)浙江書局刻朱墨套印本　四十八册

500000－8701－0013892　G13/6－4/01868
御批歷代通鑑輯覽一百二十卷　(清)傅恒等纂　清同治十年(1871)浙江書局刻朱墨套印本　四十八册

500000－8701－0013893　G13/6－5/01869
御批歷代通鑑輯覽一百二十卷歷代帝王年表

一卷　(清)傅恒等纂　清同治十年(1871)潯陽萬氏芋栗園刻本　一百九冊

500000－8701－0013894　G13/6－6/01870
御批歷代通鑑輯覽一百二十卷　(清)傅恒等纂　清同治十一年(1872)湖北崇文書局刻本　六十冊

500000－8701－0013895　G13/6－7/01871
御批歷代通鑑輯覽一百二十卷　(清)傅恒等纂　清同治十三年(1874)湖南書局刻本　六十五冊

500000－8701－0013896　G14/1－1/01872
御批歷代通鑑輯覽一百二十卷　(清)傅恒等纂　清光緒十一年(1885)上海同文書局石印本　二十冊

500000－8701－0013897　G14/1－1/01873
御批歷代通鑑輯覽一百二十卷　(清)傅恒等纂　清光緒十一年(1885)上海同文書局石印本　二十冊

500000－8701－0013898　G14/1－1/01874
御批歷代通鑑輯覽一百二十卷　(清)傅恒等纂　清光緒二十四年(1898)湖北書局刻本　六十冊

500000－8701－0013899　G14/1－2/01875
御批歷代通鑑輯覽一百二十卷　(清)傅恒等纂　清光緒二十四年(1898)上海掃葉山房石印本　二十冊

500000－8701－0013900　G14/1－2/01876
御批歷代通鑑輯覽一百二十卷　(清)傅恒等纂　清光緒二十五年(1899)新化三味堂刻本　六十冊

500000－8701－0013901　G14/1－4/01877
御批歷代通鑑輯覽一百二十卷　(清)傅恒等纂　清光緒二十七年(1901)上海慎記書莊石印本　二十冊

500000－8701－0013902　G14/1－4/01878
御批歷代通鑑輯覽一百二十卷　(清)傅恒等纂　清光緒二十七年(1901)宏道書局刻本　六十冊

500000－8701－0013903　G14/1－5/01879
御批歷代通鑑輯覽一百二十卷　(清)傅恒等纂　清光緒二十八年(1902)萃文齋石印本　十冊

500000－8701－0013904　G14/1－5/01880
御批歷代通鑑輯覽一百二十卷　(清)傅恒等纂　清光緒二十九年(1903)通文書局石印本　三十二冊

500000－8701－0013905　G14/1－5/01881
御批歷代通鑑輯覽一百二十卷　(清)傅恒等纂　清光緒三十年(1904)上海久敬書局石印本　二十八冊

500000－8701－0013906　G14/1－6/01882
御批歷代通鑑輯覽一百二十卷　(清)傅恒等纂　清光緒三十年(1904)上海商務印書館鉛印本　二十四冊

500000－8701－0013907　G14/1－6/01883
御批歷代通鑑輯覽一百二十卷　(清)傅恒等纂　清蜀西蘊古齋刻本　一百十八冊

500000－8701－0013908　G14/1－7/01884
御批通鑑輯覽合璧一百二十卷　(清)傅恒等纂　清光緒二十九年(1903)積山喬記書局石印本　二十四冊

500000－8701－0013909　G14/1－7/01885
御批歷代通鑑輯覽一百二十卷　(清)傅恒等纂　清光緒三十年(1904)上海通元書局石印本　二十四冊

500000－8701－0013910　G14/2－1/01886
御批資治通鑑綱目五十九卷首一卷舉要三卷御批續資治通鑑綱目二十七卷　(清)聖祖玄燁批輯　清康熙宋犖刻本　八十冊

500000－8701－0013911　G14/2－2/01887
御批資治通鑑綱目前編十八卷舉要三卷正編五十九卷首一卷續編二十七卷三編六卷
(宋)朱熹撰　清光緒二十八年(1902)上海美華書局石印本　二十六冊

500000－8701－0013912　G14/2－2/01888
資治通鑑綱目前編二十五卷正編五十九卷末一卷續編二十七卷三編二十卷　(宋)朱熹撰　(明)陳仁錫評閲　(清)張廷玉等編　清光緒二十九年(1903)善成堂刻本　一百六十册

500000－8701－0013913　G14/2－4/01891
通鑑綱目四種　(明)陳仁錫評閲　清刻本　一百册

500000－8701－0013914　G14/2－5/01892
資治通鑑綱目前編二十七卷　(明)陳仁錫評閲　清同治十二年(1873)刻本　八册

500000－8701－0013915　G14/2－5/01893
通鑑綱目三種　(明)陳仁錫評閲　清刻本　一百二十册

500000－8701－0013916　G14/2－7/01894
御批資治通鑑綱目前編十八卷舉要三卷正編五十九卷末一卷續編二十七卷　(宋)朱熹撰　清光緒十三年(1887)上海同文書局石印本　二十四册

500000－8701－0013917　G14/2－7/01895
御批資治通鑑綱目前編十八卷舉要三卷正編五十九卷末一卷續編二十七卷　(宋)朱熹撰　清光緒十三年(1887)上海同文書局石印本　二十四册

500000－8701－0013918　G14/3－1/01896
綱鑑正史約三十六卷　(明)顧錫疇著　(清)陳弘謀增訂　清同治八年(1869)浙江書局刻本　二十册

500000－8701－0013919　G14/3－1/01897
綱鑑正史約三十六卷　(明)顧錫疇撰　(清)陳弘謀增訂　清乾隆刻本　二十册

500000－8701－0013920　G14/3－1/01898
綱鑑正史約三十六卷　(明)顧錫疇編　清刻本　十二册

500000－8701－0013921　G14/3－1/01899
綱鑑正史約三十六卷　(明)顧錫疇編著　(清)陳弘謀增訂　清光緒二十八年(1902)上海古香閣石印本　六册

500000－8701－0013922　G14/3－1/01900
增定課讀鑑略妥註善本五卷　(明)李廷機撰　(清)鄒聖脈訂　清光緒二十七年(1901)洽文堂刻本　二册

500000－8701－0013923　G14/3－1/01901
讀通鑑綱目條記二十卷首一卷　(清)李述來纂著　清嘉慶七年(1802)武進李氏刻本　八册

500000－8701－0013924　G14/3－1/01902
通鑑綱目分註補遺四卷附書法存疑一卷　(清)芮長恤述　清光緒二十八年(1902)小岻山館刻本　四册

500000－8701－0013925　G14/3－1/01903
綱目續議二卷　(清)胡爾梅撰　清同治十年(1871)桐城胡氏刻本　二册

500000－8701－0013926　G14/3－1/01904
通鑑注辯正二卷　(清)錢大昕學　清光緒長沙龍氏家塾刻本　一册

500000－8701－0013927　G14/3－2/01905
通鑑類纂二十部　(清)馬佳松椿纂　清光緒二十四年(1898)長白馬佳氏督漕節署刻本　四十册

500000－8701－0013928　G14/3－3/01906
重訂王鳳洲先生綱鑑會纂四十六卷　(明)王世貞纂　清光緒十八年(1892)石印本　十四册

500000－8701－0013929　G14/3－3/01907
通鑑答問五卷　(宋)王應麟撰　清浙江書局刻本　二册

500000－8701－0013930　G14/3－3/01908
通鑑答問五卷　(宋)王應麟撰　清光緒十年(1884)成都志古堂刻本　二册

500000－8701－0013931　G14/3－3/01909
重訂王鳳洲先生綱鑑會纂四十六卷　(明)王世貞纂　清刻本　四十二册

500000－8701－0013932　G14/3－3/01910

重訂王鳳洲先生綱鑑會纂四十六卷 （明）王世貞纂　清刻本　三十五册

500000－8701－0013933　G14/3－4/01911
綱鑑擇語十卷 （清）司徒修輯　清同治六年(1867)品蓮堂刻本　六册

500000－8701－0013934　G14/3－4/01912
司馬溫公稽古錄二十卷 （宋）司馬光撰　清同治十一年(1872)湖北崇文書局刻本　四册

500000－8701－0013935　G14/3－4/01913
司馬溫公稽古錄二十卷 （宋）司馬光撰　清同治十一年(1872)湖北崇文書局刻本　四册

500000－8701－0013936　G14/3－4/01914
廿二史紀事提要八卷 （清）吴綏纂　清乾隆十二年(1747)無錫吴氏刻本　八册

500000－8701－0013937　G14/3－4/01915
尺木堂綱鑑易知錄九十二卷 （清）吴乘權等輯　**御撰資治通鑑綱目三編二十卷** （清）張廷玉等編　清刻本　四十八册

500000－8701－0013938　G14/3－5/01916
尺木堂綱鑑易知錄二十卷 （清）吴乘權等輯　**御撰資治通鑑綱目三編五卷** （清）張廷玉等編　清上海鴻寶齋書局石印本　十册

500000－8701－0013939　G14/3－5/01917
尺木堂綱鑑易知錄九十二卷 （清）吴乘權等輯　清光緒二十七年(1901)上海商務印書館鉛印本　十四册

500000－8701－0013940　G14/3－5/01918
古今治統二十卷 （明）徐奮鵬撰　（清）陳肇元編　清乾隆十二年(1747)刻本　三十册

500000－8701－0013941　G14/3－5/01919
最近支那史二卷 （日本）河野通之　（日本）石村貞一輯　清光緒三十年(1904)上海振東室學社影印本　四册

500000－8701－0013942　G14/3－5/01920
新刊趙田了凡先生編纂古本歷史大方綱鑑補三十卷附明紀二十卷 （明）袁黄纂　清光緒二十三年(1897)成都書局刻本　三十二册

500000－8701－0013943　G14/3－6/01921
御批增補了凡綱鑑四十卷首一卷 （明）袁黄編纂　**御撰資治通鑑綱目三編二十卷末一卷** （清）張廷玉等撰　清光緒十三年(1887)玉尺山房刻本　二十册

500000－8701－0013944　G14/3－6/01922
御批增補了凡綱鑑四十卷首一卷 （明）袁黄編纂　**御撰資治通鑑綱目三編二十卷末一卷** （清）張廷玉等撰　清光緒十三年(1887)玉尺山房刻本　二十四册

500000－8701－0013945　G14/3－6/01923
御批增補了凡綱鑑十卷首一卷 （明）袁黄編纂　**御撰資治通鑑綱目三編二卷末一卷** （清）張廷玉等撰　清光緒二十三年(1897)上海書局石印本　十册

500000－8701－0013946　G14/3－6/01924
新刊趙田了凡袁先生編纂古本歷史大方綱鑑補三十九卷 （明）袁黄　（明）王世貞編纂　**御撰資治通鑑綱目三編二十卷** （清）張廷玉等纂　清光緒二十三年(1897)成都書局刻本　三十二册

500000－8701－0013947　G14/3－7/01925
新刊趙田了凡袁先生編纂古本歷史大方綱鑑補三十九卷 （明）袁黄　（明）王世貞編纂　**御撰資治通鑑綱目三編二十卷** （清）張廷玉等纂　清光緒二十三年(1897)成都書局刻本　四十册

500000－8701－0013948　G14/4－1/01926
新刊趙田了凡袁先生編纂古本歷史大方綱鑑補三十九卷 （明）袁黄　（明）王世貞編纂　**御撰資治通鑑綱目三編二十卷** （清）張廷玉等纂　清光緒二十三年(1897)成都書局刻本　三十六册

500000－8701－0013949　G14/4－2/01927
鼎鍥趙田了凡袁先生編纂古本歷史大方綱鑑補三十九卷 （宋）劉恕外紀　（元）金履祥前編　（明）袁黄編纂　清刻本　三十六册

500000－8701－0013950　G14/4－3/01928

袁王綱鑑合編三十九卷　(明)袁黄輯　(明)王世貞編　清光緒三十年(1904)上海商務印書館鉛印本　十六册

500000－8701－0013951　G14/4－3/01929
鼎鍥趙田了凡袁先生編纂古本歷史大方綱鑑補三十九卷首一卷　(宋)劉恕外紀　(元)金履祥前編　(明)袁黄編纂　清光緒三十一年(1905)宏義閣書局石印本　十二册

500000－8701－0013952　G14/4－3/01930
袁王加批綱鑑彙纂三十九卷首一卷　(宋)司馬光通鑑　(宋)朱熹綱目　(明)袁黄　(明)王世貞編纂　**資治明紀綱目二十卷附三編一卷**　清末民初上海掃葉山房石印本　二十四册

500000－8701－0013953　G14/4－4/01931
歷代通鑑纂要九十二卷　(明)李東陽等編纂　清光緒二十三年(1897)廣雅書局刻本　四十八册

500000－8701－0013954　G14/4－4/01932
嚴永思先生通鑑補正略三卷　(明)嚴衍著　清光緒十三年(1887)時報館鉛印本　二册

500000－8701－0013955　G14/4－4/01933
嚴永思先生通鑑補正略三卷　(明)嚴衍著　清光緒十三年(1887)時報館鉛印本　二册

500000－8701－0013956　G14/4－5/01934
資治通鑑外紀十卷目録五卷　(宋)劉恕編輯　(清)胡克家註補　清同治十年(1871)江蘇書局刻本　十册

500000－8701－0013957　G14/4－5/01935
資治通鑑外紀十卷目録五卷　(宋)劉恕編輯　(清)胡克家註補　清同治十年(1871)江蘇書局刻本　八册

500000－8701－0013958　G14/4－5/01936
資治通鑑外紀十卷目録五卷　(宋)劉恕編輯　(清)胡克家註補　清同治十年(1871)江蘇書局刻本　十册

500000－8701－0013959　G14/4－5/01937
資治通鑑外紀十卷目録五卷　(宋)劉恕編輯　(清)胡克家註補　清同治十年(1871)江蘇書局刻本　十册

500000－8701－0013960　G14/4－6/01938
史餘二十卷　(清)陳堯松撰　(清)陳慶飈注　**補録一卷**　(清)陳慶飈撰　**揭庶韓先生注一卷**　(清)陳堯松撰　清同治三年(1864)竹平安齋刻本　六册

500000－8701－0013961　G14/4－6/01939
通鑑紀事本末二百三十九卷　(宋)袁樞編輯　清同治十二年(1873)江西書局刻本(卷一百七十七至一百八十八係配補)　八十册

500000－8701－0013962　G14/4－7/01940
通鑑紀事本末二百三十九卷　(宋)袁樞編輯　清同治十二年(1873)江西書局刻本　八十册

500000－8701－0013963　G14/5－1/01941
通鑑紀事本末二百三十九卷　(宋)袁樞編輯　清光緒十三年(1887)廣雅書局刻本　八十册

500000－8701－0013964　G14/5－2/01942
通鑑紀事本末二百三十九卷　(宋)袁樞編輯　(明)張溥論正　清光緒二十九年(1903)上海文林書局石印本　二十册

500000－8701－0013965　G14/5－2/01943
通鑑紀事本末二百三十九卷　(宋)袁樞編輯　(明)張溥論正　清光緒二十四年(1898)湖南思賢書局刻本　六十六册

500000－8701－0013966　G14/5－3/01944
通鑑紀事本末二百三十九卷　(宋)袁樞編輯　(明)張溥論正　清光緒二十四年(1898)湖南思賢書局刻本　六十四册

500000－8701－0013967　G14/5－4/01945
通鑑紀事本末二百三十九卷　(宋)袁樞編輯　(明)張溥論正　清光緒二十四年(1898)湖南思賢書局刻本　六十册

500000－8701－0013968　G14/5－6/01946

通鑑長編紀事本末一百五十卷　(宋)楊仲良撰　清光緒十九年(1893)廣雅書局刻本　二十四册

500000－8701－0013969　G14/5－7/01947
歷朝紀事本末九種　(清)朱記榮編　清光緒十四年(1888)上海書業公所鉛印本　四十六册　存六種五百二十三卷(左傳紀事本末二十二至五十三、通鑑紀事本末二百三十九卷、宋史紀事本末一百九卷、西夏紀事本末三十六卷、元史紀事本末二十七卷、明史紀事本末八十卷)

500000－8701－0013970　G14/5－7/01948
史闕十四卷　(清)張岱輯　(清)鄭佶編　清道光七年(1827)刻本　六册

500000－8701－0013971　G14/5－7/01949
史目表二卷　(清)洪飴孫撰　清光緒四年(1878)啓秀山房刻本　一册

500000－8701－0013972　G14/5－7/01950
廿一史四譜五十四卷　(清)沈炳震鈔　清同治十年(1871)武林吴氏清來堂刻本　二十册

500000－8701－0013973　G14/6－1/01951
廿一史四譜五十四卷　(清)沈炳震鈔　清刻本　十六册

500000－8701－0013974　G14/6－1/01952
廿一史四譜五十四卷　(清)沈炳震鈔　清同治十年(1871)武林吴氏清來堂刻本　二十册

500000－8701－0013975　G14/6－2/01953
廿一史四譜五十四卷　(清)沈炳震鈔　清同治十年(1871)武林吴氏清來堂刻本　十六册

500000－8701－0013976　G14/6－2/01954
朝代紀元表一卷　(清)萬廷蘭撰　清刻本　一册

500000－8701－0013977　G14/6－2/01955
歷代統紀表十三卷　(清)段長基撰　(清)段搢書編　清同治四年(1865)味古山房刻光緒元年(1875)紅杏山房修補印本　四十册

500000－8701－0013978　G14/6－3/01956
讀史大略六十卷首一卷附樂府一則　(清)沙張白撰　**附刊小沙子史略一卷**　(清)沙晉著　清道光二十五年(1845)江陰沙氏刻本　十二册

500000－8701－0013979　G14/6－3/01957
讀史大略六十卷首一卷附樂府一則　(清)沙張白撰　**小沙子史略一卷**　(清)沙晉著　**重刊讀史大略脱誤附摘一卷**　(清)章國華撰　清光緒二十六年(1900)刻本　十二册

500000－8701－0013980　G14/6－3/01958
歸方評點史記合筆六卷　(清)王拯纂　清光緒元年(1875)成都節署刻本　四册

500000－8701－0013981　G14/6－4/01959
廿二史文鈔一百九卷　(清)納蘭常安評輯　清乾隆刻本　六十八册

500000－8701－0013982　G14/6－5/01960
西漢文選四卷　(清)儲欣評　清刻本　四册

500000－8701－0013983　G14/6－5/01961
史記選六卷　(清)儲欣評輯　清刻本　四册

500000－8701－0013984　G14/6－5/01962
史畧八十七卷　(清)朱堃輯　清同治五年(1866)刻本　二十册

500000－8701－0013985　G14/6－5/01963
史記菁華錄六卷　(清)姚祖恩編　清道光四年(1824)吳興姚氏扶荔山房刻朱墨套印本　六册

500000－8701－0013986　G14/6－5/01964
史記菁華錄六卷　(清)姚祖恩編　清道光四年(1824)吳興姚氏扶荔山房刻朱墨套印本　六册

500000－8701－0013987　G14/6－5/01965
史記菁華錄六卷　(清)姚祖恩編　清末民初上海鴻寶齋石印本　六册

500000－8701－0013988　G14/6－5/01966
史記菁華錄六卷　(清)姚祖恩編　清道光二十三年(1843)錢塘吳氏刻本　四册

500000－8701－0013989　G14/6－5/01967

史記菁華録六卷 （清）姚祖恩編　清光緒二十三年(1897)舊學山房刻朱墨套印本　六册

500000－8701－0013990　G14/6－5/01968
後漢書文鈔二十八卷 （明）戴羲輯　清刻本　六册

500000－8701－0013991　G14/6－5/01969
史漢求是五十五卷尚書文義一卷 （清）楊琪光撰　清光緒十八年(1892)武林楊氏刻本　十二册

500000－8701－0013992　G14/6－6/01970
讀史快編七十五卷 （明）趙維寰輯　（清）李承薰續輯　清光緒七年(1881)刻本　四十八册

500000－8701－0013993　G14/6－6/01971
讀史快編七十五卷 （明）趙維寰輯　（清）李承薰續輯　清光緒七年(1881)刻本　四十八册

500000－8701－0013994　G15/1－1/01972
讀史快編七十五卷 （明）趙維寰輯　（清）李承薰續輯　清光緒七年(1881)刻本　四十八册

500000－8701－0013995　G15/1－1/01973
廿一史約編八卷首一卷 （清）鄭元慶述　清刻本　九册

500000－8701－0013996　G15/1－1/01974
廿一史約編八卷首一卷 （清）鄭元慶述　清刻本　八册

500000－8701－0013997　G15/1－1/01975
廿一史約編八卷首一卷 （清）鄭元慶述　清刻本　八册

500000－8701－0013998　G15/1－1/01976
廿一史約編八卷首一卷 （清）鄭元慶述　清刻本　八册

500000－8701－0013999　G15/1－1/01977
廿一史約編八卷首一卷 （清）鄭元慶述　清刻本　四册

500000－8701－0014000　G15/1－1/01978
廿一史約編八卷首一卷 （清）鄭元慶述　清刻本　八册

500000－8701－0014001　G15/1－2/01979
廿一史約編八卷首一卷 （清）鄭元慶述　清光緒十三年(1887)上海鴻文書局石印本　二册

500000－8701－0014002　G15/1－2/01980
廿一史約編八卷首一卷 （清）鄭元慶述　清刻本　八册

500000－8701－0014003　G15/1－2/01981
廿一史約編八卷首一卷 （清）鄭元慶述　清刻本　八册

500000－8701－0014004　G15/1－2/01982
廿四史約編八卷首一卷 （清）鄭元慶撰　清雲碧山房石印本　八册

500000－8701－0014005　G15/1－2/01983
廿一史約編八卷首一卷 （清）鄭元慶述　清刻本　八册

500000－8701－0014006　G15/1－2/01984
二十二史言行略四十二卷 （清）過元畋輯　清嘉慶刻本　十六册

500000－8701－0014007　G15/1－2/01985
半窻史略四十二卷 （清）龍體剛纂輯　清雍正永新龍氏刻本　十六册

500000－8701－0014008　G15/1－2/01986
王先生十七史蒙求十六卷 （宋）王令著　清康熙五十二年(1713)海陽程氏刻本　二册

500000－8701－0014009　G15/1－2/01987
王先生十七史蒙求十六卷 （宋）王令著　（清）金三俊補注　清光緒四年(1878)元亨書坊刻本　二册

500000－8701－0014010　G15/1－2/01988
王先生十七史蒙求十六卷 （宋）王令著　（清）金三俊補注　清道光二十八年(1848)刻本　二册

500000－8701－0014011　G15/1－2/01989
史要七卷 （清）任啟運輯　（清）吳兆慶纂註

清嘉慶二十二年(1817)刻本　四册

500000－8701－0014012　G15/1－3/01990
史鑑節要便讀六卷　(清)鮑東里編輯　清同治六年(1867)姑胥刻本　二册

500000－8701－0014013　G15/1－3/01991
史鑑節要便讀六卷　(清)鮑東里編輯　清同治十二年(1873)崇文書局刻本　二册

500000－8701－0014014　G15/1－3/01992
史鑑節要便讀六卷　(清)鮑東里編輯　清光緒二十八年(1902)刻本　二册

500000－8701－0014015　G15/1－3/01993
李氏蒙求補注六卷　(唐)李瀚著　(清)金三俊補注　清刻本　二册

500000－8701－0014016　G15/1－3/01994
李氏蒙求補注六卷　(唐)李瀚著　(清)金三俊補注　清道光九年(1829)刻本　五册

500000－8701－0014017　G15/1－3/01995
史學提要箋釋五卷　(宋)黄繼善撰　(清)楊錫祐釋　清刻本　五册

500000－8701－0014018　G15/1－3/01996
史筌五卷首一卷　(清)楊銘柱著　清刻本　二册

500000－8701－0014019　G15/1－3/01997
趙忠毅公史韻四卷　(明)趙南星撰　(清)陳鍾祥補註　清同治元年(1862)刻本　四册

500000－8701－0014020　G15/1－3/01998
史學驪珠四卷　(清)周贇纂輯　清光緒七年(1881)宛陵周氏刻本　四册

500000－8701－0014021　G15/1－3/01999
史案二十卷首一卷　(清)吳裕垂撰　清光緒六年(1880)刻本　六册

500000－8701－0014022　G15/1－3/02000
歷代史案二十卷首一卷　(清)洪亮吉編　清湖北書局刻本　六册

500000－8701－0014023　G15/1－3/02001
歷代史案二十卷首一卷　(清)洪亮吉編　清湖北書局刻本　六册

500000－8701－0014024　G15/1－3/02002
歷代史論二十二卷　(明)張溥論正　清刻朱墨套印本　八册

500000－8701－0014025　G15/1－3/02003
歷代史論二十二卷　(明)張溥論正　清刻朱墨套印本　十册

500000－8701－0014026　G15/1－3/02004
歷代史論二十二卷　(明)張溥論正　清刻朱墨套印本　八册

500000－8701－0014027　G15/1－3/02005
歷代史論二十二卷　(明)張溥論正　清刻朱墨套印本　十册

500000－8701－0014028　G15/1－4/02006
歷代史論十二卷宋史論三卷元史論一卷(明)張溥論正　**明史論四卷**　(清)谷應泰論正　**左傳史論二卷**　(清)高士奇論正　清光緒十一年(1885)粤東文陞閣刻朱墨套印本　八册

500000－8701－0014029　G15/1－4/02007
歷代史論十二卷　(明)張溥論正　清光緒五年(1879)西江裴氏刻本　六册

500000－8701－0014030　G15/1－4/02008
歷代史論十二卷宋史論三卷元史論一卷(明)張溥論正　**明史論四卷**　(清)谷應泰論正　**左傳史論二卷**　(清)高士奇論正　清光緒五年(1879)西江裴氏刻本　八册

500000－8701－0014031　G15/1－4/02009
歷代史論一編四卷　(明)張溥著　清光緒九年(1883)上海刻本　二册

500000－8701－0014032　G15/1－4/02010
廿四史論新編二十三卷　(清)朱鈞輯　清光緒二十八年(1902)上海書局石印本　八册

500000－8701－0014033　G15/1－4/02011
讀史舉正八卷　(清)張熷撰　清光緒十七年(1891)廣雅書局刻本　二册

500000－8701－0014034　G15/1－4/02012

何博士備論二卷　(宋)何去非撰　清光緒元年(1875)湖北崇文書局刻本　一冊

500000－8701－0014035　G15/1－4/02013
史通削繁四卷　(清)紀昀撰　清道光十三年(1833)兩廣節署刻朱墨套印本　四冊

500000－8701－0014036　G15/1－4/02014
綱鑑總論二卷　(清)周道卿編輯　清光緒十年(1884)師古堂刻本　四冊

500000－8701－0014037　G15/1－4/02015
綱鑑總論二卷　(明)顧充等撰　清光緒二十八年(1902)善成堂刻本　二冊

500000－8701－0014038　G15/1－4/02016
綱鑑總論二卷　(明)顧充等撰　清光緒二十七年(1901)上海煥文書局石印本　四冊

500000－8701－0014039　G15/1－4/02017
綱鑑總論二卷　(明)顧充撰　清末民初石印本　一冊

500000－8701－0014040　G15/1－4/02018
史鑑總論二卷　(明)顧充撰　清光緒三十年(1904)成都書局刻本　二冊

500000－8701－0014041　G15/1－4/02019
史鑑總論二卷　(明)顧充撰　清光緒三十年(1904)成都書局刻本　四冊

500000－8701－0014042　G15/1－5/02020
歷代史論二卷　(明)顧充撰　清光緒十二年(1886)刻本　二冊

500000－8701－0014043　G15/1－5/02021
讀史大略六十卷　(清)沙張白撰　**附刊小沙子史略一卷樂府一則**　清咸豐七年(1857)刻本　十二冊

500000－8701－0014044　G15/1－5/02022
讀史論略一卷　(清)杜詔編　清同治元年(1862)濟南雙和堂刻本　一冊

500000－8701－0014045　G15/1－5/02023
讀史論略一卷　(清)杜詔編　清同治元年(1862)濟南雙和堂刻本　一冊

500000－8701－0014046　G15/1－5/02024
讀史論略一卷　(清)杜詔編　清同治元年(1862)濟南雙和堂刻本　一冊

500000－8701－0014047　G15/1－5/02025
讀史論略一卷　(清)杜詔編　清光緒二十四年(1898)今是軒刻本　一冊

500000－8701－0014048　G15/1－5/02026
重刊讀史論略一卷　(清)杜詔稾　清刻本　一冊

500000－8701－0014049　G15/1－5/02027
古今紀要二十卷　(宋)黃震輯著　清耕餘樓刻本　八冊

500000－8701－0014050　G15/1－5/02028
古今紀要二十卷　(宋)黃震輯著　清耕餘樓刻本　八冊

500000－8701－0014051　G15/1－5/02029
東萊先生左氏博議二十五卷　(宋)呂祖謙撰　清同治七年(1868)永康胡氏退補齋刻本　八冊

500000－8701－0014052　G15/1－5/02030
東萊博議四卷　(宋)呂祖謙撰　**增補虛字註釋一卷**　(清)張文炳點定　清光緒二十七年(1901)江南城李光明莊刻本　四冊

500000－8701－0014053　G15/1－5/02031
東萊博議四卷　(宋)呂祖謙撰　**增補虛字註釋一卷**　(清)張文炳點定　清光緒七年(1881)鳳城官舍刻本　四冊

500000－8701－0014054　G15/1－5/02032
東萊先生左氏博議二十五卷　(宋)呂祖謙撰　**虛字註釋備考六卷**　(清)張文炳點定　清道光十九年(1839)錢塘瞿氏清吟閣刻本　四冊

500000－8701－0014055　G15/1－5/02033
歷代史事政治論三百八卷　(清)金詠榴編　清光緒二十九年(1903)上海點石齋書局石印本　二十八冊

500000－8701－0014056　G15/1－6/02034

十七史商榷一百卷　(清)王鳴盛撰　清末民初上海文瑞樓石印本　十六冊

500000－8701－0014057　G15/1－6/02035
十七史商榷一百卷　(清)王鳴盛撰　清光緒十九年(1893)廣雅書局刻廣雅書局叢書本　十四冊

500000－8701－0014058　G15/1－6/02036
十七史商榷一百卷　(清)王鳴盛撰　清光緒十九年(1893)廣雅書局刻廣雅書局叢書本　十六冊

500000－8701－0014059　G15/2－1/02037
十七史商榷一百卷　(清)王鳴盛撰　清乾隆五十二年(1787)東吴王氏洞涇草堂刻本　二十冊

500000－8701－0014060　G15/2－1/02038
十七史商榷一百卷　(清)王鳴盛撰　清乾隆五十二年(1787)東吴王氏洞涇草堂刻本　二十冊

500000－8701－0014061　G15/2－1/02039
十七史商榷一百卷　(清)王鳴盛撰　清光緒六年(1880)太原王氏刻本　二十冊

500000－8701－0014062　G15/2－1/02040
十七史商榷一百卷　(清)王鳴盛撰　清光緒六年(1880)太原王氏刻本　二十四冊

500000－8701－0014063　G15/2－2/02041
史記探源八卷　崔適撰　清宣統二年(1910)刻本　六冊

500000－8701－0014064　G15/2－2/02042
四史發伏十卷　(清)洪亮吉著　清光緒八年(1882)刻本　三冊

500000－8701－0014065　G15/2－2/02043
諸史考異十八卷　(清)洪頤煊撰　清光緒十五年(1889)廣雅書局刻廣雅書局叢書本　三冊

500000－8701－0014066　G15/2－2/02044
諸史考異十八卷讀書叢錄七卷　(清)洪頤煊撰　清光緒十五年(1889)廣雅書局刻廣雅書局叢書本　四冊

500000－8701－0014067　G15/2－2/02045
廿二史劄記三十六卷補遺一卷　(清)趙翼撰　清光緒二十六年(1900)新化西畬山館刻本　十二冊

500000－8701－0014068　G15/2－2/02046
廿二史劄記三十六卷補遺一卷識語二卷　(清)趙翼撰　清光緒二十六年(1900)新化西畬山館刻本　十二冊

500000－8701－0014069　G15/2－3/02047
廿二史劄記三十六卷補遺一卷　(清)趙翼撰　清光緒二十六年(1900)新化西畬山館刻本　十六冊

500000－8701－0014070　G15/2－3/02048
廿二史劄記三十六卷補遺一卷皇朝劄記述略四卷　(清)趙翼撰　清光緒二十八年(1902)廣雅書局刻本　十冊

500000－8701－0014071　G15/2－3/02049
廿二史劄記三十六卷補遺一卷皇朝劄記述略四卷　(清)趙翼撰　清光緒二十八年(1902)廣雅書局刻本　十六冊

500000－8701－0014072　G15/2－3/02050
廿二史劄記三十六卷補遺一卷　(清)趙翼撰　清光緒二十年(1894)廣雅書局刻本　十六冊

500000－8701－0014073　G15/2－3/02051
廿二史劄記三十六卷補遺一卷　(清)趙翼撰　清刻本　十冊

500000－8701－0014074　G15/2－3/02052
廿二史劄記三十六卷補遺一卷　(清)趙翼撰　清刻本　十五冊

500000－8701－0014075　G15/2－4/02053
廿二史劄記三十六卷補遺一卷　(清)趙翼撰　清刻本　十冊

500000－8701－0014076　G15/2－4/02054
廿二史劄記三十六卷補遺一卷　(清)趙翼撰　清刻本　十三冊

500000－8701－0014077　G15/2－4/02055
廿二史劄記三十六卷補遺一卷　(清)趙翼撰　清光緒二十六年(1900)上海書局石印本　八冊

500000－8701－0014078　G15/2－4/02056
廿二史劄記三十六卷補遺一卷　(清)趙翼撰　清光緒二十八年(1902)益州大文會刻本　十一冊　存三十四卷(一至十七、二十一至三十六,補遺一卷)

500000－8701－0014079　G15/2－4/02057
廿二史劄記三十六卷　(清)趙翼撰　清末民初上海鴻寶齋石印本　六冊

500000－8701－0014080　G15/2－4/02058
廿二史考異一百卷　(清)錢大昕撰　清光緒二十年(1894)廣雅書局刻本　十八冊

500000－8701－0014081　G15/2－5/02059
廿二史考異一百卷　(清)錢大昕撰　清光緒二十年(1894)廣雅書局刻本　十八冊

500000－8701－0014082　G15/2－5/02060
廿二史考異一百卷　(清)錢大昕撰　清光緒二十年(1894)廣雅書局刻本　二十四冊

500000－8701－0014083　G15/2－5/02061
支那史要六卷　(日本)市村瓚次郎著　陳毅譯　清光緒二十八年(1902)上海廣智書局鉛印本　四冊

500000－8701－0014084　G15/2－5/02062
支那通史七卷　(日本)那珂通世編　清光緒二十七年(1901)上海東文學社石印本　五冊　存四卷(一至四)

500000－8701－0014085　G15/2－5/02063
草堂說史八卷　(清)劉應秋撰　清道光十三年(1833)具安張氏刻本　二冊

500000－8701－0014086　G15/2－5/02064
尚史七十卷　(清)李鍇纂　清乾隆三十八年(1773)刻本　二十八冊

500000－8701－0014087　G15/2－6/02065
繹史一百六十卷附世系圖一卷年表一卷　(清)馬驌撰　清康熙九年(1670)刻本　二十四冊

500000－8701－0014088　G15/2－6/02066
繹史一百六十卷年表一卷　(清)馬驌撰　清光緒三十年(1904)浙江書局刻本　五十冊

500000－8701－0014089　G15/2－7/02067
繹史一百六十卷附世系圖一卷年表一卷　(清)馬驌撰　清光緒十五年(1889)金匱浦氏刻本　三十二冊

500000－8701－0014090　G15/2－7/02068
繹史一百六十卷附世系圖一卷年表一卷　(清)馬驌撰　清光緒十五年(1889)金匱浦氏刻本　五十六冊

500000－8701－0014091　G15/3－1/02069
史存三十卷　(清)劉沅輯　清宣統元年(1909)刻本　十七冊

500000－8701－0014092　G15/3－1/02070
史存三十卷　(清)劉沅輯　清道光刻本　十六冊

500000－8701－0014093　G15/3－1/02071
路史前紀九卷後紀十三卷餘論十卷發揮六卷路史國姓衍慶紀原一卷歸愚子大衍數一卷國名紀七卷　(宋)羅泌撰　(宋)羅苹註　清同治四年(1865)刻本　十六冊

500000－8701－0014094　G15/3－2/02072
路史前紀九卷後紀十四卷國名紀八卷餘論十卷發揮六卷　(宋)羅泌撰　(宋)羅苹註　清嘉慶六年(1801)刻本　十六冊

500000－8701－0014095　G15/3－2/02073
路史前紀九卷後紀十四卷國名紀八卷餘論十卷發揮六卷　(宋)羅泌撰　(宋)羅苹註　清嘉慶六年(1801)刻本　十六冊

500000－8701－0014096　G15/3－2/02074
寫定尚書不分卷　(清)吳汝綸書　清光緒十八年(1892)景桐城吳氏家塾影印本　一冊

500000－8701－0014097　G15/3－2/02075
古文尚書十卷尚書逸文二卷　(漢)馬融

(漢)鄭玄註　(宋)王應麟撰集　(清)孫星衍補輯　清刻本　四册

500000－8701－0014098　G15/3－2/02076
古文尚書十卷尚書逸文二卷　(漢)馬融　(漢)鄭玄註　(宋)王應麟撰集　(清)孫星衍補輯　清刻本　二册

500000－8701－0014099　G15/3－2/02077
書經六卷　(宋)蔡沈集傳　清道光八年(1828)立本齋刻本　四册

500000－8701－0014100　G15/3－2/02078
書經六卷　(宋)蔡沈集傳　清光緒三年(1877)永康胡氏退補齋刻本　四册

500000－8701－0014101　G15/3－2/02079
書經六卷　(宋)蔡沈集傳　清光緒十三年(1887)京都聚珍堂書坊刻本　四册

500000－8701－0014102　G15/3－2/02080
尚書大傳補注七卷　(漢)鄭玄注　王闓運補注　清光緒十二年(1886)成都尊經書院刻本　一册

500000－8701－0014103　G15/3－3/02081
欽定書經傳說彙纂二十一卷首二卷書序一卷　(清)王頊齡等撰　清光緒十四年(1888)上海鴻文書局石印御纂七經本　二册

500000－8701－0014104　G15/3－3/02082
欽定書經傳說彙纂二十一卷書序一卷　(清)王頊齡等撰　清光緒十四年(1888)江南書局刻御纂七經本　十一册

500000－8701－0014105　G15/3－3/02083
今文尚書考證三十卷　(清)皮錫瑞撰　清光緒二十三年(1897)師伏堂刻本　六册

500000－8701－0014106　G15/3－3/02084
尚書集注述疏三十二卷首一卷末二卷附錄讀書堂答問一卷　(清)簡朝亮撰　清光緒三十三年(1907)讀書堂刻本　十八册

500000－8701－0014107　G15/3－3/02085
古文尚書正辭三十三卷　(清)吳光耀撰　清光緒十九年(1893)刻本　十八册

500000－8701－0014108　G15/3－3/02086
書古微十二卷　(清)魏源撰　清光緒四年(1878)淮南書局刻本　四册

500000－8701－0014109　G15/3－3/02087
鄭氏古文尚書證訛十一卷　(宋)王應麟撰集　清刻本　一册

500000－8701－0014110　G15/3－4/02088
逸周書十卷校正補遺一卷附錄一卷　(晉)孔晁注　清乾隆五十一年(1786)抱經堂刻本　二册

500000－8701－0014111　G15/3－4/02089
逸周書十卷校正補遺一卷附錄一卷　(晉)孔晁注　清乾隆五十一年(1786)抱經堂刻本　四册

500000－8701－0014112　G15/3－4/02090
汲冢周書十卷　(晉)孔晁注　清刻本　一册

500000－8701－0014113　G15/3－4/02091
周書十卷周書逸文一卷　(清)朱右曾集訓校釋　清光緒三年(1877)湖北崇文書局刻本　二册

500000－8701－0014114　G15/3－4/02092
周書十卷周書逸文一卷　(清)朱右曾集訓校釋　清光緒三年(1877)湖北崇文書局刻本　二册

500000－8701－0014115　G15/3－4/02093
周季編略九卷　(清)黃式三撰　清同治十二年(1873)浙江書局刻儆居遺書本　四册

500000－8701－0014116　G15/3－4/02094
周季編略九卷　(清)黃式三撰　清同治十二年(1873)浙江書局刻儆居遺書本　四册

500000－8701－0014117　G15/3－4/02095
春秋董氏學八卷董氏學附傳一卷　康有為撰　清光緒二十四年(1898)上海大同譯書局刻萬木草堂叢書本　六册

500000－8701－0014118　G15/3－4/02096
欽定春秋傳說彙纂三十八卷首二卷　(清)王掞等纂輯　清同治九年(1870)刻本　二十册

500000－8701－0014119　G15/3－4/02097
欽定春秋傳説彙纂三十八卷首二卷　(清)王掞等纂輯　清光緒十四年(1888)上海鴻文書局石印御纂七經本　三冊

500000－8701－0014120　G15/3－4/02098
春秋左傳初學讀本不分卷　(春秋)左丘明著　清光緒二年(1876)四川學院刻本　六冊

500000－8701－0014121　G15/3－4/02099
春秋釋例十五卷　(晉)杜預撰　清武英殿聚珍版古經解彙函叢書本　八冊

500000－8701－0014122　G15/3－4/02100
春秋釋例十五卷首一卷　(晉)杜預撰　清掃葉山房刻本　六冊

500000－8701－0014123　G15/3－5/02101
春秋十六卷首一卷附錄經傳一卷附陸氏三傳釋文音義十六卷　(□)□□撰　清嘉慶十年(1805)刻本　十六冊

500000－8701－0014124　G15/3－5/02102
左傳紀事本末五十三卷　(清)高士奇編輯　清同治十二年(1873)江西書局刻本　十二冊

500000－8701－0014125　G15/3－5/02103
左傳紀事本末五十三卷　(清)高士奇編輯　清同治十二年(1873)江西書局刻本　十二冊

500000－8701－0014126　G15/3－5/02104
左傳紀事本末五十三卷　(清)高士奇編輯　清光緒二十五年(1899)慎記書莊石印本　二冊

500000－8701－0014127　G15/3－5/02105
左傳紀事本末五十三卷　(清)高士奇編輯　清光緒二十五年(1899)慎記書莊石印本　五冊

500000－8701－0014128　G15/3－5/02106
左傳紀事本末五十三卷　(清)高士奇編輯　清光緒十四年(1888)上海書業公所鉛印本　三冊

500000－8701－0014129　G15/3－5/02107
左傳紀事本末五十三卷　(清)高士奇編輯　清光緒十四年(1888)上海書業公所鉛印本　五冊

500000－8701－0014130　G15/3－5/02108
左傳紀事本末五十三卷　(清)高士奇編輯　清光緒二十六年(1900)廣雅書局刻本　十二冊

500000－8701－0014131　G15/3－6/02109
左傳紀事本末五十三卷　(清)高士奇編輯　清光緒二十六年(1900)廣雅書局刻本　十六冊

500000－8701－0014132　G15/3－6/02110
左傳紀事本末五十三卷　(清)高士奇著　清光緒二十四年(1898)湖南思賢書局刻本　十冊

500000－8701－0014133　G15/3－6/02111
公羊傳初學讀本不分卷　(□)□□撰　清光緒二年(1876)四川學院刻本　二冊

500000－8701－0014134　G15/3－6/02112
春秋公羊經傳解詁十二卷附校記一卷　(漢)何休學　清道光四年(1824)揚州汪氏問禮堂刻本　二冊　存九卷(一至四、九至十二,校記一卷)

500000－8701－0014135　G15/3－6/02113
春秋公羊傳十一卷　(漢)何休解詁　(唐)陸德明音義　清同治十一年(1872)山東書局刻民國十四年(1925)張宗昌印本　四冊

500000－8701－0014136　G15/3－6/02114
春秋公羊傳十一卷校刊記一卷　(漢)何休學　(唐)陸德明音義　清光緒八年(1882)成都錦江書局刻本　四冊

500000－8701－0014137　G15/3－6/02115
春秋繁露義證十七卷首一卷攷證一卷　(漢)董仲舒撰　(清)蘇輿學　清宣統二年(1910)長沙王氏刻本　四冊

500000－8701－0014138　G15/3－6/02116
春秋公羊禮疏十一卷　(清)淩曙撰　清光緒九年(1883)歸安姚氏刻本　二冊

500000－8701－0014139　G15/3－6/02117
公羊春秋經傳驗推補證十一卷　廖平撰　清光緒三十二年(1906)則柯軒刻民國元年(1912)四川成都存古書局印本　六冊

500000－8701－0014140　G15/3－7/02118
春秋比事參義十六卷　(清)桂含章輯　清光緒八年(1882)金陵刻本　十六冊

500000－8701－0014141　G15/3－7/02119
穀梁春秋經傳古義疏十一卷　廖平撰　清光緒二十六年(1900)日新書局刻本　八冊

500000－8701－0014142　G15/3－7/02120
春秋穀梁傳十卷　(晉)范甯集解　(唐)陸德明音義　清光緒八年(1882)成都錦江書局影刻本　四冊

500000－8701－0014143　G15/3－7/02121
春秋穀梁經傳補注二十四卷首一卷末一卷　(晉)范甯注　(清)鍾文烝補注　清光緒二年(1876)刻本　八冊

500000－8701－0014144　G15/3－7/02122
穀梁傳初學讀本不分卷　(□)□□撰　清光緒二年(1876)四川學院刻本　二冊

500000－8701－0014145　G15/3－7/02123
四史鴻裁四十卷　(明)穆文熙輯　明萬曆十七年(1589)刻本　二十冊

500000－8701－0014146　G15/4－1/02124
左通補釋三十二卷　(清)梁履繩撰　清道光九年(1829)錢塘汪氏振綺堂刻光緒元年(1875)補刻本　十六冊

500000－8701－0014147　G15/4－1/02125
欽定春秋左傳讀本三十卷　(春秋)左丘明傳　(清)程恩澤等編　(清)賀長齡評　清道光二十五年(1845)黔省大盛堂刻本　十六冊

500000－8701－0014148　G15/4－2/02126
東萊博議四卷附增補虛字註釋一卷　(宋)呂祖謙著　清光緒十五年(1889)善成堂刻本　四冊

500000－8701－0014149　G15/4－2/02127
春秋左傳三十卷　(晉)杜預集解　(唐)陸德明音釋　(宋)林堯叟注　(清)馮李驊集解　清同治七年(1868)湖北崇文書局刻本　十二冊

500000－8701－0014150　G15/4－2/02128
春秋左傳五十卷　(晉)杜預注　清道光七年(1827)掃葉山房刻本　十二冊

500000－8701－0014151　G15/4－2/02129
左傳義法舉要一卷　(清)方苞口授　(清)王兆符　(清)程崟傳述　清光緒十九年(1893)金匱廉氏刻本　一冊

500000－8701－0014152　G15/4－2/02130
評點春秋綱目左傳句解彙雋六卷　(清)韓菼重訂　清末民初上海掃葉山房石印本　六冊

500000－8701－0014153　G15/4－2/02131
左傳事緯十二卷字釋一卷　(清)馬驌編論　清光緒四年(1878)吳縣潘氏敏德堂刻本　六冊

500000－8701－0014154　G15/4－2/02132
東萊先生左氏博議二十五卷　(宋)呂祖謙撰　**虛字註釋備考六卷**　(清)張文炳點定　清光緒十四年(1888)雲陽義秀書屋刻本　六冊

500000－8701－0014155　G15/4－2/02133
左傳舊疏考正八卷　(清)劉文淇著　清光緒三年(1877)湖北崇文書局刻本　四冊

500000－8701－0014156　G15/4－2/02134
王會篇箋釋三卷　(清)何秋濤撰　清光緒十七年(1891)江蘇書局刻本　三冊

500000－8701－0014157　G15/4－3/02135
國語二十一卷　(三國吳)韋昭解　(清)吳汝綸點勘　清宣統二年(1910)鉛印本　二冊

500000－8701－0014158　G15/4－3/02136
國語二十一卷　(三國吳)韋昭解　(清)吳汝綸點勘　清宣統二年(1910)鉛印本　一冊

500000－8701－0014159　G15/4－3/02137
國語補音三卷附札記　(宋)宋庠著　清光緒二年(1876)成都尊經書院刻本　一冊

500000－8701－0014160　G15/4－3/02138
國語校注本三種二十九卷　(清)汪遠孫編輯　清道光二十六年(1846)西湖振綺堂刻本　五冊

500000－8701－0014161　G15/4－3/02139
國語校注本三種二十九卷　(清)汪遠孫編輯　清道光二十六年(1846)西湖振綺堂刻本　六冊

500000－8701－0014162　G15/4－3/02140
國語校注本三種二十九卷　(清)汪遠孫編輯　清道光二十六年(1846)西湖振綺堂刻本　六冊

500000－8701－0014163　G15/4－3/02141
國語校注本三種二十九卷　(清)汪遠孫編輯　清道光二十六年(1846)西湖振綺堂刻本　六冊

500000－8701－0014164　G15/4－3/02142
國語校注本三種二十九卷　(清)汪遠孫編輯　清道光二十六年(1846)西湖振綺堂刻本　六冊

500000－8701－0014165　G15/4－3/02143
國語二十一卷　(三國吳)韋昭解　**札記一卷**　(清)黄丕烈撰　**考異四卷**　(清)汪遠孫撰　清同治八年(1869)湖北崇文書局刻本　五冊

500000－8701－0014166　G15/4－3/02144
國語二十一卷　(三國吳)韋昭解　**札記一卷**　(清)黄丕烈撰　**考異四卷**　(清)汪遠孫撰　清同治八年(1869)湖北崇文書局刻本　五冊

500000－8701－0014167　G15/4－3/02145
國語二十一卷　(三國吳)韋昭解　**札記一卷**　(清)黄丕烈撰　**考異四卷**　(清)汪遠孫撰　清同治八年(1869)湖北崇文書局刻本　五冊

500000－8701－0014168　G15/4－3/02146
國語二十一卷　(三國吳)韋昭解　**札記一卷**　(清)黄丕烈撰　**考異四卷**　(清)汪遠孫撰　清同治八年(1869)湖北崇文書局刻本　五冊

500000－8701－0014169　G15/4－4/02147
國語二十一卷　(三國吳)韋昭解　**札記一卷**　(清)黄丕烈撰　**考異四卷**　(清)汪遠孫撰　清光緒三年(1877)永康退補齋刻本　四冊

500000－8701－0014170　G15/4－4/02148
國語二十一卷　(三國吳)韋昭解　**札記一卷**　(清)黄丕烈撰　**考異四卷**　(清)汪遠孫撰　清光緒二年(1876)成都尊經書院刻本　五冊

500000－8701－0014171　G15/4－4/02149
國語二十一卷　(三國吳)韋昭解　**札記一卷**　(清)黄丕烈撰　**考異四卷**　(清)汪遠孫撰　清光緒二年(1876)成都尊經書院刻本　五冊

500000－8701－0014172　G15/4－4/02150
國語二十一卷　(三國吳)韋昭解　**札記一卷**　(清)黄丕烈撰　**考異四卷**　(清)汪遠孫撰　清光緒二年(1876)浙江書局刻本　五冊

500000－8701－0014173　G15/4－4/02151
國語二十一卷　(三國吳)韋昭解　**札記一卷**　(清)黄丕烈撰　清光緒二十七年(1901)上海鴻寶齋石印本　三冊

500000－8701－0014174　G15/4－4/02152
國語二十一卷　(三國吳)韋昭解　**札記一卷**　(清)黄丕烈撰　清光緒二十七年(1901)上海鴻寶齋石印本　三冊

500000－8701－0014175　G15/4－4/02153
國語二十一卷　(三國吳)韋昭解　**札記一卷**　(清)黄丕烈撰　清光緒影印本　三冊

500000－8701－0014176　G15/4－4/02154
國語二十一卷　(三國吳)韋昭解　**札記一卷**　(清)黄丕烈撰　清光緒影印本　三冊

500000－8701－0014177　G15/4－4/02155
國語二十一卷　(三國吳)韋昭解　**札記一卷**　(清)黄丕烈撰　清讀未見書齋刻本　四冊

500000－8701－0014178　G15/4－4/02156
國語二十一卷　（三國吴）韋昭解　**札記一卷**　（清）黄丕烈撰　清讀未見書齋刻本　三册

500000－8701－0014179　G15/4－4/02157
國語二十一卷　（三國吴）韋昭解　**札記一卷**　（清）黄丕烈撰　清末民初上海鴻章書局石印本　三册

500000－8701－0014180　G15/4－4/02158
國語二十一卷　（三國吴）韋昭解　**札記一卷**　（清）黄丕烈撰　**戰國策三十三卷**　（漢）高誘注　**札記三卷**　（清）黄丕烈撰　清光緒二十一年（1895）實善堂刻本　八册

500000－8701－0014181　G15/4－4/02159
國語二十一卷　（三國吴）韋昭解　**札記一卷**　（清）黄丕烈撰　**考異四卷**　（清）汪遠孫撰　清光緒二年（1876）刻本　五册

500000－8701－0014182　G15/4－5/02160
國語二十一卷　（三國吴）韋昭解　**札記一卷**　（清）黄丕烈撰　清光緒二十三年（1897）成都書局刻本　四册

500000－8701－0014183　G15/4－5/02161
國語二十一卷　（三國吴）韋昭解　**札記一卷**　（清）黄丕烈撰　清光緒二十三年（1897）成都書局刻本　四册

500000－8701－0014184　G15/4－5/02162
國語韋解補正二十一卷　（三國吴）韋昭解　吴曾祺補正　清宣統二年（1910）上海商務印書館鉛印再版本　四册

500000－8701－0014185　G15/4－5/02163
國語正義二十一卷　（清）董增齡撰集　清光緒六年（1880）會稽章氏式訓堂刻本　八册

500000－8701－0014186　G15/4－5/02164
國語翼解六卷　（清）陳瑑著　清光緒廣州廣雅書局刻本　二册

500000－8701－0014187　G15/4－5/02165
國策地名考二十卷首一卷　（清）程恩澤纂　（清）狄子奇箋　清咸豐三年（1853）粤雅堂叢書本　八册

500000－8701－0014188　G15/4－5/02166
戰國策釋地二卷　（清）張琦撰　清光緒二十六年（1900）廣州廣雅書局刻本　一册

500000－8701－0014189　G15/4－5/02167
戰國策三十三卷　（漢）高誘注　**札記三卷**　（清）黄丕烈撰　清同治八年（1869）湖北崇文書局刻本　五册

500000－8701－0014190　G15/4－5/02168
戰國策三十三卷　（漢）高誘注　**札記三卷**　（清）黄丕烈撰　清同治八年（1869）湖北崇文書局刻本　五册

500000－8701－0014191　G15/4－5/02169
戰國策三十三卷　（漢）高誘注　**札記三卷**　（清）黄丕烈撰　清同治八年（1869）湖北崇文書局刻本　五册

500000－8701－0014192　G15/4－5/02170
戰國策三十三卷　（漢）高誘注　**札記三卷**　（清）黄丕烈撰　清刻本　八册

500000－8701－0014193　G15/4－5/02171
戰國策三十三卷　（漢）高誘注　**札記三卷**　（清）黄丕烈撰　清刻本　六册

500000－8701－0014194　G15/4－6/02172
戰國策三十三卷　（漢）高誘注　**札記三卷**　（清）黄丕烈撰　清光緒影印本　五册

500000－8701－0014195　G15/4－6/02173
戰國策三十三卷　（漢）高誘注　**札記三卷**　（清）黄丕烈撰　清光緒影印本　五册

500000－8701－0014196　G15/4－6/02174
戰國策三十三卷　（漢）高誘注　**札記三卷**　（清）黄丕烈撰　清光緒二十七年（1901）上海鴻寶齋石印本　五册

500000－8701－0014197　G15/4－6/02175
戰國策三十三卷　（漢）高誘注　**札記三卷**　（清）黄丕烈撰　清光緒二十七年（1901）上海鴻寶齋石印本　四册　存三十三卷（戰國策三十三卷）

500000－8701－0014198　G15/4－6/02176
戰國策三十三卷　(漢)高誘注　**札記三卷**　(清)黄丕烈撰　清嘉慶八年(1803)冬吴門黄氏讀未見書齋刻本　六册

500000－8701－0014199　G15/4－6/02177
戰國策三十三卷　(漢)高誘注　**札記三卷**　(清)黄丕烈撰　清光緒三年(1877)永康退補齋刻本　六册

500000－8701－0014200　G15/4－6/02178
戰國策三十三卷　(漢)高誘注　**札記三卷**　(清)黄丕烈撰　清光緒二年(1876)成都尊經書院刻本　五册

500000－8701－0014201　G15/4－6/02179
戰國策三十三卷　(漢)高誘注　**札記三卷**　(清)黄丕烈撰　清光緒二年(1876)成都尊經書院刻本　五册

500000－8701－0014202　G15/4－7/02180
戰國策三十三卷　(漢)高誘注　**札記三卷**　(清)黄丕烈撰　清光緒二年(1876)成都尊經書院刻本　五册

500000－8701－0014203　G15/4－7/02181
戰國策三十三卷　(漢)高誘注　**札記三卷**　(清)黄丕烈撰　清光緒二年(1876)成都尊經書院刻本　五册

500000－8701－0014204　G15/4－7/02182
漢書蒙拾三卷後漢書蒙拾二卷　(清)杭世駿輯　清光緒十年(1884)上海同文書局石印本　二册

500000－8701－0014205　G15/4－7/02183
漢書引經異文録證六卷　(清)繆祐孫撰　清光緒十一年(1885)刻本　二册

500000－8701－0014206　G15/4－7/02184
戰國策三十三卷　(漢)高誘注　(清)吴汝綸點勘　清光緒十年(1884)鉛印本　二册

500000－8701－0014207　G15/4－7/02185
戰國策三十三卷　(漢)高誘注　(清)吴汝綸點勘　清光緒十年(1884)鉛印本　二册

500000－8701－0014208　G15/4－7/02186
戰國策十卷　(宋)鮑彪校注　清刻本　五册

500000－8701－0014209　G15/4－7/02187
戰國策去毒二卷　(清)陸隴其評　(清)陸宸徵編　清同治九年(1870)六安求我齋刻本　二册

500000－8701－0014210　G15/4－7/02188
前漢書補注一百卷首一卷　(漢)班固撰　(唐)顔師古注　王先謙補注　清光緒二十六年(1900)長沙王氏刻本　三十二册

500000－8701－0014211　G15/5－1/02189
前漢書補注一百卷首一卷　(漢)班固撰　(唐)顔師古注　王先謙補注　清光緒二十六年(1900)長沙王氏刻本　三十二册

500000－8701－0014212　G15/5－2/02190
前漢書一百卷　(漢)班固撰　(唐)顔師古注　清光緒十年(1884)上海同文書局石印本　三十二册

500000－8701－0014213　G15/5－2/02191
前漢書一百卷　(漢)班固撰　(唐)顔師古注　清光緒十年(1884)上海同文書局石印本　三十二册

500000－8701－0014214　G15/5－2/02192
前漢書一百卷　(漢)班固撰　(唐)顔師古注　清光緒二十年(1894)上海點石齋石印本　八册

500000－8701－0014215　G15/5－3/02193
前漢書一百卷　(漢)班固撰　(唐)顔師古注　清光緒十年(1884)上海同文書局石印本　四十九册

500000－8701－0014216　G15/5－3/02194
前漢書一百卷　(漢)班固撰　(唐)顔師古注　清同治八年(1869)金陵書局刻本　十六册

500000－8701－0014217　G15/5－4/02195
前漢書一百卷　(漢)班固撰　(唐)顔師古注　清同治八年(1869)金陵書局刻本　十六册

500000－8701－0014218　G15/5－4/02196

前漢書一百卷　(漢)班固撰　(唐)顔師古注　清光緒十三年(1887)金陵書局刻本　十六冊

500000－8701－0014219　G15/5－5/02197
前漢書一百卷　(漢)班固撰　(唐)顔師古注　清光緒十三年(1887)金陵書局刻本　十六冊

500000－8701－0014220　G15/5－5/02198
前漢書一百卷　(漢)班固撰　(唐)顔師古注　清同治十年(1871)成都書局刻本　三十二冊

500000－8701－0014221　G15/5－6/02199
前漢書一百卷　(漢)班固撰　(唐)顔師古注　清同治十年(1871)成都書局刻本　三十二冊

500000－8701－0014222　G15/5－6/02200
前漢書一百卷　(漢)班固撰　(唐)顔師古注　清光緒三十一年(1905)上海久敬齋石印本　十二冊

500000－8701－0014223　G15/5－6/02201
前漢書一百卷　(漢)班固撰　(唐)顔師古注　清光緒二十九年(1903)五洲同文局石印本　三十二冊

500000－8701－0014224　G15/5－7/02202
前漢書一百卷　(漢)班固撰　(唐)顔師古注　清光緒二十八年(1902)史學會社石印本　八冊

500000－8701－0014225　G15/5－7/02203
前漢書一百卷　(漢)班固撰　(唐)顔師古注　清光緒二十八年(1902)史學會社石印本　十冊

500000－8701－0014226　G15/5－7/02204
前漢書一百卷　(漢)班固撰　(唐)顔師古注　清光緒十年(1884)上海同文書局石印本　三十六冊

500000－8701－0014227　G15/6－1/02205
前漢書一百卷　(漢)班固撰　(唐)顔師古注　清光緒十年(1884)上海同文書局石印本　四十冊

500000－8701－0014228　G15/6－1/02206
前漢書一百卷　(漢)班固撰　(唐)顔師古注　清光緒十四年(1888)上海蜚英館石印本　十六冊

500000－8701－0014229　G15/6－1/02207
前漢書一百卷　(漢)班固撰　(唐)顔師古注　清光緒十四年(1888)上海蜚英館石印本　十六冊

500000－8701－0014230　G15/6－2/02208
前漢書一百卷　(漢)班固撰　(唐)顔師古注　明崇禎十五年(1642)琴川毛氏汲古閣刻本　十五冊

500000－8701－0014231　G15/6－2/02209
前漢書補注一百卷首一卷　(漢)班固撰　(唐)顔師古注　王先謙補注　清光緒二十六年(1900)長沙王氏刻本　三十二冊

500000－8701－0014232　G15/6－3/02210
前漢書一百卷　(漢)班固撰　(唐)顔師古注　清同治十年(1871)成都書局刻本　三十二冊

500000－8701－0014233　G15/6－4/02211
前漢書一百卷　(漢)班固撰　(唐)顔師古注　清同治十年(1871)成都書局刻本　三十二冊

500000－8701－0014234　G15/6－5/02212
兩漢刊誤補遺十卷　(宋)吳仁傑撰　清同治七年(1868)金陵書局刻本　二冊

500000－8701－0014235　G15/6－5/02213
兩漢刊誤補遺十卷　(宋)吳仁傑撰　清同治七年(1868)金陵書局刻本　二冊

500000－8701－0014236　G15/6－5/02214
漢書疏證三十六卷　(清)沈欽韓撰　清光緒二十六年(1900)浙江官書局刻本　二十五冊

500000－8701－0014237　G15/6－5/02215
漢書疏證三十六卷　(清)沈欽韓撰　清光緒

二十六年(1900)浙江官書局刻本　二十四冊

500000－8701－0014238　G15/6－5/02216
漢書註校補五十六卷　(清)周壽昌撰　清光緒十七年(1891)廣雅書局刻本　十冊

500000－8701－0014239　G15/6－6/02217
漢書註校補五十六卷　(清)周壽昌撰　清光緒十年(1884)小對竹軒刻本　十四冊

500000－8701－0014240　G15/6－6/02218
前漢書細讀四卷　(清)李祖陶撰　清同治十年(1871)刻本　一冊

500000－8701－0014241　G15/6－6/02219
漢書點勘不分卷　(□)□□輯　清光緒二十一年(1895)深澤王氏鉛印本　三冊

500000－8701－0014242　G15/6－6/02220
漢書評林一百卷　(明)淩稚隆輯校　清同治十三年(1874)長沙養翮書屋刻本　三十二冊

500000－8701－0014243　G15/6－6/02221
漢書評林一百卷　(明)淩稚隆輯校　清同治十三年(1874)長沙養翮書屋刻本　一冊　存五卷(二十九至三十三)

500000－8701－0014244　G15/6－6/02222
漢書辨疑二十二卷　(清)錢大昭撰　清光緒十三年(1887)廣雅書局刻本　五冊

500000－8701－0014245　G15/6－7/02223
後漢書疏證三十卷　(清)沈欽韓著　清光緒二十六年(1900)浙江官書局刻本　十六冊

500000－8701－0014246　G15/6－7/02224
後漢書一百二十卷　(南朝宋)范曄撰　(南朝梁)劉昭補志　(唐)李賢注　清光緒十年(1884)上海同文書局石印本　二十八冊

500000－8701－0014247　G15/6－7/02225
後漢書一百二十卷　(南朝宋)范曄撰　(南朝梁)劉昭補志　(唐)李賢注　清光緒十年(1884)上海同文書局石印本　二十八冊

500000－8701－0014248　G16/1－1/02226
後漢書一百二十卷附考證　(南朝宋)范曄撰　(南朝梁)劉昭補志　(唐)李賢注　清同治十年(1871)成都書局刻本　二十六冊

500000－8701－0014249　G16/1－1/02227
後漢書九十卷　(南朝宋)范曄撰　(唐)李賢注　**續後漢書志三十卷**　(晉)司馬彪撰　(南朝梁)劉昭注補　清同治八年(1869)金陵書局刻本　十六冊

500000－8701－0014250　G16/1－1/02228
後漢書九十卷　(南朝宋)范曄撰　(唐)李賢注　**續後漢書志三十卷**　(晉)司馬彪撰　(南朝梁)劉昭注補　清同治八年(1869)金陵書局刻本　十六冊

500000－8701－0014251　G16/1－2/02229
後漢書一百二十卷　(南朝宋)范曄撰　(唐)李賢注　清同治十年(1871)成都書局刻本　二十六冊

500000－8701－0014252　G16/1－2/02230
後漢書一百二十卷　(南朝宋)范曄撰　(唐)李賢注　清光緒二十八年(1902)史學會社石印本　八冊

500000－8701－0014253　G16/1－2/02231
後漢書一百二十卷　(南朝宋)范曄撰　(唐)李賢注　清光緒二十八年(1902)史學會社石印本　八冊

500000－8701－0014254　G16/1－2/02232
後漢書一百二十卷　(南朝宋)范曄撰　(唐)李賢注　清光緒三十一年(1905)上海久敬齋石印本　八冊

500000－8701－0014255　G16/1－3/02233
後漢書一百二十卷附考證　(南朝宋)范曄撰　(唐)李賢注　清光緒三十一年(1905)武林竹簡齋石印本　十冊

500000－8701－0014256　G16/1－3/02234
後漢書一百二十卷附考證　(南朝宋)范曄撰　(唐)李賢注　清光緒三十一年(1905)武林竹簡齋石印本　十冊

500000－8701－0014257　G16/1－3/02235
後漢書一百二十卷附考證　(南朝宋)范曄撰

（南朝梁）劉昭補志　（唐）李賢注　清光緒十年（1884）上海同文書局石印本　三十三冊

500000－8701－0014258　G16/1－3/02236
後漢書一百二十卷　（南朝宋）范曄撰　（南朝梁）劉昭補志　（唐）李賢注　清光緒十年（1884）上海同文書局石印本　三十冊

500000－8701－0014259　G16/1－4/02237
後漢書一百二十卷附考證　（南朝宋）范曄撰　（唐）李賢注　清光緒十四年（1888）上海圖書集成印書局鉛印本　十六冊

500000－8701－0014260　G16/1－4/02238
後漢書一百二十卷　（南朝宋）范曄撰　（南朝梁）劉昭補志　（唐）李賢注　清光緒二十九年（1903）五洲同文局石印本　二十八冊

500000－8701－0014261　G16/1－4/02239
後漢書一百二十卷附考證　（南朝宋）范曄撰　（南朝梁）劉昭補志　（唐）李賢注　清同治八年（1869）嶺南葄古堂刻本　三十二冊

500000－8701－0014262　G16/1－5/02240
後漢書九十卷　（南朝宋）范曄撰　（唐）李賢注　**續後漢書志三十卷**　（晉）司馬彪撰　（南朝梁）劉昭注補　清光緒十三年（1887）金陵書局刻本　十六冊

500000－8701－0014263　G16/1－5/02241
後漢書九十卷　（南朝宋）范曄撰　（唐）李賢注　**續後漢書志三十卷**　（晉）司馬彪撰　（南朝梁）劉昭注補　清光緒十三年（1887）金陵書局刻本　十六冊

500000－8701－0014264　G16/1－5/02242
後漢書一百二十卷附考證　（南朝宋）范曄撰　（南朝梁）劉昭補志　（唐）李賢注　清光緒十四年（1888）上海蜚英館石印本　十二冊

500000－8701－0014265　G16/1－5/02243
後漢書一百二十卷附考證　（南朝宋）范曄撰　（南朝梁）劉昭補志　（唐）李賢注　清光緒十四年（1888）上海蜚英館石印本　十二冊

500000－8701－0014266　G16/1－6/02244
後漢書一百二十卷附考證　（南朝宋）范曄撰　（南朝梁）劉昭補志　（唐）李賢注　清同治十年（1871）成都書局刻本　二十八冊

500000－8701－0014267　G16/1－7/02245
後漢書一百二十卷附考證　（南朝宋）范曄撰　（南朝梁）劉昭補志　（唐）李賢注　清同治十年（1871）成都書局刻本　二十八冊

500000－8701－0014268　G16/1－7/02246
東觀漢記二十四卷　（漢）劉珍撰　清乾隆六十年（1795）掃葉山房刻本　二冊

500000－8701－0014269　G16/1－7/02246－1
後漢紀三十卷　（晉）袁宏撰　清康熙三十五年（1696）襄平蔣氏刻本　八冊

500000－8701－0014270　G16/2－1/02247
七家後漢書二十一卷　（清）汪文臺輯　清刻本　六冊

500000－8701－0014271　G16/2－1/02248
七家後漢書二十一卷　（清）汪文臺輯　清光緒孫氏刻古香閣叢書本　六冊

500000－8701－0014272　G16/2－1/02249
後漢書朔閏考五卷　徐紹楨著　清光緒十七年（1891）刻本　二冊

500000－8701－0014273　G16/2－1/02250
三國志補義十三卷　（清）康發祥撰　清咸豐十年（1860）刻本　四冊

500000－8701－0014274　G16/2－1/02251
三國志六十五卷附考證　（晉）陳壽撰　（南朝宋）裴松之注　清光緒十四年（1888）上海蜚英館石印本　八冊

500000－8701－0014275　G16/2－1/02252
三國志六十五卷附考證　（晉）陳壽撰　（南朝宋）裴松之注　清光緒二十八年（1902）史學會社石印本　四冊

500000－8701－0014276　G16/2－1/02253
三國志六十五卷附考證　（晉）陳壽撰　（南朝宋）裴松之注　清光緒三十一年（1905）武林竹簡齋石印本　四冊

500000－8701－0014277　G16/2－1/02254

三國志六十五卷附考證　(晉)陳壽撰　(南朝宋)裴松之注　清光緒十一年(1885)上海同文書局石印本　二十冊

500000－8701－0014278　G16/2－1/02255

三國志六十五卷附考證　(晉)陳壽撰　(南朝宋)裴松之注　清光緒十一年(1885)上海同文書局石印本　十六冊

500000－8701－0014279　G16/2－2/02256

三國志六十五卷附考證　(晉)陳壽撰　(南朝宋)裴松之注　清光緒三十四年(1908)上海集成圖書公司鉛印本　八冊

500000－8701－0014280　G16/2－2/02257

三國志六十五卷附考證　(晉)陳壽撰　(南朝宋)裴松之注　清同治十年(1871)成都書局刻本　十六冊

500000－8701－0014281　G16/2－2/02258

三國志六十五卷附考證　(晉)陳壽撰　(南朝宋)裴松之注　清同治十年(1871)成都書局刻本　十六冊

500000－8701－0014282　G16/2－2/02259

三國志六十五卷附考證　(晉)陳壽撰　(南朝宋)裴松之注　清同治八年(1869)嶺南葄古堂刻本　十六冊

500000－8701－0014283　G16/2－3/02260

三國志六十五卷附考證　(晉)陳壽撰　(南朝宋)裴松之注　清光緒十一年(1885)上海同文書局石印本　十四冊

500000－8701－0014284　G16/2－3/02261

三國志六十五卷附考證　(晉)陳壽撰　(南朝宋)裴松之注　清光緒二十年(1894)上海同文書局刻本　十六冊

500000－8701－0014285　G16/2－3/02262

三國志六十五卷附考證　(晉)陳壽撰　(南朝宋)裴松之注　清光緒二十年(1894)上海同文書局刻本　二十冊

500000－8701－0014286　G16/2－3/02263

三國志六十五卷　(晉)陳壽撰　(南朝宋)裴松之注　清活字印本　二十冊

500000－8701－0014287　G16/2－4/02264

三國志六十五卷　(晉)陳壽撰　(南朝宋)裴松之注　清光緒十三年(1887)江南書局刻本　十六冊

500000－8701－0014288　G16/2－5/02265

三國志六十五卷　(晉)陳壽撰　(南朝宋)裴松之注　清光緒十三年(1887)江南書局刻本　十四冊

500000－8701－0014289　G16/2－5/02266

三國志六十五卷　(晉)陳壽撰　(南朝宋)裴松之注　清同治九年(1870)金陵書局刻本　八冊

500000－8701－0014290　G16/2－6/02267

三國志六十五卷　(晉)陳壽撰　(南朝宋)裴松之注　清同治九年(1870)金陵書局刻本　八冊

500000－8701－0014291　G16/2－6/02268

三國志六十五卷附考證　(晉)陳壽撰　(南朝宋)裴松之注　清同治十年(1871)成都書局刻本　十六冊

500000－8701－0014292　G16/2－6/02269

三國志六十五卷附考證　(晉)陳壽撰　(南朝宋)裴松之注　清同治十年(1871)成都書局刻本　十四冊

500000－8701－0014293　G16/2－7/02270

三國志六十五卷附考證　(晉)陳壽撰　(南朝宋)裴松之注　清同治十年(1871)成都書局刻本　十六冊

500000－8701－0014294　G16/2－7/02271

三國志質疑六卷　徐紹楨著　清光緒十二年(1886)番禺徐氏羊城刻本　二冊

500000－8701－0014295　G16/2－7/02272

三國志攷證八卷　(清)潘眉撰　清光緒十五年(1889)廣雅書局刻廣雅書局叢書本　二冊

500000－8701－0014296　G16/2－7/02273

三國志證聞三卷　(清)錢儀吉撰　清光緒十一年(1885)江蘇書局刻本　二冊

500000－8701－0014297　G16/2－7/02274
三國志證聞三卷　(清)錢儀吉撰　清光緒十一年(1885)江蘇書局刻本　二冊

500000－8701－0014298　G16/2－7/02275
晉略不分卷　(清)周濟撰　清光緒二年(1876)味雋齋刻本　十冊

500000－8701－0014299　G16/2－7/02276
晉略不分卷　(清)周濟撰　清光緒二年(1876)味雋齋刻本　十冊

500000－8701－0014300　G16/3－1/02277
晉書一百三十卷附音義三卷　(唐)房玄齡等撰　清同治十年(1871)金陵書局刻本　二十冊

500000－8701－0014301　G16/3－1/02278
晉書一百三十卷附音義三卷　(唐)房玄齡等撰　清同治十年(1871)金陵書局刻本　二十冊

500000－8701－0014302　G16/3－2/02279
晉書一百三十卷附音義三卷　(唐)房玄齡等撰　清同治十年(1871)金陵書局刻本　二十四冊

500000－8701－0014303　G16/3－2/02280
晉書一百三十卷附音義三卷附考證　(唐)房玄齡等撰　清光緒二十八年(1902)史學會社石印本　八冊

500000－8701－0014304　G16/3－2/02281
晉書一百三十卷附音義三卷　(唐)房玄齡等撰　清光緒十年(1884)上海同文書局影印本　三十冊

500000－8701－0014305　G16/3－3/02282
晉書一百三十卷附音義三卷　(唐)房玄齡等撰　清光緒二十九年(1903)五洲同文局石印本　三十冊

500000－8701－0014306　G16/3－3/02283
晉書校勘記五卷　(清)周家祿撰　**補晉兵志一卷**　(清)錢儀吉撰　**宋州郡志校勘記一卷**　(清)成蓉鏡撰　清光緒十四年(1888)廣雅書局刻本　一冊

500000－8701－0014307　G16/3－3/02284
十六國春秋一百卷　(北魏)崔鴻撰　清竹素山房刻本　十二冊

500000－8701－0014308　G16/3－3/02285
晉五胡指掌二卷　(明)張玄羽著　清刻峭帆樓叢書本　一冊

500000－8701－0014309　G16/3－3/02286
南北史補志十四卷附補志贊一卷　(清)汪士鐸著　清光緒四年(1878)淮南書局刻本　六冊

500000－8701－0014310　G16/3－4/02287
南北史補志十四卷附補志贊一卷　(清)汪士鐸著　清光緒四年(1878)淮南書局刻本　六冊

500000－8701－0014311　G16/3－4/02288
建康實錄二十卷附校勘記　(唐)許嵩著　清光緒二十八年(1902)刻本　六冊

500000－8701－0014312　G16/3－4/02289
南史識小錄十四卷北史識小錄十四卷　(清)沈名蓀　(清)朱昆田輯　(清)張應昌補正　清同治十年(1871)武林吳氏清來堂刻本　十二冊

500000－8701－0014313　G16/3－4/02290
南史識小錄十四卷北史識小錄十四卷　(清)沈名蓀　(清)朱昆田輯　(清)張應昌補正　清同治十年(1871)武林吳氏清來堂刻本　十二冊

500000－8701－0014314　G16/3－4/02291
南北史年表一卷世系表五卷帝王世系表一卷　(清)周嘉猷撰　清光緒十八年(1892)廣州廣雅書局刻本　四冊

500000－8701－0014315　G16/3－4/02292
南史八十卷附考證　(唐)李延壽撰　清光緒十四年(1888)上海圖書集成印書局鉛印本

十二册

500000－8701－0014316　G16/3－4/02293
南史八十卷附考證　(唐)李延壽撰　清光緒二十八年(1902)史學會社石印本　六册

500000－8701－0014317　G16/3－4/02294
南史八十卷附考證　(唐)李延壽撰　清光緒二十八年(1902)史學會社石印本　六册

500000－8701－0014318　G16/3－5/02295
南史八十卷附考證　(唐)李延壽撰　清光緒二十九年(1903)五洲同文局石印本　二十册

500000－8701－0014319　G16/3－5/02296
南史八十卷附考證　(唐)李延壽撰　清光緒十年(1884)上海同文書局石印本　二十册

500000－8701－0014320　G16/3－5/02297
南史八十卷　(唐)李延壽撰　清光緒六年(1880)四川尊經書局刻本　十六册

500000－8701－0014321　G16/3－5/02298
南史八十卷　(唐)李延壽撰　清光緒六年(1880)四川尊經書局刻本　十六册

500000－8701－0014322　G16/3－6/02299
南史八十卷　(唐)李延壽撰　清同治十一年(1872)金陵書局刻本　十六册

500000－8701－0014323　G16/3－6/02300
南史八十卷　(唐)李延壽撰　清同治十一年(1872)金陵書局刻本　十二册

500000－8701－0014324　G16/3－6/02301
南史八十卷　(唐)李延壽撰　清同治十一年(1872)金陵書局刻本　十二册

500000－8701－0014325　G16/3－7/02302
宋書一百卷　(南朝梁)沈約撰　清同治十一年(1872)金陵書局刻本　十六册

500000－8701－0014326　G16/3－7/02303
宋書一百卷　(南朝梁)沈約撰　清同治十一年(1872)金陵書局刻本　二十四册

500000－8701－0014327　G16/4－1/02304
宋書一百卷　(南朝梁)沈約撰　清同治十一年(1872)金陵書局刻本　十六册

500000－8701－0014328　G16/4－1/02305
宋書一百卷　(南朝梁)沈約撰　清同治十一年(1872)金陵書局刻本　十六册

500000－8701－0014329　G16/4－1/02306
宋書一百卷　(南朝梁)沈約撰　清同治十一年(1872)金陵書局刻本　二十册

500000－8701－0014330　G16/4－2/02307
宋書一百卷　(南朝梁)沈約撰　清光緒二十九年(1903)五洲同文局石印本　二十四册

500000－8701－0014331　G16/4－2/02308
宋書一百卷　(南朝梁)沈約撰　清光緒二十八年(1902)史學會社石印本　六册

500000－8701－0014332　G16/4－2/02309
宋書一百卷　(南朝梁)沈約撰　清光緒二十八年(1902)史學會社石印本　六册

500000－8701－0014333　G16/4－2/02310
宋書一百卷　(南朝梁)沈約撰　清光緒十四年(1888)上海圖書集成印書局鉛印本　十二册

500000－8701－0014334　G16/4－3/02311
南齊書五十九卷　(南朝梁)蕭子顯撰　清光緒二十八年(1902)史學會社石印本　二册

500000－8701－0014335　G16/4－3/02312
南齊書五十九卷附考證　(南朝梁)蕭子顯撰　清道光十六年(1836)官刻本　八册

500000－8701－0014336　G16/4－3/02313
南齊書五十九卷　(南朝梁)蕭子顯撰　清同治八年(1869)嶺南葄古堂刻本　十册

500000－8701－0014337　G16/4－3/02314
南齊書五十九卷　(南朝梁)蕭子顯撰　清同治十三年(1874)金陵書局刻本　六册

500000－8701－0014338　G16/4－4/02315
南齊書五十九卷　(南朝梁)蕭子顯撰　清同治十三年(1874)金陵書局刻本　六册

500000－8701－0014339　G16/4－4/02316

南齊書五十九卷　(南朝梁)蕭子顯撰　清同治十三年(1874)金陵書局刻本　六冊

500000－8701－0014340　G16/4－4/02317
南齊書五十九卷　(南朝梁)蕭子顯撰　清同治十三年(1874)金陵書局刻本　十冊

500000－8701－0014341　G16/4－4/02318
南齊書五十九卷附考證　(南朝梁)蕭子顯撰　清光緒十年(1884)上海同文書局影印本　八冊

500000－8701－0014342　G16/4－4/02319
南齊書五十九卷　(南朝梁)蕭子顯撰　明末汲古閣刻本　八冊

500000－8701－0014343　G16/4－4/02320
南齊書五十九卷附考證　(南朝梁)蕭子顯撰　清光緒二十九年(1903)五洲同文局石印本　八冊

500000－8701－0014344　G16/4－4/02321
南齊書五十九卷　(南朝梁)蕭子顯撰　清光緒二十八年(1902)竢實齋石印本　二冊

500000－8701－0014345　G16/4－5/02322
梁書五十六卷　(唐)姚思廉撰　清同治十三年(1874)金陵書局刻本　十冊

500000－8701－0014346　G16/4－5/02323
梁書五十六卷　(唐)姚思廉撰　清同治十三年(1874)金陵書局刻本　六冊

500000－8701－0014347　G16/4－5/02324
梁書五十六卷　(唐)姚思廉撰　清同治十三年(1874)金陵書局刻本　八冊

500000－8701－0014348　G16/4－5/02325
梁書五十六卷　(唐)姚思廉撰　清同治十三年(1874)金陵書局刻本　八冊

500000－8701－0014349　G16/4－6/02326
梁書五十六卷附考證　(唐)姚思廉撰　清光緒十年(1884)上海同文書局石印本　八冊

500000－8701－0014350　G16/4－6/02327
梁書五十六卷附考證　(唐)姚思廉撰　清光緒二十九年(1903)五洲同文局石印本　八冊

500000－8701－0014351　G16/4－6/02328
梁書五十六卷附考證　(唐)姚思廉撰　清光緒三十四年(1908)上海集成圖書公司鉛印本　四冊

500000－8701－0014352　G16/4－6/02329
梁書五十六卷附考證　(唐)姚思廉撰　清光緒二十八年(1902)史學會社石印本　二冊

500000－8701－0014353　G16/4－6/02330
梁書五十六卷附考證　(唐)姚思廉撰　清光緒二十八年(1902)史學會社石印本　二冊

500000－8701－0014354　G16/4－6/02331
梁書五十六卷　(唐)姚思廉撰　清同治八年(1869)嶺南葄古堂刻本　十冊

500000－8701－0014355　G16/4－6/02332
陳書三十六卷　(唐)姚思廉撰　清刻本　四冊

500000－8701－0014356　G16/4－6/02333
陳書三十六卷　(唐)姚思廉撰　清同治十一年(1872)金陵書局刻本　三冊

500000－8701－0014357　G16/4－6/02334
陳書三十六卷　(唐)姚思廉撰　清同治十一年(1872)金陵書局刻本　四冊

500000－8701－0014358　G16/4－6/02335
陳書三十六卷　(唐)姚思廉撰　清同治十一年(1872)金陵書局刻本　四冊

500000－8701－0014359　G16/4－6/02336
陳書三十六卷　(唐)姚思廉撰　清同治十一年(1872)金陵書局刻本　四冊

500000－8701－0014360　G16/4－7/02337
陳書三十六卷附考證　(唐)姚思廉撰　清光緒二十九年(1903)五洲同文局石印本　六冊

500000－8701－0014361　G16/4－7/02338
陳書三十六卷附考證　(唐)姚思廉撰　清光緒三十三年(1907)上海集成圖書公司鉛印本　四冊

500000－8701－0014362　G16/4－7/02339
陳書三十六卷附考證　(唐)姚思廉撰　清光

緒二十八年(1902)史學會社石印本　一册

500000－8701－0014363　G16/4－7/02340
陳書三十六卷附考證　(唐)姚思廉撰　清光緒二十八年(1902)史學會社石印本　一册

500000－8701－0014364　G16/4－7/02341
陳書三十六卷附考證　(唐)姚思廉撰　清同治八年(1869)嶺南葄古堂刻本　八册

500000－8701－0014365　G16/4－7/02342
南史考證一卷　(□)□□撰　清末尊經書局刻民國二年(1913)成都存古書局印本　一册

500000－8701－0014366　G16/4－7/02343
北史一百卷附考證　(唐)李延壽撰　清光緒二十八年(1902)史學會社石印本　八册

500000－8701－0014367　G16/4－7/02344
北史一百卷附考證　(唐)李延壽撰　清光緒二十八年(1902)史學會社石印本　八册

500000－8701－0014368　G16/4－7/02345
北史一百卷附考證　(唐)李延壽撰　清光緒十年(1884)上海同文書局石印本　二十四册

500000－8701－0014369　G16/5－1/02346
北史一百卷附考證　(唐)李延壽撰　清光緒二十九年(1903)上海五洲同文書局石印本　二十四册

500000－8701－0014370　G16/5－1/02347
北史一百卷　(唐)李延壽撰　清光緒六年(1880)四川尊經書局刻本　二十四册

500000－8701－0014371　G16/5－2/02348
北史一百卷附考證　(唐)李延壽撰　清同治八年(1869)嶺南葄古堂刻本　三十五册

500000－8701－0014372　G16/5－3/02349
北史一百卷　(唐)李延壽撰　清同治十一年(1872)金陵書局刻本　二十册

500000－8701－0014373　G16/5－4/02350
北史一百卷　(唐)李延壽撰　清同治十一年(1872)金陵書局刻本　二十册

500000－8701－0014374　G16/5－5/02351
北史一百卷　(唐)李延壽撰　清同治十一年(1872)金陵書局刻本　二十册

500000－8701－0014375　G16/5－5/02352
北史一百卷　(唐)李延壽撰　清同治十一年(1872)金陵書局刻本　二十册

500000－8701－0014376　G16/5－6/02353
魏書一百十四卷　(北齊)魏收撰　清同治十一年(1872)金陵書局刻本　二十册

500000－8701－0014377　G16/5－6/02354
魏書一百十四卷　(北齊)魏收撰　清同治十一年(1872)金陵書局刻本　二十册

500000－8701－0014378　G16/5－7/02355
魏書一百十四卷　(北齊)魏收撰　清同治十一年(1872)金陵書局刻本　二十四册

500000－8701－0014379　G16/6－1/02356
魏書一百十四卷考證一卷　(北齊)魏收撰　清同治八年(1869)嶺南葄古堂刻本　三十二册

500000－8701－0014380　G16/6－2/02357
魏書一百十四卷考證一卷　(北齊)魏收撰　清光緒十年(1884)上海同文書局石印本　二十四册

500000－8701－0014381　G16/6－2/02358
魏書一百十四卷考證一卷　(北齊)魏收撰　清光緒二十九年(1903)五洲同文局石印本　二十四册

500000－8701－0014382　G16/6－2/02359
西魏書二十四卷　(清)謝啓昆撰　清乾隆六十年(1795)刻本　六册

500000－8701－0014383　G16/6－2/02360
西魏書二十四卷　(清)謝啓昆撰　清乾隆六十年(1795)刻本　四册

500000－8701－0014384　G16/6－3/02361
北齊書五十卷　(唐)李百藥撰　清同治十三年(1874)金陵書局刻本　四册

500000－8701－0014385　G16/6－3/02362
北齊書五十卷　(唐)李百藥撰　清同治十三

年(1874)金陵書局刻本　四册

500000－8701－0014386　G16/6－3/02363
北齊書五十卷　(唐)李百藥撰　清同治十三年(1874)金陵書局刻本　四册

500000－8701－0014387　G16/6－3/02364
北齊書五十卷　(唐)李百藥撰　清同治十三年(1874)金陵書局刻本　六册

500000－8701－0014388　G16/6－3/02365
北齊書五十卷附考證　(唐)李百藥撰　清光緒十年(1884)上海同文書局影印本　八册

500000－8701－0014389　G16/6－3/02366
北齊書五十卷附考證　(唐)李百藥撰　清光緒二十八年(1902)史學會社石印本　二册

500000－8701－0014390　G16/6－3/02367
北齊書五十卷附考證　(唐)李百藥撰　清光緒十四年(1888)上海圖書集成印書局鉛印本　六册

500000－8701－0014391　G16/6－3/02368
北齊書五十卷附考證　(唐)李百藥撰　清光緒十四年(1888)上海圖書集成印書局鉛印本　六册

500000－8701－0014392　G16/6－4/02369
周書五十卷　(唐)令狐德棻等撰　清刻本　六册

500000－8701－0014393　G16/6－4/02370
周書五十卷　(唐)令狐德棻等撰　清同治十三年(1874)金陵書局刻本　四册

500000－8701－0014394　G16/6－4/02371
周書五十卷　(唐)令狐德棻等撰　清同治十三年(1874)金陵書局刻本　四册

500000－8701－0014395　G16/6－4/02372
周書五十卷　(唐)令狐德棻等撰　清同治十三年(1874)金陵書局刻本　四册

500000－8701－0014396　G16/6－4/02373
周書五十卷　(唐)令狐德棻等撰　清同治十三年(1874)金陵書局刻本　四册

500000－8701－0014397　G16/6－4/02374
周書五十卷附考證　(唐)令狐德棻等撰　清同治八年(1869)嶺南葄古堂刻本　八册

500000－8701－0014398　G16/6－4/02375
周書五十卷附考證　(唐)令狐德棻等撰　清光緒三十三年(1907)上海華商集成圖書公司鉛印本　四册

500000－8701－0014399　G16/6－4/02376
周書五十卷附考證　(唐)令狐德棻等撰　清光緒三十三年(1907)上海華商集成圖書公司鉛印本　四册

500000－8701－0014400　G16/6－4/02377
周書五十卷附考證　(唐)令狐德棻等撰　清光緒二十九年(1903)五洲同文局石印本　八册

500000－8701－0014401　G16/6－4/02378
周書五十卷附考證　(唐)令狐德棻等撰　清光緒二十八年(1902)史學會社石印本　二册

500000－8701－0014402　G16/6－4/02379
周書五十卷附考證　(唐)令狐德棻等撰　清光緒二十八年(1902)史學會社石印本　二册

500000－8701－0014403　G16/6－4/02380
周書五十卷附考證　(唐)令狐德棻等撰　清光緒十年(1884)上海同文書局影印本　八册

500000－8701－0014404　G16/6－4/02381
周書五十卷附考證　(唐)令狐德棻等撰　清光緒十年(1884)上海同文書局影印本　八册

500000－8701－0014405　G16/6－5/02382
隋書八十五卷附考證　(唐)魏徵等撰　清光緒十四年(1888)上海圖書集成印書局鉛印本　十二册

500000－8701－0014406　G16/6－5/02383
隋書八十五卷附考證　(唐)魏徵等撰　清光緒二十八年(1902)史學會社石印本　六册

500000－8701－0014407　G16/6－5/02384
隋書八十五卷附考證　(唐)魏徵等撰　清光緒三十三年(1907)上海集成圖書公司鉛印本

十二冊

500000－8701－0014408　G16/6－5/02385
隋書八十五卷　(唐)魏徵等撰　清光緒二十九年(1903)五洲同文書局石印本　二十四冊

500000－8701－0014409　G16/6－5/02386
隋書八十五卷附校勘記　(唐)魏徵等撰　清同治十年(1871)淮南書局刻本　十二冊

500000－8701－0014410　G16/6－6/02387
隋書八十五卷附校勘記　(唐)魏徵等撰　清同治十年(1871)淮南書局刻本　十六冊

500000－8701－0014411　G16/6－6/02388
隋書八十五卷附校勘記　(唐)魏徵等撰　清同治十年(1871)淮南書局刻本　十二冊

500000－8701－0014412　G16/6－6/02389
隋書八十五卷附校勘記　(唐)魏徵等撰　清同治十年(1871)淮南書局刻本　十六冊

500000－8701－0014413　G17/1－1/02390
隋書八十五卷　(唐)魏徵等撰　清光緒二十九年(1903)五洲同文書局石印本　二十四冊

500000－8701－0014414　G17/1－1/02391
隋書八十五卷　(唐)魏徵等撰　清光緒十年(1884)上海同文書局影印本　二十四冊

500000－8701－0014415　G17/1－1/02392
隋書八十五卷　(唐)魏徵等撰　清同治八年(1869)嶺南萉古堂刻本　二十四冊

500000－8701－0014416　G17/1－1/02393
隋書八十五卷　(唐)魏徵等撰　明末汲古閣刻本　十六冊

500000－8701－0014417　G17/1－2/02394
新舊唐書互證二十卷　(清)趙紹祖著　清光緒十七年(1891)廣州廣雅書局刻本　四冊

500000－8701－0014418　G17/1－2/02395
唐史論斷三卷　(宋)孫甫著　清光緒二十六年(1900)江夏劉氏刻本　二冊

500000－8701－0014419　G17/1－2/02396
舊唐書二百卷附考證　(五代)劉昫撰　清光緒二十八年(1902)史學會社石印本　十六冊

500000－8701－0014420　G17/1－2/02397
舊唐書二百卷附考證　(五代)劉昫撰　清光緒二十九年(1903)五洲同文局石印本　四十八冊

500000－8701－0014421　G17/1－3/02398
舊唐書二百卷　(五代)劉昫撰　清同治十一年(1872)浙江書局刻本　四十冊

500000－8701－0014422　G17/1－3/02399
舊唐書二百卷　(五代)劉昫撰　清同治十一年(1872)浙江書局刻本　四十冊

500000－8701－0014423　G17/1－4/02400
舊唐書二百卷　(五代)劉昫撰　清同治十一年(1872)浙江書局刻本　四十冊

500000－8701－0014424　G17/1－4/02401
舊唐書二百卷　(五代)劉昫撰　清同治十一年(1872)浙江書局刻本　四十冊

500000－8701－0014425　G17/1－5/02402
唐書二百二十五卷釋音二十五卷　(宋)歐陽修撰　清光緒十年(1884)上海同文書局影印本　五十冊

500000－8701－0014426　G17/1－5/02403
唐書二百二十五卷釋音二十五卷　(宋)歐陽修撰　清光緒二十八年(1902)史學會社石印本　十六冊

500000－8701－0014427　G17/1－6/02404
唐書合鈔二百六十卷首一卷補正三卷　(□)□□輯　**唐書宰相世系表訂譌十二卷**　(清)沈炳震訂鈔　清刻本　八十冊

500000－8701－0014428　G17/2－1/02405
唐書二百二十五卷　(宋)歐陽修撰　清同治十二年(1873)浙江書局刻本　四十冊

500000－8701－0014429　G17/2－1/02406
唐書二百二十五卷　(宋)歐陽修撰　清同治十二年(1873)浙江書局刻本　四十冊

500000－8701－0014430　G17/2－2/02407
唐書二百二十五卷　(宋)歐陽修撰　清同治

十二年(1873)浙江書局刻本　四十冊

500000－8701－0014431　G17/2－2/02408
唐書二百二十五卷　(宋)歐陽修撰　清刻本　四十冊

500000－8701－0014432　G17/2－3/02410
東萊先生音註唐鑑二十四卷　(宋)范祖禹著　(宋)吕祖謙注　清同治十三年(1874)成都尊經書院刻本　四冊

500000－8701－0014433　G17/2－3/02411
東萊先生音註唐鑑二十四卷　(宋)范祖禹著　(宋)吕祖謙注　清同治十三年(1874)成都尊經書院刻本　四冊

500000－8701－0014434　G17/2－3/02412
唐藩鎮指掌二卷　(明)張玄羽著　清刻本　一冊

500000－8701－0014435　G17/2－3/02413
舊五代史一百五十卷　(宋)薛居正撰　清光緒二十八年(1902)史學會社石印本　六冊

500000－8701－0014436　G17/2－3/02414
舊五代史一百五十卷　(宋)薛居正撰　清光緒二十九年(1903)五洲同文局石印本　二十四冊

500000－8701－0014437　G17/2－3/02415
舊五代史一百五十卷目錄二卷　(宋)薛居正撰　清光緒十年(1884)上海同文局影印本　二十四冊

500000－8701－0014438　G17/2－4/02416
舊五代史一百五十卷目錄二卷　(宋)薛居正撰　清同治十一年(1872)湖北崇文書局刻本　十六冊

500000－8701－0014439　G17/2－4/02417
舊五代史一百五十卷　(宋)薛居正撰　清同治十一年(1872)湖北崇文書局刻本　十六冊

500000－8701－0014440　G17/2－4/02418
舊五代史一百五十卷　(宋)薛居正撰　清同治十一年(1872)湖北崇文書局刻本　十六冊

500000－8701－0014441　G17/2－4/02419
舊五代史一百五十卷　(宋)薛居正撰　清同治十一年(1872)湖北崇文書局刻本　十六冊

500000－8701－0014442　G17/2－5/02420
舊五代史一百五十卷　(宋)薛居正撰　清同治八年(1869)嶺南葄古堂刻本　二十四冊

500000－8701－0014443　G17/2－5/02421
五代史七十四卷　(宋)歐陽修撰　清光緒十五年(1889)湖南大同書局刻本　十六冊

500000－8701－0014444　G17/2－5/02422
南漢春秋十三卷　(清)劉應麟編輯　清道光七年(1827)刻本　四冊

500000－8701－0014445　G17/2－5/02423
五代史七十四卷　(宋)歐陽修撰　清光緒三十四年(1908)上海集成圖書公司鉛印本　六冊

500000－8701－0014446　G17/2－5/02424
五代史七十四卷　(宋)歐陽修撰　(宋)徐無黨注　清光緒二十八年(1902)史學會社石印本　二冊

500000－8701－0014447　G17/2－5/02425
五代史七十四卷　(宋)歐陽修撰　(宋)徐無黨注　清光緒二十八年(1902)史學會社石印本　二冊

500000－8701－0014448　G17/2－6/02426
五代史七十四卷　(宋)歐陽修撰　清同治八年(1869)嶺南葄古堂刻本　十冊

500000－8701－0014449　G17/2－6/02427
五代史七十四卷　(宋)歐陽修撰　(宋)徐無黨注　清光緒元年(1875)成都書局刻本　十冊

500000－8701－0014450　G17/2－6/02428
五代史記七十四卷　(宋)歐陽修撰　(宋)徐無黨注　清宣統貴池劉氏玉海堂景宋刻本　十二冊

500000－8701－0014451　G17/2－6/02429
五代史七十四卷　(宋)歐陽修撰　(宋)徐無黨注　清同治十一年(1872)湖北崇文書局刻

本　八册

500000－8701－0014452　G17/2－6/02430
五代史七十四卷　(宋)歐陽修撰　(宋)徐無黨注　清同治十一年(1872)湖北崇文書局刻本　八册

500000－8701－0014453　G17/2－6/02431
五代史七十四卷　(宋)歐陽修撰　(宋)徐無黨注　清同治十一年(1872)湖北崇文書局刻本　八册

500000－8701－0014454　G17/2－6/02432
五代史七十四卷　(宋)歐陽修撰　(宋)徐無黨注　清同治十一年(1872)湖北崇文書局刻本　八册

500000－8701－0014455　G17/2－7/02433
五代史記七十四卷　(宋)歐陽修撰　(宋)徐無黨原注　(清)彭元瑞注　清道光八年(1828)刻本　三十二册

500000－8701－0014456　G17/2－7/02434
五代史記七十四卷　(宋)歐陽修撰　(宋)徐無黨原注　(清)彭元瑞注　清道光八年(1828)刻本　四十册

500000－8701－0014457　G17/3－1/02435
五代史七十四卷　(宋)歐陽修撰　(宋)徐無黨注　清刻本　八册

500000－8701－0014458　G17/3－1/02436
五代史闕文一卷　(宋)王禹偁撰　**五代史補五卷**　(宋)陶岳撰　**五代春秋二卷**　(宋)尹洙撰　**五代故事二卷**　(宋)無名氏輯　清刻本　一册

500000－8701－0014459　G17/3－1/02437
五代史七十四卷　(宋)歐陽修撰　(宋)徐無黨注　清光緒元年(1875)成都書局刻本　十二册

500000－8701－0014460　G17/3－1/02438
五代史記纂誤續補六卷　(清)吳光耀撰　清光緒十四年(1888)江夏吳氏刻本　六册

500000－8701－0014461　G17/3－1/02439
南唐書三十卷　(宋)馬令撰　**南唐書十八卷**　(宋)陸游撰　**音釋一卷**　(元)戚光撰　清同治十三年(1874)盱南三餘書屋刻本　六册

500000－8701－0014462　G17/3－1/02440
南唐書十八卷　(宋)陸游撰　**音釋一卷**　(元)戚光撰　清光緒九年(1883)郯郡于氏仿汲古閣刻本　四册

500000－8701－0014463　G17/3－1/02441
南唐書十八卷齋居紀事一卷家世舊聞一卷　(宋)陸游撰　**音釋一卷**　(元)戚光撰　明崇禎毛氏汲古閣刻本　三册

500000－8701－0014464　G17/3－2/02442
十國春秋一百十六卷　(清)吳任臣撰　清乾隆五十三年(1788)昭文周氏刻本　二十四册

500000－8701－0014465　G17/3－2/02443
東都事略一百三十卷　(宋)王偁纂　清光緒九年(1883)淮南書局刻本　十二册

500000－8701－0014466　G17/3－2/02444
東都事略一百三十卷　(宋)王偁纂　清光緒九年(1883)淮南書局刻本　八册

500000－8701－0014467　G17/3－2/02445
東都事略一百三十卷　(宋)王偁纂　清乾隆六十年(1795)刻本　十二册

500000－8701－0014468　G17/3－3/02446
東都事略一百三十卷　(宋)王偁撰　清寶華樓覆宋刻本　十六册

500000－8701－0014469　G17/3－3/02447
東都事略一百三十卷　(宋)王偁著　清乾隆六十年(1795)常熟席氏掃葉山房刻本　八册

500000－8701－0014470　G17/3－3/02448
東都事略一百三十卷　(宋)王偁著　清乾隆六十年(1795)常熟席氏掃葉山房刻本　十六册

500000－8701－0014471　G17/3－3/02449
東都事略一百三十卷　(宋)王偁著　清乾隆六十年(1795)常熟席氏掃葉山房刻本　十三册

500000－8701－0014472　G17/3－3/02450
宋史四百九十六卷目錄三卷　（元）脱脱等撰　清光緒二十九年（1903）五洲同文局石印本　一百册

500000－8701－0014473　G17/3－5/02451
宋史四百九十六卷目錄三卷　（元）脱脱等撰　清光緒三十四年（1908）上海圖書公司鉛印本　六十四册

500000－8701－0014474　G17/3－6/02452
宋史四百九十六卷目錄三卷　（元）脱脱等撰　清光緒十年（1884）上海同文書局影印本　一百册

500000－8701－0014475　G17/3－7/02453
宋史四百九十六卷目錄三卷　（元）脱脱等撰　清光緒元年（1875）浙江書局刻本　一百册

500000－8701－0014476　G17/4－2/02454
宋史四百九十六卷目錄三卷　（元）脱脱等撰　清光緒元年（1875）浙江書局刻本　一百册

500000－8701－0014477　G17/4－3/02455
宋史四百九十六卷目錄三卷　（元）脱脱等撰　清光緒元年（1875）浙江書局刻本　一百册

500000－8701－0014478　G17/4－4/02456
宋史四百九十六卷目錄三卷　（元）脱脱等撰　清光緒元年（1875）浙江書局刻本　一百册

500000－8701－0014479　G17/4－6/02457
宋史紀事本末一百九卷　（明）馮琦原編　（明）陳邦瞻纂輯　清光緒二十四年（1898）湖南思賢書局刻本　二十册

500000－8701－0014480　G17/4－6/02458
宋史紀事本末一百九卷　（明）陳邦瞻編輯　（明）張溥論正　清光緒二十五年（1899）慎記書莊石印本　八册

500000－8701－0014481　G17/4－6/02459
宋史紀事本末一百九卷　（明）陳邦瞻編輯　（明）張溥論正　清光緒二十九年（1903）文林書局石印本　六册

500000－8701－0014482　G17/4－6/02460
宋史紀事本末一百九卷　（明）馮琦原編　（明）陳邦瞻增訂　（明）張溥論正　清光緒十三年（1887）廣雅書局刻本　十六册

500000－8701－0014483　G17/4－6/02461
宋史紀事本末一百九卷　（明）馮琦編　（明）陳邦瞻增訂　（明）張溥論正　清光緒十三年（1887）廣雅書局刻本　二十册

500000－8701－0014484　G17/4－7/02462
宋史紀事本末十卷　（明）馮琦原編　（明）陳邦瞻纂輯　明萬曆三十三年（1605）刻本　十五册

500000－8701－0014485　G17/4－7/02463
宋史紀事本末一百九卷　（明）馮琦原編　（明）張溥論正　（明）陳邦瞻增訂　清同治十三年（1874）江西書局刻本　二十册

500000－8701－0014486　G17/4－7/02464
宋史紀事本末一百九卷　（明）馮琦原編　（明）張溥論正　（明）陳邦瞻增訂　清同治十三年（1874）江西書局刻本　二十册

500000－8701－0014487　G17/4－7/02465
宋史紀事本末一百九卷　（明）馮琦原編　（明）張溥論正　（明）陳邦瞻增訂　清同治十三年（1874）江西書局刻本　二十册

500000－8701－0014488　G17/5－1/02466
北宋經撫年表二卷　吳廷燮編　清宣統三年（1911）鉛印本　二册

500000－8701－0014489　G17/5－1/02467
宋論十五卷　（清）王夫之撰　清光緒二十二年（1896）廣州新甯明善社刻本　四册

500000－8701－0014490　G17/5－1/02468
宋論十五卷　（清）王夫之撰　清光緒二十七年（1901）聽雨軒刻本　二册

500000－8701－0014491　G17/5－1/02469
宋論十五卷　（清）王夫之撰　清光緒二十五年（1899）黃慶曾刻本　四册

500000－8701－0014492　G17/5－1/02470
宋史論三卷元史論一卷　（明）張溥論正　清

刻本　二冊

500000－8701－0014493　G17/5－1/02471
靖康傳信録三卷　（宋）李綱撰　清刻本　一冊

500000－8701－0014494　G17/5－1/02472
宋論十五卷　（清）王夫之撰　清同治四年（1865）湘鄉曾氏金陵節署刻本　五冊

500000－8701－0014495　G17/5－1/02473
宋論十五卷　（清）王夫之撰　清同治四年（1865）湘鄉曾氏金陵節署刻本　五冊

500000－8701－0014496　G17/5－1/02474
三朝北盟會編二百五十卷　（宋）徐夢莘編　清光緒三十四年（1908）清苑許氏刻本　四十冊

500000－8701－0014497　G17/5－2/02475
三朝北盟會編二百五十卷　（宋）徐夢莘編　清光緒三十四年（1908）清苑許氏刻本　四十冊

500000－8701－0014498　G17/5－2/02476
三朝北盟會編二百五十卷首一卷　（宋）徐夢莘編　清光緒四年（1878）越東鉛印本　四十冊

500000－8701－0014499　G17/5－3/02477
三朝北盟會編二百五十卷首一卷　（宋）徐夢莘編　清光緒四年（1878）越東鉛印本　四十冊

500000－8701－0014500　G17/5－3/02478
南宋書六十八卷　（明）錢士升撰　清嘉慶二年（1797）常熟席氏掃葉山房刻本　十一冊

500000－8701－0014501　G17/5－3/02479
南宋書六十八卷　（明）錢士升撰　清嘉慶二年（1797）常熟席氏掃葉山房刻本　六冊

500000－8701－0014502　G17/5－3/02480
南宋雜事詩七卷　（清）沈嘉轍等撰　清同治十一年（1872）淮南書局刻本　二冊

500000－8701－0014503　G17/5－3/02481
南宋雜事詩七卷　（清）沈嘉轍等撰　清刻本　四冊

500000－8701－0014504　G17/5－4/02482
建炎以來繫年要録二百卷　（宋）李心傳著　清光緒五年（1879）仁壽蕭氏刻本　六十冊

500000－8701－0014505　G17/5－4/02483
建炎以來繫年要録二百卷　（宋）李心傳著　清光緒五年（1879）仁壽蕭氏刻本　六十冊

500000－8701－0014506　G17/5－5/02484
建炎以來繫年要録二百卷　（宋）李心傳著　清光緒二十六年（1900）廣州廣雅書局刻本　四十六冊

500000－8701－0014507　G17/5－6/02485
建炎進退志四卷附建炎時政記三卷　（宋）李綱著　清光緒十四年（1888）邵武徐氏刻本　一冊

500000－8701－0014508　G17/5－6/02486
建炎進退志四卷附建炎時政記三卷　（宋）李綱著　清光緒十四年（1888）邵武徐氏刻本　一冊

500000－8701－0014509　G17/5－6/02487
中興小紀四十卷　（宋）熊克撰　清光緒十七年（1891）廣雅書局刻本　六冊

500000－8701－0014510　G17/5－6/02488
中興小紀四十卷　（宋）熊克撰　清光緒十七年（1891）廣雅書局刻本　六冊

500000－8701－0014511　G17/5－7/02489
建炎以來繫年要録二百卷　（宋）李心傳著　清光緒二十六年（1900）廣州廣雅書局刻本　三十六冊　存一百六十一卷（四十至二百）

500000－8701－0014512　G17/6－1/02490
西夏紀事本末三十六卷首二卷　（清）張鑑纂　清光緒十四年（1888）上海崇德堂鉛印本　二冊

500000－8701－0014513　G17/6－1/02491
西夏紀事本末三十六卷首二卷　（清）張鑑纂　清光緒二十一年（1895）上海積山書局石印本　一冊

500000－8701－0014514　G17/6－1/02492
西夏紀事本末三十六卷首二卷　（清）張鑑纂　清光緒二十五年(1899)慎記山莊石印本　二冊

500000－8701－0014515　G17/6－1/02493
西夏紀事本末三十六卷首二卷　（清）張鑑纂　清光緒二十九年(1903)文林書局石印本　一冊

500000－8701－0014516　G17/6－1/02494
西夏紀事本末三十六卷首二卷　（清）張鑑纂　清光緒十一年(1885)金陵刻本　三冊

500000－8701－0014517　G17/6－1/02495
西夏紀事本末三十六卷首二卷　（清）張鑑纂　清光緒十一年(1885)金陵刻本　五冊

500000－8701－0014518　G17/6－1/02496
欽定遼史語解十卷金史語解十二卷元史語解二十四卷　清光緒四年(1878)江蘇書局刻本　十冊

500000－8701－0014519　G17/6－1/02497
契丹國志二十七卷　（宋）葉隆禮撰　清嘉慶二十二年(1817)刻本　六冊

500000－8701－0014520　G17/6－1/02498
契丹國志二十七卷　（宋）葉隆禮撰　清乾隆五十八年(1793)刻本　二冊

500000－8701－0014521　G17/6－1/02499
契丹國志二十七卷　（宋）葉隆禮撰　清嘉慶二年(1797)南沙席氏掃葉山房刻本　二冊

500000－8701－0014522　G17/6－1/02500
契丹國志二十七卷　（宋）葉隆禮撰　清嘉慶二年(1797)南沙席氏掃葉山房刻本　二冊

500000－8701－0014523　G17/6－2/02501
遼史拾遺二十四卷　（清）厲鶚撰　**遼史拾遺補五卷**　（清）楊復吉輯　清道光元年(1821)錢塘汪氏刻本　十冊

500000－8701－0014524　G17/6－2/02502
遼史拾遺二十四卷　（清）厲鶚撰　**遼史拾遺補五卷**　（清）楊復吉輯　清道光元年(1821)錢塘汪氏刻本　十二冊

500000－8701－0014525　G17/6－2/02503
遼史一百十五卷　（元）脱脱等修　清道光四年(1824)刻本　二十八冊

500000－8701－0014526　G17/6－3/02504
遼史一百十六卷附考證　（元）脱脱等撰　清光緒二十八年(1902)史學會社石印本　三冊

500000－8701－0014527　G17/6－3/02505
遼史一百十六卷附考證　（元）脱脱等撰　清光緒二十八年(1902)史學會社石印本　三冊

500000－8701－0014528　G17/6－3/02506
遼史一百十六卷附考證　（元）脱脱等撰　清光緒三十四年(1908)上海集成圖書公司鉛印本　八冊

500000－8701－0014529　G17/6－3/02507
遼史一百十六卷附考證　（元）脱脱等撰　清同治十二年(1873)江蘇書局刻本　十二冊

500000－8701－0014530　G17/6－3/02508
遼史一百十六卷附考證　（元）脱脱等撰　清同治十二年(1873)江蘇書局刻本　十二冊

500000－8701－0014531　G17/6－3/02509
遼史一百十六卷附考證　（元）脱脱等撰　清同治十二年(1873)江蘇書局刻本　十六冊

500000－8701－0014532　G17/6－4/02510
遼史一百十六卷附考證　（元）脱脱等撰　清光緒十一年(1885)上海同文書局影印本　八冊

500000－8701－0014533　G17/6－4/02511
遼史一百十六卷附考證　（元）脱脱等撰　清光緒二十九年(1903)五洲同文局石印本　八冊

500000－8701－0014534　G17/6－4/02512
遼史一百十五卷　（元）脱脱等撰　清光緒成都尊經書局刻本　十冊

500000－8701－0014535　G17/6－4/02513
遼史一百十五卷附考證一卷欽定遼史語解十卷　（元）脱脱等撰　清同治八年(1869)嶺南

萉古堂刻本　十五册

500000－8701－0014536　G17/6－5/02514
遼史紀事本末四十卷首一卷　(清)李有棠編纂　清光緒二十五年(1899)慎記書莊石印本　二册

500000－8701－0014537　G17/6－5/02515
遼史紀事本末四十卷首一卷　(清)李有棠編纂　清光緒二十九年(1903)文林書局石印本　一册

500000－8701－0014538　G17/6－5/02516
遼史紀事本末四十卷首一卷　(清)李有棠編纂　清光緒二十八年(1902)上海著易堂書局鉛印本　二册

500000－8701－0014539　G17/6－5/02517
遼史紀事本末四十卷首一卷考一卷　(清)李有棠編纂　清光緒二十九年(1903)李移鄂樓刻本　八册

500000－8701－0014540　G17/6－5/02518
遼史紀事本末四十卷首一卷　(清)李有棠編纂　清光緒二十六年(1900)廣雅書局刻本　四册

500000－8701－0014541　G17/6－5/02519
遼史紀事本末四十卷首一卷　(清)李有棠編纂　清光緒二十六年(1900)廣雅書局刻本　四册

500000－8701－0014542　G17/6－6/02520
大金國志四十卷　(宋)宇文懋昭著　清嘉慶二年(1797)南沙掃葉山房席氏刻本　四册

500000－8701－0014543　G17/6－6/02521
金史一百三十五卷　(元)脱脱等修　清道光四年(1824)刻本　五十二册

500000－8701－0014544　G17/6－6/02522
金史一百三十五卷　(元)脱脱等修　清光緒三十四年(1908)上海圖書集成公司鉛印本　十六册

500000－8701－0014545　G17/6－7/02523
金史一百三十五卷　(元)脱脱等撰　清光緒二十九年(1903)五洲同文局石印本　二十四册

500000－8701－0014546　G17/6－7/02524
金史一百三十五卷　(元)脱脱等撰　清光緒十年(1884)上海同文書局影印本　二十四册

500000－8701－0014547　G18/1－1/02525
金史一百三十五卷　(元)脱脱等撰　清光緒十四年(1888)成都尊經書局刻本　二十四册

500000－8701－0014548　G18/1－1/02526
金史一百三十五卷欽定金國語解一卷　(元)脱脱等撰　清同治十三年(1874)江蘇書局刻本　二十册

500000－8701－0014549　G18/1－2/02527
金史一百三十五卷欽定金國語解一卷　(元)脱脱等撰　清同治十三年(1874)江蘇書局刻本　二十四册

500000－8701－0014550　G18/1－2/02528
金史一百三十五卷欽定金國語解一卷　(元)脱脱等撰　清同治十三年(1874)江蘇書局刻本　二十册

500000－8701－0014551　G18/1－3/02529
金史一百三十五卷金史語解十二卷附考證一卷　(元)脱脱等撰　清同治八年(1869)嶺南萉古堂刻本　三十二册

500000－8701－0014552　G18/1－4/02530
金史紀事本末五十二卷首一卷末一卷　(清)李有棠編纂　清光緒二十九年(1903)李移鄂樓刻本　十二册

500000－8701－0014553　G18/1－4/02531
金史紀事本末五十二卷首一卷　(清)李有棠編纂　清石印本　一册

500000－8701－0014554　G18/1－4/02532
金史紀事本末五十二卷首一卷　(清)李有棠編纂　清光緒二十八年(1902)上海著易堂書局鉛印本　四册

500000－8701－0014555　G18/1－4/02533
金史紀事本末五十二卷首一卷　(清)李有棠

編纂　清石印本　一册

500000－8701－0014556　G18/1－4/02534
金史紀事本末五十二卷首一卷　（清）李有棠編纂　清光緒二十七年（1901）廣雅書局刻本　六册

500000－8701－0014557　G18/1－4/02535
金史紀事本末五十二卷首一卷　（清）李有棠編纂　清光緒二十七年（1901）廣雅書局刻本　八册

500000－8701－0014558　G18/1－4/02536
金史詳校十卷首一卷末一卷　（清）施國祁著　清光緒六年（1880）會稽章氏刻本　十二册

500000－8701－0014559　G18/1－4/02537
金史詳校十卷首一卷末一卷　（清）施國祁著　清光緒六年（1880）會稽章氏刻本　十二册

500000－8701－0014560　G18/1－4/02538
元史新編九十五卷　（清）魏源著　清光緒三十一年（1905）邵陽魏氏刻本　三十二册

500000－8701－0014561　G18/1－5/02539
元史二百十卷目錄二卷　（明）宋濂等撰　清光緒二十八年（1902）史學會社石印本　十四册

500000－8701－0014562　G18/1－5/02540
元史二百十卷目錄二卷　（明）宋濂等撰　清光緒二十九年（1903）五洲同文書局石印本　五十一册

500000－8701－0014563　G18/1－6/02541
元史二百十卷目錄二卷　（明）宋濂等撰　清光緒十年（1884）上海同文書局影印本　五十一册

500000－8701－0014564　G18/1－6/02542
元史二百十卷目錄二卷　（明）宋濂等撰　清光緒三十三年（1907）上海集成圖書公司鉛印本　二十四册

500000－8701－0014565　G18/1－7/02543
元史二百十卷目錄二卷　（明）宋濂等撰　清同治十三年（1874）江蘇書局刻本　四十册

500000－8701－0014566　G18/1－7/02544
元史二百十卷目錄二卷　（明）宋濂等撰　清同治十三年（1874）江蘇書局刻本　四十册

500000－8701－0014567　G18/2－1/02545
元史二百十卷目錄二卷　（明）宋濂等撰　清同治十三年（1874）江蘇書局刻本　四十册

500000－8701－0014568　G18/2－2/02546
元史二百十卷目錄二卷　（明）宋濂等撰　清同治八年（1869）嶺南萉古堂刻本　五十三册

500000－8701－0014569　G18/2－3/02547
元書一百二卷首一卷　（清）曾廉撰　清宣統三年（1911）邵陽曾氏刻本　二十册

500000－8701－0014570　G18/2－4/02548
元史紀事本末二十七卷　（明）陳邦瞻編輯　（明）張溥論正　清光緒十四年（1888）上海書業公所崇德堂鉛印本　二册

500000－8701－0014571　G18/2－4/02549
元史紀事本末二十七卷　（明）陳邦瞻編輯　（明）張溥論正　清光緒二十一年（1895）上海積山書局石印本　一册

500000－8701－0014572　G18/2－4/02550
元史紀事本末二十七卷　（明）陳邦瞻編輯　（明）張溥論正　清光緒二十五年（1899）慎記書莊石印本　二册

500000－8701－0014573　G18/2－4/02551
元史紀事本末二十七卷　（明）陳邦瞻編輯　（明）張溥論正　清光緒二十九年（1903）文林書局石印本　一册

500000－8701－0014574　G18/2－4/02552
元史紀事本末二十七卷　（明）陳邦瞻編輯　（明）張溥論正　清刻本　四册

500000－8701－0014575　G18/2－4/02553
元史紀事本末二十七卷　（明）陳邦瞻編輯　（明）張溥論正　清光緒十三年（1887）廣雅書局刻本　三册

500000－8701－0014576　G18/2－4/02554
元史紀事本末二十七卷　（明）陳邦瞻編輯

(明)張溥論正　清同治十三年(1874)江西書局刻本　四冊

500000－8701－0014577　G18/2－4/02555
元史紀事本末二十七卷　(明)陳邦瞻編輯(明)張溥論正　清光緒十三年(1887)廣雅書局刻本　四冊

500000－8701－0014578　G18/2－4/02556
元史紀事本末二十七卷　(明)陳邦瞻編輯(明)張溥論正　清同治十三年(1874)江西書局刻本　四冊

500000－8701－0014579　G18/2－4/02557
元史紀事本末二十七卷　(明)陳邦瞻編輯(明)張溥論正　清同治十三年(1874)江西書局刻本　四冊

500000－8701－0014580　G18/2－4/02558
元史紀事本末二十七卷　(明)陳邦瞻編輯(明)張溥論正　清光緒二十四年(1898)湖南思賢書局刻本　四冊

500000－8701－0014581　G18/2－4/02559
元史紀事本末二十七卷　(明)陳邦瞻編輯(明)張溥論正　清光緒二十四年(1898)湖南思賢書局刻本　四冊

500000－8701－0014582　G18/2－4/02560
元朝祕史十五卷　(清)李文田注　清刻連筠簃叢書本　四冊

500000－8701－0014583　G18/2－4/02561
元朝祕史十五卷首一卷　(元)忙豁侖鈕察(元)脫察安撰　(清)李文田注　清光緒二十二年(1896)通隱堂刻本　四冊

500000－8701－0014584　G18/2－4/02562
元朝秘史十卷續集二卷　(元)忙豁侖鈕察(元)脫察安撰　清光緒三十四年(1908)葉氏觀古堂刻本　十二冊

500000－8701－0014585　G18/2－5/02563
元史類編四十二卷　(清)邵遠平撰　清乾隆六十年(1795)南沙席氏掃葉山房刻本　十二冊

500000－8701－0014586　G18/2－5/02564
元史類編四十二卷　(清)邵遠平撰　清乾隆六十年(1795)南沙席氏掃葉山房刻本　十七冊

500000－8701－0014587　G18/2－5/02565
元史類編四十二卷　(清)邵遠平撰　清乾隆六十年(1795)南沙席氏掃葉山房刻本　十六冊

500000－8701－0014588　G18/2－5/02566
續弘簡錄元史類編四十二卷　(清)邵遠平學　清刻本　十六冊

500000－8701－0014589　G18/2－6/02567
元聖武親征錄一卷附刊誤一卷　(清)何秋濤撰　清光緒二十年(1894)姚氏小漚巢刻本　一冊

500000－8701－0014590　G18/2－6/02568
蒙古史二卷　(日本)河野元三述　(清)歐陽瑞驊譯　清宣統三年(1911)江南圖書館鉛印本　二冊

500000－8701－0014591　G18/2－6/02569
明史三百三十二卷目錄四卷　(清)張廷玉等修　清光緒三十三年(1907)上海圖書集成局鉛印本　四十冊

500000－8701－0014592　G18/2－6/02570
明史三百三十二卷目錄四卷　(清)張廷玉等修　清光緒三十三年(1907)上海圖書集成局鉛印本　四十冊

500000－8701－0014593　G18/2－7/02571
明史三百三十二卷目錄四卷　(清)張廷玉等撰　清光緒二十九年(1903)五洲同文局石印本　一百十二冊

500000－8701－0014594　G18/3－1/02572
明史三百三十二卷目錄四卷　(清)張廷玉等撰　清光緒十年(1884)上海同文書局影印本　一百十二冊

500000－8701－0014595　G18/3－2/02573
明史三百三十二卷目錄四卷　(清)張廷玉等

撰　清光緒二十八年(1902)史學會社石印本　二十四冊

500000－8701－0014596　G18/3－2/02574
明書一百七十一卷目録二卷　(清)傅維鱗纂　清光緒五年(1879)定州王氏謙德堂刻畿輔叢書本　四十四冊

500000－8701－0014597　G18/3－3/02575
明大政纂要六十三卷　(明)譚希思編輯　清光緒二十一年(1895)湖南思賢書局刻本　二十八冊

500000－8701－0014598　G18/3－4/02576
明大政纂要六十三卷　(明)譚希思編輯　清光緒二十一年(1895)湖南思賢書局刻本　二十八冊

500000－8701－0014599　G18/3－5/02577
明通鑑九十卷首一卷前編四卷附編六卷　(清)夏燮編輯　清光緒二十六年(1900)上海掃葉山房石印本　十六冊

500000－8701－0014600　G18/3－5/02578
明通鑑九十卷首一卷目録二十卷前編四卷附編六卷　(清)夏燮編輯　清光緒二十三年(1897)湖北官書處刻本　四十八冊

500000－8701－0014601　G18/3－6/02579
明通鑑九十卷首一卷目録二十卷前編四卷附編六卷　(清)夏燮編輯　清光緒二十三年(1897)湖北官書處刻本　四十冊

500000－8701－0014602　G18/3－6/02580
御撰資治通鑑綱目三編二十卷　(清)張廷玉等編　清乾隆十一年(1746)刻本　五冊

500000－8701－0014603　G18/3－6/02581
御撰資治通鑑綱目三編二十卷　(清)張廷玉等編　清乾隆十一年(1746)刻本　四冊

500000－8701－0014604　G18/3－6/02582
御撰資治通鑑綱目三編二十卷　(清)張廷玉等編　清乾隆十一年(1746)刻本　四冊

500000－8701－0014605　G18/3－7/02583
欽定明鑑二十四卷首一卷　(清)托津等纂　清同治九年(1870)湖北崇文書局刻本　十冊

500000－8701－0014606　G18/3－7/02584
欽定明鑑二十四卷首一卷　(清)托津等纂　清同治九年(1870)湖北崇文書局刻本　十冊

500000－8701－0014607　G18/3－7/02585
欽定明鑑二十四卷首一卷　(清)托津等纂　清嘉慶二十三年(1818)清内府刻本　十二冊

500000－8701－0014608　G18/4－1/02586
明紀六十卷　(清)陳鶴纂　清同治十年(1871)江蘇書局刻本　二十冊

500000－8701－0014609　G18/4－1/02587
明紀六十卷　(清)陳鶴纂　清同治十年(1871)江蘇書局刻本　二十冊

500000－8701－0014610　G18/4－1/02588
明紀六十卷　(清)陳鶴纂　清同治十年(1871)江蘇書局刻本　二十四冊

500000－8701－0014611　G18/4－2/02589
明紀六十卷　(清)陳鶴纂　清光緒二十八年(1902)上海積山書局石印本　六冊

500000－8701－0014612　G18/4－2/02590
御撰資治通鑑綱目三編四十卷　(清)舒赫德等改纂　清同治十一年(1872)江西書局刻本　十二冊

500000－8701－0014613　G18/4－2/02591
明史紀事本末八十卷　(清)谷應泰編輯　清同治十三年(1874)江西書局刻本　二十冊

500000－8701－0014614　G18/4－2/02592
明史紀事本末八十卷　(清)谷應泰編輯　清同治十三年(1874)江西書局刻本　二十冊

500000－8701－0014615　G18/4－3/02593
明史紀事本末八十卷　(清)谷應泰編輯　清同治十三年(1874)江西書局刻本　二十冊

500000－8701－0014616　G18/4－3/02594
明史紀事本末八十卷　(清)谷應泰編輯　清光緒十三年(1887)廣雅書局刻本　十六冊

500000－8701－0014617　G18/4－3/02595

明史紀事本末八十卷 （清）谷應泰編輯　清光緒十三年(1887)廣雅書局刻本　二十四册

500000－8701－0014618　G18/4－4/02596
明史紀事本末八十卷 （清）谷應泰編輯　清光緒十四年(1888)上海書業公所崇德堂鉛印本　八册

500000－8701－0014619　G18/4－4/02597
明史紀事本末八十卷三藩紀事本末二十二卷 （清）谷應泰編輯　清光緒二十一年(1895)上海積山書局石印本　二册　存六十六卷(明史一至六十六)

500000－8701－0014620　G18/4－4/02598
明史紀事本末八十卷 （清）谷應泰編輯　清光緒二十五年(1899)慎記書莊石印本　八册

500000－8701－0014621　G18/4－4/02599
明史紀事本末八十卷三藩紀事本末二十二卷 （清）谷應泰編輯　清光緒二十九年(1903)文林書局石印本　五册　存七十卷(明史一至七十)

500000－8701－0014622　G18/4－4/02600
明史紀事本末八十卷 （清）谷應泰編輯　清光緒二十四年(1898)湖南思賢書局刻本　二十册

500000－8701－0014623　G18/4－4/02601
弇山堂别集一百卷 （明）王世貞著　清光緒廣雅書局刻廣雅書局叢書本　二十册

500000－8701－0014624　G18/4－5/02602
二申野録八卷 （清）孫之騄輯　清同治六年(1867)吟香館刻本　六册

500000－8701－0014625　G18/4－5/02603
明宫史八卷 （明）劉若愚編述　清宣統二年(1910)國學扶輪社鉛印本　二册

500000－8701－0014626　G18/4－5/02604
明宫史八卷 （明）劉若愚編述　清宣統二年(1910)國學扶輪社鉛印本　二册

500000－8701－0014627　G18/4－5/02605
明史稿三百十卷 （清）王鴻緒編撰　清敬慎堂刻本　七十三册

500000－8701－0014628　G18/4－6/02606
明史稿三百十卷 （清）王鴻緒編撰　清敬慎堂刻本　八十册

500000－8701－0014629　G18/4－7/02607
勝朝遺事初編六卷 （清）吴彌光輯　清道光二十二年(1842)海南吴氏芬陀羅館刻本　六册

500000－8701－0014630　G18/4－7/02608
勝朝遺事二編八卷 （清）吴彌光輯　清道光二十二年(1842)海南吴氏芬陀羅館刻本　八册

500000－8701－0014631　G18/4－7/02609
讀明史雜著二卷 （清）李祖陶撰　清刻本　一册

500000－8701－0014632　G18/4－7/02610
蜀龜鑑七卷首一卷 （清）劉景伯輯　清宣統三年(1911)裴氏刻本　四册

500000－8701－0014633　G18/4－7/02611
蜀龜鑑七卷首一卷 （清）劉景伯輯　清宣統三年(1911)裴氏刻本　四册

500000－8701－0014634　G18/4－7/02612
蜀龜鑑七卷首一卷 （清）劉景伯輯　清宣統三年(1911)裴氏刻本　四册

500000－8701－0014635　G18/4－7/02613
蜀龜鑑七卷首一卷 （清）劉景伯輯　清咸豐八年(1858)刻本　二册

500000－8701－0014636　G18/4－7/02614
兩朝剝復録六卷附先撥志始二卷 （明）吴應箕輯　清同治二年(1863)皖南夏氏刻本　八册

500000－8701－0014637　G18/4－7/02615
守汴日志一卷 （清）李光壁著　（清）李鑾校　清道光五年(1825)大梁李氏刻本　一册

500000－8701－0014638　G18/4－7/02616
東林本末三卷 （明）吴應箕撰　清刻本　一册

500000－8701－0014639　G18/4－7/02617
蜀碧四卷　(清)彭遵泗著　清刻本　二册

500000－8701－0014640　G18/4－7/02618
蜀碧四卷　(清)彭遵泗著　清乾隆二十八年(1763)刻本　四册

500000－8701－0014641　G18/4－7/02619
蜀碧四卷　(清)彭遵泗著　清乾隆四十二年(1777)白鶴堂刻本　一册

500000－8701－0014642　G18/4－7/02620
蜀碧四卷　(清)彭遵泗著　清乾隆四十二年(1777)白鶴堂刻本　二册

500000－8701－0014643　G18/4－7/02621
蜀碧四卷　(清)彭遵泗著　清肇經堂刻本　二册

500000－8701－0014644　G18/4－7/02622
蜀碧四卷　(清)彭遵泗著　清肇經堂刻本　二册

500000－8701－0014645　G18/4－7/02623
蜀碧四卷　(清)彭遵泗著　清肇經堂刻本　二册

500000－8701－0014646　G18/5－1/02624
荆駝逸史五十三種　(清)陳湖逸士編　清道光古槐山房木活字印本　二十四册

500000－8701－0014647　G18/5－2/02625
荆駝逸史五十三種　(清)陳湖逸士編　清道光古槐山房木活字印本　二十八册

500000－8701－0014648　G18/5－2/02626
荆駝逸史五十三種　(清)陳湖逸士編　清末民初上海鴻章書局石印本　十六册

500000－8701－0014649　G18/5－3/02627
明末五小史七卷　(清)三餘氏撰　清乾隆四年(1739)京都琉璃廠異史氏鳫齋活字印本　十册

500000－8701－0014650　G18/5－3/02628
東南紀事十二卷　(清)邵廷采撰　清光緒十年(1884)邵武徐氏刻本　二册

500000－8701－0014651　G18/5－3/02629
西南紀事十二卷　(清)邵廷采撰　清光緒邵武徐氏刻邵武徐氏叢書本　二册

500000－8701－0014652　G18/5－3/02630
南疆繹史勘本三十卷首二卷繹史摭遺十八卷繹史卹謚考八卷　(清)溫睿臨撰　清道光十年(1830)都城琉璃廠半松居士活字印本　六册　存三十二卷(繹史勘本三十卷、首二卷)

500000－8701－0014653　G18/5－3/02631
南疆繹史勘本三十卷首二卷繹史摭遺十八卷繹史卹謚考八卷　(清)溫睿臨撰　清道光十年(1830)都城琉璃廠半松居士活字印本　十四册

500000－8701－0014654　G18/5－3/02632
三藩紀事本末二十二卷　(清)楊陸榮編輯　清光緒十四年(1888)上海書業公所崇德堂鉛印本　一册

500000－8701－0014655　G18/5－3/02633
綏寇紀略十二卷補遺三卷　(清)吳偉業纂輯　清嘉慶九年(1804)昭文張氏照曠閣刻本　四册

500000－8701－0014656　G18/5－3/02634
綏寇紀略十二卷補遺三卷　(清)吳偉業纂輯　清嘉慶九年(1804)昭文張氏照曠閣刻本　八册

500000－8701－0014657　G18/5－3/02635
明季北略二十卷明季南略十八卷　(清)計六奇撰　清刻本　二十四册

500000－8701－0014658　G18/5－4/02636
明季南略十八卷　(清)計六奇編　清都城琉璃廠半松居士活字印本　十二册

500000－8701－0014659　G18/5－4/02637
明季北略二十四卷　(清)計六奇編　清都城琉璃廠半松居士活字印本　十册

500000－8701－0014660　G18/5－4/02638
明季南略十八卷　(清)計六奇編　清都城琉璃廠半松居士活字印本　八册

500000－8701－0014661　G18/5－4/02639
明季北略二十四卷　(清)計六奇編　清都城琉璃廠半松居士活字印本　十二册

500000－8701－0014662　G18/5－5/02640
小腆紀年附攷二十卷　(清)徐鼒撰　清光緒十二年(1886)扶桑使廨鉛印本　十二册

500000－8701－0014663　G18/5－5/02641
小腆紀年附攷二十卷　(清)徐鼒撰　清光緒十二年(1886)扶桑使廨鉛印本　十二册

500000－8701－0014664　G18/5－5/02642
小腆紀傳六十五卷附補遺一卷　(清)徐鼒撰　清光緒十三年(1887)六合徐氏刻本　十八册

500000－8701－0014665　G18/5－5/02643
繹史摭遺十八卷繹史卹謚攷八卷　(清)李瑤著　清道光十年(1830)吳郡李氏刻本　六册

500000－8701－0014666　G18/5－5/02644
三湘從事錄一卷　(明)蒙正發著　(清)金永森輯注　清光緒三十三年(1907)鄂垣刻本　一册

500000－8701－0014667　G18/5－5/02645
明季稗史彙編十六種　(清)留雲居士輯　清都城琉璃廠半松居士活字印本　十册

500000－8701－0014668　G18/5－6/02646
明季稗史彙編十六種　(清)留雲居士輯　清都城琉璃廠半松居士活字印本　十册

500000－8701－0014669　G18/5－6/02647
明季稗史彙編十六種　(清)留雲居士輯　清都城琉璃廠半松居士活字印本　二十册

500000－8701－0014670　G18/5－6/02648
明季稗史彙編十六種　(清)留雲居士輯　清都城琉璃廠半松居士活字印本　五册

500000－8701－0014671　G18/5－6/02649
明季稗史彙編十六種　(清)留雲居士輯　清光緒二十二年(1896)上海圖書集成印書局鉛印本　六册

500000－8701－0014672　G18/5－6/02650
明季稗史彙編十六種　(清)留雲居士輯　清光緒二十二年(1896)上海圖書集成印書局鉛印本　六册

500000－8701－0014673　G18/5－6/02651
華延年室題跋三卷　(清)傅以禮撰　清宣統元年(1909)鉛印本　三册

500000－8701－0014674　G18/5－6/02652
永曆實錄二十六卷　(清)王夫之撰　清同治四年(1865)湘鄉曾氏刻本　四册

500000－8701－0014675　G18/5－6/02654
灩澦囊五卷　(清)李馥榮編輯　清道光二十七年(1847)刻本　二册

500000－8701－0014676　G18/5－7/02655
東華錄一百九十四卷(天命至雍正)　王先謙編　清光緒十三年(1887)廣百宋齋鉛印本　三十二册

500000－8701－0014677　G18/5－7/02656
東華錄一百九十四卷(天命至雍正)　王先謙編　清光緒十三年(1887)廣百宋齋鉛印本　三十二册

500000－8701－0014678　G18/6－1/02657
東華錄一百九十四卷續錄三百三十卷(天命至同治)　王先謙編　清光緒十年(1884)會稽籀三倉室刻本　二百五十册

500000－8701－0014679　G19/1－1/02658
東華續錄一百卷(同治)　王先謙編　清光緒二十四年(1898)文瀾書局石印本　十二册

500000－8701－0014680　G19/1－1/02659
東華續錄一百卷(咸豐)　王先謙編　清光緒十八年(1892)上海圖書集成局鉛印本　十六册

500000－8701－0014681　G19/1－1/02660
東華續錄二百三十卷(乾隆至道光)　王先謙編　清鉛印本　四十四册

500000－8701－0014682　G19/1－2/02661
東華續錄一百卷(同治)　王先謙編　清光緒二十七年(1901)煥文書局石印本　二十四册

500000－8701－0014683　G19/1－3/02662
十一朝東華約錄二百三十二卷　(清)王祖顯等編　清光緒二十八年(1902)會稽王氏石印本　二十二冊

500000－8701－0014684　G19/1－3/02663
東華續錄二百二十卷(光緒)　(清)朱壽朋編　清宣統元年(1909)上海集成圖書公司鉛印本　六十四冊

500000－8701－0014685　G19/1－4/02664
東華錄詳節二十四卷　(清)鄔樹庭編　清光緒二十六年(1900)上海東文學堂校石印本　十六冊

500000－8701－0014686　G19/1－4/02665
東華錄擥要一百十四卷　(清)汪文安輯　清光緒二十九年(1903)上海商務印書館鉛印本　二十八冊

500000－8701－0014687　G19/1－4/02666
東華錄三十二卷　(清)蔣良騏撰　清京都琉璃廠鉛印本　十二冊

500000－8701－0014688　G19/1－4/02667
東華錄三十二卷　(清)蔣良騏撰　清京都琉璃廠鉛印本　八冊

500000－8701－0014689　G19/1－4/02668
東華錄三十二卷　(清)蔣良騏撰　清京都琉璃廠鉛印本　九冊

500000－8701－0014690　G19/1－4/02669
清史攬要六卷　(日本)增田貢著　清光緒二十八年(1902)上海書局石印本　四冊

500000－8701－0014691　G19/1－4/02670
清史攬要六卷　(日本)增田貢著　清光緒二十七年(1901)杭州白話報館石印本　六冊

500000－8701－0014692　G19/1－4/02671
熙朝紀政六卷　(清)王慶雲撰　清光緒二十四年(1898)石印本　六冊

500000－8701－0014693　G19/1－4/02672
聖武記十四卷　(清)魏源撰　清道光二十四年(1844)古微堂刻本　八冊

500000－8701－0014694　G19/1－4/02673
聖武記十四卷　(清)魏源撰　清道光二十四年(1844)古微堂刻本　十冊

500000－8701－0014695　G19/1－5/02674
聖武記十四卷　(清)魏源撰　清末民初上海鴻章書局石印本　六冊

500000－8701－0014696　G19/1－5/02675
聖武記十四卷　(清)魏源撰　清道光二十二年(1842)刻本　十冊

500000－8701－0014697　G19/1－5/02676
聖武記十四卷　(清)魏源撰　清光緒四年(1878)上海申報館鉛印本　十冊

500000－8701－0014698　G19/1－5/02677
聖武記十四卷　(清)魏源撰　清道光二十六年(1846)刻本　十二冊

500000－8701－0014699　G19/1－5/02678
聖武記十四卷　(清)魏源撰　清道光二十二年(1842)刻本　十冊

500000－8701－0014700　G19/1－5/02679
聖武記十四卷　(清)魏源撰　清光緒二十九年(1903)蜚英館鉛印本　六冊

500000－8701－0014701　G19/1－5/02680
聖武記十四卷　(清)魏源撰　清光緒二十九年(1903)蜚英館鉛印本　六冊

500000－8701－0014702　G19/1－5/02681
皇朝武功紀盛四卷　(清)趙翼撰　清乾隆五十七年(1792)壽考堂刻本　一冊

500000－8701－0014703　G19/1－5/02682
皇朝武功紀盛四卷　(清)趙翼撰　清光緒二十七年(1901)掃葉山房石印本　一冊

500000－8701－0014704　G19/1－5/02683
皇朝掌故讀本不分卷　文明書局編　清光緒二十九年(1903)上海文明書局鉛印本　二冊

500000－8701－0014705　G19/1－5/02684
竹葉亭雜記八卷　(清)姚元之著　清光緒十九年(1893)陽湖汪詢署檢刻本　二冊

500000－8701－0014706　G19/1－5/02685
竹葉亭雜記四卷　(清)姚元之著　清宣統二年(1910)上海掃葉山房石印本　二冊

500000－8701－0014707　G19/1－5/02686
熙朝新語十六卷　(清)余金輯　清道光十二年(1832)忠信堂刻本　四冊

500000－8701－0014708　G19/1－5/02687
皇朝瑣屑錄四十四卷　(清)鍾琦撰　清光緒二十三年(1897)刻本　十二冊

500000－8701－0014709　G19/1－6/02688
皇朝政典挈要八卷　(日本)增田貢撰　毛淦補編　清光緒二十七年(1901)知新書局石印本　四冊

500000－8701－0014710　G19/1－6/02689
皇朝政典挈要八卷　(日本)增田貢撰　毛淦補編　清光緒二十七年(1901)知新書局石印本　四冊

500000－8701－0014711　G19/1－6/02690
皇朝政典挈要八卷　(日本)增田貢撰　毛淦補編　清光緒二十八年(1902)鉛印本　四冊

500000－8701－0014712　G19/1－6/02691
山東軍興紀略二十二卷　(清)張曜撰　清刻本　十冊

500000－8701－0014713　G19/1－6/02692
清秘述聞十六卷　(清)汪式善編　清光緒十四年(1888)嘉善錢氏刻本　十二冊

500000－8701－0014714　G19/1－6/02693
清秘述聞十六卷　(清)汪式善編　清刻本　四冊

500000－8701－0014715　G19/1－6/02694
霆軍紀略十六卷　(清)陳昌編輯　清光緒八年(1882)四川銅梁陳氏刻本　六冊

500000－8701－0014716　G19/1－6/02695
霆軍紀略十六卷　(清)陳昌編輯　清夔門刻本　六冊

500000－8701－0014717　G19/1－6/02696
湘軍記二十卷　(清)王定安撰　清光緒十五年(1889)江南書局刻本　八冊

500000－8701－0014718　G19/1－6/02697
湘軍記二十卷　(清)王定安撰　清末民初上海書局石印本　四冊

500000－8701－0014719　G19/1－6/02698
湘軍記二十卷　(清)王定安撰　清光緒十五年(1889)江南書局刻本　十二冊

500000－8701－0014720　G19/1－6/02699
湘軍記二十卷　(清)王定安撰　清光緒十五年(1889)江南書局刻本　八冊

500000－8701－0014721　G19/1－6/02700
湘軍記二十卷　(清)王定安撰　清光緒十五年(1889)江南書局刻本　八冊

500000－8701－0014722　G19/2－1/02701
湘軍志十六篇　王闓運撰　清光緒二十八年(1902)富記書局刻本　四冊

500000－8701－0014723　G19/2－1/02702
湘軍志十六篇　王闓運撰　清光緒十一年(1885)成都墨香書局刻本　四冊

500000－8701－0014724　G19/2－1/02703
湘軍志十六篇　王闓運撰　清刻本　四冊

500000－8701－0014725　G19/2－1/02704
湘軍志十六篇　王闓運撰　清刻本　四冊

500000－8701－0014726　G19/2－1/02705
湘軍志十六篇　王闓運撰　清刻本　二冊

500000－8701－0014727　G19/2－1/02706
湘軍志十六篇　王闓運撰　清刻本　二冊

500000－8701－0014728　G19/2－1/02707
豫軍紀略十二卷　(清)尹耕雲等纂　清光緒三年(1877)申報館鉛印本　六冊

500000－8701－0014729　G19/2－2/02708
欽定剿平捻匪方略三百二十卷　(清)奕訢等撰　清同治十一年(1872)鉛印本　三百二十一冊

500000－8701－0014730　G19/2－5/02709
欽定平定雲南回匪方略五十卷欽定平定貴州

苗匪紀略四十卷 (清)奕訢等撰 清光緒二十二年(1896)鉛印本 九十一册

500000－8701－0014731 G19/2－6/02710
防海紀略二卷 (清)芍唐居士編 清光緒六年(1880)上洋文藝齋刻本 二册

500000－8701－0014732 G19/2－6/02711
中興別記六十一卷 (清)李濱撰 清宣統二年(1910)鉛印本 十二册

500000－8701－0014733 G19/2－6/02712
平浙紀略十六卷 (清)秦緗業 (清)陳鍾英輯 清光緒元年(1875)上海申報館刻本 四册

500000－8701－0014734 G19/2－6/02713
平浙紀略十六卷 (清)秦緗業 (清)陳鍾英輯 清同治十二年(1873)浙江書局刻本 四册

500000－8701－0014735 G19/2－6/02714
淮軍平捻記十二卷 (清)周世澄輯 清刻本 四册

500000－8701－0014736 G19/2－6/02715
蜀燹述略六卷 (清)余鴻觀編 清光緒二十七年(1901)潙江學署刻本 四册

500000－8701－0014737 G19/2－6/02716
蘇臺麋鹿記二卷 (清)潘鍾瑞撰 清光緒長洲潘氏刻本 一册

500000－8701－0014738 G19/2－6/02717
平定粵匪紀略十八卷附記四卷 (清)杜文瀾撰 清同治群玉齋活字印本 十册

500000－8701－0014739 G19/2－6/02718
平定粵寇紀略十八卷附記四卷 (清)杜文瀾撰 清同治群玉齋活字印本 八册

500000－8701－0014740 G19/2－6/02719
金陵癸甲摭談不分卷賊情彙纂不分卷 (□)□□撰 清活字印本 四册

500000－8701－0014741 G19/2－6/02720
平定關隴紀略十三卷 (清)易孔昭等輯 清光緒十三年(1887)刻本 十二册

500000－8701－0014742 G19/2－6/02721
平回志八卷首一卷 (清)楊毓秀編纂 清光緒十五年(1889)劍南王氏刻本 四册

500000－8701－0014743 G19/2－6/02722
平回志八卷首一卷 (清)楊毓秀編纂 清光緒十五年(1889)劍南王氏刻本 四册

500000－8701－0014744 G19/2－6/02723
彝軍紀略一卷 (清)彭洵輯 清光緒十二年(1886)崇陽刻本 一册

500000－8701－0014745 G19/2－6/02724
彝軍紀略一卷 (清)彭洵輯 清光緒十二年(1886)崇陽刻本 一册

500000－8701－0014746 G19/2－6/02725
蒙寇志略一卷 (清)胡壽昌著 清光緒十六年(1890)胡壽昌成都刻本 一册

500000－8701－0014747 G19/2－6/02726
蒙寇志略一卷 (清)胡壽昌著 清光緒十六年(1890)胡壽昌成都刻本 一册

500000－8701－0014748 G19/2－7/02727
欽定平定陝甘新疆回匪方略三百二十卷 (清)奕訢等撰 清光緒二十二年(1896)鉛印本 三百二十二册

500000－8701－0014749 G19/3－3/02728
光緒建元以來總督年表初稿一卷 (清)陳淑撰 清刻本 一册

500000－8701－0014750 G19/3－3/02729
東方兵事紀略六卷 姚錫光撰 清光緒二十三年(1897)武昌刻本 二册

500000－8701－0014751 G19/3－3/02730
中東戰紀本末八卷首一卷末一卷續編四卷首一卷末一卷三編四卷 (美國)林樂知著譯 清光緒二十二年(1896)上海廣學會著譯圖書集成局鉛印本 十六册

500000－8701－0014752 G19/3－3/02731
中東戰紀本末八卷首一卷末一卷續編四卷首一卷末一卷三編四卷 (美國)林樂知著譯 清光緒二十二年(1896)上海廣學會著譯圖書

集成局鉛印本　十六冊

500000－8701－0014753　G19/3－3/02732
戊戌政變記九卷　梁啟超著　清鉛印本　三冊

500000－8701－0014754　G19/3－3/02733
戊戌政變記九卷　梁啟超著　清鉛印本　三冊

500000－8701－0014755　G19/3－3/02735
庚子北京事變紀略一卷　（美國）鹿完天撰　清光緒二十七年(1901)刻本　一冊

500000－8701－0014756　G19/3－3/02736
京津拳匪紀略八卷前編二卷後編二卷　僑析生　繙雲氏同編　清光緒二十七年(1901)粵東香港書局石印本　六冊

500000－8701－0014757　G19/3－3/02737
變法自強奏議彙編二十卷　（清）毛佩之彙纂　清光緒二十七年(1901)上海書局石印本　十冊

500000－8701－0014758　G19/3－3/02738
拳案三種　勞乃宣撰　清刻本　二冊

500000－8701－0014759　G19/3－3/02739
新政真詮六編　何敏　胡禮垣著　清光緒十三年至二十五年(1887－1899)格致新報館鉛印本　六冊

500000－8701－0014760　G19/3－3/02740
江楚會奏變法三折　（清）劉坤一　（清）張之洞撰　清光緒二十七年(1901)兩湖書院刻本　一冊

500000－8701－0014761　G19/3－3/02741
光緒新政奏議一卷　（清）劉坤一　（清）張之洞撰　清光緒二十七年(1901)成都刻本　一冊

500000－8701－0014762　G19/3－3/02742
庚辛泣杭錄十六卷　（清）丁丙編　清光緒二十一年(1895)錢塘丁氏刻本　六冊

500000－8701－0014763　G19/3－3/02743
蜀鑑十卷　（宋）郭允蹈輯　清光緒五年(1879)吳氏貽穀堂刻本　二冊

500000－8701－0014764　G19/3－3/02744
蜀鑑十卷　（宋）郭允蹈輯　清光緒五年(1879)吳氏貽穀堂刻本　二冊

500000－8701－0014765　G19/3－3/02745
蜀鑑十卷　（宋）郭允蹈輯　清光緒五年(1879)吳氏貽穀堂刻本　四冊

500000－8701－0014766　G19/3－3/02746
蜀亂一卷　（清）歐陽直撰　清刻本　一冊

500000－8701－0014767　G19/3－3/02747
蜀亂一卷　（清）歐陽直著　清鉛印本　一冊

500000－8701－0014768　G19/3－3/02748
蜀亂一卷　（清）歐陽直著　清鉛印本　一冊

500000－8701－0014769　G19/3－3/02749
蜀亂一卷　（清）歐陽直著　清鉛印本　一冊

500000－8701－0014770　G19/3－4/02750
華陽國志十二卷　（晉）常璩撰　清嘉慶九年(1804)益州佳史館刻本　二冊

500000－8701－0014771　G19/3－4/02751
華陽國志十二卷　（晉）常璩撰　**補華陽國志三州郡縣目錄一卷**　（清）廖寅撰補　清光緒十六年(1890)刻本　四冊

500000－8701－0014772　G19/3－4/02752
華陽國志十二卷　（晉）常璩撰　**補華陽國志三州郡縣目錄一卷**　（清）廖寅撰補　清光緒十六年(1890)刻本　四冊

500000－8701－0014773　G19/3－4/02753
華陽國志十二卷　（晉）常璩撰　**補華陽國志三州郡縣目錄一卷**　（清）廖寅撰補　清光緒十六年(1890)刻本　四冊

500000－8701－0014774　G19/3－4/02754
華陽國志十二卷　（晉）常璩撰　**補華陽國志三州郡縣目錄一卷**　（清）廖寅撰補　清嘉慶十九年(1814)刻本　四冊

500000－8701－0014775　G19/3－4/02755
華陽國志十二卷　（晉）常璩撰　**補華陽國志**

三州郡縣目錄一卷 （清）廖寅撰補 清嘉慶十九年（1814）刻本 四冊

500000－8701－0014776 G19/3－4/02756
華陽國志十二卷 （晉）常璩撰 **補華陽國志三州郡縣目錄一卷** （清）廖寅撰補 清嘉慶十九年（1814）刻本 四冊

500000－8701－0014777 G19/3－4/02757
華陽國志十二卷 （晉）常璩撰 **補華陽國志三州郡縣目錄一卷** （清）廖寅撰補 清嘉慶十九年（1814）刻本 四冊

500000－8701－0014778 G19/3－4/02758
華陽國志十二卷 （晉）常璩撰 **補華陽國志三州郡縣目錄一卷** （清）廖寅撰補 清嘉慶十九年（1814）刻本 六冊

500000－8701－0014779 G19/3－4/02759
東槎紀略五卷 （清）姚瑩撰 清道光十二年（1832）刻本 二冊

500000－8701－0014780 G19/3－4/02760
東槎紀略五卷 （清）姚瑩撰 清道光十二年（1832）刻本 一冊

500000－8701－0014781 G19/3－4/02761
黔史四卷 （清）猶法賢編 清光緒十四年（1888）貴陽熊氏刻本 二冊

500000－8701－0014782 G19/3－4/02762
皇朝藩部要略十八卷附世系表四卷 （清）祁韻士纂 （清）毛嶽生編 清道光二十六年（1846）筠淥山房刻本 八冊

500000－8701－0014783 G19/3－4/02763
戡定新疆記八卷 （清）魏光熹著 清光緒二十五年（1899）邵陽魏氏鉛印本 四冊

500000－8701－0014784 G19/3－4/02764
支那文明史論十章不分卷 （日本）中西牛郎著 （清）普通學書室編譯 清光緒二十七年（1901）上海普通學書室鉛印本 一冊

500000－8701－0014785 G19/3－4/02765
中國四千年開化史九章不分卷 中國少年編譯 清光緒三十二年（1906）成都局刻本 二冊

500000－8701－0014786 G19/3－4/02766
中國四千年開化史九章不分卷 中國少年編譯 清光緒三十二年（1906）成都局刻本 二冊

500000－8701－0014787 G19/3－5/02767
編事彙鈔十二卷續鈔八卷 （清）朱光敬編輯 清光緒六年（1880）長沙刻本 八冊

500000－8701－0014788 G19/3－5/02768
編事彙鈔十二卷續鈔八卷 （清）朱光敬編輯 清光緒六年（1880）長沙刻本 八冊

500000－8701－0014789 G19/3－5/02769
編事彙鈔十二卷續鈔八卷 （清）朱光敬編輯 清光緒六年（1880）長沙刻本 十冊

500000－8701－0014790 G19/3－5/02770
五千年中外交涉史九十七卷 （清）屯廬主人輯 清光緒二十九年（1903）鉛印本 十三冊 存七十六卷（一至七十六）

500000－8701－0014791 G19/3－5/02771
柔遠新書四卷 （清）朱克敬撰 清光緒七年（1881）長沙刻本 四冊

500000－8701－0014792 G19/3－5/02772
國朝柔遠記二十卷 （清）王之春編 清光緒十七年（1891）廣州廣雅書局刻本 六冊

500000－8701－0014793 G19/3－5/02773
國朝柔遠記二十卷 （清）王之春編 清光緒十七年（1891）廣州廣雅書局刻本 八冊

500000－8701－0014794 G19/3－5/02774
國朝柔遠記二十卷 （清）王之春編 清光緒二十二年（1896）湖北書局刻本 六冊

500000－8701－0014795 G19/3－5/02775
中西紀事二十四卷首一卷 （清）夏燮撰 清光緒二十四年（1898）藜照書屋刻本 六冊

500000－8701－0014796 G19/3－5/02776
中西紀事二十四卷首一卷 （清）夏燮撰 清鉛印本 六冊

500000－8701－0014797　G19/3－5/02777
庚子海外紀事四卷　呂海寰編　清光緒二十七年(1901)上海辦理商約行轅鉛印本　四冊

500000－8701－0014798　G19/3－5/02778
西畺交涉志要六卷　(清)鍾聲叔撰　清宣統三年(1911)鉛印本　二冊

500000－8701－0014799　G19/3－6/02779
野獲編三十卷附補遺四卷　(明)沈德符著　(清)錢枋輯　清道光七年(1827)刻同治八年(1869)錢塘姚氏扶荔山房補刻本　三十二冊

500000－8701－0014800　G19/3－6/02780
十朝聖訓(太祖至文宗)　(清)□□輯　清光緒石印本　一百冊

500000－8701－0014801　G19/3－7/02781
十朝聖訓(太祖至文宗)　(清)□□輯　清光緒石印本　一百冊

500000－8701－0014802　G19/4－1/02782
硃批諭旨不分卷　(清)世宗胤禛撰　清同治江寧書局活字朱墨套印本　一百十一冊

500000－8701－0014803　G19/4－4/02783
雍正上諭不分卷　(清)允祥等彙編　清乾隆六年(1741)刻本　三十二冊

500000－8701－0014804　G19/4－4/02784
雍正上諭不分卷　(清)允祥等彙編　清乾隆六年(1741)刻本　十二冊

500000－8701－0014805　G19/4－4/02785
硃批諭旨不分卷　(清)□□輯　清朱墨石印本　六十冊

500000－8701－0014806　G19/4－5/02786
諭摺彙存不分卷(光緒十七年至三十三年八月二十九日)　(清)□□輯　清光緒三十二年至三十三年(1906－1907)官印局鉛印本　一千十四冊

500000－8701－0014807　G19/5－5/02787
華制存攷(光緒三十三年十一月初一日至宣統二年臘月二十一日)　(清)□□輯　清鉛印本　八冊

500000－8701－0014808　G19/5－5/02788
諭摺合訂不分卷(光緒十三年正月至十六年七月)　(清)□□輯　清刻本　七十五冊

500000－8701－0014809　G19/5－6/02789
光緒政要三十四卷　沈桐生輯　清宣統元年(1909)上海崇義堂石印本　三十冊

500000－8701－0014810　G19/5－6/02790
諭摺彙存二十二卷　(清)内閣輯　清光緒二十九年(1903)上海慎記書莊石印本　二十四冊

500000－8701－0014811　G19/5－6/02791
諭摺彙存二十二卷　(清)内閣輯　清光緒二十九年(1903)上海慎記書莊石印本　二十四冊

500000－8701－0014812　G19/5－6/02792
大清宣統新法令不分卷大清光緒新法令不分卷　(□)□□撰　清宣統元年(1909)上海商務印書館鉛印本　二十一冊

500000－8701－0014813　G19/5－7/02793
歷代名臣奏議三百十九卷　(明)張溥刪正　清菁華樓刻本　六十四冊

500000－8701－0014814　G19/5－7/02794
少保于公奏議十卷　(明)于謙撰　清光緒錢塘丁氏刻本　六冊

500000－8701－0014815　G19/5－7/02795
彭剛直公奏稿八卷　(清)彭玉麟撰　清光緒十七年(1891)刻本　六冊

500000－8701－0014816　G19/5－7/02796
註陸宣公奏議十五卷序首一卷　(唐)陸贄撰　(宋)郎煜註　清光緒七年(1881)歸安姚氏咫進齋刻本　四冊

500000－8701－0014817　G19/6－1/02797
陸宣公奏議讀本四卷首一卷　(唐)陸贄撰　(清)汪銘謙編輯　(清)馬傳庚評點　清光緒二十六年(1900)浙江刻本　一冊

500000－8701－0014818　G19/6－1/02798
評注陸宣公奏議十五卷首一卷唐陸宣公集十

卷　(唐)陸贄撰　(宋)郎曄註　(清)馬傳庚評　清光緒二十六年(1900)成都望海堂書局刻本　六册

500000－8701－0014819　G19/6－1/02799
唐陸宣公奏議讀本四卷首一卷　(唐)陸贄撰　清光緒二十六年(1900)會稽馬氏影印本　二册

500000－8701－0014820　G19/6－1/02800
註陸宣公奏議十五卷　(唐)陸贄撰　清光緒四年(1878)吴興陸氏十萬卷樓刻本　六册

500000－8701－0014821　G19/6－1/02801
唐陸宣公奏議全集四卷首一卷　(唐)陸贄撰　清同治五年(1866)長沙楊鴻等刻本　四册

500000－8701－0014822　G19/6－1/02802
註陸宣公奏議十五卷附制誥十卷附錄一卷　(唐)陸贄撰　(宋)郎曄註　清光緒十二年(1886)淮南書局刻本　四册

500000－8701－0014823　G19/6－1/02803
註陸宣公奏議十五卷附制誥十卷附錄一卷　(唐)陸贄撰　(宋)郎曄註　清光緒十二年(1886)淮南書局刻本　六册

500000－8701－0014824　G19/6－1/02804
唐陸宣公集二十二卷　(唐)陸贄撰　清咸豐元年(1851)閬中縣署刻本　六册

500000－8701－0014825　G19/6－1/02805
註陸宣公奏議十五卷序首一卷　(唐)陸贄撰　(宋)郎曄註　清光緒七年(1881)歸安姚氏咫進齋刻本　四册

500000－8701－0014826　G19/6－1/02806
唐陸宣公集二十二卷附錄一卷　(唐)陸贄撰　清咸豐元年(1851)閬中縣署刻本　六册

500000－8701－0014827　G19/6－1/02807
唐陸宣公集二十二卷　(唐)陸贄撰　清初刻本　六册

500000－8701－0014828　G19/6－1/02808
唐陸宣公集二十二卷　(唐)陸贄撰　清初刻本　六册

500000－8701－0014829　G19/6－2/02809
包孝肅奏議十卷附錄一卷　(宋)包拯撰　清刻本　三册

500000－8701－0014830　G19/6－2/02810
明臣奏議十二卷首一卷　(清)孫桐生編輯　清光緒十七年(1891)四影閣刻本　八册

500000－8701－0014831　G19/6－2/02811
明臣奏議十二卷首一卷　(清)孫桐生編輯　清光緒十七年(1891)四影閣刻本　十二册

500000－8701－0014832　G19/6－2/02812
桂洲夏文愍公奏議二十一卷附補遺一卷　(明)夏言撰　清光緒十七年(1891)江西書局刻本　十二册

500000－8701－0014833　G19/6－2/02813
經遼疏牘九卷　(明)熊廷弼撰　清湖北通志局刻本　十册

500000－8701－0014834　G19/6－2/02814
經遼疏牘九卷　(明)熊廷弼撰　清湖北通志局刻本　十册

500000－8701－0014835　G19/6－2/02815
留垣疏草不分卷　(明)徐憲卿撰　清光緒八年(1882)太倉張文藝齋刻本　二册

500000－8701－0014836　G19/6－2/02816
留垣疏草不分卷　(明)徐憲卿撰　清光緒八年(1882)太倉張文藝齋刻本　二册

500000－8701－0014837　G19/6－3/02817
皇清奏議六十八卷首一卷　題(清)琴川居士輯　清光緒二十八年(1902)雲間麗澤學會石印本　八册

500000－8701－0014838　G19/6－3/02818
蒙貇續供一卷　(清)鹿傳霖等撰　清宣統元年(1909)鉛印本　一册

500000－8701－0014839　G19/6－3/02819
寒松堂全集奏疏四卷　(清)魏象樞撰　清光緒二十五年(1899)浙江官書局刻本　四册

500000－8701－0014840　G19/6－3/02820
經略洪承疇奏對筆記二卷　(清)洪承疇撰

清京都琉璃廠水神廟欽文書局刻本　一冊

500000－8701－0014841　G19/6－3/02821
硃批諭旨不分卷　(清)□□輯　清朱墨石印本　六十冊

500000－8701－0014842　G19/6－4/02822
憲廟硃批諭旨不分卷　(清)□□輯　清光緒元年(1875)上海廣百宋齋鉛印本　五十六冊

500000－8701－0014843　G19/6－4/02823
毛尚書奏稿十六卷首一卷　(清)毛鴻賓撰　清宣統元年至二年(1909－1910)刻本　十六冊

500000－8701－0014844　G19/6－5/02824
丁文誠公奏稿二十六卷首一卷附遺稿一卷　(清)丁寶楨撰　(清)羅文彬等編　清光緒十九年(1893)京師刻本　二十八冊

500000－8701－0014845　G19/6－5/02825
同治中興京外奏議約編八卷　(清)陳弢編纂　清光緒元年(1875)篋劍囊琴之室刻本　四冊

500000－8701－0014846　G19/6－5/02826
同治中興京外奏議約編八卷　(清)陳弢編纂　清刻本　八冊

500000－8701－0014847　G19/6－5/02827
同治中興京外奏議約編八卷　(清)陳弢輯　清光緒元年(1875)刻本　四冊

500000－8701－0014848　G19/6－5/02828
丁文誠公奏稿二十六卷首一卷　(清)丁寶楨撰　清光緒二十二年(1896)成都南海羅氏刻本　二十七冊

500000－8701－0014849　G19/6－5/02829
丁文誠公奏稿二十六卷首一卷　(清)丁寶楨撰　清光緒二十二年(1896)成都南海羅氏刻本　十二冊

500000－8701－0014850　G19/6－6/02830
張大司馬奏稿四卷　(清)張亮基撰　清光緒十七年(1891)刻本　四冊

500000－8701－0014851　G19/6－6/02831
張大司馬奏稿四卷　(清)張亮基撰　清光緒十七年(1891)刻本　二冊　存二卷(一至二)

500000－8701－0014852　G19/6－6/02832
李忠武公奏疏不分卷　(清)李續賓撰　清光緒十七年(1891)甌江巡署刻本　一冊

500000－8701－0014853　G19/6－6/02833
左文襄公奏疏初編三十八卷續編七十六卷三編六卷　(清)左宗棠撰　清光緒十六年(1890)上海圖書集成局鉛印本　二十冊

500000－8701－0014854　G19/6－6/02834
船政奏議彙編五十四卷　(清)左宗棠撰　清光緒十四年(1888)刻本　二十二冊

500000－8701－0014855　G19/6－6/02835
左文襄公奏疏初編三十八卷續編七十六卷三編六卷　(清)左宗棠撰　清光緒十六年(1890)上海圖書集成局鉛印本　二十冊

500000－8701－0014856　G19/6－6/02836
彭剛直公奏稿八卷　(清)彭玉麟撰　清鉛印本　四冊

500000－8701－0014857　G19/6－6/02837
彭剛直公奏稿八卷　(清)彭玉麟撰　清鉛印本　四冊

500000－8701－0014858　G19/6－6/02838
彭剛直公奏稿八卷　(清)彭玉麟撰　清光緒十七年(1891)吳下刻本　六冊

500000－8701－0014859　G19/6－6/02839
彭剛直公奏稿八卷　(清)彭玉麟撰　清光緒十七年(1891)吳下刻本　六冊

500000－8701－0014860　G19/6－7/02840
東河奏稿一卷江蘇奏稿八卷湖廣奏稿五卷使粵奏稿八卷兩廣奏稿四卷陝甘奏稿一卷雲貴奏稿十卷　(清)林則徐撰　清刻本　十二冊

500000－8701－0014861　G19/6－7/02841
東河奏稿一卷江蘇奏稿八卷湖廣奏稿五卷使粵奏稿八卷兩廣奏稿四卷陝甘奏稿一卷雲貴奏稿十卷　(清)林則徐撰　清刻本　十四冊

500000－8701－0014862　G19/6－7/02842

東河奏稿一卷江蘇奏稿八卷湖廣奏稿五卷使粵奏稿八卷兩廣奏稿四卷陜甘奏稿一卷雲貴奏稿十卷附滇軺紀程一卷荷戈紀程一卷政書蒐遺一卷　(清)林則徐撰　清光緒五年(1879)長洲黄氏刻本　十一册

500000－8701－0014863　G19/6－7/02843
東河奏稿一卷江蘇奏稿八卷湖廣奏稿五卷使粵奏稿八卷兩廣奏稿四卷陜甘奏稿一卷雲貴奏稿十卷　(清)林則徐撰　清刻本　二十册

500000－8701－0014864　G19/6－7/02844
東河奏稿一卷江蘇奏稿八卷湖廣奏稿五卷使粵奏稿八卷兩廣奏稿四卷陜甘奏稿一卷雲貴奏稿十卷　(清)林則徐撰　清刻本　二十册

500000－8701－0014865　G19/6－7/02845
胡文忠公政書十四卷　(清)胡林翼撰　(清)但湘良編輯　清光緒二十五年(1899)湖南糧儲道署刻本　十六册

500000－8701－0014866　G19/6－7/02846
胡文忠公政書十四卷　(清)胡林翼撰　(清)但湘良編輯　清光緒二十五年(1899)湖南糧儲道署刻本　十六册

500000－8701－0014867　G20/1－1/02847
羅文恪公遺集奏疏二卷　(清)羅惇衍撰　清刻本　二册

500000－8701－0014868　G20/1－1/02848
滇黔奏議十卷　(清)劉岳昭著　清光緒十四年(1888)刻本　八册

500000－8701－0014869　G20/1－1/02849
劉中丞奏議二十卷　(清)劉蓉撰　清光緒十一年(1885)思賢講舍刻本　十册

500000－8701－0014870　G20/1－1/02850
劉中丞奏議二十卷　(清)劉蓉撰　清光緒十一年(1885)思賢講舍刻本　十册

500000－8701－0014871　G20/1－1/02851
劉中丞奏議二十卷　(清)劉蓉撰　清光緒十一年(1885)思賢講舍刻本　十册

500000－8701－0014872　G20/1－1/02852
劉中丞奏議二十卷　(清)劉蓉撰　清光緒十一年(1885)思賢講舍刻本　十册

500000－8701－0014873　G20/1－1/02853
駱文忠公奏議湘中稿十六卷續刻四川奏議十一卷附録一卷　(清)駱秉章撰　清刻本　二十八册

500000－8701－0014874　G20/1－2/02854
駱文忠公奏稿十卷　(清)駱秉章撰　清光緒十七年(1891)刻本　十册

500000－8701－0014875　G20/1－2/02855
駱文忠公奏稿十卷　(清)駱秉章撰　清光緒十七年(1891)刻本　十册

500000－8701－0014876　G20/1－2/02856
駱文忠公奏議湘中稿十六卷續刻四川奏議十一卷附録一卷　(清)駱秉章撰　清光緒四年(1878)刻本　二十五册

500000－8701－0014877　G20/1－2/02857
駱文忠公奏議湘中稿十六卷續刻四川奏議十一卷附録一卷　(清)駱秉章撰　清刻本　三十二册

500000－8701－0014878　G20/1－2/02858
曾文正公奏議十卷首一卷末一卷　(清)曾國藩撰　(清)薛福成編　清同治十三年(1874)上海醉六堂刻本　十册

500000－8701－0014879　G20/1－2/02859
曾文正公奏議十卷首一卷末一卷　(清)曾國藩撰　(清)薛福成編　清同治十三年(1874)上海醉六堂刻本　八册

500000－8701－0014880　G20/1－3/02860
曾文正公奏議十卷首一卷末一卷文鈔四卷　(清)曾國藩撰　清同治刻本　十四册

500000－8701－0014881　G20/1－3/02861
曾文正公奏議十卷首一卷末一卷　(清)曾國藩撰　(清)薛福成編　清同治十三年(1874)吳申甫書房刻本　十册

500000－8701－0014882　G20/1－3/02862
劉壯肅公奏議十卷首一卷　(清)劉銘傳撰

清光緒三十二年(1906)安徽桐城館鉛印本　六册

500000－8701－0014883　G20/1－3/02863
嶺南實事記二十卷首一卷　徐琪編修　清光緒二十二年(1896)廣東學政翰林院刻本　十二册

500000－8701－0014884　G20/1－3/02864
郭侍郎奏議十二卷　(清)郭嵩燾撰　清光緒十八年(1892)刻本　十二册

500000－8701－0014885　G20/1－3/02865
郭侍郎奏議十二卷　(清)郭嵩燾撰　清光緒十八年(1892)刻本　十二册

500000－8701－0014886　G20/1－3/02866
張靖達公奏議八卷首一卷　(清)張樹聲撰　清刻本　四册

500000－8701－0014887　G20/1－3/02867
竹坡侍郎奏議二卷　(清)寶廷撰　清光緒二十七年(1901)刻本　二册

500000－8701－0014888　G20/1－3/02868
沈文肅公政書七卷首一卷　(清)沈葆楨撰　清光緒六年(1880)吳門節署鉛印本　十二册

500000－8701－0014889　G20/1－3/02869
沈文肅公政書七卷首一卷　(清)沈葆楨撰　清光緒六年(1880)吳門節署鉛印本　七册

500000－8701－0014890　G20/1－4/02870
合肥李勤恪公政書十卷　(清)李瀚章撰　清光緒二十六年(1900)石印本　九册　存九卷(一至八、十)

500000－8701－0014891　G20/1－4/02871
合肥李勤恪公政書十卷　(清)李瀚章撰　清光緒二十六年(1900)石印本　十册

500000－8701－0014892　G20/1－4/02872
開縣李尚書政書八卷首一卷　(清)李宗羲撰　清光緒十一年(1885)武昌刻本　五册

500000－8701－0014893　G20/1－4/02873
開縣李尚書政書八卷首一卷　(清)李宗羲撰　清光緒十一年(1885)武昌刻本　六册

500000－8701－0014894　G20/1－4/02874
左恪靖伯奏稿三十八卷　(清)左宗棠撰　清同治七年(1868)刻本　三十八册

500000－8701－0014895　G20/1－4/02875
左恪靖伯奏稿三十八卷　(清)左宗棠撰　清同治七年(1868)刻本　三十八册

500000－8701－0014896　G20/1－5/02876
彭剛直公奏稿八卷　(清)彭玉麟撰　清光緒十七年(1891)吳下刻本　六册

500000－8701－0014897　G20/1－5/02877
籌蒙芻議二卷　姚錫光撰　清光緒三十四年(1908)丹徒姚氏京師廌齋刻本　二册

500000－8701－0014898　G20/1－5/02878
浙東籌防錄四卷　(清)薛福成撰　清光緒十四年(1888)刻本　四册

500000－8701－0014899　G20/1－5/02879
周中丞撫江奏稿四卷　周中丞撰　清宣統二年(1910)鉛印本　八册

500000－8701－0014900　G20/1－5/02880
南海先生戊戌奏稿不分卷　康有為著　清宣統三年(1911)鉛印本　一册

500000－8701－0014901　G20/1－5/02881
庸盦尚書奏議十六卷　(清)俞陛雲編輯　清宣統三年(1911)鉛印本　八册

500000－8701－0014902　G20/1－5/02882
庸盦尚書奏議十六卷　(清)俞陛雲編輯　清宣統三年(1911)鉛印本　八册

500000－8701－0014903　G20/1－5/02883
庸盦尚書奏議十六卷　(清)俞陛雲編輯　清宣統三年(1911)鉛印本　八册

500000－8701－0014904　G20/1－5/02884
曾胡批牘二卷　(清)曾國藩　(清)胡林翼撰　清宣統元年(1909)南洋官書局石印本　二册

500000－8701－0014905　G20/1－5/02885
曾文正公批牘六卷　(清)曾國藩撰　清光緒二年(1876)傳忠書局刻本　六册

500000－8701－0014906　G20/1－6/02886
榆關草二卷　（明）鹿善繼著　清刻本　一册

500000－8701－0014907　G20/1－6/02887
輿地沿革表四十卷首一卷　（清）楊丕復撰　清光緒十四年（1888）武陵楊氏家刻本　二十四册

500000－8701－0014908　G20/1－6/02888
輿地沿革表四十卷首一卷　（清）楊丕復撰　清光緒十四年（1888）武陵楊氏家刻本　二十四册

500000－8701－0014909　G20/1－6/02889
歷代地理沿革表四十七卷　（清）陳芳績撰　清光緒二十一年（1895）廣雅書局刻本　十五册

500000－8701－0014910　G20/1－7/02890
小方壺齋輿地叢鈔六十四卷續編十二帙　王錫祺編輯　清光緒十七年（1891）南清河王氏鉛印本　八十三册　存六十三卷續編十二帙（一至四十五、四十七至六十四，續編十二帙）

500000－8701－0014911　G20/2－1/02891
李氏五種合刊二十八卷　（清）李兆洛撰　清同治九年（1870）合肥李氏刻本　十二册

500000－8701－0014912　G20/2－1/02892
李氏五種合刊二十八卷　（清）李兆洛撰　清同治九年（1870）合肥李氏刻本　十册

500000－8701－0014913　G20/2－1/02893
李氏五種合刊二十八卷　（清）李兆洛著　清光緒十四年（1888）常熟席氏掃葉山房刻本　十册

500000－8701－0014914　G20/2－1/02894
李氏五種合刊二十八卷　（清）李兆洛著　清光緒十四年（1888）常熟席氏掃葉山房刻本　十册

500000－8701－0014915　G20/2－1/02895
山海經箋疏十八卷圖贊一卷訂譌一卷　（晉）郭璞傳　（清）郝懿行箋疏　清嘉慶十四年（1809）揚州阮氏瑯嬛仙館刻本　四册

500000－8701－0014916　G20/2－1/02896
山海經十八卷　（晉）郭璞傳　清刻本　二册

500000－8701－0014917　G20/2－1/02897
山海經十八卷　（晉）郭璞傳　清刻本　二册

500000－8701－0014918　G20/2－1/02898
山海經十八卷　（晉）郭璞傳　清刻本　四册

500000－8701－0014919　G20/2－1/02899
山海經十八卷圖讃一卷補注一卷　（晉）郭璞傳　清光緒元年（1875）湖北崇文書局刻本　三册

500000－8701－0014920　G20/2－1/02900
山海經十八卷圖讃一卷補注一卷　（晉）郭璞傳　清光緒元年（1875）湖北崇文書局刻本　六册

500000－8701－0014921　G20/2－1/02901
山海經十八卷圖讃一卷補注一卷　（晉）郭璞注　（清）郝懿行箋疏　清嘉慶十四年（1809）揚州阮氏刻本　四册

500000－8701－0014922　G20/2－1/02902
山海經十八卷圖讃一卷補注一卷　（晉）郭璞注　（清）郝懿行箋疏　清光緒十三年（1887）還讀樓刻本　四册

500000－8701－0014923　G20/2－1/02903
山海經十八卷圖讃一卷補注一卷　（晉）郭璞注　（清）郝懿行箋疏　清光緒十三年（1887）還讀樓刻本　四册

500000－8701－0014924　G20/2－1/02904
山海經十八卷　（晉）郭璞注　（清）畢沅校　清光緒三年（1877）浙江書局刻本　一册

500000－8701－0014925　G20/2－2/02905
山海經四卷　（晉）郭璞著　（清）吳志伊注　（清）成或因繪圖　清咸豐五年（1855）順慶海清樓刻本　四册

500000－8701－0014926　G20/2－2/02906
山海經存九卷首一卷　（清）汪紱釋　清光緒二十一年（1895）石印本　四册

500000－8701－0014927　G20/2－2/02907

五藏三經傳五卷海内經附傳一卷 （清）呂調陽著 清光緒十四年至十九年(1888－1893)葉長高刻觀象廬叢書本 四冊

500000－8701－0014928 G20/2－2/02908
山海經彙說八卷 （清）陳逢衡著 清道光二十五年(1845)江都陳氏刻本 四冊

500000－8701－0014929 G20/2－2/02909
戰國策釋地二卷 （清）張琦撰 清光緒二十六年(1900)廣州廣雅書局刻本 一冊

500000－8701－0014930 G20/2－2/02910
東晉疆域志四卷 （清）洪亮吉著 清乾隆五十四年(1789)刻本 二冊

500000－8701－0014931 G20/2－2/02911
東晉疆域志四卷 （清）洪亮吉撰 清光緒四年(1878)授經堂刻本 二冊

500000－8701－0014932 G20/2－2/02912
十六國疆域志十六卷 （清）洪亮吉撰 清嘉慶三年(1798)京師刻本 四冊

500000－8701－0014933 G20/2－2/02913
十六國疆域志十六卷 （清）洪亮吉撰 清光緒十七年(1891)廣雅書局刻本 四冊

500000－8701－0014934 G20/2－2/02914
隋書地理志考證九卷補遺一卷 楊守敬撰 清光緒二十七年(1901)刻本 六冊

500000－8701－0014935 G20/2－2/02915
隋書地理志考證九卷 楊守敬撰 清光緒二十二年(1896)宜都楊氏鄰蘇園刻本 六冊

500000－8701－0014936 G20/2－2/02916
隋書地理志考證九卷補遺一卷 楊守敬撰 清光緒二十二年(1896)宜都楊氏刻二十三年(1897)印本 六冊

500000－8701－0014937 G20/2－2/02917
元和郡縣圖志四十卷闕卷逸文一卷 （唐）李吉甫著 清光緒十三年(1887)刻本 十四冊

500000－8701－0014938 G20/2－2/02918
元和郡縣圖志四十卷闕卷逸文一卷補志九卷 （唐）李吉甫著 清光緒六年至八年(1880－1882)金陵書局刻本 八冊

500000－8701－0014939 G20/2－3/02919
元和郡縣圖志四十卷闕卷逸文一卷補志九卷 （唐）李吉甫著 清光緒六年至八年(1880－1882)金陵書局刻本 十冊

500000－8701－0014940 G20/2－3/02920
元和郡縣圖志四十卷闕卷逸文一卷補志九卷 （唐）李吉甫著 清光緒六年至八年(1880－1882)金陵書局刻本 十冊

500000－8701－0014941 G20/2－3/02921
輿地廣記三十八卷校勘輿地廣記札記二卷 （宋）歐陽忞著 清光緒六年(1880)金陵書局刻本 四冊

500000－8701－0014942 G20/2－3/02922
輿地廣記三十八卷校勘輿地廣記札記二卷 （宋）歐陽忞著 清光緒六年(1880)金陵書局刻本 四冊

500000－8701－0014943 G20/2－3/02923
輿地廣記三十八卷校勘輿地廣記札記二卷 （宋）歐陽忞著 清光緒六年(1880)金陵書局刻本 四冊

500000－8701－0014944 G20/2－3/02924
太平寰宇記二百卷目錄二卷 （宋）樂史撰 清光緒八年(1882)金陵書局刻本 三十六冊

500000－8701－0014945 G20/2－4/02925
太平寰宇記二百卷目錄二卷 （宋）樂史撰 清光緒八年(1882)金陵書局刻本 三十六冊

500000－8701－0014946 G20/2－4/02926
太平寰宇記二百卷目錄二卷補闕七卷 （宋）樂史撰 清嘉慶八年(1803)紅杏山房刻本 四十一冊

500000－8701－0014947 G20/2－5/02927
太平寰宇記二百卷目錄二卷補闕七卷 （宋）樂史撰 清嘉慶八年(1803)紅杏山房刻本 四十六冊

500000－8701－0014948 G20/2－5/02928
元豐九域志十六卷 （宋）王存等刪定 清刻

本　四册

500000－8701－0014949　G20/2－5/02929
元豐九域志十卷　(宋)王存等纂　清光緒八年(1882)金陵書局刻本　四册

500000－8701－0014950　G20/2－5/02930
元豐九域志十卷　(宋)王存等纂　清光緒八年(1882)金陵書局刻本　四册

500000－8701－0014951　G20/2－5/02931
元豐九域志十卷　(宋)王存等纂　清光緒八年(1882)金陵書局刻本　四册

500000－8701－0014952　G20/2－5/02932
輿地紀勝二百卷附校勘記五十二卷補遺十卷　(宋)王象之編　清光緒二十九年(1903)甘泉岑氏懼盈齋刻本　五十册

500000－8701－0014953　G20/2－6/02933
輿地紀勝二百卷首一卷　(宋)王象之編　清咸豐五年(1855)南海伍氏粤雅堂刻本　二十二册

500000－8701－0014954　G20/2－7/02934
輿地紀勝二百卷首一卷　(宋)王象之編　清咸豐五年(1855)南海伍氏粤雅堂刻本　二十四册

500000－8701－0014955　G20/2－7/02935
嚴州圖經三卷　(□)□□撰　清光緒二十二年(1896)漸西邨舍刻本　二册

500000－8701－0014956　G20/3－1/02936
天下郡國利病書一百二十卷　(清)顧炎武撰　清道光三年(1823)成都慎記書莊石印本　二十五册

500000－8701－0014957　G20/3－1/02937
天下郡國利病書一百二十卷　(清)顧炎武撰　清光緒五年(1879)蜀南桐華書屋刻本　四十九册　存一百十七卷(一至六十四、六十八至一百二十)

500000－8701－0014958　G20/3－2/02938
天下郡國利病書一百二十卷　(清)顧炎武撰　清光緒二十六年(1900)廣雅書局刻本　五十二册

500000－8701－0014959　G20/3－2/02939
天下郡國利病書一百二十卷　(清)顧炎武撰　清道光十四年(1834)山東省城雅鑒齋木活字印本　七十四册

500000－8701－0014960　G20/3－3/02940
天下郡國利病書一百二十卷　(清)顧炎武撰　清道光三年(1823)敷文閣刻本　六十四册

500000－8701－0014961　G20/3－4/02941
天下郡國利病書一百二十卷　(清)顧炎武撰　清道光三年(1823)敷文閣刻本　五十册

500000－8701－0014962　G20/3－4/02942
天下郡國利病書一百二十卷　(清)顧炎武撰　清光緒二十七年(1901)石印本　二十八册

500000－8701－0014963　G20/3－4/02943
天下郡國利病書一百二十卷　(清)顧炎武撰　清光緒二十七年(1901)圖書集成局鉛印本　二十八册

500000－8701－0014964　G20/3－5/02944
天下一統志九十卷　(明)萬安等纂修　明萬壽堂刻本　四十册

500000－8701－0014965　G20/3－5/02945
廣輿記二十四卷　(明)陸應陽纂　(清)蔡方炳增輯　清康熙二十五年(1686)吴郡寶翰樓刻本　十二册

500000－8701－0014966　G20/3－5/02946
廣輿記二十四卷　(明)陸應陽纂　(清)蔡方炳增輯　清康熙二十五年(1686)吴郡寶翰樓刻本　十二册

500000－8701－0014967　G20/3－5/02947
廣輿記二十四卷　(清)蔡方炳增輯　清刻本　十二册

500000－8701－0014968　G20/3－5/02948
廣輿記二十四卷　(清)蔡方炳增輯　清刻本　十二册

500000－8701－0014969　G20/3－6/02949
資治通鑑地理今釋十六卷　(清)吴熙載撰

清光緒二十三年(1897)廣東經史閣刻本　四冊

500000－8701－0014970　G20/3－6/02950
資治通鑑地理今釋十六卷　(清)吳熙載撰　清光緒二十三年(1897)廣東經史閣刻本　四冊

500000－8701－0014971　G20/3－6/02951
資治通鑑地理今釋十六卷　(清)吳熙載撰　清光緒二十三年(1897)廣東經史閣刻本　四冊

500000－8701－0014972　G20/3－6/02952
資治通鑑地理今釋十六卷　(清)吳熙載撰　清光緒八年(1882)江蘇書局刻本　三冊

500000－8701－0014973　G20/3－6/02953
資治通鑑地理今釋十六卷　(清)吳熙載撰　清光緒八年(1882)江蘇書局刻本　三冊

500000－8701－0014974　G20/3－6/02954
資治通鑑地理今釋十六卷　(清)吳熙載撰　清光緒八年(1882)江蘇書局刻本　三冊

500000－8701－0014975　G20/3－6/02955
皇朝直省府廳州縣歌括一卷　(清)蔣升撰　清光緒二十四年(1898)滬城土山灣慈母堂印書局鉛印本　一冊

500000－8701－0014976　G20/3－6/02956
讀史方輿紀要十卷附讀史方輿紀要摘錄一卷　(清)顧祖禹撰　清刻本　十冊

500000－8701－0014977　G20/3－6/02957
讀史方輿紀要一百三十卷輿圖要覽四卷　(清)顧祖禹輯著　清光緒二十五年(1899)新化三味書室刻本　六十冊

500000－8701－0014978　G20/3－7/02958
讀史方輿紀要一百三十卷輿圖要覽四卷　(清)顧祖禹輯著　清光緒二十五年(1899)新化三味書室刻本　六十冊

500000－8701－0014979　G20/4－1/02959
讀史方輿紀要一百三十卷輿圖要覽四卷　(清)顧祖禹撰　清光緒五年(1879)蜀南桐華書屋薛氏家塾刻本　六十四冊

500000－8701－0014980　G20/4－1/02960
讀史方輿紀要一百三十卷輿圖要覽四卷　(清)顧祖禹撰　清光緒二十六年(1900)廣雅書局刻本　六十二冊

500000－8701－0014981　G20/4－2/02961
讀史方輿紀要九十八卷　(清)顧祖禹撰　清光緒三年(1877)宏道堂刻本　四十八冊

500000－8701－0014982　G20/4－3/02962
讀史方輿紀要一百三十卷附方輿全圖總說五卷　(清)顧祖禹輯著　清光緒二十七年(1901)石印本　三十二冊

500000－8701－0014983　G20/4－3/02963
讀史方輿紀要一百三十卷輿圖要覽四卷首一卷　(清)顧祖禹輯著　清刻本　七十冊

500000－8701－0014984　G20/4－4/02964
讀史方輿紀要十卷　(清)顧祖禹撰　清光緒二十八年(1902)湖南書局刻本　六冊

500000－8701－0014985　G20/4－4/02965
讀史方輿紀要序二卷　(清)顧祖禹輯著　清尊經廣業書局刻本　一冊

500000－8701－0014986　G20/4－4/02966
讀史方輿紀要序二卷　(清)顧祖禹撰　清光緒二十九年(1903)成都志古堂刻本　二冊

500000－8701－0014987　G20/4－4/02967
讀史方輿紀要序二卷　(清)顧祖禹撰　清光緒二十六年(1900)蓉江儒林堂刻本　一冊

500000－8701－0014988　G20/4－4/02968
南部縣輿圖考不分卷　(清)袁用賓等撰　清光緒二十二年(1896)刻本　三冊

500000－8701－0014989　G20/4－4/02969
南部縣輿圖考不分卷　(清)袁用賓等撰　清光緒二十二年(1896)刻本　四冊

500000－8701－0014990　G20/4－4/02970
四川省各府直隸廳州圖一卷　(清)□□繪　清石印本　一冊

500000－8701－0014991　G20/4－4/02971
大清一統志四百二十四卷　(清)和珅等纂　清光緒二十三年(1897)杭州竹簡齋石印本　六十册

500000－8701－0014992　G20/4－5/02972
大清一統志四百二十四卷　(清)和珅等纂　清光緒十八年(1892)上海寶善齋石印本　六十册

500000－8701－0014993　G20/4－5/02973
乾隆府廳州縣圖志五十卷　(清)洪亮吉撰　清光緒五年(1879)授經堂刻本　二十册

500000－8701－0014994　G20/4－6/02974
乾隆府廳州縣圖志五十卷　(清)洪亮吉撰　清光緒二十三年(1897)新化三味書室刻本　二十四册

500000－8701－0014995　G20/4－6/02975
乾隆府廳州縣圖志五十卷　(清)洪亮吉撰　清光緒二十三年(1897)新化三味書室刻本　十六册

500000－8701－0014996　G20/4－6/02976
乾隆府廳州縣圖志五十卷　(清)洪亮吉撰　清光緒二十三年(1897)新化三味書室刻本　二十册

500000－8701－0014997　G20/4－6/02977
皇朝輿地略不分卷　(清)六承如編纂　清同治二年(1863)海南馮氏廣州實華坊刻本　紅筆批校　佚名題識　四册

500000－8701－0014998　G20/4－6/02978
黑龍江外記八卷　(清)西清著　清光緒二十年(1894)桐城蕭氏刻本　二册

500000－8701－0014999　G20/4－6/02979
方輿紀要簡覽三十四卷　(清)顧祖禹原本　(清)潘鐸輯編　清咸豐八年(1858)刻本　二十四册

500000－8701－0015000　G20/4－7/02980
廣西全省地輿圖説不分卷　(清)蘇鳳文編　清同治五年(1866)廣西省官刻本　二册

500000－8701－0015001　G20/4－7/02981
皇朝中外壹統輿圖三十一卷首一卷　(清)胡林翼撰　(清)嚴樹森輯　清同治二年(1863)刻本　十二册

500000－8701－0015002　G20/4－7/02982
皇朝中外壹統輿圖三十一卷首一卷　(清)胡林翼撰　(清)嚴樹森輯　清同治二年(1863)刻本　三十二册

500000－8701－0015003　G20/4－7/02983
皇朝中外壹統輿圖三十一卷首一卷　(清)胡林翼撰　(清)嚴樹森輯　清同治二年(1863)刻本　二十册

500000－8701－0015004　G20/4－7/02984
皇朝中外壹統輿圖三十一卷首一卷　(清)胡林翼撰　(清)嚴樹森輯　清石印本　十六册

500000－8701－0015005　G20/5－1/02985
今古地理述十八卷首三卷末一卷　(清)王子音撰　清光緒三年(1877)刻本　二十册

500000－8701－0015006　G20/5－1/02986
今古地理述十八卷首三卷末一卷　(清)王子音撰　清光緒三年(1877)刻本　二十册

500000－8701－0015007　G20/5－1/02987
廣東輿地全圖不分卷　(清)張人駿編　清光緒二十三年(1897)豐潤張氏石印本　二册

500000－8701－0015008　G20/5－1/02988
皇朝輿地通考二十三卷　通文書局輯　清光緒二十九年(1903)上海通文書局石印本　四十册

500000－8701－0015009　G20/5－2/02989
峨邊廳輿地圖一卷附雜記與保甲團練章程　(清)熊廷傑撰　清光緒七年(1881)峨邊廳刻本　一册

500000－8701－0015010　G20/5－2/02990
浙江全省輿圖並水陸道里記不分卷　(清)輿圖總局編輯　清光緒二十年(1894)輿圖總局石印本　二十册

500000－8701－0015011　G20/5－2/02991

光緒湖北輿地記二十四卷　(清)湖北輿圖局纂　清光緒二十年(1894)湖北輿圖局刻本　二十四册

500000－8701－0015012　G20/5－2/02992
皇朝一統輿地全圖不分卷　題(清)欸乃軒主人撰　清光緒二十年(1894)上海石印本　三册

500000－8701－0015013　G20/5－2/02993
中外地輿圖說集成一百三十卷首三卷皇輿全圖一卷　(清)同康廬編　清光緒二十年(1894)積山書局石印本　二十四册

500000－8701－0015014　G20/5－2/02994
中外地輿圖說集成一百三十卷首三卷皇輿全圖一卷　(清)同康廬編　清光緒二十年(1894)積山書局石印本　二十四册

500000－8701－0015015　G20/5－3/02995
新斠注地理志十六卷　(清)徐松集釋　清同治十三年(1874)會稽章氏刻𢈔進齋叢書本　八册

500000－8701－0015016　G20/5－3/02996
新斠注地理志十六卷　(清)徐松集釋　清同治十三年(1874)會稽章氏刻𢈔進齋叢書本　八册

500000－8701－0015017　G20/5－3/02997
通鑑地理通釋十四卷　(宋)王應麟撰　清光緒十年(1884)成都志古堂刻本　六册

500000－8701－0015018　G20/5－3/02998
通鑑地理通釋十四卷　(宋)王應麟撰　清光緒十年(1884)成都志古堂刻本　六册

500000－8701－0015019　G20/5－3/02999
黔語二卷　(清)吳振棫纂　清咸豐四年(1854)刻靈峯草堂叢書本　一册

500000－8701－0015020　G20/5－3/03000
黔語二卷　(清)吳振棫纂　清咸豐四年(1854)刻靈峯草堂叢書本　一册

500000－8701－0015021　G20/5－3/03001
歷代沿革表三卷　(清)段長基編輯　清嘉慶二十年(1815)偃師段氏小西山房刻本　五册

500000－8701－0015022　G20/5－3/03002
歷代疆域表三卷　(清)段長基編輯　清嘉慶二十年(1815)段氏小西山房刻本　五册

500000－8701－0015023　G20/5－3/03003
歷代輿地沿革險要圖不分卷　楊守敬　饒敦秩撰　清光緒五年(1879)東湖饒氏刻朱墨套印本　一册

500000－8701－0015024　G20/5－3/03004
歷代輿地沿革險要圖不分卷　楊守敬　饒敦秩撰　清光緒五年(1879)東湖饒氏刻朱墨套印本　一册

500000－8701－0015025　G20/5－3/03005
歷代輿地沿革險要圖不分卷　楊守敬　饒敦秩編　清光緒三十二年(1906)楊氏觀海堂刻朱墨套印本　一册

500000－8701－0015026　G20/5－4/03006
歷代輿地圖不分卷　楊守敬編　清光緒三十二年至宣統三年(1906－1911)楊氏觀海堂刻朱墨套印本　三十四册

500000－8701－0015027　G20/5－4/03007
南詔野史二卷　(明)楊慎撰　清光緒六年(1880)雲南書局刻本　二册

500000－8701－0015028　G20/5－4/03008
南詔野史二卷　(明)楊慎撰　清光緒六年(1880)雲南書局刻本　二册

500000－8701－0015029　G20/5－4/03009
南詔野史二卷　(明)楊慎撰　清刻本　二册

500000－8701－0015030　G20/5－4/03010
漢志水道疏證四卷　(清)洪頤煊撰　清光緒十三年(1887)長洲蔣鳳藻刻本　二册

500000－8701－0015031　G20/5－4/03011
東晉南北朝輿地表二十四卷　(清)徐文範撰　清光緒二十四年(1898)廣雅書局刻本　十册

500000－8701－0015032　G20/5－5/03012
浙江圖考不分卷　(清)阮元著　清嘉慶八年

(1803)儀徵阮氏刻本　二冊

500000－8701－0015033　G20/5－5/03013
補梁疆域志四卷　(清)洪齮孫撰　清光緒十七年(1891)廣雅書局刻本　二冊

500000－8701－0015034　G20/5－5/03014
蒙古遊牧記十六卷　(清)張穆撰　清同治六年(1867)壽陽祁氏刻本　四冊

500000－8701－0015035　G20/5－5/03015
蒙古遊牧記十六卷　(清)張穆撰　清同治六年(1867)壽陽祁氏刻本　八冊

500000－8701－0015036　G20/5－5/03016
邛州迤南山川圻界考訂不分卷　(清)甯緗撰　清光緒三十四年(1908)邛州藷薌草堂刻遇園叢書本　一冊

500000－8701－0015037　G20/5－5/03017
禹貢翼傳便蒙一卷　(清)袁自超輯　清光緒五年(1879)南京李光明書莊刻本　一冊

500000－8701－0015038　G20/5－5/03018
歷代地理志韻編今釋二十卷皇朝輿地韻編二卷　(清)李兆洛輯　清同治九年(1870)合肥李氏刻本　八冊

500000－8701－0015039　G20/5－5/03019
歷代地理志韻編今釋二十卷　(清)李兆洛輯　清光緒元年(1875)羊城馬氏集益堂刻本　十四冊

500000－8701－0015040　G20/5－5/03020
皇朝輿地韻編二卷地志韻編唐志補闕正誤考異一卷歷代地理志韻編今釋校勘記一卷　(清)李兆洛撰　清光緒元年(1875)廣州馬氏集益堂刻本　二冊

500000－8701－0015041　G20/5－5/03021
皇朝輿地韻編二卷地志韻編唐志補闕正誤考異一卷歷代地理志韻編今釋校勘記一卷　(清)李兆洛撰　清光緒元年(1875)廣州馬氏集益堂刻本　二冊

500000－8701－0015042　G20/5－5/03022
續山東考古錄三十二卷首一卷　(清)葉圭綬撰　清咸豐元年(1851)滄州葉氏蝸角尖廬刻本　六冊

500000－8701－0015043　G20/5－5/03023
續山東考古錄三十二卷首一卷　(清)葉圭綬撰　清光緒八年(1882)山東書局刻本　六冊

500000－8701－0015044　G20/5－5/03024
郡縣分韻考十卷　(清)黃本驥輯　清道光二十七年(1847)三長物齋刻三長物齋叢書本　二冊

500000－8701－0015045　G20/5－5/03025
吉林外記十卷寧古塔記略一卷　(清)□□撰　清光緒二十一年(1895)漸西村舍刻本　二冊

500000－8701－0015046　G20/5－5/03026
皇朝輿地韻編不分卷　(清)李兆洛輯　清光緒十年(1884)湖北官書處刻本　一冊

500000－8701－0015047　G20/5－6/03027
[光緒]順天府志一百三十卷附錄一卷　(清)萬青藜　(清)周家楣修　(清)張之洞　繆荃孫纂　清光緒十年(1884)刻本　六十三冊　存一百二十九卷(一至十四、十七至一百三十,附錄一卷)

500000－8701－0015048　G20/5－7/03028
[光緒]順天府志一百三十卷附錄一卷　(清)萬青藜　(清)周家楣修　(清)張之洞　繆荃孫纂　清光緒十年(1884)刻本　六十四冊

500000－8701－0015049　G20/6－1/03029
[光緒]順天府志一百三十卷附錄一卷　(清)萬青藜　(清)周家楣修　(清)張之洞　繆荃孫纂　清光緒十年(1884)刻本　五十八冊　存一百十八卷(一至一百一、一百十五至一百三十,附錄一卷)

500000－8701－0015050　G20/6－2/03030
[乾隆]三河縣志十六卷首一卷　(清)陳景修　(清)王大信等纂　清乾隆二十五年(1760)刻本　四冊

500000－8701－0015051　G20/6－2/03031

[同治]續天津縣志二十卷首一卷 (清)吳惠元修 (清)蔣玉虹 (清)俞樾纂 清嘉慶末年修同治九年(1870)續修刻本 八冊

500000－8701－0015052 G20/6－2/03032
[乾隆]天津縣志二十四卷 (清)朱奎揚 (清)張志奇修 (清)吳廷華等纂 清乾隆四年(1739)刻本 八冊

500000－8701－0015053 G20/6－2/03033
[康熙]靈壽縣志十卷末一卷 (清)陸隴其修 (清)傅維橒纂 清康熙二十五年(1686)刻本 四冊

500000－8701－0015054 G20/6－2/03034
[康熙]靈壽縣志十卷末一卷 (清)陸隴其修 (清)傅維橒纂 清康熙二十五年(1686)刻本 四冊

500000－8701－0015055 G20/6－2/03035
[乾隆]武清縣志十二卷首一卷末一卷 (清)吳翀修 (清)趙晃纂 清乾隆七年(1742)刻本 八冊

500000－8701－0015056 G20/6－2/03036
武功縣志三卷首一卷 (明)康海纂 (清)孫景烈評註 清同治十二年(1873)湖北崇文書局刻本 一冊

500000－8701－0015057 G20/6－3/03037
[光緒]邢臺縣志八卷首一卷 (清)戚朝卿修 (清)周祐纂 清光緒三十一年(1905)刻本 六冊

500000－8701－0015058 G20/6－3/03038
[乾隆]行唐縣新志十六卷 (清)吳高增纂修 清乾隆二十八年(1763)刻三十七年(1772)文有試增刻本 四冊

500000－8701－0015059 G20/6－3/03039
[乾隆]衡水縣志十四卷 (清)陶淑纂修 清乾隆三十二年(1767)刻本 五冊

500000－8701－0015060 G20/6－3/03040
[道光]任邱縣志續編二卷 (清)鮑承燾修 (清)瞿光緡等纂 清道光十七年(1837)刻本 二冊

500000－8701－0015061 G20/6－3/03041
[同治]欒城縣志十四卷首一卷末一卷 (清)陳詠修 (清)張惇德纂 清同治十一年(1872)刻本 六冊

500000－8701－0015062 G20/6－3/03042
[道光]直隸定州志二十二卷首一卷 (清)寶琳修 (清)勞沅恩纂 清道光二十九年(1849)刻本 十一冊 存二十一卷(一至十六、十九至二十二,首一卷)

500000－8701－0015063 G20/6－3/03043
[嘉慶]束鹿縣志十卷 (清)李符清 (清)斐顯相修 (清)沈樂善纂 清嘉慶四年(1799)刻本 四冊

500000－8701－0015064 G20/6－3/03044
棗強縣志補正五卷 (清)方宗誠纂修 清同治十三年(1874)修光緒二年(1876)刻本 四冊

500000－8701－0015065 G20/6－3/03045
[雍正]井陘縣誌八卷 (清)鍾文英等纂修 清雍正八年(1730)刻光緒元年(1875)印本 四冊

500000－8701－0015066 G20/6－3/03045－1
[光緒]續修井陘縣志三十六卷 (清)常善修 (清)趙文濂纂 清光緒元年(1875)刻本 二冊

500000－8701－0015067 G20/6－3/03046
[雍正]齊河縣志十卷首一卷 (清)上官有儀修 (清)許琰纂 清同治五年(1866)刻本 五冊

500000－8701－0015068 G20/6－3/03047
[乾隆]高苑縣志十卷 (清)張耀璧纂修 清乾隆二十三年(1758)刻本 六冊

500000－8701－0015069 G20/6－3/03048
[康熙]新修齊東縣志八卷 (清)余為霖修 (清)郭國琦等纂 清康熙二十四年(1685)刻嘉慶八年(1803)增刻本 六冊

500000－8701－0015070　G20/6－3/03049
［康熙］新修齊東縣志八卷　（清）余為霖修　（清）郭國琦等纂　**續一卷**　清康熙二十四年（1685）刻光緒增刻本　六冊

500000－8701－0015071　G20/6－3/03050
［乾隆］平原縣志十卷首一卷　（清）黃懷祖修　（清）黃兆熊纂　清乾隆十四年（1749）刻本　四冊

500000－8701－0015072　G20/6－3/03051
［嘉慶］禹城縣志十二卷　（清）黃鵬翱修　（清）牟應震纂　清嘉慶十三年（1808）刻本　四冊

500000－8701－0015073　G20/6－4/03052
［咸豐］濱州志十二卷首一卷　（清）李熙齡纂修　清咸豐十年（1860）刻本　四冊

500000－8701－0015074　G20/6－4/03053
新泰縣鄉土志不分卷　（清）湯宗幹纂修　清光緒三十四年（1908）國文報館石印本　一冊

500000－8701－0015075　G20/6－4/03054
［光緒］東平州志二十七卷首編一卷　（清）左宜似修　（清）盧崟纂　清光緒五年（1879）刻本　二十冊

500000－8701－0015076　G20/6－4/03055
［乾隆］沂州府志三十六卷首一卷　（清）潘遇莘等修　（清）丁愷曾纂　清乾隆二十五年（1760）刻本　十二冊

500000－8701－0015077　G20/6－4/03056
［道光］重修博興縣志十三卷　（清）周壬福修　（清）李同纂　清道光二十年（1840）刻本　四冊

500000－8701－0015078　G20/6－4/03057
［光緒］棲霞縣續志十卷　（清）黃麗中纂輯　清光緒五年（1879）刻本　八冊

500000－8701－0015079　G20/6－4/03058
［道光］長清縣志十六卷首一卷末一卷　（清）舒化民等修　（清）徐德城等纂　清道光十四年（1834）刻本　五冊

500000－8701－0015080　G20/6－4/03059
［道光］長清縣志十六卷首一卷末一卷　（清）舒化民等修　（清）徐德城等纂　清道光十四年（1834）刻本　八冊

500000－8701－0015081　G20/6－4/03060
［光緒］陵縣志二十二卷首一卷　（清）沈淮等纂修　清光緒元年（1875）刻本　八冊

500000－8701－0015082　G20/6－4/03061
［道光］陵縣志二十二卷首一卷　（清）沈淮修　（清）李圖纂　清道光二十六年（1846）刻本　八冊

500000－8701－0015083　G20/6－5/03062
［道光］重修膠州志四十卷　（清）張同聲修　（清）李國等纂　清道光二十五年（1845）刻本　八冊

500000－8701－0015084　G20/6－5/03063
［光緒］肥城縣志十卷首一卷　（清）淩紱曾修　（清）邵承照纂　清光緒十七年（1891）刻本　六冊

500000－8701－0015085　G20/6－5/03064
［光緒］臨朐縣志十六卷　（清）姚延福等纂修　清光緒十年（1884）刻本　六冊

500000－8701－0015086　G20/6－5/03065
［乾隆］續河南通志八十卷首四卷　（清）阿思哈等纂修　清乾隆三十二年（1767）刻本　二十一冊

500000－8701－0015087　G20/6－5/03066
［光緒］重修靈寶縣志八卷　（清）周淦　（清）方胙勛修　（清）高錦榮　（清）李鏡江纂　清光緒二年（1876）刻本　八冊

500000－8701－0015088　G20/6－5/03067
［康熙］開封府志四十卷　（清）管竭忠修　（清）張沐纂　清康熙三十四年（1695）修同治二年（1863）修補本　十冊

500000－8701－0015089　G20/6－6/03068
［乾隆］登封縣志三十二卷　（清）陸繼萼修　（清）洪亮吉纂　清乾隆五十二年（1787）刻本

八册

500000－8701－0015090　G20/6－6/03069
[乾隆]登封縣志三十二卷　(清)陸繼萼修　(清)洪亮吉纂　清乾隆五十二年(1787)刻本　八册

500000－8701－0015091　G20/6－6/03070
[道光]修武縣志十卷首一卷　(清)馮繼照修　(清)金皋　(清)袁俊纂　清道光十九年(1839)刻本　十册

500000－8701－0015092　G20/6－6/03071
[光緒]宜陽縣志十六卷　(清)謝應起修　(清)劉占卿纂　清光緒七年(1881)刻本　八册

500000－8701－0015093　G20/6－6/03072
[道光]河内縣志三十六卷　(清)袁通修　(清)方履籛　(清)吳育纂　清道光五年(1825)刻本　十册

500000－8701－0015094　G20/6－6/03073
[道光]泌陽縣志十二卷首一卷　(清)倪明進纂修　(清)栗郢輯　清道光八年(1828)刻本　六册

500000－8701－0015095　G20/6－6/03074
[嘉慶]洧川縣志八卷首一卷　(清)何文明修　(清)李紳纂　清嘉慶二十三年(1818)刻本　四册

500000－8701－0015096　G20/6－6/03075
[乾隆]汲縣志十四卷首一卷末一卷　(清)徐汝瓚纂修　清乾隆二十年(1755)刻本　四册

500000－8701－0015097　G20/6－6/03076
[光緒]祥符縣志二十四卷首一卷　(清)沈傳義　(清)俞紀瑞修　(清)黃舒昺纂　清光緒二十四年(1898)刻本　十二册

500000－8701－0015098　G21/1－1/03077
[光緒]山西通志一百八十四卷首一卷　(清)曾國荃等修　(清)王軒等纂　清光緒十八年(1892)刻本　九十六册

500000－8701－0015099　G21/1－2/03078
[乾隆]高平縣志二十二卷末一卷　(清)傅德宜修　(清)戴純纂　清乾隆三十九年(1774)刻本　十二册

500000－8701－0015100　G21/1－2/03079
[嘉慶]靈石縣志十二卷　(清)王志瀜修　(清)黃憲臣纂　清嘉慶二十二年(1817)刻本　六册

500000－8701－0015101　G21/1－2/03080
[道光]直隸霍州志二十五卷首一卷　(清)崔允昭修　(清)李培謙纂　清道光五年(1825)刻本　十册

500000－8701－0015102　G21/1－2/03081
[同治]稷山縣志十卷　(清)沈鳳翔纂修　(清)姚鴻漸等編次　清同治四年(1865)刻本　八册

500000－8701－0015103　G21/1－2/03081－1
[光緒]續修稷山縣志二卷　(清)馬家鼎纂修　(清)鄭鑑如　(清)杜焌編次　清光緒十一年(1885)刻本　二册

500000－8701－0015104　G21/1－2/03082
[道光山西]太平縣志十六卷首一卷　(清)李炳彦修　(清)梁棲鸞纂　清道光五年(1825)刻本　八册

500000－8701－0015105　G21/1－3/03083
[道光]大同縣志二十卷首一卷末一卷　(清)黎中輔纂　(清)崔允昭修　清道光十年(1830)刻本　八册

500000－8701－0015106　G21/1－3/03084
[光緒]忻州志四十二卷　(清)方戊昌修　(清)方淵如纂　清光緒六年(1880)刻本　八册

500000－8701－0015107　G21/1－3/03085
[雍正]陝西通志一百卷首一卷　(清)劉於義修　(清)沈青崖纂　清雍正十三年(1735)刻本　一百册

500000－8701－0015108　G21/1－5/03086
[雍正]陝西通志一百卷首一卷　(清)劉於義

修　(清)沈青崖纂　清雍正十三年(1735)刻本　九十八册　存九十九卷(一至十八、二十一至一百,首一卷)

500000－8701－0015109　G21/2－1/03087
[乾隆]西安府志八十卷首一卷　(清)舒其紳修　(清)嚴長明纂　清乾隆四十四年(1779)刻本　三十二册

500000－8701－0015110　G21/2－1/03088
[嘉慶]重修延安府志八十卷　(清)洪蕙纂修　清嘉慶七年(1802)刻光緒十年(1884)修補刻本　十六册

500000－8701－0015111　G21/2－1/03089
[乾隆陝西]興安府志三十卷　(清)李國麒編續　清乾隆五十三年(1788)刻本　六册

500000－8701－0015112　G21/2－2/03090
[乾隆]直隸商州志十四卷首一卷　(清)王如玖編　清乾隆九年(1744)修二十三年(1758)刻本　十册

500000－8701－0015113　G21/2－2/03091
[乾隆]商南縣志十二卷　(清)羅文思輯　清乾隆十三年(1748)刻本　四册

500000－8701－0015114　G21/2－2/03092
[光緒]米脂縣志十二卷　高照煦編纂　高增融校訂　清光緒三十四年(1908)公字局鉛印本　四册

500000－8701－0015115　G21/2－2/03093
[康熙]麟遊縣志五卷　(清)吳汝為修　(清)劉元泰纂　(清)范光曦續修　(清)羅魁續纂　清康熙四十七年(1708)刻本　二册

500000－8701－0015116　G21/2－2/03094
[光緒]麟遊縣新志草十卷　(清)彭洵撰　清光緒九年(1883)刻本　四册

500000－8701－0015117　G21/2－2/03095
[道光陝西]石泉縣志四卷　(清)舒鈞輯　清道光二十九年(1849)刻本　二册

500000－8701－0015118　G21/2－2/03096
[道光陝西]石泉縣志四卷　(清)舒鈞輯　清道光二十九年(1849)刻本　二册

500000－8701－0015119　G21/2－2/03097
[道光]西鄉縣志六卷　(清)張庭槐纂修　清道光八年(1828)刻本　四册

500000－8701－0015120　G21/2－2/03098
[乾隆]鄠縣新志六卷　(清)汪以誠修　(清)孫景烈纂　清乾隆四十二年(1777)刻本　四册

500000－8701－0015121　G21/2－2/03099
武功縣志三卷首一卷　(明)康海纂　(清)孫景烈評註　清乾隆二十六年(1761)刻本　二册

500000－8701－0015122　G21/2－2/03100
武功縣志三卷首一卷　(明)康海纂　(清)孫景烈評註　清乾隆二十六年(1761)刻本　二册

500000－8701－0015123　G21/2－2/03101
武功縣志三卷首一卷　(明)康海纂　(清)孫景烈評註　清乾隆二十六年(1761)刻本　一册

500000－8701－0015124　G21/2－2/03102
武功縣志三卷首一卷　(明)康海纂　(清)孫景烈評註　清乾隆二十六年(1761)刻本　一册

500000－8701－0015125　G21/2－2/03103
[乾隆]宜川縣志八卷首一卷末一卷　(清)吳炳纂修　清乾隆十八年(1753)刻本　六册

500000－8701－0015126　G21/2－2/03104
[乾隆]宜川縣志八卷首一卷末一卷　(清)吳炳纂修　清乾隆十八年(1753)刻本　六册

500000－8701－0015127　G21/2－3/03105
[乾隆]淳化縣志三十卷　(清)萬廷樹修　(清)洪亮吉纂　清乾隆四十九年(1784)刻本　八册

500000－8701－0015128　G21/2－3/03106
[乾隆]永壽縣新志十卷首一卷　(清)蔣基修　(清)王開沃纂　清乾隆五十六年(1791)刻

本　四冊

500000－8701－0015129　G21/2－3/03107
[道光]寧陝廳志四卷　(清)林一銘修　(清)焦世官　(清)胡官清纂　清道光二十九年(1849)刻本　四冊

500000－8701－0015130　G21/2－3/03108
[光緒]寧羌州志五卷　(清)馬毓華修　(清)鄭書香　(清)曹良模纂　清光緒十四年(1888)刻本　五冊

500000－8701－0015131　G21/2－3/03109
[乾隆]澄城縣志二十卷　(清)戴治修　(清)洪亮吉　(清)孫星衍纂　清乾隆四十九年(1784)刻本　四冊

500000－8701－0015132　G21/2－3/03110
[嘉慶]洛川縣志二十卷首一卷末一卷　(清)劉毓秀修　(清)賈構纂　清嘉慶十一年(1806)刻本　四冊

500000－8701－0015133　G21/2－3/03111
[康熙]城固縣志十卷　(清)王穆纂修　清康熙五十六年(1717)修光緒四年(1878)徐德懷刻本　四冊

500000－8701－0015134　G21/2－3/03112
[正德]朝邑縣志二卷　(明)王道修　(明)韓邦靖纂　明正德修清同義文會刻本　一冊

500000－8701－0015135　G21/2－3/03113
[嘉慶]長安縣志三十六卷　(清)張聰賢修　(清)董曾臣纂　清嘉慶二十年(1815)刻本　六冊

500000－8701－0015136　G21/2－3/03114
[光緒]階州直隸州續志三十三卷首一卷　(清)葉恩沛修　(清)呂震南纂　清光緒十二年(1886)刻本　十冊

500000－8701－0015137　G21/2－3/03115
[嘉慶]徽縣志八卷　(清)張伯魁纂修　清嘉慶十四年(1809)刻本　八冊

500000－8701－0015138　G21/2－3/03116
[乾隆]甘州府志十六卷首一卷　(清)鍾賡起修纂　清乾隆四十四年(1779)刻本　十冊

500000－8701－0015139　G21/2－4/03117
[乾隆]狄道州志十六卷　(清)呼延華國　(清)吴鎮纂　清乾隆二十八年(1763)刻本　八冊

500000－8701－0015140　G21/2－4/03118
[道光]秦安縣志十四卷　(清)嚴長宦等修　(清)劉德熙等纂　清道光十八年(1838)刻本　四冊

500000－8701－0015141　G21/2－4/03119
吴郡圖經續記三卷　(宋)朱長文著　清道光十年(1830)長白榮譽得月簃刻本　一冊

500000－8701－0015142　G21/2－4/03120
[同治]蘇州府志一百五十卷首三卷　(清)李銘皖　(清)譚鈞培修　(清)馮桂芬纂　清同治十三年(1874)修光緒八年(1882)江蘇書局刻本　八十冊

500000－8701－0015143　G21/2－5/03121
[同治]續纂江寧府志十五卷首一卷　(清)蔣啟勛　(清)趙佑宸修　(清)汪士鐸等纂　清同治十三年(1874)修光緒六年(1880)刻本　十二冊

500000－8701－0015144　G21/2－5/03122
[乾隆]蘇州府志八十卷首一卷　(清)雅爾哈善等修　(清)習寯等纂　清乾隆十三年(1748)刻本　四十冊

500000－8701－0015145　G21/2－6/03123
[嘉慶]松江府志八十四卷首二卷　(清)宋如林修　(清)孫星衍　(清)莫晉纂　清嘉慶二十三年(1818)刻本　四十冊

500000－8701－0015146　G21/2－6/03124
[嘉慶]松江府志八十四卷首二卷　(清)宋如林修　(清)孫星衍　(清)莫晉纂　清嘉慶二十三年(1818)刻本　四十冊

500000－8701－0015147　G21/2－7/03125
[光緒]松江府續志四十卷首一卷圖一卷　(清)博潤等修　(清)姚光發等纂　清光緒十

年(1884)刻本　二十四册

500000－8701－0015148　G21/2－7/03126
[乾隆]高郵州志十二卷首一卷末一卷　(清)楊宜崙修　(清)夏之蓉　(清)沈之本纂　清乾隆四十八年(1783)刻本　十册

500000－8701－0015149　G21/3－1/03127
廣陵通典十卷　(清)汪中撰　清同治八年(1869)揚州書局刻本　二册

500000－8701－0015150　G21/3－1/03128
廣陵通典十卷　(清)汪中撰　清同治八年(1869)揚州書局刻本　二册

500000－8701－0015151　G21/3－1/03129
干巷志六卷首一卷　(清)朱棟著　清嘉慶六年(1801)拓湖丁氏種松山房刻民國二十二年(1933)印本　二册

500000－8701－0015152　G21/3－1/03130
[紹熙]雲間志三卷　(宋)朱端常等修　(宋)楊潛纂　宋紹熙四年(1193)修嘉慶十九年(1814)倪古園沈氏刻本　四册

500000－8701－0015153　G21/3－1/03131
光緒武進陽湖縣志三十卷首一卷　(清)張球等修　(清)湯成烈纂　清光緒五年(1879)刻本　二十册

500000－8701－0015154　G21/3－1/03132
[同治]上江兩縣志二十九卷首一卷　(清)莫祥芝　(清)甘紹盤修　(清)汪士鐸纂　清同治十三年(1874)刻本　十二册

500000－8701－0015155　G21/3－2/03133
[光緒]金山縣志三十卷首一卷　(清)龔寶琦　(清)崔廷鏞修　(清)黄厚本等纂　清光緒四年(1878)刻本　八册

500000－8701－0015156　G21/3－2/03134
[同治]上海縣志三十二卷首一卷末一卷　(清)俞樾等纂修　清同治十一年(1872)南園志局刻本　十六册

500000－8701－0015157　G21/3－2/03135
[乾隆]震澤縣志三十八卷首一卷　(清)陳和志修　(清)倪師孟　(清)沈彤纂輯　清乾隆十一年(1746)刻本　八册

500000－8701－0015158　G21/3－2/03136
[乾隆]句容縣志十卷首一卷末一卷　(清)曹襲先纂修　清乾隆十五年(1750)修光緒二十六年(1900)楊世沅刻本　八册

500000－8701－0015159　G21/3－2/03137
[道光]寶應縣志二十八卷　(清)孟毓蘭修　(清)喬載繇等纂　清道光二十年(1840)寶應縣刻本　十册

500000－8701－0015160　G21/3－2/03138
[道光]寶應縣志二十八卷　(清)孟毓蘭修　(清)喬載繇等纂　清道光二十年(1840)寶應縣刻本　十册

500000－8701－0015161　G21/3－2/03139
[嘉慶]重刊宜興縣舊志十卷首一卷末一卷　(清)甯楷等纂修　清康熙修乾隆增修嘉慶刻本　十三册

500000－8701－0015162　G21/3－2/03140
[嘉慶]重刊荆溪縣志四卷首一卷　(清)唐仲冕修　(清)甯楷纂　清嘉慶二年(1797)修光緒八年(1882)刻宜興荆溪舊志五種本　二册

500000－8701－0015163　G21/3－2/03141
[嘉慶]重刊宜興縣志四卷首一卷　(清)阮升基修　(清)甯楷纂　清嘉慶二年(1797)修光緒八年(1882)刻宜興荆溪舊志五種本　三册

500000－8701－0015164　G21/3－3/03142
[道光]重刊續纂宜荊縣志十卷首一卷　(清)顧名等修　(清)吳德旋纂　清道光二十年(1840)刻本　五册

500000－8701－0015165　G21/3－3/03143
[光緒]宜興荊谿縣新志十卷首一卷末一卷　(清)施惠　(清)錢志澄修　(清)吳景牆等纂　清光緒八年(1882)刻宜興荊溪舊志五種本　九册

500000－8701－0015166　G21/3－3/03144
[同治]上江兩縣志二十九卷首一卷　(清)莫

祥芝　(清)甘紹盤修　(清)汪士鐸纂　清同治十三年(1874)刻光緒二年(1876)印本　十六冊

500000－8701－0015167　G21/3－3/03145
[光緒]嘉定縣志三十二卷首一卷刊誤一卷　(清)程其玨修　(清)楊震福　(清)諸維銓纂　清光緒七年(1881)刻本　八冊　存十七卷(一至十六、首一卷)

500000－8701－0015168　G21/3－3/03146
[光緒]南匯縣志二十二卷首一卷末一卷　(清)金福曾　(清)顧思賢修　(清)張文虎等纂　清光緒五年(1879)刻本　十二冊

500000－8701－0015169　G21/3－3/03147
[光緒]南匯縣志二十二卷首一卷末一卷　(清)金福曾　(清)顧思賢修　(清)張文虎等纂　清光緒五年(1879)刻民國十八年(1929)印本　十二冊

500000－8701－0015170　G21/3－3/03148
[光緒]泰興縣志二十六卷首一卷末一卷　(清)楊激雲修　(清)顧曾烜纂　清光緒十一年(1885)刻本　十冊

500000－8701－0015171　G21/3－4/03149
[光緒]無錫金匱縣志四十卷首一卷　(清)裴大中　(清)倪咸生修　(清)秦緗業等纂　清光緒七年(1881)刻本　十八冊

500000－8701－0015172　G21/3－4/03150
[光緒]無錫金匱縣志四十卷首一卷　(清)裴大中　(清)倪咸生修　(清)秦緗業等纂　清光緒七年(1881)刻本　十七冊

500000－8701－0015173　G21/3－4/03151
至順鎮江志二十一卷附錄一卷校勘記二卷　(元)脫因修　清咸豐九年(1859)如皋冒氏刻本　八冊

500000－8701－0015174　G21/3－4/03152
[光緒]丹徒縣志六十卷首四卷　(清)何紹章　(清)馮壽鏡修　(清)呂耀斗等纂　清光緒五年(1879)刻本　三十二冊

500000－8701－0015175　G21/3－5/03153
[光緒]無錫金匱縣志四十卷首一卷　(清)裴大中　(清)倪咸生修　(清)秦緗業等纂　清光緒七年(1881)刻本　十八冊

500000－8701－0015176　G21/3－5/03154
[乾隆]常昭合志十二卷首一卷　(清)王錦　(清)楊繼熊修　(清)言如泗等纂　清乾隆六十年(1795)刻本　二十四冊

500000－8701－0015177　G21/3－5/03155
[光緒]重修安徽通志三百五十卷補遺十卷　(清)吳坤修等修　(清)何紹基　(清)楊沂孫纂　清光緒四年(1878)刻本　一百二十冊

500000－8701－0015178　G21/3－7/03156
[淳熙]新安志十卷附一卷　(宋)羅願撰　**鄂州太守存齋先生羅公傳一卷**　(元)曹涇撰　清光緒十四年(1888)黟邑李氏刻本　四冊

500000－8701－0015179　G21/3－7/03157
[淳熙]新安志十卷附一卷　(宋)羅願撰　**鄂州太守存齋先生羅公傳一卷**　(元)曹涇撰　清光緒十四年(1888)黟邑李氏刻本　四冊

500000－8701－0015180　G21/3－7/03158
[宣統安徽]建德縣志二十卷首一卷　(清)張贊巽　(清)張翊六修　(清)周學銘等纂　清宣統二年(1910)湖北官刷印局鉛印本　十冊

500000－8701－0015181　G21/3－7/03159
[光緒]婺源縣志六十四卷首一卷　(清)吳鶚修　(清)汪正元等纂　清光緒八年至九年(1882－1883)刻本　二十四冊

500000－8701－0015182　G21/4－1/03160
[光緒]婺源縣志六十四卷首一卷　(清)吳鶚修　(清)汪正元等纂　清光緒八年至九年(1882－1883)刻本　二十三冊　存六十一卷(二至十六、十九至六十四)

500000－8701－0015183　G21/4－1/03161
[光緒]青陽縣志十二卷　(清)廖光珩　(清)華椿修　(清)周贇纂　清光緒十七年(1891)刻本　十一冊

500000－8701－0015184　G21/4－1/03162
[嘉慶]黟縣志十六卷首一卷　(清)吴甸華修　(清)程汝翼　(清)俞正燮纂　清嘉慶十七年(1812)刻本　二十四册

500000－8701－0015185　G21/4－2/03163
[光緒]嚴州府志三十八卷首一卷　(清)吴世榮主修　鄒柏森等續纂　清光緒九年(1883)刻本　二十八册

500000－8701－0015186　G21/4－2/03164
乾道臨安志三卷附札記一卷　(宋)周淙撰　清光緒四年(1878)會稽章氏刻本　一册

500000－8701－0015187　G21/4－2/03165
咸淳臨安志一百卷　(元)潛說友纂　**附校刊咸淳臨安志札記三卷**　(清)黄士珣撰　宋咸淳四年(1268)纂清道光十年(1830)錢塘振綺堂汪氏刻本　二十四册

500000－8701－0015188　G21/4－2/03166
咸淳臨安志一百卷　(元)潛說友纂　**附校刊咸淳臨安志札記三卷**　(清)黄士珣撰　宋咸淳四年(1268)纂清道光十年(1830)錢塘振綺堂汪氏刻本　二十四册

500000－8701－0015189　G21/4－3/03167
[光緒]嘉興府志八十八卷首二卷　(清)許瑶光修　(清)吴仰賢等纂　清光緒四年(1878)鴛湖書院刻本　四十八册

500000－8701－0015190　G21/4－3/03168
[嘉慶]硤川續志二十卷　(清)王德浩纂　(清)王簡可輯　清嘉慶十七年(1812)刻本　六册

500000－8701－0015191　G21/4－3/03169
[同治]雲和縣志十六卷首一卷　(清)伍承吉修　(清)涂冠續修　(清)王士鈖纂　清咸豐七年(1857)修同治三年(1864)續修刻本　六册

500000－8701－0015192　G21/4－4/03170
[乾隆]平湖縣志十卷首一卷末一卷　(清)王恒主修　(清)張誠等纂　清乾隆五十五年(1790)刻本　十册

500000－8701－0015193　G21/4－4/03171
[光緒]平湖縣志二十五卷首一卷末一卷　(清)彭潤章修　(清)葉廉鍔纂　**平湖殉難錄一卷**　(清)彭潤章輯　清光緒十二年(1886)刻本　十三册

500000－8701－0015194　G21/4－4/03172
[同治]麗水縣志十五卷　(清)彭潤章纂修　清同治十三年(1874)刻本　八册

500000－8701－0015195　G21/4－4/03173
[道光]嵊縣志十四卷首一卷末一卷　(清)李式圃修　(清)朱渌纂　清道光八年(1828)刻本　十四册

500000－8701－0015196　G21/4－5/03174
[光緒]歸安縣志五十二卷首一卷　(清)李昱修　(清)陸心源纂　清光緒八年(1882)刻本　十六册

500000－8701－0015197　G21/4－5/03175
[嘉慶浙江]山陰縣志三十卷首一卷　(清)徐元梅修　(清)朱文翰等纂　清嘉慶十四年(1809)刻本　十二册

500000－8701－0015198　G21/4－5/03176
[同治]江山縣志十二卷首一卷末一卷　(清)王彬　(清)孫晉梓修　(清)朱寶慈等纂　清同治十二年(1873)文溪書院刻本　八册

500000－8701－0015199　G21/4－5/03177
[乾隆]海寧州志十六卷首一卷　(清)戰效曾修　(清)高瀛洲纂　清乾隆四十一年(1776)刻道光二十八年(1848)補刻本　二十四册

500000－8701－0015200　G21/4－5/03178
[嘉定]赤城志四十卷　(宋)黄罃　(宋)齊碩修　(宋)陳耆卿纂　宋嘉定十六年(1223)修清嘉慶二十三年(1818)刻台州叢書本　六册

500000－8701－0015201　G21/4－6/03179
[光緒]重修嘉善縣志三十六卷首一卷　(清)江峯青修　(清)顧福仁纂　**校勘光緒嘉善縣志劄記一卷**　(清)孫傳樞　(清)唐步雲纂　清光緒二十年(1894)刻民國七年(1918)印本［劄記爲民國八年(1919)鉛印本］　十七册

500000－8701－0015202　G21/4－6/03180
［嘉靖］仁和縣志十四卷　（明）沈朝宣纂著　明嘉靖二十八年（1549）修清光緒十九年（1893）刻武林掌故叢編本　六册

500000－8701－0015203　G21/4－6/03181
［光緒］蘭谿縣志八卷首一卷附補遺一卷　（清）秦簧等修　（清）唐壬森纂　清光緒七年（1881）修十五年（1889）刻本［補遺清光緒十七年（1891）增訂］　九册　缺一卷（首一卷）

500000－8701－0015204　G21/4－6/03182
［光緒］玉環廳志十四卷首一卷　（清）杜冠英修　（清）吕鴻壽纂　清光緒六年（1880）刻本　八册

500000－8701－0015205　G21/4－6/03183
光緒桐鄉縣志二十四卷　（清）嚴辰輯　**附楊園淵源錄四卷**　（清）沈曰富輯　清光緒十三年（1887）刻本　二十四册

500000－8701－0015206　G21/4－7/03184
［光緒］江西通志一百八十卷首五卷　（清）曾國藩修　（清）劉繹等纂　清光緒七年（1881）刻本　一百二十册

500000－8701－0015207　G21/5－1/03185
［乾隆］豐城縣志二十卷首一卷末一卷　（清）滿岱修　（清）唐光雲纂　清乾隆十七年（1752）刻本　十二册

500000－8701－0015208　G21/5－1/03186
［同治江西］清江縣志十卷首一卷　（清）潘懿　（清）湖湛修　（清）朱孫詒等纂　清同治九年（1870）刻本　十册

500000－8701－0015209　G21/5－1/03187
［同治］鉛山縣志三十卷首一卷　（清）張廷珩修　（清）華祝三纂　清同治十二年（1873）刻本　十六册

500000－8701－0015210　G21/5－1/03188
［光緒］施南府志續編十卷　（清）王廷楨　（清）李謙修　（清）雷春沼　（清）尹壽衡纂　清光緒十年（1884）刻本　四册

500000－8701－0015211　G21/5－2/03189
［同治］宜昌府志十六卷首一卷　（清）聶光鑾修　（清）王柏心　（清）雷春沼纂　清同治四年（1865）刻本　十八册

500000－8701－0015212　G21/5－2/03190
［光緒］黄州府志四十卷首一卷　（清）劉㷰等修　（清）英啟纂輯　（清）曾錫齡等編輯　清光緒十年（1884）刻本　四十册

500000－8701－0015213　G21/5－2/03191
［光緒］麻城縣志五十六卷首一卷末一卷　（清）鄭慶華修　（清）潘頤福纂　清光緒二年（1876）刻本　二十六册

500000－8701－0015214　G21/5－3/03192
［乾隆］襄陽府志四十卷圖一卷　（清）陳鍔纂修　清乾隆二十五年（1760）刻本　十六册

500000－8701－0015215　G21/5－3/03193
［同治］襄陽縣志七卷首一卷　（清）楊宗時修　（清）崔淦纂　（清）吳耀斗續修　（清）李士彬續纂　清同治十三年（1874）刻本　八册

500000－8701－0015216　G21/5－3/03194
［光緒湖北咸寧］武昌縣志二十六卷首一卷末一卷　（清）鍾桐山修　（清）柯逢時纂　清光緒十一年（1885）刻本　十册

500000－8701－0015217　G21/5－3/03195
［光緒］利川縣志十四卷首一卷　（清）黄世宗纂修　清光緒二十年（1894）鍾靈書院刻本　四册

500000－8701－0015218　G21/5－3/03196
［同治］保康縣志七卷首一卷末一卷　（清）楊世霖等纂修　清同治五年（1866）修光緒五年（1879）增補刻本［卷末爲清光緒八年（1882）墨筆抄續補］　二册

500000－8701－0015219　G21/5－3/03197
［同治］宜都縣志四卷首一卷末一卷　（清）崔培元　（清）朱甘霖修　（清）龔紹仁纂　清同治五年（1866）刻本　四册

500000－8701－0015220　G21/5－3/03198

[光緒]**潛江縣志續二十卷首一卷**　(清)史致謨修　(清)劉恭冕　(清)郭士元纂　清光緒五年(1879)傳經書院刻本　八冊

500000－8701－0015221　G21/5－3/03199
[同治]**來鳳縣志三十卷首一卷末一卷**　(清)李勗修　(清)何遠鑒　(清)張鈞纂　清同治五年(1866)刻本　八冊

500000－8701－0015222　G21/5－4/03200
[光緒]**荆州府志八十卷首一卷**　(清)倪文蔚　(清)蔣銘勛修　(清)顧嘉蘅　(清)李廷鉽纂　清光緒六年(1880)刻本　三十二冊

500000－8701－0015223　G21/5－4/03201
[道光]**續修英山縣志二十六卷首一卷**　(清)李文泉等修　(清)汪時育等纂　清道光二十六年(1846)刻本　八冊

500000－8701－0015224　G21/5－4/03202
[光緒]**續輯均州志十六卷首一卷**　(清)馬雲龍修　(清)賈洪詔纂　清光緒十年(1884)均州志局刻本　八冊

500000－8701－0015225　G21/5－4/03203
[光緒]**續輯均州志十六卷首一卷**　(清)馬雲龍修　(清)賈洪詔纂　清光緒十年(1884)均州志局刻本　八冊

500000－8701－0015226　G21/5－4/03204
[道光]**鶴峯州志十四卷首一卷**　(清)吉鍾穎修　(清)洪先燾纂　清道光二年(1822)刻本　四冊

500000－8701－0015227　G21/5－5/03205
[同治]**恩施縣志十二卷首一卷**　(清)多壽修　(清)羅凌漢等纂　清同治七年(1868)刻本　六冊

500000－8701－0015228　G21/5－5/03206
[嘉慶]**鄖西縣續志四卷首一卷**　(清)孔繼榦纂修　清嘉慶九年(1804)刻本　二冊

500000－8701－0015229　G21/5－5/03207
[同治]**鄖陽志八卷首一卷**　(清)吳葆儀修　(清)王嚴恭纂　清同治九年(1870)鄖山書院刻本　十二冊

500000－8701－0015230　G21/5－5/03208
[光緒]**光化縣志八卷首一卷**　(清)鍾桐山修　(清)段映斗纂　清光緒十年(1884)刻本　八冊

500000－8701－0015231　G21/5－5/03209
[光緒]**光化縣志八卷首一卷**　(清)鍾桐山修　(清)段映斗纂　清光緒十年(1884)刻本　八冊

500000－8701－0015232　G21/5－5/03210
[同治]**鍾祥縣志二十卷補編二卷**　(清)孫福海等纂修　清同治六年(1867)刻本　十四冊

500000－8701－0015233　G21/5－5/03211
湖南全省掌故備攷三十五卷　(□)□□輯　清光緒十四年(1888)長沙刻本　十二冊

500000－8701－0015234　G21/5－5/03212
[同治]**當陽縣志十八卷首一卷末一卷**　(清)阮恩光修　(清)王柏心等纂　清同治五年(1866)刻本　十四冊

500000－8701－0015235　G21/5－6/03213
[同治]**新化縣志三十五卷首二卷**　(清)關培均修　(清)劉洪澤纂　清同治十年至十一年(1871－1872)刻本　十六冊

500000－8701－0015236　G21/5－6/03214
[同治]**清泉縣志十卷首一卷末一卷**　(清)王開運修　(清)張修府纂　清同治八年(1869)刻本　二冊

500000－8701－0015237　G21/5－6/03215
[乾隆]**瀘溪縣志二十四卷首一卷**　(清)顧奎光修　(清)李湧纂　清乾隆二十年(1755)刻本(有抄補)　六冊

500000－8701－0015238　G21/5－6/03216
[同治]**衡陽縣志十二卷**　(清)羅慶薌修　(清)彭玉麟等纂　清同治十三年(1874)刻本　七冊

500000－8701－0015239　G21/5－6/03217
[光緒]**湘潭縣志十二卷**　(清)陳嘉榆等修

王闓運等纂　清光緒十五年(1889)刻本　十冊

500000－8701－0015240　G21/5－6/03218
[光緒]湘潭縣志十二卷　(清)陳嘉榆等修　王闓運等纂　清光緒十五年(1889)刻本　十冊

500000－8701－0015241　G21/5－6/03219
[光緒]湘潭縣志十二卷　(清)陳嘉榆等修　王闓運等纂　清光緒十五年(1889)刻本　十冊

500000－8701－0015242　G21/5－6/03220
[乾隆]漵浦縣志二十卷首一卷末一卷　(清)陶金諧修　(清)楊鴻觀纂　清乾隆二十七年(1762)刻本　六冊

500000－8701－0015243　G21/5－7/03221
[光緒]桃源縣志十七卷首一卷末一卷　(清)余良棟修　(清)劉鳳苞纂　清光緒十八年(1892)刻本　二十冊

500000－8701－0015244　G21/5－7/03222
黃溪志十二卷　(清)錢墀纂　清道光十一年(1831)亦陶軒刻本　四冊

500000－8701－0015245　G21/5－7/03223
[同治]桂陽直隸州志二十七卷首一卷　(清)王敩灝修　王闓運纂　清同治七年(1868)刻本　十三冊

500000－8701－0015246　G21/5－7/03224
[嘉慶]直隸郴州總志(郴縣縣志)四十二卷首二卷末一卷　(清)朱偓等修　(清)陳昭謀纂　清嘉慶二十五年(1820)修光緒十九年(1893)鉛印本　十五冊

500000－8701－0015247　G21/5－7/03225
[光緒]善化縣志三十四卷首一卷　(清)陳國仲等修　(清)張先掄等纂　清光緒三年(1877)刻本　二十冊

500000－8701－0015248　G21/6－1/03226
[嘉慶]四川通志二百四卷首二十二卷　(清)常明等修　(清)楊芳燦　(清)譚光祜纂　清嘉慶二十一年(1816)刻本　一百六十冊

500000－8701－0015249　G21/6－3/03227
[嘉慶]四川通志二百四卷首二十二卷　(清)常明等修　(清)楊芳燦　(清)譚光祜纂　清嘉慶二十一年(1816)刻本　一百六十冊

500000－8701－0015250　G21/6－5/03228
[嘉慶]四川通志二百四卷首二十二卷　(清)常明等修　(清)楊芳燦　(清)譚光祜纂　清嘉慶二十一年(1816)刻本　一百六十冊

500000－8701－0015251　G21/6－7/03229
[雍正]四川通志四十七卷首一卷　(清)黃廷桂等修　(清)張晉生等纂　清雍正修乾隆元年(1736)補版增刻本　七十二冊

500000－8701－0015252　G22/1－1/03229－1
[道光]龍安府志十卷　(清)鄧存詠等纂修　清道光二十二年(1842)刻本　八冊

500000－8701－0015253　G22/1－1/03230
[道光]重慶府志九卷　(清)王夢庚鑒定　(清)寇宗編輯　清道光二十三年(1843)刻本　十二冊

500000－8701－0015254　G22/1－1/03231
[道光]重慶府志九卷　(清)王夢庚鑒定　(清)寇宗編輯　清道光二十三年(1843)刻本　五冊

500000－8701－0015255　G22/1－1/03232
[道光]重慶府志九卷　(清)王夢庚鑒定　(清)寇宗編輯　清道光二十三年(1843)刻本　十二冊

500000－8701－0015256　G22/1－1/03233
[康熙]順慶府志十卷　(清)張鳳翮修　(清)羅承順纂　清嘉慶十二年(1807)刻本　十冊

500000－8701－0015257　G22/1－1/03234
[道光]保寧府志六十二卷　(清)黎學錦等修　(清)史觀等纂　清道光元年(1821)保寧府刻本　十六冊

500000－8701－0015258　G22/1－1/03235

[道光]保寧府志六十二卷 (清)黎學錦等修 (清)史觀等纂 清道光元年(1821)保寧府刻本 十六册

500000 - 8701 - 0015259 G22/1 - 1/03236
[道光]保寧府志六十二卷 (清)黎學錦等修 (清)史觀等纂 清道光元年(1821)保寧府刻本 十四册

500000 - 8701 - 0015260 G22/1 - 3/03237
[乾隆]潼川府志十二卷首一卷 (清)張松孫修 (清)陸滋等纂 清乾隆五十年(1785)刻本 十二册

500000 - 8701 - 0015261 G22/1 - 3/03238
[乾隆]潼川府志十二卷首一卷 (清)張松孫修 (清)陸滋等纂 清乾隆五十年(1785)刻本 十二册

500000 - 8701 - 0015262 G22/1 - 3/03239
[光緒]新修潼川府志三十卷 (清)阿麟修 (清)王龍勳等纂 清光緒二十三年(1897)刻本 十六册

500000 - 8701 - 0015263 G22/1 - 3/03240
[光緒]新修潼川府志三十卷 (清)阿麟修 (清)王龍勳等纂 清光緒二十三年(1897)刻本 十六册

500000 - 8701 - 0015264 G22/1 - 4/03241
[道光]夔州府志三十六卷首一卷 (清)恩成修 (清)劉德銓纂 清道光七年(1827)刻本 十六册

500000 - 8701 - 0015265 G22/1 - 4/03242
[光緒]夔州府志三十六卷首一卷 (清)恩成修 (清)劉德銓纂 清道光七年(1827)刻光緒十七年(1891)補刻本 二十四册

500000 - 8701 - 0015266 G22/1 - 4/03243
成都通覽十卷 傅崇榘編 清宣統元年至二年(1909 - 1910)成都通俗報社石印本 八册

500000 - 8701 - 0015267 G22/1 - 4/03244
[乾隆]雅州府志十六卷首一卷 (清)曹掄彬等修 (清)曹掄翰等編輯 清光緒十三年(1887)刻本 十二册

500000 - 8701 - 0015268 G22/1 - 5/03245
[光緒]敘州府志四十三卷首一卷末一卷 (清)王麟祥總纂 (清)邱晉成編輯 清光緒二十一年(1895)刻本 三十二册

500000 - 8701 - 0015269 G22/1 - 5/03246
[光緒]敘州府志四十三卷首一卷末一卷 (清)王麟祥總纂 (清)邱晉成編輯 清光緒二十一年(1895)刻本 二十八册

500000 - 8701 - 0015270 G22/1 - 6/03247
[乾隆]四川保寧府廣元縣志十三卷首一卷 (清)張賡謨纂修 清乾隆二十二年(1757)刻本 四册

500000 - 8701 - 0015271 G22/1 - 6/03248
[乾隆]四川保寧府廣元縣志十三卷首一卷 (清)張賡謨纂修 清乾隆二十二年(1757)刻本 四册

500000 - 8701 - 0015272 G22/1 - 6/03249
[同治]高縣志五十四卷首一卷 (清)敖立榜等修 (清)曾毓佐等纂 清同治五年(1866)刻本 八册

500000 - 8701 - 0015273 G22/1 - 6/03250
[光緒]廣安州新志四十三卷首一卷 (清)周克堃等纂 清光緒三十三年(1907)修宣統三年(1911)周宅鶴珊堂刻本 十册

500000 - 8701 - 0015274 G22/1 - 6/03251
[光緒]慶符縣志五十五卷 (清)孫定揚修 (清)胡錫祜等纂 清光緒二年(1876)刻本 八册

500000 - 8701 - 0015275 G22/1 - 6/03252
[道光]新都縣志十八卷首一卷 (清)張奉書纂修 (清)張懷泃主稿 清道光二十四年(1844)刻本 十二册

500000 - 8701 - 0015276 G22/1 - 6/03253
[道光]新都縣志十八卷首一卷 (清)張奉書纂修 (清)張懷泃主稿 清道光二十四年(1844)刻本 十六册

500000－8701－0015277　G22/1－7/03254
[同治]彰明縣志五十七卷首二卷　(清)牛樹梅原本　(清)何慶恩　(清)韓樹屏增修　(清)李朝棟等增纂　清道光二十七年(1847)修同治十年(1871)增修十三年(1874)刻本　十冊

500000－8701－0015278　G22/1－7/03255
[同治]彰明縣志五十七卷首二卷　(清)牛樹梅原本　(清)何慶恩　(清)韓樹屏增修　(清)李朝棟等增纂　清道光二十七年(1847)修同治十年(1871)增修十三年(1874)刻本　十冊

500000－8701－0015279　G22/1－7/03256
[嘉慶]新繁縣志四十三卷首一卷　(清)顧德昌等修　(清)張粹德等纂　清嘉慶十九年(1814)刻本　八冊

500000－8701－0015280　G22/1－7/03257
[同治]新繁縣志十六卷首一卷　(清)張文珍　(清)李應觀修　(清)楊益豫等纂　清同治十二年(1873)刻本　八冊

500000－8701－0015281　G22/1－7/03258
[同治]新繁縣志十六卷首一卷　(清)張文珍　(清)李應觀修　(清)楊益豫等纂　清同治十二年(1873)刻本　八冊

500000－8701－0015282　G22/1－7/03259
[同治]新繁縣志十六卷首一卷　(清)張文珍　(清)李應觀修　(清)楊益豫等纂　清同治十二年(1873)刻本　八冊

500000－8701－0015283　G22/1－7/03260
新繁縣鄉土志十卷　(清)余慎　(清)陳彥升纂　清光緒三十三年(1907)新繁縣鉛印本　四冊

500000－8701－0015284　G22/1－7/03261
新繁縣鄉土志十卷　(清)余慎　(清)陳彥升纂　清光緒三十三年(1907)新繁縣鉛印本　二冊

500000－8701－0015285　G22/1－7/03262
[康熙]西充縣志十二卷　(清)戴民凱等修　(清)李昭治補輯　清康熙六十一年(1722)刻本　四冊

500000－8701－0015286　G22/1－7/03263
[光緒]西充縣志十四卷圖一卷　(清)高培穀修　(清)劉藻纂　清光緒元年(1875)刻本　六冊

500000－8701－0015287　G22/1－7/03264
[光緒]西充縣志十四卷圖一卷　(清)高培穀修　(清)劉藻纂　清光緒元年(1875)刻本　六冊

500000－8701－0015288　G22/1－7/03265
[光緒]西充縣志十四卷圖一卷　(清)高培穀修　(清)劉藻纂　清光緒元年(1875)刻本　六冊

500000－8701－0015289　G22/2－1/03266
[道光]補輯石砫廳新志十二卷　(清)王槐齡纂輯　清道光二十三年(1843)刻光緒十九年(1893)增刻印本　四冊

500000－8701－0015290　G22/2－1/03267
[道光]補輯石砫廳新志十二卷輿圖一卷　(清)王槐齡纂輯　清道光二十三年(1843)刻光緒十九年(1893)增刻印本　五冊

500000－8701－0015291　G22/2－1/03268
[光緒]巫山縣志三十二卷首一卷　(清)連山等修　(清)李友梁等纂　清光緒十九年(1893)刻本　十二冊

500000－8701－0015292　G22/2－1/03269
[光緒]巫山縣志三十二卷首一卷　(清)連山等修　(清)李友梁等纂　清光緒十九年(1893)刻本　五冊

500000－8701－0015293　G22/2－1/03270
[道光四川]石泉縣志十卷　(清)趙德林修　(清)張沆纂輯　清道光十三年(1833)刻本　六冊

500000－8701－0015294　G22/2－1/03271
[光緒]大寧縣志八卷首一卷　(清)高維岳修　(清)魏遠猷等纂　清光緒十一年(1885)刻

本　八冊

500000－8701－0015295　G22/2－1/03272
［光緒］大寧縣志八卷首一卷　（清）高維岳修　（清）魏遠猷等纂　清光緒十一年（1885）刻本　八冊

500000－8701－0015296　G22/2－1/03273
［光緒］大寧縣志八卷首一卷　（清）高維岳修　（清）魏遠猷等纂　清光緒十一年（1885）刻本　八冊

500000－8701－0015297　G22/2－1/03274
［光緒］雷波廳志三十六卷首一卷　（清）秦雲龍修　（清）萬科進纂　清光緒十九年（1893）刻本　六冊

500000－8701－0015298　G22/2－2/03275
［光緒］雷波廳志三十六卷首一卷　（清）秦雲龍修　（清）萬科進纂　清光緒十九年（1893）刻民國二十七年（1938）印本　六冊

500000－8701－0015299　G22/2－2/03276
［嘉慶］三台縣志八卷　（清）沈昭興纂修　清嘉慶二十年（1815）刻本　八冊

500000－8701－0015300　G22/2－2/03277
［嘉慶］三台縣志八卷　（清）沈昭興纂修　清嘉慶二十年（1815）修民國石印本　八冊

500000－8701－0015301　G22/2－2/03278
［同治］增修酉陽直隸州總志二十二卷首一卷末一卷　（清）王鱗飛修　（清）馮世瀛　（清）冉崇文纂　清同治三年（1864）刻本　二十三冊　存二十三卷（一至十八、二十至二十二，首一卷，末一卷）

500000－8701－0015302　G22/2－2/03279
［咸豐］雲陽縣志十二卷　（清）江錫麟修　（清）陳崑纂　清咸豐四年（1854）刻本　十二冊

500000－8701－0015303　G22/2－2/03280
［咸豐］雲陽縣志十二卷　（清）江錫麟修　（清）陳崑纂　清咸豐四年（1854）刻本　十二冊

500000－8701－0015304　G22/2－3/03281
［光緒］珙縣志十五卷首一卷　（清）孟超然修　（清）王聿修彙輯　（清）冉瑞桐增修　（清）郭肇林增纂　清乾隆三十八年（1773）刻光緒九年（1883）增刻本　六冊　存十卷（一至十）

500000－8701－0015305　G22/2－3/03282
［光緒］珙縣志十五卷首一卷　（清）孟超然修　（清）王聿修彙輯　（清）冉瑞桐增修　（清）郭肇林增纂　清乾隆三十八年（1773）刻光緒九年（1883）增刻本　八冊

500000－8701－0015306　G22/2－3/03283
［光緒］珙縣志十五卷首一卷　（清）孟超然修　（清）王聿修彙輯　（清）冉瑞桐增修　（清）郭肇林增纂　清乾隆三十八年（1773）刻光緒九年（1883）增刻本　八冊

500000－8701－0015307　G22/2－3/03284
［同治］直隸理番廳志六卷首一卷　（清）吳羹梅修　（清）周祚嶧纂　清同治七年（1868）刻本　十二冊

500000－8701－0015308　G22/2－3/03285
［嘉慶］邛州直隸州志四十六卷首一卷　（清）吳鞏修　（清）王來遴纂　清嘉慶十七年（1812）修二十三年（1818）刻本　十二冊

500000－8701－0015309　G22/2－3/03286
［光緒］秀山縣志十四卷首一卷　（清）王壽松敘錄　（清）李稽勳述稿　清光緒十七年（1891）刻本　四冊

500000－8701－0015310　G22/2－3/03287
［光緒］秀山縣志十四卷首一卷　（清）王壽松敘錄　（清）李稽勳述稿　清光緒十七年（1891）刻本　四冊

500000－8701－0015311　G22/2－3/03288
［光緒］秀山縣志十四卷首一卷　（清）王壽松敘錄　（清）李稽勳述稿　清光緒十七年（1891）刻本　四冊

500000－8701－0015312　G22/2－3/03289
［嘉慶］雙流縣志四卷　（清）汪士侃纂修　清

嘉慶十九年(1814)刻本　四册

500000－8701－0015313　G22/2－3/03290
[光緒]雙流縣志二卷　(清)彭琬等纂修　(清)吳特仁增訂　清光緒十二年(1886)刻民國二十一年(1932)補刻本　四册

500000－8701－0015314　G22/2－3/03291
[光緒]雙流縣志二卷　(清)彭琬等纂修　(清)吳特仁增訂　清光緒十二年(1886)刻民國二十一年(1932)補刻本　四册

500000－8701－0015315　G22/2－4/03292
[道光]仁壽縣新志八卷　(清)馬百齡等纂修　(清)魏崧等編輯　清道光十七年(1837)刻本　八册

500000－8701－0015316　G22/2－4/03293
[光緒]補纂仁壽縣原志六卷末一卷　(清)楊作霖等修　(清)陳韶湘纂　清光緒七年(1881)刻本　七册

500000－8701－0015317　G22/2－4/03294
[光緒]補纂仁壽縣原志六卷末一卷　(清)楊作霖等修　(清)陳韶湘纂　清光緒七年(1881)刻本　七册

500000－8701－0015318　G22/2－4/03295
[同治]仁壽縣志十五卷首一卷　(清)羅廷權修　(清)馬凡若纂　清同治五年(1866)刻本　十四册

500000－8701－0015319　G22/2－4/03296
[光緒]增修崇慶州志十二卷首一卷　(清)沈恩培輯　清光緒三年(1877)刻十年(1884)印本　八册

500000－8701－0015320　G22/2－4/03297
[光緒]增修崇慶州志十二卷首一卷　(清)沈恩培輯　清光緒三年(1877)刻本　十册

500000－8701－0015321　G22/2－5/03298
[道光]樂至縣志十六卷首一卷　(清)裴顯忠修　(清)劉碩輔纂　(清)胡書雲補纂　清道光二十年(1840)修同治八年(1869)補刻本　四册

500000－8701－0015322　G22/2－5/03299
[道光]樂至縣志十六卷首一卷　(清)裴顯忠修　(清)劉碩輔纂　(清)胡書雲補纂　清道光二十年(1840)修同治八年(1869)補刻本　四册

500000－8701－0015323　G22/2－5/03300
[道光]樂至縣志十六卷首一卷　(清)裴顯忠修　(清)劉碩輔纂　(清)胡書雲補纂　清道光二十年(1840)修同治八年(1869)補刻本　四册

500000－8701－0015324　G22/2－5/03301
[光緒]續增樂至縣志四卷首一卷　(清)胡書雲修　(清)李星根等纂　清光緒九年(1883)刻本　四册

500000－8701－0015325　G22/2－5/03302
[光緒]續增樂至縣志四卷首一卷　(清)胡書雲修　(清)李星根等纂　清光緒九年(1883)刻本　四册

500000－8701－0015326　G22/2－5/03303
[嘉慶]樂山縣志十六卷首一卷　(清)龔傳黻纂修　清嘉慶十七年(1812)刻本　八册

500000－8701－0015327　G22/2－5/03304
[嘉慶]樂山縣志十六卷首一卷　(清)龔傳黻纂修　清嘉慶十七年(1812)刻本　六册

500000－8701－0015328　G22/2－5/03305
[同治]重修嘉定府志四十八卷首一卷　(清)宋鳴琦修　(清)陳一沺　(清)宋宴春纂　清同治三年(1864)刻本　二十四册

500000－8701－0015329　G22/2－6/03306
[嘉慶]崇寧縣志四卷　(清)劉壇等纂修　清嘉慶十八年(1813)刻本　四册

500000－8701－0015330　G22/2－6/03307
[嘉慶]崇寧縣志四卷　(清)劉壇等纂修　清嘉慶十八年(1813)刻本　四册

500000－8701－0015331　G22/2－6/03308
[嘉慶]峨眉縣志十卷首一卷　(清)王燮纂修　(清)張希縉　(清)張希珝編　清嘉慶十八

年(1813)刻本　四册

500000－8701－0015332　G22/2－6/03309
[嘉慶]峨眉縣志十卷首一卷　(清)王燮纂修　(清)張希縉　(清)張希珝編　清嘉慶十八年(1813)刻宣統三年(1911)續修本　四册

500000－8701－0015333　G22/2－6/03310
[嘉慶]峨眉縣志十卷首一卷　(清)王燮纂修　(清)張希縉　(清)張希珝編　清嘉慶十八年(1813)刻宣統三年(1911)續修本　四册

500000－8701－0015334　G22/2－6/03311
[宣統]峨眉縣續志十卷圖一卷　(清)朱榮邦纂修　(清)羅元玉等編　清宣統三年(1911)刻本　五册

500000－8701－0015335　G22/2－6/03312
[宣統]峨眉縣續志十卷圖一卷　(清)朱榮邦纂修　(清)羅元玉等編　清宣統三年(1911)刻本　五册

500000－8701－0015336　G22/2－6/03313
[嘉慶]什邡縣志五十四卷　(清)紀大奎修　(清)林時春等纂　清嘉慶十七年(1812)刻道光十六年(1836)增刻本　十册

500000－8701－0015337　G22/2－6/03314
[嘉慶]什邡縣志五十四卷　(清)紀大奎修　(清)林時春等纂　清嘉慶十七年(1812)刻道光十六年(1836)增刻本　十册

500000－8701－0015338　G22/2－6/03315
[同治]續增什邡縣志五十四卷　(清)傅華桂修　(清)王壐尊　(清)甘雨培編次　清同治四年(1865)刻本　四册

500000－8701－0015339　G22/2－7/03316
[光緒]射洪縣志十八卷首一卷　(清)謝廷鈞等修　(清)羅錦城等編輯　清光緒十一年(1885)刻本　十册

500000－8701－0015340　G22/2－7/03317
[光緒]射洪縣志十八卷首一卷　(清)謝廷鈞等修　(清)羅錦城等編輯　清光緒十一年(1885)刻本　十册

500000－8701－0015341　G22/2－7/03318
[光緒]射洪縣志十八卷首一卷　(清)謝廷鈞等修　(清)羅錦城等編輯　清光緒十一年(1885)刻本　十册

500000－8701－0015342　G22/2－7/03319
[光緒]射洪縣志十八卷首一卷　(清)謝廷鈞等修　(清)羅錦城等編輯　清光緒十一年(1885)刻本　十册

500000－8701－0015343　G22/2－7/03320
[光緒]射洪縣志十八卷首一卷　(清)謝廷鈞等修　(清)羅錦城等編輯　清光緒十一年(1885)刻民國八年(1919)印本　十册

500000－8701－0015344　G22/2－7/03321
[道光]德陽縣新志十二卷首一卷末一卷　(清)裴顯忠修　(清)劉碩輔纂　清道光十七年(1837)刻本　五册

500000－8701－0015345　G22/2－7/03322
[道光]德陽縣新志十二卷首一卷末一卷　(清)裴顯忠修　(清)劉碩輔纂　清道光十七年(1837)刻本　五册

500000－8701－0015346　G22/2－7/03323
[道光]德陽縣新志十二卷首一卷末一卷　(清)裴顯忠修　(清)劉碩輔纂　清道光十七年(1837)刻本　六册

500000－8701－0015347　G22/2－7/03324
[道光]德陽縣新志十二卷首一卷末一卷　(清)裴顯忠修　(清)劉碩輔纂　清道光十七年(1837)刻本　四册

500000－8701－0015348　G22/3－1/03325
[光緒]德陽縣志續編十卷首一卷末一卷　(清)鈕傳善修　(清)李炳靈　(清)楊藻纂輯　清光緒三十一年(1905)德邑宏道閣公書局刻本　三册

500000－8701－0015349　G22/3－1/03326
[光緒]德陽縣志續編十卷首一卷末一卷　(清)鈕傳善修　(清)李炳靈　(清)楊藻纂輯　清光緒三十一年(1905)德邑宏道閣公書局刻本　三册

500000－8701－0015350　G22/3－1/03327
[光緒]德陽縣志續編十卷首一卷末一卷　(清)鈕傳善修　(清)李炳靈　(清)楊藻纂輯　清光緒三十一年(1905)德邑宏道閣公書局刻本　四冊

500000－8701－0015351　G22/3－1/03328
[嘉慶]犍為縣志十卷首一卷　(清)呂朝恩等纂修　清嘉慶二十一年(1816)刻本　四冊

500000－8701－0015352　G22/3－1/03329
[嘉慶]犍為縣志十卷首一卷　(清)呂朝恩等纂修　清嘉慶二十一年(1816)刻本　四冊

500000－8701－0015353　G22/3－1/03330
[嘉慶]犍為縣志十卷首一卷　(清)呂朝恩等纂修　清嘉慶二十一年(1816)刻本　四冊

500000－8701－0015354　G22/3－1/03331
[嘉慶]直隸綿州志五十四卷　(清)李在文　(清)范紹泗修　(清)潘相等纂　清嘉慶十九年(1814)刻本　十冊

500000－8701－0015355　G22/3－1/03332
[同治]直隸綿州志五十五卷　(清)文棨　(清)董貽清修　(清)伍肇齡　(清)何天祥纂　清同治十二年(1873)刻本　十八冊

500000－8701－0015356　G22/3－1/03333
[同治]直隸綿州志五十五卷　(清)文棨　(清)董貽清修　(清)伍肇齡　(清)何天祥纂　清同治十二年(1873)刻本　二十冊

500000－8701－0015357　G22/3－2/03334
[道光]綿竹縣志四十六卷　(清)劉慶遠修　(清)沈心如等纂　清道光二十九年(1849)刻本　十冊

500000－8701－0015358　G22/3－2/03335
[道光]綿竹縣志四十六卷　(清)劉慶遠修　(清)沈心如等纂　清道光二十九年(1849)刻本　十冊

500000－8701－0015359　G22/3－2/03336
綿竹縣鄉土志不分卷　(清)黃尚毅撰述　清光緒三十四年(1908)綿竹小北街鄧述古齋刻本　一冊

500000－8701－0015360　G22/3－2/03337
[光緒]名山縣志十五卷　(清)趙懿纂輯　清光緒十八年(1892)刻本　八冊

500000－8701－0015361　G22/3－2/03338
[光緒]名山縣志十五卷　(清)趙懿纂輯　清光緒十八年(1892)刻本　四冊

500000－8701－0015362　G22/3－2/03339
[光緒]名山縣志十五卷　(清)趙怡　(清)趙懿纂輯　清光緒十八年(1892)刻二十二年(1896)重校印本　八冊

500000－8701－0015363　G22/3－2/03340
[同治]重修酆都縣志四卷　(清)田秀栗　(清)徐濬鏞修　(清)徐昌緒纂　清同治八年(1869)刻本　四冊

500000－8701－0015364　G22/3－2/03341
[光緒]酆都縣志四卷首一卷　(清)田秀栗　(清)徐濬鏞修　(清)徐昌緒編纂　(清)蔣履泰等續纂　清同治八年(1869)修光緒十九年(1893)增修刻本　六冊

500000－8701－0015365　G22/3－2/03342
[光緒]酆都縣志四卷首一卷　(清)田秀栗　(清)徐濬鏞修　(清)徐昌緒編纂　(清)蔣履泰等續纂　清同治八年(1869)修光緒十九年(1893)增修刻本　六冊

500000－8701－0015366　G22/3－3/03343
[光緒]酆都縣志四卷首一卷　(清)田秀栗　(清)徐濬鏞修　(清)徐昌緒編纂　(清)蔣履泰等續纂　清同治八年(1869)修光緒十九年(1893)增修刻本　八冊

500000－8701－0015367　G22/3－3/03344
[光緒]酆都縣志四卷首一卷　(清)田秀栗　(清)徐濬鏞修　(清)徐昌緒編纂　(清)蔣履泰等續纂　清同治八年(1869)修光緒十九年(1893)增修刻本　六冊

500000－8701－0015368　G22/3－3/03345
[同治]郫縣志四十四卷首一卷　(清)陳慶熙

修　(清)高升之等纂　清同治九年(1870)刻本　八冊

500000－8701－0015369　G22/3－3/03346
[同治]鄜縣志四十四卷首一卷　(清)陳慶熙修　(清)高升之等纂　清同治九年(1870)刻本　八冊

500000－8701－0015370　G22/3－3/03347
[乾隆]富順縣志五卷首一卷　(清)段玉裁纂輯　清乾隆四十二年(1777)修光緒八年(1882)刻本　十冊

500000－8701－0015371　G22/3－3/03348
[乾隆]富順縣志五卷首一卷　(清)段玉裁纂輯　清乾隆四十二年(1777)修光緒八年(1882)刻本　五冊

500000－8701－0015372　G22/3－3/03349
[乾隆]富順縣志五卷首一卷　(清)段玉裁纂輯　清乾隆四十二年(1777)修光緒八年(1882)刻本　五冊

500000－8701－0015373　G22/3－3/03350
[乾隆]富順縣志五卷首一卷　(清)段玉裁纂輯　清乾隆四十二年(1777)修光緒八年(1882)刻本　五冊

500000－8701－0015374　G22/3－3/03351
[乾隆]富順縣志五卷首一卷　(清)段玉裁纂輯　清乾隆四十二年(1777)修光緒八年(1882)刻本　五冊

500000－8701－0015375　G22/3－4/03352
[乾隆]富順縣志五卷首一卷　(清)段玉裁纂輯　清乾隆四十二年(1777)修光緒八年(1882)刻本　五冊

500000－8701－0015376　G22/3－4/03353
[同治]富順縣志三十八卷　(清)羅廷權等修　(清)呂上珍等纂　清同治十一年(1872)刻本　八冊

500000－8701－0015377　G22/3－4/03354
[同治]富順縣志三十八卷　(清)羅廷權等修　(清)呂上珍等纂　清同治十一年(1872)刻本　十二冊

500000－8701－0015378　G22/3－4/03355
[同治]富順縣志三十八卷　(清)羅廷權等修　(清)呂上珍等纂　清同治十一年(1872)刻本　八冊

500000－8701－0015379　G22/3－4/03356
[光緒]永川縣志十卷首一卷　(清)許曾蔭等修　(清)馬慎修等纂　清光緒二十年(1894)刻本　十冊

500000－8701－0015380　G22/3－4/03357
[光緒]永川縣志十卷首一卷　(清)許曾蔭等修　(清)馬慎修等纂　清光緒二十年(1894)刻本　十冊

500000－8701－0015381　G22/3－5/03358
[光緒]永川縣志十卷首一卷　(清)許曾蔭等修　(清)馬慎修等纂　清光緒二十年(1894)刻本　十冊

500000－8701－0015382　G22/3－5/03359
[嘉慶]宜賓縣志五十四卷首一卷　(清)劉元熙修　(清)李世芳等纂　清嘉慶十七年(1812)刻本　四冊

500000－8701－0015383　G22/3－5/03360
[嘉慶]宜賓縣志五十四卷首一卷　(清)劉元熙修　(清)李世芳等纂　清嘉慶十七年(1812)刻本　八冊

500000－8701－0015384　G22/3－5/03361
[同治]重修涪州志十五卷首一卷末一卷義勇彙編一卷　(清)呂紹衣等修　(清)王應元等纂　清同治九年(1870)刻本　十冊

500000－8701－0015385　G22/3－5/03362
[同治]重修涪州志十五卷首一卷末一卷義勇彙編一卷　(清)呂紹衣等修　(清)王應元等纂　清同治九年(1870)刻本　八冊

500000－8701－0015386　G22/3－5/03363
涪乘啟新三卷　(清)賀守典　(清)熊鴻謨編纂　清光緒三十年(1904)刻本　一冊

500000－8701－0015387　G22/3－5/03364

[光緒四川]定遠縣志六卷 （清）姜由範等修 （清）王鏞等續修 清光緒元年(1875)刻本 六冊

500000－8701－0015388 G22/3－5/03365
[光緒四川]定遠縣志六卷 （清）姜由範等修 （清）王鏞等續修 清光緒元年(1875)刻本 六冊

500000－8701－0015389 G22/3－5/03366
汶志紀略四卷首一卷 （清）李錫書纂述 清嘉慶十年(1805)蕊石山房刻本 八冊

500000－8701－0015390 G22/3－5/03367
汶志紀略四卷首一卷 （清）李錫書纂述 清嘉慶十年(1805)蕊石山房刻本 四冊

500000－8701－0015391 G22/3－6/03368
[同治]安縣志三十二卷首一卷 （清）楊英燦纂修 （清）余天鵬續修 （清）陳嘉繡續纂 清同治三年(1864)刻本 六冊

500000－8701－0015392 G22/3－6/03369
[同治]安縣志三十二卷首一卷 （清）楊英燦纂修 （清）余天鵬續修 （清）陳嘉繡續纂 清抄本 六冊

500000－8701－0015393 G22/3－6/03370
[道光]安岳縣志十六卷首一卷 （清）王炳瀛 （清）濮瑗修 （清）周國頤總纂 （清）鄒紹京 （清）周祚鎬編纂 清道光十六年(1836)安岳縣刻本 八冊

500000－8701－0015394 G22/3－6/03371
[道光]安岳縣志十六卷首一卷 （清）王炳瀛 （清）濮瑗修 （清）周國頤總纂 （清）鄒紹京 （清）周祚鎬編纂 清道光十六年(1836)安岳縣刻本 八冊

500000－8701－0015395 G22/3－6/03372
[道光]安岳縣志十六卷首一卷 （清）王炳瀛 （清）濮瑗修 （清）周國頤總纂 （清）鄒紹京 （清）周祚鎬編纂 清道光十六年(1836)安岳縣刻本 十六冊

500000－8701－0015396 G22/3－6/03373
[光緒]續修安岳縣志四卷 （清）陳其寬修 （清）鄒宗垣等纂 清光緒二十三年(1897)刻本 八冊

500000－8701－0015397 G22/3－6/03374
[光緒]續修安岳縣志四卷 （清）陳其寬修 （清）鄒宗垣等纂 清光緒二十三年(1897)刻本 四冊

500000－8701－0015398 G22/3－7/03375
[光緒]續修安岳縣志四卷 （清）陳其寬修 （清）鄒宗垣等纂 清光緒二十三年(1897)刻本 四冊

500000－8701－0015399 G22/3－7/03376
[道光]江北廳志八卷首一卷 （清）福珠朗阿修 （清）宋煊等編輯 清道光二十四年(1844)刻本 八冊

500000－8701－0015400 G22/3－7/03377
[道光]江北廳志八卷首一卷 （清）福珠朗阿修 （清）宋煊等編輯 清道光二十四年(1844)刻本 六冊 存六卷(一至四、六至七)

500000－8701－0015401 G22/3－7/03378
[嘉慶]江安縣志六卷 （清）趙樸修 （清）鄭存仁等纂 清嘉慶十七年(1812)刻本 六冊

500000－8701－0015402 G22/3－7/03379
[道光]江安縣志二卷首一卷 （清）高學濂輯修 清道光二十九年(1849)刻本 四冊

500000－8701－0015403 G22/3－7/03380
永樂瀘州志□□卷 （□）□□撰 清光緒鉛印本 一冊 存二卷(一至二)

500000－8701－0015404 G22/3－7/03381
[光緒]直隸瀘州志十二卷首一卷 （清）延祐修 （清）田秀栗 （清）鄧林纂 清光緒八年(1882)刻本 十二冊

500000－8701－0015405 G22/3－7/03382
[光緒]直隸瀘州志十二卷首一卷 （清）延祐修 （清）田秀栗 （清）鄧林纂 清光緒八年

(1882)刻本　十二册

500000－8701－0015406　G22/3－7/03383
[光緒]瀘州九姓鄉志四卷　(清)任五采修　(清)車登衢等纂　清光緒八年(1882)刻本　四册

500000－8701－0015407　G22/3－7/03384
[道光]江油縣志四卷首一卷　(清)桂星纂修　清道光二十年(1840)刻本　四册

500000－8701－0015408　G22/3－7/03385
[道光]江油縣志四卷首一卷　(清)桂星纂修　清道光二十年(1840)刻本　四册

500000－8701－0015409　G22/3－7/03386
[道光]江油縣志四卷首一卷　(清)桂星纂修　清道光二十年(1840)刻本　四册

500000－8701－0015410　G22/4－1/03387
[光緒]江油縣志二十四卷　(清)武丕文修　(清)歐培槐等纂　清光緒二十九年(1903)刻本　六册

500000－8701－0015411　G22/4－1/03388
[光緒]江油縣志二十四卷　(清)武丕文修　(清)歐培槐等纂　清光緒二十九年(1903)刻本　六册

500000－8701－0015412　G22/4－1/03389
[光緒]江油縣志二十四卷　(清)武丕文修　(清)歐培槐等纂　清光緒二十九年(1903)刻本　六册

500000－8701－0015413　G22/4－1/03390
[光緒]江津縣志十二卷附志存一卷　(清)王煌修　(清)袁方城等纂　清光緒元年(1875)刻本　八册

500000－8701－0015414　G22/4－1/03391
[光緒]江津縣志十二卷附志存一卷　(清)王煌修　(清)袁方城等纂　清光緒元年(1875)刻本　八册

500000－8701－0015415　G22/4－1/03392
[同治]渠縣志五十二卷首一卷　(清)何慶恩修　(清)賈振麟　(清)金傳培纂　清同治三年(1864)刻本　十二册

500000－8701－0015416　G22/4－1/03393
[同治]渠縣志五十二卷首一卷　(清)何慶恩修　(清)賈振麟　(清)金傳培纂　清同治三年(1864)刻本　十二册

500000－8701－0015417　G22/4－1/03394
[嘉慶]梁山縣志十八卷首一卷　(清)符永培等纂修　清嘉慶十三年(1808)刻本　十六册

500000－8701－0015418　G22/4－2/03395
[光緒]梁山縣志十卷首一卷　(清)朱言詩等纂修　清光緒二十年(1894)刻本　十二册

500000－8701－0015419　G22/4－2/03396
[光緒]梁山縣志十卷首一卷　(清)朱言詩等纂修　清光緒二十年(1894)刻本　十二册

500000－8701－0015420　G22/4－2/03397
[嘉慶]漢州志四十卷首一卷末一卷　(清)劉長庚修　(清)侯肇元　(清)張懷泗纂　清嘉慶十七年至二十二年(1812－1817)刻本　十二册

500000－8701－0015421　G22/4－2/03398
[嘉慶]漢州志四十卷首一卷末一卷　(清)劉長庚修　(清)侯肇元　(清)張懷泗纂　清嘉慶十七年至二十二年(1812－1817)刻本　十二册

500000－8701－0015422　G22/4－2/03399
[同治]續漢州志二十四卷首一卷補一卷　(清)張超等修　(清)曾履中　(清)張敏行纂輯　清同治八年(1869)刻本　八册

500000－8701－0015423　G22/4－2/03400
[同治]續漢州志二十四卷首一卷補一卷　(清)張超等修　(清)曾履中　(清)張敏行纂輯　清同治八年(1869)刻本　八册

500000－8701－0015424　G22/4－2/03401
[同治]續漢州志二十四卷首一卷補一卷　(清)張超等修　(清)曾履中　(清)張敏行纂輯　清同治八年(1869)刻本　八册

500000－8701－0015425　G22/4－2/03402

[同治]續漢州志二十四卷首一卷補一卷 (清)張超等修 (清)曾履中 (清)張敏行纂輯 清同治八年(1869)刻本 八册

500000－8701－0015426 G22/4－3/03403
[光緒]洪雅縣志十二卷首一卷 (清)郭世棻修 (清)鄧敏修等編輯 清光緒十年(1884)刻本 四册

500000－8701－0015427 G22/4－3/03404
[光緒]洪雅縣志十二卷首一卷 (清)郭世棻修 (清)鄧敏修等編輯 清光緒十年(1884)刻本 四册

500000－8701－0015428 G22/4－3/03405
[光緒]洪雅縣志十二卷首一卷 (清)郭世棻修 (清)鄧敏修等編輯 清光緒十年(1884)刻本 六册

500000－8701－0015429 G22/4－3/03406
[嘉慶]洪雅縣志二十五卷首一卷 (清)王好音修 (清)張柱等編輯 清嘉慶十八年(1813)刻本 五册

500000－8701－0015430 G22/4－3/03407
[嘉慶]洪雅縣志二十五卷首一卷 (清)王好音纂修 (清)張柱等編輯 清嘉慶十八年(1813)刻本 八册

500000－8701－0015431 G22/4－3/03408
[嘉慶]洪雅縣志二十五卷首一卷 (清)王好音纂修 (清)張柱等編輯 清嘉慶十八年(1813)刻本 八册

500000－8701－0015432 G22/4－3/03409
[嘉慶]洪雅縣志二十五卷首一卷 (清)王好音修 (清)張柱等編輯 清嘉慶十八年(1813)刻本 六册

500000－8701－0015433 G22/4－3/03410
[光緒]增修灌縣志十四卷首一卷 (清)莊思恆修 (清)鄭珶山纂 清光緒十二年(1886)刻本 十册

500000－8701－0015434 G22/4－4/03411
[光緒]增修灌縣志十四卷首一卷 (清)莊思恆修 (清)鄭珶山纂 清光緒十二年(1886)刻本 十四册

500000－8701－0015435 G22/4－4/03412
[光緒]增修灌縣志十四卷首一卷 (清)莊思恆修 (清)鄭珶山纂 清光緒十二年(1886)刻本 十册

500000－8701－0015436 G22/4－4/03413
[嘉慶]達縣志五十二卷 (清)魯鳳輝等修 (清)王廷偉等纂 清嘉慶二十年(1815)刻本 六册

500000－8701－0015437 G22/4－4/03414
[嘉慶]達縣志五十二卷 (清)魯鳳輝等修 (清)王廷偉等纂 清嘉慶二十年(1815)刻本 六册

500000－8701－0015438 G22/4－4/03415
[嘉慶]清溪縣志四卷 (清)劉傳經修 (清)陳一沺纂 清嘉慶五年(1800)刻本 四册

500000－8701－0015439 G22/4－4/03416
[嘉慶]清溪縣志四卷 (清)劉傳經修 (清)陳一沺纂 清嘉慶五年(1800)刻本 四册

500000－8701－0015440 G22/4－5/03417
[嘉慶]溫江縣志三十六卷首一卷 (清)李紹祖等修 (清)徐文賁 (清)車酉纂 清嘉慶二十年(1815)刻本 六册

500000－8701－0015441 G22/4－5/03418
[嘉慶]溫江縣志三十六卷首一卷 (清)李紹祖等修 (清)徐文賁 (清)車酉纂 清嘉慶二十年(1815)刻本 六册

500000－8701－0015442 G22/4－5/03419
[光緒]資州直隸州志三十卷首四卷 (清)劉炯原本 (清)羅廷權續修 (清)何袞等續纂 清光緒二年(1876)增刻本 二十四册

500000－8701－0015443 G22/4－5/03420
[咸豐]資陽縣志四十八卷首二卷 (清)范涞清等修 (清)何華元等纂 清咸豐十年

(1860)刻本　十冊

500000－8701－0015444　G22/4－5/03421
[乾隆]遂寧縣志十二卷首一卷　(清)張松孫　(清)李培峘修　(清)寇賚言等纂　清乾隆五十二年(1787)刻本　十二冊

500000－8701－0015445　G22/4－5/03422
[光緒]遂寧縣志六卷首一卷　(清)田秀栗等修　(清)李星根等纂　清光緒五年(1879)刻本　六冊

500000－8701－0015446　G22/4－5/03423
[光緒]遂寧縣志六卷首一卷　(清)田秀栗等修　(清)李星根等纂　清光緒五年(1879)刻本　六冊

500000－8701－0015447　G22/4－5/03424
[嘉慶]南充縣志八卷圖考一卷　(清)袁鳳孫修　(清)陳榕等纂　清嘉慶十八年(1813)刻咸豐七年(1857)洪璋增刻本　六冊

500000－8701－0015448　G22/4－6/03425
[嘉慶]南充縣志八卷圖考一卷　(清)袁鳳孫修　(清)陳榕等纂　清嘉慶十八年(1813)刻本　六冊

500000－8701－0015449　G22/4－6/03426
[道光]南部縣志三十卷首一卷　(清)王瑞慶等修　(清)徐暢達等纂　清道光二十九年(1849)刻同治九年(1870)承綬、李咸若增刻本　十冊

500000－8701－0015450　G22/4－6/03427
[道光]南部縣志三十卷首一卷　(清)王瑞慶等修　(清)徐暢達等纂　清道光二十九年(1849)刻同治九年(1870)承綬、李咸若增刻本　十冊

500000－8701－0015451　G22/4－6/03428
[嘉慶]夾江縣志十二卷首一卷　(清)王佐等纂修　清嘉慶十八年(1813)刻光緒十四年(1888)陳遇賢補刻本　四冊

500000－8701－0015452　G22/4－6/03429
[嘉慶]夾江縣志十二卷首一卷　(清)王佐等纂修　清嘉慶十八年(1813)刻本　四冊

500000－8701－0015453　G22/4－6/03430
[道光]南川縣志十二卷首一卷　(清)魏崧等修　(清)康作霖等纂　清道光修咸豐元年(1851)刻本　八冊

500000－8701－0015454　G22/4－6/03431
[咸豐]重修梓潼縣志六卷　(清)張香海修　(清)楊曦等纂　清咸豐八年(1858)刻本　六冊

500000－8701－0015455　G22/4－6/03432
[咸豐]重修梓潼縣志六卷　(清)張香海修　(清)楊曦等纂　清咸豐八年(1858)刻本　六冊

500000－8701－0015456　G22/4－6/03433
[咸豐]重修梓潼縣志六卷　(清)張香海修　(清)楊曦等纂　清咸豐八年(1858)刻本　六冊

500000－8701－0015457　G22/4－6/03434
[道光]南江縣志三卷　(清)胡炳修　(清)彭暎纂　清道光七年(1827)刻本　三冊

500000－8701－0015458　G22/4－6/03435
[道光]南江縣志三卷　(清)胡炳修　(清)彭暎纂　清道光七年(1827)刻本　三冊

500000－8701－0015459　G22/4－7/03436
[同治]南溪縣志八卷　(清)福倫修　(清)胡元翔　(清)唐毓彤纂　清同治十三年(1874)刻本　八冊

500000－8701－0015460　G22/4－7/03437
[同治]南溪縣志八卷　(清)福倫修　(清)胡元翔　(清)唐毓彤纂　清同治十三年(1874)刻本　八冊

500000－8701－0015461　G22/4－7/03438
[光緒]内江縣志十五卷首一卷　(清)徐思溫修　(清)熊玉華等纂　清光緒九年(1883)刻本　十冊

500000－8701－0015462　G22/4－7/03439
[咸豐]内江縣志十五卷首一卷　(清)張揩等

修　(清)劉一衡等纂　(清)許延祐續修　(清)黄德仁纂修　清嘉慶四年(1799)修咸豐八年(1858)續修刻本　八冊

500000－8701－0015463　G22/4－7/03440
[光緒]内江縣志十六卷　(清)彭泰士修　(清)朱襄虞等纂　清光緒三十一年(1905)刻本　十三冊　存十四卷(一至十四)

500000－8701－0015464　G22/5－1/03441
[同治]大邑縣志二十卷　(清)趙霦等纂修　清同治六年(1867)刻光緒二年(1876)林嘉澍、余上富增刻本　八冊

500000－8701－0015465　G22/5－1/03442
[光緒]大足縣志八卷　(清)王德嘉修　(清)高雲從纂　清光緒三年(1877)刻本　四冊

500000－8701－0015466　G22/5－1/03443
[光緒]大足縣志八卷　(清)王德嘉修　(清)高雲從纂　清光緒元年(1875)刻本　五冊

500000－8701－0015467　G22/5－1/03444
[光緒]大足縣志八卷　(清)王德嘉修　(清)高雲從纂　清光緒元年(1875)刻本　五冊

500000－8701－0015468　G22/5－1/03445
[光緒]大足縣志八卷　(清)王德嘉修　(清)高雲從纂　清光緒元年(1875)刻本　五冊

500000－8701－0015469　G22/5－1/03446
[嘉慶]大足縣志八卷　(清)張澍修　(清)李型廉等纂　清嘉慶二十三年(1818)修道光十六年(1836)王松增補刻本　八冊

500000－8701－0015470　G22/5－1/03447
[道光]大竹縣志四十卷　(清)翟瑔修　(清)王懷孟等纂　(清)蔡以修續修　(清)劉漢昭等續纂　清道光二年(1822)刻本　六冊

500000－8701－0015471　G22/5－1/03448
[光緒]彭水縣志四卷首一卷　(清)莊定域修　(清)支承祜等纂　清光緒元年(1875)刻本　四冊

500000－8701－0015472　G22/5－1/03449
[嘉慶]彭山縣志六卷　(清)史欽義　(清)陳作琴纂修　清嘉慶十九年(1814)刻本　六冊

500000－8701－0015473　G22/5－2/03450
[嘉慶]彭山縣志六卷　(清)史欽義　(清)陳作琴纂修　清嘉慶十九年(1814)刻本　六冊

500000－8701－0015474　G22/5－2/03451
[嘉慶]彭山縣志六卷　(清)史欽義　(清)陳作琴纂修　清嘉慶十九年(1814)刻本　六冊

500000－8701－0015475　G22/5－2/03452
[嘉慶]彭縣志四十二卷補遺一卷　(清)王鍾鈁纂修　清嘉慶十八年(1813)刻本　八冊

500000－8701－0015476　G22/5－2/03453
[嘉慶]彭縣志四十二卷補遺一卷　(清)王鍾鈁纂修　清嘉慶十八年(1813)刻本　十二冊

500000－8701－0015477　G22/5－2/03454
[光緒]重修彭縣志十三卷首一卷末一卷補遺一卷　(清)張龍甲修　(清)呂調陽等纂　清光緒四年(1878)刻本　十冊

500000－8701－0015478　G22/5－2/03455
[光緒]重修彭縣志十三卷首一卷末一卷補遺一卷　(清)張龍甲修　(清)呂調陽等纂　清光緒四年(1878)刻本　八冊

500000－8701－0015479　G22/5－2/03456
[光緒]重修彭縣志十三卷首一卷末一卷補遺一卷　(清)張龍甲修　(清)呂調陽等纂　清光緒四年(1878)刻本　八冊

500000－8701－0015480　G22/5－2/03457
[光緒]越嶲廳全志十二卷　(清)馬忠良原纂　(清)馬湘　(清)馬枬續纂　孫鏘　(清)蹇念恆增修　清光緒三十二年(1906)鉛印本

六册

500000－8701－0015481　G22/5－2/03458
［道光］城口廳志二十卷首一卷　（清）劉紹文等修　（清）洪錫疇編輯　清道光二十四年（1844）刻本　六册

500000－8701－0015482　G22/5－3/03459
［同治］增修萬縣志三十六卷首一卷典禮備考八卷　（清）王玉鯨　（清）張琴修　（清）范泰衡等纂　清同治五年（1866）萬縣志局刻本　十册

500000－8701－0015483　G22/5－3/03460
［同治］增修萬縣志三十六卷　（清）王玉鯨　（清）張琴修　（清）范泰衡等纂　清同治五年（1866）刻本　九册

500000－8701－0015484　G22/5－3/03461
［同治］增修萬縣志三十六卷　（清）王玉鯨　（清）張琴修　（清）范泰衡等纂　清同治五年（1866）刻本　八册

500000－8701－0015485　G22/5－3/03462
［同治］增修萬縣志三十六卷　（清）王玉鯨　（清）張琴修　（清）范泰衡等纂　清同治五年（1866）刻本　十册

500000－8701－0015486　G22/5－3/03463
［光緒］蓬州志十五篇　（清）方旭修　（清）張禮傑纂　清光緒二十三年（1897）刻本　三册

500000－8701－0015487　G22/5－3/03464
［光緒］蓬州志十五篇　（清）方旭修　（清）張禮傑纂　清光緒二十三年（1897）刻本　四册

500000－8701－0015488　G22/5－3/03465
［光緒］蓬州志十五篇　（清）方旭修　（清）張禮傑纂　清光緒二十三年（1897）刻本　三册

500000－8701－0015489　G22/5－3/03466
［光緒四川］太平縣志十卷首一卷　（清）楊汝偕纂修　清光緒十九年（1893）刻本　八册

500000－8701－0015490　G22/5－3/03467
［光緒四川］太平縣志十卷首一卷　（清）楊汝偕纂修　清光緒十九年（1893）刻本　六册

500000－8701－0015491　G22/5－3/03468
［光緒四川］太平縣志十卷首一卷　（清）楊汝偕纂修　清光緒十九年（1893）刻本　四册

500000－8701－0015492　G22/5－3/03469
［道光］蓬溪縣志十六卷首一卷　（清）吳章祁等修　（清）顧士英等纂　清道光二十四年（1844）刻本　八册

500000－8701－0015493　G22/5－3/03470
［道光］蓬溪縣志十六卷首一卷　（清）吳章祁等修　（清）顧士英等纂　清道光二十四年（1844）刻本　八册

500000－8701－0015494　G22/5－4/03471
［光緒］蓬溪縣續志十四卷首一卷　（清）周學銘修　（清）熊祥謙等編輯　清光緒二十五年（1899）刻本　四册

500000－8701－0015495　G22/5－4/03472
［光緒］蓬溪縣續志十四卷首一卷　（清）周學銘修　（清）熊祥謙等編輯　清光緒二十五年（1899）刻本　四册

500000－8701－0015496　G22/5－4/03473
［道光］蓬溪縣志十六卷首一卷　（清）吳章祁等修　（清）顧士英等纂　清道光二十四年（1844）刻本　八册

500000－8701－0015497　G22/5－4/03473－1
［光緒］蓬溪縣續志十四卷首一卷　（清）周學銘修　（清）熊祥謙等編輯　清光緒二十五年（1899）刻本　四册

500000－8701－0015498　G22/5－4/03474
［道光］茂州志四卷首一卷　（清）楊迦懌等修　（清）劉輔廷等纂　清道光十一年（1831）刻本　四册

500000－8701－0015499　G22/5－4/03475
［道光］茂州志四卷首一卷　（清）楊迦懌等修　（清）劉輔廷等纂　清道光十一年（1831）刻

本　四冊

500000－8701－0015500　G22/5－4/03476
[道光]茂州志四卷首一卷　(清)楊迦懌等修　(清)劉輔廷等纂　清道光十一年(1831)刻本　四冊

500000－8701－0015501　G22/5－4/03477
[乾隆]蒲江縣志四卷　(清)紀曾蔭修　(清)黎攀桂　(清)馬道亨纂　清乾隆四十九年(1784)刻本　四冊

500000－8701－0015502　G22/5－4/03478
[光緒]蒲江縣志五卷　(清)孫清士修　(清)解璜等編輯　清光緒四年(1878)刻本　五冊

500000－8701－0015503　G22/5－4/03479
[光緒]蒲江縣志五卷　(清)孫清士修　(清)解璜等編輯　清光緒四年(1878)刻本　五冊

500000－8701－0015504　G22/5－5/03480
[嘉慶]華陽縣志四十四卷首一卷　(清)吳鞏　(清)董淳修　(清)潘時彤等纂　清嘉慶二十一年(1816)刻光緒十八年(1892)補刻本　十六冊

500000－8701－0015505　G22/5－5/03481
[嘉慶]華陽縣志四十四卷首一卷　(清)吳鞏　(清)董淳修　(清)潘時彤等纂　清嘉慶二十一年(1816)刻光緒十八年(1892)補刻本　十六冊

500000－8701－0015506　G22/5－5/03482
[道光]綦江縣志十二卷首一卷　(清)宋灝修　(清)羅星編輯　清道光六年(1826)刻本　十二冊

500000－8701－0015507　G22/5－5/03483
[道光]綦江縣志十二卷首一卷　(清)宋灝修　(清)羅星編輯　清道光六年(1826)刻十五年(1835)增修同治二年(1863)伍濬祥、楊銘增刻本　十二冊

500000－8701－0015508　G22/5－5/03484
[光緒]墊江縣志十卷　(清)謝必鏗修　(清)李炳靈纂　清光緒二十六年(1900)刻本　八冊

500000－8701－0015509　G22/5－5/03485
[光緒]墊江縣志十卷　(清)謝必鏗修　(清)李炳靈纂　清光緒二十六年(1900)刻本　八冊

500000－8701－0015510　G22/5－6/03486
[道光]墊江縣志十卷　(清)夏夢鯉修　(清)董承熙纂　清道光八年(1828)刻本　十冊

500000－8701－0015511　G22/5－6/03487
[道光]中江縣新志八卷首一卷　(清)楊霈修　(清)李福源　(清)范泰衡纂　清道光十九年(1839)刻本　五冊

500000－8701－0015512　G22/5－6/03487－1
[同治]中江縣志補遺一卷續編一卷　(清)李星根纂　清同治五年(1866)刻本　一冊

500000－8701－0015513　G22/5－6/03488
[道光]中江縣新志八卷首一卷　(清)楊霈修　(清)李福源　(清)范泰衡纂　清道光十九年(1839)刻本　五冊

500000－8701－0015514　G22/5－6/03488－1
[同治]中江縣志補遺一卷續編一卷　(清)李星根纂　清同治五年(1866)刻本　一冊

500000－8701－0015515　G22/5－6/03489
[道光]忠州直隸州志八卷首一卷　(清)吳友篪修　(清)熊履青纂　清道光六年(1826)刻本　八冊

500000－8701－0015516　G22/5－6/03490
[道光]忠州直隸州志八卷首一卷　(清)吳友篪修　(清)熊履青纂　清道光六年(1826)刻本　八冊

500000－8701－0015517　G22/5－6/03491
[同治]忠州直隸州志十二卷首一卷　(清)侯若源　(清)慶徵修　(清)柳福培纂　清同治十二年(1873)刻本　十二冊

500000－8701－0015518　G22/5－6/03492
[同治]忠州直隸州志十二卷首一卷　(清)侯若源　(清)慶徵修　(清)柳福培纂　清同治十二年(1873)刻本　九冊

500000－8701－0015519　G22/5－6/03493
[光緒]青神縣志五十四卷首一卷　(清)郭世棻修　(清)文筆超等纂　清光緒三年(1877)刻本　十二冊

500000－8701－0015520　G22/5－6/03494
[光緒]青神縣志五十四卷首一卷　(清)郭世棻修　(清)文筆超等纂　清光緒三年(1877)刻本　六冊

500000－8701－0015521　G22/5－6/03495
[光緒]奉節縣志三十六卷首一卷　(清)曾秀翹修　(清)楊德坤等纂　清光緒十九年(1893)刻本　八冊

500000－8701－0015522　G22/5－6/03496
[光緒]奉節縣志三十六卷首一卷　(清)曾秀翹修　(清)楊德坤等纂　清光緒十九年(1893)刻本　八冊

500000－8701－0015523　G22/5－7/03497
[光緒]奉節縣志三十六卷首一卷　(清)曾秀翹修　(清)楊德坤等纂　清光緒十九年(1893)刻本　八冊

500000－8701－0015524　G22/5－7/03498
[乾隆四川]威遠縣志八卷首一卷　(清)李南暉修　(清)張翼儒纂　清乾隆四十年(1775)刻本　八冊

500000－8701－0015525　G22/5－7/03499
[乾隆四川]威遠縣志八卷首一卷　(清)李南暉修　(清)張翼儒纂　清乾隆四十年(1775)刻本　八冊

500000－8701－0015526　G22/5－7/03500
[乾隆四川]威遠縣志八卷首一卷　(清)李南暉修　(清)張翼儒纂　清乾隆四十年(1775)刻本　八冊

500000－8701－0015527　G22/5－7/03501
[嘉慶四川]威遠縣志六卷　(清)陳汝秋纂修　清嘉慶十八年(1813)刻本　六冊

500000－8701－0015528　G22/5－7/03502
[嘉慶四川]威遠縣志六卷　(清)陳汝秋纂修　清嘉慶十八年(1813)刻本　六冊

500000－8701－0015529　G22/5－7/03503
[嘉慶四川]威遠縣志六卷　(清)陳汝秋纂修　清嘉慶十八年(1813)刻本　六冊

500000－8701－0015530　G22/5－7/03504
[光緒四川]威遠縣志三編四卷　(清)吳曾輝修　(清)吳容編纂　清光緒三年(1877)刻本　四冊

500000－8701－0015531　G22/5－7/03505
[光緒四川]威遠縣志三編四卷　(清)吳曾輝修　(清)吳容編纂　清光緒三年(1877)刻本　四冊

500000－8701－0015532　G22/5－7/03506
[光緒四川]威遠縣志三編四卷　(清)吳曾輝修　(清)吳容編纂　清光緒三年(1877)刻本　四冊

500000－8701－0015533　G22/5－7/03507
[光緒四川]威遠縣志三編四卷　(清)吳曾輝修　(清)吳容編纂　清光緒三年(1877)刻本　四冊

500000－8701－0015534　G22/5－7/03508
[嘉慶]成都縣志六卷首一卷　(清)王泰雲等修　(清)衷以壎等纂　(清)楊芳燦續纂　清嘉慶二十一年(1816)刻本　六冊

500000－8701－0015535　G22/5－7/03509
[嘉慶]成都縣志六卷首一卷　(清)王泰雲等修　(清)衷以壎等纂　(清)楊芳燦續纂　清嘉慶二十一年(1816)刻本　六冊

500000－8701－0015536　G22/5－7/03510
[嘉慶]成都縣志六卷首一卷　(清)王泰雲等修　(清)衷以壎等纂　(清)楊芳燦續纂　清嘉慶二十一年(1816)刻本　六冊

500000－8701－0015537　G22/6－1/03511

[同治]重修成都縣志十六卷首一卷　(清)羅廷權等修　(清)衷興鑑等纂　清同治十二年(1873)刻本　十六册

500000－8701－0015538　G22/6－1/03512
[同治]重修成都縣志十六卷首一卷　(清)羅廷權等修　(清)衷興鑑等纂　清同治十二年(1873)刻本　十六册

500000－8701－0015539　G22/6－1/03513
[同治]重修成都縣志十六卷首一卷　(清)羅廷權等修　(清)衷興鑑等纂　清同治十二年(1873)刻本　十六册

500000－8701－0015540　G22/6－1/03514
[光緒]續修井研縣志二卷　(清)王琅然　(清)順克昌修　(清)廖錫藩　(清)張墀纂　清光緒八年(1882)刻本　二册

500000－8701－0015541　G22/6－1/03515
[乾隆]井研縣志十卷首一卷　(清)張寧陽　(清)俞燕修　(清)陳猷瑞　(清)胡元善纂　清乾隆六十年(1795)刻本　六册

500000－8701－0015542　G22/6－1/03516
光緒井研志四十二卷首一卷　(清)高承瀛修　(清)吳嘉謨等纂　清光緒二十六年(1900)刻本　十二册

500000－8701－0015543　G22/6－2/03517
光緒井研志四十二卷首一卷　(清)高承瀛修　(清)吳嘉謨等纂　清光緒二十六年(1900)刻本　十二册

500000－8701－0015544　G22/6－2/03518
光緒井研志四十二卷首一卷　(清)高承瀛修　(清)吳嘉謨等纂　清光緒二十六年(1900)刻本　十二册

500000－8701－0015545　G22/6－2/03519
[咸豐]冕寧縣志十二卷首一卷末一卷　(清)林英燦修　(清)李昭纂輯　清咸豐七年(1857)刻光緒十七年(1891)林駿元增刻本　四册

500000－8701－0015546　G22/6－2/03520
[嘉慶四川]羅江縣志十卷　(清)李調元稿　清嘉慶七年(1802)刻本　二册

500000－8701－0015547　G22/6－2/03521
[嘉慶四川]羅江縣志三十六卷　(清)范紹泗　(清)李桂林修　(清)鄧林等纂　清嘉慶二十年(1815)修同治四年(1865)刻本　四册

500000－8701－0015548　G22/6－2/03522
[嘉慶四川]羅江縣志三十六卷　(清)范紹泗　(清)李桂林修　(清)鄧林等纂　清嘉慶二十年(1815)修同治四年(1865)刻本　四册

500000－8701－0015549　G22/6－2/03523
[嘉慶四川]羅江縣志三十六卷　(清)范紹泗　(清)李桂林修　(清)鄧林等纂　清嘉慶二十年(1815)修同治四年(1865)刻本　四册

500000－8701－0015550　G22/6－2/03524
[同治]續修羅江縣志二十四卷　(清)馬傳業修　(清)劉正慧等纂　清同治四年(1865)刻本　二册

500000－8701－0015551　G22/6－2/03525
[同治]續修羅江縣志二十四卷　(清)馬傳業修　(清)劉正慧等纂　清同治四年(1865)刻本　二册

500000－8701－0015552　G22/6－2/03526
[同治]續修羅江縣志二十四卷　(清)馬傳業修　(清)劉正慧等纂　清同治四年(1865)刻本　二册

500000－8701－0015553　G22/6－3/03527
[道光]重修昭化縣志四十八卷　(清)張紹齡等纂修　清道光二十五年(1845)刻同治三年(1864)曾寅光修補本　六册

500000－8701－0015554　G22/6－3/03528
[道光]重修昭化縣志四十八卷　(清)張紹齡等纂修　清道光二十五年(1845)刻同治三年(1864)曾寅光修補本　十册

500000－8701－0015555　G22/6－3/03529
[咸豐]黔江縣志四卷首一卷　(清)張紹齡修纂　清咸豐元年(1851)刻本　四册

500000－8701－0015556　G22/6－3/03530
[光緒]黔江縣志五卷首一卷　(清)張九章修　(清)陳藩垣等纂　清光緒二十年(1894)刻本　五冊

500000－8701－0015557　G22/6－3/03531
[光緒]黔江縣志五卷首一卷　(清)張九章修　(清)陳藩垣等纂　清光緒二十年(1894)刻本　五冊

500000－8701－0015558　G22/6－3/03532
[光緒]黔江縣志五卷首一卷　(清)張九章修　(清)陳藩垣等纂　清光緒二十年(1894)刻本　五冊

500000－8701－0015559　G22/6－3/03533
[同治]續增黔江縣志一卷　(清)張鋭堂修　(清)程尚川等纂　清同治三年(1864)刻本　一冊

500000－8701－0015560　G22/6－3/03534
[同治]璧山縣志十卷首一卷末一卷　(清)寇用平修　(清)陳錦堂　(清)盧有徽纂　清同治四年(1865)刻本(卷七至八、十、卷末係抄配)　七冊

500000－8701－0015561　G22/6－3/03535
[同治]璧山縣志十卷首一卷末一卷　(清)寇用平修　(清)陳錦堂　(清)盧有徽纂　清同治四年(1865)刻本　十二冊

500000－8701－0015562　G22/6－4/03536
[嘉慶]馬邊廳志略六卷首一卷　(清)周斯才編輯　清嘉慶十年(1805)刻本　五冊

500000－8701－0015563　G22/6－4/03537
[光緒]重修長壽縣志十卷　(清)張永熙修　(清)周澤溥等纂　清光緒元年(1875)刻本　四冊

500000－8701－0015564　G22/6－4/03538
[光緒]岳池縣志二十卷首一卷　(清)何其泰等修　(清)吳新德纂　清光緒元年(1875)刻本　十冊

500000－8701－0015565　G22/6－4/03539
[光緒]岳池縣志二十卷首一卷　(清)何其泰等修　(清)吳新德纂　清光緒元年(1875)刻本　十冊

500000－8701－0015566　G22/6－4/03540
[光緒]岳池縣志二十卷首一卷　(清)何其泰等修　(清)吳新德纂　清光緒元年(1875)刻民國二十六年(1937)印本　十冊

500000－8701－0015567　G22/6－5/03541
[光緒]岳池縣志二十卷首一卷　(清)何其泰等修　(清)吳新德纂　清光緒元年(1875)刻民國二十六年(1937)印本　十冊

500000－8701－0015568　G22/6－5/03542
[光緒]興文縣志六卷首一卷　(清)江亦顯　(清)郭天章修　(清)黄相堯纂　清光緒十三年(1887)刻本　八冊

500000－8701－0015569　G22/6－5/03543
[光緒]興文縣志六卷首一卷　(清)江亦顯　(清)郭天章修　(清)黄相堯纂　清光緒十三年(1887)刻本　四冊

500000－8701－0015570　G22/6－5/03544
[光緒]興文縣志六卷首一卷　(清)江亦顯　(清)郭天章修　(清)黄相堯纂　清光緒十三年(1887)刻本　六冊

500000－8701－0015571　G22/6－5/03545
[乾隆]屏山縣志八卷首一卷　(清)張曾敏修　(清)陳琦纂　**補遺一卷**　(清)敬大科等纂　清乾隆四十三年(1778)刻嘉慶五年(1800)增刻本　四冊

500000－8701－0015572　G22/6－5/03546
[乾隆]屏山縣志八卷首一卷　(清)張曾敏修　(清)陳琦纂　**補遺一卷**　(清)敬大科等纂　清乾隆四十三年(1778)刻嘉慶五年(1800)增刻本　四冊

500000－8701－0015573　G22/6－5/03547
[乾隆]屏山縣志八卷首一卷　(清)張曾敏修　(清)陳琦纂　**補遺一卷**　(清)敬大科等纂　清乾隆四十三年(1778)刻嘉慶五年(1800)增刻本　四冊

500000－8701－0015574　G22/6－5/03548
[光緒]屏山縣續志二卷首一卷　(清)張九章修　(清)陳藩垣纂　清光緒二十四年(1898)刻本　二冊

500000－8701－0015575　G22/6－5/03549
[光緒]屏山縣續志二卷首一卷　(清)張九章修　(清)陳藩垣纂　清光緒二十四年(1898)刻本　二冊

500000－8701－0015576　G22/6－5/03550
[光緒]屏山縣續志二卷首一卷　(清)張九章修　(清)陳藩垣纂　清光緒二十四年(1898)刻本　二冊

500000－8701－0015577　G22/6－5/03551
[光緒]丹稜縣志十卷首一卷　(清)顧汝萼修　(清)朱文翰等纂　清光緒十八年(1892)刻本　四冊

500000－8701－0015578　G22/6－5/03552
[光緒]丹稜縣志十卷首一卷　(清)顧汝萼修　(清)朱文翰等纂　清光緒十八年(1892)刻本　四冊

500000－8701－0015579　G22/6－5/03553
[嘉慶]眉州屬志十九卷　(清)涂長發修　(清)王昌年纂　清嘉慶五年(1800)刻本　十五冊

500000－8701－0015580　G22/6－5/03554
[嘉慶]眉州屬志十九卷　(清)涂長發修　(清)王昌年纂　清嘉慶五年(1800)刻本　十五冊

500000－8701－0015581　G22/6－6/03555
[嘉慶]續眉州志略不分卷　(清)戴三錫修　(清)王之俊等纂　清嘉慶十七年(1812)刻本　一冊

500000－8701－0015582　G22/6－6/03556
[嘉慶]續眉州志略不分卷　(清)戴三錫修　(清)王之俊等纂　清嘉慶十七年(1812)刻本　一冊

500000－8701－0015583　G22/6－6/03557
[道光]巴州志十卷首一卷　(清)朱錫穀修　(清)陳一津等纂　清道光十三年(1833)刻本　六冊

500000－8701－0015584　G22/6－6/03558
[道光]巴州志十卷首一卷　(清)朱錫穀修　(清)陳一津等纂　清道光十三年(1833)刻本　四冊

500000－8701－0015585　G22/6－6/03559
[咸豐]閬中縣志八卷　(清)徐繼鏞修　(清)李惺等纂　清咸豐元年(1851)刻本　四冊

500000－8701－0015586　G22/6－6/03560
[咸豐]閬中縣志八卷　(清)徐繼鏞修　(清)李惺等纂　清咸豐元年(1851)刻本　八冊

500000－8701－0015587　G22/6－6/03561
[咸豐]閬中縣志八卷　(清)徐繼鏞修　(清)李惺等纂　清咸豐元年(1851)刻本　四冊

500000－8701－0015588　G22/6－6/03562
[同治]隆昌縣志四十二卷首一卷　(清)魏元燮　(清)花映均修　(清)耿光祜纂　清同治元年(1862)刻十三年(1874)晏棻增刻本　十八冊

500000－8701－0015589　G22/6－6/03563
[咸豐]開縣志二十七卷首一卷　(清)李肇奎等修　(清)陳崑等編纂　清咸豐三年(1853)刻本　六冊

500000－8701－0015590　G22/6－6/03564
[咸豐]開縣志二十七卷首一卷　(清)李肇奎等修　(清)陳崑等編纂　清咸豐三年(1853)刻本　六冊

500000－8701－0015591　G22/6－6/03565
[咸豐]開縣志二十七卷首一卷　(清)李肇奎等修　(清)陳崑等編纂　清咸豐三年(1853)刻本　六冊

500000－8701－0015592　G22/6－6/03566

[乾隆]巴縣志十七卷首一卷　(清)王爾鑑修　(清)王世沿等纂　清乾隆十六年(1751)修嘉慶二十五年(1820)刻本　十二冊

500000－8701－0015593　G23/1－1/03567
[乾隆]巴縣志十七卷首一卷　(清)王爾鑑修　(清)王世沿等纂　清乾隆十六年(1751)修嘉慶二十五年(1820)刻本　十二冊

500000－8701－0015594　G23/1－1/03568
[乾隆]巴縣志十七卷首一卷　(清)王爾鑑修　(清)王世沿等纂　清乾隆十六年(1751)修嘉慶二十五年(1820)刻本　十六冊

500000－8701－0015595　G23/1－1/03569
[乾隆]巴縣志十七卷首一卷　(清)王爾鑑修　(清)王世沿等纂　清乾隆十六年(1751)修嘉慶二十五年(1820)刻本　二十五冊

500000－8701－0015596　G23/1－1/03570
[同治]巴縣志四卷　(清)霍為棻等修　(清)熊家彥等纂　清同治六年(1867)刻本　六冊

500000－8701－0015597　G23/1－1/03571
[同治]巴縣志四卷　(清)霍為棻等修　(清)熊家彥等纂　清同治六年(1867)刻本　六冊

500000－8701－0015598　G23/1－1/03572
巴縣鄉土志二卷　(清)巴縣勸學所編　清光緒三十三年(1907)鉛印本　二冊

500000－8701－0015599　G23/1－2/03573
[同治]會理州志十二卷　(清)鄧仁垣　(清)楊昶纂修　(清)王繼曾　(清)吳鍾崙編輯　清同治九年至十三年(1870－1874)刻本　九冊

500000－8701－0015600　G23/1－2/03573－1
[光緒]會理州續志二卷　(清)蔣金生纂修　(清)徐昱編輯　清光緒三十一年(1905)刻本　一冊

500000－8701－0015601　G23/1－2/03574
[同治]會理州志十二卷　(清)鄧仁垣　(清)楊昶纂修　(清)王繼曾　(清)吳鍾崙編輯　清同治九年至十三年(1870－1874)刻本　八冊

500000－8701－0015602　G23/1－2/03574－1
[光緒]會理州續志二卷　(清)蔣金生纂修　(清)徐昱編輯　清光緒三十一年(1905)刻本　一冊

500000－8701－0015603　G23/1－2/03575
[光緒]合州志十六卷首一卷　(清)費兆鉞修　(清)程業修纂　清光緒四年(1878)刻本　十二冊

500000－8701－0015604　G23/1－2/03576
[光緒]合州志十六卷首一卷　(清)費兆鉞修　(清)程業修纂　清光緒四年(1878)刻本　八冊

500000－8701－0015605　G23/1－2/03577
[光緒]合州志十六卷首一卷　(清)費兆鉞修　(清)程業修纂　清光緒四年(1878)刻本　十冊

500000－8701－0015606　G23/1－2/03578
[同治]合江縣志五十四卷首一卷　(清)秦湘修　(清)楊致道　(清)鄭國楹纂　(清)瞿樹蔭等增修　(清)羅增垣等增纂　清同治十年(1871)增刻本　十二冊

500000－8701－0015607　G23/1－2/03579
[同治]合江縣志五十四卷首一卷　(清)秦湘修　(清)楊致道　(清)鄭國楹纂　(清)瞿樹蔭等增修　(清)羅增垣等增纂　清同治十年(1871)增刻本　十二冊

500000－8701－0015608　G23/1－3/03580
[嘉慶]金堂縣志九卷首一卷末一卷　(清)謝惟傑修　(清)陳一津　(清)黃烈纂　清嘉慶十六年(1811)刻道光二十四年(1844)楊得質補刻本　八冊

500000－8701－0015609　G23/1－3/03581
[嘉慶]金堂縣志九卷首一卷末一卷　(清)謝惟傑修　(清)陳一津　(清)黃烈纂　清嘉慶十六年(1811)刻本　八冊

500000－8701－0015610　G23/1－3/03582
[嘉慶]金堂縣志九卷首一卷末一卷　(清)謝惟傑修　(清)陳一津　(清)黄烈纂　清嘉慶十六年(1811)刻道光二十四年(1844)楊得質補刻本　八册

500000－8701－0015611　G23/1－3/03583
[同治]續金堂縣志八卷首一卷末一卷　(清)王樹桐　(清)徐璞玉修　(清)米繪裳等纂　清同治六年(1867)刻本　二册

500000－8701－0015612　G23/1－3/03584
[同治]續金堂縣志八卷首一卷末一卷　(清)王樹桐　(清)徐璞玉修　(清)米繪裳等纂　清同治六年(1867)刻本　二册

500000－8701－0015613　G23/1－3/03585
[同治]續金堂縣志八卷首一卷末一卷　(清)王樹桐　(清)徐璞玉修　(清)米繪裳等纂　清同治六年(1867)刻本　二册

500000－8701－0015614　G23/1－3/03586
[同治]劍州志十卷　(清)李溶　(清)余文焕修　(清)李榕等纂　清同治十二年(1873)刻本　四册

500000－8701－0015615　G23/1－3/03586－1
[同治]劍州志十卷　(清)李溶　(清)余文焕修　(清)李榕等纂　清同治十二年(1873)刻本　四册

500000－8701－0015616　G23/1－3/03587
[光緒]續修叙永永寧廳縣合志五十四卷首一卷　(清)劉朝鏳等修　(清)萬慎等纂　清光緒三十四年(1908)鉛印本　十二册

500000－8701－0015617　G23/1－3/03588
[嘉慶]直隸敘永廳志四十八卷　(清)周偉業修　(清)褚彦昭纂　清嘉慶十七年(1812)刻本　六册

500000－8701－0015618　G23/1－3/03589
[光緒]銅梁縣志十六卷首一卷　(清)韓清桂等修　(清)陳昌等纂　清光緒元年(1875)刻本　十册

500000－8701－0015619　G23/1－3/03590
[光緒]銅梁縣志十六卷首一卷　(清)韓清桂等修　(清)陳昌等纂　清光緒元年(1875)刻本　八册

500000－8701－0015620　G23/1－4/03591
[同治]筠連縣志十六卷　(清)程熙春修　(清)文爾炘編輯　清同治十二年(1873)刻本　六册

500000－8701－0015621　G23/1－4/03592
[同治]筠連縣志十六卷　(清)程熙春修　(清)文爾炘編輯　清同治十二年(1873)刻本　六册　存十三卷(一至十三)

500000－8701－0015622　G23/1－4/03593
[同治]筠連縣志十六卷　(清)程熙春修　(清)文爾炘編輯　清同治十二年(1873)刻本　六册

500000－8701－0015623　G23/1－4/03594
[咸豐]簡州志十四卷　(清)濮瑗修　(清)黄樸等纂　清咸豐三年(1853)刻本　十册

500000－8701－0015624　G23/1－4/03595
[咸豐]簡州志十四卷　(清)濮瑗修　(清)黄樸等纂　清咸豐三年(1853)刻本　十册

500000－8701－0015625　G23/1－4/03596
[光緒]簡州續志二卷　(清)易家霖修　(清)傅為霖等纂　清光緒二十三年(1897)刻本　二册

500000－8701－0015626　G23/1－4/03597
[光緒]簡州續志二卷　(清)易家霖修　(清)傅為霖等纂　清光緒二十三年(1897)刻本　二册

500000－8701－0015627　G23/1－4/03598
[道光]鄰水縣志六卷首一卷　(清)曾燦奎　(清)劉光第修　(清)甘家斌等纂　清道光十五年(1835)刻本　六册

500000－8701－0015628　G23/1－4/03599
[同治]營山縣志三十卷　(清)翁道均修　(清)熊毓藩等纂　清同治九年(1870)刻本

十冊

500000－8701－0015629　G23/1－4/03600
[同治]營山縣志三十卷　(清)翁道均修　(清)熊毓藩等纂　清同治九年(1870)刻本　十二冊

500000－8701－0015630　G23/1－5/03601
[光緒]榮昌縣志二十二卷　(清)文康原本　(清)施學煌續修　(清)敖冊賢續纂　清同治四年(1865)修光緒十年(1884)增刻二十年(1894)再增刻本　十五冊

500000－8701－0015631　G23/1－5/03602
[道光]榮縣志三十八卷首一卷　(清)王培荀等纂修　清道光二十五年(1845)刻光緒三年(1877)張峨峰增刻本　八冊

500000－8701－0015632　G23/1－5/03603
[康熙]甯化縣志七卷首一卷　(清)李世熊纂修　清康熙二十三年(1684)修同治八年(1869)蔣澤元刻本　七冊

500000－8701－0015633　G23/1－5/03604
[光緒]漳浦縣志十九卷續志一卷　(清)陳汝咸纂修　清光緒十一年(1885)刻本　八冊

500000－8701－0015634　G23/1－5/03605
[道光]廣東通志三百三十四卷首一卷　(清)阮元修　(清)陳昌齊等纂　清道光二年(1822)修同治三年(1864)刻本　一百二十冊

500000－8701－0015635　G23/2－1/03606
羊城古鈔八卷　(清)仇池石輯　清嘉慶十一年(1806)刻本　四冊

500000－8701－0015636　G23/2－1/03607
[光緒]高明縣志十六卷首一卷　(清)鄒兆麟　(清)蔡逢恩修　(清)梁廷棟　(清)歐為樑纂　清光緒二十年(1894)刻本　六冊

500000－8701－0015637　G23/2－1/03608
[道光]新會縣志十四卷　(清)林星章修　(清)黃培芳纂　清道光二十年(1840)新會縣刻本　十四冊

500000－8701－0015638　G23/2－2/03609
[光緒]化州志十二卷　(清)彭步瀛修　(清)彭貽蓀等纂　清光緒十四年(1888)高城聯經號刻本　七冊

500000－8701－0015639　G23/2－2/03610
[嘉慶]潮陽縣志二十卷首一卷　(清)唐文藻纂修　清嘉慶二十四年(1819)刻本　十六冊

500000－8701－0015640　G23/2－2/03611
[同治]淡水廳志十六卷　(清)陳培桂纂輯　清同治十年(1871)刻本　八冊

500000－8701－0015641　G23/2－2/03612
[宣統]南海縣志二十六卷首一卷　(清)鄭榮等修　(清)桂坫等纂　清宣統三年(1911)刻本　十四冊

500000－8701－0015642　G23/2－2/03613
[嘉慶]廣西通志二百七十九卷首一卷　(清)謝啓昆修　(清)胡虔編纂　清嘉慶六年(1801)刻本　八十冊

500000－8701－0015643　G23/2－2/03614
雲南備徵志二十一卷　(清)王崧編纂　清宣統二年(1910)雲南官報局鉛印本　十六冊

500000－8701－0015644　G23/2－2/03615
雲南備徵志二十一卷　(清)王崧編纂　清宣統二年(1910)雲南官報局鉛印本　十六冊

500000－8701－0015645　G23/2－4/03616
[光緒]雲南通志二百四十二卷首四卷附忠義錄三十二卷忠義備考一卷烈女錄八卷　(清)岑毓英修　(清)陳燦纂　清光緒二十年(1894)刻本　二百二十冊

500000－8701－0015646　G23/2－6/03617
[光緒]續雲南通志稿一百九十四卷首六卷　(清)王文韶　(清)魏光燾修　(清)唐炯等纂　清光緒二十七年(1901)四川岳池官刻本　一百冊

500000－8701－0015647　G23/3－1/03618
[光緒]續雲南通志稿一百九十四卷首六卷　(清)王文韶　(清)魏光燾修　(清)唐炯等纂　清光緒二十七年(1901)四川岳池官刻本

一百冊

500000－8701－0015648　G23/3－2/03619
[道光]雲南通志稿二百十六卷首三卷　(清)阮元等修　(清)王崧　(清)李誠纂　清道光十五年(1835)刻本　一百十二冊

500000－8701－0015649　G23/3－3/03620
[康熙]雲南通志三十卷　(清)范承勳　(清)王繼文修　(清)吳自肅　(清)丁煒纂　清康熙三十年(1691)刻本　二十七冊　存二十九卷(一至十九、二十一至三十)

500000－8701－0015650　G23/3－4/03621
[嘉慶]滇繫四十卷　(清)師範纂輯　清嘉慶十三年(1808)修光緒十三年(1887)雲南通志局刻本　四十冊

500000－8701－0015651　G23/3－4/03622
[道光]廣南府志四卷　(清)李熙齡纂修　清道光二十八年(1848)刻光緒三十一年(1905)馮譽驄補刻本　四冊

500000－8701－0015652　G23/3－4/03623
[乾隆雲南]廣西府志二十六卷　(清)周埰修　(清)李綬等纂　清乾隆四年(1739)刻本　六冊

500000－8701－0015653　G23/3－4/03624
[光緒]霑益州志六卷　(清)陳燕　(清)韓寶琛修　(清)李景賢纂　清光緒十一年(1885)刻本　六冊

500000－8701－0015654　G23/3－4/03625
[光緒]霑益州志六卷　(清)陳燕　(清)韓寶琛修　(清)李景賢纂　清光緒十一年(1885)刻本　六冊

500000－8701－0015655　G23/3－4/03626
[咸豐]鄧川州志十六卷首一卷末一卷　(清)鈕方圖修　(清)侯允欽纂　清咸豐三年(1853)楊炳錕刻本　八冊

500000－8701－0015656　G23/3－4/03627
[光緒]浪穹縣志略十三卷　(清)周沆纂輯　清光緒二十九年(1903)刻民國元年(1912)印本　六冊

500000－8701－0015657　G23/3－4/03628
[光緒]浪穹縣志略十三卷　(清)周沆纂輯　清光緒二十九年(1903)刻民國元年(1912)印本　六冊

500000－8701－0015658　G23/3－4/03629
[光緒]雲南縣志十二卷　(清)項聯晉修　(清)黃炳堃纂　清光緒十六年(1890)刻本　五冊

500000－8701－0015659　G23/3－4/03630
[光緒]雲南縣志十二卷　(清)項聯晉修　(清)黃炳堃纂　清光緒十六年(1890)刻本　五冊

500000－8701－0015660　G23/3－5/03631
[道光]大姚縣志十六卷圖一卷　(清)黎恂修　(清)劉榮黼纂　清道光二十五年(1845)刻三十年(1850)增刻光緒三十年(1904)印本　八冊

500000－8701－0015661　G23/3－5/03632
[光緒]呈貢縣志八卷　(清)朱若功原本　(清)李明鋆續修　(清)李蔚文等續纂　清光緒十一年(1885)增刻雍正本　八冊

500000－8701－0015662　G23/3－5/03633
[道光]昆明縣志十卷　(清)戴絅孫輯　清道光二十一年(1841)修光緒二十七年(1901)刻本　六冊

500000－8701－0015663　G23/3－5/03634
[道光]昆明縣志十卷　(清)戴絅孫輯　清道光二十一年(1841)修光緒二十七年(1901)刻本　六冊

500000－8701－0015664　G23/3－5/03635
[道光]昆明縣志十卷　(清)戴絅孫輯　清道光二十一年(1841)修光緒二十七年(1901)刻本　六冊

500000－8701－0015665　G23/3－5/03636
[光緒]續修白鹽井志十一卷首一卷　(清)羅其澤等纂修　清光緒三十三年(1907)刻本

十二册

500000－8701－0015666　G23/3－5/03637
[光緒]騰越廳志稿二十卷首一卷　(清)陳宗海修　(清)趙端禮纂　清光緒十三年(1887)刻本　十二册

500000－8701－0015667　G23/3－5/03638
[乾隆]雲南騰越州志十三卷　(清)屠述濂纂修　清乾隆五十五年(1790)修光緒二十三年(1897)刻本　六册

500000－8701－0015668　G23/3－6/03639
續黔書八卷　(清)張澍撰　清光緒二十三年(1897)貴陽書局刻本　二册

500000－8701－0015669　G23/3－6/03640
[乾隆]貴州通志四十六卷首一卷　(清)鄂爾泰等修　(清)靖道謨等纂　清乾隆六年(1741)刻本　二十四册

500000－8701－0015670　G23/3－6/03641
[乾隆]貴州通志四十六卷首一卷　(清)鄂爾泰等修　(清)靖道謨等纂　清乾隆六年(1741)刻本　二十四册

500000－8701－0015671　G23/3－6/03642
黔南職方紀略九卷　(清)羅繞典輯　清道光二十七年(1847)安化羅氏貴州布政使署刻本　二册

500000－8701－0015672　G23/3－6/03643
[咸豐]安順府志五十四卷首一卷　(清)鄒漢勳等修　(清)常恩纂　清咸豐元年(1851)刻光緒十七年(1891)補刻本　十六册

500000－8701－0015673　G23/3－6/03644
[咸豐]安順府志五十四卷首一卷　(清)鄒漢勳等修　(清)常恩纂　清咸豐元年(1851)刻光緒十七年(1891)補刻本　十六册

500000－8701－0015674　G23/3－7/03645
[道光]遵義府志四十八卷首一卷　(清)平翰等修　(清)鄭珍　(清)莫友芝纂輯　清道光二十一年(1841)刻本　二十册

500000－8701－0015675　G23/3－7/03646
[道光]遵義府志四十八卷首一卷　(清)平翰等修　(清)鄭珍　(清)莫友芝纂輯　清道光二十一年(1841)刻民國二十六年(1937)劉千俊補刻本　二十册

500000－8701－0015676　G23/4－1/03647
[道光]遵義府志四十八卷首一卷　(清)平翰等修　(清)鄭珍　(清)莫友芝纂輯　清道光二十一年(1841)刻本　二十册

500000－8701－0015677　G23/4－1/03648
[道光]貴陽府志八十八卷冠編二卷餘編二十卷　(清)周作楫修　(清)蕭琯　(清)鄒漢勳纂　清道光二十年(1840)刻咸豐二年(1852)補刻本　三十七册　缺六卷(餘編四至六、十六至十八)

500000－8701－0015678　G23/4－1/03649
[道光]貴陽府志八十八卷冠編二卷餘編二十卷　(清)周作楫修　(清)蕭琯　(清)鄒漢勳纂　清道光二十年(1840)刻咸豐二年(1852)補刻本　四十册

500000－8701－0015679　G23/4－2/03650
[道光]廣順州志十二卷首一卷末一卷　(清)但明倫等纂　(清)金臺等修　清道光二十六年(1846)廣順州刻本　四册

500000－8701－0015680　G23/4－2/03651
[道光]廣順州志十二卷首一卷末一卷　(清)但明倫等纂　(清)金臺等修　清道光二十六年(1846)廣順州刻本　三册

500000－8701－0015681　G23/4－2/03652
[道光]清平縣志八卷　(清)段榮勳修　(清)孫茂櫺纂　清道光十八年(1838)修光緒六年(1880)增刻本　八册

500000－8701－0015682　G23/4－2/03653
[光緒]古州廳志十卷首一卷　(清)吳自發修　(清)余澤春編纂　(清)余嵩慶纂修　清光緒十四年(1888)刻本　六册

500000－8701－0015683　G23/4－2/03654
[光緒貴州]平遠州續志八卷首一卷　(清)黃紹先修　(清)申雲根　(清)諶顯模纂　清光

緒十六年(1890)刻本　六冊

500000－8701－0015684　G23/4－2/03655
[乾隆]盛京通志四十八卷首一卷　(清)王河等修　(清)魏樞等纂　清乾隆元年(1736)刻咸豐二年(1852)雷以諴校補刻本　二十冊

500000－8701－0015685　G23/4－3/03656
[宣統吉林]西安縣志略十三卷　(清)雷飛鵬等修　(清)段盛梓等纂　清宣統三年(1911)石印本　二冊

500000－8701－0015686　G23/4－3/03657
[光緒]承德縣志書不分卷　(清)都林布修　(清)李巨源等原編　(清)金正元增修　(清)張子瀛　(清)聞鵬齡增輯　清光緒三十四年(1908)修宣統二年(1910)增修石印本　二冊

500000－8701－0015687　G23/4－3/03658
遼陽鄉土志一卷　(清)白永貞編　清光緒三十四年(1908)奉天習藝所鉛印本　一冊

500000－8701－0015688　G23/4－3/03659
[宣統]輝南廳志一卷　(清)薛德履修　(清)張見田　(清)于龍辰纂　清宣統二年(1910)石印本　一冊

500000－8701－0015689　G23/4－3/03660
黑龍江述略六卷　(清)徐宗亮著　清光緒十七年(1891)石埭徐氏觀自得齋刻本　二冊

500000－8701－0015690　G23/4－3/03661
黑龍江述略六卷　(清)徐宗亮著　清光緒十七年(1891)石埭徐氏觀自得齋刻本　二冊

500000－8701－0015691　G23/4－3/03662
[道光]承德府志六十卷首二十六卷　(清)海忠纂修　(清)廷杰　(清)李世寅重訂　清道光十一年(1831)修光緒十三年(1887)重訂刻本　二十四冊

500000－8701－0015692　G23/4－3/03663
[康熙河北]龍門縣志十六卷　(清)章焞輯　清康熙五十一年(1712)刻本　五冊

500000－8701－0015693　G23/4－3/03664
西域四種　(清)徐松等著　清光緒二十二年(1896)上海文瑞樓石印本　十二冊

500000－8701－0015694　G23/4－3/03665
西域三種　(清)徐松著　清道光九年(1829)陽湖張氏刻本　六冊

500000－8701－0015695　G23/4－3/03666
異域瑣談四卷　(清)周宅仁編輯　清嘉慶二十三年(1818)強慈堂刻本　二冊

500000－8701－0015696　G23/4－3/03667
異域瑣談四卷　(清)周宅仁編輯　清光緒元年(1875)致盛堂刻本　二冊

500000－8701－0015697　G23/4－4/03668
欽定皇輿西域圖志四十八卷首四卷　(清)褚廷章等纂修　清活字印本　二十四冊

500000－8701－0015698　G23/4－4/03669
欽定皇輿西域圖志四十八卷首四卷　(清)褚廷章等纂修　清光緒十九年(1893)杭州□益書局石印本　十二冊

500000－8701－0015699　G23/4－4/03670
補新疆方輿紀要論一卷　(清)吳向之著　清光緒二十八年(1902)鉛印本　一冊

500000－8701－0015700　G23/4－4/03671
[宣統]新疆圖志一百十六卷首一卷　袁大化修　王樹枏　王學曾纂　清宣統三年(1911)木活字印本　一百十七冊

500000－8701－0015701　G23/4－6/03672
[乾隆青海]西寧府新志四十卷　(清)楊應琚撰　清乾隆十二年(1747)刻本　十二冊

500000－8701－0015702　G23/4－7/03673
[乾隆青海]西寧府新志四十卷　(清)楊應琚撰　清乾隆十二年(1747)刻本　十六冊

500000－8701－0015703　G23/4－7/03674
藏事舉要一卷　(清)胡炳熊撰　清末清風橋文茂印局鉛印本　一冊

500000－8701－0015704　G23/4－7/03675
西藏通覽一編十六章二編六章　(日本)山縣初男著　四川西藏研究會編譯　清宣統元年

(1909)成都文倫書局鉛印本　四冊

500000－8701－0015705　G23/4－7/03676
西藏通覽一編十六章二編六章　(日本)山縣初男著　四川西藏研究會編譯　清宣統元年(1909)成都文倫書局鉛印本　四冊

500000－8701－0015706　G23/4－7/03677
西藏圖考八卷首一卷　(清)黄沛翹撰　清光緒二十三年(1897)滇南李氏刻本　四冊

500000－8701－0015707　G23/4－7/03678
西藏圖考八卷首一卷　(清)黄沛翹撰　清光緒二十三年(1897)滇南李氏刻本　六冊

500000－8701－0015708　G23/4－7/03679
[嘉慶]衛藏通志十六卷首一卷　(清)和琳纂　清光緒二十二年(1896)刻漸西村舍彙刻本　八冊

500000－8701－0015709　G23/4－7/03680
[嘉慶]衛藏通志十六卷首一卷　(清)和琳纂　清光緒二十二年(1896)刻漸西村舍彙刻本　八冊

500000－8701－0015710　G23/4－7/03681
問影樓輿地叢書第一集十七種四十六卷　胡思敬輯　清光緒三十四年(1908)新昌胡氏鉛印本　十冊

500000－8701－0015711　G23/4－7/03682
天咫偶聞十卷　震鈞撰　清光緒三十三年(1907)甘棠轉舍刻本　八冊

500000－8701－0015712　G23/4－7/03683
六朝事迹編類十四卷　(宋)張敦頤撰　清光緒十三年(1887)刻本　四冊

500000－8701－0015713　G23/4－7/03684
六朝事迹編類十四卷　(宋)張敦頤撰　清光緒十三年(1887)刻本　二冊

500000－8701－0015714　G23/5－1/03685
宸垣識略十六卷　(清)吳長元輯　清乾隆五十三年(1788)池北草堂刻本　八冊

500000－8701－0015715　G23/5－1/03686
宸垣識略十六卷　(清)吳長元輯　清光緒二年(1876)刻本　四冊

500000－8701－0015716　G23/5－1/03687
長安志二十卷圖三卷　(清)宋敏求撰　(清)畢沅校正　清光緒十七年(1891)思賢講舍刻本　五冊

500000－8701－0015717　G23/5－1/03688
歷代宅京記二十卷　(清)顧炎武撰　清嘉慶十三年(1808)刻本　六冊

500000－8701－0015718　G23/5－1/03689
朔方備乘六十八卷首十二卷　(清)何秋濤纂輯　清末石印本　八冊

500000－8701－0015719　G23/5－1/03690
中俄界記二編首一編　(清)鄒沅颿著　清宣統三年(1911)湖北武昌亞新地學社鉛印本　二冊

500000－8701－0015720　G23/5－1/03691
勘分旅大租界專條一卷　(清)□□輯　清光緒鉛印本　一冊

500000－8701－0015721　G23/5－1/03692
中俄界務沿革記略不分卷　(清)張弢輯　清末鉛印本　一冊

500000－8701－0015722　G23/5－1/03693
歷代疆域表三卷　(清)段長基編輯　(清)段搢書註　清嘉慶味古山房刻本　十一冊

500000－8701－0015723　G23/5－2/03694
歷代沿革表三卷　(清)段長基編輯　(清)段搢書註　清嘉慶十九年(1814)味古山房刻本　十三冊

500000－8701－0015724　G23/5－2/03695
明九邊考四卷附車戰議一卷　(明)魏煥著　清同治八年(1869)長沙余氏永豐書局刻本　一冊

500000－8701－0015725　G23/5－2/03696
籌邊記二卷　姚文棟著　清光緒二十三年(1897)湖南新學書局刻本　一冊

500000－8701－0015726　G23/5－2/03697
歷代籌邊略八十四卷目錄類編三卷　(清)陳

麟圖輯　清光緒二十三年(1897)江津陳氏廣安學署刻本　四十冊

500000－8701－0015727　G23/5－2/03698
三省邊防備覽十八卷　(清)嚴如熤輯　清道光十年(1830)刻本　十冊

500000－8701－0015728　G23/5－3/03699
三省邊防備覽十四卷　(清)嚴如熤輯　清光緒五年(1879)溆浦嚴氏三魚書屋刻本　六冊

500000－8701－0015729　G23/5－3/03700
續禦寇略三卷　(清)楊積中撰　清光緒三年(1877)刻本　一冊

500000－8701－0015730　G23/5－3/03701
西陲要略四卷　(清)祁韻士輯　清道光十七年(1837)筠淥山房刻本　二冊

500000－8701－0015731　G23/5－3/03702
西陲要略四卷　(清)祁韻士輯　清光緒四年(1878)同文館鉛印本　二冊

500000－8701－0015732　G23/5－3/03703
漢西域圖考七卷　(清)李光廷撰　清光緒八年(1882)陽湖趙氏壽萱草堂石印本　四冊

500000－8701－0015733　G23/5－3/03704
西陲總統事略十二卷　(清)汪廷楷　(清)祁韻士纂　清嘉慶十六年(1811)程振甲刻本　八冊

500000－8701－0015734　G23/5－3/03705
滇南雜志二十四卷　(清)曹樹翹編　清末申報館鉛印本　十冊

500000－8701－0015735　G23/5－3/03706
西藏奏疏四卷首一卷　(清)孟保等撰　清刻本　四冊

500000－8701－0015736　G23/5－3/03707
西招圖畧一卷乍了圖說一卷　(清)松筠撰　清道光二十七年(1847)王氏刻本　二冊

500000－8701－0015737　G23/5－3/03708
西招圖畧一卷乍了圖說一卷　(清)松筠撰　清道光二十七年(1847)王氏刻本　二冊

500000－8701－0015738　G23/5－3/03709
衛藏圖識圖考二卷識畧二卷　(清)盛繩祖著　清乾隆五十年(1785)刻本　四冊

500000－8701－0015739　G23/5－3/03710
籌海圖編十三卷　(明)胡宗憲輯　(明)茅坤輯議　清刻本　八冊

500000－8701－0015740　G23/5－4/03711
洋防輯要二十四卷　(清)嚴如熤輯　清道光十八年(1838)刻本　十二冊

500000－8701－0015741　G23/5－4/03712
新編沿海險要圖說十六卷新編長江險要圖說五卷　(清)涂宏淦著　清光緒二十八年(1902)鴻文書局石印本　四冊

500000－8701－0015742　G23/5－4/03713
湖南苗防屯政考十五卷首一卷補編一卷　(清)但湘良纂　清光緒九年(1883)蒲圻但氏刻本　十六冊

500000－8701－0015743　G23/5－4/03714
苗防備覽二十二卷　(清)嚴如熤撰　清道光二十三年(1843)刻本　六冊

500000－8701－0015744　G23/5－4/03715
水道提綱二十八卷　(清)齊召南編錄　清光緒四年(1878)津門徐士鑾霞城郡署刻本　八冊

500000－8701－0015745　G23/5－4/03716
水道提綱二十八卷　(清)齊召南編錄　清光緒四年(1878)津門徐士鑾霞城郡署刻本　八冊

500000－8701－0015746　G23/5－4/03717
水道提綱二十八卷　(清)齊召南編錄　清光緒二十四年(1898)新化三味書室刻本　四冊

500000－8701－0015747　G23/5－5/03718
水道提綱二十八卷　(清)齊召南編錄　清光緒二十四年(1898)新化三味書室刻本　十二冊

500000－8701－0015748　G23/5－5/03719
水道提綱二十八卷　(清)齊召南編錄　清光

緒十七年(1891)湖南崇德書局刻本　六冊

500000－8701－0015749　G23/5－5/03720
水道提綱二十八卷　(清)齊召南編錄　清光緒五年(1879)宏達堂刻本　四冊

500000－8701－0015750　G23/5－5/03721
水經注圖一卷附錄一卷　(清)汪士鐸撰　清末民初石印本　二冊

500000－8701－0015751　G23/5－5/03722
水經注圖一卷附錄一卷　(清)汪士鐸撰　清咸豐十一年(1861)刻本　一冊

500000－8701－0015752　G23/5－5/03723
水經注圖一卷附錄一卷　(清)汪士鐸撰　清咸豐十一年(1861)刻本　一冊

500000－8701－0015753　G23/5－5/03724
西徼水道一卷　(清)黃楙材著　清刻得一齋雜著本　一冊

500000－8701－0015754　G23/5－5/03725
海道圖說十五卷附長江圖說一卷　(英國)金約翰輯　傅蘭雅口譯　(清)王德鈞筆述　清江南製造局刻本　十冊

500000－8701－0015755　G23/5－5/03726
海道圖說十五卷附長江圖說一卷　(英國)金約翰輯　傅蘭雅口譯　(清)王德鈞筆述　清江南製造局刻本　十冊

500000－8701－0015756　G23/5－6/03727
湖山便覽十二卷　(清)翟灝　(清)翟瀚輯　清乾隆三十年(1765)刻本　六冊

500000－8701－0015757　G23/5－6/03728
湖山便覽十二卷　(清)翟灝　(清)翟瀚輯　清光緒元年(1875)槐蔭堂王氏刻本　六冊

500000－8701－0015758　G23/5－6/03729
湖山便覽十二卷　(清)翟灝　(清)翟瀚輯　清乾隆三十年(1765)刻本　六冊

500000－8701－0015759　G23/5－6/03730
澮災蠡述一卷　(清)范鳴龢撰　清光緒五年(1879)刻本　一冊

500000－8701－0015760　G23/5－6/03731
灌江四種　(清)王來通編　清刻本　四冊

500000－8701－0015761　G23/5－6/03732
蜀水經十六卷　(清)李元著　清嘉慶五年(1800)刻本　八冊

500000－8701－0015762　G23/5－6/03733
蜀水攷四卷　(清)陳登龍著　(清)朱錫穀補注　(清)陳一津分疏　清光緒五年(1879)綿竹楊氏清泉精舍刻本　二冊

500000－8701－0015763　G23/5－6/03734
蜀水攷四卷　(清)陳登龍著　(清)朱錫穀補注　(清)陳一津分疏　清道光五年(1825)刻本　一冊

500000－8701－0015764　G23/5－6/03735
蜀水攷四卷　(清)陳登龍著　(清)朱錫穀補注　(清)陳一津分疏　清光緒二十二年(1896)成都書局刻本　一冊

500000－8701－0015765　G23/5－6/03736
蜀水攷四卷　(清)陳登龍著　(清)朱錫穀補注　(清)陳一津分疏　清道光五年(1825)刻本　二冊

500000－8701－0015766　G23/5－6/03737
蜀水攷四卷　(清)陳登龍述　清光緒四年(1878)成都葉氏刻本　四冊

500000－8701－0015767　G23/5－6/03738
蜀水攷四卷　(清)陳登龍著　(清)朱錫穀補注　(清)陳一津分疏　清光緒十六年(1890)成都葉氏刻本　四冊

500000－8701－0015768　G23/5－6/03739
蜀水攷四卷　(清)陳登龍著　(清)朱錫穀補注　(清)陳一津分疏　清道光五年(1825)刻本　二冊

500000－8701－0015769　G23/5－6/03740
蜀水攷四卷　(清)陳登龍著　(清)朱錫穀補注　(清)陳一津分疏　清道光五年(1825)刻本　二冊

500000－8701－0015770　G23/5－6/03741

漢州水源一卷　(清)陳銛撰　清道光六年(1826)漢州官署刻本　一册

500000－8701－0015771　G23/5－6/03742
賜硯堂叢書新編四集四十種　(清)顧沅編　清道光十年(1830)長洲顧氏刻本　十二册

500000－8701－0015772　G23/5－7/03743
西域水道記五卷漢西域圖攷二卷新疆賦一卷　(清)徐松撰　清光緒十九年(1893)寶善書局石印本　八册　存五卷(西域水道記五卷)

500000－8701－0015773　G23/5－7/03744
禹貢水道考異五卷　(清)方堃著　清道光三年(1823)刻本　二册

500000－8701－0015774　G23/5－7/03745
水經四十卷　(漢)桑欽撰　(北魏)酈道元注　(清)張匡學釋　**水道直指一卷水經註釋地補遺二卷**　(清)張匡學輯　清嘉慶二年(1797)上池書屋刻本　二十四册

500000－8701－0015775　G23/5－7/03746
水經四十卷　(漢)桑欽撰　(北魏)酈道元注　(清)張匡學釋　**水道直指一卷水經註釋地補遺二卷**　(清)張匡學輯　清嘉慶二年(1797)上池書屋刻本　十二册

500000－8701－0015776　G23/5－7/03747
水經釋地八卷　(清)孔繼涵著　清光緒六年(1880)會稽章氏刻本　二册

500000－8701－0015777　G23/5－7/03748
水經釋地八卷　(清)孔繼涵著　清光緒六年(1880)會稽章氏刻本　二册

500000－8701－0015778　G23/5－7/03749
水經注匯校四十卷首一卷　(北魏)酈道元撰　清刻本　十六册

500000－8701－0015779　G23/5－7/03750
水經四十卷　(漢)桑欽撰　(北魏)酈道元注　清勵志書屋刻本　十二册

500000－8701－0015780　G23/6－1/03751
水經注四十卷首一卷　(北魏)酈道元撰　清光緒三年(1877)湖北崇文書局刻本　十二册

500000－8701－0015781　G23/6－1/03752
水經注四十卷首一卷　(北魏)酈道元撰　清光緒三年(1877)湖北崇文書局刻本　十二册

500000－8701－0015782　G23/6－1/03753
水經四十卷　(漢)桑欽撰　(北魏)酈道元注　清乾隆十八年(1753)刻本　八册

500000－8701－0015783　G23/6－1/03754
水經注四十卷首一卷附録二卷　(北魏)酈道元注　清光緒二十三年(1897)新化三味書室刻本　十六册

500000－8701－0015784　G23/6－1/03755
水經注四十卷首一卷附録二卷　(北魏)酈道元注　清光緒二十三年(1897)新化三味書室刻本　十六册

500000－8701－0015785　G23/6－1/03756
水經注四十卷首一卷附録二卷　(北魏)酈道元撰　清光緒十八年(1892)長沙王氏思賢講舍刻本　十六册

500000－8701－0015786　G23/6－2/03757
水經注四十卷首一卷附録二卷　(北魏)酈道元撰　清光緒十八年(1892)長沙王氏思賢講舍刻本　十六册

500000－8701－0015787　G23/6－2/03758
水經注四十卷補遺一卷附録二卷　(北魏)酈道元注　清光緒十四年(1888)無錫薛氏刻本　十六册

500000－8701－0015788　G23/6－2/03759
水經注四十卷補遺一卷附録二卷　(北魏)酈道元注　清光緒十四年(1888)無錫薛氏刻本　十六册

500000－8701－0015789　G23/6－2/03760
禹貢會箋十二卷　(清)徐文靖箋　清乾隆十八年(1753)當塗徐氏志寧堂刻本　四册

500000－8701－0015790　G23/6－2/03761
禹貢川澤考二卷　(清)桂文燦撰　清光緒十二年(1886)利華印務局鉛印本　一册

500000－8701－0015791　G23/6－2/03762

水經注圖說殘稾四卷 （清）董祐誠撰　清光緒六年（1880）會稽章氏刻本　一冊　存一卷（一）

500000－8701－0015792　G23/6－2/03763
水經注圖說殘稾四卷 （清）董祐誠撰　清光緒六年（1880）會稽章氏刻本　一冊　存一卷（一）

500000－8701－0015793　G23/6－2/03764
今水經一卷 （清）黃宗羲著　清光緒六年（1880）會稽章氏刻本　一冊

500000－8701－0015794　G23/6－2/03765
今水經一卷 （清）黃宗羲著　清光緒六年（1880）會稽章氏刻本　一冊

500000－8701－0015795　G23/6－2/03766
今水經一卷 （清）黃宗羲撰　清光緒元年（1875）湖北崇文書局刻本　一冊

500000－8701－0015796　G23/6－2/03767
今水經一卷 （清）黃宗羲著　**海國聞見錄一卷** （清）陳倫炯著　清同治至咸豐長沙余氏刻明辨齋叢書本　一冊

500000－8701－0015797　G23/6－3/03768
水經注疏要刪四十卷補遺一卷 楊守敬撰　清光緒三十一年（1905）觀海堂刻本　六冊

500000－8701－0015798　G23/6－3/03769
水經注疏要刪四十卷補遺一卷 楊守敬撰　清光緒三十一年（1905）觀海堂刻本　六冊

500000－8701－0015799　G23/6－3/03770
水經注疏要刪補遺四十卷 楊守敬撰　清宣統元年（1909）刻本　六冊

500000－8701－0015800　G23/6－3/03771
水經注疏要刪補遺四十卷 楊守敬撰　清宣統元年（1909）刻本　六冊

500000－8701－0015801　G23/6－3/03772
皇朝輿地水道源流五卷 （清）胡宣慶纂編　清光緒十七年（1891）長沙胡氏刻本　四冊

500000－8701－0015802　G23/6－3/03773
水經注釋四十卷首一卷附錄二卷水經注箋刊誤十二卷 （清）趙一清錄　清光緒六年（1880）會稽章氏刻本　二十冊

500000－8701－0015803　G23/6－3/03774
水經注釋四十卷首一卷附錄二卷水經注箋刊誤十二卷 （清）趙一清錄　清光緒六年（1880）會稽章氏刻本　二十六冊

500000－8701－0015804　G23/6－4/03775
水經注釋四十卷首一卷附錄二卷水經注箋刊誤十二卷 （清）趙一清錄　清光緒六年（1880）蛟川花雨樓張氏刻本　二十四冊

500000－8701－0015805　G23/6－4/03776
水經注釋四十卷首一卷附錄二卷水經注箋刊誤十二卷 （清）趙一清錄　清光緒六年（1880）蛟川花雨樓張氏刻本　二十四冊

500000－8701－0015806　G23/6－5/03777
讀水經注小識四卷 （清）龐鴻書撰　清光緒三十年（1904）石印本　二冊

500000－8701－0015807　G23/6－5/03778
峽江圖考不分卷 （清）江國璋繪　清光緒十五年（1889）石印本　二冊

500000－8701－0015808　G23/6－5/03779
峽江圖考不分卷 （清）江國璋繪　清光緒二十年（1894）上洋袖海山房書局石印本　二冊

500000－8701－0015809　G23/6－5/03780
峽江圖考不分卷 （清）江國璋繪　清光緒三十三年（1907）刻本　二冊

500000－8701－0015810　G23/6－5/03781
峽江圖考不分卷 （清）江國璋繪　清光緒三十三年（1907）刻本　二冊

500000－8701－0015811　G23/6－5/03782
長江圖說十二卷 （清）馬徵麟著　（清）黃翼升閱　清同治十年（1871）湖北崇文書局刻本　五冊

500000－8701－0015812　G23/6－5/03783
長江圖說十二卷 （清）馬徵麟著　（清）黃翼升閱　清同治十年（1871）湖北崇文書局刻本　二冊

500000－8701－0015813　G23/6－5/03784
莫愁湖志六卷首一卷　(清)馬士圖輯著　清光緒八年(1882)釋壽安刻本　二册

500000－8701－0015814　G23/6－5/03785
莫愁湖志六卷首一卷　(清)馬士圖輯著　清光緒八年(1882)釋壽安刻本　二册

500000－8701－0015815　G23/6－5/03786
莫愁湖志六卷首一卷　(清)馬士圖輯著　清光緒八年(1882)釋壽安刻本　二册

500000－8701－0015816　G23/6－5/03787
莫愁湖志六卷首一卷附楹聯便覽　(清)馬士圖輯著　清光緒八年(1882)南京刻本　三册

500000－8701－0015817　G23/6－5/03788
灌江定考一卷　(清)王來通輯　清嘉慶七年(1802)四川王氏刻本　一册

500000－8701－0015818　G23/6－5/03789
灌江備考一卷　(清)李先立編　(清)王廷玨輯　清乾隆八年(1743)四川刻本　一册

500000－8701－0015819　G23/6－5/03790
淮郡文渠志二卷　(清)何慶芬等輯　清光緒十一年(1885)刻本　一册

500000－8701－0015820　G23/6－5/03791
盤山志十卷附補遺一卷　(清)釋智杜纂輯　清同治十一年(1872)蘇州李氏刻本　四册　存十卷(盤山志十卷)

500000－8701－0015821　G23/6－5/03792
臥龍崗志二卷　(清)羅景輯　清康熙五十一年(1712)襄平羅氏刻本　四册

500000－8701－0015822　G23/6－5/03793
恆山志五集　(清)桂敬順纂修　清乾隆二十八年(1763)刻本　五册

500000－8701－0015823　G23/6－5/03794
清涼山新志十卷　(清)釋老藏丹巴修　清康熙四十年(1701)刻本　四册

500000－8701－0015824　G23/6－5/03795
清涼山志十卷　(明)釋鎮澄修　清乾隆二十年(1755)刻本　四册

500000－8701－0015825　G23/6－6/03796
華嶽志八卷首一卷　(清)李榕纂輯　清道光十一年(1831)刻光緒九年(1883)補刻本　四册

500000－8701－0015826　G23/6－6/03797
華嶽志八卷首一卷　(清)李榕纂輯　清道光十一年(1831)刻光緒九年(1883)補刻本　四册

500000－8701－0015827　G23/6－6/03798
崆峒山志二卷　(清)張伯魁纂修　清同治十一年(1872)刻本　二册

500000－8701－0015828　G23/6－6/03799
雲臺新志十八卷首一卷末一卷　(清)謝元淮修　(清)許喬林纂　清道光十六年(1836)雲臺縣刻本　六册

500000－8701－0015829　G23/6－6/03800
雲臺新志十八卷首一卷末一卷　(清)謝元淮修　(清)許喬林纂　清道光十六年(1836)雲臺縣刻本　六册

500000－8701－0015830　G23/6－6/03801
北固山志十二卷首一卷　(清)釋了璞輯　清道光十六年(1836)刻本　八册

500000－8701－0015831　G23/6－6/03802
焦山志二十六卷首一卷　(清)吳雲輯　清同治四年(1865)刻本　八册

500000－8701－0015832　G23/6－6/03803
慧山記四卷續編三卷首一卷　(明)釋圓顯輯　(清)邵涵初續輯　清同治七年(1868)刻本　六册

500000－8701－0015833　G23/6－6/03804
焦山續志八卷　(清)陳任暘輯　清光緒三十一年(1905)刻本　二册

500000－8701－0015834　G23/6－6/03805
焦山續志八卷　(清)陳任暘輯　清光緒三十一年(1905)刻本　二册

500000－8701－0015835　G23/6－6/03806
黃山領要錄二卷　(清)汪洪度撰　清乾隆長

塘鮑氏刻知不足齋叢書本　一册

500000－8701－0015836　G23/6－6/03807
祠山志十卷首一卷　（宋）周秉秀編　清光緒十二年（1886）刻本　四册

500000－8701－0015837　G23/6－6/03808
西天目祖山志八卷首一卷末一卷　（清）釋廣賓纂輯　清光緒二年（1876）禪源寺刻本　四册

500000－8701－0015838　G23/6－7/03809
重修南海普陀山志二十卷首一卷　（清）許琰纂　清乾隆五年（1740）刻本　四册

500000－8701－0015839　G23/6－7/03810
重修南海普陀山志二十卷首一卷　（清）秦耀曾編輯　（清）王鼎勳參定　清道光十二年（1832）刻本　四册

500000－8701－0015840　G23/6－7/03811
重修南海普陀山志二十卷首一卷　（清）秦耀曾編輯　（清）王鼎勳參定　清道光十二年（1832）刻本　四册

500000－8701－0015841　G23/6－7/03812
廣雁蕩山志二十八卷首一卷末一卷　（清）曾唯編　清乾隆五十五年（1790）刻本　八册

500000－8701－0015842　G23/6－7/03813
廬山志十五卷　（清）毛德琦編纂　清康熙刻乾隆至道光遞修本　十六册

500000－8701－0015843　G23/6－7/03814
廬山志十五卷　（清）毛德琦編纂　清康熙刻乾隆至道光遞修本　十六册

500000－8701－0015844　G23/6－7/03815
廬山志十五卷　（清）毛德琦編纂　清康熙刻乾隆至道光遞修本　十六册

500000－8701－0015845　G24/1－1/03816
廬山志十五卷　（清）毛德琦編纂　清康熙刻乾隆至道光遞修本　十四册　存十四卷（二至十五）

500000－8701－0015846　G24/1－1/03817
廬山志十五卷　（清）毛德琦編纂　清康熙刻乾隆至道光遞修本　十六册

500000－8701－0015847　G24/1－1/03818
石鐘山志十六卷首一卷　（清）李成謀　（清）丁義方輯　清光緒九年（1883）聽濤眺雨軒刻本　八册

500000－8701－0015848　G24/1－1/03819
石鐘山志十六卷首一卷　（清）李成謀　（清）丁義方輯　清光緒九年（1883）聽濤眺雨軒刻本　八册

500000－8701－0015849　G24/1－1/03820
廬山小志二十四卷首一卷　（清）蔡瀛纂　清道光四年（1824）嫏嬛別館刻本　六册

500000－8701－0015850　G24/1－1/03821
龍虎山志十二卷　（清）婁近垣纂　清乾隆五年（1740）刻本　八册

500000－8701－0015851　G24/1－1/03822
南嶽志八卷　（清）高自位重編　（清）曠敏本輯　清乾隆十八年（1753）開雲樓刻本　六册

500000－8701－0015852　G24/1－2/03823
重修南嶽志二十六卷　（清）李元度修纂　清光緒六年（1880）朱陵洞天精舍刻本　二十册

500000－8701－0015853　G24/1－2/03824
重修南嶽志二十六卷　（清）李元度修纂　清光緒六年（1880）朱陵洞天精舍刻本　十六册

500000－8701－0015854　G24/1－2/03825
南嶽總勝集三卷　（宋）陳田夫著　清嘉慶六年（1801）善化唐氏刻本　三册

500000－8701－0015855　G24/1－2/03826
華銀山志十八卷首一卷　（清）釋虎溪修纂　（清）釋益謙增訂　清同治四年（1865）少峰山拈花使者刻本　四册

500000－8701－0015856　G24/1－2/03827
華銀山志十八卷首一卷　（清）釋虎溪修纂　（清）釋益謙增訂　清同治四年（1865）少峰山拈花使者刻本　四册

500000－8701－0015857　G24/1－2/03828
續刊青城山記二卷　（清）彭洵編輯　清光緒

十二年(1886)成都二仙庵刻道藏輯要本　一冊

500000－8701－0015858　G24/1－2/03829
續刊青城山記二卷　(清)彭洵編輯　清光緒十二年(1886)成都二仙庵刻道藏輯要本　一冊

500000－8701－0015859　G24/1－2/03830
續刊青城山記二卷　(清)彭洵編輯　清光緒十二年(1886)成都二仙庵刻道藏輯要本　一冊

500000－8701－0015860　G24/1－2/03831
峨山圖説二卷　(清)黄綬芙纂修　清光緒十七年(1891)刻本　二冊

500000－8701－0015861　G24/1－2/03832
峨山圖説二卷　(清)黄綬芙纂修　清光緒十七年(1891)刻本　二冊

500000－8701－0015862　G24/1－2/03833
峨眉山志十八卷　(清)蔣超纂　(清)宋肆樟等修訂　清道光十四年(1834)胡林秀刻本　六冊

500000－8701－0015863　G24/1－2/03834
峨眉山志十八卷　(清)蔣超纂　(清)宋肆樟等修訂　清道光十四年(1834)胡林秀刻本　六冊

500000－8701－0015864　G24/1－3/03835
武夷山志二十四卷首一卷　(清)董天工編輯　清同治十一年(1872)無錫丁氏刻本　八冊

500000－8701－0015865　G24/1－3/03836
鼓山志十四卷首一卷　(清)黄任修輯　清光緒二年(1876)刻本　六冊

500000－8701－0015866　G24/1－3/03837
雞足山志十卷首一卷　(清)范承勳纂　清康熙三十一年(1692)刻本　七冊

500000－8701－0015867　G24/1－3/03838
雞足山志十卷首一卷　(清)范承勳纂　清康熙三十一年(1692)刻本　七冊

500000－8701－0015868　G24/1－3/03839
雞足山志十卷首一卷　(清)范承勳纂　清康熙三十一年(1692)刻本　七冊

500000－8701－0015869　G24/1－3/03840
説嵩三十二卷　(清)景日昣撰　清康熙五十五年(1716)嶽生堂刻本　十二冊

500000－8701－0015870　G24/1－4/03841
龍井見聞録十卷附宋僧元淨外傳二卷　(清)汪孟鋗纂　清光緒十年(1884)錢塘嘉會堂丁氏刻本　三冊

500000－8701－0015871　G24/1－4/03842
西湖志纂十五卷首一卷　(清)梁詩正等纂　(清)沈德潛輯　(清)傅王露輯　清乾隆刻本　五冊

500000－8701－0015872　G24/1－4/03843
西湖志四十八卷　(清)李衛總裁　(清)傅王露等修　清光緒四年(1878)浙江書局刻本　二十冊

500000－8701－0015873　G24/1－4/03844
西湖志四十八卷　(清)李衛總裁　(清)傅王露等修　清光緒四年(1878)浙江書局刻本　二十冊

500000－8701－0015874　G24/1－4/03845
西湖小史一卷西湖遊記一卷　(清)丁丙輯　清光緒三年至二十六年(1877－1900)錢塘丁氏嘉惠堂刻武林掌故叢書本　一冊

500000－8701－0015875　G24/1－4/03846
忠武祠墓志七卷首一卷末一卷　(清)虚白道人(李復心)彙輯　清道光三年(1823)刻本　四冊

500000－8701－0015876　G24/1－4/03847
桃花源志略十三卷　(清)唐開韶輯　(清)胡焯編　清道光刻本　四冊

500000－8701－0015877　G24/1－5/03848
四川名勝記四卷　(清)何振卿輯　清光緒十六年(1890)釋含澈潛西精舍刻本　二冊

500000－8701－0015878　G24/1－5/03849
四川名勝記四卷　(清)何振卿輯　清光緒十

六年(1890)釋含澈潛西精舍刻本　一冊

500000－8701－0015879　G24/1－5/03850
蜀中名勝記三十卷　(明)曹學佺著　清四川官印局刻本　十冊

500000－8701－0015880　G24/1－5/03851
蜀中名勝記三十卷　(明)曹學佺著　清宣統二年(1910)成都茹古堂刻本　十冊

500000－8701－0015881　G24/1－5/03852
蜀中名勝記三十卷　(明)曹學佺著　清四川官印局刻本　八冊

500000－8701－0015882　G24/1－6/03853
蜀景彙考十九卷　鍾登甲輯　清光緒十一年(1885)樂道齋刻本　四冊

500000－8701－0015883　G24/1－6/03854
蜀景彙考十九卷　鍾登甲輯　清光緒十一年(1885)樂道齋刻本　四冊

500000－8701－0015884　G24/1－6/03855
崇德祠志畧四卷嚴意雜著一卷　(清)李心正輯　清咸豐刻本　二冊

500000－8701－0015885　G24/1－6/03856
二忠祠紀略不分卷　(清)黄贊湯編　清同治八年(1869)二忠祠刻本　一冊

500000－8701－0015886　G24/1－6/03857
鳳臺祗謁筆記一卷　(清)董恂撰　清同治九年(1870)荻芬書屋刻本　一冊

500000－8701－0015887　G24/1－6/03858
永寧祗謁筆記一卷　(清)董恂撰　清同治十一年(1872)荻芬書屋刻本　一冊

500000－8701－0015888　G24/1－6/03859
永寧祗謁筆記一卷　(清)董恂撰　清同治十一年(1872)荻芬書屋刻本　一冊

500000－8701－0015889　G24/1－6/03860
重修昭覺寺志八卷　(清)釋中恂主修　(清)羅用霖纂　清光緒二十二年(1896)成都昭覺寺刻本　四冊

500000－8701－0015890　G24/1－6/03861
重修昭覺寺志八卷　(清)釋中恂主修　(清)羅用霖纂　清光緒二十二年(1896)成都昭覺寺刻本　四冊

500000－8701－0015891　G24/1－6/03862
重修昭覺寺志八卷　(清)釋中恂主修　(清)羅用霖纂　清光緒二十二年(1896)成都昭覺寺刻本　四冊

500000－8701－0015892　G24/1－6/03863
三輔黃圖六卷附補遺一卷　(漢)□□撰　清乾隆四十九年(1784)靈巖山館刻本　一冊

500000－8701－0015893　G24/1－6/03864
靈谷禪林志十五卷首一卷　(清)甘熙輯　清光緒十二年(1886)刻本　四冊

500000－8701－0015894　G24/1－6/03865
後志八卷　(清)孫錤續輯　清道光十六年(1836)鵝溪邨舍刻本　一冊

500000－8701－0015895　G24/1－6/03866
御製圓明園詩二卷　(清)高宗弘曆著　清光緒十三年(1887)天津石印書屋石印本　二冊

500000－8701－0015896　G24/1－6/03867
御製圓明園詩二卷　(清)高宗弘曆著　清光緒十三年(1887)天津石印書屋石印本　二冊

500000－8701－0015897　G24/1－6/03868
五畝園小志題詠合刻四種　(清)謝家福輯　清光緒十六年(1890)蘇城文藝齋刻本　四冊

500000－8701－0015898　G24/1－6/03869
平山堂圖志十卷首一卷　(清)趙之壁纂　清光緒九年(1883)三吾歐陽氏刻本　四冊

500000－8701－0015899　G24/1－7/03870
津門雜記三卷　(清)張燾輯　清光緒刻本　三冊

500000－8701－0015900　G24/1－7/03871
鄉園憶舊六卷　(清)王培荀輯　清道光二十五年(1845)刻本　六冊

500000－8701－0015901　G24/1－7/03872
岳陽風土記一卷　(宋)范致明撰　**校正朝邑志一卷**　(明)韓邦靖撰　**吴門耆舊記一卷**

(清)顧承著　清刻小石山房叢書本　一册

500000－8701－0015902　G24/1－7/03873
聽雨樓隨筆六卷　(清)王培荀輯　清道光二十五年(1845)刻本　六册

500000－8701－0015903　G24/1－7/03874
蜀典十二卷　(清)張澍編輯　清光緒二年(1876)尊經書院刻本　四册

500000－8701－0015904　G24/1－7/03875
蜀典十二卷　(清)張澍編輯　清光緒二年(1876)尊經書院刻本　四册

500000－8701－0015905　G24/1－7/03876
蜀典十二卷　(清)張澍編輯　清光緒二年(1876)尊經書院刻本　四册

500000－8701－0015906　G24/1－7/03877
蜀典十二卷　(清)張澍編輯　清光緒二年(1876)尊經書院刻本　四册

500000－8701－0015907　G24/1－7/03878
蜀典十二卷　(清)張澍編輯　清道光十四年(1834)刻本　六册

500000－8701－0015908　G24/1－7/03879
綿竹縣鄉土志不分卷　(清)黄尚毅纂　清光緒三十四年(1908)刻本　一册

500000－8701－0015909　G24/1－7/03880
郫縣鄉土志不分卷　(清)黄德潤等修　(清)姜士諤纂　清光緒三十四年(1908)鉛印本　一册

500000－8701－0015910　G24/1－7/03881
郫縣鄉土志不分卷　(清)黄德潤等修　(清)姜士諤纂　清光緒三十四年(1908)鉛印本　一册

500000－8701－0015911　G24/1－7/03882
灌縣鄉土志二卷　(清)徐昱照輯　(清)高履和協纂　清光緒三十三年(1907)刻本　二册

500000－8701－0015912　G24/1－7/03883
灌縣鄉土志二卷　(清)徐昱照輯　(清)高履和協纂　清光緒三十三年(1907)刻本　二册

500000－8701－0015913　G24/1－7/03884
灌縣鄉土志二卷　(清)徐昱照輯　(清)高履和協纂　清光緒三十三年(1907)刻本　二册

500000－8701－0015914　G24/1－7/03885
溫江縣鄉土志十二卷　曾學傳輯　清宣統元年(1909)刻本　四册

500000－8701－0015915　G24/2－1/03886
蜀故二十七卷　(清)彭遵泗纂輯　清光緒二年(1876)彭氏讀書堂刻本　六册

500000－8701－0015916　G24/2－1/03887
蜀故二十七卷　(清)彭遵泗纂輯　清光緒二年(1876)彭氏讀書堂刻本　六册

500000－8701－0015917　G24/2－1/03888
蜀故二十七卷　(清)彭遵泗纂輯　清乾隆三十八年(1773)刻本　四册

500000－8701－0015918　G24/2－1/03889
蜀故二十七卷　(清)彭遵泗纂輯　清乾隆三十八年(1773)刻本　八册

500000－8701－0015919　G24/2－1/03890
蜀故二十七卷　(清)彭遵泗纂輯　清光緒二十四年(1898)玉元堂刻本　六册

500000－8701－0015920　G24/2－1/03891
蜀故二十七卷　(清)彭遵泗纂輯　清光緒二十四年(1898)玉元堂刻本　六册

500000－8701－0015921　G24/2－1/03892
蜀故二十七卷　(清)彭遵泗纂輯　清光緒二十四年(1898)玉元堂刻本　六册

500000－8701－0015922　G24/2－1/03893
西藏賦一卷魁城賦一卷新疆賦一卷　(清)和寧著　清光緒八年(1882)元尚居刻本　一册

500000－8701－0015923　G24/2－1/03894
辛卯侍行記六卷　(清)陶保廉著　清光緒二十三年(1897)養樹山房刻本　六册

500000－8701－0015924　G24/2－1/03895
廣志繹六卷　(明)王士性著　清嘉慶二十二年(1817)臨海宋氏刻本　二册　存五卷(一至五)

500000－8701－0015925　G24/2－1/03896
萬年橋志八卷　(清)謝甘盤總校　(清)余福壽繪　清光緒二十一年(1895)刻本　六册

500000－8701－0015926　G24/2－1/03897
蜀事答問八章　(□)天眉撰　清末刻本　一册

500000－8701－0015927　G24/2－1/03898
荆州記三卷　(南朝宋)盛宏之撰　(五代)曹元忠輯　清光緒二十七年(1901)荆州田氏刻移山堂叢書本　一册

500000－8701－0015928　G24/2－1/03899
黔南識略三十二卷　(清)愛必達著　清刻本　八册

500000－8701－0015929　G24/2－1/03900
黔南識略三十二卷　(清)愛必達著　清刻本　四册

500000－8701－0015930　G24/2－2/03901
黔記四卷　(清)李宗昉撰　清道光十四年(1834)刻本　一册

500000－8701－0015931　G24/2－2/03902
鳳城瑣録一卷　(清)博明著　清嘉慶六年(1801)刻本　一册

500000－8701－0015932　G24/2－2/03903
雲棧紀程四卷　(清)張邦伸編輯　清刻本　二册

500000－8701－0015933　G24/2－2/03904
揚州畫舫録十八卷　(清)李斗著　清乾隆六十年(1795)刻道光修補印本　四册

500000－8701－0015934　G24/2－2/03905
灌記初稿四卷　(清)彭洵編輯　清光緒二十年(1894)都江彭氏種書堂刻本　四册

500000－8701－0015935　G24/2－2/03906
蜀都雜鈔一卷　(明)陸深撰　清末鉛印本　一册

500000－8701－0015936　G24/2－2/03907
皇華紀聞四卷　(清)王士禛著　清康熙二十九年(1690)新城王氏刻本　一册

500000－8701－0015937　G24/2－2/03908
桂海虞衡志一卷　(宋)范成大撰　清刻本　一册

500000－8701－0015938　G24/2－2/03909
滇考二卷　(清)馮甦編　清道光臨海宋氏刻台州叢書本　二册

500000－8701－0015939　G24/2－2/03910
滇考二卷　(清)馮甦編　清道光臨海宋氏刻台州叢書本　四册

500000－8701－0015940　G24/2－2/03911
示我周行六卷　(清)求放心齋輯　清乾隆三年(1738)刻本　四册

500000－8701－0015941　G24/2－2/03912
柳邊紀略五卷　(清)楊賓撰　清刻本　二册

500000－8701－0015942　G24/2－2/03913
丁亥入都紀程二卷　(清)黎庶昌著　清光緒十四年(1888)遵義黎氏鉛印本　一册

500000－8701－0015943　G24/2－2/03914
長白山録一卷補遺一卷隴蜀餘聞一卷廣州遊覽小志一卷　(清)王士禛撰　清康熙刻本　一册

500000－8701－0015944　G24/2－2/03915
長白山録一卷補遺一卷　(清)王士禛撰　清康熙刻本　一册

500000－8701－0015945　G24/2－2/03916
度隴記四卷　(清)董醇纂　清咸豐元年(1851)陕西甘泉董氏刻本　四册

500000－8701－0015946　G24/2－2/03917
度隴記四卷　(清)董醇纂　清咸豐元年(1851)陕西甘泉董氏刻本　四册

500000－8701－0015947　G24/2－2/03918
吴船録二卷　(宋)范成大撰　清末鉛印本　一册

500000－8701－0015948　G24/2－2/03919
永嘉聞見録二卷　(清)孫同元撰　清光緒十四年(1888)東甌郭博古齋刻本　二册

500000－8701－0015949　G24/2－2/03920
蜀程小紀一卷　(清)方濬頤撰　清末刻本　一冊

500000－8701－0015950　G24/2－2/03921
秦蜀驛程紀二卷　(清)王士禛撰　清刻本　一冊

500000－8701－0015951　G24/2－2/03922
秦蜀驛程紀二卷　(清)王士禛撰　清刻本　一冊

500000－8701－0015952　G24/2－2/03923
蜀輶日記四卷(嘉慶十五年五月十五日至十一月二十二日)　(清)陶澍著　清光緒七年(1881)江州官舍刻本　四冊

500000－8701－0015953　G24/2－2/03924
使琉球記六卷　(清)李鼎元撰　清同治五年(1866)刻本　二冊

500000－8701－0015954　G24/2－2/03925
使琉球記六卷　(清)李鼎元撰　清同治五年(1866)刻本　二冊

500000－8701－0015955　G24/2－3/03926
粵西筆述不分卷　(清)張祥河輯　清光緒二十二年(1896)桂林蔣氏存遠堂刻本　一冊

500000－8701－0015956　G24/2－3/03927
佛國記一卷　(晉)釋法顯撰　**伽藍記五卷**　(北魏)楊衒之著　清刻漢魏叢書本　一冊　存二卷(佛國記一卷、伽藍記一)

500000－8701－0015957　G24/2－3/03928
康輶紀行十六卷　(清)姚瑩撰　清同治六年(1867)桐城姚氏刻本　六冊

500000－8701－0015958　G24/2－3/03929
譯史綱目十六卷首一卷　(清)王勳撰　清光緒二十七年(1901)刻本　八冊

500000－8701－0015959　G24/2－3/03930
萬國通鑑四卷　(美國)謝衛樓撰　(清)趙如光譯　清光緒八年(1882)刻本　四冊

500000－8701－0015960　G24/2－3/03931
世界通史三十卷　(日本)石川利之撰　清光緒二十八年(1902)日清書館影印本　十冊

500000－8701－0015961　G24/2－3/03933
麥爾通史上世紀三卷中世紀二卷近世紀二卷　(美國)麥爾著　(清)黃佐廷口譯　清末民初鉛印本　六冊

500000－8701－0015962　G24/2－3/03934
萬國通史前編十卷　(英國)李思倫白約翰輯譯　蔡爾康紀述　清光緒二十六年(1900)上海廣學會鉛印本　十冊

500000－8701－0015963　G24/2－4/03935
萬國通史前編十卷　(英國)李思倫白約翰輯譯　蔡爾康紀述　清光緒二十六年(1900)上海廣學會鉛印本　十冊

500000－8701－0015964　G24/2－4/03936
萬國通史前編十卷　(英國)李思倫白約翰輯譯　蔡爾康紀述　清光緒二十六年(1900)上海廣學會鉛印本　十冊

500000－8701－0015965　G24/2－4/03937
萬國通史續編十卷　(英國)李思倫白約翰輯譯　(清)曹曾涵纂述　清光緒三十年(1904)上海廣學會鉛印本　十冊

500000－8701－0015966　G24/2－4/03938
萬國通史三編十卷　(英國)李思倫白約翰輯譯　(清)曹曾涵纂述　清光緒三十一年(1905)上海廣學會鉛印本　十冊

500000－8701－0015967　G24/2－4/03939
泰西十八周史攬要十八卷　(英國)雅各偉德撰　(英國)季理斐成章譯　(清)李鼎星述稿　清光緒二十八年(1902)玉樞閣刻本　七冊

500000－8701－0015968　G24/2－4/03940
泰西十八周史攬要十八卷　(英國)雅各偉德撰　(英國)季理斐成章譯　(清)李鼎星述稿　清光緒二十八年(1902)玉樞閣刻本　八冊

500000－8701－0015969　G24/2－4/03941
西洋史要不分卷　(日本)小川銀次郎撰　樊炳清等譯　清光緒二十七年(1901)陝西大成書局鉛印本　二冊

500000－8701－0015970　G24/2－4/03942
萬國史記二十卷　(日本)岡本監輔著　清光緒五年(1879)上海申報舘鉛印本　十册

500000－8701－0015971　G24/2－5/03943
西史綱目二十卷　(清)周維翰撰　清光緒二十八年(1902)常州經世文社石印本　十册

500000－8701－0015972　G24/2－5/03944
世界近世史五編十九章　(日本)松平康國編　梁啟勳譯述　清鉛印本　二册

500000－8701－0015973　G24/2－5/03945
世界近世史五編十九章　(日本)松平康國編　梁啟勳譯述　清光緒二十九年(1903)上海廣智書局鉛印本　二册

500000－8701－0015974　G24/2－5/03946
五洲圖考不分卷　(清)龔柴撰　清光緒二十八年(1902)上海徐家匯印書館鉛印本　四册

500000－8701－0015975　G24/2－5/03947
五洲圖考不分卷　(清)龔柴撰　清光緒二十八年(1902)上海徐家匯印書館鉛印本　四册

500000－8701－0015976　G24/2－5/03948
五洲地理志略三十六卷首一卷　王先謙著　清宣統二年(1910)湖南學務公所刻本　十二册

500000－8701－0015977　G24/2－5/03949
海國圖志一百卷首一卷　(清)魏源撰　清光緒二年(1876)平慶涇固道署刻本　四十册

500000－8701－0015978　G24/2－6/03950
海國圖志一百卷　(清)魏源撰　清光緒六年(1880)邵陽急當務齋刻本　四十册

500000－8701－0015979　G24/2－6/03951
海國圖志一百卷首一卷　(清)魏源撰　清光緒二十一年(1895)上海積山書局石印本　十四册

500000－8701－0015980　G24/2－6/03952
海國圖志一百卷　(清)魏源撰　清道光二十七年(1847)古微堂刻本　十八册

500000－8701－0015981　G24/2－7/03953
海國圖志一百卷　(清)魏源撰　清刻本　二十一册　存九十二卷(五至八、十三至一百)

500000－8701－0015982　G24/2－7/03954
海國圖志續集二十五卷首一卷　(英國)麥高爾輯著　(美國)林樂知　(清)瞿昂來譯　清光緒二十一年(1895)上海書局石印本　二册

500000－8701－0015983　G24/2－7/03955
五洲括地歌一卷　(清)蔣升著　清光緒二十四年(1898)上海慈母堂印書局鉛印本　一册

500000－8701－0015984　G24/2－7/03956
坤輿撮要問答五卷　(清)孫文楨譯　清光緒二十八年(1902)上海土山灣鉛印本　一册

500000－8701－0015985　G24/2－7/03957
地理全志一卷續瀛環志略一卷　(英國)慕維廉撰　清光緒二十五年(1899)上海宏道堂刻本　二册

500000－8701－0015986　G24/2－7/03958
世界第一譚二十一章　(日本)村上俊藏著　(清)陶懋立參譯　清光緒二十九年(1903)上海書局刻本　一册

500000－8701－0015987　G24/2－7/03959
遊歷圖經餘紀十五卷　(清)傅雲龍述　清光緒十五年(1889)鉛印本　四册

500000－8701－0015988　G24/2－7/03960
各國地球新錄四卷　(清)李圭撰　清光緒四年(1878)刻本　四册

500000－8701－0015989　G24/2－7/03961
環遊地球新錄四卷　(清)李圭著　清光緒三年(1877)刻本　四册

500000－8701－0015990　G24/2－7/03962
東西洋考十二卷　(明)張燮撰　清光緒二十二年(1896)湖南長沙刻惜陰軒叢書本　六册

500000－8701－0015991　G24/2－7/03963
啓東錄六卷　(清)林壽圖撰　清光緒五年(1879)黄鵠山人歐齋刻本　二册

500000－8701－0015992　G24/2－7/03964
緬甸圖志一卷英領緬甸志一卷緬甸新志一卷

暹羅國志一卷布哈爾志一卷　(清)學部編譯圖書局編纂　清光緒三十三年(1907)學部編譯圖書局鉛印本　一册

500000－8701－0015993　G24/2－7/03965
亞細亞洲志不分卷　(清)學部編譯圖書局編纂　清光緒三十四年(1908)北京學部編譯圖書局鉛印本　一册

500000－8701－0015994　G24/2－7/03966
大唐西域記十二卷　(唐)釋玄奘譯　(唐)釋辯機撰　清宣統元年(1909)常州天寧寺刻本　四册

500000－8701－0015995　G24/2－7/03967
大日本維新史二卷　(日本)重野安繹著　日本明治三十二年(1899)上海商務印書館鉛印本　二册

500000－8701－0015996　G24/2－7/03968
日本國志四十卷首一卷　(清)黄遵憲編纂　清光緒十六年(1890)羊城富文齋刻本　十四册

500000－8701－0015997　G24/2－7/03969
日本國志四十卷首一卷　(清)黄遵憲編纂　清光緒十六年(1890)羊城富文齋刻本　六册

500000－8701－0015998　G24/3－1/03970
日本國志四十卷首一卷　(清)黄遵憲編纂　清光緒十六年(1890)羊城富文齋刻本　十四册

500000－8701－0015999　G24/3－1/03971
日本國志四十卷首一卷　(清)黄遵憲編纂　清光緒二十四年(1898)浙江書局刻本　十册

500000－8701－0016000　G24/3－1/03972
日本國志四十卷首一卷　(清)黄遵憲編纂　清光緒二十四年(1898)匯文書局刻本　十二册

500000－8701－0016001　G24/3－1/03973
日本國志四十卷首一卷　(清)黄遵憲編纂　清光緒二十四年(1898)匯文書局刻本　十六册

500000－8701－0016002　G24/3－1/03974
日本國志四十卷首一卷　(清)黄遵憲編纂　清光緒二十四年(1898)上海圖書集成印書局鉛印本　十册

500000－8701－0016003　G24/3－1/03975
日本國志四十卷首一卷　(清)黄遵憲編纂　清光緒二十七年(1901)上海書局石印本　十册

500000－8701－0016004　G24/3－1/03976
日本國志四十卷首一卷　(清)黄遵憲編纂　清光緒二十七年(1901)上海書局石印本　十册

500000－8701－0016005　G24/3－1/03977
日本國志四十卷首一卷　(清)黄遵憲編纂　清光緒二十七年(1901)上海書局石印本　十册

500000－8701－0016006　G24/3－1/03978
日本國志四十卷首一卷　(清)黄遵憲編纂　清光緒二十八年(1902)蔚華書局刻本　十二册

500000－8701－0016007　G24/3－2/03979
日本地理兵要十卷　姚文棟撰　清光緒竇善書局石印本　五册

500000－8701－0016008　G24/3－2/03982
日本維新慷慨史二卷　(日本)西村三郎編輯　趙必振譯　清光緒二十八年(1902)上海廣智書局鉛印本　二册

500000－8701－0016009　G24/3－2/03983
日本維新三十年史十二編　(日本)博文館編輯　(清)廣智書局譯　清光緒二十八年(1902)上海廣智書局鉛印本　六册

500000－8701－0016010　G24/3－2/03984
日本維新三十年史十二編　(日本)博文館編輯　(清)廣智書局譯　清光緒二十九年(1903)上海廣智書局鉛印本　六册

500000－8701－0016011　G24/3－2/03985
日本維新三十年史十二編　(日本)博文館編

輯　(清)廣智書局譯　清光緒二十九年(1903)上海廣智書局鉛印本　六冊

500000－8701－0016012　G24/3－2/03986
東遊偶識一卷　(清)林志道撰　清宣統二年(1910)鉛印本　一冊

500000－8701－0016013　G24/3－2/03987
談瀛錄三卷　(清)王之春著　清光緒六年(1880)上洋文藝齋刻本　二冊

500000－8701－0016014　G24/3－2/03988
琉球國志略十六卷首一卷　(清)周煌輯　清乾隆二十四年(1759)刻本　六冊

500000－8701－0016015　G24/3－2/03989
琉球國志略十六卷首一卷　(清)周煌輯　清乾隆二十四年(1759)刻本　四冊

500000－8701－0016016　G24/3－2/03990
西比利亞志一卷西比利亞新志一卷　(清)學部編譯圖書局編　清光緒三十四年(1908)京都學部編譯圖書局鉛印本　一冊

500000－8701－0016017　G24/3－2/03991
土耳機史不分卷　(日本)北村三郎編述　趙必振譯　清光緒二十八年(1902)上海廣智書局鉛印本　一冊

500000－8701－0016018　G24/3－2/03992
土耳基國志一卷土耳基新志一卷　(清)學部編譯圖書局編　清光緒三十三年(1907)學部編譯圖書局鉛印本　一冊

500000－8701－0016019　G24/3－2/03993
亞拉伯志一卷新志一卷　(清)學部編譯圖書局編　清光緒三十三年(1907)學部編譯圖書局鉛印本　一冊

500000－8701－0016020　G24/3－2/03994
小亞細亞志一卷小亞細亞新志一卷　(清)學部編譯圖書局編　清光緒三十三年(1907)學部編譯圖書局鉛印本　一冊

500000－8701－0016021　G24/3－2/03995
波斯志不分卷　(清)學部編譯圖書局輯　清光緒三十三年(1907)學部圖書館鉛印本　一冊

500000－8701－0016022　G24/3－2/03996
俾路芝志一卷馬留土股志一卷紐吉尼亞島志一卷西里伯島志一卷西里伯島新志一卷　(清)學部編譯圖書局編　清光緒三十三年(1907)學部編譯圖書局鉛印本　一冊

500000－8701－0016023　G24/3－2/03997
印度史攬要十六章　(英國)寶星亨德偉良著　(英國)李提摩太鑒定　任廷旭譯　清光緒二十七年(1901)上海廣學會鉛印本　三冊

500000－8701－0016024　G24/3－2/03998
印度史攬要十六章　(英國)寶星亨德偉良著　(英國)李提摩太鑒定　任廷旭譯　清光緒二十七年(1901)上海廣學會鉛印本　三冊

500000－8701－0016025　G24/3－2/03999
印度國志一卷　(清)學部編譯圖書局編　清光緒三十三年(1907)學部編譯圖書局鉛印本　一冊

500000－8701－0016026　G24/3－2/04000
印度新志一卷　(清)學部編譯圖書局編　清光緒三十三年(1907)學部編譯圖書局鉛印本　一冊

500000－8701－0016027　G24/3－2/04001
安南志略十九卷首一卷　(越南)黎崱撰　清光緒十年(1884)上海樂善堂鉛印本　四冊

500000－8701－0016028　G24/3－2/04002
越南地輿圖說六卷首一卷　(清)盛慶紱纂輯　清光緒九年(1883)刻本　二冊

500000－8701－0016029　G24/3－2/04003
越南地輿圖說六卷首一卷　(清)盛慶紱纂輯　清光緒九年(1883)刻本　四冊

500000－8701－0016030　G24/3－3/04004
爪哇志一卷附新志一卷蘇門答拉志一卷附新志一卷　(清)學部編譯圖書局編纂　清光緒三十三年(1907)學部編譯圖書局鉛印本　一冊

500000－8701－0016031　G24/3－3/04005

星槎勝覽四卷　(明)費信撰　清道光元年(1821)苕溪邵氏酉山堂松巖刻本　二冊

500000－8701－0016032　G24/3－3/04006
阿達曼群島志一卷新志一卷　(清)學部編譯圖書局編　清光緒三十四年(1908)京都學部編譯圖書局鉛印本　一冊

500000－8701－0016033　G24/3－3/04007
節本泰西新史攬要八卷　(英國)李提摩太譯　周慶雲節錄　清光緒二十七年(1901)烏程周氏夢坡室刻本　二冊

500000－8701－0016034　G24/3－3/04008
歐羅巴通史四卷　(日本)箕作元八　(日本)峰岸米造纂　胡景伊等譯　清成都同仁堂刻本　四冊

500000－8701－0016035　G24/3－3/04009
歐羅巴通史不分卷　(日本)箕作元八　(日本)峰岸米造纂　胡景伊等譯　清光緒二十六年(1900)東亞譯書會鉛印本　四冊

500000－8701－0016036　G24/3－3/04010
西國近事彙編□□卷　(美國)金楷理等譯　(清)姚棻等編輯　清上海機器製造局鉛印本　六十八冊　存六十六卷(同治癸酉四卷、甲戌四卷,光緒乙亥四卷、丙子四卷、丁丑四卷、戊寅四卷、己卯四卷、庚辰一至二、辛巳四卷、壬午四卷、癸未四卷、甲申四卷、乙酉四卷、戊子四卷、丁酉四卷、戊戌四卷、己亥四卷)

500000－8701－0016037　G24/3－4/04011
希臘志略七卷　(清)□□輯　清光緒刻西史匯函本　一冊

500000－8701－0016038　G24/3－4/04012
希臘史二卷　(日本)桑原啟一纂譯　(清)中國國民叢書社重譯　清光緒二十九年(1903)上海商務印書館鉛印本　一冊

500000－8701－0016039　G24/3－4/04013
羅馬志略十三卷　(□)□□撰　清光緒二十二年(1896)上海著易堂書局刻本　二冊

500000－8701－0016040　G24/3－4/04014
泰西新史攬要二十四卷　(英國)馬懇西撰　(英國)李提摩太譯　蔡爾康述稿　清末活字印本　八冊

500000－8701－0016041　G24/3－4/04015
泰西新史攬要二十四卷　(英國)馬懇西撰　(英國)李提摩太譯　蔡爾康述稿　清末活字印本　八冊

500000－8701－0016042　G24/3－4/04016
泰西新史攬要二十四卷　(英國)馬懇西撰　(英國)李提摩太譯　蔡爾康述稿　清光緒二十一年(1895)美華書館鉛印本　八冊

500000－8701－0016043　G24/3－4/04017
十九世紀外交史十七章　(日本)平田久撰　張相譯　清光緒二十八年(1902)史學齋刻本　四冊

500000－8701－0016044　G24/3－4/04018
歐洲東方交涉記十二卷　(英國)麥高爾輯　(美國)林樂知　(清)瞿昂來譯　清光緒六年(1880)刻本　二冊

500000－8701－0016045　G24/3－4/04019
歐洲東方交涉記十二卷　(英國)麥高爾輯　(美國)林樂知　(清)瞿昂來譯　清光緒六年(1880)刻本　二冊

500000－8701－0016046　G24/3－4/04020
泰西民族文明史十四章　(法國)賽奴巴撰　(日本)野澤武之助原譯　(清)沈是中　(清)俞子彝譯　清光緒二十九年(1903)上海商務印書館鉛印本　一冊

500000－8701－0016047　G24/3－4/04021
地球韻言四卷　(清)張士瀛撰　清光緒二十四年(1898)鄂垣務急書館刻本　二冊

500000－8701－0016048　G24/3－4/04022
地球韻言四卷　(清)張士瀛撰　清光緒三十年(1904)成都官報書局刻本　二冊

500000－8701－0016049　G24/3－4/04023
地球韻言四卷　(清)張士瀛撰　清光緒三十年(1904)成都官報書局刻本　二冊

500000－8701－0016050　G24/3－4/04024
瀛環志略十卷　(清)徐繼畬撰　清道光二十八年(1848)刻本　六册

500000－8701－0016051　G24/3－4/04025
瀛環志略十卷　(清)徐繼畬撰　清道光二十九年(1849)刻本　六册

500000－8701－0016052　G24/3－4/04026
瀛環志略十卷　(清)徐繼畬撰　清道光三十年(1850)紅杏山房刻本　十册

500000－8701－0016053　G24/3－4/04027
瀛環志略十卷　(清)徐繼畬撰　清道光三十年(1850)紅杏山房刻本　六册

500000－8701－0016054　G24/3－5/04028
瀛環志略十卷　(清)徐繼畬撰　清同治十二年(1873)掞雲樓刻本　六册

500000－8701－0016055　G24/3－5/04029
瀛環志略十卷　(清)徐繼畬撰　清光緒二十四年(1898)新化三味書室刻本　八册

500000－8701－0016056　G24/3－5/04030
英法義比志譯略四卷　(清)薛福成撰　吴宗濂譯　清光緒二十五年(1899)上海石印本　二册

500000－8701－0016057　G24/3－5/04031
海客日譚六卷首一卷　(清)王芝著　清光緒二年(1876)石城王氏刻本　四册

500000－8701－0016058　G24/3－5/04032
英民史記二卷　(英國)葛耳雲原著　(英國)馬林譯　(清)李玉書述　清光緒三十三年(1907)上海美華書館鉛印本　二册

500000－8701－0016059　G24/3－5/04033
大英國志八卷　(英國)慕維廉譯　清光緒七年(1881)上海益智書會刻本　二册

500000－8701－0016060　G24/3－5/04034
大英國志八卷　(英國)慕維廉譯　清光緒七年(1881)上海益智書會刻本　二册

500000－8701－0016061　G24/3－5/04035
大英國志八卷　(英國)慕維廉譯　清咸豐六年(1856)上海墨海書院刻本　四册

500000－8701－0016062　G24/3－5/04036
英吉利國志三卷　(清)林則徐譯　(清)魏源重輯　清光緒四馬路樂善堂刻本　三册

500000－8701－0016063　G24/3－5/04037
英興記二卷首一卷末一卷　(英國)鄧理槎撰　(美國)林樂知　(清)任廷旭譯　清光緒二十四年(1898)上海圖書集成局鉛印本　二册

500000－8701－0016064　G24/3－5/04038
英俄印度交涉書一卷續編一卷　(英國)馬文著　清光緒江南製造總局刻本　一册

500000－8701－0016065　G24/3－5/04039
采風記五卷　宋育仁編　清光緒二十三年(1897)成都刻本　四册

500000－8701－0016066　G24/3－5/04040
采風記五卷　宋育仁編　清光緒二十三年(1897)成都刻本　二册

500000－8701－0016067　G24/3－5/04041
法蘭西史五卷　(清)商務印書館編　清光緒上海商務印書館鉛印本　一册

500000－8701－0016068　G24/3－5/04042
法國新志四卷　(清)傅紹蘭譯　(清)潘松筆述　清光緒二十四年(1898)江南製造局刻本　二册

500000－8701－0016069　G24/3－5/04043
日耳曼史不分卷　(英國)沙安撰　(清)商務印書館譯　清光緒二十九年(1903)上海商務印書館鉛印本　一册

500000－8701－0016070　G24/3－5/04044
德國工商勃興史五章　(法國)泊羅德爾撰　(日本)文部省譯　(清)商務印書館重譯　清光緒二十九年(1903)上海商務印書館鉛印本　一册

500000－8701－0016071　G24/3－5/04045
歐遊雜錄二卷　(清)徐建寅著　清刻本　二册

500000－8701－0016072　G24/3－5/04046

亞美利加洲通史十編　戴彬編譯　清光緒二十八年(1902)上海商務印書館鉛印本　二冊

500000－8701－0016073　G24/3－5/04047
亞美利加洲通史十編　戴彬編譯　清光緒二十八年(1902)上海商務印書館鉛印本　二冊

500000－8701－0016074　G24/3－5/04048
黑蠻風土記不分卷　(英國)立溫斯敦撰　(清)沈定年述　(清)史錦鏞譯　清光緒五年(1879)鉛印本　一冊

500000－8701－0016075　G24/3－5/04049
甌北五國志一卷　(清)□□輯　清光緒樂善堂刻本　一冊

500000－8701－0016076　G24/3－5/04050
俄羅斯史十六章　(俄國)伊我瓦伊基撰　(日本)八代六郎譯　(清)商務印書館重譯　清光緒二十九年(1903)上海商務印書館鉛印本　一冊

500000－8701－0016077　G24/3－5/04051
俄史輯譯七十七章　(英國)闞斐迪譯　清光緒十四年(1888)益智書會刻本　四冊

500000－8701－0016078　G24/3－5/04052
俄羅斯國志二卷　(清)林則徐譯　(清)魏源重輯　清光緒四馬路樂善堂刻本　二冊

500000－8701－0016079　G24/3－5/04053
大美國史略八卷　(美國)蔚利高著並譯　(清)黃乃裳筆錄　清光緒二十五年(1899)福州美華書局鉛印本　二冊

500000－8701－0016080　G24/3－5/04054
開浦殖民地志不分卷　(清)學部編譯圖書局編纂　清光緒三十四年(1908)學部圖書局鉛印本　一冊

500000－8701－0016081　G24/3－5/04055
亞斐利加洲志一卷新志一卷　(清)學部編譯圖書局編纂　清宣統元年(1909)學部圖書局鉛印本　一冊

500000－8701－0016082　G24/3－6/04056
續碑傳集八十六卷首二卷　繆荃孫纂　清宣統二年(1910)江楚編譯書局刻本　二十四冊

500000－8701－0016083　G24/3－6/04057
續碑傳集八十六卷首二卷　繆荃孫纂　清宣統二年(1910)江楚編譯書局刻本　二十四冊

500000－8701－0016084　G24/3－6/04058
續碑傳集八十六卷首二卷　繆荃孫纂　清宣統二年(1910)江楚編譯書局刻本　三十冊

500000－8701－0016085　G24/3－6/04059
碑傳集一百六十卷首二卷末三卷　(清)錢儀吉纂　清光緒十九年(1893)江蘇書局刻本　六十冊

500000－8701－0016086　G24/4－1/04060
碑傳集一百六十卷首二卷末二卷　(清)錢儀吉纂　清光緒十九年(1893)江蘇書局刻本　五十六冊　存一百五十卷(一至三十九、四十三至五十一、五十五至五十七、六十一至八十一、八十五、八十八至一百六十,首二卷,末二卷)

500000－8701－0016087　G24/4－2/04061
聖賢高士傳贊一卷　(三國魏)嵇康撰　清光緒二十七年(1901)怡蘭堂刻本　一冊

500000－8701－0016088　G24/4－2/04062
逸民傳一卷　(清)徐炯編　清末四川武學官書局鉛印本　一冊

500000－8701－0016089　G24/4－2/04063
國朝先正事略六十卷　(清)李元度纂　清同治五年(1866)循陔草堂刻本　二十四冊

500000－8701－0016090　G24/4－2/04064
國朝先正事略六十卷　(清)李元度纂　清同治五年(1866)循陔草堂刻本　二十四冊

500000－8701－0016091　G24/4－2/04065
國朝先正事略六十卷　(清)李元度纂　清同治五年(1866)循陔草堂刻本　二十四冊

500000－8701－0016092　G24/4－2/04066
國朝先正事略六十卷　(清)李元度纂　清同治五年(1866)循陔草堂刻本　二十四冊

500000－8701－0016093　G24/4－3/04067

國朝先正事略六十卷 (清)李元度纂 清光緒二十八年(1902)益元書局刻本 三十二册

500000－8701－0016094 G24/4－3/04068

國朝先正事略六十卷 (清)李元度纂 清光緒二十四年(1898)上海書局石印本 八册

500000－8701－0016095 G24/4－3/04069

國朝先正事略六十卷 (清)李元度纂 清光緒二十五年(1899)石印本 十册

500000－8701－0016096 G24/4－3/04070

國朝先正事略六十卷 (清)李元度撰 清光緒九年(1883)蛟川方氏刻本 二十四册

500000－8701－0016097 G24/4－4/04071

國朝先正事略六十卷 (清)李元度纂 清光緒十三年(1887)上海點石齋石印本 八册

500000－8701－0016098 G24/4－4/04072

國朝先正事略六十卷 (清)李元度纂 清光緒二十五年(1899)上海圖書集成印書局鉛印本 十册

500000－8701－0016099 G24/4－4/04073

關帝聖蹟圖志全集十卷 (元)胡琦纂 (清)王玉樹修正 清嘉慶十二年(1807)廣東山陝會館刻本 四册

500000－8701－0016100 G24/4－4/04074

尚友錄二十二卷 (明)廖用賢編纂 (清)張伯琮補輯 清康熙五年(1666)古婺正業堂刻本 二十册

500000－8701－0016101 G24/4－4/04075

尚友錄二十二卷 (明)廖用賢編纂 (清)張伯琮補輯 清康熙五年(1666)刻本 二十二册

500000－8701－0016102 G24/4－4/04076

尚友錄二十二卷 (明)廖用賢編纂 (清)張伯琮補輯 清康熙五年(1666)天禄齋刻本 二十二册

500000－8701－0016103 G24/4－5/04077

史姓韻編六十四卷 (清)汪輝祖輯 清同治九年(1870)南京金陵書局木活字印本 二十四册

500000－8701－0016104 G24/4－5/04078

史姓韻編六十四卷 (清)汪輝祖輯 清光緒十年(1884)慈谿耕餘樓鉛印本 十六册

500000－8701－0016105 G24/4－5/04079

列仙傳校正本二卷仙讚一卷 (清)王照圓注 清嘉慶十七年(1812)棲霞郝氏刻本 一册

500000－8701－0016106 G24/4－5/04080

史傳三編初續不分卷 (□)天眉輯編 清光緒二十九年(1903)鉛印本 六册

500000－8701－0016107 G24/4－5/04081

史傳三編初續不分卷 (□)天眉輯編 清光緒二十九年(1903)鉛印本 四册

500000－8701－0016108 G24/4－5/04082

增補姓氏族譜箋釋八卷 (清)熊峻運編 清雍正二年(1724)刻本 四册

500000－8701－0016109 G24/4－5/04083

晚笑堂竹莊畫傳不分卷 (清)上官周著 清乾隆八年(1743)長汀山官氏刻本 二册

500000－8701－0016110 G24/4－6/04084

高安三傳合編三種五十六卷 (清)朱軾 (清)蔡世遠訂 清光緒二十一年(1895)江蘇書局刻本 二十四册

500000－8701－0016111 G24/4－6/04085

史傳三編五十六卷 (清)朱軾 (清)蔡世遠編 清同治三年(1864)刻本 二十八册

500000－8701－0016112 G24/4－7/04086

昭代名人尺牘小傳二十四卷 (清)吳修編輯 清道光六年(1826)海鹽吳氏刻本 一册

500000－8701－0016113 G24/4－7/04087

高士傳三卷 (晉)皇甫謐撰 清光緒元年(1875)湖北崇文書局刻本 一册

500000－8701－0016114 G24/4－7/04088

高士傳三卷 (晉)皇甫謐撰 清光緒三年(1877)湖北崇文書局刻本 一册

500000－8701－0016115 G24/4－7/04089

皇朝謚法考五卷補編一卷　(清)鮑康輯　(清)徐士鑾補輯　清同治三年(1864)歙縣鮑氏刻本　二冊

500000－8701－0016116　G24/4－7/04090
皇朝謚法考五卷補編一卷　(清)鮑康輯　(清)徐士鑾補輯　清同治三年(1864)歙縣鮑氏刻本　一冊

500000－8701－0016117　G24/4－7/04091
皇朝謚法考五卷補編一卷　(清)鮑康輯　(清)徐士鑾補輯　清同治三年(1864)歙縣鮑氏刻本　一冊

500000－8701－0016118　G24/4－7/04092
康濟譜二十五卷　(明)潘遊龍輯著　(清)金俊明評　清道光七年(1827)安康張氏刻本　十六冊

500000－8701－0016119　G24/4－7/04093
國朝歷科館選錄二卷　(清)沈廷芳撰　清光緒刻本　二冊

500000－8701－0016120　G24/4－7/04094
清朝先正事略三十卷　(清)李元度纂　清末民初上海鴻章書局石印本　十六冊

500000－8701－0016121　G24/5－1/04095
國朝耆獻類徵初編四百八十四卷通檢十卷目錄二十卷漢滿同姓名錄一卷首二百四卷　(清)李桓輯　清光緒十年(1884)湘陰李氏刻本　二百九十四冊

500000－8701－0016122　G24/5－6/04096
國朝耆獻類徵初編四百八十四卷通檢十卷目錄二十卷漢滿同姓名錄一卷國朝賢媛類徵十二卷首二百四卷　(清)李桓輯　清光緒十年(1884)湘陰李氏刻本　三百冊

500000－8701－0016123　G24/6－4/04097
元和姓纂十卷　(唐)林寶著　清光緒六年(1880)金陵書局刻本　四冊

500000－8701－0016124　G24/6－4/04098
元和姓纂十卷　(唐)林寶著　清光緒六年(1880)金陵書局刻本　四冊

500000－8701－0016125　G24/6－4/04099
姓氏解紛十卷　(清)黄本驥編　清道光二十五年(1845)刻本　二冊

500000－8701－0016126　G24/6－4/04100
唐御史臺精舍題名考三卷　(清)趙鉞　(清)勞格撰　清刻月河精舍叢書本　二冊

500000－8701－0016127　G24/6－4/04101
己未詞科錄十二卷首一卷　(清)秦瀛輯　清嘉慶十二年(1807)刻本　四冊

500000－8701－0016128　G24/6－4/04102
國朝歷科題名碑錄初集不分卷明洪武至崇禎各科題名碑錄不分卷　(□)□□輯　清刻本　十二冊

500000－8701－0016129　G24/6－4/04103
國朝歷科題名碑錄初集不分卷明洪武至崇禎各科題名碑錄不分卷　(□)□□輯　清刻本　十冊

500000－8701－0016130　G24/6－4/04104
貳臣傳十二卷逆臣傳四卷　(清)國史館編　清都城琉璃廠半松居士活字印本　八冊

500000－8701－0016131　G24/6－4/04105
貳臣傳十二卷　(清)國史館編　清刻本　六冊

500000－8701－0016132　G24/6－4/04106
文獻徵存錄十卷　(清)錢林輯　(清)王藻編　清咸豐八年(1858)有嘉樹軒刻本　十冊

500000－8701－0016133　G24/6－4/04107
明名臣傳四十卷　(清)張廷玉等纂修　清光緒六年(1880)刻本　二十四冊

500000－8701－0016134　G24/6－5/04108
中興將帥别傳三十卷附續編六卷　朱孔彰撰　清光緒二十三年(1897)江寧刻本　十二冊

500000－8701－0016135　G24/6－5/04109
中興將帥别傳續編六卷　朱孔彰譔　清刻朱印本　二冊

500000－8701－0016136　G24/6－5/04110
五朝名臣言行錄十卷三朝名臣言行錄十四卷

（宋）朱熹纂　**皇朝名臣言行録八卷四朝名臣言行録二十六卷皇朝道學名臣言行録十七卷**　（宋）李幼武撰　清光緒二十九年（1903）播州華氏刻本　十二册

500000－8701－0016137　G24/6－5/04111
五朝名臣言行録十卷三朝名臣言行録十四卷　（宋）朱熹纂　**皇朝名臣言行録八卷四朝名臣言行録二十六卷皇朝道學名臣言行録十七卷**　（宋）李幼武撰　清光緒二十九年（1903）播州華氏刻本　十二册

500000－8701－0016138　G24/6－6/04112
宋名臣言行録五十八卷　（宋）朱熹纂　**附皇朝道學名臣言行外録十七卷**　（宋）李幼武撰　清道光二十二年（1842）丹徒包氏刻本　十二册

500000－8701－0016139　G24/6－6/04113
歷代名臣言行録二十四卷　（清）朱桓編輯　清末民初錦章書局石印本　八册

500000－8701－0016140　G24/6－6/04114
歷代名臣言行録二十四卷　（清）朱桓編輯　清末民初鴻章書局石印本　十六册

500000－8701－0016141　G24/6－6/04115
歷代名臣言行録二十四卷　（清）朱桓編輯　清光緒二十一年（1895）湖南書局刻本　二十四册

500000－8701－0016142　G24/6－6/04116
歷代名臣言行録二十四卷　（清）朱桓編輯　清同治四年（1865）寳仁堂刻本　三十册

500000－8701－0016143　G25/1－1/04117
歷代名臣言行録二十四卷　（清）朱桓編輯　清光緒元年（1875）湖北文源堂刻本　十六册

500000－8701－0016144　G25/1－1/04118
歷代名臣言行録二十四卷　（清）朱桓編輯　清光緒二十一年（1895）文海書局石印本　八册

500000－8701－0016145　G25/1－1/04119
歷代名臣言行録二十四卷　（清）朱桓編輯　清光緒二十八年（1902）鴻寳書局鉛印本　十二册

500000－8701－0016146　G25/1－1/04120
歷代名臣言行録二十四卷　（清）朱桓編輯　清光緒十二年（1886）上海鴻章書局石印本　十六册

500000－8701－0016147　G25/1－1/04121
歷代名臣言行録二十四卷　（清）朱桓編輯　清光緒二十三年（1897）上海晏文盛堂石印本　八册

500000－8701－0016148　G25/1－1/04122
歷代名臣言行録二十四卷　（清）朱桓編輯　清光緒二十九年（1903）京都博文齋石印本　八册

500000－8701－0016149　G25/1－1/04123
歷代名臣言行録二十四卷　（清）朱桓編輯　清光緒二十六年（1900）上海宏文閣石印本　八册

500000－8701－0016150　G25/1－1/04124
歷代循吏傳八卷　（清）朱軾　（清）蔡世遠編輯　清同治三年（1864）鄒氏刻本　四册

500000－8701－0016151　G25/1－2/04125
歷代名臣傳三十五卷首一卷續編五卷　（清）朱軾　（清）蔡世遠編輯　清刻本　十八册

500000－8701－0016152　G25/1－2/04126
滿洲名臣傳四十八卷漢名臣傳三十二卷　（清）國史館編　清京都正陽門琉璃廠榮錦書坊活字印本　八十册

500000－8701－0016153　G25/1－3/04127
滿洲名臣傳四十八卷漢名臣傳三十二卷　（清）國史館編　清京都正陽門琉璃廠榮錦書坊活字印本　七十九册　存七十九卷（滿洲名臣傳四十八卷，漢名臣傳一至二十六、二十八至三十二）

500000－8701－0016154　G25/1－3/04128
大清搢紳全書四卷　（□）□□撰　清光緒十六年（1890）刻本　四册

500000－8701－0016155　G25/1－3/04129
大清搢紳全書四卷　(□)□□撰　清道光二十八年(1848)京都榮録堂刻本　四冊

500000－8701－0016156　G25/1－3/04130
欽定勝朝殉節諸臣録十二卷首一卷　(清)紀昀撰　清嘉慶二年(1797)刻本　五冊

500000－8701－0016157　G25/1－4/04131
元朝名臣事略十五卷　(元)蘇天爵撰　清光緒五年(1879)定州王氏刻本　四冊

500000－8701－0016158　G25/1－4/04132
歷代名臣傳節録三十卷　(清)蕭培元訂　(清)崇厚輯　清刻本　十冊

500000－8701－0016159　G25/1－4/04133
漢名臣傳三十二卷　(清)國史館編　清京都正陽門琉璃廠榮錦書坊活字印本　二十八冊

500000－8701－0016160　G25/1－4/04134
東林同難録一卷　(□)□□撰　清雍正五年(1727)江陰耕學草堂刻本　一冊

500000－8701－0016161　G25/1－4/04135
百美新詠一卷題詞一卷圖傳一卷　(清)顔希源輯　**集詠一卷**　(清)袁枚撰　清嘉慶十年(1805)刻本　四冊

500000－8701－0016162　G25/1－4/04136
列女傳補注八卷敘録一卷校正一卷　(清)王照圓注　清嘉慶棲霞郝氏刻本　三冊

500000－8701－0016163　G25/1－4/04137
繡像古今賢女傳九卷首一卷　(清)魏息園編　清光緒三十四年(1908)上海集成圖書公司點石齋石印本　八冊

500000－8701－0016164　G25/1－4/04138
列女傳八卷　(清)梁端注　清同治十三年(1874)錢塘汪氏振綺堂刻本　二冊

500000－8701－0016165　G25/1－4/04139
歷代名臣列女氏姓譜一百五十七卷　(清)蕭智漢纂輯　清乾隆五十七年(1792)湘鄉蕭氏聽濤山館刻本　一百冊

500000－8701－0016166　G25/1－6/04140
典故列女傳四卷　(□)□□撰　清光緒九年(1883)掃葉山房刻本　四冊

500000－8701－0016167　G25/1－6/04141
典故列女傳四卷　(□)□□撰　清刻本　四冊

500000－8701－0016168　G25/1－6/04142
全蜀節孝録三卷續録一卷　(清)羅定昌　(清)熊漢鼎編　清光緒十八年(1892)刻本　四冊

500000－8701－0016169　G25/1－6/04143
列女傳八卷　(漢)劉向著　(清)梁端校注　清道光十七年(1837)錢塘汪氏振綺堂刻同治十三年(1874)補刻本　四冊

500000－8701－0016170　G25/1－6/04144
新刊古列女傳七卷續列女傳一卷　(漢)劉向撰　(晉)顧愷之圖畫　清道光十五年(1835)揚州阮氏影宋刻本　六冊

500000－8701－0016171　G25/1－6/04145
列女傳集注八卷補遺一卷　(清)蕭道管集注　清光緒三十四年(1908)侯官陳氏刻本　五冊

500000－8701－0016172　G25/1－6/04146
廣列女傳二十卷附存一卷　(清)劉開纂輯　清光緒十年(1884)皖城刻本　八冊

500000－8701－0016173　G25/1－6/04147
蜀學編二卷　(清)方守道初輯　高賡恩覆輯　清光緒二十七年(1901)錦江書局刻本　二冊

500000－8701－0016174　G25/1－6/04148
蜀學編二卷　(清)方守道初輯　高賡恩覆輯　清光緒二十七年(1901)錦江書局刻本　二冊

500000－8701－0016175　G25/1－6/04149
歷代名儒傳八卷首一卷　(清)朱軾　(清)蔡世遠編輯　清同治三年(1864)鄒氏刻本　四冊

500000－8701－0016176　G25/1－6/04150

歷代名儒傳八卷首一卷　(清)朱軾　(清)蔡世遠編輯　清光緒二十三年(1897)世恩堂刻本　四冊

500000－8701－0016177　G25/1－6/04151
北學編四卷補遺一卷　(清)魏一鰲輯　(清)尹會一訂　清光緒十四年(1888)四川尊經書院刻本　一冊

500000－8701－0016178　G25/1－6/04152
船山師友記十七卷首一卷　(清)羅正鈞纂　清光緒三十三年(1907)刻本　四冊

500000－8701－0016179　G25/1－6/04153
鄭學錄四卷　(清)鄭珍撰　清同治四年(1865)成山唐氏刻本　二冊

500000－8701－0016180　G25/1－6/04154
鄭學錄四卷　(清)鄭珍撰　清光緒五年(1879)受經堂刻本　二冊

500000－8701－0016181　G25/1－6/04155
唐才子傳十卷　(元)辛文房撰　清木活字印本　二冊

500000－8701－0016182　G25/1－6/04156
武林藏書錄三卷首一卷末一卷　(清)丁申著　清光緒二十六年(1900)錢塘丁氏嘉惠堂刻本　二冊

500000－8701－0016183　G25/1－6/04157
武林藏書錄三卷首一卷末一卷　(清)丁申著　清光緒二十六年(1900)錢塘丁氏嘉惠堂刻本　二冊

500000－8701－0016184　G25/1－6/04158
鶴徵錄十二卷首一卷　(清)李集輯　(清)李富孫　(清)李遇孫續輯　清同治十一年(1872)嘉興李氏刻本　六冊

500000－8701－0016185　G25/1－6/04159
史外八卷　(清)汪有典著　清同治四年(1865)成都刻本　八冊

500000－8701－0016186　G25/1－6/04160
史外八卷　(清)汪有典著　清同治四年(1865)陝甘公所刻本　八冊

500000－8701－0016187　G25/2－1/04161
史外八卷　(清)汪有典著　清同治四年(1865)陝甘公所刻本　八冊

500000－8701－0016188　G25/2－1/04162
史外八卷　(清)汪有典著　清同治六年(1867)江陽王氏玉德堂刻本　八冊

500000－8701－0016189　G25/2－1/04163
史外八卷　(清)汪有典著　清光緒三年(1877)巴陵謝氏刻本　八冊

500000－8701－0016190　G25/2－1/04164
全明忠義別傳三十二卷　(清)汪有典纂　清同治六年(1867)葺雲山館刻本　八冊

500000－8701－0016191　G25/2－1/04165
四川通省忠義總錄三十一卷附續錄二卷附霆軍二卷　(清)吳慶坻等編纂　清光緒二十五年(1899)四川採訪總局刻本　二十四冊

500000－8701－0016192　G25/2－2/04166
金陵通傳四十五卷通傳補遺四卷續通傳一卷補一卷　陳作霖纂述　**韻編四卷**　陳詒紱輯　清光緒三十年(1904)瑞華館刻本　十冊

500000－8701－0016193　G25/2－2/04167
桐城耆舊傳十二卷　馬其昶撰　清宣統三年(1911)刻本　六冊

500000－8701－0016194　G25/2－2/04168
湖北詩徵傳略四十卷　(清)丁宿章輯　清光緒七年(1881)涇北草堂刻本　二十冊

500000－8701－0016195　G25/2－2/04169
楚寶四十卷外篇五卷　(明)周聖楷輯纂　(清)鄧顯鶴增輯　清道光九年(1829)新化鄧氏刻本　二十冊

500000－8701－0016196　G25/2－2/04170
楚寶四十卷外篇五卷　(明)周聖楷輯纂　(清)鄧顯鶴增輯　清道光九年(1829)新化鄧氏刻本　三十冊

500000－8701－0016197　G25/2－3/04171
明良志略一卷　(清)劉沅撰　清宣統元年(1909)雙流劉氏豫誠堂刻本　一冊

500000－8701－0016198　G25/2－3/04172
歷代都江堰功小傳二卷　(清)錢茂編纂　清宣統三年(1911)太和王氏四川官署刻本　一册

500000－8701－0016199　G25/2－3/04173
孔庭摘要一卷　(清)孔弘存編纂　清康熙二十年(1681)刻本　一册

500000－8701－0016200　G25/2－3/04174
李氏三忠事蹟考證不分卷　(清)李慶來等編　清光緒十年(1884)宜昊李氏刻本　一册

500000－8701－0016201　G25/2－3/04175
姚氏先德傳六卷　(清)姚瑩撰　清刻本　一册

500000－8701－0016202　G25/2－3/04176
胡氏家傳行述誄辭一卷　(清)□□撰　清咸豐六年(1856)休甯胡氏刻本　一册

500000－8701－0016203　G25/2－3/04177
[重慶巴縣]文氏家譜一卷　(清)文靖之纂修　清光緒十四年(1888)刻本　一册

500000－8701－0016204　G25/2－3/04178
本支千世一卷　(清)唐必桂編　清光緒十七年(1891)歙縣唐氏刻本　一册

500000－8701－0016205　G25/2－3/04179
[四川渠縣]唐氏族譜不分卷　(清)唐存賢等纂修　清同治十一年(1872)刻本　一册

500000－8701－0016206　G25/2－3/04180
[浙江淳安縣][浙江蘭溪市]晉昌唐氏重修世譜八卷首一卷末一卷　(清)唐文繡等修　(清)唐吉春纂　清光緒二十八年(1902)刻本　十八册

500000－8701－0016207　G25/2－3/04181
[浙江紹興縣]山陰廣陵樗里王氏宗譜六卷首一卷末一卷　(清)王卓甫修　清咸豐三年(1853)山陰王氏刻本　六册

500000－8701－0016208　G25/2－4/04182
[安徽寧國縣]績北莒國唐氏宗譜四卷首一卷末一卷　(清)唐朝泰等纂修　清道光二年(1822)績溪唐氏刻本　六册

500000－8701－0016209　G25/2－5/04183
[廣東東莞]篁溪張氏家譜一卷　張伯楨纂　清宣統三年(1911)東莞張氏刻本　一册

500000－8701－0016210　G25/2－5/04184
清河張氏宗譜十六卷首一卷　(清)張日佐等纂修　清崇本堂刻本　二册　存二卷(一、首一卷)

500000－8701－0016211　G25/2－5/04185
[重慶渝北]鄧氏族譜十卷　(清)鄧氏纂修　清光緒三年(1877)崇孝堂刻本　一册　存一卷(身集)

500000－8701－0016212　G25/2－5/04186
[重慶涪陵]何氏族譜六卷　(清)何傳祀纂修　清光緒十九年(1893)刻本　二册　存二卷(五至六)

500000－8701－0016213　G25/2－5/04187
[重慶萬縣]萬邑牟氏族譜六卷首一卷　(清)牟維升修　(清)牟維淮續修　清咸豐五年(1855)修光緒十六年(1890)續刻本　三册　存三卷(任卷下、卹卷上,首一卷)

500000－8701－0016214　G25/2－5/04188
[四川榮縣]詹氏家譜四卷　(清)詹崇等纂修　清同治十二年(1873)榮縣詹氏刻本　四册

500000－8701－0016215　G25/2－5/04189
[重慶渝北]渝北續修徐氏族譜八卷　(清)徐岱張等纂修　清宣統三年(1911)廣益書局鉛印本　七册

500000－8701－0016216　G25/2－5/04190
[四川]徐氏宗譜□□卷　(清)徐國棟纂修　清道光二十五年(1845)刻本　一册　存一卷(信集)

500000－8701－0016217　G25/2－5/04191
[穎川]汪氏宗譜□□卷　(□)汪氏纂　清刻本　一册　存一卷(一)

500000－8701－0016218　G25/2－5/04192
[安徽歙縣]汪氏重修統宗譜一百五十卷

(明)汪士芳修　明末刻本　七册　存四十八卷(七十九至八十四、八十六至九十二、一百十一至一百二十五、一百二十八至一百三十、一百三十四至一百五十)

500000－8701－0016219　G25/2－5/04193
[江西臨川]酉塘湯氏重修族譜不分卷　(清)湯阜珍纂修　清光緒二十九年(1903)靈山何筆千刻本　一册

500000－8701－0016220　G25/2－6/04194
[四川資中]冷氏族譜四卷　(清)冷澤薰等修　清同治刻本　七册

500000－8701－0016221　G25/2－6/04195
[四川漢中]冷氏族譜四卷　(清)冷元瑞等纂修　清同治十年(1871)刻本　四册

500000－8701－0016222　G25/2－6/04196
[四川漢中]冷氏族譜四卷　(清)冷元瑞等纂修　清同治十年(1871)刻本　三册

500000－8701－0016223　G25/2－6/04197
[江西臨川]帶湖游氏六修族譜十二卷首一卷　(清)游鯤運等纂修　清光緒三十二年(1906)帶湖游氏活字印本　十二册

500000－8701－0016224　G25/2－7/04198
[福建]福州柯氏家譜一卷　(清)柯彭年纂　清光緒三十年(1904)刻本　一册

500000－8701－0016225　G25/2－7/04199
[重慶江北縣玉屏]戴氏宗譜五卷　(清)戴名潔　(清)戴名瑞纂修　清光緒十三年(1887)刻本　二册　存二卷(一、四)

500000－8701－0016226　G25/2－7/04200
[四川三臺]蕭氏族譜四卷　(清)蕭氏撰　清同治八年(1869)刻本　一册

500000－8701－0016227　G25/2－7/04201
[重慶江北縣]黄氏宗譜三卷　(清)黄德穆纂修　清光緒二十年(1894)刻本　一册　存二卷(一至二)

500000－8701－0016228　G25/2－7/04202
[安徽歙縣]黄氏宗譜二十五卷首一卷末一卷　(清)黄氏撰　清道光五年(1825)世德堂木活字印本　十七册　存二十五卷(二至二十五、末一卷)

500000－8701－0016229　G25/3－1/04203
[廣東佛山]南海學正黄氏家譜節本八卷首一卷末一卷　黄任恒編纂　清宣統三年(1911)保粹堂刻本　二册

500000－8701－0016230　G25/3－1/04204
[安徽潛山縣]韓氏族譜八卷首一卷　(清)韓氏纂修　清嘉慶三年(1798)刻本　十册

500000－8701－0016231　G25/3－1/04205
[重慶]南陽郡韓氏支譜不分卷　韓忠槐纂修　清末韓氏抄本　一册

500000－8701－0016232　G25/3－1/04206
[四川簡陽]羅氏族譜四卷　羅元桂　羅明柱纂修　清光緒三十三年(1907)刻民國二十年(1931)續修補刻本　四册

500000－8701－0016233　G25/3－1/04207
[四川資中]河源歐陽氏族譜七卷末一卷　歐陽氏撰　清末木活字印本　一册　存三卷(六至七、末一卷)

500000－8701－0016234　G25/3－1/04208
[安徽阜陽]清華胡氏勳賢正譜十八卷首一卷末四卷　(清)胡耀祥等纂修　清乾隆五十六年(1791)刻本　一册　存一卷(首一卷)

500000－8701－0016235　G25/3－1/04209
[湖北宜昌]喬川劉氏族譜□□卷　(□)劉氏撰　清刻本　一册　存二卷(八十一至八十二)

500000－8701－0016236　G25/3－2/04210
至聖先師世系考一卷　(清)陳敬基輯　清宣統二年(1910)影印本　一册

500000－8701－0016237　G25/3－2/04211
[重慶涪陵]武城曾氏重修族譜不分卷　(清)曾氏纂　清刻民國修補本　二册

500000－8701－0016238　G25/3－2/04212
[四川三臺]周氏族譜不分卷　周揚烈纂修

清光緒二十五年(1899)刻本　四冊

500000－8701－0016239　G25/3－2/04213
[四川内江]武城曾氏重修族譜十二卷　(清)曾昭煜　(清)曾錫光修　清光緒二十二年(1896)内江曾氏刻本　四十冊

500000－8701－0016240　G25/3－4/04214
[重慶涪陵]余氏族譜五卷　(清)余體儒等纂修　清光緒八年(1882)刻本　五冊

500000－8701－0016241　G25/3－4/04215
[重慶涪陵]余氏族譜五卷　(清)余體儒等纂修　清光緒八年(1882)刻本　三冊　存三卷(三至五)

500000－8701－0016242　G25/3－4/04216
[四川新都成都]鍾氏族譜不分卷　(清)鍾翼達　(清)鍾炳江纂修　清宣統三年(1911)活字印本　三冊

500000－8701－0016243　G25/3－4/04217
[江蘇][浙江]吴越錢氏五修流光宗譜十二卷　(清)錢琉纂修　清道光四年(1824)蔗川念修堂刻本　十二冊

500000－8701－0016244　G25/3－4/04218
晏子春秋七卷　(戰國)晏嬰著　清光緒十八年(1892)思賢講舍刻本　二冊

500000－8701－0016245　G25/3－4/04219
晏子春秋七卷音義二卷校勘二卷　(戰國)晏嬰撰　(清)孫星衍音義　清末民初上海掃葉山房石印本　六冊

500000－8701－0016246　G25/3－4/04220
三國志蔣恭侯傳一卷　(晉)陳壽著　清光緒湘鄉蔣氏刻本　一冊

500000－8701－0016247　G25/3－4/04221
誥授光禄大夫頭品頂帶陜西布政司布政使贈内閣學士先考之純府君[蔣凝學]行狀一卷　(清)蔣澤雲　(清)蔣澤澍述　清光緒湘鄉蔣氏刻本　一冊

500000－8701－0016248　G25/3－4/04222
鄭學錄四卷　(清)鄭珍撰　清同治四年(1865)唐鄂生刻本　二冊

500000－8701－0016249　G25/3－4/04223
諸葛忠武侯故事五卷　(清)張澍編輯　清嘉慶十七年(1812)刻本　二冊

500000－8701－0016250　G25/3－4/04224
乾坤正氣錄五卷　(清)周懋勷編　清乾隆三十二年(1767)周懋勷仰止堂刻本　六冊

500000－8701－0016251　G25/3－5/04225
王益吾所刻書十一種　王先謙輯　清光緒九年(1883)長沙王氏刻本　六冊　存五種十二卷(魏鄭公諫錄五卷、魏文貞公故事拾遺三卷、魏文貞公年譜一卷、魏鄭公諫續錄二卷、魏書校勘記一卷)

500000－8701－0016252　G25/3－5/04226
范文正公言行錄三卷　(清)崔廷璋輯　清光緒十三年(1887)施州崔氏成都刻本　一冊

500000－8701－0016253　G25/3－5/04227
鄂國金佗稡編二十八卷　(宋)岳珂輯　清光緒九年(1883)浙江書局刻本　六冊

500000－8701－0016254　G25/3－5/04228
鄂國金佗續編三十卷　(宋)岳珂輯　清光緒九年(1883)浙江書局刻本　六冊　存二十八卷(一至二十八)

500000－8701－0016255　G25/3－5/04229
鄂國金佗稡編二十八卷　(宋)岳珂輯　清光緒九年(1883)浙江書局刻本　六冊

500000－8701－0016256　G25/3－5/04230
鄂國金佗續編三十卷　(宋)岳珂輯　清光緒九年(1883)浙江書局刻本　六冊　存二十八卷(一至二十八)

500000－8701－0016257　G25/3－5/04231
魏文靖公史傳攷略一卷邛州八賢史傳一卷　(清)甯緗編　清光緒三十四年(1908)成都觀遇樓刻遇園叢書本　一冊

500000－8701－0016258　G25/3－5/04232
黄忠端公[尊素]年譜二卷　(清)黄炳垕編輯　清光緒元年(1875)餘杭黄氏刻本　一冊

500000－8701－0016259　G25/3－5/04233
三魚堂日記十卷(康熙丙午至壬申)　(清)陸隴其撰　清同治九年(1870)浙江書局刻本　四册

500000－8701－0016260　G25/3－5/04234
病榻夢痕錄二卷　(清)汪輝祖撰　清同治五年(1866)刻本　二册

500000－8701－0016261　G25/3－5/04235
病榻夢痕錄二卷餘錄一卷　(清)汪輝祖撰　清同治五年(1866)刻本　三册

500000－8701－0016262　G25/3－5/04236
柳盟胡公紀實一卷　(清)胡錫芬　(清)胡龍安輯　**隱軒詩稿一卷**　(清)胡景泰撰　清道光十年(1830)刻本　一册

500000－8701－0016263　G25/3－5/04237
宦遊紀略二卷　(清)高廷瑤著　清光緒九年(1883)貴州高氏資中官廨刻本　一册

500000－8701－0016264　G25/3－5/04238
一瞚錄一卷　(清)周際華著　清咸豐八年(1858)貴築周氏家蔭堂刻本　一册

500000－8701－0016265　G25/3－5/04239
褒節錄一卷　(清)李纘賓撰　清光緒十七年(1891)甌江巡署刻本　一册

500000－8701－0016266　G25/3－6/04240
曾文正公手書日記不分卷(道光二十一年正月至同治十一年二月初三日)　(清)曾國藩記　清宣統元年(1909)上海中國圖書公司石印本　四十册

500000－8701－0016267　G25/3－6/04241
求闕齋日記類鈔二卷　(清)曾國藩著　(清)王啟原校編　清光緒二年(1876)傳忠書局刻本　二册

500000－8701－0016268　G25/3－6/04242
余孝子請旌實錄不分卷　(□)□□撰　清刻本　一册

500000－8701－0016269　G25/3－6/04243
鑪藏道里最新考一卷　(清)張其勤撰　清光緒三十三年(1907)鉛印本　一册

500000－8701－0016270　G25/3－6/04244
庚申噩夢記二卷　(清)潘鍾瑞撰　清光緒九年(1883)長洲潘氏刻香禪精舍集本　一册

500000－8701－0016271　G25/3－6/04246
英軺日記十二卷(光緒十六年正月十一日至十七年二月三十日)　載振撰　清光緒二十九年(1903)上海文明書局鉛印本　四册

500000－8701－0016272　G25/3－6/04247
出使英法義比四國日記六卷(光緒十六年正月十一日至十七年二月三十日)　(清)薛福成纂　清光緒十八年(1892)上海鴻寶齋石印本　三册

500000－8701－0016273　G25/3－6/04248
出使英法義比四國日記六卷(光緒十六年正月十一日至十七年二月三十日)　(清)薛福成纂　清光緒十七年(1891)鉛印本　四册

500000－8701－0016274　G25/3－6/04249
西輶日記四卷(光緒四年五月至五年十一月)附印度劄記二卷　(清)黃楙材撰　清光緒二十三年(1897)成都志古堂刻本　二册

500000－8701－0016275　G25/3－6/04250
李太夫人行狀一卷　喻兆蕃撰　清光緒三十四年(1908)刻本　一册

500000－8701－0016276　G25/3－6/04251
曾惠敏公日記五卷(光緒四年七月二十七日至十一年九月)　(清)曾紀澤撰　清光緒十九年(1893)江南製造總局鉛印本　二册

500000－8701－0016277　G25/3－6/04252
中議公事實紀略目錄一卷　清宣統元年(1909)天津華新印刷局鉛印本　一册

500000－8701－0016278　G25/3－6/04253
周公年表一卷　(清)牟庭撰　清光緒五年(1879)受經堂張氏刻本　一册

500000－8701－0016279　G25/3－6/04254
孔子編年四卷　(清)狄子奇撰　清光緒十三年(1887)浙江書局刻本　一册

500000－8701－0016280　G25/3－6/04255
孔子年譜輯註一卷　(清)江永撰　(清)黄定宜輯注　清道光二十七年(1847)萍鄉文氏刻本　一册

500000－8701－0016281　G25/3－6/04256
孟子編年四卷　(清)狄子奇撰　清光緒十三年(1887)浙江書局刻本　一册

500000－8701－0016282　G25/3－7/04257
孟子[軻]年譜二卷　(清)曹之升撰　清嘉慶十年(1805)刻本　二册

500000－8701－0016283　G25/3－7/04258
鄭司農[玄]年譜一卷　(清)孫星衍撰　清刻漢學室叢書本　一册

500000－8701－0016284　G25/3－7/04259
陶靖節先生[淵明]年譜一卷　(宋)吴仁傑編　清光緒二十一年(1895)刻本　一册

500000－8701－0016285　G25/3－7/04260
靖節先生年譜攷異二卷　(清)陶澍撰　清刻本　一册

500000－8701－0016286　G25/3－7/04261
朱子[熹]年譜四卷考異四卷朱子論學切要語二卷　(清)王懋竑纂　清乾隆十七年(1752)寶應王氏白田草堂刻本　四册

500000－8701－0016287　G25/3－7/04262
朱子[熹]年譜四卷考異四卷朱子論學切要語二卷　(清)王懋竑纂　清乾隆十七年(1752)寶應王氏白田草堂刻本　四册

500000－8701－0016288　G25/3－7/04263
朱子[熹]年譜四卷考異四卷朱子論學切要語二卷　(清)王懋竑纂　清乾隆十七年(1752)寶應王氏白田草堂刻本　四册

500000－8701－0016289　G25/3－7/04264
朱子[熹]年譜四卷考異四卷朱子論學切要語二卷朱子年譜考異校勘記三卷　(清)王懋竑纂　清光緒九年(1883)武昌書局刻本　四册

500000－8701－0016290　G25/3－7/04265
朱子[熹]年譜四卷考異四卷朱子論學切要語二卷朱子年譜考異校勘記三卷　(清)王懋竑纂　清光緒九年(1883)武昌書局刻本　四册

500000－8701－0016291　G25/3－7/04266
朱夫子[熹]年譜二卷朱子年譜前錄二卷　(□)□□撰　清康熙二年(1663)刻本　二册

500000－8701－0016292　G25/3－7/04267
徵君孫先生[奇逢]年譜二卷　(清)趙御衆等編　清光緒十三年(1887)成都高繼善堂刻本　二册

500000－8701－0016293　G25/3－7/04268
金希正先生年譜一卷　(□)□□撰　清光緒二十三年(1897)兩湖書院聚珍板活字印本　一册

500000－8701－0016294　G25/3－7/04269
王船山先生[夫之]年譜二卷　(清)劉毓崧編　清光緒十二年(1886)江南書局刻本　二册

500000－8701－0016295　G25/3－7/04270
顧亭林先生[炎武]年譜一卷　(清)張穆編　清道光二十四年(1844)刻本　一册

500000－8701－0016296　G25/3－7/04271
顧亭林先生[炎武]年譜一卷　(清)張穆編　清道光二十四年(1844)刻本　一册

500000－8701－0016297　G25/3－7/04272
張楊園先生[履祥]年譜一卷附錄一卷　(清)蘇惇元纂　清同治三年(1864)錢塘丁氏刻本　一册

500000－8701－0016298　G25/3－7/04273
徵君孫先生[奇逢]年譜二卷　(清)趙御衆等編　清光緒十三年(1887)成都高繼善堂刻本　二册

500000－8701－0016299　G25/3－7/04274
徵君孫先生[奇逢]年譜二卷　(清)趙御衆等編　清刻本　二册

500000－8701－0016300　G25/3－7/04275
雙池先生[汪烜]年譜四卷　(清)余龍光編　清同治五年(1866)婺源余氏刻本　二册

500000－8701－0016301　G25/3－7/04276

吴梅村先生[偉業]年譜四卷　(清)顧師軾編　清光緒三年(1877)刻本　一册

500000－8701－0016302　G25/3－7/04277
歷年紀畧一卷　(清)惠靇嗣摭次　清刻本　一册

500000－8701－0016303　G25/3－7/04278
稼書先生[陸隴其]年譜一卷　(清)陸宸徵　(清)李鉉輯　清刻本　一册

500000－8701－0016304　G25/4－1/04279
閻潛丘先生[若璩]年譜一卷　(清)張穆編　清道光二十六年(1846)平定張氏刻本　一册

500000－8701－0016305　G25/4－1/04280
閻潛丘先生[若璩]年譜一卷　(清)張穆編　清道光二十六年(1846)平定張氏刻本　一册

500000－8701－0016306　G25/4－1/04281
澄懷主人自訂年譜六卷　(清)張廷玉撰　清光緒六年(1880)龐山刻本　二册

500000－8701－0016307　G25/4－1/04282
李恕谷先生[塨]年譜五卷　(清)馮辰纂　清光緒三十四年(1908)上海國學保存會鉛印本　一册

500000－8701－0016308　G25/4－1/04283
焦南浦先生[袁熹]年譜一卷附録一卷　(清)焦以敬　(清)焦以恕編　清光緒二十三年(1897)雲間木活字印本　一册

500000－8701－0016309　G25/4－1/04284
阿文成公[那彦成]年譜三十四卷　(清)那彦成纂　(清)盧蔭溥　(清)王昶增修　清嘉慶十八年(1813)刻本　三十二册

500000－8701－0016310　G25/4－2/04285
黄蕘圃先生[丕烈]年譜二卷　(清)江標編　清光緒二十三年(1897)長沙使院刻本　二册

500000－8701－0016311　G25/4－2/04286
先光禄公[郭沛霖]年譜二卷　(清)郭階編　清咸豐十年(1860)刻本　二册

500000－8701－0016312　G25/4－2/04287
趙文恪公自訂年譜一卷　(清)趙光撰　清光緒十六年(1890)昆明趙氏刻本　四册

500000－8701－0016313　G25/4－2/04288
曾文正公[國藩]年譜十二卷　(清)黎庶昌編　清光緒三年(1877)刻本　四册

500000－8701－0016314　G25/4－2/04289
曾文正公[國藩]年譜十二卷首一卷　(清)黎庶昌編　清光緒二年(1876)傳忠書局刻本　八册

500000－8701－0016315　G25/4－2/04290
頤壽老人年譜二卷　(清)錢寶琛自訂　清同治八年(1869)太倉錢氏刻本　一册

500000－8701－0016316　G25/4－2/04291
唐公[友耕]年譜一卷附録一卷　(清)唐鴻學撰　清光緒三十四年(1908)大関唐氏石印本　一册

500000－8701－0016317　G25/4－2/04292
唐公[友耕]年譜一卷附録一卷　(清)唐鴻學撰　清光緒三十四年(1908)大関唐氏石印藍印本　一册

500000－8701－0016318　G25/4－2/04293
左文襄公[宗棠]年譜十卷　(清)羅正鈞纂　清光緒二十三年(1897)湘陰左氏刻本　十册

500000－8701－0016319　G25/4－2/04294
松冠山人自訂年譜二卷　(清)趙崇慶撰　清光緒二十三年(1897)刻本　一册

500000－8701－0016320　G25/4－2/04295
王先謙自定年譜三卷　王先謙撰　清光緒三十四年(1908)長沙王氏刻本　三册

500000－8701－0016321　G25/4－2/04296
成山老人[唐炯]年譜六卷　(清)唐炯撰　清宣統二年(1910)鉛印本　二册

500000－8701－0016322　G25/4－2/04297
合刻延平四先生[楊時][羅從彦][李處權][朱熹]年譜四種　(清)毛念恃編　清乾隆十年(1745)刻本　二册

500000－8701－0016323　G25/4－2/04298
續疑年録四卷　(清)吴修編　清嘉慶刻本

一冊

500000－8701－0016324　G25/4－2/04299
歷代名人年譜十卷附存疑及生卒年月無考一卷　(清)吳榮光撰　清光緒元年(1875)南海張蔭桓刻本　十冊

500000－8701－0016325　G25/4－3/04300
歷代名人年譜十卷附存疑及生卒年月無考一卷　(清)吳榮光撰　清光緒元年(1875)南海張蔭桓刻本　十冊

500000－8701－0016326　G25/4－3/04301
歷代名人年譜十卷附存疑及生卒年月無考一卷　(清)吳榮光撰　清光緒元年(1875)南海張蔭桓刻本　十冊

500000－8701－0016327　G25/4－3/04302
歷代名人年譜十卷附存疑及生卒年月無考一卷　(清)吳榮光撰　清刻本　十冊

500000－8701－0016328　G25/4－3/04303
歷代名人年譜十卷附存疑及生卒年月無考一卷　(清)吳榮光撰　清光緒二年(1876)寶經書坊刻本　十冊

500000－8701－0016329　G25/4－3/04304
四洪年譜四卷　(清)洪汝奎編輯　清宣統三年(1911)晦木齋刻本　四冊

500000－8701－0016330　G25/4－3/04305
國朝貢舉考畧二卷　(清)黃崇蘭輯　清嘉慶八年(1803)懷寧黃氏刻本　二冊

500000－8701－0016331　G25/4－3/04306
先賢十五家年譜不分卷　(清)楊希閔編　清光緒福州刻本　二十冊

500000－8701－0016332　G25/4－4/04307
四朝先賢六家年譜不分卷　(清)楊希閔編　清光緒四年(1878)刻本　八冊

500000－8701－0016333　G25/4－4/04308
豫章先賢九家年譜不分卷　(清)楊希閔編　清光緒刻本　十冊

500000－8701－0016334　G25/4－4/04309
通經表一卷　(清)畢沅撰　清光緒九年(1883)蛟川松筠書屋刻本　一冊

500000－8701－0016335　G25/4－4/04310
國朝歷科題名碑錄初集不分卷(順治三年至道光二十年)附明洪武至崇禎各科題名碑錄不分卷　(清)李周望輯　清康熙刻雍正至乾隆遞修本　二十八冊

500000－8701－0016336　G25/4－4/04311
陸放翁先生[遊]年譜一卷深寧先生[王應麟]年譜一卷弇州山人[王世貞]年譜一卷　(清)錢大昕編　清稻香吟館刻本　一冊

500000－8701－0016337　G25/4－4/04312
疑年錄四卷續疑年錄四卷　(清)錢大昕編　清嘉慶二十三年(1818)海鹽吳氏刻本　二冊

500000－8701－0016338　G25/4－4/04313
歐洲八大帝王傳一卷　(英國)李提摩太撰　清光緒二十九年(1903)上海廣學會鉛印本　一冊

500000－8701－0016339　G25/4－4/04314
拿破崙本紀四十二章四卷　(英國)洛加德著　林紓　魏易譯　清京師學務處官書局鉛印本　四冊

500000－8701－0016340　G25/4－4/04315
華盛頓傳八卷　(清)黎汝謙　(清)蔡國昭譯　清光緒十二年(1886)遵義黎氏鉛印本　八冊

500000－8701－0016341　G25/4－4/04316
湖海詩傳小傳六卷　(清)王昶撰　清光緒四年(1878)淞隱閣鉛印本　二冊

500000－8701－0016342　G25/4－4/04317
漁洋感舊集小傳四卷補遺一卷　(清)盧見曾撰　清光緒四年(1878)上海淞隱閣鉛印本　二冊

500000－8701－0016343　G25/4－4/04318
圖繪寶鑑八卷　(元)夏文彥纂　清借綠草堂刻本　六冊

500000－8701－0016344　G25/4－5/04319
書畫緣書譜姓類二十卷首一卷末一卷畫宗姓

類十二卷首一卷末一卷　(清)沈辰編輯　清嘉慶六年(1801)清甘堂刻本　十六册

500000－8701－0016345　G25/4－5/04320
國朝書畫家筆錄四卷　竇鎮輯　清宣統三年(1911)江蘇無錫竇氏鉛印本　八册

500000－8701－0016346　G25/4－5/04321
無聲詩史七卷　(清)姜紹書輯　清觀妙齋刻本　二册

500000－8701－0016347　G25/4－5/04322
無聲詩史七卷　(清)姜紹書輯　清宣統二年(1910)上海端記書局影印本　六册

500000－8701－0016348　G25/4－5/04323
新纂氏族箋釋八卷　(清)熊峻運著　清刻本　四册

500000－8701－0016349　G25/4－5/04324
春秋世族譜一卷　(清)陳厚耀撰　清光緒刻邵武徐氏叢書本　一册

500000－8701－0016350　G25/4－5/04325
續刻金石三例三種　(清)朱記榮輯　清光緒吳縣朱氏刻槐廬叢書本　四册

500000－8701－0016351　G25/4－5/04326
金石三例再續編三種十三卷　(清)朱記榮輯　清光緒十四年(1888)吳縣朱氏行素草堂刻本　四册

500000－8701－0016352　G25/4－5/04327
金石三例再續編三種十三卷　(清)朱記榮輯　清光緒吳縣朱氏刻本　二册

500000－8701－0016353　G25/4－6/04328
金石三例三種十五卷　(清)盧見曾輯　清乾隆二十年(1755)刻金石全例本　四册

500000－8701－0016354　G25/4－6/04329
金石三例三種十五卷　(清)王芑孫評　清光緒四年(1878)讀有用書齋刻朱墨套印本　四册

500000－8701－0016355　G25/4－6/04330
金石三例三種十五卷　(清)王芑孫評　清光緒四年(1878)讀有用書齋刻朱墨套印本　四册

500000－8701－0016356　G25/4－6/04331
金石三例三種十五卷　(清)王芑孫評　清光緒四年(1878)讀有用書齋刻朱墨套印本　二册

500000－8701－0016357　G25/4－6/04332
金石三例三種十五卷　(清)王芑孫評　清光緒四年(1878)讀有用書齋刻朱墨套印本　四册

500000－8701－0016358　G25/4－6/04333
孫谿朱氏金石叢書十六種　(清)朱記榮輯　清光緒吳縣朱氏行素草堂刻本　四十册

500000－8701－0016359　G25/4－7/04334
行素草堂金石叢書　(清)朱記榮輯　清光緒吳縣朱氏行素草堂刻本　三十八册

500000－8701－0016360　G25/4－7/04335
金石彙目分編二十卷　(清)吳式芬撰　清文祿堂刻本　二十四册

500000－8701－0016361　G25/5－1/04336
兩漢金石記二十二卷　(清)翁方綱撰　清乾隆五十四年(1789)南昌使院刻本　六册

500000－8701－0016362　G25/5－1/04337
金石錄三十卷　(宋)趙明誠撰　**札記一卷今存碑目一卷**　清光緒三十一年(1905)仁和朱氏刻本　八册

500000－8701－0016363　G25/5－1/04338
金石錄三十卷　(宋)趙明誠撰　**札記一卷今存碑目一卷**　清光緒三十一年(1905)仁和朱氏刻本　四册

500000－8701－0016364　G25/5－1/04339
金石錄三十卷　(宋)趙明誠撰　清光緒十三年(1887)朱氏槐廬刻本　四册

500000－8701－0016365　G25/5－1/04340
金石錄三十卷　(宋)趙明誠編　清刻三長物齋叢書本　四册

500000－8701－0016366　G25/5－1/04341
金石錄三十卷　(宋)趙明誠編　清刻三長物

齋叢書本　四冊

500000－8701－0016367　G25/5－1/04342
金石錄三十卷　(宋)趙明誠撰　清乾隆二十七年(1762)雅雨堂刻本　六冊

500000－8701－0016368　G25/5－2/04343
金石文字辨異十二卷　(清)邢澍撰　清光緒貴池劉氏刻聚學軒叢書本　八冊

500000－8701－0016369　G25/5－2/04344
張叔未解元所藏金石文字不分卷　(清)嚴亥編　清光緒十年(1884)四會嚴氏鶴緣齋影印本　二冊

500000－8701－0016370　G25/5－2/04345
重定金石契不分卷首一卷　(清)張燕昌過眼　清光緒二十二年(1896)貴池劉氏聚學軒刻本　四冊

500000－8701－0016371　G25/5－2/04346
九鐘精舍金石跋尾甲編一卷　吳士鑑撰　清宣統二年(1910)刻本　一冊

500000－8701－0016372　G25/5－2/04347
石墨鐫華八卷　(明)趙崡撰　清光緒八年(1882)崇川葛氏學古齋刻本　三冊

500000－8701－0016373　G25/5－2/04348
日本金石志五卷　(清)傅雲龍述　清光緒十五年(1889)石印本　四冊

500000－8701－0016374　G25/5－2/04349
退庵金石書畫跋二十卷　(清)梁章鉅撰　清道光二十五年(1845)刻本　八冊

500000－8701－0016375　G25/5－2/04350
關中金石記八卷附記一卷　(清)畢沅撰　清光緒三十四年(1908)渭南嚴氏成都刻本　四冊

500000－8701－0016376　G25/5－2/04351
關中金石記八卷附記一卷　(清)畢沅撰　清光緒三十四年(1908)渭南嚴氏成都刻本　四冊

500000－8701－0016377　G25/5－2/04352
關中金石記八卷　(清)畢沅撰　清乾隆四十六年(1781)鎮洋畢氏刻本　六冊

500000－8701－0016378　G25/5－2/04353
關中金石記八卷　(清)畢沅撰　清乾隆四十六年(1781)鎮洋畢氏刻本　二冊

500000－8701－0016379　G25/5－2/04354
中州金石記五卷　(清)畢沅撰　清刻本　二冊

500000－8701－0016380　G25/5－3/04355
兩浙金石志十八卷補遺一卷　(清)阮元編　清光緒十六年(1890)浙江書局刻本　十二冊

500000－8701－0016381　G25/5－3/04356
兩浙金石志十八卷補遺一卷　(清)阮元編　清光緒十六年(1890)浙江書局刻本　十二冊

500000－8701－0016382　G25/5－3/04357
清儀閣金石題識四卷　(清)陳其榮編輯　清光緒二十年(1894)徐氏觀自得齋刻本　四冊

500000－8701－0016383　G25/5－3/04358
益都金石記四卷　(清)段松苓著　清光緒九年(1883)刻本　四冊

500000－8701－0016384　G25/5－3/04359
益都金石記四卷　(清)段松苓著　清光緒九年(1883)刻本　四冊

500000－8701－0016385　G25/5－3/04360
殷商貞卜文字考一卷　羅振玉撰　清宣統二年(1910)玉簡齋石印本　一冊

500000－8701－0016386　G25/5－3/04361
攈古錄金文三卷　(清)吳式芬撰　清光緒海豐吳氏刻本　九冊

500000－8701－0016387　G25/5－4/04362
筠清館金石文字五卷　(清)吳榮光撰　清道光二十二年(1842)南海吳氏筠清館刻本　五冊

500000－8701－0016388　G25/5－4/04363
筠清館金石文字五卷　(清)吳榮光撰　清道光二十二年(1842)南海吳氏筠清館刻本　五冊

500000－8701－0016389　G25/5－4/04364
隨軒金石文字九種　（清）徐渭仁輯　清同治七年（1868）上海徐氏刻本　四册

500000－8701－0016390　G25/5－4/04365
隨軒金石文字四卷　（清）徐渭仁雙鈎　清道光二十三年（1843）上海徐氏春暉堂刻本　四册

500000－8701－0016391　G25/5－4/04366
從古堂款識學十六卷　（清）徐同柏釋文　（清）徐士燕錄　清光緒三十二年（1906）蒙學報館石印本　八册

500000－8701－0016392　G25/5－4/04367
鐘鼎字源五卷附錄一卷　（清）汪立名編　清刻本　二册

500000－8701－0016393　G25/5－4/04368
鐘鼎字源五卷附錄一卷　（清）汪立名編　清光緒二年（1876）洞庭秦氏麟慶堂刻本　三册

500000－8701－0016394　G25/5－4/04369
鐘鼎字源五卷附錄一卷　（清）汪立名編　清光緒二年（1876）洞庭秦氏麟慶堂刻本　二册

500000－8701－0016395　G25/5－4/04370
小蓬萊閣金石文字不分卷　（清）黃易輯　清嘉慶五年（1800）錢塘黃氏小蓬萊閣刻本　五册

500000－8701－0016396　G25/5－4/04371
望堂金石集二集五十種　楊守敬輯　清同治十一年至宣統二年（1872－1910）宜都楊氏飛青閣刻本　十二册

500000－8701－0016397　G25/5－5/04372
積古齋鐘鼎彝器款識十卷　（清）阮元編　清刻本　四册

500000－8701－0016398　G25/5－5/04373
積古齋鐘鼎彝器款識十卷　（清）阮元編　清刻本　四册

500000－8701－0016399　G25/5－5/04374
積古齋鐘鼎彝器款識十卷　（清）阮元撰　清光緒七年（1881）紅杏山房刻本　四册

500000－8701－0016400　G25/5－5/04375
積古齋鐘鼎彝器款識十卷　（清）阮元編錄　清刻本　四册

500000－8701－0016401　G25/5－5/04376
積古齋鐘鼎彝器款識十卷　（清）阮元編錄　清刻本　四册

500000－8701－0016402　G25/5－5/04377
奇觚室吉金文述二十卷首一卷　（清）劉心源撰　清光緒二十八年（1902）影印本　十册

500000－8701－0016403　G25/5－5/04378
亦政堂重修宣和博古圖錄三十卷　（宋）王黼等撰　清乾隆十七年（1752）亦政堂刻本　十五册

500000－8701－0016404　G25/5－6/04379
金索六卷石索六卷首一卷　（清）馮雲鵬　（清）馮雲鵷輯　清光緒三十二年（1906）上海文新局石印本　二十四册

500000－8701－0016405　G25/5－6/04380
金索六卷石索六卷首一卷　（清）馮雲鵬　（清）馮雲鵷輯　清光緒三十二年（1906）上海文新局石印本　二十四册

500000－8701－0016406　G25/5－6/04381
金索六卷石索六卷首一卷　（清）馮雲鵬　（清）馮雲鵷輯　清道光元年（1821）崇川馮氏刻本　十二册

500000－8701－0016407　G25/5－6/04382
金索六卷石索六卷首一卷　（清）馮雲鵬　（清）馮雲鵷輯　清道光元年（1821）崇川馮氏刻本　六册

500000－8701－0016408　G25/5－7/04383
西清古鑑四十卷錢錄十六卷　（清）梁詩正等纂　清光緒三十四年（1908）上海集成圖書公司影印本　二十四册

500000－8701－0016409　G25/5－7/04384
金石圖不分卷　（清）褚峻摹　（清）牛運震說　清乾隆十年（1745）郃陽褚氏拓印本　四册

500000－8701－0016410　G25/5－7/04385

金石圖不分卷 (清)褚峻摹 (清)牛運震說 清乾隆十年(1745)郃陽褚氏拓印本 四册

500000－8701－0016411 G25/6－1/04386
西清續鑑甲編二十卷附錄一卷 (清)王傑等編 清宣統二年(1910)上海涵芬樓影印本 四十二册

500000－8701－0016412 G25/6－1/04387
三古圖四十二卷 (清)黄晟輯 清乾隆十七年(1752)黄氏亦政堂刻本 二十四册

500000－8701－0016413 G25/6－1/04388
求古精舍金石圖初集四卷 (清)陳經輯 清嘉慶二十二年(1817)說劍樓刻本 四册

500000－8701－0016414 G25/6－2/04389
泉布統志九卷首一卷附錄一卷 (清)孟麟輯 清道光十三年(1833)山陰孟氏刻本 三十二册

500000－8701－0016415 G25/6－3/04390
泉布統志九卷首一卷附錄一卷 (清)孟麟輯 清道光十三年(1833)山陰孟氏刻本 十八册 存六卷(一至四、五上,首一卷)

500000－8701－0016416 G25/6－3/04391
古今錢略三十二卷首一卷末一卷 (清)倪模述 清光緒望江倪氏兩彊劍齋刻本 十六册

500000－8701－0016417 G25/6－3/04392
古泉匯六十卷首四卷補遺二卷 (清)李佐賢編 清同治三年(1864)刻本 二十册

500000－8701－0016418 G25/6－4/04393
古泉匯六十卷首四卷補遺二卷 (清)李佐賢編 清同治三年(1864)刻本 二十册

500000－8701－0016419 G25/6－4/04394
古泉匯六十卷首四卷補遺二卷 (清)李佐賢編 清同治三年(1864)刻本 二十册

500000－8701－0016420 G25/6－4/04395
文選考異十卷 (清)胡克家撰 清同治八年(1869)湖北崇文書局刻本 四册

500000－8701－0016421 G25/6－4/04396
貨布文字考四卷首一卷附一卷 (清)馬昂釋 清道光二十二年(1842)雲間錢氏蘭隱園石印本 一册 存三卷(一至二、首一卷)

500000－8701－0016422 G25/6－4/04397
幣泉匯典一卷 (□)陸亞伯集 清末鈐印本 一册

500000－8701－0016423 G25/6－4/04398
大會泉譜一卷 (□)陸亞伯集 清末鈐印本 一册

500000－8701－0016424 G25/6－4/04399
古幣泉鈔一卷 (□)陸亞伯集 清末鈐印本 一册

500000－8701－0016425 G25/6－4/04400
古金待問錄五卷補遺一卷 (清)朱楓輯 清光緒十六年(1890)常熟鮑氏後知不足齋刻本 一册

500000－8701－0016426 G25/6－4/04401
陶齋吉金錄八卷 (清)端方輯 清光緒三十四年(1908)上海有正書局影印本 八册

500000－8701－0016427 G25/6－4/04402
陶齋吉金錄八卷 (清)端方輯 清光緒三十四年(1908)上海有正書局影印本 八册

500000－8701－0016428 G25/6－4/04403
陶齋吉金錄八卷 (清)端方輯 清光緒三十四年(1908)上海有正書局影印本 八册

500000－8701－0016429 G25/6－5/04404
陶齋吉金續錄二卷補遺一卷 (清)端方輯 清宣統元年(1909)上海有正書局影印本 二册

500000－8701－0016430 G25/6－5/04405
陶齋吉金續錄二卷 (清)端方輯 清宣統元年(1909)上海有正書局影印本 二册

500000－8701－0016431 G25/6－5/04406
宋王復齋鐘鼎款識一卷 (宋)王厚之輯 清道光二十八年(1848)漢陽葉氏刻本 一册

500000－8701－0016432 G25/6－5/04407
兩罍軒彝器圖釋十二卷 (清)吳雲撰 清末石印本 六册

500000－8701－0016433　G25/6－5/04408
兩罍軒彝器圖釋十二卷　（清）吳雲撰　清同治十一年（1872）歸安吳氏刻本　六冊

500000－8701－0016434　G25/6－6/04409
封泥攷略十卷　（清）吳式芬　（清）陳介祺輯　清光緒三十年（1904）石印本　十冊

500000－8701－0016435　G25/6－6/04410
封泥考略十卷　（清）吳式芬　（清）陳介祺輯　清光緒三十年（1904）石印本　十冊

500000－8701－0016436　G25/6－6/04411
二銘草堂金石聚十六卷　（清）張德容著　清同治十一年（1872）衢州張氏二銘草堂刻本　二十冊

500000－8701－0016437　G25/6－7/04412
二銘草堂金石聚十六卷　（清）張德容著　清同治十一年（1872）衢州張氏二銘草堂刻本　十六冊

500000－8701－0016438　G25/6－7/04413
金石圖說二卷　（清）牛運震集說　劉世珩編補　清光緒二十年（1894）貴池劉氏聚學軒刻本　四冊

500000－8701－0016439　G25/6－7/04414
歷代鐘鼎彝器款識法帖二十卷　（宋）薛尚功撰　清嘉慶二年（1797）儀徵阮氏刻本　四冊

500000－8701－0016440　G25/6－7/04415
至聖林廟碑目六卷　（清）孔昭薰　（清）孔憲庚編　清光緒二十二年（1896）積學齋刻本　一冊

500000－8701－0016441　G25/6－7/04416
江寧金石待訪目二卷　（清）嚴觀輯　清嘉慶九年（1804）刻本　一冊

500000－8701－0016442　G25/6－7/04417
隸釋二十七卷　（宋）洪适撰　清乾隆樓松書屋刻本　八冊

500000－8701－0016443　G26/1－1/04418
隸釋二十七卷隸續二十一卷刊誤一卷　（宋）洪适撰　清同治十一年（1872）皖南洪氏晦木齋刻本　八冊

500000－8701－0016444　G26/1－1/04419
隸釋二十七卷隸續二十一卷刊誤一卷　（宋）洪适撰　清同治十一年（1872）皖南洪氏晦木齋刻本　八冊

500000－8701－0016445　G26/1－1/04420
古玉圖考不分卷　（清）吳大澂編　清光緒十五年（1889）上海同文書局石印本　四冊

500000－8701－0016446　G26/1－1/04421
金石一隅錄一卷　（清）段嘉謨輯　清道光二年（1822）刻本　一冊

500000－8701－0016447　G26/1－1/04422
芳堅館題跋三卷　（清）郭尚先著　（清）郭籛齡輯　清莆田郭氏刻本　二冊

500000－8701－0016448　G26/1－1/04423
古玉圖考不分卷　（清）吳大澂編　清光緒十五年（1889）上海同文書局石印本　二冊

500000－8701－0016449　G26/1－1/04424
古玉圖考不分卷　（清）吳大澂編　清光緒十五年（1889）上海同文書局石印本　二冊

500000－8701－0016450　G26/1－1/04425
古玉圖考不分卷　（清）吳大澂編　清光緒十五年（1889）上海同文書局石印本　二冊

500000－8701－0016451　G26/1－2/04426
秦漢魏六朝碑刻輿地考一卷　（清）黄易撰　清刻本　一冊

500000－8701－0016452　G26/1－2/04427
萬邑西南山石刻記二卷附南浦郡報善寺兩唐碑釋文一卷　況周儀撰　清光緒二十九年（1903）白巖講院刻本　一冊

500000－8701－0016453　G26/1－2/04428
匡喆刻經頌十二卷　（北周）匡喆撰　（北周）釋道安書　清光緒三十三年（1907）宜都楊氏鄂城刻本　六冊

500000－8701－0016454　G26/1－2/04429
匡喆刻經頌十二卷　（北周）匡喆撰　（北周）釋道安書　清光緒三十三年（1907）宜都楊氏

鄂城刻本　六冊

500000－8701－0016455　G26/1－2/04430
寰宇訪碑錄十二卷刊謬一卷補寰宇訪碑錄五卷刊誤一卷　(清)趙之謙纂集　清光緒十一年(1885)吳縣朱氏刻本　八冊

500000－8701－0016456　G26/1－2/04431
寰宇訪碑錄十二卷　(清)孫星衍　(清)邢澍撰　清光緒九年(1883)江蘇書局刻本　四冊

500000－8701－0016457　G26/1－2/04434
古志石華三十卷　(清)黄本驥輯　清道光二十七年(1847)刻三長物齋叢書本　十冊

500000－8701－0016458　G26/1－2/04435
漢石經殘片　(□)□□輯　清光緒三十四年(1908)上海集成圖書公司點石齋影印本　一冊

500000－8701－0016459　G26/1－2/04436
歷代石經略二卷　(清)桂馥撰　清光緒九年(1883)海豐吳氏陳州官署刻本　二冊

500000－8701－0016460　G26/1－2/04437
墨妙亭碑目考二卷附考一卷　(清)張鑑撰　清光緒十年(1884)江蘇書局刻本　二冊

500000－8701－0016461　G26/1－2/04438
墨妙亭碑目考二卷附考一卷　(清)張鑑撰　清光緒十年(1884)江蘇書局刻本　二冊

500000－8701－0016462　G26/1－3/04439
語石十卷　葉昌熾撰　清宣統元年(1909)刻本　四冊

500000－8701－0016463　G26/1－3/04440
語石十卷　葉昌熾撰　清宣統元年(1909)刻本　四冊

500000－8701－0016464　G26/1－3/04441
語石十卷　葉昌熾撰　清宣統元年(1909)刻本　四冊

500000－8701－0016465　G26/1－3/04442
語石十卷　葉昌熾撰　清宣統元年(1909)刻本　四冊

500000－8701－0016466　G26/1－3/04443
宋元以來畫人姓氏錄三十六卷首一卷　(清)魯駿編輯　清道光刻本　二十冊

500000－8701－0016467　G26/1－3/04444
甌鉢羅室書畫過目攷四卷附一卷　(清)李玉棻編輯　清光緒二十三年(1897)京都興盛齋刻字局刻本　四冊

500000－8701－0016468　G26/1－3/04445
穰梨館過眼錄四十卷續錄十六卷　(清)陸心源編　清光緒十七年(1891)吳興陸氏家塾刻本　十六冊

500000－8701－0016469　G26/1－4/04447
京畿金石考二卷　(清)孫星衍撰　清乾隆五十七年(1792)刻本　二冊

500000－8701－0016470　G26/1－4/04448
荆南萃古編不分卷　(清)周懋琦　(清)劉翰輯　清光緒二十年(1894)鴻寶齋石印本　二冊

500000－8701－0016471　G26/1－4/04449
歷代陵寢備攷五十卷歷代宗廟附考八卷　(清)朱孔陽輯　清光緒三年(1877)上海申報館鉛印本　十四冊

500000－8701－0016472　G26/1－4/04450
栝蒼金石志十二卷　(清)李遇孫撰　(清)鄒柏森校補　清光緒元年(1875)元和潘氏刻本　十二冊

500000－8701－0016473　G26/1－4/04451
栝蒼金石志十二卷　(清)李遇孫撰　(清)鄒柏森校補　清光緒元年(1875)元和潘氏刻本　六冊

500000－8701－0016474　G26/1－4/04452
續栝蒼金石志四卷　(清)李遇孫撰　(清)鄒柏森校補　清同治十三年(1874)刻本　二冊

500000－8701－0016475　G26/1－4/04453
萬邑西南山石刻記二卷附南浦郡報善寺兩唐碑釋文一卷　況周儀撰　清光緒二十九年(1903)萬縣白巖講舍刻本　一冊

500000－8701－0016476　G26/1－4/04454
經傳釋詞十卷　(清)王引之著　清嘉慶二十四年(1819)高郵王氏刻本　二册

500000－8701－0016477　G26/1－4/04455
倉頡篇三卷　(清)孫星衍學　**續本一卷**　(清)任大椿輯　**補本二卷**　(清)陶方琦學　清光緒十六年(1890)江蘇書局刻本　二册

500000－8701－0016478　G26/1－4/04456
晉宋書故一卷　(清)郝懿行著　清光緒十七年(1891)廣雅書局刻本　一册

500000－8701－0016479　G26/1－4/04457
爾雅匡名二十卷　(清)嚴元照撰　清光緒十六年(1890)廣州廣雅書局刻本　四册

500000－8701－0016480　G26/1－4/04458
爾雅三卷　(晉)郭璞注　(唐)陸德明音釋　清同治七年(1868)湖北崇文書局刻本　三册

500000－8701－0016481　G26/1－4/04459
爾雅三卷　(晉)郭璞注　(唐)陸德明音義　清光緒二十一年(1895)湖北金陵書局刻本　三册

500000－8701－0016482　G26/1－5/04460
爾雅正郭三卷　(清)潘衍桐著　清光緒十七年(1891)南海潘氏刻本　一册

500000－8701－0016483　G26/1－5/04461
爾雅補郭二卷　(清)翟灝撰　清光緒八年(1882)卷施誃刻本　一册

500000－8701－0016484　G26/1－5/04462
爾雅郭注義疏二十卷　(清)郝懿行注　清同治四年(1865)棲霞郝氏涿州刻本　八册

500000－8701－0016485　G26/1－5/04463
爾雅郭注義疏二十卷　(清)郝懿行注　清同治四年(1865)棲霞郝氏涿州刻本　八册

500000－8701－0016486　G26/1－5/04464
爾雅郭注義疏二十卷　(清)郝懿行注　清道光十三年(1833)湖北官書處刻本　八册

500000－8701－0016487　G26/1－5/04465
爾雅郭注義疏十九卷　(清)郝懿行著　清道光三十年(1850)木犀香館刻本　八册

500000－8701－0016488　G26/1－5/04466
爾雅疏十卷　(宋)邢昺等撰　清光緒四年(1878)吳興陸氏十萬卷樓刻本　五册

500000－8701－0016489　G26/1－5/04467
小爾雅訓纂六卷　(清)宋翔鳳撰　清光緒十六年(1890)廣雅書局刻本　一册

500000－8701－0016490　G26/1－5/04468
小爾雅疏證五卷　(清)葛其仁著　清道光十九年(1839)嘉定葛氏刻本　二册

500000－8701－0016491　G26/1－5/04469
廣雅疏證十卷附博雅音十卷　(清)王念孫注　清光緒五年(1879)淮南書局刻本　八册

500000－8701－0016492　G26/1－6/04470
釋名疏證八卷續釋名一卷補遺一卷　(清)畢沅撰　**釋名疏證校議一卷**　(清)吳翊寅撰　清光緒二十年(1894)廣雅書局刻廣雅書局叢書本　二册

500000－8701－0016493　G26/1－6/04471
釋名疏證補八卷續釋名一卷釋名補遺一卷疏證補附一卷　王先謙撰集　清光緒二十二年(1896)刻本　四册

500000－8701－0016494　G26/1－6/04472
駢雅訓纂十六卷首一卷　(明)朱謀㙔著　(清)魏茂林訓纂　清光緒七年(1881)成都瀹雅齋刻本　八册

500000－8701－0016495　G26/1－6/04473
一切經音義二十五卷　(唐)釋玄應著　**補訂新譯大方廣佛華嚴經音義二卷**　(唐)釋慧苑述　**敘錄一卷**　清同治八年(1869)刻本　四册

500000－8701－0016496　G26/1－6/04474
經詞衍釋十卷補遺一卷　(清)吳昌瑩著　清同治十二年(1873)成都書局刻本　四册

500000－8701－0016497　G26/1－6/04475
經典釋文三十卷　(唐)陸德明撰　清同治十年(1871)廣州書局刻抱經堂叢書本　十四册

500000－8701－0016498　G26/1－6/04476
羣經字詁七十二卷　（清）段謌廷原稿　（清）黄本驥編　清道光二十九年（1849）黔陽楊氏刻本　十八册

500000－8701－0016499　G26/1－7/04477
文選古字通疏證六卷　（清）薛傳均撰　清道光二十一年（1841）刻本　二册

500000－8701－0016500　G26/1－7/04478
文選古字通疏證六卷　（清）薛傳均撰　清道光二十一年（1841）刻本　二册

500000－8701－0016501　G26/1－7/04479
新爾雅十四卷　（清）汪榮寶　（清）葉瀾編纂　清光緒三十年（1904）刻本　二册

500000－8701－0016502　G26/1－7/04480
文選古字通疏證六卷　（清）薛傳均撰　清道光二十年（1840）翟惟善刻本　一册

500000－8701－0016503　G26/1－7/04481
班馬字類二卷　（宋）婁機編　清光緒二十七年（1901）知足知不足齋刻本　二册

500000－8701－0016504　G26/1－7/04482
小學鉤沈十九卷　（清）任大椿著　清湖北崇文書局刻本　四册

500000－8701－0016505　G26/1－7/04483
名原二卷　（清）孫詒讓記　清光緒三十一年（1905）刻本　一册

500000－8701－0016506　G26/1－7/04484
小學類編七種　（清）李祖望輯　清咸豐元年至同治十年（1851－1871）江都李氏半畝園刻本　八册

500000－8701－0016507　G26/1－7/04485
文字存真六種附四種　（清）饒炯撰　清光緒三十年（1904）資州饒氏達古軒刻本　五册　存二種十五卷（六書例説一卷、説文解字部首訂十四卷）

500000－8701－0016508　G26/1－7/04486
小學答問一卷　章炳麟撰　清宣統元年（1909）刻本　一册

500000－8701－0016509　G26/1－7/04487
説文校議十五卷　（清）姚文田　（清）嚴可均撰　清同治十三年（1874）歸安姚氏刻本　四册

500000－8701－0016510　G26/1－7/04488
苗氏説文四種　（清）苗夔撰　清道光至咸豐祁寯藻刻本　八册

500000－8701－0016511　G26/1－7/04489
苗氏説文四種　（清）苗夔撰　清道光至咸豐祁寯藻刻本　六册

500000－8701－0016512　G26/1－7/04490
説文檢字二卷　（清）毛謨輯　清嘉慶二十一年（1816）歸安毛氏四川督學使者署刻本　一册

500000－8701－0016513　G26/2－1/04491
説文通檢十四卷首一卷末一卷　（清）黎永椿編　清光緒二年（1876）湖北崇文書局刻本　二册

500000－8701－0016514　G26/2－1/04492
説文答問疏證六卷　（清）薛傳均著　清光緒八年（1882）成都御風樓刻本　二册

500000－8701－0016515　G26/2－1/04493
説文部首讀本一卷　（清）程晼編　清蜀西什邑富興堂刻本　一册

500000－8701－0016516　G26/2－1/04494
説文解字十五卷標目一卷　（漢）許慎記　（宋）徐鉉校定　清嘉慶十二年（1807）額勒布刻本　八册

500000－8701－0016517　G26/2－1/04495
説文部首讀本一卷　（清）程晼編　清刻本　一册

500000－8701－0016518　G26/2－1/04496
説文解字十五卷標目一卷　（漢）許慎記　（宋）徐鉉校定　明末常熟毛氏汲古閣仿宋刻本　八册

500000－8701－0016519　G26/2－1/04497
説文解字十五卷標目一卷　（漢）許慎記

(宋)徐鉉校定　清同治十年(1871)刻本　八册

500000－8701－0016520　G26/2－1/04498
說文解字十五卷標目一卷　(漢)許慎記　(宋)徐鉉校定　清同治十三年(1874)東吳浦氏刻本　四册

500000－8701－0016521　G26/2－1/04499
說文解字十五卷標目一卷　(漢)許慎記　(宋)徐鉉校定　清嘉慶九年(1804)陽湖孫氏仿宋刻本　二册

500000－8701－0016522　G26/2－1/04500
說文解字徐氏繫傳四十卷　(漢)許慎著　(宋)徐鍇傳釋　(宋)朱翺反切　清光緒九年(1883)江蘇書局刻本　八册

500000－8701－0016523　G26/2－2/04501
說文解字徐氏繫傳四十卷　(漢)許慎著　(宋)徐鍇傳釋　(宋)朱翺反切　清道光十九年(1839)壽陽祁氏刻本　八册

500000－8701－0016524　G26/2－2/04502
說文解字徐氏繫傳四十卷校勘記三卷　(宋)徐鍇傳釋　(宋)朱翺反切　清同治至光緒歸安姚覲元刻本　八册

500000－8701－0016525　G26/2－2/04503
新增說文韻府羣玉二十卷　(元)陰時夫輯　(元)陰中夫註　清末宏道堂刻本　十二册

500000－8701－0016526　G26/2－2/04504
新增說文韻府羣玉二十卷　(元)陰時夫輯　(元)陰中夫註　清三讓堂刻本　二十册

500000－8701－0016527　G26/2－3/04505
說文廣義三卷　(清)王夫之著　清同治四年(1865)湘鄉曾氏金陵節署刻本　三册

500000－8701－0016528　G26/2－3/04506
說文解字注三十二卷　(清)段玉裁注　清嘉慶二十年(1815)金壇段氏刻本　二十四册

500000－8701－0016529　G26/2－3/04507
說文解字注十五卷附六書音均表一卷匡謬八卷通檢十四卷首一卷末一卷　(清)段玉裁注　清光緒十五年(1889)上海點石齋石印本　四册

500000－8701－0016530　G26/2－3/04508
說文解字三十二卷　(漢)許慎撰　(清)段玉裁注　清同治六年(1867)蘇州保息局刻本　十六册

500000－8701－0016531　G26/2－3/04509
說文解字注三十二卷　(漢)許慎記　(清)段玉裁注　**說文通檢十四卷首一卷末一卷**　(清)黎永椿編　**說文解字注匡謬八卷**　(清)徐承慶撰　清宣統二年(1910)石印本　七册
存五十二卷(說文解字注一至二十八,說文通檢十四卷、首一卷、末一卷,說文解字注匡謬八卷)

500000－8701－0016532　G26/2－3/04510
段氏說文注訂八卷　(清)鈕樹玉著　清同治十三年(1874)湖北崇文書局刻本　二册

500000－8701－0016533　G26/2－3/04511
段氏說文注訂八卷　(清)鈕樹玉著　清同治五年(1866)碧螺山館刻本　二册

500000－8701－0016534　G26/2－3/04512
說文解字羣經正字二十八卷　(清)邵瑛著　清嘉慶十七年(1812)餘姚邵氏刻本　八册

500000－8701－0016535　G26/2－3/04513
藝文備覧十二集一百二十卷附檢字一卷　(清)沙木集注　清嘉慶刻本　四十一册

500000－8701－0016536　G26/2－4/04514
說文解字義證五十卷　(清)桂馥撰　清同治九年(1870)湖北崇文書局刻本　四十八册

500000－8701－0016537　G26/2－5/04515
說文解字斠詮十四卷　(清)錢坫著　清光緒九年(1883)淮南書局刻本　六册

500000－8701－0016538　G26/2－5/04516
說文段注訂補十四卷　(清)王紹蘭著　清光緒十四年(1888)蕭山胡氏刻本　八册

500000－8701－0016539　G26/2－5/04517
說文釋例二十卷　(清)王筠撰　清光緒九年

(1883)成都御風樓刻本　十二册

500000－8701－0016540　G26/2－5/04518
說文解字句讀三十卷附補正三十卷　(漢)許慎著　(清)王筠集　清同治四年(1865)刻本　十六册

500000－8701－0016541　G26/2－5/04519
說文解字句讀三十卷附補正三十卷　(漢)許慎著　(清)王筠集　清光緒八年(1882)餘姚朱逌然成都刻本　十四册

500000－8701－0016542　G26/2－6/04520
說文解字句讀三十卷附補正三十卷　(漢)許慎著　(清)王筠集　清光緒八年(1882)餘姚朱逌然成都刻本　十四册

500000－8701－0016543　G26/2－6/04521
說文楬原二卷　(清)張行孚撰　清光緒十年(1884)後知不足齋刻本　二册

500000－8701－0016544　G26/2－6/04522
說文通訓定聲十八卷分部檢韻一卷說雅一卷古今韻準一卷　(清)朱駿聲輯　清道光十三年(1833)新安官署刻本　二十四册

500000－8701－0016545　G26/2－6/04523
說文字辨十四卷　(清)林慶炳著　清同治四年(1865)侯官林氏刻本　四册

500000－8701－0016546　G26/2－6/04524
說文段注撰要九卷　(清)馬壽齡撰　清光緒九年(1883)金陵胡氏愚園刻本　四册

500000－8701－0016547　G26/2－6/04525
說文段注撰要九卷　(清)馬壽齡撰　清光緒九年(1883)金陵胡氏愚園刻本　四册

500000－8701－0016548　G26/2－7/04526
說文新附攷六卷　(清)鄭珍記　清光緒七年(1881)歸安姚氏刻本　四册

500000－8701－0016549　G26/2－7/04527
說文新附攷六卷　(清)鄭珍記　清光緒七年(1881)歸安姚氏刻本　四册

500000－8701－0016550　G26/2－7/04528
說文新附攷六卷續考一卷　(清)鈕樹玉撰　清同治十三年(1874)湖北崇文書局刻本　二册

500000－8701－0016551　G26/2－7/04529
說文新附攷六卷續考一卷　(清)鈕樹玉撰　清同治七年(1868)碧螺山館刻本　二册

500000－8701－0016552　G26/2－7/04530
說文本經答問二卷　(清)鄭知同撰　清光緒十六年(1890)廣雅書局刻廣雅書局叢書本　一册

500000－8701－0016553　G26/2－7/04531
說文解字部首一卷直音一卷　(漢)許慎記　清光緒八年(1882)蜀南黃氏刻本　一册

500000－8701－0016554　G26/2－7/04532
說文發疑六卷　(清)張行孚述　清光緒九年(1883)邗上寓廬刻本　二册

500000－8701－0016555　G26/2－7/04533
說文解字部首十四卷　(清)趙舉河述　清光緒十七年(1891)迪毅書莊石印本　二册

500000－8701－0016556　G26/2－7/04534
六書說一卷轉注古義考一卷　(清)江聲撰　清光緒十五年(1889)湘鄉蔣氏求實齋刻本　一册

500000－8701－0016557　G26/2－7/04535
六書會原八卷　(清)潘肇豐著　清嘉慶六年(1801)刻本　七册

500000－8701－0016558　G26/2－7/04536
六書繫韻二十四卷首一卷附檢字二卷　(清)李貞輯　清光緒十六年(1890)湘陰李氏刻本　二十六册

500000－8701－0016559　G26/2－7/04537
六書通十卷　(明)閔齊伋撰　(清)畢弘述篆訂　清康熙刻本　十册

500000－8701－0016560　G26/2－7/04538
六書正譌五卷　(元)周伯琦編注　(清)唐鈞書　清同治五年(1866)大興邵氏刻本　五册

500000－8701－0016561　G26/2－7/04539
六書正譌五卷　(元)周伯琦編注　(清)唐鈞

書　清同治五年(1866)大興邵氏刻本　六册

500000－8701－0016562　G26/3－1/04540
切音捷訣一卷幼學切音便讀一卷　(清)鄺珩輯　清光緒六年(1880)諸暨鄺氏摭古堂刻本　一册

500000－8701－0016563　G26/3－1/04541
許氏説文解字雙聲疊韻譜一卷　(清)鄧廷楨著　清道光十九年(1839)知足齋刻本　二册

500000－8701－0016564　G26/3－1/04542
説文疊韻二卷首一卷末一卷　(清)劉熙載　(清)袁康輯　清刻本　二册

500000－8701－0016565　G26/3－1/04543
説文雙聲二卷　(清)劉熙載　(清)陳宗彝輯　清刻本　一册

500000－8701－0016566　G26/3－1/04544
四音定切四卷首一卷　(清)劉熙載撰　清刻本　二册

500000－8701－0016567　G26/3－1/04545
别雅五卷　(清)吴玉搢輯　清道光二十九年(1849)小蓬萊山館刻本　五册

500000－8701－0016568　G26/3－1/04546
説文引經考二卷附補遺一卷　(清)吴玉搢著　清刻本　二册

500000－8701－0016569　G26/3－1/04547
古今文字通釋十四卷　(清)吕世宜述　清光緒五年(1879)陳棨仁刻本　七册

500000－8701－0016570　G26/3－1/04548
古籀餘論二卷　(清)孫詒讓記　清光緒二十九年(1903)籀經樓刻本　二册

500000－8701－0016571　G26/3－1/04549
古籀拾遺三卷　(清)孫詒讓記　清光緒十六年(1890)刻本　一册

500000－8701－0016572　G26/3－1/04550
古籀拾遺三卷　(清)孫詒讓記　清光緒十六年(1890)刻本　二册

500000－8701－0016573　G26/3－2/04551
説文古籀疏證六卷　(清)莊述祖撰　清光緒二十年(1894)津郡文明刻本　四册

500000－8701－0016574　G26/3－2/04552
説文逸字二卷附錄一卷　(清)鄭珍著　清咸豐八年(1858)成都御風樓刻本　二册

500000－8701－0016575　G26/3－2/04553
説文逸字二卷附錄一卷　(清)鄭珍著　清刻本　二册

500000－8701－0016576　G26/3－2/04554
文字蒙求四卷　(清)王筠著　清光緒五年(1879)會稽章氏刻本　一册

500000－8701－0016577　G26/3－2/04555
文字蒙求四卷　(清)王筠著　清末民初上海文瑞樓影印本　二册

500000－8701－0016578　G26/3－2/04556
文字蒙求四卷　(清)王筠著　清光緒三十年(1904)江州會文書局刻本　一册

500000－8701－0016579　G26/3－2/04557
文字蒙求廣義四卷　(清)王筠著　清光緒二十七年(1901)江楚書局刻本　五册

500000－8701－0016580　G26/3－2/04558
偏旁舉略一卷　(清)姚文田輯　清刻本　一册

500000－8701－0016581　G26/3－2/04559
急就篇四卷　(唐)顔師古注　(宋)王應麟補注　清光緒五年(1879)福山王氏家塾刻天壤閣叢書本　二册

500000－8701－0016582　G26/3－2/04560
急就篇四卷　(唐)顔師古注　(宋)王應麟補注　清光緒十年(1884)成都志古堂刻本　二册

500000－8701－0016583　G26/3－2/04561
姓氏急就篇二卷　(宋)王應麟撰　清道光二十三年(1843)金陵藩署刻本　一册

500000－8701－0016584　G26/3－2/04562
急就篇四卷　(宋)王應麟補注　清道光二十三年(1843)金陵藩署刻本　二册

500000－8701－0016585　G26/3－2/04563
古香齋新刻袖珍淵鑑類函四百五十卷目錄四卷　（清）張英等纂　清古香齋刻本　一百五十八冊

500000－8701－0016586　G26/3－4/04564
古香齋新刻袖珍淵鑑類函四百五十卷目錄四卷　（清）張英等纂　清古香齋刻本　二百冊

500000－8701－0016587　G26/3－5/04565
淵鑑類函四百五十卷　（清）張英等纂　清光緒二十一年（1895）上海點石齋石印本　十冊

500000－8701－0016588　G26/3－6/04566
淵鑑類函四百五十卷目錄四卷　（清）張英等纂　清同治九年（1870）刻本　一百八十冊

500000－8701－0016589　G26/4－1/04567
通俗編三十八卷　（清）翟灝撰　清乾隆無不為齋刻本　十二冊

500000－8701－0016590　G26/4－1/04568
類篇十五卷　（宋）司馬光等纂　清光緒二年（1876）川東官舍刻本　十五冊

500000－8701－0016591　G26/4－1/04569
字林考逸八卷補本一卷附錄一卷補附錄一卷　（清）任大椿撰　清光緒十六年（1890）江蘇書局刻本　四冊

500000－8701－0016592　G26/4－1/04570
分類字錦六十四卷　（清）何焯等纂　清刻本　六十冊

500000－8701－0016593　G26/4－2/04571
大廣益會玉篇三十卷　（南朝梁）顧野王著　清道光三十年（1850）新化鄧氏邵州東山精舍刻本　三冊

500000－8701－0016594　G26/4－2/04572
大廣益會玉篇三十卷　（南朝梁）顧野王著　清道光三十年（1850）新化鄧氏邵州東山精舍刻本　三冊

500000－8701－0016595　G26/4－2/04573
續集漢印分韻二卷　（清）謝景卿輯摹　清嘉慶八年（1803）漱藝堂刻本　二冊

500000－8701－0016596　G26/4－2/04574
汗簡三卷　（宋）郭忠恕輯　清道光二十八年（1848）海虞蘊玉山房刻本　二冊

500000－8701－0016597　G26/4－2/04575
汗簡三卷　（宋）郭忠恕輯　清一隅草堂刻本　一冊　存一卷（一）

500000－8701－0016598　G26/4－2/04576
選集漢印分韻二卷　（清）謝雲生摹錄　清光緒十年（1884）影鈔本　二冊

500000－8701－0016599　G26/4－2/04577
選集漢印分韻二卷續集漢印分韻二卷　（清）袁日省原本　（清）謝雲生摹錄　清嘉慶漱藝堂刻本　四冊

500000－8701－0016600　G26/4－2/04578
廣金石韻府五卷　（明）朱時望編纂　（清）林尚葵輯　（清）張鳳藻增篆　清咸豐七年（1857）巴郡張氏刻本　五冊

500000－8701－0016601　G26/4－2/04579
繆篆分韻五卷繆篆補一卷　（清）桂馥編　清嘉慶元年（1796）歸安姚氏咫進齋刻本　三冊

500000－8701－0016602　G26/4－2/04580
隸法彙纂十卷　（清）項懷述編　清同治九年（1870）巴郡汪氏刻本　四冊

500000－8701－0016603　G26/4－2/04581
隸韻十卷碑目一卷　（宋）劉球纂　**攷證二卷**　（清）翁方綱撰　清嘉慶十五年（1810）長白厚巷刻本　六冊

500000－8701－0016604　G26/4－3/04582
字典考證十二集　（清）奕繪等輯　清愛日堂刻本　八冊

500000－8701－0016605　G26/4－3/04583
字典考證十二集　（清）奕繪等輯　清愛日堂刻本　八冊

500000－8701－0016606　G26/4－3/04584
康熙字典十二集檢字一卷辨似一卷字母切韻要法一卷等韻切音指南一卷字典考證十二卷備考一卷補遺一卷　（清）張玉書纂　清道光

七年(1827)刻本　四十冊

500000－8701－0016607　G26/4－3/04585
新輯單字音訓十二集　(□)且承禋著　清刻本　一冊

500000－8701－0016608　G26/4－3/04586
集韻十卷　(宋)丁度脩定　清光緒二年(1876)川東官舍刻本　十冊

500000－8701－0016609　G26/4－3/04587
説文審音十六卷　(清)張行孚著　清光緒二十四年(1898)桐廬袁氏漸西村舍刻本　四冊

500000－8701－0016610　G26/4－3/04588
韻補五卷　(宋)吳棫著　**韻補正一卷**　(清)顧炎武撰　清光緒九年(1883)邵武徐氏刻本　二冊

500000－8701－0016611　G26/4－3/04589
附釋文互註禮部韻略五卷　(宋)□□撰　清光緒二年(1876)歸安姚氏川東官舍刻本　五冊

500000－8701－0016612　G26/4－3/04590
唐寫本唐韻殘卷　(唐)孫愐撰　清光緒三十四年(1908)上海國粹學報館影印本　一冊

500000－8701－0016613　G26/4－4/04591
古韻通説二十卷　(清)龍啓瑞撰　清光緒九年(1883)尊經書局刻本　一冊

500000－8701－0016614　G26/4－4/04592
廣韻五卷　(隋)陸法言著　清康熙四十三年(1704)吳郡張氏澤存堂刻本　五冊

500000－8701－0016615　G26/4－4/04593
韻詁五卷附補遺一卷　(清)方濬頤輯　清光緒四年(1878)淮南書局刻本　六冊

500000－8701－0016616　G26/4－4/04594
集韻考正十卷　(清)方成珪著　清光緒五年(1879)刻本　十冊

500000－8701－0016617　G26/4－4/04595
韻府萃音十二集　(清)龍柏纂　清嘉慶十五年(1810)廣州龍氏刻本　十二冊

500000－8701－0016618　G26/4－4/04596
古今韻略五卷　(清)邵長蘅撰　清康熙三十五年(1696)刻本　五冊

500000－8701－0016619　G26/4－4/04597
四音釋義十二集　(清)鄭長庚輯　清道光十一年(1831)安康張氏來鹿堂刻本　十二冊

500000－8701－0016620　G26/4－4/04598
四聲易知錄四卷　(清)姚文田輯　清光緒八年(1882)廣州刻本　二冊

500000－8701－0016621　G26/4－4/04599
韻府翼五卷　(清)郭鑑庚輯　清光緒元年(1875)刻本　二冊

500000－8701－0016622　G26/4－4/04600
韻字略十二集　(清)毛謨纂輯　清光緒元年(1875)湖北崇文書局刻本　二冊

500000－8701－0016623　G26/4－5/04601
韻府拾遺一百六卷　(清)汪灝等纂　清刻本　二十冊

500000－8701－0016624　G26/4－5/04602
音學五書三十八卷　(清)顧炎武撰　清光緒十六年(1890)思賢講舍刻本　十六冊

500000－8701－0016625　G26/4－5/04603
音學五書三十八卷　(清)顧炎武撰　清光緒十一年(1885)四明觀稼樓刻本　十二冊

500000－8701－0016626　G26/4－5/04604
韻辨附文五卷　(清)沈兆霖撰　清同治十二年(1873)東川書院刻本　五冊

500000－8701－0016627　G26/4－5/04605
韻辨附文五卷　(清)沈兆霖撰　清同治十二年(1873)東川書院刻本　五冊

500000－8701－0016628　G26/4－6/04606
蕭選韻系二卷　(清)李麟閣編輯　清光緒十年(1884)上海同文書局石印本　二冊

500000－8701－0016629　G26/4－6/04607
選集漢印分韻二卷　(清)袁日省原本　(清)謝雲生摹錄　清嘉慶二年(1797)漱藝堂刻本　二冊

500000－8701－0016630　G26/4－6/04608
音韻闡微十八卷　(清)李光地等修　(清)王蘭生編纂　清光緒七年(1881)淮南書局刻本　五册

500000－8701－0016631　G26/4－6/04609
詞林正韻三卷佩文詩韻五卷　(清)姚詩雅　(清)戈載輯　清同治四年(1865)滑臺官舍刻本　二册

500000－8701－0016632　G26/4－6/04610
聲韻攷四卷　(清)戴震撰　清潮陽署刻本　一册

500000－8701－0016633　G26/4－6/04611
佩文韻府一百六卷韻府拾遺一百六卷　(清)蔡升元等纂　清光緒十三年(1887)上海點石齋石印本　六十册

500000－8701－0016634　G26/4－7/04612
佩文韻府一百六卷韻府拾遺一百六卷　(清)蔡升元等纂　清刻本　九十五册

500000－8701－0016635　G26/5－2/04613
佩文韻府一百六卷韻府拾遺一百六卷　(清)蔡升元等纂　清嶺南潘氏海山仙館刻本　二百册

500000－8701－0016636　G26/5－5/04614
經籍籑詁一百六卷首一卷補遺一卷　(清)阮元纂　清光緒十六年(1890)上海鴻寶齋石印本　十二册

500000－8701－0016637　G26/5－5/04615
經籍籑詁一百六卷首一卷補遺一卷　(清)阮元輯　清光緒六年(1880)江南書局刻本　四十八册

500000－8701－0016638　G26/5－6/04616
經籍籑詁不分卷附補遺　(清)阮元輯　清光緒九年(1883)上海點石齋石印本　十册

500000－8701－0016639　G26/5－6/04617
佩文詩韻釋要五卷　(清)周兆基輯　清光緒十八年(1892)桂垣書局刻本　二册

500000－8701－0016640　G26/5－6/04618
佩文韻府一百六卷韻府拾遺一百六卷　(清)蔡升元等纂　清光緒十八年(1892)上海同文書局石印本　六十册

500000－8701－0016641　G26/5－7/04619
五音集字十卷集字繫聲二卷檢字一卷辨似一卷　(清)汪朝恩纂輯　清光緒三十四年(1908)渝城聖家書局刻本　十二册

500000－8701－0016642　G26/6－1/04620
廣續方言四卷拾遺一卷　程先甲輯　清宣統二年(1910)江寧程氏刻千一齋全書本　一册

500000－8701－0016643　G26/6－1/04621
輶軒使者絕代語釋别國方言箋疏十三卷附校勘記　(漢)揚雄著　(清)錢繹箋　清光緒十六年(1890)廣州廣雅書局刻本　四册

500000－8701－0016644　G26/6－1/04622
輶軒使者絕代語釋别國方言箋疏十三卷　(清)錢繹撰集　清光緒十六年(1890)紅蝠山房刻本　六册

500000－8701－0016645　G26/6－1/04623
輶軒使者絕代語釋别國方言十三卷附續方言二卷　(漢)揚雄撰　(清)戴震疏證　清刻本　二册

500000－8701－0016646　G26/6－1/04624
東文典問答十三章　丁福保編纂　清光緒二十八年(1902)上海文明書局鉛印本　二册

500000－8701－0016647　G26/6－1/04625
古書疑義舉例七卷　(清)俞樾撰　清同治十年(1871)刻本　二册

500000－8701－0016648　G26/6－1/04626
幼穉新編讀本三卷　(□)□□撰　清光緒三十一年(1905)涪州學堂刻本　三册

500000－8701－0016649　G26/6－1/04627
寄傲山房塾課新增幼學故事瓊林四卷　(清)程允升著　(清)鄒聖脈增補　清光緒二十五年(1899)重慶中西書屋刻本　四册

500000－8701－0016650　G26/6－1/04628
新增幼學故事瓊林四卷　(清)程允升原本

(清)鄒聖脈增補　清刻本　四冊

500000－8701－0016651　G26/6－1/04629
龍文鞭影四卷　(明)蕭良有著　(清)楊臣諍增訂　清光緒三十年(1904)善成堂刻本　四冊

500000－8701－0016652　G26/6－1/04630
小學韻語一卷　(清)羅澤南編輯　清光緒二十六年(1900)京師同文館活字印本　一冊

500000－8701－0016653　G26/6－1/04631
澄衷蒙學堂字課圖說四卷　劉樹屏編　吳子城繪圖　清光緒二十七年(1901)澄衷蒙學堂石印本　八冊

500000－8701－0016654　G26/6－1/04632
點勘記二卷省堂筆記一卷　(清)歐陽泉著　清光緒九年(1883)寶硯齋刻本　二冊

500000－8701－0016655　G26/6－1/04633
古文學餘三十四卷　(清)毛慶藩評選　清光緒三十四年(1908)活字印本　十冊

500000－8701－0016656　G26/6－1/04634
古文觀止十二卷　(清)吳乘權　(清)吳大職輯　清文奎堂刻本　六冊

500000－8701－0016657　G26/6－1/04635
古文觀止十二卷　(清)吳乘權　(清)吳大職輯　清光緒十九年(1893)刻本　六冊

500000－8701－0016658　G26/6－1/04636
古文觀止十二卷　(清)吳乘權　(清)吳大職輯　清刻本　六冊

500000－8701－0016659　G26/6－1/04637
高等小學古文讀本四卷　(清)吳汝綸編纂　清光緒三十一年(1905)養新書屋活字印本　二冊

500000－8701－0016660　G26/6－2/04638
小學古文讀本二卷　(清)吳汝綸輯選註解　清光緒三十四年(1908)上海文明書局石印本　一冊

500000－8701－0016661　G26/6－2/04639
唐宋八大家文讀本三十卷　(清)沈德潛評點　清末民初上海錦章書局石印本　八冊

500000－8701－0016662　G26/6－2/04640
和文漢譯讀本八卷　(日本)坪内雄藏編輯　(日本)長尾楨太郎譯　清光緒三十二年(1906)上海商務石印本　八冊

500000－8701－0016663　G26/6－2/04641
天方字母解義題一卷清真教說一卷　(清)劉智著　清光緒二十年(1894)成都周氏敬畏堂刻本　一冊

500000－8701－0016664　G26/6－2/04642
版權考三篇　(英國)斯克羅敦等著　周儀君譯　清光緒二十九年(1903)上海商務印書館鉛印本　一冊

500000－8701－0016665　G26/6－2/04643
文章緣起一卷　(南朝梁)任昉著　(明)陳懋仁註　(清)方熊望補注　清邵武徐氏刻本　一冊

500000－8701－0016666　G26/6－2/04644
文心雕龍十卷　(南朝梁)劉勰著　(清)黄叔琳注　清道光十三年(1833)涿州盧氏兩廣節署刻朱墨套印本　二冊

500000－8701－0016667　G26/6－2/04645
藝概六卷　(清)劉熙載撰　清光緒二十九年(1903)成都官書局鉛印本　二冊

500000－8701－0016668　G26/6－2/04646
御選唐宋文醇五十八卷　(清)高宗弘曆選　清乾隆三年(1738)刻三色套印本　二十四冊

500000－8701－0016669　G26/6－2/04647
御選唐宋文醇五十八卷　(清)高宗弘曆選　清光緒六年(1880)浙江書局刻本　二十冊

500000－8701－0016670　G26/6－2/04648
御選唐宋文醇五十八卷　(清)高宗弘曆選　清乾隆陳弘謀、喬光烈刻本　二十冊

500000－8701－0016671　G26/6－3/04649
唐詩成法十二卷　(清)屈復著　清光緒七年(1881)林肇元刻本　四冊

500000－8701－0016672　G26/6－3/04650

詩法萃編十五卷首一卷 （清）許印芳編輯 清光緒二十一年(1895)樸學齋刻本 十二冊

500000－8701－0016673 G26/6－3/04651
聲調三譜四卷 （清）王祖源輯 清光緒二十二年(1896)宏道堂刻天壤閣叢書本 二冊

500000－8701－0016674 G26/6－3/04652
聲調三譜四卷 （清）王祖源輯 清末四川成都存古書局刻天壤閣叢書本 二冊

500000－8701－0016675 G26/6－3/04654
小石帆亭著錄六卷 （清）翁方綱輯著 清鉛印本 二冊

500000－8701－0016676 G26/6－3/04655
宋詩紀事補遺一百卷附小傳補正四卷 （清）陸心源輯 清光緒十九年(1893)歸安陸氏刻本 二十六冊

500000－8701－0016677 G26/6－3/04656
漁磯漫鈔十卷 （清）汪秀瑩等輯 清刻本 六冊

500000－8701－0016678 G26/6－3/04657
歲寒堂詩話二卷 （宋）張戒著 清光緒二十二年(1896)儷峰書屋刻本 一冊

500000－8701－0016679 G26/6－3/04658
樵說十二卷續十二卷 （清）蜀西樵也撰 **昭如女子詩鈔一卷** （清）王麟書撰 清光緒十八年至二十七年(1892－1901)成都王氏刻本 八冊

500000－8701－0016680 G26/6－3/04659
詩藪內編六卷雜編六卷外編四卷 （明）胡應麟撰 清光緒廣雅書局刻廣雅書局叢書本 四冊

500000－8701－0016681 G26/6－4/04660
本事詩十二卷 （清）徐釚編輯 清光緒十四年(1888)邵武徐氏刻本 四冊

500000－8701－0016682 G26/6－4/04661
五代詩話十二卷 （清）王士禛輯 清乾隆十三年(1748)刻本 十二冊

500000－8701－0016683 G26/6－4/04662
帶經堂詩話三十卷首一卷 （清）王士禛撰 （清）張宗柟輯 清同治十二年(1873)廣州藏脩堂刻本 五冊 存十五卷(一至十四、首一卷)

500000－8701－0016684 G26/6－4/04663
帶經堂詩話三十卷首一卷 （清）王士禛撰 （清）張宗柟輯 清同治十二年(1873)廣州藏脩堂刻本 八冊

500000－8701－0016685 G26/6－4/04664
諧聲別部六卷 （清）王士禎原本 （清）喻端士編輯 清乾隆刻本 八冊

500000－8701－0016686 G26/6－4/04665
聲調譜前譜一卷後譜一卷續譜一卷 （清）趙執信撰 清光緒十六年(1890)湘鄉蔣氏求實齋刻本 一冊

500000－8701－0016687 G26/6－4/04666
聲調譜前譜一卷後譜一卷續譜一卷談龍錄一卷 （清）趙執信撰 清乾隆三十九年(1774)刻本 一冊

500000－8701－0016688 G26/6－4/04667
明詩紀事甲籤三十卷乙籤二十二卷丙籤十二卷丁籤十七卷戊籤二十二卷己籤二十卷庚籤三十卷辛籤三十四卷 陳田輯 清光緒二十五年至宣統三年(1899－1911)貴陽陳氏聽詩齋刻本 三十冊

500000－8701－0016689 G26/6－5/04668
四六叢話三十三卷選詩叢話一卷 （清）孫梅輯 清光緒七年(1881)刻本 十二冊

500000－8701－0016690 G26/6－5/04669
四六叢話三十三卷選詩叢話一卷 （清）孫梅輯 清光緒七年(1881)刻本 十六冊

500000－8701－0016691 G26/6－6/04670
詞林紀事二十二卷附錄三卷 （清）張宗橚輯 清末民初上海掃葉山房石印本 十二冊

500000－8701－0016692 G26/6－6/04671
碑版文廣例十卷 （清）王芑孫輯 清刻本 四冊

500000－8701－0016693　G26/6－6/04672
金石訂例四卷　(清)鮑振芳學　清光緒十年(1884)後知不足齋刻本　二冊

500000－8701－0016694　G26/6－6/04673
浩然齋雅談三卷　(宋)周密撰　清光緒二十二年(1896)儷峰書屋刻本　一冊

500000－8701－0016695　G26/6－6/04674
制義叢話二十四卷制義叢話題名一卷　(清)梁章鉅撰　清光緒七年(1881)後知不足齋刻本　八冊

500000－8701－0016696　G26/6－6/04675
制義叢話二十四卷制義叢話題名一卷　(清)梁章鉅撰　清道光刻本　八冊

500000－8701－0016697　G26/6－6/04676
昭明文選集成六十卷首二卷　(清)方廷珪點評　清乾隆三十二年(1767)倣范軒刻本　二十六冊

500000－8701－0016698　G27/1－1/04677
增訂昭明文選集成詳註六十卷　(清)方廷珪點評　(清)于惺介采輯詳註　(清)陳雲程補訂　清乾隆龍江書屋刻本　二十冊

500000－8701－0016699　G27/1－1/04678
增訂昭明文選集成詳註六十卷　(清)方廷珪點評　(清)于惺介采輯詳註　(清)陳雲程補訂　清乾隆龍江書屋刻本　二十四冊

500000－8701－0016700　G27/1－1/04679
古文苑二十一卷　(宋)章樵注　清光緒十二年(1886)江蘇書局刻本　四冊

500000－8701－0016701　G27/1－1/04680
古文苑二十一卷　(宋)章樵注　清光緒十二年(1886)江蘇書局刻本　四冊

500000－8701－0016702　G27/1－1/04681
古文苑二十一卷　(宋)章樵注　清光緒十二年(1886)江蘇書局刻本　四冊

500000－8701－0016703　G27/1－1/04682
古文苑二十一卷　(宋)章樵注　清光緒十二年(1886)江蘇書局刻本　四冊

500000－8701－0016704　G27/1－1/04683
古文苑二十一卷　(宋)章樵註　清光緒十四年(1888)長沙惜陰書局刻惜陰軒叢書本　四冊

500000－8701－0016705　G27/1－1/04684
古文苑二十一卷　(宋)章樵註　清刻本　六冊

500000－8701－0016706　G27/1－1/04685
古文苑二十一卷　(宋)章樵註　清光緒十四年(1888)蘊石齋刻蘊石齋叢書本　六冊

500000－8701－0016707　G27/1－1/04686
古文苑二十一卷　(宋)章樵註　清光緒二十二年(1896)長沙刻惜陰軒叢書本　四冊

500000－8701－0016708　G27/1－1/04687
古文苑二十一卷　(宋)章樵註　清光緒二十二年(1896)長沙刻惜陰軒叢書本　六冊

500000－8701－0016709　G27/1－2/04688
古文苑二十一卷　(宋)章樵註　清刻本　四冊

500000－8701－0016710　G27/1－2/04689
古文苑九卷　(宋)章樵註　清刻本　二冊

500000－8701－0016711　G27/1－2/04690
謝疊山先生文章軌範七卷　(元)謝枋得撰　清刻朱墨套印本　四冊

500000－8701－0016712　G27/1－2/04691
謝疊山先生文章軌範七卷　(元)謝枋得撰　清江右潯陽萬氏喻鴻文齋刻三色套印本　四冊

500000－8701－0016713　G27/1－2/04692
謝疊山先生文章軌範七卷　(元)謝枋得撰　清光緒八年(1882)青簡齋刻朱墨套印本　四冊

500000－8701－0016714　G27/1－2/04693
謝疊山先生文章軌範七卷　(元)謝枋得撰　清刻本　二冊

500000－8701－0016715　G27/1－2/04694
古文賞音十二卷　(清)謝有煇纂　清嘉慶三

年(1798)宋思仁刻本　十二册

500000－8701－0016716　G27/1－2/04695
文璨清娱四十八卷　(明)華國才選　明末菴膏堂刻本　十册

500000－8701－0016717　G27/1－3/04696
漢魏六朝名家集四十種　丁福保輯　清宣統三年(1911)上海文明書局鉛印本　三十一册

500000－8701－0016718　G27/1－3/04697
重訂文選集評十五卷首一卷末一卷　(清)于光華編　清刻本　十六册

500000－8701－0016719　G27/1－3/04698
重訂文選集評十五卷首一卷末一卷　(清)于光華編　清崇儒書屋刻本　十六册

500000－8701－0016720　G27/1－3/04699
重訂文選集評十五卷首一卷末一卷　(清)于光華編　清崇儒書屋刻本　十六册

500000－8701－0016721　G27/1－3/04700
重訂文選集評十五卷首一卷末一卷　(清)于光華編　清刻本　十六册

500000－8701－0016722　G27/1－4/04701
重訂文選集評十五卷首一卷末一卷　(清)于光華編　清刻本　十六册

500000－8701－0016723　G27/1－4/04702
古文分編集評初集五卷二集五卷三集八卷四集四卷　(清)于光華編　清刻本　十六册

500000－8701－0016724　G27/1－4/04703
古文分編集評二集五卷　(清)于光華編　清刻本　四册　存四卷(上一至二、下一至二)

500000－8701－0016725　G27/1－4/04704
古文分編集評三集八卷　(清)于光華編　清刻本　八册

500000－8701－0016726　G27/1－4/04705
三賢文集十二卷　(清)張斐然　(清)楊蓀輯　清刻本　十六册

500000－8701－0016727　G27/1－5/04706
漢魏六朝百三名家集一百三種　(明)張溥編纂　清光緒十八年(1892)善化章經濟堂刻本　一百册

500000－8701－0016728　G27/1－6/04707
漢魏六朝百三名家集一百三種　(明)張溥編纂　清光緒十八年(1892)善化章經濟堂刻本　一百册

500000－8701－0016729　G27/2－1/04708
漢魏六朝百三名家集一百三種　(明)張溥編輯　清光緒三年(1877)滇南唐氏刻本　一百二十册

500000－8701－0016730　G27/2－2/04709
漢魏六朝百三名家集一百三種　(明)張溥編輯　清光緒三年(1877)滇南唐氏刻本　一百十七册

500000－8701－0016731　G27/2－3/04710
漢魏六朝百三名家集一百三種　(明)張溥編輯　清光緒三年(1877)滇南唐氏刻民國七年(1918)四川官印刷局印本　一百册

500000－8701－0016732　G27/2－4/04711
漢魏六朝百三名家集一百三種　(明)張溥編輯　清刻本　一百二十册

500000－8701－0016733　G27/2－5/04712
漢魏六朝百三家集一百三種　(明)張溥輯　清光緒五年(1879)信述堂刻本　一百册

500000－8701－0016734　G27/2－6/04713
漢魏六朝百三名家集一百三種　(明)張溥編纂　清光緒十八年(1892)長沙謝氏翰墨山房刻本　一百十八册

500000－8701－0016735　G27/3－1/04714
山曉閣選古文全集三十二卷　(清)孫琮評　清刻本　二十六册

500000－8701－0016736　G27/3－1/04715
文選李注補正四卷　(清)孫志祖輯　清漢州張氏刻受經堂叢書本　二册

500000－8701－0016737　G27/3－1/04716
文選李注補正四卷　(清)孫志祖輯　清刻本　二册

500000－8701－0016738　G27/3－1/04717
文選考異四卷　(清)孫志祖輯　清漢州張氏刻受經堂叢書本　二冊

500000－8701－0016739　G27/3－1/04718
文選考異四卷　(清)孫志祖輯　清刻本　二冊

500000－8701－0016740　G27/3－1/04719
戊子重九讌集編一卷枕流館讌集編一卷　(清)孫點輯　清末鉛印本　一冊

500000－8701－0016741　G27/3－1/04720
續古文苑二十卷　(清)孫星衍撰　清光緒十二年(1886)吳縣朱氏槐廬刻本　八冊

500000－8701－0016742　G27/3－1/04721
續古文苑二十卷　(清)孫星衍撰　清光緒九年(1883)江蘇書局刻本　六冊

500000－8701－0016743　G27/3－1/04722
續古文苑二十卷　(清)孫星衍撰　清光緒九年(1883)江蘇書局刻本　六冊

500000－8701－0016744　G27/3－1/04723
續古文苑二十卷　(清)孫星衍撰　清光緒九年(1883)江蘇書局刻本　六冊

500000－8701－0016745　G27/3－1/04724
斯文精萃不分卷　(清)尹繼善輯　清同治七年(1868)湘潭黃氏長沙刻本　十二冊

500000－8701－0016746　G27/3－2/04725
古文選七種　(清)儲欣評　清刻本　二十八冊

500000－8701－0016747　G27/3－2/04727
紗籠文選八卷　(清)釋含澈纂述　清光緒十一年(1885)新繁龍藏寺刻本　八冊

500000－8701－0016748　G27/3－2/04728
古文淵鑒六十四卷　(清)徐乾學等編注　清康熙二十四年(1685)清內府刻五色套印本　三十六冊

500000－8701－0016749　G27/3－3/04729
古文淵鑒六十四卷　(清)徐乾學等編注　清康熙二十四年(1685)清內府刻五色套印本　三十二冊

500000－8701－0016750　G27/3－4/04730
古文淵鑒六十四卷　(清)徐乾學等編注　清同治十二年(1873)浙江書局刻本　三十二冊

500000－8701－0016751　G27/3－4/04731
古文淵鑒六十四卷　(清)徐乾學等編注　清同治十二年(1873)浙江書局刻本　三十二冊

500000－8701－0016752　G27/3－5/04732
古文淵鑒六十四卷　(清)徐乾學等編注　清同治十二年(1873)浙江書局刻本　三十二冊

500000－8701－0016753　G27/3－5/04733
古文淵鑒六十四卷　(清)徐乾學等編注　清宣統二年(1910)學部圖書館影印本　二十四冊

500000－8701－0016754　G27/3－6/04734
古文淵鑒六十四卷　(清)徐乾學等編注　清刻五色套印本　六十四冊

500000－8701－0016755　G27/4－1/04735
古文淵鑒六十四卷　(清)徐乾學等編注　清刻五色套印本　三十二冊

500000－8701－0016756　G27/4－1/04736
文苑英華選六十卷　(清)宮夢仁訂　清康熙二十四年(1685)刻本　三十二冊

500000－8701－0016757　G27/4－2/04737
文選理學權輿八卷補一卷文選考異四卷文選李注補正四卷　(清)汪師韓撰　清光緒十五年(1889)刻讀畫齋叢書本　五冊　存十卷(一至六、考異四卷)

500000－8701－0016758　G27/4－2/04738
文選理學權輿八卷補一卷文選考異四卷文選李注補正四卷　(清)汪師韓撰　清光緒十五年(1889)刻讀畫齋叢書本　八冊

500000－8701－0016759　G27/4－2/04739
文選理學權輿八卷補一卷文選考異四卷文選李注補正四卷　(清)汪師韓撰　清光緒十五年(1889)刻讀畫齋叢書本　四冊　存九卷(文選理學權輿八卷、補一卷)

500000－8701－0016760　G27/4－2/04740
文選理學權輿八卷補一卷　(清)汪師韓撰　清漢州張氏刻本　四冊

500000－8701－0016761　G27/4－2/04741
文選旁證四十六卷　(清)梁章鉅撰　清道光十八年(1838)閩中梁氏刻本　十二冊

500000－8701－0016762　G27/4－2/04742
文選旁證四十六卷　(清)梁章鉅撰　清道光十八年(1838)閩中梁氏刻本　十二冊

500000－8701－0016763　G27/4－2/04743
文選旁證四十六卷　(清)梁章鉅撰　清光緒八年(1882)刻本　十二冊

500000－8701－0016764　G27/4－3/04744
文選旁證四十六卷　(清)梁章鉅撰　清光緒八年(1882)刻本　十二冊

500000－8701－0016765　G27/4－3/04745
古文眉詮七十九卷　(清)浦起龍論次　清乾隆九年(1744)三吳書院刻本　十五冊

500000－8701－0016766　G27/4－3/04746
古文眉詮七十九卷　(清)浦起龍論次　清乾隆九年(1744)三吳書院刻本　二十四冊

500000－8701－0016767　G27/4－3/04748
十二石齋叢錄七卷　(清)梁九圖輯　清道光二十八年(1848)順德梁氏刻本　三冊

500000－8701－0016768　G27/4－4/04749
正祖聖德堂詳訂古文評註全集十卷　(清)過珙　(清)黄越評選　清道光十二年(1832)刻本　十冊

500000－8701－0016769　G27/4－4/04750
古文苑九卷　(宋)章樵註　清嘉慶十四年(1809)蘭陵孫氏刻本　二冊

500000－8701－0016770　G27/4－4/04751
古文苑九卷　(宋)章樵註　清光緒五年(1879)飛青閣影宋淳熙本刻本　二冊

500000－8701－0016771　G27/4－4/04752
金元明八大家文選五十三卷　(清)李祖陶評點　清道光二十五年(1845)泰和孫明刻本　二十四冊

500000－8701－0016772　G27/4－4/04753
金元明八大家文選五十三卷　(清)李祖陶評點　清道光二十五年(1845)泰和孫明刻本　二十四冊

500000－8701－0016773　G27/4－5/04754
文選課虚四卷　(清)杭世駿類次　清光緒十年(1884)上海同文書局石印本　一冊

500000－8701－0016774　G27/4－5/04755
國朝八家四六文鈔不分卷　(清)袁枚撰　清光緒五年(1879)紫文閣刻本　四冊

500000－8701－0016775　G27/4－5/04756
新選古文筆法八卷首一卷　(清)李扶九輯　黄紱麟書後　清光緒七年(1881)上海尚古山房石印本　二冊

500000－8701－0016776　G27/4－5/04757
新選古文筆法八卷首一卷　(清)李扶九輯　黄紱麟書後　清光緒七年(1881)上海尚古山房石印本　六冊

500000－8701－0016777　G27/4－5/04758
新選古文筆法八卷首一卷　(清)李扶九輯　黄紱麟書後　清光緒二十七年(1901)上海書局石印本　一冊

500000－8701－0016778　G27/4－5/04759
古文析義十二卷　(清)林雲銘評註　清康熙二十一年(1682)刻本　六冊

500000－8701－0016779　G27/4－5/04760
文選六十卷　(南朝梁)蕭統撰　(唐)李善註　清乾隆十年(1745)長洲葉氏海錄軒刻本　二十冊

500000－8701－0016780　G27/4－5/04761
文選六十卷　(南朝梁)蕭統輯　(唐)李善註　清刻本　十三冊

500000－8701－0016781　G27/4－5/04762
文選六十卷　(南朝梁)蕭統撰　(唐)李善註　清刻本　十六冊

500000－8701－0016782　G27/4－6/04763

文選五卷考異一卷　(南朝梁)蕭統撰　(唐)李善註　清光緒二十三年(1897)上海書局石印本　六册

500000－8701－0016783　G27/4－6/04764
文選六十卷　(南朝梁)蕭統撰　(唐)李善註　清刻本　十二册

500000－8701－0016784　G27/4－6/04765
文選六十卷　(南朝梁)蕭統撰　(唐)李善註　清乾隆十一年(1746)刻本　十二册

500000－8701－0016785　G27/4－6/04766
文選六十卷　(南朝梁)蕭統撰　(唐)李善註　清刻本　十六册

500000－8701－0016786　G27/4－6/04767
文選六十卷　(南朝梁)蕭統撰　(唐)李善註　清刻本　十二册

500000－8701－0016787　G27/4－7/04768
文選六十卷　(南朝梁)蕭統撰　(唐)李善註　清刻本　十六册

500000－8701－0016788　G27/4－7/04769
文選六十卷　(南朝梁)蕭統撰　(唐)李善註　清汲古閣刻本　十六册

500000－8701－0016789　G27/4－7/04770
文選六十卷考異十卷　(南朝梁)蕭統撰　(唐)李善註　(清)胡克家考異　清光緒二十一年(1895)成都同文書局刻本[考異爲清同治八年(1869)湖北崇文書局刻本]　二十册

500000－8701－0016790　G27/4－7/04771
文選六十卷　(南朝梁)蕭統撰　(唐)李善註　清光緒十八年(1892)京都琉璃廠刻朱墨套印本　八册

500000－8701－0016791　G27/4－7/04772
文選六十卷　(南朝梁)蕭統撰　(唐)李善註　清光緒十八年(1892)京都琉璃廠刻朱墨套印本　六册

500000－8701－0016792　G27/5－1/04773
文選六十卷考異十卷　(南朝梁)蕭統撰　(唐)李善註　(清)胡克家考異　清宣統三年(1911)上海會文堂影印本　十六册

500000－8701－0016793　G27/5－1/04774
文選六十卷考異十卷　(南朝梁)蕭統撰　(唐)李善註　(清)胡克家考異　清宣統三年(1911)上海會文堂影印本　十六册

500000－8701－0016794　G27/5－1/04775
文選六十卷考異十卷　(南朝梁)蕭統撰　(唐)李善註　(清)胡克家考異　清宣統三年(1911)上海會文堂影印本　十六册

500000－8701－0016795　G27/5－1/04776
文選六十卷　(南朝梁)蕭統撰　(唐)李善註　清乾隆三十四年(1769)長洲葉氏海錄軒刻朱墨套印本　十六册

500000－8701－0016796　G27/5－1/04777
文選六十卷　(南朝梁)蕭統撰　(唐)李善註　清乾隆三十四年(1769)長洲葉氏海錄軒刻朱墨套印本　十四册

500000－8701－0016797　G27/5－2/04778
文選六十卷　(南朝梁)蕭統撰　(唐)李善註　清乾隆三十四年(1769)長洲葉氏海錄軒刻朱墨套印本　十六册

500000－8701－0016798　G27/5－2/04779
文選六十卷　(南朝梁)蕭統撰　(唐)李善註　清乾隆三十四年(1769)長洲葉氏海錄軒刻朱墨套印本　十二册

500000－8701－0016799　G27/5－2/04780
文選六十卷　(南朝梁)蕭統撰　(唐)李善註　清刻本　十六册

500000－8701－0016800　G27/5－2/04781
文選六十卷考異十卷　(南朝梁)蕭統撰　(唐)李善註　(清)胡克家考異　清同治八年(1869)湖北崇文書局刻本　二十四册

500000－8701－0016801　G27/5－3/04782
文選六十卷考異十卷　(南朝梁)蕭統撰　(唐)李善註　(清)胡克家考異　清同治八年(1869)湖北崇文書局刻本　二十四册

500000－8701－0016802　G27/5－3/04783

文選六十卷考異十卷　(南朝梁)蕭統撰　(唐)李善註　(清)胡克家考異　清同治八年(1869)湖北崇文書局刻本　二十四册

500000－8701－0016803　G27/5－4/04784
文選六十卷考異十卷　(南朝梁)蕭統撰　(唐)李善註　(清)胡克家考異　清同治八年(1869)湖北崇文書局刻本　二十四册

500000－8701－0016804　G27/5－4/04785
文選六十卷考異十卷　(南朝梁)蕭統撰　(唐)李善註　(清)胡克家考異　清末上海鴻文書局石印本　十册

500000－8701－0016805　G27/5－4/04786
文選六十卷考異十卷　(南朝梁)蕭統撰　(唐)李善註　(清)胡克家考異　清末上海鴻文書局石印本　十册

500000－8701－0016806　G27/5－4/04787
文選六十卷考異十卷　(南朝梁)蕭統撰　(唐)李善註　(清)胡克家考異　清末上海鴻文書局石印本　十册

500000－8701－0016807　G27/5－4/04788
文選六十卷考異十卷　(南朝梁)蕭統撰　(唐)李善註　(清)胡克家考異　清末上海鴻文書局石印本　六册

500000－8701－0016808　G27/5－4/04789
文選六十卷考異十卷　(南朝梁)蕭統撰　(唐)李善註　(清)胡克家考異　清末上海鴻文書局石印本　六册

500000－8701－0016809　G27/5－5/04790
文選六十卷考異十卷　(南朝梁)蕭統撰　(唐)李善註　(清)胡克家考異　清刻本　二十四册

500000－8701－0016810　G27/5－5/04791
文選六十卷考異十卷　(南朝梁)蕭統撰　(唐)李善註　(清)胡克家考異　清刻本　二十四册

500000－8701－0016811　G27/5－6/04792
文選六十卷考異十卷　(南朝梁)蕭統撰　(唐)李善註　(清)胡克家考異　清刻本　二十四册

500000－8701－0016812　G27/5－6/04793
文選六十卷考異十卷　(南朝梁)蕭統撰　(唐)李善註　(清)胡克家考異　清嘉慶二十四年(1819)胡克家刻本　二十四册

500000－8701－0016813　G27/5－7/04794
文選六十卷　(南朝梁)蕭統撰　(唐)李善註　清羊城翰墨園刻朱墨套印本　十二册

500000－8701－0016814　G27/5－7/04795
文選六十卷　(南朝梁)蕭統撰　(唐)李善註　清刻朱墨套印本　十二册

500000－8701－0016815　G27/5－7/04796
文選六十卷　(南朝梁)蕭統撰　(唐)李善註　清羊城翰墨園刻朱墨套印本　十二册

500000－8701－0016816　G27/5－7/04797
文選六十卷　(南朝梁)蕭統撰　(唐)李善註　清刻本　二十册

500000－8701－0016817　G27/6－1/04798
文選六十卷　(南朝梁)蕭統撰　(唐)李善註　清同治八年(1869)金陵書局刻本　十册

500000－8701－0016818　G27/6－1/04799
文選六十卷　(南朝梁)蕭統撰　(唐)李善註　清同治八年(1869)金陵書局刻本　十册

500000－8701－0016819　G27/6－1/04800
文選六十卷　(南朝梁)蕭統撰　(唐)李善註　清同治八年(1869)金陵書局刻本　十册

500000－8701－0016820　G27/6－2/04801
文選六十卷　(南朝梁)蕭統撰　(唐)李善註　清同治八年(1869)金陵書局刻本　十册

500000－8701－0016821　G27/6－2/04802
文選六十卷　(南朝梁)蕭統撰　(唐)李善註　清光緒元年(1875)尊經書院刻本　十六册

500000－8701－0016822　G27/6－3/04803
文選六十卷　(南朝梁)蕭統撰　(唐)李善註　清光緒元年(1875)尊經書院刻本　十二册

500000－8701－0016823　G27/6－3/04804
忠雅堂評選四六法海八卷　(明)王志堅編 (清)蔣士銓評選　清同治十年(1871)萃文堂刻朱墨套印本　十冊

500000－8701－0016824　G27/6－3/04805
忠雅堂評選四六法海八卷　(明)王志堅編 (清)蔣士銓評選　清光緒十五年(1889)嶺南雲林閣刻朱墨套印本　八冊

500000－8701－0016825　G27/6－3/04806
忠雅堂評選四六法海八卷　(明)王志堅編 (清)蔣士銓評選　清同治十年(1871)萃文堂刻朱墨套印本　八冊

500000－8701－0016826　G27/6－3/04807
文選考異十卷　(清)胡克家撰　清同治八年(1869)湖北崇文書局刻本　四冊

500000－8701－0016827　G27/6－3/04808
古文詞略二十四卷　(清)梅曾亮纂輯　清同治六年(1867)合肥李氏刻本　五冊

500000－8701－0016828　G27/6－3/04809
古文詞略二十四卷　(清)梅曾亮纂輯　清同治六年(1867)合肥李氏刻本　五冊

500000－8701－0016829　G27/6－3/04810
古文詞畧二十卷　(清)梅曾亮纂輯　清光緒二十五年(1899)成都志古堂刻本　六冊

500000－8701－0016830　G27/6－3/04811
東萊先生古文關鍵二卷　(宋)呂祖謙評 (宋)蔡文子註　(清)徐樹屏考異　清同治九年(1870)古閩晏湖張氏勵志書屋刻本　二冊

500000－8701－0016831　G27/6－3/04812
東萊先生古文關鍵二卷　(宋)呂祖謙評 (宋)蔡文子註　(清)徐樹屏考異　清同治九年(1870)古閩晏湖張氏勵志書屋刻本　二冊

500000－8701－0016832　G27/6－4/04813
全上古三代秦漢三國六朝文七百四十六卷 (清)嚴可均輯　清光緒十三年至十九年(1887－1893)廣州廣雅書局刻本　八十冊

500000－8701－0016833　G27/6－7/04814
全上古三代秦漢三國六朝文七百四十六卷 (清)嚴可均輯　清光緒十三年至十九年(1887－1893)廣州廣雅書局刻本　八十冊

500000－8701－0016834　G28/1－2/04815
全上古三代秦漢三國六朝文七百四十六卷 (清)嚴可均輯　清光緒十三年至十九年(1887－1893)廣州廣雅書局刻本　一百冊

500000－8701－0016835　G28/1－3/04816
全上古三代秦漢三國六朝文七百四十六卷 (清)嚴可均輯　清光緒二十年(1894)黃岡王氏刻本　一百二十冊

500000－8701－0016836　G28/1－5/04817
全上古三代秦漢三國六朝文七百四十六卷 (清)嚴可均輯　清光緒十三年至十九年(1887－1893)廣州廣雅書局刻本　一百冊

500000－8701－0016837　G28/1－6/04818
全上古三代秦漢三國六朝文七百四十六卷 (清)嚴可均輯　清光緒二十年(1894)黃岡王氏刻本　一百冊

500000－8701－0016838　G28/1－7/04819
文選補遺四十卷　(宋)陳仁子輯　清道光二十五年(1845)瑯嬛館刻本　十冊

500000－8701－0016839　G28/1－7/04820
文選補遺四十卷　(宋)陳仁子輯　清道光二十五年(1845)瑯嬛館刻本　十二冊

500000－8701－0016840　G28/1－7/04821
文選補遺四十卷　(宋)陳仁子輯　清道光二十五年(1845)瑯嬛館刻本　十二冊

500000－8701－0016841　G28/1－7/04822
歷代宮閨文選二十六卷　(清)周壽昌輯訂　清宣統三年(1911)上海群學社鉛印本　六冊

500000－8701－0016842　G28/2－1/04823
重訂古文釋義新編八卷　(清)余誠評註　清末上海掃葉山房石印本　八冊

500000－8701－0016843　G28/2－1/04824
桂芳齋重訂古文釋義新編八卷　(清)余誠評註　清刻本　八冊

500000－8701－0016844　G28/2－1/04825
文選音義八卷　(清)余蕭客輯　清乾隆三十三年(1768)刻本　二册

500000－8701－0016845　G28/2－1/04826
文選音義八卷　(清)余蕭客輯　清乾隆三十三年(1768)刻本　二册

500000－8701－0016846　G28/2－1/04827
經史百家雜鈔二十六卷　(清)曾國藩纂　清光緒二年(1876)傳忠書局刻本　二十册

500000－8701－0016847　G28/2－1/04828
經史百家雜鈔二十六卷　(清)曾國藩纂　清光緒二年(1876)傳忠書局刻本　十九册

500000－8701－0016848　G28/2－1/04829
經史百家雜鈔二十六卷首一卷　(清)曾國藩纂　清光緒三十二年(1906)上海商務印書館鉛印本　十二册

500000－8701－0016849　G28/2－1/04830
經史百家雜鈔二十六卷首一卷　(清)曾國藩纂　清光緒三十二年(1906)上海商務印書館鉛印本　十二册

500000－8701－0016850　G28/2－2/04831
經史百家簡編二卷　(清)曾國藩輯　清同治十三年(1874)傳忠書局刻本　二册

500000－8701－0016851　G28/2－2/04832
經史百家簡編二卷　(清)曾國藩輯　清同治十三年(1874)傳忠書局刻本　二册

500000－8701－0016852　G28/2－2/04833
經史百家簡編二卷　(清)曾國藩輯　清同治十三年(1874)傳忠書局刻本　二册

500000－8701－0016853　G28/2－2/04834
經史百家簡編二卷　(清)曾國藩纂　清末上海商務印書館鉛印本　二册

500000－8701－0016854　G28/2－2/04835
經史百家簡編二卷　(清)曾國藩輯　清光緒十三年(1887)湘鄉蔣氏求實齋刻本　二册

500000－8701－0016855　G28/2－2/04836
八代文粹二百二十卷目錄十八卷　(清)簡燊　(清)陳崇哲編　清光緒十一年(1885)富順攷雋堂刻本　六十四册

500000－8701－0016856　G28/2－3/04837
八代文粹二百二十卷目錄十八卷　(清)簡燊　(清)陳崇哲編　清光緒十一年(1885)富順攷雋堂刻本　八十册

500000－8701－0016857　G28/2－4/04838
八代文粹二百二十卷目錄十八卷　(清)簡燊　(清)陳崇哲編　清光緒十一年(1885)富順攷雋堂刻本　四十册

500000－8701－0016858　G28/2－4/04839
漢魏六朝女子文選二卷　張維輯錄　清宣統三年(1911)海鹽張氏刻本　一册

500000－8701－0016859　G28/2－4/04840
漢魏六朝女子文選二卷　張維輯錄　清宣統三年(1911)海鹽張氏刻本　一册

500000－8701－0016860　G28/2－4/04841
續選古文雅正十四卷　(清)林有席評輯　清道光二十二年(1842)刻本　十五册

500000－8701－0016861　G28/2－5/04842
重訂古文雅正十四卷　(清)蔡世遠選評　清道光六年(1826)刻本　六册

500000－8701－0016862　G28/2－5/04843
古文雅正十四卷　(清)蔡世遠選評　清刻本　六册

500000－8701－0016863　G28/2－5/04844
古文雅正十四卷　(清)蔡世遠選評　清光緒三十一年(1905)二銘書屋刻本　八册

500000－8701－0016864　G28/2－5/04845
古文雅正十四卷　(清)蔡世遠選評　清光緒三十一年(1905)二銘書屋刻本　十二册

500000－8701－0016865　G28/2－5/04846
漢魏六朝百三家集一百三種　(明)張溥輯　清光緒五年(1879)信述堂刻本　九十六册

500000－8701－0016866　G28/2－6/04847
漢魏六朝百三家集一百三種　(明)張溥編纂　清光緒十八年(1892)長沙謝氏翰墨山房刻

本　八十册

500000－8701－0016867　G28/2－7/04848
文選六十卷　（南朝梁）蕭統撰　（唐）李善註　清刻朱墨套印本　十六册

500000－8701－0016868　G28/2－7/04849
六朝文絜四卷　（清）許槤評選　清光緒三年（1877）讀有用書齋刻朱墨套印本　二册

500000－8701－0016869　G28/2－7/04850
六朝文絜四卷　（清）許槤評選　清光緒三年（1877）讀有用書齋刻朱墨套印本　四册

500000－8701－0016870　G28/2－7/04851
六朝文絜四卷　（清）許槤評選　清光緒十三年（1887）蒲圻但氏刻本　一册

500000－8701－0016871　G28/2－7/04852
六朝文絜四卷　（清）許槤評選　清道光五年（1825）刻本　一册

500000－8701－0016872　G28/2－7/04853
六朝文絜四卷　（清）許槤評選　清道光五年（1825）刻本　一册

500000－8701－0016873　G28/3－1/04854
唐宋十大家全集錄五十二卷　（清）儲欣錄　清刻本　三十一册　缺二卷（六一居士外集錄一至二）

500000－8701－0016874　G28/3－1/04855
文粹補遺二十六卷　（清）郭麐纂　清光緒十六年（1890）杭州許氏榆園刻本　四册

500000－8701－0016875　G28/3－1/04856
文粹補遺二十六卷　（清）郭麐纂　清光緒十六年（1890）杭州許氏榆園刻本　四册

500000－8701－0016876　G28/3－1/04857
文粹補遺二十六卷　（清）郭麐纂　清光緒十六年（1890）杭州許氏榆園刻本　四册

500000－8701－0016877　G28/3－1/04858
唐文粹補遺二十六卷　（清）郭麐纂　清光緒十一年（1885）江蘇書局刻本　四册

500000－8701－0016878　G28/3－1/04859
唐文粹補遺二十六卷　（清）郭麐纂　清光緒十一年（1885）江蘇書局刻本　二册

500000－8701－0016879　G28/3－1/04860
唐文粹補遺二十六卷　（清）郭麐纂　清光緒十一年（1885）江蘇書局刻本　四册

500000－8701－0016880　G28/3－1/04861
初唐四傑文集二十一卷　（清）項家達編　清光緒五年（1879）淮南書局刻本　四册

500000－8701－0016881　G28/3－1/04862
初唐四傑文集二十一卷　（清）項家達編　清光緒五年（1879）淮南書局刻本　四册

500000－8701－0016882　G28/3－2/04863
初唐四傑文集二十一卷　（清）項家達編　清光緒五年（1879）淮南書局刻本　三册

500000－8701－0016883　G28/3－2/04864
初唐四傑集三十七卷　（清）項家達編　清同治十二年（1873）叢雅居鄒氏刻本　十二册

500000－8701－0016884　G28/3－2/04865
初唐四傑集三十七卷　（清）項家達編　清同治十二年（1873）叢雅居鄒氏刻本　六册

500000－8701－0016885　G28/3－2/04866
初唐四傑集三十七卷　（清）項家達編　清同治十二年（1873）叢雅居鄒氏刻本　八册

500000－8701－0016886　G28/3－2/04867
文粹一百卷　（宋）姚鉉纂　**補遺二十六卷**　（清）郭麐撰　清光緒十六年（1890）杭州許氏榆園刻十八年（1892）補刻本　十六册

500000－8701－0016887　G28/3－3/04868
文粹一百卷　（宋）姚鉉纂　**補遺二十六卷**　（清）郭麐撰　清光緒十六年（1890）杭州許氏榆園刻十八年（1892）補刻本　二十册

500000－8701－0016888　G28/3－3/04869
文粹一百卷　（宋）姚鉉纂　**補遺二十六卷**　（清）郭麐撰　清光緒十六年（1890）杭州許氏榆園刻十八年（1892）補刻本　二十四册

500000－8701－0016889　G28/3－4/04870
唐文粹一百卷　（宋）姚鉉纂　清光緒九年

(1883)江蘇書局刻本　十六冊

500000－8701－0016890　G28/3－4/04871
唐文粹一百卷　(宋)姚鉉纂　清光緒九年(1883)江蘇書局刻本　十六冊

500000－8701－0016891　G28/3－5/04872
欽定全唐文一千卷目錄三卷　(清)董誥等編　清光緒二十七年(1901)廣雅書局刻本　二百冊

500000－8701－0016892　G28/4－1/04873
欽定全唐文一千卷目錄三卷　(清)董誥等編　清光緒二十七年(1901)廣雅書局刻本　二百冊

500000－8701－0016893　G28/4－4/04874
欽定全唐文一千卷目錄三卷　(清)董誥等編　清嘉慶十九年(1814)刻本　五百四冊

500000－8701－0016894　G28/5－4/04875
唐人三家集二十六卷　(清)秦恩復輯　清道光十年(1830)江都石研齋影宋刻本　四冊

500000－8701－0016895　G28/5－4/04876
聖宋文選全集三十二卷　(宋)□□撰　清光緒八年(1882)郯城于氏影宋刻本　六冊

500000－8701－0016896　G28/5－4/04877
聖宋文選全集三十二卷　(宋)□□撰　清光緒八年(1882)郯城于氏影宋刻本　二冊

500000－8701－0016897　G28/5－4/04878
聖宋文選全集三十二卷　(宋)□□撰　清光緒八年(1882)郯城于氏影宋刻本　六冊

500000－8701－0016898　G28/5－4/04879
宋文鑑一百五十卷目錄三卷　(宋)呂祖謙編　清光緒十二年(1886)江蘇書局刻本　二十四冊

500000－8701－0016899　G28/5－4/04880
宋文鑑一百五十卷目錄三卷　(宋)呂祖謙編　清光緒十二年(1886)江蘇書局刻本　二十四冊

500000－8701－0016900　G28/5－5/04881
宋文鑑一百五十卷目錄三卷　(宋)呂祖謙編　清光緒十二年(1886)江蘇書局刻本　二十四冊

500000－8701－0016901　G28/5－5/04882
宋文鑑一百五十卷目錄三卷　(宋)呂祖謙編　清光緒十二年(1886)江蘇書局刻本　二十四冊

500000－8701－0016902　G28/5－5/04883
校正重刊官板宋朝文鑑一百五十卷目錄三卷　(宋)呂祖謙輯　明刻本　八十冊

500000－8701－0016903　G28/5－6/04884
南宋文範七十卷外編四卷作者考二卷　(清)莊仲方編　清光緒十四年(1888)江蘇書局刻本　十六冊

500000－8701－0016904　G28/5－6/04885
南宋文範七十卷外編四卷作者考二卷　(清)莊仲方編　清光緒十四年(1888)江蘇書局刻本　十六冊

500000－8701－0016905　G28/5－7/04886
南宋文範七十卷外編四卷作者考二卷　(清)莊仲方編　清光緒十四年(1888)江蘇書局刻本　十六冊

500000－8701－0016906　G28/5－7/04887
南宋文範七十卷外編四卷作者考二卷　(清)莊仲方編　清光緒十四年(1888)江蘇書局刻本　十六冊

500000－8701－0016907　G28/5－7/04888
南宋文錄錄二十四卷　(清)董兆熊輯　清光緒十七年(1891)蘇州書局刻本　六冊

500000－8701－0016908　G28/5－7/04889
南宋文錄錄二十四卷　(清)董兆熊輯　清光緒十七年(1891)蘇州書局刻本　六冊

500000－8701－0016909　G28/5－7/04890
南宋文錄錄二十四卷　(清)董兆熊輯　清光緒十七年(1891)蘇州書局刻本　六冊

500000－8701－0016910　G28/6－1/04891
南宋羣賢小集七十三種附一種　(宋)陳起輯　(清)顧修重輯　清嘉慶六年(1801)石門顧

氏讀畫齋刻本　三十二册

500000－8701－0016911　G28/6－1/04892
金文最六十卷　(清)張金吾輯　清光緒二十一年(1895)蘇州書局刻本　十六册

500000－8701－0016912　G28/6－2/04893
金文最六十卷　(清)張金吾輯　清光緒二十一年(1895)蘇州書局刻本　十六册

500000－8701－0016913　G28/6－2/04894
金文最六十卷　(清)張金吾輯　清光緒二十一年(1895)蘇州書局刻本　十六册

500000－8701－0016914　G28/6－2/04895
金文最六十卷　(清)張金吾輯　清光緒二十一年(1895)蘇州書局刻本　十六册

500000－8701－0016915　G28/6－2/04896
石蓮盦彙刻九金人集八種一百五十五卷　(清)吳重熹輯　清光緒十二年至三十二年(1886－1906)海豐吳氏石蓮盦刻本　三十二册

500000－8701－0016916　G28/6－3/04897
金文雅十六卷　(清)莊仲方撰　清光緒十七年(1891)江蘇書局刻本　四册

500000－8701－0016917　G28/6－3/04898
金文雅十六卷　(清)莊仲方撰　清光緒十七年(1891)江蘇書局刻本　四册

500000－8701－0016918　G28/6－3/04899
金文雅十六卷　(清)莊仲方撰　清光緒十七年(1891)江蘇書局刻本　四册

500000－8701－0016919　G28/6－3/04900
金文雅十六卷　(清)莊仲方撰　清光緒十七年(1891)江蘇書局刻本　四册

500000－8701－0016920　G28/6－3/04901
元文類七十卷目錄三卷　(元)蘇天爵編　清光緒十五年(1889)江蘇書局刻本　十册

500000－8701－0016921　G28/6－3/04902
元文類七十卷目錄三卷　(元)蘇天爵編　清光緒十五年(1889)江蘇書局刻本　十册

500000－8701－0016922　G28/6－3/04903
元文類七十卷目錄三卷　(元)蘇天爵編　清光緒十五年(1889)江蘇書局刻本　十册

500000－8701－0016923　G28/6－3/04904
元文類七十卷目錄三卷　(元)蘇天爵編　清光緒十五年(1889)江蘇書局刻本　十册

500000－8701－0016924　G28/6－3/04905
元文類七十卷目錄三卷　(元)蘇天爵編　清刻本　十二册

500000－8701－0016925　G28/6－4/04906
明文在一百卷　(清)薛熙纂　(清)何潔輯　清光緒十五年(1889)江蘇書局刻本　八册　存八十卷(十一至四十、五十一至一百)

500000－8701－0016926　G28/6－4/04907
明文在一百卷　(清)薛熙纂　(清)何潔輯　清光緒十五年(1889)江蘇書局刻本　十册

500000－8701－0016927　G28/6－4/04908
明文在一百卷　(清)薛熙纂　(清)何潔輯　清光緒十五年(1889)江蘇書局刻本　十册

500000－8701－0016928　G28/6－4/04909
明文在一百卷　(清)薛熙纂　(清)何潔輯　清光緒十五年(1889)江蘇書局刻本　十册

500000－8701－0016929　G28/6－4/04910
國朝十家四六文鈔十卷　王先謙輯　清光緒十五年(1889)長沙王氏刻本　四册

500000－8701－0016930　G28/6－4/04911
湖海文傳七十五卷　(清)王昶輯　清道光十七年(1837)刻本　十六册

500000－8701－0016931　G28/6－5/04912
國朝名人著述叢編十三種　(□)□□輯　清光緒五年(1879)上海淞隱閣鉛印本　六册

500000－8701－0016932　G28/6－5/04913
汪羅彭薛四家合鈔四種十五卷　(清)汪縉等著　清宣統二年(1910)上海國學扶輪社鉛印本　六册

500000－8701－0016933　G28/6－5/04914
國朝文匯甲前集二十卷甲集六十卷乙集七十

卷丙集三十卷丁集二十卷　國學扶輪社編輯　清宣統二年(1910)上海國學扶輪社石印本　一百一冊

500000－8701－0016934　G28/6－6/04915
國朝文匯甲前集二十卷甲集六十卷乙集七十卷丙集三十卷丁集二十卷　國學扶輪社編輯　清宣統二年(1910)上海國學扶輪社石印本　一百一冊

500000－8701－0016935　G28/6－6/04916
國朝文錄八十二卷　(清)姚椿輯　清光緒二十六年(1900)上海掃葉山房石印本　十六冊

500000－8701－0016936　G28/6－6/04917
國朝文錄八十二卷　(清)姚椿輯　清光緒二十六年(1900)上海掃葉山房石印本　十六冊

500000－8701－0016937　G29/1－1/04918
寧都三魏全集三種附三種　(清)魏際瑞等撰　(清)林時益輯　清刻本　五十冊

500000－8701－0016938　G29/1－1/04919
國朝古文正的七卷　(清)楊彝珍纂輯　清光緒六年(1880)獨山莫氏鉛印本　六冊

500000－8701－0016939　G29/1－1/04920
國朝常州駢體文錄三十一卷結一宧駢體文一卷　屠寄輯　清光緒十六年(1890)武進屠氏刻本　十冊

500000－8701－0016940　G29/1－2/04921
詩經集註八卷　(宋)朱熹注　清南京李光明莊刻本　六冊

500000－8701－0016941　G29/1－2/04922
詩經集注八卷　(宋)朱熹集註　清南京李光明莊刻本　六冊

500000－8701－0016942　G29/1－2/04923
毛詩傳箋三十卷　(漢)毛亨傳　(漢)鄭玄箋　清道光七年(1827)立本齋刻本　四冊

500000－8701－0016943　G29/1－2/04924
毛詩異文箋十卷　(清)陳玉樹著　清光緒十四年(1888)刻南菁書院叢書本　四冊

500000－8701－0016944　G29/1－2/04925
毛詩傳箋通釋三十二卷　(清)馬瑞辰著　清光緒十四年(1888)廣州廣雅書局刻本　十二冊

500000－8701－0016945　G29/1－2/04926
詩緝三十六卷　(宋)嚴粲述　清仁壽館刻本　十二冊

500000－8701－0016946　G29/1－2/04927
詩管見七卷首一卷　(清)尹繼美撰　清同治十二年(1873)刻本　六冊

500000－8701－0016947　G29/1－3/04928
毛詩讀三十卷　(清)王劼撰　清咸豐五年(1855)重慶王氏成都刻本　十冊

500000－8701－0016948　G29/1－3/04929
讀詩鈔說四卷附統論一卷　(清)張澍著　清光緒十三年(1887)蓉城刻本　四冊

500000－8701－0016949　G29/1－3/04930
詩經精義彙鈔四卷　(清)陸錫璞輯　清道光十八年(1838)刻本　四冊

500000－8701－0016950　G29/1－3/04931
韓詩外傳十卷　(漢)韓嬰著　清嘉慶四年(1799)刻本　四冊

500000－8701－0016951　G29/1－3/04932
韓詩外傳十卷附校註拾遺一卷補逸一卷　(漢)韓嬰著　(清)周廷寀校註　清光緒元年(1875)盱眙吳氏望三益齋刻本　四冊

500000－8701－0016952　G29/1－3/04933
詩集傳音釋二十卷附詩圖一卷詩傳綱領一卷詩序辨說一卷校刻詩集傳音釋札記一卷　(宋)朱熹集傳　(元)許謙音釋　(元)羅復纂輯　清咸豐七年(1857)海昌蔣氏刻本　六冊

500000－8701－0016953　G29/1－3/04934
欽定詩經傳說彙纂二十一卷首二卷詩序二卷　(清)王鴻緒等纂　清同治七年(1868)閩浙總督馬新貽刻御纂七經本　十六冊

500000－8701－0016954　G29/1－3/04935
欽定詩經傳說彙纂二十一卷首二卷詩序二卷

（清）王鴻緒等纂　清光緒十四年（1888）上海鴻文書局石印御纂七經本　一冊　存十四卷（八至二十一）

500000－8701－0016955　G29/1－3/04936
毛詩序傳定本音注三十卷　（清）王劼撰　清同治三年（1864）巴縣晚晴樓家塾刻本　四冊

500000－8701－0016956　G29/1－4/04937
詩毛氏傳疏三十卷釋毛詩音四卷毛詩說一卷毛詩傳義類一卷鄭氏箋攷徵一卷　（清）陳奐學撰　清道光至光緒吳門南園掃葉山莊陳氏刻本　十二冊

500000－8701－0016957　G29/1－4/04938
毛詩訂詁八卷附錄二卷　（清）顧棟高著　清光緒二十二年（1896）江蘇書局刻本　四冊

500000－8701－0016958　G29/1－4/04939
毛詩稽古編三十卷　（清）陳啟源述　**附攷一卷**　（清）費雲倬輯　清光緒九年（1883）上海同文書局影印本　八冊

500000－8701－0016959　G29/1－4/04940
詩傳名物集覽十二卷　（清）陳大章著　清光緒十七年（1891）三餘草堂刻湖北叢書本　六冊

500000－8701－0016960　G29/1－4/04941
毛詩古音攷四卷附讀詩拙言一卷　（明）陳第編輯　清光緒六年（1880）武昌張氏刻本　三冊

500000－8701－0016961　G29/1－4/04942
毛詩古音攷四卷附讀詩拙言一卷　（明）陳第編輯　清光緒六年（1880）武昌張氏刻本　二冊

500000－8701－0016962　G29/1－4/04943
毛詩古音攷四卷附讀詩拙言一卷　（明）陳第編輯　清同治二年（1863）古潭余氏明辨齋刻本　二冊

500000－8701－0016963　G29/1－4/04944
虞東學詩十二卷首一卷　（清）顧鎮述　清光緒十八年（1892）誦芬堂刻本　六冊

500000－8701－0016964　G29/1－4/04945
魯詩遺說攷六卷敘錄一卷　（清）陳壽祺輯學　（清）陳喬樅述　清刻本　八冊

500000－8701－0016965　G29/1－4/04946
詩古微二卷　（清）魏源著　清乾隆吳郡高毅林局刻本　二冊

500000－8701－0016966　G29/1－4/04947
詩古微上編三卷中編十卷下編二卷首一卷　（清）魏源撰　清光緒十一年（1885）飛青閣楊氏刻本　八冊

500000－8701－0016967　G29/1－4/04948
詩古微上編三卷中編十卷下編二卷首一卷　（清）魏源撰　清光緒十三年（1887）刻本　十冊

500000－8701－0016968　G29/1－5/04949
詩瀋二十卷三家詩拾遺十卷　（清）范家相著　清嘉慶十五年（1810）刻本　六冊

500000－8701－0016969　G29/1－5/04950
離騷箋二卷　（清）龔景瀚撰　**楚辭辯證二卷**　（宋）朱熹辯證　清光緒三年（1877）湖北崇文書局刻本　一冊

500000－8701－0016970　G29/1－5/04951
離騷彙訂六卷　（清）王邦采輯注　清光緒二十六年（1900）廣州廣雅書局刻本　二冊

500000－8701－0016971　G29/1－5/04952
楚辭十七卷　（漢）王逸註　（宋）洪興祖補注　清光緒九年（1883）長沙書堂山館刻本　四冊

500000－8701－0016972　G29/1－5/04953
楚辭十七卷　（漢）王逸註　（宋）洪興祖補注　清光緒九年（1883）長沙書堂山館刻本　六冊

500000－8701－0016973　G29/1－5/04954
楚辭十七卷　（漢）王逸註　（宋）洪興祖補注　清光緒九年（1883）長沙書堂山館刻本　四冊

500000－8701－0016974　G29/1－5/04955

楚辭十七卷　(漢)王逸章句　(宋)洪興祖補注　清光緒二十一年(1895)昭陵經畬主人刻本　六冊

500000－8701－0016975　G29/1－5/04956
楚辭十七卷　(漢)王逸章句　(宋)洪興祖補注　清光緒十一年(1885)汗青簃刻本　四冊

500000－8701－0016976　G29/1－5/04957
楚辭十七卷　(漢)王逸章句　(宋)洪興祖補注　清光緒十一年(1885)汗青簃刻本　六冊

500000－8701－0016977　G29/1－5/04958
楚辭十七卷　(漢)王逸章句　清刻本　二冊

500000－8701－0016978　G29/1－5/04959
楚辭十七卷　(漢)王逸章句　清刻本　四冊

500000－8701－0016979　G29/1－6/04964
楚辭十七卷　(漢)王逸章句　(宋)洪興祖補注　清同治十一年(1872)金陵書局刻本　四冊

500000－8701－0016980　G29/1－6/04965
楚辭十七卷　(漢)王逸章句　(宋)洪興祖補注　清同治十一年(1872)金陵書局刻本　四冊

500000－8701－0016981　G29/1－6/04966
楚辭十七卷　(漢)王逸章句　(宋)洪興祖補注　清同治十一年(1872)金陵書局刻本　四冊

500000－8701－0016982　G29/1－6/04967
楚辭通釋十四卷末一卷　(清)王夫之撰　清刻船山遺書本　六冊

500000－8701－0016983　G29/1－6/04968
楚辭天問箋一卷　(清)丁晏註　清廣州廣雅書局刻本　一冊

500000－8701－0016984　G29/1－6/04969
楚辭天問箋一卷　(清)丁晏註　清廣州廣雅書局刻本　一冊

500000－8701－0016985　G29/1－6/04970
楚辭釋十卷附高唐賦一卷　(漢)王逸章句　王闓運注　清光緒十二年(1886)成都尊經書院刻本　二冊

500000－8701－0016986　G29/1－6/04971
楚辭釋十卷附高唐賦一卷　(漢)王逸章句　王闓運注　清光緒十二年(1886)成都尊經書院刻本　二冊

500000－8701－0016987　G29/1－6/04972
楚辭釋十卷附高唐賦一卷　(漢)王逸章句　王闓運注　清光緒十二年(1886)成都尊經書院刻本　二冊

500000－8701－0016988　G29/1－6/04973
楚辭釋十卷附高唐賦一卷　王闓運注　清光緒二十七年(1901)刻本　一冊

500000－8701－0016989　G29/1－6/04974
楚辭集注八卷　(宋)朱熹集注　清聽雨齋刻朱墨套印本　六冊

500000－8701－0016990　G29/1－6/04975
楚辭集注八卷辯證二卷後語六卷　(宋)朱熹集注　清光緒八年(1882)江蘇書局刻本　四冊

500000－8701－0016991　G29/1－6/04976
楚辭集注八卷辯證二卷後語六卷　(宋)朱熹集注　清光緒八年(1882)江蘇書局刻本　四冊

500000－8701－0016992　G29/1－6/04977
楚辭集注八卷辯證二卷後語六卷　(宋)朱熹集注　清宣統三年(1911)上海掃葉山房石印本　四冊

500000－8701－0016993　G29/1－6/04978
楚辭集注八卷辯證二卷後語六卷　(宋)朱熹集注　清宣統三年(1911)上海掃葉山房石印本　四冊

500000－8701－0016994　G29/2－1/04979
楚辭集注八卷首一卷　(宋)朱熹集注　清光緒元年(1875)湖北崇文書局刻本　二冊

500000－8701－0016995　G29/2－1/04980
楚辭集注八卷首一卷　(宋)朱熹集注　清光緒三年(1877)湖北崇文書局刻本　二冊

500000－8701－0016996　G29/2－1/04981
楚辭辯證二卷　(宋)朱熹集注　清光緒元年(1875)湖北崇文書局刻本　一册

500000－8701－0016997　G29/2－1/04982
楚辭六卷首一卷　(清)蔣驥註　**餘論二卷説韻一卷**　(清)蔣驥著　清初刻本　四册

500000－8701－0016998　G29/2－1/04983
楚辭十卷　(清)胡濬源增注　清嘉慶二十五年(1820)務本堂刻本　二册

500000－8701－0016999　G29/2－1/04984
楚辭十九卷讀楚辭語一卷楚辭雜論一卷　(明)陸時雍疏　明崇禎緝柳齋刻本　八册

500000－8701－0017000　G29/2－1/04985
屈宋古音攷一卷附吴才老韻補正一卷　(明)陳第著　清同治二年(1863)古潭余氏明辨齋刻本　一册

500000－8701－0017001　G29/2－1/04986
離騷集傳一卷離騷箋二卷楚辭辨證二卷楚辭集注八卷首一卷離騷草木疏四卷　(宋)錢杲之等著　清光緒元年(1875)湖北崇文書局刻本　六册

500000－8701－0017002　G29/2－1/04987
離騷集傳一卷離騷草木疏四卷離騷箋二卷　(宋)錢杲之等著　清光緒元年(1875)湖北崇文書局刻本　一册

500000－8701－0017003　G29/2－1/04988
離騷集傳一卷　(宋)錢杲之集傳　清光緒元年(1875)湖北崇文書局刻本　一册

500000－8701－0017004　G29/2－1/04989
屈子雜文不分卷　(戰國)屈原著　(清)王邦采輯注　清廣州廣雅書局刻本　一册

500000－8701－0017005　G29/2－1/04990
屈宋古音義三卷　(明)陳第著　清光緒武昌張氏刻本　二册

500000－8701－0017006　G29/2－1/04991
屈宋古音義三卷　(明)陳第著　清光緒武昌張氏刻本　一册

500000－8701－0017007　G29/2－1/04992
七十家賦鈔六卷　(清)張惠言纂輯　清光緒四年(1878)宏達堂刻本　四册

500000－8701－0017008　G29/2－1/04993
七十家賦鈔六卷　(清)張惠言纂輯　清道光元年(1821)合河康氏刻本　四册

500000－8701－0017009　G29/2－1/04994
七十家賦鈔六卷　(清)張惠言纂輯　清道光元年(1821)合河康氏刻本　二册

500000－8701－0017010　G29/2－1/04995
七十家賦鈔六卷　(清)張惠言纂輯　清光緒八年(1882)廣東載文堂刻本　四册

500000－8701－0017011　G29/2－1/04996
七十家賦鈔六卷　(清)張惠言纂輯　清刻本　四册

500000－8701－0017012　G29/2－2/04997
賦彙錄要二十八卷補遺錄要一卷補題註一卷賦彙錄要外集一卷　(清)吴光昭箋略　(清)陳書仝輯　清乾隆二十三年(1758)汲古齋刻本　六册

500000－8701－0017013　G29/2－2/04998
屈原賦注七卷通釋二卷音義三卷　(清)戴震撰　清光緒十七年(1891)廣雅書局刻廣雅書局叢書本　一册

500000－8701－0017014　G29/2－2/04999
屈原賦注七卷通釋二卷音義三卷　(清)戴震撰　清光緒十七年(1891)廣雅書局刻廣雅書局叢書本　一册

500000－8701－0017015　G29/2－2/05000
屈原賦注七卷通釋二卷音義三卷　(清)戴震撰　清光緒十七年(1891)廣雅書局刻廣雅書局叢書本　一册

500000－8701－0017016　G29/2－2/05001
冷紅詞四卷　鄭文焯撰　清光緒十年(1884)耦園刻本　一册

500000－8701－0017017　G29/2－2/05002
唐宋八大家文鈔十九卷首一卷　(清)張伯行

重訂　清同治八年(1869)福州正誼書院刻本　八冊

500000－8701－0017018　G29/2－2/05003
唐宋八大家文鈔十九卷首一卷　(清)張伯行重訂　清同治八年(1869)福州正誼書院刻本　八冊

500000－8701－0017019　G29/2－2/05004
續古文辭類纂三十四卷　王先謙纂集　清光緒二十八年(1902)蜀東善成堂刻本　四冊

500000－8701－0017020　G29/2－2/05005
續古文辭類纂三十四卷　王先謙纂集　清光緒二十八年(1902)蜀東善成堂刻本　八冊

500000－8701－0017021　G29/2－3/05006
續古文辭類纂三十四卷　王先謙纂集　清光緒二十八年(1902)蜀東善成堂刻本　八冊

500000－8701－0017022　G29/2－3/05007
續古文辭類纂三十四卷　王先謙纂集　清光緒八年(1882)長沙王氏刻本　八冊

500000－8701－0017023　G29/2－3/05008
續古文辭類纂三十四卷　王先謙纂集　清光緒八年(1882)長沙王氏刻本　八冊

500000－8701－0017024　G29/2－3/05009
續古文辭類纂三十四卷　王先謙纂集　清光緒八年(1882)新化三味堂刻本　九冊

500000－8701－0017025　G29/2－3/05010
姚選古文真本五色標記表十五卷首一卷　(清)張剛編纂　清宣統二年(1910)刻本　四冊

500000－8701－0017026　G29/2－3/05011
姚選古文真本五色標記表十五卷首一卷　(清)張剛編纂　清宣統二年(1910)刻本　四冊

500000－8701－0017027　G29/2－3/05012
續古文辭類纂二十八卷　(清)黎庶昌纂　清光緒十六年(1890)金陵書局刻本　十二冊

500000－8701－0017028　G29/2－4/05013
續古文辭類纂二十八卷　(清)黎庶昌纂　清光緒十六年(1890)金陵書局刻本　十二冊

500000－8701－0017029　G29/2－4/05014
續古文辭類纂二十八卷　(清)黎庶昌纂　清光緒二十一年(1895)金陵狀元閣刻本　十二冊

500000－8701－0017030　G29/2－4/05015
續古文辭類纂二十八卷　(清)黎庶昌纂　清光緒二十一年(1895)金陵狀元閣刻本　十二冊

500000－8701－0017031　G29/2－4/05016
續古文辭類纂二十八卷　(清)黎庶昌纂　清光緒二十一年(1895)金陵狀元閣刻本　十二冊

500000－8701－0017032　G29/2－5/05017
古文約選不分卷　(清)允禮選　清同治八年(1869)望三益齋刻本　十二冊

500000－8701－0017033　G29/2－5/05018
古文辭類纂七十四卷　(清)姚鼐纂集　清乾隆四十四年(1779)合河康氏家塾刻本　十二冊

500000－8701－0017034　G29/2－6/05019
古文辭類纂七十四卷　(清)姚鼐纂集　清乾隆四十四年(1779)合河康氏家塾刻本　十二冊

500000－8701－0017035　G29/2－6/05020
古文辭類纂七十四卷　(清)姚鼐纂集　清乾隆四十四年(1779)合河康氏家塾刻本　十六冊

500000－8701－0017036　G29/2－6/05021
古文辭類纂七十四卷　(清)姚鼐纂集　清乾隆四十四年(1779)合河康氏家塾刻本　十二冊

500000－8701－0017037　G29/2－6/05022
古文辭類纂七十五卷　(清)姚鼐纂　(清)吳汝綸集評　清宣統二年(1910)五色古文山房刻本　二十冊

500000－8701－0017038　G29/2－6/05023

古文辭類纂七十五卷 (清)姚鼐纂 (清)吳汝綸集評 清宣統二年(1910)五色古文山房刻本 二十冊

500000－8701－0017039 G29/2－7/05024
古文辭類纂七十四卷 (清)姚鼐纂 清光緒二十六年(1900)新化三味堂刻本 十冊

500000－8701－0017040 G29/2－7/05025
古文辭類纂七十四卷續三十四卷 (清)姚鼐纂 王先謙續纂 清光緒二十年(1894)湖南書局刻本 十六冊

500000－8701－0017041 G29/2－7/05026
古文辭類纂七十四卷續三十四卷 (清)姚鼐纂 王先謙續纂 清光緒二十年(1894)湖南書局刻本 二十冊

500000－8701－0017042 G29/2－7/05027
古文辭類纂七十四卷 (清)姚鼐纂 清同治八年(1869)江蘇書局刻本 十二冊

500000－8701－0017043 G29/3－1/05028
古文辭類纂七十四卷續三十四卷 (清)姚鼐纂 王先謙續纂 清光緒十八年(1892)湖南文章書局刻本 二十四冊

500000－8701－0017044 G29/3－1/05029
古文辭類纂七十四卷 (清)姚鼐纂 清光緒十九年(1893)思賢講舍刻本 十二冊

500000－8701－0017045 G29/3－1/05030
古文辭類纂七十四卷續三十四卷 (清)姚鼐纂 王先謙續纂 清光緒三十三年(1907)上海商務印書館鉛印本 十二冊

500000－8701－0017046 G29/3－1/05031
古文辭類纂七十四卷續三十四卷 (清)姚鼐纂 王先謙續纂 清光緒三十三年(1907)上海商務印書館鉛印本 十二冊

500000－8701－0017047 G29/3－1/05032
古文辭類纂十五卷續十卷 (清)姚鼐纂 王先謙續纂 清光緒二十年(1894)上海圖書集成印書局鉛印本 十冊

500000－8701－0017048 G29/3－1/05033
古文辭類纂十五卷 (清)姚鼐纂 王先謙續纂 清光緒二十年(1894)上海圖書集成印書局鉛印本 六冊

500000－8701－0017049 G29/3－1/05034
古文辭類纂十五卷 (清)姚鼐纂 清光緒十六年(1890)上海文瑞樓鉛印本 六冊

500000－8701－0017050 G29/3－2/05035
古文辭類纂七十五卷附校勘記一卷 (清)姚鼐纂 清光緒二十七年(1901)滁州李氏求要堂刻本 十二冊

500000－8701－0017051 G29/3－2/05036
古文辭類纂七十五卷附校勘記一卷 (清)姚鼐纂 清光緒二十七年(1901)滁州李氏求要堂刻本 十一冊

500000－8701－0017052 G29/3－2/05037
古文辭類纂七十四卷 (清)姚鼐編纂 清光緒二十八年(1902)蜀東善成堂刻本 佚名朱墨批點 六冊

500000－8701－0017053 G29/3－2/05038
古文辭類纂七十四卷 (清)姚鼐編纂 清光緒二十八年(1902)蜀東善成堂刻本 十二冊

500000－8701－0017054 G29/3－2/05039
古文辭類纂七十四卷 (清)姚鼐編纂 清光緒二十八年(1902)蜀東善成堂刻本 十二冊

500000－8701－0017055 G29/3－2/05040
古文辭類纂七十五卷 (清)姚鼐纂 清同治八年(1869)問竹軒刻本 十二冊

500000－8701－0017056 G29/3－3/05041
古文辭類纂七十五卷 (清)姚鼐纂 清同治八年(1869)問竹軒刻本 十六冊

500000－8701－0017057 G29/3－3/05042
古文辭類纂七十五卷 (清)姚鼐纂 清同治八年(1869)問竹軒刻本 十二冊

500000－8701－0017058 G29/3－3/05043
古文辭類纂七十五卷 (清)姚鼐纂 清同治八年(1869)問竹軒刻本 十冊

500000－8701－0017059 G29/3－3/05044

唐宋十大家全集錄五十一卷首一卷 (清)儲欣錄 清光緒八年(1882)江蘇書局刻本 三十二冊

500000－8701－0017060 G29/3－4/05045
御選唐宋文醇五十八卷 (清)高宗弘曆選 清光緒三年(1877)湘江書局刻本 二十冊

500000－8701－0017061 G29/3－4/05046
八家四六文注八卷首一卷 (清)孫星衍著 (清)許貞幹注 清光緒十七年(1891)刻本 十六冊

500000－8701－0017062 G29/3－4/05047
八家四六文注八卷首一卷 (清)孫星衍著 (清)許貞幹注 清光緒十七年(1891)刻本 八冊

500000－8701－0017063 G29/3－4/05048
八家四六文注八卷首一卷 (清)孫星衍著 (清)許貞幹注 清光緒十八年(1892)上海圖書集成印書局鉛印本 八冊

500000－8701－0017064 G29/3－4/05049
八家四六文注八卷首一卷 (清)孫星衍著 (清)許貞幹注 清光緒十八年(1892)上海圖書集成印書局鉛印本 八冊

500000－8701－0017065 G29/3－4/05050
駢體文鈔三十一卷 (清)李兆洛編 清光緒八年(1882)合河康氏家塾刻本 八冊

500000－8701－0017066 G29/3－4/05051
駢體文鈔三十一卷 (清)李兆洛編 清光緒八年(1882)合河康氏家塾刻本 八冊

500000－8701－0017067 G29/3－4/05052
駢體文鈔三十一卷 (清)李兆洛編 清光緒七年(1881)四川尊經書局刻本 十冊

500000－8701－0017068 G29/3－5/05053
宋四六選二十四卷 (清)彭元瑞定本 (清)曹振鏞編 清宣統二年(1910)南通州翰墨林書局鉛印本 十冊

500000－8701－0017069 G29/3－5/05054
宋四六選二十四卷 (清)彭元瑞定本 (清)曹振鏞編 清同治四年(1865)刻本 八冊

500000－8701－0017070 G29/3－5/05055
宋四六選二十四卷 (清)彭元瑞定本 (清)曹振鏞編 清乾隆四十一年(1776)刻本 十二冊

500000－8701－0017071 G29/3－5/05056
皇朝駢文類苑十四卷首一卷 (清)姚燮輯 清光緒七年(1881)刻本 十八冊

500000－8701－0017072 G29/3－5/05057
國朝駢體正宗評本十二卷 (清)曾燠輯 (清)姚燮評 清光緒十一年(1885)鎮海張氏花雨樓刻朱墨套印本 六冊

500000－8701－0017073 G29/3－5/05058
有正味齋駢體文二十四卷 (清)吳錫麒著 (清)王廣業箋 清咸豐九年(1859)青箱塾刻本 八冊

500000－8701－0017074 G29/3－5/05059
國朝滄州詩鈔十二卷 (清)王國均纂輯 (清)葉圭書編次 清道光二十六年(1846)刻本 四冊

500000－8701－0017075 G29/3－5/05060
原故文錄一卷詩錄一卷補遺一卷 (清)賀瑞麟編輯 清光緒五年(1879)三原縣刻本 一冊

500000－8701－0017076 G29/3－5/05061
原獻文錄四卷詩錄三卷補遺一卷 (清)賀瑞麟編輯 清光緒五年(1879)三原縣刻本 七冊

500000－8701－0017077 G29/3－6/05062
江蘇詩徵一百八十三卷 (清)王豫輯 清道光元年(1821)刻本 四十冊

500000－8701－0017078 G29/3－6/05063
越風三十卷 清嘉慶十六年(1811)山陰徐氏刻本 十二冊

500000－8701－0017079 G29/3－6/05064
常甯詩文存十二卷 (清)唐訓方輯 (清)賀嘉齡 (清)李次山編 清光緒十七年(1891)

刻本　六册

500000－8701－0017080　G29/3－6/05065
晉熙逸乘四卷　(清)何允超編　清光緒四年(1878)刻本　二册

500000－8701－0017081　G29/3－6/05066
升菴全蜀藝文志六十四卷　(明)楊慎撰　(清)朱遐唐重訂　清嘉慶二十二年(1817)樂山張汝傑櫻山刻本　十六册

500000－8701－0017082　G29/3－7/05067
蜀詩十五卷　(清)費經虞輯　清道光十三年(1833)鶩溪孫氏古棠書屋刻本　四册

500000－8701－0017083　G29/3－7/05068
蜀詩十五卷　(清)費經虞輯　清道光十三年(1833)鶩溪孫氏古棠書屋刻本　四册

500000－8701－0017084　G29/3－7/05069
蜀秀集九卷　(清)譚宗浚輯　清光緒五年(1879)成都試院刻本　十册

500000－8701－0017085　G29/3－7/05070
蜀文徵存三十卷　鍾登甲輯　清光緒十四年(1888)樂道齋刻本　二十八册

500000－8701－0017086　G29/3－7/05071
蜀景匯覽十四卷賦三卷　鍾登甲編　清光緒八年(1882)廣漢樂道齋刻本　十册

500000－8701－0017087　G29/3－7/05072
蜀景匯覽十四卷賦三卷　鍾登甲編　清光緒八年(1882)廣漢樂道齋刻本　十二册

500000－8701－0017088　G29/3－7/05073
國朝全閩詩錄初集續十一卷　(清)鄭傑輯　清光緒八年(1882)刻本　四册

500000－8701－0017089　G29/3－7/05074
黔詩紀略後編三十卷紀略補三卷　(清)莫庭芝　(清)黎汝謙採詩　陳田傳證　清宣統三年(1911)京師刻本　八册

500000－8701－0017090　G29/4－1/05075
庸盦全集十種　(清)薛福成撰　清光緒無錫薛氏刻本　四十八册

500000－8701－0017091　G29/4－1/05076
蔡中郎集十卷外紀一卷外集四卷列傳一卷年表一卷　(漢)蔡邕撰　清光緒十六年(1890)番禺陶氏刻本　五册

500000－8701－0017092　G29/4－1/05077
蔡中郎集十卷外紀一卷外集四卷列傳一卷年表一卷　(漢)蔡邕撰　清光緒十六年(1890)番禺陶氏刻本　五册

500000－8701－0017093　G29/4－1/05078
陳思王集二卷　(三國魏)曹植撰　清朝宗書室鉛印本　四册

500000－8701－0017094　G29/4－2/05079
忠武侯諸葛孔明先生全集五種　(清)張澍輯　清同治元年(1862)聚珍齋活字印本　八册

500000－8701－0017095　G29/4－2/05080
諸葛武侯集四卷首一卷　(三國蜀)諸葛亮撰　清同治七年(1868)楚醴景萊書室刻本　二册

500000－8701－0017096　G29/4－2/05081
忠武志十卷　(清)張鵬翮輯　清嘉慶十九年(1814)麻城周氏刻本　六册

500000－8701－0017097　G29/4－2/05082
諸葛忠武侯文集六卷首一卷故事五卷　(清)張澍編輯　清刻本　五册

500000－8701－0017098　G29/4－2/05083
諸葛忠武侯文集六卷首一卷故事五卷　(清)張澍編輯　清刻本　四册

500000－8701－0017099　G29/4－2/05084
傅鶉觚集五卷補遺一卷傅子校勘記一卷　(晉)傅元撰　(清)方濬師校集　清光緒二年(1876)廣州書局刻本　二册

500000－8701－0017100　G29/4－2/05085
傅鶉觚集五卷補遺一卷傅子校勘記一卷　(晉)傅元撰　(清)方濬師校集　清光緒二年(1876)廣州書局刻本　五册

500000－8701－0017101　G29/4－2/05086
靖節先生集十卷首一卷諸本評陶彙集一卷年

譜攷異二卷　（晉）陶潛撰　（清）陶澍集注　清光緒九年（1883）江蘇書局刻本　四冊

500000－8701－0017102　G29/4－2/05087
靖節先生集十卷首一卷諸本評陶彙集一卷年譜攷異二卷　（晉）陶潛撰　（清）陶澍集注　清光緒九年（1883）江蘇書局刻本　四冊

500000－8701－0017103　G29/4－2/05088
陶淵明文集十卷　（晉）陶潛撰　清光緒十四年（1888）稷山樓影宋刻本　二冊

500000－8701－0017104　G29/4－2/05089
箋注陶淵明集十卷補注陶淵明集總論一卷　（晉）陶潛撰　清宣統三年（1911）貴池劉氏玉海堂影宋刻本　四冊

500000－8701－0017105　G29/4－2/05090
箋注陶淵明集十卷補注陶淵明集總論一卷　（晉）陶潛撰　清宣統三年（1911）貴池劉氏玉海堂影宋刻本　四冊

500000－8701－0017106　G29/4－2/05091
陶淵明集八卷首一卷末一卷　（晉）陶潛撰　清刻本　二冊

500000－8701－0017107　G29/4－2/05092
陶淵明集八卷首一卷末一卷　（晉）陶潛撰　清同治十三年（1874）欒山莫氏刻藍印本　二冊

500000－8701－0017108　G29/4－3/05093
陶靖節集八卷附錄一卷　（晉）陶潛撰　清光緒五年（1879）傳忠書舍刻本　一冊

500000－8701－0017109　G29/4－3/05094
陶靖節集八卷附錄一卷　（晉）陶潛撰　清光緒五年（1879）傳忠書舍刻本　一冊

500000－8701－0017110　G29/4－3/05095
陶淵明集八卷首一卷末一卷　（晉）陶潛撰　清光緒五年（1879）廣州翰墨園刻朱墨套印本　二冊

500000－8701－0017111　G29/4－3/05096
陶淵明文集十卷　（晉）陶潛撰　（清）胡伯薊書　清光緒五年（1879）刻本　三冊

500000－8701－0017112　G29/4－3/05097
陶淵明文集十卷　（晉）陶潛撰　（清）胡伯薊書　清光緒五年（1879）刻本　三冊

500000－8701－0017113　G29/4－3/05098
陶淵明文集十卷　（晉）陶潛撰　清宣統二年（1910）著易堂石印本　四冊

500000－8701－0017114　G29/4－3/05099
陶彭澤集六卷　（晉）陶潛撰　清永康胡氏退補齋刻本　一冊

500000－8701－0017115　G29/4－3/05100
陶淵明文集十卷　（晉）陶潛撰　清光緒五年（1879）會稽章氏刻本　二冊

500000－8701－0017116　G29/4－3/05101
鮑參軍集二卷　（南朝宋）鮑照著　清刻本　一冊

500000－8701－0017117　G29/4－3/05102
徐孝穆全集六卷　（清）吳兆宜箋注　清揚州藝古堂刻本　四冊

500000－8701－0017118　G29/4－3/05103
徐孝穆全集六卷　（清）吳兆宜箋注　清揚州藝古堂刻本　六冊

500000－8701－0017119　G29/4－4/05104
徐孝穆全集六卷　（南朝陳）徐陵撰　（清）吳兆宜箋注　清吳郡寶翰樓刻本　二冊

500000－8701－0017120　G29/4－4/05105
徐孝穆全集六卷　（南朝陳）徐陵撰　（清）吳兆宜箋注　清吳郡寶翰樓刻本　二冊

500000－8701－0017121　G29/4－4/05106
徐孝穆全集六卷　（南朝陳）徐陵撰　（清）吳兆宜箋注　清光緒二年（1876）廣東翰墨園刻本　三冊

500000－8701－0017122　G29/4－4/05107
徐孝穆全集六卷　（南朝陳）徐陵撰　（清）吳兆宜箋注　清光緒二年（1876）廣東翰墨園刻本　四冊

500000－8701－0017123　G29/4－4/05108
徐孝穆全集六卷　（清）吳兆宜箋注　清善化

經濟書堂刻本　三冊

500000－8701－0017124　G29/4－4/05109
徐孝穆全集六卷　(清)吴兆宜箋注　清善化經濟書堂刻本　六冊

500000－8701－0017125　G29/4－4/05110
徐孝穆全集六卷　(清)吴兆宜箋注　清善化經濟書堂刻本　六冊

500000－8701－0017126　G29/4－4/05111
庾子山集十六卷　(北周)庾信撰　(清)倪璠註釋　**年譜一卷總釋一卷**　(清)倪璠編　清光緒二十年(1894)儒雅堂刻本　十二冊

500000－8701－0017127　G29/4－4/05112
庾子山集十六卷　(北周)庾信撰　(清)倪璠註釋　**年譜一卷總釋一卷**　(清)倪璠編　清光緒二十年(1894)儒雅堂刻本　十二冊

500000－8701－0017128　G29/4－4/05113
庾子山集十六卷　(北周)庾信撰　(清)倪璠註釋　**年譜一卷總釋一卷**　(清)倪璠編　清道光十九年(1839)刻本　十二冊

500000－8701－0017129　G29/4－4/05114
庾子山集十六卷　(北周)庾信撰　(清)倪璠註釋　**年譜一卷總釋一卷**　(清)倪璠編　清道光十九年(1839)刻本　十二冊

500000－8701－0017130　G29/4－4/05115
庾子山集十六卷　(北周)庾信撰　(清)倪璠註釋　**年譜一卷總釋一卷**　(清)倪璠編　清光緒十六年(1890)成都試院刻本　十二冊

500000－8701－0017131　G29/4－5/05116
庾子山集十六卷　(北周)庾信撰　(清)倪璠註釋　**年譜一卷總釋一卷**　(清)倪璠編　清光緒十六年(1890)成都試院刻本　六冊

500000－8701－0017132　G29/4－5/05117
庾子山集十六卷　(北周)庾信撰　(清)倪璠註釋　**年譜一卷總釋一卷**　(清)倪璠編　清光緒十六年(1890)廣州經史閣刻本　十二冊

500000－8701－0017133　G29/4－5/05118
庾子山集十六卷　(北周)庾信撰　(清)倪璠註釋　**年譜一卷總釋一卷**　(清)倪璠編　清刻本　十二冊

500000－8701－0017134　G29/4－5/05119
庾子山集十六卷　(北周)庾信撰　(清)倪璠註釋　**年譜一卷總釋一卷**　(清)倪璠編　清道光十九年(1839)刻本　十二冊

500000－8701－0017135　G29/4－5/05120
庾子山集十六卷　(北周)庾信撰　(清)倪璠註釋　**年譜一卷總釋一卷**　(清)倪璠編　清道光十九年(1839)刻本　十一冊

500000－8701－0017136　G29/4－5/05121
庾子山集十六卷　(北周)庾信撰　(清)倪璠註釋　**年譜一卷總釋一卷**　(清)倪璠編　清光緒二十八年(1902)金陵書局刻本　十二冊

500000－8701－0017137　G29/4－6/05122
庾子山集十六卷　(北周)庾信撰　(清)倪璠註釋　**年譜一卷總釋一卷**　(清)倪璠編　清刻本　十二冊

500000－8701－0017138　G29/4－6/05123
庾子山集十六卷　(北周)庾信撰　(清)倪璠註釋　**年譜一卷總釋一卷**　(清)倪璠編　清刻本　十二冊

500000－8701－0017139　G29/4－6/05124
庾子山集十六卷　(北周)庾信撰　(清)倪璠註釋　**年譜一卷總釋一卷**　(清)倪璠編　清刻本　八冊

500000－8701－0017140　G29/4－6/05125
庾子山全集十卷　(清)吴兆宜箋注　清貴文堂刻本　十冊

500000－8701－0017141　G29/4－6/05126
重刊校正笠澤藂書四卷補遺詩一卷續補遺一卷　(唐)陸龜蒙著　清大疊山房刻本　二冊

500000－8701－0017142　G29/4－6/05127
陳伯玉文集三卷詩集二卷　(唐)陳子昂著　**附錄一卷**　清道光十七年(1837)刻本　四冊

500000－8701－0017143　G29/4－6/05128
駱丞集四卷　(唐)駱賓王撰　清同治鄒氏叢

雅居刻本　一冊

500000－8701－0017144　G29/4－6/05129
張説之文集二十五卷補遺五卷　(唐)張説著　清光緒三十一年(1905)仁和朱氏刻結一廬朱氏賸餘叢書本　五冊

500000－8701－0017145　G29/4－7/05130
唐丞相曲江張文獻公集十二卷首一卷附録一卷千秋金鑑録五卷　(唐)張九齡著　清光緒十八年(1892)曲江張曉如氏刻本　六冊

500000－8701－0017146　G29/4－7/05131
唐丞相曲江張文獻公集十二卷首一卷附録一卷千秋金鑑録五卷曲江集補遺一卷曲江集校勘記三卷首一卷曲江年譜一卷曲江公傳一卷曲江紀畧一卷曲江集外編一卷曲江集附録二卷　(唐)張九齡著　清光緒十六年(1890)鏡芙精舍刻本　十冊

500000－8701－0017147　G29/4－7/05132
王子安集注二十卷首一卷末一卷　(唐)王勃著　(清)蔣清翊註　清光緒九年(1883)吳縣蔣氏雙唐碑館刻本　六冊

500000－8701－0017148　G29/4－7/05133
王右丞集二十八卷首一卷末一卷　(清)趙殿成箋注　清末民初石印本　十二冊

500000－8701－0017149　G29/4－7/05134
王右丞集二十八卷首一卷末一卷　(清)趙殿成箋注　清末民初石印本　十二冊

500000－8701－0017150　G29/4－7/05135
李太白文集三十卷　(唐)李白撰　清吳門繆氏家塾刻本　六冊

500000－8701－0017151　G29/4－7/05136
李太白文集三十卷　(唐)李白撰　清末民初上海中原書局影印本　八冊

500000－8701－0017152　G29/4－7/05137
李太白文集三十卷　(唐)李白撰　清光緒十四年(1888)湖北官書處刻本　四冊

500000－8701－0017153　G29/4－7/05138
李太白文集三十卷　(唐)李白撰　清光緒十四年(1888)湖北官書處刻本　四冊

500000－8701－0017154　G29/5－1/05139
李太白文集三十六卷　(唐)李白撰　(清)王琦輯註　清乾隆二十四年(1759)刻本　十二冊

500000－8701－0017155　G29/5－1/05140
李太白文集三十六卷　(唐)李白撰　(清)王琦輯註　清乾隆二十四年(1759)刻本　十二冊

500000－8701－0017156　G29/5－1/05141
李太白文集三十六卷　(唐)李白撰　(清)王琦輯註　清乾隆二十四年(1759)刻本　六冊

500000－8701－0017157　G29/5－1/05142
李太白文集三十六卷　(唐)李白撰　(清)王琦輯註　清乾隆二十四年(1759)刻本　十六冊

500000－8701－0017158　G29/5－1/05143
李太白文集三十六卷　(唐)李白撰　(清)王琦輯註　清乾隆二十四年(1759)刻本　二十四冊

500000－8701－0017159　G29/5－1/05144
李太白文集三十卷　(唐)李白著　(宋)宋敏求編　清光緒元年(1875)湖北崇文書局刻本　四冊

500000－8701－0017160　G29/5－1/05145
李太白文集三十六卷　(唐)李白撰　(清)王琦輯註　清乾隆二十四年(1759)刻本　十冊

500000－8701－0017161　G29/5－2/05146
李太白全集十六卷　(唐)李白撰　(清)李調元　(清)鄧在珩編　清道光十八年(1838)刻本　六冊

500000－8701－0017162　G29/5－2/05147
讀書堂杜工部文集注解二卷　(唐)杜甫撰　(清)張溍評注　清刻本　一冊

500000－8701－0017163　G29/5－2/05148
杜工部草堂詩箋四十卷黄氏集千家註杜工部詩史補遺十卷集註杜工部詩外集一卷杜工部

草堂詩話二卷杜工部草堂詩年譜二卷 (唐)杜甫撰 (宋)魯訔編 清光緒貴州黎氏覆宋刻本 八冊

500000－8701－0017164 G29/5－2/05149
杜工部草堂詩箋二十二卷詩話二卷年譜二卷 (唐)杜甫撰 (宋)魯訔編 (宋)蔡夢弼箋 清光緒元年(1875)巴陵方氏碧琳琅館刻本 六冊

500000－8701－0017165 G29/5－2/05150
杜工部集二十卷附錄一卷諸家詩話一卷唱酬題詠附錄一卷 (唐)杜甫撰 (清)錢謙益注 清刻本 十冊

500000－8701－0017166 G29/5－2/05151
習之先生文集二卷 (唐)李翺著 清宣統三年(1911)上海會文堂石印本 二冊

500000－8701－0017167 G29/5－2/05152
唐柳河東集四十五卷外集五卷附錄一卷 (唐)柳宗元撰 (清)蔣之翹輯注 清乾隆五十三年(1788)楊廷理刻嘉慶十三年(1808)楊立先補刻本 二十冊

500000－8701－0017168 G29/5－3/05153
劉賓客文集三十卷外集十卷 (唐)劉禹錫撰 清光緒三十一年(1905)仁和朱氏刻結一廬朱氏賸餘叢書本 五冊

500000－8701－0017169 G29/5－3/05154
唐陸宣公集二十四卷 (唐)陸贄撰 清道光二十七年(1847)刻本 四冊

500000－8701－0017170 G29/5－3/05155
唐陸宣公文集四卷首一卷 (唐)陸贄撰 清同治五年(1866)福州正誼書院刻本 二冊

500000－8701－0017171 G29/5－3/05156
唐陸宣公翰苑集二十二卷 (唐)陸贄撰 清咸豐十一年(1861)崇仁謝氏刻本 四冊

500000－8701－0017172 G29/5－3/05157
唐陸宣公集二十二卷附年譜一卷 (唐)陸贄撰 清同治三年(1864)湖南古書流通處刻本 六冊

500000－8701－0017173 G29/5－3/05158
註陸宣公奏議十卷首一卷附制誥十卷 (宋)郎曄註 (清)馬傳庚評 清成都望海書局刻本 六冊

500000－8701－0017174 G29/5－3/05159
唐陸宣公集二十二卷 (唐)陸贄撰 清留餘堂刻本 十冊

500000－8701－0017175 G29/5－3/05160
昌黎先生集四十卷外集十卷 (唐)韓愈著 **集傳一卷** (宋)朱熹編 清宣統三年(1911)石印本 九冊

500000－8701－0017176 G29/5－3/05161
昌黎先生集四十卷外集十卷 (唐)韓愈著 **集傳一卷** (宋)朱熹編 **點勘四卷** (清)陳景雲撰 清同治八年(1869)江蘇書局刻本 十一冊

500000－8701－0017177 G29/5－4/05162
樊南文集詳註八卷 (清)馮浩編訂 清刻本 四冊

500000－8701－0017178 G29/5－4/05163
樊南文集詳注八卷 (唐)李商隱著 (清)馮浩編注 清刻本 四冊

500000－8701－0017179 G29/5－4/05164
樊南文集補編十二卷附錄一卷 (唐)李商隱著 (清)錢振倫箋 (清)錢振常注 清同治五年(1866)望三益齋刻本 四冊

500000－8701－0017180 G29/5－4/05165
徐騎省集三十卷徐集補遺一卷 (宋)徐鉉著 **校徐集札記一卷** 清光緒二十九年(1903)黟縣李氏金陵書局刻本 六冊

500000－8701－0017181 G29/5－4/05166
新雕徂徠石先生文集二十卷補遺一卷校勘記一卷 (宋)石介著 清光緒九年(1883)濰縣張氏刻本 四冊

500000－8701－0017182 G29/5－4/05167
蘇學士文集十六卷 (宋)蘇舜欽著 清宣統三年(1911)北京龍文閣書局石印本 六冊

500000－8701－0017183　G29/5－4/05168
宛陵先生文集六十卷　(宋)梅堯臣撰　清宣統二年(1910)石印本　十冊

500000－8701－0017184　G29/5－4/05169
宛陵先生文集六十卷　(宋)梅堯臣撰　清宣統二年(1910)石印本　十冊

500000－8701－0017185　G29/5－5/05170
王臨川全集一百卷目錄二卷　(宋)王安石撰　清光緒九年(1883)刻本　八冊

500000－8701－0017186　G29/5－5/05171
王臨川全集一百卷目錄二卷　(宋)王安石撰　清光緒九年(1883)溧陽繆氏刻本　二十冊

500000－8701－0017187　G29/5－5/05172
司馬溫公文集十四卷首一卷　(宋)司馬光著　(清)張伯行重訂　清光緒七年(1881)刻本　八冊

500000－8701－0017188　G29/5－5/05173
范忠宣公文集二十卷奏議二卷遺文一卷附錄一卷補編一卷　(宋)范純仁著　清刻本　六冊

500000－8701－0017189　G29/5－5/05174
范忠宣公文集二十卷奏議二卷遺文一卷附錄一卷補編一卷　(宋)范純仁著　清宣統二年(1910)刻本　六冊

500000－8701－0017190　G29/5－6/05175
范文正公褒賢集五卷政府奏議二卷尺牘三卷年譜一卷年譜補遺一卷言行拾遺事錄四卷鄱陽遺事錄一卷遺蹟一卷建立義莊規矩一卷　(宋)范仲淹著　清吳郡范氏義莊刻本　六冊

500000－8701－0017191　G29/5－6/05176
范文正公集十二種　(宋)范仲淹著　清宣統二年(1910)元和鄒福保刻本　十冊

500000－8701－0017192　G29/5－6/05177
重刊明成化本東坡七集一百十卷　(宋)蘇軾著　清光緒至宣統寶華盦刻本　四十冊

500000－8701－0017193　G29/5－7/05178
淮海集十七卷後集二卷淮海詞一卷　(宋)秦觀著　**補遺一卷附纂一卷文集考證一卷**　(清)王敬之等纂　**重編淮海先生年譜節要一卷**　(清)秦瀛撰　清道光十七年(1837)高郵王覽甫刻本　八冊

500000－8701－0017194　G29/5－7/05179
鐔津文集十九卷首一卷　(宋)契嵩著　清光緒二十八年(1902)揚州藏經院刻本　四冊

500000－8701－0017195　G29/5－7/05180
公是集五十四卷　(宋)劉敞撰　清刻本　十八冊

500000－8701－0017196　G29/5－7/05181
後山先生集二十四卷首一卷　(宋)陳師道著　(宋)魏衍輯　清光緒十一年(1885)愛廬刻本　四冊

500000－8701－0017197　G29/5－7/05182
歐陽文忠公全集一百五十三卷首一卷附錄五卷　(宋)歐陽修著　清嘉慶二十四年(1819)廬陵歐陽衡刻本　二十四冊

500000－8701－0017198　G29/6－1/05183
宋大家歐陽文忠公文鈔三十二卷　(宋)歐陽修著　(明)茅坤批評　明萬曆刻本　十二冊

500000－8701－0017199　G29/6－1/05184
元豐類稿五十卷　(宋)曾鞏著　清光緒十六年(1890)漁浦書院刻本　十冊

500000－8701－0017200　G29/6－1/05185
重刊明成化東坡七集　(宋)蘇軾著　繆荃孫校補　清末影印本　四十八冊　存一百八卷(正集四十卷、後集二十卷、內制集十卷附樂語一卷、外制集三卷、應詔集十卷、奏議一至十二、續後集二至十二、校勘記一)

500000－8701－0017201　G29/6－1/05186
重刊明成化東坡七集　(宋)蘇軾著　繆荃孫校補　清末影印本　四十八冊

500000－8701－0017202　G29/6－2/05187
南軒文集四十四卷論語解十卷孟子說七卷　(宋)張栻撰　清咸豐四年(1854)綿邑南軒祠刻本　十二冊

500000－8701－0017203　G29/6－2/05188
羅豫章先生集十二卷首一卷末一卷　(宋)羅從彥著　(宋)黄植京訂補　清光緒八年(1882)盱江謝氏刻本　四冊

500000－8701－0017204　G29/6－2/05189
朱子文集大全類編一百十一卷　(宋)朱熹撰　清康熙元年至雍正八年(1662－1730)刻乾隆至道光補修本　四十八冊

500000－8701－0017205　G29/6－2/05190
楊文節公文集四十二卷首一卷末一卷　(宋)楊萬里著　清乾隆五十九年(1794)刻本　十冊

500000－8701－0017206　G29/6－2/05191
楊龜山先生集四十二卷　(宋)楊時撰　清光緒刻本　十冊

500000－8701－0017207　G29/6－3/05192
宋岳忠武王集八卷末一卷　(宋)岳飛撰　**宋宗忠簡公集七卷**　(宋)宗澤撰　清同治四年(1865)鳩江戎幄刻本　四冊

500000－8701－0017208　G29/6－3/05193
絜齋集二十四卷附宋儒袁正獻公從祀錄六卷　(宋)袁燮撰　清同治十一年(1872)四明袁氏進修堂刻本　六冊

500000－8701－0017209　G29/6－3/05194
羅鄂州小集六卷　(宋)羅願著　**附羅郢州遺文一卷**　(宋)羅頌著　清光緒十九年(1893)黟縣李氏刻本　二冊

500000－8701－0017210　G29/6－3/05195
羅鄂州小集六卷　(宋)羅願著　**附羅郢州遺文一卷**　(宋)羅頌著　清光緒十九年(1893)黟縣李氏刻本　三冊

500000－8701－0017211　G29/6－3/05196
岳忠武王文集八卷首一卷末一卷　(宋)岳飛著　清同治十二年(1873)三原劉氏刻本　四冊

500000－8701－0017212　G29/6－3/05197
晦菴先生朱文公文集一百卷續集十一卷別集十卷　(宋)朱熹著　(清)洪汝奎校　清同治十二年(1873)六安涂氏求我齋刻本　六十四冊

500000－8701－0017213　G29/6－4/05198
水心文集二十九卷補遺一卷　(宋)葉適撰　清光緒八年(1882)瑞安孫氏刻本　十冊

500000－8701－0017214　G29/6－4/05199
水心先生別集十六卷　(宋)葉適撰　清同治九年(1870)瑞安孫氏刻本　四冊

500000－8701－0017215　G29/6－4/05200
秋浦雙忠錄五種四十卷　劉世珩編　清光緒二十六年至二十八年(1900－1902)貴池劉氏唐石簃刻本　六冊

500000－8701－0017216　G29/6－4/05201
真西山全集八種　(宋)真德秀撰　清刻本　九十一冊

500000－8701－0017217　G29/6－5/05202
重刊文信國公全集十七卷首一卷　(宋)文天祥著　清道光二十五年(1845)瑞昌文桂官署刻本　八冊

500000－8701－0017218　G29/6－5/05203
文山先生文集二卷　(宋)文天祥著　清同治五年(1866)福州正誼堂刻本　一冊

500000－8701－0017219　G29/6－5/05204
廬陵宋丞相信國公文忠烈先生全集十六卷　(宋)文天祥著　清道光十年(1830)刻本　十二冊

500000－8701－0017220　G29/6－6/05205
元遺山先生集四十卷首一卷附錄一卷補載一卷新樂府四卷續夷堅志四卷年譜一卷施輯年譜一卷凌輯年譜一卷李輯廣年譜二卷元遺山先生集考證三卷　(元)張德輝類次　清光緒七年(1881)讀書山房刻本　十九冊

500000－8701－0017221　G29/6－6/05206
鄧文肅公巴西集二卷　(元)鄧文原著　清光緒二十五年(1899)吳氏刻本　二冊

500000－8701－0017222　G29/6－6/05207

趙文敏公松雪齋全集十卷外集一卷續集一卷行狀一卷　(元)趙孟頫著　清光緒八年(1882)洞庭楊氏城書室刻本　六冊

500000－8701－0017223　G29/6－6/05208
余忠宣青陽山房集五卷附錄一卷周給事垂北集一卷附錄一卷　(元)余闕著　清光緒元年(1875)合肥張氏毓秀堂刻本　三冊

500000－8701－0017224　G29/6－6/05209
余忠宣公青陽山房集五卷　(元)余闕著　清嘉慶八年(1803)刻本　一冊

500000－8701－0017225　G29/6－6/05210
遜志齋全集十八卷　(明)方孝孺著　(明)張紹謙纂　清道光二十六年(1846)義烏陳氏刻本　十冊

500000－8701－0017226　G29/6－6/05211
潛溪錄六卷首一卷　(明)宋濂著　孫鏘增補　丁立中編輯　清宣統二年(1910)成都刻本　六冊

500000－8701－0017227　G29/6－6/05212
黎陽王襄敏公集四卷　(明)王越著　清光緒八年(1882)南海黃璟刻本　四冊

500000－8701－0017228　G29/6－6/05213
雪坡文集十二卷附墓誌碑文年譜雪坡醉吟詩集九卷篔簹詩存附刻一卷雪坡獨行詩集八卷　(明)萬節著　清光緒三年(1877)刻本　十二冊

500000－8701－0017229　G29/6－7/05214
太史升菴全集八十一卷目錄二卷　(明)楊慎著　清乾隆六十年(1795)新都周氏刻本　三十冊

500000－8701－0017230　G29/6－7/05215
升菴外集一百卷　(明)楊慎著　(明)焦竑編　清道光四年(1824)刻本　三十冊

500000－8701－0017231　G30/1－1/05216
何大復先生集三十八卷附錄一卷　(明)何景明撰　清咸豐二年(1852)刻本　八冊

500000－8701－0017232　G30/1－1/05217
何大復先生集三十八卷附錄一卷　(明)何景明撰　清乾隆十五年(1750)刻本　十冊

500000－8701－0017233　G30/1－1/05218
枝山文集四卷　(明)祝允明著　清同治十三年(1874)刻本　二冊

500000－8701－0017234　G30/1－1/05219
太史升庵遺集二十六卷　(明)楊慎著　清刻本　八冊

500000－8701－0017235　G30/1－1/05220
白沙子全集十卷首一卷末一卷古詩教解二卷　(明)陳獻章撰　清乾隆三十六年(1771)刻本　十冊

500000－8701－0017236　G30/1－1/05221
重刊校正唐荊川先生文集十二卷新刊荊川先生外集三卷補遺荊川集五卷附錄一卷　(明)唐順之著　清光緒三十年(1904)江南書局刻本　十冊

500000－8701－0017237　G30/1－1/05222
甫田集三十六卷　(明)文徵明撰　清刻本　四冊

500000－8701－0017238　G30/1－1/05223
甫田集三十六卷　(明)文徵明著　清宣統三年(1911)上海千頃堂書莊鉛印本　十二冊

500000－8701－0017239　G30/1－1/05224
陽明先生集要理學編四卷經濟編七卷文章編四卷年譜一卷　(明)施四明輯　清光緒五年(1879)刻本　十冊

500000－8701－0017240　G30/1－2/05225
陽明先生集要理學編四卷經濟編七卷文章編四卷年譜一卷　(明)王守仁著　(明)施邦曜輯編　(明)施四明輯詳　清光緒三十三年(1907)方碩輔等鉛印本　十冊

500000－8701－0017241　G30/1－2/05226
洹詞十二卷首一卷　(明)崔銑著　(清)任祥元校　清同治二年(1863)山左歷下金氏刻本　七冊

500000－8701－0017242　G30/1－2/05227

震川先生集三十卷别集十卷　（明）歸有光著　清光緒六年（1880）常熟歸氏刻本　十二册

500000－8701－0017243　G30/1－2/05228
湛甘泉先生文集三十二卷　（明）湛若水著　清同治五年（1866）刻本　十册

500000－8701－0017244　G30/1－2/05229
楊忠愍公全集一卷楊忠愍公傳家寶訓全集一卷　（明）楊繼盛撰　清刻本　一册

500000－8701－0017245　G30/1－2/05230
楊忠愍公全集四卷　（明）楊繼盛著　清刻本　四册

500000－8701－0017246　G30/1－2/05231
鈐山堂集四十卷　（明）嚴嵩著　清乾隆刻本　十册

500000－8701－0017247　G30/1－2/05232
王龍溪先生全集二十卷　（明）王畿著　清道光二年（1822）會稽莫氏刻本　十二册

500000－8701－0017248　G30/1－3/05233
重刻張太岳先生文集四十八卷　（明）張居正著　清道光八年（1828）安陸李氏廷錫刻本　八册

500000－8701－0017249　G30/1－3/05234
漱玉齋文集三卷　（清）鄧雲霄著　清同治十一年（1872）刻本　三册

500000－8701－0017250　G30/1－3/05235
馮恭定公全集二十二卷續集一卷　（明）馮從吾著　（清）洪琮等校　清康熙十二年（1673）刻光緒刻本　十四册　存二十一卷（三至二十二、續集一卷）

500000－8701－0017251　G30/1－3/05236
楊忠烈公文集十卷附表忠錄三卷首一卷末一卷　（明）楊漣著　（清）胡鳳丹重校　清光緒三年（1877）永康退補齋胡氏刻本　八册

500000－8701－0017252　G30/1－3/05237
陶菴夢憶八卷　（清）王文誥編　清同治十三年（1874）桂林賀廣文刻本　二册

500000－8701－0017253　G30/1－3/05238
夏節愍全集十卷首一卷末一卷補遺一卷續補遺一卷　（明）夏元彝著　（清）莊師洛輯　清同治八年（1869）刻本　二册

500000－8701－0017254　G30/1－3/05239
夏節愍全集十卷首一卷末一卷補遺一卷續補遺一卷　（明）夏元彝著　（清）莊師洛輯　清光緒二十九年（1903）成都新津吳氏刻本　四册

500000－8701－0017255　G30/1－3/05240
二妙集五十一卷　（明）吳應箕　（明）劉伯宗著　劉世珩編　清光緒二十五年（1899）貴池劉氏刻本　十册

500000－8701－0017256　G30/1－4/05241
陳忠裕公全集三十卷首一卷末一卷年譜三卷兵垣奏議一卷　（明）陳子龍著　（清）王昶輯　（清）王鴻達等編訂　清嘉慶八年（1803）簳山草堂刻本　十二册

500000－8701－0017257　G30/1－4/05242
九煙先生集四卷　（清）周翼文編校　清光緒二十三年（1897）靜諳家塾刻本　二册

500000－8701－0017258　G30/1－4/05243
明大司馬盧公集十二卷首一卷　（明）盧象昇著　清光緒元年（1875）刻本　十册

500000－8701－0017259　G30/1－4/05244
明大司馬盧公集十二卷首一卷　（明）盧象昇著　清光緒三十四年（1908）刻本　八册

500000－8701－0017260　G30/1－4/05245
江止庵遺集八卷首一卷　（明）江天一著　清光緒二十二年（1896）歙縣江氏藍印本　四册

500000－8701－0017261　G30/1－4/05246
南雷文定前集十一卷後集四卷三集三卷四集四卷附錄一卷　（清）黄宗羲撰　清刻本　八册

500000－8701－0017262　G30/1－4/05247
楊園先生全集五十四卷附年譜一卷　（清）張履祥著　（清）姚璉輯　清同治十年（1871）江蘇書局刻本　十六册

500000－8701－0017263　G30/1－5/05248
楊園先生全書十二種二十四卷　（清）張履祥著　清道光二十一年（1841）刻本　六冊

500000－8701－0017264　G30/1－5/05249
孫夏峰全集十四種　（清）孫奇逢撰　清道光二十五年（1845）大梁書院刻本　九十六冊

500000－8701－0017265　G30/1－6/05250
壯悔堂文集十卷　（清）侯方域著　清乾隆刻本　六冊

500000－8701－0017266　G30/1－6/05251
二十七松堂集二十二卷　（清）廖燕著　清乾隆三年（1738）刻本　八冊

500000－8701－0017267　G30/1－6/05252
帶經堂集九十二卷　（清）王士禛著　清康熙四十九年至五十年（1710－1711）歙縣程氏刻乾隆十二年（1747）黃晟修補本　十六冊

500000－8701－0017268　G30/1－6/05253
遂甯張文端公全集七卷首一卷　（清）張鵬翮撰　清光緒八年（1882）遂寧張氏刻本　八冊

500000－8701－0017269　G30/1－6/05254
霜紅龕集四十卷附錄三卷年譜一卷　（清）傅山撰　清宣統三年（1911）山陽丁氏刻本　十二冊

500000－8701－0017270　G30/1－6/05255
程崑崙文選四卷詩選二卷　（清）程康莊著　清光啟堂刻本　五冊

500000－8701－0017271　G30/1－6/05256
梅村文集二十卷　（清）吳偉業著　清宣統二年（1910）上海神州國光社鉛印風雨樓叢書本　四冊

500000－8701－0017272　G30/1－6/05257
亭林文集六卷餘集一卷　（清）顧炎武著　清山隱居刻本　四冊

500000－8701－0017273　G30/1－6/05258
亭林文集六卷詩集五卷　（清）顧炎武著　清宣統元年（1909）上海掃葉山房石印本　四冊

500000－8701－0017274　G30/1－6/05259
湯子遺書節編十八卷　（清）湯斌著　清光緒二十六年（1900）求是齋刻本　六冊

500000－8701－0017275　G30/1－7/05260
靜用堂偶編十卷續編十卷　（清）涂天相著　清刻本　六冊

500000－8701－0017276　G30/1－7/05261
靜用堂偶編十卷續編十卷　（清）涂天相著　清刻本　七冊

500000－8701－0017277　G30/1－7/05262
二曲集二十八卷　（清）李顒著　清末民初上海文瑞樓石印本　六冊

500000－8701－0017278　G30/1－7/05263
二曲全集二十八卷四書反身錄八卷首一卷　（清）李顒著　清光緒二十六年（1900）湖夅荷花池刻本　八冊

500000－8701－0017279　G30/1－7/05264
戴南山文鈔六卷首一卷　（清）戴名世著　清宣統二年（1910）上海國學扶輪社鉛印本　三冊

500000－8701－0017280　G30/1－7/05265
南山集十四卷附補遺三卷年譜一卷　（清）戴名世著　清光緒二十八年（1902）刻本　八冊

500000－8701－0017281　G30/1－7/05266
西堂全集文集二十四卷詩集三十卷樂府六卷餘集六十七卷附湘中草六卷　（清）尤侗著　清康熙十八年（1679）刻本　二十四冊　存六十二卷（文集二十四卷，詩集三十卷，餘集：性理吟二卷，附湘中草六卷）

500000－8701－0017282　G30/1－7/05267
西堂全集文集二十四卷詩集三十卷樂府六卷餘集六十七卷附湘中草六卷　（清）尤侗著　清康熙十八年（1679）刻本　七冊　存二十七卷（詩集：西堂剩稾二卷、西堂秋夢錄一卷、西堂小草一卷、論語詩一卷、右北平集一卷、述祖詩一卷、擬明史樂府一卷、外國竹枝詞一卷、百末詞五卷詞餘一卷，樂府：讀離騷一卷、弔琵琶一卷、桃花源一卷、黑白衛一卷、李白登科記一卷、鈞天樂一卷，附湘中草六卷）

500000－8701－0017283　G30/1－7/05268
陶子師先生集四卷首一卷　(清)陶元湻著　清光緒七年(1881)貴池楊同福刻本　一册

500000－8701－0017284　G30/1－7/05269
湖海樓文集六卷儷體文集十二卷詩集十二卷詩集補遺一卷詞集二十卷　(清)陳維崧撰　清光緒十七年(1891)金山鐸署刻本　十六册

500000－8701－0017285　G30/1－7/05270
湛園未定藁六卷　(清)姜宸英撰　清宣統二年(1910)寧波汲綆齋書局石印本　六册

500000－8701－0017286　G30/1－7/05271
錢牧齋文鈔不分卷　(清)錢謙益撰　清宣統元年(1909)上海國學扶輪社鉛印本　四册

500000－8701－0017287　G30/1－7/05272
白鶴堂詩文稿不分卷　(清)彭端淑著　(清)胡天遊等評　清同治六年(1867)刻本　八册

500000－8701－0017288　G30/1－7/05273
樂善堂全集定本三十卷　(清)高宗弘曆著　清乾隆二十三年(1758)刻本　八册

500000－8701－0017289　G30/2－1/05274
方望溪文鈔六卷首一卷　(清)方苞著　清宣統二年(1910)上海國學扶輪社鉛印本　五册

500000－8701－0017290　G30/2－1/05275
望溪先生文集十八卷集外文十卷集外文補遺二卷年譜一卷年譜附錄一卷　(清)方苞著　清咸豐元年(1851)桐城戴鈞衡刻本　十册

500000－8701－0017291　G30/2－1/05276
雙佩齋詩集八卷補梅書屋詩草一卷雙佩齋文集四卷駢體文集一卷　(清)王友亮撰　清刻本　四册

500000－8701－0017292　G30/2－1/05277
嘉樹山房集二十卷附外集二卷續集二卷　(清)張士元著　清光緒二十四年(1898)震澤張氏刻本　六册

500000－8701－0017293　G30/2－1/05278
儀鄭堂駢儷文三卷　(清)孔廣森著　清光緒二十一年(1895)善化章氏經濟堂刻本　三册

500000－8701－0017294　G30/2－1/05279
崔東壁遺書前編八種五十四卷附一種一卷後編九種十七卷　(清)崔述撰　清道光四年(1824)陳履和東陽刻本　二十六册　存九種五十五卷(前編:考信錄三十六卷、王政三大典考三卷、讀風偶識四卷、古文尚書辨僞二卷、論語餘說一卷、五服異同彙考三卷、易卦圖說一卷、無聞集四卷,附遺經樓文稿一卷)

500000－8701－0017295　G30/2－1/05280
有正味齋詩集十六卷詩續集八卷駢體文二十四卷駢體文續集八卷詞集八卷詞續集二卷外集五卷又二卷　(清)吳錫麒著　清嘉慶十三年(1808)錢唐吳氏刻本　十六册

500000－8701－0017296　G30/2－2/05281
有正味齋駢體文二十四卷　(清)吳錫麒著　(清)王廣業箋注　清咸豐九年(1859)青箱塾刻本　八册

500000－8701－0017297　G30/2－2/05282
玉芝堂文集六卷詩集三卷　(清)邵齊燾著　清光緒五年(1879)湖南節署刻本　四册

500000－8701－0017298　G30/2－2/05283
東山堂集八卷　(清)馮文止著　(清)申瑤輯　清道光八年(1828)刻本　五册

500000－8701－0017299　G30/2－2/05284
述學内篇三卷補遺一卷外篇一卷別錄一卷附錄一卷校勘記一卷　(清)汪中撰　清同治八年(1869)揚州書局刻本　二册

500000－8701－0017300　G30/2－2/05285
述學内篇三卷補遺一卷外篇一卷別錄一卷　(清)汪中撰　清嘉慶二十年(1815)江都汪氏刻本　四册

500000－8701－0017301　G30/2－2/05286
銅鼓書堂遺稾三十二卷　(清)查禮撰　清乾隆五十七年(1792)刻本　四册

500000－8701－0017302　G30/2－2/05287
道古堂文集四十八卷詩集二十六卷集外文一卷集外詩一卷軼事一卷　(清)杭世駿撰　清光緒十四年(1888)汪氏振綺堂刻本　十六册

500000－8701－0017303　G30/2－3/05288
道古堂文集四十八卷詩集二十六卷　(清)杭世駿撰　清刻本　十六冊

500000－8701－0017304　G30/2－3/05289
道古堂文集四十六卷詩集二十六卷　(清)杭世駿撰　清仁和杭氏刻本　八冊

500000－8701－0017305　G30/2－3/05290
袁文合箋十六卷　(清)袁枚著　(清)王廣業集箋　清光緒八年(1882)蘇州石氏刻本　六冊

500000－8701－0017306　G30/2－3/05291
隨園三十種　(清)袁枚撰　清刻本　八十冊

500000－8701－0017307　G30/2－4/05292
隨園三十種　(清)袁枚撰　清刻本　九十六冊

500000－8701－0017308　G30/2－5/05293
二林居集二卷　(清)彭允初著　清光緒六年(1880)合肥李氏刻本　二冊

500000－8701－0017309　G30/2－5/05294
二林居集二十四卷　(清)彭允初著　清光緒七年(1881)江右藩署長洲彭氏刻本　四冊

500000－8701－0017310　G30/2－5/05295
芝庭先生集十八卷附錄一卷　(清)彭啓豐著　清光緒二年(1876)刻本　六冊

500000－8701－0017311　G30/2－5/05296
戴東原集十二卷札記一卷　(清)戴震撰　**戴東原先生年譜一卷**　(清)段玉裁編　清宣統二年(1910)渭南嚴氏成都刻本　六冊

500000－8701－0017312　G30/2－5/05297
戴東原集十二卷首一卷　(清)戴震著　清光緒十年(1884)鎮海張氏刻本　四冊

500000－8701－0017313　G30/2－5/05298
戴東原集十二卷札記一卷　(清)戴震撰　**戴東原先生年譜一卷**　(清)段玉裁編　清宣統二年(1910)渭南嚴氏成都刻本　六冊

500000－8701－0017314　G30/2－5/05299
戴氏遺書□□種　(清)戴震著　清乾隆中曲阜孔氏刻微波榭叢書本　三十六冊

500000－8701－0017315　G30/2－6/05300
兩當軒集二十二卷　(清)黃景仁著　**攷異二卷附錄四卷**　(清)黃志述輯　清光緒二年(1876)刻本　六冊

500000－8701－0017316　G30/2－6/05301
蘇園仲詩集六卷文集二卷補遺一卷　(清)蘇去疾著　清嘉慶六年至十六年(1801－1811)刻本　二冊

500000－8701－0017317　G30/2－6/05302
尊聞居士集八卷附錄一卷　(清)羅有高著　(清)彭紹升錄　清光緒八年(1882)長洲彭氏刻本　二冊

500000－8701－0017318　G30/2－6/05303
尊聞居士集八卷附錄一卷　(清)羅有高著　清光緒七年(1881)吳縣洪氏寧都試署刻本　四冊

500000－8701－0017319　G30/2－6/05304
樊榭山房集十卷續集十卷文集八卷集外詩三卷又一卷集外詞四卷集外曲二卷集外文一卷附挽辭墓誌軼事　(清)厲鶚著　清光緒十年(1884)汪氏振綺堂刻本　十冊

500000－8701－0017320　G30/2－6/05305
切問齋集十二卷首一卷　(清)陸燿輯　清光緒十八年(1892)江蘇書局刻本　四冊

500000－8701－0017321　G30/2－6/05306
陶退菴先生集二卷首一卷　(清)陶貞一著　**陶子師先生南崖集四卷**　(清)陶元淳著　**陶晚聞先生集八卷**　(清)陶正靖著　清光緒六年(1880)常熟楊氏刻本　六冊

500000－8701－0017322　G30/2－6/05307
復初齋文集三十五卷　(清)翁方綱著　清侯官李氏刻本　十二冊

500000－8701－0017323　G30/2－7/05308
鮚埼亭集三十八卷外編五十卷首一卷附經史問答十卷　(清)全祖望著　清餘姚史氏冀寧道署刻本　二十四冊

500000－8701－0017324　G30/2－7/05309
全謝山文鈔十六卷　(清)全祖望著　清宣統二年(1910)上海國學扶輪社鉛印本　八冊

500000－8701－0017325　G30/2－7/05310
邗上題襟集一卷續集一卷　(清)曾燠著　清嘉慶兩淮官署刻本　二冊

500000－8701－0017326　G30/2－7/05311
錢南園先生遺集五卷　(清)錢灃著　清光緒十九年(1893)浙江書局刻本　二冊

500000－8701－0017327　G30/2－7/05312
錢南園先生遺集五卷　(清)錢灃著　清光緒十一年(1885)湖南書局刻本　二冊

500000－8701－0017328　G30/2－7/05313
鄭板橋集六編　(清)鄭燮著　清宣統元年(1909)上海掃葉山房石印本　四冊

500000－8701－0017329　G30/2－7/05314
知恥齋詩集六卷文集二卷　(清)謝振定著　(清)陶澍編　清道光十年(1830)湘鄉謝氏刻本　五冊

500000－8701－0017330　G30/2－7/05315
水南詩集二卷文集二卷　(清)許儒龍著　清咸豐五年(1855)刻本　四冊

500000－8701－0017331　G30/2－7/05316
湖海文傳七十五卷　(清)王昶輯　清道光十七年(1837)刻本　二十冊

500000－8701－0017332　G30/2－7/05317
煙霞萬古樓文集六卷詩選二卷　(清)王曇著　清光緒二十一年(1895)上海鴻文書局石印本　四冊

500000－8701－0017333　G30/2－7/05318
煙霞萬古樓文集六卷　(清)王曇著　清道光十八年(1838)句吳錢氏刻本　二冊

500000－8701－0017334　G30/2－7/05319
茗柯文初編一卷二編二卷三編一卷四編一卷　(清)張惠言著　清光緒七年(1881)武進張氏刻本　二冊

500000－8701－0017335　G30/2－7/05320
竹灣遺稿八卷首一卷　(□)□□撰　清光緒二十二年(1896)活字印本　十冊

500000－8701－0017336　G30/3－1/05321
藕頤類稿二十卷附外集七種　(清)熊寶泰著　清潛山熊氏刻本　五冊

500000－8701－0017337　G30/3－1/05322
吳學士詩集五卷文集四卷　(清)吳鼒撰　(清)梁肇煌　(清)薛時雨編訂　清光緒八年(1882)江寧藩署刻本　六冊

500000－8701－0017338　G30/3－1/05323
卷施閣文乙集八卷續編一卷　(清)洪亮吉著　清光緒二十一年(1895)善化章氏經濟堂刻本　五冊

500000－8701－0017339　G30/3－1/05324
更生齋文乙集四卷　(清)洪亮吉著　清光緒二十一年(1895)善化章氏經濟堂刻本　二冊

500000－8701－0017340　G30/3－1/05325
王荊公文集註八卷　(清)沈欽韓撰　清刻本　八冊

500000－8701－0017341　G30/3－1/05326
金源紀事詩八卷　(清)湯運泰著　(清)湯顯業　(清)湯顯幹注　清同治十二年(1873)淮南書局刻本　四冊

500000－8701－0017342　G30/3－1/05327
養一齋文集二十卷　(清)李兆洛著　清光緒四年(1878)陽湖劉翊宸刻本　八冊

500000－8701－0017343　G30/3－1/05328
邃雅堂學古錄七卷　(清)姚文田著　清道光七年(1827)蘇州振新書社刻本　六冊

500000－8701－0017344　G30/3－1/05329
惜抱軒全集十種　(清)姚鼐撰　清光緒三十三年(1907)上海校經山房刻本　十六冊　存八種七十卷(惜抱軒文集十六卷文後集十卷詩集十卷詩後集一卷詩外集一卷、惜抱軒九經說十七卷、惜抱軒筆記八卷、惜抱軒法帖題跋三卷、左傳補注一卷、公羊傳補注一卷、國語補注一卷、穀梁補注一卷)

500000－8701－0017345　G30/3－1/05330
惜抱軒遺書三種　(清)姚鼐撰　清光緒五年(1879)桐城徐氏刻本　四册

500000－8701－0017346　G30/3－1/05331
敬孚類藁十六卷　(清)蕭穆撰　清光緒三十二年(1906)刻本　四册

500000－8701－0017347　G30/3－1/05332
清江擢秀集五種　(清)胡文魁編　清光緒九年(1883)刻本　六册

500000－8701－0017348　G30/3－2/05333
洪北江全集二十三種　(清)洪亮吉著　清光緒授經堂刻本　八十册

500000－8701－0017349　G30/3－3/05334
樞垣記略十六卷　(清)梁章鉅訓論　清道光五年(1825)刻本　四册

500000－8701－0017350　G30/3－3/05335
北涇草堂集五卷附外集三卷　(清)陳榑著　清道光三年(1823)成都劍南室刻本　二册

500000－8701－0017351　G30/3－3/05336
經韻樓集十二卷　(清)段玉裁著　清光緒十年(1884)秋樹根齋刻本　六册

500000－8701－0017352　G30/3－3/05337
復齋詩集四卷首一卷末一卷文集二十一卷　(清)曾鏞著　清嘉慶二十二年(1817)羅陽曾氏刻本　七册

500000－8701－0017353　G30/3－3/05338
甘泉鄉人稿二十四卷附曝書雜記三卷　(清)錢泰吉著　**年譜一卷**　(清)錢應溥述　**邠農偶吟稿一卷**　(清)錢炳森撰　清同治十一年(1872)嘉興錢氏刻本　六册

500000－8701－0017354　G30/3－3/05339
缾水齋詩集十七卷別集二卷詩話一卷　(清)舒位撰　清光緒十二年(1886)刻本　八册

500000－8701－0017355　G30/3－3/05340
大雲山房文稾初集四卷二集四卷　(清)惲敬著　清光緒十四年(1888)官書處刻本　八册

500000－8701－0017356　G30/3－3/05341
大雲山房文稿初集四卷二集四卷言事二卷　(清)惲敬著　清嘉慶二十年(1815)武寧廬旬宣刻本　八册

500000－8701－0017357　G30/3－3/05342
儀衛軒文集十二卷文外集一卷詩集五卷大意尊聞三卷　(清)方東樹著　**儀衛軒遺書一卷**　(清)方宗誠編輯　**方儀衛先生年譜一卷**　(清)鄭福照輯　清同治七年(1868)桐城方氏刻本　八册

500000－8701－0017358　G30/3－4/05343
萬善花室文藁六卷附錄一卷　(清)方履籛著　清光緒十二年(1886)小岯山館刻本　三册

500000－8701－0017359　G30/3－4/05344
定盦文集三卷續集四卷文集補四卷補編四卷　(清)龔自珍著　清光緒二十三年(1897)萬本書堂刻本　六册

500000－8701－0017360　G30/3－4/05345
定盦文集三卷續集四卷文集補四卷補編四卷附軼文一卷　(清)龔自珍著　清光緒三十四年(1908)成都官書局刻本　六册

500000－8701－0017361　G30/3－4/05346
校訂定盦全集十卷　(清)龔自珍撰　**定盦年譜稿本一卷**　(清)黄守恒撰　清宣統元年(1909)時中書局鉛印本　二册

500000－8701－0017362　G30/3－4/05347
求益齋全集五種　(清)強汝詢著　清光緒二十四年(1898)江蘇書局刻本　八册

500000－8701－0017363　G30/3－4/05348
古微堂内集二卷外集八卷　(清)魏源著　清宣統元年(1909)國學扶輪社鉛印本　六册

500000－8701－0017364　G30/3－4/05349
柈湖文集十二卷首一卷　(清)吳敏樹著　清光緒十九年(1893)思賢講舍刻本　四册

500000－8701－0017365　G30/3－4/05350
通甫類藁四卷續編四卷　(清)魯一同撰　清咸豐九年(1859)刻本　四册

500000－8701－0017366　G30/3－4/05351

藕香館文錄一卷 （清）竇鎮山撰　清刻本　一冊

500000－8701－0017367　G30/3－4/05352
思適齋集十八卷 （清）顧廣圻撰　清道光二十九年(1849)上海徐氏刻本　四冊

500000－8701－0017368　G30/3－5/05353
海雅堂集二十八卷四書紀疑錄六卷春秋恩聞鈔十二卷 （清）淩揚藻撰　清刻本　八冊

500000－8701－0017369　G30/3－5/05354
浮邱子十二卷 （清）湯鵬著　清同治四年(1865)刻本　四冊

500000－8701－0017370　G30/3－5/05355
常惺惺齋文集十卷詩集十一卷 （清）李炳奎著　（清）陳偉勛輯　清宣統二年(1910)刻本　四冊

500000－8701－0017371　G30/3－5/05356
小謨觴館詩文全集詩八卷續二卷文四卷續二卷 （清）彭兆蓀著　清同治十三年(1874)吳縣潘氏刻本　四冊

500000－8701－0017372　G30/3－5/05357
家珍集文鈔 （清）董思盤著　清同治九年(1870)刻本　一冊

500000－8701－0017373　G30/3－5/05358
貞定先生遺集四卷 （清）莫與儔撰　清咸豐至光緒刻影山草堂叢書本　三冊　存三卷(一至三)

500000－8701－0017374　G30/3－5/05359
胡文忠公遺集八十六卷首一卷 （清）胡林翼著　（清）曾國荃輯　（清）胡鳳丹重編　清光緒二十七年(1901)上海圖書集成印書局鉛印本　八冊

500000－8701－0017375　G30/3－5/05360
柏梘山房文集十六卷文續集一卷詩集十卷詩續集二卷駢體文二卷 （清）梅曾亮著　清咸豐六年(1856)上元梅氏刻本　八冊

500000－8701－0017376　G30/3－5/05361
知養恬齋時文鈔不分卷賦鈔四卷 （清）羅繞典著　清道光二十一年(1841)刻本　五冊　存四卷(文鈔一卷、賦鈔二至四)

500000－8701－0017377　G30/3－5/05362
揅經室集四集三十八卷續集十一卷再續集六卷外卷五卷 （清）阮元著　清道光三年(1823)揚州阮氏文選樓刻本　二十四冊

500000－8701－0017378　G30/3－6/05363
劉孟塗集四十四卷 （清）劉開著　清道光六年(1826)姚氏檗山草堂刻本　八冊

500000－8701－0017379　G30/3－6/05364
簡學齋館課試律存不分卷附續鈔 （清）陳沆著　清咸豐二年(1852)刻本　四冊

500000－8701－0017380　G30/3－6/05365
養志居僅存稿十八卷首一卷 （清）陳宗起著　（清）陳克劬輯　清光緒十一年(1885)丹徒陳氏刻本　八冊

500000－8701－0017381　G30/3－6/05366
東塾集六卷申范一卷 （清）陳澧撰　清光緒十八年(1892)刻本　四冊

500000－8701－0017382　G30/3－6/05367
因寄軒文初集十卷二集六卷補遺一卷坿刻小異遺文一卷 （清）管同著　清光緒五年(1879)合肥張氏刻本　四冊

500000－8701－0017383　G30/3－6/05368
劉武慎公遺書二十五卷年譜三卷 （清）劉長佑撰　清光緒二十六年(1900)鉛印本　二十八冊

500000－8701－0017384　G30/3－6/05369
養知書屋文集二十八卷詩集十五卷奏疏十二卷 （清）郭嵩燾著　清光緒十八年(1892)湘陰郭氏刻本　二十八冊

500000－8701－0017385　G30/3－7/05370
百柱堂全集內集三十四卷外集十九卷 （清）王柏心著　清光緒二十四年(1898)成山唐氏貴陽刻本　二十冊

500000－8701－0017386　G30/3－7/05371
祈園詩集一卷 （清）張廣枏著　清宣統二年

(1910)善化張氏刻本　一册

500000－8701－0017387　G30/3－7/05372
豁州官牘四集　(清)張修府撰　清同治四年(1865)長沙張氏刻本　四册

500000－8701－0017388　G30/3－7/05373
張廉卿先生文集八卷　(清)張裕釗著　清宣統元年(1909)五色古文山房刻本　二册

500000－8701－0017389　G30/3－7/05374
樂餘靜廉齋文稿一卷詩稿三集二卷詩鈔續集二卷　(清)顧復初撰　清同治六年至光緒六年(1867－1880)刻本　四册

500000－8701－0017390　G30/3－7/05375
求自得之室文鈔十二卷　(清)吳嘉賓著　清同治五年(1866)廣州刻本　五册

500000－8701－0017391　G30/3－7/05376
鄒叔子遺書七種附二種　(清)鄒漢勛著　清光緒九年(1883)新化鄒氏刻本　十二册

500000－8701－0017392　G30/4－1/05377
李文忠公全集一百六十五卷首一卷　(清)吳汝綸編錄　清光緒三十一年(1905)刻三十四年(1908)印本　一百册

500000－8701－0017393　G30/4－2/05378
左文襄公全集一百三十一卷首二卷　(清)左宗棠撰　清光緒刻本　一百二十三册

500000－8701－0017394　G30/4－5/05379
李文恭公詩集八卷文集十六卷　(清)李星沅著　清同治四年(1865)湘陰李氏刻本　八册

500000－8701－0017395　G30/4－5/05380
李文恭公文集十六卷　(清)李星沅著　清同治四年(1865)湘陰李氏刻本　四册

500000－8701－0017396　G30/4－5/05381
聽雲僊館儷體文集四卷補編一卷續集二卷詩集二卷詞一卷西游感懷吟草一卷　(清)湯成彥著　清同治繆仲英等刻本　五册

500000－8701－0017397　G30/4－5/05382
彭文敬公全集四十五卷　(清)彭蘊章著　清同治至光緒刻本　十四册

500000－8701－0017398　G30/4－5/05383
復莊駢儷文榷八卷　(清)姚燮著　(清)王蒔蘭編　清咸豐四年(1854)象山王氏大梅山館刻本　四册

500000－8701－0017399　G30/4－5/05384
謫麐堂遺集四卷　(清)戴望著　清宣統三年(1911)風雨樓鉛印本　一册

500000－8701－0017400　G30/4－5/05385
謫麐堂遺集四卷　(清)戴望著　清光緒元年(1875)會稽趙氏刻本　二册

500000－8701－0017401　G30/4－5/05386
七經樓文集六卷　(清)蔣湘南撰　清道光二十七年(1847)刻本　三册

500000－8701－0017402　G30/4－5/05387
白下愚園集八卷首一卷　(清)胡思燮著　清光緒二十年(1894)江寧胡氏刻本　六册

500000－8701－0017403　G30/4－5/05388
郁郢山房集詩存八卷駢文二卷疏草二卷文略二卷　(清)趙樹吉著　清光緒七年至十一年(1881－1885)汗青簃刻本　五册

500000－8701－0017404　G30/4－5/05389
趙文恪公遺集不分卷　(清)趙光撰　清光緒十六年(1890)昆明趙氏刻本　二册

500000－8701－0017405　G30/4－5/05390
養晦堂文集十卷詩集二卷　(清)劉蓉撰　清光緒三年(1877)湖南思賢講舍刻本　六册

500000－8701－0017406　G30/4－5/05391
養晦堂文集十卷詩集二卷　(清)劉蓉撰　清光緒三年(1877)湖南思賢講舍刻本　六册

500000－8701－0017407　G30/4－6/05392
劉武慎公全集二十九卷　(清)劉長佑撰　清刻本　二十五册

500000－8701－0017408　G30/4－6/05393
巢經巢遺文五卷鳧氏為鍾圖說一卷　(清)鄭珍著　清光緒十九年至二十年(1893－1894)貴築高氏資州官廨刻本　三册

500000－8701－0017409　G30/4－6/05394

緣猗軒文鈔二卷駢體文鈔一卷詩鈔二卷詞鈔一卷 （清）舒壽著 清光緒二十三年(1897)刻本 二册

500000－8701－0017410 G30/4－6/05395
曾惠敏公全集奏疏六卷文集五卷詩鈔四卷日記二卷(光緒四年七月二十七日至十二年十一月十六日) （清）曾紀澤撰 清光緒二十年(1894)石印本 四册

500000－8701－0017411 G30/4－6/05396
曾忠襄公奏議三十二卷文集二卷批牘五卷書札二十二卷 （清）曾國荃撰 **榮哀録二卷** 蕭榮爵編輯 **年譜四卷** （清）王定安撰 蕭榮爵增訂 清光緒二十九年(1903)刻本 六十四册

500000－8701－0017412 G30/4－7/05397
唐中丞遺集二十八卷首一卷 （清）唐訓方著 清光緒十七年(1891)歸吾廬刻本 二十册

500000－8701－0017413 G30/4－7/05398
扶荔生覆瓿集十卷 （清）王濟著 清同治十二年(1873)巴陵方氏碧琳琅館刻本 五册

500000－8701－0017414 G30/4－7/05399
聊園雜文略一卷 （清）王曾祺撰 清光緒二十八年(1902)成都文倫書局鉛印本 一册

500000－8701－0017415 G30/4－7/05400
雙冷齋文集四卷又二卷 （清）張九章撰 清光緒二十一年(1895)刻本 五册

500000－8701－0017416 G30/4－7/05401
潛穎詩十卷文四卷 （清）何維棣著 清光緒二十七年(1901)南海羅氏刻本 四册

500000－8701－0017417 G30/4－7/05402
拙尊園叢稿六卷 （清）黎庶昌著 清光緒十九年(1893)上海醉六堂石印本 二册

500000－8701－0017418 G30/4－7/05403
拙尊園叢稿六卷 （清）黎庶昌著 清光緒十九年(1893)上海醉六堂石印本 二册

500000－8701－0017419 G30/5－1/05404
黎文肅公遺書七種首一卷 （清）黎培敬撰 清光緒十七年(1891)湘潭黎氏刻本 二十册

500000－8701－0017420 G30/5－1/05405
宋忠定趙周王別錄八卷 葉德輝編輯 清光緒長沙葉氏刻本 三册 存六卷(一至二、五至八)

500000－8701－0017421 G30/5－1/05406
庸盦文續編二卷 （清）薛福成撰 清末成都尊經學舍刻本 二册

500000－8701－0017422 G30/5－1/05407
樊山集二十八卷續集二十八卷時文一卷公牘三卷批判十五卷二家詠古詩一卷二家詞鈔五卷二家試帖一卷 樊增祥著 清光緒十九年(1893)渭南縣署刻本 二十四册

500000－8701－0017423 G30/5－1/05408
晦明軒稿一卷附壬癸金石跋一卷 楊守敬著 清光緒三十三年(1907)宜都楊氏刻本 二册

500000－8701－0017424 G30/5－1/05409
居易軒詩遺鈔一卷文遺鈔一卷 （清）趙炳龍著 清光緒十四年(1888)保山吳氏刻本 一册

500000－8701－0017425 G30/5－1/05410
樫華館駢體文一卷 （清）路德撰 清刻本 一册

500000－8701－0017426 G30/5－1/05411
昨非集四卷 （清）劉熙載著 清光緒三年(1877)興化劉氏刻本 二册

500000－8701－0017427 G30/5－1/05412
衷聖齋文集一卷外編一卷 （清）劉光第著 清光緒二十年(1894)儷峯書屋刻本 二册

500000－8701－0017428 G30/5－1/05413
儀顧堂集二十卷 （清）陸心源撰 清光緒二十四年(1898)歸安陸氏刻本 六册

500000－8701－0017429 G30/5－1/05414
駢文類纂四十六卷 王先謙纂輯 清光緒二十八年(1902)湖南思賢書局刻本 二十四册

500000－8701－0017430 G30/5－2/05415

藝風堂文集七卷外篇一卷續集八卷　繆荃孫撰　清光緒二十六年(1900)江陰繆氏藝風堂刻本　四冊

500000－8701－0017431　G30/5－2/05416
湘綺樓文集八卷　王闓運撰　清光緒三十三年(1907)刻湘綺樓全集本　四冊

500000－8701－0017432　G30/5－2/05417
湘綺樓全集文集八卷詩集十四卷箋啟八卷　王闓運撰　清光緒三十二年(1906)墨莊劉氏刻本　十二冊

500000－8701－0017433　G30/5－2/05418
章太炎文鈔四卷譚復生文鈔二卷　章炳麟　(清)譚嗣同著　清宣統二年(1910)上海國學扶輪社鉛印本　四冊　存五卷(章太炎文鈔一、三至四,譚復生文鈔二卷)

500000－8701－0017434　G30/5－2/05419
面城精舍雜文甲編一卷乙編一卷　羅振玉著　清光緒上虞羅氏刻本　一冊

500000－8701－0017435　G30/5－2/05420
面城精舍雜文甲編一卷乙編一卷　羅振玉著　清光緒上虞羅氏刻本　一冊

500000－8701－0017436　G30/5－2/05421
榆園叢刻十八種　(清)許增輯　清光緒十年(1884)仁和許氏娛園刻本　十六冊

500000－8701－0017437　G30/5－2/05422
湖海詩傳四十六卷　(清)王昶輯　清嘉慶八年(1803)刻本　十六冊

500000－8701－0017438　G30/5－2/05423
漁洋山人古詩選五言詩十七卷七言詩十五卷　(清)王士禛選　清同治五年(1866)金陵書局刻本　八冊

500000－8701－0017439　G30/5－3/05424
古詩箋五言十七卷七言十五卷　(清)王士禛選　(清)聞人倓箋　清乾隆三十一年(1766)文萃堂刻本　十四冊

500000－8701－0017440　G30/5－3/05425
千家詩註二卷　(清)黎恂編輯　清光緒二十年(1894)川東道署刻本　一冊

500000－8701－0017441　G30/5－3/05426
玉臺新詠十卷　(南朝陳)徐陵編　(清)吳兆宜註　(清)程琰刪補　清光緒五年(1879)宏達堂刻本　六冊

500000－8701－0017442　G30/5－3/05427
玉臺新詠十卷　(南朝陳)徐陵編　(清)吳兆宜註　(清)程琰刪補　清光緒五年(1879)宏達堂刻本　四冊

500000－8701－0017443　G30/5－3/05428
御定佩文齋詠物詩選四百八十六卷　(清)汪霦等纂輯　清康熙四十五年(1706)刻本　四十冊

500000－8701－0017444　G30/5－3/05429
歷朝名媛詩詞十二卷　(清)陸昶評選　清宣統三年(1911)上海掃葉山房石印本　四冊

500000－8701－0017445　G30/5－3/05430
小學弦歌八卷　(清)李元度編輯　清光緒五年(1879)平江李氏刻本　四冊

500000－8701－0017446　G30/5－3/05431
惜抱軒今體詩選五言九卷七言九卷　(清)姚鼐輯　清同治五年(1866)金陵書局刻本　二冊

500000－8701－0017447　G30/5－3/05432
漢詩統箋三卷急救探奇一卷　(清)陳本禮箋訂　清嘉慶十五年(1810)刻本　二冊

500000－8701－0017448　G30/5－4/05433
八代詩選二十卷　王闓運撰　清光緒十六年(1890)江蘇書局刻本　八冊

500000－8701－0017449　G30/5－4/05434
古唐詩合解十二卷又四卷　(清)王堯衢註　清雍正刻本　六冊

500000－8701－0017450　G30/5－4/05435
十種唐詩選十七卷　(清)王士禛纂　清刻本　十冊

500000－8701－0017451　G30/5－4/05436
唐賢三昧集三卷　(清)王士禛選本　(清)吳

煊　（清）胡棠輯注　（清）黄培芳評　清光緒九年(1883)廣東翰墨園刻朱墨套印本　三册

500000－8701－0017452　G30/5－4/05437
唐賢三昧集三卷　（清）王士禛編　清康熙二十七年(1688)崑山盛氏刻本　三册

500000－8701－0017453　G30/5－4/05438
唐詩百家選六卷唐詩百家小傳一卷　（清）黄世傑輯　清光緒十六年(1890)善化黄氏家塾刻本　四册

500000－8701－0017454　G30/5－4/05439
御選唐宋詩醇四十七卷目錄二卷　（清）高宗弘曆選　清光緒三年(1877)刻本　二十四册

500000－8701－0017455　G30/5－4/05440
瀛奎律髓刊誤四十九卷　（元）方回選　（清）紀昀批點　清光緒六年(1880)懺花盦刻本　十六册

500000－8701－0017456　G30/5－5/05441
瀛奎律髓四十九卷　（元）方回選　清康熙石門吳氏刻本　十六册

500000－8701－0017457　G30/5－5/05442
唐詩選十三卷　王闓運撰　清宣統三年(1911)東洲刻本　十册

500000－8701－0017458　G30/5－5/05443
唐四家詩四種　（唐）孟浩然等著　清光緒十年(1884)上海同文書局石印本　八册

500000－8701－0017459　G30/5－5/05444
唐四家詩四種　（唐）孟浩然等著　清光緒十年(1884)上海同文書局石印本　八册

500000－8701－0017460　G30/5－5/05445
唐詩啓蒙一卷　（清）吳淦輯　清光緒十四年(1888)刻本　一册

500000－8701－0017461　G30/5－5/05446
唐詩別裁集引典備註二十卷　（清）沈德潛選　（清）俞汝昌增注　清道光二十三年(1843)蘇州俞氏刻本　十册

500000－8701－0017462　G30/5－5/05447
唐詩別裁集十卷　（清）沈德潛　（清）陳培脉選　清康熙五十六年(1717)刻本　四册

500000－8701－0017463　G30/5－5/05448
唐詩別裁集引典備註二十卷　（清）沈德潛選　（清）俞汝昌增注　清道光二十三年(1843)蘇州俞氏刻本　八册

500000－8701－0017464　G30/5－5/05449
唐人萬首絶句選七卷　（宋）洪邁元本　（清）王士禛選本　清光緒二十三年(1897)金陵書局刻本　二册

500000－8701－0017465　G30/5－5/05450
才調集十卷　（五代）韋縠集　清維揚述古齋鉛印本　四册

500000－8701－0017466　G30/5－5/05451
中晚唐詩叩彈集十二卷續集三卷　（清）杜詔　（清）杜庭珠集　清康熙四十三年(1704)秀水杜氏刻本　六册

500000－8701－0017467　G30/5－5/05452
唐詩貫珠六十卷　（清）胡以梅箋　清蘇州素心堂刻本　十四册

500000－8701－0017468　G30/5－5/05453
唐四家詩集二十四卷　（清）胡鳳丹輯　清同治九年(1870)退補齋胡氏刻本　六册

500000－8701－0017469　G30/5－6/05454
全唐詩九百卷目錄十二卷　（清）曹寅等編　清光緒元年(1875)撫州饒氏刻本　一百二十册

500000－8701－0017470　G30/5－7/05455
全唐詩三十二卷　（清）曹寅等編　清光緒十三年(1887)上海同文書局石印本　三十二册

500000－8701－0017471　G30/5－7/05456
江湖後集二十四卷　（宋）陳起編　清讀畫齋刻本　八册

500000－8701－0017472　G30/5－7/05457
宋代五十六家詩集五十七種　坐春書塾選本　清宣統二年(1910)北京龍文閣石印本　六册

500000－8701－0017473　G30/6－1/05458

元詩選癸集十卷 （清）顧嗣立輯 （清）席世臣補輯 清光緒十四年（1888）席氏掃葉山房刻本 十六冊

500000－8701－0017474 G30/6－1/05459
元詩選初集九卷首一卷二集不分卷三集不分卷 （清）顧嗣立輯 清康熙三十三年至五十九年（1694－1720）長洲顧氏秀野草堂刻本 四十八冊

500000－8701－0017475 G30/6－2/05460
弘正四傑詩集四種附一種 （清）張百熙輯 清光緒二十一年（1895）長沙張氏湘雨樓刻本 十六冊

500000－8701－0017476 G30/6－2/05461
遺民詩十六卷近青堂詩一卷 （清）卓爾堪選輯 清末有正書局石印本 八冊

500000－8701－0017477 G30/6－2/05462
明三十家詩選初集八卷二集八卷 （清）汪端輯 清光緒九年（1883）刻本 八冊

500000－8701－0017478 G30/6－2/05463
明詩別裁集十二卷 （清）沈德潛 （清）周準輯 清乾隆四十年（1775）刻本 十二冊

500000－8701－0017479 G30/6－2/05464
列朝詩集乾集二卷甲集前編十一卷甲集二十二卷乙集八卷丙集十六卷丁集十六卷閏集六卷 （清）錢謙益輯 清宣統二年（1910）上海國光印刷所鉛印本 五十六冊

500000－8701－0017480 G30/6－3/05465
七家詩選註釋七卷 （清）張昶注釋 （清）張熙宇輯評 清道光十二年（1832）刻朱墨套印本 二冊

500000－8701－0017481 G30/6－3/05466
硃批增註七家詩選七卷 （清）張昶註釋 （清）張熙宇評選 清咸豐七年（1857）刻朱墨套印本 二冊

500000－8701－0017482 G30/6－3/05467
詩緣樵說拾遺六卷 （清）聊園老樵著 清光緒三十一年（1905）成都聊園刻本 二冊

500000－8701－0017483 G30/6－3/05468
聞妙香室試帖選註三卷 （清）徐寶善輯評 （清）沈兆霖等註譯 制義一卷 （□）季宗昉著 清刻本 五冊

500000－8701－0017484 G30/6－3/05469
兩浙輶軒續錄五十四卷補遺六卷 （清）潘衍桐訂 清光緒十七年（1891）浙江書局刻本 四十冊

500000－8701－0017485 G30/6－3/05470
南園前五先生詩五卷首一卷後五先生詩二十五卷首一卷附刻南園花信詩一卷 （明）趙介等著 清同治九年（1870）南海陳氏刻本 八冊

500000－8701－0017486 G30/6－4/05471
兩浙輶軒錄四十卷補遺十卷 （清）阮元訂 清光緒十六年（1890）浙江書局刻本 三十二冊

500000－8701－0017487 G30/6－4/05472
國朝六家詩鈔八卷 （清）劉執玉選 清宣統二年（1910）澄衷學堂石印本 六冊

500000－8701－0017488 G30/6－4/05473
國朝六家詩鈔八卷 （清）劉執玉選 清光緒十三年（1887）成都汗青簃刻本 八冊

500000－8701－0017489 G30/6－4/05474
國朝畿輔詩傳六十卷 （清）陶樑輯 清道光十九年（1839）刻本 十六冊

500000－8701－0017490 G30/6－5/05475
宛鄰書屋古詩錄十二卷 （清）張琦輯 清同治八年（1869）刻本 四冊

500000－8701－0017491 G30/6－5/05476
宛鄰書屋古詩錄十二卷 （清）張琦輯 清同治八年（1869）陽湖張氏刻本 四冊

500000－8701－0017492 G30/6－5/05477
十八家詩鈔二十八卷 （清）曾國藩纂 清同治十三年（1874）傳忠書局刻本 十四冊

500000－8701－0017493 G30/6－5/05478
十八家詩鈔二十八卷 （清）曾國藩纂 清同

治十三年(1874)傳忠書局刻本　十九册

500000－8701－0017494　G30/6－5/05479
通雅堂詩鈔十卷續集二卷　(清)施山著　清光緒元年(1875)刻本　五册

500000－8701－0017495　G30/6－5/05480
湘上詩緣錄四卷新安詩萃一卷　(清)張修府輯　清光緒十四年(1888)刻本　四册

500000－8701－0017496　G30/6－5/05481
琴臺正續合刻六種八卷　(清)汪守正輯　清光緒十五年(1889)錢塘汪守正刻本　二册

500000－8701－0017497　G30/6－5/05483
郋園詩鈔一卷古泉雜詠四卷消夏百一詩二卷觀古堂詩錄一卷觀畫百詠四卷　葉德輝撰　清咸豐至民國長沙葉氏刻本　四册

500000－8701－0017498　G30/6－7/05484
高給諫遺詩不分卷　(清)高楑撰　清光緒三十二年(1906)成都官書局石印本　一册

500000－8701－0017499　G30/6－7/05485
漢鏡歌釋文箋正不分卷　王先謙撰　清同治十一年(1872)虚受堂王氏刻本　一册

500000－8701－0017500　G30/6－7/05486
琴操二卷　(漢)蔡邕撰　**支遁集二卷首一卷補遺一卷**　(晉)支道林撰　清光緒十年(1884)邵武徐氏刻本　一册

500000－8701－0017501　G30/6－7/05487
曹集銓評十卷逸文一卷魏陳思王年譜一卷　(三國魏)曹植撰　(清)丁晏纂　清同治十一年(1872)金陵書局刻本　二册

500000－8701－0017502　G30/6－7/05488
曹集銓評十卷逸文一卷魏陳思王年譜一卷　(三國魏)曹植撰　(清)丁晏纂　清同治十一年(1872)金陵書局刻本　二册

500000－8701－0017503　G30/6－7/05489
曹集銓評十卷逸文一卷魏陳思王年譜一卷　(三國魏)曹植撰　(清)丁晏纂　清同治十一年(1872)金陵書局刻本　二册

500000－8701－0017504　G30/6－7/05490
陶靖節詩集四卷　(晉)陶潛撰　清康熙十一年(1672)刻本　二册

500000－8701－0017505　G30/6－7/05491
陶淵明詩一卷　(晉)陶潛撰　清光緒元年(1875)影元刻本　一册

500000－8701－0017506　G30/6－7/05492
陶淵明文集十卷　(晉)陶潛撰　清宣統元年(1909)上海著易堂影印本　四册

500000－8701－0017507　G30/6－7/05493
陶詩彙評四卷　(清)溫汝能纂訂　清光緒十八年(1892)上海五彩公司石印本　一册

500000－8701－0017508　G30/6－7/05494
陶詩彙評四卷　(晉)陶潛撰　(清)溫汝能纂訂　清宣統二年(1910)掃葉山房石印本　二册

500000－8701－0017509　G30/6－7/05495
陶詩彙評四卷　(晉)陶潛撰　(清)溫汝能纂訂　清宣統二年(1910)掃葉山房石印本　二册

500000－8701－0017510　G30/6－7/05496
萃錦唫八卷　(清)奕訢集　清光緒十八年(1892)廣東撫署刻本　四册

500000－8701－0017511　G30/6－7/05497
唐賢三體詩句法六卷　(宋)周弼編　(元)釋圓至註　(清)高士奇輯　(清)何焯評　清光緒十二年(1886)瀘州鹽局刻朱墨套印本　二册

500000－8701－0017512　G30/6－7/05498
御選妙覺普度和聖寒山大士詩一卷　(唐)釋寒山撰　**御選圓覺慈度合聖拾得大士詩一卷**　(唐)釋拾得撰　清成都文殊院刻本　一册

500000－8701－0017513　G30/6－7/05499
王摩詰詩集七卷孟浩然詩集二卷　(唐)王維　(唐)孟浩然著　(宋)劉辰翁評　清光緒六年(1880)碧琳琅館刻朱墨套印本　二册

500000－8701－0017514　G30/6－7/05500
李太白文集三十卷　(唐)李白撰　清光緒十

六年(1890)湖北官書處刻本　四册

500000－8701－0017515　G30/6－7/05501
李太白文集三十六卷　(唐)李白撰　(清)王琦輯註　清乾隆二十四年(1759)刻本　二十册

500000－8701－0017516　G31/1－1/05502
杜工部集二十卷首一卷　(唐)杜甫撰　(明)王世貞等評點　清光緒二年(1876)粤東翰墨園刻五色套印本　十册

500000－8701－0017517　G31/1－1/05503
杜工部集二十卷首一卷　(唐)杜甫撰　(明)王世貞等評點　清光緒二年(1876)粤東翰墨園刻五色套印本　十册

500000－8701－0017518　G31/1－1/05504
杜工部集二十卷首一卷　(唐)杜甫撰　(明)王世貞等評點　清光緒二年(1876)粤東翰墨園刻五色套印本　十册

500000－8701－0017519　G31/1－1/05505
杜工部集二十卷　(唐)杜甫撰　(明)王世貞等評點　清光緒二年(1876)粤東翰墨園刻五色套印本　八册

500000－8701－0017520　G31/1－1/05506
杜工部集二十卷　(唐)杜甫撰　(明)王世貞等評點　清道光十四年(1834)刻五色套印本　八册

500000－8701－0017521　G31/1－2/05507
讀書堂杜工部詩集註解二十卷　(唐)杜甫著　(清)張溍評註　**杜工部編年詩史譜目一卷**　清康熙三十七年(1698)涇陽張氏刻本　二十二册

500000－8701－0017522　G31/1－2/05508
杜詩偶評四卷　(清)沈德潛纂　清末影印本　四册

500000－8701－0017523　G31/1－2/05509
杜詩偶評四卷　(唐)杜甫著　(清)沈德潛纂　清乾隆十二年(1747)刻本　一册

500000－8701－0017524　G31/1－2/05510
王狀元集百家注編年杜陵詩史三十二卷　(唐)杜甫著　(宋)魯訔編年並注　(宋)王十朋集注　清宣統三年至民國二年(1911－1913)貴池劉氏玉海堂影宋刻本　十二册

500000－8701－0017525　G31/1－2/05511
杜詩闡三十三卷　(清)盧元昌述　清康熙二十一年(1682)刻本　十二册

500000－8701－0017526　G31/1－3/05512
杜詩詳注二十五卷首一卷諸家詠杜附錄二卷　(唐)杜甫撰　(清)仇兆鰲注　清康熙三十二年(1693)刻本　十六册

500000－8701－0017527　G31/1－3/05513
杜詩詳注二十五卷首一卷諸家詠杜附錄二卷　(唐)杜甫撰　(清)仇兆鰲注　清康熙三十二年(1693)刻本　二十六册　存二十六卷(杜詩詳注二十五卷、首一卷)

500000－8701－0017528　G31/1－3/05514
杜詩集說二十卷末一卷附本傳年譜一卷　(唐)杜甫著　(清)江浩然纂輯　清乾隆四十三年(1778)嘉興江氏刻本　十二册

500000－8701－0017529　G31/1－3/05515
杜詩集說二十卷末一卷附本傳年譜一卷　(唐)杜甫著　(清)江浩然纂輯　清乾隆四十三年(1778)嘉興江氏刻本　十二册

500000－8701－0017530　G31/1－4/05516
讀杜心解六卷首二卷　(唐)杜甫著　(清)浦起龍解　清刻本　四册

500000－8701－0017531　G31/1－4/05517
讀杜心解六卷首二卷　(唐)杜甫著　(清)浦起龍解　清刻本　十册

500000－8701－0017532　G31/1－4/05518
讀書堂杜工部詩集注解二十卷文集注解二卷杜工部編年詩史譜目一卷　(唐)杜甫撰　(清)張溍評注　清道光二十一年(1841)滏陽張氏讀書堂刻本　十二册

500000－8701－0017533　G31/1－4/05519
杜詩鏡銓二十卷附錄一卷讀書堂杜工部文集

註解二卷　（唐）杜甫著　（清）楊綸編輯（清）張溍評註　清同治十一年（1872）望三益齋刻本　八册

500000－8701－0017534　G31/1－4/05520
杜詩鏡銓二十卷附錄一卷讀書堂杜工部文集註解二卷　（唐）杜甫著　（清）楊綸編輯（清）張溍評註　清同治十一年（1872）望三益齋刻本　十二册

500000－8701－0017535　G31/1－4/05521
杜詩鏡銓二十卷附錄一卷年譜一卷　（唐）杜甫撰　（清）楊倫編輯　清乾隆刻本　八册

500000－8701－0017536　G31/1－4/05522
杜工部集二十卷諸家詩話一卷唱酬題詠附錄一卷杜工部集附錄一卷少陵先生年譜一卷（唐）杜甫撰　（清）錢謙益注　清康熙六年（1667）刻本　六册

500000－8701－0017537　G31/1－5/05523
杜工部集二十卷首一卷諸家詩話一卷唱酬題詠附錄一卷　（唐）杜甫撰　清刻本　十册

500000－8701－0017538　G31/1－5/05524
杜工部草堂詩箋二十二卷詩話二卷年譜二卷　（唐）杜甫撰　（宋）魯訔編　（宋）蔡夢弼箋　清光緒元年（1875）巴陵方氏碧琳琅館刻本　四册

500000－8701－0017539　G31/1－5/05525
杜工部集二十卷　（唐）杜甫著　（清）錢謙益箋注　清宣統二年（1910）鉛印本　八册

500000－8701－0017540　G31/1－5/05526
杜工部集二十卷附錄一卷諸家詩話一卷少陵先生年譜一卷唱酬題詠附錄一卷　（唐）杜甫撰　（清）錢謙益注　清宣統三年（1911）時中書局石印本　八册

500000－8701－0017541　G31/1－5/05527
杜工部集二十卷附錄一卷諸家詩話一卷少陵先生年譜一卷唱酬題詠附錄一卷　（唐）杜甫撰　（清）錢謙益注　清宣統三年（1911）時中書局石印本　八册

500000－8701－0017542　G31/1－5/05528
劉隨州詩集十一卷　（唐）劉長卿著　清光緒五年（1879）定州王氏刻畿輔叢書本　二册

500000－8701－0017543　G31/1－5/05529
李長吉歌詩四卷首一卷外集一卷　（唐）李賀撰　（清）王琦彙解　清光緒四年（1878）宏達堂刻本　四册

500000－8701－0017544　G31/1－5/05530
李長吉集四卷附外卷一卷　（唐）李賀著（明）黃淳耀評　清宣統元年（1909）上海掃葉山房石印本　二册

500000－8701－0017545　G31/1－5/05531
協律鉤元四卷附外集一卷　（唐）李賀著（清）陳本禮箋注　清嘉慶十三年（1808）裛露軒刻本　二册

500000－8701－0017546　G31/1－5/05532
韋蘇州集十卷　（唐）韋應物著　清宣統三年（1911）上海冰雪山房石印本　六册

500000－8701－0017547　G31/1－5/05533
昌黎先生詩增注證訛十一卷年譜一卷本傳一卷　（唐）韓愈著　（清）顧嗣立删補　（清）黃鉞增注證訛　清咸豐七年（1857）刻本　四册

500000－8701－0017548　G31/1－5/05534
昌黎先生詩集注十一卷　（唐）韓愈著　（清）顧嗣立注　清光緒九年（1883）廣州翰墨園刻三色套印本　六册

500000－8701－0017549　G31/1－5/05535
昌黎先生詩增注證訛十一卷年譜一卷本傳一卷　（唐）韓愈著　（清）顧嗣立删補　（清）黃鉞增注證訛　清咸豐七年（1857）刻本　四册

500000－8701－0017550　G31/1－5/05536
昌黎先生集四十卷　（唐）韓愈著　清同治八年（1869）江蘇書局刻本　四册

500000－8701－0017551　G31/1－6/05538
溫飛卿詩集九卷　（唐）溫庭筠著　（明）曾益

註　(清)顧予咸補註　清康熙三十六年(1697)刻本　四冊

500000－8701－0017552　G31/1－6/05539
溫飛卿詩集九卷　(唐)溫庭筠著　(明)曾益註　(清)顧予咸註　清光緒八年(1882)萬軸山房刻本　二冊

500000－8701－0017553　G31/1－6/05540
重訂李義山詩集箋註三卷集外詩箋註一卷　(唐)李商隱著　(清)朱鶴齡注　(清)程夢星補注　清刻本　四冊

500000－8701－0017554　G31/1－6/05541
李義山詩集三卷附錄諸家詩評一卷詩譜一卷　(唐)李商隱撰　(清)朱鶴齡箋註　(清)沈厚塽輯評　清同治九年(1870)廣州倅署刻三色套印本　二冊

500000－8701－0017555　G31/1－6/05542
玉谿生詩詳註三卷　(唐)李商隱撰　(清)馮浩註　清乾隆四十五年(1780)刻本　四冊

500000－8701－0017556　G31/1－6/05545
樊川詩集四卷別集一卷外集一卷　(唐)杜牧著　(清)馮集梧注　清嘉慶六年(1801)刻本　四冊

500000－8701－0017557　G31/1－6/05546
方泉先生詩集三卷　(宋)周文璞著　清宣統元年(1909)上海國光社影印本　一冊

500000－8701－0017558　G31/1－6/05547
眉山詩案廣證六卷　(清)張鑑著　清光緒十年(1884)江蘇書局刻本　二冊

500000－8701－0017559　G31/1－6/05548
蘇文忠公詩集五十卷目錄二卷　(宋)蘇軾著　(清)紀昀評點　清同治八年(1869)涿州盧氏韞玉山房刻本　十二冊

500000－8701－0017560　G31/2－1/05549
蘇文忠公詩集五十卷目錄二卷　(宋)蘇軾著　(清)紀昀評點　清同治八年(1869)涿州盧氏韞玉山房刻本　十二冊

500000－8701－0017561　G31/2－1/05550
蘇文忠公詩編註集成四十六卷總案四十五卷蘇海識餘三卷諸家雜綴酌存一卷牋詩圖一卷　(清)王文誥撰　清光緒十四年(1888)浙江書局刻本　二十四冊

500000－8701－0017562　G31/2－1/05551
蘇文忠公詩合注五十卷首一卷　(清)馮應榴輯訂　清光緒九年(1883)刻本　二十冊

500000－8701－0017563　G31/2－1/05553
山谷先生詩選一卷　(清)周之麟　(清)柴升選　清刻本　一冊

500000－8701－0017564　G31/2－1/05554
山谷內集詩注二十卷　(宋)黃庭堅著　(宋)任淵注　**外集詩注十七卷**　(宋)史容注　**山谷詩別集注二卷**　(宋)史季溫注　清武英殿聚珍版刻本　十二冊　存三十四卷(內集二十卷,外集一至十、十四至十七)

500000－8701－0017565　G31/2－2/05555
黃詩全集五十八卷　(宋)黃庭堅著　清光緒二年(1876)盧秉鈞刻本　二十冊

500000－8701－0017566　G31/2－2/05556
東坡和陶合箋四卷　(宋)蘇軾撰　(清)溫汝能纂　清宣統二年(1910)掃葉山房石印本　二冊

500000－8701－0017567　G31/2－2/05557
東坡和陶合箋四卷　(宋)蘇軾撰　(清)溫汝能纂　清宣統二年(1910)掃葉山房石印本　二冊

500000－8701－0017568　G31/2－2/05558
角山樓蘇詩評注彙鈔二十卷附錄三卷目錄二卷　(宋)蘇軾著　(清)趙克宜輯　清咸豐二年(1852)丹徒趙氏刻本　十二冊

500000－8701－0017569　G31/2－2/05559
劍南詩鈔六卷　(宋)陸游著　(清)楊大鶴選　清光緒八年(1882)文苑山房刻本　八冊

500000－8701－0017570　G31/2－2/05560
遺山詩鈔三卷　(金)元好問著　(清)施國祁注　清光緒九年(1883)敘州汗青簃刻本

三册

500000－8701－0017571　G31/2－2/05561
元遺山詩集箋注十四卷首一卷末一卷　（元）張德輝類次　（清）施國祁箋　清道光七年（1827）苕溪吴氏醉六堂刻本　四册

500000－8701－0017572　G31/2－2/05562
雁門集十四卷附卷一卷倡和録一卷　（元）薩都剌撰　（清）薩龍光編注　清光緒三年（1877）刻本　八册

500000－8701－0017573　G31/2－3/05564
明三十家詩選初集八卷二集八卷　（清）汪端輯　清同治十二年（1873）蘊蘭吟館刻本　八册

500000－8701－0017574　G31/2－3/05565
袁海叟詩集四卷　（明）袁凱著　清光緒十九年（1893）觀自得齋刻本　一册

500000－8701－0017575　G31/2－3/05566
藍山集六卷　（明）藍仁著　清光緒四年（1878）侯官郭氏枕石草堂刻本　二册

500000－8701－0017576　G31/2－3/05567
藍澗集六卷　（明）藍智著　清光緒六年（1880）侯官郭氏枕石草堂刻本　二册

500000－8701－0017577　G31/2－3/05568
鐵厓逸編註八卷附録一卷　（明）楊維楨著　（清）樓卜瀍註　清光緒十四年（1888）諸暨樓氏刻本　四册

500000－8701－0017578　G31/2－3/05569
信陽詩集二十六卷　（明）何景明撰　清光緒三十三年（1907）渭南嚴氏刻明四子詩集本　四册

500000－8701－0017579　G31/2－3/05570
空同詩集三十四卷　（明）李夢陽撰　清光緒十五年（1889）渭南嚴氏刻二十六年（1900）修補本　六册

500000－8701－0017580　G31/2－3/05571
楊詩所見選四卷　（明）楊慎著　（清）張懷泗選　清道光十三年（1833）刻本　一册

500000－8701－0017581　G31/2－3/05572
弇州山人詩集五十二卷目録八卷　（明）王世貞著　清光緒三十三年（1907）渭南嚴氏刻本　十六册

500000－8701－0017582　G31/2－3/05573
滄溟詩集十四卷　（明）李攀龍撰　清光緒三十三年（1907）渭南嚴氏刻明四子詩集本　四册

500000－8701－0017583　G31/2－3/05574
萬忠貞公遺集三卷首一卷　（明）萬燝著　清道光十七年（1837）萬氏刻本　二册

500000－8701－0017584　G31/2－3/05575
紅荔山房吟稿二卷　（清）唐金華著　清咸豐十年（1860）江門臨江閣刻本　一册

500000－8701－0017585　G31/2－3/05576
倚雲閣詩存三卷補遺一卷倚雲閣詩餘存三卷　（清）張友書著　清光緒十二年（1886）定遠方氏刻本　一册

500000－8701－0017586　G31/2－3/05577
天游閣集詩五卷附詩補附録　（清）顧太清著　清宣統二年（1910）國光印刷所鉛印本　一册

500000－8701－0017587　G31/2－3/05578
顧亭林先生詩箋註十七卷顧詩箋注校補一卷　（清）顧炎武著　（清）徐嘉輯　清光緒二十三年（1897）山陽徐氏味静齋刻本　六册

500000－8701－0017588　G31/2－3/05579
亭林詩集五卷　（清）顧炎武著　清刻本　四册

500000－8701－0017589　G31/2－3/05580
李中允集六卷　（清）李驥元著　清光緒四年（1878）刻本　四册

500000－8701－0017590　G31/2－3/05581
移芝室詩鈔二卷　（清）楊彝珍著　清刻本　二册

500000－8701－0017591　G31/2－3/05582
隰樊詩鈔四卷　（清）陳鍾祥著　清刻本

四冊

500000－8701－0017592　G31/2－4/05583
漁洋山人精華録箋注十二卷補一卷附錄一卷　（清）王士禛撰　（清）金榮箋注　（清）徐淮纂輯　**年譜一卷**　（清）惠棟撰　清光緒二十年（1894）上海寶文書局石印本　十冊

500000－8701－0017593　G31/2－4/05584
笛漁小稾十卷　（清）朱昆田著　清刻本　一冊

500000－8701－0017594　G31/2－4/05585
梅村詩集箋注十八卷　（清）吳偉業著　（清）吳翌鳳箋注　清嘉慶十九年（1814）滄浪吟榭刻本　六冊

500000－8701－0017595　G31/2－4/05586
陋軒詩十二卷　（清）吳嘉紀著　清道光二十年（1840）刻本　五冊

500000－8701－0017596　G31/2－4/05587
南畇詩藁二十六卷南畇老人自訂年譜一卷　（清）彭定求著　清光緒六年（1880）長洲彭祖賢刻本　六冊

500000－8701－0017597　G31/2－4/05588
聰山集詩八卷文三卷　（清）申涵光著　（清）劉佑評選　清刻本　五冊

500000－8701－0017598　G31/2－4/05589
漁洋山人精華録訓纂十卷目錄二卷金氏精華録箋註辯訛一卷　（清）惠棟撰　**漁洋山人自撰年譜二卷**　（清）王士禛撰　（清）惠棟註補　清光緒十七年（1891）南皮張氏刻本　十六冊

500000－8701－0017599　G31/2－5/05590
掣鯨堂詩集九卷　（清）費錫璜撰　清刻本　一冊

500000－8701－0017600　G31/2－5/05591
桐埜詩集四卷　（清）周起渭著　清咸豐二年（1852）世恩堂陳氏刻本　四冊

500000－8701－0017601　G31/2－5/05592
翁山詩外二十卷　（清）屈大均著　（清）屈明洪編　清宣統二年（1910）上海國學扶輪社鉛印本　十二冊　存十九卷（一至十九）

500000－8701－0017602　G31/2－5/05593
志寧堂稿不分卷　（清）徐文靖著　清雍正十三年（1735）刻本　一冊

500000－8701－0017603　G31/2－5/05594
柳盟園詩集二卷　（清）胡天球著　清道光三十年（1850）刻本　一冊

500000－8701－0017604　G31/2－5/05595
留春草堂詩鈔四卷　（清）伊秉綬著　清嘉慶十三年（1808）寧化伊氏刻本　四冊

500000－8701－0017605　G31/2－5/05596
行吟中集一卷近稿一卷　（明）尹惟日著　清嘉慶五年（1800）刻本　一冊

500000－8701－0017606　G31/2－5/05597
論山詩選十五卷　（清）鮑之鍾著　清道光二年（1822）南徐鮑氏刻本　十二冊

500000－8701－0017607　G31/2－5/05598
松聲池館詩存四卷　（清）汪璐著　清光緒十五年（1889）泉唐振綺堂刻本　一冊

500000－8701－0017608　G31/2－5/05599
振綺堂詩存一卷　（清）汪憲著　清光緒十五年（1889）錢塘汪氏刻本　一冊

500000－8701－0017609　G31/2－5/05600
容甫先生遺詩五卷補遺一卷附錄一卷　（清）汪中著　清宣統二年（1910）鉛印本　一冊

500000－8701－0017610　G31/2－5/05601
古春軒詩鈔二卷　（清）梁德繩著　清道光二十年（1840）刻本　一冊

500000－8701－0017611　G31/2－5/05602
小芋香館遺集十二卷　（清）李杭著　清咸豐元年（1851）湘陰李氏刻本　四冊

500000－8701－0017612　G31/2－5/05603
嘉樹山房詩集十八卷應制二卷　（清）李中簡著　清道光二十五年（1845）刻本　四冊

500000－8701－0017613　G31/2－5/05604

兩當軒詩鈔十四卷竹眠詞鈔二卷 （清）黃仲仁著 清道光十三年（1833）番禺許氏廣州刻本 四册

500000－8701－0017614 G31/2－5/05605
忠雅堂詩集二十七卷補遺二卷詞集二卷 （清）蔣士銓撰 清乾隆二十七年（1762）成都楊氏會元堂刻本 六册

500000－8701－0017615 G31/2－6/05606
石梁詩鈔八卷 （清）胡寯年著 清嘉慶十八年（1813）曙戒書屋刻本 二册

500000－8701－0017616 G31/2－6/05607
甌北詩鈔四卷 （清）趙翼著 清意園家塾刻本 二册

500000－8701－0017617 G31/2－6/05608
甌北詩鈔十八卷詩話十二卷 （清）趙翼著 清同治十三年（1874）刻本 七册

500000－8701－0017618 G31/2－6/05609
劉文清公遺集十七卷應制詩集三卷 （清）劉墉撰 清道光六年（1826）東武劉氏味經書屋刻本 四册

500000－8701－0017619 G31/2－6/05610
餐芍華館詩集八卷蕉心詞一卷 （清）周騰虎著 清光緒十九年（1893）鉛印本 二册

500000－8701－0017620 G31/2－6/05611
冬心先生集四卷 （清）金農撰 清宣統二年（1910）掃葉山房石印本 四册

500000－8701－0017621 G31/2－6/05612
養默山房詩稿三十二卷 （清）謝元淮著 清嘉慶十七年（1812）知不足齋刻本 十册

500000－8701－0017622 G31/2－6/05613
長離閣集一卷附錄一卷 （清）王采薇著 清光緒八年（1882）蘼蕪吟館刻本 一册

500000－8701－0017623 G31/2－6/05614
船山詩注二十卷 （清）張問陶著 （清）李岑註 （清）江海清增註 清同治九年（1870）幾水江氏刻本 十四册

500000－8701－0017624 G31/2－7/05615
船山詩草二十卷補遺六卷 （清）張問陶撰 清嘉慶十年至道光二十九年（1805－1849）刻本 十册

500000－8701－0017625 G31/2－7/05616
續香齋集五種 （清）喬遠炳著 清道光二年（1822）澴川喬氏刻本 三册 存四種五卷（續香齋古今體詩二卷、續香齋讀史存質集一卷、續香齋文存一卷、續香齋賦不分卷）

500000－8701－0017626 G31/2－7/05617
黃葉邨莊詩集八卷續集一卷後集一卷 （清）吳之振著 清光緒四年（1878）州泉吳氏刻本 四册

500000－8701－0017627 G31/2－7/05618
梅花閣吟七卷 （清）徐旭曾著 清嘉慶十六年（1811）徐旭曾刻本 一册

500000－8701－0017628 G31/2－7/05619
李養一先生詩集四卷附賦二篇詩餘三十二首 （清）李兆洛著 清光緒八年（1882）江陰曹氏刻本 二册

500000－8701－0017629 G31/2－7/05620
秋江集註六卷 （清）黃任著 （清）王元麟訂 清道光二年（1822）長樂王氏刻本 六册

500000－8701－0017630 G31/2－7/05621
求是堂詩集二十二卷詩餘一卷 （清）胡承珙撰 清道光十三年（1833）涇縣胡氏刻本 六册

500000－8701－0017631 G31/2－7/05622
紅蕉山館詩鈔十卷續鈔二卷 （清）喻文鏊著 清嘉慶九年（1804）刻本 四册

500000－8701－0017632 G31/2－7/05623
夫椒山館詩二十一卷補遺一卷 （清）周儀暐著 清道光二十七年（1847）味塵軒刻本 五册 存十九卷（一至十九）

500000－8701－0017633 G31/2－7/05624
增默菴詩遺集二卷 （清）郭尚先著 （清）郭籛齡編輯 清莆田郭氏刻本 二册

500000－8701－0017634 G31/2－7/05625

夢華詩草二卷詩餘二卷　(清)孫纘著　清道光十二年(1832)孫氏家塾刻本　二冊

500000－8701－0017635　G31/2－7/05626
通父詩存四卷　(清)魯一同撰　清咸豐九年(1859)刻本　二冊

500000－8701－0017636　G31/2－7/05627
味辛堂詩鈔一卷翠聲閣詩鈔一卷　(明)張燮著　清道光十四年(1834)刻本　一冊

500000－8701－0017637　G31/2－7/05628
養正書屋全集定本十六卷目錄二卷　(清)宣宗旻寧著　(清)英和等編　清刻本　十冊

500000－8701－0017638　G31/3－1/05629
日慎齋詩草六卷附外集一卷　(清)李嗣元著　清同治十年(1871)韓寶琛江津刻本　二冊

500000－8701－0017639　G31/3－1/05630
西園詩鈔八卷外集律賦二卷外集試帖詩二卷　(清)李卿穀撰　清道光二十八年(1848)西園李氏刻本　五冊

500000－8701－0017640　G31/3－1/05631
夢遊詩草一卷　(清)彭澍勳著　(清)方炳奎輯　清刻本　一冊

500000－8701－0017641　G31/3－1/05632
守柔齋詩鈔初集四卷續集四卷守柔齋行河草二卷　(清)蘇廷魁著　清同治三年至光緒元年(1864－1875)灌陽蔣氏刻本　三冊

500000－8701－0017642　G31/3－1/05633
敦夙好齋詩初編十二卷　(清)葉名澧著　清光緒十六年(1890)刻本　四冊

500000－8701－0017643　G31/3－1/05634
白鶴山房詩鈔十九卷詞鈔二卷　(清)葉紹本著　清道光七年(1827)桂林使廨刻本　六冊

500000－8701－0017644　G31/3－1/05635
卷石山房詩鈔一卷　(清)董思盤著　清同治九年(1870)刻本　一冊

500000－8701－0017645　G31/3－1/05636
小松石齋集五卷　(清)趙允懷著　清道光二十三年(1843)雙弓樓刻本　二冊

500000－8701－0017646　G31/3－1/05637
試帖三十卷古近體詩二卷知養恬齋試帖二卷知養恬齋賦鈔四卷　(清)羅繞典著　清光緒二十九年(1903)刻本　四冊　存三十五卷(試帖三十卷、古近體詩二卷、知養恬齋試帖二卷、知養恬齋賦鈔一)

500000－8701－0017647　G31/3－1/05638
松月山莊詩鈔十四卷　(清)陸文傑撰　清道光二十三年(1843)刻本　二冊

500000－8701－0017648　G31/3－1/05639
意苕山館詩稿十六卷　(清)陸嵩著　清光緒十八年(1892)震澤張氏京師刻本　四冊

500000－8701－0017649　G31/3－1/05640
秣陵集六卷　(清)陳文述撰　清光緒十年(1884)淮南書局刻本　三冊

500000－8701－0017650　G31/3－1/05641
西泠仙詠三卷　(清)陳文述著　清光緒八年(1882)西泠丁氏翠螺仙館刻本　二冊

500000－8701－0017651　G31/3－1/05642
信芳閣詩草四卷　(清)陳蘊蓮撰　清咸豐元年(1851)刻本　二冊

500000－8701－0017652　G31/3－1/05643
文竹閣詩鈔八卷　(清)許標著　清咸豐七年(1857)彭澤許氏刻本　四冊

500000－8701－0017653　G31/3－1/05644
盾頭草一卷蓬轉草一卷符水公餘草一卷(清)王績康著　清刻本　一冊

500000－8701－0017654　G31/3－1/05645
廣雅堂詩集不分卷　(清)張之洞著　清末石印本　一冊

500000－8701－0017655　G31/3－1/05646
廣雅碎金四卷附錄一卷　(清)張之洞著　清光緒二十三年(1897)嘉興沈善登刻本　二冊

500000－8701－0017656　G31/3－1/05647
翠筠館詩存二卷　(清)魁玉著　清同治七年(1868)刻本　二冊

500000－8701－0017657　G31/3－1/05648

三恥齋初稿十二卷　(清)吴坤修著　清同治四年(1865)鳩江戎幄刻本　四册

500000－8701－0017658　G31/3－1/05649
尚絅廬詩存二卷　(清)吴嘉賓著　清同治四年(1865)粤東富文齋刻本　一册

500000－8701－0017659　G31/3－1/05650
香海盦叢書八種　徐琪輯　清仁和徐氏刻光緒二十年(1894)彙印本　三册

500000－8701－0017660　G31/3－2/05651
棲碧山房詩鈔三卷　(清)馮慶撰　清光緒十一年(1885)芙蓉城刻本　二册

500000－8701－0017661　G31/3－2/05652
樂餘静廉齋詩稿初集一卷二集一卷　(清)顧復初撰　清同治六年(1867)成都刻本　一册

500000－8701－0017662　G31/3－2/05653
樂餘静廉齋詩鈔續集一卷　(清)顧復初撰　清光緒四年(1878)刻本　一册

500000－8701－0017663　G31/3－2/05655
小鷗波館詩鈔十卷詞鈔一卷　(清)潘曾瑩著　清道光二十五年(1845)吴縣潘氏刻本　四册

500000－8701－0017664　G31/3－2/05656
玉笙樓詩録十二卷續録一卷　(清)沈壽榕著　清光緒九年(1883)海昌沈氏刻本　六册

500000－8701－0017665　G31/3－2/05657
邃懷堂詩鈔前編三卷後編二卷　(明)袁翼著　清咸豐七年(1857)刻本　二册

500000－8701－0017666　G31/3－2/05658
穀詒堂集十卷　(清)李壽萱著　清光緒八年(1882)孫氏刻本　四册

500000－8701－0017667　G31/3－2/05659
越縵堂集白華絳柎閣詩十卷　(清)李慈銘著　清光緒十六年(1890)石印本　六册

500000－8701－0017668　G31/3－2/05660
冷吟仙館詩稿八卷附録一卷詩餘一卷文存一卷　(清)左錫嘉撰　清光緒十七年(1891)刻本　六册

500000－8701－0017669　G31/3－2/05661
松風閣詩鈔二十六卷　(清)彭蘊章著　清同治七年(1868)長洲彭氏刻本　六册

500000－8701－0017670　G31/3－2/05662
青田山廬詩鈔二卷詞鈔一卷　(清)莫庭芝著　清光緒十五年(1889)獨山莫氏日本使署刻本　一册

500000－8701－0017671　G31/3－2/05663
六一山房詩集十卷續集十卷　(清)董沛著　清同治至光緒刻本　四册

500000－8701－0017672　G31/3－2/05664
日本雜事詩二卷　(清)黄遵憲著　清光緒二十四年(1898)長沙富文堂刻本　二册

500000－8701－0017673　G31/3－2/05665
春暉閣詩鈔選六卷　(清)蔣湘南著　清同治八年(1869)刻本　一册

500000－8701－0017674　G31/3－2/05666
雁門集十四卷附卷一卷倡和録一卷　(元)薩都剌撰　(清)薩龍光編注　清嘉慶十二年(1807)龍光刻本　六册

500000－8701－0017675　G31/3－2/05667
水雲樓詞二卷續一卷　(清)蔣春霖撰　清咸豐八年(1858)刻本　一册

500000－8701－0017676　G31/3－2/05668
留真集古近體詩六卷　(清)楊紱章著　清光緒二十年(1894)畢節楊氏刻本　二册

500000－8701－0017677　G31/3－2/05669
爾爾書屋詩草八卷　(清)史夢蘭著　清光緒元年(1875)刻本　二册

500000－8701－0017678　G31/3－2/05670
石龕詩卷二十一卷詩餘偶存一卷　(清)劉楚英撰　清同治九年(1870)粤西鹺署刻本　四册

500000－8701－0017679　G31/3－3/05671
種樹山房詩集九卷　(清)周人龍著　清咸豐十一年(1861)陽曲鄭氏隆平縣官署刻本　四册

500000－8701－0017680　G31/3－3/05672
吟雲仙館詩稿一卷　（清）曾詠著　清光緒十七年（1891）華陽曾氏定襄官署刻本　一冊

500000－8701－0017681　G31/3－3/05673
古硯香齋遺詩六卷試帖一卷挽聯一卷　（清）余世松著　清光緒二十二年（1896）刻本　二冊

500000－8701－0017682　G31/3－3/05674
巢經巢詩鈔後集四卷　（清）鄭珍著　清光緒二十年（1894）貴築高氏資州官廨刻本　一冊

500000－8701－0017683　G31/3－3/05675
巢經巢詩鈔九卷　（清）鄭珍著　清咸豐四年（1854）遵義鄭氏刻本　三冊

500000－8701－0017684　G31/3－3/05676
荔村草堂詩鈔十卷　（清）譚宗浚著　清光緒十八年（1892）廖廷相廣州刻本　四冊

500000－8701－0017685　G31/3－3/05677
蓬心集一卷　（清）夏壽華著　清光緒二十二年（1896）刻本　一冊

500000－8701－0017686　G31/3－3/05678
聊園詩存十卷詞存一卷續六卷　（清）王曾祺撰　清光緒十六年（1890）韓城刻本　四冊

500000－8701－0017687　G31/3－3/05679
聊園詩存再續十四卷　（清）王曾祺撰　清光緒二十四年至二十七年（1898－1901）成都王氏刻本　八冊

500000－8701－0017688　G31/3－3/05680
寄影軒詩鈔十八卷　（清）張觀美著　清光緒四年（1878）建德張氏刻本　四冊

500000－8701－0017689　G31/3－3/05683
小雅樓詩集八卷遺文二卷首一卷　（清）鄧方著　清光緒二十六年（1900）廣州刻本　五冊

500000－8701－0017690　G31/3－3/05684
吳摯甫詩集一卷　（清）吳汝綸撰　清宣統二年（1910）上海國學扶輪社石印本　一冊

500000－8701－0017691　G31/3－3/05685
夷牢溪廬詩鈔四卷　（清）黎汝謙著　清光緒二十五年（1899）遵義黎氏廣州刻本　一冊

500000－8701－0017692　G31/3－3/05686
漸西村人初集十三卷于湖小集五卷　（清）袁昶撰著　清光緒桐廬袁氏避舍葢公堂刻本　五冊

500000－8701－0017693　G31/3－3/05687
仿潛齋詩鈔十五卷　（清）李嘉樂撰　清光緒十五年（1889）刻本　四冊

500000－8701－0017694　G31/3－3/05688
鬱華閣遺集四卷　（清）盛昱撰　清光緒二十八年（1902）有正書局石印本　一冊

500000－8701－0017695　G31/3－3/05689
人境廬詩草十一卷　（清）黃遵憲著　清宣統三年（1911）應嘉黃氏鉛印本　四冊

500000－8701－0017696　G31/3－3/05690
范伯子詩集十九卷　（清）范當世著　清光緒三十四年（1908）刻本　四冊

500000－8701－0017697　G31/3－3/05691
向湖邨舍詩初集十二卷　趙藩著　清光緒十四年（1888）長沙刻本　三冊

500000－8701－0017698　G31/3－3/05692
樫華館詩集四卷詩餘一卷　（清）路德著　清刻本　二冊

500000－8701－0017699　G31/3－3/05693
介白堂詩集二卷　（清）劉光第著　清光緒二十九年（1903）儷峯書屋宜賓刻本　一冊

500000－8701－0017700　G31/3－3/05694
散原精舍詩二卷　陳三立著　清宣統元年（1909）陳氏鉛印本　二冊

500000－8701－0017701　G31/3－3/05695
晴漪閣詩六卷紅豆簾琴意一卷　（清）陳克劬著　清光緒十三年（1887）定遠方氏刻本　三冊

500000－8701－0017702　G31/3－3/05696
惜峰吟稿一卷　（清）陳樹梁著　清光緒八年（1882）刻本　一冊

500000－8701－0017703　G31/3－4/05697
藤花館詩二卷詩餘一卷　(清)陳克常著　清光緒十三年(1887)刻本　一册

500000－8701－0017704　G31/3－4/05698
東瀛草一卷　陳矩著　(清)朱庭珍評　清光緒十八年(1892)石印本　一册

500000－8701－0017705　G31/3－4/05699
歸樸齋詩鈔戊集二卷己集二卷　(清)曾紀澤著　(清)曾紀鴻編輯　清光緒鉛印本　一册

500000－8701－0017706　G31/3－4/05700
屈廬詩稿四卷　(清)鄭知同著　清刻本　一册

500000－8701－0017707　G31/3－4/05701
苷園詩錄四卷　(清)程霱撰　清宣統元年(1909)京師集成圖書公司鉛印本　一册

500000－8701－0017708　G31/3－4/05702
讀左雜詠一卷　蔣廷黻著　清宣統三年(1911)蔣氏刻本　一册

500000－8701－0017709　G31/3－4/05703
湘綺樓詩八卷夜雪集二卷　王闓運撰　清光緒二十六年(1900)東洲講舍刻本　四册

500000－8701－0017710　G31/3－4/05704
湘綺樓詩八卷　王闓運撰　清光緒二十六年(1900)東洲講舍刻本　四册

500000－8701－0017711　G31/3－4/05705
小蘭雪堂唫稾十一卷　(清)王步蟾著　清光緒二十七年(1901)刻本　四册

500000－8701－0017712　G31/3－4/05706
安般簃集十卷　(清)芳郭鈍叟(袁昶)撰　清光緒十八年(1892)小漚巢刻本　四册

500000－8701－0017713　G31/3－4/05707
詞學全書四種附古韻一種　(清)查培繼編　清乾隆十一年(1746)世德堂刻本　八册　存四種十四卷(填詞名解四卷、古今詞論一卷、填詞圖譜六卷續集一卷、詞韻二卷)

500000－8701－0017714　G31/3－4/05708
詞選七種十三卷　(清)張琦編　清刻本　四册

500000－8701－0017715　G31/3－4/05709
詞學叢書六種　(清)秦恩復輯　清道光二十九年(1849)江都秦氏刻本　八册

500000－8701－0017716　G31/3－4/05710
樂府指迷一卷　(宋)沈義父撰　**詞源二卷**　(宋)張炎編　**詞旨一卷**　(元)陸輔之述　清刻本　一册

500000－8701－0017717　G31/3－5/05711
詞律二十卷補遺一卷　(清)萬樹著　(清)杜文瀾校勘　**拾遺八卷**　(清)徐本立纂　清光緒二年(1876)刻本　十六册

500000－8701－0017718　G31/3－5/05712
詞選二卷續詞選二卷附錄一卷　(清)張惠言輯　清光緒張氏刻詞選七種本　一册

500000－8701－0017719　G31/3－5/05713
詞譜四十卷　(清)儲在文等纂　清刻本　十八册

500000－8701－0017720　G31/3－5/05714
白香詞譜一卷晚翠軒詞韻一卷　(清)舒夢蘭輯　清怡府刻本　二册

500000－8701－0017721　G31/3－5/05715
詞韻二卷附詞韻論略一卷　(清)仲恒撰　清刻本　一册

500000－8701－0017722　G31/3－5/05716
西泠詞萃六種　(清)丁丙輯　清光緒十一年至十三年(1885－1887)錢塘丁氏刻本　四册

500000－8701－0017723　G31/3－5/05717
詞選二卷附錄一卷續詞選二卷　(清)張惠言　(清)董毅錄　清末掃葉山房石印本　一册

500000－8701－0017724　G31/3－5/05718
詞綜三十六卷　(清)朱彝尊抄撮　(清)汪森增定　(清)柯崇樸編　清刻本　八册

500000－8701－0017725　G31/3－5/05719
詞綜三十六卷　(清)朱彝尊抄撮　(清)汪森增定　(清)柯崇樸編　清康熙十七年(1678)刻本　十二册

500000－8701－0017726　G31/3－5/05720
唐五代詞選三卷　（清）成肇麐輯　清光緒十三年（1887）金陵書局刻本　一册

500000－8701－0017727　G31/3－5/05721
四印齋所刻詞二十種　（清）王鵬運輯　清光緒七年至十四年（1881－1888）臨桂王氏四印齋刻本　十四册

500000－8701－0017728　G31/3－5/05722
四印齋彙刻宋元三十一家詞三十一卷　（清）王鵬運輯　清光緒十九年（1893）臨桂王氏四印齋刻本　四册

500000－8701－0017729　G31/3－5/05723
宋六十一家詞選十二卷　（清）馮煦輯　清光緒十三年（1887）江寧成氏冶城山館刻本　四册

500000－8701－0017730　G31/3－5/05724
宋七家詞選七卷　（清）戈載輯　清光緒十一年（1885）江寧成氏冶城山館刻本　二册

500000－8701－0017731　G31/3－5/05725
宋四家詞選不分卷　（清）周濟著　清刻本　一册

500000－8701－0017732　G31/3－7/05726
宋六十名家詞六十一種　（清）毛晉輯　清光緒十四年（1888）錢塘汪氏刻本　十六册

500000－8701－0017733　G31/3－7/05727
宋六十名家詞六十一種　（清）毛晉輯　清光緒十四年（1888）錢塘汪氏刻本　三十册

500000－8701－0017734　G31/3－7/05728
宋元名家詞十三種附二種　（清）江標輯　清光緒二十一年（1895）思賢書局刻本　四册

500000－8701－0017735　G31/3－7/05729
絕妙好詞箋七卷附錄一卷　（宋）周密輯　（清）查爲仁等箋　**續鈔一卷**　（清）余集鈔撮　**又一卷**　（清）徐楙補錄　**詞選二卷**　（清）張惠言錄　**續詞選二卷**　（清）黄毅錄　清同治十一年（1872）會稽章氏刻本　四册

500000－8701－0017736　G31/3－7/05730
明詞綜十二卷　（清）王昶纂　清嘉慶七年（1802）刻本　二册

500000－8701－0017737　G31/3－7/05731
草堂詩餘十六卷　（明）卓人月彙選　（明）陳繼儒選　明末刻本　十册

500000－8701－0017738　G31/3－7/05733
麟角集一卷　（唐）王棨著　清光緒七年（1881）成都瀹雅齋刻本　一册

500000－8701－0017739　G31/3－7/05734
無弦琴譜二卷　（宋）仇遠著　清光緒十一年（1885）金匱孫爾準刻本　一册

500000－8701－0017740　G31/3－7/05735
樂府新編陽春白雪前集五卷後集五卷　（元）楊朝英選集　清光緒三十一年（1905）南陵徐氏刻本　一册

500000－8701－0017741　G31/3－7/05736
六如亭二卷　（清）張九鉞撰　清道光七年（1827）刻本　二册

500000－8701－0017742　G31/3－7/05737
納蘭詞五卷補遺一卷　（清）納蘭性德著　清光緒六年（1880）娱園刻本　二册

500000－8701－0017743　G31/3－7/05738
曝書亭詞拾遺三卷志異一卷　（清）朱彝尊著　（清）翁之潤輯錄　清光緒二十二年（1896）常熟翁氏刻本　二册

500000－8701－0017744　G31/3－7/05739
寄青齋詞稿一卷　（清）徐虔復撰　**綠雲館遺集一卷**　（清）程英亭著　清光緒八年（1882）刻本　一册

500000－8701－0017745　G31/3－7/05740
曝書亭集詞註七卷　（清）李富孫纂　清嘉慶十九年（1814）刻本　四册

500000－8701－0017746　G31/3－7/05741
靈芬館詞四種七卷　（清）郭麐著　清光緒五年（1879）仁和許氏娱園刻本　四册

500000－8701－0017747　G31/3－7/05742
詩餘偶鈔六種　（清）孫鼎臣等著　清光緒十

六年(1890)長沙王氏刻本　一册

500000－8701－0017748　G31/3－7/05743
梅影盦詞集四種四卷　(清)顧復初著　清光緒六年(1880)吳郡顧氏刻本　一册　存二種二卷(蜀桐絃詞一卷、海風簫詞一卷)

500000－8701－0017749　G31/3－7/05744
研華館詞三卷首一卷　(清)羅汝懷著　清光緒九年(1883)湖南長沙刻本　一册

500000－8701－0017750　G31/4－1/05745
蓮子居詞話四卷　(清)吳衡照輯　清道光十二年(1832)錢塘汪氏振綺堂刻本　二册

500000－8701－0017751　G31/4－1/05746
蓮子居詞話四卷　(清)吳衡照輯　清末海寧吳氏鉛印本　四册

500000－8701－0017752　G31/4－1/05747
白雨齋詞話八卷附詞存一卷詩鈔一卷　(清)陳廷焯著　清光緒二十年(1894)海寧許氏刻本　四册

500000－8701－0017753　G31/4－1/05748
一笠菴北詞廣正譜十卷　(明)徐于室原稿(清)李玄玉更定　清末石印本　十册

500000－8701－0017754　G31/4－1/05749
倚晴樓七種曲七種　(清)黃燮清著　清光緒七年(1881)錢塘宗氏刻本　十册

500000－8701－0017755　G31/4－1/05750
第六才子書八卷　(元)王實甫撰　清刻本　六册

500000－8701－0017756　G31/4－1/05751
重訂綴白裘新集合編十二集　題(清)玩花主人輯　(清)錢德蒼續輯　清乾隆四十六年(1781)集古堂刻本　十册　存五集(一、六至八、十一)

500000－8701－0017757　G31/4－1/05752
玉簪記二卷三十三齣　(清)毛晉輯　明刻本　二册

500000－8701－0017758　G31/4－1/05753
四喜記二卷四十二齣　(清)毛晉輯　明虞山毛氏汲古閣刻六十種曲本　二册

500000－8701－0017759　G31/4－1/05754
尋親記二卷三十四齣　(清)毛晉輯　明虞山毛氏汲古閣刻六十種曲本　二册

500000－8701－0017760　G31/4－1/05755
吳吳山三婦合評牡丹亭還魂記二卷　(明)湯顯祖撰　(清)陳同等評　清刻本　四册

500000－8701－0017761　G31/4－1/05756
邯鄲夢傳奇二卷三十齣　(明)湯若士撰　清刻本　四册

500000－8701－0017762　G31/4－1/05757
燕子箋記二卷四十二齣　(清)阮大鋮撰　清同治十三年(1874)刻本　四册

500000－8701－0017763　G31/4－1/05758
鶴歸來傳奇二卷　(清)瞿頡填詞　(清)周昂評點　清光緒湖北官書處刻本　二册

500000－8701－0017764　G31/4－1/05759
芝龕記六卷六十齣　(清)董榕撰　清刻本　六册

500000－8701－0017765　G31/4－2/05760
一笠庵新編一捧雪傳奇二卷　(清)蘇門嘯侶筆　清初刻本　四册

500000－8701－0017766　G31/4－2/05761
桃花扇傳奇二卷四十齣　(清)雲亭山人(孔尚任)撰　清刻本　四册

500000－8701－0017767　G31/4－2/05762
揚州夢二卷三十二齣　(清)抱犢山農填詞　清同治十一年(1872)永州刻本　四册

500000－8701－0017768　G31/4－2/05763
揚州夢二卷三十二齣　(清)抱犢山農填詞　清刻本　二册

500000－8701－0017769　G31/4－2/05764
意中緣傳奇二卷三十齣　(清)李漁撰　清刻本　一册

500000－8701－0017770　G31/4－2/05765
蜃中樓傳奇二卷三十齣　(清)李漁編次　清

刻本　一册

500000－8701－0017771　G31/4－2/05766
意中緣傳奇二卷三十齣　(清)李漁撰　清藻文堂刻本　四册

500000－8701－0017772　G31/4－2/05767
玉搔頭傳奇二卷三十齣　(清)李漁編次　清刻本　四册

500000－8701－0017773　G31/4－2/05768
凰求鳳傳奇四集三十齣　(清)湖上笠翁(李漁)編次　清刻本　三册

500000－8701－0017774　G31/4－2/05769
長生殿傳奇四卷　(清)洪昇填詞　(清)吳人論文　清光緒十六年(1890)上海文瑞樓鉛印本　二册

500000－8701－0017775　G31/4－2/05770
蜃中樓傳奇二卷三十齣　(清)李漁編次　清刻本　四册

500000－8701－0017776　G31/4－2/05771
風箏誤傳奇二卷三十齣　(清)湖上笠翁(李漁)編次　清刻本　四册

500000－8701－0017777　G31/4－2/05772
慎鸞交傳奇二卷三十齣　(清)李漁編次　清刻本　四册

500000－8701－0017778　G31/4－2/05773
憐香伴傳奇二卷三十六齣　(清)李漁編　清刻本　二册

500000－8701－0017779　G31/4－2/05774
瑞筠圖傳奇二卷三十二齣　(清)夏綸撰　(清)徐夢元評　清刻本　二册

500000－8701－0017780　G31/4－2/05775
花萼吟傳奇二卷三十二齣　(清)夏綸撰　(清)徐夢元評　清刻本　二册

500000－8701－0017781　G31/4－2/05776
紅雪樓九種傳奇九種　(清)蔣士銓撰　清刻本　十二册

500000－8701－0017782　G31/4－3/05777
藏園九種曲十三卷　(清)蔣士銓撰　清經綸堂刻本　十三册

500000－8701－0017783　G31/4－3/05778
藏園九種曲十三卷　(清)蔣士銓撰　清經綸堂刻本　十册

500000－8701－0017784　G31/4－3/05779
國朝名人小簡二卷　吳曾祺編纂　清宣統二年(1910)上海商務印書館鉛印本　二册

500000－8701－0017785　G31/4－3/05780
精寫本明清百家書札二卷　(□)□□輯　清末石印本　二册

500000－8701－0017786　G31/4－3/05781
梅花夢二卷　(清)張道填詞　清光緒二十年(1894)刻本　二册

500000－8701－0017787　G31/4－3/05782
明賢尺牘四卷　(清)王元勳　(清)程化騄輯　清光緒二十六年(1900)仁和許氏榆園刻本　二册

500000－8701－0017788　G31/4－3/05783
滄桑豔二卷二十齣　丁傳靖填詞　(清)張士瑛評點　清光緒三十四年(1908)刻本　一册

500000－8701－0017789　G31/4－3/05784
賴古堂尺牘新鈔二選藏弆集十六卷　(清)周在梁等輯　清道光十九年(1839)北平雷氏刻本　六册

500000－8701－0017790　G31/4－3/05785
重刻賴古堂尺牘新鈔三選結隣集十六卷　(清)周在梁等輯　清道光六年(1826)北平雷氏義寧官署刻本　六册

500000－8701－0017791　G31/4－3/05786
秋聲閣尺牘二卷　(清)奚學孔著　**古照堂詩稿一卷**　(清)奚大武著　(清)奚士恂編輯　(清)周而行評　清康熙四十七年(1708)錢江奚氏刻本　一册

500000－8701－0017792　G31/4－3/05787
陳文恭公手札節要三卷　(清)陳宏謀著　清道光二十五年(1845)刻本　三册

500000－8701－0017793　G31/4－3/05788
于清端公政書八卷外集一卷首編一卷　（清）于成龍撰　（清）蔡方炳　（清）諸匡鼎編　清康熙四十六年（1707）于準刻本　十册

500000－8701－0017794　G31/4－3/05789
培遠堂手札節存一卷　（清）陳弘謀著　清光緒五年（1879）任道鎔保陽藩署刻本　一册

500000－8701－0017795　G31/4－3/05790
惜抱先生尺牘八卷　（清）姚鼐撰　清宣統元年（1909）小萬柳堂刻本　四册

500000－8701－0017796　G31/4－4/05791
左文襄公書牘二十六卷家書二卷　（清）左宗棠撰　清末民初刻本　二十八册

500000－8701－0017797　G31/4－4/05792
周文忠公尺牘二卷雜文附錄一卷　（清）周天爵著　清同治七年（1868）蘇松太道署刻本　一册

500000－8701－0017798　G31/4－5/05793
撫吳公牘五十卷　（清）丁禹生撰　（清）沈幼丹評選　清光緒元年（1875）南洋官書局石印本　十二册

500000－8701－0017799　G31/4－5/05794
撫吳公牘五十卷　（清）丁禹生撰　清光緒三年（1877）鉛印本　六册

500000－8701－0017800　G31/4－5/05795
吳摯甫尺牘五卷補遺一卷諭兒書一卷　（清）吳汝綸撰　清宣統二年（1910）上海國學扶輪社石印本　十二册

500000－8701－0017801　G31/4－5/05796
敬慎堂公牘六卷　（清）沈秉堃撰　清光緒二十五年（1899）刻本　六册

500000－8701－0017802　G31/4－5/05797
回文類聚四卷　（宋）桑世昌纂　**織錦回文圖一卷回文續編一卷**　（清）朱象賢輯　清洞庭楊氏刻本　四册

500000－8701－0017803　G31/4－5/05798
永川公牘十卷　（清）吳光耀撰　清刻本　十册

500000－8701－0017804　G31/4－5/05799
楹聯叢話十二卷續話四卷　（清）梁章鉅編輯　清宣統二年（1910）成都藜照書屋刻本　六册

500000－8701－0017805　G31/4－5/05800
莫愁湖楹聯便覽不分卷　（清）釋壽安輯　清光緒五年（1879）刻本　一册

500000－8701－0017806　G31/4－5/05801
李鴻章七衷壽序不分卷　（清）李鴻章撰　清石印本　五册

500000－8701－0017807　G31/4－5/05802
楹聯集錦八卷　（□）□□撰　清光緒五年（1879）刻本　二册

500000－8701－0017808　G31/4－5/05803
對聯匯海十四卷　（清）邱日虹編輯　清光緒十七年（1891）刻本　四册

500000－8701－0017809　G31/4－5/05804
春在堂楹聯錄存三卷續編五卷　（清）俞樾編著　清光緒十年（1884）成都志古堂刻本　五册

500000－8701－0017810　G31/4－5/05805
資州校士續錄不分卷　（清）高培穀編　清光緒十五年（1889）資州官廨刻本　二册

500000－8701－0017811　G31/4－5/05806
阮盦筆記五種　况周儀記　清光緒三十三年（1907）南京刻本　二册

500000－8701－0017812　G31/4－5/05807
煮藥漫抄二卷　（清）葉煒著　清光緒十七年（1891）日本福原氏金陵刻本　一册

500000－8701－0017813　G31/4－5/05808
重訂西青散記八卷　（清）史震林撰　清嘉慶十年（1805）句容裴氏刻本　四册

500000－8701－0017814　G31/4－5/05809
西青散記四卷　（清）史震林撰　清三餘堂刻本　四册

500000－8701－0017815　G31/4－6/05810
香豔叢書四卷　(清)張廷華輯　清宣統三年(1911)國學扶輪社鉛印本　四册

500000－8701－0017816　G31/4－6/05811
粟香隨筆八卷二筆八卷三筆八卷四筆八卷五筆八卷　金武祥著　清末上海掃葉山房石印本　五册

500000－8701－0017817　G31/4－6/05812
槿華館雜錄一卷附錄一卷　(清)路德著　清光緒七年(1881)朝邑閻氏刻本　一册

500000－8701－0017818　G31/4－6/05813
曾文正公手書日記不分卷(道光二十一年正月至同治十一年二月初三日)　(清)曾國藩記　清宣統元年(1909)上海中國圖書公司石印本　四十册

500000－8701－0017819　G31/4－6/05814
燕山外史註釋八卷　(清)陳球著　(清)傅聲谷輯注　清光緒十二年(1886)刻本　四册

500000－8701－0017820　G31/4－6/05815
藝苑捃華四十八種　(清)顧之逵輯　清同治七年(1868)刻本　二十册

500000－8701－0017821　G31/4－7/05816
西京雜記二卷　(漢)劉歆著　清光緒八年(1882)華陽傅氏卷施誃刻本　一册

500000－8701－0017822　G31/4－7/05817
南北史捃華八卷　(清)周嘉猷輯　清光緒十年(1884)蕉心室刻本　四册

500000－8701－0017823　G31/4－7/05818
南北史捃華八卷　(清)周嘉猷輯　清同治四年(1865)刻本　四册

500000－8701－0017824　G31/4－7/05819
南北史捃華八卷　(清)周嘉猷輯　清光緒二年(1876)退補齋刻本　四册

500000－8701－0017825　G31/4－7/05820
世說新語三卷　(南朝宋)劉義慶撰　(南朝梁)劉孝標注　清光緒二十二年(1896)三原李氏長沙刻惜陰軒叢書本　六册

500000－8701－0017826　G31/4－7/05821
世說新語六卷　(南朝宋)劉義慶撰　(南朝梁)劉孝標注　清光緒元年(1875)湖北崇文書局刻本　三册

500000－8701－0017827　G31/4－7/05822
世說新語三卷　(南朝宋)劉義慶撰　(南朝梁)劉孝標注　清光緒十七年(1891)思賢講舍刻本　七册

500000－8701－0017828　G31/4－7/05823
清異錄二卷　(宋)陶穀撰　清光緒刻本　二册

500000－8701－0017829　G31/4－7/05824
唐語林八卷附校勘記一卷　(宋)王讜撰　清光緒十九年(1893)湖北官書處刻本　四册

500000－8701－0017830　G31/4－7/05825
唐摭言十五卷　(五代)王定保撰　清光緒五年(1879)刻本　四册

500000－8701－0017831　G31/4－7/05826
續太平廣記八卷　(清)陸壽名輯　清嘉慶五年(1800)刻本　十六册

500000－8701－0017832　G31/4－7/05827
今世說八卷　(清)王晫著　清康熙二十二年(1683)仁和王氏刻本　四册

500000－8701－0017833　G31/4－7/05828
因樹屋書影十卷　(清)周亮工撰　清士林精舍石印本　六册

500000－8701－0017834　G31/4－7/05829
五山志林八卷　(清)羅天尺撰　清道光三十年(1850)南海伍氏刻嶺南遺書本　三册

500000－8701－0017835　G31/4－7/05830
讀史鏡古編三十二卷　(清)潘世恩撰　清同治十三年(1874)冶城飛霞閣刻本　六册

500000－8701－0017836　G31/5－1/05831
金壺七墨四種　(清)黄鈞宰著　(清)楊文斌編　清同治十二年(1873)昆明楊氏刻本　七册

500000－8701－0017837　G31/5－1/05832

宋人小說類編四卷　（清）余叟輯　清同治十年（1871）刻本　四冊

500000－8701－0017838　G31/5－1/05833
廣博物志五十卷　（明）董斯張纂　清光緒五年（1879）學海堂刻本　二十四冊

500000－8701－0017839　G31/5－1/05834
徵異錄十二卷　（□）□□撰　清刻本　八冊

500000－8701－0017840　G31/5－1/05835
扶風許氏仙音集二卷　（清）許可觀著　（清）盧慶鈖編　清光緒二十五年（1899）扶風許氏雅厚堂活字印本　三冊

500000－8701－0017841　G31/5－1/05836
述異記二卷　（南朝梁）任昉著　清光緒元年（1875）湖北崇文書局刻本　一冊

500000－8701－0017842　G31/5－2/05837
聊齋志異新評十六卷　（清）蒲松齡著　（清）但明倫新評　清道光二十二年（1842）廣順但氏刻朱墨套印本　十六冊

500000－8701－0017843　G31/5－2/05838
夜譚隨錄十二卷　（清）霽園主人閑齋氏著　清乾隆三十四年（1769）刻本　四冊

500000－8701－0017844　G31/5－2/05839
閱微草堂筆記二十四卷　（清）紀昀撰　清道光十五年（1835）刻本　十二冊

500000－8701－0017845　G31/5－2/05840
閱微草堂筆記擇要二卷　（清）紀昀撰　題（清）籜園居士選訂　清光緒十五年（1889）泉唐沈氏刻本　二冊

500000－8701－0017846　G31/5－2/05841
諧鐸十二卷　（清）沈起鳳著　清嘉慶二十五年（1820）刻本　四冊

500000－8701－0017847　G31/5－2/05842
池上草堂筆記近錄六卷續錄六卷三錄六卷四錄六卷　（清）梁恭辰著　清同治十年（1871）太倉趙氏刻本　八冊

500000－8701－0017848　G31/5－2/05843
劍俠傳四卷續編四卷　鄭官應輯　清光緒五年（1879）刻本　三冊

500000－8701－0017849　G31/5－2/05844
繡像小說七十二期　商務印書館輯　清末上海商務印書館鉛印本　七十冊　存七十期（一至七十）

500000－8701－0017850　G31/5－3/05845
新說西遊記一百回　（清）張書紳註　清同治十年（1871）京都刻本　二十一冊　存八十八回（一至六、十五至二十三、二十八至一百）

500000－8701－0017851　G31/5－3/05846
東周列國全志二十三卷　（清）蔡昇評點　清乾隆十七年（1752）刻本　十二冊

500000－8701－0017852　G31/5－3/05847
東周列國全志二十三卷　（清）蔡昇評點　清刻本　十二冊

500000－8701－0017853　G31/5－3/05848
花月痕全書十六卷五十二回　（清）魏秀仁撰　清末著易堂鉛印本　四冊　存十二卷四十四回（卷一至十二:一至四十四回）

500000－8701－0017854　G31/5－3/05849
拍案驚奇三十六卷　題（明）即空觀主人輯　清消閒居刻本　二十冊

500000－8701－0017855　G31/5－3/05850
英雲夢傳八卷　題（清）九容樓主人松雲氏撰　清嘉慶十年（1805）書業堂刻本　八冊

500000－8701－0017856　G31/5－3/05851
品花寶鑑六十回　（清）陳森撰　清刻本　十六冊

500000－8701－0017857　G31/5－4/05852
增像全圖三國演義十六卷首一卷一百二十回　（明）羅貫中著　（清）金人瑞評　清光緒二十九年（1903）上海錦章書局石印本　八冊

500000－8701－0017858　G31/5－4/05853
廿一史彈詞注十卷明紀彈詞注二卷　（明）楊慎撰　（清）張三異增訂　（清）張仲璜注　清乾隆五十一年（1786）漢陽張氏刻本　八冊

500000－8701－0017859　G31/5－4/05854

廿一史彈詞注十卷明紀彈詞注二卷　(明)楊慎撰　(清)張三異增訂　(清)張仲璜注　清道光十二年(1832)富平楊氏刻本　八冊

500000－8701－0017860　G31/5－4/05855
廿一史彈詞四卷　(明)楊慎撰　清致盛堂刻本　二冊

500000－8701－0017861　G31/5－4/05856
黑奴籲天錄四卷　(美國)斯土活著　林紓　魏易譯　清光緒二十七年(1901)武陵魏氏刻本　四冊

500000－8701－0017862　G31/5－4/05857
四川新設鑪霍屯志畧一卷附登開辦鑪霍屯務公牘一卷附錄一卷　(清)李之珂撰述　清光緒三十二年(1906)蓉城鉛印本　一冊

500000－8701－0017863　G31/5－4/05858
美術叢書四集四十輯　鄧實輯　清宣統二年(1910)神州國光社鉛印本　八十冊

500000－8701－0017864　G31/5－5/05859
樂經元義八卷　(明)劉濂撰　清乾隆刻本　四冊

500000－8701－0017865　G31/5－5/05860
賡和錄二卷　(清)何夢瑤著　清道光三十年(1850)粵雅堂刻本　四冊

500000－8701－0017866　G31/5－5/05861
古樂經傳五卷　(清)李光地註　清刻本　二冊

500000－8701－0017867　G31/5－5/05862
聲律通考十卷　(清)陳灃撰　清咸豐十年(1860)番禺陳氏刻本　二冊

500000－8701－0017868　G31/5－5/05863
山門新語二卷　(清)周贇著　清光緒十九年(1893)刻本　四冊

500000－8701－0017869　G31/5－5/05864
琴學叢書十種三十三卷　楊宗稷編輯　清宣統三年至民國十四年(1911－1925)楊氏刻本　十一冊

500000－8701－0017870　G31/5－5/05865
天聞閣琴譜十六卷　(清)唐彝銘纂　(清)張合修　清成都葉氏刻本　十四冊

500000－8701－0017871　G31/5－5/05866
蓼懷堂琴譜不分卷　(清)雲志高纂　清蓼懷堂刻本　四冊

500000－8701－0017872　G31/5－5/05867
琴學入門二卷　(清)張鶴輯　清同治六年(1867)上海玉清宮刻本　三冊

500000－8701－0017873　G31/5－5/05868
自遠堂琴譜十二卷　(清)吳炷彙輯　清嘉慶六年(1801)刻本　十冊

500000－8701－0017874　G31/5－5/05869
與古齋琴譜四卷　(清)祝鳳喈撰　清咸豐五年(1855)浦城祝氏刻本　四冊

500000－8701－0017875　G31/5－5/05870
蕉庵琴譜四卷　(清)秦維瀚撰　清光緒三年(1877)刻本　四冊

500000－8701－0017876　G31/5－5/05871
五知齋琴譜八卷　(清)周魯封纂　(清)徐祺鑒定　清乾隆十一年(1746)燕山周氏刻本　四冊

500000－8701－0017877　G31/5－5/05872
篆刻鍼度八卷　(清)陳克恕述　清乾隆五十一年(1786)海寧陳氏刻本　二冊

500000－8701－0017878　G31/5－6/05873
篆學瑣著三十種四十卷　(清)顧湘編　清道光二十年(1840)海虞顧氏刻本　八冊

500000－8701－0017879　G31/5－6/05874
篆學瑣著三十種四十卷　(清)顧湘編　清道光二十年(1840)海虞顧氏刻本　十二冊

500000－8701－0017880　G31/5－6/05875
未虛室印賞不分卷　(清)錢叔蓋鐫　(清)高邕之編　清光緒二年(1876)武林高氏鈐印本　四冊

500000－8701－0017881　G31/5－6/05876
西泠四家印譜四種　(清)丁丙編輯　清光緒十一年(1885)百石齋鈐印本　十二冊

500000－8701－0017882　G31/5－6/05877
西泠四家印譜四種　(清)丁丙編輯　清鈐印本　四册

500000－8701－0017883　G31/5－6/05878
鐵廬印譜不分卷　西泠印社輯　清西泠印社鈐印本　四册

500000－8701－0017884　G31/5－7/05879
西泠八家印選三十卷　西泠印社輯　清光緒三十三年(1907)鈐印本　三十册

500000－8701－0017885　G31/5－7/05880
小隱山房印可不分卷　(清)程沅篆　清末鈐印本　四册

500000－8701－0017886　G31/5－7/05881
清儀閣印存不分卷　(□)□□輯　清光緒二十年(1894)鈐印本　一册

500000－8701－0017887　G31/5－7/05882
丹桂籍印鑑陰隲文增訓一卷　(清)朱霞編　清道光二十六年(1846)鈐印本　一册

500000－8701－0017888　G31/6－1/05883
飛鴻堂印譜五集四十卷　(清)汪啟淑輯　清乾隆十四年(1749)鈐印本　二十册

500000－8701－0017889　G31/6－1/05884
飛鴻堂印譜五集四十卷　(清)汪啟淑輯　清乾隆十四年(1749)鈐印本　二十册

500000－8701－0017890　G31/6－1/05885
銅鼓書堂藏印不分卷　(清)查禮輯　清嘉慶四年(1799)鈐印本　四册

500000－8701－0017891　G31/6－1/05886
集古印譜不分卷　(清)瞿鏞編　清末鈐印本　七册

500000－8701－0017892　G31/6－1/05887
匋雅二卷　(清)寂園叟初稿　清宣統二年(1910)石印本　四册

500000－8701－0017893　G31/6－1/05888
匋雅二卷　(清)寂園叟初稿　清宣統二年(1910)石印本　四册

500000－8701－0017894　G31/6－1/05889
景德鎮陶録十卷　(清)藍浦著　清光緒十七年(1891)刻本　四册

500000－8701－0017895　G31/6－1/05890
佩文齋書畫譜一百卷　(清)孫岳頒等纂輯　清光緒九年(1883)上海同文書局石印本　十六册

500000－8701－0017896　G31/6－1/05891
西清劄記四卷　(清)胡敬輯　清嘉慶二十一年(1816)刻本　二册

500000－8701－0017897　G31/6－2/05892
國朝院畫録二卷　(清)胡敬輯　清嘉慶二十一年(1816)刻本　一册

500000－8701－0017898　G31/6－3/05893
庚子銷夏記八卷　(清)孫承澤撰　清光緒四年(1878)崇川葛氏刻本　四册

500000－8701－0017899　G31/6－3/05894
庚子銷夏記八卷閒者軒帖考一卷　(清)孫承澤撰　清乾隆鮑氏知不足齋刻本　四册

500000－8701－0017900　G31/6－3/05895
寓意録四卷　(清)繆曰藻撰　(清)徐渭仁校　清道光二十年(1840)上海徐氏寒木春華館刻本　二册

500000－8701－0017901　G31/6－3/05896
書畫鑑影二十四卷　(清)李佐賢編輯　清同治十年(1871)刻本　十二册

500000－8701－0017902　G31/6－3/05897
清河書畫舫十二卷附補遺　(明)張丑撰　清光緒元年(1875)刻本　十二册

500000－8701－0017903　G31/6－3/05898
吴越所見書畫録六卷書畫説鈴一卷　(清)陸時化編輯　清宣統二年(1910)順德鄧氏鉛印本　六册

500000－8701－0017904　G31/6－3/05899
紅豆樹館書畫記八卷　(清)陶樑編輯　清光緒八年(1882)吴趨潘氏韡園刻本　六册

500000－8701－0017905　G31/6－3/05900

習苦齋畫絮十卷　(清)戴熙撰　(清)惠年編輯　清光緒十九年(1893)刻本　四冊

500000－8701－0017906　G31/6－3/05901
習苦齋畫絮十卷　(清)戴熙撰　(清)惠年編輯　清光緒十九年(1893)刻本　六冊

500000－8701－0017907　G31/6－3/05902
辛丑銷夏記五卷　(清)吳榮光撰　清光緒三十一年(1905)郎園刻本　五冊

500000－8701－0017908　G31/6－4/05903
墨林今話十八卷　(清)蔣寶齡撰　**續編一卷**　(清)蔣茝生撰　清咸豐二年(1852)刻本　六冊

500000－8701－0017909　G31/6－4/05904
墨林今話十八卷　(清)蔣寶齡撰　**續編一卷**　(清)蔣茝生撰　清咸豐二年(1852)刻本　四冊

500000－8701－0017910　G31/6－4/05905
墨林今話十八卷　(清)蔣寶齡撰　**續編一卷**　(清)蔣茝生撰　清刻本　六冊

500000－8701－0017911　G31/6－4/05906
墨林今話十八卷　(清)蔣寶齡撰　**續編一卷**　(清)蔣茝生撰　清宣統三年(1911)上海掃葉山房石印本　六冊

500000－8701－0017912　G31/6－4/05907
江邨銷夏錄三卷　(清)高士奇輯　清刻本　三冊

500000－8701－0017913　G31/6－4/05908
法書二卷名畫二卷　(□)□□輯　清末刻本　四冊

500000－8701－0017914　G31/6－4/05909
南宋院畫錄八卷　(清)厲鶚輯　清光緒十年(1884)刻本　四冊

500000－8701－0017915　G31/6－4/05910
澄蘭室古緣萃錄十八卷　邵松年輯　清光緒三十年(1904)石印本　六冊

500000－8701－0017916　G31/6－4/05911
過雲樓書畫記書類四卷畫類六卷附哭三子承詩四十首　(清)顧文彬撰　清光緒八年(1882)刻本　四冊

500000－8701－0017917　G31/6－4/05912
漢溪書法通解八卷　(清)戈守智纂著　清乾隆十五年(1750)刻本　四冊

500000－8701－0017918　G31/6－4/05913
南薰殿圖像攷二卷　(清)唐文明總纂　(清)胡敬輯　清嘉慶二十一年(1816)刻本　一冊

500000－8701－0017919　G31/6－4/05914
書學南鍼六卷　(清)錢湘編校　清道光元年(1821)刻本　二冊

500000－8701－0017920　G31/6－4/05915
淳化秘閣法帖考正十二卷　(清)王樹撰　(清)汪玉球訂　清雍正八年(1730)琅琊王氏詩鼎齋刻本　四冊

500000－8701－0017921　G31/6－4/05916
淳化秘閣法帖考正十二卷　(清)王樹撰　(清)汪玉球訂　清雍正八年(1730)琅琊王氏詩鼎齋刻本　四冊

500000－8701－0017922　G31/6－5/05917
草字彙十二卷補十二卷　(清)石梁集　清刻本　六冊

500000－8701－0017923　G31/6－5/05918
楷法溯源十四卷楷法溯源所采集帖目錄一卷古碑目錄一卷　(清)潘存輯　清光緒三年(1877)刻本　一冊　存二卷(集帖目錄一卷、古碑目錄一卷)

500000－8701－0017924　G31/6－5/05919
芥子園畫傳六卷　(清)王概摹　清末石印本　二冊　存四卷(一至四)

500000－8701－0017925　G31/6－5/05920
青霞館論畫絕句一卷　(清)吳修撰　清光緒二年(1876)刻本　一冊

500000－8701－0017926　G31/6－5/05922
桐陰論畫二卷首一卷附錄一卷續桐陰論畫一卷桐陰畫訣一卷桐陰論畫二編二卷三編二卷　(清)秦祖永著　清同治至光緒刻朱墨套印

本　四册

500000－8701－0017927　G31/6－5/05923
桐陰論畫二卷首一卷附錄一卷續桐陰論畫一卷桐陰畫訣一卷桐陰論畫二編二卷三編二卷　（清）秦祖永著　清同治至光緒刻朱墨套印本　四册

500000－8701－0017928　G31/6－5/05924
畫學心印八卷　（清）秦祖永評輯　清同治四年（1865）刻朱墨套印本　八册

500000－8701－0017929　G31/6－5/05925
青在堂竹譜二卷　（清）王槩編繪　清刻本　一册

500000－8701－0017930　G31/6－5/05926
國朝畫徵錄三卷首一卷續錄二卷　（清）張庚著　清同治八年（1869）刻本　三册

500000－8701－0017931　G31/6－5/05927
國朝畫徵錄三卷續錄二卷圖畫精意識一卷　（清）張庚著　清刻本　二册

500000－8701－0017932　G31/6－5/05928
國朝畫徵錄三卷首一卷續錄二卷　（清）張庚著　**六如唐先生畫譜三卷**　（明）唐寅輯　清刻本　三册

500000－8701－0017933　G31/6－5/05929
玉臺畫史五卷別錄一卷　（清）湯漱玉輯　清道光四年（1824）錢塘汪氏振綺堂刻本　一册

500000－8701－0017934　G31/6－5/05930
虛齋名畫錄十六卷　龐元濟撰　清宣統元年（1909）烏程蔣氏刻本　十六册

500000－8701－0017935　G31/6－6/05931
古芬閣書畫記十八卷　（清）杜瑞聯纂輯　清光緒七年（1881）刻本　十五册　存十七卷（一至九、十一至十八）

500000－8701－0017936　G31/6－6/05932
國朝畫識十七卷墨香居畫識十卷　（清）馮金伯纂輯　清道光十一年（1831）刻本　十二册

500000－8701－0017937　G31/6－6/05933
賞奇軒四種合編四卷　（清）金史等繪　清刻本　二册

500000－8701－0017938　G31/6－6/05934
梅花喜神譜二卷　（宋）宋伯仁編　清咸豐五年（1855）刻本　二册

500000－8701－0017939　G31/6－6/05936
詞源斠律二卷　鄭文焯撰　清光緒刻本　一册

500000－8701－0017940　G31/6－6/05937
二十四孝圖（益智圖）一卷　（清）李辰編　清光緒三十年（1904）來青閣李辰刻本　一册

500000－8701－0017941　G31/6－6/05938
重訂宣和譜牙牌彙集二卷　（清）金杏園輯　清光緒十四年（1888）宏文齋刻本　二册

500000－8701－0017942　G31/6－6/05939
馬戲圖譜一卷　（宋）李清照著　（明）王蘭芳增輯　**詩牌譜一卷**　（清）徐士愷校　（清）王良樞編　清光緒十三年（1887）石埭徐氏觀自得齋刻本　一册

500000－8701－0017943　G31/6－6/05940
古史考年異同表二卷　（清）林春溥撰　清刻本　二册

500000－8701－0017944　G31/6－6/05941
史鑑年表彙編十四卷　（清）蕭承笏編　清光緒十年（1884）養雲書屋刻本　八册

500000－8701－0017945　G31/6－6/05942
光緒輿地韻編一卷　（清）錢保塘編　清光緒十九年（1893）海寧錢氏清風室刻本　一册

500000－8701－0017946　G31/6－6/05943
春秋例表一卷　（清）王代豐撰　清光緒七年（1881）四川尊經書院刻本　一册

500000－8701－0017947　G31/6－6/05944
歷代年號記略一卷　（□）□□撰　清光緒三十一年（1905）觀象廬刻本　一册

500000－8701－0017948　G31/6－6/05945
四裔編年表四卷　（美國）林樂知　（清）李鳳苞彙編　嚴良勳譯　清刻本　四册

500000－8701－0017949　G31/6－6/05946
四裔編年表四卷　(美國)林樂知　(清)李鳳苞彙編　嚴良勳譯　清刻本　四冊

500000－8701－0017950　G31/6－7/05947
李氏五種合刊二十八卷　(清)李兆洛輯　清光緒十八年(1892)長沙竹素書局刻本　十六冊

500000－8701－0017951　G31/6－7/05948
歷代帝王表不分卷　(清)齊召南編　清道光四年(1824)武林小琅嬛僊館刻本　四冊

500000－8701－0017952　G31/6－7/05949
歷代帝王表不分卷　(清)齊召南編　清道光四年(1824)武林小琅嬛僊館刻本　四冊

500000－8701－0017953　G31/6－7/05950
浙江全省輿圖並水陸道里記不分卷　(清)輿圖總局編輯　清光緒二十年(1894)輿圖總局石印本　二十冊

500000－8701－0017954　G31/6－7/05951
歷代帝王年表三卷紀元編三卷　(清)齊召南編　清光緒二十九年(1903)方亭知不足齋刻粵雅堂叢書本　六冊

500000－8701－0017955　G31/6－7/05952
歷代帝王年表三卷紀元編三卷　(清)齊召南編　清光緒二十九年(1903)方亭知不足齋刻粵雅堂叢書本　六冊

500000－8701－0017956　G31/6－7/05953
歷代帝王表不分卷附帝王廟謚年諱譜一卷　(清)齊召南編　清同治三年(1864)武林葉氏敦怡堂刻本　四冊

500000－8701－0017957　G31/6－7/05954
乾坤大畧十一卷　(清)王餘佑著　清宣統三年(1911)綠雲樓鉛印本　二冊

500000－8701－0017958　G31/6－7/05955
痘訣二卷　(清)許豫和著　清乾隆四十八年(1783)顧行堂刻本　二冊

500000－8701－0017959　G31/6－7/05956
皇朝輿地略一卷　(清)六承如撰　清刻本　一冊

500000－8701－0017960　G31/6－7/05957
宋四名家詩四種　(清)周之麟　(清)柴升輯　清光緒元年(1875)湘西章氏刻本　六冊

500000－8701－0017961　H00001
顨軒孔氏所著書七種六十卷　(清)孔廣森纂　清嘉慶二十二年(1817)刻本　十冊

500000－8701－0017962　H00002
經韻樓叢書十一種　(清)段玉裁撰　清乾隆至道光金壇段氏刻本　十八冊

500000－8701－0017963　H00003
焦氏遺書二十二種一百二十四卷　(清)焦循撰　清光緒二年(1876)刻本　四十八冊

500000－8701－0017964　H00004
竹柏山房十五種附刻四種　(清)林春溥撰　清嘉慶至咸豐竹柏山房刻本　三十二冊

500000－8701－0017965　H00005
授堂遺書八種附錄二卷　(清)武億著　清道光二十三年(1843)偃師武氏刻本　十六冊

500000－8701－0017966　H00006
叢睦汪氏遺書十九種　(清)汪簠輯　清光緒十二年(1886)錢唐汪氏刻本　四十三冊　缺四種九卷(上湖紀歲詩編二、蘇詩選評箋釋六卷、金絲錄一卷、葉戲原起一卷)

500000－8701－0017967　H00007
脩本堂叢書十種九十三卷　(清)林伯桐撰　清道光二十四年(1844)刻本　十四冊

500000－8701－0017968　H00008
國朝謚法考一卷　(清)王士禎編輯　清刻本　一冊

500000－8701－0017969　H00009
頤志齋叢書二十二種四十一卷　(清)丁晏撰　清咸豐至同治山陽丁氏六藝堂刻本　二十冊

500000－8701－0017970　H00010
江都陳氏叢書七種一百五卷　(清)陳本禮　(清)陳逢衡撰　清嘉慶至道光遞刻本　三十

六册

500000－8701－0017971　H00011
浙刻雙池遺書八種　(清)汪紱撰　清光緒二十二年(1896)刻本　八册

500000－8701－0017972　H00012
汪雙池先生叢書三十一種　(清)汪紱撰　清道光至光緒刻本　一百六十册　存十八種二百三十一卷(周易詮義十四卷首一卷,易經如話十二卷首一卷,書經詮義十二卷首二卷,詩經詮義十二卷首一卷末二卷,禮記章句十卷,禮記或問八卷,六禮或問十二卷首一卷末一卷,春秋集傳十六卷首一卷末一卷,四書詮義三十八卷,孝經章句一卷或問一卷,樂經或問三卷,山海經存九卷首一卷,理學逢源十二卷,戊笈談兵十卷首一卷補校録一卷、附四翼附編四卷、奇門遁甲啟悟一卷,策略六卷,醫林纂要探源十卷附録一卷,雙池遺書:讀近思録一卷、讀讀書録二卷、讀困知記三卷、参讀禮志疑二卷、讀陰符經一卷、讀参同契三卷、儒先晤語二卷、立雪齋琴譜二卷首一卷、大風集四卷,雙池先生年譜四卷)

500000－8701－0017973　H00013
浙刻雙池遺書十二種　(清)汪紱撰　清光緒九年至二十二年(1883－1896)刻本　十八册

500000－8701－0017974　H00014
東塾遺書四種　(清)陳澧撰　清光緒中刻本　二册

500000－8701－0017975　H00015
番禺陳氏東塾叢書四種附一種　(清)陳澧撰　清咸豐至光緒刻本　十册

500000－8701－0017976　H00016
曾文正公全集一百二十八卷首一卷　(清)曾國藩撰　清光緒二十九年(1903)鴻寶書局石印本　四十册

500000－8701－0017977　H00017
曾文正公全集一百五十六卷　(清)曾國藩撰　清同治至光緒傳忠書局刻本　一百二十八册

500000－8701－0017978　H00018
曾文正公全集一百五十六卷　(清)曾國藩撰　清同治至光緒傳忠書局刻本　一百二十四册　缺十二卷(年譜十二卷)

500000－8701－0017979　H00019
曾文正公[國藩]年譜十二卷　(清)黎庶昌編　清光緒三年(1877)刻本　二册　存六卷(一至三、七至九)

500000－8701－0017980　H00020
藏書十三種一百八十卷　(清)朱軾校輯　清光緒二十三年(1897)朱衡等刻本　八十册

500000－8701－0017981　H00021
潛園總集十七種　(清)陸心源撰　清同治至光緒刻本　一百六十册

500000－8701－0017982　H00022
靈芬館集十種　(清)郭麐著　清刻本　二十册

500000－8701－0017983　H00023
趙甌北全集七種一百七十五卷　(清)趙翼撰　清光緒二年(1876)刻本　六十册

500000－8701－0017984　H00024
二思堂叢書六種　(清)梁章鉅撰　清光緒元年(1875)浙江書局刻本　十六册

500000－8701－0017985　H00025
鄒叔子遺書七種附二種　(清)鄒漢勛著　清光緒九年(1883)新化鄒氏刻本　十六册

500000－8701－0017986　H00026
訓纂堂叢書六種　(清)楊調元輯　清光緒中貴築楊氏刻本　二册

500000－8701－0017987　H00027
鹿洲全集九種　(清)藍鼎元著　清刻本　二十五册

500000－8701－0017988　H00028
嘉定錢氏潛研堂全書二十三種二百七十一卷　(清)錢大昕撰　清光緒十年(1884)長沙龍氏家塾刻本　八十册

500000－8701－0017989　H00029

師伏堂叢書十八種　(清)皮錫瑞撰　清光緒善化皮氏師伏堂刻本　四十冊

500000－8701－0017990　H00030
鹿洲全集九種　(清)藍鼎元著　清刻本　十八冊　存六種四十卷(鹿洲初集二十卷、東征集六卷、平臺紀略一卷、脩史試筆二卷、棉陽學準五卷、女學六卷)

500000－8701－0017991　H00031
左海全集十種　(清)陳壽祺撰　清嘉慶至道光刻本　二十八冊

500000－8701－0017992　H00032
鹿洲全集八種　(清)藍鼎元著　清同治三年(1864)緯文堂刻本　二十冊

500000－8701－0017993　H00033
左海全集十種　(清)陳壽祺撰　清嘉慶至道光刻本　二十八冊

500000－8701－0017994　H00034
湘綺樓全書十八種　王闓運撰　清光緒至宣統刻本　八十二冊

500000－8701－0017995　H00035
行素軒算學五種十九卷　(清)華蘅芳著　清光緒二十二年(1896)上海文瑞樓石印本　八冊

500000－8701－0017996　H00036
西學格致大全不分卷　(□)□□撰　清光緒二十三年(1897)香港書局石印本　九冊

500000－8701－0017997　H00037
麗廔叢書九種　葉德輝輯　清光緒三十二年至民國七年(1906－1918)長沙葉氏刻本　八冊

500000－8701－0017998　H00038
古逸書十種　(清)茆泮林輯　清道光十四年(1834)梅瑞軒刻本　八冊

500000－8701－0017999　H00039
宛鄰遺書十五卷　(清)張琦撰　清道光宛鄰書屋刻本　七冊

500000－8701－0018000　H00040
白芙堂算學叢書二十三種八十九卷　(清)丁取忠輯　清同治至光緒長沙古荷池精舍刻本　二十六冊　存十四種六十六卷(算書廿一種:九章翼:今有術一卷、分法一卷、開方一卷、平方各形術一卷、平圓各形術一卷、立方立圓術一卷、句股一卷、衰分一卷、盈不足一卷、方程一卷,平三角邊角互求術一卷、弧三角術一卷,測量高遠術一卷,天元一術釋例一卷,天元一草一卷,天元名式釋例一卷,天元問答一卷,方程天元合釋一卷,四元名式釋例一卷,四元草一卷四元加減乘除釋一卷;附八線對數表三卷;借方根股細草一卷;天元句股細草一卷;開方說三卷;少廣縋鑿一卷;務民義齋算學八種:測圓密率三卷,造各表簡法一卷,截球解義一卷附橢圓求周術一卷,弧三角拾遺一卷,用表推日食三差一卷,朔食九服里差三卷;百雞術衍二卷;輿地經緯度里表一卷;求一術統解二卷;割圓八線綴術四卷;數學拾遺一卷;測圓海鏡十二卷;益古演段三卷)

500000－8701－0018001　H00041
翠薇山房數學十五種三十八卷　(清)張作楠撰　清光緒五年(1879)刻本　十九冊　存十四種三十五卷(量倉通法五卷、方田通法補例六卷、倉田通法續編三卷、八線類編三卷、八線對數類編二卷、弧角設如三卷、弧三角舉隅一卷、揣籥小錄一卷、揣籥續錄三卷、高弧細草一卷、新測恒星圖表一卷、新測中星圖表一卷、新測更漏中星表三卷、金華晷漏中星表二卷)

500000－8701－0018002　H00042
白芙堂算學叢書二十三種八十九卷　(清)丁取忠輯　清光緒十七年(1891)上海鴻文書局石印本　八冊

500000－8701－0018003　H00043
則古昔齋算學十三種　(清)李善蘭撰　清刻本　六冊

500000－8701－0018004　H00044
春在堂全書三十四種　(清)俞樾撰　清光緒二十八年(1902)刻本　一百六十冊　存二十

六種四百二十一卷（群經平議：周易平議二卷、尚書平議四卷、周書平議一卷、毛詩平議四卷、周禮平議二卷、考工記世室重屋明堂考一卷、儀禮平議二卷、大戴禮記平議二卷、小戴禮記平議四卷、春秋公羊傳平議一卷、春秋穀梁傳平議一卷、春秋左傳平議三卷、春秋外傳國語平議二卷、論語平議二卷、孟子平議二卷、爾雅平議一卷，諸子平議：管子平議六卷、晏春秋平議一卷、老子平議一卷、墨子平議三卷、荀子平議四卷、列子平議一卷、莊子平議三卷、商子平議一卷、韓非子平議一卷、呂氏春秋平議三卷、春秋繁露平議至二卷、賈子平議二卷、淮南内篇平議四卷、揚子太玄平議一卷、揚子法言平議二卷，第一樓叢書：易貫五卷、玩易篇一卷、論語小言一卷、春秋名字解詁補義一卷、古書疑義舉例七卷、兒苦錄四卷、讀書餘錄二卷、詁經精舍自課文二卷、湖樓筆談七卷，曲園雜纂：艮宧易說一卷、達齋書說一卷、達齋詩說一卷、達齋春秋論一卷、達齋叢說一卷、荀子詩說一卷、何劭公論語義一卷、士昏禮對席圖一卷、樂記異文考一卷、生霸死霸考一卷、春秋歲星考一卷、卦氣直日考一卷、七十二候考一卷、左傳古本分年考一卷、春秋人地名對一卷、邵易補原一卷、讀韓詩外傳一卷、讀吳越春秋一卷、讀越絕書一卷、讀鶡冠子一卷、讀鹽鐵論一卷、讀潛夫論一卷、讀論衡一卷、讀中論一卷、讀抱朴子一卷、讀文中子一卷、改吳一卷、說項一卷、正毛一卷、評袁一卷、通李一卷、議郎一卷、訂胡一卷、日知錄小箋一卷、岑子一卷、小繁露一卷、韻雅一卷、小浮梅閒話一卷、續五九枝譚一卷、閩行日記一卷、吳中唱和詩一卷、梵珠一卷、百空曲一卷、十二月花神議一卷、銀瓶徵一卷、吳絳雪年譜一卷、五行占一卷、集千字文詩一卷、隱書一卷、老圓一卷，俞樓雜纂：易窮通變化論一卷、周易互體徵一卷、八卦方位說一卷、卦氣續考一卷、詩名物證古一卷、禮記鄭讀考一卷、禮記異文箋一卷、鄭君駁正三禮考一卷、九族考一卷、玉佩考一卷、喪服私論一卷、左傳連珠一卷、論語鄭義一卷、續論語駢枝一卷、論語古注擇從一卷、孟子古注擇從一卷、孟子高氏學一卷、孟子纘義内外篇一卷、四書辨疑辨一卷、群經賸義一卷、讀文子一卷、讀公孫龍子一卷、讀山海經一卷、讀楚辭一卷、讀漢碑一卷、讀昌黎先生集一卷、讀王觀國學林一卷、讀王氏稗疏一卷、莊子人名考一卷、楚辭人名考一卷、駢隸一卷、讀隸輯詞一卷、廣雅釋詁疏證拾遺一卷、著書餘料一卷、佚文一卷、佚詩一卷、銘篇一卷、玉堂舊課一卷、廣揚園近鑒一卷、壺東漫錄一卷、百哀篇一卷、詠物二十一首一卷、五五一卷、枕上三字訣一卷、廢醫論一卷、九宮衍數一卷、金剛經訂義一卷、一笑一卷、說俞一卷、俞樓經始一卷，賓萌集六卷外集四卷，春在堂雜文二卷續編五卷三編四卷四編八卷五編八卷六編七卷，右台仙館筆記七至十六，茶香室叢鈔二十三卷續鈔二十五卷三鈔二十九卷四鈔二十九卷，茶香室經說十六卷，經課續編八卷，九九銷夏錄十四卷，金剛般若波羅蜜經注二卷，太上感應篇纘義二卷，遊藝錄六卷，小蓬萊謠一卷，袖中書二卷，東海投桃集一卷，慧福樓幸草一卷，曲園自述詩一卷補一卷，曲園三要一卷：八卦葉子格、三才中和牌譜、勝遊圖，瓊英小錄一卷，春在堂全書錄要一卷，春在堂全書校勘記一卷，春在堂傳奇二種：驪山傳一卷、梓潼傳一卷，新定牙牌數一卷）

500000－8701－0018005　H00045

春在堂全書三十四種　（清）俞樾撰　清光緒二十五年（1899）刻本　五十四冊　存二十一種三百四卷（群經平議：周易平議二卷、尚書平議四卷、周書平議一卷、毛詩平議四卷、周禮平議二卷、考工記世室重屋明堂考一卷、儀禮平議二卷、大戴禮記平議二卷、小戴禮記平議四卷、春秋公羊傳平議一卷、春秋穀梁傳平議一卷、春秋左傳平議三卷、春秋外傳國語平議二卷、論語平議二卷、孟子平議二卷、爾雅平議一卷，諸子平議：管子平議六卷、晏子春秋平議一卷、老子平議一卷、墨子平議三卷、荀子平議四卷、列子平議一卷、莊子平議三卷、商子平議一卷、韓非子平議一卷、呂氏春秋平議三卷、春秋繁露平議二卷、賈子平議二卷、淮南内篇平議四卷、揚子太玄平議一卷、揚子法言平議二卷,第一樓叢書:易貫五卷、玩易篇一卷、論語小言一卷、春秋名字解詁補義一卷、古書疑義舉例七卷、兒笘錄四卷、讀書餘錄二卷、詁經精舍自課文二卷、湖樓筆談七卷,曲園雜纂:艮宧易說一卷、達齋書說一卷、達齋詩說一卷、達齋春秋論一卷、達齋叢說一卷、荀子詩說一卷、何劭公論語義一卷、士昏禮對席圖一卷、樂記異文考一卷、生霸死霸考一卷、春秋歲星考一卷、卦氣直日考一卷、七十二候考一卷、左傳古本分年考一卷、春秋人地名對一卷、邵易補原一卷、讀韓詩外傳一卷、讀吳越春秋一卷、讀越絕書一卷、讀鶡冠子一卷、讀鹽鐵論一卷、讀潛夫論一卷、讀論衡一卷、讀中論一卷、讀抱朴子一卷、讀文中子一卷、改吳一卷、說項一卷、正毛一卷、評袁一卷、通李一卷、議郎一卷、訂胡一卷、日知錄小箋一卷、苓子一卷、小繁露一卷、韻雅一卷、小浮梅閒話一卷、續五九枝譚一卷、閩行日記一卷、吳中唱和詩一卷、梵珠一卷、百空曲一卷、十二月花神議一卷、銀瓶徵一卷、吳絳雪年譜一卷、五行占一卷、集千字文詩一卷、隱書一卷、老圓一卷,俞樓襍纂:易窮通變化論一卷、周易互體徵一卷、八卦方位說一卷、卦氣續考一卷、詩名物證古一卷、禮記鄭讀考一卷、禮記異文箋一卷、鄭君駁正三禮考一卷、九族考一卷、玉佩考一卷、喪服私論一卷、左傳連珠一卷、論語鄭義一卷、續論語駢枝一卷、論語古注擇從一卷、孟子古注擇從一卷、孟子高氏學一卷、孟子纘義內外篇一卷、四書辨疑辨一卷、群經賸義一卷、讀文子一卷、讀公孫龍子一卷、讀山海經一卷、讀楚辭一卷、讀漢碑一卷、讀昌黎先生集一卷、讀王觀國學林一卷、讀王氏稗疏一卷、莊子人名考一卷、楚辭人名考一卷、駢隸一卷、讀隸輯詞一卷、廣雅釋詁疏證拾遺一卷、著書餘料一卷、佚文一卷、佚詩一卷、銘篇一卷、玉堂舊課一卷、廣揚園近鑒一卷、壺東漫錄一卷、百哀篇一卷、詠物二十一首一卷、五五一卷、枕上三字訣一卷、廢醫論一卷、九宮衍數一卷、金剛經訂義一卷、一笑一卷、說俞一卷、俞樓經始一卷,賓萌集五卷外集四卷,春在堂襍文二卷續編五卷三編四卷,春在堂詩編:詩編十卷、詞錄三卷,春在堂隨筆一至八,春在堂尺牘一至五,楹聯錄三卷,四書文一卷,右台仙館筆記十六卷,茶香室叢鈔二十三卷,金剛般若波羅蜜經注二卷,太上感應篇纘義二卷,遊藝錄六卷,袖中書二卷,東瀛詩記二卷,慧福樓幸草一卷,新定牙牌數一卷)

500000－8701－0018006　H00046

大鶴山房全書十一種　鄭文焯撰　清光緒至民國刻民國九年(1920)蘇州交通圖書館彙印本　八冊

500000－8701－0018007　H00047

古歡室全集四種　(清)曾懿撰　清光緒刻本　五冊

500000－8701－0018008　H00048

鮑紅葉叢書十七種十九卷　(清)鮑祖祥輯　清光緒三十三年(1907)京華印書局鉛印本　二冊

500000－8701－0018009　H00049

玉津閣叢書甲集十二種　胡薇元撰　清光緒至民國刻本　十二冊

500000－8701－0018010　H00050

飲冰室文集十八卷韻文集五卷　梁啟超撰　清光緒二十八年(1902)廣智書局鉛印本　十八冊

500000－8701－0018011　H00051

金臺殘淚記三卷南浦秋波錄三卷翠眉亭稿一卷碧雲遺稿一卷燕臺鴻爪集題詞　(清)華胥大夫撰　清刻本　四冊

500000－8701－0018012　H00052

無知錄不分卷　(□)□□撰　清宣統三年(1911)刻本　一冊

500000－8701－0018013　H00053

儆季雜著七種　(清)黃以周撰　清光緒二十年(1894)江蘇南菁講舍刻本　十冊

500000－8701－0018014　H00054

賴古堂集二十四卷　(清)周亮工著　清刻本

八冊

500000－8701－0018015　H00055
賴古堂藏書不分卷　（清）周亮工訂　清刻本　四冊

500000－8701－0018016　H00056
觀象廬叢書十九種　（清）呂調陽述　清光緒十四年（1888）刻本　六十冊　存十六種八十六卷（易一貫：圖說一卷、上經二卷、下經二卷、大傳一卷，六書十二聲傳十二卷解字贅言一卷，古律呂考一卷，商周彝器釋銘六卷，五藏山經傳一至四、海内經附傳一卷，漢地理志詳釋四卷，越南圖說六卷，穆天子傳一卷，論孟釋義一卷，曰若編七卷，史表號名通釋三卷，逸經一卷，齊民要術十卷，詩序義四卷，志學編八種：大學節訓一卷、中庸節訓一卷、洪範原數一卷、釋天一卷、談天正義一卷、三代紀年考一卷、周官司徒類考一卷、考工記考一卷，釋地三種：群經釋地六卷、古地釋地三卷、諸子釋地一卷）

500000－8701－0018017　H00057
項城袁氏家集十六種　丁振鐸輯　清宣統三年（1911）清芬閣鉛印本　五十六冊

500000－8701－0018018　H00058
藝海珠塵一百六十四種　（清）吳省蘭輯　清嘉慶中南滙吳氏聽彝堂刻本　六十四冊　存一百六十二種三百十二卷（金集：易象意言一卷，詩論一卷，春秋或辯一，春秋三傳異同考一卷，春秋識小錄三種：春秋職官考略三卷、春秋地名辨異三卷附晉書地理志證今一卷、左傳人名辨異三卷，中文孝經一卷，孝經外傳一卷，箴膏肓一卷起廢疾一卷發墨守一卷，讀書瑣記一卷，轉注古義考一卷，官韻考異一卷，續方言二卷，續方言補正二卷，七十二候考一卷，江漢叢談二卷，說叩一卷，夾際遺稿三卷，可儀堂文集二卷，聲調譜一卷；石集：春秋經玩：春秋左傳分國土地名二卷、左傳職官一卷、左傳器物宮室一卷，五經贊一卷，婦學一卷，天問略一卷，海國聞見錄一卷附圖一卷，備邊屯田車銃議一卷車銃圖一卷倭情屯田議一卷，番社采風圖考一卷，維西見聞紀一卷，金川瑣記六卷，朝鮮志二卷，至遊子二卷，夢占逸旨八卷，五總志一卷，孔氏談苑五卷，讀書偶見一卷，學福齋雜著一卷，岳忠武王集一卷，丁孝子詩集三卷，圭塘欸乃集一卷，刻燭集一卷；絲集：鄭敷文書說一卷，舜典補亡一卷，論語筆解二卷，論語絕句一卷，孟子外書四篇四卷，駁五經異義一卷補遺一卷，駢字分箋二卷，武宗外紀一卷，勝朝彤史拾遺記六卷，蜀檮杌二卷，東南防守利便三卷，炳燭偶鈔一卷，讀史論略一卷，異魚圖贊四卷，龜經一卷，古算器考一卷，歷學疑問補二卷，半村野人閒談一卷，抱璞簡記一卷，一樱居詩稿二卷；竹集：春秋傳說例一卷，饗禮補亡一卷，魯齋述得一卷，唐史論斷三卷，滇載記一卷，奉使俄羅斯行程錄一卷，外國竹枝詞一卷，異域竹枝詞三卷，海潮說三卷，三垣疏稿三卷，閩中海錯疏三卷，仲蒙子三卷，廣成子解一卷，二儀銘補注一卷，歷學答問一卷，蘇氏演義二卷，投甕隨筆一卷，風月堂雜識一卷，學圃餘力一卷，王義士輞川詩鈔六卷；匏集：北郊配位尊西嚮議一卷，昏禮辨正一卷，大小宗通繹一卷，四書索解四卷，紀元要略二卷附補一卷，山海經補注一卷，海潮輯說二卷，吾師錄一卷，聰訓齋語二卷，恆產瑣言一卷，中星表一卷，木棉譜一卷，宜齋野乘一卷，東原錄一卷，文錄一卷，呵凍漫筆二卷，墨畬錢鎛一卷，瓠里子筆談一卷，洗硯新錄一卷，蓉塘記聞一卷，夏内史集九卷附錄一卷；土集：易緯乾坤鑿度二卷，易緯是類謀一卷，洪範統一一卷，說學齋經說一卷，辨定嘉靖大禮議二卷，儒林譜一卷，雲間第宅志一卷，恥言二卷，修慝餘編一卷，太玄解一卷，潛虛解一卷，素履子三卷，握奇經解一卷，黃帝授三子玄女經一卷，肎綮錄一卷，東皋雜鈔三卷，茶餘客話十二卷，古今風謠一卷，古今諺一卷，聲調譜拾遺一卷，古詩十九首解一卷；革集：易稽覽圖二卷，詩說一卷，詩疑二卷，左氏蒙求註一卷，匡謬正俗八卷，皇朝武功紀盛四卷，山海經圖贊一卷，明洪武四年進士登科錄一卷，社事始末一卷，淞故述一卷，南華經傳釋一卷，經天該一卷，地理古鏡歌一卷，翻卦挨星圖訣考著一卷,蘇沈良方八卷,一草亭目科全書一卷,雲仙散錄一卷,燕魏雜記一卷,叩舷憑軾錄一卷,交行摘稿一卷,貞蕤稾略文一卷詩一卷,拜經樓詩話四卷;木集:正易心法一卷,學校問一卷,郊社禘祫問一卷,小國春秋一卷,小兒語一卷,續小兒語一卷,捕蝗考一卷,滇南新語一卷,松江衢歌一卷,淞南樂府一卷,遠鏡說一卷,滇南憶舊錄一卷,紀聽松庵竹爐始末一卷,雜詠百二十首二卷,月山詩集四卷,月山詩話一卷,鐮山草堂詩合鈔二卷,四繪軒詩鈔一卷,杜詩雙聲疊韻譜括略八卷)

500000－8701－0018019　H00059
睦堂先生文集六十卷詩甲集三十四卷乙集五卷高雅堂時文十二卷睦堂先生試體詩一卷　(清)王典等編輯　清道光二十二年(1842)刻本　三十冊

500000－8701－0018020　H00060
桐華閣叢書六種　(清)杜貴墀撰　清光緒二十五年至二十九年(1899－1903)刻本　十二冊

500000－8701－0018021　H00061
四益館叢書□□種　廖平撰　清光緒二十三年至二十八年(1897－1902)尊經書局刻本　十一冊　存十三種十六卷(王制訂一卷、古學攷一卷、春秋圖表二卷、尊經題目一卷、起起穀梁廢疾一卷、釋範一卷、經學初程一卷、會試硃卷一卷、何氏公羊解詁三十論一卷、六書舊義一卷、經語甲編二卷、群經凡例不分卷、知聖篇二卷)

500000－8701－0018022　H00062
觀古堂所著書一集七種二集十種　葉德輝輯　清光緒中湘潭葉氏刻民國八年(1919)重編印本　十三冊　存十六種三十九卷(第一集:天文本單經論語校勘記一卷、孟子章句一卷附劉熙事蹟考一卷、月令章句四卷、古今夏時表一卷附易通卦驗節候校文一卷、郎園論學書札一卷、六書古微十卷、釋人疏證二卷,第二集:山公啟事一卷佚事一卷、瑞應圖記一卷、鬻子二卷、郭氏玄中記一卷、淮南萬畢術二卷、傅子三卷、晉司隸校尉傅玄集三卷、藏書十約一卷、遊藝卮言二卷)

500000－8701－0018023　H00063
簑園叢書七種三十四卷　張慎儀撰　清光緒至民國刻本　十四冊

500000－8701－0018024　H00064
紀公叢書十三種　(清)紀大奎撰　清同治九年(1870)刻本　二十四冊　存十二種四十六卷(雙桂堂易說:觀易外編六卷、易問六卷,古律經傳附考五卷,老子約說四卷,地理末學六卷,雙桂堂古文二卷,雙桂堂時文二卷,紀公行述一卷,地理水法要訣五卷,敬義堂家譜二卷,雙桂堂稿續編一卷,雙桂堂詩稿一卷,筆算便覽五卷)

500000－8701－0018025　H00065
紀慎齋先生全書十二種續二種　(清)紀大奎撰　清嘉慶至道光刻本　二十九冊　存十一種卷五十八卷(雙桂堂易說:觀易外編六卷、易問六卷,雙桂堂稿十卷續編一至九,雙桂堂時文稿一卷,課子遺編一卷,古律經傳附考五卷,地理末學六卷,筆算覽五卷,老子約說四卷,讀書錄鈔一卷續錄鈔一卷,甑峯遺稿二卷,崇祀錄一卷)

500000－8701－0018026　H00066
三蘇全集四種二百八卷　(宋)蘇軾等撰　清道光十二年(1832)中州弓翊清刻本　八十冊

500000－8701－0018027　H00067
三蘇全集四種二百八卷　(宋)蘇軾等撰　清道光十二年(1832)中州弓翊清刻本　八十冊

500000－8701－0018028　H00068
東坡集八十四卷　(宋)蘇軾撰　清刻三蘇全集本　二冊　存三卷(一至三)

500000－8701－0018029　H00069
經濟叢編十三種　(清)□□編　清末鉛印本　八冊

500000－8701－0018030　H00070
五種秘竅十七卷　(明)甘霖撰　清刻本　十冊　存十五卷(地理秘竅一卷、選擇通書秘竅一、奇門遁甲秘要二卷、羅經秘竅十卷附新鐫

唐氏壽域一卷)

500000－8701－0018031　H00071
修攘大畧六卷粤賊事畧二卷　(清)王侃輯　清刻白岩四種本　七冊

500000－8701－0018032　H00072
說鈴前集三十三種後集十九種　(清)吳震方輯　清康熙四十一年(1702)刻本　十二冊　存四十種五十三卷(前集:冬夜箋記一卷,隴蜀餘聞一卷,分甘餘話二卷,安南雜記一卷,畫壁詩一卷,筠廊偶筆二卷二筆一卷,金鰲退食筆記二卷,扈從西巡日錄一卷,塞北小鈔一卷,松亭行紀二卷,天祿識餘二卷,封長白山記一卷,使琉球紀一卷,閩小紀二卷,滇黔紀遊一卷,京東考古錄一卷,山東考古錄一卷,救文格論一卷,雜錄一卷,守汴日誌一卷,坤輿外紀一卷,臺灣紀略一卷,臺灣雜記一卷,安南紀遊一卷,峝溪纖志一卷,泰山紀勝一卷,匡廬紀遊一卷,登華記一卷,甌江逸志一卷,嶺南雜記二卷;後集:蚓庵瑣語一卷,見聞錄一卷,冥報錄二卷,現果隨錄一卷,果報聞見錄一卷,信徵錄一卷,曠園雜誌二卷,言鯖二卷,述異記一、三)

500000－8701－0018033　H00073
海鹽張氏涉園叢刻八種　張元濟輯　清宣統三年(1911)海鹽張氏鉛印本　八冊

500000－8701－0018034　H00074
如臯冒氏叢書二十六種　冒廣生輯　清光緒至民國如臯冒氏刻本　九冊　存十七種三十七卷(香儷園偶存一卷、寒碧孤吟一卷、泛雪小草一卷、集美人名詩一卷、宣爐歌注一卷、介茶彙鈔一卷、蘭言一卷、影梅庵憶語一卷、朴巢詩選一卷文選四卷、鹿樵集輯一卷、鑄錯軒詩輯一卷、寒碧堂詩輯一卷附錄一卷、枕煙堂詩輯一卷附錄一卷、婦人集注一卷、婦人集補一卷、冒巢民先生年譜一卷、如臯冒氏詩略十四卷詞略一卷)

500000－8701－0018035　H00075
尊經書院初集十二卷　王闓運編　**二集八卷**　(清)伍肇齡選　清光緒十年至十七年(1884－1891)刻本　十八冊

500000－8701－0018036　H00076
賜硯堂叢書新編四集四十種　(清)顧沅編　清道光十年(1830)長洲顧氏刻本　二冊　存一集十種十卷(甲集:易圖定本一卷、古文尚書考一卷、詩問一卷、檀弓訂誤一卷、夏小正詁一卷、水西紀略一卷、乙丙紀事一卷、復社紀事一卷、碧幢雜識一卷、禅勺一卷)

500000－8701－0018037　H00078
御纂七經義疏二百九十一卷　(清)李光地等纂　清光緒二十九年(1903)鑄記書局石印本　二十四冊

500000－8701－0018038　H00079
吳氏一家稿十種　(清)吳清鵬輯　清咸豐五年(1855)刻本　十六冊　存七種八十九卷(有正味齋詩十二卷駢體文二十四卷詞七卷曲一卷律賦一卷試帖四卷、駢體文刪餘十二卷、壺庵詩二卷駢體文二卷、笏庵詩二十卷、小斜川室初存詩二卷、小鄂不館初存草一卷、秋雪山房初存詩一卷)

500000－8701－0018039　H00080
玉函山房輯佚書五百九十三種附目耕帖三十一卷　(清)馬國翰輯　清光緒九年(1883)長沙嫏嬛館刻本　一百二十冊

500000－8701－0018040　H00081
痘疹傳心錄十九卷　(明)朱慧明著　明萬曆二十三年(1595)刻本　五冊　存十七卷(三至十九)

500000－8701－0018041　H00082
折肱漫錄七卷　(清)黄承昊撰　清刻本　二冊

500000－8701－0018042　H00083
愼柔五書五卷　(明)釋住想撰　清刻本　一冊　存一卷(四)

500000－8701－0018043　H00084
醫統正脈全書四十四種　(明)王肯堂輯　清光緒十八年(1892)浙江書局刻本民國十二年(1923)重印本　六十六冊　存三十六種一百

七十六卷(黄帝内經素問一至十九、遺篇一卷,黄帝靈樞經十二卷,黄帝針灸甲乙經十二卷,中藏經八卷,脈經十卷,難經二卷,金匱玉函經三卷,傷寒論十類證活人書二十二卷,素問玄機原病式一卷,宣明論方十五卷,傷寒直格三卷,傷寒標本二卷,傷寒心鏡一卷,傷寒心要一卷,病機氣宜保命集三卷,儒門事親十五卷,内外傷辨三卷,脾胃論三卷,蘭室秘藏三卷,醫壘元戎一卷,此事難知二卷,湯液本草三卷,格致餘論一卷,局方發揮一卷,醫學發明一卷,金匱鈎元三卷,活法機要一卷,外科精義二卷,醫經溯洄集一卷,傷寒醫鑒一卷,證治要訣十二卷,證治要證類方四卷,傷寒瑣言一卷,家祕的本一卷,刹車槌法一卷,一提金一卷)

500000－8701－0018044　H00085
曾文正公全集一百五十六卷　(清)李瀚章編輯　清光緒二年(1876)傳忠書局刻本　一百十一册

500000－8701－0018045　H00086
欽定七經七種　(清)李光地纂　清光緒二十年(1894)湖北書局刻本　一百五十八册

500000－8701－0018046　H00087
三長物齋叢書二十六種二百六十四卷　(清)黄本驥輯　清道光中湘陰蔣瓌刻光緒四年(1878)古香書閣印本　八十册

500000－8701－0018047　H00088
石蓮盦彙刻九金人集八種一百五十五卷　(清)吳重熹輯　清光緒中海豐吳氏刻本　三十六册

500000－8701－0018048　H00089
袖珍八經旁訓□□卷　(□)□□撰　清道光十一年(1831)刻本　二册　存七卷(易經增訂旁訓三卷、書經增訂旁訓四卷)

500000－8701－0018049　H00090
高季迪先生大全集十八卷　(明)高啓撰　清刻本　七册　存十四卷(一至二、五至七、十至十八)

500000－8701－0018050　H00091
古文奇賞二十二卷　(明)陳仁錫選評　明萬曆刻本　六册　存九卷(二、五至八、十一至十四)

500000－8701－0018051　H00092
説經堂詩草一卷　(清)楊鋭著　清刻本　一册

500000－8701－0018052　H00093
兼濟堂纂刻梅勿菴先生曆算全書二十九種七十四卷　(清)梅文鼎著　清咸豐九年(1859)刻本　二十三册

500000－8701－0018053　H00094
兼濟堂纂刻梅勿菴先生曆算全書二十九種七十四卷　(清)梅文鼎著　清咸豐九年(1859)刻本　二十五册　缺二卷(三角舉要法一至二)

500000－8701－0018054　H00095
御纂七經七種　(清)李光地等撰　清光緒十七年(1891)上海鴻寶齋石印本　二十二册　存六種二百七十一卷(欽定書經傳説彙纂二十一卷、首二卷、書序一卷,欽定詩經傳説彙纂二十一卷、首二卷、詩序二卷,欽定春秋傳説彙纂三十八卷、首二卷,欽定周官義疏四十八卷、首一卷,欽定儀禮義疏四十八卷、首二卷,欽定禮記義疏八十二卷、首一卷)

500000－8701－0018055　H00096
韓集點勘四卷　(清)陳景雲著　清刻本　一册

500000－8701－0018056　H00097
菜根譚一卷　(明)洪應明著　**娑羅館清言一卷**　(明)屠隆著　清光緒十三年(1887)揚州藏經禪院刻本　一册

500000－8701－0018057　H00098
大乘阿毗達磨雜集論十六卷　(唐)釋玄奘譯　清宣統三年(1911)揚州張肇昌刻本　三册

500000－8701－0018058　H00100
古經解彙函十六種　(清)鍾謙鈞輯　清光緒十五年(1889)湘南書局刻本　十八册　存十

種七十六卷(鄭氏周易注三卷補遺一卷,陸氏周易述一卷,周易集解十七卷,周易口訣義六卷,易緯八種:乾坤鑿度二卷、乾鑿度二卷、稽覽圖二卷、辨終備一卷、通卦驗二卷、乾元序制記一卷、是類謀一卷、坤靈圖一卷,尚書大傳三卷附序錄一卷辨訛一卷,韓詩外傳七卷附校注拾遺一卷,毛詩草木鳥獸蟲魚疏二卷,春秋繁露十七卷附錄一卷,春秋釋例一至三)

500000－8701－0018059　H00101
御纂九經三百二十卷　(清)李光地等纂　清道光十八年(1838)刻本　一百七十九冊

500000－8701－0018060　H00102
五詩別裁五種□□卷　(清)沈德潛輯　清刻本　三十三冊　缺十三卷(唐詩十三至十四、十七至十八,宋詩三至四,明詩一、八至九,國朝詩十一至十四)

500000－8701－0018061　H00103
經訓堂叢書二十一種　(清)畢沅輯　清光緒十三年(1887)上海大同書局石印本　二十冊

500000－8701－0018062　H00104
函海一百五十九種　(清)李調元輯　清光緒八年(1882)廣漢鍾登甲樂道齋刻本　一百六十冊

500000－8701－0018063　H00105
函海一百六十一種　(清)李調元輯　清乾隆中刻本　一百五十七冊

500000－8701－0018064　H00106
昭代叢書十集五百卷　(清)張潮　(清)張漸輯　(清)楊復吉　(清)沈楙悳續輯　清道光十三年(1833)刻本　一百八十一冊

500000－8701－0018065　H00107
潛園總集十七種七百三十五卷　(清)陸心源纂　清同治至光緒刻本　一百六十八冊　存十四種六百十一卷[元祐黨人傳十卷;皕宋樓藏書志一百二十卷續志四卷;吳興金石記十六卷;金石學錄補四卷;千甓亭磚錄六卷;三續疑年錄十卷;補疑年錄四卷;唐文拾遺七十二卷目錄八卷;儀顧堂集十六卷;群書校補九十二卷:李氏易傳一卷,詩說二卷,周禮集說三卷,春秋集傳纂例一卷,春秋辨疑一卷,春秋讞義三卷,群經音辨一卷,集韻四卷,朝野雜記一卷,國朝名臣事略四卷,齊民要術二卷,神仙遺論一卷,巢氏諸病源候論一卷,外臺秘要九卷,敬齋古今黈五卷,東觀餘論一卷,(論衡、折獄龜鑑、西溪叢語、硯箋、封氏聞見記、唐語林)合一卷,初學記校八卷,稽神錄二卷,集異記四卷,道德真經指歸三卷,(陸士衡集、陸士龍集)合一卷,小畜集二卷,錢塘集二卷,臨川集一卷,元豐類藁二卷,曲阜集三卷,柯山集十二卷,徐照集三卷,徐璣集一卷,會稽掇英總集一卷,續會稽掇英集五卷,尤本文選考異一卷;吳興詩存初集八卷二集十四卷三集六卷四集二十卷;穰梨館過眼錄四十卷續錄十六卷,宋詩紀事補遺一百卷小傳補正四卷;宋史翼四十卷]

500000－8701－0018066　H00108
十一經音訓十一種不分卷　(清)楊國楨撰　清刻本　十五冊　存六種(易經音訓、春秋左傳音訓、春秋公羊傳音訓、春秋穀梁傳音訓、孝經音訓、爾雅音訓)

500000－8701－0018067　H00109
清芬堂叢書四十六種　(清)梅雨田輯　清光緒十六年(1890)黃梅梅氏慎自愛軒刻本　四十八冊

500000－8701－0018068　H00110
杜川全集六種三十三卷　(清)楊琪光著　清刻本　二十二冊　存六種三十二卷(經義尋中十二卷,百子辨正二卷,博約堂文鈔一至五、七至十一,瑞芝室家傳志銘二卷,望雲寄廬讀史記臆說五卷,帶星草堂詩集一卷)

500000－8701－0018069　H00111
桃溪客語五卷　(清)吳騫撰　清刻本　一冊

500000－8701－0018070　H00112
李太白文集三十卷附錄六卷　(清)王琦輯注　清刻本　十三冊　存三十卷(文集三十卷)

500000－8701－0018071　H00113
大學衍義四十三卷　(宋)眞德秀撰　清刻本

十六册　存三十四卷（十至四十三）

500000－8701－0018072　H00114

繡像南唐演義薛家將傳四卷　（□）□□撰　清刻本　四册

500000－8701－0018073　H00115

板橋集六卷　（清）鄭燮著　清刻本　二册　存二卷（五至六）

500000－8701－0018074　H00116

板橋集六編　（清）鄭燮著　清乾隆刻本　二册

500000－8701－0018075　H00117

板橋集六卷　（清）鄭燮著　清刻本　三册　存四卷（一至二、五至六）

500000－8701－0018076　H00118

板橋集六卷　（清）鄭燮著　清刻本　一册　存二卷（三、六）

500000－8701－0018077　H00119

板橋集六卷　（清）鄭燮著　清刻本　一册　存二卷（四至五）

500000－8701－0018078　H00120

板橋集六卷　（清）鄭燮著　清刻本　一册　存一卷（三）

500000－8701－0018079　H00121

文清公薛先生文集二十四卷　（明）薛瑄撰　（明）張鼎校正編輯　清刻本　六册　存十卷（一至十）

500000－8701－0018080　H00122

彭剛直公奏稿八卷　（清）彭玉麟撰　清光緒十七年（1891）刻本　三册　存四卷（一、六至八）

500000－8701－0018081　H00123

古文詞畧二十卷　（清）梅曾亮纂輯　清光緒二十五年（1899）成都志古堂刻本　六册

500000－8701－0018082　H00124

蒙寇志略一卷　（清）胡壽昌著　清光緒十六年（1890）刻本　一册

500000－8701－0018083　H00125

求聲集□□卷　（□）□□撰　清刻本　二册　存二卷（三至四）

500000－8701－0018084　H00126

太乙神照經三卷　（清）劉學誠輯　清刻本　一册　存一卷（二）

500000－8701－0018085　H00127

鍼灸大成十卷　（清）章廷珪重修　清光緒三十四年（1908）石印本　一册　存二卷（一至二）

500000－8701－0018086　H00128

針灸大成十二卷　（清）章廷珪重修　清石印本　四册　存八卷（一至八）

500000－8701－0018087　H00129

蒿菴閒話二卷談龍錄一卷　（清）張爾岐撰　清刻本　一册

500000－8701－0018088　H00130

七言古詩聲調細論一卷附錄一卷　（清）魏景文撰　清光緒十年（1884）刻本　一册

500000－8701－0018089　H00131

藝風堂金石文字目十八卷　繆荃孫撰　清光緒三十二年（1906）刻本　七册　存十六卷（一至四、七至十八）

500000－8701－0018090　H00132

黃書不分卷　（清）王夫之撰　清宣統二年（1910）刻本　一册

500000－8701－0018091　H00133

聲調譜前譜一卷後譜一卷續譜一卷　（清）趙執信撰　清刻本　一册

500000－8701－0018092　H00134

增訂袁文箋正四卷　（清）魏大縉撰　清末上海文瑞樓石印本　一册

500000－8701－0018093　H00135

教女遺規三卷　（清）陳宏謀編　清光緒三十二年（1906）重慶公樂堂刻本　一册　存二卷（一至二）

500000－8701－0018094　H00136

松風老屋詩稿十二卷續稿四卷詩餘續稿一卷 （清）錢清履撰　清嘉慶十七年至二十年（1812－1815）刻本　七册　存十五卷（一至十、續稿四卷、詩餘續稿一卷）

500000－8701－0018095　H00137
地學講義一卷 （日本）志賀重昂述　薩端譯　清光緒二十七年（1901）金粟齋譯行鉛印本　一册

500000－8701－0018096　H00138
赤城集十八卷 （宋）林表民輯　清嘉慶二十三年（1818）臨海宋氏刻台州叢書本　四册

500000－8701－0018097　H00139
御製詩初集四十四卷目錄四卷 （清）高宗弘曆撰　清刻本　十二册　存四十四卷（五至四十四、目錄四卷）

500000－8701－0018098　H00140
文章遊戲初編八卷二編八卷三編八卷四編八卷 （清）繆艮輯　清道光四年（1824）刻本　十一册

500000－8701－0018099　H00141
納書楹曲譜正集四卷續集四卷外集二卷 （清）葉堂訂譜　（清）王文治參訂　清刻本　四册　存四卷（正集四卷）

500000－8701－0018100　H00142
雙藤書屋詩集十二卷試帖二卷 （清）何道生撰　清道光元年（1821）雕藻齋吳耀宗刻本　八册　存十二卷（詩集一至二、五至十二，試帖二卷）

500000－8701－0018101　H00143
懷豳雜俎十二種 徐乃昌輯　清宣統元年至三年（1909－1911）南陵徐氏刻本　五册　存七種十一卷（崔府君祠錄一卷、瓊琚譜三卷、我信錄二卷、花部農譚一卷、張家口至烏里雅蘇臺竹枝詞一卷、無益有益齋論畫詩二卷、梲鞠錄下）

500000－8701－0018102　H00144
經徵成案彙編第一期 （清）□□撰　清宣統刻本　一册　存經徵撮要表、税契撮要表、總分局職員表

500000－8701－0018103　H00145
通介堂經説十二卷 （清）徐灝撰　清刻本　四册

500000－8701－0018104　H00146
紀文達公遺集十六卷 （清）紀樹馨編校　清嘉慶十七年（1812）刻本　四册

500000－8701－0018105　H00147
綠雪堂遺集十六卷 （清）王衍梅撰　清道光二十年（1840）刻本　五册

500000－8701－0018106　H00149
蜀難敘略一卷 （清）沈荀蔚撰　清刻知不足齋叢書本　一册

500000－8701－0018107　H00150
蜀難敘略一卷 （清）沈荀蔚撰　清刻知不足齋叢書本　一册

500000－8701－0018108　H00151
瀛山集三卷 （宋）朱翌撰　清刻知不足齋叢書本　一册　存二卷（一至二）

500000－8701－0018109　H00152
蠶桑淺説一卷 （清）陳開沚撰　清刻本　一册

500000－8701－0018110　H00153
小學考五十卷 （清）謝啟昆錄　清光緒十四年（1888）浙江書局刻本　十七册　存四十四卷（一至三、十至五十）

500000－8701－0018111　H00154
角山樓增補類腋六十七卷 （清）趙克宜增輯　清光緒二十年（1894）石印本　六册

500000－8701－0018112　H00155
衛濟餘編十八卷 （清）王纕堂編　清道光二十六年（1846）藜照書屋刻本　三册

500000－8701－0018113　H00156
銷燬抽燬書目一卷禁書總目一卷違礙書目一卷奏繳咨禁書目一卷 （清）高宗弘曆編　清光緒三十二年（1906）上海國學保存會鉛印本　一册

500000－8701－0018114　H00157
銷燬抽燬書目一卷禁書總目一卷違礙書目一卷奏繳咨禁書目一卷　(清)高宗弘曆編　清光緒三十二年(1906)上海國學保存會鉛印本　一冊

500000－8701－0018115　H00158
皇清經解一千四百卷首一卷　(清)阮元輯　清道光九年(1829)學海堂刻本　三百十八冊

500000－8701－0018116　H00159
方植之全集十九種　(清)方東樹撰　清光緒中刻本　二十六冊　缺四種二十六卷(半字集二卷、考槃集三卷、跋南雷文定一卷、昭昧詹言十卷續八卷續錄二卷)

500000－8701－0018117　H00160
歷仕錄一卷　(明)王之垣述　清刻本　一冊

500000－8701－0018118　H00161
槐軒雜箸四卷　(清)劉沅撰　清同治七年(1868)致福樓刻本　四冊

500000－8701－0018119　H00162
明州阿育王山志十六卷　(明)郭子章撰　清刻本　四冊　存十一卷(一至七、十至十三)

500000－8701－0018120　H00163
午亭文編五十卷　(清)林佶輯錄　清刻本　十冊

500000－8701－0018121　H00164
藝風藏書記八卷續記八卷　繆荃孫撰　清光緒二十七年至民國二年(1901－1913)刻本　五冊

500000－8701－0018122　H00165
籌海圖編十三卷　(明)胡宗憲輯　清刻本　十一冊　存十二卷(一至十二)

500000－8701－0018123　H00166
[道光]金谿縣志六十卷首一卷　(清)李雲修　(清)楊護纂　清道光三年(1823)刻本　十二冊

500000－8701－0018124　H00167
古文詞畧讀本二十四卷　(清)梅曾亮編輯　清光緒三十一年(1905)北京宏道學舍鉛印本　一冊　存四卷(一至四)

500000－8701－0018125　H00168
辛丑銷夏記五卷　(清)吳榮光撰　清光緒三十一年(1905)刻本　五冊

500000－8701－0018126　H00169
今古學攷二卷　廖平述　清光緒十二年(1886)刻本　一冊　存一卷(一)

500000－8701－0018127　H00170
六書十二聲傳十二卷　(清)呂調陽撰　清光緒十四年(1888)刻觀象廬叢書本　十冊

500000－8701－0018128　H00171
萃錦唫八卷　(清)奕訢集　清光緒十一年(1885)刻本　五冊

500000－8701－0018129　H00172
唐石經校文十卷　(清)嚴可均纂　清光緒八年(1882)崇甯譚明經刻四錄堂類集本　四冊

500000－8701－0018130　H00173
[道光]遵義府志四十八卷首一卷　(清)平翰等修　(清)鄭珍　(清)莫友芝纂輯　清道光二十一年(1841)刻民國二十六年(1937)劉千俊補刻本　二十冊

500000－8701－0018131　H00174
[康熙]安陸府志三十六卷首一卷　(清)張尊德修　(清)王吉人　(清)譚篆纂　清康熙八年(1669)刻本　十四冊　存三十三卷(一至十一、十四至三十五)

500000－8701－0018132　H00175
溫江縣鄉土志十二卷　曾學傳輯　清宣統元年(1909)刻本　三冊　存十卷(一至十)

500000－8701－0018133　H00176
[道光]新津縣志四十卷首一卷　(清)陳霽學修　(清)曾習傳纂　清道光九年(1829)刻本　五冊　存三十四卷(一至二十二、三十至四十,首一卷)

500000－8701－0018134　H00177
闕里志二十四卷　(明)陳鎬撰　清初刻本

八冊　存二十一卷(四至二十四)

500000－8701－0018135　H00178
[光緒]增修南川縣志十二卷首一卷　(清)黄際飛等修　(清)周厚光等纂　清光緒二年(1876)刻本　九册　存九卷(二、四至九、十一至十二)

500000－8701－0018136　H00179
[同治]德陽縣志四十四卷首一卷　(清)何慶恩等修　(清)劉宸楓　(清)田正訓纂　清同治十三年(1874)刻本　十册　存三十九卷(一至三十、三十七至四十四,首一卷)

500000－8701－0018137　H00180
[光緒]補纂仁壽縣原志六卷末一卷　(清)楊作霖等修　(清)陳韶湘纂　清光緒七年(1881)刻本　五册　存五卷(一至三、五,末一卷)

500000－8701－0018138　H00181
[嘉慶]眉州屬志十九卷　(清)涂長發修　(清)王昌年纂　**續眉州志畧一卷**　(清)戴三錫修　(清)王之俊等纂　清嘉慶十七年(1812)刻本　十三册　存十九卷(一至十四、十六至十九,志畧一卷)

500000－8701－0018139　H00182
[道光]内江縣志要四卷　(清)王果纂　清道光十四年(1834)修二十五年(1845)續修刻本　一册　存二卷(一至二)

500000－8701－0018140　H00183
[光緒]重修彭縣志十三卷末一卷補遺一卷　(清)張龍甲修　(清)吕調陽等纂　清光緒四年(1878)刻本　十册

500000－8701－0018141　H00184
[光緒]内江縣志十六卷　(清)彭泰士修　(清)朱襄虞等纂　清光緒三十一年(1905)刻本　十册　存十五卷(一、三至十六)

500000－8701－0018142　H00185
[光緒]敘州府志四十三卷首一卷末一卷　(清)王麟祥總纂　(清)邱晉成編輯　清光緒二十一年(1895)刻本　二十八册　存四十一卷(一至五、九至三十、三十二至四十三,首一卷,末一卷)

500000－8701－0018143　H00186
[嘉慶]直隸瀘州志十二卷　(清)沈昭興修　(清)余觀和等纂　清嘉慶二十五年(1820)刻本　九册

500000－8701－0018144　H00187
[乾隆]安陽縣志十二卷首一卷　(清)陳錫輅修　(清)朱煌纂　清乾隆三年(1738)刻本　四册　存四卷(一至三、七)

500000－8701－0018145　H00188
[光緒]岳池縣志二十卷首一卷　(清)何其泰等修　(清)吴新德纂　清光緒元年(1875)刻本　九册　存十八卷(一至十三、十七至二十,首一卷)

500000－8701－0018146　H00189
[道光]補輯石砫廳新志十二卷　(清)王槐齡纂輯　清道光二十三年(1843)刻本　三册　存八卷(五至十二)

500000－8701－0018147　H00190
[道光]補輯石砫廳新志十二卷　(清)王槐齡纂輯　清道光二十三年(1843)刻光緒十九年(1893)增刻印本　四册

500000－8701－0018148　H00191
爾雅注疏十一卷　(晉)郭璞注　清刻本　四册

500000－8701－0018149　H00192
[嘉慶]海州直隸州志三十二卷首一卷　(清)唐仲冕修　(清)汪梅鼎等纂　清嘉慶十三年(1808)刻本　九册　存二十九卷(一至二十八、首一卷)

500000－8701－0018150　H00193
[咸豐]資陽縣志四十八卷首二卷　(清)范涞清等修　(清)何華元等纂　清咸豐十年(1860)刻本　九册　存四十八卷(資陽縣志四十八卷)

500000－8701－0018151　H00194

編珠四卷　(隋)杜公瞻撰　(清)高士奇校　**續二卷**　(清)高士奇編　清刻本　四冊

500000－8701－0018152　H00195
[嘉慶]邛州直隸州志四十六卷首一卷　(清)吴鞏修　(清)王來遴纂　清嘉慶十七年(1812)修二十三年(1818)刻本　十一冊　存四十二卷(五至四十六)

500000－8701－0018153　H00196
[道光]濟甯直隸州志十卷首一卷末一卷圖一卷　(清)徐宗幹修　(清)許瀚纂　清道光二十一年(1841)刻本　一冊　存一卷(二)

500000－8701－0018154　H00197
武功縣志三卷首一卷　(明)康海纂　(清)孫景烈評註　清乾隆二十六年(1761)刻本　一冊

500000－8701－0018155　H00198
[道光]蓬溪縣志十六卷首一卷　(清)吴章祁等修　(清)顧士英等纂　清道光二十四年(1844)刻本　八冊

500000－8701－0018156　H00199
[同治]嵊縣志二十六卷首一卷末一卷　(清)嚴思忠　(清)陳仲麟修　(清)蔡以瑺等纂　清同治九年(1870)刻本　十冊　存二十四卷(一至四、九至二十六,首一卷,末一卷)

500000－8701－0018157　H00200
[光緒]縉雲縣志十六卷首一卷末一卷　(清)何乃容　(清)葛華修　(清)潘樹堂纂　清光緒二年(1876)修七年(1881)刻本　八冊　存十一卷(一至十、首一卷)

500000－8701－0018158　H00201
[康熙]洋縣志八卷首一卷　(清)鄒溶修　(清)周忠纂　清康熙三十三年(1694)刻本　二冊　存四卷(一、四至五,首一卷)

500000－8701－0018159　H00202
光緒丙子清河縣志二十六卷　(清)文彬修　清光緒五年(1879)刻本　二冊　存八卷(六至十三)

500000－8701－0018160　H00203
[光緒]平越直隸州志四十卷　(清)瞿鴻錫　(清)曹維祺修　(清)賀緒藩纂　清光緒二十三年(1897)修二十八年(1902)刻三十三年(1907)補刻本　九冊　存二十二卷(十二至二十四、二十七至三十、三十三至三十七)

500000－8701－0018161　H00204
[光緒]獲鹿縣志十四卷首一卷末一卷　(清)俞錫綱修　(清)曹鑅纂　清光緒七年(1881)刻本　七冊　存十三卷(一、三至十、十二至十四,末一卷)

500000－8701－0018162　H00205
[光緒]鹿邑縣志十六卷首一卷　(清)于滄瀾主纂　清光緒二十二年(1896)刻本　五冊　存十五卷(一至八、十一至十六,首一卷)

500000－8701－0018163　H00206
[康熙]重修富陽縣志十卷　(清)錢晉錫纂輯　清康熙二十二年(1683)刻本　二冊　存六卷(一至六)

500000－8701－0018164　H00207
永定河續志十六卷首一卷附刻一卷補錄一卷附錄一卷原編序列一卷　(清)蔣廷皋等撰　清光緒十八年(1892)刻本　六冊　存十一卷(十至十六、附刻一卷、補錄一卷、附錄一卷、原編序列一卷)

500000－8701－0018165　H00208
[光緒]崑新兩縣續修合志五十二卷首一卷末一卷　(清)金吳瀾　(清)李福沂修　(清)汪堃　(清)朱成熙纂　清光緒六年(1880)刻本　十二冊　存二十九卷(一至二十八、首一卷)

500000－8701－0018166　H00209
[道光]泰州志三十六卷首一卷　(清)王有慶等修　(清)陳世鎔等纂　清道光七年(1827)刻光緒三十四年(1908)補刻本　六冊　存二十卷(十七至三十六)

500000－8701－0018167　H00210
[光緒]湘陰縣圖志三十四卷首一卷末一卷

（清）郭嵩燾等纂修　清光緒六年（1880）刻本　十四册　存三十一卷（一至三十、首一卷）

500000－8701－0018168　H00211

［乾隆］蔚州志補十二卷首一卷　（清）楊世昌補輯　清乾隆十年（1745）刻本　四册　存十二卷（一至九、十一至十二，首一卷）

500000－8701－0018169　H00212

［乾隆］富平縣志八卷　（清）吳六鰲修（清）胡文銓纂　清乾隆四十三年（1778）刻本　五册　存七卷（一至七）

500000－8701－0018170　H00213

［乾隆］樂亭縣志十四卷首一卷　（清）陳金駿纂修　清乾隆二十年（1755）刻本　五册　存十四卷（一至十三、首一卷）

500000－8701－0018171　H00214

［光緒］靖邊志稿四卷　（清）丁錫奎修（清）白翰章　（清）辛居乾纂　清光緒二十五年（1899）刻本　三册　存三卷（一、三至四）

500000－8701－0018172　H00215

［光緒江蘇］通州直隸州志十六卷首一卷末一卷訂譌一卷　（清）梁悦馨　（清）莫祥芝修（清）季念詒　（清）沈鍠纂　清光緒元年（1875）刻本　十一册　存十一卷（五至十二、十四至十六）

500000－8701－0018173　H00216

［乾隆］永嘉縣志二十六卷　（清）崔錫修（清）齊召南　（清）汪沆纂　清乾隆二十六年（1761）修三十年（1765）施廷燦刻本　五册　存十八卷（一至七、九至十四、二十二至二十六）

500000－8701－0018174　H00217

［光緒］續修廬州府志一百卷首一卷末一卷　（清）黄雲修　（清）林之望　（清）汪宗沂纂　清光緒十一年（1885）刻本　十九册　存四十二卷（六十至一百、末一卷）

500000－8701－0018175　H00218

［光緒］黄岡縣志二十四卷首一卷　（清）戴昌言修　（清）劉恭冕纂　清光緒八年（1882）刻本　二十二册　存二十三卷（一至十九、二十二至二十四，首一卷）

500000－8701－0018176　H00219

［咸豐］興義府志七十四卷首一卷　（清）張鍈纂修　（清）鄒漢勳等纂　清咸豐四年（1854）修宣統元年（1909）貴陽文通書局鉛印本　三十一册　存六十八卷（一至三十、三十四至三十八、四十三至七十四，首一卷）

500000－8701－0018177　H00219－1

［光緒］興義府志續編二卷　（清）余厚墉輯　清光緒九年（1883）修宣統元年（1909）貴陽文通書局鉛印本　一册

500000－8701－0018178　H00220

光緒武進陽湖縣志三十卷首一卷　（清）湯成烈總纂　清光緒五年（1879）刻本　十册　存二十卷（一至十七、十九至二十，首一卷）

500000－8701－0018179　H00221

［光緒］平湖縣志二十五卷首一卷末一卷　（清）彭潤章修　（清）葉廉鍔纂　**平湖殉難錄一卷**　（清）彭潤章輯　清光緒十二年（1886）刻本　十二册　存二十五卷（一至十四、十七至二十五，首一卷，末一卷）

500000－8701－0018180　H00222

［道光］濟南府志七十二卷首一卷　（清）成瓘等纂修　（清）王贈芳等總輯　清道光二十年（1840）刻本　三十五册　存六十四卷（五至五十九、六十四至七十一，首一卷）

500000－8701－0018181　H00223

永定河志三十二卷　（清）李逢亨纂　清嘉慶刻本　三册　存六卷（一至六）

500000－8701－0018182　H00224

［乾隆］淳化縣志三十卷　（清）萬廷樹修（清）洪亮吉纂　清乾隆四十九年（1784）刻本　三册　存二十卷（一至十二、二十三至三十）

500000－8701－0018183　H00225

［道光］河内縣志三十六卷　（清）袁通修（清）方履籛　（清）吳育纂　清道光五年

(1825)刻本　五册　存十五卷(二十二至三十六)

500000－8701－0018184　H00226
[乾隆四川]威遠縣志八卷首一卷　(清)李南暉修　(清)張翼儒纂　清乾隆四十年(1775)刻本　三册　存三卷(二至三、七)

500000－8701－0018185　H00226－1
[嘉慶四川]威遠縣志六卷　(清)陳汝秋纂修　清嘉慶十八年(1813)刻本　三册　存四卷(二至五)

500000－8701－0018186　H00226－2
[光緒四川]威遠縣志三編四卷　(清)吳曾輝修　(清)吳容編纂　清光緒三年(1877)刻本　二册　存二卷(一至二)

500000－8701－0018187　H00227
[同治]續天津縣志二十卷首一卷　(清)吳惠元修　(清)蔣玉虹　(清)俞樾纂　清嘉慶末年修同治九年(1870)續修刻本　三册　存十一卷(一至八、十二至十三,首一卷)

500000－8701－0018188　H00228
武夷山志二十四卷　(清)董天工編　(清)羅良嵩補　清道光二十六年(1846)刻本　八册　存二十三卷(一至二十一、二十三至二十四)

500000－8701－0018189　H00229
[光緒]墊江縣志十卷　(清)謝必鏗修　(清)李炳靈纂　清光緒二十六年(1900)刻本　七册　存九卷(一至六、八至十)

500000－8701－0018190　H00230
[同治]營山縣志三十卷　(清)翁道均修　(清)熊毓藩等纂　清同治九年(1870)刻光緒十五年(1889)劉械等增刻本　六册　存二十七卷(一至二十七)

500000－8701－0018191　H00231
[雍正]河南通志八十卷　(清)田文鏡等修　(清)孫灝等纂　清雍正十三年(1735)刻本　四十册

500000－8701－0018192　H00232
[乾隆]續河南通志八十卷首四卷　(清)阿思哈等纂修　清乾隆三十二年(1767)刻本　三十二册

500000－8701－0018193　H00233
[嘉慶]廣西通志二百七十九卷首一卷　(清)謝啓昆修　(清)胡虔編纂　清嘉慶六年(1801)刻光緒十七年(1891)桂垣書局補刻本　七十四册　存二百五十八卷(一至二百二十二、二百三十至二百三十七、二百四十五至二百四十七、二百五十六至二百七十九,首一卷)

500000－8701－0018194　H00234
[光緒]江西通志一百八十卷首五卷　(清)曾國藩修　(清)劉繹等纂　清光緒七年(1881)刻本　八十七册　存一百三十四卷(一至三十三、四十六至八十三、八十六至一百六、一百四十四至一百八十,首五卷)

500000－8701－0018195　H00235
[雍正]江西通志一百六十二卷首三卷　(清)謝旻等修　(清)陶成　(清)惲鶴生纂　清雍正十年(1732)刻本　七十八册　存一百六十二卷(江西通志一百六十二卷)

500000－8701－0018196　H00236
[道光]南部縣志三十卷首一卷　(清)王瑞慶等修　(清)徐暢達等纂　清道光二十九年(1849)刻同治九年(1870)承綬、李咸若增刻本　八册　存二十九卷(一至二十七、三十,首一卷)

500000－8701－0018197　H00237
[光緒]武功縣續志二卷　(清)張世英修　(清)巨國桂纂　清光緒十四年(1888)刻本　一册　存一卷(二)

500000－8701－0018198　H00238
[康熙浙江]西安縣志十二卷首一卷　(清)陳鵬年修　(清)徐之凱等纂　清康熙三十九年(1700)刻本　一册　存一卷(首一卷)

500000－8701－0018199　H00239

石渠餘紀六卷 (清)王慶雲撰 清光緒刻本 六册

500000－8701－0018200 H00240
南部縣輿圖考不分卷 (清)袁用賓等撰 清光緒二十二年(1896)刻本 二册

500000－8701－0018201 H00241
[同治]宜昌府志十六卷首一卷 (清)聶光鑾修 (清)王柏心 (清)雷春沼纂 清同治四年(1865)刻本 十册 存十二卷(一至十二)

500000－8701－0018202 H00242
[乾隆]武岡州志十卷一卷 (清)席芬修 (清)周安士纂 清乾隆二十一年(1756)刻本 一册 存一卷(九)

500000－8701－0018203 H00243
[光緒]江陵縣志六十五卷首一卷 (清)蒯正昌修 (清)胡九皋纂 清光緒二年(1876)刻本 二册 存五卷(十四至十五、三十六至三十七,首一卷)

500000－8701－0018204 H00244
增訂二論詳解四卷 (清)劉忠輯 清狀元閣刻本 四册

500000－8701－0018205 H00245
雲南備徵志二十一卷 (清)王崧編纂 清宣統二年(1910)雲南官報局鉛印本 八册 存九卷(一至九)

500000－8701－0018206 H00246
習是編二卷 (清)屈成霖編輯 清光緒二年(1876)刻本 四册

500000－8701－0018207 H00247
伊川易傳四卷 (宋)程頤撰 清刻本 四册

500000－8701－0018208 H00248
[光緒]榮昌縣志二十二卷 (清)文康原本 (清)施學煌續修 (清)敖册賢續纂 清同治四年(1865)修光緒十年(1884)增刻二十年(1894)再增刻本 五册 存十四卷(三至十、十五至二十)

500000－8701－0018209 H00249
[嘉慶]婺源縣志三十九卷首一卷 (清)趙汝為纂修 清嘉慶十二年(1807)刻本 六册 存十七卷(一、八至十、二十七至三十四、三十六至三十九,首一卷)

500000－8701－0018210 H00250
[道光]貴陽府志八十八卷冠編二卷餘編二十卷 (清)周作楫修 (清)蕭琯 (清)鄒漢勳纂 清道光二十年(1840)刻咸豐二年(1852)補刻本 三十四册 存九十三卷(一至五、九至三十六、四十至七十二、七十六至八十六,冠編二卷,餘編七至二十)

500000－8701－0018211 H00251
[道光]安徽通志二百六十卷首六卷 (清)陶澍 (清)鄧廷楨修 (清)李振庸 (清)韓玖纂 清道光十年(1830)刻本 九十册 存二百四十三卷(一至二十、四十四至二百六十,首六卷)

500000－8701－0018212 H00252
[同治]蘇州府志一百五十卷首三卷 (清)李銘皖 (清)譚鈞培修 (清)馮桂芬纂 清同治十三年(1874)修光緒八年(1882)江蘇書局刻本 十九册 存四十卷(七至十一、三十三至三十五、四十五至五十三、六十一至六十七、一百十一至一百十二、一百三十四至一百四十七)

500000－8701－0018213 H00253
[同治]荆門直隸州志十二卷首一卷 (清)恩榮修 (清)張圻纂 清同治七年(1868)刻本 九册 存八卷(一至七、首一卷)

500000－8701－0018214 H00254
[光緒]資州直隸州志三十卷首四卷 (清)劉炯原本 (清)羅廷權續修 (清)何袞等續纂 清光緒二年(1876)增刻本 十一册 存十八卷(一至五、七至八、十一至十二、十五、二十、二十三至二十五、三十,首一、三至四)

500000－8701－0018215 H00255
[光緒]桃源縣志十七卷首一卷末一卷 (清)余良棟修 (清)劉鳳苞纂 清光緒十八年(1892)刻本 二册 存二卷(一、首一卷)

500000－8701－0018216　H00256

［同治］桂陽直隸州志二十七卷首一卷　（清）王敦灝修　王闓運纂　清同治七年（1868）刻本　十册　存二十三卷（一至三、七至二十、二十二至二十七）

500000－8701－0018217　H00257

［光緒］資州直隸州志三十卷首四卷　（清）劉炯原本　（清）羅廷權續修　（清）何袞等續纂　清光緒二年（1876）增刻本　十一册　存二十卷（一至三、六、八至十、十二至十九、二十一、二十八至三十，首一）

500000－8701－0018218　H00258

［嘉慶］華陽縣志四十四卷首一卷　（清）吳鞏（清）董淳修　（清）潘時彤等纂　清嘉慶二十一年（1816）刻光緒十八年（1892）補刻本　十二册　存二十三卷（四至十四、二十七至三十二、三十九至四十四）

500000－8701－0018219　H00259

［道光］綦江縣志十二卷首一卷　（清）宋灝修（清）羅星編輯　清道光六年（1826）刻十五年（1835）增修同治二年（1863）伍濬祥、楊銘增刻本　十一册　存十二卷（一、三至十二，首一卷）

500000－8701－0018220　H00260

［道光］蓬溪縣志十六卷首一卷　（清）吳章祁等修　（清）顧士英等纂　清道光二十四年（1844）刻本　四册　存八卷（二至四、七至十、十四）

500000－8701－0018221　H00261

［嘉慶］南充縣志八卷圖考一卷　（清）袁鳳孫修　（清）陳榕等纂　清嘉慶十八年（1813）刻本　五册　存六卷（一至二、五至八）

500000－8701－0018222　H00262

［同治］郫縣志四十四卷首一卷　（清）陳慶熙修　（清）高升之等纂　清同治九年（1870）刻本　五册　存三十一卷（一至三十一）

500000－8701－0018223　H00263

［光緒］騰越廳志稿二十卷首一卷　（清）陳宗海修　（清）趙端禮纂　清光緒十三年（1887）刻本　十二册

500000－8701－0018224　H00264

［同治］增修酉陽直隸州總志二十二卷首一卷末一卷　（清）王鱗飛修　（清）馮世瀛（清）冉崇文纂　清同治三年（1864）刻本　十七册　存十六卷（一、三至四、六、九至十一、十三至二十，首一卷）

500000－8701－0018225　H00265

［同治］隆昌縣志四十二卷首一卷　（清）魏元燮　（清）花映均修　（清）耿光祜纂　清同治元年（1862）刻十三年（1874）晏棻增刻本　六册　存十九卷（一、五至十五、二十六至三十一，首一卷）

500000－8701－0018226　H00266

［雍正］浙江通志二百八十卷首三卷　（清）李衛等修　（清）沈翼機等纂　清雍正十三年（1735）修光緒二十五年（1899）浙江書局刻本　十九册　存四十三卷（一百八至一百四十八、二百七十九至二百八十）

500000－8701－0018227　H00267

［乾隆］福建續志九十二卷首四卷　（清）楊廷璋等修　（清）沈廷芳　（清）吳嗣富纂　清乾隆三十三年（1768）刻本　二十二册　存四十八卷（一至二十五、五十二至七十，首四卷）

500000－8701－0018228　H00268

［光緒］山西通志一百八十四卷首一卷　（清）曾國荃等修　（清）王軒等纂　清光緒十八年（1892）刻本　九十册　存一百七十七卷（一、四至八、十至二十九、三十三至一百三十七、一百四十至一百八十四，首一卷）

500000－8701－0018229　H00269

［雍正］山西通志二百三十卷　（清）覺羅石麟修　（清）儲大文纂　清雍正十二年（1734）刻本　五十四册　存一百二十一卷（二至一百十四、二百二十二至二百二十九）

500000－8701－0018230　H00270

［嘉慶］廣西通志二百七十九卷首一卷　（清）

謝啓昆修　（清）胡虔編纂　清嘉慶六年(1801)刻本　四十五冊　存一百五十一卷(一至三十二、六十五至九十三、九十八至一百九、一百十四至一百三十一、一百四十四至一百六十七、二百四十五至二百七十九，首一卷)

500000－8701－0018231　H00271
[宣統]新疆圖志一百十六卷首一卷　袁大化修　王樹枏　王學曾纂　清宣統三年(1911)木活字印本　一百三冊　存一百三卷(一、三至五十八、六十、六十二、六十五至六十六、六十九、七十三至七十八、八十至八十一、八十三、八十六至一百十六，首一卷)

500000－8701－0018232　H00272
[雍正]四川通志四十七卷首一卷　（清）黄廷桂等修　（清）張晉生等纂　清雍正修乾隆元年(1736)補版增刻本　二十冊　存四十七卷(一至三十六、三十八至四十七，首一卷)

500000－8701－0018233　H00273
[嘉慶]四川通志二百四卷首二十二卷　（清）常明等修　（清）楊芳燦　（清）譚光祜纂　清嘉慶二十一年(1816)刻本　一百六十二冊

500000－8701－0018234　H00274
[光緒]屏山縣續志二卷首一卷　（清）張九章修　（清）陳藩垣纂　清光緒二十四年(1898)刻本　二冊

500000－8701－0018235　H00275
[光緒]鹽亭縣志續編四卷首一卷　（清）邢錫晉修　（清）趙宗藩等纂　清光緒八年(1882)刻本　五冊

500000－8701－0018236　H00276
[道光]龍安府志十卷　（清）鄧存詠等纂修　清道光二十二年(1842)刻本　九冊　存八卷(一至六、九至十)

500000－8701－0018237　H00277
[道光]雲南通志稿二百十六卷首三卷　（清）阮元等修　（清）王崧　（清）李誠纂　清道光十五年(1835)刻本　三十三冊　存六十六卷(十一至十二、四十三至五十、六十一至七十六、八十五至八十六、九十三至一百八、一百三十一至一百四十二、一百七十五至一百七十六、一百八十一至一百八十二、一百八十九至一百九十、一百九十五至一百九十六、二百十一至二百十二)

500000－8701－0018238　H00278
[同治]直隸理番廳志六卷首一卷　（清）吳羹梅修　（清）周祚嶧纂　清同治七年(1868)刻本　五冊　存五卷(二至六)

500000－8701－0018239　H00279
天童寺志十卷首一卷　（清）聞性道纂輯　清嘉慶十三年至十六年(1808－1811)刻本　四冊

500000－8701－0018240　H00280
[道光四川]石泉縣志十卷　（清）趙德林修　（清）張沆纂輯　清道光十三年(1833)刻本　五冊　存七卷(一至五、九至十)

500000－8701－0018241　H00281
同治上海縣志三十二卷首一卷末一卷　（清）俞樾總纂　清同治十年(1871)刻本　八冊　存十八卷(一至十七、首一卷)

500000－8701－0018242　H00282
[同治]忠州直隸州志十卷首一卷　（清）侯若源　（清）慶徵修　（清）柳福培纂　清同治十二年(1873)刻本　八冊　存九卷(一至八、首一卷)

500000－8701－0018243　H00283
四禪詩選三十卷　（清）汪世澤手訂　清光緒九年(1883)刻本　十六冊　存二十卷(一至十九、三十)

500000－8701－0018244　H00284
[同治]蒼梧縣志十八卷首一卷　（清）蒯光煥　（清）李百齡原修　（清）羅勲　（清）嚴寅恭原纂　（清）黄玉柱　（清）王棟續纂　清咸豐元年(1851)修同治十三年(1874)續修刻本　四冊　存十一卷(一至十、首一卷)

500000－8701－0018245　H00285

歷朝詩約選九十二卷　(清)劉大櫆纂　清光緒二十一年至二十三年(1895－1897)文徵閣刻本　二十一冊　存八十六卷(五至五十、五十三至九十二)

500000－8701－0018246　H00286
[光緒]湖南通志二百八十八卷首八卷末十九卷　(清)卞寶第等修　(清)曾國荃等纂　清光緒十一年(1885)刻本　一百六十六冊　存二百十卷(一至二十八、三十二至二百四十、二百四十三至二百八十八,首八卷,末十九卷)

500000－8701－0018247　H00287
寶綸堂集十卷　(清)陳洪綬著　**拾遺一卷**　(清)陳洪綬著　(清)董金鑑輯　清光緒十四年(1888)會稽董氏取斯堂刻本　八冊

500000－8701－0018248　H00288
元穆日記三卷　杜俞撰　清光緒十二年(1886)成都刻本　一冊

500000－8701－0018249　H00289
七子詩選十四卷　(清)沈德潛編　清乾隆十八年(1753)長洲沈氏刻本　四冊

500000－8701－0018250　H00290
歸愚詩鈔二十卷年譜一卷　(清)沈德潛撰　清刻本　十七冊

500000－8701－0018251　H00291
光緒輿地韻編一卷涪州石魚題名記一卷　(清)錢保塘編　清光緒十九年(1893)成都刻本　一冊

500000－8701－0018252　H00292
[嘉慶]滇繫四十卷　(清)師範纂輯　清嘉慶十三年(1808)修光緒十三年(1887)雲南通志局刻本　二十二冊　存二十三卷(七之八,八之二、八之五至十八,九之一至二,十之一至二,十一之一至二,十二之一)

500000－8701－0018253　H00293
[嘉慶]滇繫四十卷　(清)師範纂輯　清嘉慶十三年(1808)修光緒十三年(1887)雲南通志局刻本　十五冊　存十六卷(七之一、七之五至八,八之二、八之四、八之十六至十八,九之一至二,十之一至二,十一之二,十二之一)

500000－8701－0018254　H00294
國朝詞綜四十八卷二集八卷　(清)王昶纂　清刻本　七冊　存二十五卷(一至二十五)

500000－8701－0018255　H00295
至正集八十一卷　(元)許有壬撰　清宣統三年(1911)河南教育總會石印本　四冊　存二十九卷(一至二十九)

500000－8701－0018256　H00296
畿輔通志三百卷首一卷　(清)李鴻章　(清)張樹聲修　(清)黃彭年纂　清宣統二年(1910)北洋官報兼印刷局石印本　一百十八冊　存一百五十三卷(一至五、十、十二、十九至二十一、二十四、三十至三十四、三十六至四十五、四十八至四十九、六十四至七十四、九十四至九十五、一百十九至一百三十一、一百三十七至一百四十一、一百四十六至一百七十、一百九十七至二百三、二百五至二百六、二百十一至二百十三、二百十五至二百十七、二百二十三至二百二十八、二百三十六、二百四十一至二百四十八、二百五十四至二百五十五、二百五十八至二百七十一、二百七十三至二百八十五、二百九十二至三百,首一卷)

500000－8701－0018257　H00297
畿輔通志三百卷首一卷　(清)李鴻章　(清)張樹聲修　(清)黃彭年纂　清宣統二年(1910)北洋官報兼印刷局石印本　七十六冊　存九十六卷(一至六、九、十七至二十三、二十五、二十九、三十一至三十三、四十、四十七至四十八、五十一、五十八至六十四、六十九至七十、八十九至九十八、一百五十六至一百五十七、一百七十、一百七十三至一百七十四、一百七十七、一百八十七至一百八十八、一百九十三至一百九十四、一百九十八至二百二、二百十一至二百十二、二百十五、二百二十一、二百二十三至二百二十五、二百二十七至二百二十九、二百三十六、二百三十八至二百四十四、二百五十一至二百五十五、二百五十九至二百六十、二百六十七、二百七十至二百七十三、二百七十五至二百七十七、二百七十九至二百八十、二百八十三至二百八十四、二百八十八,首一卷)

500000－8701－0018258　H00298
憑山閣增輯留青新集三十卷　(清)陳枚選　(清)張國泰訂　(清)陳德裕增輯　清刻本　十九册　存十九卷(一至十九)

500000－8701－0018259　H00299
錦里新編十六卷首一卷　(清)張邦伸編輯　清嘉慶五年(1800)刻本　八册

500000－8701－0018260　H00300
正字通十二集　(清)張自烈　(清)廖文英輯　**字彙舊本首卷一卷**　(明)梅膺祚音釋　清康熙二十四年(1685)清畏堂刻本　十六册　存十一集一卷(子下,丑,寅上、下,卯中、下,辰,巳,午下,未上,申上,酉,亥中、下,首一卷)

500000－8701－0018261　H00301
蜀詩撮要十四卷　鍾登甲編　清光緒八年(1882)徵文書局刻本　八册

500000－8701－0018262　H00302
弦雪居重訂遵生八牋十九卷目錄一卷　(明)高濂撰　(明)鍾惺校閱　清道光十二年(1832)刻本　十四册　存十七卷(一至十二、十四至十八)

500000－8701－0018263　H00303
陸天隨詩集十四卷　(唐)陸龜蒙撰　清光緒十年(1884)刻本　二册

500000－8701－0018264　H00304
張文昌詩集五卷　(唐)張籍撰　清光緒十年(1884)刻本　一册

500000－8701－0018265　H00305
劉隨州詩集五卷　(唐)劉長卿撰　清光緒十年(1884)刻本　一册

500000－8701－0018266　H00306
杜樊川詩集八卷　(唐)杜牧撰　清光緒十年(1884)刻本　一册

500000－8701－0018267　H00307
皮襲美詩集九卷　(唐)皮日休撰　清光緒十年(1884)刻本　一册

500000－8701－0018268　H00308
王龍標詩集四卷　(唐)王昌齡撰　**元道州詩集二卷**　(唐)元結撰　清光緒十年(1884)刻本　一册

500000－8701－0018269　H00309
韋蘇州詩集二卷　(唐)韋應物撰　清光緒十年(1884)刻本　一册

500000－8701－0018270　H00310
柳河東詩集二卷　(唐)柳宗元撰　**孟襄陽詩集二卷**　(唐)孟浩然撰　清光緒十年(1884)刻本　一册

500000－8701－0018271　H00311
儲御史詩集四卷　(唐)儲光羲撰　清光緒十年(1884)刻本　一册

500000－8701－0018272　H00312
錢考功詩集四卷　(唐)錢起撰　清光緒十年(1884)刻本　一册

500000－8701－0018273　H00313
劉夢得詩集十二卷　(唐)劉禹錫撰　清光緒十年(1884)刻本　二册

500000－8701－0018274　H00314
王右丞詩集二卷　(唐)王維撰　清光緒十年(1884)刻本　一册

500000－8701－0018275　H00315
王待御詩集六卷　(唐)王建撰　清光緒十年(1884)刻本　一册

500000－8701－0018276　H00316
溫飛卿詩集九卷　(唐)溫庭筠撰　清光緒十年(1884)刻本　一册

500000－8701－0018277　H00317
李義山詩集三卷　(唐)李商隱撰　清光緒十年(1884)刻本　一册

500000－8701－0018278　H00318
岑嘉州詩集四卷　(唐)岑參撰　清光緒十年(1884)刻本　一册

500000－8701－0018279　H00319
孟東野詩集十卷　(唐)孟郊撰　清光緒十年(1884)刻本　一册

500000－8701－0018280　H00320
賈長江詩集四卷　(唐)賈島撰　清光緒十年(1884)刻本　一册

500000－8701－0018281　H00321
寰宇訪碑録十二卷　(清)孫星衍　(清)邢澍撰　清光緒九年(1883)江蘇書局刻本　四册

500000－8701－0018282　H00322
日本訪書志十七卷　楊守敬撰　清光緒二十七年(1901)刻本　八册

500000－8701－0018283　H00323
宋元舊本書經眼録三卷坿録二卷　(清)莫友芝撰　清同治十二年(1873)刻本　一册

500000－8701－0018284　H00324
鐵琴銅劍樓藏書目録二十四卷　(清)瞿鏞編　清光緒二十四年(1898)常熟瞿氏刻本　十册

500000－8701－0018285　H00325
鐵琴銅劍樓藏書目録二十四卷　(清)瞿鏞編　清光緒二十四年(1898)常熟瞿氏刻本　十册

500000－8701－0018286　H00326
吕半隱先生詩集不分卷　(清)吕潛撰　清光緒十五年(1889)刻本　一册

500000－8701－0018287　H00327
善本書室藏書志四十卷附録一卷　(清)丁丙輯　清光緒二十七年(1901)錢唐丁氏刻本　十六册

500000－8701－0018288　H00328
蜀學編二卷　(清)方守道初輯　高賡恩覆輯　(清)伍肇齡同訂　清光緒十四年(1888)刻本　二册

500000－8701－0018289　H00329
愷園四種　(清)龔禮撰　清咸豐五年(1855)刻本　四册　存二種五卷(借箸録三卷、壓線録一至二)

500000－8701－0018290　H00330
蜀龜鑑七卷首一卷　(清)劉景伯輯　清宣統三年(1911)裴氏刻本　四册

500000－8701－0018291　H00331
文選考異十卷　(清)胡克家撰　清同治八年(1869)湖北崇文書局刻本　四册

500000－8701－0018292　H00332
酒中趣不分卷　(清)石成金譔　清刻本　一册

500000－8701－0018293　H00333
金石苑六卷　(清)劉喜海輯　清末石印本　六册

500000－8701－0018294　H00334
豐順丁氏持靜齋書目不分卷　(清)江標編　清光緒二十一年(1895)刻本　一册

500000－8701－0018295　H00335
江刻書目三種　(清)江標輯　清光緒中江氏靈鶼閣刻蘇州振新書社本　四册

500000－8701－0018296　H00336
秘書二十八種　(清)汪士漢輯　清嘉慶十三年(1808)刻本　十八册　存二十種九十七卷(汲冢周書十卷、白虎通德論二卷、夏小正一卷、穆天子傳六卷、博物志三卷、古魯詩一卷、吴越春秋六卷、集異記一卷、端木詩一卷、續博物志十卷、風俗通義四卷、高士傳二卷、竹書紀年二卷、列仙傳二卷、古今注三卷、楚史檮杌一卷、拾遺記十卷、續齊諧記一卷、大戴禮記十三卷、山海經十八卷)

500000－8701－0018297　H00337
寰宇訪碑録十二卷刊謬一卷　(清)孫星衍　(清)邢澍撰　清光緒二十三年(1897)吳縣朱氏刻行素草堂金石叢書本　六册

500000－8701－0018298　H00338

補寰宇訪碑録五卷失編一卷刊誤一卷 （清）趙之謙纂集　清光緒十二年(1886)吳縣朱氏刻行素草堂金石叢書本　二册

500000－8701－0018299　H00339
楹書隅録五卷 （清）楊紹和輯　清光緒二十年(1894)海源閣刻本　五冊

500000－8701－0018300　H00340
蜀碧四卷 （清）彭遵泗著　清刻本　一册

500000－8701－0018301　H00341
蜀故二十七卷 （清）彭遵泗纂輯　清光緒二十八年(1902)刻本　六册

500000－8701－0018302　H00342
榿園四種 （清）龔禮撰　清咸豐五年(1855)刻本　六册　存三種七卷(借箸録三卷、汲古録一卷、壓線録三卷)

500000－8701－0018303　H00343
三字經注解備要二卷 （宋）王應麟著　清同治十年(1871)刻本　二册

500000－8701－0018304　H00344
明詩紀事甲籤三十卷乙籤二十二卷丙籤十二卷丁籤十七卷戊籤二十二卷己籤二十卷庚籤三十卷辛籤三十四卷 陳田輯　清光緒二十五年至宣統三年(1899－1911)貴陽陳氏聽詩齋刻本　三十九册

500000－8701－0018305　H00345
黄忠壯公遺集九卷首一卷附録一卷 （清）黄淯熙撰　清光緒元年(1875)刻本　六册

500000－8701－0018306　H00346
國朝閨閣詩鈔一百種 （清）蔡殿齊編次　清道光二十四年(1844)刻本　五册

500000－8701－0018307　H00347
存研樓文集十六卷二編二卷 （清）儲大文撰　清乾隆九年(1744)刻本　十册

500000－8701－0018308　H00348
[康熙]錢塘縣志三十六卷首一卷 （清）魏嵲修　（清）裘璉等纂　清康熙五十七年(1718)刻本　九册　存三十卷(二至二十一、二十七至三十六)

500000－8701－0018309　H00349
方外詩選八卷 （清）釋含澈編　清光緒三年(1877)新繁龍藏寺緑天蘭若刻本　五册　存七卷(二至八)

500000－8701－0018310　H00350
鶴山文鈔三十二卷 （宋）魏了翁撰　清同治十三年(1874)望三益齋刻本　十册

500000－8701－0018311　H00351
正字通十二集 （清）張自烈　（清）廖文英輯　**字彙舊本首卷一卷** （明）梅膺祚音釋　清康熙刻本　十九册　存十集一卷(丑,寅上、中,卯上,辰上,巳,午上、下,未,申上、中,酉上,亥下,首一卷)

500000－8701－0018312　H00352
七言今體詩鈔九卷 （清）姚鼐輯　清同治五年(1866)金陵書局刻本　二册

500000－8701－0018313　H00353
七言詩歌行鈔十五卷 （清）王士禛選　清刻本　四册　存八卷(一至六、十至十一)

500000－8701－0018314　H00354
鄭少谷先生全集六種 （清）鄭獻甫撰　清光緒五年(1879)黔南節署刻本　二十一册　存三種三十三卷(四書翼注論文十二卷、愚一録十二卷、補學軒續刻詩集四至十二)

500000－8701－0018315　H00355
醉墨山房僅存稿文集一卷詩稿一卷詩話一卷外集一卷 （清）李璠撰　清光緒十三年(1887)刻本　二册

500000－8701－0018316　H00356
笠翁一家言全集十六卷 （清）李漁著　清芥子園刻本　十册　存十二卷(文集四卷、詩集三卷、餘集一卷、別集二卷、偶集三至四)

500000－8701－0018317　H00357
笠翁一家言全集十六卷 （清）李漁著　清雍正八年(1730)芥子園刻本　十三册

500000－8701－0018318　H00358

西清古鑑四十卷　(清)梁詩正等撰　清光緒十四年(1888)邁宋書館日本銅版印本　十二冊　存二十一卷(九至十四、十六至十八、二十九至四十)

500000－8701－0018319　H00359
忠雅堂集三十卷　(清)蔣士銓撰　清刻本　八冊　存二十六卷(一至二十六)

500000－8701－0018320　H00360
中晚唐詩叩彈集十二卷　(清)杜詔　(清)杜庭珠集　清寶仁堂刻本　四冊　存十卷(一至十)

500000－8701－0018321　H00361
中晚唐詩叩彈集十二卷　(清)杜詔　(清)杜庭珠集　清寶仁堂刻本　二冊　存八卷(一至八)

500000－8701－0018322　H00362
硃批諭旨不分卷　(清)世宗胤禛撰　清刻朱墨套印本　十一冊

500000－8701－0018323　H00363
硃批諭旨不分卷　(清)世宗胤禛撰　清刻朱墨套印本　十四冊

500000－8701－0018324　H00364
全唐詩鈔八十卷補遺十六卷　(清)吴成儀輯　清乾隆二十四年(1759)刻本　二十四冊

500000－8701－0018325　H00365
唐詩别裁集引典備註二十卷　(清)沈德潛選　(清)俞汝昌增注　清道光十七年(1837)白鹿山房刻本　十一冊　存十九卷(一、三至二十)

500000－8701－0018326　H00366
春融堂集六十八卷　(清)王昶撰　清嘉慶十二年(1807)塾南書舍刻本　六冊　存二十卷(一至二十)

500000－8701－0018327　H00367
秦川焚餘草六卷　(清)董平章撰　清光緒二十七年(1901)刻本　五冊　存五卷(二至六)

500000－8701－0018328　H00368
納書楹曲譜正集四卷續集四卷外集二卷　(清)葉堂訂譜　(清)王文治參訂　清乾隆五十七年(1792)刻本　十冊

500000－8701－0018329　H00369
古文快筆貫通解三卷　(清)杭永年評解　清刻本　一冊

500000－8701－0018330　H00370
行水金鑑一百七十五卷首一卷　(清)傅澤洪撰　清刻本　七冊　存三十一卷(一至三十、首一卷)

500000－8701－0018331　H00371
大題文府不分卷　(清)退菴居士編　清光緒十二年(1886)上海同文書局石印本　二十冊

500000－8701－0018332　H00372
中復堂全集九種附一種　(清)姚瑩撰　清同治六年(1867)刻本　二十三冊　存八種九十一卷附一種一卷(東溟文集六卷外集四卷文後集十四卷文外集二卷、後湘詩集九卷二集五卷續集七卷、東溟奏稿四卷、識小錄八卷、東槎紀略五卷、寸陰叢錄四卷、康輶紀行十六卷、中復堂遺稿五卷續編二卷,附中復堂年譜一卷)

500000－8701－0018333　H00373
欽定全唐詩九百卷　(清)曹寅編　清光緒元年(1875)饒玉成刻本　一百十九冊　缺十一卷(第十二函第十冊十一卷)

500000－8701－0018334　H00374
欽定全唐詩九百卷　(清)曹寅編　清刻本　八十九冊　存六百七十四卷(一函:第二冊八卷、第四冊至十冊三十七卷,二函:第一冊九卷、第三冊至七冊四十八卷、第九冊七卷,三函:第四冊至六冊二十五卷、第八冊至十冊二十卷,四函:第一冊至十冊五十五卷,五函:第四冊至十冊五十九卷,六函:第一冊至十冊七十三卷,七函:第九冊至十冊十七卷,八函:第一冊至十冊六十七卷,九函:第一冊至十冊八十一卷,十函:第三冊七卷、第九冊七卷,十一函:第四冊至十冊六十九卷,十二函:第一冊至十冊八十五卷)

500000－8701－0018335　H00375
欽定全唐詩九百卷　(清)曹寅編　清刻本　二册　存十卷(第四函第九册至第十册十卷)

500000－8701－0018336　H00376
御選唐宋詩醇四十七卷目錄二卷　(清)高宗弘曆選　清乾隆二十五年(1760)書業堂刻本　九册　存四十四卷(一至十二、十八至四十七,目錄二卷)

500000－8701－0018337　H00377
駢雅七卷　(明)朱謀𡏖撰　清刻本　六册　存五卷(一至四、七)

500000－8701－0018338　H00378
說文解字三十二卷　(清)段玉裁注　清同治六年(1867)刻本　十七册　存二十四卷(一至十二、十九至三十)

500000－8701－0018339　H00379
海鹽張氏涉園叢刻八種　張元濟輯　清宣統三年(1911)上海商務印書館鉛印本　八册

500000－8701－0018340　H00380
潛研堂文集五十卷　(清)錢大昕撰　清嘉慶十一年(1806)刻本　七册　存四十三卷(一至六、十四至五十)

500000－8701－0018341　H00381
潛研堂文集五十卷　(清)錢大昕撰　清嘉慶十一年(1806)刻本　六册　存三十九卷(一至七、十四至二十六、三十二至五十)

500000－8701－0018342　H00382
歷代籌邊略八十四卷目錄類編三卷附奏議二卷　(清)陳麟圖輯　清光緒二十三年(1897)陳氏刻本　四十册

500000－8701－0018343　H00383
彭剛直公詩集八卷奏稿八卷　(清)彭玉麟撰　清光緒十七年(1891)刻本　八册

500000－8701－0018344　H00384
毛詩注疏三十卷詩譜一卷注疏原目一卷注解傳述人一卷　(漢)毛亨傳　(漢)鄭玄箋　(唐)陸德明音義　(唐)孔穎達疏　清乾隆四年(1739)武英殿刻本　十册　存二十一卷(一至十八、詩譜一卷、注疏原目一卷、注解傳述人一卷)

500000－8701－0018345　H00385
欽定四庫全書簡明目錄二十卷首一卷　(清)永瑢等總裁　清同治七年(1868)廣東書局刻本　六册　存十二卷(一至十一、首一卷)

500000－8701－0018346　H00386
芝龕記六卷　(清)董榕撰　清光緒十五年(1889)刻本　六册

500000－8701－0018347　H00387
芝龕記六卷　(清)董榕撰　清光緒十五年(1889)刻本　六册

500000－8701－0018348　H00388
約章成案匯覽乙篇四十二卷　(清)北洋洋務局纂輯　清北洋洋務局石印本　三十六册

500000－8701－0018349　H00389
約章成案匯覽乙篇四十二卷　(清)北洋洋務局纂輯　清北洋洋務局石印本　二十三册　存三十卷(八至三十七)

500000－8701－0018350　H00390
馬氏文通十卷　(清)馬建忠撰　清光緒三十年(1904)鉛印本　八册

500000－8701－0018351　H00391
毛詩補箋十六卷　(漢)鄭玄箋　清光緒三十一年(1905)江西官書局活字印本　六册

500000－8701－0018352　H00392
仿宋刻阮本十三經注疏三百二十八卷附校勘記　(清)阮元輯　清光緒十三年(1887)袖海山房石印本　二十四册　缺四十六卷(附釋音毛詩注疏二十五至七十)

500000－8701－0018353　H00393
張氏醫通十六卷　(清)張璐撰　清刻本　六册　存四卷(十三至十六)

500000－8701－0018354　H00394
宋名家詞六十一種　(清)毛晉編　清光緒十四年(1888)刻本　十四册　存三十七種五十

七卷(稼軒詞三至四、惜香樂府一至六、夢窗甲稿一卷乙稿一卷丙稿一卷丁稿一卷補遺一卷、近體樂府一卷、竹齋詩餘一卷、竹屋癡語一卷、蘆川詞一卷、于湖詞三卷、洺水詞一卷、歸愚詞一卷、龍洲詞一卷、初寮詞一卷、龍川詞一卷補一卷、姑溪詞一卷、友古詞一卷、石屏詞一卷、海野詞一卷、逃禪詞一卷、空同詞一卷、介庵詞一卷、平齋詞一卷、文溪詞一卷、丹陽詞一卷、孄窟詞一卷、克齋詞一卷、芸窗詞一卷、竹坡詞三卷、聖求詞一卷、壽域詞一卷、審齋詞一卷、東浦詞一卷、知稼翁詞一卷、無住詞一卷、後山詞一卷、蒲江詞一卷、琴趣外篇六卷、烘堂詞一卷)

500000－8701－0018355　H00395
禮書通故五十卷　(清)黄以周撰　清光緒十九年(1893)黄氏試館刻本　三十一冊

500000－8701－0018356　H00396
空同詩集三十四卷　(明)李夢陽撰　清光緒十五年(1889)刻本　六冊

500000－8701－0018357　H00397
沈文肅公政書七卷首一卷　(清)沈葆楨撰　清光緒六年(1880)刻本　五冊　存五卷(一至二、六至七,首一卷)

500000－8701－0018358　H00398
釋氏十三經註疏八十九卷　(清)金陵刻經處輯　清同治至光緒金陵刻經處刻本　三十冊

500000－8701－0018359　H00399
釋氏十三經註疏八十九卷　(清)金陵刻經處輯　清同治至光緒金陵刻經處刻本　三十冊

500000－8701－0018360　H00400
江寧金石記八卷　(清)嚴觀輯　清嘉慶九年(1804)刻本　一冊　存二卷(一至二)

500000－8701－0018361　H00401
定齋集二十卷　(宋)蔡戡撰　清光緒二十二年(1896)刻本　一冊　存十二卷(九至二十)

500000－8701－0018362　H00402
萬善花室文藁六卷續集一卷　(清)方履籛撰　清光緒九年(1883)雲自在龕刻本　四冊

500000－8701－0018363　H00403
晚聞堂集十六卷　(清)余紹祉撰　(清)龍光輯　清道光十七年(1837)刻本　四冊

500000－8701－0018364　H00404
通藝錄二十一種　(清)程瑤田撰　清嘉慶八年(1803)刻本　十五冊　存十二種(論學小記一至二,宗法小記一卷,儀禮喪服文足徵記一百二十七至二百二十一葉、二百五十四至二百八十九葉,釋宫小記一卷,考工創物小記一至三,磬折古義一卷,溝洫疆理小記一卷,禹貢三江考一至二,水地小記一卷,解字小記一卷,聲律小記一卷,九穀考:九穀四十九至八十二葉、圖四穀記一至五葉、辯論黍稷一至五葉、答秦觀察書、與吳殿暘書)

500000－8701－0018365　H00405
廣事全集四種　(清)華希閔等撰　清同治元年(1862)宏道堂刻本　二十八冊　存四種一百十四卷(重訂廣事類賦二至四十、重訂事類賦三十卷、廣廣事類賦三十二卷、續廣事類賦一至十三)

500000－8701－0018366　H00406
漢上消閒集十六卷　(清)宦應清輯　清宣統三年(1911)屏鳳莊舊主鉛印本　三冊　存七卷(一、四至五、十二至十五)

500000－8701－0018367　H00407
蜀秀集九卷　(清)譚宗浚輯　清光緒五年(1879)成都試院刻本　九冊

500000－8701－0018368　H00408
監本附音春秋公羊注疏二十八卷附校勘記　(漢)何休注　清光緒十八年(1892)湖南寶慶務本書局刻本　十一冊

500000－8701－0018369　H00409
春秋公羊註疏二十八卷　(漢)何休學　清嘉慶十八年(1813)四友堂刻本　一冊　存三卷(二十六至二十八)

500000－8701－0018370　H00410
附釋音毛詩注疏二十卷附校勘記　(漢)鄭玄箋　(唐)孔穎達疏　清光緒十八年(1892)湖

南實慶務本書局刻本　十四冊

500000－8701－0018371　H00411

十三經注疏三百三十四卷　(唐)孔穎達等正義　**附校勘記**　(清)阮元撰　(清)盧宣旬摘錄　清嘉慶十八年(1813)四友堂刻本　一百五十九冊

500000－8701－0018372　H00412

十三經注疏三百四十六卷　(唐)孔穎達等正義　**附校勘記**　(清)阮元撰　(清)盧宣旬摘錄　清同治十二年(1873)江西書局刻本　一百五十冊　存十二種三百十一卷(周易兼義九卷、音義一卷,附釋音尚書注疏二十卷,附釋音毛詩注疏三至二十,釋音周禮注疏四十二卷,儀禮疏五十卷,附釋音禮記注疏三十七卷,附釋音春秋左傳注疏十九至六十,監本附音春秋公羊注疏二十八卷,監本附音春秋穀梁注疏二十卷,論語注疏解經二十卷,孝經注疏九卷、正義一卷,孟子注疏解經十四卷)

500000－8701－0018373　H00413

十三經注疏三百四十六卷　(唐)孔穎達等正義　**附校勘記**　(清)阮元撰　(清)盧宣旬摘錄　清嘉慶二十年(1815)江西南昌府學刻本　一百二十三冊　存十二種三百四十三卷(周易兼義九卷、音義一卷,附釋音尚書注疏二十卷,附釋音毛詩注疏二十卷,附釋音周禮注疏四十二卷,儀禮疏十九、二十三至五十,附釋音禮記注疏六十三卷,附釋音春秋左傳注疏六十卷,監本附音春秋公羊注疏二十八卷,監本附音春秋穀梁注疏二十卷,孝經注疏九卷,爾雅疏十卷,孟子注疏解經十四卷)

500000－8701－0018374　H00414

官場現形記五編六十卷　(清)李伯元撰　清末石印本　三冊　存十一卷(二十八至三十三、四十九至五十三)

500000－8701－0018375　H00415

綠野仙蹤一百回　(清)李百川撰　清刻本　二冊　存九回(三十二至四十)

500000－8701－0018376　H00416

集異新抄八卷　(清)李鶴林撰　清刻本　一冊　存二卷(四、八)

500000－8701－0018377　H00417

全蜀秇文志六十四卷首一卷　(明)楊慎輯　清讀月草堂刻本　二冊　存十卷(十一至二十)

500000－8701－0018378　H00418

香艷叢書二十集　(清)蟲天子輯　清末鉛印本　一冊　存一卷(十四集卷二)

500000－8701－0018379　H00419

經史百家雜鈔二十六卷　(清)曾國藩纂　清鉛印本　一冊　存二卷(二十五至二十六)

500000－8701－0018380　H00420

廣玉匣記二卷　(□)□□撰　清刻本　一冊　存一卷(二)

500000－8701－0018381　H00421

辭學指南四卷　(宋)王應麟撰　清刻本　一冊　存一卷(四)

500000－8701－0018382　H00422

古文苑二十一卷　(宋)章樵註　清刻本　四冊　存十五卷(七至二十一)

500000－8701－0018383　H00423

四言舉要一卷　(宋)崔嘉彥撰　(明)李言聞刪補　清刻本　一冊

500000－8701－0018384　H00424

字辨證篆十七卷　(清)易本烺纂　清同治八年(1869)刻本　五冊　存十五卷(一至十五)

500000－8701－0018385　H00425

呂祖年譜海山奇遇七卷　(清)火西月述　清刻本　二冊

500000－8701－0018386　H00426

漢魏音四卷　(清)洪亮吉撰　清光緒四年(1878)刻宏達堂叢書本　一冊

500000－8701－0018387　H00427

聖學格物通一百卷　(明)湛若水撰　清同治五年(1866)刻本　十冊　存四十五卷(一至四十五)

500000－8701－0018388　H00428
廣金石韻府五卷　（明）朱時望編纂　（清）林尚葵輯　清咸豐七年（1857）刻本　一册　存一卷（上平聲）

500000－8701－0018389　H00429
六書通十卷　（明）閔齊伋撰　（清）畢弘述篆訂　清刻本　三册　存六卷（一至六）

500000－8701－0018390　H00430
六書通十卷　（明）閔齊伋撰　（清）畢弘述篆訂　清刻本　二册　存四卷（三至六）

500000－8701－0018391　H00431
古泉山館詩集八卷　（清）瞿中溶撰　清同治十年（1871）刻本　二册　存四卷（金閶藁三卷、練祁藁一卷）

500000－8701－0018392　H00432
石湖詩鈔一卷　（宋）范成大撰　清刻本　一册

500000－8701－0018393　H00433
苕溪漁隱叢話前集六十卷後集四十卷　（宋）胡仔撰　清道光二十九年（1849）刻海山仙館叢書本　十六册

500000－8701－0018394　H00434
蘇文忠公詩合注五十卷首一卷　（清）馮應榴輯訂　清刻本　二十册　存四十七卷（四至五十）

500000－8701－0018395　H00435
樓山詩集六卷　（清）王恕撰　清光緒十九年（1893）好鵞山房刻本　二册

500000－8701－0018396　H00436
韻字急就篇十卷　（清）迮鶴壽編　（清）沈楙悳輯　清咸豐元年（1851）刻本　四册

500000－8701－0018397　H00437
丹溪心法五卷　（元）朱震亨著　清刻本　五册

500000－8701－0018398　H00438
唐宋八家精選層級集讀本四卷　（清）儲在陸原評　（清）吳煒增訂　清刻本　五册

500000－8701－0018399　H00439
新刻增訂釋義經書世事通考雜字三卷　（清）徐三省編輯　清乾隆十七年（1752）開益堂刻本　一册

500000－8701－0018400　H00440
木雞書屋文四集六卷　（清）黄金臺撰　清道光刻本　二册

500000－8701－0018401　H00441
諸葛忠武侯兵法六卷首一卷　（清）張澍編輯　清末活字印本　一册　存一卷（一）

500000－8701－0018402　H00442
四書典林三十卷　（清）江永編　清雍正十三年（1735）刻本　四册　存十二卷（一至五、二十至二十六）

500000－8701－0018403　H00443
太上十三經註解一卷　題樹下涵虚述　清刻本　一册

500000－8701－0018404　H00444
吕祖編年詩集九卷　（清）火西月編　清道光二十六年（1846）刻本　一册　存一卷（一）

500000－8701－0018405　H00445
校經堂初集四卷二集九卷　（清）曹鴻勛　陸寶忠編　清光緒十一年（1885）刻本　五册　存十卷（初集四卷、二集一至六）

500000－8701－0018406　H00446
有懷堂文藁二十二卷　（清）韓菼撰　清康熙四十二年（1703）刻本　四册　存十八卷（一至十八）

500000－8701－0018407　H00447
黄漳浦集五十卷首一卷目録二卷　（明）黄道周著　**年譜二卷**　（清）莊起儔編　清刻本　二十六册　存四十五卷（一至十、十三至十四、十七至三十八、四十二至五十，年譜二卷）

500000－8701－0018408　H00448
切問齋文鈔三十卷　（清）陸燿輯　清刻本　十册　存二十四卷（三至二十六）

500000－8701－0018409　H00449

有正味齋詩集十六卷詩續集八卷駢體文二十四卷駢體文續集八卷詞集八卷詞續集二卷外集五卷又二卷 (清)吳錫麒著 清嘉慶十三年(1808)刻本 十七冊

500000－8701－0018410 H00450
有正味齋詩集十六卷駢體文二十四卷詞集八卷外集五卷 (清)吳錫麒著 清嘉慶十三年(1808)刻本 十八冊 存四十七卷(詩集十六卷、駢體文一至十八、詞集八卷、外集五卷)

500000－8701－0018411 H00451
有正味齋詩集十六卷詩續集八卷駢體文二十四卷駢體文續集八卷詞集八卷詞續集二卷外集五卷又二卷 (清)吳錫麒著 清刻本 十冊 存三十七卷(詩集十六卷、駢體文十七至二十四、詞集八卷、外集五卷)

500000－8701－0018412 H00452
有正味齋詩集十六卷詩續集八卷駢體文二十四卷駢體文續集八卷詞集八卷詞續集二卷外集五卷又二卷 (清)吳錫麒著 清刻本 二十五冊 存四十三卷(駢體文二十四卷、駢體文續集八卷、詞集一至四、詞續集二卷、外集五卷)

500000－8701－0018413 H00453
續刊青城山記二卷 (清)彭洵編輯 清刻道藏輯要本 一冊

500000－8701－0018414 H00454
蒙以養正二卷 (□)□□撰 清道光二十七年(1847)富邑王氏刻本 一冊

500000－8701－0018415 H00455
唐陸宣公奏議讀本四卷首一卷 (清)汪銘謙編輯 清宣統元年(1909)會稽馬氏石印本 二冊

500000－8701－0018416 H00456
類書纂要三十三卷 (清)周魯輯 (清)侯杲參訂 清康熙三年(1664)刻本 三冊 存三卷(一至二、四)

500000－8701－0018417 H00457
正法眼藏三卷 (宋)釋宗杲集 清末刻本 六冊

500000－8701－0018418 H00458
本草綱目五十二卷圖三卷 (明)李時珍撰 清雍正十三年(1735)刻本 四十八冊

500000－8701－0018419 H00459
方輿類纂二十八卷首一卷 (清)溫汝能編 清文畬堂刻本 二十八冊 存二十六卷(二至七、九至十三、十五至二十八,首一卷)

500000－8701－0018420 H00460
欽定大清會典事例九百二十卷目錄八卷 (清)托津等修 清嘉慶二十三年(1818)刻本 三百五十三冊 存九百十七卷(一至三百四十九、三百五十八至八百七十二、八百七十六至九百二十,目錄八卷)

500000－8701－0018421 H00461
欽定大清會典一百卷 (清)允祹等總裁 清刻本 三十六冊

500000－8701－0018422 H00462
江蘇詩徵一百八十三卷 (清)王豫輯 清道光元年(1821)刻本 四十冊

500000－8701－0018423 H00463
佩文齋書畫譜一百卷 (清)孫岳頒等纂輯 清光緒九年(1883)上海同文書局石印本 十六冊

500000－8701－0018424 H00464
景文集六十二卷 (宋)宋祁撰 清刻本 二冊 存十一卷(二十四至三十四)

500000－8701－0018425 H00465
理學宗傳二十六卷 (清)孫奇逢輯 (清)魏一鰲 (清)孫立雅編 清光緒六年(1880)浙江書局刻本 六冊

500000－8701－0018426 H00466
通志堂經解一百四十種 (清)納蘭成德輯 清刻本 三百十九冊 缺二十六種三百五十三卷(紫巖居士易傳十卷、漢上易傳十一卷周易卦圖三卷周易叢說一卷、讀易私言一卷、俞氏易集說十三卷、周易本義集成十二卷首一卷、易圖通變五卷、易象圖說内篇三卷外篇三卷、周易參義十二卷、毛詩指說一卷、毛詩名物解二十卷、詩說一卷、詩疑二卷、詩傳遺說六卷、詩集傳名物鈔八卷、詩解頤四卷、春秋皇綱論五卷、春秋劉氏傳十五卷、春秋權衡十七卷、春秋名號歸一圖二卷、龍學孫公春秋經解十五卷、春秋集注七至十一、禮經會元四卷、太平經國之書十一卷首一卷、儀禮逸經傳一卷、禮記集說一至一百四十、禮記陳氏集說補正十九至三十八)

500000－8701－0018427　H00467
通志堂經解一百四十種　(清)納蘭成德輯　清刻本　二十六册　存十三種七十一卷(易數鈎引圖三卷遺論九事一卷、周易義海撮要十二卷、易裨傳一卷外篇一卷、易學啟蒙通釋二卷圖一卷、周易玩辭一至十六、東谷鄭先生易翼傳二卷、丙子學易編一卷、水村易鏡一卷、大易緝說十卷、書疑九卷、劉氏春秋意林二卷、春秋王霸列國世紀編三卷、大學章句或問通證一卷中庸章句或問通證一卷論語集註通證二卷孟子集注通證二卷)

500000－8701－0018428　H00468
六書通十卷首一卷　(明)閔齊伋撰　(清)畢弘述篆訂　清光緒十九年(1893)上海書局石印本　五册

500000－8701－0018429　H00469
李氏蒙求補注六卷　(唐)李瀚著　(清)金三俊補注　清光緒二年(1876)刻本　二册

500000－8701－0018430　H00470
澤存堂五種　(清)張士俊輯　清光緒十四年(1888)上海蜚英館石印本　七册

500000－8701－0018431　H00471
李氏蒙求補注六卷　(唐)李瀚著　(清)金三俊補注　清刻本　二册

500000－8701－0018432　H00472
寒玉山房詩七卷　(清)徐長發撰　清刻本　四册

500000－8701－0018433　H00473
安陽集五十卷家傳十卷別錄三卷　(宋)韓琦著　**遺事一卷**　(宋)強至編　清乾隆三十七年(1772)同安黄邦彦刻本　十册　存六十卷(一至四十七、家傳二至十、別錄三卷、遺事一卷)

500000－8701－0018434　H00474
溫熱經緯五卷　(清)王士雄纂　清刻本　三册　存三卷(三至五)

500000－8701－0018435　H00475
及見詩鈔十二卷　(清)釋含澈輯　清咸豐六年(1856)四川緑天蘭若刻本　二册　存八卷(一至八)

500000－8701－0018436　H00476
及見詩續鈔八卷　(清)釋含澈編　清光緒十九年(1893)刻本　八册

500000－8701－0018437　H00477
古藤書屋詩鈔□□集　(清)劉肇堂撰　清刻本　三册　存四集四卷(隨宧集一卷、鴻泥集一卷、宧遊集一卷、園居集一卷)

500000－8701－0018438　H00478
欽定古今圖書集成一萬卷目錄三十二卷　(清)蔣廷錫等編　清光緒十年(1884)上海圖書集成鉛版印書局鉛印本　一千六百三十册

500000－8701－0018439　H00479
古文眉詮七十九卷首一卷　(清)浦起龍論次　清乾隆九年(1744)三吳書院刻本　十九册　存六十三卷(十七到七十九)

500000－8701－0018440　H00480
大清一統志五百卷　(清)和珅等纂　清光緒二十七年(1901)上海寶善齋石印本　六十册

500000－8701－0018441　H00481
古文淵鑒六十四卷　(清)徐乾學編　清康熙四十九年(1710)内府刻五色套印本　四十册

500000－8701－0018442　H00482
子史精華一百六十卷　(清)吳襄等纂修　清雍正五年(1727)刻本　四十册

500000－8701－0018443　H00483

歷代史論十二卷宋史論三卷 （明）張溥論正 **左傳史論二卷** （清）高士奇論正 清光緒五年(1879)西江裴氏刻本 七册 存十六卷(歷代史論十二卷、宋史論一至二、左傳史論二卷)

500000－8701－0018444 H00484
水經注四十卷首一卷 （北魏）酈道元撰 清同治十三年(1874)江西書局刻武英殿聚珍版書本 十四册 存三十七卷(一至二十、二十五至四十,首一卷)

500000－8701－0018445 H00485
印鴻吟草二卷 （清）彭元瑾撰 清光緒鉛印本 一册

500000－8701－0018446 H00486
夢甦齋詩集六卷附錄海上寓公草一卷 （清）江國霖撰 清成都昌福公司鉛印本 二册

500000－8701－0018447 H00487
神農本草經疏三十卷 （明）繆希雍撰 明天啟五年(1625)海虞毛氏綠君亭刻本 十三册 存二十九卷(二至三十)

500000－8701－0018448 H00488
茗柯文初編一卷二編二卷三編一卷四編一卷 （清）張惠言著 清光緒七年(1881)刻本 二册

500000－8701－0018449 H00489
楊盈川集十卷 （唐）楊炯撰 清同治叢雅居鄒氏刻本 五册

500000－8701－0018450 H00490
關中兩朝文鈔補六卷 （清）李元春評選 清蒙天庥蔭堂刻本 六册

500000－8701－0018451 H00491
本草綱目五十二卷圖三卷 （明）李時珍撰 清刻本 二册 存二卷(三十五至三十六)

500000－8701－0018452 H00492
雲峯胡先生文集十卷附錄一卷 （元）胡炳文撰 清刻本 二册

500000－8701－0018453 H00493
歷朝二十五家詩錄三十七卷首一卷 （清）鄒湘倜編輯 清光緒元年(1875)鄒氏得頤堂刻本 三十册

500000－8701－0018454 H00494
小學彙函十四種 （清）鍾謙鈞等輯 清刻本 二十一册 存八種五十四卷(說文解字繫傳校勘記三卷、說文解字篆韻譜五卷附錄一卷、大廣益會玉篇三十卷、干祿字書一卷、五經文字三卷、新加九經字樣一卷、大宋重修廣韻五卷、廣韻五卷)

500000－8701－0018455 H00495
中州名賢文表三十卷續六十八卷 （明）劉昌編 邵松年續輯 清光緒三十年(1904)鴻文書局石印本 二十八册

500000－8701－0018456 H00496
史姓韻編六十四卷 （清）汪輝祖輯 清光緒十年(1884)慈谿耕餘樓鉛印本 十六册

500000－8701－0018457 H00497
全蜀秇文志六十四卷首一卷 （明）楊慎輯 清嘉慶二十二年(1817)樂山張汝傑讀月草堂刻本 十一册 存五十九卷(一至十四、二十一至六十四,首一卷)

500000－8701－0018458 H00498
法律名辭通釋十卷目錄一卷 （清）劉天佑編 清光緒三十四年(1908)鉛印本 十册

500000－8701－0018459 H00500
戴東原集十二卷札記一卷 （清）戴震撰 **戴東原先生年譜一卷** （清）段玉裁編 清宣統二年(1910)渭南嚴氏成都刻本 三册

500000－8701－0018460 H00501
帶經堂詩話三十卷首一卷 （清）王士禛著 清同治十二年(1873)廣州藏修堂刻本 十册

500000－8701－0018461 H00502
孫徵君日譜錄存三十六卷 （清）孫奇逢撰 清光緒十九年(1893)刻本 二十册

500000－8701－0018462 H00503
宋詩紀事一百卷 （清）厲鶚 （清）馬曰琯輯

清乾隆十一年(1746)刻本　二十五册　存七十四卷(一至七十四)

500000－8701－0018463　H00504
臨文便覽不分卷　(清)張仰山編　清同治十三年(1874)刻本　一册

500000－8701－0018464　H00505
探杏譜一卷附磨勘條例摘要不分卷　(清)馮文蔚等撰　清光緒二年(1876)刻本　一册

500000－8701－0018465　H00506
朱飲山千金譜二十九卷三韻易知十卷　(清)朱燮撰　(清)楊廷兹編輯　清乾隆五十五年(1790)刻本　十一册　存三十四卷(千金譜二十九卷、三韻易知一至五)

500000－8701－0018466　H00507
寄園寄所寄十二卷　(清)趙吉士輯　清刻本(卷一、六係補配)　十一册

500000－8701－0018467　H00508
玉獅堂十種曲十種　(清)陳烺填詞　清末石印本　四册　存四種五卷(梅喜緣傳奇二卷、同亭宴傳一卷、迴流記傳奇一卷、負薪記傳奇一卷)

500000－8701－0018468　H00509
玉獅堂十種曲十種　(清)陳烺填詞　清末石印本　二册　存二種二卷(梅喜緣傳奇一、迴流記傳奇一卷)

500000－8701－0018469　H00510
太乙舟文集八卷　(清)陳用光著　清刻本　四册　存五卷(三至七)

500000－8701－0018470　H00511
古今僞書考一卷　(清)姚際恒撰　清光緒十五年(1889)長沙經濟書堂刻本　一册

500000－8701－0018471　H00512
南軒文集四十四卷論語解十卷孟子說七卷　清咸豐四年(1854)綿邑南軒祠刻本　八册　存三十五卷(南軒文集一至二十,論語解十卷,孟子說一至二、四至五、七)

500000－8701－0018472　H00513
袁文箋正十六卷補注一卷　(清)袁枚著　(清)石韞玉箋　清嘉慶十七年(1812)刻本　五册　存十四卷(四至十六、補注一卷)

500000－8701－0018473　H00514
粤謳一卷　題(清)明珊居士編錄　清刻本　一册

500000－8701－0018474　H00515
讀通鑑綱目條記二十卷首一卷　(清)李述來撰　清刻本　五册　存十七卷(四至二十)

500000－8701－0018475　H00516
錢志新編二十卷首一卷附二卷　(清)張崇懿輯　清咸豐五年(1855)綵衣堂刻本　一册　存三卷(首一卷、附二卷)

500000－8701－0018476　H00517
六經圖定本不分卷　(清)王皜編　清乾隆五年(1740)六安王氏向山堂刻本　一册

500000－8701－0018477　H00518
澄蘭室古緣萃録十八卷　邵松年輯　清光緒二十九年(1903)上海鴻文書局石印本　六册

500000－8701－0018478　H00519
聖賢像贊三卷首一卷　(清)孔憲蘭增補　清光緒四年(1878)曲阜會文堂刻本　四册

500000－8701－0018479　H00520
漢魏六朝百三家集一百三種　(明)張溥輯　清述古莊刻本　二十三册　存三十二種四十卷(劉中壘集一卷、揚侍郎集一卷、班蘭臺集一卷、崔亭伯集一卷、蔡中郎集二卷、阮元瑜集一卷、劉公幹集一卷、應德璉集一卷、應休璉集一卷、嵇中散集一卷、鍾司徒集一卷、嵇中散集一卷、鍾司徒集一卷、傅鶉觚集一卷、陸平原集二卷、成公子安集一卷、張孟陽集一卷、張景陽集一卷、劉越石集一卷、郭弘農集二卷、王右軍集二卷、何衡陽集一卷、謝康樂集二卷、鮑參軍集二卷、沈隱侯集二卷、劉豫章集一卷、劉中庶集一卷、江令君集一卷、張散騎集一卷、邢特進集一卷、魏特進集一卷、庾開府集二卷)

500000－8701－0018480　H00521

館律分韻初編六卷 題(清)春暉閣主人輯 清光緒十四年(1888)上海漱六山莊石印本 六冊

500000－8701－0018481 H00522
二十四史二十四種 (漢)司馬遷等撰 清同治至光緒五省官書局刻汲古閣本 一百八十冊 存十六種一千三百八卷(史記一百三十卷,前漢書一百卷,後漢書一百二十卷,續漢書志三十卷,三國志六十五卷,晉書一百三十卷、附音義三卷,宋書一百卷,南齊書五十九卷,梁書五十六卷,陳書三十六卷,魏書一百十四卷,北齊書五十卷,周書五十卷,隋書八十五卷,南史八十卷,北史一百卷)

500000－8701－0018482 H00523
欽定四庫全書考證一百卷 (清)王太岳纂輯 清刻武英殿聚珍版書本 九十五冊 存九十九卷(二至一百)

500000－8701－0018483 H00524
皇朝經世文編一百二十卷姓名總目二卷 (清)賀長齡輯 清道光七年(1827)刻本 五十八冊 存一百九卷(一至二十八、四十至一百二十)

500000－8701－0018484 H00525
北堂書鈔一百六十卷首一卷 (唐)虞世南撰 (清)孔廣陶註 清光緒十四年(1888)南海孔氏三十有三萬卷堂刻本 二十冊

500000－8701－0018485 H00526
褱隱盦賸稾一卷 (清)王世耀等撰 清光緒三十二年(1906)龍樹精舍刻本 一冊

500000－8701－0018486 H00527
格致鏡原一百卷 (清)陳元龍撰 清雍正十三年(1735)刻本 二十二冊 存七十卷(一至三十三、三十七至六十七、七十一至七十六)

500000－8701－0018487 H00528
東周列國全志二十三卷 (清)蔡界評點 清光緒九年(1883)築野書屋石印本 十冊 存十九卷(一至五、八至九、十二至二十三)

500000－8701－0018488 H00529
測字秘牒一卷 (清)程省撰 清漢鏡齋刻本 一冊

500000－8701－0018489 H00530
古文翼八卷 (清)唐德宜編 清光緒十九年(1893)湖南經國書局刻本 七冊 存七卷(一至六、八)

500000－8701－0018490 H00531
柳汁吟舫詩草十四卷 (清)何盛斯著 清咸豐元年(1851)刻本 三冊

500000－8701－0018491 H00532
古文析義六卷 (清)林雲銘評注 清刻本 四冊 存四卷(一、四至六)

500000－8701－0018492 H00533
秘書二十一種 (清)汪士漢輯 清刻本 十一冊 存十九種七十一卷(吳越春秋三卷、白虎通二卷、山海經十八卷、博物志十卷、桂海虞衡志一卷、續博物志十卷、博異記一卷、高士傳三卷、劍俠傳四卷、楚史檮杌一卷、晉史乘一卷、竹書紀年二卷、中華古今注三卷、古今注三卷、三墳一卷、風俗通四卷、列仙傳二卷、集異記一卷、續齊諧記一卷)

500000－8701－0018493 H00534
二銘草堂金石聚十六卷 (清)張德容撰 清同治十一年(1872)衢州張氏二銘草堂刻本 七冊 存七卷(五、七至十二)

500000－8701－0018494 H00535
金索六卷石索六卷首一卷 (清)馮雲鵬 (清)馮雲鵷輯 清道光元年(1821)刻本 九冊 存十卷(金索一至三、六,石索一至三、五至六,首一卷)

500000－8701－0018495 H00536
新編吏治懸鏡八卷 (清)徐文弼編輯 清刻本(卷六係補配) 八冊

500000－8701－0018496 H00537
新輯時務匯通一百八卷 (清)李作棟輯 清光緒二十九年(1903)上海崇新書局石印本 十六冊 存四十九卷(一至四十九)

500000－8701－0018497　H00538
五禮通考二百六十二卷首四卷目錄二卷　(清)秦蕙田編輯　清乾隆刻本　七十九册　存二百六十二卷(通考二百六十二卷)

500000－8701－0018498　H00539
五禮通考二百六十二卷首四卷目錄二卷　(清)秦蕙田編輯　清光緒二十二年(1896)新化三味堂刻本　九十五册　存二百十四卷(一至十九、二十二至七十二、七十四至一百二十二、一百二十四至一百七十三、一百七十六至二百十三、二百十五,首四卷,目錄二卷)

500000－8701－0018499　H00540
五禮通考二百六十二卷首四卷目錄二卷　(清)秦蕙田編輯　清光緒二十二年(1896)新化三味堂刻本　四十三册　存八十五卷(十八至二十二、一百四十一至一百六十、一百七十四至一百七十九、二百一至二百二、二百十一至二百六十二)

500000－8701－0018500　H00541
古今人物論三十六卷　(明)鄭賢輯　清仁壽堂刻本　十六册

500000－8701－0018501　H00542
諸葛武侯集四卷首一卷　(三國蜀)諸葛亮撰　清同治七年(1868)楚醴景萊書室刻本　四册

500000－8701－0018502　H00543
定盦文集補不分卷定盦文集補編四卷　(清)龔自珍撰　清刻本　三册

500000－8701－0018503　H00544
佩文詩韻釋要五卷　(清)周兆基輯　清光緒二十二年(1896)成都尊經書院刻本　一册

500000－8701－0018504　H00545
有正味齋駢文十六卷　(清)吳錫麒著　(清)葉聯芬箋註　清同治七年(1868)刻本　八册

500000－8701－0018505　H00546
弦雪居重訂遵生八牋十九卷目錄一卷　(明)高濂撰　(明)鍾惺校閲　清光緒十年(1884)刻本　十三册　存十六卷(一至二、六至十二、十四至十九,目錄一卷)

500000－8701－0018506　H00547
兼韻音義四卷　(清)殷秉鏞撰　清道光二十三年(1843)成都繆氏刻本　八册

500000－8701－0018507　H00548
讀禮通考一百二十卷　(清)徐乾學撰　清康熙三十五年(1696)刻本　五册　存二十五卷(九十六至一百二十)

500000－8701－0018508　H00549
讀禮通考一百二十卷　(清)徐乾學撰　清康熙三十五年(1696)刻本　五十六册　存一百三卷(一至一百、一百十二至一百十四)

500000－8701－0018509　H00550
孫文恭公遺書七種　(明)孫應鰲撰　清宣統二年(1910)上海南洋官書局鉛印本　四册　存四種九卷(淮海易談三至四、四書近語五至六、補輯雜文附錄一卷、孫山甫督學文集四卷)

500000－8701－0018510　H00551
簡易醫訣四卷　(清)周雲章著　清宣統元年(1909)刻本　四册

500000－8701－0018511　H00552
湘軍記二十卷　(清)王定安撰　清光緒十五年(1889)江南書局刻本　七册　存十八卷(一至十八)

500000－8701－0018512　H00553
明季南畧十八卷　(清)計六奇編　清都城琉璃廠半松居士活字印本　十一册　存十六卷(三至十八)

500000－8701－0018513　H00554
春秋經傳類聯三十四卷　(清)王繩曾編　清雍正十二年(1734)刻本　一册

500000－8701－0018514　H00555
冷吟仙館詩稿八卷附錄一卷　(清)左錫嘉撰　清光緒曾光煦刻本　四册　存八卷(二至八、附錄一卷)

500000－8701－0018515　H00556

蔡氏九儒書九種九卷首一卷 （明）蔡有鵾輯 （清）蔡重增輯 清雍正十一年（1733）刻本 八冊

500000－8701－0018516 H00557
御製全韻詩五卷 （清）高宗弘曆撰 清刻本 三冊 存三卷（上平聲、去聲、入聲）

500000－8701－0018517 H00558
金石萃編補略二卷 （清）王言撰 清光緒八年（1882）刻本 二冊 存一卷（一）

500000－8701－0018518 H00559
恩餘堂經進初藁十二卷 （清）彭元瑞撰 清刻本 三冊 存九卷（一至三、七至十二）

500000－8701－0018519 H00560
直省釋奠禮樂記六卷首一卷末一卷 （清）應寶時編 清光緒十七年（1891）廣東藩署刻本 三冊 存三卷（一至二、六）

500000－8701－0018520 H00561
聖諭像解二十卷 （清）梁延年編輯 清康熙二十年（1681）梁氏承宣堂刻本 十一冊 存十七卷（一、三、六至二十）

500000－8701－0018521 H00562
國朝文錄八十二卷 （清）李祖陶編 清道光十九年（1839）瑞州府鳳儀書院刻本 三十四冊

500000－8701－0018522 H00563
大清會典便蒙述略二十七卷 （清）□□撰 清光緒三十年（1904）刻本 二冊

500000－8701－0018523 H00564
蘭雪堂古事苑定本十二卷 （明）鄧志謨編輯 清刻本 一冊 存九卷（一至三、七至十二）

500000－8701－0018524 H00565
養雲山館試帖二卷 （清）許球撰 清刻本 一冊

500000－8701－0018525 H00566
吳會英才集二十卷 （清）畢沅輯 清嘉慶刻本 一冊 存十卷（一至十）

500000－8701－0018526 H00567
柏梘山房文集十六卷文續集一卷詩集十卷詩續集二卷駢體文二卷 （清）梅曾亮撰 清咸豐六年（1856）上元梅氏刻本 八冊

500000－8701－0018527 H00568
書目答問不分卷 （清）張之洞撰 清光緒元年（1875）刻本 一冊

500000－8701－0018528 H00569
庚辰集五卷 （清）紀昀編 清乾隆二十六年（1761）刻本 二冊

500000－8701－0018529 H00570
全明忠義別傳三十二卷 （清）汪有典撰 清同治六年（1867）葺雲館刻本 六冊 存二十四卷（一至十、十五至十八、二十三至三十二）

500000－8701－0018530 H00571
續漢書八志三十卷 （南朝梁）劉昭注補 清末金陵書局仿汲古閣刻本 四冊

500000－8701－0018531 H00572
漢書蒙拾三卷 （清）杭世駿鈔撮 清光緒十年（1884）上海同文書局石印本 一冊

500000－8701－0018532 H00573
寶綸堂詩稿□□卷 （清）李鴻鈞撰 （清）李鴻藻選 清刻本 二冊 存二卷（二、四）

500000－8701－0018533 H00574
石渠餘紀六卷 （清）王慶雲撰 清光緒十四年（1888）甯鄉黃氏刻本 五冊 存五卷（一至四、六）

500000－8701－0018534 H00575
史姓韻編六十四卷 （清）汪輝祖輯 清光緒十年（1884）上海中西書局石印本 二冊 存三十卷（一至三十）

500000－8701－0018535 H00576
朔方備乘六十八卷首十二卷 （清）何秋濤纂輯 清末石印本 七冊 存七十九卷（一至六十七、首十二卷）

500000－8701－0018536 H00577
晉署六十六卷 （清）周濟譔 清道光二十三

年(1843)刻本　九冊　缺十四卷(列傳二十三至三十六)

500000－8701－0018537　H00578
顧氏音學五書三十八卷　(清)顧炎武撰　清光緒十六年(1890)思賢講舍刻本　十六冊

500000－8701－0018538　H00579
丰祖全書　(清)李西月編　清道光二十四年(1844)刻本　二十三冊　存七種三十四卷(張三丰先生全集一至八,呂祖編年詩集九卷、附刻一卷,太上十三經註釋四卷,呂祖年譜海山奇遇七卷,黄庭經註解二卷,如意寶珠二卷,張三丰祖師無根樹詞註解一卷)

500000－8701－0018539　H00580
前漢書補注一百卷首一卷　(漢)班固撰(唐)顔師古注　王先謙補注　清光緒二十六年(1900)長沙王氏刻本　三十二冊

500000－8701－0018540　H00581
古經解彙函十六種附小學彙函十四種　(清)鍾謙鈞輯　清同治十二年(1873)粵東書局刻本　六十四冊

500000－8701－0018541　H00582
宋王忠文公文集五十卷目錄四卷　(宋)王十朋撰　(清)唐傳鉎重編　清雍正六年(1728)刻本　二十冊　存五十卷(一至十七、二十至二十二、二十五至五十,目錄四卷)

500000－8701－0018542　H00583
史緯三百三十卷　(清)陳允錫刪修　清刻本　五十六冊　存一百二十四卷(一百五十二至一百七十、一百七十三至二百五、二百八至二百二十八、二百三十一至二百八十一)

500000－8701－0018543　H00584
皇朝經世文編一百二十卷姓名總目三卷(清)賀長齡輯　清光緒十二年(1886)思補樓石印本　六十冊

500000－8701－0018544　H00585
類書纂要三十三卷　(清)周魯輯　清康熙三年(1664)無錫天和堂刻本　十九冊　存三十二卷(一至十三、十五至三十三)

500000－8701－0018545　H00586
二十四史三表不分卷　(清)段長基編　清味古山房刻本　十八冊

500000－8701－0018546　H00587
味餘書室全集定本四十卷隨筆二卷目錄四卷　(清)仁宗顒琰撰　清嘉慶五年(1800)内府刻本　十一冊　存三十五卷(一至三十一、目錄四卷)

500000－8701－0018547　H00588
欽定續纂外藩蒙古回部王公表十二卷傳十二卷　(清)國史館纂　清道光内府刻本　三冊　存六卷(五至八、十一至十二)

500000－8701－0018548　H00589
聽花吟館詩稿五十二卷遊鎣華山詩草一卷(清)李德揚撰　清咸豐五年(1855)綿竹文會堂李氏刻本　二十一冊　存四十六卷(三至四十、四十三至四十四、四十七至五十二)

500000－8701－0018549　H00590
歷代名臣奏議三百二十卷　(明)張溥刪正　清聚英堂刻本　八十冊

500000－8701－0018550　H00591
欽定古今圖書集成一萬卷目錄四十卷　(清)蔣廷錫等編　清光緒十年(1884)上海同文書局石印本　十九冊　存四十卷(目錄四十卷)

500000－8701－0018551　H00592
新義錄一百卷首一卷　(清)孫璧文輯　清光緒二十七年(1901)兩湖書院刻本　四十八冊

500000－8701－0018552　H00593
俄史輯譯四卷　(清)徐景羅譯　清光緒二十三年(1897)刻本　六冊

500000－8701－0018553　H00594
俄史輯譯四卷　(清)徐景羅譯　清光緒二十三年(1897)刻本　六冊

500000－8701－0018554　H00595
地理五訣八卷　(清)趙廷棟著　清嘉慶十年(1805)崇文堂刻本　一冊　存二卷(七至八)

500000－8701－0018555　H00596

御纂醫宗金鑑内科七十四卷 （清）吳謙等纂輯 清末石印本 十五册

500000－8701－0018556 H00597
潛溪録六卷首一卷 （明）宋濂著 孫鏘增補 丁立中編輯 清宣統三年(1911)刻本 四册 存五卷(一至四、首一卷)

500000－8701－0018557 H00598
畹香樓詩稿二卷 （清）梁蘭漪撰 清光緒二十一年(1895)上洋飛鴻閣書林石印本 一册

500000－8701－0018558 H00599
曝書亭集八十卷 （清）朱彝尊撰 清刻本 一册 存一册(目録)

500000－8701－0018559 H00600
光緒乙巳年交涉要覽上篇二卷下篇三卷 (清)北洋洋務局纂輯 清光緒三十三年(1907)北洋官報局鉛印本 五册

500000－8701－0018560 H00601
光緒丙午年交涉要覽上篇一卷中篇二卷下篇四卷 （清）北洋洋務局纂輯 清光緒三十四年(1908)北洋官報局鉛印本 三册

500000－8701－0018561 H00602
小倉山房文集三十五卷 （清）袁枚撰 清刻本 八册

500000－8701－0018562 H00603
中庸一卷 （清）姜國伊述註 清末刻本 一册

500000－8701－0018563 H00604
史記志疑三十六卷 （清）梁玉繩撰 清刻本 八册 存二十卷(四至二十三)

500000－8701－0018564 H00605
東周列國全志二十三卷一百八回 （清）蔡界評點 清刻本 二十三册

500000－8701－0018565 H00606
東周列國全志二十三卷一百八回 （清）蔡界評點 清刻本 一册 存一卷(一)

500000－8701－0018566 H00607
懷麓堂詩稿二十卷文稿三十卷詩後稿十卷文後稿三十卷雜記十卷 （明）李東陽著 年譜七卷 （清）朱景英編 清嘉慶八年(1803)刻本 二十一册

500000－8701－0018567 H00608
東垣十種醫書附二種 （金）李杲等撰 清光緒七年(1881)石印本 六册

500000－8701－0018568 H00609
儒門事親十五卷 （金）張子和著 清宣統二年(1910)寧波汲綆齋書局石印本 六册

500000－8701－0018569 H00610
大佛頂如來密因修證了義諸菩薩萬行首楞嚴經十卷 （唐）釋般剌密帝譯 清刻本 二册

500000－8701－0018570 H00611
慈悲道場懺法傳十卷 （□）□□撰 清光緒十五年(1889)金陵刻經處刻本 三册

500000－8701－0018571 H00612
趙州和尚語録三卷趙州真際禪師行狀一卷 (□)文遠記録 清刻本 一册

500000－8701－0018572 H00613
讀書雜志十種八十二卷餘編二卷 （清）王念孫撰 清同治九年(1870)金陵書局刻本 二十四册

500000－8701－0018573 H00614
通鑑長編紀事本末一百五十卷 （宋）楊仲良撰 清光緒十九年(1893)刻本 二十四册

500000－8701－0018574 H00615
三國志六十五卷 （晉）陳壽撰 （南朝宋）裴松之注 清刻本 十九册 存六十卷(一至六十)

500000－8701－0018575 H00616
御批歷代通鑑輯覽一百二十卷 （清）傅恒等纂 清三味堂刻本 六十册

500000－8701－0018576 H00617
大清律例增修統纂集成四十卷附督捕則例二卷 （清）陶東臯 （清）陶曉篔增修 清光緒二十年(1894)刻本 十五册 存二十七卷(一至二、五至七、九至十、十三至十五、二十

至二十二、二十四、二十六至二十八、三十一至四十)

500000－8701－0018577　H00618

大清律例增修統纂集成四十卷附督捕則例二卷　(清)陶東皋　(清)陶曉篔增修　清光緒二十年(1894)刻本　十冊　存九卷(三至四、八、十二、十六至十八、二十三、二十五)

500000－8701－0018578　H00619

杜詩補註二卷　(清)仇兆鰲註　清刻本　一冊　存一卷(二)

500000－8701－0018579　H00620

讀書堂杜工部文集註解二卷　(唐)杜甫撰　(清)張溍評註　清讀書堂刻本　一冊

500000－8701－0018580　H00621

大清律例增修統纂集成四十卷附督捕則例二卷　(清)姚雨薌纂　(清)胡仰山增輯　清咸豐四年(1854)同文堂刻本　十二冊　存二十二卷(一至二十二)

500000－8701－0018581　H00622

大方廣佛華嚴經入不思議解脱境界普賢行願品一卷　(唐)釋般若譯　清光緒金陵刻經處刻本　一冊

500000－8701－0018582　H00623

中庸直指一卷　(明)史德清述　清光緒二十年(1894)金陵刻經處刻本　一冊

500000－8701－0018583　H00624

札樸十卷　(清)桂馥撰　清嘉慶十八年(1813)會稽徐氏刻本　六冊

500000－8701－0018584　H00625

專修淨業功課不分卷　(□)□□編　清釋先照刻本　一冊

500000－8701－0018585　H00626

金剛般若波羅密經一卷　(清)劉沅註　清嘉慶十一年(1806)刻本　一冊

500000－8701－0018586　H00627

[宣統]新疆圖志一百十六卷首一卷　袁大化修　王樹枏　王學曾纂　清宣統三年(1911)木活字印本　五十九冊　存五十八卷(七至十二、十五至二十、二十三至二十六、二十八至三十一、三十五至三十九、四十一、四十三至四十四、四十七至五十一、五十四、七十三、七十五至七十六、七十八、八十九至九十一、九十四至九十五、一百一至一百十一、一百十三至一百十六)

500000－8701－0018587　H00628

二十四史九通政典類要合編三百二十卷　(清)黃書霖輯　清光緒二十八年(1902)石印本　五十九冊　存三百十三卷(一至八、十六至三百二十)

500000－8701－0018588　H00629

資治通鑑後編一百八十四卷　(清)徐乾學編集　清光緒二十四年(1898)富陽夏氏刻本　四十八冊

500000－8701－0018589　H00630

資治通鑑後編校勘記十五卷　(清)夏震武撰　清刻本　四冊

500000－8701－0018590　H00631

南漢書十八卷考異十八卷南漢文字畧四卷南漢叢錄二卷　(清)梁廷枏撰　清道光九年(1829)刻本　八冊

500000－8701－0018591　H00633

兩廣鹽法志三十五卷　(清)阮元等撰　清道光十六年(1836)刻本　十七冊　存十七卷(十九至三十五)

500000－8701－0018592　H00634

金石萃編一百六十卷　(清)王昶撰　清嘉慶十年(1805)刻本　六十冊

500000－8701－0018593　H00635

皇朝經世文編一百二十卷姓名總目二卷　(清)賀長齡輯　清光緒十二年(1886)思補樓石印本　六十冊

500000－8701－0018594　H00636

校訂定盦全集十卷附錄一卷　(清)龔自珍撰　清宣統二年(1910)鉛印本　八冊

500000－8701－0018595　H00637
宋稗類鈔三十六卷　(清)潘永因輯　清宣統三年(1911)石印本　十二册

500000－8701－0018596　H00638
詩鵠上編三卷中編三卷下編三卷　(清)王維舉　(清)王繩祖編　清光緒八年(1882)刻本　九册

500000－8701－0018597　H00639
讀史方輿紀要一百三十卷輿圖要覽四卷　(清)顧祖禹輯　清光緒二十六年(1900)廣雅書局刻本　六册　存四卷(輿圖要覽四卷)

500000－8701－0018598　H00640
滇南文畧四十七卷首一卷　(清)袁文揆　(清)張登瀛纂　清光緒二十六年(1900)刻本　二十四册

500000－8701－0018599　H00641
明滇南詩畧十卷國朝滇南詩畧二十二卷國朝滇南流寓詩畧二卷滇南詩畧續刻十卷　(清)袁文典　(清)袁文揆纂輯　清光緒二十六年(1900)五華書院刻本　二十二册

500000－8701－0018600　H00642
皇清經解一千四百八卷首一卷　(清)阮元輯　清道光九年(1829)學海堂刻咸豐十年(1860)補刻本　三百六十册

500000－8701－0018601　H00643
滇詩重光集十八卷首一卷　(清)許印芳輯　清光緒十四年(1888)刻本　六册

500000－8701－0018602　H00644
新刻批點四書讀本十九卷　(宋)朱熹集注　(清)高玲編　清同治三年(1864)刻朱墨套印本　十二册　存十八卷(大學章句一卷,中庸章句一卷,論語集注十卷,孟子集注一至二、四至七)

500000－8701－0018603　H00645
桂學答問一卷　康有爲撰　清末刻本　一册

500000－8701－0018604　H00646
高厚蒙求初編一卷二集一卷三集三卷四集三卷五集一卷　(清)徐朝俊撰　清嘉慶十二年至道光九年(1807－1829)刻本　五册

500000－8701－0018605　H00647
劉氏家塾四書解二十卷　(清)劉豫師撰　清光緒二年(1876)刻本　八册

500000－8701－0018606　H00648
成案續編十二卷　(清)□□撰　清乾隆二十年(1755)刻本　十五册

500000－8701－0018607　H00649
十一經初學讀本十一種不分卷　(清)萬廷蘭校　清光緒二年(1876)四川學院衙門刻本　十四册　存七種(易經、詩經、周禮、春秋左傳、公羊傳、穀梁傳、爾雅)

500000－8701－0018608　H00650
大方廣佛華嚴經八十卷　(唐)釋實叉難陀譯　清宣統二年(1910)刻本　六十册

500000－8701－0018609　H00651
唐宋八大家文分體讀本一集八卷二集八卷三集八卷　(清)汪份輯　清康熙五十八年(1719)遄喜齋刻本　二十二册　存二十卷(一集一至五、七,二集一至二、四至八,三集一至六、八)

500000－8701－0018610　H00652
御纂周易折中二十二卷首一卷　(清)李光地等撰　清康熙五十四年(1715)刻本　十册　存十八卷(一至十八)

500000－8701－0018611　H00653
四書求是十六卷　(清)王餘英撰　清刻本　七册　存十四卷(一至八、十一至十六)

500000－8701－0018612　H00654
昌江性學述筆貫珠十二卷　(清)鄧逢光著　清道光三十年(1850)刻本　八册　存八卷(五至十二)

500000－8701－0018613　H00655
重刊道藏輯要二十八集　(清)彭定求編　**總目一卷子目初編四卷續編一卷道門一切經總目四卷**　(清)賀龍驤撰　清光緒三十二年

(1906)成都二仙庵刻本　二百四十四冊　存二十五集二百八十三種五百二十一卷(角集至亢集:元始無量度人上品妙經六十一卷、太上洞玄靈寶無量度人上品妙經注三卷、元始無量度人上品經法五卷,氐集:元始天尊說無上内秘真藏經一卷、元始說先天道德經注解一卷、元始大洞玉經三卷、大洞仙經觀想要訣一卷、洞經示讀三卷、元始大洞玉經三卷、大洞玉經疏要十二義一卷、大洞玉經壇儀一卷總論一卷、大乘妙林經一卷、太上升玄說消災護命妙經注一卷、元始天尊說生天得道經一卷、元始天尊說得道了身經一卷、元始上帝毗盧遮耶說大洞救劫尊經一卷、元始天尊說藥王救八十一難真經一卷、元始消劫梓潼本願真經一卷、元始天尊說東嶽化身濟生拔罪保命妙經一卷、碧霞元君護國庇民普濟保生妙經一卷、太上大道玉清經不分卷、太上中道妙法蓮華經一卷,房集:洞玄靈寶自然九天生神章經解義四卷、洞玄靈寶自然九天生神王章經解三卷、洞玄靈寶自然九天生神章經注三卷、太上洞玄靈寶天尊說救苦妙經一卷、洞玄靈寶八仙王教誡經一卷、太上洞玄靈寶國王行道經一卷、太上金匱玉鏡修真指玄妙經一卷、太上洞玄靈寶福日妙經一卷、太上靈寶天尊說禳災度厄經一卷、太上神咒延壽妙經一卷、太上洞淵說請雨龍王經一卷、太上洞玄寶元上經一卷、太上洞玄靈寶淨供妙經一卷、太上靈寶洪福滅罪像名經一卷、太上洞淵三昧帝心光明正印太極紫微伏魔制鬼拯救惡道集福吉祥神咒一卷、洞玄靈寶定觀經注一卷、太上洞玄靈寶開演秘密藏經一卷、洞玄靈寶諸天世界造化經一卷、太上洞玄靈寶十號功德因緣妙經一卷、太上洞玄靈寶真文要解上經一卷、太上洞玄靈寶業報因緣經一卷、太上洞玄靈寶出家因緣經一卷、太上洞玄靈寶法燭經一卷、太上靈寶智慧觀身經一卷、太一救苦護身妙經一卷,心集:太上玄元道德經解一卷、太上道德真經四子古道集解一卷、太上道德寶章翼二卷、太上道德真經章句訓頌一卷、太上道德真經集注不分卷釋文一卷雜說一卷、道德上經釋辭一卷下經釋辭一卷、旨意總論一卷、道德真經注四卷,尾集:太上老君說常清靜真經一卷、太上老君說常清靜經注一卷、太上道德大天尊說道元一炁經一卷、太清中黄真經一卷、太上赤文洞古經注一卷、太上大通經注一卷、太上老君内日用妙經一卷、太上老君外日用妙經一卷、老子說五廚經注一卷、太上老君内觀經一卷、太上老君說了心經一卷、太上内丹守一真定經一卷、太上說轉輪五道宿命因緣經一卷、太上老君内丹經一卷、太上妙始經一卷、太上浩元經一卷、太上無極大道自然真一五稱符上經一卷下經一卷、枕中經一卷、太清元道真經三卷別錄一卷、太上老君太素經一卷太上洞真賢門經一卷、太上感應篇一卷首一卷、太上感應篇集注一卷、猶龍傳一卷、太上老君年譜要略一卷、太上混元聖紀九卷,箕集:高上玉皇本行集經三卷、高上玉皇本行集經三卷、高上玉皇本行集經注解三卷附諸義考目一卷、太上洞玄靈寶紫微金格高上玉皇本行集經闡微三卷、高上玉皇心印妙經一卷、終南八祖說心印妙經解一卷、高上玉皇心印經注一卷、玉皇心印經一卷、胎息經注一卷、玉皇宥罪錫福寶懺一卷、玉皇十七慈光燈儀一卷,斗集:先天斗帝敕演無上玄功靈妙真經疏解一卷、九皇斗姥戒殺延生真經一卷、觀音大士蓮船經一卷、五太上玄靈北斗本命延生真經一卷、太上說南斗六司延壽度人妙經一卷、太上說東斗主算護命妙經一卷、太上說西斗記名護身妙經一卷、太上說中斗大魁保命妙經一卷、太上玄靈北斗本命延生真經注解一卷、九皇新經注解三卷、玄宗正旨一卷、浮黎鼻祖金華秘訣一卷、金碧古文龍虎上經三卷、附金碧古文龍虎上經一卷、唱道真言五卷、黄帝陰符經十真集解三卷、帝陰符經一卷、黄帝陰符經一卷、黄帝陰符經一卷、黄帝陰符經一卷、陰符玄解一卷、洞真太上太霄琅書一卷、高上神霄玉清真王紫書大法不分卷、洞真太上三元流珠經一卷、長生胎元神用經一卷、洞真西王母寶神起居經一卷、洞真上清青要紫書金根眾經一卷、七元真人說神真靈符經一卷、太上紫微中天七元真經一卷、中天紫微星真寶懺一卷、玉樞寶經一卷、五百靈官爵位姓氏總録一卷,牛集:南華真經不分卷、南華真經不分卷,女集:文始真經不分卷、沖虛至德真經不分卷、通玄真經不分卷、洞靈真經不分卷、太極葛仙公傳一卷,虛集:參同契闡幽三卷、參同契分章注三卷、參同契三卷、入藥鏡一卷、淮南鴻烈解不分卷、抱朴子不分卷、葛仙翁肘後備急方八卷、孫真人備急千金要方五卷,危集:靈寶畢法一卷、鐘呂傳道集一卷、銅符鐵券一卷、石函記一卷、葛仙翁太極沖玄至道心傳一卷,室集:呂祖本傳一卷、十六品經三卷、金華宗旨一卷、金華宗旨闡幽問答一卷、同參經三卷、五經合編一卷、呂帝文集一卷詩集二卷,壁集:易說上經一卷下經一卷圖解一卷、孚佑上帝語録大觀七卷附孚佑帝君正教編一卷、三寶心鐙一卷、微言摘要一卷、呂帝聖跡紀要一卷、天仙金丹心法二卷、東園語録一卷,奎集:至真歌一卷、玉清金笥青華秘文金寶内煉丹法一卷、悟真篇三卷、悟真篇拾遺一卷、悟真篇直指詳說一卷、金丹四百字注一卷、石橋歌一卷、悟真篇闡幽三卷、還源篇一卷、還丹復命篇一卷、泥洹集一卷附析疑指迷論一卷,婁集:瓊真人集不分卷、海瓊白真君語録一卷,胃集:重陽全真集三卷、重陽教化集一卷、分梨十化集一卷、立教十五論一卷、附陰符經一卷、五篇靈文一卷、溪集一卷、長春真人西遊記一卷附録一卷、仙樂集一卷、無為清靜長生真人至真語録一卷、水雲集一卷、洞玄金玉集二卷、漸悟集一卷、丹陽神光燦一卷、丹陽真人語録一卷、孫不二元君法語一卷、孫不二元君傳述丹道秘書三卷、太古集一卷、雲光集一卷、葆光集一卷、金液還丹印證圖詩一卷,昴集:金丹大要三卷、金丹大成一卷、規中指南一卷、太玄寶典一卷、坐忘論一卷、悟玄篇一卷、太虛心淵篇一卷、明真破妄章頌一卷、道法心傳一卷、槖籥子一卷、陰丹内篇一卷、雲山集二卷、草堂集一卷、自然集一卷、鳴真集一卷、西雲集一卷、中和集六卷、晉真人語録一卷、虛靜沖和先生徐神翁語録一卷、盤山棲雲王真人語録一卷、清和真人北游語録一卷,畢集:仙佛合宗語録不分卷、天仙正理直論增注一卷、道原淺說篇一卷、金丹要訣一卷、伍真人丹道九篇一卷、張三丰先生全集不分卷、雲笈七籤不分卷,觜集:真誥不分卷、道樞不分卷、洞玄靈寶真靈位業圖一卷、鳴鶴余音一卷、養真集二卷,鬼集:玉詮五卷、真詮三卷、心傳述證録一卷,柳集:懺法大觀六卷、三寶萬靈法懺十二卷、太上靈寶朝天謝罪法懺十卷,星集:漢丞相諸葛忠武侯集二十一卷、文昌帝君本傳一卷、文帝化書一卷、文昌孝經一卷、元皇大道真君救劫寶經一卷、文昌應化元皇大道真君說注生延嗣妙應真經一卷、陰騭文注一卷、三界伏魔關聖帝君忠孝忠義真經一卷、關聖帝君本傳年譜一卷,張集:道門功課一卷、太上玄門早壇功課經一卷晚壇功課經一卷、太上三元賜福赦罪解厄消災延生保命妙經一卷、太上老君戒經一卷、太上洞真智慧上品大誡一卷、三洞衆戒文二卷、太微靈書紫文仙忌真記上經一卷、虛皇天尊初真十戒文一卷、太上九真妙戒金度命拔罪妙經一卷、太上十二上品飛天法輪勸戒妙經一卷、太極真人說二十四門戒經一卷、全真清規一卷、三洞修道儀一卷、十戒功過格一卷、警世功過格一卷、要修科儀戒律鈔四卷、太上濟度章赦三卷、無上黄大齋立成儀一卷、紫皇鏈度玄科一卷、神功妙濟真君禮文一卷、三壇圓滿天仙大戒略說一卷、初真戒律一卷、中極戒一卷,翼集:上清三尊譜録一卷、終南山祖庭仙真内傳一卷、終南山說經臺歷代真仙碑記一卷、西川青羊宫碑銘一卷、青羊宫二仙庵碑記一卷、玄元十子圖一卷、甘水仙源録十卷、三洞群仙録不分卷、華蓋山三仙真經一卷、華蓋山三仙事實一卷、漢天師世家九卷、三十代天師虛靖真君語録一卷、金蓮正宗記一卷、金蓮正宗仙源像傳一卷、七真年譜一卷、洞天福地嶽瀆名山記一卷、南嶽總勝集一卷、梅仙觀記一卷、西山群仙會真記一卷、續刊青城山記二卷,軫集:天下名山記不分卷)

500000－8701－0018614　H00656

重刊道藏輯要二十八集　(清)彭定求編　清光緒三十二年(1906)成都二仙庵刻本　五冊

存三集十五種十九卷(尾集:太上黄庭内景

玉經三卷、黄庭外景經三卷、太上黄庭内景玉經一卷、太上黄庭外景經一卷、太上黄庭中景經一卷,危集:太上靈寶淨明宗教錄一卷、化書不分卷、素書一卷、劉子一卷、玄真子一卷、天隱子一卷,星集:太極圖說一卷、通書一卷、皇極經世書一卷、擊壤集一卷)

500000－8701－0018615　H00657
文章遊戲初編八卷二編八卷三編八卷四編八卷　(清)繆艮輯　清同治四年(1865)刻本(有補配)　二十二册

500000－8701－0018616　H00658
思誠堂集三卷附顔懷清撰永思堂賸稿一卷　(清)劉鴻典撰　清宣統元年(1909)刻本　四册

500000－8701－0018617　H00659
思誠堂集三卷　(清)劉鴻典撰　**附顔懷清撰永思堂賸稿一卷**　清宣統元年(1909)刻本　一册　存一卷(顔懷清撰永思堂賸稿一卷)

500000－8701－0018618　H00660
禹貢錐指二十卷圖一卷　(清)胡渭撰　清康熙四十四年(1705)刻本　八册　存二十卷(一至十九、圖一卷)

500000－8701－0018619　H00661
相臺五經九十六卷附考證　(宋)岳珂輯　清光緒十年(1884)刻本　三十二册　缺十三卷(春秋經傳集解十八至三十)

500000－8701－0018620　H00662
戰國策選四卷　(清)儲欣評　清乾隆刻本　二册

500000－8701－0018621　H00663
周禮精華六卷　(清)陳龍標輯　清嘉慶二十三年(1818)刻本　四册　存四卷(一至四)

500000－8701－0018622　H00664
水經四十卷　(漢)桑欽撰　(北魏)酈道元注　清乾隆十八年(1753)天都黄曉峯刻本　六册　存二十二卷(一至二十二)

500000－8701－0018623　H00665
周官精義十二卷　(清)連斗山編　清道光二十七年(1847)刻本　五册　存十一卷(一至十一)

500000－8701－0018624　H00666
十朝聖訓十種九百二十二卷　(清)□□輯　清光緒刻本　二百四十一册　存十種九百十一卷(太祖高皇帝聖訓一至四,太宗文皇帝聖訓一至六,世祖章皇帝聖訓一至六,聖祖仁皇帝聖訓一至六十,世宗憲皇帝聖訓一至三十六,高宗純皇帝聖訓一至三百,仁宗睿皇帝聖訓三至三十、三十五至五十七、六十至九十六、一百至一百十,宣宗成皇帝聖訓一至一百三十,文宗顯皇帝聖訓一至一百十,穆宗毅皇帝聖訓一至一百六十)

500000－8701－0018625　H00667
四書正體十九卷　(宋)朱熹集註　清康熙五十八年(1719)呂世鏞刻本　五册　存十七卷(論語十卷、孟子七卷)

500000－8701－0018626　H00668
毛詩稽古編三十卷附攷一卷　(清)陳啓源撰　(清)費雲倬輯　清嘉慶十八年(1813)吳江龐佑清刻本　七册　存二十八卷(四至三十、附攷一卷)

500000－8701－0018627　H00669
唐詩三百續選不分卷　(清)于慶元編　清刻本　一册

500000－8701－0018628　H00670
周禮注疏四十二卷附校勘記　(漢)鄭玄注　(唐)陸德明音義　(唐)賈公彦疏　清同治十年(1871)刻本　十七册　存四十卷(一至四十)

500000－8701－0018629　H00671
四書朱子本義匯參四十三卷首三卷　(清)王步青輯　(清)王士鼇編　清光緒五年(1879)上海江左書林刻本　二十四册

500000－8701－0018630　H00672
論語集註大全二十卷讀論語孟子法一卷序說一卷　(明)胡廣纂　**論語考異一卷**　(宋)王

應麟撰　清刻本　五冊　存十五卷(一至二、十一至二十,讀論語孟子法一卷,序說一卷,考異一卷)

500000－8701－0018631　H00673

孟子集註大全二十卷序說一卷　(明)胡廣纂　**孟子考異一卷**　(宋)王應麟撰　清刻本　七冊

500000－8701－0018632　H00674

來瞿唐先生易註十五卷首一卷末一卷　(明)來知德註　清刻本　九冊

500000－8701－0018633　H00675

來瞿唐先生易註十五卷首一卷末一卷　(明)來知德註　清刻本　三冊　存四卷(一至二、十二,末一卷)

500000－8701－0018634　H00676

周易實事十四卷首一卷　(清)文嗣撰　清乾隆五十六年(1791)刻本　十一冊

500000－8701－0018635　H00677

尚書注疏二十卷　(漢)孔安國傳　(唐)孔穎達疏　清刻本　七冊　存十七卷(四至二十)

500000－8701－0018636　H00678

周禮註釋六卷　(清)鮑梁纂輯　清刻本　四冊

500000－8701－0018637　H00679

書傳音釋六卷首一卷末一卷　(宋)蔡沈集傳　(元)鄒季友音釋　清咸豐五年(1855)浦城與古齋祝氏刻本　三冊　存四卷(一至二、四,首一卷)

500000－8701－0018638　H00680

新鐫十名家批評易傳闡庸九十卷　(宋)朱熹註　(明)姜震陽輯闡　清刻本　十九冊　存八十五卷(一至八十一、八十七至九十)

500000－8701－0018639　H00681

毛詩注疏二十卷附校勘記　(漢)鄭玄箋　(唐)孔穎達疏　(唐)陸德明音義　清同治十三年(1874)湖南書局刻本　十九冊

500000－8701－0018640　H00682

易古興鈔十二卷　(清)唐斆謙撰　清道光七年(1827)棣商樓刻本　十冊　存十一卷(一至二、四至十二)

500000－8701－0018641　H00683

石經彙函十種四十五卷　王秉恩輯　清光緒九年(1883)元尚居刻本　十六冊

500000－8701－0018642　H00684

周易告蒙圖註三卷　(清)趙世迥撰　清乾隆五十三年(1788)刻本　五冊

500000－8701－0018643　H00685

周易本義啟蒙通刊經二卷傳十卷啟蒙四卷首一卷　(清)吳世尚更定　清雍正十二年(1734)刻本　七冊　存十五卷(經二卷、傳十卷、啓蒙一至二、首一卷)

500000－8701－0018644　H00686

書經六卷首一卷末一卷　(宋)蔡沈集傳　清同治十三年(1874)刻本　四冊　存五卷(一至四、首一卷)

500000－8701－0018645　H00687

石暉甲嵩生箋註七家詩七卷　(清)張熙宇評選　(清)石暉甲箋注　清光緒十六年(1890)湖南曉雲山房刻本　八冊

500000－8701－0018646　H00688

新刻來瞿唐先生易註十五卷首一卷末一卷　(明)來知德註　(清)淩夫惇圈點　清朝爽堂刻本　八冊　存十六卷(一至十二、十四至十五,首一卷,末一卷)

500000－8701－0018647　H00689

朱子語類八十卷　(清)程川重編　清雍正四年(1726)刻本　十一冊　存六十七卷(易一至七、二十一至四十,書九卷,詩七卷,春秋三卷,禮二十一卷)

500000－8701－0018648　H00690

里堂學算記五種　(清)焦循撰　清刻本　六冊　存三種十三卷(加減乘除八卷、天元一釋二卷、釋弧三卷)

500000－8701－0018649　H00691

安吳四種三十六卷首一卷　(清)包世臣著　清同治十一年(1872)注經堂刻本　十六册

500000－8701－0018650　H00692
詠古詩鈔十八卷目録四卷　(清)邵鏊輯　清刻本　三册　存七卷(二至六、目録一至二)

500000－8701－0018651　H00693
彙纂詩法度鍼三十三卷首一卷　(清)徐文弼編輯　清刻本　八册

500000－8701－0018652　H00694
春秋左傳五十卷　(晉)杜預　(宋)林堯叟註釋　(唐)陸德明音義　(明)鍾惺評點　(明)孫鑛評點　(明)韓范評點　清刻本　五册　存十五卷(一至六、十八至二十、三十三至三十八)

500000－8701－0018653　H00695
四書約旨二十卷　(清)任啓運著　清刻本　六册　存十八卷(論語十卷、孟子七卷首一卷)

500000－8701－0018654　H00696
木訥先生春秋經筌十六卷　(宋)趙鵬飛撰　清康熙十九年(1680)通志堂刻本　十册

500000－8701－0018655　H00697
國朝文録八十二卷　(清)李祖陶編　清道光十九年(1839)瑞州府鳳儀書院刻本　三十六册　存六十一卷(熊學士文集録一卷、亭林文録二卷、石莊先生文録三卷、南雷文録三卷、壯悔堂文録二卷、恥躬堂文録二卷、四照堂文録二卷、湘帆堂文録一卷、水田居文録二卷、潛庵先生遺稿文録二卷、愚山先生文録二卷、午亭文録三卷、張文貞公文録二卷、帶經堂集文録二卷、鄭靜庵先生文録一卷、榕村全集文録二卷、西陂類文録一卷、湛園未定文録三卷、居業齋文録一卷、邵青門文録三卷、朱文端公文集二卷、孫文定公文録二卷、二希堂文録二卷、鮚埼亭集文録四卷、紫竹山房文集三卷、海峰先生文録二卷、潛研堂文録二卷、清獻堂文録二卷、忠雅堂文録二卷)

500000－8701－0018656　H00698
國朝文録續編六十三卷附邁堂文略四卷　(清)李祖陶編　清同治七年(1868)敖陽李氏刻本　十五册　存十八卷(三魚堂文録一卷、蒼峴山人文録一卷、憺園文録一卷、飴山文録一卷、可儀堂文録一卷、四知堂文録一卷、雙桂堂文録二卷、松泉文録一卷、集虚齋文録一卷、尊聞居士集二卷、叢桂堂文録一卷、海崖文録一卷、切問齋文録二卷、鑑止水齋文録一卷、雀硯齋文録一卷)

500000－8701－0018657　H00699
説文解字義證五十卷　(清)桂馥撰　清同治九年(1870)湖北崇文書局刻本　三十一册　存四十九卷(一至二、四至五十)

500000－8701－0018658　H00700
唐代叢書一百六十四種　(清)陳世熙輯　清乾隆刻本　二十册

500000－8701－0018659　H00701
新增詩經補註附考備旨八卷　(清)鄒聖脈纂輯　清末刻本　三册　存七卷(二至八)

500000－8701－0018660　H00702
説文釋例二十卷　(清)王筠撰　清同治四年(1865)刻本　九册

500000－8701－0018661　H00703
袁文箋正十六卷補注一卷　(清)袁枚著　(清)石韞玉箋　清光緒八年(1882)刻本　八册

500000－8701－0018662　H00704
寄傲山房塾課纂輯禮記全文備旨十一卷　(清)鄒聖脈纂輯　清刻本　五册　存十卷(一至十)

500000－8701－0018663　H00705
十三經注疏序二卷　(清)劉世濬輯録　清光緒十一年(1885)富順敨雋堂刻本　二册

500000－8701－0018664　H00706
欽定禮記義疏八十二卷首一卷　(清)允祿等纂　清光緒十四年(1888)上海鴻文書局石印本　五册　存六十八卷(一至十一、二十七至八十二,首一卷)

500000－8701－0018665　H00707
四書人物類典串珠四十卷　(清)臧志仁編輯　清末刻本　六冊　存二十一卷(三至十七、二十二至二十七)

500000－8701－0018666　H00708
西政叢書三十二種　梁啟超輯　清光緒二十三年(1897)慎記書莊石印本　十六冊　存十八種五十八卷(羅馬志畧四至十三,佐治芻言一卷,農事論略一卷,蠶務圖説一卷,紡織機器圖説一卷,工程致富論略一至十,考工記要八至十,保富述要二卷,生利分利之別二卷,自強軍洋操課程一至四、九至十,英法政概六卷,日本雜事詩二卷,日本新政攷二卷,適可齋記言四卷,四上書記四卷,續富國策四,中外交涉類要表一卷,光緒通商綜覈表一卷)

500000－8701－0018667　H00709
西政叢書三十二種　梁啟超輯　清光緒二十三年(1897)慎記書莊石印本　四冊　存五種十四卷(佐治芻言一卷、工程致富論略七至十、四上書記四卷、續富國策四卷、中外交涉類要表一卷)

500000－8701－0018668　H00710
樓山詩集六卷　(清)王恕撰　清光緒十九年(1893)好鷟山房刻本　二冊

500000－8701－0018669　H00711
樓山詩集六卷　(清)王恕撰　清光緒十九年(1893)好鷟山房刻本　二冊

500000－8701－0018670　H00712
樓山詩集六卷　(清)王恕撰　清光緒十九年(1893)好鷟山房刻本　二冊

500000－8701－0018671　H00713
科學叢書第一集　(日本)矢津昌永等著　樊炳清譯　清光緒二十七年(1901)石印本　三冊　存八種十三卷(萬國地志三卷、近世博物教科書一卷附錄一卷、中等植物教科書一卷、普通動物學一卷附錄一卷、倫理書一卷、教育應用心理學一卷、理化示教一卷、小物理學一卷附錄一卷)

500000－8701－0018672　H00714
新刻世史類編四十五卷首一卷　(明)李純卿草創　(明)謝遷補遺　(明)王守仁覆詳　(明)王世貞會纂　(明)李槃增修　明末清初刻本　五冊　存十四卷(一、十一至十三、十七至十九、二十三至二十五、二十九至三十一,首一卷)

500000－8701－0018673　H00715
袁文箋正十六卷補注一卷　(清)袁枚著　(清)石韞玉箋　清光緒八年(1882)刻本　六冊

500000－8701－0018674　H00716
袁文箋正十六卷補注一卷　(清)袁枚著　(清)石韞玉箋　清光緒八年(1882)刻本　六冊　存十四卷(一至十四)

500000－8701－0018675　H00717
聖宋文選全集三十二卷　(宋)□□撰　清光緒八年(1882)郯城于氏影宋刻本　八冊

500000－8701－0018676　H00718
左傳經世鈔二十三卷　(清)魏禧評點　清乾隆十三年(1748)刻本　十一冊　存二十二卷(二至二十三)

500000－8701－0018677　H00719
孟子集註本義匯參十四卷首一卷　(清)王步青輯　清敦復堂刻本　五冊　存六卷(一至五、首一卷)

500000－8701－0018678　H00720
春秋左傳杜林合註五十卷　(晉)杜預　(宋)林堯叟註釋　(唐)陸元朗音義　明天啟六年(1626)問奇閣刻本　八冊　存四十一卷(四至十九、二十六至五十)

500000－8701－0018679　H00721
東華續錄一百卷(同治)　王先謙編　清光緒二十五年(1899)公記書莊石印本　二十二冊　存八十九卷(一至七十五、八十七至一百)

500000－8701－0018680　H00722
佩韋齋輯聞四卷　(宋)俞德鄰撰　清刻讀畫齋叢書本　一冊

500000－8701－0018681　H00723
北行日錄二卷　(宋)樓鑰撰　清刻知不足齋叢書本　二册

500000－8701－0018682　H00724
丙寅北行日譜一卷　(明)朱祖文撰　清道光二十七年(1847)刻知不足齋叢書本　二册

500000－8701－0018683　H00725
蘇沈内翰良方十卷　(宋)蘇軾　(宋)沈括撰　清刻知不足齋叢書本　三册

500000－8701－0018684　H00726
陽春集一卷　(宋)米友仁撰　**草窗詞二卷補二卷**　(宋)周密撰　清刻知不足齋叢書本　一册

500000－8701－0018685　H00727
嶺外代答十卷　(宋)周去非撰　**南窻紀談一卷**　(宋)□□撰　清刻知不足齋叢書本　三册

500000－8701－0018686　H00728
緝古算經三卷　(唐)王孝通撰并注　清刻知不足齋叢書本　一册

500000－8701－0018687　H00729
丙寅北行日譜一卷　(明)朱祖文撰　清道光二十七年(1847)刻知不足齋叢書本　一册

500000－8701－0018688　H00730
五行大義五卷　(隋)蕭吉撰　清刻知不足齋叢書本　一册　存二卷(三至四)

500000－8701－0018689　H00731
黄山領要錄二卷　(清)汪洪度撰　清刻知不足齋叢書本　一册

500000－8701－0018690　H00732
四朝聞見錄五卷附錄一卷　(宋)葉紹翁撰　清刻知不足齋叢書本　一册　存二卷(五、附錄一卷)

500000－8701－0018691　H00733
公是先生弟子記一卷　(宋)劉敞撰　**經筵玉音問答一卷**　(宋)胡銓撰　清刻知不足齋叢書本　一册

500000－8701－0018692　H00734
石墨鐫華八卷　(明)趙崡撰　清刻知不足齋叢書本　二册

500000－8701－0018693　H00735
相臺五經九十六卷附考證　(宋)岳珂輯　清刻本　三十五册　缺二卷(禮記九至十)

500000－8701－0018694　H00736
曾忠襄公奏議三十二卷文集二卷批牘五卷書札二十二卷　(清)曾國荃撰　**榮哀錄二卷**　蕭榮爵編輯　**年譜四卷**　(清)王定安撰　蕭榮爵增訂　清光緒二十九年(1903)刻本　六十四册

500000－8701－0018695　H00737
讀史方輿紀要一百三十卷　(清)顧祖禹輯　清末石印本　二十五册　存一百十九卷(一至四、十至九十九、一百六至一百三十)

500000－8701－0018696　H00738
欽定中樞政考綠營四十卷　(清)明亮等纂　清刻本　二十五册　存三十四卷(一至八、十至二十一、二十三至三十四、三十七、三十九)

500000－8701－0018697　H00739
欽定中樞政考綠營四十卷　(清)明亮等纂　清刻本　三册　存三卷(一至三)

500000－8701－0018698　H00740
帶經堂詩話三十卷首一卷　(清)王士禛撰　清刻本　八册

500000－8701－0018699　H00741
儀禮鄭注十七卷　(漢)鄭玄註　(清)張爾岐句讀　清同治十三年(1874)湖南書局刻本　八册

500000－8701－0018700　H00742
戴東原集十二卷札記一卷　(清)戴震撰　**戴東原先生年譜一卷**　(清)段玉裁編　清宣統二年(1910)渭南嚴氏成都刻本　四册

500000－8701－0018701　H00743
戴東原集十二卷札記一卷　(清)戴震撰　**戴東原先生年譜一卷**　(清)段玉裁編　清宣統

二年(1910)渭南嚴氏成都刻本　六冊

500000－8701－0018702　H00744
戴東原集十二卷札記一卷　(清)戴震撰　**戴東原先生年譜一卷**　(清)段玉裁編　清宣統二年(1910)渭南嚴氏成都刻本　四冊

500000－8701－0018703　H00745
戴東原集十二卷札記一卷　(清)戴震撰　**戴東原先生年譜一卷**　(清)段玉裁編　清宣統二年(1910)渭南嚴氏成都刻本　四冊

500000－8701－0018704　H00746
禮記增訂旁訓六卷　(元)陳澔集說　清李光明莊狀元閣刻本　五冊　存五卷(一至五)

500000－8701－0018705　H00747
柈湖文集十二卷首一卷　(清)吳敏樹著　清光緒十九年(1893)思賢講舍刻本　四冊

500000－8701－0018706　H00748
帶經堂詩話三十卷首一卷　(清)王士禎著　清同治十二年(1873)廣州藏修堂刻本　十二冊

500000－8701－0018707　H00749
左傳文法讀本十二卷　吳闓生　劉培極撰　清宣統元年(1909)鉛印本　三冊　存六卷(一至二、七至十)

500000－8701－0018708　H00750
禮記集說十卷　(元)陳澔撰　清刻本　九冊　存九卷(一至八、十)

500000－8701－0018709　H00751
春秋經傳集解三十卷年表一卷名號歸一圖二卷　(晉)杜預撰　清光緒三年(1877)刻本　十一冊　存三十卷(一至十六、二十至三十,年表一卷,名號歸一圖二卷)

500000－8701－0018710　H00752
禮記訓纂四十九卷　(清)朱彬輯　清宣統元年(1909)石印本　六冊　存三十八卷(六至七、十一至十八、二十二至四十九)

500000－8701－0018711　H00753
明道易經十二卷　(清)敦厚老人註　清光緒二十一年(1895)刻本　十一冊　存十一卷(一至三、五至十二)

500000－8701－0018712　H00754
經典釋文三十卷　(唐)陸德明撰　清刻本　一冊　存三卷(十一至十三)

500000－8701－0018713　H00755
樊山集二十八卷續集二十八卷樊山批判十五卷樊山公牘三卷二家詞鈔五卷二家詠古詩一卷二家試帖二卷樊山詩文一卷　樊增祥撰　清光緒十九年至二十八年(1893－1902)渭南縣署刻本　二十四冊

500000－8701－0018714　H00756
附釋音春秋左傳注疏六十卷附校勘記　(唐)孔穎達等撰　(唐)陸德明釋文　清光緒十八年(1892)湖南寶慶務本書局刻本　九冊　存二十六卷(一至十七、二十至二十八)

500000－8701－0018715　H00757
禮記十卷　(宋)朱熹章句　(清)任啓運附註　清乾隆三十八年(1773)耿毓孝刻本　十八冊

500000－8701－0018716　H00758
述學内篇三卷補遺一卷外篇一卷別錄一卷附錄一卷校勘記一卷　(清)汪中撰　清同治八年(1869)揚州書局刻本　二冊

500000－8701－0018717　H00759
左傳事緯十二卷　(清)馬驌編論　**字釋一卷**　(清)馬驌考定　清仁和黄暹刻本　五冊　存十卷(一至十)

500000－8701－0018718　H00760
四書辯訛六卷　(清)汪陞撰　清康熙三十四年(1695)學誨堂刻本　五冊　存五卷(一、三至六)

500000－8701－0018719　H00761
述記三十四種　(清)任兆麟纂　清刻本　五冊　存二十六種二十六卷(晏子春秋一卷、家語一卷、曾子一卷、書序一卷、詩序一卷、孫子一卷、司馬法一卷、周易乾鑿度一卷、尸子一卷、荀卿子一卷、莊子一卷、楚辭一卷、小爾雅一卷、尚書大傳一卷、大戴禮記一卷、樂記一卷、賈子新書一卷、春秋繁露一卷、韓詩外傳一卷、新序一卷、說苑一卷、列女傳一卷、揚子法言一卷、白虎通德論一卷、說文一卷、漢紀一卷）

500000－8701－0018720　H00762
述記三十四種　（清）任兆麟纂　清刻本　五冊　存二十一種二十一卷（管子一卷、老子一卷、晏子春秋一卷、家語一卷、曾子一卷、書序一卷、詩序一卷、孫子一卷、司馬法一卷、周易乾鑿度一卷、樂記一卷、賈子新書一卷、春秋繁露一卷、韓詩外傳一卷、新序一卷、說苑一卷、列女傳一卷、揚子法言一卷、白虎通德論一卷、說文一卷、漢紀一卷）

500000－8701－0018721　H00763
淮南子二十一卷　（漢）高誘注　清乾隆五十三年（1788）咸寧官署刻本　七冊　存十九卷（一至十九）

500000－8701－0018722　H00764
四書或問語類集解釋註四十一卷　（清）朱良玉纂輯　清刻本（有補配）　三十二冊　存三十六卷（中庸二至四、論語二十卷、孟子十三卷）

500000－8701－0018723　H00765
四書經註集證十九卷　（宋）朱熹集註　（清）吳昌宗輯　清嘉慶三年（1798）江都汪氏刻本　十一冊　存十八卷（大學一卷、論語十卷、孟子七卷）

500000－8701－0018724　H00766
四書直解二十七卷　（明）張居正輯著　清刻本　十一冊　存二十二卷（二至二十三）

500000－8701－0018725　H00767
附釋音禮記注疏六十三卷附校勘記　（唐）孔穎達等撰　（唐）陸德明釋文　清嘉慶二十年（1815）江西南昌府學刻本　十冊　存二十九卷（一至二十九）

500000－8701－0018726　H00768
古文選七種　（清）儲欣評　清乾隆四十九年（1784）刻本　十八冊　存六種二十九卷（左傳選五至十四、穀梁傳一卷、國語選四卷、戰國策選四卷、史記選六卷、西漢文選四卷）

500000－8701－0018727　H00769
陳伯玉先生新著詩經講意拂鏡塵□□卷（明）陳組綬輯著　清刻本　一冊　存三卷（小雅七至九）

500000－8701－0018728　H00770
附釋音周禮注疏四十二卷附校勘記　（漢）鄭玄注　（唐）陸德明釋文　（唐）賈公彥疏　清嘉慶二十一年（1816）刻十三經註疏本　一冊　存二卷（二十二至二十三）

500000－8701－0018729　H00771
湖壖雜記一卷　（清）陸次雲撰　**談往一卷**　題（清）花村看行侍者撰　清刻本　一冊

500000－8701－0018730　H00772
新鐫玉茗堂批評按鑑參補南宋志傳十卷五十回　題（明）研石山樵訂正　清刻本　一冊　存三卷（六至八）

500000－8701－0018731　H00773
福惠全書三十二卷　（清）黃六鴻撰　清刻本　一冊　存四卷（二十五至二十八）

500000－8701－0018732　H00774
御纂周易折中二十二卷首一卷　（清）李光地等撰　清康熙五十四年（1715）刻本　十五冊　存二十一卷（一至十、十二至二十二）

500000－8701－0018733　H00775
御纂周易折中二十二卷首一卷　（清）李光地等撰　清刻本　六冊　存十一卷（七至十四、十七至十九）

500000－8701－0018734　H00776
禮書附錄十二卷　（清）陳寶泉輯　清道光六年（1826）含暉閣刻本　二冊　存九卷（一至九）

500000－8701－0018735　H00777
繪圖四書速成新體讀本□□卷　（清）施崇恩注　清光緒末重慶正蒙社刻本　十一冊　存

九卷(大學一卷、論語一至二、孟子二至七)

500000－8701－0018736　H00778

說文解字通釋四十卷　(宋)徐鍇傳釋　清光緒元年(1875)川東刻本　二册　存八卷(一至八)

500000－8701－0018737　H00779

說文解字校錄十五卷　(漢)許慎記　(清)鈕樹玉校錄　清光緒十一年(1885)江蘇書局刻本　十三册　存十三卷(一至十三)

500000－8701－0018738　H00780

詩經體註大全八卷　(清)高朝瓔定　(清)沈世楷輯　清光緒七年(1881)刻本　三册　存五卷(一至五)

500000－8701－0018739　H00781

四書集註杓指四種　(清)葛崙輯　清刻本　四册　存一種十六卷(論語一至十六)

500000－8701－0018740　H00782

春秋穀梁傳十二卷　(晉)范甯集解　(唐)陸德明音義　清刻本　一册　存四卷(九至十二)

500000－8701－0018741　H00783

詩集傳名物鈔八卷　(元)許謙撰　清康熙刻通志堂經解本　三册　存六卷(一至六)

500000－8701－0018742　H00784

春秋穀梁傳十二卷校刊記一卷　(晉)范甯集解　(唐)陸德明音義　清刻本　三册　存十卷(四至十二、校刊記一卷)

500000－8701－0018743　H00785

春秋經傳集解三十卷　(晉)杜預註　清刻本　十一册

500000－8701－0018744　H00786

欽定儀禮義疏四十八卷首二卷　(清)允祿等撰　清刻本　二十七册　存四十八卷(一至四十、四十三至四十八,首二卷)

500000－8701－0018745　H00787

欽定儀禮義疏四十八卷首二卷　(清)允祿等撰　清刻本　二十一册　存四十三卷(一至四十一、首二卷)

500000－8701－0018746　H00788

附釋音春秋左傳注疏六十卷附校勘記　(唐)孔穎達等撰　(唐)陸德明釋文　清嘉慶二十年(1815)江西南昌府學刻本　十册　存二十七卷(一至二十四、四十一至四十三)

500000－8701－0018747　H00789

春秋公羊傳十一卷　(漢)何休學　(唐)陸德明音義　清光緒十二年(1886)星沙文昌書局刻本　三册　存七卷(一至七)

500000－8701－0018748　H00790

朱子儀禮經傳通解六十九卷　(清)梁萬方考訂　清刻本　二十册　存四十五卷(一至四十一、四十三至四十六)

500000－8701－0018749　H00791

唐詩三百首續選不分卷　(清)于慶元編　清刻本　一册

500000－8701－0018750　H00792

唐詩三百首補註八卷　(清)陳婉俊輯　清光緒十三年(1887)蒲圻但氏刻本　二册

500000－8701－0018751　H00793

唐詩三百首補註八卷　(清)陳婉俊輯　**續選一卷**　(清)于慶元編　清光緒十二年(1886)刻本　三册

500000－8701－0018752　H00794

唐人萬首絶句選七卷　(宋)洪邁元本　(清)王士禛選本　清同治刻本　一册　存四卷(一至四)

500000－8701－0018753　H00795

唐宋八家文讀本三十卷　(唐)韓愈著　(清)沈德潛評點　清刻本　十二册　存二十二卷(一至六、九至二十、二十三至二十六)

500000－8701－0018754　H00796

[同治]增修萬縣志三十六卷首一卷　(清)王玉鯨　(清)張琴修　(清)范泰衡等纂　清同治五年(1866)刻本　四册　存二十六卷(二至十六、二十二至三十二)

500000－8701－0018755　H00797
廣輿記二十四卷　(清)蔡方炳增輯　清嘉慶七年(1802)刻本(有補配)　十二册

500000－8701－0018756　H00798
産後編二卷　(清)傅山著　清刻本　一册

500000－8701－0018757　H00799
左繡三十卷首一卷　(清)馮李驊輯　(清)陸浩評輯　清刻本　十四册　存二十六卷(五至三十)

500000－8701－0018758　H00800
左繡三十卷首一卷　(清)馮李驊輯　(清)陸浩評輯　清刻本　九册　存二十七卷(一至十二、十六至三十)

500000－8701－0018759　H00801
左繡三十卷首一卷　(清)馮李驊輯　(清)陸浩評輯　清刻本　十五册　存二十九卷(二至三十)

500000－8701－0018760　H00802
左繡三十卷首一卷　(清)馮李驊輯　(清)陸浩評輯　清康熙五十九年(1720)華川書屋刻本　四册　存十五卷(一至十四、首一卷)

500000－8701－0018761　H00803
春秋說十六卷首一卷　(清)許揚祖撰　清光緒十六年(1890)刻本　三册　存八卷(一至八)

500000－8701－0018762　H00804
應試唐詩類釋五卷　(清)臧岳編　清乾隆元年(1736)古吴三樂齋刻本　一册

500000－8701－0018763　H00805
唐詩觀瀾集二十四卷　(清)李因培選評　(清)淩應曾編注　清刻本　六册　存十二卷(十三至二十四)

500000－8701－0018764　H00806
唐宋八家鈔八卷　(清)高嵣集評　清光緒二十六年(1900)成都書局刻本　八册

500000－8701－0018765　H00807
春秋左傳旁訓十八卷　(清)□□撰　清光緒十年(1884)刻本　六册　存十七卷(一至十七)

500000－8701－0018766　H00808
春秋左傳旁訓十八卷　(清)□□撰　清光緒十年(1884)刻本　七册　存十四卷(四至十七)

500000－8701－0018767　H00809
爾雅郭注義疏二十卷　(清)郝懿行撰　清刻本　一册　存三卷(二至四)

500000－8701－0018768　H00810
周易指三十八卷易例一卷易圖五卷易斷辭一卷周易上下經一卷　(清)端木國瑚撰　清刻本　十二册　存二十九卷(一至十四、三十二至三十八,易例一卷,易圖五卷,斷辭一卷,上下經一卷)

500000－8701－0018769　H00811
唐人萬首絶句選七卷　(宋)洪邁元本　(清)王士禛選本　清江右同文堂刻本　一册

500000－8701－0018770　H00812
爾雅直音二卷　(清)孫偘輯　清光緒刻本　一册　存一卷(一)

500000－8701－0018771　H00813
春秋左傳杜注三十卷首一卷　(晉)杜預注　(清)姚培謙學　清道光七年(1827)刻朱墨套印本　十一册　存二十八卷(一至八、十二至三十,首一卷)

500000－8701－0018772　H00814
穀梁春秋經傳古義疏十一卷　廖平注　清光緒二十六年(1900)日新書局刻本　七册　存十卷(一至二、四至十一)

500000－8701－0018773　H00815
春秋左傳杜注三十卷首一卷　(晉)杜預注　(清)姚培謙學　清刻本　十册　存二十七卷(五至三十、首一卷)

500000－8701－0018774　H00816
御纂詩義折中二十卷　(清)傅恒等撰　清刻本　八册　存十七卷(一至十五、十七至十

八)

500000－8701－0018775　H00817

欽定詩經傳說彙纂二十一卷首二卷　(清)王鴻緒等纂　清道光四川總督蘇廷玉刻本　九冊　存十八卷(一至十六、首二卷)

500000－8701－0018776　H00818

春秋屬辭辨例編六十卷首二卷　(清)張應昌撰　清同治十二年(1873)江蘇書局刻本　三十一冊　存六十卷(一至五十八、首二卷)

500000－8701－0018777　H00819

春秋十六卷首一卷陸氏三傳釋文音義十六卷　(清)鮑氏編　清嘉慶十年(1805)刻本　十八冊　存三十一卷(二、四至十六,首一卷,音義十六卷)

500000－8701－0018778　H00820

春秋大事表五十卷綱領一卷偶筆一卷輿圖一卷附錄一卷　(清)顧棟高輯　清刻本　十九冊

500000－8701－0018779　H00821

附釋音周禮注疏四十二卷附校勘記　(漢)鄭玄注　(唐)陸德明釋文　(唐)賈公彥疏　清道光六年(1826)江西南昌府學刻本　十三冊　存四十卷(一至四十)

500000－8701－0018780　H00822

附釋音禮記注疏六十三卷附校勘記　(漢)鄭玄注　(唐)孔穎達疏　(唐)陸德明釋文　清光緒十八年(1892)湖南寶慶務本書局刻本　八冊　存十八卷(一至十八)

500000－8701－0018781　H00823

附釋音春秋左傳注疏六十卷附校勘記　(唐)孔穎達等撰　(唐)陸德明釋文　清光緒十八年(1892)湖南寶慶務本書局刻本　十一冊　存三十二卷(二十九至六十)

500000－8701－0018782　H00824

監本春秋公羊注疏二十八卷附校勘記　(漢)何休撰　清嘉慶二十年(1815)江西南昌府學刻本　四冊　存十二卷(一至九、十二至十四)

500000－8701－0018783　H00825

皇朝五經彙解二百七十卷　題(清)抉經心室主人輯　清光緒十四年(1888)鴻文書局石印本　二十四冊

500000－8701－0018784　H00826

禹貢要註一卷　(明)鄭詹泉編註　清光緒十六年(1890)古虞朱氏刻本　一冊

500000－8701－0018785　H00827

多福通書不分卷　(□)□□撰　清刻本　一冊

500000－8701－0018786　H00828

千金裘二集二十六卷　(清)蔣義彬　(清)徐元麟纂　清刻本　一冊　存三卷(一至三)

500000－8701－0018787　H00829

千金翼方三十卷　(唐)孫思邈撰　清末鉛印本　二冊　存十卷(六至十五)

500000－8701－0018788　H00830

孫真人備急千金要方三十卷　(唐)孫思邈撰　(清)張璐衍義　清末鉛印本　七冊　存十五卷(十六至三十)

500000－8701－0018789　H00831

春秋左傳五十卷　(晉)杜預　(宋)林堯叟註釋　(唐)陸德明音義　(明)鍾惺等評點　清商務印書館石印本　十冊　存四十一卷(一至三十七、四十七至五十)

500000－8701－0018790　H00832

薈蕞編二十卷　(清)俞樾撰　清光緒七年(1881)上海申報館仿聚珍版鉛印本　七冊　存十八卷(一至十六、十九至二十)

500000－8701－0018791　H00833

[光緒]平越直隸州志四十卷　(清)瞿鴻錫　(清)曹維祺修　(清)賀緒藩纂　清光緒二十三年(1897)修二十八年(1902)刻三十三年(1907)補刻本　十一冊　存二十九卷(四至二十四、二十七至二十八、三十三至三十五、三十八至四十)

500000－8701－0018792　H00834

文字存真六種附四種 (清)饒炯撰 清光緒三十年(1904)達古軒刻本(有補配) 二冊 存二種七卷(六書例說一卷,說文解字部首訂一至二、九至十二)

500000－8701－0018793 H00835
說文解字注三十二卷 (清)段玉裁注 清光緒十四年(1888)上海蜚英館石印本 五冊 存二十三卷(一至十四、二十至二十八)

500000－8701－0018794 H00836
評點春秋綱目左傳句解彙雋六卷 (清)韓菼重訂 清巴川興龍堂刻本 五冊 存五卷(一至四、六)

500000－8701－0018795 H00837
春秋左傳讀本□□卷 (清)周樽輯 清刻本 二冊 存十二卷(一至十二)

500000－8701－0018796 H00838
附釋音周禮注疏四十二卷附校勘記 (漢)鄭玄注 (唐)陸德明釋文 (唐)賈公彥疏 清嘉慶二十年(1815)江西南昌府學刻本 十九冊 存四十卷(一至四十)

500000－8701－0018797 H00839
尚書後案三十卷後辨附一卷 (清)王鳴盛撰 清刻本 七冊 存二十九卷(三至三十、後辨附一卷)

500000－8701－0018798 H00840
顧氏音學五書五種三十八卷 (清)顧炎武撰 清光緒十一年(1885)湘陰郭氏岵瞻堂刻本 十冊

500000－8701－0018799 H00841
秀山公牘五卷 (清)吳光耀撰 清光緒二十九年(1903)刻本 四冊

500000－8701－0018800 H00842
春秋會義二十六卷 (宋)杜諤撰 清光緒十八年(1892)孫氏山淵閣刻本 十二冊

500000－8701－0018801 H00843
持靜齋藏書紀要二卷 (清)莫友芝撰 清蘇州文學山房木活字印本 二冊

500000－8701－0018802 H00844
春秋左傳五十卷 (晉)杜預 (宋)林堯叟註釋 (唐)陸德明音義 (明)鍾惺等評點 **春秋列國圖說一卷** (宋)蘇軾撰 **春秋左傳綱目一卷** (宋)林堯叟撰 **春秋提要一卷** 清刻本 二十五冊 存五十一卷(一至十二、十五至五十,圖說一卷,綱目一卷,提要一卷)

500000－8701－0018803 H00845
附釋音春秋左傳注疏六十卷附校勘記 (唐)孔穎達等撰 (唐)陸德明釋文 清光緒十八年(1892)湖南寶慶務本書局刻本 二十二冊 存四十三卷(一至十七、十九至二十二、二十五至四十六)

500000－8701－0018804 H00846
學津討原二十集 (清)張海鵬輯 清嘉慶十一年(1806)張氏照曠閣刻本 一百四十冊

500000－8701－0018805 H00847
退溪詩集一卷 (清)龔晴皋撰 清咸豐二年(1852)刻本 一冊

500000－8701－0018806 H00848
退溪詩集一卷 (清)龔晴皋撰 清咸豐二年(1852)刻本 一冊

500000－8701－0018807 H00849
聚星堂餘草不分卷 (清)陳在德撰 清光緒刻本 一冊

500000－8701－0018808 H00850
宋論十五卷 (清)王夫之撰 清光緒二十八年(1902)志古堂刻船山遺書本 四冊

500000－8701－0018809 H00851
五洲圖考不分卷 (清)龔柴撰 清光緒二十八年(1902)上海徐家匯印書館鉛印本 四冊

500000－8701－0018810 H00852
支那通史七卷 (日本)那珂通世編 清光緒二十五年(1899)瀘州開智書局鉛印本 六冊 存四卷(一至四)

500000－8701－0018811 H00853
慎思錄四卷 (清)李南暉撰 清刻本 一冊

500000－8701－0018812　H00854
天下才子必讀書十五卷末一卷　（清）金人瑞批選　清刻本　三册

500000－8701－0018813　H00855
廿一史約編八卷首一卷　（清）鄭元慶述　清光緒掃葉山房刻本　八册

500000－8701－0018814　H00856
杜工部集二十卷首一卷　（唐）杜甫撰　（明）王世貞等評　清道光十四年（1834）刻六色套印本　六册　存十三卷（一至八、十一至十二，十九至二十，首一卷）

500000－8701－0018815　H00857
文選六十卷　（南朝梁）蕭統撰　（唐）李善注　清光緒元年（1875）刻本　十六册

500000－8701－0018816　H00858
趙甌北全集七種一百七十五卷　（清）趙翼撰　清光緒刻本　十二册　存二種四十七卷（甌北詩話十二卷、甌北集一至三十五）

500000－8701－0018817　H00859
廿四史二十四種三千二百四十一卷　（漢）司馬遷等撰　清光緒三十一年（1905）上海久敬齋石印本　一百七十三册　存二十三種二千八百二十二卷（史記一百三十卷，後漢書一百二十卷，三國志六十五卷，晉書三十七至一百三十，宋書一百卷，南齊書五十九卷，梁書五十六卷，陳書三十六卷，魏書一百十四卷，北齊書五十卷，周書五十卷，隋書八十五卷，南史八十卷，北史一百卷，舊唐書二百卷，新唐書一至十、三十一至二百二十五，舊五代史二十五至一百五十，新五代史七十四卷，宋史四百九十六卷，遼史一百十六卷，金史一至八十二、一百至一百三十五，元史一至一百五、一百四十五至二百十，明史一至一百七十七）

500000－8701－0018818　H00860
廿四史二十四種三千二百四十一卷　（漢）司馬遷等撰　清光緒二十八年（1902）史學會社石印本　二十三册　存一種三百五十九卷（宋史一至九十、二百二十八至四百九十六）

500000－8701－0018819　H00861
廿四史二十四種三千二百四十一卷　（漢）司馬遷等撰　清光緒二十八年（1902）史學會社石印本　三十六册　存二種五百六十六卷（魏書十三至一百六，宋史一至二百十九、二百二十八至四百十五、四百三十二至四百九十六）

500000－8701－0018820　H00862
大智度論一百卷　（晉）釋鳩摩羅什譯　清光緒九年（1883）姑蘇刻經處刻本　十三册　存五十二卷（四十九至一百）

500000－8701－0018821　H00863
宗範八卷首一卷　（清）錢伊庵編輯　清光緒十二年（1886）金陵刻經處刻本　三册

500000－8701－0018822　H00864
雪眉詩鈔一卷雪眉詞鈔一卷　（清）胡成浚撰　清刻本　一册

500000－8701－0018823　H00865
蜀僚問答二卷讀律心得三卷　（清）劉衡撰　清刻本　一册

500000－8701－0018824　H00866
國朝畫徵錄三卷續錄二卷　（清）張庚撰　清刻本　二册

500000－8701－0018825　H00867
魏鄭公諫續錄二卷　（元）翟思忠撰　清刻本　一册

500000－8701－0018826　H00868
續黔書八卷　（清）張澍撰　清光緒二十三年（1897）貴陽書局刻本　二册

500000－8701－0018827　H00869
道鄉公文集四十卷補遺一卷附錄一卷　（宋）鄒浩撰　清光緒八年（1882）刻本　五册　存十七卷（一至七、十六至二十、三十八至四十，補遺一卷，附錄一卷）

500000－8701－0018828　H00870
元朝名臣事略十五卷附校勘記一卷　（元）蘇天爵撰　清光緒二十年（1894）刻本　四册

500000 - 8701 - 0018829　H00871

琉球國志略十六卷首一卷　(清)周煌輯　清刻本　四册

500000 - 8701 - 0018830　H00872

唐詩選六卷　王闓運撰　清光緒二年(1876)成都尊經書局刻本　六册

500000 - 8701 - 0018831　H00873

慈溪黄氏日抄分類九十七卷古今紀要十九卷　(宋)黄震編輯　清刻本　二十七册　存九十七卷(二至八十八、九十至九十一、九十三至九十七,古今紀要一至三)

500000 - 8701 - 0018832　H00874

新學大叢書一百二十卷　(□)□□撰　清光緒二十九年(1903)上海積山喬記書局石印本　十九册　存七十一卷(一至十一、十九至二十一、二十六至三十二、三十七至四十、四十五至五十一、五十五至五十八、六十三至六十五、七十至七十三、七十七至八十、八十九至九十二、九十七至一百四、一百九至一百二十)

500000 - 8701 - 0018833　H00875

憑山閣增定留青全集二十四卷　(清)陳枚輯　清刻本　十册

500000 - 8701 - 0018834　H00876

武英殿聚珍版書一百五十八種　(清)紀昀等編　清光緒二十五年(1899)廣州廣雅書局刻本　四百六十二册　存一百七種二千一百四十四卷(周易口訣義六卷;易說六卷;吴園周易解九卷附録一卷;易原八卷;郭氏傳家易說十一卷總論一卷;誠齋易傳二十卷;易象意言一卷;易學濫觴一卷;易緯十二卷:易緯乾坤鑿度二卷、易緯稽覽圖二卷、易緯通卦驗二卷、易緯是類謀一卷、易緯乾鑿度二卷、易緯辨終備一卷、易緯乾元序制記一卷、易緯坤靈圖一卷;禹貢指南四卷;夏氏尚書詳解二十六卷首一卷;尚書詳解五十卷;詩總聞一至三;儀禮識誤三卷;儀禮集釋三十卷;儀禮釋宫一卷;大戴禮記十三卷;春秋釋例十五卷附校勘記二卷;春秋集傳纂例十卷附校勘記一卷;春秋集註四十卷;欽定詩經樂普全書三至三十;輶軒使者絕代語釋別國方言八至十三;東觀漢記一至六;御選明臣奏議四十卷;元和郡縣誌四十卷;輿地廣記三十八卷附校勘記二卷;水經注四十卷;畿輔安瀾志五十六卷;麟臺故事五卷首一卷拾遺二卷附考異一卷;唐會要一至七十六、八十至一百;五代會要三十卷附校勘記一卷;宋朝事實二十卷;建炎以來朝野雜記甲集二十卷首一卷校勘記二卷乙集二十卷校勘記三卷;西漢會要五十至七十;東漢會要二十一至四十;幸魯盛典一至十、二十一至四十;欽定武英殿聚珍版程式一卷;欽定四庫全書總目一至三十五、四十二至四十三、五十至一百八、一百二十二至一百三十八、一百八十至一百八十七,首四卷;淳化閣帖釋文一至五;公是弟子記四卷;明本釋三卷;項氏家說十卷附録二卷;農桑輯要七卷;小兒藥證真訣三卷;周髀算經二卷附音義一卷;九章算術九卷附音義一卷;孫子算經三卷;海島算經一卷;五曹算經五卷;夏侯陽算經三卷;五經算術二卷;寶真齋法書贊八至二十八;墨法集要一卷;白虎通義四卷白虎通義攷一卷校勘記四卷;猗覺寮雜記二卷;能改齋漫録十八卷;雲谷雜紀四卷首一卷末一卷;學林十卷;甕牖閑評八卷;考古質疑六卷;朝野類要五卷;欽定四庫全書考證一至五十五、五十八至六十一;澗泉日記三卷;敬齋古今黈八卷拾遺五卷;意林六卷;帝王經世圖譜十六卷;唐語林八卷;歸潛志十四卷;文子纘義七至十二;張燕公集二十五卷;文忠集十六卷;小畜集一至三十、外集六至十三,拾遺一卷;南陽集六卷;元憲集三十六卷;景文集六十二卷;文恭集四十卷;祠部集三十五卷;華陽集四十卷;公是集一至十一、五十至五十四;彭城集四十卷;淨德集三十八卷;忠肅集二十卷拾遺一卷;山谷内集詩注二十卷外集詩注十七卷別集詩注二卷外集補四卷別集補一卷;后山詩一至三、八至十二;柯山集五十卷;學易集一至五;西臺集二十卷;浮沚集九卷;毘陵集五至八、拾遺一卷;浮溪集三十二卷附拾遺三卷;簡齋集十六卷;茶山集八卷;文定集二十四卷拾遺一卷;雪山集十六卷;攻媿集一百十二卷拾遺一卷;乾道稿二卷淳熙稿二十卷章泉稿五卷;南澗甲乙稿二十二卷拾遺一卷;蒙齋集二十卷;拙軒集六卷;金淵集六卷;牧菴集三十六卷;牧菴年譜一卷;御製詩文十全集一至六、四十三至五十四,首一卷;悅心集五卷;萬壽衢歌樂章六卷;歲寒堂詩話二卷;碧溪詩話十卷)

500000－8701－0018835　H00877

武英殿聚珍版書一百五十八種　(清)紀昀等編　清刻本　五百七冊　存九十三種一千四百三十一卷(經部:周易口訣義六卷,易說五至六,吳園周易解一至三,禹貢指南四卷,禹貢說斷四卷,融堂書解三至二十,詩總聞二十卷,續呂氏家塾讀詩記三卷,絜齋毛詩經筵講義四卷,儀禮識誤三卷,儀禮集釋七至三十,儀禮釋宮一卷,春秋釋例十五卷,春秋傳說例一卷,春秋經解十五卷,春秋考一至十一,鄭志三卷,論語意原四卷,輶軒使者絕代語釋別國方言十三卷;史部:兩漢刊誤補遺十卷,五代史纂誤三卷,東觀漢記二十四卷,御選明臣奏議四十卷,魏鄭公諫續錄二卷,元朝名臣事略十五卷,琉球國事略十六卷首一卷,元和郡縣誌四十卷,興地廣記三十八卷,水經注四十卷,嶺表錄異三卷,麟臺故事五卷首一卷末一卷,五代會要三十卷,宋朝事實二十卷,東漢會要四十卷,直齋書錄解題二十二卷,絳帖平六卷總錄一卷;子部:傅子一卷,帝範四卷,公是弟子記四卷,明本釋三卷,項氏家說十卷附錄二卷,農桑輯要三至七,蘇沈良方八卷,小兒藥證真訣三卷,九章算術九卷附音義一卷,孫子算經三卷,海島算經一卷,五曹算經五卷,夏侯陽算經三卷,五經算術二卷,寶真齋法書贊二十八卷,猗覺寮雜記二卷,能改齋漫錄十八卷,雲谷雜紀四卷首一卷末一卷,學林十卷,甕牖閑評八卷,考古質疑六卷,朝野類要五卷,欽定四庫全書考證四十五至五十四、五十六至一百,澗泉日記三卷,意林一至五,涑水記聞十六卷,唐語林八卷,老子道德經二卷,文子纘義十二卷;集部:張燕公集二十五卷,文忠集十六卷,元憲集三十六卷,景文集六十二卷,祠部集三十五卷,華陽集一至三十八,公是集五十四卷,彭城集四十卷,淨德集三十三至三十八,忠肅集二十卷拾遺一卷,山谷內集詩注二十卷外集詩注至十七卷別集詩注二卷,柯山集五十卷,陶山集十六卷,西臺集二十卷,茶山集八卷,攻媿集十至一百十二,乾道稿二卷淳熙稿二十卷章泉稿一至二,止堂集十八卷,絜齋集一至十八,拙軒集六卷,金淵集六卷;附:文苑英華辨證十卷,悅心集五卷,歲寒堂詩話二卷,碧溪詩話十卷,浩然齋雅談三卷)

500000－8701－0018836　H00878

式訓堂叢書三集□□種　(清)章壽康輯　清刻本　四冊　存十一種二十卷(三集:毛詩重言一卷、毛詩雙聲疊韻說一卷、歷代載籍足徵錄一卷、譙周古史考一卷、補晉兵志一卷、戰國策釋地二卷、弟子職正音一卷、南江札記四卷、讒書五卷、陶邕州小集一卷、兩同書二卷)

500000－8701－0018837　H00879

東觀漢記二十四卷　(漢)劉珍等撰　清掃葉山房刻本　三冊　存二十卷(一至十二、十七至二十四)

500000－8701－0018838　H00880

亦政堂重修宣和博古圖錄三十卷　(宋)王黼撰　清刻本　四冊　存八卷(一至二、八至九、十一至十二、二十四至二十五)

500000－8701－0018839　H00881

華陽散稿二卷　(清)史震林撰　清光緒九年(1883)鉛印本　一冊　存一卷(上)

500000－8701－0018840　H00882

大清法規大全(光緒辛丑迄宣統己酉)　(清)政學社編　清宣統政學社石印本　二十五冊　存一百二十一卷(民政部十五卷、首一卷,財政部十四卷、首一卷,禮制部九卷、首一卷,旗藩部二卷、首一卷,外交部十三卷、首一卷,軍政部一至二、首一卷,吏政部一至五、首一卷,交通部五卷、首一卷,實業部十五卷、首一卷,教育部三十一卷、首一卷)

500000－8701－0018841　H00883

大清法規大全續編□□卷　(清)政學社編

清宣統政學社石印本　十一冊　存八十九卷(民政部十一卷首一卷、財政部十三卷首一卷、外交部十卷、軍政部九卷首一卷、交通部五卷首一卷、旗藩部二卷、實業部十一卷首一卷、教育部二十卷、禮制部三卷)

500000－8701－0018842　H00884
大清現行刑律三十六卷秋審條例一卷禁煙條例一卷　沈家本等修　清石印本　六冊

500000－8701－0018843　H00885
板橋全集六編　(清)鄭燮著　清鑄記書局石印本　一冊　存一編(詩鈔一)

500000－8701－0018844　H00886
板橋集六卷　(清)鄭燮著　清刻本　一冊　存二卷(三至四)

500000－8701－0018845　H00887
鶴僊詩鈔□□卷　陳天錫撰　清刻本　一冊　存二卷(三至四)

500000－8701－0018846　H00888
太上玉笈救劫金燈感應篇新註不分卷　(□)□□撰　清光緒二十九年(1903)刻本　一冊

500000－8701－0018847　H00889
楊忠愍公全集四卷　(明)楊繼盛撰　(清)毛大可鑒定　章鈺輯　清渝州於鯨侯刻本　四冊

500000－8701－0018848　H00890
楊忠愍公全集四卷　(明)楊繼盛撰　(清)毛大可鑒定　清三樂齋刻本　二冊

500000－8701－0018849　H00891
圖畫新聞(十月十二至二十日)　(清)時事報編　清宣統石印本　一冊

500000－8701－0018850　H00892
廿一史約編八卷首一卷　(清)鄭元慶述　清刻本　一冊　存二卷(一、首一卷)

500000－8701－0018851　H00893
文選六十卷　(南朝梁)蕭統撰　(唐)李善注　清宣統三年(1911)上海會文堂書局影印本　八冊　存三十三卷(一至三十三)

500000－8701－0018852　H00894
海國圖志一百卷續集二十五卷首一卷　(清)魏源撰　清光緒二十四年(1898)文賢閣石印本　十六冊

500000－8701－0018853　H00895
新義錄一百卷首一卷　(清)孫璧文輯　清光緒二十七年(1901)兩湖書院刻本　四十五冊　存九十五卷(一至十六、十九至二十六、二十九至五十七、六十至一百,首一卷)

500000－8701－0018854　H00896
增補事類統編九十三卷首一卷　(清)黃葆真增輯　清道光二十九年(1849)丹陽黃氏刻本　二十一冊　存六十一卷(一至九、十九至二十四、二十八至四十七、五十至五十六、六十三至六十五、七十至八十一、八十五至八十七,首一卷)

500000－8701－0018855　H00897
邵子湘全集青門簏稾十六卷旅稾六卷賸稾八卷附邵氏家錄二卷　(清)邵長蘅纂　(清)邵璿　(清)邵衷赤編　清康熙三十二年至三十八年(1693－1699)刻本　十二冊

500000－8701－0018856　H00898
蠶桑摘要三卷　(清)羊復禮輯　清光緒三十一年(1905)鉛印本　一冊

500000－8701－0018857　H00899
孫子三卷吳子二卷司馬灋一卷　(清)□□編　清末瀘州倉街口均益書社鉛印本　一冊

500000－8701－0018858　H00900
楹聯續話四卷　(清)梁章鉅編輯　清道光二十三年(1843)刻本　二冊

500000－8701－0018859　H00901
急就篇四卷姓氏急就篇二卷　(宋)王應麟補注　清刻本　二冊　存三卷(急就篇三至四、姓氏急就篇一)

500000－8701－0018860　H00902
元朝秘史十卷續集二卷　(元)忙豁侖鈕察　(元)脫察安撰　清光緒三十四年(1908)葉氏觀古堂刻本　六冊

500000－8701－0018861　H00903
昭德先生郡齋讀書志二十卷附志二卷　（宋）姚應績編　清刻本　九册

500000－8701－0018862　H00904
爾雅郭注佚存補訂二十卷　王樹枏撰　清光緒十八年（1892）資陽文莫室刻本　五册

500000－8701－0018863　H00905
龍威秘書十集　（清）馬俊良輯　清大酉山房刻本　十一册　存三集二十一卷（二集御覽闕史一至二、平臺紀畧一，六集國朝麗體金膏一至六，八集推易始末一至四、春秋屬辭比事一至四、春秋占筮書一至三、韻學指要一）

500000－8701－0018864　H00906
宋王忠文公文集五十卷　（宋）王十朋撰（清）唐傳鉎重編　清末埽葉山房石印本　十册

500000－8701－0018865　H00907
湘綺樓箋啟八卷　王闓運撰　清宣統三年（1911）志古堂刻本　四册

500000－8701－0018866　H00908
二百年後之吾人三章　（日本）加藤弘之著（清）上海文明書局譯　清光緒二十八年（1902）上海文明書局鉛印本　一册

500000－8701－0018867　H00909
癸卯恩科直墨四卷　（清）□□撰　清末瀘州開智書局鉛印本　四册

500000－8701－0018868　H00910
重修宣和博古圖錄三十卷　（宋）王黼撰　明萬曆二十七年（1599）于承祖刻本　二十七册　存二十七卷（一至二十七）

500000－8701－0018869　H00911
王壯武公遺集二十四卷首一卷　（清）王鑫撰　**年譜二卷**　（清）羅正鈞撰　清光緒十八年（1892）刻本　十册　存二十三卷（一至十六、十九至二十、二十三至二十四，首一卷，年譜二卷）

500000－8701－0018870　H00912
青谿漫稿二十四卷　（明）倪岳撰　清光緒二十六年（1900）嘉惠堂刻本　六册

500000－8701－0018871　H00913
石門文字禪三十卷　（宋）釋德洪著　**太上感應篇圖説一卷**　（□）陳堅撰　清光緒刻本　七册　存二十六卷（六至三十、太上感應篇圖説一卷）

500000－8701－0018872　H00914
石門文字禪三十卷　（宋）釋德洪著　清光緒刻本　一册　存四卷（十八至二十一）

500000－8701－0018873　H00915
古泉匯首集四卷元集十四卷亨集十四卷利集十八卷貞集十四卷首一卷　（清）李佐賢撰　清同治三年（1864）刻本　十六册

500000－8701－0018874　H00916
新刻增訂釋義經書世事通考雜字二卷外一卷　（清）徐三省編輯　清乾隆三十一年（1766）開益堂黄又儀刻本　一册

500000－8701－0018875　H00917
女科要旨四卷　（清）陳念祖撰　清光緒三十四年（1908）寶慶經元書局刻本　二册

500000－8701－0018876　H00918
韓魏公集二十卷　（宋）韓琦撰　清同治五年（1866）福州正誼書院刻本　五册

500000－8701－0018877　H00919
續泉匯元集三卷亨集三卷利集三卷貞集五卷補遺二卷首集一卷　（清）李佐賢　（清）鮑康輯　清光緒元年（1875）刻本　四册

500000－8701－0018878　H00920
花隝聯吟四卷詞一卷　（清）唐仲冕編　清刻本　一册　存三卷（一至三）

500000－8701－0018879　H00921
七十家賦鈔六卷　（清）張惠言纂輯　清光緒四年（1878）宏達堂刻本　四册

500000－8701－0018880　H00922
古文約選不分卷　（清）允禮選　清同治八年（1869）刻本　十三册

500000－8701－0018881　H00923

玉函山房輯佚書六百三十四種附目耕帖三十一卷　(清)馬國翰輯　清湘遠堂刻本　一百十冊　存四百四十六種五百六十八卷(經編:尚書類:今文尚書一卷,尚書歐陽章句一卷,尚書大夏侯章句一卷,尚書小夏侯章句一卷,尚書馬氏傳四卷,尚書王氏注二卷,古文尚書音一卷,古文尚書舜典注一卷,尚書劉氏義疏一卷,尚書述義一卷,尚書顧氏疏一卷;詩類:魯詩故三卷,齊詩傳二卷,韓詩故二卷,韓詩內傳一卷,韓詩說一卷,薛君韓詩章句二卷,韓詩翼要一卷,毛詩馬氏注一卷,毛詩義問一卷,毛詩王氏注四卷,毛詩義駁一卷,毛詩奏事一卷,毛詩問難一卷,毛詩駁一卷,毛詩答雜問一卷,毛詩譜暢一卷,毛詩異同評三卷,難孫氏毛詩評一卷,毛詩拾遺一卷,毛詩徐氏音一卷,毛詩序義疏一卷,毛詩周氏注一卷,毛詩十五國風義一卷,毛詩隱義一卷,集注毛詩一卷,毛詩舒氏義疏一卷,毛詩沈氏義疏二卷,毛詩箋音義證一卷,毛詩述義一卷,毛詩草蟲經一卷,施氏詩說一卷;周官禮類:周禮鄭大夫解詁一卷,周禮鄭司農解詁六卷,周禮杜氏注二卷,周禮賈氏解詁一卷,周官傳一卷,周禮鄭氏音一卷,周官禮干氏注一卷,周禮徐氏音一卷,周禮李氏音一卷,周禮聶氏音一卷,周官禮義疏一卷,周禮劉氏音一至二卷,周禮戚氏音一卷;儀禮類:大戴喪服變除一卷,冠禮約制一卷,鄭氏婚禮一卷,喪服經傳馬氏注一卷,鄭氏喪服變除一卷,新定禮一卷,喪服經傳王氏注一卷,王氏喪服要記一卷,喪服變除圖一卷,喪服要集一卷,喪服經傳袁氏注一卷,集注喪服經傳一卷,爽服經傳陳氏注一卷,喪服釋疑一卷,蔡氏喪服譜一卷,賀氏喪服譜一卷,葬禮一卷,賀氏喪服要記一卷,喪服要記注一卷,葛氏喪服變除一卷,凶禮一卷,集注喪服經傳一卷,略注喪服經傳一卷,喪服難問一卷,喪服古今集記一卷;禮記類:禮記馬氏注一卷,禮記盧氏注一卷,禮傳一卷,月令章句一卷,月令問答一卷,禮記王氏注二卷,禮記孫氏注一卷,禮記音義隱一卷,禮記范氏音一卷,禮記徐氏音三卷,禮記劉氏音一卷,禮記略解一卷,禮記隱義一卷,禮記新義疏一卷,禮記皇氏義疏四卷,禮記沈氏義疏一卷,禮記義證一卷,禮記熊氏義疏四卷,禮記外傳一卷;通禮類:石渠禮論一卷,魯禮禘祫志一卷,三禮圖一卷,問禮俗一卷,雜祭法一卷,祭典一卷,後養議一卷,禮雜問一卷,雜禮議一卷,禮論答問一卷,禮論一卷,禮論條牒一卷,禮義答問一卷,禮論鈔略一卷,禮統一卷,禮疑義一卷,三禮義宗四卷,釋疑論一卷;論語類:古論語六卷,齊論語一卷,論語孔氏訓解十一卷,論語包氏章句二卷,論語周氏章句一卷,論語馬氏訓說二卷,論語鄭氏注十卷,論語孔子弟子目錄一卷,論語陳氏義說一卷,論語王氏說一卷,論語王氏義說一卷,論語周生氏義說一卷,論語釋疑一卷,論語譙氏注一卷,論語衛氏集注一卷,論語旨序一卷,論語繆氏說一卷,論語體略一卷,論語欒氏釋疑一卷,論語虞氏贊注一卷,論語庾氏釋一卷,論語李氏集注二卷,論語范氏注一卷,論語孫氏集解一卷,論語梁氏注釋一卷,論語袁氏注一卷,論語江氏集解二卷,論語殷氏解一卷,論語張氏注一卷,論語蔡氏注一卷,論語顏氏說一卷,論語琳公說一卷,論語沈氏訓注一卷,論語顧氏注一卷,論語梁武帝注一卷,論語太史氏集解一卷,論語褚氏義疏一卷,論語沈氏說一卷,論語熊氏說一卷,論語隱義注一卷;孟子類:孟子章指二卷篇敍一卷,孟子程氏章句一卷,孟子高氏章句一卷,孟子劉氏注一卷,孟子鄭氏注一卷,孟子綦毋氏注一卷,孟子陸氏注一卷,孟子張氏音義一卷,孟子丁氏手音一卷;爾雅類:爾雅犍為文學注三卷,爾雅劉氏注一卷,爾雅樊氏注一卷,爾雅李氏注三卷,爾雅孫氏注三卷,爾雅孫氏音一卷,爾雅音義一卷,爾雅圖贊一卷,集注爾雅一卷,爾雅施氏音一卷,爾雅謝氏音一卷,爾雅顧氏音一卷,爾雅裴氏注一卷;五經總類:五經通義一卷,五經要義一卷,六藝論一卷,五經然否論一卷,聖證論一卷,經通論一卷,五經鉤沈一卷,五經大義一卷,六經略注序一卷,七經義綱一卷;緯書類:尚書中候三卷,尚書緯璿璣鈐一卷,尚書緯考靈曜一卷，尚書緯刑德放一卷，尚書緯帝命驗一卷，尚書緯運期授一卷，詩緯推度災一卷，詩緯泛曆樞一卷，詩緯含神霧一卷，禮緯含文嘉一卷，禮緯稽命徵一卷，禮緯斗威儀一卷，樂緯動聲儀一卷，樂緯稽耀嘉一卷，樂緯叶圖徵一卷，春秋緯文耀鉤一卷，春秋緯運斗樞一卷，春秋緯感精符一卷，春秋緯合誠圖一卷，春秋緯考異郵一卷，春秋緯保乾圖一卷，春秋緯漢含孳一卷，春秋緯佐助期一卷，春秋緯握誠圖一卷，春秋緯潛潭巴一卷，春季緯說題辭一卷，春秋緯演孔圖一卷，春秋緯元命苞二卷，春秋命歷序一卷，春秋內事一卷，孝經緯援神契二卷，孝經緯鉤命訣一卷，孝經中契一卷，孝經左契一卷，孝經右契一卷，孝經內事圖一卷，孝經章句一卷，孝經雌雄圖一卷，孝經古秘一卷，論語讖：論語比考讖一卷、論語撰考讖一卷、論語摘輔象一卷、論語摘衰聖承進讖一卷、論語陰嬉讖一卷、論語素王受命讖一卷、論語糾滑讖一卷、論語崇爵讖一卷；小學類：史籀篇一卷，蒼頡篇一卷，凡將篇一卷，訓纂篇一卷，蒼頡訓詁一卷，三蒼一卷，古文官書一卷，雜字指一卷，勸學篇一卷，通俗文一卷，埤蒼一卷，古今字詁一卷，雜字一卷，雜字解詁一卷，聲類一卷，廣蒼一卷，辨釋名一卷，異字一卷，始學篇一卷，草書狀一卷，發蒙記一卷，啟蒙記一卷，韻集一卷，字指一卷，四體書勢一卷，要用字苑一卷，演說文一卷，字統一卷，纂文一卷，庭誥一卷，纂要一卷，纂要一卷，文字集略一卷，古今文字表一卷，韻略一卷，桂苑珠叢一卷，文字指歸一卷，四聲五音九弄反紐圖一卷，分毫字樣一卷，石經尚書一卷，石經魯詩一卷，石經儀禮一卷，石經公羊一卷，石經論語一卷，三字石經尚書一卷，三字石經春秋一卷；史編：雜史類：古文瑣語一卷，帝王要略一卷，三五曆記一卷，年曆一卷，汲塚書鈔一卷；雜傳類：聖賢高士傳一卷，鑒戒像贊一卷；目錄類：七略別錄一卷；子編：儒家類：諫言一卷，甯子一卷，王孫子一卷，李氏春秋一卷，董子一卷，徐子一卷，魯連子一卷，虞氏春秋一卷，平原君書一卷，劉敬書一卷，至言一卷，河間獻王書一卷，兒寬書一卷，公孫弘書一卷，終軍書一卷，吾丘壽王書一卷，正部論一卷，仲長子昌言二卷，魏子一卷，周生子要論一卷，王子正論一卷，去伐論一卷，杜氏體論一卷，王氏新書一卷，周子一卷，顧子新言一卷，典語一卷，通語一卷，譙子法訓一卷，袁子正論二卷，袁子正書一卷，孫氏成敗志一卷，古今通論一卷，化清經一卷，夏侯子新論一卷，太元經一卷，華氏新論一卷，梅子新論一卷，志林新書一卷，廣林一卷，釋滯一卷，通疑一卷，干子一卷，顧子義訓一卷，讀書記一卷；農家類：神農書一卷，野老書一卷，范子計然三卷，養魚經一卷，尹都尉書一卷，氾勝之書二卷，蔡癸書一卷，養羊法一卷，家政法一卷；道家類：伊尹書一卷，辛甲書一卷，公子牟子一卷，田子一卷，老萊子一卷，黔婁子一卷，鄭長者書一卷，任子道論一卷，洞極真經一卷，唐子一卷，蘇子一卷，陸子一卷，杜氏幽求新書一卷，孫子一卷，苻子一卷，少子一卷，夷夏論一卷；法家類：申子一卷，晁氏新書一卷，崔氏政論一卷，劉氏政論一卷，阮子政論一卷，世要論一卷，陳子要言一卷；名家類：惠子一卷，士緯一卷；墨家類：史佚書一卷，田俅子一卷，隋巢子一卷，胡非子一卷，纏子一卷；縱橫家類：蘇子一卷，闕子一卷，蒯子一卷，鄒陽書一卷，主父偃書一卷，徐樂書一卷，嚴安書一卷；雜家類：由余書一卷，博物記一卷，伏侯古今注一卷，蔣子萬機論一卷，篤論一卷，鄒子一卷，諸葛子一卷，默記一卷，裴氏新言一卷，新義一卷，秦子一卷，析言論一卷附古今訓，時務論一卷，廣志二卷，陸氏要覽一卷，古今善言一卷，文釋一卷，要雅一卷，俗說一卷；小說家類：青史子一卷，宋子一卷，裴子語林二卷，笑林一卷，郭子一卷，元中記一卷，齊諧記一卷，水飾一卷；天文類：泰階六符經一卷，五殘雜變星書一卷，靈憲一卷，渾儀一卷，昕天論一卷，安天論一卷，穹天論一卷，未央術一卷；陰陽類：宋司星子韋書一卷，鄒子一卷，陰陽書一卷；五行類：太史公素王妙論一卷，瑞應圖一卷，白澤圖一卷，天鏡一卷，地鏡一卷，地鏡圖一卷，夢雋一卷，雜五行書一卷；雜占類：請雨止雨書一卷，易洞林三卷補遺一卷;藝術類:藝經一卷,投壺變一卷。補遺:經編:易類:周易劉氏注一卷;周官禮類:周官禮異同評一卷;儀禮類:周氏喪服注一卷,喪服世行要記一卷;通禮類:禮論難一卷,逆降義一卷,明堂制度論一卷,梁氏三禮圖一卷,張氏三禮圖一卷;春秋類:春秋例統一卷,國話章句一卷,國語解詁二卷,春秋外傳國語虞氏注一卷,春秋外傳國語唐氏注一卷,春秋外傳國語孔氏注一卷,國語音一卷;論語類:孔子三朝記一卷;小學類:詁幼一卷;子編:儒家類:嚴助書一卷,厲學一卷;附:目耕帖三十一卷)

500000－8701－0018882　H00924
黄帝内經素問註證發微九卷黄帝内經靈樞註證發微十卷　(明)馬蒔註證　清嘉慶十年(1805)刻本　八册

500000－8701－0018883　H00925
爾雅疏十卷　(宋)邢昺等校定　清嘉慶二十二年(1817)刻本　四册

500000－8701－0018884　H00926
梅庵詩存一卷　(清)釋慧霖撰　清道光刻本　一册

500000－8701－0018885　H00927
西夏易經十六種　(清)何佩融撰　清光緒刻本　九册　存八種十二卷(易經圖說一、四,首一卷,末一卷;釋詩一卷;釋書一卷;春秋大傳補說三至四;大象一卷;穀語一卷;渾天易象一卷;將步一卷)

500000－8701－0018886　H00928
西夏易經十六種　(清)何佩融撰　清光緒刻本　十册　存十五種二十三卷(易經圖說四卷首一卷末一卷、釋詩一卷、釋書一卷、釋禮一卷、春秋大傳補說四卷、大象一卷、穀語一卷、渾天易象一卷、將步一卷、禮論一卷、通書一卷、中庸集註一卷、四論解一卷、王道九功一卷、西夏楚辭條解一卷)

500000－8701－0018887　H00929
校正圖註八十一難經四卷　(戰國)秦越人撰　(明)張世賢註　**校正瀕湖脈學一卷奇經八脈攷一卷**　(明)李時珍撰　**校正圖註脈訣四卷**　(晉)王叔和撰　(明)張世賢註　清末鴻寶齋書局石印本　一册

500000－8701－0018888　H00930
趙文敏公松雪齋全集十卷外集一卷續集一卷　(元)趙孟頫撰　清末上海海左書局石印本　五册　存十卷(一至六、九至十,外集一卷,續集一卷)

500000－8701－0018889　H00931
雲路指南十四卷　(清)張商霖輯　清藏修書屋刻本　二册　存七卷(一至二、十至十四)

500000－8701－0018890　H00932
天壤閣叢書二十六種　(清)王懿榮輯　清同治至光緒刻本　八册　存三種十七卷(古今韻攷四卷附記一卷,急就篇四卷,聲調三譜:然鐙記聞一卷、律詩定體一卷、小石帆亭著錄五卷、談龍錄一卷)

500000－8701－0018891　H00933
冬心先生續集一卷三體詩一卷自度曲一卷雜著一卷隨筆一卷　(清)金農撰　清光緒六年(1880)錢唐丁氏刻本　二册

500000－8701－0018892　H00934
帶江園小草擇存十卷　(清)黄體正撰　清道光二十二年(1842)刻本　八册

500000－8701－0018893　H00935
徐迪功詩集四卷外集三卷附談藝錄一卷　(明)徐禎卿撰　清刻本　二册

500000－8701－0018894　H00936
邊華泉詩集七卷附錄一卷　(明)邊貢撰　清刻本　四册

500000－8701－0018895　H00937
全蜀秇文志六十四卷首一卷　(明)楊慎輯　清嘉慶二十二年(1817)樂山張汝傑讀月草堂刻本　二十册

500000－8701－0018896　H00938
西政叢書三十二種　梁啟超輯　清光緒二十三年(1897)慎記書莊石印本　三十三册

500000－8701－0018897　H00939

玲瓏山館叢書六編六十八種一百七十四卷首三卷　(清)□□輯　清光緒刻本　三十四冊　存五十九種一百六十一卷(尚書中候三卷、尚書緯璇璣鈐一卷、尚書緯考靈曜一卷、尚書緯刑德放一卷、尚書緯帝命驗一卷、尚書緯運期授一卷、詩緯推度災一卷、詩緯汜歷樞一卷、詩緯含神霧一卷、禮緯含文嘉一卷、禮緯稽命徵一卷、禮緯斗威儀一卷、樂緯動聲儀一卷、樂緯稽耀嘉一卷、樂緯叶圖徵一卷、春秋緯文耀鉤一卷、春秋緯運斗樞一卷、春秋緯感精符一卷、春秋緯合誠圖一卷、春秋緯考異郵一卷、春秋緯保乾圖一卷、春秋緯漢含孳一卷、春秋緯佐助期一卷、春秋緯握誠圖一卷、孝經緯援神契二卷、孝經緯鉤命訣一卷、孝經中契一卷、孝經左契一卷、孝經右契一卷、孝經內事圖一卷、孝經章句一卷、孝經雌雄圖一卷、孝經古秘一卷、論語讖八卷、宋葉文康公禮經會元節本二卷、國朝漢學師承記五至八、國朝宋學淵源記二卷附記一卷、十三經注疏序二卷、文選古字通疏證六卷、廣釋名二卷首一卷、埤雅二十卷、別雅五卷、比雅十九卷、廣雅十卷、字林經策萃華八卷、篆訣辯釋一卷、說文答問疏證六卷、說文新坿攷六卷、轉注古義考二卷、說文淺說一卷、六書說一卷、說文通論一卷、六藝綱目二卷附錄二卷、經書算學天文攷二卷、菊逸山房天學一卷、天元一術圖說一卷、五經算術二卷附考證一卷、人物志三卷、人倫大統賦二卷,首三)

500000－8701－0018898　H00940

聊齋志異新評十六卷　(清)蒲松齡撰　(清)王士禛評　(清)但明倫新評　清道光二十二年(1842)廣順但氏刻朱墨套印本　六冊　存六卷(一至五、八)

500000－8701－0018899　H00941

二曲全集二十六卷四書反身錄八卷　(清)李顒撰　清刻本　八冊　存二十九卷(二曲集二十六卷首一卷、四書反身錄一至二)

500000－8701－0018900　H00942

四書反身錄□□卷　(清)李顒撰　清刻本　一冊　存五卷(論語一至五)

500000－8701－0018901　H00943

武林往哲遺箸後編十種　(清)丁丙輯　清光緒中錢唐丁氏嘉惠堂刻本　四冊　存四種三十三卷(韓忠獻公遺事一卷補遺一卷、汴都賦一卷附錄一卷、參寥十二卷附錄二卷、石門文字禪一至十五)

500000－8701－0018902　H00944

兩般秋雨盦詩選一卷　(清)梁紹壬纂　清宣統二年(1910)南陵徐乃昌刻本　一冊

500000－8701－0018903　H00945

尚書箋三十卷　王闓運撰　清光緒二十九年(1903)東洲刻湘綺樓全書本　一冊　存四卷(一至四)

500000－8701－0018904　H00946

貸園叢書初集十二種　(清)周永年輯　清乾隆五十四年(1789)歷城周氏竹西書屋刻本　十一冊　存七種三十五卷(九經古義十六卷,易例二卷,春秋左傳補注六卷,左傳評三卷,石刻鋪敘二卷,鳳墅殘帖釋文二卷,三事忠告四卷:牧民忠告二卷、風憲忠告一卷、廟堂忠告一卷)

500000－8701－0018905　H00947

[□□]王氏宗譜□□卷　(清)王氏撰　清刻本　一冊　存一卷(二)

500000－8701－0018906　H00948

西國名菜嘉花論一卷　(英國)傅蘭雅撰　清光緒十六年(1890)上海格致書室鉛印本　一冊

500000－8701－0018907　H00949

三省邊防備覽十四卷　(清)嚴如熤輯　清刻本　三冊　存七卷(一至五、十二至十三)

500000－8701－0018908　H00950

水經注四十卷首一卷附錄二卷　(北魏)酈道元撰　清光緒十八年(1892)長沙王氏思賢講舍刻本　二十冊

500000－8701－0018909　H00951

列朝詩集乾集二卷甲集前編十一卷甲集二十二卷乙集八卷丙集十六卷丁集十六卷閏集六卷　(清)錢謙益輯　清宣統二年(1910)上海國光印刷所鉛印本　五十六冊

500000－8701－0018910　H00952
函海一百五十九種　(清)李調元輯　清光緒八年(1882)樂道齋刻本　二十一冊　存二十五種七十二卷(華陽國志十二卷、郭志翼莊一卷、古今同姓名錄二卷、長短經九卷、說文解字篆韻譜五卷、經古算經一卷、主客圖一卷、續孟子二卷、敷文鄭氏書說一卷、洪範統一一卷、孟子外書四卷、蘇氏演義二卷、程氏考古編十卷、唐史論新三卷、藏海詩話一卷、益州名畫錄三卷、山水純全集一卷、月波洞中記一卷、采石瓜洲斃亮記一卷、產育寶慶集二卷、顱顖經一卷、出行寶鏡一卷、農書三卷、芻言三卷、常談一卷)

500000－8701－0018911　H00953
聊齋誌異□□卷　(清)蒲松齡撰　清刻本　三冊　存三卷(十三至十五)

500000－8701－0018912　H00954
孔子[丘]年譜一卷七十二列傳一卷　(清)寇宗著　**孔子暨七十二子贊一卷**　(清)王昶輯　清光緒八年至九年(1882－1883)樂道齋刻本　一冊

500000－8701－0018913　H00955
兩般秋雨盦隨筆八卷　(清)梁紹壬纂　清刻本　八冊

500000－8701－0018914　H00956
女科二卷　(清)傅山撰　清光緒五年(1879)掃葉山房刻本　二冊

500000－8701－0018915　H00957
郝氏遺書三十二種　(清)郝懿行撰　清嘉慶至光緒刻本　一冊　存二種四卷(列仙傳校正本二卷讚一卷、夢書一卷)

500000－8701－0018916　H00958
二酉堂叢書二十八種　(清)張澍編輯　清道光元年(1821)武威張氏二酉堂刻本　十二冊　存十九種二十九卷(司馬法一卷、逸文一卷,子夏易傳一卷,世本五卷,三輔決錄二卷,皇甫司農集一卷,張太常集一卷,段太尉集一卷,風俗通姓氏篇二卷,三秦記一卷,三輔舊事一卷,三輔故事一卷,十三州志一卷,凉州記一卷,凉州異物志一卷,西河舊事一卷,西河記一卷,沙州記一卷、附錄一卷,陰常侍詩集一卷、詩話一卷,李尚書詩集一卷、附李氏事跡一卷)

500000－8701－0018917　H00959
石林遺書十三種　(宋)葉夢得撰　葉德輝輯　清光緒至宣統長沙葉氏觀古堂刻本　十三冊　存十二種五十三卷(石林家訓一卷、石林治生家訓要略一卷、禮記解四卷、石林燕語十卷附校一卷、石林燕語辨十卷、玉澗雜書一卷、巖下放言三卷、避暑錄話二卷、老子解二卷、石林居士建康集八卷、石林詩話三卷拾遺一卷附錄一卷附錄補遺一卷、石林遺事三卷附錄一卷)

500000－8701－0018918　H00960
光緒財政通纂五十四卷　(清)杜翰藩編　清光緒三十一年(1905)蓉城文倫書局鉛印本　二十冊

500000－8701－0018919　H00961
中說二卷　(隋)王通撰　**枕中書一卷**　(晉)葛洪撰　清刻本　一冊

500000－8701－0018920　H00962
中華古今注三卷　(五代)馬縞集　清刻本　一冊

500000－8701－0018921　H00963
四書宗印□□卷　(清)汪漸磐編　清刻本　二冊　存二卷(論語二、孟子一)

500000－8701－0018922　H00964
闕里志二十四卷　(明)陳鎬撰　清刻本　一冊　存二卷(一至二)

500000－8701－0018923　H00965
麗廔叢書九種　葉德輝輯　清光緒三十三年(1907)長沙葉氏刻本　七冊　存六種十四卷

（南嶽總勝集三卷、七國象棋局一卷、投壺新格一卷、繪圖三教搜神大全七卷、唐女郎魚玄機詩一卷、修辭鑑衡一）

500000－8701－0018924　H00966
夏小正一卷　（清）王筠撰　清光緒七年（1881）天壤閣刻本　一冊

500000－8701－0018925　H00967
智囊補二十八卷　（清）馮夢龍重輯　清刻本　六冊　存十八卷（十一至二十八）

500000－8701－0018926　H00968
智囊補二十八卷　（清）馮夢龍重輯　清刻本　十一冊　存二十六卷（三至二十八）

500000－8701－0018927　H00969
登瀛瑣蹟擬樂府百首二卷　（清）陸和鈞撰　（清）丁文藻輯　清光緒九年（1883）蜀中江氏刻本　一冊

500000－8701－0018928　H00970
卷施閣駢體文續編一卷　（清）洪亮吉撰　清末石印本　一冊

500000－8701－0018929　H00971
增廣詩韻全璧五卷　（清）奕詢編　**虚字韻藪一卷**　（清）潘維城輯　清末石印本　五冊

500000－8701－0018930　H00972
鍼灸大成十二卷　（明）楊繼洲原彙集　（清）章廷珪重修　清末石印本　五冊　存十卷（三至十二）

500000－8701－0018931　H00973
斯文精萃不分卷　（清）尹繼善輯　清乾隆二十九年（1764）滿洲尹氏兩江官署刻本　十一冊

500000－8701－0018932　H00974
硯林詩集四卷　（清）丁敬撰　清同治十年（1871）錢唐丁氏刻本　一冊

500000－8701－0018933　H00975
新益智圖一卷　（清）李道根著　清刻本　一冊

500000－8701－0018934　H00976
礮學不分卷　（□）□□撰　清北洋武備研究所石印本　一冊

500000－8701－0018935　H00977
名媛詩歸三十六卷　（明）鍾惺點次　清刻本　三冊　存九卷（二十二至二十七、三十四至三十六）

500000－8701－0018936　H00978
欽定重修兩浙鹽法志三十卷首二卷　（清）馮培　（清）潘庭筠纂　清刻本　十四冊　存二十卷（一至六、九至十四、十六至二十一，首二卷）

500000－8701－0018937　H00979
欽定重修兩浙鹽法志三十卷首二卷　（清）馮培　（清）潘庭筠纂　清刻本　六冊　存十卷（二至十、十五）

500000－8701－0018938　H00980
兩浙鹽法續纂備考十二卷　（清）楊昌濬等纂　清刻本　十冊　存十卷（二至十、十二）

500000－8701－0018939　H00981
司馬彪莊子注一卷補遺一卷音一卷逸篇一卷逸語一卷疑義一卷又補遺一卷音補遺一卷又補遺一卷逸篇司馬注補遺一卷　（晉）司馬彪注　清道光十四年（1834）梅瑞軒刻十種古逸書本　一冊

500000－8701－0018940　H00982
元中記一卷補遺一卷　（□）郭氏撰　**唐月令注一卷補遺一卷附考一卷**　（唐）李林甫等撰　清道光十四年（1834）梅瑞軒刻十種古逸書本　一冊

500000－8701－0018941　H00983
佩文韻府一百六卷　（清）蔡升元等纂　清刻本　九十一冊　缺六卷（七下、二十下、六十三之二、三十一至三十三）

500000－8701－0018942　H00984
佩文韻府一百六卷　（清）蔡升元等纂　清刻本　四十四冊　存四十七卷（一至二十、三十一、三十四、三十七、五十三至六十三、六十六至七十、七十七至八十二、九十四至九十五）

500000－8701－0018943　H00985

佩文韻府一百六卷　(清)蔡升元等纂　清刻本　十五冊　存十四卷(二十至三十、七十至七十二)

500000－8701－0018944　H00986

佩文韻府一百六卷　(清)蔡升元等纂　清光緒十八年(1892)上海鴻寶齋石印本　二百冊

500000－8701－0018945　H00987

武英殿聚珍版書□□種　(清)紀昀等編　清乾隆四十八年(1783)刻本　三百九十五冊　存五十四種一千二十卷(宋版易經十卷,欽定詩義折中二十卷,御纂春秋直解十二卷附考證,春秋經傳集解三十卷附考證歸一圖二卷年表一卷,易緯十二卷:易緯乾坤鑿度二卷、易緯乾鑿度二卷、易緯稽覽圖二卷、易緯辨終備一卷、易緯通卦驗二卷、易緯乾元序制記一卷、易緯是類謀一卷、易緯坤靈圖一卷,郭氏傳家易說十一卷,易象意言一卷,易學濫觴一卷,融堂書解二十卷,續呂氏讀詩記三卷,絜齋毛詩經筵講義四卷,春秋攷十六卷,春秋集注四十卷,春秋辯疑四卷,論語意原四卷,水經注四十卷,輶軒使者絕代語釋別國方言十三卷,帝範四卷,御選明臣奏議四十卷,麟臺故事五卷首一卷末一卷,鄭志三卷,周髀算經二卷附音義一卷,唐語林八卷,朝野類要五卷,項氏家說十卷附錄二卷,明本釋三卷,歲寒堂詩話二卷,文苑英華辨證十卷首一卷,碧溪詩話十卷,山谷内集詩注二十卷外集詩注十七卷別集詩注二卷,后山詩注十二卷,乾道稿二卷淳熙稿二十卷章泉稿五卷,南澗甲乙稿二十二卷,欽定四庫全書攷證一百卷,悅心集五卷,直齋書錄解題三至二十二,文忠集十六卷,張燕公集二十五卷,茶山集八卷,絜齋集二十四卷,文恭集四十卷,陶山集十六卷,南陽集六卷,學易集八卷,浮溪集一至四、十九至三十二,浄德集三十八卷,止堂集十八卷,彭城集四十卷,景文集一至二十六、三十至六十二,忠肅集二十卷,柯山集五十卷,祠部集三十五卷,拙軒集六卷,唐書直筆四卷)

500000－8701－0018946　H00988

欽定重修兩浙鹽法志三十卷首二卷　(清)延豐等纂修　清嘉慶七年(1802)刻本　十五冊　存二十一卷(七至九、十一、十三至二十、二十二至三十)

500000－8701－0018947　H00989

十六國春秋一百卷　(北魏)崔鴻撰　清乾隆刻本　二十四冊　存九十七卷(一至九十七)

500000－8701－0018948　H00990

畿輔叢書一百八十八種　(清)王灝輯　清刻本　二百七十冊　存八十三種八百八十八卷(春秋繁露十七卷附淩注校正十七卷;董子文集一卷;韓詩外傳十卷補逸一卷附校注拾遺一卷;廣雅疏證一至六;戰國策十八至三十三;大戴禮記補注十三卷序錄一卷;劉賓客文集三十卷補遺一卷;李衛公會昌一品集九至二十別集十卷外集四卷補遺一卷;元城語錄四卷附行錄一卷;元城語錄解四卷行錄解一卷;敬齋古今黈八卷;元朝名臣事略六至十五;汝南遺事四卷;困學齋雜錄一卷;易經增注十卷考一卷;古今律曆考七十二卷戊申立春考證一卷;平播全書四至十五;鄉約一卷;塞語一卷;觀心約一卷;洨濱語錄十至二十;鹿忠節公年譜二卷;認真草六至十六;蘭臺奏疏四卷;王少司馬奏疏二卷;味檗齋文集二至十五;永年申氏遺書:申端滑公文集二卷末一卷、申端滑公詩集八卷、聰山集四卷;顏習齋遺書:顏習齋先生年譜二卷,顏習齋先生言行錄二卷闢異錄二卷,習齋記餘十卷,四存編十一卷:存治編一卷、存人編四卷、存性編二卷;李恕谷遺書:李恕谷先生年譜五卷,聖經學規纂二卷,論學二卷,大學辨業四卷,學禮五卷,學射錄二卷,閱史郄視四卷續一卷,擬太平策七卷,評乙古文一卷,恕谷後集十三卷,平書訂十四卷;孫夏峰遺書:夏峰先生集六至十四,語錄二卷,答問二卷,孫夏峰先生年譜二卷;尹健餘先生全集:四監錄十六卷:君監錄四卷、臣監錄四卷、士監錄四卷、女監錄四卷,呂語集粹四卷,健餘先生讀書筆記六卷,尹健餘先生年譜四卷;崔東壁遺書:商考信錄二卷,豐鎬考信錄八卷,洙泗考信錄四卷,豐鎬考信別錄四卷,洙泗考信餘錄四卷,考信附錄二卷，考古續說二卷，讀風偶識四卷，五服異同彙考四卷；介庵經說十卷補二卷；世本二卷附考證一卷；古經服緯三卷附釋問一卷；王制管窺一卷；詩附記二卷；禮記附記四至六；重斟唐韻考五卷；玉臺新詠考異十卷；沈氏四聲考二卷；審定風雅遺音二卷；明史紀事本末一至十四、四十三至四十九、七十一至七十七；明書一至二十一、五十二至七十四、九十一至一百七；臺海使槎錄八卷；黃昆圃先生年譜三卷；魏敏果公年譜一卷；廣陽雜記五卷；潛室劄記二卷；政學錄五卷；成周徹法演四卷；乾坤大略十卷補遺一卷；魏文毅公奏議二至三；兼濟堂集十一至十二；居業堂文集二十卷；陳學士文集一至二；笥河文集八至十六首一卷；瓶水齋詩集十七卷；萬善花室文稾七卷；郝雪海先生筆記四卷；留耕堂詩集一卷；積書巖詩集一卷；玉暉堂詩集五卷；柿葉庵詩選一卷；蒙求三卷；尚書故實一卷；封氏聞見記十卷；朝野僉載一卷；元和郡縣圖志四十卷闕卷逸文一卷附攷證三十四卷；李相國論事集六卷遺文一卷；盧昇之集七卷；高常侍集二卷；劉隨州集一至五；金忠潔集六卷附金忠潔年譜一卷；東田文集四卷詩集四卷；宋布衣集四卷；清平閣唱和詩一卷；史忠正公集四卷首一卷附錄一卷；中庸本解二卷中庸提要一卷；潞城考古錄二卷；歷代諱名考一卷；唐兩京城坊考五卷；樵香小記二卷）

500000－8701－0018949　H00991

畿輔叢書一百八十八種　（清）王灝輯　清刻本　一百二十八册　存四十四種三百八十四卷（春秋繁露五至七附淩注校正五至七；古今注三卷；大戴禮記補注一至三；劉子十卷；蒙求三卷；尚書故實一卷；李相國論事集六卷遺文一卷；盧昇之集七卷；李衛公會昌一品集別集十卷；近事會元五卷附校勘記一卷考證一卷；忠肅集二十卷；學易集八卷；李忠滑公集一卷；元朝名臣事略八至十五；易經增注一至五；古今律曆考六至十；平播全書一至七；鄉約一卷；塞語一卷；味檗齋文集九至十二；范文忠公文集十卷；史忠正公集四卷首一卷附錄一卷；永年申氏遺書：聰山集三卷，聰山詩選八卷；顏習齋遺書：顏習齋先生年譜二卷，顏習齋先生言行錄二卷闢異錄二卷，習齋記餘十卷，四存編十一卷：存學編四卷、存治編一卷、存人編四卷、存性編二卷；李恕谷遺書：李恕谷先生年譜五卷，聖經學規纂二卷，論學二卷，小學稽業五卷，大學辨業四卷，閱史郄視四卷續一卷，擬太平策七卷，評乙古文一卷，恕谷後集十一至十三，平書訂十四卷；尹健餘先生全集：尹少宰奏議十卷，健餘先生文集五至十；崔東壁遺書：考信錄提要二卷，補上古考信錄二卷，唐虞考信錄四卷，夏考信錄二卷，商考信錄二卷，豐鎬考信錄八卷，豐鎬考信別錄三卷；孟子附記二卷；歷代諱名考一卷；明書四十八至七十二、七十六至一百八；魏敏果公年譜一卷；廣陽雜記五卷；成周徹法演四卷；乾坤大略十卷補遺一卷；寒松堂集十卷、詩集三卷；瓶水齋別集二卷；萬善花室文稿七卷；封氏聞見記十卷；朝野僉載一卷；劉隨州集一至四；車營百八叩一卷；觀心約一卷；簡通錄二卷；陳學士文集十三至十五）

500000－8701－0018950　H00992

畿輔叢書一百八十八種　（清）王灝輯　清刻本　二十四册　存二種九十二卷（顏習齋遺書：顏習齋先生年譜二卷，顏習齋先生言行錄二卷闢異錄二卷，習齋記餘十卷，四存編十一卷：存學編四卷、存治編一卷、存人編四卷、存性編二卷；李恕谷遺書：李恕谷先生年譜五卷，聖經學規纂二卷，論學二卷，小學稽業五卷，大學辨業四卷，學禮五卷，學射錄二卷，閱史郄視四卷續一卷，擬太平策七卷，評乙古文一卷，恕谷後集十三卷，平書訂十四卷）

500000－8701－0018951　H00993

鶴山文鈔三十二卷　（宋）魏了翁撰　清刻本　九册　存二十九卷（一至七、十一至三十二）

500000－8701－0018952　H00994

長江集十卷　（唐）賈島撰　清刻畿輔叢書本　一册

500000－8701－0018953　H00995

典故紀聞十八卷　（明）余繼登輯　清光緒五

年(1879)刻本　二册　存十二卷(一至八、十五至十八)

500000－8701－0018954　H00996
路史前紀九卷後紀十三卷餘論十卷發揮六卷國名紀七卷　(宋)羅泌撰　(宋)羅苹註　清刻本　十四册　存三十四卷(前紀九卷、後紀十三卷、發揮六卷、國名紀一至六)

500000－8701－0018955　H00997
路史前紀九卷後紀十三卷餘論十卷發揮六卷國名紀七卷　(宋)羅泌撰　(宋)羅苹註　清刻本　八册　存二十四卷(後紀一至九、十二至十三,餘論十卷,國名紀四至六)

500000－8701－0018956　H00998
重訂路史全本前紀九卷後紀十四卷餘論十卷發揮六卷國名紀八卷　(宋)羅泌輯　(宋)羅苹註　清刻本　二册　存六卷(前紀一至四、後紀四至五)

500000－8701－0018957　H00999
路史前紀九卷後紀十三卷餘論十卷發揮六卷國名紀七卷　(宋)羅泌撰　(宋)羅苹註　清刻本　二册　存三卷(發揮一至二、國名紀三)

500000－8701－0018958　H01000
南宋羣賢小集七十三種附一種　(宋)陳起輯　(清)顧修重輯　清嘉慶六年(1801)石門顧氏讀畫齋刻本　三册　存四種二十一卷(芳蘭軒集一卷,二薇亭集一卷,中興羣公吟藁戊集七卷,羣賢小集補遺:巽齋小集補遺一卷、菊磵小集補遺一卷、菊潭詩集補遺一卷、疎寮小集補遺一卷、秋江煙草補遺一卷、招山小集補遺一卷、雪窗小集補遺一卷、静佳乙藁補遺一卷、葦碧軒集補遺一卷、清苑齋集補遺一卷、芳蘭軒集補遺一卷、二薇亭集補遺一卷)

500000－8701－0018959　H01001
琴志樓叢書四十三種　易順鼎撰　清光緒刻本　一册　存五種五卷(出都詩録一卷、吴蓬詩録一卷、樊山沌水詩録一卷、蜀船詩録一卷、巴山詩録一卷)

500000－8701－0018960　H01002
周髀算經二卷　(漢)趙君卿注　**周髀算經音義一卷**　(唐)李籍撰　清光緒十九年(1893)刻武英殿聚珍版書本　一册

500000－8701－0018961　H01003
匍國條款不分卷　(□)□□編　清鉛印本　一册

500000－8701－0018962　H01004
大清國大墨西哥國通商條約不分卷　清鉛印本　一册

500000－8701－0018963　H01005
瑞典國那威國條約不分卷　(清)外務部編　清鉛印本　一册

500000－8701－0018964　H01006
冬花庵燼餘稾三卷　(清)奚岡撰　清同治十一年(1872)錢唐丁氏刻本　一册

500000－8701－0018965　H01007
樊榭山房集外詩三卷　(清)厲鶚撰　**半巖廬遺詩二卷**　(清)邵懿辰撰　清同治十三年(1874)錢塘丁氏刻本　一册

500000－8701－0018966　H01008
管子二十四卷　(春秋)管仲撰　(唐)房玄齡註釋　(唐)劉績增註　(明)沈鼎新　(明)朱養純參評　(明)朱長春通演　(明)朱養和輯訂　清嘉慶九年(1804)刻本　十册

500000－8701－0018967　H01009
欽定大清會典一百卷　(清)允祹等總裁　清刻本　二十册　存九十九卷(一至九十九)

500000－8701－0018968　H01010
頤志齋叢書二十一種　(清)丁晏撰　清道光至同治刻本　十七册　存十六種三十三卷(周易述傳二卷續録一卷、周易訟卦淺説一卷、尚書餘論一卷、禹貢集釋三卷、禹貢蔡傳正誤一卷、禹貢錐指正誤一卷、毛鄭詩釋三卷續録一卷、詩攷補注二卷補遺一卷、鄭氏詩譜攷正一卷、毛詩草木鳥獸蟲魚疏正二卷、儀禮釋注二卷、周禮釋注二卷、禮記釋注四卷、孝經述注一卷、北宋汴學二體石經記一卷、淮安

北門城樓金天德年大鐘款識一卷附一子史粹言二卷）

500000－8701－0018969　H01011
管子二十四卷　（春秋）管仲撰　（唐）房玄齡註釋　（唐）劉績增註　（明）沈鼎新　（明）朱養純參評　（明）朱長春通演　（明）朱養和輯訂　清嘉慶九年（1804）刻本　八册

500000－8701－0018970　H01012
三流道里表不分卷　（清）徐本等纂修　清刻本　一册

500000－8701－0018971　H01013
虞氏易禮二卷　（清）張惠言撰　清光緒九年（1883）蛟川張氏刻花雨樓叢鈔本　二册

500000－8701－0018972　H01014
說雅二卷　（清）朱駿聲紀錄　清光緒九年（1883）蛟川張氏刻本　二册

500000－8701－0018973　H01015
本草三家合註六卷　（清）郭汝驄集注　**神農本草經百種錄一卷**　（清）徐大椿撰　清刻本　四册

500000－8701－0018974　H01016
少保于公奏議十卷　（明）于謙撰　清光緒錢塘丁氏刻本　六册

500000－8701－0018975　H01017
裕後須知一卷　（□）□□撰　清道光二十九年（1849）刻本　一册

500000－8701－0018976　H01018
督捕則例附纂二卷　（清）徐本等纂修　清刻本　一册

500000－8701－0018977　H01019
新刻鍾伯敬先生批評封神演義十九卷一百回　（明）許仲琳撰　（明）鍾惺評　清刻本　九册　存十七卷（一、四至十九）

500000－8701－0018978　H01020
太上靈寶天尊說利痘保童真經二卷　（□）□□撰　清刻本　一册

500000－8701－0018979　H01021
沉冤實錄一卷　郭祖楷撰　清宣統鉛印本　一册

500000－8701－0018980　H01022
說文校議十五卷　（清）姚文田　（清）嚴可均撰　清刻本　一册　存四卷（十二至十五）

500000－8701－0018981　H01023
恩福堂詩鈔一卷　（清）英和撰　**龍沙紀事詩一卷**　（清）奎照撰　清刻本　一册

500000－8701－0018982　H01024
遊歷芻言一卷　（清）黃楙材撰　清刻得一齋雜著本　一册

500000－8701－0018983　H01025
詠物詩選八卷　（清）俞琰輯　清刻本　二册

500000－8701－0018984　H01026
漢唐事箋前集十二卷後集八卷　（元）朱禮撰　清道光二年（1822）山陰李鋏橋刻本　三册

500000－8701－0018985　H01027
施定菴范西屏棋譜不分卷　（清）毛孝光輯　清刻本　一册

500000－8701－0018986　H01028
桃花泉奕譜二卷　（清）范西屏撰　清刻本　二册

500000－8701－0018987　H01029
桃花泉奕譜二卷　（清）范西屏撰　清刻本　一册　存一卷（上）

500000－8701－0018988　H01030
小方壺齋輿地叢鈔十二帙補編十二帙再補編十二帙　王錫祺編輯　清光緒十七年（1891）上海著易堂鉛印本　五十三册　存八百八十二種八百八十五卷（第一帙：蓋地論一卷、地球總論一卷、地理說略一卷、地理淺說一卷、地球志略一卷、地球形勢說一卷、地理形勢考一卷、五洲方域考一卷、括地略一卷、國地異名錄一卷、五大洲輿地戶口物產表一卷、輿地全覽一卷、天下形勢考一卷、輿地略一卷、府州廳縣異名錄一卷、中國方域考一卷、中國形勢考略一卷、中國歷代都邑考一卷、中國物產考略一卷、輿覽一卷、方輿紀要簡覽一卷、滿洲考略一卷、盛京考略一卷、直隸考略一卷、江蘇考略一卷、安徽考略一卷、江西考略一卷、浙江考略一卷、福建考略一卷、湖北考略一卷、湖南考略一卷、河南考略一卷、山東考略一卷、山西考略一卷、陝西考略一卷、甘肅考略一卷、四川考略一卷、廣東考略一卷、廣西考略一卷、雲南考略一卷、貴州考略一卷、驛站路程一卷、輿地經緯度里表一卷、松亭行紀一卷、扈從東巡日錄一卷附錄一卷、扈從西巡日錄一卷、塞北小鈔一卷、扈從紀程一卷、迎鑾紀恩一卷、迎鑾紀一卷、迎鑾紀恩錄一卷、南巡扈從紀略一卷、迎鑾始末一卷、隨鑾紀恩一卷、庫葉附近諸島考一卷、吉林勘界記一卷、龍沙紀略一卷、黑龍江外紀一卷、卜魁風土記一卷、卜魁紀略一卷、雅克薩考一卷、尼布楚考一卷、艮維窩集考一卷、東三省邊防議一卷、東北邊防論一卷、東陲道里形勢一卷,第二帙:蒙古吉林土風記一卷、塞上雜記一卷、東蒙古形勢考一卷、綏服内蒙古記一卷、綏服外蒙古記一卷、喀爾喀風土記一卷、庫倫記一卷、蒙古五十一旗考一卷、蒙古考略一卷、蒙古邊防議一卷、蒙古台卡略一卷、河套略一卷、綏服厄魯特蒙古記一卷、青海考略一卷、青海事宜論一卷、蒙古沿革考一卷、卡倫形勢記一卷、徵準噶爾記一卷、塞北紀程一卷、西徵紀略一卷、塞程別紀一卷、從西紀略一卷、從軍雜記一卷、兩徵厄魯特記一卷、蕩平準部記一卷、勘定回疆記一卷、高平行紀一卷、新疆後事記一卷、新疆紀略一卷、回疆風土記一卷、回疆雜記一卷、西域釋地一卷、西陲要略一卷、天山南北路考略一卷、回部政俗論一卷、喀什噶爾略論一卷、軍台道里表一卷、西域置行省議一卷、新疆設行省議一卷、西域設行省議一卷、烏魯木齊雜記一卷、伊犁日記一卷、天山客話一卷、東歸日記一卷、荷戈紀程一卷、莎車行紀一卷,第三帙:衛藏識略一卷、烏斯藏考一卷、前後藏考一卷、西藏紀略一卷、撫綏西藏記一卷、西藏後記一卷、西徵記一卷、藏爐總記一卷、藏爐述異記一卷、西藏巡邊記一卷、甯藏七十九族番民考一卷、入藏程站一卷、藏寧路程一卷、藏行紀程一卷、進藏紀程一卷、由藏歸程記一卷、西征日記一卷、晉藏小錄一卷、旃林記略一卷、康輶紀行一卷、前藏三十一城考一卷、察木多西諸部考一卷、乍丫圖說一卷、墨竹工卡記一卷、得慶記一卷、錫金考略一卷、西招審隘篇一卷、西藏要隘考一卷、西藏改省會論一卷、西藏建行省議一卷、征廓爾喀記一卷、廓爾喀不丹合考一卷、征烏梁海述略一卷、哈薩克述略一卷、外藩疆理考一卷、西北邊域考一卷、綏服西屬國記一卷、外藩列傳一卷、北徼形勢考一卷、俄羅斯形勢考一卷、俄羅斯源流考一卷、俄羅斯諸路疆域考一卷、俄羅斯分部說一卷、俄羅斯疆域編一卷、俄羅斯互市始末一卷、俄羅斯叢記一卷、北徼城邑考一卷、北徼方物考一卷、北徼喀倫考一卷、俄羅斯戶口略一卷、異域錄一卷、俄羅斯盟聘記一卷、俄羅斯附記一卷、奉使俄羅斯日記一卷、出塞紀略一卷、聘盟日記一卷、綏服紀略一卷、海隅從事錄一卷、使俄日記一卷、金軺籌筆一卷、俄遊日記一卷、亞洲俄屬考略一卷、取中亞細亞始末記一卷、西伯利記一卷、取悉畢爾始末記一卷、俄屬海口記一卷、符拉迪沃斯托克埠通商論一卷、琿春瑣記一卷、北遊紀略一卷、伯利探路記一卷、蝦夷紀略一卷、俄羅斯疆界碑記一卷、中俄交界記一卷、通俄道里表一卷,第四帙:五嶽說一卷、五嶽約一卷、泰山脈絡紀一卷、泰山紀勝一卷、登岱記一卷、登泰山記一卷、泰山道里記一卷、遊泰山記一卷、登泰山記一卷、遊南嶽記一卷、衡嶽遊記一卷、遊南嶽記一卷、登南嶽記一卷、遊南嶽記一卷、重遊嶽麓記一卷、嵩嶽考一卷、嵩山說一卷、遊中嶽記一卷、遊太室記一卷、登華記一卷、華山經一卷、華山志概一卷、登華山記一卷、登太華山記一卷、太華紀遊略一卷、恒山記一卷、恒嶽記一卷、北嶽辨一卷、北嶽中嶽論一卷、封長白山記一卷、長白山記一卷、遊千頂山記一卷、遊西山記一卷、西山遊記一卷、遊西山記一卷、遊西山記一卷、遊西山記一卷、遊翠微山記一卷、翠微山記一卷、天壽山說一卷、遊上方山記一卷、芯題上方二山紀遊一卷、遊盤山記一卷、遊盤山記一卷、石門諸山記一卷、遊鐘山記一卷、遊鐘山記一卷、遊清涼山記一卷、遊攝山記一卷、攝山紀遊一卷、棲霞山攬勝記一卷、遊幕府山泛舟江口記一卷、花山遊記一卷、遊寶華山記一卷、茅山記一卷、遊瓜步山記一卷、遊吳山記一卷、遊虎邱記一卷、虎邱往還記一卷、遊西山記一卷、遊靈岩山記一卷、遊靈岩記一卷、靈岩懷舊記一卷、遊寒山記一卷、遊茶山記一卷、遊馬駕山記一卷、彈山吾家山遊記一卷、遊洞庭西山記一卷、登洞庭兩山記一卷、遊洞庭西山記一卷、遊西洞庭記一卷、遊洞庭兩山記一卷、西洞庭志一卷、遊包山記一卷、遊石公山記一卷、遊漁洋山記一卷、遊虞山記一卷、遊虞山記一卷、遊虞山記一卷、遊馬鞍山記一卷、玉峰遊記一卷、遊細林山記一卷、遊橫雲山記一卷、毗陵諸山記一卷、遊蜀山記一卷、遊龍池山記一卷、遊龍池山記一卷、遊橫山記一卷、遊焦山記一卷、遊焦山記一卷、遊焦山記一卷、遊焦山記一卷、遊焦山記一卷、遊焦山記一卷、遊焦山記一卷、遊蒜山記一卷、象山記一卷、遊北固山記一卷、遊北固山記一卷、遊金焦北固山記一卷、遊京口南山記一卷、登燕山記一卷、方山記一卷、遊江上諸山記一卷、五狼山記一卷、遊象山麓記一卷、紫琅遊記一卷、遊雲龍山記一卷、雲臺山記一卷、遊雲臺山記一卷、遊雲臺山北記一卷、遊浮山記一卷、遊浮山記一卷、黃山遊記一卷、黃山史概一卷、黟山紀遊一卷、遊黃山記一卷、遊黃山記一卷、遊黃山記一卷、黃山紀遊一卷、黃山紀遊一卷、白嶽遊記一卷、披雲山記一卷、遊靈山記一卷、績溪山水記一卷、黟縣山水記一卷、遊石柱山記一卷、遊敬亭山記一卷、遊敬亭山記一卷、遊九華記一卷、遊九華記一卷、九華日錄一卷、遊九華山記一卷、齊山巖洞志一卷、橫山遊記一卷、梅村山水記一卷、遊青山記一卷、過關山記一卷、盱江諸山遊記一卷、從姑山記一卷、遊壚山記一卷、西山遊記一卷、遊懷玉山記一卷、遊龜峰山記一卷、軍陽山記一卷、遊鵝湖山記一卷、匡廬遊錄一卷、廬山紀遊一卷、匡廬紀遊一卷、遊廬山記一卷、遊廬山記一卷、遊廬山記一卷、遊廬山記一卷、遊廬山後記一卷、遊廬山天池記一卷、遊大孤山記一卷、遊石鐘山記一卷、軍峰山小記一卷、遊福山記一卷、遊麻姑山記一卷、軍峰記一卷、鳳凰山記一卷、鄧公嶺經行記一卷、黃皮山遊紀略一卷、大陽山遊紀略一卷、大圍山遊紀略一卷、遊西陽山記一卷、遊青原山記一卷、翠微峰記一卷、遊翠微峰記一卷、吳山紀遊一卷、遊孤山記一卷、遊硤石兩山記一卷、遊天目山記一卷、遊兩尖山記一卷、雲岫山遊記一卷、遊鷹窠頂記一卷、遊陳山記一卷、蠡山記一卷、遊白鵲山記一卷、道場山遊記一卷、登道場山記一卷、遊道場白雀諸山記一卷、遊大小玲瓏山記一卷、普陀紀勝一卷、遊柯山記一卷、遊吼山記一卷、天台山記一卷、遊天台山記一卷、遊天台山記一卷、天台遊記一卷、遊仙居諸山記一卷、橫山記一卷、禹山記一卷、雁山雜記一卷、遊雁蕩山記一卷、遊雁蕩山記一卷、遊雁蕩記一卷、遊雁蕩日記一卷、北雁蕩紀遊一卷、雁山便覽記一卷、遊南雁蕩記一卷、南雁蕩紀遊一卷、南雁蕩紀遊一卷、中雁蕩紀遊一卷、桃花隘諸山記一卷、芙蓉嶂諸山記一卷、小仙都諸山記一卷、黃龍山記一卷、遊黃龍山記一卷、遊鼓山記一卷、遊鼓山記一卷、遊鼓山記一卷、遊鼓山記一卷、武夷紀勝一卷、武夷山遊記一卷、武夷遊記一卷、武夷遊記一卷、武夷導遊記一卷、遊武夷山記一卷、遊武夷山記一卷、九曲遊記一卷、黃鵠山記一卷、遊襄城山水記一卷、武當山記一卷、遊龍山記一卷、遊石門記一卷、羅山記一卷、登君山記一卷、遊連雲山記一卷、登天岳山記一卷、遊大雲山記一卷、遊金牛山記一卷、遊桃源山記一卷、前遊桃花源記一卷、後遊桃花源記一卷、遊永州近治山水記一卷、遊林慮山記一卷、遊天平山記一卷、遊桐柏山記一卷、遊豐山記一卷、諧屏山記一卷、遊歷山記一卷、長白山錄一卷、遊龍洞山記一卷、遊徂徠記一卷、敖山記一卷、登嶧山記一卷、遊蒙山記一卷、登嵋山記一卷、遊仰天記一卷、遊石門記一卷、遊五蓮記一卷、遊九仙記一卷、遊岠嵎院諸山記一卷、遊程符山記一卷、遊卦山記一卷、五臺山記一卷、老姥掌遊記一卷、遊龍門記一卷、嵯峨山記一卷、遊牛頭山記一卷、太白紀遊略一卷、陝甘諸山考一卷、首陽山記一卷、遊麻姑洞記一卷、洪花洞記一卷、水經要覽一卷、各省水道圖說一卷、江道編一卷、江源記一卷、江源考一卷、江防總論一卷、防江形勢考一卷、入江巨川編一卷、長江津要一卷、淮水編一卷、淮水考一卷、淮水說一卷、尋淮源記一卷、入淮巨川編一卷、黄河編一卷、山東諸水編一卷、會通河水道記一卷、浚小清河議一卷、東湖記一卷、賈魯河說一卷、運河水道編一卷、太湖源流編一卷、三江考一卷、三江考一卷、中江考一卷、南江考一卷、浚吳淞江議一卷、毗陵諸水記一卷、揚州水利論一卷、治下河論一卷、泄湖入江議一卷、高家堰記一卷、淮北水利說一卷、江西水道考一卷、浙江諸水編一卷、兩浙水利詳考一卷、浦陽江記一卷、閩江諸水編一卷、九江考一卷、五溪考一卷、湘水記一卷、灕湘二水記一卷、甘肅諸水編一卷、粵江諸水編一卷、西江源流說一卷、廣西三江源流考一卷、雲南諸水編一卷、雲南三江水道考一卷、黔中水道記一卷、苗疆水道考一卷、三黑水考一卷、黑水考一卷、大金沙江考一卷、開金沙江議一卷、富良江源流考一卷、蒙古水道略一卷、塞北漠南諸水彙編一卷、西北諸水編一卷、西域諸水編一卷、西域水道記一卷、西藏諸水編一卷、西徼水道一卷、北徼水道考一卷、色楞格河源流考一卷、額爾齊斯河源流考一卷、俄羅斯水道記一卷、山川考一卷、天下高山大川考一卷、宇内高山大河考一卷、泛大通橋記一卷、泛通河記一卷、浴溫泉記一卷、遊後湖記一卷、遊消夏灣記一卷、遊黄公澗記一卷、觀水雜記一卷、遊萬柳池記一卷、遊三龍潭記一卷、遊雙溪記一卷、遊媚筆泉記一卷、遊南湖記一卷、泛潁記一卷、遊玉簾泉記一卷、湖山便覽一卷、西湖考一卷、西湖遊記一卷、西湖紀遊一卷、西湖遊記一卷、龍井遊記一卷、小港記一卷、遊鴛鴦湖記一卷、黟淡灘記一卷、湘行記一卷、泛瀟湘記一卷、三灘記一卷、遊浯溪記一卷、浯溪記一卷、平山堂記一卷,第五帙:南遊記一卷、還京日記一卷、南歸記一卷、停驂隨筆一卷、春帆紀程一卷、舟行日記一卷、轉漕日記一卷、舟行記一卷、省闈日記一卷、南行日記一卷、舊鄉行紀一卷、雪鴻再錄一卷、江行日記一卷、東路記一卷、鄉程日記一卷、南遊筆記一卷、泛槳錄一卷、閩行日記一卷、北行日錄一卷、入都日記一卷、南歸記一卷、北征日記一卷、北行日記一卷、北行日記一卷、南遊日記一卷、遊蹤選勝一卷、名勝雜記一卷、鴻雪因緣圖記一卷、浪遊記快一卷、風土雜錄一卷、觀光紀遊一卷,第六帙:京師偶記一卷、燕京雜記一卷、昌平州說一卷、熱河小記一卷、出口程記一卷、居庸關說一卷、金陵志地錄一卷、吳語一卷、吳趨風土錄一卷、姑蘇采風類記一卷、寶山記遊一卷、揚州名勝錄一卷、真州風土記一卷、山陽風俗物產志一卷、清河風俗物產志一卷、徐州輿地考一卷、海曲方域小志一卷、龍眠遊記一卷、西幹記一卷、懷遠偶記一卷、樅江遊記一卷、雩都行記一卷、南豐風俗物產志一卷、杭俗遺風一卷、杭州遊記一卷、杭州城南古跡記一卷、峽川志略一卷、湯陰風俗志一卷,第七帙,蜀遊日記一卷、雅州道中小記一卷、夔行紀程一卷、西征記一卷、北遊紀程一卷、巴船紀程一卷、東歸錄一卷、遊蜀日記一卷、遊蜀後記一卷、川中雜識一卷、粵述一卷、粵西偶記一卷、粵西瑣記一卷、灕江雜記一卷、滇南通考一卷、滇南雜誌一卷、全滇形勢論一卷、入滇陸程考一卷、入滇江路考一卷、滇南新語一卷、滇南雜記一卷、尋親紀程一卷、滇還日記一卷、洱海叢談一卷、滇遊記一卷、滇行紀程一卷續鈔一卷、東還紀程一卷續鈔一卷、自滇入都程記一卷、滇行日錄一卷、滇軺紀程一卷、使滇紀程一卷、雲南風土記一卷、探路日記一卷、滇遊日記一卷、順寧雜著一卷、黔囊一卷、黔記一卷、黔西古跡考一卷、黔遊記一卷、黔中雜記一卷、黔中紀聞一卷、貴州道中記一卷、古州雜記一卷、粵滇雜記一卷,第八帙:苗疆城堡考一卷、苗彊村寨考一卷、苗疆險要考一卷、苗疆道路考一卷、苗疆風俗考一卷、苗疆師旅考一卷、平苗記一卷、苗防論一卷、西南夷改流記一卷、邊省苗蠻事宜論一卷、改土歸流說一卷，第九帙：海道編一卷、海防篇一卷、海防總論一卷、沿海形勢錄一卷、沿海形勢論一卷、沿海形勢論一卷、防海形勢考一卷、江防海防策一卷、航海圖說一卷、營口雜記一卷、營口雜誌一卷、津門雜記一卷、黑水洋考一卷、瀛壖雜誌一卷、滬遊雜記一卷、淞南夢影錄一卷、海塘說一卷、甌江逸志一卷、閩遊紀略一卷、閩小記一卷、閩雜記一卷、平定臺灣述略一卷、臺灣紀略一卷、臺灣雜記一卷、臺灣小志一卷、臺題使槎錄一卷、臺灣隨筆一卷、裨海紀遊一卷、番境補遺一卷、海上紀略一卷、浮海前記一卷、渡海後記一卷、東征雜記一卷、臺遊筆記一卷、平臺灣生番論一卷、番社采風圖考一卷、臺灣番社考一卷、埔裏社紀略一卷、東西勢社番記一卷、臺北道里記一卷、噶瑪蘭紀略一卷、澎湖紀略一卷、亞哥書馬島記一卷、嶺南雜記一卷、粵囊一卷、南來志一卷、北歸志一卷、廣州遊覽小志一卷、南越筆記一卷、途中記一卷、粵遊錄一卷、北轅錄一卷、入廣記一卷、粵遊小志一卷、赤溪雜志一卷、澳門圖說一卷、澳門記一卷、澳門形勢篇一卷、澳門形勢論一卷、澳蕃篇一卷、制馭澳夷論一卷、澳門形勢論一卷、虎門記一卷、潮州海防記一卷、瓊州記一卷、黎岐紀聞一卷、中國海島考略一卷、中外述遊一卷，第十帙：東南三國記一卷、高麗論略一卷、朝鮮考略一卷、征撫朝鮮記一卷、朝鮮小記一卷、高麗形勢一卷、朝鮮風土略述一卷、高麗風俗記一卷、朝鮮風俗記一卷、朝鮮八道紀要一卷、朝鮮風土記一卷、高麗瑣記一卷、朝鮮輿地說一卷、朝鮮疆域紀略一卷、朝鮮會通條例一卷、東遊記一卷、遊高麗王城記一卷、朝鮮雜述一卷、東國名勝記一卷、入高紀程一卷、巨文島形勢一卷、朝鮮諸水編一卷、高麗水道考一卷、越南志一卷、安南小志一卷、越南考略一卷、越南世系沿革略一卷、越南疆域考一卷、越南地輿圖說一卷、安南雜記一卷、安南紀遊一卷、越南遊記一卷、征撫安南記一卷、征安南紀略一卷、從征安南記一卷、越南山川略一卷、越南道路略一卷、中越交界各隘卡略一卷、黑河紀略一卷、緬甸志一卷、緬甸考略一卷、征緬甸記一卷、緬事述略一卷、征緬紀略一卷、征緬紀聞一卷、緬甸瑣記一卷、入緬路程一卷、緬藩新紀一卷、暹羅考一卷、暹羅志一卷、暹羅考略一卷、暹羅別記一卷、東洋記一卷、日本考略一卷、日本疆域險要一卷、日本沿革一卷、日本載筆一卷、日本近事記一卷、日本通中國考一卷、袖海編一卷、使東述略一卷、使東雜記一卷、日本雜事一卷、東遊日記一卷、東遊紀盛一卷、日本瑣志一卷、扶桑遊記一卷、東遊日記一卷、東洋瑣記一卷、日本紀遊一卷、日本雜記一卷、豈止快錄一卷、禺於日錄一卷、熱海遊記一卷、使會津記一卷、東槎雜著一卷、東槎聞見錄一卷、遊日光山記一卷、登富嶽記一卷、登富士山記一卷、鹿門宕岳諸遊記一卷、遊嵐峽記一卷、遊石山記一卷、登金華山記一卷、遊松連高雄二山記一卷、霧島山記一卷、遊天王山記一卷，第十一帙：海錄一卷、大西洋記一卷、西方要紀一卷、通商諸國記一卷、英吉利地圖說一卷、歐洲總論一卷、中西關係略論一卷、乘搓筆記一卷、航海述奇一卷、初使泰西記一卷、使西書略一卷、使法事略一卷、使西紀程一卷、英軺日記一卷、隨使日記一卷、使英雜記一卷、使法雜記一卷、使還日記一卷、使德日記一卷、出使英法日記一卷、歐遊隨筆一卷、歐遊雜錄一卷、西征紀程一卷、出洋瑣記一卷、出使須知一卷、瀛海采問紀實一卷、西俗雜誌一卷、涉洋管見一卷、出洋須知一卷、歸國日記一卷、瀛海論一卷、出使英法義比四國日記一卷、蠡測巵言一卷、瀛海巵言一卷、西事蠡測一卷、漫遊隨錄一卷、遊英京記一卷、遊歷筆記一卷、泰西城鎮記一卷、彈丸小記一卷、土國戰事述略一卷、冰洋事蹟述略一卷，第十二帙：小西洋記一卷、阿利未加洲各國志一卷、亞非理駕諸國記一卷、地蘭士華路考一卷、埃及紀略一卷、埃及國記一卷、新開地中河記一卷、阿比西尼亞國述略一卷、探地記一卷、黑蠻風土記一卷、亞美理駕諸國記一卷、墨洲雜記一卷、美國記一卷、紅苗紀略一卷、三藩市紀一

卷、墨西哥記一卷、古巴雜記一卷、秘魯形勢錄一卷、使美紀略一卷、美會紀略一卷）

500000－8701－0018989　H01031

等韻一得外篇一卷校勘記一卷　勞乃宣撰　清刻本　一冊

500000－8701－0018990　H01032

十三峯書屋全集文稿一卷詩集二卷書劄四卷批牘二卷　（清）李榕著　清光緒十八年（1892）龍安書院刻本　八冊

500000－8701－0018991　H01033

鄒徵君遺書八種附二種　（清）鄒伯奇撰　清同治十二年（1873）刻本　五冊　存十三種十六卷（學計一得二卷，補小爾雅釋度量衡一卷，格術補一卷，對數尺記一卷，乘方捷算三卷，鄒徵君存稿一卷；附夏氏算學四種：少廣縋鑿一卷、洞方術圖解二卷、致曲術一卷、致曲圖解一卷，徐氏算學三種：造各表簡法一卷、截球解義一卷）

500000－8701－0018992　H01034

吉林度支司光緒戊申年收支欵目報告書不分卷　（清）□□撰　清宣統元年（1909）上海商務印書館鉛印本　三冊

500000－8701－0018993　H01035

刑案匯覽六十卷首一卷末一卷　（清）祝慶祺編　清道光十四年（1834）刻本　六十三冊

500000－8701－0018994　H01036

刑案匯覽六十卷首一卷末一卷　（清）祝慶祺編　清道光十四年（1834）刻本　七冊　存七卷（三至九）

500000－8701－0018995　H01037

荀子集解二十卷首一卷　（唐）楊倞注　王先謙集解　清光緒十七年（1891）刻本　六冊

500000－8701－0018996　H01038

西清續鑑甲編二十卷附錄一卷　（清）王傑等編　清末石印本　四十二冊

500000－8701－0018997　H01039

資治新書二集二十卷　（清）李漁輯　清刻本　十二冊

500000－8701－0018998　H01040

南宋雜事詩七卷　（清）沈嘉轍等撰　清刻本　四冊

500000－8701－0018999　H01041

左氏春秋紀事本末十四卷首一卷　（清）熊為霖讀本　清刻本　八冊

500000－8701－0019000　H01042

左汾近稾一卷　（清）閻詠撰　清眷西堂刻本　一冊

500000－8701－0019001　H01043

大清律纂修條例不分卷　（清）刑部纂修　清刻本　一冊

500000－8701－0019002　H01044

芳堅館題跋四卷　（清）郭尚先撰　清刻本　一冊

500000－8701－0019003　H01045

增補醫林狀元壽世保元十卷　（明）龔廷賢編　清末上海廣益書局石印本（卷十係補配）　六冊　存六卷（三、六至十）

500000－8701－0019004　H01046

東南海島圖經十卷　（清）張美翊撰　（清）世增譯　清光緒二十六年（1900）上海石印本　二冊　存四卷（一至四）

500000－8701－0019005　H01047

四庫未收書目提要五卷　（清）阮元撰　清光緒九年（1883）成都御風樓刻本　三冊

500000－8701－0019006　H01048

韓隱廬詩鈔七卷樂府集一卷補遺集一卷　（清）黃瑞蓮撰　清光緒三十四年（1908）刻本　一冊　存五卷（一至四、樂府集一卷）

500000－8701－0019007　H01049

廿一史彈詞註十一卷　（明）楊慎撰　清乾隆五十一年（1786）張任佐視履堂刻本　五冊　存八卷（一至八）

500000－8701－0019008　H01050

草堂詩餘續集二卷　（明）長湖外史類輯　草

堂餘詩別集四卷　(明)沈際飛選評　明末刻本　二冊　存四卷(續集二卷、別集三至四)

500000－8701－0019009　H01051
莊子集釋十卷　(清)郭慶藩輯　清思賢書局刻本　七冊　存九卷(二至十)

500000－8701－0019010　H01052
釋名四卷　(漢)劉熙撰　清刻本　一冊　存三卷(一至三)

500000－8701－0019011　H01053
欽定西清古鑑四十卷錢錄十六卷　(清)梁詩正等編　清光緒十四年(1888)上海鴻文書局石印本　十四冊　存三十二卷(一至四、七至十、十七至二十、二十二至二十三、二十六、三十一至三十七、四十,錢錄一至九)

500000－8701－0019012　H01054
西清續鑑甲編二十卷附錄一卷　(清)王傑等編　清末石印本　四冊　存二卷(十九至二十)

500000－8701－0019013　H01055
西清續鑑甲編二十卷附錄一卷　(清)王傑等編　清末石印本　四冊　存三卷(十九殘、二十殘,附錄一卷)

500000－8701－0019014　H01056
古經解彙函續附十種　(清)鍾謙鈞輯　清末石印本　一冊　存七種二十五卷(五經異義疏證三卷,古文尚書十卷、附尚書篇目表一卷,尚書逸文二卷,魯詩故三卷,齊詩傳二卷,韓詩故二卷,薛君韓詩章句二卷)

500000－8701－0019015　H01057
古經解彙函續附十種　(清)鍾謙鈞輯　清末石印本　一冊　存七種二十五卷(五經異義疏證三卷,古文尚書十卷、附尚書篇目表一卷,尚書逸文二卷,魯詩故三卷,齊詩傳二卷,韓詩故二卷,薛君韓詩章句二卷)

500000－8701－0019016　H01058
晦闇齋筆語六卷南屏贅語八卷　(清)董沛撰　清光緒刻正誼堂全集本　二冊　存七卷(晦闇齋筆語一至三、南屏贅語一至四)

500000－8701－0019017　H01059
靈鶼閣叢書六集五十六種　(清)江標輯　清元和江氏刻本　十一冊　存十二種二十七卷(江寧金石待訪錄目二卷,山左南北朝石刻存目一卷,漢鼓吹鐃歌十八曲集解一卷,碧城僊館詩鈔八卷,西疆雜述詩四卷,瓊州雜事詩一卷,匪石山人詩一卷,衎波詞一卷,文史通義補編一卷、附鈔刊本目錄一卷,和林金石錄一卷詩一卷攷一卷,前塵夢影錄二卷,西遊錄注一卷)

500000－8701－0019018　H01060
二知軒詩鈔□□卷二知軒詩續鈔二十二卷　(清)方濬頤撰　清同治八年(1869)刻本　十四冊　存三十二卷(詩鈔三至十二、詩續鈔二十二卷)

500000－8701－0019019　H01061
刑案匯覽六十卷首一卷末一卷拾遺備考一卷　(清)祝慶祺輯　清末圖書集成局鉛印本　二十七冊　存六十一卷(三至六十、首一卷、末一卷、拾遺備考一卷)

500000－8701－0019020　H01062
五經合纂大成四十九卷　(清)同文書局編輯　清光緒十一年(1885)上海同文書局石印本　十九冊

500000－8701－0019021　H01063
歸田詩話三卷　(明)瞿佑撰　清刻本　一冊

500000－8701－0019022　H01064
藝苑捃華四十八種　(清)顧之逵輯　清同治七年(1868)刻本　十一冊　存三十九種六十三卷(小爾雅一卷、西京雜記六卷、海內十洲記一卷、羣輔錄一卷、南方草木狀三卷、搜神記八卷、神仙傳五卷、御覽闕史二卷、二十四詩品一卷、本事詩一卷、雲溪友議一卷、酉陽雜俎二卷、諸皋記一卷、博異志一卷、李泌傳一卷、仙吏傳一卷、英雄傳一卷、劍俠傳一卷、柳毅傳一卷、虬髯客傳一卷、馮燕傳一卷、蔣子文傳一卷、杜子春傳一卷、龍女傳一卷、妙女傳一卷、神女傳一卷、楊太真外傳二卷、長恨歌傳一卷、梅妃傳一卷、紅線傳一卷、劉無雙傳一卷、霍小玉傳一卷、牛應貞傳一卷、謝小娥傳一卷、李娃傳一卷、章臺柳傳一卷、非煙傳一卷、江淮異人錄一卷、國朝麗體金膏四卷)

500000－8701－0019023　H01065
幽冥寶傳不分卷　(□)□□撰　清宣統二年(1910)刻本　一册

500000－8701－0019024　H01066
佩文齋詠物詩選四百八十六卷　(清)張玉書等輯　清康熙四十六年(1707)内府刻本　四册　存五十三卷(天、日、月、星、河漢、風、雲、雨、晴、佛寺、佛、僧、浮圖、僧家雜、松、柏、檜、杉、榆、槐、梧桐、榕、椿、楠、桑、楸、楊柳、樫、烏柏、冬青、銀杏、木瓜、木槿花、特丹花、芍藥花、瑞香花、木芙蓉、茉莉花、夾竹桃花、薔薇花、月季花、刺桐花、酴醾花、凌霄花、藤花、山丹花、玉瓏鬆花、瓊花、蘭花、蕙花、芝類、萱花、菊花)

500000－8701－0019025　H01067
寰宇訪碑錄十二卷　(清)孫星衍　(清)邢澍撰　清刻本　二册　存五卷(四至八)

500000－8701－0019026　H01068
燕市聯吟集四卷討春合唱一卷　(清)袁通輯　清嘉慶九年(1804)刻本　一册

500000－8701－0019027　H01069
摹印述一卷　(清)陳澧撰　**容川詩鈔二卷**　(清)蔣澤澐撰　清湘鄉蔣氏龍安郡署刻求實齋叢書本　一册

500000－8701－0019028　H01070
海防錄要二卷　蔣德鈞纂　清光緒湘鄉蔣氏刻本　一册　存一卷(二)

500000－8701－0019029　H01071
蔣恭侯傳不分卷　蔣德鈞纂　清光緒湘鄉蔣氏刻本　一册

500000－8701－0019030　H01072
求實齋叢書十五種　蔣德鈞輯　清光緒中湘鄉蔣氏求實齋刻本　六册　存八種十六卷(群書治要子鈔二卷,三通序一卷,六書說一卷,轉注古義考一卷,聲調前譜一卷後譜一卷續譜一卷,尸子二卷,三才略三卷,篤素堂集鈔三卷:恆產瑣言一卷、聰訓齋語二卷)

500000－8701－0019031　H01073
心傳韻語五卷　(清)何謙撰　清刻本　三册　存三卷(二、四至五)

500000－8701－0019032　H01074
十駕齋養新錄二十卷　(清)錢大昕撰　清刻本　二册　存七卷(一至七)

500000－8701－0019033　H01075
儀禮十七卷　(漢)鄭玄註　(清)張爾岐句讀　清刻本　二册　存六卷(一至六)

500000－8701－0019034　H01076
漢孳室文鈔四卷補遺一卷　(清)陶方琦撰　清光緒十八年(1892)徐氏鑄學齋刻紹興先正遺書本　二册

500000－8701－0019035　H01077
問琴閣詩錄一卷　宋育仁撰　清刻本　一册

500000－8701－0019036　H01078
新鐫許真君廣玉匣記增補諸家選擇日用通書六卷　(□)□□撰　清刻本　一册

500000－8701－0019037　H01079
關尹子九卷　(戰國)尹喜撰　清同治四年(1865)種蕉書室刻本　一册

500000－8701－0019038　H01080
周易十一卷　(唐)李鼎祚集解　清光緒三十二年(1906)東洲刻本　三册　存六卷(一至六)

500000－8701－0019039　H01081
來瞿唐先生易註十五卷首一卷末一卷附圖像一卷　(明)來知德註　清嘉慶寧遠堂刻本　七册　存七卷(三至五、十四至十五,末一卷,圖像一卷)

500000－8701－0019040　H01082
續藏書二十七卷　(明)李贄輯著　明刻本　一册　存六卷(二十二至二十七)

500000－8701－0019041　H01083

顯佛集三卷 (明)釋廣真集 明崇禎刻本 一冊

500000－8701－0019042 H01084
御選語錄十九卷 (清)世宗胤禛選 清刻本 八冊 存十一卷(四至六、十、十二至十八)

500000－8701－0019043 H01085
志學通禪師語錄十卷 (清)釋真耀等編 清刻本 一冊

500000－8701－0019044 H01086
宗鏡錄一百卷 (宋)釋延壽集 清雍正十二年(1734)刻本 十一冊 存五十五卷(一至五、十一至二十、三十六至四十、四十六至五十、五十六至六十五、七十一至七十五、八十一至九十、九十六至一百)

500000－8701－0019045 H01087
香屑集十八卷首一卷末一卷 (清)黄之雋集 清刻本 四冊

500000－8701－0019046 H01088
秘傳花鏡六卷 (清)陳淏子輯 清刻本 六冊

500000－8701－0019047 H01089
管子二十四卷 (唐)房玄齡注 (明)劉績補 清光緒二十三年(1897)新化三味書局仿明吳郡趙氏本刻本 八冊

500000－8701－0019048 H01090
觀象廬叢書二十八種 (清)呂調陽撰 清光緒十四年(1888)刻本 六十冊

500000－8701－0019049 H01091
古文約選不分卷 (清)允禮選 清同治八年(1869)刻本 三冊 存四種(西漢文約選、東漢文約選、後漢文約選、韓退之文約選)

500000－8701－0019050 H01092
幾何原本十五卷首十五卷 (意大利)利瑪竇口譯 (明)徐光啓筆受 清光緒二十四年(1898)刻本 七冊 存二十六卷(一至三、六至十五,首一至三、六至十五)

500000－8701－0019051 H01093
山居存藁一卷 (宋)陳必復撰 **端隱吟藁一卷** (宋)林尚仁撰 **斗野藁支卷一卷** (宋)張蘊撰 清末石印本 一冊

500000－8701－0019052 H01094
紹興先正遺書十四種一百七十六卷 (清)徐友蘭輯 清光緒會稽徐氏刻本 十八冊 存五種五十八卷[第一集南江札記四卷末一卷;第二集群書拾補初編三十七卷:五經正義表一卷、周易注疏校正一卷、周易略例校正一卷、尚書注疏校正一卷、春秋左傳注疏校正一卷、禮記注疏校補一卷、儀禮注疏校正一卷、呂氏讀詩記補闕一卷、史記惠景閑侯者年表校補一卷、續漢書志注補校正一卷、晉書校正一卷、魏書校補一卷、宋史孝宗紀補脱一卷、金史補脱一卷、資治通鑒序補逸一卷、文獻通考經籍校補一卷、史通校正一卷、新唐書糾謬校補一卷、山海經圖贊補逸一卷、水經序補逸一卷、鹽鐵論校補一卷、新序校補一卷、説苑校補一卷、列子張湛注校正一卷、韓非子校正一卷、申鑒校正一卷、晏子春秋校正一卷、風俗通義校正逸文一卷、新論校正一卷、潛虛校正一卷、春渚紀聞補闕一卷、嘯堂集古錄校補一卷、鮑照集校補一卷、韋蘇州集校正拾遺一卷、元微之文集校補一卷、白氏文集校正一卷、林和靖集校正一卷,群書拾補補遺三卷:明史藝文志二卷(宋史藝文志補一卷、補遼金元藝文志一卷)、揚雄太玄經校正一卷,群書拾補識語一卷;第三集:重論文齋筆錄十二卷]

500000－8701－0019053 H01095
古韵通説二十卷 (清)龍啓瑞撰 清光緒九年(1883)四川尊經書局刻本 二冊 存十一卷(一至十一)

500000－8701－0019054 H01096
毛詩古音攷四卷附讀詩拙言一卷 (明)陳第編輯 清光緒六年(1880)武昌張氏刻本 一冊 存一卷(一)

500000－8701－0019055 H01097
魏文貞公故事拾遺三卷年譜一卷 (清)王先恭集 清光緒九年(1883)長沙王氏刻本 一

冊　存二卷(三、年譜一卷)

500000－8701－0019056　H01098
碧檀欒齋詩稿□□卷　(□)□□撰　清刻本　二冊　存二卷(三至四)

500000－8701－0019057　H01099
本草萬方鍼線八卷　(明)李時珍撰　(清)蔡烈先輯　清春明堂刻本　二冊　存五卷(一至三、七至八)

500000－8701－0019058　H01100
湯起鎬輓章不分卷　(□)□□撰　清刻本　一冊

500000－8701－0019059　H01101
雅江新政一卷　(清)盧抱孫撰　清光緒二年(1876)成都會元堂刻本　一冊

500000－8701－0019060　H01102
宋史四百九十六卷　(元)脱脱等修　清刻本　一冊　存三卷(四十五至四十七)

500000－8701－0019061　H01103
續資治通鑑長編五百二十卷目錄二卷　(宋)李燾撰　清嘉慶二十四年(1819)海虞張氏愛日精廬刻本　三冊　存十七卷(一至三、四十八至五十三、七十四至七十九,目錄二卷)

500000－8701－0019062　H01104
如不及齋彙鈔二十六種　(清)陳坤輯　清同治至光緒刻本　三十九冊　缺一卷(澳門紀略二)

500000－8701－0019063　H01105
大清法規大全(光緒辛丑迄宣統己酉)　(清)政學社編　清宣統政學社石印本　五冊　存四種十三卷(軍政部一至二、首一卷,教育部一、十一至十四,外交部二下,財政部五至八)

500000－8701－0019064　H01106
格致書院課藝(光緒丙戌至癸巳年)　(清)王韜編　清光緒十二年至十九年(1886－1893)上海書局鉛印本　十三冊

500000－8701－0019065　H01107
甲乙存稿四卷　(清)程大中撰　清刻本　一冊

500000－8701－0019066　H01108
韓非子二十卷　(戰國)韓非撰　(清)吳汝綸點勘　清宣統二年(1910)衍星社鉛印桐城吳先生點勘諸子七種本　二冊

500000－8701－0019067　H01109
總纂升菴合集二百四十卷　(明)楊慎著　(清)鄭寶琛纂輯　(清)王文林編次　清光緒八年(1882)刻本　二十六冊　存五十八卷(五十三至一百一、一百九十六至二百四)

500000－8701－0019068　H01110
啓法入門六卷　(清)游藝輯　清刻本　一冊　存二卷(一至二)

500000－8701－0019069　H01111
救世鍼砭不分卷　(清)爕元子撰　清光緒三十三年(1907)刻本　二冊

500000－8701－0019070　H01112
五經集解三十三卷　(清)馮世瀛輯　清同治八年(1869)刻本　十三冊　存十三卷(一、七至十八)

500000－8701－0019071　H01113
事類賦補遺十四卷　(清)張均撰　**續廣事類賦三十卷**　(清)王鳳喈撰注　清刻本　十一冊　存三十二卷(事類賦補遺十四卷、續廣事類賦十三至三十)

500000－8701－0019072　H01114
新説西遊記圖像一百回　(明)吳承恩撰　清石印本　二冊　存二十回(三十七至五十、七十五至八十)

500000－8701－0019073　H01115
大清現行刑律案語不分卷　沈家本等編　清鉛印本　一冊

500000－8701－0019074　H01116
修正刑律案語不分卷　(□)□□撰　清末修正法律館鉛印本　一冊　存四十一葉(四十五至八十五)

500000－8701－0019075　H01117

遊歷芻言一卷　（清）黄楙材撰　清刻本　一册

500000－8701－0019076　H01118
西徼水道一卷　（清）黄楙材撰　清刻本　一册

500000－8701－0019077　H01119
四書正文不分卷　（□）□□撰　清末刻本　二册　存二種(大學、中庸)

500000－8701－0019078　H01120
胡文忠公遺集八十六卷首一卷　（清）胡林翼撰　（清）鄭敦謹　（清）曾國荃編輯　清刻本　十五册　存四十一卷(一至十五、五十九至八十四)

500000－8701－0019079　H01121
東原録一卷　（宋）龔鼎臣撰　**可書一卷**　（宋）張知甫撰　清光緒三年(1877)歸安陸氏刻十萬卷樓叢書本　一册

500000－8701－0019080　H01122
尚書大傳四卷補遺一卷　（漢）伏勝撰　（漢）鄭玄注　**鄭司農集一卷**　（漢）鄭玄撰　清乾隆二十一年(1756)德州盧氏刻雅雨堂藏書本　一册

500000－8701－0019081　H01123
桐園草堂琴譜□□卷　（清）俞宗青輯　清刻五色套印本　二册　存二卷(一、五)

500000－8701－0019082　H01124
萬善花室駢體文鈔一卷　（清）方履籛撰　**柏梘山房駢體文鈔一卷**　（清）梅曾亮撰　**梧生駢體文鈔一卷**　（清）傅桐撰　清刻國朝十家四六文鈔本　一册

500000－8701－0019083　H01125
文廟紀畧四卷　（清）宗觀纂輯　（清）洪力行增訂　清刻本　二册

500000－8701－0019084　H01126
盛明百家詩三百二十四卷　（明）俞憲輯　明刻本　一册　存三卷(徐龍灣集一卷、吳川樓集一卷、梁比部集一卷)

500000－8701－0019085　H01127
桃花泉奕譜二卷　（清）范西屏撰　清刻本　一册

500000－8701－0019086　H01128
桃花泉奕譜二卷　（清）范西屏撰　清刻本　二册

500000－8701－0019087　H01129
坐隱齋先生自訂棋譜全集不分卷　（□）□□撰　明書林王氏刻本　三册

500000－8701－0019088　H01130
坐隱齋先生自訂棋譜全集不分卷　（□）□□撰　明書林王氏刻本　一册

500000－8701－0019089　H01131
竹波軒棋冊不分卷　（□）□□撰　清道光十五年(1835)刻本　一册

500000－8701－0019090　H01132
武林往哲遺箸五十六種　（清）丁丙輯　清光緒中錢塘丁氏嘉惠堂刻本　四十册　存三十二種二百十五卷(錢唐韋先生文集一至十六、準齋雜說二卷附録一卷、棋訣一卷附録一卷、新注朱淑真斷腸詩集十卷後集七卷補遺一卷、芝田小詩一卷、漁溪詩稿二卷乙稿一卷補遺一卷、橘潭詩稿一卷、芸居乙稿一卷補遺一卷附録一卷、雲泉詩稿一卷補遺一卷、書小史一至六、對床夜語五卷、山村遺集一卷附録一卷、學古編一卷、閒居録一卷、竹素山房集三卷補遺一卷附録一卷、貞居先生詩集七卷補遺二卷附録二卷、江月松風集十二卷補遺一卷文録一卷附録一卷、山居新語一卷、柘軒集四卷附録二卷、李草閣詩集六卷拾遺一卷文集一卷、筠穀詩集一卷、松雨軒集八卷補遺一卷附録二卷、詠物詩一卷、周真人集一卷補遺一卷、節庵集八卷續稿一卷、奚囊蠹餘二十卷補遺一卷附録二卷、孫夫人集一卷、亶爰子詩集二卷附録一卷、弘藝録三十二卷、無纇生詩選一卷、龍珠山房詩集二卷補遺一卷附録一卷、始豐稿十四卷補遺一卷附録一卷)

500000－8701－0019091　H01133
繪圖二十四孝　（□）□□撰　清末合川雲門

鎮雙合書店刻本　一冊

500000－8701－0019092　H01134
繪圖二十四孝　(□)□□撰　清末合川雲門鎮雙合書店刻本　一冊

500000－8701－0019093　H01135
寄龕襍著四種十六卷　(清)孫德祖撰　清光緒刻本　四冊

500000－8701－0019094　H01136
朱子性理吟二卷　(清)吳徽仲編次　**蒙養詩教一卷**　(清)胡匏更編　清康熙四十年(1701)海陽吳氏樹滋堂刻本　一冊

500000－8701－0019095　H01137
浙西六家詞六種　(清)龔翔麟編　清康熙刻本　二冊　存三種十二卷(黑蝶齋詞一卷、紅藕莊詞三卷、山中白雲詞八卷)

500000－8701－0019096　H01138
尺木堂綱鑑易知錄九十二卷　(清)吳乘權等輯　清刻本　五冊　存九卷(一至三、十二至十三、十九至二十、二十八至二十九)

500000－8701－0019097　H01139
聚星堂餘草不分卷　(清)陳在德撰　清光緒二十四年(1898)刻本　一冊

500000－8701－0019098　H01140
聚星堂餘草不分卷　(清)陳在德撰　清光緒二十四年(1898)刻本　一冊

500000－8701－0019099　H01141
笠翁偶集六卷　(清)李漁撰　清芥子園刻本　五冊　存五卷(二至六)

500000－8701－0019100　H01142
周易通義十六卷　(清)莊忠棫撰　清光緒六年(1880)冶城山館刻本　二冊

500000－8701－0019101　H01143
音韻正訛四卷　(清)孫耀輯　(清)吳思本訂　清刻本　一冊

500000－8701－0019102　H01144
繪餘漫錄四卷　(清)毛上炱撰　清刻本　一冊

500000－8701－0019103　H01145
鄭學錄四卷　(清)鄭珍撰　清同治四年(1865)刻本　二冊

500000－8701－0019104　H01146
半間軒詩草二卷　(清)林大宏撰　清道光六年(1826)刻本　一冊

500000－8701－0019105　H01147
新語二卷　(漢)陸賈撰　清刻本　一冊

500000－8701－0019106　H01148
課兒圖鈔存一卷　(□)□□撰　清光緒十四年(1888)雉山飽墨齋刻本　一冊

500000－8701－0019107　H01149
佩文齋廣群芳譜一百卷目錄二卷　(清)汪灝等輯　清刻本　十四冊　存四十卷(一至三、十一至二十一、二十五至二十八、三十五至三十九、四十二至五十、七十二至七十五、九十九至一百,目錄二卷)

500000－8701－0019108　H01150
佩文齋廣群芳譜一百卷目錄二卷　(清)汪灝等輯　清刻本　八冊　存二十四卷(四至六、十至二十一、二十三至三十一)

500000－8701－0019109　H01151
石林遺書十三種　(宋)葉夢得撰　葉德輝輯　清光緒至宣統長沙葉氏觀古堂刻本　十冊　存七種三十七卷(禮記解一至四,石林燕語一至十、附校一,石林燕語辨一至十,避暑錄話一至二,石林詩話一至三、拾遺一、附錄一卷,石林詞一,石林遺事一至三、附錄一卷)

500000－8701－0019110　H01152
周季編略九卷　(清)黄式三纂　清刻本　四冊

500000－8701－0019111　H01153
通鑑紀事本末二百三十九卷　(宋)袁樞編輯　(明)張溥論正　清刻本　十冊　存二十七卷(二百六至二百十五、二百二十至二百三十六)

500000－8701－0019112　H01154

弟子職集解一卷附句讀一卷考證一卷補音一卷 （清）莊述祖輯　清光緒十四年（1888）江蘇書局刻本　一冊

500000－8701－0019113　H01155
弟子職集解一卷附考證一卷 （清）莊述祖輯　清同治三年（1864）綏定郡齋刻本　一冊

500000－8701－0019114　H01156
御選唐宋文醇五十八卷 （清）高宗弘曆選　清刻本　三冊　存九卷（一至二、十九至二十二、五十二至五十四）

500000－8701－0019115　H01157
分類詩腋八卷 （清）李楨編　清桂月樓刻本　四冊

500000－8701－0019116　H01158
古今詩話選雋二卷 （清）盧衍仁手錄　清刻本　一冊

500000－8701－0019117　H01159
新刻六言雜字真音一卷 （□）□□撰　清光緒二年（1876）文星堂刻本　一冊

500000－8701－0019118　H01160
振振堂聯稿二卷文稿二卷詩稿二卷聯稿續二卷 （清）鍾祖芬撰　（清）鄭壎輯註　清光緒三十二年（1906）刻本　三冊　存五卷（聯稿一、文稿二卷、詩稿二卷）

500000－8701－0019119　H01161
振振堂聯稿二卷文稿二卷詩稿二卷聯稿續二卷 （清）鍾祖芬撰　（清）鄭壎輯註　清光緒三十二年（1906）刻本　八冊

500000－8701－0019120　H01162
東麓堂稿不分卷 （清）汪景霞撰　清咸豐八年（1858）刻本　一冊

500000－8701－0019121　H01163
東洋史要二卷 （日本）桑原鷺藏撰　樊炳清譯　清光緒二十五年（1899）東文學社石印本　二冊

500000－8701－0019122　H01164
唐詩直解七卷首一卷 （明）李攀龍輯　（明）葉羲昂直解　清刻本　三冊

500000－8701－0019123　H01165
唐人試帖攀龍四卷 （清）毛奇齡輯　清康熙五十四年（1715）刻本　二冊

500000－8701－0019124　H01166
郋園先生全書一百三十一種 葉德輝輯　清光緒長沙葉氏刻本　九冊　存十二種二十五卷（崑崙集一卷續一卷釋文一卷附錄一卷、義烏朱氏論學遺札一卷、沈下賢文集一至六、瑞應圖記一卷、龔定菴說文段注札記一卷、山海經圖贊二、爾雅圖贊一卷、淮南鴻烈閒詁二卷、山公啟事一卷佚事一卷、三家詩補遺三卷、傅子三卷）

500000－8701－0019125　H01167
觀河集四卷 （清）彭紹升撰　清光緒四年（1878）刻本　一冊

500000－8701－0019126　H01168
結一廬書目四卷 （清）朱學勤撰　清刻本　一冊

500000－8701－0019127　H01169
郋園先生全書一百三十一種 葉德輝輯　清光緒長沙葉氏刻本　二十一冊　存十九種六十八卷（沈下賢集十二卷、疑雨集一至二、曝書亭刪餘詞一卷曝書亭原稿目一卷校勘記一卷、爾雅補注四卷、爾雅圖贊一卷、宋忠定趙周列王別錄八卷、趙忠定奏議四卷、六書古微十卷、絳雲樓書目補遺一卷、靜惕堂宋元書目一卷、徵刻唐宋秘書目一卷附考證二卷徵刻書啟五先生事略一卷、竹崦盦傳鈔書目一卷、山海經圖贊二卷、禮記解四卷、華陽陶隱居內傳三卷、華陽陶隱居集二卷、結一廬書目四卷、金陵百詠一卷、嘉禾百詠一卷）

500000－8701－0019128　H01170
說文聲類二卷 （清）嚴可均撰　清光緒刻本　一冊　存一卷（一）

500000－8701－0019129　H01171
萍蓬類稿三種四卷 （清）陳克劬撰　清光緒十九年（1893）刻本　一冊

500000－8701－0019130　H01172
金匱要略註解□□卷　(□)□□撰　清刻本　四冊　存二十卷(三至十八、二十至二十三)

500000－8701－0019131　H01173
江刻書目三種　(清)江標輯　清光緒元和江氏刻本　三冊　存二種五卷(鐵琴銅劍樓藏宋元本書目四卷、海源閣藏書目一卷)

500000－8701－0019132　H01174
史目表二卷　(清)洪飴孫撰　清光緒三年(1877)授經堂刻本　一冊

500000－8701－0019133　H01175
西藏圖考八卷　(清)黃沛翹撰　清石印本　三冊　存三卷(六至八)

500000－8701－0019134　H01176
越史略三卷　(□)□□撰　清石印本　一冊

500000－8701－0019135　H01177
吉林外記十卷　(清)薩英額撰　清光緒二十九年(1903)文瑞樓石印本　四冊

500000－8701－0019136　H01178
黑龍江外記八卷　(清)西清撰　清石印本　一冊　存四卷(五至八)

500000－8701－0019137　H01179
蒙古游牧記十六卷　(清)張穆撰　清光緒二十九年(1903)金匱浦氏靜寄東軒上海書局石印本　五冊　存十三卷(一至二、六至十六)

500000－8701－0019138　H01180
漢西域圖考七卷首一卷　(清)李光廷撰　清石印本　一冊　存二卷(六至七)

500000－8701－0019139　H01181
西域水道記五卷新疆賦一卷　(清)徐松撰　清光緒二十九年(1903)上海文瑞樓石印本　四冊

500000－8701－0019140　H01182
東北邊防輯要二卷　(清)曹廷杰撰　清光緒二十九年(1903)上海文瑞樓石印本　一冊

500000－8701－0019141　H01183
東三省輿地圖說一卷附錄一卷　(清)曹廷杰撰　清光緒二十九年(1903)上海文瑞樓石印本　一冊

500000－8701－0019142　H01184
滇緬劃界圖說一卷　(清)薛福成撰　清石印本　一冊

500000－8701－0019143　H01185
平定羅刹方略一卷元朝征緬錄一卷　(□)□□撰　清光緒二十九年(1903)上海文瑞樓石印本　一冊

500000－8701－0019144　H01186
職方外紀五卷首一卷　(明)艾儒略撰　清石印本　一冊

500000－8701－0019145　H01187
經籍纂詁一百六卷附補遺　(清)阮元撰　清石印本　六冊　存七十六卷(上聲一至二十九、去聲一至三十、入聲一至十七)

500000－8701－0019146　H01188
新民叢報彙編不分卷(甲辰年)　(清)新民叢報社編　清光緒三十二年(1906)文會書社石印本　一冊　存一種(論說)

500000－8701－0019147　H01189
新民叢報彙編不分卷(甲辰年)　(清)新民叢報社編　清光緒三十二年(1906)文會書社石印本　一冊　存一種(論說)

500000－8701－0019148　H01190
新民叢報彙編不分卷(甲辰年)　(清)新民叢報社編　清光緒三十二年(1906)文會書社石印本　一冊　存一種(論說)

500000－8701－0019149　H01191
新民叢報彙編不分卷(甲辰年)　(清)新民叢報社編　清光緒三十二年(1906)文會書社石印本　一冊　存一種(論說)

500000－8701－0019150　H01192
新民叢報彙編不分卷(甲辰年)　(清)新民叢報社編　清光緒三十二年(1906)文會書社石印本　一冊　存一種(論說)

500000－8701－0019151　H01193
新民叢報彙編不分卷(乙巳年)　(清)新民叢

報社編　清光緒三十二年(1906)文會書局石印本　一冊　存二種(論說、特別論說)

500000－8701－0019152　H01194
皇朝輿地畧一卷韻編一卷　(□)□□撰　清光緒十年(1884)湖北官書處刻本　二冊

500000－8701－0019153　H01195
皇朝輿地畧一卷韻編一卷　(□)□□撰　清光緒十年(1884)湖北官書處刻本　二冊

500000－8701－0019154　H01196
經訓比義三卷　(清)黄以周撰　清光緒二十二年(1896)南菁講舍刻本　三冊

500000－8701－0019155　H01197
亨甫詩選八卷　(清)張際亮撰　清光緒八年(1882)徐氏刻本　一冊　存二卷(一至二)

500000－8701－0019156　H01198
新刻清書全集四種　(清)陳可臣編　清康熙三十八年(1699)刻本　一冊　存一種(清書十二字頭)

500000－8701－0019157　H01199
硯北雜志一卷　(元)陸友仁撰　清道光九年(1829)長白榮氏刻得月簃叢書本　一冊

500000－8701－0019158　H01200
說文新附攷六卷續考一卷　(清)鈕樹玉撰　清同治十三年(1874)湖北崇文書局刻本　一冊　存三卷(一至三)

500000－8701－0019159　H01201
後漢書補逸二十一卷　(清)姚之駰輯　清刻本　一冊　存四卷(十五至十八)

500000－8701－0019160　H01202
後漢書志三十卷　(晉)司馬彪撰　明清遞修刻本　一冊　存十卷(十一至二十)

500000－8701－0019161　H01203
仰視千七百二十九鶴齋叢書四十種　(清)趙之謙輯　清光緒六年(1880)刻本　二十四冊　二十七種五十九卷(韓詩遺說二卷訂訛一卷,九經學殘三卷:周禮二卷、儀禮一卷,赤盧札記二卷,從古堂款識學一卷,汰存錄一卷,僞陽雜錄一卷,英吉利廣東入城始末一卷,東籬耦談四卷,阮亭詩餘一卷,書巖賸稿一卷,二十一都懷古詩一卷,勇盧閑詰一卷,虞氏易事二卷,質疑一卷,補五代史藝文志一卷,六壬神定經二卷,天問閣集三卷,西藏攷一卷,讀史舉正八卷,鄭堂札記五卷,春秋朔閏異同二卷,金源劄記二卷,敬脩堂釣業一卷,古易音訓二卷,憶書六卷,曹州牡丹譜一卷附記一卷,明氏實錄一卷)

500000－8701－0019162　H01204
皇朝經世文三編八十卷　(清)陳忠倚輯　清光緒二十八年(1902)重慶中西書屋鉛印本　十四冊

500000－8701－0019163　H01205
繡像批點紅樓夢一百二十回　(清)曹雪芹撰　清刻本　二冊　存十一回(一至四、十一至十七)

500000－8701－0019164　H01206
繪圖綴白裘十二集四十八卷　題(清)玩花主人輯　清末石印本　一冊　存一集四卷(七集一至四)

500000－8701－0019165　H01207
增像續小五義六卷一百廿四回　(□)□□撰　清光緒三十二年(1906)上海書局石印本　一冊　存一卷二十回(卷一:一至二十回)

500000－8701－0019166　H01208
佩文齋詠物詩選四百八十六卷　(清)張玉書等輯　清康熙四十六年(1707)內府刻本　四冊　存十一卷(一冊一至七、五十七冊一至四)

500000－8701－0019167　H01209
雙池文集十卷　(清)汪紱撰　清道光十四年(1834)一經堂刻本　五冊　存九卷(二至十)

500000－8701－0019168　H01210
總纂升菴合集二百四十卷　(明)楊慎著　(清)鄭寶琛纂輯　(清)王文林編次　清光緒八年(1882)刻本　一百冊

500000－8701－0019169　H01211
總纂升菴合集二百四十卷　(明)楊慎著　(清)鄭寶琛纂輯　(清)王文林編次　清刻本　三十

四册　存八十九卷(一百七至一百九十五)

500000－8701－0019170　H01212
總纂升菴合集二百四十卷　(明)楊慎著　(清)鄭寶琛纂輯　(清)王文林編次　清刻本　二十二册　存五十四卷(十六至五十二、二百二十至二百三十二、二百三十七至二百四十)

500000－8701－0019171　H01213
唐王燾先生外臺秘要方四十卷　(唐)王燾撰　清同治十三年(1874)廣東翰墨園刻本　四十册

500000－8701－0019172　H01214
儆居遺書十一種　(清)黄式三撰　清同治至光緒浙江書局刻本　十六册　存三種四十九卷(論語後案二十卷,周季編略九卷,儆居集:經説五卷、史説五卷、讀通考二卷、讀子集四卷、雜著一至四)

500000－8701－0019173　H01215
儆居集二十二卷　(清)黄式三撰　清刻儆居遺書本　五册　存十三卷(經説三至五、史説一至四、讀子集三至四、雜著一至四)

500000－8701－0019174　H01216
儆季褋箸五種附二種　(清)黄以周撰　清刻本　五册　存四種十三卷(羣經説三至四、史説略四卷、子敍一卷、文鈔六卷)

500000－8701－0019175　H01217
儆季褋箸五種附二種　(清)黄以周撰　清刻本　二册　存二種五卷(史説略一至三、文鈔五至六)

500000－8701－0019176　H01218
儀禮經注一隅二卷　(清)朱允倩撰　清道光二十九年(1849)朱氏家塾刻本　一册

500000－8701－0019177　H01219
賓萌集五卷外集四卷　(清)俞樾撰　清刻本　四册

500000－8701－0019178　H01220
船山遺書五十六種二百九十四卷附刊二卷補遺一卷　(清)王夫之撰　清同治四年(1865)金陵湘鄉曾氏刻本　九册　存十五種附二種二十四卷(周易内傳一上、發例一卷,詩廣傳五卷,思問錄内篇一卷外篇一卷,俟解一卷,噩夢一卷,雁字詩一卷,倣體詩一卷,嶽餘集一卷,鼓棹初集一卷,鼓棹二集一卷,瀟湘怨詞一卷,詩譯一卷,夕堂永日緒論外編一卷,南窗漫記一卷,龍舟會雜劇一卷;附:王船山叢書校勘記二卷、薑齋詩賸稿一卷)

500000－8701－0019179　H01221
傳家寶初集八卷二集八卷三集八卷四集八卷　(清)石成金撰集　清刻本　二十三册　存二十三卷(初集二、五至八,二集一、六至八,三集一至八,四集一、四至八)

500000－8701－0019180　H01222
崇文書局彙刻書三十一種　(清)崇文書局輯　清光緒三年(1877)湖北崇文書局刻本　八十册

500000－8701－0019181　H01223
皇朝輿地圖説六卷　(清)馬晉義編輯　清光緒二十八年(1902)上海蒙學報館石印本　五册　存五卷(一至三、五至六)

500000－8701－0019182　H01224
禪門鍛煉説一卷　(清)釋戒顯著　清同治十一年(1872)如皋刻經處刻本　一册

500000－8701－0019183　H01225
蓮修必讀一卷　(清)釋觀如輯　清光緒十二年(1886)揚州藏經院刻本　一册

500000－8701－0019184　H01226
宋詩鈔初集八十四種　(清)吕留良等選　清康熙十年(1671)吳氏鑑古堂刻本　五册　存十四種十四卷(屏山集鈔一卷、韋齋詩鈔一卷、玉瀾集鈔一卷、北山小集鈔一卷、竹洲詩鈔一卷、石湖詩鈔一卷、止齋詩鈔一卷、誠齋江湖集鈔一卷荊溪集鈔一卷、清苑齋詩鈔一卷、葦碧軒詩鈔一卷、芳蘭軒詩鈔一卷、二薇亭詩鈔一卷、知稼翁詩鈔一卷)

500000－8701－0019185　H01227
拜經樓藏書題跋記五卷附錄一卷　(清)吳壽

暘纂　清道光二十七年(1847)刻本　五冊

500000－8701－0019186　H01228

記事珠十卷　(清)張以謙輯　清嘉興江氏刻本　三冊　存八卷(一至八)

500000－8701－0019187　H01229

經典釋文三十卷　(唐)陸德明撰　清刻本　十冊　存二十八卷(三至三十)

500000－8701－0019188　H01230

今古學攷二卷　廖平撰　清光緒十二年(1886)刻本　一冊

500000－8701－0019189　H01231

瘦羊錄十五種　(清)熊士鵬撰輯　清嘉慶至道光天門熊氏刻本　二十五冊　存十二種五十七卷(鵠山小隱詩集十六卷補遺一卷詩話一卷、鵠山小隱文集十卷、東坡詩集一卷、東坡文集一卷、壯遊草一卷、天門書院雜著一卷、耄學詩集一卷續刻一卷、耄學文集一卷續刻一卷、荊湖知舊詩鈔二卷、竟陵詩選十四卷補遺一卷、竟陵詩話一卷、竟陵文選三卷)

500000－8701－0019190　H01232

繡雲閣八卷一百四十三回　(清)魏文中撰　清刻本　七冊　存七卷(二至八)

500000－8701－0019191　H01233

嶺南遺書五十九種　(清)伍元薇　(清)伍崇曜輯　清道光至同治南海伍氏粵雅堂刻本　八十冊

500000－8701－0019192　H01234

紀文達公遺集十六卷　(清)紀樹馨編校　清嘉慶十七年(1812)刻本　四冊　存四卷(一、九、十五至十六)

500000－8701－0019193　H01235

御選歷代詩餘一百二十卷　(清)沈辰垣等纂　清康熙四十六年(1707)刻本　六冊　存十三卷(二至三、六至九、十二至十四、十七至二十)

500000－8701－0019194　H01236

毛鄭詩斠議一卷　羅振玉著　清末鉛印本　一冊

500000－8701－0019195　H01237

呂晚村東莊詩集七卷　(清)呂留良撰　清宣統三年(1911)上海國光印刷所鉛印本　一冊

500000－8701－0019196　H01238

方程天元合釋一卷四元名式釋例一卷四元加減乘除釋一卷四元草一卷　(清)丁取忠輯　清刻本　一冊

500000－8701－0019197　H01239

白芙堂算學叢書二十三種八十九卷　(清)丁取忠輯　清同治至光緒長沙古荷池精舍刻本　二十四冊

500000－8701－0019198　H01240

皇朝政典類纂五百卷目錄六卷　(清)席裕福纂　清光緒二十八年(1902)上海圖書集成局鉛印本　九十五冊　存四百三卷(一至三十三、三十八至四十二、七十三至一百六、一百九至一百二十二、一百二十七至一百五十、一百五十五至二百十七、二百二十二至二百三十四、二百三十八至二百六十三、二百六十八至二百八十二、二百九十三至三百二十二、三百二十七至三百三十三、三百四十二至三百八十三、三百八十八至四百九、四百二十五至四百五十六、四百六十一至四百九十七,目錄六卷)

500000－8701－0019199　H01241

經學輯要二十四卷　(□)□□撰　清光緒十四年(1888)上海點石齋石印本　二十七冊　存二十一卷(一至十七中、十八至十九、二十三下、二十四上二至二十四中三、二十四下二至下三)

500000－8701－0019200　H01242

海瑞大紅袍全傳十集一百卷　(□)□□撰　清瀛經堂刻本　九冊　存九集八十一卷(大紅袍十卷、二紅袍十卷、三紅袍一至八、四紅袍十卷、五紅袍十卷、六紅袍十卷、七紅袍十卷、八紅袍十卷、九紅袍一至三)

500000－8701－0019201　H01243

修齊遺言不分卷　(□)□□撰　清光緒十六年(1890)古黔范敦和堂刻本　一冊

500000－8701－0019202　H01244

經解指要七種　(清)陶大眉彙輯　清廣濟陶氏家塾刻本　五册　存五種十六卷(周易八卷、春秋二卷、儀禮二卷、周禮二卷、禮記二卷)

500000－8701－0019203　H01245

事物異名錄四十卷　(清)厲荃輯　(清)關槐增纂　清刻本　十八册　存三十七卷(四至四十)

500000－8701－0019204　H01246

皇朝武功紀盛四卷　(清)趙翼撰　清刻本　一册

500000－8701－0019205　H01247

秘書二十一種　(清)汪士漢輯　清刻本　二册　存二種十三卷(汲冢周書一至十、吳越春秋四至六)

500000－8701－0019206　H01248

御選歷代詩餘一百二十卷　(清)沈辰垣等纂　清康熙四十六年(1707)刻本　十八册　存六十二卷(四十九至五十三、五十七至一百十三)

500000－8701－0019207　H01249

古俗字略七卷補一卷　(明)陳士元撰　清道光十三年(1833)吳玉坪刻歸雲别集本　六册

500000－8701－0019208　H01250

師伏堂叢書十八種　(清)皮錫瑞撰　清光緒刻本　十三册　存八種二十二卷(經學通論五卷、經學歷史一卷、尚書中候疏證一卷、鄭志疏證八卷附鄭記攷證一卷附答臨孝存周禮難一卷、聖證論補評二卷、六藝論疏證一卷、魯禮禘祫義疏證一卷、王制箋一卷)

500000－8701－0019209　H01251

峽江圖考不分卷　(清)江國璋繪　清石印本　一册

500000－8701－0019210　H01252

伏侯古今注一卷淮南萬畢術一卷　(清)茆泮林輯　清道光十四年(1834)刻本　一册

500000－8701－0019211　H01253

雙楳景闇叢書十五種二十七卷　葉德輝輯　清光緒至宣統長沙葉氏郎園刻本　三册　存十二種十五卷(素女經一卷、素女方一卷、玉房秘訣一卷指要一卷、洞玄子一卷、天地陰陽交歡大樂賦一卷、青樓集一卷、板橋雜記三卷、吳門畫舫錄一卷、乾嘉詩壇點將錄一卷、東林點將錄一卷、重刻足本乾嘉詩壇點將錄一卷、秦雲擷英小譜一卷)

500000－8701－0019212　H01254

紅杏山房聞見隨筆二十八卷　(清)盧秉鈞纂述　清光緒十八年(1892)盧氏家塾刻本　五册　存二十三卷(一至九、十五至二十八)

500000－8701－0019213　H01255

易經如話十二卷首一卷　(清)汪烜撰　清曲水書局木活字印重訂汪子遺書本　六册

500000－8701－0019214　H01256

受子譜選二卷首一卷　(清)李汝珍輯　清嘉慶二十二年(1817)刻本　二册

500000－8701－0019215　H01257

牡丹亭還魂記八卷　(明)湯顯祖編　清刻本　五册　存六卷(一、四至八)

500000－8701－0019216　H01258

司空詩品註釋一卷　(唐)司空圖撰　清刻本　一册

500000－8701－0019217　H01259

衛藏圖識圖考二卷識畧二卷　(清)盛繩祖著　清刻本　一册　存一卷(圖考一)

500000－8701－0019218　H01260

八家四六文鈔八種九卷　(清)吳鼒輯　清刻本　一册　存二種二卷(儀鄭堂遺稿一卷、思補堂文集一卷)

500000－8701－0019219　H01261

第一才子書繡像三國志演義六十卷一百二十回　(明)羅貫中撰　(清)毛宗崗評　清光緒三十年(1904)上海商務印書館鉛印本　一册　存二卷(一至二)

500000－8701－0019220　H01262
皇朝經世文編一百二十卷　（清）賀長齡輯　清思補樓石印本　二册　存四卷（六十四至六十五、九十七至九十八）

500000－8701－0019221　H01263
遊峩録一卷　（清）向增元撰　清同治八年（1869）刻本　一册

500000－8701－0019222　H01264
皇朝經世文新編二十一卷　麥仲華輯　清鉛印本　二册　存一卷（十五上中）

500000－8701－0019223　H01265
皇朝經世文續編一百二十卷　（清）葛士濬輯　清石印本　十六册　存五十六卷（六十五至一百二十）

500000－8701－0019224　H01266
皇朝經世文續編一百二十卷　（清）盛康輯　清光緒二十三年（1897）武進盛氏思補樓刻本　八十册

500000－8701－0019225　H01267
朱蓉生駁康學書札一卷　（清）朱一新撰　清末上海商務印書館鉛印本　一册

500000－8701－0019226　H01268
俄大彼得併吞世界遺策一册　（美國）林樂知譯意　蔡爾康撰文　清光緒二十九年（1903）上海時中書局鉛印本　一册

500000－8701－0019227　H01269
經義合編二卷　（□）□□撰　清光緒二十七年（1901）刻本　一册　存一卷（一）

500000－8701－0019228　H01271
王益吾所刻書十一種　王先謙輯　清光緒九年（1883）長沙王氏刻本　四册　存三種八卷（魏鄭公諫録五卷、魏鄭公諫續録二卷、魏徵列傳一卷）

500000－8701－0019229　H01272
白香山詩長慶集二十卷後集十七卷别集一卷補遺二卷　（唐）白居易撰　（清）汪立名編訂　清康熙四十一年至四十二年（1702－1703）汪立名一隅草堂刻本　十册

500000－8701－0019230　H01273
觀古堂所著書一集七種二集十種　葉德輝輯　清光緒中湘潭葉氏刻民國八年（1919）重編印本　十二册　存十五種三十卷（第一集：天文本單經論語校勘記一卷、孟子章句一卷附劉熙事蹟考一卷、月令章句四卷、古今夏時表一卷附易通卦驗節候校文一卷、釋人疏證二卷，第二集：山公啟事一卷佚事一卷、瑞應圖記一卷、鬻子二卷、郭氏玄中記一卷、淮南鴻烈閒詁二卷、淮南萬畢術二卷、傅子三卷、晉司隸校尉傅玄集三卷、藏書十約一卷、遊藝巵言二卷）

500000－8701－0019231　H01274
志壑堂詩集十二卷文集十二卷詩後集五卷文後集三卷辛酉同遊倡和詩餘後集二卷　（清）唐夢賚撰　清康熙四年（1665）刻本　十八册

500000－8701－0019232　H01275
新刻九我李太史編纂古本世史大方綱鑑四十卷　（明）李廷機撰　清刻本　十三册　存三十七卷（一至十一、十五至四十）

500000－8701－0019233　H01276
王漁洋遺書三十八種　（清）王士禛撰　清刻本　六册　存三種八卷（粵行三志：南來志一卷、北歸志一卷，分甘餘話四卷，南海集二卷）

500000－8701－0019234　H01277
佩文齋詠物詩選四百八十六卷　（清）張玉書等輯　清刻本　八册　存五十三卷（三册一至五、六册一至五、三十册一至七、三十六册一至四、三十七册一至二、四十五册一至四、五十六册一至十四、六十四册一至十二）

500000－8701－0019235　H01278
後知不足齋叢書五十六種　（清）鮑廷爵編輯　清光緒中古虞鮑氏後知不足齋刻本　三十九册

500000－8701－0019236　H01279
後知不足齋叢書五十六種　（清）鮑廷爵編輯　清光緒中古虞鮑氏後知不足齋刻本　十五

冊　存十一種二十九卷(第一函:鄭氏遺書五種:駁五經異議一卷、補遺一卷,箴膏肓一卷,起廢疾一卷,發墨守一卷,鄭志三卷、附録一卷,沈氏經學六種:陸氏經典異文輯六卷,經典異文補六卷,注疏瑣語四卷,春秋左傳分國土地名二卷,左傳列國職官一卷,左傳器物宫室一卷)

500000－8701－0019237　H01280
桂海虞衡志一卷　(宋)范成大撰　**博異記一卷**　(唐)谷神子撰　清刻本　一冊

500000－8701－0019238　H01281
記事珠十卷　(清)張以謙輯　清刻本　八冊　存八卷(三至十)

500000－8701－0019239　H01282
新增説文韻府羣玉二十卷　(元)陰時夫輯　(元)陰中夫註　明末刻本　十冊

500000－8701－0019240　H01283
花間笑語五卷　題(清)釀花使者撰　清嘉慶二十三年(1818)刻本　一冊　存二卷(一至二)

500000－8701－0019241　H01284
諏吉便覽不分卷　(清)俞榮寬編　(清)費淳鑒定　清朱墨套印本　一冊

500000－8701－0019242　H01285
華英通商事略一卷　(英國)偉烈亞力口譯　(清)王韜撰　**西俗雜誌一卷**　倉山舊主著　清光緒二十三年(1897)影印本　一冊

500000－8701－0019243　H01286
繪圖後紅樓夢六卷三十二回　題(清)逍遥子撰　清石印本　四冊　存四卷(二至三、五至六)

500000－8701－0019244　H01287
學算筆談十二卷　(清)華蘅芳撰　清光緒二十二年(1896)上海文瑞樓石印本　四冊

500000－8701－0019245　H01288
四體千家詩一卷　(□)□□撰　清宣統元年(1909)上海章福記書局石印本　一冊

500000－8701－0019246　H01289
新鐫五言千家詩箋註二卷諸名家百花詩一卷　(清)王相選註　清莆陽鄭氏刻本　一冊

500000－8701－0019247　H01290
韻法横圖一卷韻法直圖一卷末一卷　(明)梅膺祚編　清刻本　一冊

500000－8701－0019248　H01291
韻法直圖一卷韻法横圖一卷末一卷　(明)梅膺祚編　清刻本　一冊

500000－8701－0019249　H01292
説鈴前集三十三種後集十九種　(清)吴震方輯　清康熙刻本　二冊　存六種十卷(前集:甌江逸志一卷、嶺南雜記二卷,後集:冥報録二卷、現果隨録一卷、曠園雜志二卷、言鯖二卷)

500000－8701－0019250　H01293
消暑隨筆四卷　(清)潘世恩撰　清刻本　一冊　存二卷(一至二)

500000－8701－0019251　H01294
地球韻言四卷　(清)張士瀛撰　清光緒二十四年(1898)鄂垣務急書館刻本　二冊

500000－8701－0019252　H01295
金剛頂經瑜伽文殊師利菩薩法一品(五字呪法)一卷金剛頂瑜伽經十八會指歸一卷訶利帝母真言法一卷大方廣佛華嚴經入法界品四十二字觀一卷陀羅尼門諸部要目一卷金剛頂瑜伽三十七尊禮一卷受菩提心戒儀一卷大聖文殊師利菩薩讚佛法身禮一卷百千頌大集經地藏菩薩請問法身讚一卷　(唐)釋不空譯　**般若波羅蜜多理趣經大安樂不空三昧真實金剛菩薩等一十七聖大曼荼羅義述一卷**　(唐)釋阿目佉金剛譯　**一百五十讚佛頌一卷**　(唐)釋義淨譯　清刻本　一冊

500000－8701－0019253　H01296
續博物志十卷　(宋)李石撰　**摭言一卷**　(五代)王定保撰　**小名録二卷**　(唐)陸龜蒙撰　清刻本　一冊

500000－8701－0019254　H01297

嬾真子五卷　(宋)馬永卿撰　**歸田錄二卷**　(宋)歐陽修撰　清刻本　一册

500000－8701－0019255　H01298
太上洞玄靈寶高上玉皇本行經三卷　(□)□□撰　清刻本　一册　存二卷(二至三)

500000－8701－0019256　H01299
批點分類誠齋先生文膾後集十二卷　(宋)楊萬里撰　明隆慶六年(1572)翁文溪刻本　一册

500000－8701－0019257　H01300
新刻旁訓四六古事苑十卷　(明)鄧志謨著　清刻本　一册　存九卷(一至九)

500000－8701－0019258　H01301
癸辛雜識前集一卷後集一卷　(宋)周密撰　清刻本　一册

500000－8701－0019259　H01302
八識規矩頌一卷大乘百法明門論一卷　(明)釋廣益釋　清刻本　一册

500000－8701－0019260　H01303
二十一史彈詞註十卷　(明)楊慎撰　(清)張三異增定　清刻本　四册　存五卷(五、七至十)

500000－8701－0019261　H01304
二十一史彈詞註十卷　(明)楊慎撰　(清)張三異增定　清刻本　一册　存二卷(九下至十)

500000－8701－0019262　H01305
觀古堂所著書一集七種二集十種　葉德輝輯　清光緒中湘潭葉氏刻民國八年(1919)重編印本　十一册　存十四種二十九卷(第一集:天文本單經論語校勘記一卷、孟子章句一卷附劉熙事蹟考一卷、月令章句四卷、郎園論學書札一卷、六書古微七至十、釋人疏證二卷,第二集:山公啟事一卷佚事一卷、瑞應圖記一卷、鬻子二卷、郭氏玄中記一卷、傅子三卷、晉司隸校尉傅玄集三卷、藏書十約一卷、遊藝卮言二卷)

500000－8701－0019263　H01306
觀古堂彙刻書一集十三種二集六種　葉德輝輯　清光緒二十八年(1902)長沙葉氏刻民國八年(1919)重編印本　九册　存十一種三十一卷[第一集:阮氏三家詩補遺三卷,爾雅圖贊一卷,山海經圖贊二卷,說文段注校三種:徐星伯說文段注札記一卷、龔定菴說文段注札記一卷、桂未谷說文段注鈔一卷補鈔一卷,華陽陶隱居内傳三卷,華陽陶隱居集二卷;第二集:沈下賢集一至六,金陵百詠一卷,嘉禾百詠一卷,曝書亭刪餘詞一卷曝書亭詞手稿原目一卷附校勘記一卷,嚴東有詩集十卷(存歸求草堂詩集一至五)]

500000－8701－0019264　H01307
大方廣圓覺修多羅了義經直解二卷　(唐)釋佛陀多羅譯　(明)釋德清解　清光緒十年(1884)杭州昭慶寺慧空經房刻本　二册

500000－8701－0019265　H01308
樊榭山房集十卷續集十卷文集八卷集外詩三卷又一卷集外詞四卷集外曲二卷集外文一卷附挽辭墓誌軼事　(清)厲鶚撰　清光緒十年(1884)汪氏振綺堂刻本　九册　存三十六卷(樊榭山房集一至七、續集十卷、文集八卷、集外詩三卷又一卷、集外詞四卷、集外曲二卷集外文一卷、附挽辭墓誌軼事)

500000－8701－0019266　H01309
律例圖說辨譌十卷　(清)萬維翰纂　清乾隆二十八年(1763)刻本　五册　存八卷(一、三、五至十)

500000－8701－0019267　H01310
重訂路史全本前紀九卷後紀十四卷餘論十卷發揮六卷國名紀八卷　(宋)羅泌輯　(宋)羅苹註　清刻本　五册　存九卷(餘論一至五、國名紀五至八)

500000－8701－0019268　H01311
重訂路史全本前紀九卷後紀十四卷餘論十卷發揮六卷國名紀八卷　(宋)羅泌輯　(宋)羅苹註　清刻本　二十一册　存四十一卷(前紀三至九、後紀五至十四、餘論十卷、發揮六

卷、國名紀八卷）

500000－8701－0019269　H01312
正字通十二集　（清）張自烈輯　清刻本　七冊　存七集（子集至寅集、申集至亥集）

500000－8701－0019270　H01313
四書集註十九卷　（宋）朱熹集註　清刻本　六冊　存十七卷（孟子七卷、論語十卷）

500000－8701－0019271　H01314
太乙舟文集八卷　（清）陳用光著　清道光十七年（1837）武昌王崇文堂刻本　三冊

500000－8701－0019272　H01315
沈端恪公［近思］年譜二卷　（清）沈曰富纂　清同治十二年（1873）浙江書局刻本　一冊

500000－8701－0019273　H01316
四書集注十九卷　（宋）朱熹集註　清刻本　三冊　存十二卷（大學一卷、中庸一卷、論語十卷）

500000－8701－0019274　H01317
詩經精華十卷首一卷　（清）薛嘉穎撰　（清）魏朝俊增輯　清光緒十一年（1885）魏氏古香閣刻本　五冊

500000－8701－0019275　H01318
書經精華十卷首一卷　（宋）蔡沈集傳　（清）王巨源編　清光緒十一年（1885）魏氏古香閣刻本　七冊

500000－8701－0019276　H01319
易經精華六卷首一卷末一卷　（清）魏朝俊輯　清光緒十一年（1885）魏氏古香閣刻本　二冊　存五卷（一至四、首一卷）

500000－8701－0019277　H01320
積古齋鐘鼎彝器款識十卷　（清）阮元編錄　清末石印本　四冊　存八卷（一至八）

500000－8701－0019278　H01321
兩漢策要十二卷　（宋）陶叔獻輯　清光緒二十四年（1898）上海古香閣石印本　二冊

500000－8701－0019279　H01322
四書味根錄三十九卷　（清）金澂撰　清末寶文局石印本　五冊　存二十七卷（大學一卷、中庸二卷、論語二十卷首一卷、孟子十二至十四）

500000－8701－0019280　H01323
御案詩經備旨八卷　（清）鄒聖脈纂輯　清刻本　五冊　存七卷（一至四、六至八）

500000－8701－0019281　H01324
新刻萬法歸宗五卷　（□）□□撰　清刻本　三冊　存三卷（一、三、五）

500000－8701－0019282　H01325
十三經集字摹本不分卷　（清）彭玉雯纂　（清）萬青銓校正　清道光二十九年（1849）刻本　八冊

500000－8701－0019283　H01326
孟子七卷　（宋）朱熹集註　清李光明莊狀元閣刻本　一冊　存二卷（六至七）

500000－8701－0019284　H01327
俄史輯譯四卷　（英國）闞斐迪譯　清光緒十四年（1888）益智書會刻本　一冊　存二卷（一至二）

500000－8701－0019285　H01328
劉向說苑纂註二十卷　（日本）尾張關嘉纂註　清刻本　三冊　存十卷（四至七、十五至二十）

500000－8701－0019286　H01329
正字通十二集　（清）張自烈　（清）廖文英輯　**字彙舊本首卷一卷**　（明）梅膺祚音釋　清康熙二十四年（1685）刻本　十五冊　存八集（丑下，寅上、中，卯，辰上，巳，午上、下，未，申上、中）

500000－8701－0019287　H01330
皇清經解一千四百八卷首一卷　（清）阮元輯　清道光九年（1829）學海堂刻咸豐十年（1860）補刻本　十四冊　存三十九卷（二百六十五至二百六十六、二百九十一至二百九十二、四百三十四、四百九十九至五百四、五百二十八至五百三十一、五百六十五至五百六十六、五百八十一至五百八十四、七百七十九至七百八十三、一千一百四十三至一千一百四十六、一千一百七十至一千一百七十二、一千二百四至一千二百五、一千二百五十、一千三百五十五至一千三百五十七）

500000－8701－0019288　H01331
皇清經解一千四百八卷首一卷　（清）阮元輯　清道光九年（1829）學海堂刻咸豐十年（1860）補刻本　三百六十冊

500000－8701－0019289　H01332
皇清經解一千四百八卷首一卷　（清）阮元輯　清道光九年（1829）學海堂刻咸豐十年（1860）補刻本　三百六十冊

500000－8701－0019290　H01333
皇清經解一千四百八卷首一卷　（清）阮元輯　清道光九年（1829）學海堂刻咸豐十年（1860）補刻本　三百五十五冊　存一千三百八十九卷（一至二十七、三十一至四百十九、四百二十四至一千三百十六、一千三百三十至一千四百八，首一卷）

500000－8701－0019291　H01334
皇清經解一千四百十二卷首一卷　（清）阮元輯　清道光九年（1829）學海堂刻咸豐十年（1860）補刻同治九年（1870）續刻本　三百六十七冊　存一千三百九十三卷（一至四十七、五十一至一千一百十六、一千一百二十六至一千一百三十六、一千一百四十至一千一百七十二、一千一百七十八至一千四百十二，首一卷）

500000－8701－0019292　H01335
皇清經解續編一千四百三十卷　王先謙輯　清光緒十四年（1888）江陰南菁書院刻本　三百二十冊

500000－8701－0019293　H01336
皇清經解續編一千四百三十卷　王先謙輯　清光緒十四年（1888）江陰南菁書院刻本　二百八十一冊　存一千一百三十二卷（一至八百二十四、八百三十四至八百九十三、九百十六至九百三十四、九百八十四至一千三十三、一千六十二至一千七十六、一千二百十七至一千二百五十七、一千二百七十五至一千三百四十、一千三百七十四至一千四百三十）

500000－8701－0019294　H01337
皇清經解續編一千四百三十卷　王先謙輯　清光緒十四年（1888）江陰南菁書院刻本　二百四十三冊　存一千七十一卷（一至三十四、五十七至六十六、一百六十至三百十二、三百十六至三百四十五、四百十六至四百六十七、四百七十至六百七十一、六百七十五至六百九十五、七百一至七百三、七百十一至七百十三、七百五十一至七百七十七、八百八至八百十三、九百六十六至九百八十三、九百十四至一千一百四十四、一千一百五十至一千四百三十）

500000－8701－0019295　H01338
皇清經解續編一千四百三十卷　王先謙輯　清光緒十四年（1888）江陰南菁書院刻本　二百四十六冊　存一千一百五卷（一至五十三、五十七至六十六、一百三十四至二百三十七、二百四十五至二百四十九、二百七十至四百三十八、四百四十一至七百十、七百十四至七百四十六、七百五十五至七百五十六、八百十四至九百八十八、一千二十至一千一百十九、一千一百二十五至一千一百四十九、一千一百五十三至一千一百八十六、一千二百六十五至一千三百二十、一千三百四十五至一千三百四十七、一千三百六十二至一千四百二十七）

500000－8701－0019296　H01339
皇清經解續編一千四百三十卷　王先謙輯　清光緒十四年（1888）江陰南菁書院刻本　一百三十二冊　存五百七十七卷（四百三至四百八、五百六十一至六百五十六、六百六十三至七百七十七、八百十四至八百二十、八百三十四至九百八、九百二十九至九百四十、九百六十六至一千二十七、一千四十六至一千五十、一千七十一、一千七十五至一千八十二、一千一百四十一至一千一百六十六、一千一百七十二至一千二百六十四、一千二百八十至一千三百二十、一千三百四十五至一千三

百四十七、一千四百四至一千四百三十)

500000－8701－0019297　H01340
皇清經解續編一千四百三十卷　王先謙輯　清光緒十四年(1888)江陰南菁書院刻本　一百十三冊　存四百八十八卷(二百七十至三百一、三百八至三百八十六、三百九十一至四百九十五、四百九十九至五百六十、六百五十至七百二十七、七百三十二至七百三十九、七百七十八至八百九十三、一千六十七至一千七十、一千一百四十一至一千一百四十四)

500000－8701－0019298　H01341
皇清經解續編一千四百三十卷　王先謙輯　清光緒十四年(1888)江陰南菁書院刻本　四十八冊　存一百七十七卷(二十八至三十六、五十四至八十二、六百六十五至六百六十九、七百十一至七百五十六、七百六十一至七百七十七、一千一百二十七至一千一百四十七、一千一百五十三至一千一百五十九、一千二百七十八至一千二百九十二、一千三百九十九至一千四百二十六)

500000－8701－0019299　H01342
最樂編六卷　(明)高道淳輯　(清)許寶善參訂　清光緒六年(1880)刻本　一冊

500000－8701－0019300　H01343
金華叢書六十四種　(清)胡鳳丹輯　清同治至光緒胡氏退補齋刻本　二十一冊　存五種三十六卷(書疑九卷,尚書表注二卷,詩疑二卷,明朝國初事蹟一卷,宋學士全集二至九、二十九至三十二、補遺八卷、附錄二卷)

500000－8701－0019301　H01344
光緒政要二十八卷　沈桐生輯　清宣統元年(1909)上海崇義堂石印本　二十三冊　缺一卷(八)

500000－8701－0019302　H01345
尚史七十卷　(清)李鍇纂　清刻本　十七冊　存四十一卷(列傳十二至三十八、表四卷、志十卷)

500000－8701－0019303　H01346
史記一百三十卷　(漢)司馬遷撰　(南朝宋)裴駰集解　(唐)司馬貞索隱　(唐)張守節正義　清光緒十年(1884)上海同文書局石印本　四冊　存十七卷(二十三至三十九)

500000－8701－0019304　H01347
宋六十一家詞選十二卷　(清)馮煦輯　清宣統二年(1910)掃葉山房石印本　一冊　存三卷(一至三)

500000－8701－0019305　H01348
揚子法言十三卷　(漢)揚雄撰　(晉)李軌注　**揚子法言音義**　(宋)□□撰　**鶡冠子三卷**　(宋)陸佃解　清光緒二十三年(1897)圖書集成局石印本　一冊

500000－8701－0019306　H01349
左傳讀本二卷　(清)鮑蘅編輯　清刻本　一冊　存一卷(一)

500000－8701－0019307　H01350
封贈言錄四卷　(清)漱芳書屋編輯　清刻本　一冊　存二卷(一至二)

500000－8701－0019308　H01351
楞伽阿跋多羅寶經四卷　(南朝宋)釋求那跋陀羅譯　明復宋刻本　一冊　存一卷(三)

500000－8701－0019309　H01352
鏡真山房詩鈔六卷　(清)張鳳翥撰　清同治二年(1863)汪啟賢刻本　二冊

500000－8701－0019310　H01353
武備輯要續編十二卷　(清)許乃釗編　清道光二十九年(1849)刻本　一冊　存六卷(一至六)

500000－8701－0019311　H01354
荒政輯要九卷首一卷　(清)汪志伊纂　清道光二十一年(1841)刻本　二冊

500000－8701－0019312　H01355
紀效新書十八卷　(明)戚繼光撰　清刻本　三冊　存十二卷(七至十八)

500000－8701－0019313　H01356
半厂叢書初編九種八十三卷　(清)譚獻輯

清同治至光緒刻本　九冊　存五種二十七卷(復堂類集文四卷詩十一卷、復堂日記八卷、合肥三家詩錄二卷、待堂文一卷、池上小集一卷)

500000－8701－0019314　H01357
山曉閣重訂昭明文選十二卷　(清)孫琮(清)孫洙評　清康熙刻本　五冊　存八卷(一至三、五至八、十二)

500000－8701－0019315　H01358
山曉閣選古文全集三十二卷　(清)孫琮評　清刻本　七冊　存十卷(四至七、十至十二、十六、十九至二十)

500000－8701－0019316　H01359
山曉閣選明文全集二十四卷　(清)孫琮評　清康熙刻本　二冊　存四卷(一至二、九至十)

500000－8701－0019317　H01360
山曉閣選宋大家蘇頴濱全集二卷　(清)孫琮評　清刻本　一冊　存一卷(二)

500000－8701－0019318　H01361
山曉閣西漢文選六卷　(清)孫琮評　清康熙七年(1668)金閶天祿閣刻本　一冊　存二卷(一至二)

500000－8701－0019319　H01362
鼎鍥葉太史彙纂玉堂鑑綱七十二卷　(宋)劉恕外紀　(元)金履祥前編　(明)葉向高彙纂　清虞氏刻本　三十二冊

500000－8701－0019320　H01363
十朝聖訓十種九百二十二卷　(清)□□輯　清石印本　四冊　存二種三十二卷(仁宗睿皇帝聖訓六十三至八十六、文宗顯皇帝聖訓一至八)

500000－8701－0019321　H01364
宋遼金元菁華錄十卷　(清)納蘭常安選評　清光緒二十六年(1900)上海書局石印本　四冊

500000－8701－0019322　H01365
楚辭燈四卷楚懷襄二王在位事跡考一卷　(清)林雲銘撰　**屈原列傳一卷**　(漢)司馬遷撰　清刻本　一冊

500000－8701－0019323　H01366
宋蘇文定公集選一卷　(明)孫月峰等評(清)盧元昌訂　清刻唐宋八大家文鈔本　一冊

500000－8701－0019324　H01367
唐韓文公集選二卷　(明)孫月峰等評　(清)盧元昌訂　清刻唐宋八大家文鈔本　一冊　存一卷(二)

500000－8701－0019325　H01368
增補萬寶全書二十卷　(明)陳繼儒纂輯　清嘉慶十六年(1811)刻本　四冊

500000－8701－0019326　H01369
板橋集六卷　(清)鄭燮著　清刻本　三冊　存四卷(一至二、五至六)

500000－8701－0019327　H01370
莊子因六卷　(清)林雲銘評述　清刻本　四冊

500000－8701－0019328　H01371
桐雲閣試律詳註二卷　(清)楊庚撰　(清)張熙宇評選　清光緒刻七家詩詳註本　二冊

500000－8701－0019329　H01372
清容居士集五十卷　(元)袁桷撰　清道光二十年(1840)刻本　三冊　存十五卷(五至十九)

500000－8701－0019330　H01373
真西山先生集八卷　(宋)真德秀撰　(清)張伯行重訂　清同治五年(1866)福州正誼書局刻正誼堂全書本　二冊

500000－8701－0019331　H01374
楹聯叢話十二卷　(清)梁章鉅編輯　清道光二十年(1840)刻本　四冊

500000－8701－0019332　H01375
楹聯續話四卷　(清)梁章鉅編輯　清道光二十三年(1843)南浦寓齋刻本　二冊

500000－8701－0019333　H01376
康輶紀行十六卷　(清)姚瑩撰　清刻本　八册

500000－8701－0019334　H01377
隋書八十五卷　(唐)魏徵等撰　明崇禎八年(1635)琴川毛氏刻本　十六册

500000－8701－0019335　H01378
周書五十卷　(唐)令狐德棻等撰　明崇禎五年(1632)琴川毛氏刻本　六册

500000－8701－0019336　H01379
周書五十卷　(唐)令狐德棻等撰　明崇禎五年(1632)琴川毛氏刻本　六册

500000－8701－0019337　H01380
權衡一書四十一卷　(清)王植輯錄　清刻本　五册　存九卷(宫闈、閨閣、慎交、交神、辨妄、恤荒、因地、詰戎、應天)

500000－8701－0019338　H01381
權衡一書四十一卷　(清)王植輯錄　清刻本　十一册　存二十卷(三至四、九至十一、十三至十七、二十一至二十三、二十九、三十二、三十七至四十一)

500000－8701－0019339　H01382
皇朝經世緒言九卷首二卷　(宋)邵雍撰　(明)黄粤洲註釋　(明)黄泰泉輯　清嘉慶四年(1799)刻本　五册　存六卷(二、四至六,首二卷)

500000－8701－0019340　H01383
尚史七十卷　(清)李鍇纂　清乾隆三十八年(1773)刻本　十一册　存三十卷(世系圖一卷、本紀五卷、世家十二卷、列傳十二卷)

500000－8701－0019341　H01384
太師誠意伯劉文成公集二十卷首一卷　(明)劉基撰　清光緒元年(1875)孤嶼元奇刻本　十二册　存十六卷(一至七、十一至十八,首一卷)

500000－8701－0019342　H01385
陳伯玉文集三卷詩集二卷　(唐)陳子昂著　**附錄一卷**　清道光十七年(1837)蜀州楊國楨刻本　五册

500000－8701－0019343　H01386
最樂堂文集六卷　(清)喬光烈撰　(清)牛運震評　清刻本　三册　存五卷(一至五)

500000－8701－0019344　H01387
思益堂集二十卷　(清)周壽昌撰　清光緒十四年(1888)刻本　三册　存十六卷(詩鈔六卷、日札十卷)

500000－8701－0019345　H01388
新序十卷　(漢)劉向著　清刻本　一册　存五卷(六至十)

500000－8701－0019346　H01389
説苑二十卷　(漢)劉向撰　清刻本　五册

500000－8701－0019347　H01390
左文襄公全集一百三十一卷首二卷　(清)左宗棠撰　清光緒二十七年(1901)刻本　五十五册　存三種一百二十二卷(東征奏稿初編三十八卷、西勦奏稿續編七十六卷、督江防海奏稿三編六卷首二卷)

500000－8701－0019348　H01391
十科策畧箋釋十卷　(明)劉定之著　清雍正刻本　三册

500000－8701－0019349　H01392
對類便讀六卷首一卷　(清)程錫類編輯　清刻本　一册　存二卷(二至三)

500000－8701－0019350　H01393
保甲書四卷　(清)徐棟輯　清道光二十八年(1848)刻本　三册

500000－8701－0019351　H01394
註釋啓蒙對偶續編□□卷　(明)孟紱編　(明)鄭以誠註解　清刻本　二册　存二卷(二至三)

500000－8701－0019352　H01395
南巡盛典一百二十卷　(清)高晉等纂輯　清光緒八年(1882)上海點石齋石印本　八册

500000－8701－0019353　H01396

新文牘十卷 (□)□□輯 清光緒三十四年(1908)石印本 九册 存九卷(一至九)

500000-8701-0019354 H01397
履園叢話二十四卷 (清)錢泳輯 清刻本 十册 存二十卷(一至二十)

500000-8701-0019355 H01398
新鐫顧迴瀾原板歷朝捷錄大成□□卷 (明)顧充編著 清刻本 一册 存一卷(三)

500000-8701-0019356 H01399
御製欽若曆書十六卷 清刻本 三册 存三卷(下編二至四)

500000-8701-0019357 H01400
二十一史彈詞輯註十卷 (明)楊慎編 (清)孫德威輯註 清刻本 一册

500000-8701-0019358 H01401
七注陰符經一卷 (周)姜尚注 (漢)張良解 (三國蜀)諸葛亮釋 **陰符集證一卷** (清)諸葛光榮輯 清咸豐五年(1855)刻本 一册

500000-8701-0019359 H01402
老子章義二卷 (清)姚鼐撰 清同治九年(1870)桐城吳氏刻本 一册

500000-8701-0019360 H01403
廿二史劄記三十六卷補遺一卷 (清)趙翼撰 清刻本 十册

500000-8701-0019361 H01404
南宋文範外編四卷 (清)莊仲方編 清刻本 一册

500000-8701-0019362 H01405
南宋文範外編四卷 (清)莊仲方編 清刻本 一册

500000-8701-0019363 H01406
一六山房易備解八卷 (明)龍御撰 清刻本 二册

500000-8701-0019364 H01407
分類尺牘新語二十四卷 (清)徐士俊 (清)汪淇評箋 清康熙刻本 三册 存十八卷(一至十八)

500000-8701-0019365 H01408
易冒十卷 (清)程良玉撰 清康熙三年(1664)刻本 一册 存三卷(一至三)

500000-8701-0019366 H01409
新刻重校增補圓機活法詩學全書二十四卷 (明)王世貞編 (清)楊淙參閲 (明)蔣先庚重訂 清刻本 十四册 存二十一卷(一至十五、十八至二十一、二十三至二十四)

500000-8701-0019367 H01410
士禮居黃氏叢書十七種附二種一百九十四卷 (清)黃丕烈輯 清末影印本 三十册

500000-8701-0019368 H01411
周官塾訓□□卷 (清)魯鴻撰 清刻本 三册 存二卷(春官宗伯三、秋官司寇五)

500000-8701-0019369 H01412
同治中興京外奏議約編八卷 (清)陳弢輯 清光緒元年(1875)篋劍囊琴之室刻本 五册 存七卷(一至六、八)

500000-8701-0019370 H01413
石渠閣校刻庭訓閲古隨筆二卷 (明)穆文熙纂輯 (明)壽國音註 明末石渠閣刻本 一册

500000-8701-0019371 H01414
正字通十二集 (清)張自烈 (清)廖文英輯 **字彙舊本首卷一卷** (明)梅膺祚音釋 清康熙刻本 四册 存六集(子下,丑中,寅下,巳上,申中、下,亥上)

500000-8701-0019372 H01415
蕉窗必讀十卷 (清)陳宗泗輯 清刻本 二册

500000-8701-0019373 H01416
同館試律彙鈔二十四卷續鈔十二卷補鈔二卷 (清)法式善編 清刻本 七册 存十卷(彙鈔二十一至二十四、續鈔一至四、補鈔二卷)

500000-8701-0019374 H01417
武陵山人遺書十二種 (清)顧觀光撰 清光

緒九年(1883)刻本　四册　存七種十二卷(六秝通考一卷,九執秝解一卷,回回秝解一卷,算賸初編一卷續編一卷餘稟一卷,傷寒雜病論集一卷,神農本草經四卷,周髀算經校勘記一卷)

500000－8701－0019375　H01418
蒼葭初集二十一卷附畚塘芻論四卷河防紀畧四卷　(清)孫鼎臣撰　清刻本　八册　存二十一卷(初集六至二十一、畚塘芻論二、河防紀畧四卷)

500000－8701－0019376　H01419
蒼葭初集二十一卷附畚塘芻論四卷河防紀畧四卷　(清)孫鼎臣撰　清刻本　七册　存十五卷(初集十一至十九、畚塘芻論一至二、河防紀畧四卷)

500000－8701－0019377　H01420
荒政輯要九卷首一卷　(清)汪志伊纂　清同治八年(1869)楚北崇文書局刻本　二册

500000－8701－0019378　H01421
願體集四卷　(清)李仲麟輯　清光緒三十四年(1908)武昌宏道堂刻本　一册　存一卷(一)

500000－8701－0019379　H01422
學案初模二十卷　(清)伊里布編　清光緒六年(1880)雲南書局刻本　七册　存十八卷(一至七、十至二十)

500000－8701－0019380　H01423
歷代策論合抄策對三卷對問四卷論十一卷　(清)張之洞編輯　清刻本　八册

500000－8701－0019381　H01424
陸象山文集不分卷　(宋)陸九淵撰　清刻本　一册

500000－8701－0019382　H01425
放翁先生詩選二卷　(宋)陸游撰　(清)周之麟選　(清)柴升選　清刻本　二册

500000－8701－0019383　H01426
古香齋新刻袖珍十種　(清)徐乾學等輯註　清光緒南海孔氏刻本　六十六册　存五種一百八十四卷(御選古文淵鑒二十四至四十一,史記一至十三、十五至二十二、二十六至三十四、七十八至九十九、一百七至一百三十,御纂朱子全書一至十一、十三至十六、三十七至四十六、四十九至六十六,初學記二十九至三十,春明夢餘錄一至四十五)

500000－8701－0019384　H01427
兵鏡或問二卷　(清)鄧廷羅輯　清刻本　二册

500000－8701－0019385　H01428
兵鏡備考十三卷　(清)鄧廷羅纂輯　清桐名山房刻本　十三册

500000－8701－0019386　H01429
胡文忠公遺集八十六卷首一卷　(清)胡林翼撰　(清)鄭敦謹　(清)曾國荃編輯　清同治六年(1867)黃鶴樓刻本　三十二册

500000－8701－0019387　H01430
大清法規大全(光緒辛丑迄宣統己酉)　(清)政學社編　清宣統政學社石印本　五册　存二種十二卷(憲政部四至五、法律部四至十三)

500000－8701－0019388　H01431
帶經堂集九十二卷　(清)王士禎撰　清康熙刻本　四册　存十五卷(二十六至三十、五十五至五十七、六十五至六十七、八十五至八十八)

500000－8701－0019389　H01432
麟角集一卷　(唐)王棨撰　清光緒七年(1881)成都瀹雅齋刻本　一册

500000－8701－0019390　H01433
四書古人典林十二卷　(清)江永編　清乾隆三十九年(1774)刻本　四册　存十卷(一至八、十一至十二)

500000－8701－0019391　H01434
易見九卷首一卷啟蒙二卷　(清)貢渭濱撰　清乾隆二十四年(1759)脈望書樓刻本　四册　存四卷(五至七、九)

500000－8701－0019392　H01435

爾雅郭注佚存補訂二十卷　王樹枏撰　清光緒十八年(1892)資陽刻陶廬叢刻本　五冊

500000－8701－0019393　H01436

爾雅郭注佚存補訂二十卷　王樹枏撰　清光緒十八年(1892)資陽刻陶廬叢刻本　五冊　存十六卷(五至二十)

500000－8701－0019394　H01437

費氏古易訂文十二卷　王樹枏撰　清光緒十七年(1891)青神刻陶廬叢刻本　四冊

500000－8701－0019395　H01438

象山先生全集三十六卷　(宋)陸九淵撰　(清)李紱點次　**附錄少湖徐先生學則辨一卷**　(明)徐階撰　清光緒七年(1881)槐堂書齋陸邦瑞刻本　六冊　存二十四卷(一至十一、二十五至三十六,附錄一卷)

500000－8701－0019396　H01439

周易説纂鉤玄不分卷　(清)章行嘉纂　清刻本　三冊

500000－8701－0019397　H01440

四書備考二十八卷　(明)陳仁錫撰　清刻本　五冊　存十卷(六至十五)

500000－8701－0019398　H01441

觀自得齋叢書二十九種　(清)徐士愷輯　清光緒徐氏刻本　六冊　存十三種二十二卷(樊榭山房集外詩一卷、寄生山館詩賸一卷瘦玉詞鈔一卷、大瓠堂詩錄八卷、梅村詩話一卷、律詩定體一卷、漁洋山人詩問二卷、然燈記聞一卷,別集:投壺儀節一卷、馬戲圖譜一卷、牙牌參禪圖譜一卷、詩牌譜一卷、暢敘譜一卷、倫敦竹枝詞一卷)

500000－8701－0019399　H01442

四書人物類典串珠四十卷　(清)臧志仁編輯　清嘉慶四年(1799)刻本　十二冊　存三十五卷(一至七、十三至四十)

500000－8701－0019400　H01443

武林掌故叢編二十六集一百九十四種六百三十卷　(清)丁丙輯　清光緒中錢塘丁氏嘉惠堂刻本　一百五十四冊　存一百九種五百卷(第一集:乾道臨安志三卷,錢塘西湖百詠一卷,武林理安寺志一至八;第二集:武林舊事十卷附錄一卷,慧因寺志十二卷附錄一卷;第三集:西溪梵隱志四卷,南宋古跡考二卷,雲棲紀事一卷,南湖倡和集一卷,崇福寺志四卷續志一卷;第四集:淳祐臨安志殘五至十,大昭慶律寺志十卷,定鄉雜著二卷;第五集:西湖百詠二卷,武林元妙觀志四卷,西泠仙詠三卷,北隅掌錄二卷,西湖雜詩一卷;第六集:武林西湖高僧事略一卷續一卷,西湖竹枝集一卷,西湖夢尋五卷,韜光庵紀遊集一卷,鳳皇山聖果寺志一卷,南漳子二卷,湖船錄一卷,湖船續錄一卷首一卷;第七集:武林怡老會詩集一卷,横山遊記一卷,武林草一卷附刻一卷;第八集:定鄉小識十六卷,紫陽庵集一卷;第九集:南宋院畫錄八卷,西湖蘇文忠公祠從祀議一卷,西泠閨詠十六卷;第十集:南宋館閣錄九卷續錄十卷,月會約一卷,臨平記四卷附錄一卷;第十一集:武林靈隱寺志八卷,增修雲林寺志八卷,續修雲林寺志八卷;第十二集:錢塘遺事十卷,雪莊西湖漁唱七卷,龍井見聞錄十卷,附:宋僧元淨外傳二卷,杭府仁錢三學灑埽職一卷附錄一卷,湖山懷古集一卷,武林第宅考一卷;第十三集:敕建淨慈寺志一至二十八、首二卷末一卷;第十四集:夢粱錄二十卷,神州古史考殘一卷,湖山雜詠一卷附錄一卷,西湖雜詠一卷,湖上青山集一卷;第十五集:四時幽賞錄一卷,浙鹺紀事一卷附錄一卷,西湖小史一卷,西泠懷古集十卷,龍興祥符戒壇寺志十二卷;第十六集:萬曆錢塘縣誌不分卷,武林遊記一卷,流芳亭記一卷,雲居聖水寺志六卷補遺一卷,西湖詩一卷;第十七集:[嘉靖]仁和縣誌十四卷,西子湖拾翠餘談三卷,杭志三詰三誤辨一卷,西湖竹枝詞一卷,東河櫂歌一卷;第十八集:杭城治火議一卷附錄一卷,湖樓集一卷,庚辛泣杭錄十六卷;第十九集:吳越備史二至四、補遺一卷雜考一卷,松吹讀書堂題詠一卷附小松吹讀書堂題詠一卷,桑孝子旌門錄一卷,錢塘懷古詩一卷附錄一卷,褚堂閒史考證一卷附錄一卷校勘記一卷,寒山舊廬詩一卷,橫橋吟館圖題詠一卷,瓊英小錄一卷,廣陵曲江復對一卷,孫花翁墓徵一卷,直閣朱公祠墓錄二卷附刻一卷,郭孝童墓記略一卷;第二十集:西湖遊覽志二十四卷志餘二十六卷;第二十一集:昭忠錄五卷附錄一卷,艮山雜誌二卷附錄一卷,西溪雜詠一卷,西溪梅竹山莊圖題詠一卷,臨安旬制紀三卷附錄一卷,錢塘百詠一卷,靈隱書藏紀事一卷,金龍四大王祠墓錄四卷首一卷末一卷,同仁祠錄二卷;第二十二集:迎鑾新曲二卷,西湖遺事詩一卷,清波三志三卷,照膽台志略一卷,陳忠肅公墓錄一卷;第二十三集:于公祠墓錄十卷首一卷末一卷;第二十四集:淳祐臨安志輯逸八卷,樊公祠錄二卷,武林藏書錄三卷首一卷末一卷,風木盦圖題詠一卷,武林雜事詩一卷;第二十五集:南宋宮閨雜詠一卷,秦亭山民移居倡和詩一卷,東城記餘二卷;第二十六集:文瀾閣志二卷首一卷附錄一卷,北隅綴錄二、續錄一,北郭詩帳二卷)

500000－8701－0019401　H01444
魏書一百十四卷　(北齊)魏收撰　清同治十一年(1872)金陵書局刻本　二十四册

500000－8701－0019402　H01445
讀禮通考一百二十卷　(清)徐乾學撰　清刻本　一册　存三卷(七十九至八十一)

500000－8701－0019403　H01446
昭代名人尺牘小傳二十四卷　(清)吳修編輯　清光緒三十四年(1908)上海集古齋石印本　一册　存十卷(一至十)

500000－8701－0019404　H01447
曝書亭集八十卷附錄一卷　(清)朱彝尊撰　清刻本　一册　存二卷(四至五)

500000－8701－0019405　H01448
新鐫經苑二十五種　(清)錢儀吉輯　清同治刻本　八册　存一種二十九卷(呂氏家塾讀詩記四至三十二)

500000－8701－0019406　H01449
新鐫經苑二十五種　(清)錢儀吉輯　清同治刻本　五册　存四種十一卷(洪範統一一卷、詩總聞一、呂氏家塾讀詩記一至六、續呂氏家塾讀詩記三卷)

500000－8701－0019407　H01450
呂晚邨先生四書講義四十三卷　(清)陳鏦編　清刻本　八册　存四十二卷(一至九、十一至四十三)

500000－8701－0019408　H01451
王觀濤先生四書家訓□□卷　(明)王納諫撰　清刻本　二册　存九卷(上論一至五、下論一至四)

500000－8701－0019409　H01452
藝文類聚一百卷　(唐)歐陽詢撰　清光緒五年(1879)華陽宏達堂刻本　三十八册　存九十五卷(一至四十七、五十至九十七)

500000－8701－0019410　H01453
古文析義十六卷　(清)林雲銘評註　清刻本　十六册

500000－8701－0019411　H01454
郁郿山房駢文二卷詩存八卷　(清)趙樹吉撰　清光緒十年(1884)汗青簃刻本　四册

500000－8701－0019412　H01455
農政全書六十卷　(明)徐光啓纂輯　(清)張國維鑒定　清刻本　二册　存四卷(三十一至三十四)

500000－8701－0019413　H01456
農政全書六十卷　(明)徐光啓纂輯　(清)張國維鑒定　清刻本(卷九至十一係補配)　六册　存二十卷(九至十四、三十五至四十八)

500000－8701－0019414　H01457
農政全書六十卷　(明)徐光啓纂輯　(清)張國維鑒定　清刻本　八册　存二十五卷(八至十四、三十一至四十八)

500000－8701－0019415　H01458
農政全書六十卷　(明)徐光啓纂輯　(清)張國維鑒定　清刻本　十一册　存四十二卷(三至十四、二十七至四十二、四十七至六十)

500000－8701－0019416　H01459
朝考卷不分卷　(□)□□輯　清刻本　二册　存二種(欽命論疏詩題、欽命策疏題)

500000－8701－0019417　H01460
會試硃卷不分卷(同治乙丑科)　(清)□□撰　清刻本　一册

500000－8701－0019418　H01461
四川鄉試硃卷不分卷(同治庚午科)　(清)□□撰　清刻本　一册

500000－8701－0019419　H01462
四川鄉試硃卷不分卷(同治甲子科帶補辛酉科)　(清)□□撰　清刻本　二册

500000－8701－0019420　H01463
四川鄉試硃卷不分卷(道光己酉科)　(清)□□撰　清刻本　一册

500000－8701－0019421　H01464
順天鄉試硃卷不分卷(光緒乙酉科)　(□)□□輯　清刻本　一册

500000－8701－0019422　H01465
湖北鄉試硃卷不分卷(同治癸酉科)　清刻本　一册

500000－8701－0019423　H01466
四川優行貢卷不分卷(光緒丁酉科)　清刻朱印本　一册

500000－8701－0019424　H01467
四川優行貢卷不分卷(光緒丁酉科)　(清)□□撰　清刻本　一册

500000－8701－0019425　H01468
四川選拔硃卷不分卷(光緒乙酉科)　(清)□□撰　清刻本　一册

500000－8701－0019426　H01469
四川選拔貢卷不分卷(宣統己酉科)　(清)□□撰　清刻本　三册

500000－8701－0019427　H01470
四川選拔貢卷不分卷(光緒丁酉科)　(清)□□撰　清刻本　一册

500000－8701－0019428　H01471
四川選拔貢卷不分卷(光緒丁酉科)　(清)□□撰　清刻本　八册

500000－8701－0019429　H01472
四川鄉試硃卷不分卷(光緒丁酉科)　(清)□□撰　清刻本　七册

500000－8701－0019430　H01473
四川鄉試硃卷不分卷(光緒丁酉科)　(清)□□撰　清刻本　三册

500000－8701－0019431　H01474
四川鄉試硃卷不分卷(光緒戊子科)　(清)□□撰　清刻本　一册

500000－8701－0019432　H01475
趙熙會試硃卷一卷(光緒壬辰科)四川鄉試硃卷一卷(光緒辛卯科)　(清)趙熙著　清刻本　一册

500000－8701－0019433　H01476
四川鄉試硃卷不分卷(光緒癸巳恩科)　(清)□□撰　清刻本　二册

500000－8701－0019434　H01477
四川鄉試硃卷不分卷(光緒癸巳恩科)　(清)□□撰　清刻本　十一册

500000－8701－0019435　H01478
四川鄉試硃卷不分卷(光緒甲午科)　(清)□□撰　清刻本　四册

500000－8701－0019436　H01479
四川鄉試硃卷不分卷(光緒甲午科)　(清)□□撰　清刻本　一册

500000－8701－0019437　H01480
四川鄉試試卷不分卷(光緒壬寅補行庚子恩正兩科)　(清)范天杰　(清)范天烈撰　清刻本　一册

500000－8701－0019438　H01481
四川鄉試試卷不分卷(光緒壬寅補行庚子恩正兩科)　(清)范天杰　(清)范天烈撰　清刻本　一册

500000－8701－0019439　H01482

四川鄉試試卷不分卷(光緒壬寅補行庚子恩正兩科) (清)范天杰 (清)范天烈撰 清刻本 一册

500000－8701－0019440 H01483
四川鄉試試卷不分卷(光緒壬寅補行庚子恩正兩科) (清)范天杰 (清)范天烈撰 清刻本 一册

500000－8701－0019441 H01484
四川鄉試試卷不分卷(光緒壬寅補行庚子恩正兩科) (清)范天杰 (清)范天烈撰 清刻本 一册

500000－8701－0019442 H01485
四川鄉試試卷不分卷(光緒壬寅補行庚子恩正兩科) (清)范天杰 (清)范天烈撰 清刻本 一册

500000－8701－0019443 H01486
四川鄉試試卷不分卷(光緒壬寅補行庚子恩正兩科) (清)范天杰 (清)范天烈撰 清刻本 一册

500000－8701－0019444 H01487
四川鄉試試卷不分卷(光緒壬寅補行庚子恩正兩科) (清)范天杰 (清)范天烈撰 清刻本 一册

500000－8701－0019445 H01488
四川鄉試試卷不分卷(光緒壬寅補行庚子恩正兩科) (清)范天杰 (清)范天烈撰 清刻本 一册

500000－8701－0019446 H01489
四川鄉試試卷不分卷(光緒壬寅補行庚子恩正兩科) (清)范天杰 (清)范天烈撰 清刻本 一册

500000－8701－0019447 H01490
四川鄉試試卷不分卷(光緒壬寅補行庚子恩正兩科) (清)范天杰 (清)范天烈撰 清刻本 一册

500000－8701－0019448 H01491
四川鄉試試卷不分卷(光緒壬寅補行庚子恩正兩科) (清)范天杰 (清)范天烈撰 清刻本 一册

500000－8701－0019449 H01492
四川鄉試試卷不分卷(光緒壬寅補行庚子恩正兩科) (清)范天杰 (清)范天烈撰 清刻本 一册

500000－8701－0019450 H01493
四川鄉試試卷不分卷(光緒壬寅補行庚子恩正兩科) (清)范天杰 (清)范天烈撰 清刻本 一册

500000－8701－0019451 H01494
四川鄉試試卷不分卷(光緒壬寅補行庚子恩正兩科) (清)范天杰 (清)范天烈撰 清刻本 一册

500000－8701－0019452 H01495
四川鄉試試卷不分卷(光緒壬寅補行庚子恩正兩科) (清)范天杰 (清)范天烈撰 清刻本 一册

500000－8701－0019453 H01496
四川鄉試試卷不分卷(光緒壬寅補行庚子恩正兩科) (清)范天杰 (清)范天烈撰 清刻本 一册

500000－8701－0019454 H01497
四川鄉試試卷不分卷(光緒壬寅補行庚子恩正兩科) (清)范天杰 (清)范天烈撰 清刻本 一册

500000－8701－0019455 H01498
四川鄉試試卷不分卷(光緒壬寅補行庚子恩正兩科) (清)范天杰 (清)范天烈撰 清刻本 一册

500000－8701－0019456 H01499
四川鄉試試卷不分卷(光緒壬寅補行庚子恩正兩科) (清)范天杰 (清)范天烈撰 清刻本 三册

500000－8701－0019457 H01500
四川鄉試試卷不分卷(光緒壬寅補行庚子恩正兩科) (清)范天杰 (清)范天烈撰 清

刻本　一冊

500000－8701－0019458　H01501
四川鄉試試卷不分卷（光緒壬寅補行庚子恩正兩科）（清）范天杰　（清）范天烈撰　清刻本　一冊

500000－8701－0019459　H01502
四川鄉試試卷不分卷（光緒壬寅補行庚子恩正兩科）（清）范天杰　（清）范天烈撰　清刻本　一冊

500000－8701－0019460　H01503
四川鄉試試卷不分卷（光緒壬寅補行庚子恩正兩科）（清）范天杰　（清）范天烈撰　清刻本　一冊

500000－8701－0019461　H01504
四川鄉試試卷不分卷（光緒壬寅補行庚子恩正兩科）（清）范天杰　（清）范天烈撰　清刻本　一冊

500000－8701－0019462　H01505
四川鄉試試卷不分卷（光緒壬寅補行庚子恩正兩科）（清）范天杰　（清）范天烈撰　清刻本　一冊

500000－8701－0019463　H01506
四川鄉試試卷不分卷（光緒壬寅補行庚子恩正兩科）（清）范天杰　（清）范天烈撰　清刻本　一冊

500000－8701－0019464　H01507
四川鄉試試卷不分卷（光緒壬寅補行庚子恩正兩科）（清）范天杰　（清）范天烈撰　清刻本　一冊

500000－8701－0019465　H01508
四川鄉試試卷不分卷（光緒壬寅補行庚子恩正兩科）（清）范天杰　（清）范天烈撰　清刻本　一冊

500000－8701－0019466　H01509
四川鄉試試卷不分卷（光緒壬寅補行庚子恩正兩科）（清）范天杰　（清）范天烈撰　清刻本　一冊

500000－8701－0019467　H01510
四川鄉試試卷不分卷（光緒壬寅補行庚子恩正兩科）（清）范天杰　（清）范天烈撰　清刻本　一冊

500000－8701－0019468　H01511
四川鄉試試卷不分卷（光緒壬寅補行庚子恩正兩科）（清）范天杰　（清）范天烈撰　清刻本　一冊

500000－8701－0019469　H01512
四川鄉試試卷不分卷（光緒壬寅補行庚子恩正兩科）（清）范天杰　（清）范天烈撰　清刻本　一冊

500000－8701－0019470　H01513
四川鄉試試卷不分卷（光緒壬寅補行庚子恩正兩科）（清）范天杰　（清）范天烈撰　清刻本　一冊

500000－8701－0019471　H01514
四川鄉試試卷不分卷（光緒壬寅補行庚子恩正兩科）（清）范天杰　（清）范天烈撰　清刻本　一冊

500000－8701－0019472　H01515
四川鄉試試卷不分卷（光緒壬寅補行庚子恩正兩科）（清）范天杰　（清）范天烈撰　清刻本　一冊

500000－8701－0019473　H01516
四川鄉試試卷不分卷（光緒壬寅補行庚子恩正兩科）（清）范天杰　（清）范天烈撰　清刻本　一冊

500000－8701－0019474　H01517
四川鄉試試卷不分卷（光緒壬寅補行庚子恩正兩科）（清）范天杰　（清）范天烈撰　清刻本　一冊

500000－8701－0019475　H01518
四川鄉試試卷不分卷（光緒壬寅補行庚子恩正兩科）（清）范天杰　（清）范天烈撰　清刻本　一冊

500000－8701－0019476　H01519

四川鄉試試卷不分卷(光緒壬寅補行庚子恩正兩科) (清)范天杰 (清)范天烈撰 清刻本 一冊

500000－8701－0019477 H01520
六科證治準繩六種 (明)王肯堂輯 清康熙五十年(1711)刻本 二十六冊 存五種二十卷(雜病證治類方四至五、七至八,傷寒證治準繩二、四,瘍科證治準繩六,幼科證治準繩一至三、五至九,女科證治準繩一至三、四下、五)

500000－8701－0019478 H01521
五禮通考二百六十二卷首四卷目錄二卷 (清)秦蕙田編輯 清光緒二十二年(1896)新化三味堂刻本 五十九冊 存一百五十四卷(四至十七、二十三至四十五、五十一至一百十八、一百六十一至一百七十三、一百八十至二百、二百三至二百十、二百三十三,首四卷,目錄二卷)

500000－8701－0019479 H01522
宋大家歐陽文忠公文抄三十二卷 (宋)歐陽修撰 (明)茅坤批評 清刻本 五冊 存二十五卷(一至九、十七至三十二)

500000－8701－0019480 H01523
博異記一卷 (唐)谷神子纂 **高士傳三卷** (晉)皇甫謐撰 清刻秘書廿一種本 一冊

500000－8701－0019481 H01524
殿試策不分卷 (□)□□撰 清刻本 一冊

500000－8701－0019482 H01525
劉宮保賜壽圖不分卷 (□)□□撰 清石印本 五冊

500000－8701－0019483 H01526
傷寒論淺註補正七卷首一卷 (漢)張仲景著 (清)陳念祖註 唐宗海補正 清光緒三十二年(1906)善成堂刻本 三冊 存六卷(一至二、五至七,首一卷)

500000－8701－0019484 H01527
陸宣公集二十四卷 (唐)陸贄撰 (明)鍾惺評 (清)沈九如參評 清刻本 三冊 存十八卷(七至二十四)

500000－8701－0019485 H01528
東坡先生全集七十五卷 (宋)蘇軾撰 明刻本 四冊 存九卷(二十二至二十四、三十四至三十六、六十五至六十七)

500000－8701－0019486 H01529
瘍科證治準繩六卷 (明)王肯堂輯 明萬曆刻清康熙補刻本 九冊 存五卷(二至六)

500000－8701－0019487 H01530
女科證治準繩五卷 (明)王肯堂撰 明萬曆刻清康熙補刻本 九冊

500000－8701－0019488 H01531
幼科證治準繩九卷 (明)王肯堂輯 明萬曆刻清康熙補刻本 十三冊 存八卷(二至九)

500000－8701－0019489 H01532
唐宋八大家古文讀本不分卷 (清)江承詩選評 清刻本 一冊 存二種(蘇文、曾文)

500000－8701－0019490 H01533
董子文編□□卷 (□)□□撰 清刻本 一冊 存一卷(五)

500000－8701－0019491 H01534
宋曾文定公集選一卷 (明)孫月峰等評 (清)盧元昌訂 清刻唐宋八大家文鈔本 一冊

500000－8701－0019492 H01535
刻卜公家藏地理雪心賦一卷二十章 (唐)卜天應撰 (明)顧乃德補註 **秘傳地理尋龍經秘訣一卷** 清書林師儉堂慶雲刻本 一冊

500000－8701－0019493 H01536
圖註八十一難經辨真四卷 (戰國)秦越人撰 (明)張世賢註 清刻本 一冊 存二卷(一至二)

500000－8701－0019494 H01537
唐大家韓文公文抄十六卷 (唐)韓愈撰 (明)茅坤批評 清刻本 二冊 存七卷(三至六、十一至十三)

500000－8701－0019495 H01538

時物典彙二卷 (明)李日華輯 (明)魯重民補訂 明刻本 二冊

500000－8701－0019496 H01539

六圃沈新周先生地學二卷 (清)沈鎬撰 清康熙五十二年(1713)刻本 一冊 存一卷(一)

500000－8701－0019497 H01540

宋大家歐陽文忠公文抄三十二卷 (宋)歐陽修撰 (明)茅坤批評 清刻本 四冊 存十六卷(十四至十六、二十至三十二)

500000－8701－0019498 H01541

宋大家歐陽文忠公文抄三十二卷 (宋)歐陽修撰 (明)茅坤批評 清刻本 五冊 存二十一卷(四至八、十七至三十二)

500000－8701－0019499 H01542

性理標題綜要六卷 (明)詹淮纂輯 (明)陳仁錫訂正 清刻本 一冊 存一卷(一)

500000－8701－0019500 H01543

性理大全書七十卷 (明)胡廣等撰 清刻本 五冊 存十四卷(十六至十七、三十三至四十四)

500000－8701－0019501 H01544

證治準繩八卷 (明)王肯堂輯 明萬曆刻本 五冊 存五卷(一至五)

500000－8701－0019502 H01545

證治準繩八卷 (明)王肯堂輯 明萬曆刻本 三冊 存三卷(三、五至六)

500000－8701－0019503 H01546

瘍科證治準繩六卷 (明)王肯堂輯 明萬曆刻本 二冊 存二卷(一至二)

500000－8701－0019504 H01547

瘍科證治準繩六卷 (明)王肯堂輯 明萬曆刻本 一冊 存一卷(五)

500000－8701－0019505 H01548

古今説部叢書十集 國學扶輪社輯 清宣統至民國上海國學扶輪社鉛印本 四十三冊 存十集二百二十九種(第一集一至七十四,第二集一至四十,第三集一至六、十至三十三,第四集一至十二、十七至三十五,第五集五至十三,第六集一至二十,第七集一至三、五至十五,第八集一至四、九,第九集四,第十集一至五)

500000－8701－0019506 H01549

古今説部叢書十集 國學扶輪社輯 清宣統至民國上海國學扶輪社鉛印本 二十一冊 存十集一百四十六種(第一集一至七十四,第二集一至二十七、三十八至四十一,第四集十七至二十,第五集五至十三,第六集一至十一,第七集一至三、十至十四,第八集一至三,第九集四,第十集一至五)

500000－8701－0019507 H01550

古今説部叢書十集 國學扶輪社輯 清宣統至民國上海國學扶輪社鉛印本 三冊 存二集四十一種(第一集一至二十七、三十八,第二集一至十三)

500000－8701－0019508 H01551

古今説部叢書十集 國學扶輪社輯 清宣統至民國上海國學扶輪社鉛印本 六冊 存一集七十四種(第一集一至七十四)

500000－8701－0019509 H01552

秘傳證治要訣十二卷證治要訣類方四卷 (明)戴元禮撰 清刻本 四冊

500000－8701－0019510 H01553

證治要訣類方四卷 (明)戴元禮撰 清刻本 一冊 存一卷(四)

500000－8701－0019511 H01554

廣東新語二十八卷 (清)屈大均譔 清水天閣刻本 十二冊

500000－8701－0019512 H01555

新編吏治懸鏡八卷 (清)徐文弼輯 清刻本 一冊 存一卷(二)

500000－8701－0019513 H01556

飛龍全傳十二卷六十回 (清)吴璿編 清刻本 三冊 存三卷(二至三、七)

500000－8701－0019514　H01557

增訂精忠演義說本全傳二十卷八十回　(清)錢彩等撰　清刻本　七册　存十六卷(一至八、十一至十二、十五至二十)

500000－8701－0019515　H01558

七家詩選註釋七卷　(清)張昶注釋　(清)張熙宇輯評　清刻朱墨套印本　一册　存五卷(桐雲閣試帖註釋一卷、尚絅堂試帖註釋一卷、修竹齋試帖註釋一卷、簡學齋試帖註釋一卷、西漚試帖註釋一卷)

500000－8701－0019516　H01559

西漢文選四卷　(清)儲欣評　(清)儲芝参述　清乾隆三十八年(1773)謙牧堂刻本　二册

500000－8701－0019517　H01560

唐代叢書一百六十四種　(清)王文誥輯　清刻本　二十册

500000－8701－0019518　H01561

義門鄭氏家儀不分卷　(□)□□撰　明崇禎三年(1630)刻本　一册

500000－8701－0019519　H01562

靜軒集五卷附錄一卷　(元)閻復撰　清刻藕香零拾本　一册

500000－8701－0019520　H01563

清河集七卷附錄一卷　(元)元明善撰　清刻藕香零拾本　二册

500000－8701－0019521　H01564

鹿臯詩集不分卷　(清)王道撰　清刻本　一册

500000－8701－0019522　H01565

放翁逸稾二卷　(宋)陸游撰　明末汲古閣刻本　一册

500000－8701－0019523　H01566

人物志三卷　(三國魏)劉劭撰　(北魏)劉昞注　**書品一卷**　(南朝梁)庾肩吾著　清刻本　一册

500000－8701－0019524　H01567

春秋公羊傳十二卷　(漢)何休解詁　清刻本　二册　存六卷(宣公一卷、成公一卷、襄公一卷、閔公一卷、僖公一卷、文公一卷)

500000－8701－0019525　H01568

唐宋八家精選層級集讀本四卷　(清)儲在陸原評　(清)吳煒增訂　清刻本　四册

500000－8701－0019526　H01569

新刻註釋故事白眉十卷　(明)許以忠輯　明末刻本　三册　存六卷(三至六、九至十)

500000－8701－0019527　H01570

西遊真詮一百回　(明)吳承恩撰　(清)陳士斌詮解　清刻本　二十册

500000－8701－0019528　H01571

陳氏毛詩五種三十七卷　(清)陳奐撰　清道光至咸豐刻本　十册　存五種三十二卷(詩毛氏傳疏六至三十、釋毛詩音四卷、毛詩說一卷、毛詩傳義類一卷、鄭氏箋攷徵一卷)

500000－8701－0019529　H01572

大戴禮記十三卷　(漢)戴德撰　(宋)劉辰翁評　(明)朱養純參評　(明)朱養和輯訂　清刻本　一册

500000－8701－0019530　H01573

小蓬萊閣金石文字不分卷　(清)黃易輯　清嘉慶五年(1800)錢塘黃氏小蓬萊閣刻本　二册　存四種(石經殘碑、魏君碑、唐拓武梁祠畫像、趙君碑)

500000－8701－0019531　H01574

北湖小志六卷首一卷附李翁醫記二卷　(清)焦循撰　清刻焦氏遺書本　二册

500000－8701－0019532　H01575

聖諭像解二十卷　(清)梁延年編輯　清刻本　三册　存三卷(十、十三、十八)

500000－8701－0019533　H01576

淵鑑類函四百五十卷目錄四卷　(清)張英等纂　清同治九年(1870)刻本　一册　存一卷(目錄一)

500000－8701－0019534　H01577

大清律例增修統纂集成四十卷　(清)姚潤等

輯　(清)沈之奇註　(清)胡璋增修　清刻本　五册　存八卷(四、二十六、二十九至三十、三十三至三十四、三十八至三十九)

500000－8701－0019535　H01578
讀書紀數略五十四卷　(清)宫夢仁編纂　清刻本　十一册　存三十卷(八至十一、十五至十九、二十二至二十四、三十至三十五、三十九至四十二、四十七至五十四)

500000－8701－0019536　H01579
後紅樓夢三十回附刻詩二卷　(□)□□撰　清刻本　三册　存七回二卷(十八至二十、二十四至二十六、三十,附刻詩二卷)

500000－8701－0019537　H01580
天雨花三十回　(□)□□撰　清刻本　二册　存四回(七至八、二十一至二十二)

500000－8701－0019538　H01581
增訂精忠演義説本全傳二十卷八十回　(清)錢彩等撰　清刻本　七册　存七卷二十八回(卷二至四:五至十六回、卷十二:四十五至四十八回、卷十六至十八:六十一至七十二回)

500000－8701－0019539　H01582
慈悲道場懺法傳十卷　(□)□□卷　清刻本　四册　存四卷(四至七)

500000－8701－0019540　H01583
文家稽古編十卷　(清)劉旗錫　(清)程夢元纂　清乾隆二十年(1755)刻本　十册

500000－8701－0019541　H01584
東嵒艸堂評訂唐詩鼓吹十卷　(元)郝天挺註　(明)廖文炳解　清初刻本　四册　存七卷(一至七)

500000－8701－0019542　H01585
古文淵鑒六十四卷　(清)徐乾學等編注　清刻五色套印本　十二册　存十四卷(四十七至六十)

500000－8701－0019543　H01586
德國議院章程德國合盟紀事本末不分卷　(清)徐建寅譯　清末石印本　一册

500000－8701－0019544　H01587
德國議院章程德國合盟紀事本末不分卷　(清)徐建寅譯　清末石印本　一册

500000－8701－0019545　H01588
俄史輯譯四卷　(清)徐景羅譯　清末石印本　一册　存二卷(一至二)

500000－8701－0019546　H01589
感應篇直講不分卷　(□)□□撰　清光緒三年(1877)京江衆善堂刻本　一册

500000－8701－0019547　H01590
集韻十卷　(宋)丁度修定　清嘉慶十九年(1814)刻本　三册　存三卷(一、六、十)

500000－8701－0019548　H01591
傅青主先生集□□卷　(清)傅青主(傅山)撰　清刻本　三册　存六卷(男科下、女科産後編二卷、女科二卷、補遺一卷)

500000－8701－0019549　H01592
佚老巢遺稿二卷　(清)翁元圻撰　清刻本　一册　存一卷(一)

500000－8701－0019550　H01593
律例便覽八卷　(清)蔡逢年撰　清光緒十四年(1888)江蘇書局刻本　三册　存六卷(一至六)

500000－8701－0019551　H01594
傳家寶初集八卷二集八卷三集八卷四集八卷　(清)石成金撰集　清刻本　二册　存三卷(三集四至五、四集三)

500000－8701－0019552　H01595
傳家寶初集八卷二集八卷三集八卷四集八卷　(清)石成金撰集　清刻本　五册　存十卷(二集一至二、五至六,三集三至四、七至八,四集五至六)

500000－8701－0019553　H01596
傳家寶摘要一卷　(□)□□撰　清刻本　一册

500000－8701－0019554　H01597
清脾錄□□卷　(朝鮮)李德懋纂　清刻本

一冊　存四卷(一至四)

500000－8701－0019555　H01598
弦雪居重訂遵生八牋十九卷　(明)高濂撰　(明)鍾惺較閱　清刻本　四冊　存四卷(四、十一、十七至十八)

500000－8701－0019556　H01599
禮記精義六卷首一卷　(清)黄淦纂　清刻本　一冊

500000－8701－0019557　H01600
山曉閣選明文續集四卷　(清)孫琮評　清刻本　三冊

500000－8701－0019558　H01601
皇朝經世文四編二十一卷　麥仲華輯　清末鉛印本　二十二冊

500000－8701－0019559　H01602
慈溪黄氏日抄分類八十八卷　(宋)黄震撰　清刻本　六冊　存十九卷(一至四、四十六至五十、七十至七十二、七十六至八十、八十二至八十三)

500000－8701－0019560　H01603
古經解彙函十六種附小學彙函十四種　(清)鍾謙鈞輯　清同治十二年(1873)粤東書局刻本　二冊　存二種十三卷(韓詩外傳十卷、附校注拾遺一卷,毛詩草木鳥獸蟲魚疏二卷)

500000－8701－0019561　H01604
隸韻十卷碑目一卷　(宋)劉球纂　**攷證二卷**　(清)翁方綱撰　清嘉慶十五年(1810)長白厚巷刻本　十一冊　存十二卷(隸韻十卷、碑目一卷、攷證一)

500000－8701－0019562　H01605
崇祀鄉賢録不分卷　(清)□□撰　清刻本　一冊

500000－8701－0019563　H01606
崇祀鄉賢録不分卷　(清)□□撰　清刻本　一冊

500000－8701－0019564　H01607
種墨山房詩草□□卷　(清)方廉著　清刻本　一冊　存一卷(上)

500000－8701－0019565　H01608
唐宋八家精選層級集讀本四卷　(清)儲在陸原評　(清)吳煒增訂　清乾隆二十四年(1759)刻本　四冊

500000－8701－0019566　H01609
正字通十二集　(清)張自烈　(清)廖文英輯　**字彙舊本首卷一卷**　(明)梅膺祚音釋　清康熙刻本　十二冊　存九集(子上、中,寅中、下,卯上、中,辰中,午下,申上,酉上、下,戌上,亥下)

500000－8701－0019567　H01610
李太白文集三十六卷　(唐)李白撰　(清)王琦輯註　清刻本　二冊　存六卷(三至四、十五至十八)

500000－8701－0019568　H01611
吾汶藳十卷補遺一卷　(宋)王炎午撰　清光緒三十四年(1908)上海國學保存會鉛印本　一冊

500000－8701－0019569　H01612
黄帝内經素問節文註釋十卷　(明)黄俅撰　明刻本　一冊

500000－8701－0019570　H01613
續刻溫陵四太史參選彙評古今名文珠璣□□卷　(□)□□撰　明刻本　三冊　存三卷(三至五)

500000－8701－0019571　H01614
新訂四書人物備考十二卷　(清)陳明卿增定　(清)唐光夔詳閱　(清)陳鋭參訂　清刻本　一冊　存三卷(四至六)

500000－8701－0019572　H01615
種玉堂陰騭文印譜不分卷　(清)藍本曉鐫刻　清種玉堂鈐印本　一冊

500000－8701－0019573　H01616
江左三大家詩鈔九卷　(清)顧有孝　(清)趙澐輯　清刻本　一冊　存三卷(牧齋詩鈔一至三)

500000－8701－0019574　H01617
省軒考古類編十二卷　(清)柴紹炳纂　清刻本　三冊　存六卷(一至二、七至八、十至十一)

500000－8701－0019575　H01618
古今詞統十六卷　(明)卓人月彙選　(清)徐士俊參評　清刻本　一冊　存二卷(一至二)

500000－8701－0019576　H01619
渭南文集五十卷　(宋)陸游撰　明末毛氏汲古閣刻本　三冊　存八卷(十二至十四、四十三至四十七)

500000－8701－0019577　H01620
彭氏啟蒙數學談理十卷　(清)彭竹陽撰　清光緒二十九年(1903)鉛印本　三冊　存四卷(一至四)

500000－8701－0019578　H01621
六櫃運道冊不分卷　(清)□□撰　清末羊城富文齋刻本　三冊

500000－8701－0019579　H01622
漢書一百卷　(漢)班固撰　清刻本　一冊　存一卷(一)

500000－8701－0019580　H01623
高麗國永樂好太王碑釋文纂攷一卷　(□)□□撰　清光緒二十六年(1900)平湖朱氏經注經齋刻本　一冊

500000－8701－0019581　H01624
詠物詩選八卷　(清)俞琰輯　清刻本　一冊　存三卷(二至四)

500000－8701－0019582　H01625
七錄齋集□□卷　(明)張溥撰　明刻本　一冊　存二卷(一至二)

500000－8701－0019583　H01626
秘書二十八種　(清)汪士漢輯　清嘉慶十三年(1808)刻本　一冊　存二種三卷(古鲁詩一、吳越春秋一至二)

500000－8701－0019584　H01627
長寧縣三費章程一卷　(□)□□撰　清刻本　一冊

500000－8701－0019585　H01628
初學辨體不分卷　(清)徐與喬述　清康熙十七年(1678)稼史齋刻本　六冊　存四種(經部:易、詩、書、春秋)

500000－8701－0019586　H01629
說文段注撰要九卷　(清)馬壽齡撰　清光緒九年(1883)金陵胡氏愚園刻本　四冊

500000－8701－0019587　H01630
白鄉文鈔四卷　(清)董元憲著　清刻本　二冊

500000－8701－0019588　H01631
唐詩三百首六卷　(清)孫洙編　清刻朱墨套印本　一冊　存一卷(二)

500000－8701－0019589　H01632
使琉球記六卷　(清)李鼎元撰　清同治五年(1866)刻本　二冊

500000－8701－0019590　H01633
經義策論要法三卷附議啟二篇　(□)□□撰　清光緒二十七年(1901)江夏陳氏刻本　一冊

500000－8701－0019591　H01634
秣陵集六卷　(清)陳文述撰　清刻本　二冊　存四卷(一至四)

500000－8701－0019592　H01635
秘書省續編到四庫闕書目二卷　葉德輝考證　清光緒二十九年(1903)葉氏觀古堂刻本　二冊

500000－8701－0019593　H01636
孔氏家語十卷　(三國魏)王肅注　清刻本　三冊　存八卷(一至八)

500000－8701－0019594　H01637
雅趣藏書不分卷　(明)錢書撰　清四德齋刻朱墨套印本　一冊　存六篇(驚艷、借廂、酬韻、鬧齋、寺警、請宴)

500000－8701－0019595　H01638
豐都留渝同鄉勸學會齒錄不分卷　(□)□□

撰　清末刻本　一册

500000－8701－0019596　H01639
四川通省鑛務總公司章程八章　（□）□□撰　清末四川官書局鉛印本　一册

500000－8701－0019597　H01640
對類便讀六卷首一卷　（清）程錫類編輯　清刻本　一册　存二卷（一、首一卷）

500000－8701－0019598　H01641
家庭講話三卷　陸一亭撰　清刻本　一册

500000－8701－0019599　H01642
四川川漢鐵路公司白話廣告不分卷　（清）四川川漢鐵路公司撰　清光緒末成都印書館鉛印本　一册

500000－8701－0019600　H01643
詩林韶濩二十卷　（清）顧嗣立類選　清康熙刻本　一册　存三卷（一至三）

500000－8701－0019601　H01644
性命微言四十一章　（□）伯陽子撰　清刻本　一册

500000－8701－0019602　H01645
三農紀十卷　（清）張宗法撰　清刻本　五册　存八卷（一至六、九至十）

500000－8701－0019603　H01646
新刻北宋三遂平妖傳六卷四十回　（明）馮猶龍增定　清道光十年（1830）刻本　一册　存一回（一）

500000－8701－0019604　H01647
西漚外集八卷　（清）李惺著　（清）童棫（清）宋寶棫編輯　清同治七年（1868）刻本　八册

500000－8701－0019605　H01648
西漚外集八卷　（清）李惺著　（清）童棫（清）宋寶棫編輯　清同治七年（1868）刻本　四册　存四卷（一至四）

500000－8701－0019606　H01649
南巡盛典一百二十卷　（清）高晉等纂輯　清乾隆刻本　六册　存十七卷（六十六至六十七、八十至八十六、八十九至九十一、一百二至一百三、一百六至一百八）

500000－8701－0019607　H01650
南巡盛典一百二十卷　（清）高晉等纂輯　清乾隆刻本　二十册　存五十卷（五十三、六十至一百八）

500000－8701－0019608　H01651
佩文韻府一百六卷　（清）蔡升元等纂　清石印本　八十六册　存六十三卷（七、十二至十八、二十至六十二、六十五、九十一至九十七、一百二下至一百三、一百五至一百六）

500000－8701－0019609　H01652
韻府拾遺一百六卷　（清）張玉書等撰　清石印本　十一册　存四十九卷（一至二十三、四十二至四十九、五十六至六十四、九十八至一百六）

500000－8701－0019610　H01653
欽定全唐詩十二函一百二十册　（清）曹寅編　清光緒元年（1875）饒玉成刻本　一百十二册　缺二册（第五函五至六）

500000－8701－0019611　H01654
淵鑑類函四百五十卷目錄四卷　（清）張英等纂　清刻本　一百四十册

500000－8701－0019612　H01655
淵鑑類函四百五十卷目錄四卷　（清）張英等纂　清刻本　三十一册　存九十九卷（四至六、十一至十三、十七至二十六、三十至三十三、三十七至四十六、五十至五十二、五十七至五十八、六十一至六十三、七十三至七十九、八十四至八十六、九十三至一百一、一百六至一百十四、一百十八至一百二十三、一百二十七至一百四十九，目錄四卷）

500000－8701－0019613　H01656
讀史方輿紀要一百三十卷附方輿全圖總說五卷　（清）顧祖禹撰　清光緒二十七年（1901）上海圖書集成局鉛印本　三十二册

500000－8701－0019614　H01657
沈氏尊生書七種　（清）沈金鰲輯　清乾隆四

十九年(1784)無錫沈氏刻本　十四冊　存四種四十卷(傷寒論綱目十六卷首二卷、婦科玉尺六卷、幼科釋謎六卷、要藥分劑十卷)

500000－8701－0019615　H01658
施註蘇詩四十二卷目錄二卷　(宋)蘇軾撰　(宋)施元之注　(清)宋犖等閲定　(清)顧嗣立等刪補　清刻本　二冊　存七卷(一至五、目錄二卷)

500000－8701－0019616　H01659
康濟譜二十五卷　(明)潘游龍輯　(清)金俊明參評　清道光十六年(1836)刻本　十五冊　存二十三卷(一至二、五至二十五)

500000－8701－0019617　H01660
樂府詩集一百卷目錄二卷　(宋)郭茂倩輯　清刻本　五冊　存二十三卷(一至二十一、目錄二卷)

500000－8701－0019618　H01661
曾文正公文鈔四卷　(清)曾國藩撰　清刻本　一冊　存二卷(三至四)

500000－8701－0019619　H01662
新刻重校增補圓機活法詩學全書二十四卷　(明)王世貞編　(清)楊淙參閲　(明)蔣先庚重訂　清刻本　六冊　存十四卷(一至十一、二十二至二十四)

500000－8701－0019620　H01663
古文賞音十二卷　(清)謝有煇纂　清刻本　二冊　存四卷(三至六)

500000－8701－0019621　H01664
采菽堂古詩選三十八卷補遺四卷　(清)陳祚明評選　清刻本　一冊　存二卷(采菽堂古詩選一至二)

500000－8701－0019622　H01665
施愚山先生學餘文集二十八卷詩集五十卷　(清)施閏章撰　(清)施彥淳　(清)施彥恪錄輯　清刻本　九冊　缺八卷(詩集四十三至五十)

500000－8701－0019623　H01666
全唐詩九百卷　(清)曹寅等編　清刻本　四冊　存五卷(劉駕一、劉滄一、李頻一至三)

500000－8701－0019624　H01667
全唐詩九百卷　(清)曹寅等編　清刻本　二冊　存九卷(白居易十六至二十四)

500000－8701－0019625　H01668
全唐詩鈔八十卷補遺十六卷　(清)吳成儀編　清嘉慶十三年(1808)刻本　十冊　存三十九卷(一至二十四、七十六至八十,補遺一至六、十三至十六)

500000－8701－0019626　H01669
文殊五字根本真言念誦法不分卷　(□)□□撰　清刻本　一冊

500000－8701－0019627　H01670
御選語錄十九卷　(清)世宗胤禛選　清刻本　二冊　存三卷(八至十)

500000－8701－0019628　H01671
式訓堂叢書三集四十一種　(清)章壽康輯　清刻本　八冊　存八種二十七卷(三集:毛詩重言一卷、毛詩雙聲疊韻說一卷、弟子職正音一卷、南江札記四卷、金石例十卷、墓銘舉例四卷、讒書五卷、陶邕州小集一卷)

500000－8701－0019629　H01672
欽定康濟錄四卷　(清)倪國璉撰　清道光元年(1821)京都雙峯閣書坊刻本　五冊

500000－8701－0019630　H01673
古文奇賞二十二卷目錄一卷略紀一卷　(明)陳仁錫選評　明末刻本　九冊　存十三卷(一至四、八至十四,目錄一卷,略紀一卷)

500000－8701－0019631　H01674
御纂醫宗金鑑九十卷首一卷　(清)吳謙等纂輯　清刻本　四十九冊

500000－8701－0019632　H01675
學海堂四集二十八卷　(清)啟秀山房訂　清光緒十二年(1886)刻本　二十冊

500000－8701－0019633　H01676
項城袁氏家集十六種　丁振鐸輯　清宣統三

年(1911)清芬閣鉛印本　五十五册　缺一種一卷(事實紀略一卷)

500000－8701－0019634　H01677
學仕遺規四卷補四卷　(清)陳宏謀輯　清光緒五年(1879)江蘇書局刻本　四册　存七卷(二至四、補四卷)

500000－8701－0019635　H01678
文心雕龍十卷　(南朝梁)劉勰撰　(清)黄叔琳注　(清)紀昀評　清刻本　四册

500000－8701－0019636　H01679
墨香居畫識十卷　(清)馮金伯撰　清刻本　一册　存三卷(一至三)

500000－8701－0019637　H01680
春秋董氏學八卷董氏學附傳一卷　康有為撰　清光緒二十四年(1898)上海大同譯書局刻萬木草堂叢書本　一册　存二卷(一至二)

500000－8701－0019638　H01681
宗鏡錄一百卷　(宋)釋延壽集　清雍正十二年(1734)刻本(卷七十一至七十五係補配)　七册　存三十五卷(三十一至三十五、四十一至四十五、六十六至八十五、九十一至九十五)

500000－8701－0019639　H01682
世說新語補二十卷　(明)何良俊撰補　(明)王世貞删定　清刻本　四册　存四卷(一至四)

500000－8701－0019640　H01683
新學僞經考十四卷　康有為撰　清刻本　四册　存十一卷(四至十四)

500000－8701－0019641　H01684
新鐫六經類雋十一卷　(明)鍾惺纂評　明末刻本　二册

500000－8701－0019642　H01685
平妖傳八卷四十回　(明)羅貫中編　(清)馮夢龍增撰　清刻本　七册　存七卷(一至二、四至八)

500000－8701－0019643　H01686
續英烈傳五卷三十四回　題(清)空谷老人撰　清刻本　一册　存三卷(一至三)

500000－8701－0019644　H01687
高子文集六卷　(明)高攀龍撰　清刻本　六册　存五卷(二至六)

500000－8701－0019645　H01688
蕩寇志七十卷結水滸全傳七十卷　(清)俞萬春撰　清刻本　九册　存十六卷(結水滸全傳五至八、十一至十四、十九至二十、二十三至二十四、二十七至三十)

500000－8701－0019646　H01689
禮記析疑四十八卷　(清)方苞撰　清刻本　一册　存四卷(一至四)

500000－8701－0019647　H01690
賦鈔箋畧十五卷　(清)雷琳　(清)張杏濱箋　清刻本　二册　存四卷(二至五)

500000－8701－0019648　H01691
釋名八卷　(漢)劉熙撰　清光緒十五年(1889)湘南書局刻本　一册　存七卷(一至七)

500000－8701－0019649　H01692
紀效新書十八卷首一卷　(明)戚繼光撰　清刻本　六册

500000－8701－0019650　H01693
語石十卷　葉昌熾撰　清宣統元年(1909)刻本　四册

500000－8701－0019651　H01694
草廬經畧十二卷　(明)□□撰　清光緒七年(1881)成都刻本　二册　存五卷(一至三、十一至十二)

500000－8701－0019652　H01695
巴山七種二十二卷　(清)王侃撰　清同治四年(1865)光裕堂刻本　六册

500000－8701－0019653　H01696
日知錄三十二卷　(清)顧炎武著　清乾隆六十年(1795)刻本　九册　存十八卷(一至四、七至十二、十七至二十二、三十一至三十二)

500000－8701－0019654　H01697
龍圖公案八卷　（明）□□撰　清刻本　六册

500000－8701－0019655　H01698
宋百家詩存二十卷　（清）曹庭棟選　清乾隆六年（1741）刻本　十一册　存十一卷（十至二十）

500000－8701－0019656　H01699
天台治畧十卷補遺一卷　（清）戴兆佳著　清康熙十八年（1679）刻本　五册

500000－8701－0019657　H01700
樂善堂全集四十卷目録四卷　（清）高宗弘曆撰　清刻本　二十四册

500000－8701－0019658　H01701
御纂朱子全書六十六卷　（清）李光地等編修　清淵鑒齋刻本　四十八册

500000－8701－0019659　H01703
東都事略一百三十卷　（宋）王偁撰　清嘉慶三年（1798）席氏掃葉山房刻宋遼金元别史本　十二册

500000－8701－0019660　H01704
南巡盛典一百二十卷　（清）高晉等纂輯　清刻本　九册　存十九卷（十三至十七、二十九至三十三、三十七至三十九、四十三至四十四、四十九至五十、一百十六至一百十七）

500000－8701－0019661　H01705
南巡盛典一百二十卷　（清）高晉等纂輯　清刻本　二十七册　存六十六卷（一至三十一、三十七至四十八、五十一至五十六、六十八至七十、九十七至九十八、一百九至一百二十）

500000－8701－0019662　H01706
粹語合刊五卷　（清）崑岡輯　清光緒七年（1881）福州福森春刻本　一册

500000－8701－0019663　H01707
長生殿傳奇二卷　（清）洪昇撰　清刻本　三册

500000－8701－0019664　H01708
問影樓輿地叢書十五種四十四卷　胡思敬輯　清光緒三十四年（1908）鉛印本　九册　存十二種三十九卷（長河志籍考十卷、黔記四卷、東三省輿圖説一卷、陝西南山谷口考一卷、緬述一卷、三省山内風土雜識一卷、萬里行程記一卷、關中水道記四卷、水地記一卷、遊歷記存一卷、滇海虞衡志十三卷、東三省韓俄交界道里表一卷）

500000－8701－0019665　H01709
大清光緒年時憲書不分卷　（清）欽天監編　清光緒欽天監刻本　六册　存六年（清光緒十九年、二十一年至二十四年、三十年）

500000－8701－0019666　H01710
蜀景彙考十九卷　鍾登甲輯　清光緒十一年（1885）樂道齋刻本　二册

500000－8701－0019667　H01711
寶墨齋摹印不分卷　（清）汪文適篆　清末民初鈐印本　一册

500000－8701－0019668　H01712
棗林雜俎六集　（清）談遷撰　清宣統三年（1911）上海扶輪社鉛印張氏適園叢書本　五册　存五集（智、中、和、仁、聖）

500000－8701－0019669　H01713
衲蘇集二卷　（清）何栻纂　清同治元年（1862）章門刻本　一册　存一卷（一）

500000－8701－0019670　H01714
龍岡山人詩鈔十八卷　（清）洪良品撰　清光緒四年（1878）刻本　五册　存十六卷（一至十三、十六至十八）

500000－8701－0019671　H01715
因樹屋書影十卷　（清）周亮工撰　清雍正三年（1725）刻本　四册　存五卷（一至五）

500000－8701－0019672　H01716
中西紀事二十四卷首一卷　（清）夏燮撰　清光緒二十四年（1898）藜照書屋刻本　五册　存十九卷（一至十一、十七至二十四）

500000－8701－0019673　H01717
續後漢書九十卷　（元）郝經撰　清道光中上

海郁氏刻宜稼堂叢書本　八冊　存二十卷(六十五至八十四)

500000－8701－0019674　H01718

虞文靖公道園全集六十卷　(元)虞集撰　清道光十七年(1837)鵝溪孫氏刻本　十八冊　存四十四卷(一至四十四)

500000－8701－0019675　H01719

稗海七十種四百四十九卷　(明)商濬輯　明刻本　五十冊　存五十二種二百六十四卷(續博物志十卷,摭言一卷,小名錄二卷,雲溪友議十二卷,杜陽雜編三卷,東觀奏記三卷,大唐新語十三卷,因話錄六卷,玉泉子一卷,北夢瑣言二十卷,蠡海集一卷,過庭錄一卷,搜採異聞錄五卷,東軒筆錄九卷,青箱雜記十卷,蒙齋筆談二卷,畫墁錄一卷,墨莊漫錄四至十,侍兒小名錄拾遺一卷,補侍兒小名錄一卷,續補侍兒小名錄一卷,蘇黄門龍川别志二卷,澠水燕談錄十卷,冷齋夜話十卷,石林燕語三至十,避暑錄話二卷,清波雜志三卷,侯鯖錄八卷,睽車志六卷,隨隱漫錄五卷,楓窗小牘二卷,山房隨筆一卷,癸辛雜識前集一卷、後集一卷、續集二卷、别集二卷,東坡志林十二卷,老學庵筆記十卷,樂善錄二卷,泊宅編三卷,閑窗括異志一卷,江隣幾雜志一卷,耕祿稾一卷,厚德錄四卷,儒林公議二卷,螢雪叢說二卷,孫公談圃三卷,許彦周詩話一卷,後山居士詩話一卷,墨客揮犀十卷,異聞總錄四卷,遂昌雜錄一卷,獨異志三卷,齊東野語六至二十,桯史十五卷)

500000－8701－0019676　H01720

詩經小學三十卷　(清)段玉裁撰　清道光五年(1825)刻本　三冊　存二十卷(一至七、十八至三十)

500000－8701－0019677　H01721

儀禮漢讀考一卷毛詩故訓傳三十卷　(清)段玉裁撰　清嘉慶二十一年(1816)七葉衍羊堂段氏刻本　三冊　存二十二卷(儀禮漢讀考一卷,毛詩故訓傳一至三、十三至三十)

500000－8701－0019678　H01722

宣統二年通商各關華洋貿易總冊不分卷　(清)上海通商海關造冊處譯　清宣統三年(1911)鉛印本　一冊

500000－8701－0019679　H01723

宣統二年通商各關華洋貿易論畧不分卷　(清)上海通商海關造冊處譯　清宣統三年(1911)鉛印本　一冊

500000－8701－0019680　H01724

光緒二十四年通商各關華洋貿易總冊二卷　(清)上海通商海關造冊處譯　清末鉛印本　一冊

500000－8701－0019681　H01725

尚書六體遺範□□卷　(清)金象乾刪訂　清刻本　二冊　存九卷(一至五、十二至十五)

500000－8701－0019682　H01726

中西六種　唐宗海撰輯　清宣統二年(1910)文倫書局鉛印本　二十三冊　存六種三十卷(中西匯通醫經精義二卷,傷寒論淺註補正七卷首一卷,本草問答二卷,血證論一至六、八,金匱要略淺註補正九卷,醫易通說二卷)

500000－8701－0019683　H01727

六醴齋醫書十種　(清)程永培輯　清光緒十七年(1891)廣州儒雅堂刻本　二十二冊　存十種五十卷(褚氏遺書一卷,葛仙翁肘後備急方一、三至八,元和紀用經一卷,蘇沈内翰良方一至六,十藥神書一卷,加減靈秘十八方一卷,韓氏醫通二卷,痘疹傳心錄十八卷附種痘一,折肱漫錄七卷,慎柔五書五卷)

500000－8701－0019684　H01728

新鐫綴白裘合集□□卷　(清)□□撰　清刻本　二冊　存二冊(新訂時調崑腔綴白裘初編一冊、新訂時興文武雙班綴白裘六編一冊)

500000－8701－0019685　H01729

話口袋一卷　(□)□□撰　清宣統三年(1911)刻本　一冊

500000－8701－0019686　H01730

幼女歌一卷　(□)□□撰　清刻本　一冊

500000－8701－0019687　H01731
秘傳花鏡六卷　（清）陳淏子輯　清刻本　六册

500000－8701－0019688　H01732
癸卯恩科鄉試十八省同年全錄不分卷　（□）□□撰　清光緒二十九年（1903）刻本　一册　存七省（直隸、江南、江西、浙江、福建、湖北、湖南）

500000－8701－0019689　H01733
綉圖繪芳園全錄八卷八十回　題（清）西泠野樵撰　清石印本　一册　存一卷（二）

500000－8701－0019690　H01734
四診抉微八卷管窺附餘一卷　（清）林之翰撰　清雍正四年（1726）玉映堂石印本　一册

500000－8701－0019691　H01735
長生殿傳奇四卷　（清）洪昇填詞　（清）吳人論文　清光緒十六年（1890）上海文瑞樓鉛印本　二册

500000－8701－0019692　H01736
增廣賢文二卷　（□）□□撰　清末重慶金誠書店刻本　一册

500000－8701－0019693　H01737
繪圖萬事不求人不分卷　（□）□□撰　清末石印本　一册　存第一册

500000－8701－0019694　H01738
隨身寶不分卷　（□）□□撰　清末刻本　一册

500000－8701－0019695　H01739
隨身寶不分卷　（□）□□撰　清末刻本　一册

500000－8701－0019696　H01740
四川諮議局第二屆常年決議案報告不分卷　（清）四川諮議局編　清末鉛印本　一册

500000－8701－0019697　H01741
富強齋叢書正全集□□種□□卷續全集□□種□□卷　（清）袁俊德輯　清光緒二十五年（1899）小倉山房石印本　二十五册　存正全集三十種一百五十八卷續全集一種六卷（正全集：九數外錄一卷，衍元要義一卷，弧田問率一卷，直積回求一卷，割圜連比例術圖解三卷、首一卷，橢圓求周術一卷，斜弧三邊求角補術一卷，堆垜求積術一卷，三統術衍補一卷，周冪知裁一卷，重學十至二十，電學一下至十、首一卷，化學鑑原六卷，化學鑑原續編一至二十二，化學鑑原補編一至三，聲學八卷，光學二卷，視學諸器圖說一卷，談天一至十，地學淺釋一至十四，歐洲東方交涉記十二卷，金石識別一至五、十一至十二、中西名目表一卷，汽機必以八至十二、附一卷，鍊石編三卷，海塘輯要十卷、首一卷，行軍鐵路工程二卷，匠海與規三卷，營城揭要二卷附圖一卷，製火藥法三卷，兵船礮法六卷；續全集：化學考質三至八）

500000－8701－0019698　H01742
西學富強叢書八十一種　（清）張之洞輯　清末石印本　三十七册　存四十種二百十二卷（九數外錄一卷，衍元要義一卷，弧田問率一卷，直積回求一卷，割圜連比例術圖解一，橢圓求周術一卷，周冪知裁一卷，化學鑑原四至六，化學鑑原續編二十四卷，化學鑑原補編六，電學一至六，重學二十卷，談天十一至十八，地學淺釋二十七至三十八，金石識別十二卷，開煤要法十二卷，井礦工程三卷，汽機必以十二卷首一卷，汽機新制八卷，行軍鐵路工程二卷，匠誨與規三卷，垸髹致美一卷，製油燭法一卷，製火藥法三卷，兵船礮法六卷，鐵船針向一卷，機動圖說一卷，造管之法一卷，回熱爐法一卷，鎔金類鑵一卷，造硫強水法一卷，色相留真一卷，水衣全論一卷，製造玻璃法二卷，海塘輯要十卷首一卷，臨陣管見九卷，英國水師考一卷，列國歲計政要一至八、首一卷，歐洲東方交涉記十二卷，各國交涉公法論三至十六、末一卷）

500000－8701－0019699　H01743
西學富強叢書八十一種　（清）張之洞輯　清末石印本　十五册　存十九種九十五卷（化學鑑原續編二十四卷，化學鑑原補編一，行軍鐵路工程二卷，匠誨與規三卷，製造玻璃法二卷，造管之法一卷，回熱爐法一卷，鎔金類罐一卷，造硫強水法一卷，色相留真一卷，水衣全論一卷，重學一至十，海塘輯要十卷首一卷，汽機新制八卷，各國交涉公法論二至四、九至十六，開煤要法十二卷，井礦工程三卷，鐵船針向一卷，機動圖說一卷）

500000－8701－0019700　H01744
西學富強叢書八十一種　（清）張之洞輯　清末石印本　二冊　存八種十五卷（汽機新制八卷、煉鋼要言一卷、造管之法一卷、回熱爐法一卷、鎔金類罐一卷、造硫強水法一卷、色相留真一卷、水衣全論一卷）

500000－8701－0019701　H01745
黃山谷文集一卷張文潛文集一卷　（明）葛鼐　（明）葛鼒評輯　明末吳門葉氏刻本　一冊

500000－8701－0019702　H01746
韓忠獻王安陽集一卷范文正公文集一卷　（明）葛鼒　（明）葛鼐評輯　明末刻本　一冊

500000－8701－0019703　H01747
唐詩歸三十六卷　（明）鍾惺　（明）譚元春選定　明崇禎十四年（1641）刻本　八冊　存二十八卷（一至三、八至十一、十六至三十六）

500000－8701－0019704　H01748
鍥精選古今名公藻翰雙奇十三卷　（明）施鳳來選　清刻本　三冊　存九卷（一至二、四至七、十一至十三）

500000－8701－0019705　H01749
具呈舉人蕭德驊爲恭疏詩義證明易蘊呈請代一卷　（清）□□撰　清末鉛印本　一冊

500000－8701－0019706　H01750
商辦川省川漢鐵路有限公司章程一卷　（清）川省川漢鐵路有限公司撰　清光緒末鉛印本　一冊

500000－8701－0019707　H01751
考察憲政要目一卷　（清）□□撰　清末鉛印本　一冊

500000－8701－0019708　H01752
論語備考畧二卷　（明）陳仁錫撰　明末刻本　一冊

500000－8701－0019709　H01753
小學韻語一卷　（清）羅澤南撰　清光緒七年（1881）刻本　一冊

500000－8701－0019710　H01754
小學韻語一卷　（清）羅澤南撰　清光緒七年（1881）刻本　一冊

500000－8701－0019711　H01755
左傳事緯十二卷字釋一卷　（清）馬驌編論　清刻本　四冊　存九卷（一至二、五至六、九至十二，字釋一卷）

500000－8701－0019712　H01756
易意四卷　（清）熊懋獎撰　清刻本　一冊

500000－8701－0019713　H01757
韓非子二十卷　（戰國）韓非撰　**識誤三卷**　（清）顧廣圻撰　清光緒元年（1875）浙江書局刻二十二子本　六冊

500000－8701－0019714　H01758
戊申年官商快覽不分卷　（清）□□撰　清光緒三十四年（1908）上海書業公所石印本　一冊

500000－8701－0019715　H01759
辛亥年官商快覽不分卷　（清）□□撰　清宣統三年（1911）上海書業公所石印本　一冊

500000－8701－0019716　H01760
丁未分類中外官商快覽不分卷　（清）□□撰　清光緒三十三年（1907）上海書業公所石印本　一冊

500000－8701－0019717　H01761
庚戌年官商快覽不分卷　（清）□□撰　清宣統二年（1910）上海書業公所石印本　一冊

500000－8701－0019718　H01762
光緒三十有一年四川通俗襍纂不分卷　（清）□□撰　清光緒三十一年（1905）官報書局石印本　一冊

500000－8701－0019719　H01763

光緒三十有四年四川通俗襍纂不分卷 （清）□□撰 清光緒三十四年（1908）官報書局石印本 一冊

500000－8701－0019720 H01764
對類便讀六卷首一卷 （清）程錫類編輯 清刻本 一冊 存二卷（一、首一卷）

500000－8701－0019721 H01765
安溪訂韻□□卷 （□）□□撰 清刻本 一冊 存三卷（一至三）

500000－8701－0019722 H01766
述記不分卷 （清）任兆麟纂 清乾隆五十三年（1788）任氏忠敏家塾刻本 一冊 存八種（夏小正、鬻子、逸周書、周公謚法、武王踐阼記、弟子職、管子、老子）

500000－8701－0019723 H01767
心影集擇錄四卷 （清）李士麟編 清道光二十六年（1846）刻本 一冊 存二卷（一至二）

500000－8701－0019724 H01768
近思續錄十四卷 （清）劉源淥輯 清刻本 六冊 存五卷（四至七、九）

500000－8701－0019725 H01769
韓子粹言一卷 （唐）韓愈撰 （清）李光地輯 清刻本 二冊

500000－8701－0019726 H01770
陸清獻公［隴其］年譜一卷 （清）吳光酉編 清同治七年（1868）武林薇署刻本 一冊

500000－8701－0019727 H01771
天元草五卷 王樹枏撰輯 清光緒十九年（1893）成都刻本 二冊

500000－8701－0019728 H01772
篠村詩鈔四卷 （□）金臺駿撰 清道光二十一年（1841）刻本 一冊

500000－8701－0019729 H01773
古文淵鑒六十四卷 （清）徐乾學編注 清康熙二十四年（1685）刻四色套印本 十六冊 存四十六卷（一至十三、十七至三十、三十三至三十八、四十二至四十五、五十三至六十一）

500000－8701－0019730 H01774
蕩平髮逆圖記二十二卷首一卷 （清）杜文瀾撰 清同治四年（1865）上海漱六山莊石印本 七冊 存二十卷（四至二十二、首一卷）

500000－8701－0019731 H01775
尚友錄二十二卷補遺一卷 （明）廖用賢編纂 （清）張伯琮補輯 清刻本 十冊

500000－8701－0019732 H01776
成唯識論述記六十卷 （唐）釋窺基撰 清光緒二十七年（1901）金陵刻經處刻本 二十冊

500000－8701－0019733 H01777
詳註聊齋志異圖詠十六卷 （清）蒲松齡著 （清）呂湛恩註 清光緒十二年（1886）同文書局石印本 八冊

500000－8701－0019734 H01778
普通學書錄四卷 （清）黃慶澄編 清光緒二十七年（1901）杭州小學堂刻本 一冊

500000－8701－0019735 H01779
大乘集菩薩學論二十五卷 （宋）釋法護等譯 清刻本 四冊

500000－8701－0019736 H01780
滇亂紀畧一卷 （清）張濤著 清末刻本 一冊

500000－8701－0019737 H01781
新刊讀史隨筆二卷 題（清）獨醒主人撰 清宣統二年（1910）培元堂刻本 二冊

500000－8701－0019738 H01782
容甫先生遺詩五卷補遺一卷 （清）汪中著 清光緒十一年（1885）維揚述古齋木活字印本 一冊

500000－8701－0019739 H01783
薛氏醫按二十四種 （明）吳琯輯 明刻本 十一冊 存六種十七卷（本草發揮四卷、明醫雜著一至三、傷寒鈐法一卷、外傷金鏡錄一卷、婦人良方十九至二十四、女科撮要二卷）

500000－8701－0019740 H01784

薛氏醫按二十四種　(明)吳琯輯　明刻本　七冊　存六種十三卷(本草發揮四卷,内科摘要二卷,明醫雜著一、四至六,傷寒鈐法一卷,外傷金鏡録一卷、原機啟微一)

500000－8701－0019741　H01785
地理點穴撼龍經十卷　(唐)楊益著　清道光十四年(1834)刻本　二冊

500000－8701－0019742　H01786
武備志二百四十卷　(明)茅元儀輯　清刻本　五冊　存九卷(七十至七十一、八十五、九十至九十二、二百十一至二百十三)

500000－8701－0019743　H01787
菊逸山房地理三卷　(唐)楊益撰　(清)高其倬批　**菊逸山房山法備收一卷**　(清)寇宗輯　清道光十三年(1833)刻本　一冊

500000－8701－0019744　H01788
第五才子書施耐庵水滸傳七十五卷　(明)施耐庵撰　(清)金人瑞刪評　明貫華堂刻本　二十二冊　存六十九卷(一至五十三、五十七至六十五、六十九至七十五)

500000－8701－0019745　H01789
説文通訓定聲十八卷分部檢韻一卷説雅一卷古今韻準一卷　(清)朱駿聲輯　清刻本　二十四冊

500000－8701－0019746　H01790
十七史商榷一百卷　(清)王鳴盛撰　清乾隆五十二年(1787)刻本　二十四冊

500000－8701－0019747　H01791
蘭石山房詩鈔二卷　(□)袁琛著　清刻本　一冊

500000－8701－0019748　H01792
關帝明聖真經不分卷　(□)□□撰　清刻本　一冊

500000－8701－0019749　H01793
古今紀要十九卷　(宋)黃震撰　清刻本　五冊　存十六卷(四至十九)

500000－8701－0019750　H01794
人品捷録五卷　(明)鄧志謨著　清刻本　一冊

500000－8701－0019751　H01795
輶軒語一卷　(清)張之洞撰　清光緒三年(1877)濠上書齋刻本　一冊

500000－8701－0019752　H01796
鈞天樂二本三十二齣　(清)尤侗撰　清刻本　一冊

500000－8701－0019753　H01797
歷代職官表六卷　(清)黃本驥校　(清)張孝楷復校　清光緒六年(1880)膺詁齋刻本　一冊

500000－8701－0019754　H01798
孫吳司馬灋八卷　(清)孫星衍輯　清同治十年(1871)淮南書局刻本　一冊

500000－8701－0019755　H01799
通鑑直解二十八卷　(明)張居正撰　(明)鍾惺評　明天啟元年(1621)金閶流馨居刻本　十冊　存二十四卷(一至二十二、二十五至二十六)

500000－8701－0019756　H01800
修習止觀坐禪法要二卷　(隋)釋智顗著　**六妙法門一卷**　(隋)釋智者著　清刻本　一冊

500000－8701－0019757　H01801
史鑑節要便讀六卷　(清)鮑東里編輯　清同治六年(1867)刻本　二冊

500000－8701－0019758　H01802
圍棊近譜不分卷　(□)□□撰　清刻本　一冊

500000－8701－0019759　H01803
尊天爵齋奕譜不分卷　(清)李琳等校訂　清道光二十一年(1841)刻本　一冊

500000－8701－0019760　H01804
桃花泉奕譜二卷　(清)范西屏撰　清同治十二年(1873)敦仁堂刻本　一冊

500000－8701－0019761　H01805
質顧一卷　(清)吳光耀撰　清刻本　一冊

500000－8701－0019762　H01806
志學録一卷　(清)陸世儀撰　清刻陸桴亭先生遺書本　一册

500000－8701－0019763　H01807
陸桴亭先生遺書二十二種年譜一卷行狀一卷行實一卷　(清)陸世儀撰　清刻本　二十八册

500000－8701－0019764　H01808
洪文襄奏對筆記二卷　(清)洪承疇撰　清末四川官印刷局鉛印本　一册

500000－8701－0019765　H01809
性命圭旨四集附洞玄靈寶定觀經註一卷　(□)尹真人秘授　清復真堂刻本　四册

500000－8701－0019766　H01810
史記一百三十卷　(漢)司馬遷撰　(明)陳仁錫評　明末刻本(卷六至七係補配)　六册　存十四卷(一至十四)

500000－8701－0019767　H01811
史記一百三十卷　(漢)司馬遷撰　(明)陳仁錫評　明末刻本　一册　存一卷(一)

500000－8701－0019768　H01812
史記一百三十卷　(漢)司馬遷撰　(明)陳仁錫評　明末刻本　一册　存一卷(一)

500000－8701－0019769　H01813
經濟學五編　張嘉會編述　清宣統元年(1909)通省自治研究所鉛印本　一册

500000－8701－0019770　H01814
立雪堂遺稿四卷　(清)程元吉撰　清刻本　一册

500000－8701－0019771　H01815
方泉先生詩集三卷　(宋)周文璞撰　清宣統元年(1909)國光社影印本　一册

500000－8701－0019772　H01816
千家詩注二卷　(清)黎恂編輯　清光緒二十年(1894)川東道署刻本　一册

500000－8701－0019773　H01817
唐大家柳柳州文抄十二卷　(唐)柳宗元撰　(明)茅坤批評　明崇禎刻本　四册

500000－8701－0019774　H01818
廣輿記二十四卷　(明)陸應陽輯　清刻本(卷三至五係補配)　七册

500000－8701－0019775　H01819
經解入門八卷　(清)江藩纂　清光緒十四年(1888)粵東書局刻本　二册

500000－8701－0019776　H01820
閫政領要三卷　(□)□□撰　清刻本　一册

500000－8701－0019777　H01821
文選各家詩集四卷　(清)汪師韓撰　(清)陳光明輯　清光緒五年(1879)醉經堂刻本　二册

500000－8701－0019778　H01822
西洋雜志八卷　(清)黎庶昌撰　清光緒二十六年(1900)黎氏刻本　四册

500000－8701－0019779　H01823
墨莊樂府鈔四卷　(□)帥繼祖著　清刻本　一册

500000－8701－0019780　H01824
歙縣館録不分卷　(清)汪廷棟撰　清光緒三十年(1904)木活字印本　一册

500000－8701－0019781　H01825
惜抱軒先生文集二卷　(清)姚鼐撰　**紀文達公文録一卷**　(清)紀昀撰　清刻本　一册

500000－8701－0019782　H01826
詩本誼一卷　(清)龔橙撰　清光緒十五年(1889)刻本　一册

500000－8701－0019783　H01827
七星山人集二卷　(清)岳凌雲撰　清光緒十九年(1893)志經堂刻本　一册

500000－8701－0019784　H01828
古文斲十六卷　(清)姚培謙評註　清刻本　一册　存二卷(一至二)

500000－8701－0019785　H01829
廣輿記二十四卷　(明)陸應陽輯　清刻本

五冊　存十七卷(一、六至十七、二十一至二十四)

500000－8701－0019786　H01830
聽雨紀談一卷　(明)都穆撰　**三餘贅筆一卷**　(明)都印撰　清刻本　一冊

500000－8701－0019787　H01831
文體芻言一卷　吳曾祺纂錄　清宣統二年(1910)鉛印本　一冊

500000－8701－0019788　H01832
文瀾閣志二卷附錄一卷　(清)孫樹禮　(清)孫峻撰　清刻本　二冊　存二卷(二、附錄一卷)

500000－8701－0019789　H01833
說鈴抄□□卷　(□)□□撰　清刻本　一冊　存二卷(一至二)

500000－8701－0019790　H01834
新刻封神演義八卷一百回　(□)□□撰　清刻本　四冊　存四卷(三至五、七)

500000－8701－0019791　H01835
奏定學堂章程不分卷　(清)張之洞等撰　清光緒二十九年(1903)鉛印本　二冊　存二種(學務綱要、大學堂章程)

500000－8701－0019792　H01836
湖壖雜記一卷　(清)陸次雲撰　**談往一卷**　題(清)花村看行侍者撰　清刻本　一冊

500000－8701－0019793　H01837
彭羨門全集四十三卷　(清)彭孫遹撰　清宣統三年(1911)掃葉山房石印本　六冊　存二十四卷(松桂堂全集二十至三十七、南湉集三卷、延露詞三卷)

500000－8701－0019794　H01838
證治彙補八卷　(清)李惺菴撰　清舊德堂刻本　十冊　存七卷(一至四、六至八)

500000－8701－0019795　H01839
廿一史彈詞註十一卷　(明)楊慎編撰　(清)張三異增定　清刻本　一冊　存三卷(一至三上)

500000－8701－0019796　H01840
廿一史彈詞四卷　(明)楊慎編撰　(清)張三異增定　清刻本　二冊

500000－8701－0019797　H01841
廿一史彈詞四卷　(明)楊慎編撰　(清)張三異增定　清刻本　一冊　存二卷(三至四)

500000－8701－0019798　H01842
廿一史彈詞註十一卷　(明)楊慎編撰　(清)張三異增定　清刻本　五冊　存八卷(一至三、五至七、九至十)

500000－8701－0019799　H01843
廿一史彈詞註十一卷　(明)楊慎編撰　(清)張三異增定　清刻本　五冊　存九卷(一至九)

500000－8701－0019800　H01844
魏書一百十四卷　(北齊)魏收撰　明末毛氏汲古閣刻本　二十三冊　存一百十一卷(四下至一百十四)

500000－8701－0019801　H01845
天主降生言行紀畧□□卷　(意大利)艾儒畧撰　清光緒末鉛印本　一冊　存三卷(六至八)

500000－8701－0019802　H01846
福建沿海圖說不分卷　(清)朱正元撰　清光緒二十八年(1902)鉛印本　一冊

500000－8701－0019803　H01847
江蘇沿海圖說不分卷　(清)朱正元撰　清光緒二十五年(1899)鉛印本　一冊

500000－8701－0019804　H01848
浙江沿海圖說不分卷　(清)朱正元撰　清光緒二十五年(1899)鉛印本　一冊

500000－8701－0019805　H01849
泉布統志九卷首一卷附錄一卷　(清)孟麟輯　清刻本　三冊　存三卷(八至九、附錄一卷)

500000－8701－0019806　H01850
二如亭群芳譜三十卷首一卷　(明)王象晉纂

輯　清刻本(有補配)　七冊　存十七卷(元部:天譜一至二、首一卷,亨部:果譜二至三,利部:茶譜一卷、竹譜一卷、桑麻葛譜一卷、棉譜一卷、藥譜三卷、木譜二卷,貞部:花譜一至二、首一卷)

500000－8701－0019807　H01851
二如亭群芳譜三十卷首一卷　(明)王象晉纂輯　清刻本　一冊　存二卷(利部:木譜二卷)

500000－8701－0019808　H01852
二如亭群芳譜三十卷首一卷　(明)王象晉纂輯　清刻本　一冊　存一卷(利部:木譜一)

500000－8701－0019809　H01853
三農紀二十四卷　(清)張宗法著　清刻本　十冊

500000－8701－0019810　H01854
三通序目三種三卷　(清)陳蘭森輯　清刻本　一冊　存二種二卷(通志序目一卷、通考序目一卷)

500000－8701－0019811　H01855
直齋書錄解題二十二卷　(宋)陳振孫撰　清光緒九年(1883)江蘇書局刻本　六冊

500000－8701－0019812　H01856
[光緒]遂甯縣志六卷首一卷　(清)田秀栗等修　(清)李星根等纂　清光緒五年(1879)刻本　六冊　存五卷(一至五)

500000－8701－0019813　H01857
依蓮集一卷　(清)曹淮金撰　清嘉慶十七年(1812)刻本　一冊

500000－8701－0019814　H01858
易堂問目四卷　(清)吳鼎輯　清刻本　二冊

500000－8701－0019815　H01859
說文釋例二十卷　(清)王筠撰　清刻本　二十冊

500000－8701－0019816　H01860
學治一得編一卷附錄一卷　(清)何耿繩輯　清同治十三年(1874)湖北崇文書局刻本　一冊

500000－8701－0019817　H01861
庸吏庸言二卷　(清)劉衡撰　清同治七年(1868)楚北崇文書局刻本　二冊

500000－8701－0019818　H01862
庸吏庸言二卷　(清)劉衡撰　清同治七年(1868)楚北崇文書局刻本　二冊

500000－8701－0019819　H01863
兵書三種七卷　(清)王鑫輯　清光緒元年(1875)湖北崇文書局刻本　一冊

500000－8701－0019820　H01864
讀律心得三卷蜀僚問答二卷　(清)劉衡撰　**附手鏡一卷**　(清)王士禎撰　**代直隸總督勸諭牧文一卷**　(清)黃輔辰撰　清同治七年(1868)楚北崇文書局刻本　一冊

500000－8701－0019821　H01865
讀律心得三卷蜀僚問答二卷　(清)劉衡撰　**附手鏡一卷**　(清)王士禎撰　**代直隸總督勸諭牧文一卷**　(清)黃輔辰撰　清同治七年(1868)楚北崇文書局刻本　一冊

500000－8701－0019822　H01866
在官法戒錄摘鈔四卷　(清)陳宏謀編輯　清同治七年(1868)楚北崇文書局刻本　二冊

500000－8701－0019823　H01867
養蒙金鑑二卷首一卷　(清)林之望編輯　(清)沈錫慶刪訂　清光緒元年(1875)鄂垣藩署刻本　二冊

500000－8701－0019824　H01868
學治續說一卷說贅一卷　(清)汪輝祖撰　清同治七年(1868)湖北崇文書局刻本　一冊

500000－8701－0019825　H01869
重刊救荒補遺書二卷　(宋)董煟編著　(元)張光大新增　(明)朱熊補遺　(明)王崇慶釋　清同治八年(1869)楚北崇文書局刻本　二冊

500000－8701－0019826　H01870
佛說四十二章經解一卷佛遺教經解一卷

(明)釋智旭撰　**八大人覺經畧解一卷**　(漢)釋安世高譯　(明)釋智旭解　清同治十年(1871)綠天蘭若刻本　一冊

500000－8701－0019827　H01871
樊榭山房集十卷續集十卷文集八卷　(清)厲鶚撰　清光緒七年(1881)嶺南述軒刻本　六冊

500000－8701－0019828　H01872
校刊史記集解索隱正義札記五卷　(清)張文虎編　清同治十一年(1872)金陵書局刻本　二冊

500000－8701－0019829　H01873
最近支那史二卷　(日本)河野通之　(日本)石村貞一輯　清光緒二十九年(1903)京師大學堂鉛印本　二冊

500000－8701－0019830　H01874
今詩真趣編不分卷　(清)李霽園評　清刻本　二冊

500000－8701－0019831　H01875
讀杜小箋三卷讀杜二箋二卷　(清)錢謙益撰　清宣統三年(1911)國學扶輪社石印本　一冊

500000－8701－0019832　H01876
後九家詩不分卷　(清)高學淇　(清)俞廷簡輯　清道光十年(1830)鶴守齋刻本　一冊

500000－8701－0019833　H01877
後九家詩不分卷　(清)高學淇　(清)俞廷簡輯　清道光十年(1830)鶴守齋刻本　二冊

500000－8701－0019834　H01878
瓢餘小草□□卷　(清)唐祖价撰　清光緒十五年(1889)鉛印本　一冊　存一卷(一)

500000－8701－0019835　H01879
皇朝劄記述略四卷　(清)趙翼撰　清光緒二十八年(1902)廣雅書局刻本　一冊

500000－8701－0019836　H01880
荀子二十卷附校勘補遺一卷　(戰國)荀況撰　(唐)楊倞注　(清)謝墉輯補　清光緒二十三年(1897)新化三味書室刻本　六冊

500000－8701－0019837　H01881
法訣啟明二卷　(清)升泰注　清光緒五年(1879)刻本　一冊　存一卷(一)

500000－8701－0019838　H01882
普通學歌訣一卷　(清)張一鵬撰　清光緒二十六年(1900)蘇州中西小學堂刻本　一冊

500000－8701－0019839　H01883
十不二門指要鈔詳解二卷　(唐)釋湛然釋籤　(宋)釋可度詳解　(宋)釋知禮鈔　(明)正謐分會　清刻本　四冊

500000－8701－0019840　H01884
尚書離句六卷　(清)劉梅垞鑒定　(清)錢在培輯解　清光緒七年(1881)新都墨耕堂刻本　四冊

500000－8701－0019841　H01885
王制訂一卷　廖平撰　清光緒二十三年(1897)尊經書局刻四益館叢書本　一冊

500000－8701－0019842　H01886
明紀彈詞二卷　(□)□□撰　清刻本　二冊

500000－8701－0019843　H01887
明史彈詞註二卷　(清)張三異著　清刻本　二冊

500000－8701－0019844　H01888
明文鈔二編六卷　(清)高嵣集評　清雙桐書屋刻本　三冊

500000－8701－0019845　H01889
明文鈔四編六卷　(清)高嵣集評　清雙桐書屋刻本　三冊

500000－8701－0019846　H01890
明文鈔五編六卷　(清)高嵣集評　清雙桐書屋刻本　二冊

500000－8701－0019847　H01891
明文鈔六編六卷　(清)高嵣集評　清雙桐書屋刻本　五冊

500000－8701－0019848　H01892

梅村詩集箋注十八卷　(清)吳偉業著　(清)吳翌鳳箋注　清嘉慶十九年(1814)滄浪吟榭刻本　八冊

500000－8701－0019849　H01893
奕萃官子一卷　(清)卞文恒著　清味書齋刻本　二冊

500000－8701－0019850　H01894
紅豆樹館書畫記八卷　(清)陶樑撰　清光緒八年(1882)刻本　一冊　存二卷(一至二)

500000－8701－0019851　H01895
蒲亭夏山堂王氏祠塾倡和詩詞一卷　(清)伍肇齡輯　清光緒八年(1882)成都刻本　一冊

500000－8701－0019852　H01896
蒲亭夏山堂王氏祠塾倡和詩詞一卷　(清)伍肇齡輯　清光緒八年(1882)成都刻本　一冊

500000－8701－0019853　H01897
[嘉慶]滇繫四十卷　(清)師範纂輯　清嘉慶十三年(1808)刻本　二十冊　存二十卷(一至二十)

500000－8701－0019854　H01898
歐陽氏遺書序一卷　(清)歐陽直撰　清光緒二十六年(1900)刻本　一冊

500000－8701－0019855　H01899
奇門遁甲闡秘發微三卷　(清)羅世瑤釋編　清刻本　二冊

500000－8701－0019856　H01900
香屑集十八卷首一卷末一卷　(清)黃之雋集　清宣統二年(1910)掃葉山房石印本　四冊

500000－8701－0019857　H01901
心聲齋策論精選五卷　(清)心聲齋輯　清光緒二十八年(1902)文明學社鉛印本　二冊

500000－8701－0019858　H01902
十三峯書屋書札四卷　(清)李榕著　清宣統三年(1911)成都志古堂刻本　四冊

500000－8701－0019859　H01903
周官精義十二卷　(清)連斗山編　清乾隆四十一年(1776)刻本　六冊

500000－8701－0019860　H01904
本草三家合註六卷　(清)郭汝驄集註　**神農本草經百種錄一卷**　(清)徐大椿著　清刻本　三冊

500000－8701－0019861　H01905
五緯捷算四卷　(清)黃炳垕撰　清光緒四年(1878)刻本　一冊

500000－8701－0019862　H01906
松風閣琴譜二卷附指法一卷抒懷操一卷　(清)程雄選訂　清刻本　四冊

500000－8701－0019863　H01907
顏氏學記十卷　(清)戴望述　清光緒二十年(1894)龍山白巖書院刻本　四冊

500000－8701－0019864　H01908
註釋唐詩三百首不分卷　題(清)蘅塘退士編　清光緒十九年(1893)京口善化書局刻本　二冊

500000－8701－0019865　H01909
汝東判語六卷　(清)董沛撰　清末刻本　二冊

500000－8701－0019866　H01910
初桄齋詩集二卷　(清)程梯功撰　清同治二年(1863)刻本　二冊

500000－8701－0019867　H01911
駢體文鈔三十一卷　(清)李兆洛編　清刻本　十冊

500000－8701－0019868　H01912
大智度論一百卷　(晉)釋鳩摩羅什譯　清光緒九年(1883)姑蘇刻經處刻本　十二冊　存四十八卷(一至四十八)

500000－8701－0019869　H01913
天方性理五卷首一卷　(清)劉智纂述　清同治十年(1871)刻本　五冊　存五卷(二至五、首一卷)

500000－8701－0019870　H01914
新刻出相音註勸善目連救母行孝戲文二卷　(明)鄭之珍編　清種福堂富春堂刻本　二冊

500000－8701－0019871　H01915

海客日譚六卷首一卷　(清)王芝撰　清光緒二年(1876)石城王氏刻本　一册

500000－8701－0019872　H01916

樂餘静廉齋詩稿初集一卷二集一卷文稿一卷　(清)顧復初撰　清同治六年(1867)成都刻本　一册

500000－8701－0019873　H01917

洪度集一卷　(唐)薛濤撰　清靈峰草堂刻本　一册

500000－8701－0019874　H01918

天全石録一卷　陳矩撰　清光緒二十九年(1903)錦城刻靈峰草堂叢書本　一册

500000－8701－0019875　H01919

甕天瑣録一卷　(清)趙樹吉撰　清光緒八年(1882)汗青簃刻本　一册

500000－8701－0019876　H01920

增定課兒鑑畧妥註善本五卷　(明)李廷機撰　(清)鄒聖脈訂　清文奎堂刻本　二册

500000－8701－0019877　H01921

舟車所至十八種　(清)鄭光祖輯　清道光二十三年(1843)刻本　二册　存七種七卷(寧古塔紀略一卷、朝鮮志一卷、隨鑾紀恩一卷、出塞紀略一卷、塞北紀聞一卷、西藏紀聞一卷、容美紀游一卷)

500000－8701－0019878　H01922

觀河集四卷　(清)彭紹升撰　清光緒四年(1878)刻本　一册

500000－8701－0019879　H01923

胡文忠公遺集八十六卷首一卷　(清)胡林翼撰　(清)鄭敦謹　(清)曾國荃編輯　清刻本　十册　存二十二卷(六十五至八十六)

500000－8701－0019880　H01924

丹魁堂詩集五卷　(清)季芝昌撰　清咸豐六年(1856)刻本　一册　存一卷(一)

500000－8701－0019881　H01925

律賦必以集二卷　(清)顧南雅評選　清刻本　二册

500000－8701－0019882　H01926

水經注四十卷　(北魏)酈道元撰　清刻本　一册　存二卷(一至二)

500000－8701－0019883　H01927

朱子原訂近思録十四卷　(清)江永集注　清同治三年(1864)刻本　四册

500000－8701－0019884　H01928

古微堂内集二卷外集八卷　(清)魏源著　清宣統元年(1909)國學扶輪社鉛印本　六册

500000－8701－0019885　H01929

續古文辭類纂二十八卷　(清)黎庶昌纂　清光緒二十一年(1895)金陵狀元閣刻本　十二册

500000－8701－0019886　H01930

明大政纂要六十三卷　(明)譚希思編輯　清刻本　二十八册

500000－8701－0019887　H01931

楞嚴神咒一卷　(□)□□撰　清光緒三十三年(1907)刻本　一册

500000－8701－0019888　H01932

唐文粹一百卷　(宋)姚鉉纂　清光緒九年(1883)江蘇書局刻本　十六册

500000－8701－0019889　H01933

楞嚴經指掌疏十卷　(清)釋通理述　清刻本　七册　存七卷(四至十)

500000－8701－0019890　H01934

全真清玄濟鍊鐵鑵施食全集一卷　(□)□□撰　清宣統二年(1910)刻本　一册

500000－8701－0019891　H01935

全真清玄濟鍊鐵鑵施食全集一卷　(□)□□撰　清宣統二年(1910)刻本　一册

500000－8701－0019892　H01936

全真清玄濟鍊鐵鑵施食全集一卷　(□)□□撰　清宣統二年(1910)刻本　一册

500000－8701－0019893　H01937

廣成儀制斗醮啟師全集一卷清靜朝真禮斗全集一卷朝真禮斗一卷拜斗解厄全集一卷接壽正朝全集一卷貢祀諸天正朝集一卷　(清)陳復慧校輯　清宣統三年(1911)刻本　一冊

500000－8701－0019894　H01939
佛說四十二章經解一卷　(明)釋智旭著　**佛遺教經解一卷**　(明)釋智旭撰　**八大人覺經略解一卷**　(漢)釋安世高譯　(明)釋智旭解　清光緒十一年(1885)金陵刻經處刻本　一冊

500000－8701－0019895　H01940
佛說四十二章經解一卷　(明)釋智旭著　**佛遺教經解一卷**　(明)釋智旭撰　**八大人覺經略解一卷**　(漢)釋安世高譯　(明)釋智旭解　清光緒十一年(1885)金陵刻經處刻本　一冊

500000－8701－0019896　H01941
七十家賦鈔六卷　(清)張惠言纂輯　清光緒四年(1878)大成會刻本　二冊

500000－8701－0019897　H01942
七十家賦鈔六卷　(清)張惠言纂輯　清光緒四年(1878)大成會刻本　四冊

500000－8701－0019898　H01943
聖賢實學二卷　(清)唐道宗述　清道光二十九年(1849)刻本　一冊

500000－8701－0019899　H01944
韓非子二十卷　(戰國)韓非撰　**識誤三卷**　(清)顧廣圻撰　清光緒元年(1875)浙江書局刻本　六冊

500000－8701－0019900　H01945
鼎鍥卜筮鬼谷流源天機大全斷易大全三卷首一卷　(□)□□撰　清大文堂刻本　二冊

500000－8701－0019901　H01946
大方廣佛華嚴經要解一卷　(宋)釋戒環集　清同治十一年(1872)金陵刻經處刻本　一冊

500000－8701－0019902　H01947
簡心十道疏解一卷　(□)又獻子著　清刻本　一冊

500000－8701－0019903　H01948
簡心十道疏解一卷　(□)又獻子著　清刻本　一冊

500000－8701－0019904　H01949
李義山詩集三卷附錄諸家詩評一卷詩譜一卷　(唐)李商隱撰　(清)朱鶴齡箋註　(清)沈厚塽輯評　清刻本　四冊

500000－8701－0019905　H01950
天童寺志十卷　(清)聞性道纂輯　清刻本　一冊　存二卷(六至七)

500000－8701－0019906　H01951
古經解鉤沉三十卷　(清)余蕭客撰　清刻本　十冊

500000－8701－0019907　H01952
明季稗史彙編十六種　(清)留雲居士輯　清都城琉璃廠留雲居士活字印本　十冊

500000－8701－0019908　H01953
寰宇訪碑錄十二卷補五卷　(清)孫星衍　(清)邢澍撰　清光緒十一年(1885)朱氏槐廬刻本　六冊　存十五卷(一至十、補五卷)

500000－8701－0019909　H01954
佳山堂詩集十卷二集九卷　(清)馮溥撰　清康熙刻本　六冊

500000－8701－0019910　H01955
欽定大清會典一百卷　(清)允祹等總裁　清刻本　十四冊

500000－8701－0019911　H01956
李氏五種合刊二十八卷　(清)李兆洛輯　清光緒十八年(1892)金陵書局刻本　十六冊

500000－8701－0019912　H01957
國朝文錄續編六十三卷附邁堂文略四卷　(清)李祖陶輯　清同治七年(1868)刻本　二十二冊　缺四卷(邁堂文略四卷)

500000－8701－0019913　H01958
古詩源十四卷　(清)沈德潛選　清光緒十七年(1891)四豐堂刻本　四冊

500000－8701－0019914　H01959
四書集註二十六卷　(宋)朱熹集註　清光緒三十二年(1906)商務印書館鉛印本　五册　存十七卷(大學一卷、中庸一卷、論語十卷、孟子一至五)

500000－8701－0019915　H01960
般若心經五家註五卷　(唐)釋玄奘譯　(唐)釋靖邁撰疏　清同治八年(1869)刻本　一册

500000－8701－0019916　H01961
大方廣佛華嚴經香海集三卷　(宋)釋道通撰　清光緒十六年(1890)金陵刻經處刻本　一册

500000－8701－0019917　H01962
顯密圓通成佛心要集二卷　(遼)釋道㲀集　清同治十一年(1872)金陵刻經處刻本　一册

500000－8701－0019918　H01963
潛西偶存一卷　(清)釋含澈撰　清刻本　一册

500000－8701－0019919　H01964
楞嚴指掌疏懸示一卷　(清)釋通理撰　清刻本　一册

500000－8701－0019920　H01965
楚漢春秋一卷疑義一卷　(漢)陸賈撰　**古孝子傳一卷**　清道光十四年(1834)梅瑞軒刻十種古逸書本　一册

500000－8701－0019921　H01966
分類字錦六十四卷　(清)何焯等纂　清康熙六十一年(1722)刻本　四十八册

500000－8701－0019922　H01967
三管英靈五十七卷　(清)梁章鉅輯　清桂林湯日新堂刻本　十六册

500000－8701－0019923　H01968
明文在一百卷　(清)薛熙纂　(清)何潔輯　清康熙三十二年(1693)刻本　十册

500000－8701－0019924　H01969
讀禮通考一百二十卷　(清)徐乾學撰　清光緒七年(1881)江蘇書局刻本　三十二册

500000－8701－0019925　H01970
説文解字句讀三十卷　(漢)許慎撰　(清)王筠集　清光緒八年(1882)餘姚朱逌然成都刻本　十四册

500000－8701－0019926　H01971
李義山詩集三卷附録諸家詩評一卷詩譜一卷　(唐)李商隱撰　(清)朱鶴齡箋註　(清)沈厚塽輯評　清同治九年(1870)廣州萃文堂刻五色套印本　三册

500000－8701－0019927　H01972
春秋左傳五十卷　(明)戴文光標釋　清必有齋刻本　四册　存十四卷(六至九、十四、二十二至三十)

500000－8701－0019928　H01973
水經注疏要删四十卷補遺一卷　楊守敬撰　清光緒三十一年(1905)觀海堂刻本　六册

500000－8701－0019929　H01974
餘園叢稿四種　(清)汪述祖輯　清宣統刻本　一册　存一種二卷(餘園詩稿一至二)

500000－8701－0019930　H01975
永嘉聞見録二卷　(清)孫同元撰　清光緒十四年(1888)刻本　二册

500000－8701－0019931　H01976
南宋雜事詩七卷　(清)沈嘉轍等撰　清刻本　八册

500000－8701－0019932　H01977
鶡冠子三卷　(宋)陸佃解　(明)王宇評　清刻本　一册

500000－8701－0019933　H01978
平平言四卷　(清)方大湜撰　清光緒十八年(1892)資州官廨刻本　四册

500000－8701－0019934　H01979
皇朝武功紀盛四卷　(清)趙翼撰　清刻本　一册

500000－8701－0019935　H01980
四分戒本一卷　(晉)釋耶舍　(晉)釋竺佛念譯　清刻本　一册

500000－8701－0019936　H01981

梵網經菩薩戒一卷　（晉）釋鳩摩羅什譯　清刻本　一册

500000－8701－0019937　H01982

八識規矩直解一卷　（唐）釋玄奘作　（明）釋智旭解　**大乘百法明門論直解一卷**　（唐）釋玄奘譯　（明）釋智旭解　清光緒三十年（1904）新邑寶光寺刻本　一册

500000－8701－0019938　H01983

金剛般若經疏一卷　（隋）釋智者大師撰　**般若波羅密多心經釋要一卷**　（明）釋智旭撰　清刻本　一册

500000－8701－0019939　H01984

首楞嚴經指掌疏事義十卷　（□）□□撰　清光緒二十七年（1901）刻本　一册

500000－8701－0019940　H01985

天目中峯和尚廣錄三十卷　（元）釋慈寂撰　清刻本　五册

500000－8701－0019941　H01986

楞嚴經指掌疏□□卷　（□）釋達天通理撰　清刻本　三册　存三卷（一至三）

500000－8701－0019942　H01987

香山詩選六卷　（唐）白居易撰　（清）曹文埴手訂　清光緒十七年（1891）刻本　二册

500000－8701－0019943　H01988

白香山詩長慶集二十卷後集十七卷別集一卷補遺二卷　（唐）白居易撰　（清）汪立名編　清刻本　十册

500000－8701－0019944　H01989

國朝詩別裁集三十六卷　（清）沈德潛纂評　清乾隆二十四年（1759）刻本　十六册

500000－8701－0019945　H01990

督捕則例二卷　（清）徐本等纂修　清刻本　二册

500000－8701－0019946　H01991

大清律纂修條例二卷　（清）刑部纂修　清刻本　三册

500000－8701－0019947　H01992

大清律例四十七卷　（清）唐紹祖等纂修　清雍正三年（1725）刻本　十九册　存四十五卷（一至二十四、二十七至四十七）

500000－8701－0019948　H01993

綠天蘭若詩鈔一卷續一卷續續一卷　（清）釋含澈撰　清刻本　一册

500000－8701－0019949　H01994

鹽鐵論十二卷　（漢）桓寬著　（明）鍾惺評　清刻本　四册

500000－8701－0019950　H01995

明季北略二十四卷　（清）計六奇撰　清都城琉璃廠半松居士活字印本　八册

500000－8701－0019951　H01996

大方廣圓覺修多羅了義經二卷　（唐）釋佛陀多羅譯　清同治八年（1869）金陵刻經處刻本　一册

500000－8701－0019952　H01997

通鑑論三卷附稽古錄論一卷　（宋）司馬光撰　（清）伍耀光輯　清宣統三年（1911）刻本　三册　存三卷（通鑑論三卷）

500000－8701－0019953　H01998

五種遺規十七卷　（清）陳宏謀編輯　清光緒二十一年（1895）浙江書局刻本［養正遺規二卷補編一卷補配清道光十年（1830）刻本］　十册

500000－8701－0019954　H01999

國朝文錄續編四十九種附一種　（清）李祖陶輯　清刻本　三十册　缺一種二卷（邁堂文略一、四）

500000－8701－0019955　H02000

靈鶼閣叢書六集五十六種　（清）江標輯　清光緒中元和江氏湖南使院刻本　二十一册　存三集十一種二十四卷（四集：西遊錄注一卷、澳大利亞洲新志一卷、張憶娘簪華圖卷題詠一卷，五集：國語校文一卷、嘉蔭簃藏器目一卷、簠齋藏器目第二本一卷、選青閣藏器目一卷、藏書紀事詩六卷，六集：沅湘通藝錄八

卷、日本華族女學校規則一卷、黃蕘圃先生年譜二卷）

500000－8701－0019956　H02001
相宗八要直解八卷　（唐）釋玄奘譯　（明）釋智旭解　清同治九年（1870）南京金陵刻經處刻本　二冊

500000－8701－0019957　H02002
史論六種十二卷　（清）李祖陶撰　清刻本　四冊　存五種七卷（前漢書細讀一至二、讀三國志書後一卷、讀明史雜著一卷、補尚史論贊二卷、邁堂文畧一卷）

500000－8701－0019958　H02003
通行章程四卷　（□）□□撰　清光緒十八年（1892）刻本　四冊

500000－8701－0019959　H02004
佛說摩訶阿彌陀經一卷　（清）魏源會譯　清光緒三十年（1904）刻本　一冊

500000－8701－0019960　H02005
書法正傳四卷學書要論一卷　（清）蔣和撰　清光緒九年（1883）刻本　一冊

500000－8701－0019961　H02006
佛說文殊師利現寶藏經二卷　（晉）釋竺法護譯　清宣統三年（1911）常州天寧寺刻本　一冊

500000－8701－0019962　H02008
漢溪書法通解八卷　（清）戈守智纂著　清刻本　四冊

500000－8701－0019963　H02009
人壽金鑑二十二卷　（清）程得齡輯　清嘉慶二十五年（1820）金陵柏華昇刻本　八冊

500000－8701－0019964　H02010
紗籠詩集十四卷　（清）釋含澈編　清同治十一年（1872）綠天蘭若刻本　十三冊

500000－8701－0019965　H02011
水經注釋四十卷首一卷附錄二卷水經注箋刊誤十二卷　（清）趙一清錄　清光緒六年（1880）會稽章氏刻本　十七冊　缺六卷（水經注箋刊誤七至十二）

500000－8701－0019966　H02012
類書纂要三十三卷　（清）周魯輯　清刻本　二十九冊　存三十一卷（三至三十三）

500000－8701－0019967　H02013
明文授讀六十二卷　（清）黃宗羲選授　清康熙三十八年（1699）四明張氏味芹堂刻本　三十二冊

500000－8701－0019968　H02014
四川官運鹽案類編二十七卷首一卷續編十五卷　（清）唐炯編　清光緒七年（1881）成都總局刻本　十四冊

500000－8701－0019969　H02015
玉歷鈔傳警世一卷　（□）□□撰　清刻本　一冊

500000－8701－0019970　H02016
悔齋詩集一卷　（清）李贊元著　清刻本　一冊

500000－8701－0019971　H02017
輶軒使者絕代語釋別國方言箋疏十三卷　（清）錢繹撰集　清光緒十六年（1890）紅蝠山房刻本　六冊

500000－8701－0019972　H02018
救世鍼砭不分卷　（□）□□撰　清光緒五年（1879）刻本　一冊

500000－8701－0019973　H02019
古今類傳四卷　（清）董穀士　（清）董炳文輯　清康熙三十一年（1692）刻本　四冊

500000－8701－0019974　H02020
吳學士文集四卷詩集五卷　（清）吳鼒撰　清光緒八年（1882）江寧藩署刻本　六冊

500000－8701－0019975　H02021
西方要決科註二卷　（唐）釋窺基撰　清刻本　一冊

500000－8701－0019976　H02022
明詩歸八卷　（清）程如嬰　（清）朱衣輯選評　清刻本　六冊　存三卷（六至八）

500000－8701－0019977　H02023

大乘止觀法門四卷　(南朝陳)釋慧思撰　清光緒六年(1880)長沙刻經處石印本　一冊

500000－8701－0019978　H02024

註心賦四卷　(宋)釋延壽撰　清刻本　四冊

500000－8701－0019979　H02025

經苑二十五種　(清)錢儀吉輯　清道光刻民國十一年(1922)補刻本　六十二冊　存二十二種一百九十六卷(溫公易說六卷,吳園周易解九卷、附錄一卷,誠齋先生易傳二十卷,易傳燈四卷,易學濫觴一卷,敷文書說一卷,尚書精義五十卷,洪範統一一卷,周官新義十六卷、附考工記解二卷,儀禮集釋三十卷,儀禮釋宮一卷,春秋啖趙集傳纂例十卷,春秋微旨三卷,春秋集解十二卷,孝經刊誤一卷,孝經本義二卷,孝經或問三卷,孝經翼一卷,論語意原四卷,孟子外書四卷,讀四書叢說八卷,瑟譜六卷)

500000－8701－0019980　H02026

重刊五百家註音辯昌黎先生文集四十卷　(唐)韓愈撰　清乾隆四十九年(1784)刻本　十六冊

500000－8701－0019981　H02027

漁洋詩話二卷　(清)王士禛撰　清同治九年(1870)許灣立文堂刻本　一冊　存一卷(一)

500000－8701－0019982　H02028

宋四六選二十四卷　(清)彭元瑞定本　(清)曹振鏞編　清同治四年(1865)刻本　八冊

500000－8701－0019983　H02029

退密刪存稾二卷　(清)趙秉淵撰　清刻本　二冊

500000－8701－0019984　H02030

小爾雅疏證五卷　(清)葛其仁撰　清刻本　二冊

500000－8701－0019985　H02031

三教平心論一卷　(宋)劉謐撰　清同治七年(1868)刻本　一冊

500000－8701－0019986　H02032

新增幼學故事瓊林四卷首一卷　(清)程允升撰　(清)鄒聖脈增補　清光緒二十九年(1903)新都墨耕堂刻本　四冊

500000－8701－0019987　H02033

官子譜一卷　(□)□□撰　清刻本　一冊

500000－8701－0019988　H02034

官子譜一卷　(□)□□撰　清刻本　一冊

500000－8701－0019989　H02035

過伯齡較訂圍碁譜不分卷　(清)過伯齡輯　清刻本　一冊

500000－8701－0019990　H02036

資治新書十四卷首一卷二集二十卷　(清)李漁輯　清刻本(卷十六係補配)　八冊　存十四卷(一、首一卷,二集六至十四、十六至十八)

500000－8701－0019991　H02037

洗冤錄全纂六卷　(清)李觀瀾補輯　清刻本　三冊　存五卷(一至二、四至六)

500000－8701－0019992　H02038

啓蒙入聖善過格全部讀本一卷　(□)□□撰　清刻本　一冊

500000－8701－0019993　H02039

湘軍志十六篇　王闓運撰　清光緒五年(1879)刻本　三冊　存十三卷(一至三、七至十六)

500000－8701－0019994　H02040

古經解彙函十六種附小學彙函十四種續附十種　(清)鍾謙鈞輯　清光緒十四年(1888)上海蜚英館石印本　九冊　存十七種一百二十二卷(鄭氏周易注三卷、補遺一卷,陸氏周易述一卷,周易集解十七卷,周易口訣義六卷,易緯八種:易緯乾坤鑿度二卷、易緯乾鑿度二卷、易緯稽覽圖二卷、易緯辨終備一卷、易緯通卦驗二卷、易緯乾元序制記一卷、易緯是類謀一卷、易緯坤靈圖一卷,尚書大傳三卷附序錄一卷辨訛一卷,韓詩外傳十卷,毛詩草木鳥獸蟲魚疏二卷,春秋繁露一至九、附錄一卷,春秋釋例七至十五,春秋啖趙集傳纂例十卷,春秋微旨三卷,春秋啖趙二先生集傳辯疑十卷,論語集解義疏十卷,論語筆解二卷,鄭志三卷、補遺一卷,小學彙函:說文篆韻譜五卷附錄一卷,玉篇一)

500000－8701－0019995　H02041
欽定大清會典一百卷首一卷　(清)崑岡等總裁　清光緒二十五年(1899)石印本　三十六冊

500000－8701－0019996　H02042
大清會典二百五十卷　(清)尹泰等纂修　清雍正十年(1732)内府刻本　四十七冊　存一百二十八卷(一至二十二、七十八至一百十、一百三十一至一百三十三、一百八十一至二百五十)

500000－8701－0019997　H02043
嘉定錢氏潛研堂全書二十四種　(清)錢大昕撰　清光緒十年(1884)長沙龍氏家塾刻本　四十二冊　存十八種一百二十四卷(聲類四卷,廿二史攷異一至八、十三至十七、三十三至四十八、七十一至七十四、八十一至一百,三史拾遺五卷,諸史拾遺五卷,元史氏族表三卷,元史藝文志四卷,四史朔閏攷二卷,通鑑辯正二卷,洪文惠年譜一卷,洪文敏年譜一卷,陸放翁年譜一卷,王伯厚年譜一卷,王弇洲年譜一卷,疑年錄四卷,金石跋尾四卷,金石文字目錄八卷,十駕齋養新錄二十卷、餘錄三卷,三統術衍二卷)

500000－8701－0019998　H02044
寧都三魏全集三種附三種　(清)魏際瑞等撰　(清)林時益輯　清刻本　十六冊　存二種二十卷(魏伯子文集十卷、魏叔子文集外篇一至十)

500000－8701－0019999　H02045
宗鏡錄一百卷　(宋)釋延壽集　清刻本　三冊　存十五卷(五十一至五十五、八十六至九十五)

500000－8701－0020000　H02046
字學舉隅不分卷　(清)龍啓瑞輯　清刻本　一冊

500000－8701－0020001　H02047
官子一卷　(清)卞文恒評選　清嘉慶二十一年(1816)味書齋刻本　一冊

500000－8701－0020002　H02048
洋防輯要二十四卷　(清)嚴如熤編　清刻本　五冊　存十卷(一至六、九至十二)

500000－8701－0020003　H02049
北史一百卷　(唐)李延壽撰　清同治十二年(1873)金陵書局刻本　二冊　存八卷(一至八)

500000－8701－0020004　H02050
嘉定錢氏潛研堂全書二十四種　(清)錢大昕撰　清光緒十年(1884)長沙龍氏家塾刻本　三十三冊　存十三種二百十四卷(二十二史攷異一百卷,三史拾遺五卷,諸史拾遺五卷,通鑑辯正二卷,洪文惠公年譜一卷,洪文敏公年譜一卷,陸放翁先生年譜一卷,深寧先生年譜一卷,弇州山人年譜一卷,金石文跋尾六卷、續七卷、又續六卷,金石文字目錄八卷,潛研堂文集五十卷、詩集十卷、詩續集十卷)

500000－8701－0020005　H02051
五經集解三十三卷增訂畊餘瑣錄十二卷　(清)雪樵輯　清刻本　二十五冊　存三十一卷(二、四至六、十九至三十三,增訂畊餘瑣錄十二卷)

500000－8701－0020006　H02052
東湖艸堂賦鈔初集四卷二集四卷三集四卷四集四卷　(清)程祥棟編輯　清同治六年(1867)刻本　十冊

500000－8701－0020007　H02053
冰言十卷　(清)□□輯　清刻本　一冊

500000－8701－0020008　H02054
永嘉文選四卷　(宋)陳傅良撰　清光緒九年(1883)刻本　一冊　存二卷(一至二)

500000－8701－0020009　H02055
類證普濟本事方十卷　(宋)許叔微撰　(清)

葉桂釋義　清嘉慶十九年(1814)刻本　一冊　存一卷(一)

500000－8701－0020010　H02056

靈峰草堂叢書□□種　陳矩輯　清光緒中貴陽陳氏刻本　一冊　存三種三卷(春秋左傳杜注校勘記一卷、孟子外書補注一卷、孟子弟子攷補正一卷)

500000－8701－0020011　H02057

本草綱目五十二卷附瀕湖脈學一卷七經八脈考一卷　(明)李時珍編輯　清末鉛印本　十六冊　存四十七卷(一至二、四至十八、二十三至五十二)

500000－8701－0020012　H02058

本草萬方鍼線八卷　(明)李時珍撰　(清)蔡烈先輯　清末鉛印本　二冊

500000－8701－0020013　H02059

本草綱目拾遺十卷首一卷　(清)趙學敏輯　清末鉛印本　三冊

500000－8701－0020014　H02060

湘綺樓全書十八種　王闓運撰　清光緒至宣統刻本　十七冊　存五種五十四卷(周易說七至十一、尚書箋三十卷、湘軍志一至四、王志二卷、唐詩選十三卷)

500000－8701－0020015　H02061

恩安李耀庭先生七十壽言不分卷　(□)□□撰　清鉛印本　一冊

500000－8701－0020016　H02062

湯液本草三卷　(元)王好古類集　清刻本　二冊

500000－8701－0020017　H02063

遠色編三卷　(清)彭啓豐撰　清刻本　一冊

500000－8701－0020018　H02064

異方便淨土傳燈歸元鏡三祖實錄二卷　(明)釋智達拈頌　清刻本　一冊　存一卷(一)

500000－8701－0020019　H02065

神機制敵太白陰經十卷　(唐)李筌撰　清咸豐四年(1854)刻本　二冊

500000－8701－0020020　H02066

金絲錄一卷葉戲原起一卷　(清)汪師韓撰　清光緒十二年(1886)長沙錢塘汪氏刻本　一冊

500000－8701－0020021　H02067

易傳十七卷　(唐)李鼎祚集解　**鄭氏周易三卷**　(漢)鄭玄撰　(宋)王應麟輯　**易釋文一卷**　(唐)陸德明撰　清乾隆二十一年(1756)雅雨堂刻本　一冊　存三卷(易傳一至三)

500000－8701－0020022　H02068

尚書大傳四卷補遺一卷續補遺一卷　(漢)鄭玄注　清雅雨堂刻本　一冊

500000－8701－0020023　H02069

戰國策三十三卷　(漢)高誘注　清乾隆二十一年(1756)雅雨堂刻本　五冊　存二十六卷(一至十、十八至三十三)

500000－8701－0020024　H02070

禮記四十六卷　(漢)鄭玄注　王闓運箋　清末刻本　十冊

500000－8701－0020025　H02071

禮記四十六卷　(漢)鄭玄注　王闓運箋　清末刻本　一冊　存十九卷(二十八至四十六)

500000－8701－0020026　H02072

湖海樓叢書十四種　(清)陳春輯　清嘉慶蕭山陳春刻本　三十二冊

500000－8701－0020027　H02073

福壽根四卷　(□)□□撰　清光緒十九年(1893)成都民眾書局刻本　四冊

500000－8701－0020028　H02074

白香山詩集四十卷　(唐)白居易撰　(清)汪立名編　清宣統三年(1911)影印本　十二冊

500000－8701－0020029　H02075

宿食論六卷　(清)熊其言撰　清刻本　四冊　存四卷(二、四至六)

500000－8701－0020030　H02076

寶硯齋全集四集不分卷文集首一卷試帖一卷　(清)廖朝翼著　(清)吳邁註　清刻本

四冊

500000－8701－0020031　H02077
湘中草六卷　(清)湯傳楹撰　清刻本　一冊

500000－8701－0020032　H02078
濟世良方六卷　(□)□□撰　清刻本　五冊　存五卷(二至六)

500000－8701－0020033　H02079
法律名辭通釋十卷　(□)□□撰　清光緒三十四年(1908)法政學堂鉛印本　十冊

500000－8701－0020034　H02080
屈宋古音義三卷　(明)陳第著　清武昌張氏刻本　一冊　存一卷(一)

500000－8701－0020035　H02081
浮邱閣古體詩一卷浮邱閣今體詩一卷　(清)湯鵬撰　清刻本　一冊

500000－8701－0020036　H02082
桐城吴先生詩集一卷　(清)吳汝綸撰　清光緒三十年(1904)刻本　一冊

500000－8701－0020037　H02083
欽定清漢對音字式不分卷　清刻本　一冊

500000－8701－0020038　H02084
湖海詩傳四十六卷　(清)王昶輯　清刻本　六冊　存二十二卷(二十五至四十六)

500000－8701－0020039　H02085
新訂銅板四書正蒙□□卷　(宋)朱熹集注　清安順陳奐文堂刻本　二冊　存五卷(四書字辨一、四書句辨詳訂一、大學一、中庸一、論語下)

500000－8701－0020040　H02086
隸釋二十七卷　(宋)洪适撰　清同治十年(1871)皖南洪氏晦木齋刻本　六冊　存二十卷(一至二十)

500000－8701－0020041　H02087
裨農最要三卷　(清)陳開沚述　清刻本　一冊

500000－8701－0020042　H02088
海藏樓詩□□卷　鄭孝胥撰　清光緒三十二年(1906)鉛印本　一冊　存一卷(一)

500000－8701－0020043　H02089
補元和郡縣志四十七鎮圖說一卷　(清)龐鴻書訂　清末貴州調查局鉛印本　一冊

500000－8701－0020044　H02090
宋元名家詞十三種附二種　(清)江標輯　清光緒二十一年(1895)湖南思賢書局刻本　三冊　存十三種十四卷(信齋詞一卷、樂齋詞一卷、晦庵詞一卷、竹洲詞一卷、虛齋樂府一卷、文山樂府一卷、松雪齋詞一卷、雪樓樂府一卷、雁門集一卷、古山樂府一卷、雲林詞一卷，附演山詞二卷、雪坡詞一卷)

500000－8701－0020045　H02091
開縣李尚書政書八卷首一卷　(清)李宗羲撰　清光緒十一年(1885)武昌刻本　四冊　存七卷(一至六、首一卷)

500000－8701－0020046　H02092
馮氏錦囊秘錄雜症大小合參二十卷　(清)馮兆張撰　清刻本　四冊　存六卷(一至五、十三)

500000－8701－0020047　H02093
寒松堂全集十二卷　(清)魏象樞撰　清刻本　十一冊　存十卷(二至十一)

500000－8701－0020048　H02094
說苑二十卷　(漢)劉向撰　清刻本　三冊

500000－8701－0020049　H02095
增訂漢魏叢書八十六種　(清)王謨輯　清光緒二十年(1894)藝文書局刻本　二十四冊　存九種一百一卷(汲家周書五至十，大戴禮記六至十三，春秋繁露一至十，元經薛氏傳四至十，說苑一至六、十一至二十，淮南鴻烈解一至十五、十九至二十一，鹽鐵論四至十，論衡一至二十一、二十六、三十，風俗通義五至十)

500000－8701－0020050　H02096
容齋隨筆十六卷續筆十六卷三筆十六卷四筆十六卷五筆十卷　(宋)洪邁撰　清光緒二十年(1894)衣江官廨刻本　二十冊

500000－8701－0020051　H02097

古香齋新刻袖珍淵鑑類函四百五十卷目錄四卷　（清）張英等纂修　清同治十三年至光緒六年（1874－1880）刻本　二十八冊　存七十二卷（一至二十六、二十九至四十、四十四至五十二、八十二至八十九、九十四至一百六，目錄四卷）

500000－8701－0020052　H02098

古香齋新刻袖珍淵鑑類函四百五十卷目錄四卷　（清）張英等纂修　清刻本　三十六冊　存九十七卷（五至七、十八至二十、二十四至四十七、一百二十九至一百三十、一百八十九至一百九十一、一百九十四至一百九十七、二百五至二百十三、二百四十七至二百五十、二百五十九至二百六十一、二百六十五至二百六十六、二百六十九至二百七十一、二百七十七至二百七十九、二百九十六至三百一、三百七至三百十二、三百十六至三百二十、三百二十六至三百三十一、三百三十五至三百四十、三百五十至三百五十一、三百六十一至三百六十三）

500000－8701－0020053　H02099

古香齋新刻袖珍淵鑑類函四百五十卷目錄四卷　（清）張英等纂修　清刻本　三冊　存八卷（二十七至二十八、四十一至四十三、二百九十九至三百一）

500000－8701－0020054　H02100

守山閣叢書一百十種　（清）錢熙祚輯　清光緒十五年（1889）上海鴻文書局石印本　一百冊

500000－8701－0020055　H02101

珠叢別錄二十八種　（清）錢熙祚輯　清末石印本　二十一冊

500000－8701－0020056　H02102

邊事彙鈔十二卷　（清）朱克敬編輯　清光緒六年（1880）長沙刻本　一冊　存二卷（一至二）

500000－8701－0020057　H02103

邊事續鈔八卷　（清）朱克敬編輯　清光緒六年（1880）長沙刻本　四冊

500000－8701－0020058　H02104

海南雜著一卷　（清）蔡廷蘭撰　清道光刻本　一冊

500000－8701－0020059　H02105

游紅巖山記不分卷　（清）張世準等撰　清刻本　一冊

500000－8701－0020060　H02106

浮雲集一卷　（清）胡琳章輯　清末刻本　一冊

500000－8701－0020061　H02107

河防紀畧四卷　（清）孫鼎臣撰　清末刻本　二冊

500000－8701－0020062　H02108

海國圖志一百卷首一卷續志二十五卷首一卷　（清）魏源撰　清光緒二十一年（1895）上海書局石印本　十五冊

500000－8701－0020063　H02109

佛說無量壽經二卷　（三國魏）釋康僧鎧譯　清同治十三年（1874）金陵刻經處刻本　一冊

500000－8701－0020064　H02110

字類標韻六卷補遺一卷　（清）華綱撰　（清）何承錕重訂　清刻本　一冊

500000－8701－0020065　H02111

高厚蒙求初編一卷二集一卷三集三卷四集三卷五集一卷　（清）徐朝俊纂　清嘉慶刻本　四冊　存四集八卷（初編天學入門，二集海域大觀，三集上日晷圖法、三集中星月測時、三集下自鳴鐘表圖法，四集上天地圖儀、四集中揆日正方圖表上、四集下揆日正方圖表下）

500000－8701－0020066　H02112

清瘦閣讀畫十八種　（清）徐文清輯　清刻本　四冊　存六種七卷（繪事發微一卷、畫筌一卷、山南論畫一卷、畫語錄一卷、東莊論畫一卷、山靜居畫論二卷）

500000－8701－0020067　H02113

法華大成九卷　（□）□□撰　清刻本　一冊

500000－8701－0020068　H02114
幼科證治準繩九卷　(明)王肯堂輯　明萬曆刻本　二冊　存二卷(二、五)

500000－8701－0020069　H02115
漢魏六朝名家集四十種一百七十六卷　丁福保輯　清宣統三年(1911)無錫丁氏鉛印本　三十冊

500000－8701－0020070　H02116
餘墨偶談八卷續集八卷　(清)孫樗編　清刻本　四冊　存八卷(七至八、續集三至八)

500000－8701－0020071　H02117
卷施閣駢體文八卷　(清)洪亮吉撰　清末石印本　二冊

500000－8701－0020072　H02118
桐水文緣集不分卷　(清)嚴辰選定　清同治十二年(1873)刻本　四冊

500000－8701－0020073　H02119
桐城吴氏文法教科書二卷　吴闓生編　清末鉛印本　一冊

500000－8701－0020074　H02120
桐城吴氏文法教科書二卷　吴闓生編　清末成都昌福公司鉛印本　一冊

500000－8701－0020075　H02121
桐城吴氏文法教科書二卷　吴闓生編　清末成都昌福公司鉛印本　一冊

500000－8701－0020076　H02122
桐城左氏文法教科書二卷吴氏文法教科書二卷　吴闓生編　清末成都昌福公司鉛印本　一冊　存三卷(左氏一、吴氏二卷)

500000－8701－0020077　H02123
三餘書屋叢書□□種　(清)蔡學蘇輯　清光緒九年(1883)刻本　一冊　存二種三卷(湢熙薦士錄一卷、鴂史擷餘二卷)

500000－8701－0020078　H02124
迪吉錄太集一卷　(明)顏茂猷輯著　明刻本　一冊

500000－8701－0020079　H02125
蠶桑輯要不分卷　(清)尹蓮溪輯　清刻本　一冊

500000－8701－0020080　H02126
古文楷法□□卷　(□)魯琢研定　清刻本　一冊　存二卷(三至四)

500000－8701－0020081　H02127
宋大家王文公文鈔十六卷　(宋)王安石撰　(明)茅坤批評　清刻本　一冊　存三卷(九至十一)

500000－8701－0020082　H02128
施太史新選漢文神駒□□卷　(□)□□編　清刻本　一冊　存四卷(五至八)

500000－8701－0020083　H02129
江寧金石記八卷　(清)嚴觀輯　清刻本　二冊　存六卷(三至八)

500000－8701－0020084　H02130
慎子一卷　(戰國)慎到撰　**逸文一卷**　(清)錢熙祚輯　清末石印本　一冊

500000－8701－0020085　H02131
大唐開元占經一百二十卷　(唐)釋瞿曇悉達等修撰　清刻本　二十四冊

500000－8701－0020086　H02132
歷代神仙通鑑二十二卷　(清)徐道撰　清刻本　一冊　存目錄、像

500000－8701－0020087　H02133
安雅堂全集七種二十卷　(清)宋琬撰　清順治至乾隆刻本　八冊　存五種十卷(安雅堂詩不分卷、安雅堂文集二卷重刻文集二卷、安雅堂書啓一卷、二鄉亭詞三卷、祭皋陶一卷)

500000－8701－0020088　H02134
津逮秘書一百四十一種七百五十五卷　(清)毛晉輯　明崇禎虞山毛氏汲古閣刻本　四冊　存三種十卷(蘇氏易傳三至四、六至九,大唐創業起居注一至三,避暑錄話下)

500000－8701－0020089　H02135
涵芬樓古今文鈔一百卷　吴曾祺纂錄　清宣統三年(1911)商務印書館鉛印本　四十冊

存四十卷(六十一至一百)

500000－8701－0020090　H02136
呂新吾先生實政録七卷　(明)呂坤撰　清刻本　八册

500000－8701－0020091　H02137
桐城吴先生全書五種　(清)吴汝綸撰　清刻本　九册　存三種九卷(尚書故二至三、文集二至四、尺牘一至四)

500000－8701－0020092　H02138
龍威秘書十集　(清)馬俊良輯　清刻本　五十册　存八集(一集一至八册,二集一至三、五至八册,三集一至八册,四集三、八册,五集一至五、八册,六集一至八册,九集一、三至六、八册、十集一至二、四至六册)

500000－8701－0020093　H02139
經典釋文三十卷　(唐)陸德明撰　清刻通志堂經解本　七册　存二十七卷(一至二十七)

500000－8701－0020094　H02140
典故紀聞十八卷　(明)余繼登輯　清刻本　二册　存十卷(五至十四)

500000－8701－0020095　H02141
定香亭筆談四卷　(清)阮元撰　清刻本　三册　存三卷(一至三)

500000－8701－0020096　H02142
類篇十五卷　(宋)司馬光纂　清光緒二年(1876)川東官舍刻本　十四册

500000－8701－0020097　H02143
帝王廟謚年諱譜一卷　(清)陸費墀編　清乾隆四十年(1775)刻本　一册

500000－8701－0020098　H02144
清容居士集五十卷目録二卷　(元)袁桷撰　**札記一卷**　(清)郁松年撰　清道光二十年(1840)刻本　六册　存二十八卷(二十至二十九、三十四至五十,札記一卷)

500000－8701－0020099　H02145
李空同詩集三十三卷附録一卷　(明)李夢陽撰　清刻本　五册　存三十三卷(二至三十三、附録一卷)

500000－8701－0020100　H02146
龔畏齋先生十三經客難五十五卷附七卷　(清)龔元玠撰　清道光二十六年(1846)刻本　十七册　存五十五卷(周易客難二卷、書經客難四卷、詩經客難四卷、春秋客難二十四卷、禮記客難四卷、周禮客難八卷、儀禮客難一卷、大學客難一卷、中庸客難一卷、論語客難二卷、孟子客難三卷、爾雅客難一卷)

500000－8701－0020101　H02147
説文解字三十二卷　(清)段玉裁注　清光緒三年(1877)成都尊經書院刻經韻樓本　八册　存十五卷(一至十五)

500000－8701－0020102　H02148
補註洗冤録集證四卷附刊一卷　(宋)宋慈撰　(清)王又槐集證　(清)阮其新補註　(清)張錫蕃句讀　**作吏要言一卷**　(清)葉玉屏著　(清)朱性齋增補　清道光二十三年(1843)江都鍾氏刻三色套印本　四册　存五卷(補註洗冤録集證四卷、附刊一卷)

500000－8701－0020103　H02149
十朝聖訓十種九百二十二卷　(清)□□輯　清石印本　五十九册　存七種四百八十二卷(聖祖仁皇帝聖訓一至六十,世宗憲皇帝聖訓一至三十六,高宗純皇帝聖訓一至五十二、一百一至一百三十四,仁宗睿皇帝聖訓四十七至一百二,宣宗成皇帝聖訓三十一至一百三十,文宗顯皇帝聖訓一至十八、二十九至一百十,穆宗毅皇帝聖訓八十五至一百四、一百二十五至一百四十八)

500000－8701－0020104　H02150
許氏説文解字雙聲疊韻譜不分卷　(清)鄧廷楨撰　清刻本　一册

500000－8701－0020105　H02151
遣愁集十二卷　(清)張貴勝輯　清雍正九年(1731)刻本　一册　存十卷(一至十)

500000－8701－0020106　H02152
急就篇四卷正文一卷　(漢)史游撰　(唐)顔

師古注　（宋）王應麟補注　清光緒五年(1879)福山王氏家塾刻天壤閣叢書本　一冊　存一卷(正文一卷)

500000－8701－0020107　H02153
急就篇四卷正文一卷　(漢)史游撰　(唐)顔師古注　（宋）王應麟補注　清光緒五年(1879)福山王氏家塾刻天壤閣叢書本　四冊

500000－8701－0020108　H02154
五經類編二十八卷附諸經畧説一卷經義辨訛一卷辨疑一卷　(清)周世樟編輯　清刻本　六冊　存十六卷(一至十六)

500000－8701－0020109　H02155
葬書校注一卷　(晉)郭璞撰　(宋)蔡發編　(元)吴澄敘録　(清)汪宗沂校注　**校勘記一卷**　(清)汪宗沂撰　清光緒七年(1881)刻本　一冊

500000－8701－0020110　H02156
經徵成案彙編三期(光緒三十四年至宣統二年)　(清)□□撰　清宣統刻本　八冊

500000－8701－0020111　H02157
湘綺樓箋啟八卷　王闓運著　清光緒三十三年(1907)長沙墨莊劉氏刻本　六冊

500000－8701－0020112　H02158
漢溪書法通解八卷　(清)戈守智纂　清刻本　四冊

500000－8701－0020113　H02159
宋葉文康公禮經會元四卷　(宋)葉時撰　(清)許元淮輯　清乾隆五十年(1785)刻本　二冊

500000－8701－0020114　H02160
谷園箸存二卷　(清)蔡世信撰　清末刻本　一冊

500000－8701－0020115　H02161
元史藝文志四卷　(清)錢大昕補　清刻本　一冊

500000－8701－0020116　H02162
太史升菴遺集二十六卷　(明)楊慎著　清道光二十四年(1844)刻本　六冊

500000－8701－0020117　H02163
爭春園全傳四十八回　(清)□□撰　清刻本　五冊　存二十四回(十二至三十五)

500000－8701－0020118　H02164
述古叢鈔□□種　(清)劉晚榮輯　清同治九年(1870)藏修書屋刻本　二冊　存四種五卷(藏書紀要一卷、裝潢志一卷、繪事津梁一卷、清秘藏二卷)

500000－8701－0020119　H02165
宋詩鈔初集八十四種　(清)吕留良等選　清刻本　四冊　存八種八卷(武溪詩鈔一卷、歐陽文忠詩鈔一卷、東坡詩鈔一卷、丹淵集鈔一卷、襄陽詩鈔一卷、山谷詩鈔一卷、簡齋詩鈔一卷、盱江集鈔一卷)

500000－8701－0020120　H02166
湘綺樓箋啟八卷　王闓運著　清光緒三十年(1904)衡陽刻本　四冊

500000－8701－0020121　H02167
清異録二卷　(宋)陶穀撰　清刻本　一冊　存一卷(一)

500000－8701－0020122　H02168
道書十二種三十三卷　(清)劉一明輯　清光緒六年(1880)刻本　十三冊

500000－8701－0020123　H02169
明滇南詩畧十卷首一卷　(清)袁文典　(清)袁文揆纂輯　清光緒二十六年(1900)刻本　五冊

500000－8701－0020124　H02170
表異録二十卷　(明)王志堅輯　清光緒二年(1876)陳氏庸閒齋刻本　二冊

500000－8701－0020125　H02171
三聖寶訓一卷　(□)□□撰　清光緒二十七年(1901)刻本　一冊

500000－8701－0020126　H02172
爾雅疏十卷附校勘記　(宋)邢昺等校定　清嘉慶二十一年(1816)刻十三經註疏本　一冊

存二卷(九至十)

500000－8701－0020127　H02173
湘梫宧遺稿一卷　(清)高銘彤撰　清刻本　一冊

500000－8701－0020128　H02174
湘梫宧時文一卷　(清)高銘彤著　清刻本　一冊

500000－8701－0020129　H02175
沈歸愚詩文全集十四種　(清)沈德潛著　清刻本　三冊　存八種十三卷(黄山游草一卷、台山游草一卷、南巡詩一卷、浙江通志圖說一卷、矢音集四卷、八秩壽序壽詩一卷、九秩壽序壽詩一卷、歸田集三卷)

500000－8701－0020130　H02176
禮書通故五十卷　(清)黄以周撰　清刻本　十一冊　存十六卷(五至十一、十四至十六、三十四、四十二至四十三、四十八至五十)

500000－8701－0020131　H02177
弘明集十四卷　(南朝梁)釋僧祐撰　清光緒二十二年(1896)金陵刻經處刻本　四冊

500000－8701－0020132　H02178
宋歐陽文忠公集選二卷　(宋)歐陽修撰　(明)孫月峰等評　清刻本　二冊

500000－8701－0020133　H02179
端綺集二十八卷　(清)黄奭輯　清刻本　一冊　存七卷(一至七)

500000－8701－0020134　H02180
馮氏錦囊秘錄雜症大小合參二十卷　(清)馮兆張撰　清康熙四十一年(1702)刻本　十冊　存十卷(一至十)

500000－8701－0020135　H02181
對類二十卷　(□)□□撰　明刻本　十冊

500000－8701－0020136　H02182
六譯館叢書八十四種　廖平撰　清光緒十一年至民國十年(1885－1921)刻四川存古書局彙印本　三十二冊　存四十一種六十八卷(小學類:六書舊義一卷,論學類:今古學考二卷、古學考一卷、經話甲編二卷乙編一卷、經學初程一卷、四益館經學四變記一卷五變記二卷,孝經類:孝經學凡例一卷、坊記新解一卷、家學樹坊一卷、倫理約編一卷附錄一卷,春秋類:王制學凡例一卷、王制訂一卷、春秋圖表二卷、穀梁春秋經傳古義凡例一卷、穀梁春秋經學外篇凡例一卷、釋范一卷、起起穀梁癈疾一卷、公羊春秋補證凡例一卷、公羊春秋經傳驗推補證十一卷首一卷擬大統春秋條例一卷、何氏公羊春秋十論一卷續十論一卷再續十論一卷、春秋左傳古義凡例五十則一卷春秋左氏傳漢義補證簡明凡例二十則一卷春秋古經左氏說後義補證凡例一卷附左氏春秋學外編凡例一卷,禮類:禮經凡例一卷附容經學凡例一卷、分撰兩戴記章句凡例一卷附兩戴記分凡例一卷,尚書類:今文尚書要義凡例一卷、書經大統凡例一卷、尚書今文新義一卷、書尚書弘道編一卷、書中侯弘道篇一卷、周官考徵凡例一卷,詩經類:今文詩古義證疏凡例一卷、四益詩說一卷、詩緯新解一卷,樂經類:樂經凡例一卷,易經類:易經新義疏證凡例一卷、易經古本一卷、四益易說一卷,尊孔類:論語彙解凡例一卷、知聖篇二卷、世界哲理進化退化演說一卷,文鈔類:國語義疏凡例一卷、四代古制佚存凡例一卷)

500000－8701－0020137　H02183
錦上花四十八回　題(清)修目主人撰　清道光三十年(1850)刻本　十冊

500000－8701－0020138　H02184
夜譚隨錄十二卷　(清)霽園主人閑齋氏著　清同治六年(1867)刻本　十二冊

500000－8701－0020139　H02185
寧都三魏全集三種附三種　(清)魏際瑞等撰　(清)林時益輯　清道光二十五年(1845)珍溪謝氏紱園書塾刻本　五十冊

500000－8701－0020140　H02186
木犀軒叢書二十七種　李盛鐸輯　清光緒木犀軒刻本　四十二冊

500000－8701－0020141　H02187

庾子山集十六卷 （北周）庾信撰 （清）倪璠註釋 **年譜一卷總釋一卷** （清）倪璠編 清道光十九年(1839)刻本 十二册

500000－8701－0020142 H02188
觀古堂彙刻書一集十三種二集六種 葉德輝輯 清光緒二十八年(1902)長沙葉氏刻民國八年(1919)重編印本 十四册

500000－8701－0020143 H02189
觀古堂所著書一集七種二集十種 葉德輝輯 清光緒中湘潭葉氏刻民國八年(1919)重編印本 十二册

500000－8701－0020144 H02190
朱子語類八十卷 （清）程川重編 清刻本 十四册

500000－8701－0020145 H02191
日知錄集釋三十二卷 （清）顧炎武撰 （清）黄汝成集釋 **日知錄刊誤二卷續刊誤二卷** （清）黄汝成撰 清同治七年(1868)朝宗書室刻本 二十册

500000－8701－0020146 H02192
東征集六卷 （清）藍鼎元撰 清刻本 二册

500000－8701－0020147 H02193
司空詩品註釋一卷 （唐）司空圖撰 清同治九年(1870)寶文書局刻本 一册

500000－8701－0020148 H02194
唐詩三百首註疏六卷 （清）孫洙編 （清）章燮註 清刻本 四册

500000－8701－0020149 H02195
湧翠樓詩鈔六卷 （清）李春祺著 清道光二十九年(1849)刻本 一册

500000－8701－0020150 H02196
古詩源十四卷 （清）沈德潛選 清光緒十七年(1891)湖南思賢書局刻本 二册

500000－8701－0020151 H02197
三家宮詞三卷二家宮詞二卷 （清）毛晉輯 清同治十二年(1873)淮南書局刻本 一册

500000－8701－0020152 H02198
表異錄二十卷 （明）王志堅輯 清刻本 二册

500000－8701－0020153 H02199
番禺陳氏東塾叢書四種附一種 （清）陳澧撰 清咸豐至光緒刻本 九册 存四種三十三卷（漢儒通義七卷、聲律通考十卷、切韻考六卷外篇三卷、漢書地理志水道圖說七卷）

500000－8701－0020154 H02200
桐城吴先生全書五種 （清）吴汝綸撰 清光緒三十年(1904)刻本 四册 存二種五卷（文集四卷、詩集一卷）

500000－8701－0020155 H02201
繹史一百六十卷年表一卷 （清）馬驌撰 清光緒三十年(1904)浙江書局刻本（卷八十三至八十五、一百五十八至一百六十係補配） 五十册

500000－8701－0020156 H02202
湖海樓叢書十三種 （清）陳春輯 清嘉慶蕭山陳氏刻本 十四册

500000－8701－0020157 H02203
槐廬叢書初編十四種二編十五種三編八種 （清）朱記榮輯 清光緒十三年(1887)吴縣朱氏家塾刻本 三十四册 存二十五種一百卷（初編：李氏易解賸義三卷，尚書餘論一卷，詩辨說一卷，饗禮補亡一卷，公羊逸禮考徵一卷，弟子職集解一卷，斁經筆記一卷，世本二卷，楚漢春秋一卷、附疑義一卷、考證一卷，楚漢諸侯疆域志三卷，括地志八卷、補遺一卷，金石三例續編漢石例六卷，金石例補二卷，誌銘廣例二卷；二編：九經古義十六卷，十三經詁答問六卷，古易音訓二卷，京畿金石考二卷，平津讀碑記八卷、續記一卷，周髀算經二卷、附音義一卷、校勘記一卷，數術記遺一卷，九數外錄一卷，呂子校補二卷、校續補一卷，芳茂山人文集十二卷；三編：四禮榷疑八卷）

500000－8701－0020158 H02204
慈暉館詞草一卷慈暉館詩草一卷 （清）阮恩灤撰 清咸豐四年(1854)武林沈氏刻本 一册

500000－8701－0020159　H02205
古唐詩合解十二卷　(清)王堯衢註　清同治九年(1870)刻本　五冊

500000－8701－0020160　H02206
陶子師先生集四卷首一卷南崖集四卷首一卷　(清)陶元淳撰　**陶晚聞先生集十卷首一卷補錄一卷**　(清)陶正靖撰　**陶退菴先生集二卷**　(清)陶貞一撰　清光緒七年(1881)江蘇貴池縣楊同福刻本　六冊

500000－8701－0020161　H02207
[宣統]新疆圖志一百十六卷首一卷　袁大化修　王樹枬　王學曾纂　清宣統三年(1911)木活字印本　七冊　存八卷(十六至二十、二十九、三十七、三十九)

500000－8701－0020162　H02208
里乘十卷　(清)許奉恩撰　清刻本　十冊

500000－8701－0020163　H02209
秘傳花鏡六卷圖一卷　(清)陳淏子輯　清刻本　三冊

500000－8701－0020164　H02210
國朝詩人徵略二編六十四卷　(清)張維屏輯　清刻本　六冊

500000－8701－0020165　H02211
書目答問不分卷附四川省城尊經書院記　(清)張之洞撰　清光緒二年(1876)刻本　二冊

500000－8701－0020166　H02212
牧令書輯要十卷　(清)徐棟編　(清)丁日昌選評　清同治七年(1868)江蘇書局刻本　十冊

500000－8701－0020167　H02213
何氏公羊解詁十論一卷續十論一卷再續十論一卷春秋天子二伯方伯卒正附庸尊卑表一卷　廖平撰　清宣統三年(1911)上海國學扶輪社鉛印本　一冊

500000－8701－0020168　H02214
湖南省至鄰省交界處所并本省提鎮協標營暨各省督撫提鎮將軍程限不分卷　(清)湖南按察使司編　清刻本　一冊

500000－8701－0020169　H02215
日本國志四十卷首一卷　(清)黃遵憲編纂　清光緒二十八年(1902)蔚華書局刻本　十二冊

500000－8701－0020170　H02216
楊忠愍公全集四卷　(明)楊繼盛撰　(清)毛大可鑒定　清刻本　四冊

500000－8701－0020171　H02217
妙法蓮華經七卷　(晉)釋鳩摩羅什譯　清刻本　三冊

500000－8701－0020172　H02218
學海津梁四編　(清)崔學古編輯　清康熙文起堂刻本　一冊

500000－8701－0020173　H02219
達生保赤編四卷　題(清)寄湘漁父輯　清刻本　一冊

500000－8701－0020174　H02220
新序十卷　(漢)劉向著　(明)鍾惺評　清刻本　四冊

500000－8701－0020175　H02221
呂祖太乙生生三才神數合刻不分卷　(清)□□撰　清刻本　一冊

500000－8701－0020176　H02222
皇朝經世文三編八十卷　(清)陳忠倚輯　清光緒二十八年(1902)四川重慶中西書屋鉛印本　二冊　存七卷(一至七)

500000－8701－0020177　H02223
豹隱堂集十一卷　(清)趙蓮城撰　清咸豐八年(1858)刻本　五冊

500000－8701－0020178　H02224
墨子經說解二卷　(戰國)墨翟撰　(清)張惠言述　清宣統元年(1909)上海國學保存會石印本　一冊

500000－8701－0020179　H02225
墨子經說解二卷　(戰國)墨翟撰　(清)張惠

言述　清宣統元年(1909)上海國學保存會石印本　一册

500000－8701－0020180　H02226
五經揭要二十一卷　(清)周蕙田輯錄　清乾隆五十四年(1789)自怡軒刻本　十四册

500000－8701－0020181　H02227
聲律啓蒙撮要二卷　(清)車萬育撰　(清)聶銑敏重訂　清光緒二十一年(1895)內江羅氏萬軸樓刻本　一册

500000－8701－0020182　H02228
前後蜀雜事詩二卷　(清)張祥齡撰　清末刻本　一册

500000－8701－0020183　H02229
農學理説二卷附表一卷　(美國)以德懷特福利斯撰　(清)王汝駢譯　趙詒琛筆述　清光緒三十二年(1906)江南製造局刻本　二册

500000－8701－0020184　H02230
定國志安邦中集二十卷　(□)□□撰　清末刻本　二十册

500000－8701－0020185　H02231
安邦誌二十卷　(□)□□撰　清刻本　二十册

500000－8701－0020186　H02232
師儉齋詩鈔二卷附錄一卷　(清)蕭望崧著　清光緒二十九年(1903)刻本　二册

500000－8701－0020187　H02233
丁未和會類要四卷　(□)□□撰　清光緒三十四年(1908)中國圖書公司鉛印本　四册

500000－8701－0020188　H02234
漢史餘二十卷補錄一卷補註一卷　(清)陳堯松著　清刻本　四册

500000－8701－0020189　H02235
古學攷一卷　廖平撰　清光緒二十三年(1897)尊經書局刻本　一册

500000－8701－0020190　H02236
忠正德文集十卷附錄一卷　(宋)趙鼎撰　清刻本　四册

500000－8701－0020191　H02237
小倉山房文集三十五卷　(清)袁枚撰　清刻本　六册　存二十四卷(一至八、十五至十八、二十至三十一)

500000－8701－0020192　H02238
小倉山房詩集三十七卷補遺二卷　(清)袁枚撰　清刻本　七册　存三十二卷(一至十六、二十一至三十六)

500000－8701－0020193　H02239
荒政輯要九卷首一卷　(清)汪志伊纂　清道光五年(1825)山陽李氏聞妙香室刻致用叢書本　二册

500000－8701－0020194　H02240
評論出像水滸傳二十卷七十回　(明)施耐庵撰　清刻本　二十册

500000－8701－0020195　H02241
蜀詩十五卷　(清)費經虞輯　清道光十三年(1833)鶩溪孫氏古棠書屋刻本　四册

500000－8701－0020196　H02242
蕩平髮逆圖記二十二卷首一卷　(清)杜文瀾撰　清上海漱六山莊石印本　四册

500000－8701－0020197　H02243
鄉黨圖考十卷　(清)江永撰　清嘉慶二十一年(1816)刻本　六册

500000－8701－0020198　H02244
洪北江文集四卷　(清)洪亮吉撰　清宣統二年(1910)上海國學扶輪社鉛印本　二册

500000－8701－0020199　H02245
漢雋十卷　(宋)林鉞輯　清道光十年(1830)刻本　四册

500000－8701－0020200　H02246
文通十卷　(清)馬建忠撰　清光緒二十八年(1902)上海文林石印本　八册

500000－8701－0020201　H02247
聖武記十四卷　(清)魏源撰　清刻本　十册

500000－8701－0020202　H02248
經餘必讀八卷續編八卷三集四卷　(清)雷琳

輯　清光緒二年(1876)退補齋刻本　十冊

500000－8701－0020203　H02249
黔書二卷　(清)田雯編　清刻本　二冊

500000－8701－0020204　H02250
明詩別裁集十二卷　(清)沈德潛　(清)周準輯　清乾隆五十九年(1794)刻本　六冊

500000－8701－0020205　H02251
墨子十六卷　(戰國)墨翟撰　(清)吴汝綸點勘　清末鉛印本　二冊

500000－8701－0020206　H02252
經籍訪古志六卷補遺一卷　(日本)澁江全善　(日本)森立之編　清末鉛印本　八冊

500000－8701－0020207　H02253
自西徂東五卷　(德國)花之安撰　清光緒十九年(1893)上海廣學會鉛印本　五冊

500000－8701－0020208　H02254
北堂書鈔一百六十卷首一卷　(唐)虞世南撰　(清)孔廣陶註　清光緒十四年(1888)南海孔氏三十有三萬卷堂刻本　十六冊

500000－8701－0020209　H02255
王湘綺先生全集一百七十九卷　王闓運撰　清光緒至民國刻本　五十六冊　缺二卷(春秋公羊傳箋一至二)

500000－8701－0020210　H02256
藕香零拾三十九種　繆荃孫輯　清光緒至宣統刻本　三十二冊

500000－8701－0020211　H02257
湯睡菴先生歷朝綱鑑全史七十卷首一卷　(明)湯賓尹會纂　(明)陳繼儒註釋　明北京國子監刻本　二十冊

500000－8701－0020212　H02258
學古堂日記四十種　(清)雷浚　(清)汪之昌輯　清光緒十六年至二十二年(1890－1896)錢塘諸可寶刻本　二十五冊

500000－8701－0020213　H02259
全上古三代秦漢三國六朝文七百四十一卷　(清)嚴可均校輯　清光緒二十年(1894)黄岡王氏刻本　一百冊

500000－8701－0020214　H02260
古文一隅三卷　(清)朱宗洛評選　清光緒二十三年(1897)刻本　一冊

500000－8701－0020215　H02261
樊川詩集四卷別集一卷外集一卷補遺一卷　(唐)杜牧撰　(清)馮集梧注　清光緒十六年(1890)湘南書局刻本　四冊

500000－8701－0020216　H02262
呂書四種合刻九卷　(清)呂得勝等撰　清道光七年(1827)開封府署刻本　一冊

500000－8701－0020217　H02263
讀書分年法程不分卷　(□)□□撰　清光緒二十九年(1903)成都文倫書局鉛印本　一冊

500000－8701－0020218　H02264
三才略三卷　蔣德鈞輯　清蒲圻但氏刻本　一冊

500000－8701－0020219　H02265
詩總聞二十卷　(宋)王質撰　清道光二十六年(1846)刻本　五冊　存十六卷(一至六、十一至二十)

500000－8701－0020220　H02266
四書類典賦二十四卷　(清)甘紱著　清同治九年(1870)刻本　十二冊

500000－8701－0020221　H02267
大廣益會玉篇三十卷　(南朝梁)顧野王撰　(唐)孫強增字　(宋)陳彭年重修　清康熙四十三年(1704)張士俊刻本　三冊

500000－8701－0020222　H02268
增註七家詩彙鈔七卷　(清)王植桂輯註　(清)張熙宇輯評　清光緒十八年(1892)上海圖書集成印書局鉛印本　四冊

500000－8701－0020223　H02269
遏雲閣曲譜初集不分卷　(清)王錫純輯　清末鉛印本　十二冊

500000－8701－0020224　H02270
家事筆記一卷　(□)□□撰　清刻本　一冊

500000－8701－0020225　H02271
靈峰蕅益大師梵室偶談一卷　（明）釋蕅益撰　**徹悟禪師語錄二卷**　（清）釋了亮等集　清同治十年（1871）金陵刻經處刻本　一冊

500000－8701－0020226　H02272
繡像剿逆圖考二卷　（□）□□撰　清光緒十八年（1892）上海書局石印本　一冊

500000－8701－0020227　H02273
清河書畫舫十二卷附補遺　（明）張丑撰　清光緒元年（1875）刻本　十二冊

500000－8701－0020228　H02274
飲冰室壬寅文集□□卷　梁啟超撰　清末石印本　八冊　存八卷（八至十五）

500000－8701－0020229　H02275
新纂氏族箋釋八卷　（清）熊峻運撰　清刻本　六冊

500000－8701－0020230　H02276
歐洲列國戰事本末二十二卷　王樹枏撰　清光緒三十二年（1906）成都官報書局鉛印本　六冊

500000－8701－0020231　H02277
註釋桐雲閣試帖詩評四卷　（清）楊庚撰　清道光二十二年（1842）刻本　二冊

500000－8701－0020232　H02278
養雲山館試帖四卷　（清）許球撰　清光緒二年（1876）刻本　四冊

500000－8701－0020233　H02279
心聲書屋文稿六卷　（清）粟穗撰　清道光二十年（1840）刻本　四冊

500000－8701－0020234　H02280
澹園文一卷　（清）傅光弼撰　清光緒二十四年（1898）鄂渚書局刻本　一冊

500000－8701－0020235　H02281
菉斐軒詞韻一卷　（宋）內府審定　清光緒二十六年（1900）盛山官舍刻本　一冊

500000－8701－0020236　H02282
皇朝謚法考五卷續編一卷補編一卷　（清）鮑康輯　清光緒三年（1877）退補齋胡氏刻本　二冊

500000－8701－0020237　H02283
桔茮瑣言二卷　饒敦秩撰　清光緒二十八年（1902）東湖饒氏鉛印本　一冊

500000－8701－0020238　H02284
桔茮瑣言二卷　饒敦秩撰　清光緒二十八年（1902）東湖饒氏鉛印本　一冊

500000－8701－0020239　H02285
霧隱山房詩二卷　（清）汪淳修撰　清乾隆三十四年（1769）刻本　一冊

500000－8701－0020240　H02286
石龕詩卷二十一卷詩餘偶存一卷　（清）劉楚英撰　清同治九年（1870）粵西鹺署刻本　四冊

500000－8701－0020241　H02287
黔語二卷　（清）吳振棫纂　清刻本　一冊

500000－8701－0020242　H02288
壺庵五種曲不分卷　胡薇元撰　清末刻本　一冊

500000－8701－0020243　H02289
槐軒約言一卷　（清）劉沅撰　清同治四年（1865）刻本　一冊

500000－8701－0020244　H02290
滄溟詩集十四卷　（明）李攀龍撰　清光緒三十三年（1907）渭南嚴氏刻本　一冊　存二卷（一至二）

500000－8701－0020245　H02291
積學齋叢書二十種　徐乃昌輯　清南陵徐氏積學齋刻本　二十冊

500000－8701－0020246　H02292
增廣詳註嚶求集四卷　（清）繆艮撰　清光緒二十八年（1902）文來局石印本　二冊

500000－8701－0020247　H02293
宦鄉要則八卷首一卷　（□）□□撰　清石印本　二冊

500000－8701－0020248　H02294

佛本行集經六十卷　(隋)釋闍那崛多譯　清光緒三十年(1904)南昌刻經處刻本　十二冊

500000－8701－0020249　H02295

平津館叢書四十二種　(清)孫星衍輯　清嘉慶蘭陵孫氏刻本　四十六冊

500000－8701－0020250　H02296

平津館叢書四十二種　(清)孫星衍輯　清光緒十一年(1885)吳縣朱氏槐廬家塾刻本　六十冊

500000－8701－0020251　H02297

抱經堂叢書十七種二百七十一卷　(清)盧文弨輯　清乾隆至嘉慶餘姚盧氏刻本　七十冊　存十三種一百四十卷(逸周書十卷校正補遺一卷,白虎通四卷附校勘補遺一卷考一卷闕文一卷,輶軒使者絕代語釋別國方言十三卷校正補遺一卷,荀子二十卷附校勘補遺一卷,新書十卷,春秋繁露十七卷附錄一卷,群書拾補初編:新唐書糾謬校補一卷、山海經圖贊補逸一卷、水經序補逸一卷、鹽鐵論校補一卷、新序校補一卷、說苑校補一卷、申鑒校正一卷、列子張湛注校正一卷、韓非子校正一卷、晏子春秋校正一卷、風俗通義校正逸文一卷、潛虛校正一卷、春渚紀聞補闕一卷、嘯堂集古錄校補一卷、鮑照集校補一卷、韋蘇州集校正拾遺一卷、元微之文集校補一卷、白氏文集校正一卷、林和靖集校正一卷,獨斷二卷,三水小牘二卷,鍾山劄記四卷,龍城劄記三卷,解春集文鈔十二卷補遺二卷詩鈔三卷,抱經堂文集一至十二)

500000－8701－0020252　H02298

問經堂叢書十八種　(清)孫馮翼輯　清嘉慶中承德孫氏刻本　十六冊

500000－8701－0020253　H02299

經訓堂叢書二十一種　(清)畢沅輯　清光緒十三年(1887)大同書局石印本　二十冊

500000－8701－0020254　H02300

經訓堂叢書二十一種　(清)畢沅輯　清乾隆中刻嘉慶十年(1805)重訂本　二十六冊

500000－8701－0020255　H02301

岱南閣叢書十六種一百五十三卷　(清)孫星衍輯　清乾隆至嘉慶蘭陵孫氏刻本　三十六冊　存十三種一百三十四卷(古文尚書十卷逸文二卷;春秋釋例十五卷;孫子十家注一至二、七至十三,附敘錄一卷遺說一卷;元和郡縣圖志三十六卷;括地志五至八;故唐律疏議三十卷;宋提刑洗冤集錄五卷附聖朝頒降新例一卷;古文苑九卷;問字堂集六卷;沛上停雲集一卷;平津館文稿二卷;五松園文稿一卷;嘉穀堂集一卷)

500000－8701－0020256　H02302

景刊宋金元明本詞四十四種　吳昌綬輯　陶湘續輯　清宣統三年至民國六年(1911－1917)仁和吳氏雙照樓刻民國六年至十二年(1917－1923)武進陶氏涉園續刻本　四十一冊

500000－8701－0020257　H02303

知不足齋叢書三十集□□種□□卷　(清)鮑廷博輯　(清)鮑志祖續輯　清乾隆至道光長塘鮑氏刻本(獨醒雜誌卷六至十係補配)　一百八十七冊　存一百五十九種六百五卷(第一集:古文孝經孔氏傳一卷;兩漢刊誤補遺十卷附錄一卷;涉史隨筆一卷;客杭日記一卷;韻石齋筆談二卷;七頌堂識小錄一卷。第二集:公是先生弟子記一卷;經筵玉音問答一卷;碧溪詩話十卷;獨醒雜誌十卷附錄一卷;梁谿漫志十卷附錄一卷;赤雅三卷;諸史然疑一卷;榕城詩話三卷。第三集:入蜀記六卷;猗覺寮雜記二卷;對牀夜話五卷;歸田詩話三卷;南濠詩話一卷;麓堂詩話一卷;石墨鐫華八卷。第四集:釣磯立談一卷附錄一卷;四朝聞見錄五卷附錄一卷;金石史二卷;閑者軒帖考一卷。第五集:補漢兵志一卷;臨漢隱居詩話一卷;滹南詩話三卷;歸潛志十四卷附錄一卷;黃孝子紀程二卷附一卷:尋親紀程一卷,滇還日記一卷;虎口餘生記一卷。第六集:愧郯錄十五卷;樂府補題一卷;蛻巖詞二卷。第七集:論語集解義疏十卷;離騷草木疏四卷;游宦紀聞十卷。第八集:張丘建算經三卷;緝古算經一卷;默記一卷;南湖集十卷附錄三卷;蘋州漁笛譜二卷。第九集:金樓子六卷;農書三卷;蠶書一卷;於潛令樓公進耕織二圖詩一卷附錄一卷;湛淵靜語二卷;責備餘談二卷附錄一卷。第十集:續孟子二卷;伸蒙子三卷;麟角集一卷附錄一卷;蘭亭考十二卷附群公帖跋一卷;蘭亭續考二卷;石刻鋪敘二卷附錄一卷;江西詩社宗派圖錄一卷附江西詩派小序一卷;萬柳溪邊舊話一卷。第十一集:詩傳注疏三卷;顔氏家訓七卷附考證一卷;江南餘載二卷;五國故事二卷;故宮遺錄一卷;伯牙琴一卷續補一卷;洞霄詩集十四卷;石湖詞一卷補遺一卷附和石湖詞一卷;花外集(碧山樂府)一卷。第十二集:昌武段氏詩義指南一卷;離騷集傳一卷;江淮異人錄一卷;慶元黨禁一卷;酒經三卷;山居新話一卷;墨史三卷;畫訣一卷;畫筌一卷;今水經一卷表一卷;佐治藥言一卷續一卷。第十三集:相臺書塾刊正九經三傳沿革例一卷;元真子三卷;翰苑群書二卷:卷上:翰林志一卷、承旨學士院記一卷、翰林學士記一卷、翰林院故事一卷、翰林學士院舊規一卷、重修承旨學士壁記一卷、禁林宴會集一卷,卷下:續翰林志二卷、次續翰林志一卷、學士年表一卷、翰苑題名一卷、翰苑遺事一卷;朝野類要五卷;碧血錄二卷,附周端孝先生血疏貼黄冊一卷;逍遙集一卷;百正集三卷;張子野詞二卷補遺二卷;貞居詞一卷補遺一卷。第十四集:籟紀一卷;潛虚一卷,附潛虚發微論一卷;袁氏世範三卷,附集事詩鑒一卷。第十五集:新唐書糾謬二十卷附錄一卷;修唐書史臣表一卷;洞霄圖志六卷;聱隅子歔欷瑣微論二卷;世緯二卷附錄一卷。第十六集:皇宋書錄三卷。第十七集:五代史纂誤三卷;嶺外代答十卷;南窗紀談一卷;蘇沈内翰良方十卷;浦陽人物記二卷。第十八集:宜州乙酉家乘一卷;吳船錄二卷;清波別志三卷;蜀難敘略一卷;灊山集三卷補遺一卷附錄一卷;頤庵居士集二卷。第十九集:文苑英華辨證十卷;詩紀匡謬一卷;黄山領要錄二卷。第二十集:測圓海鏡細草十二卷;五代史記纂誤補四卷;山静居畫論二卷;茗香詩論一卷。第二十一集:孝經鄭注一卷附補證一卷;孝經鄭氏解一卷;益古演段三卷;弧矢算術細草一卷;五總志一卷;黄氏日抄古今紀要逸編一卷;丙寅北行日譜一卷;粤行紀事三卷;滇黔土司婚禮記一卷;三山鄭菊山先生清雋集一卷;所南翁一百二十圖詩集一卷附錦錢餘笑一卷附錄一卷;鄭所南先生文集一卷。第二十二集:重雕足本鑒誡錄十卷;侯鯖錄八卷;松窗百説一卷;北軒筆記一卷;藏海詩話一卷;吳禮部詩話一卷;畫墁集八卷補遺一卷。第二十三集:石湖紀行三錄:攬轡錄一卷,驂鸞錄一卷,附桂海虞衡志一卷;北行日錄二卷;放翁家訓一卷;陽春集一卷;草窗詞二卷補二卷;第二十四集:吹劍錄外集一卷;宋遺民錄十五卷;書學捷要二卷。第二十五集:履齋示兒編二十三卷附校補一卷覆校一卷;霽山集五卷首一卷拾遺一卷。第二十六集:古刻叢鈔一卷;斜川集六卷附錄二卷訂誤一卷。第二十七集:字通一卷;透簾細草一卷;續古摘奇演算法一卷;丁巨演算法一卷;緝古算經細草三卷。第二十八集:雲林石譜三卷,附緺雲石圖記一卷;夢粱錄二十卷;靜春堂詩集四卷附錄三卷,附紅蕙山房吟槀一卷附錄一卷。第二十九集:梧溪集七卷補遺一卷;困學齋雜錄一卷。第三十集:克庵先生尊德性齋小集三卷補遺一卷;中吳紀聞六卷;廣釋名二卷;餘姚兩孝子萬里尋親記一卷;畫梅題記一卷)

500000-8701-0020258　H02304

續知不足齋叢書十八種　(清)高承勛輯　清渤海高氏刻本　二十四冊

500000-8701-0020259　H02305

後知不足齋叢書四十七種一百七十六卷　(清)鮑廷爵輯　清光緒中常熟鮑氏後知不足齋刻本　三十二冊　存二十五種七十三卷(第一函:鄭氏遺書五種:駁五經異議一卷補遺一卷、箴膏肓一卷、起廢疾一卷、發墨守一卷、鄭志三卷附錄一卷,沈氏經學六種:陸氏經典異文輯六卷、經典異文補六卷、注疏瑣語四卷、春秋左傳分國土地名二卷、左傳列國職官一卷、左傳器物宮室一卷,第二函:五經文字三卷、新加九經字樣一卷、石經殘字考一卷、干祿字書一卷、班馬字類二卷、九經韻補一卷附錄一卷,第三函:許氏說文解字雙聲疊韻譜一卷、積古齋鐘鼎彝器款識十卷、兩漢五經博士考三卷、漢魏六朝志墓金石例三卷唐人志墓諸例一卷、金石訂例四卷,第四函:稽瑞一卷、崇文總目五卷補遺一卷附錄一卷、第六弦溪文鈔四卷)

500000－8701－0020260　H02306
讀畫齋叢書五十二種　(清)顧修輯　清嘉慶四年(1799)桐川顧氏刻本　六十四册

500000－8701－0020261　H02307
讀畫齋叢書五十二種　(清)顧修輯　清嘉慶四年(1799)桐川顧氏刻本　六十四册

500000－8701－0020262　H02308
洪北江全集二十三種　(清)洪亮吉撰　清光緒中洪用懃授經堂刻本　八十四册

500000－8701－0020263　H02309
惜陰軒叢書四十六種　(清)李錫齡輯　清光緒二十二年(1896)長沙刻本[周子抄釋三卷、張子抄釋六卷、書法離鉤十卷、六如畫譜三卷補配清道光二十六年(1846)宏道書院本]　五十三册

500000－8701－0020264　H02310
惜陰軒叢書四十六種　(清)李錫齡輯　清道光二十六年至咸豐八年(1846－1858)宏道書院刻本　一百二十四册

500000－8701－0020265　H02311
藝海珠塵一百六十四種　(清)吳省蘭輯　清嘉慶中南滙吳氏聽彝堂刻本　六十册

500000－8701－0020266　H02312
藝海珠塵一百六十四種　(清)吳省蘭輯　清嘉慶中南滙吳氏聽彝堂刻本　六十册

500000－8701－0020267　H02313
貸園叢書初集十二種　(清)周永年輯　清乾隆五十四年(1789)歷城周氏竹西書屋刻本　十六册

500000－8701－0020268　H02314
士禮居黃氏叢書十七種附二種一百九十四卷　(清)黄丕烈輯　清光緒十三年(1887)上海蜚英館石印本　二十九册　存十七種一百八十五卷(周禮十二卷札記一卷、儀禮十七卷附校錄一卷續校錄一卷、夏小正戴氏傳四卷校錄一卷附夏小正經傳集解四卷、國語二十一卷附札記一卷、戰國策三十三卷附札記三卷、梁公九諫一卷、輿地廣記三十八卷附札記二卷、汲古閣珍藏秘本書目一卷、延令宋板書目一卷、藏書記要一卷、傷寒總病論六卷附札記一卷、洪氏集驗方五卷、焦氏易林十六卷、博物誌十卷、新刊宣和遺事前集一卷後集一卷、百宋一廛賦一卷、汪本隸釋刊誤一卷)

500000－8701－0020269　H02315
文選樓叢書十五種　(清)藝林山房輯　清光緒七年(1881)藝林山房刻本　十四册　存五種四十四卷(廣釋名二卷、比雅十九卷、廣雅十卷、彬雅八卷、别雅五卷)

500000－8701－0020270　H02316
湖海樓叢書十四種　(清)陳春輯　清嘉慶中蕭山陳氏湖海樓刻本　三十二册

500000－8701－0020271　H02317
湖海樓叢書十四種　(清)陳春輯　清嘉慶中蕭山陳氏湖海樓刻本　三十二册

500000－8701－0020272　H02318
琳琅祕室叢書三十種　(清)胡珽輯　清光緒十三年(1887)會稽董氏雲瑞樓木活字印本　二十四册

500000－8701－0020273　H02319
守山閣叢書一百十種　(清)錢熙祚輯　清光緒十五年(1889)上海鴻文書局石印本　一百册

500000－8701－0020274　H02320
連筠簃叢書十二種　(清)楊尚文輯　清道光二十八年(1848)靈石楊氏刻本　三十册

500000－8701－0020275　H02321
宜稼堂叢書六種　(清)郁松年輯　清道光中上海郁氏刻本　六十四册

500000－8701－0020276　H02322

重刊拜經樓叢書七種　(清)吳騫輯　清光緒十一年(1885)會稽章氏鄂渚刻本　十冊

500000－8701－0020277　H02323

重刊拜經樓叢書七種　(清)吳騫輯　清光緒十一年(1885)會稽章氏鄂渚刻本　六冊

500000－8701－0020278　H02324

重校拜經樓叢書十種　(清)吳騫輯　清光緒二十年(1894)孫谿朱氏校經堂刻本　十冊

500000－8701－0020279　H02325

拜經樓詩集十二卷續編四卷詩餘一卷　(清)吳騫撰　清嘉慶七年(1802)刻拜經樓叢書本　三冊

500000－8701－0020280　H02326

拜經樓叢書三十一種三十三卷　(清)吳騫輯　清乾隆至嘉慶海昌吳氏刻本　九冊　存十五種三十二卷(陶靖節先生詩四卷補注一卷附錄一卷、國山碑考一卷、詩譜補亡後訂一卷、桃溪客語五卷、扶風傳信錄一卷、王節愍公遺集一卷補遺一卷、陽羨名陶錄二卷續錄一卷、棠湖詩稿一卷、論印絕句一卷續編一卷、西湖蘇文忠公祠從祀議一卷、南宋方爐題咏一卷、孟子外書四篇四卷、蜀石經毛詩考異二卷、許氏詩譜鈔一卷、孫氏爾雅正義拾遺一卷)

500000－8701－0020281　H02327

粵雅堂叢書三十集一百八十五種　(清)伍崇曜輯　清道光至光緒南海伍氏刻本　三百三十六冊

500000－8701－0020282　H02328

粵雅堂叢書三十集一百八十五種　(清)伍崇曜輯　清道光至光緒南海伍氏刻本　三百六十二冊　缺十四種八十六卷(第三集:五代詩話十卷,第四集:易圖明辨十卷、四書逸箋六卷、古韻標準四卷詩韻舉例一卷、四聲切韻表一卷凡例一卷、緒言三卷、聲類四卷、宋遼金元四史朔閏考二卷,第五集:國史經籍志五卷附錄一卷,第十八集:顧亭林先生年譜四卷附錄一卷、閻潛邱先生年譜四卷,第十九集:秋園雜佩一卷、倪文正公年譜四卷、南雷文定前集十一卷後集四卷三集三卷詩曆四卷世譜一卷附錄一卷)

500000－8701－0020283　H02329

海山仙館叢書五十六種　(清)潘仕成輯　清道光至咸豐番禺潘氏刻光緒中補刻本　一百二十二冊　缺一種二卷(婦人集一卷、附補一卷)

500000－8701－0020284　H02330

海山仙館叢書五十六種　(清)潘仕成輯　清道光至咸豐番禺潘氏刻光緒中補刻本　一百二十冊

500000－8701－0020285　H02331

十萬卷樓叢書五十種三百八十八卷　(清)陸心源輯　清光緒二年至十八年(1876－1892)歸安陸氏刻本　九十六冊　存四十八種三百五十三卷(初編:書經注十二卷,資治通鑑釋文三十卷,史載之方二卷,海藏老人陰證略例一卷,本草衍義二十卷,東萊呂紫微師友雜志一卷,東萊呂紫微雜說一卷,可書一卷,東原錄一卷,地理葬書集注一卷附葬書問對一卷,醫經正本書一卷,人倫大統賦二卷,乙巳占十卷,太上老子道德經集解二卷,夷堅志甲集二十卷乙集二十卷丙集二十卷丁集二十卷;二編:明本排字九經直音二卷補遺一卷,周秦刻石釋音一卷,切韻指掌圖一卷附檢圖之例一卷,許國公奏議四卷,紹陶錄二卷,漢丞相諸葛忠武侯傳一卷,保越錄一卷,北戶錄三卷附校勘記一卷,歲時廣記四十卷首圖說一卷末總載一卷,新編張仲景注解傷寒發微論二卷,新編張仲景注解傷寒百證歌五卷,廣川畫跋六卷,衍極五卷,文房四譜五卷,漢官儀三卷,自號錄一卷,友會談叢三卷,蔡中郎文集十卷外傳一卷,詩苑衆芳一卷,作義要訣一卷;三編:靖康要錄十六卷,麟台故事四卷補遺一卷,至書一卷,宋徽宗聖濟經十卷宋徽宗撰,衛生家寶產科備要八卷,續談助五卷:卷一十洲記、洞冥記、琵琶錄,卷二北道刊誤志,卷三乘軺錄、文武兩朝獻替記、牛羊日曆、聖宋掇遺、沂公筆錄、竹譜、筍譜、硯錄、三水小牘、漢武故事,卷四漢孝武内傳、殷芸小說、大業雜記,卷五營造法式、緑珠傳、膳夫經手録,續考古圖五卷附釋文一卷,雲煙過眼録二卷,雲煙過眼録續集一卷,三厤撮要一卷,墨藪一卷,玉管照神局三卷,新編分門古今類事二十卷,詩式五卷)

500000－8701－0020286　H02332
十萬卷樓叢書五十種三百八十八卷　(清)陸心源輯　清光緒二年至十八年(1876－1892)歸安陸氏刻本　一百二十册

500000－8701－0020287　H02333
式訓堂叢書三集四十一種　(清)章壽康輯　清光緒會稽章氏刻本　二十四册　存二十八種一百八卷[初集:古易音訓二卷、傳經表一卷通經表一卷、漢書西域傳補注二卷、晉書地理志新補正五卷、乾道臨安志十五卷(原缺四至十五)札記一卷、弟子職集解一卷、吕子校補二卷、竹汀先生日記鈔三卷、經籍跋文一卷、對策六卷、拜經樓藏書題跋記五卷附録一卷、曝書雜記三卷、溉亭述古録二卷、誌銘廣例二卷、金石例補二卷,二集:春秋夏正二卷、家語疏證六卷、鍾山劄記四卷、龍城劄記三卷、知聖道齋讀書跋二卷、平津館鑒藏記書籍三卷補遺一卷續編一卷、廉石居臧書記二卷、銅熨斗齋隨筆八卷、癖談六卷、疑年表一卷太歲超辰表三卷、後甲集二卷、晚學集八卷、元魏熒陽鄭文公摩崖碑跋一卷]

500000－8701－0020288　H02334
海源閣叢書六種　(清)楊以增輯　清咸豐中聊城楊氏海源閣刻本　十五册　存四種三十四卷(蔡中郎集十卷、外紀一卷、外集四卷、列傳一卷、年表一卷,六藝綱目二卷、附録二卷,助字辨略五卷,惜抱先生尺牘八卷)

500000－8701－0020289　H02335
靈鶼閣叢書六集五十六種　(清)江標輯　清光緒中元和江氏湖南使院刻本　九十六册

500000－8701－0020290　H02336
木犀軒叢書二十七種續刻六種　李盛鐸輯　清光緒中德化李氏木犀軒刻本　三十六册

500000－8701－0020291　H02337
南菁書院叢書八集四十一種　王先謙　繆荃孫輯　清光緒十四年(1888)江陰南菁書院刻本　四十册

500000－8701－0020292　H02338
潘刻五種　(清)恩壽輯　清光緒二十九年(1903)刻本　六册

500000－8701－0020293　H02339
大亭山館叢書十八種四十二卷　(清)楊葆彝輯　清光緒刻本　八册

500000－8701－0020294　H02340
國語校注本三種二十九卷　(清)汪遠孫撰　清道光刻民國十一年(1922)汪氏振綺堂遺書本　六册

500000－8701－0020295　H02341
振綺堂叢書二集十二種　(清)汪康年輯　清光緒二十年(1894)汪氏振綺堂刻本　八册

500000－8701－0020296　H02342
振綺堂叢書第一集十種　(清)汪康年輯　清宣統二年(1910)泉唐汪氏鉛印本　六册

500000－8701－0020297　H02343
功順堂叢書十八種　(清)潘祖蔭輯　清光緒中潘氏刻本(平定羅刹方略四卷補配)　二十五册

500000－8701－0020298　H02344
功順堂叢書十八種　(清)潘祖蔭輯　清光緒中潘氏刻本　三十二册

500000－8701－0020299　H02345
小萬卷樓叢書十七種　(清)錢培名輯　清光緒五年(1879)金山錢氏刻本　十二册

500000－8701－0020300　H02346
麗廔叢書九種　葉德輝輯　清光緒三十三年(1907)長沙葉氏刻本　八册

500000－8701－0020301　H02347
麗廔叢書九種　葉德輝輯　清光緒三十三年(1907)長沙葉氏刻本　四册　存二種四卷(南嶽總勝集一至二、古今書刻二卷)

500000－8701－0020302　H02348
藕香零拾三十九種　繆荃孫輯　清光緒至宣統刻本　三十二册

500000－8701－0020303　H02349
藕香零拾三十九種　繆荃孫輯　清光緒至宣統刻本　三十二册

500000－8701－0020304　H02350
咫進齋叢書三集三十五種　(清)姚覲元輯　清光緒九年(1883)歸安姚氏刻本　二十四册

500000－8701－0020305　H02351
咫進齋叢書三集三十五種　(清)姚覲元輯　清光緒九年(1883)歸安姚氏刻本　二十四册

500000－8701－0020306　H02352
咫進齋叢書三集三十五種　(清)姚覲元輯　清光緒九年(1883)歸安姚氏刻本　二十四册

500000－8701－0020307　H02353
滂喜齋叢書五十四種　(清)潘祖蔭輯　清同治至光緒吴縣潘氏京師刻本　三十二册

500000－8701－0020308　H02354
滂喜齋叢書五十四種　(清)潘祖蔭輯　清同治至光緒吴縣潘氏京師刻本　三十二册

500000－8701－0020309　H02355
滂喜齋叢書五十四種　(清)潘祖蔭輯　清同治至光緒吴縣潘氏京師刻本　三十一册　缺一種一卷(鹽法議略一卷)

500000－8701－0020310　H02356
仰視千七百二十九鶴齋叢書四十種　(清)趙之謙輯　清光緒中會稽趙氏刻本　三十六册

500000－8701－0020311　H02357
欽定古今圖書集成一萬卷目録三十二卷　(清)蔣廷錫等編　清光緒十年(1884)上海圖書集成鉛版印書局鉛印本　十九册　存一百五卷(官常典七百十八至八百、家範典一至十二、氏族典五百六十九至五百七十八)

500000－8701－0020312　H02358
觀古堂彙刻書一集十三種二集六種觀古堂所著書一集七種二集十種　葉德輝輯　清光緒二十八年(1902)長沙葉氏刻民國八年(1919)重編印本　二十八册

500000－8701－0020313　H02359
雲自在龕叢書五集十九種　繆荃孫輯　清光緒江陰繆氏刻本　二十六册

500000－8701－0020314　H02360
集虚草堂叢書甲集十三種　李國松輯　清光緒中合肥李氏刻本　二十四册

500000－8701－0020315　H02361
聚學軒叢書六十一種　劉世珩輯　清光緒貴池劉氏刻本　一百册

500000－8701－0020316　H02362
聚學軒叢書六十一種　劉世珩輯　清光緒貴池劉氏刻本　八十册

500000－8701－0020317　H02363
正覺樓叢刻三十八種　(清)崇文書局輯　清光緒中崇文書局刻本　三十六册

500000－8701－0020318　H02364
正覺樓叢刻三十八種　(清)崇文書局輯　清光緒中崇文書局刻本(西京雜記二卷、人海記二卷係補配)　三十六册

500000－8701－0020319　H02365
積學齋叢書二十種　徐乃昌輯　清光緒中南陵徐氏刻本(方言箋疏十三卷係補配)　十五册

500000－8701－0020320　H02366
積學齋叢書二十種　徐乃昌輯　清光緒中南陵徐氏刻本　十册

500000－8701－0020321　H02367
玉簡齋叢書二十六種　羅振玉輯　清宣統二年(1910)上虞羅氏刻本　二十册

500000－8701－0020322　H02368
玉簡齋叢書二十六種　羅振玉輯　清宣統二年(1910)上虞羅氏刻本　八册　存十種二十九卷(漢志武成日月表一卷,龍瑞觀禹穴陽明洞天圖經一卷,湟中雜記一卷,邊略:防邊紀事一卷、伏西紀事一卷、安邊紀事一卷、靖南

紀事一卷、綏廣紀事一卷，濮陽蒲汀李先生家藏目錄一卷，萬卷堂書目四卷，也是園藏書目十卷，傳是樓宋元本書目一卷，知聖道齋書目四卷，硯林拾遺一卷）

500000－8701－0020323　H02369
學海堂叢刻十二種　（清）□□輯　清光緒中刻本　十六冊

500000－8701－0020324　H02370
學海堂集初集十六卷二集二十二卷三集二十四卷四集二十八卷　（清）阮元等編輯　清道光五年至光緒十二年（1825－1886）廣東啓秀山房刻本　四十冊

500000－8701－0020325　H02371
鄦齋叢書二十種　徐乃昌輯　清光緒二十六年（1900）南陵徐氏刻本　十六冊

500000－8701－0020326　H02372
鄦齋叢書二十種　徐乃昌輯　清光緒二十六年（1900）南陵徐氏刻本　十六冊

500000－8701－0020327　H02373
懺花盦叢書三十種二百二十六卷　（清）宋澤元輯　清光緒十三年（1887）山陰宋氏刻本　六十冊　缺二種三十五卷（柳亭詩話三十卷、草堂詩餘五卷）

500000－8701－0020328　H02374
國粹叢書三集五十種　國學保存會輯　清光緒至宣統鉛印本　二十三冊　存二十四種八十一卷（第一集：李氏焚書六卷、孟子字義疏證三卷、原善三卷、顏氏學記十卷、顏習齋先生年譜二卷、瘳忘編二卷續論一卷附後一卷、李恕谷先生年譜五卷、呂晚村手書家訓五卷，第二集：歸玄恭先生文續鈔七卷附錄一卷、三山鄭菊先生清雋集一卷、所南翁一百二十圖詩集一卷、錦錢餘笑一卷、鄭所南文集一卷、伯牙琴一卷、晞髮集十卷、晞髮遺集二卷、補一卷附天地間集一卷、西臺慟哭記注一卷附錄一卷、冬青樹引注一卷附錄一卷附金華遊錄注二卷、西臺慟哭記注一卷、謝翱墓錄一卷，第三集：劫灰錄一卷、明季復社紀略四卷附復社紀事一卷、陸右丞蹈海錄一卷附錄一卷）

500000－8701－0020329　H02375
晨風閣叢書二十二種四十七卷　沈宗畸輯　清宣統元年（1909）番禺沈氏刻本　十六冊

500000－8701－0020330　H02376
晨風閣叢書二十二種四十七卷　沈宗畸輯　清宣統元年（1909）番禺沈氏刻本　十六冊

500000－8701－0020331　H02377
晨風閣叢書二十二種四十七卷　沈宗畸輯　清宣統元年（1909）番禺沈氏刻本　十六冊

500000－8701－0020332　H02378
求實齋叢書十五種　蔣德鈞輯　清光緒中湘鄉蔣氏求實齋刻本　十二冊

500000－8701－0020333　H02379
張氏適園叢書七種　張鈞衡輯　清宣統三年（1911）上海國學扶輪社鉛印本　十冊

500000－8701－0020334　H02380
粟香室叢書三十九種一百六卷　金武祥輯　清光緒至民國江陰金氏刻本　三十冊　存三十六種九十卷（陽羨風土記一卷附校刊記一卷補輯一卷續補輯一卷考證一卷，宜齋野乘一卷，北郭集六卷補遺一卷續補遺一卷，滄螺集六卷，青陽集四卷補遺一卷，陽羨名壺一卷，洞山岕茶系一卷，江陰李氏得月樓書目摘錄一卷，藏說小萃七種：公餘日錄一卷、宦遊紀聞一卷、水南翰記一卷、存餘堂詩話一卷、暖姝由筆一卷、延州筆記一卷、戒菴溫筆一卷，延州筆記一卷，名家詞集十種：二主詞一卷、陽春集一卷、子野詞一卷、東山詞一卷、信齋詞一卷、竹洲詞一卷、虛齋樂府一卷、松雪詞一卷、天錫詞一卷、古山樂府一卷，江南春詞集一卷附錄一卷附考一卷，江上孤忠錄一卷，江上遺聞一卷，李仲達被逮紀略一卷，荔枝譜一卷附錄一卷，守一齋筆記四卷客牕二筆一卷，讀書瑣記一卷，讀雪山房唐詩凡例一卷，讀雪山房雜著一卷，雲溪樂府二卷，篤慎堂燼餘詩稿二卷文稿一卷，松筠閣貞孝錄不分卷附錄一卷，澹盦自娛草二卷，仲安遺草一卷，存齋古文一卷，傳忠堂古文一卷，鷗堂賸藁一卷補遺一卷,東鷗草堂詞二卷,鷗堂日記三卷,水雲樓賸藁一卷,玉紀一卷,冰泉唱和集一卷,江陰藝文志二卷校補一卷,赤溪雜志二卷,霞城唱和集一卷)

500000－8701－0020335　H02381
粟香室叢書三十九種一百六卷　金武祥輯　清光緒至民國江陰金氏刻本　十一册　存十五種三十七卷(宜齋野乘一卷,陽羨名壺一卷,洞山岕茶系一卷,江陰李氏得月樓書目摘錄一卷,藏說小萃七種:公餘日錄一卷、宦遊紀聞一卷、水南翰記一卷、存餘堂詩話一卷、暖姝由筆一卷、延州筆記一卷、戒菴溫筆一卷,名家詞集十種:二主詞一卷、陽春集一卷、子野詞一卷、東山詞一卷、信齋詞一卷、竹洲詞一卷、虛齋樂府一卷、松雪詞一卷、天錫詞一卷、古山樂府一卷,讀雪山房唐詩凡例一卷,讀雪山房雜著一卷,雲溪樂府二卷,篤慎堂燼餘詩稿二卷文稿一卷,存齋古文一卷,傳忠堂古文一卷,鷗堂賸稿一卷補遺一卷,東鷗草堂詞二卷,鷗堂日記三卷)

500000－8701－0020336　H02382
詒經堂藏書七種　(清)金長春輯　清嘉慶十八年(1813)當塗金氏刻本　八册

500000－8701－0020337　H02383
詒經堂藏書七種　(清)金長春輯　清嘉慶十八年(1813)當塗金氏刻本　八册

500000－8701－0020338　H02384
三餘書屋叢書□□種　(清)蔡學蘇輯　清光緒二年(1876)盱南上塘蔡氏刻本　八册

500000－8701－0020339　H02385
春暉堂叢書十二種　(清)徐渭仁輯　清道光至咸豐上海徐氏刻同治補刻本　十册

500000－8701－0020340　H02386
粟香隨筆八卷二筆八卷三筆八卷四筆八卷五筆八卷　金武祥撰　清光緒掃葉山房石印本　十六册

500000－8701－0020341　H02387
粟香隨筆八卷二筆八卷三筆八卷四筆八卷五筆八卷　金武祥撰　清光緒掃葉山房石印本　十六册

500000－8701－0020342　H02388
粟香隨筆八卷二筆八卷三筆八卷四筆八卷五筆八卷　金武祥撰　清光緒七年至十七年(1881－1891)羊城刻本　二十册

500000－8701－0020343　H02389
邵武徐氏叢書二十三種一百五十一卷　(清)徐幹輯　清光緒邵武徐氏刻本　四十册

500000－8701－0020344　H02390
玲瓏山館叢書六編六十八種一百七十四卷首三卷　(清)□□輯　清光緒十五年(1889)文選樓刻本　四十一册

500000－8701－0020345　H02391
述古叢鈔二十六種　(清)劉晚榮輯　清同治至光緒古岡劉氏藏修書屋刻本　四十册

500000－8701－0020346　H02392
小石山房叢書三十八種　(清)顧湘編輯　清同治刻本　二十册

500000－8701－0020347　H02393
小石山房叢書三十八種　(清)顧湘編輯　清同治刻本　十六册

500000－8701－0020348　H02394
觀自得齋叢書二十九種　(清)徐士愷輯　清光緒中徐氏刻本　二十四册

500000－8701－0020349　H02395
觀自得齋叢書二十九種　(清)徐士愷輯　清光緒中徐氏刻本　二十四册

500000－8701－0020350　H02396
知服齋叢書二十四種　(清)龍鳳鑣輯　清光緒中順德龍氏刻本　二十二册

500000－8701－0020351　H02397
半厂叢書初編九種八十三卷　(清)譚獻輯　清同治至光緒刻本　十六册

500000－8701－0020352　H02398
古愚老人消夏錄十七種　(清)汪汲撰　清乾隆至嘉慶古愚山房刻本　十五册　存十三種

二十四卷(十三經紀字一卷,字典紀字一卷,韻府紀字一卷,壘字編一卷,詞名集解六卷、續編二卷,宋樂類編二卷,南北詞名宫調匯錄二卷,院本名目一卷,雜劇待考一卷,琴曲萃覽一卷,樂府標源二卷,樂府遺聲一卷,漱經齋座右銘類編一卷、續編一卷)

500000－8701－0020353　H02399
敏果齋七種　(清)許乃釗輯　清道光中錢塘許氏刻本　十六册

500000－8701－0020354　H02400
花雨樓叢鈔二十八種　(清)張壽榮輯　清光緒中蛟川張氏花雨樓刻本　四十八册

500000－8701－0020355　H02401
榆園叢刻十八種附娛園叢刻十二種　(清)許增輯　清同治至光緒刻本　十六册

500000－8701－0020356　H02402
榆園叢刻十八種附娛園叢刻十二種　(清)許增輯　清同治至光緒刻本　八册

500000－8701－0020357　H02403
榆園叢刻十八種附娛園叢刻十二種　(清)許增輯　清同治至光緒刻本　三十二册

500000－8701－0020358　H02404
榆園叢刻十八種　(清)許增輯　清同治至光緒刻本　十二册

500000－8701－0020359　H02405
娛園叢刻十二種　(清)許增輯　清同治至光緒刻本　四册

500000－8701－0020360　H02406
娛園叢刻十二種　(清)許增輯　清同治至光緒刻本　八册

500000－8701－0020361　H02407
槐廬叢書五十一種　(清)朱記榮輯　清光緒中吴縣朱氏家塾刻本　八十册

500000－8701－0020362　H02408
校經山房叢書二十八種　(清)朱記榮輯　清光緒三十年(1904)孫谿槐廬家塾刻本　三十四册

500000－8701－0020363　H02409
校經山房叢書二十八種　(清)朱記榮輯　清光緒三十年(1904)孫谿槐廬家塾刻本　三十二册

500000－8701－0020364　H02410
函海一百五十二種　(清)李調元輯　清乾隆四十七年(1782)綿州李氏萬卷樓刻道光五年(1825)李朝夔補刻印本(伸蒙子三卷、素履子三卷、廣成子解一卷、蜀檮杌二卷、寶藏文論一卷、靖康傳信錄三卷、淳熙薦士錄一卷、江南餘載二卷、江淮異人錄二卷、辯誣筆錄一卷、家訓筆錄一卷、舊聞證誤四卷、三國紀年一卷、五國故事二卷、東原錄一卷、肯綮錄一卷、古今諺一卷、俗言一卷、麗情集一卷、庥麗情集一卷、墐户錄一卷、雲南山川志一卷、滇載記一卷係補配)　一百六十七册

500000－8701－0020365　H02411
函海一百五十九種　(清)李調元輯　清光緒七年至八年(1881－1882)廣漢鍾登甲樂道齋刻本(廣成子解一卷、蜀檮杌二卷、金華子襍編二卷、心要經一卷、寶藏論一卷、樂府侍兒小名錄二卷係補配)　二百二册　缺二種三卷(第六函:東坡烏臺詩案一卷、第二十九函:雨村曲話二卷)

500000－8701－0020366　H02412
續函海十種　(清)李調元輯　清嘉慶六年(1801)綿州李氏萬卷樓刻本　二十一册

500000－8701－0020367　H02413
續函海十種　(清)李調元輯　清嘉慶六年(1801)綿州李氏萬卷樓刻本　五册　存四種二十一卷(清脾錄四卷、唾餘新拾三卷、新搜神記十二卷、榜樣錄二卷)

500000－8701－0020368　H02414
函海一百五十二種　(清)李調元輯　清嘉慶十四年(1809)李鼎元刻本(李石亭詩集十卷文集六卷係補配)　一百五十七册　缺一種十卷(蜀碑記補十卷)

500000－8701－0020369　H02415
嘯園叢書五十八種　(清)葛元熙輯　清光緒

九年(1883)仁和葛氏刻本　七十一册

500000－8701－0020370　H02416
嘯園叢書五十八種　(清)葛元熙輯　清光緒九年(1883)仁和葛氏刻本　四十八册

500000－8701－0020371　H02417
龍威秘書十集　(清)馬俊良輯　清乾隆五十九年(1794)大酉山房刻本(二集後有補配)　七十三册　缺一集三十七卷(十集說文解字繫傳五至四十、附錄一卷)

500000－8701－0020372　H02418
長恩書室叢書二十種　(清)莊肇麟輯　清咸豐四年(1854)過客軒刻本　十六册

500000－8701－0020373　H02419
望三益齋叢書十一種　(清)郭傳璞輯　清光緒郭氏刻本　十四册

500000－8701－0020374　H02420
三長物齋叢書二十六種二百六十四卷　(清)黄本驥輯　清道光中湘陰蔣瓌刻光緒四年(1878)古香書閣印本　六十四册

500000－8701－0020375　H02421
昭代叢書十集五百卷　(清)張潮　(清)張漸輯　(清)楊復吉　(清)沈楙悳續輯　清道光中吳江沈氏世楷堂刻本　一百二十二册

500000－8701－0020376　H02422
學海類編四百三十一種　(清)曹溶輯　(清)陶越增删　清道光十一年(1831)六安晁氏木活字印本　二十一册　存七十三種一百三十二卷(經翼:易說一,史參:涑水記聞一至十一,集餘二事功:愧郯錄八至十五、翰苑遺事一卷、歷代銓政要略一卷、官爵志三卷、歷代銓選志一卷、捕蝗考一卷、旗軍志一卷、楊公政績紀一卷、邦計彙編一卷、拯荒事略一卷、救荒事宜一卷、煮粥條議一卷、元海運志一卷、明倭寇始末一卷、江防總論一卷、海防總論一卷、江防集要一卷、海防集要一卷、江防述略一卷、海防述略一卷、棠陰比事原編一卷續編一卷補編一卷、刑法敘略一卷、續刑法敘略一卷、折獄卮言一卷、河源記一卷、河防記一卷、常熟水論一卷、兩宮鼎建記三卷、西北水利議一卷、明江南治水記一卷、浮梁陶政志一,集餘三文詞:文章緣起註一卷、續文章緣起一卷、樂府雜錄一卷、二南密旨一卷、詩式一卷、碧溪詩話十卷、樂府指迷一卷、四六談麈一卷、文緣一卷、環溪詩話三卷、玉壺詩話一卷、庚溪詩話一卷、臨漢隱居詩話一卷、容齋詩話六卷、容齋四六叢談一卷、詩讞一卷、歲寒堂詩話一卷、姜氏詩說一卷、吳氏詩話一至二、深雪偶談一卷、碧雞漫志一卷、東坡詩話錄三卷、木天禁語一卷、詞品一卷、制曲十六觀一卷、詞旨一卷、文原一卷、談藝錄一卷、夢蕉詩話一卷、餘冬詩話二卷、詩談一卷、全唐詩說一卷、詩評一卷、文評一卷、文脈三卷、文待詔題跋二卷、損齋備忘錄一卷、辨物小志一卷、群碎錄一,集餘八遊覽:夢粱錄一至十四)

500000－8701－0020377　H02423
隨盦徐氏叢書二十種　徐乃昌輯　清光緒至民國南陵徐氏刻本　二十四册

500000－8701－0020378　H02424
隨盦徐氏叢書續編十種四十一卷　徐乃昌輯　清光緒至民國南陵徐氏刻本　八册

500000－8701－0020379　H02425
清容外集九種　(清)蔣士銓填詞　清乾隆紅雪樓刻本　十二册

500000－8701－0020380　H02426
昭代叢書十集五百卷　(清)張潮　(清)張漸輯　(清)楊復吉　(清)沈楙悳續輯　清道光刻本　四册　存十八種十八卷(丁集新編:西河詞話一卷、琴況一卷、滋蕙堂法帖題跋一卷、小山畫譜一卷、繪事發微一卷、烟譜一卷、野菜贊一卷、洋菊譜一卷、識物一,丁集新編補:昭代樂章恭紀一卷、讀史記劄記一卷、讀明史劄記一卷、再生紀略一卷、籌餉卮言一卷、兵謀一卷、兵法一卷、志壑堂雜記一卷、東行述一卷)

500000－8701－0020381　H02427
鐵華館叢書七種　(清)蔣鳳藻輯　清光緒中

長洲蔣氏刻本　七冊

500000－8701－0020382　H02428
二西堂叢書二十二種　(清)張澍編輯　清道光元年(1821)武威張氏二西堂刻本　十二冊

500000－8701－0020383　H02429
二西堂叢書二十二種　(清)張澍編輯　清道光元年(1821)武威張氏二西堂刻本　十冊

500000－8701－0020384　H02430
崇文書局彙刻書三十一種　(清)崇文書局輯　清光緒湖北崇文書局刻本　八十冊

500000－8701－0020385　H02431
西學啓蒙十六種　(英國)艾約瑟譯　清光緒二十四年(1898)上海圖書集成印書局鉛印本　十二冊　缺四種十三卷(西學畧述十卷、希臘志畧一卷、羅馬志畧一卷、歐洲史畧一卷)

500000－8701－0020386　H02432
西學啓蒙十六種　(英國)艾約瑟譯　清光緒二十四年(1898)上海圖書集成印書局鉛印本　十四冊　缺二種(化學啓蒙一卷、辨學啓蒙二十七章)

500000－8701－0020387　H02433
道書一貫十五種　(清)溪橋道人(鄧懷琨)輯　清刻本　十四冊　存十五種二十九卷(道德真經四卷、黄庭内景經三卷、黄庭外景經三卷、大洞真經二卷、生生神數四卷、黄鶴賦一卷、百字碑一卷、三字訣一卷、心印經一卷、清静經一卷、西遊闡微二卷、道詩玄真二卷、道詞統宗一卷、道詩易簡二卷、道詞啓秘一卷)

500000－8701－0020388　H02434
古逸書十種　(清)茆泮林輯　清道光十四年(1834)梅瑞軒刻本　六冊

500000－8701－0020389　H02435
佚存叢書十七種　(日本)林衡輯　清光緒八年(1882)滬上黄氏木活字印本　三十六冊

500000－8701－0020390　H02436
玉函山房輯佚書五百九十三種附目耕帖三十一卷　(清)馬國翰輯　清光緒九年(1883)長沙嫏嬛館刻本　一百冊

500000－8701－0020391　H02437
玉函山房輯佚書六百三十四種附目耕帖三十一卷　(清)馬國翰輯　清同治十年(1871)濟南皇華館書局刻本　五十一冊　存三百九十一種四百八十三卷(經編:易類:連山一卷附諸家論説、歸藏一卷附諸家論説、周易子夏傳二卷、周易薛氏記一卷、蔡氏易説一卷、周易丁氏傳二卷、周易韓氏傳二卷、周易古五子傳一卷、周易淮南九師道訓一卷、周易施氏章句一卷、周易孟氏章句二卷、周易梁丘氏章句一卷、周易京氏章句一卷、費氏易一卷、費氏易林一卷、周易分野一卷、周易馬氏傳三卷、周易劉氏章句一卷、周易宋氏注一卷、周易荀氏注三卷、周易陸氏述三卷、周易王氏注二卷、周易王氏音一卷、周易何氏解一卷、周易董氏章句一卷、周易姚氏注一卷、周易翟氏義一卷、周易向氏義一卷、周易統略一卷、周易卦序論一卷、周易張氏義一卷、周易張氏集解一卷、周易干氏注三卷、周易王氏注一卷、周易蜀才注一卷、周易黄氏注一卷、易象妙於見形論一卷、周易繫辭桓氏注一卷、周易繫辭荀氏注一卷、周易繫辭明氏注一卷、周易沈氏要略一卷、周易劉氏義疏一卷、周易大義一卷、周易伏氏集解一卷、周易褚氏講疏一卷、周易周氏義疏一卷、周易張氏講疏一卷、周易何氏講疏一卷、周易姚氏注一卷、周易崔氏注一卷、周易傅氏注一卷、周易盧氏注一卷、周易王氏注一卷、周易王氏義一卷、周易朱氏義一卷、周易莊氏義一卷、周易侯氏注三卷、周易探元三卷、周易元義一卷、周易新論傳疏一卷、周易新義一卷、易纂一卷,尚書類:今文尚書一卷、古文尚書三卷、尚書歐陽章句一卷、尚書大夏侯章句一卷、尚書小夏侯章句一卷、尚書馬氏傳四卷、尚書王氏注二卷、古文尚書音一卷、古文尚書舜典注一卷、尚書劉氏義疏一卷、尚書述義一卷、尚書顧氏疏一卷,詩類:魯詩故三卷、齊詩傳二卷、韓詩故二卷、韓詩内傳一卷、韓詩説一卷、薛君韓詩章句二卷、韓詩翼要一卷、毛詩馬氏注一卷、毛詩義問一卷、毛詩王氏注四卷、毛詩義駁一卷、毛詩奏事一卷、毛詩問難一卷、毛詩駮一卷、毛詩答雜問一卷、毛詩譜暢一卷、毛詩異同評三卷、難孫氏毛詩評一卷、毛詩拾遺一卷、毛詩徐氏音一卷、毛詩序義疏一卷、毛詩周氏注一卷、毛詩十五國風義一卷、毛詩隱義一卷、集注毛詩一卷、毛詩舒氏義疏一卷、毛詩沈氏義疏二卷、毛詩箋音義證一卷、毛詩述義一卷、毛詩草蟲經一卷、毛詩題綱一卷、施氏詩說一卷,周官禮類:周禮鄭大夫解詁一卷、周禮鄭司農解詁六卷、周禮杜氏注二卷、周禮賈氏解詁一卷、周官傳一卷、周禮鄭氏音一卷、周官禮干氏注一卷、周禮徐氏音一卷、周禮李氏音一卷,孝經類:孝經訓注一卷,五經總類:五經通義一卷、五經要義一卷、六藝論一卷、五經然否論一卷、聖證論一卷、五經通論一卷、五經鉤沈一卷、五經大義一卷、六經略注序一卷、七經義綱一卷,緯書類:尚書中候三卷、尚書緯璇璣鈐一卷、尚書緯考靈曜一卷、尚書緯刑德放一卷、尚書緯帝命驗一卷、尚書緯運期授一卷、詩緯推度災一卷、詩緯氾歷樞一卷、詩緯含神霧一卷、禮緯含文嘉一卷、禮緯稽命徵一卷、禮緯斗威儀一卷、樂緯動聲儀一卷、樂緯稽耀嘉一卷、樂緯叶圖徵一卷、春秋緯文耀鉤一卷、春秋緯運斗樞一卷、春秋緯感精符一卷、春秋緯合誠圖一卷、春秋緯考異郵一卷、春秋緯保乾圖一卷、春秋緯漢含孳一卷、春秋緯佐助期一卷、春秋緯握誠圖一卷、春秋緯潛潭巴一卷、春季緯說題辭一卷、春秋緯演孔圖一卷、春秋緯元命苞二卷、春秋命歷序一卷、春秋内事一卷、孝經緯援神契二卷、孝經緯鉤命訣一卷、孝經中契一卷、孝經左契一卷、孝經右契一卷、孝經内事圖一卷、孝經章句一卷、孝經雌雄圖一卷、孝經古秘一卷、論語讖八卷,小學類:史籀篇一卷、蒼頡篇一卷、凡將篇一卷、訓纂篇一卷、蒼頡訓詁一卷、三蒼一卷、古文官書一卷、雜字指一卷、勸學篇一卷、通俗文一卷、埤蒼一卷、古今字詁一卷、雜字一卷、雜字解詁一卷、聲類一卷、廣蒼一卷、辨釋名一卷、異字一卷、始學篇一卷、草書狀一卷、發蒙記一卷、啟蒙記一卷、韻集一卷、字指一卷、四體書勢一卷、要用字苑一卷、演說文一卷、字統一卷、纂文一卷、庭誥一卷、纂要一卷、纂要一卷、文字集略一卷、古今文字表一卷、韻略一卷、桂苑珠叢一卷、文字指歸一卷、四聲五音九弄反紐圖一卷、分毫字樣一卷、石經尚書一卷、石經魯詩一卷、石經儀禮一卷、石經公羊一卷、石經論語一卷、三字石經尚書一卷、三字石經春秋一卷;史編:雜史類:古文瑣語一卷、帝王要略一卷、三五曆記一卷、年歷一卷、汲塚書鈔一卷,雜傳類:聖賢高士傳一卷、鑒戒象讃一卷,目錄類:七略別錄一卷;子編:儒家類:漆雕子一卷、宓子一卷、景子一卷、世子一卷、魏文侯書一卷、李克書一卷、公孫尼子一卷、内業一卷、讕言一卷、甯子一卷、王孫子一卷、李氏春秋一卷、董子一卷、徐子一卷、魯連子一卷、虞氏春秋一卷、平原君書一卷、劉敬書一卷、至言一卷、河間獻王書一卷、兒寬書一卷、公孫弘書一卷、終軍書一卷、吾丘壽王書一卷、正部論一卷、仲長子昌言二卷、魏子一卷、周生子要論一卷、王子正論一卷、去伐論一卷、杜氏體論一卷、王氏新書一卷、周子一卷、顧子新言一卷、典語一卷、通語一卷、譙子法訓一卷、袁子正論二卷、袁子正書一卷、孫氏成敗志一卷、古今通論一卷、化清經一卷、夏侯子新論一卷、太元經一卷、華氏新論一卷、梅子新論一卷、志林新書一卷、廣林一卷、釋滯一卷、通疑一卷、干子一卷、顧子義訓一卷、讀書記一卷,農家類:神農書一卷、野老書一卷、范子計然三卷、養魚經一卷、尹都尉書一卷、氾勝之書二卷、蔡癸書一卷、養羊法一卷、家政法一卷,道家類:伊尹書一卷、辛甲書一卷、公子牟子一卷、田子一卷、老萊子一卷、黔婁子一卷、鄭長者書一卷、任子道論一卷、洞極真經一卷、唐子一卷、蘇子一卷、陸子一卷、杜氏幽求新書一卷、孫子一卷、苻子一卷、少子一卷、夷夏論一卷,法家類:申子一卷、鼂氏新書一卷、崔氏政論一卷、劉氏政論一卷、阮子政論一卷、世要論一卷、陳子要言一卷,名家類:惠子一卷、士緯一卷,墨家類:史佚書一卷、田俅子一卷、隋巢子一卷、胡非子一卷、纏子一卷,縱橫家類:蘇子一卷、闕子一卷、蒯子一卷、鄒陽書一卷、主父偃書一卷、徐樂書一卷、嚴安書一卷，雜家類：由余書一卷、博物記一卷、伏侯古今注一卷、蔣子萬機論一卷、篤論一卷、鄒子一卷、諸葛子一卷、默記一卷、裴氏新言一卷、新義一卷、秦子一卷、析言論一卷附古今訓、時務論一卷、廣志二卷、陸氏要覽一卷、古今善言一卷、文釋一卷、要雅一卷、俗說一卷，小說家類：青史子一卷、宋子一卷、裴子語林二卷、笑林一卷、郭子一卷、元中記一卷、齊諧記一卷、水飾一卷，天文類：泰階六符經一卷、五殘雜變星書一卷、靈憲一卷、渾儀一卷、昕天論一卷、安天論一卷、穹天論一卷、未央術一卷，陰陽類：宋司星子韋書一卷、鄒子一卷、陰陽書一卷，五行類：太史公素王妙論一卷、瑞應圖一卷、白澤圖一卷、天鏡一卷、地鏡一卷、地鏡圖一卷、夢雋一卷、雜五行書一卷，雜占類：請雨止雨書一卷、易洞林三卷補遺一卷，藝術類：藝經一卷、投壺變一卷；補遺：經編：易類：周易劉氏注一卷，周官禮類：周官禮異同評一卷，儀禮類：周氏喪服注一卷、喪服世行要記一卷，通禮類：禮論難一卷、逆降義一卷、明堂制度論一卷、梁氏三禮圖一卷、張氏三禮圖一卷，春秋類：春秋例統一卷、國話章句一卷、國語解詁二卷、春秋外傳國語虞氏注一卷、春秋外傳國語唐氏注一卷、春秋外傳國語孔氏注一卷、國語音一卷，論語類：孔子三朝記一卷，小學類：詁幼一卷，子編：儒家類：嚴助書一卷、厲學一卷，附：目耕帖三十一卷)

500000－8701－0020392　H02438

漢學堂叢書□□種　(清)黄奭輯　清道光中甘泉黄氏刻光緒中印本　八十冊　缺三十八種七十四卷[史部：別史類：眾家晉史：晉世譜一卷、晉官品令一卷、王朝目錄一卷、晉泰始起居注一卷、晉泰康起居注一卷、晉山陵故事一卷、晉武帝起居注一卷、晉永安起居注一卷、晉建武起居注一卷、晉太興起居注一卷、晉咸和起居注一卷、晉咸康起居注一卷、晉康帝起居注一卷、晉永和起居注一卷、晉孝武帝起居注一卷、晉太元起居注一卷、晉隆安起居注一卷、晉義熙起居注一卷、晉書(三國志注引)一卷、晉書(世說注引)一卷、晉紀(文選注引)一卷、晉紀(北堂書鈔引)一卷、晉紀(初學記引)一卷、晉書(群書治要所載)一卷、晉紀(白帖引)一卷、晉紀(御覽引)一卷；雜史類：尚書百兩篇一卷，國語解詁一卷，國語注一卷，國語注一卷，國語章句一卷，國語注一卷，春秋後語一卷，楚漢春秋一卷，伏侯古今注一卷，英雄記一卷，戰略一卷，九州春秋一卷，晉諸公贊一卷，晉後略一卷，晉八王故事一卷，晉四王遺事一卷；傳記類：喪服要記一卷，三輔決錄一卷，孝子傳一卷，孝子傳一卷，孝子傳一卷；時令類：唐明皇月令注解一卷；地理類：晉太康三年地記一卷，晉書地道記一卷，括地志一卷；職官類：漢官解詁一卷，漢官一卷，漢官儀一卷，漢官典儀一卷，漢儀一卷，晉百官名一卷，晉公卿禮秩一卷附晉故事一卷，晉百官表注一卷；政書類：石渠禮論一卷，漢舊儀一卷，問禮俗一卷，高密遺書：鄭司農年譜一卷、尚書大傳注一卷、毛詩譜一卷、答臨孝存周禮難一卷、魯禮禘祫義一卷、喪服變除一卷、三禮目錄一卷、駁五經異義一卷、孝經解一卷、論語篇目弟子一卷、論語注一卷]

500000－8701－0020393　H02439

黄氏逸書考三百五十二種　(清)黄奭輯　清道光甘泉黄氏刻民國十四年(1925)王鑒修補印本　八十冊　缺一百四種一百七卷[晉書一卷、附惠帝起居注一卷，晉書一卷、附晉書地道記一卷，晉紀一卷，漢晉春秋一卷，晉紀一卷，晉記一卷，晉安帝紀一卷，晉紀一卷，晉紀一卷，晉陽秋一卷，續晉陽秋一卷，晉起居注一卷，眾家晉史：晉紀一卷、晉書一卷、晉史草一卷、晉書一卷、晉錄一卷、晉要事一卷、晉朝雜事一卷、建武故事一卷、晉世譜一卷、晉官品令一卷、王朝目錄一卷、晉泰始起居注一卷、晉咸寧起居注一卷、晉泰康起居注一卷、晉山陵故事一卷、晉武帝起居注一卷、晉永安起居注一卷、晉建武起居注一卷、晉太興起居注一卷、晉咸和起居注一卷、晉咸康起居注一卷、晉康帝起居注一卷、晉永和起居注一卷、晉孝武帝起居注一卷、晉太元起居注一卷、晉隆安起居注一卷、晉義熙起居注一卷、晉書(三國志注引)一卷、晉書(世說注引)一卷、晉紀(文選注引)一卷、晉紀(北堂書鈔引)一卷、晉紀(初學記引)一卷、晉書(群書治要所載)一卷、晉紀(白帖引)一卷、晉紀(御覽引)一卷,晉諸公贊一卷,晉後略一卷,晉八王故事一卷,晉四王遺事一卷,伏侯古今注一卷,英雄記一卷,戰略一卷,九州春秋一卷,郭氏玄中記一卷,渚宮舊事一卷,括地志一卷,晉太康三年地記一卷,喪服要記一卷,三輔決錄一卷,孝子傳一卷,孝子傳一卷,孝子傳一卷,漢官解詁一卷,漢官一卷,漢官儀一卷,漢官典儀一卷,漢儀一卷,晉百官名一卷,晉公卿禮秩一卷、附晉故事一卷,晉百官表注一卷,石渠禮論一卷,漢舊儀一卷,問禮俗一卷,唐明皇月令注解一卷,通德堂經解:周易注一卷,尚書大傳注一卷,尚書古文注一卷,毛詩譜一卷,答臨孝存周禮難一卷,魯禮禘祫義一卷,喪服變除一卷,三禮目錄一卷,駁五經異義一卷,孝經解一卷,箴左氏膏肓一卷,釋穀梁廢疾一卷,發公羊墨守一卷,六藝論一卷,鄭志一卷,論語篇目弟子一卷,論語注一卷、附鄭司農年譜一卷、附不波山房詩鈔一卷,聽秋山房賸稿一卷,雲史日記一卷,逸珊王公行略一卷,宋史李重進列傳注一卷,懷荃室詩存五卷]

500000－8701－0020394　H02440
當歸草堂叢書八種　(清)丁丙輯　清同治中錢唐丁氏刻本　八冊

500000－8701－0020395　H02441
東皐草堂叢書□□種　(□)□□撰　清刻本(目錄爲抄補)　十六冊

500000－8701－0020396　H02442
湖北叢書三十一種　(清)趙尚輔輯　清光緒十七年(1891)三餘艸堂刻本　一百冊

500000－8701－0020397　H02443
畿輔叢書一百八十八種　(清)王灝輯　清光緒五年(1879)定州王氏謙德堂刻本　四百三十冊

500000－8701－0020398　H02444
婁東雜著六十八種　(清)邵廷烈輯　清刻本　八冊

500000－8701－0020399　H02445
棣香齋叢書六十八種　(清)邵廷烈輯　清道光十三年(1833)太倉東陵氏刻本　八冊

500000－8701－0020400　H02446
紛欣閣叢書十三種　(清)周心如輯　清道光中浦江周氏刻本　二十冊

500000－8701－0020401　H02447
戴氏遺書□□種　(清)戴震撰　清乾隆十二年(1747)曲阜孔氏微波榭刻本　十三冊　存十四種五十四卷(東原文集七至十,毛鄭詩考正四卷、首一卷,杲溪詩經補注二卷,考工記圖二卷,孟子字義疏證三卷,聲韻考四卷,聲類表九卷、首一卷,原善三卷,原象一卷,續天文略二卷,水地記一卷,方言疏證十三卷,句股割圜記三卷,策算一卷)

500000－8701－0020402　H02448
國朝宋學淵源記二卷附記一卷　(清)江藩輯　清光緒刻玲瓏山館叢書本　一冊

500000－8701－0020403　H02449
五經歲徧齋校書三種　(清)翟云升輯　清道光十二年(1832)東萊翟氏刻本　六冊

500000－8701－0020404　H02450
嶺南遺書五十九種　(清)伍崇曜輯　清道光至同治南海伍氏粵雅堂刻本　一百冊

500000－8701－0020405　H02451
常州先哲遺書第一集四十一種三百六十七卷附三種七十四卷後編三十種三百二卷　盛宣懷輯　清光緒武進盛氏思惠齋刻本　六十四冊

500000－8701－0020406　H02452
涇川叢書四十五種　(清)趙紹祖　(清)趙繩祖輯　清道光十二年(1832)涇縣趙氏古墨齋刻本　二十四冊

500000－8701－0020407　H02453
浦城遺書十四種　(清)祝昌泰輯　清嘉慶浦城祝氏留香室刻本　十二冊　存七種三十五

卷(春渚紀聞十卷、詹元善先生遺集二卷、西山文鈔八卷、四朝聞見録五卷、謝參軍詩鈔二卷、春秋四傳私考二卷、梅莊遺草六卷)

500000－8701－0020408　H02454
海昌叢載三十二種　(清)羊復禮輯　清光緒十三年(1887)海昌羊氏傳卷樓粵東刻本　四册　存八種二十一卷(容庵遺文鈔一卷存稿鈔一卷、止谿文鈔一卷詩集鈔一卷、乾初先生文鈔二卷遺詩鈔一卷、補庵遺稿一卷詩鈔一卷、敬齋詩鈔一卷、雲怡詩鈔一卷、簡莊文鈔六卷續編二卷河莊詩鈔一卷、新阪土風一卷)

500000－8701－0020409　H02455
武林往哲遺箸五十六種　(清)丁丙輯　清光緒中錢塘丁氏嘉惠堂刻本　六十四册

500000－8701－0020410　H02456
武林往哲遺箸後編十種　(清)丁丙輯　清光緒中錢塘丁氏嘉惠堂刻本　三十二册

500000－8701－0020411　H02457
武林掌故叢編二十六集一百九十四種六百三十卷　(清)丁丙輯　清光緒中錢塘丁氏嘉惠堂刻本　二百八册

500000－8701－0020412　H02458
金華叢書六十四種　(清)胡鳳丹輯　清同治至光緒永康胡氏退補齋刻本(何北山先生遺集一至四卷、明朝國初事蹟一卷係補配)　一百六册　存十八種二百二十二卷(青溪寇軌一卷,西征道里記一卷,涉史隨筆二卷,洪武聖政記二卷,明朝國初事蹟一卷,北山文集三十卷、首一卷、末一卷,何北山先生遺集四卷,魯齋集八至十,淵穎集十二卷,文獻公集十二卷、首一卷,純白齋類稿二十卷、首一卷、附録二卷,九靈山房集三十卷、補編二卷,九靈山房遺槁詩一至四、補編一卷、文一卷、首一卷、末一卷,宋學士全集三十二卷、補遺八卷、附録二卷,蘇平仲集十六卷、首一卷,胡仲子集十卷,楓山章先生集九卷、附實紀八卷、附楓山章先生年譜二卷)

500000－8701－0020413　H02459
永嘉叢書十三種　(清)孫衣言輯　清同治十二年(1873)瑞安孫氏詒善祠塾刻本　四十二册

500000－8701－0020414　H02460
永嘉叢書十三種　(清)孫衣言輯　清光緒二年(1876)瑞安孫氏詒善祠塾刻本(水心文集卷一至六係補配)　四十四册　存十三種二百一卷(横塘集二十卷、劉左史文集四卷、劉給諫文集五卷、艮齋先生薛常州浪語集三十五卷、止齋先生文集一至十八、水心文集二十九卷補遺一卷、竹軒雜著六卷、開禧德安守城録一卷、蒙川先生遺稿四卷補遺一卷、孫希旦禮記集解六十一卷、集韻考正十卷、孫太史稿二卷、谷艾園文稿四卷)

500000－8701－0020415　H02461
湖州叢書十二種　(清)陸心源輯　清光緒中湖城義塾刻本　二十四册

500000－8701－0020416　H02462
湖州叢書十二種　(清)陸心源輯　清光緒中湖城義塾刻本(柯山家館遺詩六卷詞三卷係補配)　十七册　存十一種六十七卷(周官故書考四卷,論語魯讀考一卷,儀禮古今文異同五卷,爾雅匡名二十卷,娱親雅言六卷,悔庵學文八卷、補遺一卷,柯家山館遺詩六卷、詞三卷,秋室集十卷,禮耕堂叢說一卷,史論五答一卷,吉貝居暇唱一卷)

500000－8701－0020417　H02463
馮少墟集二十二卷續集五卷　(明)馮從吾著　清康熙十二年(1673)刻本　十八册

500000－8701－0020418　H02464
紹興先正遺書十四種一百七十六卷　(清)徐友蘭輯　清光緒中會稽徐氏鑄學齋刻本　四十八册

500000－8701－0020419　H02465
劉文安公全集六種　(明)劉定之撰　清乾隆至咸豐永新劉氏刻本　二十册

500000－8701－0020420　H02466
宋金仁山先生遺書十四種　(元)金履祥撰　清雍正至乾隆金華金氏刻本　二十四册

500000－8701－0020421　H02467
西政叢書三十二種　梁啟超輯　清光緒二十三年(1897)慎記書莊石印本　三十二册

500000－8701－0020422　H02468
西政叢書三十二種　梁啟超輯　清光緒二十三年(1897)慎記書莊石印本　三十册　存三十二種一百六卷(希臘志略七卷附年表,羅馬志略十三卷,德國合盟紀事本末一卷,德國議院章程一卷,肄業要覽一卷,西國學校一卷,西國課程彙編一卷,佐治芻言一卷,公法總論一卷,中國古世公法論略一卷,陸地戰例新選一卷,農學新法一卷,農事論略一卷,中國蠶務亟宜講求整頓以保利源說略一卷,紡織機器圖說一卷,工程致富論略十三卷,考工記要一至四、八至十七,保富述要二卷,生利分利之別論一卷,法國海軍職要一卷,德國軍制述要一卷,自強軍洋操課程十卷,英政概一卷,英藩政概四卷,日本雜事詩二卷,日本新政考二卷,適可齋記言四卷,南海先生四上書記四卷,庸書內篇四卷外篇四卷,續富國策四卷,中外交涉類要表一卷,光緒通商綜覈表一卷)

500000－8701－0020423　H02469
檇李遺書二十種　(清)孫福清輯　清光緒四年(1878)望雲仙館刻本　二十册

500000－8701－0020424　H02470
船山遺書五十六種二百九十四卷附刊二卷補遺一卷　(清)王夫之撰　清同治四年(1865)湘鄉曾氏金陵節署刻本　一百册

500000－8701－0020425　H02471
船山遺書五十六種二百九十四卷附刊二卷補遺一卷　(清)王夫之撰　清同治四年(1865)湘鄉曾氏金陵節署刻本(俟解一卷係補配)　九十九册　缺一種一卷(黃書一卷)

500000－8701－0020426　H02472
船山遺書五十六種二百九十四卷附刊二卷補遺一卷　(清)王夫之撰　清道光二十二年(1842)湘潭王氏守遺經書屋刻本(讀通鑑論卷二十係補配)　一百一册

500000－8701－0020427　H02473
學海堂集初集十六卷二集二十二卷三集二十四卷四集二十八卷　(清)阮元等編輯　清道光五年至光緒十二年(1825－1886)廣東啓秀山房刻本　二十四册　存六十二卷(初集十六卷、二集二十二卷、三集二十四卷)

500000－8701－0020428　H02474
古愚老人消夏錄十七種　(清)汪汲撰　清乾隆至嘉慶古愚山房刻本　二十四册

500000－8701－0020429　H02475
帶經堂集九十二卷　(清)王士禎撰　清刻本(漁洋集續詩卷九至十六係補配)　二十二册　存八十四卷(漁洋集:詩二十二卷、續詩九至十六、文十四卷,蠶尾集:詩二卷、續詩十卷、文八卷、續文二十卷)

500000－8701－0020430　H02476
顧亭林先生遺書十種　(清)顧炎武撰　清蓬瀛閣刻本　二册　存三種五卷(左傳杜解補正三卷、九經誤字一卷、石經考一卷)

500000－8701－0020431　H02477
亭林先生遺書彙輯二十六種　(清)顧炎武著　清光緒中上海埽葉山房刻本　十六册　存二十種三十八卷(五經同異三卷、昌平山水記二卷、金石文字記六卷、石經考一卷、韻補正一卷、聖安紀事二卷、顧氏譜系考一卷、京東攷古錄一卷、山東攷古錄一卷、譎觚十事一卷、救文格論一卷、亭林雜錄一卷、亭林文集六卷、亭林詩集五卷、亭林餘集一卷、亭林軼詩一卷、顧亭林先生年譜一卷、亭林先生神道表一卷、同志贈言一卷、菰中隨筆一卷)

500000－8701－0020432　H02478
詩譜一卷　(漢)鄭玄撰　(宋)歐陽修補　(清)丁晏重編　清光緒九年(1883)清湖張氏花雨樓刻花雨樓叢鈔本　一册

500000－8701－0020433　H02479
詩譜一卷　(漢)鄭玄撰　(宋)歐陽修補　(清)丁晏重編　清光緒九年(1883)清湖張氏花雨樓刻花雨樓叢鈔本　一册

500000－8701－0020434　H02480

經學算學天文攷二卷　(清)陳懋齡撰　(清)姜遂登參　清光緒八年(1882)文選樓刻本　一冊

500000－8701－0020435　H02481
蠶尾集十卷續集二卷後集二卷　(清)王士禛撰　清康熙刻本　六冊

500000－8701－0020436　H02482
蠶尾集十卷續集二卷後集二卷　(清)王士禛撰　清康熙刻本　二冊　存二卷(續集二卷)

500000－8701－0020437　H02483
劉子全書四十卷首一卷　(明)劉宗周撰　(清)董瑒編　清道光四年至十五年(1824－1835)會稽吳氏刻本　二十四冊

500000－8701－0020438　H02484
汝州全志十卷首一卷　(清)趙林成　(清)白明義纂　清道光二十年(1840)刻本　十冊

500000－8701－0020439　H02485
[雍正]河南通志八十卷　(清)田文鏡等修　(清)孫灝等纂　清雍正十三年(1735)刻本　九冊　存二十卷(七至十一、十四至二十二、三十四、四十四至四十五、六十四至六十六)

500000－8701－0020440　H02486
[光緒]騰越廳志稿二十卷首一卷　(清)陳宗海修　(清)趙端禮纂　清光緒十三年(1887)刻本　三冊　存六卷(六至十一)

500000－8701－0020441　H02487
[乾隆]青陽縣志八卷　(清)段中律纂修　清乾隆四十七年(1782)刻本(卷八係補配)　七冊

500000－8701－0020442　H02488
[道光]婺源縣志三十九卷首一卷　(清)黃應昀　(清)朱元理纂修　清道光六年(1826)刻本　九冊　存二十四卷(一至二十、二十六至二十七、三十四至三十五)

500000－8701－0020443　H02489
石鐘山志十六卷首一卷　(清)李成謀　(清)丁義方輯　清光緒九年(1883)刻本　四冊　存十一卷(二至十二)

500000－8701－0020444　H02490
華銀山志十八卷首一卷　(清)釋虎溪修纂　清同治三年(1864)刻本　一冊　存十四卷(三至十六)

500000－8701－0020445　H02491
華銀山志十八卷首一卷　(清)釋虎溪修纂　清同治三年(1864)刻本　三冊　存十六卷(三至十八)

500000－8701－0020446　H02492
[光緒]崇慶州志十二卷首一卷　(清)沈恩培修　(清)胡麟等纂　清光緒三年(1877)刻本　七冊　存十一卷(二至十二)

500000－8701－0020447　H02493
[咸豐]安順府志五十四卷首一卷　(清)鄒漢勳等修　(清)常恩纂　清咸豐元年(1851)刻光緒十七年(1891)補刻本　十一冊　存三十七卷(十二至二十七、三十一至三十五、三十九至五十四)

500000－8701－0020448　H02494
[光緒]蒲城縣新志十三卷首一卷　(清)李體仁修　(清)王學禮纂　清光緒三十一年(1905)刻本　四冊

500000－8701－0020449　H02495
[道光]南江縣志三卷　(清)胡炳修　(清)彭曛纂　清道光七年(1827)刻本　四冊

500000－8701－0020450　H02496
[光緒]古州廳志十卷首一卷　(清)吳自發修　(清)余澤春編纂　(清)余嵩慶纂修　清光緒十四年(1888)刻本　一冊　存三卷(七至九)

500000－8701－0020451　H02497
[道光]晉寧州志十二卷　(清)朱慶椿修　(清)陳金堂纂　清光緒二十九年(1903)刻本　三冊　存三卷(六、十至十一)

500000－8701－0020452　H02498
[嘉慶]扶風縣志十七卷首一卷　(清)宋世犖

修 （清）吴鵬翱 （清）王樹棠纂 清嘉慶二十四年（1819）刻本 三册 存十五卷（一至十四、首一卷）

500000－8701－0020453 H02499
[乾隆]續耀州志十一卷 （清）汪灝修 （清）鍾麟書纂 清乾隆二十七年（1762）刻光緒十六年（1890）增刻本 二册 存十卷（一至十）

500000－8701－0020454 H02500
[同治四川]新甯縣志八卷 （清）復成修 （清）周紹鑾 （清）胡元翔纂 清同治八年（1869）刻本（卷八係補配） 八册

500000－8701－0020455 H02501
[乾隆]澄城縣志二十卷 （清）戴治修 （清）洪亮吉 （清）孫星衍纂 清乾隆四十九年（1784）刻本 三册 存十四卷（七至二十）

500000－8701－0020456 H02502
[乾隆]新鄭縣志三十一卷首一卷 （清）黄本誠纂修 清乾隆四十一年（1776）刻本 十一册 存二十九卷（三至三十一）

500000－8701－0020457 H02503
[康熙]淅川縣志八卷 （清）郭治纂修 清康熙二十九年（1690）刻本 二册

500000－8701－0020458 H02504
[同治]長興縣志三十二卷 （清）趙定邦修 （清）周學濬 （清）丁寶書纂 清同治十二年（1873）修光緒元年（1875）刻本 十五册 存三十一卷（二至三十二）

500000－8701－0020459 H02505
[康熙]徽州府志十八卷圖一卷 （清）丁廷楗等修 （清）趙吉士等纂 清康熙三十八年（1699）刻本 九册 存十七卷（二至十五、十七至十八，圖一卷）

500000－8701－0020460 H02506
[道光]徽州府志十六卷首一卷 （清）馬步蟾纂修 清道光七年（1827）刻本 一册 存一卷（五）

500000－8701－0020461 H02507
[道光]徽州府志十六卷首一卷 （清）馬步蟾纂修 清道光七年（1827）刻本（卷一至二、十六係補配） 二十二册

500000－8701－0020462 H02508
[同治]重修涪州志十五卷首一卷末一卷義勇彙編一卷 （清）吕紹衣等修 （清）王應元等纂 清同治九年（1870）刻本 八册 存十七卷（一至十、十二至十五，首一卷，末一卷，彙編一卷）

500000－8701－0020463 H02509
黄山志定本七卷首一卷 （清）閔麟嗣纂 清刻本 五册 存五卷（一、三至四、六，首一卷）

500000－8701－0020464 H02510
[嘉慶]宜賓縣志五十四卷首一卷 （清）劉元熙修 （清）李世芳等纂 清嘉慶十七年（1812）刻本 四册 存五十四卷（一至三十九、四十一至五十四，首一卷）

500000－8701－0020465 H02511
董氏叢書十六種 （清）董金鑑輯 清光緒三十二年（1906）會稽董氏取斯家塾刻本 十四册

500000－8701－0020466 H02512
[光緒]越嶲廳全志十二卷 （清）馬忠良原纂 （清）馬湘 （清）馬枏續纂 孫鏘 （清）蹇念恆增修 清光緒三十二年（1906）鉛印本 四册 存八卷（一至五、十至十二）

500000－8701－0020467 H02513
[同治]當陽縣志十八卷首一卷末一卷 （清）阮恩光修 （清）王柏心等纂 清同治五年（1866）刻本 十册

500000－8701－0020468 H02514
[光緒]彭水縣志四卷首一卷 （清）莊定域修 （清）支承祜等纂 清光緒元年（1875）刻本 三册 存四卷（一至三、首一卷）

500000－8701－0020469 H02515
[光緒]黎平府志八卷首一卷 （清）俞渭修

(清)陳瑜纂　清光緒十八年(1892)刻本　十一冊　存九卷(一至二上、三至四、五下至六上、七至八,首一卷)

500000－8701－0020470　H02516

清白士集二十八卷　(清)梁玉繩撰　**庭立記聞四卷**　(清)梁學昌輯　清嘉慶五年(1800)刻本　十二冊

500000－8701－0020471　H02517

[光緒]雷波廳志三十六卷首一卷　(清)秦雲龍修　(清)萬科進纂　清光緒十九年(1893)刻本　六冊

500000－8701－0020472　H02518

留真譜新編不分卷　楊守敬輯　清光緒二十七年(1901)影刻本　十二冊

500000－8701－0020473　H02519

右台仙館筆記十六卷　(清)俞樾撰　清刻本　一冊　存二卷(五至六)

500000－8701－0020474　H02521

唐陸宣公集二十二卷　(唐)陸贄撰　清刻本　一冊　存四卷(十九至二十二)

500000－8701－0020475　H02522

平灘紀略六卷　(清)李本忠編　清刻本　四冊　存四卷(二至五)

500000－8701－0020476　H02523

武功縣志三卷首一卷　(明)康海纂　(清)孫景烈評註　清乾隆二十六年(1761)瑪星阿刻本　一冊

500000－8701－0020477　H02524

[光緒]名山縣志十五卷　(清)趙怡　(清)趙懿纂輯　清光緒十八年(1892)刻二十二年(1896)重校印本　四冊

500000－8701－0020478　H02525

欽定全唐詩九百卷　(清)曹寅編　清刻本　十三冊　存八十四卷(李白詩九至二十五、韋應物一至十、孟彥深等一、張謂一、岑參一至四、沈宇等一、杜儼等一、魯收等一至三、包佶一、李嘉祐一至二、包何一、賈邕等一、皇甫曾一、高適一至四、李峴等一、杜甫一至十九、賈至一、錢起一至四、袁結一至二、張繼一、韓翃一至三、獨孤及一至二、郎士元一、皇甫冉一至二)

500000－8701－0020479　H02526

昭明選賦□□卷　(南朝梁)蕭統選　(明)張鳳翼纂註　清石印本　九冊　存九卷(一至九)

500000－8701－0020480　H02527

昭明選詩□□卷　(南朝梁)蕭統選　(唐)李善纂註　(明)張鳳翼纂註　清石印本　四冊　存五卷(二至三、五至七)

500000－8701－0020481　H02528

昭明選騷□□卷　(南朝梁)蕭統選　(明)張鳳翼纂註　清石印本　一冊　存一卷(一)

500000－8701－0020482　H02529

詩句題解韻編總彙不分卷　(□)□□撰　清光緒十一年(1885)上海點石齋石印本　六冊

500000－8701－0020483　H02530

五經合纂大成四十九卷　(清)同文書局編輯　清光緒十一年(1885)上海同文書局石印本　十五冊　存四種三十四卷(周易四卷首一卷、禮記十卷首一卷、書經六卷、春秋五至十六)

500000－8701－0020484　H02531

經籍纂詁五卷　(清)阮元撰　清光緒九年(1883)上海點石齋石印本　四冊　存二卷(一至二)

500000－8701－0020485　H02532

繡像説唐征西全傳六卷九十回　(□)□□撰　清末至民初石印本　二冊　存二卷(二、六)

500000－8701－0020486　H02533

九朝紀事本末□□卷　(清)丁立鈞輯　清光緒二十九年(1903)上海文林書局石印本　一冊　存二種三十六卷(明史紀事本末六十七至八十、三藩紀事本末二十二卷)

500000－8701－0020487　H02534

九朝紀事本末□□卷　(清)陳如升　(清)朱記榮輯　清光緒二十一年(1895)上海積山書局石印本　二册　存二種三十二卷(明史紀事本末七十一至八十、三藩紀事本末二十二卷)

500000－8701－0020488　H02535

靈峰草堂叢書□□種　陳矩輯　清光緒刻本　二册　存四種五卷(天全石錄一卷、翰林學士集一卷、洪度集一卷、黔語二卷)

500000－8701－0020489　H02536

靈峰草堂叢書□□種　陳矩輯　清光緒刻本　四册　存七種十二卷(孟子外書補注四卷、孟子弟子考補正一卷、春秋左傳杜注校勘記一卷、歷代帝王紹運圖一卷、陶靖節年譜一卷、毛詩四至六、翰林學士集一卷)

500000－8701－0020490　H02537

資治通鑑二百九十四卷　(宋)司馬光撰　(元)胡三省音注　清刻本　三册　存九卷(五十九至六十一、一百十二至一百十四、一百二十五至一百二十七)

500000－8701－0020491　H02538

資治通鑑補二百九十四卷　(宋)司馬光編集　(元)胡三省音註　(明)嚴衍補　清思補樓刻本　四十五册　存一百六十六卷(十八至三十、三十四至三十七、四十五至九十九、一百十六至一百十九、一百五十八至一百六十一、一百六十六至一百九十二、二百二十八至二百五十八、二百六十三至二百九十)

500000－8701－0020492　H02539

資治通鑑補二百九十四卷　(宋)司馬光編集　(元)胡三省音註　(明)嚴衍補　清思補樓刻本　三十二册　存一百十五卷(一百四十至一百四十八、一百五十九至二百七、二百三十八至二百九十四)

500000－8701－0020493　H02540

續資治通鑑二百二十卷　(清)畢沅編　清嘉慶六年(1801)桐鄉馮氏刻本　五十四册　存一百八十八卷(一至八十六、一百十六至一百十九、一百二十三至二百二十)

500000－8701－0020494　H02541

老子解二卷　(宋)葉夢得撰　葉德輝輯　清宣統元年(1909)葉氏觀古堂刻石林遺書本　一册

500000－8701－0020495　H02542

續資治通鑑二百二十卷　(清)畢沅編　清刻本　十册　存三十六卷(八十七至一百二十二)

500000－8701－0020496　H02543

資治通鑑綱目五十九卷　(宋)朱熹撰　(明)陳仁錫評　明崇禎三年(1630)刻本　一百三册　存五十七卷(一至二、五至五十九)

500000－8701－0020497　H02544

資治通鑑綱目前編二十五卷正編五十九卷續編二十七卷續編末一卷　(宋)朱熹撰　(明)陳仁錫評　清嘉慶十三年(1808)刻本　四十八册　存六十三卷(前編二十五卷,正編二十三至三十一、三十三,續編二十七卷,末一卷)

500000－8701－0020498　H02545

御批續資治通鑑綱目二十七卷　(明)商輅撰　清康熙四十六年(1707)刻本　二十七册

500000－8701－0020499　H02546

御批續資治通鑑綱目二十七卷　(明)商輅撰　清康熙四十六年(1707)刻本　十二册

500000－8701－0020500　H02547

御批資治通鑑綱目前編十八卷首一卷舉要三卷　(元)金履祥撰　清康熙四十六年(1707)刻本　八册

500000－8701－0020501　H02548

資治通鑑綱目前編二十五卷正編五十九卷續編二十七卷續編末一卷　(宋)朱熹撰　(明)陳仁錫評　清刻本　五十二册　存四十三卷(三上、四下、五至八、十一下、十三、十六至十七、十九、二十一至二十二、二十四至二十六、二十八至二十九、三十一至三十四、三十九至四十、四十一下、四十三至四十五、四十七至四十八、五十至五十三、五十五,續編五、十、

十二至十四、二十三至二十四，末一卷）

500000－8701－0020502　H02549
資治通鑑綱目五十九卷　（宋）朱熹撰　（明）陳仁錫評　清刻本　十三冊　存九卷（三十二、三十四至四十一）

500000－8701－0020503　H02550
資治通鑑綱目五十九卷　（宋）朱熹撰　（明）陳仁錫評　清刻本　一冊　存一卷（四十三）

500000－8701－0020504　H02551
資治通鑑綱目五十九卷　（宋）朱熹撰　（明）陳仁錫評　清刻本　一冊　存一卷（五十七）

500000－8701－0020505　H02552
資治通鑑綱目續編二十七卷末一卷　（明）陳仁錫評　清刻本　一冊　存一卷（末一卷）

500000－8701－0020506　H02553
欽定四庫全書總目二百卷　（清）永瑢等總裁　（清）紀昀等總纂　清刻本　一百一冊　存一百八十七卷（九至五十四、六十至二百）

500000－8701－0020507　H02554
欽定四庫全書總目二百卷　（清）永瑢等總裁　（清）紀昀等總纂　清刻本　三冊　存六卷（一百二十五至一百三十）

500000－8701－0020508　H02555
欽定四庫全書總目二百卷　（清）永瑢等總裁　（清）紀昀等總纂　清刻本　一冊　存二卷（九十七至九十八）

500000－8701－0020509　H02556
欽定四庫全書總目二百卷首一卷　（清）永瑢等總裁　（清）紀昀等總纂　清刻本　十冊　存二十一卷（一至八、五十五至六十六，首一卷）

500000－8701－0020510　H02557
洞蕭樓詩紀十三卷　（清）宋翔鳳撰　（清）李兆洛輯　清刻本　六冊

500000－8701－0020511　H02558
容城三賢文集十二卷　（清）張斐然　（清）楊蓰輯　清道光十六年（1836）正義書院刻本　十二冊

500000－8701－0020512　H02559
讀史兵略四十六卷　（清）胡林翼纂　清咸豐十一年（1861）武昌節署刻本　十六冊

500000－8701－0020513　H02560
中外地輿圖說集成一百三十卷首三卷皇輿全圖一卷　（清）同康廬編　清光緒二十年（1894）上海順成書局石印本　二十四冊

500000－8701－0020514　H02561
西域釋地一卷附西陲要略四卷　（清）祁韻士撰　清刻粵雅堂叢書本　三冊

500000－8701－0020515　H02562
小學攷五十卷　（清）謝啟昆錄　清光緒十五年（1889）上海鴻文書局石印本　六冊

500000－8701－0020516　H02563
福幼編一卷附臍風驚風合編一卷　（清）莊一夔撰　清光緒十一年（1885）刻本　一冊

500000－8701－0020517　H02564
古文尚書十卷尚書逸文二卷　（漢）馬融　（漢）鄭玄注　（宋）王應麟集　（清）孫星衍補集　清乾隆六十年（1795）蘭陵孫氏問字堂刻本　二冊

500000－8701－0020518　H02565
春秋公羊禮疏十一卷　（清）淩曙撰　清刻本　一冊　存二卷（一至二）

500000－8701－0020519　H02566
續黔書八卷　（清）張澍撰　清光緒二十三年（1897）貴陽書局刻本　二冊

500000－8701－0020520　H02567
永福庵文字緣略不分卷　（清）釋慧霖輯　清同治九年（1870）松雲精舍刻本　一冊

500000－8701－0020521　H02568
古籀餘論三卷　（清）孫詒讓記　（清）張揚校訂　清光緒二十九年（1903）籀經樓刻本　二冊

500000－8701－0020522　H02569
詩鵠附編三卷　（清）王繩祖著　（清）王維舉

編　清光緒八年(1882)刻本　一冊　存一卷(三)

500000－8701－0020523　H02570
聊齋志異新評十六卷　(清)蒲松齡撰　(清)王士禛評　(清)但明倫評　清咸豐九年(1859)學盛堂刻朱墨套印本　十六冊

500000－8701－0020524　H02571
聊齋志異新評十六卷　(清)蒲松齡撰　(清)王士禛評　(清)但明倫評　清道光二十二年(1842)廣順但氏刻朱墨套印本　十六冊

500000－8701－0020525　H02572
兩淮鹽法志五十六卷首四卷　(清)佶山重修　(清)單渠纂　清同治九年(1870)揚州書局刻本　五十冊

500000－8701－0020526　H02573
弈萃一卷　(清)卞文恒著　清味書齋刻本　一冊

500000－8701－0020527　H02574
文選六十卷　(南朝梁)蕭統撰　(唐)李善注　清光緒十八年(1892)京都琉璃廠刻朱墨套印本　十二冊

500000－8701－0020528　H02575
知不足齋叢書三十集□□種□□卷　(清)鮑廷博編　(清)鮑志祖續輯　清乾隆至道光長塘鮑氏刻本　一百七十二冊　存一百四十九種六百三十卷(第一集:御覽闕史二卷;古文孝經孔氏傳一卷;寓簡十卷附錄一卷;兩漢刊誤補遺十卷附錄一卷。第二集:碧溪詩話十卷;獨醒雜誌十卷附錄一卷;梁谿漫志十卷附錄一卷;赤雅三卷;諸史然疑一卷;榕城詩話三卷。第三集:入蜀記六卷;猗覺寮雜記二卷;對牀夜話五卷;歸田詩話三卷;南濠詩話一卷;麓堂詩話一卷;石墨鐫華八卷。第四集:孫子算經三卷;五曹算經五卷;釣磯立談一卷附錄一卷;洛陽搢紳舊聞記五卷;金石史二卷;閑者軒帖考一卷。第五集:清虛雜著三種三卷補闕一卷:聞見近錄一卷,甲申雜記一卷,隨手雜錄一卷;補漢兵志一卷;臨漢隱居詩話一卷;滹南詩話三卷;黃孝子紀程二卷附一卷;虎口餘生記一卷;澹生堂藏書約一卷,附流通古書約一卷;苦瓜和尚畫語錄一卷。第六集:玉壺清話十卷;愧郯錄十五卷;碧雞漫志五卷;樂府補題一卷;蛻巖詞二卷。第七集:論語集解義疏十卷。第八集:張丘建算經三卷;緝古算經一卷;默記一卷;蘋州漁笛譜二卷。第十集:續孟子二卷;伸蒙子三卷;麟角集一卷附錄一卷;蘭亭考十二卷附群公帖跋一卷;蘭亭續考二卷;石刻鋪敘二卷附錄一卷;江西詩社宗派圖錄一卷,附江西詩派小序一卷;萬柳溪邊舊話一卷。第十一集:顏氏家訓七卷附考證一卷;江南餘載二卷;五國故事二卷;故宮遺錄一卷;伯牙琴一卷續補一卷;洞霄詩集十四卷;石湖詞一卷補遺一卷,附和石湖詞一卷;花外集(碧山樂府)一卷。第十二集:昌武段氏詩義指南一卷;慶元黨禁一卷;酒經三卷;山居新話一卷;鬼董五卷;墨史三卷;畫訣一卷;畫筌一卷;今水經一卷表一卷;佐治藥言一卷續一卷。第十三集:相臺書塾刊正九經三傳沿革例一卷;元真子三卷;翰苑群書二卷:卷上:翰林志一卷、承旨學士院記一卷、翰林學士記一卷、翰林院故事一卷、翰林學士院舊規一卷、重修承旨學士壁記一卷、禁林讌會集一卷,卷下:續翰林志二卷、次續翰林志一卷、學士年表一卷、翰苑題名一卷、翰苑遺事一卷;朝野類要五卷;碧血錄二卷,附周端孝先生血疏貼黃冊一卷;張子野詞二卷補遺二卷;貞居詞一卷。第十四集:籟紀一卷;潛虛一卷,附潛虛發微論一卷。第十五集:新唐書糾謬二十卷補遺一卷附錄一卷;修唐書史臣表一卷;洞霄圖志六卷;聱隅子歔欷瑣微論二卷;世緯二卷附錄一卷。第十六集:皇宋書錄三卷;宣和奉使高麗圖經四十卷附錄一卷;武林舊事十卷附錄一卷;錢塘先賢傳贊一卷附錄一卷。第十七集:五代史纂誤三卷;浦陽人物記二卷。第十八集:宜州乙酉家乘一卷;吳船錄二卷;清波雜誌十二卷別志三卷;蜀難敘略一卷;灊山集三卷補遺一卷附錄一卷;頤菴居士集二卷。第十九集:文苑英華辨證十卷;詩紀匡謬一卷;西塘集耆舊續聞十卷;山房隨筆一卷;勿菴歷算書目一卷;黃山領要録二卷。第二十集:五代史記纂誤補四卷。第二十一集:孝經鄭注一卷附補證一卷;孝經鄭氏解一卷;益古演段三卷;弧矢算術細草一卷;五總志一卷;黄氏日抄古今紀要逸編一卷;粤行紀事三卷;滇黔土司婚禮記一卷;三山鄭菊山先生清雋集一卷;所南翁一百二十圖詩集一卷附錦錢餘笑一卷附録一卷;鄭所南先生文集一卷。第二十二集:重雕足本鑒誡録十卷;侯鯖録八卷;松窗百説一卷;北軒筆記一卷;藏海詩話一卷;吳禮部詩話一卷;畫墁集八卷補遺一卷。第二十三集:讀易别録三卷;古今僞書考一卷;澠水燕談録十卷;石湖紀行三録:攬轡録一卷,驂鸞録一卷,附桂海虞衡志一卷;庶齋老學叢談三卷;湛淵遺稾三卷補一卷;趙待制遺稾一卷;灤京雜詠二卷。第二十四集:吹劍録外集一卷;宋遺民録十五卷;天地閑集一卷;宋舊宫人詩詞一卷;竹譜詳録七卷。第二十五集:履齋示兒編二十三卷附校補一卷覆校一卷。第二十六集:古刻叢鈔一卷;斜川集六卷附録二卷訂誤一卷。第二十七集:道命録十卷;字通一卷;透簾細草一卷;續古摘奇算法一卷;丁巨算法一卷。第二十八集:雲林石譜三卷,附緺雲石圖記一卷;夢粱録二十卷;静春堂詩集四卷附録三卷,附紅蕙山房吟稾一卷附録一卷。第三十集:克庵先生尊德性齋小集三卷補遺一卷;麈史三卷;全唐詩逸三卷;中吳紀聞六卷;廣釋名二卷;餘姚兩孝子萬里尋親記一卷;畫梅題記一卷)

500000－8701－0020529　H02576

知不足齋叢書三十集□□種□□卷　(清)鮑廷博編　(清)鮑志祖續輯　清刻本　一百五十三冊　存一百二十八種四百七十九卷[第一集:御覽闕史二卷;古文孝經孔氏傳一卷;兩漢刊誤補遺十卷附録一卷。第四集:孫子算經三卷;五曹算經五卷;釣磯立談一卷附録一卷;洛陽搢紳舊聞記五卷;四朝聞見録二至四卷。第五集:歸潛志十四卷附録一卷;黄孝子紀程二卷附一卷:尋親紀程一卷,滇還日記一卷;虎口餘生記一卷。第十集:續孟子二卷;伸蒙子三卷;麟角集一卷附録一卷;蘭亭考十二卷;蘭亭續考二卷附群公帖跋一卷;江西詩社宗派圖録一卷,附江西詩派小序一卷;萬柳溪邊舊話一卷。第十一集:詩傳注疏三卷;顔氏家訓七卷附考證一卷;江南餘載二卷;五國故事二卷;故宫遺録一卷;洞霄詩集十四卷;石湖詞一卷補遺一卷,附和石湖詞一卷;花外集(碧山樂府)一卷。第十二集:昌武段氏詩義指南一卷;離騷集傳一卷;江淮異人録一卷;慶元黨禁一卷;酒經三卷;山居新話一卷;鬼董五卷;墨史三卷;畫訣一卷;畫筌一卷;今水經一卷表一卷;佐治藥言一卷續一卷。第十三集:相臺書塾刊正九經三傳沿革例一卷;元真子三卷;翰苑群書二卷:卷上:翰林志一卷、承旨學士院記一卷、翰林學士記一卷、翰林院故事一卷、翰林學士院舊規一卷、重修承旨學士壁記一卷、禁林讌會集一卷,卷下:續翰林志二卷、次續翰林志一卷、學士年表一卷、翰苑題名一卷、翰苑遺事一卷;朝野類要五卷;碧血録二卷,附周端孝先生血疏貼黄冊一卷;逍遥集一卷;百正集三卷;張子野詞二卷補遺二卷;貞居詞一卷。第十四集:籟紀一卷;潛虚一卷,附潛虚發微論一卷;袁氏世範三卷,附集事詩鑒一卷;天水冰山録不分卷附録一卷,附鈐山堂書畫記一卷。第十五集:新唐書糾謬二十卷補遺一卷附録一卷,修唐書史臣表一卷;洞霄圖志六卷。第十六集:皇宋書録三卷;武林舊事十卷附録一卷;錢塘先賢傳贊一卷附録一卷。第十七集:五代史纂誤三卷;嶺外代答十卷;南窗紀談一卷;蘇沈内翰良方三至六卷;浦陽人物記二卷。第十八集:宜州乙酉家乘一卷;吳船録二卷;清波雜誌十二卷别志三卷;蜀難敘略一卷;灊山集三卷補遺一卷附録一卷;頤菴居士集二卷。第十九集:文苑英華辨證十卷;詩紀匡謬一卷;西塘集耆舊續聞十卷;山房隨筆一卷;勿菴歷算書目一卷;黄山領要録二卷;世善堂藏書目録二卷。第二十集:測圓海鏡細草十二卷;五代史記纂誤補四卷;山静居畫論二卷;茗香詩論一卷。第二十一集:孝經鄭注一卷附補證一卷;孝經鄭氏解一卷;益古演段三卷;弧矢算術細草一卷;五總志一卷;黄氏日抄古今紀要逸編一卷;丙寅北行日譜一卷;粤行紀事三卷;滇黔土司婚禮記一卷;三山鄭菊山先生清雋集一卷;所南翁一百二十圖詩集一卷附錦錢餘笑一卷附錄一卷;鄭所南先生文集一卷。第二十二集:侯鯖錄八卷;松窗百說一卷;北軒筆記一卷;藏海詩話一卷;吳禮部詩話一卷;畫墁集八卷補遺一卷。第二十三集:讀易別錄三卷;古今僞書考一卷;澠水燕談錄十卷;石湖紀行三錄:攬轡錄一卷,驂鸞錄一卷,附桂海虞衡志一卷;北行日錄二卷;放翁家訓一卷;湛淵遺稾三卷補一卷;趙待制遺稾一卷,附王國器詞一卷;灤京雜詠二卷;陽春集一卷;草窗詞二卷補二卷。第二十四集:吹劍錄外集一卷;竹譜詳錄七卷;書學捷要二卷。第二十五集:霽山集五卷首一卷拾遺一卷。第二十六集:五行大義五卷;負暄野錄二卷;梅花喜神譜二卷;斜川集六卷附錄二卷訂誤一卷。第二十七集:道命錄十卷。第二十八集:雲林石譜三卷,附緺雲石圖記一卷;夢粱錄二十卷;靜春堂詩集四卷附錄三卷,附紅蕙山房吟稾一卷附錄一卷。第二十九集:梧溪集七卷補遺一卷;困學齋雜錄一卷。第三十集:克庵先生尊德性齋小集三卷補遺一卷;麈史三卷;全唐詩逸三卷;中吳紀聞一至三卷;廣釋名二卷;餘姚兩孝子萬里尋親記一卷;畫梅題記一卷]

500000－8701－0020530　H02577

知不足齋叢書三十集□□種□□卷　(清)鮑廷博輯　(清)鮑志祖續輯　清光緒八年(1882)嶺南芸林仙館刻本　一百四十三冊

存一百十八種四百八十五卷(第二集:公是先生弟子記一卷;經筵玉音問答一卷;碧溪詩話十卷;獨醒雜誌一至五卷;梁谿漫志十卷附錄一卷;赤雅三卷;諸史然疑一卷;榕城詩話三卷。第三集:入蜀記六卷;猗覺寮雜記二卷;對牀夜語五卷;歸田詩話三卷;南濠詩話一卷;麓堂詩話一卷;石墨鐫華八卷。第四集:孫子算經三卷;五曹算經五卷;釣磯立談一卷附錄一卷;洛陽縉紳舊聞記五卷;四朝聞見錄五卷附錄一卷;金石史二卷;閑者軒帖考一卷。第五集:清虛雜著三種三卷補闕一卷:聞見近錄一卷,甲申雜記一卷,隨手雜錄一卷;補漢兵志一卷;臨漢隱居詩話一卷;滹南詩話三卷;歸潛志十四卷附錄一卷;黃孝子紀程二卷附一卷:尋親紀程一卷,滇還日記一卷;虎口餘生記一卷;澹生堂藏書約一卷,附流通古書約一卷;苦瓜和尚畫語錄一卷。第六集:玉壺清話十卷;愧郯錄十五卷;碧雞漫志五卷;樂府補題一卷;蛻巖詞二卷。第七集:論語集解義疏十卷;離騷草木疏四卷;游宦紀聞十卷。第八集:張丘建算經三卷;緝古算經三卷;默記一卷;南湖集十卷附錄三卷;蘋州漁笛譜二卷。第九集:金樓子六卷;鐵圍山叢談六卷;農書三卷;蠶書一卷;於潛令樓公進耕織二圖詩一卷附錄一卷;湛淵靜語二卷;責備餘談二卷附錄一卷。第十二集:昌武段氏詩義指南一卷;離騷集傳一卷;江淮異人錄一卷;慶元黨禁一卷;酒經三卷;山居新話一卷;鬼董五卷;墨史三卷;畫訣一卷;畫筌一卷;今水經一卷表一卷;佐治藥言一卷續一卷。第十三集:相臺書塾刊正九經三傳沿革例一卷;元真子三卷;翰苑群書二卷:卷上:翰林志一卷、承旨學士院記一卷、翰林學士記一卷、翰林院故事一卷、翰林學士院舊規一卷、重修承旨學士壁記一卷、禁林讌會集一卷,卷下:續翰林志二卷、次續翰林志一卷、學士年表一卷、翰苑題名一卷、翰苑遺事一卷;朝野類要五卷;碧血錄二卷,附周端孝先生血疏貼黃冊一卷;逍遙集一卷;百正集三卷;張子野詞二卷補遺二卷;貞居詞一卷補遺一卷。第十四集:籟紀一卷;潛虛一卷,附潛虛發微論一卷;袁氏世範三卷,附集事詩鑒一卷;天水冰山錄不分卷附錄一卷,附鈐山堂書畫記一卷。第十六集:皇宋書錄三卷;宣和奉使高麗圖經四十卷附錄一卷;武林舊事十卷附錄一卷;錢塘先賢傳贊一卷附錄一卷。第十八集:宜州乙酉家乘一卷;吳船錄二卷;清波雜誌十二卷別志三卷;蜀難敘略一卷;灤山集三卷補遺一卷附錄一卷;頤菴居士集二卷。第十九集:文苑英華辨證十卷;詩紀匡謬一卷;西塘集耆舊續聞十卷;山房隨筆一卷;勿菴歷算書目一卷;黃山領要錄二卷;世善堂藏書目錄二卷。第二十一集：孝經鄭注一卷附補證一卷；孝經鄭氏解一卷；益古演段三卷；弧矢算術細草一卷；五總志一卷；黄氏日抄古今紀要逸編一卷；丙寅北行日譜一卷；粵行紀事三卷；滇黔土司婚禮記一卷；三山鄭菊山先生清雋集一卷；所南翁一百二十圖詩集一卷附錦錢餘笑一卷附錄一卷；鄭所南先生文集一卷。第二十二集：重雕足本鑒誡錄十卷；侯鯖錄八卷；松窗百説一卷；北軒筆記一卷；藏海詩話一卷；吳禮部詩話一卷；畫墁集八卷補遺一卷。第二十五集：履齋示兒編二十三卷附校補一卷覆校一卷；霽山集五卷首一卷拾遺一卷。第二十六集：五行大義五卷；負暄野錄二卷；古刻叢鈔一卷；梅花喜神譜二卷；斜川集六卷附錄二卷訂誤一卷）

500000－8701－0020531　H02578
知不足齋叢書三十集□□種□□卷　（清）鮑廷博輯　（清）鮑志祖續輯　清光緒八年（1882）嶺南芸林仙館刻本　十三冊　存七種四十一卷（第十七集：蘇沈内翰良方十卷，第十九集：世善堂藏書目錄二卷，第二十集：測圓海鏡細草十二卷、蘆浦筆記十卷、五代史記纂誤補四卷、山靜居畫論二卷、茗香詩論一卷）

500000－8701－0020532　H02579
知不足齋叢書三十集□□種□□卷　（清）鮑廷博輯　（清）鮑志祖續輯　清光緒八年（1882）嶺南芸林仙館刻本　二冊　存一種五卷（霽山集二至五、拾遺一卷）

500000－8701－0020533　H02580
知不足齋叢書三十集□□種□□卷　（清）鮑廷博輯　（清）鮑志祖續輯　清光緒八年（1882）嶺南芸林仙館刻本　二十六冊　存十八種九十三卷（第二十四集：吹劍錄外集一卷，宋遺民錄十五卷，天地閑集一卷，宋舊宫人詩詞一卷，竹譜詳錄七卷，書學捷要二卷；第二十七集：道命錄十卷，曲洧舊聞十卷，字通一卷，透簾細草一卷，續古摘奇算法一卷，丁巨算法一卷，緝古算經細草三卷；第二十八集：雲林石譜三卷、附緺雲石圖記一卷，夢粱錄二十卷，靜春堂詩集四卷附錄三卷、附紅蕙山房吟稾一卷附錄一卷；第三十集：麈史三卷，全唐詩逸三卷）

500000－8701－0020534　H02581
知不足齋叢書三十集□□種□□卷　（清）鮑廷博編　（清）鮑志祖續輯　清刻本　三十八冊　存三十五種一百五十一卷（第一集：御覽闕史二卷，寓簡十卷附錄一卷，涉史隨筆一卷，客杭日記一卷，韻石齋筆談二卷，七頌堂識小錄一卷；第二集：碧溪詩話十卷；第四集：釣磯立談一卷附錄一卷，洛陽搢紳舊聞記五卷，四朝聞見錄一、三至五、附錄一卷，金石史二卷，閑者軒帖考一卷；第五集：清虚雜著三種三卷補闕一卷，臨漢隱居詩話一卷，滹南詩話三卷，歸潛志一至十一、附錄一卷；第六集：愧郯錄十五卷，碧雞漫志五卷；第七集：論語集解義疏三至十，離騷草木疏四卷，游宦紀聞十卷；第八集：張丘建算經一卷，緝古算經一卷，默記一卷；第九集：農書三卷，蠶書一卷，於潛令樓公進耕織二圖詩一卷附錄一卷；第十四集：天水冰山錄不分卷附錄一卷、附鈐山堂書畫記一卷；第十五集：新唐書糾謬一至四、附錄一卷；第二十集：蘆浦筆記十卷；第二十二集：松窗百説一卷，北軒筆記一卷；第二十三集：澠水燕譚錄六至十；第二十六集：梅花喜神譜二卷）

500000－8701－0020535　H02582
知不足齋叢書三十集□□種□□卷　（清）鮑廷博編　（清）鮑志祖續輯　清刻本　二十三冊　存三十種九十三卷（第二集：碧溪詩話十卷，獨醒雜誌一至五、附錄一卷，諸史然疑一卷，榕城詩話三卷；第三集：猗覺寮雜記二卷，對牀夜話五卷；第四集：四朝聞見錄三至四、附錄一卷；第六集：玉壺清話一至五，碧雞漫志五卷；第九集：金樓子四至六，農書三卷，蠶書一卷，於潛令樓公進耕織二圖詩一卷附錄一卷；第十一集：石湖詞一卷補遺一卷、附和石湖詞一卷，花外集一卷；第十二集：山居新話一卷，鬼董五卷，佐治藥言一卷續一卷；第十三集：張子野詞二卷補遺二卷；第十七集：蘇沈内翰良方七至十，浦陽人物記二卷；第十九集：世善堂藏書目錄二卷；第二十一集：三山鄭菊山先生清雋集一卷，所南翁一百二十圖詩集一卷附錦錢餘笑一卷附錄一卷；第二十二集：藏海詩話一卷，吳禮部詩話一卷；第二十六集：斜川集三至四、附錄二卷訂誤一卷；第二十七集：透簾細草一卷，續古摘奇算法一卷，丁巨算法一卷）

500000－8701－0020536　H02583
知不足齋叢書三十集□□種□□卷　（清）鮑廷博編　（清）鮑志祖續輯　清刻本　十四冊　存七種二十三卷（第二十九集：梧溪集七卷補遺一卷、困學齋雜錄一卷，第三十集：克庵先生尊德性齋小集三卷補遺一卷、中吳紀聞六卷、廣釋名二卷、餘姚兩孝子萬里尋親記一卷、畫梅題記一卷）

500000－8701－0020537　H02584
知不足齋叢書三十集□□種□□卷　（清）鮑廷博輯　（清）鮑志祖續輯　清光緒八年（1882）嶺南芸林仙館刻本　八冊　存十二種三十六卷（第二十三集：讀易別錄三卷，古今僞書考一卷，澠水燕談錄十卷，石湖紀行三錄：攬轡錄一卷、驂鸞錄一卷、附桂海虞衡志一卷，北行日錄二卷，放翁家訓一卷，庶齋老學叢談三卷，湛淵遺稿三卷補一卷，趙待制遺稿一卷、附王國器詞一卷，灤京雜詠二卷，陽春集一卷，草窗詞二卷補二卷）

500000－8701－0020538　H02585
知不足齋叢書三十集□□種□□卷　（清）鮑廷博編　（清）鮑志祖續輯　清刻本　八冊　存三種十四卷（天水冰山錄不分卷附錄一卷、附鈐山堂書畫記一卷，嶺外代答十卷，南窗紀談一卷）

500000－8701－0020539　H02586
知不足齋叢書三十集□□種□□卷　（清）鮑廷博編　（清）鮑志祖續輯　清刻本　五冊　存二種十六卷（南湖集十卷附錄三卷、詩傳注疏三卷）

500000－8701－0020540　H02587
知不足齋叢書三十集□□種□□卷　（清）鮑廷博編　（清）鮑志祖續輯　清刻本　四冊　存一種六卷（鐵圍山叢談六卷）

500000－8701－0020541　H02588
知不足齋叢書三十集□□種□□卷　（清）鮑廷博編　（清）鮑志祖續輯　清刻本　四冊　存三種十一卷（侯鯖錄五至八、五行大義五卷、負暄野錄二卷）

500000－8701－0020542　H02589
知不足齋叢書三十集□□種□□卷　（清）鮑廷博編　（清）鮑志祖續輯　清刻本　一冊　存二種七卷（五代史纂誤三卷、五代史記纂誤補四卷）

500000－8701－0020543　H02590
知不足齋叢書三十集□□種□□卷　（清）鮑廷博編　（清）鮑志祖續輯　清刻本　二冊　存一種十卷（曲洧舊聞十卷）

500000－8701－0020544　H02591
知不足齋叢書三十集□□種□□卷　（清）鮑廷博編　（清）鮑志祖續輯　清光緒八年（1882）嶺南芸林仙館刻本　一冊　存一種二卷（御覽闕史二卷）

500000－8701－0020545　H02592
知不足齋叢書三十集□□種□□卷　（清）鮑廷博編　（清）鮑志祖續輯　清刻本　一冊　存一種三卷（皇宋書錄三卷）

500000－8701－0020546　H02593
廣成儀制斗醮啟師全集一卷清靜朝真禮斗全集一卷朝真禮斗一卷拜斗解厄全集一卷接壽正朝全集一卷貢祀諸天正朝集一卷　（清）陳復慧校輯　清宣統三年（1911）刻本　一冊

500000－8701－0020547　H02594
知不足齋叢書三十集□□種□□卷　（清）鮑廷博編　（清）鮑志祖續輯　清刻本　一冊　存一種一卷（古刻叢鈔一卷）

500000－8701－0020548　H02595
汴圍濕襟錄三卷　（明）白愚撰　清刻本　一冊

500000－8701－0020549　H02596
增補醫林狀元壽世保元十卷　（明）龔廷賢編　清末上海廣益書局石印本　十冊

500000－8701－0020550　H02597
綠天蘭若詩鈔一卷　（清）釋含澈撰　清咸豐三年（1853）刻本　一冊

500000－8701－0020551　H02598
書經集注□□卷　（宋）蔡沈集註　清刻本　二冊　存四卷（一至四）

500000－8701－0020552　H02599
西方確指一卷　（清）釋常攝集　清光緒五年（1879）刻本　一冊

500000－8701－0020553　H02600
大乘止觀法門四卷　（南朝陳）釋慧思撰　清光緒六年（1880）長沙刻經處刻本　一冊

500000－8701－0020554　H02601
四分戒本如釋十二卷　（明）釋弘贊譯　清光緒十一年（1885）刻本　六冊

500000－8701－0020555　H02602
岳廟志略十卷首一卷　（清）馮培輯　清光緒五年（1879）刻本　二冊　存六卷（一至六）

500000－8701－0020556　H02603
書法正宗四卷學書雜論一卷　（清）蔣和撰　清刻本　一冊

500000－8701－0020557　H02604
四種字體書法正宗合刻□□卷　（□）□□撰　清刻本　三冊　存四卷（書法摘要一至四）

500000－8701－0020558　H02605
古書疑義舉例七卷　（清）俞樾撰　清刻第一樓叢書本　二冊

500000－8701－0020559　H02606
顯密圓通成佛心要集二卷　（遼）釋道㲀集　清同治十一年（1872）南京金陵刻經處刻本　一冊

500000－8701－0020560　H02607
佛昇忉利天爲母説法經三卷　（晉）釋竺法護譯　清宣統元年（1909）揚州藏經院刻本　一冊

500000－8701－0020561　H02608
佛説觀無量壽佛經一卷　（南朝宋）釋畺良耶舍譯　清刻本　一冊

500000－8701－0020562　H02609
阿育王舍利瑞應集一卷　（清）釋妙然輯　清光緒元年（1875）刻本　一冊

500000－8701－0020563　H02610
勸發菩提心文一卷　（清）釋實賢撰　清刻本　一冊

500000－8701－0020564　H02611
菩薩戒本一卷　（唐）釋玄奘譯　清刻本　一冊

500000－8701－0020565　H02612
松月山莊詩鈔十四卷　（清）陸文傑撰　清刻本　一冊　存七卷（一至七）

500000－8701－0020566　H02613
讀書作文譜十二卷　（清）唐彪輯　清刻本　二冊　存八卷（一至八）

500000－8701－0020567　H02614
聲韻攷四卷　（清）戴震撰　清刻本　一冊

500000－8701－0020568　H02615
［嘉慶］四川通志二百四卷首二十二卷　（清）常明等修　（清）楊芳燦　（清）譚光祜纂　清嘉慶二十一年（1816）刻本　一百四十冊

500000－8701－0020569　H02616
［嘉慶］四川通志二百四卷首二十二卷　（清）常明等修　（清）楊芳燦　（清）譚光祜纂　清嘉慶二十一年（1816）刻本　一百六十一冊

500000－8701－0020570　H02617
［嘉慶］四川通志二百四卷首二十二卷　（清）常明等修　（清）楊芳燦　（清）譚光祜纂　清嘉慶二十一年（1816）刻本（首十至十一卷係補配）　一百六十冊

500000－8701－0020571　H02618
［嘉慶］四川通志二百四卷首二十二卷　（清）常明等修　（清）楊芳燦　（清）譚光祜纂　清

嘉慶二十一年(1816)刻本　一百九十八册

500000－8701－0020572　H02619
[嘉慶]四川通志二百四卷首二十二卷　(清)常明等修　(清)楊芳燦　(清)譚光祜纂　清嘉慶二十一年(1816)刻本　一百五十九册

500000－8701－0020573　H02620
[嘉慶]四川通志二百四卷首二十二卷　(清)常明等修　(清)楊芳燦　(清)譚光祜纂　清嘉慶二十一年(1816)刻本　一百五十八册　存二百十四卷(一至三十一、三十四至四十二、四十五至一百七、一百九至一百四十、一百四十三至一百七十三、一百七十七至二百四,首一至九、十二至二十二)

500000－8701－0020574　H02621
[嘉慶]四川通志二百四卷首二十二卷　(清)常明等修　(清)楊芳燦　(清)譚光祜纂　清嘉慶二十一年(1816)刻本(首十一卷係補配)　一百五十四册　存一百九十二卷(一至十四、十七至二十七、三十至三十一、三十四至三十九、四十二至一百九、一百三十至一百九十、一百九十七至二百四,首二十二卷)

500000－8701－0020575　H02622
[嘉慶]四川通志二百四卷首二十二卷　(清)常明等修　(清)楊芳燦　(清)譚光祜纂　清嘉慶二十一年(1816)刻本　一百六十册

500000－8701－0020576　H02623
[嘉慶]四川通志二百四卷首二十二卷　(清)常明等修　(清)楊芳燦　(清)譚光祜纂　清嘉慶二十一年(1816)刻本　一百五十八册

500000－8701－0020577　H02624
[嘉慶]四川通志二百四卷首二十二卷　(清)常明等修　(清)楊芳燦　(清)譚光祜纂　清嘉慶二十一年(1816)刻本　一百十九册　存二百八卷(一至四十一、四十三至七十一、七十三至八十二、八十五至一百十二、一百十四至一百三十七、一百三十九至一百五十八、一百六十至一百七十三、一百八十至一百九十二、一百九十五至二百一,首二十二卷)

500000－8701－0020578　H02625
[嘉慶]四川通志二百四卷首二十二卷　(清)常明等修　(清)楊芳燦　(清)譚光祜纂　清嘉慶二十一年(1816)刻本　六十七册　存一百五十三卷(五十一至二百一、二百三至二百四)

500000－8701－0020579　H02626
[嘉慶]四川通志二百四卷首二十二卷　(清)常明等修　(清)楊芳燦　(清)譚光祜纂　清嘉慶二十一年(1816)刻本　三十八册　存五十三卷(一至九、十四至十六、二十至二十三、四十六至四十七、六十三至六十五、六十九至七十、七十三至七十四、九十至九十五、一百六至一百七、一百三十七、一百四十四至一百四十六、一百五十四、一百五十七、一百五十九、一百七十四至一百七十八、一百八十一至一百八十三、一百八十五、一百九十一至一百九十二、一百九十五至一百九十六)

500000－8701－0020580　H02627
[嘉慶]四川通志二百四卷首二十二卷　(清)常明等修　(清)楊芳燦　(清)譚光祜纂　清嘉慶二十一年(1816)刻本　一百十七册　存一百七十五卷[三、六至七、十至二十二、二十六、三十至三十二、三十九至四十六、四十八、五十一至八十一、八十八至八十九、九十二至九十三、九十五至九十九、一百四至一百七、一百九至一百二十三、一百二十六至一百五十五(一百三十存一葉)、一百五十八至一百六十九、一百七十三至一百八十二、一百八十四至一百八十七、一百八十九(存四葉)、一百九十一至一百九十七(一百八十四殘)、一百九十九、二百四(存一葉),首一至十、十二至二十二]

500000－8701－0020581　H02628
[嘉慶]四川通志二百四卷首二十二卷　(清)常明等修　(清)楊芳燦　(清)譚光祜纂　清嘉慶二十一年(1816)刻本　二十四册　存六十一卷(一至二、十八至十九、三十八至三十九、四十六至四十七、五十一至五十五、六十二至六十六、七十至七十五、九十五至九十

八、一百一至一百三、一百十二、一百十七至一百二十一、一百三十四至一百三十五、一百三十八至一百三十九、一百四十三至一百四十八、一百五十五至一百五十七、一百六十三至一百六十五、一百九十一至一百九十三,首八至九、十六至十八)

500000－8701－0020582　H02629
[嘉慶]四川通志二百四卷首二十二卷　(清)常明等修　(清)楊芳燦　(清)譚光祜纂　清嘉慶二十一年(1816)刻本　五十四册　存九十七卷(四、十至十三、三十至三十一、三十五至三十七、四十三至四十四、四十八至五十八、六十至六十一、七十九至八十、八十七至八十九、九十八至九十九、一百二至一百四、一百九至一百十二、一百十四至一百十六、一百二十三至一百二十五、一百二十七至一百三十六、一百三十八至一百三十九、一百四十九至一百五十三、一百五十八、一百六十至一百六十四、一百六十七至一百七十、一百八十七至一百八十八、一百九十、一百九十九至二百一,首四至二十二)

500000－8701－0020583　H02630
[嘉慶]四川通志二百四卷首二十二卷　(清)常明等修　(清)楊芳燦　(清)譚光祜纂　清嘉慶二十一年(1816)刻本　四十二册　存八十六卷(一至二、七至九、十二至十三、十六至十九、二十四至二十六、二十九至三十七、四十至四十三、四十六至五十二、六十至六十三、六十九至七十一、七十九至八十五、九十至九十一、九十四至九十八、一百二十七至一百二十八、一百三十一至一百三十二、一百三十五至一百四十、一百四十三至一百四十四、一百四十九至一百五十、一百六十九至一百七十五、一百八十三至一百八十四、一百九十一至一百九十二、一百九十五至一百九十八,首十九至二十)

500000－8701－0020584　H02631
[嘉慶]四川通志二百四卷首二十二卷　(清)常明等修　(清)楊芳燦　(清)譚光祜纂　清嘉慶二十一年(1816)刻本　十二册　存十七卷(一百四十七至一百六十二、一百六十五)

500000－8701－0020585　H02632
[嘉慶]四川通志二百四卷首二十二卷　(清)常明等修　(清)楊芳燦　(清)譚光祜纂　清嘉慶二十一年(1816)刻本　三册　存五卷(二十八至二十九、三十二至三十三,首十)

500000－8701－0020586　H02633
[嘉慶]四川通志二百四卷首二十二卷　(清)常明等修　(清)楊芳燦　(清)譚光祜纂　清嘉慶二十一年(1816)刻本　十四册　存十七卷(四十二、四十六至四十七、八十三至八十六、九十一至一百)

500000－8701－0020587　H02634
[嘉慶]四川通志二百四卷首二十二卷　(清)常明等修　(清)楊芳燦　(清)譚光祜纂　清嘉慶二十一年(1816)刻本　四册　存四卷(二至四、六)

500000－8701－0020588　H02635
[嘉慶]四川通志二百四卷首二十二卷　(清)常明等修　(清)楊芳燦　(清)譚光祜纂　清嘉慶二十一年(1816)刻本　八册　存十一卷(八十九、九十五、一百一、一百五、一百十四至一百十五、一百七十三、一百七十七至一百七十八、二百三至二百四)

500000－8701－0020589　H02636
胡文忠公遺集八十六卷首一卷　(清)胡林翼撰　(清)鄭敦謹　(清)曾國荃編輯　清同治六年(1867)黄鶴樓刻本　三十二册

500000－8701－0020590　H02637
胡文忠公遺集八十六卷首一卷　(清)胡林翼撰　(清)鄭敦謹　(清)曾國荃纂輯　(清)胡鳳丹重編　清光緒元年(1875)湖北崇文書局刻本　三十二册

500000－8701－0020591　H02638
唐宋八大家選二十四卷　(明)鍾惺評選　清刻本　九册　存二十一卷(一至二、六至二十四)

500000－8701－0020592　H02639

竹柏山房十五種附刻四種　(清)林春溥撰　清嘉慶至咸豐竹柏山房刻本　二十三冊　存九種五十五卷(開闢傳疑二卷、古史紀年十四卷、古史考年異同表二卷後說一卷、春秋經傳比事二十二卷、孔門師弟年表一卷後說一卷孟子時事年表一卷後說一卷、四書拾遺六卷、古書拾遺一至二、孔子世家補訂一卷、孟子列傳纂一卷)

500000－8701－0020593　H02640
古文淵鑒六十四卷　(清)徐乾學編注　清刻四色套印本　二十一冊　存五十五卷(一至十三、十七至十九、二十六至六十四)

500000－8701－0020594　H02641
文苑英華選六十卷　(清)宮夢仁訂　清康熙四十三年(1704)刻本　二十冊

500000－8701－0020595　H02642
顏魯公文集三十卷首一卷世系表一卷年譜一卷補遺一卷　(唐)顏真卿撰　(清)黃本驥編　清道光二十五年(1845)刻本　十三冊

500000－8701－0020596　H02643
宋王忠文公文集五十卷目錄四卷　(宋)王十朋撰　(清)唐傳鉎重編　清光緒二年(1876)梅溪書院刻本　十三冊　存三十五卷(一至三十一、目錄四卷)

500000－8701－0020597　H02644
[光緒]重修彭縣志十三卷首一卷末一卷補遺一卷　(清)張龍甲修　(清)呂調陽等纂　清光緒四年(1878)刻本　六冊　存十一卷(三至十三)

500000－8701－0020598　H02645
唐文粹補遺二十六卷　(清)郭麐纂　清光緒十一年(1885)江蘇書局刻本　四冊

500000－8701－0020599　H02646
楞嚴經宗通十卷　(明)曾鳳儀輯　清道光十年(1830)刻本　九冊　存九卷(二至十)

500000－8701－0020600　H02647
董方立算書五種七卷　(清)董祐誠撰　清江南製造總局刻本　一冊

500000－8701－0020601　H02648
貞定先生遺集四卷附錄一卷　(清)莫與儔撰　清刻本　一冊

500000－8701－0020602　H02649
大學衍義四十三卷　(宋)真德秀輯　清同治十一年(1872)浙江書局刻本　四冊　存九卷(一至九)

500000－8701－0020603　H02650
千金翼方三十卷　(唐)孫思邈撰　清刻本　五冊　存十九卷(十二至三十)

500000－8701－0020604　H02651
大清律例三十九卷　(清)徐本等總裁　清刻本　十八冊

500000－8701－0020605　H02652
大清律纂修條例不分卷　(清)刑部纂修　清刻本　二冊

500000－8701－0020606　H02653
陶廬文集九卷　王樹楠撰　清光緒二十八年(1902)刻本　一冊　存二卷(一至二)

500000－8701－0020607　H02654
歐洲列國戰事本末二十二卷　王樹楠撰　清光緒二十八年(1902)中衛縣署刻本　五冊　存十八卷(一至十五、二十至二十二)

500000－8701－0020608　H02655
南江札記四卷　(清)邵晉涵撰　清刻本　二冊

500000－8701－0020609　H02656
董方立遺書八種　(清)董祐誠撰　清同治八年(1869)成都刻本　四冊

500000－8701－0020610　H02657
二如亭群芳譜二十八卷首一卷　(明)王象晉纂輯　清刻本(有補配)　十八冊　存二十六卷(元部:天譜三卷、歲譜四卷,亨部:果譜四卷、蔬譜一,利部:茶譜一卷、竹譜一卷、棉譜一卷、藥譜三卷、木譜二卷,貞部:花譜一至三、卉譜二卷、鶴魚譜一卷)

500000－8701－0020611　H02658

觀古堂書目叢刻十五種　葉德輝輯　清光緒湘潭葉氏刻民國八年(1919)重編印本　八册　存九種十九卷(秘書省續編到四庫闕書目二卷、古今書刻二卷、萬卷堂書目四卷、絳雲樓書目補遺一卷、靜惕堂書目宋人集一卷元人文集一卷、徵刻唐宋秘本書目一卷附考證一卷徵刻書啟五先生事略一卷、孝慈堂書目不分卷、求古居宋本書一卷附考證一卷、潛采堂宋人集目錄一卷元人集目錄一卷)

500000－8701－0020612　H02659
觀古堂所著書一集八種二集八種　葉德輝輯　清光緒中湘潭葉氏刻本　十一册　存十二種二十五卷(第一集:天文本單經論語校勘記一卷、孟子章句一卷附劉熙事蹟考一卷、月令章句四卷、古今夏時表一卷附易通卦驗節候校文一卷、釋人疏證二卷、瑞應圖記一卷,第二集:鬻子二卷、郭氏玄中記一卷、淮南鴻烈閒詁二卷、淮南萬畢術二卷、古泉雜詠四卷、消夏百一詩二卷)

500000－8701－0020613　H02660
律賦循繩一卷　(清)吳傑選　清刻本　一册

500000－8701－0020614　H02661
重刊人子須知資孝地理心學統宗三十九卷首一卷　(明)徐善繼　(明)徐善述撰　明刻本　三册　存三卷(一、七至八)

500000－8701－0020615　H02662
十三經韻語一卷　(清)王謨撰　清光緒二十七年(1901)江夏陳氏刻本　一册

500000－8701－0020616　H02663
三字經訓詁一卷　(宋)王應麟撰　(清)王相訓詁　清刻本　一册

500000－8701－0020617　H02664
惺齋五種十卷附續編一種二卷　(清)夏綸撰　(清)徐夢元評　清乾隆十七年(1752)世光堂刻本　十一册　存五種八卷(無瑕璧傳奇一、杏花村傳奇二卷、廣寒梯傳奇二卷、南陽樂傳奇一,續編:花萼吟傳奇二卷)

500000－8701－0020618　H02665
宋大家蘇文公文鈔十卷　(宋)蘇洵撰　(明)茅坤輯評　清刻本　一册　存五卷(六至十)

500000－8701－0020619　H02666
宋大家蘇文定公文鈔二十卷　(宋)蘇轍撰　(明)茅坤輯評　清刻本　三册　存十二卷(一至七、十六至二十)

500000－8701－0020620　H02667
宋大家蘇文忠公文鈔二十八卷　(宋)蘇軾撰　(明)茅坤輯評　清刻本　四册　存十九卷(五至八、十四至二十八)

500000－8701－0020621　H02668
詞名集解六卷續編二卷　(清)汪汲撰　清刻本　二册　存四卷(一至二、續編二卷)

500000－8701－0020622　H02669
樂府標源二卷　(清)汪汲撰　清刻本　一册

500000－8701－0020623　H02671
雙楳景闇叢書□□種　葉德輝輯　清光緒至宣統長沙葉氏刻本　六册　存十四種二十二卷(佛說四十二章經注一卷、佛說十八泥犁經一卷、佛說鬼問目蓮經一卷、素女經一卷、素女方一卷、玉房秘訣一卷指要一卷、洞玄子一卷、觀劇絕句三卷、木皮散人鼓詞一卷附萬古愁曲一卷、乾嘉詩壇點將錄一卷、東林點將錄一卷附點將錄附考一卷、昆侖皕詠集二卷、曲中九友詩一卷、昆侖集一卷續一卷附一卷)

500000－8701－0020624　H02672
楚辭集注八卷　(宋)朱熹集注　清光緒八年(1882)江蘇書局刻本　二册

500000－8701－0020625　H02673
寄園寄所寄十二卷　(清)趙吉士輯　清刻本　四册　存五卷(四、六至八、十)

500000－8701－0020626　H02674
梧生詩鈔十卷文鈔十卷　(清)傅桐撰　清光緒至同治刻本　六册

500000－8701－0020627　H02675
北學編四卷補遺一卷　(清)魏一鰲輯　(清)尹會一訂　清光緒十四年(1888)四川尊經書

院刻本　二册

500000－8701－0020628　H02676

黄氏醫書八種七十六卷　(清)黄元御撰　清咸豐十年(1860)燮龢精舍刻本　八册　存七種六十四卷(傷寒懸解九至十四、首一卷、末一卷,長沙藥解四卷,金匱懸解二十二卷,傷寒説意十卷、首一卷,四聖心源十卷,素靈微藴四卷,四聖懸樞五卷)

500000－8701－0020629　H02677

蜀典十二卷　(清)張澍編輯　清光緒二年(1876)尊經書院刻本　四册

500000－8701－0020630　H02678

蜀典十二卷　(清)張澍編輯　清刻本　二册　存四卷(九至十二)

500000－8701－0020631　H02679

蜀典十二卷　(清)張澍編輯　清光緒二年(1876)尊經書院刻本　四册

500000－8701－0020632　H02680

蜀典十二卷　(清)張澍編輯　清刻本　六册

500000－8701－0020633　H02681

蜀典十二卷　(清)張澍編輯　清光緒二年(1876)尊經書院刻本　四册

500000－8701－0020634　H02682

蜀典十二卷　(清)張澍編輯　清光緒二年(1876)尊經書院刻本　四册

500000－8701－0020635　H02683

師伏堂叢書十八種　(清)皮錫瑞撰　清光緒善化皮氏師伏堂刻本　三十八册　存十七種八十四卷(經學通論五卷,尚書大傳疏證七卷,今文尚書考證三十卷,尚書中候疏證一卷,古文尚書冤詞平議二卷,孝經鄭注疏二卷,鄭志疏證八卷附鄭記考證一卷附答臨孝存周禮難一卷,聖證論補評二卷,六藝論疏證一卷,魯禮禘祫義疏證一卷,王制箋一卷,漢碑引經考六卷附漢碑引緯考一卷,經訓書院自課文三卷,師伏堂詠史一卷,師伏堂詞一卷,師伏堂駢文二種六卷,師伏堂詩草一至二、五至六)

500000－8701－0020636　H02684

經籍纂詁一百六卷補遺一百六卷首一卷　(清)阮元撰集　清揚州阮氏琅環僊館刻本　六十四册

500000－8701－0020637　H02685

音切譜二十卷　(清)李元撰　清刻本　三册　存六卷(九至十、十七至二十)

500000－8701－0020638　H02686

分類詩腋八卷　(清)李楨編　清刻本　一册　存一卷(三)

500000－8701－0020639　H02687

增釋文明字彙□□卷　(□)許愚直纂　清刻本　四册　存四卷(卯集、申集、戌集、亥集)

500000－8701－0020640　H02688

古香齋新刻袖珍資治通鑑綱目三編二十卷　(清)張廷玉編　清光緒七年(1881)刻本　四册

500000－8701－0020641　H02689

檀几叢書初集五帙五十卷五十種二集五帙五十卷五十種餘集二卷四十七種附政一卷十種　(清)王晫　(清)張潮輯　清刻本　四册　存二十八種二十八卷(初集第二帙:操觚十六觀一卷、十七帖述一卷、龜臺琬琰一卷、稚黄子一卷、東江子一卷,第三帙:續證人社約誡一卷、家訓一卷、高氏塾鐸一卷、餘慶堂十二戒一卷、猶見篇一卷,二集第三帙:長白山錄一卷、水月令一卷、三江考一卷、黔中雜記一卷、苗俗紀聞一卷、念佛三昧一卷、佛解一卷,第四帙:補庵黛史一卷、小星志一卷、豔體聯珠一卷、戒殺文一卷、九喜榻記一卷、行醫八事圖一卷,第五帙:雪堂墨品一卷、漫堂墨品一卷、水坑石説一卷、琴學八則一卷、觀石錄一卷)

500000－8701－0020642　H02690

檀几叢書初集五帙五十卷五十種二集五帙五十卷五十種餘集二卷四十七種附政一卷十種　(清)王晫　(清)張潮輯　清刻本　十二册　缺一種(附政:飲中八仙令)

500000－8701－0020643　H02691

湖海樓詞集二十卷　(清)陳維崧撰　清光緒十九年(1893)弇山鐸署刻本　四册　存十四卷(一至十四)

500000－8701－0020644　H02692

蔡氏九儒書九種九卷首一卷　(明)蔡有鵾輯　(清)蔡重增輯　清刻本　三册　存七種七卷(節齋公集一卷、復齋公集一卷、素軒公集一卷、九峰公集一卷、覺軒公集一卷、久軒公集一卷、静軒公集一卷)

500000－8701－0020645　H02693

南雷文定前集十一卷後集四卷三集三卷四集四卷附錄一卷　(清)黄宗羲撰　清耕餘樓刻本　七册　存二十一卷(前集十一卷、後集四卷、三集三卷、四集三至四、附錄一卷)

500000－8701－0020646　H02694

韓隱廬詩鈔□□卷補遺集一卷　(清)黄瑞蓮撰　(清)潘普恩校　清刻本　一册　存四卷(五至七、補遺集一卷)

500000－8701－0020647　H02695

東周列國全志二十三卷一百八回　(清)蔡昇評點　清咸豐四年(1854)書成山房刻朱墨套印本　十三册　存十八卷(一至九、十五至二十三)

500000－8701－0020648　H02696

書藝蒙求□□卷首一卷　(□)□□撰　清光緒十八年(1892)吉羅李氏刻本　三册　存四卷(一至二、五,首一卷)

500000－8701－0020649　H02697

刑案匯覽六十卷首一卷末一卷拾遺備考一卷　(清)祝慶祺輯　清刻本　十七册　存十七卷(三十一、三十三至三十六、三十九、四十二至四十五、四十九、五十六、五十八至六十,末一卷,拾遺備考一卷)

500000－8701－0020650　H02698

春秋大事表五十卷綱領一卷偶筆一卷輿圖一卷附錄一卷　(清)顧棟高輯　清乾隆十三年至十四年(1748－1749)萬卷樓刻本　十二册　存四十二卷(一至四十、綱領一卷、偶筆一卷)

500000－8701－0020651　H02699

宋名臣言行錄别集十三卷　(宋)李幼武纂　清刻本　一册　存九卷(五下至十三下)

500000－8701－0020652　H02700

宋名臣言行錄前集十卷後集十四卷續集八卷别集二十六卷外集十七卷　(宋)朱熹　(宋)李幼武纂集　清刻本　六册　存三十九卷(後集十四卷、别集一至八、外集十七卷)

500000－8701－0020653　H02701

繪圖施公案十集　(清)無名氏撰　清光緒二十八年(1902)上海廣義書局石印本　五册　存五集五册(四集上、五集下、六集上、七集下、八集下)

500000－8701－0020654　H02702

增補事類統編九十三卷首一卷　(清)黄葆真增輯　清光緒十四年(1888)上海積山書局石印本　十二册

500000－8701－0020655　H02703

繡虎軒尺牘初集八卷二集八卷三集八卷　(清)曹煜撰　清刻本　十册　存二十卷(初集八卷,二集八卷,三集一至二、五至六)

500000－8701－0020656　H02704

新鐫分類評註文武合編百子金丹十卷　(明)郭偉選註　(明)王星聚校訂　(明)郭中吉編次　清經國堂刻本　八册　存八卷(三至十)

500000－8701－0020657　H02705

本草綱目五十二卷圖三卷　(明)李時珍撰　清刻本　三册　存五卷(二十四至二十五、三十四、四十二至四十三)

500000－8701－0020658　H02706

本草綱目五十二卷圖三卷　(明)李時珍撰　清太和堂刻本　十二册　存十八卷(一至三、五至八、二十三至三十、三十三至三十四,圖一)

500000－8701－0020659　H02707

後續大宋楊家將文武曲星包公狄青初傳十四卷　(清)李雨堂撰　清長慶堂石印本　三冊　存三卷(一、三、五)

500000－8701－0020660　H02708
漸學廬叢書第一集　(清)胡祥鑅輯　清光緒中元和胡氏石印本　一冊　存三種三卷(帕米爾圖說一卷、帕米爾輯略一卷、澳大利亞洲志譯本一卷)

500000－8701－0020661　H02709
勸戒三錄六卷　(清)梁恭辰撰　清道光二十九年(1849)刻本　二冊

500000－8701－0020662　H02710
壹是紀始二十二卷補遺一卷　(清)魏崧撰　清刻本　一冊　存一卷(七)

500000－8701－0020663　H02711
欽定協紀辨方書三十六卷　(清)允祿等撰　清乾隆六年(1741)刻朱墨套印本　二十二冊　存三十二卷(一至十六、十九至三十一、三十四至三十六)

500000－8701－0020664　H02712
茗洲吴氏家典八卷　(清)吴翟輯　清刻本　一冊　存一卷(五)

500000－8701－0020665　H02713
李氏算學遺書十一種十八卷　(清)李銳撰　清光緒十六年(1890)上海醉六堂刻本　八冊

500000－8701－0020666　H02714
東漢文二十卷　(明)張采輯　清刻本　四冊　存六卷(九至十二、十七至十八)

500000－8701－0020667　H02715
增補如面談新集十卷首一卷　(清)李光祚纂　清刻本　三冊

500000－8701－0020668　H02716
重刊道藏輯要二十八集　(清)金體原編　(清)陳復烜重校　清光緒三十二年(1906)刻本　十六冊　存十六卷(上清靈寶文檢十四卷,雅宜集一、三)

500000－8701－0020669　H02717
增訂精忠演義說本全傳二十卷八十回　(清)錢彩等撰　清刻本　六冊　存六卷(五至八、十三、十五)

500000－8701－0020670　H02718
魏伯子文集十卷　(清)魏際瑞撰　清刻本　一冊　存二卷(六至七)

500000－8701－0020671　H02719
墨香居畫識十卷　(清)馮金伯撰　清刻本　二冊　存四卷(七至十)

500000－8701－0020672　H02720
覺峰賸藁四卷　(清)余祥鍾撰　清同治七年(1868)刻本　一冊　存二卷(一至二)

500000－8701－0020673　H02721
三異錄八卷　(清)感春子編　清嘉慶五年(1800)刻本　三冊　存六卷(一至四、七至八)

500000－8701－0020674　H02722
詠物詩選註釋八卷　(清)易開綰　(清)孫洊鳴註　清嘉慶十五年(1810)經國堂刻本　一冊　存二卷(一至二)

500000－8701－0020675　H02723
七修類藁五十一卷續藁七卷　(明)朗瑛著述　清刻本　三冊　存十二卷(十三至二十、四十四至四十七)

500000－8701－0020676　H02724
明季復社紀略四卷　(清)眉史氏集　清光緒三十四年(1908)上海國學保存會鉛印本　一冊

500000－8701－0020677　H02725
題鳳館稿八卷　(清)朱鑑成著　清同治刻本　一冊　存二卷(歸雅集一卷、徙溟集一卷)

500000－8701－0020678　H02726
萬壽僊書四卷　(清)羅洪撰　(清)曹無極增輯　清刻本　一冊　存二卷(三至四)

500000－8701－0020679　H02727
題鳳館稿八卷　(清)朱鑑成著　清同治刻本　一冊　存三卷(懷器集一卷、歸雅集一卷、

徙溟集一卷)

500000－8701－0020680　H02728
陔餘叢考四十三卷　(清)趙翼撰　清乾隆五十五年(1790)刻本　八册　存二十四卷(一至二十四)

500000－8701－0020681　H02729
濟一子道書七種　(清)傅金銓彙輯　清刻本　二册　存二種四卷(道書一貫真機易簡錄一至二、新鐫道書樵陽經卷二卷)

500000－8701－0020682　H02730
聊園詩存再續十四卷　(清)王曾祺撰　清刻本　一册　存三卷(四至六)

500000－8701－0020683　H02731
備急千金要方三十卷　(唐)孫思邈撰　清刻本　二册　存五卷(五至六上、二十至二十二)

500000－8701－0020684　H02732
天岳山館文鈔四十卷　(清)李元度撰　清光緒六年(1880)爽谿精舍刻本　九册　存三十一卷(一至五、十二至二十三、二十七至四十)

500000－8701－0020685　H02733
如面譚二集十八卷　(明)鍾惺纂輯　明末刻本　五册　存十三卷(六至十八)

500000－8701－0020686　H02734
鬱華閣遺集不分卷　(清)盛昱撰　清刻本　一册

500000－8701－0020687　H02735
大清會典二百五十卷　(清)允祹等纂修　清刻本　六册　存十七卷(四十六至四十八、七十六至七十七、一百七十至一百七十一、一百九十五至一百九十六、二百十五至二百二十、二百二十三至二百二十四)

500000－8701－0020688　H02736
歷代地理沿革表四十七卷　(清)陳芳績撰　清光緒二十一年(1895)廣雅書局刻本　十五册

500000－8701－0020689　H02737
抗希堂十六種　(清)方苞撰　清光緒二十四年(1898)瑯嬛閣刻本　十六册　存六種四十七卷(儀禮析疑八至十一、禮記析疑八至三十一、春秋通論一至二、春秋直解一至九、周官析疑二十九至三十二、周官集注一至四)

500000－8701－0020690　H02738
種福堂公選臨證指南四卷　(清)葉桂撰　清刻本　二册

500000－8701－0020691　H02739
臨證指南醫案十卷　(清)葉桂撰　清乾隆三十一年(1766)刻朱墨套印本　十册

500000－8701－0020692　H02740
蘋州漁笛譜不分卷　(宋)周密撰　清刻本　一册

500000－8701－0020693　H02741
奇經八脈考一卷校正瀕湖脈學一卷　(明)李時珍撰　**校正圖註八十一難經四卷**　(戰國)秦越人述　(明)張世賢註　**校正圖註脈訣四卷**　(晉)王叔和撰　(明)張世賢註　清光緒上海章福記石印本　一册

500000－8701－0020694　H02742
草藥性一卷　(□)□□撰　清宣統三年(1911)刻本　一册

500000－8701－0020695　H02743
新刻眾真醒迷不分卷　(明)張三丰撰　清刻本　一册

500000－8701－0020696　H02744
韻海大全不分卷　題(清)仁壽室主人編　清光緒十三年(1887)上海積山書局石印本　六册

500000－8701－0020697　H02745
安樂銘不分卷　(清)王正朋輯　清末上海宏大善書局石印本　一册

500000－8701－0020698　H02746
斯邁爾斯自助論不分卷　(英國)塞繆爾·斯邁爾斯著　(日本)中村正直譯　清光緒末教育世界社鉛印本　一册

500000－8701－0020699　H02747
教育世界六十八卷　羅振玉編輯　清光緒二十九年(1903)教育世界社鉛印本　四冊　存二十六卷(四十三至六十八)

500000－8701－0020700　H02748
大清法規大全續編□□卷　(清)政學社編　清宣統政學社石印本　七冊　存三十五卷(法律部七卷、首一卷,憲政部六卷、首一卷,吏政部十七卷、首一卷,欽定行政綱目一卷,大清現行刑律一卷)

500000－8701－0020701　H02749
大清法規大全(光緒辛丑迄宣統己酉)　(清)政學社編　清宣統政學社石印本　十九冊　存五十九卷(財政部十四卷、首一卷,吏政部一至二十一上、首一卷,憲政部七卷、首一卷,法律部十三卷、首一卷)

500000－8701－0020702　H02750
文選六十卷　(南朝梁)蕭統撰　**文選考異十卷**　(清)胡克家撰　清刻本　二十二冊　存六十五卷(文選二至十三、十八至六十,文選攷異十卷)

500000－8701－0020703　H02751
秘書二十八種　(清)汪士漢輯　清刻本　八冊　存九種四十五卷(高士傳一至三、續齊諧記一、大戴禮記一至十三、山海經一至十八、小爾雅一、桂海虞衡志一、詩品一至三、劍俠傳一至四、白虎通德論一)

500000－8701－0020704　H02752
格致鏡原一百卷　(清)陳元龍輯　清刻本　四冊　存二十二卷(三十二至三十六、六十二至六十七、七十四至七十八、九十至九十五)

500000－8701－0020705　H02753
朝市叢載□□卷　(□)□□撰　清刻本　三冊　存三卷(五至七)

500000－8701－0020706　H02754
繪圖施公案四傳□□卷　(□)□□撰　清末石印本　一冊　存四卷(一至四)

500000－8701－0020707　H02755
新刊繡像全圖施公案後傳□□卷　(□)□□撰　清末石印本　一冊　存三卷五十回(卷一至三:一至五十回)

500000－8701－0020708　H02756
重訂文選集評十五卷首一卷末一卷　(清)于光華編　清刻本　三冊　存三卷(十四至十五、首一卷)

500000－8701－0020709　H02757
莫愁湖志六卷首一卷　(清)馬士圖輯著　清光緒八年(1882)刻本　一冊　存三卷(五至六、首一卷)

500000－8701－0020710　H02758
南華真經解三卷　(清)宣穎撰　(清)王暉吉校　清積秀堂刻本　三冊

500000－8701－0020711　H02759
楚辭釋十卷附高唐賦一卷　(漢)王逸章句　王闓運注　清光緒十二年(1886)成都尊經書院刻本　二冊

500000－8701－0020712　H02760
西漢文二十卷　(明)張采輯　明崇禎六年(1633)刻本　四冊　存六卷(七、九、十五至十八)

500000－8701－0020713　H02761
水經注箋刊誤十二卷　(清)趙一清錄　清光緒六年(1880)會稽章氏刻本　九冊　存十一卷(二至十二)

500000－8701－0020714　H02762
臨證指南醫案十卷　(清)葉桂撰　清光緒十年(1884)埽葉山房刻朱墨套印本　三冊　存三卷(一至二、八)

500000－8701－0020715　H02763
增評補像全圖金玉緣一百二十回首一卷　(清)曹雪芹撰　清石印本　三冊　存二十四卷(三十三至四十八、一百五至一百十二)

500000－8701－0020716　H02764
增評補像全圖金玉緣一百二十回首一卷　(清)曹雪芹撰　清石印本　二冊　存十七卷

（四十五至五十二、七十七至八十五）

500000－8701－0020717　H02765
初白菴詩評三卷　（清）查慎行撰　（清）張載華輯　**詞綜偶評一卷**　（清）許昂霄閲　（清）張載華輯　清刻本　一册　存一卷（初白菴詩評一）

500000－8701－0020718　H02766
漁洋山人精華録十卷　（清）王士禛撰　（清）林佶編　清刻本　四册　存四卷（三至六）

500000－8701－0020719　H02767
漁洋山人詩集二十二卷　（清）王士禛撰　清刻本　二册　存八卷（五至十二）

500000－8701－0020720　H02768
增評補像全圖金玉緣一百二十回首一卷　（清）曹雪芹撰　清光緒十五年（1889）上海石印本　十四册　存一百二回（十九至一百二十）

500000－8701－0020721　H02769
通典二百卷考證一卷　（唐）杜佑撰　清光緒二十七年（1901）上海圖書集成局石印本　十六册

500000－8701－0020722　H02770
增訂漢魏叢書八十六種　（清）王謨輯　清光緒二十年（1894）湖南藝文書局刻本　七十五册　存六十六種三百六十八卷（焦氏易林校略十六卷，易傳三卷，關氏易傳一卷，周易略例一卷，古三墳一卷，汲塚周書一至四，詩傳孔氏傳一卷，詩説一卷，韓詩外傳十卷，毛詩草木鳥獸蟲魚疏二卷，大戴禮記一至五，白虎通德論四卷，獨斷一卷，忠經一卷，孝傳一卷，小爾雅一卷，廣雅十卷，覆校穆天子傳六卷，吴越春秋三卷，西京雜記一至二，華陽國志一至三、十至十二，十六國春秋一百卷，羣輔録一卷，英雄記鈔一卷，高士傳三卷，蓮社高賢傳一卷，神仙傳十卷，孔叢子二卷附詰墨一卷，新語二卷，新書十卷，新序十卷，申鑒五卷，潛夫論十卷，中説二卷，新論十卷，顔氏家訓七卷附考證一卷，參同契一卷，陰符經一卷，風后握奇經一卷，素書一卷，心書一卷，古今注三卷，博物志十卷，文心雕龍十卷，詩品三卷，書品一卷，尤射一卷，拾遺記十卷，搜神記二十卷，搜神後記十卷，還冤記一卷，神異經一卷，海内十洲記一卷，别國洞冥記四卷，枕中書一卷，佛國記一卷，伽藍記五卷，三輔黄圖六卷，補遺一卷，星經二卷，荊楚歲時記一卷，南方草木狀三卷，竹譜一卷，禽經一卷，古今刀劍録一卷，鼎録一卷，天禄閣外史八卷）

500000－8701－0020723　H02771
佩文齋詠物詩選四百八十六卷　（清）張玉書等輯　清康熙四十六年（1707）内府刻本　三十九册　缺十一卷（鷹、鶻、鵰鶚、白翎雀、鳶、雉、鷓鴣、鳥、鵲、鳩、燕）

500000－8701－0020724　H02772
御製圓明園詩二卷　（清）高宗弘曆著　清刻本　一册　存一卷（二）

500000－8701－0020725　H02773
棣萼山房試帖四卷首一卷　（清）王葆修撰　清同治十二年（1873）刻本　一册　存三卷（一至二、首一卷）

500000－8701－0020726　H02774
新鐫玉茗堂批點按鑑參補北宋志傳十卷五十回　題（明）研石山樵訂正　清刻本　三册　存六卷（一至四、九至十）

500000－8701－0020727　H02775
新鐫玉茗堂批評按鑑參補南宋志傳十卷五十回　題（明）研石山樵訂正　清刻本　四册

500000－8701－0020728　H02776
寓蜀草四卷　（清）王培荀撰　清道光二十七年（1847）濟南王氏慎思堂刻本　一册　存一卷（三）

500000－8701－0020729　H02777
御定歷代題畫詩類一百二十卷　（清）陳邦彦編修　清康熙四十六年（1707）内府刻本　五册　存二十六卷（四十二至四十七、五十七至六十、六十六至七十、九十一至九十五、一百十至一百十五）

500000－8701－0020730　H02779
繡像後續南北宋楊家將文武曲星包公狄青演義初傳十四卷六十八回　(清)李雨堂撰　清刻本　二册　存二卷(八、十)

500000－8701－0020731　H02780
臨證指南醫案十卷　(清)葉桂撰　清刻本　二册　存二卷(三、八)

500000－8701－0020732　H02781
傷寒證治準繩八卷　(明)王肯堂輯　清刻本　四册　存四卷(一、四、六至七)

500000－8701－0020733　H02782
御定歷代題畫詩類一百二十卷　(清)陳邦彦編修　清刻本　一册　存六卷(十五至二十)

500000－8701－0020734　H02783
律賦衡裁六卷　(清)周嘉猷　(清)周鈖輯　清乾隆二十五年(1760)刻本　四册

500000－8701－0020735　H02784
潛研堂文集五十卷　(清)錢大昕撰　清嘉慶十一年(1806)刻本　十册

500000－8701－0020736　H02785
大清律例集解四十卷末一卷附督捕則例二卷　(清)沈之奇註　(清)姚潤輯　(清)胡熙增輯　清刻本　二十四册　存三十九卷(一至八、十一至四十,末一卷)

500000－8701－0020737　H02786
大清律例集解四十卷　(清)沈之奇註　(清)姚潤輯　清刻本　十四册　存十四卷(四、十三至十五、二十四、二十六至二十八、三十一至三十五、三十七)

500000－8701－0020738　H02787
大清律例集解四十卷　(清)沈之奇註　(清)胡肇楷增輯　清刻本　一册　存二卷(十八至十九)

500000－8701－0020739　H02788
太傅孫文正公手書遺摺稿一卷　(清)孫家鼐撰　清宣統元年(1909)鉛印本　一册

500000－8701－0020740　H02789
水鏡集增删百問□□卷　(清)右髻重訂　清刻本　一册　存一卷(四)

500000－8701－0020741　H02790
大清一統志表不分卷　(清)□□撰　清刻本　一册

500000－8701－0020742　H02791
繡像京本雲合奇蹤玉茗英烈全傳十卷八十回　(明)徐渭編　清刻本　五册

500000－8701－0020743　H02792
繡像京本雲合奇蹤玉茗英烈全傳十卷八十回　(明)徐渭編　清刻本　五册

500000－8701－0020744　H02793
枕經山房詩餘□□卷　(清)宗金樹撰　清刻本　二册　存十四卷(二十二至三十五)

500000－8701－0020745　H02794
枕經山房詩餘□□卷　(清)宗金樹撰　清刻本　四册　存四十卷(九至二十五、二十八至三十五、三十五至四十九)

500000－8701－0020746　H02795
臨證指南醫案十卷　(清)葉桂撰　清刻本　六册　存六卷(三、五至九)

500000－8701－0020747　H02796
五美緣全傳八十回　題(清)寄生氏撰　清刻本　五册　存七十二回(九至八十)

500000－8701－0020748　H02797
十三經注疏三百四十六卷　(唐)孔穎達等正義　**附校勘記**　(清)阮元撰　(清)盧宣旬摘錄　清同治十二年(1873)江西書局刻本　一百七十九册　缺三卷(儀禮疏十三至十五)

500000－8701－0020749　H02798
十三經注疏校勘記識語四卷　(清)汪文臺撰　清光緒三年(1877)江西書局刻本　二册

500000－8701－0020750　H02799
重栞宋本十三經注疏四百十六卷　(唐)孔穎達等正義　**附校勘記**　(清)阮元撰　(清)盧宣旬摘錄　清道光六年(1826)江西南昌府學刻本　一百十九册　存十一種三百六卷(周

易兼義九卷音義一卷,附釋音尚書注疏二十卷,附釋音毛詩注疏一至二十,附釋音周禮注疏四十二卷,儀禮注疏一至十九、二十三至五十,附釋音禮記注疏六十三卷,附釋音春秋左傳注疏十一至五十,監本附音春秋穀梁注疏二十卷,論語注疏解經二十卷,爾雅注疏十卷,孟子注疏解經十四卷)

500000－8701－0020751　H02800
爵秩全覽(光緒甲午秋季)　(□)□□撰　清光緒二十年(1894)刻本　四冊

500000－8701－0020752　H02801
笠翁偶集六卷　(清)李漁撰　清刻本　一冊　存一卷(五)

500000－8701－0020753　H02802
酉陽雜俎二十卷續集十卷　(唐)段成式撰　清刻本　四冊

500000－8701－0020754　H02803
昌黎先生集四十卷遺文一卷　(唐)韓愈撰　(唐)李漢編　清光緒十五年(1889)刻本　二冊

500000－8701－0020755　H02804
增訂慎守編十五卷　(清)陳錫蕃訂　清刻本　三冊　存十卷(一至七、十三至十五)

500000－8701－0020756　H02805
類聚數考不分卷　(□)□□撰　清刻本　一冊

500000－8701－0020757　H02806
類經圖翼十一卷　(明)張介賓撰　清刻本　一冊　存一卷(一)

500000－8701－0020758　H02807
廣文選刪□□卷　(明)張溥刪閱　明末刻本　七冊　存十三卷(二至十四)

500000－8701－0020759　H02808
大道還鄉不分卷　(清)青松子撰　清光緒三十三年(1907)刻本　一冊

500000－8701－0020760　H02809
掣鯨堂詩集不分卷　(清)費錫璜撰　清刻本　一冊

500000－8701－0020761　H02810
庚辰集五卷　(清)紀昀編　清刻本　六冊

500000－8701－0020762　H02811
歷代詠史樂府二十卷　(清)董元憲著　清刻本　四冊

500000－8701－0020763　H02812
文選刪十二卷　(明)張溥刪閱　明末清初刻本　三冊　存九卷(四至十二)

500000－8701－0020764　H02813
游冥錄不分卷　(□)□□撰　清刻本　一冊

500000－8701－0020765　H02814
新刻修真寶傳因果全部不分卷　(□)□□撰　清刻本　一冊

500000－8701－0020766　H02815
新錄勸世善書不分卷　(□)□□撰　清光緒二十三年(1897)刻本　一冊

500000－8701－0020767　H02816
修真因果傳全本不分卷　(□)□□撰　清刻本　一冊

500000－8701－0020768　H02817
六韜六卷　(周)姜尚撰　**六韜逸文一卷**　(清)孫同元輯　清光緒二十四年(1898)成都志古堂刻本　一冊

500000－8701－0020769　H02818
半窻史略四十二卷　(清)龍體剛纂輯　清刻本　一冊　存二卷(三十七至三十八)

500000－8701－0020770　H02819
小海嶽樓存稿四卷　(清)馬光型著　清咸豐二年(1852)刻本　一冊

500000－8701－0020771　H02820
下學芙城錄一卷　(清)楊甲仁撰　清刻本　一冊

500000－8701－0020772　H02821
類聯集古二編十二卷　(清)劉慶觀編　清乾隆四十七年(1782)刻本　二冊

500000－8701－0020773　H02822
說嵩三十二卷　(清)景日昣撰　清康熙刻本　一冊　存四卷(一至四)

500000－8701－0020774　H02823
資治通鑑綱目五十九卷　(宋)朱熹撰　(明)陳仁錫評閱　清嘉慶十三年(1808)刻本　三十一冊　存二十二卷(一至二十二)

500000－8701－0020775　H02824
寧都三魏全集三種附三種　(清)魏際瑞等撰　(清)林時益輯　清刻本　三十四冊　存五種五十卷(魏伯子文集八至十;魏叔子文集外篇一至三、七至十、十二、十四、十七,日錄二至三,詩集八卷;魏季子文集一至七、九至十六;魏興士文集六卷;魏昭士文集一至六)

500000－8701－0020776　H02825
重訂事類賦三十卷　(宋)吳淑撰註　清光緒三年(1877)刻本　四冊

500000－8701－0020777　H02826
重訂廣事類賦四十卷　(清)華希閔撰　清光緒三年(1877)刻本　八冊

500000－8701－0020778　H02827
續廣事類賦三十卷　(清)王鳳喈撰註　清刻本　六冊　存十四卷(一至十四)

500000－8701－0020779　H02828
廣廣事類賦三十二卷　(清)吳世旃撰註　清光緒三年(1877)刻本　六冊

500000－8701－0020780　H02829
萬國政治藝學全書三百八十卷　(清)朱大文　(清)淩賡颺編輯　清光緒二十八年(1902)上海鴻文書局石印本　六冊　存四十七卷(三十九至六十五、七十九至八十一、九十三至九十七、一百十二至一百二十三)

500000－8701－0020781　H02830
驗方新編□□卷咽喉秘集二卷　(清)海山仙館編　清同治十二年(1873)俞敬義堂刻本　五冊　存十二卷(五至八、十、十二至十六,咽喉秘集二卷)

500000－8701－0020782　H02831
後續大宋楊家將文武曲星包公狄青初傳十四卷六十八回　(清)李雨堂編　清光緒四年(1878)文奎堂刻本　五冊　存五卷(一、七、十二至十四)

500000－8701－0020783　H02832
第一才子書六十卷一百二十回　(明)羅貫中撰　清刻本　四冊　存二十一卷(五至十九、二十五至三十)

500000－8701－0020784　H02833
高王經不分卷　(□)□□撰　清刻本　一冊

500000－8701－0020785　H02835
粟香室叢書五十八種　金武祥輯　清光緒至民國江陰金氏刻本　一冊　存二種六卷(陽羨風土記一卷附校刊記一卷補輯一卷續補輯一卷考證一卷、宜齋野乘一卷)

500000－8701－0020786　H02836
許真君玉匣記二卷新鐫許真君玉匣記增補諸家選擇日用通書一卷　(晉)許遜撰　清刻本　一冊

500000－8701－0020787　H02837
綵毫記二卷　(明)屠隆撰　清刻本　一冊　存一卷(一)

500000－8701－0020788　H02838
聲律啓蒙撮要二卷　(清)車萬育撰　清刻本　一冊

500000－8701－0020789　H02839
瑺川驪唱一卷　(□)□□撰　清光緒二十五年(1899)刻本　一冊

500000－8701－0020790　H02840
實其文齋詩鈔六卷　(清)黃雲鵠撰　清同治十一年(1872)刻本　二冊

500000－8701－0020791　H02841
包慎伯論文二卷　(清)包世臣撰　清光緒九年(1883)資中官廨刻本　一冊

500000－8701－0020792　H02842
白石道人歌曲六卷別集一卷附錄二卷　(宋)

姜夔撰　清宣統二年(1910)影印本　一冊

500000－8701－0020793　H02843
屈騷心印五卷　(清)夏大霖疏註　清一本堂刻本　二冊

500000－8701－0020794　H02844
掣鯨堂詩選九卷　(清)費錫璜撰　清道光古棠書屋刻本　一冊

500000－8701－0020795　H02845
南柯記傳奇四卷　(明)湯顯祖撰　清刻本　三冊　存三卷(一、三至四)

500000－8701－0020796　H02846
繪圖第一俠義奇女傳四卷　(清)知非子撰　清章福記石印本　一冊

500000－8701－0020797　H02847
笠翁十種曲　(清)李漁撰　清刻本　十三冊　存六種十卷(凰求鳳傳奇卷上至卷下之上,奈何天傳奇卷下之下,比目魚傳奇卷下,玉搔頭傳奇卷上之下至卷下之上,巧團圓傳奇卷上之上、卷下,慎鸞交傳奇卷上之上、卷下之下)

500000－8701－0020798　H02848
成裕堂繪像第七才子書六卷　(元)高明撰　清成裕堂刻本　五冊　存五卷(一至二、四至六)

500000－8701－0020799　H02849
時興傷心祭文不分卷　(□)□□撰　清光緒七年(1881)内江文茂堂刻本　一冊

500000－8701－0020800　H02850
玉歷至寶編一卷附經驗良方一卷　(□)□□撰　清光緒三十三年(1907)刻本　一冊

500000－8701－0020801　H02851
玉歷鈔歌不分卷　(□)□□撰　清刻本　一冊

500000－8701－0020802　H02852
南無阿彌陀佛六字真經不分卷　(□)□□撰　清光緒三十二年(1906)刻本　一冊

500000－8701－0020803　H02853
南無阿彌陀佛六字真經不分卷　(□)□□撰　清光緒三十二年(1906)刻本　一冊

500000－8701－0020804　H02854
南無阿彌陀佛六字經不分卷　(□)□□撰　清末道化壇刻本　一冊

500000－8701－0020805　H02855
觀音化度十二圓覺一卷　(□)□□撰　清光緒二十八年(1902)今古堂刻本　一冊

500000－8701－0020806　H02856
關中奏議全集十八卷　(明)楊一清撰　清宣統二年(1910)雲南圖書館刻本　十一冊　存十一卷(一、八至十七)

500000－8701－0020807　H02857
群書寶窟六部　(□)□□纂　清光緒二十八年(1902)石印本　七冊

500000－8701－0020808　H02858
唐代叢書一百六十四種　(清)王文誥輯　清刻本　二冊　存十種十一卷(雷民傳一卷、會眞記一卷、黑心符一卷、南柯記一卷、枕中記一卷、酉陽雜俎二卷、諾臯記一卷、支諾臯一卷、壟上記一卷、前定錄一卷)

500000－8701－0020809　H02859
唐代叢書一百六十四種　(清)王文誥輯　清刻本　二冊　存十二種十二卷(紅線傳一卷、劉無雙傳一卷、霍小玉傳一卷、牛應貞傳一卷、謝小娥一卷、李娃傳一卷、楊娼傳一卷、章臺柳傳一卷、非煙傳一卷、前定錄一卷、卓異記一卷、摭異記一卷)

500000－8701－0020810　H02860
音韻辨訛一卷補遺一卷　(清)萬青銓撰　清道光十四年(1834)刻本　一冊

500000－8701－0020811　H02861
重訂增補陶朱公致富奇書八卷　(明)陳繼儒纂輯　題(清)鍾山石逸叟增補　清刻本　一冊　存二卷(一至二)

500000－8701－0020812　H02862
百花詩不分卷　(□)吳熊撰　清刻本　一冊

500000 - 8701 - 0020813　H02863
詩畫舫六冊　(□)□□撰　清光緒十四年(1888)石印本　四冊　存四冊(二、四至六)

500000 - 8701 - 0020814　H02864
困學紀聞二十卷首一卷　(宋)王應麟撰　清刻本　八冊

500000 - 8701 - 0020815　H02865
欽定四庫全書總目二百卷首一卷　(清)永瑢等總裁　(清)紀昀等總纂　清同治七年(1868)廣東書局刻本　一百十七冊　存一百九十五卷(一至九十六、九十九至一百二十四、一百二十九至二百,首一卷)

500000 - 8701 - 0020816　H02866
大清律例彙輯便覽四十卷附督捕則例二卷五軍道里表一卷三流道里表一卷秋審實緩比較彙案一卷　(清)□□撰　清光緒二十四年(1898)京都琉璃廠刻本　三十一冊　缺二卷(督捕則例二卷)

500000 - 8701 - 0020817　H02867
玉海二百四卷辭學指南四卷附刻十三種　(宋)王應麟撰　清光緒十年(1884)成都志古堂刻本(姓氏急就篇係補配)　四十冊　存八十九卷(五十六至七十八、九十二至一百三、一百九至一百十四,辭學指南四卷,附刻:詩攷一卷、詩地理攷六卷、漢藝文志攷證十卷、通鑑地理通釋十四卷、踐阼篇集解一卷、急就篇四卷、周書王會補注一卷、漢制攷四卷、姓氏急就篇二卷、周易鄭康成注一卷)

500000 - 8701 - 0020818　H02868
玉海二百四卷辭學指南四卷附刻十三種　(宋)王應麟撰　清光緒十年(1884)成都志古堂刻本　二十三冊　存五十卷(辭學指南四卷,附刻:詩攷一卷、詩地理攷六、漢藝文志攷證十卷、通鑑地理通釋十四卷、急就篇四卷、漢制攷四卷、小學紺珠十卷、姓氏急就篇二卷)

500000 - 8701 - 0020819　H02869
玉海二百四卷辭學指南四卷附刻十三種　(宋)王應麟撰　清光緒十年(1884)成都志古堂刻本　一冊　存附刻二種三卷(周易鄭康成注一卷、通鑑答問一至二)

500000 - 8701 - 0020820　H02870
玉海二百四卷附刻十三種　(宋)王應麟撰　清刻本　六冊　存十二卷(三至四、八十九至九十、一百十三至一百十四、一百四十一至一百四十二、一百五十七至一百五十八、一百六十五至一百六十六)

500000 - 8701 - 0020821　H02871
奇門遁甲秘笈大全三十卷　(明)劉基校訂　清省思堂刻本　六冊

500000 - 8701 - 0020822　H02872
求志書院課藝四卷　(□)□□撰　清刻本　二冊　存三卷(一至三)

500000 - 8701 - 0020823　H02873
蜀事答問八章　(□)天眉撰　清末刻本　一冊

500000 - 8701 - 0020824　H02874
烈皇小識八卷　(清)文秉撰　清刻明季稗史彙編本　三冊　存三卷(一至三)

500000 - 8701 - 0020825　H02875
新刻劍嘯閣批評西漢演義傳八卷　(□)□□撰　清刻本　三冊　存四卷(一至四)

500000 - 8701 - 0020826　H02876
冷吟仙館詩稿八卷附錄一卷詩餘一卷文存一卷　(清)左錫嘉撰　**吟雲仙館詩稿一卷**　(清)曾詠撰　清光緒十七年(1891)定襄官署刻本　五冊　存九卷(詩稿八卷、詩餘一卷)

500000 - 8701 - 0020827　H02877
冷吟仙館詩稿八卷附錄一卷詩餘一卷文存一卷　(清)左錫嘉撰　**吟雲仙館詩稿一卷**　(清)曾詠撰　清光緒十七年(1891)定襄官署刻本　七冊　存十一卷(詩稿八卷、詩餘一卷、附錄一卷、吟雲仙館詩稿一卷)

500000 - 8701 - 0020828　H02878
西漢文選不分卷　(□)□□撰　清刻本　一冊　存二十篇(賈山至言至楊雄諫不愛單于

朝書）

500000－8701－0020829　H02879
勵志錄二卷　（清）沈近思撰　清同治十二年(1873)浙江書局刻本　一册

500000－8701－0020830　H02880
難經本義二卷　（明）滑壽撰　明刻本　一册　存一卷（一）

500000－8701－0020831　H02881
士禮居叢書題跋記六卷　（清）黄丕烈撰　清光緒十年(1884)滂喜齋刻本　四册

500000－8701－0020832　H02882
帶經堂詩話三十卷首一卷　（清）王士禛撰　清刻本　九册　存二十七卷（四至三十）

500000－8701－0020833　H02883
十一經音訓十一種不分卷　（清）楊國楨撰　清光緒三年(1877)湖北崇文書局刻本　八册　存五種（易經音訓、書經音訓、詩經音訓、周禮音訓天官至春官、儀禮音訓）

500000－8701－0020834　H02884
漢魏六朝百三家集一百三種　（明）張溥輯　清光緒十八年(1892)南雅書局刻本（隋煬帝集、盧武陽集、李懷州集係補配）　八十二册

500000－8701－0020835　H02885
新鐫玉茗堂批點按鑑參補楊家將傳十卷　題（明）研石山樵訂正　清刻本　四册

500000－8701－0020836　H02886
桐城吴先生全書五種　（清）吳汝綸撰　清光緒三十年(1904)刻本　五册　存二種五卷（文集四卷、詩集一卷）

500000－8701－0020837　H02887
山海經廣注十八卷圖五卷讀山海經語一卷山海經雜述一卷　（清）吳任臣撰　清刻本　四册

500000－8701－0020838　H02888
改正代數備旨補草十三卷　（清）彭致君撰　清光緒二十九年(1903)刻本　八册　存十卷（一至四、七至十二）

500000－8701－0020839　H02889
朱子語類八十卷　（清）程川重編　清雍正三年(1725)錢塘程氏刻本　三册　存九卷（書九卷）

500000－8701－0020840　H02890
重文二卷附補遺一卷　（清）丁午輯　清光緒八年(1882)刻田園雜箸朱印本　一册

500000－8701－0020841　H02891
魏武帝注孫子三卷　（春秋）孫武撰　（三國魏）武帝曹操注　清刻本　一册

500000－8701－0020842　H02892
文章軌範七卷　（元）謝枋得批點　清刻本　二册

500000－8701－0020843　H02893
新刻黃掌綸先生評訂神仙鑑二十二卷　（清）徐衜述　清刻本　一册　存一卷（一）

500000－8701－0020844　H02894
豆花莊詩鈔十卷首一卷末一卷　（清）馬士圖撰　清嘉慶十五年(1810)顧晴崖刻本　二册

500000－8701－0020845　H02895
西湖志四十八卷　（清）李衛總裁　（清）傅王露等修　清刻本（卷二十七至二十九係補配）　九册　存十六卷（七至八、二十至二十九、三十八至四十一）

500000－8701－0020846　H02896
列仙傳四卷　（明）洪應明輯　清刻本　一册　存一卷（三）

500000－8701－0020847　H02897
蜀游鴻雪集二卷　（清）何慶恩撰　清流江及門刻本　一册　存一卷（一）

500000－8701－0020848　H02898
借緑軒刪訂湯霍林先生讀書譜四卷　（明）湯霍林輯　清刻本　一册　存二卷（三至四）

500000－8701－0020849　H02899
金閶多文堂新刻增訂釋義經書便用通考雜字二卷外一卷　（清）徐三省編輯　清刻本　二册

500000－8701－0020850　H02900
李義山詩三卷　(唐)李商隱撰　清宣統元年(1909)上海國光社石印本　二册

500000－8701－0020851　H02901
廣雅堂詩集不分卷　(清)張之洞撰　清宣統二年(1910)四川官印刷局鉛印本　二册

500000－8701－0020852　H02902
毓麟廣嗣集不分卷　(□)李濱谷撰　清刻本　一册

500000－8701－0020853　H02903
孔叢子三卷　(漢)孔鮒撰　清刻本　一册　存一卷(一)

500000－8701－0020854　H02904
日星測時新表不分卷　(清)余煌推訂　清刻本　一册

500000－8701－0020855　H02905
大學章句纂箋一卷大學或問纂箋一卷　(元)詹道傳撰　清通志堂刻四書纂箋本　一册

500000－8701－0020856　H02906
古韻通說二十卷　(清)龍啓瑞撰　清光緒九年(1883)尊經書局刻本　一册　存六卷(一至六)

500000－8701－0020857　H02907
事類賦三十卷　(宋)吳淑撰註　清刻本　四册

500000－8701－0020858　H02908
四書考二十八卷　(明)陳仁錫增定　明崇禎七年(1634)刻本　五册　存十三卷(一至五、十九至二十六)

500000－8701－0020859　H02909
史記一百三十卷附錄一卷桐城吳先生彙錄諸家史記評語一卷桐城吳先生史記初校本點識一卷　(漢)司馬遷撰　(清)吳汝綸點勘　清宣統元年(1909)刻本　二十册

500000－8701－0020860　H02910
羅山遺書八種十八卷　(清)羅澤南撰　清咸豐至同治長沙刻本　十册

500000－8701－0020861　H02911
蕙風叢書四十三卷　況周頤撰　清光緒刻本　十一册　存八種三十四卷(蕙風簃隨筆二卷,蕙風簃二筆二卷,香東漫筆二卷,萬邑西南山石刻記二卷、附南浦郡報善寺兩唐碑釋文一卷,薇省詞鈔十卷、附錄一卷,粵西詞見二卷、附玉棋後詞一卷,香海棠館詞話一卷,弟一生脩棋華館詞九卷、附澹如軒詩一卷)

500000－8701－0020862　H02912
淳化閣帖釋文十卷　(清)徐朝弼集釋　清嘉慶十七年(1812)刻本　一册

500000－8701－0020863　H02913
永嘉真覺大師證道歌一卷　(宋)釋彥琪注　清光緒二十二年(1896)刻本　一册

500000－8701－0020864　H02914
淳化閣帖釋文十卷　(清)徐朝弼集釋　清刻本　一册

500000－8701－0020865　H02915
天演論二卷　(英國)赫胥黎撰　清光緒二十九年(1903)申江同文社鉛印本　二册

500000－8701－0020866　H02916
水經注圖說殘稾四卷　(清)董祐誠撰　清刻本　一册

500000－8701－0020867　H02917
水經注圖說殘稾四卷　(清)董祐誠撰　清刻本　一册

500000－8701－0020868　H02919
古文奇賞二十二卷　(明)陳仁錫選評　明萬曆刻本　四册　存六卷(二、八至九、十六至十七、十九)

500000－8701－0020869　H02920
郎園先生全書一百三十一種　葉德輝輯　清光緒長沙葉氏刻本　十一册　存十七種四十二卷(華陽陶隱居内傳三卷、華陽陶隱居集二卷、烏朱氏論學遺札一卷、佛說四十二章經注一卷、佛說十八泥犁經一卷、佛說鬼問目連經一卷、餓鬼報應經一卷、佛說雜藏經一卷、沈下賢集十二卷、金陵百詠一卷、嘉禾百詠一卷、曝書亭刪餘詞一卷曝書亭原稿目一卷校勘記一卷、疑雨集四卷、歸求草堂詩集六卷、秋山紀行集二卷、金閾攀松集一卷、玉井搴蓮集一卷)

500000－8701－0020870　H02921
觀古堂彙刻書一集十一種二集八種　葉德輝輯　清光緒二十八年(1902)長沙葉氏刻三十四年(1908)重編印本　十四冊　存十五種五十二卷(第一集:阮氏三家詩補遺三卷,爾雅圖贊一卷,山海經圖贊二卷,爾雅補註四卷,說文段注校三種:徐星伯說文段注札記一卷、龔定菴說文段注札記一卷、桂未谷說文段注鈔一卷補鈔一卷,萬卷堂書目四卷,絳雲樓書目補遺一卷,靜惕堂宋元人集書目一卷,徵刻唐宋人祕本書目一卷附考證一卷徵刻書啟五先生事略一卷,竹崦盦傳鈔書目一卷;第二集:沈下賢文集十二卷,金陵百詠一卷,嘉禾百詠一卷,疑雨集四卷,嚴東有詩集十卷:歸求草堂詩集六卷、秋山紀行集二卷、金閾攀松集一卷、玉井搴蓮集一卷)

500000－8701－0020871　H02922
觀古堂彙刻書一集十三種二集六種　葉德輝輯　清光緒二十八年(1902)長沙葉氏刻民國八年(1919)重編印本　五冊　存五種十四卷(第一集:阮氏三家詩補遺三卷,爾雅圖贊一卷,山海經圖贊二卷,爾雅補註四卷,說文段注校三種:徐星伯說文段注札記一卷、龔定菴說文段注札記一卷、桂未谷說文段注鈔一卷補鈔一卷)

500000－8701－0020872　H02923
駢雅七卷首一卷　(明)朱謀㙔撰　清同治十一年(1872)經綸書室刻本　十二冊

500000－8701－0020873　H02924
景岳全書六十四卷　(明)張介賓撰　清刻本　十一冊　存二十九卷(九至十二、二十六至二十九、三十四至三十七、四十六、四十八至六十三)

500000－8701－0020874　H02925
晏子春秋七卷校勘二卷音義二卷　(戰國)晏嬰撰　清光緒元年(1875)浙江書局刻本　四冊

500000－8701－0020875　H02926
新刊醫林狀元壽世保元十卷　(明)龔廷賢編　清刻本　五冊　存九卷(一至九)

500000－8701－0020876　H02927
初學記三十卷附校勘記　(唐)徐堅等撰　**校勘記補遺一卷**　(清)鄒增祜補校　清刻本　十六冊

500000－8701－0020877　H02928
四川鄉試試卷不分卷(光緒壬寅補行庚子恩正兩科)　(清)□□撰　清刻本　一冊

500000－8701－0020878　H02929
四川鄉試試卷不分卷(光緒壬寅補行庚子恩正兩科)　(清)□□撰　清刻本　一冊

500000－8701－0020879　H02930
四川鄉試試卷不分卷(光緒壬寅補行庚子恩正兩科)　(清)□□撰　清刻本　一冊

500000－8701－0020880　H02931
四川鄉試試卷不分卷(光緒壬寅補行庚子恩正兩科)　(清)□□撰　清刻本　一冊

500000－8701－0020881　H02932
四川鄉試試卷不分卷(光緒壬寅補行庚子恩正兩科)　(清)□□撰　清刻本　一冊

500000－8701－0020882　H02933
四川鄉試試卷不分卷(光緒壬寅補行庚子恩正兩科)　(清)□□撰　清刻本　一冊

500000－8701－0020883　H02934
四川鄉試試卷不分卷(光緒壬寅補行庚子恩正兩科)　(清)□□撰　清刻本　一冊

500000－8701－0020884　H02935
四川鄉試試卷不分卷(光緒壬寅補行庚子恩正兩科)　(清)□□撰　清刻本　一冊

500000－8701－0020885　H02936
四川鄉試試卷不分卷(光緒壬寅補行庚子恩正兩科)　(清)□□撰　清刻本　一冊

500000－8701－0020886　H02937
四川鄉試試卷不分卷（光緒壬寅補行庚子恩正兩科）　（清）□□撰　清刻本　一冊

500000－8701－0020887　H02938
四川鄉試試卷不分卷（光緒壬寅補行庚子恩正兩科）　（清）□□撰　清刻本　一冊

500000－8701－0020888　H02939
四川鄉試試卷不分卷（光緒壬寅補行庚子恩正兩科）　（清）□□撰　清刻本　一冊

500000－8701－0020889　H02940
四川鄉試試卷不分卷（光緒壬寅補行庚子恩正兩科）　（清）□□撰　清刻本　一冊

500000－8701－0020890　H02941
四川鄉試試卷不分卷（光緒壬寅補行庚子恩正兩科）　（清）□□撰　清刻本　一冊

500000－8701－0020891　H02942
四川鄉試試卷不分卷（光緒壬寅補行庚子恩正兩科）　（清）□□撰　清刻本　一冊

500000－8701－0020892　H02943
四川鄉試試卷不分卷（光緒壬寅補行庚子恩正兩科）　（清）□□撰　清刻本　一冊

500000－8701－0020893　H02944
四川鄉試試卷不分卷（光緒壬寅補行庚子恩正兩科）　（清）□□撰　清刻本　一冊

500000－8701－0020894　H02945
四川鄉試試卷不分卷（光緒壬寅補行庚子恩正兩科）　（清）□□撰　清刻本　一冊

500000－8701－0020895　H02946
四川鄉試試卷不分卷（光緒壬寅補行庚子恩正兩科）　（清）□□撰　清刻本　一冊

500000－8701－0020896　H02947
四川鄉試試卷不分卷（光緒壬寅補行庚子恩正兩科）　（清）□□撰　清刻本　一冊

500000－8701－0020897　H02948
四川鄉試試卷不分卷（光緒壬寅補行庚子恩正兩科）　（清）□□撰　清刻本　一冊

500000－8701－0020898　H02949
四川鄉試硃卷不分卷（光緒辛卯科）　（清）□□撰　清刻本　一冊

500000－8701－0020899　H02950
四川鄉試硃卷不分卷（光緒丁酉科）　（清）□□撰　清刻本　一冊

500000－8701－0020900　H02951
四川優行貢卷不分卷（光緒辛卯科）　（清）□□撰　清刻朱印本　一冊

500000－8701－0020901　H02952
雲路金鍼不分卷　（□）□□撰　清同治三年（1864）刻本　一冊

500000－8701－0020902　H02953
四川鄉試墨卷不分卷（光緒壬寅補行庚子恩正兩科）　（清）□□撰　清刻本　一冊

500000－8701－0020903　H02954
鋟湛持文太史纂輯四書心新滌理□□卷首一卷　（明）文震孟撰　（明）馮明玠參閲　明天啟三年（1623）刻本　三冊　存十卷（一至二、六至十二，首一卷）

500000－8701－0020904　H02955
孟子集註大全十四卷　（明）胡廣纂　清刻本　九冊

500000－8701－0020905　H02956
景岳全書六十四卷　（明）張介賓著　清刻本　二十三冊　存六十三卷（一至四十六、四十八至六十四）

500000－8701－0020906　H02957
湖北叢書三十一種　（清）趙尚輔輯　清光緒十七年（1891）三餘艸堂刻本　一百冊

500000－8701－0020907　H02958
淮南子二十一卷　（漢）高誘注　清光緒二年（1876）浙江書局刻本　八冊

500000－8701－0020908　H02959
景岳全書六十四卷　（明）張介賓著　清刻本　四冊　存十卷（五十四至六十三）

500000－8701－0020909　H02960

大清宣統新法令不分卷 商務印書館編譯所 清宣統三年(1911)商務印書館鉛印本 一冊 存一種(補遺)

500000－8701－0020910 H02961
易經札記三卷尚書札記二卷 (清)朱亦棟撰 清光緒四年(1878)武林竹簡齋刻本 一冊

500000－8701－0020911 H02962
安雅堂詩不分卷 (清)宋琬撰 清刻本 一冊

500000－8701－0020912 H02963
圖註八十一難經辨真四卷 (戰國)秦越人撰 (明)張世賢圖註 清刻本 一冊 存二卷(一至二)

500000－8701－0020913 H02964
王文肅公遺文一卷 (□)□□撰 清刻本 一冊 存二十九至四十二葉

500000－8701－0020914 H02965
雲南第一次考試法官闈文不分卷 (□)□□撰 清宣統二年(1910)鉛印本 一冊

500000－8701－0020915 H02966
南軒文集四十四卷論語解十卷孟子説七卷 (宋)張栻撰 清咸豐四年(1854)綿邑南軒祠刻本 十二冊

500000－8701－0020916 H02967
杜詩詳注二十五卷首一卷附編二卷 (清)仇兆鰲輯註 清刻本 十六冊

500000－8701－0020917 H02968
樓山詩集六卷 (清)王恕撰 清光緒十九年(1893)刻本 二冊

500000－8701－0020918 H02969
蜀學編二卷 (清)方守道初輯 高賡恩覆輯 清光緒二十七年(1901)錦江書局刻本 一冊

500000－8701－0020919 H02970
黄帝内經素問註證發微九卷黄帝内經靈樞註證發微十卷 (明)馬蒔註證 清嘉慶十年(1805)刻本 十二冊 存九卷(素問註證發微九卷)

500000－8701－0020920 H02971
觀古堂書目叢刻十五種 葉德輝輯 清光緒湘潭葉氏刻民國八年(1919)重編印本 十四冊 存九種三十四卷(秘書省續編到四庫闕書目二卷、古今書刻二卷、南雍志經籍考二卷、百川書志二十卷、萬卷堂書目四卷、絳雲樓書目補遺一卷、孝慈堂書目不分卷、佳趣堂書目不分卷、竹崦盦傳鈔書目一卷)

500000－8701－0020921 H02972
麥有堂詩初集四卷二集五卷 (清)熊頤著 清光緒二十年(1894)刻本 二冊

500000－8701－0020922 H02973
大清會典四卷 (清)仁宗顒琰續修 清同治十一年(1872)湖北崇文書局刻本 四冊

500000－8701－0020923 H02974
四書朱子本義匯參四十三卷首三卷 (清)王步青輯 (清)王士龕編 清刻本 二十四冊

500000－8701－0020924 H02975
正誼堂全書六十三種續刻五種首一卷末一卷 (清)張伯行輯 清同治五年(1866)福州正誼書局刻本(黄勉齋集八卷係補配) 七十三冊

500000－8701－0020925 H02976
船山遺書五十六種二百九十四卷附刊二卷補遺一卷 (清)王夫之撰 清同治四年(1865)湘鄉曾氏金陵節署刻本(薑齋文集十卷係補配) 一百一冊

500000－8701－0020926 H02977
太平御覽一千卷目錄十五卷 (宋)李昉等纂 清嘉慶十二年至十七年(1807－1812)歙縣鮑氏刻本 一百冊

500000－8701－0020927 H02978
太平御覽一千卷目錄十五卷 (宋)李昉等纂 清刻本 八十冊

500000－8701－0020928 H02979
太平御覽一千卷目錄十五卷 (宋)李昉等纂

清光緒二十年(1894)上海積山書局石印本　三十二册

500000－8701－0020929　H02980
太平御覽一千卷目錄十五卷　(宋)李昉等纂　清光緒二十年(1894)上海積山書局石印本　三十一册　存九百八十五卷(一至六百三十、六百六十一至一千,目錄十五卷)

500000－8701－0020930　H02981
胡文忠公遺集八十六卷首一卷　(清)胡林翼撰　(清)鄭敦謹　(清)曾國荃編輯　清同治六年(1867)黄鶴樓刻本　三十二册

500000－8701－0020931　H02982
紀慎齋先生全集十四種續集六種　(清)紀大奎撰　清嘉慶至咸豐刻本　四十八册

500000－8701－0020932　H02983
胡文忠公遺集八十六卷首一卷　(清)胡林翼撰　(清)鄭敦謹　(清)曾國荃纂輯　(清)胡鳳丹重編　清光緒元年(1875)湖北崇文書局刻本　三十二册

500000－8701－0020933　H02984
胡文忠公遺集八十六卷首一卷　(清)胡林翼撰　(清)鄭敦謹　(清)曾國荃編輯　清同治六年(1867)黄鶴樓刻本　二册　存五卷(六十九至七十一、八十五至八十六)

500000－8701－0020934　H02985
有正味齋詩集十六卷詞集八卷外集五卷　(清)吳錫麒著　清刻本　十册

500000－8701－0020935　H02986
明季稗史彙編十六種　(清)留雲居士輯　清都城琉璃廠留雲居士活字印本　十二册　存十三種二十卷(烈皇小識四至八、聖安皇帝本紀二卷、行在陽秋二卷、東明聞見錄一卷、嘉定屠城紀略一卷、幸存錄二卷、粵游見聞一卷、賜姓始末一卷、兩廣紀畧一卷、續幸存錄一卷、求野錄一卷、也是錄一卷、江南聞見錄一卷)

500000－8701－0020936　H02987
槐軒雜箸四卷　(清)劉沅撰　清刻本　四册

500000－8701－0020937　H02988
天中記六十卷　(明)陳耀文纂　清刻本　三十册　存三十卷(三十一至六十)

500000－8701－0020938　H02989
樵說續十二卷　(清)蜀西樵也撰　清光緒二十七年(1901)成都聊園刻本　四册　存九卷(一至九)

500000－8701－0020939　H02990
柳洲遺稾二卷　(清)魏之琇撰　清同治十一年(1872)錢唐丁氏刻本　一册

500000－8701－0020940　H02991
冬花庵燼餘稾三卷　(清)奚岡撰　清同治十一年(1872)錢唐丁氏刻本　一册

500000－8701－0020941　H02992
金石三例三種十五卷　(清)王芑孫評　清光緒四年(1878)讀有用書齋刻朱墨套印本　二册　存三種九卷(金石例一至六、墓銘舉例三至四、金石要例一卷)

500000－8701－0020942　H02993
天中記六十卷　(明)陳耀文纂　明刻本　二册　存二卷(五、四十六)

500000－8701－0020943　H02994
學海堂叢刻十二種　(清)□□輯　清光緒中刻本　十二册　存十一種二十五卷(供冀小言一卷、聽松廬詩略二卷、續三十五舉一卷、讀律提綱一卷、桐花閣詞鈔一卷、周禮注疏小箋五卷、面城樓集鈔四卷、磨甋齋文存一卷、止齋文鈔二卷、樂志堂文略四卷附錄一卷、是汝師齋遺詩一卷附傳一卷)

500000－8701－0020944　H02995
學海堂叢刻十二種　(清)□□輯　清光緒中刻本　九册　存九種十五卷(供冀小言一卷、聽松廬詩略二卷、續三十五舉一卷、讀律提綱一卷、桐花閣詞鈔一卷、面城樓集鈔四卷、磨甋齋文存一卷、止齋文鈔二卷、是汝師齋遺詩一卷附傳一卷)

500000－8701－0020945　H02996
南海百詠續編四卷　(清)樊封著　清刻翠琅

玗館叢書本　一册　存二卷(三至四)

500000－8701－0020946　H02997
文選課虛四卷　(清)杭世駿編　清刻本　一册

500000－8701－0020947　H02998
增訂集錄十二卷　(清)于光華編輯　清刻本　四册　存四卷(四、六、八至九)

500000－8701－0020948　H02999
韜略元機八卷　(宋)陳希夷撰　清四法堂刻本　二册　存四卷(一至四)

500000－8701－0020949　H03000
全蜀登科記不分卷坿歷科解元　題(清)天池外史編　清光緒八年(1882)聚珍閣木活字印本　一册

500000－8701－0020950　H03001
四書字詁七十八卷檢字一卷　(清)段諤廷原稿　(清)黃本驥編訂　清道光二十九年(1849)刻本　二十册

500000－8701－0020951　H03002
明滇南詩畧十卷首一卷　(清)袁文典　(清)袁文揆纂輯　清光緒二十六年(1900)刻本　五册

500000－8701－0020952　H03003
滇南明詩畧續刻十卷　(清)袁文典　(清)袁文揆纂　清光緒二十六年(1900)刻本　五册

500000－8701－0020953　H03004
滇南明詩畧續刻十卷　(清)袁文典　(清)袁文揆纂　清光緒二十六年(1900)刻本　五册

500000－8701－0020954　H03005
平定關隴紀略十三卷　(清)易孔昭等輯　清光緒十三年(1887)刻本　十二册

500000－8701－0020955　H03006
妙香室叢話十四卷　(清)張培仁編輯　清鉛印本　四册　存八卷(七至十四)

500000－8701－0020956　H03007
蜀景匯覽十四卷　鍾登甲編　清刻本　五册　存十三卷(一至十三)

500000－8701－0020957　H03008
天下名勝楹聯不分卷　題(清)雲水散人選輯　清光緒十七年(1891)錦城文芳堂刻本　一册

500000－8701－0020958　H03009
合肥相國七十賜壽圖不分卷坿壽言　(□)□□撰　清刻本　一册

500000－8701－0020959　H03010
二酉山房試帖四卷　(清)王士杰撰　清道光十九年(1839)奎照書屋刻本　一册

500000－8701－0020960　H03011
禮念彌陀道場懺法三卷　(元)王子成集　清刻本　一册

500000－8701－0020961　H03012
大佛頂如來密因修證了義諸菩薩萬行首楞嚴經纂註十卷首一卷末一卷　(唐)釋般剌密諦譯　(明)釋真界纂注　清光緒三十四年(1908)金陵刻經處刻本　五册

500000－8701－0020962　H03013
棉業圖說八卷　(清)農工商部編　清末四川勸業公所鉛印本　一册

500000－8701－0020963　H03014
蕭閑老人明秀集注六卷　(清)魏道明注解　清光緒十四年(1888)臨桂王氏刻本　一册　存三卷(一至三)

500000－8701－0020964　H03015
四川新設鑪霍屯志畧一卷附登開辦鑪霍屯務公牘一卷附錄一卷　(清)李之珂撰述　清光緒三十二年(1906)蓉城鉛印本　一册

500000－8701－0020965　H03016
校訂困學紀聞三箋二十卷　(宋)王應麟撰　清嘉慶九年(1804)刻本　八册

500000－8701－0020966　H03017
蜀輶日記四卷(嘉慶十五年五月十五日至十一月二十二日)　(清)陶澍撰　清光緒七年(1881)江州官舍刻本　二册

500000－8701－0020967　H03018

淮海集十七卷後集二卷詞一卷補遺一卷文集攷證一卷附年譜節要一卷 (宋)秦觀著 清道光十七年(1837)高郵王氏刻本 八冊

500000－8701－0020968 H03019
國語正義二十一卷 (清)董增齡撰集 清光緒六年(1880)會稽章氏式訓堂刻本 八冊

500000－8701－0020969 H03020
國語補音三卷 (宋)宋庠撰 清光緒二年(1876)成都尊經書院刻本 一冊

500000－8701－0020970 H03021
摘刊歷代策略四卷 (□)□□輯 清光緒二十五年(1899)刻本 三冊

500000－8701－0020971 H03022
臨漪園詩後集四卷文集四卷詩集偶存一卷文集三卷 (清)湯準撰 (清)侯京曾評 (清)張淑文評 清刻本 五冊

500000－8701－0020972 H03023
樂餘靜廉齋文稿一卷詩稿初集一卷二集一卷三集二卷詩鈔續集一卷絳河笙詞稿一卷梵天瑟詞一卷蜀桐絃詞一卷海風簫詞一卷 (清)顧復初撰 清同治六年至光緒六年(1867－1880)刻本 五冊 存八卷(樂餘靜廉齋文稿一卷,詩稿初集一卷、二集一卷、三集二卷,詩鈔續集一卷,絳河笙詞稿一卷,梵天瑟詞一卷)

500000－8701－0020973 H03024
滇詩重光集十八卷 (清)許印芳輯 清光緒十四年(1888)五塘山人刻本 六冊

500000－8701－0020974 H03025
國朝滇南流寓詩畧二卷 (清)袁文揆纂輯 清刻本 一冊

500000－8701－0020975 H03026
國朝滇南詩畧二十二卷 (清)袁文揆纂輯 清光緒二十六年(1900)刻本 十一冊

500000－8701－0020976 H03027
海峰先生文集十卷詩集八卷製藝一卷 (清)劉大櫆撰 清光緒十四年(1888)桐城吳大有堂木活字印本 十二冊

500000－8701－0020977 H03028
隨園詩話十六卷補遺十卷 (清)袁枚著 清光緒七年(1881)善成堂刻本 八冊

500000－8701－0020978 H03029
濟一子證道秘書十七種 (清)傅金銓彙輯 清刻本 二十冊

500000－8701－0020979 H03030
太史升菴全集八十一卷 (明)楊慎著 清刻本 七冊 存三十八卷(二十三至四十三、六十五至八十一)

500000－8701－0020980 H03031
新輯毛西河四種 (清)毛奇齡撰 清光緒六年(1880)成都刻本 一冊

500000－8701－0020981 H03032
春秋公羊傳十一卷校刊記一卷 (漢)何休學 (唐)陸德明音義 清光緒八年(1882)成都錦江書局刻本 四冊

500000－8701－0020982 H03033
禪門課誦二卷 (□)□□撰 清光緒十六年(1890)刻本 二冊

500000－8701－0020983 H03034
大方廣圓覺經大疏三卷 (唐)釋宗密述 清道光十六年(1836)刻本 三冊

500000－8701－0020984 H03035
孝經集傳四卷 (明)黃道周集傳 清刻本 四冊

500000－8701－0020985 H03036
朱飲山千金譜二十九卷 (清)朱燮撰 (清)楊廷茲編輯 清治怒齋刻本 十六冊

500000－8701－0020986 H03037
格言聯璧不分卷 (清)金纓輯 清光緒元年(1875)金陵修和堂李敬刻本 一冊

500000－8701－0020987 H03038
地勢畧解二十章 (美國)李安德撰 清光緒十九年(1893)京都滙文書院鉛印本 一冊

500000－8701－0020988　H03039
王先生十七史蒙求十六卷　(宋)王令撰　清光緒二年(1876)刻本　二册

500000－8701－0020989　H03040
童蒙急務初集一卷二集六卷三集二卷　(清)石平士編　清光緒十二年(1886)刻本　八册

500000－8701－0020990　H03041
對類便讀六卷首一卷　(清)程錫類編輯　(清)葉良儀刪訂　(清)汪熙琪等音注　清刻本　一册

500000－8701－0020991　H03042
銅梁山人詩集二十五卷　(清)王汝璧撰　清光緒二十年(1894)刻本　七册　存二十一卷(一至二十一)

500000－8701－0020992　H03043
碧聲吟館叢書六種八卷附五種八卷　(清)許善長等撰　清光緒碧聲吟館刻本　十册　存六種八卷附一種四卷(瘞雲巖傳奇二卷、臙脂獄一卷、茯苓仙一卷、靈媧石一卷、神山引一卷、風雲會傳奇二卷、附碧聲唫館談塵四卷)

500000－8701－0020993　H03044
摘刊歷代論略七卷　(□)□□撰　清光緒二十五年(1899)刻本　五册

500000－8701－0020994　H03045
摘刊歷代論略七卷策略四卷　(□)□□撰　清光緒二十五年(1899)刻本　八册

500000－8701－0020995　H03046
閒情偶寄十六卷　(清)李漁著　清康熙十年(1671)刻本　四册　存十卷(一至十)

500000－8701－0020996　H03047
倪小野先生全集八卷　(明)倪宗正撰　(清)倪繼宗編　清刻本　七册　存七卷(一至七)

500000－8701－0020997　H03048
十科策畧箋釋十卷年譜一卷　(明)劉定之著　(清)劉作樑註釋　清刻本　三册　存六卷(一至四、六,年譜一卷)

500000－8701－0020998　H03049
明鑑會纂十五卷　(清)朱國標續編　清乾隆二十七年(1762)刻本　七册

500000－8701－0020999　H03050
秣陵集六卷表一卷圖考一卷　(清)陳文述撰　清光緒十年(1884)淮南書局刻本　三册

500000－8701－0021000　H03051
明臣奏議十二卷首一卷　(清)孫桐生編輯　清光緒十七年(1891)刻本　六册

500000－8701－0021001　H03052
李義山詩集三卷附錄諸家詩評一卷詩譜一卷　(唐)李商隱撰　(清)朱鶴齡箋註　(清)沈厚塽輯評　清刻本　四册

500000－8701－0021002　H03053
李義山詩集三卷　(唐)李商隱撰　(清)朱鶴齡箋注　清乾隆五十八年(1793)三多齋刻本　四册

500000－8701－0021003　H03054
李義山詩集三卷　(唐)李商隱撰　(清)朱鶴齡箋注　清金沙繼溪山房刻本　四册

500000－8701－0021004　H03055
李義山詩集三卷　(唐)李商隱撰　(清)朱鶴齡箋注　清乾隆五十八年(1793)三多齋刻本　三册

500000－8701－0021005　H03056
列子八卷　(戰國)列禦寇撰　(晉)張湛注　清光緒二年(1876)浙江書局刻本　二册

500000－8701－0021006　H03057
李義山詩集三卷附錄諸家詩評一卷詩譜一卷　(唐)李商隱撰　(清)朱鶴齡箋註　(清)沈厚塽輯評　清刻本　二册

500000－8701－0021007　H03058
國語補音三卷　(宋)宋庠撰　清光緒二年(1876)成都尊經書院刻本　一册

500000－8701－0021008　H03059
式訓堂叢書三集四十一種　(清)章壽康輯　清刻本　三册　存五種十一卷(三集:弟子職正音一卷、戰國策釋地二卷、讒書五卷、兩同

書二卷、陶邕州小集一卷)

500000－8701－0021009　H03060
蕺山先生人譜一卷人譜類記二卷　(明)劉宗周撰　(清)洪正治校編　清道光八年(1828)勉行堂刻本　二册

500000－8701－0021010　H03061
四子譜二卷　(清)過伯齡輯著　清刻本　二册

500000－8701－0021011　H03062
四子譜二卷　(清)過伯齡輯著　清刻本　二册

500000－8701－0021012　H03063
畿輔叢書一百八十八種　(清)王灝輯　清光緒五年(1879)刻本　十五册　存十一種一百十一卷(春秋繁露十七卷附淩注校正十七卷、校正孔氏大戴禮記補注十三卷、高常侍集二卷、敬齋古今黈八卷、易經增注十卷考一卷、論語附記二卷、沈氏四聲考二卷、洨濱語錄二十卷、元朝名臣事略十五卷、潛室劄記二卷、孟子事實錄二卷)

500000－8701－0021013　H03064
別雅五卷　(清)吳玉搢輯　清刻本　一册　存一卷(五)

500000－8701－0021014　H03065
四書反身錄□□卷　(清)李顒撰　(清)王心敬錄　清刻本　二册　存九卷(下論六至十、上孟一、下孟二、二孟續補一卷、續錄一卷)

500000－8701－0021015　H03066
歷年紀畧一卷潛確錄一卷　(清)惠霳嗣摭次　清同治五年(1866)山陰趙必達刻本　一册

500000－8701－0021016　H03067
鈍吟老人文稿不分卷　(清)馮班撰　清刻本　一册

500000－8701－0021017　H03068
鈍吟老人雜錄十卷　(清)馮班撰　清刻本　一册　存六卷(五至十)

500000－8701－0021018　H03069
游仙詩二卷鈍吟老人集外詩一卷鈍吟餘集一卷　(清)馮班撰　清刻本　一册

500000－8701－0021019　H03070
四書左國彙纂四卷　(清)高其名　(清)鄭師成纂　清刻本　二册　存二卷(一至二)

500000－8701－0021020　H03071
西游真詮一百回　(清)陳士斌詮解　清刻本　十四册　存八十七卷(一至三、十至四十四、五十二至一百)

500000－8701－0021021　H03072
唐王燾先生外臺秘要方四十卷　(唐)王燾撰　清同治十三年(1874)廣東翰墨園刻本　二十册　存二十卷(一至十二、十四至二十一)

500000－8701－0021022　H03073
昭代叢書十集五百卷　(清)張潮　(清)張漸輯　(清)楊復吉　(清)沈楙悳續輯　清道光至光緒刻本　一百六十六册

500000－8701－0021023　H03074
四書説叢十七卷　(明)沈守正輯　清刻本　三册　存七卷(十一至十七)

500000－8701－0021024　H03075
墨池編二十卷　(宋)朱長文纂　**印典八卷**　(清)朱象賢編　清刻本　五册　存十八卷(墨池編三至六、十一至二十,印典五至八)

500000－8701－0021025　H03076
賦學正鵠十卷　(清)李元度輯　清刻本　四册　存九卷(二至十)

500000－8701－0021026　H03077
遵註增補旨意四書指南纂序直解全書□□卷　(明)張居正直解　清友古堂刻本　七册　存十八卷(一至十三、二十至二十二、二十六至二十七)

500000－8701－0021027　H03078
圖註脉訣辨真四卷附脉訣附方一卷　(晉)王叔和譔　(明)張世賢注　清養松道人馮翥刻本　二册

500000－8701－0021028　H03079

圖註脉訣辨真四卷　(晉)王叔和譔　(明)張世賢注　清刻本　一冊　存二卷(三至四)

500000－8701－0021029　H03080
圖註脉訣辨真四卷　(晉)王叔和譔　(明)張世賢注　清刻本　一冊　存二卷(三至四)

500000－8701－0021030　H03081
四聲切韻表三卷　(清)江永編　(清)汪曰楨補正　清刻本　一冊　存一卷(二)

500000－8701－0021031　H03082
明書一百七十一卷　(清)傅維鱗纂　清刻本　五冊　存三十一卷(二十一至五十一)

500000－8701－0021032　H03083
十朝東華錄五百二十五卷(天命至咸豐)　王先謙編　清光緒十三年(1887)上海廣百宋齋鉛印本(乾隆朝卷七十九至八十二係補配)　七十六冊　存九朝四百二十五卷(天命朝四卷、天聰朝十一卷、崇德朝八卷、順治朝三十六卷、康熙朝一百十卷、雍正朝二十六卷、乾隆朝一百二十卷、嘉慶朝五十卷、道光朝六十卷)

500000－8701－0021033　H03084
十朝東華錄五百二十五卷(天命至咸豐)　王先謙編　清光緒十三年(1887)擷華書局鉛印本　一百五十八冊　存九朝四百二十五卷(天命朝四卷、天聰朝十一卷、崇德朝八卷、順治朝三十六卷、康熙朝一百十卷、雍正朝二十六卷、乾隆朝一百二十卷、嘉慶朝五十卷、道光朝六十卷)

500000－8701－0021034　H03085
十朝東華錄五百二十五卷(天命至咸豐)　王先謙編　清光緒二十五年(1899)石印本　六十三冊

500000－8701－0021035　H03086
東華錄擥要一百十四卷　(清)汪文安撰　清光緒二十九年(1903)上海商務印書館鉛印本　二十八冊

500000－8701－0021036　H03087
十朝東華錄五百二十五卷(天命至咸豐)　王先謙編　清光緒二十五年(1899)石印本　六十四冊

500000－8701－0021037　H03088
十朝東華錄五百二十五卷(天命至咸豐)　王先謙編　清光緒二十五年(1899)石印本　十三冊　存五朝一百八十卷(天命朝四卷、天聰朝十一卷、崇德朝八卷、順治朝三十六卷、康熙朝一百十卷、乾隆朝一至十一)

500000－8701－0021038　H03089
東華續錄二百二十卷(光緒)　(清)朱壽朋編　清宣統元年(1909)上海圖書集成局鉛印本　六十二冊　存二百十三卷(一至三、八至一百四十二、一百四十六至二百二十)

500000－8701－0021039　H03090
東華續錄二百二十卷(光緒)　(清)朱壽朋編　清宣統元年(1909)上海圖書集成局鉛印本　四十五冊　存一百五十四卷(五十五至一百八十四、一百九十七至二百二十)

500000－8701－0021040　H03091
東華續錄六十九卷(咸豐)　(清)潘頤福編　清光緒二十五年(1899)上海書局石印本　十六冊

500000－8701－0021041　H03092
東華續錄六十九卷(咸豐)　(清)潘頤福編　清光緒十八年(1892)上海圖書集成印書局石印本(卷三十二至六十九係補配)　十六冊

500000－8701－0021042　H03093
東華續錄一百卷(同治)　王先謙編　清光緒二十七年(1901)煥文書局石印本　二十四冊

500000－8701－0021043　H03094
東華續錄一百卷(同治)　王先謙編　清光緒二十四年(1898)文瀾書局石印本　二十四冊

500000－8701－0021044　H03095
東華續錄一百卷(同治)　王先謙編　清光緒二十七年(1901)煥文書局石印本　二冊　存十卷(五十八至六十七)

500000－8701－0021045　H03096

東華續錄一百卷(同治) 王先謙編 清光緒二十四年(1898)文瀾書局石印本 十二冊 存五十七卷(四十四至一百)

500000-8701-0021046 H03097
十朝東華錄五百二十五卷(天命至咸豐) 王先謙編 清刻本(乾隆朝卷十八至二十一、六十二至六十四係補配) 一百四十九冊 存九朝三百九十七卷(天命朝四卷,天聰朝十一卷,崇德朝八卷,順治朝一至十九,康熙朝一至七十二、七十八至一百七,雍正朝二十六卷,乾隆朝一至十一、十五至一百二十,嘉慶朝五十卷,道光朝六十卷)

500000-8701-0021047 H03098
十朝東華錄五百二十五卷(天命至咸豐) 王先謙編 清刻本 七十二冊 存九朝三百十五卷(天命朝四卷,天聰朝十一卷,崇德朝八卷,順治朝三十六卷,康熙朝一至七、十至十三、十七至二十三、二十六至二十八、九十九至一百一,雍正朝十一、十八至十九、二十二至二十三,乾隆朝一至十一、十五至一百二十,嘉慶朝一至五十、道光朝六十卷)

500000-8701-0021048 H03099
東華錄三十二卷 (清)蔣良騏撰 清刻本 一冊 存十六卷(一至十六)

500000-8701-0021049 H03100
東華錄三十二卷 (清)蔣良騏撰 清刻本 八冊

500000-8701-0021050 H03101
東華錄三十二卷 (清)蔣良騏撰 清乾隆三十年(1765)刻本 八冊

500000-8701-0021051 H03102
東華錄三十二卷 (清)蔣良騏撰 清刻本 十冊

500000-8701-0021052 H03103
東華錄八卷 (清)蔣良騏撰 清刻本 八冊

500000-8701-0021053 H03104
東華錄八卷 (清)蔣良騏撰 清刻本 八冊

500000-8701-0021054 H03105
圖註脉訣辨真四卷附脉訣附方一卷 (晉)王叔和譔 (明)張世賢注 清刻本 一冊 存二卷(一至二)

500000-8701-0021055 H03106
賜綺堂集二十八卷續詩四卷外編八卷 (清)詹應甲撰 清道光八年(1828)刻本 六冊 存十八卷(一至三、十至十二、十五至二十二、二十五至二十八)

500000-8701-0021056 H03107
峽江救生船志二卷附川行必要一卷峽江圖考一卷 (清)賀縉紳撰 清光緒三年(1877)水師新副中營刻本 一冊 存三卷(峽江救生船志一、川行必要一卷、峽江圖考一卷)

500000-8701-0021057 H03108
論衡三十卷 (漢)王充撰 清刻本 四冊 存十二卷(一至十二)

500000-8701-0021058 H03110
聲調三譜四卷 (清)王祖源輯 清光緒八年(1882)福山王氏刻本 四冊

500000-8701-0021059 H03111
開有益齋讀書志六卷續志一卷金石文字記一卷 (清)朱緒曾撰 清光緒六年(1880)金陵翁氏茹古閣刻本 六冊

500000-8701-0021060 H03112
列女傳集注八卷補遺一卷 (清)蕭道管注 清刻本 二冊

500000-8701-0021061 H03113
容甫先生遺詩五卷補遺一卷附錄一卷 (清)汪中著 清宣統二年(1910)鉛印本 一冊

500000-8701-0021062 H03114
古文讀本二卷 (清)吳汝綸編輯 清光緒二十九年(1903)學校司排印局鉛印本 二冊

500000-8701-0021063 H03115
關中金石記八卷附記一卷 (清)畢沅撰 清光緒三十四年(1908)渭南嚴氏成都刻本 四冊

500000－8701－0021064　H03116

斜川集六卷　(宋)蘇過撰　清道光七年(1827)刻本　二冊

500000－8701－0021065　H03117

楹聯叢話十二卷續話四卷　(清)梁章鉅編輯　清宣統二年(1910)成都藜照書屋刻本　六冊

500000－8701－0021066　H03118

四書義不分卷　(□)□□輯　清刻本　一冊

500000－8701－0021067　H03119

安雅堂未刻稿八卷入蜀集二卷　(清)宋琬撰　清乾隆三十一年(1766)刻本　四冊　存九卷(安雅堂未刻稿一至五、七至八,入蜀集二卷)

500000－8701－0021068　H03120

廬陵詩存十二卷　(清)胡友梅輯　清光緒十三年(1887)石陽書院木活字印本　十二冊

500000－8701－0021069　H03121

二如亭群芳譜三十卷首一卷　(明)王象晉纂輯　清刻本　十四冊　存二十四卷(元部:天譜二至三、歲譜四卷,亨部:穀譜一卷、蔬譜二卷、果譜四卷,利部:茶譜一卷、竹譜一卷、藥譜三卷、木譜二卷,貞部:花譜三、卉譜二卷、雀魚譜一卷)

500000－8701－0021070　H03122

臨證指南醫案十卷　(清)葉桂撰　清乾隆三十一年(1766)三省堂刻本　二冊　存二卷(一至二)

500000－8701－0021071　H03123

瀛寰志略續集四卷末一卷　(□)□□輯　清光緒二十八年(1902)日新書莊石印本　一冊　存二卷(一至二)

500000－8701－0021072　H03124

詩經識名一卷　(□)□□輯　清刻本　一冊

500000－8701－0021073　H03125

詳注聊齋志異圖詠十六卷首一卷　(清)蒲松齡撰　清光緒十二年(1886)上海同文書局石印本　八冊

500000－8701－0021074　H03126

湖山便覽十二卷　(清)翟灝　(清)翟瀚輯　清光緒元年(1875)杭州王氏槐蔭堂刻本　六冊

500000－8701－0021075　H03127

醫學從眾八卷　(清)陳念祖撰　清刻本　一冊

500000－8701－0021076　H03128

秘授命理須知滴天髓二卷　(明)京圖撰　(明)劉基註　清道光四年(1824)百二漢鏡齋刻本　一冊

500000－8701－0021077　H03129

刊刻注釋張子房解學士千家詩正二卷　(明)湯海若校釋　清刻本　一冊

500000－8701－0021078　H03130

痘科切要不分卷續附雜方　(清)王文選輯　清刻本　一冊

500000－8701－0021079　H03131

明儒學案六十二卷　(清)黄宗羲撰　清刻本　二十冊

500000－8701－0021080　H03132

畿輔叢書一百八十八種　(清)王灝輯　清光緒五年(1879)刻本　二十八冊　存十種一百五十六卷(會昌一品集二十卷、别集十卷、外集四卷、補遺一卷,靜修先生文集十二卷,劉賓客文集三十卷、補遺一卷,劉隨州詩集十一卷,玉臺新詠考異十卷,盧昇之集七卷,李元賓文集六卷,長江集十卷,明史紀事本末一至三十一,明書七十三至七十五)

500000－8701－0021081　H03133

景岳全書六十四卷　(明)張介賓著　清刻本　四冊　存十四卷(二十二至二十五、三十至三十九)

500000－8701－0021082　H03134

景岳全書六十四卷　(明)張介賓著　清刻本　五冊　存十三卷(三至六、三十九、四十八

至四十九、五十二至五十七）

500000－8701－0021083　H03135
景岳全書六十四卷　（明）張介賓著　清刻本　一册　存一卷（四十七）

500000－8701－0021084　H03136
景岳全書六十四卷　（明）張介賓著　清刻本　二册　存六卷（十六至十八、五十八至六十）

500000－8701－0021085　H03137
景岳全書六十四卷　（明）張介賓著　清刻本　四册　存十卷（四十六至四十七、五十四至六十一）

500000－8701－0021086　H03138
桐城吴先生尺牘五卷補遺一卷諭兒書一卷　（清）吴汝綸撰　清光緒二十九年（1903）刻本　一册　存一卷（尺牘一）

500000－8701－0021087　H03139
廣金石韻府五卷附玉篇字畧一卷　（明）朱時望編纂　清咸豐七年（1857）巴郡張氏刻本　六册

500000－8701－0021088　H03140
蜀景匯覽十四卷　鍾登甲編　清光緒八年（1882）廣漢樂道齋刻本　十二册

500000－8701－0021089　H03141
秘傳花鏡六卷　（清）陳淏子輯　清刻本　三册　存五卷（一、三至六）

500000－8701－0021090　H03142
浙省新建安徽會館不分卷　（□）□□撰　清刻本　一册

500000－8701－0021091　H03143
脈經十卷　（晉）王叔和撰　清刻本　四册　存五卷（一、七至十）

500000－8701－0021092　H03144
桐石草堂集九卷　（清）汪仲鈖撰　清刻本　二册

500000－8701－0021093　H03145
讀柳村外集家禮攺良□□卷　（清）祉徽氏編著　清光緒三十三年（1907）刻本　二册　存一卷（一）

500000－8701－0021094　H03146
弟子職箋釋不分卷　（清）洪亮吉撰　清光緒三年（1877）鄂垣刻本　一册

500000－8701－0021095　H03147
隸釋二十七卷　（宋）洪适撰　清刻本　二册　存七卷（二十一至二十七）

500000－8701－0021096　H03148
咏物詩選八卷　（清）俞琰輯　清刻本　四册

500000－8701－0021097　H03149
列仙傳二卷　（漢）劉向撰　**集異記一卷**　（唐）薛用弱撰　清嘉慶九年（1804）新安汪氏刻秘書廿一種本　一册

500000－8701－0021098　H03150
昭代叢書甲集五十卷　（清）張潮輯　清康熙三十六年（1697）刻本　六册

500000－8701－0021099　H03151
曝書亭集八十卷附録一卷　（清）朱彝尊撰　清刻本　十五册

500000－8701－0021100　H03152
曝書亭集八十卷附録一卷　（清）朱彝尊撰　清刻本　八册

500000－8701－0021101　H03153
文選六十卷　（南朝梁）蕭統撰　**文選考異十卷**　（清）胡克家撰　清同治八年（1869）湖北崇文書局刻本　十二册

500000－8701－0021102　H03154
嘯園叢書五十八種　（清）葛元煕輯　清光緒九年（1883）仁和葛氏刻本　十九册　存二十九種八十四卷（愚一錄一至八、攷古質疑六卷、臨池心解一卷、三十五舉一卷、續三十五舉一卷、篆刻鍼度一至四、荊園語錄二卷、聰訓齋語二卷、澄懷園語四卷、唐摭言八至十五、赤雅三卷、韻石齋筆談二卷、書蕉二卷、黄嬭餘話八卷、劇談錄二卷、西溪叢語二卷、古夫于亭雜錄六卷、漁洋書籍跋尾二卷、南田畫跋一卷、賜硯齋題畫偶錄一卷、古詩十九首說一卷、嘉應平寇紀略一卷、説詩晬語二卷、梅道人遺墨一卷、香研居詞麈五卷、詞林正韻三卷發凡一卷、讀律琯朗一卷、吴中判牘一卷、洄溪醫案一卷附一卷）

500000－8701－0021103　H03155
皇朝中外壹統輿圖三十一卷首一卷　（清）嚴樹森輯　清同治二年（1863）刻本　三十三册

500000－8701－0021104　H03156
高僧傳二集四十卷　（唐）釋道宣撰　清光緒十六年（1890）江北刻經處刻本　十册

500000－8701－0021105　H03157
見聞隨筆二卷　（清）馮甦撰　清嘉慶二十一年（1816）臨海宋氏刻本　二册

500000－8701－0021106　H03158
四友遺詩四種十三卷　（清）黎庶昌輯　清光緒二十年（1894）遵義黎氏川東道署刻本　三册　存八卷（歸樸齋詩鈔四卷、蘇鄰遺詩二卷續集一卷、瑟廬遺詩一卷）

500000－8701－0021107　H03159
四友遺詩四種十三卷　（清）黎庶昌輯　清光緒二十年（1894）遵義黎氏川東道署刻本　二册　存四卷（蘇鄰遺詩二卷續集一卷、瑟廬遺詩一卷）

500000－8701－0021108　H03160
通典二百卷　（唐）杜佑纂　清咸豐九年（1859）崇仁謝氏仿武英殿刻本　四十册

500000－8701－0021109　H03161
常州先哲遺書第一集四十一種三百六十七卷附三種七十四卷後編三十種三百二卷　盛宣懷輯　清光緒武進盛氏思惠齋刻本　六十四册

500000－8701－0021110　H03162
常州先哲遺書第一集四十一種三百六十七卷附三種七十四卷後編三十種三百二卷　盛宣懷輯　清光緒武進盛氏思惠齋刻本　五十八册　缺三種七十二卷（第一集：鴻慶居士集四十二卷，宋孫仲益内簡尺牘十卷，後編：鴻慶居士集補遺二十卷）

500000－8701－0021111　H03163
孔氏家語十卷　（三國魏）王肅注　清乾隆四十五年（1780）刻本　二册

500000－8701－0021112　H03164
練兵實紀九卷雜集六卷　（明）戚繼光撰　清道光二十年（1840）刻本　五册

500000－8701－0021113　H03165
食舊悳齋雜箸二卷　（清）劉嶽雲撰　清光緒八年（1882）四川尊經書院刻本　二册

500000－8701－0021114　H03166
知聖篇二卷　廖平撰　清光緒二十八年（1902）刻本　一册

500000－8701－0021115　H03167
明紀彈詞註二卷附類聚數考一卷　（清）張三異撰　清刻本　二册

500000－8701－0021116　H03168
湖海文傳七十五卷　（清）王昶輯　清道光十七年（1837）經訓堂刻本　十二册

500000－8701－0021117　H03169
飲冰室文集十六卷補遺二卷　梁啓超撰　清廣智書局鉛印本　十八册

500000－8701－0021118　H03170
是亦良方不分卷　（□）□□撰　清刻本　一册

500000－8701－0021119　H03171
搜地靈二卷　（□）□□撰　清刻本　一册

500000－8701－0021120　H03172
雲來集不分卷　（□）□□撰　清光緒六年（1880）刻本　一册

500000－8701－0021121　H03173
禮記註疏六十三卷　（漢）鄭玄註　（唐）孔穎達疏　明崇禎虞山毛氏汲古閣刻本　六册　存二十卷（七至九、十七至十九、三十二至四十二、五十至五十二）

500000－8701－0021122　H03175

經典釋文三十卷　(唐)陸德明撰　清刻通志堂經解本　十二冊

500000－8701－0021123　H03177

重刊拜經樓叢書七種　(清)吳騫輯　清光緒十一年(1885)會稽章氏鄂渚刻本　六冊

500000－8701－0021124　H03178

切韻考外篇三卷　(清)陳澧撰　清刻本　一冊

500000－8701－0021125　H03179

四聲易知錄四卷　(清)姚文田輯　清道光十年(1830)刻本　一冊　存二卷(一至二)

500000－8701－0021126　H03180

日本訪書志十七卷　楊守敬撰　清光緒二十七年(1901)刻本　八冊

500000－8701－0021127　H03181

借鏡錄不分卷　題(清)豫道人著　清刻本　一冊

500000－8701－0021128　H03182

莊子旁注五卷　(清)吳承漸輯注　清刻本　四冊　存四卷(一至四)

500000－8701－0021129　H03183

濟一子證道秘書十七種　(清)傅金銓彙輯　清刻本　十八冊　存十五種五十六卷(道書一貫真機易簡録一至四、七至十二,新鐫道書樵陽經二卷,丹經示讀一卷,新鐫道書度人梯經八卷,道書杯溪録三卷,道海津梁一卷,性天正鵠一卷,外金丹五卷,内金丹九卷,玄微心印二卷,三丰丹訣一卷,心學三卷,自題所畫一卷,天仙正理讀法點睛一卷,新鐫道書五篇注八卷)

500000－8701－0021130　H03184

濟一子證道秘書十七種　(清)傅金銓彙輯　清刻本　三冊　存六種七卷(三丰丹訣一卷、丹經示讀一卷、天仙正理讀法點睛一卷、道海津梁一卷、邱祖全書一卷、玄微心印二卷)

500000－8701－0021131　H03185

故唐律疏議三十卷進律疏表一卷　(唐)長孫無忌等撰　**名例一卷**　(唐)王元亮撰　清嘉慶十二年(1807)山東督糧道孫星衍刻本　九冊

500000－8701－0021132　H03186

杜詩詳注三十一卷首一卷　(清)仇兆鰲輯註　清刻本　十三冊　存二十五卷(二至二十五、首一卷)

500000－8701－0021133　H03187

聊園詩存十卷詞存一卷　(清)王曾祺撰　清光緒十六年(1890)韓城刻本　二冊

500000－8701－0021134　H03188

蜀秀集九卷　(清)譚宗浚輯　清光緒五年(1879)成都試院刻本　九冊

500000－8701－0021135　H03189

古香齋鑒賞袖珍初學記三十卷　(唐)徐堅等撰　清刻本　十二冊　存二十四卷(一至二、五至六、九至二十八)

500000－8701－0021136　H03190

欽定授時通考七十八卷　(清)弘晝修　清道光六年(1826)刻本　二十冊

500000－8701－0021137　H03191

四聲切韻表一卷凡例一卷　(清)江永編　清刻本　一冊

500000－8701－0021138　H03192

日本國志四十卷首一卷　(清)黄遵憲編纂　清光緒二十四年(1898)浙江書局刻本　十冊

500000－8701－0021139　H03193

唐文粹一百卷　(宋)姚鉉纂　清光緒九年(1883)江蘇書局刻本　十六冊

500000－8701－0021140　H03194

蜀典十二卷　(清)張澍編輯　清光緒二年(1876)尊經書院刻本　四冊

500000－8701－0021141　H03195

蜀典十二卷　(清)張澍編輯　清光緒二年(1876)尊經書院刻本　四冊

500000－8701－0021142　H03196

蜀典十二卷　(清)張澍編輯　清光緒二年

(1876)尊經書院刻本　四册

500000－8701－0021143　H03197
蜀典十二卷　(清)張澍編輯　清光緒二年(1876)尊經書院刻本　四册

500000－8701－0021144　H03198
蜀典十二卷　(清)張澍編輯　清光緒二年(1876)尊經書院刻本　四册

500000－8701－0021145　H03199
蜀典十二卷　(清)張澍編輯　清光緒二年(1876)尊經書院刻本　四册

500000－8701－0021146　H03200
蜀典十二卷　(清)張澍編輯　清光緒二年(1876)尊經書院刻本　四册

500000－8701－0021147　H03201
蜀典十二卷　(清)張澍編輯　清光緒二年(1876)尊經書院刻本　二册

500000－8701－0021148　H03203
泛槎圖六集　(清)張寶撰　清上海點石齋石印本　二册　存二集(二至三)

500000－8701－0021149　H03204
四益館經學叢書五種　廖平撰　清光緒十二年(1886)成都刻本　一册　存三種四卷(今古學攷二卷、分撰兩戴記章句凡例一卷、左傳古義凡例一卷)

500000－8701－0021150　H03205
五代詩話八卷　(清)王士禛撰　清嘉慶五年(1800)刻本　四册

500000－8701－0021151　H03206
冬心先生集四卷　(清)金農撰　清宣統二年(1910)書業公司石印本　四册

500000－8701－0021152　H03207
賦梅書屋詩初集六卷二集三卷三集二卷四集一卷五集一卷　(清)宋廷樑撰　清光緒二十年(1894)西江刻本　二册　存六卷(初集四至六、二集三卷)

500000－8701－0021153　H03208
暨陽輿頌不分卷　(清)徐士佳撰　清光緒二十四年(1898)刻本　一册

500000－8701－0021154　H03209
四川新設鑪霍屯志畧一卷附登開辦鑪霍屯務公牘一卷附錄一卷　(清)李之珂撰述　清光緒三十二年(1906)蓉城鉛印本　一册

500000－8701－0021155　H03210
南宋江陰軍乾明院羅漢尊號碑不分卷　(明)高道素輯　清乾隆五十一年(1786)刻本　一册

500000－8701－0021156　H03211
潛溪三種　(□)□□撰　清宣統三年(1911)四明孫氏刻本　一册

500000－8701－0021157　H03212
潛溪三種　(□)□□撰　清宣統三年(1911)四明孫氏刻本　一册

500000－8701－0021158　H03213
潛溪錄六卷首一卷　(明)宋濂著　孫鏘增補　丁立中編輯　清宣統二年(1910)四明孫氏七千卷樓刻本　六册

500000－8701－0021159　H03214
村學究語不分卷　(□)□□撰　清光緒九年(1883)刻本　一册

500000－8701－0021160　H03215
王儀部先生箋釋三十卷首一卷末一卷　(明)王肯堂撰　(清)顧鼎重編　清刻本　六册　存十八卷(一至十七、首一卷)

500000－8701－0021161　H03216
振綺類纂四卷　(清)翁天遊　(清)宗觀選　清康熙三年(1664)刻本　一册

500000－8701－0021162　H03217
六書舊義一卷　廖平撰　清光緒十三年(1887)刻本　一册

500000－8701－0021163　H03218
趙子常選杜律五言註三卷　(唐)杜甫撰　(明)趙汸注　(清)查弘道補注　(清)金集補注　清刻本　一册

500000－8701－0021164　H03219

庸庵全集十種 (清)薛福成撰 清光緒刻本 十五冊 存四種二十卷(庸庵文編四卷文續編二卷文補編四卷,籌洋芻議一卷,浙東籌防錄一至三、出使英法義比四國日記六卷)

500000－8701－0021165 H03220

唐王燾先生外臺秘要方四十卷 (唐)王燾撰 清刻本 十九冊 存十九卷(二十二至四十)

500000－8701－0021166 H03221

詩鵠上編三卷中編三卷下編三卷附編三卷 (清)王維舉 (清)王繩祖編 清光緒八年(1882)刻本 十一冊 存十一卷(上編三卷、中編三卷、下編三卷、附編一至二)

500000－8701－0021167 H03222

蜀十五家詞十七卷 (□)□□撰 清鉛印本 一冊 存八種八卷(李太白詞一卷、李德潤詞一卷、毛秘書詞一卷、無住詞一卷、澹齋詞一卷、方舟詩餘一卷、鶴林詞一卷、頤堂詞一卷)

500000－8701－0021168 H03223

皇清敕授文林郎貴州安平縣知縣仲矩劉公崇祀鄉賢祠錄一卷 (清)劉崇祀撰 **婺川留别士民詩草一卷** (清)劉祖憲著 **附刊傳詩一卷** □□著 清刻本 一冊

500000－8701－0021169 H03224

王制箋一卷 (清)皮錫瑞撰 清光緒三十四年(1908)思賢書局刻本 一冊

500000－8701－0021170 H03225

新舊唐書合鈔二百六十卷首一卷宰相世系表訂譌十二卷 (五代)劉昫等纂 **唐書合鈔補正六卷** (清)丁子復撰 清同治十年(1871)武林清來堂吳氏刻本 二十四冊 存七十一卷(合鈔一至五十八、首一卷,世系表訂譌七至十二,補正六卷)

500000－8701－0021171 H03226

鐵橋金石跋四卷 (清)嚴可均撰 清光緒三十一年(1905)秀水王氏刻本 一冊

500000－8701－0021172 H03227

古文尚書撰異三十二卷 (清)段玉裁撰 清刻本 八冊

500000－8701－0021173 H03228

宦游紀略二卷 (清)高廷瑤撰 清刻本 一冊

500000－8701－0021174 H03229

鐵網珊瑚書品十卷畫品六卷 (明)朱存理集錄 清刻本 十六冊

500000－8701－0021175 H03230

惜陰軒叢書四十六種 (清)李錫齡輯 清刻本 一百十二冊 缺四卷(衛生寶鑑三至六)

500000－8701－0021176 H03231

明史稿三百十卷目錄二卷 (清)王鴻緒編撰 清康熙五十三年(1714)敬慎堂刻本 六十四冊

500000－8701－0021177 H03232

駱文忠公奏議湘中稿十六卷四川稿十一卷駱文忠公奏稿十卷行狀一卷神道碑銘一卷輓言錄一卷 (清)駱秉章撰 清同治十年(1871)刻本 十八冊 存二十九卷(奏議湘中稿十六卷、奏稿十卷、行狀一卷、神道碑銘一卷、輓言錄一卷)

500000－8701－0021178 H03233

全唐文紀事一百二十二卷首一卷 (清)陳鴻墀纂 清同治十二年(1873)粵東省富文齋刻本 二十冊

500000－8701－0021179 H03234

漢魏六朝一百三家集一百十八卷 (明)張溥輯 清刻本[王侍中集、王大令集、孫廷尉集、陶彭澤集補清光緒三年(1877)壽考堂本] 一百十九冊

500000－8701－0021180 H03235

行素草堂金石叢書二十一種 (清)朱記榮輯 清光緒十四年(1888)朱氏槐廬刻本 四十冊

500000－8701－0021181 H03236

漢書一百卷 (漢)班固撰 (唐)顏師古注

王先謙補注　清刻本　二十冊　存七十二卷(二十九至一百)

500000－8701－0021182　H03237

稗海七十種四百四十九卷　(明)商濬輯　明刻本　七十九冊　存六十九種四百四十二卷(博物志十卷、西京雜記六卷、壬子年拾遺記十卷、搜神記八卷、述異記二卷、續博物志十卷、摭言一卷、小名錄二卷、雲溪友議十二卷、獨異志三卷、杜陽雜編三卷、東觀奏記三卷、大唐新語十三卷、因話錄六卷、玉泉子一卷、北夢瑣言二十卷、樂善錄二卷、蠡海集一卷、過庭錄一卷、泊宅編三卷、閑窗括異志一卷、搜採異聞錄五卷、東軒筆錄十五卷、青箱雜記十卷、蒙齋筆談二卷、畫墁錄一卷、游宦紀聞十卷、夢溪筆譚二十六卷補筆談一卷、學齋佔畢纂一卷、儲華谷祛疑說纂一卷、墨莊漫錄十卷、侍兒小名錄拾遺一卷、補侍兒小名錄一卷、續補侍兒小名錄一卷、歸田錄二卷、嬾真子五卷、東坡志林十二卷、蘇黃門龍川別志二卷、澠水燕談錄十卷、冷齋夜話十卷、老學庵筆記十卷、雲麓漫抄四卷、石林燕語十卷、避暑錄話二卷、清波雜志三卷、墨客揮犀十卷、異聞總錄四卷、遂昌雜錄一卷、酉陽雜俎二十卷、河東先生龍城錄二卷、鶴林玉露十六卷補遺一卷、儒林公議二卷、侯鯖錄八卷、睽車志六卷、江隣幾雜志一卷、宣室志十卷補遺一卷、桯史十卷、隨隱漫錄五卷、楓窗小牘二卷、耕祿藁一卷、厚德錄四卷、西溪叢語二卷、野客叢書三十卷附墓志一卷附錄一卷、螢雪叢說二卷、孫公談圃三卷、許彥周詩話一卷、後山居士詩話一卷、齊東野語二十卷、癸辛雜識續集二卷別集二卷)

500000－8701－0021183　H03238

農政全書六十卷　(明)徐光啓纂輯　(清)張國維鑒定　清道光二十三年(1843)上海王氏曙海樓刻本　二十三冊　存五十八卷(一至五十二、五十五至六十)

500000－8701－0021184　H03239

農政全書六十卷　(明)徐光啓纂輯　(清)張國維鑒定　清道光十七年(1837)刻本(卷三十五至三十六、五十八係補配)　十四冊　存四十卷(一至三十一、三十五至三十六、四十七至四十八、五十四至五十八)

500000－8701－0021185　H03240

農政全書六十卷　(明)徐光啓纂輯　(清)張國維鑒定　清道光十七年(1837)刻本(補配清末民國初鉛印本)　九冊　存四十一卷(一至四、十八至二十四、三十一至六十)

500000－8701－0021186　H03241

全唐文紀事一百二十二卷首一卷　(清)陳鴻墀纂　清同治十二年(1873)粵東省富文齋刻本　四十冊

500000－8701－0021187　H03242

蜀故二十七卷　(清)彭遵泗纂輯　清光緒二十四年(1898)玉元堂刻本　六冊

500000－8701－0021188　H03243

蜀故二十七卷　(清)彭遵泗纂輯　清刻本　六冊

500000－8701－0021189　H03244

義士碑記不分卷　(清)戴煌撰　清休邑古樓黃鳳山刻本　一冊

500000－8701－0021190　H03245

墨林今話十八卷　(清)蔣寶齡撰　**續編一卷**　(清)蔣茝生撰　清咸豐二年(1852)刻本　六冊

500000－8701－0021191　H03246

劉河間傷寒六書六種二十五卷附二種二卷　(金)劉完素撰　清刻本　一冊　存二種三卷附二種二卷(河間劉守真傷寒論方一卷、傷寒標本心法類萃二卷,附河間傷寒心要一卷、張子和心鏡別集一卷)

500000－8701－0021192　H03247

湘綺樓箋啟八卷　王闓運撰　清光緒三十三年(1907)長沙墨莊劉氏刻本　六冊

500000－8701－0021193　H03248

唐書合鈔補正六卷　(□)□□撰　清刻本　一冊　存三卷(一至三)

500000－8701－0021194　H03249

漢藝文志考證十卷　(宋)王應麟撰　清光緒十年(1884)志古堂刻本　二冊

500000－8701－0021195　H03250

司空詩品注釋一卷　(唐)司空圖撰　清咸豐七年(1857)刻本　一冊

500000－8701－0021196　H03251

四印齋所刻詞二十種　(清)王鵬運輯　清光緒十四年(1888)王氏家塾刻本　八冊　存七種三十一卷(東坡樂府二卷,稼軒長短句十二卷,雙白詞:白石道人詞集三卷別集一卷、山中白云詞二卷補錄二卷續補一卷,詞旨一卷,花外集一卷,漱玉詞一卷附錄一卷,詞林正韻三卷發凡一卷)

500000－8701－0021197　H03252

學海堂叢刻十二種　(清)□□輯　清光緒中刻本　十六冊

500000－8701－0021198　H03253

新安景物約編五卷補遺一卷　(清)江中儔　(清)江正心纂　清道光十年(1830)刻本　二冊

500000－8701－0021199　H03254

慧命經不分卷　(清)柳華陽撰　清宣統二年(1910)善成堂刻本　一冊

500000－8701－0021200　H03255

測海集六卷　(清)彭紹升輯　清刻本　一冊

500000－8701－0021201　H03256

牛痘新書不分卷　(清)邱熺撰　(清)王惇甫增補　清文匯堂刻本　一冊

500000－8701－0021202　H03257

新纂簡捷易明算法四卷附稽核錢糧置簿規式　(清)沈士桂纂輯　清刻本　二冊

500000－8701－0021203　H03258

增訂合聲簡字譜一卷　勞乃宣撰　清光緒三十二年(1906)江甯刻本　一冊

500000－8701－0021204　H03259

等韻一得二卷　勞乃宣撰　清光緒三十二年(1906)錦城簡字師範學堂刻本　二冊

500000－8701－0021205　H03260

歷年紀畧一卷　(清)惠霳嗣摭次　清刻本　一冊

500000－8701－0021206　H03261

貳臣傳十二卷　(□)□□撰　清活字印本　六冊

500000－8701－0021207　H03262

駢儷碎金六卷　(清)王鳳岐輯注　清刻本　二冊

500000－8701－0021208　H03263

歷代世系紀年編一卷　(清)沈炳震輯　**歷代建元重號一卷**　(清)姚文田輯　**歷代建元重號補遺一卷建元附考一卷**　(□)□□撰　清刻本　一冊

500000－8701－0021209　H03264

儀衛軒遺書不分卷　(清)方東樹撰　清刻本　一冊

500000－8701－0021210　H03265

文公家禮儀節八卷　(宋)朱熹編　(明)丘濬輯　清善成堂刻本　四冊

500000－8701－0021211　H03266

六書通十卷　(明)閔齊伋撰　(清)畢弘述篆訂　清刻本　七冊

500000－8701－0021212　H03267

成唯識論述記六十卷　(唐)釋窺基撰　清光緒二十七年(1901)金陵刻經處刻本　二十冊

500000－8701－0021213　H03268

增評補像全圖金玉緣一百二十回首一卷　(清)曹雪芹撰　清光緒十五年(1889)上海石印本　十四冊　存一百四卷(一至六十、六十九至一百三、一百十三至一百二十,首一卷)

500000－8701－0021214　H03269

說文解字注三十二卷說文通檢十四卷首一卷末一卷說文解字注匡謬八卷　(清)段玉裁撰　清宣統二年(1910)上海江左書林石印本　八冊

500000－8701－0021215　H03270
政刑大觀審語不分卷　（清）劉邦翰選輯　清彙賢齋刻本　三冊　存八類（叛亂、殺逆、貪婪、詐僞、豪惡、衙蠹、抄搶、誣詐）

500000－8701－0021216　H03271
政刑大觀告示不分卷　（清）劉邦翰選輯　清彙賢齋刻本　二冊　存六十二至一百十六、二百九十五至三百五十一葉

500000－8701－0021217　H03272
澹園詩草三卷　（清）傅光弼撰　清光緒十六年（1890）刻本　一冊

500000－8701－0021218　H03273
陳修園醫書二十一種　（清）陳念祖撰　清光緒二十二年（1896）珍藝書局鉛印本　十六冊　缺二種二卷（絞腸痧證一卷、弔脚痧證一卷）

500000－8701－0021219　H03274
綏寇紀略十二卷　（清）吳偉業撰　清刻本　三冊

500000－8701－0021220　H03275
福惠全書三十二卷　（清）黄六鴻撰　清刻本　十冊　存二十七卷（一至八、十二至二十四、二十七至三十二）

500000－8701－0021221　H03276
淵鑑類函四百五十卷目錄四卷　（清）張英等纂　清刻本（卷三百五十三至三百五十四係補配）　六十一冊　存一百九十八卷（六十五至一百六十四、二百五十一至二百五十三、三百三十一至三百五十、三百五十三至三百七十六、三百八十六至三百九十七、四百五至四百十五、四百二十七至四百五十，目錄四卷）

500000－8701－0021222　H03277
史姓韻編六十四卷　（清）汪輝祖輯　清同治九年（1870）南京金陵書局木活字印本　二十四冊

500000－8701－0021223　H03278
史傳三編五十六卷　（清）朱軾　（清）蔡世遠編　清同治三年（1864）刻本　二十二冊　存五十一卷（歷代名儒傳八卷、歷代名臣傳三十五卷、歷代循吏傳八卷）

500000－8701－0021224　H03279
孫吳司馬灋八卷　（清）孫星衍輯　清光緒十五年（1889）浙江書局刻本　一冊　存三卷（魏武帝註孫子三卷）

500000－8701－0021225　H03280
農學津梁一卷　（英國）恒里湯納耳撰　（美國）衛理譯　清光緒二十八年（1902）刻本　一冊

500000－8701－0021226　H03281
燕在閣知新錄三十二卷　（清）王棠彙訂　清刻本　七冊　存十四卷（一至二、十一至十八、二十七至三十）

500000－8701－0021227　H03282
通志略五十二卷　（宋）鄭樵著　清乾隆十三年（1748）刻本（昆蟲草木略二卷係補）　三十一冊　缺二卷（校讎略一卷、圖譜略一卷）

500000－8701－0021228　H03283
廣成儀制雷霆禱結皇旛集一卷　閻永和抄錄　清末成都二仙菴刻道藏輯要本　一冊

500000－8701－0021229　H03284
全真嘆文一卷　（清）□□輯　清末刻道藏輯要本　一冊

500000－8701－0021230　H03285
混元宗壇冠巾啟師集一卷　（□）徐圓通輯　清刻本　一冊

500000－8701－0021231　H03286
混元宗壇冠巾啟師集一卷　（□）徐圓通輯　清刻本　一冊

500000－8701－0021232　H03287
廣成儀制□□種　（清）陳復慧校輯　清宣統元年至民國四年（1909－1915）成都二仙菴刻本　四冊　存二十六種二十六卷（廣成儀制斗醮啟師全集一卷、廣成儀制斗醮召合全集一卷、廣成儀制斗醮會將全集一卷、廣成儀制斗醮隍司全集一卷、廣成儀制斗醮迎駕全集

一卷、廣成儀制南斗正朝全集一卷、廣成儀制南斗祝文全集一卷、廣成儀制北斗正朝全集一卷、廣成儀制大曜分事同全集一卷、廣成儀制北斗金玄羽章全集一卷、廣成儀制星主正朝全集一卷、廣成儀制祈禳十八諱全集一卷、廣成儀制亡齋預行抽魂集一卷、廣成儀制大開方隅全集一卷、廣成儀制關攝亡魂全集一卷、廣成儀制開通業道全集一卷、廣成儀制齋醮關召功曹符使集一卷、廣成儀制申啟城隍集一卷、廣成儀制大品齋醮關告投文全集一卷、廣成儀制諸品齋醮安建寒林集一卷、廣成儀制雷霆禱結皇旛全集一卷、廣成儀制催結皇旛全集一卷、廣成儀制謝旛還神全集一卷、廣成儀制十王轉案集一卷、廣成儀制奏請玉札全集一卷、全真青玄濟鍊鐵鑹施食全集一卷)

500000－8701－0021233　H03288

廣成儀制□□種　(清)陳復慧校輯　清宣統元年至民國四年(1909－1915)成都二仙菴刻本　七册　存四十五種四十五卷(廣成儀制斗醮啟師全集一卷、廣成儀制斗醮召合全集一卷、廣成儀制斗醮會將全集一卷、廣成儀制斗醮隍司全集一卷、廣成儀制斗醮迎駕全集一卷、廣成儀制南斗正朝全集一卷、廣成儀制南斗祝文全集一卷、廣成儀制北斗正朝全集一卷、廣成儀制大曜分事同全集一卷、廣成儀制北斗金玄羽章全集一卷、廣成儀制星主正朝全集一卷、廣成儀制祈禳十八諱全集一卷、廣成儀制亡齋預行抽魂集一卷、廣成儀制大開方隅全集一卷、廣成儀制關攝亡魂全集一卷、廣成儀制開通業道全集一卷、廣成儀制齋醮關召功曹符使集一卷、廣成儀制申啟城隍集一卷、廣成儀制大品齋醮關告投文全集一卷、廣成儀制諸品齋醮安建寒林集一卷、廣成儀制雷霆禱結皇旛全集一卷、廣成儀制催結皇旛全集一卷、廣成儀制謝旛還神全集一卷、廣成儀制十王轉案集一卷、廣成儀制奏請玉札全集一卷、全真青玄濟鍊鐵鑹施食全集一卷、廣成儀制借地建壇安鎮文集一卷、廣成儀制貢祀諸天正朝集一卷、廣成儀制九幽正朝全集一卷、廣成儀制血湖大齋三申全集一卷、廣成儀制血湖三塗五苦全集一卷、廣成儀制黄籙五院集一卷、廣成儀制對靈救苦全集一卷、廣成儀制九天生神總明朝全集一卷、廣成儀制度人總朝全集一卷、廣成儀制諸品齋醮迎鑾接駕集一卷、廣成儀制三天門下女青詔書全集一卷、廣成儀制大放赦文全集一卷、廣成儀制龍王正朝全集一卷、廣成儀制和瘟正朝全集一卷、廣成儀制北帝伏魔祛瘟告符全集一卷、廣成儀制酬謝火全集八卷、廣成儀制土皇醮欵啟壇全集一卷、廣成儀制土皇醮欵五方真文集一卷、廣成儀制土皇醮欵安龍集一卷)

500000－8701－0021234　H03289

歷代籌邊略八十四卷目錄類編三卷附奏議二卷　(清)陳麟圖輯　清光緒二十三年(1897)四川廣安州學署刻本　四十册

500000－8701－0021235　H03290

杜詩論文五十六卷　(清)吳見思注　清常州岱淵堂刻本　七册　存四十九卷(一至十一、十九至五十六)

500000－8701－0021236　H03291

歷朝詩約選九十三卷　(清)劉大櫆纂　清光緒二十一年(1895)文徵閣刻本　十四册　存六十一卷(一至十、二十一至三十五、五十三至八十三、八十八至九十二)

500000－8701－0021237　H03292

近月樓存稿□□卷　題(清)曲阿東南薫虞琴撰　清刻本　一册　存三卷(一至三)

500000－8701－0021238　H03293

宋賢遺書不分卷　(清)李文貞公編注　清刻本　一册

500000－8701－0021239　H03294

繪圖五千字文不分卷　(□)□□撰　清南昌廣益書局鉛印本　一册

500000－8701－0021240　H03295

逸史彙編□□卷　(明)康斌編輯　清養晦山房主人樂安惠五郎石印本　一册　存一卷(一)

500000－8701－0021241　H03296
錢考功詩集四卷　(唐)錢起撰　清光緒十年(1884)刻本　一冊

500000－8701－0021242　H03297
宋大家王文公文抄十六卷　(宋)王安石撰　(明)茅坤批評　清刻本　一冊　存五卷(四至八)

500000－8701－0021243　H03298
西國近事彙編(同治癸酉年)　(美國)金楷理口譯　(清)姚棻筆述　清刻本　二冊　存二卷(一、三)

500000－8701－0021244　H03299
東萊先生左氏博議二十五卷　(宋)呂祖謙撰　清道光十九年(1839)錢塘瞿氏清吟閣刻本　五冊　存二十一卷(一至二十一)

500000－8701－0021245　H03300
東萊先生左氏博議二十五卷　(清)胡鳳丹輯　清同治至光緒永康胡氏退補齋刻金華叢書本　六冊

500000－8701－0021246　H03301
本經逢源四卷　(清)張璐纂　清刻本　四冊

500000－8701－0021247　H03302
大生集成五卷　(清)王承謨補撰　清光緒十六年(1890)刻本　一冊

500000－8701－0021248　H03303
補造無功集不分卷　(清)董毓琦撰　清刻本　一冊

500000－8701－0021249　H03304
新刊讀史隨筆二卷　題(清)獨醒主人撰　清宣統二年(1910)培元堂刻本　二冊

500000－8701－0021250　H03305
先正讀書訣不分卷　(清)周永年輯　清光緒七年(1881)刻本　一冊

500000－8701－0021251　H03306
駱文忠公奏議湘中稿十六卷四川稿十一卷駱文忠公奏稿十卷行狀一卷神道碑銘一卷輓言錄一卷　(清)駱秉章撰　清刻本　八冊　存八卷(奏議湘中稿一至八)

500000－8701－0021252　H03307
弦雪居重訂遵生八牋十九卷　(明)高濂撰　(明)鍾惺較閱　清刻本(卷十九係補配)　三冊　存六卷(一至二、十一至十三、十九)

500000－8701－0021253　H03308
弦雪居重訂遵生八牋十九卷　(明)高濂撰　(明)鍾惺較閱　清刻本　八冊　存八卷(一至六、九、十一)

500000－8701－0021254　H03309
國朝畫識十七卷附墨香居畫識十卷　(清)馮金伯纂輯　清刻本　八冊　存十八卷(國朝畫識一至十、十三至十七,墨香居畫識四至六)

500000－8701－0021255　H03310
周禮政要二卷　(清)孫詒讓撰　清光緒二十九年(1903)上海廣通書室刻本　一冊

500000－8701－0021256　H03311
周禮政要二卷　(清)孫詒讓撰　清光緒二十九年(1903)上海廣通書室刻本　一冊

500000－8701－0021257　H03312
周禮政要二卷　(清)孫詒讓撰　清光緒二十九年(1903)上海廣通書室刻本　一冊

500000－8701－0021258　H03313
周禮政要二卷　(清)孫詒讓撰　清光緒二十九年(1903)上海廣通書室刻本　一冊

500000－8701－0021259　H03314
武林往哲遺箸五十六種　(清)丁丙輯　清光緒中錢唐丁氏嘉惠堂刻本　五十八冊　存四十八種二百八十一卷(褚亮集一卷、褚遂良集一卷、鄭巢詩集一卷、錢唐韋先生文集十八卷附錄一卷、準齋雜說二卷附錄一卷、棋訣一卷附錄一卷、新注朱淑真斷腸詩集十卷後集七卷補遺一卷、芝田小詩一卷、漁溪詩稿二卷乙稿一卷補遺一卷、橘潭詩稿一卷、芸居乙稿一卷補遺一卷附錄一卷、雲泉詩稿一卷補遺一卷、書小史十卷、對床夜語五卷、伯牙琴一卷補遺一卷、白雲集三卷附錄一卷、湛淵靜語二卷、湛淵遺稿三卷補遺一卷附錄一卷、忍經一卷、疇齋二譜二卷外錄一卷、竹素山房集三卷補遺一卷附錄一卷、貞居先生詩集七卷補遺卷附錄二卷、山居新語一卷、柘軒集四卷附錄二卷、李草閣詩集六卷拾遺一卷文集一卷、筠谷詩集一卷、松雨軒集八卷補遺一卷附錄二卷、詠物詩一卷、周真人集一卷補遺一卷、節庵集八卷續稿一卷、集古梅花詩二卷附錄一卷、松窗夢語八卷、奚囊蠹餘二十卷補遺一卷附錄二卷、孫夫人集一卷、田叔禾小集十二卷、碧筠館詩稿四卷補遺一卷附錄二卷、亶爰子詩集二卷附錄一卷、弘藝錄三十二卷、藝苑玄幾一卷、西軒效唐集錄十二卷補遺一卷、無類生詩選一卷、龍珠山房詩集二卷補遺一卷附錄一卷、湖上篇一卷、卓光祿集三卷、王節滑公遺集二卷附錄一卷、臥月軒稿三卷附錄一卷、始豐稿十四卷補遺一卷附錄一卷、東軒集選一卷補遺三卷附錄一卷)

500000－8701－0021260　H03315
東都事略一百三十卷　(宋)王偁撰　清嘉慶三年(1798)席氏掃葉山房刻宋遼金元別史本　十六册

500000－8701－0021261　H03316
元史類編四十二卷　(清)邵遠平撰　清乾隆六十年(1795)南沙席氏掃葉山房刻宋遼金元別史本　十六册

500000－8701－0021262　H03317
南宋書六十八卷　(明)錢士升撰　清嘉慶二年(1797)常熟席氏掃葉山房刻本　十一册　存三十六卷(三十三至六十八)

500000－8701－0021263　H03318
大金國志四十卷　(宋)宇文懋昭撰　清席氏掃葉山房刻宋遼金元別史本　五册

500000－8701－0021264　H03319
道藏輯要二十八集　(清)彭定求編　清刻本　二十五册　存十二集六十二卷(氐集二:元始說先天道德經註解一卷;尾集一:太上老君内觀經一卷、太上老君說了心經一卷、太上内丹守一真定經一卷、太上說轉輪五道宿命因緣經一卷、太上老君内丹經一卷、太上妙始經一卷、太上浩元經一卷、太上無極大道自然真一五稱符經二卷、枕中經一卷、太清元道真經二卷、太上老君太素經一卷;斗集五:唱道真言五卷;女集一:文始真經二卷;危集二:鐘呂傳道集一卷,危集四:太上靈寶淨明宗教録一卷;室集二:金華宗旨不分卷,室集四:五經合編五卷;壁集三:涵三語錄一卷、雲巢語錄一卷、趵突語錄一卷,壁集四:三寶心鐙一卷、微言摘要一卷,壁集六:天仙金丹心法二卷;婁集五:瓊琯真人集一卷,婁集七:海瓊白真君語錄一卷;胃集七:漸悟集一卷、丹陽神光燦一卷、丹陽真人語錄一卷、孫不二元君法語一卷、孫不二元君傳述丹道秘書三卷;昴集五:規中指南一卷、太玄寶典一卷、坐忘論一卷、悟玄篇一卷、太虛心淵篇一卷,昴集八:中和集一卷,昴集九:晉真人語錄一卷、徐神翁語錄一卷、盤山棲雲王真人語錄一卷,昴集十:清和真人北遊語錄一卷;畢集一:仙佛合宗語錄不分卷,畢集五:天仙正理直論增註一卷,畢集六:金丹要訣一卷、伍真人丹道九篇一卷;鬼集六:真詮三卷)

500000－8701－0021265　H03320
典故列女傳四卷　(明)解縉撰　清同治二年(1863)善成堂刻本　四册

500000－8701－0021266　H03321
鼎鍥幼幼集成六卷　(清)陳復正輯訂　(清)劉一勳校正　(清)周宗頤叅定　清崇順堂刻本　六册

500000－8701－0021267　H03322
無稽讕語□□卷　(清)蘭皋居士編　清刻本　三册　存三卷(一至二、四)

500000－8701－0021268　H03323
夢溪筆談二十六卷補筆談三卷　(宋)沈括撰　清上海鴻章書局石印本　六册

500000－8701－0021269　H03324
書經大全十卷書圖一卷　(□)□□撰　**考異一卷**　(宋)王應麟撰　清刻本　十二册　存八卷(一至七、考異一卷)

500000－8701－0021270　H03325
書經講義六章　周嵩編　清宣統元年(1909)石印本　一册

500000－8701－0021271　H03326
銷燬抽燬書目一卷禁書總目一卷違礙書目一卷奏繳咨禁書目一卷　(清)高宗弘曆編　清光緒三十三年(1907)上海國學保存會鉛印本　一册

500000－8701－0021272　H03327
思辨錄疑義一卷　(清)劉蓉撰　清光緒二十三年(1897)思賢講舍刻本　二册

500000－8701－0021273　H03328
宋儒龜山楊先生年譜一卷豫章羅先生年譜一卷延平李先生年譜一卷紫陽朱先生年譜一卷　(清)毛念恃訂　清刻本　二册

500000－8701－0021274　H03329
西藏圖考八卷首一卷　(清)黄沛翹輯　清刻本　一册　存二卷(五至六)

500000－8701－0021275　H03330
西藏圖考八卷首一卷　(清)黄沛翹輯　清光緒二十三年(1897)李培榮刻本　六册

500000－8701－0021276　H03331
文字蒙求廣義四卷　(清)王筠撰　清江楚書局刻本　四册

500000－8701－0021277　H03332
穀詒堂集古詩鈔十卷　(清)李壽萱撰　清光緒八年(1882)刻本　四册

500000－8701－0021278　H03333
古文淵鑒六十四卷　(清)徐乾學編注　清刻四色套印本　一册　存二卷(六十至六十一)

500000－8701－0021279　H03334
古文淵鑒六十四卷　(清)徐乾學編注　清刻四色套印本　一册　存一卷(四十七)

500000－8701－0021280　H03335
本草綱目五十二卷首一卷圖三卷　(明)李時珍撰　**藥品總目一卷**　(清)蔡烈先輯　**奇經八脈考一卷　瀕湖脈學一卷　蔡氏萬方鍼線八卷　趙氏本草綱目拾遺十卷**　清光緒十一年(1885)合肥張氏味古齋刻本　一册　存三卷(首一卷、圖一、藥品總目一卷)

500000－8701－0021281　H03336
素行居教學法程四卷　(□)□□撰　清繼述堂刻本　一册

500000－8701－0021282　H03337
忠武公[楊遇春]年譜不分卷　(清)楊國佐撰　清刻本　一册

500000－8701－0021283　H03338
酌雅齋四書遵註合講大學一卷中庸一卷論語十卷孟子七卷圖考一卷　(清)翁復編　清刻本　六册

500000－8701－0021284　H03339
史通通釋二十卷　(清)浦起龍釋　清刻本　七册　存十八卷(一至十、十三至二十)

500000－8701－0021285　H03340
讀史鏡古編十七卷　(清)潘世恩輯　清道光四年(1824)刻本　二册

500000－8701－0021286　H03341
坤道歸原不分卷　(□)□□撰　清光緒三十二年(1906)刻本　一册

500000－8701－0021287　H03342
本事詩十二卷　(清)徐釚編輯　清光緒十四年(1888)邵武徐幹刻本　四册

500000－8701－0021288　H03343
左傳淺說二卷　(清)皮錫瑞撰　清光緒二十五年(1899)刻本　二册

500000－8701－0021289　H03344
續刊青城山記二卷　(清)彭洵編輯　清末刻道藏輯要本　一册

500000－8701－0021290　H03345
典禮備要八卷附涪州義勇彙編一卷　(□)□□撰　清涪州刻本　二册

500000－8701－0021291　H03346
江止庵遺集八卷首一卷　(明)江天一撰　清刻本　三册　存五卷(一至二、五至六，首一

卷）

500000－8701－0021292　H03347
苗防備覽二十二卷　（清）嚴如熤撰　清道光二十三年（1843）紹義堂刻本　三冊　存十二卷（一至四、九至十六）

500000－8701－0021293　H03348
增補繡像全圖金玉緣一百二十回　（□）□□撰　清石印本　一冊　存十回（一百四至一百十三）

500000－8701－0021294　H03349
女科經綸八卷　（清）蕭壎撰　清刻本　六冊　存六卷（一至三、五至七）

500000－8701－0021295　H03350
儀禮節本二卷　（□）□□撰　清京師大學堂刻本　二冊

500000－8701－0021296　H03351
學易集八卷　（宋）劉跂撰　清刻本　一冊　存三卷（六至八）

500000－8701－0021297　H03352
芙蓉鏡卮言四集　（明）江東偉撰　明末活字印本　二冊　存二集（三至四）

500000－8701－0021298　H03353
［陝西省］朝邑縣幅員地糧總說不分卷　（清）霍勤勳等編　清光緒刻本　一冊

500000－8701－0021299　H03354
張仲景傷寒論原文淺注六卷　（清）陳念祖集注　清刻本　四冊

500000－8701－0021300　H03355
中外經世策論合纂六十三卷　（□）□□撰　清光緒二十八年（1902）仿泰西法石印本　十二冊

500000－8701－0021301　H03356
抗希堂十六種全書　（清）方苞撰　清刻本　四十三冊　存九種六十八卷（周官析疑三十六卷、周官集注一至十、喪禮或問一卷、史記注補正一卷、刪定管子一卷、刪定荀子一卷、離騷經正義一卷、望溪文集不分卷、儀禮析疑二至十七）

500000－8701－0021302　H03357
抗希堂十六種全書　（清）方苞撰　清刻本　二冊　存三種六卷（周官析疑三至六、刪定荀子一卷、離騷經正義一卷）

500000－8701－0021303　H03358
抗希堂十六種全書　（清）方苞撰　清刻本　八冊　存五種十卷（刪定管子一卷、刪定荀子一卷、離騷經正義一卷、儀禮析疑十二至十七、望溪文集不分卷）

500000－8701－0021304　H03359
武英殿聚珍版書一百五十八種　（清）紀昀等編　清道光十年至二十七年（1830－1847）刻本　六百五十四冊　存一百二十種一千九百二十八卷（經部：周易口訣義六卷，易說六卷，吳園周易解九卷附錄一卷，易原八卷，郭氏傳家易說十一卷總論一卷，誠齋易傳二十卷，易象意言一卷，易學濫觴一卷，易緯十二卷：易緯乾坤鑿度二卷、易緯稽覽圖二卷、易緯通卦驗二卷、易緯是類謀一卷、易緯乾鑿度二卷、易緯辨終備一卷、易緯乾元序制記一卷、易緯坤靈圖一卷，禹貢指南四卷，禹貢說斷四卷，尚書詳解五十卷，融堂書解二十卷，詩總聞二十卷，續呂氏家塾讀詩記三卷，絜齋毛詩經筵講義四卷，儀禮識誤三卷，儀禮集釋三十卷，儀禮釋宮一卷，大戴禮記十三卷，春秋釋例十五卷，春秋傳說例一卷，春秋經解一至四、十三至十五，春秋辨疑四卷，春秋攷十六卷，春秋集註四十卷，鄭志三卷，論語意原四卷，輶軒使者絕代語釋別國方言十三卷；史部：兩漢刊誤補遺十卷，五代史纂誤三卷，東觀漢記二十四卷，御選明臣奏議四十卷，魏鄭公諫續錄二卷，元朝名臣事略十五卷，鄴中記一卷，元和郡縣誌四十卷，元豐九域志十卷，輿地廣記三十八卷，水經注四十卷，嶺表錄異三卷，麟臺故事五卷首一卷末一卷，五代會要三十卷，宋朝事實二十卷，東漢會要四十卷，漢官舊儀二卷補遺一卷，欽定武英殿聚珍版程式一卷，直齋書錄解題二十二卷，絳帖平六卷總錄一卷，唐書直筆四卷；子部：傅子一卷，帝範四卷,公是弟子記四卷,明本釋三卷,項氏家説十卷附録二卷,農桑輯要七卷,蘇沈良方八卷,小兒藥證真訣三卷,周髀算經二卷附音義一卷,九章算術九卷附音義一卷,孫子算經三卷,海島算經一卷,五曹算經五卷,夏侯陽算經三卷,五經算術二卷,寶真齋法書贊二十八卷,墨法集要一卷,猗覺寮雜記二卷,能改齋漫録十八卷,雲谷雜紀四卷首一卷末一卷,學林十卷,甕牖閑評八卷,考古質疑六卷,朝野類要五卷,欽定四庫全書考證一百卷,澗泉日記三卷,敬齋古今黈八卷,意林一至五,涑水記聞十六卷,唐語林八卷,歸潛志十四卷,老子道德經二卷,文子纘義十二卷;集部:張燕公集二十五卷,文忠集十六卷,南陽集六卷,元憲集三十六卷,景文集六十二卷,文恭集四十卷,祠部集三十五卷,華陽集四十卷,公是集五十四卷,彭城集四十卷,淨德集三十八卷,忠肅集二十卷,山谷内集詩注二十卷外集詩注十七卷别集詩注二卷,后山詩十二卷,柯山集五十卷,陶山集十六卷,學易集八卷,西臺集二十卷,浮沚集九卷,毗陵集十六卷,浮溪集三十二卷,簡齋集十六卷,茶山集八卷,文定集二十至二十四,雪山集十六卷,攻媿集一百十二卷,乾道稿二卷淳熙稿二十卷章泉稿五卷,止堂集十八卷,絜齋集二十四卷,蒙齋集二十卷,恥堂存稿八卷,拙軒集六卷;附:文苑英華辨證十卷,悦心集五卷,歲寒堂詩話二卷,碧溪詩話十卷,浩然齋雅談三卷)

500000－8701－0021305　H03360
浮溪集三十二卷　(宋)汪藻撰　清道光二十七年(1847)刻本　四册　存十八卷(一至十八)

500000－8701－0021306　H03361
東觀漢記二十四卷　(漢)劉珍等撰　**漢官舊儀二卷補遺一卷**　(漢)衛宏撰　清刻本　三册　存二十一卷(東觀漢記七至二十四,漢官舊儀二卷、補遺一卷)

500000－8701－0021307　H03362
西漢會要七十卷　(宋)徐天麟撰　清刻本　七册　存四十九卷(一至四十九)

500000－8701－0021308　H03363
史學叢書四十三種三百十七卷　(清)□□輯　清光緒十九年(1893)有三長齋石印本　二十三册　缺七卷(史記志疑九至十五)

500000－8701－0021309　H03364
史學叢書四十三種三百十七卷　(清)□□輯　清光緒十九年(1893)有三長齋石印本　六册　存六種九十五卷(史記志疑十六至二十四、人表考九卷、漢書注校補二十二至五十六、十六國疆域志十六卷、讀史舉正八卷、諸史考異十八卷)

500000－8701－0021310　H03365
史學叢書四十三種三百十七卷　(清)□□輯　清光緒二十五年(1899)文瀾書局石印本　二十六册　存三十八種二百五十九卷(史記志疑七至十四、人表考四至九、漢書辨疑二十二卷、漢書注校補五十六卷、後漢書補表八卷、補續漢書藝文志一卷、後漢書辨疑十一卷、後漢郡國令長考一卷、續漢書辨疑九卷、後漢書注補正八卷、後漢書注又補一卷、後漢書補注續一卷、三史拾遺五卷、補三國疆域志二卷、補三史藝文志一卷、三國志辨疑三卷、三國志考證八卷、三國志旁證三十卷、三國職官表三卷、三國志補注續一卷、補三國藝文志四卷、宋遼金元四史朔閏考二卷、晉書校勘記五卷、東晉疆域志四卷、補晉兵志一卷、晉宋書故一卷、補梁疆域志一卷、魏書校勘記一卷、新舊唐書互證二十卷、宋州郡志校勘記一卷、宋史藝文志補一卷、補宋書刑法志一卷、補宋書食貨志一卷、補遼金元藝文志一卷、十六國疆域志十六卷、補五代史藝文志一卷、讀史舉正八卷、諸史拾遺五卷)

500000－8701－0021311　H03366
史學叢書四十三種三百十七卷　(清)□□輯　清光緒二十五年(1899)文瀾書局石印本　十八册　存二十九種一百五十四卷(史記志疑七至二十八、史記志疑三十卷、史功表比説一卷、史記天官書補目一卷、楚漢諸侯疆域志三卷、史漢駢枝一卷、人表考九卷、後漢書注補正八卷、後漢書注又補一卷、後漢書補注續一卷、三史拾遺五卷、補三國疆域志二卷、補三史藝文志一卷、三國志辨疑三卷、三國志考證八卷、三國志補注續一卷、補三國藝文志四卷、宋遼金元四史朔閏考二卷、晉書校勘記五卷、補梁疆域志四卷、魏書校勘記一卷、新舊唐書互證七卷、宋史藝文志補一卷、補宋書刑法志一卷、補宋書食貨志一卷、補遼金元藝文志一卷、十六國疆域志十六卷、補五代史藝文志一卷、讀史舉正八卷、諸史拾遺五卷）

500000－8701－0021312　H03367

讀畫齋叢書四十六種　（清）顧修輯　清嘉慶四年（1799）桐川顧氏刻本　七十八册

500000－8701－0021313　H03368

讀畫齋叢書四十六種　（清）顧修輯　清嘉慶四年（1799）桐川顧氏刻本　四册　存二種八卷（文選考異四卷、文選李注補正四卷）

500000－8701－0021314　H03369

九通二千三百五十三卷　（宋）鄭樵等撰　清光緒二十八年（1902）上海鴻寶書局石印本　二百四册

500000－8701－0021315　H03370

九通全書二千三百五十三卷　（宋）鄭樵等撰　清光緒二十八年（1902）貫吾齋石印本　一百十七册

500000－8701－0021316　H03371

醫方集解三卷增訂本草備要十一卷　（清）汪昂著輯　清刻本　六册

500000－8701－0021317　H03372

湖南文徵一百九十卷首一卷姓氏傳四卷目錄六卷　（清）羅汝懷編纂　清同治八年（1869）刻本　六十三册　存一百十八卷（一至五十四、五十六至一百一、一百十五至一百二十一、一百二十六至一百三十六）

500000－8701－0021318　H03373

湖南文徵一百九十卷首一卷姓氏傳四卷目錄六卷　（清）羅汝懷編纂　清刻本　二十九册　存五十四卷（一至五十四）

500000－8701－0021319　H03374

武備志二百四十卷　（明）茅元儀輯　明天啟元年（1621）刻本　七十八册　存二百三十五卷（一至一百五十九、一百六十三至一百六十五、一百六十八至二百四十）

500000－8701－0021320　H03375

武備志二百四十卷　（明）茅元儀輯　明天啟元年（1621）刻本　七册　存二十五卷（十至十八、二十四至二十六、七十三至七十六、八十二至八十四、一百四十四至一百四十六、二百四至二百六）

500000－8701－0021321　H03376

唐書二百六十卷唐書宰相世系表訂譌十二卷　（清）沈炳震訂鈔　清刻本　五十六册　存二百八卷（五十九至二百六十、宰相世系表訂譌一至六）

500000－8701－0021322　H03377

金石萃編一百六十卷　（清）王昶撰　清同治十年（1871）刻本　六十四册

500000－8701－0021323　H03378

金石萃編一百六十卷　（清）王昶撰　清同治十年（1871）刻本　六十四册

500000－8701－0021324　H03379

漢書補注一百二十卷首一卷　王先謙撰　清光緒二十六年（1900）長沙王氏刻本　二十册　存二十九卷（一至二十八、首一卷）

500000－8701－0021325　H03380

佩文齋書畫譜一百卷　（清）孫岳頒等纂　清康熙四十七年（1708）刻本　六十五册

500000－8701－0021326　H03381

東醫寶鑑二十三卷目錄二卷　（朝鮮）許浚撰　清乾隆二十八年（1763）刻本　二十五册

500000－8701－0021327　H03382

東醫寶鑑二十三卷　（朝鮮）許浚撰　清刻本　十八册　存十六卷（内景篇三下至四，外形篇一至三，雜病篇三下至四、五下至十，湯液篇三卷）

500000－8701－0021328　H03383

式訓堂叢書三集四十一種 （清）章壽康輯 清光緒會稽章氏刻本 二十六册 存二十五種九十四卷［初集：古易音訓二卷、傳經表一卷通經表一卷、漢書西域傳補注二卷、晉書地理志新補正五卷、乾道臨安志十五卷（原缺四至十五）札記一卷、弟子職集解一卷、呂子校補二卷、竹汀先生日記鈔三卷、經籍跋文一卷、對策六卷、拜經樓藏書題跋記五卷附錄一卷、曝書雜記三卷、涨亭述古錄二卷、誌銘廣例二卷、金石例補二卷，二集：春秋夏正二卷、家語疏證六卷、鍾山劄記四卷、龍城劄記三卷、知聖道齋讀書跋二卷、平津館鑒藏記書籍三卷補遺一卷續編一卷、廉石居臧書記二卷、銅熨斗齋隨筆八卷、癖談六卷、疑年表一卷］

500000－8701－0021329 H03384

方望溪全集十六種 （清）方苞撰 清刻本 三十二册 存九種一百卷（春秋直解一至十、春秋通論四卷、禮記析疑四十八卷、望溪集不分卷、周官辨一卷、喪禮或問一卷、周官析疑一至二十九、考工記析疑四卷、儀禮析疑十至十一）

500000－8701－0021330 H03385

孫真人千金方衍義三十卷 （清）張璐著 清嘉慶五年（1800）掃葉山房刻本（卷一至二係補配） 三十册

500000－8701－0021331 H03386

黄帝内經素問九卷靈樞經十卷 （清）張志聰集註 清刻本 十九册

500000－8701－0021332 H03387

萬邑公會紀畧六卷 （清）陳光熙編 清同治十一年（1872）刻本 六册

500000－8701－0021333 H03389

春秋公羊傳箋十一卷 王闓運箋 清光緒三十四年（1908）刻本 一册 存二卷（一至二）

500000－8701－0021334 H03390

楚辭八卷首一卷 （戰國）屈原撰 （宋）朱熹集注 清光緒三年（1877）湖北崇文書局刻本 二册

500000－8701－0021335 H03391

欽定吏部處分則例四十七卷 （清）吏部纂 清刻本 十七册 存三十二卷（二、四、七至八、十一至十六、二十至三十一、三十四至三十八、四十一至四十三、四十六至四十七）

500000－8701－0021336 H03392

欽定吏部則例□□卷 （清）吏部纂修 清刻本 二册 存十三卷（一至十三）

500000－8701－0021337 H03393

欽定吏部則例□□卷 （清）吏部纂修 清刻本 一册 存二卷（一至二）

500000－8701－0021338 H03394

歷代名臣言行錄二十四卷 （清）朱桓編輯 清光緒二十六年（1900）文瀾書局石印本 二册

500000－8701－0021339 H03395

戰國策三十三卷 （漢）高誘注 清光緒二十二年（1896）上海鴻寶齋石印本 四册

500000－8701－0021340 H03396

鄉黨文補編三百四十八篇 （清）江永精選 清山帶樓刻本 一册 存一百五篇（孔子於鄉黨至鄉人儺）

500000－8701－0021341 H03397

張仲景傷寒論原文淺注六卷 （清）陳念祖集注 清刻本 四册

500000－8701－0021342 H03398

四十八孝圖解不分卷附童子五字孝言 （□）□□撰 清同治九年（1870）刻本 一册

500000－8701－0021343 H03399

埃及近世史二十七章 （日本）森山守次撰 清光緒二十九年（1903）上海商務印書館鉛印本 一册

500000－8701－0021344 H03400

歐洲最近政治史十六章 （日本）森山守次撰 清光緒二十九年（1903）上海商務印書館鉛印本 一册

500000－8701－0021345 H03401

歐洲最近政治史十六章　(日本)森山守次撰　清光緒二十九年(1903)上海商務印書館鉛印本　一册

500000－8701－0021346　H03402
達生編二卷附刻小兒慢驚風一卷　(清)唐千頃纂　清渭陽姜恒泰刻本　一册

500000－8701－0021347　H03403
孝經本義十八章　(清)劉光蕡撰　清刻本　一册

500000－8701－0021348　H03404
周易本義□□卷　(宋)朱熹撰　清刻本　一册　存一卷(一)

500000－8701－0021349　H03406
曼衍心漏三篇　題(清)儃蠶子撰　清刻本　一册

500000－8701－0021350　H03407
東坡題跋二卷　(宋)蘇軾撰　(清)溫一貞錄　清同治十一年(1872)又賞齋刻本　一册　存一卷(一)

500000－8701－0021351　H03408
東周列國全志二十一卷一百八回　(清)蔡昇評點　清刻本　十五册　存十五卷六十八回(卷一至五:一至二十四回、卷七:三十至三十四回、卷九至十:三十九至四十七回、卷十二至十六:五十三至七十五回、卷十八:八十一至八十三回、卷二十一:九十四至九十七回)

500000－8701－0021352　H03409
中國名相傳二卷　潘博編　清光緒三十四年(1908)鉛印本　一册

500000－8701－0021353　H03410
左文襄公全集一百二十三卷首一卷　(清)左宗棠撰　清光緒十六年至十八年(1890－1892)刻本(奏稿卷四十九至五十八係補配)　一百十七册

500000－8701－0021354　H03411
李文忠公全集一百六十五卷首一卷　(清)李鴻章撰　(清)吳汝綸編錄　清光緒三十一年(1905)金陵刻本　一百册

500000－8701－0021355　H03412
槐廬叢書十四種　(清)朱記榮輯訂　清光緒十三年(1887)吳縣朱氏家塾刻本　七十九册

500000－8701－0021356　H03413
貴州鄉試硃卷一卷(乾隆至光緒)　(清)高廷瑤等撰　清末刻本　一册

500000－8701－0021357　H03414
春秋筆削發微圖一卷春秋名號歸一圖二卷春秋年表一卷　(□)□□撰　清刻本　一册

500000－8701－0021358　H03415
篤素堂文集四卷　(清)張英撰　清光緒六年(1880)龐山張氏刻本　一册

500000－8701－0021359　H03416
史記菁華錄六卷　(清)姚祖恩編　清光緒九年(1883)廣州翰墨園刻朱墨套印本　二册　存二卷(一、三)

500000－8701－0021360　H03417
易經如話十二卷首一卷　(清)汪烜撰　清曲水書局活字印本　六册

500000－8701－0021361　H03418
易經詮義十四卷首一卷　(清)汪烜集　清曲水書局活字印本　十四册　存十四卷(一至十三、首一卷)

500000－8701－0021362　H03419
鏡花緣二十卷　(清)李汝珍撰　清刻本　一册　存二卷(十五至十六)

500000－8701－0021363　H03420
五大洲圖說簡明萬國公法三卷　(清)時報館輯　清石印本　一册

500000－8701－0021364　H03421
剛峯公案□□卷　(□)□□撰　清刻本　三册　存三卷(一至三)

500000－8701－0021365　H03422
新刻國朝名公四書新說答問七卷　(明)黃洪憲選　清刻本　三册

500000－8701－0021366　H03423
而□無雙譜一卷　(□)□□繪　清刻本　一册

500000－8701－0021367　H03424
賞奇軒四種合編四卷　(清)金史等繪　清刻本　一册　存二種二卷(南陵無雙譜一卷、竹譜一卷)

500000－8701－0021368　H03425
賞奇軒四種合編四卷　(清)金史等繪　清刻本　一册　存二種二卷(南陵無雙譜一卷、竹譜一卷)

500000－8701－0021369　H03426
芥子園畫傳四集　(清)王概摹　清刻本　一册　存一種(仙佛圖一卷)

500000－8701－0021370　H03427
歷朝史案二十卷首一卷　(清)洪亮吉編　清刻本　六册

500000－8701－0021371　H03428
本草求真十二卷　(清)黄宫繡纂　(清)黄宫𣪠校訂　清末石印本　一册

500000－8701－0021372　H03429
百梅一韻詩一卷　(清)查嗣萇撰　清刻本　一册

500000－8701－0021373　H03430
聖諭廣訓□□卷　(□)□□撰　清刻本　一册　存二卷(一至二)

500000－8701－0021374　H03431
啓蒙問答二卷　(□)天眉撰　清光緒二十九年(1903)二友會刻本　一册

500000－8701－0021375　H03432
急救應驗良方一卷　(清)費山壽輯　清刻本　一册

500000－8701－0021376　H03433
三費章程一卷　(清)大足縣三費公局編　清光緒元年(1875)刻本　一册

500000－8701－0021377　H03434
河間六書□□種　(金)劉完素撰　清刻本　一册　存一種(素問玄機原病式一卷)

500000－8701－0021378　H03435
五經集字一卷　(清)吴兆松撰　清末刻朱墨套印本　一册

500000－8701－0021379　H03436
擔公遺詩一卷附錄一卷　(明)釋普荷撰　清宣統二年(1910)騰越李根源鉛印本　一册

500000－8701－0021380　H03437
五經贊一卷　(清)陸榮秬纂　(清)徐堂注　清末刻本　一册

500000－8701－0021381　H03438
周官古經舉例一卷　宋育仁撰　清末刻問琴閣箸錄本　一册

500000－8701－0021382　H03439
儀禮節本二卷　(□)□□撰　清京師大學堂刻本　二册

500000－8701－0021383　H03440
儀禮節本二卷　(□)□□撰　清京師大學堂刻本　二册

500000－8701－0021384　H03441
花隱香巢試帖偶存二卷　(清)黄仁麟撰　清道光十三年(1833)刻本　一册

500000－8701－0021385　H03442
牧令書二十三卷末一卷保甲書四卷　(清)徐棟輯　清道光二十八年(1848)刻本　六册　存十卷(一至十)

500000－8701－0021386　H03443
崇文書局彙刻書三十一種　(清)崇文書局輯　清光緒湖北崇文書局刻本　七十九册　缺五卷(楚辭集注四至八)

500000－8701－0021387　H03444
蘇合作賦一卷詞一卷碑一卷銘一卷記一卷贊一卷　(宋)蘇軾撰　清刻本　四册

500000－8701－0021388　H03445
蘇長公小品二卷　(宋)蘇軾撰　(明)王聖俞評選　清刻本　一册　存一卷(一)

500000－8701－0021389　H03446
平津館叢書四十二種　(清)孫星衍輯　清光緒十一年(1885)吳縣朱氏槐廬家塾刻本　五冊　存五種十六卷(華氏中藏經三卷、素女方一卷、千金寶要六卷、秘授清寧丸方一卷、寰宇訪碑錄九至十二、刊謬一卷)

500000－8701－0021390　H03447
契丹國志二十七卷　(宋)葉隆禮撰　清席氏掃葉山房刻宋遼金元別史本　二冊

500000－8701－0021391　H03448
契丹國志二十七卷　(宋)葉隆禮撰　清席氏掃葉山房刻宋遼金元別史本　四冊

500000－8701－0021392　H03449
大金國志四十卷　(宋)宇文懋昭撰　清席氏掃葉山房刻宋遼金元別史本　三冊　存二十卷(二十一至四十)

500000－8701－0021393　H03450
史記一百三十卷　(漢)司馬遷撰　清刻本　三冊　存二十二卷(三十九至六十)

500000－8701－0021394　H03451
史記一百三十卷　(漢)司馬遷撰　(明)徐孚遠　(明)陳子龍測議　清刻本　三冊　存二十五卷(九十三至一百十七)

500000－8701－0021395　H03452
史記一百三十卷　(漢)司馬遷撰　(明)徐孚遠　(明)陳子龍測議　清刻本　一冊　存三卷(二十三至二十五)

500000－8701－0021396　H03453
題鳳館稿八卷詞稿一卷文稿一卷　(清)朱鑑成著　清同治十年(1871)成都刻本　五冊

500000－8701－0021397　H03454
鑑行集三十卷　(□)唐天培編輯　清光緒五年(1879)刻本　十冊

500000－8701－0021398　H03455
鵑碧錄二卷　(清)陳韶湘撰　清光緒元年(1875)刻本　一冊

500000－8701－0021399　H03456
熙朝宰輔錄不分卷　(清)潘世恩輯　清刻本　一冊

500000－8701－0021400　H03457
成案續編二刻八卷(清乾隆十九年至二十七年)　(□)□□撰　清乾隆二十八年(1763)刻本　八冊

500000－8701－0021401　H03458
周書十卷周書逸文一卷　(清)朱右曾集訓校釋　清刻本　二冊

500000－8701－0021402　H03459
春秋尊孟一卷　(清)潘相撰　清乾隆四十三年(1778)汲古閣刻本　一冊

500000－8701－0021403　H03460
千古斯文三集　(明)徐奮鵬選評　(明)徐春茂　(明)徐春盛註釋　清五車館車氏刻本　七冊

500000－8701－0021404　H03461
西湖拾遺四十八卷　(清)陳樹基搜輯　清刻本　十八冊　存四十三卷(一至六、十一至四十七)

500000－8701－0021405　H03462
西山先生真文忠公文章正宗二十四卷　(宋)真德秀編　清刻本　一冊　存三卷(六至八)

500000－8701－0021406　H03463
陶詩彙評四卷　(清)溫汝能纂訂　清光緒十八年(1892)上海五彩公司石印本　二冊

500000－8701－0021407　H03464
西湖佳話古今遺蹟十六卷　(清)墨浪子輯　清刻本　五冊　存十二卷(一至十二)

500000－8701－0021408　H03465
尹氏小學大全五種　(清)尹嘉銓撰　清光緒二十二年至二十五年(1896－1899)刻民國六年(1917)印本　五冊

500000－8701－0021409　H03466
古詩源十四卷　(清)沈德潛選　清光緒十七年(1891)四豐堂刻本　二冊　存七卷(一至七)

500000－8701－0021410　H03467
新鐫工師雕斲正式魯班木經匠家鏡三卷附祕訣仙機一卷　(明)午榮編　清刻本　一冊

500000－8701－0021411　H03468
史姓韻編六十四卷　(清)汪輝祖輯　清光緒十年(1884)慈谿耕餘樓鉛印本　十六冊

500000－8701－0021412　H03469
救時要策萬言書二卷　(清)吳廣霈撰　清光緒二十四年(1898)劍華堂刻本　二冊

500000－8701－0021413　H03470
保素堂稿十卷　(清)錢金甫撰　清刻本　二冊

500000－8701－0021414　H03471
四川奏定警察章程七章　(清)□□編　清末鉛印本　一冊

500000－8701－0021415　H03472
更生詩草一卷更生續草一卷　(清)田興恕撰　清光緒二十四年(1898)刻本　一冊

500000－8701－0021416　H03473
陸桴亭思辨錄輯要三十五卷　(清)陸世儀撰　(清)張伯行重訂　清正誼堂刻本　五冊

500000－8701－0021417　H03474
滇南文畧四十七卷首一卷　(清)袁文揆　(清)張登瀛纂　清光緒二十六年(1900)刻本　二十六冊

500000－8701－0021418　H03475
滇南文畧四十七卷首一卷　(清)袁文揆　(清)張登瀛纂　清光緒二十六年(1900)刻本　五冊　存十卷(三十至三十九)

500000－8701－0021419　H03476
本草詩箋十卷　(清)朱鑰撰　清末刻本　二冊　存五卷(一至五)

500000－8701－0021420　H03477
十一經音訓十一種不分卷　(清)楊國楨撰　清刻本　六冊　存五種(春秋左傳音訓隱公至桓公、春秋公羊傳音訓、春秋穀梁傳音訓、孝經音訓、爾雅音訓)

500000－8701－0021421　H03478
熙朝紀政四卷　(清)王慶云敬述　清光緒二十八年(1902)山東書局鉛印本　四冊

500000－8701－0021422　H03479
新刻學堂日記故事圖說不分卷　(□)□□撰　清刻本　一冊

500000－8701－0021423　H03480
二十一史論贊三十六卷　(明)沈國元閱　清刻本　十二冊　存十七卷(一至七、九至十八)

500000－8701－0021424　H03481
增補事類統編九十三卷首一卷　(清)黃葆真增輯　清光緒四年(1878)刻本　二十一冊　存五十卷(一至二十六、三十至五十二,首一卷)

500000－8701－0021425　H03482
經苑二十五種　(清)錢儀吉輯　清同治刻本　八冊　存三種二十四卷(呂氏家塾讀詩記一至三、七至十一、二十九至三十二,續呂氏家塾讀詩輯二至三,儀禮集釋一至五、十五至十七、二十六至二十七)

500000－8701－0021426　H03483
大清一統志五百卷　(清)和珅等纂　清光緒二十七年(1901)上海寶善齋石印本　六十一冊　存四百二十四卷(一至四百二十四)

500000－8701－0021427　H03484
明文鈔初編六卷　(清)高塘集評　清道光十一年(1831)刻本　三冊

500000－8701－0021428　H03485
[道光]蓬溪縣志十六卷首一卷　(清)吳章祁等修　(清)顧士英等纂　清道光二十四年(1844)刻本　一冊　存二卷(五至六)

500000－8701－0021429　H03486
明太祖功臣圖一卷　(清)□□繪　清刻本　一冊

500000－8701－0021430　H03487
五經圖十二卷　(清)楊恢基訂正　清雍正二

年(1724)刻本　五冊　存十卷(一至六、九至十二)

500000－8701－0021431　H03488
河圖心法合纂直講十三卷　題(清)蘭陵不二子撰　清同治十二年(1873)刻本　六冊

500000－8701－0021432　H03489
洛書心法合纂直講十四卷　題(清)蘭陵不二子撰　清光緒三年(1877)刻本　六冊

500000－8701－0021433　H03490
招隱居二卷附火坑蓮一卷　(清)鍾祖芬撰　清刻本　一冊

500000－8701－0021434　H03491
京師大學堂中國地理講義一卷首一卷　(清)鄒代鈞撰　清刻本　一冊

500000－8701－0021435　H03492
翼聖堂重訂蘇老泉硃批孟子二卷　(宋)蘇洵批點　清刻朱墨套印本　二冊

500000－8701－0021436　H03493
蔡福州外紀十卷附錄一卷　(明)徐𤊹編　清同治刻本　二冊

500000－8701－0021437　H03494
野香亭集十三卷　(清)李孚青撰　清刻本　三冊

500000－8701－0021438　H03495
明紀彈詞註二卷　(清)張三異撰　清道光楊浚刻本　二冊

500000－8701－0021439　H03496
皇朝文獻通考三百卷　(清)嵇璜等纂　清光緒二十八年(1902)貫吾齋石印本　十冊　存一百五十卷(一至一百五十)

500000－8701－0021440　H03497
周禮折衷四卷　(宋)魏了翁撰　清刻本　二冊

500000－8701－0021441　H03498
墨子經説解二卷　(戰國)墨翟撰　(清)張惠言述　清國學保存會石印本　一冊

500000－8701－0021442　H03499
大清通禮摘要不分卷　(□)□□撰　清刻本　一冊

500000－8701－0021443　H03500
二酉堂叢書二十二種　(清)張澍編輯　清道光元年(1821)武威張氏二酉堂刻本　十二冊

500000－8701－0021444　H03501
晴雲山房文集十七卷補遺二卷詩集三卷補遺一卷　(清)馮鎮巒撰　(清)荀培初輯　清道光二十四年(1844)刻本　六冊

500000－8701－0021445　H03502
胡敬齋先生居業錄四卷　(明)胡居仁撰　清同治九年(1870)刻本　四冊

500000－8701－0021446　H03503
御纂性理精義十二卷　(清)李光地等撰　清咸豐二年(1852)刻本　六冊

500000－8701－0021447　H03504
詞科掌錄十七卷餘話七卷　(清)杭世駿編輯　清乾隆仁和杭氏道古堂刻本　八冊

500000－8701－0021448　H03505
湘軍記二十卷　(清)王定安撰　清光緒十五年(1889)江南書局刻本　十二冊

500000－8701－0021449　H03506
史學叢書四十三種三百十七卷　(清)□□輯　清石印本　二十九冊　存四十三種三百四卷(史記志疑十至三十六、史功表比說一卷、史記天官書補目一卷、楚漢諸侯疆域志三卷、史漢駢枝一卷、人表考九卷、漢書辨疑二十二卷、漢書注校補五十六卷、後漢書補表八卷、補續漢書藝文志一卷、後漢書辨疑十一卷、後漢郡國令長考一卷、續漢書辨疑九卷、後漢書注補正八卷、後漢書注又補一卷、後漢書補注續一卷、三史拾遺五卷、補三國疆域志二卷、補三史藝文志一卷、三國志辨疑三卷、三國志考證八卷、三國志旁證三十卷、三國職官表三卷、三國志補注續一卷、補三國藝文志四卷、宋遼金元四史朔閏考二卷、晉書校勘記五卷、東晉疆域志四卷、補晉兵志一卷、晉宋書故一卷、補梁疆域志四卷、魏書校勘記一卷、新舊唐書互證二十卷、宋州郡志校勘記一卷、宋史藝文志補一卷、補宋書刑法志一卷、補宋書食貨志一卷、補遼金元藝文志一卷、十六國疆域志十六卷、補五代史藝文志一卷、讀史舉正八卷、諸史拾遺五卷、諸史考異一至十四）

500000－8701－0021450　H03507
兩浙名賢錄六十二卷　（清）徐象梅撰　清光緒二十六年（1900）浙江書局刻本　六十二册

500000－8701－0021451　H03508
史傳三編五十六卷　（清）朱軾　（清）蔡世遠編　清同治三年（1864）刻本　二十四册

500000－8701－0021452　H03509
平旦鐘聲二卷　（清）好德書齋編録　清嘉慶二十五年（1820）存心草堂刻本　二册

500000－8701－0021453　H03510
東萊博議四卷附增補虚字注釋一卷　（宋）吕祖謙撰　清同治八年（1869）崇明馮泰松全福會刻本　四册

500000－8701－0021454　H03511
十三經集字不分卷　（□）□□撰　清嘉慶十八年（1813）刻本　一册

500000－8701－0021455　H03512
十三經不二字不分卷　（□）□□撰　清同治六年（1867）刻本　一册

500000－8701－0021456　H03513
十三經不二字不分卷　（□）□□撰　清同治六年（1867）刻本　一册

500000－8701－0021457　H03514
太上老君説常清静經不分卷　（□）□□撰　清光緒八年（1882）道生堂善性刻本　一册

500000－8701－0021458　H03515
讀選集箴不分卷　（清）何其傑輯　清光緒九年（1883）陳鳳堂刻本　一册

500000－8701－0021459　H03516
使琉球記六卷　（清）李鼎元撰　清同治五年（1866）刻本　一册　存三卷（一至三）

500000－8701－0021460　H03517
韓魏公言行錄不分卷　（清）崔廷璋編　清光緒十三年（1887）刻本　一册

500000－8701－0021461　H03518
皇朝直省府廳州縣歌括不分卷　（清）蔣升撰　清光緒二十八年（1902）内江縣萬軸樓木活字印本　一册

500000－8701－0021462　H03519
三通考輯要三種七十六卷　湯壽潛輯　清光緒二十五年（1899）上海圖書集成局鉛印本　三十册

500000－8701－0021463　H03520
龍威秘書十集　（清）馬俊良輯　清嘉慶元年（1796）世德堂刻本　八十册

500000－8701－0021464　H03521
龍威秘書十集三百三十四卷　（清）馬俊良輯　清世德堂刻本　七十四册　缺三十六卷（一集：搜神記八卷、神仙傳一至五，三集：本朝名家詩鈔小傳三，五集：廬陵雜説一卷、遺史記聞一卷、摭青雜説一卷、晰獄龜鑑一卷、搜神祕覽一卷、玉溪編事一卷、乘異記一卷、廣異記一卷、近異録一卷、甄異記一卷、旌異記一卷、睽車志一卷、雞肋一卷、虎口餘生記一卷、小娥傳一卷，八集：李氏學樂録二卷，十集：説文解字通釋十五至十九）

500000－8701－0021465　H03522
硃批諭旨不分卷　（清）世宗胤禛撰　清朱墨石印本　六十册

500000－8701－0021466　H03523
東周列國全志二十三卷一百八回訂正東周列國志善本封建地圖考一卷　（清）馮夢龍撰（清）蔡奡評點　清咸豐四年（1854）書成山房刻朱墨套印本　九册

500000－8701－0021467　H03524
東周列國全志二十三卷一百八回　（清）馮夢龍撰　（清）蔡奡評點　清刻本　六册

500000－8701－0021468　H03525
西國近事彙編不分卷（同治癸酉年至甲戌年）

（清）上海機器製造局編譯　清光緒上海機器製造局鉛印本　八册

500000－8701－0021469　H03526
西國近事彙編不分卷（光緒丁酉年）　（清）上海機器製造局編譯　清光緒上海機器製造局鉛印本　一册　存一季（冬季）

500000－8701－0021470　H03527
西國近事彙編不分卷（光緒癸未年）　（清）上海機器製造局編譯　清光緒上海機器製造局鉛印本　四册

500000－8701－0021471　H03528
番禺陳氏東塾叢書四種附一種　（清）陳澧撰　清同治廣東富文齋刻本　八册

500000－8701－0021472　H03529
杭氏七種　（清）杭世駿撰　清末杭氏刻本　四册

500000－8701－0021473　H03530
皇朝武功紀盛四卷　（清）趙翼撰　清刻本　二册

500000－8701－0021474　H03531
春秋中國夷狄辨三卷　徐勤撰　清光緒二十三年（1897）上海點石齋石印本　一册

500000－8701－0021475　H03532
中西匯通醫書五種　唐宗海撰　清光緒三十二年（1906）善成堂刻本　三册　存二種十卷（中西匯通醫經精義二卷、血證論八卷）

500000－8701－0021476　H03533
西京雜記二卷　（漢）劉歆撰　清光緒八年（1882）刻本　一册

500000－8701－0021477　H03534
槃花軒詩藁二卷　（清）陸建撰　清刻本　一册

500000－8701－0021478　H03535
內科新說二卷　（英國）合信氏　（清）管茂材撰　清末鉛印本　一册

500000－8701－0021479　H03536
水田居激書二卷　（清）賀貽孫撰　清刻本　二册

500000－8701－0021480　H03537
鄉守外編輯要十卷　（清）許乃釗編輯　清道光三十年（1850）刻本　二册

500000－8701－0021481　H03538
天文揭要二卷　（美國）赫士口譯　（清）周文源筆述　清光緒二十四年（1898）上海美華書館鉛印本　二册

500000－8701－0021482　H03539
三農紀十卷　（清）張宗法撰　清善成堂刻本　六册

500000－8701－0021483　H03540
律話三卷　（清）戴長庚撰　清道光十三年（1833）刻本　一册　存一卷（一之一）

500000－8701－0021484　H03541
東洲艸堂文鈔二十卷　（清）何紹基撰　清末刻本　三册　存十二卷（五至七、十二至二十）

500000－8701－0021485　H03542
太上靈寶靜明二帝君三天秘法掌訣法旨七卷　（晉）許遜撰　清光緒三十二年（1906）二仙菴刻本　一册

500000－8701－0021486　H03543
太上靈寶靜明二帝君三天秘法掌訣法旨七卷　（晉）許遜撰　清光緒三十二年（1906）二仙菴刻本　一册

500000－8701－0021487　H03544
訓纂堂叢書六種　（清）楊調元輯　清光緒中貴築楊氏刻本　二册

500000－8701－0021488　H03545
黔書二卷　（清）田雯編　**續黔書八卷**　（清）張澍編　清光緒二十八年（1902）貴陽書局刻本　二册　存四卷（黔書二、續黔書一至三）

500000－8701－0021489　H03546
敬齋文集十二卷補編一卷　（清）吳高增撰　清刻本　二册　存十二卷（文集十二卷）

500000－8701－0021490　H03547

李鴻章十二章　題（清）飲冰室主人（梁啟超）撰　清光緒二十八年（1902）廣智書局刻本　一册　存六章（一至六）

500000－8701－0021491　H03548
李鴻章十二章　題（清）飲冰室主人（梁啟超）撰　清光緒二十八年（1902）廣智書局刻本　一册　存六章（一至六）

500000－8701－0021492　H03549
姓觿十卷附録一卷　（明）陳士元撰　清刻本　三册

500000－8701－0021493　H03550
奏定學堂章程不分卷　（清）張之洞等撰　清光緒二十九年（1903）學校司排印局鉛印本　四册　存十三種附二種（學務綱要、大學堂章程、高等學堂章程、中學堂章程、高等小學堂章程、初等小學堂章程、蒙養院及家庭教育法章程、優級師範學堂章程、初級師範學堂章程、實業教員講習所章程、高等農工商實業學堂章程、中等農工商實業學堂章程、初等農商實業學堂章程，附實業補習普通學堂章程、藝徒學堂章程）

500000－8701－0021494　H03551
道德經註釋八十章　題（清）圓嶠山紫霞洞主人（李涵虚）註　（唐）吕純陽評點　清道光二十年（1840）岳陽樓刻本　一册

500000－8701－0021495　H03552
晚學集八卷　（清）桂馥撰　清嘉慶元年（1796）刻本　二册

500000－8701－0021496　H03553
畫學心印八卷　（清）秦祖永評輯　清刻朱墨套印本　二册　存四卷（三至四、七至八）

500000－8701－0021497　H03554
維摩詰所說經註八卷　（晉）釋鳩摩羅什譯　（晉）釋僧肇註　清光緒十三年（1887）金陵刻經處刻本　二册

500000－8701－0021498　H03555
因明入正理論疏八卷　（唐）釋窺基撰　清光緒二十二年（1896）金陵刻經處刻本　二册

500000－8701－0021499　H03556
成唯識論十卷　（唐）釋玄奘譯　清光緒二十二年（1896）金陵刻經處刻本　一册　存五卷（六至十）

500000－8701－0021500　H03557
鮑爵軍門戰功紀畧一卷　（清）金國均等纂　清同治六年（1867）刻本　一册

500000－8701－0021501　H03558
懷星堂全集三十卷　（明）祝允明著　清宣統二年（1910）中國書畫會鉛印本　八册

500000－8701－0021502　H03559
算學策要十五卷增補算學纂要三卷增補談算輯要六卷　（清）李本方鑒定　（清）歐陽薰（清）陶秉復編　清光緒二十八年（1902）開縣文倫書局鉛印本　四册

500000－8701－0021503　H03560
事類賦補遺十四卷　（清）張均編撰　清刻本　四册

500000－8701－0021504　H03561
事類賦三十卷　（宋）吳淑撰註　清刻本　三册　存二十三卷（一至八、十六至三十）

500000－8701－0021505　H03562
訂譌雜錄十卷　（清）胡鳴玉撰　清光緒上海申報館鉛印本　二册

500000－8701－0021506　H03563
忠雅堂集三十卷　（清）蔣士銓撰　清大文堂刻本　十册　存二十四卷（一至十二、十六至二十七）

500000－8701－0021507　H03564
明紀編年十二卷　（明）鍾惺撰　（明）王汝南補　清刻本　三册　存九卷（四至十二）

500000－8701－0021508　H03565
玉函山房輯佚書八十卷附目耕帖三十一卷（清）馬國翰輯　清光緒九年（1883）長沙嫏嬛館刻本　一百十册　缺一卷（三十三）

500000－8701－0021509　H03566
玉函山房輯佚書八十卷附目耕帖三十一卷

（清）馬國翰輯　清光緒九年（1883）長沙嫏嬛館刻本　一百冊

500000－8701－0021510　H03567
平津館叢書四十二種　（清）孫星衍輯　清嘉慶蘭陵孫氏刻本　五十四冊　缺二種三卷（華氏中藏經一卷、素女方一卷、附製太黃丸方一卷）

500000－8701－0021511　H03568
續資治通鑑二百二十卷　（清）畢沅編　清刻本　七十三冊　存二百十一卷（十至二百二十）

500000－8701－0021512　H03569
粵十三家集十三種一百七十一卷　（清）伍元薇輯　清道光二十年（1840）南海伍氏詩雪軒刻本　四十四冊　缺一種九卷（文溪集十二至二十）

500000－8701－0021513　H03570
欽定皇輿西域圖志四十八卷首四卷　（清）傅恒等纂　清鉛印本　二十四冊

500000－8701－0021514　H03571
朱子集一百四卷目錄二卷補遺一卷　（宋）朱熹撰　清刻本　四十冊

500000－8701－0021515　H03572
記事珠十卷　（清）張以謙撰　清嘉慶二十一年（1816）刻本　十冊

500000－8701－0021516　H03573
風雨樓叢書二十四種　鄧實輯　清宣統三年（1911）順德鄧氏風雨樓鉛印本　十七冊　存七種三十六卷（聖嘆外書：唱經堂杜詩解四卷、唱經堂古詩解一卷，容甫先生遺詩五卷、補遺一卷、附錄一卷，江邨銷夏錄三卷，定盦詩集定本二卷、詞定本一卷、集外未刻詩一卷、集外未刻詞一卷，吳越所見書畫錄二至六，庚子銷夏記八卷、閑者軒帖考一卷，乙卯劄記一卷、丙辰劄記一卷）

500000－8701－0021517　H03574
欽定日下舊聞考一百六十卷　（清）于敏中等纂　清刻本（卷二十八至三十、一百四十五至一百四十九係補配）　四十七冊

500000－8701－0021518　H03575
欽定日下舊聞考一百六十卷　（清）于敏中等纂　清刻本　十六冊　存九十三卷（六十八至一百六十）

500000－8701－0021519　H03576
書法正宗二卷　（□）□□撰　清道光八年（1828）問月堂刻本　一冊

500000－8701－0021520　H03577
閑家類纂二卷　（清）彭紹謙輯　清乾隆三十四年（1769）刻本　二冊

500000－8701－0021521　H03578
邊事彙鈔十二卷續鈔八卷　（清）朱克敬編輯　清光緒六年（1880）長沙刻本　十冊

500000－8701－0021522　H03579
荒政瑣言一卷　（清）萬維翰撰　清刻本　一冊

500000－8701－0021523　H03580
六事箴言一卷　（清）葉玉屏輯　清刻本　一冊

500000－8701－0021524　H03581
續文章軌範百家批評註釋七卷　（明）鄒守益輯　（明）焦竑評　明刻本　二冊

500000－8701－0021525　H03582
琴譜新聲六卷　（清）曹尚絅等訂　清刻本　三冊　存四卷（一至四）

500000－8701－0021526　H03583
易傳十七卷　（唐）李鼎祚集解　**附周易音義一卷**　（唐）陸德明撰　清乾隆二十一年（1756）刻本　四冊　存十二卷（易傳四至九、十三至十七，周易音義一卷）

500000－8701－0021527　H03584
刻鵠軒賸稿不分卷　（清）龍起濤撰　清光緒二十二年（1896）刻本　一冊

500000－8701－0021528　H03585
古泉書錄解題三卷　（清）秘宋齋著述　清光緒二十一年（1895）遵義黎氏刻本　一冊

500000－8701－0021529　H03586
魏書校勘記一卷　(□)□□撰　清光緒九年(1883)長沙王氏刻本　一册

500000－8701－0021530　H03587
輶軒語不分卷　(清)張之洞撰　清光緒三年(1877)刻本　一册

500000－8701－0021531　H03588
佩文詩韻釋要五卷　(清)周兆基輯　清宣統三年(1911)商務印書館影印本　一册

500000－8701－0021532　H03589
夏小正四卷　(清)王貞小箋　清同治十一年(1872)刻本　一册

500000－8701－0021533　H03590
訹文不分卷　(清)吳可讀撰　清刻本　一册

500000－8701－0021534　H03591
錦字箋四卷　(清)黄澐纂　清刻本　四册

500000－8701－0021535　H03592
周禮節釋十二卷　(清)鮑梁纂輯　清刻本　四册

500000－8701－0021536　H03593
經餘必讀八卷　(清)錢樹棠等輯　清刻本　四册

500000－8701－0021537　H03594
讀律心得不分卷　(清)劉衡輯　清戴杰刻本　一册

500000－8701－0021538　H03595
夏小正集説四卷　(清)程鴻詔撰　清刻本　一册

500000－8701－0021539　H03596
劉氏叢書鈔□□種　(□)□□撰　清宣統二年(1910)刻本　一册　存六種六卷(桃花源傳奇一卷、懶閒天籟一卷、女游仙詩百詠一卷、女游仙續詠一卷、閨中十空曲一卷、女千字文一卷)

500000－8701－0021540　H03597
噩夢不分卷　(清)王夫之譔　清刻本　一册

500000－8701－0021541　H03598
鳴原堂論文二卷　(清)曾國荃審訂　清成都志古堂刻本　二册

500000－8701－0021542　H03599
四川官運鹽案類編九十卷續編四卷首一卷　(清)唐炯編　清光緒二十八年至三十四年(1902－1908)瀘州總局刻本　三十二册

500000－8701－0021543　H03600
御製數理精藴上編五卷下編四十卷表八卷　(清)張樹聲等編　清光緒八年(1882)廣東藩司刻本　十八册　存十三卷(上編五卷、表八卷)

500000－8701－0021544　H03601
蜀水攷四卷　(清)陳登龍撰　(清)朱錫穀補註　(清)陳一津分疏　清光緒八年(1882)四川臥龍橋玉文堂刻本　一册

500000－8701－0021545　H03602
焦氏易林十六卷　(漢)焦贛撰　**易林元籥十測一卷**　(明)盛如林撰　清刻本　六册

500000－8701－0021546　H03603
管可壽齋尺牘二卷　(□)管斯駿輯　清光緒十二年(1886)刻本　二册

500000－8701－0021547　H03604
四川名勝楹聯一卷　(清)清一道人選輯　**李陳大主考會墨一卷**　(清)李端棻　(清)陳同禮撰　清光緒十五年(1889)刻本　一册

500000－8701－0021548　H03605
金川瑣記六卷　(清)李心衡撰　清刻本　一册　存三卷(一至三)

500000－8701－0021549　H03606
東洋史要四卷　(日本)小川銀次郎著　(清)屠長春譯　清光緒二十八年(1902)上海商務印書館鉛印本　一册

500000－8701－0021550　H03607
夷堅志十集二十卷　(宋)洪邁撰　清刻本　三册　存三卷(甲上、壬下至癸上)

500000－8701－0021551　H03608

格言彙編六種 （清）王乃徵輯　清光緒三十四年（1908）石印本　七冊

500000－8701－0021552　H03609
歷代名臣言行錄二十四卷首一卷 （清）朱桓編輯　清光緒三十年（1904）上海商務印書館鉛印本　八冊

500000－8701－0021553　H03610
東華錄擥要一百十四卷 （清）汪文安撰　清光緒二十九年（1903）上海商務印書館鉛印本　一冊　存四卷（十九至二十二）

500000－8701－0021554　H03611
兒笘錄四卷 （清）俞樾撰　清刻宏達堂叢書本　一冊

500000－8701－0021555　H03612
朱子性理吟二卷 （清）吳徽仲編釋　清康熙四十年（1701）海陽吳氏樹滋堂刻本　一冊

500000－8701－0021556　H03613
大潛山房詩鈔一卷 （清）劉銘傳撰　清同治七年（1868）刻本　一冊

500000－8701－0021557　H03614
賡縵堂矢音集二卷詩集四卷文集一卷雜俎一卷 （清）何彤雲撰　清咸豐九年（1859）綠天蘭若刻本　三冊　缺一卷（文集一卷）

500000－8701－0021558　H03615
周懶予先生圍碁譜不分卷 （清）金棶志輯　清同治十二年（1873）刻本　一冊

500000－8701－0021559　H03616
周懶予先生圍碁譜不分卷 （清）金棶志輯　清同治十二年（1873）刻本　一冊

500000－8701－0021560　H03617
輶軒語不分卷 （清）張之洞撰　清光緒五年（1879）貴陽刻本　一冊

500000－8701－0021561　H03618
香祖筆記十二卷 （清）王士禛撰　清刻本　四冊

500000－8701－0021562　H03619
子良詩存七卷 （清）馮詢撰　清道光二十一年至二十五年（1841－1845）刻本　三冊

500000－8701－0021563　H03620
蘭史自訂年譜一卷 （清）王錫九撰　清刻本　一冊

500000－8701－0021564　H03621
省吾錄二編 （□）余華撰　清咸豐元年（1851）刻本　一冊

500000－8701－0021565　H03622
莊子釋意三篇 （清）高秋月集說　（清）曹同春論正　清康熙二十九年（1690）刻莊騷合刻本　二冊　存二篇（内篇、外篇）

500000－8701－0021566　H03623
楚辭燈四卷 （清）林雲銘撰　清康熙三十六年（1697）挹奎樓刻本　二冊

500000－8701－0021567　H03624
楚辭十卷 （清）強望泰編　清光緒十一年（1885）惜陰書屋刻本　四冊

500000－8701－0021568　H03625
新鐫工師雕斲正式魯班木經匠家鏡三卷附祕訣仙機一卷 （明）午榮編　清刻本　一冊　存三卷（家鏡三卷）

500000－8701－0021569　H03626
物理小識十二卷首一卷 （清）方以智集　清光緒十年（1884）寧靜堂刻本　六冊

500000－8701－0021570　H03627
名醫類案十二卷 （明）江瓘輯　清乾隆刻本（卷六係補配）　十二冊

500000－8701－0021571　H03628
時敏學堂課藝二卷 鄧家讓撰　清光緒二十八年（1902）廣東時敏書局鉛印本　二冊

500000－8701－0021572　H03629
瘡瘍經驗三卷 （清）鮑集成輯　清末刻本　二冊　存二卷（一至二）

500000－8701－0021573　H03630
書傳音釋六卷首一卷末一卷 （宋）蔡沈集傳　（元）鄒季友音釋　清同治五年（1866）望三益齋刻本　四冊

500000－8701－0021574　H03631
僊源輿頌不分卷　(清)張文安等撰　清咸豐七年(1857)太邑集賢齋李登一刻本　一册

500000－8701－0021575　H03632
玉岑樓紀事詩一卷　(清)許承基輯　清刻本　一册

500000－8701－0021576　H03633
廣志繹六卷　(明)王士性撰　清嘉慶二十二年(1817)陝西臨海宋氏刻本　二册　存五卷(一至五)

500000－8701－0021577　H03634
觀物博異八卷　(法國)普謝撰　清光緒三十年(1904)上海廣學會排印本　一册

500000－8701－0021578　H03635
眺秋樓詩八卷　(清)高岑撰　清刻本　一册　存三卷(一至三)

500000－8701－0021579　H03636
國朝館選爵里諡法考六卷　(清)吳鼎雯輯　清刻本　二册　存三卷(三至五)

500000－8701－0021580　H03637
山海經補註十八卷　(明)楊慎撰　**山海經圖讃一卷**　(晉)郭璞纂　清光緒十年(1884)刻本　四册

500000－8701－0021581　H03638
新鍥幽閒玩味奪趣群芳十卷　(明)吳敬所編輯　清刻本　四册　存七卷(四至十)

500000－8701－0021582　H03639
時病論八卷　(清)雷豐著　清光緒十年(1884)雷氏慎修堂刻本　六册

500000－8701－0021583　H03640
藝槩六卷　(清)劉熙載撰　清光緒二十九年(1903)成都官書局鉛印本　二册

500000－8701－0021584　H03641
傅氏眼科審視瑤函六卷首一卷　(明)傅仁宇纂輯　清石印本　一册

500000－8701－0021585　H03642
萬壽僊書四卷　(清)羅洪撰　(清)曹無極增輯　清延古齋刻本　二册

500000－8701－0021586　H03643
天霞山館文存六卷　(清)龍起濤撰　清光緒十六年(1890)刻本　三册

500000－8701－0021587　H03644
雲軸詩草一卷　(清)毛兆鏌撰　清刻本　一册

500000－8701－0021588　H03645
止齋舊稿不分卷　(清)吳遵賓撰　清刻本　一册

500000－8701－0021589　H03646
經義策論要法三卷附議啟二篇　(□)□□撰　清光緒二十七年(1901)江夏陳氏刻本　一册

500000－8701－0021590　H03647
十三經韻語一卷　(清)王謨撰　清光緒二十七年(1901)江夏陳氏刻本　一册

500000－8701－0021591　H03648
十三經韻語一卷　(清)王謨撰　清光緒二十七年(1901)江夏陳氏刻本　一册

500000－8701－0021592　H03649
楹聯叢話十二卷續話四卷　(清)梁章鉅編輯　清道光二十三年(1843)南浦廌齋刻本　三册　存八卷(四至九、續話一至二)

500000－8701－0021593　H03650
陶晚聞先生集十卷首一卷補錄一卷　(清)陶正靖撰　清光緒六年(1880)刻三陶文集本　一册　存二卷(九至十)

500000－8701－0021594　H03651
皖江採風錄一卷　(清)徐立綱輯　清末刻本　一册

500000－8701－0021595　H03652
樂府外集四卷首一卷　(清)汪烜輯　清刻本　二册

500000－8701－0021596　H03653
周氏醫學叢書三十二種　(清)周學海輯　清光緒池陽周氏刻本　三十一册　存九種一百

二卷(本艸經疏三十卷,脈經三至五、八至十,中藏經三卷附方一卷,内照法一卷,巢氏諸病源候總論一至八、十六至五十,脈因證治四卷,脈學四種:脈義簡摩八卷、脈簡補義二卷,金匱鉤玄三卷、評點葉案存真類編二)

500000 - 8701 - 0021597　H03654
西國近事彙編(光緒丙子年至戊戌年)　(清)上海機器製造局編譯　清光緒上海機器製造局鉛印本　八十四冊　缺八季(己卯年夏、秋季,壬辰年春季至冬季,癸巳年秋季,丁酉年秋季)

500000 - 8701 - 0021598　H03655
詩經廣詁三十卷　(清)徐璈輯錄　清刻本　六冊　存二十三卷(三至十二、十八至三十)

500000 - 8701 - 0021599　H03656
古經解彙函十六種附小學彙函十四種　(清)鍾謙鈞輯　清刻本　七冊　存六種三十六卷(春秋啖趙集傳纂例四至十,春秋微旨三卷,春秋啖趙二先生集傳辯疑十卷,論語集解義疏十卷,論語筆解二卷,鄭志三卷、補遺一卷)

500000 - 8701 - 0021600　H03657
歷代職官表六卷　(清)黃本驥校　(清)王廷學重校　清光緒八年(1882)刻本　三冊

500000 - 8701 - 0021601　H03658
觀古堂書目叢刻十五種　葉德輝輯　清光緒湘潭葉氏刻民國八年(1919)重編印本　十一冊　存十二種四十五卷(古今書刻二卷、南雍志經籍考二卷、百川書志二十卷、萬卷堂書目四卷、絳雲樓書目補遺一卷、靜惕堂書目宋人集一卷元人文集一卷、徵刻唐宋秘本書目一卷附考證一卷徵刻書啟五先生事略一卷、竹崦盦傳鈔書目一卷、結一廬書目四卷附錄一卷、別本結一廬書目一卷、求古居宋本書一卷附考證一卷、潛采堂宋人集目錄一卷元人集目錄一卷)

500000 - 8701 - 0021602　H03659
新增格古要論三卷　(明)曹昭撰　清吳應芝刻本　二冊

500000 - 8701 - 0021603　H03660
富國策三卷　(清)嵩山外史署編　清光緒二十五年(1899)上海華美書館鉛印本　一冊

500000 - 8701 - 0021604　H03661
呂子校補二卷　(清)梁玉繩撰　清乾隆五十三年(1788)刻本　一冊

500000 - 8701 - 0021605　H03662
東周列國全志二十三卷一百八回　(清)馮夢龍撰　(清)蔡界評點　清刻本　六冊　存十一卷五十一回(卷二至九:六至四十二回、卷二十一至二十三:九十四至一百七回)

500000 - 8701 - 0021606　H03663
典禮備考八卷　萬縣志局撰　清末萬縣志局刻本　二冊

500000 - 8701 - 0021607　H03664
傅氏眼科審視瑤函六卷首一卷醫案一卷　(明)傅仁宇纂輯　清刻本　六冊

500000 - 8701 - 0021608　H03665
增補萬寶全書三十卷　(清)王月撰　(清)毛煥文增補　清乾隆十三年(1748)光霽堂刻本　四冊

500000 - 8701 - 0021609　H03666
三統術衍三卷鈐一卷　(清)錢大昕撰　清嘉慶六年(1801)刻本　二冊

500000 - 8701 - 0021610　H03667
古今類傳四卷　(清)董穀士　(清)董炳文輯　清康熙三十一年(1692)刻本　四冊

500000 - 8701 - 0021611　H03668
御定歷代賦彙一百四十卷外集二十卷逸句二卷補遺二十二卷目錄二卷　(清)陳元龍編　清康熙四十五年(1706)刻本　五十四冊　存一百七十五卷(一至五十九、六十四至一百四十,外集一至八、十六至二十,逸句二卷,補遺二十二卷,目錄二卷)

500000 - 8701 - 0021612　H03669
御定歷代賦彙一百四十卷外集二十卷逸句二卷補遺二十二卷目錄二卷　(清)陳元龍編

清刻本　十二冊　存三十七卷(八十一至九十二、九十六至一百、一百四至一百十二,外集一至三、十四至十六,補遺七至八、十三至十五)

500000－8701－0021613　H03670
御定歷代賦彙一百四十卷外集二十卷逸句二卷補遺二十二卷目錄二卷　(清)陳元龍編　清刻本　四冊　存十七卷(二十七至三十、三十七至四十、九十七至九十九,外集一至六)

500000－8701－0021614　H03671
御定歷代賦彙一百四十卷外集二十卷逸句二卷補遺二十二卷目錄二卷　(清)陳元龍編　清刻本　七冊　存十七卷(二十九至三十三、三十六至四十,補遺十六至二十二)

500000－8701－0021615　H03672
養蒙針度五卷　(清)潘子聲撰　清道光十八年(1838)刻本　四冊

500000－8701－0021616　H03673
公侯鑒□□卷　題(清)柳營外史輯　清同治五年(1866)姑蘇圓妙觀得見齋刻本　一冊　存三卷(一至三)

500000－8701－0021617　H03674
汪羅彭薛四家合鈔四種十五卷　國學扶輪社編　清宣統二年(1910)國學扶輪社鉛印本　六冊

500000－8701－0021618　H03675
汪羅彭薛四家合鈔四種十五卷　國學扶輪社編　清宣統二年(1910)國學扶輪社鉛印本　六冊

500000－8701－0021619　H03676
嫻藝軒襍箸三卷　(清)黃家岱撰　清光緒二十一年(1895)江蘇南菁講舍刻本　一冊

500000－8701－0021620　H03677
史目表二卷　(清)洪飴孫撰　清光緒四年(1878)啟秀山房刻本　一冊

500000－8701－0021621　H03678
古文尚書攷二卷　(清)惠棟撰　清乾隆五十七年(1792)刻本　一冊

500000－8701－0021622　H03679
史畧八十七卷　(清)朱坤輯　清光緒二十四年(1898)上海蜚英館石印本　六冊

500000－8701－0021623　H03680
今古奇觀四十卷　題(明)抱甕老人撰　清刻本　三冊　存十二卷(十三至十六、二十一至二十四、三十三至三十六)

500000－8701－0021624　H03681
神相鐵關刀四卷首一卷　(□)□□撰　清刻本　一冊　存二卷(三至四)

500000－8701－0021625　H03682
觚齋集聯十種　(清)劉貞安輯　清宣統三年(1911)築垣寓齋鉛印本　二冊

500000－8701－0021626　H03683
新刻濟顛大師醉菩提全傳三卷十二回　題(清)天花藏舉人編次　清道光二十七年(1847)刻本　三冊

500000－8701－0021627　H03684
皇朝詞林典故六十四卷　(清)朱珪等纂　清光緒十三年(1887)刻本　三十二冊　存六十卷(一至六十)

500000－8701－0021628　H03685
史餘二十卷　(清)陳堯松撰　(清)陳慶颺注　**補錄一卷**　(清)陳慶颺撰　**揭庶韓先生注一卷**　(清)陳堯松撰　清同治元年(1862)刻本　六冊

500000－8701－0021629　H03686
甲子編年圖一卷　(清)徐易編　清刻本　一冊

500000－8701－0021630　H03687
東坡詩選十二卷　(明)譚元春選　(明)袁宏道閱　清刻本　一冊　存一卷(一)

500000－8701－0021631　H03688
字林考逸八卷附錄一卷　(清)任大椿撰　**補本一卷**　(清)陶方琦輯　(清)龔道耕補訂　**說郛字林附錄一卷**　(宋)呂忱撰　**校誤一卷**

校誤補一卷　清光緒二十三年(1897)成都龔氏襄馨精舍刻民國二十三年(1934)渭南嚴氏補刻本　一册　存三卷(一至三)

500000－8701－0021632　H03689
字林考逸八卷附録一卷　(清)任大椿撰　**補本一卷**　(清)陶方琦輯　(清)龔道耕補訂　**説郛字林附録一卷**　(宋)吕忱撰　**校誤一卷　校誤補一卷**　清光緒二十三年(1897)成都龔氏襄馨精舍刻民國二十三年(1934)渭南嚴氏補刻本　三册　存十卷(一至三、七至八,附録一卷,補本一卷,説郛字林附録一卷,校誤一卷,校誤補一卷)

500000－8701－0021633　H03690
貸園叢書初集十二種　(清)周永年輯　清乾隆五十四年(1789)歷城周氏竹西書屋刻本　一册　存二種三卷(蒿菴閒話二卷、談龍録一卷)

500000－8701－0021634　H03691
新編曆法大旨通書陰陽理氣大成□□卷　(□)□□撰　明萬曆二十九年(1601)萃慶堂刻本　八册　存三十六卷(四至三十九)

500000－8701－0021635　H03692
趙甌北全集七種一百七十五卷　(清)趙翼撰　清光緒二年(1876)刻本　四十九册　存五種一百七卷(廿二史劄記三十六卷、補遺一卷,陔餘叢攷四十三卷,簷曝雜記六卷,皇朝武功紀盛四卷,甌北詩鈔十七卷)

500000－8701－0021636　H03693
焦氏遺書二十二種　(清)焦循撰　清光緒二年(1876)刻本　四十八册

500000－8701－0021637　H03694
月河精舍叢鈔五種　(清)丁寶書輯　清刻本　七册　存四種十六卷(唐御史臺精舍題名考三卷、讀書雜識三至十二、安定言行録二卷、風水祛惑一卷)

500000－8701－0021638　H03695
孝肅奏議十卷　(宋)包拯撰　清同治二年(1863)廣東李瀚章刻本　四册

500000－8701－0021639　H03696
皇朝直省府廳州縣歌括不分卷　(清)蔣升撰　清光緒二十八年(1902)内江縣萬軸樓木活字印本　一册

500000－8701－0021640　H03697
印人傳三卷　(清)周亮工撰　清國光印刷所鉛印本　一册

500000－8701－0021641　H03698
日知録之餘四卷　(清)顧炎武述　清宣統二年(1910)風雨樓鉛印本　一册　存二卷(一至二)

500000－8701－0021642　H03699
國朝書徵録三卷續録二卷明人附録一卷　(清)張庚撰　清同治八年(1869)刻本　四册

500000－8701－0021643　H03700
唐陸宣公集二十二卷　(唐)陸贄撰　清咸豐元年(1851)刻本　五册　存二十卷(一至二十)

500000－8701－0021644　H03701
杜工部七言律詩一卷　(唐)杜甫撰　(明)郭正域精選　清金閶沈氏刻本　一册

500000－8701－0021645　H03702
經解入門八卷　(清)江藩纂　清光緒十四年(1888)粤東書局刻本　四册

500000－8701－0021646　H03703
近六科館課詩賦合鈔二種九卷　(清)徐經等輯　清醉經書屋刻本　九册

500000－8701－0021647　H03704
蠶桑淺説一卷　(清)陳開沚撰　清刻本　一册

500000－8701－0021648　H03705
蠶桑淺説一卷　(清)陳開沚撰　清刻本　一册

500000－8701－0021649　H03706
蠶桑淺説一卷　(清)陳開沚撰　清刻本　一册

500000－8701－0021650　H03707

蠶桑淺說一卷 （清）陳開沚撰　清刻本　一冊

500000－8701－0021651　H03708
成都通覽十卷 傅崇榘編　清宣統元年至二年(1909－1910)成都通俗報社鉛印本　六冊　存六卷(一至六)

500000－8701－0021652　H03709
成都通覽十卷 傅崇榘編　清宣統元年至二年(1909－1910)成都通俗報社鉛印本　八冊

500000－8701－0021653　H03710
本朝十二家精選十二卷 （清）何飛鳳輯　清耕心堂刻本　三冊　存三卷(七至九)

500000－8701－0021654　H03711
張氏醫通十六卷 （清）張璐撰　清刻本　十四冊　存十四卷(一至二、四至十、十二至十六)

500000－8701－0021655　H03712
東垣十書 （明）□□輯　清刻本　十冊　存十一種二十一卷(内外傷辨惑論三卷、脾胃論三卷、蘭室秘藏三卷、此事難知集二卷、湯液本草三卷、格致餘論一卷、局方發揮一卷、外科精義二卷、醫經溯洄集一卷、醫壘元戎一卷、斑論萃英一卷)

500000－8701－0021656　H03713
丹溪心法附餘二十四卷 （明）方廣輯　明刻本　十九冊

500000－8701－0021657　H03714
欽定駢字類編二百四十卷 （清）張廷玉編　清刻本　二百四十冊

500000－8701－0021658　H03715
重訂丹溪先生心法五卷 （元）朱震亨撰　清刻本　三冊　存二卷(三至四)

500000－8701－0021659　H03716
醫述十六卷 （清）程文囿輯　清刻本　一冊　存一卷(七)

500000－8701－0021660　H03717
賢首五教儀六卷 （清）釋續法集錄　清康熙十九年(1680)刻本　二冊

500000－8701－0021661　H03718
醫宗必讀十卷 （清）李中梓撰　清活字印本　五冊　存八卷(三至十)

500000－8701－0021662　H03719
頤志齋四譜四卷 （清）丁晏編　清道光二十三年(1843)頤志齋刻本　一冊

500000－8701－0021663　H03720
東垣十書 （明）□□輯　清刻本　一冊　存二種二卷(脈訣一卷、局方發揮一卷)

500000－8701－0021664　H03721
丹桂籍不分卷 （□）□□撰　清刻本　一冊

500000－8701－0021665　H03722
學古堂捐藏書目一卷學古堂藏書目一卷學古堂藏數據附刻叢書子目一卷 （清）學古堂編　清刻本　一冊

500000－8701－0021666　H03723
毋無園集□□卷 （清）單士修撰　清刻本　二冊　存二卷(二至三)

500000－8701－0021667　H03724
重訂博物典彙四卷 （明）黃道周原纂　（清）蔡方炳刪補　清刻本　二冊

500000－8701－0021668　H03725
正字通十二集 （清）張自烈輯　清刻本　十二冊　存八集(子下、卯、辰下、巳、未下、申、酉下、戌上)

500000－8701－0021669　H03726
拾遺記十卷 （晉）王嘉撰　清刻本　一冊

500000－8701－0021670　H03727
文選補遺四十卷 （宋）陳仁子輯　清刻本　一冊　存三卷(九至十一)

500000－8701－0021671　H03728
昭明文選六臣彙註疏解□□卷 （清）顧施禎纂輯　清文獻堂刻本　一冊　存一卷(一)

500000－8701－0021672　H03729
畜德錄二十卷 （清）席啟圖纂輯　清刻本

一册　存二卷(十五至十六)

500000－8701－0021673　H03730

愛日堂尚書註解纂要六卷　(清)吳蓮纂輯　清刻本　二册　存四卷(三至六)

500000－8701－0021674　H03731

半厂叢書初編九種八十三卷　(清)譚獻輯　清同治至光緒刻本　十六册

500000－8701－0021675　H03732

半厂叢書初編九種八十三卷　(清)譚獻輯　清同治至光緒刻本　十六册

500000－8701－0021676　H03733

欽定歷代職官表七十二卷首一卷　(清)紀昀等纂　清刻本　二十三册　存四十七卷(一至三十六、六十三至七十二,首一卷)

500000－8701－0021677　H03734

歷代名臣言行録二十四卷　(清)朱桓編輯　清嘉慶十二年(1807)刻本(卷二十至二十四係補配)　三十二册

500000－8701－0021678　H03735

欽定大清會典事例一千二百二十卷目録八卷　(清)崑岡等總裁　清光緒商務印書館石印本　四百七十一册　存一千二百二十一卷(一至三百九、三百十二至四百九十八、五百二至一千二百、一千二百三至一千二百二十,目録八卷)

500000－8701－0021679　H03736

欽定大清會典事例一千二百二十卷目録八卷　(清)崑岡等總裁　清光緒商務印書館石印本　一百九十五册　存五百四十九卷(一至五百四十一,目録八卷)

500000－8701－0021680　H03737

欽定大清會典圖二百七十卷首一卷　(清)崑岡等總裁　清光緒商務印書館石印本　九册　存二十九卷(二十八至五十六)

500000－8701－0021681　H03738

欽定大清會典圖一百三十二卷目録二卷　(清)慶桂等總裁　清嘉慶十六年(1811)刻本　三十九册　存一百二十七卷(一至一百二十五、目録二卷)

500000－8701－0021682　H03739

廣雅書局叢書□□種　(清)廣雅書局輯　清光緒中廣雅書局刻民國九年(1920)番禺徐紹棨彙編重印本　四百九十六册　存一百四十二種一千九百四十四卷(經類:周易解故一卷,易緯略義三卷,象數論六卷,易林釋文二卷,禹貢班義述三卷附漢縻水入尚龍谿考一卷,書蔡傳附釋一卷,詩集傳附釋一卷,毛詩傳箋通釋一至十七、二十五至二十六、三十一至三十二,毛詩後箋一至三、七至十一、二十至三十,毛詩天文考一卷,禮書綱目八十五卷首三卷,儀禮古今文異同疏證五卷,儀禮私箋八卷,輪輿私箋二卷附圖一卷,禮記天算釋一卷,春秋規過考信三卷,春秋述義拾遺八卷附河間劉氏書目考一卷,春秋公羊注疏質疑二卷,孟子趙注補正六卷,孟子劉注一卷,爾雅匡名二十卷,爾雅注疏本正誤五卷;小學:説文引經證例二十四卷,潛揅堂説文答問疏證六卷,廣潛揅堂説文答問疏證八卷,小爾雅訓纂六卷,輶軒使者絕代語釋别國方言箋疏十三卷附校勘記一卷,釋名疏證八卷續釋名一卷補遺一卷附校議一卷,釋穀四卷,急就章考異一卷,汗簡七卷;雜箸:吳氏遺箸五卷附録一卷:經説三卷、小學説一卷、廣韻説一卷附録一卷,句溪雜箸六卷,劉氏遺書八卷:論語駢枝一卷、經傳小記一卷、國語補校一卷、荀子補注一卷、淮南子補校一卷、方言補校一卷、漢學拾遺一卷、文集一卷,愈愚録六卷,學詁齋文集二卷,廣經室文鈔一卷,白田草堂存稾八卷,陳司業遺書三卷:掌録二卷、經咫一卷,東塾遺書:水經注西南諸水考三卷、弧三角平視法一卷、摹印述一卷、三統術詳説四卷,無邪堂答問五卷,人範六卷,小學集解六卷,少室山房筆叢四十八卷:經籍會通四卷、丹鉛新録八卷、史書占俾六卷、藝林學山八卷、九流緒論三卷、四部正譌三卷、三墳補逸二卷、二酉綴遺三卷、華陽博議二卷、莊嶽委談二卷、玉壺遐覽四卷、雙樹幻鈔三卷,詩藪内編六卷外編四卷雜編六卷;史學:史記索隱一至八，史記志疑三十六卷附錄三卷，史記月表正譌一卷，史表功比說一卷，史記注補正一卷，史記毛本正誤一卷，史漢駢枝一卷，漢書辨疑二十二卷，漢書注校補五十六卷，漢志水道疏證四卷，漢書西域傳補注二卷，人表考四至九、補一卷附錄一卷，漢書人表考校補一卷，後漢書補注二十四卷，後漢書辨疑十一卷，續漢書辨疑九卷，後漢書注補正八卷，後漢書注又補一卷，後漢書補注續一卷，前漢書注考證一卷，後漢書注考證一卷，後漢郡國令長考一卷，三國志辨疑三卷，三國志考證八卷，三國志旁證三十卷，三國志補注續一卷，三國志注證遺四卷補四卷，晉書地理志新補正五卷，晉書校勘記五卷，晉書校勘記三卷，晉宋書故一卷，宋州郡志校勘記一卷，魏書校勘記一卷，新舊唐書互證二十卷，宋遼金元四史朔閏考二卷，金史詳校一至二、末一卷，元史譯文證補一至六、九至十二、十四至十五、十八、二十二至二十四、二十六至二十七、二十九至三十，史記天官書補目一卷，楚漢諸侯疆域志三卷，後漢書補表八卷，後漢三公年表一卷，補後漢書藝文志四卷，補續漢書藝文志一卷，補三國藝文志四卷，補三國疆域志二卷，三國職官表三卷，三國紀年表一卷，補晉兵志一卷，補晉書藝文志四卷補遺一卷附錄一卷，東晉疆域志四卷，十六國疆域志十六卷，東晉南北朝輿地表二十八卷，補梁疆域志四卷，補宋書刑法志一卷，補宋書食貨志一卷，南北史年表一卷，南北史世系表五卷，南北史帝王世系表一卷，五代紀年表一卷，補五代史藝文志一卷，宋史藝文志補一卷，補三史藝文志一卷，補元史藝文志四卷，元史氏族表三卷，十七史商榷一百卷，廿二史考異一百卷，廿二史劄記三十六卷補遺一卷，諸史考異十八卷、附讀書叢錄七卷，歷代史表五十九卷，欽定歷代職官表七十二卷首一卷，歷代地理沿革表四十七卷，廿一史四譜五十四卷，九史同姓名略七十二卷補遺四卷，三史同名錄四十卷，西魏書二十四卷附錄一卷，續唐書七十一卷，晉書輯本：晉書十七卷補遺一卷、晉書十一卷、晉書一卷、晉書一卷、晉書一卷、晉書一卷、晉史草一卷、晉書一卷、晉中興書七卷、晉諸公別傳一卷，晉紀輯本：晉紀一卷、晉紀一卷、惠帝起居注一卷、晉紀一卷、晉紀一卷、晉紀一卷、晉紀一卷，晉陽秋輯本：晉陽秋三卷、續晉陽秋二卷，漢晉春秋輯本：漢晉春秋三卷、晉春秋一卷，三十國春秋輯本：三十國春秋一卷、三十國春秋一卷、蜀李書一卷、漢趙記一卷、趙書一卷、趙書一卷、二石傳一卷、燕書一卷、秦書一卷、南燕書一卷、秦記一卷、後秦記一卷、涼記一卷、西河記一卷、涼記一卷、燉煌實錄一卷、南燕書一卷、燕志一卷，晉書地道記一卷，晉太康三年地記一卷，十六國春秋輯補一百卷年表一卷，十六國春秋纂錄校本十卷附校勘記一卷，太常因革禮一百卷校識二卷，大金集禮四十卷附校刊識語一卷校勘記一卷，中興小記四十卷，建炎以來繫年要錄二百卷，國語翼解六卷，吉林外記十卷，黑龍江外記八卷；集部：屈子離騷彙訂三卷雜文箋略二卷首一卷，屈原賦注七卷通釋二卷音義三卷，楚辭天問箋一卷，韓集補注一卷，蘇詩查注補正四卷）

500000－8701－0021683　H03740
廣雅書局叢書□□種　（清）廣雅書局輯　清光緒中廣雅書局刻民國九年（1920）番禺徐紹棨彙編重印本　二十一冊　存十五種七十三卷（三國志旁證十七至三十，三國志補注續一卷，三國志注證遺四卷、補四卷，晉宋書故一卷，魏書校勘記一卷，新舊唐書互證二十卷，宋遼金元四史朔閏考二卷，補晉兵志一卷，十六國疆域志十六卷，補梁疆域志四卷，補宋書刑法志一卷，補宋書食貨志一卷，五代紀年表一卷，補五代史藝文志一卷，宋史藝文志補一卷）

500000－8701－0021684　H03741
十七史商榷一百卷　（清）王鳴盛撰　清光緒十九年（1893）廣雅書局刻廣雅書局叢書本　十四冊

500000－8701－0021685　H03742
十七史商榷一百卷　（清）王鳴盛撰　清光緒十九年（1893）廣雅書局刻廣雅書局叢書本

二十册

500000－8701－0021686　H03743
十七史商榷一百卷　(清)王鳴盛撰　清光緒十九年(1893)廣雅書局刻廣雅書局叢書本　三冊　存九卷(八十八至九十六)

500000－8701－0021687　H03744
歷代地理沿革表四十七卷　(清)陳芳績撰　清光緒二十一年(1895)廣雅書局刻廣雅書局叢書本　十七冊　存四十卷(二至三、七至四十、四十四至四十七)

500000－8701－0021688　H03745
欽定歷代職官表七十二卷首一卷　(清)紀昀等纂　清光緒二十二年(1896)廣雅書局刻廣雅書局叢書本　二十八冊　存六十七卷(一至二十九、三十五至四十八、五十至七十二,首一卷)

500000－8701－0021689　H03746
少室山房筆叢四十八卷　(明)胡應麟撰　清光緒二十二年(1896)廣州廣雅書局刻本　六冊　存四十六卷(一至二十五、二十八至四十八)

500000－8701－0021690　H03747
廿一史四譜五十四卷　(清)沈炳震撰　清光緒二十二年(1896)廣雅書局刻本　十五冊　存五十卷(一至五十)

500000－8701－0021691　H03748
史表功比說一卷　(清)張錫瑜撰　**史記天官書補目一卷**　(清)孫星衍撰　清光緒十四年(1888)廣雅書局刻廣雅書局叢書本　一冊

500000－8701－0021692　H03749
五代紀年表一卷　(清)周嘉猷撰　清光緒十七年(1891)廣雅書局刻廣雅書局叢書本　一冊

500000－8701－0021693　H03750
諸史考異十八卷　(清)洪頤煊撰　清光緒十五年(1889)廣雅書局刻廣雅書局叢書本　三冊

500000－8701－0021694　H03751
諸史考異十八卷　(清)洪頤煊撰　清光緒十五年(1889)廣雅書局刻廣雅書局叢書本　三冊

500000－8701－0021695　H03752
三國志辨疑三卷　(清)錢大昭撰　清光緒十五年(1889)廣雅書局刻廣雅書局叢書本　一冊

500000－8701－0021696　H03753
後漢書補表八卷　(清)錢大昭撰　清光緒十七年(1891)廣雅書局刻廣雅書局叢書本　三冊

500000－8701－0021697　H03754
後漢三公年表一卷　(清)華湛恩撰　清光緒十七年(1891)廣雅書局刻廣雅書局叢書本　一冊

500000－8701－0021698　H03755
後漢郡國令長攷一卷　(清)錢大昭撰　清光緒十七年(1891)廣雅書局刻廣雅書局叢書本　一冊

500000－8701－0021699　H03756
補三國疆域志二卷　(清)洪亮吉撰　清光緒十七年(1891)廣雅書局刻廣雅書局叢書本　二冊

500000－8701－0021700　H03757
補後漢書藝文志四卷　(清)侯康撰　**補晉兵志一卷**　(清)錢儀吉撰　**三國紀年表一卷**　(清)周嘉猷撰　清光緒十七年(1891)廣雅書局刻廣雅書局叢書本　二冊

500000－8701－0021701　H03758
歷代史表五十九卷　(清)萬斯同撰　清光緒十五年(1889)廣雅書局刻廣雅書局叢書本　一冊　存四卷(三十七至四十)

500000－8701－0021702　H03759
楚漢諸侯疆域志三卷　(清)劉文淇撰　清光緒十五年(1889)廣雅書局刻廣雅書局叢書本　一冊

500000－8701－0021703　H03760
續漢書辨疑九卷　(清)錢大昭撰　清光緒十四年(1888)廣雅書局刻廣雅書局叢書本　一冊

500000－8701－0021704　H03761
後漢書辨疑十一卷　(清)錢大昭撰　清光緒十四年(1888)廣雅書局刻廣雅書局叢書本　二冊

500000－8701－0021705　H03762
漢書辨疑二十二卷　(清)錢大昭撰　清光緒十三年(1887)廣雅書局刻廣雅書局叢書本　五冊

500000－8701－0021706　H03763
無邪堂答問五卷　(清)朱一新撰　清光緒二十一年(1895)廣雅書局刻廣雅書局叢書本　四冊　存四卷(二至五)

500000－8701－0021707　H03764
三統術詳說四卷　(清)陳澧撰　清光緒十七年(1891)廣雅書局刻廣雅書局叢書本　一冊

500000－8701－0021708　H03765
屈原賦注七卷通釋二卷音義三卷　(清)戴震撰　清光緒十七年(1891)廣雅書局刻廣雅書局叢書本　一冊

500000－8701－0021709　H03766
十六國春秋纂錄十卷校勘記一卷　(清)湯球撰　清光緒二十年(1894)廣雅書局刻廣雅書局叢書本　二冊

500000－8701－0021710　H03767
讀書叢錄七卷　(清)洪頤煊撰　清光緒十五年(1889)廣雅書局刻廣雅書局叢書本　一冊

500000－8701－0021711　H03768
十六國春秋輯補一百卷年表一卷　(清)湯球撰　清光緒二十一年(1895)廣雅書局刻廣雅書局叢書本　二冊　存二十四卷(六十五至七十六、八十九至一百)

500000－8701－0021712　H03769
金史詳校十卷首一卷　(清)施國祁撰　清光緒二十年(1894)廣雅書局刻廣雅書局叢書本　一冊　存二卷(一、首一卷)

500000－8701－0021713　H03770
釋名疏證八卷續釋名一卷補遺一卷　(清)畢沅撰　**釋名疏證校議一卷**　(清)吳翊寅撰　清光緒二十年(1894)廣雅書局刻廣雅書局叢書本　一冊　存六卷(六至八、續釋名一卷、補遺一卷、釋名疏證校議一卷)

500000－8701－0021714　H03771
輶軒使者絕代語釋別國方言箋疏十三卷　(清)錢繹撰集　清光緒十六年(1890)廣雅書局刻廣雅書局叢書本　六冊

500000－8701－0021715　H03772
三國志攷證八卷　(清)潘眉撰　清光緒十五年(1889)廣雅書局刻廣雅書局叢書本　二冊

500000－8701－0021716　H03773
三國志攷證八卷　(清)潘眉撰　清光緒十五年(1889)廣雅書局刻廣雅書局叢書本　二冊

500000－8701－0021717　H03774
吳氏遺箸五卷附錄一卷　(清)吳夌雲撰　清光緒十七年(1891)廣雅書局刻廣雅書局叢書本　一冊　存三卷(四至五、附錄一卷)

500000－8701－0021718　H03775
潛揅堂說文答問疏證六卷　(清)薛傳均撰　清光緒廣雅書局刻廣雅書局叢書本　一冊

500000－8701－0021719　H03776
劉氏遺書八卷　(清)劉台拱撰　清光緒十五年(1889)廣雅書局刻廣雅書局叢書本　二冊

500000－8701－0021720　H03777
弘簡錄二百五十四卷　(明)邵經邦編　清刻本(目錄係補配)　五十冊　存二百二十七卷(一至四十五、五十五至九十八、一百四至一百八十七、一百九十四至二百六、二百十至二百十九、二百二十四至二百五十四)

500000－8701－0021721　H03778
弘簡錄二百五十四卷　(明)邵經邦編　清刻本　四十八冊　存一百九十五卷(二十九至

八十九、一百二十一至二百五十四)

500000－8701－0021722　H03779

弘簡録二百五十四卷續弘簡録元史類編四十二卷　(明)邵經邦編　清刻本　七十冊　存二百九十二卷(弘簡録一至四十五、五十至二百五十四,續弘簡録四十二卷)

500000－8701－0021723　H03780

弘簡録二百五十四卷續弘簡録元史類編四十二卷　(明)邵經邦編　清康熙二十七年(1688)刻本　九十四冊　存二百八十卷(一至二十四、三十七至三十九、四十三至二百五十四,續弘簡録二至四十二)

500000－8701－0021724　H03781

弘簡録二百五十四卷　(明)邵經邦編　清刻本　八冊　存二十三卷(二十至四十二)

500000－8701－0021725　H03782

弘簡録二百五十四卷　(明)邵經邦編　清刻本　九冊　存二十四卷(四至五、二十五至三十六、五十一至五十七、六十五至六十七)

500000－8701－0021726　H03783

懷麓堂詩稿二十卷文稿三十卷詩後稿十卷文後稿三十卷文後續稿十卷　(明)李東陽撰　清刻本　十九冊　存九十六卷(詩稿二十卷、文稿三十卷、詩後稿十卷、文後稿三十卷、文後續稿一至六)

500000－8701－0021727　H03784

御批歷代通鑑輯覽一百二十卷　(清)傅恒等纂　清鉛印本　二十四冊　存七十卷(五十一至一百二十)

500000－8701－0021728　H03785

小方壺齋輿地叢鈔十二帙補編十二帙再補編十二帙　王錫祺編輯　清上海著易堂鉛印本　四十八冊　存九帙六百七十五種六百七十五卷補編二帙十種十卷再補編七帙一百二十三卷(第一帙:輿覽一卷、方輿紀要簡覽一卷、滿洲考略一卷、盛京考略一卷、直隸考略一卷、江蘇考略一卷、安徽考略一卷、江西考略一卷、浙江考略一卷、福建考略一卷、湖北考略一卷、湖南考略一卷、河南考略一卷、山東考略一卷、山西考略一卷、陝西考略一卷、甘肅考略一卷、四川考略一卷、廣東考略一卷、廣西考略一卷、雲南考略一卷、貴州考略一卷、驛站路程一卷、輿地經緯度里表一卷、松亭行紀一卷、扈從東巡日録一卷附録一卷、扈從西巡日録一卷、塞北小鈔一卷、扈從紀程一卷、迎駕紀恩一卷、迎駕紀一卷、迎駕紀恩録一卷、南巡扈從紀略一卷、迎駕始末一卷、隨鑾紀恩一卷、扈從賜遊記一卷、鳳臺祗謁筆記一卷、永寧祗謁筆記一卷、臺懷隨筆一卷、南巡名勝圖說一卷、開國龍興記一卷、奉天形勢一卷、出邊紀程一卷、絕域紀略一卷、甯古塔紀略一卷、柳邊紀略一卷、遊甯古塔記一卷、庫葉附近諸島考一卷、吉林勘界記一卷、龍沙紀略一卷、黑龍江外紀一卷、卜魁風土記一卷、卜魁紀略一卷、雅克薩考一卷、尼布楚考一卷、艮維窩集考一卷、東三省邊防議一卷、東北邊防論一卷、東陲道里形勢一卷,第二帙:蒙古吉林土風記一卷、塞上雜記一卷、東蒙古形勢考一卷、綏服内蒙古記一卷、綏服外蒙古記一卷、喀爾喀風土記一卷、庫倫記一卷、蒙古五十一旗考一卷、蒙古考略一卷、蒙古邊防議一卷、蒙古台卡略一卷、河套略一卷、綏服厄魯特蒙古記一卷、青海考略一卷、青海事宜論一卷、蒙古沿革考一卷、卡倫形勢記一卷、徵準噶爾記一卷、塞北紀程一卷、西徵紀略一卷、塞程別紀一卷、從西紀略一卷、從軍雜記一卷、兩徵厄魯特記一卷、蕩平準部記一卷、勘定回疆記一卷、高平行紀一卷、新疆後事記一卷、新疆紀略一卷、回疆風土記一卷、回疆雜記一卷、西域釋地一卷、西陲要略一卷、天山南北路考略一卷、回部政俗論一卷、喀什噶爾略論一卷、軍台道里表一卷、西域置行省議一卷、新疆設行省議一卷、西域設行省議一卷、烏魯木齊雜記一卷、伊犁日記一卷、天山客話一卷、東歸日記一卷、荷戈紀程一卷、莎車行紀一,第三帙:俄羅斯互市始末一卷、俄羅斯叢記一卷、北徼城邑考一卷、北徼方物考一卷、北徼喀倫考一卷、俄羅斯戶口略一卷、異域録一卷、俄羅斯盟聘記一卷、俄羅斯附記一卷、奉使俄羅斯日記一卷、出塞紀略一卷、聘盟日記一卷、綏服紀略一卷、海隅從事錄一卷、使俄日記一卷、金軺籌筆一卷、俄遊日記一卷、亞洲俄屬考略一卷、取中亞細亞始末記一卷、西伯利記一卷、取悉畢爾始末記一卷、俄屬海口記一卷、海參崴埠通商論一卷、琿春瑣記一卷、北遊紀略一卷、伯利探路記一卷、蝦夷紀略一卷、俄羅斯疆界碑記一卷、中俄交界記一卷、通俄道里表一卷,第四帙:五嶽說一卷、五嶽約一卷、泰山脈絡紀一卷、泰山紀勝一卷、登岱記一卷、登泰山記一卷、泰山道里記一卷、遊泰山記一卷、登泰山記一卷、遊南嶽記一卷、衡嶽遊記一卷、遊南嶽記一卷、登南嶽記一卷、遊南嶽記一卷、重遊嶽麓記一卷、嵩嶽考一卷、嵩山說一卷、遊中嶽記一卷、遊太室記一卷、登華記一卷、華山經一卷、華山志概一卷、登華山記一卷、登太華山記一卷、太華紀遊略一卷、恒山記一卷、恒嶽記一卷、北嶽辨一卷、北嶽中嶽論一卷、封長白山記一卷、長白山記一卷、遊千頂山記一卷、遊西山記一卷、西山遊記一卷、遊西山記一卷、遊西山記一卷、遊西山記一卷、遊翠微山記一卷、翠微山記一卷、天壽山說一卷、遊上方山記一卷、燃題上方二山紀遊一卷、遊盤山記一卷、遊盤山記一卷、石門諸山記一卷、遊鍾山記一卷、卷、遊鍾山記一卷、遊清涼山記一卷、遊攝山記一卷、攝山紀遊一卷、棲霞山攬勝記一卷、遊幕府山泛舟江口記一卷、花山遊記一卷、遊寶華山記一卷、茅山記一卷、遊瓜步山記一卷、遊吳山記一卷、遊虎邱記一卷、虎邱往還記一卷、遊西山記一卷、遊靈巖山記一卷、遊靈巖記一卷、靈巖懷舊記一卷、遊寒山記一卷、遊茶山記一卷、遊馬駕山記一卷、彈山吾家山遊記一卷、遊洞庭西山記一卷、登洞庭兩山記一卷、遊洞庭西山記一卷、遊西洞庭記一卷、遊洞庭兩山記一卷、西洞庭志一卷、遊包山記一卷、遊石公山記一卷、遊漁洋山記一卷、遊虞山記一卷、遊虞山記一卷、遊虞山記一卷、遊馬鞍山記一卷、玉峰遊記一卷、遊細林山記一卷、遊橫雲山記一卷、毘陵諸山記一卷、遊蜀山記一卷、遊龍池山記一卷、遊龍池山記一卷、遊橫山記一卷、遊焦山記一卷、遊焦山記一卷、遊焦山記一卷、遊焦山記一卷、遊焦山記一卷、遊焦山記一卷、遊焦山記一卷、遊蒜山記一卷、象山記一卷、遊北固山記一卷、遊北固山記一卷、遊金焦北固山記一卷、遊京口南山記一卷、登燕山記一卷、方山記一卷、遊江上諸山記一卷、五山志略一卷、五狼山記一卷、遊象山麓記一卷、遊軍山記一卷、紫琅遊記一卷、遊雲龍山記一卷、遊睢甯諸山記一卷、雲臺山記一卷、遊雲臺山記一卷、遊雲臺山北記一卷、遊浮山記一卷、遊浮山記一卷、黃山遊記一卷、黃山史概一卷、黝山紀遊一卷、遊黃山記一卷、遊黃山記一卷、遊黃山記一卷、黃山紀遊一卷、黃山紀遊一卷、白嶽遊記一卷、披雲山記一卷、遊靈山記一卷、績溪山水記一卷、黟縣山水記一卷、遊石柱山記一卷、遊敬亭山記一卷、遊敬亭山記一卷、遊九華記一卷、遊九華記一卷、九華日錄一卷、遊九華山記一卷、齊山巖洞志一卷、橫山遊記一卷、梅村山水記一卷、遊青山記一卷、過關山記一卷、盱江諸山遊記一卷、從姑山記一卷、遊壚山記一卷、西山遊記一卷、遊懷玉山記一卷、遊龜峰山記一卷、軍陽山記一卷、遊鵝湖山記一卷、匡廬遊錄一卷、廬山紀遊一卷、匡廬紀遊一卷、遊廬山記一卷、遊廬山記一卷、遊廬山記一卷、遊廬山記一卷、遊廬山後記一卷、遊廬山天池記一卷、遊大孤山記一卷、登小孤山記一卷、遊石鐘山記一卷、軍峰山小記一卷、遊福山記一卷、遊麻姑山記一卷、軍峰記一卷、鳳凰山記一卷、鄧公嶺經行記一卷、黃皮山遊紀略一卷、大陽山遊紀略一卷、大圍山遊紀略一卷、遊西陽山記一卷、遊青原山記一卷、翠微峰記一卷、遊翠微峰記一卷、吳山紀遊一卷、遊孤山記一卷、遊硤石兩山記一卷、遊天目山記一卷、遊兩尖山記一卷、雲岫山遊記一卷、遊鷹窠頂記一卷、遊陳山記一卷、蠡山記一卷、遊白鵲山記一卷、道場山遊記一卷、登道場山記一卷、遊道場白雀諸山記一卷、遊大小玲瓏山記一卷、普陀紀勝一卷、遊柯山記一卷、遊吼山記一卷、遊吼山記一卷、天台山記一卷、遊

天台山記一卷、遊天台山記一卷、天台遊記一卷、遊仙居諸山記一卷、橫山記一卷、禹山記一卷、雁山雜記一卷、遊雁蕩山記一卷、遊雁蕩山記一卷、遊雁蕩記一卷、遊雁蕩日記一卷、北雁蕩紀遊一卷、雁山便覽記一卷、遊南雁蕩記一卷、南雁蕩紀遊一卷、南雁蕩紀遊一卷、中雁蕩紀遊一卷、桃花隘諸山記一卷、芙蓉嶂諸山記一卷、小仙都諸山記一卷、黄龍山記一卷、遊黄龍山記一卷、遊鼓山記一卷、遊鼓山記一卷、遊鼓山記一卷、遊鼓山記一卷、武夷紀勝一卷、武夷山遊記一卷、武夷遊記一卷、武夷遊記一卷、武夷導遊記一卷、遊武夷山記一卷、遊武夷山記一卷、九曲遊記一卷、黄鵠山記一卷、遊襄城山水記一卷、武當山記一卷、遊五腦山記一卷、遊龍山記一卷、遊石門記一卷、羅山記一卷、登君山記一卷、遊連雲山記一卷、登天岳山記一卷、遊大雲山記一卷、遊金牛山記一卷、遊桃源山記一卷、前遊桃花源記一卷、後遊桃花源記一卷、遊永州近治山水記一卷、遊林慮山記一卷、遊天平山記一卷、遊唐王山記一卷、遊桐柏山記一卷、遊豐山記一卷、諸屏山記一卷、遊歷山記一卷、遊華不注記一卷、登千佛山記一卷、長白山錄一卷、遊龍洞山記一卷、遊徂徠記一卷、敖山記一卷、登嶧山記一卷、遊蒙山記一卷、登嵋山記一卷、遊仰天記一卷、遊石門記一卷、遊五蓮記一卷、遊九仙記一卷、遊岠崛院諸山記一卷、遊方山記一卷、遊程符山記一卷、遊仙都峰記一卷、遊水尾巖記一卷、重遊靈應峰記一卷、登大王峰記一卷、遊普陀峰記一卷、遊赤壁記一卷、遊三遊洞記一卷、卯峒記一卷、遊麻姑洞記一卷、遊天井峰記一卷、遊靜穀沖記一卷、遊永州三巖記一卷、乾溪洞記一卷、桂陽石洞記一卷、伏牛洞記一卷、遊佛峪龍洞記一卷、遊靈巖記一卷、遊黄紅峪記一卷、遊煙霞洞記一卷、遊乾陽洞紀略一卷、洪花洞記一卷、龍母洞記一卷、探靈巖記一卷、黄婆洞記一卷、遊碧落洞記一卷、遊潮水巖記一卷、遊楊歷巖記一卷、遊七星巖記一卷、七星巖記一卷、七星巖記一卷、遊伏波巖記一卷、遊鐵城記一卷、遊白龍洞記一卷、遊丹霞巖九龍洞記一卷、遊燕子洞記一卷、牟珠洞記一卷、飛雲洞記一卷、飛雲洞記一卷、少寨洞記一卷、洪獅子崖記一卷、遊龍巖記一卷、方輿諸山考一卷、防江形勢考一卷、入江巨川編一卷、長江津要一卷、淮水編一卷、淮水考一卷、淮水說一卷、尋淮源記一卷、入淮巨川編一卷、黄河編一卷、黄河說一卷、河源記一卷、河源圖說一卷、河源異同辨一卷、全河備考一卷、入河巨川編一卷、東西二漢水辨一卷、漢水發源考一卷、濟瀆考一卷、黑龍江水道編一卷、東北海諸水編一卷、十三道嘎牙河紀略一卷、盛京諸水編一卷、熱河源記一卷、京畿諸水編一卷、畿南河渠通論一卷、畿東河渠通論一卷、永定河源考一卷、水利雜記一卷、大陸澤圖說一卷、漳河源流考一卷、汴水說一卷、汝水說一卷、山東諸水編一卷、會通河水道記一卷、浚小清河議一卷、東湖記一卷、賈魯河說一卷、運河水道編一卷、太湖源流編一卷、三江考一卷、三江考一卷、中江考一卷、南江考一卷、浚吳淞江議一卷、毗陵諸水記一卷、揚州水利論一卷、治下河論一卷、泄湖入江議一卷、高家堰記一卷、淮北水利說一卷、江西水道考一卷、浙江諸水編一卷、兩浙水利詳考一卷、浦陽江記一卷、閩江諸水編一卷、九江考一卷、五溪考一卷、湘水記一卷、灕湘二水記一卷、甘肅諸水編一卷、粵江諸水編一卷、西江源流說一卷、廣西三江源流考一卷、雲南諸水編一卷、雲南三江水道考一卷、黔中水道記一卷、苗疆水道考一卷、三黑水考一卷、黑水考一卷、大金沙江考一卷、開金沙江議一卷、富良江源流考一卷、蒙古水道略一卷、塞北漠南諸水彙編一卷、西北諸水編一卷、西域諸水編一卷、西域水道記一卷、西藏諸水編一卷、西徼水道一卷、北徼水道考一卷、色楞格河源流考一卷、額爾齊斯河源流考一卷、俄羅斯水道記一卷、山川考一卷、天下高山大川考一卷、宇內高山大河考一卷、泛大通橋記一卷、泛通河記一卷、浴溫泉記一卷、遊後湖記一卷、遊消夏灣記一卷、遊黄公澗記一卷、觀水雜記一卷、遊萬柳池記一卷、遊三龍潭記一卷、遊雙溪記一卷、遊媚筆泉記一卷、遊南湖記一卷、泛潁記一卷、遊玉簾泉記一卷、湖山便覽一卷、西湖考一卷、西湖遊記一卷、西湖紀遊一卷、西湖遊記一卷、龍井遊記一卷、小港記一卷、遊鴛鴦湖記一卷、黯淡灘記一卷、湘行記一卷、泛瀟湘記一卷、三灘記一卷、遊浯溪記一卷、浯溪記一卷、泛百門泉記一卷，第五帙：南遊記一卷、還京日記一卷、南歸記一卷、停驂隨筆一卷、春帆紀程一卷、舟行日記一卷、轉漕日記一卷，第六帙途中記一卷、粵遊錄一卷、北轅錄一卷、入廣記一卷、粵遊小志一卷、赤溪雜志一卷、澳門圖說一卷、澳門記一卷、澳門形勢篇一卷、澳門形勢論一卷、澳蕃篇一卷、制馭澳夷論一卷、澳門形勢論一卷、虎門記一卷、潮州海防記一卷、瓊州記一卷、黎岐紀聞一卷、中國海島考略一卷、中外述遊一卷，第十帙：緬甸志一卷、緬甸考略一卷、征緬甸記一卷、緬事述略一卷、征緬紀略一卷、征緬紀聞一卷、緬甸瑣記一卷、入緬路程一卷、緬藩新紀一卷、暹羅考一卷、暹羅志一卷、暹羅考略一卷、暹羅別記一卷、東洋記一卷、日本考略一卷、日本疆域險要一卷、日本沿革一卷、日本載筆一卷、日本近事記一卷、日本通中國考一卷、袖海編一卷、使東述略一卷、使東雜記一卷、日本雜事一卷、東遊日記一東遊紀盛一卷、日本瑣志一卷、扶桑遊記一卷，第十一帙：海錄一卷、大西洋記一卷、西方要紀一卷、通商諸國記一卷、英吉利地圖說一卷、歐洲總論一卷、中西關係略論一卷、乘槎筆記一卷、航海述奇一卷、初使泰西記一卷、使西書略一卷、使法事略一卷、使西紀程一卷、英軺日記一卷、使法雜記一卷、使還日記一卷、使德日記一卷、出使英法日記一卷、歐遊隨筆一卷、歐遊雜錄一卷、西征紀程一卷、出洋瑣記一卷、出使須知一卷、瀛海采問紀實一卷、西俗雜誌一卷、涉洋管見一卷、出洋須知一卷、歸國日記一卷、瀛海論一卷、出使英法義比四國日記一卷、蠡測卮言一卷、瀛海卮言一卷、西事蠡測一卷、漫遊隨錄一卷、遊英京記一卷、遊歷筆記一卷、西城鎮記一卷、彈丸小記一卷、土國戰事述略一卷、冰洋事蹟述略一卷，第十二帙：小西洋記一卷、阿利未加洲各國志一卷、亞非理駕諸國記一卷、地蘭士華路考一卷、埃及紀略一卷、埃及國記一卷、新開地中河記一卷、阿比西尼亞國述略一卷、探地記一卷、黑蠻風土記一卷、亞美理駕諸國記一卷、墨洲雜記一卷、美國記一卷、紅苗紀略一卷、三藩市紀一卷、墨西哥記一卷、古巴雜記一卷、秘魯形勢錄一卷、使美紀略一卷、美會紀略一卷、東行日記一卷、舟行紀略一卷、三洲遊記一卷，補編第十帙：奉使朝鮮日記一卷、暹羅政要一卷、亞剌伯沿革考一卷、俾路芝沿革考一卷，第十一帙：英政概一卷、英吉利國志略一卷、英藩政概一卷、法政概一卷、法蘭西國志略一卷、德意志國志略一卷，再補編第一帙：地圖說一卷、地球推方圖說一卷、地圖經緯說一卷、地橢圖說一卷、地球寒熱各帶論一卷、亞歐兩洲熱度論一卷、地輿總說一卷、五大洲釋一卷、大九州說一卷、六大州說一卷、地球方域考略一卷、奉天地略一卷、牧廠地略一卷、吉林地略一卷、黑龍江地略一卷、順天地略一卷、直隸地略一卷、江蘇地略一卷、安徽地略一卷、江西地略一卷、浙江地略一卷、福建地略一卷、湖北地略一卷、湖南地略一卷、河南地略一卷、山東地略一卷、山西地略一卷、陝西地略一卷、甘肅地略一卷、四川地略一卷、廣東地略一卷、廣西地略一卷、雲南地略一卷、貴州地略一卷、驛站路程一卷、勘旅順記一卷、吉林外記一卷、吉林形勢一卷、黑龍江外紀一卷、通肯河一帶開民屯議一卷、東省與韓俄交界道里表一卷、防邊危言一卷、籌邊議一卷，第四帙：五嶽考一卷、恒山蹟志一卷、兔兒山記一卷、遊翠微山記一卷、遊太行山記一卷、西山遊記一卷、遊浮山記一卷、塗山紀遊一卷、遊荊山記一卷、爛柯山記一卷、遊吼山記一卷、遊天台山記一卷、天台遊記一卷、遊孤山記一卷、遊大伾山記一卷、遊風穴山記一卷、昆侖釋一卷、雲山洞紀遊一卷、籌運篇一卷、治河議一卷、郭家池記一卷、蕭湖遊覽記一卷、過蜀峽記一卷、遊韶光庵記一卷，第六帙：南行日記一卷、度嶺日記一卷、西行日記一卷，第七帙：猛烏烏得記一卷、滇緬邊界記略一卷、滇緬分界疏略一卷、西南邊防議一卷,第八帙:荊南苗俗記一卷、蜀九種夷記一卷、兩粵猺俗記一卷、粵西種人圖說一卷,第十一帙:薄海番域錄一卷、歐羅巴各國總敘一卷、華事夷言一卷、英夷說一卷、英國論略一卷、英吉利記一卷、英吉利國夷情紀略一卷、英吉利小記一卷、奉使倫敦記一卷、卜來敦記一卷、白雷登避暑記一卷、巴黎賽會紀略一卷、遊歷義大利聞見錄一卷、遊歷瑞典那威聞見錄一卷、遊歷西班牙聞見錄一卷、遊歷葡萄牙聞見錄一卷、遊歷聞見總略一卷、遊歷聞見拾遺一卷、博子墩遊記一卷、使西日記一卷、倫敦風土記一卷、西海紀行卷一卷、天外歸槎錄一卷、泰西各國采風記一卷、海防餘論一卷、天下大勢通論一卷、塞爾維羅馬尼蒲加利三國合考一卷、過波蘭記一卷、革雷得志略一卷,第十二帙:歐洲各國開闢非洲考一卷、庚哥國略說一卷、美理哥國志略一卷、古巴述略一卷、出使美日秘國日記一卷、每月統紀傳一卷、貿易通志一卷、萬國地理全圖集一卷、四洲志一卷、外國史略一卷、地球說略一卷、地理志略一卷、地理全志一卷、三十一國志要一卷、萬國風俗考略一卷、瀛環志略訂誤一卷)

500000－8701－0021729　H03786

小方壺齋輿地叢鈔十二帙補編十二帙再補編十二帙　王錫祺編輯　清上海著易堂鉛印本　五十二冊　存十一帙九百五十七種九百五十七卷(第一帙:蓋地論一卷、地球總論一卷、地理說略一卷、地理淺說一卷、地球志略一卷、地球形勢說一卷、地理形勢考一卷、五洲方域考一卷、括地略一卷、國地異名錄一卷、五大洲輿地戶口物產表一卷、輿地全覽一卷、天下形勢考一卷、輿地略一卷、府州廳縣異名錄一卷、中國方域考一卷、中國形勢考略一卷、中國歷代都邑考一卷、中國物產考略一卷、輿覽一卷、方輿紀要簡覽一卷、滿洲考略一卷、盛京考略一卷、直隸考略一卷、江蘇考略一卷、安徽考略一卷、江西考略一卷、浙江考略一卷、福建考略一卷、湖北考略一卷、湖南考略一卷、河南考略一卷、山東考略一卷、山西考略一卷、陝西考略一卷、甘肅考略一卷、四川考略一卷、廣東考略一卷、廣西考略一卷、雲南考略一卷、貴州考略一卷、驛站路程一卷、輿地經緯度里表一卷、松亭行紀一卷、扈從東巡日錄一卷附錄一卷、扈從西巡日錄一卷、塞北小鈔一卷、扈從紀程一卷、迎駕紀恩一卷、迎駕紀一卷、迎駕紀恩錄一卷、南巡扈從紀略一卷、迎駕始末一卷、隨鑾紀恩一卷、扈從賜遊記一卷、鳳臺祇謁筆記一卷、永寧祇謁筆記一卷、臺懷隨筆一卷、南巡名勝圖說一卷、開國龍興記一卷、奉天形勢一卷、出邊紀程一卷、絕域紀略一卷、甯古塔紀略一卷、柳邊紀略一卷、遊甯古塔記一卷、庫葉附近諸島考一卷、吉林勘界記一卷、龍沙紀略一卷、黑龍江外紀一卷、卜魁風土記一卷、卜魁紀略一卷、雅克薩考一卷、尼布楚考一卷、艮維窩集考一卷、東三省邊防議一卷、東北邊防論一卷、東陲道里形勢一卷,第二帙:西域釋地一卷、西陲要略一卷、天山南北路考略一卷、回部政俗論一卷、喀什噶爾略論一卷、軍台道里表一卷、西域置行省議一卷、新疆設行省議一卷、西域設行省議一卷、烏魯木齊雜記一卷、伊犁日記一卷、天山客話一卷、東歸日記一卷、荷戈紀程一卷、莎車行紀一卷,第三帙:征廓爾喀記一卷、廓爾喀不丹合考一卷、征烏梁海述略一卷、哈薩克述略一卷、外藩疆理考一卷、西北邊域考一卷、綏服西屬國記一卷、外藩列傳一卷、北徼形勢考一卷、俄羅斯形勢考一卷、俄羅斯源流考一卷、俄羅斯諸路疆域考一卷、俄羅斯分部說一卷、俄羅斯疆域編一卷、俄羅斯互市始末一卷、俄羅斯叢記一卷、北徼城邑考一卷、北徼方物考一卷、北徼喀倫考一卷、俄羅斯戶口略一卷、異域錄一卷、俄羅斯盟聘記一卷、俄羅斯附記一卷、奉使俄羅斯日記一卷、出塞紀略一卷、聘盟日記一卷、綏服紀略一卷、海隅從事錄一卷、使俄日記一卷、金軺籌筆一卷、俄遊日記一卷、亞洲俄屬考略一卷、取中亞細亞始末記一卷、西伯利記一卷、取悉畢爾始末記一卷、俄屬海口記一卷、海參崴埠通商論一卷、琿春瑣記一卷、北遊紀略一卷、伯利探路記一卷、蝦夷紀略一卷、俄羅斯疆界碑記一卷、中俄交界記一卷、通俄道里表一卷，第四帙：五嶽說一卷、五嶽約一卷、泰山脈絡紀一卷、泰山紀勝一卷、登岱記一卷、登泰山記一卷、泰山道里記一卷、遊泰山記一卷、登泰山記一卷、遊南嶽記一卷、衡嶽遊記一卷、遊南嶽記一卷、登南嶽記一卷、遊南嶽記一卷、重遊嶽麓記一卷、嵩嶽考一卷、嵩山說一卷、遊中嶽記一卷、遊太室記一卷、登華記一卷、華山經一卷、華山志概一卷、登華山記一卷、登太華山記一卷、太華紀遊略一卷、恒山記一卷、遊焦山記一卷、遊焦山記一卷、遊焦山記一卷、遊焦山記一卷、遊焦山記一卷、遊焦山記一卷、遊焦山記一卷、遊蒜山記一卷、象山記一卷、遊北固山記一卷、遊北固山記一卷、遊金焦北固山記一卷、遊京口南山記一卷、登燕山記一卷、方山記一卷、遊江上諸山記一卷、五山志略一卷、五狼山記一卷、遊象山麓記一卷、遊軍山記一卷、紫琅遊記一卷、遊雲龍山記一卷、遊睢甯諸山記一卷、雲台山記一卷、遊雲台山記一卷、遊雲台山北記一卷、遊浮山記一卷、遊浮山記一卷、黄山遊記一卷、黄山史概一卷、黟山紀遊一卷、遊黄山記一卷、遊黄山記一卷、遊黄山記一卷、黄山紀遊一卷、黄山紀遊一卷、白嶽遊記一卷、披雲山記一卷、遊靈山記一卷、績溪山水記一卷、黟縣山水記一卷、遊石柱山記一卷、遊敬亭山記一卷、遊敬亭山記一卷、遊九華記一卷、遊九華記一卷、九華日錄一卷、遊九華山記一卷、齊山巖洞志一卷、横山遊記一卷、梅村山水記一卷、遊青山記一卷、過關山記一卷、盱江諸山遊記一卷、從姑山記一卷、遊壚山記一卷、西山遊記一卷、遊懷玉山記一卷、遊龜峰山記一卷、軍陽山記一卷、遊鵝湖山記一卷、匡廬遊錄一卷、廬山紀遊一卷、匡廬紀遊一卷、遊廬山記一卷、遊廬山記一卷、遊廬山記一卷、遊廬山記一卷、遊廬山後記一卷、遊廬山天池記一卷、遊大孤山記一卷、登小孤山記一卷、遊石鐘山記一卷、軍峰山小記一卷、遊福山記一卷、遊麻姑山記一卷、軍峰記一卷、鳳凰山記一卷、鄧公嶺經行記一卷、黄皮山遊紀略一卷、大陽山遊紀略一卷、大圍山遊紀略一卷、遊西陽山記一卷、遊青原山記一卷、翠微峰記一卷、遊翠微峰記一卷、吳山紀遊一卷、遊孤山記一卷、遊硤石兩山記一卷、遊天目山記一卷、遊兩尖山記一卷、雲岫山遊記一卷、遊鷹窠頂記一卷、遊陳山記一卷、蠡山記一卷、遊白鵠山記一卷、道場山遊記一卷、登道場山記一卷、遊道場白雀諸山記一卷、遊大小玲瓏山記一卷、普陀紀勝一卷、遊柯山記一卷、遊吼山記一卷、遊吼山記一卷、天台山記一卷、遊天台山記一卷、遊天台山記一卷、天台遊記一卷、遊仙居諸山記一卷、横山記一卷、禹山記一卷、雁山雜記一卷、遊雁蕩山記一卷、遊雁蕩山記一卷、遊雁蕩記一卷、遊雁蕩日記一卷、北雁蕩紀遊一卷、雁山便覽記一卷、遊南雁蕩記一卷、南雁蕩紀遊一卷、南雁蕩紀遊一卷、中雁蕩紀遊一卷、桃花隘諸山記一卷、芙蓉嶂諸山記一卷、小仙都諸山記一卷、黄龍山記一卷、遊黄龍山記一卷、遊鼓山記一卷、遊鼓山記一卷、遊鼓山記一卷、遊鼓山記一卷、武夷紀勝一卷、武夷山遊記一卷、武夷遊記一卷、武夷遊記一卷、武夷導遊記一卷、遊武夷山記一卷、遊武夷山記一卷、九曲遊記一卷、黄鵠山記一卷、遊襄城山水記一卷、武當山記一卷、遊五腦山記一卷、遊龍山記一卷、遊石門記一卷、羅山記一卷、登君山記一卷、遊連雲山記一卷、登天岳山記一卷、遊大雲山記一卷、遊金牛山記一卷、遊桃源山記一卷、前遊桃花源記一卷、後遊桃花源記一卷、遊永州近治山水記一卷、遊林慮山記一卷、遊天平山記一卷、遊唐王山記一卷、遊桐柏山記一卷、遊豐山記一卷、詰屏山記一卷、遊歷山記一卷、遊華不注記一卷、登千佛山記一卷、長白山錄一卷、遊龍洞山記一卷、遊徂徠記一卷、敖山記一卷、登嶧山記一卷、遊蒙山記一卷、登嵋山記一卷、遊仰天記一卷、遊石門記一卷、遊五蓮記一卷、遊九仙記一卷、遊岠崛院諸山記一卷、遊方山記一卷、遊程符山記一卷、遊卦山記一卷、五臺山記一卷、老姥掌遊記一卷、遊龍門記一卷、嵯峨山記一卷、遊牛頭山記一卷、太白紀遊略一卷、陝甘諸山考一卷、首陽山記一卷、遊章山記一卷、寶圖山記一卷、萃龍山記一卷、謨頤山記一卷、青城山行記一卷、遊峨眉山記一卷、遊淩雲記一卷、木耳占記一卷、遊白雲山記一卷、遊白雲山記一卷、遊欖山記一卷、遊羅浮記一卷、遊羅浮山記一卷、浮山紀勝一卷、遊爛柯山記一卷、遊丹霞記一卷、經丹霞山記一卷、棲霞山遊記一卷、遊隱山記一卷、遊隱山六洞記一卷、遊桂林諸山記一卷、桂林諸山別記一卷、桂鬱岩洞記一卷、遊雞足山記一卷、昆侖異同考一卷、岡底斯山考一卷、蔥嶺三幹考一卷、北幹考一卷、北徼山脈考一卷、俄羅斯山形志一卷、遊滴水岩記一卷、登燕子磯記一卷、遊燕子磯沿山諸洞記一卷、登燕子磯記一卷、遊小盤穀記一卷、遊牛頭鄔記一卷、遊支硎中峰記一卷、遊鵓鴿峰記一卷、遊劍門記一卷、遊善卷洞記一卷、遊張公洞記一卷、遊張公洞記一卷、山門遊記一卷、遊白鶴峰記一卷、東山岩記一卷、葛壇遊記一卷、遊梅田洞記一卷、遊通天岩記一卷、遊羅漢岩記一卷、飛來峰記一卷、煙霞嶺遊記一卷、遊雲岩記一卷、遊碧岩記一卷、遊天窗岩記一卷、香壚峰紀遊一卷、遊金華洞記一卷、遊玉甑峰記一卷、遊仙岩記一卷、三岩洞記一卷、遊仙都峰記一卷、遊水尾岩記一卷、重遊靈應峰記一卷、登大王峰記一卷、遊普陀峰記一卷、遊赤壁記一卷、遊三遊洞記一卷、卯峒記一卷、遊麻姑洞記一卷、遊天井峰記一卷、遊靜穀沖記一卷、遊永州三岩記一卷、乾溪洞記一卷、桂陽石洞記一卷、伏牛洞記一卷、遊佛峪龍洞記一卷、遊靈岩記一卷、遊黃紅峪記一卷、遊煙霞洞記一卷、遊乾陽洞紀略一卷、洪花洞記一卷、龍母洞記一卷、探靈岩記一卷、黃婆洞記一卷、遊碧落洞記一卷、遊潮水岩記一卷、遊楊曆岩記一卷、遊七星岩記一卷、七星岩記一卷、七星岩記一卷、遊伏波岩記一卷、遊鐵城記一卷、遊白龍洞記一卷、遊丹霞岩九龍洞記一卷、遊燕子洞記一卷、牟珠洞記一卷、飛雲洞記一卷、飛雲洞記一卷、少寨洞記一卷、獅子崖記一卷、遊龍岩記一卷、方輿諸山考一卷、水道總考一卷、水經要覽一卷、各省水道圖說一卷、江道編一卷、江源記一卷、江源考一卷、江防總論一卷、防江形勢考一卷、入江巨川編一卷、長江津要一卷、淮水編一卷、淮水考一卷、淮水說一卷、尋淮源記一卷、入淮巨川編一卷、黃河編一卷、黃河說一卷、河源記一卷、河源圖說一卷、河源異同辨一卷、全河備考一卷、入河巨川編一卷卷、東西二漢水辨一卷、漢水發源考一卷、濟瀆考一卷、黑龍江水道編一卷、東北海諸水編一卷、十三道嘎牙河紀略一卷、盛京諸水編一卷、熱河源記一卷、京畿諸水編一卷、畿南河渠通論一卷、畿東河渠通論一卷、永定河源考一卷、水利雜記一卷、大陸澤圖說一卷、漳河源流考一卷、汴水說一卷、汝水說一卷、山東諸水編一卷、會通河水道記一卷、浚小清河議一卷、東湖記一卷、賈魯河說一卷、運河水道編一卷、太湖源流編一卷、三江考一卷、三江考一卷、中江考一卷、南江考一卷、浚吳淞江議一卷、毗陵諸水記一卷、揚州水利論一卷、治下河論一卷、泄湖入江議一卷、高家堰記一卷、淮北水利說一卷、江西水道考一卷、浙江諸水編一卷、兩浙水利詳考一卷、浦陽江記一卷、閩江諸水編一卷、九江考一卷、五溪考一卷、湘水記一卷、灕湘二水記一卷、甘肅諸水編一卷、粵江諸水編一卷、江源流說一卷、廣西三江源流考一卷、雲南諸水編一卷、雲南三江水道考一卷、黔中水道記一卷、苗疆水道考一卷、三黑水考一卷、黑水考一卷、大金沙江考一卷、開金沙江議一卷、富良江源流考一卷、蒙古水道略一卷、塞北漠南諸水彙編一卷、西北諸水編一卷、西域諸水編一卷、西域水道記一卷、西藏諸水編一卷、西徼水道一卷、北徼水道考一卷、色楞格河源流考一卷、額爾齊斯河源流考一卷、俄羅斯水道記一卷、山川考一卷、天下高山大川考一卷、宇內高山大河考一卷、泛大通橋記一卷、泛通河記一卷、浴溫泉記一卷、遊後湖記一卷、遊消夏灣記一卷、遊黃公澗記一卷、觀水雜記一卷、遊萬柳池記一卷、遊三龍潭記一卷、遊雙溪記一卷、遊媚筆泉記一卷、遊南湖記一卷、泛潁記一卷、遊玉簾泉記一卷、湖山便覽一卷、西湖考一卷、西湖遊記一卷、西湖紀遊一卷、西湖遊記一卷、龍井遊記一卷、小港記一卷、遊鴛鴦湖記一卷、黯淡灘記一卷、湘行記一卷、泛瀟湘記一卷、三灘記一卷、遊浯溪記一卷、浯溪記一卷、泛百門泉記一卷、遊百門泉記一卷、遊珍珠泉記一卷、遊南池記一卷、遊大明湖記一卷、遊趵突泉記一卷、冶源紀遊一卷、遊五姓湖記一卷、天池記一卷、猩猩灘記一卷、遊磻溪記一卷、遊釣臺記一卷、出峽記一卷、遊惠州西湖記一卷、湞水紀行一卷、遊金粟泉記一卷、訪蘇泉記一卷、象州沸泉記一卷、遊龍泉記一卷、淨海記一卷、遊雨花臺記一卷、遊觀音門譙樓記一卷、遊滄浪亭記一卷、遊獅子林記一卷、遊姑蘇台記一卷、遊姑蘇台記一卷、彌羅閣望山記一卷、遊虎山橋記一卷、遊秦園記一卷、平山堂記一卷、劉伶台記一卷、韓侯釣臺記一卷、遊愛蓮亭記一卷、遊周橋記一卷、遊龍亭記一卷、遊平波臺記一卷、遊釣臺記一卷、遊瀨鄉記一卷、遊喜雨亭記一卷、遊潭柘寺記一卷、遊寶藏寺記一卷、龍泉寺記一卷、遊雞鳴寺記一卷、遊金陵城南諸剎記一卷、遊湖心寺記一卷、遊海嶽庵記一卷、遊禪窟寺記一卷、遊石崆庵記一卷、遊智門寺記一卷、遊少林寺記一卷、遊晉祠記一卷、遊晉祠記一卷、遊峽山寺記一卷、遊太華寺記一卷、遊銅瓦寺記一卷，第五帙：南遊記一卷、還京日記一卷、南歸記一卷、停驂隨筆一卷、春帆紀程一卷、舟行日記一卷、轉漕日記一卷、舟行記一卷、省闈日記一卷、南行日記一卷、舊鄉行紀一卷、雪鴻再錄一卷、江行日記一卷、東路記一卷、鄉程日記一卷、南遊筆記一卷、泛槳錄一卷、閩行日記一卷、北行日錄一卷、入都日記一卷、南歸記一卷、北征日記一卷、北行日記一卷、北行日記一卷、南遊日記一卷、遊蹤選勝一卷、名勝雜記一卷、鴻雪因緣圖記一卷、浪遊記快一卷、風土雜錄一卷、觀光紀遊一卷，第六帙：京師偶記一卷、燕京雜記一卷、昌平州說一卷、熱河小記一卷、出口程記一卷、居庸關說一卷、金陵志地錄一卷、吳語一卷、吳趨風土錄一卷、姑蘇采風類記一卷、寶山記遊一卷、揚州名勝錄一卷、真州風土記一卷、山陽風俗物產志一卷、清河風俗物產志一卷、徐州輿地考一卷、海曲方域小志一卷、龍眠遊記一卷、西幹記一卷、懷遠偶記一卷、樅江遊記一卷、雩都行記一卷、南豐風俗物產志一卷、杭俗遺風一卷、杭州遊記一卷、杭州城南古跡記一卷、峽川志略一卷、湯陰風俗志一卷、天台風俗志一卷、寧化風俗志一卷、楚遊紀略一卷、監利風土志一卷、使楚叢譚一卷、容美紀遊一卷、湖南方物志一卷、桂陽風俗記一卷、郴東桂陽小記一卷、乾州小志一卷、永州紀勝一卷、永順小志一卷、奉使紀勝一卷、齊魯遊紀略一卷、歷下志遊一卷、長河志籍考一卷、行山路記一卷、三省邊防形勢錄一卷、老林說一卷、河南關塞形勝說一卷、共城遊記一卷、商洛行程記一卷，第七帙：蜀遊紀略一卷、蜀道驛程記一卷、秦蜀驛程記一卷、隴蜀餘聞一卷、使蜀日記一卷、益州於役記一卷、蜀輶日記一卷、蜀遊日記一卷、雅州道中小記一卷、夔行紀程一卷、西征記一卷、北遊紀程一卷、巴船紀程一卷、東歸錄一卷、遊蜀日記一卷、遊蜀後記一卷、川中雜識一卷、粵述一卷、粵西偶記一卷、粵西瑣記一卷、灕江雜記一卷、滇軺紀程一卷、使滇紀程一卷、雲南風土記一卷、探路日記一卷、滇遊日記一卷、順寧雜著一卷、黔囊一卷、黔記一卷、黔西古蹟考一卷、黔遊記一卷、黔中雜記一卷、黔中紀聞一卷、貴州道中記一卷、古州雜記一卷、粵滇雜記一卷，第八帙：平定兩金川述略一卷、蜀徼紀聞一卷、金川瑣記一卷、八排風土記一卷、金廠行記一卷、維西見聞紀一卷、永昌土司論一卷、黔苗蠻記一卷、滇黔土司婚禮記一卷、峒溪纖志一卷、說蠻一卷、猺獞傳一卷、苗俗紀聞一卷、苗俗記一卷、苗民考一卷、苗疆城堡考一卷、苗疆村寨考一卷、苗疆險要考一卷、苗疆道路考一卷、苗疆風俗考一卷、苗疆師旅考一卷、平苗記一卷、苗防論一卷、西南夷改流記一卷、邊省苗蠻事宜論一卷、改土歸流說一卷，第十帙：東南三國記一卷、高麗論略一卷、朝鮮考略一卷、征撫朝鮮記一卷、朝鮮小記一卷、高麗形勢一卷、朝鮮風土略述一卷、高麗風俗記一卷、朝鮮風俗記一卷、朝鮮八道紀要一卷、朝鮮風土記一卷、高麗瑣記一卷、朝鮮輿地說一卷、朝鮮疆域紀略一卷、朝鮮會通條例一卷、東遊記一卷、遊高麗王城記一卷、朝鮮雜述一卷、東國名勝記一卷、入高紀程一卷、巨文島形勢一卷、朝鮮諸水編一卷、高麗水道考一卷、越南志一卷、安南小志一卷、越南考略一卷、越南世系沿革略一卷、越南疆域考一卷、越南地輿圖說一卷、安南雜記一卷、安南紀遊一卷、越南遊記一卷、征撫安南記一卷、征安南紀略一卷、從征安南記一卷、越南山川略一卷、越南道路略一卷、中越交界各隘卡略一卷、征緬甸記一卷、緬事述略一卷、征緬紀略一卷、征緬紀聞一卷、緬甸瑣記一卷、入緬路程一卷、緬藩新紀一卷、暹羅考一卷、暹羅志一卷、暹羅考略一卷、暹羅別記一卷、東洋記一卷、日本考略一卷、日本疆域險要一卷、日本沿革一卷、日本載筆一卷、日本近事記一卷、日本通中國考一卷、袖海編一卷、使東述略一卷、使東雜記一卷、日本雜事一卷、東遊日記一卷、東遊紀盛一卷、日本瑣志一卷、扶桑遊記一卷、東遊日記一卷、東洋瑣記一卷、日本紀遊一卷、日本雜記一卷、豈止快錄一卷、禺於日錄一卷、熱海遊記一卷、使會津記一卷、東槎雜著一卷、東槎聞見錄一卷、遊日光山記一卷、登富嶽記一卷、登富士山記一卷、鹿門宕岳諸遊記一卷、遊嵐峽記一卷、遊石山記一卷、登金華山記一卷、遊松連高雄二山記一卷、霧島山記一卷、遊天王山記一卷、日本山表說一卷、瀧溪紀遊一卷、遊綿溪記一卷、遊保津川記一卷、日本河渠志一卷、中亞細亞圖說略一卷、印度考略一卷、印度志略一卷、五印度論一卷、印度風俗記一卷、印度紀遊一卷、探路日記一卷、西輶日記一卷、遊歷芻言一卷、印度劄記一卷、咸海紀略一卷、波斯考略一卷、阿剌伯考略一卷、俾路芝考略一卷、阿富汗考略一卷、東土耳其考略一卷、英屬地志一卷、俄西亞尼嘎洲志略一卷、阿塞亞尼亞群島記一卷、東南洋記一卷、東南洋針路一卷、東南洋島紀略一卷、呂宋紀略一卷、南洋記一卷、昆侖記一卷、南澳氣記一卷、柔佛略述一卷、檳榔嶼遊記一卷、般鳥紀略一卷、遊婆羅洲記一卷、白蠟遊記一卷、海島逸志一卷、葛剌巴傳一卷、南洋述遇一卷、南洋事宜論一卷、南洋各島國論一卷、三得惟枝島紀略一卷、海外群島記一卷、新金山記一卷、澳洲紀遊一卷、他士文尼亞島考略一卷、牛西蘭島紀略一卷、南極新地辨一卷，第十一帙：初使泰西記一卷、使西書略一卷、使法事略一卷、使西紀程一卷、英軺日記一卷、隨使日記一卷、使法雜記一卷、使還日記一卷、使德日記一卷、出使英法日記一卷、歐遊隨筆一卷、歐遊雜錄一卷、西征紀程一卷、出洋瑣記一卷、出使須知一卷、瀛海采問紀實一卷、西俗雜誌一卷、涉洋管見一卷、出洋須知一卷、歸國日記一卷、瀛海論一卷、蠡測卮言一卷、瀛海卮言一卷、西事蠡測一卷、漫遊隨錄一卷、遊英京記一卷、遊歷筆記一卷、泰西城鎮記一卷、彈丸小記一卷、土國戰事述略一卷、冰洋事蹟述略一卷，第十二帙：小西洋記一卷、阿利未加洲各國志一卷、亞非理駕諸國記一卷、地蘭士華路考一卷、埃及紀略一卷、埃及國記一卷、新開地中河記一卷、阿比西尼亞國述略一卷、探地記一卷、黑蠻風土記一卷、亞美理駕諸國記一卷、墨洲雜記一卷、美國記一卷、紅苗紀略一卷、三藩市紀一卷、墨西哥記一卷、古巴雜記一卷、秘魯形勢錄一卷、使美紀略一卷、美會紀略一卷、東行日記一卷、舟行紀略一卷、三洲遊記一卷）

500000－8701－0021730　H03787

小方壺齋輿地叢鈔十二帙補編十二帙再補編十二帙　王錫祺編輯　清上海著易堂鉛印本　二十一册　存六帙四百三十三種四百三十三卷（第一帙：鳳臺祗謁筆記一卷、永寧祗謁筆記一卷、臺懷隨筆一卷、南巡名勝圖說一卷、開國龍興記一卷、奉天形勢一卷、出邊紀程一卷、絕域紀略一卷、甯古塔紀略一卷、柳邊紀略一卷、遊甯古塔記一卷、庫葉附近諸島考一卷，第四帙：西洞庭志一卷、遊包山記一卷、遊石公山記一卷、遊漁洋山記一卷、遊虞山記一卷、遊虞山記一卷、遊虞山記一卷、遊馬鞍山記一卷、玉峰遊記一卷、遊細林山記一卷、遊橫雲山記一卷、毘陵諸山記一卷、遊蜀山記一卷、遊龍池山記一卷、遊龍池山記一卷、遊橫山記一卷、遊焦山記一卷、遊焦山記一卷、遊焦山記一卷、遊焦山記一卷、遊焦山記一卷、遊焦山記一卷、遊焦山記一卷、遊蒜山記一卷、象山記一卷、遊北固山記一卷、遊北固山記一卷、遊金焦北固山記一卷、遊京口南山記一卷、登燕山記一卷、方山記一卷、遊江上諸山記一卷、五山志略一卷、五狼山記一卷、遊象山麓記一卷、遊軍山記一卷、紫琅遊記一卷、遊雲龍山記一卷、遊睢甯諸山記一卷、雲臺山記一卷、遊雲臺山記一卷、遊雲臺山北記一卷、遊浮山記一卷、遊浮山記一卷、黄山遊記一卷、黄山史概一卷、黝山紀遊一卷、遊黄山記一卷、遊黄山記一卷、遊黄山記一卷、黄山紀遊一卷、黄山紀遊一卷、白嶽遊記一卷、披雲山記一卷、遊靈山記一卷、績溪山水記一卷、黟縣山水記一卷、遊石柱山記一卷、遊敬亭山記一卷、遊敬亭山記一卷、遊九華記一卷、遊九華記一卷、九華日錄一卷、遊九華山記一卷、齊山巖洞志一卷、横山遊記一卷、梅村山水記一卷、遊青山記一卷、過關山記一卷、盱江諸山遊記一卷、吴山紀遊一卷、遊孤山記一卷、遊硤石兩山記一卷、遊天目山記一卷、遊兩尖山記一卷、雲岫山遊記一卷、遊鷹窠頂記一卷、遊陳山記一卷、蠡山記一卷、遊白鵲山記一卷、道場山遊記一卷、登道場山記一卷、遊道場白雀諸山記一卷、遊大小玲瓏山記一卷、普陀紀勝一卷、遊柯山記一卷、遊吼山記一卷、遊吼山記一卷、天台山記一卷、遊天台山記一卷、遊天台山記一卷、天台遊記一卷、遊仙居諸山記一卷、横山記一卷、禹山記一卷、雁山雜記一卷、遊雁蕩山記一卷、遊雁蕩山記一卷、遊雁蕩記一卷、遊雁蕩日記一卷、北雁蕩紀遊一卷、雁山便覽記一卷、遊南雁蕩記一卷、南雁蕩紀遊一卷、南雁蕩紀遊一卷、中雁蕩紀遊一卷、桃花隘諸山記一卷、芙蓉嶂諸山記一卷、小仙都諸山記一卷、黄龍山記一卷、遊黄龍山記一卷、遊鼓山記一卷、遊鼓山記一卷、寶圖山記一卷、萃龍山記一卷、謨頤山記一卷、青城山行記一卷、遊峨眉山記一卷、遊淩雲記一卷、木耳占記一卷、遊白雲山記一卷、遊白雲山記一卷、遊欖山記一卷、遊羅浮記一卷、遊羅浮山記一卷、浮山紀勝一卷、遊爛柯山記一卷、遊丹霞記一卷、經丹霞山記一卷、棲霞山遊記一卷、遊隱山記一卷、遊隱山六洞記一卷、遊桂林諸山記一卷、桂林諸山別記一卷、桂鬱岩洞記一卷、遊雞足山記一卷、昆侖異同考一卷、岡底斯山考一卷、蔥嶺三幹考一卷、北幹考一卷、北徼山脈考一卷、俄羅斯山形志一卷、遊滴水岩記一卷、登燕子磯記一卷、遊燕子磯沿山諸洞記一卷、登燕子磯記一卷、遊小盤穀記一卷、遊牛頭鄔記一卷、遊支硎中峰記一卷、遊鶺鴒峰記一卷、遊劍門記一卷、遊善卷洞記一卷、遊張公洞記一卷、遊張公洞記一卷、山門遊記一卷、遊白鶴峰記一卷、東山岩記一卷、葛壇遊記一卷、遊梅田洞記一卷、遊通天岩記一卷、遊羅漢岩記一卷、飛來峰記一卷、煙霞嶺遊記一卷、遊雲岩記一卷、遊碧岩記一卷、遊天窗岩記一卷、香壚峰紀遊一卷、遊金華洞記一卷、遊玉甑峰記一卷、遊仙岩記一卷、三岩洞記一卷、遊仙都峰記一卷、遊水尾岩記一卷、重遊靈應峰記一卷、登大王峰記一卷、遊普陀峰記一卷、遊赤壁記一卷、遊三遊洞記一卷、卯峒記一卷、遊麻姑洞記一卷、遊天井峰記一卷、遊靜穀沖記一卷、遊永州三岩記一卷、乾溪洞記一卷、桂陽石洞記一卷、伏牛洞記一卷、遊佛峪龍洞記一卷、遊靈岩記一卷、遊黄紅峪記一卷、遊煙霞洞記一卷、遊乾陽洞紀略一卷、洪花洞記一卷、龍母洞記一卷、探靈岩記一卷、黄婆洞記一卷、遊碧落洞記一卷、遊潮水岩記一卷、遊楊曆岩記一卷、遊七星岩記一卷、七星岩記一卷、七星岩記一卷、遊伏波岩記一卷、遊鐵城記一卷、遊白龍洞記一卷、遊丹霞岩九龍洞記一卷、遊燕子洞記一卷、牟珠洞記一卷、飛雲洞記一卷、飛雲洞記一卷、少寨洞記一卷、獅子崖記一卷、遊龍岩記一卷、方輿諸山考一卷、水道總考一卷、水經要覽一卷、各省水道圖說一卷、江道編一卷、江源記一卷、江源考一卷、江防總論一卷、防江形勢考一卷、入江巨川編一卷、長江津要一卷、淮水編一卷、淮水考一卷、淮水說一卷、尋淮源記一卷、入淮巨川編一卷、黄河編一卷、黃河說一卷、河源記一卷、河源圖說一卷、河源異同辨一卷、全河備考一卷、入河巨川編一卷、東西二漢水辨一卷、漢水發源考一卷、濟瀆考一卷、高家堰記一卷、淮北水利說一卷、江西水道考一卷、浙江諸水編一卷、兩浙水利詳考一卷、浦陽江記一卷、閩江諸水編一卷、九江考一卷、五溪考一卷、湘水記一卷、灕湘二水記一卷、甘肅諸水編一卷、粵江諸水編一卷、西江源流說一卷、廣西三江源流考一卷、雲南諸水編一卷、雲南三江水道考一卷、黔中水道記一卷、苗疆水道考一卷、三黑水考一卷、黑水考一卷、大金沙江考一卷、富良江源流考一卷、蒙古水道略一卷、塞北漠南諸水彙編一卷、西北諸水編一卷、山川考一卷、天下高山大川考一卷、宇內高山大河考一卷、泛大通橋記一卷、泛通河記一卷、浴溫泉記一卷、遊後湖記一卷、遊消夏灣記一卷、遊黃公澗記一卷、觀水雜記一卷、遊萬柳池記一卷、遊三龍潭記一卷、遊雙溪記一卷、遊媚筆泉記一卷、遊南湖記一卷、泛潁記一卷、遊玉簾泉記一卷、湖山便覽一卷、西湖考一卷、西湖遊記一卷、西湖紀遊一卷、西湖遊記一卷、龍井遊記一卷、小港記一卷、遊鴛鴦湖記一卷、黯淡灘記一卷、湘行記一卷、泛瀟湘記一卷、三灘記一卷、遊浯溪記一卷、浯溪記一卷、泛百門泉記一卷、遊百門泉記一卷、遊珍珠泉記一卷、遊南池記一卷、遊大明湖記一卷、遊趵突泉記一卷、冶源紀遊一卷、遊五姓湖記一卷、天池記一卷、猩猩灘記一卷、遊磻溪記一卷、遊釣臺記一卷、出峽記一卷、遊惠州西湖記一卷、滇水紀行一卷、遊金粟泉記一卷、訪蘇泉記一卷、象州沸泉記一卷、遊龍泉記一卷、淨海記一卷、遊雨花臺記一卷、遊觀音門譙樓記一卷、遊滄浪亭記一卷、遊獅子林記一卷、遊姑蘇台記一卷、遊姑蘇台記一卷、彌羅閣望山記一卷、遊虎山橋記一卷、遊秦園記一卷、平山堂記一卷、劉伶台記一卷、韓侯釣臺記一卷、遊愛蓮亭記一卷、遊周橋記一卷、遊龍亭記一卷、遊平波臺記一卷、遊釣臺記一卷、遊瀨鄉記一卷、遊喜雨亭記一卷、遊潭柘寺記一卷、遊寶藏寺記一卷、龍泉寺記一卷、遊雞鳴寺記一卷、遊金陵城南諸刹記一卷、遊湖心寺記一卷、遊海嶽庵記一卷、遊禪窟寺記一卷、遊石崆庵記一卷、遊智門寺記一卷、遊少林寺記一卷、遊晉祠記一卷、遊晉祠記一卷、遊峽山寺記一卷、遊太華寺記一卷、遊銅瓦寺記一卷,第五帙:南遊記一卷、還京日記一卷、南歸記一卷、停驂隨筆一卷、春帆紀程一卷、舟行日記一卷、轉漕日記一卷、北征日記一卷、北行日記一卷、北行日記一卷、南遊日記一卷、遊蹤選勝一卷、名勝雜記一卷、鴻雪因緣圖記一卷、浪遊記快一卷、風土雜錄一卷、觀光紀遊一卷,第八帙:平定兩金川述略一卷、蜀徼紀聞一卷、金川瑣記一卷、八排風土記一卷、金廠行記一卷、維西見聞紀一卷、永昌土司論一卷、黔苗蠻記一卷、滇黔土司婚禮記一卷、峒溪纖志一卷、說蠻一卷、猺獞傳一卷、苗俗紀聞一卷、苗俗記一卷,第十一帙:使英雜記一卷、使法雜記一卷、使還日記一卷、使德日記一卷、出使英法日記一卷、歐遊隨筆一卷、歐遊雜錄一卷、西征紀程一卷、出洋瑣記一卷、出使須知一卷、瀛海采問紀實一卷、西俗雜誌一卷、涉洋管見一卷、出洋須知一卷、歸國日記一卷、瀛海論一卷、出使英法義比四國日記一卷,第十二帙:小西洋記一卷、阿利未加洲各國志一卷、亞非理駕諸國記一卷、地蘭士華路考一卷、埃及紀略一卷、埃及國記一卷、新開地中河記一卷、阿比西尼亞國述略一卷、探地記一卷、黑蠻風土記一卷、亞美理駕諸國記一卷、墨洲雜記一卷、美國記一卷、紅苗紀略一卷、三藩市紀一卷、墨西哥記一卷、古巴雜記一卷、秘魯形勢錄一卷、使美紀略一卷、美會紀略一卷、東行日記一卷、舟行紀略一卷、三洲遊記一卷)

500000-8701-0021731　H03788

經訓堂叢書二十一種　(清)畢沅輯　清光緒十三年(1887)大同書局石印本　十六冊

500000-8701-0021732　H03789

松桂堂全集三十七卷南洼集三卷延露詞三卷　(清)彭孫遹撰　清宣統三年(1911)掃葉山房石印本　八冊　存三十卷(松桂堂全集一、六至十四、二十至三十七,南洼集二至三)

500000－8701－0021733　H03790
徐氏三種　(宋)王應麟纂　(清)王相注　清文林堂刻本　二册　存二種二卷(三字經訓詁一卷、百家姓考略一卷)

500000－8701－0021734　H03791
醫門法律二十四卷　(清)喻昌撰　清刻本　二册　存二卷(五至六)

500000－8701－0021735　H03792
醫學源流論二卷　(清)徐大椿撰　清乾隆二十二年(1757)刻本　二册

500000－8701－0021736　H03793
金山衛廟學紀略不分卷　(清)翁淳編　清光緒九年(1883)灑埽局刻本　一册

500000－8701－0021737　H03794
金山衛廟學紀略不分卷　(清)翁淳編　清光緒九年(1883)灑埽局刻本　一册

500000－8701－0021738　H03795
金山衛廟學紀略不分卷　(清)翁淳編　清光緒九年(1883)灑埽局刻本　一册

500000－8701－0021739　H03796
中日馬關新約十一款另約三款　(清)李鴻章　(日本)伊藤博文簽訂　清光緒二十一年(1895)刻本　一册

500000－8701－0021740　H03798
全唐詩九百卷　(清)曹寅等編　清刻本　一百十八册　存一百十八册(一至四函一至四十册,五函四十一至四十九册,六函五十一至六十册,七函六十一、六十三至七十册,八函至十二函七十一至一百二十册)

500000－8701－0021741　H03799
十國春秋一百十六卷　(清)吴任臣撰　清乾隆五十三年(1788)刻本　二十五册

500000－8701－0021742　H03800
陶雲汀先生奏疏五十卷　(清)陶澍撰　清道光八年(1828)刻本　十四册　存二十八卷(一至二十四、四十一至四十二、四十九至五十)

500000－8701－0021743　H03801
康熙字典十二集檢字一卷辨似一卷等韻一卷補遺一卷備考一卷　(清)張玉書等纂　清刻本　四十册

500000－8701－0021744　H03802
欽定學政全書八十六卷首一卷　(清)王傑等纂　清嘉慶刻本　二十三册　存八十四卷(一至五十八、六十二至八十六,首一卷)

500000－8701－0021745　H03803
四川勸工總局成品價值表一卷　(清)四川勸工總局編　清光緒三十一年(1905)成都官報書局鉛印本　一册

500000－8701－0021746　H03804
欽定蘭州紀略二十卷首一卷　(清)阿桂等纂　清刻本　七册　存十九卷(一至五、八至二十,首一卷)

500000－8701－0021747　H03805
欽褒雙孝録不分卷　(□)□□撰　清刻本　一册

500000－8701－0021748　H03806
唐陸宣公集二十二卷　(唐)陸贄撰　清刻本　一册　存六卷(一至六)

500000－8701－0021749　H03807
新鐫五行秘旨昭繇闢謬粲贊陰陽曆理通書三卷　(清)熊山鳳撰　清康熙二十三年(1684)書林天瑞堂刻曆理通書大全本　一册

500000－8701－0021750　H03808
養蒙正軌不分卷　(英國)秀耀春　汪振聲譯　清末鉛印本　一册

500000－8701－0021751　H03809
唐陸宣公集二十二卷首一卷　(唐)陸贄撰　清乾隆五年(1740)雲林懷德堂刻本　四册　存十六卷(一至十六)

500000－8701－0021752　H03810
重刊人子須知資孝地理心學統宗三十九卷首一卷　(明)徐善繼　(明)徐善述撰　明刻本　六册　存四卷(一、六至八)

500000－8701－0021753　H03811
尚史七十卷　(清)李鍇纂　清乾隆三十八年(1773)刻本　二十五册

500000－8701－0021754　H03812
四大奇書第一種(三國演義)十九卷首一卷　(明)羅貫中撰　(清)毛宗崗評　清刻本　二十册

500000－8701－0021755　H03813
駁案新編三十二卷續編七卷　(清)全士潮等纂　清刻本　十七册　存二十二卷(二至八、十一至十二、十四、二十一至三十二)

500000－8701－0021756　H03814
醫方辨難大成上集□□卷中集幼科四十七卷首一卷婦科十六卷首一卷下集眼科六卷外科三十二卷首一卷　題(晉)文昌帝君撰　清刻本　二十七册　存一百六十一卷(上集一至三、八至十、十二至十七、二十二至二十四、二十八至七十二、七十八至八十三、九十三至九十八,中集幼科一至二十、三十至四十七、首一卷,中集婦科十六卷首一卷,下集眼科六卷,下集外科一至二十一、二十八至三十二、首一卷)

500000－8701－0021757　H03815
古今説海一百三十五種一百四十二卷　(明)陸楫輯　清道光元年(1821)邵氏西山堂刻本　二十册

500000－8701－0021758　H03816
學古堂日記四十種五十三卷　(清)雷浚(清)汪之昌輯　清光緒二十二年(1896)刻本　二十一册　存三十六種四十三卷(讀周易日記一卷,讀周易日記一卷,讀尚書日記一卷,讀毛詩日記一卷,讀毛詩日記一卷,讀毛詩日記一卷,讀毛詩日記一卷,讀毛詩日記一卷,讀毛詩日記一卷,讀毛詩日記一卷,讀毛詩日記一卷,讀周禮日記一卷,讀儀禮日記一卷,讀儀禮日記一卷,讀小戴禮盧植注日記一卷,讀小戴禮日記一卷,讀小戴日記一卷,讀孝經日記一卷,讀爾雅日記一卷,讀爾雅補記一卷,讀爾雅日記一卷,讀爾雅日記一卷,讀爾雅日記一卷,讀介疋日記一卷,讀説文玉篇日記一卷,讀段注説文解字日記一卷,讀説文日記一卷,讀史記日記一卷,讀史記日記一卷,讀漢書日記一卷,讀通鑑日記一卷,讀史日記三種:前漢匈奴表三卷附録一卷,讀文選日記一卷,治算學日記三種:垂線互求術一卷、平方和較術一卷、疊徵比例術一卷,學古堂日記叢鈔一至三)

500000－8701－0021759　H03817
鳳凰山七十二卷七十二回　(□)□□撰　清刻本　二十四册

500000－8701－0021760　H03818
賦彙録要二十八卷補遺一卷外集一卷補題注一卷　(清)陳元龍編　(清)吳光昭箋畧　清刻本　十四册　存二十六卷(二至二十七)

500000－8701－0021761　H03819
螢窗異草初編四卷二編四卷三編四卷　(清)尹似村撰　清末上海進步書局鉛印本　一册　存二卷(三至四)

500000－8701－0021762　H03820
説文解字注三十二卷　(清)段玉裁注　清光緒十四年(1888)上海蜚英館石印本　六册

500000－8701－0021763　H03821
説文解字註匡謬八卷　(清)徐承慶撰　清光緒十四年(1888)上海蜚英館石印本　一册

500000－8701－0021764　H03822
算學初讀四卷　(清)周廣詢輯　清光緒二十六年(1900)刻本　四册

500000－8701－0021765　H03823
東嵒艸堂評訂唐詩鼓吹十卷　(元)郝天挺註　清刻本　六册

500000－8701－0021766　H03824
東嵒艸堂評訂唐詩鼓吹十卷　(元)郝天挺註　清刻本　五册

500000－8701－0021767　H03825
上趙次帥籌西藏涼山書不分卷　(□)□□撰　清刻本　一册

500000－8701－0021768　H03826
四川兵工廠暫訂各廠房分章不分卷　(□)□□撰　清宣統二年(1910)官印刷局鉛印本　一冊

500000－8701－0021769　H03827
廣東新語二十八卷　(清)屈大均譔　清水天閣刻本　十冊

500000－8701－0021770　H03828
格言二卷格言類纂二卷　(明)楊廷鑑輯　清刻本　一冊

500000－8701－0021771　H03829
學部通辨續編三卷　(明)陳建撰　清刻本　一冊

500000－8701－0021772　H03830
鄭學録四卷　(清)鄭珍撰　清光緒六年(1880)唐氏刻本　二冊

500000－8701－0021773　H03831
笑庵存稿不分卷　(清)鄭溥撰　清光緒二十九年(1903)黄海山人刻本　一冊

500000－8701－0021774　H03832
養吉齋餘録十卷　(清)吳振棫纂　清刻本　一冊

500000－8701－0021775　H03833
知非齋詩續鈔□□卷　(清)陳鐘英撰　清刻本　一冊　存二卷(三至四)

500000－8701－0021776　H03834
小學韻語不分卷　(清)羅澤南撰　清光緒十二年(1886)合肥李懋勳東甌刻本　二冊

500000－8701－0021777　H03835
漁洋山人精華録訓纂十卷目録二卷金氏精華録箋註辯訛一卷　(清)惠棟撰　**漁洋山人自撰年譜二卷**　(清)王士禛撰　(清)惠棟註補　清光緒十七年(1891)南皮張氏刻本　一冊　存三卷(目録二卷、附録一卷)

500000－8701－0021778　H03836
丹鉛總録二十七卷　(明)楊慎撰　清刻本　一冊　存二卷(二十至二十一)

500000－8701－0021779　H03837
笠翁一家言全集十六卷　(清)李漁著　清刻本　一冊　存一卷(别集九)

500000－8701－0021780　H03838
省齋全集十二卷　(清)牛樹梅撰　清同治十三年(1874)蓉城刻本　二冊　存四卷(一至二、九至十)

500000－8701－0021781　H03839
公羊穀梁春秋合編附註疏纂十二卷　(明)朱泰禎纂述　清刻本　三冊　存九卷(一至九)

500000－8701－0021782　H03840
滄海老人中學參同一卷　(清)鄧文玉演註　清光緒三十四年(1908)刻本　一冊

500000－8701－0021783　H03841
養知書屋文集二十八卷詩集十五卷　(清)郭嵩燾著　清刻本　六冊　存十三卷(文集七至十、十三至十四、十七,詩集十至十五)

500000－8701－0021784　H03842
敬義堂家訓三卷　(清)紀大奎撰　清刻本　一冊

500000－8701－0021785　H03843
筠廊偶筆二卷　(清)宋犖撰　**金鰲退食筆記二卷**　(清)高士奇撰　清石印本　一冊

500000－8701－0021786　H03844
尚書軌範撮要圖不分卷　(清)王皜校録　清刻本　一冊

500000－8701－0021787　H03845
續資治通鑑二百二十卷　(清)畢沅編　清刻本　三冊　存九卷(一至九)

500000－8701－0021788　H03846
詳註普通歌訣全書□□卷　(清)馮丙然撰注　清刻本　二冊　存三卷(子、理、史)

500000－8701－0021789　H03847
小衡箕說二卷　(清)汪光恒撰　清刻本　一冊　存一卷(一)

500000－8701－0021790　H03848
宦游紀略二卷　(清)高廷瑤撰　清光緒九年(1883)資中官廨刻本　一冊

500000－8701－0021791　H03849
經籍訪古志六卷補遺一卷　（日本）澁江全善（日本）森立之編　清排印本　八冊

500000－8701－0021792　H03850
前漢書鈔四卷　（清）高嵣集評　清乾隆五十三年（1788）刻本　四冊

500000－8701－0021793　H03851
性理大全書輯要□□卷　（□）□□編　清刻本　三冊　存六卷（一至四、七至八）

500000－8701－0021794　H03852
懷古田舍梅統十三卷　（清）徐榮輯　清刻本　四冊

500000－8701－0021795　H03853
繪圖情史二十四卷　題（清）詹詹外史撰　清宣統元年（1909）北京自強書局石印本　三冊　存十一卷（一至三、十四至十七、二十一至二十四）

500000－8701－0021796　H03854
普通百科新大詞典十二集目錄二卷補遺一卷　（清）黄人編輯　清鉛印本　一冊　存一集（丑）

500000－8701－0021797　H03855
普通百科新大詞典十二集目錄二卷補遺一卷　（清）黄人編輯　清鉛印本　六冊　存六集（午至亥）

500000－8701－0021798　H03856
關中漢唐存碑不分卷　（清）王志沂纂　清刻本　一冊

500000－8701－0021799　H03857
小兒語一卷續三卷　題（清）漁隱閑翁撰　清光緒二十三年（1897）省城學院前錦書堂刻本　一冊

500000－8701－0021800　H03858
答客芻言不分卷　（清）倪準撰　清光緒七年（1881）刻本　一冊

500000－8701－0021801　H03859
新刊性理大全六卷　（清）周濂溪譔　（清）朱紫陽註　清遺經堂刻本　二冊

500000－8701－0021802　H03860
唐宋八家精選層級集讀本四卷　（清）儲在陸原評　（清）吳煒增訂　清刻本　二冊　存二卷（一、三）

500000－8701－0021803　H03861
唐宋八家精選層級集讀本四卷　（清）儲在陸原評　（清）吳煒增訂　清乾隆六十年（1795）刻本　五冊

500000－8701－0021804　H03862
水經注四十卷首一卷　（北魏）酈道元撰　清刻本　十四冊　存三十六卷（一至二十、二十五至四十）

500000－8701－0021805　H03863
六朝唐賦英華三卷　（清）吳坦輯　清道光元年（1821）刻本　二冊

500000－8701－0021806　H03864
六朝唐賦讀本不分卷　（清）馬傳庚選註　清光緒十九年（1893）上海寶善齋石印本　二冊

500000－8701－0021807　H03865
六朝唐賦讀本不分卷　（清）馬傳庚選註　清光緒十三年（1887）蜚英館石印本　二冊

500000－8701－0021808　H03866
六朝唐賦讀本四卷　（清）馬傳庚選註　清刻本　二冊

500000－8701－0021809　H03867
驗方新編八卷首一卷　（清）鮑相璈編輯　清刻本　四冊　存五卷（一、三至四、七，首一卷）

500000－8701－0021810　H03868
家事筆記一卷　（□）□□撰　清刻本　一冊

500000－8701－0021811　H03869
家事筆記一卷　（□）□□撰　清刻本　一冊

500000－8701－0021812　H03870
今古奇觀四十卷　題（明）抱甕老人撰　清刻本　一冊　存一卷（七）

500000－8701－0021813　H03871
尚書大傳四卷補遺一卷續補遺一卷考異一卷　(漢)鄭玄注　清嘉慶五年(1800)刻本　一冊

500000－8701－0021814　H03872
退思粗訂稿二卷　(清)朱文翰著　(清)潘紹曾重編　清刻本　二冊

500000－8701－0021815　H03873
輶軒語不分卷　(清)張之洞撰　清光緒十九年(1893)桂垣書局刻本　一冊

500000－8701－0021816　H03874
合聲簡字譜音註不分卷　題(清)曰愚公撰　清光緒三十二年(1906)錦城簡字師範學堂刻本　一冊

500000－8701－0021817　H03875
重訂唐詩別裁集二十卷　(清)沈德潛選　清刻本　十冊　存十六卷(一至二、五至十六、十九至二十)

500000－8701－0021818　H03876
論語二十篇　(□)□□撰　清刻本　一冊　存十篇(學而至鄉黨)

500000－8701－0021819　H03877
新刻余文榜私訪烏江渡不分卷　(□)□□撰　清重慶明山書店刻本　一冊

500000－8701－0021820　H03878
御定全唐詩錄一百卷　(清)徐倬編　清康熙刻本　二十一冊　存八十二卷(一至六、十三至二十一、二十六至九十二)

500000－8701－0021821　H03879
全唐詩九百卷　(清)曹寅等編　清刻本　十一冊　存十一冊(一函一至十、五函十)

500000－8701－0021822　H03880
讀史碎金八十卷　(清)胡文炳編輯　清光緒元年(1875)刻本　四十八冊　存四十九卷(一至六、十三至十五、十八至二十二、二十七至五十三、五十六至五十七、七十一至七十五、七十九)

500000－8701－0021823　H03881
廣事類賦四十卷　(清)華希閔撰　清刻本　六冊

500000－8701－0021824　H03882
重鐫神峯張先生通考闢謬命理正宗大全六卷　(明)張楠撰　清刻本　一冊　存一卷(五)

500000－8701－0021825　H03883
傷寒論淺註補正七卷首一卷　(漢)張仲景撰　(清)陳念祖注　唐宗海補正　清上海千頃堂書局石印本　二冊　存五卷(一、五至七，首一卷)

500000－8701－0021826　H03884
重訂廣事類賦四十卷　(清)華希閔撰　清敬文堂刻本　八冊

500000－8701－0021827　H03885
八編類纂二百八十五卷圖二卷六經圖六卷　(明)陳仁錫纂評　清光緒七年(1881)刻本　一冊　存四卷(二十八至三十一)

500000－8701－0021828　H03886
八編類纂二百八十五卷圖二卷六經圖六卷　(明)陳仁錫纂評　清光緒七年(1881)刻本　一百冊

500000－8701－0021829　H03887
工程做法□□卷　(□)□□撰　清刻本　六冊　存十三卷(三至六、十四至十八、二十六至二十九)

500000－8701－0021830　H03888
工程做法□□卷　(□)□□撰　清刻本　十一冊　存三十五卷(三至八、三十三至三十七、四十二至四十七、五十至五十三、五十八至六十四、六十八至七十四)

500000－8701－0021831　H03889
王陽明先生全集十六卷　(明)王守仁撰　清道光六年(1826)刻本　十六冊

500000－8701－0021832　H03890
增訂漢魏叢書八十六種　(清)王謨輯　清刻本　六十冊　存六十一種二百八十九卷(詩

傳孔氏傳一卷、詩說一卷、韓詩外傳十卷、毛詩草木鳥獸蟲魚疏二卷、大戴禮記十三卷、春秋繁露十七卷、白虎通德論四卷、獨斷一卷、忠經一卷、孝傳一卷、小爾雅一卷、方言十三卷、博雅十卷、釋名四卷、新書七至十、新序一至五、淮南鴻烈解二十一卷、鹽鐵論十二卷、法言十卷、申鑒五卷、論衡十三至三十、潛夫論十卷、中論二卷、中說二卷、風俗通義十卷、人物志三卷、新論十卷、顏氏家訓二卷、參同契一卷、陰符經一卷、風后握奇經一卷、素書一卷、心書一卷、古今注三卷、博物志十卷、文心雕龍十卷、詩品三卷、書品一卷、尤射一卷、拾遺記十卷、述異記二卷、續齊諧記一卷、搜神記八卷、搜神後記二卷、還冤記一卷、神異經一卷、海內十洲記一卷、別國洞冥記四卷、枕中書一卷、佛國記一卷、伽藍記五卷、三輔黃圖六卷、水經二卷、星經二卷、荊楚歲時記一卷、南方草木狀三卷、竹譜一卷、禽經一卷、古今刀劍錄一卷、鼎錄一卷、天祿閣外史八卷）

500000－8701－0021833　H03891
羣經凡例不分卷　廖平撰　清刻四益館叢書本　三冊

500000－8701－0021834　H03892
羣經凡例不分卷　廖平撰　清刻四益館叢書本　二冊　存十四篇（王制義證凡例一篇、孝經學凡例一篇附書目、今文詩經古義疏證凡例一篇、今文尚書要義凡例一篇附二十八篇序例、公羊春秋補證凡例一篇、穀梁春秋經傳古義凡例一篇附外篇凡例、春秋古經說漢義補證凡例一篇、左氏傳義補證簡明凡例一篇、左氏學外篇凡例一篇、禮經補證凡例一篇、容經類纂凡例一篇、兩戴類纂凡例一篇、周官攷微凡例一篇、樂禮凡例一篇）

500000－8701－0021835　H03893
羣經凡例不分卷　廖平撰　清刻四益館叢書本　二冊　存十四篇（王制義證凡例一篇、孝經學凡例一篇附書目、今文詩經古義疏證凡例一篇、今文尚書要義凡例一篇附二十八篇序例、公羊春秋補證凡例一篇、穀梁春秋經傳古義凡例一篇附外篇凡例、春秋古經說漢義補證凡例一篇、左氏傳義補證簡明凡例一篇、左氏學外篇凡例一篇、禮經補證凡例一篇、容經類纂凡例一篇、兩戴類纂凡例一篇、周官攷微凡例一篇、樂禮凡例一篇）

500000－8701－0021836　H03894
羣經凡例不分卷　廖平撰　清光緒二十三年（1897）四川尊經書局刻本　一冊　存五篇（王制義證凡例一篇、孝經學凡例一篇附書目、今文詩經古義疏證凡例一篇、今文尚書要義凡例一篇附二十八篇序例、公羊春秋補證凡例一篇）

500000－8701－0021837　H03895
四書集註十九卷　（宋）朱熹集註　清茹古堂刻本　四冊

500000－8701－0021838　H03896
聊齋志異新評十六卷　（清）蒲松齡撰　（清）但明倫新評　清咸豐九年（1859）刻朱墨套印本　十六冊

500000－8701－0021839　H03897
文選李注補正四卷　（清）孫志祖輯　清漢州張氏受經堂刻本　二冊

500000－8701－0021840　H03898
文章流別論一卷　（晉）摯虞撰　**三唐詩品三卷**　宋育仁撰　清光緒十年（1884）富順攷雋堂刻本　一冊

500000－8701－0021841　H03899
小兒語一卷　（明）呂德勝撰　**呂新吾先生好人歌一卷**　（明）呂坤撰　清刻本　一冊

500000－8701－0021842　H03900
新刻音註勸善目連救母行孝戲文三卷附錄草稿一卷　（明）鄭之珍編輯　清光緒十年（1884）刻本　三冊　存三卷（二至三、附錄草稿一卷）

500000－8701－0021843　H03901
奏定學堂章程不分卷　（清）張之洞等撰　清光緒二十九年（1903）江楚編譯官書局鉛印本　四冊　存十三種附二種（學務綱要、大學堂章程、高等學堂章程、中學堂章程、高等小學堂章程、初等小學堂章程、蒙養院及家庭教育法章程、優級師範學堂章程、初級師範學堂章程、實業教員講習所章程、高等農工商實業學堂章程、中等農工商實業學堂章程、初等農商實業學堂章程，附實業補習普通學堂章程、藝徒學堂章程）

500000－8701－0021844　H03902

說郛一百二十弓　（明）陶宗儀輯　清刻本（卷二十七、四十二、四十六、四十八係抄配）　五十一冊　存四百五十八種四百九十七卷（大學石經一卷、大學古本一卷、中庸古本一卷、詩小序一卷、詩傳一卷、詩說一卷、乾鑿度二卷、元包一卷、潛虛一卷、京氏易略一卷、關氏易傳一卷、周易略例一卷、周易古占一卷、周易舉正一卷、讀易私言一卷、元包數義一卷、櫝蓍記一卷、論語筆解一卷、論語拾遺一卷、疑孟一卷、詰墨一卷、翼莊一卷、毛詩草木鳥獸蟲魚疏二卷、詩說一卷、三禮敘錄一卷、夏小正一卷、月令問答一卷、九經補韻一卷、小爾雅一卷、三墳書一卷、易飛候一卷、易洞林一卷、易稽覽圖一卷、易巛靈圖一卷、易通卦驗一卷、尚書旋璣鈐一卷、尚書帝命期一卷、尚書考靈耀一卷、尚書中候一卷、詩含神霧一卷、詩紀曆樞一卷、春秋元命苞一卷、春秋運斗樞一卷、春秋文曜鉤一卷、春秋合誠圖一卷、春秋孔演圖一卷、春秋說題辭一卷、春秋感精符一卷、春秋潛潭巴一卷、春秋佐助期一卷、春秋緯一卷、春秋後語一卷、春秋繁露一卷、禮稽命徵一卷、禮含文嘉一卷、禮斗威儀一卷、大戴禮逸一卷、樂稽耀嘉一卷、孝經援神契一卷、孝經鉤命決一卷、孝經左契一卷、孝經右契一卷、孝經內事一卷、五經折疑一卷、五經通義一卷、龍魚河圖一卷、河圖括地象一卷、河圖稽命徵一卷、河圖稽燿鉤一卷、河圖始開圖一卷、洛書甄耀度一卷、遁甲開山圖一卷、淮南畢萬術一卷、聖門事業圖一卷、兼明書五卷、希通錄一卷、實賓錄一卷、譚子化書六卷、素書一卷、枕中書一卷、參同契一卷、陰符經一卷、三教論衡一卷、令旨解二諦義一卷、漁樵對問一卷、西疇老人常言一卷、藝圃折中一卷、發明義理一卷、鹿門隱書一卷、山書一卷、兩同書一卷、迂書一卷、武侯新書一卷、權書一卷、正朔考一卷、史剡一卷、綱目疑誤一卷、揚子新注一卷、新唐書糾謬一卷、輶軒絕代語一卷、獨斷一卷、臆乘一卷、芥隱筆記一卷、宜齋野乘一卷、中華古今注三卷、古今考一卷、刑書釋名一卷、釋常談三卷、續釋常談一卷、事原一卷、袖中記一卷、演繁露一卷、學齋呫嗶一卷、李氏刊誤一卷、孔氏雜說一卷、鼠璞二卷、資暇錄一卷、賓退錄一卷、紀談錄一卷、過庭錄一卷、楮記室一卷、螢雪叢說二卷、孫公談圃三卷、墨客揮犀一卷、師友談記一卷、宋景文公筆記一卷、王文正筆錄一卷、丁晉公談錄一卷、楊文公談錄苑一卷、欒城先生遺言一卷、愛日齋藂抄一卷、能改齋漫錄一卷、識遺一卷、退齋雅聞錄一卷、南墅閒居錄一卷、雪浪齋日記一卷、廬陵官下記一卷、玉溪編事一卷、渚宮故事一卷、麟臺故事一卷、五國故事一卷、郡閣雅言一卷、侯鯖錄一卷、畫墁錄一卷、摭青雜說一卷、樂郊私語一卷、隱窟雜誌一卷、梁溪漫志一卷、墨娥漫錄一卷、三水小牘一卷、寓簡一卷、碧雞漫志一卷、晁氏客語一卷、涪翁雜說一卷、雲麓漫抄一卷、黃氏筆記一卷、兩鈔摘腴一卷、碧湖雜記一卷、西林日記一卷、搜神秘覽一卷、牧豎閒談一卷、紫薇雜記一卷、巖下放言一卷、玉澗雜書一卷、石林燕語一卷、避暑錄話一卷、深雪偶談一卷、葦航紀談一卷、豹隱紀談一卷、悅生隨抄一卷、齊東野語一卷、邇言志見一卷、晰獄高抬貴手一卷、青箱雜記一卷、冷齋夜話一卷、癸辛雜識一卷、墨莊漫錄一卷、龍川別志一卷、羅湖野錄一卷、鶴林玉露一卷、雲谿友議一卷、後山談叢一卷、林下偶譚一卷、緗素雜記一卷、捫虱新話一卷、研北雜誌一卷、清波雜誌一卷、壺中贅錄一卷、物類相感志一卷、因話錄一卷、同話錄一卷、五色線一卷、五總志一卷、金樓子一卷、乾𦠆子一卷、投荒雜錄一卷、炙轂子錄一卷、抒情錄一卷、啟顏錄一卷、絕倒錄一卷、唾玉集一卷、辨疑志一卷、開城錄一卷、原化記一卷、蠡海錄一卷、澄懷錄一卷、王氏談錄一卷、先公談錄一卷、槁簡贅筆一卷、傳講雜記一卷、繼古藂編一卷、南窗記談一卷、耳目志一卷、群居解頤一卷、雁門野說一卷、三柳軒雜識一卷、負暄雜錄一卷、中吳紀聞一卷、緯略一卷、鉤玄一卷、遁齋閑覽一卷、稗史一卷、志林一卷、因論一卷、晉問一卷、窮愁志一卷、席上腐談一卷、讀書隅見一卷、田間書一卷、判決錄一卷、東園友聞一卷、劉馮事始一卷、西墅記譚一卷、遺史紀聞一卷、姑蘇筆記一卷、南部新書一卷、龍城錄一卷、杜苑叢談一卷、義山雜記一卷、文藪雜著一卷、法苑珠林一卷、蒼梧雜誌一卷、青瑣高議一卷、秘閣閒話一卷、雞肋編一卷、泊宅編一卷、吹劍錄一卷、投轄錄一卷、雞肋一卷、桯史一卷、雲谷雜記一卷、船窗夜話一卷、野人閒話一卷、植杖閒談一卷、東齋記事一卷、澹山雜識一卷、坦齋通編一卷、桃源手聽一卷、韋居聽輿一卷、仇池筆記一卷、暘谷漫錄一卷、友會談叢一卷、野老記聞一卷、灌畦暇語一卷、澗泉日記一卷、步里客談一卷、雲齋廣錄一卷、續甌骳說一卷、西齋話記一卷、雪舟脞語一卷、西軒客談一卷、蒙齋筆談一卷、廬陵雜說一卷、昌黎雜說一卷、漁樵閒話一卷、游宦紀聞一卷、行都紀事一卷、鄰幾雜誌一卷、楓窗小牘二卷、湖湘有事一卷、誠齋雜記一卷、溫公瑣語一卷、蔣氏日錄一卷、剡溪野語一卷、釣磯立談一卷、盛事美談一卷、衣冠盛事一卷、硯崗筆志一卷、窗閑記聞一卷、翰墨叢記一卷、備忘小抄一卷、艅艎日疏一卷、輶軒雜錄一卷、獨醒雜誌一卷、姚氏殘語一卷、有宋佳話一卷、采蘭雜誌一卷、嘉蓮燕語一卷、戊辰雜抄一卷、真率筆記一卷、芸窗私志一卷、致虛雜俎一卷、內觀日疏一卷、漂粟手牘一卷、奚囊橘柚一卷、玄池說林一卷、賈氏說林一卷、然藜餘筆一卷、荻樓雜抄一卷、客退紀談一卷、下帷短牒一卷、下黃私記一卷、娜嬛記一卷、宣室志一卷、傳載一卷、傳載略一卷、瀟湘錄一卷、野雪鍛排雜說一卷、耳目記一卷、樹萱錄一卷、善謔集一卷、紹陶錄一卷、視聽抄一卷、卻掃編一卷、開顏集一卷、雞蹠集一卷、葆化錄一卷、聞見錄一卷、洽聞記一卷、閒談錄一卷、解酲語一卷、延漏錄一卷、三餘帖一卷、北山錄一卷、玉匣記一卷、潛居錄一卷、西溪叢語一卷、倦遊雜錄一卷、虛谷閑抄一卷、玉照新志六卷、醉翁寱語一卷、錦里新聞一卷、清尊錄一卷、昨夢錄一卷、就日錄一卷、漫笑錄一卷、軒渠錄一卷、拊掌錄一卷、諧噱錄一卷、咸定錄一卷、天定錄一卷、調謔編一卷、謔名錄一卷、艾子雜說一卷、摭言一卷、諧史一卷、可談一卷、話腴一卷、談藪一卷、談淵一卷、談撰一卷、尚書故實一卷、次柳氏舊聞一卷、隋唐嘉話一卷、劉賓客嘉話錄一卷、賓朋宴語一卷、法藏碎金錄一卷、春渚紀聞一卷、曲洧舊聞一卷、茅亭客話一卷、避戎嘉話一卷、閑燕常談一卷、儒林公議一卷、賈氏談錄一卷、燈下閒談一卷、藴堂野史一卷、退齋筆錄一卷、皇朝類苑一卷、珩璜新論一卷、白獺髓一卷、清夜錄一卷、貴耳錄一卷、碧雲騢一卷、異聞記一卷、芝田錄一卷、避亂錄一卷、嗱囈集一卷、世闕錄一卷、揮麈錄一卷、揮麈餘話一卷、避暑漫抄一卷、南唐近事一卷、洞微志一卷、該聞錄一卷、從駕記一卷、東巡記一卷、青溪寇軌一卷、江表志一卷、歸田錄二卷、嬾真子錄一卷、陶朱新錄一卷、東皋雜錄一卷、東軒筆錄一卷、山房隨筆一卷、十友瑣說一卷、大唐創業起居注三卷、乾淳起居注一卷、御塞行程一卷、熙豐日歷一卷、唐年補錄一卷、東觀奏記三卷、國老談苑二卷、明道雜誌一卷續一卷、燕翼貽謀錄五卷、玉堂逢辰錄一卷、宜春傳信錄一卷、洛陽搢紳舊聞記一卷、小說舊聞記一卷、廣陵妖亂志一卷、玉堂雜記三卷、玉壺清話一卷、道山清話一卷、家世舊聞一卷、錢氏私志一卷、家王故事一卷、桐陰舊話一卷、北夢瑣言一卷、杜陽雜編三卷、金華子雜編一卷、玉泉子真錄一卷、松窗雜記一卷、南楚新聞一卷、中朝故事一卷、戎幕閒談一卷、商芸小說一卷、封氏聞見記一卷、景龍文館記一卷、行營雜錄一卷、江行雜錄一卷、養痾漫筆一卷、文昌雜錄一卷、遂昌雜錄一卷、宣政雜錄一卷、古杭雜記一卷、錢塘遺事一卷、默記一卷、朝野僉載一卷、唐國史補一卷、唐闕史一卷、唐語林一卷、大唐新語一卷、大唐奇事一卷、三

聖記一卷、先友記一卷、皮子世錄一卷、盧氏雜說一卷、零陵總記一卷、玉堂閒話一卷）

500000－8701－0021845　H03903
種福堂公選良方兼刻古吴名醫精論□□卷　（清）田岫雲　（清）全人公較　清乾隆四十年（1775）三省堂刻本　一冊　存二卷（一至二）

500000－8701－0021846　H03904
說文解字通釋四十卷　（宋）徐鍇傳釋　清刻本　七冊　存三十六卷（五至四十）

500000－8701－0021847　H03905
二十四史九通政典類要合編三百二十卷　（清）黄書霖輯　清石印本　一冊　存七卷（九十二至九十八）

500000－8701－0021848　H03906
易學闡元一卷　（清）姚配中撰　清光緒八年（1882）蛟川張氏刻花雨樓叢鈔本　一冊

500000－8701－0021849　H03907
經書算學天文攷二卷　（清）陳懋齡撰　清光緒清湖張氏刻花雨樓叢鈔本　一冊　存一卷（二）

500000－8701－0021850　H03909
曾文正公奏議十卷首一卷末一卷　（清）曾國藩撰　（清）薛福成編　清同治十二年（1873）蘇郡刻本　八冊　存十一卷（一、三至十，首一卷，末一卷）

500000－8701－0021851　H03910
清綺軒詞選十三卷　（清）夏秉衡輯　清刻本　一冊　存一卷（六）

500000－8701－0021852　H03911
清綺軒詞選十三卷　（清）夏秉衡輯　清刻本　二冊　存四卷（八至九、十二至十三）

500000－8701－0021853　H03912
新編鳳雙飛前後全傳四十二回　（清）程蕙英撰　清末石印本　一冊　存二回（九至十）

500000－8701－0021854　H03914
古文苑二十一卷　（宋）章樵註　清末安康黄氏刻藴石齋叢書本　六冊　存十六卷（一至十六）

500000－8701－0021855　H03915
唐陸宣公集二十二卷　（唐）陸贄撰　清光緒二十年（1894）上海鴻寶齋石印本　五冊

500000－8701－0021856　H03916
明詩別裁集十二卷　（清）沈德潛　（清）周準輯　清乾隆刻本　一冊　存一卷（一）

500000－8701－0021857　H03918
善成堂韜略元機全書八卷　（□）□□撰　清善成堂刻本　一冊　存二卷（一至二）

500000－8701－0021858　H03919
齊氏家傳醫秘二卷　（清）齊秉慧纂輯　清刻本　一冊　存一卷（一）

500000－8701－0021859　H03920
淞隱漫錄十二卷　（清）王韜撰　清光緒石印本　一冊　存二卷（五至六）

500000－8701－0021860　H03921
南渡錄四卷　（宋）辛棄疾撰　鄧實校錄　清光緒三十二年（1906）上海國學保存會鉛印本　一冊

500000－8701－0021861　H03922
宣和奉使高麗圖經四十卷附錄一卷　（宋）徐兢撰　清乾隆五十八年（1793）刻本　四冊

500000－8701－0021862　H03923
婦女隨身寶不分卷　（□）□□撰　清刻本　一冊

500000－8701－0021863　H03924
女兒經閨中寶不分卷　（□）□□撰　清刻本　一冊

500000－8701－0021864　H03925
詞壇妙品後集□□卷　（清）張淵懿輯　（清）田茂遇評　清石印本　一冊　存二卷（三至四）

500000－8701－0021865　H03926
產科心灋二集　（清）汪喆撰　清光緒三十一年（1905）刻本　一冊

500000－8701－0021866　H03927
華陽國志十二卷　（晉）常璩撰　清刻本　四册

500000－8701－0021867　H03928
癸甲襄校錄五卷　（清）岳森撰　清刻本　四册　存四卷（二至五）

500000－8701－0021868　H03929
孔文舉集不分卷　（清）楊逢辰輯　清刻本　一册

500000－8701－0021869　H03930
丹國條約不分卷　（清）外務部編　清同治二年（1863）鉛印本　一册

500000－8701－0021870　H03931
韓國條約不分卷　（清）外務部編　清光緒鉛印本　一册

500000－8701－0021871　H03932
欽定行政綱目不分卷　清末石印本　一册

500000－8701－0021872　H03933
續廣事類賦三十卷　（清）王鳳喈撰　清文盛堂刻本　九册

500000－8701－0021873　H03934
廣廣事類賦三十二卷　（清）吳世旃撰　清刻本　五册

500000－8701－0021874　H03935
事類賦補遺十四卷　（清）張均編撰　清刻本　四册

500000－8701－0021875　H03936
欽定儀象考成三十卷首二卷　（清）允祿等纂　清光緒二十四年（1898）慎記書莊石印本　九册　存二十四卷（一至十八、二十七至三十，首二卷）

500000－8701－0021876　H03937
綉像四香緣四卷　（清）朱鏡江撰　清刻本　一册　存一卷（一）

500000－8701－0021877　H03938
禪真後史五十三回　（清）程正揆撰　清刻本　四册　存二十七回（二十七至五十三）

500000－8701－0021878　H03939
涵芬樓古今文鈔一百卷　吳曾祺輯　清宣統二年（1910）上海上海商務印書館鉛印本（卷四十二至四十六、五十七、五十九係補配）　六十册　存六十卷（一至六十）

500000－8701－0021879　H03940
重訂外科正宗□□卷　（□）□□撰　清善成堂刻本　三册　存九卷（四至十二）

500000－8701－0021880　H03941
孟子註疏解經十四卷　（漢）趙岐注　（宋）孫奭疏　明汲古閣刻本　一册　存二卷（十一至十二）

500000－8701－0021881　H03942
無量壽經優婆提舍願生偈一卷　（北魏）釋菩提留支譯　**無量壽經優婆提舍願生偈註二卷**　（北魏）釋曇鸞註　**略論安樂淨土義一卷讚阿彌陀佛偈一卷**　（北魏）釋曇鸞撰　清光緒十九年（1893）南京金陵刻經處刻本　一册

500000－8701－0021882　H03943
燮雅堂遺集文八卷詩十卷附錄二卷　（清）杜濬撰　清光緒二十年（1894）黃岡沈氏刻本　三册　存十三卷（文六至八、詩十卷）

500000－8701－0021883　H03944
四益館雜著不分卷　廖平撰　清刻本　一册　存八十至一百四十三葉

500000－8701－0021884　H03945
大漢紀元年歲次壬子時憲書一卷　（□）□□編　清刻本　一册

500000－8701－0021885　H03946
古今僞書考一卷　（清）姚際恒撰　清光緒三年（1877）廣漢張氏刻本　一册

500000－8701－0021886　H03947
天下名勝楹聯不分卷　題（清）雲水散人選輯　清光緒十七年（1891）錦城文芳堂刻本　一册

500000－8701－0021887　H03948
銷燬抽燬書目一卷禁書總目一卷違礙書目一

卷奏繳咨禁書目一卷　(清)高宗弘曆編　清光緒三十三年(1907)上海國學保存會鉛印本　一册

500000－8701－0021888　H03949
衛生學問答二卷　丁福保纂　清光緒鉛印本　一册

500000－8701－0021889　H03950
詩比興箋四卷附簡學齋詩存一卷　(清)陳沆撰　清刻本　三册

500000－8701－0021890　H03951
誥咒要鈔一卷　(□)□□編　清光緒二十七年(1901)刻本　一册

500000－8701－0021891　H03952
沖虛至德真經八卷　(晉)張湛註　清嘉慶九年(1804)刻本　二册

500000－8701－0021892　H03953
來生福彈詞三十六回　題(清)橘中逸叟撰　清刻本　八册

500000－8701－0021893　H03954
山海經十八卷　(晉)郭璞撰　清刻本　二册　存五卷(一至五)

500000－8701－0021894　H03955
酹世集□□卷　(□)楊曇著　清刻本　一册　存二卷(七至八)

500000－8701－0021895　H03956
公羊春秋經傳驗推補證十一卷首一卷　廖平撰　清光緒三十二年(1906)則柯軒刻本　一册　存一卷(五)

500000－8701－0021896　H03957
易學啟蒙四編　(宋)朱熹　(宋)蔡元定撰　清刻本　一册

500000－8701－0021897　H03958
時敏堂詩鈔不分卷　(清)朱儀訓撰　清刻本　一册

500000－8701－0021898　H03959
呂氏春秋二十六卷附攷一卷　(漢)高誘注　(清)畢沅輯校　清乾隆五十四年(1789)畢氏靈巖山館刻本　六册　存二十卷(一至三、八至十五、十八至二十六)

500000－8701－0021899　H03961
易經本意四卷　(清)何西夏撰　清刻本　二册　存二卷(一、三)

500000－8701－0021900　H03962
玉海二百四卷附刻十二種六十一卷　(宋)王應麟撰　清刻本　一百二十册

500000－8701－0021901　H03963
遊峨詩紀不分卷　(清)劉光閣撰　清光緒刻本　一册

500000－8701－0021902　H03964
聖雨齋詩文集十卷　(清)周拱辰撰　清刻本　二册　存五卷(一至五)

500000－8701－0021903　H03965
土司例纂不分卷　(清)黄炳堃輯　清光緒十七年(1891)騰越廳署刻本　一册

500000－8701－0021904　H03966
平浙紀略十六卷　(清)秦緗業　(清)陳鍾英輯　清同治十二年(1873)浙江書局刻本　二册　存八卷(一至四、十三至十六)

500000－8701－0021905　H03967
李太白文集三十六卷　(唐)李白撰　(清)王琦輯註　清乾隆二十四年(1759)刻本　三册　存六卷(三十一至三十六)

500000－8701－0021906　H03968
士林彝訓八卷　(清)關槐撰　清道光十七年(1837)文昌宫刻本　四册

500000－8701－0021907　H03969
初學晬盤二卷　(清)鄔仁卿撰　清刻本　一册

500000－8701－0021908　H03970
五知齋琴譜八卷　(清)黄鎮仲条訂　(清)周魯封彙纂　清刻本　二册　存三卷(六至八)

500000－8701－0021909　H03971
明張文忠公全集四十八卷　(明)張居正撰　清光緒二十七年(1901)紅藤碧樹山館刻本

五冊　存十五卷(書牘八至十、十三至十五,詩六卷,女誡直解一卷,坿録二卷)

500000－8701－0021910　H03972
絳雲樓書目補遺一卷　(清)錢謙益編撰　**靜惕堂書目宋人集一卷元人集一卷**　(清)曹溶輯　**徵刻唐宋秘本書目一卷**　(清)黄虞稷編　(清)周在浚編　**徵刻唐宋秘本書目考證二卷**　葉德輝撰録　清光緒二十八年(1902)長沙葉氏郎園刻本　一冊

500000－8701－0021911　H03973
九通序不分卷　(唐)杜佑等撰　清光緒三十年(1904)梓州刻本　三冊

500000－8701－0021912　H03974
新刊校正圓機活法詩學全書二十四卷新刊校正增補圓機韻學活法全書十四卷　(明)王世貞輯　清刻本　八冊　存十七卷(詩學全書十二至十八、二十二至二十三,韻學全書一至二、五至六、十至十一、十三至十四)

500000－8701－0021913　H03975
新刊校正圓機活法詩學全書二十四卷新刊校正增補圓機韻學活法全書十四卷　(明)王世貞輯　清刻本　三冊　存六卷(詩學全書五至六、十六至十七,韻學全書十一至十二)

500000－8701－0021914　H03976
文選李注補正四卷　(清)孫志祖輯　清刻本　一冊　存二卷(一至二)

500000－8701－0021915　H03977
聊齋志異新評十六卷　(清)蒲松齡撰　(清)王士禎　(清)但明倫評　清光緒十年(1884)上海著易堂刻朱墨套印本　一冊　存一卷(一)

500000－8701－0021916　H03978
文選理學權輿八卷　(清)汪師韓撰　**補一卷**　(清)孫志祖輯　清受經堂漢州張氏刻本　三冊　存六卷(一至四、八,補一卷)

500000－8701－0021917　H03979
板橋集六卷　(清)鄭燮著　清刻本　一冊　存二卷(詩鈔一至二)

500000－8701－0021918　H03980
板橋集六編　(清)鄭燮撰　清乾隆四十八年(1783)清暉書屋刻本　一冊　存一編(詩鈔一)

500000－8701－0021919　H03981
板橋集六卷　(清)鄭燮著　清刻本　一冊　存一卷(詩鈔一)

500000－8701－0021920　H03982
板橋集六卷　(清)鄭燮著　清刻本　一冊　存四卷(三至六)

500000－8701－0021921　H03983
皇明文範六十八卷目録二卷　(明)張時徹輯　明萬曆刻本　一冊　存一卷(四十一)

500000－8701－0021922　H03984
撫吴疏草不分卷　(□)□□撰　清刻本　一冊　存十四篇(糾聶令調黄令疏至發兵應援疏)

500000－8701－0021923　H03985
華嚴海印道場九會請佛儀一卷　(□)□□撰　明刻本　一冊

500000－8701－0021924　H03986
詩韻釋略五卷　(清)梁應圻訂　清初刻本　一冊　存一卷(五)

500000－8701－0021925　H03987
朱文公校昌黎先生文集四十卷外集十卷　(唐)韓愈撰　(宋)朱熹考異　清刻本　一冊　存三卷(三十四至三十六)

500000－8701－0021926　H03988
唐詩選□□卷　(明)李攀龍編選　(明)蔣一葵箋釋　清刻本　一冊　存二卷(三至四)

500000－8701－0021927　H03989
漢書志□□卷　題(□)□□撰　清刻本　一冊　存二卷(一至二)

500000－8701－0021928　H03990
中庸湖南講一卷　(明)葛寅亮撰　明末刻本　一冊

500000－8701－0021929　H03991

寰宇訪碑録十二卷補五卷 （清）孫星衍 （清）邢澍撰 清光緒十一年（1885）朱氏槐廬刻本 三冊 存八卷（一至八）

500000－8701－0021930 H03992
第一才子書六十卷首一卷 （明）羅貫中撰 （清）毛宗崗評 清刻朱墨套印本（卷十九至二十一係補配） 十冊 存三十一卷（一至三十、首一卷）

500000－8701－0021931 H03993
舊唐書二百卷 （五代）劉昫等撰 清同治十一年（1872）定遠方氏刻本 三十六冊

500000－8701－0021932 H03994
舊唐書逸文十二卷 （清）岑建功輯 清同治十一年（1872）定遠方氏刻本 二冊

500000－8701－0021933 H03995
舊唐書校勘記六十六卷 （清）羅士琳 （清）劉文淇校訂 清同治十一年（1872）定遠方氏刻本 二十二冊

500000－8701－0021934 H03996
雲自在龕叢書五集十九種 繆荃孫輯 清光緒江陰繆氏刻本 二十六冊

500000－8701－0021935 H03997
劉向説苑二十卷 （漢）劉向撰 明刻本 一冊 存五卷（十六至二十）

500000－8701－0021936 H03998
孝經一卷 （□）□□撰 清刻本 一冊

500000－8701－0021937 H03999
文章指南五集 （明）歸有光編 清光緒二年（1876）皖江節署刻本 五冊

500000－8701－0021938 H04000
湘梫官遺稾二卷 （清）高銘彤撰 清光緒十一年（1885）刻本 一冊

500000－8701－0021939 H04001
新定三禮圖二十卷 （宋）聶崇義集註 清刻本 三冊

500000－8701－0021940 H04002
撼龍經不分卷 （□）□□撰 清刻本 一冊 存八種（變穴巨、變穴武、變穴祿、變穴輔、變穴廉、變穴文、變穴破、變穴總）

500000－8701－0021941 H04003
大方廣佛華嚴經□□卷 （唐）釋實叉難陀譯 清刻本 一冊 存一卷（二十一）

500000－8701－0021942 H04004
四庫簡明目録標注二十卷附録一卷 （清）邵懿辰注 清宣統三年（1911）仁和邵氏半巖廬刻本 六冊

500000－8701－0021943 H04005
御纂周易述義十卷 （清）傅恒等纂 清乾隆二十年（1755）刻本 七冊 存九卷（一至三、五至十）

500000－8701－0021944 H04006
合肥李勤恪公政書十卷首一卷 （清）李瀚章撰 李經畬等編輯 清光緒三十二年（1906）石印本 十冊

500000－8701－0021945 H04007
合肥李勤恪公政書十卷首一卷 （清）李瀚章撰 李經畬等編輯 清光緒三十二年（1906）石印本 一冊 存一卷（九）

500000－8701－0021946 H04008
薑齋文集十卷 （清）王夫之撰 清同治四年（1865）金陵湘鄉曾氏刻船山遺書本 二冊

500000－8701－0021947 H04009
重修政和經史證類備用本草三十卷 （宋）唐慎微撰 明刻本 一冊 存一卷（四）

500000－8701－0021948 H04010
揅經室經進書録四卷 （清）傅以禮編 清光緒八年（1882）大興傅氏刻本 二冊

500000－8701－0021949 H04011
宋書文鈔八卷 （□）□□撰 清刻本 一冊 存三卷（六至八）

500000－8701－0021950 H04012
唐書文鈔三十六卷 （□）□□撰 清刻本 二冊 存三卷（六至八）

500000－8701－0021951 H04013

宋史文鈔八卷　(□)□□撰　清刻本　一冊　存六卷(四至六、二十二至二十四)

500000－8701－0021952　H04014
讀左日鈔十二卷補二卷　(清)朱鶴齡輯　清刻本　一冊　存二卷(補二卷)

500000－8701－0021953　H04015
南豐先生元豐類藁五十卷集外文二卷續附南豐先生行狀碑誌哀挽一卷　(宋)曾鞏撰　清末影印本　一冊　存一冊(目錄)

500000－8701－0021954　H04016
相臺五經九十六卷附考證　(宋)岳珂輯　清乾隆四十八年(1783)武英殿仿宋刻本　三十九冊

500000－8701－0021955　H04017
寄青霞館弈選八卷續編八卷　(清)王存善輯　清光緒二十三年(1897)廣州刻本　十五冊　存十五卷(弈選八卷,續編一至六、八)

500000－8701－0021956　H04018
吉凶龜鑑□□卷　(□)□□撰　清刻本　一冊　存一卷(四上)

500000－8701－0021957　H04019
弈潛齋集譜不分卷　(清)鄧元鏸輯　清光緒至宣統弈潛齋刻本　一冊　存五種(范施十局、梁程十四局、范梁七局、施梁三局、施程五局)

500000－8701－0021958　H04020
弈潛齋集譜不分卷　(清)鄧元鏸輯　清光緒至宣統弈潛齋刻本　一冊　存一種(范施十局)

500000－8701－0021959　H04021
弈潛齋集譜不分卷　(清)鄧元鏸輯　清光緒至宣統弈潛齋刻本　三冊

500000－8701－0021960　H04022
歷朝弈事輯略不分卷　(清)鄧元鏸輯　清刻本　一冊

500000－8701－0021961　H04023
周陳弈譜不分卷　(清)鄧元鏸輯　清光緒二十八年(1902)刻本　三冊

500000－8701－0021962　H04024
說文解字十五卷　(漢)許慎撰　(宋)徐鉉等校定　清刻本　四冊

500000－8701－0021963　H04025
說文繫傳四十卷　(宋)徐鍇傳釋　清刻本　二冊　存十卷(一至十)

500000－8701－0021964　H04026
奕理指歸圖三卷　(清)錢長澤繪圖　清光緒七年(1881)刻本　六冊

500000－8701－0021965　H04027
欽定四庫全書總目二百卷首四卷　(清)永瑢等總裁　(清)紀昀等總纂　清乾隆武英殿刻本　一百四十三冊　缺一卷(一百六十八)

500000－8701－0021966　H04029
宋元舊本書經眼錄三卷附錄二卷　(清)莫友芝撰　清刻本　一冊　存三卷(三、附錄二卷)

500000－8701－0021967　H04030
崇文總目五卷補遺一卷附錄一卷　(宋)王堯臣等編　(清)錢侗撰補遺　清光緒八年(1882)常熟後知不足齋刻本　五冊

500000－8701－0021968　H04031
作吏要言一卷　(清)葉玉屏著　清刻本　一冊

500000－8701－0021969　H04032
五禮通考二百六十二卷首四卷目錄二卷　(清)秦蕙田編輯　清刻本　三冊　存八卷(五至十、八十九至九十)

500000－8701－0021970　H04033
奇觚室樂石文述十二卷　(清)劉心源撰　清刻本　二冊　存二卷(一至二)

500000－8701－0021971　H04034
說文解字篆韻譜五卷附錄一卷　(宋)徐鍇撰　清刻小學彙函本　四冊　存五卷(二至五、附錄一卷)

500000－8701－0021972　H04035

首楞嚴經指掌疏事義十卷　(□)□□撰　清光緒二十七年(1901)刻本　一冊

500000－8701－0021973　H04036
史記索隱三十卷　(唐)司馬貞撰　明末虞山毛氏汲古閣刻本　一冊

500000－8701－0021974　H04037
蔣鉛山九種曲九種　(清)蔣士銓撰　清刻本　十冊　存七種十一卷(空谷香二卷、香祖樓二卷、冬青樹一卷、臨川夢二卷、一片石一卷、桂林霜二卷、第二碑一卷)

500000－8701－0021975　H04038
蕉庵琴譜四卷　(清)秦維瀚撰　清光緒三年(1877)刻本　三冊　存三卷(一至三)

500000－8701－0021976　H04039
海國圖志六十卷　(清)魏源撰　清道光二十七年(1847)刻本　二冊　存一卷(一)

500000－8701－0021977　H04040
尊經題目不分卷　(□)□□撰　清光緒刻本　一冊

500000－8701－0021978　H04041
弇州山人詩集五十二卷　(明)王世貞撰　清刻本　六冊　存二十四卷(二十九至五十二)

500000－8701－0021979　H04042
韻山堂詩集七卷補遺一卷　(清)王文誥撰　清光緒十四年(1888)浙江書局刻本　一冊

500000－8701－0021980　H04043
王鳳洲先生綱鑑正史全編二十四卷　(明)王世貞撰　(明)張睿卿輯　明刻本　四冊　存四卷(十至十二、十九)

500000－8701－0021981　H04044
梁昭明文選十二卷　(明)張鳳翼纂註　清順治十六年(1659)刻本　四冊　存四卷(一、三、五、七)

500000－8701－0021982　H04045
心矩齋叢書十種　(清)蔣鳳藻編輯　清光緒中長洲蔣氏刊民國十四年(1925)蘇州文學山房重印本　十六冊

500000－8701－0021983　H04046
三國志六十五卷　(晉)陳壽撰　(南朝宋)裴松之注　清同治九年(1870)金陵書局刻本　八冊

500000－8701－0021984　H04047
鄭子尹遺書五種二十五卷　(清)鄭珍撰　清咸豐至同治刻本　六冊　存三種十二卷(巢經巢經說一卷、儀禮私箋八卷、說文逸字二卷附錄一卷)

500000－8701－0021985　H04048
鄭子尹遺書五種二十五卷　(清)鄭珍撰　清咸豐至同治刻本　十冊

500000－8701－0021986　H04049
張太岳先生全集四十七卷　(明)張居正撰　清刻本　十五冊　存四十四卷(一至三十二、三十六至四十七)

500000－8701－0021987　H04050
彊邨詞四卷　朱祖謀撰　清光緒三十一年(1905)徐鳳衔刻本　二冊

500000－8701－0021988　H04051
六蓺論疏證一卷　(清)皮錫瑞撰　清光緒二十五年(1899)刻本　一冊

500000－8701－0021989　H04052
西陂類稾文錄一卷　(清)宋犖撰　清刻本　一冊

500000－8701－0021990　H04053
時節氣候抄六卷首一卷　(清)喻端士撰　清道光元年(1821)刻本　四冊

500000－8701－0021991　H04054
揚州水道記四卷　(清)劉文淇撰　清同治十一年(1872)淮南書局補刻本　一冊　存二卷(一至二)

500000－8701－0021992　H04055
崑陽子龍門心法二卷　(清)王常月傳　清光緒十八年(1892)刻本　一冊

500000－8701－0021993　H04056
柏梘山房文集十六卷文續集一卷詩集十卷詩

續集二卷駢體文二卷　(清)梅曾亮著　清咸豐六年(1856)上元梅氏刻本　五冊

500000－8701－0021994　H04057
呂新吾集十三種　(明)呂坤撰　清刻本　四冊

500000－8701－0021995　H04058
名賢手札不分卷　(清)郭慶藩輯　清光緒十年(1884)湘陰郭氏岵瞻堂刻本　四冊

500000－8701－0021996　H04059
說文解字通釋四十卷校勘記三卷　(宋)徐鍇傳釋　(宋)朱翱反切　清光緒九年(1883)江蘇書局刻本　一冊　存四卷(一至四)

500000－8701－0021997　H04060
六書通十卷　(明)閔齊伋撰　(清)畢弘述篆訂　清刻本(卷七爲補配)　十冊

500000－8701－0021998　H04061
孝經一卷　(唐)玄宗李隆基注　(唐)陸德明音義　清同治七年(1868)湖北崇文書局刻本　一冊

500000－8701－0021999　H04062
孝經一卷　(唐)玄宗李隆基注　(唐)陸德明音義　清同治七年(1868)湖北崇文書局刻本　一冊

500000－8701－0022000　H04063
文選六十卷　(南朝梁)蕭統撰　(唐)李善註　清刻本　一冊　存二卷(五十六至五十七)

500000－8701－0022001　H04064
新刻官板地理玉髓真經□□卷　(□)□□撰　清刻本　二冊　存六卷(十四至十九)

500000－8701－0022002　H04065
三壇傳戒儀範三卷補遺一卷　(□)□□撰　清同治三年(1864)刻本　一冊　存二卷(一、補遺一卷)

500000－8701－0022003　H04066
廣王二卷　(清)吳光耀撰　清刻本　二冊

500000－8701－0022004　H04067
弈理指歸圖三卷　(清)錢長澤繪圖　清刻本　三冊

500000－8701－0022005　H04068
弈隅通會二卷　(□)□□撰　清嘉慶十五年(1810)似園刻本　二冊

500000－8701－0022006　H04069
唐堂集五十卷補遺二卷續集八卷冬錄一卷　(清)黃之雋撰　清乾隆刻本　十冊　存五十卷(一至二十四、三十一至五十,補遺二卷,續一至四)

500000－8701－0022007　H04070
後知不足齋叢書初編十六種　(清)鮑廷爵編輯　清光緒古虞鮑氏後知不足齋刻本　十五冊　存十七種三十八卷(駁五經異議一卷、補遺一卷,箴膏肓一卷,起廢疾一卷,發墨守一卷,鄭志三卷、附錄一卷,陸氏經典異文輯六卷,五經文字三卷,新加九經字樣一卷,石經殘字考一卷,干祿字書一卷,班馬字類二卷,九經韻補一卷、附錄一卷,許氏說文解字雙聲疊韻譜一卷,兩漢五經博士考三卷,漢魏六朝志墓金石例三卷、唐人志墓諸例一卷,金石訂例四卷,稽瑞一卷)

500000－8701－0022008　H04071
景德鎮陶錄十卷　(清)藍浦著　(清)鄭廷桂補輯　清光緒十七年(1891)刻本　一冊　存二卷(一至二)

500000－8701－0022009　H04072
俞俞齋文藁四卷　(清)史念祖撰　清光緒十六年(1890)黔南藩署木活字印本　一冊　存一卷(一)

500000－8701－0022010　H04073
續文選十四卷　(明)胡震亨撰　明刻本　一冊　存四卷(七至十)

500000－8701－0022011　H04074
增補六臣註文選六十卷　(南朝梁)蕭統撰　(唐)李善等註　清刻本　一冊　存二卷(四十七至四十八)

500000－8701－0022012　H04075
國語四卷　(□)□□撰　清刻本　一冊　存

一卷(二)

500000－8701－0022013　H04076

輶軒使者絶代語釋别國方言箋疏十三卷　(清)錢繹撰集　清刻朱印本　一册　存四卷(七至十)

500000－8701－0022014　H04077

金石萃編補略二卷　(清)王言撰　清光緒八年(1882)刻本　四册

500000－8701－0022015　H04078

丁文誠公遺集奏稿二十六卷首一卷　(清)丁寶楨撰　清光緒十九年(1893)京師刻本　十六册　存十六卷(奏稿一至十五、首一卷)

500000－8701－0022016　H04079

欽定大清會典事例一千二百二十卷　(清)崑岡等總裁　清宣統元年(1909)上海商務印書館石印本　一百五十册

500000－8701－0022017　H04080

欽定大清會典事例一千二百二十卷　(清)崑岡等總裁　清光緒三十四年(1908)上海商務印書館石印本　一百四十七册　缺三十五卷(九百六十三至九百九十七)

500000－8701－0022018　H04081

欽定大清會典一百卷首一卷　(清)崑岡等總裁　清光緒三十四年(1908)商務印書館石印本　五册　存五十一卷(三十九至五十七、六十九至一百)

500000－8701－0022019　H04082

欽定大清會典一百卷首一卷　(清)崑岡等總裁　清光緒三十四年(1908)商務印書館石印本　十册

500000－8701－0022020　H04083

經史百家序錄不分卷　(清)邵伯蘋輯　清光緒石印本　四册

500000－8701－0022021　H04084

篆刻鍼度八卷　(清)陳克恕述　清末上海朝記書莊北京自強書莊石印本　二册

500000－8701－0022022　H04085

繡像繪圖二十四史通俗演義六卷首一卷　(清)呂撫輯　清末石印本　一册

500000－8701－0022023　H04086

繡像批點紅樓夢一百二十回　(清)曹雪芹撰　清刻本　十册　存五十回(一至二十五、三十六至四十、四十五至五十、五十六至六十、九十六至一百四)

500000－8701－0022024　H04087

中等教育日本歷史四編　(日本)萩野由之著　(清)劉大猷譯　清光緒二十七年(1901)教育世界社石印本　一册

500000－8701－0022025　H04088

文選考異四卷　(清)孫志祖輯　清漢州張氏刻受經堂叢書本　二册

500000－8701－0022026　H04089

經義述聞三十二卷　(清)王引之著　清光緒七年(1881)上海文瑞樓刻本　十六册

500000－8701－0022027　H04090

彙刻書目二十卷　(清)顧修撰　(清)朱氏增訂　清光緒十五年(1889)上海福瀛書局刻本　四册　存四卷(一至四)

500000－8701－0022028　H04091

自新路□□卷　(□)□□輯　清光緒十九年(1893)刻本　三册　存三卷(一至三)

500000－8701－0022029　H04092

廣和文漢讀法一卷　題哀時客(梁啟超)撰　清光緒二十八年(1902)石印本　一册

500000－8701－0022030　H04093

鴻雪因緣圖記三集六卷　(清)麟慶撰　清光緒六年(1880)上海點石齋石印本　六册

500000－8701－0022031　H04094

庸書内篇二卷外篇二卷　(清)陳熾著　清光緒二十二年(1896)文茂山房刻本　二册

500000－8701－0022032　H04095

康輶紀行十六卷　(清)姚瑩撰　清同治六年(1867)桐城姚氏刻本　一册　存三卷(三至五)

500000－8701－0022033　H04096
喻氏三書合刻十六卷　(清)喻昌著　清刻本　十七冊　缺一卷(尚論篇二)

500000－8701－0022034　H04097
增評補圖石頭記一百二十卷　(清)曹霑撰　題(清)護花主人(王希廉)　題(清)大某山民(姚燮)評　清末鉛印本　一冊　存八卷(五十七至六十四)

500000－8701－0022035　H04098
增評補圖石頭記一百二十卷　(清)曹霑撰　題(清)護花主人(王希廉)　題(清)大某山民(姚燮)評　清末石印本　二冊　存三十二卷(九至十六、四十九至七十二)

500000－8701－0022036　H04099
增評加批金玉緣圖說十六卷一百二十回　(清)曹雪芹撰　清末石印本　四冊　存四卷四十回(卷六至九:三十五至七十四回)

500000－8701－0022037　H04100
書經精義彙鈔六卷　(清)賀長齡輯　清道光二十年(1840)刻本　六冊

500000－8701－0022038　H04101
惜裒先生尺牘八卷　(清)姚鼐撰　清咸豐五年(1855)聊城楊氏海源閣刻本　二冊

500000－8701－0022039　H04102
溫疫論二卷　(清)吳有性著　清光緒六年(1880)刻本　一冊　存一卷(一)

500000－8701－0022040　H04103
淳化閣帖釋文十卷　(清)張載型校　(清)徐朝弼集釋　(清)汪香祖錄　清道光二十九年(1849)涪陵德利印刷社刻本　一冊

500000－8701－0022041　H04104
國朝詩選六卷　(清)汪聯福　(清)章鶴鳴輯　清刻本　一冊　存二卷(一至二)

500000－8701－0022042　H04105
淵鑑類函四百五十卷目錄四卷　(清)張英等纂　清刻本　一冊　存三卷(一百四至一百六)

500000－8701－0022043　H04106
星經二卷　(漢)甘公　(漢)石申著　**荊楚歲時記一卷**　(晉)宗懔撰　清刻本　一冊

500000－8701－0022044　H04107
會心内集二卷　(清)劉一明著　清光緒三年(1877)刻本　一冊

500000－8701－0022045　H04108
五言詩十七卷　(清)王士禛選　清刻本　一冊　存一卷(十七)

500000－8701－0022046　H04109
重刊校正笠澤藂書四卷補遺詩一卷續補遺一卷　(唐)陸龜蒙撰　清雍正九年(1731)大疊山房刻本　二冊

500000－8701－0022047　H04110
文選補遺四十卷　(宋)陳仁子輯　(元)譚紹烈纂類　清刻本　三冊　存十一卷(三至五、十九至二十二、二十八至三十一)

500000－8701－0022048　H04111
元亨療牛集二卷　(明)喻本元　(明)喻本亨輯　清内江培文堂刻本　一冊

500000－8701－0022049　H04112
集古錄跋尾十卷　(宋)歐陽修撰　清刻本　四冊

500000－8701－0022050　H04113
御纂詩義折中二十卷　(清)傅恒等撰　清文光堂刻本　八冊

500000－8701－0022051　H04114
郝氏遺書三十二種　(清)郝懿行撰　清嘉慶至光緒刻本　六冊　存五種六卷(荀子補註二卷、晉宋書故一卷、補宋刑法志一卷、補宋食貨志一卷、宋瑣語不分卷)

500000－8701－0022052　H04115
文昌雜錄六卷補遺一卷　(宋)龐元英撰　清雅雨堂刻本　一冊　存六卷(雜錄六卷)

500000－8701－0022053　H04116
棼溪遺績不分卷　(□)□□撰　清咸豐三年(1853)刻本　一冊

500000－8701－0022054　H04117
穀詒堂全集三卷　（清）熊伯龍撰　清康熙九年（1670）漢陽縣衙刻本　五冊

500000－8701－0022055　H04118
說文解字十五篇附六書音均表五卷　（清）段玉裁注　清刻本　十二冊　存十一篇五卷（五至十五篇、表五卷）

500000－8701－0022056　H04119
補寰宇訪碑錄五卷失編一卷刊誤一卷　（清）趙之謙纂集　清光緒十二年（1886）吳縣朱氏刻行素草堂金石叢書本　二冊

500000－8701－0022057　H04120
農書三十六卷　（元）王禎撰　清光緒二十一年（1895）刻武英殿聚珍版書本　三冊　存十六卷（二十一至三十六）

500000－8701－0022058　H04121
椒生隨筆二卷　（清）王之春著　清光緒七年（1881）上洋文藝齋刻本　一冊

500000－8701－0022059　H04122
椒生續草三卷　（清）王之春著　清光緒十四年（1888）上洋文藝齋刻本　一冊

500000－8701－0022060　H04123
格言聯璧一卷　（清）金纓著　清光緒四年（1878）永盛齋刻本　一冊

500000－8701－0022061　H04124
觀象居詩鈔二卷　（清）陳蘭瑞撰　清道光二十三年（1843）刻本　一冊

500000－8701－0022062　H04125
太上無極總真文昌大洞仙經三卷文昌大洞經懺文一卷　（清）劉沅註釋　清咸豐七年（1857）刻本　一冊

500000－8701－0022063　H04126
武林往哲遺箸後編十種　（清）丁丙輯　清光緒中錢塘丁氏嘉惠堂刻本　二十冊　存六種九十七卷（參寥集十二卷附錄二卷、石門文字禪一至十三、太上感應靈篇圖說一卷附錄一卷、于肅愍公集八卷拾遺一卷附錄一卷、倪文僖公集三十二卷補遺一卷、青溪漫稿二十四卷補遺一卷）

500000－8701－0022064　H04127
醫宗秘錄□□卷　（□）譚祖亮註　清刻本　一冊　存二卷（二至三）

500000－8701－0022065　H04128
敬禮聖心月三卷　（□）晁德莅撰　清同治四年（1865）刻本　一冊

500000－8701－0022066　H04129
哀仲錄不分卷　（明）丁鶴年輯　清宣統二年（1910）北洋官報局鉛印本　一冊

500000－8701－0022067　H04130
症因脉治四卷　（明）秦昌遇纂　清乾隆十八年（1753）攸寧堂刻本　四冊

500000－8701－0022068　H04131
詩經通論十八卷卷前一卷　（清）姚際恆著　清道光十七年（1837）刻本　一冊　存一卷（卷前一卷）

500000－8701－0022069　H04132
聽花吟館詩稿五十二卷　（清）李德揚撰　清咸豐六年（1856）刻本　一冊　存二卷（一至二）

500000－8701－0022070　H04133
小學彙函十四種　（清）鍾謙鈞等輯　清刻本　二十六冊　存十三種一百二十七卷（輶軒使者絕代語釋別國方言十三卷校正補遺一卷、釋名八卷、廣雅十卷、匡謬正俗八卷、急就篇四卷、說文解字繫傳十一至四十、校勘記三卷、說文解字篆韻譜五卷附錄一卷、大廣益會玉篇三十卷、干祿字書一卷、五經文字三卷、新加九經字樣一卷、大宋重修廣韻五卷、廣韻一至四）

500000－8701－0022071　H04134
皇朝經世文三編　（清）陳忠倚輯　清光緒鉛印本　十四冊　存七十三卷（八至八十）

500000－8701－0022072　H04135
御製全韻詩不分卷　（清）高宗弘曆撰　清乾

隆四十六年(1781)刻本　二册

500000－8701－0022073　H04136
詩經精義彙鈔四卷首一卷　(清)陸錫璞輯　清道光十八年(1838)刻本　五册

500000－8701－0022074　H04137
禮記精義鈔畧十卷　(□)□□撰　清道光二十七年(1847)刻本　五册

500000－8701－0022075　H04138
四六法海□□卷　(明)王志堅論次　明刻本　十一册　存十一卷(二至十二)

500000－8701－0022076　H04139
四六初徵二十卷　(清)李漁蒐輯　清刻本　二册　存五卷(十五至十九)

500000－8701－0022077　H04140
四六霞肆十六卷　(明)何偉然彙纂　明末清初刻本　六册　存八卷(八至十五)

500000－8701－0022078　H04141
三家詩補遺三卷　(清)阮元撰　清光緒二十八年(1902)湘潭葉氏刻觀古堂彙刻書本　一册

500000－8701－0022079　H04142
三家詩補遺三卷　(清)阮元撰　清光緒二十八年(1902)湘潭葉氏刻觀古堂彙刻書本　一册

500000－8701－0022080　H04143
沈下賢文集十二卷　(唐)沈亞之撰　清刻本　一册　存六卷(七至十二)

500000－8701－0022081　H04144
觀古堂彙刻書一集九種二集六種　葉德輝輯　清光緒二十八年(1902)長沙葉氏刻民國八年(1919)重編印本　十四册　存十三種五十卷(第一集:阮氏三家詩補遺三卷,爾雅圖贊一卷,山海經圖贊二卷,爾雅補註四卷,說文段注校三種:徐星伯說文段注札記一卷、龔定菴說文段注札記一卷、桂未谷說文段注鈔一卷補鈔一卷,華陽陶隱居内傳三卷,華陽陶隱居集二卷;第二集:沈下賢文集十二卷,金陵百詠一卷,嘉禾百詠一卷,曝書亭刪餘詞一卷曝書亭詞手稿原目一卷附校勘記一卷,嚴東有詩集十卷:歸求草堂詩集六卷、秋山紀行集二卷、金闕攀松集一卷、玉井搴蓮集一卷,疑雨集四卷)

500000－8701－0022082　H04145
笑笑錄六卷　題(清)獨逸窩退士手編　清光緒五年(1879)申報館鉛印本　一册　存二卷(五至六)

500000－8701－0022083　H04146
小學弦歌八卷　(清)李元度編　清光緒刻本　一册　存三卷(四至六)

500000－8701－0022084　H04147
才調集補註十卷　(清)馮默庵　(清)馮鈍吟評閱　(清)殷元勳箋註　(清)宋邦綏補註　清刻本　一册　存二卷(九至十)

500000－8701－0022085　H04148
圜海圖考四卷　(清)李錫書撰　清刻本　一册

500000－8701－0022086　H04149
周官圖說六卷　(清)李錫書撰　清嘉慶刻本　一册

500000－8701－0022087　H04150
釋地圖考二卷釋星圖考一卷　(清)李錫書撰　清刻本　一册

500000－8701－0022088　H04151
李見菴先生四書辨誤五十條二卷　(清)李錫書撰　清刻本　一册

500000－8701－0022089　H04152
見菴雜著一卷　(清)李錫書撰　清刻本　一册

500000－8701－0022090　H04153
河洛圖說四卷　(清)李錫書撰　清刻本　一册

500000－8701－0022091　H04154
曾文正公奏議十卷首一卷末一卷　(清)曾國藩撰　(清)薛福成編　清同治十二年(1873)

蘇郡刻本　十冊

500000－8701－0022092　H04155

小蓬萊閣金石文字不分卷　（清）黄易輯　清道光十四年（1834）石墨軒刻本　八冊

500000－8701－0022093　H04156

明書一百七十一卷　（清）傅維鱗纂　清刻本　十冊　存四十二卷（八十七至九十、一百三十四至一百七十一）

500000－8701－0022094　H04157

四川警務文牘彙編不分卷　（清）四川警務公所編　清宣統二年（1910）四川官印刷局鉛印本　一冊　存一冊（上）

500000－8701－0022095　H04158

廣韻五卷　（宋）陳彭年　（宋）丘雍編　清廣東富文齋刻本　一冊　存一卷（五）

500000－8701－0022096　H04159

蜀碑記補十卷　（清）李調元撰　清刻本　一冊

500000－8701－0022097　H04160

奇門五總龜□□卷　（宋）郭子晟撰　清刻本　一冊　存一卷（二）

500000－8701－0022098　H04161

潛西精舍詩文稿不分卷　（清）釋含澈撰　清光緒刻本　二冊

500000－8701－0022099　H04162

峩眉山志十八卷　（□）□□撰　清康熙刻本　四冊　存十二卷（四至八、十至十三、十六至十八）

500000－8701－0022100　H04163

滄粟齋存稿四卷　（清）胡暉祥著　清道光十四年（1834）刻本　一冊

500000－8701－0022101　H04164

欽定西清古鑑四十卷錢録十六卷　（清）梁詩正等編　清光緒十四年（1888）上海鴻文書局石印本　四冊　存八卷（一至二、九至十、十四至十五、二十六至二十七）

500000－8701－0022102　H04165

校正孔氏大戴禮記補註十三卷　王樹枏撰　清光緒刻本　一冊　存八卷（六至十三）

500000－8701－0022103　H04166

大乘百法明門論直解一卷　（唐）釋玄奘譯　（明）釋智旭解　**八識規矩直解一卷**　（唐）釋玄奘撰　（明）釋智旭解　清光緒三十年（1904）寶光寺刻經處刻本　一冊

500000－8701－0022104　H04167

古韻標準四卷首一卷　（清）江永撰　清刻本　二冊

500000－8701－0022105　H04168

繡像昇仙演義傳八卷五十六回　（清）倚雲氏撰　清宣統二年（1910）上海廣益書局石印本　四冊

500000－8701－0022106　H04169

繡像增圖緑野仙蹤八卷八十回　（清）李百川撰　清末石印本　八冊

500000－8701－0022107　H04170

繡像第十才子駐春園四卷二十四回　題（清）吴航野客編　清上海福記書局石印本　四冊

500000－8701－0022108　H04171

繡像第九才子書捉鬼傳四卷十回　題（清）樵雲山人編　清上海福記書局石印本　四冊

500000－8701－0022109　H04172

繡像第七才子琵琶記六卷　（元）高明撰　清光緒石印本　五冊　存五卷（一至五）

500000－8701－0022110　H04173

繪圖平山冷燕四才子書四卷二十回　題（清）荻岸散人編　清章福記石印本　四冊　存三卷十五回（卷一至三:一至十五回）

500000－8701－0022111　H04174

新刻天花藏批評玉姣梨四卷二十回　（清）荻岸散人編　清章福記石印本　四冊

500000－8701－0022112　H04175

歷代人物論海一百卷　（清）蔡和鏘輯　清光緒二十八年（1902）石印本　十一冊　存四十九卷（一至十、十六至十九、二十五至四十、五

十五至六十七、七十九至八十四)

500000－8701－0022113　H04176
歷代政治論海四十四卷　(清)蔡和鏘輯　清光緒二十八年(1902)石印本　二册　存十四卷(三十一至四十四)

500000－8701－0022114　H04177
中外掌故論海十四卷　(清)蔡和鏘輯　清光緒二十八年(1902)石印本　一册　存五卷(六至十)

500000－8701－0022115　H04178
歷代時勢論海十四卷　(清)蔡和鏘輯　清光緒二十八年(1902)石印本　三册

500000－8701－0022116　H04179
賦鈔箋署十五卷　(清)雷琳　(清)張杏濱箋　清刻本　六册

500000－8701－0022117　H04180
覓燈因話二卷　(明)邵景詹纂錄　清刻本　一册

500000－8701－0022118　H04181
都門紀略四集四卷　(清)楊靜亭編輯　清京都榮錄堂刻本　三册

500000－8701－0022119　H04182
聖武記二編二卷　(清)魏源撰　清光緒十五年(1889)成都志古堂刻本　一册

500000－8701－0022120　H04183
綴白裘梆子腔十一集外編四卷　(清)錢德蒼編　清乾隆五十二年(1787)嘉興增利堂刻本　四册　存四卷(萬、方、同、慶)

500000－8701－0022121　H04184
綴白裘新集四編四卷　(清)錢德蒼編　清乾隆五十二年(1787)嘉興增利堂刻本　三册　存三卷(彩、鳳、鳴)

500000－8701－0022122　H04185
綴白裘新集五編四卷　(清)錢德蒼編　清乾隆五十二年(1787)嘉興增利堂刻本　二册　存二卷(妙、舞)

500000－8701－0022123　H04186
綴白裘新集六編四卷　(清)錢德蒼編　清乾隆五十二年(1787)嘉興增利堂刻本　四册　存三卷(共、樂、昇)

500000－8701－0022124　H04187
綴白裘新集八編四卷　(清)錢德蒼編　清乾隆五十二年(1787)嘉興增利堂刻本　一册　存一卷(五)

500000－8701－0022125　H04188
彙刻書目不分卷　(清)顧修編　清刻本　十六册

500000－8701－0022126　H04189
御纂醫宗金鑑九十卷首一卷　(清)吳謙等纂輯　清刻本　五十二册　存七十二卷(一至三十四、三十六至五十一、五十三至六十一、六十三至七十一、七十四至七十六,首一卷)

500000－8701－0022127　H04190
觀古堂書目叢刻十五種　葉德輝輯　清光緒湘潭葉氏刻民國八年(1919)重編印本　二十册

500000－8701－0022128　H04191
滇南文畧四十七卷首一卷　(清)袁文揆　(清)張登瀛纂　清光緒二十六年(1900)五華書院刻本　二十一册　存三十八卷(一至二十九、四十至四十七,首一卷)

500000－8701－0022129　H04192
芥子園畫傳初集五卷二集八卷三集四卷四集四卷　(清)王槪等摹古　清刻本　十七册

500000－8701－0022130　H04193
芥子園畫傳初集五卷二集八卷三集四卷四集四卷　(清)王槪等摹古　清刻本　四册　存五卷(初集一至四、四集一)

500000－8701－0022131　H04194
芥子園畫傳初集五卷二集八卷三集四卷四集四卷　(清)王槪等摹古　清刻本　四册　存五卷(初集一至二、四,四集一至二)

500000－8701－0022132　H04195
芥子園畫傳初集五卷二集八卷三集四卷四集

四卷 （清）王概等摹古 清刻本 三册 存三卷（初集二至四）

500000－8701－0022133 H04196

芥子園畫傳初集五卷二集八卷三集四卷四集四卷 （清）王概等摹古 清刻本 二册 存二卷（初集三至四）

500000－8701－0022134 H04197

芥子園畫傳初集五卷二集八卷三集四卷四集四卷 （清）王概等摹古 清刻本 一册 存一卷（初集四）

500000－8701－0022135 H04198

芥子園畫傳初集五卷二集八卷三集四卷四集四卷 （清）王概等摹古 清刻本 一册 存一卷（初集四）

500000－8701－0022136 H04199

皇清經解依經分訂一千卷 （清）阮元輯 清光緒十六年（1890）刻本 三百九十册 缺二十卷（春秋名字解詁下，群解彙編一至六、八至九、十一至十二，爾雅義疏八至十三，雜録二十六至二十八）

500000－8701－0022137 H04200

讀史方輿紀要一百三十卷輿圖要覽四卷 （清）顧祖禹輯著 清光緒五年（1879）蜀南桐花書屋薛氏家塾刻本 五十册

500000－8701－0022138 H04201

讀史方輿紀要一百三十卷輿圖要覽四卷 （清）顧祖禹輯著 清光緒五年（1879）蜀南桐花書屋薛氏家塾刻本 六十四册

500000－8701－0022139 H04202

御批歷代通鑑輯覽一百二十卷 （清）傅恒等纂 清光緒五年（1879）刻朱墨套印本 五十八册

500000－8701－0022140 H04203

御批歷代通鑑輯覽一百二十卷 （清）傅恒等纂 清同治十三年（1874）湖南書局刻本 六十册

500000－8701－0022141 H04204

歷朝紀事本末九種 （清）朱記榮編 清光緒十四年（1888）上海書業公所鉛印本 二册 存二種四十三卷（左傳紀事本末一至二十一、三藩紀事本末一至二十二）

500000－8701－0022142 H04205

國朝詩選六卷 （清）汪聯福 （清）章鶴鳴輯 清刻本 二册 存三卷（一至二、四）

500000－8701－0022143 H04206

雲篆旛書不分卷 （□）□□撰 清同治九年（1870）刻本 一册

500000－8701－0022144 H04207

教育心理學五篇 （日本）高島平三郎撰 清光緒三十一年（1905）上海商務印書館鉛印本 一册

500000－8701－0022145 H04208

開河記一卷 （唐）韓偓撰 清初刻本 一册

500000－8701－0022146 H04209

醫學一統一卷眼科切要一卷 （清）黄為良輯 （清）王錫鑫校訂 清刻本 一册

500000－8701－0022147 H04210

四大奇書第一種□□卷□□回 （明）羅貫中撰 （清）毛宗崗評 清刻本 一册 存一卷六回（卷三：十五至二十回）

500000－8701－0022148 H04211

唐人選唐詩八種二十三卷 （清）毛晉輯 清康熙三十二年（1693）學稼草堂刻本 五册 存四種十三卷（中興閒氣集二卷，搜玉小集一卷，極玄集二卷，才調集一、四至十）

500000－8701－0022149 H04212

漢口紫陽書院志略八卷首一卷 （清）董桂敷撰 清刻本 五册 存七卷（二至八）

500000－8701－0022150 H04213

說文新附攷六卷 （清）鄭珍記 清歸安姚氏刻咫進齋叢書本 一册 存三卷（一至三）

500000－8701－0022151 H04214

望溪先生文偶鈔五卷 （清）方苞撰 （清）王兆符 （清）程崟輯 清刻本 五册

500000－8701－0022152　H04215
紀元編三卷末一卷　(清)李兆洛撰　清同治十年(1871)合肥李氏刻本　二册

500000－8701－0022153　H04216
歷代帝王年表不分卷　(清)齊召南編　(清)阮福續編　清同治二年(1863)武林葉氏敦怡堂刻本　三册

500000－8701－0022154　H04217
第一才子書六十卷一百二十回　(明)羅貫中撰　(清)毛宗崗評　清善成堂朱墨石印本　十册　存三十卷(三十一至六十)

500000－8701－0022155　H04218
廣雅疏證十卷　(清)王念孫疏證　清刻本　三册　存三卷(七至九)

500000－8701－0022156　H04219
讀禮通考一百二十卷　(清)徐乾學撰　清光緒二十四年(1898)三味堂刻本　三十五册　存八十一卷(一至二十五、二十八至三十、三十四至三十九、四十二至四十五、四十八至五十八、六十二至六十四、六十八至九十、一百十至一百十五)

500000－8701－0022157　H04220
新訂六譯館叢書九十五種　廖平輯　清光緒十一年至民國十年(1885－1921)四川成都存古書局刻本　三十八册　存五十七種一百一卷(古學考一卷、經語甲編二卷乙編一卷、經學初程一卷、四益館經學四變記一卷五變記二卷、家學樹坊一卷、王制訂一卷、王制集說一卷、春秋圖表二卷、穀梁春秋經傳古義凡例一卷、穀梁春秋經學外篇凡例一卷、釋範一卷、起起穀梁癈疾一卷、公羊春秋補證凡例一卷、公羊春秋經傳驗推補證一至十一、首一卷、擬大統春秋條例一卷、何氏公羊春秋十論一卷續十論一卷再續十論一卷、春秋左傳古義凡例五十則一卷春秋左氏傳漢義補證簡明凡例二十則一卷附左氏春秋學外編凡例一卷、春秋三傳折中一卷、禮記識二卷、書尚書弘道編一卷、書中候弘道篇一卷、周禮新義凡例一卷、周禮訂本略注三卷、周禮鄭注商榷一卷、大學中庸演義一卷、三巴金石苑目錄一卷、楚詞講義一卷、黄帝内經明堂一卷、靈樞隋楊氏太素注本目錄一卷、素問隋楊氏太素注本目錄一卷、黄帝内經太素篇目一卷、黄帝内經明堂敘一卷舊鈔太素經校本敘一卷黄帝内經九卷集注敘一卷黄帝内經素問重校正序一卷、圖書集成醫部總目表一卷、攝生消息論一卷、黄帝内經太素診皮篇補證一卷古經診皮名詞一卷、診筋篇補證一卷附十二筋病表一卷、診骨篇補證一卷、中西骨格辯正一卷、楊氏太素診絡篇補證三卷病表一卷名詞一卷、楊氏太素三部診法補證一卷九候篇診法補證一卷附十二經動脈表一卷、營衛運行楊注補證一卷、分方治宜篇一卷、靈素五解篇一卷、脈學輯要評三卷、傷寒總論一卷、太素内經傷寒總論補證一卷太素四時病補證一卷、傷寒雜病論古本三卷首一卷、傷寒古本考不分卷、傷寒之雜病一卷、傷寒平議不分卷、傷寒講義一卷附桂枝湯講義一卷)

500000－8701－0022158　H04221
字彙十二集韻法直圖一卷　(明)梅膺祚音釋　清善成堂刻本　十三册

500000－8701－0022159　H04222
桐華舸詩鈔八卷續鈔八卷明季詠史詩鈔一卷褒忠詩鈔一卷　(清)鮑瑞駿撰　清同治三年至光緒三年(1864－1877)刻本　十册

500000－8701－0022160　H04223
夢華廬賦海三十卷　題(清)夢華廬主人選　清光緒十八年(1892)上海鴻寶齋石印本　八册

500000－8701－0022161　H04224
重訂唐詩别裁集二十卷　(清)沈德潛選　清乾隆二十八年(1763)刻本　五册　存十二卷(一至六、十五至二十)

500000－8701－0022162　H04225
敬脩堂詞賦課鈔十六卷附金臺課藝一卷　(清)胡敬輯　清同治十一年(1872)刻本　二册

500000－8701－0022163　H04226

八家詩選三卷　(□)□□輯　清刻本　一冊

500000－8701－0022164　H04227

國朝漢學師承記八卷經師經義目錄一卷　(清)江藩撰　清光緒二十二年(1896)成都志古堂刻本　三冊

500000－8701－0022165　H04228

四印齋彙刻宋元三十一家詞　(清)王鵬運輯　清刻本　三冊　存三冊(一至二、四)

500000－8701－0022166　H04229

俗言一卷　(清)劉沅撰　清咸豐四年(1854)刻本　一冊

500000－8701－0022167　H04230

重訂文選集評十五卷首一卷末一卷　(清)于光華編　清刻本　十三冊　存十三卷(一至十三)

500000－8701－0022168　H04231

濂亭文集八卷　(清)張裕釗撰　清宣統三年(1911)上海掃葉山房石印本　二冊

500000－8701－0022169　H04232

宋七家詞選七卷　(清)戈載輯　清宣統三年(1911)上海掃葉山房石印本　三冊

500000－8701－0022170　H04233

談藝珠叢二十七種　(清)王啟原輯　清刻本　六冊　存十種二十二卷(藝苑巵言八卷、詩家直說四卷、藝圃擷餘一卷、詩譯一卷、夕堂永日緒論一卷、師友詩傳錄一卷、師友詩傳續錄一卷、談龍錄一卷、聲調前譜一卷後譜一卷續譜一卷、聲調譜拾遺一卷)

500000－8701－0022171　H04234

讀明文會編不分卷　(明)黃道周原本　清刻本　一冊

500000－8701－0022172　H04235

恩安李耀庭先生七十壽言不分卷　(清)李觀楓編　清末鉛字朱印本　一冊

500000－8701－0022173　H04236

文林綺繡五種　(清)鴻寶齋書局輯　清光緒二十二年(1896)鴻寶齋書局石印本　六冊

500000－8701－0022174　H04237

精狐全傳□□卷　(清)王侃撰　清光緒二十二年(1896)刻本　六冊　存六卷(一至六)

500000－8701－0022175　H04238

重訂事類賦四十卷　(清)華希閔著　清刻本　八冊

500000－8701－0022176　H04239

重訂事類賦三十卷　(宋)吳淑撰註　清道光二十二年(1842)刻本　四冊

500000－8701－0022177　H04240

黔南識略三十二卷　(清)愛必達著　清刻本　三冊　存二十六卷(七至三十二)

500000－8701－0022178　H04241

鮚埼亭集外編五十卷　(清)全祖望撰　清刻本　十二冊

500000－8701－0022179　H04242

皕宋樓藏書志一百二十卷　(清)陸心源編　清光緒八年(1882)十萬卷樓刻本　三十二冊

500000－8701－0022180　H04243

玉函山房輯佚書六百三十四種附目耕帖三十一卷　(清)馬國翰輯　清光緒十年(1884)楚南書局刻本　八十三冊　存三百六十四種四百五十一卷(經編:春秋類:春秋左氏傳解誼三至四,春秋成長說一卷,春秋左氏膏肓釋痾一卷,春秋釋例一卷,左氏奇說一卷,春秋左傳許氏注一卷,春秋左氏經傳章句一卷,春秋左傳王氏注一卷,春秋左氏傳嵇氏音一卷,春秋穀梁傳麋氏注一卷,春秋公羊穀梁傳解詁一卷,春秋左氏傳義注一卷,春秋公羊穀梁二傳評一卷,春秋穀梁傳徐氏注一卷,春秋土地名一卷,春秋穀梁傳注義一卷,春秋徐氏音一卷,春秋左氏函傳義一卷,薄叔元問穀梁義一卷,春秋穀梁傳鄭氏說一卷,春秋左氏經傳義略一卷,續春秋左氏傳義略一卷,春秋傳駁一卷,春秋左傳義疏一卷,春秋左氏傳述義二卷,春秋規過二卷,春秋攻昧一卷,春秋井田記一卷,春秋集傳一卷,春秋闡微纂類義統一卷,春秋通例一卷,春秋折衷論一卷;孝經類:孝經傳一卷,孝經后氏說一卷,孝經安昌侯說一卷，孝經長孫氏說一卷，孝經王氏解一卷，孝經解讚一卷，孝經殷氏注一卷，集解孝經一卷，齊永明諸王孝經講義一卷，孝經劉氏說一卷，孝經義疏一卷，孝經嚴氏注一卷，孝經皇氏義疏一卷，古文孝經述義一卷，御注孝經疏一卷，孝經訓注一卷；論語類：古論語六卷，齊論語一卷，論語孔氏訓解十一卷，論語包氏章句二卷，論語周氏章句一卷，論語馬氏訓說二卷，論語鄭氏注十卷，論語孔子弟子目錄一卷，論語陳氏義說一卷，論語王氏說一卷，論語王氏義說一卷，論語周生氏義說一卷，論語釋疑一卷，論語譙氏注一卷，論語衛氏集注一卷，論語旨序一卷，論語繆氏說一卷，論語體略一卷，論語欒氏釋疑一卷，論語虞氏讚注一卷，論語庾氏釋一卷，論語李氏集注二卷，論語范氏注一卷，論語孫氏集解一卷，論語梁氏注釋一卷，論語袁氏注一卷，論語江氏集解二卷，論語殷氏解一卷，論語張氏注一卷，論語蔡氏注一卷，論語顔氏說一卷，論語琳公說一卷，論語沈氏訓注一卷，論語顧氏注一卷，論語梁武帝注一卷，論語太史氏集解一卷，論語褚氏義疏一卷，論語沈氏說一卷，論語熊氏說一卷，論語隱義注一卷；孟子類：孟子章指二卷篇敘一卷，孟子程氏章句一卷，孟子高氏章句一卷，孟子劉氏注一卷，孟子鄭氏注一卷，孟子綦毋氏注一卷，孟子陸氏注一卷，孟子張氏音義一卷，孟子丁氏手音一卷；爾雅類：爾雅犍爲文學注三卷，爾雅劉氏注一卷，爾雅樊氏注一卷，爾雅李氏注三卷，爾雅孫氏注三卷，爾雅孫氏音一卷，爾雅音義一卷，爾雅圖讚一卷，集注爾雅一卷，爾雅施氏音一卷，爾雅謝氏音一卷，爾雅顧氏音一卷，爾雅裴氏注一卷；五經總類：五經通義一卷，五經要義一卷，六藝論一卷，五經然否論一卷，聖論證一卷，五經通論一卷，五經鉤沉一卷，五經大義一卷，六經略注序一卷，七經義綱一卷；緯書類：尚書中候三卷，尚書緯璇璣鈐一卷，尚書緯考靈曜一卷，尚書緯刑德放一卷，尚書緯帝命驗一卷，尚書緯運期授一卷，詩緯推度災一卷，詩緯汜歷樞一卷，詩緯含神霧一卷，禮緯含文嘉一卷，禮緯稽命徵一卷，禮緯斗威儀一卷，樂緯動聲儀一卷，樂緯稽耀嘉一卷，樂緯叶圖徵一卷，春秋緯感精符一卷，春秋緯文耀鉤一卷，春秋緯運斗樞一卷，春秋緯合誠圖一卷，春秋緯考異郵一卷，春秋緯保乾圖一卷，春秋緯漢含孳一卷，春秋緯佐助期一卷，春秋緯握誠圖一卷，春秋緯潛潭巴一卷，春秋緯說題辭一卷，春秋緯演孔圖一卷，春秋緯元命苞二卷，春秋命歷序一卷，春秋內事一卷，孝經緯援神契二卷，孝經緯鉤命訣一卷，孝經中契一卷，孝經左契一卷，孝經右契一卷，孝經內事圖一卷，孝經章句一卷，孝經雌雄圖一卷，孝經古祕一卷，論語讖八卷：論語比考讖一卷、論語撰考讖一卷、論語摘輔象一卷、論語摘衰聖承進讖一卷、論語陰嬉讖一卷、論語素王受命讖一卷、論語糾滑讖一卷、論語崇爵讖一卷；小學類：史籀篇一卷，蒼頡篇一卷，凡將篇一卷，訓纂篇一卷，蒼頡訓詁一卷，三蒼一卷，古文官書一卷，雜字指一卷，勸學篇一卷，通俗文一卷，埤蒼一卷，古今字詁一卷，雜字一卷，雜字解詁一卷，聲類一卷，廣蒼一卷，辨釋名一卷，異字一卷，始學篇一卷，草書狀一卷，發蒙記一卷，啓蒙記一卷，韻集一卷，字指一卷，四體書勢一卷，要用字苑一卷，演說文一卷，字統一卷，纂文一卷，庭誥一卷，纂要一卷，纂要一卷，文字集略一卷，古今文字表一卷，韻略一卷，桂苑珠叢一卷，文字指歸一卷，四聲五音九弄反紐圖一卷，分毫字樣一卷，石經尚書一卷，石經魯詩一卷，石經儀禮一卷，石經公羊一卷，石經論語一卷，三字石經尚書一卷，三字石經春秋一卷。史编：雜史類：古文瑣語一卷，帝王要略一卷，三五曆記一卷，年歷一卷，汲冢書鈔一卷；雜傳類：聖賢高士傳一卷，鑒戒象讚一卷；目錄類：七略別錄一卷。子编：儒家類：漆雕子一卷，宓子一卷，景子一卷，世子一卷，魏文侯書一卷，李克書一卷，公孫尼子一卷，內業一卷，讕言一卷，甯子一卷，王孫子一卷，李氏春秋一卷，董子一卷，徐子一卷，魯連子一卷，虞氏春秋一卷，平原君書一卷，劉敬書一卷，至言一卷，河間獻王書一卷，兒寬書一卷，公孫宏書一卷，終軍書一卷，吾邱壽王書一卷，正部論一卷，仲長子昌言二卷，魏子一卷，周生子要論一卷，王子正論一卷，杜氏體論一卷，王氏新書一卷，周子一卷，顧子新言一卷，典語一卷，通語一卷，譙子法訓一卷，袁子正論二卷，袁子正書一卷，孫氏成敗志一卷，古今通論一卷，化清經一卷，夏侯子新論一卷，太元經一卷，華氏新論一卷，梅子新論一卷，志林新書一卷，廣林一卷，釋滯一卷，通疑一卷，干子一卷，顧子義訓一卷，讀書記一卷；農家類：神農書一卷，野老書一卷，范子計然三卷，養魚經一卷，尹都尉書一卷，氾勝之書二卷，蔡葵書一卷，養羊法一卷，家政法一卷；道家類：伊尹書一卷，辛甲書一卷，公子牟子一卷，田子一卷，老萊子一卷，黔婁子一卷，鄭長者書一卷，任子道論一卷，洞極眞經一卷，唐子一卷，蘇子一卷，陸子一卷，杜氏幽求新書一卷，孫子一卷，苻子一卷，少子一卷，夷夏論一卷；法家類：申子一卷，鼂氏新書一卷，崔氏政論一卷，劉氏政論一卷，阮子政論一卷，世要論一卷，陳子要言一卷；名家類：惠子一卷，士緯一卷；墨家類：史佚書一卷，田俅子一卷，隋巢子一卷，胡非子一卷，纏子一卷；縱横家類：蘇子一卷，闕子一卷，蒯子一卷，鄒陽書一卷，主父偃書一卷，徐樂書一卷，嚴安書一卷；雜家類：由余書一卷，博物記一卷，伏侯古今注一卷，蔣子萬機論一卷，篤論一卷，鄒子一卷，諸葛子一卷，默記一卷，裴氏新言一卷，新義一卷，秦子一卷，析言論一卷，時務論一卷，廣志二卷，陸氏要覽一卷，古今善言一卷，文釋一卷，要雅一卷，俗說一卷；小說家類：青史子一卷，宋子一卷，裴子語林二卷，笑林一卷，郭子一卷，元中記一卷，齊諧記一卷，水飾一卷；天文類：泰階六符經一卷，五殘雜變星書一卷，靈憲一卷，渾儀一卷，昕天論一卷，安天論一卷，穹天論一卷，未央術一卷；陰陽類：宋司星子韋書一卷，鄒子一卷，陰陽書一卷；五行類：太史公素王妙論一卷，瑞應圖一卷，白澤圖一卷，天鏡一卷，地鏡一卷，地鏡圖一卷，夢雋一卷，雜五行書一卷；雜占類：請雨止雨書一卷，易洞林三卷；藝術類：藝經一卷，投壺變一卷。補遺：附：目耕帖三十一卷）

500000－8701－0022181　H04244

南菁書院叢書八集四十一種　王先謙　繆荃孫輯　清光緒十四年（1888）江陰南菁書院刻本　四十册

500000－8701－0022182　H04245

東周列國全志二十三卷一百八回　（清）馮夢龍撰　（清）蔡昇評點　清刻本　十二册

500000－8701－0022183　H04246

朱子語類一百四十卷　（宋）朱熹撰　清刻本　四十八册

500000－8701－0022184　H04247

草廬經畧十二卷　（□）□□撰　清光緒七年（1881）蓬萊宋氏刻粤雅堂叢書本　一册　存三卷（十至十二）

500000－8701－0022185　H04248

資治通鑑二百九十四卷　（宋）司馬光撰　清刻本　一册　存四卷（四十五至四十八）

500000－8701－0022186　H04249

金匱要略淺註補正九卷　（漢）張仲景撰　（清）陳念祖淺註　唐宗海補正　清光緒三十二年（1906）尚成堂刻本　三册

500000－8701－0022187　H04250

課蒙舉隅二卷　（清）杜成章編輯　清巴邑榮豐堂刻本　二册

500000－8701－0022188　H04251

課蒙舉隅二卷　（清）杜成章編輯　清巴邑榮豐堂刻本　二册

500000－8701－0022189　H04252

長沙方歌括六卷　（清）陳念祖著　（清）陳蔚古擬註　清光緒三十三年（1907）巴蜀尚成堂刻本　二册　存四卷（一至二、五至六）

500000－8701－0022190　H04253

北溪先生四書字義二卷附嚴陵講義一卷　（宋）陳淳撰　（清）文山林斆正　清文山林刻本　一册　存二卷（字義二、講義一卷）

500000－8701－0022191　H04254

三字經一卷　（□）□□撰　清光緒四年

(1878)刻本　一册

500000－8701－0022192　H04255
臨池心解一卷　(清)朱和羹撰　清光緒五年(1879)刻本　一册

500000－8701－0022193　H04256
宋金元詞集見存卷目不分卷　(□)□□輯　清光緒三十三年(1907)鴻文書局石印本　一册

500000－8701－0022194　H04257
韻府約編二十四卷　(清)鄧愷輯　清刻本　二十三册　存二十三卷(一至九、十一至二十四)

500000－8701－0022195　H04258
學海類編四百三十一種　(清)曹溶輯　(清)陶越增删　清道光十一年(1831)六安晁氏木活字印本　十册　存四十種六十七卷(春秋集傳微旨三卷、鑑誡録十卷、涑水記聞一至五、補遺一卷、江南别録一卷、靖康經聞一卷拾遺一卷、張邦昌事略一卷、初學備忘二卷、東林始末一卷、溫氏母訓一卷、教習堂條約一卷、捕蝗考一卷、旗軍志一卷、楊公政績紀一卷、邦計彙編一卷、拯荒事略一卷、救荒事宜一卷、煮粥條議一卷、元海運志一卷、鹽法考略一卷、錢法纂要一卷、棠陰比事原編一卷續編一卷補編一卷、刑法敘略一卷、續刑法敘略一卷、折獄卮言一卷、河源記一卷、河防記一卷、孔子門人考一卷、孟子弟子考一卷、姓氏考略一卷、課業餘談三卷、廣事同纂一卷、筠軒清閟録三卷、沈氏農書一卷、老圃良言一卷、裝潢志一卷、滇遊記一卷、黔志一卷、黔遊記一卷、溪蠻叢笑一卷、星槎勝覽四卷)

500000－8701－0022196　H04259
東周列國志二十七卷首一卷　(清)蔡界評點　清光緒三十一年(1905)上海順成書局石印本　四册

500000－8701－0022197　H04260
四川官運鹽案類編九十卷首一卷　(清)唐炯編　清光緒二十八年(1902)瀘州總局刻本　二十四册

500000－8701－0022198　H04261
諮議局章程及選舉章程解釋彙鈔(第五次自宣統元年七月起宣統元年九月止)　(清)諮議局擬訂　清宣統元年(1909)官印刷局鉛印本　一册

500000－8701－0022199　H04262
西園詩鈔五卷外集二卷外集試帖二卷詩存補鈔三卷　(清)李卿穀撰　清刻本　一册

500000－8701－0022200　H04263
經徵成案彙編三期(光緒三十四年至宣統二年)　(清)□□撰　清宣統刻本　三册

500000－8701－0022201　H04264
讀大學中庸記二卷　(清)范泰衡撰　清刻本　一册

500000－8701－0022202　H04265
讀尚書記一卷　(清)范泰衡撰　清刻本　一册

500000－8701－0022203　H04266
讀周易記六卷附録一卷　(清)范泰衡撰　清刻本　五册　存六卷(二至六、附録一卷)

500000－8701－0022204　H04267
[光緒]資州直隸州志三十卷首四卷　(清)劉炯原本　(清)羅廷權續修　(清)何衮等續纂　清光緒二年(1876)增刻本　二册　存三卷(十、十九至二十)

500000－8701－0022205　H04268
兩漢策要十二卷　(宋)陶叔獻輯　清刻本　一册　存二卷(七至八)

500000－8701－0022206　H04269
南華真經評註十卷　(晉)郭象輯註　明刻本　一册　存三卷(五至七)

500000－8701－0022207　H04270
鹿洲全集九種　(清)藍鼎元著　清刻本　五册　存五種八卷(鹿洲公案一卷、棉陽學準四至五、女學一至三、鹿洲奏疏一卷、鹿洲藏稿一卷)

500000－8701－0022208　H04271

古文眉詮七十九卷首一卷　（清）浦起龍論次　清乾隆九年(1744)三吳書院刻本　二册　存十六卷(四十七至五十四、六十三至七十)

500000－8701－0022209　H04272
六朝事迹編類十四卷　（宋）張敦頤撰　清上元李濱刻本　一册　存四卷(十一至十四)

500000－8701－0022210　H04273
陶齋吉金録八卷　（清）端方輯　清石印本　一册　存一卷(六)

500000－8701－0022211　H04274
五車韻瑞一百六十卷　（明）淩稚隆編輯　清刻本　六册　存四十三卷(十七至二十一、二十七至三十三、三十九至五十八、六十至七十)

500000－8701－0022212　H04275
重修南海普陀山志二十卷首一卷　（清）秦耀曾編輯　（清）王鼎勳參定　清道光十二年(1832)刻本　四册

500000－8701－0022213　H04276
醫林改錯二卷　（清）王清任著　清綿竹賈氏玉粹齋刻本　一册

500000－8701－0022214　H04277
壯悔堂文集十卷　（清）侯方域著　清刻本　六册

500000－8701－0022215　H04278
華陽國志十二卷　（晉）常璩著　清刻本　一册　存五卷(南中志一卷、五公孫述劉牧二志一卷、劉先主志一卷、劉後主志一卷、大同志一卷)

500000－8701－0022216　H04279
菜根譚二卷　（明）洪應明撰　清光緒八年(1882)刻本　一册

500000－8701－0022217　H04280
康熙字典十二集檢字一卷辨似一卷等韻一卷補遺一卷備考一卷　（清）張玉書等編　清道光七年(1827)刻本　三十七册　存十二集五卷(子中至酉中、戌上、戌下至亥,檢字一卷,辨似一卷,等韻一卷,補遺一卷,備考一卷)

500000－8701－0022218　H04281
康熙字典十二集檢字一卷辨似一卷等韻一卷補遺一卷備考一卷　（清）張玉書等編　清刻本　二十二册　存七集五卷(巳至亥、檢字一卷、辨似一卷、等韻一卷、補遺一卷、備考一卷)

500000－8701－0022219　H04282
説文解字三十二卷　（清）段玉裁注　清嘉慶二十年(1815)刻本　十四册　存三十卷(一至三十)

500000－8701－0022220　H04283
邵武徐氏叢書二十三種一百五十一卷　（清）徐幹輯　清光緒邵武徐氏刻本　四十册

500000－8701－0022221　H04284
邵武徐氏叢書二十三種一百五十一卷　（清）徐幹輯　清光緒邵武徐氏刻本　四十册

500000－8701－0022222　H04285
本朝館閣賦前集十二卷後集七卷補遺一卷附録一卷續附録一卷　（清）阮芝生等編録　清刻本　七册　存十六卷(前集一至八、十一至十二,後集五至七,補遺一卷,附録一卷,續附録一卷)

500000－8701－0022223　H04286
欽定吏部處分則例五十二卷　（清）清平等纂修　清道光十八年(1838)刻本(卷一至四係補配)　二十册　存四十四卷(一至四、十三至五十二)

500000－8701－0022224　H04287
潛確居類書一百二十卷　（明）陳仁錫纂輯　明刻本　三册　存九卷(九十至九十二、一百一至一百三、一百十六至一百十八)

500000－8701－0022225　H04288
女學六卷　（清）藍鼎元編　清刻鹿洲全集本　二册　存三卷(二至四)

500000－8701－0022226　H04289
漁洋山人古詩選五言詩十七卷七言詩十五卷

（清）王士禛選　清同治五年（1866）金陵書局刻本　八冊

500000－8701－0022227　H04290
曲園墨戲一卷　（清）俞樾撰　清光緒刻本　一冊

500000－8701－0022228　H04291
陽明先生別錄十四卷　（明）王守仁撰　明刻本　一冊　存三卷（七至九）

500000－8701－0022229　H04292
中國歷代文派沿革錄一卷　（清）池虬撰　清光緒三十四年（1908）溫州務本書局石印本　一冊

500000－8701－0022230　H04293
吳摯甫詩集一卷　（清）吳汝綸撰　清宣統二年（1910）上海國學扶輪社石印本　一冊

500000－8701－0022231　H04294
論文偶記一卷附惜抱軒語一卷　（清）劉大櫆撰　清光緒十八年（1892）金匱廉氏刻本　一冊

500000－8701－0022232　H04295
古經解彙函十六種附小學彙函十四種　（清）鍾謙鈞輯　清刻本　二冊　存三種九卷（論語集解義疏八至十，論語筆解二卷，鄭志三卷、補遺一卷）

500000－8701－0022233　H04296
蠶桑白話二卷　（清）吳宗周撰　清光緒三十一年（1905）刻本　一冊

500000－8701－0022234　H04297
公羊春秋經傳驗推補證十一卷首一卷　廖平撰　清刻本　二冊　存二卷（三至四）

500000－8701－0022235　H04298
繡虎軒尺牘初集八卷二集八卷三集八卷　（清）曹煜撰　清康熙十七年（1678）傳萬堂刻本　二冊　存四卷（初集一至二、五至六）

500000－8701－0022236　H04299
獨持集□□卷　（清）彭湘懷撰　清刻本　一冊　存一卷（三）

500000－8701－0022237　H04300
復古編二卷附校正一卷附錄一卷　（宋）張有撰　清光緒八年（1882）淮南書局刻本　三冊

500000－8701－0022238　H04301
合江三費章程一卷續修三費章程一卷　（□）□□撰　清同治八年至光緒四年（1869－1878）刻本　一冊

500000－8701－0022239　H04302
讀史論畧詳註不分卷　（清）杜詔撰　清刻本　一冊

500000－8701－0022240　H04303
鏡真山房試帖二卷　（清）張鳳翥撰　清同治二年（1863）刻本　一冊　存一卷（一）

500000－8701－0022241　H04304
滄來自記年譜一卷　（清）于滄來撰　清刻本　一冊

500000－8701－0022242　H04305
奏定學堂章程不分卷　（清）張之洞等編　清光緒三十年（1904）成都官報書局鉛印本　一冊　存一種（學務綱要）

500000－8701－0022243　H04306
奏定學堂章程不分卷　（清）張之洞等編　清光緒三十年（1904）成都官報書局鉛印本　一冊

500000－8701－0022244　H04307
咸淳臨安志一百卷校栞札記三卷　（元）潛說友撰　清道光十年（1830）錢塘振綺堂汪氏刻本　一冊　存四卷（九十七、札記三卷）

500000－8701－0022245　H04308
桂溪耆舊集十二卷　（清）李炳靈選　清光緒十一年（1885）刻本　二冊

500000－8701－0022246　H04309
甫田集三十六卷　（明）文徵明撰　清宣統三年（1911）上海千頃堂書莊鉛印本　十二冊

500000－8701－0022247　H04310
通鑑直解□□卷　（明）張居正輯著　清刻本　一冊　存一卷（十三）

500000－8701－0022248　H04311
西厢記後傳四卷　題(清)梅齋逸叟撰　清光緒三十三年(1907)上海書局石印本　一冊

500000－8701－0022249　H04312
孔子家語十卷　(三國魏)王肅注　清刻本　六冊

500000－8701－0022250　H04313
删註脈訣規正二卷　(清)沈鏡删註　(清)徐良臣參補　清刻本　二冊

500000－8701－0022251　H04314
周易闡真四卷首一卷　(清)劉一明述註　清刻本　一冊　存一卷(三)

500000－8701－0022252　H04315
新說西遊記一百回　(明)吳承恩撰　清刻本　一冊　存四回(十一至十四)

500000－8701－0022253　H04316
企涪廬文稿□□卷　(清)唐祖价著　清光緒十五年(1889)活字印本　二冊　存二卷(三至四)

500000－8701－0022254　H04317
長白山錄一卷補遺一卷　(清)王士禛撰　清刻本　一冊

500000－8701－0022255　H04318
求補拙齋外集四卷　(清)黎培敬撰　清刻本　一冊

500000－8701－0022256　H04319
獪園十六卷　(明)錢希言撰　清乾隆三十九年(1774)歙邑長塘鮑氏知不足齋刻本　一冊　存一卷(十)

500000－8701－0022257　H04320
榮豐堂新鐫千家詩一卷解學士詩選一卷　(□)□□撰　清光緒三十四年(1908)曾家場榮豐堂刻本　一冊

500000－8701－0022258　H04321
旌陽古蹟唱和詩一卷　(清)李寶元編　清光緒二十八年(1902)夏納溪學堂刻本　一冊

500000－8701－0022259　H04322
谿上詩輯十四卷　(清)尹元煒　(清)馮本懷輯　清刻本　四冊　存九卷(六至十四)

500000－8701－0022260　H04323
匋齋臧石記四十四卷附臧甎記二卷　(清)端方輯　清宣統元年(1909)上海商務印書館石印本　二冊　存八卷(三十九至四十四、臧甎記二卷)

500000－8701－0022261　H04324
陳定宇先生文集十七卷　(元)陳櫟撰　清康熙三十四年(1695)陳嘉基刻本　五冊　存十五卷(三至十七)

500000－8701－0022262　H04325
堅瓠集六十六卷　(清)褚人穫纂輯　清刻本　十五冊　存三十四卷(五集一至二、六集四卷、七集四卷、八集一至二、續集四卷、廣集六卷、補集六卷、秘集六卷)

500000－8701－0022263　H04326
五經文海不分卷　題(清)久敬齋主人輯　清光緒十四年(1888)上海煥章書局石印本　二十冊

500000－8701－0022264　H04327
唐宋十大家全集錄五十二卷　(清)儲欣錄　清刻本　九冊　存四十卷(一至四十)

500000－8701－0022265　H04328
西湖佳話古今遺蹟十六卷　(清)墨浪子輯　清荷香小榭刻本　四冊

500000－8701－0022266　H04329
新刻劍嘯閣批評西漢演義傳八卷　(明)鍾惺批評　清咸豐七年(1857)梓潼會刻本　四冊

500000－8701－0022267　H04330
困學紀聞注二十卷首一卷　(清)翁元圻輯　清光緒八年(1882)新都廖氏家塾刻本　十四冊

500000－8701－0022268　H04331
重編留青新集二十四卷　(清)陳枚原輯　清光緒三十四年(1908)上海廣益書局鉛印本　十二冊

500000－8701－0022269　H04332
中西匯通醫書五種　唐宗海撰　清光緒三十四年(1908)上海千頃堂書局石印本　十冊

500000－8701－0022270　H04333
今古奇觀四十卷　題(明)抱甕老人撰　清刻本　六冊　存二十卷(八至十四、二十二至二十四、二十七至三十三、三十七至三十九)

500000－8701－0022271　H04334
欽定全唐文一千卷　(清)董誥等編　清嘉慶十九年(1814)内府刻本　三百六十冊

500000－8701－0022272　H04335
文子纘義十二卷　(元)杜道堅撰　**商君書五卷附考一卷**　(戰國)商鞅撰　(清)嚴可均校　清光緒十九年(1893)鴻文書局石印本　一冊

500000－8701－0022273　H04336
士禮居藏書題跋記六卷　(清)黄丕烈撰　清光緒十年(1884)滂喜齋刻本　四冊

500000－8701－0022274　H04337
巢經巢全集五種二十五卷　(清)鄭珍撰　清咸豐至同治刻本　八冊　存四種二十一卷(巢經巢經說一卷、儀禮私箋八卷、說文逸字二卷附錄一卷、巢經巢詩鈔九卷)

500000－8701－0022275　H04338
文信國公集二十卷首一卷　(宋)文天祥撰　清同治七年(1868)楚醴景萊書室刻本　十四冊

500000－8701－0022276　H04339
英雲夢傳八卷　題(清)九容樓主人松雲氏撰　清刻本　八冊

500000－8701－0022277　H04340
增評補像全圖金玉緣一百二十回　(清)曹雪芹撰　清石印本　一冊　存十回(一至十)

500000－8701－0022278　H04341
蜀碑記十卷　(宋)王象之撰　清刻本　一冊

500000－8701－0022279　H04342
八妹壽芝墓祭祀譜一卷　(清)唐必桂撰　清刻本　一冊

500000－8701－0022280　H04343
題鳳館稿一卷　(清)朱鑑成著　清同治十年(1871)成都刻本　一冊

500000－8701－0022281　H04344
薔盦東遊日記一卷(光緒三十三年三月二十一日至六月十九日)　(清)樓藜然撰　清光緒三十三年(1907)中合印書公司鉛印本　一冊

500000－8701－0022282　H04345
唐宋八家文讀本三十卷　(唐)韓愈著　(清)沈德潛評點　清咸豐五年(1855)刻本　八冊

500000－8701－0022283　H04346
芳茂山人詩錄九卷附長離閣集一卷　(清)孫星衍撰　清光緒十一年(1885)長沙王氏刻本　一冊　存三卷(一至三)

500000－8701－0022284　H04347
船山遺書五十六種二百九十四卷附刊二卷補遺一卷　(清)王夫之撰　清同治四年(1865)湘鄉曾氏金陵節署刻本　一冊　存四種四卷(五十自定稿一卷、六十自定稿一卷、七十自定稿一卷、柳岸吟一卷)

500000－8701－0022285　H04348
王志二卷　(清)陳兆奎編輯　清光緒三十三年(1907)承陽刻湘綺樓全書本　一冊

500000－8701－0022286　H04349
湖海樓叢書十二種　(清)陳春輯　清嘉慶中蕭山陳氏湖海樓刻本　三十二冊

500000－8701－0022287　H04350
天下郡國利病書一百二十卷　(清)顧炎武撰　清光緒二十七年(1901)鉛印本　二十八冊

500000－8701－0022288　H04351
皇朝經世文統編一百七卷　(清)邵之棠編　清光緒二十七年(1901)上海寶善齋石印本　五十冊

500000－8701－0022289　H04352
皇朝經世文新編二十一卷　麥仲華輯　清光

緒二十七年(1901)上海日新社石印本　二十冊

500000－8701－0022290　H04353

皇朝經世文新增續編一百二十卷　(清)葛士濬輯　清鉛印本　二十三冊　存一百十六卷(五至一百二十)

500000－8701－0022291　H04354

震川大全集三十卷餘集八卷别集十卷補集八卷　(明)歸有光著　清宣統二年(1910)國學扶輪社石印本　十二冊

500000－8701－0022292　H04355

詩韻瑤林八卷　(清)程伊園撰　清刻本　三冊　存六卷(一至六)

500000－8701－0022293　H04356

光緒乙巳年交涉要覽上篇二卷下篇三卷　(清)北洋洋務局纂輯　清光緒三十三年(1907)北洋官報局鉛印本　五冊

500000－8701－0022294　H04357

樵說十二卷　(清)蜀西樵也撰　**昭如女子詩鈔一卷**　(清)王麟書撰　清光緒十八年(1892)石泉刻本　四冊

500000－8701－0022295　H04358

海外紀事前編十二卷後編六卷　(清)張坤德等譯　清刻本　十冊

500000－8701－0022296　H04359

海外紀事前編十二卷後編六卷　(清)張坤德等譯　清刻本　十冊

500000－8701－0022297　H04360

駁案新編三十二卷續編七卷　(清)全士潮等纂　清嘉慶元年(1796)刻本(卷十八至十九係補配)　三十一冊

500000－8701－0022298　H04361

說雅二卷　(清)朱駿聲紀錄　清光緒九年(1883)蛟川張氏刻本　一冊

500000－8701－0022299　H04362

唐賢三昧集三卷　(清)王士禛選本　(清)吳煊　(清)胡棠輯注　(清)黃培芳評　清宣統二年(1910)淵古齋石印本　一冊

500000－8701－0022300　H04363

南齊書五十九卷　(南朝梁)蕭子顯撰　清光緒二十八年(1902)史學會社石印本　二冊

500000－8701－0022301　H04364

傳是樓書目不分卷　(清)徐乾學輯　清鉛印本　三冊　存三部(史部、經部、集部)

500000－8701－0022302　H04365

新刻音註勸善目連救母行孝戲文三卷　(明)鄭之珍編輯　清光緒十年(1884)敬古堂刻本　一冊　存一卷(一)

500000－8701－0022303　H04366

安禄山事迹三卷校記一卷　(清)姚汝能撰　清宣統三年(1911)長沙葉氏刻本　一冊

500000－8701－0022304　H04367

胡文忠公遺集八十六卷首一卷　(清)胡林翼著　(清)曾國荃輯　(清)胡鳳丹重編　清光緒二十七年(1901)上海圖書集成印書局鉛印本　八冊

500000－8701－0022305　H04368

全蜀秇文志六十四卷首一卷　(明)楊慎輯　清光緒十七年(1891)雨餘山房刻本　十六冊

500000－8701－0022306　H04369

欽定四庫全書總目二百卷首一卷　(清)紀昀等纂　**四庫未收書目提要五卷**　(清)阮元撰　清上海漱六山莊石印本　十九冊　缺十卷(二十九至三十八)

500000－8701－0022307　H04370

詩韻集成題考合刻十卷首一卷　(清)魏朝俊輯　清光緒十四年(1888)古香閣魏氏刻本　七冊　存十卷(一至三、五至十,首一卷)

500000－8701－0022308　H04371

畫禪室隨筆四卷　(明)董其昌著　清刻本　一冊　存一卷(一)

500000－8701－0022309　H04372

千百年眼十二卷　(明)張燧纂　清光緒二十九年(1903)成都三鶴山房刻本　四冊

500000－8701－0022310　H04373
紀文達公遺集十六卷首一卷　(清)紀樹馨編校　清宣統二年(1910)上海保粹樓石印本　八册

500000－8701－0022311　H04374
皇朝掌故一卷　(清)□□撰　清光緒十年(1884)瀘州開智書局鉛印本　一册

500000－8701－0022312　H04375
比竹餘音四卷　鄭文焯著　清光緒二十八年(1902)吳興沈氏刻本　一册

500000－8701－0022313　H04376
初學集二十卷　(清)錢謙益撰　(清)錢曾箋註　清宣統三年(1911)上海國學扶輪社石印本　六册

500000－8701－0022314　H04377
震川先生集三十卷別集十卷　(明)歸有光著　清光緒六年(1880)常熟歸氏刻本　十二册

500000－8701－0022315　H04378
瀛奎律髓刊誤四十九卷　(元)方回選　(清)紀昀批點　清江左書林刻本　十二册

500000－8701－0022316　H04379
金丹正理大全群仙珠玉三卷　(□)□□撰　清刻本　一册

500000－8701－0022317　H04380
援鶉堂筆記五十卷　(清)姚範撰　清道光十五年(1835)刻本　十三册　存四十九卷(一至四十九)

500000－8701－0022318　H04381
説文解字篆韻譜五卷附錄一卷　(宋)徐鍇撰　清刻本　一册　存三卷(一至三)

500000－8701－0022319　H04382
大清律例總類不分卷　(清)□□撰　清光緒十年(1884)刻本　八册

500000－8701－0022320　H04383
高等小學國文教科書一百二十課　邵伯棠編　清光緒三十一年(1905)上海時中書局鉛印本　一册

500000－8701－0022321　H04384
黃帝内經靈樞十二卷　(唐)王冰注　清育文書局石印本　一册

500000－8701－0022322　H04385
文昌帝君功過格不分卷　(□)□□撰　清唐善文堂刻本　一册

500000－8701－0022323　H04386
陳伯玉文集三卷詩集二卷　(唐)陳子昂著　(清)楊國楨編　**首一卷附錄一卷**　清咸豐四年(1854)刻本　四册

500000－8701－0022324　H04387
承華事略一卷　(元)王惲撰　**明夷待訪錄一卷**　(清)黃宗羲著　清同治刻小石山房叢書本　一册

500000－8701－0022325　H04388
切韻考六卷　(清)陳澧撰　清刻本　二册

500000－8701－0022326　H04389
隋經籍志考證十三卷　(清)章宗源撰　清光緒元年(1875)湖北崇文書局刻本　四册

500000－8701－0022327　H04390
世寶錄十卷　(清)戴大受輯　清康熙刻本　十册　存九卷(一至九)

500000－8701－0022328　H04391
第一才子書六十卷　(明)羅貫中撰　(清)毛宗崗評　清善成堂刻朱墨套印本　一册　存五卷(二十二至二十六)

500000－8701－0022329　H04392
卷施閣集四十九卷　(清)洪亮吉撰　清乾隆六十年(1795)貴陽節署刻本　八册　存四十二卷(卷施閣文甲集十卷、乙集一至八,詩集一至五、十一至二十,附鮚軒詩八卷,洪北江先生年譜一卷)

500000－8701－0022330　H04393
詩禮堂全集十七種五十七卷　(清)王又樸著　清刻本　十四册　存五種十七卷(史記讀法二卷、詩禮堂古文五卷、詩禮堂雜詠七卷、詩禮堂雜纂二卷、介山時文十六篇一)

500000－8701－0022331　H04394
五經集解三十三卷附錄二卷石經考辨二卷增訂畊餘瑣錄十二卷　(清)雪樵輯　清同治十年(1871)刻本　四十冊

500000－8701－0022332　H04395
四書說約二十卷　(清)顧夢麟纂輯　(清)楊彝參定　清織廉居刻本　十六冊　缺一卷(九)

500000－8701－0022333　H04396
義門讀書記五十八卷　(清)何焯撰　清光緒六年(1880)刻本　十六冊

500000－8701－0022334　H04397
春秋王制尚書周禮九州疆域大小攷一卷　(清)黃鎔撰　清光緒三十四年(1908)刻本　一冊

500000－8701－0022335　H04398
文獻通考三百四十八卷　(元)馬端臨著　清刻本　一冊　存三卷(八十五至八十七)

500000－8701－0022336　H04399
國朝駢體正宗十二卷　(清)曾燠輯　清光緒元年(1875)成都志古堂刻本　二冊

500000－8701－0022337　H04400
三流道里表不分卷　(清)徐本等纂修　清刻本　三冊

500000－8701－0022338　H04401
毛詩後箋三十卷　(清)胡承珙撰　清道光十七年(1837)求是堂刻本　十二冊　存十六卷(一至十六)

500000－8701－0022339　H04402
劉忠介公人譜三編　(明)劉宗周撰　清光緒三十二年(1906)文明會社石印本　二冊　存二編(一、三)

500000－8701－0022340　H04403
傅青主女科產後編二卷　(清)傅山撰　清光緒二十五年(1899)上海圖書集成印書局鉛印本　一冊　存一卷(一)

500000－8701－0022341　H04404
傅青主男科二卷　(清)傅山撰　清光緒二十五年(1899)上海圖書集成印書局鉛印本　二冊

500000－8701－0022342　H04405
四川鄉試試卷不分卷　(清)□□撰　清光緒刻本　三冊

500000－8701－0022343　H04406
鎮南雜詠一卷　(清)黃大琮撰　清宣統元年(1909)鉛印本　一冊

500000－8701－0022344　H04407
浙省倉庫清查節要一卷兩浙運庫清查挈要一卷　(清)王鳳生輯　清道光四年(1824)刻本　一冊

500000－8701－0022345　H04408
喉症全科紫珍集二卷　題(清)竇氏撰　(清)朱翔宇輯　清光緒三年(1877)刻本　一冊　存一卷(一)

500000－8701－0022346　H04409
國朝滇南流寓詩略二卷　(清)江濬源　(清)翁元圻鑒定　(清)袁文揆纂輯　清嘉慶五年(1800)刻本　一冊

500000－8701－0022347　H04410
唐皮日休文藪十卷　(唐)皮日休撰　清光緒八年(1882)刻本　二冊

500000－8701－0022348　H04411
霍亂論二卷　(清)王士雄著　清光緒十七年(1891)蒲圻但氏刻本　一冊

500000－8701－0022349　H04412
王氏醫案二卷　(清)王士雄著　清光緒十七年(1891)蒲圻但氏刻本　一冊

500000－8701－0022350　H04413
醫學三字經四卷　(清)陳念祖著　清光緒三十三年(1907)巴蜀善成堂刻本　一冊

500000－8701－0022351　H04414
續增科場條例不分卷　(清)禮部纂修　清光緒刻本　二冊

500000－8701－0022352　H04415

育正堂重訂幼學須知句解四卷 （清）程允升撰 （清）黃汪若注 （清）錢元龍校訂 清嘉慶四年(1799)育正堂刻本 四册

500000－8701－0022353 H04416
四大奇書第一種十九卷首一卷 （明）羅貫中撰 （清）毛宗崗評 清刻本(卷八至十一、十六至十七、十九係補配) 七册 存十卷(八至十一、十四至十七、十九,首一卷)

500000－8701－0022354 H04417
劍南詩稾八十五卷 （宋）陸游撰 明汲古閣刻本 六册 存十二卷(七十四至八十五)

500000－8701－0022355 H04418
廣輿記二十四卷首一卷 （明）陸應陽纂 （清）蔡方炳增輯 清乾隆九年(1744)光德堂刻本 十一册

500000－8701－0022356 H04419
振振堂聯稿二卷文稿二卷詩稿二卷聯稿續二卷 （清）鍾祖芬著 （清）鄭壎輯註 清光緒三十二年(1906)刻本 八册

500000－8701－0022357 H04420
小清華園詩談二卷 （清）王壽昌撰 清刻本 一册

500000－8701－0022358 H04421
地理啖蔗錄八卷 （清）袁守定著并釋 清刻本 二册 存二卷(六至七)

500000－8701－0022359 H04422
嬾雲山莊詩鈔六卷 （清）邵棠撰 清刻本 二册

500000－8701－0022360 H04423
善本書室藏書志四十卷附錄一卷 （清）丁丙輯 清光緒二十七年(1901)錢唐丁氏刻本 十六册

500000－8701－0022361 H04424
北徼彙編六卷 （清）何秋濤編錄 清同治四年(1865)陳必榮刻本 六册

500000－8701－0022362 H04425
飣餖吟十二卷 （清）石贊清撰 （清）黃丙森註釋 清咸豐十年(1860)刻本 四册

500000－8701－0022363 H04426
談藝珠叢二十七種 （清）王啟原輯 清光緒十一年(1885)長沙玉尺山房刻本 二册 存七種十二卷(詩品三卷、樂府古題要解二卷、詩式一卷、主客圖三卷、詩品一卷、風騷旨格一卷、晦庵詩說一卷)

500000－8701－0022364 H04427
度世寶筏正本一卷 (□)□□撰 清刻本 一册

500000－8701－0022365 H04428
鍼灸靈法三卷 （清）陳志皋繕校 清巴監習藝所石印科石印本 二册 存二卷(二至三)

500000－8701－0022366 H04429
繡像西漢演義八卷一百回 （明）甄偉撰 清上海著易堂書局鉛印本 四册

500000－8701－0022367 H04430
新訂大全雜字一卷 (□)□□撰 清黃金誠書店刻本 一册

500000－8701－0022368 H04431
富貴百貨寶圖一卷 （三國蜀）諸葛亮著 （清）吳松子傳 清刻本 一册

500000－8701－0022369 H04432
甌北詩鈔二十卷 （清）趙翼著 清宣統三年(1911)上海掃葉山房石印本 八册

500000－8701－0022370 H04433
評論出像水滸傳二十卷七十回 （明）施耐庵撰 清順治十四年(1657)醉畊堂刻本 二十一册

500000－8701－0022371 H04434
古香齋鑒賞袖珍初學記三十卷 （唐）徐堅等撰 清刻本 四册 存十四卷(十七至三十)

500000－8701－0022372 H04435
新鍥重訂出像通俗演義東晉志傳八卷紀元一卷 （明）陳氏尺蠖齋評釋 清周氏文光堂刻本 四册

500000－8701－0022373 H04436

船山詩草二十卷　(清)張問陶撰　清光緒十八年(1892)宏道堂刻本　八册

500000－8701－0022374　H04437
船山詩草補遺六卷　(清)張問陶撰　清道光二十九年(1849)刻本　二册

500000－8701－0022375　H04438
皇朝經籍志六卷　(清)黄本驥輯　清刻三長物齋叢書本　一册　存二卷(五至六)

500000－8701－0022376　H04439
廣印人傳十六卷補遺一卷　葉銘輯　清宣統三年(1911)西泠印社刻本　三册　存十二卷(一至十二)

500000－8701－0022377　H04440
禮記集註十卷　(元)陳澔撰　清刻本　一册　存二卷(七至八)

500000－8701－0022378　H04441
切韻考外篇三卷　(清)陳澧撰　清刻本　一册

500000－8701－0022379　H04442
金剛頂瑜伽修行念誦儀軌一卷無量壽如來供養儀軌一卷甘露軍荼利成就儀軌一卷觀自在多羅瑜伽念誦法一卷聖觀自在菩薩心真言觀行儀軌一卷　(唐)釋大廣智不空譯　清刻本　一册

500000－8701－0022380　H04443
國朝六家詞鈔十一卷　(清)陳其年編　清嘉慶九年(1804)刻本　二册　存七卷(江湖載酒集三卷、秋錦山房詞一卷、柘西精舍詞一卷、耒邊詞二卷)

500000－8701－0022381　H04444
金剛般若波羅蜜經二卷　(清)俞樾註　清光緒二十年(1894)蔣氏求實齋刻本　一册

500000－8701－0022382　H04445
唐開元小説六種十卷　葉德輝輯　清宣統三年(1911)葉氏觀古堂刻本　一册　存五種七卷(次柳氏舊聞一卷考異一卷、楊太真外傳二卷、梅妃傳一卷、李林甫外傳一卷、高力士外傳一卷)

500000－8701－0022383　H04446
柔柔詩稿一卷首一卷附錄一卷　(清)唐淑芳著　清光緒二十一年(1895)刻本　一册

500000－8701－0022384　H04447
爾雅郭註補正九卷　(清)戴鎣撰　清光緒十一年(1885)刻本　四册

500000－8701－0022385　H04448
三字經訓詁一卷　(宋)王應麟撰　(清)王相訓詁　清大文堂徐士業刻本　一册

500000－8701－0022386　H04449
一山文存十二卷　章梫撰　清宣統元年(1909)京華印書局鉛印本　二册　存三卷(經説二卷、雜文一卷)

500000－8701－0022387　H04450
禮記制度示掌圖一卷　(清)王皜撰　清刻本　一册

500000－8701－0022388　H04451
[陝西省]朝邑縣幅員地糧總説不分卷　(清)霍勤勳等編　清刻本　一册

500000－8701－0022389　H04452
太平廣記五百卷　(宋)李昉等編　清刻本　一册　存九卷(四百四十七至四百五十五)

500000－8701－0022390　H04453
字彙十二卷首一卷末一卷韻法橫圖一卷　(明)梅膺祚音釋　清刻本　一册　存三卷(首一卷、末一卷、韻法橫圖一卷)

500000－8701－0022391　H04454
天下名勝楹聯不分卷　題(清)雲水散人選輯　清光緒十七年(1891)錦城文芳堂刻本　一册

500000－8701－0022392　H04455
四川名勝楹聯一卷　(清)清一道人選輯　**當代名聯一卷**　(清)雲水散人清一子選輯　清光緒十五年(1889)留禮山房刻本[當代名聯爲清光緒二十二年(1896)青城文芳堂刻本]　一册

500000－8701－0022393　H04456
詞壇妙品十卷　（清）張淵懿選定　（清）田茂遇評　清宣統三年（1911）上海澄衷學堂石印本　三册　存六卷（五至十）

500000－8701－0022394　H04457
蜀碑記十卷　（宋）王象之撰　清光緒八年（1882）刻本　一册

500000－8701－0022395　H04458
蜀碑記補十卷　（清）李調元撰　清光緒八年（1882）刻本　一册

500000－8701－0022396　H04459
金石存十五卷附粵風四卷　（清）趙撍著　清光緒七年（1881）刻本　五册

500000－8701－0022397　H04460
資治新書二集二十卷總目一卷　（清）李漁輯（清）沈心友訂　清康熙七年（1668）金陵翼聖堂刻本　七册　存十四卷（一、三至十四，總目一卷）

500000－8701－0022398　H04461
普通歌訣全書一卷　（清）黄焱撰　清光緒二十八年（1902）刻本　一册

500000－8701－0022399　H04462
救生集四卷　題（清）虛白主人編　清刻本　三册　存三卷（二至四）

500000－8701－0022400　H04463
北溪先生全集五十卷　（宋）陳淳著　**字義二卷**　（宋）王雋集編　**外集一卷**　（宋）陳椝方編輯　清刻本　十一册　存五十二卷（講義二至四、書問四卷、答問八卷、各體文三十卷、各體詩四卷、字義二卷、外集一卷）

500000－8701－0022401　H04464
洞宗彙選□□卷　智考徵輯　清刻本　一册　存四卷（下集一至四）

500000－8701－0022402　H04465
楊忠愍公全集五卷首一卷末一卷　（明）楊繼盛撰　清同治七年（1868）楚醴景萊書室刻本　三册

500000－8701－0022403　H04466
史忠正公全集四卷首一卷末一卷　（明）史可法撰　（清）史山清輯　清同治七年（1868）楚醴景萊書室刻本　三册

500000－8701－0022404　H04467
太師誠意伯劉文成先生文集二十卷序一卷　（明）劉基撰　清刻本　十二册

500000－8701－0022405　H04468
王臨川全集一百卷目錄二卷　（宋）王安石撰　清光緒九年（1883）刻本　十五册　存一百一卷（王臨川全集一百卷、目錄二）

500000－8701－0022406　H04469
月日紀古十二卷　（清）蕭智漢纂輯　清乾隆五十九年（1794）蕭氏聽濤山房刻本　十一册　存十一卷（一至八、十至十二）

500000－8701－0022407　H04470
施註蘇詩四十二卷續補遺二卷　（宋）蘇軾撰（宋）施元之註　清康熙刻本　五册　存二十六卷（十九至四十二、續補遺二卷）

500000－8701－0022408　H04471
療飢良方一卷　（□）□□撰　清光緒二十二年（1896）刻本　一册

500000－8701－0022409　H04472
錦里新編十六卷首一卷　（清）張邦伸纂輯　清刻本　七册　存十四卷（三至十六）

500000－8701－0022410　H04473
靜娱樓詠史詩一卷　（清）劉咸滎著　清光緒三十年（1904）刻本　一册

500000－8701－0022411　H04474
藝槩六卷　（清）劉熙載撰　清光緒三年（1877）嶺南刻本　二册

500000－8701－0022412　H04475
會試硃卷一卷（光緒丙戌科）　（清）□□撰　清光緒刻本　一册

500000－8701－0022413　H04476
午夢堂集十二種二十一卷　（明）葉紹袁輯　明崇禎九年（1636）刻本　一册　存二種三卷

(靈護集一卷附一卷、瓊花鏡一卷)

500000－8701－0022414　H04477
欽取朝考卷不分卷　(□)□□撰　清刻本　一册

500000－8701－0022415　H04478
匋齋臧石記四十四卷附臧甎記二卷　(清)端方撰　清宣統元年(1909)石印本　十二册

500000－8701－0022416　H04479
蘇詩續補遺二卷　(宋)蘇軾撰　(清)張榕端　(清)宋犖閱定　(清)馮景補註　清刻本　二册

500000－8701－0022417　H04480
三長物齋叢書二十六種二百六十四卷　(清)黄本驥輯　清道光中湘陰蔣瓌刻光緒四年(1878)古香書閣印本(有補配)　七十九册

500000－8701－0022418　H04481
六科證治準繩六種四十四卷　(明)王肯堂輯　明萬曆三十年至三十六年(1602－1608)刻本　八册　存二種八卷(證治準繩二、六至八,雜病證治類方一至三、六)

500000－8701－0022419　H04482
教育叢書初集十一種十四卷　羅振玉編　清光緒二十七年(1901)教育世界出版所刻本　十册

500000－8701－0022420　H04483
三魚堂文集十二卷外集六卷附録一卷　(清)陸隴其著　清刻本　六册　存十五卷(文集五至十二、外集六卷、附録一卷)

500000－8701－0022421　H04484
續增科場條例不分卷　(清)禮部纂修　清光緒刻本　十二册

500000－8701－0022422　H04485
繡像批點紅樓夢一百二十回　(清)曹雪芹撰　清刻本　十八册

500000－8701－0022423　H04486
金匱方歌括六卷　(清)陳念祖著　清光緒二十二年(1896)珍藝書局鉛印本　一册

500000－8701－0022424　H04487
南雅堂醫書全集四十八種　(清)陳念祖著　清末上海久敬齋書局石印本　七册　存十六種二十八卷(神農本草經讀四卷首一卷、傷寒論淺注六卷首一卷、十藥神書註解一卷、急救奇痧方一卷、經驗百病内外一卷、霍亂論二卷首一卷、喉痧正的一卷、春温三字訣一卷、痢症三字訣一卷、養生鏡一卷、達生編一卷、大生要旨一卷、保嬰要旨一卷、外科證治全生一卷、引痘略一卷、温熱條辨一卷)

500000－8701－0022425　H04488
本草問答二卷　唐宗海著　清光緒三十二年(1906)善成堂刻本　一册

500000－8701－0022426　H04489
學案初模續編二十卷　(清)伊里布編　清道光十九年(1839)刻本　八册

500000－8701－0022427　H04490
古經解彙函十六種附小學彙函十四種　(清)鍾謙鈞輯　清同治十二年(1873)粤東書局刻本　三十三册　存二十一種一百二十一卷(鄭氏周易注三卷、補遺一卷,陸氏周易述一卷,周易集解十七卷,周易口訣義六卷,易緯八種:易緯乾坤鑿度二卷、易緯乾鑿度二卷、易緯稽覽圖二卷、易緯辨終備一卷、易緯通卦驗二卷、易緯乾元序制記一卷、易緯是類謀一卷、易緯坤靈圖一卷,尚書大傳三卷、附序録一卷、辨訛一卷,韓詩外傳十卷、附校注拾遺一卷,毛詩草木鳥獸蟲魚疏二卷,春秋繁露十七卷、附録一卷,春秋釋例十五卷,春秋啖趙集傳纂例十卷,春秋微旨三卷,春秋啖趙二先生集傳辯疑十卷,論語集解義疏一至七)

500000－8701－0022428　H04491
金華山樵詩前集　(清)師範著　清末鉛印本　一册　存一卷(五)

500000－8701－0022429　H04492
金丹就正篇玄膚論一卷　(明)陸西星著　(清)陶素耜訂　清刻本　一册

500000－8701－0022430　H04493
留春草堂詩鈔七卷　(清)伊秉綬撰　清刻本

一册　存三卷(五至七)

500000－8701－0022431　H04494

茗洲吴氏家典八卷　(清)吴翟輯　清刻本　五册

500000－8701－0022432　H04495

妙藥神方不分卷　(清)重慶叢桂堂主人編　清光緒三十四年(1908)刻本　一册

500000－8701－0022433　H04496

水道提綱二十八卷　(清)齊召南編錄　清刻本　一册　存三卷(十四至十六)

500000－8701－0022434　H04497

欽定四庫全書簡明目錄二十卷　(清)紀昀等編　清光緒二十年(1894)上海點石齋石印本　四册

500000－8701－0022435　H04498

國朝二十四家文鈔二十四卷　(清)徐斐然輯評　(清)楊虬參訂　清刻本　一册　存六卷(十五至二十)

500000－8701－0022436　H04499

傅子一卷　(晉)傅玄撰　清刻本　一册

500000－8701－0022437　H04500

茶山集八卷　(宋)曾幾撰　清乾隆四十一年(1776)武英殿刻本　二册

500000－8701－0022438　H04501

述古堂藏書目四卷　(清)錢曾撰　清刻本　二册

500000－8701－0022439　H04502

皇朝經籍志六卷　(清)黄本驥輯　清道光二十五年(1845)三長物齋刻三長物齋叢書本　二册　存四卷(一至四)

500000－8701－0022440　H04503

鍼灸甲乙經十二卷　(晉)皇甫謐撰　清光緒十一年(1885)四明存存軒刻本　二册　存五卷(一至五)

500000－8701－0022441　H04504

王子安集註二十卷首一卷末一卷　(唐)王勃撰　(清)蔣清翊註　清光緒九年(1883)吴縣蔣氏雙唐碑館刻本　一册　存七卷(八至十四)

500000－8701－0022442　H04505

海國圖志一百卷　(清)魏源撰　清光緒二年(1876)刻本　三册　存八卷(一至四、九至十二)

500000－8701－0022443　H04506

清光緒二十九年四川鄉試題名全錄一卷　(清)□□編　清光緒二十九年(1903)精宏書局鉛印本　一册

500000－8701－0022444　H04507

茗柯文初編一卷二編二卷三編一卷四編一卷　(清)張惠言著　清光緒張壽榮花雨樓刻本　二册　存二卷(初編一卷、二編二)

500000－8701－0022445　H04508

皇朝新政文編二十六卷　(清)闕鑄編　清光緒二十八年(1902)上海中西譯書會石印本　八册

500000－8701－0022446　H04509

續家事筆記二卷　(清)唐必桂著　清光緒三十二年(1906)刻本　一册

500000－8701－0022447　H04510

續家事筆記二卷　(清)唐必桂著　清光緒三十二年(1906)刻本　一册

500000－8701－0022448　H04511

粹論不分卷　章炳麟著　清光緒三十二年(1906)廣益叢報鉛印本　一册

500000－8701－0022449　H04512

采風記五卷坿紀程感事詩一卷　宋育仁編　清光緒二十二年(1896)袖海山房石印本　三册

500000－8701－0022450　H04513

詠古詩鈔十八卷目錄四卷　(清)邵鏊輯　清刻本　九册　存十六卷(一至八、十一至十八)

500000－8701－0022451　H04514

司空詩品注釋一卷　(唐)司空圖撰　清咸豐

七年(1857)刻本　一冊

500000－8701－0022452　H04515
齊家要畧不分卷　(明)劉基著　清嘉慶二十三年(1818)延古樓刻本　一冊

500000－8701－0022453　H04516
核訂現行刑律不分卷　奕劻撰　清末刻本　一冊　存一冊(四)

500000－8701－0022454　H04518
光學須知一卷氣學須知一卷　(英國)傅蘭雅著　清光緒二十三年(1897)時宜書室刻本　一冊

500000－8701－0022455　H04519
地理須知一卷　(英國)傅蘭雅著　清光緒二十三年(1897)時宜書室刻本　一冊

500000－8701－0022456　H04520
聲學須知一卷　(英國)傅蘭雅著　清光緒二十三年(1897)時宜書室刻本　一冊

500000－8701－0022457　H04521
楹聯叢話十二卷　(清)梁章鉅編輯　清刻本　一冊　存六卷(七至十二)

500000－8701－0022458　H04522
楹聯叢話十二卷　(清)梁章鉅編輯　清道光二十二年(1842)長沙刻本　一冊　存三卷(一至三)

500000－8701－0022459　H04523
醫理真傳四卷　(清)鄭壽全著　清同治十三年(1874)刻本　四冊

500000－8701－0022460　H04524
金氏世德紀二卷　(清)金應麟輯　清刻本　二冊

500000－8701－0022461　H04525
唐人試帖箋註四卷唐人試帖箋註八韻一卷　(清)金墉選輯　清乾隆二十三年(1758)刻本　二冊

500000－8701－0022462　H04526
龍文鞭影二卷　(明)蕭良有著　(清)楊臣諍增訂　清光緒二十二年(1896)刻本　二冊

500000－8701－0022463　H04527
重慶府學務綜核所章程一卷　高增爵　瑞齡著　清光緒三十三年(1907)中西書局鉛印本　一冊

500000－8701－0022464　H04528
直齋書録解題二十二卷　(宋)陳振孫撰　清光緒九年(1883)江蘇書局刻本　六冊

500000－8701－0022465　H04529
仁壽鏡四卷　(清)孟葑輯　清光緒二十一年(1895)重慶術古堂刻本　一冊

500000－8701－0022466　H04530
原富五集八卷　(英國)斯密亞丹著　嚴復譯　清末重慶精宏書局鉛印本　七冊　存五集七卷(甲集二卷、乙集一卷、丙集一卷、丁集一、戊集二卷)

500000－8701－0022467　H04531
抗希堂十六種一百四十六卷　(清)方苞撰　清康熙至嘉慶桐城方氏刻本　二十二冊　存八種七十六卷(周官集注十一至十二、考工記析疑四卷、春秋直解十二卷、春秋通論四卷、春秋比事目錄四卷、禮記析疑四十八卷、儀禮析疑一卷、左傳義法舉要一卷)

500000－8701－0022468　H04532
東坡集四十卷後集二十卷奏議十五卷外制集三卷内制集十卷附樂語一卷應詔集十卷續集十二卷附校記二卷　(宋)蘇軾撰　清光緒三十四年至宣統元年(1908－1909)浭陽端方寶華盦影印本　四十八冊

500000－8701－0022469　H04533
經學輯要二十四卷首一卷　(清)吳潁炎輯　清光緒二十六年(1900)上海點石齋石印本　三十二冊

500000－8701－0022470　H04534
大梅山館集三種五十五卷　(清)姚燮撰　清道光至咸豐鎮海姚氏刻本　十冊　存二種四十一卷(復莊詩問一至十二、二十二至三十四,復莊駢儷文榷八卷二編八卷)

500000－8701－0022471　H04535

古文選七種　(清)儲欣評　清刻本　九冊　存四種(左傳選不分卷、公穀選不分卷、國語選不分卷、西漢文選三至四)

500000－8701－0022472　H04536
江南鐵淚圖附編一卷　(清)余治編　清刻本　一冊

500000－8701－0022473　H04537
匋齋藏石記四十四卷首一卷　(清)端方撰　清宣統元年(1909)上海商務印書館石印本(卷一至三、首一卷係影印補配)　十冊　存三十九卷(一至三十八、首一卷)

500000－8701－0022474　H04538
東萊先生左氏博議二十五卷　(清)胡鳳丹輯　清同治至光緒永康胡氏退補齋刻金華叢書本　五冊　存二十一卷(五至二十五)

500000－8701－0022475　H04539
尚論篇四卷首一卷後篇四卷　(清)喻昌著　清刻本　八冊

500000－8701－0022476　H04540
呂東萊先生文集二十卷首一卷　(清)王崇炳編輯　清刻金華叢書本　十冊

500000－8701－0022477　H04541
新訂六譯館叢書九十五種　廖平輯　清光緒十一年至民國十年(1885－1921)四川成都存古書局刻本　二十八冊　存四十種六十四卷(易生行譜例言一卷、大學中庸演義一卷、長短經一卷、四益館經學四變記一卷四益館經五變記二卷、春秋圖表二卷、四益詩說一卷、詩緯新解一卷、穀梁春秋經傳古義凡例一卷、穀梁春秋經學外篇凡例一卷、春秋左氏傳漢義補證簡明凡例二十則一卷春秋古經左氏說義補證凡例一卷附左氏春秋學外編凡例一卷、孝經學凡例一卷、今文詩古義疏證凡例一卷、公羊春秋補證凡例一卷、周官考徵凡例一卷、樂經凡例一卷、易經新義疏證凡例一卷、論語彙解凡例一卷、國語義疏凡例一卷、四代古制佚存凡例一卷、王制學凡例一卷、禮經凡例一卷容經學凡例一卷、今古尚書要義凡例一卷、尚書今文新義一卷、書經大統凡例一卷、書尚書弘道編一卷、書中候弘道編一卷、地學答問一卷、漢志三統曆表一卷、撼龍經傳訂本注一卷、地理辨正補證三卷都天寶照經一卷、光緒己丑科會試硃卷一卷、四益館雜著不分卷、四益館外篇不分卷、四益館文集不分卷、春秋三傳折中一卷、左氏春秋古經說十二卷、經傳九州通解一卷、莊子新解一卷、金石苑目錄五卷、清光緒會典一卷)

500000－8701－0022478　H04543
欽定國朝詩別裁集三十二卷　(清)沈德潛纂評　清刻本　一冊　存二卷(十一至十二)

500000－8701－0022479　H04544
古今秘苑三十二卷　題(清)墨磨主人編　清刻本　一冊　存四卷(一至四)

500000－8701－0022480　H04545
繪圖續今古奇觀六卷三十回　(□)□□撰　清石印本　一冊　存一卷五回(卷四:十六至二十回)

500000－8701－0022481　H04546
分類賦學雞跖集三十卷附錄一卷　(清)張維城輯　清刻本　七冊　存二十八卷(一至七、十一至三十,附錄一卷)

500000－8701－0022482　H04547
錦字箋四卷　(清)黃澐纂　清刻本　二冊

500000－8701－0022483　H04548
谿上詩輯十四卷　(清)尹元煒　(清)馮本懷編　清道光二十九年(1849)刻本　二冊　存五卷(一至五)

500000－8701－0022484　H04549
文章緣起一卷　(南朝梁)任昉撰　(明)陳懋仁註　(清)方熊望補註　清光緒邵武徐氏刻本　一冊

500000－8701－0022485　H04550
比國條約不分卷　(清)外務部編　清光緒鉛印本　一冊

500000－8701－0022486　H04551
廉泉詩鈔四卷　(清)范仕義著　清道光二十

二年(1842)陳氏友石居刻本　一册　存二卷(一至二)

500000－8701－0022487　H04552
東垣先生此事難知集二卷　(元)王好古撰　清刻本　一册

500000－8701－0022488　H04553
刪註脈訣規正二卷　(清)沈鏡刪註　(清)徐良臣參補　清宏道堂刻本　一册

500000－8701－0022489　H04554
風俗通義十卷　(漢)應劭撰　(明)鍾惺評　清刻本　一册　存五卷(六至十)

500000－8701－0022490　H04555
金剛般若波羅蜜經宗通九卷　(晉)釋鳩摩羅什譯　(明)曾鳳儀宗通　清光緒十一年(1885)南京金陵刻經處刻本　一册　存三卷(一至三)

500000－8701－0022491　H04556
智囊補二十八卷　(清)馮夢龍重輯　清刻本　六册　存十三卷(四至十三、十六至十八)

500000－8701－0022492　H04557
今世說八卷首一卷　(清)王晫撰　清刻本　一册　存四卷(一至三、首一卷)

500000－8701－0022493　H04558
三國志六十五卷　(晉)陳壽撰　(南朝宋)裴松之注　清刻本　一册　存二卷(魏志七至八)

500000－8701－0022494　H04559
三國志六十五卷　(晉)陳壽撰　(南朝宋)裴松之注　清石印本　一册　存九卷(吴志一至九)

500000－8701－0022495　H04560
紅樓夢一百二十回　(清)曹雪芹著　(清)張新之評　清刻本　二册　存九回(五十三至五十六、一百一至一百五)

500000－8701－0022496　H04561
左傳選不分卷　(清)儲欣輯評　(清)徐永校訂　清刻本　二册

500000－8701－0022497　H04562
西漢文選四卷　(清)儲欣輯評　(清)徐永校訂　清刻本　一册　存一卷(三)

500000－8701－0022498　H04563
史記選六卷　(清)儲欣評輯　清刻本　三册　存四卷(一至二、五至六)

500000－8701－0022499　H04564
黃帝内經素問九卷　(清)張志聰集註　(清)倪朱龍參訂　(清)張兆璜校正　清刻本　一册　存三卷(五至七)

500000－8701－0022500　H04565
勅建淨慈寺志二十八卷首二卷末一卷　(清)釋際祥纂輯　清刻本　一册　存二卷(七至八)

500000－8701－0022501　H04566
地理大全一集形勢真訣三十卷　(明)李國木輯　明崇禎中金陵懷德堂刻本　一册　存二卷(二十九至三十)

500000－8701－0022502　H04567
鐵孟居士詩稿五卷　(清)汪全泰撰　清刻本　三册　存四卷(二至五)

500000－8701－0022503　H04568
精選名賢詞話草堂詩餘二卷　(宋)何士信輯　清光緒十四年至二十五年(1888－1899)王氏四印齋刻本　一册　存一卷(二)

500000－8701－0022504　H04569
要藥分劑十卷　(清)沈金鰲輯　清乾隆四十九年(1784)無錫沈氏刻沈氏尊生書本　一册　存三卷(一至三)

500000－8701－0022505　H04570
增補齊省堂儒林外史六十回　(清)吳敬梓撰　清石印本　五册　存五十回(十一至六十)

500000－8701－0022506　H04571
欽定古今圖書集成一萬卷目錄三十二卷　(清)蔣廷錫等編　清光緒十年(1884)上海圖書集成鉛版印書局鉛印本　三册　存二十一卷(草木典一百三十九至一百五十九)

500000－8701－0022507　H04572
杜詩詳注二十五卷首一卷附編二卷　(清)仇兆鰲輯註　清刻本　一册　存二卷(附編二卷)

500000－8701－0022508　H04573
南齊書五十九卷　(南朝梁)蕭子顯撰　明末汲古閣刻本　二册　存十五卷(十三至二十七)

500000－8701－0022509　H04574
二如亭群芳譜三十卷首一卷　(明)王象晉纂輯　清刻本　一册　存二卷(利部:茶譜一卷、竹譜一卷)

500000－8701－0022510　H04575
王氏醫案續編八卷　(清)王士雄著　(清)張鴻輯　清刻本　二册

500000－8701－0022511　H04576
註釋唐詩三百首不分卷　(清)孫洙編　清末李光明莊刻本　二册

500000－8701－0022512　H04577
醒迷要言一卷　題(清)渾渾子著　(清)洒然等錄　清末經元堂刻本　一册

500000－8701－0022513　H04578
柳文□□卷　(唐)柳宗元撰　清刻本　一册　存二卷(七至八)

500000－8701－0022514　H04579
慈溪黄氏日抄分類九十七卷古今紀要十九卷　(宋)黄震編輯　清刻本　二册　存四卷(古今紀要四至五、十四至十五)

500000－8701－0022515　H04580
詳註聊齋志異圖詠十六卷　(清)蒲松齡著　(清)呂湛恩註　清末石印本(卷七至八、十一至十二係補配)　四册　存七卷(七至八、十至十二、十五至十六)

500000－8701－0022516　H04581
針灸大成十卷　(明)楊濟時著　清刻本　一册　存二卷(七至八)

500000－8701－0022517　H04582
增定智囊補二十八卷　(清)馮夢龍輯　清刻本　三册　存七卷(一至四、十九至二十一)

500000－8701－0022518　H04583
佛國記一卷　(晉)釋法顯撰　清光緒八年(1882)四明群玉山房刻本　一册

500000－8701－0022519　H04584
詞徵六卷　(清)張德瀛纂　清刻本　一册　存三卷(四至六)

500000－8701－0022520　H04585
癸巳存稿十五卷　(清)俞正燮撰　清刻本　一册　存三卷(三至五)

500000－8701－0022521　H04586
萬壽僊書四卷　(清)羅洪撰　(清)曹無極增輯　清刻本　一册　存二卷(二至三)

500000－8701－0022522　H04587
霜紅龕集四十卷　(清)傅山撰　清刻本　三册　存十九卷(十八至三十六)

500000－8701－0022523　H04588
文獻通考三百四十八卷　(元)馬端臨著　清乾隆十二年(1747)刻本　八十六册　存三百四十五卷(四至三百四十八)

500000－8701－0022524　H04589
文體明辨六十一卷首一卷目錄六卷附錄十四卷附錄目錄二卷　(明)徐師曾撰　明刻本　十四册　存二十三卷(二十四至二十六、二十八至二十九、三十二至三十三、三十六至三十七、四十至四十三、四十六至四十九、五十六至六十一)

500000－8701－0022525　H04590
御纂朱子全書六十六卷　(清)李光地等編修　清淵鑒齋刻本　十二册　存二十八卷(二十至四十四、四十九至五十一)

500000－8701－0022526　H04591
[光緒]諭摺彙存不分卷　(清)内閣輯　清鉛印本　五百二十九册　存十四年(十七年七月一至五、十二至二十二日,八月十七至二十二日,九月二十一至二十四日,十一月十九至

二十四日，十二月一至十三、十九至二十四日；十八年一至十二月；十九年一月至三月，四月四至二十九日，五至十二月；二十年一至五月，六月八至十二、十八至二十日，七月一至七、十二至十八、二十三至二十五日，八月八至二十九，九至十二月；二十一年一至閏五月，六月三至七、二十三至二十九日，七月六至二十日，八月一至九、十九至二十二日，九月，十月四至二十一、二十七至二十九日，十一月八至十三、二十四至二十七日，十二月九至十二、十五至二十四日；二十二年一月一至六、十二至二十五，二至三月，四月一至五，五月七至十一、二十六至三十日，六月六至九、十六至二十日，七月七至十一、十八至二十二日，八月一至五、九至十六、二十三至二十六日，九月一至九日，十月四至五、十五至十八日，十一月一至二十八日，十二月一至三、九至十二、二十七至三十日；二十三年一至二月，三月一至十八、二十一至三十日，四月一至五、十至十九、二十五至二十九日，五至六月，七月九至十二、二十四至三十日，八月七至十七、二十至二十二日，十月七至二十九日，十一月一至十一、二十一至三十日，十二月；二十四年一月一至十六、二十一至二十三日，二月六至二十二日，三月一至十、十二至三十日，閏三月二十五至二十九日，四月一至三、八至二十六日，五月一至十一、十八至二十二日，七月六至八、十二至十五、二十六至三十日，八月，十二月二十二至二十四日；二十五年一至四月，六月，七月七至十九、二十六至三十日，八至十二月；二十六年二月一至六、二十至三十日，三至四月；二十九年二月十三至十七日；三十年七月十五至十八、二十四至三十日；三十一年二月八至十三、二十二至二十五日，三月，四月一至十九、二十六至三十日，五月十六至二十、二十六至三十日，六月一至四、八至二十日，九月一至七、十四至十九日，十至十一月，十二月一至七、十九至二十二日；三十三年八月）

500000－8701－0022527　H04592

[光緒]諭摺彙存不分卷　（清）内閣輯　清鉛印本　二百六十八冊　存十年（十八年一月十三至二十九日，二月二十六至二十九日，三月一至十、十七至三十日，四月一至三日，五月六至十五日，六月，七月二十四至三十日，八月三至三十日，九月六至十、十七至二十六日，十至十一月，十二月一至十三、十六至十九、二十二至二十五日；十九年一至三月，四月五至二十一日，五至十一月，十二月五至十四、十八至二十四日；二十年一月十三至十七日，二月至五月，八月二十一至二十五日，九至十月，十一月十二至二十四日，十二月；二十一年一至二月，三月五至十八、二十二至二十五日，四月七至十五日，五月四至十、十四至十九日，閏五月，九月八至二十一、二十七至三十日；二十二年二月四至十九、二十五至三十日，三月六至二十三日，十一月五至八、十五至十七、二十三至二十九日；二十三年一月一至六，二月，三月六至七日，五月五至八、十二至十六、二十三至三十日，六月九至十三日，十月十九至二十九日，十一月一至六日，十二月一至三、九至十二、二十五至二十八日；二十四年三月一至五日，四月八至十一日，五月三至十六、二十二至二十五日，八月十二至二十九日；二十五年六月一至五、十八至二十九日，八月一至十、十四至三十日，九月，十月一至五、十二至二十、二十五至三十日，十一月六至十九、二十四至二十九日，十二月一至十四、十七至十八、二十四至三十日；二十六年四月一至四、九至二十九日；三十一年三月一至三、十至二十五）

500000－8701－0022528　H04593

[光緒]諭摺彙存不分卷　（清）内閣輯　清鉛印本　八十八冊　存五年（十八年三月二十六至三日，四月十四至十七日，六月，八月三十三十日，十月，十一月一至十五、二十七至三十日；十九年一月，二月一至五、二十一至二十二日，三月，五月一至四、十一字十五日，七月六至九、十五至二十五日，八月，十月二十四至三十日；二十年二月二十四至二十七日，三月一至十三、十七至十八日，四至五月，九月，十月二十七十二十九日，十一月十二至

十六、二十一至二十四日，十二月九至十二、十七至二十五日；二十一年一月二十三至二十五日，二月十四至二十、二十七至二十九日，閏五月七至十七日；二十三年二月六至九、十四至二十二日）

500000－8701－0022529　H04594
［光緒十八年至二十年］諭摺彙存不分卷　（清）内閣輯　清鉛印本　二十九册　存三年（十八年六月一至十九日，八月三至十三、二十至二十四日，十月十三至二十、二十五至三十日；十九年三月七至三十日，八月一至八、十二至三十日；二十年四月五至十一、十八至二十六日，五月七至十、二十五至二十九日，九月十八至二十五日）

500000－8701－0022530　H04595
［光緒十八年至十九年］諭摺彙存不分卷　（清）内閣輯　清鉛印本　三册　存二年（十八年六月十至十五、十九至二十三日，十九年八月一至八日）

500000－8701－0022531　H04596
［光緒十六年至十七年］諭摺彙存不分卷　（清）内閣輯　清刻本　二十四册　存二年（十六年九月、十二月，十七年三月、六月、八月九至三十日、十二月）

500000－8701－0022532　H04597
［同治至光緒］諭摺彙存二十二卷　（清）内閣輯　清光緒二十九年（1903）上海慎記書莊石印本　二十四册

500000－8701－0022533　H04598
［同治至光緒］諭摺彙存二十二卷　（清）内閣輯　清光緒二十九年（1903）上海慎記書莊石印本　一册　存一卷（五）

500000－8701－0022534　H04599
［光緒三十一年］諭摺彙存不分卷　（清）内閣輯　清鉛印本　三册　存一年（三十一年八月、九月、十二月）

500000－8701－0022535　H04600
［光緒三十三年］諭摺彙存不分卷　（清）内閣輯　清鉛印本　二册　存一年（三十三年四月）

500000－8701－0022536　H04601
增删陶朱公奇書類纂六卷　（明）陳繼儒輯　明崇禎九年（1636）刻本　一册　存三卷（四至六）

500000－8701－0022537　H04602
新刊性理大全七十卷　（明）胡廣等撰　明刻本　一册　存二卷（一至二）

500000－8701－0022538　H04603
尺牘蒙詁四卷　（清）秦嘉銓撰　清光緒刻本　一册　存一卷（三）

500000－8701－0022539　H04604
研露樓琴譜不分卷　（清）崔應階撰　清古黑水穆敬止氏刻本　一册

500000－8701－0022540　H04605
袁中郎全集四十卷　（明）袁宏道撰　（明）鍾惺定　明刻本　三册　存三卷（三十六至三十八）

500000－8701－0022541　H04606
家寶初集八卷　（清）石成金撰　清刻本　一册　存一卷（三）

500000－8701－0022542　H04607
册府元龜一千卷目錄十卷　（宋）王欽若等編　（明）黄國琦校釋　明刻本　一册　存四卷（二百二十三至二百二十六）

500000－8701－0022543　H04608
嘉樂齋三蘇文範十八卷　（明）楊慎選　（明）袁宏道參閲　明刻本　一册　存三卷（十六至十八）

500000－8701－0022544　H04609
詩八卷　（宋）朱熹集傳　清刻本　三册　存六卷（三至八）

500000－8701－0022545　H04610
類經附翼四卷　（明）張介賓集　清刻本　一册　存二卷（三至四）

500000－8701－0022546　H04611

湯液本草三卷　(元)王好古類集　清刻本　一册　存一卷(三)

500000－8701－0022547　H04612

雜病證治類方八卷　(明)王肯堂輯　明末刻本　三册　存三卷(一、五至六)

500000－8701－0022548　H04613

傷寒緒論二卷　(清)張璐撰　清刻本　一册　存一卷(二)

500000－8701－0022549　H04614

春秋左傳節文十五卷　(明)汪道昆撰　明萬曆五年(1577)刻本　一册　存八卷(一至八)

500000－8701－0022550　H04615

拾遺記十卷　(晉)王嘉撰　清刻本　一册　存二卷(五至六)

500000－8701－0022551　H04616

石友齋重訂唐詩歸三十六卷　(明)鍾惺　(明)譚元春評　清刻本　一册　存四卷(四至七)

500000－8701－0022552　H04617

相理衡真十卷　(清)陳釗撰　清刻本　一册　存三卷(六至八)

500000－8701－0022553　H04618

琴史六卷　(宋)朱長文撰　清康熙四十五年(1706)揚州使院刻本　一册　存三卷(四至六)

500000－8701－0022554　H04619

楚辭十卷　(漢)劉向輯　(漢)王逸注　明萬曆十四年(1586)刻本　一册　存五卷(六至十)

500000－8701－0022555　H04620

神相全編十二卷　(宋)陳摶撰　清刻本　一册　存二卷(七至八)

500000－8701－0022556　H04621

宋名臣言行錄外集十七卷　(明)張采評閲　明崇禎刻本　一册　存六卷(十二至十七)

500000－8701－0022557　H04622

文公家禮儀節八卷　(宋)朱熹編　(明)楊慎輯　明刻本　一册　存一卷(一)

500000－8701－0022558　H04623

石樓詩蹟一卷　(清)梁炳撰　清光緒二十年(1894)石印本　一册

500000－8701－0022559　H04624

御撰資治通鑑綱目三編二十卷　(清)張廷玉等編　清刻本　一册　存六卷(一至六)

500000－8701－0022560　H04625

揚子太玄經十卷太玄圖一卷　(漢)揚雄著　(明)孫鑛閲　(明)鍾惺評　**說玄**　(宋)司馬光述　明刻本　一册　存三卷(一至二、太玄圖一卷)

500000－8701－0022561　H04626

分國左傳□□卷　(清)曹基編次　清刻本　一册　存二卷(十一至十二)

500000－8701－0022562　H04627

鄭雙橋文集八卷　(清)鄭廷楷撰　題(清)及門諸子編輯　清刻本　一册　存二卷(七至八)

500000－8701－0022563　H04628

禮記恆解四十九卷　(清)劉沅輯注　清刻本　一册　存五卷(十五至十九)

500000－8701－0022564　H04629

兩淮鹽法志五十六卷首四卷　(清)佶山重修　(清)單渠纂　清刻本　一册　存三卷(六至八)

500000－8701－0022565　H04630

兩淮鹽法志五十六卷首四卷　(清)佶山重修　(清)單渠纂　清刻本　三册　存八卷(一至二、五十五至五十六,首四卷)

500000－8701－0022566　H04631

高石齋文鈔三卷射洪縣修志議一卷　(清)劉光謨撰　清光緒十年(1884)蜀南富順縣刻本(卷二補配復印本)　三册

500000－8701－0022567　H04632

大方廣佛華嚴經□□卷　(唐)釋實叉難陀譯　清刻本　一册　存三卷(三至五)

500000－8701－0022568　H04633
尺木堂綱鑑易知錄九十二卷　(清)吳乘權等輯　清刻本　一册　存三卷(九至十一)

500000－8701－0022569　H04634
新鐫增定元明捷錄大成□□卷　(明)屠隆編著　(明)陳繼儒較閲　清刻本　一册　存一卷(四)

500000－8701－0022570　H04635
宋大家歐陽文忠公文鈔三十二卷　(宋)歐陽修撰　(明)茅坤批評　明刻本　一册　存七卷(十至十六)

500000－8701－0022571　H04636
念菴羅先生文集二十四卷　(明)羅洪先撰　清刻本　三册　存六卷(四至七、十至十一)

500000－8701－0022572　H04637
元史氏族表三卷　(清)錢大昕撰　清嘉慶十一年(1806)刻本　一册　存二卷(二至三)

500000－8701－0022573　H04638
時行課幼大全雜字一卷　(□)□□撰　清末榮豐堂刻本　一册

500000－8701－0022574　H04639
時行課幼大全雜字一卷　(□)□□撰　清末榮豐堂刻本　一册

500000－8701－0022575　H04640
子思内篇五卷外篇二卷　(漢)鄭玄注　(清)黄以周輯解　清光緒江陰南菁書院刻本　一册　存四卷(内篇四至五、外篇二卷)

500000－8701－0022576　H04641
尺木堂綱鑑易知錄九十二卷　(清)吳乘權等輯　清刻本　一册　存三卷(十一至十三)

500000－8701－0022577　H04642
續資治通鑑綱目二十七卷　(明)陳仁錫評閲　清刻本　一册　存一卷(九)

500000－8701－0022578　H04643
唐詩鼓吹十卷　(元)郝天挺註　(明)廖文炳解　清刻本　一册　存二卷(九至十)

500000－8701－0022579　H04644
御選唐詩三十二卷　(清)聖祖玄燁輯　清刻本　一册　存二卷(十六至十七)

500000－8701－0022580　H04645
佩文齋書畫譜一百卷　(清)孫岳頒等纂　清刻本　一册　存二卷(三十四至三十五)

500000－8701－0022581　H04646
綱鑑會編九十八卷　(清)葉澐輯錄　清刻本　二册　存四卷(七十四至七十五、九十二至九十三)

500000－8701－0022582　H04647
山堂肆考二百四十卷　(明)彭大翼纂著　(明)張幼學編輯明刻本　一册　存三卷(二百三十八至二百四十)

500000－8701－0022583　H04648
群經平議三十五卷　(清)俞樾撰　清刻本　一册　存三卷(十八至二十)

500000－8701－0022584　H04649
傳家必讀不分卷　(□)□□撰　清光緒五年(1879)刻本　一册

500000－8701－0022585　H04650
越南地輿圖説六卷首一卷　(清)盛慶紱纂輯　清刻本　一册　存三卷(四至六)

500000－8701－0022586　H04651
古文奇賞二十二卷目錄一卷略紀一卷　(明)陳仁錫選評　明刻本　一册　存二卷(一、目錄一卷)

500000－8701－0022587　H04652
宋元通鑑一百五十七卷　(明)薛應旂編集　(明)陳仁錫評閲　明刻本　一册　存六卷(十四至十九)

500000－8701－0022588　H04653
綱鑑正史約三十六卷　(明)顧錫疇編　清刻本　一册　存五卷(二十九至三十三)

500000－8701－0022589　H04654
靜修先生文集十二卷　(元)劉因撰　清刻本　一册　存四卷(九至十二)

500000－8701－0022590　H04655

南部縣輿圖考不分卷　(清)袁用賓等撰　清刻本　一冊

500000－8701－0022591　H04656
馮氏錦囊秘錄痘疹全集二十卷　(清)馮兆張纂輯　清康熙四十一年(1702)刻本　八冊　存十卷(一至四、十至十二、十四至十六)

500000－8701－0022592　H04657
元史類編四十二卷　(清)邵遠平撰　清乾隆六十年(1795)南沙席氏掃葉山房刻宋遼金元別史本　二冊　存五卷(九至十三)

500000－8701－0022593　H04658
孫子集注十三卷　(宋)吉天保輯　明刻本　一冊　存二卷(九至十)

500000－8701－0022594　H04659
禮書通故五十卷　(清)黄以周撰　清刻本　一冊　存一卷(三)

500000－8701－0022595　H04660
孫月峰先生批評史記□□卷　(明)孫鑛批評　(明)馮元仲定　明刻本　二冊　存十卷(六十三至六十七、七十一至七十五)

500000－8701－0022596　H04661
潛確居類書一百二十卷　(明)陳仁錫纂輯　明刻本　一冊　存三卷(九十至九十二)

500000－8701－0022597　H04021－1
弈潛齋集譜三編不分卷　(清)鄧元鏸輯　清光緒至宣統弈潛齋刻本　三冊

500000－8701－0022598　H04663
通鑑紀事本末二百三十九卷　(宋)袁樞編輯　(明)張溥論正　清刻本　四冊　存九卷(一百十六至二百二十、二百三十六至二百三十九)

500000－8701－0022599　H04665
射鷹樓詩話二十四卷　(清)林昌彝輯　清刻本　一冊　存五卷(八至十二)

500000－8701－0022600　H04666
續疑年錄四卷　(清)吳修編　清刻本　一冊

500000－8701－0022601　H04667
劉隨州詩集十一卷　(唐)劉長卿著　清刻本　一冊　存七卷(五至十一)

500000－8701－0022602　H04668
外科理例七卷　(明)汪機編輯　清刻本　一冊　存四卷(四至七)

500000－8701－0022603　H04669
大方廣佛華嚴經六十卷　(晉)釋佛陀跋陀羅等譯　清刻本　一冊　存五卷(四十六至五十)

500000－8701－0022604　H04670
新鐫張侗初太史永思齋評選古文正宗十四卷　(明)張鼎評選　清刻本　一冊　存三卷(三至五)

500000－8701－0022605　H04671
濂溪志七卷濂溪遺芳集一卷　(清)周惇撰　(清)周誥重修　清道光十九年(1839)刻本　四冊

500000－8701－0022606　H04672
欽定禮記義疏八十二卷首一卷　(清)允祿等纂　清刻本　一冊　存一卷(七十四)

500000－8701－0022607　H04673
欽定周官義疏四十八卷首一卷　清刻本　一冊　存二卷(十五至十六)

500000－8701－0022608　H04674
天台山方外志三十卷　(明)釋傳燈撰　清刻本　一冊　存二卷(六至七)

500000－8701－0022609　H04675
萬壽衢歌樂章六卷　(清)彭元瑞撰　清刻本　一冊　存三卷(四至六)

500000－8701－0022610　H04676
南菁書院叢書八集四十一種　王先謙　繆荃孫輯　清刻本　一冊　存二種十二卷(第二集:論語注十至二十、羣經賸義一卷)

500000－8701－0022611　H04677
古文淵鑒六十四卷　(清)徐乾學編注　清刻四色套印本　四冊　存四卷(六十一至六十四)

500000－8701－0022612　H04678

南宋雜事詩七卷　(清)沈嘉轍等撰　清刻本　一册　存一卷(一)

500000－8701－0022613　H04679

四川鄉試墨卷不分卷(光緒庚子辛丑恩正兩科)　(清)□□撰　清刻本　三册

500000－8701－0022614　H04680

明史彈詞註二卷　(清)張三異著　清刻本　二册

500000－8701－0022615　H04681

女科證治準繩五卷　(明)王肯堂撰　清刻本　二册　存一卷(一)

500000－8701－0022616　H04682

新增願體集四卷　(清)李仲麟輯　清刻本　一册　存一卷(四)

500000－8701－0022617　H04683

雲南備徵志二十一卷　(清)王崧編纂　清刻本　一册　存一卷(二十一)

500000－8701－0022618　H04684

顔瘤子二卷　(清)張節撰　清刻本　一册　存一卷(二)

500000－8701－0022619　H04686

元和蔡氏所著書三種　(清)蔡雲撰　清道光七年(1827)刻本　一册　存二種四卷(癖談五至六,清白士集校補:漢書人表考校補一卷、呂子校補獻疑一卷)

500000－8701－0022620　H04687

天文示斯十四卷　題(清)洞微子輯　清光緒刻本　一册　存二卷(七至八)

500000－8701－0022621　H04688

聲律通考十卷　(清)陳澧撰　清咸豐六年(1856)刻本　二册　存七卷(四至十)

500000－8701－0022622　H04689

孟子集註大全十四卷　(明)胡廣纂　清刻本　一册　存五卷(六至十)

500000－8701－0022623　H04690

近思錄集解十四卷　(宋)朱熹編　(宋)葉采集解　清刻本　一册　存二卷(三至四)

500000－8701－0022624　H04691

精選故事黄眉十卷　(明)鄧志謨彙編　清刻本　二册　存二卷(七至八)

500000－8701－0022625　H04692

珠里小志十八卷首一卷　(清)周郁賓纂　清刻本　一册　存六卷(四至九)

500000－8701－0022626　H04693

删訂二奇合傳四十回　(清)芸香館居士編　清刻本　二册　存十一回(十二至二十二)

500000－8701－0022627　H04694

歷代名臣奏議三百二十卷　(明)張溥删正　清刻本　一册　存五卷(一百九十至一百九十四)

500000－8701－0022628　H04695

瀛奎律髓四十九卷　(元)方回選　清刻本　三册　存十一卷(十六至十八、二十四至二十六、四十二至四十六)

500000－8701－0022629　H04696

松風餘韻五十卷末一卷　(清)姚弘緒編次　清刻本　一册　存四卷(三十至三十三)

500000－8701－0022630　H04697

金精廖公秘授地學心法正傳畫筴扒砂經四卷補遺一卷　(宋)廖禹撰　(宋)彭大雄集　(明)江之棟輯　清刻本　一册　存一卷(三)

500000－8701－0022631　H04698

隨園三十種　(清)袁枚撰　清乾隆至嘉慶刻本　四十册　存五種七十三卷(小倉山房詩集三十七卷補遺二卷、小倉山房外集三至八、袁太史時文一卷、隨園詩話補遺十卷、續同人集十七卷)

500000－8701－0022632　H04699

隨園三十種　(清)袁枚撰　清乾隆至嘉慶刻本　四十册　存十二種一百二十六卷(小倉山房文集一至十八、二十二至三十五,小倉山房詩集三十七卷補遺二卷,隨園詩話十一至十三、補遺七至十,隨園女弟子詩選六卷,隨園八十壽言六卷,紅豆村人詩稿十四卷,袁家三妹合稿四卷,南園詩選二卷,粲花軒詩稿二卷,筱雲詩集二卷,飲水詞鈔二卷,七家詞鈔:捧月樓詞二卷、箏船詞一卷、綠秋草堂詞一卷、玉山堂詞一卷、崇睦山房詞一卷、過雲精舍詞二卷、碧梧山館詞二卷)

500000－8701－0022633　H04700

隨園三十種　(清)袁枚撰　清乾隆至嘉慶刻本　二十四册　存十一種八十四卷(袁太史時文一卷,小倉山房尺牘十卷,隨園隨筆一至二十三,隨園食單一卷,碧腴齋詩存八卷,續同人集十七卷,隨園女弟子詩選六卷,隨園八十壽言三至六,袁家三妹合稿:繡餘吟稿一卷、樓居小草一卷、飲水詞鈔二卷,七家詞鈔:箏船詞一卷、捧月樓詞二卷、綠秋草堂詞一卷、玉山堂詞一卷、崇睦山房詞一卷、過雲精舍詞二卷、碧梧山館詞二卷)

500000－8701－0022634　H04701

隨園三十種　(清)袁枚撰　清乾隆至嘉慶刻本　二十四册　存九種八十六卷(小倉山房文集一至二、十八至三十五,小倉山房詩集一至二十七、補遺二卷,捧月樓詞二卷,小倉山房外集八卷,碧腴齋詩存八卷,續同人集一至八,隨園女弟子詩選四至六,隨園八十壽言六卷,粲花軒詩稿二卷)

500000－8701－0022635　H04702

策學備纂三十二卷首一卷　(清)吳熲炎輯　清光緒十九年(1893)上海點石齋石印本　一册　存一卷(四)

500000－8701－0022636　H04703

開眼經一卷　題(清)唯堂父編　清刻本　一册

500000－8701－0022637　H04704

玉函山房輯佚書六百三十四種附目耕帖三十一卷　(清)馬國翰輯　清湘遠堂刻本　一册　存六種七卷(子編農家類:養魚經一卷、尹都尉書一卷、氾勝之書二卷、蔡癸書一卷、養羊法一卷、家政法一卷)

500000－8701－0022638　H04705

小倉山房詩集三十一卷補遺一卷附錄一卷　(清)袁枚撰　清刻本　三册　存二十一卷(一至九、二十二至三十一,補遺一卷,附錄一卷)

500000－8701－0022639　H04707

皇清經解一千四百八卷首一卷　(清)阮元輯　清道光九年(1829)學海堂刻咸豐十年(1860)補刻本　二册　存九種十三卷(尚書小疏一卷、古文尚書考二卷、禹貢三江考三卷、果堂集一卷、水地小記一卷、解字小記一卷、問字堂集一卷、讀書雜志二卷、研六室雜著一卷)

500000－8701－0022640　H04708

突星閣詩抄十五卷　(清)王戩撰　清康熙刻本　一册　存二卷(九至十)

500000－8701－0022641　H04710

淮南子二十一卷　(漢)高誘注　清刻本　一册　存三卷(十九至二十一)

500000－8701－0022642　H04711

[乾隆]富順縣志五卷首一卷　(清)段玉裁纂輯　清乾隆四十二年(1777)修光緒八年(1882)刻本　五册

500000－8701－0022643　H04712

[乾隆]富順縣志五卷首一卷　(清)段玉裁纂輯　清乾隆四十二年(1777)修光緒八年(1882)刻本　五册

500000－8701－0022644　H04713

[乾隆]富順縣志五卷首一卷　(清)段玉裁纂輯　清乾隆四十二年(1777)修光緒八年(1882)刻本　五册

500000－8701－0022645　H04714

[乾隆]富順縣志五卷首一卷　(清)段玉裁纂輯　清乾隆四十二年(1777)修光緒八年(1882)刻本　五册

500000－8701－0022646　H04715

[乾隆]富順縣志五卷首一卷　(清)段玉裁纂輯　清乾隆四十二年(1777)修光緒八年(1882)刻本　五册

500000－8701－0022647　H04716
[乾隆]富順縣志五卷首一卷　(清)段玉裁纂輯　清乾隆四十二年(1777)修光緒八年(1882)刻本　五冊

500000－8701－0022648　H04717
[乾隆]富順縣志五卷首一卷　(清)段玉裁纂輯　清乾隆四十二年(1777)修光緒八年(1882)刻本　五冊

500000－8701－0022649　H04718
[乾隆]富順縣志五卷首一卷　(清)段玉裁纂輯　清乾隆四十二年(1777)修光緒八年(1882)刻本　五冊

500000－8701－0022650　H04719
[乾隆]富順縣志五卷首一卷　(清)段玉裁纂輯　清乾隆四十二年(1777)修光緒八年(1882)刻本　五冊

500000－8701－0022651　H04720
[乾隆]富順縣志五卷首一卷　(清)段玉裁纂輯　清乾隆四十二年(1777)修光緒八年(1882)刻本　五冊

500000－8701－0022652　H04721
[乾隆]富順縣志五卷首一卷　(清)段玉裁纂輯　清乾隆四十二年(1777)修光緒八年(1882)刻本　五冊

500000－8701－0022653　H04722
[乾隆]富順縣志五卷首一卷　(清)段玉裁纂輯　清乾隆四十二年(1777)修光緒八年(1882)刻本　五冊

500000－8701－0022654　H04723
[乾隆]富順縣志五卷首一卷　(清)段玉裁纂輯　清乾隆四十二年(1777)修光緒八年(1882)刻本　五冊

500000－8701－0022655　H04724
[乾隆]富順縣志五卷首一卷　(清)段玉裁纂輯　清乾隆四十二年(1777)修光緒八年(1882)刻本　五冊

500000－8701－0022656　H04725
[乾隆]富順縣志五卷首一卷　(清)段玉裁纂輯　清乾隆四十二年(1777)修光緒八年(1882)刻本　四冊　存五卷(一至四、首一卷)

500000－8701－0022657　H04726
[同治]富順縣志三十八卷　(清)羅廷權等修　(清)呂上珍等纂　清同治十一年(1872)刻本　十二冊　存三十三卷(一至三十三)

500000－8701－0022658　H04727
[乾隆]貴州通志四十六卷首一卷　(清)鄂爾泰等修　(清)靖道謨等纂　清乾隆六年(1741)刻本　三十一冊　存四十五卷(一至十五、十八至四十六,首一卷)

500000－8701－0022659　H04728
[乾隆]貴州通志四十六卷首一卷　(清)鄂爾泰等修　(清)靖道謨等纂　清乾隆六年(1741)刻本　二十冊　存三十九卷(一至四、六至二十四、三十至三十一、三十四至四十六,首一卷)

500000－8701－0022660　H04729
[乾隆]貴州通志四十六卷首一卷　(清)鄂爾泰等修　(清)靖道謨等纂　清乾隆六年(1741)刻本　二十八冊　存四十一卷(三至二十二、二十四至二十五、二十七至三十四、三十六至四十六)

500000－8701－0022661　H04730
[乾隆]貴州通志四十六卷首一卷　(清)鄂爾泰等修　(清)靖道謨等纂　清乾隆六年(1741)刻本　十六冊　存二十八卷(六至七、十至十七、二十至二十一、二十四至二十五、三十三至四十六)

500000－8701－0022662　H04731
[乾隆]貴州通志四十六卷首一卷　(清)鄂爾泰等修　(清)靖道謨等纂　清乾隆六年(1741)刻本　十九冊　存三十四卷(五至六、八至十五、十七至二十五、三十至四十四)

500000－8701－0022663　H04732
[乾隆]貴州通志四十六卷首一卷　(清)鄂爾

泰等修　(清)靖道謨等纂　清乾隆六年(1741)刻本　十三冊　存十五卷(六、十九至二十、二十七、三十一至三十五、三十七至四十二)

500000－8701－0022664　H04733
[乾隆]貴州通志四十六卷首一卷　(清)鄂爾泰等修　(清)靖道謨等纂　清乾隆六年(1741)刻本　二冊　存四卷(三十七至三十八、四十一至四十二)

500000－8701－0022665　H04734
[乾隆]貴州通志四十六卷首一卷　(清)鄂爾泰等修　(清)靖道謨等纂　清乾隆六年(1741)刻本　二冊　存三卷(三十七至三十九)

500000－8701－0022666　H04735
[道光]安徽通志二百六十卷首六卷　(清)陶澍　(清)鄧廷楨修　(清)李振庸　(清)韓玖纂　清道光十年(1830)刻本　九十九冊

500000－8701－0022667　H04736
[光緒]重修安徽通志三百五十卷補遺十卷　(清)吳坤修等修　(清)何紹基　(清)楊沂孫纂　清光緒四年(1878)刻本　七冊　存二十二卷(二十四至二十六、三十五至四十一、四十五至四十八、五十三至六十)

500000－8701－0022668　H04737
光緒井研志四十二卷首一卷　(清)高承瀛修　(清)吳嘉謨　(清)龔煦春纂輯　清光緒二十六年(1900)刻本　十二冊

500000－8701－0022669　H04738
光緒井研志四十二卷首一卷　(清)高承瀛修　(清)吳嘉謨　(清)龔煦春纂輯　清光緒二十六年(1900)刻本　十二冊

500000－8701－0022670　H04739
光緒井研志四十二卷首一卷　(清)高承瀛修　(清)吳嘉謨　(清)龔煦春纂輯　清光緒二十六年(1900)刻本　十二冊

500000－8701－0022671　H04740
光緒井研志四十二卷首一卷　(清)高承瀛修　(清)吳嘉謨　(清)龔煦春纂輯　清光緒二十六年(1900)刻本　九冊　存二十九卷(一至三、十二至十六、二十三至四十二,首一卷)

500000－8701－0022672　H04741
光緒井研志四十二卷首一卷　(清)高承瀛修　(清)吳嘉謨　(清)龔煦春纂輯　清光緒二十六年(1900)刻本　一冊　存三卷(一至二、首一卷)

500000－8701－0022673　H04742
光緒井研志四十二卷首一卷　(清)高承瀛修　(清)吳嘉謨　(清)龔煦春纂輯　清光緒二十六年(1900)刻本　十二冊

500000－8701－0022674　H04743
光緒井研志四十二卷首一卷　(清)高承瀛修　(清)吳嘉謨　(清)龔煦春纂輯　清光緒二十六年(1900)刻本　十二冊

500000－8701－0022675　H04744
光緒井研志四十二卷首一卷　(清)高承瀛修　(清)吳嘉謨　(清)龔煦春纂輯　清光緒二十六年(1900)刻本　十二冊

500000－8701－0022676　H04745
光緒井研志四十二卷首一卷　(清)高承瀛修　(清)吳嘉謨　(清)龔煦春纂輯　清光緒二十六年(1900)刻本　十二冊

500000－8701－0022677　H04746
光緒井研志四十二卷首一卷　(清)高承瀛修　(清)吳嘉謨　(清)龔煦春纂輯　清光緒二十六年(1900)刻本　十二冊

500000－8701－0022678　H04747
[嘉慶]井研縣志十卷　(清)張寧陽等修　(清)陳獻瑞　(清)胡元善纂　清嘉慶元年(1796)刻本　六冊

500000－8701－0022679　H04748
[道光]遵義府志四十八卷首　卷　(清)平翰等修　(清)鄭珍　(清)莫友芝纂輯　清道光二十一年(1841)刻本　二十冊

500000－8701－0022680　H04749

[道光]遵義府志四十八卷首一卷　(清)平翰等修　(清)鄭珍　(清)莫友芝纂輯　清道光二十一年(1841)刻光緒十八年(1892)補刻本　二十冊

500000－8701－0022681　H04750
[道光]遵義府志四十八卷首一卷　(清)平翰等修　(清)鄭珍　(清)莫友芝纂輯　清道光二十一年(1841)刻光緒十八年(1892)補刻本　十二冊

500000－8701－0022682　H04751
[道光]遵義府志四十八卷首一卷　(清)平翰等修　(清)鄭珍　(清)莫友芝纂輯　清道光二十一年(1841)刻民國二十六年(1937)劉千俊補刻本　二十冊

500000－8701－0022683　H04752
[道光]遵義府志四十八卷首一卷　(清)平翰等修　(清)鄭珍　(清)莫友芝纂輯　清道光二十一年(1841)刻民國二十六年(1937)劉千俊補刻本　十九冊　存四十五卷(一至十七、二十二至四十八,首一卷)

500000－8701－0022684　H04753
[道光]遵義府志四十八卷首一卷　(清)平翰等修　(清)鄭珍　(清)莫友芝纂輯　清道光二十一年(1841)刻民國二十六年(1937)劉千俊補刻本　二十冊

500000－8701－0022685　H04754
[道光]遵義府志四十八卷首一卷　(清)平翰等修　(清)鄭珍　(清)莫友芝纂輯　清道光二十一年(1841)刻光緒十八年(1892)補刻本　十一冊　存四十四卷(四至四十七)

500000－8701－0022686　H04755
[道光]遵義府志四十八卷首一卷　(清)平翰等修　(清)鄭珍　(清)莫友芝纂輯　清道光二十一年(1841)刻民國二十六年(1937)劉千俊補刻本　二十冊

500000－8701－0022687　H04756
[道光]遵義府志四十八卷首一卷　(清)平翰等修　(清)鄭珍　(清)莫友芝纂輯　清道光二十一年(1841)刻民國二十六年(1937)劉千俊補刻本　十五冊　存三十六卷(一至十七、二十四至二十六、二十九至三十五、三十九至四十六,首一卷)

500000－8701－0022688　H04757
[道光]遵義府志四十八卷首一卷　(清)平翰等修　(清)鄭珍　(清)莫友芝纂輯　清道光二十一年(1841)刻民國二十六年(1937)劉千俊補刻本　十三冊　存二十七卷(一至十一、二十二至二十八、三十一至三十二、三十九至四十、四十三至四十六,首一卷)

500000－8701－0022689　H04758
[道光]遵義府志四十八卷首一卷　(清)平翰等修　(清)鄭珍　(清)莫友芝纂輯　清道光二十一年(1841)刻本　十九冊　存四十六卷(一至三十二、三十六至四十八,首一卷)

500000－8701－0022690　H04759
[道光]遵義府志四十八卷首一卷　(清)平翰等修　(清)鄭珍　(清)莫友芝纂輯　清道光二十一年(1841)刻光緒十八年(1892)補刻本　十六冊　存三十九卷(一、四至二十八、三十一至三十二、三十九至四十八,首一卷)

500000－8701－0022691　H04760
[道光]遵義府志四十八卷首一卷　(清)平翰等修　(清)鄭珍　(清)莫友芝纂輯　清道光二十一年(1841)刻民國二十六年(1937)劉千俊補刻本　五冊　存十三卷(九至十五、四十一至四十四、四十七至四十八)

500000－8701－0022692　H04761
[道光]遵義府志四十八卷首一卷　(清)平翰等修　(清)鄭珍　(清)莫友芝纂輯　清道光二十一年(1841)刻民國二十六年(1937)劉千俊補刻本　一冊　存三卷(六至八)

500000－8701－0022693　H04762
[道光]遵義府志四十八卷首一卷　(清)平翰等修　(清)鄭珍　(清)莫友芝纂輯　清道光二十一年(1841)刻民國二十六年(1937)劉千俊補刻本　一冊　存二卷(四十三至四十四)

500000－8701－0022694　H04763
［道光］遵義府志四十八卷首一卷　（清）平翰等修　（清）鄭珍　（清）莫友芝纂輯　清道光二十一年（1841）刻民國二十六年（1937）劉千俊補刻本　一冊　存二卷（三十九至四十）

500000－8701－0022695　H04764
［乾隆］巴縣志十七卷首一卷　（清）王爾鑑修　（清）王世沿等纂　清乾隆十六年（1751）修嘉慶二十五年（1820）刻本　十二冊

500000－8701－0022696　H04765
［乾隆］巴縣志十七卷首一卷　（清）王爾鑑修　（清）王世沿等纂　清乾隆十六年（1751）修嘉慶二十五年（1820）刻本　十二冊

500000－8701－0022697　H04766
［乾隆］巴縣志十七卷首一卷　（清）王爾鑑修　（清）王世沿等纂　清乾隆十六年（1751）修嘉慶二十五年（1820）刻本　十四冊

500000－8701－0022698　H04767
［乾隆］巴縣志十七卷首一卷　（清）王爾鑑修　（清）王世沿等纂　清乾隆十六年（1751）修嘉慶二十五年（1820）刻本　十二冊

500000－8701－0022699　H04768
［乾隆］巴縣志十七卷首一卷　（清）王爾鑑修　（清）王世沿等纂　清乾隆十六年（1751）修嘉慶二十五年（1820）刻本　十二冊

500000－8701－0022700　H04769
［乾隆］巴縣志十七卷首一卷　（清）王爾鑑修　（清）王世沿等纂　清乾隆十六年（1751）修嘉慶二十五年（1820）刻本　十二冊

500000－8701－0022701　H04770
［乾隆］巴縣志十七卷首一卷　（清）王爾鑑修　（清）王世沿等纂　清乾隆十六年（1751）修嘉慶二十五年（1820）刻本　十二冊

500000－8701－0022702　H04771
［乾隆］巴縣志十七卷首一卷　（清）王爾鑑修　（清）王世沿等纂　清乾隆十六年（1751）修嘉慶二十五年（1820）刻本　十二冊

500000－8701－0022703　H04772
［乾隆］巴縣志十七卷首一卷　（清）王爾鑑修　（清）王世沿等纂　清乾隆十六年（1751）修嘉慶二十五年（1820）刻本　十二冊

500000－8701－0022704　H04773
［乾隆］巴縣志十七卷首一卷　（清）王爾鑑修　（清）王世沿等纂　清乾隆十六年（1751）修嘉慶二十五年（1820）刻本　十冊　存十五卷（一至八、十一至十四、十六至十七，首一卷）

500000－8701－0022705　H04774
［乾隆］巴縣志十七卷首一卷　（清）王爾鑑修　（清）王世沿等纂　清乾隆十六年（1751）修嘉慶二十五年（1820）刻本　十冊　存十三卷（一至三、七至十四、十七，首一卷）

500000－8701－0022706　H04775
［乾隆］巴縣志十七卷首一卷　（清）王爾鑑修　（清）王世沿等纂　清乾隆十六年（1751）修嘉慶二十五年（1820）刻本　五冊　存六卷（一至三、七至八、十四）

500000－8701－0022707　H04776
［乾隆］巴縣志十七卷首一卷　（清）王爾鑑修　（清）王世沿等纂　清乾隆十六年（1751）修嘉慶二十五年（1820）刻本　一冊　存一卷（十四）

500000－8701－0022708　H04777
［同治］巴縣志四卷　（清）霍為棻等修　（清）熊家彥等纂　清同治六年（1867）刻本　六冊

500000－8701－0022709　H04778
［同治］巴縣志四卷　（清）霍為棻等修　（清）熊家彥等纂　清同治六年（1867）刻本　四冊　存四卷（一至三上、四下）

500000－8701－0022710　H04779
［同治］巴縣志四卷　（清）霍為棻等修　（清）熊家彥等纂　清同治六年（1867）刻本　四冊　存三卷（一至二、四）

500000－8701－0022711　H04780
巴縣鄉土志二卷　（清）巴縣勸學所編　清光

緒三十三年(1907)鉛印本　一冊　存一卷(二)

500000－8701－0022712　H04781
[道光]貴陽府志八十八卷冠編二卷餘編二十卷　(清)周作楫修　(清)蕭琯　(清)鄒漢勳纂　清道光二十年(1840)刻咸豐二年(1852)補刻本　四冊　存十卷(九至十一、十五至十七、八十五至八十六,餘編十九至二十)

500000－8701－0022713　H04782
[道光]貴陽府志八十八卷冠編二卷餘編二十卷　(清)周作楫修　(清)蕭琯　(清)鄒漢勳纂　清道光二十年(1840)刻咸豐二年(1852)補刻本　三冊　存七卷(十至十一、十五至十七,餘編十九至二十)

500000－8701－0022714　H04783
[道光]安岳縣志十六卷首一卷　(清)王炳瀛　(清)濮瑗修　(清)周國頤總纂　(清)鄒紹京　(清)周祚鎬編纂　清道光十六年(1836)刻本　八冊

500000－8701－0022715　H04784
[道光]安岳縣志十六卷首一卷　(清)王炳瀛　(清)濮瑗修　(清)周國頤總纂　(清)鄒紹京　(清)周祚鎬編纂　清道光十六年(1836)刻本　八冊

500000－8701－0022716　H04785
[道光]安岳縣志十六卷首一卷　(清)王炳瀛　(清)濮瑗修　(清)周國頤總纂　(清)鄒紹京　(清)周祚鎬編纂　清道光十六年(1836)刻本　四冊　存九卷(一至六、十一至十二,首一卷)

500000－8701－0022717　H04786
[光緒]續修安岳縣志四卷　(清)陳其寬修　(清)鄒宗垣等纂　清光緒二十三年(1897)刻本　一冊　存一卷(四)

500000－8701－0022718　H04787
[光緒]秀山縣志十四卷首一卷　(清)王壽松敘錄　(清)李稽勳述稿　清光緒十七年(1891)刻本　四冊

500000－8701－0022719　H04788
[光緒]秀山縣志十四卷首一卷　(清)王壽松敘錄　(清)李稽勳述稿　清光緒十七年(1891)刻本　四冊

500000－8701－0022720　H04789
[光緒]秀山縣志十四卷首一卷　(清)王壽松敘錄　(清)李稽勳述稿　清光緒十七年(1891)刻本　四冊

500000－8701－0022721　H04790
[光緒]秀山縣志十四卷首一卷　(清)王壽松敘錄　(清)李稽勳述稿　清光緒十七年(1891)刻本　四冊

500000－8701－0022722　H04791
[光緒]秀山縣志十四卷首一卷　(清)王壽松敘錄　(清)李稽勳述稿　清光緒十七年(1891)刻本　三冊　存十卷(一至四、十至十四,首一卷)

500000－8701－0022723　H04792
[光緒四川]定遠縣志六卷　(清)姜由範等修　(清)王鏞等續修　清光緒元年(1875)刻本　五冊　存五卷(一至五)

500000－8701－0022724　H04793
[嘉慶]定遠縣志三十五卷　(清)何蘇　(清)何烋纂修　清嘉慶二十年(1815)刻本　四冊

500000－8701－0022725　H04794
[道光]敦煌縣志七卷首一卷　(清)蘇履吉等修　(清)曾誠纂輯　清道光十一年(1831)刻本　四冊

500000－8701－0022726　H04795
[同治]高縣志五十四卷首一卷　(清)敖立榜等修　(清)曾毓佐等纂　清同治五年(1866)刻本　八冊

500000－8701－0022727　H04796
[咸豐]新都縣志十八卷首一卷　(清)張奉書修　(清)張懷洵主稿　清道光二十四年

(1844)刻咸豐七年(1857)補刻本　十册　存十六卷(一至十五、首一卷)

500000－8701－0022728　H04797
[光緒]廣安州新志四十三卷首一卷　(清)周克堃等纂　清光緒三十三年(1907)修宣統三年(1911)刻民國十六年(1927)重印本　二册　存九卷(二十六至三十四)

500000－8701－0022729　H04798
[咸豐]廣安州志八卷　(清)王兆僖修　(清)廖朝翼纂　清咸豐十年(1860)刻本　七册　存七卷(二至八)

500000－8701－0022730　H04799
[咸豐]雲陽縣志十二卷　(清)江錫麟修　(清)陳崑纂　清咸豐四年(1854)刻本　七册　存七卷(三、五至六、九至十二)

500000－8701－0022731　H04800
[咸豐]雲陽縣志十二卷　(清)江錫麟修　(清)陳崑纂　清咸豐四年(1854)刻本　三册　存三卷(七、九、十二)

500000－8701－0022732　H04801
[咸豐]雲陽縣志十二卷　(清)江錫麟修　(清)陳崑纂　清咸豐四年(1854)刻本　八册　存八卷(五至十二)

500000－8701－0022733　H04802
[道光]雲南通志稿二百十六卷首三卷　(清)阮元等修　(清)王崧　(清)李誠纂　清道光十五年(1835)刻本　一册　存二卷(一百三至一百四)

500000－8701－0022734　H04803
[光緒]婺源縣志六十四卷首一卷　(清)吳鶚修　(清)汪正元等纂　清光緒八年至九年(1882－1883)刻本　三册　存六卷(一至三、三十七至三十八,首一卷)

500000－8701－0022735　H04804
[光緒]婺源縣志六十四卷首一卷　(清)吳鶚修　(清)汪正元等纂　清光緒八年至九年(1882－1883)刻本　一册　存三卷(二至四)

500000－8701－0022736　H04805
[道光]樂至縣志十六卷首一卷　(清)鄭溥撰　(清)裴顯忠修　(清)劉碩輔纂　清道光二十年(1840)刻同治八年(1869)補刻本　四册

500000－8701－0022737　H04806
[光緒]續增樂至縣志四卷首一卷　(清)胡書雲修　(清)李星根等纂　清光緒九年(1883)刻本　四册

500000－8701－0022738　H04807
[道光]保寧府志六十二卷　(清)黎學錦等修　(清)史觀等纂　清道光元年(1821)保寧府刻本　九册　存三十二卷(六至十、三十二至三十四、三十六至五十五、五十九至六十二)

500000－8701－0022739　H04808
[嘉慶]峨眉縣志十卷首一卷　(清)王燮纂修　(清)張希縉　(清)張希珝編　清嘉慶十八年(1813)刻宣統三年(1911)續修本　四册

500000－8701－0022740　H04809
[嘉慶]峨眉縣志十卷首一卷　(清)王燮纂修　(清)張希縉編　(清)張希珝編　清嘉慶十八年(1813)刻宣統三年(1911)續修本　四册

500000－8701－0022741　H04810
[宣統]峨眉縣續志十卷圖一卷　(清)朱榮邦纂修　(清)羅元玉等編　清宣統三年(1911)刻民國二十四年(1935)補刻本　一册　存二卷(一、圖一卷)

500000－8701－0022742　H04811
[道光]重慶府志九卷　(清)王夢庚鑒定　(清)寇宗編輯　清道光二十三年(1843)刻本　七册　存八卷(一下至六、七下至八)

500000－8701－0022743　H04812
[道光]重慶府志九卷　(清)王夢庚鑒定　(清)寇宗編輯　清道光二十三年(1843)刻本　一册　存二卷(二至三)

500000－8701－0022744　H04813
[光緒]射洪縣志十八卷首一卷　(清)謝廷鈞等修　(清)羅錦城等編輯　清光緒十一年(1885)刻本　十册

500000－8701－0022745　H04814

[道光]南江縣志三卷　(清)胡炳修　(清)彭暎纂　清道光七年(1827)刻本　一冊

500000－8701－0022746　H04815

[嘉慶]犍為縣志十卷首一卷　(清)呂朝恩等纂修　清嘉慶二十一年(1816)刻本　七冊　存九卷(一至五、八至十,首一卷)

500000－8701－0022747　H04816

[嘉慶]南充縣志八卷圖考一卷　(清)袁鳳孫修　(清)陳榕等纂　清嘉慶十八年(1813)刻咸豐七年(1857)洪璋增刻本　三冊　存五卷[一至三、五(七之六至十三),圖考一卷]

500000－8701－0022748　H04817

[嘉慶]南充縣志八卷圖考一卷　(清)袁鳳孫修　(清)陳榕等纂　清嘉慶十八年(1813)刻咸豐七年(1857)洪璋增刻本　一冊　存一卷[五(七之七至十三)]

500000－8701－0022749　H04818

[同治]内江縣志十五卷首一卷　(清)張撍原本　(清)張兆蘭等續修　(清)黄覺續纂　清同治十年(1871)刻本　三冊　存四卷(一、五、八,首一卷)

500000－8701－0022750　H04819

[同治]内江縣志十五卷首一卷　(清)張撍原本　(清)張兆蘭等續修　(清)黄覺續纂　清同治十年(1871)刻本　一冊　存一卷(五)

500000－8701－0022751　H04820

[嘉慶]彭山縣志六卷　(清)史欽義　(清)陳作琴纂修　清嘉慶十九年(1814)刻本　五冊　存五卷(一至五)

500000－8701－0022752　H04821

[光緒]重修彭縣志十三卷首一卷末一卷補遺一卷　(清)張龍甲修　(清)呂調陽等纂　清光緒四年(1878)刻本　十冊

500000－8701－0022753　H04822

[光緒]重修彭縣志十三卷首一卷末一卷補遺一卷　(清)張龍甲修　(清)呂調陽等纂　清光緒四年(1878)刻本　八冊

500000－8701－0022754　H04823

[光緒]重修彭縣志十三卷首一卷末一卷補遺一卷　(清)張龍甲修　(清)呂調陽等纂　清光緒四年(1878)刻本　一冊　存一卷(五)

500000－8701－0022755　H04824

[嘉慶]松江府志八十四卷首二卷圖一卷　(清)宋如林修　(清)孫星衍　(清)莫晉纂　清嘉慶二十三年(1818)刻本　四冊　存七卷(四十八、六十一、七十二至七十六)

500000－8701－0022756　H04825

[道光]茂州志四卷首一卷　(清)楊迦懌等修　(清)劉輔廷等纂　清道光十一年(1831)刻本　四冊

500000－8701－0022757　H04826

[同治]增修萬縣志三十六卷首一卷　(清)王玉鯨　(清)張琴修　(清)范泰衡等纂　清同治五年(1866)刻本　二冊　存四卷(一、三十五到三十六,首一卷)

500000－8701－0022758　H04827

典禮備考八卷　萬縣志局撰　清同治五年(1866)刻民國十五年(1926)萬縣志局補刻本　一冊　存二卷(一至二)

500000－8701－0022759　H04828

[光緒]蓬溪縣續志十四卷首一卷　(清)周學銘修　(清)熊祥謙等編輯　清光緒二十五年(1899)刻本　三冊　存九卷(六至十四)

500000－8701－0022760　H04829

[光緒]蓬溪縣續志十四卷首一卷　(清)周學銘修　(清)熊祥謙等編輯　清光緒二十五年(1899)刻本　三冊　存四卷(一、三至四,首一卷)

500000－8701－0022761　H04830

[光緒]蓬溪縣續志十四卷首一卷　(清)周學銘修　(清)熊祥謙等編輯　清光緒二十五年(1899)刻本　一冊　存一卷(四)

500000－8701－0022762　H04831

[光緒]蓬溪縣續志十四卷首一卷　(清)周學銘修　(清)熊祥謙等編輯　清光緒二十五年

(1899)刻本　一册　存一卷(四)

500000－8701－0022763　H04832
[咸豐]安順府志五十四卷首一卷　(清)鄒漢勳等修　(清)常恩纂　清咸豐元年(1851)刻本　三册　存十三卷(十二至二十、二十四至二十七)

500000－8701－0022764　H04833
[同治]宜昌府志十六卷首一卷　(清)聶光鑾修　(清)王柏心　(清)雷春沼纂　清同治四年(1865)刻本　二册　存一卷(十四上中)

500000－8701－0022765　H04834
[道光]涪州志十卷　(清)德恩續纂　清道光二十五年(1845)修咸豐刻本　一册　存二卷(八至九)

500000－8701－0022766　H04835
[同治]重修涪州志十五卷首一卷末一卷義勇彙編一卷　(清)吕紹衣等修　(清)王應元等纂　清同治九年(1870)刻本　五册　存十一卷(一至六、九至十,首一卷,末一卷,彙編一卷)

500000－8701－0022767　H04836
[同治]重修涪州志十五卷首一卷末一卷義勇彙編一卷　(清)吕紹衣等修　(清)王應元等纂　清同治九年(1870)刻本　七册　存十五卷(一至十、十三至十五,首一卷,末一卷)

500000－8701－0022768　H04837
[同治]重修涪州志十五卷首一卷末一卷義勇彙編一卷　(清)吕紹衣等修　(清)王應元等纂　清同治九年(1870)刻本　五册　存十七卷(重修涪州志十五卷、末一卷、彙編一卷)

500000－8701－0022769　H04838
[同治]重修涪州志十五卷首一卷末一卷義勇彙編一卷　(清)吕紹衣等修　(清)王應元等纂　清同治九年(1870)刻本　一册　存一卷(十)

500000－8701－0022770　H04839
[同治]重修涪州志十五卷首一卷末一卷義勇彙編一卷　(清)吕紹衣等修　(清)王應元等纂　清同治九年(1870)刻本　一册　存一卷(十四)

500000－8701－0022771　H04840
[光緒]永川縣志十卷首一卷　(清)許曾蔭等修　(清)馬慎修等纂　清光緒二十年(1894)刻本　五册　存五卷(三至六、九)

500000－8701－0022772　H04841
[光緒]永川縣志十卷首一卷　(清)許曾蔭等修　(清)馬慎修等纂　清光緒二十年(1894)刻本　三册　存三卷(三、五、九)

500000－8701－0022773　H04842
[光緒]永川縣志十卷首一卷　(清)許曾蔭等修　(清)馬慎修等纂　清光緒二十年(1894)刻本　一册　存一卷(九)

500000－8701－0022774　H04843
[光緒]永川縣志十卷首一卷　(清)許曾蔭等修　(清)馬慎修等纂　清光緒二十年(1894)刻本　一册　存一卷(九)

500000－8701－0022775　H04844
[光緒]新修潼川府志三十卷　(清)阿麟修　(清)王龍勳等纂　清光緒二十三年(1897)刻本　十六册

500000－8701－0022776　H04845
[光緒]新修潼川府志三十卷　(清)阿麟修　(清)王龍勳等纂　清光緒二十三年(1897)刻本　十六册

500000－8701－0022777　H04846
[光緒]新修潼川府志三十卷　(清)阿麟修　(清)王龍勳等纂　清光緒二十三年(1897)刻本　七册　存十五卷(二、六至十九)

500000－8701－0022778　H04847
[光緒]新修潼川府志三十卷　(清)阿麟修　(清)王龍勳等纂　清光緒二十三年(1897)刻本　一册　存三卷(十二至十四)

500000－8701－0022779　H04848
[光緒]新修潼川府志三十卷　(清)阿麟修　(清)王龍勳等纂　清光緒二十三年(1897)刻

本　一冊　存四卷(十一至十四)

500000－8701－0022780　H04849
[嘉慶]漢州志四十卷首一卷末一卷　(清)劉長庚修　(清)侯肇元　(清)張懷泗纂　清嘉慶十七年至二十二年(1812－1817)刻本　十一冊　存三十六卷(六至四十、末一卷)

500000－8701－0022781　H04850
[嘉慶]漢州志四十卷首一卷末一卷　(清)劉長庚修　(清)侯肇元　(清)張懷泗纂　清嘉慶十七年至二十二年(1812－1817)刻本　十一冊　存三十三卷(六至十四、十八至四十,末一卷)

500000－8701－0022782　H04851
[光緒]洪雅縣志十二卷首一卷　(清)郭世棻修　(清)鄧敏修等編輯　清光緒十年(1884)刻本　六冊

500000－8701－0022783　H04852
[光緒]洪雅縣志十二卷首一卷　(清)郭世棻修　(清)鄧敏修等編輯　清光緒十年(1884)刻本　六冊

500000－8701－0022784　H04853
[光緒]洪雅縣志十二卷首一卷　(清)郭世棻修　(清)鄧敏修等編輯　清光緒十年(1884)刻本(卷七至八有抄配)　五冊

500000－8701－0022785　H04854
[光緒]洪雅縣志十二卷首一卷　(清)郭世棻修　(清)鄧敏修等編輯　清光緒十年(1884)刻本　四冊

500000－8701－0022786　H04855
[嘉慶]洪雅縣志二十五卷首一卷　(清)王好音修　(清)張柱等編輯　清嘉慶十八年(1813)刻本　十冊

500000－8701－0022787　H04856
[嘉慶]洪雅縣志二十五卷首一卷　(清)王好音修　(清)張柱等編輯　清嘉慶十八年(1813)刻本　八冊

500000－8701－0022788　H04857
[嘉慶]洪雅縣志二十五卷首一卷　(清)王好音修　(清)張柱等編輯　清嘉慶十八年(1813)刻本　八冊

500000－8701－0022789　H04858
[嘉慶]洪雅縣志二十五卷首一卷　(清)王好音修　(清)張柱等編輯　清嘉慶十八年(1813)刻本　七冊

500000－8701－0022790　H04859
[光緒]大足縣志八卷　(清)王德嘉修　(清)高雲從纂　清光緒三年(1877)刻本　一冊　存一卷(四)

500000－8701－0022791　H04860
[乾隆]柳州府馬平縣志十卷首一卷　(清)舒啟修　(清)吳光昇纂　清乾隆二十九年(1764)刻本　五冊　存十卷(一至六、八至十,首一卷)

500000－8701－0022792　H04861
[道光]綦江縣志十二卷首一卷　(清)宋灝修　(清)羅星編輯　清道光六年(1826)刻十五年(1835)增修同治二年(1863)伍濬祥、楊銘增刻本　一冊　存一卷(六)

500000－8701－0022793　H04862
[光緒]湘潭縣志十二卷　(清)陳嘉榆等修　王闓運等纂　清光緒十五年(1889)刻本　二冊　存三卷(二至四)

500000－8701－0022794　H04863
[光緒]直隸瀘州志十二卷首一卷　(清)延祐修　(清)田秀栗　(清)鄧林纂　清光緒八年(1882)刻本　六冊

500000－8701－0022795　H04864
[光緒四川]威遠縣志三編四卷　(清)吳曾輝修　(清)吳容編纂　清光緒三年(1877)刻本　五冊

500000－8701－0022796　H04865
[光緒四川]威遠縣志三編四卷　(清)吳曾輝修　(清)吳容編纂　清光緒三年(1877)刻本　四冊

500000－8701－0022797　H04866
［同治］重修酆都縣志四卷典禮備考八卷　（清）田秀栗　（清）徐濬鏞修　（清）徐昌緒編纂　清同治八年（1869）刻本　六冊　存十一卷（重修酆都縣志四卷，備考一至五、七至八）

500000－8701－0022798　H04867
［光緒］酆都縣志四卷首一卷　（清）田秀栗　（清）徐濬鏞修　（清）徐昌緒編纂　（清）蔣履泰等續纂　清同治八年（1869）修光緒十九年（1893）增修刻本　五冊

500000－8701－0022799　H04868
［光緒］酆都縣志四卷首一卷　（清）田秀栗　（清）徐濬鏞修　（清）徐昌緒編纂　（清）蔣履泰等續纂　清同治八年（1869）修光緒十九年（1893）增修刻本　二冊　存二卷（三、四下）

500000－8701－0022800　H04869
［嘉慶］溫江縣志三十六卷首一卷　（清）李紹祖等修　（清）徐文賁　（清）車酉纂　清嘉慶二十年（1815）刻本　三冊　存十七卷（十三至二十三、三十一至三十六）

500000－8701－0022801　H04870
溫江縣鄉土志十二卷　曾學傳輯　清宣統元年（1909）刻本　一冊　存二卷（九至十）

500000－8701－0022802　H04871
［道光］夔州府志三十六卷首一卷　（清）恩成修　（清）劉德銓纂　清道光七年（1827）刻本　四冊　存四卷（五至六、二十三、三十六）

500000－8701－0022803　H04872
［嘉慶四川］羅江縣志三十六卷　（清）范紹泗　（清）李桂林修　（清）鄧林等纂　清嘉慶二十年（1815）修同治四年（1865）刻本　四冊

500000－8701－0022804　H04873
［同治］續修羅江縣志二十四卷　（清）馬傳業修　（清）劉正慧等纂　清同治四年（1865）刻本　二冊

500000－8701－0022805　H04874
［嘉慶四川］羅江縣志三十六卷　（清）范紹泗　（清）李桂林修　（清）鄧林等纂　清嘉慶二十年（1815）修同治四年（1865）刻本　四冊

500000－8701－0022806　H04875
［同治］續修羅江縣志二十四卷　（清）馬傳業修　（清）劉正慧等纂　清同治四年（1865）刻本　二冊

500000－8701－0022807　H04876
［嘉慶四川］羅江縣志三十六卷　（清）范紹泗　（清）李桂林修　（清）鄧林等纂　清嘉慶二十年（1815）修同治四年（1865）刻本　四冊

500000－8701－0022808　H04877
［嘉慶四川］羅江縣志三十六卷　（清）范紹泗　（清）李桂林修　（清）鄧林等纂　清嘉慶二十年（1815）修同治四年（1865）刻本　二冊　存十卷（二十七至三十六）

500000－8701－0022809　H04878
［嘉慶四川］羅江縣志十卷　（清）李調元稿　清嘉慶七年（1802）刻本　二冊

500000－8701－0022810　H04879
［道光］昆明縣志十卷　（清）戴絅孫輯　清道光二十一年（1841）修光緒二十七年（1901）刻本　五冊　存八卷（一至六、九至十）

500000－8701－0022811　H04880
［道光］昆明縣志十卷　（清）戴絅孫輯　清道光二十一年（1841）修光緒二十七年（1901）刻本　一冊　存二卷（一至二）

500000－8701－0022812　H04881
［光緒］德陽縣志續編十卷首一卷末一卷　（清）鈕傳善修　（清）李炳靈　（清）楊藻纂輯　清光緒三十一年（1905）德邑宏道閣公書局刻本　四冊

500000－8701－0022813　H04882
［道光］德陽縣新志十二卷首一卷末一卷　（清）裴顯忠修　（清）劉碩輔纂　清道光十七年（1837）刻本　六冊

500000－8701－0022814　H04883

[道光]德陽縣新志十二卷首一卷末一卷 (清)裴顯忠修 (清)劉碩輔纂 清道光十七年(1837)刻本 四冊 存十一卷(一至二、六至十二,首一卷,末一卷)

500000－8701－0022815 H04884
[同治]德陽縣志四十四卷首一卷 (清)何慶恩等修 (清)劉宸楓 (清)田正訓纂 清同治十三年(1874)刻本 一冊 存一卷(三十八)

500000－8701－0022816 H04885
[光緒]奉節縣志三十六卷首一卷 (清)曾秀翹修 (清)楊德坤等纂 清光緒十九年(1893)刻本 二冊 存十一卷(一至十、首一卷)

500000－8701－0022817 H04886
[光緒]遂甯縣志六卷首一卷 (清)田秀栗等修 (清)李星根等纂 清光緒五年(1879)刻本 一冊 存二卷(一、首一卷)

500000－8701－0022818 H04887
[光緒]遂甯縣志六卷首一卷 (清)田秀栗等修 (清)李星根等纂 清光緒五年(1879)刻本 一冊 存二卷(一、首一卷)

500000－8701－0022819 H04888
[雍正]浙江通志二百八十卷首三卷 (清)李衛等修 (清)沈翼機等纂 清雍正十三年(1735)修光緒二十五年(1899)浙江書局刻本 二十一冊 存四十六卷(二至三、十六至二十二、一百六至一百七、一百十三至一百十九、一百二十三至一百五十)

500000－8701－0022820 H04889
[雍正]陝西通志一百卷首一卷 (清)劉於義修 (清)沈青崖纂 清雍正十三年(1735)刻本 十三冊 存十三卷(四、二十一至三十、六十四、六十八)

500000－8701－0022821 H04890
[咸豐]開縣志二十七卷首一卷 (清)李肇奎等修 (清)陳崑等編纂 清咸豐三年(1853)刻本 六冊

500000－8701－0022822 H04891
[咸豐]開縣志二十七卷首一卷 (清)李肇奎等修 (清)陳崑等編纂 清咸豐三年(1853)刻本 五冊 存二十七卷(一至二十四、二十六至二十七,首一卷)

500000－8701－0022823 H04892
[光緒]重修長壽縣志十卷 (清)張永熙修 (清)周澤溥等纂 清光緒元年(1875)刻本 一冊 存三卷(八至十)

500000－8701－0022824 H04893
[道光]隣水縣志六卷首一卷 (清)曾燦奎 (清)劉光第修 (清)甘家斌等纂 清道光十五年(1835)刻本 一冊 存一卷(二)

500000－8701－0022825 H04894
[光緒]興文縣志六卷首一卷 (清)江亦顯 (清)郭天章修 (清)黄相堯纂 清光緒十三年(1887)刻民國二十五年(1936)補版石印本 一冊 存一卷(二)

500000－8701－0022826 H04895
[乾隆]蒲江縣志四卷 (清)紀曾蔭修 (清)黎攀桂 (清)馬道亨纂 清乾隆四十九年(1784)刻本 四冊

500000－8701－0022827 H04896
[光緒]合州志十六卷首一卷 (清)費兆鉞修 (清)程業修纂 清光緒四年(1878)刻本 二冊 存六卷(三至六、十五至十六)

500000－8701－0022828 H04897
[光緒]合州志十六卷首一卷 (清)費兆鉞修 (清)程業修纂 清光緒四年(1878)刻本 二冊 存五卷(三至六、十)

500000－8701－0022829 H04898
[光緒]合州志十六卷首一卷 (清)費兆鉞修 (清)程業修纂 清光緒四年(1878)刻本 一冊 存四卷(三至六)

500000－8701－0022830 H04899
[同治]營山縣志三十卷 (清)翁道均修 (清)熊毓藩等纂 清同治九年(1870)刻本 六冊 存二十七卷(一至二十七)

500000－8701－0022831　H04900

[同治]合江縣志五十四卷首一卷　(清)秦湘修　(清)楊致道　(清)鄭國楹纂　(清)瞿樹蔭等增修　(清)羅增垣等增纂　清同治十年(1871)增刻本　十二冊

500000－8701－0022832　H04901

[同治]合江縣志五十四卷首一卷　(清)秦湘修　(清)楊致道　(清)鄭國楹纂　(清)瞿樹蔭等增修　(清)羅增垣等增纂　清同治十年(1871)增刻本　三冊　存十二卷(三十五至三十九、四十八至五十四)

500000－8701－0022833　H04902

[嘉慶]合江縣志五十四卷　(清)秦湘修　(清)楊致道　(清)鄭國楹纂　清嘉慶十七年(1812)刻本　三冊　存五卷(四十八、五十一至五十四)

500000－8701－0022834　H04903

[同治]劍州志十卷　(清)李溶　(清)余文煥修　(清)李榕等纂　清同治十二年(1873)刻本　二冊　存一卷(十)

500000－8701－0022835　H04904

[光緒]銅梁縣志十六卷首一卷　(清)韓清桂等修　(清)陳昌等纂　清光緒元年(1875)刻本　二冊　存六卷(四至九)

500000－8701－0022836　H04905

[光緒]敘州府志四十三卷首一卷末一卷　(清)王麟祥總纂　(清)邱晉成編輯　清光緒二十一年(1895)刻本　二冊　存四卷(九至十、十五至十六)

500000－8701－0022837　H04906

[同治]會理州志十二卷　(清)鄧仁垣　(清)楊昶纂修　(清)王繼曾　(清)吳鍾崙編輯　清同治九年至十三年(1870－1874)刻本　八冊

500000－8701－0022838　H04906－1

[光緒]會理州續志二卷　(清)蔣金生纂修　(清)徐昱編輯　清光緒三十一年(1905)刻本　一冊

500000－8701－0022839　H04907

[道光]徽州府志十六卷首一卷　(清)馬步蟾纂修　清道光七年(1827)刻本　二十八冊

500000－8701－0022840　H04908

[道光]徽州府志十六卷首一卷　(清)馬步蟾纂修　清道光七年(1827)刻本　二冊　存三卷(九之四至十之一、十二之五)

500000－8701－0022841　H04909

[道光]徽州府志十六卷首一卷　(清)馬步蟾纂修　清道光七年(1827)刻本　一冊　存二卷(九之四至十之一)

500000－8701－0022842　H04910

[康熙]徽州府志十八卷圖一卷　(清)丁廷楗等修　(清)趙吉士等纂　清康熙三十八年(1699)萬青閣刻本　三冊　存六卷(十至十一、十四至十五、十七至十八)

500000－8701－0022843　H04911

[同治]渠縣志五十二卷首一卷　(清)何慶恩修　(清)賈振麟　(清)金傳培纂　清同治三年(1864)刻本　十冊　存四十七卷(二至六、十二至五十二,首一卷)

500000－8701－0022844　H04912

[同治]渠縣志五十二卷首一卷　(清)何慶恩修　(清)賈振麟　(清)金傳培纂　清同治三年(1864)刻本　十二冊　存四十七卷(一至六、八至十、十六至五十二,首一卷)

500000－8701－0022845　H04913

[同治]渠縣志五十二卷首一卷　(清)何慶恩修　(清)賈振麟　(清)金傳培纂　清同治三年(1864)刻本　八冊　存三十四卷(十二至四十四、五十二)

500000－8701－0022846　H04914

[同治]渠縣志五十二卷首一卷　(清)何慶恩修　(清)賈振麟　(清)金傳培纂　清同治三年(1864)刻本　五冊　存十二卷(十二至十六、三十三殘、三十八至四十二、五十二)

500000－8701－0022847　H04915

[同治]渠縣志五十二卷首一卷　(清)何慶恩

修　(清)賈振麟　(清)金傳培纂　清同治三年(1864)刻本　四冊　存十四卷(三十三至四十四、四十六,首一卷)

500000－8701－0022848　H04916
[乾隆]中江縣志十二卷首一卷　(清)張松孫修　(清)雷懋德　(清)陳景韓纂　清乾隆五十二年(1787)刻本　一冊　存二卷(一、首一卷)

500000－8701－0022849　H04917
焦山志二十六卷首一卷　(清)吳雲輯　清同治四年(1865)刻本　三冊　存十二卷(七至十、十五至十八、二十三至二十六)

500000－8701－0022850　H04918
[乾隆]續修臺灣府志二十六卷首一卷　(清)余文儀修　(清)黃佾纂　清乾隆三十九年(1774)刻本　一冊　存二卷(二十三至二十四)

500000－8701－0022851　H04919
[嘉靖]高陵縣志七卷　(明)呂柟纂修　**呂涇野先生續傳一卷**　(明)楊九式撰　清刻本　一冊　存三卷(六至七、續傳一卷)

500000－8701－0022852　H04920
[淳熙]新安志十卷附一卷　(宋)羅願撰　**鄂州太守存齋先生羅公傳一卷**　(元)曹涇撰　清光緒十四年(1888)黟邑李氏刻本　一冊　存三卷(四至六)

500000－8701－0022853　H04921
[光緒]豐縣志十六卷首一卷　(清)姚鴻杰等纂修　清光緒二十年(1894)刻本　一冊　存四卷(十三至十六)

500000－8701－0022854　H04922
[乾隆]曲周縣志十九卷　(清)勞宗發修　(清)王今遠編輯　清乾隆三十一年(1766)刻本　一冊　存二卷(十八至十九)

500000－8701－0022855　H04923
[光緒]德安府志二十卷首一卷補遺一卷　(清)賡音布修　(清)劉國光　(清)李春澤纂　清光緒十四年(1888)刻本　二冊　存二卷(三至四)

500000－8701－0022856　H04924
[光緒]金山縣志三十卷首一卷　(清)龔寶琦　(清)崔廷鏞修　(清)黃厚本等纂　清光緒四年(1878)刻本　一冊　存三卷(十四至十六)

500000－8701－0022857　H04925
[嘉慶]江安縣志六卷　(清)趙樸修　(清)鄭存仁等纂　清嘉慶十七年(1812)刻本　一冊　存一卷(五)

500000－8701－0022858　H04926
[光緒]增修灌縣志十四卷首一卷　(清)莊思恆修　(清)鄭珶山纂　清光緒十二年(1886)刻本　一冊　存二卷(八至九)

500000－8701－0022859　H04927
[嘉慶]樂山縣志十六卷首一卷　(清)龔傳黻纂修　清嘉慶十七年(1812)刻本　六冊

500000－8701－0022860　H04928
[光緒四川]重修東鄉縣志十二卷首一卷　(清)如柏纂修　清光緒二十八年(1902)刻本　二冊　存七卷(六至十二)

500000－8701－0022861　H04929
[乾隆]清江志八卷　(清)胡興邦纂修　清乾隆五十五年(1790)刻本　一冊　存一卷(八)

500000－8701－0022862　H04930
[光緒]普安直隸廳志二十二卷　(清)曹昌祺等修　(清)覃夢榕等纂　清光緒十五年(1889)刻本　一冊　存二卷(十三至十四)

500000－8701－0022863　H04931
[光緒]武進陽湖縣合志三十六卷首一卷　(清)孫琬　(清)王德茂修　(清)李兆洛　(清)周儀暐纂　清光緒十二年(1886)活字印本　三冊　存三卷(十九至二十一)

500000－8701－0022864　H04932
楚辭約註不分卷　(清)高秋月刪定　(清)曹同春纂述　清康熙二十九年(1690)刻本　二冊

500000－8701－0022865　H04933
[嘉慶]納谿縣志十卷　(清)趙炳然　(清)陳廷鈺纂修　清嘉慶十八年(1813)刻本　四冊

500000－8701－0022866　H04934
[咸豐]黔江縣志四卷首一卷　(清)張紹齡纂修　清咸豐元年(1851)刻本　一冊　存一卷(二)

500000－8701－0022867　H04935
[重慶渝北]鄧氏族譜□□卷　(清)鄧朝美纂修　清咸豐三年(1853)崇孝堂刻本　一冊　存一卷(意集)

500000－8701－0022868　H04936
[湖北黃岡]周氏族譜二十五卷新序一卷首六卷　(清)周向奎　(清)周蓋卿修　清光緒八年(1882)刻本　九冊　存三十卷(三至二十五、新序一卷、首六卷)

500000－8701－0022869　H04937
[湖南祁陽]周氏族譜□□卷　(清)周氏撰　清嘉慶敦睦堂木活字印本　二冊　存二卷(八、十)

500000－8701－0022870　H04938
[湖南祁陽]周氏族譜□□卷　(清)周氏撰　清嘉慶敦睦堂木活字印本　十冊　存八卷(三至四、六、八至十二)

500000－8701－0022871　H04939
[重慶涪陵]陳氏族譜□□卷　(清)陳氏撰　清咸豐六年(1856)刻本　一冊　存一卷(一)

500000－8701－0022872　H04940
[黔蜀]田氏宗譜□□卷　(清)田氏撰　清刻本　一冊　存一卷(信)

500000－8701－0022873　H04941
[黔南石馬]田氏宗譜□□卷　(清)田元灝等修　清刻本　一冊　存一卷(一)

500000－8701－0022874　H04942
[□□]王氏宗譜二卷　(清)王順時修　清同治七年(1868)刻本　一冊　存一卷(二)

500000－8701－0022875　H04943
[四川]袁氏族譜□□卷　(清)袁繼安等撰　清咸豐十年(1860)刻本　一冊　存一卷(下)

500000－8701－0022876　H04944
[藤溪]陳氏宗譜七卷著述一卷　(清)陳氏撰　清康熙刻本　二冊　存七卷(二至七、著述一卷)

500000－8701－0022877　H04945
草藥性一卷　(□)□□撰　清光緒三十二年(1906)刻本　一冊

500000－8701－0022878　H04946
救世鍼砭不分卷　(□)□□撰　清光緒三十二年(1906)瀛洲書屋刻本　一冊

500000－8701－0022879　H04947
救世鍼砭不分卷　(□)□□撰　清光緒二十五年(1899)刻本　一冊

500000－8701－0022880　H04948
新刻繡像療牛經一卷　(□)□□撰　清光緒九年(1883)刻本　一冊

500000－8701－0022881　H04949
新刻繡像療牛經一卷　(□)□□撰　清光緒九年(1883)刻本　一冊

500000－8701－0022882　H04950
新刻繡像療牛經一卷　(□)□□撰　清光緒九年(1883)刻本　一冊

500000－8701－0022883　H04951
參星秘要諏吉便覽一卷附寶鏡圖一卷　(清)費氏鑒定　清光緒四年(1878)刻朱墨套印本　一冊

500000－8701－0022884　H04952
古今醫案按十卷　(清)俞震纂輯　清宣統元年(1909)上海會文堂書局石印本　十冊

500000－8701－0022885　H04953
美國國立銀行沿革畧一卷　(□)□□撰　清末鉛印本　一冊

500000－8701－0022886　H04954
真心直說一卷八識規矩補註二卷大乘百法明

門論解一卷唯釋三十論一卷 （唐）釋玄奘等譯　清刻本　一冊

500000－8701－0022887　H04955
樂邦文類五卷 （宋）釋宗曉編　清刻本　五冊

500000－8701－0022888　H04956
靈寶畢法三卷十章 （漢）鍾離權著　**如意寶珠二卷** （清）吳海雲輯　**張三丰祖師無根樹詞註解一卷** （清）李涵虛增解　清刻本　二冊

500000－8701－0022889　H04957
仙佛合宗語錄不分卷 （明）伍守陽著　清書業堂刻本　一冊

500000－8701－0022890　H04958
漱經齋座右銘類編不分卷續編一卷 （清）汪汲輯　清乾隆五十九年(1794)刻本　一冊

500000－8701－0022891　H04959
佛説大安般守意經二卷 （漢）釋安世高譯　清刻本　一冊

500000－8701－0022892　H04960
增補醫方一盤珠全集十卷首一卷 （清）洪金鼎纂　清刻本　四冊

500000－8701－0022893　H04961
仁王護國般若波羅蜜經一卷 （晉）釋鳩摩羅什譯　清刻本　一冊

500000－8701－0022894　H04962
大乘集菩薩學論二十五卷 （宋）釋法護等譯　清刻本　四冊

500000－8701－0022895　H04963
賢愚因緣經十三卷 （北魏）釋慧覺譯　清刻本　四冊

500000－8701－0022896　H04964
阿毗達磨界身足論二卷五事毗婆沙論二卷附十八部論一卷部執異論一卷異部宗輪論一卷 （唐）釋玄奘譯　清刻本　一冊

500000－8701－0022897　H04965
釋摩訶衍論十卷 （南朝陳）釋真諦等譯　清金陵刻經處刻本　四冊

500000－8701－0022898　H04966
四教義六卷 （隋）釋智顗撰　清刻本　二冊

500000－8701－0022899　H04967
醫方捷徑二卷 （明）王宗顯輯　清寶仁堂刻本　一冊

500000－8701－0022900　H04968
道學須知不分卷 （清）石安註　清光緒元年(1875)刻本　一冊

500000－8701－0022901　H04969
瘟病證治歌括二卷 （□）□□撰　清刻本　一冊

500000－8701－0022902　H04970
黄帝内經靈樞十二卷 （唐）王冰注　清刻本　二冊

500000－8701－0022903　H04971
了凡四訓一卷附袁了凡居士傳一卷雲谷先大師傳一卷俞淨意公遇竈神記一卷 （明）袁黄撰　清末刻本　一冊

500000－8701－0022904　H04972
萬善同歸集六卷 （宋）釋延壽撰　清末刻本　一冊

500000－8701－0022905　H04973
辨譌一得二十卷 （清）吳巨禮輯　（清）吳占魁　（清）吳占春注　清道光七年(1827)刻本　六冊

500000－8701－0022906　H04974
禪關策進三卷 （明）釋袾宏著　清末刻本　一冊

500000－8701－0022907　H04975
金剛般若經疏一卷 （隋）釋智者撰　**般若波羅密多心經釋要一卷** （明）釋智旭撰　清末刻本　一冊

500000－8701－0022908　H04976
因明入正理論疏節錄集註一卷 （唐）釋玄奘譯　（唐）釋窺基疏　梅光羲節錄集註　清末刻本　一冊

500000－8701－0022909　H04977
儒門醫學三卷　（英國）海得蘭撰　（英國）傅蘭雅口譯　（清）趙元益筆述　清末刻本　四冊

500000－8701－0022910　H04978
正學編八卷　（清）潘世恩輯　（清）潘曾瑋疏解　清同治六年（1867）刻本　四冊

500000－8701－0022911　H04979
詩經小學三十卷　（清）段玉裁撰　清刻本　一冊　存十卷（八至十七）

500000－8701－0022912　H04980
經韻樓叢書八種一百十二卷　（清）段玉裁輯　清刻本　十九冊　存五種四十三卷（經韻樓集十二卷、周禮漢讀攷六卷、聲韻攷四卷、戴東原集十二卷、毛詩詁訓傳四至十二）

500000－8701－0022913　H04981
通商各國條約二函四十二種　（清）總理各國事務衙門編　清光緒鉛印本　十八冊　存三十四種（上函：英國江寧議定條約、會議通商條約稅則章程、長江收稅條款、會議緬甸條款、法國條約、會訂越南新約、會議越南章程、續議界務商務專條、俄國條約、續增條約、改訂陸路通商章程、改訂條約、美國條約、善後條約、美國續增條約、續修條約、布國條約、德國續修條約、善後章程，下函：瑞典國那威國條約、中瑞通商條約、丹國條約、荷蘭國條約、日國條約、古巴華工條款、比國條約、奧國條約、義國條約、通商行船條約、秘國條約、巴西國條約、韓國條約、墨西哥國通商條約、辛丑各國和約）

500000－8701－0022914　H04982
通商各國條約二函四十二種　（清）總理各國事務衙門編　清光緒鉛印本　十一冊　存三十八種（上函：英國江寧議定條約、會議通商條約稅則章程、長江收稅條款、會議緬甸條款、會議藏印條款、會議滇緬界務商務條款、中緬條約付款專條、展拓香港界址專條、修改長江通商章程、內河行駛輪船章程、續議通商行船條約、法國條約、會訂越南新約、會議越南章程、續議界務商務專條、俄國條約、續增條約、改訂陸路通商章程、改訂條約、中俄會訂條約、勘分旅大租界專條、交收東三省條約、美國條約、善後條約、美國續增條約、續修條約、續定華工條款、布國條約、德國續修條約、善後章程、膠濟租界條約，下函：荷蘭國條約、日國條約、奧國條約、義國條約、秘國條約、巴西國條約、辛丑各國和約）

500000－8701－0022915　H04983
美國條約不分卷　（清）外務部編　清光緒鉛印通商各國條約本　二冊

500000－8701－0022916　H04984
李義山詩集三卷　（唐）李商隱撰　（清）朱鶴齡箋注　清刻本　三冊

500000－8701－0022917　H04985
脈經十卷　（晉）王叔和撰　清嘉慶十七年（1812）刻本　二冊

500000－8701－0022918　H04986
海藏老人陰證略例一卷　（元）王好古撰　清刻本　一冊

500000－8701－0022919　H04987
萬國公法四卷　（美國）惠頓撰　（美國）丁韙良譯　清同治三年（1864）四明茹古書局鉛印本　四冊

500000－8701－0022920　H04988
中俄界約斠注七卷首一卷　（清）錢恂撰　清上海書局石印本　二冊

500000－8701－0022921　H04989
民業東北輕便鐵路股份有限公司章程一卷附簡略計劃書一卷　（□）□□編　清末影印本　一冊

500000－8701－0022922　H04990
民業東北輕便鐵路簡略計劃書一卷　（□）□□編　清末影印本　一冊

500000－8701－0022923　H04991
財政條議一卷　劉世珩撰　清末鉛印本　一冊

500000－8701－0022924　H04992
半月誦菩薩戒儀式註一卷　(清)釋弘贊註　清刻本　一冊

500000－8701－0022925　H04993
滹南遺老集四十五卷詩集一卷續編詩集一卷　(金)王若虛撰　清光緒五年(1879)定州王氏謙德堂刻本　四冊

500000－8701－0022926　H04994
陳學士文集十五卷　(清)陳儀撰　清光緒五年(1879)定州王氏謙德堂刻本　三冊　存八卷(三至四、十至十五)

500000－8701－0022927　H04995
蒙求三卷　(唐)李翰撰註　清末定州王氏謙德堂刻本　一冊　存二卷(一至二)

500000－8701－0022928　H04996
魏鄭公諫錄五卷諫續錄一卷　(唐)王方慶集　清末定州王氏謙德堂刻本　一冊

500000－8701－0022929　H04997
笥河文集十六卷首一卷　(清)朱筠著　清光緒十三年(1887)定州王氏謙德堂刻本　三冊　存八卷(一至七、首一卷)

500000－8701－0022930　H04998
知足齋文集六卷進呈文稾二卷　(清)朱珪著　清光緒五年至十八年(1879－1892)定州王氏謙德堂刻本　三冊

500000－8701－0022931　H04999
漢官七種十一卷　(清)孫星衍輯　清末尊經書局刻本　二冊

500000－8701－0022932　H05000
漢官七種十一卷　(清)孫星衍輯　清末尊經書局刻本　二冊

500000－8701－0022933　H05001
經徵成案彙編不分卷　(清)□□撰　清宣統刻本　六冊

500000－8701－0022934　H05002
日本國通商行船條約不分卷　(清)張蔭桓簽訂　清光緒刻本　一冊

500000－8701－0022935　H05003
財政統計表式舉要一卷解說二卷　(清)憲政編查館編　清末鉛印本　一冊

500000－8701－0022936　H05004
善本書室藏書志四十卷附錄一卷　(清)丁丙輯　清光緒二十七年(1901)錢唐丁氏刻本　十六冊

500000－8701－0022937　H05005
欽定天祿琳琅書目十卷續編二十卷　(清)于敏中等編校　清光緒十年(1884)長沙王氏刻本　十冊

500000－8701－0022938　H05006
古今楹聯彙刻十二卷　(清)吳隱輯　清光緒二十六年(1900)拓本　十二冊

500000－8701－0022939　H05007
萬卷樓藏書總目四卷　(清)黃彭年等編　清光緒八年(1882)刻本　一冊

500000－8701－0022940　H05008
愛日精廬藏書志三十六卷續志四卷　(清)張金吾撰　清光緒十三年(1887)吳縣靈芬閣徐氏活字印本　十二冊

500000－8701－0022941　H05009
寰宇訪碑錄十二卷　(清)孫星衍　(清)邢澍撰　清光緒九年(1883)江蘇書局刻本　四冊

500000－8701－0022942　H05010
吳越所見書畫錄六卷　(清)陸時化編　清宣統二年(1910)順德鄧氏鉛印本　六冊

500000－8701－0022943　H05011
觀古堂書目叢刻十五種　葉德輝輯　清光緒湘潭葉氏刻民國八年(1919)重編印本　二十冊

500000－8701－0022944　H05012
康熙字典十二集檢字一卷辨似一卷等韻一卷備考一卷補遺一卷　(清)張玉書等纂　清光緒十六年(1890)上海鴻寶齋石印本　六冊

500000－8701－0022945　H05013
經籍訪古志六卷補遺一卷　(日本)澁江全善

（日本）森立之編　清光緒十一年（1885）鉛印本　八冊

500000－8701－0022946　H05014
天中記六十卷　（明）陳耀文纂　清刻本　一冊　存二卷（十七至十八）

500000－8701－0022947　H05015
皕宋樓藏書志一百二十卷　（清）陸心源編　清光緒八年（1882）十萬卷樓刻本　三十二冊

500000－8701－0022948　H05016
操養齋遺書四卷　（清）管禮耕著　清光緒十四年（1888）江陰南菁書院刻南菁書院叢書本　一冊　存二卷（三至四）

500000－8701－0022949　H05017
包慎伯論書四卷　（清）包世臣撰　清刻本　佚名朱墨批校　一冊

500000－8701－0022950　H05018
湘綺樓詞乙巳自定本一卷　王闓運撰　清光緒三十三年（1907）鉛印本　一冊

500000－8701－0022951　H05019
鴻慶居士文集四十二卷　（宋）孫覿撰　清光緒二十二年（1896）武進盛氏思惠齋刻朱印本　一冊　存三卷（一至三）

500000－8701－0022952　H05020
東坡樂府三卷　朱祖謀編　清宣統三年（1911）刻本　一冊　存一卷（一）

500000－8701－0022953　H05021
莊子故八卷　（戰國）莊周撰　馬其昶注　清光緒三十一年（1905）集虛草堂刻本　一冊　存二卷（三至四）

500000－8701－0022954　H05022
徐詩二卷　（清）徐夜撰　（清）王士禛批點　清刻本　一冊

500000－8701－0022955　H05023
漁洋山人自撰年譜二卷　（清）王士禛撰　（清）惠棟註補　清紅豆齋刻本　一冊

500000－8701－0022956　H05024
汲冢周書十卷　（晉）孔晁注　清刻本　一冊

500000－8701－0022957　H05025
蜀水攷四卷　（清）陳登龍述　（清）朱錫穀補註　（清）陳一津分疏　清光緒五年（1879）綿竹楊氏清泉精舍刻本　二冊

500000－8701－0022958　H05026
周禮註疏四十二卷　（漢）鄭玄註　（唐）賈公彥疏　清刻本　一冊　存二卷（三十七至三十八）

500000－8701－0022959　H05027
文心雕龍十卷　（南朝梁）劉勰撰　（清）黃叔琳注　（清）紀昀評　清刻本　一冊　存六卷（五至十）

500000－8701－0022960　H05028
文心雕龍十卷　（南朝梁）劉勰撰　（清）黃叔琳注　清刻本　二冊　存四卷（四至五、九至十）

500000－8701－0022961　H05029
古文解八卷　（□）□□撰　清刻本　一冊　存二卷（一至二）

500000－8701－0022962　H05030
左傳事緯十二卷　（清）馬驌編論　**字釋一卷**　（清）馬驌考定　清仁和黃暹刻本　六冊

500000－8701－0022963　H05031
陶靖節集八卷附錄一卷　（晉）陶潛撰　清光緒五年（1879）傳忠書舍刻本　二冊

500000－8701－0022964　H05032
定盦文集補編四卷　（清）龔自珍撰　清刻本　二冊

500000－8701－0022965　H05033
江刻書目三種十卷　（清）江標輯　清光緒江氏靈鶼閣刻蘇州振新書社印本　四冊

500000－8701－0022966　H05034
楹書隅錄五卷續編四卷　（清）楊紹和輯　清同治十二年（1873）聊城楊氏海源閣刻宣統三年（1911）海王邨譚宅補刻本　十冊

500000－8701－0022967　H05035
海源閣藏書目一卷　（清）江標輯　清光緒十

四年(1888)元和江氏師鄦室刻本　一册

500000－8701－0022968　H05036
段氏說文注訂八卷　(清)鈕樹玉撰　清道光四年(1824)刻本　三册　存五卷(一至五)

500000－8701－0022969　H05037
才調集補註十卷　(清)馮默庵　(清)馮鈍吟評閲　(清)殷元勳箋註　(清)宋邦綏補註　清光緒二十年(1894)江蘇書局刻本　二册　存五卷(一至五)

500000－8701－0022970　H05038
新定三禮圖二十卷　(宋)聶崇義集註　清康熙十九年(1680)刻本　一册

500000－8701－0022971　H05039
讀易攷原一卷　(元)蕭漢中撰　清刻本　一册

500000－8701－0022972　H05041
苾芻館詞集六卷　(清)胡延撰　清光緒二十九年(1903)金陵糧儲道廨刻本　一册　存二卷(一至二)

500000－8701－0022973　H05042
刻來虹閣分類諸子二三塲問渡一卷附刻來虹閣分類表聯二三塲問渡一卷　(明)周之標纂輯　清刻本　一册

500000－8701－0022974　H05043
漢藝文志攷證十卷　(宋)王應麟撰　清刻本　一册　存五卷(一至五)

500000－8701－0022975　H05044
越絕書十五卷　(漢)袁康撰　清刻本　一册　存七卷(一至七)

500000－8701－0022976　H05045
新鐫時用通式翰墨全書十二卷　(明)王宇輯　(明)陳瑞錫釋註　明刻本　一册　存四卷(九至十二)

500000－8701－0022977　H05046
南臺遺疏不分卷　(清)何元英撰　(清)高熊征輯　清刻本　一册　存一卷(四十八至一百八葉)

500000－8701－0022978　H05048
楚辭附覽二卷辯證二卷　(□)□□撰　清刻本　一册

500000－8701－0022979　H05049
左傳□□卷　(漢)鄭玄注　清刻本　一册　存三卷(八至十)

500000－8701－0022980　H05050
介白堂詩集二卷　(清)劉九第著　清光緒二十九年(1903)宜賓儷峰書屋刻本　一册

500000－8701－0022981　H05051
續古文辭類纂二十八卷　(清)黎庶昌纂　清光緒二十一年(1895)金陵狀元閣刻本　一册　存六卷(七至十二)

500000－8701－0022982　H05052
定盦文集補二卷續集四卷　(清)龔自珍撰　清刻本　二册

500000－8701－0022983　H05053
老子道德經二篇　(三國魏)王弼注　清刻本　一册

500000－8701－0022984　H05054
待鶴樓詩鈔四卷　(清)王懷曾撰　清刻本　一册

500000－8701－0022985　H05055
帶經堂詩話三十卷首一卷　(清)王士禛撰　清刻本　一册　存四卷(二十三至二十六)

500000－8701－0022986　H05056
唐眉山詩集十卷文集十四卷　(宋)唐庚著　清嘉慶三年(1798)歸安汪氏活字印本　一册　存八卷(詩集三至十)

500000－8701－0022987　H05057
沈隱侯集二卷　(南朝梁)沈約著　清刻本　一册　存一卷(二)

500000－8701－0022988　H05058
最新博物圖□□部　商務印書館編輯　清光緒三十二年(1906)上海中國教育器械館鉛印本　十六册　存二部五組(動物之部:哺乳類第五組、甲殼類及蜘蛛類、昆蟲類第三組,植

物之部:單子葉類第二組、芝栭類)

500000－8701－0022989　H05059
中西醫學群書第一集國粹部十種　題(清)邃志廬陳氏彙輯　清光緒三十三年(1907)南洋醫學社石印本　十二冊

500000－8701－0022990　H05060
北齊書五十卷　(唐)李百藥撰　清光緒二十九年(1903)五洲同文書局石印本　八冊

500000－8701－0022991　H05061
陳修園醫書五十種　(清)陳念祖著　清光緒三十一年(1905)上海商務印書館鉛印本　二十六冊　缺五種八卷(十藥神書註解一卷、急救異痧奇方一卷、瘟疫明辨四卷、喉痧正的一卷、外科證治全生集一卷)

500000－8701－0022992　H05062
嶺南三大家詩選二十四卷　(清)王隼選　清同治七年(1868)南海陳氏刻本　五冊

500000－8701－0022993　H05063
晉僧肇法師寶藏論一卷　(□)□□撰　清刻本　一冊

500000－8701－0022994　H05064
東萊先生東漢詳節三十卷　(宋)吕祖謙輯　清刻本　三冊　存五卷(五至六、九至十一)

500000－8701－0022995　H05065
增訂漢魏叢書八十六種　(清)王謨輯　清刻本　六十八冊　存五十七種三百二卷(華陽國志十四卷、十六國春秋十六卷、元經薛氏傳十卷、羣輔錄一卷、英雄記鈔一卷、高士傳三卷、蓮社高賢傳一卷、神仙傳十卷、孔叢二卷、新語二卷、新書十卷、新序十卷、說苑一至十、淮南鴻烈解二十一卷、鹽鐵論十二卷、法言十卷、申鑒五卷、論衡三十卷、潛夫論十卷、中論二卷、中說二卷、風俗通義十卷、人物志三卷、新論十卷、參同契一卷、陰符經一卷、風后握奇經一卷附握奇經續圖一卷、素書一卷、心書一卷、古今注三卷、博物志十卷、文心雕龍十卷、詩品三卷、書品一卷、尤射一卷、拾遺記十卷、述異記二卷、續齊諧記一卷、搜神記八卷、搜神後記二卷、琮冤記一卷、神異經一卷、海内十洲記一卷、別國洞冥記四卷、枕中書一卷、佛國記一卷、伽藍記五卷、三輔黄圖六卷、水經二卷、星經二卷、荊楚歲進記一卷、南方草木狀三卷、竹譜一卷、禽經一卷、古今刀劍錄一卷、鼎錄一卷、天祿閣外史八卷)

500000－8701－0022996　H05066
碑傳集一百六十卷首二卷　(清)錢儀吉纂錄　清道光六年(1826)刻本　六十冊

500000－8701－0022997　H05067
瘍醫大全四十卷　(清)顧世澄纂輯　清光緒二十年(1894)刻本　三十九冊　缺一卷(三)

500000－8701－0022998　H05068
國朝詩人徵略六十卷　(清)張維屏輯　清道光十年(1830)刻本　十冊

500000－8701－0022999　H05069
景岳全書六十四卷　(明)張介賓著　清刻本　二十四冊

500000－8701－0023000　H05070
瀛奎律髓刊誤四十九卷　(元)方回選　(清)紀昀批點　清刻本　十冊

500000－8701－0023001　H05071
小倉山房詩集二十六卷　(清)袁枚撰　清刻本　六冊　存二十四卷(一至二十四)

500000－8701－0023002　H05072
類證治裁八卷首一卷附卷一卷　(清)林珮琴著　清光緒十年(1884)刻本　二冊

500000－8701－0023003　H05073
集千家註杜工部詩集二十卷杜工部文集二卷　(唐)杜甫撰　明萬曆許自昌刻本　十冊

500000－8701－0023004　H05074
杜詩論文五十六卷　(清)吳興祚定　(清)吳見思注　(清)潘眉評　清康熙十一年(1672)刻本　十二冊

500000－8701－0023005　H05075
杜工部集二十卷　(唐)杜甫撰　(清)錢謙益箋註　清宣統三年(1911)時中書局石印本

四冊

500000－8701－0023006　H05076
湘軍記二十卷　（清）王定安撰　清刻本　三冊　存四卷（十六、十八至二十）

500000－8701－0023007　H05077
新刻修真寶傳因果全部一卷　（□）□□撰　清光緒三十二年（1906）刻本　一冊

500000－8701－0023008　H05078
滄海老人中學參同一卷　（清）鄧文玉演註　清光緒三十四年（1908）刻本　一冊

500000－8701－0023009　H05079
兩當軒集二十二卷　（清）黄景仁著　**攷異二卷附錄四卷**　（清）黄志述輯　清光緒二年（1876）刻本　三冊　存十九卷（一至十九）

500000－8701－0023010　H05080
證治彙補八卷　（清）李惺菴著　清刻本　八冊

500000－8701－0023011　H05081
湘綺樓自定本四卷　王闓運撰　清成都鳳鳴堂刻本　一冊

500000－8701－0023012　H05082
金石綜例四卷附石經閣金石跋文一卷　（清）馮登府撰　清光緒十三年（1887）吴縣朱氏槐盧刻本　二冊

500000－8701－0023013　H05083
語石十卷　葉昌熾撰　清宣統元年（1909）刻本　四冊

500000－8701－0023014　H05084
遺山先生詩集二十卷補遺一卷　（金）元好問撰　清刻本　三冊

500000－8701－0023015　H05085
善本書室藏書志四十卷附錄一卷　（清）丁丙輯　清光緒二十七年（1901）錢塘丁氏刻本　十六冊

500000－8701－0023016　H05086
李長吉歌詩四卷首一卷外集一卷　（唐）李賀撰　（清）王琦彙解　清光緒四年（1878）宏達堂刻本　四冊

500000－8701－0023017　H05087
藝風藏書記八卷　繆荃孫撰　清光緒刻朱印本　一冊　存五卷（一至五）

500000－8701－0023018　H05088
寰宇訪碑錄十二卷刊謬一卷　（清）孫星衍（清）邢澍撰　清光緒十一年（1885）吴縣朱氏刻朱氏槐盧叢書本　六冊

500000－8701－0023019　H05089
宗鏡錄一百卷　（宋）釋延壽集　清刻本　一冊　存五卷（八十六至九十）

500000－8701－0023020　H05092
太上感應篇纘義二卷　（清）俞樾撰　清光緒二十年（1894）蔣氏求實齋刻本　一冊

500000－8701－0023021　H05093
經史百家簡編二卷　蔣德鈞輯　清光緒十三年（1887）湘鄉蔣氏求實齋叢書本　三冊

500000－8701－0023022　H05094
春秋左傳五十卷　（晉）杜預（宋）林堯叟註釋　（唐）陸德明音義　清道光七年（1827）掃葉山房刻本　一冊　存二卷（一至二）

500000－8701－0023023　HC001
新時連筲七折　（□）□□撰　清末民初重慶學院街文華堂書局刻本　一冊

500000－8701－0023024　HC002
新時連筲七折　（□）□□撰　清末民初重慶學院街文華堂書局刻本　一冊

500000－8701－0023025　HC003
新時連筲七折　（□）□□撰　清末民初重慶學院街文華堂書局刻本　一冊

500000－8701－0023026　HC004
新時連筲七折　（□）□□撰　清末民初重慶學院街文華堂書局刻本　一冊

500000－8701－0023027　HC005
新時連筲七折　（□）□□撰　清末民初重慶學院街文華堂書局刻本　一冊

500000－8701－0023028　HC006
新時連筲七折　(□)□□撰　清末民初重慶學院街文華堂書局刻本　一册

500000－8701－0023029　HC007
新時連筲七折　(□)□□撰　清末民初重慶學院街文華堂書局刻本　一册

500000－8701－0023030　HC008
新時連筲七折　(□)□□撰　清末民初重慶學院街文華堂書局刻本　一册

500000－8701－0023031　HC009
新時連筲七折　(□)□□撰　清末民初重慶學院街文華堂書局刻本　一册

500000－8701－0023032　HC010
新時連筲七折　(□)□□撰　清末民初重慶學院街文華堂書局刻本　一册

500000－8701－0023033　HC011
新時連筲七折　(□)□□撰　清末民初重慶學院街文華堂書局刻本　一册

500000－8701－0023034　HC012
新時連筲七折　(□)□□撰　清末民初重慶學院街文華堂書局刻本　一册

500000－8701－0023035　HC013
新時連筲七折　(□)□□撰　清末民初重慶學院街文華堂書局刻本　一册

500000－8701－0023036　HC014
新時連筲七折　(□)□□撰　清末民初重慶學院街文華堂書局刻本　一册

500000－8701－0023037　HC015
新時連筲七折　(□)□□撰　清末民初重慶學院街文華堂書局刻本　一册

500000－8701－0023038　HC016
新時連筲七折　(□)□□撰　清末民初重慶學院街文華堂書局刻本　一册

500000－8701－0023039　HC017
新時連筲七折　(□)□□撰　清末民初重慶學院街文華堂書局刻本　一册

500000－8701－0023040　HC018
新時連筲七折　(□)□□撰　清末民初重慶學院街文華堂書局刻本　一册

500000－8701－0023041　HC019
新時連筲七折　(□)□□撰　清末民初重慶學院街文華堂書局刻本　一册

500000－8701－0023042　HC020
新時連筲七折　(□)□□撰　清末民初重慶學院街文華堂書局刻本　一册

500000－8701－0023043　HC021
新時連筲七折　(□)□□撰　清末民初重慶學院街文華堂書局刻本　一册

500000－8701－0023044　HC022
新時連筲七折　(□)□□撰　清末民初重慶學院街文華堂書局刻本　一册

500000－8701－0023045　HC023
新時連筲七折　(□)□□撰　清末民初重慶學院街文華堂書局刻本　一册

500000－8701－0023046　HC024
新時連筲七折　(□)□□撰　清末民初重慶學院街文華堂書局刻本　一册

500000－8701－0023047　HC025
新時連筲七折　(□)□□撰　清末民初重慶學院街文華堂書局刻本　一册

500000－8701－0023048　HC026
新時連筲七折　(□)□□撰　清末民初重慶學院街文華堂書局刻本　一册

500000－8701－0023049　HC027
新時連筲七折　(□)□□撰　清末民初重慶學院街文華堂書局刻本　一册

500000－8701－0023050　HC028
新時連筲七折　(□)□□撰　清末民初重慶學院街文華堂書局刻本　一册

500000－8701－0023051　HC029
新時連筲七折　(□)□□撰　清末民初重慶學院街文華堂書局刻本　一册

500000－8701－0023052　HC030
新時連箵七折　(□)□□撰　清末民初重慶學院街文華堂書局刻本　一冊

500000－8701－0023053　HC031
新時連箵七折　(□)□□撰　清末民初重慶學院街文華堂書局刻本　一冊

500000－8701－0023054　HC032
新時連箵七折　(□)□□撰　清末民初重慶學院街文華堂書局刻本　一冊

500000－8701－0023055　HC033
新時連箵七折　(□)□□撰　清末民初重慶學院街文華堂書局刻本　一冊

500000－8701－0023056　HC034
新時連箵七折　(□)□□撰　清末民初重慶學院街文華堂書局刻本　一冊

500000－8701－0023057　HC035
新時連箵七折　(□)□□撰　清末民初重慶學院街文華堂書局刻本　一冊

500000－8701－0023058　HC036
新時連箵七折　(□)□□撰　清末民初重慶學院街文華堂書局刻本　一冊

500000－8701－0023059　HC037
新時連箵七折　(□)□□撰　清末民初重慶學院街文華堂書局刻本　一冊

500000－8701－0023060　HC038
新時連箵七折　(□)□□撰　清末民初重慶學院街文華堂書局刻本　一冊

500000－8701－0023061　HC039
新時連箵七折　(□)□□撰　清末民初重慶學院街文華堂書局刻本　一冊

500000－8701－0023062　HC040
新時連箵七折　(□)□□撰　清末民初重慶學院街文華堂書局刻本　一冊

500000－8701－0023063　HC041
新訪友八折　(□)□□撰　清末重慶萬卷閣洪金山刻本　一冊

500000－8701－0023064　HC042
新訪友八折　(□)□□撰　清末重慶萬卷閣洪金山刻本　一冊

500000－8701－0023065　HC043
新勸民五折　(□)□□撰　清光緒十六年(1890)渝城熙南書社刻本　一冊

500000－8701－0023066　HC044
巴九寨一折　(□)□□撰　清末民初重慶長壽吳玉城萬卷閣刻本　一冊

500000－8701－0023067　HC045
巴九寨一折　(□)□□撰　清末民初重慶長壽吳玉城萬卷閣刻本　一冊

500000－8701－0023068　HC046
戲蟬四折　(□)□□撰　清光緒二十年(1894)大文堂崇興樓刻本　一冊

500000－8701－0023069　HC047
高平關三折觀星訓子三折母子出關一折　(□)□□撰　清末民初起鳳堂刻本　一冊

500000－8701－0023070　HC048
高平關三折觀星訓子三折母子出關一折　(□)□□撰　清末民初起鳳堂刻本　一冊

500000－8701－0023071　HC049
寫刻濾像全傳八仙圖四卷　(□)□□撰　清末民初渝城十八拂張金山森隆堂刻本　一冊

500000－8701－0023072　HC050
寫刻濾像全傳八仙圖四卷　(□)□□撰　清末民初渝城十八拂張金山森隆堂刻本　一冊

500000－8701－0023073　HC051
磨坊相會二集　(□)□□撰　清末民初成都學道街第六十號臥龍橋文明書社刻本　一冊

500000－8701－0023074　HC052
訪白袍一折刺雙舟一折哭桃園一折　(□)□□撰　清末民初至寶源記書莊刻臥龍礄仁昌書莊印本　一冊

500000－8701－0023075　HC053
新刻尾卷增廣一卷　(□)□□撰　清宣統三年(1911)重慶學院街文華堂書局刻本　一冊

500000－8701－0023076　HC054
新刻尾卷增廣一卷　(□)□□撰　清宣統三年(1911)重慶學院街文華堂書局刻本　一冊

500000－8701－0023077　HC055
三孝記四卷　(□)□□撰　清末和記書莊刻本　二冊

500000－8701－0023078　HC056
三擊掌二折　(□)□□撰　清末民初臥龍橋文明書社刻本　一冊

500000－8701－0023079　HC057
精校改良新海底二卷　湖南集義社編輯　博愛山人訂正　清末民初廣西興漢社刻蓉城仁昌書莊印本　二冊

500000－8701－0023080　HC058
精校改良新海底二卷　湖南集義社編輯　博愛山人訂正　清末民初廣西興漢社刻蓉城仁昌書莊印本　二冊

500000－8701－0023081　HC059
梅龍陣四折　(□)□□撰　清光緒二十年(1894)大文堂刻本　一冊

500000－8701－0023082　HC060
梅龍陣四折　(□)□□撰　清光緒二十年(1894)大文堂刻本　一冊

500000－8701－0023083　HC061
梅龍陣四折　(□)□□撰　清光緒二十年(1894)大文堂刻本　一冊

500000－8701－0023084　HC062
五里塘六折　(□)□□撰　清末民初合州雲盤街大文堂刻本　一冊

500000－8701－0023085　HC063
五里塘六折　(□)□□撰　清末民初合州雲盤街大文堂刻本　一冊

500000－8701－0023086　HC064
新刻元龍太子全傳二卷　(□)□□撰　清末民初金城書局刻本　一冊

500000－8701－0023087　HC064－1
新刻元龍太子全傳二卷　(□)□□撰　清末民初金城書局刻本　一冊　存一卷(二)

500000－8701－0023088　HC065
新刻元龍太子全傳二卷　(□)□□撰　清末民初金城書局刻本　一冊

500000－8701－0023089　HC066
新刻元龍太子全傳二卷　(□)□□撰　清末民初金城書局刻本　二冊

500000－8701－0023090　HC067
新刻元龍太子全傳二卷　(□)□□撰　清末民初金城書局刻本　二冊

500000－8701－0023091　HC068
新刻元龍太子全傳二卷　(□)□□撰　清末民初金城書局刻本　二冊

500000－8701－0023092　HC069
元龍太子中唐全傳二卷　(□)□□撰　清末民初內江培文堂刻本　一冊

500000－8701－0023093　HC070
醉戰雍州二折　(□)□□撰　清末和記書莊刻本　一冊

500000－8701－0023094　HC071
醉花樓二折　(□)□□撰　清光緒十八年(1892)刻本　一冊

500000－8701－0023095　HC072
三國全戲三折　(□)□□撰　清光緒二十二年(1896)合川大文堂崇興樓刻本　一冊

500000－8701－0023096　HC073
三國全戲三折　(□)□□撰　清光緒二十二年(1896)合川大文堂崇興樓刻本　一冊

500000－8701－0023097　HC074
丑回門二折　(□)□□撰　清末民初重慶學院街文華堂書局集樂堂刻本　一冊

500000－8701－0023098　HC075
丑回門二折　(□)□□撰　清末民初重慶學院街文華堂書局集樂堂刻本　一冊

500000－8701－0023099　HC076
杏元和番九折　(□)□□撰　清宣統二年

(1910)洪金山刻本　一冊

500000－8701－0023100　HC077
杏元和番九折　(□)□□撰　清宣統二年(1910)洪金山刻本　一冊

500000－8701－0023101　HC078
刁南樓二折　(□)□□撰　清光緒三十四年(1908)重慶起鳳堂刻本　一冊

500000－8701－0023102　HC079
刁南樓二折　(□)□□撰　清光緒三十四年(1908)重慶起鳳堂刻本　一冊

500000－8701－0023103　HC080
水擒龐德五折　(□)□□撰　清光緒二十年(1894)大文堂刻本　一冊

500000－8701－0023104　HC081
水擒龐德五折　(□)□□撰　清光緒二十年(1894)大文堂刻本　一冊

500000－8701－0023105　HC082
垂金扇一折　(□)□□撰　清宣統三年(1911)新選京都寄樂園戲刻本　一冊

500000－8701－0023106　HC083
雙登科七折　(□)□□撰　清末民初長壽縣萬城堂吳玉城刻本　一冊

500000－8701－0023107　HC084
雙登科七折　(□)□□撰　清末民初長壽縣萬城堂吳玉城刻本　一冊

500000－8701－0023108　HC085
雙花樓三折　(□)□□撰　清宣統三年(1911)渝城起鳳堂刻本　一冊

500000－8701－0023109　HC086
雙花樓一折　(□)□□撰　清末和記書莊刻本　一冊

500000－8701－0023110　HC087
司馬貌夜斷七賢六折　(□)□□撰　清光緒七年(1881)合州文茂堂刻本　一冊

500000－8701－0023111　HC088
孟姜女千里尋夫一折　(□)□□撰　清末民初重慶金誠書局東麟閣刻本　一冊

500000－8701－0023112　HC089
孟姜女千里尋夫一折　(□)□□撰　清末民初重慶金誠書局東麟閣刻本　一冊

500000－8701－0023113　HC090
孟姜女千里尋夫一折　(□)□□撰　清末民初重慶金誠書局東麟閣刻本　一冊

500000－8701－0023114　HC091
珍珠衫二十折　(□)□□撰　清光緒合陽城松林堂刻本　一冊

500000－8701－0023115　HC092
珍珠衫二十折　(□)□□撰　清光緒合陽城松林堂刻本　一冊

500000－8701－0023116　HC093
雙探妹一折　(□)□□撰　清末民初文華堂刻本　一冊

500000－8701－0023117　HC094
雙探妹一折　(□)□□撰　清末民初文華堂刻本　一冊

500000－8701－0023118　HC095
雙探妹一折　(□)□□撰　清末民初文華堂刻本　一冊

500000－8701－0023119　HC096
雙探妹一折　(□)□□撰　清末民初文華堂刻本　一冊

500000－8701－0023120　HC097
雙探妹一折　(□)□□撰　清末民初文華堂刻本　一冊

500000－8701－0023121　HC098
雙探妹一折　(□)□□撰　清末民初文華堂刻本　一冊

500000－8701－0023122　HC099
雙探妹一折　(□)□□撰　清末民初文華堂刻本　一冊

500000－8701－0023123　HC100
雙探妹一折　(□)□□撰　清末民初文華堂

刻本　一冊

500000－8701－0023124　HC101
雙探妹一折　(□)□□撰　清末民初文華堂刻本　一冊

500000－8701－0023125　HC102
雙探妹一折　(□)□□撰　清末民初文華堂刻本　一冊

500000－8701－0023126　HC103
雙探妹一折　(□)□□撰　清末民初文華堂刻本　一冊

500000－8701－0023127　HC104
雙探妹一折　(□)□□撰　清末民初文華堂刻本　一冊

500000－8701－0023128　HC105
雙探妹一折　(□)□□撰　清末民初文華堂刻本　一冊

500000－8701－0023129　HC106
雙探妹一折　(□)□□撰　清末民初文華堂刻本　一冊

500000－8701－0023130　HC107
雙探妹一折　(□)□□撰　清末民初文華堂刻本　一冊

500000－8701－0023131　HC108
雙探妹一折　(□)□□撰　清末民初文華堂刻本　一冊

500000－8701－0023132　HC109
雙探妹一折　(□)□□撰　清末民初文華堂刻本　一冊

500000－8701－0023133　HC110
雙探妹一折　(□)□□撰　清末民初文華堂刻本　一冊

500000－8701－0023134　HC111
雙探妹一折　(□)□□撰　清末民初文華堂刻本　一冊

500000－8701－0023135　HC112
雙探妹一折　(□)□□撰　清末民初文華堂刻本　一冊

500000－8701－0023136　HC113
雙探妹一折　(□)□□撰　清末民初文華堂刻本　一冊

500000－8701－0023137　HC114
雙探妹一折　(□)□□撰　清末民初文華堂刻本　一冊

500000－8701－0023138　HC115
雙探妹一折　(□)□□撰　清末民初文華堂刻本　一冊

500000－8701－0023139　HC116
雙探妹一折　(□)□□撰　清末民初文華堂刻本　一冊

500000－8701－0023140　HC117
雙探妹一折　(□)□□撰　清末民初文華堂刻本　一冊

500000－8701－0023141　HC118
雙探妹一折　(□)□□撰　清末民初文華堂刻本　一冊

500000－8701－0023142　HC119
雙探妹一折　(□)□□撰　清末民初文華堂刻本　一冊

500000－8701－0023143　HC120
雙探妹一折　(□)□□撰　清末民初文華堂刻本　一冊

500000－8701－0023144　HC121
雙探妹一折　(□)□□撰　清末民初文華堂刻本　一冊

500000－8701－0023145　HC122
雙探妹一折　(□)□□撰　清末民初文華堂刻本　一冊

500000－8701－0023146　HC123
雙探妹一折　(□)□□撰　清末民初文華堂刻本　一冊

500000－8701－0023147　HC124
雙探妹一折　(□)□□撰　清末民初文華堂

刻本　一册

500000－8701－0023148　HC125
雙探妹一折　(□)□□撰　清末民初文華堂刻本　一册

500000－8701－0023149　HC126
雙探妹一折　(□)□□撰　清末民初文華堂刻本　一册

500000－8701－0023150　HC127
雙探妹一折　(□)□□撰　清末民初文華堂刻本　一册

500000－8701－0023151　HC128
雙探妹一折　(□)□□撰　清末民初文華堂刻本　一册

500000－8701－0023152　HC129
雙探妹一折　(□)□□撰　清末民初文華堂刻本　一册

500000－8701－0023153　HC130
雙探妹一折　(□)□□撰　清末民初文華堂刻本　一册

500000－8701－0023154　HC131
雙探妹一折　(□)□□撰　清末民初文華堂刻本　一册

500000－8701－0023155　HC132
雙探妹一折　(□)□□撰　清末民初文華堂刻本　一册

500000－8701－0023156　HC133
雙探妹一折　(□)□□撰　清末民初文華堂刻本　一册

500000－8701－0023157　HC134
雙探妹一折　(□)□□撰　清末民初文華堂刻本　一册

500000－8701－0023158　HC135
雙探妹一折　(□)□□撰　清末民初文華堂刻本　一册

500000－8701－0023159　HC136
雙探妹一折　(□)□□撰　清末民初文華堂刻本　一册

500000－8701－0023160　HC137
雙探妹一折　(□)□□撰　清末民初文華堂刻本　一册

500000－8701－0023161　HC138
雙探妹一折　(□)□□撰　清末民初文華堂刻本　一册

500000－8701－0023162　HC139
雙探妹一折　(□)□□撰　清末民初文華堂刻本　一册

500000－8701－0023163　HC140
雙探妹一折　(□)□□撰　清末民初文華堂刻本　一册

500000－8701－0023164　HC141
雙探妹一折　(□)□□撰　清末民初文華堂刻本　一册

500000－8701－0023165　HC142
雙探妹一折　(□)□□撰　清末民初文華堂刻本　一册

500000－8701－0023166　HC143
雙探妹一折　(□)□□撰　清末民初文華堂刻本　一册

500000－8701－0023167　HC144
雙探妹一折　(□)□□撰　清末民初文華堂刻本　一册

500000－8701－0023168　HC145
雙探妹一折　(□)□□撰　清末民初文華堂刻本　一册

500000－8701－0023169　HC146
雙探妹一折　(□)□□撰　清末民初文華堂刻本　一册

500000－8701－0023170　HC147
雙探妹一折　(□)□□撰　清末民初文華堂刻本　一册

500000－8701－0023171　HC148
雙探妹一折　(□)□□撰　清末民初文華堂

刻本　一册

500000－8701－0023172　HC149
雙探妹一折　(□)□□撰　清末民初文華堂刻本　一册

500000－8701－0023173　HC150
雙探妹一折　(□)□□撰　清末民初文華堂刻本　一册

500000－8701－0023174　HC151
雙探妹一折　(□)□□撰　清末民初文華堂刻本　一册

500000－8701－0023175　HC152
雙探妹一折　(□)□□撰　清末民初文華堂刻本　一册

500000－8701－0023176　HC153
雙探妹一折　(□)□□撰　清末民初文華堂刻本　一册

500000－8701－0023177　HC154
雙探妹一折　(□)□□撰　清末民初文華堂刻本　一册

500000－8701－0023178　HC155
雙探妹一折　(□)□□撰　清末民初文華堂刻本　一册

500000－8701－0023179　HC156
雙探妹一折　(□)□□撰　清末民初文華堂刻本　一册

500000－8701－0023180　HC157
雙探妹一折　(□)□□撰　清末民初文華堂刻本　一册

500000－8701－0023181　HC158
雙探妹一折　(□)□□撰　清末民初文華堂刻本　一册

500000－8701－0023182　HC159
雙探妹一折　(□)□□撰　清末民初文華堂刻本　一册

500000－8701－0023183　HC160
雙探妹一折　(□)□□撰　清末民初文華堂刻本　一册

500000－8701－0023184　HC161
雙探妹一折　(□)□□撰　清末民初文華堂刻本　一册

500000－8701－0023185　HC162
雙探妹一折　(□)□□撰　清末民初文華堂刻本　一册

500000－8701－0023186　HC163
雙探妹一折　(□)□□撰　清末民初文華堂刻本　一册

500000－8701－0023187　HC164
雙探妹一折　(□)□□撰　清末民初文華堂刻本　一册

500000－8701－0023188　HC165
雙探妹一折　(□)□□撰　清末民初文華堂刻本　一册

500000－8701－0023189　HC166
雙探妹一折　(□)□□撰　清末民初文華堂刻本　一册

500000－8701－0023190　HC167
雙探妹一折　(□)□□撰　清末民初文華堂刻本　一册

500000－8701－0023191　HC168
雙探妹一折　(□)□□撰　清末民初文華堂刻本　一册

500000－8701－0023192　HC169
雙探妹一折　(□)□□撰　清末民初文華堂刻本　一册

500000－8701－0023193　HC170
幽冥寶傳不分卷　(□)□□撰　清宣統二年(1910)宏道堂刻本　一册

500000－8701－0023194　HC171
幼女歌一段戒溺女歌一段　(□)□□撰　清光緒三十三年(1907)巴川興隆堂刻本　一册

500000－8701－0023195　HC172
愛完耍五折　□□編　清末民初重慶文華堂

刻本　一冊

500000－8701－0023196　HC173
愛完耍五折　□□編　清末民初重慶文華堂刻本　一冊

500000－8701－0023197　HC174
勸世人免上當四段　(□)□□撰　清末民初重慶學院街文華堂書局刻本　一冊

500000－8701－0023198　HC175
勸世人免上當四段　(□)□□撰　清末民初重慶學院街文華堂書局刻本　一冊

500000－8701－0023199　HC176
冬梅花四折　(□)□□撰　清宣統二年(1910)長邑洪金山刻本　一冊

500000－8701－0023200　HC177
冬梅花四折　(□)□□撰　清宣統二年(1910)長邑洪金山刻本　一冊

500000－8701－0023201　HC178
崇禎觀本七折　(□)□□撰　清宣統合州忠恕堂刻本　一冊

500000－8701－0023202　HC179
崇禎觀本七折　(□)□□撰　清宣統合州忠恕堂刻本　一冊

500000－8701－0023203　HC180
董家廟七折　(□)□□撰　清光緒五年(1879)合州文茂堂刻本　一冊

500000－8701－0023204　HC181
英台新歌書一折　(□)□□撰　清末重慶萬卷閣洪金山刻本　一冊

500000－8701－0023205　HC182
英台新歌書一折　(□)□□撰　清末重慶萬卷閣洪金山刻本　一冊

500000－8701－0023206　HC183
新訪友八折　(□)□□撰　清末民初重慶學院街文華堂刻本　一冊

500000－8701－0023207　HC184
新訪友八折　(□)□□撰　清末民初重慶學院街文華堂刻本　一冊

500000－8701－0023208　HC185
新度妻盤天河九折　(□)□□撰　清光緒三十一年(1905)渝城洪金山刻本　一冊

500000－8701－0023209　HC186
新度妻盤天河九折　(□)□□撰　清光緒三十一年(1905)渝城洪金山刻本　一冊

500000－8701－0023210　HC187
生子上路二折　(□)□□撰　清末成都臥龍橋成德堂刻本　一冊

500000－8701－0023211　HC188
上南天下集五折　(□)□□撰　清末民初古臥龍橋仁昌書莊刻本　一冊

500000－8701－0023212　HC189
出門苦情四折　(□)□□撰　清光緒十四年(1888)江北吳玉城刻本　一冊

500000－8701－0023213　HC190
夕陽樓一折改良夕陽樓一折　(□)□□撰　清末民初重慶學院街文華堂書局刻本　一冊

500000－8701－0023214　HC191
夕陽樓二集　(□)□□撰　清末民初重慶學院街文華堂書局刻本　一冊

500000－8701－0023215　HC192
魯班全書□□折　(□)□□撰　清光緒二十一年(1895)重慶萬卷閣刻本　一冊　存下冊七折

500000－8701－0023216　HC193
新刻歸正樓七折　(□)□□撰　清末民初重慶學院街文華堂書局刻本　一冊

500000－8701－0023217　HC194
新刻歸正樓七折　(□)□□撰　清末民初文華堂書局刻本　一冊

500000－8701－0023218　HC195
新刻歸正樓七折　(□)□□撰　清末民初文華堂書局刻本　一冊

500000－8701－0023219　HC196

新刻歸正樓七折　(□)□□撰　清末民初文華堂書局刻本　一冊

500000－8701－0023220　HC197
勸嫖客八折　(□)□□撰　清光緒重慶□萬□刻本　一冊

500000－8701－0023221　HC198
鬼報仇十三折　(□)□□撰　清光緒三十四年(1908)刻本　一冊

500000－8701－0023222　HC199
綴白裘十二集四十八卷　(□)□□撰　清乾隆刻本　二十冊　存八集二十一卷(初集二至四,二集三,三集二至四,五集二至四,七集二至四,九集一、三至四,十集二至四,十二集一至二)

500000－8701－0023223　HC200
祭塔十三折　(□)□□撰　清宣統二年(1910)重慶起鳳堂刻本　一冊

500000－8701－0023224　HC201
祭塔十三折　(□)□□撰　清宣統二年(1910)重慶起鳳堂刻本　一冊

500000－8701－0023225　HC202
泥壁樓一折　(□)□□撰　清末重慶萬卷閣洪金山刻本　一冊

500000－8701－0023226　HC203
泥壁樓一折　(□)□□撰　清末重慶萬卷閣洪金山刻本　一冊

500000－8701－0023227　HC204
大打董家廟七折　(□)□□撰　清光緒五年(1879)合州文茂堂刻本　一冊

500000－8701－0023228　HC205
大打董家廟七折　(□)□□撰　清光緒五年(1879)合州文茂堂刻本　一冊

500000－8701－0023229　HC206
大打董家廟七折　(□)□□撰　清光緒五年(1879)合州文茂堂刻本　一冊

500000－8701－0023230　HC207
漁人得利七折　(□)□□撰　清光緒十八年(1892)大文堂刻本　一冊

500000－8701－0023231　HC208
逼姬一折　(□)□□撰　清末民國文集書林刻本　一冊

500000－8701－0023232　HC209
新刻大孝記四卷　(□)□□撰　清末銅邑森隆堂刻本　一冊

500000－8701－0023233　HC210
新刻大孝記四卷　(□)□□撰　清末銅邑森隆堂刻本　一冊

500000－8701－0023234　HC211
新刻大孝記四卷　(□)□□撰　清末銅邑森隆堂刻本　一冊

500000－8701－0023235　HC212
姑蘇臺六折　(□)□□撰　清末和記書莊刻本　一冊

500000－8701－0023236　HC213
樊館定計借頭一折　(□)□□撰　清末和記書莊刻本　一冊

500000－8701－0023237　HC214
英台孝歌十篇　(□)□□撰　清末民初源盛堂刻本　一冊

500000－8701－0023238　HC215
笑林廣記三集　(□)□□撰　清末民初松廷書莊刻本　三冊

500000－8701－0023239　HC216
興哭娘經一折　(□)□□撰　清光緒三十年(1904)大文堂刻本　一冊

500000－8701－0023240　HC217
改良陷人坑六篇　(□)□□撰　清末民初重慶學院街文華堂刻本　一冊

500000－8701－0023241　HC218
改良陷人坑六篇　(□)□□撰　清末民初重慶學院街文華堂刻本　一冊

500000－8701－0023242　HC219
活捉王魁二卷　(□)□□撰　清宣統二年

(1910)渝城起鳳堂刻本　一册

500000－8701－0023243　HC220
活捉王魁二卷　(□)□□撰　清宣統二年(1910)渝城劉敬芝刻本　一册

500000－8701－0023244　HC221
活捉王魁二卷　(□)□□撰　清宣統二年(1910)渝城起鳳堂刻本　一册

500000－8701－0023245　HC222
南華堂七折　(□)□□撰　清末崇興樓刻本　一册

500000－8701－0023246　HC223
南華堂七折　(□)□□撰　清末崇興樓刻本　一册

500000－8701－0023247　HC224
滴水珠十折　(□)□□撰　清末民初内江培文堂刻本　一册

500000－8701－0023248　HC225
檄文鬧宫一折　(□)□□撰　清末民國文集書林刻本　一册

500000－8701－0023249　HC226
南陽關四折　(□)□□撰　清末民初古臥龍橋仁昌書莊刻本　一册

500000－8701－0023250　HC227
花仙劍二集　(□)□□撰　清末民國文集書林刻本　一册

500000－8701－0023251　HC228
金橋算命十三折　(□)□□撰　清末合州文茂堂刻本　一册

500000－8701－0023252　HC229
改良閻王廟一折　(□)□□撰　清末民初古臥龍礄仁昌書莊刻本　一册

500000－8701－0023253　HC230
半日閆羅六折　(□)□□撰　清光緒七年(1881)合州文茂堂刻本　一册

500000－8701－0023254　HC231
新刊馬潛龍鸚鵡記全傳四卷　(□)□□撰　清末民初銅邑森隆堂刻本　一册

500000－8701－0023255　HC232
新刊馬潛龍鸚鵡記全傳四卷　(□)□□撰　清末民初銅邑森隆堂刻本　一册

500000－8701－0023256　HC233
新刊馬潛龍鸚鵡記全傳四卷　(□)□□撰　清末民初銅邑森隆堂刻本　一册

500000－8701－0023257　HC234
戰萬山十四折　(□)□□撰　清末民初起鳳堂刻本　一册

500000－8701－0023258　HC235
戰萬山十四折　(□)□□撰　清末民初起鳳堂刻本　一册

500000－8701－0023259　HC236
寫本清風亭上本五折下本四折　(□)□□撰　清宣統二年(1910)長壽吴玉城刻本　一册

500000－8701－0023260　HC237
寫本清風亭上本五折下本四折　(□)□□撰　清宣統二年(1910)長壽吴玉城刻本　一册　存六折(上本五折、下本一)

500000－8701－0023261　HC238
時興孝歌八首　(□)□□撰　清末崇興樓刻本　一册

500000－8701－0023262　HC239
英台罵媒一折　(□)□□撰　清末民初臥龍橋仁昌書莊刻本　一册

500000－8701－0023263　HC240
英台罵媒一折　(□)□□撰　清末民初臥龍橋仁昌書莊刻本　一册

500000－8701－0023264　HC241
英台罵媒一折　(□)□□撰　清末民初臥龍橋仁昌書莊刻本　一册

500000－8701－0023265　HC242
英台罵媒一折孟姜女哭長城一折改良放牛一折　(□)□□撰　清末民初臥龍橋仁昌書莊文華堂刻本　一册

500000－8701－0023266　HC243

英台罵媒一折孟姜女哭長城一折改良放牛一折　(□)□□撰　清末民初臥龍橋仁昌書莊文華堂刻本　一冊

500000－8701－0023267　HC244

英台罵媒一折　(□)□□撰　清末民初源盛堂刻本　一冊

500000－8701－0023268　HC245

新刻收董平四折　(□)□□撰　清光緒二十年(1894)崇興樓刻本　一冊

500000－8701－0023269　HC246

時興花文六首　(□)□□撰　清末崇興樓刻本　一冊

500000－8701－0023270　HC247

孝歌十四首　(□)□□撰　清光緒二十三年(1897)合州大文堂刻本　一冊

500000－8701－0023271　HC248

小綱鑑二種二卷　(□)□□撰　清光緒三十四年(1908)重慶起鳳堂刻本　一冊

500000－8701－0023272　HC249

鍾馗送妹五折　(□)□□著　清光緒重慶萬卷閣刻本　一冊

500000－8701－0023273　HC250

清官圖下本二回　(□)□□撰　清末巴邑熙南書社刻本　一冊

500000－8701－0023274　HC251

清官圖下本二回　(□)□□撰　清宣統巴邑熙南書社刻本　一冊

500000－8701－0023275　HC252

清官圖二回　(□)□□撰　清末民初文華堂刻本　一冊

500000－8701－0023276　HC253

清官圖二回　(□)□□撰　清末民初文華堂刻本　一冊

500000－8701－0023277　HC254

清官圖二回　(□)□□撰　清末民初文華堂刻本　一冊

500000－8701－0023278　HC255

新刻蓮花鬧八回　(□)□□撰　清光緒三十一年(1905)長青堂刻本　一冊

500000－8701－0023279　HC256

金妹調兄七折　(□)□□撰　清末民初萬順堂和記書莊刻本　一冊

500000－8701－0023280　HC257

血染衣四段　(□)□□撰　清末民國文集書林刻本　一冊

500000－8701－0023281　HC258

藍橋汲水二卷　(□)□□撰　清末民初源盛堂刻本　一冊

500000－8701－0023282　HC259

打紅臺七折　(□)□□撰　清末重慶萬卷閣洪金山刻本　一冊

500000－8701－0023283　HC260

耗子伸冤九回　(□)□□撰　清末民初邛州萬順堂刻石明山書店印本　一冊

500000－8701－0023284　HC261

耗子伸冤九回　(□)□□撰　清末民初邛州萬順堂刻石明山書店印本　一冊

500000－8701－0023285　HC262

曹安殺子王爺圖一折　(□)□□撰　清光緒二十四年(1898)巴川熙南書社刻本　一冊

500000－8701－0023286　HC263

曹安殺子王爺圖一折　(□)□□撰　清光緒二十四年(1898)巴川熙南書社刻本　一冊

500000－8701－0023287　HC264

秦府請印七折　(□)□□撰　清末崇興樓刻本　一冊

500000－8701－0023288　HC265

春花走雪一折　(□)□□撰　清末民初源盛堂刻本　一冊

500000－8701－0023289　HC266

公堂寫本盤河礄二折　(□)□□撰　清光緒三十四年(1908)重慶起鳳堂刻本　一冊

500000－8701－0023290　HC267
時興傷心祭文不分卷　(□)□□撰　清光緒七年(1881)内江文茂堂刻本　一冊

500000－8701－0023291　HC268
公堂寫本打雁回窑十折　(□)□□撰　清宣統元年(1909)重慶十八梯起鳳堂刻本　一冊

500000－8701－0023292　HC269
公堂寫本打雁回窑十折　(□)□□撰　清宣統元年(1909)重慶十八梯起鳳堂刻本　一冊

500000－8701－0023293　HC270
清風亭下本三折　(□)□□撰　清宣統二年(1910)長壽吴玉城刻本　一冊

500000－8701－0023294　HC271
燒餅歌四折　(□)□□撰　清道光三年(1823)刻本　一冊

500000－8701－0023295　HC272
新刻雅調唱口黨人碑全傳二十八卷　(□)□□撰　清末刻本　四冊

500000－8701－0023296　HC273
香蓮闖宫一折　(□)□□撰　清光緒三十三年(1907)刻本　一冊

500000－8701－0023297　HC274
正德訪賢四折　(□)□□撰　清光緒二十年(1894)大文堂刻本　一冊

500000－8701－0023298　HC275
鬼報仇十二折　(□)□□撰　清光緒三十四年(1908)刻本　一冊

500000－8701－0023299　HC276
看不川八段　(□)□□撰　清光緒慶王萬六刻本　一冊

500000－8701－0023300　HC277
公堂戲本新勸民一折　(□)□□撰　清光緒十六年(1890)渝城熙南書社刻本　一冊

500000－8701－0023301　HC278
廣東孝歌十五段　(□)□□撰　清光緒二十三年(1897)合州營盤街大文堂刻本　一冊

500000－8701－0023302　HC279
雙鳳樓□□卷　(□)□□撰　清光緒九年(1883)崇陽正北街鴻發堂刻本　一冊　存四卷(七至十)

500000－8701－0023303　HC280
新刻紗燈記□□卷　(□)□□撰　清光緒八年(1882)隆昌培文閣刻本　一冊　存一卷(一)

500000－8701－0023304　HC281
時興傷心祭文不分卷　(□)□□撰　清光緒七年(1881)内江文茂堂刻本　一冊

500000－8701－0023305　HC282
魯班全書□□折　(□)□□撰　清光緒二十一年(1895)重慶萬卷閣刻本　一冊　存下冊七折

500000－8701－0023306　JA2/1－1/001
大明三藏聖教北藏六千三百六十一卷續北藏四百十卷目錄五卷　(唐)釋玄奘等譯　明永樂十九年至正統五年(1421－1440)北京慶壽寺刻萬曆七年至十二年(1579－1584)北京内府漢經廠續刻本(有補配)　七千一百八十五冊

500000－8701－0023307　JA6/5－1/002
大明重刊三藏聖教六千二百三十四卷　(唐)釋玄奘等譯　明萬曆至清初刻本　五千四百八十六冊　存一千二百五十八種六千十六卷(目錄三卷,天至柰:大般若波羅密多經一至四、六、八至四十、四十二至一百、一百二至一百十四、一百十六至一百九十、一百九十二至二百、二百三至二百十、二百二十一至二百八十、二百八十二至二百九十二、二百九十四至三百三十、三百三十二至三百六十、三百六十二、三百六十五、三百六十七至四百四十、四百四十二至四百七十、四百八十一至五百六十六、五百六十八至五百八十、五百八十二至五百九十,菜至芥:放光摩訶般若波羅密經三十卷,姜至鹹:摩訶般若波羅密經十一至二十,河:光讚般若波羅密經十卷,淡:道行般若波羅密經十卷,鱗:小品般若波羅密經十卷,潛：摩訶般若波羅鈔經五卷，大明度無極經六卷，羽：勝天王般若波羅密經七卷，金剛般若波羅密經一卷，金剛般若波羅密經一卷，翔：能斷金剛般若波羅密經一卷，能斷金剛般若波羅密經一卷，能斷金剛般若波羅密經一卷，佛說濡首菩薩無上清浄分衛經二卷，仁說護國般若波羅密經二卷，實相般若波羅密經一卷，文殊師利所說摩訶般若波羅密經一卷，文殊師利所說摩訶般若波羅密經一卷，龍至字：大寶積經十至二十、十二十至三十、三十二、三十三、三十五至四十、五十一至五十四、五十八至八十二、八十四至八十七、九十一至一百一、一百三至一百二十，乃：大方廣三戒經三卷，佛說無量清淨平等覺經二卷，佛說阿彌陀經二卷，佛說無量壽經二卷，服：佛說阿閦佛國經二，佛說大乘十法經一卷，佛說普門品經一卷，佛說法鏡經二卷，衣：郁迦羅越問菩薩行經一卷，幻士仁賢經一卷，發覺淨心經二卷，佛說優填王經一卷，佛說須摩提經一卷，佛說須摩菩薩經一卷，佛說離垢施女經一卷，佛說阿闍貰王女阿述達菩薩經一卷，裳：得無垢女經一卷，文殊師利所說不思議佛境界經二卷，佛說如幻三昧經三卷，善住意天子所問經三卷，太子刷經一卷，太子和休經一卷，推：大乘顯識經二卷，佛說大乘方等要慧經一卷，彌勒菩薩所問本願經一卷，佛遺日摩尼寶經一卷，佛說摩訶衍寶經嚴經一卷，勝鬘獅子吼一乘大方便方廣經一卷，毘耶婆問經二卷，位至國：大方等大集經一至三、五至三十，有：大乘大方等日藏經十卷，虞：大方等大集月藏經十卷，陶：大乘大集地藏十輪經十卷，唐：佛說大方廣十輪經一至七、九至十，弔：虛空孕菩薩經二卷，虛空藏菩薩經一卷，虛空藏菩薩神咒經一卷附觀虛空藏菩薩經一卷，佛說菩薩念佛三昧經六卷，民：佛說大方等大集菩薩念佛三昧經十卷，伐：般舟三昧經三卷，大方等大集賢護經五卷，拔陂菩薩經一卷，罪：無盡意菩薩經四卷，阿差末菩薩經七卷，周：大哀經一至五、七至八，大集譬喻王經二卷，发：寶女所問經二至四，無言童子經二卷，自在王菩薩經二卷，奮迅王問經二卷，殷：寶星陀羅尼經八卷，湯至垂：大方廣佛華嚴經一至二、六至九、十一至十四、十六至二十一、三十至三十九、四十一至四十二、四十四至六十，拱至臣：大方廣佛華嚴經一至三十、四十一至六十，伏：大方廣佛華嚴經四十卷，遐：信力入印法門經五卷，佛華嚴入如來德智不思議境界經一卷，度諸佛境蚧智光岩經一卷，大乘金剛髻珠菩薩修行分經一卷，邇：大方廣入來智德不思議經一卷，大方廣佛華嚴經修慈分一卷，大方廣佛佛華嚴經不思議佛境界分一卷，大方廣如來不思議境界經一卷，大方廣普賢所說經一卷，莊嚴菩提心經一卷，佛說菩薩本業經一卷，大方廣佛華嚴經續如法界品一卷，佛說兜沙經一卷，大方廣菩薩十地經一卷，諸菩薩求佛本業經一卷，菩薩十住行道品經一卷，佛說菩薩十住經一卷，體：佛說羅摩迦經四卷，等目菩薩所問三昧經二至三，率至王：大般涅槃經一至五、七至二十、三十一至三十五、三十七至四十，鳴至竹：大般涅槃一至十八、二十至二十七、二十八至三十六，白：大般泥洹經八卷，駒：佛說方等泥洹經二卷，四童子三昧經二卷，大悲經五卷，食：金光明經一至二，場：金光明最勝王經十卷，伅真陀羅所問寶如來三昧經三卷，化至被：方廣大莊嚴經二至十十，普曜經八經，草：妙法蓮華經三，法華三昧經一卷，薩曇分陀利經一卷，無量義經一卷，賴：大乘大悲分陀利經八卷，善思童子經二卷，及：悲華經十卷，萬：六度集經八卷，大乘頂王經一卷，大方等頂王經一卷，方：維摩詰所說經三卷，維摩詰經三卷，說無垢稱經六卷，蓋：妙法蓮華經一至二、四至七，道神足無極變化經四卷，此：佛說寶雲經三，身：佛說寶雨經三至十，发：不退轉法輪經四卷，廣博嚴淨不退轉法輪經四卷，入定不定印經一卷，不必定入定入印經一卷，四：持入菩薩所問經四卷，持世經四卷，等集眾德三昧經三卷，大：集一切福德三昧經三卷，大乘同性經二卷，勝思惟梵天所問經六卷，五：持心梵天所問經四卷，思益梵天所問經四卷，佛說濟諸方等學經一卷，大乘方廣總持經一卷，常：證契大乘經一卷，深密解脱經一至二、四至五，解深密經五卷，恭：佛說大灌頂神咒經一、三、五、七、九，大樹緊那羅王所問經四卷，惟：佛說阿闍世王經二卷，楞伽阿跋多羅寶經四卷，豈：大薩遮尼乾子受記經十卷，傷：佛說如來智印經一卷，佛說慧印三昧經一卷，諸法無行經二，諸法無本經二至三，女：月燈三昧經一至三、五至十一，慕：月燈三昧經一卷，佛說象腋經一卷，佛說無所希望經一卷，如來莊嚴智慧光明入一切佛境界經二卷，度一切諸佛境界智嚴經一卷，寶如來三昧經二卷，貞：佛說大阿彌陀經二卷，佛說觀彌勒菩薩上生兜率陀天經一卷，佛說彌勒下生經一卷，佛說彌勒來時經一卷，佛說彌勒菩薩下生經一卷，佛說彌勒成佛經一卷，佛說第一義法勝經一卷，佛說大威燈光仙人問疑經一卷，一切法高王經一卷，潔：佛說諸法勇王經一卷，順權方便經二卷，佛說樂瓔珞莊嚴方便經一卷，菩薩睒子經一卷，菩薩睒子經一卷，佛說九色鹿經一卷，佛說太子沐魄經一卷，太子慕魄經一卷，無字寶篋經一卷，佛說長者子制經一卷，佛說逝童子經一卷，佛說月光童子經一卷，大乘離文字普光明藏經一卷，太子須大拏經一卷，才：如來示教勝軍王經一卷，佛說諫王經一卷，如來獨證自誓三昧經一卷，大方等修多羅王經一卷，佛說造立形像福報經一卷，佛說灌佛經一卷，佛說灌洗佛經一卷，佛說浴像功德經一卷，浴像功德經一卷，佛說報恩奉盆經一卷，佛說校量數珠功德經一卷，曼殊室利咒藏中校量數珠功德經一卷，佛說八陽神咒經一卷，佛說八吉祥經一卷，佛說八佛名號經一卷，佛說盂蘭盆經一卷，佛說不空羂索咒經一卷，不空羂索陀羅尼經二卷，不空羂索咒心經一卷，不空羂索神咒心經一卷，不空羂索心咒王經三卷，良至過：不空羂索神變真言經一至二、五至十一、十五至三十，必：千手千眼觀世音菩薩姥陀羅尼身經一卷，佛說大孔雀王雜神咒經一卷，大孔雀王神咒經一卷，觀世音菩薩秘密藏神咒經一卷，觀世音菩薩如意摩尼陀尼經一卷，觀自在菩薩如意心陀羅尼咒經一卷，如意輪陀羅尼經一卷，大方廣菩薩藏經中文殊師利根本一字陀羅尼法一卷，曼殊室利菩薩咒藏中一字咒王經一卷，十二佛名神咒校量功德除障滅罪經一卷，佛說稱讚如來功德神咒經一卷，得：佛頂最勝陀羅尼經一卷，佛頂尊勝陀羅尼經一卷，舍利佛陀羅尼經一卷，佛說無量門破魔陀羅尼經一卷，阿難陀目佉尼訶離陀隣尼經一卷，出生無邊門陀羅尼經一卷，勝幢臂印陀羅尼經一卷，妙臂印幢陀羅尼經一卷，能：佛說陀羅尼集經十二卷，莫：金剛場陀羅尼經一卷，金剛上味陀羅尼經一卷，佛說無崖際總持法門經一卷，尊勝菩薩所問一切諸法入無量法門陀羅尼經一卷，虛空藏菩薩問七佛陀羅尼咒經一卷，六字咒一經一卷，請觀世音菩薩消伏毒害陀羅尼咒經一卷，佛說華聚陀羅尼咒經一卷，獅子奮迅菩薩所問經一卷，華積陀羅尼神咒經一卷，梵女首意經一卷，佛說持句神咒經一卷，佛說陀鄰尼鉢經一卷，東方最勝燈王如來助護世問經一卷，如來方便善巧咒經一卷，善法方便陀羅尼經一卷，金剛秘密陀羅尼經一卷，護命法門神咒經一卷，無垢淨光大陀羅尼經一卷，佛說內藏百寶經一卷，佛說濕室洗浴縱僧經一卷，佛說四不可得經一卷，忘：菩薩道樹經一卷，菩薩生地經一卷，佛說孛經抄一卷，成具光明定意經一卷，摩訶摩耶經二卷，佛說須賴經一卷，諸佛福田經一卷，大方等如來藏經一卷，佛說寶綱經一卷，佛說菩薩行五十緣身經一卷，佛說菩薩修行經一卷，佛說金色王經一卷，佛語法門經一卷，百佛名經一卷，演道谷業經一卷，談至彼：十住斷結經十四卷，佛說海龍王經一至三，未曾有因緣經二卷，諸佛要集經一，短至靡：菩薩瓔珞經十三卷，佛說首楞嚴三昧經三卷，恃：賢劫經一、三、六至十，己至長：佛說佛名經一、四至十二，佛說不思議功德諸佛所護念經一，力莊嚴三昧經三卷，信：大方等陀羅尼經四卷，五千五百佛名神咒除障滅罪經八卷，使至可：大法炬陀羅尼經二十卷，僧伽吒經四卷，覆至器：大威德陀羅尼經二十卷，欲至難：佛說華手經十卷，大方廣圓覺修多羅了義經一卷，法集經六卷，量：觀佛三昧海經十卷，悲：菩薩處胎經五卷，央掘魔羅經四卷，絲：三昧弘道廣顯定意經四卷，佛說明度五十校計經二卷，無所有菩薩經四卷，中陰經二卷，染：大法鼓經二卷，月上女經二卷，文殊師利問經二卷，大方廣如來秘密藏經二卷，大乘密嚴經三卷，詩：一字佛頂輪王經六卷，佛說蓮華面經二卷，文殊師利問菩薩署經一卷，贊：大毗盧遮那成佛神變加持經七卷，廣大寶樓閣善住秘密陀羅尼經三卷，羔：大佛頂如來密因修證了義諸菩薩萬行首楞嚴經十卷，大陀羅尼末法中一字心咒經一卷，大乘造像功德經二卷，羊：牟黎曼陀羅咒經一卷，蘇婆呼童子經三卷，蘇悉地羯羅經三卷，景：金剛頂瑜伽中略出念誦經四卷，七佛所說神咒經四卷，文殊師利斯賓藏陀羅尼經一卷，行：大吉義神咒經二，阿吒婆拘鬼神大將上佛陀羅尼經一卷，佛說大善賢陀羅尼經一卷，六字大陀羅尼咒經一卷，佛說辟除賊害咒經一卷，佛說大七寶陀羅尼經一卷，佛說安宅神咒經一卷，幻師颰陀神咒經二卷，佛說咒時氣病經一卷，佛說咒齒經一卷，佛說咒小兒經一卷，佛說咒目經一卷，阿彌陀鼓聲王陀羅經一卷，佛說摩尼羅亶經一卷，佛說檀持羅麻油述經一卷，佛說護諸童子陀羅尼咒經一卷，諸佛心陀羅尼經一卷，拔濟苦難陀羅尼經一卷，八名普密陀羅尼經一卷，佛說持世陀羅尼經一卷，佛說六門陀羅尼經一卷，清淨觀世音菩薩普賢陀羅尼經一卷，諸佛集會陀羅尼經一卷，佛說智炬陀羅尼一卷，佛說隨求即得自在陀羅尼神咒經一卷，佛說一切法功德莊嚴王經一卷，佛說拔出罪障咒王經一卷，佛說善夜經一卷，虛空藏菩薩能滿願最勝心陀羅尼求聞持法一卷，佛說佛地經一卷，百千年印陀羅尼經一卷，金剛頂經曼殊室利菩薩五字心陀羅尼品一卷，觀自在如意輪菩薩瑜伽法要一卷，佛說救面然餓鬼陀羅尼神咒經一卷，佛說甘露陀羅尼經一卷，佛垂般涅槃略教誡經一卷，維：諸法最上王經一卷，文殊師利般涅槃經一卷，異出菩薩本起經一卷，佛說賢首經一卷，千佛因緣經一卷，佛說月明菩萨經一卷，佛說心明經一卷，佛說滅十方冥經一卷，佛說鹿母經一卷，佛說魔逆經一卷，佛說賴吒和羅所問德光太子經一卷，寶主天子所問經一卷，大乘寺法經一卷，離垢慧菩薩所問禮佛法經一卷，寂照神變三摩地經一卷，佛說造塔功德經一卷，佛說不增不減經一卷，佛說堅固女經一卷，佛說大乘流轉諸有經一卷，佛說大意經一卷，受持七佛名號所生功德經一卷，賢：佛為海龍王說法義經一卷，般泥洹後灌臘經一卷，右遶佛塔功德經一卷，佛說妙色王因緣經一卷，獅子素馱娑王斷内經一卷，差摩婆帝受經經一卷，獅子莊嚴王菩薩請問經一卷，有德女所問大乘經一卷，佛說臨涅槃記法住經一卷，佛說八部佛名經一卷，菩薩内習六波羅密經一卷，菩薩投身飼餓虎起塔因緣經一卷，金剛三昧本性清淨經一卷，佛說獅子月佛本生經一卷，佛說長者法志妻經一卷，佛說薩羅國經一卷，佛說十吉祥經一卷，長者女菴提遮獅子吼了義經一卷，一切智光明仙人慈心因緣不食肉經一卷，金剛三昧經二卷，優婆夷淨行法門經二卷，八大人覺經一卷，佛說三品弟子經一卷，佛說四輩經一卷，佛說當來變經一卷，過去佛分衛經一卷，佛說法滅盡經一卷，佛說甚深大廻向經一卷，天王太子辟羅經一卷，佛說十二頭陀經一卷，佛說樹提伽經一卷，佛說法常住經一卷，佛說長壽王經一卷，克至念：佛說長阿含經二十二卷，作至立：中阿含經六十卷，形至空：增壹阿含經一至四十一、四十三至五十，谷至堂：雜阿含經三至五十，習至聽：別譯雜阿含經誦一至十二、十四至二十附秦錄，雜阿含經一卷附吳魏二錄，長阿含報法經二，禍：佛般泥洹經二卷，佛說人本慾生經一卷，佛說方等泥洹經二卷，大般涅槃經三卷，因：起世經十卷，積：佛說樓炭經六卷，中本起經二卷，佛說七知經一卷，佛說鹹水喻經一卷除附西晉錄，佛說一切流攝守因經一卷，佛說四諦經一卷，佛說恆水經一卷，佛說本相倚致經一卷，福：佛說緣本致經一卷，佛說頂生王故事經一卷，佛說陀竭王經一卷，佛說賴吒和羅經一卷，佛說善生子經一卷，佛說數經一卷，佛說梵志頞波羅延問種尊經一卷，佛說閻羅王五天使者經一卷，佛說鐵城泥犁經一卷，佛說古來世時經一卷附東晉錄，佛說樂想經一卷，佛說漏分布經一卷，佛說阿耨颰經一卷，佛說求慾經一卷，佛說受歲經一卷，佛說梵志計水淨經一卷附東晉錄，佛說廣義法門經一卷，佛說戒德香經一卷，佛說四人出現世間經一卷，緣：三歸五戒慈心猒離功德經一卷，佛說須達經一卷，佛為黄竹國老婆羅門說學經一卷，佛說梵摩喻經一卷，佛說尊上經一卷，佛說鸚鵡經一卷，佛說兜調經一卷，佛說意經一卷，佛說應法經一卷，佛說鞞摩肅經一卷，佛說婆羅門子命終愛念不離經一卷，佛說十支居士八城人經一卷，佛說邪見經一卷附東晉錄，佛說箭喻經一卷附東晉錄，佛說普法義經一卷，佛說廣義法門經一卷，佛說戒德香經一卷，佛說四人出現世間經一卷，佛說波斯匿王太后崩塵土坌身經一卷，須摩提女經一卷，佛說婆羅門避死經一卷，食施獲五福報經一卷，頻婆娑羅王詣佛供養經一卷，佛說長者子六過出家經一卷，佛說鴦崛摩經一卷，佛說鴦崛髻經一卷，佛說力士移山經一卷，佛說四未曾有經一卷，佛說舍利弗目犍連游四衢經一卷，七佛父母姓字經一卷，佛說放牛經一卷，緣起經一卷，佛說十一想思念如來經一卷，佛說四泥犁經一卷，阿那邠邸七子經一卷，佛說大愛道般涅槃經一卷，佛母般泥洹經一卷，舍衛國王夢見十事經一卷，佛說國王不黎先尼十夢經，阿難同學經一卷，五蘊皆空經一卷，佛說七處三觀經二卷，佛說聖法印經一卷，善：五陰譬喻經一卷，佛說水沫所飄經一卷，佛說不自守意經一卷，佛說滿願子經一卷，轉法輪經一卷，佛說三轉法輪經一卷，佛說八正道經一卷，難提釋經一卷，佛說馬有三相經一卷，佛說馬有八態譬人經一卷，佛說相應相可經一卷，治禪病秘要要二卷，摩登伽經三卷，舍頭諫經一卷，修行本起經二卷，慶：沙彌羅經一卷，玉耶經一卷，玉耶女經一卷附西晉錄，阿遬達經一卷，摩鄧女經一卷，摩登女解形中六事經一卷，太子端應本起經二卷，過去現在因果經一四卷，佛說柰女耆域因緣經一卷，佛說柰女耆婆經一卷，尺：佛說四十二章經一卷，法海經一卷，海八德經一卷，佛說罪報應教化地獄經一卷，佛說龍王兄弟經一卷，長者音悅經一卷，禪秘要法經三卷，佛說七女經一卷，佛說八師經一卷，佛說越難經一卷，佛說所慾致患經一卷，阿闍世王問五逆經一卷，佛說五苦章句經一卷，佛說堅意經一卷，佛說淨飯王般涅槃經一卷，佛說進學經一卷，得道梯隥錫杖經一卷，佛說貧窮老公經佛說三摩竭經一卷，璧：生經五卷，蓱沙王五願經一卷，琉璃王經一卷，佛說義足經二卷，寶至寸、是至資：正法念處經十一至二十、二十二至三十、四十二至四十三、四十五至四十八、五十二至七十，父至嚴：佛本行集經一至五、八至三十六、三十八至六十，與：本事經七卷，佛說興起行經二卷，佛說業報差別經一卷，敬：佛說大安般守意經二卷，佛說罵意經一卷，佛說法想經一卷，佛說處處經一卷，佛說分別善惡所起經一卷，佛說出家緣經一卷，佛說阿含正經一卷，佛說十八泥犁經一卷，佛說法受塵經一卷，須摩提長者經一卷，長者懊惱三處經，犍陀國王經一卷，阿難四事經一卷，八關齋經一卷，孝子經一卷，黑氏梵志經一卷，阿鳩留經一卷，佛為阿支羅迦葉自化作苦惱經一卷，分別經一卷，未生怨經一卷，四願經一卷，猘狗經一卷，孝：陰持入經二卷，五百弟子自說本志經一卷，佛說大迦葉本經一卷，佛說四自侵經一卷，佛說羅云忍辱經一卷，佛說年少比丘說正事經一卷，佛說沙曷比丘功德經一卷，佛說時非時經一卷，佛說自愛經一卷，佛說中心經一卷，佛說見正經一卷，佛說大魚事經一卷，阿難七夢經一卷，佛說呵鵰阿那含經一卷，佛說燈指因緣經一卷，佛說婦人遇辜經一卷，佛說四天王經一卷，佛說摩訶迦葉貧母經一卷，佛說十二品生死經一卷，佛說輪轉五道罪福報應經一卷，佛說五無反復經一卷，佛說佛大僧大經一卷，佛說耶祇經一卷，佛說末羅王經一卷，佛說摩達國王經一卷，佛說旃陀越國王經一卷，當：佛說五恐怖世經一卷，佛說弟子死復生經一卷，佛說懈怠耕者經一卷，佛說辯意長者所問經一卷，無垢優婆夷問經一卷，佛說賢者五福經一卷，天請問經一卷，佛說護净經一卷，佛說大槵經一卷，佛說無上處經一卷，佛說因緣僧護經一卷，盧至長者因緣經一卷，佛說五王經一卷，佛說出家功德經一卷，佛說栴檀樹一卷，佛說頗多和多耆經一卷，佛說普達王一卷，佛滅度後棺斂葬送經一卷，佛說鬼子母經一卷，佛說梵難國王經一卷，佛說孫多耶致經一卷，佛說父母恩難報經一卷，佛說新歲經一卷，佛說群牛譬經一卷，佛說九橫經一卷，佛說神行三十七品經一卷，比丘避女惡名欲自殺經一卷，佛說身觀經一卷，佛說無常經一卷，佛說八無暇有暇經一卷，長爪梵志請問經一卷，佛說譬喻經一卷，佛說比丘聽施經一卷，佛說略教誡經一卷，佛說療痔病經一卷，竭：佛說大乘莊嚴寶王經二至四，佛說大乘聖無量壽決定光明王如來陁羅尼經一卷，佛說大乘聖吉祥世陀羅尼經一卷，佛說無能勝幡王如來莊嚴陀羅尼經一卷，最勝佛頂陁羅尼經，聖佛母小字般若波羅密多經一卷，七佛讚唄伽陀一卷，大方廣惣持寶光明經一、三至五，佛說出生一切如來法眼偏照大力明王經二卷，力：佛說守護大千國土經三卷，佛說樓閣正法甘露鼓經一卷，佛說大乘善見變化文殊師利問法經一卷，分別善惡報應經二卷，佛頂放無垢光明入普門觀察一切如來心陀羅尼經二卷，佛說大乘日子王所問經一卷，佛說金耀童子經一卷，嗟韈曩法天子受三歸依獲免惡道經一卷，佛說較量壽命經一卷附讚法界頌，聖虛空藏菩薩陀羅尼經一卷，佛說大護明大陀羅尼經一卷，大寒林聖難拏陀羅尼經一卷，佛說諸行動有為經一卷，息除中夭陀羅尼經一卷，一切如來正法秘密篋印心陀羅尼經一卷，忠：消除一切閃電障難隨求如意陀羅尼經一卷，佛說聖最上燈明如來陀羅尼經一卷，妙法聖念處經八卷，佛說大迦葉問大寶積正法經五卷，佛說沙彌十戒儀則經一卷，聖持世陀羅尼經一卷，則：大方廣菩薩藏文殊師利根本儀軌經二十卷，十二緣生祥瑞經二卷，佛說目連所問經一卷，外道問聖大乘法無我義經一卷，毗俱胝菩薩一百八名經一卷，讚揚聖德多羅菩薩一百八名經一卷，聖觀自在菩薩一百八名經一卷，勝軍化世百喻伽他經一卷，六道伽陀經一卷，佛說苾芻五法一卷，苾芻迦尸迦十法經一卷，諸佛心印陀羅尼經一卷，妙臂菩薩所問四卷，大乘寶月童子問法經一卷，佛說蓮華眼陀羅經一卷，佛說觀想佛母般若波羅密多菩薩經一卷，佛說如意摩陀羅尼經一卷，命：佛說大自在天子因地經一卷，佛說寶生陀羅尼經一卷，佛說十號經一卷，佛為娑伽羅龍王所說大乘法經一卷，佛說普賢菩薩陀羅尼經一卷，大金剛妙高山樓閣陀羅經一卷，一切如來大秘密王未曾有最上微妙大曼拏羅經五卷，佛說聖寶藏神儀軌經二卷，佛說寶藏神大明曼拏羅儀軌經二卷，佛說尊天勝大明王經一卷，佛說智光滅一切業障陀羅尼經一卷，佛說如意寶捻持王經一卷，佛說持明藏八大捻持王經一卷，聖無能勝金剛火陀羅尼經一卷，佛說聖大捻持王經一卷，佛說最上意陀羅尼一卷，臨：佛說大摩里支菩薩經七卷，佛說聖莊嚴陀羅尼經二卷，佛說聖六字大明王陀羅尼經一卷，千轉大明陀羅尼經，佛說花積樓閣陀羅尼經一卷，佛說勝旛瓔陀羅尼經一卷，佛說普賢曼拏羅經一卷，佛說長者施報經一卷，佛說毗沙天門王經二卷，佛說聖觀自在菩薩梵讚一卷，佛一百八名讚一卷，佛說不說布施經一卷，佛說聖曜母陀羅尼經一卷，佛說大三摩惹經一卷，佛說月光菩薩經一卷，深：佛說眾許摩訶帝經十三卷，佛說文殊師得一百八名梵讚一卷，佛說解優經一卷，犍椎梵讚一卷，佛說七佛經一卷，佛說大乘無量壽莊嚴經三卷，佛說偏照般若波羅密經一卷，薄：佛說金剛香菩薩大明成就儀軌經三，興：曼殊室抻菩薩吉祥伽陀經一卷，佛說妙吉祥菩薩陀羅尼經一卷，佛說無量壽大智陀羅尼經一卷，佛說宿命智陀羅尼經一卷，佛說慈氏菩薩陀羅尼經一卷，佛說虛空藏菩薩陀羅尼經一卷，寶授菩薩菩提行經一卷，佛說頻婆娑羅王經一卷，佛說人仙經一卷，佛說舊城喻經一卷，佛說信解智力經一卷，溫：佛說最上根本大樂金剛不空三昧大教王經七卷，佛說最上秘密那拏天經三卷，佛說解夏經一卷，佛說帝釋所問經一卷，佛說決定義經一卷，佛說護國經一卷，清：佛說未曾有正法六卷，佛說分別布施經一卷，佛說分別緣生經一卷，佛說法印經一卷，佛說大生義經一卷，佛說大方廣善巧方便經四卷，佛說大乘不思議神通境界經三卷，佛說發菩提心破諸魔經二卷，佛說聖佛母般若波羅密多經一卷，似：佛母出生三法藏般若波羅密多經二十五卷，佛說給孤長者女得度因緣經三卷，斯：佛說大集法門經二卷，佛說浄意優婆塞所問經一卷，佛說無二平等最上瑜伽大教王經六卷，佛說光明童子因緣經四卷，佛說寶帶陀羅尼經一卷，佛說金身陀羅尼經一卷，佛說入無分別法門經一卷，佛說金剛場莊嚴般若波羅密多經，佛說息諍因緣經一卷，馨：佛說初分經二卷，佛說無為授所問大乘經三卷，佛說月喻經一卷，佛說醫喻經一卷，佛說灌頂王喻經一卷，佛說秘密相經三卷，佛說尼拘陀梵志經二卷，佛說白衣金幢二婆羅門緣起經三卷，佛說福力太子因緣經三卷，佛說身毛喜豎經三卷，佛說八種長養功德經一卷，穢跡金剛說神通大滿陀羅尼法術靈要門經一卷，穢跡金剛法禁百變法門經一卷，十一面觀自在菩薩心密言念誦儀軌經三卷，如至松：佛說一切如來真實攝大乘現證三昧大教王經卷三十卷，佛說大乘大方廣佛冠經二卷，之：大乘本生心地觀經八卷，盛：佛說除蓋障菩薩所問經二十卷，川：金剛恐怖集會方廣軌儀觀自在菩薩三世最勝心明王經一卷，金剛恐怖集會方廣軌儀觀自在菩薩三世最勝必明王大威力烏樞瑟摩明王經一、三，一字奇特佛頂經三卷，阿唎多羅陀羅尼阿嚕力經一卷，不：大雲輪請經二卷，大寶廣博樓閣善住秘密陀羅尼經三卷，葉衣觀自在菩薩經一卷，毗沙門天王經一卷，文殊問經字母品第十四一卷，大乘密嚴經三卷，息：佛說一切如來金剛三業最上秘密大教王經一至二、四至七，佛說秘密三昧大教王經四卷，澄：海意菩薩所問浄印法門經一至四、七至十八，金剛峰樓閣一切瑜伽瑜祇經二，取：妙吉祥平等秘密最上觀門大教王經五卷，聖迦柅念怒金剛童子菩薩成就儀軌經三卷，瑜伽金剛頂經來勁字母品一卷，佛說一切如來安像三昧儀軌經一卷，文殊師利菩薩根本大教王金翅鳥王品一卷，佛說大方廣曼殊室利經觀自在菩薩受記品一卷，佛說巨力長者所問大乘經三卷，容：大乘瑜伽金剛性海曼殊室利千臂鉢大教王經十卷，瑜伽集要救阿難陀羅尼熖口軌儀經一卷，若：大乘理趣六波羅密多經一、九至十佛說大白傘蓋總持陀羅尼經一卷，思：佛說一髻尊陀羅尼經一卷，金剛摧碎陀羅尼經一卷，不空羂索毘盧遮那佛大灌頂光真言一卷，佛為優填王說王法政論經一卷，佛說五大施經一卷，佛說摩利支天經一卷，佛說無畏陀羅尼經一卷，佛說大威德金輪佛頂熾盛光如來消除一切災難陀羅尼經一卷，佛說熾盛光大威德消災吉祥陀羅尼經一卷，言：佛說頂生王因緣經三至六，佛說大乘入諸佛境界智光明莊嚴經五卷，佛說大乘智印經五卷，末利支提婆華鬘經一卷，佛說法乘義決定經三卷，辭至安：佛說大乘菩薩藏正法經一至二十二，定至初：出曜經一至三、五至二十，佛本行經七卷，誠至美：賢愚因緣經一至八、十至十三，佛說行讚經五卷，慎：撰集百緣經十卷，道地經一卷，宜：僧伽羅刹所集佛行經一，大乘修行菩薩行門諸經要集三卷，佛說迦葉赴佛般涅槃經一卷，菩薩呵色欲法一卷，四品學法一卷，佛入涅槃密迹金剛力士哀戀經一卷，佛使比丘迦旃延說法沒盡偈一卷，佛說佛治身經一卷，令：僧伽斯那所撰菩薩本緣經四卷，百喻經二卷，坐禪三昧法門經二卷，五門禪經用法一卷，禪要呵欲經一卷，内身觀章句經一卷，法觀經一卷，榮：付法藏因緣經六卷，達摩多羅禪經二卷，禪法要解經二卷，業：雜寶藏經八卷，那先比丘經三卷，所：舊雜譬喻經一，雜譬喻經一、三，眾經撰雜譬喻二卷，阿育王子法益壞目因緣經一卷，法句經二卷，無明羅刹經一卷，基：阿育王譬喻經一卷，阿育王經十卷，阿育王傳五卷，籍：法句譬喻經四卷，四阿含暮抄解二卷，迦葉結經一卷，撰集三藏及雜藏傳一卷，三慧經一卷，阿毗曇五法行經一卷，一百五十讚佛頌一卷，讚觀世音菩薩頌一卷，文殊師利發願經一卷，六菩薩名亦當誦持經一卷，小道地經一卷，阿含口解十二因緣經一卷，馬鳴菩薩傳一卷，龍樹菩薩傳一卷，提婆菩薩傳一卷，甚：勸發諸王要偈一卷，龍樹菩薩勸誡五頌一卷，婆數槃豆傳一卷，龍樹菩薩為禪陀迦王說法要偈一卷，實頭盧突羅闍為優陀延王說法經一卷，請實頭盧經一卷，大勇菩薩分別業報略經一卷，迦丁比丘說當來變經一卷，大阿羅漢難提蜜多羅所說法住記一卷，法集要頌經四卷，菩提行經四卷，無：佛吉祥德讚三卷，不動使者陀羅尼秘密法一卷，金剛頂經瑜伽修習毗盧遮那三摩地法一卷，百千頌大集經地藏菩薩請問法身讚一卷，普賢菩薩行願讚一卷，金剛頂經瑜伽文殊師利菩薩法一品一卷，金剛頂經瑜伽經十八會指歸一卷，訶利帝母真言法一卷，金剛頂蓮華部心誦儀軌一卷，金剛頂瑜伽千手千眼觀自在菩薩修行儀軌經一卷，阿閦如來念誦供養法一卷，佛頂尊勝陀羅尼念誦儀軌一卷，普賢金剛薩埵瑜伽念誦儀一卷，金剛王菩薩秘密念誦儀軌一卷，金剛頂勝初瑜伽普賢菩薩念誦法經一卷，金剛頂瑜伽護摩儀軌一卷，竟：大樂金剛不空真實三昧邪經般若波羅蜜多理趣釋二卷，金剛頂瑜伽金剛薩埵五秘密修行念誦儀軌一卷，無量壽如來修觀行供養儀軌一卷，佛說最勝妙吉祥根本智最上秘密一切名義三摩地分二卷，佛說帝釋嚴秘密成就儀軌一卷，觀自在菩薩如意輪念誦儀軌一卷，聖觀自在菩薩功德讚一卷，瑜伽翳迦訖沙囉烏瑟尼沙斫訖囉真言安怛陀那儀則一字頂輪王瑜伽經一卷，大虛空藏菩薩念誦法一卷，仁王般若念誦法一卷，大方廣佛華嚴經入法界品四十二字觀，般若波羅密多理趣經大安樂不空三昧真實金剛菩薩等十七聖大曼荼羅義述，陀羅尼門諸部要目一卷，金剛頂瑜伽三十七尊禮一卷，受菩提心戒儀一卷，大聖文殊師利菩薩讚佛法身禮一卷，甘露軍荼利菩薩供養念誦成就儀軌一卷，觀自在多羅瑜伽念誦法一卷，聖觀自在菩薩心真言瑜伽觀行儀軌一卷，梵本大悲神咒一卷，一切秘密最上名義大教王儀軌二卷，大樂金剛薩埵修行成就儀軌一卷，曼殊室利菩薩吉祥伽陁一卷，聖閻曼德迦威怒王立成大神驗念誦法一卷，大乘方廣曼殊室利菩薩華嚴本教讚閻曼德迦忿怒真言大威德儀軌品一卷，學：大方廣曼殊室利童真菩薩華嚴本教讚閻曼德迦忿怒真言阿毗遮嚕迦儀軌品第三十一一卷，蘇悉地羯羅供養法三卷，優：略述金剛頂瑜伽分別聖位修證法門一卷，一字佛頂輪王念誦儀軌一卷，十不善業道經一卷，金剛頂經瑜伽觀自在王如來修行法一卷，妙吉祥平等瑜伽秘密觀身成佛儀軌一卷，仁王護國般若波羅蜜多經道場念誦儀軌一卷，金剛頂經一切如來真實攝大乘現證大教王經二，文殊所說最勝名義經二卷，大悲心陀羅尼修行念誦略儀一卷，妙吉祥平等觀門大教王經略出護摩儀一卷，金剛頂超勝三界經說文殊五字真言勝相一卷，仕：菩薩善戒經九卷，攝：菩薩善戒經一卷，佛說梵網經二卷，優婆塞戒經七卷，職：菩薩瓔珞本業經二卷，佛說受十善戒經一卷，菩薩戒本一卷，菩薩戒本經一卷，菩薩戒羯磨文一卷，佛說淨業障經一卷，佛藏經四卷，從：佛說菩薩內戒經一卷，優婆塞五戒威儀經一卷，佛說文殊師利淨律經一卷，清淨毗尼方廣經一卷，寂調音所問經一卷，大乘三聚懺悔經一卷，菩薩五法懺悔經一卷，菩薩藏經一卷，三曼陀颰陀羅菩薩經一卷，菩薩受齋經一卷，舍利弗悔過經一卷，佛說文殊悔過經一卷，法律三昧經一卷，十善業道經一卷，政至棠：摩訶僧祇律一至三十二、三十四至四十，五分戒本一卷，去至貴：十誦律一至十、十二至三十九、四十九至五十八，十誦律毗尼序三卷，波羅提木叉僧祇戒本一卷，賤至卑：根本說一切有部毗奈耶一至三十、三十三至三十七、三十九至五十，上至和：根本說一切有部苾蒭尼毗奈耶一至六、八至十一、十三至十九，下至唱：根本說一切有部毗奈耶雜事一至十、十二至四十，婦：根本說一切有部尼陀那目得迦十卷，比丘尼僧祇律波羅提木叉戒經一卷，随至傅：彌沙塞部五分律一至七、九至三十，十誦律比丘戒本一卷，十誦律比丘尼戒本一卷，根本說一切有部戒經一卷，根本說一切有部苾芻尼戒經一卷，解脫戒本經一卷，訓至姑：四分律藏一至十、二十一至六十，四分戒本二卷，伯：根本說一切有部百一羯磨十卷，叔：五分比丘尼戒本一卷，四分比丘尼戒本一卷，沙彌威儀一卷，沙彌尼戒文一卷，沙彌十戒法并威儀一卷，大沙門百一羯磨法一卷，十誦羯磨比丘要用一卷，彌沙塞羯磨本一卷，優波離問經一卷，猶：曇無德律雜羯磨一卷，羯磨一卷，四分比丘尼羯磨一卷，四分律刪補隨機羯磨二卷，佛說目連問戒律中五百輕重事經一卷，子：四分僧羯磨三卷，尼羯磨三卷，沙彌尼戒經一卷，舍利弗問經一卷，比：根本說一切有部毗奈耶尼陀那目得迦攝頌一卷，根本說一切有部毗奈耶雜事攝頌一卷，佛說大愛道比丘尼經二卷，佛說迦葉禁戒經一卷，佛說犯戒罪輕重經一卷，佛說戒消灾經一卷，佛說優婆塞五戒相經一卷，根本說一切有部毗奈耶頌三卷，兒至孔：根本薩婆多部律攝十四卷，大比丘三千威儀二卷，律二十二明了論一卷，懷：薩婆多部毗尼摩得勒伽十卷，兄：戒因緣經十卷，弟：善見毗婆沙律一至十，氣：薩婆多毗尼毗婆沙八卷，續薩婆多毗尼毗婆沙一卷，連至枝：根本說一切有部毗奈耶破僧事二十卷，交：毗尼母經八卷，根本說一切有部出家授近圓羯磨儀範一卷，根本說一切有部苾芻習學略法一卷，友至隱：摩訶般若波羅密經釋論大智度論一至十、二十一至三十一、三十三至七十九、八十二至九十六、九十八至一百，惻至造：十地經論十二卷，彌勒菩薩所問經論七卷，三具足經優波提舍一卷，次：佛地經論七卷，金剛般若波羅密經論三卷，無量壽經優波提舍一卷，轉法輪經優波提舍一卷，離：妙法蓮華經論優波提舍二卷，妙法蓮華經論優波提舍二卷，勝思惟梵天所問經論三卷，遺教經論一卷，節至靜：瑜伽師地論十一至一百，情至逸：顯揚聖教論二十卷，心：大乘阿毗達磨集論七卷，王法正理論一卷，瑜伽師地論釋一卷，顯揚聖教論頌一卷，動至神：大乘阿毗達磨雜集論一至十、十三，疲至守：般若燈論十五卷，十二門觀論一卷，十八空論一卷，百論二卷，廣百論本一卷，真：廣百論釋論十卷，志至滿：十住毗婆沙論一至八、十至十五，菩提資糧論六卷，逐至物：大莊嚴經論十五卷，物：攝大乘論二，意至移：大乘莊嚴經論十三卷，順中論二卷，攝大乘論本三卷，中邊分別論二卷，堅：攝大乘論釋十卷，持：攝大乘論釋十卷，雅：攝大乘論釋十卷，操：攝大乘論釋十卷，好：決定藏論三卷，爵：佛性論四卷，辯中邊論三卷，辯中邊論頌一卷，大乘成業論一卷，業成就論一卷，因明正理門論，因明正理門論一卷，自：究竟一乘寶性論五卷，成唯識寶生論五卷，唯識三十論一卷，因明入正理論顯識論一卷，縻：成唯識論十卷，都：大乘唯識論一卷，轉識論一卷，大乘唯識論一卷，唯識二十論一卷，大丈夫論二卷，入大乘論二卷，大乘掌珍論二卷，大乘廣五蘊論一卷，大乘五蘊論一卷，邑：寶行王正論一卷，大乘起信論二卷，發菩提心論二卷，三無性論二卷，方便心論一卷，大乘起信論一卷，夏至西：阿毗曇八犍度論三十卷，二至京：阿毗達磨發智論二十卷，背：阿毗達磨法蘊足論一至十、十二，邙至面：阿毗達磨集異門足論二十卷，洛：阿毗達磨識身足論十六卷，浮：阿毗達磨界身足論三卷，渭：阿毗達磨品類足論十八卷，據至涇：眾事分阿毗曇論十二卷，宮至驚：阿毗曇毗婆沙論八十二卷，圖至席：阿毗達磨大毗婆沙論一至五十、七十一至二百，鼓至吹：阿毗達磨俱舍釋論二十二卷，阿毗達磨俱舍論本頌一卷，勝宗十句義論一卷，笙至階：阿毗達磨俱舍論三十卷，納至通：阿毗達磨順正理論八十卷，廣至達：阿毗達磨藏顯宗論四十卷，承：阿毗曇心論四卷一、三至四，法勝阿毘曇心論六卷，明：雜阿毗曇心論十一卷，既：阿毗曇甘露味論二卷，隨相論二卷，集至墳：尊婆須蜜菩薩所集論十卷，三法度論三卷，入阿毗達磨論二卷，典至亦：成實論二至十七、十九至二十，聚：佛說立世阿毗曇論十卷，群：舍利弗阿毗曇論二十二卷，杜：五事毗婆沙論二卷，鍾：鞞婆沙論十四卷，三彌底部論三卷，漆：分別功德論三卷，四諦論一至二、四，辟支佛因緣論一卷，十八部論一卷，部異執論一卷，異部宗輪論一卷，書：集諸法寶最上義論二卷，金剛針論一卷，菩提心離相論一卷，大乘破有論一卷，集大乘相論二卷，六十頌如理論一卷，大乘二十頌論一卷，佛母般若波羅密多圓集要義論一卷，佛母般若波羅密多圓集要義釋論四卷，大乘寶要義論十卷，壁：聖佛母般若波羅密多九頌精義論二卷，大乘緣生論一卷，諸教決定名義論一卷，廣釋菩提心論二卷，大乘中觀釋論九卷,大乘法界無差別論一卷,金剛頂瑜伽中發阿耨多羅三藐三菩提心論一卷,施設論七卷,經:菩提本生鬘論十六卷,羅:大宗地玄文本論八卷,彰所知論二卷,金七十論三卷,將:釋迦譜十卷,相:釋迦氏譜一卷,釋迦方誌二卷,路至戶:經律異相五十卷,八至給諸經要集一至十二、十四至二十,集古今佛道論衡實錄四卷,續集古今佛道論衡一卷,千:大唐西域記十二卷,兵:大唐西域求法高僧傳二卷,集神州塔寺三寶感通錄三卷,高:大慈恩寺三藏法師傳十卷,冠:集沙門不應拜俗等事六卷,破邪論二卷,十門辨惑論一,輦:甄正論三卷,輦至驅:高僧傳十四卷,轂至世:續高僧傳三十一卷,祿至富:有宋高僧傳三十卷,車:弘明集一、三至七,輕:廣弘明集十六至十八、二十至二十二、二十四,功:南海寄歸内法傳四卷,比丘尼傳四卷,說罪要行法一卷,受用三水要行法一卷,護命放生軌儀法一卷,集諸經禮懺悔文二卷,實:法華三昧懺儀一卷,法華三昧行事運想補助儀一卷,金光明懺法補助儀一卷,往生淨土懺願儀一卷,往生淨土決疑行願二門一卷,請觀世音菩薩消伏毒害陁羅尼三昧儀一卷,金光明最勝懺儀一卷,熾盛光道場念誦儀一卷,釋迦如來涅槃禮讃文一卷,觀自在菩薩如意輪呪課法一卷,天臺智者大師齋忌禮讃文一卷,勒至時:法苑珠林一、三至七、九至三十六、三十八至六十八、七十至一百,阿至孰:宗鏡錄一至二十一、二十三至二十七、二十九、三十二至八十二、八十四至九十九,桓至匡:景德傳燈錄一至二、四至十九、二十一至三十,合至傾:續傳燈錄二至三十六,圓悟佛果禪師語錄十七卷,回:傳法正宗論三至四,輔教篇三卷,明覺禪師語錄六卷,漢至惠:宗門統要續集二十卷,說至武:大慧普覺禪師住徑山能仁禪院語錄三十卷,丁至乂:天目中峯和尚廣錄一下至十二上、十三至十七、十九至三十,密至士:六祖大師法寶壇經一卷,古尊宿語錄二至十二、二十五、二十七至三十一、三十三、三十五至四十八,寧:妙法蓮華經玄義六至九上、十下,晉至楚:法華玄義釋籤一下至十上,更至霸:妙法蓮華經文句一上至六上、八下,趙至魏:法華文句記二十卷,困至横:摩訶止觀二十卷,假至虢:止觀輔行傳弘決一至二、四至四十,土至盟:涅槃經玄義發源機要二至四,大般涅槃經疏二十六卷,何:觀音玄義二卷,觀音玄義記四卷,觀音義疏二卷,觀音義疏記四卷,遵:菩薩戒義疏二卷,金光明經玄義二卷,金光明經玄義拾遺記六卷,約至法:金光明經文句六卷,佛說觀無量壽佛經疏一卷,韓:觀無量壽佛經疏妙宗鈔四至六,仁王護國般若經疏五卷,弊:佛說仁王護國般若波羅密經疏神寶記四卷,四教義六卷,煩:請觀音經疏一卷,請觀音經疏闡義鈔四卷,釋摩訶般若波羅密經覺意三昧一卷,諸法無諍三昧法門二卷,法華經安樂行義一卷,四念處四卷,刑:釋禪波羅密次第法門三至十,天台傳佛心印記浄土境觀要門一卷,起:國清百錄四卷,永嘉集一卷,淨土十疑論一卷,方等三昧行法一卷,南嶽思大禪師立誓願文一卷,天台智者大師禪門口訣一卷,觀心論疏一至二,剪:法界次第初門三卷,天台智者大師别傳一卷,法智遺編觀心二百問一卷,止觀大意一卷,如終心要一卷,修籖要旨一卷,十不二門一卷,十不二門指要鈔二卷,金剛錍一卷,天台八教大意一卷,天台四教儀一卷,頗至最:大方廣佛華嚴經疏一至三十二、三十四至四十,宣至丹:華嚴經隨疏演義鈔九至十八、二十至三十三、三十五、三十七至六十,佛遺教論疏節一卷,華嚴一乘教義分齊章三卷,九至禹:首楞嚴經義海一至二十一、二十三至三十,跡至百:出三藏記集一至八、十至十五,衆經目錄五卷,郡至秦:衆經目錄七卷,武周刊定衆經目錄十五卷,併至岳:大唐内典錄一至七、九至十,續大唐内典錄一卷,古今譯經圖紀四卷,續古今譯經圖紀一卷,宗至禪:開元釋教錄一、二下至二十,開元釋教錄略出四卷,主:歷代三寶記十卷,雁:一切經音義十六至二十五,紫:大元至元法寶勘同總錄十卷,塞:紹興重雕大藏音三卷,新譯大方廣佛華嚴經音義二卷,田:禪宗頌古聯珠通集八至十四,城至池:佛祖統紀一至十四、十六至三十、四十二至四十三、四十五至五十二,鉅至洞:華嚴懸談會玄記一至三十,曠:妙法蓮華經要解一至九、大乘妙法蓮華經弘傳序科文一卷,綿:大佛頂如來密因修證了義諸菩薩萬行首楞嚴經會解一至十,巖至岫:大乘起信論疏四卷起信論疏科文一卷,起信論疏筆削記一至五、七至十五,杳至冥:肇論新疏十九卷肇論新疏游刃科一卷,本:圓覺經略疏之鈔六至十五、十七至二十五,農:釋金剛經纂要疏科一卷,金剛般若經疏論纂要二卷,金剛經纂要刊定級六卷,茲:華嚴原人論五卷,折疑論五卷,稼:天台四教儀集註三至十,穡至南:教乘法數一至三十八,藝:佛祖歷代通載二十一至三十六,黍:禪林寶訓四卷,稷至熟:大方廣佛華嚴經疏演義鈔三十卷,貢:翻譯名義集一至三,勸:禪宗正脉一、四、九,黜:勅修百丈清規八卷,三教平心論三卷,孟至軻:鐔津文集二十卷,敦:八識規矩補註三卷,唯識三十論一卷,禪源諸詮集二至四,高麗國普照禪師修心訣一卷,真心直說一卷,晉僧肇法師寶藏論一卷,素:廬山蓮宗寶鑑念佛正因七卷,永明智覺禪師唯心訣一卷,禪宗決疑集一卷,黄檗山斷際禪師傳心法要一卷,史:萬善同歸集六卷,華嚴七字經題法界觀三十門頌註二,大明仁孝皇后夢感佛說第一希有大功德經一卷)

500000-8701-0023308　JA8/3-1/003
大方廣佛華嚴經八十卷　(唐)釋實叉難陀譯　明萬曆十九年(1591)刻本　七十冊　存七十四卷(一、三至四、六至六十、六十五至八十)

500000-8701-0023309　JA8/3-5/004
大方廣佛華嚴經八十卷　(唐)釋實叉難陀譯　**大方廣佛華嚴經入不思議解脱境界普賢行願品一卷**　(唐)釋般若譯　明刻本　八十一冊

500000-8701-0023310　JA8/4-1/005
廣弘明集四十卷　(唐)釋道宣撰　明正統五年(1440)刻本　十七冊　存十一卷(十八下、十九、二十一至二十三、二十五上下、二十六上下、二十七上中下、二十八上下、二十九上下、三十上下)

500000-8701-0023311　JA8/4-2/006
弘明集十四卷　(南朝梁)釋僧祐撰　明刻本　六冊　存六卷(二、六、九至十一、十三)

500000-8701-0023312　JA8/4-2/007
大方廣佛華嚴經八十卷　(唐)釋實叉難陀譯　清嘉慶至道光刻本　十一冊　存十二卷(四十二至五十、七十六至七十八)

500000-8701-0023313　JA8/4-3/008
大方廣佛華嚴經八十卷　(唐)釋實叉難陀譯　清嘉慶至道光刻本　二十六冊　存二十六卷(十一至二十、二十二、三十一至三十五、四十一至四十六、四十八、六十三至六十五)

500000-8701-0023314　JA8/4-4/009
佛說如來不思議秘密大乘經二十卷　(宋)釋法護等譯　清刻本　十冊

500000-8701-0023315　JA8/4-4/010
復菴和尚華嚴論貫一卷　(□)□□撰　清刻本　一冊

500000-8701-0023316　JA8/4-4/011
大方廣佛華嚴經八十卷　(唐)釋實叉難陀譯　明刻本　一冊　存一卷(七十八)

500000-8701-0023317　JA8/4-4/012
金剛般若波羅蜜經一卷　(晉)釋鳩摩羅什譯　清刻本　一冊

500000-8701-0023318　JA8/4-4/013
妙法蓮華經觀世音菩薩普門品一卷　(晉)釋鳩摩羅什譯　清刻本　一冊

500000-8701-0023319　JA8/4-4/014
廣弘明集四十卷　(唐)釋道宣撰　明萬曆十八年(1590)刻本　一冊　存一卷(十八上)

500000-8701-0023320　JA8/4-4/015
大般涅槃經四十卷　(晉)釋曇無讖譯　清刻本　一冊　存一卷(十七)

500000-8701-0023321　JA8/4-4/016
大方廣佛華嚴經八十卷　(唐)釋實叉難陀譯　明永樂十七年(1419)刻本　二冊　存二卷

（二十五、五十六）

500000－8701－0023322　H05095

十一經初學讀本十一種不分卷　（清）萬廷蘭校　清光緒二年（1876）四川學院衙門刻本　六册　存三種（春秋左傳、爾雅、孝經）

500000－8701－0023323　H03056

十一經初學讀本十一種不分卷　（清）萬廷蘭校　清光緒二年（1876）四川學院衙門刻本　二册　存二種（公羊傳、穀梁傳）

500000－8701－0023324　H05096

十一經初學讀本十一種不分卷　（清）萬廷蘭校　清光緒二年（1876）四川學院衙門刻本　六册　存二種（儀禮、禮記）

500000－8701－0023325　H05097

莊子十卷　（戰國）莊周撰　（晉）郭象注　（唐）陸德明音義　清光緒二年（1876）浙江書局刻本　四册